Karl Reuber

Allgemeine Encyclopadie ver Wissenschaften und Kunste

Karl Reuber

Allgemeine Encyclopadie ver Wissenschaften und Kunste

ISBN/EAN: 9783741149672

Manufactured in Europe, USA, Canada, Australia, Japa

Cover: Foto ©Thomas Meinert / pixelio.de

Manufactured and distributed by brebook publishing software
(www.brebook.com)

Karl Reuber

Allgemeine Encyclopadie ver Wissenschaften und Kunste

Allgemeine
Encyklopädie
der
Wissenschaften und Künste
in alphabetischer Folge
von genannten Schriftstellern bearbeitet
und herausgegeben von
J. S. Ersch und J. G. Gruber.
Mit Kupfern und Charten.

Erste Section.
A — G.

Herausgegeben von
Hermann Brockhaus.

Siebzigster Theil.

GLIMES — GNANDSTEIN.

Leipzig:
F. A. Brockhaus.
1860.

Allgemeine

Encyklopädie der Wissenschaften und Künste.

Erste Section.

A — G.

Siebzigster Theil.

GLIMES — GNANDSTEIN.

G L I M E S.

GLIMES (Honorée de), Gräfin von Bossut, eine durch ihre Schönheit und ihre Abenteuer berühmte Frau des 17. Jahrh., um das Jahr 1615 geboren, lebte als Witwe des Grafen Albert Maximilian von Bossut zu Brüssel, wo Heinrich von Lothringen, Herzog von Guise, welcher sich, um dem Unwillen Richelieu's aus dem Wege zu gehen, nach dieser Stadt zurückgezogen hatte, sie kennen lernte, sich in sie verliebte und sie zur Gemahlin nahm, ohne jedoch die nöthigen geistlichen Förmlichkeiten vollständig zu erfüllen. Louise von Mantua, welche ebenfalls von dem Herzoge ein Eheversprechen erhalten hatte und sich bereits Madame de Guise nannte, erhob deshalb Widerspruch, der Herzog hielt jedoch weder der einen, noch der andern Wort, verließ die Gräfin von Bossut, nachdem er ihr nicht unbedeutendes Vermögen vergeudet hatte, und kehrte nach dem Tode Richelieu's und Ludwig's XIII. nach Paris zurück, wo er mit Fräulein de Pons ein Verhältniß anknüpfte und auch ihr die Ehe versprach. Honorée, in ihrer Eigenliebe bitter gekränkt, begab sich nach Paris, um ihre Rechte als Gattin bei dem Herzoge geltend zu machen oder diesen und sich zu tödten. Sie führte jedoch, obgleich sie von dem Herzoge schnöde zurückgewiesen wurde, ihren abenteuerlichen Vorsatz nicht aus, sondern zog es vor, wieder nach Brüssel zu gehen und sich durch andere Liebschaften zu trösten. Bald darauf genoß sie die Genugthuung, das ebenfalls verschmähte Fräulein de Pons bei sich zu sehen, und beide verfolgten nun mit gemeinschaftlichem Hasse den Herzog, welcher gewissenlos die eine arm und die andere lächerlich gemacht hatte. Honorée starb in hohem Alter gegen das Ende des 17. Jahrh. [*]). (*Ph. H. Külb.*)

GLIMMER begreift im ältern und weitern, eine ganze Familie umfassenden Sinne gewisse kieselthonige Mineralien, welche in ihren krystallographischen, chemischen und optischen Eigenschaften weit aus einander gehen, und nur in dem geringen specifischen Gewichte, dem niedrigen Härtegrade, dem deutlich blätterigen Gefüge und dem Perlmutterglanze auf den Spaltungsflächen allgemein übereinstimmen. Mehre dieser Glimmermineralien haben eine überraschend große Verbreitung und spielen im Felsenbaue der festen Erdrinde eine bedeutende Rolle, daher sie auch längst bekannt und schon frühzeitig von den Mineralogen untersucht worden sind, jedoch erst die neueste scharfe Untersuchungsmethode erkannte die große Mannichfaltigkeit, und es ist den Oryktognosten bis jetzt noch nicht gelungen, die einzelnen Species scharf abzugrenzen, und zwar wegen der meist sehr unvollkommenen oder undeutlichen Krystallisation und wegen der vielfachen Schwankungen in den Verhältnissen der wesentlichen Bestandtheile sowol, wie in denen der untergeordneten Mischtheile. Den ersten wesentlichen Unterschied in den Glimmerarten glaubte man in ihrem optischen Verhalten gefunden zu haben und nahm darnach optisch-einaxigen und optisch-zweiaxigen Glimmer an. Allein ein untrügliches Kennzeichen ist damit keineswegs gegeben. Es können nämlich zweiaxige Glimmerblättchen sich leicht so über einander lagern, daß der Hauptdurchgang in der Textur parallel bleibt, die Lage der optischen Axen in verschiedenen Individuen aber entgegengesetzt ist, und dann ist der Fall möglich, daß ein solches, aus vielen zweiaxigen Individuen bestehendes Blättchen im polarisirten Lichte sich einaxig verhält. Ueberdies fällt auch der optische Charakter nicht einmal stets mit dem chemischen zusammen. Nach letzterm unterschied man Kali- und Magnesiaglimmer, ersteren als zweiaxigen, letzteren als einaxigen betrachtend; allein die Analysen von Meitzendorff und von Chodnew, die wir unten mittheilen, haben auch optisch-zweiaxigen Magnesiaglimmer nachgewiesen. Dieser chemische Unterschied hat sich nach den vielfach wiederholten Analysen ebenfalls als schwankend, veränderlich und haltlos erwiesen. Thonerde und Kieselerde sind nämlich die beiden Hauptbestandtheile aller Glimmerarten, dazu treten ebenfalls noch als wesentliche hinzu Kali und Talkerde, doch in ihren Verhältnißzahlen unterscheidend, nämlich im Magnesiaglimmer 9 bis 25 Procent Talkerde bei 5 bis 11 Procent Kali, während im Kaliglimmer der Talkerdegehalt auf Null herabsinkt oder höchstens in wenigen Procenten vorhanden ist, der Kaligehalt dagegen um so höher steht. Eine scharfe Grenze läßt sich aber auch hier durchaus nicht ziehen und die Unterscheidung wird durch das schwankende Verhältniß der übrigen Bestandtheile unmöglich gemacht. Als solche erscheinen zunächst Eisenoxyd und Eisenoxydul und Manganoxyd und Manganoxydul. Das Eisenoxyd steigt bis über 30 Procent in Stellvertretung des Kali, der Mangangehalt dagegen bleibt stets äußerst gering. Dann

*) Biographie générale. Tom. XX. p. 878.

finden sich Kalkerde, Fluor, Natron, Lithion, Phosphorsäure, Chromoxyd, Wasser, alle in geringen und sehr schwankenden Procenten. Die Krystallgestalt bleibt wegen ihrer häufigen Unvollkommenheit ein sehr unzuverlässiger Anhalt und stimmt gleichfalls nicht mit den chemischen Merkmalen überein. Bei solchem Stande müssen wir darauf verzichten, eine scharfe Charakteristik von Glimmerarten und Glimmervarietäten aufzustellen, und dürfen uns auch nicht wundern, daß die Specieskrämer an diesen ein reiches Material zur Einführung neuer Namen in das System gefunden haben.

Indem wir uns an die einzelnen Glimmerarten selbst wenden, werden wir dieselben nach R. Hermann's Gruppirung*) vorführen. Derselbe sondert die ganze Familie der hierhergehörigen Mineralien in wasserfreie und in wasserhaltige Glimmer, zu letztern die Pyrophyllite, Margarite und Chlorite rechnend. Die frühere Trennung von Magnesiaglimmer, Kaliglimmer und Lithionglimmer verwirft Hermann aus den schon angegebenen Gründen und schlägt vor, bei der Classification der wasserfreien Glimmer ganz von der Form und dem optischen Verhalten abzusehen. Demgemäß sondert er dieselben nur in zwei Gruppen, nämlich in gemeine Glimmer und in Lepidolithe. Bei Aufstellung der chemischen Formeln bereitet das Vorkommen von Fluor in manchen Glimmern nicht geringe Schwierigkeit. Man hält dasselbe gegenwärtig für einen Vertreter des Sauerstoffs, und um eine einfache Formel zu erhalten, schlägt Hermann vor, den Fluorgehalt nur allgemein als (.....) + × Fl anzuhängen. Nachdem er sich noch weiter über die stöchiometrischen Verhältnisse verbreitet hat, führt er eine neue Bezeichnungsweise der Glimmerarten ein. Man solle nämlich nur für die heteromeren Gruppen Eigennamen und für die einzelnen Glieder oder Species Bruchzahlen wählen, welche zugleich ihre stöchiometrische und heteromere Constitution scharf ausdrücken. Hinsichtlich des gemeinen Glimmers bezeichne man also die beiden primitiven heteromeren Molecule mit A und B, am zweckmäßigsten die basischeren oder electropositiven mit A und die mit überwiegender Säure oder electronegativen Molecule mit B. So hat man einen A-Glimmer und einen B-Glimmer. Die secundären Glimmer lassen sich nur auf die Weise durch Brüche bezeichnen, daß man die Zahl der basischen Molecule die Function der Nenner, die Zahl der sauren Molecule die der Zähler überträgt. Auf diese Weise erhält man folgende Reihe:

	Sauerstoffproportionen in		
	$\dot{R}$	$\bar{\bar{R}}$	$\ddot{Si}$
A-Glimmer = (a)	1	: 0,66	: 1,77
12/13 A-Glimmer = (12a + b) . . .	1	: 0,77	: 1,90
6/7 A-Glimmer = (6a + b)	1	: 0,87	: 2,03
2/3 A-Glimmer = (2a + b)	1	: 1,26	: 2,62
Einfach Glimmer = (a + b)	—	: —	: —
1/3 oder zweifach Glimmer = (a + 2b)	1	: 2,73	: 4,36
B-Glimmer = (b)	1	: 12	: 18

*) Erdmann's Journal für praktische Chemie. 1851. 13. Bd. S. 1—28.

Hermann stellt nun die vorhandenen Analysen nach diesem Principe zusammen. So zweckmäßig diese Bezeichnungsweise auch ist, besonders für den Chemiker: so ist sie doch dem Oryktognosten zu unbequem und hat ebendeshalb noch keine Aufnahme in den systematischen Lehrbüchern gefunden.

A. Wasserfreie Glimmer.

I. Gemeine Glimmer.

1) Magnesiaglimmer (optisch-einaxiger Glimmer, Hexagonglimmer, Asterglimmer, A-Glimmer) krystallisirt in sechsseitigen Tafeln durch Vorherrschen von OP, selten kurz säulenförmig; P 140°. Die Krystalle sind einzeln eingewachsen oder aufgewachsen und dann zu Drusen gruppirt; kommt sehr oft auch derb in individualisirten Massen, in scholligen, körnig-blätterigen und schuppig-schieferigen Aggregaten vor. Die Spaltbarkeit ist basisch und höchst vollkommen; mild, bisweilen fast spröde, in dünnen Lamellen elastisch-biegsam. Die Härte = 2,5 ... 3; das specifische Gewicht = 2,85 ... 2,9; Farbe grün, braun, schwarz, grau, meist in sehr dunkeln Tönen; metallartiger Perlmutterglanz auf OP; durchsichtig, doch meist in sehr geringem Grade, sodaß man gewöhnlich äußerst dünne Lamellen anwenden muß, um den optisch-einaxigen Charakter zu erkennen. Die chemische Zusammensetzung ändert vielfach ab, wird aber gemeinlich durch die Formel $\bar{\bar{A}}l\ddot{Si} + \dot{R}^3\ddot{Si}^2$ oder $\bar{\bar{A}}l\ddot{Si} + \dot{R}^3\ddot{Si}$ oder nach Hermann $(3\dot{R}_2\ddot{Si}_1 + 2\bar{\bar{R}}\ddot{Si}) + \times Fl$ ausgedrückt, wo R Magnesia, Kali und Eisenoxydul bedeutet, auch wol eine theilweise Vertretung von $\bar{\bar{A}}l$ durch $\bar{\bar{F}}e$ vorausgesetzt wird. Charakteristisch und unterscheidend vom Kaliglimmer ist, wie schon oben angeführt, der von 9 bis 25 Procent schwankende Gehalt an Magnesia, neben welcher jedoch stets 5 bis 11 Procent Kali auftritt und dann der verhältnißmäßig weit geringere Gehalt an Thonerde. Etwas Fluor und wahrscheinlich nur hygroskopisches Wasser pflegt vorhanden zu sein. Wir stellen zur weitern Vergleichung einige Analysen zusammen, besonders die, welche Hermann in der angegebenen Weise gedeutet hat. Es bezeichnet in dieser Uebersicht I. den zweiaxigen Glimmer in wasserhellen, sechsseitigen Tafeln aus Jefferson County in New-York nach Meitzendorff in Poggendorff's Annalen LVIII, 175; II. die gelblichgrauen, einaxigen Krystalle vom Vesuv nach C. Bromeis' Analyse a. a. O. LV, 112; III. den schwärzlichgrünen Glimmer vom Vesuv nach Chodnew's Analyse a. a. O. LXI, 381; IV. Glimmer aus dem Zillerthale in Tyrol nach demselben a. a. O.; V. Glimmer aus dem körnigen Kalksteine der Vogesen von 2,746 spec. Gew. nach *Delesse*, Ann. des mines XX, 143; VI. J. W. Craw's Analyse des tief gelblichbraunen, breitblätterigen Glimmers von Edwards in St. Lawrence County in New-Jersey; VII. des wasserhellen silberglänzenden und VIII. des wasseregrünlichen ebendaher (Liebig und Kopp, Annalen. 1850. S. 725); IX. Bromeis' Analyse a. a. O. 1861. S. 785 des licht tombackbrau-

nen Glimmers aus vulkanischer Asche von Herrschenberg am Laachersee und X. XI. aus einem Basaltblocke ebendaher; XII. Schafhäutl's Analyse (Annales des mines VIII, 674) des Glimmers von Schwarzenstein im Zillerthale; XIII. Illing's Magnesiaglimmer von Haindorf in Schlesien (Goslarer Maiabericht III, 10); XIV. Meruli's Analyse des Magnesiaglimmers vom Vesuv (Erdmann's Journal für prakt. Chemie LXV, 199); XV. Fr. Bukeisen's schwarzer Glimmer von Pfitsch in Tyrol (Wiener Sitzungsbericht XXIV, 285):

	I.	II.	III.	IV.	V.	VI.	VII.	VIII.	IX.	X.	XI.	XII.	XIII.	XIV.	XV.
Kieselsäure . .	41,80	39,75	40,91	39,66	37,54	40,91	40,85	40,88	43,49	44,63	43,02	47,67	38,38	44,68	39,43
Thonerde . .	15,85	15,99	17,79	16,07	19,80	17,85	16,45	16,08	6,09	16,48	16,85	15,15	20,25	19,04	16,71
Talkerde . . .	28,79	24,49	19,94	15,60	30,32	28,09	29,55	30,24	24,35	19,06	18,40	11,58	6,16	20,89	17,28
Kali	9,70	8,78	9,96	12,68	7,17	10,60	7,22	6,06	13,15	9,75	8,60	7,37	3,52	6,97	11,42
Natron . . .	0,65	—	—		1,00	0,63	1,95	4,39	0,35		1,18	1,16	5,44	3,05	13,4
Eisenoxyd . .	1,77	8,29	11,02	13,21	1,61	—	—	—	10,59	11,59	11,63	8,79	20,88	4,92	—
Manganoxyd	—	—	—	—	0,10	—	—	—	—	—	—	1,16	—	—	—
Fluor	3,80	—	—	—	0,22	1,90	0,96	2,65	—	—	—	Spur	—	—	Spur
Kalkerde . . .	—	0,87	0,30	0,42	0,70	—	—	—	0,76	—	0,71	—	2,96	—	Spur
Wasser	—	—	—	1,17	—	—	—	—	—	—	—	2,86	—	—	2,76

Die Magnesiaglimmer sind meist schwer schmelzbar zu grauem oder schwarzem Glase vor dem Löthrohre, werden von Salzsäure wenig angegriffen, von concentrirter Schwefelsäure dagegen vollständig zersetzt mit Hinterlassung eines weißen Kieselskelets. Sehr schöne Vorkommnisse, welche meist auch bereits analysirt sind, denn wir haben oben nicht alle Analysen zusammengestellt, sind die vom Vesuv, von Pargas, Sala, Milask, Karesoak auf Grönland, Bodenmais in Baiern, Monroe in New-York u. v. a. O. Als Gemengtheil tritt der Magnesiaglimmer in gewissen Basalten, Trachyten, Porphyren, Graniten auf.

Eng an den Magnesiaglimmer an schließen sich, wol nur als Varietäten, folgende Mineralien:

Rubellan, von Breithaupt unterschieden, kommt in hexagonalen Tafeln von bräunlichrother bis ziegelrother Farbe vor, ist undurchsichtig, spröde, unbiegsam. Ein nicht seltener Gemengtheil der Melaphyre, Basalte und Laven.

Phlogopit, ebenfalls von Breithaupt abgesondert, soll nach dem Vorkommen von Antwerp im Staate New-York monoklinoedrische Krystallformen besitzen. Delesse glaubt denselben im körnigen Kalksteine von St. Philippe bei St. Marie aux Mines im Departement Haut Rhin gefunden zu haben, und schildert ihn als frischgrün, graulichgrün oder gräulich, ähnlich dem Talk; an der Luft erhält er den eigenthümlichen Glanz des Glimmers, wird gelb, röthlich bis tombackbraun, ist aber optisch-zweiaxig, hat ein spec. Gewicht von 2,748. Vor dem Löthrohre bläht er sich auf, gibt ein lebhaftes Licht, schmilzt schwierig zu weißem Email und auch nur an den Kanten; in Schwefel- oder Salzsäure größtentheils löslich. Die oben unter V. mitgetheilte Analyse mit 30,32 Talkerde und 19,80 Thonerde bezieht sich auf diesen vogesischen Phlogopit.

Meroxen (F. v. Kobell in Erdmann's Journ. für prakt. Chemie XXXVI, 309) ist ein einaxiger Glimmer vom Silberberge bei Bodenmais, schwarz, in dünnen Blättern bouteillengrün, wird von kochender Schwefelsäure zersetzt und hat ein spec. Gewicht von 2,70. Er besteht aus 40,86 Kieselsäure, 15,13 Thonerde, 13,00 Eisenoxyd, 22,00 Talkerde, 8,83 Kali, 0,44 Wasser und einer Spur von Manganoxyd, entspricht also der Formel $\dot{R}^3\dddot{Si} + \overline{R}\dddot{Si}$. Wird von Thoneisengranat und Cordierit begleitet.

2) **Eisenglimmer** (Lepidomelan, Siderophyllit, Zweifach-Glimmer) krystallisirt meist unregelmäßig, bisweilen in kleinen sechsseitigen Tafeln, welche körnigschuppige Aggregate bilden und selten über eine halbe Linie messen. Spaltbarkeit basisch vollkommen; etwas spröde; Härte = 3; spec. Gewicht = 3,0; rabenschwarz, Strich berggrün, stark glasglänzend, undurchsichtig. Die einzelnen Schuppen sind glatt und spiegelnd, von starkem, zum Diamantartigem sich hinneigenden Glasglanze. Vor dem Löthrohre bis zum Rothglühen erhitzt, verwandelt sich die schwarze Farbe in eine in das Tombackbraune sich ziehende Mittelfarbe zwischen Speisgelb und Kupferroth. Sobald Schmelzung beginnt, stellt sich die schwarze Farbe wieder her, und bei stärkerem Blasen verwandelt sich der Körper in ein schwarzes, undurchsichtiges, glänzendes, dem Magnete folgsames Email. Die Perle mit Borax wird bouteillengrün. Von Salzsäure und Salpetersäure wird der Lepidomelan ziemlich leicht aufgelöst, die Kieselerde bleibt dabei in zarten perlmutterglänzenden Schuppen, in der Form der krystallinischen Schuppen des Minerals zurück. Die Analyse erweist

Kieselerde	37,40
Thonerde	11,60
Eisenoxyd	27,66
Eisenoxydul	12,43
Talkerde, Kalkerde	0,60
Kali	9,20
Wasser	0,60

Einige dieser Charaktere stimmen mit Breithaupt's sibirischem Frieglimmer oder Rabenglimmer überein; doch läßt Hausmann, welcher den Lepidomelan zuerst in den Göttinger gelehrten Anzeigen 1840, S. 946 charakterisirt, die Identität dahin gestellt sein. Der Lepidomelan findet sich bei Persberg in Schweden und bei Abborfors in Finnland.

1*

3) **Kaliglimmer** (optisch-zweiaxiger Glimmer, Rhombenglimmer, gemeiner Glimmer, hemiprismatischer Talkglimmer, Katzenglimmer, Katzengold, russisches Glas, B-Glimmer). Die nur selten ganz deutlichen Krystalle sind rhombische oder sechsseitige Tafeln (selten Säulen) mit schief aufgesetzten Randflächen; es liegt denselben ein Prisma ∞P von beinahe 120° oder 60° Seitenkante zu Grunde, dessen eine Diagonale gegen die Axe geneigt ist und dessen scharfe Seitenkanten abgestumpft sind; die Abstumpfungsflächen gehören entweder dem Orthopinakoid oder dem Klinopinakoid; die schiefe Basis bildet die Seitenflächen der Tafeln, an deren Rande noch die Flächen anderer als der bereits genannten Formen zu beobachten sind. Zwillingsbildung kommt bisweilen vor. So fand Kenngott (Wiener Sitzungsberichte VI, 413) an weissen zweiaxigen Glimmer aus dem Granit von Presburg in Ungarn vier elliptische Ringsysteme und dasselbe Stilling (Liebig und Kopp, Annalen der Chemie VI, 337) an durchsichtigen, nelkenbraunen Glimmerblättchen vom Richtplatze bei Aschaffenburg. Die Krystalle sind meist klein; ausgezeichnet grosse, silberweisse, sechsseitige Tafeln von 3½ Zoll Länge und 2½ Zoll Breite bei 4 Linien Dicke kommen nach Wiser in Piemont und im Binnenthale in Oberwallis vor; Shepard gedenkt des Vorkommens von Tafeln von 1 Fuss Länge und 8 Zoll Breite. Die Krystalle sind eingewachsen oder aufgewachsen, in letzterem Falle zu verschieden gestalteten Drusen gruppirt; das Vorkommen ist aber auch derb und eingesprengt, in individualisirten Massen und in schaligen, blätterigen, schuppigen und schieferigen Aggregaten. Spaltbarkeit basisch höchst vollkommen; mild, in dünnen Lamellen elastisch biegsam; Härte zwischen 2 und 3; spec. Gewicht = 2,8 — 3,1; farblos, oft weiss in verschiedenen Nuancen, besonders gelblich-, graulich-, grünlich- und röthlichweiss, aber daraus in gelbe, graue, grüne und braune Farben übergehend, die jedoch meist nicht sehr dunkel werden; metallartiger Perlmutterglanz, durchsichtig in hohen und mittlern Graden und optisch-zweiaxig.

Die chemische Zusammensetzung schwankt nicht weniger als bei dem Magnesiaglimmer. Wir stellen von den zahlreich vorhandenen Analysen wiederum eine Anzahl übersichtlich zusammen, um diese Schwankungen zu veranschaulichen. Es bezeichnet I. die Analyse eines grossblätterigen Glimmers von Zinnwalde in Böhmen nach Rammelsberg in Poggendorff's Annalen LXXXI, 42 und II. eines weissen Glimmers von 2,831 spec. Gewicht nach demselben a. a. O. S. 1; III. Glimmer auf Smirgel von Gumuch-Dagh nach Smith (Annales des mines XVIII, 300); IV. und V. nach demselben von Kulah und VI. von der Insel Nikoria; VII. Glimmer von Unionville und VIII. von Monroe County nach Craw; IX. Glimmer von St. Etienne in den Vogesen nach Delesse (Annales des mines XVI.); X. Glimmer von Zsidovacz in Ungarn nach Kussin, Liebig und Kopp (Annalen der Chemie 1849. S. 752); XI. silberweissen Glimmer unbekannten Fundortes nach Rammelsberg a. a. O. 1849. S. 752. Mit diesen vergleiche man noch die mehrfachen Analysen von H. Rose und von L. Gmelin.

	I.	II.	III.	IV.	V.	VI.	VII.	VIII.	IX.	X.	XI.
Kieselsäure	46,52	48,78	42,80	43,62	42,71	42,60	46,75	49,96	46,23	48,07	47,84
Thonerde	31,81	32,38	40,61	33,10	37,62	37,46	39,20	32,65	33,03	38,41	32,36
Eisenoxyd	4,78	3,06	1,30	8,50	2,32	1,70	—	—	3,48	Spur	3,06
Eisenoxydul	6,80	—	—	—	—	—	—	—	Spur	—	—
Manganoxydul	1,96	—	—	—	—	—	—	—	—	Spur	—
Talkerde	0,44	1,28	Spur	Spur	Spur	Spur	1,03	1,08	2,10	—	1,28
Kali	9,09	10,25	?	7,63	?	9,76	6,66	7,91	8,87	10,10	10,25
Natron	0,39	1,56	—	—	—	—	—	2,89	1,45	—	1,56
Lithion	1,27	—	—	—	—	—	—	—	—	—	—
Kalkerde	—	0,79	3,01	0,52	1,41	0,68	0,89	—	Spur	—	0,79
Fluor	7,47	—	—	—	—	—	—	—	Spur	—	—
Wasser	—	2,43	5,68	5,31	5,95	6,20	4,90	4,46	4,12	8,82	2,43

Hermann vereinigt alle Analysen in die Formel $(\dot{R}\ddot{S}i_1 + 2\bar{\bar{R}}_1\ddot{S}i_1) + \times Fl$, während Rammelsberg dieselbe in Bezug auf den schwankenden Thonerdegehalt schreibt: $m\bar{\bar{Al}}\ddot{S}i + \dot{K}\ddot{S}i^{3}$, worin m bald 2, bald 3, bald 4 bedeutet. Ein Theil des Kali kann durch Eisenoxydul oder Manganoxydul, ein Theil der Thonerde durch Eisenoxyd oder Manganoxyd vertreten sein. Obwol einige Analysen über 5 Procent Wasser nachweisen, so gehört dasselbe doch nicht wesentlich zur Mischung. — Vor dem Löthrohr werden die fluorhaltigen Abänderungen matt, auch geben viele etwas Wasser und die Reaction auf Fluor; übrigens schmelzen sie mehr oder weniger leicht zu einem trüben Glase oder weissen Email; von Salzsäure und Schwefelsäure werden sie nicht angegriffen.

Die Verbreitung des gemeinen Glimmers ist in der That eine ganz allgemeine. Als wesentlicher und constituirender Bestandtheil tritt er in Schüppchen, Blättchen und solchen Aggregaten auf im Granit, Gneis und Glimmerschiefer, in gewissen Quarziten, Greisen, Itakolumit, kryptokrystallinischen Thonschiefern, Miascit, Eklogit; als untergeordnete und zufällige Beimengung im Chlorit- und Talkschiefer, im Serpentin, Syenit, Amphibolit, Diorit, Gabbro, Hypersthenit, in verschiedenen Melaphyren und Porphyren, im Trachyt, Dolerit und Basalt, und von all diesen Gesteinen geht er bald mehr, bald minder wesentlich in die Zusammensetzung der verschiedensten klastischen Gesteine in Sandsteine, Conglomerate, Mergel und Schiefer über. Das Vorkommen ist daher auch an keinen geognostischen Horizont geknüpft, in Gebilden aller Epochen von den ältesten bis zu den jüngsten alluvialen findet er sich. Selbst als Gangart tritt er auf, wenn auch nur selten, so zu Zinnwald im sächsischen Erzgebirge und in Nordamerika. Als schöne krystallisirte Vorkommnisse sind bekannt die vom St. Gotthardt in Oberwallis, auf Utoen, bei Fahlun, Kimito in Finnland, Cornwall, Sibirien, am Laachersee, auf Lamö, am Ural u. a. Die technische Verwendung ist eine sehr beschränkte: den in großen Tafeln ausgebildeten mit ausgezeichneter Spaltbarkeit und Durchsichtigkeit benutzt man zu Fensterscheiben und zu Objectträgern und bei mikroskopischen Präparaten, den pulverisirten als Streusand.

II. Lepidolithe.

In dieser zweiten Gruppe vereinigt Hermann Glimmerarten mit andern Sauerstoffproportionen als bei den gemeinen. Dieselben bestehen nämlich entweder aus einem der beiden primitiven heteromeren Molecule, nämlich $a = (2\dot{R}\dddot{Si} + \bar{R}\dddot{Si}_2) + \times Fl$, $b = (\dot{R}_3\dddot{Si} + 4\bar{R}\dddot{Si}_2) + \times Fl$ oder aus $(2a + b)$. Ihre Krystallform gehört dem zwei- und eingliedrigen Systeme an mit einem Prisma von 120°, allein nach Brewster kommen auch optisch-einaxige Lepidolithe vor. Man muß daher annehmen, daß auch die Lepidolithe ebenso wie die gemeinen Glimmer dimorph sind, nämlich drei- und einaxig und zwei- und eingliederig, und daß beide Formen zusammenkrystallisiren können. Sie enthalten Fluor und gewöhnlich mehr als die gemeinen Glimmer, dasselbe vertritt der Sauerstoff. Lithion ist nicht immer vorhanden, und demnach zerfallen sie in Kalilepidolithe und Lithionlepidolithe.

1) Fuchsit wurde zuerst von Schafhäutl (Wöhler und Liebig's Annalen. 1842. XLIV, 40) charakterisirt: zartschuppig, schieferig; seidenartiger Perlmutterglanz; smaragdgrün, ins Gras- und Schwärzlichgrüne; Strich apfelgrün; Härte = 1,5; spec. Gewicht = 2,86. Vor dem Löthrohre nur an den dünnsten Kanten unter Lichterscheinung schmelzbar. Mit Flüssen Eisenreaction, fast die gelblichgrüne von Chrom zeigend. Kieselskelet, in Phosphorsalz in einer nach dem Erkalten bläulichgrünen Perle; mit Natron zu gelblichbrauner, kugeliger Schlacke, welche endlich schwach magnetisch wird. In Säuren nicht auflöslich. Die Analyse erwies:

Kieselsäure	47,950
Thonerde	34,450
Chromoxyd	3,950
Eisenoxyd	1,800
Calcium	0,420
Talkerde	0,715
Kali	10,750
Natron	0,370
Fluor	0,355
	100,760

Hieraus leitet Hermann die Formel her $(2\dot{R}\dddot{Si} + \bar{R}\dddot{Si}_2) + \times Fl$. Der Fuchsit wurde früher für gemeinen Kaliglimmer gehalten und von mehrern Mineralogen noch jetzt unter denselben verwiesen. Er kommt mit Quarz verwachsen am Schwarzenstein im Zillerthale in Tyrol vor gemeinschaftlich mit

Chromglimmer, den Schafhäutl zugleich a. a. O. charakterisirt. Häufig zu schiefen, prismenähnlichen Körpern gruppirt, deren Flächen alle Theilbarkeit zeigen. Neigung einer Fläche als Basis gegen die scharfen Seitenkanten ungefähr 64½°. Die Blättchen selbst zeigen Neigung zum Zerbrechen unter Winkeln von 83½°. Perlmutterglanz; unrein gelblichgrün; Strich schön lichtgrün; biegsam; leicht zwischen den Fingern zu zerreiben; spec. Gewicht = 2,750. Gibt im Kolben Wasser. Vor dem Löthrohre nur an den dünnsten Kanten schmelzbar; färbt Flüsse schön smaragdgrün; löst sich in Salzsäure fast vollständig. Die Analyse ergab:

Kieselerde	47,077
Thonerde	15,154
Talkerde	11,540
Eisenoxyd	5,720
Manganoxyd	1,165
Chromoxyd	5,906
Kali	7,273
Natron	1,169
Wasser	2,660
Fluor	Spur
Verlust	1,436
	100,000

Hermann stellt hierher auch jenen silberweißen Glimmer unbekannten Fundorts, welchen Rammelsberg untersuchte. Wir haben dessen Analyse unter XI. des Kaliglimmers bereits mitgetheilt.

2) Lithionglimmer (Lepidolith, lepidolithischer Glimmer, Lilalith, Lithonlepidolith, B-Lepidolith) krystallisirt monoklinoedrisch (oder rhombisch), nach Dimensionen noch nicht genau erkannt, übrigens die Formen wie bei dem Kaliglimmer, nur sind zwillingsartige Verwachsungen häufig, bei welchen die Basen beider Individuen in eine Ebene fallen, die federartig gestreift ist. Auch in den physischen Eigenschaften gleicht der Lithionglimmer dem Kaliglimmer, außer daß ersterer sehr oft von rosenrother bis pfirsichblüthrother Farbe ist. Bei so überraschender äußerer Aehnlichkeit gewinnt die chemische Differenz eine besondere Wichtigkeit. Nach Gmelin ergeben die Analysen als mittle normale Zusammensetzung die Formel: $3\bar{Al}\dddot{Si}^3 + 2\dot{L}i\dddot{Si} + (KF, SiF^3)$, welcher 51,6 Kieselerde, 28,5 Thonerde, 8,7 Kali, 5,3 Lithion und 5,9 Flußsäure entsprechen würden. Durch das Eintreten von Eisenoxyd und Manganoxyd in sehr verschiedenen Verhältnissen wird jene Normalmischung mehr oder weniger modificirt; auf manche Varietäten paßt auch die Formel: $4\bar{Al}\dddot{Si}^3 + KF^3 + 2LiF$, auf andere die Formel: $\bar{Al}\dddot{Si}^3 + RF$. Charakteristisch in allen ist jedoch der ansehnliche Fluorgehalt von 2 bis 8 Procent und 2 bis 5 Procent Lithion; die rothen Abänderungen enthalten nur Manganoxyd, aber kein Eisenoxyd. Rammelsberg betrachtet auch hier das Fluor als theilweisen Vertreter des Sauerstoffs, und glaubt daher, daß die Zusammen-

ſetzung dieſer Glimmer ganz allgemein durch die Formel: $m\dot{R}\dddot{Si} + n\bar{R}\dddot{Si}$ dargeſtellt werde, wobei in den meiſten Varietäten $m = n = 1$, in einigen $m = 2$ und $n = 3$, in andern $m = 3$ und $n = 2$ zu ſetzen iſt, und ein Theil der Baſen ſowol als der Säuren nicht als Oxygen-, ſondern als Fluorverbindungen zu denken ſind. Außer den Gmelin'ſchen Analyſen mögen folgende zur ſpeciellen Vergleichung dienen: I. W. Lohmeyer's Analyſe (Poggendorff's Annalen LXI, 377) des Lithionglimmers (Zinnwaldit) von Zinnwald; II. des Lepidoliths von Rozena in Mähren nach Rammelsberg, a. a. O. LXXX, 449; III. des kleinblätterigen von Zinnwald nach W. Stein, Liebig und Kopp (Annalen 1850. S. 725); IV. des rothen nach Regnault (in Erdmann's Journal für prakt. Chemie. 1839. XVII, 488); V. des rothen von Murſinsk nach Roſales (in Poggendorff's Annalen 1843. LVIII, 154) und VI. des gelben nach Regnault (in Erdmann's Journal 1839. XVII, 488):

	I.	II.	III.	IV.	V.	VI.
Kieſelſäure . . .	42,97	51,70	48,65	52,40	48,98	49,78
Thonerde	20,59	26,76	17,67	28,80	19,03	19,88
Eiſenoxyd	14,18	—	14,57	—	—	13,22
Manganoxyd . .	0,83	1,29	1,21	1,50	5,59	—
Kali	10,02	10,23	8,60	9,14	10,96	8,79
Lithion	1,60	1,27	2,11	4,85	2,77	4,15
Natron	1,41	1,15	0,81	—	2,29	—
Fluor	6,35	7,12	8,16	4,40	10,44	4,24
Chlor	0,21	—	—	—	—	—
Phosphorſäure	—	0,16	—	—	—	—
Talkerde	—	0,24	0,53	—	—	—
Kalkerde	—	0,10	—	—	—	—

Im Kolben gibt der Lithionglimmer Reaction auf Fluor; vor dem Löthrohre ſchmilzt er ſehr leicht unter Aufwallen zu einem farbloſen, braunen oder ſchwarzen Glaſe, wobei die Flamme roth gefärbt wird, zumal bei etwas Zuſatz von Flußſpath und ſchwefelſaurem Kali; mit Phosphorſalz ein Kieſelſkelet; von Säuren unvollſtändig, nach vorheriger Schmelzung aber vollkommen zerlegt. — Die Verbreitung des Lithionglimmers iſt eine ungleich beſchränktere als die des Magneſia- und Kaliglimmers, ausgezeichnete Vorkommniſſe bei Penig, Zinnwald und Altenberg in Sachſen, Rozena in Mähren, in Cornwall, Uto in Schweden, im Ural, Murſinsk, im nördlichen Theile von Neuengland, Maſſachuſetts, auf Corſica und Elba.

B. Waſſerhaltige Glimmer.

I. Pyrophyllite.

In dieſe Gruppe gehört eine Reihe von Mineralien, welche entweder aus den beiden heteromeren Moleculen

$$a = (\dot{R}\dddot{Si}_1 + 3\bar{R}\dddot{Si}) + 2\dot{H} \text{ und}$$
$$b = (\dot{R}\dddot{Si} + \bar{Al}\dddot{Si}) + 3\dot{H}$$

oder aus der Verbindung dieſer beiden Molecule nach der Formel $(a + b)$ beſtehen. Sie ſind blos derb wie der Agalmatolith, oder blätterig wie der Damourit, Gilbertit und Talcit, nur der Pyrophyllit kommt in deutlichen, vielfach verkannten Kryſtallen vor.

1) Gilbertit, von Thomſon beſchrieben und von Lehunt analyſirt, hat nach Hermann die Formel: $(\dot{R}\dddot{Si}_1 + 3\bar{R}\dddot{Si}) + 2\dot{H}$, und kommt nur bei St. Auſtle in Cornwall vor. Naumann verweiſt dieſes Mineral unter dem Nakrit in ſeine Familie der kryſtalliniſchen Hydrogeolithe, Glaſer unter die talkartigen Margarophyllite. Es bilden weißliche Blättchen von 2,64 ſpec. Gewicht.

Hermann betrachtet als identiſch mit dem Gilbertit den Talcit, der von Andern wieder mit dem Nakrit vereinigt wird. Indeſſen iſt Thomſon's und Vauquelin's Nakrit nicht ein und daſſelbe Mineral. Hier kann nur des Letztern Nakrit in Vergleich gezogen werden. Derſelbe kommt bei Freiberg, Ehrenfriedersdorf, Zwickau und bei Fins im Departement des Allier vor, mikro- oder kryptokryſtalliniſch, derb und eingeſprengt in ſehr feinſchuppigen, faſt dichten Aggregaten von ſchneeweißer oder gelblichweißer Farbe, in ſtarkem Lichte ſchimmernd mit Perlmutterglanz; Härte 0,5 — 1; ſpec. Gewicht 2,35 — 2,67. Die Analyſe ergab 40 Kieſelerde, 44,4 Thonerde und 15,0 Waſſer; gibt Waſſer im Kolben, iſt vor dem Löthrohre unſchmelzbar, wird mit Kobaltſolution blau. Auch der Pholerit gehört unbedingt hierher.

2) Damourit, zuerſt von Deleſſe im Bullet. de la soc. géol. 2 ser. III, 174 beſchrieben nach dünnen Blättchen zwiſchen Diſthenkryſtallen von Pontivy im Morbihan. Die kryſtalliniſchen Blättchen ſind gewöhnlich wie Strahlen um einen Mittelpunkt gruppirt, gelblichweiß, perlmutterglänzend, an den Kanten ſtark durchſcheinend, in ſehr dünnen Blättchen vollkommen durchſichtig. Talkhärte; ſpec. Gewicht = 2,792. Die Analyſe ergab 45,7 Kieſelerde, 38,1 Thonerde, 11,7 Kali und 4,5 Waſſer, nebſt Spuren von Manganoxyd, Eiſenoxyd, Schwefelſäure und Fluor, alſo entſprechend der Formel: $3\bar{Al}\dddot{Si} + \dot{K}\dddot{Si}^1 + 2\dot{H}$. Bläht ſich vor dem Löthrohre auf, wird milchweiß und ſchmilzt unter ſtarkem Leuchten ſchwierig zu weißem Email; wird mit Kobaltſolution blau; Salzſäure iſt ohne Wirkung, kochende Schwefelſäure dagegen zerſetzt ihn mit Hinterlaſſung der Kieſelerde in der ſchuppigen Form des Minerales.

An den Damourit ſchließt ſich innig an Schafhäutl's Paragonit (Haidinger's Ueberſicht S. 30), jene bekannte talkartige Grundmaſſe, in welcher die ſchönen blauen Diſthene und die Staurolithe auf dem St. Gotthardt vorkommen. Das Mineral iſt derb, zartſchuppig und dicht, im Großen ſchieferig; Perlmutterglanz zum Fettglanze ſich neigend, auch nur ſchimmernd; gelblich- und graulichweiß; an den Kanten durchſcheinend; mild; Härte 2 — 2,5; ſpec. Gewicht 2,779. Analyſe: 50,20 Kieſelerde, 35,90 Thonerde, 8,45 Natron, 2,36 Eiſenoxyd und 2,45 Waſſer. Während alſo der Damourit ein ſtark waſſerhaltiger Kaliglimmer iſt, erſcheint der Paragonit als ein Natronglimmer.

Schafhäutl unterſcheidet a. a. O. noch einen Margarodit, wie er den verhärteten Talk aus dem Zillerthale nennt, in welchem die ſchwarzen Turmaline vorkommen. Er iſt derb, körnig, zuweilen blätterig; dicht; Bruch ſplitterig; perlmutterglänzend bis ſchimmernd; an den Kanten schwach durchscheinend; fast Kalkspathhärte; spec. Gewicht = 2,872. Splitter schmelzen vor dem Löthrohre unter sehr starkem Leuchten zu weißem Email; Kieselskelet in Phosphorsalz; nur hin und wieder blau mit Kobaltsolution. Analyse: 47,05 Kieselerde, 34,90 Thonerde, 1,95 Talkerde, 7,06 Kali, 4,07 Natron, 1,60 Eisenoxyd und 1,45 Wasser.

Mit diesem Margarodit kommt im Zillerthale noch ein Talkschiefer vor, welchen Schafhäutl (a. a. O. und Wöhler und Liebig's Annalen 1843. XLVI, 330) Didrimit nennt. Derselbe besteht aus 40,60 Kieselerde, 16,15 Thonerde, 22,74 kohlensaurer Kalkerde, 11,16 Kali, 1,2 Natron, 5,25 Eisenoxyd und 0,60 Wasser. Der kohlensaure Kalk ist wahrscheinlich nur zufällige Beimischung.

3) Pyrophyllit kommt nach Hermann, der ihn zuerst beschrieb, am Ural zwischen Beresowsk und Pyschminsk, nach Rammelsberg bei Spaa, nach Sjoegren bei Westana in Schonen vor. Er krystallisirt undeutlich, drei- und einaxig, in niedrigen, gleichwinkelig sechsseitigen Prismen mit basischer Spaltbarkeit und mit zwei gegenüberstehenden breitern und vier schmälern Seitenflächen. Diese Prismen gruppiren sich sternförmig; auch derb; Härte = 1; spec. Gewicht = 2,7 — 2,8; mild, in Blättchen biegsam; licht spangrün, apfelgrün bis grünlichweiß und gelblichweiß; perlmutterglänzend, durchscheinend. Gibt im Kolben Wasser und wird dabei silberglänzend; in der Zange zerblättert er sich und schwillt unter vielen Windungen zu einer schneeweißen, unschmelzbaren Masse auf; mit Kobaltsolution blau; von Schwefelsäure nur unvollkommen zersetzt. Hermann gibt ihm die Formel: $(\dot{R}\dddot{Si} + 3\bar{Al}\dddot{Si}_2) + 3\dot{H}$. Die Analyse von Rammelsberg (I.) und von Sjoegren (II.) ergab:

	I.	II.
Kieselerde	60,14	67,77 — 65,61
Thonerde	25,87	25,17 — 26,09
Talkerde	1,40	0,26 — 0,09
Kalkerde	0,30	0,60 — 0,09
Wasser	5,59	5,82 — 7,08
Eisenoxyd	—	0,82 — 0,70
Manganoxydul	—	0,60 — 0,09

In drei andern Versuchen schwankte der Wassergehalt von 5,62 — 5,77 — 7,29.

Teschemacher glaubt, daß der nach Thomson's Analyse sehr verschiedene Vermiculith von Millbury in Massachusetts mit dem Pyrophyllit identisch ist. Sicherer ist dies vom Pyrauxit Breithaupt's.

4) Agalmatolith (Bildstein, chinesischer Speckstein, Pagodit) kommt nicht krystallisirt vor, nur derb, undeutlich schieferig; im Bruche ausgezeichnet splitterig; fast mild; Härte zwischen 2 und 3; spec. Gewicht = 2,8 — 2,9; gelblichgrau bis perlgrau, isabellgelb bis fleischroth, grünlichgrau bis berg- und ölgrün, matt oder schimmernd, durchscheinend bis kantendurchscheinend; fühlt sich etwas fettig an und klebt nicht an der Zunge. Die frühern Analysen von Klaproth und John entsprechen ziemlich der Formel: $4\bar{Al}\dddot{Si}^2 + \dot{K}\dddot{Si}^2 + 3\dot{H}$, nämlich 55 Kieselerde, 33,1 Thonerde, 7,6 Kali, 4,3 Wasser wobei ein Theil des Kali durch Kalkerde ersetzt wird. Die spätern Analysen weichen zum Theil erheblich davon ab und lassen verschiedene Mineralien vermuthen; sie ergaben:

	I.	II.	III.	IV.	V.
Kieselerde	61,00	72,40	63,287	61,48	62,80
Thonerde	5,00	24,54	0,531	—	0,06
Kalkerde	8,00	—	—	—	—
Talkerde	25,40	Spur	31,919	31,27	31,32
Manganoxydul	0,90	—	0,230	—	—
Eisenoxydul	4,30	2,85	2,267	1,65	1,62
Wasser	—	—	0,783	4,66	4,89

Unter I. ist die Analyse von Holger (Zeitschr. für Physik 1837. S. 1) eines spargelgrünen Agalmatoliths aus China von 2,74 spec. Gew., unter II. Lychnell's Analyse (k. vetensk. acad. handl. 1834. p. 101) eines hellgelben mit 2,73 spec. Gew., unter III. Schneider's Analyse (Erdmann's Journal für prakt. Chemie XLIII, 316) eines hellgrünen chinesischen von 2,763 spec. Gew., endlich IV. und V. nach Scheerer (Poggendorff's Annalen LXXXIV, 321) ölgrüner chinesischer Agalmatolith von 2,78 spec. Gew. — Vor dem Löthrohre brennt sich der Agalmatolith weiß und schmilzt nur an den schärfsten Kanten etwas an; Phosphorsalz zerlegt ihn nicht; in erhitzter Schwefelsäure wird er zersetzt.

Am ehesten und längsten bekannt ist das Mineral in China, wo es zu allerlei Bild- und Schnitzwerken verarbeitet wird; andere Vorkommnisse sind von Nagyag in Siebenbürgen, am Ochsenkopfe bei Schwarzenberg in Sachsen, vielleicht auch bei Schemnitz.

Sehr nahe verwandt mit dem Agalmatolith ist v. Kobell's Onkosin von Tamsweg in Salzburg, bestehend aus 52,52 Kieselerde, 30,88 Thonerde, 6,38 Kali, 3,82 Magnesia, 0,8 Eisenoxydul und 4,0 Wasser.

II. Margarite.

Die Gruppe der Margarite umfaßt eine Anzahl meist seltener und erst in neuerer Zeit erkannter Mineralien, deren primitive heteromere Molecule sind:

$$a = 3\dot{R}_3\dddot{Si} + 2\bar{Al}_2\dot{H} \text{ und}$$
$$b = \dot{R}\dddot{Si} + 5\bar{Al}\dddot{Si} + 3\dot{H}.$$

Je nachdem $\dot{R}$ vorzugsweise aus Talkerde, Eisenoxydul oder Kalkerde gebildet wird, lassen sich die Margarite in drei Abtheilungen sondern, nämlich in Talkmargarite, wohin Seybertit, Xanthophyllit und Brandisit gehören, in Eisenmargarite mit Chloritoid und Masonit, und in Kalkmargarite mit Diphanit, Perlglimmer, Emerylith, Corundellith und Euphyllith. Die Margarite sind theils krystallisirt, theils kommen sie in krystallinischen, blätterigen Massen vor, sind dimorph, nämlich drei- und einaxig und zwei- und eingliederig. Alle besitzen basische Spaltbarkeit und lassen sich leicht in dünne Blättchen zerlegen, welche sehr spröde sind und dadurch sich auffallend vom Glimmer und Lepidolith unterscheiden. In ihrem Vorkommen werden sie von Korund, Smirgel und Chlorit begleitet.

1) Seybertit (Clintonit, rhomboedrischer Perlglimmer, Chrysophan) nur von Amity in New-York bekannt. Krystallinisch, derb, in großblätterigen Aggregaten, deren Individuen nach zwei Richtungen, und zwar sehr vollkommen nach der einen, sehr unvollkommen nach der andern spalten; Härte = 3; spec. Gew. = 3,16; roth, in dünnen Blättchen durchscheinend. Clemson's Analyse entspricht der Formel: $3\dot{R}\ddot{S}i + 2\dot{R}^{3}\bar{A}l^{3} + 2\dot{H}$. Vor dem Löthrohre unschmelzbar; gibt mit den Flüssen farblose Gläser; wird von Säuren leicht angegriffen.

2) Xanthophyllit von G. Rose (Poggendorff's Annalen L, 654) im Talkschiefer der schischimskischen Berge bei Slatoust entdeckt. Krystallisirt, wahrscheinlich hexagonal, bildet über Talkschieferknoten Krusten von einigen Linien Dicke und mit radial breitstengeliger Textur. Die Spaltbarkeit ist sehr vollkommen nach einer Fläche. Härte = 4,5 — 6; spec. Gew. = 3,0 — 3,1; wachsgelb, stark perlmutterglänzend auf den Spaltungsflächen, in dünnen Blättchen durchsichtig. Meitzendorff's Analyse ergab:

Kieselerde	16,30
Thonerde	43,95
Kalkerde	13,26
Talkerde	19,31
Eisenoxydul	2,53
Natron	0,61
Wasser	4,33

Vor dem Löthrohre in der Platinzange unschmelzbar, mit Borax leicht zu grünlichem, durchsichtigem Glase schmelzend, mit Soda zu einer weißen Masse sinternd.

3) Brandisit (Disterrit) von Haidinger (Berichte der Wiener Freunde der Naturwiss. I, 4) nach einem Vorkommen am Monzoniberge im Fassathale zuerst beschrieben, dann von Breithaupt als Disterrit aufgeführt. Krystallisirt in regelmäßigen, sechsseitigen Prismen des rhomboedrischen Systemes; Theilbarkeit nach der Endfläche, optisch-einaxig; sehr spröde; Härte 4,5 — 5 auf der Basis und 6 — 6,5 auf den Randflächen der Tafeln; spec. Gew. = 3,01 — 3,06; lauchgrün bis schwärzlichgrün, in Folge der Verwitterung röthlichgrau bis röthlichbraun; Perlmutterglanz und Glasglanz; dichromatisch, Basis lauchgrün, Axe leberbraun; dünne Blättchen nicht biegsam, nicht elastisch. v. Kobell's Analyse ergab:

Kieselerde	20,00
Thonerde	43,22
Eisenoxyd	3,60
Talkerde	25,01
Kalkerde	4,00
Kali	0,57
Wasser	3,60
Manganoxyd	Spur
Kupferoxyd	Spur
Chlor	Spur

Daraus leitet v. Kobell die Formel her: $\dot{M}g_3\ddot{S}i_2 + \dot{M}g\bar{A}l$. Gibt im Kolben Wasser; von Salzsäure nicht merklich angegriffen, in concentrirter Schwefelsäure aber bei anhaltendem Kochen zersetzbar; vor dem Löthrohre trüb und graulichweiß, unschmelzbar, aber mit Kobaltsolution blau.

4) Chloritoid (Chloritspath, Barytophyllit) findet sich nur in der Nähe von Mramorsk bei Katharinenburg am Ural in Begleitung von Diaspor, Smirgel, dichtem Brauneisenstein und einem Margaritglimmer im grobkörnig-krystallinischen, grauen Kalksteine. Derb, in blätterig oder schuppig krummschaligen Aggregaten, welche zu grobkörnigen Massen verwachsen und deren Individuen nach einer Richtung sehr vollkommen spaltbar sind. Spröde; Härte = 5,5 — 6; spec. Gew. = 3,55; schwärzlichgrün bis dunkel lauchgrün; Strich grünlichweiß, schwach perlmutterglänzend, undurchsichtig und nur in feinen Blättchen durchscheinend. Die chemischen Analysen weichen besonders hinsichtlich des Wassergehaltes von einander ab, was Hermann dadurch erklärt, daß die betreffenden Stücke schon auf der Grube dem Feuer ausgesetzt gewesen sind. Die Analysen ergaben nämlich:

	I.	II.	III.	IV.	V.	VI.
Kieselsäure	24,54	24,10	23,94	23,20	24,93	24,40
Thonerde	30,72	39,80	39,52	40,21	45,02	45,17
Eisenoxyd	17,28	27,55	28,05	27,25	—	—
Eisenoxydul	17,30	—	—	—	30,05	30,29
Talkerde	3,75	?	0,80	0,65	—	—
Wasser	6,38	6,5	7,08	6,07	—	—

Unter I. ist Hermann's Analyse des sibirischen Vorkommens (Erdmann's Journ. für prakt. Chemie LIII, 13), unter II. III. IV. Smith's Analysen des Chloritoids aus Kleinasien von Gumuch-Dagh (Ann. des mines XVIII, 300), die auch noch Spuren von Kalkerde, Titansäure, Mangan, Kali und Natron aufführen, unter V. und VI. die Analysen von Erdmann und Gerathewol (Erdmann's Journ. für prakt. Chemie XXXIV, 454). Vor dem Löthrohre ist der Chloritoid unschmelzbar, von Säuren wird er nicht angegriffen, der kleinasiatische von Schwefelsäure jedoch vollständig zersetzt.

5) Masonit (Masonit) von Jackson auf Rhode-Island in Nordamerika entdeckt (Report on the geol. and agric. Survey of the state of Rhode-Island 1840. p. 88) bildet tafelartige Krystalle im Chloritschiefer; deutliche Blätterdurchgänge nach einer Richtung, die Blätter fest verwachsen; dunkel grünlichgrau; Strichpulver grau; auf den Spaltungsflächen glänzend, von in den Perlmutterglanz geneigtem Glasglanze; Bruch uneben und wenig glänzend; Härte = 6; spec. Gew. = 3,450. Die Analysen von Hermann (Erdmann's Journ. für prakt. Chemie LIII, 15), Jackson und Whitney erwiesen:

Kieselsäure	32,88	33,20	28,27
Thonerde	26,38	29,00	32,16
Eisenoxyd	18,95	—	—
Eisenoxydul	16,17	25,93	33,72
Magnesia	1,32	0,24	0,13
Manganoxydul . . .	—	6,00	—
Wasser	4,50	5,60	5,00

woraus Whitney die Formel: $\dot{F}e^{3}\bar{S}i + \bar{A}l^{3}\bar{S}i + 2\dot{H}$

veriziert. Delesse erklärt jedoch das von Michaelis untersuchte Mineral für Chloritoid.

6) Diphanit von Nordenskiöld (Bullet. acad. Petersbourg V, 260; Poggendorff's Annalen LXX, 554) in den Smaragdgruben des Urals unweit Katharinenburg entdeckt. Krystallisirt in regelmäßigen, sechsseitigen Prismen, kurz säulenförmig oder tafelförmig; Spaltbarkeit basisch sehr vollkommen; sehr spröd; Härte = 5 — 5,5; spec. Gew. = 3,04 — 3,07; weiß, perlmutterglänzend und undurchsichtig auf den vollkommenen Spaltungsflächen, von der Seite gesehen bläulich, glasglänzend und durchsichtig. Vor dem Löthrohre und im Kolben nimmt er eine dunklere Farbe an, gibt einen brenzlichen Geruch und setzt Feuchtigkeit ab, welche auf Curcumapapier keine Einwirkung von Flußsäure zeigt. Für sich allein wird er opak, schwillt an, blättert sich und schmilzt in der innern Flamme zu einem blasenfreien Email. Von Borax wird er leicht zu einem wasserhellen, nach dem Erkalten ins Gelbliche spielenden Glase aufgelöst. Phosphorsalz löst ihn leicht mit Hinterlassung eines Kieselskelets zu einem klaren Glase auf; mit wenig Soda gibt er ein blasiges, an der Oberfläche dunkles Glas, mit mehr Soda ein unschmelzbares Email. Die Analyse von Jerofejeff ergab:

Kieselsäure	34,02
Thonerde	43,33
Kalkerde	13,11
Eisenoxydul	3,02
Manganoxydul	1,05
Wasser	5,34

7) Margarit (Perlglimmer) von Sterzing in Tyrol, krystallisirt monoklinoedrisch, in sechsseitigen Tafeln, jedoch sehr selten, meist in körnig-blätterigen Aggregaten; Spaltbarkeit basisch vollkommen; Härte = 3,5 — 4,5; spec. Gew. = 3; schneeweiß, graulichweiß, röthlichweiß bis perlgrau; Perlmutterglanz, durchscheinend. Schmilzt vor dem Löthrohre an und schmilzt dann; in Säuren zersetzbar. Die Analysen von Du Menil, Hausmann, Hermann und Heintz ergaben folgende Zusammensetzung:

Kieselsäure . . .	37,00	33,50	32,46	29,57
Thonerde	40,50	58,00	49,18	52,08
Eisenoxyd	4,50	0,42	1,34	1,61
Kalkerde	8,00	7,50	7,42	10,79
Talkerde	—	0,06	3,21	0,64
Manganoxyd . .	—	0,03	—	—
Wasser	1,00	—	4,93	3,20
Natron	1,24	—	1,71	0,74
Kali	—	—	0,05	0,44
Fluor	—	—	—	0,13

Die Differenzen sind zu erheblich, als daß man sie für blos zufällige halten dürfte.

8) Emerylith von L. Smith (Am. Journ. of Sc. XVIII, 266) als Begleiter des Smirgels zu Gumuch-Dagh auf Naxos, Nikaria und Nanser, auch in Pennsylvanien und Nordcarolina gefunden. Bildet schmale, wenig elastische Blätter, oft auch weiße, perlmutterglänzende Schuppen, gehäuft zu zerbrechlichen Massen; die Lamellen sind krumm und oft so gruppirt, daß sie ein dreiseitiges Prisma bilden; auch in schieferigen Massen mit unregelmäßigem Bruche. Weiß, metallartiger Glasglanz, in dünnen Blättchen durchscheinend. Härte = 4 — 4,5; spec. Gew. = 2,80 — 3,09. Unlöslich in Säuren; gibt vor dem Löthrohre eine lebhafte Lichterscheinung und schmilzt schwierig an den Kanten, zeigt mit Kobaltsolution blaue Färbung. Die Analyse von Smith aus 9 im Mittel berechnet (I.) und von Craw und Silliman (II. III. IV. V.) der nordamerikanischen Vorkommnisse erwiesen folgende procentische Zusammensetzung:

	I.	II.	III.	IV.	V.
Kieselsäure . .	30,0	30,18	29,09	32,15	29,17
Thonerde . .	50,0	51,40	50,57	54,28	48,40
Zirkonerde . .	4,0	—	—	—	—
Kalkerde . . .	13,0	10,87	11,31	11,36	9,87
Eisenoxyd	3,0	—	—	—	—
Manganoxyd		—	—	—	—
Kali	—	0,54	0,85	?	—
Talkerde . . .	—	0,92	0,62	0,05	1,24
Natron	—	2,23	1,02	?	6,15
Wasser	—	4,52	5,14	0,50	3,99

9) Corundellith, von B. Silliman in Begleit des Korund und Smirgels zu Unionville in Pennsylvanien entdeckt. Bildet scheinbar hexagonale, weißlichgelbe, breitblätterige und spröde Massen, die Blätter leicht spaltbar, aber nicht biegsam, sondern spröde. Härte = 3,5; spec. Gew. = 3,00. Crooke's Analyse ergab:

Kieselsäure	35,708
Thonerde	53,131
Kalkerde	7,271
Kali	1,224
Natron	0,413
Wasser	2,303

Hermann glaubt, daß der Wassergehalt aus ähnlichen Gründen wie bei dem Margarit zu niedrig angegeben sei. Naumann identificirt den Corundellith mit dem Emerylith.

Klingmann's Klingmannit aus Nordcarolina stimmt auffallend überein und besteht nach B. Silliman's Analyse aus 36,360 Kieselsäure, 42,373 Thonerde, 10,141 Kalkerde, 4,462 Talkerde, 1,448 Wasser, 5,000 Natron.

10) Euphyllit, ebenfalls von B. Silliman in Begleit von schwarzem Turmalin bei Unionville entdeckt. Krystallinisch und optisch-zweiartig, in großen lamellaren Individuen; Spaltbarkeit monotom, vollkommen; spröd, nicht elastisch; Härte = 4; spec. Gew. = 2,96 — 3,01; weiß bis meergrün, sehr stark perlmutterglänzend auf den Spaltungsflächen; durchsichtig bis kantendurchscheinend. Gibt im Kolben Wasser, leuchtet vor dem Löthrohre sehr stark, blättert sich auf und schmilzt dann an den Kanten. Die Analysen von Crooke und von Garret ergaben:

Kieselsäure	39,042	45,33
Thonerde	51,376	46,47
Kalkerde	3,193	2,36

Talkerde	1,068	Spur
Natron	0,871	Spur
Wasser	4,503	—

Grin gibt den Wassergehalt auf 5,60 an und Kopp hält denselben für blos zufällig. *(Giebel.)*

GLIMMERSCHIEFER ist eine überaus weit verbreitete, wesentlich aus Quarz und Glimmer bestehende, schieferige Felsart, welche petrographisch sowol als geognostisch mit verschiedenartigen Thonschiefern, mit Chloritschiefer und Talkschiefer in inniger Beziehung steht und mit diesen eine besondere Gesteinsfamilie bildet. Wir beschränken hier jedoch unsere Darstellung nur auf den eigentlichen Glimmerschiefer, da den andern verwandten Gesteinsarten eigene Artikel gewidmet werden.

Die wesentlichen, constituirenden Bestandtheile des Glimmerschiefers sind Glimmer und Quarz, beide so mit einander verbunden, daß das Gestein eine deutliche Parallelstructur oder mehr oder minder vollkommen schieferiges Gefüge hat. Der Glimmer pflegt der vorherrschende Gemengtheil zu sein und bildet theils einzelne, isolirte Schuppen oder Blättchen, welche entweder parallelisch gelagert sind oder aber mehr richtungslos um die Quarzkörner sich gruppiren, ja bisweilen fast senkrecht auf den Structurflächen stehen; — theils zusammenhängende, oft der Länge nach parallel gefältelte Membranen. Seine gewöhnliche Farbe ist eisengrau, grünlichgrau und graulich messinggelb; stellenweise und keineswegs selten erscheint er aber auch eisenschwarz oder silberweiß, seltener rothbraun oder schwärzlichgrün. Allermeist ist es der gemeine oder optisch zweiaxige oder Kaliglimmer, der hier constituirend auftritt, doch kommt an seiner Statt ebenso gar auch der Magnesiaglimmer oder der optisch einaxige vor, ungleich seltener auch der silberweiße, perlmutterglänzende Damourit wie auch der Paragonit und vielleicht noch der Sericit. Naumann vermuthet, daß die wasserhaltigen Glimmerarten' mehr in den obern dem Thonschiefer nahe liegenden Regionen, die wasserfreien Glimmer dagegen mehr in den untern Etagen des Glimmerschieferterrains auftreten. Aus theoretischen Gründen ist diese Vermuthung hinlänglich gerechtfertigt, allein es fehlen unseres Wissens noch alle directen Untersuchungen, so sehr der Gegenstand dieselben auch verdient. Der zweite constituirende Bestandtheil, der Quarz, erscheint in Körnern verschiedener Größe, in eirunden oder linsenförmigen Knollen von wenigen Zollen bis einigen Fuß im Durchmesser oder gar in zusammenhängenden Lagen. Die Farbe des Glimmerschiefers bestimmt hauptsächlich der Glimmer, die weiße oder graue Farbe des Quarzes tritt zumal auf dem Hauptbruche, welcher den Glimmerlagen folgt, ganz zurück und mischt sich auch auf dem Querbruche noch so sehr mit jener, daß sie nicht maßgebend wird.

Das Gefüge des Glimmerschiefers hängt theils von dem schwankenden Mengenverhältnisse der beiden constituirenden Mineralien ab, theils aber auch von deren Form und gegenseitiger Vertheilung. Gemeinlich herrscht der Glimmer vor und bedingt die sehr vollkommene Parallelstructur, aber auch das entgegengesetzte Verhältniß tritt ein, und obwol beide gewöhnliche durch Zwischenstufen sanft in einander übergehen, ist es doch nothwendig erschienen, darnach zwei Varietäten zu unterscheiden, nämlich die glimmerreichen oder quarzarmen Glimmerschiefer und die glimmerarmen oder quarzreichen Glimmerschiefer. Dieser Unterschied ist aber nur ein petrographischer und in geognostischer Beziehung nur selten von beachtenswerther Wichtigkeit.

In dem glimmerreichen Glimmerschiefer, welcher bei weitem der häufigere ist, erscheint der Quarz stets nur in kleinen rundlichen Körnern und meist so ganz zwischen den Glimmerblättchen versteckt, daß er auf dem Hauptbruche gar nicht, auf dem Querbruche nur undeutlich und erst bei näherer Prüfung erkannt wird. Die Quarzkörner verschwinden streckenweise völlig und das Gestein ist dann ein reines Glimmergestein. Der Glimmer bildet in diesen Varietäten kleine isolirte Schuppen und Blättchen, welche meist in nicht ganz parallele Lagen um die Quarzkörner vertheilt, ja in vielen zumal metamorphischen Glimmerschiefern gradezu rechtwinkelig auf die Structurfläche gestellt sind, dadurch wird die schieferige Structur des Gesteines verwischt, es entsteht der schuppige Glimmerschiefer; oder aber der Glimmer zieht sich in große, parallele Membranen aus, zwischen welchen die Quarzkörner, wenn überhaupt vorhanden, eingepreßt sind, dann ist das Gestein vollkommen und dünnschieferig, eigentlicher oder dünnschieferiger Glimmerschiefer.

Der quarzreiche Glimmerschiefer bildet weniger als der quarzarme für sich große Gebirgsmassen und erscheint vielmehr nur in untergeordneten Schichten in jenem. Auch in ihm kann stellenweise wieder der Glimmer gänzlich verschwinden und es entsteht dann ein schieferiger Quarzit. Das Gefüge hängt hier gleichfalls von dem Verhalten der Bestandtheile ab. Sind nämlich die Quarzkörner so von isolirten Glimmerschuppen umgeben, daß diese mehr oder minder parallele Lagen bilden: so entsteht der körnigschuppige Glimmerschiefer, dessen schieferiges Gefüge sehr unvollkommen ist. Erscheint dagegen der Quarz in nuß- bis faustgroßen ellipsoidischen Knoten, von parallelen zusammenhängenden Glimmermembranen umzogen: so haben wir welligschieferigen oder knotigen Glimmerschiefer, der ebenso wenig wie der körnigschuppige in dünnen Platten bricht. Zieht sich endlich der Quarz in besondere, mehr oder weniger dicke Lagen zusammen, zwischen welchen die Glimmerlamellen liegen: so ist das Gestein ein dickschieferiger Glimmerschiefer, der auf dem Querbruche gebändert erscheint und sich in ziemlich vollkommene Platten spalten läßt. Tritt hier der Glimmer ganz zurück, so entsteht Quarzschiefer.

In gewissen, und zwar durch Metamorphose aus Thonschiefer entstandenen Glimmerschiefern enthält der Quarz viele kleine geschlossene Zellchen, welche meist mit Wasser erfüllt sind. Dieses Wasser war im ursprünglichen Thonschiefer vorhanden und wurde bei der vielleicht unter erhöhter Temperatur erfolgten Krystallisation der Bestandtheile eingeschlossen [1]). Grade bei solchen meta-

1) H. C. Sorby, Edinburgh new philos. journ. 1858. IV, 229.

morphischen Glimmerschiefern ist die chemische Zusammensetzung von besonderem Interesse zur Ermittelung des ursprünglichen Gesteines, bei primitivem Glimmerschiefer ist eben nur krystallinischer Glimmer und Quarz vorhanden. G. Bischof und Kjerulf²) haben darauf hin verschiedene Glimmerschiefer analysirt. Die Trennung von Quarz ließ sich nur bei wenigen vollständig bewerkstelligen, es kommt hauptsächlich auch auf die Bestimmung der Basen an, indem der Quarz des ursprünglichen Thonschiefers wahrscheinlich unverändert in den Glimmerschiefer übergeht, während der lagenweise im Glimmerschiefer vorkommende Quarz wie der in Gängen und Adern des Thonschiefers ein Zersetzungsproduct von Silicaten ist. Der Glimmerschiefer wurde (a) mit Schwefelsäure digerirt, der Rest mit Flußsäure behandelt (b), das Ganze ist mit (c) bezeichnet, das in der Auflösung gefundene Eisenoxydul wurde als Oxyd berechnet. Mangan und Fluor wurden nicht berücksichtigt, obgleich sie stets vorhanden sind. Die Kieselsäure blieb gewöhnlich als körnige, nicht gelatinirende Masse zurück. Zur Untersuchung wurde gewählt: 1) bleigrauer Glimmerschiefer aus dem Zillerthale, 2) von Libethen in Ungarn, 3) von Bräunsdorf in Sachsen, 4) von Oravitza im Banat, 5) von Taglisk im Ural, 6) silberweißer, ins Grünliche und Schmutziggelbe ziehender, mit Granaten von Arlberg in Tyrol, 7) von Insbruck, 8) glimmerschieferartiges Gestein von Oberschmottseifen:

	SiO_2	Al_2O_3	Fe_2O_3	CaO	MgO	KO	NaO	Verlust
1) c	55,15	12,68	16,94	—	10,99	2,16	1,24	2,13
2) a	—	9,88	11,08	0,67	3,61	1,28	0,10	—
b	—	4,28	5,64	—	1,81	5,57	0,45	—
c	52,01	18,64	16,72	0,67	5,42	6,66	0,58	2,40
3) a	—	16,02	11,35	—	1,22	2,28	0,80	—
b	—	5,78	4,17	—	0,08	2,14	1,43	—
c	48,72	21,60	15,69	—	1,88	4,46	2,23	3,26
4) a	—	23,58	7,47	—	1,01	3,48	1,56	—
b	—	3,11	1,01	—	0,18	1,04	1,16	—
c	50,88	26,69	8,48	—	1,19	4,52	2,72	4,19
5) a	—	17,86	8,49	4,90	0,66	2,12	1,30	—
b	—	1,12	0,53	—	0,06	0,87	1,10	—
c	56,99	18,88	9,02	4,90	0,75	5,00	2,59	2,48
6) a	—	10,67	8,66	Spur	0,27	0,88	0,55	—
b	—	8,36	4,74	—	Spur	2,08	0,72	—
c	58,37	19,03	13,29	Spur	0,27	2,96	1,27	4,18
7) a	—	1,35	5,50	0,63	1,05	0,09	0,10	—
b	—	4,68	—	—	Spur	0,74	1,08	—
c	81,49	6,03	5,60	0,63	1,05	0,83	1,17	2,89
8) c	51,82	15,60	18,79	2,66	1,77	8,36 (KO + NaO)		

Bischof führt in seiner gehaltreichen Geologie Bd. II noch andere Analysen von Glimmerschiefern auf zur Ermittelung des ursprünglichen Gesteines und Beleuchtung dieses Metamorphismus, dessen Verfolgung uns hier zu weit in den chemischen Theil des Artikels Metamorphismus führen würde.

Außer den wesentlichen Bestandtheilen, dem Glimmer und Quarz, kommen im Glimmerschiefer noch eine große Anzahl verschiedener Mineralien als blos zufällige Einschlüsse vor. Die Menge und Mannichfaltigkeit derselben ändert ganz auffallend ab, ist z. B. an einzelnen Orten im Alpengebirge überraschend groß, im Thüringerwalde dagegen überaus dürftig und kaum der Beachtung werth. Es haben diese zufälligen Vorkommnisse außer ihrem eigenen mineralogischen noch ein besonderes petrographisches und geologisches Interesse, daher wir dieselben im Einzelnen aufsuchen.

Granat ist einer der gemeinsten und am weitesten verbreiteten Einschlüsse, der stellenweise sogar die Bedeutung eines wesentlichen Bestandtheiles sich anmaßt, indem er entweder neben dem Quarz dicht gedrängt auftritt, oder aber geradezu den Quarz völlig verdrängt und ersetzt. Er erscheint bald in rundlichen Körnern von verschiedener Größe, bald in vollkommen ausgebildeten Krystallen, und zwar in Rhombendodekaedern, bis zu 2 Zoll Größe, allermeist von brauner bis blutrother Farbe. Granatenreich ist vor Allem der Glimmerschiefer der Alpen, namentlich im Aillasthale, am Simplon, Lukmanier, im Passeyerthale, Ullenthal, Zillerthal; ferner auch Böhmen, Ungarn, die Tatra namentlich am Fuße des Kriwan, Glatz am Jauersberge, der Kapellenberg bei Friedeberg, Mähren (Granatgraben), Ruhla im Thüringerwalde, Schönbrunn im Fichtelgebirge (grüne Granaten), die Grafschaft Antrim in Irland, Norwegen, der Ural, Nordamerika (Piermont in Neu-England, Lisbon, Montoe u. a. O.). Das Vorkommen des Granates hält sich meist fern von den nächst verwandten Gesteinen, nämlich vom Gneis und vom Urthonschiefer.

Turmalin und Schörl kommen schwarz oder dunkelbraun in langen Säulen und Nadeln, oft büschel- oder sternförmig gruppirt und gewöhnlich zwischen den Glimmerlagen und dem Quarze eingewachsen vor, bisweilen mit blauem Disthen (auch im baierischen Waldgebirge mit Granat vergesellschaftet) und Staurolith (bei Oberwolz in Obersteiermark bei Windham in Maine, Massachusetts, Connecticut u. a. O.) verbunden. Vorzüglich in dem sehr glimmerreichen schuppigen Glimmerschiefer am St. Gotthardt, im Zillerthale, Côte de Ypriac im Departement der untern Loire, Karosulik in Grönland, Glatz am Jauersberge.

Epidot (Pistazit) besonders im quarzreichen Glimmerschiefer bei Friedeberg in Schlesien, Schönbrunn im Fichtelgebirge, in Massachusetts und Connecticut an mehren Orten.

Hornblende, schwarz, in kleinen Nadeln meist büschelweise am St. Gotthardt im Val Canaria, den salzburger Alpen, bei Presnitz in Böhmen, Oberwiesenthal im Erzgebirge, Baireuth an der Sommerleuter, in Perthshire in Schottland, am Snöhättan in Norwegen.

Smaragd, gras- bis blaßgrün in Säulen, oft in Begleit des Turmalin, am hohen Tauern im Habachthale, im Zabaragebirge in Aegypten.

Andalusit, fleischroth, oft in großen Säulen, in Nestern von Quarz oder einfach von Glimmerschuppen umhüllt, bei Lisens in Tyrol, Bodenmais und Herzogau (überhaupt schön und häufig im baierischen Waldgebirge), am Dillenberge in Böhmen, Oberlindewiese in Schlesien,

2) Liebig und Kopp's Jahresbericht über die Fortschritte der Chemie etc. 1851. S. 873.

am Gipfel des Cadern und am Dover Mountain in Irland.

Chiastolith in den Pyrenäen.

Talk und Chlorit, blätter- oder streifenweise dem Glimmer beigemengt und bisweilen diesen gänzlich verdrängend und das Gestein in Chlorit- und Talkschiefer überführend, z. B. im Rosaliengebirge, Leithagebirge.

Feldspath stellt sich ähnlich ein wie der Talk und Chlorit, besonders wo er den Glimmerschiefer in Gneis überführen will, wie häufig im Gebirge zwischen dem Hochgolling und Venediger und vielen andern Gebirgen. Zuweilen treten die Krystalle scharf aus der Masse hervor und geben dem Glimmerschiefer ein porphyrartiges Ansehen, so in der Bretagne an der Straße zwischen Baud und Lomine. Feldspathvorkommnisse finden sich im Erzgebirge, den Alpen (Oberpinzgau).

Graphit erscheint ebenfalls bisweilen in so reichlicher Menge, daß er den Glimmer verdrängt und das Gestein in Graphitschiefer umwandelt, bei Elterlein und Schwarzenberg in Sachsen, Wallis, im Gickainthale in den Pyrenäen, Snöhättan in Norwegen, zwischen Radentheln und Kremsalpe.

Apatit häufig in Massachusetts an vielen Orten, auch zu Piermont.

Flußspath bei Meffersdorf in Schlesien, bei St. Veit nächst Fichtelberg und Schönbrunn im Fichtelgebirge.

Kalk- und Bitterspath in den tyroler Alpen.

Eisenkies häufig im Fichtelgebirge, bei Joachimsthal in Böhmen, Karlsbrunn in Schlesien, Realp im Urserenthale, an der Saustelnalpe im Oberpinzgau, Connecticut, Stafford.

Magneteisen bei Karlsbrunn in Schlesien.

Eisenglanz bisweilen den Glimmer ganz verdrängend und das Gestein in Eisenglimmerschiefer überführend, in Ungarn und der Bretagne und vielen Orten der Vereinigten Staaten. — Brauneisenstein sehr häufig in den Umgebungen des Venediger, wo auch Schwefelkieswürfel häufig sind. — Eisenspath häufig bei Plymouth, Vermont und Sterling in Massachusetts und New-York.

Arsenik gediegener als dünner Ueberzug bei Haverhill in Neuhampshire.

Durch allmäliges Zurücktreten eines oder beider wesentlichen Gemengtheile und Ueberhandnehmen sonst nur zufälliger Einschlüsse geht der Glimmerschiefer gar häufig bald schneller, bald langsamer in andere Gesteine über und fast nirgends, wo er massenhaft auftritt, fehlen solche Uebergänge. Es ist bereits oben des Ueberganges in Quarzitschiefer und Quarzfels durch allmäliges Verschwinden des Glimmers und Vorwalten des Quarzes gedacht. Verschwindet der Quarz und werden die Glimmertheilchen immer kleiner, endlich dem bloßen Auge unsichtbar, so ist das Gemenge kryptokrystallinisch und wird für Thonschiefer ausgegeben. Durch Ueberhandnehmen von sonst blos zufälligen Gemengtheilen entwickeln sich aus dem Glimmerschiefer sehr häufig, sodaß es nicht möglich ist, die einzelnen Localitäten aufzuzählen, folgende Gesteine: durch Feldspath Gneis, durch Chlorit Chloritschiefer, durch Talk Talkschiefer, durch Turmalin Turmalinschiefer, durch Hornblende Hornblendeschiefer, durch Kalkspath Kalkglimmerschiefer, durch Eisenglimmer Eisenglimmerschiefer, durch Graphit Graphitschiefer. Meist geht bei diesen Verwandlungen der Glimmer durch das neu eintretende Mineral verloren und der Quarz verschwindet erst später. Da der Uebergang gar oft ein ganz allmäliger ist: so sind einzelne Handstücke solcher Gesteine schwer zu bestimmen, zumal wenn der verdrängte und der verdrängende Bestandtheil in gleichem Verhältnisse stehen.

Hinsichtlich der Lagerungsform zeichnet den Glimmerschiefer stets eine sehr deutliche Schichtung aus, die Schichtflächen der Schieferung parallel liegend. Die Ultraplutonisten wollen freilich die Schichtung nur als eine grobe Schieferung gelten lassen, doch nur um die neptunistische Auffassung der Schichtung hier zu beseitigen. Die Schichten selbst sind von sehr verschiedener Mächtigkeit und gar nicht selten starken Bänken gleich, freilich auch bisweilen so dünn, daß sie mit der Schieferung zusammenfallen. Bald sind sie ebenflächig ausgedehnt auf weite Strecken hin, bald aber wellenförmig, sattel- oder muldenförmig gebogen, bisweilen zickzackartig gefaltet oder ganz außerordentlich bis ins Verworrene gewunden. Diese höchst eigenthümliche Schichtenwindung ist zwar dem Glimmerschiefer nicht ausschließlich eigen, mehre dünnschieferige Mergelgesteine besitzen sie ebenfalls, doch nicht so häufig und nicht leicht in so ausgedehntem Grade; sie läßt sich nur durch sehr gewaltsamen Druck noch vor der Erhärtung der Gesteinsschichten erklären. Die Störungen, welche die Schichtenlage erlitten hat, äußern sich nicht selten auch in einer sogenannten fächerförmigen Stellung und in der dach- oder giebelförmigen. In ersterer gehen die aufgerichteten Schichten nach Oben strahlig aus einander und lassen sich ganz treffend mit Falten eines Fächers vergleichen, in der dachförmigen Stellung dagegen weichen die steilen Schichten nach ihrem untern Ende hin aus einander und bleiben am obern Ende in einem Winkel eng verbunden. Beide Stellungsverhältnisse, die fächerförmige jedoch ungleich häufiger, trifft man an vielen Orten in den Alpen, so in den Umgebungen des Finsteraarhorns, des St. Gotthardt, am Selvretta, am salzburger und kärnthner hohen Tauern. Ueberall steht hier der Glimmerschiefer im innigsten Zusammenhange mit Gneis und demnächst mit Granit, diese bestimmen seine Lagerungsverhältnisse. — Gangartig setzt der Glimmerschiefer in andere Gebirgsmassen nur äußerst selten auf. Credner 3) gedenkt eines bis 3 Fuß mächtigen Glimmerschieferganges auf dem Jablkopfel bei Lengholz im Draunthale, welcher 55—60 Grad NO fallend die nur 15 Grad gegen Norden geneigte Schichten des Glimmerschiefers unter bedeutendem Winkel durchschneidet und in seinem Gesteine dem Nebengesteine ganz ähnlich ist. Derselbe beobachtete einen zweiten Glimmerschiefergang ebenfalls im Glimmerschiefer oberhalb Schwaig bei Spital, 3—4 Fuß

3) Bronn's Neues Jahrbuch f. Mineral. rc. 1850. S. 513.

mächtig mit 60 Grad südlichem Einfallen, während sein Nebengestein 25 Grad südwestlich einfällt.

Ueberaus reich ist der Glimmerschiefer an besondern Einlagerungen. „Keine Gebirgsart," sagt L. v. Buch [1]) vom Glimmerschiefer Schlesiens, „enthält eine so große, unzählbare Menge fremdartiger Lager als dieser Schiefer; keine in Schlesien die Menge von Erzen und die Mannichfaltigkeit verschiedener Mineralien, welche in dieser Gebirgsart alle Arten von Lagerstätten ausfüllen. In den meisten Gegenden geht man kaum eine halbe Stunde weit, ohne ein neues Kalklager anzutreffen, und an vielen Orten sind sie so gehäuft, daß man an manchen Bergen zweifelhaft wird, ob der Glimmerschiefer oder der Kalkstein das vorwaltende Gestein ist." Andere große Glimmerschieferregionen stimmen in dieser Beziehung mit dem schlesischen überein. Kalksteinlager sind fast in allen Glimmerschiefermassen anzutreffen theils als Lager, theils als Lagerstöcke, in sich selbst meist ungeschichtet, seltener geschichtet, den Schiefern gewöhnlich ganz regelmäßig eingelagert und bisweilen mit ihnen an der Grenze durch Wechsellagerung oder gegenseitige Verwebung aufs Innigste verbunden. Nur in einzelnen Fällen werden merkwürdige Abnormitäten des Verbandes beobachtet. Sie gewinnen bisweilen eine ungeheure Längenausdehnung und sind oft innerhalb gewisser Regionen gruppirt oder in Züge an einander gereiht. Der Kalkstein pflegt weiß oder hellfarbig und sehr krystallinisch zu sein und führt viele der im Glimmerschiefer selbst vorkommenden zufälligen Mineralien; dunkelfarbige Kalksteine sind seltener. Nach Charpentier und Boubée bilden in dem östlichen Theile der Pyrenäen die Kalksteinlager, deren körniges weißes oder graues Gestein Couzeranit, Dipyr, Chiastolith, Glimmer, Talk und andere Mineralien führt, einen Zug von 25 Stunden Länge und einer Stunde Breite, und eines derselben läßt sich von Hellette bis Itziasson vier Stunden weit verfolgen. Im Glimmerschiefer des Fichtelgebirges erstrecken sich die Kalksteinlager von Hohenberg über Thiersheim bis jenseits Wunsiedel, bilden also einen nur wenig unterbrochenen Zug von fast vier geographischen Meilen Länge. Nach Macculloch tritt am Loch Laggan in Schottland ein sehr weit fortsetzendes Kalksteinlager auf, welches im Hangenden und Liegenden viele Hornblende aufnimmt und endlich in Hornblendeschiefer übergeht. Nach Hitchcock zieht sich das größte aller Kalksteinlager auf dem nordwestlichen Abfalle der Alleghany's von Canada bis nach Alabama kettenartig hin. So große Kalksteinlager setzen meist aus dem Glimmerschiefer in die nächst folgenden hangenden und liegenden Gebirgsmassen, in den Gneis und Thonschiefer über, was auch bei unbedeutenden Lagern schon hier und da vorkommt. Sehr reich an kleinen und größern Kalksteinlagern und dünnen Kalksteinschichten ist auch der Glimmerschiefer der Alpen. Von ihren abnormen Verbandverhältnissen führt Naumann interessante Beispiele aus Sachsen auf. So wird bei Raschau unweit Schwarzenberg auf der Grube fester Schlägel ein bis sechs Fuß mächtiges Lager von schönem weißem Kalkstein abgebaut, welches zwar im Ganzen dem Glimmerschiefer parallel eingelagert ist, stellenweise aber so unregelmäßige Verzweigungen in denselben hineintreibt und so viele eckige Bruchstücke desselben umschließt, daß man an der Gleichzeitigkeit beider Gesteine fast zweifeln möchte. — Gar nicht selten sind Eisenerzvorkommnisse wie häufig an die Kalksteinlager des Thonschiefers, so auch an die des Glimmerschiefers gebunden. So werden die bedeutenden Lager am südlichen Abfalle des Fichtelgebirges bei Thiersheim, Sinnatengrün und Arzberg im Hangenden von Brauneisenerz begleitet. Dasselbe Vorkommen beobachtete Fiedler an mehren Kalksteinlagern in Griechenland, z. B. zwischen dem Cap Sunium und dem Laurlongebirge, in diesem letztern selbst, auf der Insel Serpho und anderwärts. Das Brauneisenerz ist in den meisten, wenn nicht allen Fällen aus Eisenspath entstanden, der im Laufe der Zeiten sich umgewandelt hat. Eisenspath selbst tritt noch mit manchen Kalksteinlagern auf und geht nach Oben allmälig in Brauneisenstein über, eine Erscheinung, die sich an andern ältern und jüngern Bildungen wiederholt. Ein ausgezeichnetes Beispiel der Art bietet Lölling unweit Hüttenberg in Kärnthen; hier umschließt nämlich der Glimmerschiefer vier sehr mächtige Kalksteinlager, welche in fast gleichen Entfernungen auf einander folgen, der dritten mächtigsten Kalksteinmasse sind mehre große Lenticularstöcke von Eisenspath eingelagert, der in der Tiefe noch unverändert geblieben, nach Oben aber fast durchaus in Brauneisenstein umgewandelt, übrigens aber wie der Kalkstein mit vielen Glimmerschuppen durchstreut ist. Aehnliche Eisenspathlager kommen bei Friesach auf der Grenze des Glimmerschiefers und Kalksteines, sowie bei Wölch unweit Wolfsberg, theils im Hangenden, theils im Liegenden, theils auch innerhalb des dem Glimmerschiefer eingelagerten Kalksteines vor. Außer den Eisenerzlagern hält sich auch der Graphit oft an den Kalkstein, theils in mehr oder minder reiner Art, theils nur als graphitische Schiefer. Derartige Verhältnisse werden unter Anderem in Mähren (bei Hradek und Frain) und in Nordamerika beobachtet. Bei Worcester in Massachusetts tritt im Glimmerschiefer ein 2 Fuß mächtiges Graphitlager auf, welches hauptsächlich aus Graphit und anthracitähnlicher Kohle besteht, etwas Eisenkies führt und voll gestreifter Rutschflächen ist. Dwight und Eaton erklären diesen Glimmerschiefer für ein metamorphisches Gebilde der Uebergangsformation.

Nicht alle Kalksteinlager des Glimmerschiefers, zumal die der ältern Angabe, bestehen aus kohlensaurem Kalk, gar Manches ist dolomitisch und selbst reiner krystallinischkörniger oder fast dichter Dolomit. Für einzelne Lager Schlesiens haben die Analysen von Klaproth und Karsten die dolomitische Natur außer Zweifel gesetzt. Auch die Kalksteinlager der Gegend von Wunsiedel und Redwitz bestehen zum großen Theile aus Dolomit, welcher bei Sinnatengrün einen förmlichen Mantel um den Kalkstein bildet. Bei Lengefeld im Erzgebirge liegt ein

1) Geognostische Beobachtungen auf Reisen durch Deutschland und Italien I, 45.

mächtiger Dolomitstock im Glimmerschiefer; der Dolomit ist hier nach Naumann's Beobachtungen fein- und kleinkörnig, weiß, meist hart und fest, selten mürbe und sandig, fast durchaus ungeschichtet und führt bisweilen Zinkblende, Bleiglanz, Tremolit, Talk und Nester von fleischrothem Hornstein. Ein zweites Lager findet sich im Heidelbachthale unweit Wolkenstein, bedeckt von sehr festem dichten Grünstein. Auch die mächtigen Kalklager bei Oberwölz im südwestlichen Theile von Obersteiermark sind in ihrer östlichen Hälfte in feinkörnigen, ungeschichteten, sehr zerrissenen Dolomit verwandelt, welcher nach der Analyse 44 Proc. kohlensaure Magnesia und 54 Proc. kohlensauren Kalk enthält.

Eine ungleich seltenere Erscheinung sind die Gypslager, deren einige in den Alpen im Glimmerschiefer auftreten. So am hohen Berge nördlich von Winklern in Kärnthen nach Credner's Beobachtung; es ist ein feinkörniger weißer, hier und da mit Talkblättchen gemengter, durchaus ungeschichteter Gyps auf grünlichweißem Glimmerschiefer und von Quarzschiefer bedeckt, an seiner liegenden Grenze von Dolomitmassen begleitet, welche sich einerseits in den Gyps, andererseits in den Schiefer verzweigen. Die unmittelbar angrenzenden Schieferschichten sind gekrümmt und aufgerichtet und schmiegen sich der unregelmäßigen Grenzfläche des Gypsstockes an. Längst bekannt und von hohem Interesse ist die sehr mächtige Gypszone in der Umgebung des St. Gotthardts, welche sich aus dem Canariathale bis nach Bedretto hinzieht, an 4000 Fuß Mächtigkeit hat und aus weißem feinkörnigen, oft mit Talkblättchen gemengten Gyps besteht.

Schon bei Aufzählung der zufälligen Bestandtheile des Glimmerschiefers haben wir des Vorkommens der Erze gedacht, selbige häufen sich bisweilen in einzelnen Schichten ungemein und dürfen diese alsdann als Lager betrachtet werden. Außerdem aber kommen auch Erzgänge, und zwar sehr reiche im Glimmerschiefer vor. Es setzen in ihm auf die weltberühmten edlen Gänge von Kongsberg, die goldführenden von Adelfors in Schweden, die Gänge von Kupferberg und Giehren in Schlesien, die Quecksilber führenden von Szlana und die Kupfergänge von Libethen in Ungarn. Häufiger als die Gänge sind aber die Erzlager. Der talkschieferähnliche Glimmerschiefer bei Oberrochnau am südlichen Abfalle des Riesengebirges enthält nach Zobel und v. Carnall eine unermeßliche Menge von Eisenkies eingesprengt, auf welchem ein Vitriolwerk arbeitet. Am Hakelberge zwischen Zuckmantel und Würbenthal ist nach v. Oeynhausen früher auf einer mit Erzen imprägnirten, 3—7 Fuß mächtigen Glimmerschieferschicht Bergbau betrieben worden, und zwar auf goldhaltigen Eisenkies, Magnetkies, Zinkblende, gold- und silberhaltigen Bleiglanz und Arsenikkies, auf welchen Erzen noch Hornblende, Chlorit, Serpentin, Asbest, Kalkspath, Strahlstein, Epidot und Granat vergesellschaftet waren. Bei Querbach in Schlesien ist eine drei Lachter mächtige Zone des Glimmerschiefers mit Glanzkobalt erfüllt, meist in ganz feinen, dem Auge nicht erkennbaren Theilen, während zugleich Zinkblende, Kupferkies, Eisenkies und Bleiglanz theils derb, theils eingesprengt vorkommen. Der granatführende Glimmerschiefer von St. Marcel im Thale von Aosta ist so reichlich mit Kupferkies gemengt, daß seine wesentlichen Bestandtheile oft ganz zurückgedrängt werden. Die Goldführung des Glimmerschiefers ist sehr häufig an die in ihm auftretenden Quarzlager gebunden, so die sehr wichtige in Virginien, in Nord- und Südcarolina und in Georgia. Die Brauneisenerze finden sich außer der bereits erwähnten Verknüpfung mit den Kalksteinen auch noch unabhängig von diesen als selbständige Einlagerungen. Ein solches Lager wird bei Schellenberg in Sachsen auf der Grube Vater Abraham abgebauet. Bei Bourbon in der Vendée tritt nach Dufrenoy ein mehre Stunden langer Lagerzug von kieseligem Brauneisenerze und im südlichen Ural kommen nach G. Rose häufig große Ablagerungen dieses Erzes vor, welche alle Eisenhüttenwerke an der Kussa und an der Tesma speisen. In den Vereinigten Staaten sind ebenfalls mehre Brauneisensteinlager bekannt, so bei Salisbury und Kent in Connecticut, bei Beekmann, Fishkill, Dover, Amenia in New-York, bei Richmond und Lenox in Massachusetts. Auch an Lagern von Magneteisenerz hat der Glimmerschiefer keinen Mangel. Der Talkglimmerschiefer des Banates führt deren sehr mächtige, andere sind von Ehrenfriedersdorf in Sachsen bekannt, welche zugleich Granat, Strahlstein und einige Kiese enthalten. Ein sehr mächtiger Stock von Magneteisen mit Serpentin und Talkgesteinen verwachsen steht bei Traversella in den grajischen Alpen, wo bei Brosso auch Lager von Eisenglimmer und Schwefelkies auftreten. Lager von Glanzeisenerz und Rotheisenerz erwähnt Beudant von Prakendorf in Ungarn, v. Oeynhausen am südlichen Abfalle des Altvaters, in den Thälern der Oppa und Mora bei Bergstadt, Eisenberg, Klein-Mora und Würbenthal, meist mit mehren andern Erzen. Aehnliche Lager kommen bei Kallendorf und Zmirnig vor. Die berühmten und kolossalen Glanzeisenerzstöcke der Insel Elba stehen ebenfalls im Glimmerschiefer, welche mehre Geologen für metamorphosirten Macigno erklären. Ein Lager silberhaltigen Bleiglanzes führt v. Oeynhausen bei Bergstadt in Oberschlesien an, ein anderes L. v. Buch bei Merzberg in Landeck, welches aus einem Gemenge von kleinkörnigem Bleiglanz, Kupferkies, gelber Zinkblende und Quarz besteht. Die die schönen Braunbleierze führenden Bleierzgänge bei Bleistadt in Böhmen gehören gleichfalls unserer Gebirgsart an. Bei Carthagena in Spanien schiebt sich nach Pernolet's Angabe zwischen Porphyr und Glimmerschiefer ein weit fortsetzendes Lager eines grünlichweißen geschichteten Gesteines, welches reich an silberhaltigem Bleiglanz, Eisenkies und Zinkblende ist und schon im Alterthume abgebauet wurde. Ein mächtiger, hauptsächlich Bleiglanz und Eisenspath führender Erzstock steht bei Kirlibaba unweit Jakobeny in der Bukowina, wo der Glimmerschiefer auch Lager von Rotheisenstein, Magneteisen, Kupferkies, Schwefelkies führt. Kieslager, besonders Eisenkies, Kupferkies und Zinkblende führend, wurden ehedem im Glimmerschiefer der Gegend von Elterlein und Geyer in Sachsen abgebaut. Die Kupfererzlagerstätten von Schmöllnitz, Göllnitz, Libethen und Rosenau in Ungarn gehören sämmtlich dem Glimmerschiefer an und bei Szlana im gömörer Comitate treten ausgedehnte Lenticularstöcke darin auf, auf welchen gediegenes Merkur, Zinnober mit Fahlerz, verschiedenen Kiesen und Baryt einbrechen.

Wie Kalkstein und Dolomit in den gewaltigsten Stöcken und Zügen im Glimmerschiefer auftreten: so erscheinen noch andere Gesteinsarten so massenhaft in demselben entwickelt, daß man sie nicht mehr für bloße Einlagerungen, sondern für coordinirte Gebirgsglieder erklären muß. Doch bemißt die Geognosie ihre Formationsglieder nicht mit mathematischer Genauigkeit, sondern läßt die Grenze zwischen Coordination und Subordination ganz unbestimmt. Diese Unbestimmtheit spricht sich besonders in dem Auftreten des Quarzits und Quarzschiefers im Glimmerschiefer aus. Die Quarzite sind so recht eigentlich im Glimmerschiefer zu Hause. Sie haben hier in der Regel einen sehr krystallinischen Habitus und erscheinen theils als reine, körnige bis dichte, theils als glimmerhaltige Quarzite und als Quarzschiefer, welche letztere sich allmälig aus dem Glimmerschiefer entwickeln. Ihre Färbung pflegt weiß, überhaupt hell zu sein, grau, gelb oder roth, in feinkörnigen und dichten Varietäten auch wol mit einer nebeligen, gestreiften oder gebänderten Zeichnung versehen. Die glimmerreichen Abänderungen sind gar nicht selten mit einer ausgezeichnet linearen Parallelstructur charakterisirt. Für die Oberflächengestaltung des Glimmerschieferterrains werden die Quarzite mit ihrer unverwüstlichen Härte überaus wichtig und ragen als Kegel und Hörner, Zacken und Kämme hervor. Einzelne Orte ihres Vorkommens aufzuführen möchte bei ihrer allgemeinen Verbreitung überflüssig sein. Ueberaus selten dagegen findet sich Kieselschiefer in dem Glimmerschiefer vor, und ebenso seltene Einlagerungen sind die Smirgellager am Ochsenkopfe bei Schwarzenberg in Sachsen, sowie die gleichen auf der Insel Naxos und in Kleinasien.

Ein ganz besonderes sowol geognostisches als geologisches Interesse hat das Einschlußverhältniß des Glimmerschiefers zum Thonschiefer und zum Gneis, welche drei Gebirgsarten die Hauptglieder der Urformation constituiren. Jede derselben kommt als besondere Einlagerung in den andern beiden vor. Der Glimmerschiefer führt Einlagerungen von Thonschiefer und von Gneis und diese von ihm. Einzelne dieser Lager sind unzweifelhaft durch Metamorphosirung entstanden, andere bekunden sich ebenso sicher als ursprüngliche Bildungen. Die beschreibende Geognosie schildert aus jedem Gebiete der Urformation derartige Einlagerungen. Eine ebenfalls erhebliche Wichtigkeit beanspruchen ferner die untergeordneten Lager von Chlorit- und Talkschiefer. Ersterer z. B. erscheint bei Bernstein in Ungarn und an vielen Orten in Schottland; ein interessantes Lager erwähnt G. Rose an der Rasimskaja am Ural, welches reich an Granat, Diopsid, krystallisirtem Chlorit, Vesuvian, Apatit, Titanit und Magneteisenerz ist. Ebendaselbst findet sich in der Schischimskaja ein Lager von Talkschiefer. Andere Beispiele solchen Vorkommens bieten die Alpen, Talkschiefer besonders schön, zugleich auch Serpentinlager in den grajischen Alpen nach Studer's Beobachtungen. Demnächst verdienen die Einlagerungen von Hornblendeschiefer, von Diorit und Dioritschiefer Beachtung. Die erstern sind in Schlesien häufig, zwischen Rudolstadt und Jänowitz, bei Ober- und Niederhaselbach, Schreibendorf, Neuwaltersdorf und in Landeck, nicht minder häufig in Norwegen und mehrern andern Gebieten. Die dioritischen Gesteine kommen ungleich seltener vor, ebenso der Serpentin, welcher bei Reichenstein in Schlesien durch seinen Gehalt an Arseneisen und Magnetkies, und bei Dobschau in Ungarn durch reiche Kobalterze und Kupfererze bekannt sind. Als ein ganz isolirtes Vorkommen ist das Scapolithgestein zu erwähnen, welches nach Hitchcock bei Canaan in Connecticut zwischen Glimmerschiefer und Kalkstein ein acht Meilen langes Lager bildet.

Die Bergformen des Glimmerschiefers pflegen auf den Höhen gewöhnlich sanft gerundet, wellig zu sein, nur im Hochgebirge bildet er gemeinschaftlich mit dem Gneis Zacken, scharfe Grate und Kämme. Die Thäler schneiden tief ein und steilen ihre Seitenwände oft gewaltig. Die Configuration ist um so wilder und kühner, je quarzreicher der Glimmerschiefer ist und je steiler seine Schichten überhaupt aufgerichtet sind. Die Felsen des Adlersteines, des langen Steines und Lampersberges im lengefelder Walde unweit Marienberg, der Gipfel des Schatzensteines bei Elterlein, die Klippen bei Krottendorf und andere Punkte des erzgebirgischen Glimmerschieferterrains liefern Beispiele für diese Felsengestaltung, die man in Böhmen, Schlesien, den Alpen, Pyrenäen und allen übrigen Gebieten unserer Felsart antreffen wird. Die demselben entrinnenden Quellen führen meist ein sehr reines Wasser und eigentliche Mineralquellen und Thermen hat der Glimmerschiefer nicht grade viel aufzuweisen. Die Verwitterung greift mechanisch zerstörend zumal die quarzärmeren Abänderungen scharf an, indem sie das schieferige blätterige Gefüge auflockert und die Lamellen und Schuppen löst. Die quarzreichen Varietäten trotzen länger. Die chemische Auflösung erfolgt sehr schwer und sehr langsam, daher erklärt sich das ungemein häufige Vorkommen des Glimmers in den klastischen Gesteinen aller neptunischen Formationen. Der Boden, welchen der verwitterte Glimmerschiefer liefert, ist weder dem Waldwuchse, noch der Cultur besonders günstig, er überzieht sich sehr langsam mit einer Pflanzendecke; nur wo er mit Urthonschiefer und Gneis wechsellagert und selbst Feldspath führt, erzeugt die Verwitterung einen fruchtbaren Glimmerboden, der einen üppigen Waldwuchs nährt.

Der Glimmerschiefer bildet ein sehr wesentliches Glied der Urformation, worüber der Artikel Gneis speciellere Auskunft geben wird, hat eine überaus weite Verbreitung und mächtige Entwickelung und geht in die interessantesten Verhältnisse ein. Seine Stellung in der Urformation nimmt er zwischen dem Gneis und dem

Thonschiefer, aber er wechsellagert nicht selten mit beiden und verdrängt auch wol auf weite Strecken hin diese beiden Glieder und constituirt dann allein oder in Gemeinschaft mit Chlorit-, Talk- und Hornblendeschiefer die ganze Formation. Darnach schwankt natürlich seine Mächtigkeit ungemein, erreicht aber doch in grössern Gebirgsketten meist mehre Tausend Fuß. Dem Gneis als dem ältern Formationsgliede sich innig anschließend nimmt er an allen Ablagerungsformen und Lagerungsverhältnissen desselben Theil; wo dieser seine Schichten horizontal ausbreitet, lagert er sich concordant darüber, wo der Gneis fächerförmig aufgerichtet ist, legt der Glimmerschiefer als Mantel an die äußersten Fächerschichten sich an. Indessen gehört der Glimmerschiefer keineswegs ausschließlich dem Gneis oder der Urformation an, auch spätere neptunische Formationen haben ihn aufzuweisen.

Bei Münchenberg am Fichtelgebirge lagert nach Cotta's Beobachtungen[5]) ein ansehnliches, 8 □Meilen großes Gneis- und Glimmerschiefergebilde ganz gleichförmig auf den Grauwackenschiefern. Der Gneis sowol als der Glimmerschiefer ist petrographisch durchaus nicht von dem primitiven zu unterscheiden und die Schichten der sedimentairen Schiefer schießen ringsum unter dieselben ein. So verführerisch hier auch der Gedanke an einen Metamorphismus der letztern ist: so spricht doch gegen eine solche Annahme, daß die Grenzen von Gneis und Glimmerschiefer nach den meisten Seiten hin scharf abgeschnitten sind und keine Uebergänge bieten, daß in beiden wie im Grauwackengebiete dieselben Amphibolgesteine auftreten.

Westlich von Freiberg bei Molendorf in Sachsen liegen über den Schichten der silurischen Grauwackenbildung und unter den Conglomeraten der Kohlenformation nach Naumann's Untersuchungen[6]) zwei mächtige Gneislager mit mehrfachen Uebergängen in Glimmerschiefer und in Grünsteinschiefer. Die Auflagerung ist unzweifelhaft und Uebergänge in Grauwackenschiefer fehlen auch hier durchaus. Im Gebiete des wildenfelser Uebergangsgebirges südöstlich von Zwickau wiederholt sich diese interessante Erscheinung. Ueber den Schichten der Uebergangsformation tritt eine Gesteinsablagerung hier auf, welche westlich von Grünau mit einer hohen Kuppe beginnend durch das schönauer Thal hindurchsetzt und ohne Unterbrechung in nordwestlicher Richtung bis jenseits des Lobthales zu verfolgen ist. Auf jener Kuppe ist das Gestein theils dichter und selbst blasiger Grünstein, theils eine flaserige hornblendeschieferähnliche Masse. Letztere geht durch Aufnahme von grünem Glimmer oder Chlorit erst in hornblendigen Chloritschiefer, hierauf durch allmäligen Austausch des grünen Glimmers gegen grauen in langflaserigen und endlich in breitblätterigen, undulirten Glimmerschiefer über, sodaß diese letzten Gesteine zu beiden Seiten des schönauer Thales vorwalten. Der Glimmerschiefer enthält bisweilen etwas Feldspath und wird dadurch gneisähnlich. — In Norwegen kommen ganz ähnliche Lagerungsverhältnisse vor[7]); aus dem Rosaliengebirge beschreibt sie Czjzek[8]).

Noch jüngere Glimmerschiefer werden in den Alpen beobachtet. So erscheint in Graubünden am Ausgange des Val Tuors bei Bergün ein aus Gneis und Glimmerschiefer bestehender Schichtenfächer eingekeilt zwischen rothem Sandstein, welcher wiederum von den Kalksteinen und Dolomiten des Albula und der Rabeschkette umgeben wird. Doch verdienen nicht alle Angaben von solch jüngern Bildungen unbedingtes Vertrauen. Scheerer ließ ein Stück angeblichen liasinischen Glimmerschiefers mit Granaten und Belemniten analysiren und erhielt kohlensaure Kalkerde, Magnesia und Quarz, also einen dolomitischen Kalk mit vielen eingemengten Quarzpartikeln. Es ist nicht erwähnt, ob das untersuchte Stück von jenem dunkelgrauen kalkreichen, granatenführenden Glimmerschiefer des Nufenenpasses stammte, auf dessen weiße Belemniten schon Charpentier im J. 1816 aufmerksam machte. Dieser Schiefer steht unmittelbar an hellfarbigem Gneis an und geht abwärts im Wallis in einen großflaserigen porphyrartigen Gneis über. Escher fand auch Belemniten im Glimmerschiefer an der Furka, Studer am Lukmanier, wo ich vergebens darnach suchte. Das wären liasinische Glimmerschiefer.

Obwol der Glimmerschiefer nur ein Glied der Urformation bildet und daher seine geographische Verbreitung bei dieser und zugleich dem Gneis angegeben wird: so müssen wir hier doch im Allgemeinen wenigstens auf seinen wichtigen Antheil an der Bildung der festen Erdrinde aufmerksam machen.

In Norwegen beherrscht der Glimmerschiefer mit Ausnahme der Lofoden und der äußersten Westküste den ganzen Landstrich vom 67. bis 70. Breitengrade. L. v. Buch, Naumann und Keilhau geben specielle Auskunft über denselben. In Schottland constituirt er den größten Theil des nördlich einer von Stonehaven nach der Insel Arran gezogenen Linie liegenden Landes; in Irland gewinnt er besonders in den Grafschaften Donegal und Londonderry an Bedeutung.

In den teutschen Gebirgen spielt der Glimmerschiefer zum Theil eine sehr bedeutende Rolle. Im Harze zunächst als besonderes Formationsglied ganz fehlend begegnen wir ihm zuerst im nordwestlichen Theile des Thüringerwaldes, wo er die Berge um Ruhla constituirt und eine Gneisgranit-, sowie eine Porphyrinsel umschließt, selbst aber von jüngern Formationen begrenzt wird. Bedeutender noch entwickelt er sich im Fichtelgebirge, wo er gemeinschaftlich mit Gneis, aber diesen gar beträchtlich überwiegend, den großen Granitkern umgürtet, jedoch nur in sanften Hügelketten. Auch im Erzgebirge umsäumt er als mächtiges Gebirgsglied die Feldspathgesteine, den Granit und Gneis, und geht nach Oben oft allmälig in Thonschiefer über. An der Südseite dieses Gebirges hebt sich aus ihm die Granulitformation hervor. In Böhmen spielt er dieselbe bedeu-

5) Bronn's Jahrbuch für Mineralogie u. 1843. S. 171.
6) Bronn's Jahrbuch für Mineralogie u. 1851. S. 514.
7) Keilhau, Gäa Norvegica I. S. 277. 284.
8) Jahrb. d. k. k. geol. Reichsanst. V, 512.

trade Rolle, indem er dessen Gebirgskranz ringsum constituiren hilft und große Ausläufer in das Innere des Beckens sendet. An den erzgebirgischen Theil schließen sich die großartigen Partien der Gebirge von Eger und Elbogen, wo er die höchsten Kuppen constituirt, dann die Tepler und von hier fortziehend in den pilsener Kreis, mächtig übergreifend nach Baiern. Dann treffen wir ihn ostwärts im Riesengebirge und den Sudeten, wo er den Granit umsäumt, den ganzen weiten, von engen Thälern durchzogenen südlichen böhmischen Abhang bildet, häufig von gangartigen Ausläufern des Granits durchschnitten, und schlesischer Seits eine noch größere, durch die vielen und großen Kalklager charakterisirte Ausdehnung gewinnt. Im böhmisch-mährischen Grenzgebirge erscheint der Glimmerschiefer als Hauptgestein. Weiter nach Westen zunächst am Spessart und Odenwalde tritt er dagegen ganz zurück. Am Spessart bildet er nur den Hahnenkamm bei Alzenau, Michelbach, Geiselbach, Huckelheim und Bieber, am Odenwalde ebenfalls dem Gneis untergeordnet lagert er in den Umgebungen von Beerfelden bis gegen Schafheim hin. Auch im Schwarzwalde erscheint er blos in untergeordneten Lagern im Gneis. — In Spanien fehlt der Glimmerschiefer zwar in keinem krystallinischen Gebirge; allein meist tritt er gegen den Gneis und Thonschiefer sehr zurück. So ist er an der Südseite der Pyrenäen auffallend beschränkt, bildet aber auf deren Kamme und an der Nordseite einzelne größere Streifen, in dem galizischen Gebirge gewinnt er mehr Terrain und in Estremadura überwiegt er sogar seine Begleiter und sendet von hier gewaltige Ausläufer mit gleichfalls steiler Schichtenstellung bis Andujar, Aldea und Montoro. In der Sierra de Avila und Guadarrama läßt er sich wieder vom Gneis sehr zurückdrängen. Auch im Süden der Halbinsel spielt er wieder eine Rolle, zumal in der berühmten Sierra Almagrera, die er fast allein constituirt. — In den Alpen nimmt der Glimmerschiefer wiederum in Gesellschaft des Gneises einen vorragenden Theil an dem Gebirgsbaue, meist die Gehänge und Nebenketten der Centralkette bildend, jedoch so innig mit seinen Verwandten verbunden, daß eine scharfe Abgrenzung nur an den wenigsten Orten möglich ist, daher seine Verbreitung besser bei der des Gneises zu verfolgen ist. So in der Schweiz, den tiroler und oberkärnthner Alpen. Selbständiger erscheint er in den Voralpen. In Ungarn treffen wir ihn südlich vom Tatragebirge, dann in der Bukowina, viel mächtiger aber entwickelt in der riesigen Kette des Ural, deren südlichen Theil nebst dem Taganai er hauptsächlich zusammensetzt. Auch in den großen Gebirgsketten Asiens fehlt er nicht. In Afrika zeigt er sich hier und da, z. B. im Kupferbezirke des Namaqualandes, am Elephanten- und am Orangeflusse. Ueber sein Auftreten in Neuholland liegen nur wenige specielle Beobachtungen vor, welche aber nur das Vorkommen bestätigen. In den Gebirgen Nord- und Südamerika's gewinnt er dagegen stellenweise wieder eine ungeheure Ausdehnung. Wie in allen großen Gebirgsketten vereinigt er sich auch hier mit Gneis, Granit und Hornblendeschiefer, um in Südamerika den größten Theil der östlichen Länder zu beherrschen und im nordöstlichen Theile noch mehr zu dominiren, in den Cordilleren ebenfalls keine untergeordnete Rolle zu spielen. In Nordamerika bestehen die größern Gebirge ebenfalls aus krystallinischen Gesteinen nebst der Urformation und der Glimmerschiefer constituirt ein hervorragendes Glied in der letzteren bis nach Grönland hinauf. (*Giebel.*)

GLINDITIONES werden von Plinius III, 26 als eine der kleinen dalmatischen Völkerschaften aufgeführt, d. h. als eine kleine civitas, deren Name noch gegenwärtig in Glinbigue erkannt werden soll. Vergl. Sickler 1. Th. S. 465. (*Krause.*)

GLINKA, Name einer ausgebreiteten, in dem Gouvernement Smolensk und namentlich in den Umgebungen der gleichnamigen Hauptstadt desselben angesehenen, durch Bildung hervorragenden russischen adeligen Familie, aus deren Mitte mehre Männer hervorgingen, welche ihrem Vaterlande mit Auszeichnung in militairischen und anderen Kreisen dienten, dabei zugleich, wissenschaftlich gründlich gebildet, besonders im Fache des Militairwesens und als Dichter und Musiker, ein bleibendes Gedächtniß ihrer Namen sich gründeten. Zu diesen, bei denen sich jedoch weder die Grade der Verwandtschaft, in der sie zu einander standen, noch durchgängig die Todestage und Jahre mit Bestimmtheit angeben lassen, gehören der Zeitfolge nach diese:

Glinka (Sergi Nicolajewitsch v.), geb. 1771. Zunächst auf dem Gymnasium in Smolensk ausgebildet, später in die kaiserliche Cadettenschule, in deren Bestandliste ihn die Kaiserin Katharina II. bei einem Aufenthalte in Smolensk eigenhändig eintrug, aufgenommen, trat er als Officier in die Armee und nahm 1799 mit Majorsrang seinen Abschied, um ausschließlicher seinen literarischen Beschäftigungen leben zu können. Er fixirte sich in Moskau und ließ sich neben seinen schriftstellerischen Arbeiten die Ausbildung junger Leute angelegen sein. Aus diesem in einander greifenden Beschäftigungskreise, in welchem sein sanftes, liebenswürdiges Wesen ihn überall anziehend und willkommen machte, ging seine „Russische Geschichte für die Jugend" (14 Bde. 2. Aufl. Moskau 1822.) und seine „Lectüre für Kinder" (12 Bde. Moskau 1821 fg.) hervor, welche ihm durch ganz Rußland einen geachteten Namen als Jugendschriftsteller verschafften. Von 1808—1821 war er Redacteur des zu Moskau erscheinenden „Russischen Boten," in welchem sich viele wichtige Materialien zur russischen Geschichte befinden. Auch veranstaltete er eine Uebersetzung von Young's „Nachtgedanken" und auf eigene Hand versuchte er sich als Dichter in mehren versificirten Dramen, die auch in theatralischer Aufführung mit Beifall aufgenommen wurden.

Glinka (Gregor Andrejewitsch v.), geb. 1774, gest. zu Moskau den 12. Febr. 1818. Mit einer guten Schulbildung ausgerüstet und durch körperliche Wohlgestalt empfohlen, trat er 1789 als Page in die kaiserliche Hofhaltung ein und ward 1797 zum Officier im Semenowski'schen Infanterieregimente befördert. Da ihm das

Kriegshandwerk nicht zusagte, ward er bereits 1790 in dem Ministerium der auswärtigen Angelegenheiten angestellt und fungirte alsdann eine Zeit lang als Büchercensor in Kronstadt. Im J. 1802 ward er als Professor der russischen Sprache an die Universität Dorpat berufen und bekleidete diesen Posten bis zum Jahre 1811, wo er durch die ehrenvolle Wahl Kaiser Alexander's I. zum Begleiter der Großfürsten Nikolas und Michael auf ihren Reisen durch Rußland und ins Ausland ernannt ward. Von 1813 an bis zu seinem Tode hatte er sich Moskau als wesentlichen Aufenthaltsort erwählt. Als Schriftsteller war er vielfach thätig und beliebt. Er veranstaltete theils aus Zeitschriften theils aus gelegentlichen Publicationen eine „Sammlung von poetischen und prosaischen Schriften" (Petersb. 1802. 2 Bdchn.), welche ihn sehr populair machte. Als Geschichtsforscher trat er in der Schrift: „Die älteste Religion der Slaven" (Drewnaia Religia Slavianu. Mitau 1804.) auf. Sein „Elementarbuch der russischen Sprache zum Gebrauch der Kreisschulen in Lief-, Esth-, Kur- und Finland" (Mitau 1806.) bewährte sich durch langjährigen nützlichen Gebrauch in den ihm zugedachten Kreisen. Ein Familiengemälde in 4 Acten: „Die Tochter der Liebe," führte ihn auch auf das Theater, wo es noch jetzt gegeben wird. Bald nach seinem Tode erschien in dem Journal russe de la Société impériale philanthropique von 1818 seine „Beschreibung der Galerie der Eremitage in St. Petersburg." Der deutschen Sprache sowie der französischen völlig mächtig, verpflanzte er größere und kleinere Schriften aus diesen Idiomen auf russischen Boden. Aus dem Deutschen gehört hierher: H. Storch, Jahrbücher der Regierung der Kaiserin Katharina II. (Petersburg 1801.); F. Rambach, Ueber den Sieg bei Preußisch-Eylau (Dorpat 1807.) u. a. m. Aus dem Französischen übersetzte er: *Gaillard*, Rhétorique à l'usage des jeunes demoiselles (Petersb. 1797) und *Manstein*, Mémoires contemporains sur la Russie, historiques, politiques et militaires (Dorp. 1810. 2 Voll.).

Glinka (Fedor Nikolajewitsch v.), geb. 1788. Auch er erhielt in der Cadettenschule zu Smolensk seine literarische und militairische Vorbildung, trat bereits 1803 als Officier in die Armee und machte 1805 den österreichischen Feldzug mit. Aus Vorliebe zu literarischen Beschäftigungen nahm er den Abschied und zog sich auf ein Landgut im Smolenskischen zurück, um sich ganz den Wissenschaften zu widmen. Im Kriege mit Frankreich 1812 trat er wieder in die Armee ein und nahm zuerst als Adjutant des Generals Miloradowitsch, später in der Garde an dem Feldzuge bis 1814 Theil. Nach dem ersten pariser Frieden ward er mit dem Range als Oberst dem Kriegsgouverneur von Petersburg beigeordnet; der Theilnahme an geheimen Verbindungen verdächtig, mußte er die Hauptstadt eine Zeit lang meiden, ward jedoch auch in seinem Exile zu Petrosawodsk am Onegasee als Collegienrath beschäftigt. Schon 1816 kehrte er nach Petersburg zurück und war neben seinen übrigen amtlichen Geschäften zugleich Präsident der in jenem Jahre gestifteten freien Gesellschaft der Freunde der russischen Literatur. Ehrenvoll quiescirt, verlebte er seine letzten Lebensjahre theils in Petersburg, theils auf seinen Gütern im Smolenskischen, und sein gastfreies Haus bildete den Mittelpunkt der besten Gesellschaft. Ausgezeichnet steht er besonders als militairischer Schriftsteller Rußlands da. Seine „Briefe eines russischen Officiers über die Feldzüge von 1805—1806 und 1812—1815" (Moskau 1815—1816. 8 Bdchn.), seine Biographie „Chmelnizki oder das befreite Kleinrußland" (Petersb. 1819. 2 Bde.) und sein „Geschenk für russische Soldaten" (Petersb. 1818.) stehen noch jetzt in verdienter Achtung. Auch als Dichter ist er von Bedeutung. In der Kriegszeit wußte er durch seine feurigen Gedichte, die meist einen religiösen Anstrich haben, seine Landsleute und Kriegsgenossen zu begeistern. Sie sind in seinen „Erinnerungen aus dem Jahre 1812" gesammelt; auch seine poetischen Uebertragungen der Psalmen, der Propheten und des Buches Hiob befestigten seinen Ruf als Dichter, nicht minder seine „Allegorischen" Versuche, beides aus dem Jahre 1826 stammend. Sein populair gewordenes Gedicht: „Karelien, oder die Gefangenschaft der Martha Johannowna" (Petersb. 1830.) bietet viele reizende nordische Naturschilderungen, und seine poetischen „Skizzen über die Schlacht bei Borodino" (Petersb. 1839.) lassen noch keine Austrocknung seiner poetischen Ader gewahr werden. Nach dem Urtheile und Gefühle der Kunstkenner zeichnen sich seine Verse durch Reinheit der Sprache und Adel der Gedanken aus; nur haben sie ihm den Vorwurf nicht erlassen wollen und können, daß er sich nicht frei genug von einem Fatalismus gehalten habe, wie er sich etwa in der deutschen Literatur in Müllner's Schicksalstragödien ausgeprägt hat.

Glinka (Michael v.), geb. 1804, gest. zu Berlin den 15. Febr. 1857, einer der ausgezeichnetsten russischen Musiker. Er war in Petersburg als Hofkapellmeister und Director der Oper und des Hofkirchenchors angestellt. Seine Oper „Unser Leben für den Zaren" (Zarskaja Shisn), die 1837 zuerst in Petersburg aufgeführt und mit größtem Beifalle aufgenommen ward und sich fortwährend auf dem Repertoir erhält, wird als die erste volksthümliche russische bezeichnet; schon früher hatte die Composition der russischen Nationalhymne, zu welcher Schukowski den Text geliefert, ihn populair gemacht. Michael Glinka hatte seine musikalischen Studien im Auslande gemacht, namentlich bei Siegfr. Wilh. Dehn (gest. den 12. April 1858 als Kustos für die musikalische Abtheilung der königl. berliner Bibliothek); ihn suchte Glinka, ernsten und strebsamen Sinnes, wie er war, auch in vorgerückten Jahren wieder auf, um die Composition in den alten Kirchentonarten zu studiren und lebte in Berlin in so klösterlicher Zurückgezogenheit, daß erst der ihn unvermuthet antretende Tod Vielen seinen Aufenthalt in der preußischen Residenz zur Kunde brachte. (*J. E. Volbeding.*)

GLINSK, Landstadt im Gouvernement Poltawa, an der Ssula, zählte im Jahre 1861 3610 Einwohner und hat 4 Kirchen. (Dr. *Possart.*)

GLINSKI. Der Tatarenfürst Leksada, wie es heißt ein Abkömmling des Mamay, ließ sich für den Dienst des Großfürsten Withold von Lithauen gewinnen, erhielt in der Taufe den Namen Alexander und wurde mit Glinsk, in der Statthalterschaft Tschernigow, mit Glinzy und Poltawa belehnt. Seine Nachkommen, die Fürsten von Glinski, machten noch viele Erwerbungen und gegen Ausgang des 15. Jahrhunderts war unter den lithauischen Großen nicht einer so angesehen, so mächtig, so reich an Besitzungen, so freigebig in der Belohnung empfangener Dienste, so furchtbar seinen Feinden als Michael Glinski. In Teutschland erzogen, hatte er teutsche Sitten angenommen, lange Zeit unter dem Herzoge Albrecht von Sachsen, auch in Italien dem Kaiser Maximilian gedient. Mit dem Ruhme eines tapfern und klugen Ritters kehrte er in sein Vaterland zurück, und fand in K. Alexander von Polen einen Freund, der ihm alle Geheimnisse seines Herzens anvertraute. Solche Liebe und Anhänglichkeit vergalt Glinski durch die wichtigsten Dienste. Als der plötzliche Einfall der mächtigen Heerschaaren von Mengli-Girey Lithauen mit Schrecken erfüllte, K. Alexander auf dem Sterbebette, beinahe im Angesichte des Feindes, die Großen und das Volk zu einer der Gefahr entsprechenden Anstrengung aufforderte, warf Glinski sich zu Roß, es schaarten sich um ihn, die zum Siege zu führen er gewohnt war, und auch diesmal hat er durch den glänzendsten Sieg die letzten Augenblicke des sterbenden Monarchen erheitert. Es schwiegen die Neider, aber der Tod Alexander's löste die Zungen. Es wurde ausgesprengt, Glinski sei damit umgegangen, des Throns sich zu bemächtigen, habe dem Nachfolger, dem K. Sigismund, die Huldigung verweigert. Zabrzezinski vornehmlich verfolgte ihn mit Haß und Verleumdung. Unablässig bat Glinski den neuen König, zwischen ihm und Zabrzezinski Schiedsrichter sein zu wollen. Dieser zögerte aber, indem er den Feinden Glinski's günstig war, bis dieser die Geduld verlor und trotzig sprach: „Herr, wir beide, du und ich, werden es bereuen, aber zu spät." Und damit begab er sich mit seinen Brüdern Johann und Wasilius nach Turow, der ihm unterthänigen Stadt am Przypiec, dahin entbot er Vettern und Freunde, und von dort aus forderte er von K. Sigismund volle Genugthuung in bestimmter Frist zu leisten. Das Gerücht von solcher Verstimmung verbreitete sich bis Moskau, wo man Alles wußte, was in Lithauen vorging. Ungesäumt ließ der Großfürst Wasilij Johannowitsch den drei Brüdern Schutz, Gnade und Belohnung anbieten. Noch erwarteten sie eine Entscheidung von Seiten des Königs. Diese blieb schließlich aus, und die Glinski erklärten feierlich das mit dem Großfürsten der Moskau eingegangene Dienstverhältniß, wogegen Wasilij versprach, die Städte in Lithauen, welche sie als Lehen inne hatten, oder die in der Folge freiwillig oder gezwungen sich ihnen unterwerfen würden, durch seine Waffen ihnen zu erhalten. Von beiden Seiten wurde dieser Vertrag beschworen, und sofort zog Michael Glinski aus, seinen Feind Zabrzezinski aufzusuchen. Dieser wurde auf seiner Burg in der Nähe von Grodno betroffen, und Glinski hieb ihm eigenhändig den Kopf ab. Es hat dieser noch viele andere Herren geschlachtet, aus Edelleuten, Dienern und Miethlingen ein Truppencorps auf teutschen Fuß errichtet, Mozyr eingenommen, Bündnisse abgeschlossen mit Mengli-Girey, der für ihn Kiow einzunehmen verhieß, und mit dem Hospodar der Moldau. Es wird erzählt, die Glinski seien des Willens gewesen, das Großfürstenthum Kiow wieder herzustellen und solches als unabhängige Herrschaft zu besitzen; bereits hätten mehre der dortigen Bojaren ihnen den Treueid geleistet, Michael sei damit umgegangen, sich mit Anastasien, der Witwe des Simeon Olelkowitsch zu vermählen, um damit ein Recht zu dem Fürstenthum zu erlangen; allein die tugendhafte Anastasia, von Abscheu für seinen Verrath erfüllt, habe Nichts davon hören wollen. Vor der Hand war für Glinski das Dringendste, die Vereinigung mit dem moskowitischen Hülfsheere zu erreichen. Sie erfolgte an der Beresina (1508), und es wurde Minsk belagert, eine weite Strecke bis nach Wilna hin verwüstet, während andere Abtheilungen der Moskowiter in gleicher Weise das Gebiet von Smolensk heimsuchten und ein drittes Heer Orsza belagerte. Von Minsk ablassend, wendete Glinski sich nach Druja, erzwang von dem dortigen Fürsten den Treueid für Rußland und stieß endlich zu dem Belagerungsheere von Orsza. Ein Sturm stand in Aussicht, da erschien, von K. Sigismund geführt, der Entsatz und vorsichtig wichen die Belagerer auf das linke Dnieperufer, um auf einen schlaffen Vertheidigungskrieg sich zu beschränken. Trotz des verfehlten Feldzugs fand Michael Glinski in Moskau die glänzendste Aufnahme. Feste wurden ihm zu Ehren gegeben, Geschenke an reichen Gewändern, Rüstungen und persischen Pferden ihm dargebracht, er schmauste bei Hofe, erhielt mehre Güter, darunter die Städte Maloi Jaroslawez und Medün im Kalugaschen. Michael's Brüder waren in Mozyr geblieben, ihre Schätze aber, und die bedeutendsten ihrer Anhänger, die Fürsten Demetrius Schischewski, Iwan Oseretzki und Andreas Lukomski hatten sie nach Potschep in Severien gesendet, und wegen solcher Zersplitterung seiner Streitkräfte mußte Michael sich von dem Großfürsten Volk für die Hut von Turow und Mozyr erbitten. Aber seine Bemühungen, Wolhynien, das Kiowsche, wo er zahlreiche Freunde und Anhänger zu haben sich schmeichelte, in den Aufstand zu verwickeln, fanden keinen Fortgang, das gemeine Volk blieb gleichgültig, die Bojaren wünschten zum Theil dem Michael glücklichen Erfolg, wollten sich aber durch eine Empörung nicht ins Verderben stürzen, sehr wenige führten ihm ihr Volk zu, daß er kaum 2—3000 Reiter unter seinen Befehlen vereinigte. Die Städte blieben dem Könige getreu, und daß er in einen Krieg sich eingelassen, von dem kein Vortheil zu hoffen war, erkannte auch der Großfürst. Er bequemte sich, um Frieden zu erhalten, zu einigen Abtretungen. In dem Instrument wird der Glinski nicht gedacht, doch sollte, laut mündlicher Zusagen, ihnen der Uebertritt nach der Moskau freigegeben werden. Sie hatten deshalb ihres Mißvergnügens kein Hehl, und

K. Sigismund theilte dem Großfürsten mit, daß Michael nicht nach Moskau verlange, sondern mit seinen Schaaren in die Steppe fliehen werde, um zu günstiger Zeit an beiden Reichen Rache zu nehmen, daß aber ein polnisches Heer auf dem Marsche sei, um die Aufrührer zu züchtigen. Wasilij bat den König, sie nicht zu beunruhigen und freies Geleit nach Rußland zu bewilligen. In Thränen zogen sie nebst allen den Ihrigen über die Grenze, von den Lithauern bedauert, doch mehr noch gefürchtet, von den Russen nicht geliebt. Der Großfürst allein erwies ihnen Freundlichkeit und Auszeichnung, weil er dereinst noch ihrer sich zu bedienen hoffte. Nicht lange, und K. Sigismund bereute, daß er die Glinski hatte ziehen lassen, er verlangte ihre Auslieferung. Diese wurde verweigert, und der abschlägige Bescheid war eine der Veranlassungen zu neuem Kriege mit Polen. Michael Glinski folgte dem Großfürsten, als dieser am 19. Dec. 1513 von Moskau auszog, um den Feldzug mit der Belagerung von Smolensk zu eröffnen. Die Stadt hielt jedoch nicht nur diese, sondern auch eine zweite Belagerung aus, und nur auf des Michael Glinski Betrieb entschloß sich der Großfürst zu einem dritten Zuge, der, wie es der Ueberläufer verheißen, mit der Einnahme der Stadt am 1. Aug. 1514 endigte. Wesentlich hatte diesen Erfolg Glinski befördert, indem er seine Kenntniß deutscher Kriegskunst benutzte, um deutsche und böhmische Söldner, Artilleristen und Bauverständige, welche die Straße durch Liefland benutzten, für den Dienst des Großfürsten zu gewinnen, noch mehr aber durch die geheimen Verbindungen, die er in der belagerten Stadt anzuknüpfen gewußt hatte. Dafür war ihm der Besitz von Smolensk zu Erblehen versprochen; als er aber auf der Erfüllung des Versprechens bestand, lachte der Großfürst des leichtgläubigen Knechtes. Während hierauf der Großfürst nach Dorogobusch zurückging, stand Michael mit einem besondern Corps bei Orscha. Der Hoffnung, in Smolensk zu regieren, verlustig, höchst unzufrieden mit seiner Stellung an dem moskowitischen Hofe, voll Sehnsucht nach dem Vaterlande, knüpfte er mit K. Sigismund eine geheime Unterhandlung an, und willig hat dieser dem reuigen Sünder verziehen und ihm Huld und Gnade verheißen. Nach der getroffenen Verabredung sollte das lithauische Heer in Eilmärschen den Ufern des Dniepers, wo unbezweifelter Sieg verheißen ward, zuziehen. Dasselbe hatte beinahe Orscha erreicht, da stieg in der Nacht Glinski zu Roß in der Absicht, die Vorposten der Landsleute zu erreichen. Ein ungetreuer Diener verrieth dieselben aber dem russischen Woiwoden Bulgakow-Golitz, und in Eile verfolgte dieser den Flüchtling. Davon hatte Glinski keine Ahnung, hielt sich vielmehr dermaßen sicher, daß er seinem bewaffneten Gefolge einen Vorsprung von einer halben Stunde abgewann. In solcher Isolirung erreicht und ergriffen, wurde er dem Großfürsten in Dorogobusch vorgeführt. Leugnen konnte er nicht, denn aus seiner Tasche wurden Sigismund's Briefe hervorgezogen. Des Todes gewiß, sprach er kühn von seinen Diensten, von der Undankbarkeit Wasilij's. Derselbe ließ ihn schließen und als einen Staatsgefangenen nach Moskau abführen.

Sein Leben wurde jedoch geschont, und er erscheint 1530 an der Spitze des gegen die Kasaner ausgeschickten Heeres. Dies verdankte er der Tochter seines [illegible] Wasilius. Der Großfürst Wasilij hatte sich von [illegible] kinderlosen Gemahlin Solomonie (Salome) scheiden [illegible]. Nachdem Wasilij sein Ehebündniß getrennt hatte, [illegible] er nach den Gesetzen der Kirche zu keinem zweiten schreiten. Der Mann, dessen Frau mit seiner Bewilligung ins Kloster geht, muß selbst auf die Welt Verzicht [illegible]. Allein der Metropolit gab seinen Segen und [illegible] vermählte sich zwei Monate darauf (1526) mit der [illegible]stin Helene, einer Tochter Wasilij Glinski's, zur großen Bestürzung der russischen Bojaren, welche das Ge[illegible] eines ausländischen Verräthers einer solchen Ehre [illegible] würdig hielten. Vielleicht wurde diese Wahl nicht durch die Schönheit der Braut allein entschieden; es ist [illegible], daß Helene, erzogen in einem berühmten Fürsten[illegible] und in deutscher Lebensweise, deren sich ihr [illegible] Michael rühmte, mehr Annehmlichkeiten des Geistes [illegible] als die damaligen jungen Russinnen, die nur in Ke[illegible]heit und in den sanften bescheidenen Tugenden [illegible] Geschlechts unterwiesen waren. Einige glaubten, [illegible] Großfürst habe sich aus Achtung für Michael Glinski's Verdienste mit seiner Nichte vermählt, um seinen [illegible] in ihm einen zuverlässigen Rathgeber und [illegible] hinterlassen. Doch dieses ist weniger wahrscheinlich; [illegible] Michael saß nachher noch über ein Jahr im Gefängniß, bis er endlich durch Helenens eifrige Verwendung [illegible] frei wurde. Zum ersten Male Mutter den 25. Aug. 1530, hatte sie am 3. Dec. 1533 des Gemahls Ableben zu beweinen. Michael Glinski stand demselben in den letzten Augenblicken bei. Helenens Bruder, [illegible] Glinski, hatte dem sterbenden Großfür[illegible] zugetragen, auf daß es des Vaters Segen empfange. Helene wälzte sich in Verzweiflung auf dem Boden. Der Großfürst suchte sie mit den Worten zu trösten: „Mir ist besser, ich fühle gar keinen Schmerz.“ Darüber sich ermannend, fragte Helene: „Wem läßt du nun dein armes Weib und deine Kinder anvertrauen?“ und Wasilij antwortete: „Iwan überkommt die Herrschaft, dir habe ich, nach der Väter Gewohnheit, ein besonderes Witthum ausgesetzt.“ Die allgemeine Trauer um Wasilij's frühzeitiges Ende wurde nicht wenig erhöht [illegible] die Betrachtung, was aus dem Reiche werden [illegible]. „Niemals hatte Rußland einen so jugendlichen [illegible] gehabt, niemals hatte es, wenn wir die [illegible] nahe fabelhafte Olga ausnehmen, das Staats[illegible] den Händen einer jungen Frau gesehen, die noch [illegible] eine Ausländerin und von dem verhaßten [illegible] Geschlechte war. Auf dem Throne gäbe es keinen Ver[illegible]räther. Man fürchtete aber Helenens Unerfahren[illegible], natürliche Schwächen und ihre Vorliebe zu den [illegible], deren Name nach Verrath klang. Die Großfürstin [illegible] sich auf den Bojarenrath, da sahen die erfahrensten [illegible] des Throns; zwei Männer aber schienen, wegen [illegible] besondern Einflusses auf das Gemüth der Reichs[illegible]serin, wichtiger als alle andern zu sein: nämlich [illegible] Oheim, der ehrsüchtige, kühne Greis, Michael Glinski, den Wasilij selbst zu ihrem ersten Rathgeber bestellt hatte, und der junge Stallmeister, der Bojar und Fürst Owtschina-Telepnew-Obolenski, der im Verdachte eines zärtlichen Vernehmens mit Helenen stand." Daß die Besorgnisse nicht ungegründet waren, ergab sich nur zu bald. Am 11. Dec. 1533 wurde Jury Johannowitsch, des verstorbenen Großfürsten Bruder, nebst allen seinen Bojaren verhaftet, um im Kerker am 21. Aug. 1536, wie es hieß, den Hungertod zu sterben. Ein ähnliches Schicksal traf seinen jüngern Bruder Andreas. Seine Bojaren, Rathgeber und treuesten Diener wurden zur Folter geschickt und starben mehre in der Marter, andere im Gefängnisse. Iwan Bielski und der Fürst Worotinski, sammt ihren Söhnen wurden eingekerkert, und es ergab sich bei dieser Gelegenheit, daß Michael Glinski, den man für die Seele, den Lenker des geheimen Raths gehalten, weder Andere stürzen noch sich selbst retten konnte. „Dieser Mann besaß Großmuth und rechtfertigte durch sein unglückliches Ende Wasilij's Zutrauen zu ihm. Michael, der mit Verdruß Helenens unbesonnene Schwäche für den Fürsten Iwan Telepnew-Obolenski sah, welcher, im Besitze ihres Herzens, auch den Rath und das Reich beherrschen wollte, soll mit seiner Nichte von der Schande der Sittenlosigkeit, die überall, auf dem Throne aber, wo das Volk Tugend sucht, um die selbstherrschende Macht zu rechtfertigen, doppelt verächtlich sei, kühn und fest gesprochen haben. Man hörte ihn nicht, fing an, ihn zu hassen und beschloß, ihn zu verderben. Telepnew machte den Vorschlag, Helene willigte ein, und Glinski, eines erdichteten ungereimten Anschlags, sich des Reiches zu bemächtigen, beschuldigt, wurde der Freiheit und bald darauf auch des Lebens beraubt, in demselben Gefängnisse, wo er schon früher gesessen hatte (der Sage nach wurde er geblendet und zu Tode gemartert, 1534); ein Mann, der durch Verstand und wilde Leidenschaften, Glück und Elend berühmt war, Magnat und Verräther zweier Reiche, den Wasilij um Helenens willen begnadigt, und Helene nachher des Lebens beraubt hatte, der sich in demselben Kerker, wo er den Tod als Verräther zu leiden verdient hatte, des Ruhmes eines hochherzigen Dulders würdig machte! Glinski wurde ohne alle Ehrenbezeigungen in der Kirche zum heiligen Nikita, jenseits der Neglina, begraben; allein man besann sich, nahm ihn aus der Erde und führte ihn in das Kloster zur Dreieinigkeit, wo man dem Oheime des Großfürsten ein würdigeres Grabmal bereitete." So hatte man in den ersten vier Jahren von Helenens Regierung im Namen des jungen Großfürsten zwei leibliche Brüder seines Vaters und den Oheim seiner Mutter ums Leben gebracht, seinen Vetter ins Gefängniß gestürzt und eine Menge angesehener Geschlechter, unter denen sich die Fürsten Obolenski, Pronski, Chowanski, Paletzki befanden, durch die öffentliche Bestrafung der Bojaren des Andreas beschimpft. Helene, welche bei der Minderjährigkeit des Selbstherrschers die verderblichen Folgen der Schwäche fürchtete, hielt Grausamkeit für Festigkeit, ergab sich zu einer und derselben Zeit den Süßigkeiten einer ungesetzlichen Liebe und der Wuth eines blutdürstigen Grolles.

Zum Glück befanden sich die Nachbarn nicht in der Lage, von dergleichen Verkehrtheiten Vortheil zu ziehen. Mit Schweden und den Teutschherren in Liefland wurde Waffenstillstand geschlossen. Ein matter Krieg mit Polen führte zu dem Waffenstillstande von 1537. Die Einfälle der Krimer, die Unruhen in Kasan waren ohne Bedeutung. Dagegen setzte Helene im Innern einige nützliche Einrichtungen durch, wozu insbesondere gehört die Erbauung neuer Festungen, von welchen die Sicherheit des Reichs abhängig sei. Schon Wasilij hatte den Kreml für die Volksmenge von Moskau zu enge, und zur Vertheidigung gegen einen feindlichen Angriff unzureichend gefunden, und die Hauptstadt mit einer neuen weitern Mauer umgeben wollen. Die Ausführung seines Entwurfs blieb Helenen vorbehalten, und am 20. Mai 1534 fing man an, aus der Neglina, um die Vorstadt herum, wo alle Kaufmannsladen und Märkte waren, einen tiefen Graben bis zur Moskwa zu ziehen. Die Bedienten des Hofes und des Metropoliten, die der Bojaren und alle Einwohner, nur die Beamten und vornehmen Bürger ausgenommen, arbeiteten dergestalt, daß man im Juni fertig war. Das Jahr darauf, den 16. März 1535, legte Petrok der Kleine, ein italienischer Renegat, den Grund zu einer Steinmauer und zu vier Thorthürmen. Diese Stadt wurde auf tatarisch Kitay, die Mittelstadt, genannt. Noch hat Helene die Stadt Messchen, Buigorod, die Festung Balachna und Pronsk gegründet. Wladimir, Jaroslawl, Twer, durch Feuersbrünste in Asche gelegt, wurden neu aufgebaut, Temnikow nach einer bequemern Stelle verlegt, Ustjug und die Sophienstadt in Nowgorod mit einer Mauer umgeben, Wologda befestigt und erweitert. Aus Litthauen wurden durch Verleihung von Ländereien, Steuerfreiheit, Privilegien neue Ansiedler herbeigezogen. Helene untersagte den Umlauf des beschnittenen unächten, des alten Geldes überhaupt, befahl es einzuschmelzen, und aus einem Pfunde Silber 6 Rubel ohne irgend einen Zusatz zu prägen, ließ die Falschmünzer, die Kipper und Wipper hinrichten, ihnen die Hände abhauen und geschmolzenes Blei in die Kehle gießen. Das Gepräge auf den Münzen blieb dasselbe; der Großfürst zu Pferde, aber nicht wie bisher, mit dem Schwerte, sondern mit der Lanze (Kopje) in der Hand, daher die Benennung der Kopeken. Allein Helene konnte weder durch die Resultate ihrer auswärtigen Politik, noch durch lobenswürdige Verfügungen im Innern des Reichs das Volk gewinnen. „Die Tyrannei und ihre gesetzwidrige, schon landkundige Liebe zu dem Fürsten Iwan Telepnew-Obolenski erregte Haß und sogar Verachtung gegen sie. Auf den Straßen zwar schwieg das Volk, desto mehr aber sprach man im engen, für Tyrannen unzugänglichen Familien- und Freundeskreise von dem Unglücke, Ausschweifungen auf dem Throne zu sehen. Die Reichsverweserin, welche die Welt und ihr Gewissen zu betrügen suchte, stellte mit dem Großfürsten häufige Wallfahrten in die Klöster an, allein die Heuchelei verdient auch nur ein erheucheltes Lob und wird vor dem unerbittlichen Richterstuhle der Sittlichkeit zu einer neuen Anklage. Zu der Stimme der beleidigten Tugend gesetzte sich auch die des Neides. Telepnew allein war im Rathe und im Reiche der wahrhaft Gewaltige, andere Aeltere waren nur dem Namen nach Bojaren; Niemand hatte Verdienst, wenn er dem Günstlinge nicht zu Willen leben konnte. Man wünschte eine Veränderung, und die an Jahren junge, an Gesundheit blühende Großfürstin starb plötzlich," 3. April 1538. Herberstein äußert unumwunden, sie sei vergiftet worden. Sie wurde an demselben Tage im Himmelfahrtkloster beerdigt. Von ihrer Krankheit sagen die Chroniken kein Wort, nicht einmal, daß der Metropolit für sie das Todtenamt gehalten habe. Die Bojaren und das Volk zeigten, wie es scheint, nicht die mindeste Betrübniß. Der junge Großfürst weinte und warf sich in Telepnew's Arme. Dieser, obgleich in Verzweiflung, versäumte Nichts, was seine gebietende Stellung ihm bewahren konnte. Der Bojarin Agrippina Tscheljadnin, der Pflegerin des jungen Großfürsten Bruder, fand er Gelegenheit, sich immer werther zu machen, indem er als ein Schatten den Prinzen begleitete und allen seinen Neigungen fröhnte. Allein der Fürst Wasilji Schuiski, welcher bei dem vorigen Großfürsten den ersten Platz im Rathe eingenommen und unter der Regentschaft ihn behauptet hatte, nährte tödtlichen Haß gegen den Liebling, welcher, in äußerer Würde ihm nachstehend, dennoch den Rath ausschließlich beherrschte. Stark durch seinen Anhang unter den Bojaren, ließ Schuiski den siebenten Tag nach Helenens Ableben die ihrem Sohne theuersten Personen, die Agrippina und den Fürsten Telepnew, in Banden legen und, gleichgültig bei den Thränen und dem Geschrei des schutzlosen Monarchen, sie in den Kerker werfen. Telepnew starb den Hungertod, denselben Tod, den er oder seine Gebieterin dem Oheime des Großfürsten und vielleicht auch dem bejahrten Michael Glinski bereitet hatte. Eine Reihe von Jahren blieb die Herrschaft der Schuiski unangefochten, aber jeder Tag, welcher die Mündigkeit des Großfürsten näher brachte, vermehrte die Ränke am Hofe, die Verlegenheiten der das Ruder führenden Bojaren und die Anzahl ihrer Feinde, worunter die mächtigsten, unversöhnlichsten, des Großfürsten ehrgeizige Oheime, Georg und Michael Glinski waren, dieser den wichtigen Posten eines Stallmeisters, jener eine Stelle im Reichsrathe bekleidend. Sie flüsterten, aller Wachsamkeit der Schuiski zum Trotz, dem 13jährigen, durch Woronzow's Einsperrung erbitterten Neffen ein, daß es an der Zeit sei, in Selbständigkeit aufzutreten und diejenigen zu erdrücken, welche nicht nur des Volkes Geißel seien, sondern auch die Bojaren tyrannisirten und den Landesherrn beschimpften, indem sie jeden, der ihm werth wäre, mit dem Tode bedrohten, daß endlich Rußland auf seine Erhebung, seinen Ruf warte. Dergleichen Rathschläge waren nicht verloren. Am 29. Dec. 1543 wurde durch des Zaren Wort der Schuiski Tyrannei gebrochen und der Schuldigste von ihnen, Fürst Andreas, einem schrecklichen Tode überliefert. Diese barbarische, wenn auch durch den unwürdigen Gewalthaber reichlich verdiente Bestrafung, bekundet zur Genüge, daß der Sturz der Schuiski ihre Nachfolger nicht belehrte, daß nicht Recht- und Gerechtigkeit, sondern nur eine [illegible] über die andere die Oberhand gewonnen hatte, [illegible] der Gewalt die Gewalt gewichen war, denn [illegible] spätern Zeiten der Schreckliche genannt, war [illegible] mer zu jung, um aus eigener Macht zu herrschen; [illegible] thaten in seinem Namen die Fürsten Glinski und [illegible] Freunde, und es begann 1544—1547 eine [illegible] von Ungerechtigkeiten, Gewaltthaten und Grausamkeiten. Niemals war Rußland schlechter verwaltet worden. [illegible] Schuiski gleich thaten die Glinski im Namen [illegible] gendlichen Herrn, was ihnen gefällig war; gleich[illegible] für die Veruntreuungen einzelner Gewalthaber, [illegible] sie von ihnen sklavischen Gehorsam. Wer vor dem [illegible] sich demüthigte, mochte kühn das Volk mit Füßen [illegible] ihr Diener sein, hieß ein Herr sein in Rußland. [illegible] den Feuersbrünsten vom 12. und 20. April 1547 [illegible] Moskau durch den Brand vom 21. Juni d. J. [illegible] vernichtet. Ein solches Unglück zu benutzen, säum[illegible] Feinde der Glinski nicht; des Zaren Beichtvater, [illegible] losseren Theodor, der Fürst Skopin-Schuiski, [illegible] Feodorow, Fürst Temkin, Nagai und Gregor [illegible] der Zarin Oheim, verschworen sich, den Fall der [illegible] müthigen herbeizuführen, und das Volk, in wilder [illegible] regung um die erlittene Calamität, ließ sich [illegible] Werkzeug dafür benutzen. Den Tag nach der [illegible] brunst fuhr der Zar sammt den Bojaren nach [illegible] wospaskoe-Kloster, um den Metropoliten zu besuchen. [illegible] erklärten ihm der Beichtvater Skopin-Schuiski, [illegible] übrigen ihn umgebenden Verschworenen, der [illegible] durch Zauberei veranlaßt worden. Der Zar, [illegible] befahl den Bojaren, die Sache zu unters[illegible] kamen zwei Tage darauf nach dem Kre[illegible] Bürger auf dem Platze zusammentreten [illegible] die Stadt angesteckt habe? Mehre Stim[illegible] „die Glinski, die Glinski! Ihre Mutter, die Fürstin Anna, hat Leichnamen die Herzen ausgerissen und diese ins Wasser gelegt; demnächst in den Straßen herumfahrend, aller Orten das Wasser ausgesprengt. Und deswegen sind wir abgebrannt." Diese Fabel hatten die Verschworenen ersonnen und ausgebreitet. Verständige glaubten nicht daran, schwiegen aber in dem allgemeinen, [illegible] den Glinski ruhenden Hasse. Die Fürstin Anna, [illegible] Großmutter des Zaren, befand sich damals mit [illegible] Sohne Michael zu Tscherw, in ihrem Witwensitz[illegible] anderer Sohn Georg stand im Kreise der Bojaren [illegible] dem Kremlplatze; bestürzt über die abgeschmackte [illegible] digung, suchte er, um der Wuth des Pöbels zu [illegible] gehen, Schutz in der Kirche zu Marien-Himmelfahrt. Dahin verfolgten ihn aber die Rasenden, er wurde [illegible] griffen und in dem Heiligthume ermordet; der Leichnam wurde nach dem Richtplatze außerhalb des Kreml [illegible] schleppt. Nicht zufrieden mit der allgemeinen Plünderung von der Glinski Habe, ermordeten die Aufrührer [illegible] eine Menge ihrer Diener und Bojarensöhne, und [illegible] Tage später statteten sie dem Zaren in seinem ländlichen Aufenthalte zu Worobjewo einen Besuch ab. In dichten Haufen das Schloß umringend, verlangten sie die Auslieferung von des Zaren Großmutter, der Fürstin Anna und ihrem Sohne Michael. Iwan ließ unter sie schießen, und der Aufruhr war gebändigt, die Macht der Glinski aber zugleich gebrochen. Fürst Michael, der einflußreichen Stallmeisterwürde entsetzt, behielt nur den Bojarenrang, seine Lehen und die Freiheit, zu leben, wo es ihm gefällig sei; allein den Schrecken um das Schicksal seines Bruders vermochte er nicht zu verwinden. Um Aehnlichem zu entgehen, wollte er sammt seinem Freunde, dem Fürsten Turuntey Pronski, nach Lithauen entfliehen. Der Fürst Peter Schuiski jagte ihnen nach; an der Möglichkeit zu entkommen verzweifelnd, kehrten sie nach Moskau zurück, und endlich betheuerten sie bei ihrer Verhaftung, daß eine Wallfahrt nach Okowez der Zweck ihrer Reise gewesen sei. Sie wurden der Lüge überführt, erhielten aber Verzeihung, weil man ihre Desertion der Furcht zuschrieb. In dem Feldzuge gegen Kasan, 1552, hatte Michael Glinski mit den Bojarensöhnen, mit Strelitzen, Kosaken, Ustjugern und Wjätkern ein Lager an der Kama zu beziehen. Nach der Einnahme von Kasan wurde er sammt Scheremetjew und dem Fürsten Mikulinski detachirt, um die fliehenden Tataren von dem Walde jenseits der Kasanka abzuschneiden. Die Tataren setzten den Verfolgern mannhaften Widerstand entgegen, mußten aber erliegen. Keiner hat sich ergeben, wenige entkamen, und auch diese mit Wunden bedeckt. Von den in Lithauen zurückgebliebenen Glinski kennt man eine Anastasia, an Simeon Sapieha, den Castellan von Troki verheirathet. Constantin, Wladislaw, Alexander, Andreas, Michael, sämmtlich aus der Woiwodschaft Wilna, unterzeichneten die Wahlacte von K. Johann Kasimir. Fürst Georg Glinski fiel im Kampfe gegen die Moskowiter 1655. Von den Fürsten durchaus verschieden, auch eines andern Wappens, sind die Glinski in der Woiwodschaft Krakau. (*v. Stramberg.*)

GLINUS, ein von Löffling für eine Pflanzengattung der Portulaceen eingeführter, von Linné angenommener Name. Der Charakter dieser Gattung ist folgender: Der fünftheilige, stehenbleibende Kelch hat flache stumpfe, oder auf dem Rücken unterhalb der fast mützenförmigen Spitze stachelspitzige Zipfel. Die Blumenkrone fehlt entweder, oder es sind zahlreiche, sehr schmal zungenförmige, zwei- bis dreigabelige oder borstenförmige, äußerst kleine Kronblätter vorhanden. Die 3 bis 20 dem Kelchgrunde eingefügten Staubgefäße sind entweder gesondert oder in Bündel vereinigt, die Träger sind pfriemlich, die zweifächerigen Staubbeutel haben lineälische, parallele, der Länge nach aufspringende Fächer. Der eiförmige, 3—5kantige und 3—5 fächerige Fruchtknoten ist frei. Die zahlreichen Eichen hängen im Centralwinkel der Fächer an langen, gesonderten Nabelsträngen. Die 3—5 Narben sind lineälisch, abstehend. Die papierartige, rundlich-3—5kantige und 3—5fächerige Kapsel springt fachspaltig in 3—5 Klappen auf, welche in ihrer Mitte die von dem stehenbleibenden Mittelsäulchen abgetrennten Scheidewände tragen. Die zahlreichen, den aufsteigenden, gewundenen Nabelsträngen angehefteten, nierenförmigen Samen haben eine krustige, glatte oder höckerige Schale.

De Candolle führt aus dieser Gattung fünf Arten auf und zwar drei genauer bekannte, nämlich Gl. lotoides *L.*, Gl. dictamnoides *L.* und Gl. setiflorus *Forskal*, und zwei nur unvollständig oder gar nur dem Namen nach bekannte, Gl. trianthemoides *Roth* und Gl. ononoides *Rausch.* Obwol er die drei ersten wiederum in zwei Abtheilungen bringt, von denen er der ersteren, welche Gl. lotoides und Gl. dictamnoides umfaßt, fünf Kronblätter und eine fünffächerige Kapsel zuschreibt und mit dem Namen Glinola belegt, und für die zweite, Rolofa genannt, zahlreiche Kronblätter und eine wahrscheinlich einfächerige Kapsel in Anspruch nimmt, so hat sich doch nach Fenzl's neueren Untersuchungen ergeben, daß diese drei vermeintlichen Arten nur als Formen einer und derselben Species zu betrachten sind, während die vierte, Gl. trianthemoides *Roth*, welche De Candolle übrigens selbst nur mit einem Fragezeichen hierher stellt, gar nicht zu Glinus gehört, sondern mit Orygia decumbens *Forskal* identisch ist. Die fünfte endlich (Gl. ononoides *Burmann*) kann weder bei der Gattung noch bei der Familie bleiben, da sie einer Amarantacee angehört. Hiernach sind die von De Candolle angeführten Arten in folgender Weise unterzubringen:

1) Gl. lotoides *Loefling* (*Linné*). Filzig; Stengel ausgebreitet, gabelspaltig-ästig; grundständige Blätter später abfällig, rosettig, spatelförmig-länglich, stengelständige scheinbar quirlständig, ungleich, gegenüberstehend und abwechselnd, kreisrund, verkehrt-eiförmig, oval oder elliptisch, in den kurzen Blattstiel verschmälert; Blüthen fast sitzend oder doch nur kurz gestielt, an den Knoten doldig-gehäuft, 5—20männig; Kelchblätter an der Spitze sehr kurz stachelspitzig; Samen glanzlos, fuchsig-braun, reihenweise höckerig, deutlich mit einer Nabelwarze versehen. Diese Art kommt in folgenden Formen vor:

a) Candida. Die Pflanze ist sehr dicht weißfilzig, die kleinen Dolden sind 2—6blüthig, die Kelchblätter 2—3½ Linien lang, undeutlich stachelspitzig, Staubgefäße meist 10—15, Nebenstaubgefäße 5 oder weniger.

Diese Form findet sich in Spanien, Sardinien, Sicilien, Nordafrika, Kleinasien und in Ostindien.

b) Virens. Die Pflanze ist weniger dicht filzig, mehr grünlich oder grau, die kleinen Dolden sind vielblüthig, die Blüthen fast sitzend, die Kelchblätter nicht über 2 Linien lang, deutlich stachelspitzig, Staubgefäße 5—12, Nebenstaubgefäße fehlen. Hierher gehört Glinus dictamnoides *Linné*. Pharnaceum pentagonum *Roxburgh*. Physa Madagascariensis *Petit Thouars*. Glinus lotoides *Burmann*.

Diese Form kommt auf Madagascar und in Ostindien vor.

c) Setiflora. Staubgefäße 10, Nebenstaubgefäße 2—4, gabelig. Hierher gehört Glinus setiflorus *Forskal*. Plenkia setiflora *Rafinesque*.

Diese Form wächst im glücklichen Arabien.

Außer diesen schon von De Candolle angeführten Arten gehören noch hierher:

2) Gl. Cambessedesii *Fenzl*. Die Pflanze ist von einfacher oder sternförmiger Behaarung etwas filzig

oder weichhaarig; die Stengel sind niedergestreckt, gabelspaltig-ästig; die elliptischen, spatelförmigen, in den Blattstiel verschmälerten, ungleichen Blätter stehen quirlförmig gehäuft, die 3—5 männigen, sitzenden, achselständigen Blüthen stehen in Büscheln oder Knäueln; die capuzenförmigen Kelchblätter sind in eine Stachelspitze vorgezogen; die glänzenden, ganz kahlen Samen haben eine deutliche Nabelwarze.

Diese Art ändert ab:

a) Villosa. Diese Form ist grünlich-grau, weichbehaart, so in Uruguay, Minas Geraes und Rio de Janeiro. Zu ihr gehört Mollugo radiata *Ruiz* und *Pavon*. Moll. glinoides *Cambessedes*.

b) Nudiuscula. Diese Form ist ziemlich kahl, grün, so in Cuba. Hierher gehört Mollugo spathulata *Poeppig*.

3) Gl. Mollugo *Fenzl*. Die Pflanze ist krautartig, glatt; die Stengel sind ziemlich aufrecht oder liegend wiederholt-gabelspaltig-ästig; die Blätter sind zolllang oder auch kürzer, ungleich verkehrt-eiförmig-länglich, elliptisch, lanzettlich oder lanzettlich-linealisch, nach der Spitze zu undeutlich gezähnelt oder ganzrandig, 3—9 stehen scheinbar in einem Quirl; die achselständigen Blüthen stehen einzeln oder zu mehren; die Blüthenstielchen sind 1½—4 mal länger als der Kelch, die Kelchblätter sind länglich, stumpf, an Staubgefäßen sind 3—10 vorhanden; die Samen sind glanzlos, sehr klein, röthlich, sehr fein höckerig, rauh, die Nabelwarze ist linealisch, sehr klein. Hierher gehört Mollugo Spergula *Linné*. Moll. verticillata *Roxburgh*. Moll. erecta *Burmann*. Pharnaceum Mollugo *Poiret*.

Die Pflanze ändert ab:

b) Angustifolia mit elliptisch-lanzettlichen und lanzettlich-linealischen, spitzen Blättern. Hierzu ist zu ziehen Mollugo Spergula *De Candolle*. M. verticillata *Guillemin* und *Perrottet*. Pharnaceum Mollugo *Linné*.

Sowol die Hauptart wie die Varietät wachsen in Ostindien.

4) Gl. denticulatus *Fenzl*. Die Pflanze ist krautartig, kahl; die Stengel sind ziemlich starr, aufrecht, wiederholt-gabelspaltig-ästig; die Blätter stehen scheinbar in Quirlen, sind ungleich lang, eiförmig und länglich-lanzettlich, spitz und gezähnelt, die 8—10männigen Blüthen sind achselständig, gehäuft, fast sitzend; die Kapsel ist eiförmig, in der Mitte aufgeblasen; die Samen sind kreisrund, sehr klein, röthlich. Hierher gehört Mollugo denticulata *Guillemin* und *Perrottet*.

Diese Art wächst in Senegambien.

5) Gl. Pauli Wilhelmi *Hochstetter*. Die krautartige Pflanze ist von sternförmigem Filze weißwollig; die Blätter stehen zu drei oder seltener zu fünf, von denen das mittlere ein wenig größer als die übrigen ist, alle sind kurz gestielt, verkehrt-eiförmig, ganz stumpf, ganzrandig, der Mittelnerv und die Seitennerven treten stark hervor; die den Blättern gegenüberstehenden, fast sitzenden Blüthen stehen zu 3—6 oder mehren in kleinen Dolden; die Deckblätter sind sehr klein, die Blumenkrone fehlt, an Staubgefäßen sind etwa 20 vorhanden; der Nabelstrang an dem Samen ist sehr klein.

Die Heimath dieser Art ist die Barbarei.

6) Gl. micranthus *Boissier*. Die Pflanze ist einjährig, krautartig und von einem fast abwischbaren Filze grau, die Stengel sind kurz, dem Boden angedrückt und in einen Kreis gestellt; die Blätter sind klein, die grundständigen verkehrt-eiförmig-spatelig, die stengelständigen bilden zu 5—7 falsche Quirle und sind eiförmig-kreisrund, aber ungleich lang; die 3—5 achselständigen Blüthen sind sehr klein, das Blüthenstielchen ist kaum so lang oder nur wenig länger als die Blüthen selbst; die länglichen, spitzen, capuzenförmigen Kelchblätter sind von dem sternhaarigen Filze dicht- und schmutzig-grau; an Staubgefäßen sind etwa 10 vorhanden, die Nebenstaubgefäße fehlen; Narben sind drei vorhanden.

Diese Art wächst in Kleinasien. (*Garcke.*)

GLIOTRICHUM ist der Name einer von Eschweiler aufgestellten Pilzgattung, welche Fries jedoch in einem etwas andern Sinne auffaßt, indem er Haplotrichum von Eschweiler und Dematium Fuligo von Schweinitz damit verbindet. Die Fäden bei den Arten dieser Pilzgattung sind zusammenhängend, glanzlos, aber sehr zart, Anfangs schleimig, später starr, aufsteigend. Die kugelförmigen, einfachen Sporidien kleben leicht an einander. — Sie kommen sämmtlich auf Blättern in den heißen Ländern vor.

Fries rechnet zu dieser Gattung folgende drei Arten:

1) Gl. candidum *Fries* mit ganz einfachen, sehr zarten, locker verwebten, weißen Fäden und zuletzt eingestreuten Sporidien. Hierher gehört Haplotrichum candidum *Eschweiler*.

Sie kommt auf Casselia Brasiliensis vor.

2) Gl. virens *Eschweiler* mit einfachen, zuletzt büschelförmig an einander klebenden aufsteigenden, hakenförmigen, grünlich-schwarzen Fäden und sehr kleinen, anklebenden Sporidien.

Sie kommt zugleich mit der vorigen vor.

3) Gl. Fuligo *Fries*. Diese Art ist ganz schwarz, in eine häutige Kruste ausgebreitet, ihre kreuzständig-verästelten Fäden kleben an einander, ebenso die Sporidien.

Sie findet sich auf Blättern im wärmeren Nordamerika.

Gliotrichum betulinum *Eschweiler* kann dagegen nicht als besondere Art, sondern nur als ein jugendlicher Zustand von Hydnum oder Radulum aterrimum angesehen werden. (*Garcke.*)

GLIRES, Nagethiere, nannte Linné seine vierte Ordnung der Säugethiere und charakterisirte dieselben durch zwei obere und untere, einander genäherte, von den Backzähnen weit abgerückte Vorderzähne und durch den Mangel der Eckzähne. In der Gmelin'schen Ausgabe umfaßt diese Ordnung zehn Gattungen, von welchen nur der Klippdachs, Hyrax, später als zu den Pachydermen gehörig, ausgeschieden worden ist, die andern neun noch heute, freilich meist in engerer Begrenzung, die Haupttypen der Nagethiere bilden. Die Ordnung ist, weil eben eine natürliche und scharf umgrenzte, von allen Mastozoologen aufgenommen worden und seit Linné nur schärfer charakterisirt und ihrem Inhalte nach ganz ungeheuer erweitert durch eine große Anzahl eigenthümlicher Gattungen und Arten. Ihre Abgrenzung gegen die übrigen Ordnungen der Säugethiere ist durch die schon von Linné erkannten Charaktere eine so strenge, daß außer dem Klippdachs, in welchem die Hufthiere und specieller die Dickhäuter den Nagethieren sich nähern, nur noch der Fingerbilch, Chirogaleus, von Madagaskar als den Lemuren in mehrfacher Beziehung verwandt, eine zweifelhafte Stellung unter ihnen hat.

In ihrer äußern Erscheinung bieten die Nager eine überaus große Mannichfaltigkeit, welche es nicht gestattet, sie nach einzelnen äußern Charakteren vor andern Nagelsäugethieren zu unterscheiden. Sie sind im Allgemeinen sehr kleine und die kleinsten aller Säugethiere, der Biber und der Capybara oder das Wasserschwein sind ihre riesigsten Gestalten. Der Körperbau pflegt zwar bei den meisten gedrungen, gedrückt, besonders im Rumpfe plump zu sein, doch erscheint er bei einzelnen auch überaus zierlich, schlank und leicht, in allen Abstufungen bis zu der plumpesten. Der Rumpf ist stets mehr oder minder gestreckt, allermeist niedrig auf den Beinen und trägt den Kopf auf einem sehr kurzen, bisweilen auch wenig beweglichen und äußerlich kaum bemerkbar abgesetzten Halse. Der Kopf hat eine oblonge Form mit mehr oder minder gewölbten Seiten, meist mit breiter Stirn und Scheitel und mit stets abgestumpfter Schnauze. Das gewöhnlich kleine Maul wird von fleischigen, oft dick gepolsterten und dann sehr beweglichen Lippen begrenzt. Die Oberlippe ist vorn gespalten oder ungetheilt, nackt, spärlich oder dicht behaart und allermeist mit langen steifen Schnurrhaaren besetzt, welche hier länger werden als bei irgend einem andern Säugethiere. Die Nase steht nur wenig vor, verlängert sich niemals rüsselartig, ist oft aber nackt. Die Augen kommen in den verschiedensten Graden der Entwickelung vor, groß vorgequollen, lebhaft bis unsichtbar klein und ganz im Pelze versteckt, vielleicht gar von der Haut überzogen. Sie liegen sehr gewöhnlich hoch im Gesichte und oft stehen über und unter ihnen steife Borsten auf besondern Warzen. Dieselbe unbeschränkte Mannichfaltigkeit durchläuft das äußere Ohr, ungemein groß, über kopfeslang, kürzer und breiter durch alle Stufen hindurch bis zum völligen Verschwinden, nackt, spärlich bis dicht behaart und gar buschig oder gepinselt. Bei Wasser bewohnenden Nagethieren kommt hin und wieder eine besondere Hautfalte als Ohrklappe vor. Die Gliedmaßen pflegen im Verhältnisse zur Körperlänge kurz zu sein, sehr oft von gleicher Länge die hintern und vordern oder häufig auch die hintern ansehnlich und selbst sehr bedeutend, übermäßig verlängert und dann gewöhnlich die vordern noch verkürzt. Mit der Verlängerung der hintern Gliedmaßen, welche dann zum Springen dienen, verdickt sich gern der Rumpf auch nach Hinten ansehnlich. In den meisten Fällen haben die Vorderfüße vier, die hintern fünf Zehen, äußerst selten kehrt sich dieses Zahlenverhältniß um, öfter verkümmert dagegen der hintere Daumen und wol auch noch die äußere Zehe, sodaß dann alle Füße dreizehig sind. Allgemein, doch nicht ausnahmslos, sind die Hinterpfoten etwas bis viel länger als die Vorderpfoten, selten, zumal bei sehr feinen und zierlichen, beide gleich groß, größere Vorder- und kleinere Hinterpfoten finden sich eben nur ausnahmsweise. Alle Zehen bewaffnen sich mit Nägeln, und nur wenn der Daumen auf eine bloße Warze verkümmert ist, pflegt er unbenagelt zu sein. Die Nägel sind entweder und am meisten ausgebildet bei kletternden Nagern, scharfspitzige, mehr oder minder stark comprimirte und gekrümmte Krallen, oder sie erscheinen stumpfer, dicker, plumper, werden Kuppnägel und selbst hufartig. Die im Wasser lebenden Nagethiere besitzen entweder bloße Schwimmborsten an den Füßen, wie solche als steife, elastische Bürsten auch bei Springern vorkommen, oder sie haben kleine bis ganze Schwimmhäute, wie der Biber. Letztere sind indessen ebenso selten wie bei kletternden Nagern eine als Fallschirm dienende und stets behaarte Hautfalte an den Seiten des Leibes zwischen den Gliedmaßen, die sich bisweilen noch an den Seiten des Halses hinaufzieht. Bis zur Größe eines Flugorganes, wie bei den Fledermäusen, dehnt sich dieser Fallschirm niemals aus. Endlich der Schwanz, auch er spielt in allen Längenverhältnissen, weit über körperlang verkürzt er sich mehr und mehr bis zum völligen Verschwinden.

Die eben bezeichnete überraschend große Mannichfaltigkeit in den Verhältnissen des äußern Körperbaues der Nagethiere kehrt auch in ihrer Bekleidung wieder. Behaarung ist die allgemeine Bedeckung. Sie fehlt nur an der Schnauzenspitze, den Lippenrändern, seltener an den Ohrmuscheln, auch an den Fußsohlen und am Schwanze. Diese Theile sind dann völlig nackt, nur der Schwanz sehr gewöhnlich mit Schuppenringeln, wie bei den Mäusen, oder mit dachziegelförmigen Schuppen, wie bei dem Biber, bekleidet. Die Behaarung ist gleichmäßig über den Körper verbreitet, aber auch dann schon bei näherer Betrachtung an der Unterseite des Leibes dünner und lockerer. Gern verdichtet und verlängert sich das Haar an einzelnen Stellen, so an den Rändern des Ohres oder als Pinsel an der Ohrspitze und an der Schwanzspitze, auch längs der ganzen Schwanzrübe, um einen gleichmäßig buschigen oder einen buschig-zweizeiligen Schwanz, wie bei den Eichkätzchen, zu bilden. Mähnenartige Verlängerung und Bartwuchs kommen nicht vor, letzterer nur in schwacher Andeutung als struppiger Backenbart. Sehr gewöhnlich tritt das Grannenhaar steif und lang aus dem dichten Wollhaare hervor. Die Feinheit des Pelzes durchläuft die extremsten Grade. Die Chinchillen Südamerika's tragen den feinsten Pelz, welcher überhaupt unter Säugethieren vorkommt. Sie sowol, wie der Biber, die Bisamratte, einige Eichkätzchen liefern noch sehr geschätztes Pelzwerk, minder feines und werthvolles der Hamster, Hase, Kaninchen u. a. Das Haar verdickt sich aber bei mehren Gattungen und wird straff und steif, geht in wirkliche Borsten und endlich, wie bei Stachelratten und den Stachelschweinen, in starke Stacheln über, entweder nur das Grannenhaar oder die gesammte Behaarung. Das steife Grannenhaar und die Borsten der Stachelratten sind breit und flachgedrückt, oft sogar mit umgelegten Rändern, die Stacheln dagegen sind rund, solide oder hohl. Ganz absonderlich finden sich bei dem auch in andern Beziehungen überaus merkwürdigen Anomalurus an der Unterseite des Schwanzes zwei Reihen großer knochenharter Schuppen, welchen Aehnliches sonst bei Nagethieren nicht vorkommt.

Die Färbung ändert nicht minder ab als die Behaarung selbst. Weiß und Schwarz treten am häufigsten auf, ganz rein und für sich oder verschiedentlich gemischt, dann folgt Grau in verschiedenen Nuancirungen bis zu beiden Extremen, Weiß und Schwarz, hin; Braun, Gelb und Roth ebenfalls in den verschiedensten Tönen und Mischungen. Einfarbige Kleider sind selten, die meisten vielmehr fleckig oder gemischt, und die Mischung entsteht bald aus verschiedentlich gefärbten Haaren, bald aber und häufiger aus Vertheilung verschiedener Farben an einem und demselben Haare. In der Vertheilung der Farben läßt sich ein bestimmtes Gesetz nicht auffinden, dieselbe erscheint im Gegentheil recht launenhaft, indem sie z. B. in der großen, versteckt und unterirdisch lebenden Familie der Mäuse die Mehrzahl auf der Oberseite dunkelt, an der Unterseite lichtet, den Hamster dagegen an der Unterseite schwarz färbt. Mit dem allgemein auftretenden Wechsel des Sommer- und Winterkleides ist nur bisweilen ein eigentlicher und greller Farbenwechsel verknüpft, und dann pflegt das letztere lichter oder gar rein weiß zu werden. Bei sehr vielen Arten verliert die Färbung alle systematische Bedeutung, so bei den Eichkätzchen, den Mäusen, wo eine und dieselbe Art in den grellsten Gegensätzen wechselt. Albino's sind bei mehren sehr weit verbreiteten und gemeinen Arten eine nicht grade sehr seltene Erscheinung; weiße Mäuse, Ratten, Hamster, Kaninchen kennt ja Jedermann.

Zu der innern Organisation uns wendend, ist vor Allem das Zahnsystem als hervorragendstes Charakterorgan zu beachten. In ihm spricht sich der Ordnungscharakter im Allgemeinen und nicht minder der der Familien und Gattungen am entschiedensten und auffälligsten aus. Zunächst fehlen die Eckzähne durchaus und stets trennt eine sehr weite Lücke die Vorderzähne von den Backzahnreihen. Die Vorderzähne sind keine Schneidezähne wie bei andern Säugethieren, sondern in Structur und Form eigenthümliche Nagezähne. Stets kommen nur zwei im Zwischen- und zwei im Unterkiefer, mit der einzigen Ausnahme der Hasen, welche hinter, nicht seitlich neben, den obern noch zwei kleine stiftförmige, wol als Analoga eigentlicher Schneidezähne oder wofür man sie sonst halten will, besitzen. Die Form der Nagezähne ändert im Einzelnen zwar ab, doch nur innerhalb ziemlich eng bestimmter Grenzen. Immer sind sie bogig gekrümmt und ohne Ausnahme bildet der Bogen ein wirkliches Kreissegment. Ich habe in meiner „Odontographie" (Leipzig 1854.) und specieller noch in meinen „Beiträgen zur Osteologie der Nagethiere" (Berlin 1857.) das Krümmungsverhältniß der Nagezähne geschildert. Die Kreise, deren Segmente die obern und untern Nagezähne bilden, sind nämlich concentrische, indem stets die obern das größere Segment eines kleineren, die untern das kleinere Segment eines größeren Kreises bilden. Je nach den Gattungen und Arten ändert das Größenverhältniß beider Kreise ab und man kann dieselben einer mathematischen Bestimmung unterwerfen. Aus der Länge der Sehne S und dem weitesten Abstande ihres Bogens H läßt sich der Radius R des Kreises nach der Formel $\frac{S^2 + 4H^2}{8H} = R$ berechnen. Bei den von mir berechneten Kreisen ergibt sich der Radius des kleinsten der obern Nagezähne zu $1\frac{1}{3}$ Linie bei Hesperomys lasiotis, der kleinste der untern bei Hesperomys lasiurus zu $2\frac{7}{16}$, der größte der obern bei Myopotamus coypus zu $11\frac{7}{10}$, der untern bei Hystrix cristatus zu $22\frac{1}{2}$ Linien. In den Extremen der Bogenkrümmung der Nagezähne erscheint also der Radius des betreffenden obern Kreises um die Hälfte kleiner als der des untern Kreises. Der Bogen ist allermeist kleiner als ein Halbkreis, nur bisweilen gleicht er solchem vollkommen und in den seltensten Fällen beschreiben die obern Nagezähne einen Bogen etwas größer als ein Halbkreis. Der Radius des untern Kreises pflegt um ein Drittheil länger zu sein als der des obern, aber häufig kommen auch andere Verhältnisse vor bis zu doppelter Größe des untern Radius, ja bei dem Biber verhält sich der obere Zahnradius zum untern wie 10 : $22\frac{1}{2}$, bei Sciurus bicolor wie $2\frac{1}{4}$: $7\frac{1}{2}$, bei Lagidium Cuvieri wie 4 : 10. Kleiner als ⅓ wird der untere Radius selten, und es erscheint als Ausnahme, wenn bei den Spalacinen der obere Radius nahezu gleichkommt, nämlich wie $9\frac{3}{4}$: $10\frac{1}{4}$ und $5\frac{1}{2}$: $6\frac{1}{4}$. Auch innerhalb einer und derselben Familie oder unter den Arten einer Gattung läßt sich ein constantes Verhältniß beider Kreise und deren Radien nicht nachweisen. Ganz auffallend sind im Gegentheil bisweilen die specifischen Differenzen, so verhalten sich z. B. bei Oxymycterus rostellatus und O. megalonyx die obern und untern Radien dort wie $1\frac{1}{2}$: $4\frac{1}{4}$, hier wie 2 : $4\frac{1}{4}$; ähnliche erhebliche Schwankungen fand ich bei den Arten der Gattung Sciurus. Nur in seltenen Fällen traf ich bei zweien Arten einer Gattung dasselbe Größenverhältniß, stets fällt die Veränderung auf die Oeffnung des untern Bogens, während der obere häufig keine specifischen Schwankungen bietet, und dies hat ohne Zweifel darin seinen Grund, weil die untern Zähne hauptsächlich das Nagen ausführen. Nur bei den sehr nah verwandten Hesperomyenarten ist die specifische Identität der Bogenkrümmung häufig und sie wird überhaupt in der Murinenfamilie am meisten vorkommen: ein Wink, bei der Unterscheidung ihrer Arten mit der größten Vorsicht zu Werke zu gehen. Dagegen kommt aber auch bei völlig verschiedenen Gattungen bisweilen genau dasselbe Größenverhältniß vor: so hat bei Echinomys cayennensis und Loncheres armatus der obere Zahnradius 3, der untere $4\frac{1}{4}$ Linien Länge und bei beiden sind die Bogensegmente von gleicher Größe. Um diese wichtigen Verhältnisse in ausführlicherer Uebersichtlichkeit darzulegen, gebe ich ein Verzeichniß der von mir daraufhin untersuchten Arten, wobei S die direct gemessene Länge der Sehne, H den größten Abstand des Bogens von der selben und R den nach der oben angegebenen Formel aus beiden Messungen berechneten Radius bezeichnet. Mit Hülfe dieser drei Zahlen ist es möglich, jeden Nagezahn nach Größe und Krümmung sofort zu zeichnen, und es erhalten dieselben für die Bestimmung isolirter fossiler Zähne eine besondere Wichtigkeit. Ich muß indessen noch bemerken, daß die angegebenen Messungen nicht mathematisch streng sind, da ich die Zähne nicht aus ihren Alveolen herausziehen konnte, sondern die Mehrzahl derselben an der Außenseite der Kiefer zu messen genöthigt war; es ist möglich, daß sich die kleinen Bruchzahlen bei ganz genauer Messung mehr abrunden.

	Obere Nagezähne.			Untere Nagezähne.		
	S	H	R	S	H	R
Lepus timidus juv.	8	3	4 1/11	12	2 1/4	8 [illegible]
Cavia cobaya	8	4	4	16	4	10
Hydrochoerus capybara	24	10	12 1/5	33	9	10 [illegible]
Coelogenys paca	15	8	7 1/4	33	14	10 [illegible]
Dasyprocta aguti	14	8	7 [illegible]	26	8	14 [illegible]
Hystrix cristatus	18	10	9 [illegible]	42	15	22 [illegible]
Myopotamus coypus	22	10	11 [illegible]	30	12	15 [illegible]
Echinomys cayennensis	6	3	3	9	3	4 [illegible]
Mesomys spinosus	6	3	3	11	5	5 [illegible]
Loncheres cristatus	8	4	4	14	4	8 [illegible]
— armatus	6	3	3	9	3	4 [illegible]
Petromys typicus	4	2	2	7	2	4 [illegible]
Schizodon fuscus	6	3	3	10	3	5 [illegible]
Spalacopus Poeppigi	9	4	4 1/2	12	3	7 [illegible]
Nelomys antricola	7	3 1/2	3 1/2	10	4	5 [illegible]
Lagostomus trichodactylus	21	8	10 [illegible]	24	6	15
Lagidium Cuvieri	8	4	4	16	4	10
Bathyergus suillus	18	6	9 [illegible]	21	9	10 [illegible]
Georychus hottentottus	10	4	5 [illegible]	13	15	6 [illegible]
Geomys bursarius	8	5	2 [illegible]	14	6	7 [illegible]
Hesperomys expulsus	3	2	1 [illegible]	6	2 [illegible]	3 [illegible]
— Renggeri	3	2	1 [illegible]	6	2 [illegible]	3 [illegible]
— longicaudatus	3	2	1 [illegible]	6	2	3 [illegible]
— lasiurus	4	2	2	8	2	5
— lasiotis	2 [illegible]	1 [illegible]	1 [illegible]	5 [illegible]	2	2 [illegible]
— orobinus	4	2	2	6 [illegible]	2	3 [illegible]
— arviculoides	3	2	1 [illegible]	6	2	3 [illegible]
— subflavus	4	3	2 [illegible]	8	2	5
— eliurus	3	2	1 [illegible]	5	2	9 [illegible]
Oxymycterus rostellatus	3	2	1 [illegible]	7	2	4 [illegible]
— megalonyx	4	2	2	8	3	4 [illegible]
Mus decumanus	6	4	3 [illegible]	11	3	7
— tectorum	4	2	2	8	3	4 [illegible]
— musculus	3	1 [illegible]	1 [illegible]	5	1 [illegible]	2 [illegible]
— vittatus	3	1 [illegible]	1 [illegible]	6	3	3
— barbarus	4	2	2	6	2 [illegible]	3 [illegible]
Lasiuromys villosus	5	3	2 [illegible]	9	3	4 [illegible]
— hispidus	4	2 [illegible]	2 [illegible]	8	3	4 [illegible]
Cricetus frumentarius	8	4	4	10	4	5 [illegible]
Hydromys chrysogaster	8	4	4	14	5	7 [illegible]
Meriones africanus	6	4	3 [illegible]	9	3	4 [illegible]
Pedetes caffer	15	9	7 [illegible]	21	9	10 [illegible]
Arvicola arvalis	4	2	2	7	2	4 [illegible]
— amphibius	4	2	2	8	3	4 [illegible]
— noveboracensis	4	2	2	7	2	4 [illegible]
Fiber zibethicus	9	4	4 [illegible]	16	6	8 [illegible]
Castor fiber	20	10	10	42	15	22 [illegible]
Eliomys nitela	4	1 [illegible]	2 [illegible]	6	2	3 [illegible]
Graphiurus capensis	4	2	2	6	2	3 [illegible]

	Obere Nagezähne.			Untere Nagezähne.		
	S	H	R	S	H	R
Otomys bisulcatus	4⅕	2⅕	2⅕	9	3⅕	4⅕
— unisulcatus	4⅕	2⅕	2⅕	7	3⅕	3⅕
Arctomys marmotta	15	9	7⅕	22	9	11⅕
— Hoodi	6	4	3⅕	10	3	5⅕
— Franklini	8	4	4	14	5	7⅕
Tamias Listeri	6	3	3	9	3	4⅕
Sciurus bicolor	8	5	2⅕	1[illegible]	6	7⅕
— capistratus	9	6	4⅕	15	8	7⅕
— rufiventris	9	4	4⅕	12	5	6⅕
— niger	7	4	3⅕	11	4	6⅕
— Plantani	7	4	3⅕	10	3	5⅕
— insignis	7	4	3⅕	12	4	6⅕
— auriventris	9	4	3⅕	14	5	7⅕
— setosus	6	4	3⅕	14	4	8⅕
— gambianus	5	3	2⅕	10	3	5⅕

Außer der Bogenkrümmung haben wir in der Gestaltung der Nagezähne noch die Seiten und Form der Spitze zu beachten. Sie sind vierseitig, meist mit trapezischem Querschnitte, weil ihre Vorderseite breiter als die hintere zu sein pflegt, ja oft nimmt die Verschmälerung nach Hinten so sehr zu, daß die Seitenflächen hier in einer Kante zusammenstoßen, die Zähne also dreiseitig sind. Die Vorder- oder Außenfläche erscheint bald völlig flach, bald mehr oder minder convex, bei einigen ganz glatt, bei andern fein gestreift, bei noch andern mit ein oder gar zwei markirten Rinnen versehen, blendend weiß, gelblich, roth oder braun gefärbt. Auch in beiden Kiefern einer und derselben Art bietet gar oft die Vorderseite der Nagezähne beachtenswerthe Unterschiede. Ihre Schneide ist breit und scharf meißelförmig, verschmälert sich aber auch bis zum Spitzmeißel mit sehr feiner Spitze. Das Wurzelende bleibt stets geöffnet mit einer tief trichterförmigen Höhle, in welcher sich fort und fort neue Schichten der Zahn- und Schmelzsubstanz ablagern, der Zahn wächst also ins Unendliche fort, was unter andern Säugethieren an den Vorderzähnen (ausgenommen noch die Stoßzähne der Elephanten) nicht vorkommt. Daß die Zähne trotz dieses unendlichen Wachsthumes während des ganzen Lebens des Individuums stets dieselbe Größe und Länge behalten, hat in der Abnutzung der vordern Schneide seinen Grund. In dem Grade dieser Abnutzung schreitet auch das Wachsthum am Wurzelende fort. Hört erstere auf, etwa durch gewaltsame Verletzung eines Zahnes, so wächst der entgegenstehende in unendlicher Bogenkrümmung aus dem Maule hervor, wie es bei den Stoßzähnen des Elephanten ganz normal ist. Ihrer Structur nach bestehen die Nagezähne aus Dentine, welche nur an der Vorderseite mit stahlhartem Schmelze belegt ist. Endlich ist auch die Einfügung in den Kiefer eine von den Schneidezähnen anderer Säugethiere durchaus verschiedene. Die obern Nagezähne dringen nämlich aus dem Zwischenkiefer noch weit in den Oberkiefer hinein, sodaß ihr Wurzelende unmittelbar vor dem ersten Backzahne oder über den ersten Backzähnen liegt. Die Alveole des untern Nagzahnes durchdringt stets den horizontalen Kieferast und geht unter der Backzahnreihe hin bis in den aufsteigenden Ast, wo sie bisweilen bis in den Condylus eintritt. Die eigenthümliche und gewaltig kräftige Bewegung, welche das Nagen erfordert, bedingt solche übermäßig starke Befestigungsweise.

Die Backzahnreihen, deren specielle mit Abbildungen erläuterte Schilderung in meiner „Odontographie" S. 62—56. Taf. 20—24 gegeben worden ist, haben in beiden Kiefern gleiche Länge und liegen von Rechts und Links betrachtet einander parallel oder häufiger von Vorn nach Hinten divergirend. Die Zahl der Zähne pflegt in beiden Reihen gleich zu sein, nur bisweilen besitzen die obern je einen mehr als die untern, indem noch ein vorderer durch geringe Größe und einfachere Form ausgezeichneter auftritt. Drei bis sechs sind die vorkommenden Zahlen in jeder Reihe, nur ausnahmsweise in der Familie der Mäuse sinkt die Anzahl auf zwei herab. Hinsichtlich ihrer Structur waltet eine große Mannichfaltigkeit, in welcher drei Haupttypen sogleich sich bemerkbar machen, nämlich die der schmelzhöckerigen, der schmelzfaltigen und der lamellirten Backzähne. Die schmelzhöckerigen Backzähne, am ausgezeichnetsten entwickelt bei Nagern, welche harte Körner kauen, haben stets geschlossene Wurzeläste, die von dem freien Kronentheile deutlich abgesetzt sind. Die Höcker zu zwei bis sechs die Krone bildend sind paarig, in zwei oder drei Reihen oder auch alternirend geordnet. Sie nutzen sich durch das Kauen ab, und dann bilden z. B. bei den Hesperomyen die Thäler zwischen den Höckern auf der Kaufläche nunmehr eindringende Schmelzfalten. Die eigentlichen schmelzfaltigen Backzähne kommen bei einer großen Anzahl von Familien vor. Sie haben unregelmäßige oder falsche Wurzeläste, welche allermeist vom Kronentheile nicht scharf abgesetzt sind. Die Schmelzfalten dringen von der Außen- und Innenseite in ungleicher Zahl in die ebene Kaufläche vor, einfach, geradlinig, bogig und selbst etwas gewunden. In Folge der Abnutzung lösen sich einzelne Falten vom Rande ab, bilden freie Schmelzinseln und verschwinden im hohen Alter wol ganz. So überaus wichtig auch die Zahl, Anordnung und Form der Schmelzfalten bei der Unterscheidung der Gattungen und Arten ist, muß man sie doch wegen der durch die Abnutzung hervorgerufenen Aenderungen mit der größten Vorsicht prüfen, um die individuellen von den generischen und specifischen Unterschieden richtig zu würdigen. Die lamellirten, wie immer auch hier wurzellos, bestehen aus je zwei, drei und mehr, ja bis aus zwölf Lamellen (bei Hydrochoerus), welche ganz parallel oder schief an einander liegen, bisweilen auch einseitig sich verdicken und hier am Rande wieder falten, wodurch ihre Form oder Kaufläche Vförmig wird. Form und Structur der Backzähne ist in beiden Kiefern stets übereinstimmend, nur daß sehr gewöhnlich die Zeichnung der Kaufläche von Außen und Innen die entgegengesetzte Stellung hat, so nämlich, daß die Außenseite der obern Backzähne der innern der untern entspricht und umgekehrt. Das Milchgebiß pflegt ein bis drei Zähne in jeder Reihe weniger zu besitzen als das bleibende und der Wechsel tritt bei der überaus schnellen Reife aller Nagethiere schon sehr frühzeitig ein.

Die Schädelbildung der Nagethiere bietet bei gar mancherlei allgemeinen Eigenthümlichkeiten doch auch viele einzelne Absonderlichkeiten. Sie ist außer in den allgemeinen Lehrbüchern der vergleichenden Anatomie, unter welchen die von G. Cuvier und Meckel noch immer an Reichhaltigkeit obenan stehen, nicht besonders bearbeitet worden. Nur in meinen bereits oben erwähnten „Beiträgen zur Osteologie der Nagethiere" habe ich in der Schilderung der Murinen und Murinsformen stets auch die allgemeinen Verhältnisse berücksichtigt, und über den Schädelbau im Besondern hat neuerdings Brandt eine schätzenswerthe Abhandlung in den Memoiren der petersburger Akademie geliefert. Ueber die Gattungen und Arten dagegen liegen zahlreiche osteologische Detailarbeiten vor, die ich selbst mit dem reichhaltigen Materiale der hallischen Universitätssammlungen vermehren konnte. Ihren vollständigsten Nachweis findet man in meinen „Säugethieren." (Leipzig 1855.) Hier können nur die beachtenswerthen allgemeinen Eigenthümlichkeiten berücksichtigt werden.

Der Nagerschädel im Allgemeinen unterscheidet sich von dem der Edentaten, aller Huf- und Flossensäugethiere wesentlich sogleich durch die mehr harmonische Ausbildung seiner Hauptabtheilungen. Die Hirnkapsel, die mittlere oder Augengegend und der Schnauzentheil schwanken in ihren gegenseitigen Größenverhältnissen nur innerhalb sehr beschränkter Grenzen. Die vierseitig pyramidale Grundgestalt des ganzen Schädels tritt daher auch in den extremsten Formen noch unverkennbar hervor. Die geräumigen Augenhöhlen, niemals von den Schläfengruben durch knöcherne Brücken und Wandungen getrennt, nehmen stets die Seitenmitte ein, vor ihnen der vierseitig prismatische Schnauzentheil, hinter ihnen der vierseitige, allermeist kantige, seltener gerundete Hirntheil. Der gewaltige Kaumuskel findet in der engen Schläfengrube nicht ausreichenden Platz und sendet eine Portion nach Vorn, weshalb hier der Jochfortsatz des Oberkiefers ganz eigenthümliche, in andern Ordnungen der Säugethiere nicht wiederkehrende Formverhältnisse zeigt. Die hochumrandete Hinterhauptsfläche steht senkrecht oder nur in sehr geringer Neigung gegen die Schädelaxe; an der Unterseite schwellen die Pauken oft sehr dickkugelig auf und die mittlere Gegend verengt sich auch hier sehr so beträchtlich, daß die Laden der Backzahnreihen meist frei abgesetzt sind und einen knöchernen Boden für die Augenhöhlen bilden. Aus den Einzelnheiten im Schädelbeine läßt sich gar manches Charakteristische hervorheben. Die Neigung der Hinterhauptsfläche z. B. ist nur bei Spalax und Georychus nach Vorn, bei Lagotis umgekehrt nach Hinten übergeneigt. Das große Hinterhauptsloch pflegt nur etwas höher als breit zu sein, seltener erheblich höher, und ebenso selten erscheint es breiter als hoch, z. B. bei dem Biber. Die Occipitalleiste gehört allermeist dem Hinterhaupte ausschließlich an und dessen Naht mit den Scheitelbeinen liegt davor, nur bei den Sciurinen verläuft die Naht in der Leiste selbst. Die Form der Hinterhauptsfläche geht von der dreiseitigen, bei Aguti durch die halbkreisförmige, bei den Sciurinen in die häufigst vierseitige oblonge oder trapezische über. Abnorm erscheint die Occipitalfläche gebildet bei der Gattung Pedetes. Ihre Leisten sind sehr gewöhnlich stark entwickelt. In keiner andern Ordnung der Säugethiere kommt ein Zwickel- oder Zwischenscheitelbein so häufig vor, wie bei den Nagethieren, und bei den meisten derselben bleibt es auch sehr lange selbständig. Ich vermisse es gänzlich, obwol an den untersuchten Schädeln noch alle Nähte deutlich sind, nur bei den Gattungen Dasyprocta, Coelogenys, Lagostomus, Dolichotis, Lagotis, Myopotamus und allen Sciurinen, möglich, daß es bei ihnen schon in der frühesten Jugend verschmilzt. Am längsten sichtbar bleibt es bei den Leporinen, Myoxinen, Castorinen und Murinen. Seine gewöhnliche Form ist die dreiseitige, bald länger, bald breiter, auch oval in die quervierseitige übergehend. Bei allen Nagethieren ohne oder mit sehr frühzeitig verschmelzendem Zwickelbeine verwachsen auch die Scheitelbeine schon frühzeitig in der Mittellinie, und zeigen keine Spur von Naht mehr, während andere Nähte noch ganz deutlich sichtbar sind. Die Länge der Scheitelbeine steht zu der der Stirnbeine im umgekehrten Verhältnisse, doch haben beide bei der Mehrzahl der Gattungen gleiche oder doch ziemlich gleiche Länge, und Extreme, wie sie der Biber bietet, gehören zu den größten Seltenheiten. Die normale Form der Scheitelbeine ist die rectangulaire mit sehr gewöhnlicher Verschmälerung nach Hinten. Auch hier fällt der Biberschädel durch unregelmäßige Form auf. Gewöhnlich ist der Scheitel ganz flach oder sanft gewölbt, und die Schläfenleisten, wenn überhaupt entwickelt, vereinigen sich wie bei den Sciurinen, Myopotamus, Meerschwein erst kurz vor der Lambdanaht zur Bildung eines schwachen Pfeilkammes, häufiger nähern sie sich nur einander, sehr selten, wie bei dem Hamster und der Maus, divergiren sie. Die Stirnbeine bilden allgemein die Mitte des Schädeldaches über der am meisten verengten Schläfen-Augenhöhlengegend. Ihre Breite und Länge schwankt innerhalb weiterer Grenzen als bei den Scheitelbeinen, auch sind sie viel häufiger flach und selbst etwas eingesenkt. In der Berandung der Augenhöhlen, sowie in ihrer Verbindung mit den Nasenbeinen, Zwischen- und Oberkiefern gewähren sie der Systematik sehr charakteristische Eigenthümlichkeiten. In der Mittellinie bleiben sie häufiger und länger getrennt als die Scheitelbeine. Die Thränenbeine verstecken sich gern in der Augenhöhle. Die Nasenbeine nehmen allgemein das vordere Drittheil des Schädeldaches ein, nur bei Hystrix dehnen sie sich ungeheuer bis zur Hälfte der Schädellänge aus. Immer sind sie zwei schmale, gestreckte Knochenplatten, in der hintern Hälfte ganz flach oder schwach gewölbt, in der vordern Hälfte an beiden Seiten, und oft auch mit der Spitze mehr oder weniger herabgebogen. Sie sind nur von dem Zwischenkiefer und den Stirnbeinen begrenzt, mit dem Oberkiefer finde ich sie nirgends in Berührung. Der Zwischenkiefer bildet allein die Seiten und die untere Fläche des Schnauzentheiles. Nur mit einem meist schmalen Fortsatze steigt er zum Stirnbeine hinauf und läßt auch oben vom Oberkiefer nur dessen kräftigem Jochfortsatze Platz. Hier tritt er gewöhnlich in gleichem Niveau mit den Nasenbeinen an die Frontalia heran, wenn aber anders, ist er meist verkürzt, seltener etwas länger als die Nasalia. An den Seiten verbindet er sich meist unmittelbar vor dem Fortsatze in senkrechter Naht mit dem Oberkiefer, oder dieser dehnt sich je nach der Entwickelung des hier ansitzenden Astes des Kaumuskels mit mehr oder weniger tief bogiger Erweiterung nach Vorn. Bei Dolichotis und Pedetes z. B. nimmt der Oberkiefer die halbe Seite des Schnauzentheiles ein, und das ist das Extrem seiner Größe. An der Unterseite läuft die Naht in größerer oder geringerer Entfernung von der Backzahnreihe und durch den hintern Rand der stets spaltenförmigen Foramina incisiva quer durch. Die erheblichsten Eigenthümlichkeiten des glirinischen Oberkiefers liegen aber hauptsächlich in der durch die vordere Portion des Kaumuskels bedingten Größe und Form seines Jochfortsatzes und in der Entwickelung der Backzahnreihe. Der Jochfortsatz dehnt seine Wurzel vom Alveolar- bis zum obern Orbitalrande und dem Stirnbeine aus. Fast nur bei den Leporinen hat er eine kleine Wurzel. Seine winkelig gegen die Schädelaxe gerichtete Fläche ist entweder geschlossen, ganz, geglättet, und nimmt dann an der Vorderseite auf einer umrandeten, zum Theil auf das Intermaxillare fortsetzenden Fläche den Vorderast des Kaumuskels auf, oder aber sie ist durchbohrt, sodaß diese Muskelportion vom Grunde der Augenhöhle nach Vorn durchsetzt. Diese Perforation ist spaltenförmig und kann sich so weit ausdehnen, daß sie den Jochfortsatz selbst auf eine dünne untere und noch schwächere verticale Brücke reducirt. Da das Unteraugenhöhlenloch nur den Zweck hat, den gleichnamigen Nerv und Gefäß hindurchtreten zu lassen: so kann begreiflicher Weise diese ungeheure Oeffnung mit ihrer ganz andern Bestimmung nicht als ein blos erweitertes Foramen infraorbitale betrachtet werden, was mit Unrecht von den meisten Zoologen und Anatomen noch geschieht. Die Oeffnung ist hier vielmehr Masseteröffnung oder Masseterspalte und eine ausschließliche Eigenthümlichkeit der Nagethiere. Im Allgemeinen kommt sie bei den amerikanischen Nagethieren viel häufiger vor als bei den altweltlichen, tritt als constanter Familiencharakter auf und fehlt den Sciurinen, Castorinen, Merioniden, Sciurospalacinen und den Spalacinen. Abnormitäten dieser Verhältnisse kommen selten vor, so bei den Leporinen eine siebförmige Durchlöcherung des Oberkiefers und bei Coelogenys die ganz beispiellose Erweiterung des Jochfortsatzes. An der Schädelunterseite bildet der Oberkiefer nur die Zahnladen, nur das schmale Gewölbe des Rachens vom Intermaxillare bis zum Palatinum. Die Gaumenbeine sind wieder sehr schmale Knochen, welche am hintern Rande der Oberkiefer oft mit einem zweizackigen Keilbeinfortsatze beginnen und so von Hinten her zwischen die Oberkiefer sich winkelig einkeilen, nach Vorn gewöhnlich zwischen die mittlern Backzähne reichend, ausnahmsweise wie bei Coelogenys bis zwischen die ersten Backzähne. Von Hinten mehr oder weniger tief und winkelig ausgeschnitten bilden sie einen spitzen Knochenwinkel. Ihre Familiendifferenzen fallen leicht in die Augen, ihre generischen und specifischen dagegen sind sehr geringfügige. Das Schläfenbein nimmt mit den ihm zugehörigen Theilen stets einen ansehnlichen Raum am Schädel ein. Sehr charakteristisch ist, daß durch die enorme Entwickelung der zum Gehörorgane gehörigen Knochen der hintere Theil der Schuppe nur als schmaler Streifen an den Occipitalrand sich erstreckt. Ihr vorderer Theil ist stets überwiegend hoch, schließt die Schläfenhöhle nach Hinten ab und trägt den gewöhnlich sehr breitwurzeligen [illegible] der länglich concaven Gelenkfläche für [illegible] unterhalb welcher alsbald der Keilbein[illegible]. Die extremste Bildung der ganzen [illegible] hat Pedetes mit dem sehr verkleinerten [illegible] und dem ungeheuer ausgedehnten Felsen- und Paukenbeine. Das Jochbein besteht allgemein aus einer dünnen Platte, welche vorn nicht immer an das Thränenbein heranreicht, oft nur mit dem Kieferjochfortsatze allein verbunden ist und deren Naht erst sehr spät verschwindet. Die Höhe der Jochbeinplatte schwankt auffallend, ihre Extreme liegen in den kleinen Mäusen, wo sie fast einem kantigen Faden gleicht, und in Coelogenys, wo sie doppelt so hoch wie lang ist. Ihr Abstand vom Schädel, ihre höhere oder tiefere Lage wechselt innerhalb mäßiger Grenzen, doch fällt die größte Breite des Schädels stets zwischen die Jochbeine. Die Pauken fallen durch ihre blasige Aufschwellung an der Unterseite des Nagerschädels stets sogleich in die Augen. Sie sind gemeinlich oval, eiförmig durch Verschmälerung nach Hinten und in ihrer Lage schief nach Hinten und Außen gerichtet, durch Grund- und Keilbein von einander getrennt. Ihre Ausdehnung in Länge, Breite und Höhe unterliegt vielen Schwankungen selbst schon bei nah verwandten Gattungen. Noch mehr aber ändert die Bildung eines knöchernen Gehörganges ab; ein solcher fehlt z. B. völlig bei den Myoxinen und Sciurus; bei Arctomys und Cavia umgibt sich die Oeffnung mit einem vorstehenden Rande, der sich bei Coelogenys und Dasyprocta zu einem breiten Ringe ausdehnt, und endlich bei Castor, Lagotis u. a. zu einem langen cylindrischen Rohre auszieht. Das Felsenbein wird nun durch das überwiegend große Tympanum ganz nach Hinten und Oben gedrängt und treibt hier das Schläfenbein und Occipitale aus einander. Bei Pedetes erreicht es die ungeheuerste Ausdehnung, in welcher es noch auf der obern Schädelseite dick aufschwillt; auch bei Lagotis hat es noch einen ganz ansehnlichen Umfang, bei den übrigen ist es kleiner und ragt nur bis zur halben Schädelhöhe oder weniger hinauf und bildet gewöhnlich die breit abgestutzte Seitenkante des Schädels, wenn es überhaupt auf die äußere Form Einfluß hat. Seine Formverhältnisse charakterisiren hauptsächlich die Familien, minder scharf die Gattungen, für die Arten wird es sehr schwierig, überall ausreichende Eigenthümlichkeiten nachzuweisen. Zitzen- und Griffelfortsatz pflegen bei Nagethieren nicht als getrennte selbständige Fortsätze vorhanden zu sein, meist ragt nur ein großer Zacken hinter der Gehörblase herab, welcher als processus stylomastoideus bezeichnet werden mag. Zwischen den großen Gehörblasen liegen an der untern Schädelfläche stets durch bleibende Nähte getrennt und nach Vorn sich verschmälernd das Grundbein und die beiden Keilbeine, nur selten ist im tiefen Gaumenausschnitte auch die Pflugschar noch frei sichtbar. Das Grundbein ist ein platter, nach Vorn stark verschmälerter Knochen, allermeist etwas länger als breit, zwischen den Hinterhauptsgelenkhöckern mehr oder minder tief ausgebuchtet und auf seiner untern oder äußern Fläche concav, flach, häufiger jedoch längs der Mittellinie gekielt und gegen die Pauken hin verdickt. Die Keilbeine ändern nach der Länge, Dicke und Breite ihrer Körper, sowie nach der Breite und Richtung ihrer Flügel ab und zeigen überhaupt in der ganzen Reihe der Nagethiere viel auffallendere Differenzen als das Grundbein.

Auch in dem Unterkiefer offenbart der Nagertypus sehr beachtenswerthe Eigenthümlichkeiten. Die Aeste, in der Kinnsymphyse niemals völlig mit einander verwachsend, theilen sich allgemein sehr bestimmt in die nach Function und Lage unterschiedenen Theile. Die größte Ausdehnung in der Länge und meist auch in der Dicke hat die Alveolarscheide der Nagezähne. Sie bildet ein vom Condylus bis zum vordersten Rande reichendes Knochenrohr, welches mit seiner vordern Verdickung den Symphysentheil des Kiefers allein darstellt, durch seine Krümmung den untern convexen Kieferrand einnimmt und dann an der Innenseite nach Oben steigt, ohne jedoch immer über die Backzahnreihe hinaus bis zum Condylus hin verlängert zu sein. Dicke, Krümmung und Länge dieses Alveolarrohres ändern vielfach ab. Auf ihm liegt, den mittlern und obern Theil des Astes bildend, die Lade der Backzahnreihe, äußerlich gar nicht von dem Nagezahnrohre abgesetzt oder doch deutlich geschieden durch Dicke und die schiefe Richtung. Den hintern, höchsten und dünnsten Theil des Kieferastes bildet der stets kleine hakenförmige Kronfortsatz; der große immer über das Niveau der Backzahnreihe aufsteigende Gelenkfortsatz mit dem knopfförmigen oder länglich ovalen Condylus und der absteigende Winkel für den Masseter oft mit lang ausgezogenem Winkelfortsatze. Diese drei Theile vereinigen sich zu einer an der Außenseite des Ladentheiles gelegenen Knochenplatte. Eine ähnliche scharfe Sonderung aller Unterkiefertheile kommt bei den Säugethieren nirgends wieder vor, und sie allein macht die große Mannichfaltigkeit der Kiefergestalt bei den Nagern möglich.

Halswirbel haben die Nagethiere ohne Ausnahme sieben, in der Länge und Dicke grade nicht auffallend veränderliche. Ihre erheblichsten Unterschiede sprechen sich in der Größe und Richtung der Fortsätze aus. Der Atlas ist stets der breiteste und kräftigste aller, der Epistropheus der schmälste und längste; ersterer mit sehr entwickelten Querfortsätzen, dieser mit dem höchsten Dornfortsatze. Verwachsungen der mittlern Halswirbel kommen nur ganz ausnahmsweise vor, z. B. bei den Dipodiden.

Die Brust- und Lendenwirbel der Säugethiere wurden seither stets nur nach der An- und Abwesenheit der Rippen unterschieden, bis ich in meinem schon erwähnten Werke „die Säugethiere" und nochmals in den „Beiträgen zur Osteologie der Nagethiere" den Nachweis lieferte, daß in der Form der Wirbel selbst, und ganz besonders in einem Wirbel, welchen ich deshalb den *diaphragmatischen* nenne, die Grenze zwischen Brust- und Lendengegend ausgeprägt ist, jene Trennung nach den Rippen aber nur eine blos äußerlichen und zufälligen Schwankungen unterworfene ist. Wegen der Bedeutung dieses diaphragmatischen Wirbels muß ich hier auf jene Schriften verweisen. Durch ihn erhält man nun ganz andere Zahlen für die Brust- und Lendenwirbel, minder schwankende als nach der Rippenzählung. Leider ist in Abbildungen nur zu häufig dieses Verhältniß vom Künstler völlig verkannt, und daher die Zählung nach solchen unzuverlässig, ich kann daher nur für die mir zur Untersuchung zu Gebote stehenden Arten richtige Zahlen angeben, füge aber in der nachfolgenden Uebersicht auch die frühere Zählungsweise bei, weil durch sie zugleich die Rippenzahl gegeben und das Verhältniß derselben zu meiner Zählungsmethode am schnellsten übersehen wird.

	Brustwirbel.		Diaphragmatischer Wirbel.		Lendenwirbel.		Summa.		Rippentragende Wirbel.		Rippenlose Wirbel.
Lepus timidus	10	+	1	+	9	=	20	=	12	+	8
Lepus cuniculus	10	+	1	+	9	=	20	=	12	+	8
Cavia cobaya	9	+	1	+	9	=	19	=	13	+	6
Dolichotis patagonica	—		—		—		19	=	12	+	7
Hydrochoerus capybara	10	+	1	+	8	=	19	=	13	+	6

	Brust-wirbel.		Diaphragmatischer Wirbel.		Lenden-wirbel.		Summe.		Rippen-tragende Wirbel.		Rippen-lose Wirbel.
Coelogenys paca	12	+	1	+	6	=	19	=	14	+	5
Dasyprocta aguti	10	+	1	+	8	=	19	=	13	+	6
Cercolabes prehensilis	12	+	1	+	7	=	20	=	16	+	4
Hystrix cristata	10	+	1	+	8	=	19	=	14 (15)	+	5 (4)
— javanica	—		—		—		18	=	14	+	4
Atherura fasciculata	—		—		—		21	=	16	+	5
Anomalurus Fraseri	—		—		—		22	=	13	+	9
Myopotamus coypus	10	+	1	+	8	=	19	=	13	+	6
Capromys pilorides	10	+	1	+	12	=	23	=	16	+	7
Echinomys cayennensis	9	+	1	+	9	=	19	=	12	+	7
Mesomys spinosus	10	+	1	+	8	=	19	=	12	+	7
Habrocoma Bennetti	10	+	1	+	11	=	22	=	16	+	6
Aulacodus Swinderanus	11	+	1	+	7	=	19	=	13	+	6
Loncheres cristatus	10	+	1	+	10	=	21	=	14	+	7
— armatus	10	+	1	+	10	=	21	=	14	+	7
Spalacopus Poeppigi	9	+	1	+	9	=	19	=	12	+	7
Lagidium pallipes	10	+	1	+	8	=	19	=	12	+	7
Chinchilla lanigera	10	+	1	+	8	=	19	=	13	+	6
Spalax typhlus	10	+	1	+	8	=	19	=	13	+	6
Georychus capensis	10	+	1	+	8	=	19	=	13	+	6
Heliophobius argentocinereus	—		—		—				12	+	6 (5)
Ellobius talpinus	—		—		—		19	=	13	+	6
Geomys bursarius	10	+	1	+	8	=	19	=	12	+	7
Acomys spinosissimus	—		—		—		19	=	13	+	6
Mus decumanus	9	+	1	+	9	=	19	=	13	+	6
— rattus	9	+	1	+	9	=	19	=	13	+	6
— musculus	9	+	1	+	9	=	19	=	13	+	6
— abyssinicus	—		—		—		19	=	12	+	7
— fallax	—		—		—		20	=	12	+	8
— microdon	—		—		—		19	=	13	+	6
— arborarius	—		—		—		18	=	12	+	6
— minimus	—		—		—		19	=	13	+	6
Steatomys Krebsi	—		—		—		19	=	13	+	6
Saccostomus fuscus	—		—		—		19	=	13	+	6
Cricetus frumentarius	10	+	1	+	8	=	19	=	13	+	6
Meriones africanus	—		—		—		19	=	12 (13)	+	7 (6)
— obesus	9	+	1	+	9	=	19	=	12	+	7
Dipus sagitta	11	+	1	+	7	=	19	=	12	+	7
Alactaga jaculus	—		—		—		19	=	13	+	6
Macrocolus halticus	—		—		—		21	=	12	+	9
Pedetes caffer	—		—		—		19	=	12	+	7
Myodes lemmus	—		—		—		18	=	12	+	6
— lagurus	—		—		—		20	=	13	+	7
Arvicola rutilus	—		—		—		19	=	13	+	6
— amphibius	—		—		—		19	=	13	+	6
— ratticeps	—		—		—		19	=	13	+	6
— alpinus	—		—		—		19	=	13	+	6
— arvalis	—		—		—		19	=	13	+	6
— alliarius	—		—		—		19	=	13	+	6
— oeconomus	—		—		—		20	=	14	+	6
— socialis	—		—		—		18	=	13	+	5
— gregalis	—		—		—		19	=	13	+	6
Castor fiber	9	+	1	+	9	=	19	=	14	+	5
Glis vulgaris	9	+	1	+	9	=	19	=	13	+	6
Graphiurus murinus	9	+	1	+	9	=	19	=	13	+	6

	Brustwirbel.		Diaphragmatischer Wirbel.		Lendenwirbel.		Summa		Rippentragende Wirbel.		Rippenlose Wirbel.
Sciurus vulgaris	9	+	1	+	9	=	19	=	12	+	7
— capistratus	9	+	1	+	9	=	19	=	12	+	7
Arctomys marmotta	9	+	1	+	9	=	19	=	12	+	7
— monax	9	+	1	+	9	=	19	=	12	+	7
Spermophilus citillus	9	+	1	+	9	=	19	=	12	+	7
Pteromys petaurista	9	+	1	+	9	=	19	=	12	+	7
— nitidus	9	+	1	+	9	=	19	=	12	+	7
— volucella	9	+	1	+	9	=	19	=	12	+	7
— sagitta	9	+	1	+	9	=	19	=	12	+	7

Während nach der Rippenzählung die Nagethiere durchweg eine im Verhältnisse zur Brustgegend sehr kurze, meist nur halb so lange Lendengegend haben, gleicht sich nach der Abgrenzung durch den diaphragmatischen Wirbel dieser Unterschied allermeist völlig aus, indem die Mehrzahl der Arten neun Brust- und ebenso viel Lendenwirbel besitzt. Nur einmal fand ich, und zwar bei Coelogenys die Lendenwirbel auf die halbe Anzahl der Brustwirbel herabsinken, und umgekehrt vergrößert sich die Lendengegend bei einigen Arten ohne Verkleinerung der Brustgegend, so bei Capromys und Habrocoma.

Hinsichtlich der Wirbelformen ist bei den Nagethieren besonders auf die abnehmende Breite der Brustwirbel und auf die Länge und Neigung ihrer Dornfortsätze Rücksicht zu nehmen. Der diaphragmatische Wirbel mit seinem kleinen senkrechten Dornfortsatze, der häufig ganz fehlt, mit seinen eigenthümlichen Gelenk-, Quer- und schiefen Fortsätzen ist stets sehr vollkommen entwickelt und daher seine Bedeutung recht augenfällig. Darin liegt ein sehr scharfer Unterschied der Nagethiere von den sich ihnen unmittelbar anreihenden Edentaten. Die Lendenwirbel nehmen allgemein von dem diaphragmatischen an Länge und Dicke bis zum Kreuzbeine ansehnlich zu, und steigern in dieser Richtung zugleich die Entwickelung ihrer Fortsätze. Die Dorn- und Querfortsätze sind stark nach Vorn gerichtet, letztere zugleich sehr abwärts geneigt und nicht selten von sehr beträchtlicher Länge.

Die Zahl der Kreuzwirbel schwankt zwischen drei und vier und sind dieselben bisweilen nach Hinten kaum verschmälert, ihre letzten Querfortsätze so breit wie die ersten; ihre Dornfortsätze verschmelzen niemals in einen zusammenhängenden Knochenkamm, verkümmern aber bisweilen gar sehr. Bei dem extremen Wechsel der Schwanzlänge läßt sich ein ebenso extremer Wechsel der Wirbelzahlen dieser Gegend schon im Voraus erwarten. In der That zählen wir denn auch bei einer Stachelratte, Loncheres cristatus, nicht weniger als 44 Schwanzwirbel, eine Anzahl, welche unter allen Säugethieren nur von dem langschwänzigen Schuppenthiere mit 46 übertroffen wird. Ueber 40 kommen noch bei wenigen andern Arten vor, häufiger zählt man 30—40, auch 20—30, und so sinkt die Anzahl bis auf 5 als die niedrigste hinab. Mit der Zunahme der Zahl steigert sich auch die Ausbildung der ersten Schwanzwirbel. Untere Bogenrudimente treten sehr gewöhnlich auf.

Die Differenzen im Brustbeine beziehen sich hauptsächlich nur auf die verhältnißmäßige Länge und Dicke, die gerundete und kantige Gestalt der einzelnen Sternalkörper und auf die Form der Handhabe und des Schwertfortsatzes. Die Zahl der Stücke ist nur sehr geringen Schwankungen unterworfen und auffallende ungewöhnliche Formverhältnisse werden gar nicht beobachtet. Die schwankende Anzahl der Rippen ist bereits in der Tabelle über die Wirbelzahlen angegeben worden, 12—14 ist die häufigste Anzahl, 16 die höchste; davon sind die 7—10 ersten wahre, mit dem Brustbeine durch Knorpel verbundene, die übrigen falsche. Die Stärke, Dicke und Breite und Krümmung ändert nach den Gattungen ziemlich erheblich ab. Im Schultergürtel sind bei der auffallend verschiedenen Lebensweise der Nagethiere die Differenzen ziemlich erheblich. Das Schlüsselbein tritt in allen Graden der Entwickelung auf, fehlt gänzlich, ist rudimentair bis vollkommen ausgebildet, lang und stark. Da die Mehrzahl der Nagethiere ihre Vordergliedmaßen zugleich zum Graben, Schwimmen, Klettern, Ergreifen gebraucht, so ist das Verkümmern und gänzliche Fehlen der Schlüsselbeine seltener als deren vollkommene Ausbildung. Das Schulterblatt ist im Allgemeinen schmal und gestreckt, nur bisweilen in der hintern Hälfte bogig erweitert, und trägt eine sehr hohe Gräte meist in der Mitte oder noch neben derselben; je nach der Entwickelung des Schlüsselbeines zieht sich die Gräte auch nach Vorn in ein mehr oder minder langes Akromion aus, und damit steht ferner die Stärke des Rabenschnabelfortsatzes in abhängigem Verhältnisse. Die Gliedmaßenknochen ändern in ihren Formen ziemlich erheblich ab. Vom Oberarme sei nur erwähnt, daß die Olecranongrube häufig perforirt ist, und daß bisweilen auch eine knöcherne Brücke an der Innenseite des untern Gelenkkopfes für den Nervus medianus auftritt; diese Brücke ist jedoch nur specifischer, nicht generischer Charakter. Am bald längern, bald kürzern Unterarme ist die Speiche stets den stärkern Knochen und die Elle ihr bald innig angelegt, bald frei und stark. Das Becken ist allermeist sehr gestreckt und schmal, die Hüftbeine breit und stark. Ganz anomal kommt bei dem weiblichen Geomys bursarius eine weit geöffnete Schambeinfuge vor, der eingige Fall bei den Nagethieren, der bei den insektivoren Raubthieren bekanntlich häufiger ist. Der Ueberschenkel verdient besonders in der Entwickelung seines obern Trochanteren Beachtung. Die Unterschenkelknochen verschmelzen häufiger mit einander als die Speiche und Elle, und wie immer ist es die Fibula, welche in ihrem untern Theile verkümmert und mit der Tibia verwächst. Die Hand- und Fußwurzelknochen bieten für die Systematik wenig Interesse, ihre Anzahl zumal im Carpus ist bisweilen sehr beträchtlich. Die Rolle des Sprungbeines hat bald eine gerade, bald eine schiefe Lage. Auffallende Eigenthümlichkeiten in der Fußbildung haben nur die Dipodiden aufzuweisen.

Von den weichen Theilen ist der fleischigen, meist sehr beweglichen und stark beschaarten Lippen, sowie der bisweilen ungeheuer entwickelten Kaumuskeln bereits gedacht. Demnächst verdient das Vorkommen von Backentaschen in einigen Familien Beachtung. Dieselben öffnen sich meist an der Innenseite der Backen und reichen bis in die Schultergegend zurück. An der Außenseite der Backen geöffnete und innen mit Haaren ausgekleidete besitzt einzig unter allen Säugethieren nur Geomys. Das Vorkommen der Backentaschen ist bekanntlich nicht auf die Nagethiere beschränkt, wol aber haben diese die größten. Sie dienen zum Eintragen der Nahrung, werden durch einen von den Fortsätzen der Lendenwirbel entspringenden Muskel zurückgezogen, wenn sie gefüllt werden sollen, und durch Druck mit den Vorderpfoten entleert. Bei der vorherrschend pflanzlichen Kost sind selbstverständlich die Speicheldrüsen sehr entwickelt, am auffallendsten bei dem Rinde und Holz fressenden Biber. Bald überwiegt die Unterkieferdrüse, bald die Ohrspeicheldrüse die übrigen durch bedeutende Größe. Die Zunge ist immer glatt, weich und sehr beweglich. Die enge Speiseröhre verlängert sich häufig noch eine Strecke hinter dem Zwergfelle, bevor sie in den Magen eintritt. Der Magen bietet hinsichtlich seiner Form, Größe, Theilung und der Structur seiner Wandungen mancherlei beachtenswerthe Eigenthümlichkeiten. Meist bildet er einen einfachen, länglich runden Sack, theilt sich aber auch durch Einschnürung in zwei oder unvollkommen in drei Abschnitte. Bei letzterem ist wenigstens in der Gattung Hypudaus eine Falte am Eintritte der Speiseröhre beobachtet worden, welche das Wiederkäuen wahrscheinlich macht. Die Länge des Darmkanales schwankt auffallend genug zwischen der 5—17 fachen Körperlänge, und schon bei sehr nah verwandten Arten und Gattungen kommen erhebliche Differenzen vor, wie aus nachfolgender Uebersicht hervorgeht, wo eben die Körperlänge als Einheit für die Länge des Darmkanales angenommen ist:

Lepus timidus	11	Dasyprocta aguti	17
— cuniculus ferus	11	Myopotamus coypus	16
— cuniculus domest.	9	Aulacodus Swinderanus	7
Lagomys alpinus	12	Ctenodactylus Massoni	10
Cavia cobaya	12	Cricetus vulgaris	6
Coelogenys paca	12	Castor fiber	6

Die Theilung des Darmkanales in Dünn- und Dickdarm ist stets durch eine innere Klappe angedeutet, aber nicht immer durch verschiedene Weite auch äußerlich sichtbar. Beide Abschnitte sind von gleicher Länge oder aber der Dickdarm verkürzt sich bis zum fünften Theile der Dünndarmlänge. Letzterer, der Dünndarm, pflegt im Innern lange Zotten und nur spärliche Drüsenhaufen zu besitzen, der Dickdarm dagegen ist häufiger glatt, seltener mit Zotten oder Falten ausgekleidet. Der Blinddarm, nur ausnahmsweise ganz fehlend, ändert in Länge, Weite und Structur auffallend ab, selbst schon bei Arten einer und derselben Gattung. Seine Länge wird in einzelnen Arten ungeheuer, der Kammfettlänge gleich, ebenso kann die Weite der des Magens gleich kommen. Dabei ist er bald gerade, bald gekrümmt bis zur spiraligen Aufrollung. Seine innere Höhle ist einfach oder in Zellen getheilt. Die allermeist sehr große Leber ist stets tief gelappt, drei- bis siebenlappig, in einzelnen Fällen die Lappen nochmals in Läppchen zertheilt. Der Lebergang mündet gewöhnlich gleich hinter dem Pförtner in den Darm. Die Gallenblase fehlt vielen Nagern, so bei Spalax, Ellobius, einigen Mäusen, den Hamstern u. a., wenn sie vorhanden, ist sie bald kugelig, bald oval, groß oder klein. Die rechte Lunge pflegt zwei- bis fünflappig zu sein, die linke ist häufig einfach. Die Luftröhre besteht aus 20—50 sehr unvollständigen, aber doch harten Ringen. Das Gefäßsystem bietet keine erheblichen Eigenthümlichkeiten. Im centralen Nervensysteme verdient die geringe Ausdehnung der Hemisphären des großen Gehirnes und deren allermeist nur schwache Windungen Beachtung, auch die ansehnliche Größe der gestreiften Körper, das zwar schwach entwickelte, aber doch vorhandene Corpus callosum und Septum pellucidum. Von den Sinnesorganen sind die des Gehöres und Geruches allgemein sehr scharf, auch die Augen nur bei wenigen unterirdisch lebenden schlecht, sonst sehr scharf. Die Nieren haben eine glatte Oberfläche und nur eine Papille, ihre Harnleiter münden häufig in die Rückwand der Blase oder gar in den Fundus. Der Eierstock der Weibchen ist meist traubig, bisweilen durch Einschnürung in zwei Hälften getheilt. Jeder Eileiter geht für sich in einen darmförmigen Uterus über, der in die lange Scheide mündet; nur bei einigen Arten vereinigen sich beide Uterus in einen kleinen Gebärmutterkörper. Die Zahl der Zitzen schwankt zwischen 2—14, meist sind 8—12 vorhanden, über Brust und Bauch vertheilt; bisweilen wie bei Myopotamus und sehr wenigen andern rücken alle oder nur die Brustzitzen hoch an die Leibesseiten hinauf. Die Hoden der Männchen liegen gewöhnlich in der Leistengegend unter der Haut, viel seltener in einem besondern Hodensacke. Eichel und Ruthe sind einfach, oft mit einem Ruthenknochen versehen, die Ruthe mit Schuppen, Warzen, Haaren oder Häkchen bekleidet.

Die Nagethiere sind über alle Zonen, durch alle Klimate und Welttheile verbreitet, in ebenen, wie in gebirgigen, in öden, sandigen, sterilen, wie in fruchtbaren üppigen Gegenden. Im Gebirge gehen sie bis in die Grenze des ewigen Schnees hinauf und soweit in der arktischen Zone noch Leben gedeiht, wissen auch sie ihren

Unterhalt zu finden. Sie trotzen dem neun Monate langen Winter und genießen den drei monatlichen Sommer. Unfähig große Wanderungen zu unternehmen, tragen sie in der gemäßigten und kalten Zone während der Erntezeit Nahrungsvorräthe ein in selbst gegrabene Kammern oder in natürliche Höhlen und Löcher, oder auch dies in oberflächlichen Haufen, dann verfallen sie in den Winterschlaf. Erst wenn die belebende Frühlingssonne den Boden erwärmt und die Vegetation erweckt, erwachen auch sie aus ihrem tiefen Schlummer und zehren nun von den Vorräthen, bis neue Frucht heranreift. Nur einige, wie die Eichhörnchen, wandern über weite Strecken und regelmäßig, noch andere, wie die Lemminge und Feldmäuse wandern aus Noth bei übermäßiger Vermehrung und zufällig eintretendem Nahrungsmangel. Ihre Nahrung nehmen sie vorzüglich aus dem Pflanzenreiche, Früchte aller Art, Blüthen, Blätter, Kraut, Gras, mehlreiche und saftige Wurzeln, ja selbst weiche Rinde und Holz, nur wenige suchen zugleich thierische Substanzen, frische oder trockene, und sind entschiedene Omnivoren. Ausschließlich Fleisch fressend ist jedoch kein Nagethier, aber gesegneten Appetit, der sie in den Verdacht großer Gefräßigkeit bringt, haben sie insgesammt. Man trifft sie kletternd auf Bäumen und im Gebüsche, laufend auf freiem Felde, Wiesen und Angern, in selbst gegrabenen Höhlen, in Felsenspalten, hohlen Bäumen, in Gebäuden und im Wasser, überall richten sie sich wohnlich ein, in allen Bewegungen verrathen sie Geschick und große Munterkeit, sind lebhaft und eilig, und weil wehrlos und überall den nachdrücklichsten Verfolgungen ausgesetzt auch ungemein scheu, flüchtig, aufmerksam, neugierig und listig, verschmitzt, dreist und unverschämt nur wenn sie vom Hunger getrieben werden. Sie leben paar- und familienweise, einzelne Arten jedoch auch schaarenweise beisammen. Ihr Geschlechtsleben erwacht im Frühlinge, sie begatten sich und nach wenigen Wochen schon wirft das Weibchen die Jungen, bei einigen Arten blinde und nackte, bei andern sehende und behaarte. Viele werfen zwei-, drei- und mehre Male im Sommer, und da die Jungen sehr schnell heranwachsen: so steigt die Vermehrung solcher fruchtbaren Arten nicht selten ins Ungeheuerliche, zur verheerenden Landplage. Ratten, Mäuse, Feldmäuse, Lemminge, Kaninchen, Eichkätzchen vermehren sich in besonders günstigen Jahren myriadenhaft. Allein sofortiger Nahrungsmangel, Raubthiere aller Art, kalter und feuchter Winter stellen alsbald das natürliche Gleichgewicht wieder her. Für die menschliche Oekonomie sind sie im Allgemeinen mehr schädlich als nützlich und werden aus beiden Rücksichten überall und zu jeder Zeit energisch verfolgt. Nachtheilig werden sie besonders durch ihre Gefräßigkeit unserer Feldfrüchte in den Kornkammern und Speisevorräthen, durch ihre Wühlerei und gefährliche Benagung des Hausgeräthes. Sie nützen dagegen durch ihr wohlschmeckendes Fleisch, ihren Pelz und einzelne Arzneistoffe.

Bei der überaus großen Mannichfaltigkeit und unbeschränkten Verbreitung in der gegenwärtigen Schöpfung fällt das spärliche Vorkommen von Nagethierresten in fossilem Zustande auf. Doch darf man daraus noch keineswegs auf ihre Seltenheit in früheren Schöpfungsepochen schließen, die Zartheit und Kleinheit ihrer Knochen wird vielmehr der Grund sein, daß sie der Beobachtung meist entgehen und von ungebildeten Sammlern gar nicht beachtet werden. Man kennt bereits aus den verschiedensten Familien vorweltliche Repräsentanten und die immer aufmerksamern Nachforschungen vermehren die Zahl der fossilen Arten und Gattungen fortwährend. Seltsam eigenthümliche Gestalten, wie solche die Raubthiere, Edentaten und Hufthiere aufzuweisen haben, wurden unter den vorweltlichen Nagern noch nicht erkannt, dieselben schließen sich in ihrer Organisation den jetzt lebenden ganz innig an. Die ersten treten mit Beginn der tertiären Periode bereits in den eocänen Schichten auf und kommen zahlreicher und mannichfaltiger in den jüngern und jüngsten Ablagerungen vor.

Eine natürliche Eintheilung und Anordnung der Familien ist bei den vielfachen Schwankungen der äußern Charaktere und bei dem Mangel hervorstechender Differenzen in der innern Organisation mit den größten Schwierigkeiten verknüpft. Zahlreiche Versuche nach den verschiedensten Principien sind bis auf die neueste Zeit veröffentlicht worden; sie alle beweisen die innige Verwandtschaft einzelner Familien und Gattungen unter einander und zugleich die Unzulässigkeit der linearen Anordnung. Nach blos äußern Charakteren lassen sich die Familien schlechterdings nicht unterscheiden und gruppiren, von den innern steht der Zahnbau zwar oben an, allein die übrigen Organe treten doch in so vielfache und differirende Beziehungen, daß eben eine kurze Charakteristik und bloße Uebereinanderstellung der Familien die verwandtschaftlichen Verhältnisse nicht aufklärt. Gewisse Hauptypen treten scharf hervor, und an diese reihen sich andere in engerer und weiterer Verwandtschaft an. Da jene Typen in besondern Artikeln behandelt werden und dabei eine eingehende Schilderung aller ihrer Beziehungen finden: so genügt es hier, die neuesten Eintheilungen durch eine bloße Aufzählung der Familien vorzuführen:

Gervais sondert die ganze Ordnung in Duplicidentata mit der einzigen Familie der Hasen, und in eigentliche Rodentia mit den Familien der Eichkätzchen, Biber, Hystriciden (Caviinen, Coelogenyinen, Dasyproctinen, Hystricinen, Aulacodinen, Ctenodonten, Capromyinen, Chinchillinen, Anomalurinen), Stachelratten, Pseudostomiden (Saccophorinen, Saccomyinen), Dipodiden, Myoxiden, Murinen.

Burmeister nimmt folgende Reihenfolge der Familien an: Sciurinen, Murinen (einschließlich der Myoxinen, Merionides und Arvicolen), Cunicularier, Salientes, Murisformen, Palmipeden, Aculeaten, Subungulaten und Duplicidentaten.

Auf die umfassendsten Untersuchungen des Schädelbaues gestützt, gelangte Brandt zu einer neuen Classification, welche vier Gruppen aufstellt: I. Sciuromorphi mit 1) Sciuroidei, wohin die Sciurinen, Pteromyen, Anomaluren, Arctomyen und [illegible]. II. Myomorphi mit 2) Myoxoidei, 3) Castoroidei,

4) Sciurospalacoidei, 5) Myoidei, 6) Spalacoidei, 7) Dipoidei. III. Hystrichomorphi mit 8) Hystrichoidei, 9) Spalacopodoidei, 10) Chinchilloidei, 11) Hemionychoidei. IV. Lagomorphi mit der Familie der Hasen.

Meine eigene umfassende Darstellung bringt die Familien in folgender Reihenfolge mit den zugehörigen Gattungen: 1) *Leporina* mit Lepus und Lagomys. 2) *Cavini* mit Cavia, Kerodon, Dolichotis, Hydrochoerus, Coelogenys, Dasyprocta. 3) *Hystrices* mit Chaetomys, Cercolabes, Erethizon, Hystrix, Atherura, Theridomys, Anomalurus. 4) *Muriformes* mit Myopotamus, Capromys, Plagiodontia, Echinomys, Mesomys, Habrocoma, Dactylomys, Cercomys, Carterodon, Aulacodus, Loncheres, Ctenomys, Petromys, Octodon, Ctenodactylus, Schizodon. 5) *Chinchillidae* mit Lagostomus, Lagidium, Chinchilla, Archaeomys. 6) *Spalacini* mit Rhizomys, Heterocephalus, Spalax, Siphneus, Bathyergus, Georychus, Heliophobius, Haplodon, Ellobius. 7) *Sciurospalacini:* Geomys. 8) *Murini* mit Acomys, Sminthus, Reithrodon, Sigmodon, Neotoma, Hesperomys, Mus, Steatomys, Pseudomys, Dendromys, Acodon, Drymomys, Saccomys, Perognathus, Saccostomus, Cricetomys, Cricetus, Hydromys, Phloeomys, Hapalotis. 9) *Merionides* mit Meriones, Mystromys, Otomys. 10) *Dipodidae* mit Dipus, Alactaga, Jaculus, Macrocolus, Dipodomys, Pedetes. 11) *Arvicolini* mit Myodes, Arvicola, Fiber. 12) *Castorini* nur mit Castor. 13) *Myoxini* mit Glis, Muscardinus, Eliomys, Graphiurus. 14) *Sciurini* mit Arctomys, Spermophilus, Tamias, Pteromys, Sciurus. 15) *Chiromyini* mit der einzigen Gattung Chiromys. (*Giebel.*)

GLIRICIDIA ist der Name einer von Kunth aufgestellten, zu der natürlichen Familie der Papilionaceen gehörigen Pflanzengattung mit krugförmigem Kelche, dessen Saum schief und undeutlich fünfzähnig ist. Die Fahne der schmetterlingsartigen Blumenkrone ist fast kreisrund, ausgerandet, abstehend, die freien Flügel haben mit der Fahne gleiche Länge, sind aber ein wenig länger als der Kiel. Von den zehn Staubgefäßen ist nur das der Fahne zugewandte frei, die übrigen sind verwachsen. Der gestielte Fruchtknoten beherbergt ungefähr zehn Eichen. Der Griffel ist fadenförmig, die Narbe krugförmig. Die Hülse ist gestielt, lang, zusammengedrückt, etwas holperig, am Rande verdickt, lederartig, zweiklappig, wenig samig. Die Samen sind linsenförmig-zusammengedrückt.

Zu dieser Gattung gehören dornenlose, auf den Antillen einheimische Bäume mit unpaarig-gefiederten, nebenblattlosen Blättern, achselständigen, einfachen Blüthentrauben, rosenrothen Blüthen und mit am Grunde und an der Spitze gegliederten Blüthenstielen.

Kunth rechnet zu dieser Gattung zwei Arten, nämlich

1) Glir. maculata mit achtpaarigen Blättern, länglichen, stumpfen, oberseits angedrückt-behaarten, unterseits meergrünen und schwarz-gefleckten Blättchen, glockig-krugförmigen, fast ungetheilten, weichhaarigen Kelchen und linealischen, zusammengedrückten, am Rande verdickten Hülsen.

Die Heimath dieser Art ist die Insel Cuba.

2) Glir. sepium mit 11—15 eiförmigen, stumpf-zugespitzten, häutigen, oberseits schwach-weichhaarigen, unterseits kahlen und blassen Blättchen, mit Blüthentrauben, welche kürzer als das Blatt sind, mit einblüthigen Blüthenstielchen, abgestutzten Kelchen und kahlen, länglichen, stumpfen, flach-zusammengedrückten, an den Nähten schwieligen Hülsen. Hierher gehört Robinia sepium *Jacquin* und Lonchocarpus sepium *De Candolle.*

Das Vaterland dieser Art ist St. Martha. (*Garcke.*)

GLIS, Siebenschläfer, ist ein Mitglied der Nagethierfamilie der Schläfer (Myoxinen) oder Haselmäuse. Schon den Alten war der Siebenschläfer, in manchen Gegenden auch Bilich genannt, bekannt und bei den Römern eine beliebte Speise; sie mästeten ihn in eigenen Ratzenställen, sogenannten Glirarien, mit Eicheln und Kastanien. Varro und Plinius berichten darüber und der Epigrammendichter Martial singt von ihm: „Winter, dich schlafen wir durch, und wir strotzen von blühendem Fette just in den Monden, wo uns Nichts als der Schlummer ernährt.“ Bei Aristoteles heißt er Myoxos und bei Plinius Glis, beide Namen sind auch in der neuern Systematik aufrecht erhalten. Linné versetzte den Siebenschläfer unter die Eichkätzchen, Pallas unter seine Gattung der Schläfer Myoxus, welche von mehren Mastozoologen noch gegenwärtig in weiter Bedeutung angenommen wird, von andern aber wegen der Differenzen im Zahnsysteme in die drei Gattungen Glis, Eliomys und Muscardinus aufgelöst worden ist. Glis wird nur durch die einzige Art, Gl. vulgaris (= Myoxus glis), den gemeinen Siebenschläfer vertreten. Es ist eine zierliche, eichkätzchenähnliche Nagergestalt mit mittelmäßigen Ohren, langen buschig behaarten, an der Unterseite zweizeiligem Schwanze, mit vier Zehen und nacktem Daumenrudiment an den Vorderfüßen und mit fünfzehigen Hinterfüßen. Sein Haarkleid ist weich und lang. Von den innern Organen verdient vor Allem das Zahnsystem Beachtung. Die Nagezähne sind vorn gelb, breit, flach gewölbt und glatt, im Querschnitte dreiseitig. Die Backzahnreihen, aus je vier Zähnen bestehend, sind geradlinig angeordnet und schleifen sich die Kronen in Folge der Abnutzung flach ab. Der erste im Oberkiefer ist der kleinste und abgerundet vierseitig, wie auch die beiden folgenden größten, der letzte ist rundlich dreiseitig; im Unterkiefer ist der erste kleinste nach Vorn, der letzte nach Hinten verschmälert abgerundet. Die Kronen haben höckerartige Querwülste, nach deren Abnutzung Schmelzfalten auftreten. Jeder trägt zwischen dem etwas erhöhten Vorder- und Hinterrande zwei Querleisten, welche mit niedrigeren, im Oberkiefer nur auf der äußern, im Unterkiefer auf der innern Hälfte durchgehenden kleineren Querleisten abwechseln. Auf dem ersten Zahne jeder Reihe fehlt die vordere kleinere Querleiste, während auf dem letzten im Oberkiefer sich die mittle nach Außen theilt. Eine Abbildung der Zahnreihen habe ich in meiner Odontographie (Leipzig 1855.) S. 46. Taf. 24.

Fig. 13 gegeben. Der Schädel erinnert in seiner allgemeinen Configuration mehr an den der Mäuse als der Eichkätzchen, ist im vordern Theile stark verschmälert, ohne Spur von hintern Orbitalfortsätzen und mit großer Oeffnung im Jochfortsatze des Oberkiefers versehen. Die Stirnbeine greifen mit einem langen spitzen Winkel in die Scheitelbeine ein, die Schläfenbeine sind sehr lang, hinten rechtwinkelig, vorn schief; das Zwischenscheitelbein ist breit dreiseitig mit etwas nach Vorn gewendeten Außenecken. Die kurzen Halswirbel zeichnen sich durch gänzlichen Mangel der Dornfortsätze aus; die neun Brustwirbel tragen vier kurze dünne Dornen; der diaphragmatische Wirbel ist gut ausgebildet; die neun Lendenwirbel haben niedrige, plattenförmige Dornen und kurze, ganz abwärts geneigte Querfortsätze. Drei Wirbel bilden das Kreuzbein, dessen Dornfortsätze getrennt bleiben. Die Zahl der Schwanzwirbel wird verschiedentlich angegeben, ich finde 22, Andere 24 und 25; Differenzen von nur individueller Bedeutung, wie ich sie selbst auch bei andern Nagerarten beobachtet habe. Den Brustkasten begrenzen sieben wahre und sechs falsche Rippenpaare. Das Schulterblatt ist schmal und vorn abgerundet, das Becken dünn und schwach, der Oberschenkel schlank und mit sehr starkem innern Trochanter, die Fibula im untern Theile mit der Tibia verwachsen, dagegen Elle und Speiche völlig getrennt.

Der gemeine Siebenschläfer erreicht 5—6 Zoll Körperlänge und ziemlich ebenso viel mißt sein langer Buschschwanz. Sein eirunder Kopf verschmälert sich nach Vorn, rundet die Schnauze vorn ziemlich stumpf zu und läßt hier nur den Raum zwischen den Nasenlöchern und die Furche in der Oberlippe nackt. Das abgerundete Ohr erreicht über ein Drittel der Kopflänge, ist in der Endhälfte außen und innen nur fein behaart und tritt deutlich aus dem Pelze hervor. Die Augen sind groß, schwarz und vorstehend, die Schnurren auf den Lippen schwärzlich, fein und länger als der Kopf; über jedem Auge nur auf den Backen stehen zwei Borsten. Der Hals ist kurz und dick, auch die Beine kurz. Auf der nackten vordern Fußsohle treten drei Wülste unter der Basis der großen Zehe, eine vierte rückwärts innen hinter der Daumenwarze und eine fünfte kleinere noch weiter rückwärts nach Außen hervor. Die bis über die Mitte nackten hintern Sohlen haben sechs Wülste, vier in einem Bogen unter der großen Zehe, eine fünfte weiter zurück nach Außen und eine sechste nach Hinten erweiterte letzterer schräg gegenüber nach Innen. Alle Zehen sind mit scharfen weißen Krallen bewehrt. Die Behaarung ist auf der Oberseite am Grunde grau, an der Unterseite einfarbig weiß. Die Oberseite scheint fahlaschgrau, an den Seiten etwas heller, gegen die Unterseite scharf abgeschnitten. Die Umgebung der Augen dunkelt bräunlichgrau, die Lippen sind heller braungrau, die Vorderpfoten grauweißlich, die hintern weißlich mit dunkelbraunem Längsstreifen auf der Oberseite, der Schwanz einfarbig fahlbräunlichgrau, unten nur wenig heller grau. Die Farbentöne ändern jedoch individuell ab.

Das Vaterland des Siebenschläfers erstreckt sich über das ganze gemäßigte und südliche Europa bis durch das südliche Rußland und die Länder am Kaukasus. In England und überhaupt jenseits der Nord- und Ostsee fehlt er. Strichweise ist er im mittlern Europa ganz gemein, strichweise aber auch selten. Er wählt sein Standquartier am liebsten in Eichen- und Buchenwäldern, besucht jedoch auch Obstgärten und geht in den Alpen und andern Gebirgen bis in die Tannenregion hinauf. Er klettert mit großer Gewandtheit und springt wie das Eichkätzchen von einem Baume zum andern, doch nur Abends und des Nachts ist er munter, die Tageszeit verbringt er schlafend in Klüften und Baumlöchern oder in seinem aus Moos und Blättern zierlich gewobenen kugeligen Neste zwischen Baumzweigen. An solchen Plätzen wirft auch das Weibchen seine drei bis sieben nackten Jungen. Die Paarung geschieht im Frühjahre bald nach dem Erwachen aus dem Winterschlafe und Anfangs Juni findet man bisweilen schon Junge, welche Ende des Sommers bereits die Größe der Alten haben. Die Nahrung besteht größtentheils aus Samen, Eicheln, Bucheckern, Nüssen, Obstkernen, aber gelegentlich raubt der Siebenschläfer auch Eier und junge Nestvögel. In Baumlöchern häuft er Vorräthe an, vergißt sie aber meist bei dem Erwachen. Gegen den Herbst hin verkriecht er sich in ein Baumloch oder Erdloch, das er zuvor mit Moos weich auspolstert, kugelt sich darin zusammen und schläft dann ein. Erst bei eintretendem milden Frühlingswetter erwacht er wieder. Nur bei langen Wintern mag der Schlaf sieben Monate währen. Jung eingefangen, gewöhnt sich, wenn auch schwer, der Siebenschläfer an den Menschen und beträgt sich ähnlich wie das Eichhörnchen, nur daß er am Tage meist schläft und erst gegen Abend recht munter wird. Die alten Römer aßen die gemästeten Siebenschläfer als große Delicatesse und das Fleisch wird noch jetzt im Herbste, wo es am feistesten ist, in einigen Gegenden als schmackhaft gegessen, Andere verachten es. Auch die Felle werden in wenigen Ländern trotz des schlechten Leders zu Rauchwaaren verarbeitet. — Literatur: *Buffon*, Hist. natur. VIII, 158. Taf. 24; Schreber, Säugethiere IV, 825. Taf. 225; Bechstein, Naturgesch. Deutschl. 1033; *Pallas*, Glires 48; *Fr. Cuvier*, Mammif. II. livr. 30; *Perrault*, Mém. acad. III, 3. 40. Taf. 7. 8; Giebel, Säugethiere 622, Odontographie 40. Taf. 24; Blasius, Säugethiere 292. (*Giebel.*)

GLISAS (*Γλίσας*), eine Stadt im alten Böotien, welche von Herodot IX, 43 bei der Bestimmung des Flusses Thermodon erwähnt wird (*ὁ δὲ Θερμώδων ποταμὸς ῥέει μεταξὺ Τανάγρης τε καὶ Γλίσαντος*). Glisas existirte bereits zur Zeit des Homerischen Epos (Il. II, 504: οἱ *Γλίσαντ' ἐνέμοντο*). Pausanias (IX, 19, 2) sah noch die Ueberreste dieser Stadt (*Γλίσαντος ἐρείπια*) am Fuße des Berges Hypatos, einer westlichen Fortsetzung des Berges Messapion. Vergl. Mannert 8. Th. S. 222 fg. Den in der Nähe fließenden Thermodon bezeichnet Pausanias (l. c. §. 3) nur als Waldbach (*χείμαρρος*). Plinius (H. N. IV, 12) nennt die Stadt Glissas. (*Krause.*)

GLISCENTI (Fabius), in der Nähe von Brescia geboren, war praktischer Arzt in Venedig, woselbst er gegen 1620 gestorben ist. Er hat mehre philosophische Schriften in lateinischer und italienischer Sprache herausgegeben, unter andern auch: Discorsi morali contro il dispiacer del morire, e molto curioso trattato della pietra de' filosofi. (Venezia 1609. 4.) Ins Lateinische übersetzt von Lorenz Strauß. (Giess. 1671. 8.) (*Fr. Wilh. Theile.*)

GLISCHROCARYON. Mit diesem Namen bezeichnete Endlicher eine zu der Familie der Halorageen gehörige Pflanzengattung, welche jedoch schon vor ihm von Rudge Loudonia genannt war, weshalb dieser Name als der ältere den Vorzug vor jenem verdient. Der Charakter dieser Gattung ist folgender: Der Kelch hat eine vierflügelige, mit dem Fruchtknoten verwachsene, zwischen den Flügeln runzelige Röhre, deren Flügel in das Stielchen ein wenig herablaufen und mit den Zipfeln des oberen, viertheiligen Saumes abwechseln. Die vier capuzenförmig-hohlen Kronblätter sind der Kelchröhre eingefügt und wechseln mit den Kelchzipfeln ab, sind auch länger als diese. Die acht Staubgefäße sind gleich den Kronblättern der Kelchröhre eingefügt, die Träger sind fadenförmig, kurz, die langen, linealisch-vierkantigen, zweifächerigen Staubbeutel springen der Länge nach auf. Der Fruchtknoten ist unterständig, einfächerig. Die zwei oder vier Eichen hängen aus der Spitze des Faches um das sehr dünn-fadenförmige Säulchen. Der viertheilige Griffel hat ziemlich kurze Lappen, die Narben sind fast keulenförmig, schief abgestutzt, verschiedenfarbig. Die keulenförmig-vierkantige, fleischige Steinbeere ist von dem Kelchsaume, sowie von den Rudimenten der Staubgefäße, Kronblätter und Griffel bekrönt, die Fleischhaut ist faserig-schwammig, die innere Fruchthaut knorpelig, einsamig. Der Same ist umgekehrt. Der rechtläufige Samenkeim an der Spitze des fleischigen Eiweißes umfaßt ungefähr den dritten Theil des Samens; die Keimblätter sind sehr klein, stumpf, das Würzelchen ist cylindrisch.

Aus dieser Gattung ist nur eine im südwestlichen Theile Neuhollands einheimische Art bekannt, ein ganz kahler Halbstrauch mit aufrechtem, stielrundem, $1\frac{1}{2}$ Fuß langem, meergrünem oder schmutzig violettem, grünlichem, am Grunde beblättertem, oberwärts oft blattlosem Stengel, wechselständigen, linealischen, ganzrandigen, lederartigen Blättern, endständiger, ebensträußiger Rispe, mit am Grunde der Aeste blattartigen, weiter oben aber kronblattförmigen, mit den goldgelben Blüthen gleichlangen, später abfallenden Deckblättern und keulenförmig-vierflügeligen, fast meergrünen Steinbeeren. (*Garcke.*)

GLISSANTHE. Diesen Namen wandte Salisbury zur Bezeichnung einer zu der natürlichen Familie der Cannaceen gehörigen Pflanzengattung an, welche jedoch von Costus *Linné* nicht geschieden werden kann. Diese hat einen röhrigen, dreitheiligen Kelch, eine trichterförmige Kronröhre, gleiche, zusammenneigende äußere Saumzipfel und eine sehr große, glockenförmige, auf dem Rücken gespaltene Lippe, während die seitlichen inneren Saumzipfel fehlen. Der kronblattartige Staubfaden ist oberhalb des zwischen den Rändern liegenden Staubbeutels lang und breit vorgezogen. Der unterständige Fruchtknoten ist dreifächerig. Die zahlreichen, im Centralwinkel der Fächer stehenden, horizontalen Eichen sind gegenläufig. Der fadenförmige Griffel geht zwischen den Staubbeutelfächern hindurch; die zweiplattige Narbe ist am Grunde mit je zwei Hörnchen versehen. Die Kapsel ist dreifächerig, fachspaltig-dreiklappig.

Die Mitglieder dieser Gattung finden sich in den Tropenländern der ganzen Erde, namentlich aber in Asien, und haben knollenförmig-verdickte, kriechende Wurzeln, fast fleischige Blätter, über die Anheftungsstelle des Blattes hinausgehende, in eine schief abgestutzte Tute verlängerte Blattstielscheiden und einen ährenförmigen, end- oder seltener grundständigen, von Deckblättern umgebenen Blüthenstand. (*Garcke.*)

GLISSON (Francis), englischer Anatom und Naturphilosoph, war im J. 1596 zu Rampisham in der Grafschaft Dorset geboren, wurde im Collegium Cajus zu Cambridge gebildet und ließ sich in demselben als Mitglied aufnehmen. Er studirte Medicin, bis er an der Universität von Cambridge als Professor dieser Wissenschaft der Nachfolger Winterton's wurde. Vierzig Jahre hatte er diesen Lehrstuhl inne, schloß sich 1634 dem Collegium der londoner Aerzte an und wurde von diesem, dessen Präsident er in der Folge war, 1639 zum Professor der Anatomie ernannt. Er füllte diesen Posten mit großem Ruhme aus, bis er sich im Anfange des Bürgerkrieges nach Colchester flüchten mußte, um hier die Heilkunde praktisch zu üben. Nachdem diese Stadt den Aufständischen übergeben worden war, ging er nach London, wurde eines der ersten Mitglieder jener Vereinigung von Gelehrten, aus der die königliche Societät hervorging, und veröffentlichte hier seine erste Schrift. Dieselbe handelte über die Krankheit Rachitis, welche damals erst seit 30 Jahren in England bekannt war und grade in den Grafschaften Dorset und Somerset zum ersten Male auftrat. In andern Ländern wurde sie Anfangs unter dem Namen „englische Krankheit" bezeichnet. Das Werk heißt: Tractatus de Rachitide, seu morbo puerili Rickets dicto. (London 1650.) Glisson ward bei Abfassung desselben von den Doctoren Bate und Regemorter unterstützt. Da seine anatomischen Vorlesungen viel Erfolg gehabt hatten, gab er die interessantesten Theile derselben in einem Werke heraus, das den Titel führt: Anatomia Hepatis, cui praemittuntur quaedam ad rem anatomicam universe spectantia, et ad calcem operis subjiciuntur nonnulla de lymphae ductibus nuper repertis (London 1654), und für sein vorzüglichstes medicinisches Werk gehalten wird. Er beschreibt darin die Verlängerung des Zellengewebes, welche seitdem die Glisson'sche Kapsel heißt. Eine besondere Schrift: De lymphaeductis nuper repertis folgte 1659. Seine Stelle in der Geschichte der Philosophie vindicirte er sich durch den *Tractatus de Natura Substantiae energetica*, seu de vita naturae ejusque tribus primis facultatibus, perceptiva, adpetitiva et motiva (London 1672.), worin er, wiewol ein Zeitgenosse des Cartesius, sich doch gänzlich von der herrschenden Corpusculararphysik und der mechanischen Naturbetrachtung losriß, und so durch die Aufstellung eines neuen Substanzbegriffes der Vorläufer Leibnitzens wurde. Die Monade dieses teutschen Philosophen ist ja eben durchaus Energie und bestimmt sich innerlich durch ihre perceptions und appetitions, die zugleich ihre Bewegung und ihr Leben ausmachen. So betrachtet auch Glisson die Substanzen als Kräfte, welche in absoluter Selbstgenügsamkeit alle ihre Umwandlungen aus ihrem eigenen Centrum heraus bewirken, auf einander gegenseitig daher nicht einwirken können, und deren Theilbarkeit und Ausdehnung ein bloßer Schein ist. Auch Glisson hat, wie Leibnitz, die reine Idee mit der Realität in Eins verbinden und auf diese Weise Platon mit Aristoteles vereinigen wollen. Unglücklicher Weise sind diese Gedanken in einer verworrenen Sprache und mit einem spröden scholastischen Formalismus ausgedrückt, der sie ohne Leibnitzens Nachfolge der Vergessenheit überliefert haben würde. Als philosophisches Verdienst wird außerdem von ihm angeführt, daß er die Empfindung von der Vorstellung (sensation — perception) genau unterschieden. Noch in seinem Todesjahre (er starb zu London 1677) schrieb er einen Tractatus de Ventriculo et Intestinis, cui praemittitur alius de partibus continentibus in genere, et in specie de iis abdominis. Dieses Buch wird als das erste bezeichnet, in welchem Vermuthungen über die Eigenthümlichkeit der Muskelfaser angestellt sind, und man schreibt Glisson die Erfindung des Namens der Irritabilität zu für das der Muskelthätigkeit einwohnende angeborene Princip, das er schon in der Weise Haller's von der Sensibilität unterschieden haben soll. Ebenso handelt er ausführlich und scharfsinnig von der peristaltischen und antiperistaltischen Bewegung der Eingeweide. Die Mehrzahl der genannten Schriften ist mehrmals und in mehren Ländern abgedruckt worden. Glisson war einer der glücklichsten Schüler Harvey's; Boerhaave betrachtete ihn als den exactesten aller Anatomen, und Haller rühmt die gleichmäßige Vortrefflichkeit aller seiner Schriften. Dennoch sind seine physiologischen Forschungen jetzt nur noch wenig geachtet. — Quellen: *Aikin*, Biogr. memoirs of medicine. *Birch*, History of the Royal Society. *Chalmers*, General Biographical Dictionary. *Eloy*, Diction. historique de la Médicine. Dictionnaire des Sciences philosophiques. Biographie universelle. (Paris 1816.) T. XVII. Biographie générale. (Paris 1857.) T. XX. Krug's Philosophisches Wörterbuch. Kuno Fischer, Geschichte der neueren Philosophie. 2. Bd. S. 83. (*Rud. Seydel.*)

Globba, s. Globbeen.

GLOBBEEN ist der Name für eine zu der natürlichen Familie der Zingiberaceen gehörigen Abtheilung, welche in der einzigen Gattung Globba krautartige Gewächse mit endständigem, locker rispigem, traubigem oder ährenförmigem Blüthenstande umfaßt. Diese Gattung Globba ist charakterisirt durch einen locker röhrenförmigen, dreispaltigen Kelch, durch eine schlanke Kronröhre, deren äußere Zipfel fast gleich lang, deren innere seitliche schmal oder sehr klein und zahnförmig sind, während die Lippe groß und ganzrandig ist und mit dem Staubfaden eine Röhre bildet. Der linealische, gekielte, lange Staubfaden geht nicht über den nackten oder am Grunde mit verschiedenen Anhängseln besetzten Staubbeutel hinaus. Der unterständige Fruchtknoten ist durch unvollständige Scheidewände einfächerig. Die aufsteigenden, gegenläufigen Eichen stehen an den drei wandständigen Samenträgern zu mehren. Der fadenförmige Griffel geht durch die Fächer des Staubbeutels hindurch; die Narbe ist trichterförmig. Die Kapsel ist einfächerig, dreiklappig, ihre Klappen tragen auf der Mitte die zahlreichen, mit einem Mantel versehenen Samen.

Die hierher gehörigen Arten wachsen im tropischen Asien. — Linné kannte aus dieser von ihm gegründeten Gattung drei Arten, nämlich Globba marantina, uviformis und nutans, welche letztere Roscoe jedoch zur Gattung Alpinia bringt.

Seit jener Zeit sind folgende Arten aus dieser Gattung beschrieben:

1) Globba marantina *Linné* mit doppelt-halbmondförmigem Anhängsel am Staubfaden, mit einer die Blätter an Länge nicht erreichenden Aehre und breit-elliptischen Deckblättern, welche länger als der Kelch sind.

Diese Art wächst in Ostindien. Ihr einfacher 3 Fuß hoher Stengel trägt elliptische, spitze, wechselständige, gestielte Blätter und an der Spitze abgestutzte Blattscheiden. Die Blüthen haben eine gelbe Farbe. Das eiförmige Deckblatt ist länger als die Blüthe.

2) Gl. versicolor *Smith* mit fast ebensträußiger Traube und vierlappigem, abstehendem Anhängsel am Staubfaden. Hierher gehört Hura Siamensium *Koenig*.

Sie kommt auf der Insel Ceylon an schattigen, grasigen Plätzen vor. — Die Traube ist kurz oder ebensträußig; die Blumenkrone hat eine gelbe, weiße und violette Farbe.

3) Gl. racemosa *Smith* mit verlängerter cylindrischer Blüthentraube und pfeilförmigem Staubfadenanhängsel.

Die Heimath dieser Art ist Nepal. — Der 3 Fuß hohe Stengel ist mit scheidenförmigen, beiderseits weichhaarigen, länglich-eiförmigen, zugespitzten Blättern besetzt. Die Blüthentraube ist endständig, die Blüthenstiele sind dreiblüthig, die Blüthen orangefarbig.

4) Gl. erecta *De Candolle* mit endständiger, aufrechter Blüthentraube, fast sitzenden Blättern und mit Deckblättern, welche kürzer als die Blüthe sind.

Das Vaterland dieser Art ist nicht bekannt, wahrscheinlich aber Ostindien. — Die Wurzel ist faserig, kriechend; die Stengel sind aufrecht, einfach, oberwärts weichhaarig, etwa so dick wie ein kleiner Finger und ungefähr 2 Fuß hoch. Die Blätter sind scheidenförmig, zuletzt flach, lanzettlich, zugespitzt, am Grunde in den Blattstiel verschmälert; die trockenhäutigen Scheiden der unteren Blätter besitzen eine röthliche Farbe. Die Blüthenstiele sind kurz, dick, weichhaarig, 2—3blüthig; unter jedem Blüthenstielchen befindet sich ein kleines, rothbraunes, später abfälliges Deckblatt, während unter jeder

Blüthe größere, den Fruchtknoten einhüllende, weiße, durchscheinende, zuletzt gleichfalls abfällige Deckblätter stehen. Der weiße, außenseits weichhaarige, am Grunde röhrenförmige, kurze Kelch ist an der Seite in drei, wenig tiefe Lappen gespalten. Die weiße, röhrenförmige, am Grunde verengte Blumenkrone ist drei mal länger als der Kelch und bis über die Mitte in fünf längliche, stumpfe, unregelmäßige Zipfel getheilt. Das weiße, röhrenförmige, am Grunde kurzhaarige Nectarium ist in einen eiförmigen, concaven, roth und gelb gefärbten, wellenförmigen, an der Spitze in zwei kurze Lappen getheilten, am Grunde mit zwei kleinen pfriemlichen Hörnchen versehenen Saum erweitert. Die gelbe Honigdrüse befindet sich an der Spitze des Fruchtknotens. Das dem Nectarium angeheftete, breite, gefurchte Staubgefäß ist an der Spitze in einen schwieligen Ring erweitert, woran jederseits das lineallsche Fach sitzt. Der Fruchtknoten ist unterständig, weichhaarig, kugelig, fast dreikantig. Der Griffel befindet sich in der ringförmigen Spalte des Staubgefäßes.

5) Gl. japonica *Thunberg* mit endständiger, niedender Blüthentraube und schwertförmigen, ganzrandigen Blättern.

Diese Art wächst in Japan bei Nagasaki. — Der einfache, 2 Fuß hohe Stengel trägt wenige Blätter, deren Stiele wenig länger als die Scheiden sind; die Spindel ist hin und her gebogen, die Kapsel eiförmig, roth.

6) Gl. nutans *Linné* mit seitlicher Aehre, lanzettlichen, spitzen, unterseits wolligen Blättern und weißlichen Blüthen.

Diese Art kommt in Ostindien und auf den Molukken vor.

7) Gl. bulbifera *Roxburgh* mit zwiebeltragenden Stengeln, länglichen Blättern und endständigen aufrechten Blüthentrauben, welche kürzer als das Blatt sind.

Die Heimath dieser Art ist das nördliche Ostindien.

8) Gl. orixensis *Roxburgh* mit länglichen Blättern, endständiger Rispe, nackten Staubbeuteln und warziger Kapsel.

In Ostindien einheimisch, kommt sie daselbst in fruchten Thälern der Gebirge vor. — Von den sitzenden Blättern ist das größte eine Spanne lang und fast 2 Zoll breit und zugespitzt. Die linealischen, spitzen kleinen Deckblättchen stehen an den Aesten der Rispe. Die Blumenkronen haben eine gelbe Farbe, ihre Lippe oder der Flügel am Grunde des einwärts gekrümmten Staubfadens ist roth. Die drei Zipfel des äußeren Saumes, sowie die beiden des inneren sind eiförmig, stumpf. Die Lippe oder der Flügel des Staubgefäßes ist zweilappig, die Lappen sind stumpf; zwei Zähnchen befinden sich zwischen den Lappen. Die Kapsel ist eiförmig, schuppig, hellbraun, von der Größe einer Haselnuß.

9) Gl. Hura *Roxburgh* mit eiförmig-länglichen Blättern, endständiger, aufrechter Blüthentraube, zu drei stehenden dreiblüthigen Blüthenstielchen und mit einem von einem häutigen Krönchen bedeckten Staubbeutel.

Sie wächst an schattigen, grasreichen Stellen der Insel Ceylon. — Die Blüthentraube ist kurz oder ebensträußig; die Blumenkrone gelb, weiß und violett.

10) Gl. pendula *Roxburgh* mit lanzettlichen Blättern, endständigen, zusammengesetzten, hängenden Blüthentrauben, welche viel länger als das Blatt sind und zweispornigen Staubbeuteln.

Sie wächst in Wäldern der Insel „Prince of Wales."

11) Gl. radicalis *Roxburgh* mit grundständiger Rispe und geflügelten Staubbeuteln.

Die Heimath dieser Art ist gleichfalls Ostindien. — Mit Ausnahme des glänzend braunen Staubfadenflügels ist die ganze Blumenkrone, sowie die Rispe, die Blüthenstiele und Deckblätter bläulich-purpurroth. (*Garcke.*)

GLOBICEPHALUS, eine von Gray aufgestellte Gattung der Braunfische, Phocaena auf die beiden Arten Gl. svineval und Gl. Sieboldi, zu welchen er noch die neuen Arten Gl. affinis und Gl. macrorhynchus hinzufügte. So ungenügend diese charakterisirt sind, so ungerechtfertigt ist auch die Gattung Globicephalus, welche vielmehr nur die Arten der Gattung Phocaena umfaßt, welche eine stark gewölbte, geradlinig zur Schnauzenspitze abfallende Stirn, schmale lange Brustflossen und nur wenige Zähne haben und bisher Butzköpfe hießen. Ph. globiceps, der Grind, ist die typische Art dieser Gruppe. (*Giebel.*)

GLOBICONCHA nennt d'Orbigny in seiner Paléontologie franç. Terr. crétac. II, 143 eine Gastropodengattung aus der Familie der Aktäoniden und charakterisirt dieselbe durch das kugelige Gehäuse mit sehr kurzem oder gar vertieftem Gewinde und glatter Oberfläche. Die Mündung ist gebogen, halbmondförmig, die äußere Lippe dünn und ungezähnt, die Spindel ohne Zahn. Es sind nur die Steinkerne von vier Arten aus der chloritischen Kreide oder dem Senonien Frankreichs bis jetzt bekannt, die jedoch charakteristisch genug sind, um als Typus einer eigenen Gattung betrachtet zu werden. (*Giebel.*)

GLOBIFERA ist der Name einer zu den Scrophularineen gehörigen Pflanzengattung. Als Gründer derselben pflegt Gmelin genannt zu werden, während dieser im Systema naturae Tom. II. Pars 1. p. 32 auf Walter's Flora Caroliniana verweist. In Folge dieser Ansicht ist auch in den neueren systematischen Werken über Botanik der von Gmelin eingeführte Name dem von Richard aufgestellten Micranthemum nachgestellt. Dies ist aber nach den Regeln der Nomenclatur entschieden unrichtig. Selbst wenn Walter, dessen im Jahre 1788 erschienene Flora Caroliniana ich nicht vergleichen kann, den Namen Globifera noch nicht für diese Gattung gebraucht hätte und Johann Friedrich Gmelin der Autor derselben wäre, wie allgemein angegeben wird, so müßte seine Benennung vor der Richard'schen dennoch den Vorzug haben. Letzterer machte nämlich seine Gattung Micranthemum in Michaux's Flora Boreali-Americana vom Jahre 1803 bekannt, während der citirte Band von Gmelin's Systema naturae schon 1791 erschienen ist. Des letzteren Name muß daher angenommen werden, wie dies Persoon in der Synopsis plant. p. 14 (Paris 1806.) auch gethan hat.

Die Gattung ist durch folgende Merkmale zu charakterisiren:

Der Kelch ist viertheilig. Der Saum der Blumenkrone ist fast zweilippig, die Oberlippe ist kürzer, ganzrandig, die Unterlippe länger und dreitheilig. Die hinteren Staubgefäße fehlen, die vorderen besitzen Staubbeutel, ihre Träger sind am Grunde mit einem stumpfen drüsigen Anhängsel versehen. Der Griffel ist kurz, an der Spitze einwärts gekrümmt, fast keulenförmig, die Narbe kopfförmig. Die zweiklappige Kapsel hat eine sehr dünne, kaum bis zur Spitze des Faches gehende Scheidewand. — Zu dieser Gattung gehören zarte, kahle, kriechende einjährige Pflanzen Amerika's mit gegenständigen, eiförmig-kreisrunden Blättern und kleinen, in den Blattachseln fast sitzenden Blüthen.

Bis jetzt sind nur zwei Arten daraus bekannt, nämlich:

1) Gl. umbrosa *Gmelin.* Die Blüthenstielchen sind kürzer als der Kelch oder kaum länger; die unteren Zipfel der Blumenkrone haben eine eiförmige Gestalt.

Hierher gehört Micranthemum orbiculatum *Michaux.* Micranth. emarginatum *Elliot.* Pinardia repens *Vellozo.*

In Louisiana und Carolina kommt sie häufig vor, findet sich aber auch auf Porto Rico und in Brasilien. — Der Stengel ist 2—4 Zoll hoch, selten höher. Die Blätter sind stumpf oder ausgerandet, seltener etwas spitz, am Grunde verschmälert oder abgerundet, mehr oder weniger deutlich 3—5nervig. Der kaum ½ Linie lange Kelch hat grüne längliche Zipfel. Die weiße Blumenkrone ist kaum so lang als der Kelch, die Kapsel kürzer als dieser. Obwol die Pflanze sehr veränderlich ist, so können doch keine Merkmale aufgefunden werden, welche zur Trennung in mehre Arten berechtigten. An üppigeren Exemplaren sind die Blätter bis 4 Linien lang und die Blüthenstielchen in seltenen Fällen so lang als der Kelch, an schwächern sind dagegen die schmalen Blätter 1—2 Linien lang und die Blüthenstielchen ein wenig länger als der Kelch, aber auch an diesen sitzen die Blüthen oft und die Staubgefäße haben an allen Exemplaren am Grunde Anhängsel.

2) Gl. Tweedii *Garcke.* Die Blüthenstielchen sind 2—3 mal länger als der Kelch; der untere Zipfel der Blumenkrone ist länglich. Hierher gehört Micranthemum Tweedii *Bentham.*

Diese Art kommt im südlichen Brasilien vor. — Die Blüthenstielchen sind 2—3 Linien lang. Der Kelch ist doppelt größer als an der vorhergehenden und die Blumenkrone ungleicher. Im Uebrigen stimmt sie mit Globifera umbrosa überein, von welcher sie jedoch nicht als Abart betrachtet werden kann. (*Garcke.*)

GLOBIG (Hans Ernst von), geb. am 2. Nov. 1755 auf dem Gute seines Vaters zu Grauwinkel im damaligen wittenberger Kreise, verlebte dort seine Kinderjahre. Zu der Pflege und Erziehung im älterlichen Hause trat der Unterricht im Lesen und Schreiben, den ihm ein

Lehrer in der Nähe von Grauwinkel ertheilte. Von einer Gouvernante aus der Schweiz lernte er Französisch, während er in seinen Elementarkenntnissen noch ziemlich weit zurückgeblieben war. Rasche Fortschritte in der lateinischen Sprache und in den Schulwissenschaften machte er unter der Leitung des M. Pfotenhauer, eines vielseitig gebildeten jungen Mannes, dessen Lehrmethode, verbunden mit seinem freundlichen Wesen, in mehrfacher Hinsicht geeignet war, die in dem talentvollen Knaben schlummernden Geistesanlagen und Fähigkeiten zu entwickeln. Daß es ihm Ernst damit war, etwas Tüchtiges zu lernen, zeigte sein rühmlicher Fleiß. Den erwähnten Privatunterricht genoß er auch noch in Wittenberg, wohin er nach seiner Mutter Tode seinem Vater gefolgt war. Auf der genannten Universität hörte er zugleich historische und philosophische Collegien. Mit seines Vaters Wünschen und seiner eigenen Neigung harmonirte der Plan, die Jurisprudenz zu seinem künftigen Lebensberufe zu wählen. Dem von ihm gewählten Studium widmete er sich mit unermüdetem Eifer. Die raschen Fortschritte in seiner geistigen Ausbildung bezeichnete eine Rede, die er zur Gedächtnißfeier des Schütz'schen Stipendiums in der Schloßkirche zu Wittenberg hielt. Er hatte, als er von seinen erworbenen Kenntnissen öffentlich einen Beweis ablegte, kaum sein 16. Lebensjahr zurückgelegt. Mit jugendlichem Feuer schilderte er in jener Rede die Regententugenden des Königs Friedrich August von Sachsen und dessen Fürsorge für das Gesammtwohl seines Volks.

Seit dem Jahre 1774 setzte er das zu Wittenberg begonnene Studium der Rechte in Leipzig fort. In den Vorlesungen der berühmtesten Professoren dieser Hochschule berichtigte und erweiterte er seine juristischen Kenntnisse. Noch in dem genannten Jahre ward er bei dem leipziger Oberhofgerichte als Auditor verpflichtet. Seine Mußestunden benutzte er zu einem fortgesetzten Studium der Geschichte und Diplomatik. Auch mit der Erlernung der neuern Sprachen beschäftigte er sich. So mit Kenntnissen bereichert, trat er 1775 in einen Wirkungskreis, der seine höhere Ausbildung in mehrfacher Hinsicht begünstigte. Von seinem Oheime, dem damaligen Consistorialpräsidenten in Dresden, dessen Fürsprache und Freigebigkeit ihm seit dem Beginne seiner akademischen Laufbahn in mehrfacher Hinsicht förderlich gewesen war, wurde er um diese Zeit in die erwähnte Residenz gerufen. Nach seiner Ankunft in Dresden erhielt er noch im J. 1775 eine Stelle bei der regensburger Gesandtschaftskanzlei. Diese Stelle brachte ihm den Vortheil, das römische Recht gleichsam an der Quelle kennen zu lernen. Im J. 1776 kehrte er nach Dresden zurück. Dort verweilte er einige Monate, in der Hoffnung, durch seines Oheims Verwendung eine anderweitige, für seine Fähigkeiten geeignete Stelle zu erhalten. Dazu zeigte sich jedoch keine Aussicht. In seiner Hoffnung getäuscht, kehrte er noch im J. 1776 auf sein väterliches Landgut nach Grauwinkel zurück, um der Vermählung seiner ältesten Schwester mit einem Jugendfreunde beizuwohnen. Im J. 1778 erhielt er eine bleibende Anstellung in dem kurfürstl. geheimen Cabinet der innern Geschäfte. Bald nachher ward er als Assessor bei dem Appellationsgerichte angestellt, wo er 1781 zum wirklichen Rathe ernannt ward, mit Beibehaltung der früher erwähnten Cabinetsstelle. In Mußestunden beschäftigte ihn das Studium der praktischen Philosophie und des teutschen Rechts. Bei überhäuften Geschäften konnte er jedoch nur wenig Zeit auf diese Studien verwenden. In diese Zeit fällt sein erster schriftstellerischer Versuch, der jedoch nie im Drucke erschien. Seine Schrift, zu welcher er die Idee in Regensburg gefaßt hatte, handelte von den einem Erzmarschalle und dessen Vicare zustehenden Rechten.

Gemeinschaftlich mit einem seiner Freunde, dem geheimen Finanzsecretair Huster in Dresden beantwortete er 1779 die von Voltaire und der ökonomischen Gesellschaft zu Bern ausgeschriebenen Preisfragen über die Criminalgesetzgebung. Je schwieriger dies Thema war, um so mehr Scharfsinn hatte Globig in seiner darüber geschriebenen Abhandlung aufgeboten. Ihm ward dafür 1783 der ehrenvolle Preis zuerkannt. Seine Schrift erschien in dem genannten Jahre zu Bern, von der dortigen ökonomischen Gesellschaft zum Druck befördert. Mit seinem vorhin erwähnten Freunde Huster besorgte er einen Anhang zu seiner Abhandlung unter dem Titel: „Vier Zugaben zu der im J. 1782 von der ökonomischen Gesellschaft zu Bern gekrönten Schrift von der Criminalgesetzgebung." (Altenburg 1785. 8.) Durch diesen ersten schriftstellerischen Versuch legte Globig, wie er in spätern Jahren selbst gestand, den Grund zu seinem nachherigen Glück. Ermuntert durch den günstigen Erfolg seiner literarischen Thätigkeit, schrieb er noch einige andere Abhandlungen, durch die er seinen Ruhm als Schriftsteller befestigte. Abermals mit dem von Friedrich II. ausgesetzten Preise ward eine wenige Jahre später von Globig verfaßte Abhandlung herausgegeben. Der Preis bestand in zwei goldenen und einer silbernen Medaille. Die Schrift enthielt scharfsinnige „Betrachtungen bei dem Entwurfe eines Criminalgesetzbuchs für die preußischen Staaten." (Dresden und Leipzig 1788. 8.) Bei so rühmlichem Streben und anerkannten Verdiensten konnte es nicht fehlen, daß Globig sich des Beifalls und der Gunst seiner Obern erfreute. Diese Gunst bahnte ihm den Weg zu höhern Beförderungen. Bereits 1788 vertauschte er seinen bisherigen Aufenthalt in Dresden mit Wetzlar. Als Präsentatus und seit 1789 als Assessor des dortigen Reichskammergerichts widmete er sich zehn Jahre hindurch mit unausgesetztem Fleiße der juridischen Praxis. Er sammelte zugleich in dem weiten Gebiete der Jurisprudenz wichtige Materialien, aus denen späterhin eins seiner werthvollsten Werke, seine „Wahrscheinlichkeitstheorie" hervorging [1]). In Wetzlar war es auch, wo er zu dem Besitze einer durch Geist und Herz ausgezeichneten Gattin gelangte. Das Glück seiner Ehe trübte die Nachricht von dem Tode seines Vaters. Mit bangen Erwartungen für die Zukunft erfüllte ihn der Blick auf die politischen Ereignisse. Der Ausbruch der französischen Revolution regte gewaltig die Gemüther auf und hatte schon im Westen von Teutschland bedeutende Unruhen zur Folge gehabt.

Im J. 1799 hatte Globig Wetzlar verlassen und als kursächsischer Reichstagsgesandter und evangelischer Directorialis sich nach Regensburg begeben. Der ruhigere Wirkungskreis, in den er eingetreten war, gönnte ihm hinreichende Muße zu wissenschaftlichen Beschäftigungen. In diese Zeit fällt die Herausgabe seiner „Kritik des Entwurfs eines peinlichen Gesetzbuchs für Baiern." (Regensburg 1808. 8.) Diese Schrift erschien anonym. Erst auf dem neuen Titelblatte einer Ausgabe von demselben Jahre nannte Globig seinen Namen. Als einen „letzten Versuch zur Gründung des Criminalrechts" bezeichnete Globig auf dem Titel seinen zu Dresden 1808 erschienenen „Entwurf eines Maßstabs der gesetzlichen Zurechnung und der Strafverhältnisse." Seinen Namen hatte er auf dem Titel dieses Werkes verschwiegen. Die Veranlassung zu einem sehr gründlichen und ausführlichen Werke gab ihm eine an ihn und andere Rechtsgelehrte in Teutschland gerichtete Aufforderung des Kaisers Alexander. Der russische Monarch wünschte die Ausarbeitung eines Systems der allgemeinen Gesetzgebung, das ihn in Stand setzte, die wenigen und einfachen, zum Theil auch veralteten Gesetze des russischen Reichs umzugestalten und zu erweitern. Dieser so wichtigen, wenn auch nicht leichten Arbeit sich zu unterziehen, zeigte sich Globig um so mehr bereit, da ihn an diesen Gegenstand von jeher das höchste Interesse gefesselt hatte. Seine frühern Arbeiten im Criminalfache und sein Commentar zu dem preußischen Gesetzbuche erleichterten ihm die Abfassung seines Werkes. Es erschien nach verschiedenen Entwürfen, zum Theil aus früherer Zeit herrührend, unter dem Titel: „System einer vollständigen Criminal-, Polizei- und Civil-Gesetzgebung von H. E. v. G." zu Dresden 1809 in 4 Octavbänden. Der erste Band enthielt den Criminal-Codex, der zweite den Polizei-Codex, der dritte den Civil-Codex, der vierte das System der Gesetzgebung für das gerichtliche Verfahren. Globig hatte dies Werk anonym herausgegeben. Eine zweite vermehrte Ausgabe mit seinem Namen erschien zu Dresden 1815–181… unter dem Titel: „System einer vollständigen Gesetzgebung für die kaiserlich-russische Gesetzcommission." Als Beweis der Anerkennung seiner Verdienste sandte ihm der Kaiser Alexander einen kostbaren Ring und bald nachher das Ritterkreuz des St. Annenordens.

Wesentlich veränderte sich seine Lage durch den Gang der politischen Ereignisse. Nach der Auflösung der teutschen Reichsverfassung war er von Regensburg abberufen worden. Er fand jedoch in seinem Vaterlande eine ehrenvolle Stellung. Der König von Sachsen ernannte ihn zum geheimen Rath und Conferenzminister. Globig erhielt zugleich das Directorium der Gesetzcommission. Durch seine unermüdete Thätigkeit und Berufstreue, und durch manche wesentliche Dienste in einer vielfach bewegten Zeit rechtfertigte Globig das in ihn gesetzte königliche Vertrauen. Seine Lebensverhältnisse hatten durch

1) Versuch einer Theorie der Wahrscheinlichkeit, zur Gründung des historischen und gerichtlichen Beweises. (Regensburg 1806. 8.) 2 Thle.

die glänzende Laufbahn, die er betreten, eine Wendung genommen, die ihm wenig mehr zu wünschen übrig ließ. Indessen schlug ihm das Schicksal auch manche tiefe Wunde. Der russische Feldzug im J. 1812 raubte ihm einen Sohn, der zu den schönsten Hoffnungen für die Zukunft berechtigte. Tief schmerzte ihn auch der Verlust von zwei blühenden Töchtern, die ihm der verderbliche Typhus in dem kurzen Raume eines Monats entriß. Fast jedes Trostes sah er sich beraubt durch den frühen Tod seiner Gattin, mit der er in einer sehr glücklichen Ehe gelebt hatte. Erheitert ward sein Leben nur durch die Anhänglichkeit bewährter Freunde und besonders durch die liebevolle Sorgfalt einer theuren Schwester. Selbst verwitwet, stand sie ihrem Bruder hilfreich und pflegend zur Seite. Seinen Schmerz und Gram durch innige Theilnahme lindernd, erheiterte sie ihm den Rest seiner Tage.

Globig starb am 21. Nov. 1826 im 71. Lebensjahre. Durch seine geregelte Lebensweise und Mäßigkeit in allen Genüssen hatte er sich einer selten unterbrochenen Gesundheit erfreut. Er hinterließ den Ruhm eines ausgezeichneten Staatsmannes und Schriftstellers. Unbedenklich konnte er zu den würdigsten Männern seiner Zeit gerechnet werden. Als Jüngling wie in gereifterem Alter, in seinem häuslichen Leben wie im Staatsdienste konnte er durch sein rastloses Wirken für das Gesammtwohl seines Vaterlandes als Muster gelten. Einer seiner Freunde äußert sich über ihn mit den Worten: „Sein Beispiel zeigt, mit wie reichen und unvergänglichen Früchten Fleiß und unermüdetes Studium endlich ihren ausdauernden Pfleger krönen. Aus seinem Leben kann der Staatsdiener lernen, welche Treue, welcher Eifer, welcher Fleiß auch bei so ausgezeichneten nöthig sei, um so wichtige Pflichten an der Spitze der Verwaltung gewissenhaft zum Segen des Landes zu erfüllen. Die schwierigsten Geschäfte, in der unglückdrohenden Zeit, wo des Königs Rath und Beistand ihm gebrach, wo das durch so viele und große Leiden bedrängte Vaterland der Hilfe und einem bessern Zustande entgegensah, lagen damals schwer auf ihm, und es bedurfte seines Talents und seiner Kraft, um das viele Gute zu bewirken, wodurch er sich den Beifall seines Königs und den Dank der Sachsen für immer verdient hat. Sein reiner und unbescholtener Wandel, sein Streben nach Wahrheit, und der Eifer in Erfüllung seiner Dienstpflichten, wodurch sich sein Patriotismus so unverkennbar bewährte, sein fester und beständiger Sinn, der auch im schwersten Drange niemals wankte, ward durch das unumschränkte Vertrauen des Königs geehrt und durch den ihm ertheilten Orden „für Verdienst und Treue" würdig anerkannt."

Zu den von Globig hinterlassenen Schriften, die größtentheils schon erwähnt worden sind, gehört noch eine Commentatio de rebus dubiis in jure feudali, praesertim Saxonico (Dresdae et Lipsiae 1788. 8.) und eine zu Leipzig 1789 erschienene Abhandlung „Ueber die Gründe und Grenzen der väterlichen Gewalt." Außerdem schrieb er Censurae rei judicialis Europae, praesertim Germaniae, novis legum exemplis illustratae Pars generalis. (Lips. 1820. 8 maj. — Pars specialis. Ibid. 1822. 8 maj.) Der erste Theil dieser Schrift erschien anonym. Vor dem zweiten Theile hat sich Globig genannt [9]). (*Heinrich Döring.*)

GLOBIGERINA, von d'Orbigny (Tableau des Foraminif. nr. 17) eingeführte Gattung der Foraminiferen oder Polythalamien, deren Familie der Turbinoideen angehörig. d'Orbigny gibt ihr selbst folgende Diagnose: Gehäuse frei, spiralig, ganzkugelig, stets rauh und von kleinen Löchern durchbohrt, aus einseitig eingerollter Spindel und aus wenigen sphärischen Kammern gebildet; die Mündung halbmondförmig oder in Form eines bogigen Ausschnittes an der Axe der Spindel gelegen. Die spiralige Anordnung der Kammern, wie solche zum Charakter der Familie gehört, ist wegen der großen Anzahl und geringen Größe der Kammern nur schwierig zu erkennen; das ganze Gehäuse scheint wie aus kleinen Kügelchen zusammengesetzt. Die zahlreichen Arten treten zuerst in der jüngern Kreideformation auf, sind in tertiären Bildungen sehr häufig und weit verbreitet, und 13 kommen noch lebend im adriatischen Meere, an den canarischen Inseln, den Antillen, Isle de France und bei St. Helena vor. Die größten von ihnen haben nur ein Millimeter im Durchmesser, die meisten nur ⅓—⅛ Millimeter. (*Giebel.*)

Globularia, s. Globularieen.

GLOBULARIEEN. Mit diesem Namen belegte De Candolle nach der schon von Tournefort aufgestellten Hauptgattung Globularia eine natürliche Familie des Pflanzenreichs, welche sowol den Selagineen und Stilbineen, als auch den Plumbagineen, Calycereen und namentlich den Dipsaceen, mit denen sie auch in der Tracht übereinstimmt, nahe verwandt ist. Sie zeichnet sich durch einen bleibenden, verwachsenblätterigen, fünfspaltigen, gewöhnlich gleichen, seltener zweilippigen Kelch aus. Ihre Blumenkrone ist verwachsenblätterig, unterständig, röhrenförmig, zweilippig. An Staubgefäßen sind durch Fehlschlagen des hinteren, zwischen den Zipfeln der Oberlippe stehenden nur vier vorhanden; sie sind am Schlunde der Blumenkrone eingefügt und wechseln mit deren Zipfeln ab. Die fadenförmigen Träger ragen aus der Blumenkrone hervor, die oberen sind ein wenig kürzer und in der Knospenlage an der Spitze ein wenig einwärts gekrümmt. Die Staubbeutel sind nierenförmig, aufliegend, in der Knospenlage zweifächerig, während der Blüthezeit fließen die beiden Fächer jedoch zusammen. Der Fruchtknoten ist frei, einfächerig, mit einem einzigen hängenden gegenläufigen Eichen. Der Griffel ist endständig, einfach, die Narbe einfach oder schwach ausgerandet-zweitheilig. Das vom Kelche eingeschlossene Nüßchen wird vom bleibenden Griffelgrunde gekrönt. Der Same ist gestürzt. Der Samenkeim liegt in der Axe

---

9) Vergl. Leipziger Literaturzeitung. 1826. Nr. 178. Haymann, Dresdens Schriftsteller und Künstler S. 71 fg. v. Euzin in der Biographie merkwürdiger Menschen &c. Den Neuen Nekrolog der Deutschen. 1826. 1. Th. S. 983 fg. Meusel's Gelehrtes Deutschland. 2. Bd. S. 590. 9. Bd. S. 432. 13. Bd. S. 475. 17. Bd. S. 729 fg. 22. Bd. Abth. 2. S. 580.

des fleischigen Eiweißes und hat mit diesem fast gleiche Länge. Die Keimblätter sind eiförmig, stumpf, das Würzelchen ist dem Nabel zugewandt.

Zu dieser Familie gehören Sträucher, niedrige Halbsträucher und ausdauernde Kräuter mit zerstreuten, am Grunde der Zweige gehäuften, beim Trocknen meist schwarz werdenden Blättern ohne Nebenblätter, mit gewöhnlich endständigen, einzelnen oder gehäuften, seltener blattwinkelständigen, von einer vielblätterigen Hülle umgebenen Blüthenköpfchen, worin die Blüthen auf einem gemeinschaftlichen spreublätterigen Blüthenboden vereinigt sind. Sie wachsen vorzugsweise im wärmeren, namentlich südwestlichen Europa, kommen jedoch auch im nördlichen Afrika, auf den canarischen und capverdischen Inseln, in Arabien und Kleinasien vor.

Lange Zeit wurde diese Familie nur durch die eine Gattung Globularia vertreten, bis neuerlich die in Oberitalien einheimische, von Viviani entdeckte und beschriebene Globularia incanescens von Alphons De Candolle zu einer besonderen Gattung, Carradoria, erhoben wurde. Linné kannte aus dieser Gattung schon sieben Arten, nämlich Globularia Alypum, vulgaris, spinosa, cordifolia, nudicaulis, orientalis und bisnagarica, wobei jedoch zu bemerken, daß die letztere wahrscheinlich mit Unrecht zu dieser Gattung gezogen ist. Er beschrieb sie nämlich ohne Ansicht eines Exemplars nach einer sehr mangelhaften Abbildung bei Plukenett, welche mit gleichem Rechte für eine Composite oder Dipsacee angesehen werden kann, und da bisher in Indien, wo diese Art wachsen soll, keine Globularia gefunden, so ist es mehr als wahrscheinlich, daß die betreffende Pflanze zu einer der erwähnten Familien gehört. Willdenow macht im ersten Bande seiner Species plantarum mit Einschluß der eben erwähnten Gl. bisnagarica neun Arten namhaft, indem er die mit Gl. salicina *Lamarck* identische Gl. longifolia *Aiton* und die in neuerer Zeit blos als Varietät von Gl. cordifolia angesehene Gl. nana *Lamarck* hinzubringt. Sprengel nimmt im ersten Bande seines 1825 erschienenen Systema vegetabilium zwölf Arten dieser Gattung an, da er außer den bereits von Willdenow hierher gestellten noch Gl. linifolia *Lamarck* (nach De Candolle mit Gl. spinosa identisch), Gl. incanescens *Viviani* und Gl. bellidifolia *Tenore* (nach De Candolle und Willkomm von Gl. nana *Lamarck* nicht verschieden) anführt. De Candolle hat im 12. Bande seines Prodromus syst. natur. regni vegetabilis vom Jahre 1848 zuerst zwei Gattungen dieser Familie aufgestellt, nämlich Carradoria mit nur einer Art und Globularia mit acht vollständig bekannten Arten und der zweifelhaften Gl. bisnagarica. Mit Weglassung dieser führt Willkomm in seiner Monographie dieser Familie 13 Arten unter Globularia auf. — In Teutschland kommen nur drei Arten: Gl. vulgaris, nudicaulis und cordifolia vor und die beiden letzten nur in den Alpen und Voralpen, in Frankreich finden sich außer den eben genannten auch die Abart Gl. nana, wozu wahrscheinlich Gl. punctata *Lapeyrouse* gehört und Gl. Alypum, welche in dem Küstenstriche am mittelländischen Meere von Nizza bis Perpignan wächst.

Wir wenden uns nun zur Charakteristik der beiden Gattungen und der dazu gehörigen Arten.

I. Carradoria *Alph. De Candolle.*

Der Kelch ist fünfzählig, fast gleich. Die Blumenkrone ist 15nervig, zweilippig, ihre ungetheilte, linealische Oberlippe ist kürzer als die dreitheilige Unterlippe. Das Nectarium fehlt. Die Narbe ist ausgerandet. Im Uebrigen stimmt diese Gattung mit Globularia überein, nur sind bei ihr die Blüthenköpfchen wirklich endständig. Die Blüthen sind himmelblau. — Da diese Gattung nur eine in Italien vorkommende Art umfaßt, so nannte sie De Candolle zum Andenken an den Italiener Carradori, welcher einige Bücher botanischen Inhalts verfaßte; er schrieb z. B. Della transformazione del Nostoc in Tremella verrucosa, in Lichen fascicularis ed in Lichen rupestris. In Prato per Vestri e Guasti 1797, ferner Sulla vitalità delle piante, esperienze ed osservazioni. (Milano 1807.)

Die einzige Art dieser Gattung ist

Carrad. incanescens *De Candolle*. Der Stengel ist krautartig, aufsteigend, 3—6 Zoll hoch, kahl. Die langgestielten kahlen grundständigen Blätter haben eine kreisrund-spatelförmige, 6—12 Linien lange, ausgeschnittene und stachelspitzige oder öfters ausgerandete, rauhe, mit einem staubartigen Ueberzuge versehene Fläche, die stengelständigen sind zerstreut, klein, eiförmig-spitz. Das endständige Köpfchen ist 6—12 Linien hoch. Die Schuppen und Spreublättchen sind länglich-pfriemlich, gewimpert, zuletzt gelblich, sie bleiben noch stehen, nachdem der Samen schon ausgefallen ist. Der etwas ungleiche, an der Röhre und am Schlunde kreisbaarige Kelch geht in fünf zahnartig-pfriemliche, vom Grunde bis zur Mitte gewimperte Zipfel aus. Die Oberlippe der Blumenkrone ist stets ungetheilt, an der Spitze selbst stumpf und einfach, einnervig, die Unterlippe ist etwas länger, tief-dreispaltig und hat linealische; am Grunde drei-, sonst einnervige Zipfel.

Sie kommt in Italien auf den apuanischen Alpen häufig vor, z. B. an den Marmorfelsen von Carrara, wo sie einst schon Zanoni fand und unter dem Namen Globularia serpeggiante alpina beschrieb.

II. Globularia *Tournefort.*

Der Kelch ist fünftheilig, fast gleich oder zweilippig mit dreispaltiger Oberlippe und zweispaltiger, etwas längerer Unterlippe. Die Blumenkrone ist bei den meisten Arten 15nervig und meist zweilippig; die Oberlippe derselben ist meist zweitheilig, die Unterlippe meist weit länger und dreitheilig. Das Nectarium ist ringförmig oder halbkreisrund oder die vordere Drüse ist unterständig. Die Narbe ist zweilappig. Die Blüthenköpfchen stehen immer an der Spitze der achselständigen Blüthenstiele, aber niemals an der Spitze des Stengels oder der Aeste. Die Schuppen und Spreublättchen sind abfällig oder stehenbleibend. Die Blüthen sind himmelblau. — Die

Mitglieder dieser Gattung sind theils krautartig, theils halbstrauchig oder strauchig.

Erste Section. Globularia typicae.

Die einzelnen Blüthenköpfchen stehen an der Spitze der langen stengel- oder schaftförmigen, aus dem Wurzelstocke oder dem holzigen, niederliegenden Stämmchen hervorgehenden, mehr oder weniger mit wechselständigen, meist blattartigen Deckblättern besetzten Blüthenstielen. — Zu dieser Abtheilung gehören krautartige Gewächse oder Halbsträucher, deren deutlich gestielte Blätter an der Spitze der sehr kurzen Aeste des Wurzelstocks oder des Stämmchens gehäuft und oft dicht rosettenartig stehen.

a) Die Blumenkrone ist deutlich zweilippig. Die Oberlippe ist kürzer als die Unterlippe.

* Krautartige Pflanzen.

1) Glob. trichosantha *Fischer* und *Meyer*. Die Blätter sind verkehrt-eiförmig-spatelig, ganz kahl; die Blüthenstiele sind bis zur Spitze mit zugespitzten, am Grunde stielartig verschmälerten Deckblättern besetzt; die Hüllschuppen und Spreublättchen sind dreinervig, jene länglich-lanzettlich, lang zugespitzt, diese lanzettlich, spitz; die Zipfel des fast gleichmäßig fünfspaltigen Kelches sind abstehend lanzettlich-pfriemlich und dreimal länger als die Röhre; die Unterlippe der Blumenkrone ist dreitheilig, ihre Zipfel sind schmal-linealisch, bis zur Mitte dreinervig, die Zipfel der Oberlippe sind haarförmig. Hierher gehört Gl. macrantha *C. Koch* und Gl. vulgaris var. b. bithynica *Griesbach*.

Die Heimath dieser Art ist Kleinasien. — Sie hat eine vielköpfige Wurzel, obwol eine nicht so reichköpfige als Gl. cordifolia. Die kahlen Stengel sind 2—4 Zoll hoch. Die Blätter sind oft zollang. Die Köpfchen sind 7—9 Linien breit.

2) Gl. vulgaris *Linné*. Die Blätter sind verkehrt-eiförmig, gestielt, fünffältig-benervt, kahl; die Blüthenstiele sind meist bis zur Spitze mit länglich-lanzettlichen zugespitzten sitzenden Deckblättern besetzt; die Blüthenköpfchen stehen aufrecht, die Schuppen sind eiförmig-lanzettlich, zugespitzt, dreinervig, die Spreublättchen sind lanzettlich, einnervig; die Zipfel des tief fünftheiligen Kelches sind fast gleich lang, lanzettlich-zugespitzt, aufrecht und doppelt länger als die Röhre; die Oberlippe der Blumenkrone ist kurz, ihre Zipfel sind spitz, während die Zipfel der weit längeren, tief dreitheiligen Unterlippe linealisch, stumpf, am Grunde dreinervig, sonst einnervig sind.

Die Pflanze ändert in folgender Weise ab:

a) genuina. Die 2 Zoll langen Blätter haben einen verkehrt-eiförmig-spateligen, ganzrandigen oder ausgerandeten oder herz-dreizähnigen Saum. Die Blüthenstiele sind einen halben Fuß hoch, bis zum Köpfchen mit eiförmig-lanzettlichen Deckblättern locker besetzt. Die Blüthenköpfchen sind 6 Linien breit. Die Blumenkrone ist doppelt länger als der Kelch.

b) latifolia. Der Blattsaum ist einen Zoll breit; die Blüthenstiele sind schlank, mit nur wenigen kleinen 3—6 Linien langen Deckblättern besetzt und nach Oben fast nackt. Die Blüthenköpfchen sind mäßig groß.

c) microcephala. Die eiförmig-spateligen Blätter sind nur 3—6 Linien breit, die Blüthenköpfe 3—4 Linien breit. Die Blüthenstiele sind nur sparsam mit Deckblättern besetzt.

d) squamosa. Die Blüthenstiele sind mit großen, fast dachziegelig übereinanderliegenden Deckblättern besetzt; die Blüthenköpfe sind ziemlich groß.

e) subacaulis. Die Blüthenstiele sind nur einen halben Zoll lang oder noch kürzer; die 2 Zoll langen Blätter haben einen verkehrt-eiförmigen oder elliptischen, ganzrandigen Saum.

Diese Art wächst an Felsen, auf Kalkbergen und sonnigen Weidetriften fast durch ganz Europa, mit Ausnahme von Großbritannien und den nördlichen, namentlich Polarländern. So kommt sie noch auf den Inseln Oeland und Gothland vor, wächst aber nicht bei Danzig, wie Hagen und nach ihm De Candolle angeben, wie überhaupt nicht im nördlichen Teutschland. Außer Europa findet sie sich nur noch in Kleinasien.

3) Gl. pallida *C. Koch*. Die Pflanze ist ganz kahl; die grundständigen Blätter sind spatelig, einnervig, an der Spitze ausgerandet und gezähnelt oder fast ganzrandig, die des blüthentragenden Stengels sind länglich, zugespitzt und sitzend; die äußeren Deckblätter sind eiförmig, die inneren schmäler, eiförmig-lanzettlich, etwas behaart und doppelt kürzer als der Kelch; die schmal lanzettlichen, stachelspitzigen, rauhhaarig-gewimperten Kelchzipfel überragen die Blumenkronröhre um ein Bedeutendes; von den weißen oder schwefelgelben, linealischen Kronzipfeln sind drei doppelt länger als die beiden anderen.

4) Gl. spinosa *Linné*. Die Blätter sind elliptisch spatelig, an der Spitze 3—7 zähnig fünffältig benervt, schülferig-punktirt; die Blüthenstiele sind bis zur Spitze mit lanzettlichen, zugespitzten Deckblättern besetzt; die Köpfchen sind ansehnlich, aufrecht; die äußeren Schuppen sind eiförmig-zugespitzt, nervig, die Spreublättchen lanzettlich, einnervig, sehr spitz; der Kelch ist zweilippig, die Zipfel der Oberlippe neigen zusammen, die der Unterlippe stehen ab, alle sind lanzettlich zugespitzt und kürzer als die Röhre; die Zipfel der Oberlippe der Blumenkrone sind schmal, nach der Spitze zu breiter, die Zipfel der Unterlippe, welche noch einmal so lang ist als die Oberlippe, sind linealisch, stumpf, am Grunde dreinervig, sonst einnervig. Hierher gehört Glob. linifolia *Lamarck*.

Die Pflanze ändert in folgenden beiden Formen ab:

a) minor. Die Blattfläche ist noch einmal so lang als der Blattstiel, 10—14 Linien lang und 5—7 Linien breit, an der Spitze 3—5- (selten 7-) zähnig, die Zähne sind stachelspitzig, fast dornig. Das Blüthenköpfchen ist 8—10 Linien breit, die Schuppen sind 4 Linien, die Spreublättchen $2\frac{1}{2}$—3 Linien, die Kelche 2—$2\frac{1}{2}$ Linien und die Blumenkrone $3\frac{1}{2}$—5 Linien lang.

b) major. Die Blattfläche hat mit dem Blattstiele ungefähr gleiche Länge; sie ist $1\frac{1}{3}$—2 Zoll lang und 10 Linien bis $1\frac{1}{3}$ Zoll breit, ganzrandig, stachelspitzig oder an der Spitze tief dreizähnig. Das Blüthenköpfchen ist 14 Linien breit und alle Blüthentheile sind größer als an der vorigen Abart.

Beide Formen finden sich in Spanien und auf den balearischen Inseln und die erste Abart nach Willkomm auch auf Oeland.

** Halbsträucher.

5) Gl. valentina *Willkomm*. Die Blätter sind verkehrt-eiförmig-spatelig, drei- oder fünffältig-benervt, am Rande wellenförmig-gekerbt; die Blüthenstiele sind unten mit lanzettlichen, stechend-spitzigen Deckblättern besetzt, oben ziemlich nackt; die Köpfchen nicken; die äußeren Schuppen sind breit lanzettlich, zugespitzt, dreinervig, die Spreublättchen sind schmal lanzettlich in eine lange pfriemliche Spitze verlängert, einnervig; der Kelch ist zweilappig, seine lineallisch-pfriemlichen sehr spitzen Zipfel sind kürzer als die Kelchröhre, die der Kelchoberlippe neigen zusammen, die der Unterlippe stehen ab; die Zipfel der Oberlippe der Blumenkrone sind sehr schmal, fadenförmig, nach der Spitze zu breiter, stumpf, die der Unterlippe schlank gewunden, schmal lineallisch, stumpf, einnervig. Hieher gehört Gl. spinosa *Kunze*, nicht *Linné*.

Diese Art wächst in Spanien bei der Stadt Valencia auf dem Kalkgebirge Sierra de Chiva.

6) Gl. cordifolia *Linné*. Die Blätter sind spatelförmig, an der Spitze meist herzförmig-ausgerandet, einnervig; die Blüthenstiele sind nackt oder nur mit wenigen kleinen trockenhäutigen, später abfallenden Deckblättern besetzt; die Blüthenköpfchen nicken; die äußeren Schuppen sind verkehrt-eiförmig-länglich, stachelspitzig, am Grunde verschmälert, 3—5nervig; die Spreublättchen sind doppelt schmäler, lanzettlich, nach dem Grunde zu verschmälert, stachelspitzig, einnervig; der Kelch ist zweilippig, seine lanzettlich zugespitzten Zipfel sind länger als die Röhre, die der Oberlippe aufrecht, die der Unterlippe abstehend; die Zipfel der Oberlippe der Blumenkrone sind lineallisch, schmal, nach der Spitze zu verbreitert, stumpf, die der tief-dreispaltigen Unterlippe, welche noch einmal so lang ist als die Oberlippe, sind lineallisch, ziemlich spitz, bis zum dritten Theil dreinervig, sonst einnervig. Hieher gehört Gl. minima *Villars* und Gl. bellidifolia *Tenore*.

Diese Art wächst im mittleren und südlichen Europa und im größten Theile des östlichen Asiens, insbesondere findet sie sich auf Bergen und subalpinen Höhen in der Provinz Valencia in Spanien, auf den Pyrenäen, in den Cevennen, in der ganzen Alpenkette von Nizza bis Oesterreich, auf den Gebirgen in Italien hin und wieder bis Neapel, auf dem Jura, den Vogesen, auf dem Scardus und Hämus in Rumelien und in Taurien. — Gewöhnlich sind die spatelförmigen, an der Spitze herzförmig-ausgerandeten oder dreizähnigen Blätter 2 Zoll lang. Die Blüthenstiele sind 2—3 Linien lang; die Schuppen sind verkehrt-herzförmig-länglich. Die Unterlippe der Blumenkrone ist tief-dreitheilig. Diese normale Beschaffenheit der Pflanze geht aber durch unzählige Mittelformen in die Varietät

b) nana über, an welcher alle Theile kleiner, die Blätter schmal-spatelig, meist ganzrandig, spitz, die Blüthenstiele kurz und nackt; die Schuppen eiförmig-zugespitzt, die Spreublättchen verkehrt-eiförmig-lanzettlich und stumpf sind. Hieher gehört Gl. nana *Lamarck* und Gl. repens *Lamarck*, sowie Gl. punctata *Lapeyrouse*. So in den Pyrenäen, in der Provence, auf den Gebirgen in Italien.

b) Die Oberlippe der Blumenkrone ist rudimentair oder fehlt ganz. Die Unterlippe ist tief dreispaltig.

* Krautartige Pflanze.

7) Gl. nudicaulis *Linné*. Die Blätter sind verkehrt-eiförmig-länglich, in den Blattstiel lang verschmälert, stumpf, ganzrandig, einnervig; die Blüthenstiele sind entweder mit wenigen kleinen lanzettlich-zugespitzten Schuppen besetzt oder ganz nackt; die Blüthenköpfchen stehen aufrecht; die äußeren Schuppen sind eiförmig-zugespitzt, nervig, die inneren Spreublättchen sind lanzettlich, zugespitzt, dreinervig; der Kelch ist zweilippig, sein Schlund ist nackt, seine aufrechten, eiförmig-zugespitzten Zipfel sind kürzer als die Röhre; die Blumenkrone ist neunnervig, die Zipfel der Unterlippe derselben sind lineallisch, ziemlich spitz, einnervig.

Diese Art wächst an Felsen und schattigen Orten der höheren Gebirge in Mitteleuropa.

** Halbstrauch.

8) Gl. ilicifolia *Willkomm*. Die Blätter sind länglich- oder verkehrt-eiförmig-keilig, stachelspitzig-gezähnt, 3—5fältig-genervt; die Blüthenstiele sind mit lanzettlichen, verschmälerten, zugespitzten, 1—3nervigen Deckblättern besetzt; die kugelförmigen Köpfchen nicken; die äußeren Schuppen sind dreinervig, lanzettlich, in eine lange Spitze vorgezogen, die Spreublättchen sind schmal-lanzettlich, pfriemlich-zugespitzt, fast stachelspitzig, einnervig; der zweilippige Kelch hat einen von Wollhaaren geschlossenen Schlund und lanzettlich-zugespitzte Zipfel, welche an der Oberlippe zusammenneigen, an der Unterlippe abstehen; die einlippige Blumenkrone ist 15nervig, die Lippe ist tief-dreitheilig, ihre Zipfel sind lineallisch, ziemlich spitz, einnervig.

Sie wächst im südlichen Spanien auf kiesigen trockenen Plätzen und in Felsenspalten der Kalkgebirge.

Zweite Section. Globulariae abnormes.

Die Blüthenköpfchen sind kurz gestielt oder fast sitzend. Die mit trockenhäutigen Deckblättern besetzten Blüthenstiele gehen aus den Achseln der Schuppen oder der Astblätter hervor. — Die hierher gehörigen Arten sind strauchig oder halbstrauchig. Die Blätter sind kurz gestielt oder fast sitzend, zerstreut oder büschelig-gehäuft.

a) Die fast sitzenden Köpfchen sind an der Spitze der blüthentragenden Aeste traubig-gehäuft. Die Blumenkrone ist zweilippig, die Lippen sind einander fast gleich.

9) Gl. orientalis *Linné*. Die Blätter des Stammes stehen in Büscheln, die der blüthentragenden Aeste zerstreut, jene sind länglich- oder verkehrt-eiförmig-spatelig, diese lanzettlich zugespitzt, die oberen sehr klein, alle einnervig; die kleinen Blüthenköpfchen stehen in einer ährenförmigen, am Grunde unterbrochenen Traube; die Schuppen sind eiförmig oder elliptisch zugespitzt, einnervig, concav, angedrückt; die Spreublättchen sind verkehrt-eiförmig, zugespitzt, dreinervig, länger als die Schuppen; der Kelch ist kurz-zweilippig, die Röhre am Schlunde nackt, die Lippen einander fast gleich, die Oberlippe fast bis zum Grunde zweitheilig, die Unterlippe bis über die Mitte dreispaltig, die Lappen linealisch, stumpf, bis zur Mitte dreinervig.

Die Heimath dieser Art ist Kleinasien.

b) Die Köpfchen stehen einzeln an der Spitze sehr kleiner meist unter der Spitze der Aeste eingefügter Blüthenstiele und scheinen daher endständig zu sein.

10) Gl. amygdalifolia *B. Webb*. Der Stengel ist strauchartig; die Blätter sind lanzettlich und eiförmig-lanzettlich, in den kurzen Blattstiel verschmälert, einnervig; die Blüthenköpfchen stehen an der Spitze der Aeste achselständig, einander genähert, fast doldig; die behaarten Blüthenstiele sind kaum kürzer als das Blatt; die wenigen Deckblätter sind länglich, abstehend; die Hüllschuppen sind länglich, spitz, gewimpert; die Kelchzähne sind am Grunde lanzettlich, an der Spitze pfriemlich, gewimpert und etwas länger als das Deckblättchen; die Oberlippe der den Kelch ein wenig überragenden Blumenkrone fehlt fast ganz, die Unterlippe ist dreispaltig, ihre Zipfel sind linealisch.

Diese Art ist auf den capverdischen Inseln einheimisch.

11) Gl. Alypum *Linné*. Die Blätter sind entweder an der Spitze stachelspitzig und dann verkehrt-eiförmig-länglich oder dreizähnig und dann fast keilförmig, in den kurzen Blattstiel verschmälert, einnervig; die Deckblätter an den Blüthenstielen sind eiförmig, stachelspitzig, dachziegelig-übereinanderliegend und gehen allmälig in die gleichgestalteten Schuppen über; der Blüthenboden ist fast kugelig, ganz stumpf, in einen Stiel verschmälert; die Spreublättchen sind sehr schmal, linealisch-lanzettlich, pfriemlich, einnervig; die Zipfel des tief-fünfspaltigen, gleichen Kelches sind linealisch-pfriemlich, abstehend; die Oberlippe der 15nervigen Blumenkrone ist rudimentair, die Unterlippe zungenförmig, kurz dreispaltig, die Zipfel derselben sind eiförmig, spitz, der mittlere ist dreinervig, die seitlichen sind zweinervig. Hierher gehört Gl. Turbitia *Lamarck*, Gl. trichocalyx *Steudel* nach De Candolle.

Diese Art wächst auf sonnigen Hügeln in Südeuropa, Nordafrika und Ostasien.

12) Gl. arabica *Jaubert* und *Spach*. Die Blätter sind spatelig- oder keilförmig-länglich, in den kurzen Blattstiel verschmälert, ganzrandig oder dreizähnig, einnervig; die Blüthenköpfchen sind fast kugelig; die Deckblätter der sehr kurzen Blüthenstiele sind nebst den Schuppen verkehrt-eiförmig oder fast rundlich, zugespitzt-stachelspitzig, später abfällig; der kegelförmige, fast cylindrische spitze Blüthenboden hat keinen Stiel; die Spreublättchen sind zugespitzt, die äußeren sind lanzettlich, die inneren linealisch-spatelig; die Zipfel des fünftheiligen Kelches sind borstig-pfriemlich, abstehend; die eilfnervige Blumenkrone ist einlippig, die Lippe ist zungenförmig, kurz dreilappig, die Lappen sind einnervig.

Diese Art wächst in Aegypten an Felsen bei Alexandrien und im steinigen Arabien am Sinai und Serbal.

c) Die Köpfchen stehen einzeln an der Spitze der aus den Winkeln der Zweigblätter hervorgehenden, locker mit Deckblättern besetzten Blüthenstiele.

13) Gl. salicina *Lamarck*. Die Blätter sind lanzettlich, ganzrandig, spitz, einnervig und stehen zerstreut; die Deckblätter an den Blüthenstielen sind eiförmig-länglich, trockenhäutig, abfällig; die Schuppen sind den Deckblättern ähnlich, die Spreublättchen sind länglich, stachelspitzig; die Zipfel des fünfspaltigen Kelches sind einander gleich, aus breitem Grunde borstig-pfriemlich, abstehend; die tief zweilippige, 15nervige Blumenkrone ist noch einmal so lang als der Kelch, die Oberlippe derselben ist rudimentair, die Unterlippe zungenförmig, kurz dreilappig, die Lappen sind eiförmig, spitz, einnervig. Hierher gehört Global. longifolia *Aiton* und Alypum salicifolium *Fischer*.

Diese Art wächst auf den canarischen Inseln und auf Madeira. Es ist ein 7—8 Fuß hoher Strauch mit kahlen, 2—3 Zoll langen, 4—8 Linien breiten Blättern und blaßblauen Blüthen.

Aus dieser Gattung ist höchst wahrscheinlich auszuschließen:

Globularia bisnagarica *Linné*, welcher diese Pflanze, ohne sie gesehen zu haben, nach einer schlechten Abbildung bei Plukenett benannte. Letzterer bezeichnete sie in seinem Almagestum als Scabiosa bisnagarica sive Globularia frutescens, rigidis foliis, ad radicem rotundioribus cordatis, ad caulem autem mucrone praeditis; nach seiner Abbildung kann diese Art jedoch mit gleichem Rechte einer Composite oder Dipsacee angehören, zumal da man bis jetzt noch keine Globularia in Indien gefunden hat. (*Garcke.*)

GLOBULEA, der Name einer von Haworth gegründeten Pflanzengattung, welche zu der natürlichen Familie der Crassulaceen gehört und sich durch folgende Merkmale auszeichnet. Der fünftheilige Kelch ist kürzer als die Blumenkrone. Die fünf Kronblätter sind an der Spitze mit einem wachsartigen Kügelchen gekrönt. Die fünf perigynischen Staubgefäße haben pfriemliche Träger. Die unterständigen Schuppen sind kurz, breit und stumpf. Die fünf Fruchtknoten sind frei, einfächerig, die Eichen stehen an der Bauchnaht zu mehren. Die fünf vielsamigen Kapseln springen auf der Innenseite der Länge nach auf.

Die zu dieser Gattung gehörigen krautartigen Gewächse sind am Cap der guten Hoffnung einheimisch und haben flache oder halbrunde messerförmige Blätter, von denen die grundständigen oft spiralig gehäuft sind und kleine, weißgelbliche, in dichten Ebensträußen fast kopfförmig stehende Blüthen.

Zu dieser Gattung gehören folgende Arten, welche Haworth in fünf Unterabtheilungen gebracht hat.

I. Unterabtheilung. Cultratae. Mit keilig-verkehrt-eirunden messerförmigen Blättern und halbstrauchigem Stengel.

1) Gl. cultrata *Haworth*. Die Pflanze ist aufrecht; die Blätter sind verkehrt-eiförmig-elliptisch, etwas spitz, schief-zusammengewachsen, ziemlich flach und glänzend. Hierher gehört Crassula cultrata *Linné*.

Diese Art wächst am Cap der guten Hoffnung.

2) Gl. radicans *Haworth*. Die Pflanze ist aufrecht-strauchartig; die gehäuften Aeste schlagen unterwärts Wurzeln; die Blätter sind lanzettlich-eirund, messerförmig; die Blüthen stehen dicht gedrängt in Köpfchen.

Sie kommt gleichfalls wie alle übrigen am Cap der guten Hoffnung vor und unterscheidet sich von der ihr sehr ähnlichen vorhergehenden durch stumpfe Kelchblätter, dichter stehende Blüthenköpfchen und kleinere Blüthen.

3) Gl. atropurpurea *Haworth* mit schief keilförmig-verkehrt-eirunden dunkel-purpurrothen Blättern und einem sehr langen an der Spitze rispigen Schafte.

II. Unterabtheilung. Linguatae. Mit riemenförmigen, stumpfen, unterseits gewölbten vierzeilig übereinanderliegenden Blättern, sehr kurzem oder krautartigem Stengel und blüthentragenden nackten Schaften.

4) Gl. Lingua *Haworth* mit langen riemenförmigen bauchartig-halb-lanzettlichen messerförmigen Blättern und gewimperten Kelchen.

5) Gl. lingula *Haworth* mit ziemlich langen bauchig halb-lanzettlichen messerförmigen dünnen schlaffen Blättern. — Der vorigen sehr ähnlich, aber um die Hälfte kleiner.

6) Gl. capitata *Haworth* mit bauchig-lanzettlichen messerförmigen, unterseits etwas gewölbten dachziegelig-kreuzständigen Blättern. Hierher gehört Crassula capitata *Salm-Dyck*. Sie ist der Glob. obvallata sehr ähnlich, aber größer und mit mehr nadelförmigen, oft 1½ Zoll breiten Blättern.

7) Gl. obvallata *Haworth* mit gegenständigen verwachsenen, fast lanzettlichen messerförmigen, am Rande bändig-gewimperten Blättern, von denen die grundständigen einander genähert sind, mit verlängerter Rispe und mit gegenständigen gehäuft-ebensträußigen Blüthenstielchen. Hierher gehört Crassula obvallata *Linné*.

8) Gl. canescens *Haworth* mit nur grundständigen, kreuzständig-dachziegeligen, gewimperten, riemenförmig-lanzettlichen, gewundenen, messerförmigen, weichhaarig-grauen Blättern. Hierher gehört Crassula canescens *Schultes*. Sie steht in der Mitte zwischen Gl. obvallata und Gl. nudicaulis.

III. Unterabtheilung. Angustatae. Mit linealischen, halbrunden gefurchten oder stielrunden Blättern, krautig-rosmarinartigem Stengel und blattlosen Schaften.

9) Gl. nudicaulis *Haworth*. Die Pflanze ist stengellos; die grundständigen Blätter sind gehäuft-rosettenartig, halbrundlich, pfriemlich, spitz, schwach, weichhaarig; der Schaft ist fast nackt; die Köpfchen sind an der Spitze gehäuft, fast quirlförmig. Hierher gehört Crassula nudicaulis *Linné*.

10) Gl. sulcata *Haworth*. Die Pflanze ist stengellos; die Blätter sind einwärts gekrümmt, pfriemlich, halbrundlich, dunkelgrün, glänzend, breit gefielt. — Von der vorhergehenden durch die kahlen, oberseits breit gefurchten Blätter verschieden.

IV. Unterabtheilung. Loratae. Mit riemenförmigen, an der Spitze schmäleren, unterseits gewölbten, vierfach übereinanderliegenden Blättern, krautartigen Stengel und beblätterten Schaften.

11) Gl. impressa *Haworth*. Diese Art ist stengellos; die Blätter sind riemenförmig-lanzettlich, grün, eingedrückt-punktirt, die Punkte sind groß, zerstreut, zahlreich; die kleinen Blüthen haben eine blaßgelbe Farbe.

12) Gl. paniculata *Haworth*. Die Blätter sind riemenförmig-zugespitzt, am Rande knorpelig und schwach gewimpert, grün und mit sehr kleinen eingedrückten Punkten besetzt; die Zweige der Rispe sind dreizeilig.

13) Gl. hispida *Haworth* mit halbstrauchigem, steifhaarigem Stengel und gehäuften riemenförmig-zugespitzten, unterseits gewölbten steifhaarigen Blättern.

V. Unterabtheilung. Subulatae. Mit pfriemlichen, fleischigen, oberseits ziemlich flachen Blättern, halbstrauchigem, ästigem Stengel und mit trugdoldig-kopfförmig gestellten Blüthen.

14) Gl. mesembryanthemoides *Haworth*. Der Stengel ist halbstrauchig, buschig, aufrecht; die Blätter sind pfriemlich und nebst den Aesten, Aestchen und Kelchen steifhaarig; die Blüthen stehen in dichten büschelförmigen Knaueln.

15) Gl. subincana *Haworth*. Der halbstrauchige Stengel ist aus niederliegendem Grunde aufrecht; die Blätter sind halbrund, pfriemlich, spitz, abstehend-einwärtsgekrümmt und nebst den Aestchen mit weichen grauen Haaren besetzt.

16) Gl. mollis *Haworth*. Die Blätter sind halbcylindrisch, spitz, unterseits höckerig, glatt, fast aufrecht und mit einem sehr dünnen Filze bedeckt; der Stengel ist kantig, fußhoch, einfach, aufrecht; die Trugdolden sind endständig, zusammengesetzt. Hierher gehört Crassula mollis *Linné*. (*Garcke.*)

GLOBULINA ist der Name einer von Link aufgestellten Algengattung, welche in neuerer Zeit aber nicht angenommen ist, deren Mitglieder vielmehr zu Zygnema, Protococcus und Palmella gestellt sind. (*Garcke.*)

GLOBULINA, von d'Orbigny (Modèles Foraminif. nr. 63) aufgestellte Polythalamiengattung der Familie der Polymorphiniden, von deren 40 Arten einige wenige schon in der Kreideformation, viele in den verschiedensten tertiären Ablagerungen und etwa 20 in der verschiedensten Meeren gegenwärtig leben. Alle haben ein freies kugeliges oder etwas längliches, glasiges Gehäuse, dessen in drei alternirende Längsreihen geordnete Kammern einander ganz umschließen, daher nur die drei letzten außen sichtbar bleiben. Die runde Mündung liegt am Ende der Convexität der letzten Kammer. Die Arten haben nicht leicht über ein Millimeter im Durchmesser, die meisten weniger. *(Giebel.)*

GLOBUS, künstliche Erd- oder Himmelskugel (Globus). Da uns die Gestirne alle an einer Kugelfläche, dem Himmelsgewölbe, befestigt zu sein scheinen und fast alle Veränderungen im Stande der Gestirne sich auf eine Bewegung dieses Himmelsgewölbes beziehen lassen, so bedient man sich auch, um diese Veränderungen am Firmamente zu versinnlichen und besser zu veranschaulichen, der sogenannten künstlichen Himmelskugeln oder Himmelsgloben, das sind Kugeln von einigen Zollen bis mehren Fußen im Durchmesser, auf deren Oberfläche die wichtigsten Gestirne in ihrer relativen Lage, sowie die wichtigsten Punkte und Kreise der sphärischen Astronomie aufgetragen sind.

Auf ganz ähnliche Weise verfertigt man auch künstliche Erdkugeln, auf deren Oberfläche die Continente, Meere und Inseln, sowie andere bemerkenswerthe Gegenstände, und außerdem auch noch die Hauptpunkte und Linien der mathematischen Geographie aufgetragen sind. Von den Himmelskugeln unterscheiden sich übrigens die Erdkugeln wesentlich dadurch, daß sie keine bloße Fiction, sondern wirklich eine mehr oder minder getreue Nachahmung der Wahrheit sind, da die Erde bekanntlich ziemlich nahe die kugelförmige Gestalt hat.

Die gewöhnliche Einrichtung einer künstlichen Himmelskugel ist folgende. Zunächst sind auf einer solchen zwei diametral entgegengesetzte Punkte notirt, die Pole des Aequators. Der durch diese Punkte gehende Diameter bildet die Drehungsaxe. Um diese Pole als Mittelpunkte werden, etwa in Abständen von 10 zu 10 Grad, die sogenannten Parallelkreise gezogen und der größte zwischen beiden Polen mitten inneliegende Parallelkreis, der Aequator. Dann werden eine Anzahl durch beide Pole gehender und ebenfalls gewöhnlich 10 Grad von einander abstehender größter Kreise gezogen, welche den Aequator und die übrigen Parallelkreise unter rechten Winkeln schneiden, diese bilden die Meridiane oder Mittagskreise. Ferner ist es nöthig, auf der Himmelskugel die scheinbare Bahn aufzutragen, welche die Sonne während eines Jahres am Himmelsgewölbe beschreibt, die Ekliptik. Diese bildet einen größten Kreis, welcher den Aequator an zwei diametral gegenüberliegenden Punkten, dem Frühlings- und Herbstnachtgleichenpunkte, durchschneidet und mit ihm einen Winkel von 23½ Grad (genauer 23° 28') einschließt. Da wo der durch den Mittelpunkt der Kugel gehende und auf der Ebene der Ekliptik senkrecht stehende Durchmesser die Kugeloberfläche trifft, trägt man die Pole der Ekliptik auf. Diejenigen Parallelkreise, deren Mittelpunkte die Pole des Aequators sind und welche durch die Pole der Ekliptik gehen, heißen die Polarkreise, während die Parallelkreise, welche die Ekliptik da berühren, wo sie am weitesten vom Aequator absteht, welche also 23° 28' von demselben entfernt sind, die Wendekreise oder Tropen heißen. In dieses Netz von Linien werden dann die Sterne aufgetragen. Doch ist zu bemerken, daß eine solche Himmelskugel nur für eine bestimmte Zeit ein möglichst getreues Bild des Firmaments gibt, da die Gestirne im Laufe der Jahre wegen der Präcession der Nachtgleichen ihren Stand zu den eben erwähnten Punkten und Kreisen ändern.

An der Stelle, wo sich die Pole des Aequators befinden, werden zwei als Drehungsaxen dienende Stifte in die Kugel eingesetzt und in zwei Oeffnungen eingefügt, welche sich diametral entgegengesetzt in einem messingenem Ringe befinden, der etwas größer als die Kugel ist, sodaß sich dieselbe innerhalb desselben ungehindert drehen kann. Dieser Messingring, welcher dieselbe Lage wie die auf der Kugel gezogenen Meridiane hat und unter dem alle Meridiane bei einer Umdrehung der Kugel durchgehen müssen, heißt der Universalmeridian und ist in 360 Grade getheilt. Mit diesem Universalmeridian wird der Globus in einen zweiten messingenen oder auch hölzernen Ring, den Horizont, gelegt und zwar so, daß sich der Meridian und der Horizont unter rechten Winkeln schneiden, daß ihre Mittelpunkte zusammenfallen und daß der Nordpol oder nach Befinden der Südpol des Globus sich um einen Winkel über dem Horizonte befinden, welcher der Polhöhe des Orts gleich ist, an dem man sich grade befindet.

Der Horizont des Globus wird in der Regel von einem vierfüßigen Gestelle getragen und ist in 360 Grade getheilt. Auch sind auf ihm die Himmelsgegenden und zuweilen auch ein immerwährender Kalender verzeichnet. Auf ganz ähnliche Weise ist die künstliche Erdkugel mit einem Universalmeridiane und einem Horizonte versehen.

Gewöhnlich ist an der über den Nordpol den Meridianring hinaus verlängerten Axe des Globus noch ein Zeiger, der sich über einem kleinen in 24 Stunden getheilten Kreise bewegt. Dieser ist so an dem Meridiane befestigt, daß er parallel mit dem Aequator ist.

Wenn man die Globen auch nicht zur genauen Bestimmung des Ganges der Himmelserscheinungen und der Zeit ihres Eintreffens benutzen kann, so können sie doch mit vielem Nutzen zu approximativen Bestimmungen, zur allgemeinen Orientirung und vorzüglich zur Demonstration und zu den Zwecken des Unterrichts verwendet werden. Man kann z. B. mit Hilfe der an dem Globus angebrachten eben beschriebenen Kreise denselben so stellen, daß man die Sterne, welche an einem bestimmten Orte der Erde entweder beständig sichtbar sind oder nie aufgehen, oder die, welche in den Zenith des Ortes kommen, angeben kann; man kann den Globus so stellen, daß er für eine gewisse Zeit den Stand der Gestirne richtig zeigt, oder man kann mit Hilfe des Globus, wenn die Länge der Sonne bekannt ist (d. i. ihr Ort in der Ekliptik), die gerade Aufsteigung, Abweichung, Abend- und Morgenweite, die Höhe und das Azimut derselben finden und kann ebenso dieselben Aufgaben für jeden Fixstern, den Mond oder einen Planeten lösen. Ferner kann man durch den Globus den Auf- und Untergang und die Culminationszeit von Sonne, Mond, Fixsternen oder Planeten für einen gegebenen Tag finden, ingleichen den Tag, an welchem ein Stern mit der Sonne auf- oder untergeht oder bei Sonnenaufgang unter- und bei deren Untergang aufgeht, sowie den Tag, an welchem ein Stern anfängt sich zuerst am östlichen Himmel in der Morgendämmerung zu zeigen oder in der Abenddämmerung im Westen zuletzt gesehen wird (heliacisch auf- und untergeht). Ferner kann man finden, wie viel ein Stern später oder früher auf- und untergeht als ein anderer und welche Sterne für eine gegebene Zeit gleich hoch (d. h. auf einem und demselben Almucantarat) oder in dem nämlichen Verticalkreise, also in einer gleichen Himmelsgegend stehen.

Aehnliche Aufgaben, besonders in Bezug auf die tägliche Bewegung der Erde, lassen sich mit Hilfe der Erdgloben lösen.

Die Globen werden jetzt gewöhnlich so verfertigt, daß man ein Gerippe von dünnen hölzernen Reifen in einer genauen Kugelform mit Gyps überzieht und dann mit nach den Polen spitz zulaufenden Streifen (Sectoren) beklebt, welche schon vorher mit den Abbildungen der betreffenden Theile des Himmelsgewölbes oder der Erdoberfläche bedruckt worden sind.

Wir wollen die beiden Spitzen, in welche ein solcher Sector an den Polen ausläuft, mit A und C bezeichnen, sodaß AC die Länge des Sectors ist, und die Endpunkte der auf AC senkrechten größten Breite mit B und D, sodaß BD die größte Breite des Sectors ist. Der Punkt, wo sich die Linie AC und BD in der Mitte des Sectors schneidet, mag O heißen. Die Forderung nun, Sectoren von der Form ABCD zu zeichnen, die sich auf die Kugelfläche auflegen lassen, läßt sich nicht ganz genau erfüllen, da kein Theil der Kugelfläche sich in eine Ebene ausbreiten läßt. Man rechnet aber darauf, daß die in der Ebene ungleich langen Linien ABC und AC durch einige Dehnung des feuchten Papiers auf der Kugelfläche eine gleiche Länge erhalten werden, wenn nur die Breite BD nicht zu erheblich ist. Man bestimmt daher nach Maßgabe der Größe der Kugel, wie viele solche Streifen man aufkleben muß. Bei kleinern Kugeln kann die Breite BD 30 Grad = 1/6 AC betragen. Bei größeren Kugeln von 2 Fuß Durchmesser dürfen es nur 18 Grad sein, oder BD = 1/10 AC und so weiter. Für den letzteren Fall würde man die Regeln zur Zeichnung der Streifen so angeben können. Man berechnet aus dem gegebenen Halbmesser der Kugel = r den halben Umfang = $r\pi$, und da ABC = $r\pi$ werden soll, OB aber = 1/20 $r\pi$, so muß man auf der Verlängerung von BD den Mittelpunkt E des Kreisbogens ABC so annehmen, daß sich der Bogen AB zu seinem Sinus versus BO verhalte wie 1 : 1/10, und dieses findet statt, wenn AEB = 11½ Grad, also AE = BE = $\frac{r\pi}{2 \times 0{,}201}$ = r. 7,815 ist. Mit diesem Radius werden die beiden Kreisbogen ABC und ADC gezeichnet, deren Länge $r\pi$ wird, während die gerade Linie AC = 3,116 r etwas kürzer wird. Die Parallelkreise werden aus Bogen zusammengesetzt, deren Radius man der Cotangente der geographischen Breite proportional nimmt.

Die Anfertigung von Globen, besonders von Himmelsgloben, ist schon ziemlich alt. Hipparchus aus Nicäa soll durch die Erscheinung eines neuen Sternes zur Bezeichnung der Sternbilder auf einer Kugel veranlaßt worden sein. Archimedes von Syracus construirte ebenfalls eine solche, deren Kreise die Bewegung des Himmels und der Gestirne versinnlichten und in deren Mitte sich die Erde befand. (Cicero, Tusculan. Disput. I, 25 und De natura deorum II, 35.) Eudoxus von Cnidus soll nach Gassendi's Behauptung (dessen Opp. T. V. p. 375) eine Himmelskugel zu Stande gebracht und die Sternbilder nach Aratus darauf gesetzt haben. Auch Posidonius, der 80 Jahre vor Chr. Geb. lebte, verfertigte künstliche Himmelskugeln. Nach Gehler's Meinung sollen diese Himmelskugeln der Alten nicht eigentliche Globen, sondern bloße Armillarsphären gewesen sein, d. h. Systeme von Reifen, welche die hauptsächlichsten Kreise der sphärischen Astronomie versinnlichten.

Später construirten die Araber vielfach Himmelskugeln. Die älteste noch vorhandene Himmelskugel im Museum des Cardinals Borgia zu Veletri beschreibt Assemann. (Siehe dessen Globus coelestis cufico-arabicus Veliterni Musei Borgiani a Sim. Assemanno. Patavii 1790. 4.) Die Kugel ist aus einem gelben Metalle und ruht auf vier Füßen. Die innern Durchmesser des Meridians und Horizontes sind 0,7 rheinländische Fuß. Ihre cufische Inschrift lautet nach Assemann's Uebersetzung: Jussu et patrocinio domini nostri Soldani regis Akamel, docti, justi, orbis religionisque defensoris Muhammedis Ben Abi Bekr Ben Ajub, semper invicti, descripsit Caisar Ben Abi Alcasem Ben Mosafer Alabraki Alhanasi, anno Hegirae 622, addiditque 16 Gradus 46 Minuta ad loca Stellarum in Almagesto signata.

Die Jahrzahl ist nach unserer Zeitrechnung 1225. Des Ptolemäus Sternverzeichniß ist ungefähr für das Jahr 63 nach Chr., also 1162 früher, wofür der Araber 1160 angenommen und das Verrücken der Nachtgleichen jährlich 52 Secunden gesetzt haben mag.

Im 15. Jahrh. beschäftigte sich Regiomontanus, der 1476 starb, in Deutschland zuerst mit Verfertigung von Himmelskugeln, die aber noch sehr unvollkommen waren. Nach ihm verfertigten Johann Schoner (geb. 1477, gest. 1547) und Martin Behaim, beide Nürnberger, künstliche Himmelskugeln. In gleicher Beziehung sind zu erwähnen Gemma Frisius, Gerhard Mercator und Tycho de Brahe.

Im 17. Jahrhundert sind die Himmelskugeln der Gebrüder Wilhelm Janson und Johann Janson Blaeu oder Cäsius berühmt. Die große Gottorp'sche Weltkugel, welche der Mechaniker Andreas Busch aus Limburg im J. 1664 für Herzog Christian von Holstein verfertigte, hatte 11 Fuß im Durchmesser und war von Kupfer. Sie stellte auf der äußeren Fläche die Erde, auf der innern den Himmel dar. Inwendig an der Are war ein runder Tisch nebst Bänken, worauf 12 Personen sitzen und beobachten konnten. Die Weltkugel, welche Erhard Weigel, Professor zu Jena, im J. 1696 dem Könige von Dänemark Christian V. überreichte, hatte 10 Fuß im Durchmesser. König Christian ist in derselben mit noch 30 Personen zugleich darin gewesen.

Der Venetianer Vinzent Coronelli fertigte für Ludwig XIV. zwei Weltkugeln von 13 Fuß Durchmesser.

In Teutschland zeichneten sich um die Mitte des vorigen Jahrhunderts die Werkstätten von Andreä und Klinger in Nürnberg und die von Enderlich zu Elbingen in der Anfertigung von Globen aus. Jetzt werden dieselben an vielen Orten in sehr guter Qualität gefertigt. (*Weiske.*)

GLOBUS HYSTERICUS oder auch GLOBULUS HYSTERICUS nennt man eine bei hysterischen Paroxysmen sehr gewöhnlich auftretende Erscheinung. Die Leidenden bekommen nämlich das Gefühl, als stiege von der Unterbauchgegend aus ein Körper mit kollerndem Geräusche zum Epigastrium in die Höhe. Hier kann der Körper unter dem Gefühle einer Einschnürung stecken bleiben, und es kommt dann zum Würgen oder selbst zum Erbrechen. Gewöhnlich indessen steigt der Körper bis zum Halse in die Höhe und bleibt hier stecken gleich einem verschluckten Brocken oder einer Kugel; es entsteht durch dieses krampfhafte Zusammenschnüren im Bereiche des Kehlkopfes ein Aufgetriebensein des Halses, erschwertes Athmen, gehinderter Rückfluß des Blutes mit aufgetriebenem dunkelrothem Gesichte. (*Fr. Wilh. Theile.*)

GLOCESTER oder GLOUCESTER, Grafschaft in dem englischen Königreiche Mercia. Sie grenzt im Norden an Warwick, Worcester und Hereford, im Westen an Monmouth, im Süden an Somerset und Wilt, im Osten an Oxford und Warwick, hat einen Flächenraum von fast 60 teutschen □Meilen und ungefähr 400,000 Einwohner. Der an Oxford grenzende Theil ist bergig und rauh und hat wegen des kalten Bodens und der nur sparsam mit Erde bedeckten Felsen nur Weideland. Der westliche Theil, welchen der durch die Eisenwerke stark gelichtete Wald von Dean zum größten Theil bedeckt, ist ebenfalls rauh; lieblich dagegen und äußerst fruchtbar der mittlere Theil der Grafschaft, besonders schön in dem herrlichen Thale der Savern (Severn), welche auf dem walliser Gebirge am Plimlimon aus mehren Quellbächen entspringt, nach deren Vereinigung bei dem Städtchen Llanidloes den Namen Saverne bekommt, bis in die Gegend von Shrewsbury in nordöstlicher Richtung fließt, sich dann nach Süden wendet, auf ihrem Unterlaufe Worcester und Glocester berührt und bald darauf in den Kanal von Bristol mündet. In seinem Oberlaufe, unterhalb Llanidloes, bildet er mehre kleine Wasserfälle; die Meeresfluth steigt bis Tewkesbury oberhalb Glocester, weshalb seine Ufer durch starke Eindeichungen geschützt werden. Von Nebenflüssen ergießen sich in ihn, am rechten (westlichen) Ufer in seine Mündung bei Chepstow die Wye, die ebenfalls am Plimlimon entspringt, am linken oder östlichen Ufer die beiden Avon, und zwar der bei Lutterworth südlich von Leicester entspringende obere Avon bei Tewkesbury, der untere nördliche von Bath entspringende Avon in den Kanal von Bristol. In der Grafschaft entspringt auch östlich von Glocester unfern Cirencester die Themse, die Anfangs Isis heißt und nach Aufnahme der Thame bei Dorchester den Namen Themse bekommt.

Die Ufer der Saverne sind sehr malerisch, namentlich von da ab, wo der Fluß durch starke Zuflüsse immer breiter wird, bis er selbst als ein Meeresarm erscheint, der sich in den Meeresarm, den Kanal von Bristol, ergießt. Saverne und Avon sind als Gebirgsflüsse sehr reißend und überschwemmen jährlich bei starken Regengüssen das Thal, welches sie durch Absetzung ihres Schlammes reichlich befruchten. Daher ist das Thal der Saverne ungemein reich an üppigen Weiden und herrlichen Getreidefeldern. Oefter aber ist auch die von den Bergen herabstürzende Wassermasse so groß, daß sie die schrecklichste Verwüstung anrichtet, Häuser und ganze Dörfer wegschwemmt und die Früchte jahrelangen Fleißes in wenigen Stunden vernichtet.

Die trefflichen Weiden begünstigen die Viehzucht ungemein. Zahlreiche Heerden von Rindern und Kälbern gehen von hier nach London; die Schafzucht ist sehr ausgedehnt, die Schafe von großer Race liefern 8—9 Pfund Wolle. In dem Thale des Avon wird gute Butter und der unter dem Titel doppelter Glocester bekannte treffliche Käse bereitet. Blos aus diesem Thale sollen jährlich an Käse und Butter 18,000—20,000 Centner in den Handel kommen. Die südlich gelegenen Flußthäler liefern treffliches Obst in großer Menge, welches zu Most, Apfel- und Birnwein verarbeitet nach London geht und dort als Champagner in den Handel kommt. Eine große Menge Menschen beschäftigt sich mit der Fischerei, und die Saverne ist sehr reich sogar an Seefischen, die aus dem Kanale von Bristol in den Fluß aufwärts dringen. Man fängt namentlich viel Lachse, Aale, Häringe und Neunaugen. Nicht gering ist die Ausbeute an Steinkohlen und Eisen, und die Industrie beschäftigt sich hauptsächlich mit Verarbeitung dieser Mineralien, der Wolle und Baumwolle, namentlich mit Strumpfweberei.

Die Hauptstadt der Grafschaft Glocester liegt unter 51° 52' 3" nördl. Br. und 6° 37' westl. L. von Paris (nach Berghaus) an und auf einer Anhöhe am Severn und dem Kanale von Glocester und Berkeley, ist eine reinliche, wohlhabende, schön und regelmäßig gebaute Stadt, deren vier breite Hauptstraßen, mit vielen schönen Kaufläden besetzt, sich rechtwinkelig durchschneiden. Die alte Kathedrale (1087—1230), durch einen Gang mit dem bischöflichen Palaste verbunden, ist 440 Fuß lang, 150 Fuß breit, im normannisch-gothischen Style erbaut, hat nur einen sehr schön gearbeiteten 200 Fuß hohen Mittelthurm, von welchem sich zwei mit Verzierungen überladene Spitzen noch höher erheben. Um das Kirchendach geht ein zierlich durchbrochenes Steingeländer. Das Schiff hat auf jeder Seite neun dicke schwerfällige Pfeiler, aber das Chor ist rein gothisch, 140 Fuß lang,

83 Fuß hoch und hat eine herrliche Steindecke, eine der schönsten in England, und ein 60 Fuß hohes Fenster mit herrlicher alter Glasmalerei. Sehr schön ist der Kreuzgang. In dieser Kirche liegt Robert, Herzog der Normandie, der älteste Sohn Wilhelm's des Eroberers und Eduard II. begraben. Die starken Mauern der Stadt wurden, um Raum zu gewinnen, beseitigt, die ehemals wichtige Festung oder Burg, welche die Stadt beherrschte, geschleift und an deren Stelle das große Grafschaftsgefängniß erbaut, ein prächtiges Gebäude mit großem, von Colonnaden umgebenem Hofraume und gegen 300 Zimmern. Die in drei Classen getheilten Gefangenen kommen nicht mit einander in Berührung. Noch prächtiger ist die neue Gerichtshalle (new county hall) mit einem herrlichen Porticus und zwei mit Zuschauergalerien umgebenen großen runden Sälen für die Richter und Schöffen. — Außerdem sind bemerkenswerth fünf Pfarrkirchen, die Bethäuser, eine Synagoge, ein Schauspielhaus und das Zollhaus, und eine prächtige Steinbrücke. — Die Bewohner beschäftigen sich mit Fischfang (Salmfang), Handel, namentlich mit Cider. Die große Stecknadelfabrik liefert jährlich für 10—12 Millionen Gulden Stecknadeln. — Auf der unterhalb Glocester befindlichen Insel Alney fiel der Zweikampf um das Reich zwischen Edmund Ironside und Canut dem Dänen vor. *(H. E. Hössler.)*

GLOCESTER, Grafen und Herzoge von. Bitbrik der Sachse wurde von „Matildis Gulielmi Normanni Ehefrau, aus Rachgierigkeit von wegen ihrer Schönheit Verachtung, dieweil er sie zu eheligen sich zuvor geweigert hatte, ärgerlich gequält; und als sie ihn endlich in das Gefängniß geworfen," hat dessen Güter, Glocester namentlich, der Eroberer an Robert Fitz-Haimon, den Sohn Haimon's, des Herrn von Corbeil, gegeben, „welcher im Scharmützel mit einer Fischerstange an den Schlaf getroffen, und im Kopf sehr geschwächt worden, auch eine lange Zeit hierauf gleichsam als unsinnig gelebt. Seine Tochter Mabiliam (so andere Sibyllam nennen) hat Robertus, Henrici I. Bastardsohn, geehligt, ist auch der erste Graf zu Glocester gewesen, und wird insgemein von den Scribenten Glocestriae consul, d. i. Bürgermeister zu Glocester genannt, ein Mann, dem wegen seines hohen und unüberwindlichen Gemüths zur selbigen Zeit keiner gleich gewesen, der auch im Unglück niemals niedergeworfen worden, sondern vor seiner Schwester Matildam wider Stephanum, als er England einnamb, große und wichtige Sachen mit höchstem Lob verrichtet." Gleichwol hat Graf Robert, dem Beispiele seines Oheims, Wilhelm von Corbeil, des Erzbischofs von Canterbury, folgend, in der ersten Zeit Stephan's Recht anerkannt, wie er denn unter den Zeugen des königlichen Freibriefs, eine Art Wahlcapitulation, genannt wird (1136), auch Falaise in der Normandie, bei Gelegenheit einer Zusammenkunft mit Stephan's Bruder, dem Grafen Theobald, dessen Freunden überliefert, nachdem er jedoch vorher den größten Theil des von dem verstorbenen Könige daselbst niedergelegten Schatzes weggeschafft hatte. Robert folgte auch dem Könige auf der Fahrt nach der Normandie, ein Versuch aber, den hier Wilhelm von Ypern, der Hauptmann der flamändischen Söldner, machte, seiner Person sich zu bemächtigen, und der, wie man glaubt, von dem Könige geboten war, welcher durch einen Mord des gefährlichsten Gegners sich zu entledigen gedachte, gab die Veranlassung zu offenem Bruche. Während K. Stephan mit der Belagerung von Hereford oder von Webley beschäftigt war, erschien in seinem Lager, aus der Normandie entsendet, ein Herold, ihm entbietend, wie Graf Robert von Glocester ihm Freundschaft und Treue aufkündige, auch seinem Lehenseide entsage, zumal Stephan allen seinen frühern Schwüren zu Gunsten der verwitweten Kaiserin, der Tochter Heinrich's I., entgegen gehandelt habe. Statt aller Erwiderung erklärte Stephan den Grafen seiner Besitzungen in England verlustig, 1138, machte auch sogleich Anstalten, der diesem abgesprochenen Festen sich zu bemächtigen. Mehre wurden geschleift, Bristol aber, durch den Grafen stark befestigt und mit Lebensmitteln versehen, blieb unbezwungen und für Stephan's täglich sich mehrende Feinde der wichtigste Waffenplatz. Von hier aus machten die normannischen Ritter häufige Streifzüge, überfielen die Friedlichen, die Wehrlosen und erpreßten von ihnen die geringe Habe, dazu schreckliche Marterwerkzeuge gebrauchend. Des Grafen von Glocester Anverwandter, Philipp Glai, wird als der Erfinder jener Instrumente, die bald auf jeder Raubburg eingeführt wurden, genannt. Mittlerweile wirkte Graf Robert in großer Thätigkeit für die Partei seiner Schwester in Bretagne, Frankreich, Teutschland, in Rom, und er hat ihr durch die Künste der Rede und die Macht des Goldes viele Anhänger gewonnen. Am 30. Sept. 1139 landete er in seiner Schwester Gefolge bei Arundel, wo Wilhelm von Aubigny, der verwitweten Königin Adelise Gemahl, ihn erwartete. Robert eilte sogleich von dannen nach Bristol, um sich dort an die Spitze von 10,000 Wallisen, denen die übrigen Gegner des Königs sich anschließen sollten, zu stellen. Auf dem Marsche soll ihm der Bischof Heinrich von Winchester, des Königs Bruder, entgegengekommen sein, um ihn aufzufangen, habe jedoch die Gelegenheit benutzt, um enge Verbindungen mit den Anhängern der Kaiserin einzugehen. Der König hatte sich mit Heereskraft vor Arundel gelegt, ließ sich jedoch von dem nämlichen Bruder, der großes Leid heuchelte, daß Graf Robert ihm entgangen, bereden, die Kaiserin unter freiem Geleite nach Bristol ziehen zu lassen, um dann, wie er wähnte, mit ungetheilter Macht die vereinigten Feinde, denen der Zuzug eines Weibes keine Stärke verleihen könnte, zu vernichten. Stephan ging in der Blindheit so weit, daß er den Bischof beauftragte, die Kaiserin zu geleiten. Von da an entbrannte der Bürgerkrieg auf allen Punkten. Stephan's Vordringen in das entlegene Cornwales veranlaßte in dem Hauptquartiere seiner Gegner zu Bristol hohen Jubel. Sie hofften in dem engen meerumschlungenen Lande ihm zu thun, was ein halbes Jahrtausend später der Armee des Parlaments unter Essex geschah, und eilten von allen Seiten herbei, die Königlichen zu umzingeln. Graf Robert führte dem

Könige ein zahlreiches Heer entgegen, dieser hatte jedoch so viele Freunde unter den Baronen von Cornwales gefunden, auch sein Volk mit solchem Geschicke aufgestellt, daß der Graf von Glocester nicht wagte, eine entscheidende Schlacht zu liefern, sich vielmehr in Eile zurückzog. Meister im Felde, bezwang Stephan eine ganze Reihe von Festen, während sein Gegner die traurige Erfahrung machte, wie wenig auf Söldner zu rechnen sei. Als solchen hatte er den Flamänder Robert um sich. Einst in dunkler Nacht, von einem Trupp seiner Landsleute begleitet, ritt dieser aus (26. März 1140), und seine Leute erstiegen auf künstlich gearbeiteten Leitern von Leder die Mauern der für den König haltenden Burg Devizes. Die Wächter wurden schlafend überfallen und niedergemacht, andere warfen sich in den Donjon, den sie jedoch nach einigen Tagen, weil keine Lebensmittel vorhanden waren und der Entsatz ausblieb, aufgeben mußten. Als der Graf von Glocester den kühnen Streich vernommen hatte, sendete er seinen Sohn mit einer starken Schar nach Devizes, um die That des Flamänders zu beloben und gemeinschaftlich mit ihm die Feste zu hüten. Aber der Wagehals wies mit schimpflichen und drohlichen Worten den Junkherrn ab und erklärte, was er besitze und seinem Schwerte verdanke, wolle er auch damit behaupten. Indem er, noch weiter seine Usurpation ausdehnend, durch eine Unterhandlung die Feste Marlborough gewinnen zu können vermeinte, wurde er von dem Castellan ergriffen und sammt seinen Begleitern in ein Verließ geworfen, wo Hunger und Marter ihrer warteten. Sogleich eilte der Graf von Glocester herbei, mit 500 Mark sich die Auslieferung des Flamänders und damit den Besitz von Devizes zu erkaufen. Nachdem der Handel abgeschlossen war, wurde der Flamänder vor die Burg Devizes gebracht, und er sollte den Seinen die Uebergabe anbefehlen; statt dessen ermahnte er sie zu standhafter Vertheidigung. Der Graf von Glocester ließ ihn und seine zwei Neffen vor den Thoren der Feste aufhängen. Des Grafen Schwiegersohn, Ranulf, der Graf von Chester, hatte sich durch Ueberfall der Stadt Lincoln bemächtigt, wurde aber sehr bald von dem Könige in der dasigen Burg belagert. Um des Schwiegervaters Hülfe zu suchen, entfloh er im Dunkel der Nacht, und hat bereitwilliges Gehör gefunden, denn Robert ersah hier die Gelegenheit, die Entscheidung des langwierigen Streites herbeizuführen. Er ließ die Wallisen und von allen Seiten die Geächteten und Misvergnügten den Trentfluß hinanziehen und stand unvermuthet, zu Anfang Februars 1141, mit einer bedeutenden Macht vor Lincoln dem Könige gegenüber. Am Schlachttage, den 2. Febr., sprachen Graf Robert und sein Schwiegersohn zu ihren Scharen; ihre Reden sind erfüllt von Prahlereien und von derben Ausfällen gegen ihre vornehmsten Gegner, die auch vollständig in dem Gefechte unterlagen. K. Stephan selbst mußte sich gefangen geben und wurde von seinem Ueberwinder, dem Grafen von Glocester, der Kaiserin dargebracht. Sie ließ ihm Anfangs ein erträgliches Gefängniß zu Bristol anweisen, dann aber in Fesseln legen. Die Folgen des Sieges waren aber keineswegs so bedeutend, als man sie von einer im Allgemeinen der Kaiserin günstigen Stimmung hätte erwarten dürfen. Auf allen Punkten wurde der Widerstand durch dem Könige ergebene Barone fortgesetzt. Wenig fehlte, und die Kaiserin und ihr Bruder wären zu Winchester durch den Verrath des Bischofs in Gefangenschaft gerathen. Die Kaiserin entkam durch schleunige Flucht, der Graf von Glocester, der sich nicht sofort hatte entschließen können, ihrem Beispiele zu folgen, wurde zu Stockbridge ereilt (September 1141), der Königin als Gefangener vorgeführt und nach Rochester gebracht, wo ihm, ungeachtet der harten Behandlung des Königs, mit Schonung begegnet wurde. So befanden sich beide Parteiführer in der Gewalt ihrer Gegner, und es blieb Nichts übrig, als sie gegen einander auszutauschen, was denn im November 1141 erfolgte. In einer von seiner Partei auf Devizes zu Pfingsten 1142 abgehaltenen Versammlung wurde Graf Robert formell zu ihrem Oberhaupte erwählt, auch beauftragt, den jungen Prinzen Heinrich, den Plantagenet, nicht aber dessen Vater, aus der Normandie herüber zu holen. Er verweilte sich über die Gebühr mit der Einnahme von mehren noch für Stephan haltenden Festen, bis die ungünstigsten Nachrichten ihn doch nach England zurückforderten. Er belagerte Warham drei Wochen lang, darüber aber fiel das wichtige Oxford in Stephan's Gewalt, und selbst das theuer erkaufte Warham konnte nur mit Mühe gegen die Anstrengungen der Königlichen behauptet werden. Um noch weiter seinen Vortheil zu verfolgen, zog Stephan seine ganze Macht bei Wilton zusammen, und daselbst wurde er gegen Sonnenuntergang den 1. Juli 1143 von dem Grafen von Glocester so plötzlich überfallen, daß ihm die Zeit gebrach, sein Volk zu ordnen. Er gab das Beispiel der Flucht, welches sofort allgemeine Nachahmung fand. Den leichten Sieg vermochte Graf Robert zwar nicht vollständig zu benutzen, doch sicherte er seiner Herrin die Normandie und für einige Jahre den fast unbestrittenen Besitz der westlichen Hälfte von England. Seine Bemühungen, in diesem Landestheile Ruhe und Ordnung herzustellen, verdienen ehrende Erwähnung. Er hatte, um der Besatzung von Malmesbury das Streifen zu verwehren, drei Castelle angelegt; um diese zu brechen, zog Stephan bedeutende Streitkräfte zusammen. Er hatte sich bei Tilbury (Glocestershire) gelagert, und hier bot ihm Graf Robert die Schlacht an der Spitze eines zahlreichen Heeres an, aus Wallisen, der im benachbarten Bristol lagernden Ritterschaft und den vielen Burgen der Umgebung zusammengezogen. Mit auffallendem Geschicke entzog Stephan sich den Gefahren eines allzu ungleichen Kampfes, um weiter nordwärts einige ihm feindliche Barone heimzusuchen. Unterdessen bedrängte des Grafen von Glocester Sohn, Philipp, aus der ihm übertragenen Burg Cricklade die Stadt Oxford höchlich, gleichwie er seinen Vater bestimmte, mit Heereskraft die Umgebung jener Stadt zu überziehen, um sie vor der neu angelegten Burg in Faringdon zur Uebergabe zu nöthigen. Die Gefahr der wichtigen Stadt rief den König herbei, so sehr er von andern Seiten her in Anspruch genommen wurde, und er legte sich vor Faringden, für dessen Angriff und Vertheidigung die Kriegskunst jener Zeit alle ihre Geheimnisse zur Anwendung brachte. Daß der Graf von Glocester den Entsatz zu bewerkstelligen nicht wagte, und die Burg ihrem Schicksale überließ, wirkte sehr entmuthigend auf die Partei der Kaiserin. Ranulf, Graf von Chester, welcher durch viele Eroberungen groß geworden war, jetzt beinahe ein Drittel von England besaß, fiel von Mathilden ab (1146), um sich wieder dem K. Stephan zu unterwerfen, wie das selbst des Grafen von Glocester jüngerer Sohn Philipp that. Diesem, seiner Herrsch- und Verschwendungssucht wegen, bewilligte Stephan in dem Vertrage von Stanford mehr, als er je von dem strengen und karg gewordenen Vater hätte erwarten dürfen. Schonungslos verheerte seitdem der politische Renegat die Besitzungen seiner bisherigen Freunde, auch selbst des Vaters Güter, zugleich aber wurde er durch rücksichtslose Anmaßung und Gewaltthaten den neuen Freunden ungemein lästig, bis daß er mit einigen andern Großen das Kreuz nahm. Allem Ansehen nach hat der Vater ihn nicht wieder gesehen, zumal dieser den 31. Oct. 1147 gestorben ist, inmitten seiner Bestrebungen, eine feste Vereinigung aller Kräfte seiner Partei zu erreichen, zugleich aber durch Kummer über das Mislingen so mancher Anstrengungen, über den Abfall treuloser und pflichtvergessener Freunde und Verwandten tief gebeugt. Sein ältester Sohn, ein zu den schönsten Hoffnungen berechtigender Jüngling, war im J. 1143 mit Tode abgegangen. Es blieben ihm Wilhelm, Philipp, Roger, Bischof von Worcester 1164, gest. 9. Aug. 1179, Richard, Bischof von Bayeux 1134, Halmo, erschlagen 1160, Mabilia, Gemahlin Auberts de Vere's, und Mathilde, an den Grafen Ranulf von Chester verheirathet und 1153 Witwe. **Wilhelm** folgte dem Vater in der Grafschaft Glocester und der Baronie Glamorgan, war mit Hawisa, des Grafen Robert von Leicester Tochter verheirathet und starb 1183, sodaß er demnach seinen einzigen Sohn Robert, gest. 1166, hat überleben müssen. Er wurde demnach beerbt von seinen drei Töchtern, Mabilia, Gemahl Amaury von Montfort, Graf von Evreux, Amicia, Gemahl Graf Wilhelm von Clare und Hertford, und Isabella oder Hawisa, diese 1189 an den Grafen Johann von Mortain, K. Heinrich's II. jüngsten Sohn, verheirathet. Interesse, keineswegs Zuneigung, hatte diese Verbindung geknüpft, allein die Grafschaft Glocester, einem Grafen von Mortain ein erwünschter Besitz, hatte für den König von England nicht die gleiche Bedeutung, und als solcher ließ Johann sich unter dem gewöhnlichen Vorwande der Verwandtschaft durch den Erzbischof von Bordeaux scheiden, 1201. Der Gekränkten Erbe vollständig auszuliefern, konnte der Tyrann sich gleichwol nicht entschließen, wie er denn namentlich die Baronie Torigny in den Händen behielt, bis sie sammt der ganzen Normandie an Philipp August verloren ging. Und nicht nur über seiner geschiedenen Frau Eigenthum, auch über ihre Hand zu verfügen hat er sich erlaubt, und die Erbin von Glocester mußte den Grafen Galfried von Essex, des Geschlechts Mandeville, zum Manne nehmen, während dieser als Preis für die ihm aufgedrungene Frau und für die Grafschaft 20,000 Mark an die königliche Schatzkammer entrichten sollte. Die Hälfte dieser Summe war bezahlt, für die andere Hälfte Bürgschaft bestellt, da verlor Galfried in einem Turniere das Leben, 1215, ohne Kinder zu hinterlassen. In den Witwenstand versetzt, nahm Isabella noch den dritten Mann, den als Beschützer der hilflosen Jugend K. Heinrich's III. so berühmt gewordenen Grafen von Kent, Hubert de Bourg. Des Galfried von Mandeville Nachfolger in der Grafschaft Glocester wurde Amaury V. von Montfort, als der Mabilia, der eines Tochter des Grafen Robert Gemahl. Als der älteste Sohn besaß Amaury die große Grafschaft Evreux in der Normandie, während sein jüngerer Bruder, der gewaltige Simon, die mütterlichen Besitzungen in England, die Grafschaft Leicester insbesondere erhielt. Evreux verkaufte Amaury an den König von Frankreich, und er ist noch vor der Mutter, kinderlos in zwei Ehen, gestorben. Die Grafschaft Glocester fiel an des Grafen Robert jüngste Tochter Amicia, die an den 1218 verstorbenen Grafen Richard III. von Clare und Hertford verheirathet war. Ihr Sohn, Gilbert IV., Graf von Clare und Hertford, auch von Glocester und Glamorgan, ist sammt seiner Nachkommenschaft unter der Rubrik Clare, Clarence abgehandelt. Gilbert VI., der letzte dieser Grafen von Clare, Glocester und Hertford, fiel bei Bannockborn den 24. Juni 1314 und wurde von seinen drei Schwestern, Eleonora, Margaretha und Elisabeth beerbt, wobei doch noch zu erinnern, daß während seiner Minderjährigkeit sein Stiefvater, der andere Gemahl der Prinzessin Johanna, Ralch von Monthermer, den Titel und die Befugnisse eines Grafen von Glocester und Hertford übernommen hat. Von Gilbert's Schwestern wurde Eleonora an Hugo le Despenser, den Sohn des im October 1326 enthaupteten Grafen Hugo von Winchester verheirathet. Dieses ehrwürdigen hochbejahrten Mannes einziges Verbrechen scheint seine nahe Verwandtschaft mit dem neuen Günstlinge des Königs und sein Einfluß in dem königlichen Rathe gewesen zu sein. Der Sohn, von dem Grafen von Lancaster dem Könige als Kämmerer aufgedrängt, erwarb sich sehr bald durch Talent und Diensteifer die Gunst des schwachen Gebieters, und durch seine Heirath ein ausgedehntes, den größten Theil von Glamorganshire umfassendes Besitzthum sammt dem Grafentitel von Glocester. Sein steigender Reichthum weckte die Eifersucht derjenigen, die vormals auf ihn herabgesehen. Sie nannten ihn hochmüthig, geldsüchtig und ehrgeizig; Worte, die vielleicht nur bezeugten, daß er groß geworden durch die Dankbarkeit des Fürsten, dem seine Dienste geweiht waren. Er wurde ferner beschuldigt, gegen seine Schwäger, die Barone Audley und Amaury, Ungerechtigkeit und Gewalt geübt zu haben; Hugo von Audley hatte sich des vormaligen Lieblings Peter von Gaveston Witwe Margaretha von Clare beigelegt; ihre Schwester Elisabeth, als Johanns de Bourg und des Barons Theobald von Verdon Witwe, nahm noch den dritten Mann, den Roger de Amaury. Endlich hatte Wilhelm von Breosa,

Baron von Gower, seinem Schwiegersohne, Johann von Mowbray, die Baronie zugedacht, demselben zugleich den Grafen von Hereford substituirend, und als der Schwiegervater gestorben war, nahm Mowbray von dem Gute Besitz, ohne die förmliche Einsetzung und Bestätigung von der Krone zu suchen. Er behauptete, sich nur der Freiheit der Marken (an der Grenze von Wales) bedient zu haben, le Despenser aber, dem sehr nach dem Besitze der mit seinen Gütern grenzenden Baronie gelüstete, beredete den König, das Lehenrecht nach seiner ganzen Strenge walten zu lassen, Gower als ein verwirktes Lehen einzuziehen und ihm zu verleihen. Ueber dieser Rechtsfrage entspann sich ein Bürgerkrieg. Die Grafen von Lancaster und von Hereford, die Marken überhaupt, verbündeten sich zur Vertheidigung ihrer Rechte (3. Mai 1321), Audley und Amaury boten ihre Mannen auf, Roger von Mortimer, Roger von Clifford und viele andere, die aus Privatursachen den Despenser feind waren, traten dem Bunde bei, und an der Spitze von 800 Geharnischten, 500 leichten Reitern und 10,000 Mann Fußvolk forderte Graf Thomas von Lancaster, daß der König den jungen le Despenser von sich thue oder in sichern Gewahrsam bringen lasse, sonst würden die Verbündeten ihren Huldigungs- und Treueid für nichtig erklären und den Gehaßten zur wohlverdienten Strafe ziehen. Kaum der Antwort erwartend, fielen sie in den Besitzungen des Günstlings ein, nahmen seine zehn Schlösser, verbrannten, verdarben oder raubten Alles, was sie auf seinen 23 Gütern fanden. Nach solchen Thaten zogen sie dem Nördlichen zu und baten den Grafen von Lancaster, den Anstifter und Patron aller Aufrührer, um Schutz. Ein Instrument, wodurch man sich verpflichtete, die le Despenser, Vater und Sohn, so lange zu verfolgen, bis sie in den Händen der Verbündeten sich befinden oder verbannt sein würden, und den Streit zu Gottes und der heiligen Kirche Ehren und zum Nutzen des Königs und seines Hauses zu führen, ward einerseits von dem Grafen von Hereford und den Lords der Marken, andererseits von dem Grafen von Lancaster und 34 Baronen und Rittern unterzeichnet den 28. Juni 1321. Hierauf trat Lancaster den Marsch nach London an, und er ließ unterwegs sein Volk auf öffentliche Kosten oder von der Plünderung der Güter des Vaters le Despenser leben. Diesem haben sie, laut des dem Parlamente eingereichten Verzeichnisses, sein Getreide im Speicher und auf dem Felde geraubt, 28,000 Schafe, 1000 Ochsen und Geltkühe, 1200 Kühe sammt ihren zweijährigen Kälbern, 40 Zuchtstuten, 160 Karrengäule, 2000 Ferkel, 300 Ziegen, 40 Tonnen Wein, 600 Schinken, 80 geschlachtete Ochsen, 600 geschlachtete Hammel, 10 Tonnen Cider, Waffen und Rüstung für 200 Mann. Der jüngere Despenser berechnete als verloren 40 Stuten sammt ihren zweijährigen Füllen, 11 Beschäler, 160 Geltkühe, 400 Ochsen, 500 Kühe sammt ihren zweijährigen Kälbern, 10,000 Schafe, 400 Ferkel, Waffen und Rüstung für 200 Mann, das Getreide auf dem Felde, Vorräthe an Getreide, Wein, Honig, Salz, gesalzenem Fleische und Fische, der Unterthanen Zins im Betrage von 1000, und 3000 Pfund an Schuldforderungen. Von St. Albans aus, den 2. Aug. 1321, entsendete Lancaster Botschaft an den König, die Verbannung der beiden Despenser und die Freisprechung der verbündeten Barone von jeglicher Schuld zu fordern. Der König erwiderte, der Vater Despenser sei jenseits des Meeres in seinem Dienste begriffen, der Sohn bewache mit der königlichen Flotte die Fünfhäfen; er werde die Angeklagten nicht bestrafen, so lange sie den Klägern nicht antworten könnten, und Leuten zu verzeihen, welche die Ruhe des Reiches stören, laufe gegen den Krönungseid. Das Parlament war in Westminster versammelt; Lancaster rückte gegen London vor und lagerte in der Nähe von Holborn und Clerkenwell. Vierzehn Tage brachten die Verbündeten in geheimen Berathungen zu, dann füllten sie mit Bewaffneten die Säle von Westminster, und also gerüstet, ließen sie, ohne den König von ihrer Absicht unterrichtet zu haben, eine Anklage der Despenser, auf eilf Punkte lautend, verlesen. Darin waren diese beschuldigt, die königliche Autorität sich angemaßt, den König den großen Baronen abwendig gemacht, des Gesetzes unkundige Richter bestellt, und von Allen, die etwas bei der Krone suchten, Taxen gefordert zu haben. Die Schrift schloß mit den folgenden Worten: „Deshalb verordnen wir Grafen und Barone, Peers des Landes, in Gegenwart des Königs unseres Herrn, daß Hugo le Despenser der Sohn und Hugo le Despenser der Vater auf ewig enterbt und aus dem Königreiche England verbannt sein und nie zurückkehren sollen, es geschehe denn mit Einwilligung des Königs und der auf geziemende Weise im Parlament versammelten Prälaten, Grafen und Barone; daß sie vor dem nächstkommenden Feste St. Johannis des Täufers von dem Hafen von Dover aus das Land verlassen, und falls sie nach diesem Tage in England betroffen würden oder jemals zurückkehrten, als Feinde des Königs und des Reichs behandelt werden sollen." Die Prälaten protestirten schriftlich gegen dieses Urtheil, aber der König und die Barone seiner Partei, eingeschüchtert durch die sie umgebenden Bewaffneten, gaben ihre Zustimmung; die Verbannung der beiden Despenser wurde vorschriftmäßig gebucht, und dem Grafen von Lancaster und seinen Genossen ein Generalpardon ausgefertigt für alle Vergehungen, deren sie seit Anfang Februars sich schuldig gemacht haben könnten. Es vergingen indessen keine zwei Monate, und K. Eduard fand Gelegenheit, indem er die gegen seine Königin von Lord Badlesmere geübte Frechheit bestrafte, das verlorene Ansehen wieder zu gewinnen. Die beiden Despenser wagten es, nach England zurückzukehren. Der jüngere, gehorsam dem Gesetze, stellte sich als Gefangener, übergab aber zugleich eine Bittschrift, worin er die Zurücknahme des gegen ihn gefällten Urtheils beantragte, indem er 1) nie vor Gericht gefordert, seine Verantwortung nicht gehört worden sei; 2) weil das ganze Verfahren der Magna Charta zuwider gewesen, und 3) weil er verurtheilt worden sei durch Leute, die gegen den königlichen Befehl mit gewaffneter Hand in dem Parlament eingedrungen seien. Eduard wies die Bittschrift an die eben in der Convocation versammelten Prälaten und verlangte ihr Gutachten. Sie erwiderten, sie hätten jederzeit gegen das gesetzwidrige Urtheil protestirt, und bäten also um dessen Aufhebung; die Grafen von Kent, Pembroke, Richmond und Arundel erklärten, sie hätten nur aus Furcht ihre Zustimmung gegeben, und vereinigten ihre Bitten mit jenen der Prälaten, und der König, durch solche Aeußerungen ermuthigt, nahm mit Freuden den Günstling und dessen Vater unter den königlichen Schutz, bis sich das Parlament versammeln und das gegen sie gefällte Urtheil aufheben werde. Die Hinrichtung des Grafen von Lancaster und seiner thätigsten Anhänger vervollständigte den Triumph des Königs, und das am 2. Mai 1322 zu York eröffnete Parlament, in allen Dingen dem Willen des Monarchen gehorsam, machte es sich zur dringendsten Angelegenheit, das gegen die Despenser gefällte Urtheil durch Vernichtung der Acten zu cassiren. Der Vater, seit dem 10. März 1321 zum Grafen von Winchester creirt, erhielt als Entschädigung für den erlittenen Verlust mehre confiscirte Güter, allein der größte Theil von allen durch die Rebellion an die Krone gefallenen Lehen wurde von dem jüngeren Despenser, dessen Habsucht unersättlich war, eingenommen. Viele Barone von des Königs Partei wurden wegen so ungleicher Austheilung des Raubes misvergnügt, stärker denn zuvor erhob sich der Neid gegen den Günstling, und dieser, statt durch Gaveston's Schicksal sich warnen zu lassen, suchte eine Ehre darin, in dessen Fußstapfen zu treten und durch Prunk, anmaßendes Wesen und vielfache Gewaltthätigkeit dem allgemeinen Hasse fortwährend neue Nahrung zu bieten. Eine Verschwörung, als deren erstes Opfer zu fallen also Despenser ausersehen war, wurde vereitelt, aber des Königs gefährlichster Gegner, Roger Mortimer, dem Gefängnisse entronnen, fand Zuflucht in Frankreich, und dahin wendete sich auch die Königin in Folge eines vielleicht schon damals bestandenen Liebesverhältnisses mit Mortimer, oder aber, wie sie vorgegeben hat, aus Furcht vor Hugo Despenser, „der unsern besagten Herrn und dessen ganzes Reich beherrscht, und Uns nach seinem besten Vermögen entehren möchte, wie wir gewiß und aus Erfahrung wissen." Unterhandlungen, die Königin zur Rückkehr zu bewegen, führten nicht zum Ziele, dagegen fand Isabella, als sie mit nicht unbedeutenden Streitkräften bei Orewell in Suffolk landete, den 25. Sept. 1326, ein mit Ungeduld der Befreiung entgegensehendes Volk. Bei ihrer Annäherung verließ Eduard die Hauptstadt, den 15. Oct., nur von den beiden Despenser, dem Kanzler Baldock und einem geringen Gefolge begleitet. Er eilte nach den Marken von Wales, wo die Güter des Günstlings lagen. Bristol ward dem ältern Despenser anvertraut und zu Caerfilly versucht, die Einwohner der Landschaft Glamorgan aufzubieten. Allein die Walliser blieben gleichgültig bei der Bedrängniß des Souverains wie bei jener des Gutsherrn, und Eduard schiffte sich mit dem Günstlinge ein, in der Absicht, die befestigte Insel Lundy an der Mündung des Kanals von Bristol zu erreichen. Rasch den Gemahl verfolgend, durfte die Königin sich nur vor Bristol zeigen, und am 26. Oct. mußte der Graf von Winchester, dem Aufstande der Besatzung weichend, ihr die Stadt überliefern. Ohne Rücksicht für sein graues Haar (er hatte das 90. Jahr zurückgelegt) wurde er vor Sir William Trussel, einem der Verbannten, von Isabella zum Richter bestellt, angeklagt, sich eines unziemlichen Einflusses auf den König angemaßt, die königliche Gewalt ausgeübt, den Bruch zwischen Herrscher und Volk erweitert und die Hinrichtung des Grafen von Lancaster angerathen zu haben. In jener Zeit ward höchst selten einem Staatsgefangenen die Vertheidigung erlaubt, sondern die Offenkundigkeit der in der Anklage aufgeführten Thatsachen galt als Rechtfertigung des Urtheils, dessen Vollziehung augenblicklich erfolgte. Der alte Mann wurde von den Schranken hinweg zum Richtplatze geschleppt, das Eingeweide bei lebendigem Leibe ihm ausgerissen, der Körper hierauf vier Tage lang an den Galgen gehängt, endlich in Stücke gehauen und den Hunden vorgeworfen. Der König vermochte Lundy des heftigen Westwindes wegen nicht zu erreichen, verließ zu Swansea sein Schiffchen und trieb sich mehre Tage, fortwährend von feindlichen Nachstellungen umgeben, zwischen dem Kloster Neath und Caerfilly herum. Vernehmend jedoch, daß Despenser und Baldock, die sich in den Wäldern um das Schloß Lantressan sicher wähnten, durch die Treulosigkeit des Landvolks dem neuen Grafen von Lancaster überliefert worden waren, 17. Nov., verließ er freiwillig seinen Versteck, um sich der Großmuth Lancaster's anzuvertrauen. Dieser ließ ihn nach Kenilworth bringen, Despenser aber wurde zu Hereford vor den Richter gestellt, dessen Hände noch von dem Blute seines Vaters rauchten. Die ihm zur Last gelegten Verbrechen sind der beste Beweis seiner Unschuld. Trusseln zufolge war er Schuld an allem Unglücke, welches seit seiner Rückkehr aus der Verbannung das Reich betroffen, an dem übeln Ausgange des Feldzugs gegen Schottland und an dem Gelingen von der Schotten räuberischen Zügen. Er habe, hieß es ferner, nicht nur den Grafen von Lancaster und dessen Anhänger bis in den Tod verfolgt, sondern als Gott die Tugend dieses Märtyrers durch die an seinem Grabe vorgekommenen übernatürlichen Heilungen bewiesen, habe er (Despenser) Wachen dahin gestellt, um das Zuströmen des Volks, die Anschauung der Wunder zu verhindern; er habe die Uneinigkeit des königlichen Ehepaars beständig angefacht; habe Meuchelmörder gedungen, um die Königin und ihren Prinzen während des Aufenthalts in Frankreich auf die Seite zu schaffen, und bei ihrer Rückkehr den König und den Schatz, dem Verbote der Magna Charta entgegen, entführt. Deshalb, fährt der Richter fort, „ist es der gemeinsame Ausspruch aller biedern Männer dieses Reichs, der Vornehmen und Geringen, der Reichen und Armen, daß Ihr, Hugo le Despenser, ein Räuber, Verräther und Geächteter, geschleift, gehängt, Euch die Gedärme ausgerissen und Ihr dann geköpft und geviertheilt werden sollt. Hinweg denn, Verräther, empfangt den Lohn Eurer Tyrannei, nichtswürdiger überwiesener Verräther." Despenser ward im schwarzen

Kleide, mit umgestürztem Wappen und einem Kranze von Nesseln um die Schläfe geschleift, unter dem Hohne und Beifallsgeschrei des Pöbels an einen 50 Fuß hohen Galgen gehenkt. Einige Schuh tiefer litt Simon von Reading, ein treuer Diener, der jederzeit das Loos seines Herrn getheilt hatte. Die hiermit verfallene Grafschaft Glocester erhielt Hugo von Audley, als einer Tochter von Clare Ehegemahl; sie ist aber zeitig wieder an die Krone zurückgefallen, und K. Richard II. ernannte seinen Oheim, des Königs Eduard III. jüngsten Sohn, Thomas von Woodstock, zum Herzog von Glocester und Grafen von Buckingham 1385, und belehnte ihn mit Kronländereien von 1000 Pfund Ertrag. Viel mächtiger noch wurde Thomas, geb. 7. Jan. 1355, durch seine Heirath mit Eleonora de Bohun, Tochter und Miterbin des Grafen Humfried von Hereford, Essex und Northampton. Der Krone gefährlich zu werden begann er doch nur, nachdem sein älterer Bruder, Herzog Johann von Lancaster, die mit der Infantin Constanze erheiratheten Ansprüche auf den Thron von Castilien zu verfechten, übers Meer gezogen war, 1386. Bisher hatte Lancaster durch sein Ansehen die Leidenschaftlichkeit und Uebereilung seines Bruders im Zaume gehalten; jetzt gewann dieser die Oberhand, fachte das Misvergnügen des Adels an, gab der Regierung eine neue Gestalt und ließ seinem Neffen wenig mehr als den eiteln Königstitel. Hierzu verschaffte ihm die Besorgniß einer französischen Invasion und die durch solche nothwendig gewordene Rüstung Gelegenheit. Die großen Barone, von Glocester und mehr noch durch ihren Haß gegen den Günstling Robert de Vere, Graf von Oxford und Herzog von Irland, geleitet, ließen in bedenklichen Klagen sich vernehmen: die königlichen Beamten verwendeten die Staatseinkünfte zu ihrem persönlichen Nutzen, durch unaufhörliche Besteuerungen sei das Volk verarmt, könne die Abgaben an die Gutsherren nicht mehr aufbringen, und an vielen Orten müßten die Bauern Haus und Hof verlassen. Die Stimmung im Lande war dem Hofe durchaus feindlich geworden, als Richard II. am 1. Oct. zu Westminster das Parlament eröffnete. Sofort begannen die Angriffe auf des Königs Räthe, Angriffe, die mit der Entlassung der Räthe, mit dem über den Kanzler, den Grafen von Suffolk, verhängten Strafurtheil, ihren Zweck erreicht zu haben schienen. Jetzt traten aber die Absichten der dem Hofe feindlichen Partei deutlicher hervor, und es wurde der Antrag gestellt, einen beständigen Rath einzusetzen, der Vollmacht habe, den Zustand der Nation zu reformiren. Dem Begehren mußte nach längerem Sträuben Richard sich fügen, und der Rath, worin eilf Prälaten und Peers, sammt den drei großen Staatsbeamten waren, trat in Thätigkeit. Der Herzog von Glocester und der Graf von Arundel befanden sich unter den genannten, daher die Regierung, indem die Mehrzahl ihrer Collegen derselben Partei angehörte, sie vollständig in ihren Händen hatte. Weit entfernt, seine Herabwürdigung ruhig sich gefallen zu lassen, war der König bedacht, aller Orten Freunde zu gewinnen, mit deren Hilfe er der ungesetzlichen Vormundschaft sich entziehen könne. Daß sie durchaus ungesetzlich war, hatten in zwei Rathsversammlungen die deshalb befragten Richter erklärt, und ihr Gutachten sollte vorläufig ein Geheimniß bleiben. Es wurde aber sofort dem Grafen von Kent verrathen und von diesem dem Herzoge von Glocester hinterbracht, und als K. Richard sich gerüstet wähnte, die den Commissarien übertragene königliche Autorität zurückzuziehen, wurde er durch die Nachricht überrascht, die Umgebung der Hauptstadt wimmele von Kriegsvolk, durch den Connetable, den Herzog von Glocester, den Admiral, Graf von Arundel und den Marschall, Graf von Nottingham dahin geführt. Eine königliche Proclamation untersagte den Bürgern, diesem Volke Beistand zu leisten und ihm Lebensmittel zukommen zu lassen, aber an demselben Morgen, 12. Nov. 1387, rückten die Insurgenten, 40,000 Mann stark, bis Hackney vor, und zugleich schrieben sie in die Stadt, den Maire und die Aldermen zu versichern, daß ihre einzige Absicht die Befreiung des Königs aus der Sklaverei sei, wozu Verräther ihn verurtheilten. Den folgenden Tag stießen die Grafen von Derby und Warwick zu ihnen, und am 14. Nov. klagten die fünf verbündeten Grafen, die Lords appellants, wie man sie nannte, die fünf Günstlinge des Königs des Verraths an. Diesem folgte der Einzug in die Stadt den 17. Nov., begleitet von allen Vorsichtsmaßregeln, welche gegen hinterlistige Angriffe zu schützen geeignet sind; alle Häuser wurden durchsucht, während der König auf dem Throne in der Westminsterhalle zwei Stunden lang warten mußte. In dessen Gegenwart betrugen sich jedoch die Appellanten mit scheinbarer Demuth, und beugten, die Halle betretend, sowie auf der untersten und der obersten Stufe des Throns, das Knie. Richard erhob sich, reichte jedem die Hand und ließ sie ihre Bitten vortragen. Sie begannen mit den feierlichsten Betheuerungen von Anhänglichkeit und Treue, klagten den Erzbischof von York, den Herzog von Irland, den Grafen von Suffolk, den Robert Tresilian, den falschen Richter, den Nicolaus Brember, den falschen Ritter, des Verraths an; warfen dann ihre Handschuhe auf den Boden und erboten sich, die Wahrheit des Gesagten durch Zweikampf zu erweisen. Richard versprach, ein Parlament zu versammeln, welches, was Rechtens, entscheiden möge. Die Angeklagten waren sämmtlich entflohen, der Herzog von Irland nach den nördlichen Marken von Wales, wo er sofort Truppen auszuheben begann. Solches Beginnen vernahm Glocester mit heimlicher Freude, sodaß er sich der Nothwendigkeit, seine eigentlichen Absichten länger zu verbergen, entbunden glaubte. Er befragte mehre Geistliche und Rechtsgelehrte, in welchen Fällen es einem Vasallen erlaubt sei, die geleistete Huldigung aufzusagen, und am 10. Dec. 1387 einigte er sich mit Arundel, Warwick und Thomas Mortimer, den König abzusetzen und die Krone in eigene Obhut zu nehmen. Dieses scheiterte jedoch an dem Widerspruche der Grafen von Derby und Nottingham, die zwar die Günstlinge bis in den Tod verfolgen, nie aber dazu stimmen wollten, daß man dem Könige die Krone raube. Des Herzogs von Irland kleines Heer wurde, nachdem er bis in die Nähe von London vorgedrungen war, ohne sonderliche Anstrengungen überwältigt, den Siegern vermochte Richard Nichts zu versagen. Rasch folgten die Anklagen und Hinrichtungen aller derjenigen, die der herrschenden Partei verdächtig geworden waren. Dringend bat K. Richard, Glocester möge wenigstens des Ritters Simon Burley verschonen, bekam aber zur Antwort, „que s'il voloit estre roi, covient estre perfourne et fait." Anlerend vereinigte die Königin mit jener des Gemahls ihre Bitten, allein weder ihr Rang noch ihre Schönheit, weder ihre Thränen noch ihr Flehen konnten das Herz des Tyrannen erweichen. Hierauf übernahm es einer der Appellanten, der Graf von Derby, mit ihm zu sprechen, aber das einzige Resultat war ein heftiger Zank, der bewies, daß Nichts den Herzog von seinem blutigen Vorhaben abbringen könne. Burley mußte sterben, viele andere hatten das gleiche Schicksal, bis endlich das wundervolle oder erbarmungslose Parlament, nach einer Sitzung von 122 Tagen, aufgelöst wurde. Gleichwol blieb Richard immer noch ein bloßes Werkzeug in den Händen der Partei, nur daß der Herzog jetzt ein milderes Regiment führte, als man von seinem rachsüchtigen Charakter erwarten durfte. Allmälig schwand auch der von ihm ausgehende Schrecken, und ein einziger kühner Schritt Richard's brach das mit so vielem Blute aufgeführte Gebäude. In großer Rathsversammlung, den 3. Mai 1389, fragte er urplötzlich seinen Oheim, wie alt er sei. „Eure Hoheit," entgegnete der Herzog, „ist im 22. Jahre." — „Wohlan," sprach wieder der König, „so bin ich zuverlässig alt genug, um meine Geschäfte selbst zu besorgen. Ich habe länger unter Vormundschaft gestanden, als irgend ein Mündel in meinen Reichen. Ich danke Euch für Eure bisherigen Dienste, Mylords, begehre sie aber nicht weiter." Alle gehorchten, auch Glocester unterwarf sich murrend und zog sich, nach einer Unterredung mit seinem Neffen, auf das Land zurück, von dem er doch nach einiger Zeit zurückgerufen wurde, um seine Stelle in dem königlichen Rathe wieder einzunehmen. Er folgte dem Monarchen in die Expedition nach Irland, 1394, widersetzte sich jedoch, den Vorurtheilen der Nation zu schmeicheln, der anderweitigen Vermählung Richard's II. mit der französischen Prinzessin. Durch ihn wurde das Geschäft Monate lang aufgehalten, obgleich er behufs der Unterhandlung den König auf der Fahrt nach Calais begleitete. „Vous devez savoir que toute la peine et diligence que on eut mettre à bien fêter ces seigneurs d'Angleterre, on le fit et mit. Et leur donna la duchesse de Bourgogne grandement et richement à dîner, et fut la duchesse de Lancastre à ce dîner, et la duchesse de Glocestre, et ses deux filles, et ses fils; et y eut donné grand' foison de mets et d'entremets, et grands présens nobles, et richesse de vaisselle d'or et d'argent et de toutes nouvelles choses, et rien n'y eut épargné en état tenir, tant que les Anglois s'en émerveilloient où telles richesses pouvoient être prises. Et par espécial le duc de Glocestre en avoit grands merveilles; et disoit bien à ceux de son conseil que au royaume de France est toute richesse et puissance. Ce duc de Glocestre, pour le adoucir et mettre en bonne voie de raison et de humilité, car les seigneurs de France savoient qu'il étoit haut et dur en toutes concordances, et on lui faisoit et montroit tous les signes d'amour et de honneur qu'on pouvoit. Néanmoins tout ce, il prenoit bien les joyaux que on lui donnoit et présentoit, mais toujours demeuroit la racine de la rancune dedans le coeur, si oncques, pour chose que les François sçussent faire, on ne le put adoucir qu'il ne demeurât toujours fel et cruel en toutes réponses puisqu'elles traitoient et parloient de paix. François sont moult subtils, mais tant que à lui ils n'y savoient comment avenir, car ses paroles et ses réponses étoient si couvertes que on ne les savoit comment entendre ni sur quel bout prendre. Et quand le duc de Bourgogne en vit la manière, si dit à ceux de son conseil: „„Nous perdons quant que nous mettons à ce duc de Glocestre, car jà, tant qu'il vive, il ne sera paix entre France et Angleterre, mais trouvera toujours nouvelles cautelles et incidences par quoi les haines s'engendreront et releveront ès coeurs des hommes de l'un royaume et de l'autre, car il n'entend ni ne pense à autre chose. Et si le grand bien que nous véons au roi d'Angleterre n'étoit pas, par quoi au temps avenir nous en espérons mieux valoir, pour vérité il n'auroit jà à femme notre cousine de France."" K. Richard sah sich genöthigt, mit dem Oheim zu pacificiren, auf daß dieser von seinem Einspruche gegen die Ehe abstehe. „Et s'y assentoit assez pour ce temps le duc de Glocestre; car le roi l'avoit si bien mené de paroles, que promit, là où paix se feroit, qu'il feroit son fils Offrem (Humfried) comte de Rochestre, en héritage, et feroit valoir la dite comté par an de revenue à quatre mille livres l'estrelin, et au dit duc de Glocestre, son oncle, il donneroit, lui retourné en Angleterre, en deniers appareillés cinquante mille nobles. Si que, par la convoitise de ces dons, le duc de Glocestre avoit grandement adouci ses dures opinions, tant que les seigneurs de France qui là étoient venus s'en apercurent assez; et le trouvèrent plus humble et doux que oncques mais n'avoient fait." Die Verbindung mit Frankreich ermuthigte den K. Richard zur Ausführung eines Racheplans, mit dem er seit längerer Zeit sich beschäftigte. Die Leiden und die Ermordung seiner Günstlinge, die ihm selbst angethanen Beschimpfungen hatten tief seiner Seele sich eingeprägt. Von der andern Seite blieb Glocester nach wie vor die Haupttriebfeder bei jeder Intrigue, der Führer jeder Faction, die den Absichten des Königs entgegen war. Im Rathe erschien er nur, um Störungen zu veranlassen, kam der letzte, ging der erste, behandelte den König mit einem gebieterischen Wesen und führte oft in dessen Gegenwart beißende Reden über seine vorgebliche Trägheit und Entartung, wie sehr auch

Richard immer noch bemüht war, den Oheim bei guter Laune zu erhalten. „Et ne savoit ce duc de mander chose au roi qu'il ne lui octroyât.“ Daneben suchte Glocester die Ritter, welche unter der vorigen Regierung sich ausgezeichnet hatten, zu gewinnen, er schmähete den Frieden mit Frankreich, bejammerte die Zaghaftigkeit des Königs, der nur für den Umgang mit Frauen und Bischöfen geschaffen sei, während er selbst, um seine Streitlust zu befunden, sich Erlaubniß erbat, einen Kreuzzug gegen die heidnischen Lithauer mitzumachen. Er schiffte sich ein, sei es aber, daß er nur zum Schein das Kreuz genommen, oder daß ihm auf der See der Muth versagte, er kam nach einigen Tagen zurück, die Schuld davon einem Sturme zuschreibend, der ihn dem Ufer zugetrieben habe. Demnächst zum Statthalter in Irland bestellt, trat er gleichwol dieses Amt nicht an, weil in Irland, wie er sich äußerte, weder Geld noch Ruhm zu holen sei. Geldgierig war er im höchsten Grade, wenn er auch, vornehmlich durch seine Heirath, einer der reichsten Grafen des Landes war, „et pouvait bien par an dépendre de son propre soixante mille écus.“ Richard wurde durch Glocester's Benehmen in beständiger Unruhe erhalten; fortwährende kleinliche Beleidigungen gaben seiner Erbitterung reichliche Nahrung, und das Andenken an die Vergangenheit führte ihn zu dem Entschlusse, eines Oheims sich zu entledigen, der noch immer ungemessene Verachtung für die Person seines Oberherrn, und dessen Lieblingen die feindlichste Gesinnung bezeigte. Man sagt sogar, der Herzog habe mit seinen ehemaligen Verbündeten, dem jetzigen Erzbischofe von Canterbury und den Grafen von Arundel und Warwick den Plan entworfen, sich des Königs zu bemächtigen und ihn einzukerkern, „et que Richard serait emmuré, et sa femme aussi; et là leur tiendroit-on leur état de boire et de manger tant qu'ils vivroient,“ es soll auch Glocester seinem Neffen Philipp von Clarence, dem Grafen von March, den Thron angeboten haben, jedoch wird ihm Nichts der Art in der Anklage vor dem Parlamente zur Last gelegt. Zu einem Entschlusse gelangt, handelte Richard in Heimlichkeit und Eile. „Le roi d'Angleterre s'en vint sous forme et manière d'ébattement et pour chasser aux daims en un manoir à 20 milles de Londres que on dit Havering, en la marche d'Essex et assez près de Plaisey, à 20 milles ou environ là ou le duc de Glocestre continuellement tenoit son hôtel. Le roi se départit un après-dîner de Havering et ne menoit pas tout son état avecques, mais l'avoit laissé à Eltham de-lez la reine; et s'envint à Plaisey ainsi que sur le point de cinq heures. Et faisoit moult bel et moult chaud; et quand il entra au chastel de Plaisey on ne s'en donnoit de garde, quand on dit: „„Vecy le roi!““ Et avoit jà le duc de Glocestre soupé, car il fut moult sobre, et petit séoit à table, tant de dîner comme de souper. Il vint à l'encontre du roi en-mi la place du chastel, et l'honora ainsi qu'on doit faire son seigneur, et que bien le sçut faire. Aussi fit la duchesse et ses enfans qui là étoient. Le roi entra en la salle et puis en la chambre. On couvrit une table pour le roi, et petit soupa; et jà avoit-il dit au duc. „„Bel oncle, faites sceller vos chevaux, non pas tous, mais cinq ou six, il convient que vous me tenez compagnie à Londres, car j'ai demain une journée contre les Londriens, et nous trouverons là mon oncle de Lancastre et mon oncle d'Yorch sans faute et de une requête qu'ils me viennent faire j'en ordonnerai par votre conseil; et dites à votre maître d'hôtel que demain vos gens vous suivent et viennent à Londres et que droit là ils vous trouveront.““ Le duc qui nul mal n'y pensoit lui accorda légèrement. Tantôt le roi eut soupé et leva sus. Tous furent prêts, le roi prit congé à la duchesse et à ses enfans et monta à cheval; aussi fit le duc qui ne partit de Plaisey que lui septième de ses gens, quatre écuyers et quatre varlets; et prirent le chemin de Dondelay pour avoir plus plain chemin et pour eschever la ville de Brentwood et autres, et le grand chemin de Londres. Et si devisoit sur les chemins le roi à son oncle, et son oncle à lui. Et vinrent tant en chevauchant qu'ils approchèrent de Stattford et la rivière de Tamise. Là sur un certain pas, étoit en embûche le comte Maréchal. Quand le roi dut cheoir sur celle embûche il se départit de son oncle, et chevaucha plus fort que devant et mit son oncle derrière. Et evvous le comte Maréchal à tout une quantité d'hommes et de chevaux, et saillit devant au duc de Glocestre et dit: „„Je mets la main à vous de par le roi!““ So Froissart, dessen Bericht mit andern abweichenden Relationen zu vergleichen kaum der Mühe lohnen würde. Der Lord Marschall, Graf von Nottingham, bedeutete den Herzog, er werde ihn in den Tower bringen, ließ ihn jedoch das auf der Themse in Bereitschaft liegende Schiff besteigen und führte ihn nach Calais. Dieses plötzliche Verschwinden erregte allgemein den Glauben, der Herzog sei ermordet worden, und seine Freunde zitterten für die eigene Sicherheit. Um die Leute zu beruhigen, ließ K. Richard verkündigen, den 15. Juli 1397, die Verhaftung des Herzogs, der Grafen von Warwick und Arundel sei mit Zustimmung der Grafen von Rutland, Kent, Huntingdon, Nottingham und Salisbury, des Lords Despenser und des Sir William Scroop, und mit Gutheißen seines Oheims Lancaster und York und seines Vetters Derby geschehen; die Verbrechen der Gefangenen gehörten der letzten Zeit an und ständen in keinem Zusammenhange mit dem, was in frühern Jahren geschehen sei, und es dürfe keiner der Unterthanen besorgt sein wegen des Antheils, den er an jenen Vorgängen genommen habe. Auf des Königs Veranlassung traten die eben genannten Herren auf, um den Herzog von Glocester und die Grafen von Arundel und Warwick des Verraths anzuklagen oder zu berufen, wie diese mit den Günstlingen des Königs gethan. Am 21. Sept. brachten die appellirenden Lords ihre Beschuldigungen gegen die drei Peers vor, nämlich: 1) Glocester und Arundel hätten den König gezwungen, die Einsetzung der Regentschaft zu bewilligen, indem sie ihn mit dem Tode bedrohten. 2) Sie hätten den Grafen von Warwick und den Lord Thomas Mortimer auf ihre Seite gezogen und zu Westminster mit den Waffen in der Hand den König gezwungen, ihnen den Schutzbrief zu ertheilen. 3) Die genannten Vier hätten sich der königlichen Gewalt angemaßt, auch den Sir Simon Burley gegen den Willen und ohne Genehmigung des Königs zum Tode verurtheilt. 4) Endlich hätten sie zu Huntingdon sich verschworen, den König abzusetzen, und demnächst ihm die Urkunde, mittels welcher Eduard II. des Thrones entsetzt worden, gezeigt und ihm gesagt, daß er nicht dasselbe Schicksal erfahren habe, verdanke er lediglich der Verehrung für das Andenken des verstorbenen Königs. Arundel wurde zum Tode verurtheilt und hingerichtet, und Befehl gegeben, den Herzog von Glocester vor die Schranken des Hauses zu bringen, damit er den Lords, seinen Anklägern, antworten könne. Es kam jedoch nach drei Tagen die Antwort, dem Gebote Folge zu leisten, sei unmöglich wegen plötzlichen Ablebens des Herzogs. Sofort verbreiteten sich Gerüchte von einer gewaltsamen Todesart, die im Wesentlichen doch mit Froissart's Erzählung übereinstimmen. „Et bien lui jugeoient ses esprits, selon aucuns apparens qu'il vit un jour, qu'il étoit en péril de sa vie; et requit à un prêtre qui chanté avoit messe devant lui, que il fût confessé; il le fut, et par grand loisir. Et se mit là devant l'autel en bon état de coeur, dévot et contrit; et pria et cria à Dieu merci de toutes choses; et fut dolent et repentant de tous ses péchés. Et bien avoit métier qu'il entendit à sa conscience purger, car le meschef lui étoit plus prochain qu'il ne cuidoit; car, ainsi que je fus informé, sur le point du dîner et que les tables étoient mises au chastel de Calais, ainsi qu'il devoit laver ses mains, quatre hommes à ce ordonnés issirent d'une chambre, et lui jetèrent une touaille au col, et l'estraignirent tellement, les uns d'un lez et les autres deux d'autre, qu'ils l'abattirent à terre; et là l'étrangèrent d'une touaille, et lui cloirent les yeux, et tout mort, ils l'apportèrent sur un lit et le dévétirent et déchaussèrent tout mort; et le couchèrent entre deux linceuls, et mirent son chef sur un oreiller et le couvrirent de manteaux fourrés; et puis issirent en la chambre, et vinrent en la salle tous pour vne de ce qu'ils devoient dire et faire, en disant telles paroles: que une défaute de maladie de popolésie étoit prise au duc de Glocestre en lavant ses mains, et que à grand' peine on l'avoit porté coucher. On tint ces paroles en public au chastel et en la ville; et bien le crurent les aucuns, et les autres non. Dedans deux jours après renommée fut que le duc de Glocestre étoit mort sur son lit au chastel de Calais; et s'en vêtit le comte Maréchal de noir, pourtant qu'il étoit son cousin moult prochain; et aussi firent tous chevaliers et Scuyers qui en Calais étoient. Le duc fut moult honorablement embaumé, et mis en un vaissel de plomb et dessus couvert de bois, et envoyé en cel état par mer en Angleterre. Et arriva la nef qui apporta le corps dessous le chastel de Hadleigh, sur la rivière de la Tamise, et de la emmené par charroy tout simplement au chastel de Plaisy (Pleshy) et mis en l'église, laquelle le dit duc avoit fait édifier et fonder en l'honneur de la sainte Trinité, et là avoit mis douze chanoines qui moult dévotement y font le divin office, et là fut enseveli."

Eine Untersuchung der Todesart vornehmen zu lassen, waren die appellirenden Lords nicht befugt, sie verlangten einfach ein Urtheil, die Gemeinen traten ihnen bei durch Petition vom 24. Sept. 1397, der Herzog wurde als Verräther erklärt und sein ganzes Vermögen der Krone zugesprochen. Den folgenden Tag wurde Glocester's Bekenntniß, wie es der an ihn abgesendete Rickhill am 8. Sept. von ihm erhalten, im Parlament verlesen. Darin bekannte der Herzog sich schuldig, die Einsetzung der Regentschaft bewirkt zu haben; in der Westminsterhall an der Spitze Bewaffneter vor dem Könige erschienen zu sein; die Briefe des Königs ohne Erlaubniß geöffnet, in Gegenwart Anderer verächtlich von ihm gesprochen, ihn, um die Verurtheilung des Simon Burley zu erzwingen, bedroht, sich wegen Aufsagen seiner Huldigung bei Andern Raths erholt und sich verschworen zu haben, den König abzusetzen, jedoch nur auf einige Tage, nach deren Verlauf er ihm die Krone wiedergegeben haben würde. Seit dem Augenblicke jedoch, daß er auf Christi Leib zu Langley seinem Neffen geschworen, sei er ihm stets treu gewesen. Er schloß in folgenden Worten: „Deshalb flehe ich zu meinem hochgebietenden Herrn und Souverain, dem Könige, daß er nach seiner hohen Gnade und Milde mir Gnade und Barmherzigkeit widerfahren lasse, und ergebe mich gänzlich in seinen Willen mit Leib, Leben und Gut, so demüthig und unterwürfig, als eine Creatur gegen ihren hochgebietenden Herrn nur immer thun kann und mag. Und ich flehe seine hohe Gnade an, um der Leiden willen, so Gott für alle Menschen erduldet hat, und um des Erbarmens willen, das er am Kreuze mit seiner Mutter, und um des Mitleids willen, das er mit Maria Magdalena hatte, auch Erbarmen und Mitleid zu haben mit mir, und mir seine Gnade und Barmherzigkeit angedeihen zu lassen, wie er stets voll Erbarmen und Gnade gewesen ist gegen alle seine Vasallen und gegen alle Andere, die ihn nicht so nahe angingen als ich, wie unwürdig ich auch dessen bin." In Folge der Verurtheilung war das Herzogthum erloschen. Ob dieses auch der Fall mit dem Grafentitel von Buckingham war, unter welchem des Herzogs einziger Sohn Humfried vorkommt, weiß ich nicht. Humfried starb unbeweibt, seine älteste Schwester Anna aber, in erster Ehe an den Grafen Thomas von Stafford, in zweiter Ehe an dessen Bruder Edmund verheirathet, vererbte auf ihre Kinder die eine Hälfte des unermeßlichen Besitzes des Hauses Bohun, und es wurde ihr Sohn Humfried zum Herzog von Buckingham ernannt. Den gräflichen Titel von Glocester gab K. Richard II. 1398 an Lord Thomas Despenser von Glamorgan und Morganok, den Enkel weiland seines Günstlings Hugo le Despenser. Aber die Revolution, in Folge deren Heinrich IV. den Thron bestieg, verurtheilte die appellirenden Lords zum Verluste der von Richard II. zur Belohnung für die Anklage des Herzogs von Glocester verliehenen Güter und Würden. Auch Despenser wurde seiner Grafschaft entsetzt, was ihn zur Theilnahme an der gegen den neuen König gerichteten Verschwörung bestimmte. Der minder Verschworene, der Graf von Rutland, wurde an ihnen zum Verräther; sie, 500 Reiter stark, überrumpelten am 5. Jan. 1400 die Burg Windsor; allein K. Heinrich hatte sie am Morgen verlassen und befand sich schon in London, von wo er Befehl erließ, die verbündeten Lords als Verräther zu verfolgen, auch, um sie zu bestreiten, an die 20,000 Mann aufbrachte. Erschrocken und verwirrt, beschlossen sie dem Westen zuzuziehen. Aller Orten, wo der Marsch sie hinführte, ließen sie den K. Richard ausrufen. In Cirencester bezogen sie das Nachtquartier, aber um Mitternacht wurden die Grafen von Kent und Salisbury in ihrer Wohnung von dem durch den Maire aufgebotenen Volke belagert, mußten sich auch nach sechsstündiger Vertheidigung ergeben. Man brachte sie in die Abtei, allein die am andern Abend ausgebrochene, ihren Anhängern zugeschriebene Feuersbrunst gab den Vorwand, den Pöbel gegen sie loszulassen; sie wurden um Mitternacht aus dem Gefängnisse gerissen und enthauptet. Den Lords Lumley und Despenser, die ihren Weg fortgesetzt hatten, bereiteten die Bürger von Bristol das gleiche Schicksal. Der Graf von Huntingdon wurde in der Nähe von London ergriffen und zu Plesho von den Insassen ermordet, den 9. Jan. 1400. Der Graf von Glocester, verheirathet mit Constantia, Tochter des Herzogs Edmund von York, hinterließ einen Sohn und eine Tochter. Der Sohn, Richard, starb den 7. Oct. 1414, kinderlos in seiner Ehe mit des Grafen von Westmorland, Richard Nevil Tochter Elisabeth, seine Schwester Isabella heirathete den Richard Beauchamp, Lord Abergavenny und Graf von Worcester. — Den Titel eines Herzogs von Glocester und Grafen von Pembroke verlieh K. Heinrich IV. seinem jüngsten Sohne Humfried, welcher für den Feldzug von 1417, die reitenden Bogenschützen ungerechnet, 100 Lanzen stellte. In dem Verlaufe des Kriegs scheint Humfried des Königs Heinrich V. vollkommenes Vertrauen sich erworben zu haben, denn sterbend ernannte dieser ihn zum Verweser seines Königreichs. In Folge dessen nahm Glocester die Regentschaft in Anspruch, allein die Lords, nachdem sie die Archive durchsucht und die Richter befragt hatten, erklärten, sein Begehren gründe sich weder auf ein Gesetz noch auf ein früheres Beispiel, sei vielmehr den Grundgesetzen des Reichs und den Rechten der drei Stände zuwider; die von dem verstorbenen Könige ausgehende Ernennung sei ungültig, indem dieser weder ohne Zuziehung der drei Stände die Landesgesetze ändern, noch eine mit seinem Leben zu Ende gehende Autorität für den Fall seines Ablebens einem Andern übertragen könne. Um ihn jedoch, in soweit es ihnen möglich sei, zufrieden zu stellen, wollten sie ihn zum Präsidenten des Raths ernennen; nicht mit dem Titel eines Regenten, Statthalters, Gouverneurs oder Vormunds, welche Worte so ausgelegt werden könnten, als deuteten sie eine Uebertragung der souverainen Gewalt an, sondern mit dem Titel eines „Protectors des Reichs und der Kirche von England," eine Benennung, die nur dazu dienen könne, ihn an seine Pflicht zu erinnern. Demgemäß ernannten sie am 5. Dec. 1422 den Kanzler, den Schatzmeister, den Siegelbewahrer und 16 Rathsglieder, denen der Herzog von Bedford, oder in dessen Abwesenheit Glocester als Präsident vorzustehen habe, was die Gemeinen bestätigten. Sehr bald kam Humfried in dieser Stellung zu Streit mit einem nicht minder einflußreichen Rathsmitgliede, mit dem Cardinal von Beaufort oder Winchester; um den Verlauf dieses Streits dürfen wir uns jedoch auf den Artikel Glamorgan berufen. Entschieden befand sich dabei der Cardinal im Vortheil, wegen des Herzogs, allen kirchlichen und weltlichen Gesetzen Hohn sprechenden Vermählung mit Jacobe von Baiern, der Erbin von Hennegau, Holland und Zeeland. Jacobe war in erster Ehe an den Dauphin Johann, Sohn Karl's VI., und nach dessen Tode, wie behauptet wird wider ihre Neigung, an ihren leiblichen Vetter, Johann von Burgund, Herzog von Brabant, verheirathet worden. Der Herzog war ein schwacher, von verächtlichen Günstlingen beherrschter Fürst; die Herzogin eine Frau von männlichem, unruhigem Geiste, welcher die Gemüthsträgheit ihres Gemahls verächtlich war. „Et pour lors étoit en fleur de son âge, belle et bien formée, ornée de bon entendement autant que nulle autre dame pouvoit être; et si véoit son temps passer et sa jeunesse en grand' déplaisance, sans recouvrer." Sie wendete sich mit ihrer Mutter nach Valenciennes. „Auquel lieu icelle duchesse prit congé à sa mère d'aller jouer en sa ville de Bouchain; mais quand elle y fut, se partit le lendemain assez matin, et trouva sur les champs le seigneur d'Escaillon, natif de Hainaut, Anglois en coeur de toute ancienneté, avec lequel avoit eu grand-conseil par avant au dit lieu de Valenciennes, et lui avait promis d'aller avec elle en Angleterre devers le roi, afin que de lui elle eût aide pour faire la départie de son mari et d'elle. Et pourtant, après qu'elle eut trouvé le dit seigneur d'Escaillon, qui avoit environ 60 combattants avec lui, se mit en chemin en sa compagnie pour aller droit vers Calais, et chevauchèrent cette première journée jusqu'à Houdain, assez près de Saint-Pol; et puis tira jusqu'à Calais, où elle fut par aucune espace; et puis passa en Angleterre, et alla devers le roi, lequel sans faille la reçut et traita honorablement; et avec ce lui promit de l'aider en toutes ses affaires généralement (1420). Der Herzog von Glocester verliebte sich zeitig in Jacobens Reize und vielleicht noch mehr in ihre Grafschaften, allein der König, in der Betrachtung daß ihre anderweitige Heirath den Bruch mit dem Herzoge von Burgund, dem nächsten Vetter und muthmaßlichen Erben des Herzogs von Brabant, herbeiführen würde, hielt seines Bruders Unbesonnenheit zurück und schärfte ihm noch auf dem Sterbebette in ungewohntem Ernste die Nothwendigkeit ein, auch das größte Opfer zu bringen, um die Freundschaft eines Bundesgenossen von solcher Wichtigkeit zu erhalten. Glocester war zu halsstarrig, um die Rathschläge des Königs oder die Vorstellungen des Reichsraths zu beachten. Er behauptete, Jacobens Ehe mit dem Herzoge von Brabant sei ungültig wegen der Blutsverwandtschaft; wiewol das Concilium von Constanz Dispens ertheilt hatte, heirathete sie 1423, „pour lequel mariage moult de gens furent grandement émerveillés," erhob auch sogleich Anspruch auf ihre Lande. Ihr Gemahl würde sich vielleicht haben einschüchtern lassen, aber der Herzog von Burgund nahm sich des Vetters an und erklärte, er werde Gewalt der Gewalt entgegensetzen. Vergebens bot der Herzog von Bedford seinen ganzen Einfluß auf, um den Bruder zu vermögen, daß er von einer Forderung abstehe, welche den Burgunder dem Interesse von England entfremden und in die Arme Karl's VII. führen konnte. Als letztes Mittel ward in einem großen, zu Paris abgehaltenen Rathe beschlossen, die Rechtmäßigkeit der beiden Ehen solle dem Papste zur Entscheidung anheim gegeben und sein Ausspruch von den Parteien abgewartet werden. Der Herzog von Brabant willigte ein, der Herzog von Glocester nicht. Bereits befand sich dieser mit Jacoben und einem Heere von 5000 Mann zu Calais, und ohne Zeitverlust nahm er, in dem Rechte seiner angeblichen Gemahlin, von dem Lande Hennegau Besitz. Auf die Kunde hiervon schickte der Herzog von Burgund dem Vetter Hülfsvölker zu, er und Glocester tauschten beleidigende Botschaften, eine Herausforderung wurde angenommen, und sollte etwa am St. Georgentage 1425 in Gegenwart des Herzogs von Bedford der Zwist ausgefochten werden. Einstweilen forderte der Herzog von Burgund seine Truppen ab, und Glocester traf Anstalten zur Rückkehr nach England. Ungeachtet Jacobens Einwendungen wurde auf Bitte der Einwohner beschlossen, daß sie zu Mons bleiben solle. Sie schied mit Thränen von dem Herzoge und sprach in prophetischen Worten von dem Unheile, welches der Trennung folgen würde. Die Brabanter erneuerten den Krieg, die Städte kehrten unter die Botmäßigkeit des Herzogs zurück und Jacobe selbst wurde durch den Aufruhr der Bürger von Mons genöthigt, sich an die Burgunder zu ergeben. Am 13. Juni 1425 wurde sie von dem Prinzen von Oranien übernommen und nach Gent gebracht, um dort unter Aufsicht zu leben. Dieser entzog sie sich durch die Flucht; in Mannestracht, von einer ebenfalls verkappten Dienerin begleitet, ritt sie in der Abenddämmerung des 1. Sept. 1425 zum Thore hinaus, und glücklich erreichte sie die holländische Grenze, wo der freudigste Empfang ihrer wartete. „Et adonc ordonna le seigneur de Montfort son principal gouverneur, et manda plusieurs nobles barons du pays de Hollande pour avoir conseil avec eux sur ses affaires. Et lors, assez bref ensuivant, ce vint à la connoissance du duc de Bourgogne, dont il fut grandement troublé; et pour tant hâtivement manda gens de toutes parts et assembla et fit assembler navires pour icelle poursuivre en Hollande, et mêmement y alla en personne. Et lui venu au dit pays, fut reçu de plusieurs bonnes villes d'icelui pays, comme Haarlem, Dordrecht, Rotterdam et aucunes autres. Et adonc commença la guerre entre le dit duc de Bourgogne d'une part, et la duchesse Jacqueline de Bavière, sa cousine germaine, d'autre." Zwei ganzer Jahre wurde das Land durch unerhebliche Kriegshändel beunruhigt; es erschien auch Hilfe aus England, 500 Gleven, wofür zwar Glocester von dem Reichsrathe einen scharfen Verweis erhielt. Nichtsdestoweniger sollte ein zweiter Zuzug stattfinden, den jedoch der Herzog von Bedford hintertrieb. Aller Hoffnung auf weitere Unterstützung bar, mußte Jacobe 1428 sich entschließen, den Herzog von Burgund als ihren Erben anzuerkennen, seiner Hut ihre Festen überliefern und sich verpflichten, daß sie ohne dessen Einwilligung keine fernere Ehe eingehen werde (der Herzog von Brabant war den 17. April 1427 gestorben). Philipp der Gute wußte, daß seine Muhme das Lieben nicht lassen könne, und wollte sich gegen einen neuen Ausbruch ihrer Zärtlichkeit sicher stellen. Allein Jacobe fädelte einen Liebeshandel ein mit dem zu ihrem Hüter bestellten Statthalter für Holland und Zeeland, mit Franco von Borselen, wurde demselben auch angetraut. Jedoch der Herzog von Burgund ließ den glücklichen Ehemann greifen und hielt ihn, wohl verwahrt, auf der Burg Rupelmonde, bis die Fürstin, durch Abtretung ihrer Gebiete, seine Freiheit erkaufte; nur eine Leibrente hat sie für sich, dem Manne ihrer jüngsten Liebe den Besitz der Grafschaft Ostrevant bedingt. Sie starb, ihren vier Männern unbeschadet, kinderlos den 8. Oct. 1430. Der Zweikampf der beiden Herzoge unterblieb. Der Papst hatte durch ein an den Herzog von Glocester gerichtetes Breve ihn für excommunicirt erklärt, falls er auf seinem Vorhaben beharre, und ermahnte alle christlichen Fürsten, auf ihrem Gebiete den Kampf nicht zu gestatten. Das Parlament von England sprach sich in gleicher Weise aus und schlug vor, die Entscheidung des Streites den verwitweten Königinnen von Frankreich und von England, und dem Herzoge von Bedford zu überlassen, und eine zu Paris angestellte Conferenz erklärte, die Herausforderung habe ohne hinreichenden Grund stattgefunden. Vor Allem beschäftigte jetzt den Herzog von Glocester seine Liebschaft mit Eleonore Cobham, des Lords Reginald Cobham von Sterborough Tochter, eine Liebschaft, die man endlich doch selbst in London anstößig finden wollte. Eine Frau Stokes erschien in Begleitung der angesehensten Bürgersfrauen der Stadt vor dem Oberhause und übergab eine Klageschrift gegen den Herzog von Glocester, welcher seine rechtmäßige Gemahlin, die Herzogin Jacobe, verlassen habe, um mit Eleonore Cobham in öffentlichem Ehebruche zu leben. Die Herren, vielleicht in derselben Schule krank, schienen dieser actio popularis geringe Aufmerksamkeit zugewendet zu haben, und der Herzog, erwägend, daß durch Entscheidung des heiligen Stuhls die von ihm bestrittene Rechtmäßigkeit der Ehe des Herzogs von Brabant mit der Erbin von Hennegau und Holland anerkannt worden, eilte, die Cobham in bester Form sich antrauen zu lassen. „Et pour tant le dit duc de Glocestre épousa et prit en mariage une femme de bas état au regard de lui, nommée Aliénor de Combattre, laquelle le dit duc par avant avoit tenue en sa compagnie certain temps, comme sa dame par amour; et avec ce avoit été diffamée de aucuns autres hommes que d'icelui duc. Laquelle chose fit moult émerveiller plusieurs personnes de France et d'Angleterre, considérant que le dit duc ensuivoit mal en icelui cas la seigneurie dont il étoit extrait." Dame Eleonore — wie seit ihrer Vermählung die Cobham im gemeinen Leben hieß — scheint aber keineswegs bedacht gewesen zu sein, durch die Lauterkeit ihres Wandels frühere Peccadillen in Vergessenheit zu bringen. Nachdem sie durch Stolz, Geiz, Sittenlosigkeit die allgemeine Abneigung sich zugezogen, gab sie durch einen dem weiblichen Geschlechte eigenthümlichen Vorwitz, die Zukunft zu erforschen, wol auch zu beherrschen, ihren Feinden Gelegenheit, sie ihre Sünden und zumal ihre Erhöhung büßen zu lassen. Einer von des Herzogs Caplanen, Roger Bolingbroke, „clericus famosissimus unus illorum in toto mundo in astronomia et arte nigromantica," wurde als Schwarzkünstler zur Untersuchung gezogen, auch im Verfolge derselben neben den Werkzeugen seiner Kunst auf einem vor St. Pauls Kirche angebrachten Gerüst den Blicken der staunenden Menge ausgestellt, wundersam ausstaffirt, in der Rechten ein Schwert, in der Linken einen Scepter tragend, sitzend auf einem Stuhle, an dessen vier Ecken vier Schwerter, und auf der Spitze eines jeden derselben eine kupferne Figur angebracht war. In der zweitfolgenden Nacht empfing er in der Freiung von Westminster den Besuch der Herzogin von Glocester, welchen das strengste Incognito nicht zu verheimlichen vermochte. Es erhob sich gegen die Herzogin dringender Verdacht, sie wurde mit Bolingbroke confrontirt, und dieser erklärte, auf der Dame Eleonore Zureden habe er sich dem Studium der Magie ergeben. In dem Verlaufe der weitern Untersuchung wurde ermittelt, daß Eleonore festiglich an die Geheimnisse der Kunst glaube, daß sie, um die Zuneigung ihres Herrn zu gewinnen, Liebestränke, durch die Majory Jourdemain, die berufene Hexe von Eye bereitet, ihm gereicht habe, und daß sie, ihre Zukunft zu erforschen, den Bolingbroke beauftragt habe, zu berechnen, wie lange König Heinrich VI. leben werde (durch des Herzogs von Bedford Abgang war Glocester der nächste Erbe zum Throne geworden). Es wurde eine Anklage auf Verrath gegen Bolingbroke und Southwell, den Kanonicus von St. Paul, als die eigentlichen Verbrecher, und gegen die Herzogin als Mitschuldige erhoben. Jene sollten, auf der Herzogin Verlangen, eine Wachsfigur einer gelinden Hitze ausgesetzt haben, in dem Wahne, daß die Gesundheit des Königs mit dem Schmelzen des Wachses allmälig abnehmen würde. Die Herzogin und die Jourdemain wurden vor das geistliche Gericht gestellt, und die Jourdemain als rückfällige Zauberin zum Scheiterhaufen verurtheilt. Dame Eleonore bekannte sich zu einigen der sie belastenden 28 Punkte, leugnete andere, nahm aber, nachdem die Zeugen abgehört waren, ihre Vertheidigung zurück, um sich der Gnade des Gerichts zu empfehlen. Laut des Endurtheils hatte sie an drei verschiedenen Tagen, entblößten Hauptes, eine Kerze in der Hand, die Straßen der Hauptstadt zu durchziehen, dann wurde sie dem Thomas Stanley übergeben, um lebenslänglich in Haft zu bleiben. Für ihren Unterhalt wurden 100 Mark jährlich ausgesetzt (13. Nov. 1441). Der Herzog scheint zwar in diese ebenso alberne als tragische Geschichte nicht verwickelt gewesen zu sein, mußte aber die seiner Gemahlin angethane Schmach schmerzlich empfinden. Nachdem sein Gegner, der Cardinal von Beaufort, sich nach Winchester, seinem bischöflichen Sitze, zurückgezogen hatte, besuchte Glocester nur noch selten die Rathsversammlungen, beschäftigte sich aber, wenn den unverbürgten Angaben einiger Schriftsteller zu glauben ist, vorzugsweise mit der Vereitelung der Entwürfe des Günstlings Wilhelm de la Pole, Graf von Suffolk, und mit den Mitteln, gegen dessen Umtriebe sich zu wehren. Die Sache läßt sich indessen bezweifeln, und ist vielmehr gewiß, daß Glocester die Heirath des Königs öffentlich billigte, und als die Gemeinen den König baten, die Haltung des Ministers in den mit Frankreich gepflogenen Unterhandlungen gutzuheißen, kniete der Herzog nieder, um ihre Bitte zu unterstützen (4. Juni 1444). Worin er seitdem sich vergangen haben möchte, ist unbekannt; er soll im Rathe gesetzwidriger Erpressungen, und daß er der Krone zum Nachtheil sich bereichert habe, angeklagt worden sein; es wurden ihm verschiedene Besitzungen in Guyenne entzogen (22. Aug. 1446) und an Johann von Foix-Grailly (s. den Artikel Grailly), der mit Suffolk's Nichte, Margaretha de la Pole, Gräfin von Kendale verheirathet war, vergeben, und konnten dergleichen Dinge das stolze Herz gar leicht zu strafbaren Entschließungen geführt haben. Jedenfalls wird Suffolk Nichts unterlassen haben, den König in dem gegen seinen Oheim gefaßten Verdachte zu bestärken. Heinrich VI. berief das Parlament, nicht wie gewöhnlich, nach Westminster, sondern nach Bury St. Edmonds. Die Ritter von den Grafschaften erhielten Befehl, bewaffnet zu erscheinen; Suffolk's Leute wurden gerüstet; starke Wachen umringten des Königs Quartier, Patrouillen beobachteten zur Nachtzeit alle gegen die Stadt gerichteten Straßen. Der Herzog von Glocester hatte seine Burg Devizes verlassen, um der Eröffnung des Parlaments beizuwohnen, den 10. Febr. 1447; am folgenden Tage wurde er, des Hochverraths beschuldigt, in seinem Quartier durch den Lord-Connétable verhaftet und am 28. Febr. 1447 im Bette todt gefunden, ohne Zeichen erlittener Gewaltthat an sich zu tragen. Es wurde erzählt, ein Schlagfluß oder der Schmerz um die unverdiente enge Haft habe ihn getödtet, der Argwohn wollte wissen, er sei in der Stille ermordet worden. Am Tage seiner Verhaftung hatten seine Getreuen, Ritter und Knappen sich zu Greenwich versammelt, des Willens, in Bury ihn aufzusuchen. Sie wurden gefangen genommen und fünf derselben in der gerichtlichen Untersuchung überführt, daß sie sich verschworen hätten, die Dame Eleonore zu befreien, bewaffnet in dem Parlamente einzubrechen, den König zu stürzen und den Herzog zum Throne zu erheben. Sie wurden nicht hingerichtet, aber in dem guten Herzoge von Glocester, wie man ihn wol, vermuthlich im Gegensatze mit dem Nachfolger in dem Titel von Glocester, nannte, hatte das Haus Lancaster seine wesentlichste Stütze eingebüßt. Humfried's natürliche Tochter Antigona wurde an den Grafen von Tancarville, Heinrich Gray, verheirathet.

Ueber Schlachtfelder und Ströme von Blut gelangte Eduard IV. zum Throne. Den 29. Juni 1461 gekrönt, verlieh er sofort an seine Brüder Georg und Richard, die früher in Flandern geborgen gewesen, die Titel von Clarence und Glocester. Richard, der neue Herzog von Glocester, soll sammt seinem Bruder Georg an dem bei Tewkesbury gefangenen Prinzen Eduard zum Mörder geworden sein (21. Mai 1471), gleichwie ihm auch des Königs Heinrich's IV. Ermordung zugeschrieben wird. Bei Gelegenheit von dessen momentaner Restauration, 1470, war Richard vorzugsweise geächtet worden. Ein fürchterlicher Streiter in des Bruders Dienst, bereitete er diesem durch unersättliche Habgier mancherlei Unruhe. Des Königmachers, des Grafen von Warwick unermeßlichen Besitz nahm der Herzog von Clarence für sich allein in Anspruch, zumal er Warwick's ältere Tochter Isabella geheirathet hatte; Glocester aber wollte ihre jüngere Schwester, des ermordeten Prinzen von Wales Witwe Anna heirathen, um damit ein Antheil von der reichen Erbschaft zu gewinnen. Das vermeinte Clarence zu hintertreiben und er hielt einige Monate lang seine Schwägerin verborgen, bis sie unter der Verkleidung einer Küchenmagd zu London entdeckt und zu mehrer Sicherheit nach St. Martinskirche gebracht wurde. Clarence konnte die Heirath nicht hindern, schwor aber, Glocester „solle das Erbe nicht mit ihm theilen." Der König suchte die Zänker zu versöhnen. Sie trugen mehrmals im Rathe ihre gegenseitigen Ansprüche vor, es wurden Schiedsrichter ernannt, und diese haben das Pflichttheil der Anna, alles Uebrige der ältern Schwester zugesprochen. Der beiden Frauen Mutter, Anna von Beauchamp, die Erbin von Warwick und all dem unsäglichen Reichthume, welchen sie dem Königsmacher zugebracht hatte, war noch am Leben, kam aber bei diesen Verhandlungen nicht in Betracht. Ein Parlamentsschluß, Mai 1474, sprach die Erbschaft den Töchtern zu, als ob die Mutter todt wäre; sterbe eine derselben vor dem Gemahle, so war diesem die lebenslängliche Nutznießung ihres Antheils zugesagt, und deren sollte Richard auch im Falle einer Scheidung genießen, vorausgesetzt, daß er die Anna wieder heirathe, oder wenigstens strebe, dieses zu thun. So wurden die Brüder zufriedengestellt, aber der Haß, durch den sie einmal entzweit waren, konnte bei der geringfügigsten Veranlassung wieder zum Ausbruche kommen. Er wurde verhüllt durch des Herzogs von Clarence Hinrichtung, Februar 1478, und Glocester war der nächste Thronerbe, falls der König ohne Kinder sterben sollte. Vorläufig befehligte er das Heer, welches von den Wirren in Schottland Vortheil zu ziehen ausgesendet war, auf die Kunde aber von des Königs Ableben (9. April 1483), brach er aus den Standquartieren an der Grenze auf, um, begleitet von 600 Rittern und Edelknechten in Trauergewändern, nach York sich zu erheben. Dort im Dome ließ er die Exequien für den hingeschiedenen Monarchen in königlicher Pracht abhalten, er forderte die Edelleute der Grafschaft auf, Eduard V. Treue zu schwören, und war, um ihnen mit gutem Beispiele vorzugehen, der erste in der Ablegung des Eides. Zugleich versicherte er den Neffen schriftlich seiner Liebe und Treue, bezeugte der verwitweten Königin sein Beileid über den jüngsten Verlust und bot dem Grafen von Rivers und den übrigen Herren von der Familie der Königin Freundschaft an. Fortwährend hatte sein Gefolge Zuzug erhalten, und eine bedeutende Macht war um ihn versammelt, als er den weitern Marsch nach dem Süden antrat, um, nach seinem Vorgeben, der Krönung beizuwohnen. Am 29. April traf er zu Nottingham ein; an demselben Tage erreichte der junge König, auf der Fahrt nach London, Stony Stratford, gegen 10 Meilen jenseits Nottingham. Dahin kehrte sogleich Rivers und Gray zurück, um im Namen des Königs den Oheim zu bewillkommnen und ihm die in Betreff des Einzugs in die Hauptstadt erlassenen Befehle zur Genehmigung vorzulegen. Glocester empfing sie mit Auszeichnung, lud sie zur Mittagstafel und überhäufte sie mit Achtungs- und Freundschaftsbezeigungen. Am Abend kam mit 300 Reisigen der Herzog von Buckingham angezogen. Nach der Abendtafel empfahlen sich Rivers und Gray. Am Morgen erfuhr man, alle Ausgänge der Stadt seien die Nacht über scharf bewacht worden, damit, hieß es, Niemand vor Ankunft des Herzogs den König begrüßen könne. Dieses erregte Verdacht, gleichwol ritten die vier Herren zusammen, und scheinbar Freunde bis Stony Stratford, wo Glocester plötzlich mit Rivers und Gray anband, sie beschuldigte, ihm den Neffen entfremdet zu haben. Sie wiesen den Vorwurf zurück, wurden aber nichtsdestoweniger auf der Stelle verhaftet und abgeführt, indessen Glocester und Buckingham nach des Königs Quartier eilten und fußfällig ihrer Treue und Ergebenheit ihn versicherten. Dies hielt sie aber keineswegs ab, Eduard's Lieblinge, den Sir Thomas Vaughan und Sir Richard Hawse zu verhaften, auch dessen gesammtes Gefolge zu entlassen, mit der Warnung, daß keiner dieser verabschiedeten Diener, so lieb ihm das Leben war, in der Folge vor dem Könige zu erscheinen wage. Dieser, verlassen und in Angst und Schrecken, brach in Thränen aus, aber Glocester beschwor ihn auf den Knieen, sich zu beruhigen, der Liebe seines Oheims zu vertrauen und sich zu überzeugen, daß die Treulosigkeit der Widerwille diese Vorsichtsmaßregeln nothwendig mache. Die vier Gefangenen wurden unter starker Bedeckung nach Pomfret gebracht, indessen der König sich gefallen ließ, nach Northampton zurückzukehren. Das Vorgefallene wurde noch am nämlichen Tage nach London an Lord Hastings und bald darauf an die Königin Mutter berichtet. Ungesäumt flüchtete diese mit ihrem zweiten Sohne Richard, mit ihren fünf Töchtern und dem Marquis von Dorset in die Kirche von Westminster. Am 4. Mai führte Glocester seinen Neffen, den Gefangenen, nach der Hauptstadt. Glocester ritt vor ihm barhäuptig her und zeigte ihn den mit freudigem Zurufe grüßenden Bürgern. Anfänglich bezog Eduard den Bischofshof, dann wurde, auf Buckingham's Rath, seine Wohnung nach dem Tower verlegt. Glocester, zum Protector ernannt, schrieb sich, seitdem Bruder und Oheim von Königen, Protector und Defensor, Oberstkämmerherr, Connétable und Lord Großadmiral von England. Obgleich er bereits mehre Kronbeamte entlassen, ihre Stellen an seine Freunde gegeben hatte, war er doch der Berathungen nicht vollkommen Meister; um das zu werden, befahl er den durch Anhänglichkeit zu Eduard bekannten Rathsmitgliedern, ihre Sitzungen im Tower abzuhalten, während jene, welchen er das Geheimniß seines Ehrgeizes mitzutheilen wagte, sich zu Crosby, seinem Landsitze in der Nähe der Stadt, versammelten. Diese Spaltung fand Stanley verdächtig, er besprach sich darüber mit Hastings, der aber die Besorgniß ihm ausredete, versichernd, er habe zu Crosby-Palace einen Vertrauten, durch den er alle Geheimnisse des Herzogs erfahre. Am folgenden Tage, den 13. Juni, begab sich der Protector nach dem Tower, um einer Rathssitzung beizuwohnen. In der fröhlichsten Laune plauderte er mit den Räthen, dem Bischofe von Ely, Morton, sich zuwendend, pries er die schönen und frühen Erdbeeren in dessen Garten zu Holborn, bat sich auch eine Schüssel davon aus. Eilig entsendete der Prälat einen Diener, das Verlangte herbeizuholen, der Protector verließ für einen Augenblick das Gemach, kam aber gleich wieder und fragte, zornentbrannten Antlitzes, welche Strafe die verdienten, die gegen sein Leben sich verschworen? Ihnen gebühre die Strafe der Verräther, entgegnete Hastings. „Diese Verräther,“ fuhr der Protector auf, „sind die Hexe, meines Bruders Frau, und Jane Shore, seine Buhlerin, sammt den Andern. Seht, wie sie mit ihren Beschwörungen und Zaubermitteln mich zugerichtet haben,“ und er entblößte seinen eingeschrumpften abgestorbenen Arm. Die Räthe, welchen bekannt war, daß solches Gebrechen ihm angeboren, wechselten zaghafte Blicke, keiner aber war bekümmert wie Hastings, der bei der Jane Shore des Königs Nachfolger geworden war. In der Verlegenheit sprach er: „Gewiß, Mylord, verdienen sie die härteste Strafe, wenn sie eines solchen Verbrechens schuldig sind.“ — „Was,“ zürnte der Protector, „antwortet Ihr mit Eurem wenn. Ihr seid der vornehmste Anstifter der Hexe Shore, Ihr seid selbst ein Verräther, und ich schwöre beim heiligen Paulus, daß ich nicht essen will, bis Euer Kopf mir gebracht werde.“ Er schlug auf den Tisch, Verrath wurde vor der Thüre geschrieen, Bewaffnete stürzten in den Saal. Hastings, Stanley, der Erzbischof von York und der Bischof von Ely wurden ergriffen und in abgesonderte Gefängnisse gebracht, dem Hastings sagte man, er habe sich augenblicklich für den Tod zu bereiten. Der nächste Priester empfing seine Beichte; ein Stück Bauholz, das zufällig im Hofe vor der Kapelle lag, diente bei der Enthauptung als Block. Zwei Stunden später wurde in den Straßen der Stadt ein wohl geschriebenes Manifest verlesen, worin den Bürgern gesagt wird, Hastings und seine Freunde hätten gegen der Herzoge von Glocester und Buckingham Leben sich verschworen; einzig durch ein Wunder seien diese der ihnen gelegten Schlinge entgangen. An demselben Tage traf Ratcliffe, einer der verwegensten Anhänger des Protectors, mit einer starken Mannschaft zu Pomfret ein, und ohne Beachtung irgend einer gerichtlichen Form ließ er die vier Gefangenen, Rivers, Gray, Vaughan und Hawse köpfen, ein Mord, der um so weniger nothwendig, da Glocester durch des Hastings' Tod, durch Stanley's und der beiden Prälaten Verhaftung aller Besorgniß um die Anhänger der Familie des verstorbenen Königs entledigt war. Der Thronerbe befand sich im Tower, in sicherem Gewahrsam; dahin auch den jüngern Bruder zu schaffen, fand der Protector unerläßlich. Am 16. Juni begab er sich, begleitet von mehren Prälaten und Rittern, auch einer starken bewaffneten Schar, zu Wasser nach Westminster. Daß er entschlossen war, nöthigenfalls Gewalt zu gebrauchen, unterliegt keinem Zweifel, er zog es jedoch vor, zunächst den Weg der Ueberredung zu versuchen. Eine Deputation von Lords, der Erzbischof von Canterbury an der Spitze, ging auf sein Geheiß nach der Kirche, um von der Mutter die Ueberantwortung des Prinzen zu erhalten. Elisabeth, von der Fruchtlosigkeit des Widerstrebens überzeugt, willigte scheinbar nicht ungern in das Begehren. Sie rief den Knaben, drückte ihn zum letzten Male mit Heftigkeit an ihr Herz und wendete sich, um ihren Thränen freien Lauf zu lassen. Unter großem Gepränge wurde der Prinz nach dem Tower gebracht. Bereits waren die sonderbarsten, unglaublichsten Gerüchte im Umlauf. Einige wärmten das von Clarence ersonnene Mährchen wieder auf, behauptend, der verstorbene König sei nicht der Sohn des Herzogs Richard von York, sondern die Frucht eines ehebrecherischen Umganges seiner Mutter. Andere, die zahlreichern, bestritten die Gültigkeit seiner Ehe mit Elisabeth Gray, indem er vorher mit Wissen des Bischofs Stillington von Bath eine geheime Vermählung mit Eleonore Talbot eingegangen sei. Solchen Gerüchten um so mehr Glauben zu verschaffen, trat Glocester in der ihm neuen Rolle eines Censors, eines Schirmers der öffentlichen Sittlichkeit auf. Unter den Frauen, welche mit Eduard IV. gebuhlt hatten, stand Jane Shore oben an. Ihr Mann hatte sie verlassen wegen ihres Handels mit dem Könige, es war ihr aber gelungen, trotz der Unbeständigkeit des Liebhabers, bis zu dessen Ende den ersten Platz in seiner Neigung zu behaupten. An ihr wollte der Protector zeigen, wie er die Unsittlichkeit zu strafen wisse. Ihr Silbergeschirr und ihre

Juwelen, 3000 Mark an Werth, eignete er sich zu, ihre Person überwies er den geistlichen Gerichten. Jane wurde verurtheilt, im Hemde, barfuß, eine brennende Kerze in der Hand, die von unübersehbarem Gewühle erfüllten Straßen der Hauptstadt zu durchwandeln. Offenbar konnte diese Kirchenbuße das Recht von Eduard's Kindern nicht schwächen, aber sie war geeignet, die Aufmerksamkeit des Publikums auf den ausschweifenden Lebenswandel jenes Monarchen zu lenken, und dasselbe für weitere nicht minder sonderbare Scenen vorzubereiten. Eine Schar Wallisen, durch den Herzog von Buckingham aufgeboten, war zu London eingerückt, die Mörder aus Pomfret lagen in der Umgegend, den Grafen von Northumberland hielt man stark genug, um allen Widerstand im Norden niederschlagen zu können. Unter diesen Aussichten durfte Glocester es wol wagen, mit seinen Entwürfen hervorzutreten. Dr. Shaw mußte am Sonntage, den 22. Juni, in St. Paul predigen über den Text: „Unechte Sprossen sollen nicht aufschießen." Nachdem er durch verschiedene Beispiele dargethan hatte, daß den Kindern selten vergönnt sei, der Früchte von des Vaters Uebelthaten zu genießen, schilderte er die Sittenlosigkeit des verstorbenen Königs, der überall, wo die Verführung allzu schwierig war, die Ehe zu versprechen gewohnt gewesen sei. Er habe z. B. kein Bedenken getragen, im Beginne seiner Regierung sich heimlich mit Eleonore, Witwe des Lords Butler von Sudely, und nachmals in derselben Weise mit des Johann Gray Witwe Elisabeth zu vermählen. Diese letzte Verbindung habe er zwar in der Folge anerkannt, vor Gott und den Menschen bleibe jedoch Eleonore seine rechtmäßige Ehegattin. Hiernach könne Elisabeth, die als Königin anerkannte, nur als Beischläferin gelten und ihre Kinder hätten keinen Anspruch auf des Vaters Verlassenschaft. Er müsse sogar bezweifeln, daß dieser der wahrhafte Sohn des Herzogs Richard von York, der rechtmäßige Kronerbe gewesen sei. Alle, welche den Herzog gekannt hätten, würden zugeben, daß er mit Eduard keine Aehnlichkeit gehabt habe. „Aber," rief er aus, und eben durchschritt der Protector wie zufällig die Menge, um auf einer Tribune unweit der Kanzel Platz zu nehmen, „hier, an dem Herzoge von Glocester haben wir das Ebenbild jenes Helden, jeder Zug erinnert an den Vater." Man erwartete, das Volk würde antworten mit dem Rufe: „Lange lebe König Richard!" Aber stumm blieb die erstaunte Menge, mürrisch blickte der Protector, der Prediger faßte sich kurz und schlich nach Hause. Glocester gab darum die Sache nicht verloren, suchte und fand in dem Herzoge von Buckingham einen eindringlichern Sachwalter. In einer Versammlung auf Guildhall, den 24. Juni, sprach dieser zu den Bürgern. Er erinnerte an Eduard's Tyrannei, an die ihnen abgepreßten Gelder, an die durch Liebeshändel entehrten Familien. Dann erwähnte er der unlängst gehörten Predigt, der Illegitimität der aus Eduard's vorgeblicher Ehe entsprossenen Kinder. Die Krone, fügte er hinzu, gebühre offenbar dem Herzoge Richard von Glocester, dem einzigen rechtmäßigen Sprößlinge des Herzogs von York, daher auch die Bewohner der nördlichen Grafschaften geschworen hätten, niemals einem Bastarde gehorchen zu wollen. Abermals schwiegen die Bürger, Buckingham verlangte eine Antwort, gleichviel, ob sie dem Protector günstig oder ungünstig sei, und es ließen einige gemiethete Lehrjungen in des Saales Hintergrund den schwachen Ruf vernehmen: Es lebe König Richard. Damit hatte der Wille der Nation sich ausgesprochen, des Volkes Stimme ist Gottes Stimme, und am Morgen des 25. Juni eilten Buckingham mit mehren Lords, und Shaw, der Lord-Maire, begleitet von den angesehensten Bürgern nach Baynardscastle. Der Protector stellte sich, als werde er durch ihre Ankunft überrascht, äußerte Besorgniß und erschien zuletzt unter deutlichen Merkmalen von Unruhe und Verlegenheit am Fenster. Nach empfangener Erlaubniß überreichte ihm Buckingham eine Adresse, „die Erwägung, Wahl und Bitte der geistlichen und weltlichen Lords und der Gemeinen des Königreichs England," die mit den Worten schließt: „Dieserhalb ersuchen, bitten und flehen wir zu Euer Gnaden: in Gemäßheit dieser unserer Wahl, als jener der drei Stände Eures Landes, und vermöge Eures wahren Erbrechtes, besagte Krone und königliche Würde, sammt Allem, was dazu gehört und damit verbunden ist, an und auf Euch zu nehmen, wie Euch von Rechtswegen sowol durch Erbrecht als rechtmäßige Wahl gebührt." Der Protector, ohne diese Behauptungen zu bestreiten, antwortete bescheiden, er sei nicht ehrgeizig, der Thron habe für ihn keinen Reiz, den Kindern seines Bruders herzlich zugethan, gedenke er seinem Neffen die Krone zu bewahren. Der Herzog von Buckingham entgegnete: „das freie Volk von England wird sich nie einem Bastarde unterwerfen, und wenn der rechtmäßige Erbe den Scepter ausschlägt, so weiß es einen zu finden, der ihn mit Freuden annehmen wird." Diesen ernsten Worten schien eine kurze Weile Glocester nachzudenken, sodann sprechend, er achte sich verpflichtet, der Stimme seines Volks zu gehorchen; rechtmäßiger Erbe, und durch die drei Stände gewählt, bewillige er ihre Bitte, übernehme demnach von diesem Tage an die königliche Würde, Herrlichkeit und Herrschaft der edlen Reiche England und Frankreich; jenes, um es durch sich selbst und seine Erben zu beherrschen, dieses, um es mit der Gnade Gottes und ihrem getreuen Beistande wieder zu gewinnen und zu unterwerfen. Am folgenden Tage erhob sich Richard in feierlichem Aufzuge nach Westminster und nahm von seinem vorgeblichen Erbe Besitz, indem er sich auf den Marmorstuhl in der großen Halle niederließ, zu seiner Rechten Lord Howard, zur Linken der Herzog von Suffolk. An dieser Stelle, sprach er zu dem Volke, trete er die Regierung an, weil die Gerechtigkeit zu pflegen eines Königs erste Pflicht sei, und er ließ demnächst ausrufen, daß er alle bis zu dieser Stunde gegen ihn vorgekommene Vergehen verzeihe. Von Westminster erhob er sich nach St. Paul, wo die Geistlichkeit in Procession ihn empfing, der Jubel des Volks ihn begrüßte. Von diesem Tage, den 26. Juni 1483, datirte er den Anfang seiner Regierung, wiewol die Krönung ast am 6. Juli stattfand. Ihr folgten mannichfaltige Gnadenbezeigungen. Lord Stanley wurde in Freiheit gesetzt und zum Oberhofmeister, Lord Howard zum Lordmarschall und Herzog von Norfolk, sein Sohn zum Grafen von Surrey ernannt, der Erzbischof von York erhielt Verzeihung und Freiheit, der Bischof Morton von Ely, aus dem Tower entlassen, sollte fortan zu Brecknock unter der Aufsicht des Herzogs von Buckingham leben. Um den Zustand des Landes zu erforschen, bereiste Richard die westlichen Grafschaften: Oxford, Woodstock, Glocester wurden mit seiner Gegenwart beehrt. In den größern Städten saß er persönlich zu Gericht, er übernahm Bittschriften, theilte Gnaden aus. Zu Warwick fanden die Königin, die Gesandten von Castilien sich zu ihm, und nach einem Aufenthalte von acht Tagen ging die Reise weiter über Coventry, Leicester, Nottingham und Pomfret nach York, wo Richard und seine Königin zum andern Male sich krönen ließen. Das Volk war im Voraus bedeutet worden, seine Freude möglichst an den Tag zu legen, damit die Lords aus dem Süden Zeugen würden der Begeisterung für den König. Wie sehr sie dort im Abnehmen begriffen war, konnte man freilich zu York nicht wissen. In dem Schrecken um Richard's Gegenwart hatte keiner gewagt, seine Gesinnungen zu offenbaren; als man ihn anderwärts beschäftigt glaubte, sprach sich unverhohlen aus die Theilnahme für Eduard's IV. Kinder, der Ingrimm über die von ihrem Oheime ausgehende Usurpation. Es kamen mancherlei Entwürfe in Anregung. Einige schlugen vor, die Prinzen aus ihrer Haft zu befreien, andere wollten sich begnügen, eine oder mehre der Schwestern übers Meer zu schaffen, damit Richard durch die Betrachtung, daß noch andere Thronerben vorhanden seien, von fernerem Frevel abgehalten werde. Das Entkommen aus der Freistätte zu Westminster hatte Richard jedoch unmöglich gemacht, indem das Kloster ringsum durch Bewaffnete gehütet, niemand ohne besondere Erlaubniß ein- oder ausgelassen wurde. Das andere Project war durch den Tod der beiden Prinzen vereitelt. An welchem Tage, in welcher Weise sie starben, ist mit Gewißheit nicht zu ermitteln. Nach der wahrscheinlichsten Lesart hatte Richard aus Warwick seinen Stallmeister Jacob Tyrrel nach London entsendet und auf 24 Stunden zum Hüter des Tower bestellt. Mörder, von diesem in das Schlafgemach der Prinzen geführt, erstickten die beiden Unglücklichen unter den Betten. Mittlerweile verfolgten die Freunde der Prinzen ihre Entwürfe. In Kent, Essex, Sussex, Berkshire, Hants, Wilts und Devonshire fanden geheime Zusammenkünfte statt; man einigte sich, die Waffen zu ergreifen, zumal ermuthigt durch den unerwarteten Beitritt des mächtigsten Bundesgenossen. Räthselhaft ist, was in dem Laufe weniger Wochen den Herzog von Buckingham, den eifrigen Freund des Königs in einen entschiedenen Gegner verwandeln konnte. Reichlich waren die von ihm geleisteten Dienste vergolten worden. Ihm, dem Constable des Königreichs, Oberrichter von Wales, Hauptmann der königlichen Schlösser im besagten Fürstenthume, Voigt der Krongüter in Hereford- und Shropshire, hatte der König auch die dem Hause Lancaster entzogene Hälfte der unermeßlichen Erbschaft der Bohun, wovon die andere Hälfte ohnedies sein war, überlassen. Vielleicht fürchtete Buckingham, als der letzte Schutzherr der Trümmer der Lancastrischen Partei, doch noch dem argwöhnischen Charakter des Königs ein Opfer zu fallen, vielleicht ließ er sich durch die Beredsamkeit des Bischofs von Ely umstimmen. Wie dem auch sei, Buckingham, der mit der Schwester der verwitweten Königin verheirathet war, versprach die Kronen dem Prinzen, dessen Entthronung großentheils sein Werk war, wiederzugeben, und machte den Häuptern der Conföderation durch Rundschreiben den Entschluß, an ihre Spitze sich zu stellen, bekannt. Dies traf beinahe zusammen mit der bisher sorgfältig verheimlichten Kunde von dem Prinzenmorde, und es wurde nothwendig, dem Usurpator einen anderweitigen Thronbewerber entgegenzustellen. Als solchen brachte der Bischof von Ely den jungen Grafen Heinrich von Richmond, der in dem Rechte seiner Mutter das Haus Lancaster repräsentirte, in Vorschlag, und derselbe sollte K. Eduard's IV. älteste Tochter Elisabeth heirathen, um nach des Prälaten Ansicht die Rechte der beiden Häuser zu vereinigen, und also die Ueberwältigung des Tyrannen zu erleichtern. Der Vorschlag wurde aller Orten beliebt, das Beschlossene dem Grafen von Richmond mitgetheilt, auf daß er bis zum 18. Oct. 1483, den für den allgemeinen Aufstand festgesetzten Termin, in England eingetroffen sein könne. Es vergingen 14 Tage, bevor seine Antwort anlangte, und kaum war sie seinen Freunden zugekommen, als sie auch des K. Richard's Ohren erreichte, welcher mittlerweile ohne die fernste Ahnung von der ihn bedrohenden Gefahr von York aus nach Lincolnshire sich gewendet hatte. Augenblicklich erließ er ein Aufgebot an seine Anhänger, zum Sammelplatze für ihre Banden die Stadt Leicester bestimmend, den Herzog von Buckingham erklärte er für einen Verräther (15. Oct.), nach London schickte er nur das große Insiegel. Am bestimmten Tage erhob sich der Aufstand. Der Marquis von Dorset proclamirte zu Exeter den K. Heinrich, für den erklärten sich in Wiltshire der Bischof von Salisbury; zu demselben Ende versammelte sich zu Maidstone die Ritterschaft von Kent, jene von Berkshire zu Newberry; zu Brecknock erhob der Herzog von Buckingham Heinrich's VII. Banner. Dagegen erließ Richard die von Leicester den 23. Oct. datirte Proclamation, in deren Eingang er seinen Eifer für die Moralität und die Handhabung der Gerechtigkeit rühmt, seine Feinde Verräther, Ehebrecher und Kuppler nennt, „die nicht allein den Umsturz des Throns, sondern auch die Ausleitung der Tugend und die verdammliche Unterstützung des Lasters bezwecken;" allen Yeomen und Gemeinen, welche durch die falschen Vorspiegelungen verführt worden waren, sichert er Verzeihung zu, alle, die den Aufrührern noch ferner beistehen würden, bedroht er mit der Strafe des Verraths, Preise setzte er aus für die Ergreifung von Buckingham und dessen Mitschuldigen. Das Glück war für ihn. Der Graf von Richmond, nachdem er mit 40 Segeln von

St. Malo ausgelaufen war, wurde durch Stürme von der Mehrzahl seiner Schiffe getrennt; zur Küste von Devonshire gelangt, fand er sich zu schwach, eine Landung zu versuchen. Buckingham hatte von Brecknock aus seinen Marsch der Severne zugerichtet, fand aber alle Brücken durch die unerhörten Regengüsse fortgerissen, die Furten unzugänglich. In diesem Hindernisse den Zorn des Himmels erblickend, durch schweren Mangel gedrückt, rissen seine Wallisen schaarenweise aus. Er selbst wurde zu Webley durch Humfried Stafford und den Clan der Vaughan, dem man die Plünderung von Brecknock verheißen hatte, blokirt gehalten. Bischof Morton entkam verkleidet nach der Insel Ely und von da nach Flandern; der Herzog erreichte unter ähnlicher Vermummung die Wohnung seines Dieners Banister in Shropshire, wo er entweder durch die Treulosigkeit seines Wirthes oder durch Unvorsichtigkeit verrathen wurde. Er sollte dem Könige in Salisbury vorgeführt werden, dieser weigerte sich aber, ihn zu sehen und ließ ihn sofort auf dem Marktplatze enthaupten, den 2. Nov. Von Salisbury zog Richard nach Devonshire. Die Insurgenten zerstreuten sich; der Marquis von Dorset und der Bischof Courtenay von Exeter flüchteten nach der Bretagne, andere fanden Schutz bei wohlgesinnten Nachbarn oder in geheiligten Freistätten. Nur der Ritter Thomas St. Leger, der die verwittwete Herzogin von Exeter, Richard's Schwester, geheirathet hatte, wurde ergriffen und hingerichtet. Also seiner Feinde quitt, kehrte Richard in die Hauptstadt zurück, wo er am 11. Nov. das Parlament eröffnete. Wie herkömmlich, bezeigte diese Versammlung dem Sieger unbegrenzte Deferenz; die berüchtigte Petition vom 25. Juni wurde bestätigt, „Richard zum unbezweifelten Könige des englischen Reichs durch Erbrecht sowol als durch gesetzmäßige Wahl, Weihe und Krönung bestätigt, und die Krone nach ihm seinen Leibeserben, insonderheit seinem Sohne, dem Prinzen Eduard von Wales, auf das Feierlichste zugetheilt." Dem folgten zahlreiche Verurtheilungen, und dienten die Confiskationen theils zur Vermehrung der Kroneinkünfte, theils zu Belohnungen für die Anhänger aus dem Nördlichen, welche in solcher Weise nach dem Süden verpflanzt zu Spionen gegen ihm übelgesinnte Nachbarn bestellt waren. Unter den Verurtheilten befand sich auch die Gräfin von Richmond; allein es wurde ihr auf Verwendung ihres Gemahls, des Lords Stanley, das Leben geschenkt, wogegen dieser sich verpflichtete, die Aufführung seiner Frau zu überwachen. Immer noch beunruhigte den König der Gedanke an die Möglichkeit einer Verbindung der ältesten Tochter Eduard's IV. mit dem Grafen von Richmond. Sie zu hintertreiben, wurde Richard's vornehmstes Bestreben. Die verwittwete Königin aus der Freistätte zu locken, bediente er sich abwechselnd der schmeichelhaftesten Verheißungen oder der schrecklichsten Drohungen. Beschickung folgte auf Beschickung und es kam ein geheimer Vertrag zu Stande, welchen zu bekräftigen der König in Gegenwart mehrer Lords und Prälaten, des Lord-Mairs und der Aldermen am 1. März 1484 beschwor, daß er die Schwägerin und ihre Töchter als Verwandte behandeln wolle, daß ihr Leben bei ihm nicht gefährdet sein werde, daß die Mutter lebenslänglich ein Jahrgeld von 700 Mark beziehen, eine jede der Töchter einen Brautschatz von 200 Mark haben und nur an einen Edelherrn verheirathet werden solle. Auf diese Versicherung wagte die Witwe sammt ihrer Familie den Hof zu besuchen, wo sie freundlich aufgenommen, und ihre erstgeborene Tochter, von Richard wahrscheinlich ausersehen, die Gemahlin seines Sohnes Eduard zu sein, mit Auszeichnungen überhäuft wurde. Allein der Prinz von Wales, Graf von Chester und Salisbury, starb plötzlich zu Middleham. Was Richard, der eine Zeit lang am solchen Verlust untröstlich war, von dem an mit der jungen Elisabeth beabsichtigte, ist nicht zu ermitteln; sie blieb um die Person der Königin, in anständiger Gefangenschaft mithin. Gleichzeitig war Richard genöthigt, die angestrengteste Aufmerksamkeit der Bretagne zuzuwenden, woselbst der Graf von Richmont und die zahlreichen Flüchtlinge emsig mit den Mitteln beschäftigt waren, seine Gewalt zu brechen. Keine Kosten wurden gespart, um die genauesten Nachrichten über ihre Anzahl und ihre Entwürfe zu erhalten, und Landois, des Herzogs von Bretagne Minister, zeigte sich besonders der Bestechung zugänglich. Durch dessen Einfluß wurde ein Anschlag, der Person des Grafen und seiner vornehmsten Anhänger habhaft zu werden, ausführbar, und soll unbezweifelt geglückt sein, ohne ein zu rechter Zeit eingelaufenes Warnungsschreiben des Bischofs Morton. Die Gefährdeten flüchteten über die Grenze, wo sie dann auf französischem Gebiete Sicherheit und die Mittel zu neuen, über ein volles Jahr erfordernden Rüstungen fanden. Mittlerweile hatte Richard den immer noch sich fortspinnenden unerheblichen Krieg mit Schottland durch den Waffenstillstand von Nottingham, den 21. Sept. 1484, und durch ein Heirathsproject beendigt. Zwar befand er sich, nachdem er den Sohn verloren hatte, ohne rechtmäßige Nachkommenschaft, aber der Sohn seiner Schwester, der Herzogin Elisabeth von Suffolk, durch ihn zum Thronerben erklärt, Johann de la Pole, Graf von Lincoln, hatte eine Schwester, und diese, Anna, wurde dem Erbprinzen von Schottland verlobt. Die Heirath sollte gleich nach erreichter Mannbarkeit der beiden Brautleute vollzogen werden. Zu Weihnachten 1484 hielt der König Hof im Palaste von Westminster, und entfaltete darin ungewöhnliche Pracht; eine ununterbrochene Reihe von Gelagen, Bällen und Belustigungen erfüllte die Feiertage. Mit Verwunderung bemerkte man, daß die Prinzessin Elisabeth jedesmal in demselben Anzuge wie die Königin erschien. Plötzlich erkrankte die Königin und Richard machte seiner Nichte einen Heirathsantrag. Diesem soll die Mutter nicht entgegen gewesen sein, vielmehr nach Paris an ihren Sohn, den Marquis von Dorset, geschrieben haben, auf daß er der Verbindung mit dem Grafen von Richmond entsage. Die Prinzessin selbst verräth in einem Briefe vom Februar 1485, wie sehr sie durch den Glanz der Krone geblendet wurde. Sie ersucht den Herzog von Norfolk um seine Verwendung, betheuert, der König „sei ihre

Freude und ihr Alles auf der Welt, und mit Sinn und Herz gehöre sie ihm an," dann gibt sie Erstaunen über die Langwierigkeit der Krankheit der Königin zu erkennen. Der König habe ihr gesagt, Anna werde im Februar sterben, der Februar sei meist vorüber und die Königin lebe noch, „werde vielleicht gar nicht sterben." Dieser Besorgniß wurde Elisabeth jedoch bald enthoben, die Königin starb im März 1485 und Elisabeth schmeichelte sich mit der Hoffnung, den Thron zu besteigen, Richard mit dem Gedanken, durch solche Heirath die Machinationen seines Gegners zu vereiteln. Er besprach denselben mit seinen Vertrauten Ratcliffe und Catesby, deren Meinung in der Regel ihn beherrschte, traf jedoch auf unerwarteten, überaus hartnäckigen Widerstand. Sie stellten ihm vor, diese blutschänderische Ehe, dem Volke ein Greuel, werde die Censuren der Geistlichkeit herausfordern; man hege bereits den Verdacht, er habe durch Gift der Königin sich entledigt, um der Nichte Platz zu machen, die Heirath werde den Verdacht zur Gewißheit erheben und ihm seine standhaftesten Anhänger entfremden, die Bewohner der nördlichen Grafschaften, deren Unterstützung er ihrer Ehrfurcht für seine verstorbene Gemahlin, als die Tochter des großen Grafen von Warwick, verdankt habe. Diesen Vorstellungen wich, wenn auch ungern, der König. In der großen Tempelhalle versicherte er den Maire, die Aldermen und die Bürger, er habe nie an diese Heirath gedacht, und am 11. April schrieb er den Bürgern von York, sie sollten den ausgesprengten Verleumdungen keinen Glauben beimessen, vielmehr die Verleumder zur Strafe ziehen. Es näherte sich indessen der Zeitpunkt der Entscheidung, und nicht ohne Besorgniß, keineswegs frei von trüben Ahnungen wird Richard ihr entgegengesehen haben. „Von glaubwürdigen Leuten, die mit seinen Kämmerlingen vertraut gewesen, habe ich gehört, daß er als ruhigen Gemüthes war, niemals sicher sich fühlte. Im Gehen rollte er die Augen nach allen Seiten, den Panzer verborgen tragend, ruhte seine Hand stets auf dem Griffe des Dolches, war seine ganze Haltung die eines Mannes, der jeden Augenblick bereit ist, einen Streich zu erwidern. Nie erfreuete er sich der nächtlichen Ruhe, stundenlang schlaflos und nachsinnend, wälzte er sich auf dem Lager, erschöpft durch Sorge und Wachen, kostete er nie die Süßigkeit eines gesunden Schlafs, nur Schlummer kam auf ihn; durch fürchterliche Träume beunruhigt fuhr er manchmal plötzlich auf, sprang aus dem Bett, durchrannte das Zimmer; unaufhörlich wurde sein ruheloses Gemüth durch die Erinnerung an seine verabscheuungswürdige That zerrüttet und gefoltert." Also Th. More. Von Geld entblößt, von Mistrauen gegen seine Anhänger erfüllt, hatte Richard Grund genug, einem Spiele, das ihm Leben und Krone kosten konnte, in unruhiger Stimmung entgegenzusehen. Die von dem Bruder hinterlassenen Schätze, der Ertrag der neuerlichen Confiscationen, drei von dem Klerus bewilligte Zehnten waren verbraucht. Ein Parlament zu versammeln, um eine Subsidie zu begehren, wagte er nicht; freiwillige Geschenke einzufordern, hatte er selbst für ungesetzlich und verfassungswidrig erklärt. Nothgedrungen verwandelte er die benevolence, wie man solche freiwillige Besteuerung nannte, in eine malevolence, den wohlhabendsten Bürgern Leistungen abpressend, die zwar seine Casse füllten, ihm aber vollends die wenige ihm gebliebene Popularität kosteten. Walter Blount, der Hauptmann im Schlosse Ham, ging zu dem Grafen von Richmond über, demselben zugleich seinen Gefangenen, den alten Grafen von Orford, zuführend; Officiere der Besatzung von Calais und die Sheriffs verschiedener Grafschaften folgten diesem Beispiele; zahlreiche Emigrationen aus den Küstenstrichen verdoppelten die Stärke der Ausgewanderten. Niemand aber verursachte dem Könige mehr Unruhe als Lord Stanley. Er hatte, um den mächtigen Baron fester an sein Interesse zu knüpfen, mit Gnadenbezeigungen ihn überhäuft, zugleich aber, um ihn stets unter Augen zu haben, zum Oberhofmeister ernannt. Stanley blieb aber stets verdächtig, als des Grafen von Richmond Stiefvater, und nur ungern erhielt er Urlaub, seine ausgedehnten Besitzungen in Cheshire und Lancashire zu besuchen, wobei noch sein Sohn, Lord Strange, als Geisel am Hofe zurückzubleiben hatte. Täglich bedenklicher lauteten die Mittheilungen aus Frankreich; Richmond hatte 3000 Mann, meist Normänner angeworben, und seiner Befehle gewärtig, ankerte eine Flotte vor der Seinemündung. Seinem Brauche nach richtete am 23. Juni 1485 Richard eine Ansprache an das Volk, worin Heinrich von Richmond, väterlicher und mütterlicher Seits von Bastarden der Abkömmling, als der Franzosen, von jeher Englands Feinde, Verbündeter geschildert, und deshalb zu einer kräftigen Erhebung gegen die angedrohte Invasion aufgefordert wurde. Am 24. Juli erhob sich der König nach Nottingham, wo er, nicht zu weit entfernt von seinen Getreuen im Norden, in der günstigsten Lage sich befand, um alle Punkte des Königreichs zu beobachten; Reiterposten waren zu schnellerer Beförderung der Nachrichten auf allen Heerstraßen ausgestellt, und es kamen nach einander die Meldungen, daß Richmond, am 1. Aug. vor Harfleur unter Segel gegangen, am 7. zu Milfordhaven gelandet sei und jetzt die den Stanley ergebenen nördlichen Districte von Wales durchziehe. Dem Prinzen begegneten wenig Hindernisse, aber auch geringe Aufmunterungen; die walliser Häuptlinge hielten ihn nicht auf; allein nur wenige stellten sich unter seine Fahnen, sodaß er, Shrewsbury erreichend, nicht viel über 4000 Mann um sich hatte. Während dessen hatte Richard alle seine Streitkräfte um Leicester versammelt. Der Herzog von Norfolk führte ihm das Aufgebot der östlichen Grafschaften zu, Northumberland die streitbaren Söhne des Nordens, aus Hampshire fand Lord Lovel, aus London Brackenbury sich ein, nur Stanley blieb aus, vorgebend, er liege an der Schweißkrankheit darnieder. Dadurch ließ der König sich nicht täuschen, und seinen Groll fürchtend, versuchte Lord Strange zu entfliehen. Er wurde ereilt und bekannte, sein Oheim, der Kämmerer von Nordwales, Wilhelm Stanley und Johann Savage hätten sich verabredet, zu dem Feinde überzugehen, sein Vater wisse jedoch Nichts von diesem Vorhaben und sei bereits aufgebrochen, um des Königs Heer zu verstärken. Er wurde ermächtigt, an Lord Stanley zu schreiben, ihm zu melden, daß, wolle er des Sohnes Leben retten, er seinen Marsch beschleunigen müsse. Das zu Leicester vereinigte Heer, zahlreich und wohl gerüstet, soll mehr als hinreichend gewesen sein, die schwachen, von Heinrich von Richmond befehligten Streitkräfte zu erdrücken, der aber gleichwol, den Verheißungen seiner geheimen Anhänger vertrauend, unaufhaltsam vordrang. Bei Shrewsbury überschritt er die Severne, bei Newport stieß Gilbert Talbot zu ihm, umgeben von allen Vasallen und Anhängern seines Hauses, das Gleiche thaten Walter Hungerford und Thomas Bourchier, und am 21. Aug. hatte der Prätendent eine geheime Unterredung mit Wilhelm Stanley, worin man, um das Leben des Lords Strange zu retten, sich einigte, die Stanley in ihrer vorsichtigen Neutralität beharren zu lassen. An demselben 21. Aug. ritt K. Richard, die Krone auf dem Haupte, von Leicester aus, um sich mit seinen 12,000 Mann in der Nähe von Bosworth zu lagern. Am nämlichen Abende marschirte Heinrich von Tamworth nach Atherston, wo Lord Stanley mit seinem Volke, über 7000 Mann, sich gesetzt hatte, in der Weise, daß er nach Beschaffenheit der Umstände für die eine oder die andere Partei sich erklären konnte. Richard, der versuchte Kriegsmann, erkannte augenblicklich den Zweck einer solchen Aufstellung, war aber zu klug, um seine Besorgnisse zu verrathen, verschonte sogar des Sohnes Stanley, in der Hoffnung, ein so theueres Pfand werde den Vater bestimmen, in seiner zweideutigen Haltung zu verharren. Dafür beeilte er sich, die Entscheidung herbeizuführen. Am andern Morgen, den 22. Aug. 1485, stießen die beiden Heere bei Redmore auf einander. Der Herzog von Norfolk eröffnete das Gefecht mit einem Angriffe auf die feindlichen Bogenschützen. Unthätig aber blieb der Graf von Northumberland, während in diesem kritischen Augenblicke Lord Stanley die Maske ablegte und die ganze Masse seines Volks auf die Königlichen warf. Diese wichen, und Richard, entschlossen als König zu leben oder zu sterben, stürzte sich in das dichteste Gewühl der Schlacht, hoffend hier den Streit durch persönliches Zusammentreffen mit seinem Gegner zu beenden. Mit dem Rufe: „Verrath, Verrath!" erschlug er den Träger von Richmond's Banner, den Wilhelm Brandon, er streckte den Johann Cheney in den Sand und führte einen gewaltigen Hieb gegen seinen Widersacher, wurde aber in demselben Augenblicke durch Wilhelm Stanley's Leute umringt, nach rasender Gegenwehr vom Pferde gerissen und auf der Stelle getödtet. Lord Stanley erhob vom Boden die mit ihm gefallene Königskrone, pflanzte sie auf des Stiefsohnes Haupt, und es antwortete der donnernde Siegesruf: „Lange lebe König Heinrich!" In der Schlacht oder über der Verfolgung wurden der Herzog von Norfolk, Lord Ferrers, einige Ritter und gegen 3000 Mann getödtet. Gering war der Sieger Verlust, und, ihre Freude zu vergrößern, entkam Lord Strange und fand sich bei dem Vater ein. Der Leichnam des erschlagenen Königs ward entkleidet, hinter einem Herolde quer über auf den Gaul gelegt, nach Leicester gebracht, dort zwei Tage zur Schau ausgestellt, dann ohne besondere Feierlichkeiten in der Minoritenkirche begraben. Seine natürliche Tochter Katharina soll den Grafen Wilhelm von Huntingdon geheirathet haben.

Der Titel von Glocester ruhete über 160 Jahre, bis K. Karl I. ihn seinem jüngsten Sohne Heinrich, geb. den 8. Juli, verlieh. Dieser und seine Schwester Elisabeth waren des Königs einziger Trost in seiner letzten Trübsal, und es wurde ihm vergönnt, von ihnen Abschied zu nehmen. Die Prinzessin, geb. den 28. Dec. 1635, verrieth einen frühreifen Geist; tief empfand sie das Unglück ihrer Familie. Nach vielen erbaulichen Trostsprüchen und Rathschlägen trug der Vater ihr auf, der Königin zu sagen: die ihr schuldige Treue habe er nicht ein einziges Mal in seinem Leben, selbst in Gedanken nicht, verletzt, und bis zum letzten Athemzuge werde er in seiner Zärtlichkeit verharren. Auch dem jungen Herzoge gab er Lehren, geeignet seiner Seele die Grundsätze des Gehorsams und der Treue für seine Brüder, die künftigen Könige, einzuprägen. Auf dem Schooße ihn haltend, sagte Karl: „Jetzt werden sie deinem Vater den Kopf abschlagen." Starr sah das Kind ihn an. „Höre, mein Kind, was ich sage. Sie werden mir den Kopf abschlagen, vielleicht dich zum Könige machen; aber höre nun, was ich dir sage: du darfst nicht König sein, so lange deine Brüder Karl und Jacob leben. Sie werden deinen Brüdern den Kopf abschlagen, wenn sie sie zu erhaschen vermögen, und zuletzt werden sie auch dir den Kopf abschlagen! Darum ermahne ich dich, laß dich nicht von ihnen zum Könige machen." Seufzend entgegnete der Knabe: „Eher will ich mich in Stücke hauen lassen." Freudenthränen weinte der Vater wegen dieser standhaften Rede eines Kindes, das indessen sie zu bewähren nicht aufgefordert worden ist. Das Parlament hatte die Absicht, die Prinzessin Elisabeth bei einem Knopfmacher in die Lehre zu geben, der Herzog von Glocester sollte ebenfalls ein Handwerk erlernen. Die Prinzessin starb jedoch den 8. Sept. 1650 aus Betrübniß, wie man glaubt, über das tragische Geschick ihres Vaters. Der Staatsrath hatte in demselben Jahre vorgeschlagen, den Prinzen nach Schottland zu seinem Bruder, die Prinzessin nach Holland zu ihrer Schwester zu schicken und einem jeden der beiden Kinder, so lange sie unanstößig sich benehmen würden, 1000 Pfund jährlich auszusetzen. Nach der Schwester Ableben blieb Glocester unter der Aufsicht von Mildmay, dem Gouverneur von Carisbrook-Castle, bis Cromwell den prinzlichen Hofmeister Lovel ermuthigte, um die Erlaubniß einzukommen, daß er seinen Zögling zu dessen Schwester, der Prinzessin von Oranien, bringen dürfe. Dieses ward zugestanden und für die Kosten der Reise die Summe von 500 Pfund bewilligt. Im J. 1658 befand sich der Prinz sammt seinen Brüdern in der spanischen Armee, welche, den Entsatz von Dünkirchen zu bewerkstelligen, ausgesendet war. Am Morgen der Dünenschlacht fragte ihn der Prinz von Condé, ob er schon einer Schlacht beigewohnt habe. Dies mußte er verneinen, und es sprach Condé, sein Roß spornend: „Dans une demi-heure vous verrez comment nous en perdrons une.“ Von dem englischen Volke zurückgerufen, ritt K. Karl II. am 29. Mai 1660 in der Hauptstadt ein, den Herzog von York zur Rechten, den von Glocester zur Linken. Daß er aber auch in andern Dingen seinem königlichen Bruder gleich zu thun bemüht war, ist dem schwächlichen Herzoge von Glocester sehr übel bekommen; er starb unvermählt den 13. Sept. 1660. Der Prinzessin von Dänemark, nachmaligen Königin Anna, ältester Sohn, Wilhelm, geb. den 3. Aug. 1689, empfing als künftiger Thronerbe den Titel eines Herzogs von Glocester, starb aber den 10. Aug. 1700, „die große Hoffnung des Reichs, über dessen plötzlichen Tod das Volk (welches nicht wußte, was ihm bevorstände, und was für ein Glück ihm die göttliche Vorsicht, in deren Gewalt alle zukünftige Dinge stehen, noch aufbewahrt hätte) einen ebenso großen und lebhaften Schmerz empfand, als seine Aeltern selbst.“ Also Mrr. Cunningham. Hingegen schreibt Saint-Simon: „Il avait onze ans, et n'avait ni frères ni soeurs (deren doch zwölf gewesen). Son précepteur était le docteur Burnet, évêque de Salisbury, qui eut le secret de l'affaire de l'invasion, et qui passa en Angleterre avec le prince d'Orange à la révolution, dont il a laissé une très-frauduleuse histoire, et beaucoup d'autres ouvrages, où il n'y a pas plus de vérité ni de bonne foi.“

Friedrich Ludwig, des damaligen Kurprinzen von Hanover, nachmaligen Königs von Großbritannien ältester Sohn, war den 31. Jan. 1707 geboren und folglich seine acht Jahre alt, als der Großvater, K. Georg I., berufen ward, den Thron der Stuart einzunehmen. Er blieb deshalb, als die übrige königliche Familie nach England zog, in Hanover zurück, und wurde unter der Aufsicht des geheimen Staatsconseils ferner erzogen. Sein Hofmeister, der Franzose Tallard, übertrug auf ihn „viele französische Manieren. Es fehlte ihm dabei nicht an den besten Maîtres in allen Wissenschaften und Leibesübungen, die einen jungen Prinzen qualificirt machen können. Sein gutes Naturell und lebhaftes Wesen kam den Unterweisungen so wohl zu statten, daß er in wenig Jahren nicht nur durch seine Geschicklichkeit im Reiten, Fechten und Tanzen aller Augen auf sich zog, sondern auch gut Französisch sprechen und Proben von seiner Erkenntniß in der englischen und lateinischen Sprache, wie auch in der Historie und andern politischen Wissenschaften ablegen konnte.“ Am 21. Jan. 1718 wurde ihm von seinem Großvater der Titel eines Herzogs von Glocester, am 11. Mai n. J. der Hosenbandorden verliehen. Im December 1725 mündig erklärt, erhielt er am 26. Juli 1726 auch noch den Herzogstitel von Edinburgh, und ihm wurde ein eigener Hofstaat zugeordnet. K. Georg I. starb den 22. Juni 1727; Georg II., zum Throne gelangt, ließ alsbald nach seinem Regierungsantritte für den Sohn das Diplom eines Prinzen von Wales ausfertigen, doch nicht vor Ausgang des Jahres 1728 nach England ihn fordern. Den 14. Dec. erreichte der Prinz Harwich, den 15. Abends sah er zum ersten Male den König in der Königin Zimmer, in dem Palaste von St. James. „Sobald seine Ankunft in der Stadt erschollen, wurden nach der Gewohnheit der Engländer die Glocken in der ganzen Stadt geläutet und allerhand Illuminationes angestellt. Es war auch die Menge derer, die ihn sehen und Glück wünschen wollten, so groß, daß alles um die Zimmer herum, die er bezog, von dem vielen Volke wimmelte. Damit er auch die Begierde des Volks, ihn zu sehen, desto mehr befriedigen möchte, fuhr er hernach eine Zeit lang nicht nur alle Tage öffentlich in die Komödie, sondern ritt auch fleißig in dem Hydepark und Park von St. James spazieren. Den Tag nach seiner Ankunft wurde ihm seine neue Hofstatt vorgestellt, da denn der Lord Malpas sein Oberstallmeister, die Lords Carnarvon, Jacob Cavendish und Ashburnham seine Kammerherren und Joh. Lumley, nebst den Obersten Schütz und Townshend seine Kammerjunker wurden. Es wurde auch verordnet, daß sechs Hellebardirer von der Garde, ein Gardereiter und sechs Gardes zu Fuß vor seinem Zimmer täglich die Aufwartung haben sollten. Die Glückwünsche wollten fast kein Ende nehmen. Der Lord-Maire und die Aldermänner der Stadt London waren unter den ersten, die ihre Schuldigkeit in diesem Stücke beobachteten, wobei der Greffier das Wort führete. Der Erzbischof von Canterbury machte seine Aufwartung in Gesellschaft von neun Bischöfen, wobei ihm der Prinz nicht nur die Versicherung gab, daß er sich die Vertheidigung der Rechte und Vorzüge der englischen Kirche allezeit angelegen sein lassen wollte, sondern sich auch, weil er der englischen Sprache vollkommen kundig war, mit ihnen, und besonders dem Bischofe von Glocester, welchen er schon in Hanover gekannt, lange Zeit unterredete. Dieses that er auch mit dem tripolitanischen Gesandten durch einen Dolmetscher, als er sich des Zustandes von der Republik Tripoli umständlich erkundigte. Die königl. Societät der Wissenschaften bat sich bei ihrem Glückwünschen die Ehre aus, ihn unter ihre Mitglieder aufnehmen zu dürfen, welches er ihnen auf eine huldreiche Art gewährte. Den 27. Jan. 1729 wohnte er in der St. Martins-, als der Hofs Pfarrkirche, dem Gottesdienste bei und communicirte daselbst nach dem Gebrauche der englischen Kirche, welches von ihm, weil er kurz hernach in dem Oberhause Sitz und Stimme nehmen und den gewöhnlichen Eid ablegen sollte, erfordert wurde. Es war der 1. Febr., als er zum ersten Male im Parlamente erschien. Es geschah kurz nach der Ankunft des Königs, worauf seine Introduction als Prinz von Wales gewöhnlichermaßen erfolgte. Nachdem er das Patent, durch welches ihm solche Würde verliehen worden, dem Kanzler überreicht und solches verlesen worden war, legte er den Eid ab und nahm seinen Sitz zur Rechten des Königs unter dessen Throne.“ Wie angenehm der Prinz dem Volke überhaupt war, davon gibt Zeugniß eine englische Monatsschrift aus jener Zeit. „Nichts ist annehmlicher zu sehen, als die Person dieses jungen Prinzen. Seine Augen sind voll Feuer und Muth. Seine Haare sind vollkommen schön. Die Haut und Farbe seines Gesichts ist klar und lebhaft. Seine

Leibesgestalt ist zierlich und sorgfältig bereitet. Seines Leibes innerliche Beschaffenheit ist überaus gesund. Die holdselige Unschuld und die Lieblichkeit seiner Jugend leuchten aus seinen Blicken hervor. Er läßt sich alle Leibesübungen, als Reiten, Tanzen und Fechten, mit großem Fleiße angelegen sein, und ist in Allem so weit vollkommen, als es einem Fürsten anständig ist. Sein hauptsächliches Vergnügen besteht in Reiten, und so viel ich davon zu urtheilen geschickt bin, ist er in dieser Uebung vortrefflich. Er redet die französische Sprache fließend, und also, wie es ihre rechte Eigenschaft erfordert, und in der englischen fährt er alle Tage fort zuzunehmen. Das thut er auch in denen seinem Alter zukommenden Wissenschaften, in der lateinischen Sprache, in der Geographie und in der Historie, und ist von den europäischen Staaten so wohl unterrichtet, daß er von allen den gegenwärtigen Staatshändeln überaus geschickt urtheilen kann. Es erhellt, daß man sich in der Erziehung dieses Prinzen einer unvergleichlichen Art bedient habe. Wenn er mit seinen Hof- und Lehrmeistern zufrieden ist, so haben diese nicht weniger Ursache vergnügt zu sein, daß sie durch den glücklichen Fortgang ihre Bemühung belohnt sehen. Weil man sich sehr sorgfältig angelegen sein lassen, ihn zum Meister sowol seiner Handlungen als seiner Worte zu machen, so hat man auf Befehl Ihrer Majestät alle Arten von Schmeichlern von ihm entfernt. Die Lebhaftigkeit dieses Prinzen ist unvergleichlich, und gleich wie er viel Verstand hat, so ist er dabei auch von Natur gut und besitzt ein gelindes Temperament, um seinen Verstand zu führen und zu leiten. Sein Gedächtniß ist sowol in Ansehung der Personen, als der Sachen ganz ungemein vortrefflich. Mit einem Worte, dieser Herr wird das Vergnügen vieler Völker werden, wenn er ihr Herr werden wird. Denn alsdann wird die königl. Macht ihn in den Stand setzen, seine Unterthanen zu erquicken, zu beschützen und zu belohnen, daher ich wage, zu behaupten, daß das Volk, welches er beherrschen wird, glückselig sein werde. So groß aber die Hochachtung war, darin der Prinz an dem ganzen Hofe stand, wie auch die Liebe des Volks gegen ihn, so blieb er doch von allen Regierungsgeschäften entfernt. Er hatte wol Erlaubniß, dem Parlamente und geheimen Rathe beizuwohnen, wurde aber niemals um sein Gutachten gefragt, und ob auch gleich der König sowol A. 1729 als 1735 und 1736 eine Reise nach seinen teutschen Landen that, so wurde er doch allemal von der Interimsregierung ausgeschlossen, und solche der Königin ganz allein anvertraut; doch konnte er sich aller Huld und Liebe von beiderseits königl. Aeltern rühmen." Am 8. Mai 1736 wurde ihm die Prinzessin Auguste von Sachsen-Gotha angetraut. Es waren bei dieser Gelegenheit mehr denn 100,000 Menschen versammelt, um die Prinzessin zu sehen, die in ihrem völligen Brautputze erschien, der höher denn 40,000 Pf. St. geschätzt wurde. Abends zwischen 8 und 9 Uhr geschah die Trauung, welche der Bischof von London verrichtete. Um 10 Uhr ging man zur Tafel. Die Braut saß der Königin zur linken Hand und hatte eine Krone von unschätzbaren Juwelen auf. Es befand sich nebst ihr und dem Bräutigam niemand weiter an der Tafel, als dessen Bruder, der Herzog von Cumberland und die Prinzessinnen Amalia und Karolina. „Die Lust und Freude des Volks war dieselbe ganze Nacht hindurch fast unbeschreiblich. Alle Glocken wurden geläutet, die Fahnen ausgesteckt, Freudenfeuer angezündet. Den folgenden Tag erschien Alles wieder bei Hofe in prächtigster Galla und stattete seinen Glückwunsch ab, Abends ward ein sehr herrlicher Ball gegeben, den das neu vermählte hohe Paar eröffnete." Beiläufig im Februar 1737 kam die seit längerer Zeit zwischen dem Prinzen und seinem königlichen Vater bestehenden Misverhältnisse zum Ausbruche. „Es hatte der König als Prinz von Wales bei Georg's I. Lebzeiten von der Civilliste eine Summe von 100,000 Pf. bekommen. Weil nun unser Prinz nicht halb so viel (36,000 Pf.) erhielt, wurde ihm von einigen, die eben nicht von der königl. Partei waren, gerathen, auf die Erhöhung seiner Apanage und auf das für seine Gemahlin zu bestimmende Witthum von 50,000 Pf. zu bringen und solche Sache dem Parlamente zu übergeben." William Pulteney sprach den 4. März vor dem Unterhause, um die Forderung des Prinzen zu unterstützen, unterlag jedoch in der Debatte. Auch im Oberhause ging der am 8. März von dem Herzoge von Marlborough gestellte Antrag nicht durch, aber die Opposition scharte sich desto eifriger um den Prinzen. „Der Herzog von Bedford bot ihm sowol seinen schönen Palast von Bloomsbury, als auch ein Darleben von 100,000 Pf. an, im Falle er den Palast von St. James verlassen müsse und Mangel an Geld litte. Einige andere vornehme Herren erboten sich sogar, ihm als Hof-Cavaliers ohne die geringste Besoldung zu dienen. Allein da sich die Liebe des Volks gegen ihn vermehrte, so verminderte sich dagegen die Gewogenheit des Königs, wozu der Prinz selbst sowol durch einige Handlungen, dadurch er dem Respecte Sr. Majestät zu nahe trat, als auch, daß er der widrigen Partei, die sich bei ihm verdient zu machen suchte, zu viel Gehör ertheilte, Anlaß gab. Es brach das bisherige heimliche Misvergnügen des Königs im August 1737 bei Gelegenheit der Niederkunft der Prinzessin in eine offenbare Ungnade aus. Der König ließ ihm solche ankündigen, mit der Bedeutung, daß der Prinz bei der Schwangerschaft und Niederkunft der Prinzessin in diesem und jenem Stücke den den königl. Aeltern gehörigen Respect aus den Augen gesetzt hätte. Die demüthigen Entschuldigungen des Prinzen, die er darauf in etlichen Schreiben an den König that, waren nicht vermögend, das Herz Sr. Majestät zu gewinnen, indem ihm vielmehr am 21. Sept. befohlen wurde, den Palast von St. James mit seiner ganzen Familie zu räumen und nicht eher wieder vor Ihro Majestät zu erscheinen, bis eine andere Aufführung dieselben auf gelindere Gedanken zu bringen vermögend wäre. Diesem Befehle zufolge verließ der Prinz mit seiner Gemahlin und kleinen Prinzessin den 23. Sept. den Palast zu St. James und erhob sich nach Kew, wo er sich seitdem meistens befunden hatte. Inmittels mußte der Ceremo-

ceremonienmeister Ritter Cotterell sich zu allen fremden Ministern begeben und ihnen den Inhalt der an den Prinzen erlassenen Message, worin des Königs Befehl für die Räumung des Palastes wiederholt war, eröffnen; an die sämmtlichen Peers und Geheime-Räthe aber, wie auch an alle in den Diensten des Königs und der Königin stehende Personen erging ein Circularschreiben, darin ihnen angedeutet wurde, daß, wo sie sich der königl. Gnade getrösten wollten, sie dem Prinzen nicht aufwarten sollten, woran sich aber viele, und sonderlich die von der Gegenpartei nicht kehrten." Vielmehr bildete sich um den Prinzen der Gegenhof von Leicester-Square, also genannt nach dem Hause in Leicester-Square, welches der Prinz angekauft und zu seinen Receptionen bestimmt hatte. „Es war die königl. Ungnade gegen den Prinzen so groß, daß er nicht einmal Erlaubniß bekommen konnte, vor das Sterbebette der Königin, seiner Mutter, zu kommen. Denn da sich derselben Zustand im November 1737 sehr verschlimmerte, so fand sich zwar der Prinz mit seiner Gemahlin von Kew in seinem Palaste Pallmall zu London ein und ließ sich nach dem Zustande der Königin erkundigen. Allein weder der Prinz, noch die Prinzessin konnten die Königin sprechen. Sie soll zwar ein Verlangen darnach bezeigt haben, weil aber die Medici befürchtet, es möchte diese Zusammenkunft bei der Königin eine allzu große Bewegung des Gemüths verursachen, so ist sie unterblieben. Indessen blieben der Prinz und die Prinzessin so lange zu London, bis die Königin den 1. Dec. Todes verblich. Der Prinz schickte nach derselben Ableben den Lord Baltimore mit einem Schreiben nach St. James, in welchem er anfragte, wie er sich wegen der Trauer verhalten, und ob er dem Begräbnisse in Person beiwohnen, oder einen andern an seiner Statt schicken sollte. Allein der Lord ward gar nicht vorgelassen, sondern ihm nur auf den durch einen Kammerjunker übergebenen Brief diese mündliche Antwort gegeben, daß Se. Majestät dem Prinzen und der Prinzessin wegen der Trauer das Nöthige schon bekannt machen wollte." Am 4. Juni 1738 wurde dem Prinzen das erste Söhnlein, der nachmalige Thronerbe, geboren. „Der König hatte zwar davon ein großes Vergnügen, begehrte aber deshalb nicht mit dem Prinzen ausgesöhnt zu werden. Ueber dem so lange anhaltenden Misverständnisse wurden die vornehmsten Anhänger des Prinzen bewogen, dessen Partei zu verlassen, um sich nicht bei dem Könige in Ungnade zu setzen. Der vornehmste hierunter war der Herzog von Marlborough, der sonst der heftigste Vertheidiger seiner Sache im Parlamente gewesen war. Er ergriff die Partei des Königs und ward in das Geheimerathscollegium aufgenommen. Im October 1738 machte der Prinz mit seiner Gemahlin eine Reise nach Bath, wo er sich bis den 12. Dec. aufhielt, während der Zeit er von den Einwohnern vor Liebe fast auf den Händen getragen wurde. Den 21. Nov. erhob er sich von da nach Bristol, welche Stadt vor Freuden über seine Ankunft, welche durch einen prächtigen Aufzug aller Zünfte nicht wenig verherrlicht wurde, sich kaum zu lassen wußte, ob er gleich den folgenden Tag schon wieder von da nach Bath zurückkehrte. Als er An. 1740 wegen der Eroberung von Portobello ein Glückwünschungsschreiben an den König überschickte, gab derselbe es, ohne zu lesen, mit diesen Worten zurück: „„Der Prinz irrt sich gewiß; er hat nicht nöthig, mir Glück zu wünschen, weil derselbe beständig der mir entgegen stehenden Partei zugethan ist und bleibt."" An. 1742 wurde das Misverständniß auf einmal aufgehoben, da der Prinz Erlaubniß bekam, wieder bei Hofe zu erscheinen. Es geschah dieses den 28. Febr., da er unter dem Geläute aller Glocken nach St. James kam und von dem Könige mit vieler Zärtlichkeit empfangen wurde. Man brachte darauf den ganzen Tag zu London mit öffentlichen Freudenbezeigungen und Freudenfesten zu, wobei man die Gassen voller Illuminationen und Freudenfeuer sah. Man schrieb diese erwünschte und glückliche Aussöhnung vornehmlich den Bemühungen des Herzogs von Argyle und des Herrn William Pulteney zu, wobei die damalige Veränderung im Staatsministerio das Ihrige beitrug. Den 2. März kam auch die Prinzessin von Wales mit ihren Kindern nach Hof und wurde von dem Könige mit ganz besonderer Zärtlichkeit empfangen. Ungeachtet dieser Aussöhnung blieb der Prinz gleichwol von allen Affairen entfernt. Er behielt immer noch seinen Aufenthalt zu Kew und kam nur bisweilen nach St. James, um dem Könige seine Aufwartung zu machen; dabei enthielt er sich sorgfältig, einigen Theil an einer Faction zu nehmen, die den Absichten des Hofs zuwider war. Der König veranlaßte ihn selbst dazu, als er im April 1742 den Herzog von Grafton und den Grafen von Wilmington an ihn schickte, und ihm anzeigen ließ, daß, da das letztere Beginnen des Herzogs von Argyle ihm bekannt sein würde, Se. Majestät hoffte, er würde sich enthalten, diesen Herrn oder einen andern von denen, die eben dergleichen Meinung hegten, vor sich zu lassen, worauf der Prinz eine erwünschte Antwort ertheilte. Dieses gefiel dem Könige so wohl, daß er den 11. Mai die beiden Staatssecretaire an ihn absendete, die ihm eröffnen mußten, daß Se. Majestät zu völliger Bezeigung Dero Neigung und Liebe gegen ihn beschlossen hätten, nicht nur alle seine Schulden zu bezahlen, sondern auch seine jährliche Pension um 50,000 Pf. zu vermehren, sodaß seine Pension hinfort sich auf 100,000 Pf. jährlich erstrecken sollte. Wenn der König nach Teutschland reiste, hielt der Prinz sich gemeiniglich außerhalb der Stadt London auf, um allen Verdacht zu vermeiden, als ob er sich in die Regierungsgeschäfte mischte. Er kam wenig ins Parlament, geschah es aber ja, so trieb ihn meistens die Curiosität dahin, wenn etwa besondere Dinge vorkamen. Die neue Häringsfischereicompagnie erwählte ihn zu ihrem Gouverneur, weshalb er den 5. Nov. 1750 sich unter Begleitung eines Detachements Garde zu Pferde nach der Fischhändlerhalle erhob, die Octroi für die Societät als derselben Gouverneur in Empfang zu nehmen. Bei seiner Ankunft wurden 15 Kanonen gelöst. An dem Portale der Halle wurde er von dem Präsidenten und andern Gliedern der Societät empfangen. Er hielt eine Rede, wünschte der Compagnie Glück für ihr Unternehmmen. Nach solch huldreicher Erklärung wurde ihm das Recht der Fischhändlergesellschaft angeboten, welches er auch anzunehmen geruhte. Man trug sodann eine Menge Häringe auf, von welchen der Prinz zu essen beliebte, und auf gut Glück zum Häringsfange trank. Den 1. Jan. 1751 wurde er mit besonderen Solennitäten in die Fischhändlergesellschaft aufgenommen. Es geschah vermittels Ueberreichung eines Diploms, welche das Bürger- und Freiheitsrecht dieser alten Gesellschaft enthielt. Es war dasselbe in ein künstlich gearbeitetes güldenes Behältniß eingeschlossen, an welchem man auf der einen Seite das Brustbild des Prinzen und auf der andern das Wappen der Compagnie sah. Der Prinz saß hierbei unter einem Baldachin und hatte die Prinzen, seine Söhne, und die Hofcavaliers zu seinen Seiten. Den 8. März präsentirte der Pensionarius und der Secretarius von Southampton dem Prinzen das Bürgerrecht ihrer Stadt, sowol für seine Person, als seine Prinzen. Das Diploma lag in einem güldenen Behältnisse. Den 18. darauf wohnte er mit seiner Gemahlin und dem ältesten Prinzen nebst der ältesten Prinzessin der Vorstellung des Trauerspiels Othello bei, das auf dem Schauplatze von Drurylane von einigen Cavaliers und Dames mit Beifall und unter großem Zulaufe der Zuschauer aufgeführt wurde. Es war dieses das letzte Divertissement, das sich der Prinz in der Welt gemacht, weil er einige Tage darauf von einem heftigen Fieber mit Seitenstechen befallen wurde. Man ließ ihm zu wiederholten Malen zur Ader, aber ohne erwünschte Wirkung. Denn die Krankheit nahm so überhand, daß er den 31. März 1751 Abends um 10 Uhr in dem Palaste von Leicester-Square das Zeitliche gesegnete, nachdem er sein Alter auf 44 Jahre und 2 Monate gebracht hatte. Die Prinzessin, seine Gemahlin, hat ihn während seiner ganzen Krankheit nicht verlassen, und ungeachtet sie sich hoch schwanger befunden, sieben Nächte hinter einander bei ihm gewacht. Das Leidwesen des Volks über diesen hohen Todesfall war fast allgemein. Ganz London erhob ein allgemeines Klaggetön, als sich diese Schreckenspost ausbreitete. Jedermann rief: „„Die Freude von Großbritannien ist verwelkt, die Hoffnung ist dahin gegangen, der Freund der Kaufleute, der Beschirmer der Künste und Wissenschaften, der Beschützer der Verdienste, der edelmüthige Helfer der Bedrückten, der vollkommenste Prinz und der beste Vater der Seinigen ist gestorben!"" Das feierliche Leichenbegängniß fand den 24. April statt. „Es war übrigens der verstorbene Prinz ein wohlgebildeter, lebhafter und sehr leutseliger Herr, von mittelmäßiger Leibesstatur, der Niemanden gern traurig von sich gehen ließ. Zu Führung der Waffen hatte er weniger Neigung, als zu Beförderung der guten Künste und Wissenschaften und dessen, was den Zustand eines Staats blühend und die Unterthanen glückselig machen kann. Er liebte die Ergötzlichkeiten des Leibes und war sonderlich ein großer Liebhaber von Jagen, Reiten und Lustspielen. Die Commercien und edeln Wissenschaften hatten einen großen Beschützer an ihm: wie er denn zwei Tage vor seiner letzten Krankheit 600 Pf. jährlich zum Behufe einer Maler- und Bildhauerakademie, die man in London anlegen wollte, dargeboten hat. Seine Großmüthigkeit war so groß, daß ungeachtet der Erhöhung seines ansehnlichen Gehaltes er sich doch nicht im Stande befand, seinen edelmüthigen Gesinnungen eine völlige Genüge zu leisten. Ein Herr, der sich die Nation immer mehr und mehr zu verbinden suchte und kein Geld schonte, wo es nöthig war, Jemandem unter die Arme zu greifen, und der besonders die Unternehmungen derjenigen, welche zum Besten des Reichs etwas auf die Bahn brachten, aus allen Kräften unterstützte, ein solcher Herr brauchte weit mehr, als sein Jahrgeld austrug. Aus dieser Ursache fanden sich nach seinem Tode einige Schulden, die er bei seinem Leben sehr heimlich hielt, und davon die Gläubiger sich in den hanöverischen Landen befanden." Das Capital wurde überhaupt auf 300,000 Thaler berechnet, wovon die Zinsen jährlich 3000 Pf. betragen. In seinen letzten Augenblicken noch beschäftigte sich der Prinz mit diesen Gläubigern, und er äußerte gegen seine Gemahlin: „wenn sie nicht das feierliche Versprechen gäbe, alle jene Forderungen tilgen zu wollen, würde er nicht ruhig sterben." K. Georg II., von diesen Schulden hörend, zeigte sich sehr ungehalten. Der völlige Titel des Prinzen lautete also: Friedrich Ludwig Prinz von Großbritannien, Kurprinz von Braunschweig und Lüneburg, Prinz von Wales, Herzog von Cornwall und Rothsay, wie auch von Glocester und Edinburgh, Marquis der Insel Ely, Graf von Chester, Carrick und Eltham, Viscount von Launceston, Baron von Renfrew und Snowdon, Herr der Inseln, Great Steward von Schottland, erster Peer von Großbritannien, Ritter des Hosenbandordens, Mitglied des königl. Geheimen Raths, Kanzler der Universität Dublin, Mitglied der königl. Societät, erster Commissarius für den Hospitalbau zu Greenwich, Gouverneur der Societät für den Häringsfang. Seine Witwe überlebte ihn beinahe um 21 Jahre. Sie war eine Mutter von neun Kindern geworden, die also folgen: 1) Augusta, Herzogin von Cornwall, Gräfin von Wiltshire, Baronin von Winchester, geb. den 11. Aug. 1737, wurde den 16. Jan. 1764 an den nachmaligen Herzog Karl Wilhelm Ferdinand von Braunschweig verheirathet und starb den 23. März 1813. 2) Georg Wilhelm Friedrich, als König Georg III. 3) Eduard August, Herzog von York und Albanien, Graf von Ulster, geb. den 25. März 1739, gest. den 17. Sept. 1767. 4) Elisabeth Karoline, geb. den 10. Jan. 1741, gest. den 4. Sept. 1759. 5) Wilhelm Heinrich, Herzog von Glocester. 6) Heinrich Friedrich, Herzog von Cumberland und Strathern, Graf von Dublin, geb. den 29. Oct. 1745, vermählte sich den 2. Nov. 1771 mit Anna Lutrell, Simon's, des ersten Grafen von Carhampton Tochter und des Christoph Horton Witwe. Der Herzog starb kinderlos, den 18. Sept. 1790, seine Witwe im J. 1803. 7) Louise Anna, geb. den 19. März 1749, starb als des Herzogs Adolf Friedrich von Mecklenburg-Strelitz verlobte Braut den 13. Mai 1768. 8) Friedrich Wilhelm, geb. den 24. Mai 1750, gest. den 29. Dec. 1765.

9) Karoline Mathilde, als Posthuma geb. den 22. Juli 1751, wurde den 8. Nov. 1766 an K. Christian VII. von Dänemark vermählt und starb den 11. Mai 1775. Die verwitwete Prinzessin von Wales, dieser Kinder Mutter, hatte auch im Witwenstande der Trübsale manche zu erfahren, wie sie denn namentlich über die ungleichen Heirathen ihrer beiden jüngern Söhne, der Herzoge von Glocester und Cumberland, schweres Misvergnügen empfand. Im J. 1770 unternahm sie eine Reise nach Deutschland; beinahe zwei Monate brachte sie in Braunschweig zu, dann besuchte sie in Langensalza ihre Schwester, die verwitwete Herzogin von Sachsen-Weißenfels. Den 10. Sept. kam sie nach Gotha, „wo sie ihr Bruder, der Herzog, mit Freudenthränen empfing. Hier blieb sie bis den 15. Oct. und genoß in der Gesellschaft ihrer Geschwister und hohen Anverwandten viele Ergötzlichkeiten. Der Hof war stets sehr glänzend, weil sich von einer Zeit zur andern viele fürstl. Herrschaften an demselben einfanden. Den 10. langte auch der Herzog von Glocester hier an, mit welchem die Prinzessin von Wales nach zärtlicher Beurlaubung ihre Rückreise nach England antrat, auch den 27. Oct. über Brüssel und Dünkirchen glücklich wieder zu London anlangte. Im October 1771 bekam sie einen Schaden am Munde, der sich in einen Krebsschaden zu verwandeln schien. Ihre Krankheit, worin sie sich zugleich die verdrüßliche Heirathssache ihrer Söhne, der Herzoge von Glocester und Cumberland, sehr zu Herzen zog, griff sogar die Sprachnerven an. Ihr Leiden war unbeschreiblich; sie ergab sich aber mit vieler Gelassenheit in den göttlichen Willen. Den 14. Dec. langte ihre älteste Tochter, die Erbprinzessin von Braunschweig zu London an, um sie zu besuchen, welches ihr zu vielem Troste gereichte. Allein die Nachricht, die den 28. Jan. 1772 aus Dänemark von der großen Staatsveränderung, die in dem dasigen Ministerio vorgegangen, und wobei die Königin, ihre Tochter, auf das Schloß Kronenburg gesetzt worden war, anlangte, rührte ihr Herz dergestalt, daß dadurch ihr Ende nicht wenig beschleunigt wurde. Es geschah dieses den 8. Febr. früh zwischen 6 und 7 Uhr auf ihrem Hause Carlton, im 53. Jahre ihres Alters. Sie war eine sehr gutthätige Prinzessin, die von den Armen sehr beklagt worden, indem sie jährlich über 6000 Pf. St. in aller Stille unter dieselben ausgetheilt hatte. Ihre einzige Lust und Ausgabe war ihr Garten zu Carlton, der ihr über 100,000 Pfund gekostet, und eine Zierde des ganzen Königreichs ist. Man trifft die rarsten Pflanzen darin an, und es ist fast kein Kraut in der Welt, das nicht in demselben anzutreffen wäre."

Der Titel von Glocester hatte sich auf K. Georg III. vererbt. Dieser verlieh ihn jedoch, und zugleich die Titel eines Herzogs von Edinburgh und Grafen von Connaught, durch Patent vom 10. Nov. 1764, an seinen Bruder **Wilhelm Heinrich**, geb. den 23. Nov. 1743. Des Hosenbandordens Ritter, Feldmarschall, Oberst des ersten Regiments Fußgarde, Kanzler der Universität Dublin, ranger and keeper of Cranborn Chace, ranger of Hampton-Court Park, lord warden and keeper of the New Forest, Hampshire, starb dieser den 25. Aug. 1805. Er hatte sich am 6. Sept. 1766 mit des Grafen von Waldegrave Witwe, Tochter von Sir Eduard Walpole (sie starb den 23. Aug. 1807) vermählt, und in solcher Ehe drei Kinder gezeugt: 1) Sophia Mathilde, geb. den 29. Mai 1773; 2) Karoline Augusta Maria, geb. den 24. Juni 1774, gest. den 14. März 1775; 3) **Wilhelm Friedrich**, geb. zu Rom den 15. Jan. 1776. Des Vaters Nachfolger in den Titeln von Glocester, Edinburgh und Connaught, war dieser zugleich des Hosenbandordens Ritter, des Bathordens Großkreuz, Fellow of the Royal Society und Doctor of Civil Law, Kanzler der Universität Cambridge, Feldmarschall von der Armee, Oberst des dritten Regiments Fußgarde, Ranger of Bagshot Park and Walk. Den 22. Juli 1816 vermählte er sich mit K. Georg's III. vierter Tochter, mit der Prinzessin Marie, er ist jedoch ohne Nachkommenschaft gestorben den 30. Nov. 1834. Bei Gelegenheit seiner Vermählung war ihm das Prädicat: Royal Highness beigelegt worden. Er führte das Wappen von England mit einem Turnierkragen von 3 oder auch von 5 Lätzen. Auf dem mittlern Latze war eine Lilie, auf den übrigen Lätzen ein schwarzes Kreuz angebracht. (*v. Stramberg.*)

GLOCHIDION ist der Name einer von Forster aufgestellten zu den Euphorbiaceen gehörigen Pflanzengattung mit einhäusigen Blüthen, fehlender Blumenkrone und sechstheiligem Kelche, dessen drüsenlose Zipfel in zwei Reihen stehen. In der männlichen Blüthe befinden sich 3—6 Staubgefäße mit unterwärts in ein Säulchen verwachsenen, an der Spitze nur wenig getrennten Trägern und nach Außen aufspringenden, unter der stielen Spitze der Staubfäden angewachsenen Staubbeuteln. Die weibliche Blüthe besteht aus einem 6—12fächerigen Fruchtknoten mit zwei Eichen in jedem Fache. Der Griffel ist dick, kurz oder fast fehlend; die 6—12 Narben sind kurz, stumpf, aufrecht oder zusammenneigend. Die Kapsel ist eiförmig-kugelig oder kugelig-zusammengedrückt, 6—12knöpfig. Der Samen besitzt durchscheinende Flecken.

Zu dieser Gattung gehören kleine Bäume oder Sträucher, welche in Asien auf den tropischen Südseeinseln wachsen und wechselständige, ganzrandige, fast lederartige, oberseits kahle, unterseits aderige Blätter und achselständige, gestielte, einzelne oder gehäufte Blüthen haben.

Da Forster's Characteres generum plantarum, worin die Gattung Glochidion zuerst beschrieben ist, schon 1776 erschien und die hiermit identische Gattung Bradleia von Banks erst im zweiten Bande von Gärtner's trefflichem Werke: De fructibus et seminibus plantarum vom Jahre 1791 publicirt ist, so war es unpassend, daß Sprengel und nach ihm Steudel die letzte Benennung voranstellten und Glochidion als Synonym dazu citirten. Endlicher hat diese Gattung unter dem Namen Glochidion mit Recht wieder hergestellt. (*Garcke.*)

GLOCHIDIONOPSIS, eine nur in einer einzigen Art vertretene, von Blume gegründete Pflanzengattung der Euphorbiaceen mit folgenden Merkmalen. Die Blüthen sind einhäusig. Bei den männlichen Blüthen stehen die Zipfel des sechstheiligen Kelchs in zwei Reihen; die Blumenkrone fehlt und die drei Staubgefäße haben verwachsene Träger und nach Außen aufspringende, unter der Spitze angewachsene Staubbeutel. Bei den weiblichen Blüthen ist der Kelch drei- oder seltener zweitheilig; der Fruchtknoten ist dreifächerig, die Fächer sind zweieiig. Die drei Griffel sind pfriemlich. Jedes der drei Kapselfächer enthält zwei Samen.

Die einzige Art dieser Gattung, Gloch. sericea *Blume*, wächst auf Java und ist eine baumartige Pflanze mit länglich-eiförmigen, stumpfen, am Grunde fast herzförmigen, unterseits seidenhaarigen Blättern, fiederförmigen Aestchen und filzigen Früchten. (*Garcke.*)

GLOCKE. Eine jede kleinere oder größere Genossenschaft, welche sich zu gemeinsamer Anbetung Gottes zu versammeln pflegt, wird bald das Bedürfniß empfinden, den Beginn ihrer Gottesdienste durch ein weithin vernehmbares Zeichen anzukündigen und so ihre Glieder auf die Zeit der Andacht hinzuweisen und in derselben zu versammeln. Die Frage: wie das vor Erfindung der Glocken in der christlichen Kirche geschehen sei — hat die Archäologen vielfach beschäftigt. Aus nahe liegenden Gründen ist eine genügende Erledigung kaum möglich. Zunächst ist der Brauch der Klöster, in denen die Verkündigung geringeren Raum zu durchdringen, eine weit kleinere Gemeinschaft zu durcheilen hatte, von dem Brauche der Gemeinden zu unterscheiden. So kommt für den Gebrauch der Mönchsgemeinden die Tuba vor. *Pachomii* Regula c. 3 (*Holsten.* Cod. Regul. T. IV. p. 26): „Cumque audierit vocem tubae ad collectam vocantis, statim egrediatur cellulam suam, de scripturis aliquid meditans usque ad ostium conventiculi." *Johannes Climacus* grad. 19: „Cum insonuerit signum spiritualis tubae." Wie Martene vermuthet, waren diese Posaunen bei der Armuth dieser alten Klöster nicht aus kostbarem Metalle gefertigt, sondern zum Blasen zugerichtete Hörner[1]). Neben der Tuba kommt der erst später in Klöstern vielfach gebrauchte Malleus excitatorius vor. *Palladius*, Hist. Lausiaca c. 104 (*Cotel.* Monum. gr. T. III.): „ἀλεκτρυόνος τὸν σταγὼν τῶν ἐγχωρίων καιόσα τὸ τηνικαῦτα τῷ ἐξαποστειλικῷ σημφέρειν τὰς πάντων ἔκρουε κέλλας, συνάγων αὐτοὺς εἰς τοὺς εὐκτηρίους οἴκους πρὸς ὀρθρινὴν δοξολογίαν." *Cassian.* De institut. coenob. IV, 12: „Itaque considentes inter cubilia sua et operi ac meditationi studium pariter impendentes, quum sonitum pulsantis ostium ac diversorum cellulas percutientis audierint, ad orationem eos scilicet seu ad opus aliquod invitantis, certatim e cubilibus suis unusquisque prorumpit." Aus Stellen des Hieronymus (Epist. Paulae 19: „Post Alleluja cantatum, quo signo vocabantur ad collectam, nulli residere licitum erat") haben Einige geschlossen, daß durch ein feierlich angestimmtes Alleluja der Anfang der gottesdienstlichen Stunden bezeichnet sei.

Die Gemeinden, sagt Amalarius (De div. offic. 4, 21), wurden in den ersten Jahrhunderten durch das Zusammenschlagen solcher hölzerner Instrumente berufen, wie sie jetzt in den letzten drei Tagen der Charwoche gebraucht werden. Darnach wären diese Tage der Trauer mit dem Geklapper der Ratschen in der katholischen Kirche eine immer wiederkehrende Erinnerung an jene Zeit des Druckes und der Verfolgung. Aber freilich läßt sich jene sinnige Meinung nicht weiter begründen. *Martene*, De ant. eccl. disc. p. 13 seq.: „Hinc merito Baronius ad annum 58. n. 103 redarguit Amalarii sententiam, cum hujus ritus nullum prorsus reperiatur vetus monumentum, nec ratio ipsa patiatur, ut cum haec illi secretius agenda curarent, tanto lignorum strepitu omnium gentilium aures et oculos in se converterent." Auch können die wenigstens jetzt gebrauchten Ratschen wol die Glöckchen und Schellen, aber nicht die Kirchenglocken ersetzen. Augusti (Denkwürd. XI. S. 419) erwähnt unter Verweisung auf Baronius und Hildebrand die θεοδρόμοι, auch internuntii genannt, welche die Tage und Stunden des Gottesdienstes ansagen mußten. Doch können wir Bingham's und Böhmer's Entgegnung nur beistimmen (Böhmer a. a. O. S. 37): „Allein wenn Baronius (um von ihm, der wissenschaftlich bedeutender als Hildebrand ist, zu handeln) auf n. VII des von Ignatius an den „„gottseligsten Polycarpus"" gerichteten Briefes hinweist: πρέπει — συμβούλιον ἀγαγεῖν θεοπρεπέστατον καὶ χειροτονῆσαί τινα, ὃν ἀγαπητὸν λίαν ἔχετε καὶ ἄοκνον, ὃς δυνήσεται θεοδρόμος καλεῖσθαι, τοῦτον καταξιῶσαι, ἵνα πορευθεὶς εἰς Συρίαν δοξάσῃ ὑμῶν τὴν ἄοκνον ἀγάπην εἰς δόξαν Χριστοῦ, so liegt dem Theodromen nicht die Ansagung der Tage und Stunden, sondern das ob, von der smyrnäischen Kirche, deren Bischof Polykarp war, nach Syriens (also auch Antiochiens) christlichen Bewohnern zu laufen und dort die unverdrossene, zur Verherrlichung Christi gereichende Liebe der Smyrnäer zu preisen."

Nach Walafrid Strabo bediente man sich der tabulae ligneae, wie das in der griechischen Kirche allerdings der Fall war und ist. Am meisten empfiehlt sich für die ältesten Zeiten ein anderer Einfall desselben Schriftstellers: daß in jeder Zusammenkunft die Zeit der nächsten Versammlung bestimmt angegeben sei. Neuere Gelehrten, wie Rickel, Böhmer u. A., sagt am meisten die

1) Aus den Worten des Walafrid Strabo: „Quia vero tubas aeneas et argenteas in lege habemus, et Propheta quasi tuba vocem praedicationis exaltare jubet, congrue his vasis utimur in convocationem fidelium," und des Honorius von Autun: „Signa quae nunc per campanas dantur, olim per tubas dabantur," kann nicht geschlossen werden, daß auch die Gemeinden sich der Tuba bedient hätten. Es wird eben Klöster- und Gemeindesitte verwechselt. Richtig Böhmer, Christlich-kirchliche Alterthumswissenschaft II. S. 37. In Aegypten nennt Augusti als Glockensurrogat „die tuba oder sonst ein Blasinstrument, welches zum Signalgeben geeignet ist, desgleichen besonders in Aegypten, wie sonst bei den Juden gebräuchlich war." Die tuba stellt sich allerdings bei Mönchen heraus. Dagegen wird sie aber bei den Christengemeinschaften überhaupt während der drei ersten Jahrhunderte vermißt. Wäre die Posaune in selbigen das die Gemeinden zur Gottesverehrung rufende Medium gewesen, so wäre diese schwerlich vor den, an der Bedrängung der Kirche ein Wohlgefallen findenden Götzendienern verborgen geblieben sein.

Ansicht zu, daß, zumal in drangsalvollen Zeiten, die Diakonissen (deren Wirken am wenigsten bekannt wurde) die Frauen, die Diakonen die Männer zur Andetung zusammen beriefen. Damit stimmt denn vollkommen, wenn Pseudo-Ignatius in dem Briefe an den Diakon Heron unter die Pflichten der Diakonen zählt, die Einzelnen zu den Versammlungen namentlich zu berufen, und nicht anders ist wol *Ignatius* ad Polycarpum c. 4 zu deuten: πυκνότερον συναγωγαὶ γινέσθωσαν· ἐξ ὀνόματος πάντας ζήτει. Martene hält für möglich, daß in jenen Zeiten altchristlicher Simplicität die Bischöfe selbst die Gemeinden beriefen; aber die Stelle kann auch sehr wohl vom Anordnen und Aufenlassen verstanden werden.

Alle diese bisher aufgeführten unzureichenden Surrogate verklingen vor dem majestätischen Glockentone. Aber aus welcher Zeit datirt die Einführung der Kirchenglocken?

Polydorus Vergilius (De Invent. rer. 6, 12) gibt folgende Antwort: „Quod tintinnabulorum sono populus invitatur, vocaturque ad sacra audienda statis diei horis, *Sabiniani*, qui Gregorio successit, hoc decretum est.“ Aehnlich Genebrardus zum Jahre 604 und Panvinius im Epitome Rom. Pontificum, Ciaconi (De vitis Rom. Pontt.), Demetrius (De Ritibus eccl. Cath. 1, 22) u. A. schließen sich dieser Ansicht an. Unter den Neueren tritt Augusti jener Annahme bei, weil die erste Anwendung der Glocken dann in eine Zeit falle, wo Gregor der Große bereits Alles gethan hatte, den äußeren Gottesdienst so glänzend als möglich zu gestalten.

Am verbreitetsten und zugleich am unbegründetsten ist die Sage von dem Glockenerfinder Paulinus, dem berühmten Bischofe von Nola in Campanien (gest. 431). Die älteste Autorität dafür ist, so viel ich weiß, *Isidorus*, Origg. 16, 24. Ihm schreibt Anselm von Havelberg nach Dial. 3, 16: „signa ecclesiae, quae in Campania apud Nolam civitatem prius inventa sunt, unde et nolae campanae vocantur.“ Später findet sich die Behauptung bei Rocha, Pancirolles (De novis inventis 2, 9), Gilbertus Cognatus (Narrat. IV.) u. s. w. Aber schon Calvör bemerkt: „Nec ipse Paulinus, nec vita Paulini aliusve scriptor coaevus de eo quicquam,“ und Bona (Rer. Liturg. I, 22) und Böhmer (a. a. O. S. 36) begründen diese Schwierigkeit genauer: „Das ist gegen jene Meinung eine befriedigende Instanz, daß Paulinus in der 12. ep. ad Sev. von den schönen Formen des von ihm errichteten Gotteshauses des Weitesten spricht, und deshalb, falls er jenes, zur Zusammenberufung der Gläubigen in den Tempel geeignete, sehr wichtige Werkzeug geschaffen hätte, dasselbe gewiß nicht übergangen haben würde. Ueberhaupt beruht die ganze Tradition, wie ihre Gewährsmänner auch gar nicht in Abrede ziehen, blos darauf, daß *campanae* auf Campanien weisen, die *nolae* in Nola erfunden sein sollen, Paulinus aber Bischof von Nola war. Vor der Hand sei bemerkt, daß die *nolae*, d. h. Glöckchen oder Schellen, wie sie z. B. Thiere am Halse tragen, schon vor Paulinus bei Avienus im 4. Jahrh. vorkommen; daß diese nolae mit den Kirchenglocken gar Nichts zu thun haben und selbst von den mittelalterlichen Autoren meistens von denselben genau unterschieden werden.“ Vergl. *Du Cange* s. v. *nola*[1]).

Kann also — und das ist an sich das Wahrscheinlichste — die Erfindung oder Einführung der Glocken auf keinen bestimmten Namen zurückgeführt werden, so bleibt der Forschung nur übrig, die ältesten Erwähnungen der Glocken möglichst bestimmt festzustellen. Außer Beda (Hist. Eccles. 4, 23) führt man besonders eine Stelle aus der Vita des heiligen Lupus von Troyes an (*Baronius* ad a. 615): „Clotharius rex, ubi comperit signum vel *campanam* S. Stephani sonum edere gratissimum, jussit eam Parisios transferri, ut ejus tinnitu saepius delectaretur. Displicuit ea res b. Episcopo. Itaque mox, ut ablata est a Senonibus, omnem soni gratiam amisit. Id rex intelligens ocyus jubet suo loco illam restitui. Ubi autem ad pontem Senonicum ventum est, rediit illi pristinus sonus, et ob sancti viri merita septimo milliario auditus est.“ Aeltere Zeugnisse, die der fleißige Martene (De antiq. eccl. disc. p. 15) zusammengebracht, werden jetzt oft ganz übersehen: Verum et ante Anastasium et ante Sabinianum campanarum sonitu convocatos fuisse ad divina officia celebranda fideles discimus ex Cumeneo albo, qui saeculo VI vitam sancti Columbae Abbatis scripsit, in cujus cap. 22 haec habet: „media nocte pulsante campana festinus surgens ad Ecclesiam pergit.“ Et cap. 25: „Quadam die sanctus Dei ministro suo campanam subito pulsare praecepit, cujus sonitu fratres incitati Ecclesiam protinus sunt ingressi.“ Idem demonstrari potest ex variis Gregorii Turonensis locis. Libro 3 de miraculis sancti Martini cap. 23: „Interea signum movetur horis matutinis, aggregatur et populus, vigiliisque celebratis, virtus sancti clarificata patuit.“ Et antea lib. 2. cap. 33: „Mane autem facto, signo ad matutinas commoto, reversi sumus dormitum.“ Nam praeterquam quod *signi* nomine campanae nuncupantur apud auctores Ecclesiasticos, neque ligna, nec tubas commovere dicimus, sed ligna pulsare, tubas clangere, campanas movere: omnem ambagem tollit locus ex cap. 28 ejusdem libri secundi: „Reverti autem cupiens nocte ad *funem* illum de quo signum commovetur advenit.“ Nam neque ligna, neque tubae *fune* commoventur, bene autem campanae: de qua proinde intelligendus est alter locus ex libro 2 historiae Francorum cap. 23: „Signum ad matutinas audiens commotum.“ Hinc colliges, quam immerito recentiores auctores nonnulli campanarum usum ante saeculi septimi finem non admittant, primumque auctorem, qui illarum fecerit mentionem, Bedam praedicent.“ Schmid, Liturgik I. S. 687 bringt die Stelle aus *Venantius Fortunatus* 2, 10 bei:

2) Auch ist darauf hinzuweisen, daß nola die Schelle ein kurzes o, die Stadt Nola ein langes o hat

signum mox tinnit in aures, meint aber, „das signum könne auch eine Schelle gewesen sein." Abgesehen davon, daß in mehren Citaten Martene's campana und funis ausdrücklich genannt wird, sind zu viele Stellen vorhanden, in welchen signum und campana promiscue gebraucht werden, als daß wir so zweifelsüchtig sein dürften. Vita S. Ludgeri. *Mabillon*, Acta SS. O. B. V. p. 32: „Cumque signa ad nocturnas vigilias sonarent, subito apertae sunt aures ejus, et exsultans dixit, se aperte sonum cloccarum audire posse." Vita S. Remberti. *Mab.* VI, 482: „Videbatur enim eidem procuratori conspexisse se ipsum Rimbertum sedisse in fastigio oratorii signumque ecclesiae unum *quod nos cloccam vocamus*, in coelo apparuisse, quo ligamen lineum, ut adsolet in modum funis demissum usque ad ipsum dependeret Rimbertum, per quod ipse signum hilariter traxisse et sono ejus dulciter delectatus esse videbatur." Man kann als gewiß ansehen, daß schon im 6. Jahrh., namentlich in Italien [3]) und Gallien, der Gebrauch der Kirchenglocken bekannt war. Bald verbreiteten sie sich in andere christliche Länder, und im 8. und 9. Jahrh. erscheint das ganze Glockenwesen schon völlig ausgebildet. Zu Karl's des Großen Zeit war der Mönch Tancho in St. Gallen ein geschickter Glockengießer [4]), und 814 hatte Abt Angilbert schon 15 Glocken auf seinem Klosterthurme. *Mabillon*, Acta O. S. B. V. p. 110.

Den gebräuchlichsten Namen der Glocken, campana oder auch campanum, leiten die Meisten von dem Stoffe der Glocken ab. Das Erz aus Campanien ist nach dem Zeugnisse des Plinius das beste und geeignetste; bei dem ersten Gusse einer größeren Glocke wählte man das beste, mithin Erz aus Campanien, daher von dem Stoffe der Name des Kunstwerkes. Eine andere Ableitung bezieht sich auf die Gußart. Indem man die großen Glocken meist auf dem freien Felde gegossen habe, so sei die Masse aes in campo fusum genannt worden, woraus sich nach und nach der Sprachgebrauch campana gebildet habe. Eine ebenso künstliche als unwahrscheinliche Etymologie! Sie gibt uns den Muth, eine neue Hypothese aufzustellen und daran zu erinnern, daß die gekrümmte oder gebogene Gestalt der Glocken auch an [illegible] erinnern könnte [5]). Nicht minder ungewiß ist die Ableitung des teutschen Wortes clocca, glogga, das auch im Französischen und im Englischen erscheint. Die Hypothesen verlaufen sich zum Theil ins Wunderliche und gehen von καλεῖν und κλάζειν, dem teutschen Klingen, bis zu dem glocire der Hennen oder dem teutschen Locken. Mit größerem Rechte erinnert man an das angelsächsische cloccan = singultire, sonitum edere, und wenn man erwägt, daß bei Alcuin und Bonifacius das Wort clocca zuerst erscheint, so gewinnt diese Etymologie viel Wahrscheinlichkeit. Daß übrigens die ganz neue Erscheinung der Glocken auch ein neues, schallnachahmendes Wort hervorgerufen, wäre auch sehr wohl denkbar [6]).

Doch wie weit die Glocken eine ganz neue und ursprüngliche Schöpfung des christlichen Geistes sind, wäre noch zu untersuchen. Man hat an die Schellen erinnert, welche Aaron's Kleider zierten, noch häufiger an die Trommeten und Posaunen, welche im levitischen Gottesdienste so oft gebraucht wurden. Die Kirche selbst scheint in einem der bei der Glockenweihe üblichen Gebete diese Ansicht gutzuheißen: „Gott! du hast durch deinen Diener, den Gesetzgeber Moses, befohlen, silberne Posaunen zu verfertigen, auf daß dein Volk, sobald die Priester zur Zeit des Opfers mit denselben blasen würden, durch deren anmuthigen Laut ermahnet und vorbereitet würde zu deiner Anbetung, und zusammenkäme, um das Opfer zu feiern; auf daß es durch deren lauten Schall zum Kriege aufgefordert, alle Bollwerke seiner Gegner niederwerfe; verleihe, wir bitten Dich, daß diese für deine heilige Kirche neugegossene Glocke geweihet werde" u. s. w. — Andere halten an die tintinnabula der Römer, an die [illegible] und das [illegible]. Ohne alle Anregung von Mosaischen oder heidnischen Bräuchen hier in Abrede stellen zu wollen, sieht man richtiger die Glocke als eine eigenthümliche und herrliche Geburt christlichen Geistes an. Als eine solche erscheint sie sehr bald außerchristlichen und antichristlichen Mächten gegenüber. Mit der Predigt des Evangeliums zusammen hält sie als der „Gottesdienst in den Lüften" ihren Siegesgang durch die Heidenwelt. Diener und Priester der Götzen richten in dunkler, aber nicht fehlgehender Ahnung auf die Glocken besondern Haß. Teufel und Dämonen scheuen und fliehen den Glockenklang: der vor den Gebeinen des heiligen Wilhelm aus einem Besessenen fahrende Geist läßt seine Wuth an einer Silberglocke aus, die er zerschmettert. (*Mabillon*, Acta SS. Ord. S. B. VI. p. 482.) [7]). Es ist ein Zeichen eines

3) Böhmer a. a. O. S. 87. Daß ein Indicium von der Existenz der campana in einem Momente (bei Lupus um 615) uns vor Augen tritt, der auf die Periode des großen, für die Förderung des kirchlichen Ritueles enthusiasmirten, um die musikalische Seite des Cultus wohlverdienten Gregor folgt, — veranlaßt zu der Conjectur: die Glocken, deren Töne so kräftig und wiederum so sanft klingen, seien im Zeitraume dieses Kirchenfürsten zuerst im christlichen Italien gebildet, von dort nach Gallien verbreitet worden. 4) Wir fügen die merkwürdige Stelle aus Mon. San-Gall. I, 31 bei: „Erat autem alius opifex in omni opere aeris et vitri cunctis excellentior. Cumque Tancho Monachus S. Galli campanam optimam conflaret, et ejus sonitum Imperator non mediocriter miraretur, dixit ille praestantissimus in aere Magister: Domine Imperator! jube mihi cuprum multum afferri, et excoquam illud ad purum, et in vicem stanni mihi opus est de argento dari, saltem centum libras, et fundo tibi talem campanam, ut istud in ejus comparatione sit mutum."

5) Interessant wäre die Nachforschung nach dem ältesten Vorkommen des Blumennamens campanula. Denn entweder ist diese Blume nach der Form der Glocken benannt, oder, was auch möglich, die Glocke hat ihren Namen nach der Aehnlichkeit der Form von der Blume entlehnt. 6) Ueber andere mit clocca zusammenhängende Worte: clocarium, cloquemanus u. a., bei Du Cange. 7) Mit richtigem Takte läßt daher auch Goethe Faust durch das Glöcklein auf der Bühne gestört werden, und Mephisto also seinen Aerger ergießen:

Wer leugnet's! Jedem edlen Ohr
Kommt das Geklingel widrig vor.

neuen Sieges, den das Kreuz errungen, wenn die Glocke zum ersten Male ihre Töne über ein Heidenland erschallen läßt. Darum bittet sich Bonifacius für seine neuen Pflanzungen von den Freunden Glocken aus, und von Ludgerus' Wirken unter den Ost-Sachsen erzählt sein neuester Biograph (Behrend's Leben des heil. Ludgerus S. 34): „Was als Folge dieser Kapellengründung, auch äußerlich, bei aller einfachen Anlage des ursprünglich nur hölzernen Gebäudes, wohlthätig für die Verbreitung des Christenthums in der Umgegend mitwirkte, war eine kleine Glocke, mit welcher Ludgerus die Rohrdachspitze der Kapelle schmücken ließ. Denn es bestand damals die allgemeine Meinung, daß der Ton einer geweihten Glocke fähig sei, alle Ungethüme, nicht nur Wölfe, Schlangen und Drachen, sondern auch den Teufel und alle bösen Geister, und mithin auch die Götzen der Heiden, die viele Neubekehrte noch immer für etwas Wirkliches hielten, zu vertreiben. Es wagte daher nun auch bei Helmstedt, so weit der helle Ton der Glocke der christlichen Kapelle erschallte, Niemand mehr, irgend einen heidnischen Greuel zu üben, und es hatten daher nun von selbst auch die rohen Opfer auf den Lübbensteinen ein Ende." Ansgar dachte wie die Glaubensboten vor ihm und suchte dem Heidenkönige Horik die Erlaubniß zu einer Glocke abzubringen, und — quod antea nefandum paganis videbatur, ut clocca in ecclesia haberetur consensit. Aehnliches lesen wir noch in gar manchen Missionsberichten von heute: es bestätigt sich immer wieder, was einst Napoleon, vom Glockentone gerührt, eingestand: daß die Glocke eines der vorzüglichsten Mittel der Gesittung der Menschheit sei.

Die Weihe und Bedeutung der Glocken forderte die Kirche zu angemessenen Bestimmungen über die Function des Läutens auf. In der ältesten Gelasianischen Benedictionsformel der Ostiarier findet sich die Stelle: ut sit ei fidelissima cura in diebus ac noctibus ad distinctionem horarum certarum, ad invocandum nomen Domini. In dem 47. Hauptstücke seiner Regel legt der heilige Benedictus dieses Amt dem Abte selbst auf. In den Capitularien Karl's des Großen wird im 6. Hauptstücke festgesetzt, daß die Priester zum Gottesdienste läuten sollen. In der späteren, jetzt üblichen Formel heißt es: Ostiarium oportet percutere cymbalum et campanam etc., und der Archidiakonus gibt dem Neugeweihten unter Anderem das Glockenseil in die Hand und läßt ihn einige Male anziehen. Größere Kirchen haben im Mittelalter übrigens besondere campanarii, die zum Klerus gerechnet und wenigstens durch lineae camisiae auch in der Tracht ausgezeichnet werden.

Der Dienst der Glocke für die Kirche ist gar mannichfach und bedeutungsvoll. Am häufigsten erschallen ihre Töne, um die Gemeinde zum Gottesdienste zu laden, immer wieder das Wort der Knechte zu wiederholen: Kommet, es ist Alles bereit! Wie auch hier das Ceremoniell größerer Kirchen und Klöster durch das Anziehen der campana major oder minor, das Zusammenlauten einer größern oder geringern Anzahl von Glocken die Würde der Feste und kanonischen Stunden unterscheidet, sei hier nur angedeutet. Hat sich doch davon auch Manches im protestantischen Kirchengebrauche erhalten. Weiter bezeichnet Glockenklang die täglichen Gebetszeiten. Papst Calixt III. verordnete, daß täglich dreimal mit den Glocken ein Zeichen gegeben werde, sowol zur dankbaren Erinnerung an das Geheimniß der Menschwerdung Christi, als auch im Geiste des 54. Psalms (V. 18): „Des Abends, Morgens und Mittags seufz' ich zu Gott empor und weine, und er erhöret mein Geschrei." Da sollten die Gläubigen und reumüthigen Sünder in sich gehen, und bei dem Schalle der Abendglocke daran gedenken, daß der Welthelland am Abende auf dem Oelberge mit der Todesangst sein Leiden für die Sünden der Welt begonnen hat; bei dem Schalle der Morgenglocke sich erfreuen, daß er des Morgens siegreich von den Todten auferstanden ist, und auch sie die Zuversicht haben können, daß, wie sie mit und in Christo gestorben sind, sie ebenso mit ihm auch wieder auferstehen werden; endlich bei dem Schalle der Mittagsglocke zu dem gen Himmel aufgefahrenen Gottessohne ihr Gemüth erheben und einige Seufzer der Wehmuth und Sehnsucht nach dem Ewigen dahinsenden, wo den der Zeitlichkeit entnommenen Christen ihre eigentliche Heimath bereitet ist. — Man führt sonst auch die drohende Türkengefahr des 15. Jahrh., welche alle Gläubigen zu heißem Gebet aufforderte, als Entstehungsgrund des dreimaligen Glockenanschlagens an, wie denn das Ordinariat von Passau noch 1737 vorschrieb, bei einem um 7 Uhr Abends gegebenen Glockenzeichen knieend fünf Ave Maria und fünf Vaterunser zu beten, „daß Gott die Gegend nicht durch die ungläubigen Türken untersuchen lasse." In der heutigen katholischen Kirchenpraxis soll das dreimalige tägliche Geläute besonders an das Geheimniß der Menschwerdung erinnern, und heißt deshalb geradezu Ave-Maria-Läuten. Die Päpste Benedict XIII. und Clemens XII. begnadigten dieses Ave-Maria-Gebet mit vielen Ablässen.

Weiter hat sich in den meisten katholischen Gegenden erhalten, was Gregor IX. anordnete, daß die Glocken unter der Wandelung geläutet werden sollten, um die in der Kirche nicht anwesenden Gläubigen zur Anbetung des Altar-Sacraments aufzufordern. Der Schall eines Glöckleins (Zügenglocke) verkündet der Gemeinde, daß ein christlicher Bruder den letzten schweren Gang angetreten [8]). Denken wir zu dem Allen an die zahlreichen Gottesdienste, zu denen die Glocken täglich in katholischen Landen rufen, so ergibt sich von selbst, daß ihre Sprache vom Tagesgrauen an gar häufig gehört wird. Allerdings

Und das vielfache Bim-Baum-Bimmel,
Untermischend helleres Abendbimmel,
Mischt sich in jegliches Begebniß,
Vom ersten Bad bis zum Begräbniß,
Als wäre zwischen Bim und Baum
Das Leben ein verschollner Traum.

8) Es heißt in der Vita S. Sturmii; Mabillon, Acta SS. O. B. IV. p. 257: „Currere citius ad Ecclesiam jubet, omnesque gloggas pariter moveri imperavit, et Fratribus congregatis obitum suum cito adfuturum nuntiare praecepit, et pro se enixius orare postulavit."

um so ergreifender ist es, wenn diese so gewohnt und lieb gewordenen Töne einmal im Jahre ganz verstummen. Nachdem nämlich in dem Hochamte des grünen Donnerstags noch einmal zum Gloria in excelsis mit allen Glocken geläutet, verstummen diese bis zum Gloria der Messe am heiligen Sabbat; auch in der Kirche werden statt der Glöckchen oder Schellen hölzerne Klappern oder Ratschen gebraucht (*Du Cange* s. v. Succinctio campanarum). Das wieder ertönende Geläute der Glocken (welche nach dem Glauben des Volkes in diesen drei Tagen nach Rom gegangen sind) verkündet dann die glorreiche Auferstehung des Welterlösers.

Von frühen Zeiten an haben jedoch die Glocken auch Zwecken gedient, welche mit ihrer heiligen und geweihten Bedeutung einen mehr oder minder losen oder auch superstitiösen Zusammenhang haben. Seit dem 9. Jahrh. finden sich Spuren des Glockenläutens im Gewitter; wir geben in der Anmerkung die Bemerkungen des Baruffaldi, eines der bedeutendsten Rubricisten der römischen Kirche [9]). Ueber noch jetzt vorhandene Reste dieses Wetterläutens belehrt uns Schmid, Liturgik. 2. Bd. S. 362: „In unserer Gegend ist es Sitte, während des Sommers, so lange der Wettersegen gegeben wird, nach dem gewöhnlichen Avegeläute am Abende mit allen Glocken zu läuten, um theils die Gläubigen aufzufordern, Gott um Erhaltung der Feldfrüchte zu bitten, theils auch symbolisch den Wunsch auszudrücken, es möge Gott dort alles Unglück durch Gewitter abwenden, wohin der Schall der geweihten Glocken dringt (Wetterläuten). Auch wurde in früherer Zeit selbst während eines Gewitters in derselben Absicht geläutet, ja noch jetzt wird wenigstens vor oder auch vor und nach dem Gewitter ein Glockenzeichen zum Gebete gegeben."

Alt ist desgleichen die Sitte, Prälaten, Fürsten und Könige mit dem Geläute der Glocken zu empfangen. Glocken rufen zu Gemeindeversammlungen (*Du Cange* s. v. Campana bannalis), zeigen Feuersbrünste an und dienen, „wenn der Aufruhr an ihren Strängen zerrt," zu Signalen der Revolution [10]).

In der orientalischen Kirche, welche den Brauch, durch zusammengeschlagene Hölzer die Gemeinde zusammenzurufen, lange beibehalten, wurden nach der gewöhnlichen Annahme die Glocken 865 unter dem Kaiser Michael bekannt. Ihm hatte der venetianische Doge Ursus zwölf Glocken zum Geschenke gesandt; sie wurden in einem an der Sophienkirche erbauten Thurme aufgehängt. Nach der türkischen Occupation verschwand der Gebrauch der Glocken, welche — bezeichnend genug! — den Muselmännern besonders verhaßt waren [11]), aus den griechischen Kirchen, und erhielt sich nur in einzelnen privilegirten Gotteshäusern, wie in den Klöstern auf dem Athos. Der Gebrauch kehrte nothgedrungen zu den Hölzern und Metallplatten zurück. Wie Balsamon aus einander setzt, gehören mindestens drei solche σήμαντρα zur vollständigen Ausstattung einer Kirche. Das erste, τὸ μικρόν, χειροσήμαντρον, welches die Weissagungen der Propheten bezeichnet, wird mit einem hölzernen Hammer geschlagen: Kunst und Uebung wissen ihm die mannichfaltigste Modulation zu entlocken [12]). Das zweite, τὸ

9) *Baruffaldi* Tit. 83. p. 600: „De ritu est, ut in aere imminentis tempestatis pulsentur campanae, quia ratione benedictionis illis elargitae virtutem habent profligandi Daemones: cum enim sint tubae Regis aeterni, Daemones earum sonum timent." *Concil. Colon.* allegat. a Quarti. *de Bened.* n. 178 et ex del Rio *Disquis. Magic.* lib. 6. cap. 3: „Hac eadem ratione valent ad sedandas tempestates, et ad repellendas grandines, et procellas turbinum, quando a Diabolis excitantur, qui dicuntur Spiritus procellarum, *ex Psalm.* 148. — Verum nonnulli authores, et praecertim philosophi, hunc effectum sedandi tempestates per campanarum sonum naturali rationi tribuere student." *Renatus des Chartes* in Specim. Philos. Meteor. cap. 7. num. 12 haec ait: „Non sine ratione vulgo creditur, vehementes sonitus, qualis campanarum aut bombardarum fulminis vim infringere, et vim tempestatum minui; nam concutiendo nivem, ex qua nubes inferior constat, illam ad descensum invitat et discutit. Ut ii satis sciunt, qui in vallibus, ubi moles nivium e montibus cadentium timentur, iter facere sunt assueti: nam ibi nequidem loqui aut tussire audent, ne sonus vocis nives commoveat." — Pariter *Edmundus Purchotius*, Instit. Philos. T. 3. sect. 3. cap. 4. *de fulmine, tonitru etc.* §. 5. De ratione, cur turres campanarum frequenter a fulminibus percutiantur, ita loquitur: „Cum nubes in terras ruunt, si corpus aliquod excelsum subjiciatur, ut praerupta rupes, vel turris praealta, tum nubes in diversas partes latius corporis occursu distracta in eo loco dehiscit, et quasi fulmini viam aperit. Hinc excelsa quaeque saepius fulmine feriuntur quam depressiora. Idem accidit ubi pulsantur campanae. Si earum sonus, quem in aeris tremitu ac partium succussu positum diximus, fortior sit ac validior, nubem in ea parte, quae turri seu campanili imminet, non mediocriter exagitat; unde nubes eo loci attenuata saepius perrumpitur, facilioremque fulmini praebet transitum, ut in campanile irruat, magno eorum periculo, qui pulsandis campanis dant operam: ideoque utilis est sonus campanarum ad arcendam nubem priusquam accesserit: sed ubi jam campanili incumbit, non sine periculo pulsantur tunc campanae." Alii etiam auctores hujus opinionis sunt, quos omnes notat del Rio supra allegatus: sed cum pietatem Christianam omnino deserunt istae philosophicae opiniones, et intentionem perversam ab Ecclesia habitam in benedictione campanarum, nihil a fidelibus amplexandae sunt, imo omnino erroneae veniunt declarandae: alioquin si hoc naturaliter dari posset, frustranea essent et illusoria verba illa (quod praesens absit) quae in campanarum benedictione ita sonant: „Ut cum melodiae campanarum auribus insonuerit populorum, crescat in eis devotio Fidei; procul pellantur insidiae inimicorum, fragor grandinum, procella turbinum, impetus tempestatum" etc. Quod si vera et infallibilis esset allata a philosophis doctrina, et communis, nemo in casu ingruentis tempestatis auderet accedere ad turres et ibi pulsare campanas, ob aequalis periculum fulgurum tam facile immutationem.

10) Der [illegible] Verfasser der Historie der Kirchenceremonien scheint nicht blos diesen Dienst der Glocken für die Profanwelt für den besten zu halten, sondern den Glocken überhaupt feind zu sein, die man, „wenn der Wind von einer andern Seite komme," nicht einmal hören könne. „Indessen weil sie einmal da sind und der Gewohnheit eingeführet ist, vor dem Gottesdienste zu läuten und dem Volk damit ein Zeichen zu geben, so bleibet man dabey, und es richtet sich darnach, wer da kan." 11) Wie denn auch in der Schreckenszeit der französischen Revolution die Atheisten ihre Wuth vorzüglich an den Glocken ausließen, und sich kaum entschließen konnten, diejenigen beizubehalten, welche nothwendig waren, um dem Volke die jedesmalige Stunde des Tages und der Nacht anzuzeigen. 12) Die Schilderung bei Allatius: „Das Holz, womit die Griechen das Volk in die Kirche berufen, ist etwa zwanzig

μέγα, bezeichnet den Schall des Evangeliums, der durch alle Lande geht. Es ist in Ketten auf den Thürmen aufgehängt und wird, wie auch das dritte, mit einem Hammer geschlagen. Das letzte, τὸ σιδηροῦν, eine Eisenplatte, bezeichnet die Posaune, welche einst die Todten aus den Gräbern ruft. Das Geschäft, die σημαντήρια zu schlagen (κρούειν τὸ ξύλον, τὸ ξύλον σαλαίζειν, κρούειν τὸ σήμαντρον), hat bei größeren Kirchen einen eigenen λαοσυνάκτης. In denjenigen Ländern, welche Freiheit und Selbständigkeit behalten, ist der Gebrauch der Glocken fast noch verbreiteter und beliebter als im Occident. Vor Allem gilt das von Rußland. Die russische Kirche hat von jeher eine große Vorliebe für das Glockengeläute bekundet, und wie sie schon in den Zeiten des Mittelalters sich durch die Menge und oft riesenmäßige Größe ihrer Glocken auszeichnete, so ist auch noch gegenwärtig der Handel mit Glocken des ungeheuren Verbrauchs wegen sehr groß, weshalb man auf allen Messen und Märkten neben anderen Verkäufern gewiß immer auch einen oder ein Paar Glockenhändler sieht, die ihre Glocken, kleine und große, in langen Reihen geordnet, an großen hölzernen Gerüsten aufgehängt haben. Obwol es indessen einerseits bei den Russen viel Glockengeläute, andererseits nicht leicht eine russische Kirche gibt, welche nicht fünf Kuppeln oder Thürmchen hätte, so werden diese letzteren doch nie zum Aufhängen der Glocken gebraucht, sondern sie dienen blos als Zierath; liefern aber zugleich auch den Beweis, daß die sarazenische Bauweise auf den Bau der byzantinischen Kirchen von Einfluß gewesen ist. Der byzantinische Schriftsteller Cedrenus (II. p. 109. ed. Bonn.) spricht dies geradezu aus, indem er sagt, daß Theophilus die Bauweise der Sarazenen nachgeahmt habe, und jene Thürmchen um die Hauptkuppel in der Mitte erinnern in der That lebhaft an die Minarets der Muhammedanischen Moscheen. Für die Glocken dagegen gibt es bei allen russischen Kirchen einen eigenen „Kolokolnik" oder Glockenträger. Bei Landkirchen ist es gewöhnlich eine alte Eiche, in deren Aesten die Glocken wie große Baumfrüchte hängen. In anderen Gegenden, wo es keine Eichen gibt, hängen die Glocken an einem von zwei Pfählen getragenen Querbalken, oder unter einem aus Steinen aufgeführten Bogen, der einer Triumphpforte ähnlich sieht. In Städten aber sind für diesen Zweck in der Regel eigene, seitwärts von der Kirche stehende Thürme erbaut, und der „große Johann" (Iwan Weliki) in Moskau ist nichts Anderes als ein isolirt stehender Kolokolnik. — In Betreff des Läutens ist außerdem noch zu bemerken, daß, während bei uns die Glocke selbst in Schwung gebracht wird, damit der Hammer anschlage, bei den Russen die Glocken selbst in Ruhe bleiben und nur die Hämmer hin und her bewegt werden. Trotzdem aber ist die Arbeit eines russischen Küsters keine gar so leichte. Zwar, wenn er nur ein Paar Glocken zu bearbeiten hat, kann er sich bequem auf einen Stuhl in der Mitte hinsetzen, und er hat nur abwechselnd bald an dem einen, bald an dem anderen Stricke zu ziehen. Sollen aber eine Menge Glocken zugleich ertönen, dann muß er sich die Stricke theils um die Finger der beiden Hände, ein Paar andere um die Beine, und den der größten Glocke um den Leib schlingen, um so durch die verschiedenen Bewegungen, die er bald rückwärts, bald vorwärts, bald rechts, bald links macht, die einzelnen Hämmer zu bewegen, und wie komisch auch der Anblick eines solchen mit Händen, Füßen und dem ganzen Leibe hin und her zappelnden Glöckners ist, so sehr thut Einem der Mann doch leid, wenn man die hellen Schweißtropfen sieht, welche ihm die beschwerliche Arbeit kostet. Gleichwol machte die Sache einem russischen Zaren der früheren Zeit so viel Vergnügen, daß er es sich nicht nehmen ließ, bei seiner Hofkirche selbst das Glöckneramt zu verwalten, was allerdings für einen Einzelnen nur bei kleineren Glocken möglich ist; denn bei der an tausend Centner schweren Riesenglocke auf dem Iwan Weliki, die vorzugsweise „die Große" (bolschoi) heißt, sind zu einem anhaltenden Läuten 24 Menschen erforderlich, und ein dumpfes Getöse, gleich dem Rollen des Donners, erschallt durch die ganze Stadt, wenn sie ertönt. (Kohl, Reisen im Innern von Rußland und Polen I. S. 146 fg. Alt, Christlicher Cultus S. 66.)

Daß die Bedeutung und der Preis der Glocke in der Christenheit von begeisterten Lippen gefeiert, wird Niemand Wunder nehmen. Neben dem Meisterliede Schiller's machen wir nur auf die Stelle in Chateaubriand's „Schönheiten des Christenthums" aufmerksam; sie mag, hoffentlich nicht unpassend und unwürdig, hier am Schlusse stehen: „Weil wir in den Tempel Gottes treten sollen, so laßt uns zunächst von der Glocke, welche uns dahin ruft, reden! Mir scheint der Umstand sehr wunderbar und bemerkenswerth, daß die Kunst erfunden ward, durch Einen Klöppelschlag in einer und derselben Minute in tausend verschiedenen Herzen eine und dieselbe Empfindung zu wecken; daß man Winde und Wolken zwang, sich gleichsam mit den Gedanken der Menschen zu beladen. Ist wol das schauerlichste Schweigen poetischer, als die vom Glockentone belebte Luft, als der in seiner unermeßlichen Ausspannung gleichsam mit Empfindungen geschwängerte Luftraum? Als Harmonie betrachtet ist der Glocke gewiß eine Schönheit und Würde vom ersten Range eigen, diejenige nämlich, welche Künstler das Große, das Erhabene nennen. Erhaben ist des Donners Geprassel durch seine Allgewalt und Größe. So verhält es sich auch mit den Winden, Meeren, Vulkanen, Wasserfällen und den Stimmen eines ganzen Volkes. — Mit welcher Begeisterung würde Pythagoras, der den Hammerschlägen der Schmiede sein Ohr lieh, das sausende Getön unserer Glocken beim Beginnen einer kirchlichen Feierlichkeit gehört haben! — Die sanften

Schuhe lang, zwei Finger dick, vier breit, bestens ausgeglättet, ohne Ritzen; der Priester faßt es mit der linken Hand in der Mitte, und mit der rechten schlägt er oder ein Anderer bald auf diese, bald auf jene Seite desselben, bald nahe, bald weit von der linken Hand, so zwar, daß er bald einen vollen, bald einen tiefen, bald einen hohen, bald einen grellen, bald einen langsamen Ton hervorbringt, welche Töne alle dem Ohre gleich einer vollständigen Musik angenehm schmeicheln."

Accorde der Leier können unsere Seele erweichen, aber nur dann wird sie allgewaltig vom Enthusiasmus ergriffen, wenn des Kampfgewühles Donner sie aufrüttelt, oder schweres Getön der Religion die Triumphe des Gottes der Schlachten durch die Wolken verkündigt. — Und doch ist dieses nicht der bemerkenswertheste Charakter des Glockentones. Dieser Ton hat tausend geheime Beziehungen auf uns selbst. Wie viele Male ist nicht in stiller Nacht das Ohr des ehebrecherischen Weibes durch das Trauergeläute der Sterbeglocke, deren langsame Töne dem schleichenden Pulse eines sterbenden Herzens gleichen, erschüttert worden? Wie oft drang dieser Trauerton bis in des Atheisten einsame Kammer, wo er bei seinen gottlosen Nachtwachen vielleicht eben die schnöde Behauptung: es sei kein Gott — niederschreiben wollte. Jetzt entfällt die Feder seiner Hand, mit Schaudern zählt er die Schläge des Todes; sie scheinen ihm donnernd zuzurufen: Gibt es wirklich keinen Gott? ... Ach! wie oft ward Robespierre durch dergleichen Geräusch aus seinem mit mordsüchtigen Träumen erfüllten Schlafe aufgeschreckt! O wunderbare Religion, die blos durch das Getön eines zauberischen Erzes Vergnügen in Qualen verwandeln, des Gottesleugners Herz erschüttern und der Faust des Meuchelmörders den gezückten Dolch entwinden kann! — — Aber auch sanftere Gefühle sind mit dem Getöne der Glocken verbunden. Wenn man zur Erntezeit zugleich mit der Lerche Gesang und der Morgenröthe ersten Strahlen das schwache Geläut unserer kleinen Dorfkirchen vernahm, so hätte man glauben sollen, der Ernte-Schutzgeist erzähle sanft seufzend Sephora's und Noemi's Geschichte, um die Schnitter aus ihrem Schlummer zu wecken ... Hat nicht die Glocke, welche man voll religiösen Schauers zur Abwendung eines Gewitters auf unsern ländlichen Fluren läutet, hat nicht die, welche man zur Nachtzeit in gewissen Seehäfen ertönen läßt, um den geängstigten Schiffern die rechte Fahrt durch gefährliche Klippen zu bezeichnen — kurz, hat nicht alles Glockengetön seinen eigenthümlichen Zauber? — Das wohlklingende, prächtig summende Geläut unserer Glocken an hohen Festtagen scheint die allgemeine Fröhlichkeit zu vermehren. Hier ist Ausdruck der Freude auf einer unermeßlichen Tonleiter. Bei großen Drangsalen und allgemeinen Landplagen wird das Glockengeläute im Gegentheil schrecklich. Die Seele erbebt, die Haare sträuben sich noch auf dem Haupte beim Andenken an jene Tage, voll Mord und Brand, wo der Blutruf der Sturmglocken die düstere Atmosphäre durchzitterte. — — In einer wohlgeordneten bürgerlichen Gesellschaft erweckt das Geräusch der Sturmglocken die Idee von Hilfe, erfüllt die Seele mit Schauder und mit Erbarmen, und öffnet also die beiden Quellen großer tragischer Empfindungen" [13]).

Vergl. *Vergerius*, De origine campanarum et aqua lustrali. *Nic. Eggers*, De origine et nomine campanarum. (Jenae 1684.) *Christ. Hilscher*, De campanis templorum. (Lipsiae 1692.) *Thiers*, Traité des cloches. (Paris 1721.) C. W. J. Chrysander, Historische Nachricht von Kirchenglocken. (Rinteln 1755.) *Aug. de Roccha*, De campanis. Augusti, Denkwürdigkeiten XI. Binterim, Denkwürdigkeiten IV, 1. (*Daniel.*)

13) So mögen denn die Eisenstäbe und Stahlstäbe, welche man in neuerer Zeit wegen der Kostspieligkeit der ehernen Glocken ohne großen Erfolg einzuführen versucht hat, als die hehre und gewaltige Sprache der Glocken verdrängen.

GLOCKENBLUME (Campanula), eine Zierpflanze, verlangt nahrhaften, stark gedüngten Boden, im Sommer viel Wasser, im Winter eine leichte, trockene Bedeckung. Die Vermehrung geschieht durch Samen, den man im April ins freie Land säet. Die Pflänzchen muß man sehr jung versetzen. (Dr. *W. Löbe.*)

GLOCKENFELSEN oder Bellrock, ein höchst gefährlicher Felsen im Meere, dem Hafenorte Arbroath in der Grafschaft Angus in Mittelschottland fast gerade gegenüber an der Mündung des Tay. Bei gewöhnlichem Wasserstande ist dieser Felsen ganz vom Meere bedeckt, nur bei sehr starker Ebbe, wie sie gewöhnlich einer Springfluth vorausgeht oder nachfolgt, wird die Oberfläche desselben auf eine Strecke von etwa 300 Fuß und höchstens 3—4 Stunden lang bloß gelegt. Den Namen Glockenfelsen erhielt dieser Fels davon, daß der Abt des nahe gelegenen Klosters auf ihm ein Boot mit einer Glocke vor Anker legte, deren beständiges Läuten die Schiffer auf die ihnen drohende Gefahr aufmerksam machte. Die Unzulänglichkeit dieses Schutzmittels veranlaßte den Bau des so berühmten Leuchtthurms von Bellrock, zu dem man 1808 den Grund legte und der schon 1811 vollendet wurde. Seine Höhe beträgt 115 Fuß; die unteren 70 Fuß sind ein massives Gemäuer ohne alle Oeffnung; der oberhalb dieses Gemäuers befindliche Eingang ist nur mittels Winden und Strickleitern zugänglich. In der sogenannten Laterne werden durch einen Mechanismus nicht blos verschiedene Lampen im Kreise herumgedreht, sondern auch Glocken in Bewegung gesetzt, um auch bei starken Nebeln den Schiffern noch ein warnendes Signal geben zu können. (*H. E. Hößler.*)

GLOCKENGEBLÄSE. Dasselbe wurde früher bei den Gruben zur Zuführung frischer Wetter angewendet, und ist unter dem Namen des harzer Wettersatzes bekannt. Später gab Baader demselben eine bessere Einrichtung und verwendete es für den Hüttenbetrieb (s. Baader, Beschreibung eines neu erfundenen Gebläses. Göttingen 1794.) Es wird daher auch das hydraulische, hydrostatische oder Baader'sche Glockengebläse genannt. Man unterscheidet an demselben:

a) den eigentlichen von Holz oder Eisenplatten hergestellten Kasten;
b) einen Wasserbehälter;
c) eine Lutte, durch welche die im Kasten a gesammelte Luft abgeleitet wird;
d) Ventile am Deckel des Kastens;
e) ein Ventil an der Lutte c;
f) einen Luftkasten, aus welchem die Luft gleichförmig zur Düse geleitet wird, und

g) eine Zugstange, mittels welcher der Kasten a in dem mit Wasser gefüllten Behälter b auf- und abgezogen wird.

Statt im Deckel des Kastens Ventile d anzubringen, kann man noch im Wasserbehältnisse b eine zweite Lutte abwärts gehen lassen, welche jedoch unmittelbar mit der atmosphärischen Luft in Verbindung gebracht wird. Wenn nun der Kasten a durch die Zugstange g in die Höhe gezogen wird, so öffnen sich die Ventile d und der Kasten wird mit Luft gefüllt. Wird aber der Kasten a nach Abwärts gedrückt, so öffnet sich das Ventil e der Lutte, und die Luft wird in den Windkasten f gepreßt. Das Wesentlichste bei diesem Gebläse ist der gleiche Stand des Wassers im Kasten b; denn sobald das Wasser abnimmt, wird der schädliche Raum bedeutend vermehrt. Die Wirkungen dieses Gebläses sind daher nie so vollkommen wie bei einem Cylindergebläse. (*C. Reinwarth.*)

GLOCKENGIESSEREI. So alt und weit verbreitet auch die Metallmischung zu den Glocken, die Legirung des Kupfers mit Zinn ist, so gering und fragmentarisch sind doch die Nachrichten über Verwendung derselben zu Glocken. Die Glockengießerei, das Glockenmaß oder der Jacobsstab ist bis zum heutigen Tage mehr das Resultat der Erfahrung, welche sich in einzelnen Glockengießerfamilien fortgeerbt hat. Obgleich diese Metallgießerei noch vieler Verbesserungen fähig ist, so finden wir doch nur geringe Abweichungen in der Zusammensetzung der Metalle, in der Form der Glocken und in den Manipulationen beim Gießen. Die Metallmischung zu den Glocken besteht (vergl. Art. Glockengut) wesentlich aus Kupfer und Zinn, welche nach eigenthümlichen Verhältnissen zusammengeschmolzen werden. Das Kupfer war schon in den frühesten Zeiten zu Waffen und Werkzeugen verwendet, aber eine Composition von Kupfer und Zinn kam erst später zur Kenntniß und gelangte durch den Handel aus Indien in die westlichen Länder Asiens und nach Aegypten, nachdem die Kassiteriten entdeckt und mit ihnen das Zinn bekannt geworden ist. Die Phönizier, das größte Handelsvolk der alten Welt, verfertigten aus einer Legirung des Kupfers mit Zinn schneidende Werkzeuge und Geräthschaften für den Haushalt und Ackerbau, und allem Vermuthen nach ist ihnen die weitere Verbreitung dieses Metallgemisches zu danken. Auch andern Völkern der frühesten Zeit, den Aegyptern, Assyriern und Babyloniern waren diese Mischungen nicht unbekannt, aber in größerem Fortschritte sind sie uns von den Griechen und namentlich von den Römern überliefert. Die Römer bezogen viel Kupfer aus den Gruben in Campanien, das Zinn lieferte ihnen die iberische Halbinsel. Die Composition aus beiden nannten sie aes, das alte Erz, welches wir auch mit ehern bezeichnen, unsere heutige Bronze. Aus dieser Composition, welche in naher Uebereinstimmung mit unserem Glockengute ist, sind viele Kunstgebilde des Alterthums auf uns übergegangen. Das Museum Campanum in Rom hat so ausgezeichnete Bronzen der ältesten Zeit aufzuweisen, daß ihre Kunstfertigkeit ein Gegenstand der Bewunderung geworden ist. Es sind Waffen, welche meistens etruskischen Gräbern entnommen, in Gestalt von Trophäen, zum Theil geschmackvoll verziert sind. Zu den Waffen gesellt sich eine zahllose Menge von Hausgeräthen, Vasen und Bronzefigürchen. Die Analysen von alten griechischen und römischen Münzen ergeben in der Mehrzahl ein Verhältniß von 60 bis 95 Theilen Kupfer mit 4 bis 10 Theilen Zinn, welches aber häufig durch Blei verunreinigt gewesen zu sein scheint. Die keltischen Völkerschaften des europäischen Continents verstanden Kupfer und Zinn zusammen zu schmelzen. Ein Theil dieser Völker bewohnte Britannien, in welchem Cornwall schon zur Zeit der Phönizier das reichste Zinnland gewesen und noch heutigen Tages ist. Strabo erwähnt, daß bei den Kelten eine sehr ausgebildete Cultur vorhanden gewesen, und die von Fresinius und Havrard untersuchten alten keltischen Waffen, Geräthe und Geschmeide weisen ein Verhältniß der Mischung von 87,1 bis 94,7 Proc. Kupfer und 11,6 bis 4,7 Zinn und 0,6 Blei nach, und beweisen viel Kunstfertigkeit in der Behandlung dieser Metallmischung. Wenn wir nun auch im Allgemeinen annehmen, daß die Kenntniß solcher Legirungen zuerst von den Phöniziern verbreitet worden, daß alle aus jenen Zeiten herstammenden Compositionen mit denjenigen in mehr und minderer Uebereinstimmung sind, welche wir als Bronze, Glockengut, Kanonenmetall bezeichnen, so sind uns doch bestimmte Nachrichten über die Darstellung solcher Metallmischung aus der Geschichte nicht überliefert worden. Wir finden dieselbe zu Glocken verwendet zuerst in dem 7. Jahrh. bei den Franken. Im Anfange des 9. Jahrh. führte Karl der Große den Gebrauch der Glocken bei den Kirchen allgemein ein, und aus dieser Zeit rührt jene schöne Glocke (campanum optimum), welche vom Mönche Tancho gegossen, von Karl dem aachener Dome gegeben wurde. Erst im Verlaufe des Mittelalters finden wir sie als einen ausschließenden Gegenstand der Metallgießerei, welche aber vorzugsweise von den Mönchen betrieben wurde. Die Benedictinermönche zeichneten sich besonders in der Glockengießerei aus. So goß der Benedictinerabt Egelric von Croyland ein aus sechs Glocken bestehendes Geläut zu Ende des 10. Jahrh., der Abt Gozbert von Tegernsee verschrieb in derselben Zeit sich von dem Bischofe Godschalk zu Freising einen Glockengießer Adalric, und führte in seinem Kloster die Glockengießerei ein. Der Erzbischof Timo von Salzburg erlernte in seiner Jugend zu Niederaltaich die Glockengießerkunst, welche im J. 1128 eine allgemeine Beschäftigung der Mönche im Salzburgischen wurde. Auch die Mönche der französischen Klöster beschäftigten sich im 12. Jahrh. viel mit Glockengießen; der Abt Radulf von St. Troud ließ verschiedene große Glocken gießen und umgießen. Daß schon im 6. Jahrh. in Italien und Gallien Glocken eingeführt waren, geht aus der Sage des Bischofs Paulinus von Nola in Campanien hervor, welcher als Erfinder der Glocken, wenn auch unbegründet, ausgegeben wurde.

Daß auch den Chinesen, Birmanen und andern Völkern die Glockengießerei nicht unbekannt gewesen ist, geht aus Ueberlieferungen von Missionairen hervor.

Marco Polo erzählt aus dem 13. Jahrh., daß er in Peking eine Thurmglocke gesehen habe, mit welcher den Bewohnern der Stadt das Zeichen ihrer Rückkehr ins Haus gegeben wurde. Die französischen Missionaire des 16. und 17. Jahrh. gaben verschiedene Nachrichten über die großen Glocken der Chinesen. Sie erzählen (vergl. Jäck, Reisen durch China), auf dem Kloster Nanhoa eine so große Glocke gesehen zu haben, als in Europa nirgends. Le Comte führt in den Nouveaux mémoires sur la Chine (Amsterdam 1698.) an, daß in allen Städten China's sehr große Glocken sich befinden, mit welchen die Nachtwachen durch Anschlagen bezeichnet werden. Zu Nanking wurden mehre große Glocken gefunden, welche durch ihr Gewicht den Thurm eingestürzt hatten, auf welchem sie aufgehängt gewesen. Nach Kircher's China illustrata (Amsterd. 1667.) waren in Peking sieben große Glocken, welche im J. 1403 auf Veranlassung des Kaisers Yong-lo gegossen worden sind. In Peking ist gegenwärtig noch eine Glocke, deren Gewicht zu 53 Tonnen angegeben wird. Wie sehr den Chinesen die Bereitung des Glockenguts bekannt ist, geht schon aus ihrem Gong-Gong, chinesisch Tschoung, hervor, dessen Gemisch noch gegenwärtig als unsere beste Glockenspeise gehalten wird.

In Deutschland erhielt die Glockengießerei im 13. Jahrh. einen größeren Aufschwung, als die Reichsstädte und die großen privilegirten Landstädte aufkamen, als die Zünfte, Gilden oder Innungen die Handwerker sammelten und der Handel der Städte stieg. Die Glockengießerei wurde ein Gewerbe, welches meist im Umherziehen betrieben wurde, denn die Glocken wurden häufig an Ort und Stelle ihres Gebrauchs gegossen. Und weil man mit der Geschicklichkeit und Fertigkeit im Gießen mancherlei Geheimnisse verband, so erbte das Gewerbe nur in bestimmten Familien weiter. Zwei der ältesten bekannten Glockengießerfamilien (vergl. die fleißige Schrift: Glockenkunde von H. Otte) sind die Weghel oder Wechel und die Duisterwald am Mittel- und Niederrheine. Meister Wilhelm von Weghel kam a. 1375 mit seinem Sohne zum Glockenguß nach Xanten, und a. 1449 goß Johann von Wechel die zweite Glocke des Doms zu Cöln. Auf der Severinskirche zu Cöln war a. 1360 eine Glocke von Hans Duisterwald, und zu Anfange des 16. Jahrh. waren noch mehre Glocken in Cöln von den Brüdern Christian und Gerhard Duisterwald. Der Verfertiger der großen erfurter Glocke aus dem Jahre 1497 war der Niederländer Gerhard de Wou von Campen, von dessen Familie und auch wol von ihm selbst sich im Münsterschen, in Niedersachsen und in der Altmark vielfach Glocken befinden. Zu Ende des 15. und Anfange des 16. Jahrh. hat Wolter Westerhues im Münsterlande viele ausgezeichnete Glocken gegossen. Berühmte Glockengießer waren seit dem 16. Jahrh. in den Städten Cöln, Regensburg, Augsburg, Nürnberg u. a. In Cöln waren anfänglich 1556—1581 Dietrich und Heinrich von Cöln, 1682—1684 die Brüder Johann und Lorenz Wickrath, von 1760—1790 le Gros aus Malmedy. Vom 16. bis 18. Jahrh. waren in Regensburg die Scheichshorn; in Augsburg war 1610—1630 Wolfgang Neithart von Ulm; in Nürnberg war von 1521—1538 Andres Pegnitzer, und um 1550 Hans Rosenhart. In Sachsen und Thüringen waren, wie H. Otte angibt: die Möring zu Erfurt im 16. und 17. Jahrh., die Hilliger von Freiberg im 16. Jahrh., Andreas Herold von Nürnberg zu Dresden in Mitte des 17. Jahrh., die Ulrich zu Laucha und Apolda, und die Weinhold zu Dresden im 18. und 19. Jahrh. In den Niederlanden, der Heimath der Glockenspiele, welche im 17. Jahrh. fast in allen Städten auf Kirchthürmen angebracht sind, zeichnete sich besonders Franz Hemony zu Zütphen von 1645—1653 als Glockengießer aus. Er verfertigte die Glockenspiele in Zütphen mit 20 Glocken von 14,000 Pfund Gewicht; in Enkhuisen mit 26 Glocken von 16,000 Pfd. Gewicht; in Deventer mit 25 Glocken von 14,000 Pfd.; in Bois-le-duc mit 15 Glocken von 17,000 Pfd.; in Utrecht mit 26 Glocken von 11,000 Pfd.; in Amsterdam mit 20 Glocken von 25,000 Pfd. Der Glockengießer de Graave aus Amsterdam ist der Verfertiger des im J. 1714 auf der reformirten Parochialkirche zu Berlin angebrachten Glockenspiels von 35 Glocken. Das größte und schönste Glockenspiel in den Niederlanden hat Delft auf dem Thurme der Hauptkirche, in welchem 500 Glocken angebracht sind.

Von den Glockengießern der neuesten Zeit haben folgende einen ausgebreiteten Ruf erlangt: Alexius Petit zu Gelcher bei Coesfeld, Jacob Rinker von Leun bei Wetzlar, Xaver Gugg in Salzburg, Babenk in Hoyerswerda, Friedrich Gruhl in Klein-Welke bei Bautzen, welcher von 1803—1850 680 Glocken lieferte; Hackenschmidt in Berlin, dessen größeste Glocke von 64 Ctnr. sich in Brandenburg befindet und das ganze Geläute für die Kirchen zu Reppen und Kyritz, für die Jacobikirche, Matthäikirche und neue Petrikirche zu Berlin, und für die Nicolai- und Friedenskirche zu Potsdam verfertigt hat. Von französischen Glockengießern zeichnet sich vorzüglich Maurel zu Marseille durch Intelligenz aus. Von ihm war im J. 1840 ein Modell eines von ihm erfundenen neuen Systems von Kirchenglocken auf die pariser Industrieausstellung eingesendet, durch welches das bisherige System in jeder Beziehung verändert und, wie Armengaud's Génie industriel, November 1852 angibt, eine zweckmäßige Verbesserung in Verfertigung der Glocken herbeigeführt wird. Von allen Glockengießern aller Zeiten zeichnen sich besonders die Engländer Mears in London und Gloucester, als Nachfolger der berühmten Rudalls daselbst aus. Die Rudalls haben von 1684—1774 nicht weniger als 3606 Glocken gegossen, die Mears'schen Gießereien aber haben nach der Quarterly Review No. 190 bis zum Jahre 1852 bereits 11 Geläute zu 12 Glocken, 27 Geläute zu 10, 172 zu 8, 73 zu 5 Glocken und außerdem 190,000 einzelne kleinere Glocken geliefert, und überaus reich war aus dieser Gießerei die letzte allgemeine Industrieausstellung mit Glocken versorgt worden. Der Betrieb ist dort von solchem Umfange, daß häufig 30 Tonnen Glockengut mit einem Male verschmolzen werden.

Der Ofen zum Schmelzen des Glockengutes im Großen ist ein Flammen- oder Reverberirofen (abgeleitet von réverbérer, zurückwerfen, zurückstrahlen), fourneau à réverbère. Ein solcher mit einem kugelförmigen Gewölbe wird gewöhnlich von den Glockengießern angewendet, indem das Metallgemisch leichtflüssig ist und keiner sehr hohen Temperatur zum Flusse bedarf. Der schnelle Gang der Operation ist aber eine unerläßliche Bedingung, und daher ist die elliptische Form des Ofens vorzuziehen. Derselbe besteht aus zwei getrennten Haupträumen: dem Feuerraume und dem Schmelzherde, und ist ganz aus Mauerwerk aufgeführt. Das über dem Schmelzherde ausgespannte Gewölbe muß vorzugsweise aus feuerfestem Material bestehen, weshalb man in der Regel dazu künstliche Thonsteine, Charmottesteine wählt. Ueberhaupt aber nimmt man zu allen innern, der Hitze am meisten ausgesetzten Theilen, als Feuerherd, Brücke und Herdgewölbe, feuerfeste Ziegel, welche mit einem ganz dünnen Brei von feuerfestem Thon als Mörtel bestrichen und so verbunden werden. Der Feuerraum ist durch die Feuerbrücke von dem Schmelzherde geschieden; aus ihm schlägt die Flamme des Holz- oder Steinkohlenbrennmaterials, mit welchem der Rost immer reichlich bedeckt sein muß, um dem Eindringen sauerstoffhaltiger Luft, welche das Metall oxydiren und großen Verlust daran erzeugen würde, zu wehren, über die Feuerbrücke durch eine Oeffnung auf den mit Metall bedeckten Schmelzherd hinein. Dem Feuerherde gegenüber ist in der Vordermauer des Ofens das Stichloch oder das Auge angebracht, eine am Boden des Schmelzherdes zum Ablassen des geschmolzenen Metalls befindliche Oeffnung, welche während des Schmelzprocesses durch einen Pfropf verschlossen ist. Der Schmelzherd ist von allen Punkten gegen das Stichloch hin abhängig, damit das geschmolzene Metall vollständig auslaufen kann. Der Schmelzherd hat eine kreisrunde, oder besser eine elliptische Form, ist wenig vertieft und mit einem niedrigen Gewölbe überspannt. Das Metall wird in ihm in einer großen, nur wenige Zoll dicken Schicht ausgebreitet. Zum Eintragen und Umrühren des Metalles und zur Beobachtung des Schmelzens sind zwei an den Seiten einander gegenüber liegende sogenannte Arbeitsöffnungen oder Fenster angebracht, welche gleichzeitig zur Regulirung und Leitung des Luftzuges benutzt werden. Sie sind mit in Falzen auf und nieder beweglichen eisernen Thüren verschlossen. Die aus dem Feuerherde über die Brücke nach dem mit Metall bedeckten Schmelzherde (Arbeitsraum, Schmelzraum) hinstreichende Flamme ist durch das Gewölbe genöthigt, sich niedrig zu halten und auszubreiten, wozu noch vier ganz nahe über der Herdfläche ausgehende Zuglöcher (Windpfeifen) angebracht sind, welche sich in Kanäle verlängern und welche letzteren in den gemeinschaftlichen Schornstein münden. Durch die Arbeitsthüren und Zuglöcher kann die Flamme ganz nach Bedürfniß des Schmelzens geleitet werden. Manche Glockengießer haben auch Oefen mit einfachen Zuglöchern in der gewölbten Decke, ohne Schornstein.

Die Beschickung des Herdes (unter Herd wird stets derjenige Theil des Ofens verstanden, welcher die Sohle des Arbeitsraumes, Schmelzraumes bildet) geschieht, wenn nicht blos altes Glockengut umgeschmolzen, sondern vielmehr eine neue Mischung bereitet werden soll, indem das Kupfer zuerst und allein eingetragen und geschmolzen wird. Ist dasselbe gehörig in Fluß gebracht, so wird das vorher etwas erwärmte Zinn zugesetzt, damit es der Einwirkung des Feuers nur eine kurze Zeit über ausgesetzt bleibt. Man setzt niemals Kupfer, welches strengflüssiger ist als die Legirung, zu. Bei dem Schmelzverfahren muß hauptsächlich die Oxydation verhütet werden, und das beste Mittel gegen dieselbe ist schneller Fluß. Man wirft deshalb öfters einige zerkleinte Holzkohlen auf die Oberfläche des fließenden Metalls und mengt sie mit den Schlacken desselben. Die Holzkohlen dürfen aber nicht so klein sein, daß sie von der Gewalt der Flamme weggeführt werden können. Die Metalle müssen sehr schnell und kräftig umgerührt werden, damit sie sich desto inniger verbinden, was bei dem verschiedenen Grade der Dichtigkeit derselben (vgl. den Art. Glockengut) sehr schwer hält. Dieser verschiedene Grad von Dichtigkeit erzeugt nämlich in den Metallen eine Kraft, welche der Verwandtschaft derselben entgegenstrebt und sie von einander entfernt. Nach dem Verhältnisse der Composition ist dieselbe oft so beträchtlich, daß sie selbst im Modell noch auf das flüssige Metall wirkt, und sie ist eine der Ursachen, warum man für möglichst schnelle Erkaltung in dem Modelle sorgen muß. Zum Umrühren des Metalls beim Schmelzen wird gewöhnlich eine 10 Fuß lange hölzerne Stange genommen, und zum Abziehen der Schlacke oder des Oxydes von der Oberfläche des Metalls ein an einer hölzernen Stange befindlicher Haken.

Wird der Mischung noch Zink zugesetzt, so wird dasselbe gewöhnlich, in dünne Platten vorgerichtet, unter die Schichten der brennenden Holzkohlen hineingeschoben; diese Kohlen werden, ohne dieselben mit dem Metalle zu mengen, dann weggenommen, die Mischung wird tüchtig umgerührt, und man gießt so schnell als möglich.

Kommt, wie es sehr häufig geschieht, altes Glockengut, Metall von zersprungenen oder unbrauchbar gewordenen Glocken, mit zum Schmelzen, so ist es eine nothwendige Bedingung für das Gelingen einer guten Legirung, wenn vorher die alten Stücke genau analysirt werden, damit man weiß, was man an ihnen hat. Man muß aus ihnen diejenigen Metalle ausscheiden, welche sowol der Menge als dem Werthe nach die geringsten in denselben sind, damit das Kupfer und das Zinn daraus erhalten wird. Die Behandlung und Benutzung der Schlacken und Abfälle ist Gegenstand eines besondern Processes, welcher, wie die Analyse selbst, nur mit Beihilfe der Chemie auf mehr oder minder leichte Weise gehandhabt werden kann. Bei der Analyse von altem Glockengute ist stets zu beachten, daß das Kupfer sich leicht mit den Metallen verbindet, und zwar mit den meisten in jedem Verhältnisse. Diese Verbindungen sind größtentheils leichter flüssiger, härter und spröder als Kupfer.

Kleine Mengen von Tellur, Zinn und Wismuth zerstören die Dehnbarkeit des Kupfers; mit größern Mengen von Zinn, wie 20 bis 22 Theile Zinn auf 80 und 78 Theile Kupfer, erhalten wir aber das brauchbare Glockengut. Durch Zinkzusatz wird das Kupfer rothbrüchig, und zwar reichen schon 0,5 Proc. Zink hin, um die Festigkeit des Kupfers bei höherer Temperatur wesentlich zu vermindern. Das Blei verbindet sich leicht mit dem Kupfer und vermindert selbst in kleinen Mengen dessen Festigkeit bei allen Temperaturgraden. Das beste Kupfer enthält immer etwas Eisen, doch ertheilt dasselbe in kleinen Mengen, welche ½ Proc. nicht übersteigen, dem Kupfer keine nachtheiligen Eigenschaften. Ist aber das dem Kupfer beigemengte Eisen kohlenstoffhaltig, so wird die Festigkeit desselben wesentlich vermindert. Gold verändert, in kleinen Mengen zugesetzt, die Festigkeit des Kupfers nicht, und Silber wirkt ebenfalls nicht nachtheilig auf dasselbe. Kleine Mengen von Platina wirken im Kupfer ebenso, wie gleiche Mengen reines Eisen; größere Mengen von Platina verändern die Farbe des Kupfers in eine blaßrothe. Auf trockenem Wege kann man den Kupfergehalt einer Mischung vor dem Löthrohre finden, vor welchem das Kupfer entweder in Gestalt eines Kornes oder kupferfarbigen, metallisch glänzenden Punktes, auch als grüne Glasperle erscheint, wenn man die kupferhaltige Substanz im Boraxglase behandelt. Ein anderes Verfahren zur Auffindung des Kupfers in einem Gemische ist, wenn dasselbe mit phosphorsaurem Natron und Natriumchlorid vor dem Löthrohre geschmolzen wird. Durch die blaue, ins Purpur ziehende Flamme läßt sich hierbei der Kupfergehalt sehr ausgezeichnet erkennen. Die analytische Probe über den Gehalt des Glockenguts gründet sich auf die Auflösbarkeit des Kupfers in Salpetersäure. Man erkennt daher die Metalle, aus welchen die Legirung zusammengesetzt ist, indem man ein Stückchen derselben entweder in Körner oder in Plättchen verwandelt, und einen Theil davon in Salpetersäure auflöst. Nachdem alle Metalle, als Kupfer, Zink, Blei und Eisen, aufgelöst sind, schlägt das Zinn sich von selbst in Gestalt eines weißen Pulvers nieder, und die übrige Auflösung wird durch die gehörigen Reagentien auf ihre Bestandtheile geprüft.

Das Verfahren, die Schlacken des Glockenmetalls zu reduciren, gründet sich auf die Eigenschaften des Zinnes, leichter schmelzbar und oxydirbar zu sein als Kupfer. Man wendet zu dieser Reduction einen Reverberirofen an, und zieht jetzt aus den Schlacken, welche früher weggeworfen wurden, einen großen Nutzen.

Im Kleinen wird das Glockengut in Graphittiegeln geschmolzen, indem das Zinn dem schon geschmolzenen Kupfer zugesetzt wird. Man gebraucht dazu Wind- oder Zugöfen, und setzt die Graphittiegel mitten in Holzkohle oder noch besser in Coaks, und zwar von der härtesten Art, ein, sodaß in dem kleinsten Umfange des Brennmaterials die größte Menge von Hitze entwickelt werden kann. Es wird hierdurch ein schneller Fluß erzeugt. Um hierbei der Oxydation vorzubeugen, wird die Oberfläche des Metalls mit Kohlen bedeckt. Vor dem Gießen muß das Oxyd abgeschäumt, das Metall aber in dem Tiegel umgerührt werden.

Der Guß beginnt sofort, sobald das Kupfer mit dem Zinn gehörig zusammengeschmolzen und die Komposition tüchtig durchgerührt ist. Daher wird vor dem Stechen (dem Oeffnen des Stichlochs) noch eine starke Hitze gegeben. Von dem Stichloche des Schmelzofens ist eine auf der Erde von Lehm etwas abschüssig vorgerichtete, mit Mauersteinen ausgelegte Rinne (die Gußrinne) angebracht, welche nach der vor dem Schmelzofen befindlichen Dammgrube führt. In letzterer ist die Glockenform angelegt, und die Grube muß daher tief genug sein, damit die fertige Form nicht aus derselben hervorragt. Vor dem Gusse wird die Rinne durch glühende Kohlen angewärmt. Sind mehre Formen neben einander in der Grube angelegt, so wird die Gußrinne in Zweige, welche über den einzelnen Eingüssen münden, getheilt, welche nach der Reihe dem zufließenden Metalle geöffnet werden.

Außer den schon oben angeführten Geräthen zur Bedienung des Ofens werden noch gebraucht: ein langstieliger eiserner Löffel, mit welchem eine Probe des flüssigen Metalls zur Untersuchung der Legirung entnommen wird; eine Stange zum Abstechen; eine hölzerne Krücke, mit welcher das flüssige Metall während des Gießens auf dem Herde gegen das Stichloch hingeschoben wird; ferner einige an langen Stangen befindliche konische hölzerne Stöpsel, mit welchen das Gießloch und die Windpfeifen der Form bis zum Augenblicke des Gusses verschlossen werden, um Verunreinigungen zu verhüten; endlich eine große Zange, mit welcher das in der Gußrinne bleibende Metall herausgerissen wird.

Ehe wir aber zum Glockengusse übergehen, wird es nothwendig sein, vom Entwurfe der Glocke zu sprechen, welcher dem Glockengießer die Anleitung geben muß, um der Glocke die allgemein bekannte Form zu geben.

Der Entwurf der Glocke hat eine aus der Erfahrung hervorgegangene bestimmte Basis: das Glockenmaß oder den Jacobsstab. Das Glockenmaß besteht in gewissen Verhältnissen, welche dazu dienen, die verschiedenen Theile der Glocken unter einander in eine gewisse Harmonie zu bringen. Die Größe einer Glocke bestimmt ihren Ton, der desto höher, je kleiner die Glocke ist. Die Verhältnisse der einzelnen Abmessungen unter einander stimmen bei allen gut ausgeführten Glocken bis auf geringe Abweichungen überein. Den größten Durchmesser besitzt die Glocke an ihrer Mündung, und die größte Metallstärke an dem Schlage oder Kranze (Schlagring), d. h. an jenem Umkreise, gegen welchen der Knoppel beim Läuten schlägt. Der Schlag oder Kranz ist daher der dickste Theil der Glocke, er bildet die Basis von dem ganzen Maße, er bestimmt alle übrigen Dimensionen. Glocken kann man als gekrümmte elastische Kreisscheiben betrachten, welche bei ihrer Eintheilung Durchmesser-Knotenlinien bilden, welche sich alle, an der Glocke wie an der Scheibe, in Befestigungspunkte durchschneiden. Man kann ferner eine Glocke sich auch aus Ringen von verschiedener Größe bestehend vorstellen, welche durch die wechselseitige Verbindung sich im Schwingen theils aufhalten, theils beschleunigen, sodaß eine mittlere Geschwindigkeit und eine dieser entsprechende Tonhöhe herauskommt. Daher ist der Einfluß, welchen die Größe, Dicke und der Stoff der Glocke auf die Höhe des Tones ausüben, an den Glocken ebenso wie an den Scheiben, und deshalb können die Eintheilungen einer Glocke nur nach ganzen geraden Zahlen geschehen, oder die Zahl der Theile kann nur paarweise wachsen. Eine Glocke theilt sich bei der einfachsten Schwingungsart mit dem tiefsten Tone durch 4 Knotenlinien (Halbmesser) in ebenso viele gleiche Theile, bei der nächsten in 6, dann in 8, 10, 12 u. s. w. mit einer Tonhöhe, welche dem Quadrate dieser Zahlen entspricht, sodaß also der zweite Ton $(\frac{3}{2})^2$ um eine Octave und einen ganzen Ton, der dritte Ton $(\frac{4}{2})^2$ um die doppelte Octave, der vierte Ton $(\frac{10}{4})^2$ um die doppelte Octave und eine Quart höher als der Grundton der Glocke (mit vier Schwingungsknoten) ist. Bei dem Grundtone der Glocke bemerkt man stets das Mitklingen höherer Töne, nur daß die letztern nicht so rein sind wie der erstere und daß, wenn der Grundton = 1 gesetzt wird, die harmonischen Töne der Glocke sich wie die Quadrate der natürlichen Zahlen 2, 3, 4 verhalten. Der Ton einer Glocke wird sich ändern, wenn dieselbe ungleiche Stellen hat, und zwar je nachdem diese oder jene Stelle einen schwingenden Theil oder einen Schwingungsknoten macht. In der Regel machen die Glocken normale Schwingungen, welche sich auch durch Knotenlinien theilen. Diese Knotenlinien, welche beim Tönen der Glocke in Ruhe bleiben, indem sie die Grenzen zwischen den entgegengesetzt schwingenden Abtheilungen bilden, werden sichtbar, wenn man die Glocke mit Wasser benetzt und mit Sand bestreut. Gesprungene metallene Glocken klingen nicht, sondern schwirren nur. Durch Aussfeilen des Risses kann man den Klang zum Theil wieder hervorbringen.

Zur Auffindung der verschiedenen einzelnen Töne einer Glocke hatte man sonst ein praktisches Verfahren. Es galt nämlich in der frühesten Zeit als Regel, daß eine Glocke drei Töne haben müsse: unten, in der Mitte und oben je einen. Die größte Glocke des Doms zu Rheims, welche 240 Ctr. schwer ist, enthält beide Octaven und noch einen Ton, welcher zu der Unteroctave die höhere Quinte bildet. Die in Paris herausgekommene Encyklopädie Arts et Métiers I, 711 erwähnt den Dreiklang der Glocken, welcher aus Grundton, Terz und Octave bestehe, und *Vincentius Bellovacensis*, Speculum naturale l. 4. c. 14 führt an: „Campana in tribus locis, si pulsetur, tres habere sonos invenitur, in fundo mediocrem, in extremitate subtiliorem, in medio graviorem.“ Daher soll man zur Auffindung der Töne, deren eine Glocke fähig ist, dieselbe nur möglichst punktuell mit einem Stäbchen oder dem Knöchel des Zeigefingers unten, in der Mitte und oben leise anschlagen. Allein diese Annahme, daß eine Glocke drei Töne haben müsse, ist nirgends weiter begründet, es ist vielmehr wahrscheinlich, daß die alten Glocken nach diatonischen Intervallen construirt worden sind. So sagt Schott in: Magia naturae II, 358, von Hemony über die Tonverhältnisse der Glocken: „Debet campana bona ita esse proportionata, ut exhiberi per eam seu ex ea percipi possint tres octavae, duae quintae, tertia major et tertia minor. Horum tonorum unus appellari potest capitalis, nempe altissimus tonus dictarum octavarum, quia is longe clarius quam alii exauditur et praedominatur caeteris, qui occidentales sunt.“ In der Harmonie universelle l. VII, 18 heißt es von den vier Glocken des Franziskanerklosters zu Paris, daß sie die Töne ut re mi fa angeben. Neujour der künstliche Glockengießer S. 5 bemerkt, daß eine Glocke an und für sich allein, wenn sie gut gegossen heißen solle, mit ihr selbst zusammenstimmen und die ganze musikalische Octave in sich enthalten müsse, sodaß diejenige, welche einen tiefen Ton hat, von Terzen zu Terzen hinaufsteigen und diese 6 Terzen ut mi sol si re fa la ut hören lassen*). H. Otte erwähnt in der schon oben bezeichneten Schrift „Glockenkunde“ Mehres über die Tonverhältnisse verschiedener Glocken. So hat u. a. die Kirche zu Fröhden bei Jüterbog eine nach harmonischen Verhältnissen geformte, mittelalterliche Glocke von etwa 1½ Ctrn. Gewicht, welche oben in der Platte zwei Oeffnungen hat. Eine vielleicht aus dem 12. oder 13. Jahrh. herstammende hat Wolmirstedt. Die drei größesten Glocken des braunschweiger Doms sind 1502 von Gerhard de Campis gegossen und haben die Töne B. b. f. Aus dem Mittelalter sind zwei Glocken des Doms zu Merseburg, von denen die eine, die Sturmglocke Ellusa, die Töne G und H angibt, die andere mit der Inschrift „Quarta“ aus dem Jahre 1458 hat die Töne C und E. Zwei andere Glocken derselben Kirche lassen die kleine Terz hören, so hat die mit Nona bezeichnete B und Des und ein nachsummendes tieferes B, daher sie auch Mollglocke genannt wird; die andere aus 1479 läßt die kleine Terz D F hören. Die aus dem 14. Jahrh. herrührende größte Glocke des Doms zu Merseburg gibt außer den 4 Tönen C E G c noch das tiefere Contra-C. Die berühmte große, 275 Ctr. schwere Glocke des Doms zu Erfurt, Maria Gloriosa, 1497 von dem Niederländer Gerhardus von de Campis gegossen, gibt außer ihrem Grundtone D noch die consonirende kleine Terz an. Die im J. 1674 von Jacob Wenzel aus Magdeburg gegossene große und 60½ Ctr. schwere Glocke des südlichen blauen Thurmes der Markt-

*) Zur Bezeichnung der innerhalb einer Octave enthaltenen Töne wurden im 11. Jahrh. durch Guido von Arezzo die Silben ut, re, mi, fa, sol, la, welche sich blos auf die sechs ersten Töne der diatonischen Tonleiter erstrecken, eingeführt, weil sie aus den Anfangssilben der halben Verse an Johannes den Täufer entnommen ist, nämlich:

ut queant laxis resonare fibris
mira gestorum famuli tuorum
solve polluti labii reatum
Sancte Johannes.

Im Italienischen bedient man sich dieser Bezeichnung statt unserer Buchstaben für die Tonzeichen; diese Benennung ist auch in das Französische übergegangen, wozu auch in beiden Sprachen der siebente Ton, si genannt, gekommen ist.

kirche zu Halle a. d. S. hat den Chorton A und die consonirende Quarte d.

Welche Grundsätze die älteren Glockengießer beim Entwurfe einer Glocke für den Ton speciell geleitet haben, geht aus den frühern Urkunden und Schriften nicht hervor, doch ist erwiesen, daß das diatonische Tonsystem schon bekannt gewesen ist. Aus der Prüfung der älteren Glocken geht hervor, daß man durch ein mehr praktisches als theoretisches Verfahren zu dem an der Mündung der Glocke unmittelbar durch das Anschlagen des Klöppels entstehenden Grundton und der am Halse befindlichen Oberoctave desselben noch einen Mittelton in der Schweifung der Glocke anbrachte. In neuerer Zeit nimmt man nach den Gesetzen der Akustik, welche namentlich durch Chladni's Beobachtungen erweitert sind, an, daß die Anzahl der Schwingungen einer Glocke in umgekehrtem Verhältnisse ihres Durchmessers, oder im Verhältnisse der Kubikwurzel ihres Gewichts stehe, sodaß für eine Glockenreihe, welche eine vollständige Octave ausmacht, die Durchmesser, indem sie mit der Stärke des Tons zunehmen, die folgenden sein würden:

Für c d e f g a h c
Wie 1 8/9 4/5 3/4 2/3 3/5 8/15 1/2.

K. Karmarsch (Technol. Encykl. VII, 90) gibt an, daß eine Glocke von 640 Pfund Gewicht und 2⅔ Fuß Weite an der Mündung und nach den gebräuchlichen Verhältnissen der Dimensionen gegossen, den Ton des zweigestrichenen C angibt. Nimmt man ferner an, daß die Beschaffenheit und Mischung des Glockenguts, welche von wesentlichem Einflusse auf den Ton ist, überall gleich ist, so läßt sich für jeden andern Ton die Größe der Glocke berechnen, wenn das Verhältniß zwischen den Schwingungszahlen der Töne einer Octave Berücksichtigung findet. Da nun die tönenden Schwingungen einer Glocke in demselben Verhältnisse, wie der Durchmesser der Glocke kleiner wird, stattfinden, so erfordert ein Ton, welcher, mit einem andern verglichen, durch 1½ oder 2 Mal schnellere Schwingungen erzeugt wird, auch eine Glocke von 1½ oder 2 Mal kleinerem Durchmesser. Es kann nun jeder Ton als Grundton betrachtet werden, sobald in Beziehung auf die Harmonie von den Verhältnissen der übrigen Töne zu ihm die Rede ist, und man kann daher die Intervalle von jedem beliebigen Tone ausgehend bestimmen. In sofern aber die Intervalle nach der Menge der Schwingungen in einer gegebenen Zeit bestimmt werden, ferner aber aus den Gesetzen über die Schwingungen der Saiten hervorgeht, daß die Schwingungszahlen sich umgekehrt wie die Saitenlängen verhalten, so ist das Verhältniß der Schwingungszahlen unter den Tönen einer Octave, bei welchen, wie meistens geschieht, von dem c ausgegangen wird, ermittelt. Wird der bekannte Durchmesser einer Glocke, welche den Grundton angibt, hiermit in Beziehung gebracht, so läßt sich hieraus der Durchmesser und auch das Gewicht für die Glocke des entsprechend höhern Tons ermitteln. In der folgenden Tabelle sind diese Verhältnisse für eine Octave zusammengestellt, wenn der Durchmesser und das Gewicht der Glocke für einen beliebigen Grundton = 1 gesetzt wird.

Töne	Verhältniß der Schwingungszahlen.		Durchmesser.		Gewicht.
C Grundton, Einklang	1	1,00000	1	1,00000	1,00000
C : Cis, kleine Secunde	25/24	1,04167	24/25	0,96000	0,88474
C : D, große Secunde	9/8	1,12500	8/9	0,88889	0,70233
C : Es, kleine Terzie . .	6/5	1,20000	5/6	0,83334	0,57870
C : E, große Terzie . .	5/4	1,25000	4/5	0,80000	0,51200
C : F, Quarte	4/3	1,33333	3/4	0,75000	0,42187
C : Fis, übermäßige Quarte	25/18	1,38889	18/25	0,72000	0,37325
C : G, Quinte	3/2	1,50000	2/3	0,66667	0,29630
C : As, kleine Sexte . .	8/5	1,60000	5/8	0,62500	0,24414
C : A, große Sexte . .	5/3	1,66667	3/5	0,60000	0,21600
C : B, kleine Septime	9/5	1,80000	5/9	0,55556	0,17147
C : H, große Septime	15/8	1,87500	8/15	0,53334	0,15170
C : $\bar{C}$, vollkommene Octave	2	2,00000	1/2	0,50000	0,12500

Will man die vorstehende Tabelle anwenden, so kommt zunächst die obige Annahme in Betracht, daß eine Glocke von 2⅔ Fuß = 32 Zoll Durchmesser an der Mündung den Ton des zweigestrichenen C angibt. Dieser Durchmesser wird durch eine der vorstehenden Zahlen dividirt, wenn man den Durchmesser für die Glocke des entsprechend höhern Tons erhalten will. Soll z. B. der Durchmesser für die große Terzie $\bar{E}$ gefunden werden, so ist, weil $\bar{C}$ = 32 Zoll, $\bar{E} = \frac{32}{1,25000}$ = 25,6 Zoll. Soll aber der Durchmesser für einen gleichnamigen Ton der tieferen Octave gesucht werden, so wird der der höheren Octave angehörende Durchmesser nur verdoppelt, also für E = 25,6 × 2 = 51,2 Zoll. Ist ferner z. B. für ein dreistimmiges Geläute für die größte ein Gewicht von 40960 Pfund vorgeschrieben, so entspricht diesem ein Durchmesser von 10⅔ Fuß = 128 Zoll, und soll hierzu, unter der Voraussetzung, daß die Metallmischung sämmtlicher Glocken eine und dieselbe ist, eine zweite und dritte Glocke gegossen werden, und zwar die große Terzie und die Quinte, so würde die zweite Glocke einen Durchmesser von 128 × 0,8 = 102,4 Zoll, und ein Gewicht von 40960 × 0,512 = 20971,52 Pfund, die dritte aber einen Durchmesser von 128 × 0,66667 = 85,33 Zoll, und ein Gewicht von 40960 × 0,29630 = 12136,448 Pfund erhalten.

Da die Bestimmung des Gewichts einer Glocke von der größten Wichtigkeit ist, um den nothwendigen Metallbedarf zu kennen, so hat man sich auch hierbei von der Erfahrung leiten lassen und gefunden, daß die Gewichte ähnlich geformter und aus gleicher Composition gegossenen Glocken sich zu einander verhalten wie die Kubikzahlen ihrer Durchmesser. Man hat hierzu eine nach dem französischen Entwurfe gegossene Glocke von, wie schon oben bezeichnet, 32 wiener Zoll Durchmesser und 640 Pfund Gewicht angenommen. Bezeichnet daher D den gegebenen Durchmesser einer zu verfertigenden Glocke in Zollen, S das gesuchte Gewicht derselben in Pfunden, d den Durchmesser und s das Gewicht der gegebenen Musterglocke, so findet man aus der Proportion

$$d^3 : D^3 = s : S, \text{ also } S = \frac{D^3 . s}{d^3}.$$

Nun sind s und d constante Größen, als s = 640 und d = 32, also $\frac{D^3 . 640}{32^3} = S = D^3 . 0{,}01953$. Man erhält daher das gesuchte Gewicht in Pfunden, wenn der in Zollen bezeichnete Durchmesser, zur dritten Potenz erhoben, mit 0,01953 multiplicirt wird. Ist umgekehrt das Gewicht S gegeben und es soll hierzu der Durchmesser der neuen Glocke D in Zollen gefunden werden, so ist $D = \sqrt[3]{\frac{S}{0{,}01953}}$.

Statt des Durchmessers der Glocke braucht auch nur deren Schlag- oder Kranzdicke gemessen zu werden, da diese in einem gleichbleibenden Verhältnisse mit dem Durchmesser steht. Es ist hierbei angenommen, daß man der Glocke 15 Kranzdicken zum größten Durchmesser, 7½ Kranzdicken an der Haube oder Platte gibt, und 12 Kranzdicken an der Linie, welche die untere Kante der Glocke zu Anfang der Haube verbindet. In solchem Falle ergibt die dritte Potenz der in Zollen ausgedrückten Kranzdicke, mit $0{,}01953 \times 15^3$, also mit 65,91375 multiplicirt, das Gewicht der Glocke in Pfunden. Daher ist die Dicke des Kranzes in Zollen $= \sqrt[3]{\frac{S}{65{,}91375}}$, wenn S das gegebene Gewicht der Glocke in Pfunden bezeichnet.

Nach Hahn's Campanologie ist für eine Musterglocke von 32 Zoll rheinl. ein Gewicht von 700 nürnberger Pfund angenommen. Für Rechnungen mit dieser Annahme ist daher $\frac{700}{32^3} = 0{,}0213$, und $0{,}0213 \times 15^3 = 71{,}8875$.

Nach den vorliegenden Angaben und Formeln lassen sich die Gewichte für alle Durchmesser und Kranzdicken von Glocken von Zoll zu Zoll berechnen und in Constructionslinien darstellen. Die Glockengießer bedienen sich hierzu in der Praxis eines tausendtheiligen Maßstabes, von dem sie das Maß der Glocke und auch mit hinlänglich genauer Annäherung das Gewicht derselben ablesen. Karmarsch gibt in der Technol. Encykl. VII, 91 eine Tabelle für drei vollständige Octaven von C bis $\overline{\overline{C}}$, welche alle nothwendigen Angaben unter Beibehalt der Annahme von 32 Zoll Durchmesser und 640 Pfund Gewicht der Musterglocke enthält, und welche wir hier wiedergeben:

Töne.	Durchmesser der Glocken an der Mündung.		Dicke des Kranzes.	Gewicht der Glocken.	Gewicht des Klöppels.	Durchmesser des Klöppelballs.
	Fuß.	Zoll.	Zoll.	Pfund.	Pfund.	Zoll.
c	10	8	8,53	40960	1029	14,2
cis	10	2,9	8,19	36239	911	13,6
d	9	5,8	7,58	28767	725	12,6
es	8	10,7	7,11	23704	598	11,9
e	8	6,4	6,83	20971	529	11,4
f	8	—	6,40	17280	437	10,7
fis	7	8,2	6,15	15288	388	10,3
g	7	1,3	5,69	12136	308	9,5
as	6	8	5,33	9999	255	8,9
a	6	4,8	5,12	8847	226	8,5
b	5	11,1	4,74	7023	181	7,9
h	5	8,3	4,55	6214	161	7,6
$\overline{c}$	5	4	4,27	5120	133	7,1
$\overline{cis}$	5	1,4	4,10	4530	118	6,8
$\overline{d}$	4	8,9	3,79	3596	93	6,3
$\overline{es}$	4	5,3	3,55	2963	79	5,9
$\overline{e}$	4	3,2	3,41	2621	70	5,7
$\overline{f}$	4	—	3,20	2160	59	5,3
$\overline{fis}$	3	10	3,07	1911	53	5,1
$\overline{g}$	3	6,7	2,84	1517	43	4,7
$\overline{as}$	3	4	2,67	1250	30	4,4
$\overline{a}$	3	2,4	2,56	1106	33	4,3
$\overline{b}$	2	11,5	2,37	878	27	4,0
$\overline{h}$	2	10,1	2,28	777	24,5	3,8
$\overline{\overline{c}}$	2	8	2,13	640	21	3,5
$\overline{\overline{cis}}$	2	6,7	2,05	566	19	3,4
$\overline{\overline{d}}$	2	4,4	1,90	450	16,25	3,2
$\overline{\overline{es}}$	2	2,7	1,78	370	14,25	3,0
$\overline{\overline{e}}$	2	1,6	1,71	327	13	2,8
$\overline{\overline{f}}$	2	—	1,60	270	12	2,7
$\overline{\overline{fis}}$	1	11	1,53	239	11	2,6
$\overline{\overline{g}}$	1	9,3	1,42	190	9,75	2,4
$\overline{\overline{as}}$	1	8	1,33	156	9	2,2
$\overline{\overline{a}}$	1	7,2	1,28	138	8,5	2,1
$\overline{\overline{b}}$	1	5,8	1,19	110	7	2,0
$\overline{\overline{h}}$	1	5	1,14	97	5	1,9
$\overline{\overline{\overline{c}}}$	1	4	1,07	80	4,6	1,8

Ein anderes tabellarisches Glockenmaß nach metrischem Maße gibt die Dicke oder Stärke des Kranzes und den Durchmesser der Glocken, von einem Gewichte von 3 bis 12000 Kilogrammen an, und ist aus dem französischen Werke über Metallgießerei von Guettier entnommen:

Gewicht der Glocken. Kilogr.	Dicke des Kranzes. Meter.	Größter Durchmesser. Meter.	Gewicht der Glocken. Kilogr.	Dicke des Kranzes. Meter.	Größter Durchmesser. Meter.
3	0,008	0,120	* 750	0,074	1,110
4	0,011	0,165	1000	0,081	1,215
5	0,013	0,185	1250	0,087	1,305
6	0,015	0,225	1500	0,093	1,395
10	0,019	0,285	1750	0,098	1,470
15	0,021	0,315	2000	0,103	1,545
20	0,022	0,330	2250	0,108	1,620
25	0,023	0,345	2500	0,110	1,650
30	0,025	0,375	2750	0,114	1,710
35	0,027	0,405	3000	0,117	1,755
40	0,028	0,420	3500	0,123	1,845
45	0,029	0,435	4000	0,128	1,920
50	0,030	0,450	4500	0,134	2,010
75	0,034	0,510	5000	0,137	2,055
100	0,037	0,555	5500	0,141	2,115
125	0,040	0,600	6000	0,146	2,190
150	0,043	0,645	6500	0,150	2,250
175	0,045	0,675	7000	0,154	2,310
200	0,047	0,705	7500	0,158	2,370
250	0,050	0,750	8000	0,160	2,400
300	0,055	0,825	8500	0,164	2,460
350	0,058	0,870	9000	0,168	2,520
400	0,060	0,900	9500	0,170	2,550
450	0,063	0,945	10000	0,173	2,580
500	0,065	0,975	11000	0,181	2,715
600	0,068	1,020	12000	0,190	2,850

Hahn (Campanologie, Erfurt 1802. S. 119) gibt für die Tonberechnung aus dem Gewichte der Glocken folgende Verhältnisse an: Das Gewicht einer Glocke von 700 Pfund mit dem Grundtone $\bar{C}$ verhält sich zu einer Glocke mit dem Tone

Cis	= $25^3 : 24^3$	= 15625 : 13824	= 618	Pfund
D	= $9^3 : 8^3$	= 729 : 512	= 491	„
Es	= $6^3 : 5^3$	= 216 : 125	= 405	„
E	= $5^3 : 4^3$	= 125 : 64	= 358	„
F	= $4^3 : 3^3$	= 64 : 27	= 295	„
Fis	= $25^3 : 18^3$	= 15625 : 5832	= 261	„
G	= $3^3 : 2^3$	= 27 : 8	= 207	„
As	= $8^3 : 5^3$	= 512 : 125	= 170	„
*A	= $5^3 : 3^3$	= 125 : 27	= 151	„
B	= $9^3 : 5^3$	= 729 : 125	= 120	„
H	= $15^3 : 8^3$	= 3375 : 512	= 107	„
$\bar{\bar{C}}$	= $2^3 : 1^3$	= 8 : 1	= 87	„

Eine Octave tiefer wird jeder Ton, wenn das angegebene Gewicht mit 8 multiplicirt, aber eine Octave höher, wenn das Gewicht mit 8 dividirt wird.

Ueber die Gestalt der Glocken ist aus der frühesten Zeit die ovale Form, ähnlich den sogenannten Kuhschellen, bekannt. In Italien wurden sie lang und schmal, kegelförmig, oder auch gebaucht, so wie ein langer und schmaler Kürbis, geformt. Biringoccio (Pirotechnia, Vinegia 1558.) beschreibt die älteren Glocken: „Forma di corbe, o conche da buccata, o vero di zucche longhe et sottili", und sagt von den neueren: „Li moderni li più le cavano del quadro." Die großen chinesischen Glocken zu Peking und Nanking werden von le Comte (Nouveaux mémoires sur l'état de la Chine) und von Kircher (China illustrata) als walzenförmig und mit Oeffnungen in der obern Wölbung versehen beschrieben. Der erstere gibt ihr Gewicht auf 500 Ctr., der letztere sogar zu 1200 Ctr. an; sie werden mit hölzernen Klöppeln angeschlagen. Die meisten aus der frühesten Zeit und auch noch aus dem Mittelalter herrührenden Glocken sind mehr hoch als weit, am untern Rande am stärksten, fast ganz horizontal, und nur seltener etwas schräg geformt. Aehnliche Formen haben die älteren Glocken in Rußland, wo häufig noch der Hammer an die ruhende Glocke geschlagen wird. Je mehr sich die lateinische Kirche verbreitete, desto mehr wurden auch die Glocken einheimisch. Mit der Zahl und Größe vermehrte sich, nach den alten Versen:

> Laudo verum Deum, plebem voco, congrego Clerum,
> Defunctos ploro, nimbum (al. pestem) fugo, festaque honoro.

ihre Bestimmung. Und so haben wir auch schon in dem Mittelalter (Didron in: Annales archéol. 5 und Bulletin monumental 10) geschweifte Glocken in Gebrauch. Auch hier richteten sich die Glockengießer nach gewissen Regeln, welche sie scala campanaria nannten, und vermittels deren sie „von den kleinen zehnpfündigen Glöcklein angerechnet, von Grad zu Grad, bis auf 25 und 30,000pfündige, ja auch noch schwerere Glocken nach Proportion zu formiren wußten. Nach der verlangten Weite der zu verfertigenden Glocke wurde ein Zirkel auf ein glatt gehobeltes Bret gerissen, und so dann die Höhe und Dicke nach obiger Scala leicht genommen und abgemessen. Insgemein machte man ein Quadrat, welches so hoch geführt wurde, als der Zirkel und Rand der Glocke weit sein sollte, sodaß also die Höhe mit der Weite übereinstimmte und so die übrige Proportion und Form, der Zierlichkeit nach, mit wenig Mühe gefunden und formirt wurde."

Wenn also die ältesten Glocken meist höher als breit construirt wurden, so erkannte man doch bald, daß die Form und auch die Dicke und die Fassung derselben einen wesentlichen Einfluß auf den Ton ausüben, sobald die Composition des Glockenguts den Anforderungen ebenfalls entsprechend ist. Man construirte daher das Glockenprofil nach den Verhältnissen der harmonischen Intervalle mit einer Schweifung und bestimmte das Verhältniß der Arenhöhe zu dem untersten Durchmesser der Glocke. Eine Glocke, welche, von Oben nach Unten gerechnet, bei ⅘ ihrer Höhe auch ⅘ ihres größten Durchmessers hat, entspricht dem Verhältnisse der großen Terz, bei ¾ ihrer Höhe und ¾ Durchmesser der Quarte, und bei ⅔ Höhe und ⅔ Durchmesser der Quinte. Viele Glocken ergeben zwischen ihrem größten Durchmesser und ihrer Are das Verhältniß von 5 : 4, von welchem das Consoniren der großen Terz abhängig ist. Soll die Quarte mit consoniren, so verhält sich der größte Durchmesser zur Are wie 4 : 3, und soll die kleine Terz consoniren, so ist das Verhältniß wie 6 : 5.

Für den Entwurf einer Glocke sind nun mehre Methoden gebräuchlich, um das beste Verhältniß für die Erzeugung des Schalls herbeizuführen. Die vortheilhafteste und am häufigsten vorkommende Construction ist folgende: Den größten Durchmesser hat die Glocke an ihrer Mündung, und die größte Metalldicke hat dieselbe an jenem Umkreise, gegen welchen der Klöppel schlägt. Man nennt diesen Theil den Schlagring, oder auch nur Schlag oder Kranz. Die größte Weite ist das Fünfzehnfache, die Höhe aber (schräg außen an der Glocke gemessen) das Zwölffache von der Dicke am Schlagringe, und der Durchmesser im obersten Theile (der Haube oder Platte) ist halb so groß als der Durchmesser der Mündung. Oder anders ausgedeutet: man gibt der Glocke 15 Kranzdicken zum größten Durchmesser, 7½ Kranzdicken an der Haube oder Platte, und 12 Kranzdicken an der Linie, welche die untere Kante der Glocke zu Anfang der Haube verbindet. Der größte Radius, welcher dazu dient, das Profil des obern Theils der eigentlichen Glocke zu finden, erhält 32 Kranzdicken. Die nebenstehende Figur stellt alle Constructionslinien mit beigeschriebenen Zahlen dar. Die Dimension des Kranzes, als Einheit genommen, ist hinreichend, um den Entwurf für jede Glocke zu machen, in welcher alle harmonischen Verhältnisse eine genaue Beachtung finden sollen. Zur nähern Erläuterung möge noch Folgendes dienen. Der vorliegende Entwurf enthält die sogenannte französische Rippe, deren Grundlinie 15 Schläge — weil ein solcher Theil die Dicke der Glocke am Schlage (oder Schlagringe, oder Kranze) darstellt — enthält; die Platte hat 7½ Schläge, das Verhältniß der Octave. Die Breite verhält sich zur Höhe wie 15 : 12, das Verhältniß der großen Terz. Die Glocke hat im dritten Schlage bei ¾ ihrer Höhe auch ¾ ihrer Breite, das Verhältniß der Quarte; sie hat ferner im vierten Schlage bei ⅔ ihrer Höhe auch ⅔ ihrer Breite, das Verhältniß der Quinte. Endlich ist bei ⅘ Höhe der Glocke das Verhältniß der großen Terz mit ⅘ der Breite berücksichtigt. Das Profil wird auf folgende Weise verzeichnet. Die horizontale Linie ac ist die halbe Weite der Glocke an ihrer Mündung — 7½ Schlag, und dient dieser so eingetheilte Halbmesser der Glocke als Maßstab. Auf c errichte man die Längenare der Glocke co und auf der Hälfte von ac in b die Senkrechte bd, auf welcher von a aus mit einer Zirkelöffnung von 12 Schlag der Punkt gefunden wird, durch welchen man die Standlinie al zieht. Von dem Schlagringe bis zur halben Höhe der Glocke vermindert sich die Dicke derselben. Von hier an und in der ganzen obern Hälfte — dem Obersatze — beträgt die Dicke nur den dritten Theil der Dicke am Schlagringe. Ebenso nimmt die Dicke ab von dem Schlage nach dem Umkreise der Mündung hin: dieser dünnere Rand hat den Namen Bord. Der Bord wird gefunden, indem man aus a mit dem Halbmesser ab (— 1⅓ Schlag) den Bogen hg ⅓ schlägt, auf demselben das Stück von ⅓ nach g — einem Schlage abschneidet und die geraden Linien ag und a ⅓ auszieht. Zur Construirung der Schweifung wird im sechsten Schlage ein Perpendikel errichtet, auf diesem werden 1⅓ Schlag abgeschnitten, um den Punkt i, und von i aus noch ⅓ Schlag, um den Punkt k zu bestimmen. Der untere Bogen von 1⅓ bis i wird mit einem Radius von 8 Schlag, der obere von i bis 12 mit einem Radius von 30 Schlag gezeichnet; mit diesem ist der Bogen mk concentrisch. Der Bogen kg hat einen Halbmesser von 12 Schlag. Die Haube oder Platte wird von dem Mittelpunkte f aus in concentrischen Bogen entworfen, nachdem in der Are co der Punkt f mit einer Oeffnung von 8 Schlag von a aus gefunden worden.

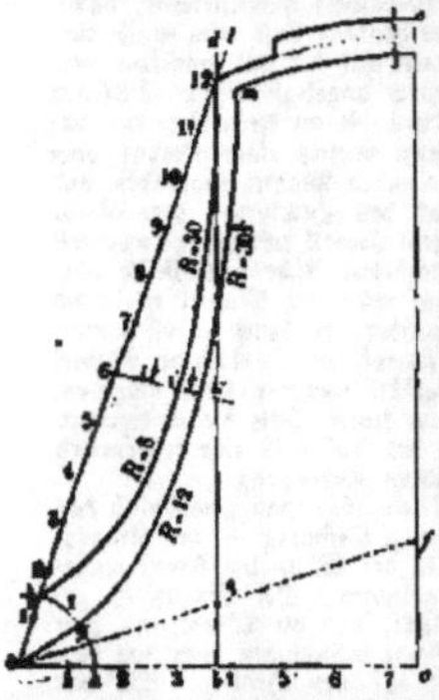

Der Entwurf der Henkel der Glocke, welche mit dem Körper der Glocke zugleich gegossen werden, besteht aus einem, mitten auf der Haube der Glocke stehenden Mittelbogen, d. h. ein starkes Oehr, an welches sich von vier Seiten je nach der Größe der Glocke vier bis sechs Henkel dergestalt lehnen, daß vorn und hinten nur ein einzelner Henkel, dagegen links und rechts ein Paar steht. Das Ganze wird die Krone genannt, mittels welcher die Glocke an dem Helme befestigt wird. Die Modelle zur Krone bestehen aus Gyps, aus Holz oder aus gebranntem Thon, und man muß dahin sehen, daß sie leicht aus der Form zu nehmen und daher gehörig getheilt sind. Nachdem diese Modelle mit einer Schicht eines Gemisches von Wachs und Talg überzogen sind, bedeckt man sie mit mehren Schichten feinen Lehms. Man läßt die Form, ehe man die Modelle herausnimmt, trocknen, glättet sie hierauf und bringt die Eingüsse gewöhnlich auf dem höchsten Punkte an. Zuletzt wird die Form mit einer Schicht Asche, welche mit Milch oder mit Urin angerührt ist, überzogen und alsdann gebrannt.

Die Form der Glocke wird gewöhnlich in der vor dem Schmelzofen befindlichen Dammgrube auf einem gemauerten festen Fundamente angefertigt. Die Grube muß tief genug sein, damit die fertige Form aus derselben nicht hervorragt. Die Mündung der Glocke ist beim Formen und Gießen nach Unten gekehrt. Auf der für den Mittelpunkt der Form bestimmten Stelle wird ein Pfahl eingeschlagen; rund um diesen wird das gemauerte feste Fundament geführt, auf welchem der hohle Kern von Ziegelsteinen aufgemauert, und darüber eine Lehmbekleidung gebracht wird. Der Kern besitzt so nahe als möglich die Figur und Größe des hohlen Raums der Glocke. Der Pfahl hat nur etwa die halbe Höhe des Kerns, und ist das Mauerwerk bis zu dieser Höhe aufgeführt, so wird quer über den Pfahl ein glatter Eisenstab, das Grenzeisen, gelegt und in den Kern vermauert. Auf dieses Grenzeisen stützt man eine senkrechte eiserne Spindel, deren oberes Ende in einem horizontal über der Dammgrube liegenden Balken läuft. An der Spindel wird ein gehörig nach dem innern Profile der Glocke ausgeschnittenes Brett, die Schablone, befestigt, welche, im Kreise um den Kern herumgeführt, den Lehmüberzug desselben abdreht, glatt macht und ihm, indem sie den überflüssigen Lehm abstreicht, die vollständige und richtige Gestalt gibt. Die Bekleidung des Kerns wird schichtenweise, anfänglich mit gröberem, zuletzt mit sorgfältig gereinigtem Lehme, der weder thonartig fett, noch zu sandig sein darf und von Steinen und anderen Körpern sorgfältig gereinigt sein muß, aufgetragen. Jede Schicht muß vollständig trocknen, bevor man die nächste aufliegt. Der fertige Kern wird mit einer Brühe von gesiebter Asche und Wasser bestrichen, um die verschiedenen Schichten der Form leicht von einander trennen zu können. Man nennt diese Verrichtung das Aeschern. Um den Kern auszutrocknen, wird im Innern desselben Feuer angemacht. Es wird nun auf den Kern die Form und Dicke, welche die Glocke erhalten soll, jedoch ohne die Henkel, ebenfalls von Lehm aufgetragen. Diese Lehmbekleidung, deren Dicke und äußere Gestalt ein wirkliches unverkleinertes Modell der künftigen Glocke darstellt, während durch die Berührung mit dem Kerne auch die innere Gestalt der Glocke hervorgebracht wird, heißt das Modell, auch das Hemd oder die Dicke. Diese Lehmbekleidung wird von besonders feinem Lehme schichtenweise aufgetragen, mit einer zweiten, nach dem innern Profile der Glocke ausgeschnittenen Schablone, welche an einer in der Axe der Glockenform angebrachten Spindel befestigt und mit derselben drehbar ist, abgedreht und durch Heizung des Kerns ausgetrocknet. Auf dem Hemde werden nun die verschiedenen Inschriften und Verzierungen, welche die Glocke erhalten soll, vertieft angebracht. Nachdem so das Hemd vollendet ist, wird es wiederum geäschert. Zuletzt gibt man dem Modelle einen dünnen Ueberzug aus einer leichtflüssigen und zugleich festen Wachsmasse, welche, zusammengesetzt aus 80 Theilen Wachs, 13 weißes Pech, 4 Schweinefett und 3 Mohnöl, über einem gelinden Feuer geschmolzen und als flüssige Masse durch Leinwand filtrirt wird. Nach Vollendung des Kerns und des Modells wird die äußere Begrenzung der Form, der Mantel, aufgeschlagen. Derselbe wird durch abermaliges schichtenweises Auftragen von Lehm, welcher mit einer dritten Schablone abgedreht und durch gelinde Heizung des Kerns getrocknet wird, gebildet. Da die äußere Schönheit der Glocken viel von der Beschaffenheit des Lehms abhängt, welcher die erste Schicht auf dem Hemde und auf den darauf gelegten Wachsmodellen bildet, weil es diese Schicht ist, welche mit dem flüssigen Metalle in Berührung kommt, so muß derselbe in einem trockenen Zustande durch ein sehr feines Sieb geschlagen und mit ungefähr ¼ Kuhmist vermengt werden. Er wird in der Regel lange vorher vorbereitet, damit er durch eine Art Gährung besser wird. Der zum Formen der Haube und Krone dienende Lehm wird fast auf dieselbe Weise präparirt, man nimmt aber statt des Kuhmistes Pferdemist oder zerschnittene Kälberhaare. Man nennt ihn Zierlehm, und trägt ihn, mit Wasser zu einem dünnen Brei angemacht, mittels des Pinsels auf das Modell und füllt alle Vertiefungen zwischen den Verzierungen aus, trocknet aber diese Anstriche blos durch die Wärme der Luft ab.

Die Form zur Krone wird, wie schon erwähnt, als ein besonderer Theil verfertigt, in die obere Oeffnung des Mantels eingesetzt und mit Lehm bestrichen. Sie enthält in ihrem Innern als Höhlung die vollkommene Gestalt der Krone, sowie den damit zusammenhängenden Einguß und einige von verschiedenen Stellen der Krone ausgehende Luftlöcher (Windpfeifen), welche bis zu einerlei Höhe mit dem Einguß (Gießloch) hinaufreichen, damit die in der Glockenform vorhandene Luft beim Gusse entweichen kann. Der Mantel und die mit demselben verbundene Krone werden durch angelegte eiserne Schienen und Reifen verstärkt. Durch die an dieser Armatur angebrachten Haken wird nun mittels eines Krahns oder Flaschenzugs der völlig vollendete Mantel abgehoben und in die Höhe gezogen und das Hemd von dem Kerne gelöst. Die Form wird jetzt überall nachgeputzt und mit einem Brei von fein durchsiebter Asche und Milch oder Urin überstrichen. Darauf wird der Mantel wiederum über den Kern gesetzt, welcher, so lange er offen war, am Fuße mit Lehm ausgestampft wird. Auch der Mantel der Form wird mit möglichst trockener Erde umgeben, damit er beim Abguß nach keiner Seite hin ausweichen kann. Für das Gelingen des Gusses ist eine vollkommen trockene Form eine wesentliche Bedingung.

Beim Guß der Glocke läßt man gewöhnlich das Metall nur durch eine einzige Oeffnung — den Einguß, das Gießloch — welche in der Mitte der Krone angebracht ist, in die Form gelangen. Der Einguß ist genau in der Mitte der Glocke, und die Windpfeifen zum Ausströmen der in der Form befindlichen und von dem Metalle verdrängten Luft auf den Henkeln. Da das Metall in einer sehr hohen Temperatur in die Form strömt, und so eine kältere Luftmasse vertreiben muß, so geschieht es öfters, daß diese Luft von dem Metalle umgeben und an den Wänden der Form hängen bleibt. Es entstehen hierdurch Blasen, welche dem Tone und der Festigkeit der Glocke nachtheilig sind. Das Einströmen des Metalls in die Form und das Ausströmen der in derselben enthaltenen Luft, welche es verdrängt, zu erleichtern, bringt man daher rings um die Glocke einen innern Kanal an und von diesem aus vier Eingüsse, damit das durch die große Oeffnung einströmende Metall sich überall gleichmäßig verbreiten und so die Wände der Glocke durch die vier Eingüsse fast plötzlich bilden kann.

Man hat bei diesem Verfahren weder Blasen, noch das Zerbrechen der Henkel zu fürchten. Feste Glocken ohne Blasen sind besonders da nothwendig, wo man selbst die größten sehr schnell läutet.

Sobald der Guß der Glocke beendigt ist, läßt man die Glocke in der Form 24 — 48 Stunden erkalten. Hierauf wird die Dammgrube aufgebrochen, der Mantel abgeschlagen und die Glocke herausgehoben; es werden ferner die Gießzapfen abgesägt, und nun wird die Oberfläche der Glocke durch Feilen und durch Scheuern mit Sand gereinigt. Ein gut gelungener Guß muß glatt und rein, ohne Blasen, Löcher, Schiefer oder bedeutende, durch Ausfließen entstandene Klumpen sein.

Der Klöppel der Glocke muß ungefähr 1/40 so schwer sein, als das Gewicht der Glocke ausmacht. Hahn gibt in seiner Campanologie an, man soll bei der Bestimmung des Gewichts des Klöppels auf jede 100 Pfund der Glocke 2½ Pfund Eisengewicht rechnen, dem so bestimmten Gewichte noch 5 Pfund zusetzen, und den Klöppelball, d. h. den kugel- oder birnförmigen, an die Glocke schlagenden Theil, im Verhältnisse von 5 : 3 dicker machen als die Metallstärke der Glocke am Schlagringe. Der Klöppel wird aus geschmiedetem Eisen gefertigt, der Stiel ist nach Oben verjüngt, der Ball aber ist an den Seiten, wo er an die Glocke schlägt, glatt gefeilt; am obern Ende ist er mit einem Ringe versehen, mit welchem er mittels Seilen oder Riemen an dem Oehre des im Mittelpunkte der Haube angebrachten *Hängeisens* aufgehängt wird. Da sich aber Seile oder Riemen öfter verlängern, der Ton der Glocke hierdurch verliert, so haben einige Glockengießer die Seile oder Riemen durch ein eisernes Band ersetzt, welches durch Nägel oder kleine Schraubenbolzen mit dem Klöppel verbunden ist. Das Hängeisen wird jetzt in der Glocke nicht festgegossen, vielmehr an einem aus der Haube hervorragenden geraden eisernen Zapfen festgeschraubt und noch durch eine Schraubenmutter versichert.

Der Gießer Maurel zu Marseille hat in neuester Zeit für den Klöppel Verbesserungen eingeführt, welche ein zweckmäßigeres Aufhängen desselben mittels eines Charniers, und eine bessere Construction des Balls zur Erlangung der Reinheit des Tons betreffen. Die Angaben hierüber (Armengaud's Génie industriel, Novb. 1852) sind aber durch weitere Erfahrungen noch nicht sicher gestellt.

Das Aufhängen der Glocke geschieht durch ihre Befestigung an dem Helme, auch Wolf, Joch, oder auch Schwingungswelle genannt. Der *Helm* ist ein starkes Stück trockenes Eichenholz, länger als der größte Durchmesser der Glocke, aber nicht so breit als der Durchmesser der Krone. Die Enden haben eine cylindrische Gestalt und sind mit eisernen Reifen beschlagen. Jedes Ende hat einen eisernen Zapfen, dessen vierseitige Verlängerung in einen Falz an der Unterseite des Helms eingeschoben, verschraubt und befestigt wird. Beide Zapfen liegen auf dem Glockenstuhle in messingenen Pfannen, und indem mittels eines Hebels und eines Seils der Helm gedreht wird, entsteht das Läuten der Glocke. Der *Glockenstuhl* ist ein zum Einhängen der Glocke bestimmtes hölzernes Gestell. In neuester Zeit hat man in England gußeiserne Glockenstühle eingeführt, welche sich durch ihre Solidität und des geringen Raumes wegen, den sie einnehmen, auszeichnen. Ein solcher Glockenstuhl besteht aus zwei gußeisernen Seitenschildern, welche durch geschmiedete Querstangen mit einander verbunden sind, und ruht auf einer gußeisernen Fundamentplatte. Oben sind rechtwinkelig zu einander gestellte breite Lappen angegossen, auf welche zwei starke hölzerne Querbalken parallel zur Glockenaxe angeschraubt sind, um einem leichtern, für eine kleinere Glocke bestimmten Glockenstuhle als elastische Basis zu dienen. Statt des eisernen Hebels, an welchen, wie oben erwähnt, sonst das Zugseil oder der Glockenstrang angehängt ist, um die Glocke zu läuten, befindet sich in England ein leichtes hölzernes Rad auf der Glockenaxe befestigt, auf dessen am Umfange befindlichen Spur das Seil eingelegt wird, sodaß es tangential zum Rade herabhängt. Die Glocke wird auf diese Weise viel leichter geläutet, da das Seil stets nur eine geradlinige Bewegung macht, und im Rade der wirksame Hebel immer eine gleiche Länge behält. Durch Maurel in Marseille sind in Bezug auf das Aufhängen der Glocken ebenfalls Verbesserungen in sofern eingeführt worden, als die Zapfen, um welche sich die Glocke dreht, zu einem Stücke vereinigt sind, und so eine genaue und parallele Bewegung im Verhältnisse zu der Glocke haben. Die Haube der Glocke ist nach dieser Einrichtung platt, die Henkel sind ganz weggelassen, und wird so mittels Bolzen eine sehr genaue Verbindung hergestellt. Durch diese Einrichtung kann auch die Glocke, wenn der Klöppel nach einem langen Gebrauche den innern Rand des Kranzes der Glocke abgenutzt hat, um sich selbst gedreht werden, indem die Bolzen, welche die Glocke mit dem Balken verbinden, losgeschraubt werden. Die Glocke wird hierauf so weit herumgedreht, bis ein anderer Bolzen durch die Haube geht, worauf der Klöppel eine unberührte Oberfläche darbietet. In der Form der Zapfen, um welche sich die Glocke dreht, hat man auch einen Unterschied in sofern, als dieselben aus zwei mit einander verbundenen Cylindern bestehen, wovon der untere einen kleinern Durchmesser hat und auf einem metallenen Lagerfutter aufliegt, das selbst in ein gußeisernes, im Glockenstuhle eingelassenes Lager befestigt ist. Der obere, dickere Zapfen legt sich nur in das Lager, wenn die Glocke mehr als einen Halbkreis schwingt, wobei dann der kleinere cylindrische Zapfen das Lagerfutter verläßt und sich mit seiner Verlängerung in einer kreisförmigen Spur bewegt, durch die er geleitet wird und welche verhindert, daß Unordnungen entstehen. Hierdurch kann die Glocke ohne allen Nachtheil in einem Bogen schwingen, der größer als ein Halbkreis ist.

Ausbessern gesprungener Glocken. Hat eine Glocke einen Sprung bekommen, so verändert sich ihr Klang oft so, daß der Ton unangenehm summend ist. Will man das Einschmelzen der alten und das Gießen einer neuen Glocke der Kosten wegen vermeiden, so ist folgende Methode ihrer Ausbesserung zu empfehlen. Die herabgelassene Glocke wird umgekehrt, sodaß ihre untere Oeffnung nach Oben gerichtet ist. Die Ränder des Sprunges werden so ausgesägt, daß ein eckiger Hohlraum sich bildet, an welchem ein nach der Form der Glocke ausgeschnittenes Stück Holz angebracht wird, das eine Art Modell gibt, welches mit Glockenmetall ausgegossen wird. Die Glocke wird nun mit Kohlen ausgefüllt und außen mit Kohlen umgeben, welche gleichförmig glühend gehalten werden, bis man endlich nach 10—12 Stunden nur noch das Gebläse auf die auszubessernde Stelle richtet. Nun wird auch das dreieckige, den Sprung ausfüllende Stück rothglühend gemacht. Sind die Ränder des Sprunges und das erwähnte Stück beinahe glühend geworden und auf dem Punkte in Fluß zu gerathen, so werden die Kohlen weggeräumt, die Asche wird weggeblasen, der Sprung und das einzusetzende Stück aber werden mit Borax bestreut, das einzusetzende Stück wird mit der Zange gefaßt, in die ausgesägte Oeffnung eingesetzt und mit dem Hammer sacht nachgetrieben. Die Reibung der Ränder, welche durch die Schläge mit dem Hammer erzeugt wird, vermehrt die Hitze an denselben so sehr, daß sie in Fluß gerathen, an einander schmelzen und ein neues Ganzes bilden. Hierauf läßt man die Glocke erkalten und feilt die ausgebesserte Stelle zu. Eine andere Methode ist, den ausgeschnittenen Sprung mit Eisenblech zu schließen und das Glockenmetall in die auf diese Weise gebildete Höhlung zu gießen. Zweckmäßig ist bei beiden Methoden, die Glocke umzuhängen, d. h. in einer andern Richtung an dem Helme zu befestigen, damit der Klöppel nicht an die ausgebesserte Stelle schlägt.

Das Gießen kleiner Glocken geschieht, wie schon oben bemerkt worden, aus dem Tiegel, und zwar aus Glockenmetall, aber auch aus andern Metallmischungen in zweitheiligen Formflaschen, deren Höhe sich nach der Höhe der Glocke richtet. Sie werden stets stehend gegossen, indem der Einguß senkrecht durch den Sand des obern Flaschentheils hinabgeht. Entweder ist dann die Glocke mit der Oeffnung nach Unten, also aufrecht im Obertheile eingeformt, das Metall fließt mitten auf der Kappe (dem Gewölbe) der Glocke ein, und der Sand im Untertheile dient nur als Träger des Kerns. Oder die Glocke wird mit der Mündung nach Oben, also gestürzt im Untertheile geformt, und das Obertheil enthält, nebst dem frei herabhängenden Kerne, nur den Einguß, welcher sich in drei, nach verschiedenen Stellen des Glockenrandes führende Zweige zertheilt. Bei letzterer Methode ist man des völligen Ausgießens der Form sicherer. In beiden Fällen besteht der Kern nicht aus Lehm, wie bei den großen Glocken, sondern aus dem in die Flasche geformten Sande selbst. Das Verfahren des Einformens ist fast das einzige Eigenthümliche beim Guße von Glocken in Sand, daher wir dasselbe hier noch kurz erwähnen wollen. Das Einformen der Glocke in aufrechter Stellung geschieht, indem man zunächst den Obertheil der hierzu erforderlichen Formflasche auf ein Formbrett stellt, das gewöhnlich von Zinn verfertigte Glockenmodell mit einem darauf gesteckten Keile hineinsetzt, und den Raum rings herum mit Sand ausfüllt. Hierauf wird die Flasche umgedreht, sodaß die Mündung der Glocke nach Oben gekehrt erscheint; man setzt den Untertheil der Glocke auf und stampft ihn ebenfalls mit Sand, welcher zugleich das Innere der Glocke ausfüllt und so den Kern bildet, voll. Nachdem nun das Ganze wieder aufrecht gestellt worden, wird der Obertheil der Flasche abgehoben, der Keil, durch dessen zurückgelassene Oeffnung das Eingießen geschieht, herausgezogen, das Glockenmodell wird von dem Kerne genommen und die Flasche wieder zusammengesetzt. Soll der Klöppel oder der zum Einhängen desselben dienende Ring gleich beim Guße befestigt werden, so wird derselbe in den Kern eingeschlossen und man läßt nur so viel davon hervorragen, als von dem Metalle umflossen und eingehüllt werden muß. Da das Gießen der Glocken in aufrechter Stellung den Nachtheil hat, daß durch den Sturz des einfließenden Metalls der Kern leicht beschädigt, das Metall oft schnell abgekühlt und so die Form oft nicht ganz ausgefüllt wird, also der Guß oft mislingt oder fehlerhaft wird, so wählt man lieber das Einformen in umgestürzter Stellung. Man setzt hierbei das Glockenmodell mit der Mündung auf das Formbret innerhalb des Untertheils der Flasche, stampft letzteres voll Sand, kehrt es um, stellt auf den innern Rand des nun die Mündung nach Oben kehrenden Modells drei cylindrische Messingstäbchen, welche sich gegen einander neigen und oben durch einen messingenen Kopf vereinigt werden, setzt das Obertheil der Flasche auf und füllt dasselbe mit Sand, welcher zugleich den Kern bildet. Wird nun das Modell ausgezogen und werden auch die Messingstäbchen aus dem Sande gezogen, so verbreitet sich beim Guße das einfließende Metall vom Gießloche aus in drei Kanäle, wodurch die Form schnell und ohne Beschädigung des Kerns vollständig gefüllt wird.

Das Formen der kleinen Uhrglocken zu Taschen- und Stubenuhren geschieht ebenfalls in Sand auf einfache Weise mittels eines Modells. Sie haben eine sich mehr oder weniger der Halbkugel nähernde Gestalt, 1—4 Zoll und darüber im Durchmesser und circa ein Viertel desselben zur Höhe. Die schweizerischen Uhrenglocken bestehen aus einer Metallmischung, welche, wie im folgenden Art. Glockengut angegeben, sehr klingend ist.

Eine Statistik der Glocken besteht eigentlich nur in fragmentarischen Notizen, welche ich nirgends besser und sorgfältiger zusammengestellt gefunden habe, als in H. Otte's Schrift (Glockenkunde. Leipzig 1858.) Ich kann daher hier nur viele Angaben dieser Schrift wiedergeben, indem ich nur Weniges hinzufüge.

Durch viele und große Glocken zeichnet sich vor allen Ländern Rußland aus. In Moskau enthält der Iwan Welikij, der „große Johann," ein seitwärts von der Kirche stehender 276 Fuß hoher Glockenthurm, nicht weniger als 31 Glocken in verschiedenen Etagen. Die größte hiervon, welche vorzugsweise „die Große" (bolschoi) genannt wurde, wog an 1000 Ctr.; zu ihrem anhaltenden Läuten waren 24 Menschen erforderlich, und man sagte, ein dumpfes Getöse, gleich dem Rollen des

Donners erschallte durch die ganze Stadt, wenn sie ertönte. Durch den Brand vom J. 1812 war diese Glocke unbrauchbar geworden; sie wurde umgegossen und vergrößert, sodaß ihr Durchmesser 18 Fuß, ihre Höhe 21 Fuß, ihr Gewicht 144,000 Pfund, das ihres Klöppels aber 4200 Pfund beträgt. Sie heißt die „neue Glocke," wird aber durch eine andere, aus den Zeiten der Kaiserin Anna herstammende Glocke übertroffen. Diese, tsar kolokol bolschoi genannt, ist wol die größte Glocke der Welt; ihr Durchmesser beträgt 22 Fuß 5⅓ Zoll, ihre Höhe 21 Fuß 4⅓ Zoll, die Kranzdicke 25 Zoll; das Gewicht wird auf 400,000 Pfund geschätzt, der Klöppelballen hat 6 Fuß im Umfange.

In England ist eine große Glocke, der „große Thom," auf dem Christ-Church-College zu Oxford; sie hat 7 Fuß 1 Zoll Durchmesser, 6 Fuß 9 Zoll Höhe, 6½ Zoll Kranzdicke und ist 17,000 Pfund schwer. Der „Great Tom" zu Lincoln wiegt 12,000 Pfund. Die große Glocke der Paulskirche in London hat 9 Fuß Durchmesser, 9 Zoll Kranzdicke und wiegt zwischen 11 bis 12,000 Pfund, der Klöppel 180 Pfund. Der von Mears im J. 1845 gegossene „Great Peter" auf dem Münster zu York wiegt 215 Ctr. und kostete 14,000 Thlr. Die im J. 1856 von Joh. Warner und Söhne in London gegossene Stundenglocke des Parlamentshauses „Big Ben of Westminster" hat 9 Fuß 5⅓ Zoll Durchmesser und wiegt 308 Ctr.

In Frankreich wurden während der Revolution, namentlich durch das Decret der Convention nationale vom 23/25. Febr. 1793, Statuen, Inschriften und auch Glocken in Kanonen und Münzen verwandelt. Das Decret schrieb den Gemeinen vor, „à convertir leurs cloches en canons." Und so wurden Tausende von Glocken den Stückgießereien und Münzstätten übergeben, sodaß nur wenige Glocken der älteren Zeit übrig blieben. Von diesen ist die berühmteste und größeste der Bourdon von Notre Dame in Paris, mit welcher während der Revolution Sturm geläutet wurde. Sie hat 8 Fuß Durchmesser und 8 Fuß Höhe, der Schlag eine Dicke von 8 Zoll. Der Klöppel wiegt 976 Pfund, die Glocke selbst 32,000 Pfund, und wird an Festtagen von 16 Mann geläutet. Die Glocke des Doms zu Rheims ist aus dem Jahre 1570 und wiegt 209 Ctr. Andere große Glocken sind: zu Amiens aus 1748 von 220 Ctrn. Gewicht; ferner zu Lyon von 200 Ctrn., zu Marseille von 179 Ctrn., zu Chalons sur Saône von 109 Ctrn., zu Rouen von 109 Ctrn., zu Toulouse von 580 Ctrn. (?)

In Italien hat Rom die meisten und größten Glocken. Die des St. Peter wiegt 280 Ctr. Loretto und Parma zeichnen sich aus durch große Glocken. Die Glocke des Doms zu Mailand ist 300 Ctr. schwer.

In der Schweiz hat Bern eine Glocke von 240 Ctrn. Gewicht; ihr Klöppel wiegt 7½ Ctr. Der Münster zu Schaffhausen hat eine Glocke aus dem Jahre 1486 von 230 Ctrn. Gewicht.

In den Niederlanden befinden sich in Brügge, Antwerpen, Brüssel und Gent große Glocken.

In Teutschland sind noch viele Glocken aus dem Mittelalter erhalten, so im Fürstenthume Minden und in der Grafschaft Ravensberg, im Kreise Weißenfels, im Stifte Merseburg, im Hohensteinischen und Mansfeldischen. Das schönste Geläute soll die Elisabethkirche in Marburg haben, deren sieben Glocken den reinen Dur-Accord und den Quart-Sexten-Accord angeben. Zu den größten Glocken gehören: die des Doms zu Olmütz in Mähren, 358 Ctr. schwer; die auf dem St. Stephansthurme zu Wien, deren Gewicht 324 Ctr., ihr Durchmesser 10 Fuß ist; sie hat eine Kranzdicke von 8 Zoll und einen Klöppel von 50 Ctrn. 70 Pfd. Kaiser Joseph I. ließ dieselbe 1711 aus 180 eroberten türkischen Kanonen gießen. Die große Glocke des Doms zu Erfurt wurde 1497 von Gerhard Wou de Campis gegossen und Maria Gloriosa genannt. Sie hat 8 Fuß 9 Zoll im Durchmesser, ist 275 Ctr. schwer, hat 8½ Zoll Kranzdicke und 6⅔ Fuß Höhe. Der Klöppel soll 11 Ctr., der Helm ¾ Ctr. wiegen. Die Glocke wird an vier Tauen von 16 Personen mittels eines Schwungrades gezogen und der Klöppel von zwei anderen Personen zum Anschlagen gebracht. Der Dom zu Magdeburg hat eine Glocke, Maxima, 1702 von Jacobi in Berlin gegossen, welche 266 Ctr. wiegt und 7 Fuß 10 Zoll im Durchmesser hat. Zu Prag, auf St. Veit, ist eine Glocke aus dem J. 1548 von 227 Ctrn. Gewicht. Der Dom zu Cöln hat eine Glocke, Preciosa, aus dem J. 1448 von 224 Ctrn. Schwere. Die große Glocke der Elisabethkirche zu Breslau ist aus dem J. 1507 mit 220 Ctrn. Gewicht. Die Petri Paulskirche zu Görlitz hat eine Glocke von Hilliger aus Freiberg, im J. 1516 gegossen, welche 165 Ctr. schwer ist. Die Glocke des Münsters zu Aachen ist 160 Ctr. schwer, die des Doms zu Halberstadt, Domina genannt, 1457 gegossen, hat 150 Ctr. Eine andere Glocke des Doms daselbst, Osanna, ist aus dem Jahre 1455 und hat 104 Ctr. Gewicht. Die große Glocke auf dem rothen Thurme zu Halle a. d. Saale ist aus dem J. 1480 und 130 Ctr. schwer. Die Susanna der Frauenkirche zu München ist aus dem J. 1493, hat 125 Ctr. Gewicht und 7¼ Fuß Durchmesser. Die große Glocke der St. Nicolaikirche zu Leipzig, von Jacob König zu Erfurt im J. 1634 gegossen, wiegt 114 Ctr. Die „Uhrschelle" der Kreuzkirche in Dresden, von Weinhold in Dresden 1787 gegossen, wiegt 102 Ctr. Die „Osanna" an der Oberkirche zu Frankfurt a. d. Oder ist aus dem Jahre 1371, 100 Ctr. schwer mit 6¼ Fuß Durchmesser. Auf dem Dome zu Braunschweig ist der Blasius major, von Gerhard Wou de Campis 1502 gegossen, mit 100 Ctrn. Gewicht und 6¼ Fuß Durchmesser.

Einem alten Spruche zufolge ist unter allen Glocken Teutschlands die landshuter die höchste, die strasburger die schönste und die wiener Glocke die größeste.

Von den Glockenthürmen Teutschlands sind die höchsten:

der Thurm des Münsters zu Strasburg 452 Fuß hoch,
der Thurm der Martinskirche zu Landshut . . . . 448 „ „
der Stephansthurm in Wien . . . . . . 438 „ „
der Andreasthurm in Braunschweig . . 426 „ „

der Michaelisthurm zu Hamburg . . . 416 Fuß hoch,
der Hauptthurm des Doms zu Mainz 390 " "
der Thurm des Münsters zu Freiburg 385 " "
der Elisabeththurm zu Breslau . . . . 335 " "
die Domthürme zu Magdeburg . . . . 329 " "
der Thurm der Pfarrkirche zu Schweidnitz . . . . 320 " "

Aeltern Bestimmungen zufolge mußte eine Kathedrale mindestens fünf, eine Collegiatkirche drei und eine Pfarrkirche zwei Glocken haben. Die Franziskaner durften nur eine größere, und die Dominikaner nur kleinere Glocken haben. (*C. Reinwarth.*)

GLOCKENGUT, GLOCKENMETALL, GLOCKENSPEISE, Metal de cloches, bronze de cloches, bel metal, wird diejenige Legirung des Kupfers mit Zinn genannt, aus welcher gewöhnlich die Glocken gegossen werden. Die Vorschriften zur Zusammensetzung dieser Legirung sind sehr verschieden und bewegen sich innerhalb so weiter Grenzen, daß 30—60 Theile Zinn auf 100 Theile Kupfer genommen werden. Durch die chemische Analyse sind aus verschiedenen Glocken 71—80 Proc. Kupfer, 10—26 Proc. Zinn, und außerdem kleine Mengen Zink, Blei und sogar Eisen gefunden worden. Thomson fand in englischem Glockengute 80 Th. Kupfer, 10,1 Zinn, 5,6 Zink und 4,3 Blei. Girardin untersuchte das Metall einer Glocke zu Rouen und fand 72 Th. Kupfer, 26 Zinn, 1,80 Zink und 1,20 Blei. Berthier untersuchte das Metall zu den Glocken der in Paris angefertigten Wanduhren und fand 72 Kupfer, 26,50 Zinn und 1,44 Eisen; letzteres ist wol nur zufällig in die Legirung gekommen, vielleicht als Verunreinigung, oder als verzinntes Eisen. Eine solche Legirung hat stets den Nachtheil, daß sie sich beim Umgießen zersetzt, weil entweder das Eisen oder das Zinn sich trennt. Andere Analysen haben 12—14 Th. Zinn auf 100 Th. Kupfer ergeben. Die so sehr geschätzten Uhrenglocken aus der Schweiz bestehen aus 3 Th. Kupfer und 1 Th. Zinn. Die Mischung ist sehr klingend und spröde und von fast weißer, nur wenig ins Graue und Röthliche spielenden Farbe. Die in Frankreich gefertigten Handglocken enthalten nur 1 Th. Kupfer, aber 19 Th. reines Zinn und eine geringe Menge Antimon. Die Mischung läßt sich wie Zinn in messingenen Formen gießen. Kastner gibt an, daß Compositionen aus 800 Th. Zinn, 17 Kupfer und 5 Wismuth, und ferner 7 Th. Zinn und 1 Th. eisenfreies Antimon ein Metall geben, welches voll, rein und dem Glase ähnlich klingt, und zu Handglocken oder Klingeln vortrefflich brauchbar ist. Die Glocken der Repetiruhren und sonstigen kleinen Uhren sind in der Regel zinkhaltig, um ihnen einen schärferen Klang zu geben. Da durch eine Beimischung von Zink die Legirung leicht flüssiger wird, so tritt bei ihr ein schärferer Abguß von Zierathen und Inschriften hervor. Durch den Zinkgehalt wird die Masse auch wohlfeiler, und besitzt eine hochgelbe, zuweilen fast goldartige Farbe und eine größere Dehnbarkeit. Enthält die Composition auch Blei, so ist dieses nachtheilig: es bilden sich stets einzelne isolirte Punkte, welche die Homogeneität der Erzmasse stören und die Schwingungen derselben hindern. Glocken aus älterer Zeit werden häufig als silberhaltig bezeichnet, und Chroniken führen an, daß fromme Leute das Silber beim Gusse der Glocke oft in Masse in den Herd geworfen hätten. Allein die Analysen solchen alten Glockenmetalls haben nirgends Silber ergeben. Man hat auch wol behauptet, das Silber müsse namentlich den größeren Glocken beigesetzt werden, damit der Klang hell und rein werde, damit der „Silberklang" herauskomme. Allein dies beruht auf einer argen Täuschung und steht mit folgender Ceremonie im Zusammenhange. Nach alt römisch-katholischer Weise wurden nämlich die Glocken getauft. Zu dieser Ceremonie gestattete man nun den Gevattern, eigenhändig Silber in den Ofen zu werfen, um zu dem klingenden Resultate beizutragen. Nun war das Loch oben an dem Ofen, welches zur Aufnahme des dargebrachten Silbers bestimmt war, unmittelbar über dem Roste angebracht, dieser Rost ist aber in einem Reverberirofen von der Sohle des Ofens, auf welcher die Metalle geschmolzen werden, durch die sogenannte Brücke getrennt. Daher konnte das geopferte Silber durch dieses Loch, durch welches zugleich die Kohlen hineingeworfen wurden, nur auf den Rost auffallen, aber nicht in den Ofen in das geschmolzene Erz kommen. Freilich blieb es auf dem Roste liegen und schmolz daselbst auch; allein es konnte von dem Roste nur in die Aschengrube hinabfließen und wurde hier eine einträgliche Ernte des Glockengießers. Es ist eine bekannte Thatsache, daß aller Zusatz von Silber oder wol gar Gold, welche beide Metalle man früher für unentbehrlich zum Glockengute hielt, ganz unnütz ist.

Die einzigen, zur Beschickung des Glockenguts nöthigen Metalle sind Kupfer und Zinn, am besten in dem Verhältnisse 78—80 Th. Kupfer und 20—22 Th. feines Zinn. Eine solche Mischung schmilzt leicht und läuft flüssig, ist feinkörnig und gedrängt, hat einen schönen klingenden Ton und eine gleichförmige Oberfläche. Durch den Zusatz von Zinn wird das Kupfer leichter flüssig gemacht, die Composition wird dadurch viel härter. Kupfer allein zu gießen ist zu schwer; es ist im Flusse zu teigig für den Gießer, es gießt sich zu dick. Ein allzu großer Zusatz von Zinn macht die Composition brüchig, und bei einem zu geringen Zusatze bleibt sie zu weich. Mit zunehmendem Kupfergehalte erhält das Metall eine röthlichweiße oder röthlichgelbe Farbe, die Bruchfläche wird grobzackig; bei zunehmendem Zinngehalte aber hat die Bruchfläche ein kaum bemerkbares Korn, die Farbe ist gelbgrau, gelbweiß. Wird neues Glockengut bereitet, so wird das Kupfer zuerst in den Ofen getragen; ist dasselbe geschmolzen, so wird das Zinn unter Umrühren mit hölzernen Stangen hinzugesetzt. Man setzt niemals Kupfer, sondern nur Zinn nachträglich zu, weil das Kupfer strengflüssiger ist. Wird Zink noch dazu gemengt, so muß die Mischung schnell umgerührt und so schnell als möglich in Guß gebracht werden, um der Oxydation des Metalles vorzubeugen. Allein alle anderen dem Kupfer und Zinne zugesetzten Metalle haben weiter keinen Nutzen, als die Composition wohlfeiler zu machen. Erfahrungsmäßig erfüllen die oben angegebenen Mischungsverhältnisse alle Bedingungen für gutes Glockenmetall. Da aber zur Herstellung neuer Glocken gewöhnlich verschiedenes altes Glockenmetall, dessen Analyse oft unbekannt ist, eingeschmolzen wird, so ist ein ganz genaues Einhalten der angegebenen Verhältnisse unmöglich. Die Resultate werden daher so lange und stets verschieden sein, als nicht die chemische Analyse an Stelle der gewöhnlichen Routine der Gießer zur Führerin gebraucht wird.

Bei den Legirungen aus reinem Kupfer mit Zinn in verschiedenen quantitativen Verhältnissen hat sich die merkwürdige Eigenschaft herausgestellt, daß beide Metalle eine bedeutende Zusammenziehung erleiden oder wechselseitig zwischen ihre Poren eindringen, sodaß also die Härte der Composition in dem Verhältnisse des angewendeten Zinnes zunimmt, und unter Umständen das specifische Gewicht der Composition größer ist als das des Kupfers. Ist nämlich das specif. Gewicht des Kupfers = 8,788, des Zinns = 7,291, so hat eine Composition von 6,25 Th. Kupfer und 1 Th. Zinn ein specif. Gewicht = 8,87; von 3 Th. Kupfer und 1 Th. Zinn = 8,879; von 1 Th. Kupfer und 1 Th. Zinn = 8,468; von 4 Th. Kupfer und 1 Th. Zinn, wie unser bestes Glockengut ist, = 8,949. Leicht begreiflich wechseln hernach auch die absoluten Gewichte, sodaß also je nach dem Mischungsverhältnisse des Zinnes ein Kubikfuß 493—590 Pfund wiegen kann. Das Verhältniß, in welchem diese Zunahme an Härte statt hat, ist jedoch nicht vollständig ausgemittelt, indem bei den vielfachen Versuchen hierüber sich sehr bedeutende Abweichungen herausgestellt haben. Allein so viel hat sich erweisen lassen, daß die Dichtigkeit des Kupfers durch eine Legirung von Einem bis zwanzig Hunderttheilen Zinn um ein Siebenzehntel vermehrt wird, daß aber die Grenzen, zwischen welchen diese Beschickungen gelegen, sehr eng sind.

Als ein dem Glockengute ganz gleiches Metallgemisch sind die Cymbals der Chinesen, Tam-tams, Gong-Gongs (chinesisch Tschoung, Glocke) anzusehen. Nach Klaproth bestehen sie aus 78 Th. Kupfer und 22 Th. Zinn von 8,815 specif. Gewicht. Thomson fand 80,427 Th. Kupfer und 19,573 Th. Zinn von dem großen specif. Gewichte = 8,953. Nach d'Arcet, welcher hierüber die umfassendsten Untersuchungen angestellt hat, bestehen sie aus 80 Th. Kupfer und 20 Th. Zinn mit einem specif. Gewicht von 8,940. Obgleich nun diese Legirung an und für sich außerordentlich spröde und hart, weder kalt noch warm hämmerbar ist, so hat sich durch die Untersuchung von d'Arcet herausgestellt, daß ihre Verwendung zu Cymbeln ein wirklicher Handgriff der Fabrication ist. Derselbe besteht darin, daß die gegossenen Stücke bis zur Kirschröthe geglüht, in kaltem Wasser abgelöscht und so weicher werden, und sich feilen und abdrehen lassen. Durch das Ablöschen wird die Legirung geschmeidig, der Bruch bis dahin weiß, wird gelb und faserig, statt körnig und dicht zu sein, das specif. Gewicht vermindert sich und verleiht der Legirung einen gröberen, tieferen Klang. Man bedient sich dieser Mittel, um aus Glockenmetall jene Becken oder Teller der türkischen Militairmusik zu fertigen, wobei freilich der Geschicklichkeit des Arbeiters überlassen werden muß, eine verbogene oder verdrehte Metallplatte schon mit ein Paar Schlägen flach zu machen. Auch Küchen- und Tischgeräthe werden aus ähnlichen Legirungen gegossen und fabricirt, was den Versuchen von d'Arcet zu danken ist.

Daß eine Legirung des Kupfers mit Zinn bedeutend härter als Kupfer ist, war schon in frühester Zeit bekannt. Die Alten nannten diese Mischung aes, Erz, wir nennen dieselbe Bronze. Obgleich wir aus frühester Zeit Statuen aus reinem Kupfer finden, so haben wir doch auch viele Waffen und Werkzeuge, Statuen und Münzen, welche aus einem Gemenge von Kupfer und Zinn, zuweilen auch mit Zink und Blei gemischt, bestehen. Der größte Theil dieser Compositionen war hart und brüchig; allein man hat auch zähe gefunden. Schon Plinius rühmt das aes campanum, und weiset Buch 34. Cap. 9 darauf hin, daß man zu dieser Composition auf 100 Th. Kupfer $12\frac{1}{2}$ Th. Zinn zu feinen Arbeiten, bei geringeren aber auf 100 Th. Kupfer nur 3—4 Th. Zinn verwendet habe. Nachrichten über das Verfahren beim Gießen und über die Construction der Oefen sind aber nirgends vorhanden.

Eine nahe Verwandtschaft mit dem Glockengute hat das Geschützmetall (vergl. diesen Art.), nur ist letzteres mehr gelblich.

Ein anderes Metall zu Glocken ist das Gußeisen, welches schon in früherer Zeit dazu benutzt worden. Durch die neueren Verbesserungen hierin werden Glocken geliefert, welche einen reinen, kräftigen Ton, eine große Schallweite und Haltbarkeit besitzen, und sich durch große Wohlfeilheit namentlich sehr empfehlen. Die in neuester Zeit so sehr gerühmten Gußstahlglocken beruhen, was die Benennung anlangt, nur auf einer Täuschung. Das Material zu diesen Glocken ist Roheisen, und zwar ein so kohlehaltiges Eisen, daß es leicht flüssig und in Glockenform gießbar ist. Um eine solche Masse herzustellen, ist nur nothwendig, daß Eisenhütten, welche Spiegeleisen oder weiches Roheisen darstellen, die richtige Mitte zwischen Spiegeleisen und körnigem Roheisen treffen. Wollte man Gußstahl gleich in Form einer Glocke gießen, so würde man kein gesundes ganzes Stück bekommen, weil der Gußstahl vermöge seiner Natur nur compact gegossen werden kann und das Fabricat erst dann verwendbar ist, wenn es durch Schmieden oder Walzen die innigste Verbindung und Verdichtung erlangt hat.

Als Ersatzmittel der Glocken hat man die amerikanische Methode an manchen Orten in Anwendung gebracht. Sie besteht in einem Dreiecke aus Gußstahlstangen, welches an irgend einem Winkel aufgehängt wird. Drei Hämmer von verschiedener Größe, welche in der Mitte desselben angebracht sind, schlagen auf die Basis desselben einen lauten und sogar angenehmen Ton. Eines solchen Triangels bedient man sich seit langer Zeit auch im Orient statt der Glocken. Eine verbesserte Einrichtung dieses Stahlstäbegeläutes besteht aus vier nach Art der Stimmgabeln gebogenen Stäben von Gußstahl, welche verschiedene Schwere haben. Die Stäbe hängen frei in einer Resonanz und werden durch hölzerne Hämmer angeschlagen, welche mittels einer Walze so in Bewegung gesetzt werden, daß die Töne auf ähnliche Weise durch einander laufen, wie dies bei Glocken von verschiedener Größe der Fall ist. Die Stäbe sind nicht nur jeder für sich, sondern auch in ihrem Verhältnisse zu einander harmonisch gestimmt. Der Thurm zu Schleiden in der Eifel hat ein solches Geläute.

Die Viehglocken nach schweizer Art sind aus Eisenblech gebogen, zusammengenietet und mit Kupfer oder Messingschlagloth verlöthet.

Glocken aus Glas verdienen nur dem Namen nach hier einer Erwähnung. *(C. Reinwarth.)*

GLOCKENSPIEL, ein Instrument aus diatonisch oder chromatisch gestimmten Glocken von Metall oder Glas von verschiedener Form und Größe. Die größten Glockenspiele findet man besonders in den Niederlanden, in Holland und im nördlichen Frankreich auf Thürmen angebracht, wo sie vermittels einer großen Claviatur von einem sogenannten Campanisten gespielt werden. Dies geschieht jedoch nicht mit den Fingern, sondern mit der Faust, die gewöhnlich mit einem ledernen Ueberzuge versehen ist, um dem Schlage auf die Taste den gehörigen Nachdruck zu geben. Ungeachtet dieser schwierigen Behandlung soll es doch Glockenspieler gegeben haben, welche dreistimmige Sätze ausführten, selbst mit Trillern und Arpeggio's. Der Engländer Burney erzählt in seiner History of Music: in Löwen habe ein gewisser Scheppen mit einem fertigen Violinspieler gewettet, daß er ein sehr schweres Violinsolo auf den Glocken ausführen werde, und habe die Wette gewonnen. Ebenso soll, nach Burney's Bericht, ein gewisser Potthoff, schon früh erblindet, in seinem 31. Jahre, wo er als Organist in Amsterdam angestellt ward, die Glocken auf dem dortigen Rathhausthurme so leicht gespielt haben, wie einen Flügel. Und doch, erzählt Burney, der ihn 1772 einige Fugen vortragen hörte, erforderte jede Taste ein Gewicht von 2 Pfund.

Durch Walzen getrieben, die von Zeit zu Zeit gewechselt werden, lassen einige Glockenspiele nicht nur Tag und Nacht dieselben Stücke hören, sondern bezeichnen auch die halben und Viertelstunden durch kürzere Strophen, ja selbst mitunter die halben Viertelstunden durch einen Schlag. Die Tastatur an kleinern Glockenspielen erstreckt sich selten über drei Octaven in Gestalt eines kleinen Claviers. So findet man sie an Stubenuhren, wo sie ebenfalls durch Walzen getrieben werden. Endlich werden sie noch bei Janitscharenmusiken gebraucht. An einen Stab gereiht, werden die Glocken von einem Hoboisten geschlagen. Außerdem gibt es noch ein elektrisches Glockenspiel, das schon Franklin kannte und es an seinem Elektricitätsanzeiger anbrachte, um durch Läuten anzuzeigen, wenn die Luft elektrisch war. Die mancherlei Arten von Glockenspielen, die man später bei den Elektrisirmaschinen angebracht hat, beruhen im Wesentlichen auf einerlei Grundsätzen.

Die Erfindung des Glockenspiels fällt in die Zeit des Mittelalters. Zu Alost in den Niederlanden soll 1481 das erste Glockenspiel verfertigt worden sein. Franz Hemonn, ein Lothringer, war in der Mitte des 17. Jahrh. als Verfertiger von Glockenspielen sehr berühmt. Für die holländische Stadt Zütphen, wo er lebte, verfertigte er 1645 eine mit einem Glockenspiele versehene Uhr. An diesem Kunstwerke wog die größte Glocke, die 6 Fuß im Durchmesser hatte, gegen 4000 Pfund. Das Glockenspiel bestand aus 26 Glocken, deren Gesammtgewicht 14,000 Pfund betrug. Ein gleiches Gewicht hatten zusammen 25 Glocken in einem Glockenspiele, welches Hemonn 1648 für die niederländische Stadt Deventer verfertigte. Noch viele andere Glockenspiele brachte dieser geschickte und fleißige Künstler zu Stande; 1649 eins für Enkhuisen mit 26 Glocken, 16,000 Pfund schwer; 1650 eins für das Rathhaus zu Herzogenbusch mit 15 Glocken, die ein Gewicht von 17,000 Pfund hatten; 1651 eins für die Jacobskirche in Utrecht mit 25 Glocken, welche 11,000 Pfund wogen, und endlich 1653 eins für die Börsenhalle zu Amsterdam mit 20 Glocken, deren Gesammtgewicht 26,000 Pfund betrug. Von einem in der bischöflichen Hauptkirche zu Bononia befindlichen silbernen Glockenspiele finden sich schon Nachrichten von 1564. Brüssel, Löwen und andere Städte in Brabant und Flandern scheinen auch schon frühzeitig Glockenspiele erhalten zu haben. In Darmstadt befindet sich ein im J. 1671 von Peter von Call verfertigtes Glockenspiel, welches jedesmal, wenn die Uhr schlägt, mehre geistliche Lieder spielt. Aehnliche Glockenspiele befinden sich in der Petrikirche zu Hamburg, in der Marienkirche zu Lübeck und auf dem Thurme der reformirten Parochialkirche zu Berlin. Letzteres, in Amsterdam gegossen und am 1. Dec. 1714 vollendet, ward den 1. Jan. 1715 zum ersten Male gehört. Weit vorzuziehen ist diesem Glockenspiele ein anderes in der Garnisonkirche zu Potsdam. Es ist vielleicht eins der schönsten in ganz Europa. Besondere Erwähnung verdient ein wenig bekanntes schönes Glockenspiel in Danzig. Es befindet sich auf dem Thurme der dortigen St. Katharinenkirche, und ward aus dem Legate eines 1728 gestorbenen danziger Rathsherrn, Andreas Stenzel mit Namen, errichtet. Die dazu gehörenden 35 Glocken, zusammen 9016 Pfund wiegend, waren in Holland gegossen worden, und erklangen zum ersten Male am St. Andreastage des Jahres 1738. Das Legat von 18,000 danziger Gulden war jedoch bei weitem nicht hinreichend, da die Glocken allein über 30,000 Fl. gekostet hatten, und der Rath zu Danzig fand sich dadurch bewogen, zwei Lotterien zu errichten, von denen der zehnte Theil, nach Abzug der Unkosten, zum Besten des Glockenspiels verwendet werden sollte. Im J. 1741 verfertigte der danziger Uhrmacher Daniel Böttcher eine große Walze, vermittels deren das Glockenspiel in Bewegung gesetzt ward, um ganze, halbe und Viertelstunden anzuschlagen. In dieser aus 121 Bretern zusammengesetzten Walze, die 4 Fuß und 6 Zoll lang ist und

6 Fuß 8 Zoll im Diameter hat, befinden sich 7260 Löcher, um die Notenstäbe darin zu befestigen [*]).

(*Heinrich Döring.*)

GLOCKENTAUFE. Die Sitte, alle für den Gottesdienst bestimmten Gewänder, Geräthe u. s. w. durch eine besondere Segnung gleichsam der Profanwelt zu entrücken und dem Dienste des Heiligen zu bestimmen, ist in der Kirche uralt. Obschon darum Baronius zum Jahre 968 n. 93 dem Papste Johannes XIII., der einer für die Laterankirche bestimmten Glocke seinen Namen gab, die Institution der Glockensegnung zuschreibt [1]), so mag dieselbe doch schon mit der Einführung der Glocken ziemlich gleichzeitig zusammenfallen. Wenigstens enthalten schon der alte römische Ordo, Egbert's Pontificale, die Rheimser und Ratoldische Handschrift des Gregorianischen Sacramentars und die ältesten Sacramentarien von Tours die Formulare der Glockensegnung, welche von den heute gebräuchlichen nicht allzu sehr abweichen. Dem Alcuin ist es nichts „Neues" mehr: — campanas benedici et ungi eisque nomen imponi.

Nach dem Ritus der römisch-katholischen Kirche vollzieht der Bischof oder ein von ihm beauftragter Priester die Glockenweihe. Er betet zum Eingange den 50., 53., 56., 66., 69., 85. und 129. Psalm, segnet hierauf Salz und Wasser, und während die Psalmen 145, 146, 147, 148, 149 und 150 gebetet werden, wäscht er mit Beihilfe der Kirchendiener die Glocke von Innen und Außen mit diesem geweihten Wasser ab. Das dabei gesprochene Gebet ruft wie alle folgenden den Segen Gottes über die neue Glocke herab, damit sie gegen Dämonen und Unwetter Macht habe, und damit, sobald die Kinder der Christen ihren Klang vernommen haben, in ihnen das Wachsthum der Gottseligkeit gefördert werde, und sie, hineilend in die Arme ihrer heiligen Mutter, der Kirche, Gott in der Gemeinde der Heiligen das neue Lied singen, und in ihrem Gesange die Töne der Posaune, den Wohllaut des Psalters, die süße Harmonie der Orgel, den Jubel der Pauke und die Anmuth der Cymbel ausdrücken; und sie so durch ihre Andacht und Bitten in dem heiligen Tempel die Scharen der Engel einladen, gemeinsam den Herrn Jesum Christum zu loben. Der Bischof macht dann sieben Kreuze mit dem Oele der Kranken auf die Außenseite der Glocke und vier mit dem Chrisma auf die innere Seite derselben. Zwei Weihegebete begleiten diese Salbungen. Hernach wird das Weihrauchfaß so unter die Glocke gestellt, daß sie den Rauch desselben auffängt. Dazu singt der Chor Stellen aus Ps. 76, und der Bischof spricht folgendes Gebet: „Allmächtiger Herrscher, Christe Jesu! der du vordeinst, da du noch auf Erden im Fleische wandeltest, als das Schifflein, in welchem du schliefest, von dem Sturme auf den Fluthen hin und her geschleudert wurde, das Ungestüm der Wogen besänftigtest, sobald deine Jünger vor Todesangst dich aufweckten, eile auch jetzt nach der Fülle deiner Milde den Bedürfnissen deines Volkes zu Hilfe; überströme diese Glocke mit dem Gnadenthau des heiligen Geistes, auf daß vor ihrem Schalle stets der Urfeind alles Guten erschrocken zurückbebe und fliehe; und das Christenvolk zur Andacht eingeladen, jedes feindliche Heer erschreckt und dein durch ihren Ruf versammeltes Volk gestärkt werde, und der, wie durch David's Harfe erfröhlichte, heilige Geist über sie herabsteige; und sowie vordeinst, als Samuel ein Milchlamm zum Opfer des ewig herrschenden Königs schlachtete, ein Sturm die Schar der Feinde zurückschlug: so möge auch, wenn der Schall dieser Glocke durch die Lüfte hallet, die Hand deines Engels den Verein deiner Kirche schützen, und deine ewige Vorsehung die Früchte der Gläubigen, ihren Geist und Leib erhalten und retten durch dich, Jesu Christe, der du mit Gott dem Vater lebst und regierst in Einigkeit des heiligen Geistes, Gott, in alle Ewigkeiten." Zuletzt wird als Evangelium Luc. 10, 38—42 gelesen, weil die Glocken an das Eine, was noth ist, mahnen. Das segnende Kreuzeszeichen über die Glocke macht den Beschluß.

Neben diesen im römischen Pontificale erwähnten Ceremonien kommen in der Praxis allerdings noch andere vor. Dazu gehört vor Allem die Namengebung; auch kommen Glockenpathen vor, welche den Namen der Glocken angeben [2]). Wenn demnach von den Glockenweihen (wie von vielen ähnlichen Initiationen) im Volksmunde der Name Taufe gebraucht wird, so hat derselbe natürlich durchaus keine dogmatische Beziehung und steht nur dem Begriffe der Einweihung gleich. Die kirchliche Sprache bedient sich übrigens dieses Wortes niemals (Bened. XIV. Instit. 47: Advertendum est, huic benedictioni nomen baptismi concedi, quod quidem Ecclesia non cooptavit, sed tantum aequo animo patitur), weshalb jede gegen die Glockentaufe

*) Siehe v. Duisburg, Versuch einer Beschreibung der Gewerb- und Handelsstadt Danzig (Danzig 1816.) S. 240 fg. Vergl. außerdem über die Glockenspiele: Krünitz in der Oekonomischen Encyklopädie. 19. Bd. S. 186 fg. Gehler's Physikalisches Wörterbuch. 2. Bd. S. 509. Fischer's Physikal. Wörterbuch. 2. Bd. S. 789. Donndorff's Gesch. der Erfindungen. 2. Bd. S. 57 fg. 3. Bd. S. 198.

1) „Contigit, primariam Lateranensis ecclesiae campanam mirae magnitudinis recens aere fusam super campanile elevari, quam prius idem pontifex sacris ritibus Deo consecravit, atque Joannis nomine, puta Baptistae, cujus ecclesia vocari solet, nuncupavit." Vergl. auch das Chronicon abbatiae S. Trudonis bei d'Achery 1, 6, des Abtes Rodulf u. s. w. *Martene*, De antiq. eccl. rit. II. c. 21.

2) Außer dem schon oben angeführten Exempel einige andere aus dem Mittelalter bei *Du Cange*: Ingulfus (gest. 1109): „Fecit Heigmundus fieri duas magnas campanas, quas Bartholomaeum et Bettelinum cognominavit, et duas minores, quas Pegam et Begam appellavit." Chronicon Montis-Sereni an. 1206: „Campanam de 50 centenariis fudit, quam Halbertus Havelbergensis Episcopus consecravit, Petronellam nominans." Ueber spanische Sitte Mercha: „In Hispania dum campanae consecrantur, vir et mulier ex hominibus loci primariis tanquam compatres admittuntur, praesertim in aliquot Cataloniae partibus." In den 100 Beschwerden über den römischen Stuhl, welche 1519 dem Reichstage zu Nürnberg übergeben wurden, geschieht der Glockenpathen Erwähnung. Fabricius (Bibliogr. Antiq. II. p. 391) theilt sogar einen eine Glockentaufe betreffenden Gevatterbrief mit, und Gerbert (Hist. der Kirch. S. 607) spricht von „reichen Gevatterinnen," welche vermeintlich Glockenpathen [illegible].

gerichtete confessionelle Polemik völlig überflüssig erscheint [3]).

Um so mehr, als auch in der protestantischen Kirche die Beschaffung einer neuen Kirchenglocke mit Recht dazu benutzt wird, um in einer religiösen Feier auf Sinn und Bedeutung der Glocke zu verweisen [4]). (*Daniel.*)

GLOCKENTHALER sind eine braunschweigische Münze und haben ihren Namen von einer Glocke, welche das Hauptemblem bildet. Es gibt deren in größern und kleineren Sorten: von Silber in ganzen, halben und Viertels- (Drit-) Thalern. Auch hat man sie in Viergroschenstücken und von Gold in Dukaten. Ueber die Veranlassung dazu ist kurz Folgendes zu bemerken:

Wolfenbüttel, Festung und Residenz, hatten im 30jährigen Kriege österreichische Truppen besetzt, die indessen es wieder verlassen sollten. Am wiener Hofe, wo man fürchtete, daß der wichtige Ort wieder in die Gewalt der Schweden fallen würde, suchte man aber Ausflüchte, und die Räumung wurde trotz des unablässigen Andringens Herzog August's so lange als möglich hinausgeschoben. Da es endlich dazu kommen sollte, am 13. Sept. 1643, und in Folge einer List auch in der That vor sich ging, wäre sie vielleicht noch lange verzögert worden, wenn nicht der Courier, der mit Contreordre einige Stunden vorher aus Wien eintraf, aufgefangen und zurückbehalten worden wäre, bis die österreichische Besatzung den Ort verlassen hatte. Dann zog man sogleich die Zugbrücken auf und setzte sich für alle Fälle gegen die Ueberlistelen in Vertheidigungszustand. Der Herzog, der überhaupt den Darstellungen auf Münzen, nicht blos im Geiste seiner Zeit, sondern ganz vorzüglich zugethan war, ließ nun auf diese Wartezeit die Glockenthaler prägen, von deren Zeichnungen man noch seine eigenhändigen Entwürfe hat. Da diese Münzen im Allgemeinen schon selten, ganz besonders schwer aber in einer Reihe und in der vollständigen Suite zu finden sind, so gibt es viel falsche Nachrichten über sie, zu denen auch die gehört, daß der bekannte würtembergische Theolog Valentin Andreau, der unschuldige Urheber der Rosenkreuzerei, die Idee angegeben haben soll. Sie ist vom Herzoge, der bei seiner Gelehrsamkeit eine Freude daran fand und einen Stolz in das Ersinnen von Emblemen, Devisen, Anspielungen, Bildern u. s. w. setzte. Ueber die Anzahl der Gattungen dieser Thaler steht jetzt nach den sorgfältigsten Ermittelungen und Vergleichungen, die man z. B. im großherzoglichen Münzcabinet zu Weimar anstellen kann, fest, daß es deren sieben gibt. Davon hat allerdings jede Hauptart wieder verschiedene Stempel, die indessen nur in ganz kleinen, sonst unbedeutenden Nebenzeichen etwas von einander abweichen, sonst aber in der Hauptsache einerlei Gepräge haben. Auf dem Avers befindet sich der Herzog August mit entblößtem Haupte im Brustbilde. In der rechten Hand hält er den Commandostab, in der linken Hand einen offenen gegitterten Helm, den ein hoher Federstutz schmückt. Ein breiter mit Spitzen besetzter Kragen, der bis auf die Brust herabreicht, umgibt den Hals. Dazu die Umschrift: AUGUSTUS. HERZOG. ZU. BRAUNS(chweig) UND. LU(neburg). Dieser Avers bleibt sich sechsmal gleich und ändert sich erst bei dem siebenten Thaler, wie weiter unten angegeben werden soll. Durch den Revers aber unterscheiden sie sich, wie folgt, nach Darstellung der Glocken, Buchstaben, Um- und Beischriften. **Erstens** eine Glocke ohne Klöpfel, mit einem an dem Schwengel derselben herabhängenden Seile. Auf dem Rande der Glocke stehen die fünf Buchstaben: T. S. G. E. B., die man gemeiniglich und wol richtig so ausdeutet: Tandem Sequetur Gloriosus Exitus Brunsvicensis. Wenn behauptet wird, daß einige Exemplare dieser Gattung statt des G. ein C. haben, so mag der Grund dieser Varietät wol in Nichts als in der Abnutzung des nicht scharf geschnittenen Stempels zu suchen sein. Unter der Glocke stehen die zwei Worte: Sic. Nisi. Auf dem Rande herum steht der Wahlspruch des Herzogs: Alles mit Bedacht. Die beiden einzelnen Buchstaben H. S. auf den übers Kreuz liegenden Schlüsseln deuten auf den Namen und das Wappen des Münzmeisters Heinrich Schlüter. Ao. 1643. **Zweitens**: Wi vorher wieder eine Glocke ohne Klöpfel mit dem ebenfalls

3) Wenn das Capitulare Caroli M. von 787 c. 18 (Capital. Reg. Fr. ed. *Baluz.* I. p. 244) verbietet: — ut clocas non baptizent, so mag dieses allerdings auf damalige Unsitten Bezug haben, die hernach verschwunden sind. Nach Binterim (IV. I. cap. 5. §. 52) ist in jener Stelle nicht von Kirchenglocken, sondern von Handuhren die Rede, welche damals auch clocae genannt wurden. Amerbach meint: prohiberi superstitiosam, non vero legitimam et ecclesiasticam benedictionem. Gerber, Historie der Kirchen-Ceremonien S. 237: „Wider den großen Mißbrauch der heiligen Tauffe hat unser seliger Lutherus heftig geeifert, denn freylich wird die heilige Tauffe, die von Gott zu einem so trefflichen Mittel unserer Seligkeit verordnet ist, sehr entheiliget, wenn sie nicht menschlichen Seelen zu gut gebraucht, sondern an einen leblosen Cörper verrichtet wird." Tom. I. Alt. fol. 698 b: „Klagt Lutherus über die große Blindheit, daß die Bischöffe Glocken, Holtz und Steine schmieren, mit Wasser besprengen, nicht Christo zu einer Wohnung, sondern Spinnen und Voglein, daß die drinnen wohnen." Tom. II. Alt. fol. 499 a sagt er wieder: „An statt der Seelen tauffen sie todt Geschöpffe, Stein, Altar, Glocken, — das ist so eine grosse Unsinnigkeit und Thorheit, daß du vor Lachen erbersten müßtest" u. s. w. 4) Gerber a. a. O. S. 135: „Vor ungefähr 50 Jahren ward zu Dresden eine ganz gute Glocke von dem Creutz-Thurme abgenommen, und in der Stück-Giesserey umgegossen, zu dem Ende, ut consonantior esset caeteris campanis, wie die Inscription oder Aufschrifft der neuen Glocke lautete, daß sie mit denen andern Glocken eine bessere Symphonie mache und im Klange übereinstimme: Welches auch erfolgete, und die Glocken zusammen einen viel anmuthigeren Klang gaben als vorhin. Herr M. Johannes Gebisch war dazumal Frühprediger, und predigte von 5 bis 6 Uhr, da alsdenn die große zahlreiche Früh-Communion angehet. Weil nun die neue Glocke bei seiner Früh-Predigt zum erstenmal gebraucht und nebenst den andern geläutet wurde, dabei weil die gantze Stadt aufmerksam, auch die Kirche ungewöhnlich-voll Volck war, solches auch der Herr Gebisch vorher ihm eingebildet hatte, hielt er eine sogenannte Glocken-Predigt über den Text 4. B. Mos. 10, 1. 2. 3. Der Herr redete mit Mose und sprach: Mache dir zwo Trompeten von dichtem Silber, daß du ihr brauchest, die Gemeine zu berufen. Diesen Text applicirte er auf unsere Glocken, und insonderheit auf die neu-gegossene, so denselben Morgen zum erstenmal geläutet worden. Und weil er in rei memoriam diese Predigt drucken ließ, führte er darinnen viel curieuse Dinge von Glocken an, die alhier beygebracht werden könnten, wenn es nöthig wäre."

schon angeführten Buchstaben: T. S. G. E. B. Alles mit Bedacht. Ao. 1643. Nur in der Unterschrift tritt die Veränderung ein: Uti. Sio. Nial. Drittens ist die einzige Abweichung, daß auf dem Rande der Glocke: Gloria steht. Viertens: Die Glocke fehlt. Statt ihrer liegt auf einem viereckigen Blocke oder Steine ein lediger Klöpfel mit der Bezeichnung: 13. Kal. Maii. [d. i. der 19. April nach dem alten Julianischen Kalender]. Auf der einen Seite des Steines steht unter dem Bibelcitate: Ap. 13. V. 10. in f. das Wort: SED. Fünftens. Der Klöpfel hängt hier in der Glocke, auf einer Seite desselben steht: TANDEM. am Ende E. Der Rand der Glocke ergänzt den Sinn durch folgende Buchstaben: W. A. I. D. I. R. und das Ganze heißt: Tandem Ergo Wolfferbytum Ab Injustis Detentoribus Iurite Restituitur. Unter der Glocke steht das Datum: M. VII. B. 13. T. Sechstens: Dieser Thaler ist fast so wie der vorige, nur daß der Tag verändert ist: M. VII. B. 14. T., und die andern schon aufgezählten Buchstaben werden nun mit einer kleinen auf das Datum bezüglichen Abweichung gelesen: Tandem Ergo Wolfferbytum Ab Injustis Detentoribus Restitutum. Siebentens: Der letzte Thaler zeigt im Avers das vollständige braunschweig-lüneburgische Wappen mit elf Feldern, auf welchem fünf gekrönte Helme stehen. Die Umschrift heißt: AUGUSTUS. HERZOG. ZU. BRAUN[schweig] U[nd] LUNE[burg]. Einige Stempel weisen neben dem Wappen noch das des Münzmeisters Heinrich Schlüter auf. Auf dem Revers zeigt die Darstellung eine in ihrem Stuhle hängende Glocke mit dem Klöpfel, der von drei Händen an drei Stricken zum Läuten angezogen wird. Dabei stehen die Worte: NU. PAC. EX. SO. EI., d. h. NU[ncius] PAC[is] EX SO[no] EI[us]. Unter der Glocke ist Wolfenbüttel mit einer aufgehenden Sonne; die Umschrift heißt: TANDEM. PATIENTIA. VICTRIX. ANNO. 1643. Es wird gesagt, daß von diesen Münzen in Braunschweig 21 verschiedene Stempel existirten. Was nun den Zusammenhang der einzelnen Legenden unter einander und wiederum ihre Beziehung auf die historischen Begebenheiten anlangt, so erhellt er unschwer von selbst. Nach einem von Manchen noch festgehaltenen Irrthume wird zu diesen sieben Glockenthalern noch ein achter gerechnet, der aber nicht dazu gehört, und sonst den Numismatikern als der sogenannte Schiffs- oder Reisethaler bekannt ist. Herzog August, geb. am 10. April 1579, starb 88 Jahre alt 1666, nachdem er zweimal, mit einer pommerischen und dann mit einer anhalt-zerbstischen Prinzessin vermählt gewesen war. Nach gründlichen Studien auf den Universitäten Rostock, Tübingen und Strasburg machte er große Reisen durch halb Europa, und widmete sich bis an seinen Tod unermüdlich den Wissenschaften. Die nachherige wolfenbüttler Bibliothek legte er 1604 zu Hitzacker an und machte umfassende eigenhändig geschriebene Kataloge dazu. Als Mitglied der fruchtbringenden Gesellschaft hieß er der Ernährende; sein Motto war: Alles mit Bedacht. Mit den Fürsten seines Hauses theilte er die damals überhaupt im Schwange gehende Sitte, sich emblematisch auf Münzen und Medaillen auszusprechen, in hohem Grade. Es gibt von ihm noch mehr Schaustücke, zu deren Stempeln er eigenhändig den Entwurf machte.

Die specielle Literatur über die Glockenthaler ist an sich schon ziemlich reichhaltig. Von den hauptsächlichsten Werken, die an den betreffenden Stellen von ihnen handeln, sind zu nennen: Joh. Dav. Köhler, Münzbelustigungen u. s. w. (Nürnberg 1729.) 1. Bd. Stück 18. vom 4. Mai 1729. S. 137—144. Da findet man auch die Abbildungen der ganzen Suite. Köhler, Münzbelustigungen. 1735. 7. Bd. Vorrede S. 4 werden alle von Herzog August geschlagenen Thaler, dabei auch der in Rede stehende, genannt und theilweise beschrieben. Köhler a. a. O. 1737. 9. B. Stück 14. S. 105—108 steht eine Abbildung und Beschreibung des siebenten Glockenthalers. Endlich Köhler a. a. O. 1747. 19. Bd. Stück 6. S. 41 ist der eigenhändige Entwurf des Herzogs zum ersten und zweiten Glockenthaler als Facsimile in Kupfer gestochen. Ferner findet man Nachrichten darüber in Tenzel, Monatliche Unterredungen. 1693. S. 875. Schmieder, Handbuch der Münzkunde S. 198. Unger, Sammlung Braunschweigisch-Lüneburgischer Münzen S. 6. Lehmann, Historische Remarques. 1709. S. 1—4 u. S. 9—18. Rethmeier, Braunschweig-Lüneburg. Chronik S. 1437. Braun, Vollständiges Braunschweig-Lüneburgisches Münz- und Medaillencabinet S. 150. Madai, Thalercabinet Nr. 1147. (Vulpius,) Curiositäten u. s. w. (Weimar 1823.) 10. Bd. S. 315 fg. (*Dr. F. L. Bönigk.*)

GLOCKENTON. Die diesen romantischen Namen führende Künstlerfamilie [1]) ist in den betr. Handbüchern der Kunstgeschichte zwar stark vertreten; doch hat es bis jetzt den Nachforschungen der Kunstkenner nicht gelingen wollen und können, die Lebensverhältnisse und Schöpfungen der Glieder derselben in ihren gegenseitigen muthmaßlichen Verwandtschaftsverhältnissen und nach ihren Productionen zweifelsfrei festzustellen. Unter jenem Namen werden aufgeführt:

Glockenton (Albert), der Aeltere, Kupferstecher, geb. zu Nürnberg 1432, ohne daß über seinen Tod bis jetzt etwas sich hätte auffinden lassen. Daß einem Gliede der Glockenton'schen Familie der Taufname Albert (Albrecht) eignete, hat Frenzel durch einen von ihm aufgefundenen Holzschnitt, auf welchem jener Name vollständig ausgedrückt ist, zweifelsfrei bewiesen [2]). Früher hatte Sandrart die mit A. G. bezeichneten Blätter ihm zugeschrieben; dagegen findet man aus von dem Charakter derselben hergenommenen Gründen bei Bartsch: Le peintre graveur (6, 344 fg.; 16, 539) erhebliche Zweifel aufgeführt. Bartsch vermuthet unter jener Chiffre die Arbeiten anderer anonymer teutscher und italienischer Künstler. Dazu kommt noch, daß der von Frenzel aufgefundene Holzschnitt, darstellend zwei junge Frauenzimmer, die mit herabgesenkten, sehr ehrbaren Blicken

1) Vergl. G. K. Nagler's Allgem. Künstlerlexikon. 5. Bd. S. 236—240. 2) Siehe Schorn, Kunstblatt vom Jahre 1825. S. 79.

einhergehen und vorzüglich gut mit blauen Wasserfarben illuminirt, als Zusatz zu dem Namen das Prädicat: „Illuminist 1531" anfügt. Auch der Zeit nach dürfte es sich also hier um zwei verschiedene Personen handeln. Als Alb. Glockenton's Hauptwerk gilt eine Passionsgeschichte Jesu in 12 Blättern, jetzt eine der größten Seltenheiten. Man hat von diesen Stichen zweierlei Abdrücke; die retouchirten sind mit J. S., dem Monogramme des Stechers, bezeichnet. Außerdem findet man von Alb. Glockenton ein „Jesuskind" und einen „Christus am Kreuze" [3]), letzteres, des Meisters vollendetste Leistung, in den Mappen der Sammler. Die von ihm radirten Blätter nach M. Schongauer — „Gott Vater auf dem Throne," „Tod der heiligen Jungfrau," „die fünf klugen und die fünf thörichten Jungfrauen" je 5 Blätter — und ein von ihm retouchirtes Blatt nach W. v. Olmütz — Christus mit dem Kreuze am Oelberge — beschreibt Bartsch an der ersten oben angeführten Stelle.

Glockenton (Albert), der Jüngere, als geschickter Glasmaler zu Nürnberg bekannt, auch um die Mitte des 16. Jahrh. In der Derschau'schen Sammlung von Glasmalereien zu Nürnberg befanden sich mehre treffliche Glasmalereien mit der Jahreszahl 1543, die man nach dem von den Anfangsbuchstaben seines Namens abstrahirten Monogramme ihm beilegte. Doch kommt ein solches auch anderwärts auf Glasmalereien vor und A. Glockenton's Eigenthumsrecht ist auch hier nicht ganz unbestritten geblieben.

Glockenton (Georg), der Aeltere, Formschneider und Illuminist, aus Nürnberg. Eine bestimmte Angabe seines Geburtsjahres hat sich bis jetzt nicht auffinden lassen; als sein Todesjahr wird in Scheurer's „Todten-Geläut" 1514 bezeichnet; doch macht eine anderweitige Jahresbestimmung auf einem der von ihm vorhandenen Schnitte auch diese Angabe unsicher. Er darf vielleicht als der älteste mit seinem Familiennamen bekannte Formschneider betrachtet werden, da dergleichen Künstler damals, wo die wie immerhin unvollkommene Vervielfältigung ihrer Arbeiten so große Wichtigkeit und Nachfrage ihnen zuführte, als sogenannte „Schnitzer" nur durch ihre Taufnamen, denen honoris causa Geburts- oder Aufenthaltsort beigefügt ward, in der Leute Mund waren, und hiernach würde G. Glockenton noch vor Johann (Schnitzer) von Arnheim zu stellen sein. Angeblich soll auf seinen Blättern „Jorg Glockenton" stehen; so auf jenem mit der heiligen Jungfrau und vier heiligen Weibern, in den Schattenpartien, wie in den Köpfen und Füßen ganz schwarz gehalten; die Frauen selbst in reichem, schön fallendem Faltenschmucke. Das 14 Zoll hohe, 10 Zoll 3 Linien breite, seltene Blatt, die Himmelfahrt Christi darstellend, ist, wie schon oben angedeutet ward, mit 1520 bezeichnet. Er ist nicht mit dem folgenden zu verwechseln:

Glockenton (Georg), der Jüngere, Formschneider und Briefmaler, wahrscheinlich des Vorigen Sohn, nach dem Datum auf seinem Bildnisse zu Nürnberg im J. 1492 geboren, gest. daselbst 1553. Wenn ihm die bereits 1509, also in seinem 17. Jahre herausgegebene „Anweisung zur Perspective" wirklich angehört, so müßte er seine künstlerischen Studien mit ebenso großem Eifer als Erfolge getrieben haben, und man darf fast vermuthen, daß jene Anweisung seinem Vater mehr als ihm angehören möchte, da von seinen sonstigen Arbeiten hin und wieder auch dem älteren Georg Manches zugeschoben wird. Außerdem illuminirte Georg Junior Meßbücher und Wappenbriefe und trieb starken Handel mit Holzschnitten und ausgemalten Kupferstichen, wie sich denn ein väterliches, bereits angebrachtes Geschäft gut fortführen und erweitern läßt. Zahlreicher zwar sind des jüngeren Georg's Blätter, doch nach dem Urtheile der Kenner nicht so bedeutend als die des älteren; auch sind ihm Blätter zugeschoben worden, an denen er durchaus keinen Antheil hat, z. B. von Heller, der ihm in der „Geschichte der Holzschneidekunst" (S. 123) irrthümlich das Zeichen des Gabriel Giolitto von Ferrara beilegt. Auch Bartsch [4]) schreibt die mit G. G. bezeichneten Initialen einem anderen anonymen Künstler zu. Sein großer, mit Figuren verzierter chorographischer „Grundriß der Stadt Nürnberg," nach der Zeichnung des Mathematikers E. Etzlaub in vier Platten geschnitten, ist sein interessantester Nachlaß an die spätere Welt; er ist sehr selten und auch bei Bartsch unerwähnt geblieben. Näheres über andere Blätter — darunter vier, welche die Gefangennehmung, das Verhör und die Verurtheilung eines Mannes, vielleicht eines Heiligen, darstellen, ohne daß sich bestimmen läßt, ob die Folge complet sei — bei Nagler a. a. O. S. 238, nach Bartsch.

Glockenton (Nicolaus), Maler, angeblich auch Formschneider, ebenfalls ein nürnberger Stadtkind, besonders als Illuminist so ausgezeichnet, daß ihm der Kurfürst von Mainz für ein gemaltes Missale mit 24 Bildern nach dem Leben der Maria und nach der Passion von A. Dürer 500 Gulden bezahlen ließ, ein Preis, der ebenso hoch, fast noch höher steht, als jetzt in der Regel künstlerische Productionen von ihren Schöpfern eingelöst werden. Neben des Malers Namen steht auf jenem Missale die Jahrzahl 1524 eingezeichnet. Ohne sicheren Grund hat man die Anfangsbuchstaben seines Namens auch auf andere Blätter ausgedehnt.

Glockenton (B. und H. W.) sind als Künstler noch viel unsicherer nachzuweisen, als die bisher besprochenen. Dem ersteren, angeblich Maler und Formschneider, nach der Bestimmung des Winkler'schen Katalogs um 1500, wird die Passion zugeeignet, welche bei Knoblauch in Strasburg 1507 in 26 Blättern erschien. Mit größerer Wahrscheinlichkeit ist sie anderen Künstlern — Urs Graf (auch unter den Namen von Goar, Gamperlin ꝛc. bekannt [5]) oder Vincenz Geldermann [6]) — beigelegt worden. — Noch weniger läßt sich H. W. Glockenton als bestimmter Künstler constatiren, obschon die

3) Ihre genauere Beschreibung bei Nagler a. a. O. S. 240.

4) Peintre graveur 9, 428.

5) Vergl. Nagler's Künstlerlexikon. 5. Bd. S. 316 fg.

6) Ebendas. S. 70.

Signatur H. W. G. auf guten Holzschnitten vorkommt, von denen einiger Nagler a. a. O. S. 239 gedenkt. Immerhin ist es möglich, daß ein zur Führung der Namensanfangsbuchstaben H. W. legitimirtes Mitglied der in Nürnberg so weit verzweigten Familie Glockenton sich künstlerisch bemerklich gemacht habe, wie denn ein Illuminirer H. W. G. nach A. Dürer sich besonders bei seinen Arbeiten des Goldes mit Geschick und Glück bedient haben soll; den stringenten Beweis dafür hat indessen die Wissenschaft noch zu erwarten.

(*J. E. Volbeding.*)

Glockner, s. Grossglockner.

GLODENSTEDE (Helmold), teutscher Arzt des 14. Jahrh., um das Jahr 1380 zu Salzwedel geboren, widmete sich auf der Universität zu Leipzig zuerst der Philosophie und Theologie und dann der Arzneiwissenschaft mit großem Fleiße, und ward im J. 1412 Doctor der Medicin und Theologie. Nachdem er kurze Zeit die Philosophie an dem Gymnasium gelehrt hatte, wurde er im J. 1413 Assessor der medicinischen Facultät und bereits im J. 1414 Rector magnificus, welche Würde er auch im J. 1416 zum zweiten Male bekleidete. Als Lehrer erwarb er sich allgemeinen Beifall und als praktischer Arzt großen Ruf, wie er denn auch bei den Markgrafen von Meißen in hoher Gnade stand. Er war einer der ersten Collegiaten des großen Fürstencollegiums und creirte am 9. Oct. 1431 die ersten Doctoren der Medicin in der Nicolaikirche. Im J. 1438 wurde er Dekan seiner Facultät und erster Professor der Therapie. Seine ununterbrochene Anstrengung als Lehrer und Arzt schwächte allmälig so sehr seinen Geist, daß er im Alter kindisch wurde. Er starb im J. 1441. Seine medicinischen Schriften (Practica medicinalis, Regimen sanitatis und Lectura super Avicennam) erfreuten sich bei seinen Zeitgenossen eines ungetheilten Beifalls, sind aber, da sie zur Zeit der Erfindung der Buchdruckerkunst schon von neuern Leistungen zurückgedrängt waren und ihnen deshalb keine größere Verbreitung zu Theil ward, völlig vergessen, obgleich insbesondere sein Regimen sanitatis nach dem Urtheile Sachverständiger, welche es in Handschriften näher zu betrachten Gelegenheit hatten, auch jetzt noch seinen Werth nicht verloren hat und einen Abdruck verdient *).

(*Ph. H. Külb.*)

GLODESINDE oder CHLODESINDE, die Tochter des am fränkischen Hofe sehr angesehenen Dux Wintro (vielleicht desselben, welcher auf Brunichild's Anstiften im J. 598 getödtet wurde), um das Jahr 578 geboren, sollte, obgleich sie sich in ihrem frommen Sinne Gott geweiht hatte, nach dem Willen ihres Vaters dem ihr bestimmten Bräutigam folgen, als dieser an den Hof gerufen, schwerer Verbrechen angeklagt und enthauptet wurde. Einem zweiten Bräutigam entging sie durch die Flucht nach Metz, wo sie Schutz in einer Kirche suchte und ihr ein Engel den rettenden Schleier brachte. Vater und Verwandte, welche die Kirche belagerten, ließen sich durch dieses Wunder besänftigen und stellten ihrem Vorsatze, in ein Kloster zu gehen, kein weiteres Hinderniß entgegen; sie legte darauf in einem Kloster zu Metz das Gelübde ab und baute später daselbst auf einem ihrem Vater gehörenden Grundstücke und von ihrem eigenen Vermögen ein Kloster, welchem sie bis zu ihrem Tode als Äbtissin vorstand. Sie starb um das Jahr 608. Die Kirche feiert ihr Andenken am 25. Juli. Ihr Leben selbst bietet zwar nichts Merkwürdiges dar, aber die Erzählung der an ihrem Grabe in dem von ihr erbauten (gewöhnlich Sainte Glossine genannten) Kloster geschehenen Wunder, welche den beiden Beschreibungen ihres Lebens eingeflochten ist, liefert einige nicht unbedeutende Beiträge zur Geschichte des 8. und 9. Jahrh. und zuverlässige Nachrichten über die Klosterreform des metzer Sprengels (vergl. W. Wattenbach, Deutschlands Geschichtsquellen im Mittelalter. [Berlin 1858. 8.] S. 187). Die ältere Biographie (in den Act. SS. Antverp. Julii. Tom. VI. p. 203—210) rührt von einem unbekannten Mönche zu Metz her und ist am Ende des 9. Jahrh. verfaßt, die andere (in Ph. Labbe's Bibliotheca manuscript. libr. Tom. I. p. 724, in J. Mabillon's Act. SS. Ord. S. Benedicti, Saec. II. p. 1087—1090. Saec. IV. P. I. p. 435—448; am besten in den Act. SS. Antverp. Julii. Tom. VI. p. 210—225), welche eigentlich nur eine Erweiterung der ersten ist, wird einem Abte Johannes in dem Kloster Gorze bei Metz oder (mit weniger Wahrscheinlichkeit) einem Abte Johannes zu St. Arnulf in Metz, welche beide im 10. Jahrh. lebten, zugeschrieben. Eine gute Ausgabe der auf Teutschland bezüglichen Abtheilungen der zweiten Biographie findet man in den Monument. Germ. hist. von G. H. Pertz. Tom. IV. p. 235—238.

(*Ph. H. Külb.*)

GLOEOCAPSA, eine von Kützing aufgestellte Algengattung, von welcher der Autor in den Species Algarum 49 gut unterschiedene und 2 nicht genau bekannte Arten aufführt. Diese Gattung wird in folgender Weise diagnosirt: eine formlose, ausgebreitete Gallertmasse, bestehend aus größeren Blasenzellen, welche mehre kleinere blasenartige Zellen eingeschachtelt enthalten, in denen einer oder mehre solide Zellenkerne sich befinden.

In Teutschland finden sich hiervon folgende 14 Arten:

1) Gl. montana *Kützing.* Diese Art besteht aus einer grünen Gallertmasse, deren Zellenbläschen [illegible]—[illegible] Linie groß sind; die Zellenkerne sind hellgrün, rundlich oder elliptisch, [illegible] Linie groß.

Sie findet sich in niedern und höhern Gebirgen auf nackter Erde und Moos.

2) Gl. stillicidiorum *Kützing.* Sie besteht aus einer grünen, sehr weichen, fast flüssigen Gallertmasse mit [illegible]—[illegible] Linie großen, farblosen Zellenbläschen und dunkelgrünen, [illegible] Linie großen, kugeligen Zellenkernen.

Sie kommt auf nassen Felsen im Harze vor.

*) *P. Freheri* Theatrum virorum eruditione clarorum p. 1210. Chr. Gottl. Jöcher, Gelehrtenlexikon. 2. Bd. S. 1023. J. G. Th. Gräße, Lehrbuch einer Literaturgeschichte. 2. Bd. Abtheil. 2. S. 563.

3) Gl. botryoides *Kützing*. Die grüne, weiche und schlüpfrige Gallertmasse hat klare 1/[illegible]—1/[illegible] Linie große Zellenbläschen mit länglich-runden, grünen, 1/[illegible]—1/[illegible] Linie großen Zellenkernen.

Diese Art findet sich an Wasserpfählen.

4) Gl. fenestralis *Kützing*. Die grüne, weiche Gallertmasse besteht aus farblosen, 1/[illegible]—1/[illegible] Linie großen Zellenbläschen mit ungleichen, 1/[illegible]—1/[illegible] Linie großen Zellenkernen.

So an Fensterscheiben der Mistbeete und Treibhäuser im Frühjahre.

5) Gl. Palea *Kützing*. Die olivenfarbige, ziemlich derbe, schlüpfrige Gallertmasse besteht aus schwer zu erkennenden, etwas zusammenfließenden Zellenbläschen mit elliptischen, länglichen und walzenförmigen, 1/[illegible]—1/[illegible] Linie langen und 1/[illegible]—1/[illegible] Linie dicken Zellenkernen.

Diese Art wurde in Karlsbad am Spitalbrunnen beobachtet. Die Pflanze ändert ab:

b) minor. Mit kleinern, walzenförmigen, 1/[illegible] Linie langen und 1/[illegible]—1/[illegible] Linie dicken Zellenkernen. So auf Tannennadeln bei Jever.

6) Gl. ampla *Kützing*. Diese Art ist grün, fast kugelig und etwa von der Größe eines Hanfsamens; die Zellenbläschen sind geräumig, 1/[illegible]—1/[illegible] Linie groß, farblos und klar, die Zellenkerne länglich, 1/[illegible]—1/[illegible] Linie groß, grün und körnig. Hierher gehört vielleicht Palmella minuta *Agardh*.

Sie findet sich in Teichen auf Cladophora fracta und ändert mit kleineren Zellenkernen ab.

7) Gl. atrata *Kützing*. Eine schwarze, zusammenhängende, härtliche Gallertrinde; Zellenbläschen vielkernig mit bläulichem Schimmer, 1/[illegible]—1/[illegible] Linie groß; Zellenkerne kugelig, grünlich, entfernt stehend, 1/[illegible]—1/[illegible] Linie groß.

Auf nassem Kalktuff unter Moos bei Bern und im Thüringerwalde.

8) Gl. aeruginea *Kützing*. Grauliche, spangrüne Kruste; Zellenbläschen etwas rauh und matt, 1/[illegible]—1/[illegible] Linie groß, Zellenkerne rund und spangrün, 1/[illegible]—1/[illegible] Linie groß.

Auf Kalkbergen in Thüringen.

9) Gl. coracina *Kützing*. Schwarze härtliche Kruste; die Zellenbläschen erster Ordnung sind 1/[illegible]—1/[illegible] Linie groß und schließen einige kleinere ein, welche concentrische Streifen besitzen und ins Bläuliche schimmern; die Zellenkerne sind 1/[illegible]—1/[illegible] Linie groß, spangrün.

Auf Gypsbergen am Harze.

10) Gl. sanguinolenta *Kützing*. Schwarze härtliche Kruste; die 1/[illegible] Linie großen, bluthrothen Zellenbläschen enthalten nur wenige grüne, runde, 1/[illegible] Linie große Zellenkerne.

Sie findet sich zugleich mit voriger Art.

11) Gl. rosea *Kützing*. Eine schwarze Kruste; die Zellenbläschen erster Ordnung sind vielkernig, 1/[illegible] Linie groß, die der zweiten Ordnung tief rosenroth mit dicht stehenden grünen, 1/[illegible]—1/[illegible] Linie großen Zellenkernen.

Diese Art kommt zwischen Moos des Monte spaccato bei Triest vor.

12) Gl. monococca *Kützing*. Die bläulich grüne zusammenhängende Gallertmasse enthält geräumige, concentrisch gestreifte, schwach amethystfarbige, klare, 1/[illegible] Linie große, elliptische und einkernige Zellenbläschen; die Zellenkerne sind länglich-elliptisch, 1/[illegible] Linie groß, spangrün.

Diese Art findet sich an Kalkfelsen bei Triest.

13) Gl. sanguinea *Kützing*. Schwarze zusammenhängende Kruste; die Zellenbläschen der ersten Ordnung sind sehr geräumig, durchsichtig, fast farblos, vielkernig, 1/[illegible] Linie groß, die der zweiten Ordnung sind 1/[illegible] Linie groß, tief bluthroth; die Zellenkerne sind paarweise genähert, rund, 1/[illegible] Linie groß. Hierher gehört Haematococcus sanguineus *Agardh*.

An Felsen bei der Roßtrappe im Harze.

14) Gl. rubicunda *Kützing*. Die purpurschwarze, bröckliche Kruste umgibt die sämmtlich [illegible] bluthrothen, undurchsichtigen, wenig kernigen Zellenbläschen; die größeren Zellen sind 1/[illegible]—1/[illegible] Linie, die eingeschlossenen 1/[illegible] Linie groß, die grünlichen, meist halbkugeligen, gepaarten und dicht genäherten Zellkerne sind 1/[illegible] Linie groß.

(*Garcke*.)

GLOEOCLADIA ist der Name einer von J. Agardh aufgestellten Algengattung mit cylindrischem, gallertartigem, aus länglichen Markzellen bestehendem Algenkörper, dessen äußere Schicht aus perlschnurartigen Gliederfäden, welche von einem gemeinsamen Schleime umhüllt sind, gebildet ist; die Kapselfrüchte sind kugelig, äußerlich an der Seite.

Aus dieser Gattung ist nur eine Art bekannt, nämlich:

Gl. furcata *J. Agardh*. Sie ist klein, fadenförmig, carminroth, gabelspaltig und hat abstehende Aeste. Hierher gehört Chondria furcata *C. Agardh*.

Sie findet sich bei Triest. (*Garcke*.)

GLOEOCOCCUS ist der Name einer von Shuttleworth gegründeten Algengattung, welche von neueren Algologen theils mit Microstylis, theils mit Haematococcus vereinigt wird. Letztere Gattung, bekannt unter dem Namen Bluthlom, hat kleine, blasenartige, gefärbte Körnchen, einschließende, ohne Ordnung zu Klumpen oder häutigen Schichten gehäufte Zellen. Sie kommt in Deutschland nach Rabenhorst in folgenden vier Arten vor:

1) Haematococcus Cordae *Meneghini*. Die auf einer zarten, weißlichen Schleimunterlage befindlichen Zellen sind genau sphärisch, dunkelroth und schließen zahlreiche Körnchen ein. Hierher gehört Protococcus monospermus *Corda*.

Diese Art bildet zarte, dunkelrothe Ueberzüge an feuchten Schieferfelsen in der großen Kluft im Scharkathale bei Prag; häufiger ist sie im südlichen Gebiete, namentlich an Dolomitfelsen und auf Moos und Algen in den Euganeen.

2) Haem. Noltii *Rabenhorst*. Die fast elliptischen, bluthrothen, zahlreiche, dichtgedrängte Körnchen ein-

schließenden Zellen bilden eine häutige Schicht. Hierzu gehört Microstylis Noltii *Kützing*.

Diese Art findet sich im Frühjahre in stehenden Torfgräben schwimmend und wurde bei Schleswig, in Sachsen und am Oberharze beobachtet.

3) Haem. violaceus *Meneghini*. Die großen, mehr oder weniger linsenförmigen, durchsichtigen Zellen schließen 3—4 violette Körnchen ein. Hierher gehört Protococcus violaceus *Corda*.

Diese Art bildet bis zollgroße, violette, später schmuzig werdende und zerfließende Flecken an getünchten Mauern in feuchten Zimmern.

4) Haem. pluvialis *Flotow*. Die nicht schwimmenden, vollkommen runden, carminrothen Zellen haben einen fast krumigen Inhalt. Hierher gehört Protococcus pluvialis *Kützing*.

Diese Art fand v. Flotow in Schlesien in der flachen Höhlung einer Granitplatte, welche den Steg über den Froschgraben auf dem Fußwege zwischen Hirschberg und dem Dorfe Grunau bildet.

Kützing führt von den genannten Arten der Gattung Haematococcus, die er jedoch nur als Abtheilung von Protococcus ansieht, nur die zuletzt erwähnte an, macht dagegen noch folgende als in Teutschland vorkommend namhaft: Protococcus roseo-persicinus, Pr. carneus, Pr. Orsini, Pr. crustaceus, Pr. umbrinus, Pr. nivalis, Pr. Coccoma, Pr. pulcher, Pr. marinus und Pr. macrococcus. (*Garcke.*)

GLOEODICTYON. Diesen Namen gab Agardh einer fast ganz unbekannten Algengattung, welcher er urnförmige, schleimige Fäden zuschreibt, die kugelige, der Länge nach in zwei Reihen stehende Zellenkerne einschließen. Es gehört hierher nur eine Art, welche Agardh nach ihrem Entdecker Gloeodictyon Blyttii nannte.

Sie findet sich in Norwegen. (*Garcke.*)

GLOEONEMA, der Name einer von Agardh aufgestellten Algengattung, welche jedoch in neuerer Zeit nicht als solche anerkannt ist, deren Mitglieder vielmehr theils zu Encyonema, theils zu Micromega gestellt sind. So zieht Kützing Gloeonema triangulum von Ehrenberg, welches im Niagara gefunden wurde, sowie Gloeonema sigmoides, gleichfalls von Ehrenberg zuerst beschrieben und im Flusse Demerara in Guiana vorkommend, zu Encyonema mit Beibehaltung der Speciesnamen, während er Gloeonema apiculatum von Greville zu Micromega bringt. (*Garcke.*)

GLOEOPELTIS. Diesen Namen wandte J. Agardh zur Bezeichnung einer Algengattung an, welche nur in einer einzigen, in der chinesischen See vorkommenden Art bekannt ist. Agardh nannte sie in den Species Algarum Sphaerococcus tenax, Tamer dagegen Fucus tenax und Kützing endlich Gloeopeltis tenax. (*Garcke.*)

GLOEOTILA ist der Name einer Algengattung, deren Mitglieder astlose, aus sehr zarten dünnhäutigen und kleinen Schleimzellen gebildete Gliederfäden haben. Der gummöse Inhalt ist Anfangs ausgebreitet, später zu einem soliden einfachen Zellenkerne zusammengezogen. Der Samen ist unbekannt.

Aus dieser Gattung sind eilf Arten, von denen mit Hinzuzählung von Gloeotila stagnorum neun in Teutschland vorkommen; dies sind:

1) Gl. protogenita *Kützing*. Grüne und schleimige, sehr kurze perlschnurförmige, [illegible]—1/[illegible] Linie dicke Fäden mit länglich-elliptischen Gliedern.

In gestandenem Quellwasser.

2) Gl. ferruginea *Kützing*. Ochergelb; die Fäden sind kurz, perlschnurartig, 1/[illegible] Linie dick, die Glieder elliptisch. Hierher gehört Gallionella ferruginea *Ehrenberg*.

Diese Art findet sich in Eisenquellen.

3) Gl. concatenata *Kützing*. Grüne, 1/[illegible] Linie dicke Fäden mit langgestreckten Gliedern und langen, etwas gekrümmten, an beiden Enden pfriemenförmig zugespitzten Zellenkernen.

Findet sich am Bache im Rammelsberge des Oberharzes.

4) Gl. caldaria *Kützing*. Diese Art bildet eine angenehm grüne Schleimmasse; die Fäden sind etwas gekrümmt, steif, nicht sehr lang, 1/[illegible] Linie dick, mit cylindrischen vom Zellenkerne ganz ausgefüllten Gliedern, welche meist 2—2½ Mal länger, selten ebenso lang als der Durchmesser sind.

Diese Art wurde an den nassen Kalkwänden eines neu gebauten Warmhauses in Nordhausen beobachtet.

5) Gl. hyalina *Kützing*. Hellgrüne, 1/[illegible] Linie starke Fäden mit cylindrischen Gliedern, welche 2—3 Mal länger als der Durchmesser sind; Zellenkerne zuletzt eiförmig und an beiden Enden zugespitzt. Hierher gehört Conferva hyalina *Kützing*.

In Sümpfen und in stehenden Gewässern.

6) Gl. stagnorum *Kützing*. Diese Art hat eine grüne Farbe und 1/[illegible] Linie starke Fäden, deren Glieder ebenso lang als der Durchmesser sind.

Sie findet sich in stehenden Gewässern. In den Species Algarum betrachtet Kützing dieselbe als Abart von Ulothrix tenerrima.

7) Gl. tectorum *Kützing*. Diese Art ist blaßgrün und schleimig, die Glieder sind fast so lang als breit, die Zellenkerne quadratisch; der Durchmesser der Fäden beträgt 1/[illegible] Linie.

Sie kommt auf Dächern vor.

8) Gl. pallida *Kützing*. Die Fäden sind blaßgrün, 1/[illegible] Linie stark; die Glieder sind so lang als breit; die Zellenkerne sind meist quadratisch oder rechteckig-länglich. Hierher gehört Hormospora pallida *Brébisson*.

In Teichen.

9) Gl. mucosa *Kützing*. Die Fäden sind sehr schleimig und blaß, rosenkranzförmig, 1/[illegible] Linie stark. Die Zellenkerne sind fast kugelförmig oder länglich-elliptisch, fest und durchscheinend. Hierher gehört Conferva mucosa *Agardh*.

Sie findet sich in Sümpfen.

Außer diesen in Teutschland beobachteten ist noch eine Art aus Holland und eine aus Frankreich bekannt, nämlich:

10) Gl. chlorosira *Kützing*. Die Fäden sind lebhaft grün, [illegible] Linie stark, die Glieder so lang als breit; die Zellenkerne sind perlschnurförmig, fast kugelig, bisweilen zusammengedrückt und linsenförmig.

Sie kommt in etwas salzigen Gräben Hollands vor.

11) Gl. catenaeformis *Kützing*. Die Fäden sind blaßgrün, schleimig, [illegible] Linie stark, ihre dreigabeligen Verästelungen gehen mit einander parallel, die Glieder sind doppelt länger als breit, bald cylindrisch, bald bauchig; die Zellenkerne sind kugelig, oft zu zweien einander genähert, die Zwischenglieder sind mehr oder weniger verlängert.

Diese Art wurde bei Falaise in Frankreich beobachtet. (*Garcke.*)

GLOEOTRICHIA ist der Name einer von J. Agardh aufgestellten Algengattung mit folgendem Charakter. Das Lager ist schleimig, rundlich. Die Fäden sind einfach, pfriemenförmig, einzeln, aus zusammenhängenden Zellen gebildet, am Grunde mit einer klaren Kugel, meist ohne Ordnung vertheilt, im Innern mit einer körnigen Masse, welche gegen die Spitze sich ringförmig sondert. Die Scheiden sind ziemlich entwickelt.

Kützing hat in seinen algologischen Werken diese Gattung nicht angenommen, sondern die hierher gerechneten Arten mit Rivularia vereinigt. Dagegen führt Rabenhorst zwei Arten dieser Gattung aus der teutschen Flora an, nämlich:

1) Gl. natans *Rabenhorst*. Sie ist Anfangs erbsengroß, rund, solid, dann fast so groß wie eine Kirsche, hohl, schmutziggrün und bräunlich; die Fäden sind starr, einfach, am Grunde gedunsen, nach der Spitze sehr verdünnt, olivenfarbig.

Hierher gehört Gloeotrichia angulosa *J. Agardh* und Rivularia natans *Fries*.

Sie findet sich in stehenden und langsam fließenden Gewässern, Anfangs an verschiedenen Wasserpflanzen festsitzend, dann freischwimmend. — Das Lager ist meist kugelrund, bisweilen aber auch ungleich und fast eckig. Hierher gehört Rivularia angulosa *Roth*.

2) Gl. Lens *Rabenhorst*. Diese Art ist linsenförmig, angewachsen, kaum über eine Linie breit, spangrün und glänzend; die Fäden sind einfach, ziemlich dick, einzeln, etwas verbogen, mit lang gestreckter, stark verdünnter Spitze. Meneghini nannte diese Art Rivularia Lens.

Sie wurde von Meneghini im botanischen Garten zu Padua entdeckt, wo sie parasitisch an der unteren Blattfläche von Nymphaea alba und Trapa natans, auch an den Wurzeln der letzteren vorkommt. (*Garcke.*)

GLÖRFELD (Christian Benedict), geb. 1747 zu Bernau in der Mark Brandenburg, studirte Theologie, ward Archidiakonus in seiner Vaterstadt und starb dort als Inspector, Probst und erster Prediger am 24. Juni 1809. Sein liebenswürdiger Charakter und die Gründlichkeit seiner Kenntnisse in dem Gesammtgebiete der Theologie verschafften ihm die Freundschaft W. A. Teller's, der ihn „einen aller Hochachtung würdigen Mann" nannte. Auch als Schriftsteller erwarb er sich einen geachteten Namen. Durch Einfachheit des Styls und Ideenganges empfahlen sich seine „Gespräche über biblische Erzählungen und Gleichnisse." Sie bildeten einen Anhang zu seinem Werke: „Der Katechismus Dr. Martin Luther's, genau erklärt nach den Bedürfnissen unserer Zeit, zum Gebrauch für den Unterricht der Jugend im Christenthum." (Berlin 1792. 8.) Einige Jahre später erschienen noch von ihm: „Gespräche über biblische Erzählungen und Gleichnisse, nach Anleitung der Trinitatis- und Advents-Evangelien. Ein Beitrag zur christlichen Moral für die Jugend." (Berlin 1795. 8.)[1]. Seine in einem populairen Style abgefaßten „Predigten über freie Texte" begleitete W. A. Teller mit einem Vorworte. Diese Sammlung, größtentheils Casualpredigten, erschien 1783 zu Berlin. Eine seiner letzten Schriften war sein „Versuch eines Grundrisses der Unterweisung für Katechumenen in der christlichen Glaubenslehre." (Halle 1800. 8.) In allen seinen Schriften, sowie in mehren Beiträgen zu W. A. Teller's Magazin für Prediger, zum Journal für Prediger[2] und andern theologischen Zeitschriften zeigte sich Glörfeld als einen aufgeklärten und selbstdenkenden Religionslehrer[3]. (*Heinrich Döring.*)

GLÖSCH (Karl Wilhelm), geb. 1732 zu Berlin, zeigte früh Neigung und Talent zu Musik. Den ersten Unterricht in dieser Kunst ertheilte ihm sein Vater, Peter Glösch, der als königl. Kammermusicus in Berlin angestellt war und für einen Virtuosen auf der Hoboe galt. Glösch zeichnete sich in ähnlicher Weise auf mehren Instrumenten, besonders durch sein Flötenspiel, so vortheilhaft aus, daß er bereits 1765 als Kammermusicus und Musiklehrer der Prinzessin Ferdinand von Preußen angestellt ward. Er starb zu Berlin im 73. Jahre am 21. Oct. 1809. In der vorhin erwähnten Stellung, die er nie mit einer andern vertauschte, componirte er mehre Flötenconcerte und Trios, Clavier-Sonatinen, die lyrische Operette: l'Oracle ou la fête des vertus et des grâces (Berlin 1773.); Vaudeville de Figaro, varié pour le Clavecin u. a. m. Sein letztes und bestes Werk war die Composition der Bürger'schen Ballade: Der Bruder Graurock und die Pilgerin. Seit 1788, wo dies Musikstück erschien, ist kein weiteres von ihm veröffentlicht worden*). (*Heinrich Döring.*)

---

1) In Halle erschienen noch 1794: „Fortgesetzte Gespräche über biblische Erzählungen und Gleichnisse," nach Anleitung u.

2) Im ersten Stücke des 21. Bandes (1789) befindet sich sein „Freundschaftlicher Rath für Prediger zur Behutsamkeit bei Ausrichtung ihrer Amtsgeschäfte und in ihrem sonstigen Betragen."

3) Vergl. H. Döring, Die gelehrten Theologen Deutschlands (Neustadt a. d. O.). 1. Bd. S. 501 fg. G. Baur's Neues histor.-biograph.-literarisches Handwörterbuch. 6. Bd. S. 603 fg. Meusel's Gel. Deutschland. 2. Bd. S. 580 fg. [illegible] Bd. S. 432. 13. Bd. S. 475. 16. Bd. S. 347.

*) Siehe Gerber's Lexikon der Tonkünstler. 1. Th. S. 514. Dessen Neues Tonkünstlerlexikon. 2. Th. S. 344. Gaßner's

Glöthe, s. Glätte.

GLOGAU, auch Grossglogau genannt, zum Unterschiede von dem kleinen oberschlesischen Städtchen Klein- oder Oberglogau, ist eine in Niederschlesien gelegene, zum liegnitzer Regierungsbezirke gehörige Stadt und Festung. Sie liegt auf beiden Seiten des Hauptarmes der Oder (der neuen Oder). Der bei weitem größere, die eigentliche Stadt bildende Theil befindet sich auf dem linken; ein kleinerer, nach dem früher daselbst residirenden Collegiatcapitel, der Dom genannte Theil auf dem rechten Oderufer; beide Stadttheile sind mittels einer auf Pfählen ruhenden Brücke verbunden. Das Terrain, auf welchem der Dom liegt, ist eine Insel, welche dadurch gebildet wird, daß die Oder etwa 1500 Schritt vor ihrem Eintritte in die Stadt sich in zwei Arme theilt, welche sich dicht unterhalb der Stadt wieder vereinigen. Der Hauptarm, an dessen linkem Ufer die eigentliche Stadt liegt, heißt die neue, der die Dominsel umfließende, kleinere Arm die alte Oder; ersterer bildet die Schiffahrtslinie und einen am Domufer gelegenen Hafen. Das Terrain der Dominsel ist niedrig und eben (wiesenartig); auf dem linken Oderufer ist dasselbe höher und hügelig, in südlicher Richtung sich erhebend. Die Befestigung des Doms besteht nur aus Erdwerken in tenaillirter Form mit vorliegenden nassen Gräben. Vor derselben befinden sich auf der Dominsel mehre Schanzen, unter denen die Zerbauer- und die Wasserredoute die wichtigsten sind; außerdem liegt vor einer über die alte Oder führenden Brücke ein Brückenkopf. Die auf dem linken Oderufer liegende Stadt ist mit einer Enceinte von zwölf revetirten Bastionen umgeben, vor welcher eine Enveloppe von Contregarden und Ravelinen liegt; die Gräben dieser Stadtbefestigung sind trocken. Von dem oberhalb gelegenen (dem breslauer) Thore der Stadt befindet sich die Sternschanze, ein abgesondertes Werk, welches zugleich zur Aufbewahrung der Kriegsgefangenen dient. In einer Entfernung von etwa 50 Schritten fließt der rauschwitzer Bach in nördlicher Richtung bei diesem Werke vorbei in die Oder; derselbe ist mit Schleusen versehen, vermittels deren sich eine Inundation bewerkstelligen läßt.

Die Stadt ist gut gebaut, hat größtentheils massive Häuser und nicht zu enge Straßen, fünf Kirchen, eine Synagoge und zwei Gymnasien (ein evangelisches und ein katholisches); auch befinden sich hier der Sitz eines Appellationsgerichts und der glogau-saganer Fürstenthumslandschaft. Unter den Kirchen verdient die auf dem Dome befindliche katholische Kirche wegen der darin vorhandenen schönen Gemälde eine besondere Erwähnung. Das bemerkenswertheste Gebäude innerhalb der eigentlichen Stadt ist das Schloß, welches nahe am Ufer der neuen Oder in der Gegend, wo diese die alte Oder wieder aufnimmt, gelegen ist. Früher machte dasselbe einen Hauptbestandtheil der Befestigung aus, deren Reduit es bildete; gegenwärtig dient es zur Wohnung des Commandanten und als Geschäftslocal für die Landesbibliotheken. Die Zahl der Einwohner beträgt gegen 15,000, von denen etwa 9000 der evangelischen Confession angehören; der übrige Theil der Bevölkerung ist katholisch, doch befinden sich auch über 1300 Juden darunter. Der Gewerbfleiß der Bewohner ist weniger bedeutend als der Handel, welcher letzterer durch die Lage Glogau's an der Oder und an der von Breslau nach Posen führenden Eisenbahn sehr begünstigt wird; außerdem steht Glogau mittels einer Zweigbahn mit der niederschlesisch-märkischen Eisenbahn (zwischen Berlin und Breslau) in Verbindung.

Glogau war in früheren Zeiten die Hauptstadt des ehemaligen Fürstenthums Glogau, welches den ganzen nördlichen Theil Niederschlesiens (die Gebiete von Glogau, Sagan und Crossen) in sich begriff und dessen Herzöge, aus dem Königsgeschlechte der Piasten abstammend, auf dem Schlosse in Glogau residirten. Glogau galt auch schon in den frühesten Zeiten als Festung, war jedoch bis zum Anfange des 16. Jahrh. nur mit starken Mauern, Thürmen und Gräben umgeben. Im J. 1630 ließ der Kaiser Ferdinand Glogau zu einer Grenzfestung gegen die Polen einrichten und es zu diesem Zwecke durch den damaligen Commandanten Montecuculi mit einem bastionirten Hauptwalle und einem gedeckten Wege versehen. Wesentliche Verbesserungen erhielt die Befestigung von Glogau, als es in den Besitz Preußens kam und in dem Zeitraume von 1807—1814, während dessen es unter französischer Botmäßigkeit stand.

In kriegsgeschichtlicher Beziehung macht sich Glogau zuerst im J. 1109 bemerkbar, in welchem der Kaiser Heinrich V. einen Angriff auf dasselbe mit Sturmböcken und in jener Zeit üblichen Wurfmaschinen unternahm. Die Stadt leistete jedoch einen kräftigen Widerstand und Heinrich mußte, ohne seine Absicht erreicht zu haben, wieder abziehen. — Besonders merkwürdig ist die Eroberung Glogau's im J. 1480 durch Herzog Johann II. von Sagan. Dieser unruhige und auf seinen vielen Umherzügen oft gewaltthätige Fürst (gewöhnlich Hans von Sagan genannt, mit welchem der piastische Stamm der Herzöge von Glogau ausstarb, nachdem er 1489 seiner Länder verlustig geworden war) wollte sich in dem genannten Jahre Glogau's bemächtigen, welches sich damals im Besitze der Witwe des Herzogs von Teschen befand. Es gelang ihm auch bald, der Stadt Herr zu werden, indem er die Geistlichkeit und den Pöbel durch seine Heuchelei für sich gewonnen hatte; das Schloß konnte er dagegen erst nach einer zweimonatlichen Belagerung in seine Gewalt bekommen. Er zwang die Herzogin von Teschen besonders dadurch zur Uebergabe des Schlosses, daß er todte Pferde, Hunde und andere Thiere, sogar Tonnen, mit Koth und abscheulichem Unrathe angefüllt, in dasselbe hineinschleuderte. Nach dem im J. 1482 mit Brandenburg zu Stande gekommenen Frieden sollte der Besitz des Fürstenthums Glogau dem Hans von Sagan verbleiben, nach seinem Tode jedoch an Johann Corvin, einen Sohn des Königs Matthias, fallen. Der Herzog Hans hatte jedoch schon 1488 eine harte Belagerung in Glogau von Seiten des Königs

Universallexikon der Tonkunst S. 398. Baur's Neues histor.-biograph.-literarisches Handwörterbuch. 6. Bd. S. 604.

Matthias zu bestehen; er hatte indessen schon 1486 das Schloß noch mit einem Graben umziehen lassen und die Domherren gezwungen, die Befestigung des Doms zu verstärken und die erforderlichen Mannschaften zur Besetzung derselben zu gestellen. Obgleich der König Matthias 400 Hakenschützen und zwei große Geschütze bei seinem Heere hatte, mußte er dennoch nach einer langen Belagerung unverrichteter Sache wieder abziehen.

Während des 30jährigen Krieges war Glogau mehrmals ein Gegenstand heftiger Kämpfe. Im J. 1632 nahm es der sächsische General Arnheim nach kurzer Gegenwehr ein; im folgenden Jahre wurde es von Wallenstein erobert. Im J. 1634 bemächtigten sich die Schweden dieser Festung, worin sie 24 Geschütze verschiedenen Kalibers, die dazu gehörige Munition und eine große Menge Handgranaten vorfanden. Nachdem in Folge des sächsischen Friedensschlusses 1635 Glogau wieder unter kaiserliche Botmäßigkeit gekommen war, machten die Schweden 1639 vergebliche Versuche, es wieder zu gewinnen; dagegen gelang es ihnen 1642, sich in den Besitz dieses Platzes zu setzen. Sie eroberten zuerst den Dom und nahmen demnächst die Stadt mit Sturm, wobei 800 Oesterreicher blieben und 600 in Gefangenschaft geriethen. Den Schweden fielen außerdem 26 Geschütze, darunter zwei ganze Karthaunen, 600 Ctr. Pulver und viele andere Kriegsvorräthe in die Hände. Anfangs August desselben Jahres erschien der Erzherzog Leopold von Oesterreich und unter ihm der Graf Piccolomini mit einem Heere von 13,000 Mann vor Glogau. Die Belagerung begann am 13. Aug. und wurde mit großer Anstrengung geführt. Nicht minder kräftig war die Vertheidigung der Schweden unter der Anführung des tapfern Generals Wrangel. Nachdem die Kaiserlichen durch mehre sehr heftige, aber stets zurückgewiesene Sturmangriffe, sowie durch Krankheiten einen Verlust von 6000 Mann erlitten hatten, hoben sie die Belagerung auf und traten ihren Rückzug an. In Gemäßheit der Tractaten des westfälischen Friedensschlusses 1648 wurde Glogau wieder an Oesterreich zurückgegeben.

Das nächste wichtige kriegsgeschichtliche Ereigniß in Bezug auf Glogau ist die Blokade desselben durch die Preußen 1740 und die im nächsten Jahre darauf erfolgende Erstürmung dieses Platzes.

Als Friedrich II. im März 1740 den Thron Preußens bestiegen hatte, ging zunächst sein Plan dahin, seine gerechten Ansprüche auf vier schlesische Fürstenthümer gegen Oesterreich geltend zu machen. Da friedliche Unterhandlungen ohne Erfolg blieben, faßte der König Friedrich den Entschluß, sich sein Recht mit den Waffen zu erkämpfen. Die Aussichten auf das Gelingen eines solchen Versuchs waren äußerst günstig. Oesterreich befand sich seit dem Tode Karl's VI., mit welchem 1740 der Mannsstamm der habsburgischen Dynastie erlosch, in einer sehr verwickelten Lage. Von vielen Seiten wurden Ansprüche auf Länderbesitz an die österreichischen Staaten erhoben; die Finanzen waren zerrüttet, die Verhältnisse des Heeres in einer mangelhaften Verfassung. Die Stärke der Truppen in Schlesien mit Einschluß der Garnisonen in den festen Plätzen betrug kaum 5000 Mann. Dem Könige Friedrich II. hatte dagegen sein Vater den Staat im blühendsten Wohlstande, einen Schatz von 9 Millionen Thaler, sowie ein wohlgerüstetes und vorzüglich gut disciplinirtes Heer hinterlassen. Am 16. Dec. 1740 überschritt Friedrich mit einem Heere von 30,000 Mann die Grenze Schlesiens, um sich in den Besitz dieser Provinz zu setzen. Die Besetzung der zunächst gelegenen Städte und Ortschaften Niederschlesiens erfolgte ohne Schwierigkeiten, da Oesterreich außer Stande war, dem Vorrücken der preußischen Truppen angemessene Streitkräfte entgegenzustellen. Erst bei der Annäherung an Glogau trafen die Preußen auf Widerstand. In diesem Platze stand der Feldmarschalllieutenant Wallis mit 1200 Mann, welcher, sobald er von dem Einrücken der Preußen Kunde erhielt, die nöthigen Anstalten zur Vertheidigung traf, so gut dies in der Eile möglich war. Nach des preußischen Königs eigener Erklärung befanden sich die Festungswerke keineswegs in gutem Zustande; der kleinste Theil des an sich schlechten Walles hatte eine Bekleidung von Mauerwerk; durch den Graben konnte man an mehren Orten durchgehen; die Contrescarpe war fast gänzlich zerstört. Bei einer am 23. Dec. vom Könige in eigener Person unternommenen Recognoscirung des Terrains und der Festung konnte derselbe ungehindert bis an das Glacis reiten. Der Commandant der Festung hatte nämlich den ihm von Wien aus zugekommenen Befehl, die Feindseligkeiten nicht zuerst anzufangen, merkwürdiger Weise dahin verstanden, nicht eher einen Schuß thun zu dürfen, als bis die Preußen würden geschossen haben. Die Preußen schossen aber nicht, und die Oesterreicher gestatteten ihnen ruhig, mit ihren Vorposten bis nahe an das Glacis vorzurücken. Es lag unter solchen Umständen wol außer Zweifel, daß ein energischer Angriff der Preußen auf Glogau von einem günstigen Erfolge gewesen wäre. Da jedoch der König in Erfahrung gebracht hatte, daß der Platz nur für höchstens zwei Monate mit Proviant versehen sei, so zog er die Blokade dem förmlichen Angriffe um so mehr vor, als der Winter schon bedeutend vorgerückt, auch die zu einer Belagerung erforderlichen Geschütze und sonstigen Bedürfnisse nicht zur Stelle waren. Am 27. Dec. traf der Fürst Leopold von Dessau mit einem Corps von 6000 Mann, welches er dem Könige nachführte, vor Glogau ein und übernahm sogleich mit demselben die Ausführung der Blokade, während der König mit seiner Armee zur Fortsetzung der Operation nach Breslau marschirte.

Da die Uebergabe Glogau's bis zum Anfange des März 1741 noch nicht erfolgt war, und um den Feldzug dieses Jahres mit einem imponirenden Acte zu beginnen, sandte Friedrich aus seinem Hauptquartiere den Oberstlieutenant v. d. Golz an den Fürsten von Dessau mit dem Befehle, Glogau sobald als möglich zu nehmen. Diesen Befehl erhielt der Fürst am 7. März, und schon die Nacht vom 8. zum 9. desselben Monats bestimmte er zur Ausführung eines auf die Festung zu unternehmenden Sturmes. Der Fürst Leopold theilte seine Truppen in drei Angriffskolonnen. Die erste Colonne sollte die Fer-

Dinends- und die Wolfsgrubenbastion ersteigen und dann durch die Hauptgasse nach dem Rathhause vordringen. Die zweite Colonne hatte die Bestimmung, die Schloß- und die Dominikanerbastion zu erstürmen und sich des Schlosses zu bemächtigen. Die dritte Colonne war angewiesen, die Leopoldsbastion anzugreifen und die Thore und Pforten zu besetzen. Die Truppen marschirten mit einbrechender Dämmerung aus ihren Cantonnements, rückten in größter Stille auf die Festung zu und begannen um 12 Uhr den Angriff; sie waren unbemerkt bis an die Pallisaden, und schon unter den Schuß, gelangt, als die Kanonen auf den Wällen zu feuern anfingen. Die einzelnen Posten im bedeckten Wege wurden gefangen und die anzugreifenden Werke erstiegen. Nur dem Angriffe der ersten Colonne wurde von der Besatzung ein schwacher Widerstand entgegengesetzt, der jedoch bald überwunden wurde, die andern Bastionen vertheidigten sich gar nicht. Der Feldmarschallieutenant Wallis und der unter ihm befehligende Generalmajor Raysti hatten im Schlosse einige Mannschaften gesammelt und wollten den nächstliegenden Bastionen zu Hilfe eilen. Beim Herausrücken aus dem Schlosse erhielt jedoch der General Raysti zwei Schüsse in den Unterleib (in Folge deren er nach einigen Monaten starb), und Wallis mußte sich in das Schloß zurückziehen. Nach Eroberung des Schlosses versuchte der Graf Wallis auf der Hauptwache, wo er sich mit 200 Mann hineingeworfen hatte, einen letzten Widerstand, mußte sich jedoch bald darauf zweien gegen ihn andringenden preußischen Grenadierbataillonen ergeben. Der Feldmarschallieutenant Wallis mit 850 Mann wurden kriegsgefangen; außerdem 69 Kanonen, 4 Mörser und 1300 Ctr. Pulver erbeutet. Der Verlust der Preußen betrug an Todten und Verwundeten gegen 100 Mann; bei den Oesterreichern bestand der Gesammtverlust etwa in 150 Mann. Nach einigen Angaben soll bei dieser Gelegenheit die Stadt von den Preußen geplündert worden sein; nach anderen Angaben soll eine Plünderung ausdrücklich verboten gewesen sein, und wird als Beweis der guten Kriegszucht bei den preußischen Truppen hervorgehoben, daß auch kein Mann von ihnen nach Eroberung der Stadt ein Haus betreten habe. Das Wahrscheinliche ist, daß keine Plünderung stattgefunden hat, jedoch einige von den preußischen Soldaten gegen katholische Einwohner ausgeübte Excesse nicht haben verhütet werden können. Nach der Besitznahme Glogau's und der bald darauf erfolgten Huldigung ließ Friedrich II. die ziemlich in Verfall gerathene Befestigung durch den Ingenieuroberst Wallrave wieder in guten Stand setzen und durch Hinzufügung neuer Werke verstärken.

Während der folgenden 65 Jahre blieb Glogau im ununterbrochenen Besitze Preußens, selbst im siebenjährigen Kriege wurde dasselbe kaum angefochten. Als jedoch in dem für Preußen so unglücklichen Kriege mit Frankreich 1806 fast das ganze preußische Heer mit einem Schlage vernichtet und der König mit einem kleinen Ueberreste seiner Truppen in die östlichen Provinzen des Reichs zurückgedrängt worden war, überschritt ein aus Franzosen, überwiegend aber aus Baiern und Würtembergern bestehendes Corps unter Führung des Generals Vandamme am 2. Nov. 1806 die schlesische Grenze, erschien am 7. Nov. unerwartet vor Glogau und schloß dasselbe ein. Die Besatzung Glogau's bestand aus einigen Depotbataillonen und aus manchen zufällig dort eingetroffenen Mannschaften, im Ganzen aus etwa 3000 Mann, unter denen sich auch 50 Cavaleristen (Dragoner und Husaren) befanden. Diese Besatzung war allerdings nur schwach, und wegen der vielen darunter vorhandenen Polen und anderer Ausländer nicht sehr zuverlässig; dagegen war die Festung mit Geschützen und sonstigen Kriegsbedürfnissen, auch mit Lebensmitteln genügend versehen, und da der König gegen Ende October von Cüstrin aus noch den Generallieutenant v. Reinhardt als Gouverneur (Commandant der Festung war der Generalmajor v. d. Marwitz) mit dem strengsten Befehle nach Glogau geschickt hatte, die Festung aufs Aeußerste zu vertheidigen, dieser auch mit großer Anstrengung alle Anstalten zu einer kräftigen Gegenwehr traf, so konnte man wol erwarten, daß die Festung einen energischen und länger dauernden Widerstand leisten würde.

Gleichzeitig mit der Einschließung Glogau's begannen die Belagerer ihr Feuer, welches in der ersten Woche jedoch nur mäßig und unterbrochen war. Von Seiten der Festung wurde dasselbe reichlich erwidert; mehre an das Gouvernement gerichtete Capitulationsanträge wurden zurückgewiesen. Von der Mitte bis zum Ende des November wurde das feindliche Feuer zwar lebhafter, fügte jedoch weder den Festungswerken noch der Stadt einen erheblichen Schaden zu, indem die Belagerer noch nicht mit den erforderlichen Wurfgeschützen versehen waren. Als jedoch am 1. Dec. auch Bomben größeren Kalibers und in ziemlich großer Anzahl in den Platz geworfen wurden, und der General Vandamme dem Gouverneur der Festung mittheilen ließ, daß auf einen Entsatz gar nicht zu rechnen sei, indem der König von Preußen mit den wenigen ihm verbliebenen Truppen von dem Kaiser Napoleon immer weiter zurückgedrängt werde, auch von der russischen Armee sich kein Mann diesseits der Weichsel befinde, und die Wahrheit dieser Angaben mit seinem Ehrenworte verbürgte, fanden der Gouverneur und der Commandant von Glogau sich geneigt, auf eine Capitulation einzugehen, welche auch am 2. Dec. 1806 wirklich zu Stande kam. In Folge derselben wurde am folgenden Tage die Festung mit sämmtlichen Vorräthen, worunter sich über 200 Geschütze und gegen 3000 Ctr. Pulver befanden, den Franzosen übergeben und die Besatzung als kriegsgefangen nach Frankreich abgeführt.

Wenn die Generale v. Reinhardt und v. d. Marwitz bei dieser, in Bezug auf die Dauer und die Fortschritte des Angriffs durchaus nicht motivirten Uebergabe der Festung vielleicht der Beweggrund geleitet haben mag, die Stadt vor einer nach ihrer Ansicht nutzlosen Zerstörung durch die feindlichen Bomben zu bewahren, so muß das Verfahren der genannten Generale doch als ein nicht zu rechtfertigendes bezeichnet werden, und zwar um so mehr, als eine längere Erhaltung Glogau's von so großer Wichtigkeit war. Der baldige Fall dieser Festung erleichterte nämlich den Franzosen sehr wesentlich die Occupation Schlesiens und hemmte in gleicher Weise die durch den König von Preußen beabsichtigte und auch angeordnete Bewaffnung dieser Provinz.

Glogau blieb auch nach dem 1807 von Rußland und Preußen mit Frankreich zu Tilsit geschlossenen Frieden fortdauernd von französischen Truppen besetzt. Nachdem jedoch der im J. 1812 zwischen Frankreich und Rußland von Neuem ausgebrochene Krieg für ersteres in dem ungewöhnlich harten Winter 1812/13 eine so ungünstige Wendung genommen hatte, daß fast die ganze große und vorzügliche französische Armee in Rußland ihren Untergang fand, und nur schwache Trümmer derselben durch Preußen und Polen über die Weichsel, Oder und Elbe zurückzogen, hielt Preußen den Zeitpunkt für geeignet, auch seinerseits wieder gegen Frankreich in den Kampf zu treten, um die in den Jahren 1806 und 1807 erlittenen Verluste wieder auszugleichen. Der König von Preußen trennte sich daher von der bis dahin bestandenen Allianz mit Frankreich und schloß sich an Rußland an. Die verschiedenen schnell organisirten preußischen Truppencorps vereinigten sich mit den dem Rückzuge der Franzosen nachfolgenden russischen Heeresabtheilungen und setzten sich gegen die Elbe, hinter welcher die französische Armee sich wieder formirt hatte, in Bewegung; die an der Weichsel und Oder liegenden, von den Franzosen noch besetzt gehaltenen preußischen Festungen wurden eingeschlossen. Das von Warschau anrückende russische Armeecorps des Generals Miloradowitsch war mit Ablauf des Februar 1813 an die schlesische Grenze gelangt und hatte daselbst Cantonirungen bezogen. Dem die Avantgarde dieses Corps commandirenden Generale St. Priest wurde unterm 10. März der Befehl ertheilt, über Fraustadt vorzurücken und Glogau zu blokiren.

Die unter dem Befehle des Generals Laplane als Commandanten stehende Besatzung Glogau's war 6000 Mann stark; Geschütze, Munition und Lebensmittel waren hinreichend vorhanden, dagegen fehlte es gänzlich an Cavalerie. Der französische Commandant, welcher alle Anstalten getroffen hatte, die auf eine energische Vertheidigung schließen ließen, bewährte diese Voraussetzung durch mehre starke Ausfälle, welche er die Garnison unternehmen ließ. Die Belagerer wiesen jedoch diese Ausfälle mit großer Tapferkeit zurück, wobei die Franzosen nicht unerhebliche Verluste erlitten. In der Nacht zum 31. März wurden die Laufgräben eröffnet, und gleichzeitig erging an den Commandanten eine Aufforderung, die Festung zu übergeben, da von den in die Stadt geworfenen Granaten mehre gezündet und Feuersbrünste zur Folge gehabt hatten. Wie sich erwarten ließ, wurde dieser Antrag abgelehnt und die gegenseitige Kanonade fortgesetzt. Um diese Zeit erhielt das Corps des Generals St. Priest eine andere Bestimmung, und ein preußisches Corps von 6 Bataillonen, 2 Escadronen und einer sechspfündigen Fußbatterie nebst einigen russischen Truppen mit 4 leichten Geschützen übernahmen unter dem Befehle des Generals Schüler von Senden die Fortsetzung der Blokade Glogau's, welches auf beiden Ufern der Oder eingeschlossen wurde. Am 7. April leiteten die Belagerer die Wasserröhren, welche die Stadt mit Trinkwasser versorgten, ab; auch begann ein Mangel an Lebensmitteln bei der Civilbevölkerung einzutreten, woraus der Commandant eine Veranlassung nahm, eine bedeutende Anzahl ärmerer Einwohner aus der Stadt auszuweisen. Uebrigens fuhr die Garnison fort, fast täglich Ausfälle zu machen; namentlich rückten am 12. April 2000 Mann in zwei Colonnen in der Richtung gegen Rauschwitz und Breslau aus der Festung, um sich einer Herde Vieh zu bemächtigen, an welchem Vorhaben sie jedoch verhindert wurden. Auch das Schießen aus der Festung gegen die Blokadetruppen dauerte mit ziemlicher Lebhaftigkeit fort, ohne von bedeutender Wirkung zu sein. Am 19. April stieß eine Verstärkung von vier neuerrichteten preußischen Reservebataillonen und am 27. eine Reserveescadron zum Blokadecorps, wogegen ein Reservebataillon dieses Corps um diese Zeit zur im Felde operirenden Armee abging. Am 10. April machten die Preußen einen Versuch, die über die alte Oder führende Brücke zu sprengen. Ein nach der Angabe des damaligen Artilleriemajors (spätern Generals und Inspecteurs der Artillerie) v. Blumenstein construirtes, mit 7 Ctrn. Pulver beladenes Fahrzeug sollte in der Nacht unter die Brücke geleitet werden und eine dort zu bewirkende Explosion dieser Pulvermasse die Brücke zerstören. Dieses Unternehmen scheiterte jedoch an einer von den Franzosen getroffenen Vorsichtsmaßregel, indem sie oberhalb in einer angemessenen Entfernung vor der Brücke eine Verpfählung angebracht hatten, wodurch das Fahrzeug aufgehalten wurde und die Brücke nicht erreichen konnte. Bald nach der Explosion unternahmen die Belagerer einen Angriff auf das noch von den Franzosen besetzte Dorf Zerbau, zündeten dasselbe an und griffen, nachdem der Feind sich über die stark verpallisadirte Brücke zurückgezogen hatte, auch diese an. Mehre auf die Brücke unternommene Angriffe wurden jedoch, da dieselbe zu stark durch Geschützfeuer vertheidigt wurde, zurückgewiesen, bei welchem Kampfe aus der Festung auch viel Leuchtkugeln geworfen wurden. Durch allnächtlich wiederholte Angriffe kleiner Abtheilungen der Alliirten wurde die französische Besatzung sehr ermüdet, auch fügte das beim Blokadecorps eingetroffene, aus sehr guten Schützen bestehende schlesische Landjägercorps, unter Führung des Forstmeisters von Rochow, der feindlichen Artillerie durch Niederschießen der Bedienungsmannschaften sehr empfindliche Verluste zu.

Mit dem Monate Mai sollte nun Glogau förmlich belagert werden. Dasselbe wurde daher noch enger eingeschlossen und Belagerungsgeschütze herbeigeschafft, deren erster Transport am 4. Mai vor Glogau eingetroffen war. In der Nacht zum 7. wurde vor der Sternschanze eine Tranchée eröffnet und mit Jägern besetzt. Mit dem anbrechenden Morgen richteten die Franzosen ein heftiges Geschützfeuer gegen dieselbe, doch gelang es ihnen nicht, die Jäger zu vertreiben. Der Commandant suchte daher durch zwei auf der Insel placirte Geschütze die Tranchée zu flankiren und unternahm mit 2000 Mann und zwei

Kanonen, unterstützt durch das Feuer der Sternschanze, einen Ausfall. Die Tranchée wurde von den französischen Truppen erstürmt. Zwischen diesen und zwei preußischen Bataillonen, die mit zwei Kanonen dem Feinde entgegengerückt waren, entspann sich nun ein heftiges Gefecht. Nach einem bis zum Abende sich fortsetzenden Kampfe und nicht ohne bedeutenden Verlust wurden die Franzosen zurückgeworfen.

Während der bisherigen Blokade hatten indessen die Operationen der Armeen im freien Felde eine Wendung genommen, die ein abermaliges Vordringen französischer Truppen in Schlesien als leicht möglich erscheinen ließ. Die vereinigten Heere der Russen und Preußen hatten nach den Schlachten bei Großgörschen und Bautzen sich zu rückgängigen Bewegungen veranlaßt gesehen. Die Kanonade der letzteren Schlacht hatte man bei dem Blokadecorps deutlich hören können, und die in Folge dessen von dem Generale von Schüler eingezogenen Nachrichten bewogen denselben, die Belagerungsgeschütze und sonstigen beim Blokadecorps befindlichen Vorräthe durch Wasser- und Landtransport in Sicherheit zu bringen. Der am 26. Mai eintreffenden Ordre zur Aufhebung der Belagerung konnte daher das Blokadecorps durch einen ohne Verzug ausgeführten Abmarsch genügen. Bald darauf wurde auch ein großer Theil Schlesiens wieder von den Franzosen besetzt und die Verbindung Glogau's mit dem Lande und mit der französischen Armee wieder hergestellt. Dieses Verhältniß dauerte während des zehnwöchentlichen (vom 5. Juni bis 10. Aug. 1813) geschlossenen Waffenstillstandes ungestört fort und wurde von dem Commandanten Glogau's, dem französischen Divisionsgenerale Laplane mit vieler Thätigkeit benutzt, um sowol die Befestigung des Platzes zu verstärken, als auch um denselben mit den erforderlichen Vertheidigungsmitteln und Proviantvorräthen von Neuem auszurüsten.

Die bald nach dem Wiederbeginnen der Feindseligkeiten, am 25. Aug. 1813, von den Franzosen verlorene Schlacht an der Katzbach zwang dieselben, ganz Schlesien zu räumen, und die Festung Glogau konnte nun von Neuem belagert werden. Noch im Laufe des Monats August erschien auch ein preußisches Corps von 13 Bataillonen, 4 Escadronen und 2 Batterien unter dem Commando des Generalmajors von Helfter vor Glogau, um dasselbe auf dem linken Oderufer einzuschließen. Wenige Tage darauf geschah ein Gleiches von einem russischen Corps unter dem General von Rosen auf dem rechten Ufer. In Glogau führte noch der General Laplane als Commandant den Oberbefehl über die 6000 Mann starke Besatzung. Er bewies wiederum seine schon früher bewährte Thätigkeit in der Vertheidigung des Platzes durch häufige und starke Ausfälle, bei denen es oft zu heftigen Gefechten kam, welche beiden Theilen nicht unbedeutende Verluste zufügten; in einem dieser Gefechte am 10. Nov. 1813 blieb der preußische Oberst Graf Henkel, welcher sich als Brigadecommandeur bei dem Belagerungscorps befand. Schon früher hatte der französische Commandant 700 ärmere Einwohner, die sich nicht mehr ernähren konnten, aus der Stadt gewiesen. Aus demselben Grunde mußten am 28. Nov. wiederum 1876 mittellose Bewohner die Stadt verlassen.

Während dieser Zeit hatten die Alliirten mehre glänzende Siege über die französische Armee errungen und dieselbe, durch große Niederlagen und Verluste sehr geschwächt, bis an den Rhein zurückgedrängt. Die Uebergabe der noch im Besitze der Franzosen sich befindenden preußischen Festungen stand daher in um so sicherer Aussicht, als den Besatzungen jede Hoffnung auf einen Entsatz schwinden mußte. Aus diesem Grunde wollte man auch nicht zu einer förmlichen Belagerung Glogau's schreiten, besonders auch, um die unglücklichen Bewohner der Stadt, von deren Leiden man schon durch die früher ausgewiesenen Civilpersonen und durch oft sich einstellende Deserteure Kenntniß erhalten hatte, nicht noch größeren Drangsalen auszusetzen. Dagegen wandten die Belagerer ein anderes Mittel an, um den Commandanten der Festung zu einer baldigeren Capitulation zu bewegen. Man warf nämlich Zeitungen und Proclamationen, aus denen die Fortschritte in den Kriegsoperationen der alliirten Mächte und der Uebertritt der früher mit dem Kaiser Napoleon verbündeten teutschen Fürsten zu den Gegnern Frankreichs ersichtlich war, in großer Anzahl (in einer Nacht 3000 Stück) mittels Raketen in die Stadt. Diese Maßregel blieb auch nicht ohne Wirkung. Die zur Besatzung gehörigen Contingenttruppen verweigerten den ferneren Dienst und verlangten ihre Entlassung. Der Commandant sah sich auch genöthigt, diesem Begehren nachzugeben, und mußte am 24. Jan. 1814 zwei frankfurter Bataillone und eine Compagnie sächsischer Artillerie, sowie am 26. Jan. zwei Bataillone Kroaten und eine Compagnie Spanier entlassen, wodurch die Stärke der Besatzung eine Verringerung von beinahe 2300 Mann erlitt. Dennoch ließ der tapfere General Laplane sich dadurch nicht von einer ferneren energischen Vertheidigung der Festung abhalten. Das Geschützfeuer wurde auf beiden Seiten fortgesetzt und erlangte am 20. Jan. eine besondere Lebhaftigkeit. Desgleichen wurden die von den preußischen Truppen am 11. Febr. unternommenen heftigen Angriffe auf den Brückenkopf, sowie gegen das preußische (westliche) und breslauer (östliche) Thor nach hartem Kampfe zurückgeschlagen. Kleinere Gefechte fielen fast täglich vor, bis endlich am 10. April 1814 der französische Commandant sich zu einer Capitulation entschloß, nachdem die Anzahl der dienstfähigen Besatzungstruppen sich bis auf 2400 Mann verringert hatte. Am 17. April wurde die Festung den Belagerern übergeben. Die französische Garnison, welcher ein freier Abzug bewilligt worden war, marschirte nach Frankreich ab. (*C. Bär.*)

Glogau (Johannes von), s. Johannes Glogaviensis (2. Sect. 22. Bd. S. 188).

GLOGGNITZ (oder Glocknitz), Marktflecken im österreichischen Kreise Unterwienerwald, in einer sehr angenehmen, fruchtbaren Gegend am Fuße des Semmering zwischen hohen Bergen, mit 2000 Einwohnern, Spiegel- und Emailfabriken. Das auf einem Hügel liegende vielfensterige Schloß, welches bis 1803 Benedictinerabtei war, wird von verschiedenen Behörden be-

nahl. Bei Gloggnitz beginnt die im J. 1853 vollendete, großartige Semmeringbahn von 5¼ Meilen Länge.
(*H. E. Hösler.*)

GLOLA oder GLOWLA (von den Osseten Glur genannt), ein an sich unbedeutender, nur aus etlichen 20 Häusern bestehender, aber durch seine eigenthümliche romantische Lage ausgezeichneter Ort mitten in dem östlichen Rionthale in Ratscha, der nördlichen Provinz Imeretiens. Es liegt in einer 5000 Fuß hohen sich nach Osten nicht unbedeutend ausdehnenden Ebene, in welcher außer der angebauten Gerste Kern- und Steinobst, namentlich Birnen und Süßkirschen in Menge wild wachsen. Von der Ebene aus erblickt man nach allen Seiten hin über sich Nichts als Eisberge, deren unterer Theil noch bis gegen 2000 Fuß hoch mit Laubholz bedeckt ist. Ueber dieser Region beginnt die Region der Alpensträucher, unter denen namentlich die Bärentraube und Azalea pontica *L.* dicht gedrängt zur Schneeregion hinaufsteigen, zwischen ihnen staudenartige Senecioarten, Doronicum caucasicum *M. B.*, Aconitum nasutum *Fisch.*, Pyrethrum macrophyllum *Willd.* u. a., noch höher hinauf wenige Alpenkräuter.

Zwischen den größtentheils kleinernen, sich durch Größe und Geräumigkeit auszeichnenden, nach Vorn mit einem großen umfriedigten Raume versehenen Häusern finden sich die eigenthümlichen Thürme, deren Ruinen man auch auf den nächsten Höhen erblickt. Dicht am Dorfe sprudelt aus einer unbedeutenden Schlucht ein an Kohlensäure reicher Sauerbrunnen hervor, der von den Eingeborenen sowol zum Trinken als zum Baden gegen die Krankheiten benutzt wird, denen eine Dyskrasie zu Grunde liegt.
(*H. E. Hösler.*)

GLOLAWASSER (Glolis-Tsqual) wird der östliche Rion genannt, der seine Hauptquellen auf dem Kedela, dem Songut und Gurdhisi-Zel hat. Ueber den Rion oder Rione s. d. Art. Georgien 1. Sect. 60. Bd. S. 154 u. 155.
(*H. E. Hösler.*)

GLOMAZI ist der sorbenwendische Name eines Gaus im ehemaligen Meißnerlande, den man heutzutage ungefähr noch unter dem Ausdruck lommatzscher Pflege begreift, und der von jeher wegen seiner großen Fruchtbarkeit berühmt war. Die Schreibart dieses Namens wechselt so überaus häufig, ja ist sogar bei einem und demselben Geschichtschreiber so wenig feststehend, daß es schwer halten dürfte, alle Abweichungen zu erschöpfen. Wenn man aber auch nur eine Reihe von Varianten verfolgt, und bei einer Vergleichung mit dem teutschen Namen desselben Gaus auf das Gesetz von der Lautverschiebung merkt, so wird es wahrscheinlich, daß beide Namen identisch sind. Man findet also neben oder nach einander die Formen: Glomaci, Glomaczi, Glomazi, Glomazia, Zlumici, Glomuzi, Daleminciа, Deleminzia, Delemenci, Delemince, Deleminci, Dalminza, Dalaminza, Daleminci, Dalemince, Dalmatia, Delmatia, Dalmantia, Dalamantia, Dalemenche, Talemenche, Thalemenche, Thalamincum, Thalaminci, Talmencad, Delmans u. s. w. Sieht man von den Endungen und überhaupt von der Geltung der Vocale ab, läßt man das Unwesentliche bei Seite und hält sich an den Stamm, so kommt man darauf, die Verwandtschaft des wendischen und teutschen Namens anzuerkennen. Aus Glomacia konnte sehr leicht Dlomatia werden, wie das viele Beispiele darthun. Weiter lag die Versuchung nahe, durch eine sehr oft in derselben Sprache vorkommende Metathesis, das Wort für eine fremde Zunge gefügiger zu machen, indem man die beiden Liquiden verband und Dolmatia sagte, nach Analogie des hebräischen simlah und salmah (Kleid). Diese linguistische Operation vollzieht sich noch z. B. im Italienischen, wo der Sicilianer cocodrillo für crocodillo, telefragico für telegrafico sagt. Zum Belege für die oben angedeutete Proteusnatur dieses Namens mögen einige Stellen dienen. Außer den unten in extenso mitzutheilenden Sätzen findet man in Thietmari Chronicon, ed. *C. Lappenberg* (in *Pertz*, Monum. German. histor. Tom. V. p. 700) lib. IV. cap. 4: „pagi Deleminci et Niseni." — Annal. Quedlinburg. (*Pertz*, Monum. Scriptor. Tom. III. p. 81) a. 1012: „Bolizlawo Dalmantiae terminos occupavit." — *Witukind.* (*Pertz*, Monum. ibid. p. 425) lib. I. cap. XVII: „Dalamantia" und „Dalamanci." Die Handschriften haben außerdem folgende Lesarten: „Dalanci, Dalamanti, Dalmatii, Dalmatae." — Ibid. cap. XIX „Dalamantia" und „Dalmatia." — Ibid. cap. XXXVI werden unter den tributpflichtigen Wendenstämmen genannt: „Dalamanci, Dalmatae, Dalmaci." — Der Etymologien gibt es fast ebenso viel als Varianten, doch sind sie zum größten Theil ganz unhaltbar. Die Einen legen den Namen aus in der Bedeutung von „Thal-Menschen." Andere supponiren ein Volk Helmantici, früher Helmiones geheißen, woraus dann Delmantici geworden sein soll. Andere wieder denken an das Städtchen „Dahlen," welches früher zu diesem Gau gehörte; so *Knauth*, Prodr. Misn. p. 151 und *Paullinus*, De pag. antiq. Germ. p. 53. Oder das Dorf „Mutzschthal" bei Meißen soll noch daran erinnern, wie z. B. *Brotuf*, Annal. Merseburg. I, 3; *Fabricius*, Ann. Misn. I, 16; *Graun*, Daleminciа Slavorum p. 156; Albinus, Meißnische Landchronik VII, 77 u. s. w. Beide Namen kommen vielmehr von Glomazi, einem heiligen Brunnen, jetzt der poltzschner oder polzniger See genannt, der vermuthlich ein religiöser und politischer Mittelpunkt für die umwohnenden Sorbenwenden war, und nach dem der ganze Gau benannt wurde. Hören wir darüber die älteste Quelle, *Thietmari* Chronicon lib. I. cap. 2 u. 3 (*Pertz*, Monum. Germ. Scriptorum. Tom. III. p. 735): „provintia, quam nos teutonice Deleminci vocamus, Sclavi autem Glomaci appellant" und weiter: „Glomazi est fons non plus ab Albi quam duo miliaria positus, qui unam de se paludem generans, mira, ut incolae pro vero asserunt oculisque approbatum est a multis, saepe operatur. Cum bona pax est indigenis profutura, suumque haec terra non mentitur fructum, idem tritico et avena ac glandine refertus, laetos ad se crebro confluentium efficit animos. Quando autem seva belli tempestas ingruerit, sanguine et cinere certum futuri exitus indicium premonstrat. Hunc omnis incola plus quam ecclesias spe quamvis dubia veneratur et timet. Et haec provincia ab Albi usque in Caminizi fluvium porrecta, vocabulum ab eo trahit derivatum." Die Bewohner dieses Gaues nun, der oberhalb der Stadt Meißen von der Elbe bis nach Leisnig und von da bis nach Chemnitz sich erstreckte, und die Städte Lommatzsch, Leisnig, Grimma, Oschatz, die Dörfer Zadel, Wendisch-Bohra, Zehren u. s. w., sowie die Gegend, wo später das Kloster Altenzelle erbaut wurde, umfaßte, waren ein kriegerischer Volksstamm, dessen Bekehrung zum Christenthume nur gewaltsam und schwer gelang. Ihre Kriege mit den teutschen Kaisern und mit den Markgrafen von Meißen sind in der Geschichte bekannt und leben selbst noch durch die Sage in dem Andenken des Volkes. Kaiser Heinrich der Große, der Städteerbauer, eroberte ihre Hauptfestung Grona und unterwarf sie. Aber noch lange blieb dem Lande sein Name und seine eigenen Fürsten. Der Name ist noch in Lommatzsch erhalten, welches der Hauptort der Landgaue Glomazi war. Von der Literatur, die Weinart zusammengestellt hat, schlägt in unsern Zweck ein: *Valentin Lorinus*, Chronicon. (Dresd. 1629. 4.) *Sam. Theod. Schoenland*, Tractatus de altaribus. (Dresd. 1715. 8.) *Sigmund Schmider*, Schediasma curiosum, Lommaciam ejusque agrum et lacum Glomuzi antiquum famosum, hodie der polzschaer See, historico-physico-medico descriptos atque delineatos exhibens. Mscr. Nachricht von einem eine halbe Stunde von Lommatzsch liegenden ehemals berühmten Wunderbrunnen. Curiosa Saxonica 1744. Nr. III. S. 35. 201 und Erläuterungen dazu in Grundig, Natur- und Kunstgeschichte. 1. Th. S. 46. *Joh. Ambros. Hillig*, De tumulo Slavico circa Lommatiam in Misnia et de octo urnis ibi inventis. (Lips. 1738. 4.) Etwas vom Städtchen Lommatzsch, dessen Benennung und Ursprung. Miscellanea Saxonica 1767. 1. Bd. Nr. 70. S. 310 u. 320. (Dr. *F. L. Bösigk.*)

GLOMERA, der Name einer von Blume gegründeten Orchideengattung mit folgendem Charakter. Die seitlichen äußeren Blättchen der geschlossenen Blüthenhülle sind breiter als die inneren und gekielt. Die freie, ungetheilte, sackförmige Lippe umfaßt das kurze fleischige, nach der Spitze zu verdickte Säulchen. Der Staubbeutel ist abgestutzt, zweifächerig. Es sind acht eiförmige, zusammengedrückte, an der Drüse sitzende Pollenstaubmassen vorhanden.

Zu dieser Gattung gehört nur eine auf Java auf hohen Bäumen schmarotzende Art, von Blume Glomera erythrosma genannt, mit einfachen, langen, etwas zusammengedrückten Stengeln, linealisch-lanzettlichen, schief ausgerandeten, lederartigen Blättern und mit endständigen, in dichten Köpfchen stehenden, von spreuartigen Deckblättern umgebenen Blüthen. (*Garcke.*)

GLOMMEN (der), der größte Fluß Norwegens. Er entspringt am Dofrefield nordöstlich von Röraas aus den Seen Riasten und Lungen, fließt durch den See Oresund, dann an Röraas vorbei, nimmt hierauf seine Hauptrichtung nach Süden und mündet nach einem 40 Meilen langen Laufe zwischen sehr malerischen Ufern, nachdem er mehr als 20 Wasserfälle gebildet bei Friedrichsstadt in den östlichen Eingang des Christianiafjords. Im Herbste und Frühjahre verursacht er große Ueberschwemmungen. Der größte von ihm gebildete Wasserfall ist der Sarpenfos oberhalb Friedrichsstadt, wo der Strom in drei Fällen herabstürzt, die vom Felsenthale aus gesehen als ein einziger Fall erscheinen. Auf beiden Seiten hat der Fluß eine Menge Mahl- und Schneidemühlen. Das Thal am Oberlaufe, wo der Fluß seine südliche Hauptrichtung erhält, heißt Österdalen; in ihm tritt manchmal schon im August Frost ein. Der bedeutendste Nebenfluß, der Laugen (Langen) entspringt am Dofrefield aus dem See Lessoe-Vand, nördlich von dem Orte Dofre, westlich vom Snehättan, fließt durch den langen See Mjösen, unterhalb dessen er den Namen Vormen bekommt, und mündet nordöstlich von Christiania am rechten Ufer in den Glommen. An dem Laugen erstreckt sich bis zum Mjösensee das durch seine Schönheit berühmte Thal Gudbrandsdalen, 20 Meilen lang, ½ Meile breit, von zwei hohen vom Dofrefield nach Süden ziehenden Bergketten umschlossen. (*H. E. Hössler.*)

GLONER (Samuel), teutscher Schulmann und Dichter, um das Jahr 1570 geboren, lebte zu Straßburg, wo er als Professor der Literatur in großem Ansehen stand und sich in seinen Mußestunden mit der lateinischen Poesie beschäftigte. Seine Anleitung zum lateinischen Versbau (Prosodia et abacus quantitatum syllabarum. Argentorati 1630. 8.) verdient ihrer Vollständigkeit und Klarheit wegen den Beifall, welchen sie bei seinen Zeitgenossen fand; seine Rede bei dem Jubiläum des Gymnasiums zu Straßburg im J. 1638 (in J. Schmid's fünf Predigten auf dieses Jubiläum. Straßb. 1641. 4.) gibt brauchbare Aufschlüsse zur Geschichte des Unterrichtswesens des Elsasses. Von seinen poetischen Leistungen sind zu nennen: Vita Melch. Sebisii (Argentorati 1624. 4.); Historia Passionis et Mortis Christi heroico carmine defleta (Ibid. 1624. 4.); Hymnus in Nativitatem Christi (Ibid. 1620. 4.); Ecclesiastes Salomonis, elegiaco carmine expressus (Ibid. 1620. 8.) und Vita atque obitus viri magnifici Petri Storckii, literarum et literatorum patroni maximi, heroico carmine. (Ibid. 1627. 4.) Alle diese Versuche zeichnen sich aus durch Eleganz des Ausdruckes und Leichtigkeit der Versification, sind aber arm an Poesie. Gloner starb um das Jahr 1650 zu Straßburg *). (*Ph. H. Külb.*)

GLONIUM ist der Name einer von Mühlenberg gegründeten Pilzgattung. Sie hat eine aus strahlen-

*) Joh. Chr. Adelung, Fortsetzung zu Jöcher's Gelehrtenlexikon 2. Bd. S. 1489. Biographie générale. Tom. XX. p. 830.

förmig aus einander gehenden rundlichen niedergestreckten Verzweigungen zusammengesetzte Hülle, welche von einem sich verhärtenden Schleime ausgefüllt ist und in einer ästigen Längsritze aufspringt. Die Schläuche sind aufrecht, dünn, keulenförmig-rundlich und bleiben stehen; die Sporidien sind spindelförmig.

Aus dieser Gattung ist nur eine, in Amerika an trockenem Holze aufgefundene Art bekannt, welche Mühlenberg Glonium stellatum, Sprengel dagegen Solenarium byssoideum und Kunze endlich Solenarium Mühlenbergii nennt. (*Garcke.*)

GLONOIN, auch wol Glinoin oder Nitro-Glycerin hat man einen flüssigen Körper genannt, der sich bildet, wenn Glycerin durch Salpetersäure und Schwefelsäure zersetzt wird. Dr. Hering in Philadelphia hat die physiologischen Wirkungen des Glonoins näher geprüft. Der Körper hat einen sehr scharfen Geschmack und schon ganz kleine Mengen ($^1/_{100}$ Gran), die man auf die Zunge bringt, verursachen Beschleunigung des Pulses, Klopfen der Kopfarterien, heftiges anhaltendes Kopfweh, erschwertes Sprechen u. s. w. Schon sehr kleine Gaben wirken tödtlich auf Hunde und Katzen. Das Gegenmittel ist schwarzer Kaffee. — Das Glonoin ist in den homöopathischen Arzneischatz aufgenommen worden. (*Fr. Wilh. Theile.*)

GLORIA DEI. Soli Deo gloria. In majorem Dei gloriam. Dieses Prädicat Gottes ist in der Bibel, wie überhaupt in dem jüdisch-christlichen Bewußtsein, abgesehen von anderen Religionsformen, welchen es in gleicher Weise zukommt, selbstverständlich ein sehr häufig ausgesprochenes. Wir erinnern z. B. an Ps. 19, 2: Die Himmel erzählen die Ehre (nach de Wette: die Herrlichkeit, כָּבוֹד) Gottes; an Luc. 2, 14: δόξα ἐν ὑψίστοις θεῷ; an Röm. 11, 36: αὐτῷ (τῷ θεῷ) ἡ δόξα εἰς τοὺς αἰῶνας. Aber ebenso selbstverständlich ist es, daß dieses Prädicat sich nicht dazu eignet, in den Fluß einer weit hin entwickelnden dogmatischen Dialektik gebracht zu werden; denn Alles, was eben nach Gottes Willen geschieht, ist seine Ehre; man müßte denn in der Theodicee die Ehre oder die Herrlichkeit Gottes anstatt der Gerechtigkeit, diese in dem doppelten Sinne seiner absoluten Allmacht und seiner judiciellen Aequität genommen, einsetzen, was indessen ein gewagtes quid pro quo wäre. Indessen haben denn doch die Dogmatiker in ihrem Streben, überall Unterschiede zu setzen, das Material weiter verarbeitet, indem von ihnen, wie sich dies übrigens schon aus der zwiefachen Uebersetzung von כָּבוֹד und δόξα in Herrlichkeit und Ehre ergibt, eine innere — man könnte auch sagen: an sich seiende — und eine äußere gloria Dei unterschieden, und jene wol auch der majestas divina überhaupt gleichgesetzt. Die gloria externa kann dann nur die von anderen selbstbewußten Geschöpfen, namentlich von den Menschen, anerkannte und gepriesene Herrlichkeit Gottes sein, und es würden sich demnach beide Seiten ungefähr wie Herrlichkeit und Ehre verhalten. Eine specifische Bedeutung haben manche Dogmatiker der gloria Dei durch die Aufstellung gegeben, daß sie der Zweck der Weltschöpfung sei, welcher hauptsächlich am jüngsten Tage zur Erscheinung komme. Es würde sonach die gloria Dei eben nur das Resultat der glorificatio Dei sein, welcher wir weiter unten eine kurze Erörterung gewidmet haben. In dieser Hinsicht sagt z. B. der protestantische Glaubenslehrer *Quenstedt*, Theol. did. polem. I. p. 418: „Finis ultimus (der Welt oder Weltschöpfung) est Dei gloria. Manifestavit enim Deus in et per creationem a) gloriam bonitatis, dum bonitatem suam cum creaturis communicavit; b) gloriam potentiae, dum omnia creavit ex nihilo, solo nutu et verbo; c) gloriam sapientiae, quae elucet e rerum creatarum multitudine, varietate, ordine, harmonia, Ps. 19, 1 (2)." In ähnlicher Weise wird aber auch die gloria Christi (vergl. die glorificatio Christi) als Endzweck der Schöpfung hingestellt, während sich anderwärts und in anderem Sinne der homo als finis intermedius mundi creati findet. — Es ist gerechtfertigt, an dieser Stelle auch der Exclamation oder des Ausspruches zu gedenken: Soli Deo gloria. Derselbe ist eine solenne, vielfach angewandte Formel zur Bezeichnung der Anerkennung des allmächtigen Gottes, welchem allein für Alles Dank und Preis gebührt, und neben welchem menschliches Verdienst Nichts gilt. Man findet denselben sehr oft als Motto in Büchern und als Ueberschrift an verschiedenen Stellen christlicher Häuser und Gotteshäuser, und zwar zumeist aus den Zeiten des späteren Mittelalters bis etwa in das vorige Jahrhundert. Trotz dem hat der hiermit nahe verwandte Ausspruch: In majorem Dei gloriam (nämlich omnia facta sunt oder facienda sunt), als Wahlspruch der Gesellschaft Jesu, auf deren Wappen er sich als Inschrift findet, manche bedenkliche Anwendung erleiden müssen, indem er als Rechtfertigungsgrund für manche nicht zu rechtfertigende That gebraucht worden ist, sodaß man sagen kann, er sei auf antijesuitischer Seite stark anrüchig und anbrüchig geworden. (*J. Hasemann.*)

GLORIA IN EXCELSIS. Wenn man in den Schriften des neuen Testaments hier und da Spuren altchristlicher Hymnen zu finden geglaubt hat, so dürfte die Annahme keinem Zweifel unterliegen, daß der Gesang der himmlischen Heerscharen Luc. 2, 14 sich unter diesen ältesten Gesängen befand. Früh ist wol auch der Name δοξολογία[1]) aufgekommen. Wann die Erweiterung der Schriftworte stattgefunden, ist unmöglich mit Bestimmtheit festzustellen. Einige beziehen die Stelle *Euseb.* H. E. V, 28: *ψαλμοὶ δὲ ὅσοι καὶ ᾠδαὶ ἀδελφῶν ἀπ' ἀρχῆς ὑπὸ πιστῶν γραφεῖσαι τὸν λόγον τοῦ θεοῦ τὸν Χριστὸν ὑμνοῦσι θεολογοῦντες.* auf das Gloria, und hätte Tom. Smith (Miscellanea. Lond. 1696. c. 4) mit seiner Vermuthung Recht, daß sich darauf Lucian's Spott (im Philopatris) über die ᾠδὴ πολυώνυμος beziehe, so würde die fragliche Erweiterung schon im 2. Jahrh. vorhanden gewesen sein. Wir können uns

1) Später δοξ. μεγάλη im Gegensatze zu der kleinen Doxologie, d. i. der trinitarischen Schlußformel der Psalmen: Ehre sei dem Vater u. s. w.

nur an die ältesten griechischen Texte derselben halten. Solche finden sich nun in den apostolischen Constitutionen 7, 48, bei Usserius im Appendix zu seiner Dissertatio de Symbolis, in alten Psalterien, in dem bekannten Codex Alexandrinus. Wozu die Stelle bei *Athanasius*, De Virginitate hinzukommt: *πρὸς ὄρθρον δὲ τὸν ψαλμὸν τοῦτον λέγετε· ὁ θεός, ὁ θεός μου πρὸς σὲ ὀρθρίζω· ἐδίψησέ σε ἡ ψυχή μου· ἅμα φαύματι δὲ εὐλογεῖτε πάντα τὰ ἔργα κυρίου τὸν κύριον. Δόξα ἐν ὑψίστοις καὶ ἐπὶ γῆς εἰρήνη ἐν ἀνθρώποις εὐδοκία· ὑμνοῦμέν σε, εὐλογοῦμέν σε, προσκυνοῦμέν σε καὶ τὰ ἑξῆς.* Alle diese Texte stimmen wenigstens im Wesentlichen überein [2]), enthalten aber, was wol zu merken, Nichts, was der jetzigen Schlußformel *cum sancto spiritu* entspräche. Sie stammen aus einer Zeit, in welcher das Dogma vom heiligen Geiste noch nicht in den Kreis der theologischen Bewegung hineingezogen war. Merkwürdig bleibt, daß in der Liturgie des Jacobus nur die Worte der Engel selbst zu dreimaliger Wiederholung vorgeschrieben sind.

Die liturgische Tradition der abendländischen Kirche schreibt dem römischen Bischofe Telesphorus (128—138) die Einrichtung zu, daß „ante sacrificium" der Lobgesang der Engel angestimmt werden solle. *Rabanus*, De instit. cleric. c. 32 und Innocenz III., De myster. missae c. 20 behaupten sogar, daß die Erweiterung jenen Papst zum Verfasser habe. Was davon zu halten, ist aus dem Vorigen klar. Telesphorus mag eine Anordnung über den Gebrauch von Luc. 2, 14 im Cultus erlassen haben: die weitere Ausführung ist wie das Te Deum aus der morgenländischen Kirche in die abendländische gewandert. Dafür spricht ganz unwiderleglich, daß in sehr alten Handschriften der griechische Text, aber mit lateinischen Buchstaben aufgezeichnet steht. So habe ich im Thesaur. Hymnol. II. p. 272 eine solche von mir einem wiener Codex entnommene Abschrift mitgetheilt [3]). Den Uebersetzer für den Occident bezeichnet nach meiner Ansicht Alcuin gar nicht unrichtig, wenn er Hilarius von Pictavium den Abschnitt von Laudamus te bis zu Ende zuschreibt. Die Verbindung jenes Kirchenlehrers mit dem Orient, sein sonst bekanntes hymnologisches Interesse, der Umstand, daß er (wol im ähnlichen Sinne) mit dem Te Deum in Zusammenhang gebracht wird, machen jene Angabe gar nicht unwahrscheinlich. Von Hilarius, dem eifrigen Verfechter der Trinität, rührte dann auch wol der Zusatz *cum sancto spiritu* her [4]). Daß übrigens die Erweiterung in der Kirche auf Widerspruch stieß, zeigt die Aeußerung des vierten toletanischen Concils 681: Quia nonnulli hymni humano studio in laudem Dei atque apostolorum et martyrum triumphos compositi esse noscuntur, sicut hi, quos beatissimi doctores Hilarius atque Ambrosius ediderunt, quos tamen quidam specialiter reprobant, pro eo quod de scripturis sacrorum canonum vel apostolica traditione non existunt: respuunt ergo et illum hymnum, ab hominibus compositum, quem quotidie publico privatoque officio in fine omnium psalmorum dicimus: Gloria et honor patri et filio et spiritui sancto in saecula saeculorum. Amen. Nam et ille hymnus, quem nato in carne Christo angeli cecinerunt: Gloria in excelsis Deo et in terra pax hominibus bonae voluntatis; reliqua quae ibi sequuntur, ecclesiastici doctores composuerunt. Ergo nec idem in ecclesiis canendus est, quia in scripturarum sacrarum libris non invenitur.

Uebrigens scheint das Gloria nicht in der Messe seinen ursprünglichen liturgischen Sitz zu haben, wie es denn auch in den ältesten Theilen der erhaltenen alten Liturgien nicht vorkommt. Wie in der morgenländischen Kirche scheint es als *προσευχὴ ἑωθινή* gebraucht zu sein. So fand Usher es in dem Psalterbuche des Königs Ethelstan (923—940) unter dem Titel: Hymnus in die Dominica ad *Matutinas*. Nach den ältesten Mönchsregeln wurde es in den *Laudes* gesungen. Daneben scheint es bei feierlichen Anlässen und freudigen Ereignissen die Stelle des Te Deum vertreten zu haben. So erzählt Victor von Utica von den Märtyrern, welche unter Hunerich zu Karthago litten: Procedebant itaque cum fiducia ad supplicium quasi ad epulas concurrentes voce per ambitus platearum Domino decantantes: Gloria in excelsis Deo et in terra pax, hominibus bonae voluntatis. Gregor von Tours von der Auffindung des heiligen Mallosus (De glor. M. I, 63): At ille cum fodisset quasi septem pedes, attigit nares ejus odor immensi aromatis, et ait: Credo in Christo, quod ostendit mihi mar-

2) Wir theilen den aus den Constitutionen mit: *Δόξα ἐν ὑψίστοις θεῷ καὶ ἐπὶ γῆς εἰρήνη, ἐν ἀνθρώποις εὐδοκία· αἰνοῦμέν σε, ὑμνοῦμέν σε, εὐλογοῦμέν σε, δοξολογοῦμέν σε, προσκυνοῦμέν σε διὰ τοῦ μεγάλου ἀρχιερέως· σὲ τὸν ὄντα θεὸν ἀγέννητον ἕνα, ἀπρόσιτον μόνον· διὰ τὴν μεγάλην σου δόξαν· κύριε βασιλεῦ ἐπουράνιε, θεὲ πάτερ παντοκράτορ· κύριε ὁ θεὸς ὁ πατὴρ τοῦ Χριστοῦ, τοῦ ἀμώμου ἀμνοῦ, ὃς αἴρει τὴν ἁμαρτίαν τοῦ κόσμου· πρόσδεξαι τὴν δέησιν ἡμῶν· ὁ καθήμενος ἐπὶ τῶν Χερουβίμ· ὅτι σὺ μόνος ἅγιος· σὺ μόνος κύριος Ἰησοῦς Χριστὸς τοῦ θεοῦ πάσης γενητῆς φύσεως, τοῦ βασιλέως ἡμῶν· δι' οὗ σοι δόξα, τιμὴ καὶ σέβας.*

3) Doxa in Ipsistis theo ke epi gis irini in anthropis eudochias: ymnumen se eulogumen se doxologumen se eucharistumen se dia ten megalen su doxan kyrie basileu epuranie theo pater pantocrator. kyrie yo monogene Iesu Xpe kyrie agio pneuma kyrie o theos o amnos tu theu agyos tu patros o eron tas amartyas tu cosmu eleyson ymas. o eron tas amartyas tu cosmu. prosdexen deesyn ymon. o cathimenos in dexia tu patros eleyson ymas. oti si monos agyos si monos kyrios si monos Ipsistos Iesu Xpe sin agyo pneumatis doxa theu patros.

4) Das Gloria in dem jetzt recipirten kirchlichen Texte lautet: Gloria in excelsis Deo, et in terra pax, hominibus bonae voluntatis. Laudamus te, benedicimus te, adoramus te, glorificamus te, gratias agimus tibi propter magnam gloriam tuam, Domine Deus rex coelestis, Deus pater omnipotens, Domine fili unigenite, Jesu Christe. Domine Deus, agnus Dei, filius patris: qui tollis peccata mundi, miserere nobis; qui tollis peccata mundi, suscipe deprecationem nostram: qui sedes ad dexteram patris, miserere nobis; quoniam tu solus sanctus, tu solus Dominus, tu solus altissimus, Jesu Christe, cum sancto spiritu in gloria Dei patris. Amen. Aelteste Varianten vergl. meinen Thes. Hymnolog. II. p. 275. *Bunsen*, Hippolytus II. p. 96 seq.

tyrem suum, quando me haec suavitas circumdedit. Et fodiens reperit corpus illaesum et emittens voce magna: *Gloria in excelsis Deo* omnem clerum pariter psallere fecit. *Dictoque hymno* corpus sanctum in basilicam transtulit. Ausfluß von dem Zusammentreffen Karl's mit dem Papste Leo: Pariter se amplectentes cum lacrimis se osculati sunt. Et praedicto pontifice *Gloria in excelsis* inchoante et cuncto clero suscipiente oratio supra cuncto populo data est.

Die Einführung des erweiterten Gloria in die Messe an Sonntagen und Märtyrertagen schreibt Berno dem Papste Symmachus (gest. 514) zu. Gewiß ist, daß es im Sacramentarium des Gregor schon den üblichen Platz nach dem Kyrie einnimmt, auch immer noch für außerordentliche und feierliche Anlässe bestimmt erscheint: In primis ad Introitum Antiphona, qualis fuerit statutis temporibus, sive diebus festis, seu quotidianis. Deinde *Kyrie eleison*. Item dicitur *Gloria in excelsis Deo*. Si Episcopus fuerit (in aliis codd. *affuerit*), tantummodo die Dominica sive diebus festis. A presbyteris autem minime dicitur, nisi solo in Pascha. Quando vero Litania agitur, neque *Gloria in excelsis* neque *Alleluia* canitur. Nach der Polemik des Berno bestand diese Vorschrift in Rom noch im 11. Jahrh.[5]. Ja noch Calixt II. gestattet es einem Kloster 1120 als besondere Gunst, zu Mariä Verkündigung das Gloria zu singen.

Nach dem 11. Jahrh. wurde der Gebrauch des Gloria ein mehr ausgedehnter. Jetzt gilt als liturgische Hauptregel, daß es angestimmt wird, wenn im Matutinum das Te Deum gesungen ist, überdies am grünen Donnerstage und heiligen Sabbat. Anders gefaßt wird es an Sonntagen, an jedem festum semiduplex und duplex, in den Ferialmessen der freudenreichen Osterzeit, und in einigen Votivmessen gesungen, ausgelassen dagegen in den Temporalmessen der Advents- und der Fastenzeit, an Vigilien (ausgenommen die Vigilie der Epiphanie), Quatembertagen und dem Feste der Unschuldigen Kinder, wenn dasselbe nicht auf einen Sonntag fällt. Wie für das Kyrie kannte schon das Mittelalter für die verschiedenen Feste und Zeiten verschiedene Melodien des Gloria, wie noch jetzt das römische Missale mehre Intonationen enthält. Denn in dem Hochamte intonirt bekanntlich der Celebrant das Gloria und liest es im Stillen für sich weiter, während der Chor es aufnimmt und fortsetzt. Es bildet es ein wichtiges Stück jeder musikalischen Messe[6].

Eine im Mittelalter zu Ehren der Maria geschaffene Umarbeitung, das Gloria Marianum, wurde von Rom nie gebilligt und bei den liturgischen Reformen des 16. Jahrh. ganz abgeschafft. Da sie vielleicht nicht Jedem zur Hand ist, fügen wir sie bei: Gloria in excelsis Deo, et in terra pax, hominibus bonae voluntatis. Laudamus te, benedicimus te, adoramus te, glorificamus te, gratias agimus tibi propter magnam glo-

5) *Berno Augiensis*, De rebus ad Missam spectant. c. 2: Nunc stylus ad movendam quaestionem [illegible] vertat, ad quam totus hactenus sermo habitus intendebat, videlicet, cur non liceat omni die Dominico vel natalitiis Sanctorum presbyteros illum hymnum canere, quem nato in carne Domino Angeli cecinere, dicentes: Gloria in excelsis Deo etc. Quod si concessum est illum cantare in Pascha secundum praedictionem Missalis, non multo minus licitum puto in nativitate Domini, quando primum coepit audiri ab hominibus in terris, qualiter ab angelis canebatur in coelis. Proferant contradictores in medium, ubinam sit a sanctis Patribus, vel ab ipso sanctissimo Papa Gregorio interdictum, et si ad haec respondere non valemus, merito manus damus. Quisquis enim vult in sacrae scripturae auctoritate aliquid confirmare, debet ex prophetarum oraculis, Apostolorum dictis, antiquorum Patrum consiliis, [illegible] et [illegible], scriptis vel gestis, et quod omnibus his majus est, ex sancti Evangelii veritate locum ostendere, unde velit sententiam suam corroborare, unde solemus dicere, Scriptum est in illo et in illo loco: et legimus in decretis Pontificum, vel in tali Concilio, in illo capitulo. — Illis enim insistimus exemplis, ubi nos delinquere, si ea, quae ex auctoritate Pontificum, qui illum sanctum virum (Gregorium) tempore praecesserunt, instituta comperimus, et vel ex Gallicanarum Ecclesiarum, aut Hispanicarum [illegible], fideli devotione servamus, imitantes ipsius beatissimi Papae praedicandam humilitatem. Qui cum reprehenderetur a quibusdam, quod aliarum ecclesiarum morem sequeretur, inter alia fertur dixisse: Si quid boni vel ipsa videlicet Constantinopolitana altera Ecclesia habet, ego et minores meos, quos ab illicitis prohibeo, in bonis imitari paratus sum. Stultus est enim, qui in eo se primum existimat, ut bona, quae viderit, discere contemnat. Nam si ideo, ut saepe dictum, illum Angelicum hymnum prohibemur in festivis diebus canere, eo quod Romanorum presbyteri non solent eum canere, possumus simili modo post Evangelium Symbolum reticere, quod Romani usque ad haec tempora *divae memoriae Henrici Imperatoris* nullo modo cecinerunt.

6) Den speciellen Ritus in unserem Thesaur. Hymnol. II. p. 274: Cantatur *Gloria* in medio altari. Celebrans habens manus junctas incipit, ad verbum *Gloria* manus disjungit, ad *in excelsis* easdem elevat usque ad humeros, ad verbum *Deo* iterum illas jungit ante pectus et caput inclinans versus crucem, quod et faciunt ministri, qui facta in medio in loco suo genuflexione accedunt ad altare, ubi cum Celebrante prosequuntur hymnum, cum eodem inclinantes ad verba: *benedicimus te, glorificamus te, Domine fili unigenite, suscipe deprecationem nostram* et in fine se signantes. In Missis quae sunt maximi splendoris et apparatu musico insignes, angelorum hymnum recitat Chorus inter magnificos tympanorum, tubarum, cithararumque strepitus: sedent interea Celebrans, Diaconus et Subdiaconus in cornu Epistolae in sellis sibi paratis. In Missa pontificali non legit Episcopus cantum nostrum ante altare; sed surgit a sede sua et ex libro per presbyterum assistentem militiae coelestis sonum decantat. Summo et speciali honore gaudet hymnus in duabus festivitatibus. Etenim in Nocte Nativitatis Domini (quae prima illa verba prae gaudio attonita accepit) quum in Missa ad galli cantum inchoatur Hymnus angelicus, omnes campanae solemnissime pulsantur, et absolvitur suavissimum carmen junctis campanarum et classici sonantis vocibus. In minoribus ecclesiis ad finem usque moventur tintinnabula, quod sane minorem gravitatem habet. Deinde in Feria quinta in Coena Domini ad *Gloria in excelsis* pulsantur campanae et tintinnabula solemniter, sed statim obmutescunt. Nam ut omni modo designetur illorum dierum pia moestitia, ad omnes sequentium dierum actus, ad quos alias campanas adhiberi solent, datur signum crepitaculo ligneo, usque ad *Gloria in excelsis* Sabbati sancti. Tunc redivivus campanarum sonus redivivum mundi redemptorem exspectanti populo renunciat. Nach einem alten Ordo Romanus wandte sich sonst der Celebrans bei der Intonation zum Volke und wandte sich dann wieder zum Altare um.

riam tuam. Domine Deus, rex coelestis, Deus pater omnipotens, Domine fili unigenite Jesu Christe. *Spiritus et alme orphanorum paraclite.* Domine Deus agnus, Dei filius patris. *Primogenitus Mariae virginis matris.* Qui tollis peccata mundi miserere nobis. Qui tollis peccata mundi, suscipe deprecationem nostram *ad Mariae gloriam.* Qui sedes ad dexteram patris miserere nobis. Quoniam tu solus sanctus, *Mariam sanctificans.* Tu solus Dominus, *Mariam gubernans.* Tu solus altissimus, *Mariam coronans* Jesu Christe. Cum sancto spiritu in gloria Dei patris. Amen. Auch andere Accommodationen, wie eine zum Kirchweihfeste, eine zu Weihnachten u. a. (Bona Rer. Liturg. 2, 4) sind aus der Kirche wieder verschwunden.

Bei Luther's Ehrfurcht vor dem englischen Lobgesange darf uns nicht wundern, daß die aus der römischen Kirche überkommene Erweiterung ein Stück der teutschen Messe zwischen Kyrie und Collecte bildet. In dem alten ungebrochenen Luther'schen Gottesdienste wurde das Gloria lateinisch oder teutsch in jedem Hauptgottesdienste gesungen — denn die alten Auslassungen im tempus clausum wurden bald nicht mehr beachtet [7]. Der lateinischen Intonation des Geistlichen respondirte der Chor oder die Gemeinde mit der bekannten und gelungenen Paraphrase von Decius: „Allein Gott in der Höh sei Ehr" [8]. In der preußischen Agende nimmt es die alte Stelle ein, und an hohen Festtagen soll der Chor die Erweiterung singen: Wir loben dich, wir beneideten dich u. s. w., was wol selten geschieht [9].

Die englische Kirche hat das Gloria in der Communionliturgie an ganz eigenthümlicher Stelle, nämlich nach der Distribution vor dem Segen als letztes Dankgebet. Aehnlich haben es andere reformirte Liturgien, Zwingli und die neufchateler Kirche, in der Abendmahlsliturgie beibehalten. (*Daniel.*)

GLORIE (die), im Sinne des Heiligenscheins, des Nimbus.

1) Begriff und Zweck im Allgemeinen.

Das aus der lateinischen Sprache (gloria) herstammende Wort „Glorie," welches in der teutschen Bürgerrecht erworben hat, dient hier zur Bezeichnung mehrfacher Begriffe. Es bezeichnet z. B. eine Art Flugwerk im Theater, ferner die Vorstellung oder das Bild des geöffneten, mit Engeln erfüllten Himmels, ferner den Ruhm einer Person, eines Ereignisses u. s. w. In dieser letzten Bedeutung knüpft es an das lateinische gloria an, sofern es den Ruhm bedeutet, während es für die zweite Bedeutung an dasselbe Wort anknüpft, sofern es den Glanz, den Schein bezeichnet. Im vorliegenden Artikel wird uns nur diejenige Bedeutung beschäftigen, welche etwa durch die Aequivalente von „Heiligenschein" oder „Nimbus" ihren Ausdruck findet, und ihr wesentliches Gebiet in den darstellenden Künsten, besonders in der Malerei, speciell der christlichen, hat. In diesem Sinne bezeichnet Glorie [1]) im Allgemeinen das Zeichen eines Lichtglanzes, welches der Künstler an dem Haupte oder auch an dem ganzen Körper von Personen oder überhaupt an Gegenständen anbringt, die er dadurch, meist als heilige, vor anderen verherrlichen oder auszeichnen will. Die Nothwendigkeit dieser Begriffsbestimmung wird sich aus dem Verlaufe des Artikels ergeben. Wenn z. B. die gemalte Krone das Bild eines wirklichen, greifbaren Dinges ist, so darf die Glorie des Künstlers unter die Sinnbilder gerechnet werden. Was sie ursprünglich bezeichnen solle, resp. von welchem concreten Gegenstande sie zuerst hergenommen sei, ist für die einzelnen Fälle theils zweifelhaft, theils unerheblich, und werden wir für unsere Zwecke weiter unten darauf zurückkommen.

2) Synonyma und Analoga. Deren Unterschiede.

Als synonym oder sinnverwandt haben wir im Gesammtschatze der Hauptsprachen *δόξα*, *ἄλως*, [illegible], gloria, aureola, nimbus, caput radiatum, lunula, mandorla, gloire, auréole, glory, Glorie, Heiligenschein, Strahlenkranz, Lichtschein, Lichtkreis u. s. w. Als Analoga, welche aber vielfach in das Gebiet der Synonyma hineinspielen, sind Sonne, Stern, Oriflamme,

---

[7] Anders urtheilt noch der alte Luderus: Etsi hoc nullius est momenti, cum singuli singulis diebus Deum laudibus praedicationibusque extollere merito debeamus, ordinationi tamen ecclesiae standum duxi.

[8] Ueber die Bearbeitungen in der lutherischen Kirche vergl. *Tibner*, Spicileg. Hymnol. p. 24: Hymnum angelicum et latino et nostro sermone in liturgia nostra numquam omnino exstirpatum esse, quamvis spretum et neglectum inde ab initio seculi XVIII. notum; non minus nota est translatio *M. Decii*, quae satis laudari non poterit: Allein Gott in der Höh sei Ehr, quam servavimus quidem, sed in permultis libris ita corruptam ab hominculis miseris, ut vix cognosci possit. Praeter Decii hymnum per longum satis tempus aliam rhythmicam compositionem habuimus: All Ehr und Lob soll Gottes sein (Wack. Nr. 643), quae proprie strophas non habebat, sed addito in fine versu uno (sic in Francofurtensi hymnario 1569 et in Palatinensi 1570) vel duobus (sic postea per secula XVII. et XVIII.) in strophas aut septem aut octo versuum est divisa. Accedit *Spangenbergii* imitatio: Lob, Ehr und Preis (in libello ejus No. 5), et alia etiam, quae in Brismanni liturgia Rigensi legitur.

[9] Bähr, Begründung der Gottesdienst-Ordnung u. s. w. S. 71: „Darauf folgt das Kyrie oder der Ruf nach Erbarmung, und das Gloria als Lobpreis für die göttliche Barmherzigkeit und Gnade. Das erste, was die Gemeinde, nachdem sie die Bestimmung des Tages oder im Allgemeinen ihres Zusammenseins gehört, von Gott zu thun hat, ist, daß sie sich demüthigt und sich dem Herrn im Bewußtsein ihrer Hilflosigkeit und Hülfsbedürftigkeit, ihres Elendes und ihres Verlangens nach Erlösung naht. Wenn dies geschehen ist, lobt und preist sie Gott mit dem Liede, das die himmlischen Heerschaaren sangen, als die heilsame Gnade Gottes allen Menschen erschien, als der geboren wurde, in dem Gott sich der Welt erbarmte und der darum die Quelle alles Heils für alle Ewigkeit geworden ist. Sünde und Gnade, menschliches Elend und göttliche Barmherzigkeit in Christo sind die beiden Angeln, um die sich alles christliche Bewußtsein bewegt, sie bilden den Grundton alles christlichen Seins und Lebens, der aller speciellen Erbauung vorangehen und ihr zu Grunde liegen muß. Angemessener und geeigneter, als auf solche Weise, konnte der christliche Gemeindegottesdienst nicht wohl beginnen."

[1] Die Form „Gloria" ist für diese Bedeutung seit dem 19. Jahrh. fast gar nicht mehr üblich. „Das Gloria" ist etwas Anderes.

Krone u. s. w. zu betrachten. Die Logik der Kunstsprache hat es versucht, diese Begriffe zu fixiren und in ein bestimmtes Verhältniß zu einander zu stellen, sei es der Parallelität oder der Unterordnung, resp. des Gattungs- und Artbegriffes, ein Unternehmen, welches scheitern muß, sobald man diese einzelnen Wörter in den Bedeutungen gelten läßt, in welchen sie während verschiedener Zeiten und von verschiedenen Auctoritäten gebraucht worden sind. Versuchen wir zunächst, die einzelnen Begriffe in ihrer eigenthümlichen und von derjenigen anderer Wörter unterschiedenen Bedeutung festzustellen. — Die allgemeinste Bedeutung müssen wir dem Worte Glorie vindiciren, welches vermöge seiner Etymologie im Allgemeinen den verklärenden Glanz oder Schein bezeichnet, und somit alle Untergattungen desselben in sich begreift. Ihm entsprechen demnach auch der Heiligenschein, der Lichtglanz, die δόξα u. a., sofern in ihnen keine Andeutung liegt, daß man sich eine specielle Form darunter vorzustellen habe. Auch das hebräische [illegible] würde hierher gehören. Dagegen tritt „Lichtkranz" aus dieser Allgemeinheit heraus, indem es die besondere Vorstellung eine Kranzes fordert, wogegen „Heiligenschein" zwar neben dem „Scheine" auch den „Heiligen" in sich faßt, aber, wie die übrigen Bezeichnungen, keinen andern Zweck hat, als eben dem Heiligen als charakteristische Auszeichnung zu dienen. Eine noch bestimmtere Vorstellung setzt der „Strahlenkranz" voraus, nämlich nicht blos die der Strahlen, sondern auch die des Kranzes. Uebrigens beruhen alle vorstehend erwähnten Begriffe auf der Grundvorstellung des Glanzes oder des Lichtglanzes, und was wir in dem Artikel unter den verschiedensten Namen aus dem Gebiete der darstellenden christlichen Kunst antreffen, hat den Zweck des verklärenden Glanzes, mit einigen wenigen, aber entschieden misbräuchlichen Ausnahmen.

Dagegen hat *aureola* schon eine engere Bedeutung, abgesehen davon, daß sie in der Kunstsprache der Teutschen nicht eben häufig angewandt wird. In ursprünglicher, etymologischer Bedeutung den Goldglanz oder Goldschein bezeichnend, hat das Wort dann den weiteren Sinn angenommen, in der christlichen Kunst überhaupt den Heiligenschein darzustellen, jedoch wol ausschließlich so, daß man darunter diejenige Glorie versteht, welche an einer heiligen Person nicht blos einen Theil, wie das Haupt, sondern die ganze Figur umgibt. Allein da es in etymologisch beschränkender Weise auf den bloßen Goldglanz hinweist, übrigens einen beschränkten Sprachgebrauch hat, so eignet es sich nicht als Aequivalent für Glorie, Heiligenschein und andere Ausdrücke in ihrer allgemeinen Bedeutung, wogegen man ihm, in Ermangelung eines passenderen Ausdrucks, immerhin die Hauptträgerschaft derjenigen Glorie, welche das ganze Object umgibt, einräumen kann. — Das römisch-italienische Wort *mandorla*, welches mit unserem teutschen Mantel zusammenhängt, hat zuweilen die Bedeutung, den um das ganze Object sich ausbreitenden Heiligenschein zu bezeichnen, gleich einem um dasselbe ausgebreiteten Lichtmantel; allein der seltene Gebrauch in der Kunstsprache, wo es übrigens auch noch eine andere Bedeutung hat, macht es nicht geeignet, in unserer Kunstsymbolik ein gebräuchlicher und leichtverständlicher Terminus zu sein.

Weit gebräuchlicher und berechtigter ist der Nimbus (nimbus). Ob das ursprünglich lateinische Wort, wie Döderlein annimmt, von dem griechischen νιφάς (Schnee, Regen) oder νίφειν (schneen, regnen) abzuleiten sei oder nicht, kann uns für die Begriffsbestimmung gleichgültig sein, da uns diese in der lateinischen Sprache gegeben ist. Der zusammenfassende Hauptbegriff ist hier derjenige der Wolke, und vielleicht steht nubes mit nimbus in etymologischem Causalnexus. Durch besondere Appositen, welche oft nur mente supplenda sind, entstehen Sonderbegriffe, wie der des Lustwagens für die Götter oder derjenige der goldenen Querbinde an der Stirn der Frauen. So sagt Isidorus von Sevilla [9]): „Nimbus est fasciola transversa ex auro, assuta linteo, quod est in fronte foeminarum," also eine goldene, an den Frauenschleier genähte, auf der Stirn befindliche Querbinde. In der Kunstsprache, besonders für das Gebiet der antiken wie der christlichen Bildnerei, bedeutet nimbus, in sehr bestimmter und häufiger Anwendung, den Heiligenschein oder die Glorie an den Gestalten der heiligen Personen oder Gegenstände. Das Wort hat zwar nicht nothwendig an sich den Begriff des Glanzes, des Scheines, des Lichtes, da eine Wolke auch dunkel, selbst schwarz sein kann; sofern aber dieses Attribut den Heiligengestalten gegeben wird, so ist darunter eine leuchtende, nicht eine verfinsternde Wolke zu verstehen. Außerdem liegt in der Wolke die Andeutung ihrer himmlischen Herkunft oder Natur, und da, wenigstens in der christlichen Kunst, die Nimben der Heiligen wesentlich die Darstellung der δόξα sein sollen, so ist darunter die verklärende, auszeichnende Lichtwolke zu verstehen. In dem Begriffe der Wolke liegt nicht mit zwingender Nothwendigkeit, daß sie entweder die ganze Figur oder nur das Haupt umgebe, und der Sprachgebrauch wendet den Nimbus im Laufe der Zeit theils als Glorie des ganzen Körpers, theils und meist blos des Hauptes, theils im Allgemeinen an, sodaß man beides darunter verstehen kann; allein in der himmlischen Herkunft der Wolke liegt wenigstens eine Andeutung dafür, daß sie über, nicht neben irdischen Gegenständen schwebt, und obgleich Gott, Christus, die Erzengel u. s. w. himmlische Personen sind, so befinden sich doch ihre Bilder im Bereiche der Erde, und der Nimbus ist der Hinweis nach Oben, die Vermittelung zwischen Erde und Himmel. Doch geben wir zu, daß biblische Veranlassungen vorliegen, unter der Wolke des Nimbus sich zuweilen auch eine solche Wolke zu denken, welche die ganze Gestalt einhüllt, wohin z. B. die nächtliche Feuersäule bei dem Zuge der Israeliten durch die Wüste, der feurige Wagen des Elias und die Wolke gehören, welche Christum bei seiner Himmelfahrt aufhob. Uebrigens will eine einzelne Wolke im Allgemeinen als ein cumulus oder cirrus, als ein Oval vorgestellt sein, wenn man ihr die allgemeinste typische oder schematische Gestalt und Begrenzung geben

9) Originum Lib. XIX. cap. 31.

soll. Eine, etwa centrale, Strahlung, unterschiedene Strahlen und dergleichen sind mit der Vorstellung des Nimbus im Allgemeinen nicht gegeben.

Daher kann man das *caput radiatum*, das bestrahlte oder mit Strahlen umgebene Haupt bei den Römern nicht als ein nahe verwandtes Synonymum, sondern nur als ein entfernteres Analogon neben den nimbus stellen; denn das caput radiatum erfordert nothwendig die Ausgestaltung der Glorie zu einer Mehrheit von radienförmigen Strahlen, und beschränkt sich außerdem auf das Haupt. Dagegen ist δίσκος, was die Wurfscheibe, die Scheibe, den Kreis bedeutet, dem nimbus schon näher verwandt, und vertritt in der spätern christlich-griechischen oder hellenistischen Sprache meist das hier genannte lateinische Wort. Da wir indessen aus den Jahrhunderten, wo die griechische Sprache noch in der Blüthe stand, fast nur Kopfglorien haben und zwar, im Bereiche der morgenländischen Kirche, die scheibenförmige, entweder zirkelrunde oder ovale, so beschränkt sich der δίσκος auf die meist kreisrunde, durch eine Kreislinie auf den Bildern begrenzte Glorie, welche indessen in dieser mathematisch-steifen Form wenig an eine eigentliche Wolke erinnert. Sofern nun der δίσκος resp. nimbus hinter dem Kopfe liegt, also von diesem zum Theil verdeckt wird, erscheint er nicht in seiner vollen Fläche, sondern in der Gestalt einer Sichel, eines Halbmondes, dessen innere Seite durch die nach Oben convexe Linie des Oberkopfes gebildet ist, folglich in der Gestalt eines μηνίσκος, einer *lunula*, einer Haube, einer Mütze. In dieser Hinsicht sind die beiden Ausdrücke μηνίσκος und lunula sehr häufig bei den älteren Schriftstellern. Merkwürdig, daß auf diese Weise der Halbmond der Muhammedaner mit dem Halbmonde des christlichen Heiligenscheins zusammentrifft, nur daß bei jenem die beiden Sichelenden nach Oben, bei diesem nach Unten gewendet sind. Indessen sind uns auch auf christlichen Bildern Glorien aufgestoßen, welche ganz die Stellung des türkischen Symbols haben, es sei denn, daß ihre Träger nicht als christliche, sondern als Muhammedanische Heilige gedeutet werden müssen.

Der Heiligenschein ist zuweilen auch durch einen einzigen oder zwei oder häufiger durch drei Strahlenbüschel, ferner durch einen oder mehre, oft in einem Kreise gestellte Sterne vertreten, sowie hier und da eine Krone als Aequivalent dafür gedeutet werden kann. Indessen finden sich auch oft Glorie und Sterne oder Glorie und Krone mit einander verbunden. Auch die Oriflamme, welche in ihrer speciellen Bedeutung die alte französische Kriegsfahne bezeichnet, kann als ein Analogon der Heiligenglorie betrachtet werden, namentlich sofern sie einen von dem Haupte ausgehenden Strahlen- oder Lichtbüschel darstellt. Andere, ferner liegende Analogien dürfen wir hier übergehen, sowie wir für die selteneren Gestalten der Glorie als Muschelnimbus, Dreieck, Viereck u. s. w. auf einen späteren Abschnitt verweisen.

Wenn es sich nun darum handelt, aus den hier angeführten Bezeichnungen einige, und zwar die am meisten berechtigten, herauszuheben, so folgen wir dem Vorgange Didron's [3]), welcher zu diesem Zwecke die Benennungen gloire, nimbe und auréole ausgesondert, wie wir glauben, zum Theil deshalb, weil sie in der christlichen Kunstsprache sehr häufig, zum Theil deshalb, weil sie Ausdrücke einer neutralen, der lateinischen, Sprache sind, und so im Sprachgebrauche als diejenigen erscheinen, welche sich am meisten dazu eignen, die drei Hauptbegriffe darzustellen, welche sich wiederholt für die Doctrin ergeben haben, nämlich den Begriff des Heiligenscheines überhaupt, den Begriff desjenigen Heiligenscheines, welcher nur das Haupt, und den Begriff desjenigen Heiligenscheines, welcher die ganze Gestalt umgibt. So ist also Glorie oder Heiligenschein im Allgemeinen der Gattungsbegriff, während Nimbus und Aureola die Artbegriffe darstellen. Man kann in der That für den zusammenfassenden Gattungsbegriff keinen passenderen Namen aufstellen, und auch für die Kopfglorie eignet sich Nimbus am meisten, während dem Gebrauche von Aureola als der Glorie der ganzen Gestalt, wie schon angedeutet, manches Bedenken anhaftet. Indessen, wenn einmal Glorie für die Gattung und Nimbus für die eine Art vorweggenommen ist, so bleibt für die andere Art kaum etwas Passenderes übrig. Wenn wir in dem weiteren Verfolge unserer Darstellung von dieser Nomenclatur hier und da abweichen, so geschieht es zum Theil auf Grund der Werke, aus welchen unsere Angaben genommen sind. — Will man in Betreff des Gattungsbegriffes für die heidnische und die christliche Kunst einen Unterschied machen, so eignet sich vielleicht gloria am meisten für das christliche, nimbus für das heidnische Gebiet. Zwar würde somit nimbus, welches auf dem christlichen Gebiete in dem Verhältnisse der Art zu dem Gattungsworte gloria steht, ebenfalls einen Gattungsbegriff darstellen; allein in der heidnischen Bildnerei findet sich der Heiligenschein wol ausschließlich nur als ein symbolisches Attribut des Hauptes, nicht des ganzen Körpers.

3) Die Glorie in der vorchristlichen Kunst.

Die Glorie (oder der Nimbus) tritt vielfach schon in der vorchristlichen Zeit, unabhängig vom Christenthume, also in der sogenannten heidnischen Kunst auf; sie findet sich bei den Hindu, den alten Aegyptern, den alten Persern, den alten Griechen, den alten Römern, theils an Bildern von Göttern und Halbgöttern, theils an Bildern von Heiligen, Königen und anderen ausgezeichneten Personen, und zwar meist in Gestalt einer runden Scheibe. Man hat namentlich darüber gestritten, ob er ursprünglich etrurisch oder ägyptisch sei. Buonarotti [4]) verlegt den ersten Ursprung in das alte Etrurien; allein die historische Kritik kann hierüber durchaus noch nichts Sicheres aufstellen; ist es doch oft sehr zweifelhaft, ob man gewisse Zeichnungen auf Felswänden, Gefäßen u. s. w. als Glorien oder als etwas Anderes an-

3) In seiner Iconographie chrétienne. 4) Osservazioni sopra alcuni frammenti di vasi antichi di vetro ornati di figure, trovati ne' cimiteri di Roma (Firenz 1716.) p. 60.

zusprechen habe. Nach Didron findet sich z. B. eine Glorie an dem Haupte eines altpersischen Königs auf einer persischen Miniatur in der jetzt kaiserlichen Bibliothek zu Paris. Wenn wir bei der altrömischen Kunst stehen bleiben, so ist hier das in Rede stehende Abzeichen, meist unter dem Namen des nimbus, unzweifelhaft und vielfach vorhanden. Ueber die Veranlassung oder den Grund hierzu kann man verschiedene Hypothesen aufstellen. Zwar der Grund, sofern er Zweck ist, steht fest: man wollte gewisse Personen auszeichnen; aber die ursprüngliche Veranlassung, sofern gefragt wird, von welchem Factum oder von welchem Vorbilde dieses Sinnbild hergenommen sei, ist zweifelhaft. Wenn man z. B. behaupten wollte, die bildende Kunst habe den nimbus jener Erzählung entnommen, wonach einst über dem Haupte des späteren Königs Servius Tullius eine Flamme oder eine andere leuchtende Gestalt wahrgenommen worden sei, so kann dies die oder eine Veranlassung, wenigstens für einen solchen Schmuck menschlicher Persönlichkeiten, gewesen sein; allein es kann auch umgekehrt jener Mythus erst aus der bildenden Kunst entsprungen sein. Für göttliche Persönlichkeiten ergab sich die Darstellung aus deren Idee, und von ihnen konnte dann das Zeichen leicht auch auf menschliche übertragen werden. — Virgilius schildert an der einen Stelle[5]) die Minerva als „nimbo effulgens," und sein alter Commentator Servius erklärt den nimbus als das „fulvidum lumen, quod deorum capita tingit." Zu einer andern Stelle[6]) desselbigen Dichters („Et lunam in nimbo nox intempesta tenebat") macht Servius die Bemerkung: „Proprie nimbus est, qui deorum vel imperatorum capita quasi clara nebula nubere fingitur." Zu der „nubes divina" bei Virgil[7]) sagt derselbe: „Est enim fluidum lumen, quo deorum capita cinguntur; sic enim pingi solent." In der Lobrede des Mamertinus auf den Kaiser Maximianus lesen wir die Worte: „et fulgor et illa lux divinum verticem claro orbe complectens." Die Römer pflegten also nicht blos Götter, Göttinnen, Halbgötter, Halbgöttinnen und dergl., sondern auch Menschen, besonders Imperatoren, auf Münzen, Wandreliefs, Gemälden u. s. w. mit dem Nimbus abzubilden. In der mailändischen Ausgabe der Iliade[8]) von Mai ist in einem Gemälde zu I, 590—625 der ganze Götterrath mit dem Nimbus gekrönt, ebenso auf einem anderen Gemälde daselbst zu I, 608 der Götterschmaus; und so findet sich diese Darstellung auf allen Götterbildern dieser Handschrift. Zwar stammen, wie Münter[9]) bemerkt, diese Gemälde aus der Zeit nach Christus, aber die Schönheit der Zeichnungen weise darauf hin, daß sie Copien altheidnischer Gemälde seien. Didron erwähnt eines Bildes von Merkur aus unbestimmtem Zeitalter, wo derselbe von einem breiten Nimbus, einer Art Aureola, umgeben sei. Indessen kann es auch das Werk einer christlichen Hand sein. In den Bädern des Titus fand man, nach Münter[10]), ein Gemälde, auf welchem Apollo mit dem Nimbus um das Haupt abgebildet war; auf einer Patera die Medea mit demselben Schmucke; im vaticanischen Virgil, dessen Handschrift man in das 6. Jahrh. nach Christus setzt, die Cassandra und den Priamus in derselben Weise geschmückt. Eine unter Antoninus Pius geprägte Kupfermünze stellt diesen Kaiser, wenn die Abbildung[11]) treu ist, mit einer einfachen kreisrunden, d. h. mit einer durch eine kreisrunde Randlinie gebildeten Glorie um den Kopf (nicht über dem Kopfe) dar. Indessen haben die römischen Kaisernimben nicht immer diese Gestalt, sondern oft auch, vielleicht noch öfter, die Figur eines (scheinbaren) Ovals, welches mehr oder weniger horizontal über dem Kopfe in dessen unmittelbarer Nähe schwebt. Auch andere als menschliche Gestalten sind mit dem Nimbus geschmückt. So bildet eine Kupfermünze aus der Zeit des Kaisers Antoninus Pius, welche zu Ehren seiner Gemahlin Faustina geschlagen ist, diese letztere ab, wie sie dasteht und eine Weltkugel in der Hand hält, auf welcher ein Phönix steht, dessen Kopf mit einer, unzweifelhaft den Nimbus darstellenden, Kreislinie umgeben ist[12]). Denselben Ring, aber mit acht Spitzen (Strahlenbüschelart) nach Außen versehen, trägt eben diese symbolische Thiergestalt auf einer anderen Münze aus der Zeit des genannten Kaisers[13]). Jener erstere Phönix wird auch als ein Pfau gedeutet, und Pfauen, sowie andere ähnliche Figuren mögen ebenfalls mit dem betreffenden Schmucke dargestellt worden sein.

4) Ursprüngliche Entstehung und Bedeutung der Glorie in der christlichen Kunst.

Ueber die erste Entstehung bildlicher Darstellungen durch Statuen, Gemmen, Münzen, Gefäße, Bilder u. s. f. bei den Christen steht noch nichts Gewisses fest. Man kennt die zum Theil auf das alttestamentliche Verbot[14]) [Du sollst dir kein Bildniß noch irgend ein Gleichniß machen, weder deß, das oben im Himmel, noch deß, das unten auf Erden ist] gestützte scharfe Abneigung und Polemik der alten Christen, z. B. Tertullian's, gegen jede bildliche Darstellung heiliger Personen, Handlungen u. s. f. Nichtsdestoweniger sind dieselben ziemlich alt und reichen sicher in das 3., wahrscheinlich bis in das 2. Jahrh. zurück. Denn schon Tertullian polemisirt z. B. gegen den auf Kelchen abgebildeten guten Hirten, und die Gnostiker besaßen höchst wahrscheinlich Gemmen, auf welche ihre mystischen Bilder eingeschnitten waren. Der bekannte Kirchenhistoriker Eusebius spricht mit Bestimmtheit von Bildern bei den Christen, sodaß man voraussetzen darf, dieselben seien, abgesehen z. B. von der Statue oder Büste Christi, welche Alexander Severus gehabt haben soll, älter als sein Zeitalter. Seit der Mitte des 4. Jahrh. waren sie sicherlich schon ziemlich allgemein, wenn auch wol noch mit bestimmter Ausschließung der

5) Aen. II, 615. 6) Aen. III, 587. 7) Aen. II, 618. 8) Iliadis fragmenta antiquissima cum picturis, item scholia vetera ad Odysseam, ed. *Angel. Majus.* (Mailand 1819.) 9) Sinnbilder II. S. 21.

10) Sinnbilder II. S. 21. 11) Thesaurus numismatum antiq. cum commentar. von Jac. Oisel. (Amsterdam 1677.) Taf. 67. Nr. 1. 12) Ebenda Taf. 67. Nr. 3. 13) Münter, Sinnbilder Taf. III. Fig. 68. 14) 2 Mose.

Bildern von Gott dem Vater; namentlich weiß man, daß der (431 verstorbene) Bischof Paulinus von Nola in Italien ihre Vervielfältigung gefördert hat, um dem Volke das im Bilde zu zeigen, was es noch nicht lesend percipiren konnte. Aber wir wissen nicht, ob und welche Glorie auf diesen ersten Kunstwerken zu sehen gewesen sei. Abgesehen von den einzelnen Personen u. s. w., zu deren Verherrlichung die Kunst diente, hat man gefragt, ob der Nimbus resp. die Glorie, welche später so allgemein wurden, aus dem Heidenthume in das Christenthum herübergenommen worden oder nicht, resp. ob sie ein selbständiges Kunstproduct der ureigenen christlichen Ideen oder Anschauungen sei oder nicht. Die Abneigung gegen alles heidnische Wesen, auch in der Kunst, im Besondern der Haß gegen heidnische Götter- und Kaiserstatuen oder Bilder, zu deren Verehrung man sie mit Gewalt zu bringen mehrfach versucht hatte, waren bei den Christen der ersten Jahrhunderte, also in der Zeit, wo die christlichen Bilder entstanden sind, so groß und allgemein, daß man, selbst noch zu Constantin's Zeiten, ein Attribut wie den Nimbus sicherlich nicht darum in das Christenthum herübernahm, weil es heidnisch war; man würde es wol nicht benutzt haben, wenn für die gemeinsame Idee sich eine andere Form dargeboten hätte. Die Idee der Verklärung, der Verherrlichung, der Apotheose oder Divinisation war und ist an sich auf beiden Seiten dieselbe; es konnte sich nur um einen anderen bildlichen Ausdruck handeln; aber es bot sich im Wesentlichen kein anderer als der Nimbus dar. In dieser Hinsicht müssen wir Münter [15]), Augusti [16]) u. A. in der Behauptung beistimmen, daß die Glorie in der bildenden Kunst der Christen aus der heidnischen Kunst entlehnt sei. Es mochte dem Heidenthume gegenüber auch das Motiv hinzukommen, daß man seine Heiligen nicht weniger auszeichnen wollte, als es die heidnischen waren; man nahm das, was diesen nicht gebührte, und gab es denen, welchen es gebührte. Wenn nun auch die allgemeine Idee, aus welcher die christliche Glorie hervorgegangen ist, unzweifelhaft fest steht, so darf man doch weiter nach bestimmten, Anstoß oder Vorbild gebenden concreten Thatsachen fragen. Wenn Münter [17]), welcher im Uebrigen auch auf die von uns behauptete thatsächliche individuelle Grundveranlassung zurückkommt, um die Entstehung in der Bildnerei zu erklären, den thierischen Magnetismus zu Hülfe nimmt und sich auf eine Stelle bei Tertullian [18]) beruft, wo erzählt wird, daß eine — von Münter für eine Somnambule gehaltene — Christin in ihren Visionen eine Seele als eine Lichtgestalt beschreibt, was man wol für eine Göttererscheinung möge gehalten haben, so ist das einer von jenen Erklärungsversuchen, welche mit sich selbst wenig Ernst machen. Das Nächste, Natürlichste und Einfachste ist, auf die Bibel zu recurriren. Hier erscheint Jehova an mehren Stellen mit einem Lichtscheine (כָּבוֹד) umgeben, z. B. bei den nächtlichen Zügen der Israeliten in der Wüste. Und wenn man einwendet, daß Gott der Vater erst spät in die christliche Kunst eingeführt worden sei, so brauchen wir z. B. nur auf den feurigen Wagen des Propheten Elias zu verweisen. Noch näher liegt die Erzählung bei Matth. 17, 2 und Mark. 9, 3, wo berichtet wird, daß Christi Kleider weiß wie Licht geworden seien, und daß sein Antlitz wie die Sonne geleuchtet habe, wobei also schon eine Fixirung des Lichtglanzes an einem localen Körpertheile hervortritt. Dazu nehme man z. B. die Stelle Phil. 3, 21, wo Paulus die Hoffnung ausspricht, daß den nichtigen Leibern der Christen einst werde eine Verklärung zu Theil werden. Eine providentielle Kopfglorie, ein Fingerzeig für die Kunst, ist namentlich Apostelgesch. 2, 3 gegeben, wo es heißt: „καὶ ὤφθησαν αὐτοῖς (den zu Pfingsten versammelten Jüngern Jesu) διαμεριζόμεναι γλῶσσαι ὡσεὶ πυρός (wie feurige Zungen), ἐκάθισέ τε ἐφ' ἕνα ἕκαστον αὐτῶν (er — der Geist — setzte sich in dieser Gestalt der Feuerzungen auf jeden einzelnen von ihnen). Die Bedeutung des Nimbus oder der Glorie kann auch Anfangs keine andere als die der Auszeichnung, der Verklärung gewesen sein, womit man noch Nebenbedeutungen verbinden kann. So sagt die Aebtissin Herradis [19]): „Lumina, quae circa caput sanctorum in modum circuli pinguntur, designant, quod lumine aeterni splendoris coronati fruuntur. Idcirco vero secundum formam rotundi scuti pinguntur, quia divina protectione ut scuto muniuntur.“

b) Christus.

Unter allen christlichen Bildern dürfte das Christusbild dasjenige sein, welches am frühesten und vorzugsweise mit der Glorie oder dem Nimbus erscheint. Namentlich ist der Erlöser wol zuerst als der gute Hirte abgebildet worden. Aber die ältesten Christusbilder, deren eins wahrscheinlich bereits Alexander Severus unter seinen Hausgöttern hatte, die aber nach Anderen schwerlich über die Mitte des 3. Jahrh. hinausgehen, sind verloren gegangen, sodaß sich über den Heiligenschmuck derselben Nichts berichten läßt.

Indessen haben nicht alle alten Christusbilder, welche bis auf unsere Zeiten gekommen sind oder von welchen man hinreichende Kenntniß hat, die Glorie; eine gute Zahl derselben ist ohne dieselbe und ohne Alles, was etwa ihre Stelle vertreten könnte. Wir führen einige beispielsweise an. Hierher gehört die Abbildung des guten Hirten auf einem altchristlichen Grabsteine in Rom aus dem 4. oder 5. Jahrh. [20]); er trägt zwar ein Schaf auf seinen Schultern, aber keine Spur von einem Nimbus; ferner ein Christuskind aus dem Coemeterio der heiligen Agnes in Rom in Relief, etwa aus derselben Zeit [21]); desgleichen eine andere Gruppe, ebenfalls in Relief, ebendaher [22]); ferner das Bild eines erwachsenen

15) Sinnbilder II. S. 20. 16) Denkwürdigkeiten aus der christlichen Archäologie. 12. Bd. S. 184. 17) Sinnbilder II. S. 22. 18) De anima c. 9.

19) In der aus dem 12. Jahrh. herrührenden, in der Bibliothek zu Straßburg aufbewahrten Handschrift ihres „Hortus deliciarum.“ 20) Piper, Evangel. Kal. pro 1856. 21) Münter, Sinnbilder Taf. 5. Fig. 16. 22) Ebenda Taf. 6. Fig. 15.

Christus aus dem Coemeterio des heiligen Callistus an der Via Appia, etwa aus dem 5. oder 6. Jahrh.[23]). Ebenfalls der ältesten Zeit gehören die Abbildungen auf den Bottarischen Tafeln an, und hier findet sich z. B. Taf. 86 ein Christuskind en relief ohne Glorie; desgleichen der zwölfjährige Christus auf Taf. 54. Auch anderen Christusbildern mangelt auf diesen Tafeln der Heiligenschein, und man kann daraus auf ein hohes Alter derselben schließen. Fast alle Reliefs, welche Münter[24]) auf Taf. 11 und 12, meist Abbildungen nach Bottari, bringt, zeigen die Gestalt oder das Haupt Christi ohne Glorie, ebenso ein altchristliches Glas bei demselben Taf. 1. Fig. 13 und ein anderes altes Gemälde Fig. 14. Die in Felsen gemeißelten Bilder aus der heiligen Geschichte am Egsterstein bei dem Städtchen Horn in Westfalen aus dem Anfange des 12. Jahrh. stellen den todten Christus in der Kreuzabnahme ohne Heiligenschein dar, ebenso die berühmten bronzenen Thüren an der Kathedrale zu Nowgorod aus dem Jahre 1160 auf dem Felde, wo seine Gefangennehmung abgebildet ist. Ein Relief am Dome zu Paderborn aus dem 13. Jahrh. läßt Christus, welcher getauft wird, ohne Glorie erscheinen; ebenso ein aus dem Ende des 13. oder dem Anfange des 14. Jahrh. herrührendes Siegel des Wildgrafen und teutschen Ordensmeisters Friedrich; indessen muß bemerkt werden, daß es ein ecce homo, ein Christuskopf mit der Dornenkrone ist, und daß auf jeder Seite des Halses sich ein Stern befindet[25]). Auch der in Stein gehauene Christus am Friedhofe zu Wittenberg aus dem Jahre 1310 trägt keine Glorie oder dergleichen, und die folgenden Jahrhunderte, namentlich das 16. in seinen Holzschnittwerken, lassen ihn deren nicht selten entbehren. Selbst die neuere und neueste Zeit weist ihn in solchen Exemplaren auf, z. B. J. Schnorr's „Bibel in Bildern" einige Male. Doch ist der nimbusentblößte Erlöser immerhin der seltenere Fall. Indem die christliche Kunst für die bildliche Darstellung desselben zwei ziemlich durchgreifende Typen anwandte, auf der einen Seite Christus in seiner Erniedrigung, seiner Knechtsgestalt oder seinem Leiden, auf der anderen in seiner Erhöhung oder Verherrlichung, bildete sie ihn im zweiten Falle meist mit der Glorie, im ersteren sehr oft ohne Glorie oder Nimbus ab; indessen trifft man auch auf viele mit diesem Charakteristicum versehene Bilder selbst des todten Christus[26]).

Die meisten Christusbilder sind mit der Glorie oder dem Nimbus versehen, theils so, daß nur das Haupt, theils so, daß die ganze Gestalt von dem Heiligenscheine umgeben ist, wovon die erstere Weise vorwiegend den ersten Jahrhunderten angehört, die letztere den späteren. Die Aureola ist im Ganzen der seltenere Fall, der Nimbus der häufigere. Man kann indessen nicht mit Sicherheit sagen, in welcher Zeit die Glorie zum ersten Male auftrete. Möglich, daß ein oder einige mit einem Nimbus versehene Christusbilder auf Abraxasgemmen, welche bekanntlich den Gnostikern zugeschrieben werden, aus der Zeit vor Constantin herrühren. Münter[27]) läßt es unentschieden, ob man die Christusglorie bereits im Zeitalter des Constantin finde. Tanini[28]) gibt einen ziemlich roh gearbeiteten Christuskopf, welcher eine Glorie mit dem hineingezeichneten Kreuze (Kreuzglorie) trägt, auf einer Kupfermünze, mit dem Anspruche, daß sie wahrscheinlich Constantinisch sei. Münter[29]) erwähnt, daß die älteste Hauptglorie Christi sich auf zwei Mosaiken in der Kirche der heiligen Constantia zu Rom befunden haben „soll," und zwar als Producte der Zeit des Constantin. Ebenso trägt ein Christusbild aus der lateranensischen Basilica zu Rom[30]), welches von Einigen in das 4. Jahrh. zurückverlegt wird, den einfachen circulairen Nimbus. Einen Kreuznimbus zeigt ein in der Kirche der heiligen Agatha zu Ravenna befindliches Mosaik, welches nach Münter[31]) etwa aus dem Jahre 400 p. Chr. herrührt. Indessen bezweifelt Augusti[32]) die Behauptungen Buonaroti's und Münter's, daß diese römischen und ravennatischen Mosaiken in die Zeit des ersten christlichen Kaisers hinaufreichen, und ist geneigt zu glauben, daß der Nimbus auf den Christusbildern erst mit den Nestorianischen und Eutychianischen Lehrstreitigkeiten entstanden sei, welche bekanntlich die Würde Christi dogmatisch um viele Stufen höher setzten. Während sich Christus auf dem Bogen der heiligen Sabina in Rom, wie Münter[33]) angibt, ungefähr aus dem Jahre 424, mit dem Kreuznimbus (um das Haupt, welche Oertlichkeit hier stets gemeint ist, wenn der Heiligenschein nicht ausdrücklich als eine Aureola, als eine den ganzen Körper umgebende Glorie, bezeichnet wird) findet, sehen wir ihn mit einem einfachen Nimbus z. B. bei Piper[34]) nach einer Zeichnung von Cornelius, worin derselbe aus einer Beschreibung ein durch den Bischof Paulinus von Nola geschaffenes Gemälde reconstruirt hat. Ein anderes Christusbild, dem 5. oder 6. Jahrh. angehörig, welches Aringhi[35]) aus den römischen Katakomben hat abzeichnen lassen, trägt einen Nimbus von Perlen, und dieser ein ebenfalls mit Perlen (kleinen runden Ringen) hineingezeichnetes Kreuz, also den Kreuznimbus, d. h. eine hinter dem Haupte befindliche kreisrunde Scheibe, in welcher nach Oben das Obertheil und nach den beiden Seiten je ein Arm des Kreuzes sichtbar ist, sodaß ein Streifen nach Oben, ein zweiter nach Rechts, ein dritter nach Links hin innerhalb der Scheibe läuft. Die Abbildung ist aus dem Coemeterio Pontiano. Die erste Aureola, und zwar in Gestalt einer mit Wellenlinien begrenzten, den ganzen Christus umgebenden Glorie, in welche die drei Kreuzflügel hineingezeichnet sind, haben wir, nach Didron, in einer französischen Miniatur des 10. Jahrh. angetroffen, ohne jedoch behaupten zu wollen, daß dieselbe thatsächlich die

23) Aringhi I, 371. 24) Sinnbilder. 25) Münter, Sinnbilder Taf. 5. Fig. 14. 26) Vergl. Augusti, Denkwürdigkeiten aus der christlichen Archäologie. 12. Bd. 1831. S. 184.

27) Sinnbilder II. S. 20. 28) Supplementa ad Banduri Numismata (Rom 1791.) Taf. 6. 29) Sinnbilder II. S. 21. 30) J. B. bei d'Agincourt, Livrais. III. Pl. XVI. 31) Sinnbilder II. S. 21. 32) Denkwürdigkeiten XII. S. 184. 33) Sinnbilder II. S. 21. 34) Evangel. Kal. pro 1853. S. 17. 35) Roma subterranea novissima, ed. Paris. 1659. I, 288.

älteste sei. Ein Kreuznimbus um das Haupt findet sich ferner z. B. auf dem Deckel einer Evangelienhandschrift zu St. Gallen, welche von dem 912 verstorbenen Mönche Tutilo herrührt. Münter (Sinnb. Taf. 5. Fig. 13) hat von einer dem griechischen Kaiser Johannes Zimisces (969—975) zugeschriebenen Kupfermünze einen Christuskopf abbilden lassen, welcher von einem Kreuznimbus umgeben ist, dessen Gestalt das Ansehen eines mit Speichen versehenen Rades hat. In den Kreuzflügeln stehen je zwei Perlen resp. kleine Kreise. Das Bild des Christuskindes auf den bekannten bronzenen Kirchenthürflügeln zu Hildesheim aus dem Jahre 1015 hat einen einfachen, der Kopf des männlichen Christus ebenda einen kreisförmigen Nimbus, aus welchem drei starke Strahlen hervorgehen, der eine nach Oben, der andere nach Rechts, der dritte nach Links, während der gekreuzigte Christus, welcher indessen noch nicht todt ist, auf denselben Kunstproducten des 11. Jahrh. mit der einfacheren, eben beschriebenen Kreuzglorie um das Haupt abgebildet ist [36]). Nach Didron hüllt eine vierblätterige Aureola auf einer Fresko des 12. Jahrh. die ganze Gestalt des apokalyptischen Christus ein. Auf einem Felde der Bronzethüren von Nowgorod (1160) trägt Christus an dem Haupte die Kreuzglorie [37]), desgleichen der todte Christus am Kreuze auf einem Fenstergemälde der Kathedrale zu Tours aus dem 13. Jahrh. [38]). Der bei Otte [39]) S. 313 abgebildete, einem Gemälde des 13. Jahrh. entnommene, von einem Kreuze durchsetzte Hauptnimbus Christi, welcher sich, wie bei allen bisher erwähnten Abbildungen, hinter dem Kopfe befindet, ist nicht, wie in fast allen bisherigen Fällen, kreisrund, sondern nach Oben hin lang gezogen, und die Grenzlinie schließt auf der so gebildeten Scheibe mehre kleine, wol symbolische, Figuren ein. Das ebenfalls aus dem 13. Jahrh. herrührende Gewölbe gegenüber dem Eingange an der alten, in diesem Theile durch den Brand von 1592 zerstörten, Peterskirche zu Rom zeigte in seinem zur Verherrlichung Christi dienenden Bilderkreise unter Anderem [40]) einen Christuskopf, der wieder den speichenradförmigen Kreuznimbus trug. — Waren die bisher angeführten Glorien alle scheibenförmige Gebilde, so tritt in einer Abbildung aus dem Jahre 1467 bei Otte [41]) eine strahlenförmige Glorie auf, welche aber nicht blos den Kopf, sondern auch die Schultern und die Oberarme umgibt. Ueberhaupt beginnt seit dem 15. Jahrh., gegenüber dem einfachen Scheiben- oder Radnimbus, eine große Mannichfaltigkeit dieser Glorie sich zu entfalten. So treten z. B. statt der Kreislinie oft drei Strahlen oder drei Lilien an der Stelle des in die Scheibe eingezeichneten Kreuzes auf. Der Liliennimbus findet sich z. B. an einem Christuskopfe von 1508, aber auch schon, wie Otte bemerkt, in Gebäuden mit romanischem Rundbogenstyle, z. B. im Dome zu Merseburg bei den drei Personen der Gottheit. Ohne alle Glorie dürfte seit dem spätern Mittelalter bis zur Reformation selten ein Christuskopf sein; selbst das Christuskind trägt diesen Schmuck schon im Mutterleibe auf einigen spätmittelalterlichen Bildern, welche obendrein die widerliche Geschmacklosigkeit begehen, der Mutter ein Loch in den Leib zu schneiden, damit das Kind gesehen werden könne [42]). Wenn Münter [43]) behauptet, daß nur Christus mit dem Kreuznimbus vorkomme, so ist dies unrichtig, da man auch Gottvater mit demselben antrifft. Bosdetti hat [44]), aber ohne die Zeit anzugeben, einen Christuskopf abbilden lassen, in dessen oberem Kreuzflügel das Monogramm ☧ steht. Die neueren Christusköpfe, auch die ganzen Christusgestalten, etwa seit dem 15. und 16. Jahrh., zeigen selten noch den Scheibennimbus, und haben statt dessen meist die Strahlenglorie, d. h. einen Kranz von Strahlen, welche radial gestellt, oft kaum durch Striche angedeutet sind und zwischen sich und dem Kopfe resp. dem ganzen Körper meist noch einen Zwischenraum lassen, auch oft eine solche Stellung haben, daß, wenn man ihre äußersten Enden durch eine Linie verbindet, ein sternförmiger Umkreis entsteht. Indessen ist auch der Scheiben- oder Ringnimbus nicht selten, z. B. an dem Haupte des Christuskindes auf Rafael'schen Madonnen. Die protestantischen Maler wenden den Strahlennimbus, welcher oft nur ein Lichtschein ist, in den meisten Fällen an; nur hier und da, namentlich wo sie ältere Gemälde zu Vorbildern nehmen, tritt der Scheibennimbus auf, z. B. auf einigen Blättern in Schnorr's Bilderbibel. — Wie durch Sterne, so ist zuweilen auch durch andere Embleme die Glorie vertreten, z. B. durch ein messiisches Zeichen an dem Haupte des todten Christus auf einer gnostischen Gemme, welche Münter [45]) hat abbilden lassen. — Von den Christusbildern kann man die Bilder des guten Hirten unterscheiden, sofern sie nicht die göttliche Person des Erlösers, sondern eine Allegorie seiner suchenden Liebe darstellen sollen. Diese letzteren findet man in den meisten Fällen ohne alle Glorie, z. B. auf altrömischen christlichen Sarkophagen. Nur selten trägt der gute Hirt auf älteren Gemälden einen Nimbus, z. B. auf einem Mosaik in der Kirche des heiligen Nazarius und des heiligen Celsus zu Ravenna aus der Mitte des 5. Jahrh. [46]). Es ist die einfache Glorie, welche außer der Randlinie noch eine andere, innere concentrische Linie zeigt.

b) Gott der Vater.

Bilder von Gott dem Vater finden sich, sei es in Reliefs, Statuen, Gemmen, Siegeln, Gemälden u. s. w., bekanntlich weit später als Christusbilder, und sind Anfangs, wo man in der Kunst noch nicht ängstlich dogmatisirte, nicht selten ohne alle Glorie. Wenn Didron behauptet, daß hier des Künstlers Hand die Glorie meist in Gestalt eines Dreiecks dargestellt habe, so können wir dem nicht beistimmen; denn die Kreuzglorie dürfte in den ersten, und die Strahlenglorie in den späteren Jahrhunderten das vorwiegende Symbol sein. Die Kreuz-

36) Otte, Handbuch. 3. Aufl. S. 307. 37) Ebenda S. 259. 38) Piper, Evangel. Kal. pro 1857 zu S. 60. 39) Handbuch. 3. Aufl. 40) Piper, Evangel. Kal. pro 1851. S. 50 fg. 41) Handbuch. 3. Aufl. S. 314

42) Handbuch. 3 Aufl. S. 300. 43) Sinnbilder II. S 21 44) Osservazioni p. 60. 45) Sinnbilder Taf 5 Fig 3 46) Münter, Sinnbilder Taf. 2. Fig. 29.

glorie Gottes findet sich z. B. in der Egsterfteiner Kreuzabnahme aus dem Anfange des 12. Jahrh.[47]), jedoch so, daß die Kreuzflügel über die äußere Peripherie des Scheibennimbus hinaus verlängert sind. Diese Gestalt hat der Gottesnimbus, welcher hier nur das Haupt umgibt, schon auf den Kirchthürflügeln von Hildesheim aus dem 11. Jahrh., jedoch so, daß die drei Flügel mehr als Strahlenbüschel erscheinen. Dagegen zeigen die aus dem Jahre 1100 stammenden Bronzethüren der Kathedrale von Nowgorod die erste Person der Dreieinigkeit in dem Acte, wo sie Eva schafft, ohne jeden Heiligenschein. Ohne jede Glorie sind Gottvater und alle anderen heiligen Personen auf den höchst kunstvoll gearbeiteten metallenen Thürflügeln der Taufkirche zu Florenz, von denen zwei im J. 1330 durch Ugolini nach einer Zeichnung von Giotto, die zwei anderen durch Lorenzo Ghiberti (lebte von 1378—1455) hergestellt sind[48]), während z. B. Gottvater nach Didron auf einer griechischen Fresko des Berges Athos aus dem 17. Jahrh. einen dreieckigen strahlenden Nimbus trägt. In der protestantischen Kunst, sofern sie nicht beabsichtigte Nachbildung alter Gemälde u. s. w. ist, tritt wol am häufigsten die Strahlenglorie auf, sehr oft als Aureola; so namentlich in Schnorr's Bilderbibel, wo die Gestalt Gottes meist von einem Lichtscheine umgeben ist, dessen Rahmen ein Wolkenkranz bildet. Albrecht Dürer gibt Gott dem Vater auch eine Krone. In den ersten Jahrhunderten, welche noch nicht wagten, Gott als eine menschliche Gestalt darzustellen, aber auch nicht selten noch später, ist seine Anwesenheit oft nur durch eine aus dem Himmel sich herniederstreckende Hand angedeutet, und diese ist dann auch oft mit einer Glorie umgeben. Den Nimbus Gottes und Christi in der alten Kirche charakterisirt Augusti[49]) dahin, daß er in der Regel drei Spitzen gehabt habe, welche entweder radii (Strahlen, Flämmchen, wie die capita radiata bei den Römern), oder die drei Spitzen des Kreuzes dargestellt hätten. Uebrigens findet man den Kreuznimbus im Allgemeinen nur bei Gott dem Vater und bei Christus, vielleicht hier und da auch bei dem heiligen Geiste.

7) Der heilige Geist. Die Dreieinigkeit.

Das Sinnbild des heiligen Geistes ist — nach der Erzählung der Evangelisten von der Taufe Christi — meist die Taube, welche auf den älteren Abbildungen in der Regel einen Scheibennimbus um den Kopf trägt, z. B. da wo sie in einer pariser Handschrift aus dem 14. Jahrh. nach 1 Mose 1 auf den Gewässern der Schöpfung schwebt[50]). Auf einem alten Steine von Aquileja bei Schöne[51]) ist ihre ganze Gestalt von einer sternenbesetzten Glorie umgeben. — Daß die drei Personen der Gottheit oft einen Kreuznimbus tragen, ist schon gesagt; hier sei dazu noch erwähnt, daß in die drei Kreuzflügel zuweilen die drei Buchstaben ο, ω und ν (ὁ ὤν) eingeschrieben sind. Der kreuzförmige Nimbus bei den drei Personen der Trinität ist nach Didron z. B. auf einer französischen Miniatur des 13. Jahrh.[52]) zu sehen. Sind die früheren Glorien der Trinitätspersonen (um das Haupt) meist scheibenförmig gezeichnet, so beginnen sie etwa mit dem 15. Jahrh. oft strahlenförmig zu werden, wie dies z. B. auch der Fall ist auf einer Krönung der Maria von Peter Vischer (gest. um 1530), wovon in Wittenberg und in Erfurt Abgüsse vorhanden sind. Nicht selten stellt die Kunst die Dreieinigkeit blos durch ein aus radialen Strahlen bestehendes Dreieck dar, und dieses ist dann zugleich ihre Glorie oder Aureola, sowie man es auch hier und da als Heiligenschein für die Taube verwendet hat.

8) Die Engel.

Da die Engel in der Kunstdarstellung ihr anderweitiges feststehendes Attribut oder Erkennungszeichen in den Flügeln haben, so findet man sie sehr oft ohne Glorie oder Nimbus. Nach Münter haben die Engel auf dem alten, aus dem Jahre 400 herrührenden, Mosaik in der Kirche der heiligen Agatha zu Ravenna ebenso wie die Engel auf dem Mosaik in der Kirche der heiligen Constantia zu Rom, welche aus dem Jahrhunderte des Constantin herstammen „sollen," keinen Heiligenschein[53]); aber, wie erwähnt, Augusti bezweifelt das hohe Alter dieser Mosaiken. Ebenso wenig trägt der Engel auf der elfenbeinernen Tafel, welche Münter II. S. 72 abbilden läßt, und welche er in das 5. oder 6. Jahrh. zu setzen geneigt ist, dieses Attribut, mit welchem übrigens der ebenda abgebildete Christus (am Kopfe) versehen ist, wol aber ein schmales Diadem (Band) auf der Stirn. Wenn nun Münter II. S. 131 ebenfalls eine elfenbeinerne Tafel mit demselben Stirnbande und ohne Nimbus aus Bottari II. S. 15 reproducirt, und hier diese elfenbeinerne Tafel in das 6. oder 7. Jahrh. setzt, so ist wol ohne Zweifel dasselbe Kunstproduct gemeint. Buonaroti hält dafür, daß man zuerst im 5., allgemein aber seit dem Ende des 6. Jahrh. den Engeln die Glorie gegeben habe, und beruft sich dafür auf einen Ausspruch des Isidorus von Sevilla (gest. 636): „Lumen, quod circa angelorum capita fingitur, nimbus vocatur." Nach Thorlacius[54]) läßt sie seit dem 5. Jahrh. mit diesem Schmucke auftreten, welcher nach Münter[55]) erst nach dem 7. Jahrh. allgemein geworden ist. Die Engel auf den mehrerwähnten hildesheimer Thürflügeln aus dem 11. Jahrh. haben auf dem Haupte den Nimbus in Gestalt eines zweiringigen μηνίσκος (= lunula), worunter der halbmondförmig erscheinende Theil der Nimbusscheibe zu verstehen ist, sodaß die Scheibe vollständig wäre, wenn man den Kopf hinwegdächte, wie die Beschreibung bei Augusti[56]) zu verstehen ist. Dieselbe einfache Scheibenglorie hinter dem Haupte trägt z. B. der Erzengel auf einer Verkündigung Mariä von Werinher zu Tegernsee, welcher 1197 starb[57]), desgleichen Michael und Gabriel

47) Bei Otte, Handbuch S. 231; Piper, Evangel. Kal. pro 1856. 48) Augusti, Denkwürdigkeiten. 12. Bd. S. 409. 49) Didron S. 161. 50) Bei Piper, Evangel. Kal. pro 1854 zu S. 89. 51) Geschichtsforschung II. Taf. 3 (S. 238).

52) Auf der kaiserlichen Bibliothek zu Paris. 53) Sinnbilder II. S. 21. 54) Opuscula academica III, 27. 55) Sinnbilder II. S. 23. 56) Denkwürdigkeiten. 12. Bd. S. 395. 57) Otte, Handbuch S. 168.

auf einem im Louvre zu Paris befindlichen, aus dem 12. Jahrh. herrührenden Reliquienkasten Karl's des Großen[58]). Ohne Glorie oder Nimbus zeigt sich der Engel auf dem Bilde Mariä Verkündigung von dem Maler Martin Schongauer um die Mitte des 15. Jahrh.[59]). Auch Albrecht Dürer läßt auf seinem Gemälde über Offenb. 6, 8 fg. die Engel, welche mit ihren Schwertern auf die Feinde einhauen, ohne den Heiligenschein auftreten, welcher freilich zu dieser Situation wenig gepaßt haben würde[60]). Aber selbst bei feierlichen Auftritten, z. B. der so oft bildlich dargestellten Verkündigung an Maria, entbehrt der Engel auf mittelalterlichen Darstellungen sehr oft des Nimbus, um so mehr da, wo die Engel nur als Nebenfiguren verwendet sind. Die nachmittelalterlichen, namentlich die protestantischen Künstler, wenden den Heiligenschein ebenfalls nicht durchgängig an; so fehlt er z. B. den meisten Engeln in der Bilderbibel von Schnorr, der indessen einige dieser himmlischen Wesen auch mit der Aureola umgibt.

9) Die Jungfrau Maria.

Da Maria sehr bald mit der allgemeinsten Vorliebe verehrt wurde und diese Verehrung sich mehr und mehr steigerte, so findet man an ihrem Bilde den Nimbus selten unterlassen, wenigstens in den spätern Jahrhunderten. Man nimmt an, daß Marienbilder später als Christusbilder gemacht worden, und daß sie vor den Nestorianischen Streitigkeiten, wo Maria zur Θεοτόκος erhoben wurde, im Allgemeinen nicht üblich gewesen seien; in den altrömischen Katakomben werden sie selten gefunden. Thorlacius[61]) glaubt, daß man seit dem 6. Jahrh. angefangen habe, die Maria mit dem Nimbus darzustellen, welcher übrigens lange Zeit hindurch der ursprüngliche scheibenförmige blieb; nach Münter[62]) erhielten die Marienbilder — zugleich mit denen der Apostel und anderen Heiligen — den Heiligenschein in allgemeiner Anwendung erst nach dem 7. Jahrh. Die Maria (mit dem Christuskinde) von einem Relief aus dem Coemeterio der heiligen Agnes in Rom bei Münter[63]) trägt keinen Nimbus, ebenso ein anderes Relief ungefähr aus derselben Zeit[64]). Auch ein Relief bei Bottari[65]) zeigt die Christusmutter ohne dieses Attribut. Dagegen erwähnt Münter[66]), daß alle byzantinischen Münzen vom 10. Jahrh. an die Marienbilder mit dem Nimbus darstellen. Die bronzenen Thüren von Hildesheim aus dem Jahre 1015 geben der Maria dieselbe scheibenförmige Glorie um das Haupt, und zwar in der Gliederung durch eine zweite concentrische Linie[67]); dagegen entbehrt sie des Heiligenscheines auf den Bronzethüren von Nowgorod vom Jahre 1160. In der Verkündigung von Werinher zu Tegernsee (gest. 1197) wiederum trägt sie den einfachen Scheibennimbus[68]). Die Glorie der Maria — wie des sie krönenden Königs — auf einem Altarbilde in der St. Lorenzkirche zu Nürnberg, etwa aus dem 14. Jahrh., ist kreisrund mit vielen concentrischen Kreislinien hinter dem Haupte[69]). — Als im 15. Jahrh. durch die bekannten ausgezeichneten Meister die Malerei jenen denkwürdigen Aufschwung nahm, ging sie vielfach von den überlieferten Stereotypen, namentlich auch von dem verticalen Scheibennimbus ab und brachte ihn auf andere Gestalten, namentlich auf die des über dem Haupte mehr oder weniger horizontal schwebenden Ovals und des Strahlenkranzes, sowol für Maria als auch für andere heilige Personen. Eine von den Gebrüdern van Eyck gemalte, jetzt in Gent befindliche Madonna zeigt eine durch radiale Strahlen dargestellte Glorie, innerhalb deren kleine Sonnen oder Sterne angebracht sind[70]). Eine Verkündigung von Martin Schongauer, ebenfalls aus dem 15. Jahrh., zeigt die Jungfrau mit einem verticalen Nimbus hinter dem Haupte, dessen radiale Strahlen sich an der Peripherie umbiegen und so zusammenschließen, worauf als äußerste Peripherie noch eine Randlinie folgt, was man auch den Muschelnimbus genannt hat[71]). Die Madonnen des Rafael Sanzio zeigen in der Regel ein über dem Haupte in schräger Stellung schwebendes durchsichtiges Oval oder einen dergleichen Ring. Auf der Krönung Mariä, einem Metallgusse von Peter Vischer (gest. um 1530), wovon man noch zu Wittenberg und zu Erfurt Exemplare besitzt, sind alle Hauptglorien, auch diejenige der Maria, nicht kreisrund und senkrecht oder oval und schräg, sondern durch radiale Striche dargestellt, welche vom Mittelpunkte des Gesichtes ihre Richtung nehmen, aber nur am äußersten Rande erscheinen und zwischen sich und dem Haupte einen leeren Raum lassen, also ein Strahlennimbus, mit sternförmiger Peripherie. Ohne alle Glorie findet sich eine sterbende Maria von Martin Schaffner aus dem 16. Jahrh., jetzt in der münchener Pinakothek[72]). Es ist hiernach und nach dem Folgenden die Behauptung Augusti's[73]) zu beurtheilen, daß der Nimbus der Maria gewöhnlich die Gestalt des Diadems oder der Strahlenkrone aufweise. Während sich auf manchen Gemälden ein Stern über dem Haupte der Jungfrau findet, erblickt man noch häufiger an derselben Stelle einen sich über demselben wölbenden Sternenkranz. Dieser letztere erscheint namentlich an den Marienbildsäulen, wo vergoldete oder andere Kugeln, Sterne u. s. w. an einem Drahte aufgereihet sind, z. B. an der 1858 eingeweihten Mariensäule zu Cöln a. R. Die meisten Gemälde seit der Reformation geben der Jungfrau den ovalen Scheiben- oder Ringnimbus, z. B. in der Schnorr'schen Bilderbibel, wo sie indessen auch ohne alle Glorie dargestellt ist.

10) Die Apostel.

Während Thorlacius[74]) meint, daß man die Apostel seit dem 6. Jahrh. mit einem Nimbus zu versehen an-

58) Piper, Evangel. Kal. pro 1854. 59) Abgebildet bei Otte, Handbuch S. 216. 60) Ebenda S. 222. 61) Opuscula academica III. p. 27. 62) Sinnbilder II. S. 29. 63) Ebenda Taf. 5. Fig. 16. 64) Ebenda Taf. 6. Fig. 15. 65) Taf. 86. 66) Sinnbilder II. S. 27. 67) Otte, Handbuch S. 200. 68) Ebenda S. 188.

69) Otte, Handbuch S. 199. 70) Ebenda zu S. 213. 71) Ebenda zu S. 216. 72) Ebenda zu S. 219. 73) Denkwürdigkeiten 12. Bd. S. 261. 74) Opusc. acad. III. p. 27.

gefangen habe, und Münter [75]) ihnen denselben als ein allgemeines Attribut erst nach dem 7. Jahrh. ertheilt werden läßt, bringt letzterer [76]) ein altes, nach seinen Andeutungen etwa aus der Zeit vom 3. bis zum 6. Jahrh. herrührendes Paulusbild der Katakomben von Neapel, an welchem kein Nimbus bemerkbar ist, und von demselben [77]) wird erwähnt, daß alle Apostel auf dem in das Jahr 424 verlegten Bogen der heiligen Sabina zu Rom, wo Christus ihn trägt, ohne den Nimbus dastehen. Dagegen trägt ein Johannes mit dem Adlerkopfe aus der alten Stephanskirche in Bologna [78]) den einfachen verticalen Scheibennimbus, desgleichen derselbe Apostel mit dem Menschenkopfe auf einem Glasfenster in der Abtei des heiligen Remigius zu Rheims aus dem 12. Jahrhundert, jedoch so, daß die Scheibe von zwei Heliotropstengeln übertragt ist [79]), desgleichen Petrus auf einer Münze Tancred's von Antiochien aus der Zeit von 1102—1112, wo bei dem Rande der Heliotrop fehlt, wofür jener durch Perlen gebildet ist [80]). Der Petrus auf dem Siegel der Stadt Antiochia aus derselben Zeit hat ebenfalls den verticalen Scheibennimbus hinter dem Haupte, jedoch so, daß dessen äußerste Peripherie durch eine einfache Kreislinie gebildet ist [81]). Ein Pauluskopf an dem Dome von Magdeburg aus dem 13. Jahrh. trägt den senkrechten Scheibennimbus, statt über und hinter der Mitte des Kopfes, nur hinter dem Kopfe. Auf den Mosaiken der schon erwähnten alten Peterskirche zu Rom zeigen sich die Apostel Petrus und Paulus mit dem gewöhnlichen älteren Scheibennimbus. Dieselben beiden Apostelfürsten sind dagegen auf einer von Münter [82]) abgebildeten, sehr rohen Bleiplatte des Mittelalters ohne jede Spur von Heiligenschein. Seit dem 15. Jahrh. trifft man die Apostel auf den Gemälden meist mit dem ovalen, über dem Haupte schräg schwebenden, also von der [illegible] mathematischen Richtung abweichenden, Nimbus, welcher ihnen z. B. auch von Schnorr in der Regel [illegible] ist. Doch finden sich bis in die neueste Zeit [illegible] Abweichungen, z. B. ein Lucas von Cornelius, welcher mit dem Strahlenscheine um das Haupt geschmückt ist. Ein Paulus von Albrecht Dürer ist ohne alle Glorie.

11) Andere neutestamentliche Personen.

Von ihnen nennen wir einleitend und beispielsweise die heilige Katharina und die heilige Maria Magdalena auf einem dem Meister Stephan von Cöln (gest. 1451) zugeschriebenen Gemälde [83]), wo sie den einfachen kreisrunden Verticalnimbus hinter dem Haupte tragen. Eine der hervorragendsten Figuren auf alten Gemälden ist Johannes der Täufer, welcher z. B. auf einem von Paciaudi [84]) in das 6. Jahrh. versetzten Chalcedon, den indessen Münter für jünger hält, den altüblichen Nimbus aufweist, desgleichen auf dem Abdrucke eines alten Gemäldes der Taufe Christi bei Bosio [85]) und Aringhi [86]), welches der Zeit vom 6. bis 7. Jahrh. zugeschrieben wird, aus dem pontianischen Coemeterium. Ein anderer Täufer bei Paciaudi [87]) aus dem 7. Jahrh. findet sich mit dem verticalen Scheibennimbus dargestellt. Derselbe Gewährsmann hat, wol aus dem früheren Mittelalter, einen Jaspis der vaticanischen Bibliothek abbilden lassen, auf welchem Johannes nur ein Segment des verticalen Scheibennimbus über dem Scheitel trägt. Das seit dem 15. Jahrh. bis jetzt in der Regel übliche Attribut dieser Art ist das mehrerwähnte Oval; indessen lassen namentlich protestantische Künstler die Glorie auch ganz fehlen. — Einen todten und dennoch glorificirten Lazarus bringt Münter [88]) auf einer Glasscherbe aus dem 6. oder 7. Jahrh. — Jesu Pflegevater, Joseph, zeigt sich in den allermeisten Fällen ohne jeden Heiligenschein; man wollte ihn eben zum Theil dadurch als Pflegevater von der wirklichen Mutter unterscheiden; indessen versehen ihn dennoch einzelne Künstler, z. B. Schnorr an einigen Stellen, durch das ihm ertheilte Attribut des ovalen Ringes, unter die heiligen Personen.

12) Alttestamentliche Personen.

Der Begriff christlicher Heiligen, und diesen ist die Glorie als wesentliches Prädicat zugedacht, schließt streng genommen die alttestamentlichen Personen von dieser Glorification aus; allein Moses und die Propheten werden im weiteren Sinne auch unter die Heiligen gerechnet; und zwar wird Moses in der Regel mit einem in der christlichen Kunst nur ihm eigenthümlichen Attribut abgebildet, mit der facies cornuta, nach 2 Mose 34, 29, welche aus zwei Hörnern besteht. Indessen gehen diese Hörner allmälig in zwei von seinem Haupte nach Oben ausstrahlende Lichtbüschel über, sodaß man oft kaum zu unterscheiden vermag, ob man es mit zwei Hörnern oder zwei Strahlenbüscheln zu thun habe, z. B. auf einem Fenstergemälde der Kathedrale zu Tours [89]). Dieses Emblem, welches indessen keine eigentliche Glorie, noch weniger ein Nimbus ist, mit dessen Begriffe man gewissermaßen nothwendig die Gestalt der rundlichen, durch eine Linie begrenzten Glorie verbindet, wird für Moses von den neueren Malern und anderen Künstlern sehr consequent festgehalten, so z. B. von Schnorr, welcher in der Regel den anderen alttestamentlichen Figuren keine Art von Glorie oder Nimbus ertheilt. Wir erwähnen nur noch, und zwar auf dem oben erwähnten Fenstergemälde zu Tours bei Piper, einen Elisa, welcher einen einfachen, senkrechten, circulairen Nimbus trägt.

13) Andere kirchliche Personen.

Wir können es hier nicht unternehmen, das schwierige Problem zu lösen, wer im Sinne der christlichen,

75) Sinnbilder II. S. 28. Die Sternenreihe, welche sich Taf. I. Fig. 15 findet, wo eine Kupfermünze, angeblich aus der Gothenzeit, abgebildet ist, kann man für einen Nimbus der Apostel halten, deren Häupter sie schmücken. 76) Ebenda II. S. 53. 77) Ebenda II. S. 21. 78) Ebenda Taf. I. Fig. 17. 79) Nach Didron. 80) Münter, Sinnbilder Taf. 6. Fig. 24. 81) Ebenda Taf. 6. Fig. 25. 82) Ebenda Taf. 6. Fig. 22. 83) Bei Otte, Handbuch zu S. 200.

84) De cultu Johannis Baptistae. (Rom 1755.) 85) S. 131. 86) I. S. 228. 87) De cultu Joh. Bapt. p. 182. 88) Sinnbilder II. S. 99. 89) Bei Piper, Evangel. Kal. 1857 zu S. 50.

namentlich der griechischen und römisch-katholischen Kirche speciell ein Heiliger oder eine Heilige sei, etwa diejenigen Personen, welche durch die Päpste kanonisirt worden sind; die bildenden Künste haben den Nimbus oder die Glorie nicht ausschließlich dieser Kategorie ertheilt, am wenigsten die protestantischen. Vor dem 8. oder 9. Jahrh. erscheint nur sehr selten eine nicht biblische christliche Gestalt mit diesem Attribut, obgleich später wol jeder irgendwie bedeutende Bischof seinen Glorienmaler gefunden hat, wie dies wol auch mit den Märtyrern geschehen ist. Wenn Augusti (Denkw. XII, 260) behauptet, daß der Nimbus „das allgemeine Attribut aller Heiligen ohne Ausnahme" sei, so ist dies nach Zeit und Malern bedeutend zu beschränken. Eigenthümlicher Weise ist der heilige Gregor IV. auf einem Mosaik in der Markuskirche von Rom aus dem 9. Jahrh. mit einem quadratischen Nimbus abgebildet[90]), und Münter[91]), welcher freilich das Alter nach der Gestalt des Nimbus bestimmt, hat einen taufenden Priester resp. Bischof aus dem 10. Jahrh., welcher mit dem Nimbus versehen ist, desgleichen[92]) einen Stein, wie er vermuthet, aus der Longobardenzeit — welche bis auf Karl den Großen herunter reicht —, wo die taufende Person, also jedenfalls ein Priester oder Bischof, dasselbe Attribut aufweist. Nach einer Mittheilung Didron's ist der heilige Remigius von Rheims auf einem alten Gemälde mit einer Glorie geschmückt, über welche sich zwei Stengel Heliotrop, einer die Sonne oder das Licht versinnbildlichenden Pflanze, erheben. Indessen die meisten Heiligen, mit Ausschluß der in den vorausgehenden Abschnitten behandelten Personen, tragen in der katholischen Kunst seit dem spätern Mittelalter den mehr einfachen Scheibennimbus, und diesen haben die protestantischen Künstler sehr oft beibehalten, namentlich in der neuern katholisirenden Schule. Luther, Melanchthon, Zwingli, Calvin und andere Edlen der protestantischen Kirche werden nie mit dem Heiligenscheine abgebildet.

14) Weltliche Personen.

Wie die römischen Imperatoren, so tragen auch christliche Kaiser aus der ersten christlichen Zeit den Nimbus. Als solchen, und zwar den ersten, den wir kennen, führt Münter[93]) den Kaiser Constantius auf alten Münzen an; es ist wahrscheinlich Constantius II. gemeint, welchen Olfelius[94]) von einer Kupfermünze zu Pferde und mit dem ovalen Nimbus auf dem Haupte hat abbilden lassen. Den einfachen scheibenförmigen Hauptnimbus trägt Kaiser Theodosius der Große auf einem Gemälde in einer zwischen 867 und 886 gefertigten Handschrift der Reden des Gregorius von Nazianz, welche sich auf der kaiserlichen Bibliothek zu Paris befindet. Neben dem Kaiser sitzen, versammelt zu dem Concil von 381, viele Bischöfe, aber kein einziger derselben ist durch irgend ein ähnliches Emblem ausgezeichnet. Das Bild und die Handschrift wurden für den Kaiser Basilius Macedo gefertigt; einem päpstlichen oder bischöflichen Mäcen gegenüber würde vielleicht das umgekehrte Verfahren beobachtet worden sein. Wie Münter[95]) anführt, stellt ein altes christliches Mosaik zu Ravenna den Kaiser Justinian und seine Gemahlin Theodora ebenfalls mit diesem Attribut dar, welches wir indessen bei weltlichen Personen kaum mit dem Namen des Heiligenscheines belegen dürfen. Fränkische Könige aus dem Geschlechte der Merovinger tragen nach der eben genannten Auctorität den Nimbus, mit welchem man später auch Karl den Großen abgebildet findet. Nach Didron besteht — aber doch wol nicht auf allen Gemälden u. s. w. — der Nimbus dieses Kaisers aus drei Zonen, von welchen die erste (die centrale) einfach, die zweite mit kleinen Randstickereien (liserés) und Andreaskreuzchen, die dritte mit dem Namen und dem Titel des Trägers geschmückt ist. Den Kopfschmuck, mit welchem die Gemahlin Pipin's von Heristall, Plectrudis, auf einem wahrscheinlich aus dem 11. (?) Jahrh. herrührenden Grabsteine in der Kirche St. Maria zu Cöln auftritt, ist Otte[96]) geneigt, ebenfalls für einen Nimbus (Muschelnimbus) zu halten; indessen könne auch nur ein weltlicher Kopfputz beabsichtigt sein. An einer andern Stelle[97]) fragt Otte, ob man wol noch im 13. Jahrh. angesehene weltliche Personen mit dem Nimbus antreffe, und macht die Bemerkung, daß in Italien selbst noch lebende Personen, unter welchen man demnach wol nur kirchliche zu verstehen hat, mit dem Heiligenscheine gemalt wurden. Auf jene Frage können wir z. B. aus W. Ranke's „Verirrungen der christlichen Kunst" 3. Aufl. 1866. S. 18 mit der „Geburt der Königin" antworten, wo Rubens sich verleiten ließ, die Maria von Medici in den Armen ihrer Mutter mit einem Heiligenscheine abzubilden.

15) Selbst antichristliche Personen und Wesen.

Wenn es der wesentliche Zweck des Nimbus oder der Glorie in der christlichen Kunst ist, die damit bekleideten Wesen zu verherrlichen oder vielmehr als heilige und einer höheren Verehrung würdige hinzustellen, so ergibt sich von selbst, daß unheilige Wesen oder unbekehrte Feinde des Christenthums nie und nimmer dieser Auszeichnung theilhaft werden dürfen; der Heiligenschein käme durch diese diametral entgegengesetzte Anwendung mit sich selbst in einen Widerspruch, der ihn vernichten müßte. Dennoch findet sich diese Art der Anwendung in der christlichen Kunst, z. B. auf den Kindermörder Herodes in einem alten Gemälde des Vaticans[98]). Es kann dieser Gestalt zwar nicht die Krone, aber es muß ihr die Glorie abgesprochen werden. Nach Didron trägt ferner das siebenköpfige Thier der Offenbarung Johannes, dieses Symbol der Feindschaft gegen das Christenthum, auf einer italienischen Miniatur des 12. Jahrh., welche sich jetzt in der kaiserlichen Bibliothek zu Paris befindet, ebenfalls eine Glorie; ja die Verirrung und der Mis-

90) Nach Didron. 91) Sinnbilder II. S. 107. 92) Ebenda II. S. 109. 93) Ebenda II. S. 91. 94) Im Thesaur. numism. antiq. (Amsterdam 1677.) Taf. 67. Nr. 2

95) Sinnbilder II. S. 91. 96) Handbuch S. 184. 97) Ebenda S. 314. 98) Münter, Sinnbilder II. S. 21.

brauch ist, wie Didron bezeugt, so weit gegangen, daß man den Nimbus selbst dem — Teufel gegeben hat. Indessen muß zur Ehre des Gewissens, des Geschmacks, der Consequenz und der anderen guten Mächte in der christlichen Kunst gesagt werden, daß solche Ungeheuerlichkeiten nur ganz vereinzelt dastehen. Man kann es versuchen, den glorificirten Teufel daraus zu erklären, daß er ja ein Engel, nämlich ein gefallener sei; allein der Teufel ist eben Teufel, kein Engel, sondern der absolute, trotzige, selbstverständliche Gegensatz zu ihm, und man muß seinen Nimbus ohne Weiteres als eine baare Verirrung des künstlerisch-religiösen Bewußtseins erklären.

16) Nicht menschliche Wesen, symbolische Gestalten.

Auf Grund einiger biblischer Aussprüche, namentlich über das Lamm Gottes (Christus) und über die Taube (den heiligen Geist) haben auch in der christlichen Kunstanschauung mehre geheiligte Personen symbolische, nicht menschliche Vertretungen, meist Thiergestalten, empfangen. Hierher gehört außer der schon erwähnten Hand, welche Gott den Vater, und der Taube, welche den heiligen Geist repräsentirt, besonders das Lamm als symbolischer Vertreter Christi. Demselben ist außer dem Kreuze resp. der Kreuzfahne schon in sehr alten Gemälden, Reliefs und sonst der Nimbus beigelegt, und zwar nicht blos der einfache, sondern oft auch der (den Kopf umgebende) Kreuznimbus. Der einfache Nimbus findet sich z. B. an dem Lamme, welches auf dem Mosaik der alten Peterskirche zu Rom aus dem 13. Jahrh. unter der Gestalt des mit dem Kreuznimbus versehenen Christus angebracht ist [99]). Auf einem alten Grabsteine bei Münter [1]) ist der Kopf des Lammes von einem sehr ausgearbeiteten Kreuznimbus umgeben, jedoch ohne daß das Kreuz, wie dies oft bei Christus und Gottvater der Fall ist, über die kreisrunde verticale Scheibe hinausragt. In jeden Kreuzflügel ist wieder ein Kreuz eingezeichnet. Ein dabei stehender Engel trägt den einfachen alten Nimbus. Nur selten trifft man das Lamm ohne dieses Attribut, z. B. an der Krümmung eines Bischofsstabes des heiligen Bonifacius bei Münter [2]). So werden nicht selten auch die symbolischen Thiere der vier Evangelisten mit dem Nimbus abgebildet, z. B. von Cornelius auf seinem Lucasgemälde der darauf befindliche Ochsenkopf, obgleich, wie es scheint, dem ästhetischen Gefühle nicht vollständig entsprechend, und das um so weniger, da hier und anderwärts diese Thiere keine eigentlichen Repräsentanten sind, indem sie sich nur neben der bereits glorificirten Hauptperson befinden. Ferner tritt der Phönix nicht selten mit einem Nimbus, meist nur um den Kopf, auf, z. B. auf einer Münze des Kaisers Constantius aus dem 4. Jahrh. bei Münter [3]), wo die Glorie in radialen Strahlen besteht. Auf anderen Abbildungen ist der Phönix ohne Glorie. Ebenfalls glorificirt finden sich als weibliche Wesen personificirte Städte, z. B. Jericho, Gaza, Gabaon auf altchristlichen Gemälden der vaticanischen Bibliothek [4]). Schließlich sei noch eine Stelle aus einer von dem Bischofe Paulinus von Nola (gest. 431) herrührenden Inschrift erwähnt, worin ein in dessen Kirche befindlicher Bilderkreis beschrieben wird: „crucem corona lucido cingit globo," woraus man schließen kann, daß dort ein Kreuz mit der circularen Glorie umgeben war, wenn nicht etwa ein das Haupt Christi u. s. f. umgebender Kreuznimbus darunter zu verstehen ist.

17) Stellung, Farbe, Form der Glorie nach Person, Zeit, Confession, Material im Allgemeinen.

Während der Nimbus in der vorchristlichen oder heidnischen Kunst, z. B. auf Kaisermünzen, gewöhnlich als ein Oval über dem Haupte der betreffenden Person schwebt, hat er in der christlichen Kunst, etwa bis in das 12. oder 13. Jahrh., als Typus meist die Gestalt einer hinter dem (mit dem Gesicht nach Vorn gewendeten) Haupte senkrecht gestellten kreisrunden Scheibe, also der einfachsten krummlinigen mathematischen Figur, welche, blos als solche genommen, in ihrer steifen Stellung als ein ästhetischer Rückschritt gegen den heidnischen Nimbus erscheint. Indessen soll sie nicht die Bedeutung der über dem Haupte schwebenden Lichtwolke, sondern des himmlischen Glanzes haben, welcher das ganze Haupt oder — seltener — den ganzen Körper umgibt, und in der Darstellung auf Gemälden und Reliefs eben als eine verticale Scheibe erscheinen muß. Während nun die Strahlenglorie des Hauptes und die strahlige Aureola — eine andere gibt es kaum — welche etwa seit dem 10. Jahrh. auftauchen und erst seit dem 15. allgemein werden, jedoch nur für die Personen der Gottheit, selten für einen Engel, auf der Fläche des Gemäldes nicht anders als en face oder unter dem größesten Gesichtswinkel, der sich von allen Seiten bei einem einhüllenden Lichtglanze, welcher ja in der Wirklichkeit nicht die Gestaltung eines Saturnusringes hat, sich darstellen müssen, wandelt sich die Glorie der übrigen Heiligen — diese überhaupt im Sinne der glorificirten Wesen genommen — seit dem Aufschwunge der Malerei und Plastik im 15. Jahrh. aus der früheren, hinter dem Haupte senkrecht stehenden kreisrunden Scheibe in das halb horizontal über dem Haupte schwebende Oval um, welches in den letzten Jahrhunderten zumeist als ein in der Perspective oval gestellter Ring sich zeigt, eine Figur, welche wol höchst selten in anderer Weise sich gliedert oder mit Anhängseln versehen ist, sondern sich ganz einfach darstellt. Dagegen tritt der Scheibennimbus schon in den früheren Jahrhunderten oft aus seiner Einfachheit, d. h. aus der Eigenschaft einer bloßen, mit einer Kreislinie umgebenen Fläche heraus. Diese Gliederung geschieht einmal, wie wir gesehen haben, durch concentrische Linien innerhalb der Scheibe, wodurch Zonen entstehen, deren Zahl aber, wie Didron angibt, nicht blos bis drei steigt,

99) Piper, Evangel. Kalender pro 1851. S. 50 fg.

1) Sinnbilder Taf. I. Fig. 16. 2) Ebenda Taf. I. Fig. 11. 3) Ebenda Taf. III. Fig. 70.

4) Bei *Buonarroti*, Osservazioni p. 62.

sondern zuweilen viel größer ist. Man kann darin die wirkende Idee der Vorstellung von auf einander folgenden, aus einander hervorgehenden, oder auch sich abschattenden Lichtsphären erkennen. Eine andere Gliederung ist diejenige durch radiale Linien im Nimbus. Sind deren drei, die eine nach Oben, die andere nach Links, die dritte nach Rechts, so hat man den einfachsten Kreuznimbus. Es kann aber auch jede Linie sich zu einem Paar verdoppeln, und dann erscheinen in der Regel die drei Arme oder richtiger — da der obere kein Arm ist — die drei Flügel des einfachen griechischen Kreuzes, welches man so oft in einen Nimbus eingezeichnet findet, aber nur auf Christus, Gottvater, den heiligen Geist und ihre Symbole angewendet, und zwar schon in früher Zeit, während, wie uns scheint, Kreuznimben nach dem 15. Jahrh. nur noch selten auftauchen. Nicht selten, zumeist bei Gott dem Vater, ragen die Kreuzflügel über die Peripherie des Nimbus hinaus. Sind diese Hervorragungen durch Lilien gebildet, so hat man den Liliennimbus, z. B. beim heiligen Remigius; oder die Lilien sind durch Heliotropstengel vertreten. Andere Verlängerungen oder Anhängsel treten selten auf. Eine dritte Art von Gliederung wird durch andere Linien und Figuren innerhalb des Nimbus hervorgebracht, z. B. durch eingezeichnete Sterne, Perlen u. s. w. Sind mehre Radien vorhanden, ohne den Zweck des Kreuzes, z. B. bei der heiligen Plectrudis die sich am Rande umbiegenden Strahlen, so entsteht der sogenannte Muschelnimbus. Außerdem finden sich auch Zeichnungen, welche Laubwerk darstellen, sowie nicht selten eingeschriebene Buchstaben, Namen u. s. w. Der Discus oder scheibenförmige Nimbus, welchen der Christuskopf in der hildburghäuser Bibelausgabe von 1846 trägt, zeigt innerhalb seiner Fläche Wellenlinien, wie sie auch sonst vorkommen. Außerdem nimmt der Heiligenschein, jedoch selten, folgende Gestalten an: den eines Dreiecks, in der späteren Zeit meist aus Strahlen gebildet und wol nur bei Gottvater, Christus, dem heiligen Geiste und der Gesammttrinität angewendet; den eines Vierecks, gewöhnlich eines Quadrates; den eines Sternenkranzes, auf Gemälden selten; den zweier (bei Moses wol stets, aber auch nur bei ihm) oder dreier Strahlenbüschel, welche kreuzförmig von dem Haupte, nicht von einer ganzen Körpergestalt ausgehen, wol nur auf Christusbildern. Sind diese Strahlen ohne Lücken und umgeben sie, jedoch fast ausschließlich bei Christus, Gottvater und Trinität angewandt, das ganze Haupt, so bilden sie die Strahlenglorie, welche zwischen sich und dem Haupte meist einen leeren, lichten Raum lassen. Ist der ganze Körper in sie eingehüllt, was fast nur bei Personen der Gottheit, sehr selten bei Engeln, stattfindet, so entsteht die strahlige Aureola. Indessen finden sich auch Aureolen, welche dem Kreuznimbus um das Haupt analog sind und sich wegen der speichenförmigen Radien oft wie ein Rad gestalten, z. B. (nach Didron) auf einem Glasfenster der Kathedrale zu Chartres aus dem 12. Jahrh. Um die strahlige Hauptglorie und die strahlige Aureola weiter auszugestalten, haben ihnen die Künstler oft eine sternenförmige Peripherie gegeben. Da nun der Discusnimbus, welcher selten nach Oben, nie nach den beiden Seiten, länglich ausgezogen ist, wegen des einen Theil der Fläche verdeckenden, nach Oben gewölbten Hauptes, wie ein Halbmond mit nach Unten gekehrten Sichelenden erscheint, so hat man ihn in sofern auch den (haubenförmigen) Meniskos oder die Lunula genannt. Aus Münter's Sinnbildern [5]) haben wir auf einer Nebenfigur an einer alten Grablampe auch einen kleinen, mit den Sicheln nach Oben gekehrten Halbmond, welcher mit dem äußeren Bogen unmittelbar auf dem Haupte ruht, kennen gelernt. Wenn auf der Egsternsteiner Kreuzabnahme die Sonne und der Mond mit einem eingezeichneten Gesichte erscheinen, welches von Strahlen und über diese hinaus von einer Peripherielinie umgeben ist, so sind dies Personificationen dieser Himmelskörper, keine eigentlichen Glorificationen derselben, da sich bei ihrer Abbildung das Licht mit seinen Strahlen von selbst ergibt. Sonne und Mond sind vielmehr selbst auf die glorificirten Personen übertragen. — Didron bemerkt über die Form des Nimbus: die Form desselben war im Allgemeinen bis zum 12. Jahrh. eine feine Kreisfläche oder Scheibe; im 12. und 13. Jahrh. wurde sie dicker und größer; im 14. und 15. verschwindet die Fläche oft ganz und es bleibt nur eine dünne Kreislinie übrig; am Ende des 15. und zu Anfang des 16. wurde die Form sehr grob, indem der Heiligenschein einer Cocarde oder runden Kappe glich; der darauf folgende Renaissancestyl vergeistigte und verflüchtigte den Nimbus oft zu einem formlosen Lichtscheine, welcher nun namentlich auch, statt der althüblichen sogenannten Mandorla (Aureola), als ein Strahlenkranz die ganze Figur des Erlöserbildes umgab. In dieser Didron'schen Bemerkung, welche vielfach in deutsche Werke übergegangen ist, ist zuzugeben, daß der Nimbus bis zum 12. Jahrh. eine Kreisfläche war; aber die Feinheit muß fast durchgängig bestritten werden; die ganze Kunst war noch nicht im Stadium der Feinheiten, wenigstens auf Gemälden, angekommen. Das Dicker- und Größerwerden im 12. und 13. Jahrh. können wir als allgemeine Thatsache nicht zugeben. Soll das Verschwinden der Fläche und das Uebrigbleiben einer dünnen Kreislinie im 14. und 15. Jahrh. bedeuten, daß auf Gemälden — denn nur diese, nicht Reliefs oder Statuen, können damit gemeint sein — die Kreisfläche ihr materielles Wesen verliert und sich zu einer mehr nur (durch eine Linie oder einen Ring) angedeuteten Existenz potenzirt, so ist die Didron'sche Behauptung gegründet. Das Grobwerden im 15. und 16. Jahrh. können wir wiederum nicht zugeben, sondern müssen im Gegentheil behaupten, daß die vergeistigenden Einflüsse Rafael's und anderer Meister sich auch auf den Heiligenschein erstreckten; und wenn das Auflösen der Scheibe mit ihrem groben, derben Rande in feinere Lichtstrahlen eine Verflüchtigung sein soll, so ist es doch ebenso sehr eine Vergeistigung, z. B. auf Murillo's Madonnenbildern. Was Didron einen formlosen Lichtschein nennt, entspricht der

5) Taf. III. Fig. 89.

Idee der δόξα sicherlich mehr als der grobrandige Discus. Darnach ist z. B. auch zu bemerken, was W. Ranke in seinen „Verirrungen der christlichen Kunst“ (1856) S. 18 sagt: der Heiligenschein sei mit der Zeit „starr und unschön geworden.“ Die neuere Malerei hat nicht allein den großen allgemeinen Fortschritt gemacht, in Zeichnung und Farbe eine weit adäquatere Darstellung des Lichtes, seiner Effecte und Nüancen zu effectuiren, sondern auch im Besonderen die älteren Nimben oder Glorien von verunstaltenden Anhängseln, Zugaben, Inschriften u. s. w. gereinigt und sie auf einfachere Formen reducirt, sodaß die — des Namens würdige — Malerei der letzten vier Jahrhunderte nur noch zwei — höchstens drei — Gattungen von Glorien anwendet: die Strahlenglorie bei den Personen der Gottheit und den ovalen Nimbus bei den Heiligen (anderen heiligen Personen), sehr selten bei Christus. Die Aureola ist, außer bei den Personen der Gottheit, bei der Maria, den Engeln und den zum Himmel erhobenen Heiligen, im Ganzen selten.

Die Farbe des Nimbus, der Glorie überhaupt, ist, wie Otte[6]) bemerkt, weil sie den Abglanz des himmlischen Lichtes darstellen soll, meist gelb, resp. Goldgrund; doch finden sich auch andere Farben, und deren Verschiedenheit hat dann eine verschiedene Bedeutung. So ist z. B. in dem Hortus Deliciarum der Herradis die Rangordnung der Heiligen durch die Farbe ihrer Nimben unterschieden, indem z. B. bei den heiligen Jungfrauen, den Aposteln, den Märtyrern und den Bekennern, wie bei Christus, der Heiligenschein von Gold, bei den Propheten und Patriarchen silbern, bei den Enthaltsamen roth, bei den Verheirateten grün, bei den Büßern gelblich ist[7]).

Wenn unsere bisherige geschichtliche Darstellung hauptsächlich auf den Gemälden als auf dem einfachsten oder wenigstens häufigsten Mittel der bildlichen Darstellung beruht, so sind doch auch die Reliefs — diese wahrscheinlich ältesten bildlichen Darstellungen — und die Statuen nicht außer Acht zu lassen. Aber es mußte begreiflicher Weise die Verschiedenheit des Materials (Stift, Farbe, Leinwand, Holz, Stein, Metall) einen verschiedenen Einfluß ausüben. So konnte man z. B. auf völlig ausgearbeiteten Statuen schwerlich einen vollen Scheibennimbus oder eine (volle) Mandorla anbringen, obgleich z. B. den aus Holz geschnitzten Christusfiguren, namentlich an Altären, nicht selten recht grobsinnliche, wenn auch vergoldete Hölzer eingesetzt sind. Am passendsten ist noch das Sternendiadem über den Bildsäulen der Maria, der Schutzpatrone u. s. w., wie man sie so häufig in katholischen Ländern, selbst im Freien, antrifft. Die berühmte eherne Statue des Petrus in der vaticanischen Basilika, deren Alter unbestimmt ist, vielleicht eine umgemodelte Jupiterstatue, desgleichen die kleine eherne Bildsäule desselben Apostels im berliner Museum haben keinen Nimbus oder dem Aehnliches.

6) Handbuch S. 314. 7) *Didron*, Iconographie p. 166 169.

18) Literatur.

a) Zu den besten Quellen gehören die Kunstsammlungen, namentlich die Gemäldegalerien, die Münzcabinete u. s. w.

b) Werke über christliche Archäologie, z. B. von Bingham, Reinwald, Siegel, Augusti, Staudenmaier, Böhmer u. A.

c) Werke über Numismatik, namentlich die Sammlungen und Beschreibungen von Münzen.

d) Allgemeine Kunstsammelwerke, namentlich d'Agincourt: „Sammlung von Denkmälern der Architektur, Skulptur und Malerei vom 4. bis zum 16. Jahrhundert,“ in 3335 Abbildungen auf 328 Kunsttafeln, 1. Aufl. 1819—1820, teutsche Ausgabe, revidirt durch Quast. (Berlin 1840; dann Frankf. a. M. 1845—1840.)

e) Werke über Kunstgeschichte im Allgemeinen, namentlich von Fiorillo 1813; Kugler 1842, 2. Aufl. 1848, 3. Aufl. 1853; Guhl u. Caspar 1845; Schnaase 1844; Kinkel 1845; Förster 1851. 1853. Im Besondern K. O. Müller: „Handbuch der Archäologie der Kunst.“ (Breslau 1830.)

f) Werke über christliche Kunst, z. B. J. Ch. W. Augusti: „Beiträge zur christlichen Kunstgeschichte und Liturgik.“ 1. Bdchn. (Leipzig 1844.); (Helmsdörfer:) „Christliche Kunstsymbolik und Iconographie“ (Frankf. a. M. 1839.), handelt vorwiegend von der christlichen Malerei; Anna Jameson: „Sacred and legendary art,“ 2 vol. (London 1848.); Otte: „Handbuch der kirchlichen Kunstarchäologie des Deutschen Mittelalters,“ 3. Aufl. mit 13 Stahlstichen und 302 Holzschnitten (Leipzig, bei T. O. Weigel, 1854. 4 Thlr.), besonders S. 313—315; Ferd. Piper: „Mythologie und Symbolik der christlichen Kunst von der ältesten Zeit bis ins 16. Jahrhundert,“ 1847; Derselbe: Evangelischer Kalender, 1850—1858.

g) Werke über christliche Bilder. Münter: „Sinnbilder und Kunstvorstellungen der alten Christen,“ 2 Hefte (Altona bei Hammerich 1825.), reicht etwa bis zum 10. Jahrh.; Ign. Heinr. v. Wessenberg: „Die christlichen Bilder“ (Constanz 1827, ist eine Bildersammlung); (Anonym) „Christliche Kunstsymbolik und Iconographie. Ein Versuch, die Deutung und ein besseres Verständniß der kirchlichen Bildwerke des Mittelalters zu erleichtern“ (Frankf. a. M. 1839.); Didron: „Iconographie chrétienne“ (Paris 1843.), unter dem Artikel: Gloire. Nimbe. Auréole, S. 25 fg.; Derselbe: „Manuel d'iconographie chrétienne, grecque et latine avec une introduction et des notes, traduit du manuscript byzantin: le guide de la peinture, par le Dr. P. Durand“ (Paris 1845.); L. J. Guénebault: „Dictionnaire iconographique“ (Paris 1845.); J. Grosnier: „Iconographie chrétienne“ (Paris 1848.); F. Piper: „Ueber den christlichen Bilderkreis,“ 1852; Louisa Twining: „Symbols and emblems of early and mediaeval christian art“ (London, Longman, 1852, mit Abbildungen).

h) Werke über die altchristlichen Katakomben, besonders zu Rom. A. Bosio: „Roma sotterranea,“ z. B. Rom 1632; P. Aringhi: „Roma subterranea novissima,“ z. B. Paris 1659; M. A. Boldetti: „Osservazioni sopra i cimeteri“ (Rom 1720.); Bottari: „Sculture e pitture sagre“ (Rom 1737 und 1746.); J. Chiampini: „Vetera monumenta,“ 2 Bde. (Rom 1690 — 1699 und 1747.), besonders Tom. I. p. 114 seq.; Raoul Rochette: „Tableau des catacombes de Rome“ (Paris 1837.); Chr. F. Bellermann: „Ueber die ältesten christlichen Begräbnißstätten und besonders die Katakomben zu Neapel mit ihren Wandgemälden.“ (Hamburg 1839.)

i) Werke über einzelne Gegenstände der christlichen Bildnerei. F. Adlung: „Die korsunschen Thüren in der Kathedralkirche zu Nowgorod,“ 1823. S. 61 fg.; J. G. Müller: „Die bildlichen Darstellungen im Sanctuarium der christlichen Kirchen vom 5. bis zum 14. Jahrhundert“ (Trier 1835.); C. M. Pfaff: „Commentatio de eo, quod licitum est circa picturam imaginum s. trinitatis“ (Tübingen 1746.); K. Grüneisen: „Ueber bildliche Darstellung der Gottheit“ (Stuttgart 1828.); P. E. Jablonski: „De origine imaginum Christi Domini,“ in dessen Opuscula, Ausgabe von Te Water. (Leyden 1809.) Tom. III.; Reiske: „De imaginibus Christi;“ J. A. Schmidt: „De columbis in ecclesia graeca et latina usitatis“ (Helmstedt 1711.); J. J. Quandt: „De picturis spiritus sancti sub juvenis speciosi forma repraesentantibus, a Benedicto XIV. nuper prohibitis“ (Königsberg 1751.); E. F. Wernsdorf: „De simulacro columbae in locis sacris antiquitus recepto“ (Wittenberg 1773.); F. W. Oetinger: „Iconographia Mariana oder Versuch einer Literatur der wunderthätigen Marienbilder,“ 1852; J. E. v. Radowitz: „Iconographie der Heiligen. Ein Beitrag zur Kunstgeschichte.“ (Berlin 1834.)

k) Specielle Werke über den Nimbus. Joh. Nicolai: „De nimbis antiquis,“ 1699; J. Behm: „De nimbo sanctorum.“ (Königsberg 1716.) (*J. Hasemann.*)

GLORIFICATIO (δοξασμός, Verherrlichung, Verklärung). Von diesem Ausdrucke der christlichen Dogmatik sind besonders drei verschiedene specifische Bedeutungen üblich. 1) Die glorificatio Dei, namentlich in ihrer Anwendung auf die Verherrlichung Gottes durch das Weltgericht, wofür als Bibelstellen 2 Thessal. 1, 6 fg., 1 Cor. 15, 24 fg. und andere zu Grunde gelegt werden. Sie ist objectiv, indem Gott durch die bei dem Weltgerichte durch ihn vollzogenen und finaliter zur Manifestation kommenden absoluten Schöpfungs- oder Weltzwecke die volle Selbstverherrlichung vollzieht, zugleich aber auch subjectiv, indem sich Gott in dieser seiner Verherrlichung vor das Auge der Menschen stellt, und diese ihn durch ihre Anerkennung verherrlichen. Von dieser finalen glorificatio Dei unterscheidet sich die in dieselbe Situation verlegte gloria Dei nur dadurch, daß diese eine Eigenschaft und einen Zustand, welche den Menschen zum Bewußtsein kommen, bezeichnet, während jene, ebenfalls grammatisch aufgefaßt, einen Act bedeutet, welcher einestheils durch Gott selbst, anderntheils, als Reflex desselben, von den Menschen vollzogen wird. — 2) Die glorificatio Christi. Diese tritt in der Anschauung der christlichen Dogmatik mehr oder weniger bestimmt nach drei Seiten hin oder als eine dreifache auf, indem sie als sich vollziehend vorgestellt wird a) bei dem judicium extremum, wo sie parallel geht mit der glorificatio Dei, b) bei der Himmelfahrt oder Aufnahme Christi in den Himmel, auf den Thron zur Rechten Gottes, c) bei dem irdischen Acte, welcher unter dem Namen der „Verklärung Christi“ bekannt ist. Zwar bedient sich Matthäus in seinem Berichte über dieses Factum, Cap. 17, des griechischen Wortes μεταμορφώθη, und dieses wird im dogmatischen Latein fast ausschließlich durch transfiguratio (μεταμόρφωσις) wiedergegeben, sodaß wir in dieser die eigentliche irdische glorificatio Christi per Deum an der bestimmten Localität vor uns haben; allein derselbe Act wird im neuen Testamente auch durch das Zeitwort δοξάζειν wiedergegeben, namentlich Joh. 12, 16 (ὅτε ἐδοξάσθη ὁ Ἰησοῦς), obgleich man diesen δοξασμός Christi auch als seine durch die Auferstehung vollzogene Verherrlichung fassen kann, und derselben Möglichkeit der zwiefachen Auslegung unterliegt auch Joh. 17, 1 und 5, wo Christus Gott bittet, daß er ihn δοξάζειν möge (δόξασόν με). 3) Die glorificatio fidelium, der gläubigen Christen, als eine und zwar die höchste oder letzte Stufe in dem ordo salutis der Dogmatik. Indessen sind es nur einige wenige Dogmatiker, welche die glorificatio als eine solche Stufe in der Heilsordnung aufstellen zu müssen geglaubt haben, unter ihnen besonders die protestantischen Calovius und Hollazius. Beide zählen folgende neun Grade: vocatio, illuminatio, regeneratio, conversio, justificatio, poenitentia, unio mystica, sanctificatio, glorificatio. Der erstere gibt X, 603 folgende Definition: „Glorificatio, δοξασμός, Rom. 8, 30, filiorum Dei e regno gratiae in regnum gloriae translatio, inque eo exaltatio.“ Die aus Röm. 8, 30 angeführte Beweisstelle lautet: „Οὓς δὲ προώρισε (ὁ Θεός), τούτους καὶ ἐκάλεσε· καὶ οὓς ἐκάλεσε, τούτους καὶ ἐδικαίωσε· οὓς δὲ ἐδικαίωσε, τούτους καὶ ἐδόξασε.“ Die meisten Dogmatiker, unter ihnen die neueren, zählen als letzte Stufe nicht die glorificatio, sondern die unio mystica cum Deo, und lassen jene ganz hinweg. Die Frage, ob die glorificatio in die Heilsordnung gehöre oder nicht, hängt von der Fassung des — im dogmatischen Bewußtsein noch lange nicht genug abgeklärten und feststehenden Begriffes der Heilsordnung ab. Ist die Heilsordnung nur der Weg zum Heile, entweder ausschließlich in den subjectiven Processen des Menschen oder auch zugleich in den göttlichen Actionen, so gehört die glorificatio nicht hierher, man müßte sie denn nur als den überführenden göttlichen Act bestimmen, als dessen Resultat dann die gloria erscheinen würde. In dieser Weise ließe sich die glorificatio auch dann noch als ein gradus ordinis salutis rechtfertigen, wenn der ordo blos in die inneren Vorgänge des Menschen gesetzt wird, freilich nur in einer etwas gezwungenen Weise, etwa als auftauchende Ahnung von der Verherrlichung, wogegen aber wieder einzuwenden ist, daß die glorificatio sich als ein Act Gottes gibt. — Schließlich wird die glorificatio auch in Verbindung gesetzt mit dem judicium extremum, als ein an allen Gläubigen sich vollziehender Act Gottes, den man sich dann kaum anders als für alle zu gleicher Zeit wirksam denken kann. (*J. Hasemann.*)

GLORIOSA ist der Name einer von Linné aufgestellten, zu den Liliaceen gehörigen Gattung, welche vor ihm Hermann, Tournefort u. A. Methonica genannt hatten, weshalb dieser Name beizubehalten und voranzustellen ist, wiewol auch der erste, und zwar noch in neuester Zeit Anerkennung gefunden hat. Diese Gattung zeichnet sich durch folgende Merkmale aus: Die Blättchen der blumenkronartigen, sechsblätterigen, verwelkenden und stehenbleibenden Blüthenhülle sind einander fast gleich, wellenförmig, geschwänzt und zurückgebogen. Die sechs fast wagerecht abstehenden Staubgefäße sind dem Grunde der Blüthenhüllblättchen eingefügt. Der Fruchtknoten ist dreifächerig. Die zahlreichen, horizontalen, gegenläufigen Eichen stehen in zwei Reihen. Der Griffel ist endständig und schief geneigt, die Narbe dreitheilig. Die Kapsel ist fast kugelig-kreiselförmig, dreifächerig, dreitheilig. Die zahlreichen, fast kugelförmigen Samen stehen in zwei Reihen; ihre Schale ist fleischig-schwammig, scharlachroth. Der am Grunde des fleischigen Eiweißes befindliche Samenkeim ist hakenförmig-zusammengefaltet.

Die zu dieser Gattung gehörigen, im tropischen Asien und Afrika einheimischen, rankenden, ästigen, krautigen Gewächse haben eine knollenförmige Wurzel, zerstreute, unter den Aesten gegenüberstehende oder zu drei in Quirl stehende, sitzende, lanzettliche, zugespitzte oder in eine Ranke verlängerte Blätter und einblüthige, achsel- und endständige Blüthenstiele.

Linné kannte aus dieser Gattung zwei Arten, Gloriosa superba und simplex, von denen die erste unsern Gärten als prachtvolle Zierpflanze dient. Sie hat eine knollige, winkelhakenförmig gekrümmte Wurzel, die giftig sein soll. Der Stengel ist schwach, rund, glatt, oben ästig, 6—10 Fuß hoch, von unten bis oben mit länglich lanzettförmigen, glatten, an der Spitze rankenden Blättern besetzt. Die Blüthen stehen einzeln in den Blattwinkeln, sind gestielt und übergebogen; die Staubfäden sind abwärts gerichtet und nach allen Seiten ausgebreitet; die linealisch-lanzettlichen, Anfangs grünen, später gelben, zuletzt scharlachrothen und am Grunde gelbrothen Kronblätter sind aufwärts gerichtet und neigen mit den Spitzen gegen einander. Bei der Cultur dieser Pflanze ist darauf zu sehen, daß die knollige Wurzel nicht verletzt wird, weil sie sonst leicht fault, auch muß sie nach dem Absterben des Stengels, welchen man an einer Wand, einem Geländer oder an Bindfaden emporleitet, im Topfe bis zur Zeit des Umpflanzens an der Hinterwand des Warmhauses ganz trocken gehalten und vor dem Austreiben nur sehr wenig befeuchtet, im Sommer aber reichlich begossen werden. Man pflanzt sie im Februar oder März in einen 8—9zölligen Topf, in Laub- und Rasenerde oder Laub- und Mistbeeterde zu gleichen Theilen mit ⅙ Flußsand gemischt und mit einer starken Unterlage gestoßener Topfscherben. Der Topf wird in ein warmes Lohbeet gesenkt und späterhin, wenn die Stengel treiben und höher werden, in einen hohen Sommerkasten, ins Warmhaus oder in ein sonnenreiches, warmes Zimmer gestellt. Die Wurzel hat ihren Keim gewöhnlich an der Stelle, wo die äußere winkelförmige Biegung ist; dieser kaum bemerkbare Keim wird nach Oben gerichtet und etwa einen Zoll hoch mit Erde bedeckt.

Gloriosa simplex *Linné* unterscheidet sich von der vorhergehenden namentlich durch den Mangel der Ranken an den Blättern; sie wächst am Senegal, während die vorige auf Malabar vorkommt.

Die dritte, erst in neuerer Zeit entdeckte Art dieser Gattung ist

Gloriosa virescens *Lindley*; sie hat gleichfalls rankende Blätter, hängende Blüthenstiele, an der Spitze wellenförmige Kronblätter und grün und braun gefärbte Blüthen. (*Garcke.*)

GLORIOT (J.), französischer Jesuit, im J. 1810 zu Pontarlier im Departement des Doubs geboren, trat, nachdem er eine sehr sorgfältige und fromme Erziehung genossen hatte, in den Jesuitenorden und machte seine humanistischen und theologischen Studien im Seminare Saint Acheul mit glänzendem Erfolge. Nachdem er hier das Ordensgelübde abgelegt hatte, wurde er in das Collegium zu Freiburg in der Schweiz geschickt, wo er 18 Jahre als Prediger und Lehrer wirkte. Als er sich im J. 1854 zu Paris aufhielt und in der Kirche Notre-Dame-de-Lorette predigte, machte er auf den Marschall Saint-Arnaud, welcher zufällig gegenwärtig war, einen so günstigen Eindruck, daß dieser ihm vorschlug, während des Feldzuges nach dem Oriente, welcher grade vorbereitet wurde, die Stelle eines Feldpredigers bei einer der Divisionen zu übernehmen. Gloriot ging mit der größten Bereitwilligkeit auf den Vorschlag ein. Da bekanntlich alsbald nach der Landung zu Gallipoli die Cholera unter den Truppen ausbrach und viele Opfer forderte, entwickelte er einen so unerschütterlichen Muth und eine so unermüdliche Thätigkeit, daß er sich die Liebe und Achtung des Heeres im höchsten Grade erwarb. Durch fortdauernde Anstrengung geschwächt, wurde Gloriot selbst von der Krankheit befallen und dem Tode nahe gebracht. Nach seiner Genesung erhielt er die Leitung des geistlichen Dienstes in dem großen Hospitale zu Pera und begleitete dann den Leichnam des Marschalls Saint-Arnaud nach Frankreich. Obgleich bereits leidend, ließ er sich nicht abhalten, nach dem Oriente auf seinen Posten zurückzukehren. Seine Verdienste wurden durch die Ernennung zum Oberfeldprediger und Seelsorger in den Hospitälern zu Constantinopel belohnt; kaum hatte er aber nach der Ankunft daselbst die Functionen seines mühsamen Amtes angetreten, als ihn im Mai 1855 der Tod hinwegraffte*). (*Ph. H. Külb.*)

*) Biographie générale. Tom. XX. p. 833 seq.

GLOSSA, die griechische Bezeichnung (γλῶσσα, γλῶττα) für Zunge, geht vielfach in die Zusammensetzung anatomischer und pathologischer Termini ein. Außer den in besonderen Artikeln aufgeführten Benennungen gehören folgende hierher: *Glossalgia*, Zungenschmerz, wofür man auch wol Glossagra geschrieben hat; *glosso-epiglotticum* (weniger richtig glossoepiglotticum) ligamentum, eine mediane Schleimhautfalte zwischen Zungenwurzel und Kehldeckel; *Glossocele s.* Prolapsus linguae, das Hervorragen der Zunge aus der Mundhöhle, sei es wegen angeborener oder erworbener Hypertrophie, sei es wegen lähmungsartigen Zustandes; *Glossologia*, die Lehre von der Zunge überhaupt, wurde von De Candolle statt des Wortes Terminologie in Anwendung gezogen; *Glossolysis*, Zungenlähmung; *Glossomantia*, die Vorhersage in Krankheiten aus der Beschaffenheit der Zunge, also gleichbedeutend mit Prognosis ex lingua; *Glossomegistus*, ein unrichtig gebildetes Wort, womit eine hypertrophische, stark aus dem Munde hervorragende Zunge bezeichnet werden soll; *Glossoncus*, Zungengeschwulst, meistens von entzündlicher Beschaffenheit; *glossopalatinus*, was zwischen Zungenwurzel und Gaumen liegt, nämlich eine Schleimhautfalte (Arcus glossopalatinus) und ein in dieser enthaltener Muskel (Glossopalatinus); *Glossoptosis* (πτῶσις, Fall), zum Theil gleichbedeutend mit Glossocele, zum Theil gleichbedeutend mit Glossoplegia; *Glossorrhagia*, Blutung aus der Zunge; *Glossoscirrhus*, Zungenkrebs; *Glossoscopia*, die Untersuchung, das Beschauen der Zunge; *Glossospatha*, Zungenspatel; *glossostaphylinus* (σταφυλή, Zäpfchen oder auch Gaumen) = glossopalatinus; *Glossostrophia* (στροφή, Drehung, Wendung), die Umdrehung oder Umkehrung der Zunge, namentlich das Zurückschlagen der Zungenspitze nach Oben und Hinten, wodurch angeblich Negersklaven sich manchmal den Erstickungstod bereiten sollen. (*Fr. Wilh. Theile.*)

GLOSSA. GLOSSARIA. Das Wort Glossa, das aus der griechischen Sprache (γλῶσσα) in die lateinische, daraus auf das Mittelalter, übergegangen, und in verschiedenem Sinne angewendet, in einer bestimmten Bedeutung bis in unsere Zeit sich erhalten hat, bedeutet zwar ursprünglich bei den Griechen: Zunge, Sprache, erhielt aber bei denselben schon frühe eine besondere und specielle Bedeutung, aus welcher der spätere Gebrauch und die Anwendung desselben bei Griechen und Römern, zur Bezeichnung selbst eines eigenen Zweiges der Literatur, in den Glossarien wie in der Glossographie, hervorgegangen ist.

Wenn wir bereits in den Homerischen Gedichten das Wort γλῶσσα in einer Weise angewendet finden, welche demselben die Bedeutung einer besonderen Sprache, eines besondern Volkes oder Stammes, also einer Mundart, eines Dialektes verleiht [1]), und wenn wir weiter finden, wie auch bei späteren Schriftstellern, von Herodotus [2]) und Thucydides [3]) an, das Wort γλῶσσα in eben diesem Sinne mit noch größerer Bestimmtheit und Entschiedenheit gebraucht wird, so tritt schon frühe das Wort noch in einer speciellern Bedeutung hervor, wozu eben die allgemein gewordene Lecture und die daran geknüpfte, allerdings nothwendig gewordene Erklärung der Homerischen Gedichte, zumal bei dem Schulunterrichte, zu welchem diese Gedichte schon frühe benutzt wurden, die nächste Veranlassung gegeben haben mag. Solche Worte und Ausdrücke, die in diesen Gedichten, oder auch überhaupt in der älteren Sprache der Hellenen vorkamen, aber später außer Gebrauch kamen und im mündlichen, wie schriftlichen Verkehre nicht mehr angewendet wurden, daher der späteren Zeit unverständlich waren, eben deshalb aber einer Erklärung zu ihrem Verständnisse bedurften, also zunächst veraltete, außer Gebrauch gekommene, im Uebrigen nicht hellenische und gute Ausdrücke waren es, welche mit dem Namen γλῶσσαι, im Unterschiede von den gebräuchlichen und in Geltung stehenden (κύρια ὀνόματα) bezeichnet wurden und bald Gegenstand einer gelehrten Forschung wurden, die eben das richtige Verständniß derselben, die Entwickelung ihres Sinnes, ihre Bedeutung und Anwendung zum Gegenstande hatte. Daher sagt Galen in dem Vorworte seiner die Erklärung Hippokratischer Ausdrücke und Worte enthaltenden Schrift [4]): ὅσα τοίνυν τῶν ὀνομάτων ἐν μὲν τοῖς πάλαι χρόνοις ἦν συνήθη, νῦν δ' οὐκέτι ἐστί, τὰ μὲν τοιαῦτα γλώσσας καλοῦσι; und bald darauf nach Anführung der sogleich mitzutheilenden Stelle des Aristophanes: ἐξ ὧν δῆλον, ὡς ἡ γλῶττα παλαιόν ἐστιν ὄνομα τῆς συνηθείας ἐκπεπτωκός; weshalb bei Sextus Empiricus Advers. Gramm. c. 13. §. 313 eine βάρβαρος λέξις und ἡ κατὰ γλῶσσαν προενεχθεῖσα, ὁμοίως οὖσα ἀσυνήθης ἡμῖν unterschieden wird; auch die Aeußerungen Quintilian's, wiewol sie schon auf den noch zu weiterer Ausdehnung gelangten Begriff des Wortes hinweisen, können hierher bezogen werden, Instit. orat. I, 2. §. 35: Protinus enim potest (puer) interpretationem linguae secretioris, *quas Graeci γλώσσας vocant*, dum aliud agitur ediscere et inter prima elementa consequi rem, postea proprium tempus desideraturam. Wie in dieser Stelle dem Knaben, der sprachlichen Unterricht empfängt als Vorbereitung zu seiner weiteren wissenschaftlichen und gelehrten Bildung, empfohlen wird, sich eine genaue Kenntniß der Glossen, d. i. der ungewöhnlichen, außer Gebrauch gekommenen Ausdrücke zu verschaffen, wie es zum Verständnisse und zur richtigen Auffassung der Dichter und

1) Vergl. Il. II, 804: ἄλλη δ' ἄλλων γλῶσσα πολυσπερέων ἀνθρώπων. Ebenso Il. IV, 437 seq. Hymn. in Vener. 113. Odyss. XVII, 176 (ἄλλη δ' ἄλλων γλῶσσα μεμιγμένη), wo das alte Scholium bemerkt: τὴν διάλεκτον γλῶσσαν λέγει. Vergl. auch Nitzsch zu Odyss. I, 181. p. 36.

2) Vergl. I, 57. I, 142, wo die verschiedenen Mundarten oder Abweichungen in der Sprache der ionischen Griechen erwähnt werden: οὗτοι χαρακτῆρες γλώσσης τέσσερες γίνονται. 3) Vergl. III, 112: Δωρίδα τε γλῶσσαν ἱέντες, und dazu Blomfield's Note. Ebenso γλῶσσα Ἰὰς oder Ἰωνικὴ vom ionischen Dialekt; s. die Stellen bei Fischer zu Weller's Grammatik I. S. 35 und S. 36; ebenso Ἀττικὴ γλῶσσα und διάλεκτος, s. ebendaselbst S. 47; Κοινὴ γλῶσσα und διάλεκτος, s. ebendaselbst S. 49. 4) Τῶν Ἱπποκράτους γλωσσῶν ἐξήγησις, in der Ausgabe von Kühn T. XIX. p. 63 seq.

Schriftsteller, welche den Gegenstand der Schullecture bilden, nöthig ist, so wird an einer andern Stelle (I, 4, 14) auch dem Lehrer (grammaticus) empfohlen, auf diesen Gegenstand besondere Aufmerksamkeit bei dem Unterrichte zu wenden: „circa *glossemata* etiam, id est *voces minus usitatas*, non ultima ejus professionis cura est.“ Solche Grammatiker sind es auch, welche bei Gellius N. A. XVIII, 6 idonei *vocum antiquarum* enarratores genannt werden, oder *vocum veterum* interpres bei *Charisius* II. p. 216. Es ist aber eben die Aufgabe des Lehrers, des Grammatikers, die Glossen zu verstehen und zu erklären, er soll *ἀπλῶν γλωσσῶν ἐξηγητικός* sein, wie Chares, ein Anhänger des Krates von Mallus, bemerkt; s. *Sext. Empiric.* Adv. Mathemat. I, 3. §. 79.

Deutlich tritt aber die Bedeutung dieses Wortes und dessen Beziehung zu den Homerischen Gedichten und deren Lecture wie Erklärung aus einem Bruchstücke der *Δαιταλεῖς* des Aristophanes hervor, welches uns Galenus a. a. O. erhalten hat[5]). Hier fordert ein Vater seinen ausschweifenden Sohn, der wahrscheinlich darüber seinen Unterricht und seine wissenschaftliche Bildung vernachlässigte, auf, ihm, als Beweis, daß er mit Homer's Gedichten, die ja den ersten Gegenstand des Schulunterrichts bildeten, bekannt sei, die Glossen Homer's anzugeben: *πρὸς ταῦτα σὺ λέξον Ὁμήρου γλώττας*[6]), und legt ihm dann eine darauf bezügliche Frage vor, worauf der junge Mensch als Gegenfrage ihm die auf das Recht bezüglichen Glossen (veralteten Ausdrücke) aus den Gesetzen des Solon vorhält, welche der Bruder beantworten soll (*ὁ μὲν οὖν σὸς μὲν οὖν ἀδελφὸς φρασάτω τῶν ἐν τοῖς Σόλωνος ἄξοσι γλωττῶν εἰς δίκας δὴ φεροίσας κ. τ. λ.*); so setzt der Sohn der ihm vorgelegten leichteren Aufgabe eine schwierige entgegen, aus demselben Gebiete der *γλῶσσαι*, der veralteten, außer Gebrauch gekommenen, nicht mehr verständlichen Ausdrücke. Bei der Lecture der Homerischen Gedichte, auf Schulen wie im Privatunterrichte, wurden, wie uns dieser Fall zeigen kann, also, und zwar schon zu Aristophanes' Zeit, die veralteten, außer Gebrauch gekommenen Ausdrücke von den Lehrern, die den Unterricht und die Lecture leiteten, erklärt, die Schüler mußten, wie es scheint, diese Ausdrücke mit ihrer Erklärung, also die Glossen, auswendig lernen, oder doch jedenfalls ihrem Gedächtnisse wohl einprägen und darüber Rede und Antwort stehen. Diejenigen, welche dann weiter die öffentliche Carrière betraten, oder als Sachwalter glänzen und auf diese Weise zu Ansehen gelangen wollten, deshalb vor Allem auch eine genaue Kenntniß der Solonischen Gesetzgebung sich verschaffen mußten, waren darum auch ebenso genöthigt, das richtige Verständniß der darin vorkommenden, in der spätern Zeit außer Gebrauch gelangten Ausdrücke, also der Glossen, sich anzueignen. Wenn also auch zunächst die Lecture der Homerischen Gedichte zu diesen Glossen die Veranlassung bot, so dürfen wir darum doch nicht diesen Ausdruck blos auf solche veraltete Homerische Ausdrücke und Wörter beziehen, sondern müssen ihn jedenfalls weiter ausdehnen auf alle, in den Werken der früheren Zeit, zumal der Dichter, in Gesetzen und Verträgen oder sonstwie vorkommenden, später außer Gebrauch gekommenen, im mündlichen, wie im schriftlichen Verkehre nicht mehr angewendeten Ausdrücke und Wörter, deren Erklärung eben die Aufgabe der gebildeten Lehrer und der Sprachgelehrten, wie sie im alten Athen schon frühe uns entgegentreten, später der sogenannten Grammatiker, ausmachte. So gibt z. B. Plutarchus in der kleinen, aber lesenswerthen Schrift: Wie der Jüngling die Dichter lesen solle (*Πῶς δεῖ τὸν νέον ποιημάτων ἀκούειν* cap. 5. p. 22 C.) die Vorschrift, bei der Lecture von Gedichten verdächtigen Ausdrücken statt des schlechteren einen besseren Sinn zu geben und den Jüngling darin mehr üben zu lassen, als in den sogenannten Glossen[7]); es folgt dann eine Reihe von Beispielen solcher Glossen, deren Kenntniß allerdings zum Verständniß der Gedichte der früheren Zeit nothwendig war. Wir sehen daraus zugleich, daß auch noch zu den Zeiten des Plutarch's, also in das 2. Jahrh. unserer Zeitrechnung hinein, die Glossen ebenso wie früher zu des Aristophanes' Zeit einen Gegenstand des Schulunterrichtes bildeten.

Wenn also mit dem Worte *γλῶσσα* zunächst ein veralteter, also obsoleter, und darum im gewöhnlichen Leben und in der gewöhnlichen Sprache nicht mehr verständlicher Ausdruck, zumal in der Sprache der älteren Dichter bezeichnet ward, so lag es doch auch nahe, diesen Ausdruck weiter auch auszudehnen auf alle seltenen, nicht mehr geläufigen, in besonderem eigenthümlichen Sinne gebrauchten Ausdrücke zu beziehen, welche in dieser Anwendung der gewöhnlichen Sprache und Redeweise fremd standen, sei es, daß sie einer früheren Periode angehörten oder daß sie speciell von diesem oder jenem Dichter oder Prosaiker in einer besondern und eigenthümlichen Weise angewendet worden waren[8]), oder daß sie einer besondern Stadt oder einem besondern hellenischen Volksstamme, mithin einer besondern Mundart angehörten (Provinzialismen), oder selbst aus irgend einer fremden Sprache entlehnt und angewendet worden waren[9]): in welcher Beziehung nun die *γλῶσσαι* als Be-

5) Siehe *Aristophanis Fragmm.* ed. *Bothe* p. 66 seq.
6) Nicht ganz genau ist es daher, wenn diese Stelle bei Pollux (Onomast. II. §. 109) angeführt wird als Beleg dafür, daß man mit *γλῶτται* auch *τὰς ποιητικὰς φωνάς* bezeichnet habe.

7) Es heißt bei Plutarch: *περὶ ἃ* (nämlich den τρόπος des *τῶν ὀνομάτων τῆς συνηθείας*) *χρὴ τὸν νέον γεγυμνάσθαι μᾶλλον ἢ περὶ τὰς λεγομένας γλώσσας*. Wyttenbach führt in der Note zu dieser Stelle (T. I. p. 235) noch einige andere Stellen aus den sogenannten moralischen Schriften Plutarch's an, in welchen *γλῶσσα* in derselben Bedeutung vorkommt: p. 60 A. p. 347 F. p. 375 F. p. 406 E. p. 408 C. 8) Daher z. B. bei *Bekker*, Anecd. I. p. 87: *γλῶσσαι τὰς τῶν ποιητῶν ἢ ἄλλως ἄλλως ἐξηγούμενα*. 9) Schon Wolf in der Dissertat. critic. zu Hesychius sagt p. 331 seq. (p. 33. T. II. ed. Lips.): *Glossas igitur — non tantum barbarorum sed etiam quorumque externorum vocabulorum ἐξηγήσεις erant, cujus argumenti Dorotheum quemdam libros compositum nobis servatum reliquit Photius Patriarcha in bibliotheca sua (Cod. 156), cum a se lecta commendat Dorothei τὰ περὶ τῶν ξένων εἰρημένων λέξεων, uno verbo περὶ γλωσσῶν.* Eas aliquando permixtim

Fremdheit dem ὄνομα κύριον oder dem allgemein gültigen Sprachgebrauche entgegengesetzt erscheint, nach der Bestimmung des Aristoteles De Poetic. cap. 21: ἅπαν δὲ ὄνομά ἐστιν ἢ κύριον ἢ γλῶττα ἢ μεταφορὰ κ. τ. λ. Λέγω δὲ κύριον μέν, ᾧ χρῶνται ἕκαστοι, γλῶτταν δὲ ᾧ ἕτεροι, ὥστε φανερὸν ὅτι καὶ γλῶτταν καὶ κύριον εἶναι δυνατὸν τὸ αὐτό, μὴ τοῖς αὐτοῖς δέ· τὸ γὰρ σίγυνον Κυπρίοις μὲν κύριον [10]), ἡμῖν δὲ γλῶττα [11]). Hiernach also kann ein und derselbe Ausdruck, je nach seiner Anwendung und seinem Gebrauche eine γλῶττα und ein κύριον sein; ersteres ist er, in sofern er als ein einem besondern Orte zufallender Ausdruck der übrigen hellenischen Welt und der allgemein gültigen Schriftsprache fern steht, letzteres, in sofern er an dem besondern Orte, wo er gebraucht wird, die volle Gültigkeit in der Anwendung besitzt. Daher rechnet Aristoteles (ibid. cap. 22) die γλῶτται zu dem ξενικόν in der Sprache und läßt aus der Glosse den Barbarismus hervorgehen; in ähnlichem Sinne finden wir das Wort γλωσσῶν erklärt durch τῶν γλωσσηματικῶν λέξεων ἢ τῶν διαλέκτων [12]); Eustathius bezeichnet die Glosse als ἀπεξενωμένη διάλεκτος und Clemens von Alexandrien (Strom. I. p. 338) bemerkt, daß die unverständlichen Ausdrücke der Barbaren (ἀπεριλήπτους τὰς βαρβάρων φωνάς) nicht διαλέκτους, sondern γλώσσας zu nennen seien [13]); in demselben Sinne finden wir auch den Ausdruck γλώττας von fremden in die Poesie aufgenommenen Worten, die diesen den Vorwurf der Barbarei zuziehen, bei Plutarch [14]) gebraucht, obwol auf der andern Seite, dem strengeren Begriffe des Wortes gemäß, die γλῶσσαι und die ξένα unterschieden werden, wie bei Dionysius von Halicarnaß [15]) De composit. verb. §. 3. §. 23 p. 30 *Schaef.* (οὐδὲ δὴ γλῶτται πολλαί τινες, οὔτε ξένα ἢ πεποιημένα ὀνόματα) §. 25 (p. 382 *Schaef.* γλωττηματικῶν τε καὶ ξένων κ. τ. λ.).

Mit der immer größeren Ausdehnung der Literatur, wie sie mit dem alexandrinischen Zeitalter eintrat, und mit der immer größeren Verbreitung der griechischen Sprache über den ganzen, den Alten bekannten Erdkreis zusammenhängt, wodurch aber auch in der Sprache selbst, in dem Wortgebrauche u. dergl., namentlich durch Aufnahme oder Bildung neuer Worte, oder Anwendung der Worte in einem veränderten Sinne, unwillkürlich mancherlei Veränderungen herbeigeführt wurden, mußte auch die Behandlung der γλῶσσαι eine immer ausgedehntere werden; sie konnte sich nicht mehr blos auf die Homerischen Gedichte oder die veralteten Ausdrücke der Solonischen Gesetzestafeln beschränken; sie zog nun nach und nach auch die andern ältern Dichter und Prosaiker, überhaupt die Schriftsteller der frühern (classischen) Zeit und ihre Redeweise in den Kreis der Behandlung, welche die betreffenden, in dem oben angegebenen Sinne als γλῶσσαι erscheinenden Ausdrücke aus jedem dieser Schriftsteller zusammenzustellen und zu erklären bemüht war. Es geschah dies hauptsächlich in der Absicht, das Verständniß jener Schriftsteller zu erleichtern und damit ihre Lectüre zu fördern, da diese Schriftsteller ja den Hauptgegenstand der wissenschaftlichen Jugendbildung ausmachten; es geschah aber auch selbst aus stylistisch rhetorischen Gründen, um auf der einen Seite die von den ältern Schriftstellern, welche als Muster der Darstellung und des Styles galten, angewendeten Ausdrücke und Wörter zum Behufe der Nachahmung in solchen Sammlungen zu bequemerer Einsicht vorzulegen, von der andern Seite aus, aber auch vor der Anwendung mancher, eigenthümlich oder in besonderer Weise gebrauchten Ausdrücke, die in der allgemeinen Schriftsprache der Hellenen keine Anwendung mehr finden konnten, zu warnen, und dadurch die Reinheit des Styls zu erhalten, um so mehr, als in der spätern Zeit die Schönschreiber jeder Art, die mit ihren Darstellungen es blos auf eine pikante, das Interesse erregende, Unterhaltung abgesehen hatten, es liebten, ihren Vortrag mit solchen, nicht mehr gebräuchlichen, aber in der ältern Zeit vorkommenden Ausdrücken, kurz, mit solchen Glossen zu spicken, um dadurch ihrer Darstellung ein gewisses Gepräge zu verleihen, das die verwöhnte Leserwelt anziehen und bei derselben einen gewissen Effect hervorbringen, dem Verfasser aber dadurch Beifall zuwenden sollte. Wie wenig freilich dabei Maß und Ziel beobachtet wurde, zeigen manche Klagen, die uns bei Schriftstellern dieser spätern Zeit entgegentreten, wie z. B. in dem Lexiphanes des Lucianus, vergl. cap. 21 seq. und am Schlusse cap. 25, wo die ausdrückliche Misbilligung gegen solche Dichter ausgesprochen wird, welche in der übermäßigen

---

omnia externa et barbara vocabula, quae legebantur non tantum apud poetas, oratores, historicos, sed et philosophos, medicos aliarumque scientiarum διδασκάλους indiscriminatim et confuse continebant, quale videtur fuisse opus illud Dorothei. Aliquando poetarum tantum aut oratorum vel philosophorum divisim et separatim, qualia erant Ptolemaei τὰ παρὰ τῶν ποιητῶν ξένως εἰρημένα a Suida laudata. Reliqui, qui περὶ γλωσσῶν libros composuerant, ut Clearchus, Nicander etc. — non tantum τὰ ξένως εἰρημένα collegerant in glossis suis, — sed et obscuriores, difficiliores, magis abstrusas ac minus tritas voces cujuscunque generis —. Unde *glossae* non tantum externorum vocabulorum et peregrinorum voces interpretationes erant, verum etiam Graecarum et quarumlibet aliarum, dummodo difficiles et minus in usu essent.

10) Vergl. *Herodot.* V, 9 mit meiner Note. 11) In den Schol. Dionys. Thrac. p. 733, 27 heißt es: γλωσσηματικαὶ λέξεις εἰσὶν αἱ ἐπιχωριάζουσαι, τουτέστιν αἱ καθ' ἑκάστην χώραν ἢ πόλιν ἰδικαί τινες λέξεις. Bei Bekker (Anecdd. T. III. p. 1095) werden mitgetheilt: ποῖαι γλῶσσαι κατὰ πόλεις· αὗται καλοῦνται γλωσσηματικαί, und nun folgen Beispiele. 12) Siehe *Bekker.* Anecdd. II. p. 730. 13) Siehe die Stelle bei *Maussac*, Dissertat. critic. ad Harpocrat. p. 347 (p. 81. T. II. ed. Lips.) 14) De Isid. et Osirid. cap. 61: καὶ γὰρ ἄλλα μυρία τοῖς μεθισταμένοις ἐκ τῆς Ἑλλάδος συνεκπεσόντα, μέχρι νῦν παραμένει καὶ ξενιτεύει παρ' ἑτέροις, ὧν ἔνια τὴν ποιητικὴν ἀνακαλουμένην διαβάλλουσιν ὡς βαρβαρίζουσαν οἱ γλώττας τὰ τοιαῦτα προσαγορεύοντες. 15) Derselbe Schriftsteller sagt an Thucydides (p. 791. 793): γλωσσηματικὰ καὶ ἀπηρχαιωμένα καὶ ἀπολιμπάνοντα τοὺς πολλούς, wo wir aber gewiß nicht bei γλωσσηματικά an Ausdrücke denken dürfen, die einer Erklärung bedürfen (s. Poppo in seiner kleinern Ausgabe: Vol. IV. Sect. II. p. 65), sondern vielmehr an außer Gebrauch gekommene, wie sie gleich weiter durch ἀπηρχαιωμένα noch näher bezeichnet werden.

Anwendung solcher Glossen sich gefielen: ἡμεῖς δὲ οὐδὲ ποιητὰς ἐπαινοῦμεν τοὺς κατὰ γλῶτταν γράφοντας ποιήματα; eine solche Darstellung wird von Philostratus (Vit. Apollon. I, 17. p. 10. *Kayser*)[16]) als eine λόγων ἰδέα κατεγλωττισμένη bezeichnet. Ebenso wird aber auch in einer merkwürdigen Stelle des Plutarch hervorgehoben, wie der pythische Gott nun seine Orakel in einer verständlichen, der gewöhnlichen Redeweise entsprechenden Weise ertheile, indem er die Glossen abgestreift habe[17]).

Wir haben schon oben bemerkt, wie die Erforschung und Erklärung der γλῶσσαι, zunächst in Bezug auf die Homerischen Gedichte bis in die Blüthezeit des alten Hellas, bis zu den Zeiten des Aristophanes zurückgeht; dann weiter fortgesetzt und ausgedehnt gelangt sie zu den Alexandrinern, die bei ihren großen, dem Texte wie der Sprache dieser Gedichte zugewendeten Bemühungen unwillkürlich auf die Homerischen Glossen und die frühern Sammlungen und Erklärungen der Art zurückgeführt wurden, selbst dann weiter auf diesem Gebiete sich versuchten und ihm die weitere Ausdehnung gaben, in welcher wir die Glossographie nun finden, als einen eigenen Zweig der gelehrten sprachlichen und grammatischen Forschung, wobei das Wort γλῶσσα in dem oben bezeichneten weiteren Sinne genommen erscheint, dann aber auch ein Gegensatz zu dem hervortritt, was man mit dem Ausdrucke λέξεις und ὀνόματα bezeichnete, woraus die λεξικὰ und ὀνομαστικὰ als ein besonderer Zweig dieser sprachlich-grammatischen Forschung — das, was wir im speciellen Sinne die Lexikographie nennen — hervorgegangen sind: wobei denn freilich der Unterschied nicht immer so streng beobachtet und festgehalten wurde, und Manches unter die ὀνόματα gerechnet ward, was zu den γλῶσσαι gehörte, und umgekehrt, sowie dasselbe auch bei den λέξεις eintritt. So werden z. B. die ὀνομαστικαὶ γλῶσσαι[18]) des Artemidorus, eines Grammatikers aus der Schule des Aristophanes, die wir unter die gleich zu nennende dritte Gattung der Glossen, die literarhistorischen, bringen möchten, auch als ὀνομαστικαὶ λέξεις citirt[19]); so werden die Ἀττικαὶ λέξεις des Atheners Philemon auch unter dem Titel: Ἀττικὰ ὀνόματα ἢ γλῶσσαι citirt[20]) u. s. w. Immerhin aber glauben wir, wenn es sich um eine nähere Bezeichnung und Abgrenzung dieses ganzen Gebietes der Glossographie und der dahin einschlägigen Schriften handelt, füglich mit Lersch[21]) drei Gruppen unterscheiden zu können. In die erste würden dann diejenigen Schriften fallen, in welchen solche Glossen verzeichnet und erklärt waren, welche als veraltete, im Sprachgebrauche nicht mehr übliche Ausdrücke erscheinen, Archaismen und dergl.; in die zweite würden solche Werke fallen, welche vorzugsweise solche Glossen oder Ausdrücke behandelten, die als das Eigenthum einzelner Völker und Stämme der hellenischen Welt, einzelner Ortschaften und Localitäten erscheinen, aber von der allgemeinen Schriftsprache der Hellenen ausgeschlossen waren, also dialektische Glossen[22]), Provinzialismen und dergl.; die dritte würde alle diejenigen Werke bilden, welche zunächst mit den γλῶσσαι einzelner Schriftsteller sich befaßten, die irgendwie eigenthümlich oder in einem besondern Sinne gebrauchten, oder auch überhaupt beachtenswerthen oder für das Verständniß schwierigen oder sonstwie von der gewöhnlichen Redeweise und Schriftsprache abweichenden Ausdrücke zusammenstellten und erklärten, mit Rücksicht auf die beiden, schon oben näher bezeichneten Zwecke; man kann solche Glossen mit Lersch als literarhistorische bezeichnen, wird aber überhaupt nicht übersehen dürfen, daß bei dieser dreifachen Abtheilung oder Gruppirung die Grenze sich keineswegs so fest abschließen läßt, da Manches, was wir unter die dritte Gruppe zu bringen uns veranlaßt sehen, in sofern es einen einzelnen Schriftsteller und dessen Ausdrücke betrifft, ebenso auch unter die erste Gruppe gebracht werden kann, und ähnliche Verhältnisse auch bei solchen Glossenwerken hervortreten, die zunächst der zweiten Gruppe anheimfallen. Wir haben als Beleg des Gesagten nur an die Homerischen, schon oben erwähnten Glossen zu erinnern oder an Galenus, der in dem Eingange seiner in dieses Gebiet der Glossographie einschlägigen Schrift über Hippokrates, τῶν Ἱπποκράτους γλωσσῶν ἐξήγησις[23]) ausdrücklich bemerkt[24]), daß er dabei Rücksicht genommen nicht blos auf veraltete, jetzt nicht mehr im Gebrauche befindliche Wörter (also auf Glossen der ersten Gruppe), sondern auch auf alle solche Wörter, welche in irgend einer besondern oder eigenthümlichen Weise von Hippokrates angewendet worden (also Glossen der dritten Gruppe). In eben diesem Sinne spricht auch Eustathius in einer bemerkenswerthen Stelle[25]) von den Glossen Pindar's, d. h. eigenthümlich gebrauchten Ausdrücken.

Die ersten Versuche auf dem Gebiete der Glossographie führen auf Homer und dessen Lectüre in den Schulen, zum Unterricht und zur Bildung der Jugend zurück, wie wir oben gesehen haben. Daß die von den

16) Die merkwürdige Stelle lautet vollständig: λέγων δὲ [illegible] καὶ [illegible] ὀνόματα οὐδ' κατεγλωττισμένην καὶ [illegible], ἀφελὴς γὰρ τὸ [illegible] Ἀπόλλω [illegible] u. s. w.
17) De Pythiae orac. cap. 24 und daselbst insbesondere die Worte: ἀφελὼν δὲ (ὁ θεὸς) τῶν χρησμῶν ἔπη καὶ γλώσσας καὶ περιφράσεις καὶ ἀσάφειαν, οὕτω διαλέγεσθαι παρεσκεύασε u. s. w.
18) Bei *Athenaeus* IX. p. 387 D. *Suidas* s. v. Τιμαχίδας. Bei Athenäus wird auch ein Ὀψαρτυτικὸς des Verfassers angeführt, in dem Aehnliches vorkam. 19) Bei demselben Athenäus I. p. 5 B. 20) Siehe die beiden Stellen des Athenäus III. p. 76 F und XI. p. 468 E. 21) Sprachphilosophie der Alten III. S. 63

22) Wie γλῶσσα im Sprachgebrauche der Hellenen oft gleichbedeutend mit διάλεκτος vorkommt, ist schon oben nachgewiesen worden. 23) Siehe in der Ausgabe von Kühn T. XIX. p. 63 seq. 24) Die betreffenden Worte lauten: οὐ μόνον ὅσα [illegible] [illegible]
25) Comment. Pindaric. Praefat. p. 64 (*Eustathii* Opusc. ed. Tafel): καὶ μὴν (ὁ Πίνδαρος) εἰ καὶ [illegible], [illegible] καὶ [illegible], ὅμως οὐδὲ τῶν ἄλλων διαλέκτων [illegible], [illegible] γλωσσῶν τῶν ἰδίως.

Lehrern ausgehende Erklärung der Glossen nicht blos mündlich stattgefunden, oder etwa als ein Dictat den jungen Leuten mitgetheilt, sondern daß diese Erklärungen auch schriftlich von solchen Lehrern in eigenen Werken aufgezeichnet und so der folgenden Zeit überliefert worden, wird sich nicht wol in Abrede stellen lassen; daß die alexandrinischen Gelehrten, insbesondere Aristarchus, bei ihren großen und umfassenden, der sprachlichen wie der sachlichen Erklärung Homer's zugewendeten Bestrebungen derartige glossographische Schriften vor sich gehabt haben müssen, ohne daß wir jedoch näher die Verfasser derselben kennen, zeigen uns noch jetzt nicht wenige in den Homerischen Scholien vorkommende Stellen[26]), in welchen die Verfasser solcher Glossen kurzweg mit der allgemeinen Bezeichnung οἱ γλωσσογράφοι genannt werden. Vielleicht gehört in diese frühere Classe der Glaucon von Tarsus, wenn er anders mit dem in dem Platonischen Ion genannten für eine und dieselbe Person zu halten ist; s. oben unter dem Worte Glaucon.

Wenn nun allerdings dasjenige, was uns jetzt von den Erklärungen dieser frühesten Glossographen noch vorliegt, in keiner Weise von Bedeutung[27]), in Manchem für uns kaum beachtenswerth erscheint, so möchten wir doch nicht daraus einen Schluß auf diese ganze ältere Glossographie ziehen und sie als bedeutungslos für uns verwerfen: wol aber können wir auch hier den Verlust dieses Zweiges der Literatur und die Dürftigkeit und das Ungenügende der darüber auf uns gekommenen Nachrichten nur beklagen. Daß die Philosophen, wie die Sophisten, die mit Untersuchungen über die Sprache im Allgemeinen sich so viel beschäftigten, auch dieses Gebiet nicht unbeachtet gelassen, läßt sich wol mit Sicherheit annehmen, wird doch selbst von dem Atomistiker Democritus eine Schrift: Περὶ Ὁμήρου ἢ ὀρθοεπείης καὶ γλωσσέων angeführt[28]); insbesondere kann das von der gelehrten, auch sprachlichen Studien und Anderes der Art in den Kreis der Behandlung ziehenden Schule der Peripatetiker gelten, die ohne Zweifel ebenfalls mit den Glossen, und zwar nicht blos mit den Homerischen sich beschäftigt haben: überhaupt muß die Beschäftigung mit diesem Gegenstande ziemlich allgemein und verbreitet gewesen sein, da dies selbst den Spott der komischen Dichter erregte. So hatte Straton[29]), ein Dichter nicht sowol der mittleren, als der neueren Komödie, den wir wol um das Jahr 300 vor Chr. werden ansetzen dürfen, in einer seiner Komödien, dem Phoinikides, einen Koch in lauter solchen veralteten, außer Gebrauch gekommenen Ausdrücken, also in Glossen, reden lassen, die sein Herr nicht anders verstehen zu können versichert, als wenn er eines von den Büchern (d. i. Wörterbüchern, Glossarien) des Philetas zur Hand nehme und darin nachschlage, um zu ersehen, was denn ein jedes dieser Worte, die der Koch im Munde führe, bedeute[30]). Sonach also werden wir wol den um diese Zeit lebenden Dichter Philetas aus Cos, der den Ptolemäus Philadelphus unterrichtete und auch des Zenodotus Lehrer gewesen sein soll, als einen der ersten zu betrachten haben, welcher mit der Abfassung von Glossen sich beschäftigte, wozu ihn wol seine gelehrten, grammatischen Studien geführt hatten; es gehört dahin ein Werk, welches bald unter der allgemeinen Aufschrift γλῶσσαι (s. Etymol. m. s. v. Ἐλεός), bald als ἄτακτοι γλῶσσαι (z. B. in den Scholien zu *Apollon. Rhod.* IV, 989), bald und öfters bei Athenäus als ἄτακτα angeführt wird[31]), und ebenso wol Glossen der oben erwähnten zweiten Gruppe, dialektischer und provinzieller Art, wie Glossen der ersten Art, mit besonderer Beziehung auf Homer enthielt, aber eben in dieser Beziehung Manches enthalten zu haben scheint, was den Widerspruch des Aristarchus erregte, welchem sogar eine eigene Schrift (σύγγραμμα πρὸς Φιλητᾶν) beigelegt wird, welche gegen diese Homerischen Erklärungen gerichtet gewesen sein mag[32]): was von diesen Erklärungen des Philetas noch vorhanden ist, erscheint allerdings von keiner sonderlichen Bedeutung[33]) im Vergleiche zu dem auf diesem Gebiete seit den Bemühungen des Aristarchus und seiner Schule Geleisteten. Weiter verlegt man in diese Reihe den von Suidas und Strabon (XIV. p. 655), wie Athenäus (XV. p. 677 C. VII. p. 327 E. seq.) genannten Grammatiker Simmias aus Rhodus, welchem neben vier Büchern unterschiedlicher Gedichte auch drei Bücher γλῶσσαι beigelegt werden: auch dem Zenodotus, dem ersten Herausgeber der Homerischen Gedichte, werden γλῶσσαι[34]) beigelegt, nach der Ansicht von Osann[35]) jedoch kein eigenes oder selbständiges Werk der Art, sondern kurze, an dem Rande seiner Ausgabe der Homerischen Gedichte beigefügte Erklärungen; von Clitarchus, dem Begleiter und Geschichtschreiber Alexander's des Großen werden ebenfalls γλῶσσαι bei Athenäus und Andern angeführt, wenn anders hier nicht, wie Westermann[36]) andeutet, an einen andern Clitarchus von Aegina zu denken ist. Ebenso werden dem Clearchus von Soli Glossen beigelegt[37]); von größerem Umfange und größerer Ausdehnung waren die γλῶσσαι des Aristophanes von Byzanz, ein, wie es scheint, umfassendes, aus vielen einzelnen Abschnitten bestehendes Werk[38]); ein ebenfalls sehr umfassendes Werk scheinen selbst nach den noch vorhandenen Ueberresten

26) Lehrs (De Aristarchi studiis etc. p. 44) hat eine Zusammenstellung derselben gegeben. 27) Bei Eustathius zu Odyss. ξ', 303 werden daher den γλωσσογράφοις die [illegible] entgegengesetzt: die genannten, aus Aristarch's Schule hervorgegangenen Erklärer. 28) Vgl. *Mullach:* Democriti fragmm. etc. p. 148. 196 seq. 29) Siehe *Meineke*, Fragmm. Comicc. Graecc. I. p. 426 seq. und IV. p. 545 seq.

30) Die Stelle steht bei Athenäus IX. p. 382 C. 31) Siehe *C. Ph. Kayser*, Philetae Coi fragmm. p. 33 seq. 74 seq. und *Nic. Bach*, Philetae Coi, Hermesianactis etc. reliquiae nr. 53—60. 32) Vergl. *Fabricii* Bibl. Graec. VI. p. 558. ed. H. 33) Vergl. *Lehrs*, De Aristarchi studiis p. 55 seq. 34) Siehe Schol. *Apollon. Rhod.* II, 1005. Schol. *Theocrit.* V, 2. 35) Quaest. Homericae. P. I. (Ulm. 1851.) p. 9—12. Vergl. auch *Duentzer*, De Zenodoti studiis Homericis p. 30 seq. 36) Siehe in Pauly, Realencyklopädie II. S. 460. 461. Vergl. auch Geier in der Zeitschrift für Alterthumswissensch. 1841. Nr. 99. S. 821 fg. 37) Siehe Scholien zu Il. XXIII, 81. 38) Siehe Nauck im Rhein. Mus. Neue Folge. VI, 3. S. 321 fg.; vergl. desselben Fragmm. Aristophanis p. 69 seq.

die γλῶσσαι des Nicander von Colophon gewesen zu sein [39]); von dem berühmten Callimachus aus Cyrene werden Glossen zu Demokritus [40]) angeführt. Wenn die Mehrzahl dieser Glossenwerke auf die Homerischen Gedichte sich bezog, so finden wir, daß auch Aristarchus bei seinen Bemühungen um den Text und die Erklärung Homer's, diese Seite keineswegs vernachlässigte, wiewol er kein eigenes Werk der Art geschrieben; er verband vielmehr die Glossen mit der übrigen Erklärung überhaupt zu Einem Ganzen und hat auch in dieser Hinsicht nichts Geringes geleistet [41]). Seine ganze Schule wendete sich mit gleichem Eifer der Glossographie zu und lassen sich diese Studien, zunächst in Bezug auf Homer und die Homerischen Gedichte, dann aber auch in Bezug auf andere Schriftsteller der älteren Zeit bis in die römische Kaiserzeit herab verfolgen, aus der noch das Wenige stammt, was uns von derartigen Bemühungen der Hellenen aus einem mit so großem Fleiße und in so großer Ausdehnung bearbeiteten Zweige der Literatur, zunächst der sprachlich-grammatischen Forschung überhaupt noch erhalten ist. Es muß dabei aber auch weiter bemerkt werden, daß bei diesem weiteren Fortgange derartiger Forschungen die Unterschiede, wie sie ursprünglich zwischen der γλῶσσα und der λέξις und dem ὄνομα bestanden, nicht mehr so streng bewahrt wurden, und vielfache Uebergriffe, wenn man es so nennen darf, des einen in das andere, oder Verbindungen derselben mit einander stattfanden, daß die Glossenwerke (αἱ γλῶσσαι), oder wenn wir einen spätern, der Hellenenwelt selbst fremden Ausdruck hier anwenden wollen, die Glossarien mit den Lexicis und Onomasticis, d. h. mit den eigentlichen (wenn auch gleich auf verschiedene Weise angelegten und nach Inhalt und Gegenstand verschiedenartigen) Wörterbüchern in sofern zusammenfielen, als in diese letztere auch die Glossen, schon um der Vollständigkeit wegen, aufzunehmen waren, überdies jene Wörterbücher oder Lexica (λεξικά von λέξις) anfänglich nicht den ganzen Kreis der Literatur und Sprache oder eines Theils derselben befaßten, sondern vielmehr davon ihren Ausgangspunkt nahmen, daß die λέξεις oder ὀνόματα besonderer Mundarten oder Dialekte, besonderer Wissenschaften und besonderer einzelner Autoren in solchen Wörterbüchern zusammengestellt wurden [42]), mithin eine Annäherung der λέξεις und ὀνόματα an die γλῶσσαι, wie wir deren Begriff oben entwickelt haben, sich gewissermaßen von selbst bot: woraus es sich denn auch erklärt, daß so manche in dieses Gebiet einschlägige Schriften bald als γλῶσσαι, bald als λέξεις oder ὀνόματα citirt oder auch in Verbindung mit einander in den Aufschriften der betreffenden Werke genannt werden, wiewol immerhin die eigentliche Glossographie von der Lexicographie wohl zu trennen ist [43]). So wird dem Pamphilus, einem alexandrinischen Grammatiker aus der Schule des Aristarch, ein Werk γλῶσσαι beigelegt, dann wieder Περὶ γλωσσῶν καὶ ὀνομάτων, desgleichen Περὶ ὀνομάτων: was doch wahrscheinlich nur verschiedene Aufschriften eines und desselben größern glossographischen Werkes sind, dem vielleicht auch die Ἀττικαὶ λέξεις desselben Schriftstellers angehörten, wiewol hier auch an eine besondere im Inhalte von den γλῶσσαι abweichende Schrift gedacht werden kann [44]), da nicht wenige andere Schriften anderer Grammatiker unter dieser oder einer ähnlichen Aufschrift vorkommen [45]). Aus den aus diesem Werke des Pamphilus noch erhaltenen Bruchstücken werden uns auch ähnliche Werke bekannt, auf welche Pamphilus in seinem Werke Bezug genommen hatte, so die schon oben erwähnten γλῶσσαι des Aristophanes von Byzanz, die γλῶσσαι des Hermonax [46]), dem auch γλῶσσαι Κρητικαί beigelegt werden; ferner gehört hierher Heraclitus oder Heracleon [47]) aus Ephesus, Diodorus durch seine γλῶσσαι Ἰταλικαί [48]), Apollodor von Cyrene [49]). In den Kreis dieser Glossographen gehört ferner Amerias aus Macedonien, der auch mit naturhistorischen Forschungen sich beschäftigte, dann aber als Verfasser einer Schrift Γλῶσσαι citirt wird, aus welcher Manches bei Athenäus vorkommt [50]). Weiter können hier genannt werden die aus mehren Büchern bestehenden γλῶσσαι des Neoptolemos von Paros [51]), ferner die Leistungen des Nicander von Thyatira, der von dem oben genannten Nicander aus Colophon wol zu unterscheiden ist [52]), ferner Philemon aus Athen,

39) Siehe *Mar. Schmidt*, Nicandrea p. [illegible] seq. 40) Bei *Suidas* s. v. Καλλίμαχος, wo die gewöhnliche Lesart: πίναξ τῶν Δημοκρίτου γλωσσῶν nach Bernhardy und [illegible] (aus dem vorhergehenden Worte [illegible]) πίναξ, [περὶ] τῶν Δημοκρίτου γλωσσῶν zu ändern ist. 41) Siehe *Lehrs*, De Aristarchi studiis etc. p. 53 seq. *Fabricii* Bibl. Graec. I. p. 365 seq. ed. *Harl.* 42) Beispiele s. bei Maussac am gleich anzuführenden Orte p. 363 seq. (p. 41. Lips.).

43) Maussac in der Dissertat. critic. de Harpocratione, nachdem er zuerst über diese Verbindung der Glossographie und Lexicographie, oder vielmehr das Zusammenfallen und Uebergehen der Glossen in die Lexica das Nöthige bemerkt hat (p. 355 seq. oder Vol. II. p. 36 seq. der leipziger Ausgabe des Harpocration), fügt dann (p. 363 seq. oder p. 41) ausdrücklich hinzu: „*Lexica*, quae vulgo vocant dictionaria, vel peculiari aut privatae dialecto et linguae vel scientiae, arti et auctori addicta erant vel omnium gentium quorumlibet auctorum: omnium *item* scientiarum et artium verba sive ὀνόματα complectebantur. Si de privata tantum aliqua dialecto vel cujusdam scientiae verbis aut auctoris vocabulis agerent et quae ex illis difficilia et obsoleta erant explicarent, non amplius *Lexica*, sed *glossae* erant: quod valde notandum est, ut sciant omnes discrimen, quod constituere debent inter *glossas* et *Lexica*. Quando omnes voces et faciles et difficiles, et usitatas et inusitatas, et remotas et vulgares exponerent, tunc proprie Lexica erant: immo etsi tantum alicujus auctoris propria et peculiaria verba, vel cujusdam gentis et populi loquendi genera, dummodo non usitata minus et obsoleta illa essent, colligerent, adhuc tamen *Lexica* componebant" etc. 44) Siehe die Belege bei Schweighäuser im Index Auctorum des Athenäus (T. IX.) p. 158. Lersch, Sprachphilosophie III. S. 75. 45) Siehe die Beispiele bei Maussac p. 363 u. 364 (p. 42. ed. Lips.), Lersch, Sprachphilosophie III. S. 68 fg. 46) Siehe *Athen.* II. p. 53 B., vergl. III. p. 76 E. 47) Siehe Schweighäuser a. a. O. S. 180, vergl. 122. 48) Siehe *Athen.* XI. p. 478 A. 49) Siehe *Athen.* XI. p. 487 B. 50) Siehe bei Schweighäuser a. a. O. S. 20. 51) Siehe bei *Athen.* XI. p. 476 F. 52) Siehe die Stellen bei Schweighäuser a. a. O. S. 154 und vergl. Westermann zu *Voss.* De hist. Graec. p. 374. not. 8.

den, wie wir oben das Gleiche bei Pamphilus gesehen haben, Ἀττικαὶ λέξεις oder φωναί, dann wieder Ἀττικὰ ὀνόματα ἢ γλῶσσαι beigelegt werden: was am Ende doch nur auf eine und dieselbe Schrift hinausläuft[53]); Seleucus, ein Alexandriner, dessen mehrfach angeführte γλῶσσαι auf Homer zunächst sich bezogen[54]); Theodorus, welchem Ἀττικαὶ γλῶσσαι und Ἀττικαὶ φωναί beigelegt werden, die ebenfalls auf ein und dasselbe Werk wahrscheinlich zurückfallen[55]), Timachidas aus Rhodus[56]), welchem ebenfalls γλῶσσαι beigelegt werden, aus denen Athenäus Einiges anführt, auch wol Parmeno aus Rhodus, welcher in einem Scholion[57]) als Glossograph bezeichnet wird, sonst aber nur durch eine Schrift: Περὶ διαλέκτων aus einer Anführung des Athenäus[58]) bekannt ist; dem Alexandriner Philoxenus, der zu Rom lehrte, werden von Suidas (s. v.)[59]) beigelegt fünf Bücher γλωσσῶν, dann eine besondere Schrift: Περὶ τῶν παρ' Ὁμήρῳ γλωσσῶν, neben weiteren Schriften über den lakonischen, den ionischen und andere Dialekte. Als Glossographen, zunächst in Bezug auf Homer werden Apion und Heliodorus neben einander von den Homerischen Scholien[60]) genannt: von dem ersteren, der unter Tiberius und Claudius fällt, und als Gelehrter, insbesondere durch seine Forschungen über die Homerischen Gedichte, so großes Ansehen gewann, werden ausdrücklich γλῶσσαι Ὁμηρικαὶ κατὰ στοιχεῖον angeführt[61]), von welchen uns sogar noch ein Bruchstück, das unlängst zu Tage gefördert ward[62]), erhalten ist. Dieses Werk mag Apollonius aus Alexandria[63]) in seinem Homerischen Wörterbuche (Λέξεων κατὰ στοιχεῖον τῆς τε Ἰλιάδος καὶ Ὀδυσσείας) mehrfach benutzt haben, weshalb wir auch diesen Apollonius nicht in das Zeitalter des Augustus, wie Villoison annimmt, sondern in eine spätere Zeit verlegen zu müssen glauben. Bekanntlich ist dieses Wörterbuch das einzige, was sich von diesen glossographischen und lexikographischen, auf Homer bezüglichen Forschungen erhalten hat, die uns sonst nur noch aus Eustathius' Commentaren und aus den Homerischen Scholien noch einigermaßen bekannt sind, abgesehen von dem, was bei Athenäus und andern Schriftstellern gelegentlich darüber vorkommt.

Wenn wir bei Anführung dieser glossographischen Bestrebungen der Griechen insbesondere die Homerischen Gedichte berücksichtigt finden, so dürfen wir darum aber nicht glauben, daß darüber andere, namhafte Schriftsteller, namentlich solche, die in einem bestimmten Zweige der Literatur maßgebend und mustergültig auch im Ausdrucke und in der Sprache waren, vernachlässigt worden; und wenn wir hier von dem absehen, was für andere, auf Homer der Zeit nach folgende Dichter, z. B. für Hesiodus, oder für die einzelnen tragischen und komischen Dichter, die in den Kanon aufgenommen worden waren, wie selbst Lyriker geleistet worden, so mag hier nur an Hippokrates erinnert werden, dessen Werke eine Reihe von solchen glossographischen Schriften schon frühe hervorriefen, wie wir aus dem Vorworte der noch erhaltenen, hierher einschlägigen Schrift des Galenus: Τῶν Ἱπποκράτους γλωσσῶν ἐξήγησις, und aus der in denselben Kreis fallenden Schrift des Erotianus: Τῶν παρ' Ἱπποκράτει λέξεων συναγωγή hinlänglich ersehen können. Hier treten uns die sonst meist nicht näher bekannten Namen eines Xenokritus aus Cos, Bakchios aus Tanagra, Philinus, Epikles aus Kreta, welcher das Werk des Bakchios in einen Auszug brachte, Apollonios Ophis, Dioskorides Phakas, Apollonios aus Citium, Herakleides, Glaukias, Lysimachus aus Cos, Euphorion u. A. entgegen, welche derartige Schriften über Hippokrates abgefaßt, abgesehen von denjenigen Gelehrten, die in größeren Werken der Art auf Hippokrates Rücksicht genommen; keiner der berühmtesten Grammatiker Alexandria's hatte, wie Galenus ausdrücklich bemerkt, den Hippokrates in dieser Beziehung übergangen. Die Glossen des Philosophen Demokritus hatte, wie wir schon oben bemerkt haben, Callimachus gesammelt[64]); ähnliche Glossenwerke existirten über die Schriften anderer Philosophen, zumal des Platon, obwol uns nur Weniges aus diesem Kreise noch bekannt ist, insbesondere die Wörterbücher (λέξεις) des Harpokration aus Argos[65]) und des Boethus[66]) verloren gegangen sind, und nur eine kleine Schrift der Art eines nicht weiter bekannten Verfassers, die jedoch Photius (Bibl. Cod. 151) kannte, in einer einzigen Handschrift sich erhalten und daraus von Ruhnkenius[67]) herausgegeben worden ist: Τιμαίου Σοφιστοῦ ἐκ τῶν τοῦ Πλάτωνος λέξεων; denn daß darin auch Glossen in dem oben bezeichneten, eigentlichen Sinne des Wortes enthalten gewesen, und diese Schrift mithin auch, zum Theil wenigstens, der Glossographie angehört, zeigen die Worte des Verfassers in dem Vorworte, worin er versichert, in seinem Werke „Τὰ παρὰ τῷ φιλοσόφῳ γλωσσηματικῶς ἢ κατὰ συνήθειαν Ἀττικὴν εἰρημένα, οὐχ ὑμῖν τοῖς

Ἀττικὰ ὀνόματα werden demselben ausdrücklich beigelegt von Athen. XV. p. 678 F., bei den übrigen Anführungen ist kein bestimmtes Werk genannt.

53) Siehe bei Schweighäuser a. a. O. S. 164. 54) Siehe ebendaselbst S. 188. 55) Siehe ebendaselbst S. 204. 56) Siehe ebendaselbst S. 210. 57) Zu Ilias I, 591, wo statt Παρμενίων wol zu lesen: Παρμένων. 58) Buch XI. p. 500 B. 59) Vgl. auch Athen. II. p. 53 A. 60) Zu Odyss. XIV. 824: οἱ γλωσσογράφοι ἤγουν Ἀπίων καὶ Ἡλιόδωρος, wo jedoch die Worte ἤγουν Ἀπίων καὶ Ἡλιόδωρος von Lehrs (De Aristarchi studiis p. 45. not.) als ein eigenmächtiger Zusatz dessen, der das Scholium aus Eustathius abschrieb, angesehen werden sollen. 61) Siehe bei Hemsterhuis, Epist. ad Eulog. crit. 62) Bei dem Etymologicum Gudianum ed. Sturz p. 601—610. Ueber Apion s. meinen Artikel in Pauly, Realencyklopädie I. S. 605 u. 606. 63) Siehe in dieser Encyklopädie 1. Sect. 4. Bd. S. 448.

64) Auch eine Schrift des Hermonax: Περὶ τῶν Δημοκρίτου λέξεων, wird neben einer andern: Περὶ Πλατωνικῶν λέξεων, von Stephanus von Byzanz s. v. Τρωάς angeführt. 65) Siehe bei Suidas s. v. Derselbe schrieb auch über Platon Commentare (ὑπομνήματα) in 24 Büchern. 66) Photius (Bibl. cod. 154 u. 155) führt von ihm an: Λέξεων Πλατωνικῶν συναγωγὴ κατὰ στοιχεῖον und Περὶ τῶν παρὰ Πλάτωνι ἠπορημένων λέξεων. 67) Zu Leyden 1754 erstmals, dann 1789 unter der Aufschrift: Τιμαίου σοφιστοῦ περὶ Πλάτωνι λέξεων, wiederholt (von Koch) zu Leipzig 1828 und 1833, auch abgedruckt in der züricher Ausgabe des Platon und in der leipziger von G. Hermann besorgten.

Ῥωμαίοις ὄντα ἀσαφῆ ἀλλὰ καὶ τῶν Ἑλλήνων τοῖς πλείστοις" gesammelt, dann alphabetisch geordnet und erklärt zu haben: alle Ausdrücke, welche der späteren Zeit minder verständlich waren, in sofern sie der älteren attischen Schriftsprache oder Platon selbst eigenthümlich waren, hatten in diesem Werke Aufnahme und Erklärung gefunden.

Daß ähnliche Werke über Herodotus vorhanden waren, ist nicht zu bezweifeln; schon der eigenthümliche, von Späteren sogar kunstmäßig nachgeahmte ionische Dialekt und die den ältern Logographen wie den ältern Dichtern, namentlich Homer, sich annähernde Redeweise gab dazu unwillkürlich die Veranlassung. Allein nur wenige Spuren dieser Forschungen lassen sich jetzt noch mit einiger Sicherheit näher verfolgen; so werden *Ἐξηγήσεις γλωσσῶν Ἡροδότου* eines Grammatikers Apollonius angeführt[68]), in welchem man den Apollonius Dyscolus muthmaßlich erkennen will[69]). Aus diesem und ähnlichen Schriften mögen die freilich sehr unbedeutenden Herodoteischen *γλῶσσαι* oder *λέξεις*[70]) entnommen sein, deren Fassung eine allerdings sehr späte Zeit beurkundet[71]). Aber auch in andern Werken anderer Gelehrten war Herodotus in ähnlicher Weise, wie wir dies oben bei Homer bemerkt haben, berücksichtigt worden, da die alexandrinischen Gelehrten sich mit Herodotus in ähnlicher Weise, wie mit Homer, beschäftigten und ihn damit auf die Nachwelt überhaupt gebracht haben. Eine ähnliche Behandlung mag Thucydides gefunden haben, und gilt dasselbe auch von andern Geschichtschreibern; aber es ist fast Alles spurlos verschwunden.

Endlich sind auch die Redner in ähnlicher Weise behandelt worden; davon geben mehrfache Spuren uns Kunde[72]): wiewol das, was hier geleistet wird, mehr in den Kreis der eigentlichen *λέξεις* gehört, sowie der *ὀνόματα*, eben weil ja der Redner, der zum Volke sprach, sich an die gewöhnliche Sprache und den gewöhnlichen Verkehr des Lebens viel mehr zu halten hatte, von eigentlichen Glossen also hier weniger die Rede sein konnte; wol aber waren aus der Sprache und Ausdrucksweise derjenigen Redner, die als classisch anerkannt und darum auch in den Kanon der zehn Redner aufgenommen waren, die Muster einer reinen attischen Sprache auch für die folgenden Zeiten zu entnehmen; eine Zusammenstellung und Erklärung der von ihnen gebrauchten Ausdrücke und Redensarten in alphabetischer Ordnung mußte darum ebenso wünschenswerth und selbst nothwendig zu den bemerkten Zwecken der Nachbildung und der Erhaltung eines reinen Sprachgebrauchs erscheinen, als anderentheils die in diesen Rednern vorkommenden technischen Ausdrücke ebenfalls für die spätere Zeit eine Erklärung erheischten zum richtigen Verständnisse, sodaß auch von dieser Seite aus die Zusammenstellung solcher Ausdrücke in eigenen Wörterbüchern nothwendig ward. Wenn nun auch in derartigen Wortverzeichnissen das, was man früher Glosse nannte (in so weit in den Reden dieser Meister attischer Sprache etwas der Art vorkommen konnte), seine angemessene Berücksichtigung fand, so können doch diese Werke nicht als glossographische im eigentlichen Sinne dieses Wortes betrachtet werden, sondern gehören in das nicht minder ausgedehnte und sorgfältig gepflegte Gebiet der Lexikographie, wohin auch die Onomastica (meist Realwörterbücher) zu zählen sind, wie dies die noch vorhandenen Wörterbücher des Harpokration und Pollux, sowie die von J. Bekker und Bachmann in dem ersten Bande ihrer *Anecdota* herausgegebenen Reste von rhetorischen Wörterbüchern zur Genüge zeigen. Es hängen damit die Bestrebungen der sogenannten Atticisten[73]) zusammen, welche durch ähnliche Wörterbücher, in denen die einzelnen Wörter und Redensarten verzeichnet waren, mit Angabe ihres Gebrauches in Bezug auf die attische, wie die sogenannte hellenische (d. i. die gewöhnliche, spätere, in der römischen Kaiserzeit geltende) Sprache, die Reinheit der Sprache zu erhalten suchten; ebenso auch die in das Gebiet der Synonymik fallenden, ähnlichen und zu ähnlichen Zwecken gefertigten Wörterbücher: der eigentlichen Glossographie stehen beide ferner und müssen von ihr getrennt werden.

Aus der bisher gegebenen Uebersicht mag hervorgehen, in welchem Sinne und in welchem Umfange die Bearbeitung und Behandlung der Glosse bei den Griechen stattgefunden, und welche Ausdehnung das Gebiet der Glossographie im Laufe der Zeiten gewonnen hat; aber es mag auch hiernach bemessen werden der große Verlust, den wir auf diesem einst so ausgebreiteten und so sorgfältig gepflegten Gebiete erlitten haben, aus welchem uns kaum noch etwas in seiner ursprünglichen Form und Fassung, die oben erwähnten Schriften des Timäus, Galenus u. s. w. etwa abgerechnet, vollständig vorliegt: das Meiste, was wir von diesen Glossen noch kennen, verdanken wir meist nur gelegentlichen Mittheilungen in den verschiedenen Schriftstellern der späteren Zeit, insbesondere in den freilich oft sehr verschiedenen Zeiten angehörigen Scholien zu Homer, zu den Tragikern u. s. w., in den Commentaren des Eustathius zu Homer und dergl., wobei freilich zu erwägen ist, daß diese vereinzelten Mittheilungen oft nicht einmal der ursprünglichen Quelle selbst entnommen sind, sondern erst aus zweiter oder dritter Hand uns zufließen, was auf die Fassung selbst einen Einfluß gehabt und manche Veränderung herbeigeführt hat; dasselbe gilt auch von demjenigen, was in den größeren lexikalischen Werken der Griechen, welche sich noch erhalten haben, sich vorfindet, sowol den besondern Werken der Art, wie das Onomastikon des Pollux, das Etymologicum magnum, als den mehr allgemeinen, wie die Wörterbücher des Suidas,

68) Siehe *Etymolog. magn.* s. v. [illegible] und [illegible]. 69) Meier in der Commentat. Andocid. VI. (Hal. 1843.) p. XXI. 70) Siehe darüber in meiner Ausgabe des Herodotus T. IV. p. 426 seq. (Commentatio de vita et scriptis Herodoti §. 16). 71) Sie erschienen zuerst in des Stephanus Dictionarium Medicum, und finden sich in den größeren Ausgaben des Herodotus wiederholt. 72) Siehe bei Gräfenhahn, Geschichte der classischen Philolog. III. S. 182 fg.

73) Vergl. Gräfenhahn, Geschichte der classischen Philolog. III. S. 150 fg.

Hesychius, Photius; Anderes, was in das Gebiet der Glosse einschlägt, ist aus den verschiedenen Schriften späterer Grammatiker, namentlich auch aus dem, was in der neuern Zeit Bekker, Cramer, Bachmann, Boissonade in ihren Anecdotis veröffentlicht haben, zu entnehmen, wiewol es hier meist in einer abgekürzten, oftmals auch veränderten und entstellten Fassung uns entgegentritt. Auf dies Alles, jetzt vielfach zerstreute, werden wir unser Augenmerk zu richten haben, wenn wir bei den großen Verlusten, welche wir auf diesem Gebiete erlitten haben, uns einen richtigen Begriff von der Glosse machen und das ganze Gebiet der Glossographie nach allen Seiten und Richtungen gehörig würdigen wollen. Diese aber umfaßt, wie wir gesehen, ein eigenes, in sich abgeschlossenes Gebiet, ebenso wie das Wort Glosse (γλῶσσα) hier in einem engern und begrenzten, in sich abgeschlossenen Sinne, als ein technischer Ausdruck gewissermaßen erscheint, der eben darum nicht auf weitere, außerhalb dieses engeren Kreises liegende Gebiete im Allgemeinen übertragen werden darf: am wenigsten wird man daher, um ein bestimmtes Beispiel anzuführen, diese engere und specielle Bedeutung des Wortes übertragen dürfen auf die bekannte neutestamentliche Ausdrucksweise: γλώσσῃ oder γλώσσαις λαλεῖν, um dieser den hiernach entsprechenden Sinn: „in seltenen, dunkeln, poetischen Ausdrücken reden" zu verleihen [74]), was demnach als eine Verkennung des Sprachgebrauchs erscheint, der, wenn er auch das Wort γλῶσσα in dem nachgewiesenen engern Sinne als einen technischen Kunstausdruck gebraucht hat, darum doch nie die allgemeine Bedeutung des Worts in der gewöhnlichen Ausdrucksweise hat fallen lassen, sondern vielmehr fortwährend dieses Wort in dem Sinne von Sprache und Mundart gebraucht hat, mithin als ein nicht zu rechtfertigender Misbrauch der Anwendung anzusehen ist, die hier von der Ausdrucksweise classischer Schriftsteller auf die neutestamentliche Redeweise, die sich auch hier an den gewöhnlichen Sprachgebrauch der Hellenen gehalten hat, gemacht wird.

Statt des Ausdrucks γλῶσσα in dem bemerkten Sinne und in der bemerkten Ausdehnung finden wir auch in späterer Zeit den davon gebildeten Ausdruck *glossema* (γλώσσημα), jedoch im Ganzen nur sehr selten, so weit die uns noch erhaltenen Schriftdenkmale reichen, angewendet; daß derselbe aber keinen andern Sinn hat, zeigt uns deutlich eine in der Schrift des Kaisers Antoninus vorkommende Stelle (IV, 33), in welcher es heißt: αἱ πάλαι συνήθεις λέξεις γλωσσήματα νῦν, οὕτως οὖν καὶ τὰ ὀνόματα τῶν πάλαι πολυυμνήτων νῦν τρόπον τινὰ γλωσσήματά ἐστιν; und stimmt damit auch der Gebrauch des Adjectivs γλωσσηματικός wie des Adverbiums γλωσσηματικῶς [75]), wie die schon früher angeführten Stellen des Dionysius von Halikarnaß und Anderer zeigen, überein; auch die Römer haben darnach den Ausdruck *glossema*, in demselben Sinne, wie glossa, das sie ebenfalls aufgenommen [76]), und zwar schon frühzeitig, wie es scheint, überkommen, da wir ihn schon bei Varro wie in den Bruchstücken des Festus finden, also früher noch, wie in den vorhandenen Resten der griechischen Literatur. Daß aber bei diesen Römern *glossema* in keinem andern Sinne wie *glossa* genommen ward, geht aus zwei Stellen des Varro (De Ling. Lat. VI. p. 82 u. 88) hervor; in der einen werden angeführt: „qui *glossas* scripserunt," in der andern: „qui *glossemata* interpretati sunt," dieselben, welche bei Festus s. v. Naucum, *Glossematorum scriptores* genannt werden (wie z. B. Aelius Philologus, dessen liber *Glossematorum* derselbe Festus s. v. Ocrem anführt), und bei Gellius (N. A. XVIII, 6) *idonei vocum antiquarum enarratores*, bei Charisius (II. p. 216) *vocum veterum interpretes:* was auf dasselbe hinausläuft. Quintilian's Stelle, in welcher *glossema* in demselben Sinne wie glossa vorkommt und auch demgemäß erklärt wird (vox minus usitata), haben wir schon oben angeführt; in keinem andern Sinne hatte auch Asinius Pollio dieses Wort in einem Epigramm genommen [77]), das er auf den Grammatiker Marcus Pomponius Marcellus gedichtet, anspielend auf sein früheres Gewerbe eines Faustkämpfers:

> Qui caput ad laevam didicit, *glossemata* vobis
> Praecipit: os nullum vel potius pugilis

und ebenso wird auch das *glossematicum* genus locutionum bei dem Grammatiker Diomedes (p. 434. *Putsch.*) in keinem andern Sinne zu nehmen sein.

Aus dem Angeführten geht hervor, daß die Römer mit dem Ausdrucke auch die Sache selbst werden erhalten haben, und daß sie daher auch in den Zeiten, in welchen Literatur und Wissenschaft überhaupt in Rom sich entwickeln, diesem Zweige der Literatur nicht fremd geblieben sind. Es fällt dies mit der Verpflanzung grammatischer und sprachlicher Studien nach Rom zusammen, die wir bis auf Krates von Mallus, den Zeitgenossen Aristarch's, und dessen Aufenthalt in Rom, mit Suetonius [78]) zurückführen können, wenn auch gleich früher schon einige schwache Anfänge der Pflege derartiger Studien bemerkbar sind. Es mußten aber diese Studien in Rom um so mehr Aufnahme finden, als sie mit der Bildung der Sprache selbst zusammenhängen, die eben in diese und in die nächstfolgende Periode fällt bis zu dem Zeitalter des Augustus, in welchem allerdings die Sprache durch diese und andere Einflüsse eine von der früheren vielfach veränderte Gestalt und Fassung angenommen hatte, insbesondere so viele, in der früheren Zeit übliche Formen und Ausdrücke außer Gebrauch gekommen und durch andere ersetzt worden waren, wodurch selbst das Verständniß der Schriftwerke der früheren Zeit erschwert wurde, während auf der andern Seite schon in dem Zeitalter des Augustus und noch mehr in der nächstfolgenden Periode bei Dichtern wie Prosaikern eine

74) S. Bleek in den Theolog. Studien und Kritiken. Jahrg. 1829. S. 5 ff., insbesondere S. 46. 75) Vergl. Thomas. Ling. Graec. II. p. 661. ed. *Dindorf.*

76) Außer den gleich anzuführenden Stellen s. auch *Charisius* II. p. 204. 77) Bei *Suetonius.* De grammatt. cap. 22. 78) De illustr. Grammatt. cap. 1.

gewisse Neigung hervortrat, diese außer Gebrauch gekommenen, veralteten Ausdrücke wieder aufzunehmen und dadurch der Rede eine gewisse antike und damit altrömische Färbung zu verleihen. Es kann hier nicht der Ort sein, diese Richtung weiter zu verfolgen und näher auseinanderzusetzen: wir erwähnen derselben hier nur, um zu zeigen, wie auch in Rom mit der Einführung der grammatischen Studien- und der weiteren, selbst sorgfältigen Pflege derselben auch die Glosse und die Glossographie in ähnlicher Weise und in ähnlichem Sinne wie in Griechenland nicht ausbleiben konnte. Während man in der dem Zeitalter des Augustus vorangehenden Periode und in diesem Zeitalter selbst von der einen Seite bemüht war, ältere, unförmliche, rauhere Formen und Ausdrücke außer Gebrauch zu setzen und geschmeidigere an ihre Stelle zu bringen, um so der ganzen Sprachweise eine feinere, nach dem Muster der Griechen gebildetere Form zu verleihen, zeigte sich von der andern Seite auch eine entgegengesetzte Bestrebung, welche in dem Wiederhervorholen von veralteten Ausdrücken der Rede mehr Kraft und einen mehr nationellen Charakter zu verleihen suchte. Beide Richtungen aber brachten es mit sich, daß man von Seiten der gelehrten Grammatiker sein Augenmerk auf diese außer Gebrauch gekommenen, veralteten Ausdrücke, also auf die Glossen richtete, und in ähnlicher Weise, wie wir dies bei den Griechen gesehen haben, bedacht war, diese Ausdrücke aus den Werken der älteren Literatur, insbesondere der poetischen, in eigenen Schriften zusammenzustellen, welche, indem dem betreffenden Ausdrucke die Erklärung beigefügt war, das Verständniß jener älteren Schriftwerke erleichtern und fördern sollten, während auf der andern Seite die Freunde der archaisirenden Richtung in derartigen Werken eine Vorrathskammer fanden, aus der sie beliebig solche veraltete Ausdrücke entnehmen konnten, um damit ihre Darstellung aufzuputzen und ihr eine antike Färbung zu verleihen. Indessen glauben wir immerhin, daß die erste Richtung die überwiegende war; wenn man daher die bei den älteren Schriftstellern, zunächst Dichtern vorkommenden, veralteten und daher nicht mehr verständlichen Ausdrücke zu erläutern, und so das Verständniß jener Dichter, die, wie z. B. ein Livius, Ennius, Plautus (um nur diese anzuführen) so viel gelesen wurden und so viele Verehrer gefunden hatten, zu erleichtern bedacht war, so war damit auch die weitere Absicht verbunden, vor der Anwendung solcher außer Gebrauch gekommenen Ausdrücke vielmehr zu warnen: also gewissermaßen die Reinheit der Sprache, insbesondere der Schriftsprache, wie sie sich um das Zeitalter des Augustus gebildet hatte, zu bewahren, und ebenso auch der Aufnahme und dem Gebrauche fremdartiger Ausdrücke, welche bei dem Einströmen so vieler Fremden nach Rom so leicht Eingang finden konnten, entgegenzuarbeiten. In diesen Verhältnissen ist wol auch der Grund zu suchen, warum wir in Rom die Glossographie früher als andere Zweige der grammatischen und sprachlichen Forschung antreffen und ihre Pflege auch in den nachfolgenden Zeiten fortgesetzt sehen; wir sehen dabei, wie die römischen Glossographen in ihrem Streben nach Reinheit der Sprache, nicht sowol den griechischen Ausdruck *glossa* in den Aufschriften der von ihnen abgefaßten, derartigen Werke gebrauchten, sondern durch die entsprechenden lateinischen ersetzten, wenn auch gleich das Wort *glossa*, wie wir oben gesehen, in die römische Sprache Eingang und Aufnahme gefunden hatte, so gut wie das Wort *glossema*. Dagegen finden wir hier zuerst zur Bezeichnung derartiger Verzeichnisse von veralteten, außer Gebrauch gekommenen Ausdrücken oder Glossen den Ausdruck *glossaria* angewendet, für welchen in der uns bekannten älteren griechischen Literatur kein Beleg aufzufinden ist [79]), ebenso wenig als die ältere römische Literatur in den uns zugänglichen Resten einen solchen bietet. Denn eigentlich sind wir hier auf die einzige Stelle des Gellius Noct. Att. XVIII, 4 gewiesen, wo Domitius, ein in Rom zu jener Zeit gefeierter Grammatiker, den Philosophen jener Zeit die Beschäftigung mit Kleinigkeiten, Wortklaubereien und dergl. vorwirft, und sie nach des alten Cato Ausdruck als reine „mortualia" bezeichnet [80]), mit dem seinen Vorwurf rechtfertigenden Zusatze: „*glossaria* namque conlegitis et *lexidia*, res taetras et inanes et frivolas, tamquam mulierum voces praeficarum." In den Zeiten des Gellius, nicht aber des älteren Cato, muß also der Ausdruck *glossarium* bereits zur Bezeichnung solcher Glossenwerke aufgekommen sein, keineswegs jedoch in dem weit später erst aufgekommenen Sinne eines jedweden Wortverzeichnisses oder Wörterbuches.

Gehen wir nun in das Einzelne ein, was uns von den derartigen Bestrebungen der Römer noch bekannt ist, und zwar von der oben bemerkten ersten Zeit der Einführung und Pflege der grammatischen und sprachlichen Studien in Rom an, so lag in den älteren Schriftdenkmalen Roms, in einzelnen Liedern (wie z. B. den Liedern der salischen Priester) und andern auf den Cultus bezüglichen Aufzeichnungen liturgischer und ritueller Art, sowie in andern legislatorischen Aufzeichnungen, wie z. B. in den Gesetzen der Zwölf-Tafeln, einzelnen in Schrift niedergelegten Verfügungen der Behörden oder processualischen Aufzeichnungen, Inschriften öffentlicher Art überhaupt und dergl. schon für diese Zeit der sich entwickelnden und bildenden Literatur, namentlich der poetischen (das Auftreten des Krates von Mallus in Rom um 585 a. c., das wir oben als Ausgangspunkt angenommen, fällt fast gleichzeitig mit dem Tode des Ennius und mit den ersten Versuchen einer kunstmäßigen Poesie) ein namhafter Stoff der Behandlung vor, indem schon damals so manche in den bemerkten Aufzeichnungen vorkommende Ausdrücke außer Gebrauch

---

79) Man vergl. z. B. nur den Thesaurus Linguae Graecae von H. Stephanus, auch in den beiden neuern Ausgaben, der Londoner, wie der Pariser. 80) Wir folgen hier der von Hertz gegebenen Lesart, nach welcher nicht *mortualia* (Andere *mortuaria*) *glossaria* mit einander, als die von Cato gebrauchten Ausdrücke, zu verbinden sind, sondern nach *mortualia* (das allein als Cato's Ausdruck erscheint) interpungirt wird, das Wort *glossaria* mithin zu dem nachfolgenden Erklärungssatze gehört.

gekommen und unverständlich geworden waren: was mit der Zeit natürlich zunahm, wie denn z. B. die salischen Lieder, welche Varro [81]) als prima verba poetica Latina bezeichnet, dem Zeitalter des August völlig unverständlich in ihren einzelnen Worten und Ausdrücken geworden waren [82]), sodaß ihr Verständniß nur durch ein gelehrtes Studium gewonnen werden konnte, das auf der andern Seite den Forscherfleiß der Gelehrten anspornte, von deren Bemühungen uns leider freilich nur noch einzelne Spuren Kunde geben [83]).

Als der erste uns wenigstens bekannte Versuch der Art würde eine Schrift des L. Cincius Alimentus erscheinen, wenn es anders sicher wäre, daß dieser ältere römische Annalist, der um 554 u. c. das Amt eines Prätor bekleidete und an dem zweiten punischen Kriege Antheil nahm [84]), auch wirklich neben seinen geschichtlichen Forschungen, zunächst neben seinen in griechischer Sprache geschriebenen Annalen, die grammatischen, insbesondere die glossographischen Studien, gepflegt, und wir nicht, was wol wahrscheinlicher wird [85]), an einen jüngern Cincius, welcher einer späteren Periode des folgenden Jahrhunderts der Stadt Rom, der Zeit des Varro, angehören dürfte, zu denken haben: diesem würde dann eine in dieses glossographische Gebiet allerdings einschlägige Schrift zufallen: *De verbis priscis*, d. i. über die Glossen, auf welche eine Reihe unter des Cincius' Namen noch erhaltener Anführungen oder vielmehr Erklärungen veralteter Ausdrücke uns hinweisen [86]).

Mit sicherem Grunde aber werden wir hierher den berühmten L. Aelius Stilo mit dem Beinamen Präconinus [87]) zählen dürfen, dessen Geburt in die ersten Decennien des 7. Jahrh. der Stadt Rom fällt, dessen Lebensende aber wol noch in das 8. hinüberreicht. Dieser, der Lehrer des Cicero und des Varro, hatte neben rhetorischen Studien auch die grammatischen und sprachlichen sorgfältig gepflegt und die älteren Sprachreste, die oben schon erwähnten salischen Lieder, wie die Gesetze der Zwölf-Tafeln in eigenen Schriften erklärt, welche eben die Erklärung der ungebräuchlichen, veralteten Ausdrücke, welche darin vorkamen und schon damals nicht mehr recht verständlich waren, beabsichtigten: überhaupt werden uns unter seinem Namen noch manche derartige Worterklärungen angeführt [88]), welche zeigen, daß die Erklärung der älteren Sprachreste, der in ihnen vorkommenden eigenthümlichen oder veralteten Ausdrücke, also der Glossen eine Hauptaufgabe dabei war, Aelius Stilo mit Recht daher den Glossographen zugezählt werden kann, auch wenn wir nicht mehr die Titel der einzelnen in dieses Gebiet einschlägigen Schriften kennen; die bemerkten Schriften über die salischen Gesänge und die Zwölf-Tafeln hatten jedenfalls einen glossographischen Charakter. In wie weit sein Schwiegersohn Servius Claudius oder Clodius [89]) ebenfalls in seinen grammatischen Schriften die glossographische Richtung pflegte, läßt sich bei dem Wenigen, was von seinen Schriften auf uns gekommen, nicht mit gleicher Sicherheit erweisen, wol aber läßt sich bei seiner genauen Kenntniß des dichterischen Sprachgebrauches und der Redeweise der einzelnen Dichter, die Cicero [90]) so hervorhebt, annehmen, daß er auch den Glossen die gehörige Aufmerksamkeit zugewendet, auch ohne eigene Schriften darüber veröffentlicht zu haben; denn die Commentarii, welche Servius einige Male unter dem Namen eines Clodius anführt [91]), den er auch einmal als scriba bezeichnet, enthielten, nach eben diesen Anführungen, Worterklärungen: vorausgesetzt, daß wir hier an eben diesen Grammatiker, wie uns wahrscheinlich dünkt, zu denken haben, und nicht an den Rhetor Sextus Clodius, wie Orelli [92]) vermuthet, oder was noch weniger glaublich erscheint, an einen älteren Annalisten dieses Namens. Von dem Grammatiker Aurelius Opillus [93]), einem Zeitgenossen des Aelius Stilo, werden mehrfach bei Festus Erklärungen von seltenen, veralteten Ausdrücken, jedoch ohne Angabe des Werkes, dem sie entnommen sind, angeführt: sie können immerhin zeigen, daß auch dieser Grammatiker, wie Aelius Stilo, auf diesem Gebiete der Glossographie thätig war, das, eben in Folge der ganzen, von Aelius Stilo ausgehenden Entwickelung der sprachlich-grammatischen Forschung, immer mehr Pflege, so gut wie die etymologisch-synonymisch-lexikographische Richtung fand, mit welcher die Glossographie so vielfach zusammenhängt, und mit der sie gemeinsam gepflegt ward. Denn daß in den größeren, umfassenderen Werken dieses weiten Gebietes, wie sie uns unter der allgemeinen Aufschrift Commentarii und ähnlichen Titeln in der folgenden Zeit entgegentreten, neben dem rein Grammatischen oder Allgemein-Sprachlichen, das auf die Bildung der Sprache oder den Redegebrauch im Einzelnen sich bezog, auch die Behandlung der Glossen, d. i. die Erklärung veralteter, außer Gebrauch gekommenen Ausdrücke und was damit zusammenhängt, stattgefunden, zeigen die von

81) De lingua Latina Buch VII zu Anfang p. 293. 82) Wie deutlich aus der Aeußerung des Horatius (Ep. II, 1. 86 seq.) hervorgeht. Vergl. Quintilian (Inst. Orat. I, 6, 40): „Saliorum carmina vix sacerdotibus suis intellecta." 83) Vergl. meine römische Literat.-Gesch. §. 29 der dritten Ausgabe. Corssen, Origines poes. Romam. (Berolin. 1846.) p. 44 seq. 84) Siehe meine römische Literat.-Gesch. §. 194. Ihm will Lersch (Sprachphilosophie der Alten III. S. 140—146) die glossographische Schrift: De verbis priscis beilegen. 85) Vergl. *Hertz*, De Luciis Cinciis (Berolin. 1842.) p. 47. *Egger*, Latin. serm. vetust. reliqq. p. 34 seq. Meine röm. Lit.-Gesch. §. 193. 86) Sie sind bei Lersch a. a. O. zusammengestellt. Vergl. auch die in der vorhergehenden Note Angeführten. 87) Siehe über ihn die Schrift von *J. A. C. van Heusde*, Disquisitio de L. Aelio Stilone etc. (Traject. 1839.) und die weitern Nachweisungen in meiner Gesch. der römisch. Literat. § 381. Not. 9 fg. 88) Siehe bei Lersch, Sprachphilosophie der Alten III. S. 146 fg. Vergl. van *Heusde* p. 60. 64 seq.

89) Siehe meine Geschichte der röm. Literat. §. 381 und das Not. 21 fg. Angeführte. Vergl. Lersch a. a. O. S. 153. 90) Epist. ad Divers. IX, 16. 91) Siehe zu *Virgil.* Aen. I, 52. 176 (wo ein viertes Buch dieser Commentarii angeführt wird) II, 229. 92) Onomastic. Tullian. p. 164. — Verschieden jedenfalls ist der von Servius zu Virgil Aeneis XII, 657 citirte Clodius Tuscus. 93) Siehe meine röm. Lit.-Gesch. §. 382. Lersch, Sprachphilosophie III. S. 150 fg.

diesen Werken noch auf uns gekommenen Bruchstücke zur Genüge. Wir erinnern hier nur, als Beispiel an das umfassende, aus circa 30 Büchern, wo nicht mehren, bestehende Werk des gelehrten Nigidius Figulus, Commentarii grammatici[94]) betitelt, welches in einzelnen Abschnitten vorzugsweise solche in das Gebiet der Grammatik, der Sprache fallende Gegenstände, namentlich auch die Erklärung veralteter, außer Gebrauch gekommenen, eigenthümlichen Ausdrücke und Formen, also die Glossen, behandelte.

Neben solchen größeren, die Glossographie berücksichtigenden Schriften erscheinen aber auch besondere diesem Zweige der Grammatik gewidmete Schriften; als eine der frühesten mag eine Schrift des Grammatikers Santra[95]) gelten, der zwar selbst nicht näher, was seine Person betrifft, uns bekannt ist, immerhin aber noch in die Zeit eines Aelius Stilo mit einiger Wahrscheinlichkeit zu verlegen sein dürfte. Diese Schrift führte nach einem Citate bei Festus die Aufschrift: *De verborum antiquitate*[96]) und muß aus wenigstens drei Büchern bestanden haben; in ihrem Inhalte, welcher nach dem, was daraus mitgetheilt wird, auf veraltete Ausdrücke und Formen gerichtet, also glossographisch war, schließt sie sich der oben erwähnten des Cincius: De verbis priscis an; nicht andern Inhalts war auch die von einem andern, weiter nicht bekannten, aber wol noch in die ältere Periode fallenden Grammatiker Publius Lavinius abgefaßte Schrift: *De verbis sordidis*[97]). Ferner reihen sich hier an die Schriften des Hypsikrates, welchem Gellius[98]) ein Werk beilegt: *Super his, quae a Graecis accepta sunt*, und des Cloatius Verus[99]), welchem ein mindestens aus vier Büchern bestehendes Werk: *Verborum a Graecis tractorum* beigelegt wird, neben welchem noch ein davon, wie es scheint, verschiedenes Werk[1]): *Ordinatorum* oder *Ordinatorum Graecorum* (verborum) citirt wird, das gleichfalls sprachlichen Inhalts war, sowie ein drittes *Libri sacrorum*[2]), in welchem, nach den daraus uns überkommenen Fragmenten zu schließen, Wörter, die dem Cultus und der Liturgie angehörten, also wahrscheinlich Ausdrücke, die aus der alten Zeit stammten, und bei dem strengen Festhalten, das in Bezug auf den Cultus in Allem bei den Römern beobachtet wurde, auch in der späteren Zeit beibehalten worden waren, obgleich dieser nicht mehr verständlich, ihre Erklärung erhielten, sodaß auch in dieser Schrift die glossographische Richtung hervortritt. Verwandten Inhalts war wol auch die Schrift eines, weiter auch nicht bekannten Veranius[3]): De verbis pontificalibus, neben welcher auch eine Schrift: *Pontificales Quaestiones*, nebst andern auf den Cultus bezüglichen Schriften angeführt wird; auch eine Schrift: Liber priscarum vocum[4]), aus welcher mehre von Festus aufbewahrte Erklärungen stammen, scheint derselbe Veranius abgefaßt, und somit ebenfalls das Gebiet der Glossographie betreten zu haben. Der durch seine Verbindung mit Sallustius bekannte Grieche Ateius Philologus wird als Verfasser eines *Liber glossematorum* genannt[5]); auch soll er, wie Asinius Pollio[6]) tadelte, dem Sallustius in der Wahl und Anwendung archaistischer Formen und Ausdrücke — der Glossen — hilfreiche Hand geleistet haben, in jenem Liber glossematorum mochte wol eine solche Sammlung von Archaismen enthalten gewesen sein; leider hat sich fast Nichts davon erhalten, um näher und sicher den Inhalt zu beurtheilen.

In dem Zeitalter des Augustus ragt unter den Grammatikern, welche der sprachlichen und glossographischen Seite ihre besondere Sorge zugewendet hatten, Verrius Flaccus hervor, von Augustus mit der Erziehung seiner beiden Enkel, der Söhne des Agrippa, beauftragt; ihm wird zugeschrieben[7]) eine Schrift: *De obscuris* (verbis) *Catonis* über die dunkeln, weil veralteten und außer Gebrauch gekommenen Ausdrücke in Cato's Schriften; ob diese Schrift, wie theilweise vermuthet worden, nur ein besonderer Abschnitt aus dem größeren, gleich zu nennenden Werke des Verrius Flaccus gewesen, möchten wir bezweifeln, da dieses größere Werk auch andere als blos glossographische Zwecke verfolgte. Dieses Werk: *De verborum significatione*[8]), wurde bei seinem großen Umfange und seiner Ausdehnung, in der auch der Grund seines frühen Unterganges zu suchen ist, später, etwa im 3. Jahrh. — denn genau läßt sich die Lebenszeit des Festus nicht bestimmen — in einen Auszug gebracht durch einen uns sonst nicht weiter bekannten Grammatiker Sextus Pompejus Festus, welcher jedoch ausdrücklich versichert, daß er die veralteten und außer Gebrauch gekommenen Wörter, welche in das große lexikalische Werk des Verrius aufgenommen und darin erklärt worden waren (also die Glossen), übergangen und in einem eigenen Werke: *Priscorum verborum cum exemplis* (libri) behandelt habe[9]); hier-

94) Siehe das Nähere in meiner Geschichte der röm. Literat. §. 389, und *Hertz*, De Nigidio Figulo p. 9 seq. Vergl. auch Lersch, Sprachphilosophie III. S. 151. 95) Siehe meine röm. Lit.-Gesch. a. a. O. und vergl. Lersch a. a. O. S. 165. Nach Merklin's Vermuthung (im Philologus III. p. 844) wäre Santra ein Afrikaner gewesen. 96) Verschieden davon scheint eine andere, ihm beigelegte Schrift: *Libri antiquitatum*; sie war wol mehr sachlichen als sprachlichen Inhalts. 97) Bei *Gellius*, Noctt. Att. XX, 11. Vergl. Lersch a. a. O. III. S. 156 fg. 98) Noctt. Att. XVI, 12. 99) *Gellius*, Noctt. Att. XVI, 12. *Macrob.* Sat. II, 14.

1) Siehe bei *Macrobius*, Saturn. III, 6. 11, 14. Vergl. Lersch, Sprachphilosoph. III. S. 167 und meine Gesch. der röm. Lit. §. 382. Not. 17. 2) Siehe bei *Festus* s. v. Molucrum.

3) Siehe meine Gesch. der röm. Lit. § 382. Not. 20. Nach Merkel (ad *Ovidii Fast.* p. XCVIII) würde Veranius um die Jahre 664—667 u. c. zu setzen sein. 4) Vergl. *Festus* s. v. millie urbium und an andern Stellen, wo Erklärungen veralteter Ausdrücke angeführt werden. 5) Siehe *Festus* s. v. Ocrem. 6) Bei *Suetonius*, De viris illustr. cap. 10. 7) Siehe *Gellius*, Noct. Att. XVII, 7. Vergl. Müller in der Ausgabe des Festus S. XVI. 8) Siehe das Nähere in meiner Gesch. der röm. Literat. §. 390 und in dieser Encyklopädie I. Sect. 43. Bd. S. 320 fg. 9) Festus sagt nämlich (s. v. Porriciam) unter Anderm: „cum propositum habeam, ex tanto librorum ejus (des Verrius) numero *intermortua jam et sepulta verba* atque ipso saepe confitente *nullius* usus aut *auctoritatis* praeterire et reliqua quam brevissime redigere in libros admodum pau-

nach würde er also den streng glossographischen Theil aus dem Werke des Verrius ausgeschieden und in einem eigenen (für uns jedenfalls verlornen) Buche, vielleicht als ein Anhang zu dem Hauptwerke, behandelt haben; immerhin ist das, was wir noch von jenem Auszuge des Festus in seiner ursprünglichen Fassung, wie das, was wir in dem davon durch einen christlichen Gelehrten des 8. Jahrh. hinwiederum gemachten Auszug noch besitzen, auch in glossographischer Hinsicht von der größten Wichtigkeit, zumal bei den vielen andern und großen Verlusten, die wir auf diesem Gebiete erlitten haben; denn wir finden darin eine Menge von eigentlichen Glossen, d. h. veralteten, außer Gebrauch gekommenen, eigenthümlichen Ausdrücken mit der betreffenden Erklärung, und können daraus abnehmen, wie in dem größeren Hauptwerke des Verrius Flaccus die glossographische Richtung hervorragte und insbesondere berücksichtigt war. In wie weit dies bei einem unter gleichem Titel angeführten Werke des ebenfalls noch in die Zeit des Augustus fallenden und von Cäsius Bassus, dem Freunde des Persius wohl zu unterscheidenden Grammatikers Gavius Bassus der Fall war, wird sich bei dem Wenigen, was davon erhalten ist, kaum bestimmen lassen; ohnehin wird es sich fragen, ob nicht dieses von Macrobius [10]) unter dem Namen: De significatione verborum angeführte Buch dasselbe ist, oder ein Theil des jedenfalls aus sieben Büchern, wo nicht mehren, bestehenden Werkes, das Gellius [11]) unter dem Titel: De origine vocabulorum et verborum anführt; bei demselben Gellius [12]) wird auch ein C. Aelius Gallus angeführt in einer Schrift: De significatione verborum, quae ad jus pertinent; eine in das Gebiet des Glossographischen einschlägige Schrift des Statilius Maximus: *De singularibus apud Ciceronem positis* wird bei Charisius [13]) angeführt: eigenthümliche oder selten bei Cicero vorkommende Ausdrücke, also auch Glossen, wie die Griechen reden, bildeten in ihrer Zusammenstellung und Erklärung den Inhalt der Schrift, an welche sich, wie es wahrscheinlich ist, eine ähnliche Schrift über ähnliche, in Cato's Schriften vorkommende Ausdrücke [14]) anreihte, etwa wie die oben genannte: De obscuris Catonis des Verrius; in den Commentaren, die Statilius zu Sallust geschrieben haben soll [15]), mochte ebenfalls das Sprachliche, zunächst das Glossographische, berücksichtigt worden sein. Die von Gellius [16]) angeführte Schrift (Commentarius) des Sellius Longus: *De usu antiquae locutionis* wird auch in dieses Gebiet gehören, ebenso wie die von demselben Gellius öfters angeführten *Commentarii lectionum antiquarum* des Cäsellius Vindex [17]). Noch kann in gleicher Beziehung das noch vorhandene Werk des Nonius Marcellus [18]): De compendiosa doctrina per litteras, oder wie die den 19 ersten Abschnitten vorangehende Aufschrift lautet: De proprietate sermonis, angeführt werden, wiewol es seiner Anlage nach mehr derjenigen Gattung von Wörterbüchern zuzuzählen ist, welche bei den Griechen Onomastika genannt worden sind; allein es enthält dieses in der Gestalt, in welcher es uns vorliegt, keineswegs vollendete und abgeschlossene Werk, doch so Vieles, was auf die Erklärung veralteter, eigenthümlicher Ausdrücke sich bezieht, ja es läßt selbst eine gewisse Vorliebe des uns im Uebrigen ganz unbekannten Verfassers für die Behandlung solcher Gegenstände erkennen, daß uns auch dieses Werk jetzt als eine Quelle unserer Kenntniß der römischen Glossographie erscheinen muß. Auch möchten wir kaum zweifeln, daß mehre der verlorenen Schriften des Suetonius [19]), welche in das Gebiet der Grammatik und Lexicographie fallen, auch dieses Gebiet der Glosse berücksichtigt hatten: bei dem fast spurlosen Verluste dieser, uns meist nur noch dem Titel nach bekannten Schriften ist es jedoch kaum möglich, hierüber etwas Näheres zu bestimmen. Daß das Werk des Aelius Melissus, der zu Gellius' Zeit als Grammatiker in großem Ansehen stand [20]): De loquendi proprietate, eine Anweisung zum richtigen Sprachgebrauche, aber nicht blos in einer allgemeinen Theorie bestehend, sondern im Einzelnen die Sache verfolgend durch Angabe und nähere Bestimmung der Bedeutung der einzelnen Ausdrücke [21]), auch manche Beziehungen zur Glossographie enthalten, möchten wir schon daraus schließen, daß Gellius, welcher daraus eine Erklärung des Wortes matrona anführt, dieser dann eine andere entgegensetzt, welche die „idonei vocum antiquarum enarratores," also die Glossographen gegeben, und welche ihm richtiger erscheint.

Aus einer schon weit späteren Zeit des 7. Jahrh. nach Chr. ist das allerdings aus älteren Quellen geflossene *Liber Glossarum* des Isidorus von Sevilla [22]) zu nennen, wiewol es keine besondere Bedeutung an-

rum. Ea autem, de quibus disseruit et aperte et breviter, ut solaro, scripta in his libris meis invenientur. Inscribuntur *priscorum verborum cum exemplis*." Nach Dirksen (in den Denkschriften der Berliner Akademie. 1852. S. 135 fg.) wäre jedoch nicht an ein besonderes Werk hier zu denken, sondern nur ein Werk, der Auszug aus Verrius, anzunehmen.

10) Sat. III, 18, 2, vergl. III, 6, 17. Vergl. Lersch, Sprachphilosoph. d. Alt. III. S. 161 fg. 11) Noct. Att. XI, 7. II, 4. III, 19. V, 7. Vielleicht bezeichnen auch die von demselben Gellius III, 9 u. 18 angeführten *Commentarii* des Bassus dasselbe Werk. 12) Noct. Att. XVI, 5. 13) p. 175, 12. p. 193, 48. 14) Siehe bei *Charisius* p. 192, 2. p. 218, 87. Vergl. *Beringer*, Hist. crit. Schol. Lat. Vol. I. p. 64. Vergl. in der Zeitschrift für Alterthumswissenschaft. 1845. S. 116 fg. 15) Siehe *Charisius* p. 116. Lind.

16) Noct. Att. XVIII, 9. 17) Gell. Noct. Att. II, 16. III, 16. VI, 2. XI, 15. XX, 2. 18) Siehe über ihn das Nähere in meiner Gesch. der röm. Lit. §. 399. 19) Siehe *Suidas* s. v. T. III. p. 486. *Kust.* Die *libri Pratorum* und andere Schriften haben gewiß auch manche Glossen enthalten. 20) Siehe *Gellius*, Noct. Att. XVIII, 6. 21) Wir schließen dies aus den Worten, welche Gellius auf die Erwähnung dieser Schrift folgen läßt: „Quis adeo existimet, *loqui se recte atque proprie posse*, nisi illas Melissi *proprietates* perdidicerit?" 22) Vergl. *Fabricii* Bibl. Lat. III. p. 546. Die Schrift ist abgedruckt in der Sammlung von Gothofredus' Auctores Ling. Lat. und in den verschiedenen Ausgaben der Werke des Isidorus (s. meine Geschichte der röm. Literat. §. 401). Siehe auch Jahrbücher der Philol. und Päd. (Leipzig) Suppl.-Bd. XIII. S. 230 fg.

sprechen kann. Von mehr Werth sind: Glossae Placidi Grammatici, unlängst aus vaticanischen Handschriften durch Ang. Mai [23]) bekannt gemacht, welcher den Verfasser in das 6. Jahrh., also noch vor Isidor verlegen will, und mit Luctatius Placidus, dem Erklärer des Statius, für eine Person hält; jedenfalls war derselbe ein Christ, und zwar aus dem heutigen Frankreich: die einzelnen Ausdrücke folgen hier in alphabetischer Ordnung auf einander und führen auf ältere Quellen, die der Verfasser vor sich hatte und benutzte, zurück; die Form, in welcher jetzt diese Glossen vorliegen, scheint eine abgekürzte zu sein, das Werk mithin nicht in seiner ursprünglichen Fassung uns mehr erhalten zu sein. Aehnlicher Art wie diese Glossen ist auch das von demselben Ang. Mai aus vaticanischen Handschriften herausgegebene *Glossarium vetus* [24]).

Aus wol noch späterer Zeit, wenn auch gleich auf ältere Quellen hinweisend und aus diesen entnommen, obwol nicht ohne manche Veränderung und Abkürzung, stammt das, was Henr. Stephanus, gleichsam als Zugabe oder Supplement seines Thesaurus, unter dem Titel: Glossaria duo, unum Latino-Graecum et Graeco-Latinum alterum, im J. 1573 zuerst aus Handschriften veröffentlicht hat, und was dann wieder unter des Philoxenus' Namen und mit andern Schriften verwandter Art (z. B. das eben genannte liber Glossarum des Isidorus) von Bonaventura Vulcanius zu Leyden im J. 1600 Fol. abgedruckt ward. Ein Glossarium graecum ließ auch Janus Rutgersius zu Leyden 1618. 4. aus einer alten Handschrift abdrucken. Noch Mehreres der Art, darunter auch die griechischen Glossen zu den Basiliken bieten des Karl Labbé Glossaria Latino-Graeca et Graeco-Latina. (Paris 1679. Fol.) In dem Vol. IX des Thesaurus Graecae linguae ab Henr. Stephano constructus der neuen londoner Ausgabe (in Aedibus Valpianis 1826—1828) findet sich das, was H. Stephanus, Vulcanius und Labbé gegeben haben, wieder abgedruckt. Auch des *Jani Gulielmi F. Laurenbergii Antiquarius*, in quo praeter antiqua et obsoleta verba ac voces minus usitatas, dicendi formulae insolentes etc. exponuntur et credantur. — Adjecta est in fine vetustiorum vocum ex Glossariis aliquot collecta farrago (Lugduni Segusianorum 1622. 4.) und des *Josephi Laurentii* Lucensis *Amalthea Onomastica* (Lucae 1640. 4. und Lugdun. 1664. fol.) enthalten Manches in diesen Kreis fallende und verdienen darum Beachtung und Berücksichtigung. Ungleich mehr liegt freilich noch in Handschriften ungedruckt vor, namentlich aus dem Gebiete der lateinischen Literatur; es werden uns solche Glossaria Latina, die in noch ziemlich alten Handschriften aus der Karolingischen und der nächstfolgenden Zeit vorliegen, die aber selbst aus einer frühern Zeit stammen, insbesondere zu Leyden, zu Paris u. a. O. [25]) erwähnt; ein solches Glossarium Latinum ist aus einer pariser Handschrift des 9. Jahrh. unlängst von G. F. Hildebrand herausgegeben worden: Glossarium Latinum bibliothecae Parisinae antiquissimum Saec. IX descripsit, primum edidit, adnotationibus illustravit G. F. Hildebrand. (Gottingae 1854. 8.) Es wird jedoch, wie hier in den Anmerkungen nachgewiesen worden, bei der Herausgabe derartiger Werke eine sorgfältige Sichtung vorzunehmen sein, um das, was wirklich ältern Quellen entstammt, von den eigenen Zusätzen und Veränderungen zu unterscheiden, welche die in dieser Zeit des beginnenden Mittelalters lebenden Verfasser oder Zusammensteller solcher Glossarien sich erlaubt haben. Aber unleugbar liegt hier noch ein weites Feld vor, dessen Bearbeitung für die gesammte Sprachkunde des Alterthums, insbesondere des römischen, von großem Vortheile sein wird.

Nachdem wir so die Bedeutung des Wortes *Glossa* und *Glossarium* in der griechischen wie römischen Literatur verfolgt und den daraus hervorgegangenen Zweig der Literatur, die Glossographie des Alterthums kennen gelernt haben, werden wir auch auf die spätere Bedeutung beider Ausdrücke, die allerdings aus der ältern und ursprünglichen hervorgegangen ist, noch einen Blick zu werfen haben.

Wenn, wie wir gesehen, mit dem Namen Glossa im Alterthume ein besonderer und eigenthümlicher, zunächst ein veralteter, außer Gebrauch gekommener Ausdruck bezeichnet ward, welcher erklärt und dadurch verständlich gemacht werden sollte, so ging nun der Ausdruck Glossa auf diese meist kurz gegebene Erklärung selbst über; und es ward nun eine jede solche kurze Erklärung, zunächst die eines einzelnen Wortes oder Ausdruckes, welche diesem beigefügt ward, sei es, daß sie dem Worte selbst, zwischen den einzelnen Linien, also oberhalb, beigeschrieben, oder am Rande der Zeile, unter Hinweisung auf das betreffende Wort, bemerkt ward, als *Glossa* bezeichnet, wobei es die Natur der Sache mit sich bringt, daß wir nicht an eine ausführliche Erklärung und Auslegung, sondern an eine kurze, meist nur in einem oder in nur ganz wenigen Worten gegebene Erklärung zu denken haben, sodaß der Begriff der Kürze sich nothwendig damit verknüpft. In diesem Sinne mag das Wort schon in der spätern römischen Welt gebraucht worden sein; wir möchten es in diesem Sinne schon in einer Stelle des Diomedes [26]) auffassen; in den Zeiten des Isidorus, also in der ersten Hälfte des 7. Jahrh. scheint es nach der von Isidorus selbst gegebenen Erklärung [27]) bereits in keinem andern Sinne

23) Classici auctores e codd. Vatic. T. III. p. 427 seq. und besser T. VI. p. 564 seq., auch in Jahrb. für Philol. und Pädagog. (Leipzig) Suppl. II. S. 439 fg. 485 fg. 24) Classici auctorr. e codd. Vatic. T. VI. p. 501 seq.

25) Siehe *Ruhnken*. Praefat. ad Apuleji Metamorph. T. I. p. III. *Hildebrand*. Praefat. ad Glossar. Latin. p. V—IX. 26) II. p. 421: „Enarratio est obscurorum sermonum quantitatumve explanatio vel exquisitio, per quam uniuscujusque rei qualitatem poeticis glossulis absolvimus." 27) Origg. I, 29, wo zuletzt der Begriff von glossa in die Worte zusammengefaßt wird: „et omnino quam unius verbi rem uno verbo manifestamus."

genommen worden zu sein; in der Karolingischen Zeit mag diese Bedeutung bereits feststehend gewesen sein, da bei Alcuin in seiner kleinen, zum Zwecke des Unterrichts abgefaßten Schrift: De Grammatica[28]), das Wort glossa definirt wird als: unius verbi vel nominis interpretatio, welche Bedeutung nun auch auf die nächsten Jahrhunderte übergegangen und mit dem im 12. Jahrh. in Italien, zunächst zu Bologna, wieder aufblühenden Studium des römischen Rechts zu besonderer Bedeutung gelangt ist[29]).

Aus dem Gesagten geht zur Genüge hervor, wie ausgebreitet im ganzen Mittelalter der Gebrauch des Wortes *glossa* war, das bald im Allgemeinen die ganze Worterklärung, bald und zunächst die zwischen die einzelnen Linien, oder am Rande hinzugeschriebenen kurzen Worterklärungen bezeichnete, wie sie, nicht blos bei den Quellen des römischen oder kanonischen Rechts, sondern auch andern Schriftdenkmalen aus der alten classischen Zeit, die man noch immer las, zum bessern Verständniß für die Leser beigefügt wurden; in sofern nun aber solche Worterklärungen oder Glossen, von gelehrten wie ungelehrten Händen gemacht, unwillkürlich von unwissenden Abschreibern bald und meist unabsichtlich, bald aber auch absichtlich in den Text der alten Schriftdenkmale selbst, als etwas dazu Gehöriges, eingefügt wurden, wodurch die alten Texte selbst ihrer ursprünglichen Form und Fassung nicht selten entfremdet worden sind, so hat sich unwillkürlich an das Wort glossa auch die Bedeutung eines solchen, dem ursprünglichen Texte der alten Schriftsteller fremdartigen, in Folge einer beigeschriebenen Erklärung in den Text selbst aufgenommenen Einschiebsels geknüpft: und bildet das Auffinden und Ausmerzen solcher Glossen allerdings eine Hauptaufgabe der Kritik unserer Zeit, in sofern sie die Wiederherstellung der alten Texte in deren ursprünglicher Fassung beabsichtigt; und wenn in diesem Sinne und in gleicher Bedeutung jetzt auch der Ausdruck *glossema*, ein Glossem, gebraucht wird, so wird dies um so weniger befremden, da, wie wir oben gesehen, schon im römischen Alterthume dieser Ausdruck gleichbedeutend mit glossa, wenn auch in etwas verändertem Sinne als der jetzt übliche, gebraucht ward.

Nicht anders verhält es sich auch mit dem Ausdrucke *Glossarium*, für welchen sich aus der altrömischen Zeit, wie wir oben gesehen, nur ein einziges Zeugniß, das des Gellius, also aus der zweiten Hälfte des 2. Jahrh. unserer Zeitrechnung, auffinden läßt, während die griechische Welt auch damals noch den Ausdruck in diesem Sinne, als ein Verzeichniß von Glossen, kaum gekannt oder angewendet zu haben scheint. In den nachfolgenden Zeiten aber ist auch dieser Ausdruck immer mehr zur Geltung und Anwendung gekommen, sein Sinn und seine Bedeutung immer weiter ausgedehnt, und, wenn man will, verflacht worden, in sofern man fast jedes irgendwie gemachte Wörterverzeichniß mit diesem Namen bezeichnet, der doch, dem zu Grunde liegenden und in seiner Ableitung begründeten Sinne gemäß, nicht sowol auf jedwedes Wörterbuch oder Lexikon, wie wir es jetzt nennen, angewendet werden kann, sondern eigentlich nur ein zu bestimmten Zwecken angelegtes, bestimmte, eigenthümliche, aus einem besondern Kreise ausgewählte Worte enthaltendes Wörterverzeichniß bezeichnen kann, oder doch wenigstens bezeichnen sollte, und in diesem Sinne, um ein Beispiel anzuführen, selbst von Du Cange für seine großen, die spätere mittelalterliche Gräcität[30]), wie die Latinität des Mittelalters[31]) befassenden Werke beibehalten worden ist, welche ja eben nicht alle in den Schriften des Mittelalters vorkommenden Ausdrücke und Wörter enthalten sollten, sondern nur die in jener Zeit erst gebildeten oder aufkommenden Ausdrücke, oder auch solche, die zwar schon früher, in den Zeiten der classischen Gräcität und Latinität, vorkommen, aber in den darauf folgenden, spätern Jahrhunderten in einem von dem früheren Gebrauche abweichenden Sinne gebraucht wurden, die also eine veränderte Bedeutung und einen besondern, eigenthümlichen Charakter angenommen haben, wornach sie als Glossen nach dem eigentlichen Sinne dieses Wortes gefaßt werden können. Selbst das französische Wort *Glossaire* hat diese besondere Bedeutung beibehalten, und wird daher auch richtig in dem Dictionnaire de l'Académie so definirt: Dictionnaire servant à l'explication de certains mots moins connus d'une langue par d'autres termes de la même langue plus connus. (*Bähr.*)

GLOSSA ORDINARIA (biblische). Unter Glossen verstand man bei den Griechen Provinzialismen, veraltete oder Fremdwörter, überhaupt alle der Erklärung bedürftige Ausdrücke. Die Sammlungen solcher Erklärungen, wie sie in Scholienform zu besonders gelesenen Schriften veranstaltet wurden, heißen Glossarien, die Verfasser Glossatoren. In umgekehrtem Sinne haben die Lateiner das Wort glossa gebraucht. Sie bezeichneten damit nicht das zu erklärende Wort, sondern die Erklärung selbst. Dergleichen Erklärungen, wie sie schon in den griechischen Bibelhandschriften an den Rand geschrieben und hier die Ursache von zahlreichen Textverderbnissen wurden, kamen schon im frühen Mittelalter auch für die lateinischen Bibelhandschriften auf. Man begnügte sich hierbei bald nicht mehr mit der Erläuterung einzelner Ausdrücke, sondern erweiterte die Glossen zu allerlei exegetischen Bemerkungen, die man meist aus älteren Auslegern zusammenlas. Diese Bemerkungen

28) Siehe T. II. p. 271. ed. *Froben.* (bei *Putsche*, Corp. Grammat. p. 1080). Einige ähnliche Stellen sind bei Du Cange in der Praefat. zum Glossarii med. et inf. Latinit. T. I. p. XXXVIII, sowie über glossulae aus Brucker's Werken p. XL angeführt. 29) Ueber die Glossen zum Corpus juris s. die besondern Artikel.

30) Wir meinen das *Glossarium* ad scriptores mediae et infimae Graecitatis (Paris. 1688. fol.) in 2 Voll.; eine neue Ausgabe wird jetzt von Ambr. Firmin Didot vorbereitet. 31) *Glossarium* ad scriptores mediae et infimae Latinitatis (Paris. 1678. fol.) in 3 Voll., in der vierten, von den Benedictinern besorgten Ausgabe 1733 in 6 Voll., wozu dann Carpentier noch vier Supplementbände 1766 hinzugefügt hat. Eine neue, von Henschel besorgte Ausgabe erschien zu Paris bei Didot 1844 in sieben Quartbänden.

wurden in den Bibelhandschriften theils an den Rand geschrieben (glossae marginales), theils zwischen die Zeilen (glossae interlineares). Ihrem Inhalte nach waren diese Auslegungen bald allegorisch-mystische, bald rein philologische, zur Erläuterung schwieriger Wörter dienend; in einer Zeit, wo auch die lateinische Sprache erst schulmäßig erlernt werden mußte, kamen neben den fortlaufenden Erklärungen einzelner Schriftsteller auch wörterbuchartige Zusammenstellungen in alphabetischer Ordnung auf. Sofern diese Glossensammlungen bald theilweise, bald ganz in althochteutscher Sprache abgefaßt waren, sind sie von besonderer Wichtigkeit für die Kenntniß des althochteutschen Sprachschatzes [1]). Aber auch die fortlaufenden Scholien zu biblischen Texten, wie man sie verschieden nach Ursprung und Inhalt zum Besten einer an vollständige Schriftforschung nicht mehr gewöhnten Zeit zusammentrug, waren frühzeitig schon zu einem solchen Umfange angewachsen, daß man davon eigene Sammlungen veranstalten mußte. Dergleichen Sammlungen waren schon die theils aus griechischen theils aus lateinischen Kirchenschriftstellern meist ziemlich planlos und bequem zusammengestellten Catenen. Von ganz ähnlicher Art sind nun die im frühen Mittelalter aufgekommenen *glossae ordinariae* [2]). Am berühmtesten unter ihnen ist die angeblich von Walafrid Strabus, Abte von Reichenau, gegen Mitte des 9. Jahrh. zusammengetragene Sammlung geworden. Selbständigen Werth hat die Sammlung nicht, die Bemerkungen sind zum größten Theil den selbst erst abgeleiteten Commentaren des Rabanus Maurus entlehnt, nur hier und da mit wenigen eigenen vermehrt. Aber das Werk kam dem Bedürfnisse einer Zeit entgegen, die eben erst anfing sich wieder mit exegetischen Studien zu beschäftigen; die Auslegung, im engsten Anschlusse an die kirchlich geltende Lehre, entsprach zugleich der Vorliebe für allegorisch-mystische Schriftbetrachtung. So ist's gekommen, daß Walafrid's glossa ordinaria in der mittelalterlichen Kirche zu großem Ansehen gelangte. Mit weiteren Zusätzen aus früheren lateinischen Kirchenschriftstellern vermehrt, wurde sie zu einer Art von exegetischem Handbuche, für dessen allgemeine Verbreitung die häufigen Berufungen darauf bei Petrus dem Lombarden, Thomas von Aquino u. A., ebenso wie die öfteren, vom 15. bis zum 17. Jahrh. veranstalteten Ausgaben [3]) Zeugniß ablegen.

(*Lipsius*.)

Glossa ordinaria (juristische), s. Glosse und Glossatoren.

GLOSSAE NOMICAE (λέξεις ῥωμαϊκαί) heißen die von byzantinischen Juristen gegebenen griechischen Erklärungen lateinischer-juristischer Kunstausdrücke. Ueber ihren Ursprung ist Folgendes zu bemerken. Die Entstehung der Glossen hängt mit den Schicksalen der lateinischen Sprache als Gerichtssprache und Geschäftssprache überhaupt zusammen [1]). Die lateinische Sprache war, so lange Rom der Mittelpunkt der römischen Weltherrschaft blieb, ausschließlich die Hofsprache. Seit der Verlegung der Residenz nach dem Oriente setzte sich sehr bald die griechische Sprache am Hofe der römischen Kaiser fest, und zwar früher, als in Bezug auf das eigentliche Geschäftsleben, ohne daß dieser Zeitpunkt genauer bezeichnet werden kann. Beispiele griechisch abgefaßter Constitutionen der Kaiser finden sich in den römischen Rechtsquellen nicht vor Hadrian; es ist dies aber blos eine Folge des beschränkten Planes der auf uns gekommenen Constitutionensammlungen. Es fehlt nämlich nicht an Zeugnissen, daß auch die Vorgänger dieses Kaisers nach Umständen, d. h. wenn sie zu Griechen sprachen, sich der griechischen Sprache bei ihren Verhandlungen bedient haben [2]). Weit unzweideutiger sind aber die Beispiele griechischer Constitutionen von Hadrian und dessen Nachfolgern, deren die römischen Rechtsquellen in Menge gedenken [3]). Die in den Digesten enthaltenen Fragmente aus des Juristen Modestinus griechisch geschriebenem Werke: De Excusationibus enthalten ein griechisches Rescript von Antoninus Pius und eine damit zusammenhängende Constitution von Commodus [4]). Außerdem geschieht in den Digesten mehrer griechisch abgefaßter Constitutionen der Kaiser Erwähnung; nämlich von Hadrian [5]), Antoninus Pius [6]), Lucius Verus und Marcus Aurelius [7]), von letzterem allein [8]), Pertinax [9]), Caracalla [10]), Sept. Severus [11]), Alexander Severus [12]). Bei der Verlegung der Residenz nach dem Oriente scheint es Constantin's Wunsch gewesen zu sein, daß in Byzanz die lateinische Sprache neben der griechischen im öffentlichen Verkehr herrschen möge. Als Geschäftssprache scheint er aber ausschließlich die lateinische sanctionirt zu haben, wie sich denn auch weder im Theodosischen noch Justinianeischen Codex unter den zahlreichen Constitutionen dieses Kaisers eine griechische findet. Umgekehrt scheint Julian mehr das Griechische zur Geschäftssprache gemacht zu haben; es

1) Vergl. Rud. v. Raumer, Die Einwirkung des Christenthums auf die althochdeutsche Sprache S. 79 fg. 2) Vergl. Histoire littéraire de la France V, 59. Schröckh, Kirchengeschichte XXIII, 284 fg. 3) Die erste erschienen zu Rom 1472. VII Voll. fol. Von späteren nennt Bähr, Geschichte der römischen Literatur im Karolingischen Zeitalter S. 399 noch die zu Nürnberg 1483 und 1496. (VI Voll. fol.), Basil. ap. Froben. 1498. 1502. 1506 (VI u. IV Voll. fol.), die von Fr. Feuardent Lugdun. 1589. Venet. 1588 (in IV Voll. fol.) und die zuletzt (studio theologg. Lovaniens.) in Douai (1617) und Antwerpen (1634 in 6 Voll. fol.) veranstalteten Abdrücke.

1) Vergl. Dirksen, Civilistische Abhandlungen. 1. Bd. Nr. 1. 2) Es erzählt *Josephus*, Antiquit. Judaic. Lib. XX. cap. 14, daß Nero seinen Erzieher Beryllus zum Geheimschreiber für seine griechischen Sendschreiben ernannt habe. Nach *Dio Cass.* Lib. LXXI. cap. 12 war Tarruntenus Paternus unter Marcus Antoninus magister epistolarum Imperatoris latinarum. Die Inschriften gedenken häufig kaiserlicher Freigelassener, welche den Kaisern ab epistolis graecis, aber auch ab epistolis latinis gewesen sind. 3) Vergl. die nähere Nachweisung bei Dirksen a. a. O. S. 43 fg. 4) L. 6. §. 2–4. 7. 8. D. XXVII, 1. 5) L. 37. 48. D. V, 1. 6) L. 16. D. VIII, 3. L. 5. §. 1. D. XLVIII, 6. L. 8. D. XLVIII, 3. L. 1. §. 1. D. XLIX, 1. 7) L. 5. §. 6. D. L, 6. 8) L. 9. D. XIV, 2. 9) L. 5. §. 2. D. L, 6. 10) L. 4. §. 8. D. I, 16. 11) L. 2. §. 3. D. XVI, 1. 12) L. 25. D. XLIX, 1.

finden sich griechische Constitutionen unter den wenigen von ihm erhaltenen [13]), und der Text der lateinischen ist voll griechischer Floskeln [14]). Von der Regierung dieses Kaisers an nimmt überhaupt der Gebrauch der griechischen Sprache im Geschäftsleben der Römer bedeutend zu [15]). — Unter Justinian war die lateinische Sprache zu Constantinopel noch bei öffentlichen Geschäften im Gebrauche. Viele seiner Constitutionen sind lateinisch, obgleich die Zahl der griechisch abgefaßten bei weitem überwiegend ist, sowol im Codex als in den Novellen. Der Kaiser selbst bekennt, daß er durch Abfassung seiner Verordnungen in griechischer Sprache den Bewohnern des Orients das Verständniß derselben habe erleichtern wollen, und diejenigen Verordnungen, deren Auslegung er allen seinen Unterthanen zugänglich machen wollte, ließ er in beiden Sprachen bekannt machen. Vorzüglich entscheidend ist hier das Zeugniß des Joh. Laurent. Lydus [17]), eines Zeitgenossen Justinian's, welcher berichtet, daß der Gebrauch der lateinischen Sprache sich zu seiner Zeit in den Bureaus des Kaisers nur noch in Bezug auf die Angelegenheiten der zu Europa gehörigen Länder erhalten habe, und das der Notitia dignitatum [18]), welche zu den für den Orient bestimmten Beamten auch einen magister epistolarum graecarum zählt. Der Zeitpunkt des gänzlichen Verschwindens der lateinischen Sprache aus der Verwaltung des römischen Kaiserstaates ist wol in die Regierung des Mauricius und Heraclius zu versetzen, unter welcher die Distrikte, in welchen noch lateinisch gesprochen wurde, vom römischen Reiche abgerissen wurden. — Die Gerichtssprache blieb in Rom selbst die lateinische allein. In Constantinopel erhielt sich gleichfalls unter den ersten dort regierenden Kaisern die lateinische Sprache in den Gerichten. Angeblich sollen Arcadius und Honorius [19]) der griechischen Sprache gleichen Gebrauch neben der lateinischen in den Gerichten verstattet haben. Dies widerstreitet einer Digestenstelle [20]), nach welcher die Prätoren bei ihren Decreten sich der lateinischen Sprache bedienen müssen. Wahrscheinlich bezog sich die Verordnung der genannten Kaiser nur auf die Rechtspflege in den Provinzen. Bis zu Justinian erhielt sich aber die lateinische Sprache nicht allein als Gerichtssprache; denn nach dem Zeugnisse von Lydus [21]) wich zuerst der unter Theodosius II. zu Constantinopel lebende Cyrus, als er zugleich die Würde eines prätorischen Präfecten und eines Präfecten der Stadt bekleidete, wegen seiner Unkenntniß der lateinischen Sprache von dem allgemeinen Gebrauche, die Urtheilssprüche lateinisch abzufassen, ab und bediente sich während seiner Amtsführung der griechischen Sprache. Lydus spricht von diesem Ereignisse so, als ob es fortan den Gebrauch der lateinischen Sprache in den Gerichten ganz verdrängt habe, womit auch Agathius [22]) übereinstimmt. In den Provinzen scheint die Verwaltung überhaupt und die Rechtspflege insbesondere, unter der Kaiserregierung für die griechisch sprechenden Provinzialen häufig, und seit der Verlegung der Residenz wol allgemein in griechischer Sprache gehandhabt worden zu sein [23]). — Der Unterricht auf den Rechtsschulen des Kaiserreichs soll angeblich unter Justinian und dessen Vorgängern in griechischer und lateinischer Sprache ertheilt worden sein; nur mit dem Unterschiede, daß in Constantinopel und in den orientalischen Provinzen die griechischen Lehrer in größerem Ansehen gestanden haben als die lateinischen, während in den übrigen Theilen des Reichs umgekehrt jene diesen nachgesetzt worden sein sollen. Für die Zeit vor Justinian läßt sich darüber nichts Bestimmtes ermitteln. Wahrscheinlich ist, daß, da die Rechtsquellen, über welche sich der juristische Unterricht verbreitete, fast ohne Ausnahme lateinisch verfaßt waren, auch die Sprache des Unterrichts die lateinische gewesen sei. Dies schließt jedoch nicht aus, daß namentlich in den im Orient bestehenden Rechtsschulen sich einzelne Lehrer auch der griechischen Sprache als Unterrichtssprache bedient haben. Für die Zeit Justinian's selbst ist aber erweislich, daß man sich in Constantinopel und Berytus vorherrschend der griechischen Sprache bei dem Unterrichte bediente. Es beweist dies nicht sowol die griechische Paraphrase der Institutionen des Theophilus, obgleich diese nach einer sehr wahrscheinlichen Vermuthung ein in den Vorlesungen dieses Rechtslehrers nachgeschriebenes Collegienheft ist, sondern das unzweideutigste Zeugniß dafür geben die Commentare des Dorotheus und Stephanus zu den Digesten, welche zum großen Theil in den älteren Basilikenscholien excerpirt sind. Sie tragen ganz unverkennbare Spuren ihrer Entstehung aus den Vorlesungen dieser Rechtslehrer an sich, z. B. die Fragen und Einwürfe der Zuhörer, welche bisweilen sogar genannt werden ([illegible]), und die Antworten des Lehrers darauf ([illegible]). Auch der Commentar des Thalelaus zum Codex hat zahlreiche Spuren der Entstehung aus den Vorlesungen dieses Rechtslehrers. — Die Juristen, welche Zeitgenossen Justinian's waren, behielten aber noch immer die lateinischen Kunstausdrücke bei, welche sich mitten im griechischen Texte finden. In der Regel sind dieselben ganz unverändert beibehalten; eine Ausnahme ist es, wenn sie etwa griechisch flectirt sind. Den Beweis liefern die Institutionenparaphrase des Theophilus, die in den älteren Basilikenscholien erhaltenen Excerpte aus den gedachten Commentaren des Dorotheus, Stephanus und Thalelaus, sowie die in dem Nomokanon des Photius enthaltenen, aus der Digestenbearbeitung des sogenannten Anonymus. Zu der Zeit, wo die Basiliken abgefaßt wurden, finden sich die lateinischen Kunstausdrücke nicht mehr, sondern sie sind in das Griechische übersetzt. Diese

13) L. 5. Th. C. XI, 39. 14) L. 1. Th. C. VI, 24. L. 2. Th. C. XII. 7. 15) Siehe Dirksen a. a. O. S. 54—58. 16) Nov. 7. cap. 1. Nov. 66. cap. 1. §. 2. L. 4. C. VI, 4. §. 3. Inst. III, 8. 17) *Lydus*, De magistratibus reipubl. Roman. Lib. III. cap. 68. 18) *Notitia Orientis*, bei Pancirolus im Commentar. Cap. 96 u. 9. 19) L. 12. C. VII, 45. 20) L. 48. D. XLII, 1. 21) *Lydus*, De magistrat. reipubl. Roman. Lib. II. cap. 12. Lib. III. cap. 42.

22) *Agathias*. Histor. Lib. IV. pr. 23) Vergl. Dirksen a. a. O. S. 69—73.

Veränderung ist nun aber nicht grade in dieselbe Zeit mit der Abfassung der Basiliken zu setzen, sondern sie ist allem Anscheine nach weit früher und nicht lange nach Justinian vor sich gegangen, und hatte ihren Grund wol in dem Verschwinden der lateinischen Sprache als Gerichts- und Geschäftssprache. — Was nun insbesondere den Ursprung der sogenannten Glossae nomicae betrifft, so dürfte derselbe auf die Sitte der Rechtslehrer zurückzuführen sein, einzelne Worte der Rechtsquellen durch ganz kurze Anmerkungen, παραγραφαί, welche oft nur die griechische Uebersetzung einzelner lateinischer Textesworte enthalten, zu erläutern, was vorzüglich Thalelaus zu thun pflegte. Auch die wörtliche (κατὰ πόδα) Uebersetzung des Codex durch Thalelaus, wo die lateinischen Kunstausdrücke griechisch wiedergegeben werden, mag mit Veranlassung zu den Glossen gegeben haben. Es fanden sich nun Sammler, welche die lateinischen juristischen Ausdrücke mit griechischer Erklärung in alphabetischer Ordnung zusammenstellten. So entstanden juristische Glossarien, deren sich mehre von unbekannten Verfassern in verschiedenen Bibliotheken vorfinden. Die von Labbäus[24]) 1606 herausgegebenen Glossen sind nicht Werk Eines Verfassers, sondern sie sind von Labbäus, wie er selbst in der Vorrede an Thuanus anführt, gesammelt und erst zu einem Ganzen vereinigt worden. Diese Glossen sind zum Theil erst nach den Basiliken zusammengetragen, wie die aus den Basiliken citirten Stellen beweisen. Dieselben Glossen finden sich hinter den Glossarien von Philoxenus und Cyrillus, welche 1679 zu Paris herausgegeben wurden, unverändert wieder abgedruckt[25]). Zuletzt gab Schulting im J. 1744 die von Labbäus herausgegebenen Glossen mit Zusätzen aus einer Handschrift und mit Anmerkungen von Jos. Scaliger und Anderen, sowie seinen eigenen heraus[26]). Vergl. übrigens über den Ursprung dieser Glossen *Roever*, Spec. observ. et emendatt. ad glossas veteres verborum juris c. 1 angehängt dessen Fragmentum vet. ICti de juris speciebus et de manumissionibus (Lugd. Bat. 1739.) p. 43—45; über die Herausgeber und Ausleger *Fabricius*, Bibl. graec. T. VI. p. 230—233. ed. nov.

(*C. W. E. Heimbach.*)

GLOSSAGRA, nach der Analogie von Podagra, Chiragra u. s. w. gebildet, soll das Ergriffensein der Zunge vom gichtischen Processe bezeichnen. Auch jene, die gleich Kreysig (Berl. encyklop. Wörterb. der Med. 15. Bd. S. 30) an die Existenz eines derartigen Glossagra glauben, müssen doch zugestehen, daß es eine seltene Erscheinung ist und niemals als selbständiges primäres Leiden vorkommt, sondern nur als Symptom und secundäres Leiden der Gicht, welches zuweilen chronisch für sich zurückbleiben könne, wenn die übrigen Gicht[illegible]beschwerden nachlassen. Wenn aber dann in ätiolo[illegible] Hinsicht beigefügt wird, am leichtesten, vielleicht im[illegible] entstehe das Glossagra alsdann, wenn Schädlichkeiten auf die Zunge wirken, die auch ohne Gichtdisp[illegible] Kranksein derselben bedingen würden, wie Durchn[illegible], Reizungen durch Zähne und dergl., und wenn in dem exquisitesten Falle von Glossagra, dessen Kreysig [illegible] erwähnt, die über zwei Jahre hindurch a[illegible] Zungenschmerzen durchaus einseitig waren, so [illegible] wol mehr als zweifelhaft erscheinen, daß ei[illegible] auf gichtischer Grundlage existirt. Mit Re[illegible] hat die neueren Pathologen diese Bezeichnung ganz fallen, oder man nimmt das Wort Glossagra nur als synonym mit Glossalgie, versteht also überhaupt ein [illegible] les, mehr oder weniger andauerndes Leiden [illegible] darunter.

(*Fr. Wilh.* [illegible])

GLOSSANTHRAX (Zungencarfunkel, Zungen[illegible]brand, Zungenkrebs) s. Aphthae malignae ist eine nicht häufig beobachtete Form des Milzbrandes, welche vorzüglich das Rindvieh befällt, seltener Pferde und Schweine, und am seltensten Schafe. Auf der Zunge, aber auch wol auf der übrigen Mundschleimhaut, entstehen rasch an Größe zunehmende Blasen, die zuerst weißlich sind, dann aber bläulich oder schwärzlich werden, weiterhin aufbrechen und schnell um sich fressende Geschwüre bilden. Die angeschwollene Zunge ist Anfangs sehr schmerzhaft und heiß, späterhin kalt und unempfindlich, wie abgestorben. Damit verbindet sich ein acutes typhöses Fieber. Oftmals erliegen die Thiere in 24 Stunden.

(*Fr. Wilh. Theile.*)

GLOSSANTHUS ist der Name einer von Klein aufgestellten Gattung aus der natürlichen Familie der Cyrtandraceen. Da dieselbe aber erst von Bentham im J. 1835 veröffentlicht ist, so ist die Benennung Klugia, welche von Schlechtendal für dieselbe Gattung bereits 1833 vorgeschlagen wurde, vorzuziehen. Der Charakter dieser Gattung besteht in Folgendem: Der Kelch ist locker röhrenförmig, am Grunde ungleich, fünfflügelig und fünfspaltig. Die unterständige, maskenförmige Blumenkrone hat eine fast cylindrische Röhre, einen geschlossenen Schlund, eine kurze, zweilappige Oberlippe und eine vorgezogene ungetheilte oder halb-dreilappige Unterlippe. Die Staubgefäße sind der Kronröhre eingefügt und ragen aus ihr nicht hervor, von den vier vollkommen ausgebildeten, staubbeuteltragenden sind zwei länger als die beiden anderen, das fünfte Staubgefäß ist nur rudimentair. Die zweifächerigen, nierenförmigen Staubbeutel sind zu einem Kreuzchen vereinigt. Ein vollständiger Drüsenring umgibt den einfächerigen, innen mit zwei zweilappigen Wandplacenten versehenen Fruchtknoten. Der Griffel ist fadenförmig, einfach, die Narbe [illegible] kopfförmig, ungetheilt. Die vom Kelche [illegible] Kapsel ist eiförmig, einfächerig, zweiklappig, die Klappen tragen in ihrer Mitte die sich theilende, in eine flache, zweilappige, zu beiden Seiten Samen tragende Placente

---

24) *Labbaeus*, Veteres Glossae verborum juris. (Paris. 1606.) 25) Vergl. Schulting praefatio zu der von ihm besorgten Ausgabe der Glossen. 26) Veteres Glossae verborum juris, quae passim in Basilicis reperiuntur. Quas ex variis mss. Cod. Bibl. Reg. *Carolus Labbaeus* eruit, digessit et notis illustravit. Accesserunt ipsis Glossis additiones ex libro ms. praeterea *Jos. Scaligeri* et aliorum doctorum virorum emendationes, denique notae *Anton. Schultingii*, in *Otto*, Thes. jur. Roman. T. III. p. 1697—1820.

erweiterte Platte. Die zahlreichen Samen sind elliptisch-länglich, gefurcht, quer runzelig.

Die zu dieser Gattung gehörigen einjährigen Gewächse sind im tropischen Asien und in Mexico einheimisch; sie haben hin und wieder eingeschnittene Blätter, eine etwas überhängende Blüthentraube, himmelblaue Blumenkronen und unterscheiden sich von der ähnlichen Gattung Loxotis fast nur durch die vier staubbeuteltragenden Staubgefäße, während bei dieser nur zwei Staubgefäße vollkommen ausgebildet sind. Es sind nur zwei Arten aus dieser Gattung bekannt, welche unter dem älteren Namen Klugia aufgeführt werden müssen, nämlich

1) Klugia azurea *Schlechtendal* mit kleinem, abstehendem, etwas rauhem Stengel und am Grunde stumpflichen Blättern. Hierher gehört Glossanthus mexicanus *R. Brown*.

Diese Art findet sich in Mexico bei Cuesta Grande de Chiconquiaco. — Der Stengel ist aufrecht, ½—1½ Fuß hoch; die Blätter sind an der größeren Seite 4—5 Zoll lang, 18—21 Linien breit; die Blüthentraube ist wenig- bis 25blüthig; die Blüthenstielchen sind 2 Linien lang, der fünfzähnige Kelch ist 3—4 Linien lang. Die Blumenkronröhre ist ½ Zoll lang, die größere Lippe 4 Linien lang.

2) Klugia Notoniana *De Candolle*. Der etwas fleischige Stengel ist bisweilen mit einer dicht wolligen Linie besetzt; die Blätter sind am Grunde halb-herzförmig; die Kelche sind am Grunde nach Oben groß und stumpf gespornt. Hierher gehört Wulfenia Notoniana *Wallich*, Glossanthus malabaricus *Klein* und Glossanthus Notonianus *R. Brown*.

Diese Art wächst auf dem Nilgherrigebirge in Ostindien. Die Blüthen sind nur 6 Linien lang, der halbfünfspaltige Kelch ist 2¼ Linien lang. (*Garcke*.)

GLOSSARRHEN, ein von Martius aus den Wörtern γλῶσσα (Zunge) und ἄῤῥην (Männchen, Staubgefäß) gebildeter Pflanzenname zur Bezeichnung einer zu der natürlichen Familie der Violarieen gehörigen Gattung, deren Mitglieder sich durch die an der Spitze in einen häutigen Anhang verlängerten Staubbeutel auszeichnen, ein Merkmal, welches auch Veranlassung zu dieser Namengebung gegeben hat. Da aber diese Gattung erst in dem 1824 erschienenen Werke von Martius Nova genera et species plantarum. Vol. I, sowie in dem gleichfalls 1824 erschienenen ersten Bande von De Candolle's Prodromus system. natural. beschrieben ist, während die damit identische Gattung Schweiggeria von Sprengel im zweiten Bande der neuen Entdeckungen der Pflanzenkunde schon im J. 1821 bekannt gemacht wurde, so ist ungeachtet des Umstandes, daß letzterer im Systema vegetabilium Vol. IV. Pars II. seine eigene Gattung wieder eingezogen und als Synonym zu Glossarrhen gestellt hat, erstere dennoch anzunehmen und voranzustellen.

Diese Gattung ist durch folgende Merkmale ausgezeichnet:

Die Zipfel des tief-fünftheiligen Kelches sind einander sehr ungleich, indem die drei hinteren weit größer, spieß-herzförmig sind und in den Blüthenstiel ein wenig herablaufen, während die beiden vorderen sehr klein und schmal sind. Die fünf, sehr ungleichen, sitzenbleibenden Kronblätter sind dem Kelchgrunde eingefügt, die beiden vorderen sind kürzer als die beiden seitlichen, das hintere ist sehr groß und am Grunde gespornt. Die fünf ungleichen Staubgefäße wechseln mit den Kronblättern ab, die Fäden sind sehr kurz; die zweifächerigen, flachen, nach Innen gewandten Staubbeutel sind an der Spitze in ein häutiges Anhängsel verlängert, ihre Fächer springen der Länge nach auf; die Mittelbänder der beiden vorderen sind gleichfalls in pfriemliche, freie Anhängsel vorgezogen. Der fast kugelige, einfächerige Fruchtknoten ist mit drei Wandplacenten versehen. Die Eichen sind gegenläufig. Der Griffel ist endständig, keulenförmig-verbreitert, einwärts gekrümmt, an der Spitze dreilappig, die Lappen tragen auf der Innenseite die Narben. Die Kapsel ist eiförmig, von der verwelkten Blumenkrone gekrönt, einfächerig, dreiklappig, die Klappen tragen in ihrer Mitte die Samen. Diese sind eiförmig-kugelig, von einer krustigen Schale umgeben. Der Samenkeim liegt in der Axe des fleischigen Eiweißes und hat mit demselben gleiche Länge, das Würzelchen ist dem Nabel zugewandt.

Die zu dieser Gattung gehörigen, in Brasilien und Mexico einheimischen Arten sind Halbsträucher mit wechselständigen, eiförmigen oder lanzettlichen, gezähnelten, von zwei sehr kleinen Nebenblättern begleiteten Blättern und achselständigen, einzelnen, einblüthigen, oberwärts mit zwei Deckblättern besetzten Blüthenstielen.

Es sind nur drei Arten aus dieser Gattung bekannt, nämlich

1) Schweiggeria fruticosa *Sprengel* mit lanzettlichen zugespitzten Blättern. Hierher gehört nach Sprengel Glossarrhen floribundus *Martius* und demnach auch Schweiggeria floribunda *St. Hilaire*.

Diese Art wächst in Brasilien.

2) Schweigg. parviflora *Martius*. Die Blätter sind verkehrt-eiförmig, spatelig, stumpf, gekerbt-gesägt; die Blüthenstiele sind blattwinkelständig.

Diese Art kommt gleichfalls in Brasilien vor.

3) Schweigg. mexicana *Schlechtendal*. Die ganze Pflanze ist kahl; die Blätter sind lang-lanzettlich, in den Blattstiel verschmälert, nach dem Grunde zu ganzrandig, nach der Spitze zu fein gesägt; die Blüthen sind klein, einzeln, achselständig.

Die Heimath dieser Art ist Mexico. (*Garcke*.)

GLOSSASPIS. Mit diesem Namen belegte Sprengel eine schon von Lindley unter der Bezeichnung Glossula aufgestellte, zu der natürlichen Familie der Orchideen gehörige Pflanzengattung, deren einzige Art, Glossaspis tentaculata *Sprengel*, in China einheimisch ist. Die Gattung zeichnet sich dadurch aus, daß die äußeren und inneren Blättchen der helmförmigen Blüthenhülle von gleicher Gestalt sind. Die Seitenzipfel der dreitheiligen Lippe sind lang, der Sporn ist kurz und aufgeblasen. Das Schnäbelchen ist groß und gefaltet.

Die hierher gehörige Art hat kleine, grüne Blüthen. (*Garcke*.)

GLOSSE. GLOSSATOREN[1]) (zum Corpus juris civilis).

I. **Wiederherstellung der Wissenschaft des römischen Rechts im 12. Jahrh.** Die römische Nation und die römischen Städteverfassungen erhielten sich auch nach dem Untergange des weströmischen Reichs bis in das 11. Jahrh.; das römische Recht ist durch alle diese Jahrhunderte in Gerichten angewendet, in Schriften bearbeitet und mündlich gelehrt worden, diese Kenntniß und Anwendung desselben waren aber sehr dürftig und konnten nur als Uebergang zu einer besseren Zeit Werth haben. Wegen des Details ist auf Savigny, Geschichte des römischen Rechts im Mittelalter. Bd. 1. 2 zu verweisen. Im 12. Jahrh. erscheint plötzlich das römische Recht in neuem frischem Glanze. In Bologna entsteht eine blühende Schule, deren Ruhm sich weit über die Alpen verbreitet; die Lehrer dieser Schule bewähren sich auch durch Schriften; zahlreiche Schüler aus allen Theilen Europa's bringen die neue gründliche Kenntniß zurück in ihre Heimath und verbreiten sie auch hier durch Urtheilssprüche, durch Schriften, und bald selbst durch mündlichen Unterricht in Schulen, welche sich nach dem Vorbilde von Bologna bilden. Die erste und wichtigste Ursache dieser merkwürdigen Erscheinung lag in dem Bedürfnisse der lombardischen Städte, in deren Mitte die neue Schule entstand. Diese Städte waren sehr reich, bevölkert und thätig; das frische Leben ihres Handels und ihrer Gewerbe forderte ein ausgebildetes bürgerliches Recht; die germanischen Volksrechte entsprachen diesem Zustande nicht, sowie auch die dürftige Kenntniß des römischen Rechts, mit welcher man sich bisher beholfen hatte, nicht mehr genügte; dagegen waren die stets erhaltenen Quellen des römischen Rechts völlig ausreichend; und es bedurfte nur einer ordentlichen Benutzung dieser Quellen, um durch wissenschaftliche Arbeit in den Besitz eines, dem neuerwachten Bedürfnisse völlig entsprechenden, Rechts zu gelangen. Die Anwendung des allerdings niemals aufgehobenen Grundsatzes der persönlichen Rechte[2]) wurde immer seltener und erlosch mit zunehmender Auflösung des alten Nationalverbandes endlich ganz. Zu dieser Auflösung trugen die örtliche Vermischung der verschiedenen Nationen, noch mehr aber häufige Familienverbindungen, besonders aber das neue Band des bürgerlichen Vereins in den Städten, welches von jenem der Nationalabstammung ganz verschieden war, und Menschen aus allen Nationen eng vereinigte, bei. Zu gleicher Zeit war auch ein reges geistiges Streben erwacht, und so kam eben jene wissenschaftliche Thätigkeit, deren man jetzt zu einem praktischen Zwecke bedurfte, anstatt vom römischen Rechte abzuschrecken, zugleich auch dem inneren Bedürfnisse der Zeit entgegen. Ein Glück war es, daß grade die Digesten sich erhalten hatten, in deren reichem Inhalte jenes Bedürfniß nach Wissenschaft volle Beschäftigung finden konnte, wozu andere Quellen des römischen Rechts, selbst Justinian's Coder und Novellen allein, sich schwerlich geeignet hätten; und noch weniger die germanischen Volksrechte. Durch diese Ursachen wäre nun das römische Recht, wenn es seit Jahrhunderten untergegangen wäre, schwerlich wieder in das Leben gerufen worden; jetzt aber konnte ihre Wirkung nicht fehlen, da dieses Recht in steter Uebung geblieben war, und es nur auf besseren Gebrauch und besseres Verständniß des wenig Benutzten und Verstandenen ankam. Schon seit Karl dem Großen dachte man sich einen großen Theil der europäischen Völker und Staaten in einer bleibenden Verbindung und nahm so mitten in dem Besondern, was sie von einander trennte, etwas Gemeinsames an. Dieses Gemeinsame bildete das Kaiserthum, die römisch-katholische Kirchenverfassung, die Geistlichkeit, die lateinische Geschäftssprache. Zu diesem trat nun noch das römische Recht hinzu, welches nicht mehr als das besondere Recht römischer Provinzialen, aber auch nicht als das Eigenthum eines einzelnen Staates, sondern als das allgemeine christlich-europäische Recht galt, wozu es sich durch seine früheren Schicksale mehr als irgend ein anderes eignete. Durch diese Ansicht wurde theils der Werth des römischen Rechts in der öffentlichen Meinung erhöht, theils ihm die Verbreitung in neue Gebiete der Anwendung erleichtert[3]). Sobald nun durch das Zusammenwirken dieser Umstände eine neue Schule des römischen Rechts entstanden und bald zu großem Ansehen gelangt war, so mußte diese wieder auf die eben erwähnten Verhältnisse zurückwirken. Die meisten Richter waren jetzt in dieser Schule gebildet und brachten deshalb aus derselben eine entschiedene Anhänglichkeit an das römische Recht mit in die Gerichte, wodurch nothwendig das Verschwinden der nationalen Rechte, so weit sie nicht in die Statuten übergingen, beschleunigt und vollendet, zugleich aber auch die Anwendung des römischen Rechts über seine früheren Grenzen hinaus begünstigt wurde. Dagegen hat man zu viel Gewicht auf die Gunst der Hohenstaufischen Kaiser gelegt, welche das römische Recht als eine Stütze ihrer Macht verbreitet haben sollen. Besonders in Italien, was hier vorzüglich in Betracht kommt, war diese Begünstigung von geringem Einflusse sowol auf die praktische Anwendung, als auf die Schule. Erstere war auch ohne die Kaiser völlig gesichert, und eine gesetzliche Bestätigung ist nie erfolgt. Auch das Gedeihen der Schule ist durch die Kaiser nicht bedeutend gefördert worden, mag man nun dabei auf das Rechtsstudium überhaupt, oder auf die bolognesische Schule insbesondere sehen. Selbst das Privilegium Kaiser Friedrich's I. kommt nur als ehrenvolle Anerkennung

1) Das Hauptwerk hierüber ist Savigny, Gesch. des römischen Rechts im Mittelalter. 7 Bde., besonders Bd. 3—6. Der 7. Bd. enthält Zusätze und Berichtigungen, theils von Savigny selbst, theils von Merkel. Vergl. auch Spangenberg, Einleitung in das römische Justinianeische Rechtsbuch oder Corpus juris civilis Romani. (Hannover 1817.) Mehres über die Glosse und die Glossatoren ist bereits in dem Artikel Corpus juris civilis 19. Bd. S. 356 fg. vorgekommen, namentlich was den Einfluß der Glossatoren auf die Justinianeischen Rechtsbücher betrifft. 2) Vergl. den Artikel Corpus juris civilis 19. Bd. S. 364.

3) Diese Ansicht wird auf ein publicistisches System zurückgeführt in einer Stelle des Varinus in Dig. novum l. 24 de captivis (XLIX, 15).

in Betracht; sein Einfluß auf die Rechtsschule zu Bologna war unbedeutend. Daß die Gunst oder Ungunst der mächtigsten Herrscher jener Zeit auf die Blüthe der Schulen wenig Einfluß hatte, geht daraus hervor, daß [illegible] Friedrich II. im J. 1226 die Schule zu Bologna aufhob, aber ohne allen Erfolg, dagegen die Schule zu Neapel, welche er auf alle Weise zu heben suchte, nicht gedieh. Auch darf man das Studium des römischen Rechts nicht als eine Parteisache in den Streit [illegible] mit den Lombarden hineinziehen. Denn unter den berühmten Juristen waren mehr Welfen als Gibellinen, und die Stadt Bologna, wo das römische Recht am meisten gelehrt und begünstigt wurde, stand meistens [illegible] auf Seite der Kaiser. Endlich darf man nicht auf [illegible] des frühern Verhältnisses der Geistlichkeit zum römischen Rechte, vermöge dessen dasselbe als das Recht der Geistlichkeit galt, annehmen, daß etwa die Gunst des Papstes demselben besonders förderlich gewesen wäre. Vielmehr war der Papst ihm jetzt grade entgegen. In den beiden ersten Jahrhunderten wurde das erneuerte Rechtsstudium sehr durch die würdige Stellung der Lehrer in den freien Städten, welchen sie angehörten, besonders in Bologna, gefördert. Außerdem, daß viele derselben persönlich die wichtigsten Geschäfte besorgten, nahmen sie auch insgesammt und durch ihren bloßen Stand auf doppelte Weise Antheil an öffentlichen Angelegenheiten; erstens indem sie stets ohne besondere Ernennung Mitglieder des engeren Raths waren, zweitens indem sie neben den scabini (judices) und den Notarien besondere Collegien bildeten, welche unter die vornehmsten der Stadt gehörten. Diese Gründe im Zusammenhange lassen die Erneuerung der Rechtswissenschaft nicht als ein Werk des Zufalls erscheinen. Auch daß grade zu Bologna die neue Rechtsschule entstand, läßt sich theils aus dem Reichthume und der Blüthe dieser Stadt, theils aus der Nähe von Ravenna erklären, wo sich stets eine Schule des römischen Rechts fast unbemerkt erhalten hatte [5]).

II. Verfassung von Bologna seit dem 12. Jahrh. [6]). Als die beiden Bestandtheile des Communen erscheinen Adel und Volk; beide Stände sind im Besitze des vollen Bürgerrechts. Die Bürgerschaft machte in Bologna, wie in den übrigen freien Städten, ein fest geschlossenes Ganze aus. Selten wurden Fremde mit öffentlichen Geschäften beauftragt. Ebenso kommt in der früheren Zeit die Verleihung des Bürgerrechts selten vor. Daher kann man denen, welche in dieser Zeit in öffentlichen Geschäften auftraten, fast immer das Bürgerrecht, und zwar das angeborene Bürgerrecht, zuschreiben. So bezeichnet Bononiensis in der Regel nicht blos einen Einwohner, sondern einen Bürger und Eingeborenen. Was die Professoren anlangt, so nahmen, so lange die Universität ganz selbständig blieb, d. h. im 12. und 13. Jahrh., zwar die eingeborenen Professoren den größten Antheil an den städtischen Geschäften; die aus anderen Städten hingegen, selbst wenn sie großen Ruhm erlangten, erhielten fast nie das Bürgerrecht und führten keine Geschäfte. Als durch Einführung der Besoldungen die Professur ein städtisches Amt wurde, änderte sich dieses etwas, indem nunmehr, d. h. vom 14. Jahrh. an, der ursprünglich fremde Professor durch die Anstellung zugleich das Bürgerrecht erhielt, was aber nur für die Person des Angestellten selbst und nur für die Zeit seines Lehramtes galt. — Vorzüglich wichtig für die Geschichte der Stadt und selbst der Universität Bologna sind die zwei Factionen, in welche ein großer Theil Italiens lange Zeit zerfiel: die Gibellinen (pars imperii) und die Welfen (pars populi oder ecclesiae). Die Entstehung dieser Parteien ist hier ungewiß. Im Anfange des 13. Jahrh. nahmen sie in Bologna besondere Namen von zwei edlen Geschlechtern an, welche damals die Häupter derselben waren: die Gibellinen hießen nun Lambertazzi, die Welfen Geremei, welche Namen sich auch erhielten, als die Lambertazzi nicht mehr an der Spitze der Gibellinen standen und die Geremei ganz ausgestorben waren. Beide waren förmliche Corporationen, an deren Spitze Procuratoren und Syndici vorkommen. Die Theilnahme an einer solchen Partei erbte in den Familien fort. Bald nach der Mitte des 13. Jahrh. entstand zwischen beiden Parteien heftige, oft blutige Feindschaft, welche nur zuweilen durch förmliche Friedensschlüsse unterbrochen wurde. Die Oberhand verblieb fast immer den Geremei, und oft wurde die ganze Gegenpartei aus der Stadt verbannt, mit Einschluß der dazu gehörigen Professoren. Man darf nicht die Juristen zu Bologna im Allgemeinen zur kaiserlichen Partei, den Lambertazzi, zuzählen, denn die Fremden unter diesen Juristen gehörten keiner Partei an; die Bologneser aber folgten ursprünglich der Partei ihrer Familie; in der Folge traten jedoch viele Lambertazzi zu den Geremei über, als jene unterdrückt und verjagt waren. — Die Stadt und die Bürger waren in vier Stadtviertel eingetheilt, welche nach den vier Hauptthoren bezeichnet wurden: porta Ravegnana, p. Procolo, p. Pieri, p. Stieri. Die Form der großen und kleinen Räthe, sowie die Geschichte der Magistraturen, ist für Bologna noch nicht gehörig festzustellen gewesen. In einer allgemeinen Uebersicht der Verfassung um das Jahr 1117 sagt Savioli [7]), es habe ursprünglich drei Consuln gegeben, welche Zahl man später geändert und selbst bis auf neun erhöht habe; die Consuln habe man stets aus dem Adel, oder doch aus Familien, welche sich bald mit dem Adel gemischt hätten, genommen. Diese Mittheilung wird von Savigny aus triftigen Gründen als unglaubwürdig angefochten. Mit Sicherheit läßt sich, namentlich aus den von Savioli mitgetheilten Urkunden, über die Häupter der Stadt nur Folgendes ermitteln. Im J. 1123 kommen zuerst Consuln von Bologna in einer Urkunde vor, ohne daß man daraus ihre Zahl noch ihre

[5]) Anderer abweichender Ansichten über das wiederhergestellte Studium des römischen Rechts ist schon in dem angeführten Artikel S. 256. Not. 70 Erwähnung geschehen. [6]) Vergl. Savigny a. a. O. 3. Bd. S. 137 fg., welcher auch die Schriftsteller über diesen Gegenstand anführt. Die Verfassung der lombardischen Städte seit dem 12. Jahrh. stellt derselbe S. 103—136 dar.

[7]) Savioli, Annali Bolognesi. Vol. I. P. I. p. 172. 175. 178.

Namen ersieht. Dann kommt drei Jahre hinter einander ein Podesta vor, Guido Rainerii de Saro aus Faenza, welcher in den Jahren 1151—1153 die Stadt regiert. In den Jahren 1156 und 1157 werden wieder Consuln, und zwar mit Namen, aufgeführt, jedes Mal drei. Bald nachher, als Kaiser Friedrich I. die Freiheit der Städte unterdrückte, bekam auch Bologna kaiserliche Podesta, von denen der 1162 ernannte, Bezo, ein Teutscher, die Stadt sehr bedrückte und in einem Aufstande erschlagen wurde. Die Stadt schloß sich bald dem lombardischen Bunde an; ihre Häupter waren abwechselnd Consuln oder frei erwählte Podesta. Durch den costnitzer Frieden wurde der Stadt, wie den übrigen Städten, die Wahlfreiheit gesichert. Der Adel hatte in dieser Verfassung zwar kein ausschließendes, aber doch ein natürliches Uebergewicht. Jedoch schon im 12. Jahrh. stieg die Macht und der Einfluß der Plebejer, welche sich besonders durch feste Zunftverfassung stärkten. Die Gewerbsinnungen nämlich, welche wol schon längst unbemerkt vorhanden waren, gewannen jetzt eine bestimmte Form und zum Theil ein politisches Dasein. Die zwei vornehmsten derselben, die der Kaufleute und der Wechsler, hatten besondere Consuln, welche selbst in Geschäften des Freistaats als öffentliche Personen auftraten. Auch findet sich schon gegen das Ende des 12. Jahrh. ein allgemeines Haupt der Innungen (rector societatum). Zu ihnen gesellte sich aber jetzt eine zweite Art von Innungen, die Waffengesellschaften (societates armorum), welche ihre Namen meistens von Landschaften oder von willkürlichen Zeichen entlehnten. Die älteste derselben, die der Lombarden, kommt schon 1174 vor und hat sich bis auf die neueste Zeit erhalten. Beide Arten von Innungen hatten besondere Statuten, deren Zweck besonders Abhaltung des Adels von denselben war, und es finden sich Beispiele der Ausstoßung aus der Innung wegen des Adels. Im J. 1228, wo die Stadt 21 Gewerbsinnungen und 22 Waffengesellschaften hatte, wurde es durchgesetzt, daß deren Häupter, und neben diesen noch einige besonders gewählte Anziani, als Vertreter der Plebs an allen Geschäften der Gemeinde im großen und kleinen Rathe Theil nehmen sollten. Da ihnen aber dieser Einfluß nicht genügte, so trennten sie sich von der Gemeinde, erkannten die Gerichtsbarkeit des Podesta nicht mehr an, wählten ein besonderes Haupt, den *capitano del popolo*, und rissen die wichtigsten Zweige der öffentlichen Gewalt an sich. Nunmehr bestand die Stadt aus zwei verschiedenen Republiken, *commune* und *populus*; jede derselben hatte ihre Versammlungen, Räthe, Magistraturen, sowie ihr Rathhaus; ihr Verhältniß zu den allgemeinen Angelegenheiten war nicht bestimmt, aber die neue Republik hatte das entschiedenste Uebergewicht. Der Adel wurde immer mehr unterdrückt und verlor sich großentheils unter dem Volke, während aus diesem eine neue Nobilität hervorging. Im J. 1215 erhielt diese Verfassung die erste bestimmte Ausbildung. Damals machte die Plebs ihre ersten Statuten. Der große Rath des Commune bestand aus 2400 Mitgliedern, die Credenza aus 600, mit eingerechnet die Professoren der Universität und 25 aus dem Landadel. Zwölf von der Plebs gewählte Anziani wechselten alle drei Monate ab und wurden der Reihe nach aus allen Innungen genommen. Das Commune pflegte schon lange nicht mehr Consuln, sondern Podesta zu wählen, und daher ging der Titel der Consuln allmälig auf die Anziani über, und diese Verbindung beider Titel hat bis auf die neueste Zeit fortgedauert. Das Commune bestätigte ausdrücklich alle diese Neuerungen. Die nächsten Aenderungen dieser Verfassung betrafen mehr die Form als das Wesen; z. B. findet sich eine Aenderung in der Zahl der Mitglieder des großen und kleinen Rathes. Im J. 1337 aber wurde Thaddeus Populus zum Herrn (Signore) von Bologna erwählt. Daneben erhielt sich die Form der Republik, einschließlich der Magistraturen. Obgleich derselbe schon nach drei Jahren die neue Signoria dem Papste übergab und als dessen Vicarius regierte, so trat dadurch doch keine wesentliche Veränderung in den Verhältnissen ein; ein Tribut von 8000 Goldgulden war die wichtigste Neuerung, und erst nach langer Zeit ging diese, ohnehin noch oft und lange durch fremde Herrschaft unterbrochene, Signoria in wirkliche Landesherrlichkeit über. Obgleich sich die äußeren Formen der Republik auch nach der Unterwerfung unter einen Herrn erhielten, so fiel doch die alte Trennung des Populus und des Commune weg; es wurden sowol der große Rath als die Magistraturen gemeinschaftlich, und wurden auch als solche bezeichnet.

III. Die Universitäten [7]. Der große Einfluß, welchen die Universitäten seit dem 12. Jahrh. auf den geistigen Zustand der europäischen Völker geübt haben, ist bei aller Verschiedenheit der Einrichtungen im Wesentlichen derselbe geblieben. Der Grund dieses Einflusses lag damals, wie jetzt, darin, daß eine gewisse geistige Selbständigkeit der Schüler theils vorausgesetzt, theils zu entwickeln gesucht wird, und es daher in der Aufgabe der Universitäten lag und noch liegt, das Beste und Würdigste mitzutheilen, was in jeder Zeit die Wissenschaft darzubieten hat. Hierin standen die Universitäten des Mittelalters den jetzigen gleich, unterschieden sich aber davon in vielen anderen Stücken. Vor Allem nahmen sie in der Reihe der Bildungsmittel eine weit hervorragendere Stellung ein, als die jetzigen, welche auf der einen Seite an den gelehrten Schulen, auf der anderen an der großen Masse der überall verbreiteten Bücher eine damals fehlende Concurrenz finden. Eine Folge hiervon war eine viel längere als die jetzt gewöhnliche Studirzeit, sowie, daß viele unter den Studirenden durch ihr reiferes Alter, durch ihren Rang, ihre Aemter und Würden ein auf den ganzen Stand zurückfallendes Ansehen erhielten, wovon sich jetzt nichts Aehnliches vorfindet. In Folge des Sinnes jener Zeit, welchem die Bildung neuer, fast unabhängiger Corporationen (wie in Italien, so in Teutschland) durchaus zusagte, fingen auch die Universitäten bald an, selbständige Corporationen zu bilden, was die Städte, in welchen dies geschah, ohne Eifersucht zuließen. Ein Hauptunterschied der Uni-

7) Savigny a. a. O. 3. Bd. S. 153 fg.

versitäten des Mittelalters und der jetzigen liegt in der Art ihrer Entstehung. Die Universitäten des Mittelalters waren keine Lehranstalten im heutigen Sinne, welche ein Staat gründet, zunächst zum Unterrichte der Eingeborenen, neben welchen auch Fremde zur Theilnahme zugelassen werden. Sie entstanden ohne Zuthun der Staatsgewalt dadurch, daß ein Mann, von höherem Lehrtriebe [illegible], eine Anzahl lernbegieriger Schüler um sich versammelte, daß hierdurch leicht eine Reihefolge von Lehrern entstand, der Kreis der Zuhörer sich erweiterte und so ganz durch inneres Bedürfniß eine neue Schule entstand. Der Ruhm und die Wirkung einer solchen Schule mußte ganz anders sein, so lange nur noch wenige derselben in Europa vorhanden waren, und mündlicher Unterricht beinahe der einzig mögliche Weg zu umfassenden Kenntnissen war. Von öffentlicher Anstellung und Besoldung der Lehrer war dabei nicht die Rede; späterhin, als das innere Leben abnahm, brauchte man auch diese Mittel der Erhaltung; ja ganze Universitäten wurden durch freien Entschluß von Fürsten gestiftet. — Ungefähr zu derselben Zeit standen drei hohe Schulen in großem Ansehen: Paris für Theologie und Philosophie, Bologna für römisches Recht, Salerno für die Medicin. Salerno blieb ohne Einfluß auf die übrigen Schulen. Die beiden übrigen, Paris und Bologna, sind nicht nur entschieden die ältesten Schulen, welche zu einem allgemeinen Ruhme in Europa gelangten, sondern sie sind auch das Vorbild der zahlreichen spätern Universitäten. In der Verfassung dieser beiden Universitäten findet sich von der ältesten Zeit an der merkwürdige Gegensatz, daß in Paris die Corporation aus sämmtlichen Lehrern besteht, welche im Besitze aller Gewalt sind, sodaß von den Schülern als blos unterthänigen Mitgliedern des kleinen Staats dabei gar nicht die Rede ist; in Bologna hingegen die Schüler die Corporation bilden und aus ihrer Mitte die Häupter derselben wählen, welchen die Lehrer unterworfen sind. Diese beiden Grundformen wurden auf den, nachher in großer Anzahl entstandenen, Universitäten nachgeahmt; Bologna bildete größtentheils das Muster für Italien, Spanien und Frankreich, Paris aber für England und Teutschland. Dieser Gegensatz erklärt sich aus zwei Gründen, erstens aus dem republicanischen Geiste in Bologna, welcher sich leicht auch den Studirenden mittheilte; zweitens aus der verschiedenen Natur der Wissenschaften, wegen welcher beide Schulen entstanden, indem Bologna ursprünglich eine Juristenschule, Paris aber eine Theologenschule war. Der theologische Unterricht, von welchem Paris ausging, führte natürlich auf eine strengere Abhängigkeit der Schüler, die schon früher in den Klöstern und Domstiftern an eine strenge Disciplin gewöhnt waren. Das bloße Gesetz der Nachahmung erklärt, daß diese einmal ausgebildeten Formen auch auf solche Schulen und auch auf diejenigen Wissenschaften übertragen wurden, in welchen jene ursprünglichen Bedingungen fehlten. Doch darf man aus jener Nachahmung der ursprünglichen Formen nicht auf eine völlige und bleibende Gleichheit schließen; vielmehr haben sich diese Formen in jeder Nation auch wieder eigenthümlich ausgebildet, und namentlich haben in Teutschland, besonders seit der Reformation, die Universitäten einen weit freiern Charakter angenommen. — Wir betrachten 1) die italienischen Universitäten. Unter ihnen nimmt a) Bologna für den juristischen Unterricht, sowie wegen seiner vielfach nachgeahmten Verfassung den ersten Rang ein. Die reichhaltigsten Nachrichten über die Verfassung enthalten die alten Statuten der juristischen Universität[8]. Nach einer sehr alten Behauptung soll die Universität Bologna von Theodosius II. im J. 433 gestiftet worden sein. Im Archive der Stadt finden sich sogar zwei völlig verschiedene Stiftungsurkunden, welche öfters abgedruckt sind. Sie sind aber erdichtet. Dennoch ist in Bologna stets viel Werth darauf gelegt worden. Zeit und Anlaß der Erdichtung lassen sich ziemlich genau ermitteln[9]. In der That läßt sich der Anfang der Universität nicht genau bestimmen, weil sie gar nicht von einer willkürlichen Stiftung ausging. Die erste, hier in Betracht kommende, geschichtliche Thatsache ist das Privilegium, welches Kaiser Friedrich I. im November 1158 auf dem Reichstage von Roncaglia ertheilte[10]. Es ist zwar darin nicht namentlich von Bologna die Rede; dennoch kann nur an diese Stadt gedacht sein. Denn das Privilegium wird denjenigen ertheilt, welche zu wissenschaftlichen Zwecken Reisen unternehmen, und es wird darin besonders der Rechtslehrer rühmend gedacht. Da das Privilegium nicht vom Kaiser, sondern vom lombardischen Könige gegeben wurde, so gab es keine Stadt außer Bologna, worauf es angewendet werden konnte. Der Inhalt war zweifach. Erstens wurden die fremden Schüler in besondern Schutz genommen, sie sollten überall ungestört reisen können; Beleidigung derselben wurde bei schwerer Strafe untersagt, und besonders sollte keiner derselben für Verbrechen oder Schulden seiner Landsleute haften. Zwei-

8) Die gegenwärtige Abfassung der Statuten ist vom J. 1432, und es sind derselben sogar einzelne noch neuere Verordnungen beigemischt. Dieser Abfassung liegt eine ältere zu Grunde, deren Zeitalter sich sogar bestimmen läßt. Die Statuten verbieten nämlich Gevatterschaften zwischen den Mitgliedern der Universität und den Bürgern der Stadt, nehmen aber von diesem Verbote den Johannes Andreä und dessen Descendenten aus; da sie jenen als lebend bezeichnen, so deutet dies auf die erste Hälfte des 14. Jahrh., da jener 1348 starb. Es lassen sich sogar gewissermaßen die älteren und neueren Stücke von einander unterscheiden, indem der erste Verfasser die Anfangsworte der einzelnen Capitel augenscheinlich so gewählt hat, daß ihre ersten Buchstaben die Ordnung des Alphabets befolgen; da sich nun von dieser Regel bisweilen Ausnahmen finden, so können solche Capitel nur zu einer spätern Ueberarbeitung gehören. Der Inhalt stammt aber größtentheils aus noch früherer Zeit. Folgende Gründe machen diese Annahme wahrscheinlich: erstens die bestimmte Nachricht, daß wenigstens im J. 1253 schon Statuten der Universität wirklich vorhanden waren (bei Sarti, De claris Archigymnasii Bononiensis professoribus P. II. p. 124 ist die Bestätigung derselben durch Papst Innocenz IV. abgedruckt), besonders aber zweitens der in den gedruckten Statuten enthaltene Katalog der Bücherverleiher (abgedruckt bei Savigny a. a. O. 3. Bd. S. 649 fg.), in welchem fast durchaus Werke aus dem 12. und 13. Jahrh., und nur wenige aus der ersten Hälfte des 14. Jahrh. stehen. Vergl. Savigny a. a. O. 3. Bd. S. 162—164. 9) Savigny a. a. O. S. 164—168. 10) Auth. *Habita* C. Ne filius pro patre (IV, 13).

tens wurde den Schülern, wenn sie verklagt wurden, ein besonderer Gerichtsstand verliehen. Der Beklagte sollte die Wahl haben, entweder von seinem Lehrer, oder von dem Bischofe gerichtet zu werden. Nach Justinian's Vorschrift für die Rechtsschule zu Berytus sollte die Aufsicht über die Abschreiber und eine gewisse Disciplinaraufsicht über die Schüler von dem Statthalter der Provinz, dem Bischofe und den juristischen Professoren besorgt werden [11]). Hieran schloß sich die Verordnung von Friedrich I. an, indem sie nur jene beschränkte Aufsicht in eine allgemeine Gerichtsbarkeit verwandelte, und den Praeses provinciae, welcher auf Bologna ohnehin nicht paßte, mit Stillschweigen überging. Wollten die Studirenden von ihrem Privilegium keinen Gebrauch machen, so hatten sie den gewöhnlichen Gerichtsstand vor der Stadtobrigkeit. Gegen Ende des 12. Jahrh., zur Zeit des Azo, verübten Studirende große Gewaltthätigkeiten; die Professoren entsagten der ihnen vom Kaiser verliehenen Criminalgerichtsbarkeit, welche auszuüben sie nicht Kraft genug hatten, und behielten nur die Civilgerichtsbarkeit bei. So war es noch zur Zeit des Accursius; aber um die Mitte des 13. Jahrh. übernahmen sie auch wieder die Criminalgerichtsbarkeit [12]). Von dieser Zeit an ist von dem Rechte der Professoren, sowie des Bischofs zwar noch in den Commentaren zur Auth. *Habita* die Rede; es scheint aber wenig in Uebung gewesen zu sein, wozu theils die immer größere Anzahl und das geringere persönliche Ansehen der einzelnen Professoren, theils auch die fester gegründete Gewalt der Universität und ihrer Rectoren wirken mochte. Die Rectoren werden zuerst zur Zeit des Johannes Bassianus erwähnt, also gegen Ende des 12. Jahrh. Dieser und sein Schüler Azo bestritten das Recht der Studirenden, Rectoren zu wählen und denselben die Gerichtsbarkeit zu verleihen; dieselbe Meinung hat auch Accursius, aber nur von Azo entlehnt. Odofredus, welcher ebenfalls diese Meinung aufstellt, erwähnt dabei ausdrücklich die entgegengesetzte Verfassung von Bologna [13]). Damit stimmen bestimmte historische Nachrichten überein. Schon vom Jahre 1214 an suchte die Stadt Bologna das Rectorat der Universität bald abhängiger zu machen, bald ganz abzuschaffen. Bei den hieraus entstehenden großen Unruhen, welche der ganzen Schule den Untergang drohten, nahm sich der Papst der Studirenden eifrig an, und nach einer Reihe von Jahren war Alles wieder ruhig, ohne daß das Rectorat unterdrückt war. Von der Zeit an, wo Rectoren erwählt wurden, hatten die Schüler vier Richter: die Stadtobrigkeit, den Rector, den Bischof und die Professoren. Unter diesen viererlei Gerichtsbarkeiten war die erste allein als die ordentliche, aus der allgemeinen Verfassung hervorgehende anzusehen; die zweite war eine specielle, auf das besondere Corporationsverhältniß gegründet; die beiden letzten waren privilegirte. —

Ursprünglich war in Bologna nur eine Rechtsschule, und nur in dieser konnte daher eine Universität entstehen. Jedoch bildete sich in derselben nicht etwa eine einzige Universität, sondern es entstanden deren mehre, nach dem Vaterlande der Schüler verschiedene, und zwar, soweit unmittelbare Nachrichten reichen, zwei, die der Citramontaner und die der Ultramontaner. In der Folge traten daneben bedeutende Lehrer in der Medicin und den freien Künsten auf, deren Schüler ebenfalls gemeinschaftlich eine Universität zu gründen und einen eigenen Rector zu wählen suchten. Die Juristen bestritten ihnen diese Neuerung noch im J. 1295, und die Stadt untersagte sie ihnen, sodaß sie zur Universität der Juristen gehören sollten. Allein wenige Jahre nachher hatten sie doch schon wieder eigene Rectoren, und im J. 1316 wurde ihnen dieses Recht in einem Vergleiche der juristischen Universität mit der Stadt förmlich anerkannt. Sie nannten sich philosophi et medici (oder physici), auch mit einem gemeinsamen Namen artistae. Endlich kam in der zweiten Hälfte des 14. Jahrh. eine, von Papst Innocenz VI. gestiftete, theologische Schule hinzu. Sie wurde dem Bischofe untergeben und nach dem Muster der pariser Schule eingerichtet, sodaß es eine universitas magistrorum, nicht scholarium war. Von dieser Zeit an hatte Bologna also vier Universitäten, zwei juristische, die medicinisch-philosophische und die theologische, wovon jedoch die zwei ersten (ohne Zusammenhang mit den beiden übrigen) ein Ganzes bildeten, und deshalb häufig auch als Eine Universität bezeichnet wurden. Die Verfassung dieser Universität beruhte auf ihren Statuten. Aenderungen und Zusätze sollten künftig in der Regel nur alle 20 Jahre gemacht werden können, und es wurden zu diesem Zwecke dann sechs statutarii aus den Scholaren erwählt, ohne daß es einer Bestätigung von Seiten der ganzen Universität bedurft hätte. Schon 1253 bestätigte der Papst die damaligen Statuten; 1544 erfolgte abermals eine solche Bestätigung, durch welche, da der Papst zugleich Landesherr war, die ursprünglich nur für die Mitglieder der Universität verbindlichen Statuten Gesetzeskraft für Alle erhielten. Auch 1563 ertheilte Pius IV. eine neue, sehr vollständige Bestätigung. — Der Zustand dieser juristischen Universität zur Zeit ihrer vollständigen Ausbildung läßt sich von einer doppelten Seite betrachten: erstens ist sie als Corporation und zweitens als Lehranstalt in das Auge zu fassen. Betrachten wir die Universität zuerst als Corporation. Die Mitglieder der Universität hatten entweder volles Bürgerrecht oder beschränkte Rechte, oder sie waren bloße Schutzverwandte. Volles Bürgerrecht hatten nur die fremden Scholaren (advenae, forenses) der Rechtswissenschaft, deren Aufnahme durch Einschreibung in die Matrikel gegen Bezahlung von 12 Soldi erfolgte. Sie mußten jährlich von Neuem dem Rector und den Statuten Gehorsam schwören. Ihre, vom Rector berufene, Versammlung war die eigentliche Universitas. Die Scholaren aus Bologna hatten weder Stimmrecht in der Versammlung, noch das Recht zur Bekleidung von Aemtern bei der Universität. Dieser

11) Const. Omnem §. 8—10. 12) *Accursius* ad Auth. *Habita*: verb. a litem, und ad Coll. 3. Tit. 4 (Nov. 17) c. 6 lait. v. ut innocentes. *Odofredus* ad Cod. Auth. *Habita*. 13) *Azo*, Lectura in Cod. ad L. ult. de jurisdict. (III, 13) *Accursius* und *Odofredus* ad L. cit.

Unterschied beruhte schon auf dem Privilegium Kaiser Friedrich's I., noch mehr aber auf der Abhängigkeit von der Stadt Bologna, in welcher die eingeborenen Scholaren nothwendig standen. Die Lehrer oder Professoren standen ebenfalls persönlich in einem untergeordneten Verhältnisse. Sie mußten sowol bei ihrer Promotion, als auch nachher in jedem Jahre dem Rector und den Statuten Gehorsam schwören. Sie standen unter der Gerichtsbarkeit des Rectors und konnten nicht nur mit Strafen belegt, sondern auch excludirt werden, welchenfalls sie nicht ferner lehren durften, außer wenn sie etwa wieder aufgenommen wurden. In der Versammlung der Universität hatten sie kein Stimmrecht, mit Ausnahme derjenigen, welche legeat einmal Rectoren gewesen waren. Ebenso war jeder Doctor zur Bekleidung eines Universitätsamtes unfähig, selbst wenn er nicht die Kleidung eines Doctors trug, und auch sonst als Scholar lebte. Im Uebrigen standen sie in Rechten und Verpflichtungen den Scholaren gleich. Als bloße Schutzverwandte (suppositi universitati) gehörten zur Universität, wenn sie ihr Treue geschworen hatten, diejenigen Handwerker, welche vorzugsweise für die Schule arbeiteten, ingleichen die Bedienten der Scholaren; diese alle waren dem Rector und den Statuten Gehorsam schuldig. Die Scholaren bildeten zwei Universitäten: Citramontani und Ultramontani. Jene bestanden aus 17 Nationen, diese aus 18, wobei man lediglich auf den Geburtsort der Scholaren sah. Die teutsche Nation hatte vor allen andern große Vorrechte, z. B. sollten die teutschen Scholaren nur ihren eigenen Procuratoren, nicht den Rectoren der Universität schwören. Bologna bildete keine eigene Nation, wurde auch zu keiner andern gerechnet, sondern es gehörte beiden Universitäten gemeinschaftlich an. Unter den Beamten der Universität nahmen die Rectoren die erste Stelle ein. Lange Zeit wurden zwei Rectoren, einer für jede Universität, erwählt. Später gab es Einen gemeinschaftlichen Rector für beide Universitäten, was schon 1514 vorkommt, und 1552 als bleibende Regel erwähnt wird. Die Fähigkeit zum Rectorat beruhte auf folgenden Eigenschaften: er mußte Scholar sein, Clericus, unverheirathet, nicht Klostergeistlicher, 25 Jahre alt, von hinreichendem Vermögen, und er mußte wenigstens fünf Jahre auf eigene Kosten die Rechtswissenschaft studirt haben. Unter den Scholaren waren in diesem Gesetze wol auch die Professoren mitbegriffen, welche ja in der Regel alle Rechte der Scholaren genossen. Clericus bezeichnet hier wol einen Studirenden oder Litteraten. Die Rectoren wurden jährlich neu gewählt. Die Wahl geschah durch den abgehenden Rector, die Consiliarien und eine Anzahl von der Universität dazu ernannter Wähler. Der Rector hatte einen ausgezeichneten Rang; er sollte nicht nur dem Archidiakonus von Bologna vorgehen, sondern allen Bischöfen und Erzbischöfen (mit Ausnahme des Bischofs von Bologna), selbst den studirenden Cardinälen; diesen Rang erkannten ihm selbst päpstliche Bullen zu. Als besonderer Ehrentitel des Rectors findet sich erst in den neueren Zusätzen der Statuten, vom Ende des 15. Jahrh. an, der Titel magnificus. Außer den Rectoren kommen noch als Beamte der Universität vor die Consiliarii der Nationen, d. h. Stellvertreter derselben, welche bei der teutschen Nation den Titel *Procuratores* führten; der Syndicus, welcher beide Universitäten zugleich vor fremden Gerichten zu vertreten hatte und jährlich aus den Scholaren neu gewählt wurde; der Notarius, aus den Notarien der Stadt für beide Universitäten gemeinschaftlich erwählt; der Massarius oder Cassirer beider Universitäten, aus den Wechslern der Stadt jährlich gewählt; zwei *bidelli*, für jede Universität einen, jährlich neu gewählt. — Betrachtet man die Universität als Lehranstalt, so kommt in Betracht das Personal, d. h. die Doctoren und Lehrer, und die Thätigkeit derselben, welche in Vorlesungen, Repetitionen und Disputationen besteht. Bei der Entstehung der Rechtsschule in Bologna war Doctor, sowie Magister oder Dominus, ohne Zweifel der Name, womit man den Irnerius und seine nächsten Nachfolger als Lehrer bezeichnete. Erst als die Schule einige Zeit bestanden und durch mehre gleichzeitige berühmte Lehrer ein festeres Dasein gewonnen hatte, scheint der Name und die Würde eines Doctors besonders verliehen worden zu sein. Diese Verleihung geschah, soweit man von spätern Zeiten rückwärts schließen kann, von den einmal vorhandenen Doctoren durch Cooptation, durch Aufnahme des als würdig befundenen Candidaten als Mitglied in ihre Reihe. Diese Aufnahme, d. h. die Promotion, gab erstens ein unbeschränktes Recht zu lehren, verbunden mit der Gerichtsbarkeit über die eigenen Schüler, und zweitens das Recht der Theilnahme an den neuen Promotionen; indessen war schon damals das Recht zu lehren kein ausschließliches der Doctoren, da schon im 12. Jahrh. Lehrer ohne Doctortitel vorkommen. Am Ende des 12. Jahrh. traten Doctoren des kanonischen Rechts (decretorum) hinzu, denen jedoch erst etwas später gleiche Ehre mit den Civilisten zu Theil wurde. Im 13. Jahrh. kamen noch doctores medicinae, grammaticae, logicae, philosophiae et aliarum artium, ja sogar notariae vor. Für die Rechtslehrer wurde zwar auch noch bisweilen der Name magister und magisterium gebraucht; doch betrachteten die Rechtslehrer den Doctortitel als einen ihnen gebührenden Vorzug, sodaß die übrigen Lehrer nur magistri heißen sollten. Später wurde die Theilnahme an diesen Rechten der Doctoren mehr und mehr auf eine selbstsüchtige Weise beschränkt, welche Beschränkung wol die Hauptursache des schnellen inneren Verfalls der Schule sein mag, wovon sie sich niemals wieder erhoben hat [14]). Die Doctoren wurden entweder nur im römischen oder kanonischen Rechte allein, oder in beiden Rechten zugleich promovirt; ersteres war früher gewöhnlich, letzteres in spätern Zeiten. Die Studienzeit, welche erfordert wurde, war bei dem Kanonisten auf sechs Jahre, bei dem Civilisten auf acht Jahre bestimmt; er mußte diese Studienzeit, wobei ihm eine gehaltene Vorlesung oder Repetition für ein Jahr Stu-

14) Vergl. über diese Beschränkungen Savigny a. a. O. 3. Bd. S. 208 fg.

R.

bium gerechnet, desgleichen, wenn er drei oder vier Jahre kanonisches Recht gehört hatte, ein oder zwei Jahre abgerechnet wurden, beschwören. Hierauf erwählte sich der Candidat einen Doctor, welcher ihn dem Archidiakonus präsentirte. Die Prüfung der Candidaten war eine zwiefache, das Examen (privata examinatio) und der Conventus (publica examinatio); auf jede dieser Prüfungen wurde ein besonderer Grad ertheilt. Vor dem Examen hatte der Candidat zwei Texte zu bearbeiten (puncta assignata), und zwar beide aus dem römischen oder beide aus dem kanonischen Rechte, oder einen aus dem römischen, den anderen aus dem kanonischen Rechte, je nachdem er blos in einer Facultät oder in beiden promovirt sein wollte. Noch an demselben Tage wurde auf die Einladung des Archidiakonus das Examen gehalten, wobei der Candidat seine Arbeit über die Texte ablas. Der präsentirende Doctor allein, wie es scheint, examinirte ihn, die übrigen Doctoren konnten nur über die bearbeiteten Texte Fragen und Einwürfe vorbringen, wobei sie schwören mußten, sich nicht mit dem Candidaten verabredet zu haben. Unmittelbar nach dem Examen stimmten die Doctoren ab, und der für würdig befundene Candidat hieß nun Licentiatus. Der Conventus, wodurch die Doctorwürde erworben wurde, geschah in der Domkirche. Der Licentiat hielt daselbst eine Rede und eine juristische Vorlesung, über welche dann die Scholaren (nicht die Doctoren) mit ihm disputirten. Hierauf folgte eine Rede des Archidiakonus oder des von ihm zu seiner Vertretung beauftragten Doctors, worin der neue Doctor proclamirt wurde. Endlich überreichten dem Promovirten die Doctoren, welche ihn präsentirt hatten, die Insignien, nämlich das Buch, den Ring und den Doctorhut; zugleich wies man ihm einen Platz auf dem Katheder an. Doch konnte der Grad auch insgeheim ertheilt und es konnten dann die öffentlichen Feierlichkeiten nachgeholt werden [15]). Der schon mehrfach erwähnte Archidiakonus zu Bologna ist erst im Jahre 1219 durch eine Verfügung des Papstes Honorius IV. bei den Promotionen, welche früher von den Doctoren, unabhängig von jeder fremden Gewalt, ausgingen, betheiligt worden, indem jede Promotion künftig an dessen Genehmigung gebunden wurde. Die dem Archidiakonus übertragene Aufsicht erklärt sich theils aus dessen Aufsicht über die Domschule, theils aus dem persönlichen Ansehen des Archidiakonus Gratia, an welchen diese päpstliche Verfügung gerichtet ist, indem derselbe lange Zeit mit Ehren das kanonische Recht in Bologna gelehrt hatte. Auch das Beispiel von Paris hat wol zu der ganzen Einrichtung mitgewirkt; hier war von jeher der Domkanzler zugleich Aufseher über die Domschule, und weil aus dieser, wenigstens großentheils, die Universität hervorging, so ging die Aufsicht des Kanzlers gleich Anfangs auf die Universität über. Aus dieser zufälligen Verbindung in Paris erklärt sich, daß der Titel Cancellarius später auch auf anderen Universitäten jedem beigelegt wurde, welcher eine ähnliche Aufsicht ausübte. Selbst in Bologna hieß später der Archidiakonus deshalb Cancellarius, und er übte dieses Amt in allen Facultäten aus, außer in der theologischen, in welcher gleich Anfangs der Bischof die Aufsicht über die Promotionen hatte, weshalb auch dessen Amt Cancellariatus genannt wurde. Der Papst betrachtete von dieser Zeit an den Archidiakonus im Allgemeinen als das Haupt der Schule, und pflegte an ihn die Mittheilungen zu richten, welche für die Universität bestimmt waren. Diese ganze Einrichtung der Promotionen findet sich um die Mitte des 13. Jahrh. schon völlig ausgebildet. In neueren Zeiten ist sie bedeutend abgeändert worden [16]). Die Rechte der Doctoren waren erstens unbeschränktes Recht zu lehren, nicht blos in Bologna, sondern, nach päpstlichen Verordnungen, auch in anderen Rechtsschulen; die von diesem Rechte Gebrauch machenden Doctoren hießen doctores legentes im Gegensatze der non legentes; zweitens das Recht, wieder andere zu promoviren. Das letztere Recht selbst hing von der Aufnahme in das Collegium oder die Facultät ab. Solcher Collegien gab es in Bologna überhaupt fünf, zwei juristische, des kanonischen und des Civilrechts, ein medicinisches, ein philosophisches und ein theologisches. Die ältesten und berühmtesten sind die hierher allein gehörigen zwei juristischen. Die Collegien gründeten ihre Verfassung hauptsächlich auf Statuten vom J. 1397, welche später nicht bedeutend abgeändert wurden, worin aber auf noch ältere Statuten Bezug genommen wurde [17]). Zum Stande der Lehrer der Rechtsschule konnten auch Scholaren gehören. Alle Doctoren hatten ein unbeschränktes Recht zu lehren. Die Scholaren konnten mit Erlaubniß des Rectors lesen, sodaß das Collegium der Doctoren darauf keinen Einfluß hatte. Der Rector mußte in der Regel diese Erlaubniß geben, wenn der Scholar, welcher einen einzelnen Titel oder Tractat lesen wollte, fünf Jahre, sowie der, welcher über ein ganzes Buch lesen wollte, sechs Jahre, nach dem vom Scholaren erforderten Eide, studirt hatte; doch konnte der Rector von diesen Bedingungen dispensiren. Für die Erlaubniß mußte der Scholar an die Universität eine gewisse Summe zahlen. Hatte ein solcher Scholar entweder ein ganzes Buch des kanonischen oder Civilrechts zu Ende gelesen, oder auch nur über eine einzelne Stelle des einen oder des anderen Rechts eine förmliche *Repetitio* gehalten, so hieß er *Bachalarius* und genoß bei den Vorlesungen gewisse Vorrechte. Auch eine öffentliche Anstellung von Lehrern kommt ziemlich früh in Bologna vor, und diese hängt wieder mit den Besoldungen zusammen. Die erste Veranlassung zu den Besoldungen scheint ein im J. 1279 von den Scholaren mit Guido de Suzaria geschlossener Vertrag über eine von ihm gegen ein Honorar von 300 Lire über das Digestum novum ein

15) Ueber die bei der Promotion vorkommenden Eide und die Kosten der Promotion vergl. Savigny a. a. O. 3. Bd. S. 217 [illegible]

16) Vergl. darüber Savigny a. a. O. 3. Bd. S. 220.

17) Siehe über diese Verfassung Savigny a. a. O. 3. Bd. S. 234 fg.

Jahr lang zu dauernde Vorlesung gewesen zu sein. Schon im folgenden Jahre wurde ein ähnlicher Vertrag mit dem Kanonisten Garsias geschlossen, welcher für 150 Lire das Decret zu lesen übernahm; dieser erhielt aber das Geld nicht von den Scholaren, sondern auf Bitte der Scholaren von der Stadt, sodaß es schon mehr die Natur einer Besoldung annahm; doch war es eine ganz vorübergehende Maßregel. Allein im J. 1269 wurde eine bleibende Anstalt dieser Art gegründet. Man bestimmte jetzt zwei Lehrstellen mit fester Besoldung, welche jährlich besetzt werden sollten, eine ordinaria über das Decret mit 150 Lire und eine extraordinaria über das Digestum infortiatum und novum [18]) mit 100 Lire. Das Geld gab die Stadt her, die Wahl stand bei den Scholaren. Im J. 1295 wurde eine extraordinaria Decreti und im J. 1315 eine extraordinaria über das Volumen [19]) hinzugefügt, jene mit 50, diese mit 100 Lire. Bei diesen vier besoldeten Stellen blieb es lange Zeit. Um die Mitte des 14. Jahrh. traten wesentliche Aenderungen ein. Schon 1360 wurden die Besoldungen überhaupt erhöht. Im J. 1364 wurden fünf Legisten und ein Kanonist besoldet. Im J. 1381 war die Zahl der besoldeten Juristen auf 23 gestiegen. Im J. 1384 waren 19 Juristen und 23 Artisten besoldet. Endlich wies man allen Lehrern Besoldungen an. Das Verhältniß der Lehrer hatte sich dadurch wesentlich geändert, indem man sie nunmehr als öffentliche Beamte betrachtete, was sie ursprünglich nicht waren. Es kommen außer den Besoldungen der Doctoren, von welchen bisher die Rede war, auch Besoldungen von Scholaren vor. Man errichtete sechs bestimmte Lehrstellen, welche jährlich durch Wahl neu besetzt werden sollten: 1) ordinaria in Decretis, 2) extraordinaria in Decretis, 3) Sexti et Clementinarum, 4) Infortiati et Novi pro diebus continuis, 5) Voluminis, 6) Infortiati et Novi pro diebus festivis. Die Candidaten durften weder Doctoren, noch Licentiaten, noch Bologneser sein, und aus ihnen wurden jene Stellen durch Abstimmung von 76 Wahlherren besetzt, wobei die Gleichheit zwischen Citramontanen und Ultramontanen sorgfältig beobachtet werden mußte. Die Besoldung betrug 100 Lire für jeden. Der Wahlmodus wurde, da jene Wahl bisweilen Unruhen erregte, später in der Weise abgeändert, daß sich alle melden konnten, welche in ihrer Facultät allein vier Jahre, oder in beiden zusammen fünf Jahre studirt hatten und unter diesen Candidaten das Loos entschied. Noch später präsentirte die Universität zwölf gewählte Candidaten, unter welchen dann geloost wurde. Endlich wurde die Vertheilung der Fächer geändert, sodaß die Legisten vier Stellen, die Decretisten zwei Stellen haben sollten. Die Entstehung dieser Einrichtung ist ungewiß. Schon 1338 kommt etwas Aehnliches vor; die Stadt war damals im Banne; die Universität wurde deshalb nach einer kleinen Stadt in der Nähe verlegt, und man erwählte einen Doctor und sechs Scholaren für die Vorlesungen; es war dies aber keine bleibende Einrichtung, und von Besoldungen war dabei nicht die Rede. Wahrscheinlich erhielten die Scholaren jene sechs Stellen als Entschädigung für ihr altes Wahlrecht bei der Ernennung der besoldeten Doctoren; bei dieser Annahme wäre der Anfang etwa um die Mitte des 14. Jahrh. zu setzen [20]). Im J. 1417 wurde die ganze Einrichtung als etwas Altes und Bekanntes bestätigt. — Die Thätigkeit der Lehrer der Rechtsschule bestand in Vorlesungen, Repetitionen und Disputationen. Von den Vorlesungen (lecturae, regere in scholis) ist hier vorerst das Aeußere und Formelle in Betracht zu ziehen, über den besondern wissenschaftlichen Gehalt wird später besonders die Rede sein. Die Statuten enthalten darüber Folgendes. Der regelmäßige Cursus war einjährig. Am Tage nach St. Lucä (19. Oct.) begannen die Decretisten zu lesen, am folgenden Tage alle übrigen. Die Feiertage waren genau bestimmt, an welchen nicht gelesen werden sollte; es waren etwa 90, mit Einschluß von zwei Wochen Osterferien und eilf Tagen Weihnachtsferien. Auch wurde am Donnerstage jeder Woche, welche keinen Feiertag hatte, nicht gelesen. Jeder Doctor, welcher außer diesen Tagen aussetzte, hatte 2 Lire Strafe zu zahlen. Die Vorlesungen wurden theils Morgens, theils Nachmittags gehalten. Die Morgenvorlesungen sollten anfangen, wenn im Dome bei Tagesanbruch zum Gebet geläutet wurde, oder auch nach Belieben noch früher; sie mußten um 9 Uhr endigen. Die Nachmittagsvorlesungen begannen nach Verschiedenheit der Gegenstände und der Jahreszeiten um die 19. 20. 21. oder 22. Stunde der italienischen Tageseintheilung, und sollten zum Theil 2, zum Theil 1½ Stunden wenigstens dauern. In diesen gesetzlich bestimmten Stunden war durchaus mündlicher Vortrag vorgeschrieben, d. h. es war verboten, Hefte blos mitzutheilen, oder durch Andere vorlesen zu lassen. Die Hörsäle (scholae) waren im ganzen 13. Jahrh. in den Häusern der Doctoren; auch wurde der Gebrauch von Hörsälen anderen Lehrern gegen Miethe überlassen. Im 14. Jahrh., wie es scheint, wurden öffentliche Hörsäle eingerichtet; die Statuten setzen den Gebrauch derselben stets voraus. Die Doctoren hatten wol ein unbeschränktes Recht darauf; die Baccalarien durften aber nur zweimal in der Woche darin lesen, nur in Nachmittagsstunden, und nur, wenn nicht gleichzeitig ein besoldeter Doctor darin lesen wollte. Ueber die Honorare (Collectae) sind keine befriedigenden Nachrichten erhalten. Es fehlte darüber an allgemeinen Regeln; es wurde jedesmal besonders contrahirt, wozu der Lehrer einige Scholaren zu beauftragen pflegte. Bisweilen wurde die Summe im Ganzen bestimmt, wofür sämmtliche Zuhörer solidarisch hafteten. In anderen Fällen aber wurde das Honorar für die einzelnen Zuhörer bestimmt. Nur den Doctoren war Honorar zu nehmen verstattet; lesende Scholaren bedurften, um solches neh-

18) Vergl. über die Eintheilung der Digesten in Digestum vetus, infortiatum und novum den Artikel Corpus juris civilis 19 Bd. S. 357 fg. 19) Ueber das Volumen siehe denselben Artikel S. 358.

20) Ueber die Gründe für diese Annahme s. Savigny a. a. O. S. 247 fg.

men zu dürfen, einer besonderen Dispensation von Seiten der ganzen Universität. Schon sehr früh wurden ordentliche und außerordentliche Vorlesungen (ordinariae, extraordinariae lecturae) unterschieden. Die Bedeutung dieser Ausdrücke ist sehr bestritten. Nach Einigen wurden jene in einem öffentlichen Gebäude, diese in Privatwohnungen gehalten; nach Anderen waren jene unbezahlt, diese bezahlt. Beide Behauptungen sind unrichtig; die erste, weil der Unterschied schon im 13. Jahrh. vorkommt, wo es noch keine öffentlichen Hörsäle gab, und dagegen in den Statuten, welche den Gebrauch der öffentlichen Hörsäle als Regel voraussetzen, jener Unterschied doch beobachtet wird; die zweite, weil bezahlte ordentliche Vorlesungen vorkommen, und auf der anderen Seite die Scholaren, welche doch nur außerordentlich lasen, kein Honorar nehmen durften. Neben der Unterscheidung der ordentlichen und außerordentlichen Vorlesungen kommen noch zwei verwandte Unterscheidungen vor; die der ordentlichen und außerordentlichen Bücher und Lehrer. Der zwischen diesen Gegensätzen vorhandene Zusammenhang bestand nach Savigny[21]) in Folgendem. Die Grundlage ist der Unterschied der ordentlichen und außerordentlichen Bücher. Ordentliche Bücher waren nach den Statuten im römischen Rechte das Digestum vetus und der Coder, im kanonischen das Decret und die Decretalen, alle übrigen waren außerordentliche. Die Vorlesungen über die außerordentlichen Bücher waren nun stets außerordentliche; die über die ordentlichen Bücher konnten bald ordentliche, bald außerordentliche sein, was blos davon abhing, ob sie Morgens oder Nachmittags gehalten wurden, sodaß in dieser Rücksicht die Morgenstunden ordentliche, die Nachmittagsstunden außerordentliche Stunden genannt werden konnten. Demnach war eine ordentliche Vorlesung diejenige, welche über ein ordentliches Buch in einer Morgenstunde gehalten wurde; diese waren als ein besonderes Vorrecht den Doctoren aus den einheimischen Geschlechtern vorbehalten. Nun lassen sich auch die ordentlichen und außerordentlichen Lehrer erklären. Ordentliche Lehrer waren diejenigen, welche zu einer ordentlichen Vorlesung berechtigt waren, obschon sie oft neben derselben, oder auch allein, außerordentliche Vorlesungen halten mochten. Außerordentliche Lehrer hingegen waren die, welche blos außerordentliche Vorlesungen halten konnten. Ursprünglich nun fiel dieser Gegensatz ganz mit dem der Doctoren und Bachalarien zusammen; seit der Beschränkung der ordentlichen Vorlesungen auf Bologneser sind wol drei Classen zu unterscheiden: ordentlich lesende Doctoren, außerordentlich lesende Doctoren und Bachalarien. Die ganze Unterscheidung der ordentlichen und außerordentlichen Vorlesungen beruht übrigens auf der Ansicht, daß die ordentlichen Bücher wichtiger und unentbehrlicher seien, weshalb ihnen die ersten und besten Arbeitsstunden eingeräumt wurden. Daran knüpfte sich der Vortheil ihres stärkeren Besuchs, weil sie die Hauptvorlesungen waren, und ihrer größeren Einträglichkeit, und es erklärt sich aus diesen reellen Vortheilen die der Schule verderbliche Selbstsucht der Bologneser, welche sich dieselben ausschließlich vorbehielten. Außer den Vorlesungen kamen regelmäßig Repetitionen und Disputationen vor. Eine Repetition bestand in der ausführlichen Erklärung eines einzelnen Textes mit Aufzählung und Beurtheilung aller Zweifel und Einwürfe; der Text selbst mußte aus der gegenwärtigen Vorlesung des Repetirenden genommen, und in dieser bereits vorgetragen und erklärt sein. Disputationen durften nur Doctoren und solche Scholaren halten, welche sich um eine solche Stelle bewarben. Alle Bachalarien mußten stets beiwohnen, und alle Scholaren durften opponiren. Das Thema der Disputation war ein einzelner, als Frage ausgedrückter Rechtssatz (quaestio), mehr praktischen Charakters, bald willkürlich ersonnen, bald auch aus der Praxis der Gerichte in die Schule herübergebracht. Die Repetitionen und Disputationen waren theils freiwillig, theils nothwendig. Verpflichtet dazu waren alle besoldete Doctoren, der Reihe nach, vom jüngsten aufwärts. Die Repetitionen dauerten vom Anfange des Studienjahres bis Fastnacht, dann folgten die Disputationen bis Pfingsten. Jede Woche sollte Eine solche Handlung stattfinden, an dem Tage, wo die Vorlesungen ausfielen, sodaß nur die höchsten Feiertage davon frei blieben. Der Text der Repetition, sowie die quaestio der Disputation war mehre Tage zuvor öffentlich bekannt zu machen, und innerhalb eines Monats war die vollständige Ausführung ordentlich niedergeschrieben, dem Pedell der Universität abzuliefern. — b) Uebrige italienische Universitäten. 1) Die Rechtsschule zu Padua entstand um das Jahr 1222 durch Lehrer und Schüler, welche von Bologna auswanderten. Die älteste bestimmte Nachricht von einer Verfassung der Scholaren findet sich in einer Urkunde von 1228. Damals hatten die Scholaren vier Rectoren, sodaß unter jedem derselben gewisse Nationen standen. Die Statuten der Stadt von 1260 erkennen das Recht der Scholaren zur Wahl der Rectoren und Errichtung von Statuten an. Im J. 1260 machte die Universität die ersten bekannten Statuten. Schon im folgenden Jahre erscheinen zwei Rectoren, ein Cisalpiner und ein Transalpiner. Auch in den freien Künsten finden sich schon 1262 Scholaren und Lehrer in nicht geringer Zahl. Lange Zeit gehörten die Artisten mit zur juristischen Universität. Erst 1360 gestattete ihnen ein Schiedsrichterspruch einen eigenen Rector, jedoch abhängig von den Juristen. Diese Abhängigkeit hörte, mit Ausnahme der fortdauernden Appellation an die juristischen Rectoren, 1399 durch einen Schiedsrichterspruch auf. In der Universität der Artisten waren die Mediciner vorherrschend. Eine theologische Schule fügte der Papst 1363 hinzu. Später hatten die Juristen nicht selten nur einen einzigen Rector, was 1473 zur gesetzlichen Regel erhoben wurde. Noch später ging die Würde des Rectors ganz ein; ein Vicerector trat an dessen Stelle, dann der Syndicus, welcher nun Syndicus und Prorector hieß. Zuletzt entzog man 1738 das Amt und die Gewalt selbst den

21) a. a. O. S. 265 fg.

Scholaren und gab sie an die Professoren; die Curatoren ernannten jährlich einen Professor zum Syndicus und Promotor der Juristen, und einen anderen für die Artisten. Den Statuten der Universität liegen ursprünglich die Statuten von Bologna zum Grunde. 2) In Pisa kommen schon früh, namentlich im 13. Jahrh., häufig Personen vor, welche als Lehrer des Rechts bezeichnet werden. Die im 12. Jahrh. abgefaßten Statuten der Stadt zeichnen sich durch besonderen Gebrauch des römischen Rechts vor anderen aus. Sogar von einer Universität der Scholaren kommt schon im 12. Jahrh. einige Spur vor. Im Anfange des 14. Jahrh. wird in einer Urkunde erwähnt, daß in Pisa zwar eine Rechtsschule, aber nicht als generale Studium sei. Im J. 1338 wies die Stadt bedeutende Summen zu Besoldungen an, und es wurden nun auch berühmte Rechtslehrer berufen. Papst Clemens IV. errichtete 1344 durch eine Bulle in Pisa ein generale Studium aller Fächer; der Erzbischof erhielt das Recht zur Ertheilung der Promotionen. Nachdem die Stadt unter die Herrschaft von Florenz gekommen war, stand sie eine Zeit lang unter großem Drucke, und auch von der Schule konnte in dieser Zeit kaum die Rede sein. Allein 1472 wurde von Florenz aus ein generale Studium in Pisa neu gegründet, die ganze florentinische Lehranstalt, mit Ausnahme weniger Fächer dahin verpflanzt und eine bedeutende Summe zu den jährlichen Besoldungen bestimmt. Im J. 1473 führte man dort die Statuten der florentinischen Universität von 1387 ein, ersetzte sie aber 1478 durch neue. Im J. 1543 wurden neue Statuten gegeben. Im J. 1744 wurde die ganze, bis dahin fortdauernde, Universität aufgehoben, unter Abschaffung ihrer Rectoren und Consiliarien; ein Professor, welcher durch Reihefolge bestimmt wurde, sollte nun das Haupt der Universität sein. Die Grundzüge der Verfassung, wie sie in den Statuten von 1478 angegeben sind, haben im Allgemeinen mit der Verfassung von Bologna und Padua große Aehnlichkeit. 3) Die Schule zu Vicenza entstand dadurch, daß 1204 eine Anzahl Lehrer und Scholaren von Bologna dahin auswanderte. Diese Schule kam nicht in besondere Aufnahme und löste sich schon 1209 gänzlich wieder auf. Dennoch ist sie für die Geschichte der Verfassungen nicht unbedeutend. Es kommen nämlich in Urkunden daselbst mehr Rectoren vor, als in den meisten anderen Universitäten, namentlich in einer Urkunde von 1205 vier Rectoren, ein Engländer, ein Provenzale, ein Deutscher und ein Cremonese. Dies deutet, wenn man es als etwas Bleibendes betrachtet, auf eine Verfassung hin, in welcher die auf anderen Schulen vorkommende Universität der Transalpiner in drei abgesonderte Universitäten getheilt war und unter drei Rectoren stand. 4) Auch die Schule von Vercelli ist ganz ohne Einfluß auf die Wissenschaft geblieben. Im J. 1228 kamen Abgeordnete der Stadt Vercelli nach Padua und schlossen mit den Vorstehern der Scholaren einen Contract auf acht Jahre über eine in Vercelli zu errichtende Lehranstalt. Das Wichtigste war, daß die Stadt 14 Besoldungen auszuwerfen versprach, und zwar für 1 Theologen, 3 Civilisten, 4 Kanonisten, 2 Physiker (d. h. Aerzte), 2 Dialektiker und 2 Grammatiker. Die Stellen sollten jährlich durch die Wahl der vier Rectoren besetzt werden, die Bürger und Unterthanen der Stadt dagegen keine Honorare bezahlen. Die vier Rectoren waren für die Franzosen, die Italiener, die Deutschen und die Provenzalen. 5) Zu Arezzo war schon im Anfange des 13. Jahrh. eine Rechtsschule, an welcher der berühmte Roffredus von Benevent 1215 lehrte. Aus der Mitte dieses Jahrhunderts sind aus dieser Schule Statuten bekannt. Sie wurden 1225 von sämmtlichen Lehrern errichtet, welche einen aus ihrer Mitte zum Rector wählten. Betrachtet man diese Urkunde als eigentliche Universitätsstatuten, so weichen sie von allen bisher erwähnten darin ab, daß die Gewalt allein bei den Lehrern zu sein scheint. Dies ist aber unwahrscheinlich, und auch nach dem Inhalte scheinen es vielmehr Statuten für das Collegium der Doctoren zu sein, deren Vorsteher hier zufällig Rector heißt, während er anderwärts Prior genannt wird. Es bestand, wenn man dieses annimmt, ohne Zweifel daneben die gewöhnliche Universität der Scholaren mit Rectoren und Gerichtsbarkeit wie an anderen Orten. Im J. 1356 verlieh Kaiser Karl IV. der Schule die Rechte eines Studium generale. Kaiser Friedrich III. erneuerte 1456 das Privilegium der Schule. 6) Zu Ferrara bestand schon im 13. Jahrh. eine Lehranstalt, wie sich daraus ergibt, daß in den Statuten der Stadt von 1264 den Lehrern Befreiung vom Kriegsdienste zugestanden wird. Im J. 1391 gab Papst Bonifacius VIII. der Schule das Recht eines Studium generale und ernannte den Bischof zum Kanzler. Auch hier findet sich die gewöhnliche Scholarenverfassung. Die Statuten von 1613 ordnen 16 juristische Lehrstellen an, und zwar 4 ordentliche für das Civilrecht, 2 für das kanonische, 2 für die Institutionen, 1 für Bartolus, 1 für Criminalrecht und 6 außerordentliche zur Ausfüllung der Festtage. Aus älterer Zeit gibt es dürftige Nachrichten. Im J. 1450 waren 9 Juristen und 13 Artisten unter den Professoren; 1473 kommen 23 Juristen und 29 Artisten vor. 7) Zu Rom bestand von uralter Zeit her am kaiserlichen Hoflager, schola palatina, später studium curiae genannt. Diese Schule erweiterte Innocenz IV. um die Mitte des 13. Jahrh., indem er Rechtslehrer anstellte, alle Vorrechte eines Studium generale und zugleich das Recht der Promotionen ertheilte. Diese Schule folgte dem päpstlichen Hofe auch außerhalb Rom, namentlich nach Avignon. Sie dauerte noch im ganzen 15. Jahrh. fort, wurde aber wahrscheinlich unter Leo X. mit der städtischen Lehranstalt vereinigt, also als besondere Lehranstalt aufgehoben. Die städtische Lehranstalt gründete Bonifacius VIII. 1303 und erklärte sie für ein Studium generale, nur das Recht der Promotionen ausgenommen, welches Johann XXII. 1318 hinzufügte. Im 14. Jahrh. verfiel diese Schule. Die um 1370 verfaßten Statuten der Stadt verordneten ihre Herstellung, namentlich die Anstellung von drei Rechtslehrern. Nach einem neuen Verfalle wurde sie von Eugen IV. 1431 wiederhergestellt. Im J. 1458 wurde die Wahl des Rectors, welche seit 1431 den Doctoren und Scholaren zugestanden hatte, der Universität entzogen, indem sich von dieser Zeit an die päpstliche Regierung die Ernennung vorbehielt. Diese städtische Lehranstalt (studium urbis, archigymnasium Romae, Sapienza) ist es, welche jetzt noch fortdauert. 8) Die Lehranstalt zu Neapel unterscheidet sich von allen bisher erwähnten italienischen Lehranstalten, sowol in der Art ihrer Entstehung, als in ihren Einrichtungen. Sie entstand nicht durch eigene Kraft und inneres Bedürfniß vorhandener Lehrer und Schüler, sondern durch den Willen Kaiser Friedrich's II., der die Wissenschaften liebte und zugleich seine Unterthanen des Besuchs ausländischer Schulen überheben wollte. So beschloß er 1224, in Neapel eine Schule aller Wissenschaften nach einem umfassenden Plane zu begründen, worüber vier Briefe des Petrus de Vineis nähere Nachrichten geben [22]). Den Studirenden werden hier die größten Vortheile und Annehmlichkeiten zugesagt; die besten Lehrer aus allen Fächern werden ihnen versprochen. Zugleich aber wird allen Unterthanen streng verboten, fremde Schulen zu besuchen, oder auch im Lande außer der Stadt Neapel irgend etwas zu lehren oder zu lernen, was nicht zum niederen Schulunterrichte gehört. Weil Kaiser Friedrich II. überhaupt den Corporationen nicht geneigt war, so findet sich auch hier keine Spur einer Universität der Scholaren und eines Rectors. Jedoch erhielten die Scholaren einen eigenen Gerichtsstand, in der Regel vor einem, vom Könige besonders ernannten, Justitiarius, und nur in Civilsachen hatten sie die Wahl zwischen diesem Richter, ihrem Lehrer und dem Erzbischofe, ohne Unterschied, ob sie Kläger oder Beklagte waren. Dasselbe Privilegium hatten die Professoren, mit der natürlichen Modification, daß sie nur zwischen dem Justitiarius und dem Erzbischofe die Wahl hatten. Der königl. Großkanzler hatte die höchste Aufsicht über die Universität; von ihm hingen die Promotionen, die Anstellungen der Lehrer und die Einrichtung der Vorlesungen ab. Seit dem Ende des 13. Jahrh. erscheint auch ein Rector, als Gehilfe des Kanzlers im Verhältnisse zur Schule; das Amt des Rectors ist ein bleibendes, mit einer Professur verbundenes. Im 15. Jahrh. ging die Oberaufsicht vom Kanzler auf den ersten Kapellan des Königs über, dessen Vicarius nunmehr der Rector war; der Kanzler behielt nunmehr nur noch die Aufsicht über die Promotionen. In den Statuten von 1610 erscheint der Rector als eine ganz andere Person; er ist Student, wird nur auf ein Jahr ernannt, hat aber auch nur noch auf das ordentliche Halten der Vorlesungen zu sehen. Die Promotionen wurden in den beiden ersten Jahrhunderten der Universität vom Könige oder vom Großkanzler unmittelbar angeordnet, indem derselbe für jeden einzelnen die Examinatoren und Promotoren des Candidaten willkürlich ernannte. Diese Einrichtung hatte manche sonderbare Folgen. Nicht nur geschah es, daß man die Promotion willkürlich wiederholte, sondern als einmal ein Großkanzler von strengen Grundsätzen ernannt wurde, unterwarf dieser alle vorhandenen Doctoren des Landes einer neuen Prüfung und entzog vielen die Doctorwürde. Die Universität isolirte sich durch diese Form von allen anderen, und deshalb wurden ihre Doctoren von den anderen nicht anerkannt. Umgekehrt versagte der König auch den fremden Doctoren die Anerkennung und unterwarf sie in Neapel, wenn sie dort auftreten wollten, einer neuen Prüfung und Promotion. Die Anstellung besoldeter Professoren geschah lange Zeit unmittelbar durch den Großkanzler, später durch den Kapellan. Die Statuten von 1610 führten den Concurs ein, d. h. eine gemeinschaftliche Prüfung aller Bewerber durch die Facultät, also eine Besetzung durch Cooptation. Bei diesen eigenthümlichen Einrichtungen und bei der großen Anstrengung, womit die Regierung eines ansehnlichen Reichs dieselbe mehr, als einmal, zu heben suchte, hat dieselbe doch merkwürdiger Weise weniger geleistet, als fast alle Universitäten in Italien. 9) In Perugia fand sich 1276 ein Rechtslehrer nebst einigen artistischen Lehrern ein, und die Stadt traf nun Anstalten zur Gründung und Erhaltung einer eigenen Lehranstalt. Eine päpstliche Bulle von 1307 erkannte daselbst ein Studium generale an; eine andere von 1318 ertheilte ihr das Recht der Promotionen, wobei dem Bischofe der Stadt dasselbe Recht beigelegt wurde, wie in Bologna dem Archidiakonus. Doch gab noch Kaiser Karl IV. 1355 der Universität ein Diplom, mit Ausdrücken, als ob sie jetzt erst errichtet werden sollte. Die Universität bestand hier aus den Scholaren, und diese wählten allein den Rector, welcher zuerst 1322 erwähnt wird. — Außer den bereits genannten bestanden im 13., 14. und 15. Jahrh. in Italien noch mehre andere Lehranstalten, besonders Rechtsschulen. 10) Piacenza kommt schon im 12. Jahrh. vor, indem die Juristen Rogerius und Placentinus dort lehrten. Im J. 1248 erhielt diese Schule das päpstliche Privilegium als Studium generale. Modena ist als Rechtsschule im 12. Jahrh. bekannt aus der Geschichte des Rogerius, des Placentinus, besonders aber des Pillius. Letzterer erzählt selbst, daß er von Bologna dahin berufen worden sei, und daß man ihm nahe an 100 Mark Silber gegeben habe, was wol weniger eine jährliche Besoldung, als vielmehr eine Art von Gelddarlehen war. Im J. 1260 wurde Guido de Suzaria angestellt und erhielt, gleichfalls als Capital, 2250 modenesische Lire, wogegen alle Modeneser vom Honorare befreit sein sollten. Mit dem Anfange des 14. Jahrh. verliert sich diese Schule. 11) Von der Schule zu Reggio finden sich Spuren im 12. Jahrh.; im 13. Jahrh. aber zählte sie viele berühmte Lehrer und wurde sehr blühend. Auch diese Schule hört um die Mitte des 14. Jahrh. auf. 12) Pavia erhielt ein Privilegium von Kaiser Karl IV. im J. 1361. Schon 1362 wurde von Galeaz Visconti seinen Unterthanen untersagt, anderwärts, als in Pavia, zu studiren, wodurch und der früher für Neapel versuchte Universitätsbann nachgeahmt werden sollte. In der Folge wurde viel auf

22) *Pet. de Vineis*, Epist. Lib. III. ep. 10—13.

diese Schule verwendet, welches klar aus dem bekannt gemachten Verzeichnisse der Lehrer der zwei vornehmsten Seiten erhellt, worin sehr berühmte Namen vorkommen, auch die Besoldungen denen der reichsten Universitäten nicht nachstehen. 13) Turin erhielt ein päpstliches Privilegium 1405, ein kaiserliches 1412; von einem frühern Dasein einer Schule daselbst findet sich keine Spur. Es war eine Universität der Scholaren, mit einem selbstgewählten Rector, welcher die Gerichtsbarkeit hatte, mit Ausnahme der Criminalgerichtsbarkeit, welche den landesherrlichen Gerichten, jedoch mit Zuziehung des Rectors, vorbehalten war. Die Einrichtung der Facultät und der Promotion war fast ganz wie in Bologna und Padua. Der Bischof zu Turin war Kanzler der Schule. In neuerer Zeit hat die Universität ganz neue Einrichtungen bekommen, welche man irriger Weise auch auf die frühere Zeit hat übertragen wollen. — 2) Französische Universitäten. a) Paris[23]). Hier, wie in Bologna, reichen die Nachrichten von dem Ruhme und Glanze der Schule weit höher hinauf, als die von einer bestimmten Verfassung derselben. Schon im 12. Jahrh. fanden sich hier mehre sehr berühmte Lehrer der Theologie und der Philosophie, welche theils mit der Domschule, theils mit verschiedenen Klosterschulen in Verbindung standen. Man hat über die Verfassung sehr alte Nachrichten aus einem angeblichen Werke des Boethius, De disciplina scholarium hernehmen wollen, worin dieselbe Form der Promotionen beschrieben wird, wie sie aus dem 13. und den folgenden Jahrhunderten bekannt ist. Da man indessen diese Form nicht schon in das 6. Jahrh. versetzen konnte, so wagte man nicht leicht, diese Schrift wirklich dem Boethius zuzuschreiben, setzte sie vielmehr in eine unbekannte alte Zeit, etwa das 12. Jahrh., und betrachtete sie so als das älteste aller Denkmale über die Geschichte der akademischen Würden. Der wahre Verfasser ist Thomas Brabantinus, welcher in der zweiten Hälfte des 13. Jahrh. starb, und in dieser Schrift die Sitten seiner Zeit unter einem angenommenen berühmten Namen schildern und zurechtweisen wollte. Die ältesten echten Denkmale von der Verfassung dieser Schule sind zwei Decretalen Papst Alexander III. In der ersten, von 1180, verordnet er, daß in Frankreich Niemand für die Erlaubniß zu lehren (d. h. für die Promotion) Geld nehmen solle[24]); dieses Verbot betraf nach der alten Glosse des Placentius den pariser Kanzler, welcher bis dahin für jede Promotion eine Mark (Silber) empfangen habe. Die andere Decretale nimmt den damals lebenden Kanzler, Petrus Comestor, für seine Person von jenem Verbote aus. Wichtiger ist das Privilegium des Königs Philipp August von 1200, was jedoch mit Unrecht als eine Art von Stiftung der Universität, oder wenigstens als der Anfang einer bestimmten Verfassung derselben betrachtet worden ist. Da damals in einem Auflaufe mehre Scholaren umgekommen waren, nicht ohne Schuld eines königlichen Beamten, so verordnete der König für die Zukunft Folgendes. Scholaren (d. h. hier, Lehrer oder Schüler), welche ein Verbrechen (forefactum) begingen, sollte der Prevot von Paris zwar verhaften, aber sogleich an das geistliche Gericht zur Untersuchung und Bestrafung ausliefern; jedoch den Rector (Capitale) sollte er nicht einmal verhaften dürfen. Bei Mishandlungen der Scholaren sollten die dabei gegenwärtigen pariser Bürger sich nicht entfernen, sondern die Thäter ergreifen und den Gerichten überliefern, auch Zeugniß über den Hergang ablegen. Die Beobachtung dieser Vorschriften sollte gleich jetzt von dem Prevot und der ganzen Bürgerschaft, künftig aber von jedem neu ernannten Prevot, beschworen werden. Seit dieser Zeit wurde der Prevot von Paris als der Universität angehörig betrachtet und Conservator der königlichen Privilegien genannt. Ein Concordat der vier Nationen von 1206 über die Wahl des Rectors ist zwar nicht auf unsere Zeit gekommen; aber dessen bloßes, nach alten Verzeichnissen unzweifelhaftes Dasein beweist für das hohe Alter der Eintheilung in Nationen. Eine Decretale von Innocenz III., aus dem Anfange des 13. Jahrh., enthält zuerst den Namen *universitas*[25]). Die pariser Schule ist in vieler Hinsicht vor allen anderen ausgezeichnet. Keine hat ihren Ruhm und ihre Wichtigkeit so lange, wie diese, behauptet, keine einen solchen Einfluß auf Kirche und Staat ausgeübt. Sie nannte sich die älteste Tochter des Königs und vertheidigte ihren Rang mit großer Eifersucht. Ueber die Verfassung der Universität gab es nicht, wie bei anderen alten Universitäten, umfassende Statuten; man begnügte sich, bei vorkommenden Bedürfnissen einzelne Statuten über beschränkte Gegenstände abzufassen. In der Verfassung ist zuvörderst bemerkenswerth, daß in Paris von jeher nur eine einzige Universität gewesen ist. Zur Generalversammlung der Universität gehörten ursprünglich alle, welche den Grad eines Doctors oder Magisters hatten, was lange Zeit mit den wirklichen Lehrern der Universität gleichbedeutend war. Als man auch hier den Grad zu erwerben pflegte, ohne zu lehren, trat im 13. Jahrh. folgende Aenderung ein. In der Regel sollten nur die wirklichen Lehrer oder Professoren (magistri regentes) in der Versammlung erscheinen und Beschlüsse fassen; in außerordentlichen Fällen sollten auch die übrigen Graduirten auf besondere Einladung Theil nehmen können. Von einem, auch den Scholaren verstatteten, Einflusse findet sich keine Spur. Die Abtheilungen der pariser Universität lassen sich nicht so leicht, wie bei andern Universitäten, erklären. Von sehr alter Zeit her waren es blos vier Nationen, die französische, die englische oder teutsche, die picardische, die normandische, deren jede wieder eine Anzahl Provinzen unter sich hatte. In der ersten Nation war unter anderen eine Provinz Bourges, welche aber auch ganz Spanien, Italien und den Orient umfaßte. Die zweite begriff, außer England und Teutschland, auch Ungarn,

23) Ueber die Literatur hinsichtlich der pariser Universität vgl. Savigny a. a. O. 3. Bd. S. 337 fg., welcher für die pariser Universität sowol, als die Universitäten überhaupt hier vorzugsweise benutzt ist. 24) Cap. 3. X. V, 5.

25) Cap. 7. X. I, 33.

Polen und die nordischen Reiche; sie hieß früher die englische und vertauschte diesen Namen um 1430 mit dem Namen der teutschen. Zu diesen Nationen gehörten die Professoren und Scholaren je nach ihrem Vaterlande, ohne Unterschied der wissenschaftlichen Fächer. Um die Mitte des 13. Jahrh. gerieth die Universität in einen langen und gefährlichen Streit mit den neu entstandenen Bettelmönchen, welche mit Unterstützung der Päpste Stellen an der Universität verlangten, von dieser aber nicht aufgenommen wurden. Dieser Streit veranlaßte die Absonderung sämmtlicher Doctoren der Theologie von der Universität, welche nun ein besonderes Collegium bildeten; ihrem Beispiele folgten die Kanonisten und die Mediciner. Seit dieser Zeit bestand die Universität aus sieben ganz ungleichartigen Theilen, den drei eben genannten Facultäten und den vier Nationen. Die Facultäten wurden durch ihre Dekane, die Nationen durch ihre Procuratoren dirigirt und vertreten. Die vier Nationen waren in der That die alte Universität und führten den Namen der Universität; sie behielten ausschließlich das Rectorat und die Gerichtsbarkeit; auch waren die Bachalarien und Scholaren der Theologen, Kanonisten und Mediciner in den Nationen zurückgeblieben, indem die Facultäten nur aus den Doctoren dieser Fächer bestanden. Später bildete sich allmälig eine ganz andere Ansicht aus, indem man die vier Nationen zusammen genommen als eine einzige, vierte Facultät, die der Artisten, zu behandeln anfing, und so aus ihrem ursprünglichen Verhältnisse nach und nach verdrängte. Doch behielten sie ausschließlich den Besitz des Rectorats. Noch sind die Collegien zu bemerken. Ursprünglich waren sie blos zum Unterhalte armer Scholaren bestimmt, welche hier unter besonderer Aufsicht leben sollten; nach und nach kamen immer mehr Lehrer dazu, die Collegien waren ferner nicht mehr Stiftungen für Arme, sondern zugleich Pensionsanstalten für die Wohlhabenden, sodaß zuletzt fast die ganze Universität in den Collegien enthalten war, und daß schon im 15. Jahrh. die Scholaren, außer den Collegien, als Ausnahme von der Regel, den besonderen Namen Martinets führten. Das älteste und berühmteste dieser Collegien ist die Sorbonne. Das Haupt der Universität war stets der Rector, dessen Würde auch nach der künstlicheren Zusammensetzung der Universität ausschließlich bei den vier Nationen oder der philosophischen Facultät verblieb. Die Doctoren der drei Facultäten konnten weder selbst Rectoren werden, noch an der Wahl Theil nehmen; beides war den Magistern der Artisten vorbehalten. Außer dem Rector kommen noch zweierlei Conservatoren als höhere Beamte der Universität vor. Conservator der königlichen Privilegien hieß der Prevot von Paris, dessen letzter Eid 1592 vorkommt, dessen Ansehen und Amt seit dieser Zeit so gesunken war, daß die Universität keinen Schutz mehr davon erwarten konnte. Die Würde eines Conservators der apostolischen (d. h. päpstlichen) Privilegien war mehr Ehrentitel, und es wurde davon nur in seltenen Fällen als von einem wirklichen Amte Gebrauch gemacht. Früher wurden dazu einzelne Geistliche willkürlich und vorübergehend ernannt; später beschränkte man diese Würde auf die drei Bischöfe von Meaux, Beauvais und Senlis, sodaß stets einer derselben durch freie Wahl der Universität dazu ernannt wurde. Vom Ende des 16. Jahrh. an kam diese Würde gänzlich in Verfall. Mit Uebergehung der sehr verwickelten Gerichtsbarkeit über die pariser Universität und ihre Mitglieder, sowie der Promotionen ist die Hauptthätigkeit der Universität, die Vorlesungen, in Betracht zu ziehen. Hier ist vorzüglich das Verhältniß des römischen Rechts zu dieser Universität in das Auge zu fassen. Im früheren Mittelalter hatte die Geistlichkeit eine besondere Vorliebe für das römische Recht; sie selbst lebte nach diesem Rechte, und zog aus dessen Bestimmungen wichtige Vortheile; auch erhielt und verbreitete der geistliche Stand besonders die Kenntniß desselben. Im 12. Jahrh. findet sich plötzlich eine ganz andere Ansicht, daß die Beschäftigung mit dem römischen Rechte dem geistlichen Stande nicht mehr angemessen sei. Der Grund davon lag in der ganz neuen Richtung, welche die geistige Thätigkeit nahm. Man bearbeitete auf der einen Seite die Theologie, auf der anderen die Rechtswissenschaft mit Eifer, ja mit Leidenschaft; viele ausgezeichnete Männer wendeten ihre ganze Kraft dem einen oder dem andern Fache zu, und so läßt sich begreifen, daß man jeden Gewinn des einen als einen Verlust des anderen betrachten konnte. Der geistliche Stand aber hatte einen natürlichen Beruf zur Theologie, und wenn Mitglieder desselben, getrieben durch den verbreiteten Geschmack der Zeit oder durch zeitliche Vortheile, sich dem römischen Rechte ganz zuwendeten, so konnte man dies wol tadelnswerth finden. So klagt um die Mitte des 12. Jahrh. der heilige Bernhard, daß in dem Palaste des Papstes die Gesetze Justinian's mehr gehört würden, als die des Herrn, und auf derselben Ansicht beruht die nun darzustellende Gesetzgebung. Zugleich erklärt sich daraus der willkommene Eingang, welchen das kanonische Recht als wohlthätige Vermittelung der streitenden Interessen finden mußte und fand. Die meisten der angedeuteten Gesetze betrafen unmittelbar den geistlichen Stand oder einzelne Theile desselben. So verbot 1131 das Concilium zu Rheims den Mönchen das Studium des römischen Rechts und das der Medicin; ein Verbot, welches mehrmals erneuert wurde: 1139 im zweiten Concilium des Lateran, 1163 zu Tours und 1180 in einer Decretale des Papstes Alexander III.[26]. Eine wichtige Ausdehnung erhielt das Verbot 1219 durch eine Decretale von Honorius III., welche wir in drei verschiedenen Stücken besitzen. Das hierher gehörige Stück unterwirft dem Verbote alle Priester[27]; daß dies aus den vorher angegebenen Gründen geschah, zeigt ein zweites Stück derselben Decretale, welches die Vermehrung der theologischen Lehrstellen befiehlt[28]; von dem dritten Stücke wird sogleich die Rede sein. Doch konnten oder wollten die Päpste diese Verordnung nicht in aller Strenge aufrecht erhalten. So

26) Cap. 3. X. III, 50. 27) Cap. 10. X. III, 50.
28) Cap. 5. X. V, 5.

nahm man nicht lange nachher die gewöhnlichen Pfarrer von diesem Verbote aus [29]). Noch wichtiger waren die sehr häufigen Dispensationen, welche der Papst bestimmten Schulen ertheilte. Das dritte Stück der Decretale von Honorius III. von 1220 verbot für Paris und die umliegende Gegend alle Vorlesungen über das römische Recht, weil dieses daselbst ohnehin nicht in den Gerichten angewendet werde [30]). Der Beweggrund war, daß die Universität Paris vorzugsweise als theologische Schule galt, und es darum folgerecht war, auf sie, d. h. auf ihre hauptsächlich zum geistlichen Stande bestimmten Schüler, dasselbe Verbot anzuwenden, welchem in einem anderen Theile dieser Decretale die schon geweihten Priester unterworfen sind. Nicht lange nach jenem Verbote suchte Innocenz IV. (1254) dasselbe über ganz Frankreich, England, Schottland, Spanien und Ungarn auszudehnen, jedoch nur unter Voraussetzung der Genehmigung der Fürsten. Die Gründe dieses neuen Verbots sind unbekannt: für einige der genannten Länder war es überflüssig, und in den anderen, namentlich in Frankreich und Spanien, scheint es ohne Erfolg geblieben zu sein. Ueber das wirkliche Schicksal des römischen Rechts auf der pariser Universität ist Folgendes zu bemerken. Das römische Recht wurde schon im 12. Jahrh. in Paris mit Eifer betrieben; es wurden dort Vorlesungen darüber gehalten, worüber Zeugnisse vorliegen. Das Verbot von Honorius III. war von großer Wichtigkeit, indem es nicht nur der künftigen Entstehung einer Schule des römischen Rechts vorbeugte, sondern eine schon vorhandene aufhob. Auch hat dieses Verbot Jahrhunderte lang fortgewirkt; zwar suchten die Kanonisten nicht selten das römische Recht in ihren Lehrkreis hineinzuziehen, auch wurde es in einzelnen Fällen wirklich gelehrt; dieser Unterricht beruhte aber weder auf einer dauernden, noch auf einer vollständigen Schule, und insbesondere war eine Ertheilung der akademischen Würden darin unzulässig. Im J. 1433 widersetzte sich die Universität, jedoch erfolglos, der Errichtung der Universität Caen, und erbot sich bei dieser Gelegenheit, wenn es verlangt würde, auch das römische Recht in sich aufzunehmen; es wurde also das Verbot damals noch befolgt. Mehrmals wünschten im 16. Jahrh. die pariser Kanonisten auch römisches Recht zu lehren; die übrigen Facultäten aber wußten es theils durch bloße Beschlüsse, theils durch Klage bei dem Parlament zu verhindern. Im J. 1572 wurden vor dem Parlament die pariser Kanonisten von mehren französischen Rechtsschulen verklagt, weil sie im römischen Rechte lehrten und promovirten, und das Parlament entschied gegen die Kanonisten. Wegen der bürgerlichen Unruhen indessen, welche das Reisen nach anderen Universitäten gefährlich machten, erlaubte 1568 das Parlament einstweilen, römisches Recht in Paris zu lehren. Dem Cujacius ertheilte es 1576 diese Erlaubniß aus persönlicher Rücksicht; ja es verstattete ihm sogar, den Doctorgrad des römischen Rechts in Paris zu ertheilen. Allein drei Jahre später wurde auf dem Reichstage zu Blois das alte Verbot erneuert. Noch die Statuten von 1610 setzen deutlich voraus, daß zu den eigentlichen und anerkannten Lehrgegenständen der Universität kein anderes Recht als das kanonische gehöre. Endlich aber hob ein Edict von 1679 das alte Verbot ganz auf, sodaß die Universität von dieser Seite allen anderen gleichgestellt wurde. Unbegreiflich bei dieser Ausschließung des römischen Rechts ist das beständige Dasein einer Facultät von Kanonisten, da doch das kanonische Recht ohne das römische gar nicht verstanden werden kann. Dennoch verordnet ausdrücklich das Statut der Kanonisten von 1370, man solle den Grad erhalten und Vorlesungen halten können, auch ohne römisches Recht studirt zu haben. Dies soll indessen wol nur so viel heißen, daß es nicht nöthig sei, auf einer fremden Universität einen vollständigen Cursus zu machen; auch hielt man gewiß in Paris selbst einleitende Vorlesungen über das römische Recht, und das Verbot betraf nicht diese, sondern die größeren Vorlesungen über die Rechtsbücher selbst, d. h. das zusammenhängende Studium, welches zur Promotion befähigte. Für diese Ansicht spricht nicht nur die innere Wahrscheinlichkeit, sondern auch das Statut von 1610, welches im Ganzen das Verbot voraussetzt, und dennoch einigen Unterricht auch im römischen Rechte vorschreibt. — b) Uebrige französische Universitäten. 1) Die Universität zu Montpellier soll nach einer sehr gewöhnlichen Angabe von Papst Nicolaus IV. im J. 1289 gestiftet und unter die Aufsicht des Bischofs gestellt worden sein. Es ist dies aber, wenn man es als ganz neue Einrichtung betrachtet, nicht richtig. Die älteste urkundliche Nachricht betrifft die Schule der Mediciner, welcher 1180 Wilhelm, Herr von Montpellier, für sich und seine Nachfolger versprach, daß er Keinem ein ausschließendes Recht zu lehren geben, sondern jeden ohne Unterschied frei lehren lassen wolle. Dann erhielt die medicinische Universität 1220 durch einen päpstlichen Legaten neue, noch vorhandene Statuten. Darin wird das Lehramt von dem Examen und der Approbation des Bischofs von Maguelonne abhängig gemacht, der dabei einige Lehrer zuziehen sollte. Von dem Dasein der Rechtsschule scheint das Leben des Placentinus zu zeugen, der zu Montpellier ein juristisches Lehramt bekleidete; es war dies aber nur eine einzelne Thatsache, woran sich eine fortdauernde Anstalt nicht knüpfte. König Ludwig IX. von Frankreich ertheilte 1230 dem Bischofe von Maguelonne das Privilegium, allen Licentiaten und Doctoren des kanonischen und des römischen Rechts bei ihrer Promotion den Eid der Treue und des Gehorsams abzufordern. Auch damals bestand aber noch keine bleibende Anstalt, und es treten längere Zeit noch einzelne Lehrer auf, ohne daß eine dauernde Schule zu Stande kam. Die Artisten erhielten 1242 Statuten vom Bischofe, jedoch mit Einwilligung der Universität, sowol der Doctoren, als der Scholaren. Die Statuten erkennen ausdrücklich dem Bischofe das Recht zu, die Licenz zu ertheilen; auch erwähnen sie einen Rector. Hieraus folgt

29) Cap. 1. Ne clerici in VI (III, 24). 30) Cap. 28. X. V, 33.

1289 die Bulle von Nicolaus IV. In dieser sagt der Papst, da die Stadt Montpellier berühmt und für eine Lehranstalt passend sei, so solle sie künftig eine allgemeine Schule haben im kanonischen und römischen Rechte, in der Medicin und den freien Künsten, also in allen Fächern, mit Ausnahme der Theologie. Die Promotionen sollten in jeder Facultät vom Bischofe geschehen nach vorhergegangener Prüfung, wobei er sich der Hilfe und des Rathes der Professoren zu bedienen habe. Erst mit dieser Bulle kam eine dauernde Anstalt zu Stande. Im J. 1294 wurde der erste Doctor der Rechte ernannt. Im J. 1339 entstanden zwischen dem Bischofe und dem Rector der juristischen Universität Streitigkeiten. Zur Vermittelung derselben wurde vom Papste der Cardinal Bertrand, Erzbischof von Embrun, beauftragt, und dieser verfaßte gemeinschaftlich mit sechs Abgeordneten der Universität neue Statuten, welche am 20. Juli 1339 publicirt wurden und seitdem die Grundlage der Verfassung geblieben sind. Auch eine theologische Schule mit eingerichteter Verfassung fand sich hier schon wenigstens in der Mitte des 14. Jahrh. Die päpstliche Anerkennung erhielt dieselbe aber erst 1421 durch eine Bulle des Papstes Martin V., welche sie zugleich der bisher bestehenden Universität der Juristen einverleibte. Zugleich wurden Statuten für die theologische Facultät, in Form eines Vertrags zwischen der juristischen Universität und den theologischen Lehrern verfaßt, welche insbesondere auch die Verhältnisse zwischen der Universität und dieser neuen Facultät bestimmten. Die theologische Facultät gehörte ganz den vier Bettelorden an und führte auch von ihnen den Namen: Sacra theologiae facultas quatuor ordinum mendicantium, theologi quatuor ordinum mendicantium u. s. w. Aus diesen Thatsachen ging folgende Einrichtung der Universität hervor. Es bestanden neben einander zwei Universitäten, die medicinische, welche ein für sich bestehendes Ganze ausmachte, und die juristische, welche zugleich die allgemeine heißen kann, indem die Artisten sowol als die Theologen keine besonderen Universitäten bildeten, sondern in der juristischen mit begriffen waren. Dieses letzte, welches von der ausgebildeten Verfassung der italienischen Universitäten abweicht und nur mit dem ältesten Zustande derselben übereinstimmt, wird dadurch bewiesen, daß erstens überall nur ein einziger Rector als Haupt der gesammten Universität zu Montpellier vorkommt, welcher kein anderer als der Rector der Juristen ist, weshalb er auch abwechselnd bald diesen besonderen, bald jenen allgemeineren Namen führt, sodann daß zweitens der Papst in der Stiftungsbulle sogar die theologische Facultät, Lehrer und Schüler, der juristischen Universität einverleibte und dem Rector derselben ausdrücklich unterwarf. Diese Universität hatte im Ganzen eine den italienischen ähnliche Verfassung, indem auch hier die Scholaren allein das vollständige Bürgerrecht hatten. Das Uebergewicht der Juristen sowol als das der Scholaren, welche beide im entschiedenen Gegensatze zur pariser Verfassung stehen, beweisen, daß die Universität Montpellier sich blos nach dem Muster von Italien gebildet hat, in einer Zeit, zu welcher zu Bologna und Padua die Artisten noch nicht abgesonderte Universitäten ausmachten. Es gilt dies von allen alten französischen Universitäten, so sonderbar es auch ist, daß dieselben sich nicht nach dem Muster von Paris, sondern nach dem von Italien bildeten; sie hießen auch, mit wenigen Ausnahmen, von jeher Universités des Loix, d. h. juristische, oder noch eigentlicher Legisten-Universitäten. Die Universität bestand eigentlich aus den juristischen Scholaren; denn die Artisten und Theologen waren nur in die Corporation derselben aufgenommen. Die Scholaren theilten sich in drei Nationen, Provenzalen, Burgunder und Catalonier. Das Haupt der Universität war der Rector, welcher jährlich abwechselnd aus diesen Nationen gewählt und dann vom Bischofe bestätigt und vereidet wurde. Neben dem Rector standen zwölf *Consiliarii*. Außerdem gab Papst Martin V. im J. 1421 der Universität drei Conservatoren, den Erzbischof von Narbonne, den Abt von Aniane und den Dompropst von Maguelonne, mit der Befugniß, Stellvertreter für dieses Amt zu ernennen. Bald darauf vereinigte Papst Nicolaus V. dieses Recht gewissermaßen mit der Universität, indem er ihr verstattete, den Stellvertreter der Conservatoren zu präsentiren. Die Verfassung der medicinischen Universität war hiervon ganz verschieden. Ihr Haupt war einer der Professoren mit dem Titel Cancellarius auf Lebenslang, welcher dazu vom Bischofe und drei Professoren erwählt wurde. Außerdem hatte sie zwei Conservatoren, den Bischof und den Gouverneur der Stadt. Es kommen hier, mit Uebergehung dessen, was die Gerichtsbarkeit und die Promotionen betrifft, noch die Vorlesungen in Betracht. Für dieselben sind täglich vier Stunden bestimmt, prima matutina, tertiae, nonae und vesperarum. Unter diese Lehrstunden werden die Vorlesungen über römisches Recht vertheilt [31]). 2) Zu Orleans bestand schon früh eine berühmte Schule, wahrscheinlich eine Rechtsschule. Die erste bestimmte Hindeutung hierauf liegt in der Erzählung von einem heftigen Streite der Bürger mit den Scholaren im J. 1236, wobei mehre Scholaren von hoher Geburt umkamen. Papst Clemens V. ertheilte dieser Schule 1305 ein Privilegium; darin wird erwähnt, daß sie seit langer Zeit als Schule beider Rechte, besonders aber des römischen Rechts, berühmt sei, und daß ihr der Papst selbst seine Bildung verdanke; deshalb wird sie hier, mit dem Rechte der Promotion, förmlich anerkannt und sie erhält die Privilegien von Toulouse (also mittelbar auch die von Paris). Der König genehmigte diese Stiftung 1312, aber mit der ausdrücklichen Erklärung, daß die Bestätigung dieser Rechtsschule an dem geltenden Rechte Nichts ändern solle. Dies hatte darin seinen Grund, daß das römische Recht in dem Theile von Frankreich, wo Orleans lag, kein gesetzliches Ansehen hatte. Es war also hier eine bloße Rechtsschule gestiftet, was sie auch in späteren Zeiten geblieben ist.

31) Ueber die Art der Vertheilung vergl. Savigny a. a. O. 3. Bd. S. [illegible] fg.

indem insbesondere die Entstehung einer theologischen und philosophischen Facultät wegen der Eifersucht der benachbarten pariser Universität unmöglich war. 3) Toulouse wurde 1233 durch eine päpstliche Bulle zur vollständigen Unterdrückung der Albigenser errichtet. Graf Raimund IV. von Toulouse mußte wegen Begünstigung der Albigenser nach seiner Unterwerfung 4000 Mark Silber zahlen, wovon an einer neu zu errichtenden Universität 4 Theologen, 2 Decretisten, 6 Artisten und 2 Grammatiker zehn Jahre lang besoldet werden sollten. Hierauf folgte die erwähnte päpstliche Bulle, welche die Universität wirklich errichtete, und zwar für alle wissenschaftliche Fächer, ohne einzelne derselben zu benennen oder auszunehmen; sie gab der neuen Universität alle Privilegien von Paris. Das römische Recht war nicht ausgeschlossen; es war nur keine Besoldung dafür bestimmt. 4) Von Valence ist die Zeit und die Art der Errichtung unbekannt. Es hatte eine freie Scholarenverfassung, welche sich bis auf sehr neue Zeiten erhalten hat. 5) Bourges ist erst 1464 gestiftet worden. Es hatte fünf Facultäten und den Domkanzler als Kanzler der Universität. Es bestand auch hier Anfangs eine freie Scholarenverfassung. Ein arrêt des pariser Parlaments von 1542 errichtete eine gemischte Verfassung, nach welcher aus den fünf Facultäten und den vier Procuratoren der Nationen ein Collegium von neun Personen zur Besorgung aller Wahlen gebildet wurde. Die Facultäten sind hier die Professoren, die Nationen der Scholaren. König Heinrich II. übergab 1552 die Wahlen ausschließend den fünf Facultäten, d. h. den Professoren, hob also die freie Scholarenverfassung auf. — Außerdem finden sich Spuren des Daseins von Rechtsschulen im 13. Jahrh., welche später ganz verschwunden sind. So stritten sich 1290 Erzbischof und Capitel von 6) Lyon darüber, wer den Kanonisten und Civilisten die Licenz ertheilen dürfe; dies setzt das Dasein einer Rechtsschule voraus. Ebenso erwähnt ein teutscher Dichter des 13. Jahrh. eine Menge von Legisten in 7) Vienne, was gleichfalls auf das Dasein einer blühenden Rechtsschule schließen läßt [32]). — 3) Spanische, portugiesische und englische Universitäten. Die spanischen Universitäten sind erst in der späteren Zeit für die Rechtswissenschaft wichtig geworden. Salamanca wurde im 13. Jahrh. gestiftet und erhielt 1422 Statuten, nach welchen die Verfassung folgende ist. Der Rector mit acht Consiliarien, welche sämmtlich Scholaren sind und welche ihre Nachfolger ernennen, verwalten die Universität. Die Doctoren schwören dem Rector Gehorsam. Der Domscholaster ist der ordentliche Richter der Schule, schwört aber auch dem Rector Gehorsam. Der juristische Baccalarius muß sechs Jahre studirt haben und kann erst nach fünfjährigem Baccalariat Licentiat werden. Bei Erledigung einer besoldeten Lehrstelle rückt ein anderer Doctor, nach dem Alter des Doctorgrades, ein, wenn nicht die überwiegende Meinung der Scholaren etwas Anderes fordert, worüber der Rector mit den Consiliarien entscheidet. Diese freie Scholarenverfassung dauerte noch im 17. Jahrh. fort. Alcala wurde 1510 vom Cardinale Ximenes zur Beförderung der theologischen und philosophischen Studien gestiftet, und erhielt deshalb zwar auch eine kanonistische, aber keine civilistische Facultät. — In Portugal erhielt Coimbra 1309 Statuten, welche das Dasein der Scholarenverfassung ergeben. — Die englischen Universitäten standen nur kurze Zeit mit dem römischen Rechte in Berührung. Ihre Verfassung bildete sich zuerst nach der von Paris, sodaß die Gewalt bei den Lehrern war und die Scholaren in strenger Abhängigkeit standen. Nur erhielten sich diese Universitäten weit größere Unabhängigkeit von der königlichen Gewalt, als die zu Paris.

IV. Rechtsquellen der Glossatoren. Die Quellen des römischen Rechts, welche die Glossatoren hatten, beschränkten sich auf folgende Stücke: Pandekten (Digesten), Codex, Institutionen, den alten lateinischen Novellentext (authenticum) und Julian's Bearbeitung der Novellen (Novella). Alle uns außerdem bekannten Quellen des römischen Rechts waren ihnen so gut wie ganz unbekannt. Dagegen traten mit jenen Quellen folgende andere, dem römischen Rechte fremde, auf mancherlei Weise in Concurrenz: die Lombarda, die Sammlung für das longobardische Lehnrecht (libri feudorum), die neueren Kaisergesetze, die Statuten einzelner Städte und die kanonischen Rechtsbücher. Beinahe dieselbe Zusammenstellung findet sich bei Hostiensis, welcher 1271 starb. Er gibt die Grundlagen, worauf die ganze Wissenschaft der Legisten (legalis sapientia) ruht, so an: Pandekten, Institutionen, Codex, Authenticum, Novella, Lombarda und die Lehnrechtssammlung [33]). Einiges wird allerdings in diesem Verzeichnisse vermißt, was sich aber befriedigend erklären läßt. Die neueren Kaisergesetze waren bereits in einige der anderen genannten Quellen aufgenommen. Die Statuten entstanden großentheils erst, nachdem die Glossatorenschule bereits ihre feste Richtung genommen hatte; überdies konnten sie bei ihrer, überall auf enge Kreise beschränkten Anwendung, keinen Anspruch auf eine Stelle unter den allgemeinen Lehrgegenständen machen. Die kanonischen Rechtsbücher endlich gehörten gar nicht zu den Quellen, mit welchen die Legisten sich beschäftigten, indem auf sie vielmehr eine eigene Reihe von Vorlesungen gerichtet war, welche ein selbständiges Ganze bildeten. Das Verhältniß dieser Rechtsquellen zu der Glossatorenschule, sowie die Verbindung der einzelnen Quellen zu einem Ganzen, ferner die Eintheilungen der Justinianeischen Rechtsbücher durch die Glossatoren, sind bereits in einem anderen Artikel erörtert worden, auf welchen hiermit verwiesen wird [34]).

V. Die Glossatoren als Lehrer [35]). Die Vorlesungen schlossen sich ursprünglich in Bologna, und ohne Zweifel auch an anderen Orten, an die fünf Theile des

32) „Der Tanhuser“ in der Manessischen Sammlung 2. Th. S. 63 b: „Vienne hat Legisten viel“

33) *Hostiensis*, Summa Decretalium, prooem. 34) Vgl. den Artikel Corpus juris civilis a. a. O. S. 357—360. 35) Savigny a. a. O. 3. Bd. S. 537—566.

Corpus juris (Digestum vetus, Infortiatum, Digestum novum, die neun ersten Bücher des Codex, Volumen) an, sodaß regelmäßig fünf Hauptvorlesungen gehalten wurden, unter welchen zwei als ordentliche gelesen werden konnten, die übrigen aber stets außerordentliche waren. Neben dieser regelmäßigen Einrichtung aber finden sich schon früh manche Abweichungen, z. B. im 13. Jahrh. besondere Vorlesungen über die Institutionen, obgleich dieselben auch im Volumen mit enthalten waren, und durch die Statuten der Schule zu Bologna ausdrücklich mit zu den gemeinsamen Vorlesungen über das Volumen gerechnet werden. Jede dieser Hauptvorlesungen dauerte ursprünglich grade einen Lehrcursus, welcher einjährig war. Jeder Lehrer beschränkte sich nicht etwa auf einen Theil dieser Vorlesungen, sondern hielt sie alle nach einander, woraus sich erklärt, daß sich die Scholaren regelmäßig an Einen Lehrer anschließen konnten. Auch hielt bisweilen Ein Lehrer in demselben Lehrcursus mehre Vorlesungen neben einander. Ueber die späteren Aenderungen ist Folgendes zu bemerken. In Bologna wurden nach den Statuten jedes der drei Digesten, und ebenso der Codex, gleichzeitig von zwei Doctoren gelesen; einer derselben las die erste Hälfte, der andere die zweite, und jeder füllte mit dieser halben Vorlesung denselben einjährigen Cursus aus, welcher früher für die ganze bestimmt gewesen war. Offenbar war also die Zeit für die Vorlesungen verdoppelt worden. Das Volumen sollte so wie früher, von Einem allein, und wo möglich ganz gelesen werden; den etwaigen Rest sollte der Lehrer im Anfange des nächsten Cursus nachtragen. Savigny setzt die Entstehung dieser ganzen Bestimmung in die zweite Hälfte des 14. Jahrh. Eine ähnliche Einrichtung wurde in Montpellier durch die Statuten von 1339 getroffen. Ueber die Einrichtung von Padua in der zweiten Hälfte des 15. Jahrh. findet sich folgende Nachricht. Der vollständige Unterricht im römischen Rechte dauerte vier Jahre: ein Jahr Institutionen, zwei Jahre Digestum vetus und Infortiatum, zwei Jahre Codex und Digestum novum. Das Volumen war ganz außer Gebrauch gekommen. In den Statuten von Padua, und noch ausführlicher in den Fasten von Facciolati, wird eine große Zahl von Nominalprofessoren aufgeführt, ohne daß dabei klar wird, welche wirklich gehaltene Vorlesungen man sich als wesentliche Bestandtheile eines vollständigen Unterrichtes im römischen Rechte dachte. Unter anderen kommt hier vor eine besondere Professur für das Authenticum, eine für die tres libri (die drei letzten Bücher des Codex), eine für das Lehnrechtsbuch. Im J. 1544 schrieb man, neben der schon bestehenden, noch besondere Vorlesungen über Text, Glosse und Bartolus vor, und errichtete dafür fünf Lehrstellen. Ueber das Verhältniß der einzelnen Scholaren zu dieser Reihe der Vorlesungen gibt es noch weniger vollständige Nachrichten als über die Vorlesungen selbst. Als wesentlich und nothwendig betrachtete man nur die Vorlesungen über die ordentlichen Bücher. Blos diese Bücher hörten wol Alle ohne Ausnahme, die übrigen hörten Viele mit willkürlicher Auswahl, und vollständig nur die, welche besonderen Ernst und Eifer hatten. Hiernach richtete sich auch die Studienzeit. Vorschriften darüber finden sich nur in Ansehung solcher Scholaren, welche promoviren oder wenigstens Vorlesungen halten wollten, und hier verlangte man natürlich eine längere als die sonst gewöhnliche Studienzeit. Zur Zeit des Odofredus war die gewöhnliche Studienzeit länger als fünf Jahre. Im 15. Jahrh. aber war in Padua der vollständige Cursus des römischen Rechts schon auf vier Jahre beschränkt. Eine regelmäßige Stufenfolge der Vorlesungen wurde, wie es scheint, nicht für nöthig erachtet; vielmehr glaubte man die Vorlesungen gleich brauchbar für Anfänger und ältere Scholaren einrichten zu können. In der Regel beschränkte man sich auf die Vorlesungen des römischen Rechts, oder verband damit nur noch die des kanonischen; andere Studien verband man in den ersten Jahrhunderten nicht damit. Ausnahmsweise mögen nur die Vorlesungen über die Notariatskunst nicht selten auch von Juristen gehört worden sein. — Was das Verhalten der Lehrer in den einzelnen Vorlesungen betrifft, so pflegten die Lehrer zuerst eine allgemeine Uebersicht über den Inhalt eines ganzen Titels (*Summa*) zu geben; bei den einzelnen Stellen lasen sie zuerst den Text vor, so wie sie ihn für richtig hielten; zu einer vollständigen Erklärung des Textes gehörte aber erst der *Casus* desselben; dann die Auflösung scheinbarer Widersprüche in anderen Stellen; die darin liegenden allgemeinen Rechtsregeln (*Brocarda*); endlich wahre oder ersonnene Rechtsfälle, die daraus entschieden werden konnten (*Quaestiones*), welche letztern, wenn sie zu weitläufig waren, aus den Vorlesungen in die Repetitionen verwiesen wurden. So schildern Hostiensis und Odofredus die Lehrmethode. Von diesem allgemeinen Plane wurde jedoch im Einzelnen, wie aus den gedruckten Vorlesungen des Azo und des Odofredus selbst hervorgeht, je nach dem Bedürfnisse der Stellen selbst, abgewichen. Es gab freie und nicht freie Vorträge. — Anlangend das Verhalten der Zuhörer in den Vorlesungen, so war das Nachschreiben ebenso gewöhnlich wie zu unserer Zeit. Abweichend von unseren teutschen Sitten ist es, daß während der Vorlesungen auch die Scholaren einsprechen und fragen konnten.

VI.* Die Glossatoren als Schriftsteller[86]). Bei der Entstehung der neuen Rechtsschule zu Bologna bestand alle Mittheilung blos in dem mündlichen Vortrage, und auch die später entstandenen Bücher sind meistens aus den Vorlesungen hervorgegangen. Der Hauptgegenstand der Bücher wie der Vorlesungen war stets die Auslegung des Corpus juris, sodaß die Glossen gleichsam als der Mittelpunkt der ganzen juristischen Literatur jenes Zeitalters zu betrachten sind. Die Glossen sind nicht als Collegienhefte zu betrachten; sie werden von den Vorlesungen ausdrücklich unterschieden. Die Glossen waren diejenigen Erklärungen, welche ein Jurist seinem Exemplare des Textes in der Absicht beigeschrieben hatte, daß sie so wie andere Bücher erhalten, abgeschrie-

86) Savigny a. a. O. 3. Bd. S. 556—574.

den und verbreitet werden sollten. Bisweilen fand sich eine solche Glosse erst bei dem Tode eines Juristen vor, indem er sie bei seinem Leben stets zu verbessern und zu ergänzen suchte; in anderen Fällen hingegen verbreitete der Verfasser sie noch bei Lebzeiten; bisweilen arbeitete der Verfasser solche Glossen ganz um, sodaß sie also in verschiedenen Ausgaben cursirten. In beiden Fällen wurde ihnen, weil sie leicht mit den Glossen anderer Juristen verwechselt werden konnten, regelmäßig die Sigle ihres Verfassers beigesetzt. Obschon die Glossen von den Vorlesungen verschieden waren, so standen sie doch mit denselben auf manche Weise in Berührung. Denn die Glossen sollten wol das Beste und Eigenthümlichste enthalten, was der Verfasser über eine Stelle sagen konnte, während in den Vorlesungen auch das Leichte und allgemein Bekannte nicht verschmäht wurde. So waren die Glossen in den Vorlesungen wol gewöhnlich mit enthalten und erhielten durch diese theils ihre Veranlassung, theils ihre erste und allgemeinste Verbreitung. Die Glosse ist auf folgende Weise entstanden. Anfangs schrieb man nur ganz kurze Erklärungen einzelner, schwieriger Ausdrücke zwischen die Zeilen (Interlinearglossen), bald auch größere Erklärungen an den Rand, welche sich nach und nach zu fortlaufenden Commentaren erweiterten. Damit hängt auch die Benennung der Glossen zusammen. Die ursprüngliche Bedeutung dieses Wortes bei den alten Grammatikern geht auf fremde unverständliche Ausdrücke. Von dieser ursprünglichen Bedeutung hat in der Folge ein zwiefacher Uebergang stattgefunden: erstens zu der Erklärung solcher Ausdrücke durch einzelne gleichbedeutende Worte, und zweitens zu einer Erklärung überhaupt, nicht mehr blos der einzelnen Worte des Textes, sondern auch und vorzüglich der Sache. Der erste Uebergang findet sich von Isidorus an ganz bestimmt vor[37]). Dazu paßten die ältesten Erklärungen der bolognesischen Juristen vollkommen, daher die Anwendung des Namens auf dieselben natürlich war. Ebenso natürlich war bei dem ganz allmäligen Uebergange bloßer Worterklärungen zu weitläufigen Sacherklärungen die Beibehaltung des einmal eingeführten Namens. Dieser letzte Sprachgebrauch kommt schon im 12. Jahrh. vor. Als Vorbild, sowol für die niedergeschriebenen Erklärungen selbst, als für die Benennung, diente die *Glossa ordinaria* und *interlinearis* der Bibel, deren erste schon seit der Mitte des 9. Jahrh. allgemein verbreitet war. Eine weichere Aussprache hatte schon früh *Glossa* nicht selten in *Glosa* verwandelt; diese Form hat sich in dem französischen glose, sowie in dem italienischen chiosa, ghiosa und glosa erhalten, und aus *glossula* ist vielleicht blos durch Fehler der Abschreiber oder durch falsche Etymologie *clausula* entstanden. Eigentliche Glossen sind fast nur in Bologna entstanden. Keine andere Rechtsschule in Italien oder Frankreich gibt davon sichere Spuren, und deshalb ist auch nur in Bologna für ihre Erhaltung und Verbreitung gesorgt worden.

Folgende durch ihren Inhalt ausgezeichnete Arten der Glossen sind zu erwähnen: 1) Die Variantensammlungen; es gibt nämlich eine Anzahl sehr ähnlicher Handschriften der Pandekten aus der Mitte des 12. Jahrh., an deren Rande häufig Varianten der florentinischen, früher pisanischen Pandektenhandschrift, bemerkt sind; ähnliche Varianten finden sich in manchen handschriftlichen Glossen benannter Verfasser, besonders des Hugolinus, sowie in der gedruckten Glosse des Accursius; 2) die Angaben von Parallelstellen, wodurch die zu erklärende Stelle bestätigt, näher bestimmt, oder auch (wirklich oder scheinbar) aufgehoben wird; die Glossen dieser Art sind auch in der Compilation des Accursius vorzüglich häufig und auch noch jetzt brauchbar; aus ihnen sind unter anderen die Authentiken im Codex entstanden. 3) *Apparatus* heißt die Glosse eines einzelnen Juristen, welche den Text so vollständig erläutert, daß sie als fortlaufender Commentar zu demselben gelten kann. Das älteste Werk dieser Art ist der Commentar des Bulgarus zu dem Digestentitel: De diversis regulis juris. Ueber ganze Rechtsbücher scheint zuerst Azo apparatus geschrieben zu haben. Ein sehr vollständiger apparatus, welcher alle übrigen verdrängt hat, ist die Glosse des Accursius, welche auch in alten Urkunden wirklich diesen Namen führt, obwol sie später gewöhnlicher mit dem Namen *glossa* ohne weiteren Zusatz bezeichnet wird. Verschieden von den Glossen, aber nahe verwandt mit denselben, sind einige andere Arten von Schriften, deren Entstehung aus den Vorlesungen ebenso, wie bei den Glossen, erweislich ist. Hierher gehören: 1) die *Summae*, d. h. allgemeine Uebersichten über den Inhalt ganzer Titel der Rechtsbücher, welche zuerst als Einleitungen in den exegetischen Vorlesungen dienten, dann aber als Bücher ausgebildet wurden. 2) Eine ähnliche Bewandtniß hatte es mit den *Casus*, d. h. Erläuterungen einzelner Stellen der Rechtsbücher durch einen für jede Stelle erfundenen Rechtsfall, worin der Inhalt derselben veranschaulicht werden sollte; auch diese Art der Erläuterung wurde als ein wesentliches Stück der Vorlesungen angesehen und später zu eigenen Büchern ausgebildet. 3) Eben dahin gehören die *Brocarda*, *Brocardi* oder *Brocardica*. In den ältesten Glossen zu allen Theilen der Justinianeischen Rechtsbücher finden sich sehr häufig ganz allgemeine Rechtsregeln angemerkt, sowie sich dieselben aus der Stelle, neben welche sie gesetzt wurden, nach der Meinung des Glossators entwickeln ließen. Diese Regeln, welche auch in den Vorlesungen als wesentliches Stück betrachtet wurden, führten nach dem Zeugnisse des Hugolinus den Namen *Brocarda* oder auch *Generalia*. Gewöhnlich stellte man solchen allgemeinen Regeln Zweifel oder widersprechende Behauptungen gegenüber und versuchte dann die Lösung des scheinbaren Widerspruchs. Daher bildete sich schon früh ein doppelter Sprachgebrauch; bald bezeichnet nämlich der Ausdruck in seiner ursprünglichen Bedeutung jede abstracte Rechtsregel, ohne Rücksicht auf einen beigefügten Gegensatz, bald, mit Rücksicht auf die häufigste Art der Anwendung, Satz und Gegen-

37) *Isidor.* Origin. I, 29 de glossis. *Papias* in diction. v. glossa.

satz zusammen, gewöhnlich auch mit beigefügter Auflösung des Widerspruchs. — Ebenso, wie die Vorlesungen Veranlassung zur Entstehung eigentlicher Bücher gaben, war dieses auch der Fall bei den Repetitionen und Disputationen. Von beiden waren sogar, nach einem Statute von Bologna, schriftliche Ausarbeitungen niederzulegen, und schon im 12. und 13. Jahrh. machten einzelne Juristen ihre gesammelten Disputationen (quaestiones) als eigentliche Bücher bekannt. Außer den hier genannten kommen bei den Glossatoren noch manche andere Arten von Schriften vor; insbesondere über den Proceß (ordo judiciarius), welche vorzüglich häufig sind; ferner über die Actionen; dann *Distinctiones*; Sammlungen von Controversen (dissensiones dominorum). Ferner kommen *Singularia* vor, unter welchem Titel sich Schriften von zweierlei Art finden: theils Sammlungen vermischter, einzelner Bemerkungen, welchen der Verfasser selbst diesen Namen beilegte, theils Auszug merkwürdiger Stellen aus sämmtlichen Schriften eines berühmten Rechtslehrers, welchen nach dessen Tode irgend ein Anderer bekannt machte. Endlich kommen *Consilia*, Rechtsgutachten, vor, und zwar schon in der ersten Zeit der neuen Rechtsschulen; sehr häufig und wichtig aber werden sie erst im 14. und 15. Jahrh., und erst seit dieser Zeit werden die Sammlungen solcher von einem berühmten Rechtslehrer herrührenden Rechtsgutachten zu eigentlichen Büchern. — Die eigentlichen, aus der Schule der Glossatoren hervorgegangenen Schriften sind, nach dem eben Bemerkten, von nachgeschriebenen Vorlesungen wohl zu unterscheiden. Es sind aber doch daneben auch Collegienhefte wirklich entstanden, durch Abschriften verbreitet und als Bücher benutzt worden; ja ein nicht geringer Theil der noch vorhandenen Glossatorenliteratur besteht in solchen Heften. Es waren sogar bei einigen berühmten Glossatoren der früheren Zeit einzelne Schüler bekannt, welche dabei als Sammler und Herausgeber auftraten. Im 14. und 15. Jahrh. beschränkte sich beinahe die ganze juristische Literatur auf diese eine, ihrer Natur nach unvollkommnere Form. Es wurden zwar auch in dieser Zeit noch eigentliche Bücher geschrieben; sie waren aber, sowol dem Umfange, als dem Plane und der Ausführung nach, ganz unbedeutend, und dasjenige, was aus dieser späteren Zeit noch jetzt angeführt und benutzt zu werden pflegt, sind meistens Collegienhefte. Obgleich nun dabei bestimmte Herausgeber nicht genannt sind, so muß doch überall eine solche Arbeit des Sammelns und Ordnens stattgefunden haben; ja es haben vielleicht die Verfasser selbst diese Arbeit geleitet, wodurch dieselbe noch etwas mehr den Charakter eigentlicher Bücher angenommen haben würde.

VII. Aeußeres Bücherwesen[38]). Hier ist zu erwähnen, was in der Zeit der Glossatoren die äußeren Bedingungen und Hilfsmittel der Literatur betrifft. Es gehören dahin folgende Stücke: das Gewerbe der Schreiber und ähnlicher Handwerker oder Künstler, das Schreibmaterial, der Buchhandel, die Bücherpreise, endlich die Bibliotheken. Das Gewerbe der Schreiber war an allen Orten bedeutend, an welchen durch zahlreiche Lehrer und Schüler es einer Menge neuer Abschriften bedurfte. Besonders in Bologna war dieses Gewerbe sehr wichtig. Als verwandte Gewerbe kommen daneben vor die der Miniatoren, Correctoren, Buchbinder und Papierfabrikanten. Als Material kommt im 12., 13. und meistens auch im 14. Jahrh. nur Pergament und Baumwollenpapier vor. Von jenen Schreibstoffen wurde das Pergament vorzugsweise als für Bücher bestimmt angesehen; insbesondere finden sich unter den noch jetzt vorhandenen Handschriften der Justinianeischen Rechtsbücher sehr wenige, nicht auf Pergament geschriebene, und diese aus sehr neuer Zeit. Zum Zwecke der Bestimmung der Größe der Bücher, besonders bei den Contracten mit den Verleihern und Abschreibern, gebrauchte man die Ausdrücke *Quaternus* und *Pecia*. Ersteres heißt eine Lage von vier in einander geschlagenen ganzen Bogen, oder acht Blättern, also ein sehr unbestimmtes Maß wegen der verschiedenen Größe des Formats, der Buchstaben u. s. w. Letzteres hieß, wenigstens im 15. Jahrh., in Bologna und Padua ein genau bestimmtes Maß, nämlich 16 Columnen, jede von 62 Zeilen, die Zeile von 32 Buchstaben. Da nun in der Regel jede Seite eines Buches zwei Columnen hatte, so bestand alsdann die Pecia nur aus zwei ganzen Bogen, d. h. vier Blättern, oder einem halben Quaternus. Ein dem heutzutage geführten ähnlicher Buchhandel war damals nicht möglich, obwol das Bedürfniß der Bücher einen nicht unbedeutenden Verkehr veranlaßte. Neue Bücher wurden damals nur auf Bestellung geschrieben, weshalb derjenige, welcher ihrer bedurfte, unmittelbar mit dem Schreiber contrahirte. Ein bedeutendes Gewerbe war aber das der *Stationarii* oder Bücherverleiher, welche einen Vorrath von Büchern hielten, um solche gegen ein Miethgeld zum Abschreiben herzuleihen. Sie kommen in Bologna schon in den Statuten von 1259 vor. Die Statuten dieser Universität enthalten ausführliche Bestimmungen über die Stationarien. Für die Correctheit der Exemplare war durch das besondere Amt der *Peciarii* gesorgt, welche jährlich, sechs an der Zahl, gewählt wurden, die Aufsicht über den Vorrath der Bücherverleiher führen und alle Bücher derselben untersuchen sollten. Fänden sich mangelhafte oder schlecht corrigirte Bücher darunter, so sollte der Besitzer 5 Soldi Strafe zahlen und das Buch sollte auf seine Kosten corrigirt werden. Die Statuten enthalten ein Verzeichniß von 117 Büchern, welche jeder Stationarius vorräthig haben sollte; für diese Bücher wurde zugleich das Miethgeld, und zwar meistens im Ganzen bestimmt; für die nicht im Kataloge stehenden Bücher wurden allgemeine Regeln über die Bestimmung des Miethgeldes, je nach dem Umfange der Bücher, aufgestellt. Aehnliche Einrichtungen finden sich in dem Vertrage von 1228 für Vercelli und in einem Statute von 1420 für Modena. Für Padua ist von den älteren Einrichtungen dieser Art keine Nachricht vorhanden. Die Bücherpreise waren, wenn auch geschriebene Bücher theuerer sind, als ge-

38) Savigny a. a. O. 3. Bd. S. 575—608.

brauchte, doch nicht so übertrieben, als man sich in neueren Zeiten häufig vorgestellt hat. Aus den von Savigny zusammengestellten einzelnen Fällen ergibt sich der Durchschnittspreis für jedes der drei glossirten Digesten, sowie des glossirten Codex, nahe an 40 Thaler, und der Preis des ganzen Corpus juris civilis, da das Volumen viel kleiner ist, auf etwa 160 Thaler. — Die juristischen Bibliotheken der Privaten hatten, wie aus den von Savigny zusammengestellten Beispielen erhellt, einen sehr geringen Umfang, und in den meisten war nicht einmal ein vollständiges Corpus juris civilis zu finden. Da die Preise der hierher gehörigen Bücher keineswegs unerschwinglich waren, so läßt sich die Dürftigkeit der juristischen Büchersammlungen der damaligen Zeit wol weniger aus inneren Gründen, als vielmehr aus einer herrschenden Gewohnheit erklären. Der Sinn der Juristen dieser Zeit war nur darauf gerichtet, das Wenige, was sie besaßen, von Neuem zu lesen und zu verarbeiten, und dieser Sinn hat sich auch durch ihre Schriften bewährt. Dennoch bleibt es auffallend, daß nicht wenigstens der eigene Besitz sämmtlicher Rechtsquellen von jedem Lehrer für unentbehrlich gehalten wurde. In späterer Zeit, schon im Anfange des 15. Jahrh., waren die Privatbüchersammlungen weit umfassender, obgleich damals so wenig, als wie im 12. Jahrh., die Buchdruckerkunst erfunden war, sodaß die früheren Ursachen der Seltenheit und Kostbarkeit der Bücher unverändert fortdauerten. Dem Mangel der Privatsammlungen hätte allerdings durch öffentliche Bibliotheken abgeholfen werden können; allein diese waren im Mittelalter selten und klein. Savigny hat bei den Universitäten, deren Geschichte er dargestellt hat, keine Nachricht von dem Dasein öffentlicher Bibliotheken gefunden.

VIII. Ravenna und Bologna vor Irnerius[39]. Unmittelbar vor der berühmten Rechtsschule von Bologna kamen, gleichsam als Vorboten derselben, einige Spuren von Rechtsschulen, theils in Ravenna, theils in Bologna selbst, vor. Für Ravenna ist das erste entscheidende Zeugniß eine Schrift des Damianus (geb. 1006, gest. 1072): De parentelae gradibus, über die Verwandtschaftsgrade. Dieser hatte bei einer Reise nach Ravenna erfahren, daß die Juristen daselbst die Grade nach römischer, statt nach kanonischer Art, zählten und durch diese Zählung die kanonischen Eheverbote sehr beschränkten. Er hatte darüber mündlich mit ihnen disputirt und schrieb nun, nachdem er Ravenna wieder verlassen hatte, zur Bekämpfung jener Ansicht die erwähnte Schrift. In dieser führt er viele Stellen der Institutionen wörtlich an. Er spricht auch von den Rechtsgelehrten jener Stadt. Obgleich die meisten Stellen mehr auf praktische Rechtspflege, als auf Theorie und Unterricht hindeuten, so läßt doch Eine Stelle (im 8. Cap.) keinen Zweifel übrig, daß jene Juristen auch als Rechtslehrer thätig waren und daß also damals eine Rechtsschule in Ravenna bestand. In dieser Stelle hebt er recht absichtlich eine doppelte Beschäftigung der Rechtsgelehrten zu Ravenna hervor: „die Ihr in der Schule herrschet (sagt er), sollet Euch nicht der Zucht der Kirche entziehen, und die Ihr in menschlichen Gerichten zum Rechtsprechen mitwirket, sollet Euch dem Urtheilsspruche Christi unterwerfen." Es scheint aus dieser Stelle, wenn man sie mit anderen zusammenfaßt, folgender Zustand hervorzugehen. In Ravenna gab es zu Damian's Zeit einen angesehenen Stand gelehrter und gewandter Rechtsgelehrten; sie bildeten, wie es scheint, ein collegium judicum et advocatorum; sie waren also vorzugsweise mit der Ausübung des Rechts beschäftigt, obgleich einige unter ihnen sich auch mit dem Unterrichte abgaben. Diese Schule war aber, nach Damian's Ausdrücken, ihrer Einrichtung nach den grammatischen Schulen ähnlich. Ein zweites Zeugniß für die Rechtsschule zu Ravenna findet sich in mehren Stellen des Odofredus. Nach dessen Erzählung nämlich ist zuerst eine Rechtsschule in Rom gewesen, nach deren Zerstörung eine zweite zu Ravenna und endlich die in Bologna entstanden. Diese Wanderung der Rechtsschule erzählt er in Verbindung mit einer gleichzeitigen Wanderung der Rechtsbücher, sodaß er beide Ereignisse nicht deutlich von einander unterscheidet[40]. Andere Thatsachen, welche ebenfalls auf die Rechtsschule zu Ravenna gedeutet werden könnten, sind nicht entscheidend. So kommt im 11. Jahrh. ein Dominicus legis doctor daselbst vor; es läßt jedoch dieser Ausdruck keinen sicheren Schluß auf eine Schule zu. Umgekehrt werden in mehren anderen Urkunden Lehrer oder Schüler erwähnt, ohne irgend eine nähere Bestimmung, wodurch dieselben als einer Rechtsschule angehörig bezeichnet würden. — In Bologna findet sich vor Irnerius nur eine einzige sichere Spur von juristischem Unterrichte. Odofredus nämlich erzählt, ein gewisser Pepo habe die Rechtswissenschaft zu lehren versucht; seine Kenntnisse wolle er nicht beurtheilen, derselbe habe aber sich keinen Namen erworben[41]. Schriften hat Pepo nicht hinterlassen. In einer Urkunde wird Pepo 1075 mit der Bezeichnung legis doctor als Schöffe in einem Gerichte zu Marinla im Florentinischen aufgeführt, also etwa 40 Jahre früher, als Irnerius in ähnlicher Weise in Urkunden vorkommt. — Das Nachfolgende bezweckt nun eine Darstellung der Glossatoren vom 12. bis zum 15. Jahrh., nach dem Vorgange von Savigny.

IX. Glossatoren des 12. Jahrh.[42]. 1) Irnerius. Irnerius ist, nach dem einstimmigen Zeugnisse aller Schriftsteller, der Stifter einer Schule gewesen, welche in einem großen Theile Europa's der Rechtswissenschaft eine neue Gestalt gegeben hat und in vielen Verzweigungen noch fortdauert. Der Name kommt in

39) Savigny a. a. O. 4. Bd. S. 1—8

40) Die Stellen von Odofredus sind: 1) in L. Jus civile 6. D. de just. et jure; 2) in L. Quaerebatur 82. D. ad L. Falcid.; 3) in Auth. Qui rem C. de SS. eccl. In einer vierten Stelle, in Dig. novum, init., erzählt er blos die Wanderung der Rechtsbücher, ohne Erwähnung einer Schule. 41) Odofredus in L. Jus civile 6. D. de just. et jure. 42) Hiermit beschäftigt sich der ganze vierte Band des berühmten Savigny'schen Werkes

einer großen Zahl verschiedener Formen vor, nämlich: Warnerius, Wernerius, Guarnerius, Gernerius, Garnerius. Die Verschiedenheit dieser Formen ist nur scheinbar, indem sie auf dem durch vielfache Analogien bekannten Bestreben beruht, den in Italien fremden Buchstaben W durch ähnlich lautende zu ersetzen, wozu man das Gu und G wählte. Außerdem finden sich noch die Formen Irnerius, Hirnerius, Yrnerius, Hyrnerius. Unter allen diesen Formen ist in neueren Zeiten die des Irnerius am allgemeinsten verbreitet. Er wird in mehren Urkunden als Bologneser bezeichnet. Für die Meinung, daß er ein Teutscher gewesen sei, wird blos der teutsche Name Warner geltend gemacht, welcher Grund nichtig ist, da in Italien damals seit 500 Jahren die Longobarden einheimisch waren, deren teutsche Namen daselbst überall vorkommen. Nach der Erzählung des Odofredus war Irnerius Lehrer der freien Künste zu der Zeit, als die Rechtsbücher nach Bologna gebracht wurden, studirte für sich selbst die Rechtswissenschaft und trat dann als Lehrer auf. Nach der Erzählung des Abts von Ursperg (Abb. *Urspergensis* Chronicon) hat Irnerius auf Verlangen der Gräfin Mathilde die Rechtsbücher erneuert, was wol weniger von einer kritischen Bearbeitung des Textes, als vielmehr von der Mittheilung des Inhaltes, also von der Gründung einer neuen Schule zu verstehen ist. Als Ergänzung der Nachricht des Odofredus ist noch eine andere zu betrachten, nach welcher eine Stelle der Vulgata Veranlassung zur Rechtsschule in Bologna gegeben haben soll; dies müßte nämlich so ausgelegt werden, daß Irnerius (der freilich in dieser Nachricht nicht genannt wird) durch die Untersuchung über einen Ausdruck in jener Bibelstelle, nämlich über das Wort as in der Vulgata, veranlaßt worden wäre, die Rechtsbücher einzusehen und kennen zu lernen [43]). In öffentlichen Geschäften erscheint Irnerius zwischen 1113 und 1118. Von 1116 bis 1118 scheint er im Dienste des Kaisers Heinrich V. gewesen zu sein, indem er an mehren Orten im Gefolge desselben erscheint, auch 1118 zu einem wichtigen Staatsgeschäfte in Rom vom Kaiser gebraucht wurde. Von den Schriften des Irnerius haben sich einige, ganz oder stückweise, bis auf unsere Zeit erhalten, wie die Glossen und die Authentiken. Andere kennen wir nur aus Erzählungen anderer Schriftsteller, oder aus urkundlichen Nachrichten. Was die Glossen betrifft, so ist zuvörderst zu bemerken, daß Irnerius alle Theile der Justinianeischen Rechtsbücher gekannt, einige derselben aber erst später kennen gelernt hat. Er erhielt, nach Odofredus, zuerst den Codex, das Digestum vetus und novum und die Institutionen; dann das Infortiatum ohne tres partes; ferner die drei letzten Bücher des Codex; endlich das Authenticum, welches er Anfangs für unecht hielt. In den Handschriften kommen zweierlei Glossen des Irnerius vor, Interlinearglossen und Marginalglossen. Beide unterscheiden sich nicht blos durch den an sich ganz gleichgültigen Ort, wo sie stehen, sondern großentheils auch in ihrem inneren Charakter. Die Interlinearglossen sind häufig Glossen im alten Sinne des Worts, d. h. Erklärungen einzelner Worte, die Marginalglossen dringen zum Theil auf gründliche Weise in den Sinn des Textes ein. Erstere scheinen aus der früheren Zeit herzurühren, letztere aus der Zeit, wo seine juristische Bildung schon weit vorgeschritten war. Auch wird in den Glossen des Irnerius schon ein bestimmtes Bemühen zur kritischen Reinigung des Textes erkennbar. Alle diese Glossen sind ungedruckt und sie sind sorgfältig von anderen Glossen zu unterscheiden, indem es dabei auf genaue Beachtung der Siglen ankommt. Als Sigle des Irnerius kommt in den Glossen zuweilen G. vor, häufiger aber Y., welches bald im Anfange, bald am Ende der Glosse steht, während bei anderen Glossatoren die Sigle gewöhnlich an das Ende gesetzt wird. Beide Siglen des Irnerius sind, wie Savigny nachgewiesen hat, zuverlässig. Von den Authentiken ist theils in dem besonderen denselben gewidmeten Artikel, theils in dem Artikel Corpus juris civilis (19. Bd. S. 300) gehandelt worden. Außerdem werden folgende Schriften von Irnerius erwähnt: a) ein *formularium Tabellionum*, eine praktische Anweisung für die Notare, welches Accursius und Odofredus erwähnen; b) *Quaestiones*, welche in einer Urkunde des 13. Jahrh. vorkommen; c) eine Schrift *De actionibus*, über die Klagen, auf welche der Anfang einer anonymen, ungedruckten Glosse zu Joannis arbor actionum hindeutet. Irnerius hieß Lucerna juris, ein Beiname, welcher gewöhnlich dadurch erklärt wird, daß er zuerst als Lehrer und Schriftsteller aufgetreten sei, den aber Savigny auf seine besondere dialektische Gewandtheit bezieht. 2) Die vier Doctoren: Bulgarus, Martinus, Jacobus, Hugo. Um die Mitte des 12. Jahrh. lebten in Bologna vier Rechtslehrer, welche durch fast gleichen Ruhm bei Zeitgenossen und Nachfolgern, durch gelehrte Streitigkeiten und durch gemeinsame Theilnahme an öffentlichen Angelegenheiten in mannichfaltiger Verbindung erscheinen. a) Bulgarus. Er wird auch an einigen Stellen Bolgarus oder Burgarus, bisweilen auch Bulgarinus genannt. Seine Glossen sind fast ohne Ausnahme mit der Sigle b. bezeichnet. Sein Vaterland ist sehr bestritten. Am meisten hat die Meinung für sich, daß er Bologneser gewesen sei; sie hat auch die Autorität von Placentinus und Pastrengo für sich. Sein Lehrer ist unbekannt; zwar wird Irnerius gewöhnlich als solcher genannt; es ist dies aber weder begründet, noch auch nur wahrscheinlich. Als Gelehrter und als Lehrer stand Bulgarus zu allen Zeiten in hohem Ansehen und sein Ruhm übertraf noch den der drei übrigen Doctoren. Von diesem Ruhme zeugt besonders der Name Os aureum, der ihm nicht etwa blos in energischen Lobeserhebungen, sondern in der gewöhnlichen Rede, gleich einem eigenen Namen, beigelegt wird. Von seinen Verhältnissen zu anderen Rechtsgelehrten wird besonders das zu Martinus vielfach erwähnt, indem beide nicht blos in der Gunst des Kaisers Friedrich I. als Neben-

43) *Hostiensis*, Comment. in Decretalium libros, cap. 1. X. de consuetudine (III, 26) verb. in [illegible]

lehrer einander gegenüber standen, sondern auch in zahlreiche wissenschaftliche Streitigkeiten verwickelt waren. Als Schüler des Bulgarus sind Johannes Bassianus und Albericus bekannt. Auch im öffentlichen Leben genoß Bulgarus großes Ansehen. Unter andern soll er in Bologna kaiserlicher Vicarius nach einer ziemlich allgemeinen Meinung gewesen sein, eine Meinung, welche jedoch Savigny als nicht historisch begründet verwirft. Als Todesjahr des Bulgarus wird in Chroniken des 13. und 14. Jahrh. das Jahr 1166 angegeben; auch findet sich nach 1159 keine Spur mehr von ihm in Urkunden. Als Schriften des Bulgarus sind folgende bekannt: Glossen, ein Commentar zum Digestentitel De regulis juris, ein Buch über den Proceß und ein Commentar zu dem liber feudorum. Die Glossen erstrecken sich auf alle Theile des Corpus juris civilis. Der Commentar zum Titel: De regulis juris findet sich in mehren Handschriften, ist auch mehrmals gedruckt worden, zuerst Paris 1552, dann zu Toulouse 1554, zu Paris 1557, in welchen Ausgaben er dem Placentinus als wahrscheinlichem Verfasser zugeschrieben wird. Ein solcher Commentar von Bulgarus wird von Accursius und Odofredus in einer Reihe einzelner Stellen angeführt. Cujacius erklärte diesen Commentar zuerst für ein Werk des Bulgarus. Savigny hat den Beweis geführt, daß Bulgarus der Verfasser des Commentars, Placentinus aber der Verfasser der Zusätze ist. Dieses Werk des Bulgarus ist aus gewöhnlichen Glossen entstanden, welche sich jedoch hier zu einem Apparatus, d. h. zu einem fortlaufenden Commentare erweitert haben. Es ist die älteste zusammenhängende Schrift aus der Glossatorenschule, welche sich bis auf unsere Zeit erhalten hat. In dem gedruckten Werke des Placentinus: De varietate actionum steht als drittes Buch ein Stück mit der Ueberschrift: De judiciis, in 15 Titeln. Dieses Stück gehört nicht zu dem Werke des Placentinus; es ist vielmehr erweislich eine besondere Schrift über den Proceß, welche den Bulgarus zum Verfasser hat. Bulgarus wird auch als der älteste Glossator über die longobardische Lehnrechtssammlung genannt. b) Martinus Gosia. Der Beiname des Martinus, welcher bald Gosia, bald Gozia, bald Gosianus lautet, bezeichnet das adelige Geschlecht der Gosi in Bologna, welches gibellinisch war und später mit der ganzen Partei aus der Stadt vertrieben wurde. Die Sigle seiner Glossen ist fast immer ein bloßes M., sehr selten Ma., oder M. G. Sein wahres Vaterland ist Bologna, obwol auch Cremona, Ancona und Florenz als solches genannt werden. Seine ausgebreitete Rechtskenntniß erwarb ihm den Beinamen copia legum. Berühmt waren seine zahlreichen Streitigkeiten mit Bulgarus; von dieser Zeit an bildeten sich Secten unter den Juristen in Bologna und die Anhänger des Martinus führten den Namen Gosiani. Die Schule des Bulgarus aber hatte später an Zahl und Ansehen der Mitglieder das Uebergewicht, obwol die Meinungen des Martinus den Vorzug hatten, nicht selten durch neuere Gesetze bestätigt zu werden. Schüler des Martinus sind nicht bekannt. Zur genauen Bestimmung der Zeit seines Lebens finden sich wenige Thatsachen. In Urkunden kommt er 1154 vor; desgleichen 1158 auf dem roncalischen Reichstage. Eine alte Glosse erwähnt ihn als lebend in einem Formulare, welches auf 1157 deutet. Für das Todesjahr fehlt es gänzlich an alten Nachrichten. Von seinen Schriften sind keine andern, als Glossen, bekannt, welche sich in verschiedenen Handschriften aller Theile des Corpus juris civilis vorfinden. Auch hat er zu den Authentiken im Coder und in den Institutionen und Novellen einige Zusätze geliefert. c) Jacobus. Der gewöhnliche Name dieses Glossators ist Jacobus ohne weiteren Zusatz. Zuweilen heißt er: Jacobus de porta Ravennate, nicht etwa, weil er an diesem Thore wohnte, sondern weil er zu dem Stadtviertel gehörte, welches von diesem Thore den Namen führte. Odofredus nennt ihn bisweilen Jacobus antiquus doctor, um ihn dadurch von Jacobus Balduini, dem Lehrer des Odofredus, zu unterscheiden. Die Sigle seiner Glossen ist Ja. oder Jac. Bei anderen Schriftstellern wird er mit der Sigle J. angeführt. Seine Vaterstadt war Bologna. Er kommt in Urkunden von 1151, 1153, 1154, 1157, 1169 vor. Er starb am 11. Oct. 1178. Als Schriften von ihm können nur Glossen namhaft gemacht werden, welche sich in Handschriften des Digestum vetus und novum, des Coder, des Volumen, und zwar der Novellen, vorfinden. d) Hugo. Der Name dieses Glossators wird in zwei Urkunden von 1151, in zwei von 1154, in Urkunden von 1160 und 1166 stets Ugo geschrieben. Der Beiname de Alberico in mehren dieser Urkunden bezeichnet seinen Vater; der Beiname de porta Ravennate ist von dem in diesem Stadtviertel gelegenen Stammhause zu erklären. Die Glossen des Hugo sind in der Regel mit der Sigle U., zuweilen mit Ug. oder Ugo unterschrieben. Dagegen ist die Sigle h. auf den späteren Hugolinus zu beziehen. Seine Vaterstadt war Bologna. Sein Tod fällt zwischen 1166 und 1171, in welchem letzteren Jahre seine Witwe Isabella erwähnt wird. Als Schriften lassen sich theils Glossen, theils Distinctiones anführen. Die Glossen finden sich in Handschriften des Digestum vetus und novum, des Coder und des Volumen. Eine sehr alte Sammlung von Distinctiones ist, wenigstens theilweise, noch jetzt in mehren Handschriften übrig. Auch bei älteren Schriftstellern werden Stücke daraus theils angeführt, theils wörtlich eingerückt. e) Gemeinsame Verhältnisse der vier Doctoren. Merkwürdig ist das Verhältniß der vier Doctoren zu Kaiser Friedrich I. Es geht dieses entweder alle, oder wenigstens zwei derselben an. Es ist hiervon nur Folgendes zu erwähnen: aa) der roncalische Reichstag. Bei diesem werden alle vier Doctoren als thätig genannt. Nach der Erzählung von Otto Morena [44]) wurden sie auf diesem Reichstage vom Kaiser aufgefordert, die, großentheils von den

44) *Otto Morena* ad a. 1158 ex ed. *Muratori* T. VI. p. 1015 sqq. Die Stelle ist abgedruckt bei Savigny a. a. O. 4. Bd. S. 63 fg.

Städten usurpirten, Rechte der Krone auszumitteln. Auf ihre Weigerung, dieses gehässige Geschäft allein zu übernehmen, ernannte der Kaiser noch 28 Richter, zwei aus jeder Stadt, welche nun, gemeinschaftlich mit den vier Doctoren, ein Verzeichniß der Regalien verfertigten. Hierauf wurde vom Reichstage anerkannt, daß alle hier genannten Regalien dem Kaiser zurückgegeben werden sollten, in sofern nicht eine ausdrückliche königliche Verleihung für einzelne Rechte erweislich wäre. Der Chronist sagt nicht, daß der Einfluß der vier Rechtsgelehrten auf diese Bestimmung der Regalien größer gewesen sei, als der ihrer 28 Gehilfen. Wahrscheinlich wird dieser größere Einfluß durch das Ansehen dieser Rechtsgelehrten und durch folgende Erzählung eines anderen Chronisten [45]). Bei der Friedensunterhandlung mit den Lombarden zu Venedig im J. 1177 ließ diesen der Kaiser die Wahl zwischen drei Arten der Schlichtung des Streites; die eine dieser Arten ging dahin, daß sich die Städte noch jetzt dem, in Roncaglia von den bolognesischen Richtern gesprochenen, Urtheile unterwerfen sollten. Die Städte aber entgegneten, dieses sei kein gültiges Urtheil gewesen, weil viele von ihnen abwesend, also ungehört, verurtheilt worden wären; es sei also vielmehr als ein einseitiger Befehl des Kaisers anzusehen. Ueber diese Theilnahme an der Bestimmung der Regalien sind die vier Doctoren in alten und neuen Zeiten sehr hart beurtheilt worden. Wenn man aber unparteiisch den Zustand jener Zeit betrachtet, so muß man mit Savigny den Ausspruch der 32 Richter zu Roncaglia völlig tadellos finden. Es kam auf die Bestimmung der Rechte des lombardischen Königs an; hierin hatte der Kaiser unstreitig das urkundliche Recht und das uralte Herkommen für sich, und was in neueren stürmischen Zeiten die Städte eigenmächtig an sich gerissen hatten, konnte nicht als wahres, das Staatsrecht abänderndes, Herkommen gelten; kein Richter also konnte ein anderes Gutachten geben, als jene gaben, ohne zu diesem Gutachten römisches Recht zu bedürfen und wirklich anzuwenden. bb) Die Gunst des Kaisers. Diese genossen insbesondere Bulgarus und Martinus; letzterer wußte sich aber durch Schmeichelei mehr, als ersterer, in Gunst zu setzen. Der Kaiser pflegte in ihrer Mitte zu reiten und befragte sie öfters über zweifelhafte Rechtssätze; unter anderen wird die Frage erwähnt, ob der, im römischen Rechte den Advocaten vorgeschriebene, Eid noch jetzt geleistet werden müsse. cc) Die *Authentica Sacramenta puberum*. In einem Rescripte des Coder wird einem Minderjährigen die Anfechtung eines Kaufcontracts deshalb untersagt, weil er denselben eidlich bekräftigt habe [46]). Schon die ältesten Glossatoren stritten über den Sinn dieser Stelle. Bulgarus behauptete, sie sei von einem ipso jure ungültigen Geschäfte zu verstehen, welches durch Restitution angefochten werden solle; diese allein sei durch den Eid ausgeschlossen. Martinus hingegen behauptete, auch an sich nichtige Geschäfte würden nach dieser Stelle durch den Eid aufrecht erhalten. Der dem Kaiser vorgelegte Streit wurde von diesem durch ein eigenes Gesetz für die Meinung des Martinus entschieden [47]). dd) Die Uebergabe von Bologna. Nach der Erzählung des Sigonius war der Kaiser 1162 sehr erzürnt auf Bologna; die vier Doctoren zogen zu ihm hinaus und besänftigten ihn durch eine lange und wohlgesetzte Rede. Da indessen kein alter Geschichtschreiber etwas von dieser Begebenheit erwähnt, so ist die ganze Erzählung wol mit Savigny als eine bloße Erfindung des Sigonius anzusehen. 3) Rogerius und seine Zeitgenossen. a) Rogerius. Der Name dieses Juristen wird in den ältesten und zuverlässigsten Handschriften Rogerius geschrieben, wofür auch die in den Citaten gewöhnlichen Abkürzungen (Rog. und noch häufiger R.) sprechen. R. ist auch die regelmäßige Sigle seiner Glossen. In alten Handschriften kommt auch die Schreibart Frogerius vor. Die wichtigste Nachricht über sein Leben ist von Azo [48]). Er war ein Schüler des Bulgarus. Daß er lehrte, ist aus seinen Schriften, besonders aus den Glossen, sehr wahrscheinlich. Er wurde 1162 zur Führung einer Rechtssache ausersehen, worin er gegen seinen Lehrer die Oberhand behielt. Die Zeit seines Todes ist nicht genau zu bestimmen. Sein Vaterland ist sehr bestritten. Die meisten Neueren nehmen dafür die Stadt Benevent an, sodaß er gewöhnlich unter dem Namen Rogerius Beneventanus angeführt wird. Dagegen erklärt sich Savigny. Dieser führt zwei unleugbare Zeugnisse an, das eine von Durantis, nach welchem Modena, das andere von Cynus, nach welchem Placenza die Vaterstadt des Rogerius ist. Die Schriften des Rogerius bestehen in Glossen, der Summa zum Coder, einigen kleinen Abhandlungen: *De praescriptionibus* und einer Controversensammlung. Die mit R. bezeichneten Glossen des Rogerius kommen in allen Theilen unserer Rechtsquellen vor. Die Summa zum Coder war nach Odofredus die älteste aller damals vorhandenen Summen. Folgende drei kleine Schriften über die Verjährung werden dem Rogerius zugeschrieben: α) Compendium sive summa de diversis praescriptionibus; β) Dialogus de praescriptionibus; γ) Catalogus praescriptionum. Sie finden sich in mehren Ausgaben. Die Sammlung von Controversen der ältesten Glossatoren führt den Titel: *De dissensionibus dominorum*. b) Albericus. Er wird auch mit dem Beinamen: de porta Ravennate angeführt. Seine Sigle in den Glossen ist in der Regel Al., seltener A., oder Alb. Er war Zeitgenosse des Johannes, aber etwas älter als dieser. In Urkunden kommt er von 1165 bis 1194 vor. Als sein Lehrer wird Bulgarus bezeichnet. Seine Schriften bestehen in Glossen und Distinctionen.

45) *Romualdi Salernitani* Chronicon apud *Murator.* T. VII. p. 222 seq. 46) L. 1. C. Si adversus venditionem II, 27 (28).

47) Dieses Gesetz findet sich im Coder als Auth. *Sacramenta puberum* C. Si adversus venditionem, und dann als Stück eines größern, in die Lehenrechtssammlung aufgenommenen Gesetzes von Friedrich I. in II. Feud. 53. §. 3. 48) *Azonis Lectura* in Cod., L. 10 de donat. int. vir. et uxor. (V. 16.)

c) Aldricus. Er ist von Albericus verschieden und wird in Urkunden von 1154, 1160, 1170 und 1172 als Magister Aldricus oder Aldericus aufgeführt; er war hiernach Lehrer, aber nicht Doctor. Er war wahrscheinlich ein geborener Bologneser. Von Schriften von ihm ist Nichts bekannt. d) Wilhelmus de Cabriano. Dieser Glossator stammte aus einer edlen Familie in Brescia, deren Zuname von dem benachbarten Schlosse Cabrianum hergenommen war. Die Sigle seiner Glossen ist stets W. Er stand gleichzeitig mit den beiden vorigen als Lehrer in Ansehen. Von seinen Schriften sind nur Glossen und eine Summa zum Digestum novum bekannt. Glossen finden sich in mehren Handschriften; von der Summa hat sich Nichts erhalten. e) Otericus. Er, sowie sein ganzes Geschlecht, führt abwechselnd den Zunamen Bonconsilius (oder de Bonconsiliis) und de Malconsiliis. Er findet sich in Urkunden von 1160 bis 1200 bald als Judex, bald als Doctor bezeichnet. Pillius nennt ihn seinen Lehrer. 4) Placentinus und Henricus de Baila. a) Placentinus. Derselbe ist nach seinem eigenen Zeugnisse in Piacenza geboren und hat seinen Namen von diesem Geburtsorte. Sein wirklicher Name ist ganz unbekannt geworden. Die Sigle seiner Glossen ist stets P. Ueber den Ort seiner Bildung und wer sein Lehrer gewesen ist, darüber sind keine Zeugnisse vorhanden. Zuerst scheint er in Mantua als Lehrer aufgetreten zu sein. Dann trat er als Lehrer in Bologna auf, von wo er, in Folge eines nächtlichen Ueberfalls durch Henricus de Baila, dessen abweichende Meinung er in seinen Vorlesungen mit Spott erwähnt hatte, flüchtete. Er begab sich nun nach Montpellier, wo er eine Rechtsschule gründete. Nach langem Aufenthalte kehrte er von Montpellier nach Piacenza zurück. Kaum nach zwei Monaten rief ihn die angesehene Familie de Castello nach Bologna zurück, wo er Vorlesungen in dem, von jener Familie bewohnten, Stadttheile hielt, welche glänzenden Beifall fanden und den Neid der übrigen Lehrer erregten. Nach zwei Jahren kehrte er nach Piacenza zurück, wohin ihm aus Bologna seine Zuhörer und viele andere Scholaren folgten. Er hielt dort wieder vier Jahre lang zahlreich besuchte Vorlesungen, kehrte dann nach Montpellier zurück, wo er 1192 starb. Von seinen Schriften sind bekannt und großentheils erhalten: Glossen, ein Werk über die Klagen (De varietate actionum), eine Summa zum Codex, eine Summa zu den Institutionen, eine Summa zu den *tres libri*, ferner Zusätze zu *Bulgarus de regulis juris* und mehre kleinere Schriften. Zu diesen gehören: Distinctionen, Summa de restitutionibus, Summa de verborum obligationibus, Summa mit dem Anfangsworte Placuit, Summa zu L. Si pacto und juristische Verse. Seinen Schriften wird hoher Werth beigelegt. b) Henricus de Baila. Er stammte aus einer edlen bolognesischen Familie, auf welche sein Zuname sich bezieht. Die Sigle seiner Glossen ist Yr. In Urkunden kommt er als Doctor schon 1169 und 1170 vor. Seine Glossen sind in Handschriften nicht selten. Außerdem wird in einer anonymen Glosse das Werk eines Henricus über die Klagen erwähnt, welches wol nur auf ihn zu beziehen ist. 5) Johannes Bassianus. Seine Glossen sind mit den Siglen Jo., Jo. b. und Joh. bezeichnet. Als sein Geburtsort wird Cremona von gleichzeitigen Schriftstellern angegeben. Er war Schüler des Bulgarus und Lehrer des Azo. Gegen seinen Zeitgenossen Placentinus soll er sich feindselig benommen haben. Er hat gegen das Ende des 12. Jahrh. zu Bologna gelehrt. Als Lehrer und Schriftsteller stand er in großem Ansehen. Seine Meinungen wurden großentheils von Azo und Accursius angenommen und durch sie verbreitet. Folgende Schriften von ihm sind noch vorhanden: a) Glossen, welche sich in mehren Handschriften finden; b) eine Summa zu den Authentiken, welche Zusätze von Accursius erhalten hat; c) eine tabellarische Zusammenstellung aller Klagen (*arbor actionum*), welche als ein Baum dargestellt ist, an welchem die einzelnen Klagen als Früchte hängen: auf der einen Seite die prätorischen, auf der anderen die Civilklagen, jene 121 an der Zahl, diese 48; eine Schrift, welche bald großes Ansehen erlangt und dieses lange Zeit behauptet hat; d) eine Summa Quicunque vult, welche die Abfassung der Klagschrift behandelt; Odofredus spricht davon mit großer Verachtung und nennt die Arbeit eine windige (ventosa). Mehre Schriften des Johannes sind ganz oder theilweise verloren gegangen [49]). 6) Pillius. Er wird auch Pilius, Pileus, Pylius, Pyleus u. s. w. geschrieben. Die Schreibarten Pillius und Pilius sind urkundlich beglaubigt. Sein Geburtsort war Medicina, ein Flecken im bologneser Gebiete. Er war Schüler des Otericus. Er trat zuerst als Lehrer in Bologna auf und begab sich vor 1182 nach Modena, wo er ebenfalls lehrte. Die letzte bestimmte Nachricht von seinem Leben findet sich in einem Processe von 1207, dem er als Schöffe oder Zeuge beiwohnte. Nach der Art, wie Odofredus von ihm spricht, ist er bis an das Ende seines Lebens in Modena verblieben. Die sicheren Schriften von ihm sind Glossen, Quästionen, Brocarda und Disputationen (libellus disputatorius oder disputationum), eine Summa zu den tres libri, eine Schrift: *de ordine judiciorum*, über den Proceß, Distinctionen und Schriften über das Lehnrecht, als welche Glossen und eine Summa angeführt werden. 7) Cyprianus und seine Zeitgenossen. Der Name des Cyprianus wird in den Glossen gewöhnlich durch die Sigle Cy. bezeichnet, aus welcher durch Misverständniß der Name Cilianus oder Kilianus, und so eine Person, welche niemals gelebt hat, gemacht worden ist. Seine Vaterstadt ist Florenz. Er war Lehrer des Carolus de Tocco und des Roffredus, wie diese seine Schüler selbst ausdrücklich anerkennen. Aus diesen Angaben läßt sich schließen, daß er in Bologna Lehrer gewesen ist und zu Ende des 12. Jahrh. dort gelebt hat. Glossen des Cyprianus kommen in allen Theilen unserer Rechtsbücher häufig vor, besonders aber im

49) Vergl. darüber Savigny a. a. O. 4. Bd. S. 264 fg.

Volumen, welches andere Glossatoren seltener bearbeitet haben. Außerdem wird ihm keine wissenschaftliche Arbeit zugeschrieben. Er wird von Hugolinus der Verfälschung der Rechtsquellen beschuldigt. Galgosius wird ebenfalls von demselben Glossator, sowie von Accursius der Verfälschung beschuldigt und sein Andenken ist nur auf diese nicht ehrenvolle Weise erhalten worden. Ueber die Verfälschung selbst finden sich sehr bestimmte Nachrichten in dem Codextitel: De bonis, quae liberis (VI, 61) in einer alten anonymen Randglosse, welche sich in zwei Handschriften findet. Auch wird dem Galgosius noch eine Verfälschung der Lombarda zugeschrieben. 8) Otto und seine Zeitgenossen. a) Otto, dessen Glossen häufig in Handschriften vorkommen, ist in neueren Zeiten fast ganz in Vergessenheit gerathen. Die regelmäßige Sigle seiner Glossen ist Ot. Seine Vaterstadt war Pavia. Er war Schüler des Placentinus und Lehrer des Carolus de Tocco, weshalb er in die zweite Hälfte des 12. Jahrh. zu setzen ist. Er lehrte zu Bologna. Seine bekannten Schriften bestehen in Glossen, welche sich in mehren Handschriften finden, in einem Buche: *De ordine judiciario* und einzelnen Distinctionen. b) Lotharius. In dem Namen dieses Glossators kommt keine bedeutende Verschiedenheit vor. Die Sigle seiner Glossen ist Lot. Seine Vaterstadt ist Cremona. Als Lehrer der Schule zu Bologna ist er besonders dadurch merkwürdig, daß er zuerst, so viel bekannt ist, den Eid leistete, niemals außer Bologna lehren zu wollen. Er war Zeitgenosse und Nebenbuhler des Azo. Beide wurden von Kaiser Heinrich VI. bei dessen Aufenthalte in Bologna im J. 1191 ausgezeichnet. Nachdem er in Bologna gelehrt hatte, bekleidete er hohe Kirchenämter. Er wurde zuerst Bischof zu Vercelli, dann 1208 Erzbischof zu Pisa. Beide Ämter erwähnt ein Rescript Innocenz III. von 1210. An ihn selbst sind zwei Decretalen desselben Papstes, von 1210 und 1212, gerichtet[50]). Von Schriften sind nur einzelne Glossen bekannt, welche sich in Handschriften des Digestum vetus und des Codex vorfinden. c) Bandinus war geboren zu Pisa, er führt den Beinamen Familiatus von einer angesehenen pisanischen Familie, welcher er angehörte. Im J. 1198 legte er als Lehrer in Bologna den Eid ab. In bolognesischen Urkunden von 1200, 1207 und 1209 kommt er als Richter oder Zeuge vor. Er starb daselbst 1218. Schriften desselben werden nicht genannt. Er wird aber von anderen Schriftstellern bisweilen angeführt, namentlich von Pillius, Hugolinus und Accursius. 9) Burgundio. Der Name dieses Glossators wird sowol in den Handschriften als in den Urkunden abwechselnd Burgundio und Burgundius geschrieben, sodaß beide Schreibarten als richtig anzusehen sind; in zwei Urkunden von 1147 kommt sogar Burgundi vor. Der Name Johannes Burgundio beruht auf der Verwechselung mit einem etwas früheren Cardinale dieses Namens, sowie Burgundio Leulus oder Leolus auf einer ähnlichen Verwechselung mit einem Enkel des Burgundio. Burgredia ist wol nur durch Fehler der Abschriften entstanden. Pisa wird in den meisten urkundlichen Nachrichten als Vaterstadt des Burgundio angegeben, welche sich auf ihn beziehen. Er ist zu Anfang des 12. Jahrh. geboren. Um das Jahr 1138 hielt er sich in Constantinopel auf und wohnte dort einem Religionsgespräche bei, welches der Gesandte des Kaisers Lothar II., Bischof Anselm von Havelberg, mit der griechischen Geistlichkeit hielt. Nicht lange nachher erscheint er in Pisa bei verschiedenen gerichtlichen Verhandlungen: 1140 heißt er nur noch Advocatus; 1152, 1155 und 1159 wird er als Judex des Papstes bezeichnet und in einer Urkunde von 1155 zugleich als Judex von Pisa. Im J. 1171 ging er als Gesandter der Stadt Pisa nach Constantinopel. Bei der Kirchenversammlung von 1179 im Lateran wird er als gegenwärtig erwähnt. Er starb 1194 zu Pisa im hohen Alter. Daß er als öffentlicher Lehrer der Rechtswissenschaft und anderer Fächer aufgetreten sei, ist nicht erweislich. Auch hat er keine eigenen Werke geschrieben. Dagegen hat er sich durch die Uebersetzung mehrer griechischer Werke aus ganz verschiedenen Fächern bekannt gemacht, theils theologischer, theils philosophischer, theils ökonomischer, theils medicinischer Werke. Alle diese Arbeiten stehen indessen in gar keiner Verbindung mit der Rechtswissenschaft. Er hat sich aber auch um die Rechtswissenschaft in ähnlicher Weise Verdienste erworben. In den Digesten finden sich mehre griechische Stellen, deren lateinische Uebersetzung als regelmäßiger Bestandtheil in die bolognesische Recension des Textes aufgenommen worden ist. Diese Stellen sind von zweierlei Art. Die größten und zahlreichsten derselben finden sich im 27. Buche der Digesten und sind aus des Modestinus' Schrift: De excusationibus entlehnt; ihre Uebersetzung reicht wahrscheinlich über die Zeit der Schule von Bologna hinaus und es hat sich über ihre Entstehung keine Nachricht erhalten. Anders verhält es sich bei den kleinern griechischen Stellen, welche in den übrigen Büchern der Digesten zerstreut sind. Bei ihnen findet sich nicht selten eine Angabe des Uebersetzers, welche jedoch bald auf Bulgarus, bald auf Burgundio hindeutet, also Zweifel erregen muß. Gerade von diesen zweifelhaften Angaben nun sagt Odofredus ausdrücklich, daß sie durchaus nur auf Burgundio (den er Bergundio nennt) zu beziehen seien; der Name des Bulgarus sei nur aus Irrthum der Abschreiber hereingekommen, da derselbe weder übersetzt habe, noch habe übersetzen können. Dieses so bestimmte und so alte Zeugniß, welches schon an sich allein als glaubwürdig gelten kann, wird aber noch durch mehre Umstände unterstützt. Diese sind: erstens die innere Wahrscheinlichkeit, indem es sehr begreiflich ist, wie die bolognesischen Abschreiber anstatt des ihnen unbekannten Burgundio, den Bulgarus, dessen Name ihnen völlig geläufig sein mußte, einschieben konnten, während die entgegengesetzte Verwechselung ganz unbegreiflich sein würde; zweitens sprechen dafür die noch vorräthigen Handschriften, welche fast überall den Namen des Burgundio wirklich enthalten und nur höchst selten

50) Cap. 12. X. II, 2. Cap. 17. X. II, 26.

den des Bulgarus; drittens wird die Beziehung auf Burgundio noch dadurch unterstützt, daß nach vielen handschriftlichen Stellen die Uebersetzung in Pisa gemacht ist, welches zugleich auf den pisaner Burgundio und auf die berühmte pisanische Pandektenhandschrift, worin sich das griechische Original der Uebersetzungen fand, hinweist. Als abweichendes Zeugniß über den Uebersetzer der griechischen Pandektenstellen läßt sich nur dasjenige des Diplovataccius, oder eigentlich des Cynus, anführen, worin ein Bergolinus Pistoriensis genannt wird. Diese Angabe ist aber ohne Zweifel nur aus der nicht verstandenen Sigle Bg. Pis. entstanden, welche Cynus willkürlich, und zwar nach italienischer Sitte, zur Verherrlichung seiner Vaterstadt Pistoja, auslegte. Bei den griechischen Stellen des Codex findet sich keine Spur irgend einer Thätigkeit des Burgundio. 10) Vacarius und seine Zeitgenossen in England und Frankreich[51]). Der Jurist Vacarius ist sowol mit dem Abte Rogerius von Bec, welcher 1149 zum Abte des Klosters, in dem er früher Prior gewesen war, gewählt wurde, als mit dem Glossator Rogerius, welcher aus Italien gebürtig war und in seinem Vaterlande als Rechtslehrer lebte, verwechselt worden. Die Verwechselung beruht auf der Angabe der normännischen Chronik eines Ungenannten[52]), wo als Nachfolger des Abts Bochard VI. von Bec genannt wird „Rogerius Magister Wacarius, gente Longobardus, vir honestus et juris peritus, cum leges Romanas a. ab incarn. Dom. MCXLIX. in Anglia discipulos doceret, et multi tam divites, quam pauperes ad eum causa discendi confluerent." Diese anonyme Chronik ist aber ein mangelhafter, oft verwirrter Auszug aus *Roberti de Monte* Appendix ad Sigibertum[53]), und der erste Blick auf die Stelle des letzteren ergibt, daß der Abt Rogerius und der Jurist Vacarius ganz verschiedene Personen sind. — Ueber die Verpflanzung des römischen Rechts und des Vacarius insbesondere, aus Italien nach England, haben sich folgende Nachrichten erhalten. Joh. Sarisberiensis[54]) schreibt dieselbe, ohne den Vacarius zu nennen, der Umgebung des Erzbischofs Theobald von Canterbury zu. Dieser war zweimal in Italien; einmal gleich nachdem er Erzbischof geworden war (1139), um sich das Pallium ertheilen zu lassen; dann bei Gelegenheit seiner Streitigkeiten mit dem Bischofe Heinrich von Winchester. Mit dieser zweiten Reise ist der Uebergang des römischen Rechts nach England in Verbindung zu bringen. Der Erzbischof wendete sich an den Papst Cölestin III., welcher 1143 den päpstlichen Stuhl bestiegen hatte und schon im Anfange des Jahres 1144 starb. Durch diesen Streit entstanden Processe und Appellationen, wie sie bis dahin in England noch nicht vorgekommen waren. Zu dieser Zeit wurden zuerst Rechtsbücher und Rechtsgelehrte nach England gebracht, unter welchen Vacarius der erste war. So erzählt den Hergang Gervasius[55]), und obgleich er wörtlich nur der Zeit nach die Verpflanzung des römischen Rechts mit den Streitigkeiten des Erzbischofs in Verbindung setzt, so liegt doch in der Stelle zugleich die unverkennbare Hindeutung auf einen inneren Zusammenhang. Dieser ist auf folgende Weise zu denken. Der Erzbischof konnte sich auf seinen Reisen nach Italien von dem wichtigen Einflusse überzeugen, welchen daselbst seit Kurzem die in den Rechtsschulen gebildeten Juristen auf alle Geschäfte gewonnen hatten. Dieser Umstand war ihm bei den häufigen Appellationen nach Rom unmittelbar wichtig, und dadurch ist er selbst oder einer seiner Begleiter veranlaßt worden, theils Handschriften des römischen Rechts anzukaufen, theils Rechtsgelehrte, unter welchen Vacarius der erste war, zur Auswanderung nach England zu bereden. Der von Manchen darin gefundene Anstoß, daß bei einem Streite unter Geistlichen über geistliche Sachen grade römisches Recht wichtig und unentbehrlich gefunden worden sei, und die darauf begründete Annahme, es sei zugleich das kanonische Recht mit verpflanzt worden, erledigt sich dadurch, daß das kanonische Recht stets als Theil der Theologie von der Geistlichkeit erlernt worden war, und daher weder die Abfassung des Decrets von Gratian, noch dessen Erklärung in der Schule zu Bologna, hierin einen ganz neuen Zustand hervorbrachten. Anders verhielt es sich mit dem römischen Rechte, welches in seiner Wiederherstellung durch die Glossatoren allerdings etwas Neues war. Ferner war der Proceß, auch in geistlichen Gerichten, großentheils auf römisches Recht gegründet. Das römische Recht, welches durch Vacarius nach England gebracht wurde, galt nach dem Zeugnisse des Gervasius als etwas ganz Neues und war es auch in der That. Vacarius war Lombarde von Geburt. Er gründete eine Schule des römischen Rechts in Oxford. Bald nachher aber suchte König Stephan das römische Recht zu unterdrücken, befahl die Auslieferung aller civilistischen Handschriften und verbot dem Vacarius, ferner zu lehren. Es blieb dies aber ohne Erfolg, sei es nun, daß derselbe König oder sein Nachfolger das Verbot wieder aufhob. Daß Vacarius in England blieb und seinen Unterricht daselbst fortsetzte, ergibt sich aus zwei späteren Zeugnissen. Papst Alexander III. ernannte 1164 oder noch später in einer Ehesache zwei Commissarien, darunter den Magister Vacarius. Eine andere Decretale desselben Papstes von 1170 ist ebenfalls sehr wahrscheinlich auf Vacarius zu beziehen, welcher darin auch noch als Lehrer, zugleich aber als Kanonicus bezeichnet wird. Vacarius verfaßte nach der Angabe in der Chronik des Robert und in deren Auszuge auf Zureden seiner armen

51) Vergl. vorzüglich *Wenck*, Magister Vacarius (Lips. 1810.) und dann Savigny a. a. O. 4. Bd. S. 348—376. 52) *Anon.* Chronica Normanniae in Histor. Normannorum script. ant. ed. *Duchesne* (Paris. 1619.) p. 983. Die Stelle ist abgedruckt bei Savigny a. a. O. S. 349 fg. 53) Die Stelle ist abgedruckt bei Savigny a. a. O. S. 349. 54) *Jo. Sarisberiensis* Policraticus L. 8. c. 22. Die Stelle ist abgedruckt bei Savigny a. a. O. S. 348 fg.

55) *Gervasius Dorobernensis* Actus pontificum Cantuariensium, in Hist. Anglicanae Script. X. (Londini 1652. fol.) coll. 1665. Die Stelle ist abgedruckt bei Savigny a. a. O. S. 349.

Schüler ein Werk in neun Büchern als Auszug aus dem Codex und den Pandekten, vollständig genug, um daraus alle Controversen zu entscheiden, welche in den Rechtsschulen gewöhnlich abgehandelt wurden. Es haben sich mehre Handschriften dieses Werks erhalten. Außer den bekannten Handschriften sind aber auch noch Spuren aus früherer Zeit übrig. Der ursprüngliche Titel des Werks war, wie es scheint, nach den Handschriften zu Prag und zu Bec: Liber ex universo enucleato jure exceptus, et pauperibus praesertim destinatus. Das Werk zerfällt in neun Bücher, welche im Ganzen den neun ersten Büchern des Codex entsprechen. Die Abtheilungen jedes Buches aber richten sich nicht blos nach den Titeln im Codex, indem bald im Codex vorkommende Titel weggelassen, bald neue aus den Pandekten oder aus anderen Büchern des Codex eingeschaltet werden. In jeder Abtheilung sind diejenigen Stellen der Pandekten und des Codex, oder auch nur eines dieser Rechtsbücher wörtlich zusammengeschrieben, worin, nach der Ansicht des Verfassers, das Wesentliche jeder Lehre enthalten ist, und darin besteht der eigentliche Text. Dem Texte ist eine ausführliche Glosse beigefügt, welche theils aus blos erläuternden oder ergänzenden großentheils wörtlich aufgenommenen Stellen der Rechtsquellen (hier einschließlich der Novellen) besteht, theils aus eigenen Auslegungen oder Glossen im gewöhnlichen Sinne. Das Werk ist in England um das Jahr 1149 geschrieben. Es war theils nach der Angabe in der Chronik des Robert, theils nach seinem Inhalte und der Vorrede, zum Gebrauche der Schule bestimmt, d. h. es sollte anstatt der in Italien gebrauchten vollständigen Texte den Vorlesungen zum Grunde gelegt und in denselben erklärt werden. Insbesondere bezweckte es das Beste der armen Scholaren, damit diese den Text der Vorlesungen in Einem Bande kaufen könnten, während sie in Bologna, um einen vollständigen Cursus zu hören, fünf Bände hätten kaufen müssen. Daneben wurde noch eine bedeutende Abkürzung der zu einem vollständigen Cursus nöthigen Zeit bezweckt und erreicht, und auch diese Absicht ist in der Vorrede angegeben. Die Schule des Vacarius und das Werk, worauf er den juristischen Unterricht gründete, scheint noch lange Zeit nach ihm fortgedauert zu haben, obgleich sich von keinem seiner Nachfolger der Name erhalten hat. Die Scholaren sollen sogar in Oxford den Namen Pauperistae geführt haben, ohne Zweifel zum Andenken jenes Werks. In dieser Schule müssen auch die zahlreichen Glossen entstanden sein, welche in den Handschriften dem Werke beigefügt sind und von der eigenen, ursprünglichen Glosse des Vacarius unterschieden werden müssen. Vacarius selbst kann nicht der Urheber sein, da er in diesen spätern Glossen selbst angeführt und oft widerlegt wird. Das Werk des Vacarius ist wichtig in geschichtlicher Beziehung als die einzige Spur, worin uns noch jetzt einige Anschauung von der alten englischen Schule des römischen Rechts gewährt wird. Ferner ist es für die Kritik des Textes wichtig; namentlich gehört der Pandektentext desselben einer Zeit an, worin die bolognesische Recension noch im Entstehen war. Endlich ist auch die Glosse, sowol die eigene des Vacarius, als die fremde, sehr beachtenswerth, namentlich für die Dogmengeschichte des 12. Jahrh. — Obgleich Vacarius der Einzige ist, der in England durch Lehre und Schrift die Wissenschaft des römischen Rechts fester zu begründen und zu verbreiten bemüht gewesen ist, so lassen sich Spuren der Einwirkung jener Schule doch noch in den Schriften anderer Männer dieser Zeit wahrnehmen, z. B. in dem Policraticus des Joh. Sarisberiensis, in den Briefen des Petrus Blesensis. — Um dieselbe Zeit, wie in England, fand auch in Irland das römische Recht Eingang und fing an, das einheimische Recht zu verdrängen; ob diese neue Verbreitung aber von der Schule des Vacarius ausging, oder ob sie nur derselben Zeit angehörte, ohne damit in innerer Verbindung zu stehen, ist unbekannt. — In Frankreich kam im 12. Jahrh. das römische Recht, wie es scheint, zu keiner eigenthümlichen Gestaltung. Von der durch Placentinus in Montpellier gegründeten Rechtsschule ist bereits bei diesem Glossator die Rede gewesen. Wie weit sie sich ausbreitete und wie lange sie sich erhielt, ist unbekannt.

X. Glossatoren bis zur Mitte des 13. Jahrhunderts[56]). 1) Azo. Der Name dieses Glossators wird in den Urkunden Azo und Azzo, auch Azolinus geschrieben. Seine Vaterstadt war ohne Zweifel Bologna, da er sich selbst einen bolognesischen Bürger nennt, auch sein Schüler Alexander ihn einen Bolognesser nennt. Er war Schüler des Johannes. Er lehrte stets zu Bologna und genoß einen außerordentlichen Beifall. Unter seinen Schülern sind manche später zu großem Ruhm gelangt. Auch in wichtigen öffentlichen Geschäften der Stadt wurde er öfters gebraucht. Die Zeit seines Todes ist ungewiß. Er wird noch im Juli 1220 in einer Urkunde als lebend erwähnt. Savigny setzt die Zeit seines Todes etwa um 1230. Die Schriften des Azo haben einen so großen und bedeutenden Ruhm erlangt, daß die Schriften der früheren Glossatoren durch sie fast verdrängt worden sind, sodaß Azo in der Geschichte der Glossatoren einen ganz bedeutenden Abschnitt macht. Seine erhaltenen Schriften sind: a) Glossen. Seine Glossen unterscheiden sich von den früheren dadurch, daß aus ihnen in mehren Theilen der Rechtsbücher ein eigentlicher Apparatus, d. h. eine fortlaufende Erklärung des ganzen Textes, als ein geschlossenes Werk, geworden ist. Seine Glossen erstrecken sich über alle Rechtsbücher. b) Lectura über den Codex. Diese ist ein von einem Schüler des Azo, Alexander de S. Aegidio, nachgeschriebenes Heft der Vorlesungen seines Lehrers über den Codex, welches er als ein Buch verbreitete. c) Summa zum Codex. d) Summa zu den Institutionen. Diese beiden Werke hauptsächlich haben den großen Ruhm des Azo begründet und erhalten. Der Gedanke zu denselben war nicht neu, vielmehr war diese Summa zum Codex schon die vierte überhaupt, nachdem die Summen von Rogerius, Placentinus und Johannes erschienen

56) Vergl. Savigny's angeführtes Werk 5. Bd.

waren. Es lag offenbar dabei der Gedanke zum Grunde, daß die Institutionen und der Coder sich am besten zu einer durchgreifenden dogmatischen Behandlung des römischen Rechts eigneten. Beide Werke sind nach Azo's eigener Ansicht und Erklärung als Ein Ganzes zu betrachten, indem sich die Vorrede auf beide bezieht, und ebenso am Schlusse der Institutionen von der gemeinschaftlichen Beendigung beider Werke gesprochen wird. Der große Werth, welcher auf die Summa des Azo gelegt wurde, bewährt sich auch darin, daß die berühmten Rechtslehrer Hugolinus und Odofredus Zusätze zu denselben schrieben. Obgleich, wie erwähnt wurde, die Institutionen und der Coder als Hauptgegenstände der Summen betrachtet wurden, so fand man es dennoch bequem, auch in den übrigen Stücken der Rechtsbücher die Interpretation auf eine solche dogmatische Einleitung zu gründen, und so bildete sich, wahrscheinlich schon im 13. Jahrh., eine Sammlung von Summen über alle Theile des Corpus juris civilis, welche als ein geschlossenes Werk angesehen und mehren Handschriften, später aber fast allen Ausgaben, zum Grunde gelegt wurde. Diese Sammlung enthält den Coder von Azo, die Institutionen von Azo, die drei Digesten, nach der Ueberschrift von Johannes, in der That aber von Hugolinus, die tres libri, angefangen von Placentinus, fortgesetzt von Pillius, und auch von diesem nicht vollendet, endlich Novellen von Johannes. Die drei letzten Stücke wurden als bloßer Anhang betrachtet und deshalb regelmäßig die extraordinaria genannt. Da nun aber die beiden Summen des Azo voranstanden, auch die berühmtesten waren, so hat dies Viele verleitet, alle diese Werke ohne Unterschied dem Azo zuzuschreiben, und also auch die in den übrigen Werken erwähnten Lebensumstände der Verfasser auf ihn zu beziehen. e) Brocarda. Die Brocarda des Azo bestehen in kurzen Rechtsregeln, hinter welchen eine Anzahl von Beweisstellen aus den Rechtsquellen citirt werden. Sehr oft, aber nicht immer, folgt auf eine solche Regel eine andere, ihr widersprechende, ebenfalls mit Beweisstellen belegt. Dazu kommen nun noch besondere Anmerkungen, worin Azo selbst jene Rechtsregeln weiter ausführt und erläutert, besonders auch den Widerspruch der Rechtsregeln zu vermitteln sucht. f) Quästionen. Azo selbst citirt seine quaestiones Sabbathinae. Auch sind davon noch mehre Sammlungen vorhanden, welche jedoch weder in der Anzahl, noch in der Ordnung übereinstimmen. Andere Schriften, wie Definitionen, Distinctionen, sind verloren gegangen. Außerdem werden dem Azo noch einige Schriften beigelegt, welche aber nur auf Misverständnissen oder ungenauen Angaben beruhen[57]). 2) Hugolinus und seine Zeitgenossen. a) Hugolinus. Der Name dieses Glossators wird in den Urkunden und Handschriften bald Hugo oder Ugo, bald Hugolinus, Hugolinus oder Ugolinus geschrieben, welches offenbar nur verschiedene Arten, denselben Namen zu sprechen oder zu schreiben, sind. In einigen Stellen führt er den Beinamen Presbyteri oder de Presbytero; von einem Priester Hugucciо, welcher in Bologna großes Ansehen genoß, hatte die ganze Familie, welche ihn als ihr Haupt verehrte, diesen Geschlechtsnamen angenommen, und zu dieser Familie gehörte also auch der Glossator. So verschieden auch der Name des Glossators geschrieben wird, so ist doch die Sigle seiner Glossen stets und unveränderlich h., welches offenbar auf der bestimmten Absicht beruht, seine Glossen durch ein gleichförmiges Zeichen von den Glossen der früheren Schriftsteller, namentlich des Hugo de porta Ravennate, zu unterscheiden. Als Vaterstadt dieses Glossators ist unbedenklich Bologna anzunehmen. Dafür spricht das ausdrückliche, von Diplovataccius angeführte Zeugniß des Baldus, ferner eine Anzahl wichtiger Geschäfte, in welchen er von der Stadt Bologna gebraucht wurde, endlich der Name Presbyteri, welcher auf ein bekanntes bolognesisches Geschlecht hindeutet. Hugolinus war Schüler des Johannes, folglich in derselben Schule mit Azo gebildet. Unter seinen Schülern finden sich drei berühmte Namen: Roffredus, Jacobus de Ardizone und Odofredus. Nicht nur als Lehrer, Schriftsteller und Richter war Hugolinus thätig, sondern er wurde auch in wichtigen Staatsgeschäften gebraucht; unter Anderem trat er als Gesandter der Stadt Bologna in Rom, Florenz und Reggio auf. Ueber die Zeit seines Todes läßt sich nur dieses mit Gewißheit behaupten, daß er nicht vor 1233 gestorben sein kann, indem er in einer Urkunde dieses Jahres vorkommt, und daß er den Azo überlebte, wie Jacobus de Ardizone ausdrücklich bezeugt. Folgende Schriften von ihm sind bekannt: aa) Glossen, fast über alle Theile der Justinianeischen Rechtsbücher, welche, soweit sie erhalten sind, sämmtlich den Charakter eines eigentlichen, vollständigen Apparates haben; bb) eine Summa der Digesten, welche zwar auch anderen Glossatoren, namentlich dem Johannes Bassianus, dem Johannes de Deo, dem Azo, dem Irnerius, zugeschrieben wird, erweislich aber nach Savigny von keinem andern als Hugolinus herrührt; cc) eine Summa des Coder, wovon sich aber Nichts erhalten hat; dd) Distinctionen, eigentlich Glossen zu einzelnen ausgewählten Stellen der Digesten und des Coder, welche ohne Ordnung oder innern Zusammenhang neben einander gestellt sind; ee) Quästionen, welche bald Quaestiones schlechthin, bald Quaestiones insolubiles oder auch Insolubilia genannt werden und eine geschlossene Sammlung bilden; ff) *Diversitates s. Dissensiones Dominorum*, eine Controversensammlung; gg) Zusätze zur Summa des Azo. b) Nicolaus Furiosus. Er war eifriger Schüler des Johannes Bassianus und machte sich um diesen seinen Lehrer durch wörtliche Aufzeichnung und Verbreitung der Vorlesungen desselben verdient. In einer pariser Handschrift finden sich Glossen oder Vorlesungen über einen Theil des Digestum vetus, welche wahrscheinlich von ihm herrühren, da sie oft mit N. unterzeichnet sind. Auch schreibt man ihm Glossen über die longobardische Lehnrechtssammlung zu, aber ohne hinreichenden Grund. Er beschäftigte sich auch mit dem kanonischen Rechte.

57) Siehe darüber Savigny a. a. O. 5. Bd. S. 39 fg.

c) Lanfrancus. Er war gebürtig aus Crema, nicht aus Cremona. Im J. 1203 kommt er unter mehren Auswanderern aus Bologna vor, welche sich der neuen Universität zu Vicenza als Lehrer anschlossen. Bald kehrte er aber nach Bologna zurück, wo er Kanonicus wurde und 1229 starb. Er war Lehrer des römischen Rechts. d) Cacciavillanus. Im J. 1199 leistete er den gewöhnlichen Eid der Rechtslehrer in Bologna, worüber sich die Urkunde erhalten hat. Dennoch verließ er mit Anderen bald nachher die Stadt, um Lehrer an der neuen Schule zu Vicenza zu werden. Er war Lehrer des Roffredus. Als Schriftsteller ist er nur durch Zusätze zur Brocarda des Azo bekannt. e) Guizardinus. Die Urkunde seines 1216 geleisteten Eides hat sich erhalten. Er wird darin als Bologneser bezeichnet. Er starb 1222. Es finden sich in Handschriften Glossen von ihm mit den Siglen Gz. oder Wz. oder Wis. f) Albertus Papiensis. Sein Geburtsort war, wie schon sein Beiname anzeigt, Pavia. In Modena wird er als Rechtslehrer bei wichtigen Rechtsgeschäften von 1211 bis 1240 erwähnt. In einer pariser Handschrift des Digestum vetus finden sich mehre mit al. pa. bezeichnete Glossen, die unzweifelhaft von ihm herrühren. g) Jacobus de Ardizone. Verona war sein Vaterland. Sein Zeitalter ist fest bestimmt durch seine beiden Lehrer Azo und Hugolinus und durch den in seine Studienzeit fallenden Tod des Azo. Er führt Kaiser Friedrich II. als regierenden Kaiser an. Sein Ruhm gründet sich auf eine Arbeit, welche das Lehnrecht betrifft. In einem Anhange dazu (Cap. 149. 150) hat er eine große Zahl Extravaganten des Lehnrechts gesammelt, welche dann aus ihm in die neueren Ausgaben des longobardischen Lehnrechts übergegangen sind. Er hat auch über römisches Recht geschrieben. Die sehr ausführliche Summa über den Titel des Codex de decurionibus, welche hinter Placentin und Pillius steht, rührt von ihm her. Er war auch Rechtslehrer; wo aber? ist unbekannt. h) Jacobus Columbi. Ueber seine Person und Arbeiten sind viel Zweifel vorhanden. Es muß deshalb auf die Untersuchungen von Savigny verwiesen werden, wodurch aber doch kein sicheres Resultat gewonnen worden ist. 3) Jacobus Balduini und einige seiner Zeitgenossen. a) Jacobus Balduini. Er führt auch abwechselnd den Beinamen de Balduino, welcher Beiname den Vater bezeichnet. Seine Vaterstadt war Bologna. Im J. 1213 leistete er den Eid als Professor. In wichtigen Geschäften seiner Vaterstadt war er thätig. Im J. 1229 stand er als Podesta an der Spitze der Republik Genua und entzog sich deshalb zwei Jahre lang seinen Vorlesungen. Seine Wiedererwählung wurde durch einen Volksauflauf verhindert. Er war Schüler des Azo. Berühmte Schüler von ihm waren Odofredus, Hostiensis und Jacobus de Ravanis. Er starb 1235. Seine Schriften bestehen theils in exegetischen Arbeiten, theils in Arbeiten über den Proceß. Letztere sind: *libellus instructionis advocatorum, de primo et secundo decreto, de remediis contra sententiam, de confessionibus.* b) Tancredus. Seine Vaterstadt ist nach seinem eigenen Zeugnisse Bologna. Schon 1214 kommt er in Urkunden als angesehener Mann und als Lehrer des kanonischen Rechts (decretorum magister) vor. Er war erst Kanonicus und seit 1228 Archidiakonus zu Bologna. Sowol für die Päpste als für die Stadt Bologna trat er oft in wichtigen Geschäften auf. Papst Honorius III. sandte ihm die fünfte der alten Decretalensammlungen zu, um für deren Verbreitung und Anwendung in Gerichten und in der Schule zu wirken. Als seinen eigentlichen Lehrer nennt er selbst den Kanonisten Laurentius; er hat aber auch den Azo gehört. Schriften von ihm sind: aa) *ordo judiciarius*, ein System des Processes, gegründet auf römisches und kanonisches Recht, in vier Büchern; bb) *Summa de matrimonio*, ein System des Eherechts, wahrscheinlich um 1210 geschrieben; cc) *Apparatus* zu drei alten Decretalensammlungen; dd) *Provinciale*, ein Verzeichniß aller Bisthümer, nach Provinzen geordnet. Noch werden ihm manche andere Schriften zugeschrieben, hinsichtlich deren jedoch seine Verfasserschaft zweifelhaft ist. c) Bagarottus. Er war wahrscheinlich Bologneser. In Urkunden erscheint er schon 1200 und 1202; mit dem Titel judex, von 1206 an als legum doctor; die letzte Urkunde, worin er vorkommt, ist von 1242. Seine Schriften betreffen sämmtlich den Proceß. Er schrieb eine Abhandlung von den dilatorischen Einreden mit den Anfangsworten: Precibus et instantia, eine andere mit den Anfangsworten: Cum periculosum sit mihi, und eine kleine Schrift: De reprobatione testium. d) Noch sind zu nennen: Ubertus de Bobio, Ubertus de Bonacurso, Bernardus Dorna, Pontius, Gratia, Damasus, Gilbertus Bremensis, Anselmus ab Orto. 4) Carolus de Tocco, Roffredus Epiphanii, Petrus de Vinea. Diese Rechtslehrer sind hier zusammenzustellen, weil sie durch ihre Geburt dem südlichen Italien angehören, also dem Theile des Landes, welcher weit weniger als die übrigen für die Rechtswissenschaft geleistet hat. a) Carolus de Tocco. Die Sigle seiner Glossen ist abwechselnd K., Ka. und Kar. Er war geboren in dem Städtchen Tocco, nahe bei Benevent, daher sein Beiname, der auch abwechselnd mit Toccus oder Collus, auch Beneventanus vorkommt. Als Lehrer von ihm sind bekannt: Placentin, Cyprian, Johannes und Otto. Sein Schüler war Roffredus. Er lehrte theils zu Bologna, theils zu Piacenza. Schriften von ihm sind: Glossen zum römischen Rechte, Summen und ein Apparatus zur Lombarda, durch welches letztere Werk er eigentlich seinen großen Ruf gründete. b) Roffredus Epiphanii. Er ist von jeher mit Odofredus wegen des ähnlichen Namens verwechselt worden. Sein Beiname ist wahrscheinlich ein erblicher Geschlechtsname. Er stammte aus Benevent. Als Lehrer, deren Vorlesungen er besucht hat, nennt er selbst: Placentin, Johannes, Otto, Cyprian, Azo, Carolus und Hugolinus. Zuerst lehrte er zu Bologna, dann wegen Unruhen auf der dortigen Universität zu Arezzo, wo er 1215 als Lehrer vorkommt. Er kommt im Dienste des Kaisers Friedrich II. 1220, 1224 und 1227 vor. Dann verließ er dessen Dienst und wandte sich der Partei des Papstes Gregor IX. zu. Das letzte Jahr, wo er bestimmt noch gelebt hat, ist 1243, indem er in einer seiner Schriften von der in dieses Jahr fallenden Papstwahl von Innocenz IV. erzählt. Seine Schriften zerfallen in drei Classen. Die erste Classe enthält Erklärungen der Rechtsquellen. Dahin gehören Glossen und Vorlesungen zum Codex, sowie zum Digestum novum. Die zweite Classe bilden größere praktische Werke. Dahin gehören zwei Schriften über die Klaglibelle, unter dem Titel: *De libellis et ordine judiciorum* und *Libelli de jure canonico*, sowie die *Quaestiones Sabbathinae*, eine Sammlung von Quästionen, um 1215 abgefaßt oder wenigstens angefangen. Die dritte Classe enthält praktische kleine Schriften, namentlich *de pugna*, über den gerichtlichen Zweikampf nach lombardischem Rechte, *de positionibus*, über einen Gegenstand der Proceßlehre, *de bonorum possessionibus* und *Summa de actionibus*. c) Petrus de Vinea. Er war geboren zu Capua. Nachdem er in Bologna studirt hatte, wurde er bei Kaiser Friedrich II. erst Notar, dann Protonotar. Hierauf studirte er die Rechtswissenschaft und wurde nun judex majoris curiae. Er gelangte durch die Gunst des Kaisers zu großen Reichthümern und zu mächtigem Einflusse auf die Staatsgeschäfte. Im J. 1249 fiel er in Ungnade und sein Vermögen wurde confiscirt. Unter seinen Arbeiten gehört allein das berühmte Gesetzbuch Friedrich's hierher, welches durch Petrus 1231 zu Amalfi gesammelt und geordnet und in demselben Jahre zu Amalfi 1232 in S. Germano publicirt wurde.

XI. Rückblick auf die Glossatorenschule. Die Geschichte der Glossatoren ist bisher durch einen Zeitraum von etwa einem und einem halben Jahrhundert durchgeführt worden. Um die Mitte des 13. Jahrh. tritt eine sichtbare Aenderung in der juristischen Literatur ein. Bis dahin hatte ein ernstes, ja großartiges Streben einzelne Schriftsteller zu einer bestimmten, ausgebildeten Individualität, die Wissenschaft im Ganzen zu einer bedeutenden, längst entbehrten Höhe geführt. Jetzt verliert sich dieses Alles in einer unbestimmten Allgemeinheit, und statt der bisherigen Vorzüge erscheint nun das bloße Bestreben nach ungemessener Anhäufung des Stoffs, sowol an sich selbst zurückstoßend als durch die Geschmacklosigkeit der Darstellung. In derselben Zeit tritt in der Glosse des Accursius ein Werk hervor, welches alle Aufmerksamkeit ausschließend an sich zieht. Es darf deshalb jene unglückliche Veränderung in der juristischen Literatur zwar nicht als Wirkung jenes Werkes angesehen werden, wie weiter gezeigt werden wird; es ist aber doch das Werk des Accursius als Bezeichnung eines wichtigen Abschnittes anzusehen. Zuvörderst sind jedoch folgende allgemeine Betrachtungen voranzuschicken. 1) Entstehung und Abnahme. Bereits ist erwähnt worden, durch welche geschichtlichen Verhältnisse die Entstehung der Glossatorenschule veranlaßt und begünstigt worden ist. Eben diese Schule ist aus eigener Kraft empor gekommen, indem sie keine schriftliche oder mündliche Lehre vorfand, aus deren Entwickelung sie hätte hervorgehen können. Aus der Praxis der Gerichte allein, welche durch wissenschaftliche Form belebt und veredelt worden wäre, konnte jene Schule ihren Stoff nicht ziehen. Denn die Glossatoren hatten keineswegs die Absicht, die Praxis ihrer Zeit darzustellen, sondern sie traten als buchgelehrte Reformatoren auf, deren gewonnener besserer Einsicht sich die Praxis fügen sollte. Es ist dies nicht von den Stücken des römischen Rechts zu verstehen, worin die veränderte Lage der Völker eine nothwendige Veränderung bewirkt hatte, sondern von den viel häufigeren Fällen, worin durch die Stumpfheit und Unwissenheit der vergangenen Jahrhunderte das römische Recht verdorben oder verdunkelt worden war. Aus diesem Bestreben der Glossatoren ist auch der Gegensatz zwischen Theorie und Praxis hervorgegangen, welcher ungeachtet der seitdem angenommenen mancherlei Gestalten niemals wieder verschwunden ist. Die Glossatoren wurden vor der durch diesen von ihnen gewählten Standpunkt entstehenden Gefahr, die gesunde Natur der Rechtswissenschaft zu verkennen und die Früchte ihres Bücherstudiums in ein leeres Spiel zu verkehren, durch den fortwährenden Zusammenhang mit der Ausübung des Rechts, sowie durch die von ihnen in anderen Zweigen des öffentlichen Lebens eingenommene Stellung geschützt. Merkwürdig ist auch das regelmäßige Fortschreiten, welches in diesem Zeitraume von einer Generation zur anderen wahrgenommen wird. Stets dienen die Vorgänger als Muster und Vorbilder, welche ebenso wenig vernachlässigt, als gemisbraucht werden; was sie entdeckten, wird benutzt und dient als Grundlage weiterer Forschung, ohne je durch übertriebene Auctorität den Fortschritt zu hemmen. In der folgenden Zeit findet sich grade das Gegentheil. Mit den Rechtsquellen, auf deren Ergründung in dieser früheren und besseren Zeit die Arbeit fast ausschließlich gerichtet war, traten nun die aus dieser Zeit hervorgegangenen Erklärungen in gleiche Linie, versehen mit ungebührendem, quellenmäßigem Ansehen. Alles, was in der Bildung dieser früheren Zeit unvollständig und mangelhaft geblieben war, wurde dadurch unheilbar befestigt. Was man den Vorgängern abgewinnen konnte, wurde versäumt; die Nachahmung in unermüdeter Quellenforschung mit schlichtem, gesundem Verstande. Man nahm die Meinungen und Erklärungen der Vorgänger ungeprüft an; dadurch wurde jeder Fortschritt unmöglich, der Rückschritt unvermeidlich. 2) Wissenschaftlicher Charakter. Bei der Vergleichung der Zeiträume bis zur Entstehung der Rechtsschule zu Bologna mit der Zeit seit Entstehung dieser Schule findet sich folgender merkwürdiger Gegensatz. In den früheren Jahrhunderten hatte sich nicht viel mehr als die Kenntniß des bloßen Buchstabens erhalten, und das Verdienst dieser Zeiten um die Erhaltung des römischen Rechts bestand blos darin, daß sie die Kenntniß des bloßen Buchstabens nicht untergehen ließen, sondern der Einsicht einer helleren Zeit überlieferten. Eine solche war die Zeit der Glossatoren, welche durch vergleichendes und verbindendes Denken in den Sinn der alten Juristen einzudringen mit achtungswerthem Erfolge strebten, und so durch lebendige Wieder-

Anregung der lange unverstandenen Arbeit eine geistige Gemeinschaft mit dem Alterthume stifteten, welche bis zu unserer Zeit ununterbrochen fortgewirkt hat. Als Uebergang von der einen Zeit in die andere sind diejenigen Arbeiten anzusehen, worin zwar ein Verständniß des Einzelnen gesucht und erlangt wird, aber ohne einen freiern Blick auf das Ganze, z. B. die turiner Institutionenglosse, der Brachylogus; vorzüglich aber viele Interlinearglossen, welche sich mit der Erklärung eines Wortes durch ein anderes, auch nicht deutlicheres, begnügen. Die Arbeiten der Glossatoren im Einzelnen beziehen sich theils auf die theoretische, theils auf die praktische Seite der Rechtswissenschaft. Jene wiederum sind theils exegetische, theils dogmatische; diese aber theils Proceßtheorien, theils Formelbücher. Die Exegese betrachtete man durchaus als die erste und wichtigste Aufgabe, wie sie denn auch ausschließlich Gegenstand des mündlichen Unterrichts war. Durch die ununterbrochene Beschäftigung mit der Exegese gewannen die Glossatoren die lebendigste und vollständigste Anschauung der Rechtsquellen, bei deren Erklärung sie stets die Vergleichung mit andern Stellen anwenden, oft mit gewandtem Scharfsinne und mit glücklichem Erfolge. Der charakteristische Vorzug vieler Glossen ist die unverwandte Richtung auf den Gegenstand der Erklärung, welche sich auch durch die reichhaltigste Zusammenstellung mit andern Stellen und Rechtsfragen nicht von ihrem Ziele weg in das Allgemeine und Unbestimmte verliert. Vorzüglich lobenswerth aber ist es, daß die Glossatoren die Wichtigkeit einer festen kritischen Grundlage der Exegese vollständig anerkannten, und daß sie mit Ernst und Anstrengung nach dieser Grundlage strebten. Zu dogmatischen Arbeiten führte die Exegese schon früh. Die umfassendsten Werke dieser Art waren die Summen besonders über den Codex und die Institutionen, worin die Resultate der Quellenstudien umfassend niedergelegt wurden. Dahin gehören auch die Bearbeitungen einzelner Theile des Rechtssystems, besonders die Actionen. Aber auch schon ihre Exegese selbst, welche stets eine Menge zerstreuter Stellen unter gemeinsame Gesichtspunkte zu vereinigen strebt, hat einen entschieden systematischen Charakter. Nur die historische Richtung ist bei den Glossatoren gänzlich zu vermissen, was sich aber auch aus dem Mangel mehrer, uns bekannten, damals aber gänzlich unbekannten Quellen des vorjustinianeischen Rechts erklärt. Ueber den Werth der Proceßtheorien und der Formelbücher dieser Zeit läßt sich ein befriedigendes Urtheil nur in einer vollständigen Geschichte des Processes fällen. Die Schule der Glossatoren blieb lange Zeit auf das römische Recht beschränkt, sodaß die Schule der Kanonisten als eine ganz abgesonderte bestand. Allmälig verminderte sich diese Trennung. Es fanden sich endlich auch einzelne Lehrer, welche gleichzeitig in beiden Schulen das Lehramt bekleideten. Der Erste ist in dieser Beziehung Bazianus, Kanonicus zu Bologna, welcher 1197 starb. Ebenso lehrten Nicolaus Furiosus und Lanfrancus sowol das römische als das kanonische Recht. Die Wichtigkeit der Glossatoren für ihre Zeit ist nicht hoch genug zu schätzen. Sie riefen nicht nur die ganz versunkene Rechtswissenschaft wieder zu neuem Leben hervor, sondern sie übten auch auf andere Wissenschaften den wohlthätigsten Einfluß, indem sie hauptsächlich die rege Thätigkeit veranlaßten, welche sich nun in zahlreichen und blühenden Schulen überall entwickelte. Für uns sind sie besonders wichtig durch ihr Verhältniß zur Dogmengeschichte. Das gründliche Verständniß der Theorien und des Gerichtsbrauchs späterer Zeiten ist ohne Zurückgehen auf den Anfang, welcher in den Schriften der Glossatoren liegt, schlechterdings unmöglich. 3) Mängel. Das Ansehen der Glossatoren blieb bis in das 16. Jahrh. ungestört. Als aber die Rechtsgelehrten anfingen, Kenntnisse, welche jenen fremd geblieben waren, zu erwerben und für ihre Forschungen zu benutzen, war die Abnahme dieses Ansehens unausbleiblich. Den Glossatoren läßt sich aber daraus kein Vorwurf machen, daß sie eine Menge Dinge nicht kannten, deren Kenntniß uns unmerklich und ohne alles persönliche Verdienst zu Theil wird, welche sie aber im 12. Jahrh. gar nicht erwerben konnten. 4) Bibliothek der Glossatoren. Es sind bisher die Schriften der Glossatoren einzeln dargestellt worden; jetzt ist im Zusammenhange anzugeben, welche Bücher um die Mitte des 13. Jahrh. neben den Rechtsquellen zum juristischen Studium gebraucht werden konnten. a) Exegetische Arbeiten. Diese lassen sich wieder auf folgende Classen zurückführen: aa) Eigentliche Glossen. Solche waren bestimmt vorhanden von Irnerius, den vier Doctoren, Rogerius, Albericus, Wilhelmus, Placentinus, Henricus, Johannes, Pillius, Cyprianus, Otto, Lotharius, Carolus. bb) Vollständige Apparatus. Solche gab es über ganze Rechtsbücher von Azo und Hugolinus; über den Pandektentitel de regulis juris von Bulgarus, mit Zusätzen von Placentinus. cc) Vorlesungen, welche als Bücher bearbeitet waren und verbreitet wurden: von Johannes und Azo; die Herausgeber waren Nicolaus Furiosus und Alexander de S. Aegidio. dd) Abkürzung und Zusammenstellung der Rechtsbücher, verbunden mit Glossen: von Vacarius. b) Dogmatische Arbeiten. aa) Summen, d. h. eigentlich systematische Darstellungen des römischen Rechts, wobei die Ordnung der Gegenstände und die Auswahl durch die Titelfolge irgend eines Stücks der Rechtsquellen bestimmt war. Die über den Codex und die Institutionen waren die häufigsten und angesehensten. Dergleichen existirten über den Codex von Rogerius, Placentinus, Azo; über die Institutionen von Placentinus, Azo; über die Digesten von Hugolinus; über die tres libri von Placentinus und Pillius; über das Authenticum von Johannes. bb) Schriften über einzelne Rechtsmaterien; über die Actionen von Placentinus und Johannes; über die Präscriptionen von Rogerius. cc) Distinctionen: von Hugo, Albertus, Hugolinus. dd) Brocarda, d. h. einzelne dogmatische Sätze, besonders zweifelhafte und streitige, mit Beweisstellen und Erläuterungen: von Pillius und Azo. c) Quästionen, Entscheidungen wirklicher oder erfundener Rechtsfälle, entstanden aus den Disputationen der Schule. Solche als

Bücher bearbeitete Quästionen waren vorhanden von Pillius, Azo, Hugolinus, Roffredus. Sie bildeten gleichsam den Uebergang der Theorie zum praktischen Rechte. d) Proceßtheorie. Im Ganzen war diese bearbeitet von Bulgarus, Pillius, Otto, Tancredus, Damasus, Gilbertus. Einzelne Capitel der Proceßtheorie waren bearbeitet von Jacobus Balduini, Bagarottus, Ubertus de Bobio, Ubertus de Bonacurso. e) Formelbücher. Diese enthielten nicht blos die Formulare, sondern es war denselben mehr oder weniger Theorie des Rechts und des Processes zur Erläuterung und Begründung beigegeben. Solche gab es von Bernardus Dorna und von Roffredus. f) Controversen der Glossatoren (Dissensiones s. Diversitates Dominorum). In neueren Zeiten hat man angenommen, es hätten sich sofort unter den ersten Glossatoren bestimmte Sekten oder Schulen gebildet, welche dann durch ihre Nachfolger regelmäßig fortgepflanzt worden wären. Jede dieser Schulen soll nicht blos persönlich, sondern durch einen allgemeinen Charakter von der anderen verschieden gewesen sein, die eine nach dem strengen Buchstaben strebend, die andere nach freier Billigkeit. Diese Annahme, welche offenbar nach der Analogie der Sabinianer und Proculianer unter den römischen Juristen entstand, entbehrt aber jedes Grundes. Dagegen sind viele einzelne Controversen unter den Glossatoren gewiß, welche unsere Aufmerksamkeit verdienen. Auch in der Glossatorenschule selbst wurde dieser Gegenstand als wichtig behandelt, und man sorgte durch besonders angelegte Sammlungen für Erhaltung des Andenkens dieser Controversen. Ueber diese Sammlungen ist nunmehr eine Uebersicht zu geben [58]). Es gibt davon folgende Sammlungen, welche nach Hänel einzeln aufgeführt werden sollen: a) eine ältere (von Hänel collectio vetus genannt), welche sich in zwei Handschriften vorfindet, einer pariser und einer bologneser. In beiden Handschriften ist der Name des Verfassers ausgefallen. Die Sammlung zerfällt in drei Theile; der erste enthält die Controversen von Bulgarus und Martinus; der zweite hauptsächlich die Meinungen des Jacobus, der meistentheils von den beiden genannten Glossatoren abweicht; der dritte wieder Controversen des Martinus und Bulgarus gleichsam als Anhang. Die Sammlung ist in Italien entstanden, vielleicht zu Bologna. Da außer Irnerius nur die vier Doctoren darin erwähnt werden, welche um die Mitte des 12. Jahrh. blühten, so ist die Entstehung dieser Sammlung um die Mitte des 12. Jahrh. zu setzen, weil auch Rogerius, welcher sein Werk wahrscheinlich vor 1160 schrieb, sich derselben bedient hat. b) Eine zweite Sammlung hat aus einer mainzer nicht mehr vorhandenen Handschrift zuerst Nicolaus Rhodius 1530 herausgegeben; dieselbe wurde 1537 wieder abgedruckt; eine neue Ausgabe hat Haubold besorgt [59]). Der Verfasser ist nach der Vorrede der Sammlung Rogerius. Er hat die unter a aufgeführte Sammlung benutzt, ohne etwas Neues hinzuzufügen. Als Zeit der Abfassung der Sammlung ist mit Hänel die Zeit von 1150 bis 1162 anzunehmen. c) Eine dritte Sammlung fand Hänel zu Rom in einer Handschrift der bibliotheca Chisiana, von zwei verschiedenen Händen geschrieben, von der einen bis zu §. 140, von der andern das Uebrige. Benutzt sind die beiden vorigen Sammlungen; auch werden einige Meinungen des Placentinus aus dessen Summa des Codex mitgetheilt; im Uebrigen sind die Quellen unbekannt. Von Rechtslehrern werden erwähnt Albricus, Arriani, Arrianus, Cornutus, Cyprianus, Guido, Irnerius, Otto Papiensis, Rogerius, Wilhelmus de Cabriano, vorzüglich aber Albericus, Bulgarus, Hugo, Jacobus, Johannes Bassianus, Martinus, Pillius, Placentinus. Diese Sammlung (von Hänel collectio Chisiana genannt) ist wahrscheinlich gegen Ende des 12. Jahrh. verfaßt. Das Vaterland ist wahrscheinlich Italien. d) Die vollständigste, aus 470 Paragraphen bestehende Sammlung ist von Hugolinus verfaßt und von demselben so überschrieben: Diversitates sive Dissensiones Dominorum super toto Corpore Juris Civilis. Sie zerfällt in drei Theile: der erste enthält die Controversen der Glossatoren über die neun ersten Bücher des Codex, der zweite die über Stellen der Digesten, der dritte die über die Institutionen. Alle Controversen sind lediglich aus dem Privatrechte entlehnt. Hugolinus hat die drei früheren, vorher erwähnten Sammlungen aufgenommen, die aufgenommenen Paragraphen aber mit den Meinungen der neueren Glossatoren, besonders des Azo, vermehrt. Alle in der collectio Chisiana erwähnten Glossatoren werden auch in der des Hugolinus erwähnt, mit Ausnahme des Cornutus, anstatt dessen bei Hugolinus Corvinus gesetzt wird; es kommen hinzu Azo, die Bononienses, Carcavillanus, Martinus der Sohn, Odericus, Vacarius. Am häufigsten werden erwähnt die vier Doctoren, Placentinus, Johannes Bassianus, Azo. Die Sammlung ist nach den Forschungen von Savigny, deren Resultat auch Hänel zu dem seinigen macht, in den ersten 23 Jahren des 13. Jahrh., nach dem Jahre 1210 und vor der Decretalensammlung Gregor's IX. geschrieben. — Die Handschriften der verschiedenen Sammlungen sind von Savigny und Hänel ausführlich beschrieben. Hänel hat sämmtliche Sammlungen herausgegeben [60]). g) Quästionen der Glossatoren. Schon früh pflegte man in der Schule der Glossatoren Disputationen über aufgestellte Rechtsfälle zu halten, wodurch theils die Bereitschaft der theoretischen Kenntniß, theils die Anwendung der Theorie auf das Einzelne, also der praktische Sinn, geübt werden sollte. Dafür brauchte man die Ausdrücke: quaestio, disputatio, quaestio disputata. Mehre Rechtslehrer machten daraus förmliche Bücher, welche man wieder bei den Disputationen in der Schule zum Grunde legte, sowie sie aus solchen

58) Vergl. darüber Savigny a. a. O. 3. Bd. S. 222 fg. und besonders Haenel, Dissensiones Dominorum (Lips. 1834.) in der Vorrede p. V sq. 59) Haubold, Rogerii Beneventani de dissensionibus Dominorum etc. opusculum. (Lips. 1821.)

60) Dissensiones Dominorum sive Controversiae veterum juris Romani interpretum, qui Glossatores vocantur. Edidit et adnotationibus illustravit Gust. Haenel. (Lips. 1834.)

Disputationen entstanden waren. Aber auch von denjenigen Quästionen, welche ihre Verfasser nicht als Bücher bekannt gemacht hatten, legte man schon früh Sammlungen an. Zwei solcher Sammlungen hat Savigny gefunden, die eine in einer pariser Handschrift Nr. 4603, die andere in einer grenobler Handschrift Nr. 256 der öffentlichen Bibliothek. Er hat ihren Inhalt im Allgemeinen geschildert.

XII. **Accursius und die Glosse.** Unter den Glossatoren hat Accursius den größten Ruhm erlangt. Seine Lebensumstände sind sehr zweifelhaft. Seine Sigle ist Acc. Sein Vaterland ist sowol nach seinem eigenen Zeugnisse, als nach der einstimmigen Angabe aller Schriftsteller, die Republik Florenz. Ueber seinen Geburtsort sind die alten Zeugnisse verschieden. Auch seine Abkunft ist sehr bestritten, sowie die Zeitbestimmung für seine Lebensgeschichte. Nach Urkunden lebte er noch 1260, war aber 1263 verstorben; sein Tod ist daher um 1260 zu setzen. Der einzige bekannte Lehrer des Accursius ist Azo. Er bekleidete schon 1221 das Lehramt; war auch College seines Lehrers Azo, sowie lange Zeit College des Odofredus. Nach 40 Jahren seiner Thätigkeit als Lehrer zog er sich in die Stille des Landlebens zurück, um ungestörter die Sammlung der Glosse vollenden zu können. Seine eigenen Schriften sind weder zahlreich, noch wichtig. Bekannt von ihm sind: 1) Zusätze zu des Johannes Summa der Authentiken, neuer als 1220; 2) ein eigener Apparatus zu den Authentiken; 3) eine Schrift: de arbitris, über die Schiedsrichter; 4) einzelne Quästionen. Seinen großen Ruf und Einfluß verdankt er keiner eigenen Schrift, sondern der großen Sammlung von Glossen seiner Vorgänger und Zeitgenossen, welche unter dem Namen *Glossa* schlechthin, oder auch *Glossa ordinaria* bekannt ist. Dieses Werk ist nun näher zu betrachten. Was die Chronologie anlangt, so schrieb er an der Glosse zu den Authentiken gewiß 1220. An der Glosse zum Codex schrieb er wahrscheinlich 1227, indem eine Formel dieses Jahres darin vorkommt. Bei den Institutionen wird eine doppelte Bearbeitung der Glosse ausdrücklich bezeugt, mit dem Zusatze, daß eine ähnliche Umarbeitung auch für die übrigen Theile beschlossen, aber durch des Verfassers Tod verhindert worden sei. In der Glosse zu den Institutionen werden die Decretalen Gregor's IX. citirt, was auf die Zeit nach 1234 hindeutet. Uebrigens hat er, nach bestimmten Zeugnissen, den größten Theil seines Lebens hindurch, selbst noch in hohem Alter, an der Glosse gearbeitet. Was die Auswahl aus dem vorgefundenen Stoffe betrifft, so lagen in dem Plane des Accursius nicht blos die einzelnen, zerstreuten Glossen seiner Vorgänger, für welche vorzugsweise eine Sammlung nöthig war, sondern ebenso die vollständigen Apparatus und Summen. Ob aber auch dieser Plan mit Umsicht ausgeführt, aus der Masse das Wichtige und Lehrreiche herausgehoben, oder vielleicht das Beste oft dem Geringern aufgeopfert worden ist, ist eine Frage, welche, so lange der größte Theil der alten Glossen ungedruckt ist, nicht erschöpfend beantwortet werden kann. Savigny fällt ein ungünstiges Urtheil. Auch über die Behandlung der ausgewählten Stücke ist ein erschöpfendes Urtheil unmöglich, so lange wir nicht die Arbeit des Accursius mit ihren Quellen in einiger Vollständigkeit zusammenhalten können. Ebenso läßt sich auch nur bei einer vollständigen Bekanntschaft mit den von ihm gebrauchten Quellen sicher beurtheilen, wie viel eigene Gedanken er seiner Glossensammlung beigemischt hat. Nach dem, was Savigny zusammengestellt hat, dürfte das Urtheil nicht sehr zu seinem Vortheile ausfallen. Für die Controversen konnte die Sammlung des Accursius einen doppelten großen Vortheil gewähren: erstens für das Studium, indem er die verschiedenen Meinungen zweckmäßig zusammenstellte und so in ihrem Verhältnisse zu einander deutlicher veranschaulichte, als es in ihrem frühern zerstreuten Zustande möglich war; zweitens für die Anwendung, indem er dem Streite eine klare Entscheidung beifügte und dieser durch sein überwiegendes Ansehen ausschließende Geltung verschaffte. Beide Aufgaben aber hat er auf sehr unvollkommene Weise gelöst. Savigny hat dieses Urtheil näher begründet. Das Totalurtheil über den innern Werth des Accursius kann nur ein ungünstiges sein. Für uns freilich ist sie geschichtlich von großem Werthe, indem der größte Theil der Quellen des Accursius entweder untergegangen, oder doch ungedruckt ist. Abgesehen von diesem zufälligen Umstande, hat die Glosse des Accursius ein ähnliches Verdienst für spätere Zeitalter, wie die Rechtssammlungen Justinian's. Denn durch das concentrirte Ansehen, welches sie dauernd genoß, ist das Andenken der Glossatoren und ihrer Arbeiten weit lebendiger erhalten worden, als es durch die einzelnen, wenn gleich bessern, frühern Schriften hätte geschehen können. — Die Wirkung der Glosse des Accursius war außerordentlich. In den Gerichten erhielt sie sehr bald ein völlig gesetzliches Ansehen, und Accursius genoß durch sie einen Ruhm, wie kein anderer Rechtsgelehrter des Mittelalters. Die Gründe jenes praktischen Ansehens und dieses literarischen Ruhmes liegen hauptsächlich in der großen Bequemlichkeit, welche die Glosse des Accursius gewährte; zugleich fiel dieselbe in eine Zeit abnehmender wissenschaftlicher Kraft, worin stets jede Anstalt für literarische Bequemlichkeit höher geschätzt wird, als der eigene Gedanke. Der Verfall der juristischen Literatur ist nicht dem Accursius zuzuschreiben; vielmehr ist grade umgekehrt aus diesem schon einbrechenden Verfalle vielleicht selbst der Gedanke zu seiner Sammlung, wahrscheinlicher ihre schlechte Ausführung, ganz gewiß aber ihr übermäßiges und verderbliches Ansehen zu erklären. Befördert aber und beschleunigt hat Accursius diesen Verfall allerdings, indem seine Glosse nunmehr einen Mittelpunkt darbot, um welchen sich alle falschen Bestrebungen der folgenden Zeit versammelten. Recht anschaulich wird dies dadurch, daß nun in Vorlesungen und Schriften auch die Glosse regelmäßig Gegenstand der Interpretation wurde, welches Verfahren die Aufmerksamkeit von den Rechtsquellen abwendete und diese auf ein sehr mittelmäßiges Object hinlenkte. Schon Odofredus rühmt sich, daß er in seinen Vorlesungen die Glossen mit erkläre, was seine Vorgänger versäumt hät-

[illegible] Natürlich musste sich eine solche Verkehrtheit in der [illegible] fortschreitend zeigen: das ausschließende Ansehen [illegible] neuen Glosse musste unvermeidlich die einzelnen [illegible] der älteren Rechtslehrer verdrängen, sie [illegible] nicht mehr gelesen und nicht mehr abgeschrieben [illegible] häufig wurde selbst ihre physische Zerstörung [illegible] bewirkt. Noch jetzt finden sich viele Handschriften [illegible] justinianeischen Rechtsbücher, in welchen Text [illegible] von ganz verschiedenen Händen geschrieben [illegible] genauerer Betrachtung findet man, dass die [illegible] Glosse auf radirtes Pergament geschrieben ist; [illegible] hat ohne Zweifel eine alte, dem Texte gleichzeitige [illegible] gestanden, welche dem Accursius Platz [illegible] und von welcher oft noch einzelne Bruchstücke [illegible] sind.

XIII. Die Söhne des Accursius und die Casus. 1) Franciscus Accursii. Der Name wird in alten Zeugnissen stets so, wie angegeben, geschrieben, und bedeutet: Franciscus, Sohn des Accursius. Er war geboren zu Bologna 1225. Im J. 1250 wird er zuerst in einem [illegible] Geschäfte erwähnt, dann wieder 1270 unter [illegible] Professoren, welche sich in einem Streite mit dem Archidiakonus über die Promotionen Gewaltthätigkeiten erlaubt hatten. Von 1273 an stand er in Diensten des Königs Eduard I. von England, welcher ihn zu mehreren wichtigen Staatsgeschäften gebrauchte, z. B. zweimal als Gesandten nach Frankreich und 1278 als Gesandten an den Papst Nicolaus III. Im J. 1281 verließ er England. Im J. 1282 erschien er wieder als Rechtslehrer in Bologna. Er starb 1293. Der außerordentliche Ruhm, welcher ihm an mehreren Orten in ähnlicher Weise ertheilt wird, wie seinem Vater, kann sich nur auf seine Lehrthätigkeit gründen, da seine schriftstellerische Thätigkeit sehr beschränkt war. Nur Ein Buch lässt sich ihm mit Sicherheit zuschreiben, die Casus zum Digestum novum, wovon später noch die Rede sein wird. Es werden ihm aber noch mehre Arbeiten beigelegt, welche aber theils keine eigentlichen Bücher sind, theils aus Irrthum angenommen werden[61]). 2) Cervottus Accursii. Er war des Accursius ältester Sohn zweiter Ehe, geboren um das Jahr 1240. Er wurde auf den Wunsch seines Vaters schon mit 17 Jahren Doctor. Mehrmals bekleidete er öffentliche Ämter außer Bologna. Im J. 1273 wurde er zur Rechtsschule von Padua auf ein Jahr berufen. Er starb kinderlos vor 1287. Seine Glossen haben eine unglückliche Berühmtheit erlangt; man erzählt, dass er sehr schlechte Zusätze zu der Glosse seines Vaters geschrieben habe, [illegible] dem ist sein Name zur sprüchwörtlichen Bezeichnung [illegible] schlechter Glossen gebraucht worden. 3) Wilhelmus Accursii. Er war der dritte Sohn des Accursius, 1246 geboren. Auch er erlangte die Doctorwürde, und zwar nicht blos im römischen, sondern auch im kanonischen Rechte, ungewöhnlich früh. Bei dem großen Parteikampfe in Bologna wurde er mit den Seinigen 1274 verbannt. Er zog über die Alpen und trat nach dem Tode seiner Frau in den geistlichen Stand. In Frankreich und Spanien bekleidete er verschiedene Pfründen; nach seiner Rückkehr nach Italien wurde er päpstlicher Kapellan und Auditor der Rota; erhielt auch in Florenz eine Dompfründe. Im J. 1297 wurde er, auf die Bitte der Scholaren, sehr ehrenvoll in seine Vaterstadt zurückberufen, um das Digestum novum zu lehren. Nachdem er ein Jahr dort geblieben war, kehrte er in den päpstlichen Dienst zurück. Er starb vor 1314. Von seinen Schriften sind bekannt: a) Casus longi Institutionum, unter welchem Titel, aber ohne Namen eines Verfassers, ein bekanntes Buch in vielen Ausgaben gedruckt ist. Der dem Wilhelmus zugeschriebene Commentar über die Institutionen ist, wie Savigny gezeigt hat, mit jenem Werke identisch. b) Casus zum Codex in einer erlanger Handschrift Nr. 3; dem Werke über die Institutionen ganz ähnlich, vielleicht noch dürftiger. c) Quästionen oder Disputationen. Außer den Söhnen des Accursius sind als in diese Zeit fallend noch zu erwähnen: 4) Vivianus Tuscus. Er war Sohn des Oseppus Tuscus, welcher als Führer der Volkspartei in Bologna während eines Streites mit dem Adel im J. 1228 einen bedeutenden Namen erworben hatte. Er schrieb Casus zu dem Digestum vetus, Infortiatum und Codex. 5) Wilhelmus Panzonus. Sein Name wird geschrieben: Panzonus, Panzonis, Pansonis, Panthonius. Er war ein berühmter Advocat zu Bologna, nicht Doctor. In öffentlichen Ämtern in seiner Vaterstadt und in Genua kommt er in den Jahren 1241, 1248, 1252 vor. Mit Sicherheit lassen sich ihm nur Casus zu den Novellen zuschreiben. 6) Die Casus. Unter den verschiedenen Formen der möglichen Erklärung eines Stücks der Rechtsquellen gibt es auch eine, welche von der Erfindung eines einzelnen Falles ausgeht und dann die Stelle durch Beziehung auf diesen Fall zu erläutern sucht. Bei den Glossatoren wird die Bildung eines Casus zu jeder Stelle als regelmäßiger Theil des mündlichen Vortrags schon im Anfange des 13. Jahrh. angegeben, und schwerlich ist diese Weise damals zuerst entstanden; als Form eines Buches kommen die Casus im 12. Jahrh. allein bei Wilhelmus de Cabriano vor, und auch hier doch nur in sehr beschränkter Anwendung. Um die Mitte des 13. Jahrh. aber wird diese Methode in einer Reihe von Büchern durch alle Theile der Justinianeischen Rechtsbücher durchgeführt, offenbar in der Voraussetzung, dass dadurch die Quellenerklärung wesentlich gefördert werde. Auch diese Erscheinung gehört zu den unverkennbaren Zeichen des Verfalls der Wissenschaft, theils indem eine unbehilfliche, unfruchtbare Form der Interpretation allgemein geltend gemacht wird, theils indem sich darin das Verkennen der wahren Grenze zwischen Büchern und Vorlesungen offenbart, welches von nun an überhaupt so verderblich wird. In der Folge fanden Manche die Casus, welche schon früher bei den einzelnen Verfassern angedeutet worden sind, zu weitläufig, die ganze Art der Interpretation aber doch so zweckmäßig, dass sie abgekürzte Casus (casus breves) bearbeiteten. Im Gegensatze derselben hießen nun in den

61) Vergl. darüber Savigny a. a. O. 5. Bd. S. 287 fg.

Ausgaben die alten Casus: casus longi, was also keineswegs der ursprüngliche Name derselben ist.

XIV. Zeit nach Accursius bis zu Ende des 13. Jahrh., 1) Theoretiker nach Accursius. Um die Mitte des 13. Jahrh. trat, wie bemerkt, in der Bearbeitung des römischen Rechts ein Wendepunkt ein; der Verfall ist durch die Glosse des Accursius zwar nicht bewirkt, wol aber befördert und beschleunigt worden. Von dieser Zeit an verschwinden die charakteristischen Vorzüge der ältern Schule immer mehr, und an ihre Stelle treten folgende gemeinsame Mängel. Dahin gehört erstens die ungemeine Weitläufigkeit, wodurch von dieser Zeit an so viele juristische Bücher ungenießbar werden. Ein zweiter charakteristischer Zug, wodurch sich diese Zeit zu ihrem großen Nachtheile von der frühern unterscheidet, besteht in der weit geringern Anzahl und Wichtigkeit der daraus hervorgegangenen eigentlichen Bücher. Früher war die Arbeit der Rechtslehrer zwischen Vorlesungen und Büchern gleichsam getheilt, und indem sie so ihre Mittheilung bald an die Unkundigen, bald an die Kundigen richteten, entstanden zwei Arten wissenschaftlicher Thätigkeit, deren jede die andere heben und fördern mußte. Jetzt werden weit weniger Bücher geschrieben und deren Gegenstände werden immer beschränkter und unbedeutender, sodaß sich offenbar der Ernst und Eifer fast ausschließlich den Vorlesungen zugewendet hat. Der Vortheil bei dieser Veränderung fiel aber nicht der Schule zu. Denn während in der frühern Zeit der Lehrer das eigene Denken der Schüler über den zu erklärenden Text zwar unterstützt, aber auch in Anspruch nimmt und erwartet, findet nunmehr eine so breite Erklärung des Textes statt, daß die Schüler für eigenes Denken keinen Raum behalten, den Text selbst aber ganz aus dem Auge verlieren. Die einzelnen Theoretiker nach Accursius bis zu Ende des 13. Jahrh. sind folgende: a) Odofredus. Er ist häufig mit Roffredus verwechselt worden. Sein Geburtsort war Bologna. Als Hauptlehrer nennt er selbst den Jacobus Balduini. Außerdem waren Hugolinus, Bogarotus und Accursius seine Lehrer. Der Anfang seines Lehramtes ist unbekannt. Das Lehramt machte ihn berühmt und reich. Neben dem Lehramte arbeitete er fortwährend als Advocat, kommt auch in richterlichen und politischen Geschäften in und außer Bologna vor. Er starb am 3. Dec. 1265. Unter seinen Schriften sind die exegetischen die wichtigsten. Es sind dies keine Glossen, sondern von Zuhörern nachgeschriebene und später, gleich eigentlichen Büchern, durch Abschriften verbreitete Vorlesungen. Dafür spricht auch die bestimmte Benennung lecturae. Was den wissenschaftlichen Charakter und Werth dieser Arbeiten betrifft, so findet der eben ausgesprochene allgemeinere Tadel vorzüglich auf Odofredus Anwendung. Dazu kommt noch eine besonders barbarische Sprache und ungeschickte Anwendung der Dialektik. Das, was seine Schriften uns noch immer brauchbar, ja unentbehrlich für die juristische Literaturgeschichte des 12. und 13. Jahrh. macht, sind eingestreute Geschichten. Seine Werke sind Vorlesungen über die drei Digesten, den Codex und die tres libri, die Glosse zum costnizer Frieden, Zusätze zu Azo's Summa, Summa zum Lehnrechte, eine Schrift: De ordine judiciario s. Opus artis notariae, Summa de libellis formandis, De percussionibus, De positionibus, De confessionibus, Quaestiones, Consilia. Auch werden ihm mehre kleinere Schriften zugeschrieben, deren Echtheit aber ungewiß ist. b) Albericus Odofredi. Dieser Sohn des Odofredus erwarb als Rechtslehrer und Schriftsteller nicht denselben Ruf wie sein Vater. Von seinen Schriften sind Quästionen bekannt. Er starb 1300. c) Homobonus. Seine Vaterstadt war Cremona. Er war Schüler des Albertus Papiensis und Lehrer des Hostiensis. Von ihm sind Glossen zu einem Theile der Rechtsbücher übrig; es sind einzelne nicht bedeutende Zusätze zu der Glosse des Accursius. d) Guido de Suzaria. Nach seinem Zunamen war er wahrscheinlich zu Suzara geboren. Seine Lehrer sind unbekannt. Namhafte Schüler von ihm sind Jacobus de Arena und Guido de Baisio. Er führte ein sehr unstätes Leben. Im J. 1260 versprach er durch Vertrag mit der Stadt Modena Zeitlebens dort zu bleiben und zu lehren. Schon 1264 findet er sich als Professor zu Padua, 1266 als solcher zu Bologna. Zwei Jahre später war er Rath im Dienste Karl's von Anjou. Durch Vertrag mit der Stadt Reggio verpflichtete er sich, immer dort zu lehren. Im J. 1279 machte er sich verbindlich, in Bologna über das Digestum novum zu lesen, und nun scheint er bis an seinen Tod in Bologna geblieben zu sein. Von seinen Schriften sind bekannt: Exegetische Arbeiten über das Digestum vetus und den Codex, eine Schrift: De ordinatione camerarum, Quaestiones, und eine Schrift: De testibus. Hinsichtlich anderer ihm zugeschriebener Schriften ist seine Verfasserschaft zweifelhaft. e) Jacobus de Arena. Er war aus Parma gebürtig und Schüler des Vorigen. In Padua lehrte er gemeinschaftlich mit seinem Lehrer Guido, also gewiß vor 1280. Im J. 1296 wurde er als Rechtslehrer zu Neapel angestellt. Außerdem lehrte er, zu unbekannter Zeit, in Reggio und in Siena. Unter seinen Schriften verdienen nur die exegetischen Aufmerksamkeit, welche auch gedruckt sind; die übrigen, meistens praktischen Inhalts, sind von geringem Werthe, auch großentheils unsicher. Zu den praktischen gehören folgende Schriften: De positionibus, De praeceptis judicum, De excussionibus bonorum, De sequestrationibus, De expensis in judicio factis, De commissariis, De quaestionibus, De bannitis, Disputationes, De executoribus ultimarum voluntatum, Summa über das Lehnrecht, De fratribus simul viventibus, De dilationibus, De exceptionibus, De excusationibus, De opposit. compromissi. f) Andreas de Barulo. Er führt auch den Beinamen Bonellus. Schon vor 1250 war er in Neapel Advocat des Fiscus. Im J. 1260 wird er als Professor zu Neapel erwähnt, 1269 als Rath im Dienste Karl's von Anjou. Noch 1291 kommt er als Professor zu Neapel vor. Von seinen Schriften haben sich zwei erhalten: In tres libros, wahrscheinlich eine nachgeschriebene Vorlesung über die drei letzten Bücher des Codex, und Commentarii in leges Longobardorum. Auch werden ihm noch manche andere Schriften von zweifelhafter Echtheit zugeschrieben. g) Martinus Syllimani. Er war aus Bologna gebürtig, Sohn des Syllimanus. Seine Lehrer sind unbekannt; sein sehr berühmter Schüler war Johannes Andreä. Er lehrte zu Bologna und starb 1306. Er schrieb über das Digestum vetus und den Codex, sowie über das Lehnrecht. — h) Pascipoverus. In den Jahren 1249 und 1252 erscheint er als Theilnehmer an wichtigen Geschäften der Stadt Bologna. Er war Doctor beider Rechte. Er schrieb eine Concordia utriusque juris. i) Lambertinus de Ramponibus. Sein Beiname deutet auf das alte, edle Geschlecht, welchem er angehörte; auch wird er in Urkunden als Ritter (miles) und Doctor zugleich bezeichnet. Von 1269 an, wo er die Doctorwürde erhielt, erscheint er als ein sehr beliebter Lehrer. Er starb 1304. Man schreibt ihm folgende Schriften zu: Glossen zu den Digesten und zum Codex, Quästionen und eine Schrift: De consiliis habendis. k) Nicolaus Matarellus. Sein Geburtsort war Modena, wo er auch zuerst als Rechtslehrer auftrat; denn 1279 wird er dort als Doctor bezeichnet. Dann war er viele Jahre lang Professor in Padua, wo er sicher zuerst 1295 erscheint. Sein Lehramt wurde aber mehrfach unterbrochen, indem er öfter nach Modena zurückkehrte, um dort an der Regierung Theil zu nehmen, z. B. 1306 und 1307. In den Jahren 1308—1310 war er wieder in Padua. An späteren sicheren Nachrichten fehlt es. Er hat die Werke des Odofredus abgekürzt und in dieser neuen Gestalt Decisum genannt. l) Vincentius Bellovacensis. Er war ein gelehrter Dominikaner aus Beauvais und starb nach 1260. Von der großen Encyklopädie der Wissenschaften, welche vier Theile enthalten sollte: Speculum doctrinale, naturale, historiale und morale hat er die drei ersten wirklich ausgeführt. Das Speculum doctrinale in vier Büchern enthält die Rechtswissenschaft; das achte Buch handelt zuerst von der Politik, darauf aber vom Civilrechte; das neunte Buch enthält Klagen, Proceß und Criminalproceß, das zehnte und eilfte aber die einzelnen Verbrechen. Es ist dieses Werk der erste Versuch, die ganze Rechtswissenschaft systematisch darzustellen und selbst mit anderen Wissenschaften in Verbindung zu setzen. m) Accursius Regiens. Er ist mit dem berühmten Accursius oft verwechselt worden. Seine Vaterstadt Reggio ist durch seinen Beinamen ausgedrückt. Er lehrte dort, bestimmt von 1265 an, und wurde nach 1273 Professor in Padua. n) Bartholomäus de Capua. Er bekleidete in der Hauptstadt seines Vaterlandes wichtige praktische Aemter. Im J. 1278 wurde er Doctor und verband nun, wie es scheint, die Geschäfte und das Lehramt mit einander. Es finden sich von ihm unterzeichnete Gesetze des Königs Robert und dessen Sohnes aus den Jahren 1316, 1322, 1324, 1326. Sein Todesjahr ist auf 1328 zu setzen. Seine Schriften sind: Singularia, 105 einzelne, unzusammenhängende Rechtsfragen, jede kurz, aber nicht ungründlich, nach den Quellen des römischen Rechts entschieden; Quaestiones; endlich Glossen zu den Constitutionen der Könige von Neapel. o) Hugolinus Fontana. Er war aus Parma, wo er in Urkunden von 1266 und 1288 vorkommt. Sehr alte Schriftsteller führen von ihm Quästionen und Distinctionen an. p) Dinus. Er führt den Beinamen Mugellanus, von seinem Geburtsorte Mugello, nicht weit von Florenz. Im J. 1278 wird er in einer bolognesischen Urkunde noch als Scholar bezeichnet. Um dieselbe Zeit aber scheint er Doctor geworden zu sein. Im J. 1279 wurde er als Lehrer nach Pistoja berufen. Schon 1284 war er wieder in Bologna. Er lehrte hier gleichzeitig mit Franciscus Accursii. Später erhielt er einen Ruf nach Neapel, welchen er aber abgelehnt zu haben scheint. Er wurde zur Theilnahme an der Abfassung des Liber sextus Decretalium von Bonifaz VIII. nach Rom berufen, wohin er im Herbste 1297 ging. Dort war er auch als Lehrer thätig. Nicht lange nach der im J. 1298 erfolgten Bekanntmachung jener Decretalensammlung scheint er nach Bologna zurückgekehrt zu sein, wo er auch gestorben ist. Spätere Schriftsteller erwähnen ihn mit großer Verehrung. Seine berühmtesten Schüler sind Cinus und Oldradus. Schriften von ihm sind: Exegetische Werke über die Rechtsquellen, zwei Schriften: De actionibus, eine Schrift: De regulis juris in Sexto zur Erläuterung dieses Titels, De praescriptionibus, De successionibus ab intestato, De primo et secundo decreto, De interesse, De ordine judiciario, De praesumtionibus, Modus agendi, Consilia, Quaestiones s. Disputationes, Singularia. 7) Praktiker nach Accursius. Diese können weniger ungünstig beurtheilt werden als die Theoretiker aus gleicher Zeit. Sie haben einen bedeutenden Vorzug darin, daß sie das, ihnen durch die tägliche Erfahrung dargebotene Material zu benutzen weniger versäumten, weshalb manche praktische Schriften dieser Zeit noch jetzt wichtig sind. Die einzelnen Praktiker aus dieser Zeit sind folgende: a) Johannes de Deo. Er war geboren in der Stadt Silves in Algarbien, also in Portugal. In Bologna wurde er Doctor und lehrte da sofort als Rechtslehrer. Drei seiner Werke betreffen den Proceß und die Klagen, nämlich der Liber judicum, Cavillationes und Commentarius in Joannis arborem actionum. Diese Schriften gehören allein hierher. Alle übrigen zahlreichen Schriften von ihm betreffen das canonische Recht[62]). b) Martinus de Fano. Sein Geburtsort war Fano. Azo war sein Lehrer. Im J. 1229 war er Rechtslehrer in seiner Vaterstadt. Im J. 1255 findet er sich als Rechtslehrer zu Arezzo, jedoch schon im September desselben Jahres wieder als solcher zu Modena. Bald nach 1262 wurde er Dominikaner; in einem Kloster dieses Ordens zu Bologna findet er sich 1270 und 1272. Schriften von ihm sind: ein System des Processes mit dem An-

---

62) Sie sind einzeln aufgeführt bei Savigny a. a. O. S. 481 fg.

fange: Quoniam plerique principalem causam, ein Buch über die Klagen mit dem Anfange: Ego quidem Martinus confiteor et verum est; Schriften: De jure emphyteutico, De modo studendi, De alimentis, De dotis restitutione, De ordine judiciorum, De arbitris, De restitutionibus, De exceptionibus impedientibus litis ingressum, De testamentis, De brachio s. auxilio implorando per judicem ecclesiasticum a judice seculari; Notabilia super decreto, Notabilia super authenticis. c) Johannes de Blanosco. Sein Geburtsort ist Blanot, wenige Stunden von Macon und im bischöflichen Sprengel von Macon gelegen. Er lebte in Bologna um die Mitte des 13. Jahrh., wahrscheinlich als Rechtslehrer. Sicher rührt von ihm ein praktischer Commentar zu dem Institutionentitel: De actionibus, mit Formularen zu den einzelnen Klagen versehen her. Das Buch ist in Bologna im Januar 1256 geendigt. Theils unecht, theils unsicher sind andere ihm zugeschriebene Werke. d) Nepos de Montealbano. Er ist nach der Angabe von Johannes Andreä Verfasser einer Schrift über die Exceptionen. Er selbst nannte diese Schrift Libellus fugitivus, weil darin die Beklagten lernen sollten, den Angriffen der Kläger zu entfliehen. In Handschriften führt sie bald diesen Titel, bald den Titel Libellus pauperum, weil sie nach der Vorrede besonders zum Nutzen der Armen geschrieben ist. Aus dieser Schrift erfahren wir, daß er aus Montauban in Südfrankreich gebürtig war. Er lebte und schrieb um die Mitte des 13. Jahrh. e) Bonaguida. Seine Vaterstadt war Arezzo. Er lehrte in seiner Vaterstadt, beschäftigte sich auch eine Zeit lang mit der Praxis als Advocat, unter der Regierung des Papstes Innocenz IV. Seine Schriften, welche theils das kanonische Recht, theils den Proceß betreffen, sind folgende: Summa introductoria advocatorum, ein System des Processes in fünf Büchern; Gemma s. Margarita, ein literarisches Repertorium über praktische Fragen, meistens des kanonischen Rechts, aber auch des Processes; eine Schrift: De dispensationibus und einzelne Glossen zu den Decretalen. f) Johannes Fasolus. Der Beiname dieses Rechtslehrers bezeichnet ihn als Angehörigen einer alten, angesehenen Familie in Pisa. Er war zu Pisa 1223 geboren. Sein Lehrer war Benedictus Beneventanus. Er war in verschiedenen Geschäften und Aemtern seiner Vaterstadt thätig, lehrte auch daselbst und starb dort 1286. Er schrieb: De causis summariis, wahrscheinlich die älteste Schrift über den summarischen Proceß, sowie auch eine Summa de feudis. g) Aegidius Fuscararius. Er stammte aus einer angesehenen bolognesischen Familie. Auch erwarb er selbst großes persönliches Ansehen, theils als Lehrer und Schriftsteller, theils in Geschäften der Stadt. Als Magister und Doctor wird er in Urkunden von 1252 und 1260 bezeichnet. Er starb 1289 zu Bologna. Seine Schriften sind: De ordine judiciario, ein System des Processes vor geistlichen Gerichten in fünf Abtheilungen, um das Jahr 1260 geschrieben; ein Commentar über die Decretalen, Quaestiones, Consilia und De officio tabellionis. h) Albertus Galeottus. Er war geboren zu Parma und lehrte zu Padua, später zu Modena. Schriften von ihm sind: Summula quaestionum, eine Sammlung von 42 Abhandlungen, meistens den Proceß, zum Theil aber auch die Theorie des Rechts betreffend, theils aus der Glosse des Accursius, theils aus anderen Glossen, theils aus wirklichen Processen genommen. Reportationes super Codice; De consiliis habendis; endlich Declarationes judiciorum. i) Salathiel. Er wurde 1237 unter die Notare seiner Vaterstadt Bologna aufgenommen. Im J. 1249 wird er in Urkunden mit dem Titel doctor notariae bezeichnet. Urkunden nennen ihn 1275 als einen Verstorbenen. Schriften von ihm sind: eine Summa artis notariae und eine Summa de libellis formandis. k) Rolandinus Passagerii. Sein Vater hieß Rodolphinus, die Großmutter Floretta, weshalb er selbst bisweilen in Handschriften Rolandinus Rodulphini Florettä genannt wird. Gewöhnlicher ist der Beiname Passagerii. Er war bald nach dem Anfange des 13. Jahrh. geboren und wurde schon 1234 Notarius. Späterhin wurde er auch Doctor, d. h. öffentlicher Lehrer der Notariatskunst. Doctor der Rechte ist er niemals gewesen. Um die Mitte des 13. Jahrh. erhielt das Collegium der Notare eine bestimmtere Verfassung, wobei sechs Consuln an der Spitze standen. Später wurde diesen ein Einzelner (Präconsul) als Haupt vorgesetzt, und Rolandinus bekleidete zuerst diese Würde. Er starb 1300 in sehr hohem Alter. Seine Schriften betreffen größtentheils die Notariatskunst, mit Ausnahme einer einzigen, welche ganz juristischen Inhalts ist. Die Notariatskunst betreffen folgende Schriften: Summa artis notariae, auch diadema, oder, nach dem Namen des Verfassers, schlechthin Rolandina oder Orlandina genannt; Tractatus de notulis, die theoretische Einleitung zu den ersten sieben Capiteln der vorigen Schrift; Aurora, ein unvollendet gebliebener Commentar oder Apparatus zu der Summa artis notariae; eine Schrift: De officio tabellionatus in villis et castris. Ganz juristisch ist die: Flos ultimarum voluntatum, betitelte Schrift, aus vier Theilen bestehend, deren erster von Testamenten, der zweite von Codicillen, der dritte von Schenkungen Todes halber, der vierte von der Intestaterbfolge handelt. l) Petrus de Unzola. Der Beiname bezeichnet seinen Geburtsort Unzola (jetzt Anzola) im Gebiete von Bologna. Er wurde Notar 1275, Lehrer der Notariatskunst 1301 und starb 1312. Seine Schriften betreffen ausschließlich die Notariatskunst, und insbesondere nur die Werke des Vorigen. Diese Schriften sind: Aurora novissima, eine Fortsetzung der unvollendeten Aurora des Rolandinus; beide Werke hießen zusammen Meridiana; Zusätze zu einzelnen Stellen von der Aurora des Rolandinus; Commentar zu des Rolandinus' Tractatus de notulis; eine Schrift: De judiciis, ein Commentar zu Cap. 9 der Summa des Rolandinus, endlich Zusätze zu des Rolandinus': Flos ultimarum voluntatum. m) Petrus Boaterius. Er war Schüler des Franciscus Accursii, selbst aber nicht Rechtslehrer, sondern seit 1285 Notar, seit 1292 Professor der Notariatskunst. In den Jahren 1306 und 1307 wurde er auf Bitte der Scholaren als Lehrer der Notariatskunst und des Briefstyls mit Gehalt angestellt. Eine solche Anstellung mit Gehalt wird auch noch 1321 erwähnt. Spätere Nachrichten über ihn finden sich nicht. Folgende Schriften von ihm sind bekannt: Commentar zu Rolandinus, Practica judiciorum, Super arte dictaminis, eine Anweisung zum Briefstyl, worüber er selbst Vorlesungen hielt; Aurora s. de concessionibus. n) Rolandinus de Romanciis. Er stammte aus einer altadeligen Familie zu Bologna, von welcher er den Beinamen führte, und war gleich geehrt als Rechtslehrer und als Sachwalter. Sein Todesjahr ist 1284. Seine Schriften sind: De ordine maleficiorum, die erste abgesonderte Schrift über das Criminalrecht, Zusätze zur Summula des Galeottus, Statuta, wovon nur der Titel aus alten Catalogen bekannt ist, Determinationes und Quaestiones, Summa feudorum, welche wahrscheinlich eher von ihm, als von dem Notar Rolandinus herrührt. o) Albertus de Gandino. Die Angaben in der Vorrede seines Buches über seinen Geburtsort lauten verschieden; die Handschriften schwanken zwischen Crema und Cremona. Er lebte in der zweiten Hälfte des 13. und vielleicht bis in das 14. Jahrh. Dies geht aus folgenden Thatsachen hervor. Er selbst nennt als seinen Lehrer den Guido de Suzaria und den Johannes de Anguissola, welchen er in Padua gehört hatte. Auch gibt er sicher den Dinus als seinen Zeitgenossen an. Er war an verschiedenen Orten in Richtergeschäften thätig, namentlich als Assessor in Perugia, Florenz, Siena, Bologna. Seine Schriften sind: De maleficiis, ein Werk über Criminalrecht und Criminalproceß, welches ihm großes Ansehen erwarb; Quaestiones statutorum, welches Werk er in dem zuerst erwähnten Buche anführt, mit Lieferung von Auszügen daraus. p) Thomas de Piperata. Er war Sohn des Piperata, aus dem alten edlen Geschlechte Storlitti in Bologna. In Urkunden kommt er in den Jahren 1268 und 1272 vor. Er starb vor 1282. Seine Schriften sind: De fama, eine Abhandlung über einen einzelnen Gegenstand des Criminalprocesses, von den juristischen Wirkungen des Gerüchts; Quaestiones, von denen eine ganze Sammlung angeführt wird. q) Pierre Defontaines. Er lebte in gerichtlichen Aemtern in Frankreich unter König Ludwig IX. Hier schrieb er ein kleines Buch unter dem Titel: Le conseil, que Pierre Defontaines donna à son ami, als Unterricht für einen Gerichtsherrn über die Ausübung der ihm zustehenden Gerichtsbarkeit. Es enthält größtentheils Stellen aus den Pandekten und dem Coder, in das Französische übersetzt und roh unter einander gestellt, ohne Verknüpfung und Verarbeitung. r) Wilhelmus Durantis. Er gehörte wahrscheinlich einer adeligen Familie an; daher jener Beiname. Als Schriftsteller heißt er nicht nach seinem Namen, sondern nach seinem berühmtesten Werke, Speculator. Er war geboren in der Diöcese Beziers in Languedoc, und zwar in dem Orte Puimisson, nicht weit von Beziers. Sein Geburtsjahr ist wahrscheinlich 1237. Er studirte zu Bologna. Sein eigentlicher Lehrer war, nach seinem eigenen Zeugnisse, Bernardus Parmensis. In Bologna erhielt er die Doctorwürde und ist dort wol auch zuerst als Lehrer aufgetreten. Dann lehrte er kanonisches Recht zu Modena, verließ aber bald die Schule. Er trat in päpstlichen Dienst, wo er Auditor Palatii, Subdiakonus und Kapellanus des Papstes wurde, auch 1274 auf dem Concile zu Lyon bei der Abfassung päpstlicher Gesetze gebraucht wurde. Später wurde er im päpstlichen Dienste mit weit wichtigeren Aemtern bekleidet. Er starb 1296 am 1. Nov. zu Rom. Seine Schriften sind: aa) Speculum judiciale, ein System des gesammten praktischen Rechts, des bürgerlichen und des geistlichen, in einem, von keinem früheren Schriftsteller versuchten, Umfange bearbeitet. Das Werk ist in vier Bücher getheilt; das erste, in vier Theilen, handelt von den im Processe thätigen Personen; das zweite, in drei Theilen, von den Handlungen des Civilprocesses; das dritte, sehr kurze, von den Handlungen des Criminalprocesses; das vierte, in vier Theilen, stellt das praktische Recht in Anwendung auf einzelne Rechtsverhältnisse dar. Durantis hat zwei Ausgaben veranstaltet; die erste fällt in die Jahre 1271 und 1272, die zweite ist vor 1286 erschienen. Das Werk hat einen großen und dauernden Ruhm erlangt und ist selbst noch für unsere Zeit wichtig, indem es für den Proceß und auch für manche Theile des materiellen Rechts zu den reichhaltigsten Quellen der Dogmengeschichte gehört. Seine Brauchbarkeit ist noch durch die Zusätze von Johannes Andreä und Baldus erhöht worden. bb) Repertorium aureum s. breviarium, dazu bestimmt, die Meinungen der Kanonisten zugänglicher zu machen, und zwar durch bloße Citate. cc) Commentarius in concilium Lugdunense, ein Commentar zu den von ihm auf dem Concile zu Lyon im J. 1274 abgefaßten päpstlichen Decretalen, welche später in den Liber Sextus mit aufgenommen worden sind; dd) Speculum legatorum, eine Abhandlung über den Geschäftskreis der Legaten, vor der ersten Ausgabe des unter aa erwähnten Werks geschrieben, und später in dessen zweite Ausgabe aufgenommen; ee) Commentar zu den Decretalen des Papstes Nicolaus III.; ff) Rationale divinorum officiorum, ein Werk, nicht juristischen, sondern blos liturgischen Inhalts. gg) Pontificale, wahrscheinlich eine Abhandlung über die kirchlichen Functionen der Bischöfe. Noch werden dem Durantis andere Schriften zugeschrieben, welche jedoch theils unsicher, theils entschieden unecht sind. s) Jacobus de Ravanis und Raimundus Lullus. Nach einer sehr verbreiteten Ansicht soll der wissenschaftliche Charakter der Glossatoren, im Wesentlichen unverändert, so lange fortgedauert haben, bis die Einmischung dialektischer Spitzfindigkeiten die ganze Behandlung der Rechtswissenschaft verändert und verdorben habe; die Einführung dieser neuen Methode aber wird bestimmt der Schule des Bartolus zugeschrieben. Diese Ansicht ist jedoch aus mehren bedeutenden Irrthümern zusammengesetzt. Der erste ist, daß man den Verfall der Rechtswissenschaft um etwa 100 Jahre später annimmt, als er entschieden stattgefunden hat. Ebenso wird zweitens die Einführung der Schuldialektik in die Erklärung der Rechtsquellen viel zu spät angesetzt, indem sie vielmehr in das 13. Jahrh. gehört. Drittens wird der Einfluß jener Methode viel zu hoch angeschlagen. Zwar ist der ungeschickte Gebrauch dialektischer Formen in vielen Arbeiten des 14. Jahrh. unverkennbar, welche dadurch schwerfälliger und ungenießbarer werden, als sie außerdem sein würden. Irrig aber ist die Annahme, daß die zufällige Anwendung einer solchen Methode diesen Schriften die Vortrefflichkeit entzogen hätte, welche sie außerdem besitzen würden. Der richtige Weg war schon um die Zeit des Accursius verloren, wie die Gedankenleerheit der späteren Ausleger des 13. Jahrh. deutlich zeigt, und daran hat ein Mißbrauch der Dialektik keinen Antheil. Dieser Mangel an der rechten Kraft und Einsicht beförderte das Eindringen eines fremdartigen Elements, wodurch dann der ohnehin gesunkene Zustand noch besonders modificirt und verschlimmert, aber nicht zuerst erzeugt wurde. Obgleich also der Einfluß der dialektischen Methode nicht so hoch angeschlagen werden darf, als häufig geschieht, so ist die Sache doch wichtig genug, um die ersten Spuren davon zu erforschen. Als der erste Rechtslehrer, welcher sich der dialektischen Methode bedient, wird Jacobus de Ravanis genannt, welcher noch im 13. Jahrh. starb. Fast gleichzeitig mit ihm war Raimundus Lullus, der es freilich auf eine viel durchgreifendere Reform aller Wissenschaften, und so auch der Rechtswissenschaft, abgesehen hatte. Beide Rechtslehrer sind nun nach ihrem Leben und Schriften zu betrachten. a) Jacobus de Ravanis. Als Geburtsort dieses Rechtslehrers wird am häufigsten angegeben das Städtchen Neuvigau sur Vaches; es könnte jedoch auch das Dorf Ravenne Fontaine nahe an der lothringischen Grenze sein. Lothringen als Vaterland hat alle Zeugnisse für sich. Sein Beiname wird auch Ravano, Ravenna, Ramgeni geschrieben. Sein Lehrer war Jacobus Balduini. Er war in der Zeit von 1210 bis 1215 geboren. Im J. 1274 war er Rechtslehrer zu Toulouse. Später trat er als Auditor der Rota in päpstlichen Dienst. Er wurde 1290 zum Bischofe von Verdun ernannt. Im J. 1296 reiste er nach Rom und starb auf dieser Reise in Florenz in hohem Alter. Sein Schüler war Petrus de Bellapertica. Seine Schriften genossen eine Zeit lang bedeutendes Ansehen. Sie sind sehr unvollständig erhalten und keine ist gedruckt. Er ist der erste juristische Schriftsteller, welcher die dialektische Methode in die Rechtswissenschaft einführte. Damit steht seine, von Cinus bezeugte, große Geschicklichkeit im Disputiren im Zusammenhange. Seine Schriften sind: aa) Exegetische Arbeiten, indem ihm Commentare über die Digesten und den Codex, sowie ein Apparatus zu den Institutionen zugeschrieben werden; bb) Dictionarium, das erste juristische Wörterbuch; cc) eine Summa de feudis; dd) eine Schrift: De positionibus. b) Raimundus Lullus. Er war geboren auf der Insel Majorca. Ueber sein Geburtsjahr schwanken die Angaben zwischen 1234 und 1236. Nach einer ausschweifenden Jugend zog er sich in eine wüste Einsamkeit zurück, wo er durch Visionen auf zwei verschiedene Bestrebungen geführt wurde, welche er sein ganzes übriges Leben hindurch eifrig verfolgte. Die eine Bestrebung ging auf Bekehrung der Ungläubigen, weshalb er auch große Reisen nach Asien und Afrika unternahm. Auf einer solchen Reise starb er im J. 1315. Seine zweite, gleichzeitige Bestrebung ging auf die gänzliche Reform aller Wissenschaften mittels seiner großen Kunst (ars magna), worauf er durch übernatürliche Eingebung geführt worden war. Er stellte eine Anzahl allgemeiner Begriffe auf, durch deren verschiedene Combinationen alle Aufgaben in jeder Wissenschaft sollten gelöst werden können. Die Combinationen selbst wurden durch Vertheilung jener Begriffe in feste und bewegliche Kreise erleichtert, wodurch eine Art von Rechenmaschine entstand, welche Jeden in den Stand setzen sollte, die Wissenschaften auf halb mechanischem Wege in kurzer Zeit zu erlernen und beliebig zu erweitern. Zu diesem Zwecke schrieb er viele Bücher. Ein besonderer Einfluß der großen Kunst des Lullus auf die Rechtswissenschaft ist geschichtlich nicht erweislich. Seine Erscheinung steht also ganz vereinzelt da. Von seinen Schriften betreffen folgende sieben die Rechtswissenschaft: Ars juris particularis; Ars utriusque juris s. ars brevis de inventione mediorum juris civilis; Liber principiorum juris; Ars de jure; Opusculum novae logicae ad scientiam juris et medicinae; Liber de jure canonico; Ars juris arborea.

XV. Uebersicht des 14. und 15. Jahrh.[63]. Im 14. Jahrh. erwachte wieder ein neues Streben in der Rechtswissenschaft; zwar von anderer Art, als das frühere, auch von geringerem Werthe und Erfolge, aber dennoch hinreichend, um die Theilnahme Vieler in Anspruch zu nehmen, und so die neu entstandene Rechtswissenschaft in ununterbrochener Fortpflanzung lebendig zu erhalten, bis dieselbe von der allgemeinen Wiedergeburt der Wissenschaften ergriffen werden konnte. Um in einem allgemeinen Ueberblicke zeigen zu können, welche Natur dieses neue Streben hatte und aus welchen Ursachen es entstand, ist der gesammte Zustand dieses Zeitalters zu erwägen. Dabei ist auf Dreierlei zu sehen: auf das öffentliche Leben, auf die Einwirkung der in anderen Gebieten gewonnenen geistigen Bildung und auf die innere Entwickelung der Rechtswissenschaft selbst. Das öffentliche Leben hatte an der Trefflichkeit der Glossatorenschule mannichfachen Antheil gehabt: theils indem das ganze Bürgerthum der neu belebten Republiken in seinen beiden Hauptzweigen, Staatsverfassung und Gewerbe, die Ausbildung der Rechtswissenschaft begünstigte, theils durch die würdige und bedeutende Stellung, welche die Rechtslehrer persönlich einnahmen. Lange hatte sich, selbst bei heftigen Partei-

63) Ueber die Glossatoren des 14. und 15. Jahrh. handelt der ganze 6. Band von Savigny's Rechtsgeschichte.

kämpfen, ein edles Gefühl für Vaterland und Freiheit erfüllen; jetzt aber war ein wilder Wechsel ausschweifender Tyrannen mit der übermüthigsten Demokratie, oft auch eine seltsame Mischung von beiden, an die Stelle getreten. Diese unglückliche Wendung des öffentlichen Zustandes hatte auch auf den Stand der Rechtsgelehrten einen großen und nicht vortheilhaften Einfluß. Das äußere Ansehen und das stolze Selbstgefühl, welches ihnen ihre würdige Stellung in den lombardischen Freistaaten gegeben hatte, war verschwunden, und der Ruhm, welchen sie als Lehrer, Schriftsteller und Consulenten erwerben, konnte ihnen allein noch Gewicht geben. Allerdings hätte diese Veränderung der Wissenschaft zum Vortheil gereichen können. Es war dies aber nicht der Fall, einmal wegen des nun zur Regel werdenden schnellen und häufigen Wechsels des Wohnorts der Rechtsgelehrten, zweitens wegen der ganz veränderten örtlichen Verhältnisse zu Bologna, welches als Rechtsschule nunmehr in den Hintergrund trat. Ferner ist der Zustand der geistigen Bildung im Allgemeinen in seinem Einflusse auf die Entwickelung der Rechtswissenschaft zu betrachten. Von Einwirkung der Philosophie auf das Recht läßt sich in dieser Zeit überhaupt nicht viel, am wenigsten Erfreuliches, sagen. Von einer Bearbeitung der Rechtsphilosophie, also von einem materiellen Gebrauche der Philosophie, findet sich keine irgend bedeutende Spur. Wichtiger ist der formale Gebrauch der Philosophie in dieser Zeit. Schon bei mehren Glossatoren wird bald der Besitz dialektischer Bildung gerühmt, bald der Mangel derselben getadelt. Ein Misbrauch dialektischer Formen kommt schon bei Odofredus vor, noch mehr aber bei Jacobus de Ravanis. Das Bestreben des Raimundus Lullus, unter anderen auch die Rechtswissenschaft in die schmählichsten Fesseln zu legen, blieb ohne Einfluß auf juristische Bücher und Vorlesungen. Es ist hiernach allerdings die Meinung verwerflich, daß Bartolus die Dialektik in die Rechtswissenschaft eingeführt habe; allerdings aber ist unleugbar vom 14. Jahrh. an der ungeschickte Gebrauch dialektischer Formen weit allgemeiner und eingreifender geworden, und hat viel dazu beigetragen, die Schriften des 14. und 15. Jahrh. großentheils ungenießbar zu machen. Das Wesentliche der dialektischen Methode besteht in Folgendem. Die wissenschaftliche Bearbeitung jedes positiven Rechts geht von einem historisch gegebenen Stoffe aus. Der Erfolg der Arbeit hängt zunächst ab von der Gründlichkeit historisch-philologischer Forschung; dann von dem Eindringen in den Geist und das Wesen der historisch entstandenen Rechtsverhältnisse. Hier ist die Rechtswissenschaft der größten Bereicherung durch philosophische Forschungen empfänglich. Unverkennbar ist in allen Arten und Stufen dieser Arbeit die logische Kunst eine Hauptbedingung des Gelingens. Damals aber geschah es, daß die logischen Formen und ihre schulmäßige Bezeichnung eine ungebührliche Herrschaft ausübten, daß man über den Divisionen und Distinctionen, Subdivisionen und Subdistinctionen, Ampliationen und Limitationen, vergaß, nach der Herkunft der darin versteckten Rechtsbegriffe und Regeln zu fragen, und daß so der aus dem freien Gebrauche jener Formeln entstehende Schein von Wissenschaftlichkeit über die Leerheit und Ungründlichkeit des Inhalts, und über die fehlende Anschauung der lebendigen Rechtsverhältnisse selbst, täuschte. Am passendsten läßt sich das Wesen dieses verderblichen Verfahrens mit dem Namen eines leeren Formalismus bezeichnen. Wenn daneben dennoch für dieses Zeitalter der Beschäftigung mit philosophischen Studien ein günstiger Einfluß auf die Rechtswissenschaft zugeschrieben werden soll, so ist derselbe theils in einer allgemeinen Anregung des Denkens zu suchen, theils in der Ausbildung und Uebung der Disputirkunst. Auch die dem römischen Rechte so nahe verwandte Alterthumswissenschaft, obgleich sie schon im 14. Jahrh. mit Erfolg getrieben und im 15. Jahrh. zur hohen Blüthe gebracht wurde, hatte, sowie die zum höchsten Glanze durch Dante, Petrarca und Boccaccio erhobene italienische Poesie und Prosa, zwei Jahrhunderte lang fast gar keinen Einfluß auf die Rechtswissenschaft. Selbst berühmte Rechtslehrer waren in jenen Gebieten ausgezeichnet, und doch ist in ihren juristischen Schriften Nichts davon zu bemerken. Der Entwickelungsgang der Rechtswissenschaft ist also ganz eigenthümlich gewesen, von dem der übrigen Wissenschaften völlig verschieden. Der Grund der sonderbaren Erscheinung, daß die Rechtswissenschaft von der vielfachen geistigen Entwickelung um sie her nicht mit ergriffen wurde, liegt lediglich in hemmenden Einrichtungen im Innern dieser Wissenschaft. Was die inneren Verhältnisse der Rechtswissenschaft selbst betrifft, also die Einrichtungen und Gewohnheiten, welche in derselben als wirkend erscheinen, so sind diese theils theoretischer, theils praktischer Art. Die theoretischen Einrichtungen waren in diesem Zeitalter höchst ungünstig; alles Gute dagegen, selbst der Schutz gegen Untergang alles geistigen Lebens, kam lediglich von der praktischen Seite her. Das wissenschaftliche Dasein des römischen Rechts war auch in diesem Zeitraume, wie in dem vorigen, fast ausschließlich auf den Unterricht an den Rechtsschulen, und hier wieder auf die Exegese der Rechtsquellen beschränkt. Während aber die Glossatoren nur den Text der Quellen zum Gegenstande ihrer Arbeiten gehabt hatten, wendete man jetzt die vorzüglichste Aufmerksamkeit der Glosse zu. Man behandelte sie aber ganz irrig als todten Buchstaben, nicht als Muster und Hilfsmittel, und so trat sie verderblich in die Mitte, den geistigen Einfluß der classischen Rechtsquellen hemmend. Dieses Uebel mußte im Fortgange der Zeit stets wachsen, indem zu der Glosse bald die Schriften des Cinus, Bartolus, Baldus und Anderer hinzutraten, wodurch die Masse, stets größer und schlechter, ganz unbezwingbar wurde. Eine ausgesprochene praktische Ansicht mußte dazu dienen, den Misbrauch zu beschönigen und zu befestigen; man wollte gewissen Meinungen durch die aufgestellte Anzahl ihrer Vertheidiger das Ansehen einer communis opinio verschaffen, ohne daran zu denken, daß dieser Begriff in aller Strenge fast niemals durchzuführen sei. So ging alle Originalität der Rechtslehrer verloren, die Autorität berühmter Vorgänger verdrängte die eigene Forschung, und die Zusammenstellung fremder Meinungen in endlosen Citaten wurde die Hauptarbeit für Lehrer und Schüler. Hierzu gesellte sich nun der als leerer Formalismus bereits geschilderte Misbrauch dialektischer Formen. Aus einer solchen Mischung aber entstand eine ganz geistlose und geschmacklose Weise des exegetischen Unterrichts, welche für die einzig richtige galt und völlig traditionell wurde, sodaß Niemand sich darüber hinwegzusetzen wagte. Zu diesen allgemeinen Ursachen traten noch manche specielle Einrichtungen, von jenen zum Theil ganz unabhängig, mitwirkend hinzu, um den Geist der Rechtsschulen zu beschränken und zu verderben. Dahin gehören die Gesetze, wodurch man in Bologna die Lehrstellen oder die Theilnahme an der Facultät bald auf eingeborene Bologneser, bald sogar auf wenige Familien zu beschränken suchte. Eben dahin gehört das Verbot an Landesunterthanen, auswärtige Rechtsschulen zu besuchen. Dazu kam, daß, während früher jeder Lehrer die Gegenstände seiner Vorlesungen frei gewählt hatte, nun, seit die Besoldungen allgemein üblich wurden, eine Regierung die Lehrfächer willkürlich, ohne Rücksicht auf Neigung und Tauglichkeit der Lehrer, anwies, auch wol damit nach Belieben wechselte. Die unglücklichste Veränderung aber ging daraus hervor, daß, wie schon erwähnt, das literarische Material ohne alles Maß in den Unterricht aufgenommen wurde. Dadurch wurde es bald unmöglich, die Rechtsquellen, sowie es früher geschah, vollständig zu erklären; ja man kam endlich dahin, daß die Vorträge nur noch kleine Stücke der Quellen mit tödtender Weitschweifigkeit erklärten, alles Uebrige aber dem eigenen Fleiße der Zuhörer überlassen blieb. Daß in den Einrichtungen und Gewohnheiten der Schule der wahre Grund des fortschreitenden Verfalls der Wissenschaft lag, zeigt sich unter Anderm auch darin, daß im 10. Jahrh. ein besserer Geist zuerst in solchen Arbeiten sichtbar wurde, welche von dem Schulunterrichte ganz unabhängig waren, während in diesem die alten Mängel noch zu derselben Zeit, ja sogar bei denselben Rechtsgelehrten, sichtbar blieben. Besonders in den Schriften des Alciat, des eigentlichen Stifters der humanistischen Schule, ist dieser Gegensatz sehr sichtbar. In allen Gebräuchen der damaligen Rechtsschulen waren es nur die Disputationen, welche einen frischeren, lebendigeren Geist erhalten konnten. In der That nahm bei dem zunehmenden Verfalle des Unterrichts die Wichtigkeit der Disputationen zu, und sie begründeten mehr als früher den Ruf bedeutender Rechtslehrer. Auf ähnliche Weise, wie die förmlichen Disputationen, wirkte auf manche Rechtsschulen die Einrichtung der *Concurrentes*, deren unvorbereitete wissenschaftliche Streitübungen sogar noch mehr als die Disputationen, das persönliche Talent in das Licht setzen konnten. — Von der Thätigkeit der Schriftsteller gilt in diesem langen Zeitraume dasselbe, was schon oben für die letzte Hälfte des 13. Jahrh. bemerkt worden ist; namentlich ist auch hier die Weitschweifigkeit oft unerträglich, und auch hier vermißt man die frei gewählten eigenthümlichen, auf gründlicher Einsicht beruhenden Bücherformen, womit in der Zeit der Glossatoren ein schöner Anfang zu einer eigentlichen Literatur gemacht worden war. Die theoretischen Werke sind größtentheils Commentare über die Rechtsquellen. Grade hierin fällt Buch und Vorlesung so sehr zusammen, daß sich häufig sicher nicht unterscheiden läßt, ob eine solche Arbeit ursprünglich ein Buch war, oder ob es blos das nachgeschriebene Heft eines Zuhörers war, oder endlich, ob die Arbeit aus beiden Entstehungsarten gemischt ist. Die praktischen Werke hatten jetzt weniger als früher Quästionen, d. h. Schriften zum Gebrauche bei den Schuldisputationen, zum Gegenstande; weit häufiger dagegen Consilien, auf Anfrage ertheilte Gutachten in wirklichen Rechtsfällen. Was endlich den Einfluß der Praxis auf die Rechtswissenschaft anlangt, so hat dieser bewirkt, daß im 14. Jahrh. die Rechtswissenschaft wieder lebendiger wurde, als sie seit Accursius gewesen war, und daß sie in beiden Jahrhunderten nie völlig versank, sondern von Zeit zu Zeit wieder gehoben wurde. Durch die Praxis wurde die stete Anschauung der Lebensverhältnisse, auf welche sich alles Recht bezieht, erhalten, und in ihr lag das wirksamste Schutzmittel gegen die tödtende Kraft des leeren Formalismus. Die praktische Beschäftigung der Juristen von Ruf bestand jetzt hauptsächlich in der Ertheilung rechtlicher Gutachten, und zwar nicht blos in Privatstreitigkeiten; ihre Stimme hatte selbst in den wichtigsten Welthändeln Gewicht, wie in den Zwistigkeiten zwischen Kaisern und Päpsten, zwischen Päpsten und Gegenpäpsten. 1) Französische Juristen im Anfange des 14. Jahrh. Die Erscheinung berühmter Juristen in Frankreich im 14. Jahrh. war nur vorübergehend, indem um die Mitte dieses Jahrhunderts sich dort keine bedeutenden Romanisten mehr finden. Die einzelnen hierher gehörigen Juristen sind: a) Petrus de Bellapertica. Er war geboren zu Lucenay bei Villeneuve in Bourbonnois. Gebildet in der Schule des Jacobus de Ravanis, war er lange und mit großem Ruhme Rechtslehrer, theils in Toulouse, theils in Orleans. Er starb im Januar 1308. Seine Schriften sind: exegetische über die Rechtsbücher, Quaestiones aureae, Brocarda, eine Abhandlung: De missione in possessionem, Consilia und Singularia, und eine Schrift: De feudis. b) Wilhelmus de Cuneo. Er war ein Provenzale, studirte zu Bologna und war lange Rechtslehrer zu Toulouse und zu Orleans. Er hat Commentare über das Digestum vetus und den Codex geschrieben. c) Petrus Jacobi. Er war zu Aurillac in Auvergne geboren und Professor zu Montpellier. Sein Zeitalter wird dadurch festgestellt, daß er wahrscheinlich Schüler des Franciscus Accursii war, und daß er sein Hauptwerk 1311 vollendete. Dieses führt den Titel: Practica, und ist ein Werk über die Klaglibelle, sowie sie im 13. Jahrh. ziemlich häufig geschrieben worden waren. Das Buch ist oft gedruckt, wenigstens von 1473 an. Weniger wichtig ist die Schrift: De arbitriis et arbitratoribus. d) Johannes Faber. Sein Beiname bezieht sich auf seine Arbeitslust, welche dadurch bildlich dargestellt werden sollte. Sein Geburtsort lag in dem bischöflichen Sprengel von Angoulême. Er war zuerst Rechtslehrer in Montpellier und beschäftigte sich dann mit der juristischen Praxis. Zur Bestimmung seines Zeitalters dienen mehre Stellen seines Institutionencommentars, aus welchen hervorgeht, daß er dieses Werk kurz vor der Mitte des 14. Jahrh. schrieb, weit früher aber den Lehrstuhl bekleidete, den er damals schon seit 14 Jahren verlassen hatte. Von seinen Schriften hat sich ein Commentarius in Institutiones und ein Breviarium in Codicem erhalten. e) Odo. Sein Geburtsort war Sens in Champagne, woher er auch den Beinamen Senonensis oder Senonis führt. Er war Professor in Paris, zu einer andern Zeit auch Advocat. Er lebte im Anfange des 14. Jahrh. Denn das Buch, durch welches sich sein Andenken allein erhalten hat, eine Summa de judiciis possessoriis, ist 1301 geschrieben. 2) Italienische Juristen aus dem 14. Jahrh. a) Richardus Malumbra, geboren zu Cremona, Schüler des Jacobus de Arena. Als Lehrer kommt er zuerst in Padua vor, wo er in Urkunden von 1295 bis 1310 erwähnt wird. Er zog 1314 nach Venedig und wird dort noch 1320 erwähnt. Dann war er Professor in Bologna, wo er vom päpstlichen Hofe wegen Ketzerei verfolgt und deshalb 1326 eine besondere Commission ernannt wurde. Der Ausgang der Sache ist nicht klar. Später zog er wieder nach Venedig und starb dort 1334. Zwei berühmte Schüler von ihm sind Albericus und Johannes Andreä. Als Schriften von ihm werden Commentare über die Rechtsbücher angeführt, am bestimmtesten über den Codex. Außerdem werden ihm noch mehre Quästionen beigelegt, sowie Gutachten über wirkliche Rechtsfälle. b) Oldradus, bald de Ponte, bald de Laude genannt, letzteres von seiner Vaterstadt Lodi. Seine Lehrer waren Jacobus de Arena und Dinus. Zuerst erscheint er 1302 und 1303 in Bologna als Assessor eines Gerichtshofs. Dann tritt er als Rechtslehrer in Padua auf, erweislich für die Jahre 1307—1310. Zu unbekannter Zeit war er Professor in Siena neben Jacobus de Belvisio, mit welchem er in Feindschaft lebte, und auf dessen Anstiften er verbannt wurde. Er trat nun in Montpellier als Lehrer auf. Auch muß er zu unbekannter Zeit Rechtslehrer in Perugia oder Bologna gewesen sein, da Bartolus, welcher nur auf diesen Schulen studirte, ihn als Lehrer bezeichnet. Endlich verließ er das Lehramt und ging nach Avignon an den päpstlichen Hof, wo er zum Advocatus consistorialis ernannt wurde. Er starb daselbst 1335. Seine Schriften sind: exegetische, wahrscheinlich nachgeschriebene Vorlesungen, erweislich zum Infortiatum und zum Codex; Quästionen, Consilia, 333 an der Zahl, welche vorzüglich seinen großen Ruf begründet haben; endlich mehre Abhandlungen; darunter eine De legitimatione. c) Jacobus de Belvisio, geboren um 1270 zu Bologna. Seine Lehrer waren Franciscus Accursii und Dinus. In Bologna las er 1296 und 1297 als Bachalarius. Er promovirte 1297 zu Aix am Hofe des Königs Karl II. zu Neapel, und diese Promotion wurde 1298 oder 1299 zu Neapel wiederholt. Er las als Professor zu Neapel und promovirte, weil er, zu der unterdrückten Partei der Lambertazzi gehörig, früher zu Bologna nicht hatte promoviren können, dort zum dritten Male. Von Bologna ging er 1306 nach Padua, dann nach Siena; hierauf nahm er 1308 eine Lehrstelle in Perugia an. Im J. 1309 kehrte er nach Bologna zurück; allein schon 1311 und 1313 war er von Bologna abwesend. Endlich wurde er 1316 zum zweiten Male in Perugia angestellt und blieb dort fünf Jahre. Im J. 1321 kehrte er nach Bologna zurück, wurde in die herrschende Partei der Geremei aufgenommen, lebte nun ruhig und hoch geehrt, war hier einer der Lehrer des Bartolus und starb im Anfange des Januar 1335. Seine Schriften sind: ein Commentar zum Authenticum, nach dessen Vorrede der Verfasser auch die unglossirten Novellen bearbeitet hat; ein Commentar zu den Libri feudorum, vor 1311 geschrieben; Practica criminalis, eine Theorie des Criminalprocesses; Quaestiones s. Disputationes; Solutiones contrariorum et brocardorum insolutorum a glossatore; eine Schrift: De excommunicatione. d) Jacobus Buttrigarius. Er war aus einer bolognesischen Familie um 1274 geboren, studirte jung unter unbekannten Lehrern und war schon 1293 Notar. Im J. 1307 bekleidete er eine besoldete Lehrstelle, wurde aber erst 1308 oder 1309 Doctor. Sein berühmter Schüler Bartolus erhielt von ihm den Doctorgrad. Nach dem Tode des Belvisio galt er als der erste der bolognesischen Rechtslehrer. Er starb 1348. Seine wichtigsten Schriften sind exegetischen Inhalts, nämlich: Lectura in Digestum vetus; Lectura in Codicem; über den Institutionentitel De actionibus; Quaestiones et Disputationes. e) Cinus. Sein Name ist gebildet aus dem Namen Guitto oder Guittone, welcher zuerst in das Diminutiv Guittoncinus, dann durch Abkürzung in Cinus verwandelt wurde. Er war 1270 zu Pistoja geboren. Gewiß ist, daß er 1300 in Bologna studirte. Seine Lehrer waren Dinus und Lambertinus de Ramponibus, sowie Franciscus Accursii. In Bologna wurde er Licentiat, wahrscheinlich zwischen 1299 und 1304. Im J. 1307 findet er sich als Assessor des Civilgerichts zu Pistoja. Im J. 1310 erscheint er als Assessor zu Rom. Er verließ dann Rom; in welchem Jahre, ist ungewiß. Von der Mitte des Jahres 1312 an wandte er sich dem wissenschaftlichen Leben zu und fing in dieser Zeit seinen Commentar über den Codex an, welchen er am 11. Juli 1314 vollendete. Fünf Monate nachher erhielt er, 44 Jahre alt, zu Bologna die Doctorwürde. Von dieser Zeit an scheint er sich stets dem Lehrfache gewidmet zu haben. Er lehrte abwechselnd zu Treviso, Siena, Perugia, Florenz. Im J. 1336 erscheint er zu Pistoja, wie es scheint, ohne öffentliches Amt. Er starb am 24. December 1336. Johannes Andreä war sein vertrauter Freund. Besonders stand er mit den großen Dichtern der damaligen Zeit, mit Dante und Petrarca, in freundschaftlichen Verhältnissen. Seine Schriften sind folgende: Lectura über den Codex; Lectura über das Digestum vetus; De successione ab intestato, ein kurzes System der Intestaterbfolge; Additiones, Zusätze zur Glosse im allen Theilen der Rechtsbücher; Consilia. f) Johannes Andreä. Sein eigener Name ist Johannes, Andreas der Name seines Vaters. Außerdem führt er noch, wiewol seltener, den Beinamen de S. Hieronymo aus besonderer Andacht zu diesem Heiligen. Er nennt sich selbst einen Bologneser; er war aber im Thale von Mugello bei Florenz bald nach 1270 geboren und seine Aeltern waren in seiner Kindheit nach Bologna gezogen. Außer den grammatischen Studien, welche er unter seinem als Lehrer der Grammatik zu Bologna angestellten Vater anfing und unter Bonifacius von Bergamo vollendete, ergab er sich einige Zeit unter der Leitung des Johannes von Parma dem Studium der Theologie. Im römischen Rechte unterrichteten ihn Martinus Syllimani und Richardus Malumbra. Er widmete sich aber vorzugsweise dem kanonischen Rechte. Als Professor der Decretalen kommt er 1302 in Bologna vor. Dann war er einige Jahre Professor in Padua, namentlich 1307 bis 1309. Gegen Ende des Jahres 1309 war er wieder in Bologna und blieb daselbst als Professor bis an seinen Tod am 7. Juli 1348. Er erwarb als Lehrer und Schriftsteller großen Ruhm, namentlich als Kanonist, sodaß kaum ein anderer Kanonist hierin mit ihm verglichen werden kann. Seine größeren Werke sind: Novella in Decretales, ein großer Commentar über die fünf Bücher der Decretalen; Glossa in Sextum, eine Glosse zum sechsten Buche der Decretalen; Novella in Sextum, eine vollständigere Glosse zu derselben Decretalensammlung; Quaestiones Mercuriales, Quästionen, worüber jedesmal an einer Mittwoche disputirt wurde; Glossa in Clementinas, die erste Glosse über diese Decretalensammlung, 1326 geschrieben; Additiones in Durantis speculum, besonders für den Proceß wichtig, geschrieben oder vollendet im J. 1346. Außerdem gibt es noch folgende kleinere Schriften von ihm: Summa de sponsalibus et matrimoniis; Summa de consanguinitate s. lectura arboris consanguinitatis; Ordo judiciarius s. processus juris; Summa super II libro Decretalium. g) Albericus de Rosciate. Er hat den Beinamen von seinem, zu dem Gebiete von Bergamo gehörigen, Geburtsorte. Seine Studien machte er in Padua, wo Richardus Malumbra und Oldradus seine Lehrer waren. Er wurde zwar Doctor, lehrte aber niemals, sondern lebte stets als Advocat in Bergamo. In spätern Jahren gab er seine Praxis auf, um in Ruhe seine exegetischen Werke schreiben zu können. Er starb 1354. Als Schriftsteller erhielt er großen Ruhm, weniger in den Schulen, als bei den Praktikern. Seine Schriften sind: Exegetische über die drei Digesten und den Codex; Opus Statutorum, eine Sammlung vieler Quästionen, welche sich auf Auslegung einzelner Stellen aus Stadtgesetzen beziehen; Dictionarium, ein planloses Werk, theils ein alphabetisch geordnetes Repertorium von Rechtsregeln, theils Worterklärung, theils Angabe von Stellen im Corpus juris civilis, worin ein gewisser Ausdruck vorkommt, enthaltend. h) Bartolus. Er war geboren zu Sassoferrato im Herzogthume Urbino im J. 1314. Er begann schon im 14. Jahre seines Alters das Studium der Rechtswissenschaft zu Perugia, wo Cinus mehre Jahre sein Lehrer war. Dann studirte er in Bologna, wo er vier bekannte Lehrer hatte: Butrigarius, Raynerius, Oldradus und Belvisio. Hier hielt er schon im 20. Jahre seines Alters Repetitionen und Disputationen, und erlangte im folgenden Jahre den Doctorgrad. Außer der Rechtswissenschaft trieb er noch manche andere Studien, z. B. Geometrie. Im J. 1338 erhielt er in Bologna eine Professur; doch kam diese Anstellung entweder nicht zum Vollzuge, oder war von ganz kurzer Dauer. Er bekleidete dann eine Assessorstelle in Todi, hierauf in Pisa. In Pisa fing er im Herbste 1339 an zu lehren, ungewiß, ob drei oder vier Jahre. Von 1343 finden sich zusammenhängende Nachrichten über sein Lehramt in Perugia. Er lehrte dort mit solchem Ruhme, daß er als der erste Rechtslehrer seiner Zeit galt; seine berühmtesten Schüler waren die Brüder Baldus und Angelus de Ubaldis. Er starb zu Perugia 1357. Sein großes Ansehen beschränkte sich auch nicht auf die Schule und auf das Lob der Schriftsteller, sondern es wurde vorzüglich in Gerichten, ja oft selbst in der Gesetzgebung anerkannt. So hatten seine Meinungen in Spanien lange Zeit gesetzliche Kraft; ebenso in Portugal. Auf der Rechtsschule zu Padua wurde ein eigener Lehrstuhl errichtet unter dem Namen: lectura textus, glossae et Bartoli. Die Schriften des Bartolus sind zuerst einzeln, von 1470 an, herausgegeben worden. Sie sind größtentheils exegetischen Inhalts. Die exegetischen Schriften erstrecken sich auf alle Theile des Corpus juris civilis. Dann sind vorhanden: Consilia, Quaestiones, Tractatus, letztere aus verschiedenen Theilen der Rechtswissenschaft. i) Zeitgenossen des Bartolus. aa) Rainerius de Forlivio. Er war geboren zu Forli zu Ende des 13. Jahrh. Im J. 1319 fing er an zu lesen. In Bologna bekleidete er 1324 die Lehrstelle des Digestum novum. Im J. 1338 wurde die Universität mit dem Banne belegt und daher vorübergehend unter seiner Leitung nach Castel S. Piero verpflanzt. Er nahm noch in demselben Jahre eine Lehrstelle in Pisa an, welche er bis 1344 behielt, in welchem Jahre er nach Padua berufen wurde, wo er bis an seinen Tod blieb. Er starb 1358. Seine Schriften sind folgende: Lectura zum Digestum vetus, Lectura zum Infortiatum, Lectura zum Digestum novum, Commentar zum Liber feudorum, endlich mehre kleinere Schriften. bb) Franciscus de Tigrinis. Er war zu Ende des 13. oder zu Anfange des 14. Jahrh. in Vico, einem Flecken des pisanischen Gebietes, geboren. Der Beiname bezieht sich auf die Familie, welcher er angehörte. In Pisa bekleidete er öfter die ersten Stadtämter; auch hat er dort eine Lehrstelle bekleidet. Dann wurde er zwischen 1345 und 1348 als Professor nach Perugia berufen. Dort blieb er bis 1355, wo er als Professor nach Pisa berufen, aber wegen Geldnoth 1359 wieder entlassen wurde. Er war sehr geachtet, durch seinen Charakter sowol, als durch seine Gelehrsamkeit. Seine berühmtesten Schüler waren Baldus und dessen beide Brüder, Angelus und Petrus. Von seinen Schriften haben sich nur Bruchstücke erhalten. Von seinen

Lecturen über die ordentlichen Rechtsbücher sind nur noch einzelne Stellen übrig. Auch haben sich von seinen Consilien mehre erhalten. cc) Wilhelmus de Pastrengo. Er war ein Veroneser, gebürtig aus Pastrengo, welcher größtentheils gleichzeitig mit Bartolus war, ihn aber hiernach überlebte; Schüler des Oldradus de Laude; Advocat und Notar in Verona. Merkwürdig durch Neuheit des Plans und durch umfassende Belesenheit ist sein Werk: De originibus rerum libellus, dessen wahrer Titel jedoch De viris illustribus ist. Der Haupttheil desselben ist ein allgemeines Gelehrtenlexikon. Es ist das erste, nicht unbedeutende, Verzeichniß der Juristen des Mittelalters. Dann enthält es auch ein Verzeichniß der Schriften der römischen Juristen. dd) Lucas de Penna. Er war in Civita di Penna in Abruzzo geboren und lebte um die Mitte des 14. Jahrh. Seine Lehrer waren Henricus Acconzaioccus und Simon de Borsano. Er studirte zu Neapel und erlangte daselbst 1345 den Doctorgrad. Lehrer scheint er nie gewesen zu sein, sondern er beschäftigte sich nur mit der Rechtspraxis, theils als Advocat, theils als Richter. Wichtig ist er durch seinen sehr ausführlichen Commentar zu den tres libri des Codex. Dieses Werk zeichnet sich vor allen ähnlichen dieses Zeitalters durch seine Methode und selbst durch seine Sprache aus. Insbesondere sucht er wirklich den Text der Rechtsquellen zu erklären, was die meisten Ausleger jener Zeiten gar nicht thaten. Noch werden ihm mehre andere Werke zugeschrieben. k) Baldus und die Familie Baldeschi. aa) Baldus. In Perugia war ein adeliges Geschlecht mit Namen de Ubaldis, später Baldeschi genannt. Aus diesem Geschlechte lebte daselbst im Anfange des 14. Jahrh. ein Lehrer der Medicin, Franciscus. Drei Söhne desselben, Baldus, Angelus und Petrus, erwarben als Rechtslehrer und Schriftsteller bedeutenden Namen, besonders Baldus. Sein Geburtsjahr ist wahrscheinlich auf 1327 zu setzen. Er studirte ungewöhnlich früh, sodaß er noch als Knabe den Bartolus durch einen Einwurf in Verlegenheit setzte und im 15. Jahre bereits eine Repetition halten konnte. Er selbst nennt drei Lehrer, welche er nach einander im römischen Rechte gehört habe: zuerst den Johannes Pagliarensis, dann den Franciscus de Tigrinis, zuletzt den Bartolus, der am meisten zur Entwickelung seines Geistes beigetragen habe. An einer anderen Stelle nennt er den Federicus Petrucius aus Siena als seinen Lehrer im kanonischen Rechte. Er hat theils in Pisa, theils in seiner Vaterstadt Perugia studirt. Im Herbste 1344 erhielt er in Perugia den Doctorgrad. Gleich darauf ging er nach Bologna, um daselbst als Lehrer aufzutreten. Er wechselte den Aufenthalt so oft, daß er nach einander acht Lehrstellen (drei an demselben Orte) bekleidete: in Bologna, Perugia, Pisa, Florenz, Perugia, Padua, Perugia, Pavia. Ueber ein halbes Jahrhundert war er in öffentlichen Lehrämtern angestellt. Mehr als die Hälfte dieser Zeit fällt allein auf seine Vaterstadt Perugia. Er starb zu Pavia am 28. April 1400 im 73. Altersjahre. Von seinen Schriften sind zu bemerken: Exegetische über die civilrechtlichen Quellen, namentlich über die drei Digesten, die Institutionen und den Codex mit Einschluß der tres libri; exegetische Schriften über die kanonischen Rechtsquellen, namentlich seine Lectura über die drei ersten Bücher der Decretalen; Consilia; größere Werke über den Proceß, namentlich seine sehr umfassenden Zusätze zu dem Speculum des Durantis; ferner ein System des Processrechts unter dem Titel: Practica oder Practica judiciaria; endlich Schriften über einzelne Gegenstände, meistens von geringerem Umfange. bb) Angelus. Er war Bruder des Baldus, wahrscheinlich 1324 geboren. Er begann seine Rechtsstudien 1345. Als seine Lehrer nennt er selbst: Franciscus de Tigrinis, Bartolus und seinen Bruder Baldus, welchen er oft und stets mit großer Verehrung anführt. Im 20. Jahre fing er an zu advociren, im 24. Jahre erhielt er den Doctorgrad und in demselben Jahre, also 1351, erhielt er schon eine Professur in Perugia. Von 1351 bis 1384 war er stets Professor in Perugia, nur mit kurzer Unterbrechung durch vorübergehende Aemter in anderen Städten. In Perugia brachen 1384 große Unruhen aus. Er floh aus der Stadt und wurde auf fünf Jahre abwesend nach Padua verbannt, wo er aber sofort eine ordentliche Professur erhielt und von 1384 bis 1386 lehrte. Schon 1386 kehrte er nach Toscana zurück und wurde Vicar des Bischofs von Arezzo. Weil er den Bann gebrochen hatte, so wurde 1387 derselbe von Neuem gegen ihn ausgesprochen. Im J. 1388 war er Professor zu Florenz und wahrscheinlich bald nachher Professor in Rom. Von da wandte er sich nach Bologna, wo er sicher von 1391 bis 1394 eine Lehrstelle bekleidete. Endlich wurde 1394 seine Verbannung aufgehoben. Er blieb nunmehr vier Jahre in der Vaterstadt, ging aber 1398 nach Florenz, wo er sich in diesem und dem folgenden Jahre aufhielt. Er starb 1407. Seine Schriften sind: Commentare über alle Theile des Corpus juris civilis, Consilia, Tractate über einzelne Rechtslehren, Disputationen und Repetitionen. cc) Die übrigen Baldeschi. Petrus, der jüngste Bruder des Baldus, war Lehrer des kanonischen Rechts zu Perugia. Auch von ihm sind mehre Schriften bekannt und gedruckt. Außerdem aber werden unter den Nachkommen der drei Brüder Viele genannt, welche theils als Rechtslehrer, theils als Schriftsteller einigen Namen erworben haben, und von Einigen derselben haben sich Schriften bis auf unsere Zeit erhalten, obgleich keiner aus diesem Geschlechte wieder zu besonderer Wichtigkeit gelangt ist.

XVI. Erste Hälfte des 15. Jahrh. 1) Bartholomäus de Saliceto. Er war geboren aus einer alten bolognesischen Familie, welche ihren Beinamen von der Villa Saliceto führt. Im J. 1363 wird er als Professor zu Bologna erwähnt, wo er auch noch 1370 vorkommt. In diesem Jahre wurde er aber entlassen, um jüngeren Lehrern Platz zu machen. Er wendete sich nun nach Padua, wo er bis 1374 lehrte, auch 1373 das neunte Buch seines Commentars zum Codex schrieb. Dann kehrte er in seine Vaterstadt zurück, wo er theils in wichtigen öffentlichen Geschäften, theils im Verzeichliste der besoldeten Professoren bis 1389 erwähnt wird. Er wurde, da er sich 1389 in eine Verschwörung eingelassen hatte, um die Stadt an Johann Galeaz Visconti zu übergeben, zwar verschont, entwich aber aus der Stadt, worauf die Verbannung und Confiscation seines Vermögens folgte. Er floh nach Ferrara und wurde dort 1391 Mitglied der neu errichteten Schule. Dann wurde er 1398 nach Bologna zurückberufen, aber schon 1399 wieder verbannt. Er ging nun nach Padua, wo er 1400 und 1401 als Rechtslehrer vorkommt. Im J. 1403 kehrte er in seine Vaterstadt zurück, in welcher er am 28. Dec. 1412 starb. Zu seinen Schülern gehören folgende bekannte Rechtslehrer: Fulgosius, Alvarottus, Petrus de Ancharano und Zabarella. Seine Schriften sind folgende: Commentar über den Codex, das ausgearbeitetste und umfassendste unter seinen Werken, über dessen Entstehung er selbst Nachricht gibt; Commentar zum Digestum vetus; Consilia, Repetitionen und eine systematische Abhandlung: De mora. 2) Raphael Fulgosius. Er war geboren 1367, aus einer alten angesehenen Familie in Piacenza. In frühen Jahren studirte er unter Bartholomäus de Saliceto in Bologna und unter Castellioneus. Schon 1389 war er Professor in Pavia. Im J. 1407 erhielt er eine Lehrstelle in Padua. Er starb 1427 zu Padua, 60 Jahre alt, in hohem Ansehen. Seine Schriften sind: Commentare über den Codex, über das Digestum vetus und novum und Consilia. 3) Johannes de Imola. Er war geboren aus einem angesehenen Geschlechte der Stadt Imola, mit Namen de Nicoletis. Sein Vater Nicolaus war schon früh nach Bologna gezogen. Er studirte zu Bologna, wo Franciscus Ramponus und Johannes de Lignano seine Lehrer waren. Nachdem er 1397 in beiden Rechten promovirt hatte, erhielt er 1399 und 1400 eine ordentliche Lehrstelle des kanonischen Rechts. Dann wurde er 1402 Professor in Ferrara, 1406 ordentlicher Professor der Decretalen zu Padua. Später war er, bestimmt von 1416 bis 1422, wieder in Bologna. Später, im J. 1430 findet er sich als Professor in Padua. Er starb 1436 zu Bologna. Berühmte Schüler von ihm sind: Marianus Socinus, Tartagnus, Ludovicus Romanus und Angelus Aretinus. Seine Schriften sind: Commentare über das Infortiatum und das Digestum novum, Commentare über die drei ersten Bücher der Decretalen, über die Clementinen und über den Liber sextus; Consilia und mehre kleinere Schriften. 4) Paulus de Castro. Er war geboren zu Castro. Seine Lehrer waren: Baldus in Perugia und Castellioneus, ungewiß, an welchem Orte. In Avignon erhielt er den Doctorgrad, fing auch da an zu lehren. Dann führte er ein sehr unstätes Leben. In Siena war er 1390 Professor. Ferner war er Professor in Avignon, wahrscheinlich von 1394 bis 1412. Endlich war er Professor in Padua, von 1429 bis an seinen Tod, welcher nach einer glaubwürdigen Angabe am 20. Juli 1441 erfolgte. Bedeutende Schüler von ihm sind: Cäpolla, Tartagnus und Mincuccius. Seine Schriften bestehen hauptsächlich in Exegese der Rechtsquellen, namentlich in Vorlesungen über die drei Digesten und den Codex, außerdem gibt es Consilia in drei Theilen. 5) Antonius Mincuccius. Er war 1380 zu Pratovecchio in Toscana geboren. Sein Vater hieß Marcus, die Familie Mincucci, sodaß sein Name vollständig so lautete: Antonius de Mincucciis de Pratovetere, gewöhnlich aber von ihm selbst und Anderen, nach der Sitte der Zeit, geschrieben wurde: Antonius de Pratovetere. Den ersten Unterricht erhielt er in der Vaterstadt; mit 20 Jahren ging er nach Florenz, um alte Sprachen und Philosophie zu studiren. Seine juristischen Lehrer waren: Florianus de S. Petro in Bologna und Paulus de Castro, ungewiß, in welcher Schule. Um 1410 erhielt er eine Lehrstelle in Bologna, erwarb aber erst 1424 daselbst den Doctorgrad im römischen Rechte. Er kommt dort 1428 als Professor vor, aber auch in der Zwischenzeit bis 1433 als Professor zu Padua und zu Siena. Im J. 1438 war er wieder Professor in Bologna, wurde in demselben Jahre Doctor des kanonischen Rechts und erscheint von 1440 an bis zu seinem Tode ununterbrochen in dem Verzeichnisse der dortigen Professoren. Im J. 1468 wurde er, weil zwei seiner Söhne sich eines Mordes schuldig gemacht hatten, mit seinem ganzen Geschlechte aus der Stadt verbannt und starb noch in demselben Jahre, 88 Jahre alt. Seine Schriften sind: Commentare über die Rechtsbücher, namentlich über die drei Digesten; Consilia; Tractatus quartarum; Repertorium Bartoli, ein Sachregister zu Bartolus; Repertorium Baldi, ein ähnliches zu Baldus; eine Ueberarbeitung der Libri feudorum, welche Arbeit allein seinen Namen auf unsere Zeiten gebracht hat; kleine Aufsätze über das Lehnrecht und Singularia Cini.

XVII. Zweite Hälfte des 15. Jahrhunderts. 1) Alexander Tartagnus. Er war geboren zu Imola, weshalb er am häufigsten unter dem Namen Alexander de Imola angeführt wird. Der Vater hieß Antonius, das Geschlecht de Tartagnis. Aus der Grabschrift folgt das Geburtsjahr 1424 (vielleicht 1423). Dies ist aber auffallend. Denn als seine bedeutendsten Lehrer werden genannt: Johannes de Imola, Johannes de Anania, Angelus Aretinus, Paulus de Castro. Da nun der erste unter diesen schon 1436 starb, so müßte Tartagnus da erst zwölf Jahre alt gewesen sein. Er promovirte zu Bologna 1445. Von 1450 an bekleidete er stets Lehrämter an verschiedenen Rechtsschulen, zu Pavia 1450 und 1451, zu Bologna von 1451—1457, zu Ferrara von 1457—1461, zu Bologna von 1461—1467, zu Padua von 1467—1470, zu Bologna 1470—1477, das heißt bis an seinen Tod. Bedeutende Schüler von ihm sind: Jason, Bartholomäus Socinus, Bologninus, Lancellottus Decius. Seine Schriften sind: Exegese über das römische Recht, bestehend aus nachgeschriebenen Collegienheften über die drei Digesten und den Codex, sowie Zusätze (apostillae) zu den Commentaren des Bartolus; Exegese über das kanonische Recht, bestehend in Commentaren zu den Decretalensammlungen; Consilia; endlich kleinere Arbeiten. 2) Bartholomäus Cäpolla. Er war gebürtig aus Verona. In Bologna studirte er unter Angelus Aretinus und Paulus de Castro, und erhielt 1446 den Doctorgrad. Dann war er 1450 Professor in Ferrara und von 1458 an Professor in Padua. Um 1466 hielt er sich in Rom auf, kehrte aber bald wieder nach Padua zurück, wo er 1470 zweiter und 1474 erster Professor des Civilrechts wurde und 1477 starb. Seine Schriften sind: Dogmatische Monographien, namentlich De servitutibus urbanorum praediorum, De servitutibus rusticorum praediorum, De usucapione, De simulatione contractuum; ferner praktische Schriften, namentlich Consilia und ein Tractatus cautelarum. 3) Johannes Baptista Caccialupus. Sein Familienname ist de Caccialupis; er führt aber auch den Beinamen von seiner Vaterstadt S. Severino in der Mark Ancona. Er begann 1441 zu studiren unter Angelus de Periglis und Johannes Petrucii a Monte Sperello. Hiernach ist er wahrscheinlich bald nach 1420 geboren. Er war Professor in Siena. Sein Schüler Bartholomäus Socinus rühmt ihn sehr. Die Zeit seines Todes ist unbekannt. Seine Schriften sind: De modo studendi, geschrieben zu Siena 1467; De pactis in 14 Quästionen; mehre Repetitionen und viele kleine Schriften. 4) Franciscus de Accoltis. Er gehörte zur adeligen Familie de Accoltis; gewöhnlich heißt er aber nach seiner Vaterstadt Franciscus Aretinus. Er war Philolog und Jurist. Er war geboren gegen 1418. Sein juristischer Lehrer war Minuccius. Er widmete sich dem Lehrstande und wechselte seinen Aufenthalt sehr oft. Er lehrte in Bologna, Ferrara, Siena, von 1457 an wieder in Ferrara. Im J. 1461 bis 1466 stand er in Diensten des Franz Sforza zu Mailand. Im J. 1460 wurde er Professor in Siena, wo er bis 1479 blieb. Im J. 1479 wurde er nach Pisa berufen und blieb dort bis an seinen Tod, der in die Zeit vom November 1486 bis zum März 1488 fällt. Er galt für den ersten Juristen seiner Zeit, wird aber daneben groß genannt in allen Wissenschaften und Künsten, in Philosophie, Musik, Poesie, selbst in der Theologie. Schriften sind: Commentare über die drei Digesten und den Codex, bestehend aus nachgeschriebenen Vorlesungen; Commentare über die Decretalen; Consilia und kleinere Arbeiten. 5) Die Familie Socini. In Siena lebte ein altes, edles Geschlecht, mit Namen Socini, aus welchem kurz nach einander mehre Mitglieder zu bedeutendem Rufe gelangten. Marianus der Aeltere war 1401 geboren und starb 1467. Er lehrte an seiner vaterländischen Universität. Seine Schriften über die Decretalen, Consilia und einige kleinere Arbeiten sind nicht von großer Bedeutung. Bartholomäus Socinus, Sohn des Vorigen, war zu Siena 1436 geboren. Er studirte in Siena unter seinem Vater und Thomas Docius, in Bologna unter Tartagnus und Barbatia, in Pisa unter Franciscus Aretinus. Zuerst lehrte er in Siena, sicher 1471, wahrscheinlich auch schon viel früher. Dann wurde er 1471 nach Ferrara berufen, mit einem Contracte auf drei Jahre, den er aber schon nach zwei Jahren brach. Aus Ferrara entwich er heimlich 1473, hielt Disputationen in Padua, Pavia, Turin und begab sich nach Pisa. Darauf bekleidete er von 1473 bis 1494 ein Lehramt in Pisa, jedoch mit Unterbrechungen. Im J. 1494 verließ er Pisa für immer. Von 1492—1498 war er Professor in Bologna, von 1498—1501 Professor in Padua, von 1501 an wieder Professor in Bologna. Als er hier drei Jahre gelehrt hatte, wurde er stumm; sein Neffe, der jüngere Marianus, brachte ihn nach Siena, wo er noch drei Jahre lebte und 1507 starb. Als Lehrer genoß er den größten Ruhm und der Beifall war so ausgebreitet, daß 500 Scholaren von ihm den Doctorgrad erhalten haben sollen. Seine Schriften sind: Exegese des römischen Rechts, bestehend in Arbeiten über die ordentlichen Rechtsbücher, auch einem Commentar über die erste Hälfte der Institutionen; ferner Consilia. Marianus Socinus der Jüngere, Brudersohn des Vorigen, war zu Siena 1482 geboren, studirte in Bologna unter seinem Oheime und wurde daselbst mit 21 Jahren Doctor. Er war nach einander Professor in Siena, Pisa, wieder in Siena, Padua, Bologna. In Bologna starb er 1556. In Bologna war er Nachfolger von Alciatus; zwei berühmte Schüler von ihm waren Antonius Augustinus und Pancirolus. Unter seinen Schriften sind besonders seine Consilien zu bemerken. 6) Ludovicus Bologninus. Er war geboren zu Bologna 1447 aus einer angesehenen edlen Familie. Nachdem er unter Tartagnus studirt hatte, erhielt er 1469 den Doctorgrad im römischen und 1470 im kanonischen Rechte. Von 1469 an kommt er in dem Verzeichnisse der Rechtslehrer seiner Vaterstadt vor; aber dieses Lehrerverhältniß wurde öfters auf längere Zeit unterbrochen. So war er 1473 und 1474 Professor in Ferrara. In Florenz verwaltete er mehre Jahre lang öffentliche Aemter. Er starb zu Florenz auf der Rückreise von Rom 1508. Seine Schriften sind unbedeutend. Es gehören dahin Auslegungen vieler Stellen des römischen Rechts; ferner Consilia und einige Arbeiten im kanonischen Rechte. Einige Wichtigkeit geben ihm seine Entwürfe für die Kritik der Rechtsquellen. Er war zwar einer solchen Arbeit nicht gewachsen und hat auch dabei kein wahres Verdienst; allein seine Sammlungen haben auf die Quellenkritik zufällig großen Einfluß gehabt. 7) Lancellotus und Philippus Decius. In Mailand lebte eine Familie aus dem Landadel, welche von ihrem Stammorte den Zunamen de Decio oder Dexio führte. Tristan de Decio, welcher am mailändischen Hofe lebte, hatte zwei Söhne, Lancellotus und Philippus. Der älteste Sohn, Lancellotus, wurde für die Rechtswissenschaft erzogen. Nachdem er unter Tartagnus studirt hatte, wurde er 1464 Professor in Pavia, 1473 in Pisa, von wo er 1483 nach Pavia zurückkehrte. Dort blieb er bis zu seinem im J. 1503 erfolgten Tode. Mehre seiner Schriften sind noch erhalten, namentlich Commentare über das Digestum vetus, Infortiatum und den Codex. Philippus Decius, der jüngste Sohn Tristan's de Decio, zu Mailand 1454 geboren, wurde von seinem Vater zum Hofleben bestimmt. Als er 17 Jahre alt war, brach in Mailand die Pest aus; er flüchtete zu seinem Bruder nach Pavia und entschloß sich auf dessen Zureden zum Rechtsstudium. Außer dem Bruder waren auch Jason und Jacobus Puteus seine Lehrer. Im J. 1473 begleitete er seinen Bruder nach Pisa; dort erwarb er 1476 den Doctorgrad und wurde daselbst unmittelbar darauf Professor der Institutionen. Er blieb in Pisa bis 1484 und nahm eine Lehrstelle in Siena an, wo er Professor des kanonischen, dann des römischen Rechts von 1484—1487 war. Es fällt jedoch in diese Zeit eine große Unterbrechung, indem er nach Rom ging, dort zum Auditor der Rota designirt wurde und die niederen Weihen empfing. Der Priesterstand sagte ihm aber nicht zu; er gab die Stelle auf und kehrte zur Professur nach Siena zurück. Er wurde 1487 von Neuem Professor in Pisa, und blieb in dieser Stelle bis 1501. In diesem Jahre nahm er einen Ruf als Lehrer des kanonischen Rechts nach Padua an, wo er vier Jahre blieb. Im J. 1505 wurde er als Professor nach Pavia berufen für das kanonische Recht und blieb dort bis 1512. Papst Julius II. excommunicirte ihn. Er wurde Parlamentsrath in Grenoble und mit Beibehaltung seiner Parlamentsstelle Professor in Valence. Nach dem Tode von Julius II. 1513 hob Papst Leo X., vormals Schüler des Decius, den Bann wieder auf. Decius erhielt seine alte Professur in Pavia wieder, sowie auch die Curatel der Universität. Im J. 1517 nahm er eine Anstellung für römisches Recht in Pisa an. Ueber seinen dortigen Aufenthalt reichen die sicheren Nachrichten bis 1525. Von 1528 findet er sich in Siena als Professor. Er starb nach 1536, wo er zuletzt erwähnt wird. Seine Schüler waren: Papst Leo X., Cäsar Borgia, der Geschichtschreiber Guicciardini, von Juristen aber: Johannes Corasius und Aemilius Ferretus. Den großen Ruhm, welchen er genoß, verdankt er weniger seinen Schriften, als seiner Gewandtheit und Ueberlegenheit im Disputiren. Von seinen Schriften sind bekannt: Commentar zum Digestum vetus und zum Codex; Commentar zum Pandectentitel: De regulis juris; Commentar über die Decretalen; endlich Consilia, 700 an der Zahl und von ihm selbst gesammelt. 6) Jason. Andreotus de Mayno, ein vornehmer Mailänder, war nach Pesaro verbannt worden, wo ihm 1435 ein unehelicher Sohn, Jason, geboren wurde; bald nachher scheint er in seine Vaterstadt zurückgekehrt zu sein. Jason studirte in Pavia; seine Lehrer waren Tartagnus, Jacobus Puteus und Hieronymus Tortus. Als Lehrer trat er zuerst in Pavia auf und dieses Amt bekleidete er von 1467 bis 1485. Darauf war er von 1485 bis 1488 Professor in Padua. Am 5. Jan. 1489 ging er als Professor nach Pisa und blieb daselbst bis zum Herbste desselben Jahres, wo er als Professor nach Pavia ging. Dort brachte er den übrigen Theil seines Lebens zu. Er starb 1519, 84 Jahre alt. Sein bedeutendster Schüler war Alciatus. Er hatte mehr Fleiß, als Genie; indem er aber die Meinungen der Schriftsteller mit großer Sorgfalt sammelte und mit Ordnung und Klarheit darstellte, wurden seine Vorlesungen und die daraus hervorgegangenen gedruckten Werke wegen ihres reichen brauchbaren Materials sehr hoch geschätzt. Er bildet gleichsam den Schlußstein der alten Zeit. Die meisten und wichtigsten seiner Schriften sind exegetischen Inhalts. Es existiren von ihm Commentare zu den drei Digesten und zum Codex. Außerdem sind noch zu bemerken: Consilia, eine Schrift: De actionibus und Apophthegmata s. Singularia juris.

XVIII. Die Vorboten einer neuen Schule. Im 16. Jahrh. ist die Rechtswissenschaft durch eine ganz neue Behandlung, insbesondere durch die früher mangelnde Verbindung von Philologie und Geschichte mit derselben, völlig umgearbeitet worden. Das große Verdienst der neuen Methode bestand also in der Befreiung der Wissenschaft von den Fesseln, in welche sie vorzüglich durch die Tradition der Rechtsschulen gerathen war. Eine solche Befreiung, welche nothwendig mit einer tieferen Begründung der Wissenschaft verbunden sein mußte, konnte sowol von der historischen als von der philosophischen Seite her versucht werden; in Folge des Zusammentreffens vieler Umstände jedoch ging die heilsame, erneuernde Einwirkung fast ausschließend von der historischen Seite aus. Lange Zeit indessen, ehe die große Reform kräftig eingreifend begann, zeigten sich zahlreiche Vorboten derselben in einzelnen Aeußerungen und selbst in ausgeführten Arbeiten, welche ganz von demselben Geiste beseelt waren, welcher im 16. Jahrh. so große Wirkungen hervorbrachte und nur unbeachtet und ohne Einfluß blieben, weil die Zeit der Reife noch nicht gekommen war. Diese Vorboten des großen Jahrhunderts der Rechtswissenschaft sind nun zusammenzustellen. Um aber jene Vorboten der neuen Zeit von denjenigen zu sondern, welche selbst schon dieser Zeit angehören, muß ein Anfangspunkt dafür festgesetzt werden. Nun sind es zwei Männer, welche als Stifter und Führer der neuen Schule angesehen werden können: Alciatus in Italien und Frankreich, Zasius in Teutschland. Die ersten Schriften, worin die neue Methode erscheint, fallen in das zweite Jahrzehnt des 16. Jahrh. Alle Arbeiten einer früheren Zeit gehören also unter die hier anzugebenden Arbeiten, wobei jedoch nicht streng nach den Druckjahren der Bücher gerechnet werden darf. 1) Ambrosius Camaldulensis. Er war geboren zu Portico bei Forli 1386 aus der edlen Familie Traversari, Schüler des Chrysoloras. In Florenz wurde er 1400 Camaldulenser und lebte daselbst über 30 Jahre lang den Wissenschaften, in Verbindung mit den ausgezeichnetsten Männern seiner Zeit. Dann wurde er 1431 Ordensgeneral. Er starb 1439. Hierher gehört er wegen einer Stelle in seinen Briefen. Er gibt darin einem angehenden Juristen Rath über seine Studien und spricht über die Nothwendigkeit unabhängiger Quellenstudien, über die Trefflichkeit dieser Quellen als eines wichtigen Theils der alten Literatur und über die Barbarei seiner juristischen Zeitgenossen, ganz so, wie man es sonst nur ein volles Jahrhundert später zu lesen gewohnt ist. 2) Nicolaus Nicoli. Ein berühmter Florentiner, Zeitgenosse des Vorigen. Er gehört hierher, weil er für den Venetianer Franciscus Barbarus die griechischen [illegible]stellen aus der florentinischen Handschrift abzuschreiben versuchte, wovon er damals durch die großen, dem Gebrauche der Handschrift in den Weg gelegten Schwierigkeiten abgehalten wurde. Es ist merkwürdig als die erste Nachricht einer auf die florentinische Handschrift gerichteten Thätigkeit, seitdem die Liebe zur alten Literatur erwacht war. 3) Maphäus Vegius. Er war geboren zu Lodi, studirte zu Pavia und beschäftigte sich hauptsächlich mit italienischer Poesie, dann aber mit der Rechtswissenschaft. Nachdem er einige Jahre in Pavia gelehrt hatte, kam er nach Rom, wo er ansehnliche Stellen bekleidete. Er starb 1458. Als er noch nicht lange die Rechtswissenschaft studirt hatte, faßte er mit lebhaftem Geiste die Rechtsquellen ebenso, wie Ambrosius, von der philologischen Seite auf. Er schrieb auch sogleich ein Werk in diesem Sinne, ein juristisches Lexikon (De verborum significatione). Das Buch selbst hat keinen besondern Werth. Es enthält blos eine Anzahl Worterklärungen aus den Pandekten, ohne Plan und Auswahl zusammengestellt und in alphabetischer Ordnung ohne eigene Verarbeitung abgedruckt. Es ist jedoch merkwürdig als das erste Buch überhaupt, welches über die Rechtswissenschaft von diesem Standpunkte aus jemals unternommen worden ist; noch merkwürdiger aber durch die voranstehende Zueignung an den Erzbischof von Mailand. In dieser wird dieselbe Ansicht, wie in dem Briefe des Ambrosius, dargelegt, nur noch bestimmter und vollständiger; insbesondere wird hier zuerst in harten Ausdrücken nicht nur die ganze Schule des Mittelalters verachtet, sondern selbst Tribonian getadelt, weil er die Schriften der classischen Juristen entstellt und verdorben habe. 4) Laurentius Valla. Er war zu Rom kurz vor 1400 geboren. Er gehörte zu den thätigsten Wiederherstellern der alten Literatur und starb 1457 in Rom. Er zog auch die Rechtsquellen in den Kreis seiner Sprachforschungen. Dies geschah besonders in seinen: Elegantiae latinae linguae libri sex. Ein ganzer Abschnitt dieses Werks (Lib. 6. C. 36—64) enthält lexikographische Bemerkungen über Stellen des alten Rechts, theils zur Feststellung des Sprachgebrauchs, theils indem er selbst die Sprache der alten Juristen seiner Kritik und seinem Tadel unterwirft, worüber er später häufig von Juristen angegriffen worden ist. 5) Angelus Politianus. Er war 1454 zu Montepulciano geboren, lebte meistens in Florenz und starb dort 1494. Von seiner großen Wirksamkeit ist nur die in Bezug auf die Rechtswissenschaft zu erwähnen. Er war nicht Jurist; nicht blos in dem Sinne, daß er weder juristischer Schriftsteller noch Lehrer war, sondern er hatte die eigentliche juristische Sachkenntniß weder gesucht, noch erworben. Da er aber Philolog im großartigsten Sinne war und ihm alle handwerksmäßige Beschränktheit zuwider war, so waren ihm die Quellen des römischen Rechts wichtig als ein bedeutender Theil der alten Literatur; er wollte aus ihnen schöpfen, was daraus für den lateinischen Sprachschatz gewonnen werden konnte, und wollte ihnen diesen Dienst wieder vergelten durch kritische Reinigung, wie sie nur durch Hilfe der Philologie geleistet werden konnte. So erklärt er sich selbst über dieses Verhältniß. Mehre Stellen seiner gedruckten Schriften haben Beziehung auf die Rechtswissenschaft. Es gehören hierher a) Beschreibung der florentinischen Pandektenhandschrift (Miscell. C. 41. Epist. Lib. 10. ep. 4); b) Aufzählung der alten Juristen aus dem Index Florentinus (Epist. Lib. 5. ep. 9); c) Emendation der Constitutio Omnem und mehrer Pandektenstellen aus der florentinischen Handschrift (Miscell. C. 93. 78. 82. 95. 41. Epist. Lib. 11. ep. 25); d) Benutzung der Pandekten für Orthographie (Miscell. C. 77); e) Ueber die Paraphrase des Theophilus (Miscell. C. 84. Epist. Lib. 10. ep. 4). Ungleich wichtiger aber sind seine unvollendeten Entwürfe, wovon jedoch ein Theil in Handschriften aufbewahrt ist. Erstens wollte er einen Commentar über die Rechtsquellen schreiben, nicht einen juristischen, sondern einen philologischen, dessen Inhalt also auf Kritik des Textes, Erklärung der Rechtsquellen aus den Classikern und Benutzung der Rechtsquellen für philologische Zwecke beschränkt geblieben wäre. Zweitens wollte er eine kritische Ausgabe der Rechtsquellen bearbeiten und dazu Rath und Hilfe des Bartholomäus Socinus benutzen. In seinen Schriften findet sich eine genauere Darlegung des Planes dieser kritischen Arbeit nicht. Dagegen haben sich seine in nicht geringem Umfange gesammelten Materialien handschriftlich erhalten[64]. Sie beziehen sich meistens auf den Plan der Ausgabe, einige auch auf den Commentar. Seinen ganzen Apparat schrieb er an den Rand der drei Digesten, welche er in verschiedenen Ausgaben besaß. Das erste, was dabei auffällt, ist die große Unvollständigkeit der gesammelten Varianten. Am vollständigsten sind die griechischen Stellen aus der Florentina mitgetheilt. Die Collation ist aber nicht blos unvollständig, sondern selbst nicht immer zuverlässig. Diese Materialiensammlung hat in der Folge nicht geringe Verbreitung erhalten, meistens nur durch die zweite Hand. Bologninus benutzte sie ohne Kenntniß und Urtheil, schrieb sie großentheils ab und seine Sammlung blieb in der von ihm gestifteten Klosterbibliothek in Bologna. Daraus wurden zuerst florentinische Varianten mitgetheilt durch das Digestum vetus Lugd. Franc. Fradin. 1510. 19. Jul. fol. Weit vollständiger war diese Mittheilung in der Pandektenausgabe des Haloander. (Norimb. 1529. 4.) Dieser hat auch wol nur die Materialien des Bologninus vor Augen gehabt. Später hat wahrscheinlich Alciatus die Sammlung des Bologninus benutzt. Antonius Augustinus dagegen hat die Papiere des Bologninus und Politianus, aber auch die florentinische Handschrift unmittelbar benutzt. 6) Pomponius Lätus. Er war geboren in Calabrien 1428. Sein eigentlicher Name war Julius; den Namen Pomponius Lätus nahm er erst später an. Er lebte meistens in Rom, wo er eine öffentliche Lehrstelle bekleidete, und starb 1498. Er war Schüler des Valla. Seine Schrift:

64) Genaue Nachricht darüber gibt Savigny a. a. O. S. 379 fg.

De Romanis magistratibus, Sacerdotiis, Jurisperitis et legibus, ist merkwürdig als der erste, freilich sehr dürftige Versuch rechtsgeschichtlicher Zusammenstellung. 7) Aymarus Rivallius. Aymar du Rivail Seigneur de la Rivalière, war der Sohn von Guy du Rivail, Präsidenten zu S. Marcellin in Dauphiné. Er war bald nach der Mitte des 15. Jahrh. geboren, bekleidete die Stelle eines Parlamentsrathes in Grenoble, und lebte, wie sich aus seinen Schriften ergibt, noch 1535. Von seinen Schriften gehört hierher nur: Civilis historiae juris s. in XII Tab. Leges commentariorum libri quinque; Historiae item Juris Pont. liber singularis. Das Werk besteht aus fünf Büchern: a) Geschichte der Könige; b) Volksbeschlüsse, darin besonders die zwölf Tafeln restituirt und commentirt; c) Senatusconsulta und Edicte; d) Kaisergeschichte; e) Uebersicht der alten Juristen. Es ist der erste Versuch einer Rechtsgeschichte. Das Buch gründet sich auf L. 2. D. de origine juris und schließt sich dieser Stelle auch in der Ordnung an. Die Arbeit über die zwölf Tafeln nimmt den größten Theil des Werks ein und er ist der erste, welcher eine Restitution dieses Gesetzes versucht hat, freilich sehr unkritisch. 8) Aelius Antonius Nebrissensis. Der Beiname deutet auf seinen Geburtsort Lebrixa oder Lebrija in Andalusien. Er war 1442 geboren, studirte erst in Salamanca, dann in Bologna und wurde später in seinem Vaterlande der Wiederhersteller humanistischer Studien. Am längsten war er Professor in Salamanca, zuletzt Professor in Alcala, wo er 1522 starb. Von seinen vielen Schriften gehört folgendes Werk hierher: Aenigmata juris civilis ab Ant. Nebrissensi edita. Magistratuum Rom. nomina a Pomponio Laeto. Ejusdem Ant. Nebr. Observationes quaedam. Ciceronis Topica ad Jus Civile accommodata. Fol. — Am Schlusse steht: explicitum Salmanticae idibus Octobris Anno MDVI. Voran steht Cicero's Topik, dann folgt die eigene Arbeit des Nebrissensis. Später ließ man die Topik des Cicero weg und druckte blos die eigene Arbeit ab, unter einem Titel, welcher sich auf den Haupttheil derselben bezieht. Der Haupttheil der ganzen sehr unbedeutenden Arbeit ist ein kleines Lexikon von Wörtern, welche in den Rechtsquellen vorkommen; sehr unvollständig und planlos. Die Observationes juris sind wol kein eigenes Werk, sondern vermischte Bemerkungen, auf wenigen Blättern hinter dem Lexikon abgedruckt. 9) Alexander ab Alexandro. Er war geboren zu Neapel 1461, Schüler des Philelphus, von früher Jugend an Advocat zu Neapel. Später gab er die Advocatur auf. Er starb zu Rom 1523. Sein nachher so berühmt gewordenes Werk führt den Titel: Genialium dierum libri sex; es ist zuerst gedruckt: Romae 1522. fol. Es hat fast einen ähnlichen Plan, wie die Noctes Atticae des Gellius und enthält, wie dieses Werk, eine Menge von Untersuchungen über Grammatik und Alterthumskunde. Der hierher gehörige juristische Theil jener Untersuchungen behandelt unter andern mehre Pandektenstellen, hauptsächlich von Seiten der Sprachkunde. Das Wichtigste aber ist der darin enthaltene Versuch einer Herstellung der zwölf Tafeln, worin die Mehrzahl der echten Fragmente aufgenommen und nur wenige unechte beigemischt sind. 10) Petrus Aegidius. Er war zu Antwerpen 1486 geboren, Schüler des Erasmus, Stadtschreiber in seiner Vaterstadt seit 1510 und starb daselbst 1533. Hierher gehört er, weil er zuerst ein Stück des vorjustinianeischen Rechtes herausgegeben hat; freilich nur ein Stück aus dritter Hand, nämlich eine der mehren Summen oder Bearbeitungen, wodurch im Mittelalter das westgothische Breviarium von Neuem abgekürzt wurde. Diese Ausgabe ist 1517 erschienen. 11) Pius Antonius Bartolinus. Von ihm ist Nichts bekannt, als was aus einer Schrift hervorgeht, welche er unter folgendem Titel herausgab: Corriguntur in hoc opusculo LXX loca in Jure civili et Septem legum novae et verae sententiae aperiuntur, s. l. et a. 4. Die Schrift ist zugeeignet „Joanni Francisco Aldrovando, praeclarae reipublicae Bono, sexdecemviro ornatissimo.“ Da nun Aldrovandus das erwähnte Amt von 1488 bis 1506 bekleidete, so muß die Schrift zu Ende des 15. oder zu Anfang des 16. Jahrh. geschrieben sein. Die Emendationen gründen sich nur auf Conjecturen und sind materiell nicht erheblich, da das Meiste, was er zur Sprache bringt, seitdem durch die florentinische Pandektenhandschrift ohnehin beseitigt ist. Auf die 70 Emendationen folgen noch Interpretationen zu sieben Stellen und zuletzt eine kurze Uebersicht der Kaisergeschichte. 12) Bartholomäus Raimundus. Von ihm hat sich nur die Nachricht erhalten, daß er etwa gegen Ende des 15. Jahrh. mit einer kritischen Ausgabe der Pandekten, sowie mit der Erklärung, wahrscheinlich im Sinne der sich bildenden philologischen Schule beschäftigt war. 13) Nicolaus Everardi. Er war 1462 zu Grijpskerk bei Middelburg in Seeland geboren, studirte zu Löwen und erhielt 1493 den Doctorgrad. Zuletzt war er, nachdem er mehre Justizstellen bekleidet hatte, Präsident des höchsten Gerichtshofs zu Mecheln, wo er 1532 starb. Von ihm ist ein merkwürdiges Werk vorhanden unter dem Titel: Topica s. de locis legalibus, zuerst gedruckt: Lovan. 1516. fol., dann in vielen neueren Ausgaben. Es ist eigentlich eine sehr in das Materielle eingehende juristische Dialektik, worin er die wichtigsten bei den Juristen vorkommenden Argumentationen kritisch untersucht und die Grenzen ihres zulässigen Gebrauchs festzustellen sucht. Voran stellt er eine Einleitung unter dem Titel: Praeambula, worin er die allgemeine Theorie des juristischen Argumentirens aufstellt. In dem speciellen Theile hatte er Anfangs 100 loci aufgestellt, welche er in spätern Ausgaben bis auf 131 vermehrte. Das Buch ist merkwürdig als ein ganz eigenthümlicher Versuch, die hergebrachten Schranken der Rechtswissenschaft durch freies Denken zu durchbrechen. Auch er geht bei diesem Versuche vom Alterthume aus, indem er, nach seiner eigenen Angabe, hauptsächlich nach Cicero, Boethius und Quintilian gearbeitet hat. Allein er benutzt die Alten zur Anregung des philosophischen Denkens und unterscheidet sich durch diesen

Weg von allen anderen in diesem Abschnitte zusammengestellten Reformatoren. Jedoch war sein Verfahren nicht darauf gerichtet, den geschichtlichen Stoff der Rechtswissenschaft zu zerstören, sondern vielmehr zu reinigen und zu vergeistigen. Hätte er Nachfolger auf diesem Wege gefunden, so wäre er der Stifter einer neuen Schule geworden, welche bei einem gleich besonnenen Streben, wie es in ihm erscheint, einen wohlthätigen Gegensatz gegen die ausschließende Richtung der Humanisten gebildet haben würde. Er blieb aber allein, und so verdient sein Werk nur als ein origineller Versuch Auszeichnung, welcher jedoch in die Geschichte der Wissenschaft nicht wirksam eingegriffen hat. Sucht man für sein Werk eine Verwandtschaft in der Zeit der Glossatoren, so bieten sich die Brocarda als Anknüpfungspunkt dar, jedoch so, daß er in dieser Vergleichung den großen Vorzug kritischer Untersuchung und Feststellung hat, anstatt daß in der Brocarda lediglich die zufällig wahrgenommenen Regeln, oft auf oberflächlichen Schein hin, zusammengestellt wurden.

XIX. Schlußbemerkungen. Schließlich ist noch ein Rückblick auf die vergangene Zeit und ein Blick in die Zukunft zu werfen. Für die vergangene Zeit ist schon oben in einer kurzen Uebersicht zusammengefaßt worden, was bis zur Mitte des 13. Jahrh. durch die Anstrengungen der Rechtslehrer für die Rechtswissenschaft hervorgebracht worden ist. An diese Uebersicht schließt sich die gegenwärtige, für einen späteren Zeitraum bestimmte, an. Allerdings war von dieser späteren Zeit, mit wenigen Ausnahmen, auch noch dasjenige in Handschriften zugänglich, was die frühere hervorgebracht hatte. Allein es konnte nicht fehlen, daß Vieles aus dem früheren Zeitraume allmälig weniger beachtet, Vieles auch durch neuere Erscheinungen gradezu verdrängt wurde, und es ist daher bemerkenswerth, welche der älteren Arbeiten sich auch später fortwährend in Ansehen erhalten haben. 1) Exegese der Rechtsquellen. Die Grundlage derselben bildete nunmehr die Glosse des Accursius, welche ein ganz quellenmäßiges Ansehen erlangt hatte, und durch diese waren die einzelnen Glossen seiner berühmten Vorgänger vollständig in Vergessenheit gerathen. Dagegen hatten noch neben der Glosse die exegetischen Arbeiten vieler neuerer Rechtslehrer großes Ansehen, wenngleich in verschiedenem Grade, erworben. In erster Linie stehen unter diesen: Cinus, Albericus, Bartolus, Baldus und Jason; in zweiter: Salicetus, Fulgosius, Paulus Castrensis, Tartagnus, Franciscus Aretinus und Philippus Decius. 2) Dogmatische Arbeiten. Ein entscheidendes Kennzeichen des Verfalls der Rechtswissenschaft war, wie schon früher bemerkt ist, daß die ausgebildeten und mannichfaltigen Bücherformen, wozu die frühere Zeit den Grund gelegt hatte, anstatt weiter geführt zu werden, verschwanden und einer gestaltlosen Einförmigkeit wichen. Der geistige Werth dieser spätern Zeit, verglichen mit der früheren, erscheint aber besonders deshalb geringer, weil die systematische Bearbeitung der Rechtswissenschaft, welche nach dem Gesetze einer natürlichen Entwickelung immer größere Herrschaft hätte gewinnen müssen, jetzt fast ganz in den Hintergrund trat. Aus der früheren Zeit hatte sich von den Arbeiten dieser Classe die Sammlung von Summen in stetem Gebrauche erhalten. Die neuere Zeit aber brachte nur sehr wenige dogmatische Arbeiten hervor, und auch diese meistens ebenso beschränkt durch die gewählten Gegenstände als durch innern Werth. Es gehören hierher die Tractate des Bartolus; Einiges von Baldus, besonders aber einige Schriften von Căpolla. 3) Die alten Proceßtheorien nebst den Formelbüchern waren wol meistens in Vergessenheit gekommen und nur etwa Tancred und Roffredus mögen stets einiges Ansehen erhalten haben. Dagegen waren wenige Bücher so allgemein und so dauernd gebraucht, wie das Speculum des Durantis mit den Additionen des Johannes Andreä und des Baldus. Es bot auch ein sehr reiches Material dar: Theorie des Civilrechts, Proceßtheorie, Formeln, Criminalrecht, kanonisches Recht. Mehr beschränkt auf die rein praktischen Zwecke der Notare waren die Schriften des Rolandinus, welche sich lange Zeit in fast ausschließendem Einflusse erhalten zu haben scheinen. 4) Außerdem war in diesem Zeitraume eine neue Art wichtiger Werke entstanden, die Consiliensammlungen. Wenn auch schon früher berühmte Rechtslehrer Gutachten ertheilt hatten, so war doch jetzt dieses Geschäft in einen fast fabrikartigen Gang gekommen und mehre Rechtslehrer beschäftigten sich vorzugsweise damit. So entstanden ganze Sammlungen der Consilien berühmter Juristen als geschlossene Bücher, welche oft schon die Verfasser selbst angelegt und geordnet hatten. Die berühmtesten Consilien sind die des Oldradus, Baldus, Tartagnus. In zweiter Linie, hinsichtlich dieses Theils ihrer Arbeiten, stehen: Bartolus, Salicetus, Fulgosius, Castrensis, Franciscus Aretinus, die Socine, Philippus Decius und Jason. — Blickt man ferner den Standpunkt am Schlusse des 15. Jahrh. wählend, in die davor liegende Zukunft, so konnte es schon damals einem unbefangenen Blicke nicht verborgen bleiben, daß die Rechtswissenschaft eine gänzliche Umwandlung erfahren mußte. Schon seit langer Zeit waren in aller Art geistiger Bildung außerordentliche Fortschritte gemacht worden, und obgleich die Rechtswissenschaft diese Fortschritte nicht, wie man doch erwarten konnte, in sich aufnahm, so konnte doch auch in ihr der Sieg eines besseren Geistes nur aufgeschoben, nicht verhindert werden. Schon früh und von nicht Wenigen wurde, wie unter XVII gezeigt worden ist, das Bedürfniß einer Reform, ja selbst die Art derselben, deutlich erkannt. Vieles kam am Ende des 15. Jahrh. zusammen, was einer neuen Methode den Eingang sichern mußte. Unter die wichtigsten Momente aber gehört auch hier die Buchdruckerkunst, dadurch, daß es jetzt erst möglich wurde, die classischen Schriftsteller in einiger Vollständigkeit zu besitzen, und so sie nicht blos einzeln kennen zu lernen, wie sie auch früher der Zufall Manchem zuführte, sondern sie mit einander zu vergleichen und zu verbinden. Durch diese äußere Bedingung war die Einwirkung der alten Literatur erleichtert, ja im Großen zuerst möglich gemacht, und nun mußte die ohnehin dafür erwachte Empfänglichkeit Früchte bringen, welche in einer frühern Zeit nur durch die seltensten Zufälle hätten entstehen können. Nur fand kein plötzlicher Uebergang statt. Wie schon im 15. Jahrh. die Nothwendigkeit der Reform öfter ausgesprochen worden war, ohne die gleichzeitige Herrschaft der schlechten Methode in ihrer Ruhe zu stören, so wurde umgekehrt im 16. Jahrh. eine neue und bessere Methode herrschend, während noch lange Zeit die alte und schlechte daneben fortbestand. Dies geschah nicht blos dadurch, daß viele Einzelne der Reform zuwider waren, und so zwischen den Vertretern beider Schulen ein lebhafter Streit geführt wurde, sondern in den Häuptern der neuen Schule selbst erscheint die Umänderung der Wissenschaft keineswegs vollendet. Vielmehr blieben sie in ihren Vorlesungen noch geraume Zeit der alten beschränkten Weise treu, während sie schon wichtige Werke in einem ganz entgegengesetzten Geiste geschrieben hatten, wie z. B. bei Alciatus und Zasius; erst einer folgenden Generation war es vorbehalten, die Spuren der alten Methode bei den Anhängern der neuen Schule gänzlich und auch in ihren mündlichen Vorträgen verschwinden zu sehen. (*C. W. E. Heimbach.*)

GLOSSE. GLOSSATOREN (zum Corpus juris canonici). Neben dem Corpus juris civilis (s. d. Art.) hat auch eine Sammlung kirchenrechtlicher Quellen unter dem Namen Corpus juris canonici in Teutschland Gesetzeskraft erlangt. Sie besteht aus zwei Haupttheilen: 1) dem Decrete Gratian's (s. d. Art. Gratian und Decretum Gratiani), 2) den Sammlungen päpstlicher Decretalen, und zwar a) von Gregor IX., b) von Bonifaz VIII. (sogenannter Liber Sextus), c) von Clemens V. (s. d. Art. Gregor IX. Decretalensammlung). Von diesen Theilen des Corpus juris canonici wird umständlicher in den angezogenen Artikeln gehandelt werden. Hier interessirt nur die Glosse zu demselben und die Glossatoren. Bis zu Gratian bildete das kanonische Recht noch keine eigene Wissenschaft, sondern war mit der Theologie verbunden, oder bildete vielmehr mit derselben Eine Wissenschaft. Erst in der Mitte des 12. Jahrh. wurde das kanonische Recht von der Theologie getrennt und als eine eigene Wissenschaft betrieben, als Gratian zuerst ein selbständiges und geordnetes System des kirchlichen Rechtes aufstellte. Der Zweck desselben war, daß sein Werk das geltende Kirchenrecht in einer für Lehrer und Lernende bequemeren Form, als die bisherigen Sammlungen darboten, darstellen sollte. Wahrscheinlich wurde Gratian durch das in Bologna schon blühende Studium des römischen Rechts und die Einrichtung der Justinianeischen Rechtssammlung auf diesen Plan gebracht. Die Sammlung Gratian's erhielt bald als Lehrbuch Bedeutung, und es bildete sich mit und seit Gratian eine Schule der Decretisten (auch Decretalisten und Kanonisten genannt) in Bologna nach dem Muster der schon blühenden Schule der Legisten, welche ihre Thätigkeit als Lehrer und Schriftsteller ausschließlich an Gratian's Sammlung anknüpften. Mit Gratian selbst beginnt die Reihe der Kanonisten: er selbst kann als der erste derselben angesehen werden. Nach dem bezeichneten Zwecke wählte er nicht blos die Stellen der einzelnen Rechtsquellen älterer und neuerer Zeit aus den bisherigen Sammlungen aus, sondern brachte sie zugleich durch eine systematische Anordnung und durch eigene Zusätze in eine freilich höchst unvollkommene wissenschaftliche Verbindung. Bei jedem Abschnitte stellt er entweder einen Rechtssatz auf, welcher durch die darauf folgenden Excerpte aus den Quellen bewiesen, erläutert und näher bestimmt wird; oder er wirft eine Frage auf, welche er durch seine Excerpte beantwortet. Einzelne Lehren erläutert er selbst durch beigefügte Bemerkungen; wo die ausgehobenen Stellen im Widerspruche unter einander zu stehen schienen, versucht er ihre Vereinigung, oder gibt Gründe an, weshalb eine der anderen vorzuziehen sei. Es ist nun zwar richtig, daß Gratian's Decret bald nach ihm auf der Universität zu Bologna zum Gegenstande der Vorlesungen gemacht worden ist. Es beruht aber auf einer Erdichtung, daß Gratian selbst sein Werk den Rechtslehrern zu Bologna zur Prüfung, und nach erfolgter Billigung zur Vorlegung an Papst Eugen III. mitgetheilt habe, damit unter dessen Auctorität und Genehmigung Vorlesungen darüber zu Bologna gehalten würden, und daß der Papst auch das Halten von Vorlesungen darüber anbefohlen, wenigstens gestattet habe [1]). Es waren vorzüglich folgende Gründe, welche ebenso wie das Ansehen des Decrets, so auch das Aufblühen des Studiums des kanonischen Rechts mächtig förderten. Der erste Grund war die Methode selbst, deren sich Gratian in seinem Werke bedient hatte, welche den Lernenden leichter und der damaligen Zeit vornehmlich angenehm war. Die Methode war eine systematische, und näherte sich auch der scholastischen Norm und der damals schon sehr üblichen Disputirmethode. Auch hatte das kanonische Recht vor dem römischen Rechte das voraus, daß, während dessen meisten Theile in keinem inneren sachlichen Zusammenhange mit einander standen, im Decrete Gratian's ein nach der damals üblichen akademischen Methode gearbeitetes System des kanonischen Rechts vorlag. Daher hielt auch das Decret, obschon erst nach dem schon kräftigen Aufblühen des Studiums des römischen Rechtes entstanden, mit diesem gleichen Schritt und fand kaum nach seinem Entstehen überall Eingang, zum Theil mit dem römischen Rechte, zum Theil aber auch ohne dieses, wenigstens früher als dieses. Der zweite Grund, welcher das Studium des kanonischen Rechts mächtig förderte, war der in fast alle Länder Europa's verbreitete Ruf der Universität zu Bologna [2]). Durch diejenigen, welche daselbst studirten, verbreitete sich das Studium des kanonischen Rechts auch außerhalb Italiens. So ging es nach Frankreich über, setzte sich auf der Universität zu Paris fest und behauptete seinen Sitz fortwährend daselbst, obschon das Studium des rö-

1) Die Quelle dieser Nachricht ist das von Alexander Machiavelli edirte Calendarium archigymnasii Bononiensis. Vergl. Savigny, Gesch. des röm. Rechts im Mittelalter. 3. Bd. S. 11—13. 2. Ausg. 2) Siehe den Art. Glosse zum Corpus juris civilis.

nischen Rechts verboten war. In Teutschland schrieb Sicardus, Bischof von Cremona, früher zu Mainz, ein Zeitgenosse Kaiser Friedrich's I., eine Uebersicht oder Auszug des Decrets, unter dem Titel Summa canonum, zum Unterricht für seine Geistlichen. Außerdem findet sich zu dieser Zeit noch keine Spur davon, daß kanonisches Recht in Teutschland gelehrt worden wäre. Als dritter Grund wurde früher gewöhnlich angeführt, daß nach Bestimmung Papst Eugen's III. auch die akademischen Würden des Baccalaureats, des Licentiats und des Doctorats im kanonischen Rechte hätten verliehen werden dürfen. Auch diese päpstliche Bestimmung beruht auf einer unechten Quelle [3]. Doctores decretorum finden sich in Bologna erst viel später [4]. Dagegen ist ein vierter Grund, welcher sehr wesentlich auf die Förderung des Studiums des kanonischen Rechts eingewirkt hat, die damals allgemein verbreitete Meinung von dem höheren Werthe und der Vortrefflichkeit des kanonischen Rechts im Verhältnisse zum römischen (oder Civil-) Rechte; eine Meinung, welche darauf beruhte, daß das Geistliche (spiritualia) vor dem Weltlichen oder Zeitlichen (temporalia) den Vorzug habe. Nun hatte aber das kanonische Recht die spiritualia zum Gegenstande [5]. Endlich war ein Hauptgrund zur Förderung des Studiums des kanonischen Rechts, daß einzelne Päpste die von ihnen herrührenden Decretalensammlungen nach Bologna und Paris sendeten, um dort Vorlesungen darüber zu halten, wie dies Gregor IX., Bonifaz VIII. und Clemens V. mit den Decretalensammlungen, welche außer dem Decrete Gratian's Theile des Corpus juris canonici bilden, gethan haben. Jenem Ansinnen der Päpste wurde auf den erwähnten Universitäten bereitwillig Folge geleistet.

In Folge dessen entstand ein Unterschied zwischen den Lehrern des kanonischen Rechts. Diejenigen, welche Vorlesungen über die Decretalensammlungen hielten, hießen nun Decretalisten, zum Unterschiede derjenigen, welche über das Decret Gratian's lehrten, und nunmehr Decretisten genannt wurden. Erstere erhielten im Laufe der Zeit den Vorrang vor den letzteren wegen des größeren Ansehens der päpstlichen Decretalen. Unter den Decretalisten war der erste und gewissermaßen der Führer Bernhard von Pavia (Bernardus Papiensis), gewöhnlich Bernhard Circa genannt [6]. Er verfaßte um das Jahr 1291 eine Sammlung päpstlicher Decretalen, welche die erste war, welche neben Gratian's Decret bei dem akademischen Unterrichte eingeführt und glossirt wurde, und im Gegensatze der Sammlungen, durch welche sie später wieder ergänzt wurde, bei den Glossatoren compilatio prima hieß, von dem Verfasser selbst aber den Titel: Breviarium Extravagantium erhielt, weil die von ihm gesammelten kirchlichen Gesetze nicht im Decrete standen, sed quasi extra Decretum vagarentur. Was die Lehrerthätigkeit der Kanonisten anlangt, so zerfielen die Vorlesungen in lectiones *ordinariae* und *extraordinariae*. Die ersteren waren öffentliche Vorlesungen, welche die öffentlich angestellten magistri oder doctores Decretorum hielten; letztere waren Privatvorlesungen, welche die Scholaren hielten, die wenigstens den Grad eines Baccalaureus oder Licentiaten erlangt hatten. Die öffentlichen Lehrer des kanonischen Rechts zu Bologna waren Anfangs nicht besoldet; später trat indessen auch hier eine Veränderung ein. Nach der Ansicht Böhmer's [7] soll der Cursus über das Decret fünf Jahre gedauert haben; in den ersten drei Jahren sollen denjenigen, welche den Grad eines Baccalaureus erlangen wollten, die Anfangsgründe des Kirchenrechts nach dem ersten Theile des Decrets mitgetheilt, im vierten Jahre den Baccalaureen, welche Licentiaten werden wollten, ausgewählte und Streitfragen unterliegende Stellen aus dem zweiten Theile des Decrets erklärt, im fünften Jahre endlich die Lehre De consecratione aus dem dritten Theile des Decrets den Bewerbern um die Doctorwürde vorgetragen worden sein. Die schriftstellerische Thätigkeit der Kanonisten war dieselbe, wie die der Legisten, weshalb auf den Artikel Glosse zum *Corpus juris civilis* Bezug zu nehmen ist. Zuerst erläuterten sie das Decret und die Decretalen durch Glossen. Diese waren Anfangs sehr kurz und wenig zahlreich, sie waren Interlinearglossen. Nach und nach entstanden aber größere Schriften unter dem Namen Apparatus [8], Lecturae [9], Summae, worunter nicht blos Auszüge und Zusammenstellungen, sondern auch weitläufige Commentare verstanden wurden [10]; ferner Distinctiones [11], Ca-

3) Nämlich auf dem in Note 1 erwähnten Calendarium archigymnasii Bononiensis. 4) Erst zur Zeit Papst Innocenz' III. werden die Lehrer des kanonischen Rechts zu Bologna Doctores decretorum genannt, und zwar in einer epistola dieses Papstes ad doctores Decretorum scholarum Bononiensium (*Baluzii*, Epist. Innocent. III, T. II. Lib. X. p. 65), aus welcher cap. 31. X. V, 39 entlehnt ist. Vorher hießen sie magistri. Es geht dies aus einer epistola Papst Alexander's III. ad Episcopum et Canonicos, ac *legum doctores, ceterosque magistros Bononiae commorantes* hervor (herausgegeben in *Baron.* Annal. Eccles. T. XII. ad ann. MCLIX), wo gewiß die doctores Decretorum, wenn die Lehrer des kanonischen Rechts damals schon zu Bologna mit diesem Namen bezeichnet worden wären, erwähnt worden sein würden. 5) Schon Gregorius Nazianzenus bei Gratian macht in can. 6. Dist. X diesen Vorzug des Geistlichen vor dem Weltlichen geltend; Gratian selbst bemüht sich, die ganze zehnte Distinction hindurch zu beweisen, daß die Verordnungen der weltlichen Herrscher den kirchlichen Verordnungen nicht vorzuziehen, sondern nachzusetzen seien, und macht nach can. 6. Dist. X folgenden Schluß: „Ecce, quod constitutiones principum ecclesiasticis legibus postponendae sunt. Ubi autem evangelicis atque canonicis decretis non obviaverint, omni reverentia dignae habeantur." Am weitesten hat auf den Vorzug des kanonischen Rechts vor dem Civilrechte unter den Schriftstellern des Mittelalters der dem 13. Jahrh. angehörige *Humbertus de Romanis*, De eruditione praedicatorum Lib. II. Tit. 69 ad studentes in Jure Canonico hingewiesen. Es war übrigens damals die Zeit der Kämpfe der Päpste mit den Kaisern, in welchen erstere die Oberhand behielten; die allgemeine Meinung war für den Vorzug der Kirche, wie namentlich in den teutschen Rechtsbüchern des Mittelalters ausgesprochen wird.

6) Ueber den falschen Beinamen Circa s. *Richter*, De inedita decretalium collectione Lipsiensi (Lips. 1836.) p. 1. 7) *Boehmer*, Diss. de varia Decreti Gratiani fortuna §. XIII. 8) Z. B. des Johannes Teutonicus Apparatus s. Glossa Decreti, des Vincentius Hispanus Apparatus in Decretales Gregorii IX. 9) Z. B. des Petrus de Sampsone Lectura. 10) Z. B. des Huguccio Summa Decretorum. 11) Z. B. des Richardus Distinctiones

sus [12]), Quaestiones [13]). Einer der ersten, welcher einen größeren Commentar zum Decrete unter dem Namen Summa Decretorum schrieb, war Rufinus. Ihm folgten Mehre, welche Glossen und weitläufige Commentare zu dem Decrete und den Decretalen schrieben. Die Decretisten insbesondere machten es sich zur Aufgabe, von dem Decrete, welches zu weitläufig war, zum Nutzen der Studirenden und zum Gebrauche der Vorlesungen Auszüge zu veranstalten, wie dies namentlich von Omnibonus, Sicardus und Johannes de Deo geschehen ist. Solche Compendien wurden bald Summae canonum, bald Breviaria Decretorum überschrieben. Einzelne setzten auch die einzelnen Geschichten, welche im Decrete erwähnt werden, kurz aus einander; bekannt sind die Historiae Decretorum von Damasus und Bartholomäus Brixiensis. Andere schrieben zur Erleichterung des praktischen Gebrauches des kanonischen Rechts Repertoria juris, unter welchen die von Durantis und Berengarius Fredoli vorzugsweise zu nennen sind. Die übrigen Schriften haben meistens eine einzelne Lehre zum Gegenstande, wie z. B. des Wilhelm de Mandagoto Libellus electionum s. summa de electionibus praelatorum und andere. — Im 14. Jahrh. wurde die Verbreitung und das Studium des kanonischen Rechts sehr gefördert durch die sowol in Italien, als auch außerhalb desselben in Frankreich und in andern Ländern Europa's neu entstandenen Universitäten. Namentlich wurde im 14. Jahrh. in Teutschland das kanonische Recht Gegenstand des akademischen Unterrichts. Zwar gab es schon im 13. Jahrh. in Teutschland Männer, welche sich mit dem kanonischen Rechte beschäftigten, wie Sicardus und Johannes Teutonicus; allein Spuren eines Unterrichts im kanonischen Rechte auf den Universitäten finden sich vor dem 14. Jahrh. in Teutschland nicht. Als aber in dieser Zeit in Teutschland Universitäten (wie zu Heidelberg, Wien, Prag, Cöln, Erfurt) gegründet und nach dem Muster der italienischen und französischen, auf welchen das kanonische Recht schon längst Lehrgegenstand geworden war, eingerichtet wurden, zog man auch in Teutschland das kanonische Recht in den Kreis der akademischen Lehrgegenstände, ganz in der Weise, wie dies außerhalb Teutschlands schon längst üblich gewesen war. Die öffentlich angestellten Lehrer des kanonischen Rechts waren in Italien und Frankreich gebildet oder auch selbst schon dort als Lehrer thätig gewesen; sie trugen daher auf den neuen teutschen Universitäten ihren Zuhörern das kanonische Recht ganz in der Weise vor, in welcher sie es selbst schon auswärts gelehrt hatten, oder es ihnen gelehrt worden war. Bemerkenswerth und dafür, wie hoch gleich Anfangs in Teutschland das Studium des kanonischen Rechts geschätzt wurde, bezeichnend ist, daß zwar auf den neuen teutschen Universitäten beide Rechte, sowol das kanonische, als auch das römische, gelehrt wurden, das erstere aber den Vorrang behauptete. Daher wurden in der ersten Zeit nur Professoren des kanonischen Rechts, nicht aber des römischen Rechts auf den teutschen Universitäten angestellt [14]); das römische Recht wurde von Baccalaureen extra ordinem vorgetragen oder von den Professoren des kanonischen Rechts zugleich mit gelehrt, sodaß es letzteren gleichsam als Anhängsel und Zubehör des kanonischen Rechts mit übertragen war. Wenn auch gleich später und zwar noch im 14. Jahrh. auf den teutschen Universitäten hier und da auch eine besondere Professur für das Civilrecht errichtet wurde, wie z. B. in Wien, so hatte doch immer das kanonische Recht in sofern einen Vorzug vor dem Civilrechte, daß die Professur des kanonischen Rechts gleich nach denen der Theologie als die erste und ordentliche galt, während die übrigen Lehrerstellen für das Civilrecht für zweiten Ranges und außerordentliche angesehen wurden. Man leitet auch wol den Namen und Titel Ordinarius daher ab, daß man die Vorlesung über das kanonische Recht lectio ordinaria zu nennen pflegte, während die über die übrigen Theile der Rechtswissenschaft zu haltenden Vorlesungen dem freien Ermessen der Lehrer überlassen blieben. Die Vorlesungen über das kanonische Recht galten für schlechterdings nothwendig, nicht so die über das Civilrecht. Uebrigens standen die Decretalen nicht überall in derselben Gunst, wie das Decret. So lobt Kaiser Karl IV. einen Professor seiner Universität zu Prag, „dimissis illis frivolis altercationum disturbiis, quibus liber decretalium abundare videtur, Gratiani decretum praelegendum suscepit" [16]). Mit demselben, wenn nicht noch größerem Eifer und Erfolge wurde das kanonische Recht in Teutschland im 15. und in der Zeit des 16. Jahrh., welche bis zu Antonius Augustinus, mit welchem eine neue Zeit beginnt, geht, betrieben und das Studium desselben noch durch die im Laufe dieser Zeit neu gegründeten Universitäten (Würzburg, Leipzig, Rostock, Freiburg, Greifswald, Basel, Ingolstadt, Trier, Tübingen, Mainz) befördert. Die wissenschaftliche Behandlung des kanonischen Rechts blieb im 15. Jahrh. dieselbe wie in der früheren Zeit. In sofern stand die Wissenschaft des kanonischen Rechtes gegen die des römischen Rechts im Nachtheil, daß, während auf letztere das Wiederaufleben der classischen Studien seit der Mitte des 15. Jahrh. Einfluß äußerte und man bei dem allgemein erwachten Interesse an der griechischen und römischen Litteratur auch das römische Recht als einen Theil der letzteren betrachtete und als solchen behandelte, die Wissenschaft des kanonischen Rechts ganz in dem früheren Stadium verblieb, sodaß von einer Verbindung wenigstens der Kir-

in Gratiani Decretum, des Johannes de Deo Distinctiones de toto jure canonico, des Petrus de Sampsone Distinctiones, welche einen Commentar zu den Decretalen bilden.

12) Z. B. des Benincasa Casus Decretorum, des Johannes de Deo Casus decretalium cum canonibus Decretorum concordantes, des Bernhardus aus Compostella Notabilia et Casus super V libros decretalium. 13) Quaestiones schrieben Bartholomäus Brixiensis, Damasus, Johannes de Deo und Andere.

14) So in Prag und Heidelberg. Siehe die Nachweisungen bei *Glück*, Praecognita uberiora jurisprud. ecclesiast. posit. Germanor. §. 131. not. 2. 16) Siehe den Brief Kaiser Karl's IV. bei *Riegger*, Opusc. ad histor. et jurisprud. praecipue eccles. pertinentia p. 216.

chengeschichte und der kirchlichen Archäologie mit derselben sich keine Spur findet. Allmälig kam man doch, und zwar zuerst in Rom, zu der Einsicht, daß das System Gratian's, so nützlich und beinahe nothwendig es der Kirche auch erscheine, doch an vielen Mängeln leide, namentlich in systematischer Hinsicht. Der erste, der in Folge dieser Ueberzeugung sich einer Arbeit unterzog, welche diesen Mängeln abhelfen sollte, war um die Mitte des 15. Jahrh. der Cardinal Johannes a Turrecremata, welcher selbst zu Rom 25 Jahre lang das Decret Gratian's mit Erfolg erklärt hatte. Diese Arbeit bestand darin, daß er mit Beibehaltung des ganzen Materials, aus welchem das Decret bestand, ein neues System des Kirchenrechts ausarbeitete. Er folgte hierbei im Ganzen der Ordnung und Methode der Decretalensammlung Gregor's IX., um dadurch auf eine innigere Verbindung des Decrets und der gedachten Decretalensammlung hinzuführen; er band sich aber nicht schlechterdings an die Methode jener Sammlung, sondern wich in vielen Stücken, wo es ihm zweckmäßig schien, davon ab. Er theilte sein Werk, nach dem Muster jener Decretalensammlung, in fünf Bücher, welche in Titel mit Ueberschriften, welche den Inhalt des Titels anzeigten, zerfielen. Das ganze Unternehmen hatte aber keinen Erfolg. Es war zwar den Päpsten angenehm, weniger aber den Kanonisten, und daher kam es auch, daß das Werk erst auf Befehl Benedict's XIII. zu Rom 1727 im Drucke erschien. Auch wenn jenes Unternehmen den beabsichtigten Erfolg gehabt hätte, würden doch nicht alle Mängel des Decrets dadurch gehoben worden sein. Denn die beabsichtigte Verbesserung bezog sich nur auf die Form, auf das System; die Fehler, an welchen das Material des Decrets litt, wurden dadurch nicht beseitigt, indem der erwähnte Cardinal das gesammte Material mit seinen Mängeln beibehielt. Fällt man ein allgemeines Urtheil über die Thätigkeit der Kanonisten der älteren, sich bis zu Antonius Augustinus erstreckenden Zeit, so ist ihrem Fleiße alles Lob zu zollen; ein gedeihlicher Erfolg ihrer Bemühungen kann aber nicht angenommen werden, da sie aller nothwendigen Hülfsmittel zur gehörigen wissenschaftlichen Behandlung des Kirchenrechts ermangelten. Sie behandelten das Kirchenrecht ohne Kenntniß der Kirchengeschichte und der kirchlichen Alterthümer, welche doch unbedingt nothwendig sind. Der Hülfsmittel der Kritik und Grammatik entbehrten sie ganz; daher haben sich durch ihre falschen Auslegungen eine Menge Irrthümer in die Rechtswissenschaft eingeschlichen, deren Beseitigung kaum bis jetzt möglich gewesen ist. Den niedrigen Standpunkt, auf welchem die Wissenschaft des kanonischen Rechts in dieser Zeit stand, bezeichnet ein Sprüchwort dieser Zeit: „magnus Canonista, magnus Asinista." Mit Antonius Augustinus begann im 16. Jahrh. eine bessere Zeit, von welcher an die echte wissenschaftliche Behandlung des kanonischen Rechts zu datiren ist. Diese neue Zeit, die der neueren Kanonisten, darzustellen, ist aber nicht der Zweck dieses Artikels, welcher nur die Darstellung der Wissenschaft des kanonischen Rechtes in der früheren Zeit seit dem Momente, wo kurz vorher das Studium des römischen Rechts wieder aufgelebt war, zum Gegenstande hat. Die Wissenschaft des Kirchenrechts im Oriente darzustellen, bleibt einem besonderen Artikel vorbehalten [16].

Wenden wir uns nach dieser allgemeinen Schilderung der Schicksale der Wissenschaft des kanonischen Rechts seit Gratian, also seit der Mitte des 12. Jahrh., nun zu der Darstellung der Arbeiten der Glossatoren in Bezug auf die einzelnen Theile des *Corpus juris canonici*, so sind hierbei die einzelnen Theile desselben von einander zu trennen [17]. 1) *Decretum Gratiani.* Schon in der Darstellungsart Gratian's selbst ist der Einfluß der Legisten bemerkbar; die canones des zweiten Theils des Decrets sind das, was jene casus nannten, an welche sie ebenfalls mündlich und schriftlich die Erklärungen einzelner Stellen und Lehren knüpften [18]. Ganz nach der Methode der Legisten wurden ferner die Glossen, *Apparatus* und *Summae* zum Decrete eingerichtet, welche aus der Schule der Kanonisten hervorgingen. Die ältesten eigentlichen Glossen waren, wie bei den Justinianeischen Rechtssammlungen, kurze Interlinearglossen, welche nach und nach vermehrt wurden. Als Verfasser solcher Glossen werden genannt: Paucapalea, Omnibonus, Rufinus. Noch früher, als aus diesen Glossen vollständige Apparatus zum ganzen Decrete zusammengesetzt wurden, scheinen Summae von größerem Umfange geschrieben worden zu sein. Eine solche von Sicardus, einem Zeitgenossen Kaiser Friedrich's I., erwähnt Sarti. Wichtiger und ausführlicher war eine andere, welche Huguccio unvollendet zurückließ und Johannes de Deo vollendete. Als Verfasser von Apparatus und größeren Commentaren zum Decrete sind bekannt und werden von Sarti genannt: Ansilnus, Sylvester, Johannes Faventinus, Petrus Hispanus, Stephanus Tornacensis, Bazianus, Gandulphus, Melendus, Benincasa Senensis, Laurentius Hispanus und der schon erwähnte Huguccio aus Pisa, Bischof zu Ferrara. Die von Huguccio ausgearbeitete und von Johannes de Deo fortgesetzte Summa hat einen großen Theil des Stoffes zu dem Apparatus geliefert, welcher im 13. Jahrh. zur glossa ordinaria wurde. Ausgearbeitet wurde eine solche zuerst von Johannes Semeca, Präpositus zu Halberstadt (Joannes Teutonicus), im ersten Viertel des 13. Jahrh. In den späteren Handschriften soll sie gewöhnlich mit den Zusätzen gefunden werden, welche sie durch Bartholomäus von Brescia (Bartholomaeus Brixiensis), einem Zeitgenossen Papsts Gregor IX., erhielt; mit diesen ist sie auch in die gedruckten Ausgaben aufgenommen worden [19]. Ueber die sogenannte Palea ist

16) Siehe den Artikel Griechisches Recht im Mittelalter und in der Neuzeit. 17) Der Hauptschriftsteller darüber ist *Sarti*, De claris Archigymnasii Bononiensis Professoribus a sec. XI usque ad sec. XIV. (Bonon. 1769.) 18) Savigny, Geschichte des röm. Rechts im Mittelalter 3 Bd. S. 537. 2 Ausg. 19) Ueber seinen Antheil an dem Apparatus spricht sich Bartholomäus selbst vor der Glosse zu Dist. 1 aus.

auf den Artikel Gratian und Decretum Gratiani zu verweisen. 2) *Decretales Gregorii IX.* Der Verfasser der glossa ordinaria zu dieser Decretalensammlung ist Bernhardus de Botone, von dem Geschlechte, aus welchem er stammte, so genannt, von Parma (Bernhardus Parmensis), welcher 1268 starb. Er hat sie besonders aus den Glossen des Vincentius Hispanus, Goffredus de Trano (Goffredus Tranensis) und Sinibaldus Fliscus, des späteren Papstes Innocenz IV., zusammengestellt. 3) *Liber Sextus* und *Clementinae.* Die glossa ordinaria zu diesen Decretalensammlungen Papsts Bonifaz VIII. und Clemens V. (s. d. Art. Gregor IX. Decretalensammlung) rührt von Johannes Andreä her, welcher 1348 starb. Die Glosse zu den Clementinen ist später von Franciscus Zabarella verbessert worden. — Schließlich sind noch die berühmteren Kanonisten der älteren Zeit, welche das 12., 13., 14. und 15. Jahrh. umfaßt, zu nennen.

I. Kanonisten des 12. und 13. Jahrh. 1) Paucapalea. Er ist der älteste Glossator des Decrets; auch rührt nach dem Zeugnisse von Sicardus in dessen Summa Decretorum die Eintheilung des ersten Theils des Decrets in 101 Distinctionen und die Eintheilung des dritten Theils De consecratione von ihm her. Es kann dies aber nur von der Benennung und Zählung verstanden werden; denn die Abschnitte selbst sind schon durch dicta Gratiani bezeichnet. (Ueber letztere s. d. Art. Gratian und Decretum Gratiani.) 2) Omnibonus, Bischof zu Verona bis 1185; früher Subdiakonus zu Rom; er verfaßte einen Auszug des Decrets. An ihn ist eine päpstliche Decretale gerichtet, welche von Einigen Honorius III., von Anderen Eugen II. zugeschrieben wird [20]. 3) Sicardus, Bischof zu Cremona, ein Zeitgenosse Papsts Alexander III. und Kaisers Friedrich I. Er hielt eine Zeit lang zu Bologna Vorlesungen über das Decret und verfaßte einen Auszug aus dem Decrete zum Nutzen der Studirenden, unter dem Titel: Summa canonum, dessen Zweck er selbst dahin angibt: „ut diffusum Gratiani pratum in sertum compingeret et immensum ejus pelagus in rivum deduceret.“ Später nach Teutschland versetzt, scheint er bei der Kirche zu Mainz das kanonische Recht aus dem Decrete gelehrt und zu dieser Zeit die letzte Hand an sein Werk gelegt zu haben, was daraus hervorgeht, daß er am Schlusse desselben sich Sigehardus Ecclesiae moguntinae filius nennt. 4) Huguccio von Pisa, blühte um das Jahr 1178 zu Bologna und kam 1190 als Bischof nach Ferrara, wo er 1210 starb. Er ist nicht zu verwechseln mit Hugo, Lehrer des kanonischen Rechts zu Vercelli, später Bischof zu Novara, welcher zu Ausgang des 13. und zu Anfang des 14. Jahrh. lebte. Er schrieb eine Summa Decretorum, welche kein Auszug aus dem Decrete, sondern ein weitläufiger Commentar zu demselben war. Viel ist daraus in die glossa ordinaria des Decrets übergegangen. 5) Bernhard von Pavia (Bernardus Papiensis), gewöhnlich mit dem Beinamen Circa, welcher ihm aber mit Unrecht beigelegt wird [21]. Als er Präpositus der Kirche zu Pavia war, veranstaltete er um 1191 eine Sammlung päpstlicher Decretalen, welche er, weil sie die nach Gratian's Decret erschienenen päpstlichen Verordnungen und einige ältere, welche Gratian entgangen waren, enthielt, Breviarium Extravagantium nannte [22]. Es wird davon noch besonders bei der Decretalensammlung Gregor's IX., der sie zum Muster diente, die Rede sein. Zu dieser Sammlung schrieb er kurze Glossen. Sie war die erste Decretalensammlung, welche neben dem Decrete in die Schule eingeführt wurde. Bald wurden Glossen und größere Commentare dazu geschrieben. Seitdem entstand eine neue Classe der Lehrer des kanonischen Rechts, nämlich die Decretalisten. Er schrieb später einen größeren Commentar, welcher Summa Bernardi hieß, veröffentlichte denselben aber erst, nachdem er Bischof von Faventia geworden war. Im J. 1198 wurde er auf Bitten seiner Vaterstadt Bischof zu Pavia und starb 1213. 6) Melendus. Er lehrte bis zum Anfange des 13. Jahrh. zu Bologna und schrieb Glossen nicht nur zum Decrete, sondern auch zu Bernhard's neuer Decretalensammlung. Im J. 1204 wanderte er mit einigen anderen Lehrern und Scholaren der Universität zu Bologna nach Vicenza aus; man gründete dort eine neue Schule, welche sich aber schon 1209 wieder auflöste. 7) Damasus, ein Böhme, war zu derselben Zeit ein berühmter Lehrer des kanonischen Rechts. Er erläuterte die erste Decretalensammlung in einem Commentare und schrieb einen Liber quaestionum zu vielen Decretalen. Außerdem stellte er Rechtsregeln (Brocardica) aus dem kanonischen Rechte zusammen, welche später Bartholomäus von Brescia vermehrte. Auch soll er Historiae super libro Decretorum geschrieben haben. 8) Johannes von Galla (daher Johannes Wallensis oder Gallensis) trug in den ersten Jahren des Papstes Innocenz III., also zu Anfang des 13. Jahrh. die Decretalen der Päpste zwischen Eugen III. und Clemens III. zusammen, welche in der Sammlung Bernhard's fehlten, und fügte die Decretalen Papsts Cölestin III., welcher 1198 starb, hinzu. Das Material ist aus den älteren Sammlungen des Gilbertus und Alanus nach dem Zeugnisse des Glossators Tancred entnommen. Die Sammlung heißt bei den Glossatoren compilatio secunda oder auch liber secundus zum Unterschiede von der Bernhardischen, welche den Namen compilatio prima führte. Sie fand bald Eingang in der Schule und wurde erst durch Gregor's IX. Decretalensammlung verdrängt. 9) Richard, von England stammend, lehrte gegen das Ende des 12. Jahrh. zu Bologna, kehrte dann in sein Vaterland zurück und war Bischof an verschiedenen Orten. Er starb 1237. Als Schriften von ihm werden genannt: Glossae in Decretales epistolas Romanorum Pontificum, Distinctiones in Gra-

20) Cap. 8. X. de jurem. propter calumn. (II, 7.)

21) Siehe Note 6.

22) *Koch*, Prol. de Breviario Extravagantium Bernardi Circae, in dessen Opusc. jur. canon. Nr. 1.

tiani Decretum und ein Werk über den Proceß: De ordine judiciorum ex jure civili et canonico, nach dem Zeugnisse des Glossator Tancred das erste dieser Art. 10) Petrus von Benevent (Petrus Beneventanus) wurde von Innocenz III. bei der Abfassung seiner Decretalen, welche bis zum Jahre 1210, dem zwölften der Regierung dieses Papstes, erschienen, zugezogen. 11) Benincasa von Siena (Benincasa Senensis) schrieb Casus Decretorum und starb 1206. 12) Laurentius Hispanus hat sehr viel Glossen zu dem Decrete und den Decretalen verfaßt. 13) Lanfrancus von Crema (Cremensis) findet sich 1203 unter mehren Auswanderern aus Bologna, welche sich der neuen Universität Vicenza als Lehrer anschlossen, kehrte aber nachher nach Bologna zurück, wo er Kanonicus wurde und 1229 starb. Er war einer der ersten, wenn nicht der erste, welcher dem römischen und dem kanonischen Rechte zugleich seine Thätigkeit als Lehrer und Schriftsteller widmete. Diplovataccius nennt ihn als Professor beider Rechte. Es wird dies zwar von Sarti bestritten. Allein nach Savigny's Ermittelungen kann daran kein Zweifel sein. In den Glossen mehrer pariser Digestenhandschriften werden Erklärungen des Lanfrancus angeführt, welche also außer Zweifel setzen, daß er Civilist war. Daß er Kanonist war, ist nach den Citaten, welche aus ihm bei Hostiensis vorkommen, gewiß[23]). 14) Johannes Teutonicus. Letzteren Namen führt er von seinem Vaterlande Teutschland. Er war zu Halberstadt geboren, von niederer Herkunft, welche ihm auch seine Collegen zu Halberstadt entgelten ließen. Er ist der Verfasser der glossa ordinaria des Decrets, welche er aus den Arbeiten seiner Vorgänger zusammentrug. Er studirte lange in Bologna und hörte Vorlesungen über römisches und kanonisches Recht; im ersteren war Azo sein Lehrer, wie er selbst an einer Stelle der Glosse angibt[24]). Wer im kanonischen Rechte sein Lehrer gewesen ist, ist unbekannt. Er erlangte bald die Würde eines Magister und Doctor Decretorum und lehrte zu Bologna, gleichzeitig mit Accursius. Nicht erweislich ist, daß die von ihm verfaßte Glosse zum Decrete der ähnlichen Arbeit des Accursius, welche dieser in Bezug auf die Justinianeischen Rechtsbücher unternahm, zum Vorbilde gedient habe[25]). Später ging er von Bologna wieder nach Teutschland, wurde erst Präpositus in Goslar, dann 1240 Präpositus zu Halberstadt, wo er 1245 starb. Er heißt gewöhnlich Johannes Semeca; woher er letzteren Namen hat, ist unbekannt. Außer der Glosse zum Decrete schrieb er auch Glossen zur vierten Decretalensammlung, welche die nach 1210 erschienenen Decretalen Innocenz' III. und die Schlüsse des Lateranensischen Concils von 1215 enthielt. 15) Raymundus de Pennafort, aus Barcellona, 1175 geboren, lehrte um 1211 zu Bologna kanonisches Recht mit großem Beifalle, in dessen Folge ihm von der Stadt Bologna eine Besoldung zuerkannt wurde. Im J. 1219 verließ er auf Bitten Berengar's, Bischofs von Barcellona, Bologna und wurde Archidiakonus in Barcellona, trat aber drei Jahre darauf in den ordo Praedicatorum daselbst. Später wurde er Kapellan und Pönitentiar Papsts Gregor IX. Als solcher trug er auf Befehl dieses Papstes die verschiedenen päpstlichen Verordnungen aus verschiedener Zeit, welche in vielfachen Quellen zerstreut waren, zusammen. Ueber diese seine Arbeit wird bei der Decretalensammlung Gregor's IX. genauer berichtet werden. Er erreichte ein sehr hohes Alter und wurde von Clemens VIII. 1601 unter die Heiligen versetzt. 16) Tancredus de Cornelo, von seinem angeblichen Geburtsorte gewöhnlich so genannt, stammte vielmehr aus Bologna, wie er selbst in der Vorrede zu seinem Apparate über die alten Decretalen und in der Vorrede zu der Summa de matrimonio bezeugt. Er wird auch in mehren Handschriften Bononiensis genannt[26]). Die sehr verbreitete Meinung, nach welcher er in Corneto, in einer kleinen Stadt des Kirchenstaats, geboren sein soll, beruht blos auf der Verwechselung mit einem viel jüngeren Tancred, welcher wirklich diesen Geburtsort hatte. Schon 1214 kommt er in Urkunden als angesehener Mann und als Lehrer des kanonischen Rechts (Decretorum Magister) vor. Er war Kanonicus des Domstifts in Bologna. In Folge des hier im J. 1226 zwischen dem Bischofe und dem Capitel entstandenen Streits über die Wahl eines neuen Archidiakonus fand sich Papst Honorius III. veranlaßt, ihn zu dieser Würde zu ernennen. Sowol für die Päpste, als für die Stadt Bologna trat er oft in wichtigen Geschäften auf, was von der ihm gezollten Achtung zeugt. Dahin gehört auch, daß Honorius III. die fünfte der alten Decretalensammlungen ihm zusendete, mit dem Auftrage, für deren Verbreitung und Anwendung, sowol in Gerichten, als in der Schule, zu sorgen. Wenn auch hierin ein für Tancred ehrenvolles Zeugniß liegt, so hat man es doch in neueren Zeiten in der Art misverstanden und übertrieben, als wäre ihm allein diese Ehre zu Theil geworden, und als hätte der Papst diese Zueignung an den Archidiakonus zu Bologna, als das Haupt der berühmtesten Rechtsschule der Welt, zugleich als Publication der gedachten Decretalensammlung angesehen. Dieser Meinung ist namentlich Sarti. Allein in der That war jener päpstliche Erlaß wegen der erwähnten Decretalensammlung an Tancred ein allgemein gefaßtes Communicationspatent, welches in jedem Exemplare eine andere Adresse als Ueberschrift erhielt. In der Handschrift des Cironius war es an Tancred gerichtet, in einer augsburger Handschrift hingegen an die Lehrer und Scholaren zu Padua. Ebenso mögen andere Abschriften an die pariser Universität, vielleicht auch an manche Bischöfe geschickt worden sein. Als seinen eigentlichen Lehrer nennt er selbst im letzten Titel seines Ordo judiciarius den Kanonisten Laurentius. Eben daselbst (Lib. 2. Tit. 15. de satisdatione acto-

23) Vergl. Savigny, Geschichte des röm. Rechts. 5. Bd. S. 63 fg. 24) Gl. in can. quando [illegible] Dist. 86. 25) Savigny a. a. O. 5. Bd. S. 256.

26) Savigny a. a. O. 5. Bd. S. 106. 107. Note 84–86.

ris) gibt er an, daß er den Azo gehört habe, und daß er ihn nicht ebenfalls seinen Lehrer nennt, erklärt sich einfach daraus, daß ihm überhaupt das römische Recht nicht Hauptstudium war. Nach der Annahme Mancher soll er auch in Paris gelebt und gelehrt haben; dort sei wenigstens sein berühmtestes Werk geschrieben, weil er manche Beispiele darin aus Paris entlehne und besonders auch pariser Geld anführe. Nach Savigny ist aber zu dieser Annahme gar kein Grund vorhanden. Er mag wol in seiner Jugend die theologische Schule zu Paris besucht haben; wenn aber auch dieses nicht der Fall wäre, so war gewiß schon durch die geistliche Gerichtsbarkeit ein so lebhafter Verkehr zwischen Paris und Italien begründet, daß ein italienischer Kanonist aus pariser Rechtsfällen ungesucht seine Beispiele entlehnen konnte. Urkundliche Nachrichten aus seinem Leben reichen nur bis zum Jahre 1234. Eine Grabschrift, welche sich erhalten hat und von einem längst zerstörten Grabmale im Dome zu Bologna entnommen ist [27]), gibt über die Zeit seines Todes keine Auskunft: denn die Jahrzahl 1230 ist entschieden unrichtig. Von seinen Schriften sind bekannt: a) Ordo judiciarius, in den Handschriften öfters den Titel: Ordinarius Tancredi führend, ein System des Processes, gegründet auf römisches und kanonisches Recht in vier Büchern. Johannes Andreä führt dieses Werk als das dritte unter den Darstellungen des Processes auf. Von dem großen Ansehen desselben zeugen die vielen Handschriften und die mancherlei Bearbeitungen, welche sich bis auf unsere Tage erhalten haben [28]). Später hat Bartholomäus von Brescia dieses Werk umgearbeitet. Von dieser Bearbeitung sagt Johannes Andreä, der Verfasser habe blos die ursprüngliche Vorrede weggelassen und die Citate der alten Compilationen verändert (d. h. die Citate auf die Gregorianischen Decretalen eingerichtet, anstatt daß Tancred die alten Sammlungen anführte); im Uebrigen habe er aber das Buch ganz unverändert gelassen. Auch Diplovataccius hatte diese Bearbeitung vor sich. Unrichtig ist die Angabe von Sarti, daß diese Umarbeitung gedruckt sei. Wohl aber finden sich noch Handschriften davon. Die Angabe von Johannes Andreä über das Verhältniß der Umarbeitung zum Originale erscheint nach einer von Savigny angestellten genauen Vergleichung beider Werke als unrichtig. Bartholomäus hat hauptsächlich abgekürzt, indem er theils Detailbestimmungen, z. B. Ausnahmen einer Regel, wegließ, theils die bloßen Citate hinschrieb, wo Tancred den Inhalt der angeführten Gesetzstellen, oft wörtlich und ausführlich, hinzufügte; in dieser letzten Art der Abkürzung scheint er am meisten eine Regel durchzuführen. Alle übrigen Veränderungen bestehen darin, daß er einzelne Worte oder einzelne Citate ändert, beifügt oder wegläßt, völlig willkürlich und regellos. Die ganze Bearbeitung des Bartholomäus war ganz zwecklos und überflüssig. Eine pariser Handschrift Nr. 7347 enthält eine altfranzösische Uebersetzung des Tancred; ebenso besaß Gottsched eine altdeutsche Uebersetzung, von welcher er in einer besonderen Schrift Nachricht gegeben hat [29]). Außerdem findet sich in Paris unter Nr. 4395 b eine anonyme Glosse zum Tancred, nicht am Rande des Buches selbst, sondern als ein für sich bestehendes Werk geschrieben. Nach der gewöhnlichen Annahme soll das Werk von Tancred um 1227 geschrieben sein, weil darin (Lib. 2. Tit. 9. de libellorum formatione) eine Formel von diesem Jahre vorkommt. Für eine neuere Zeit entscheidet der Umstand, daß in dem Werke mehre Decretalen Gregor's IX. angeführt werden, und zwar nach den Titelrubriken, sodaß er also nothwendig diese Decretalensammlung vollendet vor sich gehabt, mithin erst nach 1234 geschrieben haben muß. b) Summa de matrimonio, ein System des Eherechts, wahrscheinlich um 1210 geschrieben, nach Johannes Andreä eine ziemlich kurze, wohl geordnete Darstellung des vierten Buchs der Decretalen, aber mehr theoretisch, als praktisch. Es gibt davon mehre Handschriften und Ausgaben. c) Apparatus zu drei alten Decretalensammlungen (Collectio 1. 2. 3). d) Provinciale, ein Verzeichniß aller Bisthümer nach Provinzen, welches Gesner in einer Handschrift gefunden hat. Noch werden ihm verschiedene andere Schriften zugeschrieben, welche aber unecht sind, da sie entweder von den angeführten Schriften gar nicht verschieden sind, oder andere Verfasser haben. Hierher gehört: a) die fünfte Decretalensammlung, welche er auf Befehl von Honorius III. gemacht haben soll; es ist dies aber eine bloße Verwechselung damit, daß diese Sammlung ihm zugesendet worden ist; b) Glossen zum Decrete; wenn er auch in der Glosse zum Decrete angeführt wird [30]), so folgt daraus noch nicht, daß er selbst auch Glossen zu diesem Rechtsbuche geschrieben habe; c) Summa titulorum, ein bloßes Mißverständniß einer Stelle im Processe des Tancred (ordo judic. Lib. 1. Tit. 6. de arbitris in fin.); d) Libellorum, quibus in judicio experimur, formulae, sive de ordine judiciario, identisch mit dem ordo judiciarius; e) Summa de poenitentia, welche er selbst, als von ihm geschrieben, in der Vorrede zur Summa de matrimonio anführen soll, welches Citat in der That aber nicht von Tancred, sondern von dem ungenannten Schriftsteller herrührt, der Tancred's Schrift: De matrimonio umgearbeitet hat. f) Summa quaestionum oder Compendiosa, meistens processualische Gegenstände betreffend, in deren Vorrede der Verfasser sich selbst Tancredus de Corneto de provincia patrimonii nennt. Da derselbe die Glosse, den Guido de Suzaria, Dinus und Bonifaz VIII. anführt, so gehört er einer viel neueren Zeit, als der boloneser Tancred, wahrscheinlich sogar dem 14. Jahrh. an. Aus der Verwechselung beider Tancrede ist die falsche Meinung entstanden, als ob der Verfasser des Ordo judiciarius aus

27) Siehe Savigny a. a. O. 5. Bd. S. 106. 28) Ueber die Handschriften vergl. Savigny ebend. 111 fg., über die Ausgaben ebend. S. 112 fg.

29) *Gottsched*, Progr. de antiqua versione Theotisca magistri Tancredi. (Lips. 1745.) 30) Siehe die Citate der Glosse bei Savigny 5. Bd. S. 121. Note 69.

Decrete gehörig sei. 17) Vincentius Hispanus, Zeitgenosse und Nebenbuhler Tancred's, lehrte tief im 13. Jahrh. zu Bologna und erklärte lange Zeit daselbst die Decretalen. Er schrieb einen weitläufigen Commentar zu den Decretalen, aus welchem vorzüglich der Verfasser der glossa ordinaria zu den Decretalen Gregor's IX., Bernhard de Botono, geschöpft hat. In seinem Commentare ist eigenthümlich, daß er die beständige Uebereinstimmung des kanonischen und des Civilrechts zu zeigen sucht. Er war nach seiner Vorrede zu dem Commentare mit der bischöflichen Würde bekleidet; er nennt sich selbst Hispanorum episcoporum minimum. Er lebte zur Zeit Gregor's IX. 18) Bartholomäus von Brescia (Bartholomaeus Brixiensis) hatte in Bologna zum Lehrer den Laurentius Hispanus, übertraf aber denselben an Gelehrsamkeit und Berühmtheit. Seine hauptsächlichste Thätigkeit widmete er der besseren Anordnung der Commentare, welche Andere, namentlich Johannes Teutonicus, zum Decrete geschrieben hatten; die jetzige Ordnung der Glossen des Decrets ist sein Werk. Auch die von Benincasa geschriebenen Casus decretorum (s. unten 11) erläuterte er; diese Arbeit unternahm er, wie er selbst sagt, cum esset minimus inter studentes Bononiae, also wol vor Erlangung der Doctorwürde. Die quaestiones, über welche er an Sonntagen und Freitagen in den Vorlesungen disputirte, gab er gesammelt unter dem Namen Dominicales und Veneriales heraus; sie waren bei den Späteren sehr geschätzt, besonders bei Durantis, welcher sich in seinem Speculum juris häufig darauf beruft. Auch existiren von ihm Historiae Decretorum. Seine Verbesserungen und Zusätze zu den Glossen des Decrets zeichnen sich dadurch aus, daß er nicht nur die neuen päpstlichen Verordnungen, wodurch älteres Recht abgeändert und verbessert wurde, an den geeigneten Orten anzeigt, sondern auch bei der Auswahl der verschiedenen Meinungen die strengeren Ansichten des Johannes Teutonicus ebenso mildert, wie dieser dies hinsichtlich der strengen Ansichten des Huguccio gethan hatte. Er wurde im hohen Greisenalter im J. 1254 auf Befehl des Tyrannen Ezzelino, welcher damals Brescia mit Sturm eingenommen hatte, getödtet. 19) Sinibaldus Fliscus, später unter dem Namen Innocenz IV. zur päpstlichen Würde gelangt, ist nicht blos durch die von ihm auf dem Concile zu Lyon im J. 1245 bekannt gemachte Decretalensammlung, sondern ganz besonders durch seinen großen Commentar zu den fünf Büchern der Decretalen so berühmt geworden, daß man ihn lumen fulgidissimum Decretorum, Canonistarum dominus, veritatis pater und organum nannte. Er gab diesen Commentar heraus, als er schon zur päpstlichen Würde gelangt war; er soll ihn erst zu Lyon nach Beendigung des Concils, wo er den Kaiser Friedrich II. nach dem Beschlusse des Concils der kaiserlichen Würde für verlustig erklärt hatte, vollendet haben. Das Ansehen dieses Commentars war so groß, daß man glaubte, diejenige Partei, welche die von Innocenz vertheidigte Meinung für sich habe, könne niemals sachfällig werden. Sehr benutzt hat diesen Commentar Bernhardus Parmensis, welcher sich häufig auf Innocenz beruft. Innocenz starb zu Neapel 1254, nachdem er vom 24. Juni 1243 an die päpstliche Würde 11 Jahre 6 Monate 12 Tage bekleidet hatte. 20) Bernhardus de Botono von Parma (Bernhardus Parmensis), ein jüngerer Zeitgenosse des Vorigen, ist der Verfasser der glossa ordinaria zu der Decretalensammlung Gregor's IX., weshalb er doctor oder glossator Decretalium hieß. Er starb 1266. Außer der erwähnten Glosse, auf welche er seine ganze Lebenszeit verwendete, existiren keine Schriften von ihm. 21) Henricus de Segusia, von seinem Geburtsorte in Piemont so genannt und wegen des Bisthums zu Ostia, welches er von Urban IV. mit der Cardinalswürde erhielt, unter dem Zunamen Cardinalis Ostiensis bekannt[31]). Er stammte aus dem Geschlechte de Romanis, nicht de Bartholomaeis, wie Manche angenommen haben. Im Civilrechte war sein Lehrer Jacobus Balduini, im kanonischen Rechte Jacobus Albinganuensis, beide zu Bologna. Später lehrte er selbst dort mit solchem Beifalle, daß man ihm unter den Professoren des kanonischen Rechts den ersten Rang zuerkannte. Denn alle, welche damals das kanonische Recht studirten, folgten dem Ostiensis, sodaß „Ostiensem sequi" gleichbedeutend war mit: dem kanonischen Rechte sich widmen. Von Italien ging er nach Frankreich und lehrte eine Zeit lang auf der Universität zu Paris, vielleicht auch in England, wo er sich längere Zeit aufhielt. In England stand er in großer Gunst bei dem Könige Heinrich III., für welchen er viel Geschäfte besorgte, unter anderen als Gesandter zu Papst Innocenz IV. ging. Weil er in England um die Gunst des Königs als Ausländer sehr beneidet wurde, so ging er 1244 wieder nach Frankreich, wo er ein Bisthum erhielt. Matthäus Paris machte ihm, als er aus England wegging, den Vorwurf der Veruntreuung königlicher Gelder. Es ist dies aber kaum zu glauben, da Henricus im J. 1250, als er schon zum Erzbischofe zu Embrun gewählt war, in wichtigen Geschäften des Königs von England zugleich mit Theobald, Archidiakonus zu Lüttich, dem späteren Papste Gregor X., zu Papst Alexander IV. als Gesandter vom Könige geschickt wurde, und der König einem treulosen und unzuverlässigen Manne einen solchen Auftrag nicht ertheilt haben würde. Matthäus Paris gehörte zu den Neidern unseres Henricus. Er wurde 1250 zum Erzbischofe zu Embrun in Frankreich erwählt und von Papst Urban IV. 1261 zum Cardinale und Bischofe von Ostia ernannt. Er starb zu Lyon 1271. Von ihm rührt ein Commentar zu den Decretalen her, und zwar soll er diesen auf Veranlassung des Papstes Alexander IV. geschrieben haben. Seine berühmteste Schrift aber ist eine Summe der Decretalen, gewöhnlich Summa Ostiensis genannt. Schon vor seiner Gelangung zur bischöflichen Würde trug er sich mit dem Plane, eine solche zu bearbeiten;

31) Lächerlich ist die Ableitung des Namens Ostiensis von ostium, welche darauf gestützt wird, daß durch ihn, gleichwie durch eine Thüre (quasi per ostium), Allen, welche die Rechtswissenschaft erlernen wollen, der Zugang geöffnet sei.

das bereits angefangene Werk ging aber später durch Brand zu Grunde. Nachdem er Erzbischof zu Embrun geworden war, machte er sich von Neuem an die Arbeit und vollendete dieselbe. Nach ihrer Veröffentlichung nannte man sie Summa Archiepiscopi, welchen Namen sie behielt, bis der Verfasser zum Cardinale und Bischofe von Ostia ernannt wurde. 22) Wilhelm Durantis. Von diesem ist bereits in dem Artikel Glosse zum Corpus juris civilis die Rede gewesen, daher darauf zu verweisen. 23) Marsilius Mantighellus, nach der, aber ohne Beweis hingestellten, Angabe des Diplovataccius Lehrer des Johannes Andreä im kanonischen Rechte, starb um das Jahr 1300. 24) Garsias Johannes Hispanus, welcher um das Jahr 1280 blühte und Glossen zu den fünf Büchern der Decretalen und zu den Decretalen Gregor's X. schrieb. 25) Wilhelm de Mandagoto, geboren zu Luteva (jetzt Lodeve) in Frankreich aus einem edlen Geschlechte, ging nach Bologna und wurde dort 1275 Doctor. Papst Bonifaz VIII., welcher ihn hoch schätzte, ernannte ihn um das Jahr 1295 zum Erzbischofe zu Embrun und wählte ihn zum Mitgliede der Commission, welche mit der Ausarbeitung der neuen Decretalensammlung, des sogenannten Liber Sextus Decretalium, beauftragt wurde. Später ernannte ihn Clemens V. zum Erzbischofe zu Aix und 1312 zum Cardinale und Bischofe zu Präneste. Er starb 1321. Von ihm rührt der Libellus electionum oder Summa de electionibus praelatorum, sowie auch eine Summa super decretalibus. 26) Berengarius Fredoli, Lehrer des Vorigen, wie dieser selbst in der Zueignung des demselben gewidmeten Libellus electionum angibt. Er stammt aus dem edlen Geschlechte der Fredoli, welche Herren des Städtchens Veranum, nicht weit von Montpellier, waren. Sehr jung erlangte er geistliche Würden; er bekleidete solche zu Narbonne, Aix und an anderen Orten. Cölestin V. ernannte ihn 1294 zum Bischofe. Dessen Nachfolger, Bonifaz VIII., leistete er wichtige Dienste bei der Ausarbeitung des Liber Sextus Decretalium. Clemens V. ernannte ihn 1305 zum Cardinale, erst als Presbyter, dann 1309 zum Bischofe in Tusculum. Er starb zu Avignon 1323. Von ihm rührt ein Repertorium super speculo juris her. Ein ähnliches Repertorium oder Index verfaßte Berengar zu der Summa Ostiensis, welches er Oculus nannte und dem Wilhelm de Mandagoto widmete. Auch wird ein von ihm herrührender Tractatus de excommunicationibus erwähnt. 27) Alligradus de Lendinaria, Bischof zu Vicenza. Er wurde 1389 auf Bitten der Scholaren zur lectio ordinaria Decretorum von der Stadt Bologna mit einem jährlichen Gehalte von 150 Lire angestellt, und war nebst Dinus Mugellanus, einem geschätzten Lehrer des römischen Rechts, der Erste, welcher als Lehrer eine feste Besoldung in Bologna erhielt. Er starb 1314 und hinterließ Quaestiones, welche Johannes Andreä benutzt hat. 28) Stephanus Bencrius, aus Frankreich stammend, Kanonicus zu Narbonne, mit dem Beinamen de Singano, von seinem Geburtsorte in der Provence, starb 1298. 29) Wilhelm de Petralata, von seinem Geburtsorte in der Provence so genannt, lehrte zu Bologna um das Jahr 1297. Andere minder bedeutende Kanonisten des 13. Jahrh. sind zu übergehen.

II. Kanonisten des 14. Jahrh. 1) Johannes Andreä. Von diesem ist bereits in dem Artikel: Glosse zum Corpus juris civilis die Rede gewesen. 2) Zenzelinus de Cassanis, ein Franzose, von Anderen Gezelinus oder Jesselinus de Cassanchis genannt, schrieb Glossen zu den Extravaganten Papst Johann's XXII. 3) Johannes Calderinus aus Bologna, wurde von Johannes Andreä als Sohn angenommen. Er starb zu Bologna um das Jahr 1350 und hinterließ von Schriften einen Commentar zu den Decretalen, eine Schrift: De interdicto ecclesiastico und einen Index Decretalium. 4) Paulus Leazarus, aus Bologna, oder nach Anderen aus Mailand, Schüler des Johannes Andreä, zeichnete sich neben Rainerius und Jacobus Butrigarius (über beide s. d. Art. Glosse zum Corpus juris civilis) als Lehrer des kanonischen Rechts zu Bologna in der ersten Hälfte bis in die Mitte des 14. Jahrh. aus, schrieb auch Manches in diesem Fache. 5) Wilhelm de Monte Lauduno, ein Franzose, schrieb nicht nur einen Commentar zu der Decretalensammlung Clemens' V. und zu den sogenannten Extravagantes communes, sondern auch noch manche andere Werke. 6) Fridericus Petruccius aus Siena, lehrte zuerst zu Siena, wo 1320 eine Schule gestiftet worden war, nachdem im J. 1303 Bologna wegen der dort herrschenden Parteiwuth sich kirchliche Strafen zugezogen hatte und die Universität dort sehr in Verfall gerathen war. Dann lehrte er zu Perugia und hatte dort den Baldus zum Schüler, welcher selbst ihn seinen Lehrer nennt. Er behauptete damals den ersten Rang unter den Kanonisten. Von Schriften sind bekannt: Responsa und eine Schrift: De permutatione beneficiorum. 7) Johannes a Lignano, aus dem Mailändischen gebürtig, Schüler des Paulus Leazarus, lehrte lange zu Bologna das päpstliche Recht und veröffentlichte auf Befehl Urban's V. um das Jahr 1365 eine Schrift: De pluralitate beneficiorum. Er starb zu Bologna 1383.

III. Kanonisten des 15. Jahrh. Die berühmtesten sind: 1) Petrus Ancharanus, lehrte zuerst zu Bologna, dann seit 1385 zu Padua Civilrecht und schrieb Commentare zu dem Digestum vetus und novum. Endlich kehrte er nach Bologna zurück und lehrte dort nur kanonisches Recht. Er hinterließ Erklärungen der drei in das Corpus juris canonici aufgenommenen Decretalensammlungen. Im J. 1393 lehrte er, von Albertus II. mit einem bedeutenden Gehalte nach Ferrara berufen, dort nur kurze Zeit, da Albertus noch in demselben Jahre starb und die Schule zu Ferrara dadurch in Verfall gerieth. Er ging daher wieder nach Bologna und starb dort in hohem Alter um das Jahr 1395. 2) Antonius a Butrio, von einem zwischen Bologna und Ferrara liegenden Schlosse so genannt, lehrte zu Ferrara und Bologna kanonisches Recht und starb 1408.

Er schrieb Responsa und Commentare zum päpstlichen Rechte; auch verfaßte er zwei Indices, einen zum Civilrechte, den anderen zum kanonischen Rechte. 3) Franciscus Zabarella lehrte zuerst zu Bologna, dann zu Florenz kanonisches Recht, wo er von Papst Johann XXIII. zum Erzbischofe von Florenz und bald nachher 1411 von demselben Papste zum Cardinale ernannt wurde. Er starb, 78 Jahre alt, zu Costnitz 1417. Von ihm rühren her Responsa, Commentare zu den Decretalen und den Clementinen und eine Schrift: De horis Canonicis. 4) Nicolaus Tudiscus, vorher Abt, später Erzbischof zu Palermo, war zu Catania in Sicilien geboren und von niedriger Herkunft. Er führt daher verschiedene Beinamen, bald Nicolaus Siculus, gewöhnlich Abbas und Panormitanus. Zum Lehrer im kanonischen Rechte hatte er den Franciscus Zabarella; er selbst lehrte dasselbe seit 1421 zu Siena, dann zu Parma, hierauf zu Bologna mit großem Beifalle. Zuerst wurde er von Amadeus, Herzog von Savoyen, welcher unter dem Namen Felix IV. zum Papste erwählt worden war, zum Cardinale ernannt und war ein eifriger Vertheidiger des Concils zu Basel, welchem er auch als Gesandter beigewohnt hatte. Er schrieb über dieses Concil ein eigenes Werk und starb 1443. 5) Johannes a Turrecremata, zu Torquemada in Spanien geboren, erklärte zu Rom seit 1450 25 Jahre lang das Decret Gratian's mit Beifall. Er versuchte nicht nur das Decret in ein neues System zu bringen, womit er jedoch bei den Kanonisten seiner Zeit keinen Beifall fand, sondern er schrieb auch einen weitläufigen Commentar zum Decrete. Er nahm an den Kirchenversammlungen zu Costnitz, Basel und Florenz Theil, und wurde zur Belohnung für seine Bemühungen, das Ansehen des päpstlichen Stuhls aufrecht zu erhalten, vom Papste Eugen IV. zum Cardinale ernannt. Er starb zu Rom 1468. 6) Johannes Franciscus Pavinus, wurde, nachdem er zu Padua einige Jahre gelehrt hatte, von Papst Paul II. zum Mitgliede der Rota Romana (des päpstlichen Gerichtshofes) ernannt. Unter seinen vielen Schriften ist zu bemerken eine Sammlung der Entscheidungen der Rota Romana; ferner ein Commentar zu den Extravaganten Johann's XXII. und anderer Päpste, sowie mehre kleinere Schriften, unter anderen: De officio et potestate Capituli sede vacante, De decimis, De charitativo subsidio, De visitatione Episcopi. Er starb 1406. 7) Andreas Barbatius, mit dem Beinamen Siculus von seinem Vaterlande, lehrte erst zu Ferrara, dann zu Bologna zuerst das kanonische, sodann aber auch das römische Recht mit großem Ruhme und starb gegen das Ende des 15. Jahrh. 8) Johannes Antonius a S. Georgio, aus Piacenza, ein mailändischer Patrizier, lehrte zu Pavia und wurde dann Präpositus der Kirche des heiligen Ambrosius zu Mailand. Bald wurde er wegen seiner Gelehrsamkeit und seines tadellosen Lebenswandels von Papst Innocenz VIII. nach Rom berufen und zum Auditor sacri palatii oder Rotae Referendarius Apostolicus, später zum Bischofe von Alexandria ernannt. Er führt gewöhnlich den Beinamen Praepositus Alexandrinus, um seine mehrfachen Würden zu bezeichnen. Im J. 1493 wurde er zum Cardinale ernannt und starb bald darauf.

IV. Neuere Kanonisten. Die Zeit der älteren Kanonisten schließt mit dem Ende des 15. Jahrh. Mit dem 16. Jahrh. beginnt die Zeit der neueren Kanonisten, welche noch jetzt fortdauert. In der ersten Periode der neueren Zeit machte sich ein Gegensatz zwischen Humanisten und Realisten bemerkbar. Die ersteren betrieben die kirchenrechtliche Wissenschaft mit Hilfe der neuerwachten classischen Studien, der Geschichte und der Alterthümer, und erwarben sich dadurch, daß sie die über dieselbe waltende Finsterniß, in welche sie durch die Barbarei des Mittelalters gehüllt war, zerstreuten und beseitigten, unsterbliche Verdienste; die letzteren vernachlässigten die erwähnten Hülfsmittel und behielten die alte Methode der Behandlung des Kirchenrechts bei. Als Führer der Humanisten und als derjenige, mit welchem die neuere wissenschaftliche Behandlung des kanonischen Rechts beginnt, erscheint Antonius Augustinus, welcher mit Andreas Alciatus und Jacobus Cujacius gleichsam das Triumvirat bildet, welches für die elegante Jurisprudenz von so großem günstigem Einflusse war. Denn was die beiden letzteren für das römische Recht, das hat er für das kanonische Recht geleistet. Indessen ist die Schilderung der Verdienste dieses ausgezeichneten Gelehrten, sowie die Darstellung der Schule der neueren Kanonisten nicht Gegenstand dieses Artikels, welcher es nur mit dem Mittelalter zu thun hat. (*C. W. E. Heimbach.*)

GLOSSE (Glosse) ist in der Verskunst zur Bezeichnung jener Art von Gedichten üblich geworden, die ein anderes Gedicht, oder einen Theil desselben zum Thema wählend, den Gedanken erläuternd oder anwendend variiren und die gewählten Verse selbst hineinverflechten. Der Name dieser Dichtart deutet schon auf ihren Ursprung; denn wie die Scholastiker des Mittelalters, besonders die Theologen und Juristen, es liebten, den Sinn ihrer Texte paraphrasirend zu erläutern und dies glossiren nannten, so sind auch in der vulgairen Kunstpoesie Gedichten, die nicht allgemein verständlich waren, oder absichtlich dunkel gehaltene Stellen enthielten, solche paraphrastische Erläuterungen manchmal beigegeben worden. Beispiele davon haben sich wenigstens in der Troubadourspoesie erhalten, wiewol hier noch nicht der Name der „Glosse" vorkommt. Diese Erläuterungen waren theils in Prosa (zwischen den Strophen), theils in Versen; aber auch schon der Gebrauch, Verse aus berühmten Gedichten in Variationen darüber wörtlich zu wiederholen, kommt hier vor [1]).

1) Siehe *Raynouard*, Choix de poésies originales des Troubadours. (Paris 1817. 8.) Tome II. p. 248—254. Die Rubrik: „Pièces avec Commentaire." Auch er, wiewol auf keinen urkundlichen Ausdruck gestützt, nennt diese Erläuterungen „*gloses*," und sagt von ihrer ausgebildetsten poetischen Form: „Je terminerai cet article en rappelant que des troubadours se sont servis parfois de cadres précédemment employés avec beaucoup de succès par d'autres troubadours. Quelques-uns eurent l'art de placer, d'*encadrer* dans leurs poésies soit des vers *détachés*,

Der Sache, wenn auch ebenfalls nicht dem Namen nach kommt diese Art poetischer Paraphrasen bei den Italienern seit der Mitte des 16. Jahrh. vor. In einem zu Venedig im J. 1552 erschienenen Werke unter dem Titel: „Opera nuova di vari comenti, composta da una gentil donna (*Laura Terracina*), scritta a un suo amante in nome di Ruggiero etc.“ werden Stanzen aus Ariosto's Orlando furioso und Sonette Petrarca's zu Themen genommen, und zwar so, daß jeder Vers des Originals zum Schlusse einer Stanze oder eines Sonetts der Variation dient. Dieselbe *Laura Terracina* hat in derselben Weise die beiden ersten Stanzen aller Gesänge Ariosto's glossirt und in einem eigenen Werke herausgegeben, das den Titel führt: „Il Discorso della S. L. T. sopra il principio di tutti i canti d'Orlando furioso“ (Venedig, Giolito. 1567.)[2]). Am häufigsten, ausgebildetsten und unter dem Namen *Glosa* kommt aber diese Dichtart in der spanischen und portugiesischen Poesie vor, und zwar nachweisbar seit dem Ende des 15. Jahrh.[3]). In dem zu Ende dieses oder zu Anfange des 16. Jahrh. gedruckten: *Cancionero llamado guirlanda esmaltada de galanes y eloquentes dezires de diversos autores* des Juan Fernandez de Constantina finden sich die bis jetzt bekannten ältesten Proben dieser Dichtart auf der pyrenäischen Halbinsel, und zwar schon in einer bestimmt ausgeprägten, der später üblichen in den Grundzügen gleichen Form; so *Glosas* über Romanzen, Canciones u. s. w. In dem bekannten *Cancionero general* des Fernando del Castillo (seit 1511) bilden die Glossen sogar schon eine eigene Rubrik. Diese Form ist dann im Laufe des 16. und 17. Jahrhunderts noch künstlicher ausgebildet und sehr beliebt geworden, daher ihr in der „*Arte poetica española*“ des Juan Diaz Rengifo die Cap. LIV—LVII (*De la glosa; De las glosas en decimas; De las glosas de romances; De las glosas en verso italiano*) gewidmet und ihre Construction in Regeln gebracht werden. Man wählte nämlich zum Thema einen Text (*Texto* oder *Retruecano* genannt) von ein oder mehr Versen (gewöhnlich vier), deren jeder einen möglichst abgeschlossenen Sinn gab, und variirte ihn in ebenso vielen Strophen, die mit je einem der Verse des Textes (nur in den Romanzen mit je zwei Versen) in der gegebenen Reihenfolge schlossen; die Aufgabe bestand hauptsächlich in der geschickten Verbindung der Variation mit den Versen des Textes. Bestand der Text aus *versos de redondilla*, so glossirte man jeden Vers gewöhnlich in einer Doppel- (gebezwilligen) Redondillen-Strophe (zwei Quintillas), Copla real genannt, oder in einer Décima, welche Strophen durch das ganze Gedicht in Versmaß und Reimweise gleich bleiben mußten. Nahm man einen Text in *versos italianos* (elf- oder siebensylbigen Versen), so mußten die Glossenstrophen aus eben solchen Versen bestehen, und man konnte dazu die Strophenform der Sonette, Octaven oder *Liras* wählen. Der Inhalt dieser Glossengedichte war sehr verschiedenartig, allerdings meist lyrisch-sentenziös, bei den Romanzen bloß paraphrastisch; in den komischen oder burlesken Glossen, wozu sich diese Form vorzüglich eignete, ironisch oder parodisch. Als der Gongorismus in der spanischen Poesie immer mehr einriß, suchte man zu Glossenthemen absichtlich solche, deren Verse keinen abgeschlossenen Sinn hatten, überhaupt schwer verständlich waren und überdies noch seltene Reimworte hatten (man nannte diese Verse *Forzados*), um die Schwierigkeit zu erhöhen und das Ingenium des Dichters leuchten zu lassen, vorzüglich wenn die darüber zu machenden Glossen Preisgedichte in poetischen Wettstreiten (*Justas*) waren[4]). Wie sehr diese Schwierigkeiten gesteigert wurden und welch' „überaus beschränkenden Vorschriften (leyes demasiadamente estrechas)“ die Glossendichter sich oft unterwerfen mußten, ersieht man aus der bekannten Stelle im *Don Quijote* (*Parte segunda*, cap. XVIII), sodaß der „discrete Freund“ des Ritters von La Mancha mit Recht sagen konnte: „Mich dünkt, es sollte Niemand mehr seine Mühe an das Glossenmachen verschwenden; und zwar deshalb, weil nie die Glosse dem Texte nachkommen könne, oder oft, ja meist über das Ziel und den Vorwurf hinausschweife, die sie dem zu glossirenden gemäß hätte einhalten sollen“[5]).

soit des fragments pris dans les pièces des troubadours les plus estimés.“ — Auch Diez, „Poesie der Troubadours“ S. 94. 95, erwähnt „der entlehnten Verse, mit welchen man jede Strophe des Liedes beschloß; man wählte hierzu die Anfangsverse berühmter Kanzonen.“ Vergl. auch E. Sachs, „In welchem Zusammenhange steht die lyrische Kunstpoesie der Provenzalen mit der mittelalterl. Kunstpoesie der Franzosen, Italiener, Spanier, Portugiesen und Deutschen?“ — in dem „Jahresberichte über die Luisenstädtische Realschule.“ (Berlin 1856. 8.) S. 32. 33.

2) Vergl. *Ireneo Affò*, Dizionario precettivo, critico, ed istorico della poesia volgare (Milano 1824. 12.) p. 253. 254, Art. *Esposizione poetica*. Auch er gebraucht nicht den Namen Glossa dafür, definirt aber die Dichtart also: „Specie di componimento, diretto a ampliazione sopra le altrui poesie, fatta in versi.“ Er sagt, daß nach diesen Versuchen im 16. Jahrh. keine weiteren in Italien in dieser Dichtart gemacht worden seien. 3) Lope de Vega's Ausspruch (Justa poética y alabanzas justas que hizo la insigne Villa de Madrid al bienaventurado San Isidro en las fiestas de su beatificacion. Madrid 1620. 4. fol. 78 b): „..... las *glosas*, propia y antiquísima composicion de España, no usada *jamas* en otra nacion ninguna“ ist daher nur in sofern richtig, als er sich um die schon ausgebildete, diesen Namen tragende Form handelt.

4) Daher sagt Lope de Vega (Relacion de las fiestas que la insigne villa de Madrid hizo en la Canonizacion de ... San Isidro; in der Coleccion de sus obras sueltas. Madrid 1777. 4. Tomo XII. p. 377): „Esta tan recibido, que las Glosas de las *justas* tengan uno, ó dos versos *dificultosos*, que no parezca que lo son, sino los tienen: *imposible* parecia el que propuso la alegria de esta insigne Villa á los ingenios etc.“ Und in der That bestand das Thema aus folgenden, gewiß sehr schwierig zu glossirenden Versen:

Madrid, aunque tu valor
Reyes le están aumentando,
Nunca fué mayor que cuando
Tuviste tal labrador.

Der *labrador* war nämlich der kanonisirte Heilige, S. Isidro, zu dessen Ehren alle Gedichte gemacht sein mußten. Und doch gingen viele Glossen darüber ein, woraus Lope nur die zwölf besten gewählt und mitgetheilt hat, und darunter ist die von ihm selbst (unter dem Namen: *Del maestro Burguillos*. l. c. p. 400) herrührende parodische bei weitem die beste. 5) (ed. de Clemen-

Da man die Glossen auch sang, vorzüglich die über Romanzenverse, so ging der Name *Glosa* auch in die musikalische Terminologie der Spanier über, und wurde da für solche Stücke gebraucht, die man nun Variationen nennt.

Aus der spanischen Poesie wurde die Glossenform endlich auch in die teutsche eingeführt. Zwar versuchte sich schon Philipp von Zesen darin; aber erst in neuerer Zeit ist sie durch die romantische Schule, vorzüglich durch die beiden Schlegel und Tieck eigentlich eingeführt und eingebürgert worden, und außer diesen sind als Glossendichter unter uns zu nennen: Rückert, Platen, Ernst Freiherr von der Malsburg, Wilhelm v. Schütz, Uhland, Nicol. Meyer, Karl Schimper, Anton Seyfried, Varnhagen v. Ense, F. L. Z. Werner, Wilhelm Müller, Ludwig Robert u. s. w.[6]) (*Ferdinand Wolf.*)

GLOSSEN (althochteutsche u. s. w.). Glosse, ein aus dem griechischen γλῶσσα (Zunge, Sprache) gebildetes und durch lateinische Vermittelung zu uns gekommenes Wort, erscheint in der teutschen Literatur zuerst gegen das 12. Jahrh. in der Form glôse und mit der Bedeutung „Auslegung." Ziemlich zu gleicher Zeit ward auch das abgeleitete Substantiv glosâr als Benennung einer „Sammlung von glôsen" herübergenommen, und alsbald sproßte daneben auch ein Verbum glôsen mit der Bedeutung „auslegen, deuten" auf, welches ein wenig später in die französirte Form glosieren auswich. Solche glôsen, oder nach neuhochteutscher Schreibung glossen, solche größtentheils aus einer bloßen Uebersetzung bestehende Auslegungen dunkler und fremder Wörter, bilden einen nach Umfang und Inhalt sehr wichtigen und werthvollen Bestandtheil der altteutschen Literatur. Sie beginnen mit den frühesten althochteutschen Aufzeichnungen im 7. oder 8. Jahrh. und erstrecken sich bis tief in den mittelhochteutschen Zeitraum herab, an dessen Ende sie in umfassendere, alphabetisch geordnete Glossare übergeben, aus denen sich zuletzt in neuhochteutscher Zeit die Wörterbücher entwickelten, welche die geordnete Vorführung des gesammten Sprachschatzes zum Zwecke haben.

Eine auch nur einigermaßen umfassende Sammlung des überaus reichen und über Teutschlands Grenzen hinaus durch die verschiedensten Bibliotheken verstreuten hochteutschen Glossenmateriales gibt es nicht, und ebenso wenig ein vollständiges Verzeichniß des Vorhandenen. Eine im J. 1826 von Heinrich Hoffmann von Fallersleben begonnene Sammlung althochteutscher Glossen ist nicht über das erste Heft gediehen[1]); und ebenso beschränkt sich auf ein Heft, was derselbe Gelehrte später an mittelhochteutschen Glossen aus wiener Handschriften unter dem Titel: „Sumerlaten"[2]) (d. i. einen Sommer alte Schößlinge) zusammengestellt hat. Abgesehen von älteren Werken, die wegen der damals noch unvollkommenen Kenntniß unserer alten Sprache durchschnittlich eine ziemlich beschränkte Gewähr der Zuverlässigkeit bieten, sind größere Glossenbestände meist in allgemeineren sprachlichen Sammelwerken des laufenden Jahrhunderts veröffentlicht worden; so in Docen's Miscellaneen zur Geschichte der deutschen Literatur (München 1807 fg. 2 Bde.), im Anzeiger für Kunde des deutschen Mittelalters von v. Aufseß und Mone (München 1832 fg. 8 Bde. 4.), in Graff's Diutiska (Stuttgart und Tübingen 1826 fg. 3 Bde.), in Haupt's Zeitschrift für deutsches Alterthum (Leipzig 1841 fg. 11 Bde.) u. s. w. Das reichhaltigste Verzeichniß des vorhandenen althochteutschen Glossenbestandes bietet Graff im ersten Theile seines althochteutschen Sprachschatzes (Berlin 1834. 4. S. XXXIII—LXXIII); doch ist dies Verzeichniß nicht ganz zuverlässig und läßt noch sehr Vieles im Unklaren. Sorgfältiger und genauer, aber gewisse Glossengattungen absichtlich ausschließend, ist das fleißige, verständige und wohlgeordnete Verzeichniß Rudolf's v. Raumer in seinem Buche: „Die Einwirkung des Christenthums auf die althochteutsche Sprache" (Stuttgart 1845. S. 78—137). Den sprachlichen Ertrag der ihm bekannten und erreichbaren althochteutschen Glossen hat Graff seinem ebengenannten althochteutschen Sprachschatze (Berlin 1834—1842. 6 Bde. 4.) einverleibt; doch ist er bei dieser gewaltigen und mühseligen Arbeit nicht immer mit der wünschenswerthen Genauigkeit verfahren. Ueber Entstehung, Gruppirung und Verwandtschaft der Glossen haben am besten gehandelt Rudolf v. Raumer in seinem ebenerwähnten Buche und Wilhelm Grimm in seinen beiden akademischen Abhandlungen: „Exhortatio ad plebem Christianam, Glossae Cassellanae" etc. (Berlin 1848. 4.) und „Altdeutsche Gespräche." (Berlin 1851. 4. „Nachtrag." Ebendas. 1851. 4.)

Die altteutschen Glossen sind überwiegend von Mönchen und Geistlichen niedergeschrieben worden, um Männern dieses Standes und ihren Schülern zu dem gelehrten Zwecke kirchlicher und wissenschaftlicher Ausbildung zu dienen. Deshalb ist bei weitaus den meisten teutschen Glossen das Latein die Grundlage und Hauptsache, und die neben die fremden Wörter gesetzten Verteutschungen sollen zunächst eben nur die Erlernung des Latein und das Verständniß derjenigen lateinischen Schriften erleichtern, deren Texte sie beigegeben sind, oder auf den sie sich beziehen. Nur eine kleine, aber merkwürdige, und deshalb unten näher zu besprechende Gruppe, hat

gio. Tomo IV. p. 335. 336) „Un amigo y discreto, respondió D. Quijote, era de parecer que no se habia de cansar nadie en glosar versos; y la razon, decia él, era, que jamas la glosa podia llegar al texto, y que muchas ó las mas veces iba la glosa fuera de la intencion y propósito de lo que pedia lo que se glosaba, y mas que las leyes de la glosa eran demasiadamente estrechas, que no sufrian interrogantes, ni dijo, ni diré, ni hacer nombres de verbos, ni mudar el sentido, con otras ataduras y estrechezas con que van atados los que glosan." — Die Glosse, die trotzdem D. Lorenzo dem D. Quijote zum Besten gibt, ist ein treffliches Beispiel, was man für Themen dazu zu wählen liebte, und wie man sich dabei behelfen mußte.

6) Vergl. O. L. B. Wolff, Poetischer Hausschatz des deutschen Volkes. 16. Auflage. (Leipzig 1854. 8.) S. 288 und 297—304, und Koberstein, Grundriß der Gesch. der deutschen Nationallit. 4. A. 2. Bd. (Leipzig 1856.) S. 1165—1166.

1) Althochdeutsche Glossen, gesammelt und herausgegeben von Aug. Heinr. Hoffmann. Erste Sammlung, nebst einer literar. Uebersicht althochdeutscher und altsächsischer Glossen. (Breslau 1826. 4.) Dazu die Recension von J. Grimm in den Götting. Gel. Anzeigen. 1826. S. 1585 fg. 2) Sumerlaten. Mittelhochdeutsche Glossen aus den Hdschr. der k. k. Hofbibliothek zu Wien. Herausgegeben von Hoffmann v. Fallersleben. (Wien 1834. 8.)

sich als praktischem Zwecke bestimmt und von teutscher Grundlage ausgehend erwiesen.

Der Erscheinungsform nach stellt ein sehr großer Theil des Glossenbestandes sich dar als Interlinear- oder auch als Marginalglossen, d. h. als Verteutschungen einzelner Wörter, die zwischen den Zeilen oder an den Blatträndern lateinischer Schriften sich vorfinden. Auf weltliche lateinische Bücher ist die Glossirung natürlich nur in geringem Maße angewendet worden. Raumer verzeichnet an glossirter lateinischer Profanliteratur die grammatischen Schriften des Alcuin, des Donat, des Fulgentius Planciades, des Phocas, des Priscian; die Classiker Horaz, Juvenal, Persius, Salust, Terenz, Virgil; ferner die Dialektik Alcuin's und des Boethius Consolatio philosophiae, nebst einigen anderen kleinen Stücken. Alle übrigen Interlinearglossen gehören theologischen Werken an, wo sie bald spärlicher, bald dichter eingestreut vorkommen. Erstreckt sich die Glossirung so weit, daß jedem einzelnen Worte des lateinischen Textes das entsprechende teutsche beigeschrieben erscheint, so ist die Interlinearglosse in eine Interlinearversion übergegangen, wovon sich mehre Beispiele erhalten haben. Solche Interlinearversionen unterscheiden sich also von den eigentlichen Uebersetzungen dadurch, daß sie keine Rücksicht auf das Satzgefüge und die Forderungen der teutschen Syntax nehmen, sondern eben nicht mehr beabsichtigen, als die einzelnen Wörter des lateinischen Textes nach Form und Bedeutung möglichst genau durch entsprechende einzelne teutsche Wörter wiederzugeben.

Die andere Hauptclasse der teutschen Glossen zeigt sich in der Gestalt, daß die teutschen Wörter mit denjenigen lateinischen Wörtern, welchen sie zur Erklärung dienen sollen, dem Satzverbande entnommen und für sich zusammengestellt erscheinen. Bei der Niederschreibung solcher reiner Glossenreihen trat dann gewöhnlich ein ordnendes Princip hinzu, und so entstanden die Vocabularien. War das bestimmende Princip ein rein grammatisches, so gestaltete sich die Anordnung des Glossares alphabetisch, nur freilich nicht mit so strenger Buchstabenfolge im Einzelnen, als wir jetzt von unseren Wörterbüchern fordern. Ward dagegen zunächst auf die Bedeutung der glossirten Wörter geachtet, so entsprangen sachliche Vocabulare, in welchen sich die Ausdrücke für verwandte Begriffe zu Gruppen zusammenschlossen, als z. B. Ausdrücke bezüglich auf Gott und göttliche Dinge, auf Kirchenwesen, auf den Menschen nach seiner leiblichen wie geistigen Seite, auf Gebäude, Geräthe, Handthierungen, auf Thiere, Pflanzen, Steine u. s. w. Und bei diesen sachlichen Glossaren hat sich der feinen Forschung Wilhelm Grimm's der bereits oben angedeutete wesentliche Unterschied herausgestellt, daß den einen das Latein Grundlage und Hauptsache, ihr nächster Zweck also ein gelehrter ist; für die anderen dagegen das teutsche das ursprüngliche ist, und die Fremdwörter sich als die für den unmittelbaren Gebrauch des praktischen Lebens hinzugefügte Glossirung ergeben.

Inhalt, Anordnung und Umfang der überaus zahlreichen erhaltenen Glossensammlungen zeigen die mannichfachsten Verschiedenheiten und Wechselbeziehungen. Zuweilen finden sich nur spärliche Notizen, die aus wenigen Worten oder Zeilen bestehen; zuweilen aber auch begonnen Arbeiten von ganz stattlichem Umfange. Aeltere Vorlagen sind von späteren Schreibern benutzt, theils abgeschrieben, theils ausgezogen, theils nur stückweise übertragen und durch eigene oder aus anderen Quellen geschöpfte Zusätze von einzelnen Wörtern und ganzen Abschnitten vermehrt worden. So verbindet sich mit dem Anwachsen des Glossenvorrathes eine durchgehende Wandlung desselben, indem ein Theil mit den veraltenden Wörtern aufgegeben wird, ein anderer dem Wechsel der Sprachformen folgt, und ein dritter neu hinzutritt. Fruchtbar an Glossen sind besonders diejenigen geistlichen Anstalten gewesen, in denen ein regeres wissenschaftliches Streben herrschte, namentlich Sanct-Gallen in der Zeit seiner Blüthe, wo außer der tüchtigen Schule auch der reiche und oft überwiegende Bestand an irischen und angelsächsischen Brüdern wirksamen Anlaß darbot [3]).

Unter den glossirten theologischen Werken nimmt natürlich die Bibel den ersten Rang ein. Ueber 40 verschiedene Handschriften sind bekannt und noch vorhanden, welche althochteutsche Glossen zu den einzelnen Büchern der Bibel enthalten. Nicht minder finden sich teutsche Glossen zu den Bibelcommentaren des Ambrosius, Hieronymus, Beda, Hrabanus Maurus und Haimo, und einige der bedeutendsten alphabetisch geordneten Glossare sind grade für den Gebrauch der Bibelerklärung angelegt. Aber die Glossen erstrecken sich nicht in gleichmäßiger Vertheilung über sämmtliche Bücher der Bibel, vielmehr lassen sich Unterschiede der Behandlung erkennen, aus denen v. Raumer scharfsinnige Schlüsse über den Gang des Bibelstudiums gezogen hat [4]). Man begann nämlich mit dem Lesen der Bibel nicht erst nach Vollendung der allgemeinen Studien, sondern sobald die ersten Elemente des Lesens, des Schreibens und der lateinischen Grammatik gelernt waren, und zwar machte man den Anfang mit den bekannteren und zugleich auch leichteren Büchern, zu welchen die Genesis und die Evangelien gehören. Zwischen die Zeilen des Textes schrieb sich der Lehrer zur Erleichterung des Unterrichtes einzelne, bald lateinische, bald teutsche Erklärungen. Und wollte er den Sinn der teutschen Glossen dem Schüler verbergen, so wandte er eine Geheimschrift an, die übrigens sehr einfach war und gewöhnlich darin bestand, daß statt der Vocale die je zunächst folgenden Consonanten des Alphabetes gesetzt wurden, z. B. *querimoniam*, chlbgflkchfn wnxpft, d. h. chlagelichen wuoft. Außer den vier Evangelien las und glossirte man auch die zum sonn- und feiertäglichen Vorlesen in der Kirche bestimmten Stücke der Evangelien und Episteln, die Perikopensammlung, oder, wie man es damals nannte, den

3) St.-Gallens altteutsche Sprachschätze. Auch unter dem Titel: Denkmahle des Mittelalters. Gesammelt und herausgegeben von Heinrich Hattemer. (St.-Gallen 1844 fg.) 3 Bde. Wilh. Wackernagel, Geschichte der deutschen Literatur (Basel 1848.) S. 56 fg. 4) R. v. Raumer, Die Einwirkung des Christenthums auf die althochd. Sprache S. 230.

lectionarius oder *liber comes*: denn das Verständniß der Evangelien oder des liber comes sollte nach den Beschlüssen des aachener Concils vom Jahre 802 von den Geistlichen gefordert werden. Diesem Bedürfnisse verdanken auch die eigentlichen Uebersetzungen ihren Ursprung, von denen sich freilich nur Einzelnes erhalten hat: Reste einer im 8. Jahrh. gemachten Uebersetzung des Evangeliums Matthäi und eine im 9. Jahrh. aus der Vulgata gearbeitete Uebersetzung einer Evangelienharmonie nach der Ordnung des Ammonius. Nächst den eben genannten biblischen Büchern finden sich die übrigen des alten und die katholischen Briefe des neuen Testaments lateinisch-teutsch glossirt. Von den Paulinischen Briefen dagegen gibt es zwar auch teutsch-glossirte Handschriften; aber grade einige der umfassendsten Glossensammlungen haben zu den Paulinischen Briefen nur lateinische, keine teutschen Glossen [5]). Ein Zeichen, daß sie, ihrem schwierigen Inhalte gemäß, in der Regel nur mit solchen Schülern gelesen wurden, die der Unterstützung durch teutsche Erklärung nicht mehr bedurften. — Die geographische Herkunft anlangend stammen die erhaltenen Handschriften mit teutschen Bibelglossen des 8. bis 11. Jahrh. aus allen Gegenden Oberteutschlands und vom Niederrheine her. Besonders haben sich auch hierin ausgezeichnet die Klöster St.-Gallen und Reichenau in Schwaben, und Tegernsee und St.-Emmeran in Baiern.

Außer der Bibel wurden nach v. Raumer's Untersuchung in den Klosterschulen besonders drei Schriften geistlichen Inhalts fleißig studirt und erklärt: die Gedichte des Prudentius, die Canones apostolorum et conciliorum und des Gregorius Magnus Liber pastoralis oder Anweisung zur geistlichen Amtsführung. Vom Prudentius sind bekannt und erhalten 21 Handschriften mit althochteutschen Glossen, kaum halb so viel als der Handschriften mit Bibelglossen, und doppelt so viel als der glossirten Handschriften römischer Classiker. Neben Prudentius finden sich in weit geringerem Maße glossirt die christlichen Dichtungen des Alcimus Avitus, des Arator, des Juvencus, des Prosper, des Sedulius.

Von den zur Einführung in das Studium des Kirchenrechts benutzten *Canones apostolorum et conciliorum* sind noch 16 teutsch-glossirte Handschriften übrig; von dem Studium des *Liber pastoralis* zeugen deren 17. Außerdem erweisen sich durch teutsche Glossirung als zum Unterrichte in geistlichen und klösterlichen Schulen benutzt verschiedene Schriften von Augustinus, Beda, Hieronymus, Gregorius Magnus, Isidor, ferner Legendarisches und Asketisches, unter den Büchern letzter Gattung besonders das von dem Angelsachsen Aldhelm herrührende Werk De virginitate.

Auch zwei Wort für Wort durchglossirte Denkmäler, zwei wichtige Interlinearversionen, haben sich erhalten. Die eine von der Benedictinerregel, aus St.-Gallen stammend, und angeblich von dem Mönche Kero um 750 daselbst verfaßt [6]); die andere von einer Anzahl lateinischer, dem Ambrosius zugeschriebener Hymnen, gleichfalls in streng alamannischer Mundart des 8. Jahrh. [7]).

Aus der Menge der nach der Buchstabenfolge des lateinischen Alphabetes geordneten Glossare heben sich zwei große Sammelwerke heraus, die sogenannten Keronischen und die Salomonischen Glossen. Unter den Keronischen Glossen versteht man das älteste umfassende lateinisch-teutsche Glossar, welches ohne zureichende Begründung demselben St.-Galler Mönche Kero zugeschrieben worden ist, dessen Namen auch die Interlinearversion der Benedictinerregel trägt. Nach Rudolf v. Raumer [8]) sind die Keronischen Glossen so entstanden, daß ein lateinisches Glossar zur Bibel die Grundlage bildet, welchem die althochteutschen Wörter übergeschrieben wurden. Die Originalarbeit ist verloren, und die drei vorhandenen alten Abschriften des 8. Jahrh., die St.-Galler [9]), die pariser [10]) und die carlsruher [11]) weichen an einzelnen Stellen so stark von einander ab, daß die Verfertiger derselben nach eigenem Ermessen an ihrer Vorlage geändert haben müssen. Diesen Keronischen Glossen verwandt sind die sogenannten Hrabanischen, welche ihren Namen auf Grund der Ueberschrift in einer wiener Handschrift des 9. Jahrh. führen [12]). Sie sind, wie Jacob Grimm bemerkt, nur ein hin und wieder veränderter Auszug aus den Keronischen Glossen, jedoch nur in Beziehung auf ihren lateinischen Text; denn ihre Verteutschung des lateinischen Grundtextes zeigt sich unabhängig von der Verteutschung der Keronischen Glossen. Zu befriedigender Aufklärung über die Berechtigung ihres Titels, über den Ursprung ihres teutschen Theiles, und ihr Verhältniß zu den Keronischen Glossen ist die Forschung noch nicht gediehen.

Noch größere Verbreitung fanden die Salomonischen Glossen [13]). Diese sind ursprünglich ein blos lateinisches alphabetisch geordnetes Wörterbuch zur Erläuterung lateinischer Schriftsteller, sowol der Kirchenväter als auch römischer Classiker. Ihren Namen haben sie daher, weil sie in den Handschriften bald als vocabularius Salomonis, bald als glossae a Salomone collectae, bald als glossae jussu Salomonis digestae bezeichnet werden. Daraus hat man geschlossen, daß sie von Salomon III., Abtbischof von Constanz (gest. 920), herrühren, oder wahrscheinlicher auf seine Veranlassung von den St.-Galler Mönchen Iso (gest. 871), Notker Balbulus (gest. 912) und Tuilo (gest. 912) ausgearbei-

5) Raumer a. a. O. S. 221. 6) Gedruckt in Schilter's Thesaurus antiquitatum Teutonicarum Bd. 1; genauer bei Hattemer a. a. O. 1, 26 fg.

7) Hymnorum veteris ecclesiae XXVI interpretatio theotisca ed. *Jac. Grimm.* (Gottingae 1830. 4.) 8) a. a. O. S. 124. 9) Nr. 911 das sogenannte Vocabularium Keronis. Gedruckt bei Hattemer a. a. O. S. 131—[illegible]. 10) Nr. 7640. Gedruckt in Graff's Diutiska 1, 122—257. 11) Nr. 185. Aus Reichenau stammend. Gedruckt in Graff's Diutiska I, 128—279. 12) Cod. 162. „*In nomine dei summi incipiunt Glosae Hrab. Mauri. Inchoant* pikinnant *congregationes* samanunga *verborum* wortto [illegible] *et veteris* anti dero altun [illegible]“ u. s. w. Gedruckt in Eccard's Francia Oriental. 2, 950—976. Besser in Graff's Diutiska 3, 182—196. 13) Hoffmann, Althochd. Glossen S. XX—XXVI. Graff, Diutiska 3, 411—421. R. v. Raumer, Einwirkung des Christenthums S. 128—130.

ist worden seien. Die älteste bekannte Handschrift, cod. 905 zu St.-Gallen, aus dem 10. Jahrh. stammend, enthält noch gar keine teutschen Wörter. Allmälig aber wurden solche beigeschrieben, und zu diesem Behufe wenigstens theilweise aus den Keronischen Glossen und den damit verwandten Sammlungen entnommen. Auch wurden dem ursprünglichen Werke noch Nachträge angefügt. So erhielt sich das Salomonische Glossar, an Umfange wachsend, durch das ganze Mittelalter im Gebrauche [14], und ward gegen Ende desselben, wol in den Jahren 1472—1474 als Incunabel gedruckt, wahrscheinlich in der Druckerei des Klosters St.-Ulrich und Afra zu Augsburg [15].

Von anderweiten alphabetisch geordneten Glossensammlungen weist das Raumer'sche Verzeichniß noch 18 Nummern auf, über deren Ursprung und ihre Beziehungen unter einander eine genügende Untersuchung jedoch noch gebricht.

Die nach dem Inhalte geordneten althochteutschen Glossensammlungen, oder die sachlichen Glossare, stehen bei aller Verschiedenheit des Umfanges und Inhaltes doch größtentheils unter sich in einem gewissen verwandtschaftlichen Zusammenhange. Früher vermuthete man, daß die gemeinschaftliche Urquelle aller, oder doch der meisten, zu suchen sei in den Etymologiarum libri XX des Isidorus Hispalensis, jenem berühmten encyklopädischen Werke, aus welchem das ganze Mittelalter mit Vorliebe nicht blos lateinische Sprachkenntniß, sondern auch sachliche Belehrung schöpfte. Wilhelm Grimm's eindringende Forschung hat jedoch dargethan, daß dies grade bei den wichtigsten Denkmälern dieser Art entschieden nicht der Fall ist [16]. Als gleichen Grundcharakters, als Sammlungen von Ausdrücken für die im täglichen Leben nothwendigen Dinge, mit einer auf bequemen Gebrauch abzielenden Anordnung nach dem sachlichen Inhalte, als teutsch-lateinische Realwörterbücher mit teutscher Grundlage, faßt er die folgenden zusammen: zwei Denkmäler in Handschriften des 7—8. Jahrh.: 1) die casseler Glossen [17], 2) den Vocabularius S.-Galli [18]; sieben Denkmäler in Handschriften des 10—12. Jahrh.: 3) die schlettstädter Glossen [19], 4) einen Nomenclator in einer wiener Handschrift [20], 5) das sogenannte Summarium Heinrici [21], 6) Glossen aus einer Boxhornischen Handschrift [22], 7) Glossen aus einer wiener Handschrift [23], 8) Glossen aus einer insbrucker Handschrift [24], 9) die wiesbader Glossen der heiligen Hildegard [25]; endlich ein Denkmal in einer Handschrift und wol auch von einem Verfasser des 14. Jahrh.: 10) den sogenannten Vocabularius optimus [26].

Keines dieser teutsch-lateinischen sachlichen Wörterbücher stammt unmittelbar aus einem anderen der andern dieser Gruppe aufgezählten her; wol aber zeigen sich hier und da mehr oder minder deutlich Entlehnungen, welche sich auf einzelne Abschnitte beschränken. So hat sich herausgestellt, daß das erste, von den Theilen des menschlichen Leibes handelnde Capitel der casseler Glossen, und vielleicht noch einige andere Stellen derselben, bei Abfassung des Vocabularius St.-Galli benutzt worden sind [27]. Hatte nun bisher der vocabularius S.-Galli als die älteste teutsche Glossensammlung, ja überhaupt als das älteste bekannte hochteutsche Denkmal gegolten, so würde er jetzt in die zweite Stelle rücken, und die erste den casseler Glossen einräumen müssen. Ja die casseler Glossen zeigen sogar noch eine andere Eigenthümlichkeit, welche ihnen die gleich hohe Bedeutung selbst über Teutschlands Grenzen hinaus sichert. Es sind nämlich ein Theil der einzelnen Wörter, durch welche die entsprechenden Wörter des teutschen Grundtextes glossirt werden, nicht in lateinischer, sondern in romanischer, und zwar in nordfranzösischer Form gegeben [28]. Mithin besitzen wir in den casseler Glossen nicht nur das älteste hochteutsche, sondern zugleich auch das älteste romanische Sprachdenkmal.

Wenn sich aber nicht einmal die casseler Glossen, das älteste unter den bekannten sachlichen Glossaren, als eine Originalarbeit bewähren, sondern wiederum noch ältere Quellen voraussetzen: dann könnte es, wie Wil-

14) Von den 15 bei Raumer angeführten Handschriften der Salomonischen Glossen enthält die eine, im Museum zu Prag befindliche, aus dem Jahre 1102, welche nach ihrer Schlußschrift unter dem Namen Mater verborum bekannt ist, auch böhmische Glossen. Ueber böhmische Glossen vergl. *Hanka*, Vetustissima vocabularia Latino-Bohemica. (W. Prag 1833.) 15) Salomonis episc. Constantiensis glossae ex illustrissimis collectae auctoribus. Ohne Ort und Jahr. 287 Bll. in 2 coll. mit 55 Zeilen, ohne Sign., Custos und Seitenzahlen. Ebert Nr. 20131. Diese Incunabel ist bis jetzt der einzige Druck des lateinischen Textes der Salomonischen Glossen geblieben. Ueber diese Glossen und den Bischof Salomon überhaupt handelt auch Stälin in seiner trefflichen Würtembergischen Geschichte. 1. Bd. (Stuttgart und Tübingen 1841.) 16) Wilh. Grimm, Altdeutsche Gespräche S. 10. 17) Exhortatio ad plebem Christianam, Glossae Cassellanae, Ueber die Bedeutung der deutschen Fingernamen, von Wilhelm Grimm. Gelesen in der königl. Akademie der Wissenschaften am 24. April 1845 und 12. Nov. 1846. (Berlin 1848. 4.) mit 5 Bll. Facsim. 18) Gedruckt: unvollständig in Specimen linguae francicae editum a Carolo Lachmanno (Berol. 1825) S. 1. 2; vollständig in Wilh. Wackernagel's Altdeutschem Lesebuche. 2. Ausg. (Basel 1839.) Sp. 27—32, in Graff's Althochd. Sprachsch. 1. Th. S. LXV—LXVII, im Spicilegium Vaticanum von G. Greith. Frauenfeld. 1838. S. 35—43 und in Hattemer's Denkmahlen des Mittelalters 1, 5—14.

19) Gedruckt in Haupt's Zeitschrift für deutsches Alterthum 5, 318. 20) Gedruckt in Hoffmann's Althochd. Glossen S. 57. 58. 21) Gedruckt unter dem Titel: Glossae San-Blasianae in Gerbert's Iter Alemann. Anh. 15—108; unter dem Titel: Glossae Trevirenses aus einer Handschrift der Stadtbibliothek zu Trier in Hoffmann's Althochd. Glossen S. 1—19; unter dem Titel: Heinrici Summarium aus einer wiener und einer münchener Handschrift in Graff's Diutiska 3, 225—266. Nachtrag dazu in Hoffmann's Sumerlaten S. VI fg. S. 1—20. 22) Gedruckt in Nyerup's Symbolae S. 260—337. 23) Gedruckt in Hoffmann's Sumerlaten S. 25—43. 24) Gedruckt in Mone's Anzeiger 1838. Sp. 587—602. 25) Herausgegeben und erläutert von Wilh. Grimm in Haupt's Zeitschr. für deutsch. Alterth. 6, 321—340. 26) Aus einer basler Handschrift herausgegeben von Wilh. Wackernagel. (Basel 1847. 4.) 27) Den Nachweis und die Begründung dieser Thatsache hat Wilh. Grimm geliefert in seiner Ausgabe der Glossae Cassellanae S. 20. 28) Fr. Diez, Ueber die Casseler Glossen. In Haupt's Zeitschrift für deutsch. Alterth. 7, 396—406.

beim Grimm meint, wol möglich sein, daß die frühere Annahme von dem Verhältnisse dieser Glossare zu Isidor geradezu umzukehren, und vielmehr zu vermuthen wäre, daß Isidor selbst durch ein solches bereits vorhandenes teutsch-lateinisches Wörterbuch zu seinem Werke der Etymologien könnte angeregt worden sein.

In einer bestimmten und auch in der Vorrede geradezu eingestandenen Abhängigkeit von Isidor steht nur das sogenannte *Summarium Heinrici*, welches auch ersichtlich auf Plan und strengere Ordnung ausgeht. Der Verfasser wollte, wie es scheint, die ihm bekannten Wörterbücher, welche meist nur einzelne Abschnitte umfaßten und häufig verwirrt erschienen, in eine bessere Ordnung bringen, und benutzte als Grundlage zu dieser Arbeit die Etymologien des Isidor. So ist sein Wörterbuch zwar das vollständigste unter den älteren sachlichen Glossaren geworden; gleichwol fehlen auch ihm einzelne Abschnitte und andere finden sich in anderen Glossaren dennoch reichlicher ausgestattet [29]).

Es ist nicht grade nothwendig, nur ein einziges Urglossar anzunehmen, aus welchem alle übrigen herstammen müßten, doch mag die Anordnung ursprünglich strenger gewesen sein, als sie in den erhaltenen Glossaren sich darstellt, und am meisten von jener ursprünglichen Ordnung scheint gewahrt zu sein im Glossare der heiligen Hildegard.

Das jüngste Glossar dieser Gattung, der *Vocabularius optimus*, ist auch zugleich das reichste. Der Verfasser hat dabei noch den Nebenzweck des Lateinlernens im Auge gehabt, wie daraus zu entnehmen, daß neben ein teutsches Wort oft mehre lateinische gleich- oder ähnlichbedeutende Ausdrücke gestellt sind.

Altsächsische Glossen sind nur sehr spärlich vorhanden. Es finden sich deren u. a. zu einigen Abschnitten der Isidorischen Etymologien, in einer Straßburger Handschrift (C. IV, 15) des 8—9. Jahrh. [30]); andere zu einer Sammlung kleiner theologischer Stücke in einer merseburger Handschrift des 10. Jahrh. [31]); und von Interlinearglossen zu den Psalmen hat schon Lipsius einige Proben mitgetheilt [32]). Dagegen schließen sich an den althochteutschen Bestand zahlreiche mittelhochteutsche und mittelniederteutsche Glossen und Glossarien, welche dann in eine Gruppe von umfänglicheren Vocabularien ausgehen. Eine ziemlich beträchtliche Anzahl solcher Glossenarbeiten hat Diefenbach aufgeführt in dem Quellenverzeichnisse vor seinem Glossarium Latino-Germanicum mediae et infimae aetatis (Francofurti ad M. 1857. 4.) p. XIII—XXII.

Auch die angelsächsischen Handschriften enthalten einen ansehnlichen Vorrath sowol von Interlinear- und Marginalglossen als auch von Glossarien. Nach Thomas Wright würde die erste Hälfte des 9. Jahrh. in der angelsächsischen Literatur füglich den Namen des Zeitalters der Glossen verdienen [33]), weil in Handschriften dieses Zeitraumes die meisten Interlinearglossen begegnen. Er faßt diese Erscheinung auf als ein sicheres Kennzeichen der Abnahme der lateinischen Gelehrsamkeit. Am häufigsten scheint eine interlineare Glossirung erhalten zu haben der Tractat Aldhelm's: De laude virginitatis. Und in der That muß diese zugleich auch für die Erbauung von Frauen bestimmte Abhandlung jenes Abts von Malmesbury (gest. 719) einer solchen Nachhilfe um so mehr bedurft haben, als selbst die Männer an seinen Gräcismen und seltenen Ausdrücken Anstoß nahmen. Von fünf Handschriften des Aldhelm in der königlichen Bibliothek des britischen Museums gehören zwei anscheinend noch dem 8. Jahrh. an. Keine von diesen ist angelsächsisch, wol aber die eine sehr reichlich lateinisch glossirt. Zwei andere sind nicht jünger als die Mitte des 9. Jahrh. und beide zeigen hier und da eingestreute angelsächsische Glossen. Die fünfte Handschrift endlich, aus dem Ende des 9. oder dem Anfange des 10. Jahrh., ist ganz mit angelsächsischen Glossen angefüllt. Eine andere Handschrift desselben Aldhelm'schen Tractates in der königl. Bibliothek zu Brüssel, aus der ersten Hälfte des 10. Jahrh., ist absichtlich mit so weit abstehenden Zeilen geschrieben, daß in die breiten Zwischenräume reichliche Glossen mit Bequemlichkeit eingetragen werden konnten [34]). Das ist denn auch so freigebig geschehen, daß zuerst lateinische und dann über siebentehalbtausend angelsächsische Glossen eingefügt wurden, welche letztere sich theils auf den Text, theils auf die lateinischen Glossen beziehen und nicht immer vollständig ausgeschrieben erscheinen. Die angelsächsischen Glossen dieser Handschrift sind herausgegeben worden von Mone [35]) und nach einer neuen Vergleichung der Handschrift von Bouterwek [36]).

Von anderen Werken, nächst dem Aldhelm'schen, finden sich nach Wright's Beobachtung am häufigsten glossirt die Evangelien und die Psalmen, und ferner die Gedichte des Prudentius, Prosper und Sedulius. Die Psalmen scheinen glossirt worden zu sein seit dem Anfange des 11. und noch im 12. Jahrh.; die Dichter am häufigsten in der ersten Hälfte des 9. Jahrh.; die Evangelien dagegen weisen zuweilen schon in weit früherer Zeit Glossirung auf.

Die angelsächsischen Glossarien sind gleich den althochteutschen, theils nach den Anlauten des lateinischen Textes alphabetisch, theils sachlich geordnet.

29) Wilh. Grimm, Altdeutsche Gespräche S. 10 fg. 30) Abgedruckt in Graff's Diutiska 2, 192 fg. 31) Mitgetheilt durch H. Leo in Haupt's Zeitschrift für deutsch. Alterth. 3, 281 fg. 32) *Justi Lipsii* Epistolarum selectarum editio; a. l. 1618. Cent. III. ad Belgas p. 753 seq.

33) „The earlier part of the ninth century may be aptly called the Age of Glosses." *Thomas Wright*, Biographia Britannica Literaria. Anglo-Saxon Period. (Lond. 1842.) p. 51. 34) Ein Facsimile dieser 86 Blätter in Klein-Folio befassenden Pergamenthandschrift befindet sich in dem zu den Arbeiten der Record-Commission gehörigen, nicht in den Buchhandel gekommenen und deshalb in Teutschland sehr seltenen Appendix B zu Mr. Cooper's Report. 35) Franz Joseph Mone, Quellen und Forschungen zur Geschichte der teutschen Literatur und Sprache. I. Bd. (einziger). (Aachen und Leipzig 1830.) S. 328—442. 36) In Haupt's Zeitschrift für deutsch. Alterth. 9. Bd. (1853) S. 401—530.

Unter den alphabetischen Glossaren zeichnet sich eine ziemlich umfängliche Arbeit aus, eine alphabetisch geordnete Sammlung schwieriger und seltener lateinischer Wörter, denen entweder eine lateinische oder eine angelsächsische Glossirung beigesetzt ist. Mone fand sie in einer aus der ehemaligen Abtei Moyen-Moutier (Medianum Monasterium) bei Senones stammenden und jetzt in Epinal aufbewahrten Handschrift (Nr. 17) aus der ersten Hälfte des 9. Jahrh. und ließ die angelsächsischen Glossen derselben in seinem Anzeiger abdrucken[37]). Später fand Franz Oehler in einer ebenfalls aus dem 9. Jahrh. stammenden Handschrift der Amplonianischen Bibliothek zu Erfurt (Nr. 42. Fol.) drei Glossare mit theils lateinischer, theils angelsächsischer Glossirung, unter denen er jene epinalschen Glossen in reinerer und vollständigerer Gestalt wiedererkannte, und veröffentlichte seinen Fund, unter Angabe der epinalschen Varianten, im Archive für Philologie und Pädagogik. 13. Bd. Heft 2. 3. S. 230—297. 325—387.

Bruchstücke eines angelsächsischen sachlichen Glossares aus dem 10. Jahrh. sind u. a. in einer brüsseler Handschrift (Nr. 539) enthalten und von Mone veröffentlicht[38]). Sie sind überwiegend naturgeschichtlichen Inhalts, Benennungen von Gliedern des menschlichen Körpers, von Vögeln, Fischen und Pflanzen; doch finden sich darunter auch Ausdrücke, die sich auf häusliche Verrichtungen und Schiffahrt beziehen.

Proben mittelenglischer Glossen haben Wright und Halliwel an mehreren Stellen ihrer Reliquiae antiquae gegeben[39]).

Die keltischen Glossen sind bei der Geringfügigkeit anderweiter altkeltischer Denkmäler von hoher sprachwissenschaftlicher Bedeutung. Ein Verzeichniß und Proben derselben hat Zeuß seiner keltischen Grammatik einverleibt[40]). An Umfang und Alter überwiegen die altirischen Interlinear- und Marginalglossen in Handschriften des Karolingischen Zeitalters. Es finden sich deren in einer St.-Gallischen Handschrift des Priscian (Nr. 904) aus dem 8., in einer wirzburger der Paulinischen Briefe (Universitätsbibliothek M. th. f. 12) aus dem 9—10., in einer aus Bobio stammenden mailänder (Ambros. c. 301) von dem Psalmencommentare des Columban aus dem 8., und in zwei aus Reichenau stammenden carlsruher Handschriften (n. 65 u. 223) des Beda und Priscian aus dem 8—9. Jahrh. — Von den drei Dialekten der altbritischen Sprache hat der cambrische Glossen aufzuweisen in zwei oxforder Handschriften (Bodlej. Auct. F. 4—32 und Bodlej. 572) des 8—9. Jahrh. und auf einem zu Luxemburg gefundenen Pergamentblatte des 9. Jahrh. Ein cornisches Vocabularium im britischen Museum zu London (Bibl. Cotton. Vesp. A. 14) ist erst im 12. Jahrh. aus einer ältern Vorlage abgeschrieben und dabei in den Formen etwas modernisirt worden. Die armorischen Reste beschränken sich fast nur auf einzelne in den Cartularien einiger Klöster vorkommende Ausdrücke. (*J. Zacher.*)

37) Mone's Anzeiger für Kunde der teutschen Vorzeit. 7. Jahrgang. 1838. Sp. 132—153. Dieselben Glossen sind nach Mone's Mittheilung auch gedruckt in dem obengenannten Appendix B to Mr. Cooper's Report p. 153—164. 38) Mone, Quellen und Forschungen I. S. 312—323. 39) Reliquiae antiquae. Scraps from ancient manuscripts, illustrating chiefly early english literature and the english language. Edited by *Thomas Wright* and *James Orchard Halliwell*. 2 Voll. (London 1841—1843.) 40) *J. C. Zeuss*, Grammatica Celtica. (Lips. 1853.) 2 Voll. Die Beschreibung steht in der Vorrede p. XIII—XLVIII, die Proben am Ende des Buches S. 954—1100.

GLOSSITIS s. Glossoncus inflammatorius. Unter Zungenentzündung hat man nur die Entzündung der eigentlichen Zungensubstanz zu verstehen oder die Glossitis parenchymatosa; denn die ihr gegenüber gestellte Glossitis mucosa, oder die entzündliche Affection des schleimhäutigen Zungenüberzugs, kommt wol nicht leicht isolirt vor, sondern bildet in der Regel nur eine Theilerscheinung der Stomatitis. Diese parenchymatöse Glossitis, von der hier allein die Rede sein wird, gehört aber zu den nicht grade häufig vorkommenden Krankheiten, wenngleich Reil einmal einigermaßen ein epidemisches Auftreten beobachtet haben will.

Man unterscheidet eine Glossitis acuta und eine Glossitis chronica. Die Krankheit erscheint gewöhnlich als Glossitis totalis; es kommt aber auch eine Glossitis partialis vor, die dann wol als Glossitis dimidiata auftritt.

Der Glossitis gehen manchmal Frösteln, allgemeines Unbehagen und ähnliche Vorläufer voraus, sie tritt aber auch wol ganz rasch mit einem allgemeinen Schüttelfroste in die Erscheinung. Die Zunge wird heiß, hart, dunkel geröthet und nimmt sehr rasch an Volumen zu, und zwar nach allen Dimensionen, sodaß sie bald in der Mundhöhle keinen Raum mehr hat. Deshalb tritt sie zwischen Zähnen und Lippen hervor, nach J. Frank bis zu 1½ Zoll; es sind aber Fälle bekannt, wo sie 3 Zoll, ja selbst 4 Zoll aus der Mundhöhle hervorragte. Sie drängt sich ebenso nach Rückwärts und wirkt drückend und beengend auf den Kehlkopf; auch in der Unterkiefergegend ist die angeschwollene Zunge als feste Geschwulst fühlbar. Sie ist dabei der Sitz drückender, brennender, klopfender, stechender Schmerzen und gegen jede Berührung empfindlich. In der Mundhöhle selbst ist sie natürlich dem Drucke der vorragenden Zähne ausgesetzt und sie wird wol durch diese excoriirt. Das Sprechen wird erschwert und bei starker Anschwellung ganz unmöglich, und ebenso verhält es sich mit dem Schlucken, weil in der Mundhöhle kein Raum für etwas zu Verschluckendes vorhanden ist. Der Druck auf die Luftwege hat Husten und Erstickungsnoth zur Folge, der Druck auf die Gefäße ruft mannichfache Erscheinungen von Gehirnhyperämie hervor, vom Schwindel und Vergehen der Sinne bis zur Betäubung oder bis zu Schlaflosigkeit und Delirien.

Die übrigen Weichtheile der Mund- und Rachenhöhle und die Speicheldrüsen nehmen oftmals an der Zungenanschwellung Theil. Die Anfangs mehr trockene Zunge ist weiterhin vielleicht mit einem blutigen Schleime bedeckt, und späterhin überzieht ein zähes, dickes, blutiges Exsudat die Oberfläche der Zunge; aus dem offenstehenden Munde fließt fortwährend ein zäher, oftmals abfließender Speichel. Die Geschmacksperception ist bei höhern Graden der Anschwellung wol gänzlich aufgehoben. — Das begleitende Fieber hat den entzündlichen Charakter; nur wenn die Circulation und die Respiration bedeutender gestört werden, tritt ein kleiner und schwacher Puls auf, begleitet von kalten Schweißen und dergl. Manchmal entstehen erleichternde Blutungen aus der Zunge.

Bei der Glossitis partialis sind die Zufälle natürlich im Allgemeinen weniger heftig.

Die Glossitis kommt ohne Unterschied bei beiden Geschlechtern und in verschiedenen Lebensaltern vor. Nicht selten wird sie durch ein traumatisches Moment hervorgerufen (Gl. traumatica), d. h. durch mechanische oder chemische Beleidigungen, durch fremde spitzige Körper, durch Insektenstiche, durch Zahnspitzen und scharfe Zahnstifte, durch Zerbeißen der Zunge im epileptischen Anfalle, durch scharfe ätzende Substanzen, durch Verbrennung u. s. w. Sehr häufig ist dann die vollständige parenchymatöse Zungenentzündung rheumatischen Ursprungs (Gl. rheumatica). In manchen Fällen soll sie nach Unterdrückung von Fußschweißen, Katamenien, Blutungen oder nach unterdrücktem Tripper entstanden sein (Gl. metastatica). Manchmal sind Ausschläge, namentlich die Pocken und bösartige Fieber von einer Zungenentzündung begleitet (Gl. exanthematica). Endlich kommt sie noch bei Dyskrasien vor (Gl. dyscrasica), namentlich bei künstlich oder zufällig erregter Merkurialdyskrasie (Gl. mercurialis).

Die Glossitis hat regelmäßig einen acuten Verlauf, sodaß sie sich in 5—7 Tagen entscheidet, aber auch schon in ein Paar Tagen. Der regelmäßige Ausgang ist die Zertheilung mit mehr oder weniger rascher Abnahme des vermehrten Volumens und der functionellen Störungen. Sehr selten kommt es zur Eiterung und Abscesbildung, wobei sich spontan oder durch gemachte Einstiche in großer Menge ein aashaft riechender Eiter entleert. Nur ausnahmsweise ist Brand der Zunge beobachtet worden bei Glossitis toxica und exanthematica. Häufiger bleibt eine Vergrößerung und Verhärtung des Organs zurück. — Einen tödtlichen Ausgang kann die Glossitis durch Erstickung, durch Apoplexie, durch Uebergang in Brand nehmen.

Die Behandlung hat zunächst auf Beseitigung der etwa noch fortwirkenden Schädlichkeiten Bedacht zu nehmen: fremde Körper, reizende Zahnstifte müssen weggenommen, die Einwirkung des Quecksilbers muß sistirt werden, eine unterdrückte Absonderung sucht man wieder herzustellen u. s. w.

Bei Behandlung der Entzündung selbst ist ein wichtiges Moment, daß das Schlucken durch die bedeutende Anschwellung ganz aufgehoben ist, von der Anwendung innerer Mittel also zunächst abgestanden werden muß. Man ist demnach, zu Anfang wenigstens, auf blos äußere Mittel angewiesen, und unter diesen steht die Blutentziehung oben an. Vielfach hat man eine Vene geöffnet, die Mediana, die Jugularis, die Saphena, oder auch die Ranina, wenn dies möglich war. Je nach der Heftigkeit des Fiebers kann eine allgemeine Blutentziehung allerdings vortheilhaft wirken; im Allgemeinen indessen sind locale Blutentziehungen weit wirksamer und auch neben den Aderlässen nicht zu entbehren. Man applicirt Blutegel oder Schröpfköpfe in der Nähe des entzündeten Theils, also in der Unterkinngegend, am Halse, im Nacken, vielleicht auch wol an der vorragenden Zungenpartie selbst; den entschiedenen Vorzug verdienen aber gehörig tiefe Scarificationen der Zunge selbst, soweit sie dem Bistouri zugänglich ist, die wol mehrmals wiederholt werden müssen. Den Abfluß des Bluts befördert man vielleicht durch warme feuchte Schwämme. — Soweit es thunlich ist, bringt man auch die Kälte als Antiphlogisticum in Anwendung. Man läßt kaltes Wasser oder Eisstückchen in den Mund nehmen, oder legt kalte Compressen auf die Zunge. Die Gehirnerscheinungen können auch wol kalte Fomentationen auf den Kopf wünschenswerth machen.

Erst nachdem die entzündliche Geschwulst durch die erwähnten Mittel gemindert worden ist, kann man zur Anwendung feuchter Wärme schreiten durch erweichende, schleimige, schmerzlindernde Mundwässer, durch Breiumschläge auf die Unterkinngegend, die man vielleicht mit Opium, mit Crocus versetzt. Es kommen dann, zumal bei rheumatischer und metastatischer Glossitis, die verschiedenen Revulsiva zur Anwendung, nämlich Fußbäder, Sinapismen, Blasenpflaster an Hals und Nacken, reizende Klystiere. Kann der Patient wieder schlucken, so gibt man dann innerlich antiphlogistische und abführende Mittel. Im Besondern ist der Tartarus emeticus von einigen Seiten lebhaft empfohlen worden.

Der Uebergang in Eiterung verlangt die Anwendung erweichender Mittel und eine zeitige Oeffnung des Abscesses. — Bei Uebergang in Brand bepinselt man nach Entfernung der brandigen Partien die geschwürige Stelle mit verdünnter Salzsäure und verordnet Chlorkalksolution, Chinadecoct mit Säure als Mundwasser. — Bei chronischer Glossitis und bei Zungenverhärtung kommen innerlich und örtlich die verschiedenen Alterantia in Anwendung, namentlich Leberthran, Jod und dessen Präparate, Goldpräparate, Salmiak, Belladonna, Cicuta; desgleichen locale Blutentziehungen, Vesicantien, zertheilende Salben auf den Hals u. s. w.

Im äußersten Nothfalle, wenn die enorme Anschwellung der Zunge Erstickung droht, muß zur Tracheotomie geschritten werden, die von Benj. Bell in einem Falle mit Erfolg ausgeführt worden ist. (*Fr. Wilh. Theile.*)

GLOSSOCARDIA ist der Name einer von Cassini aufgestellten Pflanzengattung aus der natürlichen Familie der Compositen mit folgendem Charakter: Das mehrblüthige Köpfchen hat 1—2 zungenförmige weibliche Strahlenblüthen, die übrigens bisweilen auch ganz fehlen, und ungefähr 6 röhrenförmige, 4 zähnige, zweigeschlechtliche Scheibenblüthen. Von den wenigen, sich fast dachziegelig deckenden Schuppen der länglichen Hülle sind die äußeren sehr kurz. Der sehr schmale Blüthenboden ist zwischen den Blüthen mit linealischen, abfälligen, häutigen Schuppen besetzt. Der Griffel der zweigeschlechtlichen

Blüthe ist an der Spitze mit einem Anhängsel versehen. Das Früchtchen der Scheibe ist flach-verkehrt-zusammengedrückt, an den vier Kanten ganz wollig, fast zweiflügelig und mit je zwei starren, glatten, aus den Seitenkanten entspringenden Grannen gekrönt.

Aus dieser Gattung ist nur eine in Ostindien einheimische Art bekannt; es ist eine einjährige, vielstengelige, ausgebreitete Pflanze mit wechselständigen, am Grunde linealischen Blättern und einzelnen, gelben, nackten kurzen Blüthenstielen aufsitzenden Köpfchen. Sie führt den Namen Glossocardia Bosvallea *De Candolle*; Linné nannte sie Verbesina Bosvallea, Cassini dagegen Glossocardia linearifolia und Wallich endlich Pectis meifolia. (*Garcke.*)

GLOSSOCARYA, ein von Wallich aufgestellter, von Griffith begründeter Name für eine zu den Verbenaceen gehörige Pflanzengattung mit folgendem Charakter: der trichterförmige Kelch ist 4—5zähnig; die beinahe präsentirtellerförmige Blumenkrone hat eine cylindrische, schlanke Röhre und einen 4—5theiligen Saum mit fast gleichen Zipfeln. Die 4—5 Staubgefäße ragen aus der Blumenkrone hervor. Der einfächerige Fruchtknoten enthält vier hängende Eichen; die Placenten bestehen aus zwei zurückgekrümmten Plättchen. Der fadenförmige Griffel ragt gleich den Staubgefäßen aus der Blumenkrone hervor. Die Narbe ist zweitheilig. Die halb hervorragende Kapsel ist vierklappig, die Klappen lösen sich zugleich mit dem oberen samentragenden Theile der Placente los, während der untere freie Theil der Placente stehen bleibt. Die Samen sind noch unbekannt.

Zu dieser Gattung gehört nur eine in Ostindien einheimische Art, Glossocarya mollis *Wallich*, ein graubehaarter Strauch mit herz-eiförmigen Blättern, kleinen, in endständigen Ebensträußen stehenden Blüthen und überhängenden, behaarten Kapseln. (*Garcke.*)

GLOSSOCATOCHUS (κάτοχος, haltend, festhaltend) heißt ein zum Niederdrücken der Zunge bestimmtes Instrument, also ein Zungenhalter, dessen man oftmals benöthigt ist, um eine freie Ansicht des Rachens und Gaumens zu bekommen. Am besten eignet sich dazu ein etwas breiter Spatel, ein Zungenspatel, der aber in der Praxis häufig durch einen Löffel ersetzt wird, dessen Griff oder dessen ausgehöhltes Ende je nach den Umständen auf die Zunge zu liegen kommt. Die Alten hatten übrigens auch zangenartige Zungenhalter: die eine Branche kam auf die Zunge, die andere wurde in der Unterkinngegend angelegt. (*Fr. Wilh. Theile.*)

GLOSSOCOMA, ein von Schreber eingeführter Pflanzenname für die ohne hinreichenden Grund zurückgestellte Aublet'sche Bezeichnung Votomita, worunter eine noch nicht genau bekannte, gewöhnlich zu den Corneen gestellte Pflanzengattung zu verstehen ist. Folgende Unterscheidungsmerkmale werden für dieselbe angegeben: der Kelch hat eine kreiselförmige, mit dem Fruchtknoten verwachsene Röhre und einen vierzähnigen, oberständigen Saum. Die vier länglichen, oberständigen, zugespitzten Kronblätter sind zurückgeschlagen. Die vier Staubgefäße haben sehr kurze Träger und längliche, von einer dünnen Haut begrenzte Staubbeutel. Der Fruchtknoten ist unterständig. Der fadenförmige Griffel durchbricht die Staubbeutelröhre; die vier Narben sind länglich. Die einfächerige, einsamige Steinbeere ist von dem Kelchsaume gekrönt. Der Same ist gestreift.

Zu dieser Gattung gehört nur eine Art, Votomita guianensis *Aublet*, ein in Guiana wachsender Strauch mit an der Spitze vierkantigen Aesten, gegenüberstehenden, fast sitzenden, eiförmigen, zugespitzten, starren, ganzrandigen Blättern, abfälligen Nebenblättern und achselständigen, wenigblüthigen Ebensträußen mit weißen Blüthen. (*Garcke.*)

GLOSSOCOMIA. Mit diesem Namen belegte D. Don eine zu der natürlichen Familie der Campanulaceen gehörige Pflanzengattung, welche schon etwas früher von Wallich als Codonopsis eingeführt war. In De Candolle's Prodromus system. natur. regni vegetab. wird Codonopsis als erste Abtheilung der Gattung Wahlenbergia angesehen, während sie Endlicher als eigene Gattung mit folgenden Unterscheidungsmerkmalen betrachtet: Der Kelch hat eine halbkreisrunde, mit dem Fruchtknoten verwachsene Röhre und einen halboberständigen, fünflappigen Saum. Die etwas fleischige, glockenförmige, an der Spitze fünflappige Blumenkrone ist der Kelchröhre ziemlich weit oben eingefügt. Mit der Blumenkrone sind auch die fünf Staubgefäße der Kelchröhre eingefügt, die Staubfäden sind am Grunde etwas breiter, die Staubbeutel frei. Der unterständige Fruchtknoten ist dreifächerig. Die zahlreichen Eichen sind gegenläufig. Der Griffel ist eingeschlossen, die drei Narben sind eiförmig, dick. Die halbkreisrunde, dreifächerige Kapsel springt an der Spitze in drei Klappen auf. Die zahlreichen Samen sind eiförmig-cylindrisch. Der Samenkern ist in der Axe des fleischigen Eiweißes rechtläufig; die Keimblätter sind sehr kurz, das Würzelchen ist dem Nabel zugewandt.

Die zu dieser Gattung gehörigen Arten wachsen auf Bergen im nördlichen Ostindien; sie haben gewöhnlich ganz kahle, aus einem holzigen Stämmchen aufsteigende, meist windende Stengel mit abwechselnden oder gegenüberstehenden, gestielten, gekerbten, unterseits meergrünen oder grauen Blättern und achsel- und endständigen gestielten, gelb- oder bläulich-grünen oder auch purpurrothen Blüthen.

De Candolle führt aus dieser Abtheilung sechs Arten auf, von denen jedoch die letzte, von ihm Wahlenbergia homallanthina genannt, vielleicht ohne genügenden Grund hierher gestellt ist. Es sind dies:

1) Codonopsis viridis *Wallich*. Der Stengel ist aufsteigend, windend, sehr ästig, die Aeste sind glatt, die Blätter stehen abwechselnd oder gegenständig und sind gestielt, eiförmig, zugespitzt, schwach gekerbt, oberseits weichhaarig, unterseits von angedrückten kurzen Haaren grau; die end- oder blattgegenständigen Blüthenstielchen sind doppelt länger als der Blattstiel; der Kelch ist schwach-weichhaarig, die kurze Röhre hat eine halbkreisförmige Gestalt, ihre Zipfel sind linealisch, zugespitzt, gezähnelt; die Blumenkrone ist doppelt länger als die

Kelchzipfel; die Kapsel ist halbkreisrund. Hierher gehört Wahlenbergia viridis *De Candolle*, Campanula viridis *Sprengel*.

Diese Art wächst auf Bergen in Nepal. Ihre weite, glockenförmige, gelbgrüne Blumenkrone ist 1 — 1½ Zoll lang. Die Kapsel ist 9 — 10 Linien breit und 5 — 6 Linien lang.

2) Codonopsis ovata *Bentham*. Der Stengel ist ästig, aufsteigend; die Blätter sind fast sitzend, eiförmig-spitz, herzförmig, weichhaarig, die untern und die der unfruchtbaren Aeste stehen einander gegenüber, die obern wechseln ab; der Blüthenstiel ist einblüthig, endständig, oberwärts nackt; die Kelchröhre ist halbkreisrund, die Kelchzipfel sind eiförmig-spitz, aufrecht, behaart und etwas länger als die Kelchröhre; die röhrenförmige, weite, an der Spitze fünflappige Blumenkrone ist viermal länger als die Kelchzipfel. Hierher gehört Wahlenbergia Roylei *De Candolle*.

Die Heimath dieser Art ist Cachemir. — Sie ist ungefähr einen Fuß hoch, wenigblüthig, die himmelblaue Blüthe etwa einen Zoll lang. Der Fruchtknoten ist halboberständig, an der Spitze kegelförmig, dreifächerig. Die drei Narben sind eiförmig. Die Staubfäden sind schlank, die Samen elliptisch.

3) Codonopsis rotundifolia *Bentham*. Der Stengel ist aufsteigend, windend, behaart; die wechselständigen, bisweilen gegenüberstehenden Blätter sind rundlich, gekerbt, behaart; die endständigen, einzelnen Blüthenstiele sind 4 — 6 Mal länger als der Blattstiel; der Kelch ist schwach behaart, die Kelchröhre ist halbkreisrund, die Kelchzipfel sind breit eiförmig oder länglich, stumpf, gezähnt, abstehend und länger als die Röhre; die Blumenkrone ist kaum länger als die Kelchzipfel; die Kapsel ist am Grunde abgerundet. Hierher gehört Wahlenbergia rotundifolia *De Candolle*.

Sie wächst auf Bergen im nördlichen Indien. Der zuerst genannten ähnlich unterscheidet sie sich von ihr durch die weite, cylindrische, weiße Kronröhre und die blaßblauen Kronzipfel; die Kapsel ist vor dem Aufspringen an der Spitze kegelförmig, dreifächerig, die spitzen Klappen sind kürzer als die Kelchzipfel. Die Samen sind cylindrisch-elliptisch.

4) Codonopsis purpurea *Wallich*. Der Stengel ist aufsteigend, schwach windend, gegliedert und nebst den rundlichen Aesten glatt; die gegenüberstehenden Blätter sind kurz gestielt, eiförmig, beiderseits spitz, kahl, unterseits meergrün, schwach gekerbt; die endständigen, einzelnen Blüthenstielchen sind 4 oder 5 Mal länger als der Blattstiel; die Röhre des kahlen Kelchs ist verkehrt-kegelförmig, seine Zipfel sind eiförmig-zugespitzt, ganzrandig; die Blumenkrone ist doppelt länger als die Kelchzipfel; die halboberständige Kapsel ist am Grunde abgerundet. Hierher gehört Wahlenbergia purpurea *De Candolle* und Campanula purpurea *Sprengel*.

Sie findet sich in den Gebirgen Nepals. Die weite, cylindrische, purpurrothe Blumenkrone ist 6—8 Linien lang. Die 6 Linien lange und ebenso breite Kapsel springt zuletzt in drei Klappen auf. Die Samen sind ellipsoidisch.

5) Codonopsis thalictrifolia *Wallich*. Die Aeste sind hin und her gebogen, schwach windend, ziemlich kahl und rundlich, die kurzen, fadenförmigen unfruchtbaren Aeste haben gegenüberstehende Blätter, die blüthentragenden, fast nackten Aeste dagegen wechselständige Blätter, diese sind sehr klein, gestielt, nierenförmig und weichhaarig; die Kelchröhre ist kahl, kurz, aber weit, die Kelchzipfel sind länglich, weichhaarig, aufrecht und dreimal länger als die Röhre; die röhrenförmige, an der Spitze fünflappige, fast unregelmäßige Blumenkrone ist viermal länger als die Kelchzipfel; die fast oberständige Kapsel ist am Grunde stumpf. Hierher gehört Wahlenbergia thalictrifolia *De Candolle*, Glossocomia tenera *D. Don*, Glossocomia thalictrifolia *Wallich* und Campanula thalictrifolia *Sprengel*.

Sie wächst in Nepal. — Der Fruchtknoten ist nach Oben kegelförmig. Die Staubbeutel sind auf dem Rücken behaart, der Griffel ist kahl, die Narben sind auf dem Rücken behaart. Die Blätter sind 2—4 Linien lang.

In neuerer Zeit haben Fischer und Meyer versucht, die Gattung Glossocomia wiederherzustellen und führen folgende Unterscheidungsmerkmale derselben von Wahlenbergia und Codonopsis an: das Vorhandensein der großen, gefärbten, fünflappigen Honigscheibe im Grunde der Blumenkrone, die auch am Grunde fadenförmigen Staubfäden, welche aus den Buchten der Honigscheibe entspringen und am Grunde dieser Scheibe gleichsam eingewachsen sind, die kurzen, eiförmigen, convexen, in Kugelform zusammenneigenden Narben und die großen Samen. Die genannten Autoren stellen als neue Art Glossocomia clematidea auf und glauben, daß dieselbe sich von Codonopsis ovata hinreichend unterscheide, eine Ansicht, die nur nach Ansicht der betreffenden Originalexemplare festgestellt werden kann. (*Garcke.*)

GLOSSOCOMIUM s. *Glossocomum* nannten die Alten einen Apparat, dessen man sich bei Fracturen des Oberschenkels und des Unterschenkels bediente. Es war eine Art Kasten, der oben und unten offen war und unten eine Axe oder eine Stange hatte, woran die zur Extension und Contraextension dienenden Schlingen oder Bänder Befestigung fanden; es sollte durch diesen Kasten nicht nur die Lage des Gliedes, es sollte auch zugleich die Extension und Contraextension gesichert werden.

Bei Galenus wird dieser Apparat mehrmals angeführt. Im Methodus medendi Lib. VII. Cap. 5 (ed. *Kühn.* X. p. 442) heißt es, das Glossocomon scheine Hippokrates unbekannt gewesen zu sein; dasselbe wird als eine Erfindung der Neuern bezeichnet, von der man besonders zur Zeit der Callusbildung Gebrauch mache. In der Schrift: De usu partium Lib. VII. Cap. 14 (ed. *Kühn.* III. p. 573) wird etwas von der Einrichtung des Glossocomium mitgetheilt. Näher aber wird im Commentarius II in Hippocratis librum de fracturis §. 64 (ed. *Kühn.* XVIII. Pars II. p. 501) darüber gehandelt. Man sage Glossocomium und Glossocomum, aber auch Glottocomium und Glottocomum, und das Wort bezeichne eigentlich einen Behälter für einen werthvollen Gegenstand, eine Art Futteral. Das Glossocomium für den Unterschenkel dürfe dessen Breite oder Dicke nur wenig übertreffen, und es müsse mit Wolle gefüttert sein. Manche hätten auch am untern Ende ein gepolstertes Fußbret angebracht. Die Beinlade oder Bruchlade (σωλήν) des Hippokrates unterscheide sich dadurch vom Glossocomium, daß sie innen concav ist, und da sie den ganzen Schenkel umfaßt, so findet sie Galenus vorzüglicher als das Glossocomium.

Nichtsdestoweniger ist das Glossocomium, woran Gersdorf, Ryff, Paré und Andere Verbesserungen anbrachten, bis zum Anfange des vorigen Jahrhunderts in Gebrauch geblieben. Dann ist es zum Theil durch die eingewickelten Strohladen ersetzt, zum Theil in die verschiedenen Schweben metamorphosirt worden. (*Fr. Wilh. Theile.*)

GLOSSODIA ist der Name einer von R. Brown aufgestellten Orchideengattung mit abstehender, blumenkronartiger Blüthenhülle, bei welcher Kelch- und Kronblätter gleich sind. Die Lippe ist kürzer als die Hülle, ungetheilt, drüsenlos und mit einem Anhängsel versehen. Das Säulchen ist breit-häutig. An Pollenmassen sind vier vorhanden.

Zu dieser Gattung gehören behaarte, knollentragende, auf der Erde wachsende Pflanzen Neu-Hollands mit einem einzigen grundständigen, am Grunde von einer häutigen Scheide eingeschlossenen Blatte und einem in der Mitte scheidenförmigen, einblüthigen oder an der Spitze gabeligen und zweiblüthigen Schafte.

Folgende Arten gehören hierher:

1) Gl. major *R. Brown.* Die Lippe ist eiförmig, spitz, an der Spitze kahl, am Grunde weichhaarig, das am Grunde in einen Nagel verschmälerte Anhängsel ist weit kürzer als die Lippe und hat an der zweilappigen Spitze abstehende, spitze Zipfel.

Diese Art wächst in Neu-Holland und auf den Inseln der Südsee.

2) Gl. minor *R. Brown.* Die Lippe ist eiförmig, spitz, an der Spitze kahl, am Grunde weichhaarig; die Zipfel des zweitheiligen Anhängsels sind stumpf, parallel und weit kürzer als die Lippe.

Sie wächst in Neu-Holland am Port Jackson.

3) Gl. emarginata *Lindley.* Die Lippe ist länglich-linealisch, schwach ausgerandet, kahl, in der Mitte gekniet; die beiden linealischen, abgestutzten, parallelen Anhängsel haben mit der Lippe gleiche Länge; der Stengel ist einblüthig.

Diese Art wächst im westlichen Neu-Holland am Schwanenflusse.

4) Gl. Brunonis *Endlicher.* Die Lippe ist linealisch, stumpf, kahl, gekniet; die beiden länglichen, zugespitzten, stumpfen Anhängsel haben mit der Lippe fast gleiche Länge; der Stengel ist an der Spitze gabelig.

Diese Art wächst gleichfalls in Neu-Holland am Schwanenflusse. (*Garcke.*)

GLOSSOGYNE bezeichnet eine von Cassini aufgestellte Gattung der Compositen mit folgenden Unterscheidungsmerkmalen:

Das vielblüthige Köpfchen besteht aus einer einzigen Reihe zungenförmiger, weiblicher Strahlenblüthen und röhrenförmigen, zweigeschlechtlichen Scheibenblüthen. Die Schuppen des zweireihigen Hauptkelchs sind kurz und angedrückt. Der Blüthenboden ist flach, zuletzt convex und mit Spreublättchen besetzt. Die röhrigen Scheibenblüthen haben einen fünfzähnigen Saum. Die Narben der Scheibenblüthen sind lang und behaart. Die linealischen kantigen Früchtchen tragen an ihrer Spitze zwei rückwärts borstige Grannen.

Die zu dieser Gattung gehörigen Arten wachsen im tropischen Australien, in Ostindien und in Brasilien; es sind aufrechte, am Grunde bisweilen halbstrauchige oder auch strauchige, gabelspaltige Pflanzen mit nackten, einfachen Blüthenstielen, wechselständigen, auf dem Wurzelhalse gehäuften, kurzen, fiedertheiligen Blättern, deren Zipfel linealisch, kurz und ganzrandig sind, mit aufrechten, deckblattlosen Blüthenköpfchen und gelben Blüthen.

Folgende Arten sind aus dieser Gattung beschrieben:

1) Gl. pinnatifida *De Candolle* mit gabelspaltigen Stengeln und weit aus einander tretenden Grannen an den Früchten. Hierher gehört Bidens pinnatifida *Wallich*, Coreopsis Bacana *Heyne* und Zinnia Bidens *Retzius*.

Diese Art wächst in Ostindien.

2) Gl. tenuifolia *Cassini* mit gabelspaltigen Stengeln und aufrechten Grannen an den Früchten. Hierher gehört Bidens tenuifolia *Labillardière*.

Sie kommt in Neu-Holland und auf der zu den Marianen gehörigen Insel Guam vor.

3) Gl. pedunculosa *De Candolle.* Die strauchigen, am Grunde einfachen Stengel tragen an der Spitze zahlreiche, sehr lange, nackte, einköpfige Blüthenstiele; die Grannen der Früchte stehen aufrecht.

Sie wächst in Neu-Holland. — Der Stengel hat die Dicke einer Gänsefeder. Die Blätter sind lang, linealisch, fiedertheilig, ihre wenigen Zipfel sind abwechselnd und ganzrandig. Die fußlangen Blüthenstiele sind aufrecht.

4) Gl. brasiliensis *Gardner.* Der holzige, ästige Stengel ist niederliegend; die gehäuften Äste sind dicht beblättert; die Blätter sind doppelt- oder dreifach eingeschnitten, die Zipfel sind nadelförmig, zusammengedrückt, gestreift; die endständigen, einzelnen Blüthenstiele sind sehr verlängert, bis zur Mitte einschuppig; die Schuppen des Hauptkelchs stehen in zwei Reihen, die äußeren sind linealisch-lanzettlich und mehr als um das Doppelte kürzer als die länglich-lanzettlichen, am Rande häutigen, fein gewimperten inneren; die Spreublättchen sind länglich, stumpf; die Früchtchen sind linealisch, flügellos, am Rande fein gewimpert, die Grannen sind dünn, rauh.

Diese Art wächst in Brasilien und zwar in der Provinz Goyaz. — Die fast fußhohe Pflanze ist am Grunde strauchig. Die Blätter stehen an den Ästen dicht gedrängt und sind 1½ Zoll lang, die Blattstiele sind am Grunde verdickt. Die gestreiften Blüthenstiele sind 6—8 Zoll lang. Der glockenförmige Hauptkelch ist kaum 3 Linien lang. Die röhrenförmigen Blumenkronen der Scheibenblüthen sind fünfzähnig, am Grunde behaart. Die Griffeläste sind in lange, rundliche, steifhaarige Anhängsel erweitert. Die Früchtchen sind 2 Linien lang, ihre Grannen ein wenig abstehend, aber nicht rückwärts borstig. (*Garcke.*)

Glossolalie, s. Pfingsten.

GLOSSONEMA. Mit diesem Namen bezeichnete Decaisne eine Pflanzengattung aus der natürlichen Familie der Asclepiadeen mit folgenden Merkmalen: Der Kelch ist fünftheilig. Die Blumenkrone ist fast glockenförmig, tief fünfspaltig, ihre Zipfel sind aufrecht und oberwärts an der obern Seite mit einem fleischigen Höcker besetzt, ihr Schlund ist von fünf, vor den Buchten stehenden, an der Spitze dreilappigen Schuppen gekrönt. Die Staubfädenkrone fehlt. Die Staubbeutel endigen mit einem häutigen Anhängsel. Die Pollenmassen sind etwas gekrümmt, länglich, an der Spitze angeheftet, hängend. Die Narbe ist bespitzt, undeutlich zweilappig. Die Schlauchfrüchte sind am Grunde und an der Spitze verschmälert und weichstachelig. Die Samen tragen einen Schopf.

Zu dieser Gattung gehört nur eine ausdauernde, ästige, graubehaarte Art mit buchtig-gezähnten Blättern und wenigen, fast sitzenden, außerhalb der Blattwinkel befindlichen Blüthen, welche mit dem Blattstiele gleiche Länge haben. (*Garcke.*)

Glossopetalum, s. Goupia.

GLOSSOPHARYNGEUS heißt im Besondern die unterste Portion des Constrictor pharyngis superior, welche von der Seite der Zungenwurzel entspringt; sodann aber führt ein Gehirnnerv, der sich wesentlich an der Zunge und am Schlundkopfe ausbreitet, diesen Namen.

Der *Glossopharyngeus* oder Zungenschlundkopfnerv (früher auch als Lingualis paris octavi bezeichnet) ist nach der neuern Zählung der neunte Gehirnnerv. Er tritt oberhalb des Vagus zwischen der Olive und dem strickförmigen Körper mit 4—6 Fädchen aus der Medulla oblongata heraus. Diese Fädchen bilden aber wesentlich zwei Bändelchen, welche sich durch den strickförmigen Körper bis zu einer grauen Masse am Boden der Rautengrube, dem sogenannten Glossopharyngeuskerne, verfolgen lassen. Beide Bändelchen vereinigen sich zu einem kaum ⅓ Linie dicken Stamme, der vor und unter der Flocke nach Außen und Vorn zum vordern Theile des Foramen jugulare verläuft und durch dieses aus der Schädelhöhle tritt. Ein Paar Fädchen des Nerven bilden, wenngleich nicht constant, vor dem Eintritte ins Foramen jugulare eine kleine graurötliche Ganglienmasse, welche den Namen des Ehrenritter'schen oder auch wol Müller'schen Ganglions, des obern Jugularknötchens (Ganglion Ehrenritteri, Ganglion jugulare superius) führt. Am Ausgange aus dem Foramen jugulare schwillt nämlich der gesammte Nerv zu einem in der Fossula petrosa des Felsenbeins liegenden Knoten an, welcher Felsenknoten oder unterer Jugularknoten (Ganglion petrosum, Ganglion jugulare inferius) genannt wird. In den Felsenknoten tritt ein aus dem Ganglion cervicale superius des Sympathicus kommendes Fädchen.

Der Felsenknoten gibt ein Fädchen zum Ramus auricularis nervi vagi, und aus ihm geht der Paukennerv oder Obrast des Zungenschlundkopfnerven oder der Jacobson'sche Nerv (Ramus tympanicus s. auricularis glossopharyngei, Nervus Jacobsonii) ab. Dieser Nerv steigt durch den Canalis tympanicus des Felsenbeins nach Oben in die Paukenhöhle, verläuft an deren innerer Wand und theilt sich in folgende Zweigelchen: a) Ein einfaches oder doppeltes Fädchen für die Schleimhaut der Trommelhöhle und der Zitzenfortsatzzellen. b) Der Nervus petrosus superficialis minor verläuft mit dem großen oberflächlichen Felsenbeinnerven durch den Hiatus Fallopii auf die obere Fläche des Felsenbeins und begibt sich weiterhin durch ein eigenes Löchelchen in der Nähe des Foramen spinosum zum Ganglion oticum. c) Der Nervus tubae Eustachianae verbreitet sich in der Schleimhaut der Tuba bis zur Rachenmündung hin. d) Der Nervus petrosus profundus minor s. carotico-tympanicus superior bringt unterhalb des Tensor tympani in den Canalis caroticus zum Plexus caroticus. e) Der Ramus carotico-tympanicus tritt durch eine Oeffnung der vordern Wand der Trommelhöhle in den Canalis caroticus und vereinigt sich hier mit dem äußern Aste des Nervus caroticus.

Die Fortsetzung des Glossopharyngeus verläuft vom Ganglion petrosum aus nach Unten und Vorn an die innere Seite des Griffelschlundkopfmuskels, zwischen Carotis externa et interna, und gelangt zur Zungenwurzel. Gleich unterhalb des Felsenknotens nimmt der Nerv ein Fädchen vom Vagus auf, gibt aber auch seinerseits dem Vagus ein Fädchen; sodann steht er durch Rami communicantes mit dem Digastricus e faciali, mit dem Plexus ganglioformis vagi und mit den Nervi carotici aus dem Ganglion cervicale superius in Verbindung und zerfällt allmälig in folgende Zweige: Rami pharyngei, drei bis vier, treten zum obern und mittlern Theile des Schlundkopfs. Ramus stylopharyngeus versorgt den gleichnamigen Muskel. Rami tonsillares geben zur Schleimhaut der Mandeln und des vordern Gaumensegels. Rami linguales versorgen die Schleimhaut an der Zungenwurzel und noch weiter nach Vorn. (*Fr. Wilh. Theile.*)

GLOSSOPHYLLA. Diesen Namen wandte De Candolle zur Bezeichnung der ersten Abtheilung der zu den Compositen gehörigen Gattung Cassinia an. Diese Gattung umfaßt diejenigen Cassinien, welche ein wenigblüthiges Köpfchen mit nur zweigeschlechtlichen, röhrenförmigen Blüthen und nur sehr selten ein verschiedengeschlechtliches Köpfchen mit am Rande stehenden, sehr wenigen und sehr schmalen weiblichen Blüthen haben. Die trockenhäutigen Schuppen des Hauptkelchs decken sich dachziegelig. Der Blüthenboden ist mit Spreublättchen besetzt. Die röhrenförmige Blumenkrone hat einen fünfzähnigen Saum. Die eingeschlossenen Staubbeutel sind am Grunde mit zwei Borsten besetzt. Die Narben sind an der Spitze stumpf, etwas abgestutzt, steifhaarig. Die Früchtchen sind verkehrt-eiförmig und ungeschnäbelt. Die

Borsten des ein- oder zweireihigen Federkelchs sind fadenförmig oder an der Spitze pinselförmig.

Die zu dieser Gattung gehörigen Arten sind Halbsträucher im östlichen Neu-Holland und in Neu-Seeland und haben zerstreute, oft lineälische, selten längliche oder lanzettliche, ganzrandige, am Rande oft umgerollte Blätter, ebensträußige oder rispige Blüthen und halbkugelige, längliche oder kreiselförmige Hauptkelche.

De Candolle bringt diese Gattung in zwei Abtheilungen, welche er Glossophylla und Anactilarna nennt. Zu der erstern gehören die Arten, deren Hauptkelch wegen der innern, an der Spitze abstehenden Schuppen kurz strahlig ist und die einen stehenbleibenden Federkelch haben; zu der zweiten dagegen diejenigen, deren Hauptkelch zusammenneigt, deren Schuppen lederartig-trockenhäutig sind und deren Federkelch abfällt.

Zu dieser ersten Abtheilung gehören folgende Arten:

1) Cassinia retorta *A. Cunningham.* Diese Art ist sehr ästig, ihre Blätter sind eiförmig-länglich, sparrig-zurückgekrümmt, oberseits kahl, unterseits nebst den Aestchen grau-filzig; die kreiselförmigen, 15—16blüthigen Köpfchen stehen in einem fast traubigen, wenigblüthigen Ebenstrauße.

Sie wächst auf sandigen Hügeln an der Westküste von Neu-Seeland und am Flusse Jostanka. Die Köpfchen sind auf der Außenseite weichbehaart, grau, die lineälischen Spreublättchen an der Spitze weiß.

2) Cassinia leptophylla *R. Brown.* Sie ist strauchartig und hat lineälisch-zungenförmige, oberseits kahle, unterseits nebst den Aestchen graue Blätter, endständige Ebensträuße und kreiselförmige Hauptkelche. Hierher gehört Calea leptophylla *Forster.*

Diese Art kommt gleichfalls in Neu-Seeland auf sandigen Aeckern bei Tolaga vor.

3) Cassinia glossophylla *Cassini.* Die Pflanze ist sehr ästig; die Blätter sind länglich, stumpf, ziemlich flach, oberseits kahl, unterseits nebst den Aesten graufilzig; die 9—10blüthigen, verkehrt-eiförmigen Blüthenköpfchen stehen in einem wenigköpfigen, fast traubigen Ebenstrauße.

Diese Art ist in Neu-Holland einheimisch. — Die Köpfchen sind kleiner als an Cassinia retorta, außenseits gelb und etwas weichhaarig. Die Spreublättchen des Blüthenbodens sind weiß. Der Federkelch ist weißer und dicker als an Cassinia retorta.

4) Cassinia cuneifolia *A. Cunningham.* Die Blätter sind verkehrt-eiförmig-keilig, ganz stumpf, lederartig, flach, oberseits ziemlich kahl, unterseits nebst den Aesten filzig; der endständige Ebenstrauß ist dicht gedrängt; die 13blüthigen Köpfchen sind fast sitzend, kreiselförmig, außenseits am Grunde baumwollig; die Borsten des Federkelchs sind an der Spitze schwach-keulenförmig.

Diese Art wächst auf der Insel Van-Diemen am felsigen Abhange des Berges Wellington. — Die gedrängt stehenden Blätter decken sich Anfangs dachziegelig, später stehen sie ab und sind zurückgekrümmt, 4—6 Linien lang und 2—3 Linien breit. Die inneren Schuppen des Hauptkelchs sind weiß und kurz strahlenförmig.

5) Cassinia ledifolia *A. Cunningham.* Die dicht stehenden Blätter sind länglich-lineälisch, lederartig, oberseits kahl, unterseits nebst den Aestchen filzig; der Ebenstrauß ist gedrängt, zusammengesetzt; die neunblüthigen Köpfchen sind verkehrt-eiförmig; die Hüllschuppen sind lineälisch, die äußeren braun, die inneren weiß, stumpfer und kurzstrahlend.

Diese Art wächst gleichfalls auf Van-Diemensland. Die Blätter sind auf der Oberseite wegen der eingedrückten Nerven gefurcht, in der Jugend am Rande umgerollt.

(*Garcke.*)

GLOSSOPLEGIA s. Glossolysis s. Paralysis linguae, Zungenlähmung. Die motorische Lähmung der Zunge betrifft entweder die ganze Zunge, oder sie tritt nur als einseitige Lähmung (Hemiplegia linguae) auf, und darnach sind die Erscheinungen natürlich verschieden.

Die total gelähmte Zunge liegt unbeweglich in der Mundhöhle, die Fähigkeit des Articulirens ist vollständig aufgehoben, Kauen und Schlucken erfolgen unvollständig und beschwerlich. In einzelnen Fällen leiden übrigens mehr die masticatorischen Bewegungen, in andern mehr die articulirenden oder pneumatischen, weshalb Romberg auch eine Glossoplegia masticatoria und pneumatica unterscheidet. Oftmals verbindet sich damit ein unwillkürliches Abfließen des Speichels. Auch kann wol bisweilen gleichzeitig die sensible oder sensuelle Thätigkeit der Zunge darnieder liegen.

Die totale Glossoplegie kommt aber auch in der leichtern Form der sogenannten schweren oder bleiernen Zunge vor, einer unvollkommenern Lähmung (Paresis), wobei die gewöhnlichen Bewegungen eben nur mühsam und unvollkommen ausgeführt werden, z. B. in der Trunkenheit.

Bei der weit häufigern Glossoplegia dimidiata sind die Erscheinungen theilweise anders, in sofern die nichtgelähmte Hälfte die verschiedenen Zungenbewegungen auszuführen vermag; nur findet beim Ausstrecken der Zunge eine Abweichung nach der gelähmten Seite hin statt. Gleichwol leiden auch hier die Functionen der Zunge, und namentlich kann die Articulation auch schon bei einseitiger Lähmung ganz aufgehoben sein.

Die Möglichkeit einer isolirten Lähmung des Hypoglossus durch Druck, durch Trennung und Zerstörung, damit also das Auftreten einer idiopathischen Glossoplegia ist nicht zu leugnen; jedenfalls kommen aber derartige Fälle nur höchst selten vor, und dann wahrscheinlich immer nur als Hemiplegia linguae. Die große Mehrzahl der keineswegs seltenen Zungenlähmungen ist durchaus nur als Theilerscheinung eines mehr verbreiteten paralytischen Zustandes anzusehen, der Apoplexie, der Epilepsie, der Bleiintoxication u. s. w.

Selbstverständlich muß daher die Behandlung der Zungenlähmung zunächst auf das Grundleiden gerichtet sein, mit dessen Beseitigung sie von selbst verschwindet. Die nach Schlagflüssen zurückbleibende Zungenlähmung ist aber meistens sehr hartnäckig und oftmals ganz unheilbar; namentlich werden die Articulationsbewegungen schwer wieder hergestellt.

Eine direct gegen die Zungenlähmung gerichtete Behandlung kann sich nur auf ableitende Mittel stützen, die dem Ursprunge des Hypoglossus möglichst nahe im Nacken applicirt werden, ferner auf Mundwässer oder Kaumittel aus scharfen und ätherischen Substanzen (Pyrethrum, Arnica, Imperatoria, Sinapis, Piper, Zingiber, Cinnamomum, Mentha, Ol. Cajeput, Ammonium), sowie endlich auf die Elektricität.

(*Fr. Wilh. Theile.*)

GLOSSOPTERIS ist der Name einer von Brongniart aufgestellten Farngattung, welche nur vorweltliche Farnkräuter umfaßt. Die Mitglieder derselben haben ein einfaches, ganzrandiges, fast lanzettliches, am Grunde allmälig verschmälertes Laub mit starkem, an der Spitze verschwindendem Hauptnerven und schiefen, bogenförmigen, wiederholt-gabelspaltigen, am Grunde bisweilen netzförmig verbundenen Seitennerven. (*Garcke.*)

GLOSSOSPASMUS, Zungenkrampf. Die Bewegungen der Zunge, willkürliche wie krampfhafte, stehen unter dem Einflusse des Hypoglossus. Die krampfhafte Zungenaction gibt sich als ein Hin- und Herwälzen des Organes kund, als anhaltende Starrheit mit Ausstreckung aus der Mundhöhle, als eine zitternde Bewegung; durch die rasch folgenden Bewegungen der Zunge entsteht wol ein wiederkehrendes Schmatzen. Damit verbindet sich ein spannender Schmerz in der Zunge; dieselbe ist durch gleichzeitige Congestion vielleicht etwas aufgebläht (Spasmus linguae inflativus) und das Sprechen ist natürlich in mehr oder weniger hohem Grade gestört. Der Krampf ist bisweilen nur einseitig, oder derselbe ergreift nur die Spitze der Zunge. In der Regel dauert ein solcher Paroxysmus nur ein Paar Minuten, in manchen Fällen aber auch halbe bis ganze Stunden, ja selbst noch länger.

Als idiopathisches Leiden ist der Zungenkrampf wol nicht beobachtet worden, sondern nur als begleitendes Symptom allgemein verbreiteter Neurosen, wie Epilepsie, Hysterie, Tetanus. Auch bei Würmern, bei Blatternausbruch hat man ihn beobachtet.

Nach dem Angegebenen kann von einer speciellen Behandlung des Zungenkrampfes nicht füglich die Rede sein, und daß die zur Beseitigung der Anfälle empfohlenen ableitenden und antispasmodischen Mittel anders als durch Einwirkung auf das Grundleiden sich bethätigt hätten, dürfte schwer nachzuweisen sein. In zwei Fällen, wo das Uebel einen rheumatischen Ursprung zu haben schien, will Jahn mit Erfolg Infusum Valerianae mit Spir. Mindereri und Opium gegeben haben, dem er Kalomel mit Kampher interponirte. (*Fr. Wilh. Theile.*)

GLOSSOSPERMUM ist der Name einer nur unvollständig bekannten, sogar noch unbeschriebenen, von Wallich gegründeten Pflanzengattung, welche zu den Büttneriaceen gehört und von Endlicher (Genera plantarum p. 1004) als Synonym zu Visenia citirt wird, wozu sie jedoch nicht gehört. (*Garcke.*)

GLOSSOSTEMON, ein von Desfontaines gebildeter Pflanzenname für eine zu der natürlichen Familie der Büttneriaceen gehörige Gattung mit folgenden Merkmalen: Der fünftheilige, häutige, außenseits sternhaarige filzige Kelch hat längliche, spitze, 3—4nervige, in der Knospenlage klappige Zipfel. Die fünf unterständigen Kronblätter sind lanzettlich-länglich, zugespitzt, vielnervig, häutig, kahl, abstehend und zwei- bis dreimal länger als der Kelch. Von den unterständigen 35 Staubgefäßen stehen fünf den Kelchzipfeln gegenüber, haben keine Staubbeutel und sind häutig, lanzettlich-linealisch, spitz, dreinervig, fast netzförmig-zellig und dreimal kürzer als die Kronblätter, aber länger als die übrigen 30, welche Staubbeutel tragen und fadenförmig, kahl, am untersten Grunde ringförmig verwachsen sind und von denen zehn mit den unfruchtbaren Staubfäden zusammenhängen. Die Staubbeutel sind zweifächerig. Der sitzende Fruchtknoten ist eiförmig, fünffurchig, sternförmig-filzig, fünffächerig. Die zehn Eichen in jedem Fache sind dem Centralwinkel eingefügt. Der Griffel ist kurz, die Narbe fünfspaltig, ihre pfriemlichen Zipfel neigen zusammen. Die Frucht ist noch unbekannt.

Zu dieser Gattung gehört nur eine Art, nämlich Gloss. Bruguieri *De Candolle*, ein Strauch mit gestielten, eiförmig-runden, fast gelappten, gezähnten, von Sternhaaren bekleideten Blättern und rosenrothen, ebensträußigen Blüthen.

Sie wächst in Persien um Bagdad. (*Garcke.*)

GLOSSOSTEPHANUS, eine von E. Meyer gegründete Pflanzengattung der Asclepiadeen mit folgendem Charakter:

Der Kelch ist fünfspaltig; die Blumenkrone fast radförmig, fünftheilig. Die dem Grunde der Staubfadenröhre angewachsene Staubfadenkrone ist tief-fünftheilig und hat den Staubbeuteln gegenüberstehende, länglich-lanzettliche, bespitzte, flache Zipfel. Die Staubbeutel tragen an der Spitze ein häutiges Anhängsel. Die hängenden Pollenmassen sind an der verdünnten Spitze angeheftet. Die Narbe ist pyramidenförmig, ausgerandet. Die Schlauchfrüchte sind noch unbekannt.

Zu dieser Gattung gehört nur eine am Cap der guten Hoffnung einheimische Art, eine windende kahle Pflanze mit gegenständigen, linealisch-lanzettlichen, am Rande umgerollten Blättern, end- und seitenständigen Dolden und weißen Blüthen.

Thunberg nannte diese Art Apocynum lineare, E. Meyer brachte sie mit Beibehaltung des Speciesnamens zu Glossostephanus; dagegen ist Astephanus linearis *R. Brown*, welche früher gleichfalls hierher gerechnet wurde, hiervon verschieden. (*Garcke.*)

GLOSSOSTIGMA, der Name einer zu den Scrophularineen gehörigen, von Arnott aufgestellten Pflanzengattung mit kurzem, glockenförmigem, stumpf-dreilappigem Kelche, dessen Hinterlappen sehr breit und bisweilen 2—3zähnig ist. Die kleine Blumenkrone hat einen fünfspaltigen Saum. An Staubgefäßen sind zwei oder vier vorhanden. Die parallelen Fächer der Staubbeutel fließen an der Spitze zusammen. Der Griffel ist an der Spitze spatelförmig-verdickt. Die Kapsel ist fast kugelig, fachspaltig-zweiklappig, die Klappen tragen in der Mitte die Scheidewände; das Mittelsäulchen ist frei.

Die zu dieser Gattung gehörigen beiden Arten wachsen in Asien und Neu-Holland.

1) Gl. spathulatum *Arnott* mit zweimännigen Blüthen.

Diese Art wächst in Afrika und im tropischen Asien. Die Pflanze ist rasenartig oder kriechend, kahl, einen halben Zoll oder kaum einen Zoll hoch. Die Stengel fehlen entweder fast ganz oder sind an den rankenden Knoten ausläuferartig. Die büschelig beisammenstehenden Blätter sind linealisch-spatelig, ganzrandig, 2—4 Linien lang. Die Blüthenstiele stehen in den Achseln der Blätter einzeln, daher zugleich mit diesen büschelig, sie sind etwas länger als die Blätter und haben keine Deckblätter. Der Kelch ist kaum eine Linie lang, die Blumenkrone ist etwas länger als der Kelch, die Kapsel kürzer als dieser. — Hierher gehört Limosella diandra *Linné* (in sofern sie sich auf die indische Pflanze bezieht), Microcarpaea spathulata *Hooker* und Paederota minima *Retzius*. Diese Art ändert aber wahrscheinlich ab:

b? minima. Drei- bis viermal kleiner als die Hauptform, sonst ihr ähnlich, vielleicht aber in der Blüthe verschieden. So am Cap der guten Hoffnung. Diese Form umfaßt die Linné'sche Limosella diandra zugleich mit.

2) Gl. Drummondii *Bentham* mit viermännigen Blüthen.

Am Schwanenflusse in Neu-Holland. — Sie scheint sich außer der Anzahl der Staubgefäße von der vorigen nicht zu unterscheiden. (*Garcke.*)

GLOSSOSTYLIS ist der Name einer von Chamisso und Schlechtendal aufgestellten, zu den Scrophularineen gehörigen Pflanzengattung, welche nach Bentham's neueren Untersuchungen mit Alectra von Thunberg zusammenfällt, weshalb dieser Name als der ältere voranzustellen ist. Die Gattung wird durch folgende Merkmale charakterisirt:

Der glockenförmige Kelch ist nur kurz- oder bis über die Mitte fünftheilig, blattartig. Die glockenförmige oder fast kugelige Blumenkrone hat einen schiefen breit-fünfspaltigen Saum. Die Staubgefäße sind zweimächtig, kürzer als die Blumenkrone; die Staubbeutel sind auf dem Rücken oft bärtig, die Fächer am Grunde stachelspitzig. Der Griffel ist lang, einwärts gekrümmt, an der Spitze ungetheilt oder sehr kurz zweitheilig, verdickt-zungenförmig und stumpf. Die Klappen der Kapsel sind ungetheilt oder zuletzt zweitheilig.

Die zu dieser Gattung gehörigen krautartigen Gewächse kommen in den wärmern Ländern beider Hemisphären vor und sind aufrecht, rauh- oder steifhaarig, selten kahl. Die Stengelblätter stehen einander gegenüber, die untersten sind klein, die obern größer, die obersten blüthenständigen wechseln mit einander ab und sind gezähnt oder am Grunde eingeschnitten oder die untern ganzrandig. Die Blüthenstiele sind sehr kurz. Die meist blaß- oder schmutziggelbe, von purpurrothen oder braunen Streifen netzaderige Blumenkrone öffnet sich nur einen kleinen Theil des Tages oder bleibt ganz geschlossen.

Die hierher gehörigen Arten werden aus dem angegebenen Grunde passender unter Alectra als unter Glossostylis angeführt; es sind folgende:

1) Alectra stricta *Bentham*. Die Pflanze ist einfach und steifhaarig; die Blätter sind schmal-lanzettlich, ganzrandig, aufrecht; die Aehre ist dichtblüthig; die Kelchzipfel sind breit lanzettlich, zugespitzt, gewimpert.

Diese Art ist in Brasilien, und zwar in der Provinz Goyaz einheimisch. — Der Stengel ist einen halben Fuß hoch; die obern Blätter sind aufrecht-übereinanderliegend, kaum zolllang. Die Aehre ist 3—4 Zoll lang.

2) Al. brasiliensis *Bentham*. Diese Art ist steif behaart; die Blätter sind fast sitzend, länglich- oder eiförmig-lanzettlich, am Grunde abgestutzt-herzförmig; die Kelchzipfel sind breit, spitz, steifhaarig.

Diese Art wächst in den wärmeren Ländern Amerika's vorzüglich an feuchten, sumpfigen Stellen in Brasilien, Guiana, auf den Inseln Jamaica, Trinidad u. s. w. Hierher gehört Glossostylis aspera *Chamisso* und *Schlechtendal*, Scrophularia fluminensis *Vellozo* und vielleicht auch Pedicularis melampyroides *Richard*. Die Pflanze ist 1—3 Fuß hoch, von steifen auf einem Höckerchen sitzenden Haaren rauh. Die Blätter sind spitz, 1—2 Zoll lang, meist gezähnt, die blüthenständigen oft länger als die Blüthe. Die Aehre ist bald 1½ Fuß, bald kaum ½ Fuß lang. Die Kelche sind 4—5 Linien lang. Die gelbe Blumenkrone ist kaum so lang als der Kelch.

3) Al. Vogelii *Bentham*. Die Pflanze ist steif behaart; die Blätter sind kurz gestielt, breit, lanzettlich, am Grunde verschmälert, die untersten klein und schuppenförmig; die Kelchzipfel sind breit, kurz und stumpf.

Diese Art kommt im westlichen tropischen Afrika am Flusse Quorra vor. In der Tracht stimmt sie mit Alectra indica am meisten überein, sie ist aber steifer, ihre Blätter sind ganzrandiger, ihre Blüthen haben mit dieser gleiche Größe oder sind ein wenig größer, ihre Kelche sind aber sehr ausgezeichnet.

4) Al. indica *Bentham*. Die Pflanze ist rauhweichhaarig; die Blätter sind kurz gestielt, eiförmig-lanzettlich oder lanzettlich, am Grunde keilförmig oder verschmälert; die Kelchzipfel sind breit, zugespitzt, sehr kurz gewimpert. Hierher gehört Glossostylis arvensis *Bentham* und Hymenospermum dentatum *Bentham*.

Die Pflanze ist auf den Gebirgen Ostindiens einheimisch. Sie ist ästig und fast einen Fuß hoch. Die beblätterten, 2—4 Zoll langen Aehren sind aus dichtstehenden oder unterbrochenen Blüthen gebildet. Letztere sind weit kleiner als an Al. brasiliensis. Die Kelche sind während der Blüthezeit 2 Linien lang.

5) Al. cordata *Bentham*. Die Pflanze ist rauhweichhaarig; die Blätter sind kurz gestielt, eiförmig, die obern am Grunde breit herzförmig; die Kelchzipfel sind breit, spitz und gewimpert. Hierher gehört Glossostylis cordata *Hochstetter*.

Diese Art findet sich in Abyssinien bei Gafta und auf dem Himalaya. Von der vorigen durch geringere

Größe, ansehnlichere Blüthen und die am Grunde breit herzförmigen Blätter verschieden.

6) Al. melampyroides *Bentham*. Die Pflanze ist kahl [illegible] von wenigen Haaren steif oder rauhhaarig; die fast sitzenden Blätter sind eiförmig-lanzettlich oder eiförmig, am Grunde keilförmig oder stumpf, die unteren sind kurz, stumpf, die oberen spitz und eingeschnitten-gezähnt; die Kelchzipfel sind lanzettlich, spitz, etwas gewimpert. Hierher gehört Glossostylis capensis *Bentham*, Gerardia sessiliflora *Vahl* und wahrscheinlich Rhinanthus scaber *Thunberg* und Bartsia scabra *Sprengel*.

Sie wächst in Südafrika und auf Madagaskar und stimmt in der Tracht mit Alectra indica überein, ist aber meist glatter, ihre Blätter sind nur äußerst selten ein wenig gestielt und hat eine dichtere Aehre und größere Blüthen.

7) Al. senegalensis *Bentham*. Die Pflanze ist einfach, steifhaarig; die sitzenden Blätter sind eiförmig, meist stumpf, am Grunde herzförmig, die Blüthenständchen sind spitz, kaum eingeschnitten; die Kelchzipfel sind zugespitzt, gewimpert.

Diese Art ist in Senegambien einheimisch und ist vielleicht nur Abart von Alectra melampyroides, obwol die Blattform verschieden zu sein scheint.

8) Al. lucida *Harvey*. Mit Ausnahme der kahlen Staubfäden stimmt diese Art mit der folgenden überein.

Sie wächst am Cap der guten Hoffnung.

9) Al. capensis *Thunberg*. Die Pflanze ist einfach, steifhaarig; die sitzenden Blätter sind eiförmig oder verkehrt-eiförmig, sämmtlich stumpf und am Grunde keilförmig; die Kelchzipfel sind eiförmig, gewimpert; die Blumenkrone ist weit, netzaderig. Hierher gehört Orobanche electra *D. Dietrich*.

Die Heimath dieser Art ist Südafrika. Sie ist aufrecht und ½—1 Fuß hoch. Die untersten Blätter sind schuppenförmig, gegenüberstehend, die übrigen zerstreut, einen halben Zoll lang oder etwas länger. Die Aehre ist dichtblüthig. Der Kelch stimmt mit dem von Al. brasiliensis überein. Die Blumenkrone scheint im Durchmesser einen Zoll weit oder etwas weiter zu sein. Die Staubfäden sind mehr oder weniger behaart.

10) Al. asperrima *Bentham*. Die Pflanze ist einfach, niedrig, höckerig-rauh; die sitzenden Blätter sind eiförmig, stumpf, dick oder die oberen lanzettlich; die Kelchzipfel sind eiförmig-lanzettlich, ziemlich stumpf, dick. Hierher gehört Glossostylis asperrima *Hochstetter*.

Die Pflanze kommt in Abyssinien am Fuße des Berges Amdaglon vor. Sie ist kaum einen halben Fuß hoch. Die Kelche sind einen halben Zoll lang und etwas aufgeblasen. Die Blumenkrone ist kaum länger als der Kelch.

11) Al. pumila *Bentham*. Die Pflanze ist rauh, niedrig, vom Grunde an ästig; die Stengelblätter sind sehr klein, schuppenförmig, die blüthenständigen klein, länglich, stumpf; die Aehren sind dichtblüthig; die Kelchzipfel sind kurz, stumpf.

Die Heimath dieser Pflanze ist Südafrika. Sie ist 2—4 Zoll hoch und stimmt in der Tracht einigermaßen mit Orobanche ramosa überein. Die blüthenständigen Blätter sind 2—3 Linien lang. Die Blüthen gleichen an Größe denen von Alectra indica.

12) Al. orobanchoides *Bentham*. Diese Art ist ziemlich kahl und kaum ästig; die Blätter sind sämmtlich schuppenartig; die Kelchzipfel sind kurz, breit und stumpf. Hierher gehört Orobanche parviflora *E. Meyer*.

Sie wächst im südlichen Afrika, ist 6—18 Zoll hoch, wahrscheinlich parasitisch und der Tracht nach mit Striga orobanchoides verwandt.

13) Al. parasitica *A. Richard*. Der Stengel ist aufrecht, ziemlich einfach, fast kantig und mit kleinen rauhen Haaren besetzt; die Blätter sind sehr klein, gegenüberstehend, sitzend, länglich, etwas stumpf, gezähnt, rauh; die endständige Aehre ist ziemlich lang; der Kelch ist glockenförmig, ungleich fünfspaltig; die Kapsel ist kugelig, stumpf, länger als der Kelch. Hierher gehört Glossostylis parasitica *Hochstetter*.

Diese Art wächst in Abyssinien im Thale des Flusses Tacazze.

14) Al. Petitiana *A. Richard*. Die Pflanze ist ausdauernd; der Stengel derselben ist am Grunde halbstrauchig, ästig, stielrund, rauh und kurz-rauhhaarig; die sitzenden, gegenüberstehenden Blätter sind eiförmig-länglich, etwas spitz oder eiförmig-lanzettlich, am Grunde sehr stumpf und gekerbt, auf beiden Seiten rauhhaarig; die gestielten Blüthen stehen einzeln oder zu zweien in den Blattachseln; die Zipfel des glockig-röhrigen, bis zur Mitte fünfspaltigen weichhaarigen Kelchs sind eiförmig-länglich, ziemlich stumpf; die Blumenkrone hat eine kurze Röhre und einen schiefen, glockenförmigen, erweiterten, fünflappigen Saum mit stumpfen Lappen; die Staubbeutel sind rauhhaarig; die wollige, eiförmige Kapsel ist dreimal länger als der Kelch.

Diese Art kommt in Abyssinien, und zwar in der Provinz Quodgerate vor.

Außer diesen bringt A. Richard auch Bartsia abyssinica *Hochstetter*, welche dieser Autor später Glossostylis abyssinica nannte und die Bentham gleichfalls zur Gattung Bartsia stellt, zu der Gattung Alectra, da die Pflanze wegen ihrer trichterförmigen Blumenkrone mit fast aufrechtem Saume nicht mit Bartsia vereinigt werden könne. (*Garcke*.)

Glossula, s. Glossaspis.

GLOTTALITH, ein nach Thomson mit 21,7 Wasser, 37,4 Silicia, 16,0 Alumia und 23,3 Calcia zusammengesetztes Mineral. Es krystallisirt in regulairen Octaedern, an denen zuweilen Würfelflächen auftreten. Die Krystalle sind zu Drusen gruppirt. Es ist farblos, stark durchscheinend und hat Glasglanz. Die Härte ist zwischen Kalkspath und Flußspath, 3—4. Spec. Gewicht 2,18. Vor dem Löthrohre schmilzt es unter Aufblähen zu weißem Email. Es wird am Clyde bei Portglasgow in Schottland gefunden, woher es auch seinen Namen hat (von Glotta, dem alten Namen des Clydeflusses, und λίθος, Stein). Das Mineral gehört zur Classe der Geolithe. (*C. Reinwarth.*)

GLOTTIDIUM ist der Name einer von Desvaux aufgestellten, zu der natürlichen Familie der Papilionaceen gehörigen Pflanzengattung mit glockenförmigem, etwas schief abgestutztem, stumpf fünfzähnigem Kelche. Die Fahne der schmetterlingsartigen Blumenkrone ist nierenförmig, sehr kurz, aber sehr breit, kaum benagelt, die Flügel sind eiförmig-länglich, die Blättchen des Kiels hängen über der Mitte zusammen. Von den zehn Staubgefäßen ist das der Fahne zugewandte frei. Der gestielte Fruchtknoten enthält nur wenige Eichen. Der kurze Griffel ist an der Spitze einwärts gekrümmt, die Narbe ist spitz. Die Hülse ist lang gestielt, elliptisch-länglich, zusammengedrückt, an beiden Enden spitz, vom Griffel gekrönt, zweisamig, die lederartig-zweiklappige äußere Fruchthaut löst sich von der häutigen, die Samen einschließenden inneren Haut. Die Samen sind verkehrt-länglich, zusammengedrückt.

Zu dieser Gattung gehört nur eine krautige, kahle, im wärmeren Nordamerika einheimische Art mit einfachen, eiförmigen unteren und abgebrochen-gefiederten, vielpaarigen mittleren und oberen Blättern, deren Stiel in eine Borste ausgeht, mit achselständigen, wenigblüthigen Trauben und kleinen gelben Blüthen.

De Candolle nannte diese Art nach dem ihr von Willdenow im dritten Bande der Species plantarum im Jahre 1800 beigelegten Namen Phaca floridana — Glottidium floridanum, aber mit Unrecht, da sie Jacquin schon im ersten Bande seiner 1781—1786 erschienenen Icones plantarum rariorum als Robinia vesicaria bezeichnete, weshalb sie auch Sprengel als Sesbania vesicaria aufführte, sie muß daher Glottidium vesicarium genannt werden. Persoon führt sie in seinem Enchiridium botanicum zweimal auf, einmal als Sesbania platycarpa und dann nach Willdenow als Phaca floridana. Michaux nannte sie Aeschinomene platycarpa, Poiret Dalbergia polyphylla und Pursh endlich Sesbania disperma. (*Garcke.*)

GLOTTIS, Stimmritze, heißt die schmale, dreieckige Oeffnung im Innern des Kehlkopfs, welche zu beiden Seiten von den eigentlichen Stimmbändern begrenzt wird und beim Athmen, Sprechen und Singen verschiedene Grade der Verengerung erleidet.

(*Fr. Wilh. Theile.*)

GLOTZAUGE nennt man jenen Zustand des Sehorgans, wo der Augapfel mehr nach Vorn in der Augenhöhle gelegen ist und stärker zwischen den weit geöffneten Augenlidern hervorragt, wobei der Blick etwas Stieres bekommt. Es kommt dieser Zustand als ein angeborener vor, aber auch als ein erworbener. Eine stärkere Anhäufung des Fettpolsters im Grunde der Augenhöhle hat man früherhin stillschweigend als die Ursache des Glotzauges angenommen.

Neuerer Zeit hat man aber das Glotzauge als wesentlichen Bestandtheil einer eigenthümlichen Krankheitsgruppe kennen gelernt, wo nämlich Exophthalmos, Kropf und Herzleiden zusammentreffen, worauf zuerst von Basedow (Casper's Wochenschrift. 1840. Nr. 14) bestimmter aufmerksam gemacht hat. Durch Vergleichung der bekannt gewordenen Fälle dieser Krankheitsgruppe wurde Helfft (Casper's Wochenschrift. 1849. Nr. 29 u. 30. Nr. 48 u. 49) zu dem Schlusse geführt, daß höchst wahrscheinlich Anämie oder eine der Anämie verwandte Blutmischung zu Grunde liegt. Damit stimmen die vorhandenen Herzerscheinungen, die sich hauptsächlich als Herzklopfen darstellen, ohne daß sich eine organische Veränderung annehmen läßt, und damit stimmte es auch, daß Eisenpräparate als das wichtigste Heilmittel von allen Seiten empfohlen wurden. Fragt man nun, wodurch das Glotzauge in diesen Fällen zu Stande kommt, so könne man nicht wohl eine Ansammlung im Augapfel annehmen, weder im vordern noch im hintern Abschnitte, weil das Sehvermögen dabei keine Störung erfährt. Auch stehe die Hervortreibung des Augapfels mit der Stärke des Herzklopfens im Verhältnisse und unterliege bei dem nämlichen Individuum dem Wechsel. Helfft wie Richter finden die Ursache der Hervortreibung des Bulbus in einer Ueberfüllung und Ausdehnung der im Zellgewebe des Augenhöhlengrundes verlaufenden Venen.

Die neuesten Mittheilungen über diesen Zustand verdanken wir aber F. Prael und A. v. Gräfe (Gräfe's Archiv für Ophthalmologie. 3. Bd. S. 199 u. 278). Als das erste an derartigen Kranken beobachtete Symptom bezeichnet v. Gräfe eine frequente Herzaction mit 100 bis 140, ja noch mehr Schlägen, ohne nachweisbares organisches Leiden, weshalb er die Ursache desselben wesentlich im Nervensysteme (Sympathicus?) findet. Manchmal treten auch gleichzeitig Verdauungsbeschwerden (Erbrechen) auf, die aber bald wieder schwinden. Die Struma pflegt sich dann nach einigen Monaten auszubilden, tritt weiterhin in etwas oder auch ganz zurück und erreicht überhaupt nie eine bedenkliche Höhe. Die Bewegungen des Auges bleiben normal und die Sehkraft leidet nicht eher durch den Exophthalmos, als bis die Hornhaut sich zu trüben anfängt; dann führt aber das Leiden bisweilen zur wirklichen Erblindung auf einer Seite oder selbst auf beiden.

Beim weiblichen Geschlechte kommt das Leiden im frühern Lebensalter (vom 15—30. Jahre) vor, bei Männern wird es überhaupt seltener beobachtet und dann fast nur im Alter von 45 bis 60 Jahren.

Vorsichtiger Eisengebrauch ist bei den mildern Formen zu empfehlen, scheint dagegen auf der Höhe der Krankheit eher schädlich zu wirken. Die Digitalis läßt gegen die Herzaffection im Stiche. Ein vorsichtiger Druckverband schien Nutzen zu gewähren, wo überhaupt noch ein Augenliderschluß möglich war. v. Gräfe macht daher auf die Tarsorrhaphie aufmerksam, schon als Cosmeticum; man soll nämlich die beiden Augenlidränder am äußern Augenwinkel in der Länge von 3 bis 5 Linien vereinigen. (*Fr. Wilh. Theile.*)

Gloucester, s. Glocester.

GLOUCESTER (Robert von), einer der ältesten englischen Dichter, von dessen Lebensverhältnissen wir aber Nichts weiter wissen, als daß er unter der Regierung

Eduard's I. lebte und Mönch in der Abtei Gloucester war. Da er erzählt[1]), daß er Zeuge des furchtbaren Wetters gewesen sei, welches den Tag der im J. 1265 geschlagenen Schlacht von Evesham unvergeßlich mache, da er ferner von dem kostbaren Grabmale spricht[2]), welches dem Könige Arthur im J. 1278 vor dem Hochaltare der Kirche zu Glastonbury errichtet wurde, und da er der Kanonisation des heiligen Ludwig erwähnt[3]), welche im J. 1297 stattfand, so läßt sich daraus auf die Lebenszeit des Verfassers und auf das Jahr, vor welchem seine Chronik nicht beendigt sein kann, schließen. Diese Chronik (Chronicle of England, publ. by *Thom. Hearne*. Oxon. 1724. 8. 2 Voll. N. E. Lond. 1810. 8. 2 Voll.) von sehr bedeutendem Umfange, welche die Geschichte von England von Brutus bis zur Regierung Eduard's I. in erbärmlichen sechsfüßigen gereimten Versen[4]) und in einem schleppenden Style erzählt, folgt den in Prosa geschriebenen, aber nicht selten einen poetischen Schwung annehmenden Fabeln Geoffrey's von Monmouth, entbehrt aber aller Kunst und Poesie; auch die Sprache ist sehr mangelhaft und der angelsächsischen Provinzialismen wegen nicht selten äußerst dunkel; nichtsdestoweniger wird aber diese Chronik als eines der ältesten Denkmäler der englischen Sprache stets ihren Werth behalten. Thom. Warton hat in seiner History of English Poetry (Lond. 1776. 4. Vol. I. p. 48 seq.) dieses Urtheil aufgestellt und durch die mitgetheilten langen und langweiligen Stellen hinreichend begründet.

(*Ph. H. Külb.*)

GLOUCESTERINSEL, eine 14 Meilen lange, 1½ Meile breite Inselgruppe im Archipel der Niedrigen Inseln oder dem Gefährlichen Archipel im äußern Inselgürtel Australiens, nordöstlich 50 Meilen von San Miguel Arcangel und mit ihrem Nordende unter 19° 7′ 38″ südl. Br. und 140° 37′ 50″ westl. L. von Greenwich. Sie wurde 1797 von dem englischen Capitain Wilson entdeckt und ist gut bevölkert. — Diese Gruppe ist nicht zu verwechseln mit den Duke of Gloucester-Islands oder Coronados. Diese bestehen nämlich aus vier Inseln, liegen 90 Meilen nordöstlich von Tabuai, wurden 1606 von Quiros entdeckt und von ihm Coronades genannt. Auf englischen Seekarten findet man sie gewöhnlich unter dem Namen Four Crowns (vier Kronen). Den Namen Duke of Gloucester-Islands gab ihnen Capitain Carteret. Sie sind nicht unfruchtbar, aber spärlich bevölkert. Die Landvögel fand Carteret so zahm, daß man sie mit Händen greifen konnte. Das östlichste Eiland liegt unter 20° 42′ südl. Br. und 142° 54′ westl. L., das westlichste unter 20° 40′ südl. Br. und 143° 11′ westl. L. von Greenwich.

(*H. E. Hössler.*)

GLOVER (Richard), ein geschätzter englischer Dichter, im J. 1712 zu London, wo sein Vater ein nicht unbedeutendes Handelsgeschäft betrieb, geboren, wurde ebenfalls zum Kaufmannsstande bestimmt, erhielt aber auf einer Privatschule zu Cheam in der Grafschaft Surry eine so vorzügliche Erziehung, daß er von seinen Zeitgenossen als einer der gründlichsten Kenner des Alterthums und insbesondere als einer der vorzüglichsten Hellenisten betrachtet wurde. Seine Vorliebe für literarische Beschäftigung hinderte ihn aber nicht, sich mit ebenso großem Eifer seinem Berufe zu widmen und an der Behandlung der politischen und commerciellen Fragen seiner Zeit lebhaften Antheil zu nehmen. Seine Anlage zur Poesie bewährte er schon als Jüngling von 16 Jahren durch ein Lobgedicht auf seinen berühmten Landsmann Newton, welches so großes Aufsehen erregte, daß der Arzt und Naturforscher H. Pemberton keinen Anstand nahm, es als empfehlenden Eingang seiner Uebersicht der Newton'schen Philosophie (View of Sir Isaac Newton's philosophy. Lond. 1728. 4.) voranzustellen. Glover, durch den ihm gewordenen Beifall aufgemuntert, versuchte sich jetzt an einem größeren aus der griechischen Geschichte genommenen Gegenstande, und ließ sein Heldengedicht: Leonidas (Lond. 1737. 4.) erscheinen. Das Werk des 24jährigen Dichters hatte einen ungewöhnlichen Erfolg und erlebte in kurzer Zeit sieben Auflagen; der Beifall, welcher ihm von den Zeitgenossen gespendet wurde, war jedoch, wenigstens großentheils, durch die politischen Verhältnisse Englands bedingt. Die Partei der Whigs, an deren Spitze Prinz Frederick von Wales stand, suchte das Ministerium Sir Robert Walpole's, dessen Friedenspolitik lästig zu werden anfing, zu stürzen, und fand in Glover's Gedicht, welches den Kampf des freien Griechenlands gegen den asiatischen Despotismus feierte, ein wirksames Mittel zur Erreichung ihrer Absicht, weshalb auch Lord Lyttelton, Pemberton, Fielding und andere derselben politischen Richtung folgende berühmte Schriftsteller jener Zeit dem jetzt fast gänzlich vergessenen Gedichte unbedingtes und übermäßiges Lob spendeten. Glover, welcher unterdessen das Geschäft seines Vaters übernommen und eine reiche Frau geheirathet hatte, fand sich dadurch so sehr geschmeichelt, daß er sich durch seine Berufsarbeiten und durch die eifrige Theilnahme, welche er den Staatsangelegenheiten widmete, keineswegs abhalten ließ, der Poesie einen nicht unbedeutenden Theil seiner Zeit zu widmen. Er besorgte noch in demselben Jahre (1737) eine Ausgabe der poetischen Versuche seines verstorbenen Freundes Matth. Green (s. d. Art.) und veröffentlichte bald darauf ein Gedicht über die Handelsverhältnisse der Hauptstadt (London, or the progress of commerce. Lond. 1730. 4.) und die patriotische Ballade: „Admiral Hosier's Geist" (Admiral Hosier's Ghost. Lond. 1739. 4.), worin er seinen Landsleuten das Unrecht, welches ihnen von Spanien zugefügt wurde, vorführt und sie zum Kriege gegen diese Macht anfeuert. Da er zu den ersten Führern der Opposition gehörte, welche die Stadt London gegen Walpole erhoben hatte, so wurde er zum Präsidenten einer Deputation der londoner Kaufleute gewählt, welche die Aufgabe hatte, bei dem Parlamente Klage über die Nachlässigkeit des Ministeriums in den Angelegenheiten

1) Chronicle, ed. *Hearne* p. 560. 2) p. 224. 3) p. 531. 4) So hat sie wenigstens Hearne abdrucken lassen; sie läßt sich jedoch auch in vierzeilige Stanzen abtheilen.

des Handels und Verkehrs zu führen; die Rede, welche er bei dieser Gelegenheit im Januar 1742 im Unterhause hielt, fand allgemein Anklang und brachte ihn zu so großem Ansehen, daß er bei den Versammlungen der Kaufleute stets zu Rathe gezogen und seiner Einsicht großes Vertrauen geschenkt wurde. Durch allzu große politische Thätigkeit kam er übrigens in seinen Handelsgeschäften zurück und in mancherlei Verlegenheiten, welche ihn bewogen, sich auf einige Zeit den Augen des Publicums zu entziehen; nichtsdestoweniger aber wies er den ihm im J. 1744 von der Herzogin Sara von Marlborough gestellten Antrag, gegen ein Honorar von 500 Pfund die Geschichte des Lebens und der Thaten ihres Gemahls zu schreiben, zurück, weil er nach seiner Ueberzeugung dieser Aufgabe nicht gewachsen war. Nachdem er sich im J. 1751 vergebens bemüht hatte, die Stelle eines Kämmerers der City zu erhalten, und sein Versuch, als Bühnendichter Glück zu machen, durch die kalte Aufnahme, welche sein im J. 1753 nach großer Mühe zur Aufführung gebrachtes Trauerspiel „Boadicea" fand, gescheitert war, widmete er sich wieder mit rastlosem Fleiße seinem Geschäfte, und es gelang ihm auch durch die großmüthige Unterstützung des Prinzen von Wales, seinen Ruf als Handelsmann von Neuem zu begründen. Im J. 1761 ward er von der Stadt Weymouth in das Parlament gewählt und wußte das auf ihn gesetzte Vertrauen durch sein entschiedenes Wirken für die Freiheit der Nation und den Flor des englischen Handels zu rechtfertigen. Sobald seine Vermögensumstände sich besserten, erwachte in ihm auch wieder die Liebe zur Poesie, und die Frucht derselben war eine durchaus verbesserte und mit drei Gesängen vermehrte Ausgabe des früher mit dem neunten Gesange abgeschlossenen „Leonidas" (Lond. 1770. 12. 2 Voll.); da aber die politischen Verhältnisse, durch welche der frühere Beifall bedingt war, sich völlig geändert hatten, so erregte sie nicht das erwartete Aufsehen; auch seine Tragödie „Medea" (1761) ging über die Bühne, ohne bleibenden Eindruck zu machen, und die Tragödie „Jason," eine Fortsetzung der Medea, wurde nicht einmal aufgeführt, weil man nicht für gut fand, die Kosten für die theueren Decorationen, welche sie erforderte, zu wagen. Die damalige sehr mißliche Lage der Engländer in Indien gab Glover häufig Veranlassung, im Parlamente für das Interesse der ostindischen Compagnie aufzutreten, und diese lohnte seine Bemühungen durch ein Geschenk, dessen Werth man auf 300 Pfund schätzte. Im J. 1775 zog er sich gänzlich von allen Staatsgeschäften und aus dem öffentlichen Leben zurück und befaßte sich fast ausschließend mit der Ausarbeitung seiner „Athenaide," einer Fortsetzung des Leonidas. Glover starb am 25. Nov. 1785 in dem hohen Alter von 73 Jahren [1]). Er war ein sehr einfacher und umgänglicher Mann von unbestechlicher Redlichkeit und nicht zu störendem Gleichmuthe in Glück und Unglück, weshalb er von Allen geliebt und selbst von seinen Gegnern geachtet ward. Seine politische Wirksamkeit schlug er nicht sehr hoch an, aber als Dichter war er nicht frei von Eitelkeit. So ließ er sich nicht abrathen, trotz seines nicht angenehmen und ungeeigneten Organes, den Schauspielern seine Medea vorzulesen und ihnen die nöthige Anweisung zur Aufführung zu geben, obgleich der berühmte Garrick wiederholt versuchte, ihn von seinem Vorhaben abzubringen und dieser Mühe zu überheben. Auch zeigte er sich in seiner dichterischen Begeisterung häufig sehr zerstreut, und man erzählt, daß er einst während seines Aufenthaltes auf dem Landsitze Lord Temple's zu Stowe bei Tagesanbruch in den Garten herabstieg, um über eine Idee, welche während der Nacht in ihm aufgetaucht war, weiter nachzudenken, und, während er umher lief, mit seinem Rocke unter den Tulpen, den theuern Lieblingen der Lady Stowe, fürchterliche Verwüstungen anrichtete. Als man ihn darüber zur Rede stellte, leugnete er entschieden die That, welche er ohne sein Wissen beging, und überraschte, als man ihn endlich überzeugte, die Gesellschaft mit der Ballade: „Admiral Hosier's Geist," welche er grade an diesem Morgen gedichtet hatte. Unstreitig ist auch diese Ballade die vorzüglichste unter Glover's Dichtungen, denn sie verräth wirkliche poetische Begeisterung und läßt sich immer noch, während seine übrigen, der sogenannten Kunstpoesie angehörenden Werke bereits zurückgelegt sind, mit Vergnügen lesen. Glover war ein Mann von edler Denkart und von einem lebhaften Gefühle für das Große und Schöne, aber mehr in moralischer als in poetischer Beziehung; sein Geschmack war männlich und sehr gebildet und sein heller Verstand sicherte ihn vor Thorheiten im Dichten, wie im Leben; die Sprache hatte er in seiner Gewalt, und obgleich sein Ausdruck oft barsch und allzu kurz ist und manchmal sogar des Wohlklanges entbehrt, so reicht er doch damit zum Herzen, wie er denn auch durch die innere Würde seiner Dichtungen uns selbst da anzieht, wo wir in ihnen den Dichter vermissen, mit der Gewalt des Genies ergreift er uns aber nirgends, und nur zu häufig neigt er sich bei allem Schmucke der Sprache zur glänzenden Prosa. Sein „Leonidas," welcher noch nach des Dichters Tode in einigen sehr schönen Ausgaben (Lond. 1798. 8. 2 Voll. Lond. 1804. 8. 2 Voll.) der Aufmerksamkeit der Lesewelt empfohlen und bald nach seinem Erscheinen in das Französische (von einem Ungenannten, Genève 1738. 12. 2 Voll., und genauer von J. Bertrand, La Haye 1739. 12.) und in das Deutsche (sehr gut in Prosa von Joh. Arn. Ebert, Hamb. 1737. 8. Zürich 1766. 8., fünfte umgearbeitete vollständige Aufl. 1778. 8.) übersetzt wurde [2]), ist allerdings ein vorzügliches Geisteswerk; der von den Zeitgenossen des Dichters ausgesprochenen Behauptung, daß es zu den besten Heldengedichten aller Zeiten und Völker gehöre, wird jedoch jetzt Niemand mehr beipflich-

1) Vergl. Biographie universelle. Vol. XVII. p. 513 seq. Biographie générale. Vol. XX. p. 835 seq. Fr. Bouterwek, Geschichte der schönen Wissenschaften. 8. Bd. S. 360 fg. 376 fg.

2) Auch das Original erschien in Deutschland in zwei schlechten Abdrücken (zu Breslau 1766. 8. und zu Leipzig 1768. 8.), welche nur die neun ersten Gesänge enthalten.

ten. Vor Allem darf man ihn nicht als ein eigentliches Epos, sondern nur als ein gutes, nach einem einfachen Plane geschickt angelegtes historisches Gedicht betrachten, welches hauptsächlich in den beschreibenden Theilen einen poetischen Schwung annimmt. Der Gegenstand des Gedichtes ist sehr glücklich gewählt, denn es stellt den republikanischen Heroismus, den ein edles Gemüth so gern bewundert, mit einer moralischen Begeisterung dar, die sich mittheilt, wie man denn wirklich nicht in Abrede stellen kann, daß der Contrast zwischen den Gemälden der griechischen Freiheit und des orientalischen Despotismus, der spartanischen Einfachheit der Sitten und des persischen Prunkes meisterhaft geschildert wird; ebenso ist die Charakterzeichnung gut, kräftig und gleichmäßig, aber doch mehr in bestimmten Umrissen als in individuellen Zügen durchgeführt; die zahlreichen Episoden, zum Theil Nachahmungen classischer Meisterwerke, sind geschickt eingeflochten und geben der Handlung Mannichfaltigkeit, wodurch die moralische Feierlichkeit, welche sich vom Anfange bis zum Ende gleich bleibt, weniger ermüdend wird. Ein großer Nachtheil für das Gedicht ist die absichtliche Vermeidung alles Wunderbaren und der idealen Täuschung, wodurch der Dichter zwar seine Liebe zur Wahrheit und Natur und seinen praktischen Geist beurkundet, aber auch das geringe Maß seiner Phantasie verräth. Alle diese Mängel und keinen der hervorgehobenen Vorzüge hat die überdies der letzten Feile entbehrende und erst nach seinem Tode von seiner Tochter Mistreß Halsey herausgegebene Atheniade (Atheniad. London 1788. 12. 3 Voll.) in 30 Gesängen, eine Fortsetzung des Leonidas, worin die Athener und ihre Staatsverfassung verherrlicht werden. Unter Glover's dramatischen Arbeiten, welche übrigens jetzt fast gänzlich vergessen sind, ist unstreitig die beste das Trauerspiel „Boadicea" (Lond. 1753. 8.), dessen Stoff der alten britischen Geschichte entlehnt, aber griechischen Formen nachgebildet ist, wodurch ihm etwas Gezwungenes und Steifes anklebt, sodaß es uns trotz der gelungenen Charakterschilderung und der edeln Sprache kalt läßt und nur geringes Interesse für die Heldin erregt. Seine mit Chören ausgestattete Tragödie „Medea" (Lond. 1761. 4. Teutsch von Christ. Gottl. v. Murr. Nürnberg 1763. 8.) leidet an Schwulst und andern Mängeln, wurde aber trotzdem von den Zeitgenossen über die von Euripides und Seneca gedichteten Tragödien gleichen Namens gestellt. Eine Fortsetzung dieses Stückes, die Tragödie „Jason" (Lond. 1790. 8.), hat noch weit geringeren Werth. Glover's Werke wurden nie in einer Gesammtausgabe vereinigt, ein Beweis für die schnelle Abnahme ihrer Berühmtheit, seine kleineren Gedichte sind von Rob. Anderson im eilften Bande seiner Complete edition of the poets of Great-Britain gesammelt und durch eine kurze Biographie und Schilderung seiner poetischen Verdienste eingeleitet. Eine ausführliche Darstellung seines politischen und literarischen Lebens, verbunden mit einer der Wahrheit getreuen Schilderung seiner berühmtesten Zeitgenossen, bietet das von ihm selbst geführte Tagebuch, welches erst lange nach seinem Tode von Rich. Duppa unter dem Titel: Memoirs of a celebrated literary and political character from the resignation of Sir Robert Walpole in 1742 to the establishment of Lord Chatam's second administration (London 1814. 8.) im Auszuge herausgegeben wurde. Diese Memoiren erweckten auch die Vermuthung, Glover möge vielleicht der Verfasser der vielbesprochenen Juniusbriefe (s. Sect. 2. Bd. 29. S. 121 fg.) sein, die völlig verschiedene Geistesrichtung dieses Dichters beweist aber, abgesehen von vielen andern innern und äußern Gründen, zur Genüge das Gegentheil; der darüber entstandene Streit gab indessen Rich. Duppa Veranlassung, in seiner Schrift: An inquiry concerning the author of the letters of Junius with reference to the Memoirs by a celebrated literary and political character (London 1814. 8.) diesen Gegenstand näher zu erörtern und noch mancherlei anziehende Mittheilungen aus Glover's Memoiren nachzutragen. (*Ph. H. Külb.*)

GLOVER (Thomas), englischer Heraldiker, im J. 1543 zu Ashford in der Grafschaft Kent geboren, widmete sich ausschließend und mit großem Eifer dem Studium der Wappenkunde, trat dann als Knappe in das heraldische Colleg und wurde im J. 1571 Herold der Grafschaft Somerset. In dieser Eigenschaft begleitete er Lord Willoughby und den Grafen von Derby, welche den Auftrag hatten, den Königen von Dänemark und von Frankreich den Orden vom Hosenbande zu überbringen, nach dem Continente. Er galt zu seiner Zeit als eine der ersten Autoritäten in seinem Fache, und seine heraldischen Werke, nämlich: De nobilitate politica vel civili (Lond. 1608. fol.), A Catalogue of Honour (Lond. 1610. fol.) und Ordinary of Arms (in Jos. Edmondson's Complete body of heraldry, Lond. 1780. fol.), sind jetzt noch geschätzt, aber selten. Außerdem lieferte er eine große Anzahl von Genealogien zu Gu. Camden's Britannia (Lond. 1586. 8.) Glover starb im J. 1588 zu London *). (*Ph. H. Külb.*)

GLOVATSCHEWSKOY (Cyrill), ein im Fache der Geschichts- und Portraitmalerei ausgezeichneter Künstler, geb. 1735 in Korop, einem im russischen Gouvernement Tschernigow gelegenen Städtchen, gest. zu Petersburg am 9. Aug. 1823. Er hatte auf der Universität Kiew seine Studien begonnen und sich zugleich mit mehr als einem Zweige der Kunst, zu der er Neigung fühlte, beschäftigt, als er sich bereits im Jahre 1748, also noch sehr jung, nach Petersburg wendete, um sich mit größerem Erfolge namentlich der Malerei, zu der er sich unwiderstehlich hingezogen fühlte, widmen zu können. Um zunächst einen festen Boden für seine Existenz in der Hauptstadt zu gewinnen, trat er als Musiker in die Kapelle der Kaiserin Elisabeth ein, gab aber bald diesen Posten ganz wieder auf, um sich ausschließlich der Malerei zuwenden zu können. Mehr als ein von seinem Genie gehobener Autodidakt, als durch Unterweisung bei namhaften Künstlern, die damals in Petersburg gewiß selten waren, vervollkommnete er sich besonders im Fache

*) Biographie générale. Vol. XX. p. 536.

der Portraitmalerei in so hohem Grade, daß er bei der Gründung der Akademie der schönen Künste in Petersburg durch die Kaiserin Elisabeth im J. 1759 sofort zum Professor ernannt ward. Auch in der Historienmalerei that er sich hervor und sein Ruhm stieg um so höher, da nicht nachgewiesen werden kann, daß er sich auf Reisen ins Ausland durch Anschauungen und Uebungen habe fortbilden können; er selbst war als Lehrer an der Akademie zu Petersburg so gesucht als beschäftigt und auch in andern Fächern des Wissens so gebildet, daß er mit den gelehrtesten Männern seiner Zeit in Verbindung stand. Unter der Kaiserin Katharina II. ward er im J. 1765 zum Bibliothekar und Schatzmeister ernannt und 1771 erhielt er den Titel eines Hofraths und Inspectors der Schule der Akademie der Künste. Nach allen diesen Functionen findet man ihn fortgehend in dem russischen Hofkalender bis zu seinem Tode aufgeführt. Als Portraitmaler war er namentlich in den ersten Jahren seiner künstlerischen Wirksamkeit sehr beliebt; später wendete er sich mehr der Geschichtsmalerei zu und hier zeichnete er sich durch schöne Wahl der Formen und durch reinen Geschmack vortheilhaft aus *). (*J. E. Volbeding.*)

GLOXINIA ist der Name einer von L'Héritier aufgestellten Pflanzengattung aus der natürlichen Familie der Gesneraceen mit folgenden Unterscheidungsmerkmalen: Der Kelch ist gefurcht, ungleich-fünftheilig, seine Röhre ist mit dem Fruchtknoten fast ganz verwachsen, seine Zipfel sind lanzettlich oder fast verkehrt-eiförmig. Die Blumenkrone ist glockenförmig, ihre Röhre bauchig, vom Grunde an nach Vorn sackartig-aufgeblasen; ihr Saum ist aufrecht oder kaum abstehend. Die eingeschlossenen Staubgefäße sind dem Grunde der Blumenkrone eingefügt, von den vier vollkommen ausgebildeten sind zwei länger als die beiden anderen, das fünfte Staubgefäß trägt keine Staubbeutel; die Staubbeutel der fruchtbaren Staubgefäße hängen mit den Spitzen oder quadratisch zusammen. Der Drüsenring ist zart, häutig, fünfzähnig, schwach gewimpert. Der Fruchtknoten ist beinahe cylindrisch, fast flach eingesenkt, ziemlich stumpf, die Narbe mundförmig, die Frucht kapselartig.

*) Vergl. G. K. Nagler's Künstlerlexikon. 5. Bd. S. 241; der ihn betreffende Artikel der Biogr. univ. (nouv. édit. T. XVI. p. 637 seq.) ist dürftig, hat aber doch hier in einigen bei Nagler fehlenden Daten benutzt werden können. Es leidet fast keinen Zweifel, daß Glowatschewskoy identisch mit Cyrillus Gholowatschewskoi Iwanowitsch sei, der bei Nagler a. a. O. S. 147 in einem besondern Artikel besprochen wird. Zunächst darf die abweichende Orthographie und die hinzutretende Namenserweiterung nicht streng urgirt werden und die neben Gholowatschewskoi als Portraitmalerin figurirende Cyrilla Gholowatschewskoi wird unbedenklich als eine Tochter des oben besprochenen Künstlers angesehen werden können, wie dergleichen Zusammengehörigkeiten in Künstlerfamilien so häufig vorkommen. Die störende Zerspaltung ist wol hauptsächlich dadurch veranlaßt worden, daß frühere kunstgeschichtliche Schriftsteller, wie Fiorillo (Kl. Schr. II, 66), Füßli und Meusel, weniger darauf achteten, daß Glowatschewskoy auch ausübender Künstler war, früher mehr, als dies später bei seinen anderweitigen Beschäftigungen und dann bei vorgerücktem Alter möglich sein mochte, sodaß man einen Antheil daran einem Namensverwandten zuzuschreiben nicht für unmöglich halten durfte.

Aus dieser Gattung kannte L'Héritier, der Gründer derselben, nur eine Art, nämlich Gloxinia maculata, und dies ist auch die einzige, welche Willdenow im dritten Theile seiner Species plantarum vom Jahre 1800 aufführt. Sprengel erwähnt in seinem Systema vegetabilium außer dieser noch Gloxinia speciosa *Ker* und Gl. macrophylla *Martius*, welche von Hanstein, dem neuesten Monographen dieser Gattung und Familie nicht hierher gerechnet werden. Dieser gründet vielmehr auf Gloxinia hirsuta *Lindley*, welche nach Sprengel mit Gl. macrophylla *Martius* identisch sein soll, wegen der bauchlosen Krone die neue Gattung Stenogastra und entfernt auch eine große Anzahl in neuerer Zeit zu Gloxinia gestellter Arten, welche mit den echten Gloxinien nur in der Form der Blumenkrone eine entfernte Aehnlichkeit haben, im Uebrigen aber von ihnen sehr abweichen. Dies bemerkte auch schon Decaisne und schlug daher vor, die neueren Gloxinien als Gattung Ligeria von dem alten Genus des L'Héritier abzusondern. Da diese neueren Arten aber die Mehrzahl in der Gattung Gloxinia ausmachten, so fand Regel für angemessener, lieber diesen den Namen Gloxinia zu lassen und Gl. maculata, die erste Art der Gattung, Salisia zu nennen. Dies Verfahren streitet indessen gegen die Regeln der Nomenclatur und kann daher keine Berücksichtigung finden. Vielmehr sind diese später beschriebenen Gloxinien, welche auf einem kurzen Stamme langgestielte, große Blüthen tragen, deren Krone aus enger Basis sich schief glockenartig erweitert und die fünf Drüsen um einen zugespitzten Fruchtknoten besitzen, nach Decaisne mit dem Namen Ligeria zu belegen. Sie können wegen der angegebenen Merkmale und außerdem wegen des knolligen Wurzelstocks und des meist stark behaarten Krautes mit den echten Gloxinien nicht einmal dieselbe Abtheilung bilden, sondern sind als Ligerien abzusondern, während jene durch die schlanken, aufrechten Stengel mit traubig gestellten, kurzgestielten Achselblüthen und die schuppigen Rhizome deutlich genug ihre Achimenennatur verrathen.

Bei der Gattung Gloxinia können demnach nur fünf Arten, und zwar blos zwei unzweifelhaft und drei fraglich verbleiben. Von den 13 in De Candolle's Prodromus syst. natur. erwähnten Arten dieser Gattung gehört nur Gloxinia maculata hierher.

1) Gl. maculata *L'Héritier.* Der Stengel ist steif, stark, behaart, gefleckt, 1—1½ Fuß hoch; die Blätter sind breit eiförmig oder fast kreisrund, spitz, herzförmig, ungleich gesägt, rauhhaarig, unterseits verschiedenfarbig, gefleckt, 4—6 Linien lang und 3—5 Linien breit; die achselständigen Blüthenstiele stehen an der Spitze des Stengels in Trauben und sind länger als der Blattstiel, aber kürzer als die Blüthe; die Kelchzipfel sind länglich, gekerbt, ungleich, abstehend; die himmelblaue, glockenförmige Blumenkrone hat abstehende Zipfel, von denen der untere concav ist.

Diese Art stammt aus Cartagena in Neu-Granada, wo sie Rob. Millar sammelte und Samen nach Europa schickte; sie wurde zuerst im Garten von Chelsea im J. 1739 cultivirt. Mönch nannte diese Pflanze Gloxinia trichotoma, Regel Salisia gloxiniflora und früher schon Escheria gloxiniflora. Da sie aber schon Linné als Martynia perennis bezeichnete, so muß nach dem Gesetze der Priorität dieser Speciesname beibehalten und die Pflanze Gloxinia perennis genannt werden.

2) Gl. pallidiflora *Hooker*. Der Stengel ist aufrecht, sparsam behaart, fastrich, ungefleckt, 1—1½ Fuß hoch; die Blätter sind breit und etwas schief-eiförmig, undeutlich gesägt, sparsam rauhhaarig, unterseits gleichfarbig, blaß, zart, saftig, gestielt, 4—5 Zoll lang und 3—5 Zoll breit; die achselständigen Blüthenstiele stehen an der Spitze des Stengels traubig, sind länger als der Blattstiel, aber kürzer als die Blüthe; die blaß lilafarbige Blumenkrone hat lauter concave, 1—1½ Zoll lange und ebenso breite Zipfel; die Kelchzipfel sind in größerem Maße zurückgekrümmt als an der vorigen Art.

Sie wächst in Neu-Granada, in Venezuela an schattigen Felsbächen und in den Sertenuen beim Dorfe San Juan in Panama. Von Purdie wurde sie auf St. Martha gesammelt, blühte in England zuerst im October 1845 und wurde als specifisch verschieden von Hooker anerkannt, beschrieben und abgebildet.

3) ? Gl. attenuata *Hanstein*. Diese Art ist schlank, sparsam behaart; 1—1½ Fuß hoch; die Blätter sind länglich, etwas schief, zugespitzt und am Grunde verschmälert, unregelmäßig gesägt, sparsam behaart, unterseits blaß, gestielt, 4—6 Zoll lang und 2—3 Zoll breit; die achselständigen, einzeln stehenden, einblüthigen Blüthenstiele sind kürzer als die Blüthe, aber etwas länger als die Blattstiele; die violette, glockenförmige Blumenkrone hat fast aufrechte oder abstehende Zipfel; die Kelchzipfel sind breit eiförmig, zugespitzt, fast ganzrandig, ungleich.

Sie wurde von Gardner in Brasilien, und zwar in der Provinz Goyaz aufgefunden. Wegen des fehlenden Wurzelstocks an dem der Beschreibung zu Grunde gelegten Exemplare ist nicht mit absoluter Gewißheit zu behaupten, daß diese Art wirklich hierher gehört, obwol die wesentlichen Merkmale dem Gattungscharakter entsprechen. — Die Pflanze trägt auf schlankem Stengel ziemlich große Blätter, die sich auffallend von denen der vorhergehenden Arten dadurch unterscheiden, daß sie lang zugespitzt und in den Blattstiel verschmälert und überhaupt mehr in die Länge gezogen sind. Sie sind unregelmäßig-, fast doppelt-gesägt, unten blaß, oben mit einzelnen Haaren besetzt, aber weniger dicht behaart als die Blatt- und Blüthenstiele. Die Kelche sind weit und locker, mit etwas ungleichen, breit eirunden, lang und fein zugespitzten, ganzrandigen und gewimperten Blättchen. Die Blumenkronen sind im trockenen Zustande dunkelblau, bauchig-glockig, der Gattungsform entsprechend, obwol im Ganzen etwas schlanker und vielleicht mehr geöffnet.

4) ? Gl. ichthyostoma *Gardner*. Der Stengel ist aufrecht, rauhhaarig-wollig, 1—1½ Fuß hoch; die Blätter sind etwas ungleich, eiförmig, spitz, am Grunde abgerundet oder fast herzförmig, grob gesägt, zu beiden Seiten etwas rauhhaarig, kurz gestielt, 2½—3 Zoll lang und 1½—2 Zoll breit; die Blüthenstiele sind achselständig, einzeln, einblüthig; die trichterförmig-glockige, purpurviolette, spornlose, 1—1½ Zoll lange und breite Blumenkrone hat einen fast zweilappigen Saum mit am Rande einwärtsgekrümmten, lang-zahnartig-gewimperten Bauchlappen.

Es ist noch einigermaßen zweifelhaft, ob sie zu dieser Gattung oder zu Mandirola gehört. Sie ist im fünften Bande von Hooker's Icones abgebildet, aber Abbildung und Beschreibung sind so unvollständig, daß sich darnach die Gattung, wohin sie gehört, nicht mit Sicherheit bestimmen läßt. Die Angabe, daß die Pflanze einjährig sei, deutet allerdings auf eine Achimenes, die bei mangelnden Schuppenkätzchen öfters jährig zu sein scheinen. Sonach könnte es wol eine echte Gloxinia sein, wenn nicht die fünf Drüsen dagegen sprächen, deren Vorhandensein aber von anderer Seite geleugnet wird. Die Narbe, welche kreisförmig-ausgehöhlt beschrieben wird und die Bildung des Kronensaumes, welcher wenig geöffnet und dessen mittlerer Lappen fransig gezähnt und einwärts gekrümmt ist, würden mit Gloxinia stimmen können. Andererseits aber ist die Kronenbasis eng und scheint der sackartigen Auftreibung zu entbehren und ist mehr trichterförmig erweitert. Ueberdies ist die gesammte Tracht der Mandirola multiflora, wie schon Hooker bemerkt, auffallend ähnlich, mit welcher sie auch das Vaterland theilt. Somit ist ohne wiederholte genaue Untersuchung der Pflanze selbst nicht festzustellen, ob sie zu Gloxinia gehöre, mit welcher Gattung noch immer die meisten Merkmale stimmen oder zu Mandirola, wohin Tracht und Vaterland deuten, oder ob sie, wie schon Decaisne angenommen zu haben scheint, als ein neues, zwischen diesen beiden stehendes Genus mit dem Namen Ichthyostoma betrachtet werden müsse. Zur Gattung Scheeria, wohin sie Seemann bringt, kann sie wegen der abweichenden Kronenform und der ganz verschiedenen Tracht nicht gestellt werden, alsdann müßte sie auch einen dicken, schwieligen Drüsenring besitzen.

Sie wurde im Januar 1840 von Gardner in Brasilien an schattigen, felsigen Orten auf trockenen Kalkhügeln unweit Arrial da Chapada in der Provinz Goyaz gesammelt und scheint nicht in Cultur zu sein.

5) ? Gl. suaveolens. Decaisne erwähnt diese neue Art in der Revue horticole vom December 1848, ohne eine genaue Diagnose zu geben; er sagt nur, daß sie ovale Kelchzipfel und blaßblaue Blüthen habe.

Sie soll aus Guiana stammen. (*Garcke*.)

GLOXINIEN sind Zierpflanzen. Die Vermehrung geschieht durch Samen und Stecklinge. Behufs der Vermehrung durch Samen füllt man im April flache Töpfe mit Haideerde in der Weise an, daß die Erde noch ½ Zoll unter dem Topfrande bleibt; dann streut man die sehr kleinen Samen dünn auf. Ueber den Topf wird eine Glasscheibe gelegt und die Erde in einem Untersetzer durch Begießen mäßig feucht erhalten. Die Samentöpfe stellt man in ein warmes Mistbeet. Sobald die Samen zu keimen beginnen, lüftet man die aufgelegte Glasscheibe, indem man ein Hölzchen unterlegt, und nimmt später die Glasscheibe ganz weg. Wenn die Pflänzchen so groß sind, daß man sie fassen kann, werden sie in mit sandiger Haide- oder Lauberde gefüllte Töpfe 1 Zoll von einander verpflanzt und in das warme Mistbeet gestellt. Sind die Pflänzchen soweit erstarkt, daß sich ihre Blätter berühren, so verpflanzt man sie einzeln in kleine Töpfe und versetzt sie später nochmals in 3—4zöllige Töpfe, in denen sie zur Blüthe kommen. Eine nahrhafte lockere Lauberde oder eine Mischung aus Laub-, Haide-, Mengedüngererde und Sand ist für das spätere Verpflanzen besonders zu empfehlen. Im Laufe des Sommers bis zur Blüthe gibt man bei hellem Sonnenschein Schatten und lüftet nur wenig. Begossen wird so oft, als die Erde trocken wird, außerdem vor Beginn der Blüthe noch bei hellem, sonnigem Wetter leicht überspritzt. Mit Beginn der Blüthe wird nur noch begossen, nicht mehr überspritzt. Nach der Blüthe hört man mit dem Begießen mehr und mehr auf. Die Ueberwinterung geschieht an der Hinterwand eines Warmhauses oder im geheizten Zimmer. Man kann auch die Knollen aus den Töpfen nehmen und dicht neben einander in flachen Kästen in feinen Sand einschlagen und so überwintern. Im Winter, besonders aber gegen das Frühjahr, begießt man die ruhenden Knollen von Zeit zu Zeit. Im Frühjahre werden sie wieder in frische Erde gepflanzt und mit den Töpfen in das Warmbeet gebracht, wo sie so lange verhältnißmäßig ziemlich trocken stehen bleiben, bis sie zu treiben beginnen. Behufs der Vermehrung durch Stecklinge füllt man Töpfe unten mit Haideerde, oben mit Sand und wählt zu Stecklingen entweder ganze Triebe oder Blätter, die mit dem Astauge ausgeschnitten werden, oder auch nur Blätter oder Blattstücke, die man in die obere Sandschicht steckt und dann in einen warmen Kasten stellt. Blattstecklinge gerathen nur bis Mitte Sommer mit Sicherheit; ganze Triebe kann man das ganze Jahr hindurch leicht zum Wurzeln bringen.

(*Dr. W. Löbe.*)

GLUCHOW, Kreis im russischen Gouvernement Tschernigow, reich an Eisen, Porzellanthon, Salpeter und Holz, mit der Kreisstadt Gluchow (52° L., 51° 40' 30" nördl. Br.), am Flusse Jesmen. Die Stadt hat 9000 Einwohner, in der Nähe eine große Salpetersiederei und Porzellanthongruben, und treibt Handel mit Getreide und Branntwein.

(*H. E. Hößler.*)

GLUCINSÄURE (Acide glucique), von Dumas so genannt, da sie sich aus Glucose (von γλυκύς, süß) oder Traubenzucker darstellen läßt, bildet sich nach Péligot (Ann. de Chem. et de Pharm. LXVII, 113; Jahrb. f. prakt. Chem. XIII, 378) durch Einwirkung der ätzenden Alkalien und der alkalischen Erden auf Traubenzucker bei gewöhnlicher Temperatur, und nach späteren gründlicheren Untersuchungen von Mulder (Bull. de Neerl. 1840; Jahrb. f. pr. Ch. XXI, 231) auch durch Einwirkung von Schwefelsäure oder Salzsäure auf Rohrzucker. Péligot nannte diese Säure acide kalimocharique, Kalizuckersäure. Ihr Aequivalent ist nach Péligot: $C_{24}H_{18}O_{15}$, nach Mulder: $C_8H_5O_5$.

Um die Glucinsäure darzustellen, wird nach Péligot eine Auflösung von Traubenzucker mit Kalkhydrat gesättigt, die Flüssigkeit filtrirt und 3—4 Wochen lang, bis die alkalische Reaction verschwunden ist, in einem offenen Gefäße stehen gelassen. Hierauf wird aus der dunkel gefärbten Flüssigkeit der Theil Kalk, welcher noch mit unzersetztem Zucker verbunden ist, durch Kohlensäure ausgeschieden; sodann wird die Flüssigkeit von dem kohlensauren Kalke abfiltrirt und zu der Flüssigkeit so lange eine Lösung von basisch essigsaurem Bleioxyd hinzugesetzt, als der Niederschlag noch gefärbt erscheint; dieser gefärbte Niederschlag von apoglucinsaurem Bleioxyd wird entfernt und sodann durch weiteren Zusatz von basisch essigsaurem Bleioxyd auch das glucinsaure Bleioxyd gefällt. Dieser weiße Niederschlag wird nun mit Wasser ausgewaschen, sodann in Wasser suspendirt und durch Schwefelwasserstoff zersetzt; die dadurch erhaltene Auflösung der Glucinsäure wird filtrirt und im Vacuum der Luftpumpe abgedampft.

Nach Persoz läßt sich die Glucinsäure in kürzerer Zeit und mit geringerem Verluste darstellen, wenn man Traubenzucker mit krystallisirtem Barythydrat vermischt und das Gemisch auf 100° erwärmt, wobei es sich in wenigen Augenblicken unter Aufblähen und Wärmeentwickelung in glucinsauren Baryt verwandelt. Die Masse, welche nur sehr wenig gefärbt ist, wird dann in Wasser aufgelöst; hierauf wird die überschüssige Baryterde durch Kohlensäure ausgeschieden, die Flüssigkeit durch basisch essigsaures Bleioxyd zersetzt und aus dem glucinsauren Bleioxyd das Blei durch Schwefelwasserstoff ausgeschieden.

Mulder stellt die Glucinsäure dar, indem er Rohrzucker in der Wärme der Einwirkung einer verdünnten Säure aussetzt; letztere scheint durch die sogenannte katalytische Kraft zuerst den Rohrzucker in unkrystallisirbaren Zucker umzuwandeln, welcher sodann in Glucinsäure und Wasser zerfällt. Dabei entsteht, wie bei der Einwirkung der Alkalien auf Traubenzucker, auch Apoglucinsäure; außerdem aber wird ein Theil des Zuckers auf abweichende Art zersetzt, indem sich Ameisensäure und Ulminsubstanzen und durch weitere Zersetzung der letzteren auch Huminsubstanzen bilden. Die Menge dieser Producte ist um so geringer, je weniger hoch die Temperatur steigt und je mehr die Luft abgehalten ist, sodaß, wenn das Kochen im luftleeren Raume vorgenommen wird, nur Glucinsäure entsteht und die Mischung zur Syrupsdicke eingekocht werden kann, ohne daß sie sich merklich färbt. Ob die Glucinsäure nur durch directe Zersetzung von Traubenzucker und unkrystallisirbarem Zucker und ob sie sich ohne Zusatz von Säuren oder Alkali durch bloßes anhaltendes Kochen einer Zuckerlösung bildet, ist noch nicht untersucht. — Mulder stellt die Glucinsäure dar, indem er Rohrzucker mit 8 Th. Wasser und 1/10 bis 1/4 Schwefelsäurehydrat in einem Kolben bei möglichster Vermeidung des Luftzutritts kocht und das verdampfte Wasser von Zeit zu Zeit wieder ersetzt. Während des Kochens setzen sich Flocken von Ulminsubstanzen ab und Ameisensäure destillirt über. Sobald sich keine Flocken mehr ausscheiden, wird die Flüssigkeit heiß filtrirt und zur Entfernung der Schwefelsäure noch heiß mit Kreide gesättigt.

Dadurch entsteht zugleich glucinsaure und apoglucinsaure Kalkerde, welche nebst etwas Gyps gelöst bleiben. Nachdem der Gyps durch Filtriren entfernt ist, wird die Flüssigkeit bis zur Syrupsdicke abgedampft und hierauf in wenigem Wasser aufgelöst, wobei der Gyps größtentheils ungelöst zurückbleibt. Die Lösung wird sodann wieder abgedampft und mit dem mehrfachen Volumen Alkohol vermischt, worin sich die glucinsaure Kalkerde auflöst, während die apoglucinsaure Kalkerde als bräunliche flockige Masse ungelöst zurückbleibt. Die filtrirte, noch braungefärbte und durch etwas Zucker verunreinigte Lösung wird hierauf durch Thierkohle entfärbt, der Alkohol wird abdestillirt, der Rückstand im Wasser gelöst und durch basisch essigsaures Bleioxyd zersetzt. Das auf diese Weise gefällte glucinsaure Bleioxyd wird dann mit Schwefelwasserstoff behandelt, das Schwefelblei von der Flüssigkeit abfiltrirt und die Flüssigkeit im luftleeren Raume verdunstet.

Die Glucinsäure stellt nach Péligot eine nicht krystallinische weiße oder gelbliche, harte und ganz amorphe Masse dar, welche aus der Luft Feuchtigkeit anzieht, sich äußerst leicht in Wasser und Alkohol löst, deutlich sauer schmeckt und Lackmus röthet. Nach Mulder zieht die Glucinsäure keine Feuchtigkeit aus der Luft an.

Die Verbindungen der Glucinsäure sind nur wenig untersucht. Von den Alkalien wird sie leicht aufgelöst.

Die saure glucinsaure Kalkerde wird erhalten durch Sättigen der Glucinsäure mit kohlensaurem Kalk, welcher dabei blos bis zur Bildung des sauren Salzes zersetzt wird. Es ist in Alkohol und Wasser leicht löslich und die Lösung reagirt sauer. Wird dieselbe durch Abdampfen stark concentrirt und sich selbst überlassen, so scheidet sich das feste Salz in nadelförmigen unvollkommenen Krystallen ab. Vermischt man die klare wässerige Lösung dieses Salzes mit Alkohol, so scheidet sich neutrale glucinsaure Kalkerde als eine gallertartige Masse ab; wird dieselbe mit Alkohol gewaschen und in kohlensäurefreier Luft bei 100° getrocknet, so bildet es nach Mulder eine amorphe, leicht zerreibliche, nicht zerfließliche Masse, die sich in Wasser leicht auflöst, in Alkohol aber völlig unlöslich ist; auf 2 At. Salz enthält es 1 At. Wasser. Im feuchten Zustande der Luft ausgesetzt, färbt es sich durch Bildung von Apoglucinsäure strohgelb; durch Kohlensäure wird es im feuchten Zustande zersetzt, indem sich kohlensaurer Kalk ausscheidet und saure glucinsaure Kalkerde gebildet wird. — Das basische glucinsaure Bleioxyd ($2PbO, C_8H_5O_5$) wird nach Péligot durch Fällung des Kalksalzes durch basisch essigsaures Bleioxyd dargestellt; es bildet einen weißen Niederschlag, der im feuchten Zustande durch die Kohlensäure der Luft zersetzt wird; aus diesem Grunde muß es nach der Fällung rasch mit ausgekochtem Wasser gewaschen und unter der Luftpumpe ausgetrocknet werden. Neutrales essigsaures Bleioxyd bringt mit glucinsaurer Kalkerde keine Fällung hervor. In der Auflösung der neutralen glucinsauren Kalkerde entstehen durch salpetersaures Silberoxyd und salpetersaures Quecksilberoxydul weiße Niederschläge; essigsaures Kupferoxyd zeigt keine Einwirkung.

Wird die wässerige Lösung der Glucinsäure längere Zeit an der Luft gekocht, so bildet sich unter Sauerstoffabsorption und brauner Färbung Apoglucinsäure, indem

3 Aeq. Glucinsäure ($3C_8H_5O_5$) + 11 Aeq. Sauerstoff ($11O$) auf einander so einwirken, daß 1 Aeq. Apoglucinsäure ($C_{18}H_{11}O_{10}$) + 6 Aeq. Kohlensäure ($6CO_2$) + 4 Aeq. Wasser ($4HO$) entstehen.

Dieselbe Zersetzung erfolgt auch, und dabei weit schneller, wenn bei Zutritt der Luft die Lösung der Glucinsäure mit verdünnter Schwefelsäure oder Salzsäure gekocht wird. Wird die Glucinsäure mit concentrirter Säure behandelt, so geht sie, nach Mulder, ohne Bildung von Ulmin, Ulminsäure oder Huminsäure in Humin über, indem

5 Aeq. Glucinsäure ($5C_8H_5O_5$) sich zersetzen in 1 Aeq. Humin ($C_{40}H_{15}O_{15}$) + 10 Aeq. Wasser ($10HO$). Hieraus erklärt sich, daß, wenn durch eine schwache Säure aller Rohrzucker in Ulmin und Ulminsäure verwandelt ist, durch eine stärkere Säure noch viel Humin gebildet werden kann.

Das Zersetzungsproduct der Glucinsäure, die Apoglucinsäure, kann nach Mulder erhalten werden, wenn man die bei der Bereitung der Glucinsäure nach Mulder's Verfahren durch Alkohol gefällte apoglucinsaure Kalkerde durch Auflösen in wenig Wasser und Filtriren vom Gyps befreit, dann mit essigsaurem Bleioxyd fällt, den Niederschlag mit Schwefelwasserstoff zersetzt und die filtrirte Flüssigkeit zur Trockene verdampft. Die Apoglucinsäure erscheint dann als eine braune, nicht krystallisirbare Masse, welche an der Luft nicht feucht wird. In Wasser löst sie sich leicht, in Weingeist schwierig und in Aether gar nicht. Bei 120° getrocknet, hat sie die Zusammensetzung: $C_{18}H_{11}O_{10}$ oder $C_{18}H_9O_8 + 2HO$. Von Schwefelsäure wird sie mit blutrother Farbe aufgelöst. Mit Alkalien, Kalk- und Barytwasser gibt die Apoglucinsäure dunkelrothe Flüssigkeiten, in denen durch Blei- und Silbersalze braune Niederschläge entstehen; letztere lösen sich in Wasser langsam wieder auf. Die apoglucinsaure Kalkerde ist braun, unkrystallisirbar, leicht zerreiblich und leicht in Wasser löslich. Wird die Lösung durch Thierkohle entfärbt, so gibt das Filtrat mit basisch essigsaurem Bleioxyd keinen Niederschlag mehr. Bei 130° getrocknet ist es nach der Formel: $C_{18}H_9O_8, CaO + HO$ zusammengesetzt; das apoglucinsaure Bleioxyd ist $C_{18}H_9O_8, PbO$. *(J. Loh.)*

GLUCK (Christoph Willibald[1]), Ritter von, war am 2. Juli 1714 zu Weidenwang bei Neumarkt in der obern Pfalz geboren[2]. Sein Vater Alexander

1) So lautete sein wenig bekannt gewordener zweiter Vorname. 2) Nach einem von dem k. k. Hofkapellsänger Aloys Fuchs in der Wiener musikalischen Zeitung 1844. Nr. 42 mitgetheilten Taufscheine. Demnach sind die verschiedenen falschen Angaben: daß Gluck zu Neustadt an der Waldnab in der obern Pfalz und zwar 1712 geboren sei, in Lipowsky's Baierischem Musiklexikon, in Schilling's Universallexikon der Tonkunst, in

Gluck, früher Leibjäger des Prinzen Eugen von Savoyen, hatte eine Försterstelle zu Weidenwang in der Oberpfalz erhalten. Im J. 1717 trat er als Waldbereiter in die Dienste des Grafen von Kaunitz zu Neuschloß bei Böhmisch-Leipa. Im J. 1722 ward er Forstmeister des Grafen von Kinsky zu Böhmisch-Kamnitz. Eine gleiche Stelle bekleidete er seit 1724 bei dem Fürsten von Lobkowitz in Eisenberg. Er starb 17[illegible] (nach einer andern Angabe [2]) 1747). Die vielfach verbreitete Notiz, daß seines Sohnes Erziehung vernachlässigt worden [3]), scheint völlig grundlos. Mochte diese Erziehung auch nicht die glänzendste gewesen sein, so war sie doch hinreichend für die ersten Jugendjahre. Einen zweckmäßigen Schulunterricht erhielt der lebhafte und wißbegierige Knabe zu Böhmisch-Kamnitz und Eisenberg. Seine Lernbegierde verminderte sich nicht, ungeachtet er von seinem Vater, nach rauher Jägerweise, oft mit unbilliger Strenge behandelt ward. Noch in spätern Jahren pflegte Gluck vertrauten Freunden und Verwandten mit vielem Humor zu erzählen, wie er und sein Bruder Anton den in den Forst reitenden Vater im strengsten Winter, um der Abhärtung willen, hätten barfuß begleiten und ihm verschiedene Jagdgeräthe nachtragen müssen.

Seine früh erwachte Neigung zur Musik, in der er einen dürftigen Unterricht erhalten hatte, war so groß, daß es ihm leicht ward, die Schwierigkeiten jener Kunst zu überwinden. Er machte die erfreulichsten Fortschritte in seiner musikalischen Bildung und brachte es bald so weit, daß er ziemlich fertig vom Blatte singen und später die Violine und besonders das Violoncell ebenso fertig und mit Ausdruck spielen konnte. In dem Jesuitenseminare zu Kommotau, einem unfern von der Lobkowitzischen Herrschaft Eisenberg gelegenen Städtchen, benutzte er, neben seinen Gymnasialstudien in den Jahren 1726—1732, fleißig die Gelegenheit, in dem Musikchore der St. Ignazkirche sich in der Tonkunst weiter auszubilden. In Kommotau war es auch, wo er einigen Unterricht im Clavier- und Orgelspiele empfing. Von dort begab er sich zur Fortsetzung seiner Studien nach Prag. Bei der dürftigen Unterstützung, die er von seinem Vater erhielt, der für eine zahlreiche Familie zu sorgen hatte, gerieth er in eine trübe Lage. Er war genöthigt, seinen Unterhalt in der Tonkunst allein zu suchen und sich ausschließlich der Musik zu widmen. Neben dem Unterrichte, den er im Gesang und auf dem Violoncell ertheilte, sang und spielte er in verschiedenen Kirchen der Hauptstadt Böhmens, besonders in der Teinkirche unter der Leitung des Minoriten Czernohorsky [5]) und in der Klosterkirche zur heiligen Agnes. Dafür erhielt er einen monatlichen Sold. In den Ferien zog er Anfangs von Dorf zu Dorf, von einem Flecken zum andern, erhielt jedoch für seine Mühe, die Bewohner mit Spiel und Gesang zu unterhalten, selten Geld, sondern meistens Eier, die er an andern Orten gegen Brod vertauschte. Einigermaßen vermehrt wurden seine mäßigen Einkünfte, als er später in den größern Städten als tüchtiger Violoncellspieler Concerte gab. Oft pflegte Gluck in spätern Jahren zu erzählen, wie er sich damals nach und nach manche Gönner erworben, die ihn großmüthig unterstützt hätten. Unter diesen Gönnern zeichnete sich besonders die Lobkowitzische Fürstenfamilie aus. In dankbarer Erinnerung an jene Zeit pflegte Gluck überall und immer, so lange er lebte, Böhmen sein eigentliches Vaterland und die Böhmen seine Landsleute und Wohlthäter zu nennen.

In Wien, wohin er sich 1736 begab, erwarteten ihn unter der Regierung des kunstliebenden Kaisers Karl's VI. musikalische Genüsse jeder Gattung. Antonio Caldara, Joh. Jos. Fux, die Brüder Francesco und Ignazio Conti und andere berühmte Tonkünstler entzückten ihn durch ihre Compositionen und ihr Spiel. In spätern Jahren erzählte er, wie damals zuerst der Gedanke in ihm aufgestiegen war, auch einmal etwas Großes in der Musik zu leisten. Lebhaft interessirte sich für ihn der lombardische Fürst von Melzi, der ihn im Lobkowitzischen Palaste singen und spielen gehört hatte. Er ernannte ihn zu seinem Kammermusikus und nahm ihn nach Mailand mit, wo er ihn zu seiner weitern musikalischen Ausbildung dem Kapellmeister Battista Sammartini übergab, der damals für einen der berühmtesten Orgelspieler und Componisten galt.

Gluck hatte schon mehre glänzende Beweise seines musikalischen Talents gegeben, als er aufgefordert ward, für das Hoftheater in Mailand eine Oper zu componiren. Im Vertrauen auf seine Fähigkeiten trug er kein Bedenken, die Aufforderung anzunehmen. Seinen musikalischen Eingebungen sich ganz überlassend, wagte er es, wie Reichardt sich ausdrückt [6]), „von der gewohnten breitgetretenen Bahn der italienischen Tonsetzer seiner Zeit so viel als möglich abzuweichen und eine dem musikalischen Ausdrucke sich annähernde Musik zu schreiben — eine Gattung, der er später seinen Ruhm verdankte, und die er, so zu sagen, selbst geschaffen.“ Zu der erwähnten Oper (Artaserse) hatte ihm Metastasio den Text geliefert. Er beendete sie, ohne seinen Lehrer Sammartini oder irgend einen Andern dabei zu Rathe gezogen zu haben. Im J. 1741 ward die Oper aufgeführt. Die Hauptprobe zog eine große Menschenmasse herbei, die vor Ungeduld brannte, den ersten Versuch eines jungen Tonkünstlers zu hören und zu beurtheilen. Dem italienischen Geschmacke widerstrebte zwar Anfangs die neue musikalische Gattung. Die einzelnen Tadler verstummten in-

der Biographie universelle, in der Allgem. Bürger- und Bauernzeitung 1831. Nr. 47 u. a. Werken zu berichtigen. Gerber in s. Neuem Tonkünstlerlexikon (Leipzig 1812. 2. Bd. S. 344) hatte schon längst die richtige, aber in späterer Zeit oft als irrig bezeichnete Angabe. — Vergl. die Leipziger Allgem. musikalische Zeitung 1832. Nr. 46. Den Wiener musikalischen Anzeiger. 1836. Nr. 18. Die Allgem. Wiener Musikzeitung. 1844 Nr. 164

3) In dem Künstlerlexikon für Böhmen. Von G. Dlabacz. (Prag 1815.) 4) Siehe unter andern Fétis in der Biographie univers. des Musiciens. 5) Bohuslaus Czernohorsky, Minorit und berühmter Orgelspieler, war mehre Jahre hindurch Regens Chori in Padua, dann in Prag. Er starb um das Jahr 1740 auf einer zweiten Reise nach Italien. Siehe Gerber's Tonkünstlerlexikon. 1. Th. S. 319 fg.

6) Siehe dessen Studien für Tonkünstler. (Berlin 1793.)

dessen bald vor dem allgemeinen Beifalle und dem Urtheile competenter Kunstrichter. Mit seiner ersten Oper war dem jungen Tonkünstler der große Wurf gelungen, nach welchem er Jahre hindurch gestrebt hatte. Er war jetzt auch ein Maestro geworden, und zwar keiner von gewöhnlichem Schlage. Von einer Stadt Italiens zur andern gerufen, erntete er durch seine Compositionen Gold und Ehre ein. Für Mailand schrieb er, außer der bereits genannten Oper, noch drei andere, 1742 den Demofoonte, 1743 den Sifaco und 1744 die Oper Fedra. Zu der für Venedig componirten Oper Demetrio, die den Ruhm des jungen Künstlers bedeutend vermehrte, hatte ihm, wie früher zu dem Artaserse, der Dichter Metastasio den Text geliefert. Sie ward 1742 unter dem Titel: Cleonice auf dem Theater San Samuele aufgeführt. Eine zweite Oper, die er für Venedig geschrieben, Ipermnestra, kam in dem dortigen Theater S. Giovanni Crisostomo zur Darstellung. Für Cremona componirte Gluck die Oper Artamene (1743) und für Turin den Alessandro nell' Indie (1745). Beide Opern wurden in den genannten Jahren mit großem Beifalle aufgeführt. Acht Opern schrieb Gluck in dem kurzen Zeitraume von acht Jahren, und der Künstlerruf des giovine Tedesco verbreitete sich bald nicht blos in ganz Italien, sondern auch in den übrigen Theilen Europa's.

Dieser Ruf war hinreichend, um ihn dem Lord Middlesex, dem Director der Oper in London, als Componisten für das Haymarkettheater zu empfehlen. In Begleitung seines vieljährigen Gönners, des Fürsten Ferdinand Philipp von Lobkowitz, der eine Reise durch Italien, Frankreich und England antreten wollte, begab sich Gluck 1745 von Turin aus über Paris nach London. Erst am 7. Jan. 1746 ward das dortige Theater, das wegen eines Volksaufruhrs einige Zeit geschlossen worden war, mit einer neuen Oper von Gluck: La Caduta de' Giganti eröffnet. Er hatte sie dem Herzoge von Cumberland zu Ehren geschrieben und sie ward in dessen Gegenwart aufgeführt. In seinen Erwartungen sah sich Gluck getäuscht. Der Beifall, den er durch seine Composition einzuernten gehofft hatte, galt mehr den Sängern, als dem Componisten, ungeachtet die meisten Arien ziemlich mangelhaft vorgetragen wurden [7]. Bitter beklagte sich Gluck über den spärlichen Beifall seiner Oper bei Händel, dem er die Partitur mittheilte. „Ihr habt Euch," erwiederte dieser, „mit der Oper nur zu viele Mühe gegeben. Das ist hier nicht wohl angebracht. Für die Engländer müßt Ihr auf irgend etwas Schlagendes und so recht auf das Trommelfell Wirkendes sinnen." Durch diesen Rath soll Gluck veranlaßt worden sein, zu den Chören seiner Oper Posaunen zu setzen, wodurch dieselbe dann größern Beifall gefunden, mit welchem auch seine bereits 1743 zu Cremona componirte Oper Artamene von dem englischen Publikum aufgenommen ward.

Kürzer noch, als in London, war Gluck's Aufenthalt in Paris gewesen, aber für seine musikalische Bildung gleichwol vom entschiedensten Einflusse. Tief ergriffen hatte ihn in der Hauptstadt Englands Händel's großartiger Charakter im Gesange und in der Harmonie. In Paris war es besonders Rameau, der durch echt tragische Declamation voll hoher Wahrheit und durch seine eigenthümliche Behandlung der Chöre und Tänze ihm Bewunderung abnöthigte. Dies Alles in einem großen Ganzen zu vereinigen, war eine Idee, die ihn lebhaft beschäftigte. Seinem Geiste fehlte jedoch hierzu noch die gehörige Reife. Er war noch immer in die Formen gebannt, die nur in Welschland und auf solchen Bühnen Teutschlands galten, wo man dem italienischen Geschmacke in der Musik huldigte. Von diesem Geschmacke hatte er sich zwar schon in seinen frühern Werken, so viel als möglich, zu entfernen gesucht und sich gehütet, seiner Phantasie, ohne Rücksicht auf die Arbeit des Dichters, den Zügel schießen zu lassen. Schon in Mailand hatte er sich bemüht, den Charakter seiner Gesänge dem Inhalte der Dichtung möglichst zu accommodiren. Aber die eigenthümliche Entwickelung seiner großartigen Ideen und die Grundlage zu seinem musikalisch-declamatorischen Systeme fällt erst in eine spätere Zeit.

Ein anderer, dem Anscheine nach geringfügiger Umstand diente noch dazu, diese Umwandlung in Gluck's Künstlerseele zu beschleunigen. Er war aufgefordert worden, ein sogenanntes Pasticcio zu componiren. Darunter verstand man eine Gattung lyrisch-dramatischer Gedichte, deren Worten man die vorzüglichsten Musikstücke aus verschiedenen Opern anzupassen suchte. Aus seinen eigenen Werken wählte nun Gluck die musikalischen Partien aus, die am meisten Beifall gefunden hatten, und suchte sie mit dem möglichsten Kunstsinne und nicht ohne Gewandtheit einem Libretto anzupassen, das den Titel: Piramo e Tisbe führte. Mit Verwunderung nahm er jedoch wahr, daß dieselben Gesänge, die in den Opern, für die sie geschrieben worden, den größten Effect hervorgebracht hatten, hier ganz wirkungslos blieben. Gluck überzeugte sich dadurch, daß jedes gelungene Tonstück einen besondern, den Umständen entsprechenden Charakter habe, und daß nur in diesem Charakter der Grund einer höhern Wirkung zu suchen sei, keineswegs aber in der bloßen Zusammenstellung wohlklingender Töne ohne Bedeutung. Ihm ward klar, daß die Musik nur dann eine Sprache der Empfindung werden und die geheimsten Regungen des menschlichen Herzens ausdrücken könne, wenn der Gesang dem Rhythmus und der Wortbetonung genau folge. Diese Ueberzeugung entfernte ihn immer mehr von dem musikalischen Geschmacke der Italiener. Er fühlte, daß die Schönheit der Form und die Lieblichkeit ihres Gesanges wol das Ohr angenehm berühren, nie aber lebhafte und tief ergreifende Empfindungen wecken könnte. Daher pflegte er, wenn man im Gespräche gewisse Arien erwähnte, die man pathetisch nannte, lächelnd zu erwidern: „Es ist Alles recht schön: ma questo non tira sangue!" Bei einer andern Gelegenheit machte er der italienischen Composition den Vor-

7) Siehe den Bericht von der Vorstellung dieser Oper in Burney's History of Music. Vol. IV. p. 453 seq. Vergl. Busby's Geschichte der Musik. 2. Th. S. 521.

warf, daß sie die Oper in ein Concert verwandle, dem das Drama nur zum Vorwande diene.

Zu Ende des Jahres 1746 hatte Gluck London verlassen und war über Hamburg nach Deutschland zurückgekehrt. In der kurfürstlichen Kapelle zu Dresden fand er eine Anstellung mit einem bedeutenden Gehalte. Er blieb jedoch nicht lange dort. Der um diese Zeit (1747) erfolgte Tod seines Vaters nöthigte ihn, eine bei Georgenthal in Böhmen ererbte Schenke zu verkaufen. Dann aber war es auch die Erinnerung an die mannichfachen Kunstgenüsse in Oesterreich, die ihn bestimmten, die Kaiserstadt Wien zu seinem künftigen Aufenthalte zu wählen. Zu Anfange des Jahres 1748 war er dort angekommen. Unter den Kunstgenossen, die zuerst die Liebe zum Studium der dramatischen Musik in ihm geweckt hatten, fand er nur noch Porsile und Reutter am Leben. Bereits am 14. Mai 1748 ward ein von ihm componirtes lyrisches Drama: La Semiramide riconosciuta zur Geburtsfeier der Kaiserin Maria Theresia in dem damals neu errichteten Opernhause nächst der Burg aufgeführt. Den Text hatte der k. k. Hofdichter Metastasio geliefert. Diesem Drama, dessen erste Vorstellung der ganze Hof beigewohnt hatte, ward der glänzendste Beifall und eine oftmalige Wiederholung zu Theil. Mit dem erlangten Ruhme als Componist, Musikdirector und tüchtiger Violin- und Violoncellspieler vereinigte Gluck im geselligen Leben eine stets heitere Laune, die ihn, verbunden mit seinem biedern Charakter, unter den Bewohnern Wiens allgemein beliebt machte. In den vornehmsten Häusern fand er Zutritt. Vorzüglich befreundet war er mit der Familie des wohlhabenden Kaufmanns Pergin, der mit Holland in einem bedeutenden Geschäftsverkehr stand. Er unterrichtete die beiden Töchter dieses Mannes, der ihm jedoch, als er sich aus zärtlicher Neigung zu der ältesten, Marianne mit Namen, bewarb und bereits die Einwilligung ihrer Mutter erhalten hatte, aus Geldstolz eine abschlägliche Antwort gab. Noch in spätern Jahren pflegte er diese Zeit die glücklichste und unglücklichste seines Lebens zu nennen. Der Aufenthalt in Wien war ihm durch jene bittere Erfahrung verleidet worden. Um sich zu zerstreuen, ging Gluck, dem ohnehin sein kräftiges Alter und sein lebhafter Geist wenig Ruhe ließ, 1749 nach Rom, wohin er einen Ruf erhalten hatte, um für das dortige Theater Argentina eine Oper, den Telemacco, zu componiren. Erzählt wird, daß er, ungeduldig über das Ordnen seiner Reisepaßangelegenheiten, sich in eine Capucinerkutte gehüllt und so seine Reise angetreten habe. Von Andern wird dieser grillenhafte Einfall ökonomischen Rücksichten beigemessen.

In Rom erhielt Gluck zu Anfange des Jahres 1750 die Nachricht von dem Tode des Vaters seiner noch immer heiß geliebten Marianne. Er eilte, nachdem er seine eingegangenen Verbindlichkeiten erfüllt hatte, wieder nach Wien zurück, wo er sich im September vermählte und in ihr eine bis an sein Lebensende redlich für ihn sorgende Gattin fand. Sie begleitete ihn seitdem fast auf allen seinen Kunstreisen. Bereits 1751 folgte sie ihm nach Neapel, wo er seine Oper: La Clemenza di Tito, zu welcher ihm Metastasio den Text geliefert, zur Aufführung brachte. In Neapel befand sich damals der gefeierte Sänger Caffarelli 8), dem die gesammten Tonkünstler ihre Huldigung darbrachten. Diesem Beispiele zu folgen, hielt Gluck unter seiner Würde. Sein gerader Sinn haßte jede Schmeichelei. Irgend Jemandem den ersten Besuch abzustatten, war ohnedies nicht seine Gewohnheit, und so unterließ er es auch diesmal, obgleich er wußte, daß Caffarelli in seiner Oper singen werde. Dieser, obgleich dadurch sehr befremdet, sah sich endlich genöthigt, Gluck zuerst zu besuchen. Die Spannung zwischen beiden währte jedoch nicht lange. Sie wurden bald die besten Freunde. Fast alle damals in Neapel lebenden Tonkünstler behaupteten, daß Gluck in der für seine Oper componirten Arie: „Se mai senti spirarti sul volto" die Regeln des Satzes verletzt habe. Sie begaben sich mit der Partitur dieser Arie zu Durante 9), der damals für ein Orakel in der Tonkunst galt, und baten um seine Entscheidung. „Ob die Stelle," erwiderte dieser, „den Regeln der Composition ganz gemäß ist, mag ich nicht entscheiden. Das aber kann ich Ihnen sagen, daß wir alle, ich nicht ausgenommen, uns sehr damit rühmen könnten, eine solche Stelle gedacht und geschrieben zu haben" 10).

Im December 1751 war Gluck wieder nach Wien zurückgekehrt 11). Einen Gönner fand er dort an dem k. k. Feldmarschalle, dem Prinzen Joseph Friedrich von Sachsen-Hildburghausen, der, ein leidenschaftlicher Freund der Musik, eine eigene Kapelle besoldete. Ihm empfahl sich Gluck nicht blos durch sein Talent, sondern auch durch seinen feinen Weltton und seine Belesenheit. Er ward bald der Hausfreund des Prinzen und nahm an dessen musikalischen Bestrebungen den wärmsten und thätigsten Antheil. Bei den Akademien, von denen immer Abends zuvor eine Probe gehalten wurde, stellte sich Gluck mit seiner Violine gewöhnlich an die Spitze; denn sowol am Probe- als am Concerttage ward die Kapelle des Prinzen durch eine beträchtliche Zahl der ausgezeichnetsten Orchesterspieler verstärkt. Gluck ließ für den Prinzen viele seiner Symphonien und Arien abschreiben, und jedes seiner neuen Stücke entzückte jenen feinen Kunstkenner. Von ihm war Gluck zum herzoglichen Kapellmeister ernannt worden. Als solcher folgte er im Mai 1754 dem Prinzen nach seinem an der ungarischen Grenze gelegenen Lustschlosse Schloßhof, wo sein Gönner, in Erwartung eines ihm versprochenen Besuchs der kaiserlichen Familie, ein musikalisches Fest veranstalten wollte. Gluck hatte von ihm den Auftrag erhalten, zu

8) Gaetano Majorano oder Caffarelli. Vergl. über diesen berühmten, aus Bari gebürtigen Sopransänger, der am 1. Febr. 1783 zu Neapel im 80. Jahre starb, Gerber's Lexikon der Tonkünstler. 1. Th. S. 849 fg. 9) Vergl. über ihn Gerber a. a. O. 1. Th. S. 366 und dessen Neues Tonkünstlerlexikon. 1. Th. S. 960 fg. 10) So berichtet Reichardt in seinen bereits erwähnten Studien für Tonkünstler. (Berlin 1793.) 11) Siehe Karl v. Dittersdorf's Lebensbeschreibung, seinem Sohne in die Feder dictirt (Leipzig 1801.) S. 48 fg.

dieser Feierlichkeit eine von Metastasio gedichtete und von dem k. k. Capellmeister Reutter bereits vor mehren Jahren componirte Oper: Le Cinesi [12]) umzuarbeiten. Bei der Anordnung der Festlichkeiten ward Gluck mehrfach zu Rathe gezogen, weil er auf seinen Reisen Vieles gehört und gesehen hatte [13]).

Bereits im Juni 1754 war Gluck als Capellmeister der Oper an dem k. k. Hoftheater mit einem Gehalte von 2000 Fl. angestellt worden. Seine Thätigkeit in dieser Lebensperiode war groß. Für das Theater und für die Kammer, wie für die häuslichen Feste des österreichischen Hofes schrieb er eine bedeutende Zahl von Melodramen und Symphonien, die letztern jedoch mit keiner besondern Vorliebe. Die Musik schien, wie einer seiner Freunde bemerkt, nur dann eine entschiedene Wirkung auf sein Gemüth auszuüben, wenn sie einer Dichtung und einer dramatischen Handlung angepaßt war. Großen Beifall fanden seine Opern: Il Trionfo de Camillo und Antigona. Beide hatte er für das Theater in Rom componirt, wohin er zu Ende des Jahres 1754 gerufen worden war. Einen ihm sehr wohlwollenden Gönner fand er dort an dem Cardinale Albani. Dieser durch seine Liebe zur Kunst und Wissenschaft ausgezeichnete Staatsmann erbot sich, sein ganzes Ansehen zu gebrauchen, um eine gegen Gluck und seinen erworbenen Künstlerruhm gerichtete Kabale zu vernichten. Gluck aber lehnte, mit aufrichtigem Danke, dies ehrenvolle Anerbieten ab. Er wollte lieber durch die Macht seines Genius und durch den von Kunstkennern ihm gezollten Beifall über den Neid und die Bosheit der Menge triumphiren.

Im Mai 1755 war Gluck wieder nach Wien zurückgekehrt. Er nannte und schrieb sich damals bereits Ritter von Gluck [14]). Aufgeführt ward noch in dem genannten Jahre in dem k. k. Lustschlosse Laxenburg das von ihm componirte Schäferspiel: La Danza [15]), in dem Hofburgtheater ein kleines einactiges Stück: l'Innocenza giustificata [16]) und im folgenden Jahre (1756) ein Festspiel zum Geburtstage des Kaisers, unter dem Titel: Il Re Pastore [17]). In den Jahren 1756—1762 schrieb Gluck außerdem noch für das französische Theater in Wien eine Anzahl von Gesängen mit einfacher Clavierbegleitung im leichten französischen Style zu den Operetten: La fausse Esclave, le Cadi dupé, l'Arbre enchanté, le Diable à Quatre u. a. m. [18]). Die erwähnten Gesänge (Airs nouveaux) sollten den wiederholten Aufführungen der genannten französischen Singspiele und Operetten, die Gluck zum Theil selbst componirt hatte, einen neuen Reiz geben. Außerdem ließ sich der Graf von Durazzo, damals Director des k. k. Hoftheaters, von dem französischen Dichter Favart in Paris von Zeit zu Zeit komische Operntexte mittheilen [19]). Zu den wiener Tonsetzern, denen der Graf die Bearbeitung dieser Texte übertrug, gehörte auch Gluck.

Nicht blos in musikalischer Beziehung war er in dieser Periode seines Lebens thätig, vielmehr rastlos bemüht, die Mängel seiner Jugenderziehung zu verbessern, und das nachzuholen, was ihm noch fehlte, um auf eine vielseitige Bildung Anspruch machen zu können. Eine große Vorliebe zog ihn zu literaturgeschichtlichen Studien. Erst spät gelangte er zu einer gründlichen Kenntniß der lateinischen und französischen Sprache. Auch die Poesie hatte viel Reiz für ihn. In dem Umgange mit vielseitig gebildeten Männern tauschte er seine Ideen aus über die mächtigen Wirkungen der Musik und ihre Verbindung mit der Dichtkunst. Der österreichische Hof, der ihm mehrfache Beweise seines Wohlwollens gegeben, ehrte ihn in ausgezeichneter Weise, als er ihm (1760) bei den damaligen Vermählungsfeierlichkeiten des Erzherzogs Joseph, nachherigen Kaisers mit Isabella von Bourbon, Prinzessin von Parma, die Leitung der Hofmusikfeste in der kaiserlichen Burg übertrug. Durch eine von ihm componirte Serenate (Tetide) verherrlichte Gluck jene vom 8—10. Oct. dauernden Festlichkeiten. Am Schlusse derselben ward die erwähnte Serenate in dem großen Redoutensaale des kaiserl. Schlosses aufgeführt und am Namenstage der Kaiserin wiederholt.

Ungefähr um diese Zeit (1762) folgte Gluck einem abermaligen Rufe nach Italien, und zwar nach Bologna, um zur Einweihung des dort neu erbauten Theaters eine Oper zu componiren. Auf dieser Reise begleitete ihn, außer einer jungen Sängerin Signora Chiara-Marini und deren Mutter, auch der bekannte Operncomponist Dittersdorf [20]). Gluck componirte zu jener Festlichkeit das dreiactige Drama von Metastasio: Il Trionfo di Clelia. Schon in zehn Tagen lieferte er den ersten Act zur Abschrift. Nachmittags pflegte er selten zu arbeiten. Desto thätiger war er in den Vormittagsstunden und am Abend. Nachmittags machte er gewöhnlich Besuche oder ging in ein Kaffeehaus, wo er bis zur Abendmahlzeit verweilte. Einen seiner ersten Besuche stattete er dem berühmten Sänger Farinelli [21]) ab, der, damals schon

12) Der vollständige Titel dieses in Metastasio's Werken abgedruckten Stücks lautet: Le Cinesi. Azione teatrale rappresentata in Schlosshof (il 24 Settembre) l'anno 1754 in presenza dell' Augustissima Corte. 13) Eine ausführliche Beschreibung dieses zum Theil launigen, zum Theil erhebenden Festes, das mit einem bedeutenden Kostenaufwande vom 23. bis 26. Sept. gefeiert ward, findet man in einer Beilage zu Nr. 82 der Wiener Zeitung vom Jahre 1754. Vergl. Dittersdorf a. a. O. S. 64—74. 14) Diese Bezeichnung findet man auch in dem Répertoire des Théâtres de la ville de Vienne de l'Année 1752 jusqu'à l'Année 1757. 15) La Danza. Componimento drammatico pastorale à due voci che serve d'Introduzione ad un Ballo cantato in *Laxenburg* alla presenza delle Maestà Loro Imperiali e Reali. L'Anno 1755. La poesia è dell' Abbate *Metastasio*. La Musica è di *Cristoforo Gluck*. 16) Dramma per Musica in uno Atto. Rappresentata il 8 Decembre dell' Anno 1755 è replicato nel mese di Agosto 1756 nel teatro della Corte. 17) Dramma per Musica in tre Atti da rappresentarsi nell' Imperial privilegiato Teatro presso la Corte nel felicissimo giorno natalizio di *Francesco I.* Imperatore de' Romani sempre Augusto. L'Anno 1756. La Poesia dell' Abbate *Pietro Metastasio*. La Musica di *Cristoforo Gluck*.

18) Siehe das Verzeichniß dieser Operetten in Reichardt's Studien für Tonkünstler. (Berlin 1793.) 19) Siehe Ch. S. *Favart*, Mémoires et Correspondance littéraires. (Paris 1808.) Tom. I. p. 4 seq. 20) Siehe dessen Lebensbeschreibung (Leipzig 1801.) S. 105 fg. 21) Carlo Broschi, gewöhnlich Farinelli genannt, starb zu Bologna den 15. Sept. 1782 im 80. Le-

hochbejahrt, ihn und Dittersdorf zu Tische bat und sie mit fürstlichem Aufwande bewirthete. Auch dem Pater Martini [22]), der mit Farinelli fast in gleichem Alter stand, machte Gluck einen wiederholten Besuch. Nie war er durch Bologna gekommen, ohne diesen Padre di tutti i Maestri in seiner Wohnung begrüßt zu haben. Die von Gluck componirte Oper gefiel ungemein, so wenig er selbst, nach 17 gehaltenen Proben, mit der Aufführung zufrieden war, bei der er das Ensemble des wiener Orchesters schmerzlich vermißte. Nach dem Urtheile von Kunstverständigen hatte er in seiner Oper mehr die dabei betheiligten Sänger und Sängerinnen berücksichtigt, und weniger den Anforderungen der dramatischen Kunst entsprochen, woher denn auch den einzelnen Stücken der innige geistige Zusammenhang fehlte, den ein vollkommenes Musikdrama bedingt. Nach der dritten Aufführung wollte Gluck nach Venedig zurückkehren, und von da Mailand, Florenz und einige andere Städte besuchen. Er mußte jedoch diesen Plan aufgeben. Briefe des Grafen Durazzo riefen ihn und Dittersdorf nach Wien zurück, da zu Anfange des Herbstes die Krönung des römischen Königs und nachherigen Kaisers Joseph II. in Frankfurt a. M. stattfinden sollte. Gluck machte jedoch noch einen kleinen Abstecher nach Parma und kehrte von da über Mantua und Klagenfurt nach Wien zurück. Dort erfuhr er jedoch zu seinem Leidwesen, daß die vorhin erwähnte Krönung auf das Jahr 1761 verschoben worden war.

Immer beschäftigt mit musikalischen Ideen, war Gluck allmälig zu der Ueberzeugung gelangt, daß handelnde Chöre den Effect musikalischer Dramen ungemein verstärken müßten. Diese Wirkung hervorzubringen, dazu schienen ihm die bisher von Metastasio gelieferten Operntexte, ihrer poetischen Schönheiten ungeachtet, im Ganzen nicht geeignet. Offen mitgetheilt hatte er diese Ideen schon vor seiner Reise nach Bologna einem seiner vertrautesten Freunde, der selbst Dichter, zugleich Geist und Kenntniß genug besaß, um darauf einzugehen. Es war der Herausgeber von Metastasio's Werken, Raniero von Calzabigi aus Livorno, der damals als k. k. Rath bei der niederländischen Rechnungskammer in Wien angestellt war. Ihm waren die Mängel der italienischen Oper längst fühlbar geworden, und er freute sich, in Gluck einen Genius gefunden zu haben, der geeignet schien, der dramatischen Musik mit tieferer Wahrheit zugleich einen höhern Glanz zu verleihen. Nach den gegenseitig besprochenen Ansichten componirte nun Gluck die Oper Orfeo ed Euridice. Ueberrascht durch die Kühnheit, in der dramatischen Musik eine ganz neue Bahn zu betreten, begab sich Calzabigi nicht ohne Bedenklichkeit zu Metastasio, der, obgleich nicht einverstanden mit dieser neuen Art der Composition, wenigstens versprach, sich nicht öffentlich dagegen zu erklären und auch redlich sein gegebenes Wort hielt.

Die Oper Orfeo ed Euridice, zu welcher Calzabigi den Text geliefert hatte, ward am 5. Oct. 1762 im Burgtheater in Gegenwart des Hofes aufgeführt, mit einem Beifalle, der dem Dichter wie dem Componisten zur größten Ehre gereichte [23]). Erstaunen und Ueberraschung erregte diese neue Gattung der Musik schon bei der ersten Vorstellung der Oper. Auf alle Musikkenner machten ihre mannichfachen Schönheiten einen tiefen Eindruck. Gluck selbst leitete den Gesang und das Orchester, Calzabigi das Spiel der Schauspieler. Die Wiedereinführung der Chöre und ihre lebhafte Theilnahme an der Handlung zeigten des Dichters genaue Bekanntschaft mit den Gebräuchen der Alten. In Gluck's Composition herrschte die vollkommenste Harmonie. Die Charaktere, wie die Leidenschaften waren deutlich und fühlbar ausgedrückt. „Obgleich der Orfeo," bemerkt ein Kunstrichter, „Gluck's spätern Opern, der Iphigenie und Armida, diesen in ihrer Gattung unübertroffenen Meisterwerken, in Hinsicht auf den Ausdruck des Hochtragischen und einer reiferen Phantasie nachsteht, so charakterisirt diese Oper doch hoher Adel und feste Haltung des Styls, würdige und richtige Declamation und meist eine sehr zarte Melodie. In dem Orfeo offenbarte sich zuerst Gluck's hoher Genius durch das tiefe Eindringen in den Geist des Dichters, durch die Wahrheit und Tiefe des Ausdrucks der Leidenschaften, durch edle Einfalt und das Verschmähen alles entbehrlichen Schmuckes, ganz besonders aber durch die planvolle Einheit des Ganzen" [24]).

Als später die italienische Oper in Wien einging und dafür das teutsche Singspiel in Aufnahme kam, wurde der Orfeo auch in teutscher Bearbeitung [25]) gesungen. Fast auf allen europäischen Bühnen ward die genannte Oper mit dem glücklichsten Erfolge aufgeführt, so 1764 zu Frankfurt a. M., 1769 zu Parma und 1774 zu Paris. In Wien kam sie unzählige Male, sowol in italienischer, als in teutscher und französischer Sprache auf die Bühne. Sie ward dort im eigentlichsten Sinne des Worts ein Lieblingsstück des Publicums [26]). Die erste Ausgabe des Orfeo besorgte der Dichter Favart, nach längern Unterhandlungen mit dem Componisten [27]), 1766 zu Paris, mit dem italienischen Texte im großen Folioformat. Ebendaselbst erschien 1774 in klein Folio: Orphée et Euridice. Tragédie-Opera en trois Actes par M. le Chevalier *Gluck*. Dédié à la

---

[illegible]. Siehe Gerber's Lexikon der Tonkünstler. 1 Th. S. 309 fg. Dessen Neues Künstlerlexikon. 1. Th. S. 621.

22) Giambattista Martini starb zu Bologna den 3. Aug. 1784. Siehe über ihn Gerber a. a. O. 1. Th. S. 869 fg. Dessen Neues Künstlerlexikon. 3. Th. S. 340 fg.

23) Siehe das Wiener Diarium des Jahres 1762. Nr. 80. 24) Vergl. die Leipziger musikalische Zeitung. 1808. S. 522 fg. Minerva, ein Beiblatt zum Allgem. musikalischen Anzeiger (Frankf. 1826.) S. 63 fg. 25) Bei J. J. Eschenburg: s. Cramer's Magazin der Musik. Jahrg. II. (1784) S. 459. 26) Auch in neuerer Zeit ward die Oper noch mehrmals aufgeführt, so 1808 und 1818 in Berlin, nach Moline's französischer Bearbeitung von J. D. Sander übersetzt, auch noch später (1821) nach der ältern italienischen Bearbeitung. Im Mai 1818 gaben die Zöglinge des Conservatoriums in Mailand den Orfeo als Concert mit großem Beifalle, und im Februar 1815 ward die Oper zu Stockholm neu in die Scene gesetzt. 27) Siehe *Favart*, Mémoires et Correspondance. T. II. an mehrern Orten.

Reine. Représenté pour la première fois par l'Académie de Musique. Les Paroles sont de M. *Moline*. Ein im kleinen Quartformate gestochener Clavierauszug erschien ohne Angabe der Jahrzahl zu Paris unter dem Titel: Orphée. Opéra complet. Partition de Piano et de chant. Paroles françaises. Edition de Luxe, publiée par M. *V. Lanner*.

Die Vorzüge, durch welche sich der Orfeo empfahl, rühmte ein Kunstkenner auch an der von Metastasio gedichteten Oper Ezio, welche die Gesellschaft der italienischen Sänger in Wien mit Gluck's Musik im December 1763 zur Aufführung brachten. Das bereits früher erwähnte wiener Diarium[28]) äußert sich über Gluck mit den Worten: „Nie ist ein Tonkünstler der Natur treuer geblieben, als er. Fast alle haben die Natur der Kunst geopfert. Arien, Triller und andere Künsteleien unterbrechen nur zu oft auf eine widersinnige Weise den Fortgang der Empfindungen und Leidenschaften, statt den Ausdruck derselben zu unterstützen, zu verstärken und zu veredeln. Mit Einem Worte, der Dichter war der Sklave des Tonkünstlers. Dieser kitzelte das Ohr, ohne daß jener das Herz zu rühren vermochte. Der Ritter von Gluck übt grade das Gegentheil. Der Dichter gilt bei ihm nicht nur, was er gelten kann; seine Arbeit erhält auch neue Annehmlichkeiten und neue Reize durch seine wohlangebrachte Kunst. Alles dies hat er auch in dem neu gesetzten Ezio geleistet, der zu den besten Stücken des unsterblichen Meisters gehört." — In ähnlicher Weise äußert sich das wiener Diarium über eine im nächsten Jahre von Gluck componirte französische Operette[29]). „Was wir," heißt es a. a. O., „bei Gelegenheit des Ezio von den Verdiensten des Herrn Cavaliere Gluck gemeldet haben, ist seitdem durch eine neue Probe bewährt worden. In der Musik zu der komischen Oper: La rencontre imprévue hat er sich gleichsam selbst übertroffen, und man kann wol sagen, daß der Beifall, mit dem dies Stück von den Kennern aufgenommen wurde, außerordentlich und allgemein war."

Ein kaiserliches Geschenk von 300 Dukaten belohnte den gefeierten Componisten des Orfeo, als er aus Frankfurt a. M., wo er im April 1764 die musikalischen Angelegenheiten bei der Krönung Joseph's II. geleitet hatte, wieder nach Wien zurückgekehrt war. Zur Vermählungsfeier des jungen Monarchen mit der Prinzessin Marie Josephe von Baiern (am 22. Jan. 1765) componirte Gluck eine dramatische Dichtung Metastasio's, Il Parnasso confuso betitelt, welche in dem Lustschlosse Schönbrunn zum ersten Male von den vier Erzherzoginnen von Oesterreich, in Gegenwart des Kaisers und der Kaiserin, aufgeführt ward[30]). Eine seiner ältern Opern, die zu Neapel und Rom viel Beifall gefunden hatte, den Telemacco, brachte Gluck gänzlich umgearbeitet auf das Burgtheater. Die Oper ward auch später in dem Lustschlosse Schönbrunn aufgeführt. In diese Zeit (1766) fällt die Entstehung eines musikalischen Werks, das eine noch höhere Wirkung als der Orfeo hervorzubringen bestimmt war. Es war die von Gluck componirte Oper Alceste. Den Stoff dazu hatte seinem früher erwähnten Freunde Calzabigi die berühmte Tragödie des Euripides dargeboten. Mit Begeisterung äußert sich ein wiener Schriftsteller über die erste Vorstellung dieser Oper. „Ich befinde mich," schreibt Sonnenfels[31]), „in dem Lande der Wunderwerke. Ein ernsthaftes Singspiel ohne Kastraten, eine Musik ohne Solfeggien, oder, wie ich es lieber nennen möchte, ohne Gurgelei, ein welsches Gedicht ohne Schwulst und Flitterwitz! — Mit diesem dreifachen Wunderwerke ist die Schaubühne nächst der Burg wieder eröffnet worden." Daß die Stimmen über diese Kunstschöpfung Anfangs sehr getheilt waren, konnte kaum befremden. Bald aber versöhnte sich mit dem neuen Wurfe, den Gluck im Gebiete der Tonkunst gewagt hatte, der größere Theil des Publicums. Das Werk ward angestaunt, vielfach gelobt und von den Kunstkennern bis zu den Sternen erhoben. Als ein Meister in der musikalischen Declamation hatte sich Gluck schon im Orfeo, im Telemacco und selbst in mehren seiner frühern Opern gezeigt. In der Alceste bewunderte man sein tiefes Eindringen in den Geist der Dichtung, die hohe Wahrheit und den richtigen Ausdruck der Leidenschaften, die Zeichnung der Charaktere und die treffliche Orchesterbegleitung — Vorzüge, die hier noch in ungleich hellerm Lichte hervortreten als in seinen frühern Werken.

Der im J. 1769 gedruckten Partitur der Alceste schickte Gluck eine Dedication an den Großherzog von Toscana voraus. In diesem merkwürdigen Documente suchte er sowol seine Ideen über die dramatische Kunst, als auch den Plan zu rechtfertigen, dem er in seinen Productionen gefolgt war. Er legte in dieser Zueignungsschrift gewissermaßen eine Geschichte seiner Gedanken über die Natur der Oper nieder. Diese Dedication, aus welcher man die Principien des Componisten genau kennen lernt, verdient hier auszugsweise eine Stelle.

„Als ich," schreibt Gluck, „es unternahm, die Oper Alceste in Musik zu setzen, war es meine Absicht, alle die Misbräuche, welche die falsch angebrachte Eitelkeit der Sänger und die allzu große Gefälligkeit der Componisten eingeführt hatten, sorgfältig zu vermeiden — Misbräuche, die eins der schönsten und prächtigsten Schauspiele zum langweiligsten und lächerlichsten herabgewürdigt haben. Ich suchte daher die Musik zu ihrer wahren Bestimmung zurückzuführen, d. h. die Dichtung

28) Jahrg. 1764. Nr. 2. Anhang. 29) La Rencontre imprévue. Opéra comique en trois Actes. Composé par M. le Chevalier *Gluck*. Diese Oper ward zuerst 1764 auf dem wiener Hoftheater und in spätern Jahren dort noch unzählige Male aufgeführt, bisweilen auch in einer teutschen Bearbeitung unter dem Titel: Die unvermuthete Zusammenkunft oder die Pilgrime von Mekka. Vergl. Grimm's Correspondance. Vol. II. p. 208. Vol. V. p. 248. Vol. XV. p. 80. *Quérard*, La France littéraire. Vol. III. p. 381.

30) In Metastasio's Werken, wo der Parnasso confuso abgedruckt ist, findet man in einer sehr ausführlichen Ueberschrift auch die Namen der Erzherzoginnen. 31) In seinen Briefen über die Wienerische Schaubühne (Wien 1768.) in dem dritten Briefe, den Sonnenfels in Hiller's Wöchentlichen Musikalischen Nachrichten Jahrg. III. S. 127 fg. zuerst abdrucken ließ.

zu unterstützen, um den Ausdruck der Gefühle und das Interesse der Situationen zu verstärken, ohne die Handlung zu unterbrechen oder durch unnütze Verzierungen zu entstellen. Ich glaubte, die Musik müsse für die Poesie das sein, was die Lebhaftigkeit der Farben und eine glückliche Mischung von Schatten und Licht für eine fehlerfreie und wohlgeordnete Zeichnung sind, welche nur dazu dienen, die Figuren zu beleben, ohne die Umrisse zu zerstören. Ich habe mich demnach gehütet, den Schauspieler im Feuer des Dialogs zu unterbrechen, um ihn ein langweiliges Ritornell abwarten zu lassen, oder ihn plötzlich mitten in einer Phrase bei einem günstigen Vocale aufzuhalten, damit er entweder in einer langen Passage die Beweglichkeit seiner schönen Stimme zeigen könne, oder abzuwarten, bis das Orchester ihm Zeit lasse, Luft zu schöpfen zu einer langen Fermate. Auch glaubte ich nicht über die zweite Hälfte einer Arie rasch hinweggehen zu dürfen, wenn gerade diese vielleicht die leidenschaftlichste und wichtigste war, nur um regelmässig viermal die Worte der Arie wiederholen zu können. Ebenso wenig erlaubte ich mir die Arie da zu schliessen, wo der Sinn nicht schliesst, nur um dem Sänger Gelegenheit zu verschaffen, seine Fertigkeit im Variiren einer Stelle zeigen zu können. Genug, ich wollte alle jene Missbräuche verbannen, gegen welche der gesunde Menschenverstand und der wahre Geschmack schon so lange vergebens kämpften. — Ich bin der Meinung, dass die Ouverture den Zuhörer auf den Charakter der Handlung, die man darzustellen gedenkt, vorbereiten und ihm den Inhalt derselben andeuten solle, dass die Instrumente immer nur im Verhältnisse mit dem Grade des Interesses und der Leidenschaften angewendet werden müssen, und dass man vermeiden solle, im Dialoge einen so grossen Zwischenraum zwischen dem Recitativ und der Arie zu lassen, um nicht, dem Sinne entgegen, die Periode zu unterbrechen und den Gang und das Feuer der Scene am unrechten Orte zu stören. — Ferner glaubte ich, einen grossen Theil meiner Bemühungen auf das Erzielen einer edlen Einfachheit verwenden zu müssen. Daher vermied ich es auch, auf Kosten der Klarheit mit Schwierigkeiten zu prunken. Ich habe nie auf die Erfindung eines neuen Gedankens irgend einen Werth gelegt, wenn er nicht von der Situation selbst herbeigeführt und dem Ausdrucke angemessen war. Endlich glaubt' ich, zu Gunsten des Effects selbst die Regel opfern zu müssen. — Dies sind die Grundsätze, die mich geleitet haben. Glücklicherweise entsprach die Dichtung meinem Vorhaben aufs Herrlichste. Als der berühmte Verfasser der Alceste, Herr von Calzabigi, meinen Plan eines lyrischen Drama's durchführte, hat er alle blühenden Schilderungen, alle unnützen Bilder, alle kalten und wortreichen Sittensprüche durch kräftige Leidenschaften und anziehende Situationen, durch die Sprache des Herzens und eine stets abwechselnde Handlung ersetzt. Der Erfolg rechtfertigte meine Ansichten, und der allgemeine Beifall einer Stadt, wie Wien, führte mich zu der Ueberzeugung, dass Einfalt und Wahrheit die einzigen richtigen Grundlagen des Schönen in den Werken der Kunst sind. — Ich habe überdies, ungeachtet des wiederholten Ansinnens der ausgezeichnetsten Personen, den Druck der Alceste zu beschleunigen, das ganze Wagniss meines Unternehmens, mit den tief eingewurzelten Vorurtheilen in offenen Kampf zu treten, sehr lebhaft empfunden, und deshalb den Entschluss gefasst, mich mit dem mächtigen Schutze Ew. Königl. Hoheit zu waffnen und um die Gnade zu bitten, Höchstdero erlauchten Namen meinem Werke voransetzen zu dürfen. Der grosse Beschützer der schönen Künste, der Beherrscher eines Volks, das mit ihm den Ruhm theilt, eben diese Künste der Unterdrückung entrissen und ihnen den Weg zur höhern Vollkommenheit gebahnt zu haben — ein solcher Fürst kann die Reform des edelsten der Schauspiele, in welchem alle schönen Künste gleichen Antheil haben, erfolgreich unternehmen. Sollte dies gelingen, so wird auch mir der Ruhm erblühen, den ersten Stein zu dem grossen Baue gelegt zu haben."

Nach den in dieser Dedication mitgetheilten Principien, denen er unerschütterlich treu blieb, componirte Gluck auch 1768 die Oper Paride ed Elena, die jedoch keinen so mächtigen und nachhaltigen Eindruck in den Gemüthern zurückliess, als der Orfeo und die Alceste. Im J. 1770 liess Gluck die Partitur der genannten Oper drucken, die er dem Herzoge von Braganza dedicirte [39]). Dass der Beifall, auf den er mit Grund Ansprüche machen konnte, nicht so allgemein war, als er selbst glaubte, hatten ihm schon bald nach der Herausgabe der Alceste mehre bittere Kritiken bewiesen. Er fühlte sich tief gekränkt durch das Urtheil von Kunstkennern, die seine musikalischen Ideen nicht gelten lassen wollten und geradezu das Verdammungsurtheil darüber aussprachen. In dieser Stimmung schrieb er die erwähnte Dedication an den Herzog von Braganza. Sie ist zu charakteristisch, um hier nicht auszugsweise eine Stelle zu verdienen. In dem Fürsten, dem er seine Oper widmete, hoffte er weniger einen Beschützer, als einen unpartelischen und vorurtheilsfreien Kunstrichter zu finden. In der erwähnten Dedication heisst es: „Die Musik zur Alceste herauszugeben entschloss ich mich nur in der Hoffnung, dass man sich beeifern würde, die von mir eröffnete Bahn zu verfolgen, um die Missbräuche zu zerstören, die sich in die italienische Oper eingeschlichen und sie herabgewürdigt haben. Ich habe mich jedoch überzeugt, dass meine Hoffnung vergeblich gewesen ist. Die Halbgelehrten, die Kunstrichter und Tonangeber — eine Classe von Menschen, die unglücklicher Weise sehr zahlreich ist und zu allen Zeiten den Fortschritten der Künste tausendmal nachtheiliger war, als die Unwissenden — diese wüthen gegen eine Methode, welche, wenn sie sich begründet, ihre eigene Anmaßung zu vernichten droht. — Man hat geglaubt, nach unvollkommen einstudirten, schlecht geleiteten und noch schlechter ausgeführten Proben sogleich absprechen zu können; man hat in einem Zimmer die Wirkung berechnet, welche die Oper auf der Bühne hervorbringen

39) Der vollständige Titel lautet: Paride ed Elena. Dramma per Musica. Dedicato a Sua Altezza il Signor Duca Giovanni di Braganza etc. In Vienna, nella stamperia aulica di Giovanni Tommaso de Trattnern. 1770.

könnte. Ist das nicht der Scharfsinn jener griechischen Stadt, welche ganz in der Nähe die Wirkung mehrer Bildsäulen, die für hohe Säulen bestimmt waren, berechnen wollte? —. Einer dieser überspannten Kunstfreunde, deren Seele ihren Sitz nur in den Ohren hat, wird manche meiner Arien zu rauh, manche Passage zu hart oder zu wenig vorbereitet finden; er bedenkt aber nicht, daß, in Beziehung auf die Situation, eine Arie oder Passage grade diesen erhabenen Ausdruck verlangte und dadurch den glücklichsten Gegensatz bildete. Ein Pedant in der Harmonie wird ferner hier und da eine geniale Nachlässigkeit oder einen falschen Eindruck bemerken wollen, und sich für berufen halten, das Eine wie das Andere als unverzeihliche Sünden gegen die Geheimnisse der Harmonie zu erklären, worauf sich bald eine Menge vereinigen wird, diese Musik als barbarisch, wild und überspannt zu verdammen. — Den übrigen Künsten geht es in dieser Hinsicht nicht viel besser. Man urtheilt über sie mit ebenso wenig Gerechtigkeit und Einsicht. Der Grund davon läßt sich leicht errathen. Je mehr man nach Vollkommenheit und Wahrheit strebt, desto nothwendiger werden die Eigenschaften der Richtigkeit und Genauigkeit. Die Züge, welche Raphael von den übrigen Malern unterscheiden, sind in manchen Fällen kaum bemerkbar. Leichte Abweichungen in den Umrissen zerstören die Aehnlichkeit eines Carricaturkopfes nicht, aber sie verunstalten das Antlitz einer schönen Gestalt gänzlich. In der Musik will ich nur Ein Beispiel anführen. Es ist die Arie aus der Oper Orfeo: „Che farò senza Euridice." Nähme man damit nur die geringste Veränderung vor, entweder in der Bewegung oder in der Art des Ausdrucks, so würde sie eine Arie für das Marionettentheater werden. In einem Stücke dieser Gattung kann eine mehr oder weniger gehaltene Note, eine Verstärkung des Tones, eine Vernachlässigung des Zeitmaßes, ein Triller, eine Passage und dergl. den Effect einer Scene gänzlich zerstören. Wenn es sich nun darum handelt, eine Musik nach den von mir aufgestellten Grundsätzen durchzuführen, so ist die Gegenwart des Tonsetzers ebenso nöthig, als die Sonne den Schöpfungen der Natur. Er ist die Seele und das Leben derselben; ohne ihn bleibt Alles in Unordnung und Verwirrung. Er muß aber auch gefaßt sein, allen Hindernissen zu begegnen, wie man Menschen begegnet, welche, ungeachtet sie Augen und Ohren haben, dennoch unbekümmert über die Beschaffenheit derselben sich berufen fühlen, über die schönen Künste zu urtheilen, blos weil sie nur mit Augen und Ohren begabt sind. Denn die Wuth, grade über Dinge, die man am wenigsten versteht, schnell abzusprechen, ist ein gewöhnlicher Fehler der Menschen. — Wer das Drama Paris gelesen, wird bemerkt haben, daß es der Einbildungskraft des Tonsetzers jene starken Leidenschaften, jene großartigen Gemälde, jene tragischen Situationen nicht darbietet, die in der Alceste das Gemüth der Zuschauer erschüttern und zu großen Effecten Gelegenheit bieten. Hier wird man dieselbe Kraft und Stärke in der Musik nicht erwarten. — In der Alceste handelt es sich um ein Weib, das nahe daran ist, ihren Gatten zu verlieren, den zu retten sie Muth genug besitzt, um unter den schwarzen Schatten der Nacht in einem schauerlichen Haine die Geister der Unterwelt heraufzubeschwören, und die noch in ihrem letzten Todeskampfe für das Schicksal ihrer Kinder zittern und von einem angebeteten Gatten sich gewaltsam trennen muß. Im Paride handelt es sich jedoch um einen liebenden Jüngling, der mit der Sprödigkeit eines zwar edlen, aber stolzen Weibes zu kämpfen hat, und dies Weib endlich mit allen Künsten erfinderischer Leidenschaft besiegt. Darum habe ich mir Mühe gegeben, einen Farbenwechsel zu ersinnen, den ich in den verschiedenen Charakteren des phrygischen und spartanischen Volksstammes aufsuchte, indem ich dem unbeugsamen und rauhen Sinne des Einen den zarten und weichen des Andern gegenüberstellte. Darum glaubte ich, daß der Gesang, der in meiner Oper lediglich die Stelle der Declamation vertritt, in der Helena die ihrer Nation angeborene Rauhheit nachahmen müsse. Ebenso dacht' ich, daß, weil ich diesen Charakter in der Musik festzuhalten suchte, man mir es nicht zum Fehler anrechnen würde, wenn ich mich zuweilen bis zum Trivialen herabgelassen habe. Will man die Spur der Wahrheit verfolgen, so darf man nie vergessen, daß nach Maßgabe des vorliegenden Gegenstandes selbst die größten Schönheiten der Melodie und Harmonie zu Mängeln und Unvollkommenheiten werden können, wenn man sie am unrechten Orte gebraucht. Ich erwarte von meinem Paride keinen bessern Erfolg als von meiner Alceste, in sofern es die Absicht betrifft, in den Tonsetzern die gewünschte Veränderung hervorzubringen. Doch alle schon längst vorhergesehenen Hindernisse sollen mich keineswegs abschrecken, zur Erreichung meines guten Zweckes neue Versuche zu machen."

Dem kaiserlichen Hofe empfahl sich Gluck durch einen bei der Vermählungsfeier der Erzherzogin Maria Amalie mit dem Infanten Don Ferdinand von Parma 1769 componirten Prolog: Le Feste d'Apollo betitelt. Bei dieser Gelegenheit schrieb er auch die Musik zu der Oper: Bauce e Filemone und zu dem Aristeo. Beide Opern waren mit Chören und Tänzen reich ausgestattet. Dem Wunsche Gluck's, daß neben jenen Opern auch sein Orfeo zur Aufführung gebracht werden möchte, stellten sich, bei der noch immer herrschenden Vorliebe für die italienische Musik, manche Hindernisse entgegen. Als man dem berühmten Sänger Millico die Rolle des Orpheus brachte, um sie für das Hoftheater einzustudiren, soll er mit Thränen geäußert haben: „Dies sei durchaus keine Rolle für einen primo uomo nach italienischer Sitte, und er befürchte dadurch seinen guten Ruf zu verlieren." Gluck beruhigte ihn, indem er den Erfolg der Vorstellung auf sich nahm. Millico errang, nachdem er die Rolle unter Gluck's Leitung eingeübt hatte, den ungetheiltesten Beifall, und ward dadurch ein so herzlicher Freund des Componisten, daß er sich entschloß, einige Jahre mit Gluck in Wien zu verleben. Einen talentvollen Schüler fand Gluck um diese Zeit (1769) an Salieri*), der, als

*) Antonio Salieri, der berühmte Componist der Oper: Axur, König von Ormus, und vieler anderer dramatischen Werke, die

es ihm gelungen war, die Gunst des großen Meisters zu erwerben, sich aufs Innigste an ihn anschloß und jedem seiner Worte mit ehrfurchtsvoller Aufmerksamkeit lauschte. Gleiche Liebe zur dramatischen Kunst und gleiche Ansichten von dem Wesen derselben knüpften allmälig zwischen ihm und Gluck ein engeres Freundschaftsband, das immer fester ward durch das heitere Gemüth, welches sich in Salieri mit nicht gewöhnlichen musikalischen Talenten paarte.

In Gluck's künstlerischer Thätigkeit schien um diese Zeit eine Pause eingetreten zu sein. Er verlebte einige Jahre in philosophischer Ruhe. Die Achtung, die er in ganz Teutschland und Italien genoß, war so groß, daß selten ein gebildeter Fremdling die Kaiserstadt verließ, ohne den großen Meister besucht zu haben. Gluck war indessen nur scheinbar unthätig. Er componirte in dieser Zeit mehre Oden und Lieder Klopstock's, ja selbst einige Scenen aus der Hermannsschlacht dieses Dichters. Der Erfolg seiner letzten Opern hatte ihn nicht befriedigt. Er rüstete sich daher zu einem Werke, das seine musikalisch-dramatischen Ideen vollkommener aussprechen sollte als seine bisherigen Productionen. Er war der Meinung, daß die wahre dramatische Musik den Eindruck der Handlung und der einzelnen Situationen nur verstärken, nicht aber von den Absichten und Zwecken des Dichters sich trennen müßte. Er zweifelte jedoch, diese Ideen realisiren zu können, da es ihm bisher sowol an einer passenden dramatischen Dichtung als an Schauspielern gefehlt hatte, die mit der Kunst des Gesanges eine edle, ausdrucksvolle Mimik vereinigten. Alle diese Erfordernisse glaubte er auf dem pariser Theater zu finden, und oft besprach er sich darüber mit einem vielseitig gebildeten Franzosen, Bailly du Rollet mit Namen, dessen Bekanntschaft er schon in Rom gemacht hatte, und der jetzt als Attaché der königl. französischen Gesandtschaft am kaiserlichen Hofe in Wien lebte. Dieser feine Kenner des gesammten Theaterwesens ward, ungeachtet seiner Vorliebe für die französische Musik, von den Ideen Gluck's, dessen beste Opern er gehört hatte, lebhaft ergriffen. Im Einverständnisse mit Gluck wählte er den echt tragischen Stoff der Iphigénie en Aulide von Racine zu einer dramatischen Bearbeitung. Mit Beseitigung seiner anderweitigen Geschäfte gab sich Gluck dem neuen Gegenstande mit ganzer Seele hin. Er begann die Composition der Oper, von der er einige der vorzüglichsten Scenen in Gegenwart des kaiserlichen Hofes und einiger Kenner und Kunstfreunde unter großem Beifalle vortrug. Entzückt von Gluck's neuer Tonschöpfung schrieb sein Freund Bailly du Rollet zu Anfange des August 1772 an d'Auvergne, einen der Directoren der großen Oper in Paris, einen Brief, worin er ihn ersuchte, den berühmten Tonsetzer aufzufordern, daß er seine neue Oper, die Iphigenie, der königlichen Akademie der Musik zur Aufführung überlassen möchte [34]). Statt auf dieses Schreiben zu antworten, ließ d'Auvergne dasselbe im Octoberhefte des Mercure de France einrücken. Gluck aber, ungeduldig über die verzögerte Antwort, richtete endlich im Februar 1773 an den Redacteur der genannten Zeitschrift einen Brief, in welchem er das von Bailly du Rollet ihm gespendete Lob mit diesem Freunde und mit Calzabigi, dem er auch manchen Dank schuldig zu sein glaubte, bescheiden und redlich theilte.

„Ich würde," schrieb Gluck im Februar 1773 [35]), „mit Recht Vorwürfe verdienen und mir die bittersten selbst machen, wenn ich nach dem Lesen des Briefes an einen der Directoren der Akademie der Musik, den Sie uns im Octoberhefte Ihres Journals mitgetheilt haben, und der von meiner Oper Iphigénie handelt, mich nicht beeilte, dem Verfasser dieses Briefes für die mir so gütig ertheilten Lobeserhebungen zu danken. Zugleich muß ich erklären, daß seine Freundschaft und eine ohne Zweifel zu günstige Meinung von mir ihn zu weit geführt hat, und daß ich selbst weit davon entfernt bin, zu glauben, ich hätte dies schmeichelhafte Lob wirklich verdient. Noch weit größeren Tadel würde ich mich aussetzen, wenn ich die Erfindung der neuen Gattung der italienischen Oper, deren Absicht der Erfolg schon längst gerechtfertigt hat, mir allein zuschreiben sollte. Hr. v. Calzabigi ist es, dem dieses vorzügliche Verdienst gebührt, und wenn meine Musik einigen Beifall erhalten hat, so glaube ich dankbar bekennen zu müssen, daß ich dies Glück ihm verdanke. Er ist es, der mich in den Stand setzte, die Quellen meiner Kunst strömen lassen zu können. Dieser geistreiche Schriftsteller hat in seinen Dichtungen Orfeo, Alceste und Paride einen den Italienern nur wenig bekannten Weg eingeschlagen. Diese Werke sind voll der glücklichsten Situationen, der furchtbarsten und erhabensten Züge, die dem Tonsetzer Gelegenheit in Fülle bieten, große Leidenschaften auszudrücken und eine kraftvolle ergreifende Musik ins Leben zu rufen. Denn wie groß auch das Talent des Componisten sein mag, er wird immer nur eine mittelmäßige Musik schaffen, wenn der Dichter in ihm nicht jene Begeisterung zu wecken vermag, ohne die alle Gebilde der Kunst nur matt und leblos erscheinen. Nachahmung der Natur ist das Ziel, das Beide vor Augen haben müssen, und nach welchem auch ich strebe. Einfach und natürlich strebt meine Musik, so viel es in meiner Macht steht, immer nur nach der höchsten Kraft des Ausdrucks und nach Verstärkung der Declamation in der Poesie. Darum vermeide ich alle Triller, Passagen und Cadenzen, womit die Italiener so freigebig sind. Ihre Sprache, die sich dazu besonders eignet und noch verschiedene andere Vortheile besitzt, kann mich in dieser Hinsicht nicht irre machen. In Teutschland geboren und mit der französi-

Werke in seinem Tonkünstlerlexikon verzeichnet hat, starb als k. k. Hofkapellmeister zu Wien am 7. Mai 1825. Sein Leben schrieb J. F. v. Mosel. (Wien 1827.)

34) Siehe dies für Gluck's Ruhm wichtige Schreiben in den Mémoires pour servir à l'histoire de la révolution opérée dans la Musique par M. le Chevalier *Gluck*. (A Naples et à Paris 1781.) p. 1 seq. Teutsch von J. G. Siegmeyer in der aus dem Französischen übersetzten Schrift: Ueber Gluck und seine Werke (Berlin 1823.) S. 1 fg.

35) Siehe Mémoires etc. l. c. p. 8 seq. Siegmeyer a. a. O. S. 6 fg.

schen und italienischen Sprache durch eifriges Studium ziemlich vertraut, glaube ich mir doch kein Urtheil über die feinen Schattirungen, die einer Sprache vor der andern den Vorzug gestatten, erlauben zu dürfen. Ich bin vielmehr der Meinung, daß jeder Fremde sich enthalten müsse, hier einen Ausspruch zu thun. Es sei mir aber erlaubt zu sagen, daß die Sprache mir immer am besten zusagen wird, in welcher der Dichter mir die meisten Mittel an die Hand gibt, die verschiedenen Leidenschaften auszudrücken; und diesen Vortheil glaube ich in der Oper Iphigénie gefunden zu haben, deren Poesie mir ganz dazu geeignet schien, mich zu einer guten Musik zu begeistern. — Obgleich ich meine Werke nie einem Theater angeboten habe, kann es mir doch nicht unangenehm sein, daß der Schreiber des Briefes, der an einen der Directoren der Akademie gerichtet ist, meine Iphigénie vorgeschlagen hat. Ich gestehe es aufrichtig, ich würde diese Oper mit Vergnügen in Paris ausgearbeitet haben, weil ich, von ihrer Wirkung geleitet und von der Hilfe und den Rathschlägen des berühmten Hrn. Rousseau aus Genf unterstützt, bei meinem Streben nach einer edlen, rührenden und natürlichen Melodie und einer der Prosodie jeder Sprache und dem Charakter eines jeden Volkes angemessenen Declamation, vielleicht das Mittel gefunden hätte, den Lieblingsgedanken meiner Seele zu verwirklichen, d. i. eine allen Nationen zusagende Musik zu schaffen und dadurch den lächerlichen Unterschied der Nationalmusiken aufzuheben." Seine Verehrung Rousseau's spricht Gluck am Schlusse seines Briefes in den Worten aus: „Das Studium der Werke dieses großen Mannes über die Musik, und unter andern des Briefes, in welchem er den Monolog der Armide von Lully zergliedert, zeugen von der Vortrefflichkeit seiner Kenntnisse und von der Sicherheit seines guten Geschmacks. Er hat mich mit Bewunderung erfüllt und in mir die Ueberzeugung geweckt, daß, wenn er sich der Ausübung dieser Kunst gewidmet hätte, er selbst das Höchste in derselben geleistet haben würde. Mit wahrem Vergnügen benutze ich diese Gelegenheit, ihm den Zoll meiner tiefsten Verehrung darzubringen."

Ungeachtet des längere Zeit fortgesetzten Briefwechsels zwischen Bailly du Rollet und d'Auvergne in Gluck's Angelegenheit verzögerte sich seine Berufung nach Paris. Ungeduldig that er andere Schritte zur Erreichung seines Zwecks. Er wandte sich mit einem Schreiben an die Dauphine von Frankreich, die nachher so unglückliche Königin Maria Antoinette, die einst seine Schülerin gewesen war. Von ihr ward Gluck eingeladen, mit der Partitur seiner Oper nach Paris zu kommen, und ihm zugleich ihr fürstlicher Schutz zugesichert. Demzufolge begab sich Gluck bereits im Spätsommer des Jahres 1773 nach der Hauptstadt Frankreichs. Seine Gemahlin, seine Adoptivtochter und Nichte Marianne und eine Menge von Empfehlungsbriefen begleiteten ihn. Von Seiten der königlichen Familie fand er eine huldreiche Aufnahme, und auch das freundliche Entgegenkommen der vorzüglichsten pariser Kunstgenossen belebte seinen Muth, den er in hohem Grade nöthig hatte, um die sich ihm darbietenden Schwierigkeiten bei Einübung der Schauspieler, Sänger und Instrumentisten zu besiegen. Weder der französische Gesang, noch das Orchester befriedigte ihn. Ueberall stieß er auf die zahllosen Mängel und übeln Gewohnheiten, die Rousseau mit schneidender Schärfe gerügt hatte. Nach unzähligen unermüdeten Einübungen und Proben brachte er es jedoch endlich so weit, daß die Vorstellung der neuen Oper auf den 13. Febr. 1774 festgesetzt werden konnte. Ein neues Hinderniß trat jedoch dazwischen durch die angebliche Erkrankung des ersten Sängers. Mit Grund eine gegen ihn gerichtete Cabale witternd, verlangte Gluck das Aufschieben der Vorstellung seiner Oper, und als man sich nicht dazu verstehen wollte, erklärte er in der bestimmtesten Weise: er werde eher sein Werk den Flammen übergeben, als eine verstümmelte Vorstellung gestatten. Unerschütterlich blieb er bei diesem Entschlusse und erreichte dadurch, daß auf Befehl des Hofes die Vorstellung der Iphigénie bis auf den 19. April verschoben ward [36]). Wie ungeduldig man sie erwartete, schildern mehre französische Blätter [37]). Einen ungleich günstigern Erfolg, als die erste Vorstellung, hatte die zweite. Sie fesselte gar bald nicht nur alle Kenner, sondern auch einen großen Theil des Publicums. Die allgemeine Gährung, die sich darüber erhob, die verschiedenen Urtheile über die neue Oper und die fortwährend sich steigernde Leidenschaftlichkeit der in dem heftigsten Kampfe begriffenen Parteien schienen wenigstens zu beweisen, daß Gluck als Tonsetzer sich von dem bisher betretenen Pfade gänzlich entfernt und den Kunstfreunden eine ganz neue Bahn eröffnet hatte.

Wenige waren gerechter und unpartheiischer in ihrem Urtheile über die neue Oper als der Abbé Arnaud, der in einem Schreiben [38]) an die Gattin des Generalpächters d'Augny die einzelnen Schönheiten der Iphigénie ausführlich zergliederte und unerschöpflich war in dem Lobe dieser neuen Oper. Im Eingange seines Briefes äußert dieser geistreiche Schriftsteller sich mit den Worten: „Mein Antheil an dem Beifalle, mit welchem das Werk des Ritters von Gluck aufgenommen worden ist, entspringt aus keiner andern Quelle, als aus meinem Geschmack an den schönen Künsten, oder vielmehr aus meiner herrschenden Neigung für dieselben. Die Musik unserer Opern schien mir stets mehr unruhig als lebhaft und die der italienischen Oper mehr reich als schön. Ich fand zwar, offen gestanden, Recitative und Arien von großer

36) Siehe Reichardt in den Studien für Tonkünstler. Zweites Halbjahr. S. 78. Der vollständige Titel der in Paris gestochenen Oper lautet: Iphigénie en Aulide. Tragédie-Opéra en trois Actes, dedié au Roy par M. le Chevalier Gluck. Représenté pour la première fois par l'Académie royale de Musique le mardi 19 Avril 1774. Gravé par Sr. *Huguet*. (Paris 1774. fol., mit der Silhouette des Componisten.) 37) Siehe unter andern Grimm's und Diderot's Correspondance. Tom. VIII. p. 320. 38) Man findet dies Schreiben, das zu lang und ausführlich ist, um hier mitgetheilt zu werden, in der Gazette littéraire de l'Europe. Année 1774, und in den Oeuvres de Mr. l'Abbé d'Arnaud. Vol. II. Gedruckt ist es auch in den mehrfach erwähnten Mémoires pour servir à l'histoire de la révolution opérée dans la Musique par M. le Chevalier Gluck p. 29 seq.

Kraft und Wirkung. Allein diese Schönheiten offenbaren sich nur selten, und wenn es geschieht, sind sie stets mit handwerksmäßigen Stellen, ohne Zweck, ohne Charakter und Wahrscheinlichkeit gepaart. Stets sehnte ich mich nach einem großen musikalischen Kunstwerke, das Einen und denselben Plan, dieselben Stufengänge und Entwickelungen, dieselbe Steigerung des Interesses darböte — Eigenschaften, die zu einer wohlgeordneten und vollkommenen Tragödie durchaus erforderlich sind. Dies Alles glaube ich in Gluck's Iphigénie wiedergefunden zu haben."

Nach den ersten Vorstellungen seines neuen Werks schritt Gluck sogleich zur Umarbeitung des Orfeo. Auch mit dieser Oper, die er der Königin Marie Antoinette mit einer poetischen Epistel von Moline widmete, erntete er großen Beifall ein, der sich bei einer Wiederaufführung der Iphigénie im Januar 1775 noch steigerte [39]). Schon das Jahr zuvor, im October 1774, war er auf die Nachricht von dem glänzenden Erfolge seiner Opern in Paris von der Kaiserin Maria Theresia zu ihrem „Kammercompositeur" ernannt worden. Sein Ruhm schien jetzt fest gegründet. Der Andrang zu den Proben des Orfeo und der Alceste war so groß, daß viele der Neugierigen zurückgewiesen werden mußten. Diese Proben hatten viel Anziehendes, nicht blos durch die Neuheit der Musik, sondern auch durch die Eigenthümlichkeit des Componisten, durch seinen Humor und sein zwangloses, muthwilliges Benehmen. Nach dem Zeugnisse eines französischen Schriftstellers [40]) drängten sich große Herren, selbst Prinzen zu Gluck heran, um ihm am Schlusse der Probe den Oberrock, die Perrücke oder den Stock zu reichen. Gluck pflegte nämlich, um in keiner seiner Bewegungen gehindert zu sein, beim Beginn einer jeden Probe alle diese Gegenstände abzulegen und eine Schlafmütze aufzusetzen, als befände er sich allein in seinem Zimmer.

Mit Lorbeerkränzen geschmückt und mit Gold überhäuft, kehrte Gluck 1776 wieder nach Wien zurück. Er reiste mit seiner weiblichen Begleitung über Straßburg, wo er eine kurze Zeit in Klopstock's Gesellschaft verlebte und seitdem mit dem genannten Dichter stets in freundschaftlichen Verhältnissen blieb. Ueber diese Zusammenkunft findet sich in einem aus Straßburg vom 9. März 1775 datirten Briefe an Merck in Darmstadt folgende Notiz: „Eine große Freude für Klopstock war es, daß er den Ritter von Gluck und dessen Nichte einige Stücke aus der Hermannsschlacht und seinen Liedern, von Gluck vortrefflich in Musik gesetzt, meisterhaft spielen und singen hörte" [41]). Daß der berühmte Tonsetzer sich mit der Composition einiger seiner Werke beschäftigte, wußte Klopstock schon seit längerer Zeit. In einem Briefe an Gleim vom 2. Sept. 1769 schreibt er: „Gluck in Wien, der, nach dem Ausspruche eines großen Kenners, der einzige Poet unter den Componisten ist, hat einige Strophen aus den Bardengesängen mit dem vollen Tone der Wahrheit ausgedrückt. Ich kenne zwar seine Composition noch nicht; aber Alle, die sie gehört haben, sind sehr dafür eingenommen" [42]).

Während seines Aufenthalts in Paris hatte Gluck den von Quinault verfaßten Text zu der Oper Roland empfangen, um ihn in Musik zu setzen. Nach Wien zurückgekehrt, arbeitete er nicht nur fleißig an dieser Oper, sondern auch an der Armida desselben Dichters. Für die pariser Akademie richtete er seine Alceste ein, deren Text sein Freund Bailly du Rollet, der jetzt in Paris lebte, ins Französische übertragen hatte. Unter diesen Beschäftigungen überraschte ihn die Nachricht, daß man die Treulosigkeit begangen hatte, die Dichtung Roland auch dem Tonsetzer Piccini zur Composition zu übergeben. Misvergnügen, Unwille und gekränktes Selbstgefühl dictirten ihm einen in sehr leidenschaftlicher Stimmung geschriebenen Brief in die Feder, der, an seinen vieljährigen Freund Bailly du Rollet gerichtet, als ein merkwürdiger Beitrag zu Gluck's Charakteristik hier auszugsweise eine Stelle verdient.

„So eben," schrieb er, „erhalte ich Ihren Brief vom 15. Jan., in welchem Sie mich zum fleißigen Fortarbeiten an der Oper Roland ermahnen. Dies ist nun nicht mehr möglich. Als ich vernommen hatte: die Direction, der es nicht unbekannt war, daß ich diese Oper componire, habe den nämlichen Text auch Hrn. Piccini zur Bearbeitung übertragen, so wurde Alles, was fertig war, von mir den Flammen übergeben. Es taugte vielleicht ohnehin nicht viel; und in dem Falle wird das Publicum Hrn. Marmontel sehr verpflichtet sein, der ihm auf diese Weise die Unannehmlichkeit ersparte, eine schlechte Musik zu hören. Ueberdies fühle ich mich nicht mehr geeignet, einen Wettstreit einzugehen. Herr Piccini würde zu viel vor mir voraus haben; denn außer seinem persönlichen Verdienste, das unstreitig groß ist, hat er noch den Vorzug der Neuheit, weil man von mir bereits vier Opern, gut oder schlecht, gleichviel, in Paris gehört hat. Das lockt, das reizt die Phantasie nicht mehr. Ueberdies habe ich ihm den Weg gezeigt, den er nur verfolgen darf. Ich sage Nichts von seinen Productionen. Davon bin ich aber überzeugt, daß Herr Marmontel, der so gut Mährchen zu erzählen weiß, das ausschließliche Verdienst des Hrn. Piccini dem ganzen Königreiche vorerzählen wird. Ich bedaure nur den Operndirector Hrn. Hebert, daß er in die Hände solcher Personen gerathen, deren Einer ein blinder Anhänger der italienischen Musik, der Andere der Verfasser sogenannter komischer Opern ist."

Die Armida, mit welcher sich Gluck, wie vorhin erwähnt, damals beschäftigte, nahm er gegen die von seinem Freunde ausgesprochene Behauptung: daß er in keinem seiner Werke schwerlich seine Alceste übertreffen werde, aufs Kräftigste in Schutz. Er äußerte sich dar-

39) Siehe Grimm et Diderot, Correspondance. Tom. VIII. p. 127 seq. 40) Fétis in s. Dictionnaire historique des Musiciens célèbres, in dem Artikel Gluck. 41) Siehe Briefe an und von J. H. Merck. Herausgegeben von K. Wagner. (Darmstadt 1838.)

42) Siehe Klamer Schmidt's Klopstock und seine Freunde. (Halberstadt 1810.) 2. Bd. S. 227 fg.

über in dem eben mitgetheilten Briefe mit den Worten: „Alceste ist eine vollständige Tragödie, und ich glaube, daß ihr nicht viel an ihrer Vollkommenheit fehlt. Sie können sich jedoch nicht vorstellen, wie vieler Schattirungen und Wendungen die Musik fähig ist, und wie vielerlei Wege sie verfolgen kann. Armida ist im Allgemeinen von der Alceste so verschieden, daß man glauben sollte, beide Opern seien nicht von demselben Tonsetzer. Auch habe ich die wenige Kraft, die nach der Alceste mir noch übrig blieb, dazu angewendet, die Armida zu beendigen. Ich habe darin gestrebt, mehr Maler und Dichter, als Musiker zu sein. — Mit dieser Oper gedenke ich meine Künstlerlaufbahn zu beschließen. Freilich wird das Publicum wenigstens ebenso viel Zeit brauchen, die Armida zu verstehen, als nöthig war, um die Alceste zu begreifen. Es waltet eine Zartheit in der Armida, die man in der Alceste nicht findet; denn es ist mir gelungen, die verschiedenen Personen so sprechen zu lassen, daß man sogleich hören wird, ob Armida oder eine andere Person spricht. Doch ich muß enden; sonst könnten Sie glauben, ich sei ein Tollhäusler oder ein Charlatan geworden. Nichts steht so übel an, als wenn man sich selbst lobt."

Wie Gluck den Erfolg seiner Opern nicht blos von der Composition und dem Geschmacke des Publicums, sondern in noch höherem Grade von der Darstellung und dem Theaterpersonale abhängig machte, zeigt folgende Stelle seines Briefes: „Sie sagen, daß Orfeo bei der Vergleichung mit der Alceste verlieren werde. Wie ist es möglich, zwei Werke, die nichts Vergleichbares haben, mit einander vergleichen zu wollen? Das Eine kann wol mehr als das Andere gefallen. Doch lassen Sie nur die Alceste mit Ihren schlechtesten Schauspielern und den Orfeo mit Ihren besten besetzen, und Sie werden sehen, daß Orfeo den Preis gewinnen wird. Die besten Sachen werden in schlechter Aufführung oft unerträglich. Zwischen zwei Arbeiten von verschiedener Natur kann keine Vergleichung stattfinden. Wenn z. B. Piccini und ich, jeder die Oper Roland componirt hätten, dann könnte man beurtheilen, welchem von beiden der Wurf am besten gelungen wäre. Allein die verschiedenen Texte müssen nothwendiger Weise eine verschiedene Musik hervorbringen, deren jede in ihrer Art das Schönste sein kann; in jedem andern Falle — omnis comparatio claudicat. — Fast muß ich zittern, daß man Armida mit der Alceste vergleichen wird — zwei so verschiedene Dichtungen, von denen die eine zu Thränen rührt und die andere wollüstige Empfindungen erweckt. Sollte dies dennoch geschehen, so weiß ich weiter keinen Rath, als den lieben Gott zu bitten, daß er der guten Stadt Paris ihren gesunden Menschenverstand wiederschenken möchte" [43]).

Bald nach diesem Briefe begab sich Gluck mit der Partitur seiner Oper Alceste nach Paris. Die Hauptpartien hatte er den dortigen Sängern, um sie vorläufig einzustudiren, schon früher geschickt, und so dauerten diesmal die Proben kürzer, als bei den frühern Opern. Bereits am 23. April 1776 fand die erste Vorstellung der Alceste statt. Erzählt wird, daß die Oper nicht nur ganz durchgefallen, sondern sogar förmlich ausgezischt worden sei [44]). Gluck, der in den Coulissen stand, stürzte in Verzweiflung aus dem Opernhause. Er warf sich einem Freunde, der ihm auf der Straße begegnete, in die Arme und brach mit Thränen in die Worte aus: „Alceste est tombée!" — „Oui," erwiderte dieser, „mais elle est tombée du ciel!" Eine Sängercabale soll diesem Vorfalle zum Grunde gelegen haben [45]). Vielleicht hatte auch Gluck's Freund Bailly du Rollet, der den von Calzabigi gelieferten Text der Alceste für das französische Theater umgearbeitet hatte, die Erwartungen des Publicums zu hoch gespannt, indem er in der Vorrede die Musik dieser Oper als „die leidenschaftlichste, kräftigste und theatralischste, die je auf der Bühne gehört worden," bezeichnet hatte [46]). Obschon nun die Alceste bei jeder Vorstellung mehr und mehr gewann und endlich mit dem verdienten Beifalle gekrönt ward, so wurde dieser Oper doch, selbst von Kunstkennern, die Musik zur Iphigenie und zum Orpheus vorgezogen, ungeachtet ein französischer Poet (Milcent) sich bemüht hatte, die Schönheiten der Alceste [47]) in seinem sehr gelungenen Gedichte hervorzuheben [48]).

Kurze Zeit nach der ersten Aufführung der Alceste in Paris erhielt Gluck aus Wien die ihn sehr betrübende Nachricht, daß seine Pflegetochter und Nichte Marianne am 22. April, einen Tag vor der Vorstellung seiner Oper, an den Blattern gestorben sei. Gluck's Gattin, die ihn diesmal nicht nach Paris begleitet hatte, fühlte sich so einsam, daß sie sich sofort nach der Hauptstadt Frankreichs begab, um mit ihrem Gatten gemeinschaftlich den großen Verlust zu beweinen und in der Hauptstadt Frankreichs Zerstreuung zu suchen. Tief betrübt klagte Gluck Allen, die seine Nichte gekannt und ihren lieblichen Gesang gehört hatten, seinen unsäglichen Schmerz. Am lebhaftesten schilderte er seine Empfindungen in einem aus Paris vom 10. Mai 1776 datirten Briefe an Klopstock [49]). „Die mitweinende Freundschaft," schrieb Gluck, „gewährt dem Unglücklichen den kräftigsten Trost. Diesen Trost verspreche ich mir von Ihnen. Ich habe meine Marianne verloren. Ihr teutsches Mädchen, mit dem edlen und guten Herzen, das auf Ihren Beifall, auf

---

43) Gedruckt ward der Brief, aus dem obige Auszüge mitgetheilt worden, ohne Gluck's Zustimmung in der Année littéraire 1776. Tom. VIII. p. [illegible] seq. Vergl. die Mémoires pour servir à l'histoire de la révolution opérée dans la musique par M. le Chevalier Gluck p. 40 seq.

44) Siehe die Leipziger musikalische Zeitung. [illegible]. S. [illegible] fg.
45) Siehe Forkel's Musikalisch-kritische Bibliothek, 2. Bd. S. [illegible].
46) Vergl. Grimm et Diderot, Correspondance. Tom. IX. p. 81.
47) Die französische Bearbeitung der Alceste erschien unter dem Titel: Alceste. Tragédie en trois Actes par M. le Chevalier Gluck. Représentée pour la première fois par l'Académie royale de Musique le 30 Avril 1776. (A Paris et à Lyon 1776. fl. Fol.)
48) Man findet dies Gedicht in den mehrfach erwähnten Mémoires pour servir etc. p. [illegible]. 49) Siehe Auswahl aus Klopstock's nachgelassenem Briefwechsel. (Leipzig [illegible].) 1. Th. S. [illegible] fg.

Ihre Freundschaft so stolz war — ist nicht mehr. Im Frühlinge ihres Lebens ist sie wie eine Rose verblüht, und ich verliere in ihr die Freude meines Alters. O wie empfindlich ist dieser Verlust! Eben in der Zeit, wo ich die Früchte einer glücklichen Erziehung einernten sollte, ward sie mir entrissen, während meiner Abwesenheit entrissen, ohne die letzten Empfindungen ihrer unschuldigen Seele vor ihrer Auflösung genossen zu haben. Wie öde, wie einsam wird es künftig um mich sein! Sie war meine einzige Hoffnung, mein Trost und die Seele meiner Arbeiten. Die Musik, sonst meine liebste Beschäftigung, hat nun allen Reiz für mich verloren. Sollte sie jemals meine Betrübniß lindern können, so müßte sie dem Andenken dieses geliebten Gegenstandes geheiligt sein. — Ist es zu viel von Ihrer Freundschaft gefordert, wenn ich wünsche, Ihre empfindsame Seele durch meinen Verlust zu rühren; wenn ich hoffe, daß Ihre erhabene Muse sich herablassen werde, einige Blumen auf die Asche meiner geliebten Nichte zu streuen? Mit welcher Entzückung würde ich diesen kräftigen Trost benutzen! Von Ihrem Genie angefeuert, würde ich dann in den rührendsten Tönen meine Klagen auszudrücken suchen. Natur, Freundschaft, und mehr als Vaterliebe, würden die Quellen meiner Empfindungen sein. — In Wien, wohin ich zurückzureisen im Begriff bin, werde ich Ihrer Antwort mit Sehnsucht entgegensehen." — Ersatz für diese Antwort, von der es nicht bekannt ist, ob sie erfolgte, bot dem trauernden Tonsetzer ein aus Weimar vom 19. Juli 1776 datirter Brief Wieland's, in welchem dieser seine Theilnahme an Gluck's Schicksal in der rührendsten Weise aussprach[50]).

Noch in die Zeit seines Aufenthalts in Paris fiel eine ebenso seichte als unbillige Beurtheilung der von ihm componirten Oper Armida. Der Verfasser dieser Recension war der damals viel geltende Kritiker La Harpe. Darob mit Recht entrüstet berief sich Gluck auf die größere Hälfte der pariser Gelehrten, die Fähigkeit genug besäßen, in die Mysterien seiner Kunst einzudringen und sie zu enthüllen. Nicht undeutlich gab er zugleich zu verstehen, daß es sich darum handle, den Ruhm der französischen Nation zu retten und dem Auslande zu beweisen, daß nicht alle Literaten Frankreichs so unwissend sein wie der erwähnte Kritiker. An einen seiner aufrichtigsten Verehrer, an Suard, der unter dem Namen eines Anonyme de Vaugirard schon mehrfach in den geistreichsten Zeitschriften als sein Vertheidiger aufgetreten war, wandte sich Gluck in einem Briefe mit den Worten: „Da ich die Musik nicht blos als eine das Gehör ergötzende Kunst, sondern als eins der größten Mittel, das Herz zu rühren, betrachte, und zufolge dieser Ansicht eine neue Methode befolgte, so habe ich immer große und starke Eindrücke gesucht, und vorzüglich dahin gearbeitet, daß alle Theile meiner Schöpfungen mit einander verbunden wären. Da mußte ich nun wahrnehmen, daß alle Sänger und Sängerinnen, ja selbst ein großer Theil der Musiklehrer gegen mich aufstanden, alle wahrhaft geistvollen und gelehrten Männer Teutschlands und Italiens jedoch mich durch Lobsprüche und andere Zeichen der Anerkennung schadlos hielten. In Frankreich ist es jedoch anders. Wenn hier einige der Wahrheit getreue Männer der Wissenschaft mir den Verlust der guten Meinung Anderer auch reichlich zu ersetzen suchten, so gibt es doch wieder sehr viele, die sich gegen mich erklären. Diese Herren scheinen in der Beschäftigung, über fremdartige Gegenstände zu schreiben, sich sehr behaglich zu fühlen. Wenn ich nach dem Beifalle urtheile, den das Publicum meinen Schöpfungen zu spenden die Güte hat, so wird eben dieses Publicum um ihre Phrasen und Meinungen sich sehr wenig kümmern. — Aber was denken Sie von dem neuen Ausfalle, den einer dieser Herren sich gegen mich erlaubt hat? Es ist Herr von La Harpe. Er spricht von der Musik in einer Weise, daß die Chorknaben von ganz Europa darüber die Achseln zucken. Er spricht: Ich will — oder meine Lehre will es! Et pueri nasum Rhinocerotis habent! — Werden Sie darüber nicht ein Wörtchen sagen? Sie, der Sie mich schon mit so großem Vortheile vertheidigt haben? Ich bitte Sie darum. Wenn meine Musik Ihnen jemals einiges Vergnügen gewährt hat, so versetzen Sie mich doch in die Lage, meinen Freunden in Teutschland und in Italien beweisen zu können, daß es auch in Frankreich noch Gelehrte gibt, die, wenn sie über die Kunst sprechen, wenigstens wissen, was sie sprechen." — Die in diesem Briefe enthaltene Bitte erfüllte der Empfänger desselben mit großer Bereitwilligkeit. Seine gründliche Vertheidigung[51]) nöthigte selbst einen Theil von Gluck's Gegnern, seine Tiefe, seine lichtvolle Klarheit und dialogische Schärfe laut anzuerkennen, um so mehr, da Suard den Beweis geführt hatte, daß La Harpe sowol in der Musik als in der griechischen Sprache gänzlich unerfahren sei. Es gewann die Armida, so gleichgültig auch die ersten Vorstellungen dieser Oper aufgenommen worden waren, nach und nach einen festern Boden und erhielt sich noch lange in Ansehen bei den Festtagen der königlichen Akademie der Musik[52]).

Im November 1778 hatte Gluck Wien verlassen und kam, begleitet von seiner Gattin, nach Paris, um seine Iphigénie en Tauride zur Aufführung zu bringen. Er war so beschäftigt mit den Proben, daß er kaum Muße zu irgend einer andern Arbeit fand. Bei dieser Gelegenheit ereignete sich ein Vorfall, der anziehend genug scheint, um hier mitgetheilt zu werden. Um diese Zeit war Méhul, damals erst 10 Jahre alt, nach Paris gekommen[53]), wo er den Unterricht des damals berühmten

50) Siehe Auswahl denkwürdiger Briefe von C. M. Wieland. Herausgegeben von L. Wieland. (Wien 1816.) 1. Bd. S. 315 fg.

51) Zuerst gedruckt, als Antwort auf Gluck's Brief, in dem Journal de Paris vom 23 Oct. 1777, dann in den mehrfach erwähnten Mémoires pour servir etc. p. 252 seq. und in Siegmeyer's Uebersetzung dieses Werkes S. 228 fg. 52) Vergl. Reichardt's Berliner musikalische Zeitung. 1805. Nr. 23 u. 73. J. Lehmann's Magazin des Auslandes. Jahrg. 1848. S. 53 fg. 53) Etienne Henry Méhul, der nachherige Componist des Joseph en Egypte und vieler andern berühmten Opern, geboren 1764 zu

Edelmann [54]) benutzte und bald einer seiner ausgezeichnetsten Schüler ward. Glück und Zufall verhalfen ihm zur Bekanntschaft Gluck's, dessen Iphigénie en Tauride damals in mehren öffentlichen Blättern als ein Meisterwerk dramatischer Kunst angekündigt worden war. Der lebhafte Drang, diese Oper zu hören, verbunden mit der Unmöglichkeit, bei seinen beschränkten Mitteln sich eine Eintrittskarte zu verschaffen, weckten in Méhul den Gedanken, zu versuchen, ob er nicht durch eine List seinen Lieblingswunsch erfüllen könnte. Bei der Generalprobe schlich er sich ins Theater, mit dem Vorsatze, dort in dem Winkel einer Loge bis zum folgenden Tage auszuharren. Er ward jedoch von einem Theaterwärter entdeckt und mit Scheltworten aus seinem Versteck getrieben. Gluck, noch im Orchester, hörte den Lärm, erkundigte sich, und aus dem Munde des bis zu Thränen gerührten Jünglings, der beschämt und in tiefer Ehrfurcht vor dem hohen Meister stand, erfuhr er nun den Hergang der Sache. Gewonnen durch die Kunstliebe des jungen Mannes, schenkte ihm Gluck eine Einlasungskarte für den folgenden Tag, und erlaubte ihm sogar, ihn manchmal zu besuchen. Schon bei der ersten Unterredung überzeugte sich Gluck von Méhul's musikalischem Talente, und er säumte nicht, es weiter ausbilden zu helfen. Méhul ward, wie er in spätern Jahren selbst erzählte, von Gluck in den philosophischen und poetischen Theil der Kunst eingeweiht. Unter seiner Leitung componirte er seine ersten Opern Psyche und Anacréon, welche Gluck streng prüfend mit ihm durchging und dadurch die ganze Tiefe seines Geistes enthüllte [55]).

Einen so gewaltigen Eindruck, als die Iphigenie, die am 18. Mai 1779 die erste Vorstellung erlebte, hatte noch keins von Gluck's Werken nicht blos auf die Kunstfreunde, sondern selbst auf das Publicum im Allgemeinen gemacht. Gluck konnte sich des glänzendsten Erfolgs seiner Oper rühmen [56]). In dem Julihefte des Journal de Paris vom Jahre 1779 erschien ein an ihn gerichtetes, sehr schmeichelhaftes Gedicht [57]), das ihn in Schutz nahm gegen die Herabwürdigung in mehren Journalen, besonders in der von Jocqueau verfaßten Flugschrift: Entretiens sur l'État actuel de l'Opéra de Paris. Noch immer hatte Gluck manche Gegner, die ihm seine errungenen Lorbeerkränze streitig machten. Sein Nebenbuhler Piccini, der Repräsentant der italienischen Musik, der seit längerer Zeit in Paris lebte, hatte noch immer viele Verehrer. Der Operndirector Baron bemühte sich, die Parteien zu beschwichtigen, indem er ihre Häupter zu versöhnen suchte. Zwischen Gluck und Piccini, die er zu einem großen Gastmahle eingeladen und ihnen ihre Plätze an der Tafel neben einander angewiesen hatte, entspann sich nach und nach ein herzliches Gespräch. Erzählt wird, daß Gluck, vom Weine erhitzt, ohne Rücksicht auf die übrigen Gäste, ganz laut geäußert habe: „Die Franzosen sind doch gute Leute, aber sie machen mich lachen. Sie wollen Gesänge von mir und sie verstehen doch nicht zu singen. Sie, lieber Freund, sind ein in ganz Europa berühmter Mann. Sie denken an Nichts, als an die Erhaltung Ihres Ruhms. Sie machen den Franzosen schöne Musik. Sind Sie deshalb weiter als ich? Glauben Sie mir, auf Geldgewinn muß man hier denken, sonst auf Nichts." Piccini antwortete ihm hierauf so artig, als er vermochte: „Man könne ja zu gleicher Zeit sich mit seinem Ruhme und mit seinem Glücke beschäftigen." Ebenso herzlich, wie sie sich begrüßt hatten, trennten sich die beiden Tonkünstler, und es schien außer Zweifel, daß ihr gegenseitiges Benehmen aufrichtig war.

Ungleich geringern Erfolg als Gluck's Iphigenie hatte eine andere Oper: Echo et Narcisse, die er ebenfalls nach Paris mitgebracht hatte. Sie fand, wie früher die von ihm componirte Oper: Cythère assiégée, nur einen getheilten Beifall, als sie im September 1779 aufgeführt ward [58]). Mit bedeutenden Veränderungen und abgekürzten Scenen erschien diese Oper im nächsten Jahre (1780) auf dem Theater, wo sie jedoch ebenso wenig Glück machte. Mehrfach behauptet ward, daß der Hauptfehler in der Art und Weise gelegen habe, wie der Stoff von dem Bearbeiter, Baron Tschudi, aufgefaßt worden. Den meisten Beifall fand ein dem Sujet verflochtener Hymnus an die Liebe, dessen Wiederholung von dem Publicum stürmisch verlangt ward [59]).

In Wien, wo Gluck seit 1780 auf seinen wohlverdienten Lorbeeren ausruhte und in der Erinnerung an die literarischen Fehden in Paris mit Heiterkeit die Thorheiten der Welt belächelte, war sein Haus der Sammelplatz von ausgezeichneten Fremden aus allen Ländern. Selbst der damalige Großfürst, nachherige Kaiser Paul von Rußland, beehrte den berühmten Componisten im December 1782 durch einen Besuch. Reichardt [60]), damals auf seiner Rückreise aus Italien begriffen, verweilte einige Wochen in Wien. Er war einer der Ersten gewesen, der Gluck's vollen Werth erkannt und sich darüber ohne Scheu, selbst Friedrich II. gegenüber, aus-

Givet, einer kleinen Ardennenstadt, gestorben zu Paris den 18. Oct. 1817; s. seine Biographie, nach Gevelinges und Audiffret, in den Zeitgenossen. Neue Reihe. 2. Bd. Heft 7. S. 161 fg.

54) Johann Friedrich Edelmann, geboren 1749 zu Strasburg, gestorben zu Paris am 17. Juli 1794 unter der Guillotine; s. über ihn den Hamburger Correspondenten. 1794. Nr. 121. Gerber's Neues Tonkünstlerlexikon. 2. Th. S. 17 fg. 55) Vergl. Zeitgenossen a. a. O. S. 183 fg. 56) Die Partitur erschien zu Paris unter dem Titel: Iphigénie en Tauride. Tragédie en quatre Actes par M. *Guillard*. Mise en Musique et dédiée à la Reine par M. le Chevalier *Gluck*. Représentée pour la première fois par l'Académie Royale de Musique le mardi 18 May 1779. 57) Siehe die mehrfach erwähnten Mémoires pour servir etc. p. 467.

58) Die Partitur erschien zu Paris 1779 in gr. Fol. unter dem Titel: Echo et Narcisse. Drame lyrique en trois Actes avec un Prologue par M. le Baron de T. (*Tschudi*). Mis en Musique par M. le Chevalier *Gluck*. Représenté pour la première fois par l'Académie Royale de Musique le Mardi 21 Septembre 1779. 59) Siehe *Grimm* et *Diderot*, Correspondance. Tom. X. p. 330. 60) Johann Friedrich Reichardt, geboren 1752 zu Königsberg in Preußen, königl. preußischer Hofkapellmeister in Berlin, gestorben am 27. Juni 1814 zu Giebichenstein; s. über ihn Gerber's Lexikon der Tonkünstler. Dessen Neues Tonkünstlerlexikon. 3. Th. S. 814 fg.

gesprochen hatte. Er unterließ nicht, Gluck's persönliche Bekanntschaft zu suchen, der ihn auf seinem bei Wien gelegenen Landsitze zu Perchtoldsdorf, wo Gluck sich gewöhnlich im Sommer aufzuhalten pflegte[61]), mit zuvorkommender Güte und Freundlichkeit empfing. Reichardt war, wie er selbst erzählt[62]), von Gluck zum Mittagstische eingeladen und zugleich von dem Componisten ersucht worden, bei ihm zu übernachten. Gluck erschien in einem grauen, mit Silber gestickten Kleide in größerer Pracht, als der sehr einfach gekleidete Reisende erwartet hatte. Man setzte sich zur Tafel. Gluck's Gattin, eine Frau von vielseitiger Bildung, und ein Abbé, der die Correspondenz und das Rechnungswesen des Componisten besorgte, nahmen lebhaften Antheil an der die verschiedenartigsten Gegenstände berührenden Unterhaltung. Das Gespräch lenkte sich unter andern auf Klopstock und den Markgrafen Karl Friedrich von Baden. Reichardt erhielt von Gluck das Versprechen, daß er ihm einige Stellen aus der von ihm componirten „Hermannsschlacht," die leider nicht niedergeschrieben worden, und einige von den Oden des genannten Dichters vortragen werde. Nach Tische setzte er sich an den Flügel und sang mit schwacher, ziemlich rauher Stimme und gelähmter Zunge, seinen Gesang mit einzelnen Accorden begleitend. Es war charakteristisch, wie Gluck zwischen den Gesängen aus der Hermannsschlacht mehrmals den Klang der Hörner und den Ruf der Fechtenden hinter ihren Schilden nachahmte. „Es ist schwer," sagt Reichardt a. a. O., „von diesen Gesängen nach Gluck's Vortragsweise eine deutliche Vorstellung zu geben. Sie schienen fast ganz declamatorisch, selten nur melodisch zu sein. Ein unersetzlicher Verlust bleibt es, daß Gluck sie nicht aufgezeichnet hat. Man hätte daran das eigenthümliche Genie des großen Mannes unstreitig am sichersten zu erkennen vermocht, da er sich dabei durchaus an keinerlei Anforderungen der neuern Bühne und der Sänger band, sondern ganz frei seinem hohen Genius folgte, innig durchdrungen von dem gleichen Geiste des großen Dichters."

Bemerkt mag hier werden, daß Gluck von jeher eine entschiedene Vorliebe für Klopstock besaß, mit dem sich sein Genius verwandt fühlte. Er verehrte, liebte und benutzte ihn, vorzüglich in der letzten Zeit seines Lebens. Daß er von diesen lyrischen Schöpfungen Nichts niederschrieb, daran mochte, außer seiner großen Schreibescheu in spätern Jahren und der Lebhaftigkeit seines Geistes, auch der Gedanke schuld sein: man werde solche Compositionen wegen ihrer großen Einfachheit nicht gehörig würdigen und verstehen.

In Gluck's Zimmer sah Reichardt das schöne, lebensgroße, von Duplessis in Paris gemalte Oelbildniß, das „den begeisterten Künstler, den Himmel im Auge, die Liebe und Güte auf den Lippen, am Flügel sitzend," darstellt. Reichardt's Wunsch, dies Gemälde zu besitzen, erfüllte Gluck, indem er ihm einige Monate später eine treue Copie nach Berlin sandte. In den Abend- und Morgenstunden unterhielt er seinen Kunstgenossen, meist mit ihm allein in seinem Zimmer, mit Schilderungen seines Aufenthalts in Paris und seiner dortigen Thätigkeit. Er kannte diese Stadt und ihre Bewohner sehr genau, und äußerte sich mit Ironie darüber, wie er sie nach ihrer Beschränktheit und Anmaßung in seiner eigenen Manier behandelt und benutzt habe. Im Eifer des Gesprächs hatte Gluck versprochen, am nächsten Morgen mit seinem Gaste nach Wien zu fahren und dort zu einer Mittagstafel noch einige Kunstgenossen einzuladen. Dieser Gedanke machte jedoch seine Gattin etwas besorgt. Sie hintertrieb diesen Plan, da Gluck sich am andern Morgen von den Zerstreuungen des vorigen Tages, an welchem auch Spaziergänge und Fahrten unternommen worden waren, sehr angegriffen fühlte. Die beiden Kunstgenossen schieden in der herzlichsten Weise von einander, von Reichardt's Seite nicht ohne das schmerzliche Gefühl, den Greis wol als wiederzusehen.

Gluck litt bereits seit längerer Zeit an den Folgen eines Schlagflusses, als er 1783 von der pariser Akademie der Musik aufgefordert ward, einen ihm bekannten Componisten vorzuschlagen, „der die Fähigkeit besäße, für das französische Theater eine Oper nach den Grundsätzen der Kunsttheorie zu schreiben, die er (Gluck) durch Wort und That gelehrt habe, und durch deren Befolgung allein eine wahrhaft dramatische Musik geschaffen werden könnte." Von seiner früher erwähnten Anhänglichkeit an Salieri gab Gluck bei dieser Gelegenheit einen Beweis, indem er diesen damals noch jungen Tonsetzer in Vorschlag brachte, mit der merkwürdigen Aeußerung: „Nur der Ausländer Salieri lerne ihm seine Manier ab, weil kein Teutscher von ihm lernen wolle"[63]). Salieri empfing nun eine von Molline verfaßte Dichtung, welche Gluck schon früher zu componiren abgelehnt hatte. Es war die lyrische Tragödie: Les Danaïdes. Als Salieri eine Arie aus seiner Oper, die er unter Gluck's Leitung gesetzt, diesem am Flügel vorsang, stießen sie auf eine Stelle, die beiden, besonders aber dem Componisten, nicht behagte. „Sie haben Recht," sagte Gluck, als er die Partitur durchgesehen und sie von Salieri sich hatte vorsingen lassen. „Die ganze Arie ist gut, aber die Stelle, mit der Sie unzufrieden sind, mißfällt auch mir. Dennoch wüßte ich nicht den Grund davon zu entdecken. Singen Sie doch die Arie noch ein Paar Mal." Als Salieri an die getadelte Stelle kam, rief Gluck, ihn plötzlich unterbrechend: „Nun hab' ich's! Die Stelle riecht nach Musik!" Wirklich fand sich's, daß jene Idee mehr aus künstlerischer Berechnung, als aus irgend einem andern Grunde dort angebracht war. Erzählt wird, daß

61) Gluck hatte, ehe er in der wiener Vorstadt, „die alten Wieden" genannt, ein eigenes Haus besaß, in Wien mehre Wohnungen. Eine Zeit lang wohnte er bei seiner Schwiegermutter, der Frau des Großhändlers Bergin, am obern Neumarkt; nach der Auflösung der Kapelle des Prinzen von Sachsen-Hildburghausen mehre Jahre in einem dem Baron Lopresti gehörenden Hause, unweit dem kärnthner Thore, später in einem andern neben der sogenannten Wasserlinie. 62) Siehe seine Autobiographie in der leipziger allgem. musikalischen Zeitung 13. Jh. S. 667 fg. Vergl. dessen Aufsatz: An das musikalische Publicum. (Hamburg 1787.)

63) Siehe Cramer's Musikalisches Magazin. 1788. S. 228.

Gluck vor der Composition seiner Opern eine Art von Gelübde gethan habe, zu vergessen, daß er Musiker sei. Man könnte wol von seinen Opern sagen: Das ist nicht Musik! wie man von Correggio's oder Tizian's Gemälden sagen könnte: Das ist nicht gemalt!"[64]). Auf dem Anschlagzettel der Danaiden las man nach dem Titel der Oper: „Die Musik von den Herren Ritter Gluck und Salieri." Gluck's Name, die Ungewißheit, in der man sich über seinen Antheil an der Composition befand, verbunden mit dem schon erlangten Rufe Salieri's, den der so große Meister bei seinen Arbeiten unterstützt hatte — Alles dies reizte die Neugier des Publicums, das sich in großen Massen nach dem Theater drängte[65]). Nach einer bedeutenden Anzahl von Vorstellungen, die diese Oper erlebte, ließ Gluck in das Journal de Paris einen Brief einrücken, in welchem er erklärte: die Musik zu den Danaiden rühre ganz allein von Salieri her, und er (Gluck) habe durchaus keinen weitern Antheil an der Oper, als daß er dem Componisten einige Rathschläge ertheilt habe. Für Salieri, dessen Talenten diese Erklärung zu großer Ehre gereichte, hatte sie außerdem die angenehmen Folgen, daß er für die pariser Akademie noch zwei Opern: Tarare und Les Horaces, componiren konnte, die später mit einem nicht geringern Erfolge als die Danaiden aufgenommen wurden. Als sich Salieri mit den genannten Opern im Frühjahre 1786 nach Paris begab, nahm er Abschied von seinem alten, oft kränkelnden Freunde, der sich in seinem letzten Lebensjahre, seines paralytischen Zustandes wegen, nur mit Mühe ausdrücken konnte. Bei den Abschiedsworten, die er an seinen scheidenden Freund richtete, mischte er mehre Sprachen durch einander: „Ainsi, mon cher ami — lei parte domani per Parigi — Je vous souhaite di cuore un bon voyage etc."[66]).

Gluck starb am 15. Nov. 1787. Schon drei Jahre früher war er, wie bereits erwähnt, zweimal vom Schlage gerührt worden. Gleich beim ersten Anfall verlor er den Gebrauch des rechten Armes und des rechten Beines. Nur die Anwendung von Mineralbädern und eine sehr geregelte Lebensweise vermochten sein Leben bis zum 73. Jahre zu fristen. An seinem Todestage bewirthete er in seinem früher erwähnten Hause „auf der alten Wieden" zwei Fremde, die aus Paris nach Wien gekommen waren. Auf Anrathen seiner Aerzte mußte Gluck täglich nach Tische ausfahren, um die frische Luft zu genießen und sich zugleich eine mäßige Bewegung zu machen. Nach Tische wurde Kaffee und Liqueur aufgetragen. Gluck's Gattin hatte das Zimmer verlassen, um den Wagen zu bestellen. Sie war noch nicht zurückgekehrt, als einer von den Fremden sich standhaft weigerte, das ihm dargebotene Glas Liqueur zu trinken. Da ergriff Gluck, der früher geistige Getränke sehr geliebt hatte, die ihm jedoch seit längerer Zeit, der Erhitzung des Blutes wegen, streng verboten waren, in komischem Zorne das verschmähte Glas, das er schnell hinunterstürzte, zugleich aber seine Gäste scherzend bat, ihn ja nicht seiner Frau zu verrathen. Der Wagen war indessen vorgefahren. Gluck's Gattin ersuchte die Gäste sich einstweilen im Garten zu unterhalten; in einer halben Stunde werde sie mit ihrem Gatten zurückkehren. Sie waren jedoch kaum eine Viertelstunde gefahren, als Gluck von einem dritten Schlaganfalle getroffen ward, der ihm gänzlich die Besinnung und wenige Stunden nach der Heimkehr ihm sein Leben raubte. In großer Zahl hatten sich seine Freunde und Verehrer eingefunden, als seine irdischen Ueberreste am 17. Nov. auf dem matzleinsdorfer Friedhofe in die dort für ihn bereitete Gruft gesenkt wurden. Eine einfache Tafel von rothem Marmor an der Mauer des Gottesackers, kaum einen Fuß über der Erde, bezeichnete die Ruhestätte des großen Meisters der Töne, mit der einfachen Inschrift: „Hier ruht ein rechtschaffener Mann. Ein eifriger Christ. Ein treuer Gatte. Christoph Ritter Gluck, der erhabenen Tonkunst großer Meister. Er starb am 15. Nov. 1787." — Neben ihm ruht seine, ihn 13 Jahre überlebende, Gattin[67]). — Der zu Anfange der vierziger Jahre von mehren Kunstfreunden geäußerte Wunsch, Gluck's Denkmal, das dem gänzlichen Verfalle nahe war, wiederherzustellen, fand wenig Anklang. Durch eine Subscription, die der ausgezeichnete Claviervirtuose Alexander Dreischock im August 1845 zur Errichtung eines Denkmals für Gluck eröffnete und zu dem gesammelten Fonds die Ertragshälfte eines am 17. Jan. 1846 veranstalteten Concerts hinzufügte, ward es möglich, den Kostenaufwand des Monuments zu decken. Auf einem aus Sandstein gehauenen Felsen erhebt sich ein 9 Fuß hoher Obelisk aus polirtem Granit, an dessen äußerer Vorderfläche Gluck's Bildniß, aus Erz gegossen, in Form eines Medaillons angebracht ist. Darunter stehen die Worte: „Errichtet am 132. Geburtstage. 1846." Im Würfel des Obelisken ist der kleine alte Grabstein aus rothem Marmor eingefügt. Am Tage der Enthüllung des Monuments ward in der Paulinerkirche von dem Orchesterpersonale des k. k. Hof-Operntheaters unter Mitwirkung der vorzüglichsten Sänger und Sängerinnen Mozart's Requiem aufgeführt. An Gluck's Grabe wurden mehre Reden gehalten und das Trauerfest, das eingetretener Hindernisse wegen erst am 11. Juli 1846 gehalten werden konnte, mit einem von dem wiener Männergesangvereine vorgetragenen Chor aus Gluck's Iphigenie beschlossen[68]).

---

64) Vergl. die mehrfach erwähnten Mémoires pour servir etc. p. 410 seq. v. Mosel in dem Leben Salieri's (Wien 1827.) S. 77 fg. 65) Ueber die Musik zu den Danaiden s. einen höchst geistreichen Aufsatz von Cramer in dessen Musikalischem Magazin. Jahrg. II. S. 417 fg. 66) Siehe v. Mosel a. a. O. S. 92 fg.

67) Eine ebenso einfache, aber größere Platte von grünem Schiefer, über dem Grabsteine ihres Gatten, enthält mit vergoldeten Buchstaben die charakteristische Inschrift: „Hier ruht sanft neben ihrem Gemahl Maria Anna, Edle von Gluck, geborene Bergin. Sie war eine gute Christin und die Gattin, die Mutter der Armen. Von Jedem, der sie kannte, geliebt und geschätzt, endete sie im 71. Jahre die Laufbahn ihres Lebens, und lohnte mit Großmuth jene, die es verdienten. Sie starb den 12. März 1800. Dies Denkmal der innigsten Verehrung von ihrem dankbaren Neffen Karl von Gluck." 68) Vergl. die von A. Schmidt her-

Groß war die Trauer um Gluck's Verlust nicht blos in Teutschland, sondern auch ganz vorzüglich in Frankreich, wo er seine schönsten Lorbeeren eingeerntet hatte. Im J. 1787 ward ihm eine würdige Todtenfeier in Paris veranstaltet und im nächsten Jahre das dortige Operntheater mit Gluck's Alceste eröffnet, welcher seine Iphigenie und Armida folgten [69]). Schon bei seinen Lebzeiten hatte man Gluck in Frankreich durch Denkmäler und Musikfeste geehrt, und bereits 1778 in Paris, mittels einer Subscription, durch den Bildhauer Houdon Gluck's Büste anfertigen lassen, die auf Befehl des Königs neben den Büsten Quinault's, Lully's und Rameau's in dem Opernsaale aufgestellt ward. Im December 1787 hatte Gluck's aufrichtiger Freund und Verehrer, Piccini, in das Journal de Paris ein Schreiben einrücken lassen, in welchem er eine Subscription zur Stiftung eines jährlichen großen Concerts an Gluck's Todestage eröffnete [70]). Keine andern Stücke, als die der große Tonsetzer componirt, sollten in diesem Concerte aufgeführt werden. Diese Idee fand allgemeinen Beifall und ward bald nachher realisirt. In neuerer Zeit, im August 1846, fand zu Paris in der Kirche St. Eustache Gluck zu Ehren ein großer Trauergottesdienst statt.

Die äußere Erscheinung des großen Tonkünstlers hatte etwas Imposantes. Er war von großem Wuchse und gerader Haltung, von starkem Knochenbaue und breiten Schultern. Sein Körper war nie fett, aber kräftig und fleischig, sein mehr rundes als längliches Gesicht war von Blattern stark gezeichnet. Die dunkelbraunen Haare waren meistens gepudert oder mit einer Perrücke bedeckt. Aus den dunkelgrauen, lebhaften Augen blitzte, besonders wenn er zum Zorn gereizt war, ein fast unheimliches Feuer. Sein Temperament war sanguinisch-cholerisch, daher leicht aufbrausend und ungeduldig. Er gab sich indessen bald wieder der Fröhlichkeit und einem selten getrübten Humor hin. Gegen Fremde hatte zwar sein Benehmen Anfangs etwas Förmliches. Um so heiterer aber zeigte er sich im Kreise vertrauter Freunde, besonders nach dem Genusse einiger Gläser guten Weins, den er sehr liebte. Bei solchen Gelegenheiten sprach er viel, am liebsten von Musik. Er war dann unerschöpflich in Worten und gestattete seinen Zuhörern oft die erfreulichsten Blicke in die Tiefen seines Geistes. Groß war noch in seinen letzten Jahren die Lebendigkeit, mit der er an Gesprächen über Musik Theil nahm, besonders, wenn von seinen Opern die Rede war, über welche er, von fast jugendlichem Feuer ergriffen, die merkwürdigsten Geständnisse that. Nach einer solchen Aufregung floh ihn Nachts der Schlaf, und nicht selten sprang er mehrmals aus dem Bette, um seine musikalischen Ideen niederzuschreiben.

Merkwürdig war seine fast an Eitelkeit grenzende Reinlichkeit und Ordnungsliebe, an die er schon frühzeitig durch seine Gattin gewöhnt worden war. Er war immer nach der neuesten Mode gekleidet. In höhern Kreisen erschien er stets im gestickten Staatskleide. Auf der Straße trug er gewöhnlich ein schönes Zimmetrohr mit einem goldenen Knopfe und einer zierlichen, mit Gold durchflochtenen Seidenquaste. Von der Schwäche der Eitelkeit war er auch in anderer Hinsicht nicht ganz frei. Er hörte gern sein Lob, ja er lobte sich zuweilen selbst, ohne daran zu denken, daß dies Selbstlob ihm als Unbescheidenheit gedeutet und getadelt werden könnte. Erzählt wird, daß die ihn sehr schätzende Königin Maria Antoinette, bei der er stets freien Zutritt hatte, ihn einst gefragt habe, ob seine Oper Armida bald beendet und er damit zufrieden sei. Darauf habe Gluck ziemlich kalt und mit teutschem Accent erwidert: „Madame, il est bientôt fini, et vraiment, ce sera superbe!" — Nie ließ er sich in Bezug auf seine Compositionen zu Veränderungen bewegen, die er mit der Würde der Kunst für unverträglich hielt. Der berühmte Tänzer Vestris bedauerte, daß Gluck's Iphigenie nicht mit einem Ballet ende. Er bat den Componisten, am Schlusse seiner Oper eine Chaconne, einen damals in Frankreich sehr beliebten Tanz, einzuschalten. Gluck suchte ihm begreiflich zu machen, daß mit einer so ernsten Handlung Sprünge und Tänze sich durchaus nicht vertrügen. Als diese Erklärung jedoch Nichts fruchtete, gerieth er in Zorn und rief: „Eine Chaconne? Eine Chaconne? Sind es nicht Griechen, deren Sitten wir zeichnen? Hatten diese denn Chaconnen?" — „Es ist wahr," erwiderte der Tänzer, „aber meiner Treue, desto schlimmer für sie!" — Der feste, fast unbeugsame Charakter Gluck's zeigte sich besonders in seinem musikalischen Wirkungskreise und in den damit verbundenen Bestrebungen. In der Leitung des Orchesters war er sehr strenge. Gleichwol versicherte er, wenn dieser Punkt gelegentlich zur Sprache kam: „er habe seine Brigade nie widerspenstig gefunden," obgleich er es nie duldete, daß die Glieder des Orchesters nur den geringsten Theil ihrer Pflicht versäumten und manche Stelle 20—30 Mal wiederholen mußten. Damit übereinstimmend sind folgende Aeußerungen in einem Briefe Cramer's an einen Freund: „So ein gutmüthiger, lieber Mann Hr. v. Gluck in jedem andern Lebensverhältnisse ist, so macht er doch, sobald er auf dem Platze als Director steht, den wahren Tyrannen, der durch den geringsten Schein von Fehlern in Harnisch gebracht wird, oft bis zu den stärksten Aeußerungen der Hitze. Zwanzig, dreißig Male reichen nicht hin, daß er die geübtesten Spieler der Kapelle, unter denen gewiß Virtuosen sind, die Passagen wiederholen läßt, bis sie die von ihm bezweckte Wirkung des Ensemble hervorbringen. Er brüskirt sie dann so sehr, daß sie ihm schon oft den Gehorsam aufgekündigt und nur durch Zureden des Kaisers haben bewogen werden können, unter ihm zu spielen. Ihr wißt ja, hat der Kaiser zu ihnen gesagt, er ist nun einmal so! Er meint es nicht so arg! — Sie müssen immer doppelt bezahlt werden, wenn Gluck dirigirt. Kein

---

ausgegebene wiener Musikzeitung. 1846. S. 337 fg., wo man auch eine Abbildung des Denkmals findet.

69) Siehe v. Mosel in dem Leben Salieri's (Wien 1827.) S. 129 fg. 70) Abgedruckt findet man dies Schreiben in der von Ginguené verfaßten Notice sur la vie et les ouvrages de *Nic. Piccini*. Notes p. 134 sqq.

Fortissimo ist ihm an gewissen Stellen stark und kein Pianissimo schwach genug. Dabei ist es höchst originell, wie jede Stelle des Affects, des wilden, sanften, traurigen, sich am Clavier in allen seinen Mienen und Gebehrden malt. Er lebt und stirbt mit seinen Helden, wüthet mit dem Achill, weint mit der Iphigenie und in der Sterbescene der Alceste bei der Stelle: „Manco ... moro ... e in tanto affanno non hò pianto etc.“ sinkt er ordentlich zurück und wird mit ihr beinahe zur Leiche“ [71]). Damit stimmt überein, was Cramer aus Klopstock's Munde gehört zu haben behauptete. Es ist früher erwähnt worden, wie Gluck diesen Dichter 1774 am Hofe des Markgrafen von Baden kennen gelernt hatte. Den vortrefflichen Gesang seiner Nichte Marianne, deren frühen Tod er tief betrauerte, unterbrach Gluck, wie Klopstock erzählt, nicht selten plötzlich im reizendsten Vortrage eines Stücks, mitunter selbst in Gegenwart des Hofes, durch die ziemlich rauhen Worte: „Halt! das war falsch! noch einmal!“ Mitunter geschah es, daß einer von den Anwesenden, selbst ein Kenner, der auch nicht den kleinsten Fehler in der Intonation oder im Ausdrucke bemerkt zu haben glaubte, sich an Gluck mit der Frage wandte: „Aber worin liegt denn der Fehler?“ In solchen Fällen konnte Gluck seinen Unmuth nicht unterdrücken. „Was?“ rief er, „das hören Sie nicht? Wehe Ihnen, wenn Sie das nicht hören! — Da liegt's!“ Und doch war es, fügte Klopstock hinzu, bisweilen nur eine feine Schattirung, die im Laufe des Stücks gewiß Niemand außer Gluck bemerkt hatte oder bemerkt haben konnte. Wie Cramer a. a. O. erzählt, machte es Gluck ebenso in Paris, wo er die dortigen Sängerinnen in den Proben durch die Worte: „Mademoiselle, il faut bien recommencer,“ oft zur Verzweiflung brachte. Aus dem Munde des Kaisers Joseph II. erinnerte sich der Kapellmeister Reichardt die Anekdote gehört zu haben, wie Gluck einst bei einer Opernaufführung in Wien unter den Pulten hinweg zu einem Contrabassisten gekrochen sei, der seinen Wink nicht beachtet und ihn so derb in die Waden gekniffen habe, daß er mit einem lauten Schrei die Geige hingeworfen. Als Gluck, erzählt Reichardt [72]), in Wien eine seiner Opern am Flügel dirigirte, gerieth am Ende des ersten Ballets eine Coulisse in Brand. Es entstand ein großer Tumult im Theater. Die Tänzer zogen sich zurück und die Zuschauer suchten sich zu retten. Das Feuer war indessen gelöscht worden und man befahl, den zweiten Act anzufangen. Gluck aber widersetzte sich, weil der Lärm sich noch nicht ganz gelegt hatte. Er verlangte, das Ballet solle noch einmal gegeben werden. Darüber entstand ein heftiger Streit. Die Tänzerinnen zitterten noch vor Schrecken und die Tänzer waren beinahe entkleidet. Gluck stieg endlich auf einen Stuhl und rief in Gegenwart des anwesenden Hofes laut über das Theater hin: „Entweder das Ballet wird noch einmal getanzt, oder die Oper ist für heute zu Ende!“ Man war gezwungen, das Ballet noch einmal beginnen zu lassen, worauf denn die Oper mit großem Beifalle fortgespielt ward. Dieser Muth und diese Festigkeit leisteten dem Componisten besonders in Frankreich gute Dienste.

Einst ward Gluck gefragt, wie es käme, daß seine Compositionen nicht blos für den Kunstkenner, sondern selbst für den Laien, dem alle früheren Opern kalt und einförmig dünkten, etwas so tief Ergreifendes habe. „Es gibt dafür,“ antwortete Gluck, „nur Einen Grund, der aber sehr wichtig ist. Ehe ich arbeite, suche ich vor allen Dingen zu vergessen, daß ich Musiker bin. Ich vergesse mich selbst, um nur meine Personen zu sehen. Das entgegengesetzte Verfahren ist es aber, was allen Künsten so verderblich ist. Der Dichter, weil er sein Ich nicht vergessen will, macht Tiraden, in denen zwar manches Schöne vorkommt, die aber, weil sie widernatürlich sind, die Handlung tödten. Der Maler will die Natur überbieten und wird dadurch unwahr. Der Schauspieler will declamiren und wird frostig. Der Tonsetzer sucht zu glänzen, erregt aber nur Ueberdruß und Langeweile. Seine Arien, seine Duette, die mitunter sich so ähnlich scheinen, sind es nicht wirklich.“ „Wenn Sie, Freund,“ fügte Gluck hinzu, „Musiker wären, so würden Sie jenen Compositionen diesen Vorwurf nicht machen. Sie würden in ihnen nicht nur sehr merkbare Verschiedenheiten, sondern auch manche Schönheiten entdecken, die Ihr Urtheil wider Ihren Willen mildern würde. Ihre Bemerkung klingt indessen immer traurig genug. Wenn Ihr Gefühl alle jene Stücke für ähnlich hält, so kann man sich dies nur durch den Mangel an Effect erklären.“

Eben dieser Freund gestand dem Componisten, er könne sichs nicht erklären, weshalb die Arie des Achilles in der zweiten Scene des dritten Acts der Iphigenie stets einen so tiefen Schauer in ihm errege und ihn lebhaft in die Lage des Helden versetze, während doch aber jene Arie, allein gesungen, durchaus nichts Furchtbares habe und nur wie die angenehme Melodie eines Marsches klänge. „Vor allen Dingen,“ antwortete Gluck, „müssen Sie bedenken, daß die Musik, besonders in ihrem melodischen Theile, sehr beschränkte Mittel hat. Es ist unmöglich, durch die Verbindung der Noten allein, aus denen die Melodie entsteht, gewisse Leidenschaften charakteristisch auszudrücken. Der Componist kann in solchen Fällen freilich zur Harmonie seine Zuflucht nehmen; aber auch diese reicht nicht immer hin. In der Arie, von der Sie sprechen, besteht meine ganze Zauberkunst nur in der Natur des unmittelbar vorhergehenden Gesanges und in der Wahl der ihn begleitenden Instrumente. Lange hören Sie Nichts als Iphigenie's zärtliche Sehnsucht und ihren Abschied von dem Geliebten. Die Violinen, Fagotte und die traurigen Töne der Violen spielen in dieser Scene eine Hauptrolle. Ist es demnach ein Wunder, wenn das so berührte Ohr durch das plötzlich eintretende, durchdringende unisono aller militairischen Instrumente erschüttert und der Zuhörer in die ungewöhnlichste Bewegung versetzt wird — eine Bewegung, die in ihm hervorzubringen freilich meine Pflicht war, denn

71) C. Fr. Cramer's Musikalisches Magazin. (Hamb. 1783.) Nr. 67. S. 564 fg. 72) Siehe dessen Studien für Tonkünstler. Zweites Halbjahr. S. 72 fg.

hauptsächlichste Stärke aber nichtsdestoweniger auf einem rein physischen Grunde beruht."

Gluck spielte einst auf seinem Flügel die Stelle aus der Iphigenie, wo Orest, im Kerker sich selbst überlassen, als die quälenden Furien von ihm gewichen, sich mit den Worten auf eine Bank wirft: „Le calme rentre dans mon coeur." Einer der Anwesenden machte die Bemerkung, daß mit dieser Aeußerung die noch immer fortarbeitenden Bässe in einer Art von Widerspruch ständen. „Orest," äußerte der Freund, „ist ruhig, wie er es selbst sagt." Mit ungewöhnlicher Heftigkeit erwiderte Gluck: „Er lügt! Er hält für Ruhe, was bloße Erschöpfung seiner Organe. Die Furien sind immer hier!" indem er an seine Brust schlug; „er hat seine Mutter ermordet!" — „Es gibt," sagt Frau von Genlis[73], „nichts Erhabeneres als dies Wort, das so ganz der Tiefe seines Geistes entsprungen ist. Ebenso erhaben ist die Idee, die trügerischen Worte des Orest, der sich zu täuschen sucht, Lügen zu strafen, und zwar durch jene geräuschvolle, den innern Aufruhr und Schrecken ausdrückende Begleitung, deren ungestüme, rasche, abgebrochene und lärmende Töne der Einbildungskraft alle in seinem Herzen versammelten Furien vorstellen. Man glaubt, ihre tausend Dolchstiche zu sehen und zu hören. Nie hat ein musikalischer Gedanke, ja nicht einmal ein dramatischer, ein solches Genie geoffenbart."

Den ihm gemachten Vorwurf, daß in der Iphigenie der Chor der Krieger, die mit Ungestüm die Uebergabe des Opfers fordern, wenig Ausgezeichnetes im Gesange habe und Note für Note wiederholt werde, widerlegte Gluck mit den Worten: „Diese Krieger verließen Alles, was ihnen theuer war, ihr Vaterland, ihre Weiber und Kinder, in der einzigen Hoffnung, Troja zu plündern. Eine Windstille überfällt sie unverhofft auf der Mitte des Weges und zwingt sie, im Hafen von Aulis zu verweilen. Ein widriger Wind würde ihnen minder unangenehm gewesen sein; er würde sie zu den Ihrigen zurückgebracht haben. Setzen Sie nun den Fall, daß eine große Provinz von einer drückenden Hungersnoth heimgesucht wird. Die Bürger versammeln sich in großer Menge und rufen stürmisch nach dem Statthalter. Dieser erscheint auf dem Balkon und fragt: Meine Kinder, was wollt ihr? was verlangt ihr? — Sie rufen: Brod! Brod! Und so oft er sie unterbricht und ihnen Vorstellungen machen will, wiederholen sie nur den Ruf: Brod! Brod! Und immer nur dieses einzige kurze Wort, und immer in demselben Tone; denn die hohen Leidenschaften haben nur Einen Accent. Diese Krieger nun fordern das Schlachtopfer. Alle übrigen Umstände sind in ihren Augen Nichts; sie denken Nichts als Troja oder die Rückkehr ins Vaterland; sie dürfen daher nur die nämlichen Worte und diese stets mit demselben Accente hören lassen. Ich hätte zwar einen schönen musikalischen Chor verfertigen und, um dem Ohre zu schmeicheln, demselben noch einige Abwechselung geben können. Dann aber wäre ich weiter Nichts als ein bloßer Musiker gewesen und hätte die Bahn der Natur, von der ich nie abweichen mag, verlassen. Glauben Sie übrigens keineswegs, daß Sie durch das Vergnügen, ein schönes Musikstück zu hören, gewonnen hätten. Ich versichere Sie im Gegentheil, Sie würden dabei verloren haben. Eine Schönheit am unrechten Orte hat nicht nur den Nachtheil, einen großen Theil ihrer Wirkung zu verlieren, sondern auch dem Ganzen zu schaden, indem sie den Zuschauer irre leitet, der sich dann nicht wieder so leicht in die gehörige Lage versetzen kann, dem Gange des Drama's mit Interesse zu folgen." Immer zeigte sich Gluck zur Beantwortung von Fragen, die man in Bezug auf seine Compositionen an ihn richtete, bereit, und selten ward er verdrießlich, wenn ihn Jemand auf scheinbare Fehler aufmerksam machte. Seine Antworten hatten immer einen eigenthümlichen Charakter von Einfachheit und Wahrheit, und die ungemeine Fertigkeit, alle dramatischen Situationen aus ihrem wahren Gesichtspunkte zu betrachten, setzte ihn auch in Stand, über ähnliche Beziehungen in den Werken anderer Meister mit großer Leichtigkeit zu urtheilen. Ihn selbst, auf dem Höhepunkte der Kunst, den er erreicht, konnten keine Schmeicheleien, selbst kein rauschender Beifall bethören. Ebenso wenig aber ließ er sich durch schiefe Urtheile entmuthigen. Wie alle Tonsetzer wünschte auch er, den Beifall des Publicums zu erhalten. Weit entfernt war er aber davon, sich dem Geschmacke der Menge zu accommodiren. Eben diesem Geschmacke und seiner falschen Richtung suchte er sich zu widersetzen und durch seine Compositionen die Gemüther für das wahre Erhabene und Schöne empfänglich zu machen. Nie ward er übrigens muthlos bei dem ungünstigen Erfolge seiner Werke. Als die zweite Vorstellung seiner Alceste beinahe ebenso kalt aufgenommen ward, als die erste, äußerte Gluck: „Es wäre lächerlich, wenn diese Oper sich nicht heben sollte. Das würde in der Geschichte des Geschmacks der französischen Nation ein merkwürdiger Fall sein. Ich begreife ganz, wie ein nach dem gewöhnlichen Zuschnitte componirtes Stück Glück machen kann oder nicht. Dies hängt lediglich ab von dem verschiedenen Geschmacke der Zuschauer. Ich begreife sogar, wie ein Stück dieser Gattung Anfangs mit günstigem Vorurtheile aufgenommen, später in Gegenwart und fast mit Zustimmung seiner frühern Bewunderer ausgezischt werden kann. Aber wenn ich eine Composition wirkungslos bleiben sehe, in der die Natur sich rein abspiegelt, und worin die Leidenschaft ihren eigenthümlichen Ausdruck hat, so gestehe ich offen, daß mich das doch ein wenig irre führt. Alceste mag immerhin in ihrer Neuheit jetzt nicht gefallen. Es ist für diese Oper noch nicht der rechte Zeitpunkt da. Ich behaupte aber, daß sie in 200 Jahren, wenn die französische Sprache sich nicht etwa verändert hat, noch gefallen werde. Ich bin überzeugt, daß meine Oper mit allen Grundsätzen der Natur übereinstimmt, die keiner Mode unterworfen sind."

Das Wesen der Musik hatte Gluck zu tief ergründet, um sich darüber zu täuschen. Er wußte, daß das Ohr leicht ermüdet, und daß dann auf keinen Effect

73) Siehe deren Mémoires. Tom. X. p. 354.

mehr zu rechnen sei. Daher beschränkte er seine dramatischen Compositionen meistens auf drei Acte. Neben der Verbindung der einzelnen Theile zu einem Ganzen suchte er durch Abwechselung die Aufmerksamkeit des Publicums bis ans Ende zu fesseln, ohne demselben diese Absicht auch nur entfernt errathen zu lassen. Damit hing auch die eigenthümliche Manier zusammen, die er bei seinen Arbeiten befolgte. „Zuerst," äußerte Gluck, „gehe ich immer jeden Act einzeln durch und sodann das ganze Stück. Den Plan zur Composition entwerfe ich stets, wenn ich im Parterre sitze. Bin ich einmal mit der Composition des Ganzen und mit der Charakteristik der Hauptpersonen im Reinen, so betrachte ich die Oper als fertig, obgleich ich noch keine Note niedergeschrieben habe. Diese Vorbereitung kostet mich aber auch gewöhnlich ein ganzes Jahr und zieht mir nicht selten eine schwere Krankheit zu. Und dennoch nennen das viele Leute: leichte Lieder componiren" (faire des Chansons). — Mit dieser Aeußerung hängt die nachfolgende Anekdote zusammen. Es war in der Zeit seines letzten Aufenthalts in Paris, wo Gluck bereits im 65. Lebensjahre stand, als er einst in einem Cirkel von Kunstfreunden gefragt ward, wie viele Opern er geschrieben habe. „Nicht viele," antwortete Gluck, „ich glaube kaum 20, und auch diese nach vielen Studien und mit großer Anstrengung." Sein Freund und Nebenbuhler Piccini, 14 Jahre jünger als Gluck, äußerte, ohne gefragt worden zu sein: „Ich habe über hundert Opern geschrieben und mit geringer Mühe." — Gluck flüsterte ihm zu: „Das sollten Sie nicht sagen, lieber Freund!"

Daß Gluck außer seinen Opern, wie hier und da behauptet wird, ein Stabat mater geschrieben habe, ist zweifelhaft. Er müßte dasselbe in sehr früher Zeit componirt und später vielleicht wieder unterdrückt haben, weil er diese Composition nie erwähnte. Nur zwei Stücke lieferte er im Kirchenstyle, ein „De profundis," welches Salieri, auf Joseph's II. Wunsch, bei Gluck's Todtenmesse aufführen ließ, und eine Composition des achten Psalms: „Domine Dominus noster quam admirabile etc." Diese Composition scheint in den Jahren 1753 und 1757 in einem Hofconcerte zu Wien aufgeführt worden zu sein[74]. Außer einigen Motetten componirte Gluck noch, wie bereits früher erwähnt, einzelne Bardengesänge aus Klopstock's Hermannsschlacht und mehre von dessen Gedichten[75].

Aus den bisher mitgetheilten Selbstgeständnissen Gluck's über sich und seine Werke geht das Eigenthümliche derselben im Wesentlichen genügend hervor, um, mit einem Rückblick auf seine Vorgänger und Zeitgenossen in Italien und Frankreich, die durch ihn bewirkte Reform der Musik sich zu erklären[76]. In Italien, das damals für die Oper den Ton angab, war dieselbe, wie sich ein geistreicher französischer Schriftsteller ausdrückt, „ein Concert, dem das Drama zum Vorwande diente." Ihr einziger Zweck war Sinnengenuß und Gesangvirtuosität, und ihr eigentliches Interesse war fast allein abhängig von dem Talente der Sänger und Sängerinnen. Traf der Componist, nach der Laune des Sängerpersonals und des Publicums, das Rechte, so war Alles gewonnen und die Oper hatte den günstigsten Erfolg. Die dramatische Handlung diente bei diesen Opern nur als Faden, um die einzelnen Scenen und Zwischenspiele an einander zu reihen, und die antiken oder romantischen Charaktere waren nicht viel mehr als hohle Masken. Eine ganz andere und würdigere Vorstellung hatte Gluck von der Oper. Ihm war es darin vor Allem um Wahrheit zu thun. Diese Wahrheit wollte er aussprechen, die tiefe Wahrheit, die in den Begebenheiten, in dem Charakter seiner Helden, in dem wahren Sinne, ja in jedem Worte seiner Dichtung lag. Auf den Reiz der Neuheit, auf Kunstfertigkeit legte Gluck keinen sonderlichen Werth. Er wollte, nach seinem eigenen, schon früher erwähnten Geständnisse, wenn er sich mit einer Composition beschäftigte, „gänzlich vergessen, daß er Tonkünstler wäre." So gelang es ihm, in seinen Werken mit dem echten tragischen Style die tiefste Innigkeit des Gemüths und den höchsten dramatischen Effect zu vereinigen. Bei einer übersichtlichen Würdigung seiner hohen Verdienste um die dramatische Musik dürfte das Wesen seiner tragischen Größe und das Ergreifende in seinen Werken kaum in etwas Anderem zu suchen sein, als in der durchaus vollkommenen Declamation, in dem tiefen Eindringen in die Dichtung, in der Originalität der Rhythmen, in der Oekonomie der Instrumentalbegleitung, in der hohen Wahrheit und Tiefe des Ausdrucks der Leidenschaften, in der Schönheit der einfach edlen Melodien, in dem Verschmähen alles entbehrlichen Schmucks, in der besonnenen und bedeutenden Harmonie, in der gediegenen Haltung der Charaktere und endlich in der planvollen Einheit des Ganzen.

Für Gluck's Celebrität sprechen auch die vielen von ihm vorhandenen Bildnisse. Eine eigenthümliche Idee leitete den Maler Sebastian Weygandt bei einem großen Oelgemälde auf Leinwand. Dies Bild, in Lebensgröße, stellt den Tonsetzer als einen starken Funfziger dar, im Schlafrocke an einem runden, mit Flaschen besetzten Tische sitzend, wie er sein Gläschen emporhebt und es seiner hinter dem Tische stehenden Gattin zutrinkt. Sprechend ähnlich sind Gluck's Züge getroffen auf einem bereits früher erwähnten Bilde von Joseph Duplessis, der den berühmten Tonsetzer 1775 zu Paris malte. Gluck ist im 61. Jahre dargestellt, am Flügel sitzend und begeistert zum Himmel emporblickend. Dies Bild, ein Kniestück, ist 3 Fuß hoch und 2 Fuß 6 Zoll breit. Eine Copie dieses Bildes in großem Octavformat, gemalt von S. v. Berger, gestochen von Kovats, befindet sich in dem

---

74) Siehe Repertoire des Théâtres de la ville de Vienne. (Vienne 1757.) 75) Zum Theil gedruckt bei dem Kunsthändler Artaria in Wien. Es waren die folgenden: 1) Vaterlandslied; 2) Wir und Sie; 3) Schlachtgesang; 4) Der Jüngling; 5) Die Sommernacht; 6) Die frühen Gräber; 7) Die Neigung; 8) Willkommen, o silberner Mond! 76) Einen geistreichen Aufsatz hierüber findet man in der von Fr. Sidpel herausgegebenen Minerva, einem Beiblatte zum Musikalischen Anzeiger. (Frankf. a. M. 1826.) Jahrg. I. S. 133 fg.

zweiten Bande der von Haas herausgegebenen Bildergalerie. Auch Saint-Aubin hat dies Blatt in Paris 1781 gemalt und gestochen. Ebenfalls zu Paris erschien ein Foliobild von Gluck in einer Lithographie von Langlumé nach einem Gemälde von Maurin aîné. Ferner ein Bild in Folio, auf welchem Gluck bis zum Ellbogen dargestellt ist: „Peint par Joseph Duplessis, gravé par S. C. Miger." Dies Bild hat die Unterschrift: „Christophe Gluck" [77]). Eine Copie desselben ziert den dritten Jahrgang der Leipziger allgemeinen musikalischen Zeitung (1802) als Titelblatt. Von Augustin de Saint Aubin gezeichnet und gestochen erschien 1781 in gr. 8. zu Paris ein schönes Portrait nach der von dem Bildhauer Houdon gefertigten Büste des Tonsetzers. Dies Bild hat die Unterschrift: „Gluck." Weiter stehen die Worte: „Il préféra les Muses aux Sirènes." Dies Blatt ziert als Titelvignette das mehrfach erwähnte Werk: Mémoires pour servir à l'histoire de la révolution opérée dans la musique par M. le Chevalier de *Gluck*. (A Naples et à Paris 1781. 8.) Im Gothaischen Theaterkalender von 1789 findet man ein Portrait in Duodez, gest. von Liebe; ein anderes in Folio, nach Houdon's Büste, gest. 1801 von Audouin, als Titelblatt von Fontenelle's Hecuba. Ein zu Paris gestochenes Blatt in Folio hat die Unterschrift: „Quenedey fecit." Ein anderes Blatt, ebenfalls in Folio, erschien in einer Lithographie von Winter in München, in groß Quart zu Mannheim. Man hat ferner ein Querblatt, gemalt von Bouderville, gestochen von Philippeaux in punktirter Manier. Ein Schattenriß Gluck's nach Houdon's kolossaler Marmorbüste steht vor der zu Paris gestochenen Partitur der Iphigénie en Aulide. Außer der eben erwähnten Büste, die sich im Saale des Opernhauses zu Paris befindet, gibt es eine kleine Gypsbüste von Procop in Wien und eine noch kleinere Porzellanbüste, ebendaselbst in der k. k. Porzellanfabrik 1840 gefertigt. Von einer silbernen Medaille in der Größe eines Thalers sind auch Gypsabdrücke vorhanden.

Eine Hauptquelle für Gluck's Leben und tonkünstlerisches Wirken sind die vorhin erwähnten Mémoires pour servir à l'histoire de la révolution opérée dans la musique par M. le Chevalier de *Gluck*. Man findet in dieser Schrift, außer einer Kritik über Gluck als Tonkünstler, mehre Briefe, theils von ihm, theils von einigen seiner berühmtesten Zeitgenossen: Lettre de Mr. le Chevalier de Gluck à l'Auteur du Mercure de France; Annonce de l'Opéra Iphigénie en Aulide; Epître dédicatoire de l'Opéra Alceste par Mr. *Gluck*; Extrait d'une Reponse du Petit-Faiseur à son Prête-nom sur un morceau de l'Orphée de Gluck (von J. J. Rousseau, auch gedruckt in den Oeuvres de J. J. Rousseau unter der Ueberschrift: Traités sur la Musique); Iphigénie en Aulide (von Laharpe); Lettre de Mr. le Chev. Gluck à Mr. B. D. R. (*Bailly du Rollet*); Reponse de Mr. le Chevalier Gluck à un Écrit que le Sieur Framery a fait paraître dans le Mercure de France; Défense de Mr. Gluck; Lettres aux Auteurs du Journal de Paris; Cinq Lettres de l'Anonyme de Vaugirard (*J. B. Suard*) aux Auteurs du Journal de Paris; Essais sur les Révolutions de la Musique en France (von Marmontel); Lettre de M. le Chevalier Gluck à M. de la Harpe; Lettre de Mr. le Chevalier Gluck à l'Anonyme de Vaugirard (*J. B. Suard*) u. a. m. [78]).

(*Heinrich Döring.*)

GLUCK (Maria Anna von), Nichte und Adoptivtochter des Vorhergehenden, 1759 zu Wien geboren, zeigte früh Anlagen und Talent zur Musik. Den ersten Unterricht darin erhielt sie von ihrem Oheime, der jedoch denselben aus Ungeduld bald wieder aufgab. Doch ging er bereitwillig darauf ein, als der berühmte Sänger Giuseppe Millico, der 1772 aus Neapel nach Wien gekommen war, sich erbot, seiner Nichte fernern Gesangunterricht zu ertheilen. Millico galt mit Recht für einen der vorzüglichsten Sänger der damaligen Zeit. Unter seiner Leitung machte Marianne so rasche Fortschritte, daß sie, von Natur mit einer melodischen Stimme begabt, bald ein Gegenstand der Bewunderung von ganz Wien ward. Auch in Paris, wohin sie im Spätsommer 1773 ihren Oheim begleitete, fand ihr Gesang allgemeinen Beifall, selbst am königlichen Hofe. Ludwig XV. und sein Thronfolger gaben der Sängerin mehrfache Beweise der Anerkennung ihres Talents. Schon in Wien war sie von der Kaiserin Maria Theresia ausgezeichnet worden. Wenige Jahre nach ihrer Heimkehr aus Frankreich ward sie von den Blattern befallen. Ihr Zustand erregte unter ihren Freunden und Verehrern die lebhaftesten Besorgnisse. Selbst Joseph II. soll während ihrer Krankheit täglich Erkundigungen über ihr Befinden eingezogen haben. Sie starb in der schönsten Jugendblüthe, im 17. Jahre, zu Wien am 21. April 1776. In Paris, wo Gluck sich damals befand, erhielt er die Nachricht von ihrem

77) Tiefer unten auf dem Piedestal liest man die schmeichelhaften Verse:

De l'art d'aller au coeur par des accords touchants
Nul autre mieux que lui n'a montré la puissance,
Et de tous ses rivaux c'est le seul dont les chants
Ayent charmé son pays, l'Italie et la France.

78) Vergl. über Gluck außer den bereits erwähnten Schriften noch vorzugsweise: Burney in der History of Music. (London 1776.) 4 Voll. (*Bailly du Rollet*) Lettres sur les Drames-Opéras. (Amsterd. 1776.) *J. J. Rousseau*: Lettre à Mr. Burney sur la Musique. *J. B. Suard*: Mélanges de Littérature. (Paris 1803.) Vol. II et V. Ueber die Musik des Ritters v. Gluck. Verschiedene Schriften, gesammelt und herausgegeben von F. J. Riedel. (Wien 1775.) J. G. C. Spazier: Etwas über Gluck'sche Musik und die Oper Iphigenia auf Tauris. (Berlin 1795.) J. G. Siegmeyer: Ueber den Ritter Gluck und seine Werke (Berlin 1823.) (ein Auszug aus den mehrfach erwähnten Mémoires pour servir etc.). E. L. Gerber's Lexikon der Tonkünstler. 1. Th. S. 514 fg. Dessen Neues Tonkünstlerlexikon. 2. Th. S. 344 fg. G. Schilling's Encyklopädie der gesammten musikalischen Wissenschaften. 3. Bd. Gaßner's Universallexikon der Tonkunst S. 358 fg. Der Aufsatz: „Ritter Gluck" in den Phantasiestücken in Callot's Manier von E. T. A. Hoffmann (Leipzig 1825. 1. Th. S. 7 fg.) ist, dem Titel dieses Werkes völlig entsprechend, ein bloßes Phantasiegemälde, ohne alle historische Grundlage, aber geistreich entworfen und ausgeführt.

Lebe. Untröstlich über ihren Verlust, ergoß er sich in die lautesten Klagen. Allen, welche die „kleine Nachtigall" gekannt und ihren lieblichsten Tönen gelauscht hatten, schilderte er in Briefen sein hartes Schicksal. Von Wieland empfing er einen mit vieler Herzlichkeit geschriebenen Trostbrief [1]. Am rührendsten sprach er seine Empfindungen in einem Briefe an Klopstock aus, der die Sängerin in Strasburg kennen gelernt und liebgewonnen hatte. Aus Paris schrieb Gluck den 10. Mai 1776: „Ich habe meine Marianne verloren. Ihr teutsches Mädchen mit dem edlen und guten Herzen, das auf Ihren Beifall, auf Ihre Freundschaft so stolz war, ist nicht mehr. Im Frühlinge ihres Lebens ist sie wie eine Rose verblüht, und ich verliere in ihr die Freude meines Alters. Wie empfindlich ist mir dieser Verlust! Grade in der Zeit, wo ich die Früchte einer glücklichen Erziehung einernten sollte, ward sie mir während meiner Abwesenheit entrissen, ohne die letzten Empfindungen ihrer unschuldigen Seele vor ihrer Auflösung genossen zu haben. Die Musik, sonst meine liebste Beschäftigung, hat nun allen Reiz für mich verloren. Sollte sie jemals meine Betrübniß lindern können, so müßte sie dem Andenken dieses geliebten Gegenstandes gewidmet sein &c." [2]. Marianne war von Gluck mit der Hoffnung geschieden, bald das Theater zu betreten, worauf sie sich sehr freute. Mit ihrem musikalischen Talente und einem edlen und gefühlvollen Herzen vereinigte sie eine vielseitige Bildung. Sie sprach Französisch und Italienisch, lernte auch die englische Sprache und schrieb mehre gediegene Aufsätze [3].

(*Heinrich Döring.*)

GLUCOSE, ist eine von Dumas (Handbuch der angewandten Chemie, teutsch von Buchner, VI, 134) eingeführte Bezeichnung für alle nach der Formel $C_{12}H_{12}O_{12}$ zusammengesetzten Zuckerarten, als Stärkezucker, Traubenzucker, Fruchtzucker, mögen diese in Trauben oder andern Früchten schon natürlich vorhanden sein, oder aus Stärkemehl mittels Schwefelsäure oder Diastas künstlich erzeugt worden sein. (*J. Loth.*)

GLÜCK und UNGLÜCK (sprachlich und psychologisch), nebst den abgeleiteten Ausdrücken: Glücks-Ball, -Göttin, -Güter, -Jäger, -Kind, -Prinz, -Umstände, insbesondere Glück-Wunsch und glücken. — Im Allgemeinen bezeichnet das Wort Glück wie auch die entsprechenden Ausdrücke in andern Sprachen theils das Zusammentreffen oder den Zusammenhang von Begebenheiten oder Umständen, die auf das Leben des Menschen, namentlich sein Wohlbefinden, einen bestimmenden Einfluß äußern, und zwar einen solchen, den der Mensch selber weder herbeizuführen, noch selber klar zu verstehen vermag; theils den in diesem Zusammentreffen sich offenbarenden innern, dabei gleichwol seinem eigentlichen Wesen nach geheimnißvollen Grund jener Erscheinungen. In jener erstern Bedeutung wird das Wort „Glück" vornehmlich von solchen Umständen oder Begebenheiten gebraucht, welche einen günstigen Einfluß auf das Leben äußern im Gegensatze zu dem Unglück, welches letztere übrigens nicht blos die Negation oder Abwesenheit des Glücks, sondern ein positives Zusammentreffen widriger Umstände bezeichnet. In dieser Beziehung hat die französische Sprache in sofern einen Vorzug, als sie das der lateinischen entnommene *fortune* als Zeichen des allgemeinen Begriffs festhält und die zwei Seiten der *fortune* mit *bonheur* und *malheur* bezeichnet, an welchen Sprachgebrauch sich auch noch manche andere interessante Bemerkungen knüpfen lassen, dergleichen Prof. Rosenkranz in Noack's Jahrbüchern für specul. Philosophie gegeben hat [1]. — In dem weitern Sinne als Schicksal, Fügung, Zufall wird das Wort Glück öfters in der heiligen Schrift gebraucht: „Es liegt Alles an der Zeit und Glück," Predig. 9, 11. Im engern Sinne wird das Wort Glück auch in den Zusammensetzungen Glücks-Ball und -Fall, -Güter, -Kind, -Jäger, -Umstände u. dgl. m. genommen. Zugleich ist hierbei angedeutet, daß solche Güter oder Fälle nicht Producte einer Berechnung oder sonstigen menschlichen Willensbestimmung waren, sondern ihren Grund, wie überhaupt Alles, was als Glück bezeichnet wird, in einer höhern, unerforschlichen Lenkung finden, mag man diese nun selber sich als blindes Fatum oder Schicksal, Ungefähr oder Zufall (nach der epikuräischen Philosophie), oder als allwaltende Vorsehung (nach unserer christlichen Weltansicht) denken, wie dies Goethe treffend in den Worten ausdrückt:

> „Wer wagt ein Herrschendes zu leugnen, das
> Sich vorbehält, den Ausgang unserer Thaten
> Nach seinem eignen Willen zu bestimmen!"

In jener besonderen Bedeutung einer Gunst des Schicksals oder der Vorsehung kommt das Wort Glück häufig in der Bibel vor. „Durch Joseph gab Gott Glück." 1 Mos. 39, 3. Vergl. 5 Mos. 28, 29; 30, 9. Hiob 15, 29. Ps. 122, 6. 7; 140, 12. Spr. 1, 32; 16, 20. Weish. 6, 26. Pred. 9, 11. Sir. 4, 14; 11, 14; 22, 29. „Es kommt Alles von Gott, Glück und Unglück," Sir. 11, 14. (Interessant ist übrigens, daß schon das alte wie auch das neue Testament der richtigen Weltansicht huldigend den Irrthum bekämpft, als wäre das Glück stets ein besonderes Zeichen der göttlichen Gnade, und als wären diejenigen, denen es übel ginge, gleichsam Gottlose; vergl. Hiob, ferner Ps. 37, 1. 2 und Ps. 73. Spr. 1, 20. Luc. 16, 19.) In diesem Sinne wird auch das Zeitwort glücken, als nach Wunsch aus-

1) Siehe Auswahl denkwürdiger Briefe von C. M. Wieland. (Wien 1815.) 1. Bd. S. 315 fg. 2) Siehe Auswahl aus Klopstock's nachgelassenem Briefwechsel. (Leipzig 1821.) 1. Th. S. 266 fg. 3) Siehe Gerber's Lexikon der Tonkünstler. 1. Th. S. 518 fg.

1) 2. Jahrg. 1847. Heft 5. S. 1002. Rosenkranz charakterisirt daselbst sehr treffend das Ethos oder die allgemeine Weltanschauung der Franzosen, die sich ihnen in den Formen der *fortune* und der *gloire* darstellen. Auch führt derselbe näher aus, wie sich hierin der Unterschied zwischen französischem und deutschem Nationalcharakter offenbart, namentlich in sofern die Ausgleichung von Glück und Verdienst, welche das Christenthum und die Kantische Philosophie erst im Jenseits erwarten, in der französischen schon im Diesseits gesucht wird, was eben die Systeme des Socialismus und Communismus hervorgerufen hat.

schlagen gebraucht. („Es glücket manchem in bösen Sachen, aber es gelingt ihm zum Verderben." Sir. 20, 9.) In diesem Sinne heißt jener Umstand Glück, durch welchen vermittels einer Verknüpfung von Umständen, die nicht unmittelbar in der menschlichen Gewalt stehen, ein Vorhaben gelingt oder ein wünschenswerther Zustand bewirkt wird. So in der Redensart: Viel Glück, oder: mehr Glück als Verstand haben. „Ein kluger König ist des Volkes Glück." Weish. 6, 26. „Alles liegt an der Zeit und Glück." Predig. 9, 11. „Es kommt alles von Gott, Glück und Unglück." Sir. 11, 14. Ferner: sein Glück machen. Von Schiller sagt seine Schwägerin, Frau v. Wolzogen: „Zu dem, was man in der Welt sein Glück machen nennt, hatte er gar keine Anlage. Etwas äußern Motives wegen etwas zu thun, was seiner Ueberzeugung, ja oft nur seiner momentanen Stimmung widersprach, war ihm unmöglich. Freiheit und ein unbeschränktes Leben in seiner Ideenwelt ging ihm über Alles. Einen günstigen Moment zu ergreifen, wo das Glück sich fassen ließ, hielt ihn eben dieses Uebergewicht des innern über das äußere Leben ab"[2]). Hierher gehört denn auch Glückwunsch als Wunsch, daß einem Andern sein Vorhaben gelingen möge; eine Sitte, die uralt ist, und sich namentlich in dem Spruche: Glück zu! Glück auf! (letzteres bekanntlich bei Bergleuten[3]) und Jägern die gewöhnliche Begrüßungsformel) von jeher ausgesprochen hat (s. 1 Sam. 10, 24; 25, 6. 2 Sam. 16, 16. 1 Kön. 1, 25; 1, 31; 1, 34. 2 Kön. 11, 12. Job. 11, 19. Zach. 4, 7). Im engern Sinne wird „Glückwunsch" als sogenannte Gratulation nur von besonders feierlichen Gelegenheiten gebraucht:

„Im neuen Jahre Glück und Heil!
Auf Weh und Wunden gute Salbe!
Auf groben Klotz ein grober Keil!
Auf einen Schelmen anderthalbe."
Goethe.

Glück heißt auch manchmal jedwedes Ungefähr oder Zufall überhaupt („es war ein bloßes Glück, daß ich ihn noch antraf"). Metonymisch bezeichnet Glück auch manchmal die Person oder Ursache, welche Glück macht, so bei Goethe:

„Und dem Liebenden gönnt,
Daß ihm begegnet sein Glück."
(S. d. Gedicht: „Einsamkeit.")

In der poetischen Sprache wird auch das Unglück personificirt:

„Und das Unglück schreitet schnell!"
Schiller.

Die Etymologie des Wortes Glück ist noch ungewiß und streitig. Frisch leitete es von „Loos" ab, was wenig für sich hat. Nach Adelung gehört Glück zu gelingen, wofür allerdings spricht, daß in Notker's Psalm-Uebersetzung (39, 11) Lingiso für Glück vorkommt. Dagegen ist bemerkt worden, daß Glück und Gelingen aus einer gemeinschaftlichen Wurzel entsprossen sind, zumal das G bloß der verlängernde Vorlaut Ge ist und das Wort im Altfriesischen Luck lautete, wie noch jetzt im Niederteutschen Luck, im Friesischen Lack, im Englischen good luck (Glück), ill luck (Unglück), im Schwedischen Lyka, im Dänischen Lykke gesagt wird. Letzteres aber stammt ohne Zweifel von *lîhan* oder *liegan*, d. h. leihen oder verleihen ab, sodaß also der Grundbegriff darauf hindeutet, daß das Glück uns etwas verleiht, gewährt, schenkt[4]). — Sprachlich wird Glück und Heil oft zusammengestellt, namentlich beim Glückwünschen; (hierher gehört auch der neuerdings bei den Turnern aufgekommene Gruß: Gutheil!). Im genauern Sprachgebrauche unterscheidet sich übrigens Heil von Glück dadurch, daß es den erwünschten Zustand von der Seite darstellt, wie derselbe dem unangenehmen Zustande entgegengesetzt ist, von welchem wir dadurch befreit werden; dies ergibt sich aus der Etymologie von Heil, d. h. unverletzt, und heilen, von einer Krankheit befreien (daher auch Heiland, Erlöser, Retter). Auch wird Heil namentlich in der Bibel vornehmlich auf die innern höheren, ewigen Güter, auf die geistige Erlösung, die eigentliche Seligkeit bezogen. „Herr, ich warte auf dein Heil!" (Messias) 1 Mos. 49, 18. „Das Heil kommt von den Juden." Joh. 4, 22. „Und ist in keinem andern Heil als in Christo." Apostelgesch. 4, 12.

Es ist schon bemerkt worden, daß und in welcher Weise „Unglück" den Gegensatz von Glück bezeichnet, und daß unter demselben Alles begriffen ist, was dem Menschen nur Widriges oder Uebels begegnen kann. In der Bibel wird öfters das Unglück als Züchtigung dargestellt; so z. B. „die vier bösen Strafen Gottes (Hesek. 14, 21): Schwert, Hunger, böse Thiere und Pestilenz." „Ich will Unglück über das Haus Jerusalem und Juda bringen" (2 Kön. 21, 12). „Es kommt Alles von Gott, Glück und Unglück" (Sir. 11, 14). Gleicherweise wie Glück und Heil wird Unglück und Unheil oft zusammengestellt und für synonym angesehen; im genauern Sprachgebrauche ist Unheil der Inbegriff aller Arten von Uebeln überhaupt, besonders sofern sie auf Wohlstand und einen erwünschten Zustand folgen, und welches von Personen oder von personificirten physischen Ursachen gewirkt wird. „Denn kläglicher Verderbniß unter dem weiblichen Geschlechte war, ihrem Urtheile nach, die wahre und einzige Quelle alles Unheils in der Welt." Wieland.

„Fluchvolles Amt, das mir geworden ist,
Die Unheil-Verkünderin, fähige zu hören"
Schiller.

„Daß diese Eilstafette des Unheils doch
Gestorben wäre. — —"
Derselbe.

2) Schiller's Leben. 2 Bd. S. 296. 3) Bergleute würden es sehr übel deuten, wollte man ihnen auf ihr „Glück auf!" mit einem „Glück zu!" antworten, da ihnen die Gänge und Klüfte sich auf- und nicht zuthun mögen.

4) Vergl. Eberhard-Maaß-Gruber's Synonymik III, 349, vergl. 218 und II, 623, und Adelung's Wörterb. u. d. W. — Eine Anmerkung in Krünitz' Encyklop. 19. Th. S. 205 findet es merkwürdig, daß bei Notker das Glück *frumspuote*, im Niedersächsischen *Spood* heißt, von dem ags. ähnlichen Spoeden, d. i. eilen; wornach also der Begriff der Geschwindigkeit der herrschende ist, um den ungefähren Zufall, der das Glück ausmacht, zu bezeichnen.

Unglück sind alle Arten von Uebel, sofern sie Ursachen haben, die man als Zufall ansieht.

Die Wörter Glück und Unglück in jener weitern Bedeutung bestätigen ganz, sowie die nächstverwandten Ausdrücke Zufall, Zufälligkeit, Geschick oder Schickung, Schicksal, Loos, Fügung, Verhängniß, den so höchst wahren und wichtigen Ausspruch Herder's, daß die Ausdrücke unserer Sprache nicht die Dinge an und für sich, sondern nur unsere Vorstellungen von denselben bezeichnen[5]. Denn in allen diesen Ausdrücken wird ja durchaus nichts objectiv Nachweisbares namhaft gemacht, sondern sie sind eben nur Zeichen oder Producte unserer Einbildungs- und Denkkraft und im Grunde nur eine Art von testimonium paupertatis, was sich unsere dichtende und speculirende Vernunft in Bezug auf ihr Verhältniß zum Räthsel des Daseins der Dinge und der Bestimmung des Menschen selber ausstellt. Daraus erklärt sich auch, daß so oft von einem bloßen Scheinglück im Gegensatze des wahren Glücks die Rede ist, weil das, was der Mensch in seiner beschränkten Weltansicht für sein Glück hält, sich im Verlaufe des Lebens von der entgegengesetzten Seite darstellt, wie dies schon das berühmte Sonnet Leonardo da Vinci's[6]:

„Kannst du dein Können nicht,
Dein Können wolle ꝛc."

und auch ein früher berühmter teutscher Dichter, Hagedorn, in den Worten andeutet:

„So ist das wahre Glück an keinen Stand gebunden;
Das Mittel zum Genuß der schnellen Lebensstunden,
Das, was allein mit Recht beneidenswürdig heißt,
Ist die Zufriedenheit und ein gesetzter Geist"[7].

Schon vom blos psychologischen Standpunkte aus unterscheidet man das äußere, auf das bloße sinnliche Wohlbefinden, auf den Genuß nur zeitlicher Güter im Gegensatze der ewigen, deren Besitz auch im Leben nach dem Tode stattfindet (2 Kor. 4, 18. Hebr. 11, 26), beschränkte Glück von dem höhern, innern oder geistigen, da der Besitz jener Güter mit Kummer und Elend vergesellschaftet sein und es ein „unselig Glück" geben kann.

„Unselig Glück, o ungeliebtes Leben!
Dergleichen Qual bezahlt kein Schatz der Welt."

Uz.

So haben auch schon die alten Philosophen richtig erkannt, daß sogenanntes Unglück dem Menschen zum wahren Heile gereichen kann, während das Glück nur zu leicht ihn übermüthig macht und zum Verderben führt. *Adversae res* edomant et docent, quid opus sit facto; secundae res laetitia transversum trudere solent a recte consulendo atque intelligendo (*Cato* apud *Gell.* N. A. 7, 3). — Mortales inconsideratiores in secunda quam in *adversa* sunt *fortuna* (*Cornel. Nep.* 9, 5, 1). — Melius in malis sapimus, secunda rectum auferunt (*Sen.* Epist. 94, 73). — Gaudent magni viri *rebus adversis*, non aliter quam fortes milites bellis triumphant (*Sen.* De prov. 4, 4). — Ignis aurum probat, miseria fortes viros (*Sen.* De prov. 5, 9). Auch die Geschichte bestätigt dieses in alter und neuer Zeit, indem die meisten Nationen ihre Größe dem Unglück, ihren Untergang dem Glück zuzuschreiben haben, wie u. a. der berühmte Ferguson in seiner später noch zu erwähnenden „Geschichte der bürgerlichen Gesellschaft" nachweist. Es mag hier genügen, daran zu erinnern, daß die Schlacht bei Cannä die Epoche der werdenden Größe des alten Roms, sowie die Zerstörung von Karthago die seines beginnenden Falls bezeichnet; so erhob sich die Republik der vereinigten Niederlande aus dem Drucke der spanischen Tyrannei und zeigte sich einige Jahre später (1672) in ihrer vollsten Größe, als Frankreich und England sich zu ihrem Untergange vereinigt hatten; und ebenso war die Niederlage der Preußen am 14. Oct. 1806 bei Jena, wie schon der Freiherr v. Stein richtig einsah, ein wahres Glück für Preußen und Teutschland. Daher Droysen[8] die darauf folgende Periode der Regeneration die „Segensjahre des Unglücks" nennt. Hierher gehört auch, was Shakespeare in „Troilus und Cressida" über das Unglück als Prüfstein des Menschen und namentlich seiner ausdauernden Standhaftigkeit ausspricht: „Die Feinheit dieses Metalls findet sich da nicht, wo das Glück uns günstig ist: denn alsdann scheinen der Kühne und der Zaghafte, der Weise und der Thor, der Künstler und der Unwissende, der Harte und der Sanfte mit einander verwandt und verbrüdert. Aber in dem Sturme und Ungewitter des erzürnten Glücks stößt die Unterscheidung mit einer breiten und mächtigen Wurfschaufel auf Alle, schwingt die zu leicht Befundenen hinweg, und was für sich selbst Körper und Gewicht genug hat, bleibt liegen, reich an Tugend und unvermengt"[9].

Auch ist es psychologische Thatsache, daß dasjenige, was wir Glück oder Unglück nennen, vorzugsweise durch die Phantasie oder Einbildungskraft bestimmt wird, daher beides fast immer blos phantasirt ist. Der Sinn fordert nur Befriedigung des Bedürfnisses, auf diese folgt Gleichgültigkeit; jeder sinnliche Genuß hebt sich daher selbst auf, wogegen in der Einbildungskraft der Genuß so lange sich erhält, als die Spannung für Hoffnung und Furcht noch Steigerung zuläßt (daher die Hochzeit das Ende jedes Romans! eripitur persona, manet res.

5) Herder, Ideen zur Philos. der Geschichte der Menschheit. Buch 9. §. 2. 6) Siehe die Uebersetzung desselben in Meine's „Gedichte;" das Original bei Fiorillo, Gesch. der Malerei I. S. 308. 7) Eine schöne Ausführung des Begriffs des wahren Glücks findet sich in Pope's berühmtem „Versuch über den Menschen."

8) Geschichte der Freiheitskriege. 2. Th. S. 379. 9) Auch ein anderes schönes Wort von Shakespeare in s. Coriolan verdient hier Erwähnung:

„Ihr pflegtet sonst
Zu sagen: Noth sei Probe der Gemüther;
Gemeines trage der gemeine Mensch:
Wo still das Meer, zeige jedes Boot
Sich gleich geschickt im Schwimmen; bei den Schlägen
Des Schicksals ruhig Wunden dulden, sei
Erhabne Weisheit. Ihr beladet mich
Mit Lehren, die wol unbezwinglich machten
Ein Herz, das recht sie faßte."

Lucret.). Im Gemüthe zu leben, ist also blos Sache der Einbildungskraft[10]). Ebenso ist es nicht das äußere Leiden, welches jeden Augenblick kommt und weicht, sondern die innere Vorstellung, die Einbildung seiner beständigen Fortdauer und das lebendige Gemälde entgegengesetzter möglicher Genüsse, welches die Gegenwart unerträglich und den Menschen unglücklich macht. Alle Leiden sind geistige, auch das körperliche wird, da es nur in der Zeit, mithin in Augenblicken stechen kann, zu einem geistigen; es kann aber ebendeshalb auch durch die Vorstellung, daß auch der heftigste Schmerzensstich ertragen wird, wofern er nur einen Augenblick dauert, wieder aufgehoben werden, da wirklich kein Schmerz länger als einen Augenblick dauert (denn wenn der zweite kommt, ist der erste vorbei!), und nur unsere Einbildungskraft die einzeln erträglichen Stiche zusammenrechnet und von Stunden, Jahren u. redet[11]). Da Kinder eben nur im Momente der Gegenwart leben, nicht so zusammenrechnen wie die Erwachsenen (was bekanntlich ein berühmter Maler sehr gut veranschaulichte, der in einem seiner Bilder mit einem einzigen Pinselstriche ein weinendes Kind in ein lachendes verwandeln konnte), so gibt es für sie eigentlich weder Glück noch Unglück, sodaß man versucht sein könnte, den bekannten Rath: werdet wie die Kinder, auch in dieser Hinsicht gelten zu lassen. Darauf deutet die geistreiche Rahel in den Worten hin[12]): „Ich glaube, ein großer Bestandtheil des Kinderglücks ist der, daß sie sich kein Lebensbild, auch nur eines Tages, entwerfen können, und eine große Hilfe wäre es für Alte, die Jahres-, Monats- und Tagesbilder fahren zu lassen und nicht zu glauben, wir könnten Lebensstoff aufsuchen und ihn uns zum Gebrauche vorlegen. Mir hilft es jetzt gleich zur Besinnung, wenn ich jeden Tag, jede Stunde denke: diese Bedingungen sind dir als Stoff gegeben, sieh was du daraus arbeiten kannst, und frisch, fleißig, thätig, arbeitslustig! Und reißt man dir selbes Werk aus den Händen, der verliehene Tag, die Stunde will es so; Besitz gibt es nicht; das Wirken, das Werk, das ist uns zugetheilt. Man ist sehr verwöhnt und falsch erzogen, ich muß mirs spät anders einlernen, aber es hilft sehr."

Vom psychologischen Standpunkte aus sind Glück und Unglück in sofern die praktisch-wichtigsten aller unserer Begriffe, als sich unser Dichten und Trachten fast immer nur auf die Erlangung des Einen und die Abwehr gegen das Andere bezieht. Da es in der Natur der Sache liegt, daß die in der frühern Periode der geistigen Entwickelung bei den Völkern, wie bei den einzelnen Menschen die Phantasie oder Einbildungskraft vorherrscht, welche Alles personificirt (z. B. „das Blut Abel's schreit um Rache," „die Erde trinkt das Blut," „sie versagt dem Mörder ihre Früchte")[14]) und keine Naturgesetze, sondern blos Aeußerungen von Kräften kennt, welche sie, von dem menschlichen Selbstgefühle ausgehend[15]), auf dem Menschen ähnliche, nur mächtigere und unsichtbare Wesen überträgt, so erklärt sich leicht, daß und warum, namentlich in der Mythologie des classischen Alterthums, das Glück als eine eigene Göttin, die Tyche oder Fortuna, aufgefaßt und dargestellt ward[16]). Auch die Embleme sind sehr charakteristisch, die zur Bezeichnung der Glücksgöttin dienten; so das Rad, auf welchem die Fortuna zu stehen pflegt, als Sinnbild der Veränderlichkeit und des Wechsels, welcher allen irdischen Dingen eigenthümlich ist, wie schon Seneca (Nat. quaest. VI, l. 11) und Tacitus (Ann. III, 45) bemerkt haben (vergl. *Ovid.* Fast. VI, 463)[17]). Ferner hat die Fortuna das Horn der Amaltheа oder des Ueberflusses und hält den Plutus auf dem Arme oder im Schooße[17]), sowie einen Scheffel (modius) auf dem Haupte[18]). Gleicherweise gehört hierher, was Winckelmann in seiner Abhandlung über die Allegorien bemerkt hat: „Das Glück hält in der einen Hand ein Steuerruder und in der andern ein Fruchthorn; das Ruder bedeutet die Reichthümer, welche durch die Schiffahrt kommen; denn die Alten lösten das Ruder von ihren Schiffen ab und hängten es auf im Rauche, wenn der Herbst kam und das Meer stürmisch wurde; das Ruderanlegen war eine Anzeige des Frühlings. Daher sagt Hesiod, wenn Pandora nicht erschienen wäre, hätte man müssen die Ruder beständig im Rauche hängen lassen, und die Arbeit der Ochsen und Esel wäre verloren gewesen, d. i. es würde weder Schiffahrt noch Ackerbau getrieben worden sein, welches die zwei Quellen des Reichthums sind"[19]). Gleicherweise erkannte schon das Alterthum sehr klar die Veränderlichkeit des Glücks als Hauptmerkmal dieses Begriffs an, wie dies in den erwähnten Emblemen der Kugel oder des Rades, sowie in vielen Sprüchen, namentlich des Cicero, sowie des Ovid, ausgesprochen ward[20]); ebenso in der Vergle-

10) Vergl. Fries, N. Kritik der Vernunft I, 197. 11) Vergl. Scheidler, Psychologie, ed. 2. S. 416 fg. 12) Varnhagen's „Rahel." 1834. 3. Bd. S. 115. 13) Vergl. Scheidler, Psychol. 1833 S. 329.

14) Bernhardi, Sprachlehre I. S. 94. 15) Creuzer, Symbolik und Mythologie 1821. 2. Bd S. 86. 350. 979 fg. 4. Bd. 913 fg. 16) Aehnlich Horaz:

„Fortuna, froh grausamer Geschäftigkeit,
Fort spielt sie kecklich Spiele des Uebermuthes,
Und tauscht der Ehr' unsichern Glanz; bald
Mir und dem Andern hold gewogen."

17) Winckelmann, Werke, herausgegeben von Fernow II, 749. 18) Winckelmann VI, 2. 139. VII, 467. 19) Winckelmann II, 540. — Später erwähnt Winckelmann (II, 748) der „Fortuna" des Guido Reni als einer der geistreichsten, gelungensten Allegorien. „Nackend, flüchtig, mit Zepter und Palme in der Linken, auf den Fingerspitzen der Rechten eine Krone tragend, schwebt sie über dem Erdballe, aber ein kühner kleiner Genius faßt sie bei den Haaren, hält und zieht sie zurück." 20) For[illegible]. Cic. De nat. deor. 2, 16, 43. — *Varietas propria est fortunae.* Cic. De div. 2, 33, 109. — Nihil est tam contrarium rationi atque constantiae quam *fortuna.* Cic. De div. 2, 7, 18. — Fortunam nemo ab inconstantia et temeritate sejunget. Cic. De div. 2, 24, 51.

Passibus ambiguis *Fortuna* volubilis errat
Et manet in nullo certa tenaxque loco,
Sed modo laeta manet, modo vultus sumit acerbos
Et tantum constans in levitate sua est.

Ovid. Trist. 5, 8, 15. Vergl. *Ovid.* ex Pont. 4, 3, 49. 57. *Sen.* Thyest. 3, 614.

chung jenes mit der Zerbrechlichkeit des Glases [21]). Auch die Warnung, daß dem größten Glücke am wenigsten zu trauen, gehört hierher [22]); desgleichen die bekannte Auffassung der Nemesis und der großen Scheu, welche das classische Alterthum vor dieser Göttin, namentlich als Züchtigerin des Uebermuths wegen zu großen Glücks, hegte. Hierbei sei an die schöne Ballade Schiller's: „Der Ring des Polykrates," erinnert, besonders an die warnenden Worte des Königs von Aegypten:

„Drum willst du dich vor Leid bewahren,
So flehe zu den Unsichtbaren,
Daß sie zum Glück den Schmerz verleihn.
Noch keinen sah ich fröhlich enden,
Auf den mit immer vollen Händen
Die Götter ihre Gaben streun."

So erzählt auch Plutarch in den Apophthegmen [23]), daß der macedonische König Philipp, als er zu gleicher Zeit drei angenehme Nachrichten — von einem Siege seines Feldherrn Parmenion über die Illyrier, von einem Siege in den olympischen Spielen und von der Geburt seines Sohnes Alexander — erhalten, ausgerufen habe: „O Schicksal, lege mir nun für so vieles Glück auch ein kleines Unglück auf!"

Begreiflich mußte sich einerseits diese große Macht und andererseits die Unbeständigkeit der Glücksgöttin vorzugsweise deutlich offenbaren in den Zufällen des Krieges: was denn auch in mehr als einem treffenden Ausspruche von Philosophen und Historikern anerkannt ist [24]). — Daß der Wechsel des Glücks oder Unglücks auf ganze Völker wie auf Einzelne den größten Einfluß hat, ist ebenfalls psychologische und besonders culturgeschichtliche Thatsache. Hier mag nur nochmals an das Schicksal Griechenlands und Roms erinnert werden, deren beider Untergang sich doch vorzugsweise von ihrem Glücke und dem daraus entstandenen Uebermuthe herschreibt [25]). Ward doch auch Alexander der Große durch seine Siege über die Perser so übermüthig, daß man die letzteren bedauerte, keinen würdigeren Ueberwinder gehabt zu haben [26])! Auch der König Eduard II., sowie Heinrich III. von Frankreich (welcher als Prinz und als König von Polen die vortrefflichste Meinung von sich erregt hatte) geben beide einen Beleg dafür, daß selbst durch Geburt schon hochstehende, durch das Glück noch höher gehobene Männer in moralischer Beziehung tief sinken können. Zu den Wenigen, bei denen der Wechsel des Glücks keine Aenderung in ihrem Wesen hervorbrachte, gehört ohne Zweifel der Kaiser Diocletian und in neuerer Zeit der Cardinal Ximenes; nach Robertson's Ausspruch der einzige Premierminister, den seine Zeitgenossen als einen Heiligen verehrten und seine Unterthanen für einen Wunderthäter hielten (auch der edle Genuese Columbus ist hier zu nennen), wogegen der berühmte Cardinal Wolsey, eines Fleischers Sohn, nachdem er in Ungnade bei Heinrich VIII. gefallen, sich, wie Hume in seiner Geschichte von England III, 161 erzählt und auch Shakespeare gut darstellt, in Folge dieses Glückswechsels den niedrigsten Charakter zeigte [27]).

Da die Philosophie ihrem Weltbegriffe nach, d. h. in sofern dieselbe bei den Culturvölkern als allgemeine Welt- und Lebensansicht zunächst der Gebildeten und durch sie der öffentlichen Meinung einen Hauptfactor des Lebens bildet [28]) — als sogenannte Lebensphilosophie, „Philosophie für die Welt," „Weisheit auf der Gasse" — sich vorzugsweise in den Sprüchwörtern ausspricht, wie erst noch neuerdings von Prantl näher nachgewiesen worden [29]), und da eben der Begriff des Glücks als des gewöhnlichen Hauptzieles des gesammten Menschenlebens dieses letztern vorzugsweise bestimmt, so ist unleugbar die Sprüchwörterkunde in dieser Beziehung (wie auch schon Herder richtig bemerkt hat) [30]) von hohem culturgeschichtlichen und psychologischen, namentlich ethnologischen Interesse. Zum Belege hierfür beschränken wir uns übrigens auf die in der lateinischen und in der deutschen Sprache bezüglichen Sprüchwörter, zumal dieselben großentheils zugleich von den ausgezeichnetsten Schriftstellern adoptirt sind. In Bezug auf die Römer gehören zunächst diejenigen hierher, welche die große Macht des Glücks in Bezug auf alle menschlichen Angelegenheiten aussprechen [31]), wie denn (nach Creuzer's Symbolik und Mythologie) [32]) „Tyche oder Fortuna eine der Parzen heißt, und zwar die mächtigste." Ferner diejenigen, die den Gedanken ausdrücken, welchen unser Schiller

21) *Fortuna vitrea est, tum cum splendet frangitur.* *Publ. Syr.* 171. p. 271. ed. *Robbach.* — Fortunam tuam pressis manibus tene, lubrica est, nec invita teneri potest. *Curt.* 7, 8, 24. 22) Maximae cuique *fortunae* minime credendum est. *Liv.* 30, 30. — *Fortuna* plerumque eos, quos plurimis beneficiis ornavit, ad duriorem casum reservat. *Auct.* Bell. Alex. 25. — Nihil infelicius eo cui nihil unquam evenit adversi. *Demetr.* apud *Sen.* De prov. 3, 3. 23) Siehe Plutarch's Moral. Schriften, übersetzt von Kaltwasser. 2. Bd. S. 186. Vergl. Plutarch's Leben des Alexander §. 3. 24) Incerti sunt exitus et anceps *fortuna belli*. *Cic.* pro Marc. 5, 15. — Nusquam minus quam in bello eventus respondent. *Liv.* 30, 30. — *Fortuna belli* semper ancipiti in loco est. *Sen.* Theb. 629. — Belli maxima momenta sunt in *occasionibus*. *Sen.* De ira 3, 21. — *Fortuna belli* artem victos quoque docet. *Curt.* 7, 7, 30, 16. — So sagt auch der General v. Clausewitz: „Alles Handeln im Kriege ist nur auf wahrscheinliche, nicht auf gewisse Erfolge gerichtet, was an der Gewißheit fehlt, muß überall dem Schicksale oder Glück, wie man es nennen will, überlassen bleiben." (Hinterlassene Schriften I, 177.) 25) Vergl. Ferguson, Gesch. der bürgerl. Gesellschaft. Part. V. S. 316 fg. der deutschen Uebersetzung. 1768. 26) *Liv.* IX. c. 18.

27) Vergl. Feder, Ueber den menschlichen Willen I. S. 265. 28) Kant, Kritik der praktischen Vernunft S. 198. ed. 5. Ders. Tugendlehre, Vorr. S. IV. ed. 4. Vergl. Delbrück, Gelehrsamkeit und Weisheit. (Bonn 1834.) Krause, Das Urbild der Menschheit S. 9. 29) Prantl, Die Philos. in d. Sprichwörtern. 1858. 30) Herder, „Ueber Sprach, Bild, Fabel" (in den „Zerstreuten Blättern"). 31) *Fortuna* rerum humanarum *domina*. *Cic.* pro Marcell. 2, 7. — Vitam regit fortuna, non sapientia. *Cic.* Tusc. Disput. 5, 9 ex Graec. Callisthenis. — Parvis momentis fortuna magnas rerum commutationes efficit. *Caes.* De bell. civ. 3, 68. — Fortuna rebus famam pretiumque constituit. *Curt.* 9, 42, 28. — Fortuna in omni re dominatur, ea res cunctas ex libidine magis quam ex vero celebrat obscuratque. *Sallust.* Cat. 8. — Exitus acta probat — careat successibus opto, Quisquis ab eventu facta notanda putat. *Ovid.* Her. 2, 85. 32) 1821. 4. Bd. S. 213.

in dem bekannten Worte ausspricht: „Dem Muthigen gehört die Welt!" [33]).

Besonders gehört hierher das allbekannte und berühmte Wort, welches unsere teutsche Sprache in dem Spruche bezeichnet: „Jeder ist seines Glückes Schmied." Dieses findet sich auch schon in der römischen Sprache und zwar von dem unleugbar größten aller Römer, Julius Cäsar, und vor diesem schon von Plautus, sodann von Cornelius Nepos ausgesprochen [34]). Auch einer der größten Gelehrten der Neuzeit, Baco von Verulam, hat (in seiner Popularphilosophie, den „Sermones fideles," Nr. 38) dieses Sprüchwort näher erläutert [35]). Derselbe stellt eine Art von Kunst und Wissenschaft des Glücks auf, auf die er nicht wenig Gewicht legte, indem es nichts Geringeres oder weniger Mühsames sei, was zu dem Bewirken des Glücks als zu dem der Tugend erfordert wird, und die Geschäftsleute daraus erkennen könnten, daß die Geiebrsamkeit nicht blos wie die Lerche in die Höhe steige und sich am Gesange ergötze, sondern auch wie ein Habicht aus der Höhe herab ihre Beute zu ergreifen wisse. In der That gibt Baco allerlei praktische Regeln zu dieser Schmiedekunst, die in psychologischer Beziehung Beachtung verdienen, während sie vom ethischem Standpunkte aus nur theilweise zu billigen sein möchten. (Sprachlich ist hierbei noch zu bemerken, daß statt des Schmiedes der Franzose *artisan*, der Engländer *founder* hat.)

Was die teutsche Sprache betrifft, so ist dieselbe besonders reich, namentlich an gereimten Sprüchwörtern, in Bezug auf das Glück, z. B.:

„Das Glück ist kugelrund,
Es trifft wol manchen Pudelhund."

„Was soll Glück,
Das liegt am Strick."

„Ich wart' des Glücks,
Hilf Gott und schick's!"

„Wen das Glück blendt,
Der fällt in seine Händ'."

„Das Glück
Ist immer ohne Tück."

„Je mehr Glück,
Je mehr Tück."

„Glück ohne Mangel
Ist nimmer ohne Angel."

„Glück und Glas,
Wie leicht bricht das!"

„Glück und Gras,
Wie bald wächst das!"

„Glücklich ist,
Wer vergißt,
Was nicht mehr zu ändern ist" u. dgl. m.

Bei der großen Menge solcher Sprüchwörter verweisen wir auf die Sammlungen von W. Körte [36]), Simrock u., und führen nur noch einige derselben an, welche unsere großen Dichter adoptirt oder in eigenen Denksprüchen weiter ausgeführt, da diese zugleich sprachliches und psychologisch-ethisches Interesse haben. Besonders Goethe ist hierin sehr reiche Quelle praktischer Lebensweisheit:

„Das Glück verwöhnt uns gar leicht durch seine Gaben,
Man hat, so viel man braucht, und glaubt doch Nichts zu haben."
(D. Mitschuldigen.)

„Das Glück deiner Tage
Wäge nicht mit der Goldwage."

„Daß Glück ihm günstig sei,
Was hilft's dem Stöffel!
Denn regnet's Brei,
Fehlt ihm der Löffel."

„Nein, heut ist mir das Glück erboßt!
Du, sattle gut, und reite getrost!"

„Der Mensch erfährt, er sei auch wer er sei,
Ein letztes Glück und einen letzten Tag."
(Epilog zum Essex.)

„Auf des Glückes großer Wage
Steht die Zunge selten ein,
Du mußt steigen oder sinken,
Amboß oder Hammer sein."

Auch gehören hierher die kleinen Gedichte: „Erkanntes Glück." Ferner: „Ländliches Glück." „Glück der Entfernung." „Hoffnung." Sodann der treffliche Denkspruch in Goethe's „Lila": „Der Mensch hilft sich selbst am besten. Er muß wandeln, sein Glück zu suchen; er muß zugreifen, es zu fassen; günstige Götter können leiten, segnen. Vergebens fordert der Lässige ein

---

33) Fortes fortuna adjuvat. *Terent.* Phorm. 1, 4, 26. — Fortes fortuna adjuvat, ut est in vetere proverbio. *Cic.* Tusc. Disp. 2, 4, 11. — Audentes fortuna juvat. *Vergil.* Aen 10, 284. — Audentes deus ipse juvat. *Ovid.* Met. 10, 586. — Fortibus est Fortuna viris data. *Enn.* Annal. 262 p. 39. ed. *Vahlen.* — Fortuna meliores sequitur. *Sallust.* Histor. fragm. 1, 51. p. 83. ed. *Kritz.* — Fortuna fortes metuit, ignavos premit. *Sen.* Med. 159. 34) Faber est quisque fortunae suae. Corn. apud *Sall.* de ordin. rep. 1. — Sui cuique mores fingunt fortunam. *Corn. Nep.* Att. 11, 6. — Ut quisque fortuna utitur, ita praecellit. *Plaut.* Pseud. 2, 3, 13. 35) „Wenn auch die äußeren Umstände, Gunst der Großen, der Tod Anderer, die angemessene Gelegenheit für die Tugend Jemandes, viel Einfluß auf das Glück haben, so ist doch der Hauptsache nach Jedermann seines Glückes Schmied. Es gibt indessen auch manche kleine, kaum bemerkbare Tugenden und Fertigkeiten, welche das Glück hervorbringen. Es werden keine hierfür günstigeren Eigenschaften gefunden, als daß Jemand etwas Weniges vom Närrischen und nicht zu viel vom Rechtschaffenen habe. Die, welchen das Vaterland oder die Fürsten je theuer waren, konnten nicht glücklich sein; denn wenn Jemand seine Gedanken außer sich selbst gesetzt hat, so kann er seinen Weg nicht gut gehen. Das Glück erzeugt Selbstvertrauen und Ruf, Muth und Ansehen, aber weise Männer pflegen, um den Neid auf ihre Tugenden zu vermeiden, Alles auf Rechnung der Vorsehung und des Glückes zu setzen. Man hat beobachtet, daß die, welche zuviel ihrer eigenen Weisheit und Kunst zuschreiben, zuletzt unglücklich werden." Vergl. Vorländer, Geschichte der philos. Moral, Rechts- und Staatslehre der Engländer und Franzosen S. 234.

36) Körte, Die Sprichwörter (Leipzig bei Brockhaus) sub „Glück."

unbedingtes Glück. Ja, wird es ihm gewährt, so ist's zur Strafe." Von Schiller gehören mehre kleine Gedichte hierher, so: „Die Führer des Lebens":

„Zweierlei Genien sind's, die dich durch's Leben geleiten.
Wohl dir, wenn sie vereint helfend zur Seite dir stehn." —

„Nimmer widme dich Einem allein! Vertraue dem erstern
Deine Würde nicht an, nimmer dem andern dein Glück."

Ferner das Gedicht: „Das Spiel des Lebens":

„Ein jeglicher versucht sein Glück ꝛc."

„Die zwei Tugendwege." Besonders aber das größere Gedicht: „Das Glück."

Ueberaus treffend ist auch, was Jean Paul in psychologischer und lebens-philosophischer Beziehung über Glück und Unglück sagt, namentlich in seinem „Quintus Fixlein" („Die natürliche Magie der Einbildungskraft") seiner Aesthetik I. §. 7 und ganz besonders in seinem „Museum" in dem Aufsatze: „Ueber die Kunst, stets heiter zu sein." Von Herder ist zu nennen: „Das Glück" (Gedichte. 1. Bd. S. 39), „Billige Unglück" (in den „Stimmen der Völker" II. S. 30) und in der „Terpsichore" (aus Balde's Gedichten): „Das glückliche Alter," „Wirkungen des Unglücks" und „Der Glückliche" (Werke zur schönen Lit. u. Kunst. 12. Bd. S. 89. 116. 244). Auch ein Wort Heine's mag hier erwähnt sein:

„Das Glück ist eine leichte Dirne,
Und weilt nicht gern am selben Ort,
Sie streicht das Haar dir von der Stirne
Und küßt dich rasch und flattert fort.
Frau Unglück hat im Gegentheile,
Dich liebefest ans Herz gedrückt;
Sie sagt: sie habe keine Eile,
Setzt sich zu dir an's Bett und strickt."

Auch sei hier an Uhland's „Unstern" erinnert und an die schönen Worte Rückert's („Weisheit der Brahmanen"):

„Der preise sein Geschick, der irgend hat zu klagen;
Erleichtert fühle sich, wer Schweres hat zu tragen
Denn Alle sind wir hier zu Last und Zoll verpflichtet
Dem Unglück; glücklich ist, wer ihm schon hat entrichtet."

Und:

„Unglücklich bist du nicht, wie unbeglückt du seist,
Das Schicksal nur beglückt, doch glücklich macht der Geist!"

Zum Schluß an Goethe's:

„Willst du immer weiter schweifen?
Sieh, das Gute ist so nah.
Lerne nur das Glück ergreifen,
Denn das Glück ist immer da!"

(Dr. *K. H. Scheidler.*)

GLÜCK (Christian Friedrich von), ursprünglich bürgerlicher Abkunft, später jedoch in den Adelstand erhoben, erblickte das Licht der Welt zu Halle am 1. Juli 1755. Sein Vater Christian Lebrecht Glück war königl. preußischer Hoffiscal, Syndicus und Quästor an der dortigen Universität, seine Mutter Sophie Charlotte, eine geborne Wedemeier, die, wie ihr Bruder Anton, der als Rendant bei der Medicamenten-Expedition des halleschen Waisenhauses angestellt war, sich zu dem stillen religiösen Sinne hinneigte, der dem Stifter jener Anstalt August Hermann Francke eigen gewesen. Wedemeier, der Taufpathe des Knaben, liebte die damals in Halle ziemlich allgemein herrschende Sitte, täglich aus einer Sammlung von Bibelsprüchen einen Wahlspruch am Morgen, gleichsam als Leitfaden für den Tag, auszuziehen. Mit diesen Sprüchen ward der Knabe schon in früher Jugend durch seinen mütterlichen Oheim bekannt, und der Eindruck, den sie in seinem sanften Gemüthe zurückließen, war so mächtig, daß er sein ganzes Leben hindurch dauerte. Unter den mannichfachen, im Laufe der Zeit eintretenden Veränderungen der religiösen Denk- und Empfindungsweise blieb Glück der im älterlichen Hause üblichen Sitte treu, täglich am Morgen und am Abend ein Capitel aus der Bibel zu lesen. In freundlicher Erinnerung an seine Jugendzeit setzte er bis ans Ende seines Lebens äußerst selten den Kirchenbesuch aus und ließ sich selbst durch die dringendsten Geschäfte nicht davon abhalten. Erkannt zu haben glaubte er den Werth dieser schönen Sitte und ebenso einer geregelten Lebensweise, die ihn schon in seinem Knabenalter zu reger Thätigkeit spornte. Schon früh war ihm, bei seiner von Natur schwächlichen Körperconstitution, ein gewisser Ernst eigen, der ihn vor Leichtsinn und jugendlichen Thorheiten schützte. Er machte rasche Fortschritte in seiner Elementarbildung. Den Unterricht in der lateinischen Sprache ertheilte ihm Anfangs sein Vater, später ein Hauslehrer. Im J. 1766 ward er Zögling des halleschen Waisenhauses. Unter seinen dortigen Lehrern erinnerte er sich noch in spätern Jahren stets dankbar des Magisters Johann Georg Zierlein [1]), der ihn zuerst mit dem Geiste der römischen Classiker bekannt gemacht und ihm eine gründliche Anweisung im lateinischen Style gab. Unter der Leitung dieses Mannes las er mit besonderer Vorliebe Cicero's Schriften.

Die erwähnten Jugendeindrücke bewahrten ihn, den einzigen Sohn wohlhabender Aeltern [2]) und von ihnen mit Zärtlichkeit geliebt, vor den mannichfachen Versuchungen des Studentenlebens, als er schon früh, im 15. Jahr (1770) seine akademische Laufbahn in Halle eröffnete. Seine Kenntnisse suchte er durch ununterbrochenen Fleiß zu vermehren. Er führte ein einsames, zurückgezogenes Leben, beschränkt auf den Umgang mit wenigen Freunden. Größere Cirkel meidend, entging er der Gefahr, in Studentenhändel verwickelt zu werden. Durch seinen festen Charakter, durch seine Unbefangenheit und Anspruchslosigkeit übte er selbst auf rohe Gemüther eine stille Gewalt aus.

Zu seinem künftigen Lebensberufe hatte Glück die Jurisprudenz gewählt. Seine Hauptführer im Gebiete dieser Wissenschaft waren Nettelbladt, Heisler, Westphal und Woltär. Den entschiedensten Einfluß auf seine ge-

1) Er starb 1778 als Professor der griechischen und hebräischen Sprache am Gymnasium zu Berlin. Ueber seine letzten Lebensmomente s. Moritz in dem Magazin zur Erfahrungsseelenkunde. 1. Bd. Nr. 1. S. 56 fg. 2) Glück hatte noch drei Schwestern.

lehrte Bildung gewann der Professor Madihn. Nach dem Wunsche seines Vaters widmete er sich gegen seine eigene Neigung Anfangs der juristischen Praxis und übte sich unter der väterlichen Leitung in praktischen Arbeiten. Seine akademische Laufbahn beschloß er im Juli 1776 mit einer unter Woltär's Vorsitz vertheidigten Dissertation 3). Nur kurze Zeit war er als Referendar bei der königl. preußischen Landesregierung in Magdeburg. Auf freundliches Anrathen des Regierungsraths Reimer kehrte er, da sich ihm auf dem betretenen Wege wenig Aussichten zeigten, wieder nach Halle zurück, mit dem Entschlusse, sich dem akademischen Lehrstuhle zu widmen. Durch öffentliche Vertheidigung einer Inauguraldissertation 4) erwarb er sich 1777 5) den Grad eines Doctors der Rechte. Er trat nun mit Beifall als Privatdocent auf. In tiefe Trauer versetzte ihn jedoch um diese Zeit der Tod seiner Mutter, an deren Krankenbette er manche Nächte gewacht hatte. Seine ihn überlebende jüngste Schwester erinnerte sich, wie er mit ihr an dem Sarge der Mutter stehend, wehmüthig geäußert: „Alles Andere, liebe Schwester, was kommen wird in diesem Leben, ist Dir ungewiß; dies Eine ist Dir gewiß" 6).

Trost und Erheiterung fand Glück in wissenschaftlichen Gesprächen mit seinem akademischen Freunde, dem damaligen Privatdocenten und nachherigen königl. preuß. Oberlandesgerichtsrath Karl Friedrich Zepernick 7). Fast jeden Abend waren die beiden Freunde zusammen, fest an einander gekettet durch gleiche Studien, gleiche Sinnesweise und selbst durch ähnliche Lebensschicksale. Beide hatten sich durch gelehrte Arbeiten von einer vortheilhaften Seite gezeigt. Dessenungeachtet verschloß sich ihnen die Aussicht zur Beförderung, da der damalige Minister v. Zedlitz dem Principe, nur Ausländer für die Universitäten herbeizuziehen, unerschütterlich treu zu bleiben schien. Sieben Jahre war Glück Privatdocent gewesen. Weder ein Gehalt, noch sonst eine Auszeichnung war ihm in dieser Zeit zu Theil geworden. Selbst in der Hoffnung, zum außerordentlichen Professor ernannt zu werden, hatte er sich getäuscht. So bittere Erfahrungen verleideten ihm den längern Aufenthalt in Halle. Er sehnte sich hinweg aus seiner Vaterstadt. Wie gern er gleichwol dort geblieben wäre, hatte er bewiesen durch sein Ablehnen von Anträgen zu auswärtigen Beförderungen, eines Rufs nach Bützow (1779) und eines zweiten nach Gießen (1782).

In Erlangen war ihm 1784 die fünfte ordentliche Professur der Rechte mit Sitz und Stimme in der Juristenfacultät und einem Gehalte von 500 Fl. angetragen worden. Er entschloß sich, diesem wenig einladenden Rufe zu folgen. Es ward ihm schwer, von seiner Heimath, seinem Vater und seinen Schwestern sich zu trennen. An den letztern hatte er stets mit inniger Bruderliebe gehangen. Auch seinen früher erwähnten Freund Zepernick, an den ihn gleiches wissenschaftliches Streben fesselte, zu verlassen, that ihm weh. Er war gerührt, als ihm seine bisherigen Zuhörer, als Beweis ihrer Liebe und Achtung, ein Abschiedsgedicht widmeten. Seine trübe Stimmung ward heiterer durch den freundlichen Empfang, der ihm von mehren Seiten in Erlangen zu Theil ward, besonders von seinen Collegen bei der Juristenfacultät, den Professoren Rudolph, Geiger, Schott, Häberlein u. A. Am 7. Oct. 1784 hielt Glück in Erlangen seine akademische Antrittsrede: De difficultatibus studii juris canonici superandis. Im J. 1786 rückte er in die vierte und 1787 in die dritte juristische Lehrstelle ein. Um diese Zeit (1788) vertheidigte er pro loco in facultate seine Abhandlung: De constituendae legitimae portionis parentum quantitate 8). Sein damaliger Landesfürst, der Markgraf Christian Friedrich Alexander, ertheilte ihm durch ein eigenhändig unterzeichnetes Decret vom 24. März 1790 den Charakter als Hofrath „als Merkmal der Zufriedenheit mit seiner gründlichen, der Universität zu so vieler Ehre gereichenden Geschicklichkeit und zur Belohnung des ihn beseelenden unermüdeten exemplarischen Eifers und Fleißes, das Beste zum Nutzen der Studirenden zu bewirken." — Auf sein Danksagungsschreiben, welches ein Exemplar seines späterhin zu erwähnenden Pandektencommentars begleitete, erhielt er eine für ihn sehr schmeichelhafte Antwort von dem Markgrafen. „Daß ich Sie," schrieb dieser, „zu Meinem Hofrathe ernannt habe, ist bloße Gerechtigkeit, die ich Ihren gründlichen Kenntnissen, Ihrem in der gelehrten Welt erlangten Ruhme und Ihren Verdiensten um Meine Universität habe widerfahren lassen. Habe ich Ihnen überdies noch Vergnügen dadurch gemacht, so ist es Mir um so angenehmer, da ich würdigen Männern gern Merkmale Meiner Achtung gebe. Ihr Commentar über die Pandekten, für dessen Uebersendung ich Ihnen verbunden bin, macht Ihnen viel Ehre und wird Ihnen bei dem Publico neues Lob einerndten lassen. Fahren Sie fort in Ihrem redlichen Eifer, für das Wohl und den Flor Meiner Friedrich-Alexanders-Akademie so viel als möglich mitzuwirken, und seien Sie Meiner Erkenntlichkeit und wahren Werthschätzung versichert."

So aufmunternde Beweise fürstlicher Gunst, verbunden mit dem fast ungetheilten Beifalle seiner Zuhörer

---

3) De vita petendae restitutionis in integrum praetoriae, secundum Romanorum principes quadriennali hodie vero perpetua ad l. ult. cod. de tempor. restit. in integr. (Halae 1776. 4.) Die ersten zwei Capitel dieser Dissertation auch gedruckt in seinen Opusc. jurid. (Erlangae 1785.) Fasc. II. No. II. 4) De testamenti privati solemnis a testatore conditi probatione, per septem testes in eo ordinando adhibitos instituenda. (Halae 1777. 4.) Auch in s. Opusc. jurid. Fasc. I. No. I. 5) Nach dem Doctordiplom vertheidigte Glück die erwähnte Abhandlung den 16. April. Darnach sind die abweichenden Angaben in Fikenscher's Gelehrtengeschichte der Universität Erlangen. Abth. 1. S. 259 und in Schunck's Jahrbüchern der gesammten deutschen juristischen Literatur. 4. Bd. S. 353 zu berichtigen. Jener nennt den 17. April, dieser den 12. April. 6) Siehe Zeitgenossen. Dritte Reihe. 4. Bd. Heft 1. S. 6. 7) Zepernick, durch viele Schriften als ausgezeichneter Jurist und Numismatiker rühmlich bekannt, war in Halle am 21. Oct. 1751 geboren und starb in hohem Alter zu Eichelsdorf bei Halle den 6. Juli 1839; s. Intell.-Bl. der Allgem. Literaturzeitung. 1839. Nr. 69. Den Neuen Nekrolog der Deutschen. Jahrg. XVII. 1. Th. S. 609 fg.

8) Erlangae 1788. 8 maj. (Auch in den Opusc. jurid. Fasc. III.)

und der allgemeinen Achtung und Liebe seiner Collegen fesselten ihn immer mehr an Erlangen, wo er bereits im Mai 1785 eine durch Geist und Herz ausgezeichnete Gattin gefunden hatte. Es war Wilhelmine Elisabeth Geiger, die einzige Tochter eines ihm vorzüglich befreundeten Collegen, des Hofraths und Professors der Rechte Johann Burkhart Geiger. Erlangen war ihm zur zweiten Vaterstadt geworden. Ihn dort zu fesseln, dazu dienten auch die mehrfachen Gehaltserhöhungen, die er der Gnade und Huld seines Fürsten verdankte. Als er im Mai 1790 einen Ruf nach Rostock mit einem Gehalte von 800 Thalern ablehnte, bewilligte ihm der Markgraf eine Gehaltserhöhung von 200 Fl., um ihm, „einem durch seine gründliche Gelehrsamkeit so allgemein berühmten, geschätzten und gesuchten Manne ein Merkmal des Wohlwollens zu geben." Noch in dem genannten Jahre (1790) ward ihm ohne äußere Veranlassung sein Gehalt abermals um 200 Fl. und im Mai 1791 im Ganzen auf 1500 Fl. erhöht, als er die ihm angetragene Stelle als Vicedirector der Universität Halle mit 800 Thalern ausschlug. Selbst die Aussicht, nach Nettelbladt's Tode Director jener Hochschule zu werden, konnte ihn nicht locken. Ebenso machte er auch, unter der spätern preußischen Regierung von zwei Vocationen keinen Gebrauch. Noch vortheilhafter, als ein Ruf nach Greifswald mit 1200 Thalern im J. 1792, war eine 1802 ihm angetragene Professur in Leipzig. Bereits 1793 hatte ihm die philosophische Facultät in Erlangen den Doctorgrad ertheilt. Im Februar 1806 verdankte er dem Könige von Preußen Friedrich Wilhelm III. „in Betracht seiner vieljährigen, eifrigen und nützlichen Dienstleistungen" eine jährliche Gehaltszulage von 500 Fl. Drei Jahre später (1808) ward ihm eine Professur an der kaiserl. russischen Universität Charkow mit einem Gehalte von 2500 Silberrubeln angetragen. Fast gleichzeitig erging an ihn ein Ruf nach Gießen, ebenfalls unter den vortheilhaftesten Bedingungen. Es ward ihm dort ein Gehalt von 1000 Rthlrn. zugesichert. Von allen diesen Anträgen machte er, ohne sie auf irgend eine Weise zu seinem Vortheile zu benutzen, keinen Gebrauch. Eigennutz war seinem Charakter gänzlich fremd, und seine Anhänglichkeit an die Universität Erlangen so groß, daß Nichts sie schwächen konnte. Nach dem Tode seines Schwiegervaters, des Professors Geiger, ward er Senior der Juristenfacultät. Ein erfreuliches Ereigniß war ihm um diese Zeit (1810) die Vereinigung des Fürstenthums Baireuth mit der Krone Baiern. In gerechter Anerkennung seiner Berufstreue und mannichfachen Verdienste ernannte ihn der König Maximilian Joseph 1820 zum geheimen Hofrath. Bei der Feier seines 50jährigen Doctorjubiläums verlieh ihm der König Ludwig (1827) das Ritterkreuz des Civilverdienstordens der baierischen Krone, und der Magistrat zu Erlangen ertheilte ihm bei dieser Gelegenheit das Ehrenbürgerrecht. Mit dem erwähnten Orden war zugleich seine Erhebung in den Adelstand verbunden. Schon früher als bei seinem Doctorjubiläum würde ihm diese Ehre zu Theil geworden sein, wenn er nicht gewohnt gewesen wäre, äußere Auszeichnungen eher abzulehnen als zu suchen. Bereits einige Jahre früher (1824) hatte sich das Gerücht verbreitet: er werde den Verdienstorden erhalten, und man hatte ihm sogar im Voraus dazu Glück gewünscht. Seine Anspruchslosigkeit charakterisirt folgende Stelle in einem Briefe an seinen Sohn: „Ich wollte, es wäre ein falsches Gerücht. Auf Titulaturen und dergleichen habe ich nie einen Werth gelegt. Der Charakter eines ehrlichen, gewissenhaften Mannes ist der schönste Verdienstorden." Mit Dank erkannte er zwar die ihm später gewordene Auszeichnung, blieb jedoch seinem einfachen Wesen treu. Nur bei Gelegenheiten, wo er es nicht umgehen konnte, schmückte er sich mit dem empfangenen Ritterkreuze.

Schon einige Jahre vor seinem Tode war Glück oft von Schwindelanfällen heimgesucht worden, die zuweilen sehr heftig und bedenklich waren, namentlich 1825, wo er schon mit dem Tode rang. Doch raubten sie ihm nie ganz die Heiterkeit seines Geistes und störten ihn selbst wenig in seiner gewohnten Thätigkeit. Er blieb bis an das Ende seines Lebens von allen übrigen Gebrechen des Alters völlig befreit. Mit gleichem Feuer, mit gleicher Lebhaftigkeit setzte er seine akademischen Vorlesungen fort bis zu Ende des Sommersemesters 1830. Seine schriftstellerische Thätigkeit blieb sich gleich, ja sie schien sogar zu wachsen mit den zunehmenden Jahren. Besonders war ihm aber seine Thätigkeit als Docent so sehr Bedürfniß, daß er oft seine Vorlesungen bis tief in die Ferien hinein fortsetzte. Nicht selten ergriff ihn, ungeachtet seiner fortgesetzten literarischen Arbeiten, in der Ferienzeit ein unbehagliches Gefühl, weil ihm die gewohnte lebendige Rede fehlte. Die Anwandlungen von Hypochondrie, die ihn dann mitunter befielen, verschwanden wieder, wann die Vorlesungen wieder begannen. Er schrieb darüber im 69. Jahre einem Freunde: „Vor dem Anfange der neuen Collegien überfiel mich auf einmal ein hoher Grad von Hypochondrie, welche in mir den Gedanken zum herrschenden machte: ich sei meinem wichtigen Berufe nicht mehr fähig genug — ein Gedanke, der mich zum tiefsten Kleinmuth herabstimmte. Ich kämpfte zwar so viel als möglich dagegen; allein ich war kaum im Stande, ihn zu vertilgen, und er verursachte mir sogar zuweilen ganz schlaflose Nächte. Mit dieser Gemüthsstimmung fing ich die neuen Collegien an, in der Hoffnung, daß die neue Thätigkeit das beklommene Herz freimachen werde. Allein ich erreichte meinen Zweck sobald noch nicht, sondern las wol 14 Tage in dieser hypochondrischen Stimmung, und ich las zu meinem größten Erstaunen mit so viel Feuer und Interesse, daß es gewiß auch nicht einer meiner Zuhörer bemerkt haben wird, daß meine Heiterkeit verstellt und erzwungen war. Jetzt bin ich, Gott sei Dank, von diesem Uebel befreit und danke meinem Gott mit desto gerührterem Herzen dafür, denn er hat Wunder an mir gethan." — Mit einem ähnlichen Mistrauen in seine Geisteskräfte sah er einer Doctorpromotion entgegen, die er in seinem 72. Jahre als Dekan der juristischen Facultät vornehmen mußte und dabei eine öffentliche Rede zu halten hatte. Er war längere Zeit in dieser Weise nicht öffentlich aufgetreten und ging, bescheiden und schüchtern, wie er war, diesem Geschäfte nicht ohne Beklommenheit entgegen. In seiner Freude, daß es ihm zu allgemeinem Beifalle gelungen, schrieb er noch an demselben Tage seinem ältesten Sohne: „Ich habe heute einen neuen, recht deutlichen Beweis erhalten, wie Gott mir beisteht, wenn ich die Pflichten meines Berufs zu erfüllen suche. Ich habe ihm auch dafür recht herzlich gedankt und ich schloß den Promotionsact mit einem lateinischen Gebete, wobei meine Zuhörer recht sichtbar Theil nahmen an meiner Rührung."

Mit der dunkeln Ahnung, daß ihm sein Lebensende nahe, ward er immer vertrauter, als einer seiner Collegen nach dem andern von ihm Abschied nahm. Im October 1825 entriß ihm der Tod seinen Collegen Schweiger, der noch im August des genannten Jahres als Arzt bei einem sehr heftigen Schwindelanfalle ihm beigestanden hatte. Tief schmerzte ihn dieser Verlust. Seinen Brief an einen Freund, in welchem er das feierliche Leichenbegängniß des Gestorbenen geschildert hatte, schloß er mit den Worten: „So ehrt man die Asche verdienter Männer. Sein Andenken wird in Vicker Herzen unauslöschlich bleiben, sowie mir der Eindruck unvergeßlich bleiben wird, den sein mitleidsvoller Blick an meinem Krankenbette in mir erweckte, an welchem er grade in der Stunde der größten Gefahr, mich mit thränenvollen Augen anschauend, verweilte. Gott wird den verwelklichen Lorbeerkranz, den man ihm mit in die Gruft gab, in den unverwelklichen verwandeln, womit an dem Orte der Seligen die Gerechten geziert sind, die sich um das Heil der Menschheit, und zwar so uneigennützig wie er, verdient gemacht haben." — Seine Trauer bei dem wenige Wochen später erfolgten Tode eines ihm gleichfalls innig befreundeten Collegen, des Professors Posse, drückte Glück in den Worten aus: „So eilten in kurzer Zeit zwei meiner geliebtesten Freunde hinüber in das Reich der seligen Geister, die mir ein zwar thränenvolles, aber unauslöschliches Denkmal der reinsten Freundschaft und Liebe und der glücklichsten collegialischen Verbindung hinterlassen haben, in welcher ich mit ihnen lebte."

Später als den meisten seiner jüngern Collegen nahte ihm der Tod. Wenige Wochen vorher ward er, zum ersten Male in seinem Leben, von heftigen Gichtschmerzen heimgesucht, die hauptsächlich die rechte Hand ergriffen hatten. Mit großer Geduld und Standhaftigkeit ertrug er diese Schmerzen ohne laute Klage. Nur der Gedanke beunruhigte ihn, daß er bei zunehmendem Uebel in seinen Arbeiten gestört werden möchte. Er hatte bisher, trotz seines hohen Alters, mit fester Hand, ohne zu zittern, nicht blos leserlich, sondern schön geschrieben. Daß dies nun nicht mehr der Fall sein konnte, bekümmerte ihn. Sein Eifer für literarische Beschäftigungen überwand jedoch alle Hindernisse. Er hob den von Gichtschmerzen heimgesuchten rechten Arm mit der linken Hand auf das Papier, um schreiben zu können. So beendigte er noch zwei Stunden vor seinem Tode einen zum Druck bestimmten Bogen zu dem von ihm seit einer Reihe von Jahren bearbeiteten Pandektencommentar, dessen 34. Band 1830 erschienen war. Er fühlte sich jedoch ungewöhnlich ermattet. Gegen seine Gewohnheit begab er sich bereits gegen 9 Uhr zu Bette, zum letzten Male, wie er ahnte und diese Ahnung auch gegen die Seinigen aussprach. Er fühlte heftige Schmerzen in der Seite und auf der Brust. Auch das Athmen ward ihm immer schwerer. Unter den Segnungen der Seinigen und unter Anrufung seines Erlösers verschied er am 20. Jan. 1831 um 10 Uhr Nachts. Seine letzten Worte waren: „Herr Jesu, nimm meinen Geist auf!"

Allgemeine Trauer verbreitete sich bei der Nachricht von seinem Tode, wenngleich sein Hinscheiden, nach den früher erwähnten Schwindelanfällen, die einen Schlagfluß befürchten ließen, nicht unerwartet sein konnte. Ein unbeschreibliches Gefühl der Wehmuth ergriff nicht blos seine Familie und seine Freunde; auch die Universität fühlte schmerzlich den Verlust eines Mannes, der fast 41 Jahre mit Segen gewirkt und mit allen seinen Collegen in freundlichen Verhältnissen gelebt hatte. Die allgemeine Liebe und Achtung, die er genossen, zeigte sich bei seiner feierlichen Beerdigung am 24. Jan. 1831. Nicht blos die Universität in corpore, auch die gesammte Geistlichkeit, zahlreiche Deputationen der sämmtlichen königlichen und städtischen Behörden, sowie aller Corporationen, und viele Personen aus allen Ständen folgten dem Sarge in die neustädter Hauptkirche, wo der Decan und Professor Dr. v. Ammon die Verdienste des Dahingeschiedenen in einer ergreifenden Rede schilderte. Als seine irdischen Ueberreste hierauf in der Professorengruft auf dem neustädter Friedhofe beigesetzt wurden, sprach auch der Prokanzler Dr. v. Wendt noch einige Worte an seinem Grabe. Ihn betrauerte seine Gattin, die ihm zwei Söhne und eine Tochter geboren, und mit der er in einer 46jährigen, sehr glücklichen Ehe gelebt hatte. Die väterliche Laufbahn hatten auch seine beiden Söhne betreten. Den ältesten, Christian Karl, der sich dem Staatsdienste widmete und als Assessor bei dem königl. bairischen Appellationsgerichte angestellt ward, während seines Decanats im J. 1817 zum Doctor der Rechte befördert zu haben, war für Glück einer der schönsten Momente seines Lebens. Durch die Freude, mehre Enkel um sich zu sehen, entschädigte ihn der Himmel für einen sehr schmerzlichen Verlust, als ihm der Tod in früherer Zeit (1800) eine durch Munterkeit und Lebendigkeit sich auszeichnende Tochter in der Blüthe ihres Lebens geraubt hatte. Mit der ihm eigenthümlichen Resignation hatte er dies Schicksal ertragen und in ununterbrochenem Fleiße und geistiger Thätigkeit Trost gesucht und gefunden.

Daß die früh in ihm erwachte Religiosität stets mit seinen wissenschaftlichen Studien in der engsten Verbindung stand, ist bereits früher erwähnt worden. Diese Religiosität war es auch, die ihn nie auf dem Katheder bei dem beharren ließ, was er einmal gelernt, eingeübt und vorgetragen hatte. Treffend bemerkt einer seiner Freunde: „Der Gedanke, als ein Auserwählter durchgedrungen zu sein in irgend einem Punkte zu dem grade auf seine Weise auszusprechenden Einzigen, und gleichsam davon Besitz genommen, es ergriffen zu haben —

ein solcher Gedanke des Hochmuths kam weder in religiöser, noch in wissenschaftlicher Hinsicht in seine reine, kindliche Seele." Das rege Streben, noch mehr zu lernen und sich zu vervollkommnen, gab seinem ganzen Wesen eine bis ins späteste Alter dauernde Jugendlichkeit, die ihn für alles Neue in der Wissenschaft empfänglich machte. Ein bald nach seinem Tode geschriebener Aufsatz [9]) schließt mit den Worten: „Glück ist hinter seinen Zeitgenossen nie zurückgeblieben, und sowie ihn der Sinn für fremde Leistungen und das Anerkennen fremden Verdienstes stets belebte, so haben ihn die Besten seiner Zeit stets für ebenbürtig gehalten." Auf den erworbenen Lorbeeren auszuruhen, fiel ihm nie ein. Kindlich unbefangen, war er so völlig frei von Eitelkeit, daß er sich selbst weit geringer achtete, als er von Andern geachtet ward und in der öffentlichen Meinung galt. Dabei überschritt er nie die Grenzen ruhiger, wissenschaftlicher Prüfung, und enthielt sich jedes harten Urtheils und aller Polemik in Fällen, wo mit Anderer Ansicht und Denkweise die seinige nicht harmonirte. Für diese Abweichung suchte er immer die mildesten Gründe aufzufinden. „Richtet nicht, so werdet ihr nicht gerichtet," war sein Lieblingsspruch, besonders in religiöser Hinsicht. Ihm war die Bemerkung nicht entgangen, daß Juristen, deren Natur, wie die seinige, sich zur Religiosität hinneigte, oft versucht werden, in gleicher Weise über himmlische Dinge wie über irdische ein entscheidendes Urtheil zu fällen. Ueber letztere zu richten und zu entscheiden ward er beständig aufgefordert durch seinen Beruf; aber sein zartes und tiefes Gemüth bewahrte ihn vor der Versuchung, ein solches Richten und Entscheiden von der sichtbaren Welt in die unsichtbare überzutragen.

Innig überzeugt war Glück nach seiner kindlichen religiösen Denkweise, daß eine Gemeinschaft der Gläubigen möglich sei, selbst unter den Christen verschiedener, sich gegenseitig bekämpfender Confessionen. Aber eingedenk des Spruchs: „An ihren Früchten sollt ihr sie erkennen," suchte er diese Gemeinschaft nicht sowol in der Sprechweise als in der Handlungsart. Es that ihm weh, wenn man leichtsinnig urtheilte über religiöse Dinge, und er war ernstlich bemüht, Gesprächen dieser Art eine andere Wendung zu geben. Auf religiöse Streitigkeiten ließ er sich nie ein, wohl wissend, daß sie nicht mit Worten abzumachen wären. In solchen Fällen pflegte er sich auf eigene Lebenserfahrungen mit der ihm eigenthümlichen Wärme, als auf Thatsachen zu berufen, und dadurch selbst dem Leichtsinnigsten Ernst und Achtung abzunöthigen. Einer seiner Freunde erinnert sich, zur Zeit der französischen Revolution die für einen jungen Mann sehr merkwürdige Aeußerung gehört zu haben: jener leichtsinnige Frevel werde mit einem allgemeinen Religionskriege sich endigen, weil die Extreme sich berührten. War ihm jedoch der damalige Leichtsinn der Zeit verhaßt, so widerstrebte die spätere Umkehrung desselben in Härte, Bitterkeit und Verdammungssucht nicht minder seiner reinen Natur. Desto lebhafter interessirte er sich für wichtige religiöse Institute. Manche für Jurisprudenz und Staatsverwaltung beachtenswerthe Gesichtspunkte bot ihm das seit längerer Zeit sehr vernachlässigte Missionswesen dar. Als ein wissenschaftlich gebildeter Mann schenkte er diesem Gegenstande seine ganze Aufmerksamkeit. Schon die Beschäftigung mit dem Kirchenrechte, worüber er als akademischer Lehrer Vorlesungen hielt, hatte ihn veranlaßt, über jene wichtige Angelegenheit nachzudenken, und noch wenige Monate vor seinem Tode hatte er versprochen, aus rechtlichem Gesichtspunkte über diesen Gegenstand etwas öffentlich mitzutheilen. Schon in seiner Jugend, im Umgange mit seinem früher erwähnten mütterlichen Oheime Wedemeier, hatte er vom Missionswesen, namentlich von dem ostindischen, oft sprechen gehört, mit welchem das hallesche Waisenhaus in einer Art von Verbindung stand. Die Theilnahme an jenem religiösen Institute hatte sich jedoch nach und nach sehr vermindert. Erst in Glück's letzter Lebensepoche kam das Missionswesen wieder häufiger zur Sprache, ohne daß jedoch das Verhältniß desselben zum Staate und zur Kirche vom rechtlichen Gesichtspunkte aus erörtert worden war. Bei seinem lebhaften Interesse für alle religiösen Gegenstände lenkte sich Glück's Aufmerksamkeit auf das Missionswesen zuerst durch eine kleine Schrift [10]). Erwähnt ward darin ein längst in Vergessenheit gerathenes Decret des ersten Königs von Preußen, nach welchem es ein Hauptzweck der berliner Akademie sein sollte, „den Glauben durch Wissenschaft, namentlich im Oriente, zu verbreiten," und in dieser Beziehung „eine eigene akademische Classe für orientalische Wissenschaft und orientalische Mission anzuordnen." Diese Anstalt theils nach den allgemeinen Rechtsprincipien, theils nach den in verschiedenen Staaten geltenden positiven Gesetzen zu schildern und den juridischen Zusammenhang derselben mit der moralischen Person des Staates und der Kirche nachzuweisen — dies war ein von Glück beabsichtigtes Unternehmen, an dessen Ausführung ihn leider sein Tod verhinderte.

Daß ihm dazu erforderliche Lebendigkeit des Geistes, ungeachtet seines hohen Alters, noch immer geblieben war, nimmt um so mehr Wunder, wenn man bedenkt, wie rastlos thätig er in jüngern Jahren gewesen. Nach dem Tode seines Collegen Schott hatte er unter andern in einem und demselben Semester die Vorlesungen über Institutionen, Pandekten und Kirchenrecht zugleich übernommen. Es war im Winter, und er gönnte sich, um seiner Aufgabe entsprechen zu können, gewöhnlich nur drei bis vier Stunden Schlaf. Bis tief in die Nacht hinein zu arbeiten und darnach wieder früh aufzustehen, war ihm zur Gewohnheit und zum Bedürfnisse geworden. Pecuniäres Interesse lag dieser unermüdeten Thätigkeit nicht zum Grunde. Weder durch seine Vorlesungen, noch durch seine literarischen Arbeiten und seinen

9) Im Hallischen patriotischen Wochenblatte vom 12. Febr. 1831.

10) Bruchstücke aus dem Leben des als Opfer seiner Wissenschaft gefallenen Dr. August Friedrich Schweigger, nebst einem Anhange über den an seinem Grabe gestifteten Verein zur Ausführung eines Leibnitzischen Missionsplanes. (Halle 1830.)

unausgesetzten Fleiß bei dem Spruchcollegium der Juristenfacultät ward er ein wohlhabender Mann. Er legte ebenso wenig Werth auf Reichthum, wie auf äußere Auszeichnung und Ehre. Gewohnt, schnell und lebhaft zu sprechen, hörte er mit Ruhe an, was der Andere sagte. Aufmerksam erwog er, was gesprochen ward, und zeigte sich immer bereit, jede von der seinigen abweichende Ansicht genau zu prüfen. Von einer besonders liebenswürdigen Seite zeigte er sich als tröstender Freund. Bei solchen ernsten Veranlassungen trat sein religiöser Charakter in dem schönsten Lichte hervor. Eine gewisse Hingebung war ihm von Natur eigen. Sie gehörte zu seinem jeder Aufopferung fähigen Charakter. Eine andere Autorität, als die der Gründe, geltend zu machen, lag nicht in seiner Sinnesweise. Den Studirenden imponirte er als Prorector durch seine Achtung gebietende Festigkeit. Er übernahm übrigens dies Amt nicht gern und bekleidete es in 47 Jahren nur einmal. Akademischer Docent war er dagegen mit ganzer Seele. Der Beruf eines öffentlichen Lehrers hatte für ihn, indem er sich demselben ganz hingab, etwas Verjüngendes und Belebendes. Er gefiel sich in dem Umgange mit talentvollen jungen Männern in ihrer schönsten Lebensperiode; er freute sich, daß der bessere Theil seiner Zuhörer sich an ihn anschloß und durch die aus seinen Vorträgen geschöpfte Begeisterung für die Wissenschaft ihn ermuthigte und stärkte. Aber auch die lebendige Rede trug dazu wesentlich bei. Sie war ihm so zum Bedürfnisse geworden, daß er kaum existiren zu können glaubte, ohne Vorlesungen zu halten. Noch in hohem Alter las er täglich drei Stunden, mit großer Lebhaftigkeit und immer sehr rasch sprechend. Er war beinahe 70 Jahre alt, als ein Brief seines ältesten Sohnes ihn dringend ermahnte, seine Gesundheit zu schonen, ja nicht doppelte Collegien zu lesen und mindestens die ihm angetragenen Vorlesungen über das Kirchenrecht abzulehnen. Diesen Brief beantwortete Glück mit den Worten: „So gut gemeint auch Dein Rath ist, diesen Sommer das Kirchenrecht nicht zu lesen, so habe ich mich doch dazu entschlossen. Daneben lese ich noch zwei Stunden Pandekten; jedoch alle diese Collegia mit so vielem Vergnügen, daß es mich weniger angreift, als es mich in meinem Alter angreifen sollte. Gott wird mir ferner Muth und Kraft verleihen, die unter seinem Beistande angefangenen Collegia glücklich zu vollenden." Durch seine Amtsgeschäfte war er abgehalten worden, seine Gattin und Kinder zu begleiten, als sie seinem eine Tagereise von ihm entfernten ältesten Sohne einen Besuch machten, der auf mehre Tage berechnet war. In einem Briefe entschuldigte er sich mit den Worten: „Es gehen wol Jahre dahin, und sie sind mir, unter dem beständigen Kreislaufe meiner Geschäfte, wie der Tag, der gestern verstrichen. Allein die mir ungewohnte kurze Trennung von den Meinigen macht mir fast jede Stunde zu einem Jahre. Um mir die Zeit abzukürzen, verdoppelte ich die Stunden meiner Vorlesungen. Ich las sogar am Sonntage, weil ich da, als dem einzigen Erholungstage in der Woche, grade die Trennung am schmerzlichsten empfand."

Aus diesen Aeußerungen geht hervor, wie glücklich er sich im Kreise der Seinigen fühlte. Der stille häusliche Sinn seiner Gattin harmonirte völlig mit dem seinigen. Er befand sich am wohlsten in seinem Hause, wo sich anständige Ordnung mit einer geschmackvollen Einrichtung vereinigte. Zur Erholung diente ihm ein Garten an seinem Wohngebäude. Außer dem Hause machte er selten einen Spaziergang. Von seinen vielfachen Arbeiten sich loszureißen, ward ihm so schwer, daß er, wenn er von seinen Collegen eingeladen ward, selten länger als einige Stunden in ihrem Kreise verweilte. Dann aber verschwand sein Ernst völlig. Er nahm lebhaft Antheil an den mannichfachsten Gesprächen und war fröhlich unter den Fröhlichen. Die Unbefangenheit seines Wesens in solchen Cirkeln schildert einer seiner Freunde treffend mit den Worten: „Entfernt von jeder juristischen Steifheit und ungetrübt durch den Ernst seiner Wissenschaft, verstand Glück einen reichen Schatz von liebenswürdiger Kindlichkeit und anmuthsvoller Heiterkeit durch alle Lebensverhältnisse zu retten und bis ins späteste Alter zu bewahren." Nichts, was Anstand und Würde forderten, fehlte einem größern Gesellschaftscirkel, zu welchem er regelmäßig einmal im Jahre seine Collegen einlud, um ihre Freundlichkeit zu erwidern. Vom Reisen und Wandern war er, bei seiner Liebe zum gewohnten Stillleben und zur ununterbrochenen Thätigkeit, selbst in jüngern Jahren kein sonderlicher Freund. Während seines 47jährigen Lehramts erbat er sich nur viermal Urlaub zu Reisen in seine Vaterstadt Halle, und auch bei diesen Gelegenheiten war er selten länger als drei Wochen abwesend. Seinen letzten Besuch machte er dort in seinem 67. Lebensjahre (1821). Seine Gattin und seine Kinder begleiteten ihn. Acht Tage wollte er dort verweilen in dem Familienkreise seiner drei noch lebenden Schwestern und seines bereits früher erwähnten Jugendfreundes Zepernick, der, durch ein wissenschaftliches Band gleicher Studien längst mit ihm vereint, im Laufe der Zeit auch sein Schwager geworden war. In diesen Umgebungen war er ungemein heiter, und gab dadurch, wie einer seiner Freunde sich bei dieser Gelegenheit ausdrückte, den schönsten Beweis, wie wahre Wissenschaftlichkeit, der jede Pedanterie zuwider ist, die Theilnahme am Leben nicht raubt, und statt das Gemüth abzustumpfen, mit den zarten Gefühlen vereinbar ist. Selbst unter den angestrengtesten Arbeiten schien er der geistigen Nähe derer, die ihn liebten, sich bewußt geblieben zu sein. Auch entfernt von ihnen begleitete er sie mit einem gewissen zarten ahnenden Gefühle. Charakteristisch für seine Denk- und Empfindungsweise waren seine Aeußerungen, als einige Monate nach der Feier seines bereits erwähnten Doctorjubiläums der Tag wiederkehrte, der ihn ins Leben rief. „Ich habe," schrieb er am 1. Juli 1827, „meinen 73. Geburtstag ganz im Stillen mit dankerfülltem Herzen über die unendliche Güte des Allmächtigen, der mir in meinem hohen Alter noch so viele Kräfte des Körpers und Geistes verleiht, um ununterbrochen fortwirken zu können, mit den Meinigen gefeiert. Es fügte sich, daß grade am Abend vorher ein Brief von meinem lieben [illegible] gekommen war, den man mir, mit Blumen [illegible]schmückt, als das angenehmste Geschenk überreichte." [illegible] war seine Freude, als ihm noch im letzten Jahre [illegible] Lebens ein Besuch seiner, ihm an Jahren, wie an [illegible]terkeit des Geistes ziemlich gleichen Schwester, der Gattin seines eben erwähnten Jugendfreundes, überraschte. Das freudige Wiedersehen schien beide verjüngt zu haben, obschon sie sich sagen mußten, daß sie sich wol zum letzten Male erblickten. Den Eindruck, den dieser [illegible] ihn gemacht hatte, schilderte in rührender [illegible] an seinen ältesten Sohn in Ansbach geschriebener Brief. „Gott hat mir," heißt es darin, „in meinem Alter eine große Freude erleben lassen, deren ich [illegible] nicht würdig halte, und in die ich mich kaum [illegible] kann. Ich bin wie im Taumel berauscht. Es ist ein Opfer der schwesterlichen Liebe ohne Gleichen, daß meine so hochbejahrte Schwester mir gebracht hat, noch in ihrem 73. Jahre, mit Hinwegsetzung über alle Beschwerlichkeiten der Reise, mich zu besuchen, aus Sehnsucht, mich noch einmal zu sehen. Eine solche Liebe ist einzig." Als die Zeit der Abreise seiner Schwester nahte, schrieb er: „Die Trennung von einer solchen Schwester wird schmerzhaft sein. Wir sind indessen hier nur Pilgrimme, die keine bleibende Stätte haben. Es würde unbillig sein, wenn ich sie länger ihrem treuen Gatten und ihren lieben Schwestern entziehen wollte. Uns bleibt die Hoffnung des bessern Landes jenseits, wo keine Trennung mehr stattfinden wird."

Zu den freudigen Ereignissen in seiner letzten Lebensperiode gehörte noch die Erfüllung des Wunsches, seinen Familiennamen in einem Enkel aufleben zu sehen. „Unvergeßlich," schrieb er seinem Sohne, „wird mir der 30. Juli 1826 bleiben, wo mir die unaussprechliche Freude zu Theil ward, meinen ersten Enkel aus der Taufe zu heben." Als ihm sein Sohn vier Jahre später (1830) den Tod eines zweiten Knaben meldete, gab sein tief bekümmertes Gemüth sich dem unerschütterlichen Gottvertrauen hin, womit er bei einer andern Gelegenheit einst geäußert hatte: „Ich richtete die Augen zum Himmel, wo ich immer Trost finde, wenn mein Herz betrübt ist." Er fühlte sich so gestärkt, daß er seinen Sohn in einem ziemlich ausführlichen Briefe trösten konnte. Dies Schreiben verdient, als ein Denkmal des religiösen Sinnes, der ihn durch alle Stürme des Lebens begleitete, hier auszugsweise eine Stelle. Glück äußert darin unter Anderem:

„Nach so vielen und mannichfachen Familienfreuden, mit deren Genuß Gott uns bisher beglückt hat, gefiel es ihm diesmal, unser Vertrauen auf ihn und unsern Glauben an seine Vorsehung durch die uns in Deinem Briefe mitgetheilte höchst traurige Nachricht zu prüfen. Wir haben Deinen Brief nicht ohne Thränen der Wehmuth lesen können. Die Schilderung von der großen Gefahr, in welcher Deine Frau bei ihrer Entbindung schwebte, womit die erste Seite Deines Briefes angefüllt war, erschreckte uns Alle dergestalt, daß ich mir kaum getraute, das Blatt umzuwenden, weil wir das Schlimmste befürchteten. Aber wie voll des gerührtesten Dankes erhob sich unser betrübtes Herz zu Gott, der auch in der größten Gefahr uns nicht verläßt, als wir auf der andern Seite Deines Briefes die uns wieder aufrichtende Nachricht vernahmen, daß, wenn auch das Leben des Kindes zu retten nicht möglich gewesen, dennoch das Leben der Mutter gerettet sei. — Preis und Dank nun dem Erretter, der auch dann, wenn Alles um uns herum in Nacht und Dunkelheit gehüllt ist, und wir wol aus beklommenem Herzen fragen möchten: Herr, warum? sich uns hülfreich nähert! — Gott nahm das Kind wieder hin, weil es bei ihm ein besseres Vaterland finden sollte, als es hier verließ. Sollten wir darum nicht mit willigem Herzen dieses Opfer dem lieben Gott darbringen, der uns dafür auf andere Art tausendfach erfreuen kann, und ihm in tiefster Demuth unsers wehmuthsvollen Herzens danken, daß mit seiner Hülfe das kostbare Leben Deiner Gattin gerettet worden ist. Gott hat Dich mit ihr nach errungenem Todeskampfe gleichsam wieder aufs Neue vermählt, und dies muß sie Dir um desto theurer und werther machen. — Möge Gott Dir Trost, Muth und Geduld im Leiden vom Himmel herabsenden! Leiden lassen sich nun einmal von dem Wechsel [illegible] unsers Lebens nicht trennen. Bliebst Du frei von allen Leiden, wie würde Deine Treue erkannt? Wir können gewiß sein, daß, wenn wir nur unser Vertrauen auf Gott setzen, er uns nie verläßt, sondern Alles zuletzt wohl macht. Auf Kummer folgt zufriedener Dank, auf Klagen froher Lobgesang. Gedenke der herrlichen Stelle aus Psalm 71, V. 6—8: „‚Du bist meine Zuversicht, Herr! meine Hoffnung von meiner Jugend an. Auf dich hab' ich mich verlassen vom Mutterleibe an. Ich bin vor Vielen wie ein Wunder, aber du bist meine starke Zuversicht. Laß meinen Mund deines Ruhms und deines Preises voll sein täglich.'" — Gott wird ferner für Dich sorgen, lieber Sohn, vertraue ihm ferner. Du wirst erfahren, daß ihm, wo Niemand helfen kann, die Kraft zu helfen nie fehlt. Dies stärke Deine Zuversicht. Vollkommene Ruhe und Sicherheit ist nur ein Glück der Ewigkeit. Dem göttlichen Schutze des Höchsten empfiehlt Dich und Deine Gattin mit einem Herzen voll zärtlicher Liebe Dein Vater."

Aehnliche Aeußerungen, wie die eben mitgetheilten, enthält ein früher geschriebener Brief, welcher zeigt, wie Glück in der gewissenhaften Erfüllung seiner Berufsgeschäfte Alles auf Gott bezog und es im festen Vertrauen auf dessen Beistand unternahm. „Gott läßt den nicht fallen," schrieb er, „der bei ihm Hilfe sucht. Das hab' ich noch erst heute in meinen Amtsgeschäften erfahren. Ich hatte schon einige Tage ein Staatsmissiv in einer sehr delicaten und verdrießlichen Angelegenheit liegen, und wußte nicht, wie ich die Sache gehörig angreifen sollte. Da las ich heute früh das Morgengebet am Dienstage hinter unserem Gesangbuche, worin es heißt: „‚Erhöre meine Stimme, verbirg deine Ohren nicht vor meinem Seufzen und Schreien. Nahe dich mir und sprich zu meiner Seele: Fürchte dich nicht, ich bin deine Hilfe.'" — Dies richtete mich in meiner Verlegenheit ungemein auf. Es war mir wie eine Stimme vom Himmel. Ich war nun im Vertrauen auf Gottes Hülfe beruhigt, ging getrost in mein Collegium und las mit ungewöhnlicher Heiterkeit. Erst Nachmittags konnte ich mich über mein Missiv machen. Ich setzte mich hin und schrieb mein Votum, und, wie ich glaube, mit so viel Umsicht und Gründlichkeit, daß ich über mich selbst erstaunte. Es war, als wenn es mir Gott selbst dictirt hätte. Sollt' ich meinem Gott nicht singen? Sollt' ich ihm nicht dankbar sein? Er ist in uns Schwachen mächtig. Ich halte das Gelingen einer mühseligen Arbeit für die größte Belohnung, welche unser Herz immer mit dem tiefgerührtesten Danke gegen Gott erfüllen muß, der uns Hülfe und Beistand dazu verlieh."

So suchte Glück seine oft sehr trockenen und ermüdenden Geschäfte sich dadurch zu erleichtern, daß er sie mit religiösen Beziehungen in Verbindung brachte. In ähnlicher Weise äußerte er sich am Schlusse seines Testaments mit den Worten: „In meinen Kindern habe ich das gegründete Vertrauen, daß sie in allen Stücken ihrer Mutter kindliche Liebe und Gehorsam erweisen werden. In dieser Voraussetzung ertheile ich ihnen meinen väterlichen Segen. Vertraut Gott, meine lieben Kinder, habt ihn stets vor Augen und im Herzen, erfüllet Euern Beruf treu und werdet nicht müde, Gutes zu thun, so wird es Euch nicht nur im Leben immer wohl gehen, sondern Euer Lohn wird auch im Himmel groß sein. Dann umarme ich Euch mit Eurer Mutter jenseits des Ufers wieder, wo ein besseres Land ist."

Mit so liebenswürdigen Eigenschaften in seinem Charakter als Mensch vereinigte Glück den Ruhm eines der elegantesten, gründlichsten und fleißigsten Juristen der neuern Zeit. Noch in höherem Alter hatte er seine früh begonnenen Studien ununterbrochen fortgesetzt und war dadurch zu einer gründlichen und vielseitigen Bildung gelangt, die sich über die Grenzen seines Fachs hinaus erstreckte. Unter den einzelnen Zweigen der Jurisprudenz war ihm keiner ganz fremd geblieben. Sehr gründliche Kenntnisse besaß er vorzüglich im kanonischen und im Civilrechte. Mit diesen Kenntnissen verband er einen seltenen Scharfsinn. Er war, wie bereits früher erwähnt, mit ganzer Seele akademischer Docent. Mit seinen Vorträgen auf dem Katheder standen daher auch die meisten seiner literarischen Arbeiten, durch die er sich in der gelehrten Welt einen allgemein geachteten Namen erwarb, in einer nahen Verbindung. So sehr er auch bemüht war, aus seinen Collectaneen über das römische Recht und andere Materien für seine Vorlesungen nur das auszuwählen, wodurch er seinen Zuhörern besonders nützlich werden konnte, so vermehrte sich doch durch die sorgfältige Berücksichtigung aller neuern literarischen Erscheinungen die Masse dessen, was er vorzutragen hatte. Eine größere Beschränkung schien kaum möglich. Wenigstens würde sie seinen Zuhörern zum Nachtheil gewesen sein. Um ihnen ihr Privatstudium zu erleichtern, faßte er schon in einer frühern Lebensperiode (1788) die Idee, einen möglichst vollständigen Pandektencommentar zu schreiben. Ueber dies durch seine Brauchbarkeit allgemein geschätzte Werk [11]), das er bis ans Ende seines Lebens mit ununterbrochenem Fleiße fortsetzte, erklärt er sich mit der ihm eigenen Bescheidenheit in der Vorrede:

„Die Vorlesungen über die Pandekten," heißt es dort, „machen schon seit geraumer Zeit einen vorzüglichen Theil meines Berufs aus, und mein immer sehr zahlreiches Auditorium, sowie der anhaltende Fleiß meiner Zuhörer gibt mir den sehr beruhigenden Beweis, daß die Mühe, die ich auf diese Vorlesungen verwende, nicht verkannt wird. Zu beklagen ist es jedoch, daß man nach dem einmal festgesetzten Plane ein so weites und dornigtes Feld in dem engen Zeitraume eines halben Jahres zu durchwandern genöthigt ist, und daher selbst für die wichtigsten Gegenstände, bei der großen Menge derselben, zu wenig Zeit hat, um bei denselben, wie sie es verdienen, nur einigermaßen verweilen zu können. Da nun bei der Präcision, deren sich der Lehrer bei dem Vortrage der Pandekten zu befleißigen hat, auch der aufmerksamste Zuhörer, zumal wenn er zum ersten Male ein solches Collegium hört, unmöglich so deutliche Begriffe von den zum Theil schweren und intricaten Rechtsmaterien bekommen kann, daß er sich, ohne weitere Anleitung, durch eigenes Nachdenken und den Gebrauch seines Corpus Juris fortzuhelfen im Stande wäre, so bin ich nicht selten in eine nicht geringe Verlegenheit gerathen, wenn ich von meinen fleißigen Zuhörern um einen Commentar über die Pandekten ersucht wurde. — Zwar fehlt es nicht an trefflichen Werken dieser Art, von Cujaz, Noodt, Faber, Struv, Lauterbach, Stryk, Leyser u. a. großen Rechtsgelehrten. Allein man wird mir, wie ich hoffe, nicht Unrecht geben, wenn ich behaupte, daß einestheils die Lectüre solcher Werke einen schon geübten Rechtsgelehrten voraussetzt, und daher dem Anfänger ohne Bedenken nicht empfohlen werden kann, anderntheils aber auch die Anschaffung derselben einem Studirenden auf Akademien zu kostbar ist. Schon längst habe ich daher den Gedanken gehabt, etwas über die Pandekten zum Behuf meiner Zuhörer aufzusetzen; nicht als ob ich etwas Vorzüglicheres zu liefern im Stande wäre, als jene großen Männer schon geleistet haben; eine solche Anmaßung würde ich mir nie zu Schulden kommen lassen. Meine Absicht war nur, ihre Arbeiten auch für Jünglinge brauchbar zu machen und der todten Masse ihrer kritischen Untersuchungen und Rechtserörterungen ein Leben zu geben, welches im Stande wäre, auch dem feurigsten

---

11) Es erschien unter dem Titel: Ausführliche Erläuterung der Pandekten nach Hellfeld. Ein Commentar zum Gebrauch für seine Zuhörer. (Erlangen 1790—1830. 34 Bde. gr. 8.) Von den ersten drei Bänden (Erlangen 1790—1793) erschien in den Jahren 1797—1801 eine verbesserte und vermehrte Ausgabe, deren Zusätze auch besonders abgedruckt wurden. Hierauf folgten in drei Bänden (Erlangen 1822—1832) ein vollständiges Sach- und Gesetzregister, welches die Register über den 20. bis 34. Band des Commentars enthielt, mit Einschluß des im 35. Theile sich endigenden Titels I. des 28. Buches der Pandekten: Qui testamenta facere possunt. Fortgesetzt wurde der Commentar nach Glück's Tode von Chr. Fr. Mühlenbruch (Erlangen 1832—1841) und nach dessen Tode von Eduard Fein, der 1851 den 44. Band lieferte, das Recht der Codicille enthaltend.

Gerade das an sich schwere und trockene Studium der Pandekten leicht und angenehm zu machen. Ein Werk dieser Art aber, soll es nicht das Ansehen eines Collectaneenbuchs oder zusammengeschriebener Hefte bekommen, ist freilich nicht die Arbeit eines Jahres; es erfordert vieljähriges Nachdenken, eine durch unermüdetes Studium der Quellen erlangte Reife des Urtheils und gebildeten Geschmack. — Ich habe bei meinem Versuche eines Commentars über die Pandekten das Hellfeld'sche Lehrbuch zum Leitfaden gewählt, habe jedoch, wo es nöthig schien, mir eine Abweichung erlaubt. So wird man z. B. unter dem Titel: De origine juris vergebens eine Rechtsgeschichte suchen. Eine solche historische Entwickelung des Ursprungs und der Veränderungen des römischen Rechts hielt ich in einem Commentare über die Pandekten für zweckwidrig, weil darüber auf allen teutschen Akademien besondere Vorlesungen gehalten werden. Ich habe nur im Allgemeinen von den Quellen der in Teutschland üblichen bürgerlichen Rechtsgelehrsamkeit gesprochen. Die Regeln zur Beförderung einer gründlichen Theorie vom heutigen Gebrauche des römischen, kanonischen und teutschen Rechts wird man überall durch treffende Beispiele erläutert finden. In der Ausführung der Rechtsmaterien habe ich Vollständigkeit mit der möglichsten Deutlichkeit zu verbinden mich bestrebt. — Man wird meine gute Absicht hoffentlich nicht verkennen, die Schüler der römischen Rechtsgelahrtheit auf das Studium der Gesetze selbst hinzuleiten, sie dadurch an eigenes Nachdenken zu gewöhnen und ihnen zugleich bei dem Mangel eigener Subsidien die Auslegung der Gesetze zu erleichtern. — Nach meiner Absicht soll dieser Commentar meinen Zuhörern nicht blos zur Repetition dienen, sondern auch noch in ihrem künftigen praktischen Leben, wie ich hoffe, ihnen manche gute Dienste thun. — Bemerken muß ich, daß ich bei einigen vorgetragenen Lehren von der gewöhnlichen Theorie der Rechtsgelehrten abgewichen bin. Es versteht sich, daß dies nie ohne zureichende Gründe geschehen ist. — Daß ich auf die Literatur die gehörige Sorgfalt und Mühe gewendet habe, wird jeder Sachverständige von selbst finden. Man wird, wie ich hoffe, von den besten und neuesten Schriften über jede Materie nicht leicht eine vermissen. — Nichts kann ich so angelegentlich wünschen, als daß die gegenwärtige Arbeit Vielen nützen und die Absicht, gründliche Juristen zu bilden, dadurch völlig erreicht werden möchte."

Was Glück durch seinen Commentar vor Allem zu erreichen strebte, war eine vollständige und deutliche Entwickelung aller zu dem Gegenstande gehörigen Begriffe und Lehrmeinungen. Er stützte sich dabei auf die wichtigsten Autoritäten älterer Zeit, mit möglichst umfassender Berücksichtigung aller neueren Schriften. Die praktische Tendenz seines Werkes behielt er immer scharf im Auge, ohne sich jedoch, wie manche seiner Vorgänger, fortwährend auf den sogenannten usus modernus oder auf teutsche Reichs- und Particulargesetze zu berufen. Er hielt dies in den meisten Fällen für ebenso zweckwidrig als nutzlos. Wirklichen Werth legte er auf die Feststellung des heutigen Gebrauches einer römischen Rechtslehre nur dann, wenn die verschiedene Natur der römischen und der jetzigen Rechts- und Lebensverhältnisse zu einer Untersuchung darüber Anlaß gab. Die praktische Tendenz seines Werkes schien ihm vorzugsweise die Berücksichtigung solcher Lehren zu fordern, die auf den heutigen Rechtszustand einen entschiedenen Einfluß gehabt haben und zur Bildung juristischer Urtheilsfähigkeit vorzugsweise geeignet wären. Als eine Hauptquelle solcher Lehren betrachtete Glück die in Justinian's Digesten enthaltenen Erörterungen und Entscheidungen der römischen Juristen. Daß Alles, was zu deren Verständniß mittelbar oder unmittelbar führe, auch zugleich dem praktischen Zwecke diene, davon war er überzeugt. Doch nicht blos auf die Erklärung des Gegebenen wollte er seinen Commentar beschränken. Eine pragmatische Behandlung der einzelnen Rechtslehren lag in seinem Plane. Diese forderte, daß die durch Erklärung gewonnenen Principien vollständig entwickelt und angewendet, oder mit andern Worten, nach ihren mannichfachen rechtlichen Beziehungen dargestellt werden müßten, wenn auch die Quellen den Stoff dazu nicht unmittelbar darböten. Diese Zwecke suchte Glück in seinem Commentare über praktisches Civilrecht zu erreichen, und sorgsam hütete er sich dabei, die Entwickelung eigenthümlicher Ideen als Hauptsache hervortreten zu lassen. Er verfolgte dies Ziel bei fortrückender Arbeit und sichtbar gereifteren Studien mit immer steigender Sicherheit. Offen gestand er, wie ihm die Arbeit selbst für Manches erst allmälig den richtigen Tact gegeben habe, der durch die genaueste Vorbereitung und Aufmerksamkeit nicht erworben werden könne.

Außer seinem Commentar über die Pandekten lieferte Glück noch zur Erläuterung derselben einen Beitrag in seiner „Ausführlichen Entwickelung der Lehre von der Intestat-Erbfolge nach den Grundsätzen des ältern und neuern römischen Rechts" [12]). Mit seinem Schwiegervater, dem Professor J. B. Geiger, vereinigte er sich zur Herausgabe einer Sammlung merkwürdiger Rechtsfälle [13]). Sein praktischer Sinn bewog ihn, eine „Gemeinnützige Rechtslehre" zu schreiben, die er in G. F. Seiler's Lesebuche für den Bürger und Landmann drucken ließ. Der größere Theil seiner Schriften bestand aus lateinischen Abhandlungen über einzelne Rechtsmaterien. Mehre dieser Dissertationen, die er zum Theil mit Verbesserungen in eine von ihm veranstaltete Sammlung aufnahm [14]), sind bereits namhaft gemacht worden. Von besonderer Wichtigkeit sind unter diesen Abhandlungen die Introductio in studium historiae legum positivarum Germanorum (1781) und die Praecognita uberiora universae jurisprudentiae ecclesiasticae positivae Germanorum (1786). Zu seinen letzten Schriften gehört

12) Erlangen 1803. gr. 8. Zweite veränderte und vermehrte Auflage ebendas. 1822. gr. 8. 13) Merkwürdige Rechtsfälle und Abhandlungen aus allen Theilen der Rechtsgelehrsamkeit, mit beigefügten Urtheilen und Gutachten der Erlangischen Juristenfacultät. (Erlangen 1792—1794. gr. 8.) 2 Thle. Ein dritter Theil erschien ebendas. 1806. gr. 8. 14) Opuscula juridica. Fasc. I. Erlang. 1785. — Fasc. II. Ibid. 1785. — Fasc. III. Ibid. 1789. — Fasc. IV. Ibid. 1790. 8 maj.

eine zu Erlangen 1812 gedruckte „Einleitung in das Studium des römischen Privatrechts" [15]), die nach einer Angabe auf dem Titel zur Berichtigung und Ergänzung des ersten Theiles seines Pandektencommentars dienen sollte.

Aus einer Gedächtnißpredigt, die der Professor der Theologie J. G. V. Engelhardt am 6. Febr. 1831 auf Glück hielt, mag hier die nachfolgende, seine Verdienste und seinen Charakter treffend bezeichnende Stelle hervorgehoben werden. „Christian Friedrich Glück," heißt es dort, „ist von uns geschieden. Der beredte Mund ist nun stumm, der die Fülle ausgebreiteter, wohlgeordneter Kenntnisse einer lernbegierigen Jugend mit unermüdetem Eifer, mit immer frischer Thätigkeit bis ins Greisenalter mit der theilnehmenden Lebendigkeit eines Jünglings vortrug. — Mit nie nachlassender Emsigkeit forschte er in dem großen Gebiete seiner Wissenschaft. Geendet ist nun die Reihe jener Forschungen, welche der Dahingegangene mit redlicher Gewissenhaftigkeit einem dankbaren weiten Kreise von Jünglingen und Männern vorlegte, die dadurch in ihrer Bildung sich gestärkt und gefördert fanden. — Reich ausgestattet mit Gaben des Geistes, gewissenhaft thätig, ernst in seiner Pflicht, liebreich im Leben, hat unser Freund die Aufgabe des Gelehrten mit Ruhm, die Pflicht des Lehrers mit allgemeiner dankbarer Anerkennung gelöst, und hat als Gatte und Vater, als Freund und Bürger und in allen ernsten Verhältnissen, in welchen sein Beruf ihn führte, als ein nachahmungswürdiges Vorbild vorgeleuchtet."

Eine einnehmende Freundlichkeit, eine liebevolle Heiterkeit, die von der einfachen Unschuld eines frommen Herzens zeugte, das, was ihm irgend Ehrendes und Erfreuendes entgegenkam, als segnende Gaben Gottes hinnahm, lag schon in seinen Gesichtszügen. Sein Bildniß mit einem Lebensumrisse befindet sich im vierten Hefte von Bock's Sammlung von Bildnissen berühmter Gelehrten (1791). Gelungener und von sprechender Aehnlichkeit ist ein von Hanfstengel in München lithographirtes Porträt, von welchem sein Bildniß im Neuen Nekrolog der Deutschen [16]) eine Copie zu sein scheint [17]).

(*Heinrich Döring.*)

15) Auch unter dem Titel: Handbuch zum systematischen Studium des neuesten römischen Privatrechts, nach Günther. Erster Theil. 16) Jahrg. IX. 1. Th. S. 79. 17) Vergl. Fikenscher's Gelehrtengeschichte der Universität Erlangen. 1. Abth. S. 257 fg. Briefe über Erlangen. 1. Th. S. 84 fg. Bock's Zustand der Universität Erlangen. Weidlich's Nachrichten von jetztlebenden Rechtsgelehrten. 1. Th. S. 227 fg. Nachträge S. 97 fg. Fortgesetzte Nachträge S. 105 fg. Schattenrisse aller öffentlichen Lehrer in Halle S. 14. Kopp's Juristisches Lexikon. 1. Th. S. 216 fg. Dessen Juristischer Almanach S. 281 fg. Oberdeutsche Allgem. Literaturzeitung. 1794. Nr. XXXIX. S. 637 fg. Schunck's Jahrbücher der gesammten deutschen juristischen Literatur. 1831. 1. Bd. 1. Heft. Zeitgenossen. Ein biographisches Magazin. 4. Bd. 5. Heft. S. 8 fg. Neuer Nekrolog der Deutschen. Jahrgang IX. 1. Th. S. 79 fg. Meusel's Gel. Deutschland. 2. Bd. S. 581 fg. 9. Bd. S. 452. 11. Bd. S. 277. 13. Bd. S. 476. 17. Bd. S. 732. 22. Bd. 2. Abth. S. 382.

GLÜCK [1]) (Ernst), geb. zu Wettin [2]) im damals sogenannten Herzogthume Magdeburg im J. 1652, gest. zu Moskau in den ersten Monaten des Jahres 1705 [3]). Er studirte, ein fleißiger, talentvoller, auch poetisch reich begabter Jüngling, auf dem Gymnasium zu Altenburg und den Universitäten Wittenberg und Leipzig und ging, ein Glied des Hausstandes des von dem Könige von Schweden Karl XI. durch den Grafen von Tott, als Gouverneur von Livland, zum Generalsuperintendenten dieses Herzogthumes berufenen bisherigen Pastors und Superintendenten zu Sulzbach, Joh. Fischer [4]), im J. 1673 mit nach Riga. Hier verlebte er in der Familie seines Gönners als dessen Hilfsarbeiter mehre Jahre, ehe er in ein eigenes geistliches Amt einrückte, zuerst im J. 1680 als Garnisonprediger zu Dünamünde; bereits im J. 1683 ging er als Pastor nach Marienburg mit Seltinghoff; 1687 ward er zugleich zum Propst des kokenhusenschen Sprengels ernannt. Bei der Eroberung und Einäscherung von Marienburg durch die Russen am 6. Aug. 1702 ward er mit anderen dem Tode entgangenen Bewohnern des Städtchens als Gefangener nach Rußland abgeführt. Der russische Feldmarschall Scheremetjew (Szeremetof) schickte ihn als einen gelehrten, im besten Rufe stehenden Mann nach Moskau, wo er von Kaiser Peter dem Großen, der solche Männer brauchen konnte und zu würdigen wußte, nicht nur sofort seine Freiheit, sondern auch einen Jahrgehalt von 3000 Rubel erhielt und auf dessen Befehl in dem Palaste des Fürsten Naryschkin eine Erziehungsanstalt für junge Russen von Adel einrichtete und leitete. An der vollständigen Uebersetzung der Bibel in das Russische, mit welcher der Kaiser ihn betraut hatte, sowie an der Eröffnung einer höheren Lehranstalt zu Moskau [5]), zu welcher die kaiserliche Ge-

1) Die authentisch beglaubigte Schreibung seines Namens ist Glück. 2) Nicht zu [illegible], wie man hier und da angegeben findet. 3) Die kürzeren biographischen Notizen über ihn, wie sie aus Zedler's Universallexikon 10. Bd. S. 1702, aus Jöcher's Gelehrtenlexikon 2. Th. S. 1094 in andere encyklopädische Handbücher, wie die von Meyer, Pierer u., übergegangen sind, haben durchgängig fast mehr Irrthümer als die wenigen Zeilen, aus welchen sie bestehen. In dem hier eintretenden Artikel ist das zuverlässigere Material hauptsächlich aus Fr. Konrad Gadebusch's Livländischer Bibliothek 1. Bd. S. 427—432 und aus Joh. Fr. v. Recke's und K. E. Napiersky's Schriftstellerlexikon der Provinzen Liv-, Esth- und Kurland 2. Bd. S. 68—70 zusammengestellt worden. 4) Ueber ihn vergl. Gadebusch, Livl. Bibl. a. a. O. S. 324 fg. und v. Recke und Napiersky, Livl. Schriftstellerlexikon. 1. Bd. S. 570—576. Er war zu Lübeck den 13. Dec. 1626 geboren, gab die oben bezeichnete Stellung in Riga im J. 1699 freiwillig auf, theils weil er sich in seinem amtlichen Wirken vielfach gehindert und in zahlreiche Streitigkeiten verwickelt sah, theils weil ihn bei seinem bereits vorgerückten Alter das bedrohlich heranziehende Kriegsungewitter schreckte; nach Deutschland zurückgekehrt, ward er im J. 1701 als Generalsuperintendent des Herzogthums Magdeburg und Propst am Frauenkloster daselbst wieder angestellt; er starb am 17. Mai 1705. 5) Siehe darüber einen Brief von J. Ph. Spener an ihn vom 15. Nov. 1703 in dessen Consilia theol. lat. (Francofurt. ad M. 1709. 4.) Tom. III. p. 801 seq. und *Nic. Berg*, De statu eccl. et relig. moscov. (Holm. 1708. 4.) p. 149 seq. Weiterhin (p. 264) findet sich hier das Bruchstück eines trefflichen Briefes von Glück vom 30. Nov. 1703 an den [illegible] von Livland, v. Strokirch, der uns sei-

nehmigung auch bereits gegeben war, hinderte ihn sein frühzeitiger Tod. Das spätere Emporkommen seiner Familie rührt besonders von einem Umstande her, welcher seinen Namen auch in der Profangeschichte auf die Dauer gesichert hat und hier zuvörderst ausführlichere Erwähnung verdient. Er hatte nämlich die nachmalige Kaiserin Katharina I., Peter's des Großen Gemahlin, fast als Kind noch in sein Haus zu Marienburg aufgenommen. Auf einer Reise nach Dörpt (Dorpat) hatte er in dem einem Herrn v. Rosen gehörigen Dorfe Ringen die kleine Katharina (Kathinka), die der Küster daselbst als eine verlassene Waise bei sich hatte, gesehen. Da das Mädchen seiner anmuthigen Gestalt und seines artigen Wesens wegen ihm gefiel, dem Küster von Ringen aber bei eigener starker Familie ihre Erhaltung schwer ward, so nahm Glück sie mit sich nach Marienburg, „woselbst sie die Kinder ihres neuen Pflegevaters anziehen, nach der Kirche und in die Schule bringen und die Zimmer im Hause reinlich halten mußte, sonst etwas geringer wie ein Kind, aber auch etwas besser als die Dienstboten gehalten wurde“ 6). Katharina blieb unausgesetzt bis zu ihrem 17. Jahre in Glück's Hause; sie verheirathete sich im J. 1701 mit einem jungen schwedischen Dragoner 7), der bald darauf vor dem Feinde geblieben sein soll, während Andere ihn noch länger leben und von Katharina in ihren veränderten Glücksumständen unterstützt werden lassen. Bei der Eroberung von Marienburg durch die Russen ward Katharina als Beuteantheil dem Generale Bauer überlassen, der sie nach einiger Zeit der Fürstin Menschikow als Dienerin überließ. Bei dieser sah sie Peter der Große und nahm sie, gefesselt von ihrer Jugend und Schönheit, an sich. Bei ihrem Uebertritte zur griechischen Kirche nahm sie die Namen Katharina Alexiewna an und hatte dem Kaiser bis 1709 drei Töchter bereits geboren, als dieser 1711 sich heimlich mit ihr vermählte, 1712 sie öffentlich als seine Gemahlin anerkannte, 1718 sie zur Kaiserin erklärte. Im J. 1724 zu Moskau gekrönt, ward sie nach Peter's des Großen Tode am 28. Jan. 1725 als Selbstherrscherin aller Reußen ausgerufen, starb aber als solche schon am 17. Mai 1727 eines schnellen Todes 8).

An diesem durch seine Seltenheit außerordentlichen Glückswechsel, an dieser Erhebung aus bäuerlicher Niedrigkeit zu dem schimmernden Glanze eines Kaiserthrones hatte Glück durch seine Jahre lang fortgesetzte Sorge um die Erziehung und Erhaltung seiner Pflegebefohlenen wesentlichen Antheil, und zeigt er sich in diesen häuslichen Verhältnissen als einen menschenfreundlichen und gemüthlichen Mann, so war er in seinem geistlichen Wirkungskreise in Livland nicht minder achtungswerth, zugleich als Gelehrter und Schriftsteller regsam und fleißig. Der ungemein traurige Zustand der Letten in kirchlichen Dingen konnte ihm in Riga bei seinem Verkehre in dem Hause des Generalsuperintendenten Fischer nicht verborgen bleiben, ihn aber verbessern zu helfen war sein Wunsch und Bestreben. Am wirksamsten und nachhaltigsten konnte dies durch Uebersetzung der ganzen Bibel in die lettische Sprache geschehen, und um sich zu dieser Arbeit völliger auszurüsten, ging er zunächst auf längere Zeit nach Hamburg zu dem berühmten Orientalisten Sebastian Edzardi, um seine bereits erworbenen Kenntnisse in den Grundsprachen der heiligen Schrift zu vervollkommnen. Nach Riga zurückgekehrt, nahm er mit eisernem Fleiße die Uebersetzung der Bibel in das Lettische in Angriff und vollendete sie unter Beihilfe eines einzigen Mitarbeiters, des nachherigen Pastors zu Lennewaden, Christian Bartholomäus Witten, in wenigen Jahren. Nachdem sie von einer Commission liv- und kurländischer Prediger durchgesehen war, erschien sie, von dem Generalsuperinten-

---

ner fortdauernden rührenden Theilnahme an dem Wohle der livländischen Kirche zeugt.

6) So heißt es in einer, aus dem Todesjahre (1727) der Kaiserin Katharina stammenden, dem Referenten vorliegenden, jetzt unstreitig seltenen Flugschrift: „Merkwürdige und genaueste Nachricht von Ihro Russischen Kaiserlichen Majestät, der nunmehro entwichenen Czaarin Catharine Alexiewna Ankunft (sic!) Glück Erhebung zum Throne Leben und Todt, wie Dieselbe aus der Feder eines vornehmen Officiers geflossen der sich lange in Rußland aufgehalten hat“ (o. O. u. J.) [Sp. 4. — Es ist hier der Ort nicht, auf die bekanntlich ganz aus einander gehenden Berichte und Traditionen über die Abkunft der Kaiserin Katharina I. näher einzugehen; man vergl., außer den gehörigen Werken über russische Geschichte, Alex. Gordon, Gesch. Peter's des Großen. (Leipzig 1765.) 2. Bd. S. 268 fg.; Materialien zu der russischen Geschichte. (Riga 1777.) 1. Bd. S. 201 fg. Es leidet bei dem für eingehendere historische Studien so eifrigen Sinne der Jetztzeit kaum einen Zweifel, daß dieses Katharina-Problem trotz seiner Schwierigkeit noch befriedigender werde aufgeklärt werden, als es bisher der Fall war, und möglicher Weise könnte die hier angeführte Flugschrift wenigstens auf die richtige Spur bringen helfen. 7) „Weil die Guarnison in der Kirche zu Marienburg“ — so heißt es in der angeführten Flugschrift — „in welcher der Praepositus predigte, dem Gottesdienste beiwohnte, so fande sich unter denselben ein Dragoner von ohngefehr 22 Jahren, welcher diese Catharinam öfters in der Kirche sahe und eine ehrliche Neigung auf sie werffe, auch sich deßfalls gegen einen Verwandten des Praepositi äußerte und denselben ersuchte, ihm in diesem Vorhaben behülflich zu seyn. Dieser Verwandte that dem Praeposito den Vorschlag und bekame zur Antwort, daß wo der junge Freyer eines guten Wandels und der Commandant mit der Heyrath zufrieden wäre, er sich nicht darwieder sperren wolle. Catharina hätte ihre mannbahre Jahre erreichet, er selbst aber viele Kinder und schlechte Mittel. Es wären ohnedem trübseelige Zeiten und die Russen im Anmarsch, so daß ein Hausvater sich wünschen möchte, gar keine Kinder zu haben. Er behielte sich aber vor, die Catharinam auf keinerley weise zu zwingen. Die Sache wurde darauff dem Major vorgetragen, welcher nicht allein in die Heyrath willigte, sondern auch versprache, daß er den Reuter wegen seiner guten Aufführung mit nechstem befördern wolle. Auff solche Nachricht liesse man die Catharinam in die Stube kommen und befragte sie, ob ihr der junge Kerl anstünde? Weil sie nun denselben wegen seiner blonden langen krausen Haare schon vorhin lieb gewonnen, so gab sie ohne viel Bedenck-Zeit ihr Ja-Wort und wurde noch eben den Abend die Verlöbniß richtig gemacht.“

8) Die mehrmals angezogene Flugschrift schließt mit den Worten: „Es sind übrigens die Dankbarkeit und Güte, welche diese Prinzessin gegen alle Menschen, insonderheit gegen die ehemaligen Bekannten blicken lassen, ihre Gelassenheit in widrigen Zufällen, ihre unermüdliche Vorsorge vor die Gesundheit ihres Gemahls und ihre beständige Anhaltung zu [illegible] und [illegible] Wercken solche löbliche Eigenschaften, welche den Abgang ihrer Geburth und andere Fatalitäten einigermassen zu bedenken (sic, L.: bedecken) und zu ersetzen scheinen.“

dernden Fischer herausgegeben und bevorwortet, im Drucke [9]), zuerst das Neue Testament (Riga 1685.); später das Alte Testament (ebendas. 1689. 4.); Psalter nebst Jesus Sirach besonders (ebendas. 1704. 8.); die ganze Bibel wieder aufgelegt (Riga 1730.); später in abermaligem Wiederdrucke in Octav zu Mitau 1772—1773 [10]). Während seiner lettischen Amtswirksamkeit veranstaltete er außer der Herausgabe mehrer Gedichte, Leichenreden und Lieder [11]) (im alten lettischen Gesangbuche mit E. G. bezeichnet) eine Uebersetzung von Luther's Kl. Katechismus, ein lettisches Gebetbuch, auch die lettische Uebersetzung von Fischer's schriftmäßiger Erklärung des Luth. Katechismus [12]) und machte sich durch diese Arbeiten um die lettischen Schulen hochverdient. In Moskau kam ihm seine fertige Kenntniß der russischen Sprache, die er sich in Livland durch fleißigen Umgang mit Mönchen des hart an der Grenze von Livland gelegenen Klosters Petschur erworben hatte, sehr zu statten und setzte ihn in den Stand theils für seine schon erwähnte Privaterziehungsanstalt, theils für weitere Kreise Uebersetzungen in das Russische (des Neuen Testaments, des Kl. Luth. Katechismus, des Orbis pictus und der Janua linguarum reserata von Am. Comenius ꝛc.) und eigene Schriften in diesem Idiome (eine Grammatik, ein Gebetbuch ꝛc.) zu veranstalten und zu verfaßen. Die etwaigen einzelnen Drucke dieser Schriften lassen sich jedoch nicht näher angeben [13]).

Glück ward der Stammvater eines noch bestehenden livländischen adeligen Geschlechts. Seine Witwe, eine geborene Reuter aus Riga, erhielt von Kaiser Peter durch Befehl aus Kopenhagen vom 7. Oct. 1716 die Krongüter Ago und Kärrista bei Dorpat in vortheilhaften Pacht; später gingen sie als Geschenk an ihren Schwiegersohn, den Admiral Franz Nikita Guillemotte von Villebois, über. Die Kaiserin Katharina förderte das Glück der Kinder ihres ehemaligen Wohlthäters. Der älteste Sohn, Ernst Gottlieb von Glück, war Rath im Justizcollegium der liv- und esthländischen Rechtssachen zu Petersburg, wo er als Etatsrath starb. Der andere Sohn, Christian Bernhard von Glück, starb im J. 1735 als kaiserlicher Kammerrath zu Petersburg. Auch seine drei Töchter machten glänzende Carrièren, namentlich die mittlere, die Gemahlin des bereits erwähnten Admiral Villebois; sie stand bis zum Jahre 1762 in Function als Hofdame bei der Kaiserin Elisabeth [14]). (*J. E. Volbeding.*)

---

[9]) Der vollständige Titel bei Recke-Napiersky 1. Bd. S. 575. [10]) Ausführlicheres über diese Bibelübersetzung in G. F. Teitsch, Kurländ. Kirchengesch. ꝛc. (Riga 1767—1770.) 3. Bd. S. 93—126 und in K. H. Gruning, Gesch. der lett. und ehstn. Bibelübers. S. 3 fg. [11]) Das Speciellere hierüber bei Recke-Napiersky a. a. O. 2. Bd. S. 69 fg. [12]) Siehe Recke-Napiersky ebendas. [13]) Ueber seine Bemühungen für die lettische und russische Literatur, zum Theil aus einer eigenen von ihm verfaßten Rechtfertigungsschrift s. G. Owers und R. v. Engelhardt's Beiträge zur Kenntniß Rußlands u. seiner Geschichte. 1. Bd. S. 665—702, im Auszuge (von Gruning) in Garl. Merkel's Zeitschrift für Literatur und Kunst. Jahrgang 1811. Nr. 20 und 22. [14]) Näheres über die Familienverhältnisse der Glück'schen Kinder bei Gadebusch a. a. O. S. 430—432.

GLÜCK AUF! ist der Gruß der Bergleute, wie er vor Zeiten gewesen und noch heute ist. Der Bergmann gebraucht diesen Gruß sowol in als auch außer der Arbeit, und gar ungern würde er es anhören, wenn einer sagen wollte: Glück zu! weil sich ihm die erzreichen Gänge und Klüfte, die Mineralien überhaupt nicht zu-, sondern vielmehr aufschließen sollen. Das schöne Gedicht von Döring: „Der Bergmannsgruß," endigt in der letzten Fahrt mit den Worten:

„Doch schließt sich auch dein Auge hier,
Dort thut sich's wieder auf,
Wir Alle, Alle folgen dir,
Und grüßen dich: Glück auf!"

Der alte bergmännische Handwerksgruß lautet: „Gott grüße euch alle mit einander, Bergmeister, Geschworne, Steiger, Häuer, wie wir hier versammelt sein, mit Gunst bin ich aufgestanden, mit Gunst will ich mich niedersetzen, grüßete ich das Gelag nicht, so wäre ich kein ehrlicher Bergmann nicht, oder: Gott ehre das Gelag, heut morgen und den ganzen Tag, ist es nicht groß, so ist's doch nicht an Ehren bloß." (*C. Reinwarth.*)

GLÜCKSBRUNN, herzoglich sachsen-meiningisches Dorf mit 180 Einwohnern, nach Schweina eingepfarrt, merkwürdig wegen einer im Kalkfelsen befindlichen, sehr weitläufigen Höhle. Die Höhle wurde 1797 bei Anlegung der Straße von Altenstein nach Liebenstein entdeckt. Sie ist 500 Fuß lang, hat zwei geräumige Säle und einen durchfließenden Bach, der einen mit Kähnen befahrbaren kleinen Teich bildet. Man hat in der Höhle fossile Thierknochen gefunden. Der Ort wird gewöhnlich Hütte genannt; den Namen Glücksbrunn erhielt er 1706 bei Erneuerung des Bergbelehnungsbriefes von Herzog Ernst Ludwig. Es war nämlich sonst dort ein Blaufarbenwerk mit Bergwerken; der Kobaltbau wird, aber nur mit schwachem Umsatze, seit 1826 wieder betrieben. Wollenspinnerei des geheimen Finanzraths v. Weiß. (*H. E. Hössler.*)

GLÜCKSBURG, Marktflecken am flensburger Fohrd im Herzogthume Schleswig, mit dem gleichnamigen Schlosse, der ehemaligen Residenz einer herzoglichen Linie, mit 700 Einwohnern. (*H. E. Hössler.*)

GLÜCKSELIGKEITSLEHRE. Zwischen den Worten Glück und Glückseligkeit hat sich im Sprachgebrauche der Unterschied fast durchgängig festgesetzt, daß jenes einen nur menschlichen, vergänglichen, endlichen Zustand der Befriedigung, der Freude, der Lust oder des Wohls, das letztere einen solchen Zustand im ewigen, göttlichen, unendlichen Sinne bezeichnet. Es wäre indessen selbst nur eine endlich-menschliche Betrachtungsweise, wollten wir diesen Unterschied nur durch die Rücksicht auf die Dauer des so benannten Zustandes bestimmt sein lassen. Dies führte für den Begriff der Glückseligkeit auf eine Vorstellung unendlicher Währung derselben, welche unter Unendlichkeit eine sich fortwährend durch neu hinzutretende Momente bereichernde Zeit- oder Zahlreihe versteht, und somit der Idee der Unendlichkeit, indem sie dieselbe durch die endliche Thätigkeit des Zählens zu gewinnen meint, alle ihre Tiefe raubt. Die gezählte oder

Nach Hegel's Ausdrucke „schlechte" Unendlichkeit involvirt einen Widerspruch, da sie die Verwirklichung einer [illegible] vorstellt, deren Wesen als einer Idee Möglichkeit [illegible] Potenz und nur deshalb Unendlichkeit ist, ohne irgend in Anschlag zu bringen, daß Verwirklichung des Möglichen zugleich und überall, weil ihrem eigenen Begriffe nach, Verendlichung des Unendlichen ist. Soll daher zwischen Glück und Glückseligkeit in der bezeichneten Weise unterschieden werden, so ist die Differenz nicht in der Währung, d. i. in der zeitlichen Quantität, ebenso [illegible] in der räumlichen oder numerischen, sondern in [illegible], d. i. in der Bestimmtheit der Befriedigung [illegible] Genusses durch das jedesmalige Object oder den [illegible] desselben zu suchen. Der wahre Begriff der Unendlichkeit oder Ewigkeit würde sich dann in der Beziehung zur Intension, nicht zur Extension, finden, und der höchste Grad der Freude oder die Glückseligkeit wäre dann dem niederen Grade oder dem Glücke an Intensität unendlich überlegen, während jener „schlechte" Begriff von unendlicher Glückseligkeit einen Lessing zu dem berühmten Worte von der „unendlichen Langeweile" und zu dem Ausrufe, er möchte um Alles in der Welt nicht selig werden, verleiten konnte, wozu das Wort Goethe's sehr wohl stimmt, daß sich Alles ertragen lasse, nur nicht eine Reihe von guten Tagen. Daß der Gegensatz des Unendlichen und Endlichen, des Ewigen und Zeitlichen, Unvergänglichen und Vergänglichen als ein qualitativer und erst dadurch als ein Gegensatz der Intensität, d. i. dynamischer, nicht numerischer, Quantität, zu verstehen sei, lehrt auch die für ihn einzusetzende Unterscheidung des Himmlischen und Irdischen, Göttlichen und Menschlichen, Geistlichen und Fleischlichen.

Allein auch so fragt es sich noch, ob ein solcher Gegensatz überhaupt mit Recht aufzustellen, oder nicht beide Begriffe, Glück und Glückseligkeit, vielmehr dasselbe, denselben Zustand, nur in gradueller Verschiedenheit, aussprechen. In der That haben wir uns für das Letztere bereits entschieden, indem wir den Grad der Intensität zum Unterscheidenden setzten, als das Gemeinsame aber den Zustand der Befriedigung oder das Gefühl der Lust ansahen. Ein entschiedener Gegensatz käme nur herein, wenn das Endliche dem Unendlichen, das Geistliche dem Fleischlichen u. s. w. wirklich so entschieden entgegengesetzt wären, daß das Gefühl endlicher Lust mit dem Gefühle unendlicher Lust gar keine Verwandtschaft hätte, und umgekehrt. Dann aber könnten beide Zustände nimmermehr unter dem gemeinsamen Namen vereinigt werden; denn der eine wäre dann dem anderen gegenüber Unlust oder Schmerz. Wir müssen also die Gegensätze des Endlichen und Unendlichen, zusammen mit den oben parallelgestellten, näher prüfen. In welchem Verhältnisse freilich diese zwei reinen Vernunftbegriffe, des Endlichen und Unendlichen, zu andern Kategorien stehen, die Aufzeigung welches Verhältnisses allein eine philosophische Erklärung heißen könnte, dies zu erörtern ist Aufgabe der Metaphysik und nicht einer Einzelbetrachtung wie der gegenwärtigen, welche vielmehr das Recht hat, ihre Grundbegriffe zu entlehnen, noch weniger aber einer encyklopädischen Skizze, welche fortwährend mehr anzudeuten und zu verweisen hat. Darum wiederholen wir fordernd und ohne weiteren Beweis die obige Behauptung, daß der Begriff des Unendlichen parallel geht oder, wenn man will, sich concentrisch verhält zu dem Begriffe der Potenz oder Möglichkeit, dagegen der des Endlichen auf entsprechende Weise mit der Kategorie der Actualität oder Wirklichkeit Reihe bildet. Bei dieser Erklärung aber scheint wieder alle Denkbarkeit eines unendlichen Wohlgefühles, also der Glückseligkeit, ausgeschlossen zu sein, indem wir sofort darüber gewiß sind, daß jedes Gefühl, jede Empfindung, als welche immer nur auftreten kann als ein Einzelnes und Besonderes, so tief und nachhaltig sie auch sein möge — in die Reihe der endlichen Wirklichkeiten gehört, nicht auf die Seite der Möglichkeit oder Potenz, daher man denn auch unendliche Glückseligkeit lange Zeit nicht anders hat verstehen können denn als eine nie endende Reihe von endlich-wirklichen Lustgefühlen. Nach dieser Seite betrachtet, dies müssen wir eingestehen, bleibt das Glück immer endlich, weil jede einzelne Wohlempfindung, wenn sich auch die eine Ring an die andere knüpft untrennbar wie die Momente der Zeitreihe, dennoch ein aus einer Potenz hervorgebrachtes oder hervorgelocktes Wirkliches ist, das, indem alles Wirkliche endlich ist, auch nur auf endliche Dauer Anspruch hat, denken wir uns diese Dauer immerhin so lang als wir wollen. Allein es ist hierin schon angedeutet, auf welcher Seite wir die Unendlichkeit des Glückes finden. Die Seite der Wirklichkeit und Endlichkeit ist die Seite der Objectivität oder Herausgestaltung; die Seite der Unendlichkeit und Möglichkeit ist die der Subjectivität oder des herausgestaltenden Innern. Sofern die Lustempfindung eine objective Wirklichkeit ist, ist sie endlich, sofern sie aber an einem Subjecte ist, das sie empfindet, hat sie ihren Antheil an dem Unendlichen. Die nähere Beschreibung dieses Antheils und die Gradation desselben ist die Aufhebung des Gegensatzes des Unendlichen und Endlichen und die Bestimmung des Unterschiedes als eines blos graduellen. Wir finden hier den besten Anlaß, zu den abstracteren die concreteren Formen unseres Gegensatzes heranzuziehen, also die des Göttlichen und Menschlichen, Himmlischen und Irdischen, Geistlichen und Fleischlichen. Wie wir aber jene abstracten Gegensätze in dem einen des Endlichen und Unendlichen genügend verstehen, so diese concreten in dem einen, sie alle durchziehenden, der Materie und des Geistes, an welchem sich wiederum das Verhältniß des Endlichen und Unendlichen wie an einem Beispiele von selbst erläutert.

Das Endliche jedweden Lustgefühles (wir könnten auch sagen, jeden Gefühles überhaupt) war sein Objectives, das Empfundene an ihm; sein Subjectives dagegen, das Empfinden, lag auf der Seite des Unendlichen. Wir können auch sagen: der eine untheilbare Act, welchen wir Empfindung nennen, läßt sich durch eine Abstraction zertheilen in zwei Factoren, deren einer den Act als eine Function des Subjectes, deren anderer ihn als ein vom Subjecte erlittenes Object darstellt. Sofern nun die Empfindung Act ist, wird sie selbst nicht empfunden; sondern sie wird nur empfunden, sofern sie erlitten wird, also nur sofern sie wirklich, sofern sie endlich ist. Von Seiten ihrer Wirklichkeit angesehen, oder sofern sie Empfindung ist, ist also jederlei Lust oder Glückseligkeit *endlich*; denn eine unendliche Wirklichkeit ist ebenso widersprechend als eine endliche Unendlichkeit. Es ist nun lediglich Verwendung anderer Namen oder Uebergang aus dem Abstracteren in das Concretere, wenn wir das Endliche, Wirkliche in seinem Gegensatze zum Unendlichen gleichsetzen dem *Materiellen* in seinem Gegensatze zum Geiste, und demgemäß behaupten, daß an jederlei Empfindung, an jederlei Glück und Glückseligkeit, die Seite der Verwirklichung die materielle Seite ist. Wir dürften dies ohne weitere Rechtfertigung stehen lassen, da uns Niemand wehren kann, unsere Terminologie nach eigenem Gutdünken zu vertheilen, wenn wir nur einer hinreichend einleuchtenden Analogie folgen; indessen wollen wir das Wirkliche an jenen (und an allen) Erscheinungen, äußeren wie inneren, nicht nur mit dem *Namen* des Materiellen belegen, sondern sind allerdings der Ueberzeugung, daß Materie allenthalben dasselbe sei, draußen wie innen, bei den körperlichen Erscheinungen wie bei den geistigen, nämlich daß ihr Begriff gänzlich zusammenfalle mit dem Begriffe der endlichen Außenseite des Wirklichen, welche Außenseite keinem Seienden fehlt, also dem, was wir gemeinhin Körper nennen, ebenso wenig als den Wesen, die wir etwa unter dem Namen von Geistern denken. Die endliche Außenseite des Wirklichen fällt daher allenthalben, bei jedem Seienden, Gott nicht ausgenommen, unter die Kategorien des Materiellen, welche wir hier nur kurz andeuten können als die Kategorien des räumlichen, zeitlichen und numerischen Außereinander oder des Vielen; fällt ferner allenthalben unter die Organe der Wahrnehmung oder des Sinnes, sei es nun, daß das Wirkliche der Classe von Erscheinungen angehöre, die sich der leiblichen Sinne als Vermittler bedienen müssen, um zur Wahrnehmung oder zum inneren Sinne als dem Sinne κατ' ἐξοχήν zu gelangen, oder der andern Classe, welche einer solchen Vermittelung nicht bedarf — mit andern Worten: sei es, daß das Wirkliche hervorgebracht sei von dem Empfangenden selbst (dann fällt die Vermittelung der äußeren Sinne weg), oder von einem anderen Subjecte außer dem Empfangenden. Wir werden nun die unendliche Seite der Empfindung und mithin des Glückes kennen lernen, wenn wir sehen, was die abstract für sich festgehaltene endliche, materielle oder wirkliche Seite in dieser Isolirung sein würde.

Erinnern wir uns jener Unterscheidung, die wir innerhalb des Actes der Empfindung aufstellten, und nach welcher das Materielle dieses Actes das empfundene Object, das Unendliche dagegen, welches wir nunmehr auch das Geistige nennen können, das empfindende Subject war. Das Materielle des Actes abstract für sich festhalten heißt also: die Empfindung ihres empfindenden Subjectes berauben, welches dasselbe ist als die Empfindung selbst aufheben. Unleugbar müssen Subject und Object da sein, um etwas wie Empfindung möglich zu machen: isoliren wir eines von beiden, so haben wir entweder ein Nichts empfindendes Subject oder ein nicht empfundenes Object, also in beiden Fällen keine Empfindung. Bleiben wir bei dem Einen, so würde das rein für sich gesetzte Object die reine Materie sein, welche von keinem Subjecte empfunden wird; soll sie empfunden werden, so darf sie nicht reines Object bleiben, sondern muß Object eines Subjectes werden, welches sie in sich *findet* (emp-findet). Hieraus folgt als ein unumstößlich gewisser Satz, daß es keinerlei materielle, rein körperliche Empfindung gibt, also auch keinerlei materielles Glück oder sinnliche Lust (im strengen metaphysischen Sinne), sondern alle und jede Empfindung ihr empfindendes Subject im *Geiste* hat. Dieselbe Anmerkung über unsere Terminologie, welche wir zum Begriffe des Materiellen machten, können wir hier zum Begriffe des Geistes wiederholen. Wir dürften unbehindert alles Subjective in Dingen und Zuständen das Geistige derselben nennen, und dann hätten wir nur ein Wort oder einen Namen gegeben, wenn wir sagten: alles Subjective ist Geist, und hätten selbstverständlich Recht mit der Behauptung, daß es keine materielle Empfindung gibt, weil eben jede Empfindung von einem Subjecte empfunden sein muß. Allein auch hier machen wir mit dem Namen Ernst, und behaupten, daß das Geistige überall gleicher Natur sei, daß überall, wo wir ein Subject annehmen zu irgend welchen äußeren Hervorbringungen (die dann überall materiell heißen) oder Erleidungen, wir dieses Subject für geistiger Natur halten auch bei den nach der gewöhnlichen Meinung körperlichsten Dingen. Geist ist daher allenthalben die Innenseite des Seienden, der Grund der Auswirkung, die Möglichkeit der Erscheinung, das sich in der Wirklichkeit verendlichende, materialisirende Unendliche. Diese unendliche Innenseite des Seienden fällt daher allenthalben unter die Kategorien des Geistigen und Potentiellen, welche wir hier kurz als die Kategorien des räumlich, zeitlich und numerisch Einen oder des Unendlichen und Ewigen bezeichnen. Wie das Materielle überall für die Wahrnehmung oder für den Sinn ist, so kann das Geistige auf receptive Weise, sinnlich, nie gefaßt werden, es ist nie und nirgends für die Empfindung. Sobald vielmehr etwas vom Geistigen empfunden wird, so wird seine Wirkung empfunden, diese aber ist das Materielle am Geistigen, und so ist es überall nur eine mittelbare Kunde, die wir vom Geistigen haben. Es gibt *keine* materielle Empfindung, sondern alle Empfindung ist geistig, hieß der eine Satz, den wir behaupteten, und der volle Richtigkeit hat, so lange wir nach dem Subjecte der Empfindung fragen; *jede* Empfindung ist materiell und *nichts* Geistiges wird als solches empfunden, heißt der jenem entgegengesetzte Satz, der nicht minder seine volle Richtigkeit hat, nämlich wenn wir das Object der Empfindung in Betracht ziehen. Die Empfindung ist immer spirituell auf Seiten des die Empfindung Erleidenden; sie ist immer materiell auf Seiten des empfundenen Gegenstandes oder der Wirklichkeit. Summa: die Empfindung, Glück und Glückseligkeit, ist immer und überall, *zugleich* endlich und unendlich, zugleich materiell und spirituell, zugleich Möglichkeit und Wirklichkeit, zugleich Subject und Object. Bis jetzt also wissen wir nur von Einer Art Lust und kennen keine Unterschiede oder Gegensätze darin, nicht einmal Grade der Intensität, und grade den Hauptunterschied, der zur Eintheilung der Arten der Lust zumeist gebraucht wird, den Unterschied des Geistigen und Leiblichen, Endlichen und Unendlichen (Himmlischen und Irdischen, Geistlichen und Fleischlichen, Göttlichen und Menschlichen) haben wir aufgehoben. Haben wir ihn wirklich aufgehoben, oder werden wir vielleicht diese Gegensätze nur anders definiren? Wir können hiervon noch nicht sprechen, also unsere Lehre von den Abstufungen und Unterschieden der Lust noch nicht aufstellen, ehe wir nicht das Gemeinsame jeder Lust, also jene Verbindung der Gegensätze, vollständig behandelt haben. Aus der Verbindung der Gegensätze wird sich von selbst ihre Lösung, aus der Gleichsetzung ihrer Unterscheidung, aus ihrer Dialektik die Abstufung ihres gegenseitigen Verhältnisses ergeben.

In der Empfindung, sahen wir, sind Subject und Object in unlöslicher Weise geeint; denn wo ein Empfundenes von dem Empfindenden empfunden wird, da ist kein Außereinander mehr denkbar. Die Ursache der Empfindung ist wol draußen, und auf sie schließe ich wieder zurück als auf das entferntere Object meines Genusses, aber das nähere Object, die Empfindung selbst, muß mit mir, d. i. mit dem empfindenden Geiste vollkommen Eins sein, damit er sie genießen könne; sie muß in ihm sein, aber nicht wie das Blut in den Adern, sondern wie die Blutkügelchen im Blute. Dennoch aber kann sie mit dem empfindenden Geiste nicht so völlig Eins sein, daß sie dieser selbst wäre als empfindender (denn der patiens, die passio und das passum, wenn wir dieses Participium einmal passivisch brauchen dürfen, sind getrennte Functionen oder Dinge), sondern sie ist der Geist als empfundenes Object seiner selbst. Subject und Object des Erleidens und das Erleiden selbst sind in Einem und sind Eins, aber dieses Eine in Gegensätze zerfällt, welche sich wiederum in der Einheit des Zustandes oder der Thätigkeit aufheben. Um die Verknüpfung jener Gegensätze zu begreifen, müssen wir also hinter dieselben zurückgehen, sie nicht in starrer Weise für das Letzte und Aeußerste halten: denn Gegensätze können nur in einem Dritten Eins sein, welches sie für die abstrahirende Betrachtung und auch in Wirklichkeit an sich hat, aber in Wirklichkeit nicht auseinanderspannt oder trennt. Das Dritte ist also immer zugleich Subject und Object, Geist und Materie, Endliches und Unendliches; es ist das Eine nach jener, das Andere nach dieser Seite betrachtet, und sofern es Beides ist, keins von Beiden. Nun kennen wir schon die beiden entgegengesetzten Enden in ihren Functionen: es benöthigt noch, daß wir diese Functionen als Eine Function begreifen und so benennen. Das Object, die Materie, das Endliche war die Veräußerung eines Innern, die Verwirklichung eines Möglichen: das Subject, das Unendliche, der Geist, war das Wirkende selbst, die sich ausgestaltende Potenz: was ist also die Eine Function? Wir geben ihr den kürzest möglichen Namen und nennen sie Thun oder Schaffen oder Wirken, und daher nennen wir das Subject oder die Potenz Kraft oder Wille, wobei aber noch an kein Bewußtsein gedacht ist. Wille ist die Einheit von Materie und Geist, Endlichem und Unendlichem. Das Absolute oder Ursein ist Wollen, Thätigkeit, actus purus, welcher die Potenz (puritas) und die Actualität zu seinen Enden hat. So wenig nun diese Bestimmung einer Erklärung von Zuständen des Erleidens günstig scheint, so ergibt sich doch, daß das Subject nur Erleidendes sein kann, wenn es ursprünglich Thätiges ist, und um so intensiver erleidend, je thätiger, je productiver es ist. Denn man denke sich in vollkommener Schärfe eine Reception bei gänzlichem Mangel entgegenkommender Activität oder Widerstandskraft, und man wird finden, daß nicht einmal die Reception in einem materiellen Gefäße, das Nichts empfindet, ohne dieses Entgegenkommen ist, geschweige denn die empfundene Reception im Geiste. Alles Erleiden ist nur durch Widerstand möglich, und zwar entweder so, daß die Thätigkeit des Subjects durch eine fremde, oder (so sonderbar dies klingen mag), daß sie durch sich selbst gehemmt wird. Endlich, da in das Subject Nichts von Außen gelangen kann, ohne daß es in ihm eine entsprechende Thätigkeit hervorruft, da also jede fremde Thätigkeit erst zur Thätigkeit des Subjects werden muß, ehe sie in irgend einer Weise auf dieses einwirken kann: so besteht das Erleiden überall darin, daß die Thätigkeit des Subjects durch sich selbst gehemmt wird, sei es, daß die hemmende Thätigkeit durch eine fremde erst hervorgerufen, oder daß sie schon ursprünglich die des Subjects ist. Im ersten Falle tritt die hemmende Thätigkeit durch die äußeren Sinne an den inneren Sinn; im zweiten Falle direct an den inneren: im ersten Falle nennen wir darum gewöhnlich das Erlittene ein Materielles oder Sinnliches, im zweiten ein Geistiges — es erhellt hier von Neuem die Flüssigkeit dieses Gegensatzes. Doch wir haben uns vorgesetzt, von den Unterschieden der Lust nicht eher zu reden, als bis wir ihre Einheit vollständig besprochen haben.

Soll dies geschehen, so haben wir denn doch wol am meisten zu fragen, wie sich unter den Erleidungen des Geistes die Lust von ihrem Gegentheile unterscheide, von der Unlust oder dem Schmerze. Scheint es ja, als verlören wir sogar diesen Gegensatz aus der Hand, da wir die Erleidung überall für einen Widerstand erklären, der einer ursprünglichen Thätigkeit des Subjects widerfährt; denn was ist Schmerz anders als solcher Widerstand? Man fasse Widerstand nicht sogleich in dem Sinne des Schmerzes, wie wir auch von Erleiden bis jetzt nicht in dem Sinne von Leiden gesprochen haben: wie wäre aber die Sprache dazu gekommen, die Begriffe Widerstand und Gegenstand nur durch die Wahl zwischen zwei synonymen Präpositionen zu unterscheiden, wenn nicht jedes Object (Gegenwurf, Vorwurf), sei es der Lust oder Unlust, seinem Begriffe nach eine Art von Widerstand wäre? In der That ist dieser Begriff des Widerstandes die dialektische Angel, mit der wir die Gegensätze der Lust und des Schmerzes so beweglich machen können, daß wir sie in einander übergehen sehen: wie gäbe es sonst auch eine Lust im Schmerze, welche wir etwa Wehmuth oder Trauer, auch Sentimentalität und Humor, und eine Unlust im Genusse, welche wir Ekel, Ueberdruß, Langeweile nennen? wie wäre es sonst möglich, daß dieselbe Empfindung in geringer Stärke uns den behaglichsten Genuß, z. B. der Wärme, verschaffen kann, die uns in verstärkter Potenz, als Hitze, Unmuth und Schmerzen bereitet? wie endlich, daß Gewohnheit uns mit manchen unangenehmen Empfindungen so vertraut macht, daß wir sie nicht mehr entbehren mögen, und daß dieselbe Gasart, die uns ersticken macht, uns ungewöhnliche Wonnegefühle erzeugt? Alle diese merkwürdigen Phänomene sind nur zu erklären aus der Relativität des Gegensatzes von Lust und Unlust, indem beide Eins sind in dem Begriffe der allein durch Widerstand möglichen subjectiven Empfindung eines Objectiven. Der Unterschied kann in der That nur bestehen in dem Maße und in der Bedeutung des Widerstandes, d. i. in dem Verhältnisse seiner Quantität und Qualität zu der Quantität und Qualität des den Widerstand empfindenden Subjectes.

Das Wesen des Subjectes ist, wie alles Wesen, Thätigkeit oder Leben: es wird nur passiv oder receptiv, wenn der Lebensstrom irgendwie und irgendwo gehemmt wird. Hemmung aber kann bei einem thätigen oder bewegten Wesen nur Erregung einer anderen Art von Thätigkeit sein, vielmehr, da die Thätigkeit als solche dieselbe bleiben muß, Ablenkung derselben von ihrer Richtung mehr oder weniger in die entgegengesetzte. Es entsteht also im Subjecte, wenn es leidet (sei es Lust oder Unlust), eine rückläufige Bewegung, ein gewisses plötzlicheres oder allmäligeres Anhalten des Lebensstromes, welches Anhalten nur der Anfang eines Zurückstauens ist und nur dann Anhalten bleibt, wenn die Gegenwirkung der ursprünglichen Thätigkeit gleich groß ist. Wie verhalten sich nun diese Bewegungen zu dem Gegensatze von Lust und Schmerz? Wir müssen annehmen, um der concreten Wahrheit gerecht zu sein, daß es sich überall um ein bestimmtes besonderes Subject handelt, nie um das Subject in seiner Allgemeinheit, d. h. wir müssen annehmen, daß die Thätigkeit des Subjects eine qualitativ bestimmte ist (ihre bestimmte individuelle Richtung hat) und ebenso in bestimmter Quantität oder Intensität wirkt. Offenbar wird sich nach dieser vorausgesetzten Realität des Subjects seine Lust und seine Unlust bestimmen. Das Allgemeine der Lust aber kann nur die Förderung der bestimmten Thätigkeit jedes bestimmten Subjects sein, und zwar im Verhältnisse der bestimmten Intensität dieser Thätigkeit. War nun aber alles Erleiden seinem Begriffe nach Hemmung: wie mögen wir annehmen, daß es auch eine fördernde Hemmung gebe? Und doch ist Lust nichts Anderes. Lust ist das Gefühl (d. i. die unmittelbare Realität in receptivem Vorhandensein — nicht: Bewußtsein, welches eine productive Realität und zwar in vermittelter Weise wäre) das Gefühl der Zugehörigkeit der Thätigkeit des Subjects zum Subjecte und der Angemessenheit ihrer Quantität und Qualität zu der des Subjects. Es gibt keine passive Lust, und selbst das sänftigste Behagen des Phlegma's ist das Gefühl ungestörter harmonischer Thätigkeit (Vegetation) des sinnlichen Organismus. Wie kann aber solches Behagen herbeigeführt oder verstärkt werden durch eine Art von Widerstand, als welchen wir selbst die Lust in ihrem Objecte beschrieben haben? Wir antworten: sie kann nur auf diese Weise hervorgerufen werden; denn dieser Widerstand ist Bedingung, conditio sine qua non, der das Behagen erzeugenden Thätigkeit selbst. Die eingenommene Nahrung ist ein Widerstand, eine Hemmung gegen den Organismus des Körpers, aber eine Hemmung, die ihn dadurch am Leben erhält, daß sie ihn in Thätigkeit setzt. Wo also der Widerstand Lust erzeugt, ist er Nahrung, Gehilfe der Thätigkeit des Subjects, sei es Stachel, sei es Object dieser Thätigkeit in irgend einer Weise. Alle Thätigkeit setzt Entzweiung voraus (was gar keine feindliche sein muß), alle Entzweiung schließt Widerstand ein (der nur die metaphysische Realität ist von der logischen Nicht-Identität), Lust ist das Gefühl normaler Thätigkeit: also ist Lust ohne jenen Widerstand unmöglich. Die Lust hört auf, wenn die rückläufige Bewegung, welche im Subjecte durch jederlei Reception eintritt, ihrer Quantität nach die gegenlaufende Thätigkeit unmöglich macht oder erschwert, anstatt sie hervorzulocken und zu stärken, oder wenn sie ihrer Qualität nach Richtung und Art der ursprünglichen Thätigkeit des Subjects verleugnet, ihr vielleicht ganz entgegenläuft, und daher das Subject in die Verlegenheit setzt, daß es keine Waffen zur Gegenwirkung hat und nur die Hemmung als Hemmung empfindet. Thätigkeit erfolgt nur auf Reiz, entfaltet sich nur im Zusammensein, indem sie gegen andere Eigenthümlichkeit ihre eigene geltend macht. Selbst Gott, den wir uns vorläufig als actus purus denken, muß einen stimulus in sich haben, aus der Passivität (d. i. Potentialität) seiner Urgestalt herauszugehen, und dieser stimulus ist der der Entzweiung mit sich selbst, der immanenten Negation. In der Zeugung Gottes im ewigen Sohne ist jener abstracte Reiz der immanenten Negation concret geworden, aber weil er der absolute Ausdruck des göttlichen actus ist, der Abglanz seiner Herrlichkeit, so ist er nur in sofern Widerstand, als er die göttliche Thätigkeit für den Augenblick des Genusses aufhält, mit andern Worten, auf den Zustand der Productivität einen Zustand der Receptivität bewirkt, welche aber nichts Anderes ist als selbstempfindendes Beharren in der bestehenden zeugenden Production. In der Seligkeit des Zeugens des Sohnes fühlt sich Gott als Potenz, während er ohne die Zeugung, vor ihr, sich gar nicht fühlen könnte, weil er widerstandsloses actus wäre; in diesem Sinne kann man mit Schelling sagen: Gott ist erst Potenz post actum. Indessen ist der Genuß der Seligkeit Gottes nur Reiz für seine Potenz, sich in ihrer Weise fortzurealisiren, und nur deshalb ist Gott selig im Sohne oder in seiner Herrlichkeit, weil seine Herrlichkeit seinen thätigen Willen bejaht, zur Thätigkeit reizt, indem sie ihm die Objecte seiner Thätigkeit zeigt und vorweg genießen läßt. Würde der Sohn den Lebensstrom der göttlichen Thätigkeit aufhalten, so würde sich die Seligkeit in Unseligkeit verkehren, der Genuß würde abschmeckend, langweilig werden (vergl. jenes Wort Lessing's). Der fortgesetzte Genuß wird in der That Hemmung der Thätigkeit und hebt die Lust auf, indem er sie in ihr Gegentheil verkehrt; denn sie ist nur so lange Lust, als sie die Thätigkeit nährt und lockt, nicht mehr, wenn sie dieselbe hindert; vergl. die Phänomene der Ernährung und Sättigung. So kann man sich vielleicht die Mythe von einem Abfalle der Engel und der Entstehung des höllischen Reiches erklären, welche der Erschaffung der Welt vorausgegangen sein soll. Denn der Sohn ist gezeugt; der Vater kann ihn nicht zurücknehmen, aber er hört auf zu zeugen, da er sich zu schaffen sehnt: der Sohn also wird selbständig mit dem Reiche der Engel, aber zugleich machtlos, da Gottes Wille nicht mehr auf ihn gerichtet ist, sondern auf Erschaffung der Welt. Das Reich der Engel aber, die freigelassenen Kräfte (δυνάμεις καὶ ἀρχαί) aus Gott, sind selbständig und bemächtigen sich ungebunden des Rechtes ihrer Vielheit; denn sie waren nur schön und göttlich, so lange sie unter der Einheit des Sohnes (d. i. eben ihres göttlichen harmonischen Einheitsprincips) an Gott gebunden waren: sie sind also abgefallen, böse und häßlich, und die Thätigkeit Gottes, die nur eben zeugender Genuß war, ist nun kämpfende Gestaltung. Das Princip der Gestalten aber in diesem Kampfe ist der Sohn, daher es mit Recht heißt: aus ihm (aus den Kräften, deren zusammenhaltende Einheit er war), durch ihn und zu ihm (denn die Herrlichkeit seiner siegenden Realität war der Reiz zur Schöpfung und darum ihr Ziel) sind alle Dinge. Wir haben an diesem höchsten Beispiele das Urbild aller kosmischen und menschlichen Zustände der Lust, und können nunmehr dazu übergehen, die Arten und Grade der Lust, des Glückes und der Glückseligkeit kennen zu lernen, nachdem wir den allgemeinen Begriff haben. Auch dieser Begriff wird durch das Folgende noch mehr Licht erhalten: gleichwie umgekehrt die folgende Entwickelung nur die Auseinanderlegung des Begriffs ist. Denn wir wissen, daß die Specification und Gradation der Lust nur in dem wechselnden Verhältnisse bestehen kann, welches unter den in jenem Begriffe vereinigten Gegensätzen gegenseitig stattfindet. Diese Gegensätze aber waren Endlichkeit und Unendlichkeit, Subject und Object, Geist und Materie, Reception und Production, Hemmung und Gegenwirkung. Gelegentlich kam noch der Unterschied zwischen fremder und eigener Verursachung der Lust zur Sprache. Es gibt keine Lustempfindung, in der nicht alle diese Gegensätze enthalten wären; und nur das innere gegenseitige Verhältniß derselben bestimmt die Arten und Grade der Lust, sowie der Unlust.

Lust, Glück, Glückseligkeit sind receptive Phänomene (so sehr auch die Production ihr Object, Grund dieser Gefühle sein mag) und darum nur Phänomene im Geiste; denn nur wo Geist ist, ist Reception; der Urwille, sofern er producirt, producirt Materie und ist Materie; er ist nur Geist, sofern er das Producirte fortwährend in sich recipirt, es empfindet, es genießt, sich selbst darin hat. Die Materie, können wir sagen, ist reine Productivität ohne Reception, so widersprechend der gewöhnlichen Meinung dies klingt. Es ist wahr, die Materie läßt sich Alles gefallen; aber dieses Gefallenlassen ist kein Aufnehmen. Ein geschlagener Stein empfängt nicht den Schlag; denn es existirt kein „er," der ihn empfangen könnte. Das Empfangen fordert Insichsein, centrale Subjectivität, welche die Materie nicht hat; denn was man so nennen könnte, der Schwerpunkt, ist grade der Punkt des Außersichseins der Materie. Die Materie ist todt; denn Tod ist die zur höchsten Reinheit isolirte Activität, das reine Hinaus (à l'Erre), und der Mensch stirbt, wenn sein Insichsein, seine Reception, d. i. sein Bewußtsein aufhört; ein anderer Tod ist keiner. Die Glückseligkeitslehre ist also ein Theil der „Phänomenologie des Geistes," und zwar der Theil, welcher den Geist als rein receptiven, d. i. empfindenden behandelt. Die Materie, dieses rein nach Außen gehende Kraftwirken, geht zuerst in sich in der Pflanze und im Thiere, welches Insichgehen nicht blos Individualisiren ist; denn dieses als der erste Schritt zum Subjectwerden ist schon in der Bildung einzelner Weltkörper eingetreten: sondern es ist Subjectwerden im Sinne eines sich auf sich selbst als auf den Mittelpunkt Zurückbeziehens, welches Zurück eben das ist, was den Weltkörpern fehlt. Dieses Zurück ist im Allgemeinen Geist; aber er ist hier noch nicht als Geist. Der Pflanze wird ein Empfindungsleben nicht abgesprochen werden dürfen, aber Wenige werden ihr Lust und Schmerz in anderer als poetischer Meinung zuschreiben mögen. Ihre Reception ist die unvollkommenste; denn es wird nicht dabei verweilt, vielmehr sofort zu äußerer Activität, sinnlicher Darlegung nach Außen übergegangen: so das Schließen der Blätter bei mehren Mimosen, bei vielen Blumen des Abends, das Kehren nach der Sonne u. s. w. Dieses Schließen und Wenden ist nicht Darstellung des Empfundenen selbst, sondern ist Rückwirkung gegen dasselbe. Anders beim Thiere, welches für seine Empfindung als solche einen Ausdruck hat. Hier ist die Reception innerlicher; denn sie verweilt bei sich selbst. Das Thier empfindet nicht blos, sondern empfindet in bestimmter Weise; es hat Lust und Schmerz, es genießt und leidet. Wir können uns von solcher Empfindung, die ohne Selbstbewußtsein, ohne Rückbeziehung auf den Geist als Geist ist, keine Vorstellung machen und betrachten daher die Zustände des Thieres nach menschlicher Analogie. Allein der Unterschied ist wesentlich und beruht auf jenem Verweilen bei der Reception als solcher, welches nicht ein zeitliches Andauern derselben ist, sondern vielmehr der lebendige Antheil, den das Subject an ihr nimmt. Dieser Antheil ist ein lebendiger; denn er ist selbst Leben, Production von Innen und im Innern, aber nur für das Innere. Auch das Thier producirt seinen Eindruck als solchen, ohne damit eine Reaction zu bezwecken in demselben Sinne, wie die Pflanze; aber es producirt ihn lediglich nach Außen, und er selbst, der Eindruck, bleibt allein innerlich. Die Reception also, welche an sich selbst reine Innerlichkeit ist, reines Hinein, entgegen dem reinen Hinaus der Production, ist im Thiere noch nicht zu sich selbst gekommen, was dasselbe ist als daß der Geist im Thiere noch nicht bei sich selbst ist. Reception ist hiernach in Wahrheit Reproduction des Empfangenen als solchen, oder Production nach Innen: Vermaterialisirung zwar, wie jede Production; aber in jedem Momente der Production zugleich zurückbezogen auf das Subject, empfunden, also festgehalten im Geiste. Wir begreifen nunmehr, wie man der Materie alle Activität absprechen und dagegen die einseitigste Passivität beilegen kann: indem sie nämlich stets Gewirktes ist und nie Subject der Wirkung, so fehlt ihr die Activität des Subjectes für und auf sich selbst (das ist aber grade die wirkliche Passivität), welche in ihrer höchsten Innerlichkeit, als Gedanke, sogar auf keine Weise wahrnehmbar für Andere ist. In dieser die reine Innerlichkeit der Reception fortwährend selbst darstellenden, also in ihr vollständig verweilenden Production, welche fortwährend selbst wieder empfunden, also genossen wird, ist nothwendig der Sitz des höchsten Glücks oder der Glückseligkeit — also in der höchsten Subjectivität, der höchsten Geistigkeit, weil diese identisch ist mit der höchsten Receptivität. Und wo anders lag nach den oben vertheilten Kategorien die der Unendlichkeit, als auf der Seite des Geistes und des Subjectes? Nun aber waren in jederlei Lust jene Gegensätze vereinigt, also müssen sich die Arten der Lust abstufen nach dem Maße des Vorwiegens oder Herrschens des Subjectiven, des Geistigen, des Unendlichen: natürlich; denn da die Lust als Gefühl den receptiven Phänomenen des Geistes angehört, so kann sie nur bei gesteigerter Receptivität gesteigert sein. Hatten wir aber gefunden, daß Materie und Geist ebenso sehr Abstractionen sind, wie reine Productivität und reine Receptivität, beide aber Momente sind, die ungetrennt nur vom Verstande auseinandergehalten werden und in den Wesen nach verschiedenen Graden des Vorwiegens vorhanden sind, Momente an dem allein Wahren, d. i. der identischen Einheit: so ist ein actus purus ebenso sehr — Nichts, wie das reine Sein — Nichts ist, und eine passio pura — dem reinen Sein und ebenfalls Nichts. Darum ist alles Wirkliche actus und passio in Einem, von einem verschwindenden Minimum des Einen bis zu einem verschwindenden Minimum des Anderen. Ist aber Glück und Glückseligkeit, wie wir sahen, jederzeit Reception, Empfindung, Gefühl, so ergibt sich, daß auch diese Zustände in der absoluten Reinheit des Begriffs keine Wirklichkeiten, sondern nur Abstractionen sind, nämlich, indem alles Wirkliche actus und passio, Wirken und Zustand, in Einem ist, so isoliren jene Begriffe das Moment der passio in einseitiger Weise — wie denn jeder an sich in jedem Augenblicke die Erfahrung machen kann, daß eine Freude, die er empfindet, wie überhaupt jede Empfindung als solche nur für sich betrachtet, eine Abstraction ist, die eine unberechenbare Menge von körperlichen und geistigen Regsamkeiten hinter sich und zu ihrem Wesen hat. Glückseligkeit ist also nie etwas für sich, sondern ist nur ein aus der organischen Einheit Gerissenes und für sich Betrachtetes, und scheint dies ein gleichgültiges oder spitzfündiges Resultat zu sein, wie solche der Philosophie unablässig vorgeworfen werden, so triumphirt grade hiermit die Philosophie über alle jene abstracten Abtrennungstheorien, welche das Eine Moment, das Thun (die „Tugend") ganz und gar auf die Eine Seite setzen, und dem gegenüber ein Jenseits behaupten, das wiederum reiner Geist, reiner Genuß, reine Glückseligkeit sein soll als der äußerlich herzugebrachte und nachgetragene „Lohn" für jene Tugend. Dennoch bleibt der Proceß der Materie zum Geiste, wie wir ihn oben schilderten, in seiner vollen Wahrheit bestehen; wir werden ihn anzusehen haben als den Proceß von einem Maximum von Materie und Minimum von Geist zum umgekehrten Verhältnisse, und dieser Proceß ist derselbe wie der von einem Minimum von Empfindung und Glückseligkeit zu einem Maximum derselben.

Wir haben diesen Proceß bereits verfolgt bis zum Freiwerden des Geistes von der empfangenden Natur, wo er sich selbst und seine Zustände darstellend bei seiner Empfindung verweilt und sie anfängt frei zu genießen. Das ist die Geburtsstätte wahrhaften Glücks. Wir fanden Empfindung schon bei der Pflanze, Lust und Schmerz beim Thiere, aber Glück und Unglück sind nur Zustände des Menschen, wie Seligkeit und Unseligkeit nur Zustände des von der Materie völlig befreiten, d. h. sie selbst fortwährend setzenden und empfangenden Geistes. Im Menschen beginnt dieses Freiwerden, aber es bleibt so lange unvollendet, als noch Außendinge auf den Menschen wirken, deren Dasein und Wirken nicht sein eigenes Dasein und Wirken und nicht durch ihn verursacht ist. Der Mensch findet sich so aller Wechselwirkung und dem Zufalle ausgesetzt; denn die zahllosen Wirklichkeiten stehen ohne Unterschied seiner Berührung und Begegnung offen, und die störenden können ihn ebenso treffen wie die hemmenden. Darum verknüpft sich mit dem Begriffe von Glück und Unglück zugleich der des Zufalls. Seligkeit und Unseligkeit dagegen sind nicht mehr zufällig (d. h. durch eine äußere Nothwendigkeit aufgezwungen), sondern nothwendig von Innen heraus entspringen sie dem Wesen. Daher mit dem Wachsen der inneren Selbstthätigkeit consolidirt sich der Zustand des Wohles oder Wehes. Die innere Selbstthätigkeit ist es, welche in allmäliger Entfaltung die äußere ablöst. Beide haben aber denselben Mittelpunkt im Subjecte. Die äußere Thätigkeit (Materialisirung) war im Thiere noch so vorwiegend, daß es selbst seine Empfindung nicht innerlich nährte, sondern entweder nur nach Weise der Pflanze gegenwirkte, oder der Empfindung unmittelbaren sinnlichen Ausdruck gab. Der Mensch hat Pflanze und Thier in sich aufgenommen, er kann in Momenten jener, häufiger wird er diesem gleichen: so wirkt auch er durch unwillkürliche Bewegung den Empfindungen entgegen wie die Mimose; so verlautbart auch er Schmerz und Lust in halbthierischen Ausrufen; aber zum ersten Male erhebt sich in ihm der Geist zu der Höhe, sich selbst anzusehen gegenüber der Vielheit der Empfindungen und Zufälle als die beharrende Einheit der weißen Tafel, auf welche Alles sich aufschreibt. Denn dies ist die primaire Wirklichkeit des menschlichen Ich, nicht zwar sofort mit t .n

Bewußtsein ihrer selbst vom Subjecte gedacht, sondern erst nur vorhanden an sich selbst und aus ihrem Vorhandensein heraus das Wort „Ich" zeugend und mit ihm die Sprache und in ihr das fortwährende instinktmäßig urtheilende Beziehen auf das Ich und Fixiren der Empfindungen und Vorstellungen zu bleibenden Wahrnehmungen und zu Umfassungen der Arten der Dinge. Dies ist das erste innerliche Thun des Geistes. Merken wir wol, auch hier ist der Geist noch nicht auf sich selbst gerichtet, aber schon stellt er wirklich allem Empfangenen als Ich gegenüber und benennt das Empfangene als ein Nicht-Ich; schon betrachtet er auch das materielle Product des Urwillens, den Leib, unter dem Nicht-Ich, und also auch seine eigenen Thaten nach Außen betrachtet und objectivirt er wie fremde; ebenso daher auch seine Zustände, die seines Leibes und irdischen Lebens — und wie er die Empfindungen von Außendingen summirt und unter Gattungen reihet, so summirt er seine Zustände, d. i. die seiner materiellen Natur, und nach der Angemessenheit zu dieser Natur bestimmt er die Summe seiner Lustempfindungen und nennt sie **Glück** und die seiner Leiden und nennt sie **Unglück**. Also nicht andere Empfindungen, nicht andere Zustände sind es vorläufig, die er aufnimmt, als die des Thieres, noch stellt der Geist nicht sich selbst dar als thätigen, noch genießt er nicht seine eigene innere Thätigkeit, sondern nur das, was die mit ihm verbundene unbewußte materielle Productionskraft sinnlich erleidet, das aufzunehmen mit dem Bewußtsein des Seinigen hat sein innerer Sinn sich nunmehr erschlossen. In allem Uebrigen ist der Geist nicht frei gegen die Natur, sondern von ihr abhängig, von ihr bestimmt, von ihr dienstbar gemacht ihren Zwecken als Klugheit und rechnender Verstand. Er ist nur frei von der Natur, indem er sie **betrachtet**, aber nicht in diesem Betrachten findet er zunächst sein Glück, nicht das Betrachten genießt er, sondern er genießt die Natur und betrachtet diesen Genuß und nennt ihn Glück. Der Geist ist also hier nur **formal**, alles Inhaltliche liegt auf Seiten der materiellen Natur.

Indem aber beide Seiten, die formale und die materiale, ihren Reichthum immer voller entfalten und sich gegenseitig steigern, und in verschiedener Weise sich verbinden, sind innerhalb der Stufe selbst, die sich durch die blos formale Bedeutung des Geistes bestimmt, wieder viele Entwickelungen und viele Gradationen möglich, wie wir denn keinen Anstand nehmen, die ganze heidnische Cultur in dieser Stufe eingeschlossen zu betrachten, und Judenthum, Griechen- und Römerthum nur als die höchste Blüthe derselben anzusehen, in welcher der Geist allmälig die Herrschaft an sich riß, um zuerst seine alte Herrin in der Mutter Natur zu vernichten und den Boden seiner bisherigen Existenz zu zerstören, dann aber positiv im Christenthume die Gestalt zu zeugen, welche als wahrhafte Vereinigung und Versöhnung jener getrennten Elemente unter Herrschaft des Geistes alle jene Scheinvereinigungen sollte vergessen machen. Dies aber war nur dadurch möglich, daß das erste Verhältniß sich umkehrte, der Geist zum materialen Principe wurde, die Materie zum formalen. Wir haben diese Bemerkungen in der Kürze geschichtlich zu belegen.

Die Steigerung der beiden Potenzen innerhalb der großen ersten Stufe der Entwickelung geschieht auf die doppelte Weise, daß die Ausbeute der Natur sich vermehrt durch die dienende Klugheit des Geistes, und daß in demselben Maße die empfangende Thätigkeit des Geistes an Gegenständen und damit an Tiefe und Bewußtsein gewinnt. Indem nun der Geist auf diesem Wege allmälig sich gewöhnt, selbständig die empfangenen Dinge in sich hervorzubringen, in seiner Sprache auszudrücken, tritt er auf die Uebergangsstufe von seiner formalen zur materialen Bedeutung; er wird **reproductiv** mit idealisirendem Einflusse. Dieses ist die höchste Thätigkeit des Geistes als formalen Princips. Diese Reproduction nähert sich in sofern der Production, als der Geist dabei das Formgebende ist, und zwar, da seine Form die ideale der Einheit ist, das Formgebende im idealen Sinne. Auf diese Weise bildet sich als höchste Blüthe unserer ersten Stufe eine Sphäre der Vereinigung des materiellen Inhalts mit der geistigen Form heraus, welche ihr Organ bereits nicht mehr in der Sinnlichkeit, noch im Verstande, sondern einerseits in der Phantasie, andererseits in der philosophischen Vernunft, und ihre äußerliche Verwirklichung einerseits in der Kunst, andererseits in der Organisation des politischen Lebens findet. Ueberall aber, wo wir den Inhalt und die Grundlagen dieser schönsten Gestaltungen des vorchristlichen Lebens untersuchen, werden wir finden, daß jener Spruch darauf paßt, nach welchem wir den Gehalt im Busen (unserer unmittelbaren factischen Naturbestimmtheit) und nur die Form im Geiste haben. Denn zu dieser Naturbestimmtheit gehört ebenso sehr die ursprüngliche Beschaffenheit und Begrenzung der Nation und ihres geographischen Aufenthalts, als die allgemein-menschlichen Interessen des materiellen Daseins und Genusses, sei es für den Einzelnen, sei es für die Gesammtheit, sei es für das einzelne Haus. Wenn nun der Geist als Phantasie diese natürlichen Elemente idealisirend und verallgemeinernd darstellt oder Begegnisse innerhalb dieser Grenzen umdichtet oder auch erfindet; wenn er ferner im Gedanken jene Elemente begrifflich wiederholt und auf geistige Allgemeinheiten zurückführt und unter einander verknüpft, immer aber von der sinnlichen Erfahrung ausgehend, die er höchstens eine innere Erfahrung im Geiste erinnernd aufrufen läßt, welche Erfahrung aber doch nur die seiner „Formen" ist; wenn er dann sich bearbeitend des realen Stoffes bemächtigt, um ihn als Idealbild der Schönheit dem Auge, dem Ohre und der Seele zum Genusse zu bieten, oder endlich die Macht und das Wohlsein der Bürger durch umsichtige und gerechte Verfassungen zu sichern sucht, so können wir unter diesen Erscheinungen nirgends die nur formirende und in diesem Sinne nur reproducirende und combinirende Thätigkeit des Geistes verkennen. Und in diesem Sinne müssen wir wol Römerthum und Griechenthum auch in ihren geistig reinsten Erscheinungen unter Eine Kategorie stellen mit der orientalischen und jüdischen Cultur, so entgegengesetzt und ver-

-schieden sich auch wieder unter diese Vier die Verhältnisse der Potenzen vertheilen. Diese Zusammenstellung ist auch vor uns längst von den Aposteln geschehen, welche wol wußten, daß vor Christus' Auftreten die ganze Welt (nicht blos die jüdische) *unter dem Gesetze* war. Wenn wir aber irgend wissen, welches der Unterschied sei zwischen dem *unversöhnten* Gesetzesstandpunkte und dem versöhnten des Evangeliums: so werden wir diesen Unterschied kaum tiefer und philosophischer bezeichnen können, als durch die Bestimmung des Geistes entweder als formalen oder als materialen Princips einer Einigung von Geist und Natur. Der Geist als das Princip der Einheit und Potentialität kann nur materiales Princip in dieser Einigung sein: ist er aber als solches noch nicht eingesetzt, so macht er sich als formirender Zwang geltend über die selbständig sein wollende Natur und dieser Zwang ist das Gesetz. So ist das Gesetz der asiatischen Religionen Verneinung und Abtödtung im extremsten Gegensatze zu einer üppigen Natur und wollüstigen Lebenslust; so wird das Gesetz den Juden zum starken und eifrigen Gotte in seiner poetischen Erhabenheit und zur lächerlichen Pedanterie der Priester in seinem kleinen alltäglichen Spiegelbilde; so ist es der Staat als allumfassende Form, der dem Alterthume die Kirche ersetzt und dessen größte Ausdehnung die Wiege der letzteren wird; so verdanken wir dem Griechen die Vollendung der Gesetze der Kunst, und gießen in die classischen Musterformen doch nie mehr den Inhalt des antiken Lebens, es sei denn, daß wir uns in jene tragische Wehmuth und die Poesie jener zermalmenden Erhabenheit des Schicksals, d. i. des formalen Weltgesetzes zurückversetzen, welche darin zur Prophetie eines Künftigen wurde, daß sie in dem Schmerze der Nichtigkeit des Natürlichen und Materiellen und in der Unterwerfung unter jene formale Macht des Geistes Schmerz und Unterwerfung als schauernden *Genuß* empfand.

Das Bewußtsein der Zeitepochen ist niedergelegt in ihren Philosophien. Wir werden im Alterthume überall auch philosophisch den Gegensatz dargestellt sehen des Genusses der natürlichen Zustände auf der einen und der formalen Geistesmacht auf der anderen Seite, sodaß bald jener empfohlen, bald seine Vermeidung im Interesse der letzteren geboten wird, endlich auf der höchsten Culmination des Hellenismus die erkennende Geistesthätigkeit selbst als der höchste Genuß angepriesen wird. Von da aber mußte es abwärts gehen; denn daß die Geistesthätigkeit Genuß werden konnte, dazu fehlte ihr noch der innere Halt der heilvollen Wahrheit: der formale Geist, der sich genießen wollte, konnte sich zuletzt nur selbst negiren im Skepticismus. Noch ohne wissenschaftliche Form und Absicht beginnt die griechische Ethik mit den *Sprüchen der Weisen* des 7. Jahrh., die sich fortsetzen und bereichern und verliefen bis zur Sittenlehre der *Pythagoreer*. Hier sind die anfänglichen Vorschriften der Klugheit und Lebensweisheit, welche den Genuß der natürlichen Güter voraussetzend nur überall die Gesellschafts- und Staatszwecke obenan stellten, bereits einer Tugendlehre gewichen, welche Enthaltung um der Enthaltung willen und Reinigung vom Sinnlichen empfiehlt, die bis zur Gottähnlichkeit führen solle und deren Höchstes die Erkenntniß sei. Erinnern wir uns, daß das Absolute der pythagoreischen Philosophie die reine Zahlform war, so begegnen wir also hier zum ersten Male dem geistigen Formalismus auch als ethischem Principe, als welches er nur die natürliche Lust verkümmern, priesterlich abtödten, sich negativ verhalten kann gegen Alles außer der Erkenntniß, welche selbst aber Negation ist. Daher die pedantische Zeiteintheilung und Gesetzesquälerei im pythagoreischen Bunde. Die *Eleaten*, welche alles Inhaltliche als Schein verwerfen und so nur die reine Form oder Negation als τὸ ὄν behalten, müssen diese Richtung fortleiten: so kämpft Xenophanes gegen Üppigkeit, gegen die Mythologie, und will nur unter frommen Gesprächen zu Tische sein. *Heraklit* kennt kein anderes sittliches Ziel als die Zufriedenheit, welche durch Maß, und das Staatswohl, welches durch absolute Herrschaft des Gesetzes erhalten wird. Hier haben wir also die Gegensätze des Lustsuchens und des Lustbekämpfens beisammen, auf beiden Seiten aber Gesetz, während die Philosophen der realen Vielheit, die Materialisten, nothwendig die Moral nur aus dem Gesichtspunkte der Lust und Unlust betrachten: aber auch diese haben die Tendenz zum Negativen und finden die Glückseligkeit in der Gemüthsruhe. So *Demokrit*, wiewol einzelne seiner ethischen Aussprüche auf Versöhnungen des Gegensatzes im Schönen und Guten verkündigend hinweisen. *Anaxagoras* aber, welcher den Geist als leitendes Princip (d. i. formgebendes) einführte, ist der Erste, der im Erkennen und Betrachten nicht mehr eine negative Tugend, sondern die höchste Lust selbst sieht. So ist die Lust hinübergetreten von der Seite der Materie auf die Seite der Form, des erkennenden Geistes, und Tugend und Glückseligkeit sind zum ersten Male Eines. Aber der formale Geist hat seine Formen noch zu wenig entwickelt, um als ethisches Princip zugleich Quell unendlichen Glückes zu sein: so kann er sich jetzt nur in der Freude seines ersten errungenen Sieges kritisch vernichtend gegen die Natur und die Substanz der Sitte kehren, um durch formale Verstandesdialektik das Unterste zum Obersten zu machen. Indessen bewahren Männer wie *Prodikus* die Strenge der verneinenden Tugend, und *Protagoras* lehrt die griechische Versöhnung im Schönen als höchstem Gute und in der Gerechtigkeit und Scham als den angeborenen (doch immer aber nur negativen) Rettern der Tugend. *Sokrates*, der ethische Genius Griechenlands, Vorläufer Christi auf diesem Boden wie der Täufer Johannes auf dem palästinensischen, knüpft an Anaxagoras an, der einst wie ein Nüchterner unter Trunkenen erschienen war, knüpft an ihn an, um seinerseits den Zeitgenossen eine Caricatur und ein Märtyrer zu werden. Denn was früher nur in gelegentlichen Aussprüchen gehört wurde, daß das Wissen und Erkennen die höchste und einzige Tugend und Tugend Glückseligkeit sei, das ward an ihm gesehen als einen Menschen füllende, durchaus bestimmende Lebensrealität, die auch den Tod übertrug. Er ist schon so weit nicht mehr Grieche, daß er sein höchstes Gut über die Schönheit, die ideale Mitte und Versöhnung des Griechenthums, hinaussetzt und zu Richtungen den Grund legt, welche sich ungerecht und undel dem Schönen abwandten. So ist auch das Wissen, welches er sucht, nicht das um die Natur und um die Götter, vielmehr das um die Gesetze unseres Handelns, um das wahrhafte Gute. Nach dem Satze, daß Niemand freiwillig böse sei, und daß das Wissen des Guten die Ausführung desselben immer zur unmittelbaren Folge habe, findet er die Tugend im Wissen selbst. Weisheit ist Tugend und alle aufzuzählenden Tugenden sind im Grunde nur diese Eine. Aber ist dieses nicht Alles formal, und wenn Tugend das Wissen des Guten ist, was eben ist das Gute? Sokrates ist Grieche genug, um diese Fragen auch seinerseits nicht anders beantworten zu können, als durch Zurückgreifen nach factisch bestehenden Sitten und durch eudämonistische Ueberlegungen. Daher auf der einen Seite seine Achtung vor den Gesetzen des Staates, auf der anderen seine Erklärung des Guten als des Nützlichen, wenn er auch bis zum höchsten Begriffe des Nützlichen, dem des Heiles der Seele, aufgestiegen ist. Das Nützliche aber und das Heil findet doch auch er in der Beschränkung, im Maße, in der Selbstbeherrschung, in der Unterordnung unter den Staat, in der Einsicht, und wiewol in ihm zum ersten Male der formale Geist lebendig wird, sich aus seiner Einfachheit und Negativität zur Positivität und Selbständigkeit von Begriffen entwickelt, so sind doch auch diese Begriffe nur Formen. So ist auch des Sokrates Gott, so erhaben er ihn faßt, dasselbe was ihm die Seele für den Körper, die einende übergreifende Form — denn was ist seine Teleologie anderes? Darum ist seine Frömmigkeit nicht Liebe oder Einssein mit Gott, sondern auch in ihrer höchsten Erscheinung nur Gehorsam. Der höchste und edelste Name, den im Griechenthume die Form des Geistes erhielt, ist der der Idee, und die Welt der Ideen die reichste Entfaltung dieser Form. Ehe sie aber dem Bewußtsein aufging, klaffte der alte griechische Gegensatz noch einmal unversöhnt aus einander. Wie die Megariker zu den Eleaten zurückfallend das Gute im reinen ungetheilten Sein (= Nichts) fanden, so waren die Kyniker die praktischen Bilder dieser Moral und Zerrbilder der Sokratischen, aber consequenter als diese. Sie sind die reine Negation des griechischen Lebens, indem sie alles Schöne, alles Wissen, alles Bedürfen für unnütz und verwerflich erklären gegenüber dem reinen Sein der Tugend, welche der einzige Zweck sei, dem jenes Alles dienen müsse. Diese Tugend ist ihnen zugleich die höchste Glückseligkeit und die einzige, ohne die alles sogenannte Gut Schein und Schaum bleibt. Antisthenes wollte lieber verrückt als vergnügt sein. Positiv setzen sie die Tugend ebenfalls in die Einsicht, und indem sie damit die Erkenntniß des Guten meinen, drehen sie sich im Kreise; denn leere Form, Negation, Gesetz, ist ihr einziges Positive. Auch die Kyrenaïker kennen nur die Glückseligkeit, das Praktische, als Zweck der Philosophie; aber ihnen ist nur die Lust das Gute und Nichts begehrenswerth, es sei denn ein Mittel zum Genusse. In einer sanften Bewegung besteht ihnen die Lust, und zwar in der gegenwärtigen: daher es Lebensweisheit ist, den Augenblick auszubeuten und genießen; und es bleibt gleichgültig, welcher Gegenstand jene sanfte Bewegung erzeuge. Klugheit ist ihnen Sittlichkeit und so auch ihnen Einsicht das beste Mittel der Tugend. In dem einzigen Worte „verständig genießen" liegt eine ganze Seite des Griechenthums nach Inhalt und Form. Diese Schule kann auf diesem Boden nur mit Hegesias enden, dem [illegible], der den Tod empfahl, die reinste Negation, weil ein reiner Genuß im Leben nicht zu finden. Platon tritt auf, um der Geschichte eine Gestalt einzuleiben, in der sie noch einmal alle Gaben des griechischen Himmels vereinigt sehe, zugleich auf die höchste Höhe ihrer vorchristlichen Entfaltung und Positivität getrieben. Hier culminirt das Griechenthum, seine Kunst, seine Philosophie und seine staatliche Freiheit — sein nächster großer Denker sollte Alexander des Großen Lehrer sein. Aber auch Platon's Ethik kündigt ihre formale Beschränkung sofort damit an, daß auch ihr das Wissen um das Gute die Tugend selbst ist und mithin alles Böse nur Irrthum, weshalb ihr denn ein unfreiwillig, unwissend oder instinktmäßig Guter tadelnswürdiger erscheinen muß als ein wissentlich Böser. Das höchste von allen Gütern, in dessen Besitze die wahre Glückseligkeit, die einzige volle Befriedigung des dem Menschen eingeborenen Liebesehnens besteht, ist das Anschauen oder Denken der reinen, gestaltlosen, ewigen und unveränderlichen, mit nichts Endlichem oder Materiellem vermischten — Idee, welche Platon's Gott ist. Die Idee, die reine Form des Geistes, ist ihm Gott, ist ihm Schönheit, Wahrheit und Gutheit in Einem — ihr Genuß Seligkeit und Unsterblichkeit. Höher konnte die Form nicht steigen im Werthe, positiver konnte das Negative nicht werden, edler, liebevoller, gnadenreicher und schöner das Gesetz sich nicht dem Menschengeiste offenbaren. Hier verflüchtigt sich die Materie, Alles was dem Griechen für Inhalt gegolten, zum schattenhaften unbestimmten μὴ ὄν, das nicht wäre, wenn es nicht Theil hätte an der reinen ewigen Form — nur noch ein Schritt, und der Geist selbst ist Materie, der Geist schafft sich seine Materie und die Materie gilt nunmehr als Form, als das Negative, das Veränderliche. — Aber diesen Schritt hat kein Grieche thun können. Bis zu dem kleinen verschwindenden Dualismus zwischen Platon's Gott und Platon's Materie, diesem kostlosen Wesen, hat sich der große Dualismus der vorchristlichen Welt verfeinert. In diesem Aether, wo alle Schranken sich lösen und alles Feindliche in Einem Dufte des Friedens zergeht — auch in diesem Aether der Ideen war Zwiespalt und keine andere Versöhnung als die Versöhnung der tragischen Wehmuth. Alle Gaben des griechischen Himmels faßt Platon noch einmal zusammen und reihet sie an die Schnur des Eros, des liebenden Sehnens; er will keine Rose hienieden zerknicken um — der Leere willen, die ihn ins Jenseits ladet; nur in eine Stufenreihe des Werthes sie zu ordnen gestattet er sich. Und welches sind diese Gaben, diese Genüsse?

„Die Liebe zu schönen Gestalten, erst zu Einer, dann zu allen; die Liebe zu schönen Seelen, die sich in Erzeugung sittlicher Reden und Bestrebungen, in Werken der Erziehung, der Kunst, der Gesetzgebung bethätigt; die Liebe zu schönen Wissenschaften, das Aufsuchen des Schönen, wo es sich immer finden mag," und dann jene höchste Liebe, die wir schon kennen. Das Materielle als solches ist ihm also werthlos oder sündhaft: er genießt nur, wo die Materie geheiligt ist durch die Weihe der reinen Form — im Schönen, im Wahren, im Guten — in der Kunst, in der Wissenschaft, im Staate. Das ist die Blüthe der griechischen Versöhnung. Der Geist seufzt unter dem Drucke der Materie, die er wie sein Gefängniß haßt: er muß sie verklären, oder sie fliehen; er verklärt sie zum Schönen, er flieht sie im Anschauen des Wahren. Dieser Weg von der Verklärung bis zur Flucht, an dessen unterstem Anfange die erlaubte sinnliche Lust steht, bildet die Reihe der Güter — das volle Gut (nicht supremum, sondern summum) ist die maßvolle Harmonie aller dieser Güter. Solcher Glückseligkeit Mittel ist die Tugend; denn Tugend ist harmonische Gesundheit der Seele. Das Zusammenstimmen der seelischen Mächte ist Gerechtigkeit, welche Weisheit ist, sofern Einsicht die leitende Macht, Selbstbeherrschung und Maß, sofern die Begierden sich unterordnen, Tapferkeit, sofern der Muth nicht fehlt, jene Herrschaft zu üben. So haben auch die Tugenden Platon's negative Beschränkung und erheben sich nicht über das Gesetz zu höherer Freiheit. Auch der Staat ist ihm nur Mittel jener Glückseligkeit, welche sich nicht verwirklichen kann ohne Gemeinschaft, ohne Schutz und ohne Erziehung. Darum „wenn nicht die Philosophen Herrscher werden oder die Herrscher aufrichtig und gründlich Philosophie treiben, wenn nicht die Macht im Staate und die Philosophie in Einer Hand liegen, gibt es kein Ende ihrer Leiden für die Staaten und für die Menschheit." Nirgends aber offenbart sich der Formalismus und das Gesetzesthum auch dieser schönsten griechischen Blüthe deutlicher als in der Platonischen Republik. Die Idee, welche dem gewöhnlichen Menschen jenseitig bleibt und nur dem Philosophen innewohnt, berechtigt den letzteren zur Tyrannei über jenen: der Staat ist die Form, welche das geistige Leben der Individuen in Fesseln schlägt, gleichwie auch der vollendetsten classischen Kunstform die geistige Individualität fast mangelt. Nur hieraus, aus dem Grundmangel des griechischen Bewußtseins, erklären sich die oft gerügten Gebrechen des Platonischen Staats, seine Kindererziehung von Staatswegen, sein Sklavenwesen, seine Weibergemeinschaft und die Ausweisung der Dichter und Künstler, soweit sie nicht dem Staate ihre Werke liefern als pädagogische Mittel. Kunst ist ihm nur die Nachahmung der reinen Formen (Ideen) der Dinge in Scheingebilden, kommend aus einer unmethodischen Begeisterung, über welche die philosophische Anschauung der reinen Ideen selbst hoch erhaben ist. Dies ist Platon. Was Griechisches (und mit Anschluß daran Römisches) nach ihm kommt, ist entweder auf seiner Höhe geblieben und mit ihm einstimmig, oder es ist Selbstbesinnung und Kritik, Zerfall in die alten Gegensätze, endlich unstätes Suchen und Nichtwissen. Aristoteles legt eine nüchtern prüfende Hand an seines Lehrers Gebäude. An die Stelle des Reiches der Formen tritt ihm die einheitliche reine Form, die „stofflose Energie" des ersten Bewegers, des göttlichen νοῦς, dessen Denken sich selbst zum Gegenstande hat, und welcher der letzte und höchste Gegenstand des Wissens sowol als des Begehrens ist. Ihm gegenüber steht selbständig ὕλη, mit der sich des ersten Bewegers Bewegungen in stetiger Reihe als individuelle Formen verbinden zu eigenartigen Wesen, Verwirklichungen der unbestimmten Potenz. Wie er hier das Inhaltliche, das Platon in die Formen aufgenommen, kritisch ausgeschieden und erklärt hat erst aus einem Eingehen der Form in den Stoff, so reinigt er auch die geistige Ideenwelt im Innern des Menschen und scheidet in ihr, was Form des Geistes ist, Kategorie, von dem, was Inhaltliches ihm gekommen ist durch Sinne und Erfahrung. Dies ist also die nunmehr eintretende Selbstbesinnung, daß Form und Inhalt strenger und consequenter getrennt werden, und so muß sich bald ein Bewußtsein bilden über die Leerheit und Armuth des Geistes, so lange er nur Form sein soll, und auf diese Weise der Boden bereiten für die Erkenntniß des Geistes als Princips des Inhaltes. In der Ethik ist Aristoteles sachlich sehr verwandt dem Platon, formell nur muß ihm die Glückseligkeit, die Jenem Anschauen des ideal Geformten (εἴδη) ist, nach seinem Systeme Thätigkeit (ἐνέργεια) heißen. Glückseligkeit ist ihm die vollkommenste Thätigkeit der Kräfte, die dem Menschen eigenthümlich ihre Befriedigung in sich selbst haben. Auf diesen Zustand als das höchste Gut geht alles löbliche Handeln, und Tugend ist die Fertigkeit dieses Handelns. Auch des Aristoteles Tugend ist darum Maß, harmonische Ausgleichung zwischen jenen Kräften, damit ihre Thätigkeit ungestört sei, Fliehen der Extreme und Einen der Gegensätze. Auch er aber kennt, wie ihm der Geist ja θύραθεν zur Seele kommt, ein von dem bisherigen dualistisch geschiedenes Gut, auf das nur Wenige sich zurückzuziehen befähigt sind, die es aber auch für das süßeste halten (ἥδιστον): das Gut der theoretischen Betrachtung der Dinge. Und ist nun sein νοῦς nur die Energie der angeborenen Formen, die als erkennende sich receptiv verhalten gegen den erfahrenen Inhalt, so haben wir auch hier die griechische Beschränkung, den vorchristlichen Dualismus. Auch ihm endlich ist der Staat das Mittel der Erziehung für seine Tugenden, wenn auch sein kritisch-empirischer Standpunkt ihm die Härten des Platonischen Idealismus unmöglich macht; und Nachahmung, und zwar in empirischerem Sinne als dem Platon, ist auch ihm der Hauptbegriff der Kunstlehre. In der besonnenen Abscheidung nun, wie sie materieller Inhalt und geistige Form von Aristoteles erfahren, nachdem der edelste Versuch der Vermählung beider von Platon gemacht war, lag der Uebergang zu neuer absoluter Trennung der in der griechischen Verehrung ihres eigentlichen Werthes nun einmal unverknüpfbaren Elemente. Der Stoicismus ist eine Fortbildung der Aristotelischen Lehre in der Kritik der Erkennt-

isch, und hat damit zugleich den negativen Zug der peripatetischen Philosophie geerbt, den er ethisch mit verwandten Elementen des Kynismus verschmilzt, um die Unseligkeit des heidnischen Gesetzesthums oder negativgeistigen Formalismus in der consequentesten und erhabensten Gestalt auszuprägen, die Vielen eine Brücke zum Christenthume wurde, in der Gestalt des Weisen, der auch im Stiere des Phalaris keinen Schmerz empfindet. Auch ihnen bewahrt sich der Gegensatz der reinen Materie und der reinen wirkenden Form, welche letztere Gott ist, das den Dingen immanente ewige Gesetz, die ewige allgemeine Vernunft, εἱμαρμένη. Diesem Gesetze entsprechend, das sie auch φύσις nennen, ist Gegensatz gegen die Lust und Gleichgültigkeit gegen den Erfolg der Handlung, wenn sie nur tugendhaft ist, ihre sittliche Gesinnung, und Glückseligkeit nur ein Nebending in Begleitung der Tugend. Daher gibt es nur Eine Tugend, unverrückte Beschränkung des Handelns auf Recht und Pflicht, Apathie und Selbstgenügen gegenüber Lust und Schmerz; und nur hier in dieser vollendeten Erhabenheit der negativen Geistesform ist die Entfremdung von der Unmittelbarkeit des gegebenen Inhaltes so weit hinaufgetrieben, daß der stoische Weise über Familie, Staat und Nation hinwegsehend sich in dem Aether der negativen Allgemeinheit als Weltbürger weiß. Ihm gegenüber kam der Epikureer von entgegengesetzten Ausgängen fast zu gleichem Resultate. Angereiht an die bis auf seine Zeit fortgesetzte Schule des Demokrit mit ihrer Metaphysik des positiven Vielen der materiellen Unmittelbarkeit, und anknüpfend an das Aristippische Bestreben, in der Lust das Gute zu sehen, sowie an die eudämonistischen Seiten des Platon und Aristoteles, macht Epikur den letzten Versuch, die negative Geistigkeit mit der Lustlehre auf der Seite der letzteren zu verknüpfen, wie es die Stoiker auf der Seite der ersteren gethan. Und wie Jene zur Apathie und Schmerzlosigkeit kamen als höchster Tugend, so kommt Epikur zu derselben als höchster Lust. Denn im positiven Genusse war seit den pessimistischen Aussprüchen der kyrenaischen Schule die Lust nicht mehr zu finden. Tugendhaft ist dem Epikureer jedes Handeln, das jenen Zustand schmerzloser Lust herbeiführen hilft. Das ist der ruhige Boden der von geistiger Negation erschöpften materiellen Actualität, sei es stoisch oder epikureisch, in den das Christenthum in Hellas und Rom seinen Samen säete. Diese negative Ruhe zeigte sich auch bald theoretisch in der skeptischen Zurückhaltung von jedem bestimmten Urtheile und in dem eklektischen Aufsuchen und theilnahmlos Abwägen des Wahrscheinlicheren und minder Wahrscheinlichen in allen Systemen.

Die Art und Weise, wie wir in den flüchtig und vorübergegangenen philosophischen Lehren der Griechen die Glückseligkeitslehre eingefügt finden der Ethik, veranlaßt uns zu einer allgemeinen Bemerkung über das Verhältniß jener Lehre zu dieser Wissenschaft. Denn die Glückseligkeitslehre gehört der Ethik nicht minder an als der Phänomenologie des Geistes, welche letztere von einer ihrer Seiten sich auch betrachten läßt als die geschichtliche Entwickelung der Ethik, an deren Ende diese selbst als vollendete Wissenschaft würde zu stehen kommen. Die phänomenologische Glückseligkeitslehre fragt, was auf den verschiedenen Stufen der Entwickelung des Geistes als Lust, Glück und Glückseligkeit gegolten habe, die Ethik aber, was als solches gelten solle. Denn wie wir gesehen haben, ist auch das Lustempfinden ein Thun, nämlich ein recipirendes Thun: folglich gehört es ebenso wie jedes Thun unter die sittliche Beurtheilung. Näher erweist sich, daß die Frage nach der sittlichen Lust oder dem höchsten Gute durchaus dieselbe ist wie die nach dem Zwecke des Thuns; denn Zweck ist überall nur da, wo Empfindung oder Wissen und Empfindung des Wissens, mit einem Worte, wo Reception ist; ein Sein oder Wirken, das nicht Wirken für ein die Wirkung wahrhaft in sich recipirendes Wesen ist, ist zweckloses Wirken und zweckloses Sein, sei es nun, daß wir uns selbst für die Empfangenden halten oder andere Wesen oder nur den Einen Gott. Die Frage also, ob das Thun auf ein empfangendes und empfindendes Wesen zu berechnen sei, und ob dieses Empfangen sittlich sei, beantwortet sich durch die andere Frage, ob das Thun einen Zweck haben dürfe, welche sich unmittelbar dadurch erledigt, daß empfindende Wesen in der That vorhanden sind, welche nicht anders können als empfinden, also deren Tödtung die praktische Consequenz wäre von der Leugnung der Zwecke des Thuns. Zeigte sich dann aber nicht das Vergehen wiederum als Zweck? Zu derselben Folge würde auch die Ansicht führen, daß allein die leidende Empfindung, also der Schmerz, ein sittlicher Zweck sei, alle Lust und alles Glück aber unsittlich: denn entweder dächte man hierbei, daß Einzelne für Andere leiden, in höchster Instanz für Gott, welche Anderen aber im Glücke belassen oder durch Jener Schmerzen in Glück versetzt würden — dann wäre doch das Glück für diese Anderen als seinsollend angenommen, also die Einheit des sittlichen Principes verletzt; oder man setzte ein allgemeines Leiden, das Niemand ausnimmt, für den Zweck (Pessimismus) — dann würde entweder, indem Leiden das Ueberwältigtwerden durch Gegenwirkung ist, alles receptive Sein aufhören und eine einheitliche blinde Macht übrig bleiben, oder es würde doch der Gegenwirkende im Momente, als ihm seine Gegenwirkung gelingt, nicht leiden, ebenso wie der Leidende, in dem Momente als er sein Sein, d. i. seine Thätigkeit, noch empfindet, noch ein Lustgefühl haben würde, also auch hier eine consequente Durchführung nicht möglich sein. Immer also, wo es sich um den Zweck des Thuns handelt, handelt es sich um ein durch das Thun irgendwo erregtes Gefühl der Befriedigung, d. i. um ein Gut, und das Leiden findet nur seine Stelle als gebotenes Mittel für ein (höheres oder höchstes) Gut oder, in gewissen krankhaften und Uebergangserscheinungen, als eine Art von Lust. Dies ist die Stellung, welche die Glückseligkeits- und Güterlehre in der Ethik einnehmen, die wir darum auch die Zwecklehre nennen können. Fragen wir also: was ist Zweck des Thuns? so ist die Antwort jederzeit als ein idem per idem: irgend ein Wohl ist Zweck des Thuns; und es kann sich dann nur noch um zweierlei fragen, nämlich: 1) wie verhält sich der Zweck zum Thun oder die Güterlehre zum allgemeinen Organismus der Ethik? 2) wodurch bestimmt sich der wahre sittliche Zweck des Thuns und welches ist er, oder, was dasselbe heißt, welches sind die durch eine wahre Ethik zur Erstrebung empfohlenen und anbefohlenen (incl. erlaubten) Güter und Lustempfindungen? Zur Orientirung über diese Fragen und ihre Beantwortung im Alterthume fügen wir noch hinzu, daß die andere der Güterlehre entgegengesetzte Seite der Ethik eingenommen wird von der Frage nach der Ursache des Thuns, worunter wir hier nicht die Zweckursache meinen, sondern das Motiv lediglich als eine causa efficiens. Blinde Ursachen, zwingende Nöthigungen, können natürlich hier, da es sich um Bestimmung des sittlichen Thuns handelt, nicht in Betracht kommen, sondern es fragt sich hier, welche Motive den Willen zum Handeln bestimmen müssen, wenn er ein sittlicher genannt werden soll. Die als die sittlichen herausgefundenen Motive werden sich dann darstellen als das Thun bestimmende Grundsätze oder als Gesetze des Thuns. Darum ist die zweite Seite der Ethik die Lehre von den allein sittlichen Beweggründen, die wir auch Pflichtenlehre nennen könnten, die Gesetzeslehre. Wissen wir nun aber, daß nach metaphysischen Grundverhältnissen Ursache und Zweck nur Abstractionen sind von der einheitlichen realen und concreten Thatsache des Geschehens als solchen, also in unserem Falle des Thuns, von welchem die Ursache nur die negative Seite oder das Subject, der Zweck aber die positive Seite oder das Object darstellt, so ergibt sich, daß jene zwei Theile nur Momente sein werden innerhalb einer dritten, der vollendeten Darstellung der Ethik, welche jene Momente fortwährend setzt und aufhebt und ihnen erst ihr wahrhaftes Recht gibt, d. i. der Darstellung, welche das Thun als solches zu ihrem Gegenstande hat, seine absolut gute Beschaffenheit an und für sich entwickelt, wovon sie die absolut gute Ursache oder das Gesetz und den absolut guten Zweck oder das höchste Gut erst ableitet, aber wodurch sie auch beide in ihrer abstracten Selbständigkeit in idealer Weise beschränkt. Diese absolute Form der Ethik nennen wir Lehre vom absoluten Wollen, Tugendlehre. Wie steht es mit der Auffassung des Verhältnisses dieser drei Darstellungsweisen der Ethik bei den Alten? Wir antworten: nach allem Vorausbetrachteten kann es — abgesehen von einzelnen prophetischen Ueberragungen des antiken Bewußtseins — principiell nur so damit stehen, daß entweder die Güterlehre für die absolute Form der Ethik gehalten wird oder die Gesetzeslehre, oder beide durch eine inconsequente Mischung verbunden werden, die Tugendlehre aber überall für abhängig von der einen oder der anderen erklärt wird. Näher ist die Neigung zur Güterlehre die herrschende, soweit daß auch der Gehorsam unter dem Gesetze und die Erkenntniß der allein wahren Motive immer wieder als die wahre Lust oder das höchste Gut bezeichnet wird, die Gesetzeslehre dagegen nur der durch jene nothwendig hervorgerufene Gegensatz der Zucht und Prophetie. Dieses Verhältniß folgt nothwendig aus dem antiken Dualismus zwischen Materie und Geist als dem materialen und formalen Principe; denn die abstract gefaßte Materie des Handelns ist das Gut oder das Wohl, der als Form gefaßte Geist ist das Gesetz. Jedes ethische System, in welchem die Güterlehre die herrschende Form ist, nennen wir eudämonistisch, dagegen wo das Gesetzessystem, moralistisch. Die Verbindungen und Versöhnungsversuche aber, welche zwischen beiden stattfanden, geschehen entweder, indem der unmittelbare Eudämonismus veredelt wird durch Hereinziehung moralisirender Elemente, oder, indem der Moralismus erweicht wird durch Aufnahme eudämonisirender Wendungen. Hiernach ergeben sich für die griechische Ethik vier Systeme oder Anschauungsweisen:

1) Der unmittelbare Eudämonismus. Er stellt die unmittelbare Lust als Princip des sittlichen Handelns auf: sein Gesetz ist daher Klugheit, wo es sich um den Einzelnen, Zwang, wo es sich um den Staat handelt; seine Tugend Gemüthsruhe und Einsicht. Herakleit, Demokrit, Aristipp, Epikur. Auch hier wird die Lust entweder positiv angestrebt als Genuß, oder negativ als Schmerzlosigkeit. Die Consequenz ist Hegesias.

2) Der moralisirende Eudämonismus. Er stellt die Lust nicht als Princip des Handelns auf, weil er eingesehen hat, daß dieses zu Subjectivismus und Aufhebung des Unterschiedes von Gut und Böse führt: er nimmt darum seinen Standpunkt im absoluten Gesetze oder im Wissen der absoluten Idee; indem er aber die sittlich berechtigte Lust nicht aufgeben will, definirt er sie als die durch die Idee gereinigte schöne Lust oder Lust am Schönen oder die harmonische Thätigkeit der menschlichen Kräfte, und setzt auf Grund des Grades der gelungenen Reinigung eine Stufenfolge der Güter fest, ohne sich zu verhehlen, daß die reine Anschauung der Idee, das Wissen, die höchste Lust ist. Demokrit in einzelnen Aussprüchen, Protagoras, Sokrates, Platon, Aristoteles. Dieser Standpunkt ist die Blüthe des Griechenthums, weil der höchste Versuch, seine Gegensätze zu vermählen; aber er ist in sich unmöglich; denn wenn wir die Tugend ins Wissen des Guten setzen, also das Absolute im Begriffe finden, wie Sokrates, wie können wir es dann durch den Begriff des Nützlichen erklären? Oder wenn wir die reine Idee für Gott und das Gute halten, wie Platon, warum sind dann nicht auch die schönen Vermischungen mit der Materie verwerflich? Und wie mögen wir mit Aristoteles die εὐδαιμονία zum Principe machen und dennoch zur Beurtheilung dessen, was gute oder schlechte Lust sei, welchen Unterschied Aristoteles eingesteht, das Gewissen des Guten aufrufen, der doch eben als εὐδαίμων bestimmt werden sollte? Die Tugend ist auf diesem Standpunkte, wo das Gesetz reinigend und einschränkend auf die Lust wirken soll, Abwägung des Verhältnisses beider: δικαιοσύνη und μεσότης. Innerhalb dieses Standpunktes ist wieder der Gegensatz möglich, daß die reale Lust fortwährend vom Reiche der Formen beeinflußt und damit verbunden gedacht wird, wie bei Platon, und daß der realen Lust die formale oder höchste Lust der Erkenntniß unverbunden gegenübersteht, wie bei Aristoteles, der durch diese

Auflösung der griechischen Versöhnung dem gänzlichen Zerfalle verurtheilt.

3) Der eudämonisirende Moralismus. Hier wird das von den Vorigen bereits erkannte höchste Gut auch als das einzige gewußt, sei es, daß sich der es hervorbringende negative Wille als erkennender (theoretisch), sei es, daß er sich praktisch bethätige und die Erkenntniß nur als Mittel betrachte. Jenes thut Anaxagoras, dieses die Kyniker. Tugend ist hier Einsicht, Enthaltung, Bedürfnißlosigkeit. Die Consequenz ist

4) der unbedingte Moralismus. Hier ist die Gesetzeslehre so vollständig vorherrschend, daß die Reinigung von der Lust als Pflicht und alles Handeln und Erkennen nur als Mittel für die Reinigung gewußt ist, wobei die Lust nur als unvermeidliche Begleiterin geduldet, sogar die ruhige Ertragung des Schmerzes und um ihrer willen der Schmerz selbst angestrebt wird. Pythagoreer, Eleaten, Prodikus, Megariker, Stoiker. Die Consequenz ist Cato von Utica.

Die Steigerung dieser vier Standpunkte ist die, daß der erste den urgriechischen Geist ausspricht, der zweite die Blüthe oder Versöhnung des Griechenthums, der dritte die Verneinung des Griechenthums als Zerrbild desselben, der vierte die Verneinung des Griechenthums als positive Prophetie.

Ein besonders helles Licht fällt noch auf unsere vorgetragenen Sätze, wenn wir jene drei Begriffe, des Zweckes, des Gesetzes und des Thuns, denen die drei Seiten der Ethik entsprechen, vertauschen mit den Ideen des Schönen, Wahren und Guten. Das Schöne entspricht dem Begriffe des Zwecks und mithin des Guten oder der Glückseligkeit. So oft wir gefragt werden, was des Guten Zweck sei, antworten wir unbedenklich: das Schöne, und haben damit nur idem per idem gesetzt. Denn was nun eben für schön gehalten werde, bleibt die Hauptfrage. Man könnte einwenden, daß ja auch die Meinung begegne, daß Erkennen, also Wahrheit, das höchste Gut sei; worauf zu erwidern: entweder ist dieses nur ein verhüllender Ausdruck des stoischen Moralismus, so ist unter Wahrheit nur die unbedingte Negation oder das Fliehen der Lust, also ganz in unserem Sinne ihre Verneinung verstanden, oder es wird die Lustempfindung gemeint, welche das Erforschen und Anschauen der Wahrheit erzeugt, eine Empfindung, die wir deshalb nicht minder unter die ästhetischen (die des Erhabenen) versetzen, weil sie an dem äußersten Rande des ästhetischen Gebietes steht. Aus dieser Begriffsbeziehung zwischen Teleologie und Aesthetik (welche auch Kant halbunbewußt zu der bekannten Copulirung beider in der „Kritik der Urtheilskraft" nöthigte) folgt von selbst a priori die Thatsache, daß wir die Zwecke des Thuns mit der Phantasie anschauend genießen und die Kunst Ideales (Zukünftiges) darzustellen hat, sowie daß die vorhandenen Glückseligkeitslehren überall im Aesthetischen bewußt oder unbewußt fußen, während die Wahrheitsforschung sich allenthalben auf die Frage nach der Ursache gründet. Dieser letztere Umstand muß denn die Gesetzeslehre in dieselbe Solidarität setzen mit der philosophischen Erkenntniß, als die Güterlehre mit der Kunst, und so rechtfertigt sich, daß wir unbedenklich moralistisch jede Ethik nannten, die auf der einseitigen Festhaltung der Wahrheit als des einzig Absoluten fußte, und sie deshalb mit den negativen Gesetzesstandpunkten in eine Kategorie stellten. Aus demselben Verhältnisse aber geht unwiderleglich hervor, daß nur diejenige Ethik die wahre sein kann, welche ihren Sitz im Wollen und Thun selbst nimmt, da den angegebenen Gruppen entsprechend das wirkliche Thun und Geschehen allein Reihe bildet mit dem Guten, jede Ethik aber, die im Begriffe des Guten selbst nicht wurzelt, nicht bei sich selbst sein, sondern eher Aesthetik oder Logik sein wird. Darum sind alle beachtenswerthen Mängel der Ethik entweder ästhetische oder logische Einseitigkeiten oder dualistische Verknüpfungen beider. Ist nun aber mit der Angabe dieser Einseitigkeit noch nicht die inhaltliche Beschaffenheit des Schönen oder des Guten beurtheilt, so geschieht dieses, wie wir gesehen haben, durch Unterscheidung von Geist und Materie und Bestimmung je ihrer inhaltlichen oder formalen Function. In dieser Beziehung ist das Schöne der Griechen entweder der unmittelbare Naturgenuß (Dionysos, Aphrodite) oder die unter ideale Form gebundene Materie (Apollo, Diana, auch Urania), oder die fratzenhafte komische Zerstörung aller ästhetischen Illusionen (Satyr), oder die Erhabenheit, sei es des tragischen Schicksals oder der negativen einheitlichen Naturmacht, der reinen Erkenntniß oder des Todes (Zeus, Here, Poseidon, Hades, Pallas), der aus der Bearbeitung des Bodens und den politischen Beziehungen erwachsenden Freuden (Demeter, Ares, Hephästos) nicht zu gedenken. Ohne etwas Erschöpfendes, ja auch nur im Einzelnen Bündiges hiermit gesagt haben zu wollen, konnten wir uns doch diese Hindeutung auf die Mythologie nicht versagen.

Der Geist will aber nunmehr zeigen, daß er selbst das inhaltgebende Princip ist. Nicht ohne Vermittelung durch den Neuplatonismus, dessen Ethik aber, immer noch ästhetisirend und auf Reinigung gestellt, trotz aller phantastischen Steigerung des Platonismus immer noch kein engeres Band zwischen Eudämonismus und Moralismus zu stiften vermochte, gestalten sich die christlichen Anschauungen allmälig dogmatisch aus, inhaltlich im Wesentlichen anknüpfend an die geschichtliche Erscheinung desjenigen, dessen Person mit den diese Person nur erläuternden oder bezeichnenden Lehren und dem dieselbe Person auseinanderlegenden Leben uns noch gegenwärtig den Anschauungshintergrund bildet für alles zu Lehrende. Die Vollendung der Wahrheit, die Versöhnung aller Gegensätze, welche in der Person Christi eingeschlossen ruht, ist aber in ihrer Unmittelbarkeit nicht Gegenstand des Bewußtseins geworden, sondern bedurfte dazu der durch die Geschichte sich pädagogisch hinziehenden Vermittelung des heiligen, d. i. aus der Uranschauung Christi und dem Glauben an ihn oder der Liebe zu ihm sich entwickelnden Geistes. Darum, indem uns Wahrheit, Philosophie des Christenthums und des heiligen Geistes, nur verschiedene Worte sind für Eine Sache, so können wir, auch dem geschichtlichen Gange angemessen, mit der Vorführung dessen, was wir für Lehre des heiligen Geistes zu halten bis jetzt Grund zu haben meinten, unsre Abhandlung erst schließen, müssen also ohne Aufenthalt jetzt übergehen zu der Glückseligkeitslehre des christlichen Alterthums und Mittelalters.

Hätten wir den Geist des Orients vor dem hellenischen ausführlicher darzustellen nöthig gefunden, so könnten wir jetzt bestimmter auf die Verwandtschaft der jetzt anhebenden Zeit mit jener ältesten hinweisen, welche Verwandtschaft zugleich das Christenthum als die Mitte der Weltgeschichte documentirt. Indessen gibt uns vielleicht dieselbe Verwandtschaft Grund, auch bei dem altchristlichen und mittelalterlichen Geiste nur wenig zu verweilen. Das Zurücktreten alles Individuellen und Besondern nämlich gegenüber einer Substanz, die dort materiell und naturalistisch, hier geistig und übernatürlich angeschaut wird, ist das beiden geschichtlichen Perioden Gemeinsame, weshalb denn auch heute das mittelalterliche (katholische) Christenthum im Oriente die meisten Sympathien erweckt hat. Dort wie hier findet das Subject in der Verneinung seiner selbst sein höchstes Ziel: dort in der Flucht vor dem materiellen Inhalte in die reine Negation der Form, hier in derselben Flucht, aber in Hoffnung auf einen jenseitigen rein geistigen Inhalt. Und wie wir oben die Form immer positiver werden sahen und der Materie immanenter durch Verflüchtigung ihrer Feindschaft, darum auch die Versöhnung immer diesseitiger, bis sie in der Blüthe des Griechenthums die antike Einheit des Endlichen und Unendlichen erreicht, ersimuliert, und in der philosophischen Verneinung auf ein neues Jenseits hinweist: so werden wir den jenseitigen geistigen Inhalt des mittelalterlichen Christenthums mit dem diesseitigen Inhalte der „Welt“ sich immer inniger zusammenschließen sehen, in dem Maße als die Materie allmälig aufhört, als ein besonderer Inhalt gewußt zu werden, und anfängt das Recht zu erhalten, das ihr allein gebührt, nämlich das Recht der Erscheinung des Geistes. Damit aber ist dann ebenso wie im Griechenthume der beseligende Inhalt in das Subject selbst eingezogen und die Glückseligkeit somit mehr und mehr zu der Einheit im productiv-receptiven Geiste gekommen, die allein ihren Begriff erfüllt. Dies geschieht im Protestantismus. Durch diese Andeutungen haben wir aber das christliche Mittelalter charakterisirt als die Stufe der Entwickelung, wo der Geist als absoluter Inhalt gesetzt ist, ohne daß doch die Anschauung des Materiellen und Natürlichen als eines gleichfalls Inhaltlichen aufgegeben wäre. Steht also Inhalt dem Inhalte gegenüber, wo bleibt dann die Form? Das ist ein höchst merkwürdiges Verhältniß. Alles was mit Recht Form zu nennen wäre, müssen wir sagen, ist dem Mittelalter fremd, oder vielmehr verwerflich. Es wendet sich zunächst mit Entschiedenheit ab von der Kunstform, soweit sie nicht unmittelbar den geistigen Inhalt ausspricht, und von der Kunstthätigkeit, soweit sie nicht unmittelbar im Dienste der Erhebung zum Inhalte des Geistes steht. Alles Freiwerden der Kunst im Mittelalter rechnen wir zu den Vorbereitungen der Reformation, des modernen Christenthums. Dennoch aber, oder vielmehr wegen dieses Ausfalls, sehen wir die Form, und zwar die materielle und endliche Form, ihren Sitz haben, wo sie ihrem Begriffe nach nicht sollte, in der Vorstellung des geistigen Inhaltes selbst. Mit diesem verknüpfet sich die Form einmal im Cultus und in der Glaubensanschauung zu einer solchen Durchdringung (weil man ja eben nur Inhalt will und in aller Form nur Inhalt zu haben glaubt), daß die Symbolik, als die uns die Form an solchem Inhalte und bei der Gegensätzlichkeit gegen die Materie nur erscheinen kann, völlig für Eins angeschaut wird mit ihrer Bedeutung; dann eint sich die endliche Form der Verstandeserkenntniß mit dem geistigen Inhalte in der Wissenschaft (Scholastik) ebenso, daß man den vollen Inhalt erst durch diese Form zu besitzen glaubt. Auf der andern Seite aber hielt man die Form des Heidenthums, die classische Form, die wir doch grade für die höchste Erhebung und Annäherung ans Christliche erkannten, für den Inhalt, den heidnischen Inhalt, selbst, und verwarf sie mit diesem in die Hölle, welche Hölle man doch wiederum nicht sinnlicher (d. i. eben formeller) vorstellen konnte als man that. So hatte man also doppelten Inhalt und doppelte Form, wie es denn nicht anders sein konnte, da kein Glied eines Gegensatzes sich abweisen läßt, ohne trotzend sich ungebeten einzustellen. Man glaubte nur an den Inhalt und schied zwischen dem Inhalte der Sünde und dem der Seligkeit, und siehe, man nahm doch hier wie dort ein der wahren Schätzung nach Formelles für diesen Inhalt; man glaubte nur an den Geist als verursachendes Princip und schied zwischen teuflischem und göttlichem Geiste, und siehe, man schaute in Beiden ein Materielles an, und dies um so mehr, je mehr man sich dem anfänglichen platonisirenden Zuge der christlichen Dogmatik entfremdete; aber auch nicht selten neben der freiesten und speculativsten Gedankenbewegung. Wie wir dies meinen, kann hier nun freilich nicht näher erörtert werden. Nur noch dies bemerken wir, daß die Mystik, deren bedeutendste Erscheinungen ebenso wie die mittelalterliche Blüthe der Kunst und Poesie erst den letzten Jahrhunderten dieses Zeitraums angehören, uns wie diese zu den zum Protestantismus überleitenden Phänomenen zu zählen scheint.

Machen wir von diesen allgemeinen Bemerkungen den Uebergang zur Glückseligkeitslehre, so haben wir in dieser Beschränkung unseres Thema's noch mehr Grund, Einzelheiten nicht durchzugehen. Denn so viele Dogmen sich in der christlichen Kirche unter Streit entwickelt, so wenig ist dieses der Fall mit den Anschauungen über die Jenseitigkeit des wahrhaften Glücks und seine Beschaffenheit. Was nöthig sei, das ewige Heil zu erwerben, konnte eher in Frage kommen; aber auch darauf hatte die Kirche bald feste Antworten in ihren Glaubenssatzungen, ihren guten Werken und ihren Absolutionen. Wie sich aber diese Anschauungen zu den doch immer gepflegten weltlichen Gütern verhielten, und wie sich die oben für die Ethik gegebenen Grundgestalten in der mittelalterlichen Kirche stellen, darüber werden wir noch ein Wort zu sagen haben.

Die dem mittelalterlichen Geiste in vollkommener Weise entsprechende Gestaltung des Christenthums ist das Mönchswesen oder die Askese, ähnlich der indischen Büßung und dem griechischen Kynismus, aber mit dem bedeutenden Unterschiede, daß der Sanjasi sich um des Nichts willen, der Diogenes um des Glückes der Bedürfnißlosigkeit willen, der christliche Heilige aber um der Anschauung und Erkenntniß des Heiligen willen, in das er verzückt ist, abtödtet. Der Blick des sich peinigenden Hindu ist Elend und Angst, der des Kynikers halbthierische Einfachheit und Rohheit, der des Asketen im Sinne des Mittelalters ist der seelenvolle Blick des schmerzbewegten, aber himmelsdurstigen Beters. Im Jenseits also liegt die Glückseligkeit, und es wird erst spät (in der Mystik) daran gedacht, daß der Heilige, dessen Liebe zum Ueberirdischen den martervollsten Schmerz erträgt, doch im Momente die Glückseligkeit schon besitzen muß, die er nur zu hoffen meint, eben weil er ein so starkes Gegengewicht gegen den Schmerz in sich fühlt. Es ist die Glückseligkeit des reingeistigen Inhalts, die uns hier begegnet, wie gesagt aber, in Folge ihres dualistischen Verhältnisses zu dem entgegengesetzten Inhalte, in vorgestellter Form. Rein geistiger Inhalt in vorgestellter Form, und zwar dergestalt rein geistig und überwirklich, daß Subjectives und Individuelles gänzlich ihm gegenüber rechtlos sind, solcher Inhalt ist Religion, in Form der Phantasie objectiv, des Gefühles der intensivsten Andacht subjectiv. Es eröffnet sich uns also hier ein phantastisch-religiöses Reich der ewigen Allgemeinheit; um die Figuren des dreieinigen Gottes im ewigen Lichte schaaren sich die Engel, die Reinen, die Heiligen; zahllose Mythenbildungen zur Bereicherung dieses Reiches bilden die Poesie dieser Zeiten, der Cultus ist einzige Kunst und braucht lange Zeit, ehe er die irdische Form in ihrer Schönheit zuläßt, und die Wissenschaft hat es mit dem Systeme der Wahrheiten der Religion zu thun, deren phantastische Vorstellungen zwar in Begriffe umgesetzt, durch Begriffe bewiesen, aber ihrer Concretheit dadurch nirgend entkleidet werden. Dies ist die positive Seite der mittelalterlichen Glückseligkeit: sie besteht in dem Jenseits des geistig Schönen, d. i. des Heiligen, und in seiner Vorempfindung in dem Ringen nach Reinigung vom Teuflischen, Sinnlichen, Weltlichen, als welches man Alles faßt, was nicht blos direct als Mittel gilt für die Gewinnung jenes einzigen Heils. Darum sind Frömmigkeit im Cultus, Glaube und Gehorsam den Gesetzen der Kirche, die einzigen Bedingungen des Heils; darum sind Heiden und Juden, Weltkinder und Ungläubige, so glücklich sie auch in dem flüchtigen Erdenleben scheinen möchten, unrettbar der Hölle verfallen, in der sie eine ewige Qual erwartet; darum müssen auch die der Welt noch halb anhängenden Gläubigen erst im Fegfeuer gereinigt werden, ehe sie den Himmel erobern; darum ist das religiöse Hauptinteresse die Absolution, welche bei dieser Schroffheit des Gegensatzes von Himmel und Hölle, wobei die Welt fast nur wie der Boden der Aufsichtung und Prüfung erscheint, gar nicht anders als äußerlich geschehen kann. Diese äußerliche Versöhnung, als die praktische Außenseite des Katholicismus, auf ihre widerlichste Spitze getrieben, mußte daher das Licht der neuern Zeit entzünden. Denn es war klar, daß auf diese Weise die religiöse Jenseitigkeit in ihr Gegentheil umschlug und zu diesseitiger Zuchtlosigkeit wurde. Unsittlichkeit und Unversöhnung mußten auch des Mittelalters Consequenzen sein. Betrachten wir das mittelalterliche Staatsleben, den Kampf zwischen weltlicher und geistlicher Macht, die Erscheinung der Kreuzzüge, das Ritterthum: so werden wir überall finden, daß die geschichtliche Entwickelung darauf ausging, die geistlichen Interessen zu den einzigen zu machen, die der Menschheit würdig seien, die Erde zu Einem geistlichen Reiche zu gestalten, welches ein Vorbild des zukünftigen Reiches Gottes sei; daß aber um so schneidender die Wirklichkeit mit dem Ideale contrastirte. Es konnte bei dieser Einseitigkeit nicht fehlen, daß die unversöhnten στοιχεῖα τοῦ κόσμου sich dem Heiligen gegenüber um so wilder und ungebändigter geltend machten auf allen Gebieten, sodaß Sittenlosigkeit und Askese, Madonnenschwärmerei und Raubgier, Frömmigkeit und Unzucht, Demuth und Herrschsucht uns überall neben einander begegnen. Es gab kein irdisches Glück, denn dieses hätte nur in einer idealen Mitte zwischen Himmlischem und Irdischem bestanden; und wo das irdische Glück weilte, war es nur abgeborgt dem Himmlischen und geduldet, oder es war mit den christlichen Begriffen des Mittelalters nicht zu verstehen, stand außerhalb derselben oder über denselben. Darum achtete man das Leben und die Erdenfreuden so gering, daß man in Mengen die Klöster bevölkerte, daß unzählbare Schaaren sich entschlossen, zur Eroberung des heiligen Grabes in den Tod zu gehen, daß um des geistlichen Besitzes der Tugend und des Glaubens willen, der ja allein eine ewige Seligkeit verbürgte, die Rechtspflege zu den unmenschlichsten Mitteln griff, und am Anbruche einer edleren und schöneren Zeit Tausende und aber Tausende der besten, gebildetsten und tiefangelegtesten Menschen in die Flammen getrieben wurden, nur damit nicht auf Erden eine Gesinnung um sich griffe, welche das absolute Jenseits in Zweifel stellte oder die Reinheit des Wandels und Glaubens, durch die jenes zu erreichen war, schmälerte. So rangen sich die Erstlinge der neuen Zeit nur unter den heftigsten Qualen ans Licht. So hatte man aber auch die ersten Christen zum Blutzeugenthume gedrängt, aus dem umgekehrten Grunde, damit keine Gesinnung auf Erden herrschend würde, welche die Schönheit der classischen Form und die Absolutheit des Weltstaates verwürfe. Ein Beweis, daß keine von beiden Seiten das wahre Heil hatte, der wahren Versöhnung sich erfreute: denn in der Versöhnung kann die Luft nicht angefüllt sein vom Schrei Gequälter und vom Geruche ihres Blutes. Das sind die Geburtsschmerzen des Guten in der Welt; das ist das Leiden des in der Welt gekreuzigten Gottsohnes, dieses ewigen Symboles der Entwickelung des Alls. Als aber das Kreuz das herrschende Symbol war, da war auch die Versöhnung nur Kreuz und keine Versöhnung: da wurden wirklich nach jenem Worte des Hafis alle Rosen hienieden zertreten um des Jenseits willen. Es sollte aber die Zeit kommen, wo man die Rosen um das Kreuz herumwand; und in dieser Zeit befinden wir uns heute; aber noch ist das Kreuz nicht ganz bedeckt von den Rosen.

Wie steht nun im Mittelalter die Glückseligkeitslehre zur Ethik, oder wie wird das Verhältniß der drei Beziehungen der Ethik angeschaut? Das Mittelalter bestimmt sich durch einen Dualismus dergestalt, daß das Gewollte, Ersehnte, Bejahete auf der einen Seite der geistige Inhalt ist, aber nur als Form angeschaut, das Geflohene und Verneinte auf der andern Seite die materielle Form, die aber als Inhalt betrachtet wird. So haben wir also eine Kluft bei aller Verschiedenheit ähnlich der vorchristlichen, daher es denn nicht anders sein kann, als daß auch hier der Gesetzesstandpunkt noch nicht überwunden ist, vielmehr noch schroffer wird, da das Gesetz oder die negative Form hier nicht frei steht wie im Alterthume, sondern sich anlehnt an einen geistigen Inhalt; Gesetz aber bleibt es, weil es nur Bestand hat in der Bekämpfung einer ihm entgegen als Inhalt gesetzten Form. Durch jene Vermischung mit dem geistigen Inhalte aber verliert das Gesetz seine Abstractheit und negative Leere, füllt sich dagegen an mit concretem Inhalte und wird positiv; ist nun aber dieses Positive das Schöne oder die Glückseligkeit selbst, so verbindet sich also hier das Gut mit dem Gesetze dergestalt, daß Jenes als Folge des letzteren erscheint, d. i. als Lohn des Gehorsams gewußt ist, der dem Gesetze gezollt wird. Wie bei den Griechen also das Hauptgewicht der Ethik in die Güterlehre fiel (oder die Zwecklehre), sodaß die Befreiung davon auf mehren Stufen in die Gesetzeslehre überging, die griechische Versöhnung aber in der Schwebe zwischen beiden bestand: so setzt das Mittelalter bei der Gesetzeslehre und bei der nach einer früheren Erörterung damit eng verbundenen Idee der Wahrheit ein, um durch sie erst zum absoluten Gute, d. i. zum Schönen, zu gelangen. Das Alterthum geht vom Schönen zum Wahren, das Mittelalter vom Wahren zum Schönen; aber es fehlt der Weg, der allein auch Wahrheit und Leben ist, der Weg des wahrhaft Guten, darum ist jener Uebergang ein Sprung und die Versöhnung nicht die vollkommene. Darum finden wir auch die Tugendlehre im Mittelalter nur dienend der Gesetzeslehre und Güterlehre. Wie aber die Bewegung des Alterthums die von der Güterlehre zur Gesetzeslehre, vom Eudämonismus zum Moralismus ist, so die des Mittelalters vom Moralismus zum (höhern) Eudämonismus, d. h. es verinnerlicht, verschönt sich der Gesetzesstandpunkt in den zum Protestantismus überleitenden Erscheinungen zum gegenwärtigen innerlichen Besitze des Himmelreichs. Hier ist es, wo wir z. B. der Städtegründung, ebenso der Kunstblüthe, namentlich in der Malerei, dieser mittelalterlichen Versöhnung (wie die Plastik die griechische ist), der Kirchenmusik, der geistlichen und Minnepoesie und der Mystik begegnen. Wegen dieses Umschwunges aber, des nunmehr Eintretens des Jenseits in die Diesseitigkeit, war es nöthig, daß sich die antiken Elemente des Formschönen und der Philosophie mit dem mittelalterlichen Geiste vermählten; denn an die Stelle der Verwandtschaft mit dem orientalischen tritt nun die mit dem classischen Geiste. Die Vorbereitung hierauf, also auf die sogenannte „Wiederherstellung der Wissenschaften" oder auf die Zeit der Renaissance und des Cinquecento, beginnt schon am Ende des 13. und am Anfange des 14. Jahrh., nachdem das Mittelalter im 13. Jahrh. culminirt hatte. Die Mystik besteht im gegenwärtigen Genusse des vom Mittelalter sonst als jenseitig und zukünftig gedachten höchsten Gutes, d. i. Gottes und seines Reiches. Indem man nämlich nachdachte, was dieses höchste Gut sei, fand man, daß es nur in Contemplation, Erkenntniß und Gottseligkeit des Gefühles bestehen könne, welche Güter aber besonders gotterfüllte Naturen schon hienieden zu besitzen sich bewußt waren. Hatte man nicht die Wahrheit in der christlichen Wissenschaft, hatte man nicht die Wollust des Gottseins im inneren Lichte, im Gebete und im Anschauen des gottmenschlichen Schönen? Zu dieser mittelalterlichen Versöhnung — welche aber durch ihren peinlichen Gegensatz gegen Materie und Lebensgenuß Unfrieden bleibt, und sich widerspricht, weil man einmal Genuß wollend keinen Grund hatte, auf der andern Seite den Genuß zu verwerfen — bildete das Seitenstück der außerkirchliche Platonismus der Petrarca, Ficinus, Vives, Erasmus, der den formalen Aristotelismus der Kirchenlehre und den immer mehr einreißenden Nominalismus zu verdrängen, den letzteren in anderer Rücksicht zu seinem negativen Mitkämpfer hatte. Aus der Mystik und den classischen Studien erstand Luther; die Scholastik dagegen und der erneute Platonismus zogen den Cartesius auf. So sehen wir auch bald nach der Festsetzung des Lutherthums, aber erst jenseits seiner katholischen Veräußerlichung in der confessionellen Dogmatik, im Pietismus der Andreä, Arndt, Heinrich Müller und Spener eine innere Frömmigkeit sich einstellen, welche die Grundlage bildet für die Zeit der wahren Versöhnung und ihrer Ethik, der auf die Tugendlehre begründeten und aus ihr Glückseligkeit und Gesetz erst ableitenden. Denn der Grundbegriff der Tugend ist das Leben, aus welchem sich Genießen und Wissen als fortwährende Resultate und Stimuli des Lebens fortwährend erzeugen; das Leben aber als solches ist so sehr das eigentliche Object jener Pietisten, daß sie sogar ungerecht werden gegen das Schöne und Wahre und dadurch wieder dem mittelalterlichen Unfrieden verfallen.

Wir haben nun vom philosophischen Bewußtsein der modernen (protestantischen) Zeit zu sprechen, wie es sich in Bezug auf die Glückseligkeitslehre und ihr Verhältniß zur Ethik gestaltet. Das 16. und 17. Jahrh., indem wir von Erscheinungen absehen, die den Anschauungsinhalt des Mittelalters bewahren wie Pascal, oder ihn erweitern wie J. Böhme, und die in sofern nur der Zeit angehören, als sie der Einseitigkeit des die Zeit in Wahrheit Charakterisirenden Widerpart halten — jene Jahrhunderte, sagen wir, zeigen nicht minder, als man dies sofort vom 18. Jahrh. zugesteht, eine Aehnlichkeit mit dem Geiste des Alterthums, und zwar mit der negativen Seite desselben, nach welcher wir es namentlich als Gesetzesthum und Moralismus erkannt haben. Darum, weil es wesentlich diese Seite des Alterthums ist, die wir hier wiedergespiegelt finden, hat man sich im Unterschiede zum eudämonistischer gesinnten 18. Jahrh., hier mehr an den Orientalismus erinnern wollen, namentlich eingedenk des Spinoza und des Hobbes'schen Leviathan. Wir können diese Auffassung, welche z. B. die Kuno Fischer's ist, recht wohl neben der unserigen bestehen lassen. Es kommt nur darauf an, daß die Aehnlichkeit in der Negativität der Ethik und Glückseligkeitslehre gefunden werde, also darin, daß die Ethik hier wesentlich durch das Vorherrschen der *Gesetzeslehre* oder durch ihre *logische* Seite (nach der sie auf Wahrheit und Erkenntniß beruht) bestimmt ist. Allein wir finden hierin zugleich wieder die Abweichung vom Alterthume: denn während in diesem die Gesetzeslehre nur hervorgerufen ist durch den eudämonistischen Grundzug des Lebens, und daher der Moralismus immer nur in Folge des Eudämonismus und mehrfach aus ihm abgeleitet auftritt, so ist in der gegenwärtigen Periode die Absolutheit des über die Materie gesetzgebenden Geistes unmittelbar a priori gewußt und von Vornherein Inhalt der Ethik. Man kann sagen: das 16. Jahrh. knüpft an, wo der Stoicismus abgebrochen, ohne jedoch die Errungenschaft des Christenthums, daß der Geist Inhalt ist, aufzugeben. Hiermit haben wir zugleich die Stellung der ersten Phase des Protestantismus zum Mittelalter ausgesprochen. Es gibt zunächst den Schein, als sei die Philosophie und mit ihr das öffentliche Bewußtsein, wieder ins Alterthum und Heidenthum zurückgefallen, und dieser Schein ist es, den namentlich die Katholiken in ihrer Polemik gegen das 17. Jahrh. und mit ihm gegen die folgenden festhalten. Allein bedenken wir, daß auch das Mittelalter die Gesetzesform der Ethik behauptete, und nur den Genuß als Lohn, also abgetrennt von der Tugend, verhieß: so werden wir im Gegentheil zu urtheilen haben, daß das Mittelalter dadurch überschritten ist, daß die formelle Aeußerlichkeit der Phantasievorstellung auch noch vom Geiste abgestreift worden, und der Geist nunmehr rein als *inhaltliche Substanz*, d. i. als Denken, gewußt ist. Dennoch aber ist hiermit nothwendig ein Verlust mittelalterlicher Güter verbunden, der auch jene Erscheinungen wie Pascal und Böhme u. A. hervorrief, der Verlust nämlich der zwar im Mittelalter jenseitig gedachten, aber doch vorhandenen Versöhnung und Verknüpfung von Inhalt und Form, Geist und Materie, im Genusse der Phantasie. Diese Güter sollte erst ein späteres Jahrhundert vom altchristlichen trüben Lichte der Kasteiung befreit wieder erobern. Dieser Verlust war in der That auch nach dieser Seite hin ein Rückfall zum Classicismus, beziehentlich Orientalismus; denn wiewol der Geist als Inhalt (Substanz) gewußt ist, so tritt er doch in einen solchen Dualismus zu einer zweiten Substanz (also wie im Mittelalter steht Inhalt gegen Inhalt, nur ohne phantastische Form), daß dadurch ein negatives Verhältniß der einen gegen die andere entsteht und wiederum eine Versöhnung beider nöthig wird.

Wie kann aber eine Versöhnung zweier als absolut gedachter Substanzen stattfinden? Ohne Zweifel nur äußerlich, durch einen hinzugebrachten Zusammenhang, also wiederum wie im Mittelalter. Dadurch aber, daß die Form der Phantasie abgestreift ist, und alle diese Verhältnisse im reinen Gedanken dargestellt werden, entsteht ein dem antiken in sofern ähnliches Bewußtsein, als auf dessen höchsten Stufen die reinen Formen schon so inhaltlich waren, daß sie ebenso, wie dort das Denken der Ausdehnung, der Materie sich gegenüberstellten. Unterscheidet sich nun die Cartesianische Periode von der platonischen, wie wir der Kürze wegen beide nennen wollen, ferner dadurch, daß der Dualismus durch Hinzusetzung einer „dritten Substanz" versöhnt werden soll: so bringt dies doch wieder eine neue Uebereinstimmung mit der antiken Anschauung herbei, indem nothwendig jene „dritte Substanz" oder Gott als der *eigentliche* Inhalt (una et vera substantia) erscheinen muß, an welchem jene zwei vermeintlichen Substanzen des Denkens und der Ausdehnung in der That nur *Formen* (attributa et modi) sein können. Es entgeht jedoch nicht, daß auch hier das Alterthum abweicht, indem es den Gegensatz in der Materie als Inhalt setzt, während unsere moderne Periode, als Abbild des Mittelalters im abstracten Verstande, entweder Inhalt dem Inhalte oder Form der Form unter einem dritten Inhalte entgegenstellt, hierbei aber sich nicht verleugnen kann, daß der *wahrhafte* Inhalt der *denkende* Geist ist, durch den ja auch allein, sowol Cartesius als Bacon, sowol Spinoza als Locke, jeder auf seine Weise die Wahrheit erreichen wollen. Hierin muß also das Eigenthümliche dieser Zeit liegen, daß man bei Festhaltung des mittelalterlichen Dualismus eine Versöhnung durch eine höhere Substanz, also eine Ehrenrettung der vom Mittelalter verketzerten Materie sucht, und daher Materie und Geist gleichberechtigt von dieser dritten Substanz ausgehen läßt, dennoch aber durch die mittelalterliche Negativität noch so weit beherrscht ist, um die absolute Substanz selbst trotz aller selbst Spinozistischen Vermittelungsversuche immer wieder als negativen, der Materie feindlichen, Geist zu bestimmen. Daß man sich bemüht, der Materie wieder ein selbständiges Recht zu geben, ist antik; daß man sich bestrebt, zu diesem Zwecke eine höhere Einheit des Positiven und Negativen, der Materie und des Geistes, in Gott zu finden, ist christlich; daß man diese höhere Einheit wiederum negativ, abstract und der Materie entgegengesetzt bestimmt, ist noch mittelalterlich, aber auch, weil die Negativität nicht mehr durch phantastische Vorstellungen eudämonisirt ist, zugleich noch antik; daß man endlich dennoch, durch Alles dieses und bei Allem diesem, den Geist vom Formellen gereinigt als das Inhaltliche weiß, ist protestantisch. Wir werden sehen, wie von diesen Anfängen aus die dritte versöhnende Substanz, welche offenbar das Eigenthümlichste dieser Periode ist, das sie zugleich von Vornherein als die Anfangsperiode der Versöhnung ankündigt, immer besser erkannt wird als der *positive* Geist, der die Materie fortwährend als Form seiner Erscheinung an sich hat, also mit ihr ebenso versöhnt ist wie mit dem negativen Geiste als seiner blos potentialen Erscheinung im Wissen. Der richtigste Name aber, den jener positive Geist, der die Versöhnung von Geist und Materie, Moralismus und Eudämonismus, Alterthum und Mittelalter, Katholicismus und Protestantismus, allein bewirken kann, erhalten wird, ist der Name des absoluten Willens. Ist auf diesen die Ethik erbaut, so ist sie in ihr Centrum der Versöhnung getreten, in welchem wir keine ästhetische noch logische Einseitigkeit mehr finden. Die Spuren der Vorbereitung dieses Standpunktes, auf welchem die Ethik Tugendlehre oder Willenslehre ist und erst in zweiter Reihe Güter- und Glückseligkeitslehre, werden wir namentlich ins Auge fassen. Schon in der Neigung finden wir diese Spur, die bereits in Baco's Encyklopädie der Wissenschaften sich bethätigt, die Ethik der Anthropologie einzufügen und aus ihr dann die Politik abzuleiten. Menschenkenntniß ist nach Baco die Hauptbedingung der Tugend. Man findet nämlich durch Beobachtung der in der Seele sich regenden Kräfte oder Thätigkeitsweisen die Richtungen des den Menschen erfüllenden Thuns (wofür in dieser Periode namentlich der Ausdruck Leidenschaften gebräuchlich ist): während nun eine von der Güterlehre beherrschte Ethik diese Richtungen nur zu erklären weiß durch bestimmte (ästhetische) Zwecke oder Güter, nach denen sie Richtungen sind, so erklärt die in der Willenslehre wurzelnde Ethik vielmehr die Güter und Zwecke nur als die angeschauten Richtungen, als die ungehemmte Bethätigung selbst, und findet daher in der ungehemmten (schmerzlosen) Auswirkung der Kräfte und Wollungen die Glückseligkeit selbst, gleichviel, welcher Art diese Wollungen seien. Weil aber nun diese Wollungen im Einzelnen sowol, als unter den Verschiedenen, sich nothwendig entgegenlaufen müssen, also gegen die Voraussetzung Hemmungen, d. i. Schmerzen, entstehen, so tritt die Nothwendigkeit der sittlichen Negation, d. i. des Gesetzes, um jener Auswirkung selbst willen ein, und je nachdem man nun auf die eigenen Leidenschaften reflectirt, wie Cartesius, wird man seine Glückseligkeit gleich den Alten in der Gemüthsruhe finden, oder indem man mit Baco das Gemeinwesen im Auge hat, wird man das durch Klugheit erhaltene Gemeinwohl für das ethische Ziel erklären, wird beziehentlich wie Hobbes den Staat für den Leviathan halten, der die Individuen polizeilich verschlingen muß, um den Krieg Aller gegen Alle zu verhüten; wenn man endlich die Negativität in jenen Bedingungen eines allgemeinen Glückszustandes allein für sich festhält, wird man mit Spinoza das Glück nur als Freiheit vom Leiden definiren können und ganz wie Viele der Griechen die höchste Lust in der Erkenntniß sehen. So hat auch Geulinx lieber nicht handeln wollen, sondern die Betrachtung der Welt für das Höchste gehalten. Näher hat schon Cartesius die Ueberzeugung gehabt, daß sich in seiner ethischen Anschauung Epikureismus und Stoicismus vereinigen: das Bedürfniß, beide zu vereinigen, daß er hiernach gefühlt haben muß, ist schon an und für sich ein Beleg für die Richtigkeit obiger geschichtsphilosophischer Bemerkungen, wie denn Stoicismus und Epikureismus vereinigen dasselbe ist, als Materie und Geist vereinigen, und dasselbe, wie die Ethik vollenden. Wie aber jene Verbindung von Materie und Geist in der dritten Substanz hier eine äußerliche und negative blieb, so auch die Vollendung der Ethik nur ein mit Gesetzesthum äußerlich zur Gemüthsruhe verknüpfter Eudämonismus. Und wiewol dem Cartesius das höchste Gut in der That der Wille des Guten ist, verbunden mit der Zufriedenheit des guten Gewissens, so bestimmt er doch seine passions nicht als Thätigkeiten, sondern wesentlich als Gefühle: admiration, amour, haine, désir, joie, tristesse — deren Besänftigung allein durch Tugend, die von Vernunfterkenntniß abhängt, zum Glücke der Seele führt, das in edler Weise weit über alles materielle Glück erhoben wird. Spinoza ferner hat bestimmter noch an die Realität der inneren Thätigkeit angeknüpft, in welcher er die actualis essentia des Menschen findet, welche immer dann einen Abbruch erleide, wenn ein Aeußeres auf den Menschen einwirkt. Alle Affecte sind ihm darum Leiden, eben weil sie von Außen determinirt sind. Indem ihm nun der Geist wesentlich im Denken besteht, so ist das Leiden ihm verursacht durch Einwirkung der Materie, des Aeußeren, auf das Denken, d. i. durch die imaginatio oder die unklaren Begriffe, welche er auf gleicher Stufe mit der Begierde findet. Dagegen besteht im klaren reinen Erkennen die wahre Freiheit des Geistes, seine beatitudo, zu welcher das Streben allein laetitia ist. Erkenntniß ist ihm amor Dei, der keine eigennützige Gunstbewerbung noch gegenseitige Bereicherung, sondern ohne Gegenliebe die Liebe Gottes zu sich selbst ist. Hier ist Befreiung von der Angst des Irdischen, Andacht, Religion, wo der Wille, von Begierden gereinigt, dem Geiste seine Sabbathstille nicht mehr zu stören vermag. Und „in der Betrachtung einer ewigen Welt, die sich selbst genug ist und in immer neuem Leben ihre Kräfte verjüngt, ist der Tod die letzte Poesie des Daseins; hier gibt es für das menschliche Leben keine größere Genugthuung, als daß es vergehe in der Erkenntniß und Liebe Gottes, und daß über seiner Urne hinweg das Weltall pulsirt in dem Rhythmus ewiger Causalität." Hier haben wir die antike Tragik; hier haben wir die Negativität des Erkennens und des Gesetzes und deren Kennzeichen, das Vorherrschen der Causalität, wie für den Eudämonismus der Zweckbegriff vorherrscht (vergl. das 18. Jahrh.) — hier haben wir den Anlauf zur Versöhnung und Vollendung der Ethik durch Zugrundlegung des Begriffes der Thätigkeit, welche Geist und Materie zu dem Begriffe der Seele vereinigt. — Seelischer noch, aber, wie hier zur negativen Seite, so nunmehr zur positiven, eudämonistischen Seite des Alterthums zurückgreifend, darum mehr griechisch als orientalisch, sehen wir die Glückseligkeitslehre im 18. Jahrh. werden.

Wie in der Descartes'schen Philosophie ein Materialismus eingehüllt lag und auf britischem Boden durch Baco's Realismus die empiristischen Richtungen der Locke, Berkeley und Hume vorbereitet wurden, welche, so sehr sie in anderer Beziehung unter sich verschieden sind und wiederum dem gallischen Sensualismus der Helvetius, Condillac, Holbach entgegengesetzt scheinen, dennoch mit diesen auf demselben Autoritätsglauben gegenüber der äußeren Erfahrung beruhen: so setzte sich dem Negativismus des vorigen Jahrhunderts in der Ethik ein gleichfalls durch jene realistischen Richtungen vorbereiteter Eudämonismus entgegen, welcher sogar in Theorie und Leben zum sinnlichsten Egoismus und zum après nous le déluge! führte. Verkennen wir jedoch nicht, daß sich, wie dem antiken Hellenenthume das veredelnde Moment des ästhetischen Formsinnes, so dem französischen das der gemüthlichen, harmlosen Galanterie und der chevaleresken Laune verband, welche Elemente als seelische und aus einer natürlichen Gutmüthigkeit des Willens entspringende es allein erklärlich machen, wie die Erscheinungen dieser Zeit neben anderen dieselbe gleichfalls charakterisirenden, aber jenen scheinbar ganz heterogenen, bestehen konnten. Die natürliche, sinnliche, menschliche Gutmüthigkeit, die sich harmlos in Liebe und Mitleid, aber auch in wohlbedachter Auswahl der Genüsse zeigt, ist der wahrhafte Grundzug dieser Zeit. Es ist die Zeit der Lustigkeit, und zugleich die der Toleranz, Humanität und Freimaurerei. Wir müssen sagen: das Christenthum hat so sehr gesiegt über den finstern Geist des Mittelalters, daß es nur noch eines solchen Sieges bedurft hätte, um zu Grunde zu gehen; aber eben weil das Christenthum diese Zeit erzeugt hatte, trieb es auch zur schrecklichen Correctur durch die französische Revolution, um den Anbruch seiner besten und idealsten Zeit durch die fürchterlichsten Wehen zu verkündigen. Das ganze 18. Jahrh. in Frankreich, England und Teutschland können wir unter Einem Gesichtspunkte betrachten, so entgegengesetzt auch seine Erscheinungen sind, unter dem Gesichtspunkte der völligen Entbindung der natürlichen menschlichen Ansprüche, auf irdisches seelisch-leibliches Wohlsein gegenüber dem Staate, auf Regung des eigenen individuellen Verstandes und der individuellen Phantasie gegenüber der Kirche, auf materielles Glück gegenüber den verneinenden Forderungen des Geistes. Dieses Jahrhundert bricht erst vollständig mit dem Mittelalter und bricht ebenso mit dem 16. Jahrh.: aber es bricht mit beiden so weit, daß es sie nicht mehr versteht, daß es dem Christenthume des Mittelalters ebenso wenig gerecht zu werden weiß, als dem Spinoza. Um so gerechter wird es dagegen dem Griechenthume: jetzt erst gewinnen die classischen Studien wahrhaft die Herrschaft über die Cultur. Wir können sagen: es ist die versöhnteste Zeit unserer ganzen Entwickelung, aber sie ist über das Maß versöhnt, und darum nur versöhnt mit der Welt, aber unversöhnt mit Gott, den sie im Allgemeinen weder erkennt noch liebt, ja leugnet und verspottet. Um so lebendiger aber bringt sich das Christenthum, was es bisher noch nie gekonnt, als Menschenliebe zur Geltung, und erst jetzt sehen wir den Juden unverfolgt, ja hochgeschätzt und geliebt, erst jetzt hört man auf, für vermeintliche Hexen den Holzstoß zu bereiten. Dieselbe Toleranz sucht das Gute und Schöne allenthalben und findet christliche, d. i. humane Empfindungen allenthalben: sie lernt das Heilige als menschliche Poesie fassen und findet erst so den Zugang zu dem eigentlichen Marke der Religion. Auf demselben Wege aber öffnen sich auch die eigenen Herzen zu freier Ergießung ihrer Empfindungs- und Anschauungswelt, und indem der moderne Geist, der human-christliche, eine Ehe eingeht mit der antiken Form und der griechischen Freiheit, stellt sich der Genius der Menschheit mit dem Palmenzweige des Friedens in edler schöner Männlichkeit an die Grenzscheide des Jahrhunderts. Gehen wir ins Einzelne, so können wir Malebranche bereits darauf ansehen, daß er die negative Befreiung vom Irdischen bei Spinoza ins Eudämonistische übersetzte. Gott ist ihm la cause de tout plaisir, und das höchste Gut ist ihm le bien de l'esprit, welches er über das körperliche Wohl hoch erhebt, wiewol er vom letzteren nicht leugnen kann, daß es actuellement, wenn auch nicht solidement, glücklich mache. Gott allein, sagt er, ist liebenswürdig, und Er will, daß wir die Dinge nach derselben Rangordnung lieben, wie Er. Indem er aber aus diesem Grunde Beherrschung der Leidenschaft und absolute Souveränität der Vernunft lehrt, wonach ihm Christus la raison incarnée heißt, glaubt er seinerseits noch l'union de la logique et de la morale vollzogen zu haben, was dasselbe bedeutet wie die Cartesische Verknüpfung des Eudämonismus und Stoicismus. Daß er aber jenen unter la morale verstand, war ein bedenkliches Zeichen, und wirklich mußte ihn Bayle, der seinerseits die Forderung der Sorge für das irdische Gemeinwohl so weit trieb, daß er für sie auch Laster verlangte, gegen den Vorwurf des Epikureismus vertheidigen. Güterlehre und eudämonistisch blieb die Ethik auch, wo der Egoismus überwunden und alle Beurtheilung des Thuns abhängig gemacht wurde vom Wohle der Gemeinschaft. Mandeville und Helvetius haben Nichts für gut oder böse an sich gehalten, sondern nur in Rücksicht auf ein berechnetes allgemeines Wohl, und die egoistische Rücksicht war ihnen in echt christlicher Weise die Rücksicht des Bösen. Die edelste Gestaltung findet dieser Geist der praktisch-irdischen christlichen Versöhnung auf französischem Boden in Rousseau, der die Menschheit zu einem wechselseitigen Vertrage der Einzelnen einladet, worin Alle zu gleichen Rechten und gleichen Pflichten verbunden, von der Andacht und Liebe der natürlichen Religion erfüllt, ein idyllisches Paradies des Naturzustandes fröhlich bevölkern möchten. Wie Montesquieu, erfüllt ihn sein Ideal mit Begeisterung für das Christenthum, das er als die Religion ansehen muß, welche alle Menschen zu Brüdern vereinigt. Indem von anderen Seiten das Christenthum hart angegriffen wurde nach seinem mittelalterlichen Verständnisse, rief dies Apologien hervor, welche selbst wiederum dazu beitrugen, das spiritualistische und asketische Verständniß des Christenthums gänzlich durch das humanistische zu verdrängen. In England regt sich der gleiche Geist des allgemeinen Wohlwollens und des Sinnens auf Gemeinnützigkeit. Shaftesbury hat mit Bewußtsein die mittelalterliche Trennung von Tugend und Lohn verworfen und gefunden, daß der Mensch nur durch Beförderung des Gemeinwohles für sein eigenes sorge, indem nur so sich die erwünschteste Harmonie der Neigungen unter sich und mit der Natur einstelle. Bolingbroke wollte zum Besten des Staates sogar Polygamie vorschlagen. Die schottische Moralistenschule behielt diesen Geist des Humanismus bis auf unsere Tage und hat ihn in verschiedenen, aber auch in einander aufnehmenden und ergänzenden Arbeiten verwirklicht. Andererseits ist Hume den Eudämonisten der unmittelbaren Selbstliebe beigetreten, indem er Selbstverleugnung für Untugend erklärte und den Staat als nothwendiges Gewohnheitsinstitut gegen Rousseau's Utopismen vertheidigte. Der teutsche Geist endlich, beeinflußt zwar in Leben und Lehre zunächst von dem französischen, dann von dem britischen, hat doch in seinen Lessing und Leibnitz die höchsten Blüthen dieses Jahrhunderts hervorgetrieben, ihm durch seinen Kant, der noch völlig darin wurzelt, das kräftigste Abschiedslied singen lassen, und in seinen Schiller und Goethe aus ihm selbst die vollendetste Prophetie des Neuen entwickelt. Die Leibnitzische Philosophie enthält das wahrhafte Bewußtsein des Jahrhunderts. Denn der Geist dieses Jahrhunderts ist zwar Versöhnung, Vereinigung von Inhalt und Form in der Thätigkeit, Vereinigung von Geist und Materie in der Seele, Vereinigung von Genuß und Entsagung in der Liebe, Vereinigung Gottes und des Menschen in der Menschheit: aber diese Versöhnung ist Ueberversöhnung, d. h. die entstandene Einheit ist so eng für sich genommen, daß die Gegensätze, die sie in sich aufnehmen sollte, vielmehr verschwinden und nur ein unbedeutenderes Drittes als juste milieu übrig bleibt. Pneuma und Soma sind in der That aufgehoben, jenes als die überragende Geistigkeit Gottes, dieses als die häßliche Gegensätzlichkeit des Teufels; aber es ist nur übrig geblieben die individuell menschliche Psyche, die freilich sowol Körper als Geist, aber auch ohne die Macht beider ist. Darum zergeht die Einheit des Universums in eine Vielheit geistleiblicher Monaden. In ihnen ist Leibnitz überzeugt Teleologie und Causalität in Einem darzustellen, und leicht erkennen wir hierin unser Schiboleth der Versöhnung; aber ebenso bemerken wir, daß der vorgestellte Zweck eines zu erreichenden Gutes in Wahrheit der herrschende Begriff dieses Zeitalters ist. (Auch Leibnitzens perceptiones sind zugleich appetitiones und conatus.) Darum ist ihm die Harmonie dieser Zwecke die höchste Idee, und nur dafür bedarf er eines Gottes, der aber wiederum als eine Monas gedacht wird, als eine menschliche Seele, welche den Zweck solcher Harmonie liebend sich vorstellt und liebend will. Im Grunde muß dieses Zeitalter Gott leugnen, wie es den Teufel leugnet, und Beide haben es gethan. Es ist die eigentliche Zeit der liebevollen menschheitbeglückenden Atheisten. In Wahrheit aber ist auch im Deismus das Höchste geleugnet, das wir allein Gott nennen mögen. Jede Monade soll ja das ganze Universum vorstellen. Die Harmonie dieser Monaden muß der Angelpunkt der Leibnitzischen Ethik sein. Er läßt den moralischen Willen sich aus Instinkten oder Trieben entwickeln, deren höchster der nach Glückseligkeit ist, welcher auch zuletzt als das Grundgesetz des menschlichen Herzens allen anderen Trieben inwohnt. Darum ist das natürliche und richtige Urtheil, daß gut sei, was uns freut, und böse, was uns schmerzt. Was aber unser wahrhaftes Wohl sei, darüber hat uns die Vernunft aufzuklären; denn da unsere Thätigkeit vorstellend ist, so gibt es ja kein anderes Leiden als Verdunkelung der Vorstellung, d. i. Irrthum. Damit ist aber auch gefunden, daß in der Freiheit selbst, mit der wir der Vernunft folgen, die höchste Glückseligkeit ruht; denn „Freude ist Kraftgenuß" und unsere Kräfte sind vorstellende, denkende. Die Vernunft ist es ferner, welche alle Unbestimmtheit vom Begriffe des Guten entfernt, zeigend, daß Niemand glücklich sein könne, wenn Andere leiden, und daß nur mit der Glückseligkeit Aller die des Einzelnen bestehe. So ist Menschenliebe die vollkommene moralische Gesinnung; denn sie ist Freude an der Glückseligkeit Anderer; und sie ist die praktische Bethätigung der prästabilirten Harmonie. So bleibt man dem Verbande des Individuellen stehen in unmittelbarer naiver Versöhnung, die erhabenen Gegensätze Gottes und des Bösen vielmehr bei Seite schiebend, als bekämpfend. Die wahre Versöhnung aber ist die durch den Kampf vermittelte und die Gegensätze in der extremsten Gewalt ungeschmälert und doch friedlich in sich bergende. Nicht unter der Entzweiung zu bleiben, sondern sie erleben und sich über sie erheben, ist wahre Größe, Genialität. Das Ringen sollte folgen, nachdem die Philosophie erkannt hatte, daß die Gegensätze bisher nur scheinbar geeint waren, in der That aber noch wie früher aus einander klafften. Das alte régime mitten in seiner Sicherheit zu stürzen, kam die französische Revolution und Immanuel Kant. Dieser große Philosoph, der recht die Mitte und das Eigene des teutschen Geistes in seiner nordischen, dem englischen einigermaßen verwandten, Erscheinung darstellt, hat die neueste Phase der protestantischen Cultur dadurch vorbereitet, daß er mit unerbittlicher Verstandesstrenge alle in sich haltlose Scheinversöhnung vernichtete, die nur durch Verhüllung der Gegensätze entstandene Einheit wieder in den schneidendsten Dualismus aufgehen ließ, nicht jedoch ohne ahnungsvoll das Gebiet anzudeuten, in welchem allein die wahre Versöhnung zu finden. Kant gilt für den Widerleger des Eudämonismus und seine Moral wird der stoischen und jüdischen Gesetzesmoral gleichgeachtet: in Wahrheit hat er nur die das Jahrhundert beherrschenden Gegensätze auseinander gespannt und als auf diesem Gebiete unvereinbar nachgewiesen. Diese Gegensätze sind, da die höheren im Absoluten befindlichen eliminirt sind, nur die Gegensätze des sinnlich-psychischen Lebens, d. i. der sinnlichen und humanen Empfindungen auf der einen, die Verstandeskategorien auf der anderen Seite. Verstand und psychische Sinnlichkeit sind es darum, denen wir bei Kant überall zunächst als Objecten seiner Kritik begegnen. Nach Verstand und Sinnlichkeit scheidet sich seine Vernunftkritik; Verstand und Sinnlichkeit sind es, nach denen seine Welt zerfällt in den zweifelhaften Schein der er-

[illegible] Wirklichkeit und die subjective Leerheit der reinen Formen: Verstand und Sinnlichkeit scheiden sich ihm [illegible] Ethik zu Eudämonismus und Sittengesetz und [illegible] sich ihm in Bezug der Erwartungen im Jenseits [illegible] Tugend und Lohn. Nur ahnungsvoll, glaubend, [illegible] Blicke in das wahrhaft pneumatische Gebiet: [illegible] von einem intuitiven Verstande geweissagt; er hat [illegible] radicale Böse eingesehen und aus einer intelligibeln [illegible] abgeleitet; er hat Religionsphilosophie schon fast [illegible] psychologischen Sinne und Aesthetik begründet: aber [illegible] Reden von dem neuen Gebiete, dem der pneumatischen Phantasie, der speculativen Vernunft, der Poesie [illegible], dem Reiche des Absoluten, sind fast kindlich, [illegible] gar sehr sinnlich und psychisch. Nur im 18. Jahrh. noch konnte man als Lieblingsbeispiel in der [illegible] die — Blumen wählen, während nicht lange nachher die Natur als wirkliche Schönheit baar und [illegible] erklärt ward; nur im 18. Jahrh. konnte man die Ehe so definiren, wie Kant, recht als eine Ehe der Sinnlichkeit und des Verstandes — denn es war die Zeit der Lust und Freude und paradiesischen Jugendlichkeit, wo man einen ernsten Bund zwischen den Geschlechtern für das Leben und um des heiligen Glückes der Familie willen weder theoretisch noch praktisch begriff. Dennoch hat Kant in Einem auch positiv die neue Zeit begründet. Die dritte versöhnende Substanz, anfänglich äußerlich und jenseitig und in Dualismus gesetzt mit dem subjectiven Geiste, dann aufgelöst in die Vielheit seelischer Monaden, in denen sie als individueller Wille oder Vorstellungskraft lebt, diese Substanz hat Kant zum ersten Male erfaßt als Pneuma, einig mit dem menschlichen Pneuma — wenn er auch diese Einheit noch beschränkt, in seiner negativen Weise, auf das denkende Thun, nicht auf das schaffende sie ausdehnt; wenn er ferner auch die Absolutheit dieses Geistes leugnet, indem er ihm das Gespenst von Noumenen entgegensetzt, die nicht er selbst sind. Zuerst ist er zurückgegangen hinter das Denken und seine Gesetze auf das Denkende, und hat es ausgesprochen, daß nicht receptiv, sondern „spontan," daß ist durch eine Thätigkeit des Absoluten in uns, unsere höchsten Functionen sich entwickeln. Zum ersten Male also ist das Absolute gewußt als geistige freie Urthätigkeit, geeint mit dem geistig-menschlichen Thun, und hiermit der Boden der Versöhnung gewonnen. Wir werden sehen, wie es hier ist, wo seine Nachfolger fortschreiten. Derselbe Punkt ist von unendlicher Wichtigkeit zur Beurtheilung der Kantischen Ethik: denn wodurch unterschiede sie sich von dem alten Gesetzesthume, wenn nicht durch den Begriff der Autonomie und der transcendentalen Freiheit, [illegible] unseren Urwillen völlig als Eins setzt mit dem [illegible]? Nur die negative Gegensätzlichkeit also, welche [illegible] Urwillen nöthigte, in der Form des Verstandes [illegible] Gesetzes zu bleiben, welche ihn also mit der Sinnlichkeit sich nicht aufheben ließ in die höhere Realität des [illegible] Geistes, war es, welche die Nachfolgenden [illegible] trieb. Daher fallen auch bei Kant Gesetzes- und Glückseligkeitslehre noch aus einander: seine Ethik ist von einer Seite jenes, von der anderen dieses Ausgangspunkt zum Rechtthun ist ihm nur das Gesetz der Vernunft, das er in strengster Weise setzt als kategorischen Imperativ, und Tugend ist ihm in diesem Sinne das oberste (supremum) Gut, d. i. das höchste Begehrenswerthe: aber in der öden Gesetzmäßigkeit kann er nicht glücklich sein, und das Glück außer der Tugend suchend, findet er das summum bonum erst in einer Verbindung der Glückseligkeit mit der Tugend, zu deren berechtigter Hoffnung allein er eines persönlichen Gottes und einer Unsterblichkeit bedarf. Wie Tugend und Glück, wie Sinnlichkeit und Verstand, fallen ihm Inhalt und Form aus einander, und hätte er nicht jenes freisetzende Pneuma als wahrhaften Inhalt mit den Noumenen im Hintergrunde, so würde er den Inhalt im Materiellen, die Form nur im Geiste findend, auf vorchristlicher Stufe stehen. Denn das Allgemeine des kategorischen Imperativs gilt ihm nur als Formales, alle materiellen praktischen Principien dagegen müssen ihm empirisch und heteronomisch sein. Die natürlichen Neigungen sollen überwunden werden und dem Gesetze dienstbar gemacht, also die eigene Glückseligkeit soll kein Hebel der Tugend sein: und dennoch wird die fremde Glückseligkeit als Hauptzweck der Tugend bezeichnet. Ist aber Glückseligkeit überhaupt ein moralischer Zweck, warum nicht auch die eigene? Gegen Kant's Glückseligkeitslehre hat schon Jacobi die wahre Ansicht gelehrt, indem er aus der Tugend selbst, die als erwärmende Liebe zu Gott und Menschen unsere Herzen füllt, alle Glückseligkeit unbeschränkt quellen sah: und er hat auch das wahre Verhältniß der Tugendlehre zu den anderen Seiten der Ethik verkündigt; denn die Tugenden sind nach ihm „um ihrer selbst willen, nicht als Mittel zu anderen Zwecken, aus welchen ihre Vorschrift erst genommen, ihr Bedürfniß hergeleitet werden müßte, wünschenswürdig: sie gehen überhaupt aus keinem Bedürfnisse, sondern aus einem Ursprunge hervor, ebenso unabhängig von dem Begriffe der Pflicht, als von der Begierde nach Glückseligkeit." Gleichfalls über Kant hinausgehend hat Schiller, der in mehr als einer Rücksicht von Kant zum gegenwärtigen Jahrhundert die Brücke schlägt, in einer geschickten Aufhebung des Unterschiedes von Vernunftfreiheit und Naturzustand die menschliche Glückseligkeit gefunden und demgemäß zum ersten Male in der ästhetischen die beste Erziehung gesehen. Hiermit treten wir in eine neue Zeit.

Außer dem norddeutschen mußte sich auch der mittel- und süddeutsche Geist der philosophischen Arbeit einverleiben, neben dem Protestantismus auch der Katholicismus seine Wirkung üben, Realismus und Idealismus anderer Völker, von der teutschen Arbeit befruchtet, sich gleichfalls nach Versöhnung sehnen, Mittelalter und Griechenthum, asiatischer Orient und amerikanischer Occident, Gott und Welt, Geist und Materie, gleich sehr erkannt, anerkannt, ausgebeutet und geliebt werden, sollte das Ende des Ringens kommen. Die Zeit der vollendetsten Zersplitterung, der mannichfaltigsten Gährung und Aufregung, der Zerrissenheit und des Taumels der Geister ist daher dieselbe mit der Zeit der Anbahnung des höchsten und ewigen Resultats. Denn durch alle Wirren und

Zerwerfungen leuchtet der Stern der christlichen Philosophie, welche begriffen ist noch heute im Ringen nach dem Princip, in welchem und unter welchem der heilige Geist wahrhaft versöhnt und in glücklicher Liebe eint Gott und Mensch, Himmel und Erde, Zeit und Ewigkeit. Das Princip aber hat diese Philosophie schon gefunden als Aufgabe im Anfange des Jahrhunderts, indem sie das Absolute bestimmt als absolutes Thun, in welchem alle Gegensätze ursprünglich vereinigt sind. Wie kann sich deutlicher die Annäherung der Versöhnung zeigen, als wenn das Absolute selbst schon erkannt wird als Einheit alles sich Fliehenden? Das Thun ferner ist erkannt als Geist, der die Materie selbst nur an sich hat als seine Form: also die Einheit ist im höchsten Sinne vollzogen. Dies scheint also nur übrig zu sein, daß das Eine, der Geist, auch ohne alle Einseitigkeit als Absolutes erkannt und bestimmt werde. Hierbei aber entsteht nothwendig die Klippe, daß man, indem man das Absolute als das Eine bezeichnet, doch das Viele der Erscheinung und das Werden von ihm ausschließt, also die Voraussetzung verletzt, daß alle Gegensätze in ihm enthalten sein sollen. Dieser Widerspruch ist es, und das Schwanken zwischen der Auffassung des Absoluten bald als das Eine bald als Werden des Vielen, was noch Unversöhnung in diese pneumatischen Regionen trägt. So wenn Fichte, im Anschluß an Kant's autonome Vernunft, das absolute Thun lediglich als ein Ichsetzen faßt und das Nicht-Ich nur als in der Vorstellung ein vom Ich sich selbst Entgegengesetztes, damit es habe, worauf es handeln könne: so wird das Handeln allerdings zum absoluten Interesse erhoben, aber mit Ueberspringung der versöhnenden Mittelstufen des Genusses der Natur und des Schönen, und eine Verneinung der Natur wird mit cholerischem Eifer in einer Strenge gefordert, die an Askese und Kynismus erinnern konnte. Ist nun alles dies Handeln nur um des Handelns und dieses nur um der Autonomie willen gefordert, so haben wir hier zwar die extremste Entfernung vom Eudämonismus, dafür aber auch die Leere des reinen Ich in nacktester Negativität. In dieser negativen Gestalt ist es, daß der absolute Geist zum ersten Male als absoluter in das menschliche Bewußtsein hereinragt. Die Philosophie wird daher offen declarirt als „Negation des Lebens," und wie eine Lehre wie die Schopenhauer'sche, die halb bei der Fichte'schen stehen blieb, halb Schellingisches sich aneignete, aus dieser Quelle konnte ihren Pessimismus nähren, dem Glück nur in der Freiheit von Begierde und Freiheit von Leiden besteht*), ist leicht begreiflich. Eine Milderung jener Fichte'schen Consequenzen liegt jedoch schon darin, daß er das Ziel des Thuns nur als Ideal setzte, das nie erreicht werde, womit er also dem Processe selbst absolute Bedeutung hätte beilegen müssen. Das ist die erste Folge jenes Schwankens und Zweifelns, ob das Absolute als Sein oder Werden zu bestimmen. Aber die Negativität führt Fichte auf ähnliche Vorschläge für Politik und Erziehung, wie Platon: das ist, weil auch ihm noch die ideale Mitte des concreten Geistes fehlt, der den Geist der Poesie, der Religion, der Familie, bildet. Vor den unwürdigen Ansichten Kant's über die Ehe hat ihn nur glückliche Erfahrung bewahrt, und ein mystischer Zug in ihm ließ ihn in der Kunst (welche eine ganz neu eroberte Provinz der Philosophie ist) eine Verbindung des Transscendentalen und Empirischen oder des Unendlichen und Endlichen sehen. Derselbe mystische Zug brach, nicht ohne fremde Anregung, seit 1800 zu einer concreteren Fassung des Absoluten bei ihm durch, welche ihn jedoch nicht dazu gelangen ließ, der Natur ihr Recht zu geben, und welche daher nur dazu diente, sein System zu Gunsten eines schon wartenden aufzulösen. Verneinung ist der Grundzug der Fichte'schen Ethik: darum ist sie auf Gesetz, Gewissen und Vernunft gebaut, den Genuß gleichsam nur als ein unvermeidliches Uebel zulassend. Indem sie aber wegen der unerreichbaren Transscendenz des höchsten Zieles ihr Augenmerk mehr auf die strebende Menschheit hat, innerhalb deren das Handeln sich bewegt, so erhält sie häufig den erhabenen Charakter der humanen Verneinung um der Liebe zur Menschheit willen, und in diesem Betracht ist es, daß wir sie anzusehen haben als den ersten Versuch, das mittelalterliche Christenthum mit dem modernen, den asketischen Spiritualismus mit dem Humanismus des 18. Jahrh. zu vereinigen. Ihre mittelalterliche Einseitigkeit fand sofort ihr Gegengewicht in einer ihr entgegengesetzten, gleichfalls aus dem Mittelalter sich nährenden, der Romantik. Die Phantasie ward gegenüber jener Alles tödtenden Vernunft als holde Befreierin von allem und jedem Drucke des Gesetzes in schrankenloseste Herrschaft eingesetzt. Das heißt: die Ethik wird, wie dort unter dem Gesetzesbegriffe des wissenden Absoluten, so hier unter dem Glückseligkeitsbegriffe des schaffend-genießenden Absoluten, des im Bilden sich ausschüttenden Geistes, der Phantasie, behandelt. Poesie, Empfindung, Genialität ist an und für sich, mit welcherlei Inhalt sie sich auch fülle, das Absolute. Wie dort einseitig unter der Aegide der Wahrheit, so wird hier unter dem Schleier der Schönheit gefochten. Aber diese Schönheit ist hier ebenso auf sich isolirt, wie dort die Wahrheit: darum verschmäht sie den Verstand absolut und wird Unverstand; darum kennt sie nicht die wohlthätige Negativität des Maßes, der Sitte und des Gesetzes, und wird Zügellosigkeit, Unzucht; darum kennt sie nicht den Ernst der Arbeit und die Besonnenheit der Zeitbenutzung, sie preist dagegen die geniale Faulheit und Unordnung an. Ihre Stimmung ist absolute Ironie gegen Bestehendes und gegen Regelmäßigkeit, und alle ihre Gegensätze faßt sie unter dem Namen „Philisterthum" zusammen, wahrscheinlich, weil sie in sich Simsonkraft fühlte. Aber diese Simsonkraft fand ihre Delila: denn aller Wollust Ende ist Schwächung, Kynismus, krankhafte Mystik des Schauervollen und der katholischen Flagellantenwuth. Diesen Weg mußte die

*) Die Widersprüche, in welche sich diese Anschauung nothwendig verwickeln muß, habe ich aufgedeckt in meiner Schrift: Schopenhauer's philos. System, dargestellt und beurtheilt (Leipzig 1857), namentlich von S. 101 ab

Romantik nehmen, nachdem sie in den Erscheinungen, welche Philosophie und Christenthum mit ihr zu vermählen wußten und ein sittlich geläutertes Gemüth allein jener Freiheit der Poesie überließen, das Größeste und Lieblichste hervorgebracht, was unser Jahrhundert besessen. Denn auch Novalis und Bettina, auch Schelling und Schleiermacher sind ihre Kinder. Aber ihr Princip drängte zu religiösem und sittlichem Cynismus, der in der Emancipation des Fleisches ebenso wie in Conversionen zur katholischen Kirche sich kundgab, zu Pessimismus und Blasirtheit: dies sind die Ausläufer der Romantik, wie sie noch in unseren Tagen Leihbibliotheken und Feuilletons füllen, aber auch Kanzeln und Katheder einnehmen. In jenen zwei genannten Philosophen, deren einer ganz nach dem Charakter der Zeit das concrete Gebiet der Naturwissenschaft, der andere das der Theologie und religiösen Phantasie unter die Einheit des absoluten Geistes brachte, stellen sich die ersten Vereinigungsversuche des Fichte'schen und romantischen Geistes dar, beide aber, wie es zunächst nicht anders sein konnte, vorwiegend auf romantischer Seite. Denn wie dem Einen die Anschauung, so ist dem Anderen das Gefühl ein wesentliches Behikel der Erkenntniß, und wie die Ethik Schleiermacher's die drei Seiten derselben unverbunden neben einander stellt, im Grunde aber die Güterlehre zum Ausgange nimmt für die anderen, so ist Schelling's Glückseligkeit die begierdelose Seligkeit in der Anschauung des ewig Seienden, d. i. des das Wahre in sich enthaltenden Schönen. Denn unter den Ideen des Wahren, Guten und Schönen setzt Schelling ganz im Sinne der Romantik die letzte zur höchsten, von der die anderen abhängen. Beide aber fassen das Absolute, so sehr auch Schleiermacher den Begriff des Lebens betont, vorwiegend nach der Seite des Seins und des Vielen, welches letztere Schleiermacher zu der Setzung einer absoluten Bedeutung des Individuellen nöthigt. Dies ist Beider Stellung im Allgemeinen. Näher ist von Schelling wenig zu sagen, der nur geringe Aufmerksamkeit den ethischen Fragen zuwandte, oder vielmehr, in der Consequenz seines Systems sie aufgehen lassen mußte in den metaphysischen und ästhetischen. Denn ist das absolute Thun, welches bei Fichte Vorstellen und Wissen, den Romantikern aber phantastisches Schaffen ist, bei ihm vereinigt zur intellectuellen Anschauung des Wahren-Schönen, in welchem alle Gegensätze geeint sind, so liegt in dieser Auffassung des Höchsten Abwendung von den praktischen Interessen und dem eigentlichen Handeln genug, um den sittlichen Entwickelungsproceß in einen Proceß der sich immer reinigenden und erhebenden Anschauung umzudeuten. Daher sehen wir jene positive Setzung des höchsten Gutes sich negativ als Gesetzgebung verhalten gegen die Naturtriebe, welche gebändigt werden müssen, damit sie die reine Contemplation nicht stören, und so haben wir auch hier Doppelseitigkeit der Güter- und Gesetzeslehre, aber keine wirkliche Versöhnung. Dieser Zug der contemplativen Negativität der Ethik findet sich im nachgelassenen Schelling'schen Systeme hinaufgetrieben bis zur Ansicht von der „Unseligkeit des Handelns" und zu einer Hoffnung begierde- oder willenloser Seligkeit (ἀναυγ = μι,—ελαφ) im Jenseits. Wichtiger aber als diese Wendungen ist die geschichtsphilosophische Tendenz der Ethik, die schon bei Fichte (z. B. in den „Grundzügen des gegenwärtigen Zeitalters") begann und bei Schelling besondere Pflege erhielt, vor Allem aber in seiner nachgelassenen Philosophie der Mythologie und Offenbarung, welche endlich das Absolute wahrhaft (nicht mehr als Wissen, noch Phantasiren, noch Anschauen) als ethischen Willen faßt, aus dessen Potenzen, die ebenfalls ihrer Substanz nach Willensfunctionen mit verschiedenen Richtungen sind, sich erst Güter und Gesetze entwickeln, welche nichts Anderes sein können als die Art und Weise, wie jene Willenspotenzen, was sie an sich sind, auch für uns sind, je nachdem sie sich nun ästhetisch der Phantasie und Empfindung als Güter oder der Vernunft und dem Verstande als Gesetze darstellen. Zur Klarheit dieser Unterscheidungen zu kommen, war Schelling jedoch behindert durch sein mangelhaftes Eindringen in die psychologische Dreiheit des Gemüthes, der Vernunft und des Willens, deren bestimmtere Erkenntniß, Unterscheidung und Rangordnung wir vielmehr Weiße verdanken, welcher in der Beschreibung jener drei Thätigkeiten als dreier Thätigkeiten des Absoluten die göttliche Trinität vollzieht. Jene geschichtsphilosophische Tendenz aber, welche am meisten geeignet war, durch ihren Begriff der Entwickelung die Gegensätzlichkeit der Ethik zur Versöhnlichkeit und All-Gerechtigkeit aufzuheben, konnte dies erst recht in Systemen, welche jene Entwickelung, nicht wie Schelling als eine durch freien Abfall bedingte, sondern als eine nothwendige faßten. Hier bekam die Ethik nothwendig den Charakter, den ihr Schleiermacher verliehen, nämlich den beschreibenden: nicht in dem Sinne des die menschlichen Triebe aufsuchenden Empirismus Herbart's, welcher zwar die richtige Tendenz hat (die auch der Schopenhauer'schen Mitleidsmoral zu Grunde liegt), die Ethik auf Tugendlehre zu gründen, aus welcher Gesetz- und Güterlehre sich erst ergeben, aber dafür allen und jeden philosophischen Princips entbehrt — sondern im Sinne der das Absolute selbst in sich erfahrenden und beobachtenden Speculation, wie sie den Charakter der neuesten Philosophie bestimmt. Bei dieser beschreibenden Form der Ethik wird ihr als philosophischer Wissenschaft der angemessene Platz zu Theil neben der Geschichtskunde als der ihr entsprechenden empirischen Disciplin, wie auf Seiten des Naturgebietes die Naturgeschichte neben der Naturwissenschaft steht. Dieser Parallelismus hat auch inhaltliche Bedeutung; denn Naturgesetz und Sittengesetz scheiden sich nicht etwa so, daß das Sollen nur des einen, das Sein nur des anderen Prädicat wäre, sondern Sollen und Sein sind beiden gleichmäßig eigen, wie auch zwischen Geschichtskunde und Ethik kein Unterschied des Werthes und kein Verhältniß der Abhängigkeit zu setzen. Das Handeln der Vernunft auf die Natur ist es, welches die Ethik in seinem Werden beschreibt (wir haben also hier die wahrhafte Vereinigung der Gegensätze des Nichtseins und Seins, des Wissens und Genießens, im Handeln und

Werden): dieses ist der Proceß der Organisirung des Mechanischen. Es kann hier keinen absoluten Gegensatz geben von Gut und Böse, indem das Absolute der Proceß selbst ist — wogegen die ästhetische Einseitigkeit der Ethik diese Gegensätze zu absolut getrennten Anschauungen des Himmels und der Hölle machen, die logische Einseitigkeit aber den Gegensatz ganz aufheben würde. Die Darstellung der Ethik selbst theilt sich nothwendig in die Darstellung der Resultate jenes Handelns (der Güter), der Beschaffenheit des Handelns selbst (der Tugenden) und der Weisen des Handelns (der Pflichten). So sehr nun Schleiermacher sich bemüht hat, diese drei Formen der Ethik von einander selbständig abzutrennen, so wenig hat er doch verhüten können, daß ihm die Güterlehre zur herrschenden wurde, welche den andern erst ihren Inhalt gibt. Er hat sie nicht allein mit der meisten Vorliebe ausgeführt; er bezeichnet sie auch selbst als die am meisten weltweisheitliche der Formen der Ethik, und definirt die Tugend als Würdigkeit zur Glückseligkeit, welche letztere in dem Antheile des Einzelnen am höchsten Gute bestehe, und formulirt endlich die oberste und allgemeinste Maxime der Pflichtenlehre dahin, daß in jedem Augenblicke mit allen Tugenden für alle Güter zu handeln sei. Indessen ist auch von dieser Bevorzugung der Güterlehre aller wirklich eudämonistische Einfluß so weit ferngehalten, daß die Wirklichkeit der beschriebenen Güter auf keine Weise von der subjectiven Lust abhängig gesetzt, sondern vielmehr empirisch hingenommen wird als ein höheres objectives Reale; und wie schon Kant in seiner abstracten moralischen Maxime die Rücksicht auf die Menschheit als Gemeinschaft verbarg (welches ja der positiv-christliche Gewinn des 18. Jahrh. war), wie Fichte's Ethik das Christenthum mit seiner humanistischen Tendenz trotz seiner asketischen Sympathien zu hinreichender Geltung brachte, so sind Schleiermacher's Güter durchaus die wahrhaften positiv-christlichen Güter, welche durch rechtmäßigen Verkehr und geselligen Austausch des Eigenen sich bilden; und auch darin hat er den Boden der Versöhnung für unsere Zeit maßgebend bezeichnet, daß er die Familie als den substantiellen Grund aller jener Güter betrachtet, aus welchen sich der Staat, die Schule, die freie Geselligkeit und die Kirche wie aus dem Keime entwickeln. Es fehlt in unserer Darstellung nur noch Hegel, dessen Ethik dem Eudämonismus noch entgegengesetzter ist als Schleiermacher's und darum zu dieser ein Correctiv gibt, indem sie die Priorität der Güterlehre wieder mit der der Gesetzeslehre vertauscht; oder vielmehr, indem sie bei der Beschreibung (denn auch hier ist die Ethik wesentlich phänomenologisch) jener objectiven ethischen Realitäten, die Schleiermacher Güter nennt, nicht sowol die Realisirung des Wohls, als die des abstracten Gesetzes im Auge hat. Es leuchtet ein, wie Hegel's Grundanschauungen zu dieser Einseitigkeit führen mußten: denn ist das Absolute die reine Idee des potentialen Seins, welches zwar zur dirimirten Realität der Natur umschlägt, aber nur um seine Einfachheit durch die Vielheit der Erscheinungen zu voller Realität im absoluten Wissen zu bringen, so ist das höchste Ziel des Thuns selbst nur dieses negative Gut des Wissens, und nur dadurch erhielt sich Hegel bei der versöhnenden Gerechtigkeit und auf der geschichtsphilosophischen Höhe der Zeit, daß er den Proceß selbst als nothwendigen, ihn selbst als das Absolute setzte, sodaß ihm das Böse nur immer untere Stufe des Guten sein konnte oder feindliche Nachwirkung einer überwundenen Stufe. Sind aber seine Stufen nicht sowol Stufen einer ethischen Entwickelung als der Entwickelung des Bewußtseins, und findet er die höchste Versöhnung nicht im Thun selbst, sondern im Wissen: so haben wir hier jene logische Einseitigkeit der Ethik, bei welcher es im Grunde nicht hinreicht, den absoluten Gegensatz von Gut und Böse zum Gegensatze im Processe herabzusetzen, sondern die absolute Aufhebung dieses Gegensatzes gefordert wird. Wie alle Realdisciplinen ohne Ausnahme bei Hegel eine bessere und richtigere Behandlung erfahren, als seine metaphysische Logik, seine panlogische Anschauung vom Absoluten, versprechen dürfte, indem er sich ja zum Realen inconsequent und sprungweise durch den Begriff des Umschlagens Bahn bricht, so gilt dies auch von der Ethik, und wir haben die der Schleiermacher'schen ebenbürtige, großartige, geschichtsphilosophische Gestaltung der Hegel'schen Lehre von der Sittlichkeit (d. i. den geselligen Objecten der Sittlichkeit) durchaus nur der von der mächtigen Forderung unseres Jahrhunderts Hegel abgedrungenen Inconsequenz zu verdanken, keineswegs aber seinem philosophischen Principe, welches vielmehr alle Schuld trägt an der Vernachlässigung der subjectiven Seiten der Ethik, an der Legalisirung der Moral und ihrer Entkleidung vom religiösen Charakter, sowie an dem für die Absolutheit des Staats sich schließlich einstellenden Conservatismus.

Unser Jahrhundert hat den Geist zur Hegemonie gebracht über die Materie und die Materie mit dem Geiste versöhnt, indem es sie erkannt hat als die Form, in welcher der Geist erschienen ist und zu erscheinen hat. Aber in seinen Erscheinungen hat der Geist selbst einen Proceß durchlaufen von äußerster Materialität (Aufgehen in seiner Form) zu fortwährend sich steigernder Geistigkeit. Die befreite Geistigkeit gibt sich, wie wir sahen, dadurch kund, daß der Geist sich in seinen Productionen fortwährend fühlt und weiß als den Producirenden, d. i. daß er sich fortwährend selbst producirt, ohne sich zu verlieren. Ein solches innerliches Produciren des Geistes kann aber ein doppeltes sein, je nachdem es noch die Mittelstufe des Geistig-Materiellen einnimmt, oder in rein geistiger Weise sich selbst zum Gegenstande hat. In der ersten Form ist der Geist als Phantasie, in der zweiten als Vernunft. Die Philosophien unserer Zeit haben den Geist in beiden Functionen durchlebt und erkannt. Ferner aber ist es der Geist, der sich materialisirt in selbständigen Realitäten, sei es, daß solche Materialisirung in der Natur als ein Fertiges oder immer Werdendes uns vorliegt, oder daß sie uns eine zukünftige ist als Bearbeitung des Fertigen und Werdenden, oder als Zeugung neues Lebendigen, Bearbeitung und Organisirung desselben. Daher mußte auch den idealrealen Thätigkeiten der Kunst, Wissenschaft und Organisation (in Familie, Staat, Kirche) die Aufmerksamkeit der Zeitgenossen sich zuwenden. Hierzu bedurfte es aber als Ueberleitung von jenem subjectiven Innern der Phantasie und Vernunft des idealrealen Organs des Willens, der mit den Organen des Leibes einheitlich verbunden, alle Lebenskräfte des Körpers, der Seele und des Geistes in sich einhebt, um damit auf die Außenwelt und auf den eigenen Träger einzuwirken, und dieses wiederum im Interesse des Körpers (materielle Interessen), der Seele (sociale Interessen) und des Geistes in Phantasie und Vernunft (ideale Interessen). Auch dieses ist von unserer Zeit geschehen, daß die absolute Bedeutung der Dreiheit jener Organe erkannt und eingeführt wurde in die Gliederung der Wissenschaft, der wirklichen Güter und der Tugenden. Vermißt möchte noch werden eine bestimmte Erklärung des Werthverhältnisses jener dreierlei Interessen unter einander, und es begegnet, daß das Materiale, das Sociale und das Ideale jedes sich allein geltend machen will als das Absolute. Hierfür aber kann unseres Erachtens nur geholfen werden, wenn hinter der Dreiheit der Phantasie, der Vernunft und des Willens, und hinter der Dreiheit des Somatischen, Pneumatischen und Psychischen das absolute Eine gefunden und richtig erkannt ist, an welchem alle diese Erscheinungsweisen nur Formen sind. Dann ist der Gottesbegriff, der Begriff des Absoluten, dessen Dreiheit, die verloren war, sich erst unserem Jahrhunderte wieder gerettet hat, auch nach seiner Einheit vollendet, und ebenso ist dann für den Menschen, den wir als eine Zusammensetzung jener Potenzen und ihrer Beziehungen finden, die Wesenseinheit seines Ich ausgesprochen.

Der Zug unserer Zeit geht dahin, das Dritte auch als das Erste zu setzen, das Dritte nur als die aus der Diremtion hervorgegangene vollendete Verwirklichung des Ersten, das Erste als die indifferente Einheit der Gegensätze in der Potenz, das Dritte als die identische Aufhebung der Gegensätze ins Ideale zu fassen. Stellen sich nun im geistigen Gebiete Phantasie und Vernunft, im körperlichen die Organe der Sensibilität und Reproduction, im seelischen die des Gefühles und des Verstandes als Gegensätze dar, sowie wiederum innerhalb dieser Dreiheit selbst Körper und Geist: so ergeben sich uns als Gebiet der Indifferenz auf der einen und des Ideals auf der anderen Seite im Allgemeinen die Erscheinungen des Seelischen, innerhalb des Körperlichen aber die Erscheinungen der Irritabilität, innerhalb des Geistigen die des Ethischen, und innerhalb des Seelischen im Besonderen die des Willens. Wir finden also im Willen den Mittelbegriff für alle sich hier aus einander gebenden Gegensätze, und können daher die Indifferenz des Absoluten nur aussprechen als potentialen Willen, der in seine Gegensätze noch nicht getreten, weder Leib noch Geist, sondern Seele an sich ist, das Ideal des Absoluten (Gott) aber als den Willen, der in seinen Gegensätzen und ihren fortwährenden Vereinigungen (ästhetisch, theoretisch und ethisch — leiblich, geistig und seelisch) sich verwirklicht. Leicht erkennen wir, daß allein auf diese Weise jeder Rückfall verhütet ist in die Auffassung des Absoluten als eines Seienden, sei es des Wahren oder des Schönen, indem das Absolute gefaßt ist als das Gute, welches nimmermehr anders als im Werden, Geschehen, Handeln zu denken ist. Verlangt aber dieser Proceß wiederum Gegensätze, um Proceß sein zu können, so entsteht aus seinem Begriffe selbst der Gegensatz des Guten und Bösen, indem das thätliche Sichselbsthaltenwollen des im Processe Zurückgedrängten sich als das Böse zeigt: die Materie war gut, können wir sagen, so lange Gott sie schuf und wollte; aber sie wird böse, sobald sie sich festhalten will gegen den Geist, als dessen vorbereitende Stufe sie nur gewollt war, und sie wird höllisch, wenn sie den Geist selbst fortreißt zu ihrem Dienste, welcher ebenso sehr der Dienst der Lüge und des Häßlichen ist, als des Geistes Ziele das Schöne und Wahre sind. Aber keine Lust ist böse, weil sie Lust ist, und ebenso wenig irgend eine Handlung gut, weil sie Wohl befördert: weder die Glückseligkeit ist Princip der Moral, noch die Verneinung der Glückseligkeit im Gesetze — sondern was der absolute Wille will, ist ihm, diesem Willen selbst, Lust; denn Lust ist nichts Anderes als das Freudegefühl des sich realisirenden Willens; und dasselbe erkennt er in seiner theoretischen Thätigkeit als Gesetz: dadurch, daß er sich selbst als Gesetz erkennt, befestigt er seine Lust; dadurch, daß er sich als Lust fühlt, versöhnt er sich mit dem Gesetze. Das Gesetz als ethisches Antriebsmittel hat daher hier auch seine Stelle, aber nur in Anwendung auf den dem absoluten entgegenwollenden Willen, dessen Lust nicht das Absolute ist: indem aber hinter diesem feindlichen Willen der absolute oder gute Wille hervorgezogen (erzogen) wird, so wird das Gesetz die Brücke zur absoluten Lust (der Zuchtmeister auf Christus), welche genossen wird in der herrlichen Freiheit der Kinder Gottes. Die Lust ist die Erscheinung des Willens in den Sinnen, im Gefühle und in der Phantasie, das Gesetz die Erscheinung desselben im Verstande und der Vernunft: keine von beiden Erscheinungen ist durch die andere ausgeschlossen, oder von ihr abhängig, ebenso wenig wie die Wissenschaft die Kunst ausschließt, oder eine von der andern abhängt. Vielmehr Beides ist nur gut, zulässig, berechtigt, wenn es vom absoluten Willen geboren ist, denselben darstellt. Darstellung des absoluten Willens für Phantasie, Gefühl und Sinne ist das Schöne: daher denn die Lust am Schönen berechtigte Lust ist; für Vernunft und Verstand ist sie das Wahre: daher denn in der Wahrheit sich die Gesetze darstellen, der Natur und Geschichte. Was aber das Schöne und Wahre sei, erfahren wir nur dadurch, wenn wir wissen, was das Gute, d. i. was der absolute Wille selbst ist. Die Schönheit ist nur die Erscheinung des Guten und die Wahrheit nur Erkenntniß des Guten. Indem aber das Schöne und Wahre die Erscheinungen, oder Gemüth und Vernunft die Formen sind, in denen der Wille innerlich für uns ist, so können wir auch nur durch beide erfahren, welches der absolute Wille sei, von Seiten des Gemüths durch die ganze Stufenreihe empfangener Eindrücke bis hinauf zur eignen phantastischen Production, von Seiten der Vernunft durch die ganze Stufenreihe der Erfahrungen und Kenntnisse bis hinauf zur philosophischen Speculation. Die höchste Kundgebung des absoluten Willens als Lust auf ästhetischem Gebiete ist die Lust der Versöhnung in der Religion; die höchste Kundgebung im Wissen ist die philosophische Erkenntniß der Gesetze der Bewegung des Absoluten und das Bewußtsein unserer berechtigten Stellung darin. Indem nun den Einen der absolute Wille ihrer besonderen Natur nach sich mehr durch das eine beider Organe offenbarte, wurden sie entweder Eudämonisten oder Moralisten, wie wir denn sinnliche, Gefühls- und Phantasiemenschen auf der Seite des Eudämonismus, vom sinnlichen bis zum religiösen, Verstandes- und Vernunftmenschen auf der Seite des Moralismus erblicken. Aber beide Organe müssen bei Vollendung ihrer Offenbarungsthätigkeit endlich sich selbst verneinen durch Herbeirufung des Entgegengesetzten, d. h. das eine muß erklären, daß es nicht das Absolute an sich darstellt, weil ihm das Eigenthümliche des anderen fehlt, und umgekehrt, und diese Einsicht erfolgt auf Seiten des Gemüths in subjectiver Weise, auf Seiten der Vernunft in objectiver Weise. Daher ist die Ethik am Ende, wenn sie den ganzen Willensproceß des Absoluten durch Religionen und Völker hindurch in seinem Sinne und seiner Gesetzmäßigkeit übersieht, seine Erscheinungen in der Materie und im Gemüthe, in der Praxis und in der Wissenschaft vollständig versteht, und das doppelte Resultat des *versöhnten* Gemüths und der *objectiv-nothwendigen* Erkenntniß des Absoluten ans Ende der Entwickelung setzen kann. An diesem Resultate arbeitet unser Jahrhundert energischer als irgend ein früheres.

Unsere Zeit hat daher wiederum die Neigung hervorgerufen, die sich schon sporadisch früher geltend machte, das ganze System der Wissenschaft als System der *Ethik* zu fassen, sofern nämlich das Absolute als ewiger Wille gefaßt wird, der andere Willen erzeugt, deren Verhältniß zu einander und zu jenem die Welt der Wirklichkeit ausmacht und den Verlauf derselben mit seinen Zielen darstellt. Diese Verallgemeinerung der Ethik aber (innerhalb welcher sich die Zweck- oder Glückseligkeitslehre nach früheren Bemerkungen auf die Seite der *Aesthetik*, die Gesetzeslehre auf die Seite der *Logik* zu stellen hätte) kann erst jetzt ihre wahrhafte Grundlage finden, während dieselbe Tendenz, wie man sie dem Platon leicht zuschreiben kann, bei diesem das Ethos zu sehr noch abhängig machte von der ästhetischen Anschauung der formellen Reinheit, bei Spinoza aber, der sie in ausgesprochener Weise hat, den sittlichen Willen durchaus unter die logische Herrschaft der Erkenntniß stellt. Schleiermacher, der in unseren Tagen Spinoza's und Platon's Sittenlehre am meisten anpries, hat auch den Anlauf genommen, vom christlichen Standpunkte aus die Wissenschaft der Ethik in ähnlicher Weise zu verallgemeinern, indem er sie wenigstens gleichbedeutend mit Geschichtsphilosophie nahm. Wir können, indem wir mit dem neueren Schelling und Weiße geneigt sind, auch die Naturphilosophie unter dem Gesichtspunkte von Urwillensthaten zu entwickeln, und daher ohne Scheu die ganze Philosophie mit dem Namen der Ethik belegen könnten (wozu übrigens Fichte für unser Jahrhundert den Grund gelegt hat, sich an Kant anschließend, der ja das Absolute in und nur nach seinem praktischen Werthe in seiner positiven Bedeutung gewürdigt hat), wir können an Schleiermacher solchergestalt anknüpfen, daß wir, um seine eigenen, der Ethik gewonnenen objectiven Güter von der empirischen Aeußerlichkeit zu befreien, auf den innerlichen Grund der *christlichen Religiosität* selbst zurückgehen, den Schleiermacher unserer Zeit aufgedeckt hat, und aus ihm Güter und Gesetze gleichmäßig ableiten. Dies thun wir aber wiederum mit der Correctur, daß wir jenen religiösen Inhalt zwar auch primair in der Form des Gemüthes, der Vorstellung und des Gefühles finden, wie jener, aber dies nur, sofern und soweit er *als Religion* auftritt, daß wir aber zur Erklärung dieser Gemüthserscheinungen selbst und zur Abscheidung ihres Inhaltes von ihrer Form wiederum zurückgehen auf eine *ethische* Bestimmung, auf die Beschaffenheit eines innersten *Urwillens*, der in der *Religion* sich als absoluten selbst anschaut und genießt, in der *Philosophie* aber sich weiß, im *Leben* sich auswirkt. Dieser Urwille muß sich bestimmen nach dem Begriffe des Absoluten und seines Processes. Und indem wir nun, nach dem Begriffe des Absoluten selbst, entsprechend der Entwickelung, mit der wir diese Abhandlung begannen, Anfang und Ende des Processes in der *einheitlichen* Erscheinung des Absoluten finden müssen, wie wir sie Geist nennen, in welcher der Urwille in höchster Phantasie und Vernunft, d. i. in höchster Wahrheit und Schönheit, sich in seinen Gestalten fortwährend *selbst* producirt, *selbst* darstellt, aber dabei fortwährend *bei sich selbst* ist (denn dieses receptiv-productive Beisichselbstsein ist eben Geist): indem wir ferner die Zerstörung und Umwerdung dieses Verhältnisses für einen und denselben Act erkennen mit der Schöpfung (καταβολή), in welcher das extremste Gegentheil der vollendet geistigen Erscheinung des Absoluten das früheste ist, nämlich die Zersplitterung und Vereinzelung des Urwillens in das reine Centrifugium einander feindlicher und fliehender Mächte, welche aber dadurch, daß sogleich mit dem ersten Acte der Schöpfung die göttliche Ureinheit immanent in ihnen wiederum centripetal wirkt, allein eine Welt, einen Kosmos, ermöglicht: indem wir ferner alle Fortschritte der Weltentwickelung darein setzen, daß die einende Wirkung des geistigen Urwillens in der zersplitterten Materie Gestalten erzeugt, die immer mehr und mehr wieder Verbindungen von Materie und Geist sich zu sein zeigen, in denen der Geist immer mehr wieder bei sich selbst ist: so werden wir ethisch *guten* Willen nirgend anders als in diesem *Vereinigungswillen* selbst finden können, der im Weltprocesse nichts Geringeres erstrebt, als durch Gestaltung immer geistigerer, harmonischerer, höherer Zustände und Erscheinungen in stetiger Stufenfolge endlich die einheitliche Realität Gottes im Geiste wiederherzustellen. Während aber Anschauungen, welche dieses letzte Ziel für das einzig berechtigte halten, negativ und friedelos sich dem

Processe selbst gegenüber stellen, sei es, daß sie alle Glückseligkeit an jenes Ende verlegen, oder von jenem Ende her sich ein kaltes absolutes Gesetz verschreiben für das menschliche Thun, oder beides: so werden wir, die wir den Proceß selbst für das Absolute halten, und die wir jene einheitliche Erscheinung des Absoluten (Gott) sich aus Anerkennung des Processes und aus Liebe zur Vielheit der Erscheinungen selbst zur Schöpfung entschließen lassen, mit dem Processe selbst und der Vielheit uns versöhnt wissen. Böse werden uns diejenigen Willenserscheinungen heißen, welche die entgegengesetzte Richtung des Processes oder seine Hemmung anstreben, böse Lust wird also diese sein, welche durch ein Gelingen solchen gottfeindlichen Willens hervorgebracht ist; dagegen uns alle Lust, welche durch berechtigte Bewegung des Willens, durch das Schwimmen mit dem Strome, d. i. durch die Uebereinstimmung des göttlichen mit dem creatürlichen Willen, entsteht, selbstverständlich als gottgewollt zu gelten haben wird, wenn wir auch innerhalb derselben eine ähnliche Stufenfolge von sinnlicher Lust bis zur höchsten geistigen werden annehmen müssen, die auch eine Scala des Werthes abgibt, wie wir eine solche Stufenfolge der Geschöpfe selbst verwirklicht sehen. Das Gesetz nimmt uns dabei nur die Mittelstellung ein der Erscheinung des absoluten Willens für den Willen, der sich mit ihm noch nicht geeint hat, sondern seine Lust im feindlichen Willen findet, oder der Erscheinung einer höhern Stufe des Processes für den Willen, der seine Lust noch auf einer niedern Stufe fand, aber doch mit dem Einen Fuße, negativ, eine höhere Stufe betreten hat. Außer diesen pädagogischen Bedeutungen hat das Gesetz noch die theoretische des Wissens, und leitet so als Wissen seinerseits ebenso zu erneutem Handeln über, wie wir früher gesehen haben, daß die Lust oder der Genuß nie bei sich selbst bleiben kann, sondern zu neuem Handeln antreiben muß. Denn das Handeln ist überall das Letzte, nicht der Genuß, und nicht die Erkenntniß; denn das Absolute selbst ist Handeln.

Aus demselben Vereinigungswillen nun, der Einigung des Getrennten in der höchsten geistigen Einheit zum Ende hat, werden wir uns, nachdem wir ihn näher als Tugend erklärt, beschrieben und zerlegt, die Güterlehre und Gesetzeslehre zu construiren haben, welche uns nur als andere Darstellungen der Tugendlehre erscheinen können, und mit dieser zusammenfallen, wenn wir sie nicht auf die subjective Daseinsweise der Tugend einschränken. Dabei muß die Güterlehre vorangehen; denn die Lust ist die positive und primaire Erscheinung des sich immer selbst wollenden Willens, das Gesetz aber immer nur Verneinung einer Lust, also erst zu behandeln, nachdem eine Lust sich dargestellt hat, die zu verneinen ist. Hier wird dann auch die Stelle sein, wo aus höheren sittlichen Gründen ein Leiden und Schmerz gefordert werden muß, welches aber wiederum bei gewonnener Lust am Leiden (Dulderseligkeit) den Standpunkt des Gesetzes verläßt und in den der Lust übergeht. So scheint es denn als wäre die beste Methode der Ethik diejenige, in welcher sich Tugendlehre, Güterlehre, Gesetzeslehre in dieser Reihenfolge in jedem speciellen Theile einander ablösen, sodaß eines und dasselbe ethische Problem immer erst für die Tugend, dann für die Glückseligkeit, endlich für die Pflicht gelehrt wird. Um aber die Güter selbst zu finden, müssen wir zurückgehen auf den Begriff des Urwillens, seine Zersplitterung und seine Tendenz, durch die Menschengeschichte hindurch zu seiner göttlichen Einheit zurückzugehen. Ferner haben wir uns zu erinnern, daß wir die Einheit selbst überall in demjenigen Gebiete finden, welches wir das Seelische nennen, welches nur in seinen Erscheinungsphasen sich von extremster materieller zu reinster geistiger Erscheinung hinbewegt. Während Materie und Geist also immer nur Resultate der Bewegung oder Erscheinungen des Urwillens sind, so ist das Seelische der Urwille selbst, welcher in jenen Formen sich offenbart. Die Seele ist mithin der Sitz der Tugend, und die Beschaffenheit der Seele ist es, welche der moralischen Werthbestimmung unterliegt. Wir werden also auszusprechen haben, daß die Seele (oder das Herz) dann tugendhaft ist, wenn die in ihr vorhandenen Willensrichtungen und Wollungen übereinstimmen mit der Richtung des Urwillensprocesses: dies ist es, was das Christenthum Liebe zu Gott nennt, welche über jeder anderen Liebe sein muß; denn unsere Willensrichtung ist nur dann einstimmig mit der absoluten, wenn sie sich ebenso wie diese zur höchsten geistigen Einheit, d. i. Gott, hinbewegt, von ihr am tiefsten und beglückendsten angezogen wird und nach ihr sich daher mehr als nach allen Gütern sehnt. Da nun aber der absolute Wille nur Wille der Zersplitterung war, so lange er materielle Schöpfungen erzeugte und gegenwärtig also auch nur in der Natur noch jener Wille der Vielheit ist; aber mit dem Eintreten des Bewußtseins und des Geistes nothwendig in die Zurückbewegung nach der Einheit eingetreten ist: so kann für den Menschen der absolute Wille gar kein anderer sein als der Wille der Vereinigung mit dem Getrennten; die Liebe zu Gott also muß in seiner Seele zugleich auftreten als Vereinigungswille gegenüber seinen Mitgeschöpfen: dies ist die christliche allgemeine Menschenliebe, welche aber begrifflich und naturgemäß überhaupt Liebe zu den Geschöpfen sein muß, wie sich denn diese Erweiterung auch wirklich im christlichen Gefühle eingestellt hat, ohne doch auf bestimmten biblischen Aussprüchen zu fußen, außer etwa auf dem Paulinischen von der „seufzenden Creatur." Dieselbe Liebe aber, weil die Liebe zu Gott über ihr steht, zeigt sich auch in Erscheinungen, welche nach Außen nicht als Liebe gelten können, indem sie gegenüber denjenigen Geschöpfen, welche sich der Gottesliebe und der Creaturenliebe, also dem göttlichen Weltprocesse, entgegenstämmen, Abstoßung, Haß und Kampf zu werden genöthigt sein kann. So findet sich das Verhältniß des Menschen zu seinen Mitgeschöpfen in einer Scala ausgesprochen, welche dieselbe ist, wie die Scala von der Materie bis zum Geiste, und welche sich zwischen den Enden der affectlosen Benutzung todter Mittel und der dankbaren Hochachtung und verehrender Verwerthung der Ausbeute des Geistes hinbewegt, in deren Mitte aber die innige gegenseitige Anziehung und seelische Beglückung durch die Liebe liegt, welche die Materiellen sich zu gewinnen, und die Geistigen sich zu erhalten die Aufgabe haben, sodaß Jener Materialität fortwährend beherrscht, gemäßigt und veredelt wird durch die seelische Liebe, der Letzteren Geistigkeit aber nie vergißt, daß alles Geistesproduct, soll es göttlichen Werth haben, den Urwillen darstellen, also in jener Liebe selbst wurzeln muß. Zwischen der Benutzung des Todten und der Liebe zum Mitstrebenden liegen wieder mitten inne die Verachtung oder Bemitleidung des Schwachen, das durch sein Unterliegen dem gottfeindlichen Willen Vorschub leistet, der Haß aber und die Bekämpfung desjenigen, welches sich mit Kraft und Bewußtsein dem göttlichen Willen widersetzt, endlich die leidende Schonung gegen den positiv nicht liebenden, aber negativ doch die Liebe nicht hindernden genießenden Egoismus. Die Menschenliebe ferner, welche zur Gottesliebe nicht aufzusteigen begehrt, empfiehlt sich unserer liebenden Erziehung (die wir auf jede in ihrer Weise auch durch Kampf u. s. w. auf jene niederen Stufen auszuüben haben); achtende Toleranz aber und geistige Bestreitung, entsprechend jenen ersten Zwischenstufen, stellen sich wieder ein zwischen den Stufen der seelischen Mitte und der geistigen Höhe. Auf diesem Wege und durch diese Liebe ziehet die Menschheit der Gottheit entgegen, wie eine Pilgerschaft dem gelobten Lande zu. Aber daß nicht der Proceß verneint werde um des Zieles willen: dies ist das Geheimniß der Versöhnung. Darum nehmen wir unseren Sitz im Seelischen, nicht im rein Geistigen, weil die Seele der Sitz des Urwillens, des Processes selbst, nicht der Vorstellung seines äußersten Zieles ist, und in ihr die göttliche Liebe immer bei sich selbst ist, sich genießt und dennoch nicht egoistisch bei sich bleibt, sondern fortwährend nur bei sich ist als bei einem über sich Hinausstrebenden. Wie diese Versöhnung zusammenhänge mit dem christlichen Symbole des Versöhnungstodes, haben wir hier nicht zu erörtern: wir bemerken nur, daß auf diese Weise, also von der Gottesliebe durch die Bruderliebe zurückgehend, sich auch die von beiden geheiligte Selbstliebe anschließt an die versöhnten Zustände des gottgewollten Urwillens. Wie aber die Menschenliebe beherrscht und eingeschränkt wurde von der Gottesliebe und in dieser ihre Norm hatte, so die Selbstliebe wiederum in den über ihr stehenden beiden. Darum wandelt sich die Selbstliebe in Selbstverneinung und Selbstbekämpfung, wo durch sie die Menschen- und Gottesliebe gefährdet würde, sie wird Selbstschonung, wo sie sich unschuldig und unschädlich verhält gegen höhere Forderungen, und Selbsterziehung zu diesen hinauf. In dieser versöhnten Liebe und Innerlichkeit des Gemüths gestaltet sich die Empfindung der Glückseligkeit gegenüber dem Leiden und den Uebeln der Welt als Humor, wie im Griechenthume als tragisches Pathos.

Aus diesen Verhältnissen und Willensrichtungen nun entwickeln sich also, wie bemerkt, Güter und Gesetze, letztere als die negativen Aeußerungen des höheren Willens gegen den niederen, erstere als die positiven. Da wir hier nur die Glückseligkeitslehre zum Zwecke der Darstellung hatten, so wird eine Andeutung des Ausbaues der Güterlehre vollständig genügen. Es zeigt sich dabei viel Uebereinstimmung mit Hegel und Schleiermacher, nur daß wir die Vielheit der Güter gegründet haben auf das Eine Princip des zu sich selbst in stetigem Processe zurückgehenden Urwillens. Nach den Beziehungen aber, in welchen der Mensch nach dem Betrachteten steht 1) mit der hinter ihm zurückgebliebenen Natur, 2) mit der mit ihm zum Fortstreben berufenen Menschheit, 3) mit Gott als der vollendeten einheitlichen Erscheinung des Absoluten, und nach der Dreiheit der Selbstliebe, Creaturenliebe und Gottesliebe, sowie deren verschiedenen Erscheinungsarten, müssen sich die Güter ergeben, wobei im Auge zu behalten, daß auf den unteren Stufen nur dasjenige ein berechtigtes Gut ist, welches die höchste Liebe entweder fördert, oder nicht beeinträchtigt. Wir unterscheiden also 1) materielle Güter, und finden dieselben in Bezug auf das Selbst in der Gesundheit und Lebenslust (die sich nach den verschiedenen Sinnen und körperlichen Bedürfnissen zu specificiren hat), in Bezug auf die Gemeinschaft der Creaturen in der Bewirthschaftung, im Besitze, im Gewerbe und Handel, endlich in Bezug auf Gott in der Erkenntniß der Natur, ihrer Verschönerung und der Herrschaft über feindliche Elemente; 2) sociale Güter, für das Selbst: Freundschaft und Liebe der Verwandtschaft, der Wahlverwandtschaft und der Geschlechter; für die Menschheit: Ehe, Familie, Vereinsleben, Staat mit seiner Organisation der materiellen und socialen Berufe; für Gott: die Schule und Kirche mit ihrer Pflege der Wissenschaft, der Kunst, und ihrer Einwirkung auf die die Gesellschaft zerstörenden Mächte; 3) geistige Güter, für das Selbst: der Genuß und die Erkenntniß Gottes als des allein Schönen und Wahren; für die Gemeinschaft: das Himmelreich; für Gott: das selige Leben und Schaffen, Kämpfen und Leiden, vor Ihm und für Ihn, und Aufgehen in Ihm. Wir sehen leicht, daß die geistigen unter diesen Gütern wiederum dazu dienen, um die materiellen und socialen zu fördern, gleichwie die ersten die zweiten und die mittleren wieder die höchsten ermöglichen und vorbereiten. Nach obigen Bemerkungen aber kann das eigentliche Centrum aller dieser Güter nur im Gebiete des Seelischen zu suchen sein, zu welchem wir das Materielle heraufzuziehen haben, als dessen Inhalt aber wir das Göttliche immer enger und tiefer hereinziehen sollen. Im Seelischen also befinden wir uns und blicken von da abwärts und aufwärts; im Seelischen genießen wir und sind glücklich, daher wir denn materiell nur wirklich Lust empfinden, wenn unsere Seele das Sinnliche reproducirt, und am Geistigen und Göttlichen nur, wenn es durch eigene liebende Entgegenbewegung unserer Seele innerlich selbst producirt worden. Ist aber so das Seelenleben das Centrum unserer Glückseligkeit, entsprechen ferner die Güter der Selbstliebe in ihrer Weise der Rubrik der materiellen, die Güter der Gottesliebe der Rubrik der geistigen Güter: so wird es uns nicht schwer fallen, das centrale aller Güter aufzufinden, welches also in der vollendetsten Ausbildung des Menschenthums den Boden zu bilden hat für materiellen sowol als göttlichen Genuß, und dessen Geist hineingetragen werden muß in alle Räume der Vereinigung mit der Natur, mit Gott und mit der Menschheit: dieses Gut muß jenes sein, welches die Grundlage bildet der socialen Güter in der Abtheilung ihrer Bedeutung für die Gesellschaft als solche; denn nur hier ist das Seelische, welches überall das Gesellige ist, vollkommen bei sich selbst: dieses Gut ist die Familie. Diesen Boden hat unsere Zeit wieder gefunden als den Boden der Verwirklichung alles Guten, Schönen und Wahren, dessen milder Duft sich von da ausbreiten soll über alle weitere umfassendere Vereinigung der Menschen und hinaufsteigen soll als süßester Opfergeruch in den Aether Gottes. So ist es nicht zufällig, daß das Christenthum von Vornherein sein Wirken bezeichnete als ein solches, das den thierischen Naturgenuß verwarf, aber Liebesmal und Ehe als Heiligthümer einsetzte, das die Menschen unter sich zu Brüdern verbinden sollte und sie damit zugleich zu Kindern machen eines Vaters, des Herrn eines großen, viele Wohnungen fassenden Hauses. Wir schließen hiermit diese Andeutungen, die hier nur Andeutungen bleiben konnten, und verweisen zum Vergleiche auf den Artikel Gut.

Von geschichtlichen Werken sind bei dieser Arbeit benutzt worden: Zeller, die Philosophie der Griechen; Ritter, Geschichte der Philosophie; Stäudlin, Geschichte der christlichen Moral seit dem Wiederaufleben der Wissenschaften; Kuno Fischer, Franz Baco von Verulam; *Bouillier*, Histoire de la philosophie cartésienne; Kuno Fischer, Geschichte der neuern Philosophie (Cartesius, Spinoza, Leibnitz); Erdmann, Entwickelung der deutschen Speculation seit Kant; J. H. Fichte, Ethik, 1. (geschichtlicher) Theil. (*Rud. Seydel.*)

GLÜCKSHAND oder **GLÜCKSHÄNDLEIN**, in mancher Beziehung ein dem Glücksmännchen ähnlicher und verwandter Theil des teutschen Aberglaubens, besteht in der Wurzel des gemeinen Farrnkrautes, die in Gestalt einer kleinen halbgeschlossenen Menschenhand wachsen und hauptsächlich am Fichtelberge gegraben werden soll. Was ihr an Vollkommenheit des Vergleichs mit einer menschlichen Hand gebricht, ist ein Schaden, dem man durch Schnitzen nachhilft. Landstreicher verkaufen dies aus Natur und Kunst hervorgegangene Product dann an das Volk, welches darin ein wirksames Mittel gegen die Behexung des Viehes sieht. Sonst aber hat es auch noch andere Functionen, unter denen natürlich die Erlangung von Geld und Gut durch seine Hilfe nicht fehlen darf. Merkwürdig ist aber die ihm ganz besonders innewohnende Kraft, daß, wenn man damit oben, unten, zu beiden Seiten über ein Buch das Zeichen des heiligen Kreuzes macht und einige Vaterunser dazu betet, man sogleich den Inhalt des ganzen Buches vollständig im Gedächtnisse behält. J. Grimm, Deutsche Mythologie S. 632, führt das Farrnkraut einfach unter den Zaubergewächsen auf, ohne, sowie im Anhange: Aberglauben, die mnemotechnische Eigenschaft desselben zu kennen. Denn da heißt es nur unter Nr. 985: „Manche heften blühendes Farrnkraut über die Hausthüre; dann geht Alles gut, soweit die Peitsche beim Fuhrwerk reicht." Auf dem Felde ist Farrnkraut schwer auszurotten, es sei denn, daß man es am Tage vor Johannis Enthauptung umackert und ausreißt. Es soll weder Blumen noch Samen tragen; wer daher Farrnsamen holen will, muß verwegen sein und dem Teufel Trotz bieten können. In der Johannisnacht, noch vor Tagesanbruch muß man ihm nachgehen, ein Feuer anzünden und Tücher oder breite Blätter unter die Pflanze breiten; so kann man den Samen aufheben und zu Zauberdingen brauchen. Auch ohne grade die praktische superstitiose Seite des Farrnkrautes noch mehr hervorheben zu wollen, trägt man sich im Volke mit verschiedenen sagenhaften Zügen, die sich daran knüpfen, und da sie zum Theil dazu dienen, Jenes einigermaßen zu erklären, so mögen sie hier nicht unerwähnt bleiben. Es gelingt der Einbildungskraft, auf der Scheibe einer durch horizontale Schnitte zerstückten Wurzel des Farrnkrautes die Buchstaben I C herauszulesen, die denn auf Jesus Christus gedeutet werden, und ihr geradezu den Namen Jesus-Christus-Wurzel verleihen. Je nachdem man aber den Stengel in obliquer Richtung von Oben nach Unten oder von Unten nach Oben durchschneidet, erscheint auf der schiefen Fläche im Marke entweder der einköpfige oder der doppelte Adler. (*Dr. F. L. Hoeigk.*)

GLÜCKSHAUBE (Caput galeatum). Wenn bei der Geburt des Kindes die Eihäute nicht innerhalb der Geburtstheile zerreißen, sondern sich mit dem vorausgehenden Kindestheile, gewöhnlich also den Kopf bedeckend, hervordrängen und sichtbar werden, so hat der frühere Volksglaube in dieser Unregelmäßigkeit ein glückverheißendes Zeichen gefunden. Die mützen- oder haubenförmige Umhüllung des Kopfes durch die Eihäute (Helm, galea bei Knaben, Kopfbinde, vitta bei Mädchen) bezeichnete man daher in solchem Falle als Glückshaube. (*Fr. Wilh. Theile.*)

GLÜCKSMÄNNCHEN, mit andern Namen wechselnd auch Erdmännchen, Heinzelmännchen, Galgenmännchen, Heckemännchen, Alraunken, Alräunichen, Mandragore, Pieskse (niederländisch für: Harndiebchen) geheißen, sind rohe Figuren von meist weiblicher, selten männlicher Gestalt, ein bis anderthalb Fuß Länge, geschnitzt aus den Wurzeln der härtesten Pflanzen, vorzüglich der Atropa Mandragora *Linné*, der sogenannten Alraunwurzel. Doch kommen zu gleichem Zwecke auch die Siegwurz, Hellwurz und der Allermannsharnisch in Anwendung[1]. Der Ursprung dieser Werkzeuge des Aberglaubens ist schwer mit Bestimmtheit nach Ort und Zeit zu erweisen, da ähnliche und selbst verwandte Erscheinungen bei allen Völkern vorkommen. Man schrieb

1) „Bryonia, vulgo Stickwurz, Mandragora artificialis, Alraun, sive figura humana ex radice Bryoniae ab impostoribus effigiata." Wachter, Glossar. p. 42. Auch diese Rüben mußten dazu dienen, die, so lange sie frisch waren, zu einer Figur zurecht geschnitzt wurden. Dann steckte man Gersten- und Hirsekörner hinein und vergrub sie. Die Körner wuchsen heraus und galten für Haare. Oft wurden dann drei solche Alräunchen, als Mann, Frau und Kind, zusammen in ein Schächtelchen gelegt.

ihnen von jeher die übertriebensten Zauberwirkungen zu, in deren Bereich alles nur mögliche zeitliche Glück fiel [2]). Dergleichen Glücksmännchen, die sonst von Marktschreiern zu sehr hohen Preisen verkauft wurden (gewöhnlich 30 Dukaten, *Matthiolus*, Comm. ad Libr. IV. Dioscoridis cap. 71. p. 536), mußten sorgsam gepflegt, gekleidet und gebadet werden, blieben dann ihrem Besitzer aber auch so unverbrüchlich treu, daß er sie weder durch Verschenken, noch Wegwerfen oder Vertilgen, sondern nur dadurch wieder los werden konnte, daß er seinen Kobold um einen geringern Preis verkaufte, als er ihn selbst erworben hatte. Endlich mußte Einer als der Letzte, der ihn um die kleinste Münze erhandelt, dem Teufel mit seiner Seele für die Andern einstehen. Aber auch bei dieser Sage, die einen gemeinsamen Zug mit den Andern von den Teufelsschulen hat, wo der Letzte beim Hinausgehen seinen Schatten lassen muß, oder bei Kircheneinweihungen, wo der Erste beim Eintreten der Hölle verfällt; auch hierbei macht sich wiederholt der teutsche Volkshumor geltend, der selbst um diesen mühsam erworbenen Gewinn den Teufel oft geprellt sein läßt. Er zeigt sich namentlich in der Sage von der Theilung des Pfennigs und der Prägung von Hellern, die den Zwang, in der Hand des Einen zu bleiben, der sein Glücksmännchen für einen Pfennig gekauft hatte, noch einmal aufhebt, um dem Bösen einen Possen zu spielen.

Siehe J. Grimm, Deutsche Mythologie (1835) S. 252. Anmerk. 3. — J. u. W. Grimm, Deutsche Sagen Nr. 83 u. 84. — *Simplicissimus* II, 184. 203. — Ueber die Erlangung der zur Herstellung eines Glücksmännchens nöthigen Wurzel waren eine Menge Fabeln im Umlaufe, geflissentlich verbreitet und ausgeschmückt von denen, die auf diesen Aberglauben speculirten. Demzufolge sollte man dazu nur den unter dem Galgen wachsenden Alraun brauchen können, dessen Wurzel aus dem unwillkürlich vergossenen Harn- oder Samentropfen unschuldig Gehenkter entstände, und die daher gleich in menschlicher Gestalt wüchse. Darauf deuten nicht allein die oben angeführten Namen hin, sondern auch die Benennung homunculi und semihomines, wie sie z. B. Columella kennt. Wenn daraus schon ihre Seltenheit hervorging, so wurde dieselbe noch erhöht durch die Fabeln, die man weiter daran knüpfte [3]). Beim Ausreißen aus der Erde sollten die Wurzeln nämlich so fürchterlich schreien, daß den Hörer der Tod vor Schreck auf der Stelle träfe. Um das zu vermeiden, müsse man die Erde rings um die Wurzel ausgraben, diese dann an den Schwanz eines ganz schwarzen ausgehungerten Hundes binden. Nachdem sich der Gaukler die Ohren mit Wachs oder Harz verstopft, wie Odysseus vor dem Gesange der Sirenen, werfe er dem Hunde ein Stück Fleisch so vor, daß dieser, um es zu erreichen, einen Sprung thue und beim Schnappen darnach die Wurzel herausziehe. Dies koste natürlich dem Thiere das Leben und lege seinem Herrn die Pflicht auf, ihn unter Beobachtung von allerhand geheimnißvollen Gebräuchen an der Stelle des Erd- oder Galgenmännchens einzuscharren. Dies sind im Ganzen die Grundzüge der Sage, wobei vielfache nach Zeit und Oertlichkeit eintretende Modificationen nicht ausgeschlossen sind [4]).

In Scandinavien gab es hasengestaltige Alraune, die an Donnerstagen belebt wurden; s. Rußwurm, Eibofolke II, 246. §. 377. Mannhardt, Germanische Mythen S. 49 u. 409 [5]). Um Wiederholungen zu vermeiden verweisen wir in Bezug auf die Stelle, die die Glücksmännchen in der classischen, sowie orientalischen Alterthumskunde einnehmen, auf den Artikel Alrunen 1. Sect. 3. Bd. S. 221 fg. Ueberwiegend den medicinischen Theil behandelt Zedler, Universallexikon S. 1477 fg. und das Weitere sehe man bei dem Artikel Mandragora in diesem Werke. Was die Literatur anlangt, so kann hier nur auf Monographien Rücksicht genommen werden und auf Abhandlungen, die in Sammelwerken, als eigends unserem Gegenstande gewidmet, enthalten sind. Wir geben im Folgenden eine gedrängte Uebersicht: *Joh. Georg. Keysler*, Antiquitates selectae septentrionales et celticae. (Hanover. 1720.) — Hauber, Zauberbibliothek. 3. Bd. St. 30. Nr. CCLIV. Merkwürdige Nachricht zu den Alrunen S. 356 fg. — Horst, Zauber-

2) Reichthum, Gesundheit, Ehre u. s. w. verschaffte das Glücksmännchen seinem Besitzer, mußte aber außerdem auch zu ganz besondern Diensten herhalten, z. B. Eheleuten Kinder helfen, wie dies aus folgender Stelle hervorgeht: Joh. Rhode, Wunderseltsamer Weiberspiegel (Erfurt 1566.) Bl. F⁴ wird der Rath ertheilt:

„Geh in einen Garten, sprechet laut:
Alraun, ich rufe dich an,
Daß du meinem Herren mein
Drangest dazu,
Daß er mir kein Leid nicht thu!"

Dergleichen soll z. B. die Jungfrau von Orleans ein Glücksmännchen besessen und diesem ihre Erfolge zu verdanken gehabt haben. 3) Die Gewinnung der Alraunwurzel ging am besten an einem Freitage, nach der Mitternachtsstunde oder noch vor Sonnenaufgang von Statten.

4) J. und W. Grimm, Deutsches Wörterbuch s. v. fraun Alraunbeiberin, d. h. eine kluge Frau oder Hexe, die nach Alraunen gräbt; vergl. Fischart, Gargantua 104ᵃ. 5) Einen Alraun, wie er selbst besaß, beschreibt Johann Rist, Die alleredelste Thorheit S. 210: „Er ist eine halbe Elle lang, stellt ein Männlein vor, hat ein abscheuliches Gesicht, tiefe hohle Augen, eine große Nase, gekerbte Stirn, auf dem Haupte grobe lange Haare, und ausdrücklich sind Lenden, Schenkel und Füße. Das Bild liegt in einem hölzernen, inwendig roth angestrichenen Sarge, inwendig auf einem Hauptpolster. Auf dem innern Deckel ist ein Dieb gezeichnet, hängend an einem altfränkischen Galgen, unter welchem etwas hervorwächst, welches vermuthlich die Alraunwurzel sein soll, von welcher die Alten dichteten, daß dieselbe ex semine malefici erwachse, nur mit Lebensgefahr zu entziehen sei, und einen Schrei von sich gebe, der Ohnmacht und Tod bringe." Harpelius (Miscellan. curios. Tom. I. p. 475 und Tom. IV. p. 226) sah drei Glücksmännchen und beschreibt sie so: „Alle drei lagen in einer großen Kiste und in seidenem Gewande. Das Weiblein lag dem Männlein an der rechten Seite und ward von dessen rechtem Arme umfangen. Das dritte war ein Kind, abgesondert von Mann und Frau; diese aber konnten nicht von einander gebracht werden. Man sah gar deutlich, daß die Kunst an der Bildung der Gesichter geholfen hatte. Alles war ziemlich proportionirt. Die Köpfe waren mit Zaserlein, gleich natürlichen Haaren, bewachsen." Eine Abbildung von drei Glücksmännchen findet man bei (Vulpius) Die Vorzeit. (Erfurt 1819. 8.) 3. Bd. Taf. 3.

bibliothek. 5. Th. Abth. 5. Nr. 1. Von den Alraun- oder Alraunichen Bildern, oder den sogenannten Erd-, Heinzel- und Galgenmännchen, als einer Art neu-europäischer oder christlicher Haus- und Familiargeister S. 321 fg. Fortsetzung und Schluß a. a. O. 6. Th. Abth. 5. Nr. 1. S. 277. — *Collin de Plancy*, Dictionnaire infernal. 2. édit. (Paris 1826. 8.) Tom. IV. p. 57 s. v. Mandragores. — Geisterkunst oder Traktätlein, einen spiritus familiaris oder das sogenannte Glücks- oder Heckemännlein zu allen Diensten zu bekommen; ins Deutsche übersetzt von Hippolyto Herpenitzll, doctore orientalium. Gedr. und Gedr. zu Venedig 1510. 4. VI Bll. — *Laurent. Catelan* (Apotheker in Montpellier), Rare et curieux discours de la plante appellée Mandragora. (Paris 1639. 12.) — *Jac. Thomasius*, Diss. de mandragora. (Lips. 1653. 4.) — *Schmidel*, Diss. de mandragora. (Lips. 1655. 4.) — *Anton. Deusing*, De Pomis Mandragorae. (Groening. 1650. 4.) — Kurtze Erzehlung der Wurtzel Mandragorae, wie dieselbigen zu graben und zu christlichen Nutz und Gebrauch gerecht zu machen seynd. o. O. 1689. — *Grasgebauer*, Programma de Mandragora S. Rachelis. (Vinar. 1692. 4.) — Kurtze Betrachtung der Mandragora oder Alraunwurtzel, des Fahrenkrautes nebst seinem Samen und andern sogenannten magischen Kräutern, von einem membro des collegii curiosorum. (Cosmopoli 1703.) — *Gottfr. Christ. Roth*, De imagunculis Germanorum magicis, quas Alrunas vocant, commentatio historico-antiquaria. (Helmstad. 1737. 4.) — *Jo. Sam. Schmid*, Commentatio epistolica de Alrunis Germanorum etc. (Hal. Magdeburg. 1739. 8.) — Israel Fromschmidt, Bericht, woher man die sogenannte Alräunigen oder Goldmännlein bekommt. o. O. 1768. 12. — *Anton. Bertoloni*, Commentatio de mandragora. (Bonon. 1835. fol.) — Dramatisch haben den Gegenstand bearbeitet: *Nicolo Macchiavelli*, Mandragola commedia. (Venezia 1531. 8.) Französisch übersetzt von J. B. Rousseau. (Londres 1723. 8.) Teutsch dgl. Erlangen 1805. 8. Rosenthal, Der Goldschmied von Ulm. Musik von Marschner, 1867. (Dr. *F. L. Bösigk*.)

GLÜCKSSPIELE, in sittengeschichtlicher, nationalökonomischer und culturpolitischer Beziehung. — Unter dem Ausdrucke „Glücksspiele" sind dem Wortverstande nach alle diejenigen Spiele zu verstehen, bei welchen das Ergebniß lediglich und allein vom „Glück," d. h. vom blinden Zufalle, abhängt; indessen hat derselbe im heutigen Sprachgebrauche in sofern einen weit größern Umfang, als darunter nicht blos Spiele, d. h. zur Erholung von der Arbeit oder zum Vergnügen erfundene, ihren Zweck in sich selbst habende Anwendungen körperlicher oder geistiger Kräfte [1]), sondern auch gewisse Veranstaltungen, z. B. Lotto's und Lotterien, befaßt werden, bei denen jener strenge Begriff des Spiels ganz wegfällt, da sie ernst betriebene Geschäfte oder Unternehmungen zu dem bestimmten Zwecke des Erwerbs von Glücksgütern und von eigentlichen Arbeiten nur dadurch unterschieden sind, daß die letzte und wesentliche Entscheidung durchs Glück oder den Zufall gegeben wird. Auch fällt selbst bei den eigentlichen Hazardspielen das eine angedeutete Hauptmerkmal für die sogenannten Spieler „von Profession" weg, sowie der ganze Begriff, sofern die Entscheidung durch Betrug und nicht durch den Zufall gegeben wird, was bei derlei Spielen oft vorkommt und durch das bekannte „*corriger la fortune*," bezeichnet wird. Andererseits ist der Begriff „Glücksspiel" zu beschränken, da unleugbar fast bei allen Spielen, selbst bei den geistreichsten Kartenspielen wie Whist und L'hombre, ja sogar beim edelsten unter allen, dem Schach, das Glück einen bedeutenden Einfluß hat; (beim Schach dadurch, daß doch viel von dem jedesmaligen Befinden oder der Stimmung selbst für Meister vom Fache abhängt, wie W. Heinse in s. „Anastasia" gut gezeigt hat). Gleicherweise gibt es viele Unternehmungen, bei denen der Erfolg ebenfalls meistens ganz vom Glücke abhängt und die Berechnungen der sich damit Beschäftigenden öfters um kein Haar breit von denen abweichen, auf welche der Würfel- oder Hazardspieler sein Glück setzt, ohne daß man jene — z. B. kaufmännische Speculationen in Eisenbahnen u. dgl. m., Börsenspiel überhaupt, selbst Schlachten gehören hierher, besonders auch der Buchhandel nach dem alten Spruche: habent sua fata libelli! — deshalb in die Kategorie der Glücksspielerei bringen dürfte.

Die Verwerflichkeit der letztern im Allgemeinen geht schon aus der psychologischen und culturgeschichtlichen Thatsache der Erfahrung hervor, daß der in der menschlichen Natur liegende Spieltrieb sich nur zu leicht in die verderbliche Leidenschaft der Spielsucht verwandelt, wie dies eben die Geschichte der Glücksspiele bei den gebildeten wie den rohen Nationen beweist [2]).

Als einfachstes und zugleich ältestes Beispiel zur Erläuterung des eigentlichen Begriffs qu. kann wol das Würfelspiel angesehen werden, dessen Ursprung in die Vorgeschichte, die Mythologie, verlegt wird. Wenigstens soll nach Herodot (II, 122) schon einer der ältesten Könige Aegyptens, Rhampsinitus, einst in die Unterwelt hinabgestiegen und von der Ceres, mit der er Würfel gespielt, dafür mit einem goldenen Tuche beschenkt worden sein [3]). Gewiß ist, daß bei den alten Griechen und Römern unter den Bezeichnungen des Würfelspiels (κύβος und alea) überhaupt alle Glücksspiele begriffen wurden, d. h. solche, bei denen die Entscheidung nur vom Zufalle abhing, wenn auch dabei gar keine „Würfel" in Anwendung kamen, oder wenn sie nur unwesentlich waren (s. *Pollux* VII, 33. sect. 206; *Ovid*. Pont. IV, 2, 41). Als Erfinder dieses Glücksspiels im weitern Sinne werden mehre genannt: am

1) Vergl. *Barbeyrac*, Traité du jeu 1. liv. 2. ed. 1. p. 101. Schiller, Briefe über ästh. Erziehung Nr. 14. Jenisch, Universalhist. Ueberblick I, 240. Tittmann, Das Schöne und die Kunst S. 387.

2) Kant, Anthropol. S. 241 (§. 83 fg.). Maaß, Ueber die Leidenschaft. II, 96. Carus, Moralphilos. S. 112. Schelder, Psycholog. S. 483 fg. 3) Creuzer, Symbolik und Mythol. 1821. 4. Bd. S. 229.

öftersten Palamedes, auch der Aegypter Theuth, ferner der Centaur Chiron und die von Hunger bedrängten Lyder [4]); die Kirchenväter führten seinen Ursprung auf den Teufel zurück (woran unsere Spielhöllen erinnern), dem jene freilich auch die Erfindung der Philosophie [5]), wie der Malerei [6]) zuschreiben! Gleicherweise steht fest, daß schon damals der Name eines Aleator von ebenso wenig gutem Klange war, wie bei uns der eines „Spielers," da man sehr frühzeitig die Erfahrung machte, wie schädlich alle Glücksspiele vom Standpunkte der Sittlichkeit und öffentlichen Wohlfahrt sind, was Horatius treffend in den Worten andeutet (ep. 1, 18, vergl. Od. II, 24, 8):

„Heftigen Streit erregt das Spiel und flammenden Zorn auch, tödtliche Feindschaft erregt dann der Zorn und endlich den Todtschlag."

In der That gab's schon bei den Hellenen sogenannte Spielhöllen, sowie namentlich Betrug im Würfelspiele auch schon vorkam, indem man die Astragalen oder Tali mit Blei ausgoß u. dgl. m. [7]); andererseits diente dasselbe auch als Orakel zur Erforschung der Zukunft [8]). Bei den Römern galt es in der Zeit der Republik für entehrend (*Cic.* Catil. II, 10; Philipp. II, 27) und nur an den Saturnalien für erlaubt (*Martial.* IV, 14; V, 85); doch nahm man es mit alten Männern weder bei den Griechen (*Eurip.* Medea v. 68), noch bei den Römern (Cic. De senect. 16. *Juvenal.* XIV, 4) in dieser Beziehung sehr genau, und noch weniger nach dem allgemeinen Verfalle der Sitten in der spätern Zeit. Welche ungeheure Summen oft verloren wurden, ersieht man aus *Juvenal.* I, 88 seq. Besonders leidenschaftlich liebte Kaiser Claudius das Würfelspiel (*Sueton.* Claud. 33), über welches er eine eigene Schrift verfaßte, die aber verloren ist, ebenso wie die des Sueton: „De ludis Graecorum." Daß die Glücksspiele sammt und sonders im Justinianischen Corpus juris verboten, ist anderwärts schon gezeigt (s. den folgenden Artikel). — Die große Ausdehnung des Würfelspiels ergibt sich auch aus den mancherlei griechischen, darauf bezüglichen Sprüchwörtern, die von den Würfen hergenommen (*Zenob.* Prod. Cent. IV, 74), welche letztere eigene (meistens Götter- oder Helden-) Namen führten [9]). Ebenso die lateinischen Redensarten: rem dare in aleam, aleam subire oder adire u. dgl. m. Das jacta alea esto! des den Rubicon überschreitenden Cäsar, sowie unseres Ulrich von Hutten ist weltbekannt. (Auch in unserer deutschen Sprache ist dieselbe Phraseologie üblich.)

Was Tacitus (Germ. c. 24) von der Spielsucht oder Wuth und Raserei der alten Germanen berichtet [10]), bezog sich ohne Zweifel auf das Würfelspiel, da die übrigen eigentlichen Glücksspiele erst spätern Ursprungs sind. Dagegen ist heutzutage bei Erörterung über die Bedeutung der Glücksspiele für das öffentliche Leben von jener einfachsten Form weiter keine Rede, sondern nur von Lotterien und Spielbanken für Roulette, Pharao u. dgl. m., da nur diese in Beziehung zu dem öffentlichen Leben im Großen stehen und darin eine allerdings noch größere Bedeutung haben als die Glücksspiele des Alterthums.

Geschichtlich ist nicht genau zu ermitteln, in welche Zeit die Erfindung dieser modernen Glücksspiele, besonders der Lotterien, fällt. Ohne Zweifel war die ursprüngliche Form der letztern die einer Waarenlotterie, wie dieselben auch noch jetzt in sogenannten Glücksbuden stattfinden. Die Einrichtung dabei ist die, daß ein Unternehmer — der Glücksbüdner oder Töpfer, Hafner genannt — eine Menge allerhand Waaren verschiedenen Preises auf verschiedene Zettel, Loose, bringt, welche er in ein verdecktes Gefäß, den „Glückstopf" oder „Hafen" wirft und von denen jedes nur eine kleine Summe, gewöhnlich einige Groschen, kostet. Ein herausgegriffener Zettel gibt dann seinem Inhaber den Anspruch auf die damit bezeichnete Waare. Weil aber die Waaren insgesammt weit mehr mit allem demjenigen, was er rechtmäßig dafür fordern kann, kosten, als alle diese treffenden Loószettel einbringen, so ist er genöthigt, auch so viel leere Zettel oder Nieten hineinzuwerfen und für den besagten Einsatz herausziehen zu lassen, als erfordert werden, die auf das Loos gesetzte sämmtliche Waare zu bezahlen. Schon diese Art des Glücksspiels kann weder aus nationalökonomischen noch andern Gründen gebilligt werden, da einerseits die Waaren qu. meist verlegen oder sonst schlecht, auch viel zu hoch in der ursprünglichen Berechnung des Glücksbüdners angesetzt sind, der darum eine zu große Anzahl von Nieten in seinen Glückstopf wirft. Andererseits ist es eine bekannte Thatsache, daß die besonders bei Armen schon stattfindende Gewinnlust um so stärker wird, je geringer der Einsatz oder der Preis eines solchen Looses ist, und dann nur zu oft sich zu einer wahren Spielsucht entwickelt; daher denn auch neuerdings die Errichtung solcher „Glücksbuden" an Jahrmärkten oder in Messen aus nationalökonomischen und staatspolizeilichen Gründen ebenso wenig, ja noch weniger geduldet werden sollte, als die der übrigen erst später entstandenen Arten des Glücksspiels [11]).

Die großen Vortheile, die derlei Glücksbuden ihren Inhabern gewährten, mußten bald auf den Gedanken

4) Am ausführlichsten handelt hierüber W. A. Becker's Gallus 2. Aufl. von Rein. 1849. 3 Bd. S. 252—261. Vergl. auch A. W. Müller in Pauly's Realencyklop. der class. Alterth. 1839 s. v. alea I. S. 323. 5) Tennemann, Gesch. der Philos. 7. Bd. S. 99. 118. 6) Fiorillo, Gesch. der Mal. I, 48. 7) W. A. Becker's Charikles. 1840. I, 300. 8) A. W. Müller a. a. O. S. 323. 9) Der beste Wurf hieß Aphrodite oder Venus, der schlechteste Canis; s. Becker's Gallus III, 255 fg. — A. W. Müller hat a. a. O. S. 321 das Ausführlichste hierüber. Auch die Hauptschriften über diesen Gegenstand in der classischen Literatur finden sich dort angegeben; hinzuzufügen ist: Claudii Prim. im. bibliotheca. lusoriae.

10) Grimm's Mythe und Jacobi, Deutsches Land und Volk 1. S. 261. 11) Näheres hierüber findet sich in Sigism. Garbi „Glückstopf" 1592; v. Griesheim, Ueber Commerz-Lotterien im 11. Bde. der „Leipziger Sammlungen" S. 742; Bergius, Polizei- und Cameral-Magazin. 6. Th. S. 210 fg. und Krünitz, Oek. Encyklop. 19. Th. S. 211, vergl. 81. Th. S. 13 fg. (Daselbst wird Bd. 81. S. 126 auch erwähnt, daß man in Paris im vorigen Jahrhunderte „zuweilen auch Ehemänner an heirathslustige Mädchen ausgespielt, sowie man sonst Waaren verloset!!")

bringen, statt Waaren baares Geld als Gewinn der Loose zu bestimmen, und so entstanden die Lotterien im weitern, schon oben im Allgemeinen angegebenen Sinne.

Das anerkannt verderblichste aller Glücksspiele, weil dasselbe das eigentliche „Volk" im socialen Sinne, die Masse der Ungebildeten am meisten zur Spielsucht verführt, ihm mithin grade die zwei wichtigsten nationalökonomischen Tugenden — Sparsamkeit und Fleiß raubt — ist die sogenannte Zahlenlotterie oder das Lotto schlechtweg, welches gegen das Ende des 17. Jahrh. in Genua erfunden ward und daher in ganz Italien *Lotto di Genova* genannt wird. Seine Einrichtung besteht in Folgendem. Man nimmt 90 Zahlen, von 1—90, fünf von diesen sind die gewinnenden Zahlen, indem an dem bestimmten Ziehungstage, der gewöhnlich alle drei oder vier Wochen einfällt, öffentlich auf einem dazu erbauten Gerüste oder in einem öffentlichen Hause alle 90 Zahlen jede in eine besondere Kugel oder andere Kapsel von gleicher Größe und Gewicht [12]) in ein Glücksrad gethan und alsdann durch einen Knaben [13]) fünf Kugeln, eine nach der andern, herausgezogen werden. Die in den Kugeln befindlichen Zahlen werden öffentlich ausgerufen und die Zettel unter das umherstehende Volk geworfen. Diese herausgezogenen fünf Zahlen bestimmen nun die Gewinnste in dieser Lotterie, indem denjenigen Personen, die eine oder mehre von diesen Zahlen besetzt haben, die nach den unten zu beschreibenden Anordnungen der Lotterie festgesetzten Preise für diesen oder jenen Fall, wie die Zahlen herausgekommen, von dem Unternehmer der Lotterie ausbezahlt werden. — Nach den verschiedenen Zufällen, wie eine oder mehre von den Spielern aus den 90 Nummern gewählte Zahlen unter den herausgezogenen fünf Zahlen befindlich sein können, lassen sich aber verschiedene Spielarten und danach bestimmte Gewinnste denken. Gewöhnlich sind viererlei Arten der Gewinnste im Gebrauche:

1) Die erste Art oder ein sogenannter **Estrado simplice** oder simpler Auszug wird gewonnen, wenn ein Spieler eine Zahl besetzt, die hernach unter den fünf herausgezogenen befindlich ist. In Teutschland wird alsdann der Einsatz 14 oder 15 Mal von den Zahlen, die getroffen sind, an den Spieler bezahlt.

2) Die zweite Art oder ein **Estrado determinato**, oder ein bestimmter Auszug besteht darin, daß man sich eine oder mehre einzelne Nummern wählt und mit der Lotterie gleichsam wettet, daß eine gewisse Nummer die erste, zweite, dritte, vierte oder fünfte Stelle in der Ordnung der Herausziehung haben werde; wenn dies so zutrifft, so bekommt man 67 oder 75 Mal so viel als man auf diese Zahl gesetzt hat.

3) Die dritte Art des Gewinnstes ist eine sogenannte Ambe; dazu wird erfordert, daß man zwei Zahlen unter den herausgezogenen fünfen getroffen habe, und wenn dies der Fall ist, wird der Einsatz 240 oder 270 Mal wieder bezahlt.

4) Die vierte Art ist eine sogenannte Terne und wird gewonnen, wenn man drei Zahlen von den herausgezogenen fünfen getroffen hat. Bei einer Terne gewinnt man 4800, 5200 oder 5300 Mal so viel, als man eingesetzt hat. (Man nahm früherhin auch noch eine Quaterne an, wofür 60,000 Mal so viel als man einsetzt, und selbst eine Quinte, d. h. wenn alle fünf Zahlen getroffen waren, wo alsdann fünf Quaternen gewonnen wurden und außerdem noch eine besondere Prämie bezahlt ward, die ehedem in Berlin 48,000 Mal den Einsatz der Quaterne betrug. Doch sind beide letztgenannten Arten nur ausnahmsweise hier und da zugelassen worden) [14]).

Das Verderbliche des Lotto's liegt nun zunächst darin, daß die Wahrscheinlichkeit des Gewinnes bei jeder Combination abnimmt, während die Gewinnste nicht im nämlichen Verhältnisse zunehmen. Auf einen unbestimmten Auszug bezahlt das Lottocomptoir das Funfzehnfache, während nach den Lehren der Wahrscheinlichkeitsrechnung eigentlich mehr als das Siebenzehnfache bezahlt werden müßte; bei einer Ambe müßte statt 270 Mal 400 Mal, bei einer Terne 117,480 Mal statt 5400 Mal, bei einer Quaterne 511,038 Mal statt 60,000 Mal die Einlage wieder bezahlt werden [15]). Es ist also damit eine Täuschung, eine Unredlichkeit oder Ungerechtigkeit constatirt, welche um so empörender erscheint, wenn der Staat, d. h. die Staatsgewalt oder Regierung, die doch wesentlich des Rechtsschutzes wegen eingesetzt ist, nicht nur derlei Lotto's duldet, sondern hieraus gar (nach dem bekannten Spruche

12) Man schreibt die Zahlen auch auf kleine hölzerne Kugeln. 13) Die 90 Nummern werden bei der Ziehung gewöhnlich nach der Reihe den Zuschauern vorgezeigt, weil sonst manche Zahlen, die sehr hoch besetzt sind, betrüglich zurückbehalten werden könnten, wie dieses wol zuweilen an einigen Orten geschehen sein mag. Alsdann steckt man sie in die Kapseln, und wenn die 90 Kapseln in dem Glücksrade durch Umdrehen gemengt sind, tritt ein Knabe hervor, der mit verbundenen Augen und mit einem Handschuh an der Hand zu fünf wiederholten Malen, zwischen welchen die Kapseln immer aufs Neue gemischt werden, in das Glücksrad greift und also fünf Kapseln nach und nach herauszieht.

14) Auch hat man gewöhnlich bestimmt, wie hoch der Einsatz auf jede Art geschehen konnte, z. B. in dem früher in Berlin gestatteten Lotto: 1) auf eine Nummer des simplen Auszugs von 1 Groschen bis 1000 Thlr.; 2) auf eine Nummer der Ambe von 1 Gr. bis 75 Thlr.; 3) auf eine Nummer der Terne von 1 Gr. bis 25 Thlr.; 4) auf eine Nummer der Quaterne von 6 Pf. bis 1 Thlr.; 5) auf eine Nummer des bestimmten Auszugs von 6 Gr. bis 200 Thlr. 15) Mit andern Worten: bei einfachen Auszügen gewinnt der Unternehmer des Lotto's über 13 Proc., bei Amben 32½ Proc., bei Ternen 53 Proc. (Vergl. *Lacroix*, Traité élément. du calcul des probabilités. 1816 p. 105 und Malchus, Finanzwiss. 1830. S. 318. Baumstark, Kameralist. Encyklop. S. 714.) — Dazu kommt, daß, da bei einfachen Auszügen es 17—18 Mal wahrscheinlicher ist, daß das Lottocomptoir als daß der Einsetzende gewinnen würde, ein Cyclus von 17—18 Ziehungen also dazu gehört, um Einen Glücksfall für den Letztern hoffen zu lassen, was nur einmal im Jahre möglich, da in diesem jener Cyclus einmal vollendet wird. Bei einer Ambe begreift dieser Cyclus 400 Ziehungen; sonach hat man bei jährlich 18 Ziehungen nur in 22 Jahren die Hoffnung, einmal eine Ambe zu gewinnen. Bei Ternen vollendet sich der Cyclus nach 11,748 Ziehungen, also erst nach siebenthalb Jahrhunderten!! Vergl. über diese Berechnungen Krünitz, Oekonom. Encyklop. 81. Bd. 112 fg. und besonders Müller, Arithmetik und Algebra bei jurist.-kameralist. Rechnungen. 1838. S. 506 fg.

des Vespasianus: lucri bonus odor e re qualibet!) aus solchem schmutzigen Geschäfte eine Finanzquelle für sich macht, wie das leider! bis auf die neueste Zeit selbst in Teutschland noch hier und da der Fall war, ja noch ist; eben weil der auf Kosten des Volks entspringende Vortheil so groß ist, daß er in der Staatscasse nicht entbehrt werden kann! Noch schlimmer ist aber, wie schon angedeutet, der Nachtheil in Bezug auf das geistige Leben des Volks, welches letztere natürlich keine verständigen Berechnungen der Wahrscheinlichkeit des Gewinns oder Verlustes zu machen weiß und sich nur durch die blendende Möglichkeit durch den Einsatz von 1 Groschen deren 15 oder 270 oder 5300, ja 60,000 ohne alle Mühe erlangen zu können, verführen läßt, seinen sauer verdienten Tagelohn zu opfern; woran sich natürlich dann der Mangel an Arbeitslust knüpft, da von Einem, der morgen in den Besitz vielen Geldes zu kommen hofft, nicht anzunehmen ist, daß er heute sich besonders anstrengen wird, um seine Paar Groschen Tagelohn zu verdienen"[16]).

Diese Schädlichkeit ward natürlich sehr bald erkannt; aber dennoch wurde das Lotto erst im letzten Drittel des vorigen Jahrhunderts und nur in einzelnen Staaten abgeschafft. In England hat dasselbe indessen nie Eingang gefunden; auch die kurfürstlich-braunschweig-lüneburgischen Länder waren fast die einzigen in Teutschland, die von dem Lotto frei blieben; dagegen wurden in Frankreich sogar 1776 die bestehenden pariser Classenlotterien aufgehoben und in ein Lotto verwandelt! Doch hob in der französischen Revolution der Convent dasselbe wieder auf. In Teutschland wurden in Folge unserer sogenannten Märzrevolution ebenfalls Versuche gemacht, das noch hier und da, namentlich in Baiern, bestehende Lotto aufzuheben, unseres Wissens bisher ohne Erfolg, da der Ausfall in der Staatscasse (über 1 Million Gulden!) nicht anderweit gedeckt werden konnte.

Weniger nachtheilig ist allerdings die noch überall übliche Classenlotterie, die ihren Namen davon hat, daß der Verkauf der Loose zur Erleichterung in verschiedene Bruchtheile und verschiedene Termine („Classen" und „Ziehungen") zerlegt ist, und zwar so, daß die Einlage in der ersten Classe nur wenig beträgt, in jeder folgenden dann steigt. Die festgesetzte Summe wird dergestalt zu Gewinnsten vertheilt, daß eine Niete, oder zwei, drei und mehr gegen einen Treffer oder ein gewinnendes Loos herauskommen, indem man zu gleicher Zeit aus zwei besondern Gefäßen, in deren einem die Lotterieloose nach ihren verschiedenen Nummern oder auch die Nummern allein, in dem andern die Gewinnste und Nieten befindlich sind, zwei Zettel herauszieht, da denn die aus dem erstererwähnten Gefäße herausgezogene Nummer entweder gewinnt oder verliert. Die Gewinnste werden dann mit 10 oder 12 Proc. Abzug an den Inhaber des Looses ausgezahlt; dieser Abzug aber wird theils zu den Lotteriekosten, theils zu dem Endzwecke, zu welchem die Lotterie errichtet worden, verwendet, oder er fällt dem Unternehmer anheim. (Das Speciellere braucht hier nicht weiter angegeben zu werden, da überall noch solche Lotterien bestehen und gewiß jeder Leser der Encykl. schon einen Lotterieplan in Händen gehabt hat.) Ist nun auch diese Art von Lotterie weniger verführerisch, da sie bedeutende Einsätze fordert, welche das „Volk" nicht zu prästiren vermag, so bleibt es doch nicht minder ausgemacht, daß in nationalökonomischer und sittengeschichtlicher Beziehung alle eigentlichen öffentlichen Glücksspiele in hohem Grade verwerflich sind; eine Wahrheit, die in unserer Zeit, nachdem in so manchen Schriften diese Verderblichkeit sonnenklar nachgewiesen worden — in welcher Beziehung besonders Roscher, Von dem verderblichen Einflusse des Lotteriewesens auf den Staat (Leipzig 1795.) unter den früheren Schriften genannt zu werden verdient"[17]) — jedenfalls in der Theorie als Axiom feststeht. Gleichwol werden jene nicht nur fortwährend erhalten, sondern namentlich von Finanzleuten für eine sehr vortheilhafte, unter gewissen Verhältnissen sogar unentbehrliche Quelle von Einnahmen für den Staat angesehen. Was in dieser Beziehung früherhin schon ein namhafter Schriftsteller, Bergius (im 6. Bd. seines Polizei- und Cameralmagazins §. 22), bemerkte, daß nämlich „das Provisio der Lotterie eine Contribution sei, welche jeder freiwillig, und zwar mit Lust und freudigem Herzen seinem Landesherrn darbrächte; folglich könnte sich die Staatsregierung hierdurch die unangenehme Nothwendigkeit, die Unterthanen mit höheren Abgaben zu belasten, auf die bequemste Art ersparen" — wird auch noch heutzutage öfters geltend gemacht. Dabei wird jedoch ganz vergessen, daß eine solche sogenannte freiwillige Steuer wider das erste Princip der Gleichheit verstoßen würde, da einerseits immer nur ein Theil der Einwohner sich auf Glücksspiele einläßt, während die Klügeren und Vernünftigeren sich davon entfernt halten, andererseits vorzugsweise nur die ärmeren und arbeitenden Classen durch das Glücksspiel ihre Lage zu verbessern suchen, was unter Tausenden nur einem oder zweien gelingt, endlich weil auch die Erfahrung zur Genüge gezeigt hat, daß schnell und ohne alles Verdienst erworbener Reichthum weder gehörig erhalten, noch zum wahren Besten der Einzelnen wie des Staats verwendet zu werden pflegt. Ebenso lehrt die Erfahrung, daß die geringen Einsätze in die ersten Classen der Lotterien, vollends aber die in das Zahlenlotto grade die Dürftigeren, die als solche am meisten sich Hoffnungen hinzugeben pflegen, nur zu oft verleiten, nicht blos ihre Ersparnisse der Glücksgöttin zu opfern, sondern sogar sich deshalb in Schulden zu stecken; namentlich sind die Fälle nicht selten, daß Cassenbeamte die Defecte ihrer Veruntreuungen durch vieles Lotteriespielen zu ersetzen suchen, dabei aber meist nur noch tiefer ins Verderben gerathen.

16) Sehr treffend setzt dies der berühmte Nationalökonom Büsch weiter aus einander, s. dessen Verm. Abhandlungen u. s. w. 2. Bd. S. 504.

17) Ausführliche literarische Angaben finden sich bei Krünitz a. a. O. 81. Bd. S. 128—136, sodann in Rau's Pol. Oek. 1851. II. §. 362. III, 236.

Mag man übrigens solche unter specieller Aufsicht des Staats stehende Glücksspiele, wie unsere heutigen Classenlotterien, als ein dermalen noch unvermeidliches Uebel — nach Swift's Rath: dem Walfische eine Tonne vorzuwerfen, um das Schiff zu retten! — dulden und entschuldigen, so gilt das Gleiche doch nicht in Bezug auf die Glücksspiele, die heutzutage in Residenzen und Bädern in öffentlich privilegirten Spielbanken getrieben werden, welche letztere bekanntlich bei uns den sehr charakteristischen Namen der Spielhöllen führen. Ihre Abschaffung erscheint vor Allem als eine Angelegenheit der Nationalehre; denn wenn einmal die Verwerflichkeit dieser Art von Glücksspielen von einer Nation anerkannt ist, so gereicht es den andern zeitgenössischen Völkern offenbar zur Schmach, wenn sie in einer so wichtigen Sache hinter jener zurückbleiben wollten. In dieser Hinsicht ist bereits im vorigen Jahrzehnt, nachdem in Frankreich unter Louis Philipp 1832 die „Spielhöllen" förmlich aufgehoben wurden, mehrfach der Nachweis geliefert, daß und in wiefern die teutsche Nationalehre betheiligt sei. So las man z. B. in einem Artikel der Cölnischen Zeitung vom badischen Oberrheine vom 10. Febr. 1843 [18]): „Eine der neuesten Nummern des pariser Charivari bringt einen Artikel voll Spott und Hohn über die öffentlichen Spielbanken in Teutschland, die unter dem Schutze der Regierungen ihr schmutziges Gewerbe treiben. „„Dies ist,"" ruft der pariser Journalist bitter aus, „„die vielgerühmte teutsche Moralität; was Frankreich längst abgestellt hat, ist Euch noch immer eine Einnahmequelle und die officielle Moral Eurer kleinen Staaten tröstet sich: es waren Fremde, die ihr Geld verspielten, es waren Fremde, die sich ruinirt haben!"" „Leider hat der französische Spötter nur zu sehr recht; diese öffentlichen Spielbanken sind eine Schande für unser Vaterland und es heißt jedem sittlichen Gefühle Hohn sprechen, wenn der Staat, der Mäßigkeit und Sparsamkeit um seiner erhabensten Zwecke willen befördern sollte, öffentlich zu leichtsinniger Vergeudung des Geldes auffordern läßt und von dem Gewinne, der so auf Kosten des Publicums erzielt wird, einen bedeutenden Theil einstreicht. Dies ist schon oft und von den bedeutendsten Männern ausgesprochen worden. Doppelt aber gefährlich sind die Spielbanken geworden, seit durch Eisenbahnen und Dampfböte der Verkehr so bedeutend erleichtert worden ist; die süddeutschen Bäder werden jetzt von den Bewohnern der nähern Umgegend viel häufiger besucht als früher und der Besuch derselben ist weit weniger kostspielig geworden, als dies noch vor einigen Jahren der Fall war. So ist es natürlich, daß grade eine Classe von Spielern, deren Entfernung von den grünen Tischen vor Allem zu wünschen wäre, zunimmt. Bürger, Bauern, niedere Beamte, Studenten, Kaufmannsgehilfen sind jetzt mehr als früher der Verführung zum Spiele ausgesetzt" [19]). — Gewiß! die Teutschen verdienen den Spott der Franzosen und um so mehr, als es Individuen dieser letztern Nation sind, welche sich den Spielpacht in denjenigen teutschen Bädern zu verschaffen gewußt haben, in denen das meiste vornehme und nicht vornehme Hazardspielungeziefer aus aller Herren Länder sich einzunisten pflegt, um in jeder Saison gehörig gerupft zu werden. Mußte man nicht gar lesen [20]), daß die Stadt Baden-Baden, welche ihren Namen dem, wie behauptet wird, in politischer Beziehung am meisten vorgeschrittenen „Volke" gegeben — dem constitutionellen „Mor-Volke Teutschlands"!! — den Spielpächter Benazet für seine „unsterblichen Verdienste" um die „gute" Stadt [21]) mit dem Ehrenbürgerrechte honorirt hat! Ferner, daß ein Schriftsteller (der bekannte Coben oder Hoertel), weil er gegen jene Spielhölle geschrieben, aus dem „constitutionellen" Baden vertrieben worden!!

In Teutschland kam diese leidige Sache überhaupt schon im „Vormärz" öfters zur Sprache, und zwar nicht blos in der Literatur, sondern auch in Ständeversammlungen und in der periodischen Presse; leider, wie freilich gar nicht anders zu erwarten war, ohne den gehofften Erfolg, da die verkehrte Staatsweisheit der herkömmlichen Regierungspraxis einerseits und dann allerdings auch die Achtung des Rechts noch bestehender Verträge unübersteigliche Hindernisse in den Weg legten. Immerhin machte es schon damals einen schlechten Eindruck, wenn die Stimmen solcher Männer, welche das Verderbliche jener öffentlich privilegirten Glücksspiele oder Glücksbuden darstellten, übel aufgenommen wurden, wie dies z. B. ein Bericht der Mannheimer Abendzeitung aus Carlsruhe vom 14. März 1844 bekundet, den auch die Deutsche Allgem. Zeitung Nr. 82 vom 22. März 1844 aufgenommen hat [22]).

Wie wenig teutsche Regierungen, trotz dem, daß schon im J. 1844 Schritte geschahen, um durch den hohen Bundestag in ganz Teutschland die Duldung öffentlicher Spielhöllen zu verbieten, ihre Pflicht in dieser Hinsicht erkannten, beweist u. A. auch ein unter den Augen der Bundesversammlung von der Frankf. Oberpostamts-Zeitung vom 3. Aug. 1844 mitgetheilter Artikel, in welchem es heißt: „Man hat in der letzten Zeit von allen Seiten gegen das Spiel und die Spielbanken geschrieben und mit vollem Rechte; es kann die Tagesliteratur kein edleres, wohlthätigeres Ziel verfolgen, als wenn sie mit allen ihr zu Gebote stehenden Mitteln dahin strebt, diesen Krebsschaden der Gesellschaft auszuschneiden. Man kann die Verderblichkeit dieser Spielhöllen nicht grell und abschreckend genug schildern, und man möchte weinen, wenn man sieht, wie denselben in einzelnen Orten noch Vorschub geboten wird! So hat die Direction der rheinischen Eisenbahn den Preis nach

18) Vergl. Frankfurter Journal vom 17. Febr. 1843. 19) Vergl. Scheidler in Minerva. 1844. Augustheft S. 349 fg.

20) Zeitung für die eleg. Welt. 1843. Nr. 35. S. 859. 21) Vergl. Luc. 19, 41 fg. 22) „Eine betrübende Erscheinung hat heute unsere ohnehin bewegten Gemüther neu erregt. Der hochachtbare Staatsdiener Geh. Rath Baumüller, welcher in Bezug auf die schändliche Spielbank in amtlichem Berufe die reinsten Grundsätze von Moral und Staatsweisheit verkündete, hat keinen Dank, sondern Kränkung geerntet."

Aachen und zurück um die Hälfte ermäßigt, aber nur für Sonntage! Die Folgen dieser Ermäßigung haben sich bald gezeigt; es wimmelt jetzt Sonntags an der aachener Bank von Cölnern, und zwar meist aus der mittlern und selbst der Beamtenclasse, denen der Sonntag einzig als ein freier Tag zu Gebote steht, um an dem mit tausend Flüchen belasteten Spieltische ihr und der Ihrigen Glück und Ruhe der niedrigsten aller Leidenschaften zum Opfer zu bringen. Da sollte von Seiten des Staats ein wachsameres Auge offen sein; man beuge vor, ehe der Schaden zu weit um sich gefressen hat! Aber was geschieht? Die Aufführung des von dem Schauspieldirector Kramer in Baden-Baden verfaßten Drama's: „Ein Opfer der Spielhölle," ist in Aachen wirklich von Seiten der Behörden nicht erlaubt worden!! Alle teutschen Blätter sollten dies Verbot bekannt machen, denn es gehört wirklich zu dem Unbegreiflichen des Tages." Das heißt: zu den unbegreiflichen Mißgriffen, die selbst eine so wohlgesinnte Regierung, wie die preußische, sich zu derselben Zeit zu Schulden kommen ließ, in welcher sie in Berlin die Pflicht erfüllte, die Tempel der Venus Vulgivaga, die Bordelle, aufzuheben.

Welche Versündigungen anderwärts, besonders in Nassau, Kurhessen und Baden, in dieser Beziehung vorkommen, ist sattsam bekannt. Hier sei nur noch einer interessanten und praktisch-lehrreichen, aus dem Jahre 1845 stammenden Mahnung der Illustr. Zeitung aus Hamburg gedacht, die wir hier um so mehr in Erinnerung bringen zu müssen glauben, als sie sich in einem Artikel, in dem man sie schwerlich suchen wird, findet, nämlich in der Beschreibung des hamburg-wandsbecker Wettrennens vom 28. Juli 1845[23]).

Sehr interessant sind auch die nähern Berechnungen welche eine spätere Nummer der Illustr. Zeitung (Nr. 102 vom 14. Juni 1845 S. 382) gegeben und zugleich bildlich illustrirt hat. Als Hauptpunkt wird zunächst im Allgemeinen bemerkt: „Es ist angenommene Thatsache und durch verschiedene Ermittelungen des französischen Gouvernements bestätigt, daß in reinen Zufallspielen Gewinn und Verlust sich auf beiden Seiten ausgleichen, aber die immer stätig wiederkehrenden Vortheile, welche der Bankhalter gegen die Spieler hat, müssen letztere, aller ihrer Geschicklichkeit und Aufmerksamkeit und allen ihren Berechnungen zum Trotze, dem Bankhalter als willenloses Opfer in die Hände spielen. Je schneller gespielt wird, je größer sind die Vortheile des Bankhalters, und die Thatsache ist so bekannt, daß die französische Regierung die Spielpacht im Verhältnisse der Stundenzahl berechnete, welche das Spiel währte; darüber wurden häufige Erhebungen gemacht, und man weiß, daß eine einzige Spielgesellschaft, unabhängig von den Vortheilen, welche sie selbst aus der Bank zog, der Regierung eine jährliche Pachtsumme von 14 Mill. Fr. zahlte." Sodann wird im Speciellen der Nachtheil nachgewiesen, in welchem sich die Pointeurs dem Bankhalter gegenüber im Rouge et noir und in der Roulette finden[24]).

23) Illustrirte Zeitung. 1845. Nr. 115. S. 167. Es heißt darin: „Es gibt wenig solidere Städte als Hamburg: man kennt hier nur den Gewinn, den man sich rechtlicher Weise durch Handel und Fleiß erwirbt, man ist arbeitsam, denn die Arbeitsamkeit wird noch als eine Tugend angesehen, überhaupt haben die guten, alten Sitten wol nirgends so viel Geltung behalten als in Hamburg. Da bringt ein böser Dämon das Spiel hierher, und wir zählen ebenso gut unsere Opfer als die kleinen und großen Badeorte, auf welche sich bisher das Verderben erstreckte. Um diesen Übelstand vollständig würdigen zu können, muß man wissen, daß das Hazardspiel als ein Tribut des Rennens von Oben herab begünstigt wird, weil man sonst die Kosten des Rennens nicht aufzubringen wüßte. Damit also der Adel ein kostspieliges, wenn auch nicht nutzloses Vergnügen haben könne, muß dem Bürger Gelegenheit und Veranlassung gegeben werden, sich zu ruiniren, denn auf andere Weise war des Bürgers Geld zu solchen Lustbarkeiten nicht zu erlangen! — Das Spiel ist während des ganzen Jahres hier eine unbekannte Sache, wie man früher gar Nichts davon wußte; man hört aber sehr viel von diesem unheilvollen Laster, ist begierig, das Treiben an einer Bank mit anzusehen, und da man das Zusehen auch nicht umsonst haben kann, zahlt man einmal einige Drittel — à 8 Mark — Eintrittsgeld. Dafür erhält man eine Marke, die man setzen kann, und nun ist man beim Spiel, und einmal da, gleichviel, ob man anfänglich gewinnt oder verliert, wird man von dieser höllischen Leidenschaft so fest gepackt, daß es schwer ist, sich davon loszumachen, ohne ausgebrannt zu sein. Man darf glauben, daß auf diese Weise viele sonst betriebsame Bürger unglücklich worden. — An Gelegenheit zum Spielen fehlt es an diesen Tagen nicht. Auf dem Rennplatze beginnt es. Unter der Tribüne, hinter einem der Schreibzimmer, ist ein dunkler Raum, in dem während des ganzen Tages gespielt wird; in Wandsbeck hat ein besonderer Spielpächter ein eigenes Haus dazu gemiethet, überdies sucht fast jeder Wirth von dieser Erlaubniß Nutzen zu ziehen, und so wird fast überall gespielt und überall dem Bürger die Gelegenheit geboten, sein Geld los zu werden. — Man kann dieses Spiel nicht einmal mit dem Spiele in den Bädern vergleichen, denn in den Bädern sind es meist doch reiche Leute, welche sich zu Grunde richten, hier aber ist es durchschnittlich der Bürger, der Handwerker, welcher in der Hoffnung, sein Glück zu machen, oder doch um etwas zu gewinnen, sehr oft verliert, was er sich das ganze Jahr hindurch erspart hat. Ich hatte Gelegenheit, mich davon zu überzeugen; ich sah wol hundert Personen an einem Roulette versammelt, und soviel man nach dem Äußern urtheilen konnte, waren es meist Handwerker oder Handlungsdiener, welche hier spielten."

24) „Wenn wir einige derjenigen Spiele betrachten, in welchen, der allgemeinen Annahme nach, sich die Chancen am meisten ausgleichen, so stellen sich die Procente des Bankhalters folgendermaßen heraus. In *Rouge et noir*, wo, wie Jedem, welcher mit der Natur des Spiels vertraut ist, einleuchten wird, die Procente des Bankhalters am schlechtesten stehen, betragen dieselben doch immer 2 Proc. Hier ist es die außerordentliche Schnelligkeit, mit welcher gespielt wird, welche dem Bankhalter den Nutzen bringt, weshalb diese diejenigen Gehilfen, welche die Karten recht schnell ausgeben können, vorzugsweise gut bezahlen. Sie berechnen dabei, daß hier, wo die Chancen beinahe gleich stehen, nur die Quantität der gemachten Spiele im Stande sei, ihren Vortheil zu vergrößern. — Im Roulette schweben die Procente zwischen 3—4, weil bei den zwei Nullen der Bankhalter bei der einen unmittelbar gewinnt, während er bei der andern mittelbar gewinnt, indem er nicht verliert und ihm die Procente bleiben; wir können daher für diesen Fall durchschnittlich 4½ Proc. annehmen, welche mithin dem Bankhalter schon eine furchtbare und unwiderstehliche Uebermacht über den Spieler sichern. Hierzu kommt nun noch der Zug auf der Tafel; denn wenn hier auch Gewinne bezahlt werden müssen, so fallen auch in den Zahlen wieder eine Menge von Verlusten vor, und diese stellen sich so, daß aus denselben dem Bankhalter noch 2⅔ Proc. gegen den Spieler erstehen. — Noch auffallender sind diese Procente dort, wo die Tafel nur 36 Nummern hat und dennoch die beiden

Im J. 1848 ward die Aufhebung aller Spielhöllen beim frankfurter Parlamente (auch in Einzelnstaaten, z. B. Altenburg, s. D. Allgem. Zeit. v. 7. Aug. 1848. S. 2037) angeregt, aber leider! wie so vieles Andere auch, nicht durchgesetzt.

Aus der neuesten Zeit erwähnen wir nur eines Artikels über das Hazardspiel mit Bezug auf Frankreich, der sich in der Deutschen Allgem. Zeitung vom 30. Jan. 1857 findet, sowie einer mehrfachen Besprechung der Spielhölle in Genf, welche der Dictator Fazy daselbst unter seiner Protection errichtet hat und schützt. Allgemein aufgefallen und mehrfach in der Allgem. Zeitung besprochen (z. B. 1858 am 12. u. 18. Aug.) erschien in dem sonst so vortrefflich regierten Herzogthume Gotha ein Streit zwischen den städtischen Behörden und der herzoglichen Regierung, indem die ersteren die Annahme des Sündengeldes von 100 Thlrn. ablehnten, welche jährlich von dem Unternehmer des für die Dauer des Vogelschießens gestatteten Hazardspiels an die städtische Armencasse zu zahlen waren, zu welcher Ablehnung ihnen die Regierung das Recht bestritt!

Schließlich führen wir hier nur zwei gewichtige Autoritäten gegen alle Glücksspiele und namentlich das Lotto und die Lotterie an, nämlich das bekannte Handbuch der Finanzwissenschaft vom Freiherrn v. Malchus, ehemaligem Finanzpräsidenten. I. Bd. S. 316, sowie die des bedeutendsten Staatsgelehrten unserer Zeit, Robert v. Mohl.

Der Erstere sagt: „Unter den verschiedenen Methoden, den Hang oder Reiz zur Befriedigung leidenschaftlicher Vergnügen zu besteuern, sind Lotterien (namentlich das genuesische Lotto) und die Concessionirung von Spielbanken oder Hazardspielen die verderblichsten. Es unterscheiden sich zugleich die Abgaben, die durch die erstern eingezogen werden, von andern Arten von solchen dadurch, daß Lotterien lediglich für den Zweck der Localisirung eines finanziellen Einkommens angeordnet sind, während sie bei andern Arten von solchen Genußbefriedigungen sich als etwas Zufälliges an diese anhängen. — In sofern angenommen oder vorausgesetzt werden kann, daß jeder für solche Vergnügungen nur die Ueberschüsse verwendet, welche ihm nach Deckung seiner absolut und relativ nothwendigen Bedürfnisse disponibel bleiben, möchte die finanzielle Benutzung solcher Genußbefriedigungen zur Deckung des öffentlichen Aufwandes nicht unbedingt als unzulässig zu erachten sein. Es kann außerdem für dieselben geltend gemacht werden, daß in sofern, als der Genuß an sich und dessen Maß das Ergebniß des freien Willens eines Jeden ist, die Abgabe als ein freiwilliger Beitrag betrachtet werden muß, dem Jeder sich nach Willkür entziehen kann; sodann auch, daß dem Staate weder ein Recht zusteht, noch eine Pflicht obliegt, seine Angehörigen in der Anwendung ihres Vermögens zu controliren und zu verhüten, daß sie einen Theil desselben dem Zufalle oder Glücke anvertrauen [25]). Endlich möchte auch der Grund Beachtung verdienen, daß selbst im Falle Lotterien als ein Uebel betrachtet werden müssen, das einzigste und wirksamste Mittel zur Milderung ihrer Nachtheile eben darin bestehe, daß der Staat dieselben unter seiner unmittelbaren Aufsicht und Leitung behalte. — Es lehrt jedoch die tägliche Erfahrung, daß die eben erwähnte Voraussetzung in der Wirklichkeit nirgends stattfindet, daß vielmehr die Gunst, sowie die Mißgunst des Glücks bei dergleichen Spielen die Fähigkeit zu jeder kaltblütigen Berechnung raubt, daß durch die bis zur höchsten Leidenschaftlichkeit gesteigerte Spielsucht nicht blos die disponiblen Ueberschüsse, sondern selbst das gesammte Vermögen und in diesem die Mittel zu einer nützlichen Thätigkeit aufgezehrt werden, in welcher sie mit der Fähigkeit selbst die Neigung vernichtet. Und hierin, in diesen, nicht blos für die Einzelnen oder die Spieler selbst, sondern auch für die Gesammtheit in einem so hohen Grade verderblichen Folgen liegt der Grund der unbedingten Verwerflichkeit dieser Methode von Realisirung eines Einkommens, die außerdem in Hinsicht auf das so große Mißverhältniß zwischen der Wahrscheinlichkeit von Gewinn oder Verlust und auf die Täuschung, die bei diesen Spielen obwaltet, mit der Würde des Staates nicht vereinbar ist." — „„Der Staat ist keine Gesellschaft von Hazardspielern, wo die Regierung, noch dazu unter so ungleichen Bedingungen Bank hält. Durch das Lotto werden aber Bettler und liederliches Gesindel gleichsam hoffähig gemacht, indem sie zur Ehre des Spiels mit dem Fürsten zugelassen werden"" [26]). — „Denn wenngleich auch die Vorsorge dafür, daß die Staatsangehörigen nur einen angemessenen, die Erhaltung des Vermögens nicht gefährdenden Gebrauch von demselben machen, nicht zu den positiven Aufgaben der Finanzverwaltung gehört, so darf dieselbe dennoch auch Nichts begünstigen, und keine solche Mittel zur Vergrößerung des öffentlichen Einkommens wählen, welche den Müßiggang befördern und durch welche die Staatsangehörigen durch die Eröffnung einer Aussicht zur mühelosen Erreichung eines Besserseins, das sie außerdem nur durch Thätigkeit würden erreichen können, von dieser abgezogen werden und durch welche, in der Zerrüttung des individuellen Wohlstandes, zugleich der Grund zu einer Gefährdung des öffentlichen gelegt wird." Büsch (Vom Geldumlauf I, 503) äußert so treffend als wahr: „daß Nichts widersinniger sein könne, als daß man zu eben der Zeit, da man es zum ersten Zwecke der Staatswirthschaft mache, die nützliche Betriebsamkeit zu beleben, da man diese als die erste Quelle der Staatseinkünfte, als das erste Mittel, einem Volke innere Kraft zu geben, überall zu erkennen vorgebe — so geflissentlich

Nullen beibehält, wie dies bei einigen kleineren oder Winkelroulettes der Fall ist. Hier steigen die Procente bis zu 12. Nehmen wir nun noch Rücksicht auf die Schnelligkeit des Spiels, welche sich oft bis auf 150 Touren in der Stunde erhebt, so kann dem Spieler gar keine Möglichkeit bleiben, das Spiel gleichzustellen, wie dies auch zahllose Thatsachen beweisen."

25) Mit diesen und ähnlichen Gründen vertheidigt z. B. v. Justi die Lotterien, s. dessen Staatswirthschaft II. § 385.

26) Rudhart, Ueber die Zustände von Baiern III, 70 fg.

die erste Triebfeder nützlicher Betriebsamkeit, den Fleiß der Geringen im Volke, erschlaffen zu machen." — „Hiervon abgesehen steht die Größe des Einkommens aus solchen Lotterien und Spielhäusern in keinem Verhältnisse mit ihren möglichen und wirklichen Nachtheilen." (Dies weist v. Malchus hierbei statistisch nach, wobei erwähnt wird, daß Baiern allerdings jährlich im Durchschnitte 1,136,549 Fl. reinen Ueberschuß gewonnen hat.)

Mohl[27]) sagt: „Bei der unleugbaren Allgemeinschädlichkeit der Leidenschaft des Spiels sollte man in sämmtlichen Staaten die aufrichtigsten und angestrengtesten Bemühungen zur Unterdrückung aller öffentlichen Anreizungen zum Spiele erwarten. Dies ist aber nicht nur nicht der Fall, sondern nicht selten vergessen Regierungen ihre Pflichten so weit, daß sie selbst Spielanstalten begründen, wenigstens schützen! Ein verkehrteres Beginnen und eine größere Misachtung der offenbarsten Verbindlichkeiten läßt sich nicht denken und die angeblichen Gründe des Nutzens oder gar der Nothwendigkeit zeigen sich bei der leichtesten Untersuchung nur als die Verschleierung einer gemeinen und wirklich schädlichen Gewinnsucht. Wie lächerlich ist es z. B. zu behaupten, der Staat müsse öffentliche Spielhäuser errichten, damit er betrügerische Winkelspiele überflüssig mache. Hat er sonst kein Mittel, das Uebel auszurotten, als eine allgemeine Anreizung dazu? Ebenso wenig stichhaltig ist der Grund, daß die Blüthe der Badeanstalten eine Gestattung von öffentlichen Hazardspielen erfordere. Das Beispiel sehr berühmter Heilquellen (z. B. Karlsbad, Marienbad) beweist das Gegentheil, und in der That ist eigentlich nichts Widersinnigeres, als in einer Heilanstalt immer alle Leidenschaften aufzuwühlen — zum Besten der Kur! Am schmählichsten ist aber wol die aus dem großen Gewinne für die Staatscasse hergenommene Rechtfertigung. Soll denn der Staat durch tausendfaches Unglück, durch Entsittlichung seiner Bürger seine Einkünfte vermehren, soll er seine Cassen mit Geld füllen, das mit dem Blute des Selbstmörders und den Thränen verzweifelnder Familien benetzt ist? Er schränke einige überflüssige Ausgaben ein und er wird einen solchen Zuschuß mit Abscheu zurückweisen können. — Damit aber, daß der Staat nicht selbst das verächtliche Gewerbe der Croupiers betreibe, hat er seine Pflicht noch keineswegs erfüllt, sondern er muß nun auch thätig einwirken, daß nicht von Privaten zum Hazardspiele Veranlassung gegeben werde. Er wird also hauptsächlich auf nachstehende Anreizungen zu achten haben:

1) Auf stehende öffentliche Spielhäuser, d. h. auf Anstalten, welche entweder allein oder doch im Wesentlichen die Betreibung von Hazardspielen zum Zwecke haben und deren Besuch Jedem — allenfalls unter einigen leichten Bedingungen — erlaubt ist. Die Form der Anstalt macht dabei keinen Unterschied; auch ein angebliches Privathaus, ein Wirths- oder Kaffeehaus oder ein gesellschaftlicher Club, welche zu jenen Zwecken misbraucht werden, sind in die Kategorie der öffentlichen Spielhäuser zu setzen, und ihre Entdeckung wird einer aufmerksamen Polizei nicht schwer werden. — Wenn in solchen Spielhäusern auch kein betrügerisches Spiel getrieben werden sollte (wofür übrigens nie Gewähr geleistet werden mag), so ist die Oeffentlichkeit der Aufforderung, die in jedem unbewachten Augenblicke bereit stehende Gelegenheit für Viele ein allzu großer Reiz. Der große Gewinn der Unternehmer zeigt den Verlust des Publicums[28]), und eine gänzliche Unterdrückung aller solcher Anstalten, mögen sie gehalten werden von wem sie wollen und wo sie wollen, ist unbedingt nothwendig. Bedeutende Geld- und Gefängnißstrafen werden die Unternehmer von Ueberschreitung des Verbotes abhalten.

2) Eine nicht mindere Aufmerksamkeit verdienen die wandernden Spieleinrichtungen, welche auf Märkten, bei Volksfesten aller Art oder in den Straßen großer Städte den gemeinen Mann zu Hazardspielen zu verleiten suchen. Sind auch die Summen, von denen es sich hier handelt, in der Regel nur gering, so können sie doch für solche Spieler verhältnißmäßig sehr bedeutend sein; jedenfalls haben diese Gelegenheiten zum Spiele einen schädlichen Einfluß auf die Sitten und Gewohnheiten des Volks. Ueberdies ist gewöhnlich der gröbste Betrug unter der Form des Glücksspiels hier versteckt. Außer den obigen Strafen muß hier auch noch die Wegnahme der Spieleinrichtung verordnet werden.

3) Spieler von Profession sind als eine Pest der Gesellschaft mit Strenge zu verfolgen, in welchen Ständen und unter welcher Maske sie sich auch zeigen mögen. Sie sind als Müßiggänger und Vaganten zu behandeln und demnach den Zwangsarbeitshäusern zu übergeben; nach erduldetem Besserungsverhalte aber sind die Fremden unter ihnen über die Grenze zu bringen, die Einheimischen zu confiniren"[29]).

Zusatz. Zufällig kommt uns eben noch ein Blatt der vielgelesenen Dorfzeitung (Nr. 60 vom 13. April 1856) in die Hände, in welchem in einem Aufsatze, überschrieben „Spielhöllen und Spielteufel," erwähnt wird, daß auch neuerdings wiederum beim Bundestage Anträge auf Aufhebung der öffentlichen Spielbanken gestellt und hierauf Untersuchungen über die Dauer der laufenden Pachtverträge eingeleitet worden sind. Dazu wird bemerkt, daß freilich bei den einmal gegebenen Rechtszuständen Teutschlands es nicht wol möglich sei, gemeinsame Principien in dieser Sache, die zu der innern

27) R. Mohl, Polizei-W. I, 536.

28) So machten die pariser Spielhäuser jährlich wenigstens 18,400,000 Fr. Gewinn. Derselbe vertheilt sich folgendermaßen:

1) Pachtgeld für die Stadt	5,500,000	Fr.
2) Gratificationen und Geschenke	1,600,000	„
3) Verwaltungskosten	1,600,000	„
4) Reiner Gewinn, wenigstens	9,700,000	„

von letzterem erhält die Stadt wieder 3/4, die Pächtergesellschaft 1/4 (s. *Appert*, Journal des prisons 1826. Heft 8. S. 58). — Diese sind unter Louis Philipp aufgehoben worden. 29) Vergl. Allg. Zeitung vom 10. Jan. 1860. Beil.

Verwaltung der Einzelstaaten gehört, zur Geltung zu bringen. (Gewiß ist dies richtig, so lange eben die dermalige Verfassung des Bundes mit der Particular-Souverainetät seiner Glieder besteht.) Dann wird gezeigt, daß es nicht genug ist, die Spielhöllen zu schließen, wenn die Spielteufel bleiben, d. h. die Menschen, die aus Leichtsinn und Leidenschaft in der Sucht, schnell reich werden zu wollen, den Versuchungen des Börsenspiels, wie den am grünen Tische verfallen. Aber nicht das grüne Tuch macht es aus, sondern jeder ehrliche Tisch, an welchen solche Spielteufel sich setzen und ihr Geld verlieren, erhält sofort den Stempel einer „Spielhölle." Dagegen helfen nicht bloße Gesetze und Verordnungen; aber die öffentliche Meinung in Zeitungen, Gesellschaften u. s. w., wenn z. B. in den Teutschen Zeitungen stände: „dieser oder jener Pfarrer, Staats- oder Gemeindebeamte, Kaufmann hat an den und den Abenden so und so viel Geld verspielt, seht Euch vor!" — Gewiß wäre dies nicht übel; nur ist es nicht Jedermanns Ding, die Wahrheit offen herauszusagen, und namentlich in Teutschland ist die altteutsche Tugend der Freimüthigkeit (s. d. W.) leider! sehr aus der Mode gekommen. Vor Allem ist durch höhere sittlich-religiöse Bildung schon in der Erziehung der Jugend der Glücksspielerei entgegenzuwirken, indem es jener zur Maxime wird, ihre Wohlfahrt und ihren Reichthum nicht dem blinden Glücke, sondern der eigenen Anstrengung und Thatkraft verdanken zu wollen, eingedenk der Mahnung des ältesten Dichters der Hellenen (Hesiod, Hauslehren):

„Vor die Trefflichkeit setzten den Schweiß die unsterblichen Götter!"

die Arbeit lieb zu gewinnen (wie auch Kant, Anthropologie §. 57 und 60 und Fichte in den „Reden an die deutsche Nation" empfehlen), und so selber ihres Glücks Schmied zu werden. Auch ist grade hierbei viel von der Veredelung der Vergnügungen überhaupt zu hoffen, von der Joh. Schön (Neue Grundlegung der Nationalökonomie S. 352) sehr richtig bemerkt, daß „mit ihr beginnen muß, wer das Leben eines Volks veredeln will;" denn hier ist die Hauptmaxime für alle Reformen anzuwenden, welche Me. de Staël (in ihren „Mémoires et considérat. sur les princip. évén. de la Révolut. française" T. I. liv. II. ch. 9) in den Worten ausspricht: „Es gibt nichts eigentlich Zerstörtes, als das, was durch ein Anderes ersetzt ist."

(Dr. *K. H. Scheidler.*)

GLÜCKSSPIELE [1]) (juristisch). Der gewöhnliche Inhalt einer vertragsmäßigen Obligation kann dadurch besonders gestaltet werden, daß die Contrahenten die Verbindlichkeit zu einer Leistung oder deren Gegenstand von einem bestimmt bezeichneten, aber jetzt doch für die Contrahenten unentschiedenen Umstande in der Weise abhängig machen, daß dadurch für den einen oder anderen Contrahenten ein Gewinn oder Verlust entstehen kann und von den Umständen, vom Glücke abhängt. Verträge dieser Art heißen Glücksverträge im weiteren Sinne oder gewagte Geschäfte. Aehnlich brauchen die Römer den Ausdruck alea in verschiedenen Zusammenstellungen, sodaß er einen ungewissen Glückszufall oder den ungewissen Ausgang eines Geschäftes, bei welchem Gewinn oder Verlust möglich ist, bezeichnet [2]). Sie können nicht als eine besondere Art der Verträge gelten, da sie nur eine Modification des Inhaltes anderer gewöhnlicher Verträge sind, wozu sich aber nur gegenseitige Verträge eignen. Man setzt hierbei einen an sich bestimmten Vertrag voraus; das Eigenthümliche des Vertrages, welcher durch eine solche Verabredung näher bestimmt wird, besteht darin, daß die Contrahenten von dem Ausfalle irgend eines näher bezeichneten Ereignisses entweder die Begründung einer Verbindlichkeit oder den Umfang einer Leistung abhängig machen, was insbesondere bei gegenseitigen Verträgen zur Folge haben kann, daß von Seiten des einen Contrahenten gar Nichts zu leisten ist, oder der Werth der einen Leistung zu dem der anderen in gar keinem Verhältnisse steht. Im römischen Rechte gehören hierher das nauticum foenus, der Verkauf einer künftigen Ernte [3]), eines Fischzuges oder Vogelfanges, der Hoffnung auf eine Erbschaft [4]). Im heutigen Rechte ist durch den Verkehr der Kreis dieser Verträge sehr bedeutend erweitert worden; es ist in der That dahin gekommen, daß sie unter Umständen Glücksspielen gleich sind und für viele Formen derselben ist eine Unterscheidung gar nicht möglich. Der Verkehr mit Staatspapieren, Actien und dergl. ist zu einer solchen Ausdehnung gediehen, daß er einen besonderen Theil des Handelsrechtes bildet und zum Gebiete des Civilrechts nur die schon im römischen Rechte vorkommenden Beispiele und ähnliche gerechnet werden. Ist ein Wagniß der ausschließliche Zweck und Inhalt eines Geschäftes dergestalt, daß die Entstehung der Verpflichtung zu irgend einer Leistung, ein Gewinn auf der einen und ein Verlust von der anderen Seite lediglich von einem Glücksfalle abhängig gemacht wird, so entsteht der Begriff der Spiele und Wetten, der Glücksverträge im engeren, eigentlichen Sinne. Der Unterschied dieser von denen im weiteren Sinne besteht darin, daß die letzteren übrigens die Eigenschaften und Erfordernisse eines ordentlichen und rechtlich vollkommenen bestimmten Vertrages haben und nur in der angegebenen Weise modificirt sind, während die ersteren eine in diesen Voraussetzungen ganz verschiedene für sich stehende Classe von Verträgen bilden. Ueber die Stellung der Glücksverträge im eigent-

1) Quellen: Dig. Lib. XI. Tit. 5. Cod. Lib. III. Tit. 43. Von den zahlreichen Schriften ist besonders Wilda, in der Zeitschrift für deutsches Recht 2. Bd. S. 183—199. 7. Bd. S. 200—239, zu nennen.

2) L. 8. §. 1. D. XVIII, 1. L. 7. 11. D. XVIII, 4. 3) L. 8. pr. L. 39. §. 1. D. XVIII, 1. Ein solcher Kauf heißt mit einem neueren Kunstausdrucke emtio rei speratae und zu dessen Begriffe gehört, ut nascatur. Es fällt daher, wenn gar Nichts gewonnen wird, mit dem Wegfalle der Leistung auch die Gegenleistung weg. 4) L. 8. §. 1. D. XVIII, 1. L. 7—13. D. XVIII, 4. L. 12. D. XIX, 1. Der Kauf eines Fischzuges oder Vogelfanges oder der Hoffnung auf eine Erbschaft heißt bei den Römern selbst emtio spei. L. 8. §. 1. D. XVIII, 1. Hier muß das Kaufgeld doch bezahlt werden, wenn sich die Hoffnung auch nicht realisirt.

lichen Sinne im Systeme ist Streit [5]). Spiele sind Uebereinkünfte, wornach zwei oder mehre, welche gemeinschaftlich daran Theil nehmen, nach gewissen Regeln und unter bestimmt bezeichneten künftigen, jetzt noch ungewissen Umständen, einen Gewinn für den Einen oder Einige, und dagegen einen Verlust für den oder die Anderen festsetzen. Wette ist die bei Aufstellung widerstreitender Behauptung, sie möge etwas Vergangenes oder Zukünftiges betreffen, getroffene Uebereinkunft, daß derjenige, dessen Behauptung sich als unrichtig erweisen würde, etwas Bestimmtes verwirkt haben (oder als Strafe zahlen) soll [6]). Wenn Andere dagegen die Wette für den Vertrag erklären, wornach zwei oder mehre über eine bestimmte Behauptung streitende Personen einen Gewinn festsetzen, welchen derjenige von ihnen, welcher Recht hat, von den übrigen erhalten soll, so ist dagegen zu erinnern, daß zwar gewöhnlich das, was der Eine verwettet, dem Anderen zu Theil wird; es gehört dies aber nicht zum Begriffe der Wette. Denn häufig wird gleich bestimmt, daß der Wettpreis nicht dem Sieger zufallen, sondern gemeinschaftlich auf eine zugleich näher angegebene Weise verwendet werden solle; es kann aber auch bestimmt werden, daß die Wettsumme zum Besten der Armen, einer milden Stiftung u. s. w. ausgesetzt werden soll, wobei es sich nur darum fragt, ob dieser Dritte ein Klagrecht darauf hat. Der Begriff der Spiele ist in den Quellen des römischen Rechts nicht bestimmt enthalten; es finden sich verschiedene Auffassungen desselben und Manche gehen so weit, daß sie es für unmöglich halten, Spiel und Wette immer zu unterscheiden. Beide können allerdings in Einem Acte zusammentreffen; auch kann das Wetten in ein Spiel ausarten und dieses unter jenem getrieben werden. Allein beide unterscheiden sich wesentlich einmal durch das Motiv, welches bei dem Spiele beabsichtigter Gewinn, bei der Wette die Lust am Rechthaben in einer Verschiedenheit der Meinungen ist, und dann darin, daß die Entscheidung des Spieles immer von etwas noch Künftigem, Ungewissem, dessen Eintritt nach den für jedes einzelne Spiel bestimmten allgemeinen Regeln sich bestimmt, abhängt, die einer Wette aber nur von der Gewißheit über einen der Vergangenheit oder Gegenwart oder Zukunft angehörigen Umstand, welcher Einem auch schon bekannt sein kann; endlich darin, daß bei dem Spiele in der Regel eigene Thätigkeit der Spielenden vorausgesetzt wird, während die Wettenden sich meistens leidend verhalten, obwol letzteres nicht wesentlich bei der Wette ist.

Was I. das Spiel betrifft, so unterschied man im römischen Rechte alea im eigentlichen Sinne, d. h. jedes Glücksspiel, bei welchem der auf das Spiel gesetzte Gewinn von einem bloßen Glückszufalle abhängt, und ludi, qui virtutis causa fiunt, Spiele, wodurch man den Muth übte und den Körper abhärtete, auch denselben geschickt und gewandt zum Kriege zu machen suchte. Spiele der letzteren Art waren erlaubt und auch Justinian gestattete fünf derselben, Monobolos, Contomonobolos, Quintanus Contax sine fibula, Perichyte, Hippice, auch wenn sie um Geld geschehen; nur soll der Reiche nicht über einen solidus spielen [7]). Bloße Glücksspiele waren schon früh bei den Römern verboten. Es werden nicht nur mehre Volksschlüsse (lex Titia, Publicia, Cornelia) erwähnt, welche bei den ludi, qui virtutis causa fiunt, auch Wetten (sponsiones) verstattet hätten, bei Glücksspielen nicht [8]), sondern auch ein Senatusconsult, welches, um Geld zu spielen, außer bei den ludi, qui virtutis causa fiunt, verboten habe [9]). Justinian erneuerte also nur ein altes Verbot, wenn er in der darüber erlassenen Constitution [10]) die gänzliche Ungültigkeit der durch Glücksspiele gewirkten Schulden aussprach und überhaupt die privatrechtlichen Folgen näher bestimmte. Strafrechtliche Folgen hat er nicht an das verbotene Spiel geknüpft, wie dies im älteren Rechte der Fall war [11]). In einer späteren Verordnung bedroht er Geistliche, welche spielen, mit kirchlichen Strafen [12]). Die privatrechtlichen Folgen des Spielverbotes sind: 1) Der Spielvertrag ist nichtig, dergestalt, daß der Spielverlust nicht nur nicht eingeklagt, sondern auch der bereits bezahlte von dem Verlierenden unbedingt zurückgefordert werden kann; dasselbe Recht haben die Erben, und wenn diese es nicht ausüben, die Municipalbehörde oder der Fiscus; die Klage auf Zurückgabe des bezahlten Spielverlustes verjährt erst in 50 Jahren [13]). 2) Wenn Jemand bei dem Spiele einem Anderen eine Sache verkauft, um Geld zum Spiele zu erhalten, so hat der Käufer keine Klage gegen den Verkäufer, wenn ihm die Sache evincirt wird [14]). Nach Analogie dieser Bestimmung wird auch keine Klage auf Zurückzahlung des Darlehns, welches Jemand wissentlich zu einem verbotenen Spiele vorgestreckt hat, stattfinden können. 3) Nach dem prätorischen Edicte kann derjenige, welcher Spieler bei sich aufnimmt, keine Genugthuung und Schadloshaltung fordern, wenn er deshalb von Jemandem beleidigt worden ist oder sonst bei dieser Gelegenheit Schaden erlitten hat [15]). 4) Geistliche, welche verbotene Spiele spielen oder ihnen beiwohnen, werden suspendirt [16]). 5) Diejenigen, welche zum Spiele zwingen, werden mit Strafe bedroht; die Strafe liegt nach dem prätorischen Edicte in dem Ermessen des Magistrats; nach Ulpian's Auslegung ist die Strafe entweder eine Geldstrafe oder eine Freiheitsstrafe [17]).

5) Vergl. darüber Heimbach in Weiske's Rechtslexikon, Artikel Spiel und Wette. 10. Bd. S. 391 fg. Note 7. 6) Dies ist die Auffassung von Wilda, in der Zeitschrift für deutsches Recht. 8. Bd. S. 212.

7) L. 1. C. III, 43. Die verschiedenen Ansichten über das, was jene von Justinian erlaubten Spiele bedeuten, stellt zusammen Glück, Erläut. der Pand. 11. Bd. S. 320 fg. 8) L. 3. D. XI. 5. 9) L. 2. §. 1. D. XI, 5. 10) L. 1. C. III, 43. 11) Cic. Philipp. II. c. 23. 12) Nov. 123. cap. 10. 13) L. 1. C. III, 43. Merkwürdig ist, daß selbst gegen den Wirth und Patron von Spielern der Kinder und Freigelassenen nach dem prätorischen Edicte eine utilis actio auf Zurückgabe des Spielverlustes stattfindet. L. 4. §. 2. D. XI, 5. Vergl. den Inhalt dieser Stelle von Dorotheus in Sch. Rev. ad h. Basil. T. V. p. 416. ed. *Heimb.* und den Text der Basiliken selbst Lib. LX. Tit. 8. cap. 4. th. 3. 14) L. 2. §. 1. D. XLIV, 5. 15) L. 1. pr. D. XI, 5. 16) Nov. 123. cap. 10. 17) L. 1. pr. §. 4. D. XI, 5.

Nach teutschem Rechte kommen folgende Momente in Betracht: 1) Entstehung der Unwirksamkeit der Spielschulden. Beschränkungen und Verbote in Bezug auf das Spiel sind in Teutschland erst allmälig entstanden, unabhängig vom römischen Rechte und ohne daß eine besondere Mitwirkung der Geistlichkeit, ein Einfluß des kanonischen Rechts, welches besondere Spielverbote für die Geistlichkeit enthielt, bemerkbar ist. Für die älteste Zeit macht sowol das Zeugniß des Tacitus [18]) über den Hang der Teutschen zum Spiele, als das Schweigen der alten germanischen Volksrechte und der skandinavischen Rechtsquellen es wahrscheinlich, daß der Spielvertrag ebenso verbindlich war, wie jeder andere Vertrag. Die erste Spur einer beschränkteren Wirksamkeit des Spielvertrages findet sich im Sachsenspiegel, wo der Erbe, welcher sonst für die Schulden des Erblassers in soweit haftete, als die fahrende Habe reichte, von der Verpflichtung zur Bezahlung der Spielschuld freigesprochen wird [19]), eine Bestimmung, welche vielfach in anderen Rechtsbüchern und Statuten wiederholt worden ist. Außerdem findet sich im Sachsenspiegel nur noch die Bestimmung, daß, wenn ein Knecht seines Herrn Gut verspielt, verkauft, verpfändet oder sonst veräußert, der Herr es wieder fordern kann, während dem Herrn das Klagrecht versagt wird, wenn der Knecht sein eigenes Gut in der angegebenen Weise verbringt, weil er es ihm nicht zu ersetzen braucht, wenn er ihm auch sonst Verluste ersetzen müßte [20]). Auch diese Bestimmung ist in viele andere Rechtsbücher und Statuten übergegangen. Eine Zurückforderung des Spielverlustes war hiernach unzulässig; es ergibt sich aber nicht, ob der Spielgewinn gegen den Verlierenden eingeklagt werden konnte. Spätere Rechtsquellen beseitigen indessen jeden nach dem Sachsenspiegel etwa noch übrigen Zweifel [21]). Ungeachtet die Entbindung des Erben von der Verpflichtung zur Bezahlung einer Spielschuld die erste Spur einer diese Verbindlichkeit nicht begünstigenden Ansicht ist, so war die Spielschuld dennoch nicht nur rechtsbeständig und klagbar, sondern sie galt auch, in sofern die Bezahlung vor dem Auseinandergehen der Parteien verlangt wurde, für eine so liquide Schuld, daß dem Gläubiger das Pfändungsrecht selbst da noch zustand, wo es ihm sonst wegen kundlicher unleugbarer Schuld nicht mehr gestattet war [22]). Suchte sich der Schuldner der Zahlung oder Pfändung zu entziehen, oder hatte er kein hinreichendes Pfand bei sich, so konnte man sich selbst seiner Person versichern [23]); es war dieses Recht auch keineswegs, wie die fragliche Stelle des sächsischen Weichbildes anzudeuten scheint, dadurch bedingt, daß in dem Hause des Gläubigers gespielt worden war, sondern es stand dem gewinnenden und nicht befriedigten Mitspieler ohne Rücksicht auf den Ort, wo gespielt wurde, zu, was das alte, wahrscheinlich dem 13. Jahrh. angehörige lüneburger Stadtrecht bestätigt [24]). Die in diesem Stadtrechte sich ebenfalls findende Bestimmung, daß der Richter von jeder eingeklagten Spielschuld den dritten Theil erhält, kommt auch in anderen Stadtrechten vor [25]). Eine unbedingte Aufhebung der Klagbarkeit der Spielschuld findet sich zuerst in dem magdeburger, 1261 nach Breslau geschickten, Schöffenrechte Art. 51, wo bestimmt wird, daß, wenn Jemand um Spielschuld beklagt wird, er darum nicht zu antworten braucht. Dasselbe ist zufolge der Distinctionen nach Weichbildrecht im Gegensatze zum Landrechte der Fall [26]). Der, späteren Bearbeitungen der aus dem magdeburger Rechte hervorgegangenen Rechtsquellen angehörige, Zusatz zu dem erwähnten Artikel des Magdeb. Rechts [27]): „und der Richter soll darüber nicht richten" scheint den Richter zur Abweisung der Spielklagen von Amtswegen anzuweisen, wenn auch der Beklagte die Klagbarkeit nicht bestritten hatte. Die Aufhebung der Klagbarkeit der Spielschulden scheint zunächst nur in der Absicht geschehen zu sein, übermäßiges Spiel zu verhindern, damit nicht im Taumel der Leidenschaft die Bürger verleitet werden möchten, ihr Vermögen ganz oder zum Theil auf das Spiel zu setzen. Zur Erreichung dieses Zweckes schien die Versagung der Klagbarkeit zu genügen; der Gewinner durfte sich an das halten, was der Spieler bei sich führte; entwischte letzterer, so war er der Verbindlichkeit ledig [28]). Daher durfte auch ein weiterer Zwang gegen den Spieler, wenn das, was er bei sich führte, was er um und an hatte, zur Bezahlung der Spielschuld nicht hinreichte, nicht geübt werden; man durfte sich nicht an seine Person halten oder ihn zur Stellung eines Bürgen nöthigen; eine solche Bürgschaft war unwirksam. Ebenso durfte dem Spieler zum Spiele nicht mehr dargeliehen werden, als seine Kleider werth waren [29]). Besondere Beschränkungen kamen bei Unmündigen vor. Nach einigen Statuten darf ein Unmündiger nicht mehr als seine Kleider, welche er grade trägt, verspielen und um nicht mehr gepfändet werden; das, was er sonst noch bei sich hatte, galt als Eigenthum seines Vaters oder dieser konnte es wenigstens zurückfordern [30]). Einzelne Statuten verbieten schon jedes Spiel mit Unmündigen [31]). Abgesehen von den erwähnten besonderen, auf die Unmündigen bezüglichen

18) *Tacit.* De morib. Germanor. cap. 24. 19) Sächs. Landr. B. I. Art. 6. §. 2. 20) Sächs. Landr. B. 3. Art. 6. §. 12. 21) So erkennt das Rechtsbuch nach Distinctionen B. 4. Cap. 36. dist. 11, vergl. mit dist. 10 die Verbindlichkeit einer Spielschuld nach Landrecht im Gegensatze zum Weichbildrechte ausdrücklich an. Auch finden sich noch andere Zeugnisse für die Klagbarkeit der Spielschulden. 22) Bamberger Stadtrecht §. 25, bei Zöpfl, Das alte Bamberger Recht (Heidelberg 1839.) Urkundenbuch S. 89. 23) Sächs. Weichbild nach dem Codex Palatinus N. 461, herausgegeben von v. Thüngen. (Heidelberg 1839.) Art. 843.

24) Jura [illegible] civit. Luneb. (in Pistor., Nebenstunden S. 376) Cap. 36. 25) Hamb. Stadtr. von 1270 XII, 7. 26) Rechtsb. nach Distinct. B. 4. Cap. 36. dist. 9. 27) Z. B. alte Augsburg. Stat. von 1276 Art 397 §. 2 (bei Walch, Beitr. zu den teutsch. Rechten. 4. Bd. S. 350), [illegible] Art. 209 (S. 215). 28) Vergl. die lateinische Uebersetzung des Art. 104 des Sächs. Weichbildes, Ausg. von Ludovici. 29) Augsburg. Stat. von 1276. Art. 398. Leges Goslar. §. 126 (bei *Leibnitz*, Scriptor. rer. Brunsv. T. III. p. 520). Rechtsb. nach Distinct. B. 4. Cap. 36. dist. 8. 30) Aeltestes Freiberger Stadtrecht in Schott, Sammlung 3. Bd. S. 226. Aelteste Regensburger Statuten von 1320 in v. Freyberg, Samml. hist. Schrift. 5. Bd. Heft 1 S. 16. 31) Alte Augsb. Stat. Art. 207. 208. 403.

Bestimmungen war der leitende Grundsatz der, daß Niemand mehr, als er grade bei sich führte, solle verspielen können, oder daß man, wie sich spätere Statuten ausdrücken, nicht auf Borg solle spielen dürfen. Weiter wurde dann auch noch die Selbsthilfe beseitigt, deren Anwendung früher zulässig war, um den Spieler zur Bezahlung der Spielschuld mit dem, was er bei sich führte, zu nöthigen. Die bisher erwähnten Beschränkungen des Spieles sind schon während des 13. Jahrh. in den Städten entstanden. Daher werden in den Distinctionen noch Landrecht und Stadtrecht bei diesem Gegenstande einander entgegengesetzt; die Bestimmungen des Stadtrechts haben aber auch schon im 14. Jahrh. im Landrechte Eingang gefunden, ohne jedoch damals schon allgemeine Gültigkeit erlangt zu haben. Abgesehen von der Glosse zum Sachsenspiegel, welche denselben ohne Zweifel aus dem Stadtrechte erklärt[32]), ist besonders das Rechtsbuch König Ludwig's von Baiern zu erwähnen, welches keine Klage mehr wegen einer Spielschuld gestattet, ja dieselbe sogar verpönt und nur erlaubt, den Spieler an seiner fahrenden Habe zu pfänden[33]). In den meisten der erwähnten Statuten ist fast immer vom Doppelspiele die Rede, und hier hatte man vorzüglich die Spiele vor Augen, welche des Gewinnens wegen betrieben wurden und ihrer Beschaffenheit nach das waren, was man jetzt Hazardspiele nennt; allein verschiedene Spiele unterschied man damals noch nicht; der Verlust bei dem Spiele war auf das beschränkt, was man bei sich hatte; wegen des Mehrern fand niemals eine Klage statt.

3) Entstehung des Unterschiedes zwischen erlaubten und verbotenen oder strafbaren Spielen als Grundlage der jetzt geltenden Rechtsansicht. Zunächst in den Städten entwickelte sich immer mehr, theilweise wol durch die wirklich oder vermeintlich oft dabei vorgekommenen Unredlichkeiten veranlaßt, eine dem Spiele ungünstige Ansicht, in deren Folge die Gesetzgebung in Betreff des Spieles strenger wurde[34]). Bei der größeren Rohheit der Sitten wurde das Spiel nicht nur ebenso leidenschaftlich betrieben, wie noch jetzt bisweilen, sondern es führte auch oft zu Excessen und blutigen Auftritten. Im 14. und 15. Jahrh. war die Spielsucht weit verbreitet, namentlich in den Städten. Es finden sich Karthöfe für Frauenspersonen, z. B. in Ulm. Häufig wurden Unmündige in Spielgesellschaften gezogen; namentlich aber fröhnte man in den Frauenhäusern dem Hange zum Spiele, wogegen auch Maßregeln getroffen wurden. An manchen Orten, z. B. in Frankfurt, verkaufte der Rath zur Verhütung von Unterschleif die Würfel, deren man sich häufiger als der Karten bediente, selbst; auch wurde die Erlaubniß zum Spiele an einen Unternehmer verpachtet, z. B. in Frankfurt und Arnheim. Früher, als in Teutschland, wurde in den Städten Italiens schon im 13. Jahrh. das Spielen vielfach durch Spielverbote und Strafandrohungen beschränkt, und auch in den niederländischen Städten scheint dasselbe zu gleicher Zeit der Fall gewesen zu sein. In Teutschland nahm erst mit dem 14. Jahrh. die Gesetzgebung allmälig diese Richtung, während es noch vielfach bei der Nichtklagbarkeit der Spielschulden sein Bewenden behielt und an manchen Orten sogar der Spielvertrag als noch eine rechtskräftige Verbindlichkeit hervorbringend angesehen wurde[35]). Die ältesten bekannten Strafgesetze gegen das Spiel in teutschen Städten rühren aus dem Anfange des 14. Jahrh. her[36]). Seit dem 14. Jahrh. mehren sich die Spielverbote in den Stadtrechten; sie wurden an demselben Orte oft erneuert, geändert, geschärft oder auch gemildert. Auch in der Landesgesetzgebung, seitdem die größere Einwirkung der Landesregierungen auf die Rechtsbildung mit dem 15. und 16. Jahrh. stattfand, geschah dasselbe, theils in den Landes- und Polizeiordnungen, theils in besonderen Verordnungen, gewöhnlich in Verbindung mit den damals häufigen Luxusgesetzen, wodurch dem Aufwande in der Kleidung, der Schwelgerei bei Hochzeiten und Leichenschmäusen gesteuert werden sollte. Schon früher waren die auf das Spiel bezüglichen Bestimmungen nicht überall dieselben gewesen; nunmehr aber, seit man das Spiel gewissermaßen auf das Gebiet des Strafrechts hinübergezogen hatte, zeigt sich eine um so größere Verschiedenheit, ein gewisses Schwanken. Es lassen sich jedoch die dabei leitenden Grundansichten ziemlich sicher herausfinden. Dabei ist Folgendes zu beachten. a) Die Verbote und Strafgesetze gingen zunächst gegen gewisse Arten von Spielen, namentlich gegen das eigentliche Doppel- oder Würfelspiel, oder auch gegen andere gleichartige, unter dem Gattungsnamen des Doppelspieles mitbegriffene Spiele, welche oft besonders benannt, bisweilen aber auch ganz allgemein bezeichnet wurden, als Spiele „damit man den Pfennig verlieren kann,“ „das an den Pfenning,“ „an Gewinn und Verlust geht,“ worunter nicht jedes Spiel um Geld, sondern nur ein solches Spiel gemeint ist, bei welchem man leicht viel Geld verlieren kann, welches den Wohlstand und die Sittlichkeit gefährdet. b) In anderen Gesetzen wird, ohne daß eine besondere Gattung von Spielen erwähnt wird, ganz allgemein das hohe Spielen verboten, welcher relative Begriff sehr verschieden bestimmt wird. c) Bisweilen wird das Spielen auf Borg, ohne Rücksicht auf die Größe der Summe und die Art des Spieles, für strafbar erklärt; jedoch war dies nicht so allgemein der Fall, wie bei den an sich schädlichen und gefährlichen Spielen. Die früher zur Ausbildung gekommene Ansicht, daß bei dem Spiele auf Borg die Schuld nicht klagbar war, erhielt sich aber und ist auch in die Reichsgesetzgebung übergegangen[37]). d) Eine nur ausnahmsweise weitergehende Beschränkung des Spieles ist das Verbot

32) Glosse zum Sächs. Landr. B. 3. Art. 6. 33) Rechtsb. K. Ludwig's von Baiern von 1346 Art. 272. 273 in v. Freyberg, Samml. 4. Bd. S. 478. 34) So hält die Glosse zum Sächs. Landr. B. 3 Art. 6 den Spieler für viel ärger als einen Räuber. Vergl. auch Alt. Culm. Recht Art. 78 und Alte Augsb. Stat. Art. 307.

35) Z. B. nach dem Hamburg. Stadtr. von 1497 Art. 15. 36) Statuta Gottingensia von 1331 bei Pufendorf, Observ. T. III. p. 192. Brem. Stat. von 1303 Art. 12. 37) [illegible] und [illegible] von 1570 §. 211, was die einzige reichsgesetzliche Bestimmung über das Spiel ist.

des Spielens um Geld überhaupt. — Wo ein solches allgemeines Spielverbot nicht vorhanden war, da war durch den Gang der teutschen Rechtsentwickelung ein Unterschied zwischen erlaubten und verbotenen Spielen begründet, wobei nicht sowol an die verschiedenen civilrechtlichen, als vielmehr strafrechtlichen Wirkungen zu denken ist. Ein erlaubtes Spiel ist dasjenige, wobei weder die Spieler noch die Beförderer des Spieles in Strafe verfielen, aber auch den Gewinn nicht einklagen, noch sich dessen Bezahlung auf andere Weise sichern konnten, was auf dem schon vor der Entstehung des Unterschiedes zwischen erlaubten und verbotenen Spielen zur Geltung gekommenen allgemeinen Grundsatze von der Nichtklagbarkeit der Spielschulden beruhte. Dieser Grundsatz ist durch das Hinzukommen der Spielverbote später nicht geändert worden; vielmehr findet sich neben den Strafbestimmungen in manchen Gesetzen die Nichtklagbarkeit noch ausdrücklich ausgesprochen. Das Spiel war mithin nach der allmäligen Gestaltung des teutschen Rechts niemals klagbar, in gewissen Fällen strafbar. Die Nichtklagbarkeit des Spieles war aber ebenso, wie die spätere Bestimmung von Strafen für gewisse Fälle, eigentlich eine polizeiliche Maßregel zur möglichsten Abwendung der durch übermäßiges Spielen der Sittlichkeit und dem Wohlstande drohenden Gefahr. Die teutsche Gesetzgebung hielt das Spielen ebenso wenig für unzulässig, als sie sich gleichgültig dagegen verhielt; sie bezweckte vielmehr, das Spiel in seinen natürlichen Schranken zu halten, was dann der Fall war, wenn es zur Unterhaltung, nicht um des Gewinnstes willen betrieben wurde. Um das Spiel in diesen natürlichen Schranken zu halten und den unglücklichen Spieler zu verhindern, in der Leidenschaft große Summen oder gar das ganze Vermögen auf die Karte oder den Fall der Würfel zu setzen, stellte man den Grundsatz auf, daß man niemals mehr, als man bei sich führte, verspielen, und wenn es geschehen, die Forderung nicht rechtsbeständig sein sollte. Dies war aber zur Verhinderung des dem Wohlstande und der Sittlichkeit gefährlichen Spieles unzureichend, weil man zu dem Spiele große Summen bei sich tragen konnte. Deshalb wurden Strafbestimmungen erlassen, theils gegen jedes hohe Spiel, theils besonders gegen gewisse gefährliche und schädliche Spiele, welche auf Reiz der Gewinnsucht berechnet waren, gerichtet. Bei Verboten der letzteren Art war der Hauptzweck Verhinderung des Spielens aus gewinnsüchtiger Absicht. Diese im 14. und 15. Jahrh. immer vollständiger entwickelten und zu weiterer Verbreitung gelangten teutschen Rechtsgrundsätze finden sich auch in der Gesetzgebung der einzelnen teutschen Länder häufig wieder, ohne daß eine Einwirkung der fremden recipirten Rechte dabei sich zeigt. Aber auch da, wo in den Landesgesetzgebungen eine Berücksichtigung des römischen Rechts hervortritt, bleiben sie doch im Wesentlichen bei den teutschen Rechtsgrundsätzen stehen oder kehren auch wol wieder zu denselben zurück, wie dies namentlich in der Gesetzgebung des Königreichs Sachsen der Fall ist.

3) Verhältniß der römischen Rechtsgrundsätze über das Spiel zum älteren und jetzt geltenden teutschen Rechte. a) Anwendbarkeit der römischen Rechtsgrundsätze überhaupt. Ueber die Anwendung der Grundsätze des römischen Rechts über das Spiel in Teutschland gibt es zwei entgegengesetzte Ansichten. Die eine hält das römische Recht für ganz unanwendbar und den Spielvertrag gemeinrechtlich für ein erlaubtes und vollkommen verbindliches Rechtsgeschäft. Man beruft sich zur Begründung dieser Ansicht theils auf das Naturrecht, theils auf teutsche Sitte und Rechtsansicht, welche man aus der bekannten Aeußerung des Tacitus und mit einem Sprunge in die neueste Zeit aus stillschweigender Billigung der Regenten ableitete. Diese Begründung ist aber ganz ungenügend, um so mehr, als aus Unkenntniß der teutschen Rechtsgeschichte eine von der römischen angeblich ganz abweichende teutsche Rechtsansicht aufgestellt wird. Die andere Ansicht behauptet die Anwendbarkeit des römischen Rechts aus dem allgemeinen Grunde der Reception desselben im Ganzen. Wenn man aber aus diesem Grunde die Anwendbarkeit behauptete, so mußte man consequenter Weise auch annehmen, daß, wie es das prätorische Edict bestimmte, wegen eines Diebstahls zur Zeit des Spieles nicht geklagt werden, und derjenige, welcher in seiner Wohnung Spiele geduldet hat, straflos gemishandelt werden könne. Gewöhnlich beruft man sich hinsichtlich der Unanwendbarkeit dieser, allerdings mit unseren Sitten schwer vereinbaren Vorschriften auf eine entgegenstehende Praxis. Die Behauptung von der Anwendbarkeit des römischen Rechts ist zu beschränken: 1) auf dessen Unterscheidung zwischen erlaubten und unerlaubten Spielen, 2) auf die Nichtklagbarkeit einer aus unerlaubten Spielen herrührenden Schuld, 3) auf das Recht zur Zurückforderung des gezahlten Gewinnstes. Das Folgende enthält eine nähere Betrachtung dieser Sätze in ihrem Verhältnisse zu den in Teutschland schon vor der Einführung des römischen Rechts entstandenen Rechtsgrundsätzen und der Art und Weise, wie die Juristen in dem Willen und in der Meinung, rein römisches Recht anzuwenden, sie aufgefaßt haben. b) Unterscheidung zwischen verbotenen und erlaubten Spielen nach römischer und heutiger Rechtsansicht. Hinsichtlich der Unterscheidung zwischen verbotenen und erlaubten Spielen war das in Teutschland ausgebildete Princip folgendes: erlaubt sind die Spiele, welche zur ehrlichen Ergötzlichkeit und zur Kurzweil, verboten die, welche in gewinnsüchtiger Absicht betrieben werden, daher der Regel nach gewisse Spiele, deren ganze Einrichtung auf den letzteren Zweck berechnet ist und welche auch gewöhnlich dazu gebraucht werden, und alle hohen Spiele. Im römischen Rechte hingegen sind alle Spiele um Geld unerlaubt, wovon nur die Spiele ausgenommen werden, welche zur Uebung kriegerischer Tugenden dienten (ludi, qui virtutis causa fiunt). Die Juristen, deren germanische Rechtsanschauung mit zu dem römischen Rechte hinzutrat, deuteten dasselbe so, daß es alle Spiele erlaube, welche zur Uebung der Leibes- und Geisteskräfte dienten; sie nahmen an, daß dieses bei allen Spielen der Fall sei, deren Aus-

übung einen Kraftaufwand und Fertigkeit, ein Erlernthaben der Sache und eine Anwendung dieser Kunst verlange; diesen Spielen ständen dann diejenigen gegenüber, bei welchen dieses nicht der Fall sei, sondern lediglich Glück oder Zufall entscheide; es seien daher die *Kunstspiele* erlaubt, die *Glücksspiele* dagegen verboten. Auf diese Weise schob man dem römischen Rechte eine demselben eigentlich fremde Ansicht unter, indem das römische Recht die sogenannten Kunstspiele, wenn sie nicht virtutis causa betrieben werden, vor den Glücksspielen nicht begünstigt. Damit brachte man das römische Recht dem, was im germanischen Europa bisher üblich war, näher, indem die gefährlichen schädlichen Spiele, auf welche sich die teutschen Spielverbote vorzüglich bezogen, meistens Glücksspiele in diesem Sinne waren. Weil sich aber jene Eintheilung nicht streng durchführen ließ, indem auch bei Spielen, welche eine gewisse Fertigkeit voraussetzen, der Zufall mitwirkt, die Lenkung nur mehr oder weniger vom Spieler abhängt, so schoben schon die italienischen Rechtsschulen als eine Mittelclasse die gemischten Spiele ein. Diese drei Classen, Kunstspiele, Glücksspiele und gemischte Spiele, finden sich bei den älteren Schriftstellern über das Spiel und bei mehren italienischen Criminalisten, in Teutschland namentlich bei den sächsischen Juristen. Sie gingen auch in die teutschen Gesetze über. Durch das Einschieben der gemischten Spiele wollte man einer ungenügenden Eintheilung in Glücks- und Kunstspiele nachhelfen, kam aber in sofern in Verlegenheit, welche der üblichen Spiele dahin gerechnet werden sollten, da die erforderliche Geschicklichkeit oft eine sehr geringe ist. Nicht das Glück allein, nicht die Geschicklichkeit allein bestimmt bei einem Spiele den Ausgang; selbst bei den entschieden sogenannten Glücksspielen ist, abgesehen von der Wahrscheinlichkeitsberechnung, die Ruhe des Spielers nicht ohne Einfluß. Wollte man jene dreifache Eintheilung auch gelten lassen, so ist doch zweifelhaft, ob die gemischten Spiele zu den verbotenen oder erlaubten zu rechnen seien. Die älteren Juristen zählen sie meistens zu den verbotenen, obwol es nicht an einer entgegengesetzten Ansicht fehlt. Diese Unsicherheit findet sich auch in den teutschen Landesgesetzen, namentlich in den kursächsischen. Auch in der Anwendung hat sich das Misliche jener Eintheilung fühlbar gemacht. Die Gesetzgebung fast aller teutschen Staaten verbietet Hazardspiele und erklärt dieselben oft dahin, daß es Spiele seien, bei welchen Glück oder Zufall allein oder hauptsächlich entscheide; wo dies nicht geschehen, glaubte man beides für gleichbedeutend halten zu müssen. Welche Spiele zu den Hazardspielen zu rechnen seien, darüber war man zweifelhaft, und selbst da, wo die Gesetzgebung Hazardspiele für Glücksspiele erklärt hat, legte man darauf kein Gewicht, sondern glaubte, einen anderen Begriff des Hazardspieles aus der Natur der Sache, den im Gesetze gegebenen Beispielen und dem klar vorliegenden Zwecke der Gesetzgeber ableiten zu müssen. Der Begriff, welchen neuere Juristen davon aufstellen, enthält eine Rückkehr zu demjenigen, was schon ältere Gesetze und Statuten enthalten, daß besonders die *gefährlichen, wachsenden* Spiele, ohne daß es darauf ankommt, ob der Ausgang lediglich durch das Glück bestimmt wird oder zugleich eine gewisse Geschicklichkeit mit dazu beiträgt, einer Beschränkung durch die Gesetzgebung unterliegen müssen. Auch hat man nicht verkannt, daß nicht blos die eigentliche Beschaffenheit und Einrichtung des Spieles dasselbe zu einem gefährlichen macht, sondern auch die Art und Weise seiner Betreibung. Daher haben die Juristen auch da, wo das hohe Spiel nicht verboten oder den Hazardspielen völlig gleichgestellt ist, als selbstverständlich angenommen, daß Spiele überhaupt nur unter der Voraussetzung, daß sie nicht durch unverhältnißmäßig auf das Spiel gesetzte Summen zu Hazardspielen werden, als erlaubt betrachtet werden konnten. Dies kommt darauf hinaus, daß die gewinnsüchtige Absicht eigentlich das Entscheidende ist, nicht blos in sofern, als ihr Vorhandensein ein an sich nicht gefährliches und sonst erlaubtes Spiel zu einem verbotenen macht, sondern auch, als bei dem Mangel dieser Absicht ein sonst unerlaubtes Spiel diese Eigenschaft verliert. Dies ist die Ansicht schon älterer sächsischer Juristen, welchen sich neuere anschließen, sowie der Verfasser des preußischen Landrechts [39]). Mithin sind die Juristen immer wieder, ohne sich dessen klar bewußt zu sein, zu dem teutschen Unterscheidungsmerkmale zwischen verbotenen und erlaubten Spielen zurückgeführt worden, nämlich dazu, ob gewinnsüchtige Absicht bei dem Spiele vorhanden sei oder nicht. c) *Wirkung des Unterschiedes zwischen verbotenen und erlaubten Spielen; Nichtklagbarkeit der Spielschuld und Strafbarkeit des verbotenen Spieles.* Nach römischem Rechte ist nur die Forderung aus einem erlaubten Spiele klagbar; nach der Aufhebung der auf Betreibung unerlaubter Spiele gesetzten Strafe durch Justinian ist die Nichtklagbarkeit und das Rückforderungsrecht die mit dieser Unterscheidung verknüpfte Hauptwirkung. Der in Teutschland vor und nach Einführung des römischen Rechts in Statuten und Landesgesetzen ausgesprochene Grundsatz, daß niemals auf Borg gespielt werden solle, ist als gemeinrechtlich noch jetzt zu betrachten, weil die unveränderte Fortdauer dieses älteren teutschen Rechtssatzes durch dessen Uebergang in zahlreiche, erst nach der Reception des römischen Rechts entstandene particulaire Rechtsquellen bewiesen wird. Auch die Reichsgesetzgebung bestätigt die Gemeingültigkeit der Nichtklagbarkeit jeder Spielschuld; denn die Bestimmung der Reiterbestallung von 1570 §. 211 ist nach dem früher entwickelten geschichtlichen Zusammenhange keine besondere, nur für das Reichsheer geltende Verordnung, wofür sie gewöhnlich angesehen wird, sondern sie ist die Anwendung eines allgemeinen Rechtsgrundsatzes auf einen besonderen Fall, erkennt also diesen Grundsatz an und bestätigt ihn. Aber auch die richtige Auffassung des römischen Rechts ergibt die Nichtklagbarkeit fast aller bei uns üblichen Spiele, da im römischen Rechte nur die aus Kampfspielen und nach Justinian's Verordnung nur aus fünf genannten Spielen dieser Art entstehenden Forderungen als

---

39) Preuß. Landr. Th. II. Tit. 20. §. 1298.

rechtsbeständig anerkannt werden. Manche Juristen haben dieses anerkannt; andere dagegen legen unter Nichtbeachtung dieser speciellen Bestimmungen des römischen Rechts demselben die Ansicht unter, daß es Glücksspiele verbiete, Kunstspiele zulasse, und daß die Aufzählung gewisser erlaubter Spiele in den Digesten als Aufführung von Beispielen zu betrachten sei, es daher noch andere Spiele, welche eine klagbare Forderung begründeten, gegeben habe, was analog auf die bei uns üblichen Spiele anzuwenden sei; eine Ansicht, welche selbst in die Gesetzgebung einzelner teutscher Länder übergegangen ist, in deren Bestimmungen man aber nur Abweichungen vom gemeinen Rechte erblicken kann. Die von manchen Juristen schon nach römischem Rechte behauptete Ungiltigkeit eines Vergleiches über eine Schuld aus verbotenem Spiele muß vom Standpunkte des teutschen Rechts auf alle Spielschulden bezogen werden; ebenso ist hiernach jedes Rechtsgeschäft für ungültig zu achten, wodurch der ein Prohibitivgesetz enthaltende Grundsatz, daß nicht auf Borg gespielt werden soll, umgangen wird. Schon in älteren Statuten wird mehrfach der Ungültigkeit einer für eine Spielschuld geleisteten Bürgschaft gedacht, und Particulargesetze erklären Schuldverschreibungen und Wechsel, welchen eine Spielschuld zum Grunde liegt, zu deren Verdeckung sie dienen sollen, für ungültig. — Der Unterschied des verbotenen Spieles vor dem erlaubten zeigt sich nach teutschen Rechtsgrundsätzen darin, daß das erlaubte nur nicht klagbar, das verbotene zugleich strafbar ist. Daher behandeln die älteren Criminalisten das Spiel als Gegenstand des Criminalrechts, ohne dazu durch das römische Recht eine Veranlassung zu haben, welches vielmehr die Strafbarkeit fast durchgehends aufgehoben hat. Uebereinstimmend lehren sie, daß eine außerordentliche Strafe eintreten müsse, Geld- oder Gefängnißstrafe, welche der Richter nach Beschaffenheit der Umstände und der Person zu bestimmen habe. Fast ebenso übereinstimmend scheiden die neueren Juristen das Spiel aus dem gemeinen teutschen Strafrechte aus, weil es an einem Strafgesetze fehlt. Allein da die Unterscheidung zwischen erlaubten und verbotenen Spielen in Teutschland schon vor der Einführung des römischen Rechts vorhanden war und die Strafbarkeit der letzteren sich erst auf neuere, erst nach der Annahme des römischen Rechts entstandene particularrechtliche Normen gründet, so ist die Ansicht der älteren Criminalisten richtiger. Der Mangel einer Strafsatzung in der peinlichen Gerichtsordnung Kaiser Karl's V. oder in einem anderen Reichsgesetze ist unerheblich, weil nicht behauptet werden kann, daß alles gemeine teutsche Recht auf die Reichsgesetze sich zurückführen lasse. Ebenso wenig läßt sich eine Derogation durch das römische Recht, sodaß dessen Begriff von verbotenen und erlaubten Spielen den früheren verdrängt hätte, mit Grund behaupten. Die teutsche Particulargesetzgebung, bei aller ihrer Verschiedenheit im Einzelnen, bestätigt die Fortdauer der teutschen Unterscheidung der erlaubten und verbotenen Spiele; das Vorhandensein von Strafgesetzen in fast allen teutschen Staaten hat zur Ausschließung des Spieles aus dem Gebiete des gemeinen teutschen Strafrechts in sofern mitgewirkt, als doch dadurch eine eigentliche Lücke für die Rechtsanwendung nicht entstanden ist. Wo solche particulaire Strafnormen fehlen oder die vorhandenen nicht hinreichen, bieten die älteren Statuten und Gesetze gewisse Regeln dar, welche den Richter bei seinem Ermessen leiten können. d) **Recht zur Zurückforderung des bezahlten Spielverlustes.** Bei den nach teutschrechtlichen Grundsätzen erlaubten Spielen kann von dem Rechte der Zurückforderung des verspielten Geldes nicht die Rede sein. Das Spielen auf Borg ist zwar bei einem solchen nicht gefährlichen und nicht unmäßigen und daher auch nicht strafbaren Spiele unzulässig, allein es kommt hier der Grundsatz zur Anwendung, daß das, was Einer dem Anderen freiwillig gibt, letzterer ohne Gefährde nehmen kann, ein Grundsatz, welcher sich schon in Stadtrechten findet und auch in neueren Landesgesetzen anerkannt ist[39]). Schwieriger ist die Sache bei den verbotenen Spielen. Indessen muß da, wo Particulargesetze die Confiscation des verspielten Geldes anordnen, ein Rückforderungsrecht von Seiten des Verlierenden dadurch für ausgeschlossen erachtet werden; wo aber nicht Confiscation, sondern andere Strafen angedroht sind, erscheint das Rückforderungsrecht deshalb als statthaft und in der Absicht des Gesetzgebers liegend, weil es dem Willen des Gesetzgebers nicht entspricht, daß der Spieler aus seiner unerlaubten Handlung einen Gewinn habe, und dieser Gewinn ihm in Ermangelung der Confiscation nur durch die Rückforderung von Seiten des Verlierenden wieder entzogen werden kann. Geht doch selbst das römische Recht, indem es dem Verlierenden das Rückforderungsrecht gestattet, von dem sonst geltenden Grundsatze in pari causa melior est conditio possidentis, ab. e) **Rückforderung eines zum Spiele gemachten Darlehns.** Das römische Recht enthält über die Frage, ob ein zum Spiele gemachtes Darlehn zurückgefordert werden könne, keine Bestimmung. Man pflegt indessen aus verschiedenen Aeußerungen die Unstatthaftigkeit einer solchen Klage abzuleiten. Es kann aber nur angenommen werden, daß nach römischem Rechte eine solche Klage durch die Einrede, das Darlehn sei wissentlich zum Spiele gegeben worden, zerstört werden könnte, indem die Klage nur des gegebenen Darlehns, nicht aber, daß dasselbe zum Spiele vorgestreckt worden sei, Erwähnung thun wird. Sollte jedoch auch des letzteren Umstandes Erwähnung geschehen sein, so würde der Richter die Klage von Amtswegen abweisen müssen. Es ist aber nur das teutsche Recht hier allein entscheidend. Aus dem bestimmten, gemeinrechtlich anerkannten Gebote, daß nicht auf Borg gespielt werden soll, folgt, daß selbst bei nicht strafbaren Spielen das Darleihen von Geld, geschehe es von einem Mitspieler oder von einem Dritten, unzulässig sei. Daher finden sich auch in älteren und neueren Statuten und Gesetzen die Bestimmung, daß Niemand Geld zum Spiele darleihen, das dazu vorgestreckte Darlehn nicht solle zurückgefordert werden können, daß der Richter darüber nicht solle erkennen können.

39) Preuß. Landr. Th. II. Tit. 1. §. 577. 578.

II. Wette. Was das römische Recht betrifft, so ist in neuerer Zeit bezweifelt worden, daß im Justinianeischen Rechte von der Wette jemals die Rede sei, und man hat gefragt, ob das Wetten in unserem Sinne bei den Römern gewöhnlich gewesen sei. Es kann aber daran nicht gezweifelt werden. Gewöhnlich und zum Theil sogar nothwendig waren bei den Römern die Proceßwetten. Die sacramenti actio, die allgemeinste Form des gerichtlichen Verfahrens zur Zeit der legis actiones, hatte die Gestalt einer Wette, indem beide Theile eine gleich große Summe niederlegten oder nachmals durch Bürgen versichern ließen, sodaß der im Processe unterliegende Theil die von ihm gesetzte Summe, aber nicht zum Vortheile des Siegers, sondern des Aerariums einbüßte[40]). Auch zur Zeit des Formularprocesses kamen solche Proceßwetten vor[41]). Im außergerichtlichen Verkehre waren Wetten nicht ungewöhnlich[42]). Der Unterschied der außergerichtlichen Wetten von den Proceßwetten scheint darin bestanden zu haben, daß die Wettsumme, weil ein Vertrag zum Besten eines Dritten unzulässig war, dem Gewinnenden zufiel, und daß Gleichheit dieser Summe auf beiden Seiten nicht verlangt wurde[43]). Zur gewöhnlichen Form der außergerichtlichen Wetten scheint nach dem Vorbilde der Proceßwetten gehört zu haben: 1) die Ernennung eines Wettrichters (judex sponsionis), welcher dem Einen oder Anderen den Sieg und damit die Wettsumme zusprach[44]); 2) die Niederlegung der Wettsumme bei dem Wettrichter[45]). Daher die Ausdrücke: in pignus vocare so viel als sponsione provocare, wetten, zur Wette auffordern; cum aliquo pignus contrahere, pignus dare s. ponere soviel wie sponsionem facere cum aliquo, eine Wette eingehen; pignore s. sponsione certare, contrahere, contendere[46]). Auch der teutsche Ausdruck: Wette bezeichnet ursprünglich jedes Pfand, insbesondere das durch Pfand bestärkte Versprechen, jedes Versprechen überhaupt und endlich den eigentlichen Wettvertrag. Das bisher Bemerkte dient zur besseren Erläuterung einer Pandektenstelle[47]), wo gegen denjenigen, welcher sponsionis causa Ringe empfangen hat, diese aber dem Sieger nicht ausantwortet, die actio praescriptis verbis gegeben, und bei einer inhonesta causa sponsionis nur die Zurückforderung des gegebenen Ringes für unzulässig erklärt wird. Der Erklärung, nach welcher diese Stelle nur von einem bedingten Versprechen, einer sponsio im weiteren Sinne, bei welcher der Eine der Spondenten und Empfänger des Ringes auch als Geber eines solchen gedacht worden sei, zu verstehen sein soll, steht schon das victori entgegen, und daß der Jurist dabei an eine eigentliche Wette gedacht habe, kann nach dem vorher von den Wetten bei den Römern Bemerkten nicht zweifelhaft sein. Es geht aber aus dieser Stelle augenscheinlich hervor, daß die Wetten im Allgemeinen vollgültige Verträge waren, und nur die ihrem Inhalte nach unsittlichen Wetten als nichtig betrachtet wurden. Unsittlich ist der Inhalt einer Wette nicht schon durch die Beziehung auf eine Unsittlichkeit, sondern wenn die Wette selbst zu unmoralischen Handlungen Veranlassung gibt, was ja nach einem allgemeinen, im römischen Rechte vorhandenen Grundsatze durch kein Rechtsgeschäft geschehen darf. Nach einer anderen Pandektenstelle haben einzelne Volksschlüsse (lex Titia, Publicia, Cornelia) Wetten über Kampfspiele für zulässig und also klagbar erklärt, und nach einer Bemerkung des Juristen Marcian sind Wetten über andere Spiele nicht erlaubt[48]). Der Grund, aus welchem der Senatsschluß gegen das Spielen um Geld eine Ausnahme zu Gunsten der Spiele, welche zur Uebung kriegerischer Fertigkeiten dienten, machte, hat auch das Gesetz veranlaßt, welches Wetten über Kunstspiele zuläßt. Die Volksschlüsse aber, welche letztere gestatten, sind ohne Zweifel älter als jener Senatsschluß, und es ist möglich, daß letzterer durch jene Volksschlüsse veranlaßt worden ist, wenn es gleich nach den betreffenden Pandektenstellen scheint, als wäre der Senatsschluß früher erlassen worden. Bemerkenswerth ist dabei, daß, während Wetten überhaupt nicht unzulässig waren, doch Wetten über Spiele, auch ohne besondere dagegen erlassene Gesetze, für unerlaubt gehalten wurden, wie dies jene Bemerkung des Marcian bestätigt. Der Grund davon liegt wol weniger in der Unsittlichkeit des Spieles um Geld, als vielmehr darin, daß nach der Ansicht der römischen Juristen die Wette über ein Glücksspiel selbst in ein solches überging, und daher eine solche Wette, wie jedes andere Geschäft, welches die Natur eines Glücksspieles annahm, gleich dem Glücksspiele selbst nicht klagbar war. Die Nichtklagbarkeit eines solchen Geschäftes, welches die Natur eines Glücksspieles annimmt, beruht nur auf Einer Pandektenstelle[49]); die entscheidenden Worte: si modo in aleae speciem non cadat lauten so in der florentiner Pandektenhandschrift; andere Handschriften und Ausgaben haben zwar die Lesart: in aliam speciem; für die Richtigkeit der florentinischen Lesart entscheidet aber die Autorität des unter Justinian lebenden Juristen Dorotheus[50]). Was das teutsche Recht betrifft, so werden in der großen Mehrzahl der älteren Quellen desselben die Wetten gar nicht erwähnt. Erst aus dem 14. und 15. Jahrh. finden sich hierauf bezügliche Satzungen, also aus einer Zeit, wo die Nichtklagbarkeit der Spielschulden fast allgemein anerkannt war,

40) *Gaj.* Inst. Comm. IV. §. 13. 41) *Gaj.* Inst. Comm. IV. §. 91. 93—95. 141. 165—168. 171. 42) Stellen dafür siehe bei *Turnebus*, Advers. VIII, 4. XVIII, 30. Bekannt ist die Wette zwischen Cleopatra und Antonius, bei welcher Ersterer behauptete, daß sie ein Mahl für 100,000 Sesterzen anrichten könne, was Letzterer bestritt; bei dieser Wette wurde Plancus zum Richter (judex sponsionis) ernannt, und Cleopatra gewann sie dadurch, daß sie eine ihrer kostbarsten Perlen in Wein auflöste. *Plin.* Hist. natur. IX, 57. Auch Plautus erwähnt der Wetten. 43) *Plaut.* Epidicus V, 2. 35. 44) *Plin.* Hist. natur. IX, 57. *Plaut.* Casina Prol. v. 71 seq. Mostellaria III, 1. 20 seq. 45) *Virgil.* Eclog. III, 29. *Ovid.* De arte amandi I, 168. *Plaut.* Persa II, 2. 4. 46) *Rost.* Commentat. Plautinae (Lips. 1836.) p. 78. 47) L. 17. §. 5. D. XIX, 5.

48) L. 2. §. 1. L. 3. D. XI, 5. 49) L. 5. D. XXII, 2. 50) Siehe das Nähere bei Heimbach in Weiske's Rechtslexikon, Artikel Spiel und Wette. 10. Bd. S. 413. Note 113.

und man bereits gewisse Spiele, hohes Spiel überhaupt oder Spielen auf Borg immer mehr als strafbar zu betrachten anfing. Aus denselben Gründen, welche diese besondere Gesetzgebung über das Spiel veranlaßt hatten, wendete man auch den Wetten besondere Beachtung zu. Das regensburger Stadtrecht von 1320 verbietet, um Spielgeld, Kugelgeld und Ueberwetten zu richten [51]). Der Sinn des Ausdrucks „Ueberwetten" ist hier zweifelhaft. Er kann übermäßige, dem hohen Spiele gleichstehende Wetten bedeuten. Das erwähnte Stadtrecht unterschied nämlich mäßige Spiele und hohe Spiele, d. h. solche, bei denen im Laufe eines Tages oder einer Nacht mehr als ein Pfund verloren wurde; hohe Spiele waren nicht nur nicht klagbar, sondern auch in sofern verboten und strafbar, als jeder Spieler den über ein Pfund sich belaufenden Betrag des Gewinnes oder Verlustes der Stadt als Brüche zahlen mußte. Das alte culmische Recht, Art. 79 erklärt Wetten um Wettlauf mit Pferden oder desgleichen für ein Spiel von Muthwillen, worüber der Richter nicht richten, auch die Schöffen kein Urtheil finden sollen. Dieselbe Rechtsquelle Art. 78 erklärt das Doppelspiel, worunter daselbst zunächst das Würfelspiel verstanden wird, für ein Spiel von Muthwillen. Nach dieser Rechtsquelle stehen demnach die Wetten dem Würfelspiele gleich. Das alte braunschweiger Stadtrecht verordnet in einer, nicht dessen erster Aufzeichnung angehörigen, Stelle [52]), daß jeder Bürger oder Schutzgenosse, welcher eines Tages über 5 Schillinge verdoppelt oder verwettet, dem Rathe 5 Pfund Brüche zahlen und im Falle des Unvermögens ein halbes Jahr aus der Stadt verwiesen werden soll. In diesen verschiedenen Verordnungen sind Wette und Spiel immer gleichgestellt und gleichmäßig beschränkt. Wahrscheinlich hat man aber dabei nur solche Wetten vor Augen gehabt, welche um des Gewinnes willen betrieben wurden und daher den Gewinn- oder Glücksspielen gleichzumachen sind [53]). Die nach der Zeit, wo die Herrschaft des römischen Rechts in Teutschland schon mehr befestigt war, entstandenen teutschen Rechtsaufzeichnungen unterscheiden sich von den älteren gesetzlichen Bestimmungen über die Wetten dadurch, daß in ihnen die Klagbarkeit der Wetten überhaupt entschieden hervorgehoben wird [54]). Die in diesen Statuten ausgesprochenen Grundsätze sind noch jetzt in der Theorie und Praxis als die herrschenden in den Ländern des gemeinen Rechts anerkannt, obschon nicht deshalb, weil man den darin enthaltenen teutschen Rechtsanschauungen folgen zu müssen glaubte, sondern weil man, mit geringen Ausnahmen, die Wette nach römischem Rechte als einen gültigen Vertrag ansah. Die Wette ist hiernach ein erlaubter und vollständig wirksamer Vertrag, sodaß die das Spiel betreffenden Gebote oder Verbote darauf nicht anwendbar sind. Der Unterschied zwischen Spiel und Wette, deren verschiedene Beurtheilung doch durch die Gesetze geboten war, ist aber bis zur neuesten Zeit nicht klar geworden. Von der Gültigkeit der Wetten behaupten die teutschen Juristen eine Ausnahme nur in Bezug auf diejenigen, welche über ein verbotenes Spiel eingegangen werden, indem man nur diese Beschränkung als im römischen Rechte begründet ansah. Die von Einigen angenommene Unzulässigkeit der Wetten auch über erlaubte Spiele steht im Widerspruche mit dem römischen Rechte. Jene Ausnahme hat aber in der Anwendung Schwierigkeiten, welche darin ihren Grund haben, daß der Begriff der verbotenen Spiele im römischen Rechte ein anderer ist als im teutschen Rechte. Im römischen Rechte sind verbotene Spiele diejenigen, wegen welcher eine Civilklage nicht stattfindet, und es werden dahin alle Spiele gerechnet, mit Ausnahme der gymnastischen, welche zum Kriege geschickt machen. In Teutschland gestattete man wegen einer Spielschuld eine Klage, bedrohte aber unter Umständen das Spiel auch mit Strafe, sodaß verbotene Spiele im teutschen Sinne nur die mit Strafe bedrohten sind. Nach römischem Rechte war das Spielen um Geld, wenn auch nicht mit Strafe bedroht, doch unzulässig, und es waren mit dem Betreiben und Fördern desselben gewisse Rechtsnachtheile verbunden; nach teutscher Rechtsansicht ist aber ein mäßiges Spiel, welches nur zur Unterhaltung und Erholung, nicht aus Gewinnsucht betrieben wird, zulässig und untadelhaft, obschon der Grundsatz festgehalten wurde, daß nicht auf Borg gespielt werden solle und deshalb eine Spielschuld nicht klagbar sei. Vom Standpunkte des römischen Rechtes aus wären Wetten über Spiele, außer den fünf gymnastischen von Justinian für erlaubt erklärten, ungültig; allein die Juristen haben die Ungültigkeit meistens nur auf die unerlaubten Spiele im teutschen Sinne, auf die Hazardspiele, bezogen. Unter Wetten über ein unerlaubtes Spiel verstand man regelmäßig das sogenannte Pariren. Die Frage, ob eine jede Wette, welche ein unerlaubtes Spiel betrifft oder dadurch veranlaßt worden ist, gleich dem Spiele selbst als unzulässig zu betrachten sei, läßt sich aus den Worten der römischen Gesetze nicht entscheiden und daher nur aus dem Grunde, auf welchem jene Beschränkung beruht, ableiten. Diesen Grund kann man nicht darin finden, daß das unerlaubte Spiel gegen die guten Sitten, und jede Wette, welche einen unsittlichen Inhalt hat, ungültig sei, weil nicht jede Wette, welche sich auf einen unsittlichen Gegenstand bezieht, unsittlich und daher ungültig ist, sondern die Wette, welche in sich selbst etwas Unsittliches enthält, indem sie unsittliche Handlungen veranlaßt oder befördert; vielmehr liegt der Grund darin, daß die Wette über ein verbote-

51) v. Freyberg, Samml. histor. Schriften. 5 Bd. S. 39. 52) Siehe Wilda in der Zeitschrift für deutsches Recht. 2. Bd. S. 148. 160. 161. 53) In der Nürnberger Reformation von 1479 T. VI. Art. 19 heißen solche Wetten Ritterwetten im Gegensatze des Ritterspieles durch Schießen oder Wettlauf, und sind verboten, während letztere Spiele erlaubt sind, in Folge des Einflusses des römischen Rechts, welches Spiele und Wetten virtutis causa gestattete. 54) Dieses geschieht namentlich in dem von Zasius verfaßten Freiburger Stadtrechte von 1520. Dessen Bestimmung ist in das Württembergische Landrecht von 1567 und dann in dessen noch geltende Bearbeitung von 1610 übergegangen, jedoch mit dem Zusatze, daß, wenn die Bezahlung der Wette dem verlierenden Theile zu hoch, nachtheilig oder beschwerlich wäre, solches zu Ermessen des Richters stehen solle. Diese Vorschriften sind ausführlicher in der Frankfurter Reformation Th. 2 Tit. 25 wiederholt.

nes Spiel, wofür bei den Römern jedes Spiel um Geld gehalten wurde, werde sie über den Ausgang des Spieles oder der einzelnen Spielhandlungen eingegangen, selbst zu einem Spiele wird. Es ist daher gemeinrechtlich jede Wette gültig, deren Gegenstand anständig ist und welche nicht in ein verbotenes Spiel ausartet. Die Ausartung einer Wette in ein verbotenes Spiel tritt ein, wo es sich für die Parteien nicht um ihre Behauptung handelt, sondern wo die Wette nur eine Entscheidung über Gewinn und Verlust, wie bei dem Glücksspiele, herbeiführen soll. Nur aus den Umständen läßt sich entscheiden, ob dies der Fall sei; in den meisten und wichtigsten Fällen wird es fast von selbst hervortreten. Eine Wette kann in ein Glücksspiel ausarten nicht blos bei Wetten über Spiele, sowol über erlaubte als unerlaubte, sondern auch bei Wetten, welche von einem Spiele unabhängig sind. Man kann als Grundsatz aufstellen, daß die Wette unter die verbotenen Spiele fälle, wenn die Gelegenheit dazu um des Gewinnes willen gesucht und ergriffen ist, ein Grundsatz, welchen auch Landesgesetze aufgestellt haben 35). Auf Wetten bei dem Spiele ist dies nicht zu beschränken, da ja auch sonst ebenso aus Gewinnsucht gewettet werden kann. Es läßt sich daher die Regel nicht so, wie von Manchen geschieht, fassen, daß eine Wette klagbar sei, sofern sie nicht über ein Spiel angestellt wird, sondern vielmehr so, daß nur die eigentlichen Wetten vollgültig sind, nicht aber die um des Geldgewinnes eingegangenen sogenannten Wetten, welche nichts Anderes als Glücksspiele sind. Durch die Aufnahme der Grundsätze des römischen Rechts ist auch den älteren Teutschen keineswegs derogirt worden, indem eigentlich nur ein scheinbarer Widerspruch zwischen beiden stattfand, sofern das römische Recht in L. 17. §. 5. D. XIX, 5, worin die Zulässigkeit der Wetten vorausgesetzt wird, die eigentlichen Wetten betrifft und diese für zulässig erklärte, während die älteren teutschen Statuten nur die Afterwetten, die Wetten, „die Gelds und Guts wegen geschehen," verhindern wollten. Das teutsche Recht stellt aber noch eine weitere Regel auf, daß die Rechtsbeständigkeit einer Wette durch die Mäßigkeit der Wettsumme bedingt wird. Wird auch die Gemeinrechtlichkeit dieser Regel von Manchen in Abrede gestellt und ist auch deren Begründung im römischen Rechte nicht erweislich, so ist sie doch von Theoretikern und Praktikern, selbst solchen, welche dem römischen Rechte möglichst folgen, wenn auch unter Modificationen, anerkannt worden. Man hat die Regel durch eine allgemeine Praxis zu rechtfertigen versucht, welche aber ihrem Ursprunge nach nur in einer offenbaren Ueberschreitung aller richterlichen Befugnisse ihren Grund haben würde, wenn sie auf der bloßen Ueberzeugung der Gerichte von der Verderblichkeit und Schädlichkeit übermäßiger Wetten beruhte. Vielmehr sind die Juristen auch hier nur einer schon vor Einführung des römischen Rechts herrschenden, ihnen überlieferten Rechtsansicht gefolgt. Nach den in Teutschland herrschend gewordenen Ansichten nämlich war die Gültigkeit der Wetten überhaupt beschränkt, indem jede nur aus Gewinnsucht eingegangene Wette ungültig und dem Spiele gleichgeachtet war, und ebenso jeder nicht „bedächtlich," sondern in Leidenschaft eingegangene Wettvertrag ungültig war. Letztere Bedingung, daß der Wettvertrag „bedächtlich" eingegangen sein müsse, findet sich in den Freiburger Statuten; Zasius, der Verfasser derselben, kann sie aus dem römischen Rechte, wo sie sich nicht findet, nicht entlehnt haben. Eine mit dem Vermögen der Wettenden nicht im Verhältnisse stehende Wette aber betrachtete man, wenn sie nicht einem besonderen Strafgesetze unterlag, als eine nicht mit Bedacht eingegangene. Eine solche widersprach dem Wesen der Wetten, wie man es sich in Teutschland vorstellte 36). Es fehlte mithin nach teutscher Rechtsansicht einer solchen Wette eine Bedingung ihrer Klagbarkeit. Nach Einführung des römischen Rechts stellten die Juristen ganz allgemein die Gültigkeit der Wetten als Hauptgrundsatz an die Spitze; daher bildete sich nun bald die Ansicht, daß jede Beschränkung möglichst eng zu nehmen sei, und daß folglich bei einer hohen Wette der Richter die Klage nicht verwerfen dürfe, sondern das Recht und die Pflicht zur Ermäßigung der Wettsumme habe. Hin und wieder dagegen folgte man der Ansicht, daß der Richter zwar die Klage wegen einer zu hohen Wettsumme zurückweisen, nicht aber die Wettsumme ermäßigen dürfe. Als Grenze für hohe und niedere Wetten betrachtete man regelmäßig die für Schenkungen im gemeinen Rechte hinsichtlich der Insinuation maßgebende Summe von 500 solidi, sodaß man als eine hohe Wette diejenige betrachtete, bei welcher ein Wettpreis über 5(X) Goldgulden ausgesetzt war; gleich stellte man diejenige, durch deren Erfüllung der verlierende Theil sich und den Seinigen den Lebensunterhalt entziehen müßte. Diese Grenzen sind aber zu weit, in Erwägung, daß teutsche Statuten und Landesgesetze viel niedrigere Beträge der zu verspielenden Summen bestimmen und dieselben zum Theil auch für erlaubte Wetten festsetzen, und in weiterem Betracht, daß eine Wette schon, wenn die Erstattung dem Verlierenden „nachtheilig oder beschwerlich" als eine hohe Wette nach landrechtlichen Bestimmungen galt. — Alle übrigen Rechtssätze, welche wol sonst noch als Bedingungen einer rechtsbeständigen Wette aufgestellt werden, enthalten nur Anwendung allgemeiner, auch bei anderen Verträgen in gleicher Weise geltenden Rechtsgrundsätze. Selbst der Satz, daß der Gegenstand der Wette nicht unsittlich und unerlaubt sein dürfe, gehört hierher; ebenso der Satz, daß eine scherzhafte oder lächerliche Wette ungültig sei, indem es an dem ernstlichen Willen sich zu verpflichten fehlt, welcher ja auch bei allen anderen Verträgen erfordert wird. Die Ungewißheit des Gegenstandes hat man wol früher verlangt, aber mit Unrecht. Man verlangte dies in der Meinung, daß die Wette sich immer auf ein erst künftig zur Entscheidung kommendes Ereig-

35) Preuß. Landr. Th. II. Tit. 20. § 1302.

36) So sagt die Frankfurter Reformation Th. 2. Tit. 26: „es wäre denn die Summe der Wette übermäßig — denn die Wetten nicht um Kurzweil, denn Gelds und Guts wegen zu geschehen pflegen und sollen",

als begleiten müsse. Man sah aber ein, daß es weniger auf den Eintritt des Ereignisses, als auf die den Wettenden bereits davon beiwohnende Kenntniß ankomme. Ebenso konnte man nicht übersehen, daß ein bereits längst feststehender Umstand Gegenstand widerstreitender Behauptungen und daher auch einer Wette sein könne; hier aber verlangte man, daß nicht etwa einer der Wettenden entschiedene Gewißheit über den Umstand, auf welchen sich die Wette bezog, habe; hatte er solche, so ließ man die Wette nicht zu. Diese noch nicht ganz aufgegebene Ansicht hat ihren Grund in der nicht gehörigen Trennung von Wette und Spiel, darin, daß man die Entscheidung über Gewinn und Verlust als Zweck der Wette ansah, weshalb man, wenn die Sache an sich nicht ungewiß war, mindestens Zweifel darüber von Seiten beider Wettenden verlangte. Aber die Voraussetzung ist vielmehr eine auch durch Widerspruch nicht zu erschütternde Ueberzeugung von der Richtigkeit einer Behauptung, obwol sich auch andere Beweggründe einer Wette denken lassen, wie Rechthaberei, Sucht, mit Wissen zu glänzen u. s. w. Es kann daher über einen, objectiv wie subjectiv für die behauptende Partei völlig gewissen Gegenstand, sei derselbe Gegenstand allgemeiner Wissenschaft oder eines auf besonderen Gründen beruhenden subjectiven Wissens, geistiger oder sinnlicher Wahrnehmung, eine Wette gültig eingegangen werden. Es wird hier von Vielen verlangt, daß derjenige, welcher über einen Gegenstand wettet, welchen er gewiß wisse oder kenne, dies seinem Gegner mitgetheilt haben müsse, wenn die Wette gültig sein solle[57]). Allein nicht bei allen Wetten kann eine solche besondere Mittheilung seiner Wissenschaft verlangt werden, z. B. wenn über einen Gegenstand eigentlicher wissenschaftlicher Kenntniß eine Wette eingegangen werden sollte, etwa über irgend eine historische Thatsache, über die Richtigkeit einer Berechnung. Hier würde die Versicherung, daß man es ganz gewiß wisse, sich auf sein Gedächtniß verlassen könne, ganz überflüssig sein; juristisch könnte man nicht einmal verlangen, daß der Wettende dem Gegner etwa noch sage, er habe es vor Kurzem erst gelesen oder eben nachgeschlagen u. s. w. Auch da, wo schon die Umstände ergeben, daß Jemand von gewissen Sachen eine bessere Kenntniß als Andere haben müsse, kann man ein besonderes Hervorheben seiner Wissenschaft, welche gleichsam eine Warnung für den Gegner ist, nicht zu wetten, nicht fordern; der Gegner muß es sich, wenn er die Verhältnisse kannte, selbst zuschreiben, wenn ihn der Nachtheil verwegener Behauptungen trifft. Nur das kann man von den Wettenden verlangen, daß sie nicht arglistig gegen einander verfahren, was bei Wetten ebenso unzulässig ist, wie bei anderen Verträgen. Eine solche Arglist würde demjenigen zur Last fallen, welcher sich den Schein gibt, einer Sache minder gewiß zu sein, als es der Fall ist, um seinen Gegner dadurch sicher zu machen, ihn in seiner Behauptung zu bestärken; ferner demjenigen, welcher sich zweideutiger, verfänglicher Worte bedient. Die Juristen, welche an die Stelle dieser negativen, allgemeinen Erfordernisse mehr besondere, positive setzen wollen, sind wol, so weit nicht Verwechselung von Spiel und Wette sie geleitet hat, durch die Meinung, die Wette in gewisser Weise zu beschränken, ohne darum mit dem allgemeinen Grundsatze ihrer Rechtsbeständigkeit in Widerstreit zu treten, bestimmt worden. In Deutschland war dieselbe Tendenz schon vor und zur Zeit der Einführung des römischen Rechts zur Geltung gekommen. Sie findet sich auch in den neueren Gesetzbüchern wieder; in keinem derselben wird die Klagbarkeit auch nur mäßiger, nicht in ein Glücksspiel ausartender Wetten, in dem Umfange, wie solcher im gemeinen Rechte anerkannt ist, angenommen[58]). — Selbstverständlich kann jeder einzelne Staat auch Glücksspiele gestatten. Indessen folgt aus der bloßen polizeilichen Gestattung eines solchen noch nicht Klagbarkeit der durch ein solches gewirkten Schulden oder Ausschließung der Rückforderung des bezahlten Spielverlustes; die polizeiliche Gestattung hebt nicht die privatrechtlichen, sondern nur die strafrechtlichen Folgen solcher Spiele auf. Anders verhält es sich, wenn der Staat ein Glücksspiel privilegirt, ja sogar unter seiner Auctorität es betreiben läßt; dann sind auch die gemeinrechtlich bestimmten privatrechtlichen Folgen aufgehoben. Einzelne solcher privilegirten Glücksspiele sind die Lotterie, das Lotto, weshalb auf die betreffenden Artikel zu verweisen ist.

(*C. W. E. Heimbach.*)

GLÜCKSTADT, Stadt von 6000 Einwohnern im Königreiche Dänemark, Herzogthum Holstein, in Stormarn, in einer Ebene an der hier eine Meile breiten Elbe, wo sich der kleine Rhin (Rhyn) in diesen Strom ergießt und an der altona-kieler Eisenbahn 6½ Meilen von Altona, 7¾ Meilen von Kiel. Die Stadt wurde im J. 1616 angelegt, war früher mit Festungswerken umgeben, welche 1815 geschleift wurden. Sie ist in vier Quartiere getheilt, hat 24 Straßen, fast sämmtlich breit, außer der Stadtkirche eine im J. 1681 erbaute katholische Kapelle, eine beim Abbruch des Schlosses stehen gebliebene Schloßkirche mit Thurm, 1 Rathhaus, 1 Gefangenhaus, 3 Armenhäuser, 2 Wachthäuser, mehre Schulgebäude, 1 Schauspielhaus (1841 eingeweiht). Glückstadt ist Sitz des holsteinischen Obergerichts, des Landes-Oberconsistoriums, des Oberzollinspectorats, einer Quarantainecommission, eines Postamts ꝛc. Die Einwohner nähren sich durch Brauerei, Brennerei, Handel, Schifffahrt, Fischfang (drei Wallfischfahrer) und Wirthshaushalten, Fabriken in Essig, Tabak, Lichtern, Cichorien, Seife und Wolle. In der Stadt sind zwei Apotheken, nahe vor der Stadt eine Thransiederei, Ziegelei und drei Mühlen. Durch den Einfluß des Rhins in die Elbe wird ein sicherer geräumiger Hafen gebildet, bei welchem zwei Schiffswerften sich befinden. Dem Mangel an Quell- und Trinkwasser wird durch Cisternen abgeholfen, in denen das Wasser aufgefangen wird. (*H. E. Hössler.*)

57) Dies ist auch die Auffassung des Preuß. Landr. Th. II. Tit. 11. §. 580.

58) Vergl. Code civil, art. 1965. Oesterr. bürgerl. Gesetzb. §. 1270. 1271. Preuß. Landr. Th. II. Tit. 20. §. 1302.

GLÜCKSTADT, obgleich als K. Christian's IV. Stiftung dem Jahre 1620 angehörend, gibt gleichwol mitunter dem ganzen, von K. Christian III. abstammenden Hauptaste des Hauses Holstein den Namen, während der jüngere Hauptast, von K. Christian's III. Bruder Adolf abstammend, dem Schlosse Gottorp seinen Beinamen entlehnt. Von K. Christian's III. Söhnen folgte der ältere, Friedrich II., dem Vater auf dem Throne; der jüngere, Johann IV., auch der Jüngere genannt, zum Unterschiede von seinem Oheime, dem ältern Johann, welchem 1564 im Lande Schleswig das sonderburgische, in Holstein das plönische Fürstenthum zugetheilt worden, gest. 1622, erzeugte in zwei Ehen 23 Kinder, darunter Alexander, Friedrich, Philipp und Joachim Ernst als Begründer der Linien in Sonderburg, Norburg, Glücksburg und Plön zu bemerken sind. Alexander in Sonderburg, wovon beiläufig die Hälfte der romantischen Insel Alsen abhängig, vermählte sich den 26. Nov. 1604 mit der Gräfin Dorothea von Schwarzburg und starb den 13. März 1627 (geb. den 20. Jan. 1573). Er war ein Vater von eilf Kindern geworden, darunter Johann Christian, der Erstgeborene, Alexander Heinrich, der Stammvater der bald wieder erloschenen katholischen Linie, Ernst Günther in Augustenburg, August Philipp auf Beck, Philipp Ludwig in Wiesenburg. Johann Christian, des Vaters Nachfolger in Sonderburg, hat seinen eigenen Artikel. Sein Sohn, Christian Adolf, geb. den 3. Juni 1641, mußte das mit Schulden überladene Sonderburg an Dänemark überlassen, und zog nach Franzhagen, im Lauenburgischen, indem er seit dem 1. Nov. 1676 mit des Herzogs Franz Heinrich von Sachsen-Lauenburg Tochter Eleonore Charlotte verheirathet war. Er starb den 2. Jan. 1702, die Söhne Leopold Christian und Ludwig Karl hinterlassend. Leopold Christian, geb. den 25. Aug. 1678, stand in dänischen Kriegsdiensten und starb zu Hamburg den 11. Juli 1707. „Seine Maitresse war Anna Sophia, eines Hoftischlers Tochter aus Celle, welche von ihrem ersten Manne entlaufen war. Ihre drei Kinder, Christian, geb. 1704, Leopold Karl, geb. 1705, und Christian Adolf, geb. 1706, können sich nicht legitimiren." Leopold Christian's Bruder, Ludwig Karl, geb. den 4. Jan. 1684, vermählte sich den 20. Dec. 1706 mit Anna Dorothea von Winterfeld und starb den 11. Oct. 1708, sein einziges Kind, Christian Adolf, im Frühjahre 1709. Der katholischen Linie Ahnherr, Alexander Heinrich, geb. den 12. Sept. 1608, scheint durch seine Ehe mit Dorothea Maria Hesshuus, des Hofpredigers zu Sonderburg Tochter, aus der Heimath vertrieben worden zu sein. Er wurde katholisch, trat in kaiserliche Dienste und starb als Oberst in Schlesien, 1667. Der älteste Sohn, Ferdinand Leopold, geb. den 24. Sept. 1647, starb als Domdechant zu Breslau, im August 1702. Alexander Rudolf, geb. den 23. Aug. 1651, war Domherr zu Breslau und Ollmütz. Georg Ernst, geb. den 31. Dec. 1653, fand als Oberstlieutenant bei Kufstein den Tod in der Schlacht bei Salankemen den 19. Aug. 1691. Von den Töchtern heirathete Auguste Sibylla den Grafen Ernst von Gelhorn, Maria Sibylla den Grafen Ferdinand Octavian von Wrbna, und 1695 als Witwe den Grafen Karl Anton Gianini, Maria Eleonore Charlotte endlich den Grafen Ferdinand Julius von Salm-Neuburg. Ernst Günther, des Herzogs Alexander zu Sonderburg dritter Sohn, geb. den 14. Oct. 1609, erbaute auf Alsen, nördlich von Sonderburg, an der Stelle des ihm von K. Friedrich III. verkauften und darauf niedergelegten Dorfes Stavelsbül das Schloß Augustenburg, welchem sodann die Linie ihren Beinamen entlehnte. Vermählt 1651 mit des Herzogs Philipp von Holstein-Glücksburg Tochter Auguste, ist Ernst Günther den 18. Jan. 1689 gestorben. Einer seiner Söhne, Philipp Ernst, geb. den 24. Oct. 1655, und in kurbrandenburgischen Kriegsdiensten Rittmeister bei dem Leibregimente, war vor Stettin den 8. Sept. 1677 gefallen, gleichwie der älteste, Friedrich, geb. den 27. Dec., in der Schlacht bei Steenkerken (den 3. Aug. 1692) den Tod gefunden hat. Es war dieser mit der Tochter eines Barbiers zu Kiel, Anna Christina Berrauer, verheirathet, doch ohne Kinder. Es succedirte daher sein Bruder Ernst August, geb. den 3. Oct. 1660. Dieser hatte sich zur katholischen Religion gewendet, auch 1695 eine Domprábende zu Cöln erhalten, die er jedoch bald niederlegte, um das Eigenthum seiner Linie besitzen zu können und des kurpfälzischen Oberstallmeisters Wilhelm Georg von Bellbrück Tochter zu heirathen. Er starb kinderlos den 11. März 1731, und es beerbte ihn der Sohn seines Bruders Friedrich Wilhelm, der, Dompropst zu Hamburg seit 1676, geb. den 18. Nov. 1668 und seit dem 27. Nov. 1694 mit der Gräfin Sophie Amalie von Ahlefeld vermählt, am 3. Juni 1714 mit Tode abgegangen war. Des Dompropsts Tochter Charlotte Maria, geb. den 5. Sept. 1697, wurde des Herzogs Philipp Ernst von Holstein-Glücksburg Gemahlin; der Sohn, Christian August, geb. den 4. Aug. 1696, erbte nicht nur des Oheims Güter, sondern auch das von demselben besessene Gouvernement von Alsen, machte als Oberstlieutenant den Feldzug in Norwegen mit, vermählte sich den 21. Juli 1720 mit Friederike Louise, des Christian Gyldenlöve, Gräfin von Samsöe, Tochter, wurde im October 1744 Generallieutenant und im Juli 1748 General der Infanterie, wie er denn seit Jahren das Regiment Schleswig, Infanterie, besessen hatte. Er starb als Oberst über der Königin Leibregiment zu Fuß, Ritter des Elephantenordens u. s. w. den 20. Jan. 1754. Seiner Söhne waren zwei; der jüngere, Emil August, General der Infanterie, Oberst des Regiments Schleswig, Infanterie, des Elephantenordens Ritter, starb unvermählt den 6. Dec. 1787. Der ältere, Friedrich Christian, geb. den 6. April 1721, war des Elephanten- und Johanniterordens Ritter, quittirte als General der Infanterie 1784 und starb den 14. Nov. 1794. Er hatte sich den 26. Mai 1762 mit Charlotte Amalie Wilhelmine, Tochter Friedrich Karl's, des letzten Herzogs von Holstein-Plön, verheirathet, und wurde in dieser Ehe ein Vater von sieben Kindern, darunter die Söhne Friedrich Christian, Friedrich Karl Emil und Christian August. Dieser, geb. den 9. Juli 1768, hatte als k. k. Generalmajor einige Feldzüge in Teutschland gemacht, war daneben königl. dänischer Generalmajor, Inhaber des söndenfieldsker Infanterieregiments, Commandant der Festung Fredrikssteen, commandirender General, auch Inspector der Infanterie und der leichten Truppen im südlichen Norwegen. Als solcher legte er Ehre ein bei der Vertheidigung der Grenze gegen eine überlegene Macht, und dies führte zu Unterhandlungen mit Adlersparre, der die ihm entgegengesetzte schwedische Armee commandirte. Dieses hatte die weitere Folge, daß er nach der Revolution von 1809 von dem kinderlosen K. Karl XIII., unter dem Namen Karl August, am 18. Jan. 1810 adoptirt wurde, nachdem der Reichstag am 18. Juli 1809 ihn zum Thronfolger erwählt hatte. Seine Persönlichkeit, seine ganze Haltung machten ihn sehr bald zum Liebling des Volkes. Auf einer Inspectionsreise nach den südlichen Provinzen begriffen, wurde er, am 10. Mai von einer heftigen Kolik befallen. Er wähnte sich vergiftet, hielt aber dennoch am 28. Mai 1810 auf der Haide von Quidinge eine Musterung ab, in deren Lauf ein Schlagfluß ihn traf, sodaß er nach Verlauf einer halben Stunde starb. Bei der Obduction zeigte sich nicht die geringste Spur einer Vergiftung, nichtsdestoweniger gab das Eintreffen seiner Leiche in Stockholm Veranlassung zu den Greuelscenen vom 20. Juni. Der Prinz war unvermählt. Sein Bruder Friedrich Karl Emil, königl. dänischer General von der Armee, vermählte sich den 29. Sept. 1801 mit des vormaligen Staatsministers Schel Tochter Sophie (welche Ehe nicht nur von der herzoglichen Familie, sondern auch am 19. Jan. 1822 von dem Könige, dem Regierer des Hauses, als standesmäßig anerkannt worden ist), quittirte 1803 als Chef des Leibregiments und starb den 14. Juni 1841, Vater von fünf Kindern, worunter der einzige Sohn, Heinrich Karl Woldemar, königl. preußischer Generalmajor und Commandant zu Coblenz, geb. den 13. Oct. 1810. Friedrich Christian endlich, von den drei Brüdern der älteste, geb. den 28. Dec. 1765, vermählte sich den 27. Mai 1786 mit Louise Auguste, K. Christian's VII. von Dänemark Tochter (gest. den 13. Jan. 1841). Des Staatsrathes Mitglied, war er daneben Chef der großen königlichen Bibliothek, Patron der Universität Kopenhagen und seit 1806 Chef der neuerrichteten Oberschuldirection. Er starb den 14. Juni 1814. Von seinen drei Kindern wurde die Tochter Karoline Amalie, geb. den 28. Juni 1796, am 22. Mai 1815 dem K. Christian VIII. von Dänemark angetraut, Witwe den 20. Jan. 1848. Die Söhne, Christian, der regierende Herzog, und Friedrich, haben beide männliche Nachkommenschaft. Die Linie zu Beck, oder, wie sie seit 1825 heißt, Holstein-Sonderburg-Glücksburg, empfing den vormaligen Beinamen von der Hoheit oder Herrlichkeit Beck bei Gohfeld, in dem Fürstenthume Minden, das Herzog Alexander in Sonderburg erkauft und seinem vierten Sohne, August Philipp, hinterlassen hat. Dieser, geb. den 11. Nov. 1612, besserte das Gut durch die vom Kurfürsten Friedrich Wilhelm ihm überlassene Civil- und Criminalgerichtsbarkeit zu Beck, Menninghüffe, Uhlenburg und dem größten Theile von Löhne, sodaß es eine Besitzung in dem Fürstenthume ohne Gleichen wurde. August Philipp starb 1675, in seiner dritten Ehe mit der Gräfin Maria Sibylla von Nassau-Saarbrücken Vater von acht Kindern, darunter die Söhne August, Ludwig Friedrich und Anton Günther. Anton Günther, holländischer Generallieutenant, geb. 1666, wurde im Oct. 1708 Gouverneur zu Lille. August, geb. 1653, fiel als kurbrandenburgischer Generalmajor vor Bonn den 26. Sept. 1689. Die Leiche wurde zu Menninghüffe, in einem kleinen, der Kirche angebauten Gewölbe, worin noch zwölf andere, dem herzoglichen Hause angehörige Särge sich befanden, beigesetzt. In der Ehe mit der Gräfin Hedwig Louise von der Lippe-Bückeburg hatte August, neben einer Tochter, den Sohn Friedrich Wilhelm gezeugt. Den 2. Mai 1682 geboren, ging dieser in k. k. Dienste und starb als Feldmarschall-Lieutenant an den in Sicilien vor dem Feinde empfangenen Wunden, den 26. Juni 1719. Er war katholisch geworden, und in der Ehe mit der Gräfin Maria Josepha Antonia von Sanfre (vermählt den 8. Febr. 1708) Vater von zwei Töchtern, deren ältere den Grafen Emanuel von Sousa, die jüngere den Grafen Emanuel de Silva Tarouca heirathete. Ludwig Friedrich, königl. preußischer General-Feldmarschall und Statthalter in Preußen, geb. den 5. Juli 1654, vermählte sich den 1. Jan. 1685 mit Louise Charlotte, des Herzogs Ernst Günther von Holstein-Augustenburg Tochter, und starb den 7. März 1728, sechs Kinder hinterlassend. Eine Tochter, Louise Albertine, wurde an den kursächsischen Cabinetsminister und General-Postmeister in Polnisch-Preußen, Grafen Albrecht Sigismund von Seegutz-Stanislawski, Sophie Henriette an den Grafen Albert Christoph von Dohna-Schlodien in Leistenau, Dorothea an den Markgrafen Georg Friedrich Karl von Brandenburg-Kulmbach zu Weferlingen verheirathet, geschieden den 3. Dec. 1716, und starb den 17. Mai 1753. Von den Söhnen war Friedrich Wilhelm, geb. den 18. Juni 1687, königl. preußischer General-Feldmarschall seit dem 5. Juni 1741, des schwarzen Adlerordens Ritter, Oberst über ein Regiment zu Fuß, Gouverneur zu Berlin, Herr auf Condehnen und Holstein, in Ostpreußen, was doch schwerlich ein vollständiger Ersatz für das im J. 1745 an die Erbtöchter von Ledebur überlassene Gut Beck war. In erster Ehe mit Eleonore, des Wladislaw von Losz, Woywoden zu Marienburg Tochter, verwitwete Fürstin Czartoriski, in anderer Ehe, seit dem 5. Nov. 1721, mit Ursula Anna, Gräfin von Dohna-Schlodien, vermählt, ist der Feldmarschall den 11. Nov. 1749 gestorben, aus der zweiten Ehe einen Sohn und eine Tochter hinterlassend. Die Tochter, Sophie Charlotte, geb. den 31. Dec. 1722, nahm zum Manne den Grafen Alexander Emil von Dohna-Wartenberg, gest. den 30. Sept. 1745. Ihr zweiter Gemahl wurde (den 1. Jan. 1750) der Prinz Georg Ludwig von Holstein-Gottorp, gest. den 3. Sept. 1763. Ihr Bruder, Friedrich Wilhelm, geb. den 4. Nov. 1723, trat jung in preußische Dienste, ward im August 1743 Major, im December 1749 Oberstlieutenant und im September 1753 Oberst bei dem Infanterieregimente Würtemberg. Im Januar 1759 erhielt er die bereits von dem Vater besessene Amtshauptmannschaft Brandenburg. Er blieb in der Schlacht bei Prag, den 6. Mai 1757, unvermählt. Des Feldmarschalls Bruder Karl Ludwig, geb. den 18. Sept. 1690, stand von Jugend auf in kursächsischen Kriegsdiensten. Oberst im J. 1716, nahm er zu Wien im J. 1723 die katholische Religion an. Im J. 1734 ward er Generalmajor und 1739 Generallieutenant. Er verlebte sodann eine Reihe von Jahren zu Königsberg, wurde von dem russischen Kaiser Peter III. bei dessen Thronbesteigung zum Feldmarschall und Ritter des St. Andreasordens ernannt, und starb zu Königsberg den 23. Sept. 1774, sodaß er sowol seine Gemahlin als den einzigen Sohn überlebt hatte. Jene, Anna Karoline, Gräfin Orzelska, des K. August II. von Polen natürliche Tochter, geb. den 26. Nov. 1707, wurde vermählt den 10. Aug. 1730, geschieden 1733, lebte seitdem zu Avignon und starb den 27. Sept. 1769. „Sie war aus Warschau gebürtig. Ihre Mutter war die Tochter eines französischen Weinhändlers, mit Namen Renard, den Andere Duval nennen. Sie hatte so viele Reizungen, daß ein großer König sich dieselbe eine Zeit lang zu seiner Favoritin erwählte, und von dieser ward die Tochter geboren. Sie wurde im Geheimen erzogen und ließ bei zunehmenden Jahren alle Annehmlichkeiten ihres Geschlechts und ein sehr manierses Wesen an sich wahrnehmen. Der Graf Rutowski wurde dadurch bewogen, sie so lange zu sich zu nehmen, bis er Gelegenheit fände, sie dem Könige zu zeigen. Als nun dieser desselben Garde-Regiment exercirte und sich sehr vergnügt bezeigte, sprach der Graf zu ihm, er habe ein Mädchen in seinem Hause, welche die militairischen Exercitien so gut als der beste Meister machen könne. Der König begehrte sie zu sehen, worauf sie in Mannskleidern nach der Uniform des Grenadiergarde-Regiments vor ihm erschien. Er erkannte sie sogleich als seine Tochter und gab ihr den Titel einer Gräfin Orzelska. Sie wurde mit reichen Einkünften versehen, bekam einen prächtigen Palast zu Warschau, und hatte die Ehre, daß der König fast alle Abende bei ihr zubrachte und der ganze Hof ihr Cour machte. Nach einigen Jahren vermählte sie der König mit dem Prinzen von Holstein-Beck. Die Heirath wurde mit ausnehmender Pracht begangen. Mit dem Hinscheiden des Königs, den 1. Febr. 1733, hatte die Herrlichkeit dieser Dame ein Ende. Ihr Gemahl ließ sich von ihr scheiden und ging nach Königsberg, sie aber wandte sich nach Avignon, von wo sie nicht lange vor ihrem Ende nach Grenoble gekommen, um dort ihre Gesundheit herzustellen, wo sie aber ihren Geist aufgegeben. Sie liebte in ihrem Wohlstande die Musik, das Tanzen und die Pracht, ja sie war in ihrer Jugend allen Eitelkeiten der Welt in höchstem Grade ergeben. Ihr einziges Kind, Karl Friedrich, Prinz von Holstein-Beck, geb. den 5. Jan. 1732, suchte sein Glück in französischen Diensten, erhielt das teutsche Regiment Royal-Allemand und starb, Maréchal-de-camp, zu Straßburg, im Februar 1772, unvermählt." Dem am 22. Sept. 1774 verstorbenen Herzoge Karl Ludwig succedirte sein jüngster Bruder, Peter August Friedrich, geb. den 7. Dec. 1697. Dieser, Hauptmann in preußischen, dann in hessen-casselschen Diensten Oberst, kam als Brigadier nach Rußland, wurde im Januar 1738 Generalmajor, im October 1755 Général en Chef, 1762 Feldmarschall und im August desselben Jahres General-Gouverneur von Esthland. Des St. Andreas und des schwarzen Adlerordens Ritter ist er den 22. März 1775 mit Tode abgegangen. Seine erste Gemahlin, Sophie Prinzessin von Hessen-Philippsthal, vermählt 1723, starb zu Marburg den 9. Mai 1728. Er nahm darauf, den 15. März 1742, die zweite Frau, Natalie, des Grafen Nicolaus von Galowin Tochter, und wurde durch sie Vater von zwei Kindern. Der Sohn, Peter, geb. den 1. Febr. 1743, starb den 3. Jan. 1751. Die Tochter, Katharina, geb. den 23. Febr. 1750, wurde am 8. Jan. 1767 dem bei dem Hofe von Versailles accreditirten russischen Gesandten, Fürsten Johann Bariatinsky, „l'un des hommes les plus distingués et les plus estimables de son époque," angetraut. Die Ehe fiel nicht glücklich aus und die Geschiedene lebte viele Jahre zu Friedrichsfelde bei Berlin. Des Herzogs Peter August Friedrich Nachfolger wurde ein Enkel, Sohn des der ersten Ehe angehörenden Prinzen Karl Anton August, der, geb. den 10. Aug. 1727, Major und Commandeur des Infanterieregiments Bredow, an den in der Schlacht bei Kunnersdorf empfangenen Wunden zu Stettin den 12. Sept. 1759 starb. Er hatte sich den 30. Mai 1754 mit Friederike Antonie Amalie, Tochter des Grafen Albert Christoph von Dohna-Schlobitten zu Leistenau, vermählt, und der Sohn, den sie am 20. Aug. 1757 geboren, Friedrich Karl Ludwig, war berufen, dem Großvater zu succediren. Der neue Herzog quittirte 1797 als königl. preußischer Generallieutenant, Brigadier der leichten Infanterie in Ostpreußen, Inhaber eines Infanterieregiments, trat in russische Dienste als Generallieutenant und Chef des Garderegiments Paulowsky, quittirte abermals und war zuletzt dänischer Generallieutenant, Präsident der schleswig-holsteinischen patriotischen Gesellschaft, Mitglied der ökonomischen Societäten zu Leipzig, Celle, Potsdam, Birnbaum, Königsberg und Rostock, sowie der naturforschenden Gesellschaft zu Hanau, denen er sich durch seine landwirthschaftlichen Schriften empfohlen hatte. Er lebte theils auf seinem Gute Lindenau bei Braunsberg, theils zu Königsberg, und starb zu Wellingsbüttel den 25. März 1816. Vermählt den 9. März 1780 mit der Gräfin Friederike von Schlieben (gest. zu Schleswig den 17. Dec. 1827) hinterließ er einen Sohn und eine Tochter, da die jüngere Tochter, Maria Dorothea Henriette Louise, vermählt den 20. Aug. 1803 an den Fürsten Friedrich Ferdinand von Anhalt-Pleß, am 24. Nov. n. J. mit Tode abgegangen war. Die ältere Tochter, Friederike, vermählt den 23. Febr. 1800 an einen Freiherrn von Richthofen, lebte als Witwe (seit dem 25. Febr. 1808). Der Sohn, Herzog Friedrich Wilhelm Paul Leopold, geb. den 4. Jan. 1785, vermählte sich zu Schleswig den 26. Jan. 1810 mit Louise Karoline, des Landgrafen Karl von Hessen-Cassel jüngster Tochter, ward im Juli 1825 von dem Könige von Dänemark ermächtigt, für sich und alle seine Nachkommen, neben dem holsteinischen Titel, den Namen und Titel Herzog von Glücksburg zu führen, daher seitdem die Linie Holstein-Sonderburg-Glücksburg genannt wird, und starb, dänischer Generalmajor und Commandeur des oldenburgischen Infanterieregiments, den 17. Febr. 1831. Er war ein Vater von zehn Kindern geworden. Der älteste Sohn, Herzog Karl, geb. den 30. Sept. 1813, ist mit des K. Friedrich VI. von Dänemark jüngerer Tochter, mit der Prinzessin Wilhelmine Marie, seit dem 19. Mai 1838 vermählt, nachdem deren frühere Ehe mit dem Prinzen Friedrich von Dänemark, jetzigen Friedrich VII., im September 1837 getrennt worden war. Die Ehe ist kinderlos. Dagegen hat des Herzogs Karl dritter Bruder, Prinz Christian, fünf Kinder, darunter zwei Prinzen. Seit dem 26. Mai 1842 mit Louise Wilhelmine Friederike Karoline Auguste Julie, Tochter des Landgrafen Wilhelm von Hessen und der Prinzessin Charlotte, Schwester K. Christian's VIII., vermählt, ist er durch das Thronfolgegesetz vom 31. Juli 1853 als Prinz von Dänemark anerkannt, und demnach zur einstigen Thronfolge berufen. Geb. den 8. April 1818. — Philipp Ludwig, des Herzogs Alexander in Sonderburg fünfter Sohn, geb. den 27. Oct. 1626, erkaufte 1662 von Kurfürst Johann Georg II. von Sachsen die im Erzgebirge gelegene Herrschaft Wiesenburg, von welcher seine Nachkommenschaft benannt wird. Er nahm drei Frauen: 1) Katharina, des Grafen Christian von Waldeck Tochter, des Grafen Simon von der Lippe Witwe, gest. 1649; 2) Anna Margaretha, Tochter des Landgrafen Friedrich von Hessen-Homburg, vermählt 1650, gest. den 4. Aug. 1686; 3) Magdalena Christina, des Grafen Heinrich Reuß Tochter, gest. den 18. Dec. 1697 als kinderlose Witwe. Herzog Philipp Ludwig war nämlich den 10. März 1689 gestorben. Seine einzige Tochter erster Ehe, Dorothea Elisabeth, geb. 1645, wurde am 20. Nov. 1661 dem Grafen Georg Ludwig von Sinzendorf, und, Witwe den 14. Dec. 1681, in zweiter Ehe dem Grafen Johann Ludwig von Bussy-Rabutin, Vetter, nicht Sohn des berühmten Roger, angetraut. Ein nicht alltägliches Ereigniß hatte diesen aus Frankreich vertrieben. Davon schreibt die Sévigné den 23. Jan. 1671: „Madame la Princesse (Clara Clementia von Maillé-Brezé, des sogenannten großen Condé Gemahlin) ayant pris il y a quelque temps de l'affection pour un de ses valets de pied nommé Duval, celui-ci fut assez fou pour souffrir impatiemment la bonne volonté qu'elle témoignoit aussi pour le jeune Rabutin qui avoit été son page. Un jour qu'ils se trouvèrent tous deux dans sa chambre, Duval ayant dit quelque chose qui manquoit de respect à la princesse, Rabutin mit l'épée à la main pour l'en châtier; Duval tira aussi la sienne, et la princesse se mettant entre deux pour les séparer, elle fut blessée légèrement à la gorge. On a arrêté Duval, et Rabutin est en fuite; cela fait grand bruit en ce pays-ci. Quoique le sujet de la noise soit honorable, je n'aime pas qu'on nomme un valet de pied avec Rabutin." Trocken entgegnete Roger: „L'aventure de notre cousin n'est ni belle ni laide: la maîtresse lui fait honneur, et le rival de la honte." Die Prinzessin wurde nach Châteauroux gebracht und dort als eine Gefangene behandelt, bis der Tod, ganze sieben Jahre nach dem Ableben des zürnenden Eheherrn, ihre Bande brach, den 16. April 1694. Rabutin flüchtete nach Wien, machte dort ein schnelles glänzendes Glück, welches durch die Heirath (1682) mit der Gräfin von Sinzendorf, der Herzogin von Holstein, nicht wenig gefördert worden sein mag, und starb als General-Feldmarschall, commandirender General in Siebenbürgen und Inhaber eines Dragonerregiments im December 1716. Aus des Herzogs Philipp Ludwig anderer Ehe kamen neun Kinder. Ein Sohn, Karl Ludwig, geb. den 8. April 1654, stand in hessischen Kriegsdiensten als Oberst der Leibgarde und starb 1690. Ein anderer, Wilhelm Christian, kursächsischer Generalmajor, geb. den 15. Jan. 1661, starb unvermählt den 23. Febr. 1711. Sophia Elisabeth heirathete den Herzog Moritz von Sachsen-Zeitz, Eleonore Margaretha den Fürsten Maximilian Jacob Moritz von Liechtenstein, Anna Friederike Philippine den Herzog Friedrich Heinrich von Sachsen-Zeitz. Magdalena Sophia, Pröpstin zu Quedlinburg 1685, wurde katholisch und nahm 1690 den Schleier in einem Kloster zu Wien. Der älteste Sohn, Herzog Friedrich, geb. den 2. Febr. 1652, brachte es in kaiserlichen Kriegsdiensten bis zum Feldmarschall, und war daneben ein sehr eifriger, doch nicht eben glücklicher Fundgrübner in den reichen Erzlagern seiner Herrschaft Wiesenburg, wo ihm der ausschließliche Besitz der Zechen Priester und Leviten und Andreas mit Sonnenwirbel und Reichem Schatz auf dem neustädtler Gebirge zustand. Am 10. Mai 1673 vermählte er sich mit der letzten Tochter der schlesischen Piasten, mit des Herzogs Christian zu Brieg, Liegnitz und Wohlau Tochter Karoline, geb. den 21. Dec. 1652, gest. zu Breslau den 24. Dec. 1707. An die Vermählung scheint Imhof nicht recht zu glauben. Er schreibt: „is (Fridericus) innuptis nuptiis sibi junxit Carolinam, Christiani ducis Lignicensis filiam, cum qua mox dissedit et aliquanto gravius, ut jam ambo vitam segregem agant." Herzog Friedrich starb den 7. Oct. 1724. Sein einziger Sohn, Leopold, geb. den 12. Jan. 1674, verkaufte die Herrschaft Wiesenburg an Sachsen, im J. 1725, der Sage nach um 80,000 Thlr., und erkaufte dagegen am 30. Sept. 1735 die ungleich bedeutendere Herrschaft Groß-Meseritsch im iglauer Kreise von Mähren um 623,000 Gulden. Er starb, Ritter des goldenen Vließes und k. k. Geheimerath, den 4. März 1744, der letzte Mann seiner Linie, denn nur Töchter hatte ihm Maria Elisabeth geboren, des Fürsten Johann Adam von Liechtenstein Tochter und des Fürsten Maximilian Jacob Moritz von Liechtenstein Witwe, Besitzerin der Herrschaft Frischau, znaimer Kreises, vermählt den 15. Febr. 1713, gest. den 8. Mai 1744. Die Töchter folgen also: 1) Theresia Maria Anna, geb. den 19. Dec. 1713, vermählt den 23. Mai 1735 an den Fürsten Johann Aloys Sebastian von Oettingen-Spielberg. Sie starb den 14. Juli 1745. 2) Maria Eleonore Charlotte, geb. den 18. Febr. 1715, wurde den 28. April 1731 dem Herzoge von Guastalla, Joseph Maria von Gonzaga, angetraut, „der aber blöden Verstandes war, daher sie bis an dessen Tod, den 15. Aug. 1746, die Landesadministration geführt. Weil er ohne Kinder starb, nahm die Kaiserin-Königin von dem Fürstenthume Besitz, sie selbst aber wandte sich nach Mähren auf ihre Güter, wo sie im März 1760 gestorben ist." Sie wurde von ihrer Schwestertochter Maria Eleonora Prinzessin von Oettingen-Spielberg, die im J. 1761 den Fürsten Karl Joseph von Liechtenstein heirathete, beerbt. 3) Maria Gabriele Felicitas, geb. den 22. Oct. 1716, vermählt den 23. Mai 1735 dem Fürsten Karl Friedrich Nicolaus von Fürstenberg in Mösskirch, Witwe 1744, starb sie 1799 (?); die von der Mutter ererbte Herrschaft Fritschau hatte sie durch Testament vom 17. Sept. 1785 dem Prinzen Moriz von Liechtenstein gegeben. 4) Maria Charlotte Antonie, geb. den 18. Febr. 1718, heirathete den 25. Juli 1730 den Fürsten Karl Thomas von Löwenstein-Wertheim, und starb den 6. Juni 1765. — Noch sind des Herzogs Johann IV. jüngere Söhne Friedrich, Philipp und Joachim Ernst, von welchen die Linien in Norburg, Glücksburg und Plön ausgehen, abzuhandeln. Friedrich auf Norburg, Nordborg, in dem Nordertheile der Insel Alsen, welcher auch noch meist dazu gehörte, war in erster Ehe mit des Herzogs Franz von Sachsen-Lauenburg Tochter Juliana, in anderer Ehe mit des Fürsten Rudolf von Anhalt-Zerbst Tochter vermählt. Den 26. Nov. 1581 geboren, starb er den 22. Juli 1658. Johann Bogislaus, der ersten Ehe einziger Sohn, geb. den 30. Sept. 1629, lebte in der Stille, unbeweibt, und starb den 7. Dec. 1670. Von seinen fünf Stiefgeschwistern wurde Juliana an den Herzog Anton Ulrich von Braunschweig-Wolfenbüttel, Louise Amöna an den Grafen Johann Friedrich von Hohenlohe-Oehringen verheirathet. Dorothea Hedwig, Aebtissin zu Gandersheim, wurde 1678 katholisch, heirathete 1679 den Grafen Christoph von Rantzau und starb den 23. Sept. 1692. Christian August, der regierende Herzog, geb. den 30. April 1639, von einer Pilgerschaft nach dem heiligen Lande zurückgekehrt, trat in englische Seedienste, focht mit Auszeichnung gegen die Holländer in dem Seekriege von 1671 und starb als Admiral 1687. Seinen häuslichen Angelegenheiten waren aber die Seezüge keineswegs vortheilhaft; er sah sich genöthigt, das überschuldete Herzogthum oder Amt Norburg 1669 an den König von Dänemark abzutreten. Rudolf Friedrich, geb. den 27. Sept. 1645, gest. den 14. Nov. 1688, verheirathete sich mit Bibiana, des Grafen Siegmund Seifried von Promnitz Tochter, des Zdenko von Lippa Witwe und Erbin, die in dem schlesischen Fürstenthume Brieg belegene Herrschaft Schwentnig, und wurde in dieser Ehe ein Vater von zwei Kindern. Die Tochter, Elisabeth Sophia Maria, die ohne Zweifel ihren am 13. Aug. 1685 geborenen Bruder Ernst Leopold, als den letzten Mann seiner Linie, beerbt haben wird, nahm zum Manne den Prinzen Adolf von Holstein-Plön, gest. den 29. Juni 1704, und als Witwe den Herzog August Wilhelm von Braunschweig-Wolfenbüttel (den 12. Sept. 1710). Abermals Witwe den 23. März 1731, ist sie den 3. April 1767 mit Tode abgegangen. — Der Linie in Glücksburg Stammvater, Philipp, ist der Gegenstand eines eigenen Artikels, dergleichen auch seinem Sohne, Johann VII., geworden. Ein anderer Sohn, Christian, geb. den 19. Juni 1627, vermählt in erster Ehe 1663 mit Sibylla Ursula, des Herzogs August von Braunschweig Tochter, gest. den 12. Dec. 1671, in anderer Ehe mit Agnes Hedwig von Holstein-Plön, vermählt den 10. Mai 1672, gest. den 20. Nov. 1698, pflanzte die Linie fort. Er, gest. den 17. Nov. 1698, überlebte die beiden Kinder der ersten Ehe. Es blieben ihm von der andern Gemahlin zwei Söhne Philipp Ernst und Christian August, dieser den 16. April 1681 geboren. Philipp Ernst hat seinen eigenen Artikel. Von seinen Söhnen starb der jüngere, Karl Ernst, dänischer Generalmajor, im September 1761, kinderlos in seiner Ehe mit der Gräfin Anna Charlotte von Lippe-Detmold. Er war den 14. Juli 1706 geboren. Sein älterer Bruder, Herzog Friedrich, geb. den 1. April 1701, trat im J. 1749 gegen eine baare Abfindung die Insel Arröe, oder genauer die Stadt Arröesköping und die Güter Gravenstein und Auderup an den König ab, wurde Generalmajor im November 1749, General der Infanterie den 31. März 1758, quittirte aber 1760 das bis dahin besessene oldenburgische Regiment. Er starb den 11. Nov. 1766. In seiner Ehe mit der Gräfin Henriette Auguste von Lippe-Detmold, vermählt den 19. Juni 1745, war er ein Vater von fünf Kindern geworden. Der jüngere Sohn, Simon Ludwig, geb. den 21. Juni 1756, starb im September 1760. Von den Töchtern war die älteste, Sophie Magdalena, Aebtissin zu Walloe, Louise des Fürsten Georg Karl Lebrecht von Anhalt-Köthen, Juliane des Grafen Belderich Wilhelm Ludwig Ernst von Bentheim-Steinfurt Gemahlin. Der ältere Sohn, Herzog Friedrich Heinrich Wilhelm, dänischer Generalmajor der Cavalerie, vermählte sich den 9. Aug. 1769 mit Anna Karoline, des Fürsten Wilhelm Heinrich von Nassau-Saarbrücken Tochter, er ist jedoch erblos den 13. März 1779 gestorben. Ein regierender Herzog zu Glücksburg empfing sein Erbland von dem königlichen Hause zu Lehn, hatte aber sonst über dasselbe die untere und obere Gerichtsbarkeit, das Jagdrecht und das Begnadigungsrecht und ein unabhängiges Consistorium. Von den Untergerichten gelangten die Rechtssachen durch die Appellation an das fürstliche Hofgericht zu Glücksburg zur letzten Entscheidung. Wenn der Herzog in persönlichen oder dinglichen Rechtssachen seines Erblandes wegen zu belangen war, mußte er unmittelbar bei dem Könige besprochen werden, da dann gemeiniglich gewisse Commissarien ernannt wurden, welche Bericht davon abstatteten. Hingegen die Rechtssachen wegen der zu dem Lehn nicht gehörigen adeligen Güter des Herzogs gelangten an das schleswigsche Landgericht. Der Herzog konnte sein Erblehn ohne Bewilligung des Königs nicht veräußern, weil es ein Fideicommiß der Familie war, der Rückfall an die Krone war auch durch einen Vertrag bedingt. Das Schloß Glücksburg bei Flensburg ward 1582 auf der Stelle des 1210 gegründeten Cisterzienserklosters Rudekloster erbaut. Der Stammvater der Herzoge zu Plön, Joachim Ernst I., hat, gleichwie seine Söhne Johann Adolf (IV.) und Joachim Ernst II., seinen besondern Artikel. Bei Johann Adolf, dem Herzoge zu Plön, wurde zugleich die Geschichte seines Sohnes Adolf August und seines Enkels Leopold August, in welchem die Specialline zu Plön erloschen ist, gegeben. — Es bestand aber noch die Speciallinie in Norburg, von des Joachim Ernst zweitem Sohne August, geb. den 9. Mai 1635, abstammend. Diesem hatte der Vater das Aequivalent für seine Ansprüche an den Grafschaften Oldenburg und Delmenhorst, welches von K. Christian V. von Dänemark ihm bewilligt worden war, angewiesen. Zum vollen Besitze gelangte August jedoch nicht eher, als im J. 1676, indem Herzog Christian Albrecht von Holstein-Gottorp dem Vergleiche seinen Beitritt versagte und den Proceß vor dem Kammergerichte und dem Reichshofrathe fortsetzte. Er unterlag jedoch schließlich, und der Herzog von Plön wurde in den Besitz des ihm bestrittenen Antheils der beiden Grafschaften gesetzt, den er sofort an Dänemark überließ und dagegen Norburg übernahm. Herzog August, kurbrandenburgischer General-Feldzeugmeister und Statthalter zu Magdeburg, starb den 17. Sept. 1699, aus der Ehe mit Elisabeth Charlotte, des Fürsten Friedrich von Anhalt in Harzgerode, fünf Kinder hinterlassend. Auguste Elisabeth, Stiftsdame zu Herford, starb den 19. April 1709. Dorothea Johanna wurde 1699 des Fürsten Wilhelm von Nassau-Dillenburg Gemahlin. Joachim Friedrich, der ältere Sohn, Herzog zu Norburg und zu Plön, als des Vetters Erbe, hat seinen eigenen Artikel. Der jüngere Sohn, Christian Karl, preußischer Generalmajor, geb. den 21. Aug. 1674, vermählte sich den 20. Febr. 1702 zu Umstadt mit Dorothea Christina, Tochter von Johann Franz von Aichelberg, Hofmeister am fürstlich plön-norburgischen Hofe, und von Anna Sophia von Trautenburg, genannt Beyer. Von den verdrüßlichen Händeln, in welche er desfalls mit seinem Bruder gerathen, von dem Vertrage von 24. Nov. 1702, worin er für seine Kinder bis zum Abgange dieses Bruders und dessen männlicher Posterität der fürstlichen Succession entsagte, ist in Joachim Friedrich's Artikel umständlich gehandelt. Christian Karl starb den 23. Mai 1706. Sein Sohn Friedrich Karl, geb. als Posthumus den 4. Aug. 1706, ist der Gegenstand eines besondern Artikels, und mit ihm wurde, der in seiner Jugend den Namen von Karlstein getragen hatte, das plönsche Fürstenhaus im Mannsstamme zu Grabe getragen. Er starb den 18. Oct. 1761. — Seit Jahren war auch das Haus Holstein-Rethwisch erloschen. Joachim Ernst II., geb. den 5. Oct. 1637, erhielt vom Vater das bedeutende Gut Rethwisch, diente dem Könige von Spanien in den Niederlanden, wurde Lieutenant-général de la cavalerie étrangère du pays, Ritter des Vließordens, nachdem er 1673 zur katholischen Kirche übergetreten war, Admiral von Ostende und endlich General der Cavalerie von Flandern. Am 21. Jan. 1677 wurde ihm Isabella Franziska Margaretha Marquise von Westerloo, des Marquis von Westerloo, Ferdinand Philipp, einzige Tochter und des Maximilian Barons von Merode, Petersheim und Stein Witwe, angetraut, von dem auch ein Sohn. In der zweiten Ehe wurde sie zweimal Mutter: der eine Sohn starb in der Wiege, die Mutter den 31. Jan. 1701, der Vater den 4. Juni 1700. Ihn überlebte aber der andere Sohn, Johann Adolf Ernst Ferdinand Karl, Herzog von Holstein-Rethwisch auf Westerloo etc., Grande von Spanien, geb. den 4. Dec. 1684, dem ebenfalls ein eigener Artikel gewidmet ist. Er vermählte sich 1703 mit Maria Celestina Philippina Josepha, Tochter des Marquis von Trelon, Claudius Franz von Merode, und demnach Enkelin des Marschalls von Fabert, erzeugte auch in dieser Ehe einen Sohn, welcher jedoch die Kinderjahre nicht überlebte. Er starb den 21. Mai 1729, ohne eheliche Kinder zu hinterlassen, nachdem er seit längerer Zeit von seiner Gemahlin getrennt gewesen. Diese hat durch Testament vom 16. Mai 1725 (die Angabe, daß sie 1720 gestorben sei, ist demnach irrig) das Marquisat Trelon bei Avesnes dem Grafen Karl Florenz von Merode gegeben. (*v. Stramberg.*)

GLÜCKSTHALER, auch Narrenthaler genannt, ist eins der vielen Schaustücke, die Herzog Friedrich Ulrich von Braunschweig-Wolfenbüttel prägen ließ. Auf der einen Seite zeigt es die Fortuna mit den Füßen auf einer geflügelten Kugel stehend und dazu die Umschrift:

O. IHR. NARREN. ALLE. VIER. WAS. IHR. SUCHT. DAS. FINT. IHR. HIR. Anno. 1624.

Die andere Seite wird durch ein breites Kreuz in vier Fächer getheilt, mit Darstellungen der Jagd, der Fischerei, des Ackerbaues, der Schmiedewerkstatt. Auf dem Kreuze steht der Reim:

DIE MENSCHEN IN DER WELDT
TRACHTEN ALSO NACH GELT.

Diese Glücksthaler existiren in dreierlei Stempeln, deren Beschreibung, resp. Abbildung man findet in Joh. Dav. Köhler, Münzbelustigungen. (Nürnberg 1734. 4.) 6. Th. Vorrede S. 37. Nr. 4. — Joh. Fried. Pfeffinger, Historie des Braunschweig-Lüneburgischen Hauses. (Hamburg 1731. 8.) 2. Bd. 3. Buch. Cap. 16. S. 877. — Phil. Jul. Rehtmeier, Braunschweig-Lüneburgische Chronica. (Braunschweig 1722. Fol.) 2. Bd. S. 1265. Taf. XVI. — Historische Remarquen. (Hamburg 1706.) 8. Th. S. 209. Nr. 27. — Mit dem Herzoge Friedrich Ulrich, Sohn des Herzogs Heinrich Julius, geb. 1591, regierte seit 1613, ging 1634 die Linie Wolfenbüttel aus. (Dr. *F. L. König.*)

GLÜHEISEN, auch wol Brenneisen (Ferrum candens) genannt. Nach seiner physiologischen Wirkung gehört das chirurgisch angewandte Glüheisen zu den Cauterien, und zwar zu den Cauteria actualia. Das eigentlich Wirkende dabei ist ein gewisser Wärmegrad, wodurch die getroffenen Theile rasch geätzt oder cauterisirt werden.

Bei der Wirkung des Glüheisens pflegt man eine Cauterisatio in distans und eine Cauterisatio per contactum zu unterscheiden. Die Cauterisatio in distans wird dadurch erzielt, daß ein erhitztes, resp. glühendes Eisen in einer Entfernung von 5—6 Zoll von der Oberfläche des Körpers gehalten und allmälig auch wol näher gerückt wird, ohne daß es jedoch zur wirklichen Berührung kommt. Faure übte diese Cauterisatio in distans, namentlich bei hartnäckigen veralteten Geschwüren, durch eine glühende Kohle, die der Körperoberfläche mehr oder weniger genähert wird. Hieran kann man aber auch noch das Verfahren von Mayor in Lausanne reihen, der einen gewöhnlichen Metallhammer in siedendem Wasser erhitzte und seine Fläche alsdann kürzere oder längere Zeit auf die Haut drückte, an dessen Statt Carlisle wieder eine runde Metallplatte wählte. In allen diesen Fällen kommt es jedoch nicht zur Cauterisation, und deshalb lassen sie sich eigentlich nicht unter die Anwendung des Glüheisens subsumiren. Nur die Benutzung des Glüheisens zur Cauterisatio per contactum gehört hierher.

Im Glüheisen ist der höhere Temperaturgrad oder das Feuer das Wirkende; das Eisen als solches kommt dabei nicht in Betracht. Deshalb sind auch die von den ältern Chirurgen hin und wieder behaupteten Vorzüge des erhitzten Goldes, Silbers, Kupfers vor dem glühenden Eisen rein chimärisch. Das Eisen eignet sich aber zu diesem Zwecke nicht blos dadurch, daß es erst bei sehr hohen Hitzegraden die feste Form einbüßt, welche Eigenschaft es mit vielen andern Metallen theilt, sondern hauptsächlich dadurch, daß es verschiedene Grade stattgefundener Wärmestoffaufnahme durch eine verschiedene Färbung kund gibt. Bei niedrigern Graden der Erhitzung ist es dunkelroth, bei höhern Graden hellroth gefärbt. Bei noch höhern Graden, wo es aber noch lange nicht in Fluß geräth, bekommt es eine weißliche Farbe und einen hellen Glanz; es ist dies das sogenannte Weißglühen, welches bei 530° R. einzutreten pflegt. Man unterscheidet daher auch in der Chirurgie das rothglühende und das weißglühende Eisen. Ob gewöhnliches Eisen oder ob Stahl zum Träger der Hitze gewählt wird, das ist im Ganzen gleichgültig.

Uebrigens benutzt man im Allgemeinen die Weißglühhitze zu chirurgischen Zwecken, und nicht blos wegen der größern Intensität des Wärmestoffs, sondern auch, weil man gefunden haben will, daß das weißglühende Eisen einen geringern und leichter zu ertragenden Schmerz bewirkt, als das minder erhitzte. Um aber das Eisen ins Weißglühen zu bringen, bedarf es nicht blos eines recht ausgiebigen Brennmaterials, wie Steinkohlen oder Schmiedekohlen, sondern es muß auch der entwickelte Hitzegrad durch Beihilfe eines Blasebalgs noch besonders gesteigert werden.

An dem als chirurgischer Apparat hergestellten Glüheisen unterscheidet man im Allgemeinen einen Griff, der aus einem der Hitze widerstehenden Materiale bestehen muß, am besten also wol aus Holz, sodann einen eisernen mehr oder weniger langen, am Ende gewöhnlich umgebogenen Stiel, der mit dem Griffe verbunden ist, endlich den eigentlich cauterisirenden Theil am Ende dieses Stiels. Der letztgenannte Theil kann verschiedenartig gestaltet sein, ebenso wol in Gemäßheit des Zweckes, den man bei der Anwendung des Glüheisens verfolgt, als nach der Verschiedenheit des Körpertheiles, wo das Glüheisen applicirt wird. Um für die verschiedenen Fälle gerüstet zu sein, müssen in einem vollständigen Armamentarium chirurgicum auch gleichartig geformte Eisen von verschiedener Größe zu Gebote stehen. Nach der Form unterscheidet man aber: konische Eisen, mit denen man auf eine kleine Stelle einwirken kann, z. B. bei Blutungen; cylindrische Eisen zum Anlegen von Fontanellen, zum Brennen in Höhlen; knopfförmige, scheibenförmige, münzenförmige Eisen, die man aber auch wol durch Abstutzen der Ränder dreiseitig, vierseitig, achtseitig u. s. w. gestaltet hat; kugelförmige Eisen oder sogenannte Kätzchen; endlich prismatische Eisen, und zwar dreiseitig prismatische, welche die früher gebräuchlichen beilförmigen Eisen ersetzen. Zum Brennen einer ganz kleinen Fläche kann jedoch auch eine dickere stählerne Knopfsonde oder eine Stecknadel benutzt werden, die über einer Weingeistlampe erhitzt wird.

Die Wirkung des Glüheisens in der angeführten Einschränkung ist die kaustische. Bei der Vergleichung des Glüheisens mit dem Lapis causticus, den man als den eigentlichen Repräsentanten der Aetzmittel ansehen kann, ergeben sich aber nach Rust, der in Teutschland als entschiedener Vertheidiger des Glüheisens auftrat, folgende Unterschiede: 1) Das Glüheisen wirkt plötzlich und die dadurch berührten Theile vertrocknen im Augenblicke der Anwendung zu einer harten, unempfindlichen Borke; das Aetzmittel wirkt langsam und die hierdurch erzeugte Borke ist feucht. 2) Die Wirkung des Glüheisens erstreckt sich im Augenblicke der Anwendung bis auf entferntere Partien; die Wirkung des Aetzmittels ist weniger eindringend und viel beschränkter. 3) Das glühende Eisen erzeugt neben der Brandkruste noch eine sich weit ausbreitende hypersthenische Entzündung, die bei der Anwendung des gewöhnlichen Aetzmittels nicht in gleichem Grade eintritt. 4) Die Eiterung ist nach dem Glüheisen immer gutartig, reichlich, und der erzeugte Brandschorf wird schnell abgestoßen; das Aetzmittel erzeugt anfänglich wenigstens immer eine schlechte Eiterung, unter der sich der Brandschorf nur langsam löst. 5) Der Brand vom Glüheisen greift nicht weiter um sich, was doch beim Aetzmittel hin und wieder vorkommt. 6) Der Schmerz vom Glüheisen ist zwar sehr heftig und erschütternd, aber auch bald vorübergehend. 7) Das Glüheisen hinterläßt keine entstellenden Narben. 8) Das Glüheisen schwächt nicht durch profuse Eiterung.

Das Glüheisen ist in folgenden Fällen angewendet oder doch wenigstens empfohlen worden: 1) Zur Zerstörung krankhafter, parasitischer oder verdächtiger Massen, also bei Polypen, bei Krebs, beim Carbunkel, bei vergifteten Wunden. 2) Zur Belebung bei gesunkener Lebensthätigkeit, also bei Asphyxie, bei typhösem Fieber, bei torpiden Geschwüren, bei kalten Abscessen. 3) Bei den verschiedensten Algien, aber auch bei andern Neurosen, wie Epilepsie, Taubheit, Amaurose, Lähmungen, Trismus u. s. w. als ableitendes und als belebendes Mittel. 4) Bei Gelenkkrankheiten, bei Caries, um durch Reizung der oberflächlichen Theile den Krankheitsproceß in der Tiefe zu beschränken. 5) Bei parenchymatösen Blutungen, sowie bei Blutungen aus Gefäßen, die den gewöhnlichen Blutstillungsmitteln unzugänglich sind. 6) Als Voract zur Bildung von Fontanellen. 7) Bei Rückgrathsverkrümmungen. 8) Bei tiefsitzenden rheumatischen und gichtischen Beschwerden. 9) Bei Geisteskrankheiten.

Bei der Anwendung des Glüheisens muß der zu brennende Theil nach Umständen erst enthaart und sorgfältig abgetrocknet werden. Um die zu cauterisirenden Stellen nicht zu verfehlen, kann man dieselben vorher mit Kohle oder mit irgend einer färbenden Flüssigkeit zeichnen. Es ist dann dafür zu sorgen, daß die Umgebung gegen die Wirkung des Feuers gesichert bleibt durch Bedecken mit nasser Leinwand, mit Charpie, mit Löschpapier. Soll aber das Instrument auf Theile einwirken, die in Höhlungen befindlich sind, so muß dasselbe durch eine Scheide oder Röhre, die vielleicht noch mit kalten Tüchern umwickelt wird, zugeleitet werden, und dazu eignet sich am besten ein metallenes mit einem Griffe versehenes Rohr. Holz- und Pappröhren, auch wenn sie ganz feucht sind, bleiben der Verbrennung ausgesetzt; doch sollen sich Pappröhren, die mit Alaun getränkt wurden, in dieser Hinsicht gut bewähren. Den Kranken muß man während der Operation von zuverlässigen Gehülfen festhalten lassen.

Da es darauf ankommt, daß das applicirte Eisen den höchsten Hitzegrad besitzt, so muß es, sowie es aus dem Kohlenbecken genommen wird, unverzüglich angewendet werden. Deshalb ist es räthlich, das Kohlenbecken im Krankenzimmer selbst oder in dessen unmittelbarster Nähe aufzustellen. Auch kann es aus diesem Grunde nicht empfohlen werden, daß man dem Rathe jener folge, die das weißglühende Eisen vor der Application erst auf ein Bret ausdrücken wollen, um die Asche und die während des Glühens sich abblätternden Eisentheilchen zu entfernen. Auch läßt sich aus diesem Grunde das nämliche erhitzte Eisen nicht zu mehrfachen Berührungen oder Strichen benutzen, sondern wo solche erforderlich sind, muß man mehre Glüheisen gleichzeitig in Bereitschaft haben.

Die Application des glühenden Instruments findet im Allgemeinen auf doppelte Weise statt. Nach der ersten Methode wird dasselbe ganz leicht oder auch mit einer gewissen Kraft 5—10 Secunden hindurch auf die bezeichnete Hautpartie gedrückt, ohne eine eigentliche Stellverrückung, und nur mit kleinen Rotationen, um das Ankleben an die Haut zu verhindern; oder es wird auch wol das glühende Eisen zu wiederholten Malen rasch hinter einander auf die bezeichnete Stelle aufgedrückt. Die Dauer der Application wird natürlich im einzelnen Falle durch die Localität mitbestimmt werden, und sie darf z. B. beim Schädel nur eine ganz flüchtige sein, damit sich die Wirkung nicht auf die Gehirnhäute und das Gehirn fortpflanzt oder eine Nekrose der Schädelknochen hervorruft. Es eignet sich diese Methode besonders zur Fontanellbildung, zur Cauterisation in Höhlen, zur Stillung von Blutungen, zur Zerstörung von Aftergebilden oder zum Ausbrennen von Wunden, zum Eröffnen von Höhlen und Abscessen, zum Zerstören des Carbunkeleiterstocks. Nach der andern Methode, bei welcher das prismatische Eisen vorzugsweise Anwendung findet, wird das Glüheisen an irgend einer Stelle mit seiner Kante aufgesetzt und unter einem gewissen Drucke eine vorgezeichnete Strecke weit in bestimmter Richtung fortgeführt, sodaß sich ein Brandstreifen bildet. Sollen mehre solche Streifen gezogen werden, etwa um ein größeres Gelenk herum, so macht man sie im Ganzen parallel mit 1½—3 Zoll Distanz. Bei größerer Annäherung der Striche würden die eiternden Flächen späterhin leicht zusammenfließen und der Proceß der Vernarbung würde dadurch erschwert werden. Da es nun aber leicht geschieht, daß man von der gedachten oder vorgezeichneten Richtung abweiche, so benutzte Klein ein doppeltes Cauterisireisen, an dem die beiden Eisen in gehöriger Entfernung von einander standen.

An den Stellen, auf welche das Glüheisen unmittelbar einwirkte, erzeugt sich ein sogenannter Brandschorf, der Anfangs dünn und gelblich von Farbe ist, später aber dicker und bräunlich wird, während sich die Umgebung dieses Brandschorfes hochroth färbt. Nach 6—8 Tagen pflegt sich der Brandschorf abzustoßen und eine eiternde Fläche von gleichem Umfange zurück zu lassen.

Man bedeckt nun die gebrannte Stelle nach Anwendung des Glüheisens mit trockener oder mit einer einfachen Salbe bestrichener Charpie, und darüber legt man eine Compresse. Bei großer Heftigkeit der Schmerzen macht man Umschläge von Narcoticis und gibt auch innerlich beruhigende Mittel. Löst sich der Brandschorf nicht zur gewöhnlichen Zeit, so ist es zweckmäßig, den Proceß durch erweichende Umschläge oder durch milde Salben, z. B. die Stahl'sche Brandsalbe (1 Th. weißes Wachs auf 2 Th. ungesalzene Butter) zu fördern. Die nach Lösung des Brandschorfs zurückbleibende Eiterfläche verbindet man mit Salben, welche die Heilung befördern oder die Eiterung unterhalten, falls besondere Umstände deren Fortdauer nöthig machen.

Ist ein blutendes Gefäß oder eine parenchymatöse Blutung mit dem Glüheisen behandelt worden, so hat man dafür zu sorgen, daß der Schorf nicht zu früh abfällt. *(Fr. Wilh. Theile.)*

GLÜHEN. Unter Glühen eines verbrennlichen festen und tropfbar-flüssigen Körpers bezeichnet man schlechthin, daß der Wärmestoff an ihm sichtbar und auch fühlbar wird, ohne in Flamme sich zu zeigen. Die Flamme entsteht erst durch die Entzündung und durch Glühen der in Dampfform aufsteigenden Bestandtheile verbrennlicher Körper. Viele Körper, welche bei großer Hitze unzerstört bleiben, werden doch bei dieser Hitze glühend. Nimmt die Erhitzung allmälig zu, so entsteht im Anfange des Glühens ein mattes rothes Licht, welches zunächst nur im Dunkeln sichtbar ist, bei immer zunehmender Hitze aber auch beim Tageslichte sichtbar wird.

Man nennt diese Erscheinung das Rothglühen. Dasselbe steigert sich vom Dunkelroth zum Kirschroth, und der Körper fängt an zu leuchten. Wird die Hitze noch mehr verstärkt, so wird der rothe Glanz des Glühens immer lebhafter, er nimmt eine dem weißen Lichte immer mehr nahe kommende Farbe an, und man nennt nun diesen Zustand das Weißglühen.

Wie groß die Hitze sein muß, um überhaupt das Glühen eines Körpers hervorzubringen, ist bis jetzt noch nicht ausreichend festgestellt, und der Annahme, daß alle festen, des Glühens fähigen Körper eine gleiche Temperatur zum Glühen erfordern, steht der Umstand entgegen, daß dieses bei ungleichen Körpern verschieden ist. Man nimmt an, daß Eisen bei 335° Celsius anfängt im Dunkeln zu leuchten und daß es gegen 540° C. heiß sein muß, um im Tageslichte zu leuchten. Newton schätzte diese letztere Hitze nach den Abkühlungszeiten und fand sie 538° C. Davy stellte die Temperatur, bei welcher Glas leuchtend wird, auf 567° C. fest. Derselbe ließ sich hierbei durch die frühern Versuche Gay-Lussac's leiten, welcher die gleiche Ausdehnbarkeit aller elastischen Flüssigkeiten durch die Wärme darthat, vermöge welcher sie bei einer Temperaturerhöhung vom Frost- bis zum Siedepunkte des Wassers sich um 0,375 desjenigen Raumes ausdehnen, welchen sie in der Temperatur des natürlichen Frostpunktes einnehmen. Gay-Lussac gründet hierauf die Regel, daß die Luft sich immerfort bei gleichem Zunehmen von Wärme um gleich viel ausdehnt, und zwar also um ⅜ ihres Volumens, unter der Voraussetzung, daß der Druck, unter welchem die Luftmasse steht, sich nicht ändert. Das Resultat, welches hiernach Davy für die Temperatur, bei welcher Glas leuchtend wird, fand, stimmt fast genau mit der Angabe überein, welche Newton für die Wärme des am Tage rothglühenden Eisens bei 1000° Fahrenheit, also bei 538° C. gefunden, und man könnte wol zu der Annahme versucht werden, daß die Temperatur des anfangenden Glühens für die verschiedensten Körper die nämliche sei. Sie wurde für Eisen, Blei, Kupfer, Antimon, Steinkohle gleich gefunden, allein Metalle, welche bei einem niedrigeren Hitzgrade schmelzen, kommen erst zum Glühen, wenn sie flüssig sind, und kalkhaltige Gesteine, wie z. B. gewöhnlicher Kalkstein und Marmor, glühen etwas früher als Eisen, Flußspath schon bei einer Temperatur von 300° C. Nach Pertel ist zur Erzeugung des Lichtes beim Verbrennen eine Temperatur von wenigstens 500° C. erforderlich. Unter Verbrennen bezeichnet man jede chemische Verbindung oder Trennung der Körper, welche mit Ausscheidung von Licht und Wärme verbunden ist. Bei dem Verbrennen muß also ein Glühen vorhanden sein, welches vom Dunkelrothglühen durch Kirschroth zum Weißglühen übergeht. Der Körper geht hierbei aus dem festen in den flüssigen Zustand. Der Körper bleibt fest bis zu einer bestimmten festen Temperatur, welche für denselben Körper unveränderlich ist, und bei welcher das Flüssigwerden oder das Schmelzen beginnen kann. Während des Schmelzens ändert sich die Temperatur nicht, wie viel Wärme auch in den Körper einbringen mag.

Für eine große Menge Körper sind die Schmelzpunkte bekannt, und man kann annehmen, daß die Schmelzpunkte aller derjenigen Körper, welche nur im stärksten Essenfeuer flüssig werden, zwischen 1500 und 1600° C. liegen. Der Lichtglanz der Glühhitze ist hierbei als Anhalten genommen. Pouillet (Éléments de Physique I, 238) hat die verschiedenen Grade der Glühhitze nach der Farbe unterschieden, welche der glühende Körper zeigt, und mittels seines Pyrometers Bestimmungen über die Schmelzpunkte einiger Metalle in Celsius'schen Thermometergraden ausgedrückt. Auch Daniell und später Plattner haben hierüber Untersuchungen angestellt, und sind die Resultate derselben nachstehend zusammengestellt; die nach Pouillet sind hierbei mit gesperrter Schrift bezeichnet.

Zinn, Wismuth, Blei, Zink und Antimon schmelzen bei	330— 512° C.
Anfangendes Rothglühen	525
Dunkles Rothglühen	700
Anfangendes Kirschrothglühen	800
Kirschrothglühen	900
Rothe Glätte schmilzt	954
Helles Kirschrothglühen	1000
Roh-, Blei- und Kupfersteine schmelzen	1000—1050
Silber schmilzt	1023
Schwarzkupfer schmilzt	1027
Dunkles Orangeglühen	1100
Gold schmilzt	1102
Kupfer schmilzt	1173
Helles Orangeglühen	1200
Weißglühen	1300
Blei- und Bleisteinschlacke schmelzen	1315—1330
Rohschlacke schmilzt	1330—1360
Schwarzkupferschlacke schmilzt	1345
Eisenhohofenschlacke schmilzt	1390—1430
Helles Weißglühen	1400
Gasförmige Brennmaterialien	1450—1850
Blendendes Weißglühen	1500—1600
Gußeisen	1500—1700
Holz	1575—1750
Torf	1575—2000
Stahl	1700—1900
Braunkohle	1800—2200
Stabeisen	1900—2100
Steinkohle mit 5 Proc. Asche	2200—2350
Torfkohle	2050—2350
Holzkohle	2100—2450
Coaks mit nicht über 5 Proc. Asche	2350—2450
Platin	2534

Die sehr hohen Schmelzpunkte sind, wie selbst Pouillet anführt, nur als genähert zu betrachten. Die helle Flamme des Phosphors, welche eine so hohe Hitze nicht hat, macht jedoch eine Ausnahme, und auch Gasarten können heißer sein, als selbst zum Weißglühen erforderlich ist, ohne nur überhaupt zu glühen, denn nach H. Davy ist ein Luftstrom, in welchem Metalldrähte weißglühend werden, nicht sichtbar. Die Bedingungen eines intensiven Weißglühens sind möglichst starke Erhitzung feuerbeständiger Körper von weißer Farbe. Diese Bedingungen sind am vollständigsten vereinigt in dem sehr starken Lichte, welches der in einer durch Sauerstoffgas angefachten Alkoholflamme erhitzte Kalk zeigt. Drummond fand das Licht, welches ein Cylinder von kaustischem Kalke in der Knallgasflamme liefert, 37 mal, und unter den günstigsten Umständen 83 mal so hell als das einer Argand'schen Lampe. Magnesia bewirkt ein nicht so starkes Licht. Nach Fyfe's Versuchen über Ermittelung der verhältnißmäßigen Mengen von Licht und Wärme, welche durch Leuchtgas erzeugt werden (Edinburgh New Phil. Journ. 58. p. 227), ist die erzeugte Hitze, ohne Rücksicht auf die Menge des erzeugten Lichtes, der Quantität des verzehrten Gases proportional, und es wird hieraus gefolgert, daß es eine nur starren Körpern zukommende Eigenschaft sei, ein ihrer Glühhitze proportionales helleres Licht zu erzeugen. Da der Grad des Glühens sich durch die Intensität des Lichts ankündigt, so können Körper zu einer gleichen Glühhitze gebracht werden, wenn sie nicht durch ihre Masse zu sehr abkühlend wirken, oder zu viel Wärme erfordern, um selbst glühend zu werden. Der Glanz des Glühens beim Verbrennen der Kohlen und bei solchen Substanzen, welche kein Wasserstoffgas entwickeln, erleidet durch den Zutritt der atmosphärischen Luft stets eine Veränderung. Der kalte Luftzug kühlt den glühenden Körper ab, das Glühen vermindert sich dadurch, wird auch wol gänzlich zerstört, wenn der glühende Körper eine geringe Masse besitzt. Bleibt aber eine hinreichende Hitze, wie z. B. beim Glühen des Eisens und anderer Metalle, wo die Zersetzung des Sauerstoffgases das Glühen unterhält, so wird das Glühen wesentlich dadurch vermehrt, daß die zersetzte Luft eine neue Quelle entwickelter Wärme darbietet. So gibt z. B. der verbrennende Alkoholdampf bei Davy's Glühlämpchen stets Wärme genug her, um den dünnen Platindraht glühend zu erhalten, so lange der zukommende kalte Luftzug das Glühen nicht zu sehr abkühlt. In einer gewöhnlichen Lichtflamme ist Weißglühhitze vorhanden. Bildet sich aber im Innern einer solchen Flamme, wie z. B. an den Dochten unserer Lichter oder Lampen, eine Schnuppe, so erkältet diese die Flamme durch Ausstrahlung, die Zersetzung geht nicht mehr mit hinreichender Lebhaftigkeit fort, und daher kommt der ausscheidende Kohlenstoff nicht mehr zum Verbrennen, sondern blos zum Glühen. Die zum Glühen kommenden Theilchen fester Materien verleihen der Lichterscheinung sowol Glanz als Dichtigkeit, und die Flamme entsteht erst bei starkem Glühen, beim Weißglühen, also bei bestimmter Hitze, welche bei jedem Körper eine andere ist. Nach Davy's Versuchen gibt das aus der Steinkohle entwickelte Gas eine vorzüglich helle Flamme, und hält man das feine Drahtgewebe der Sicherheitslampe in verschiedene Gegenden der Flamme, so sieht man, daß dieselbe da, wo sie im Freien brennen, am glänzendsten ist, am meisten Kohlenstoff enthält. So geben diejenigen Flammen, welche ganz aus gasartigen Theilen bestehen, ein schwaches Licht; solche Flammen aber, in welchen sich, wie z. B. Phosphor in Sauerstoff brennend, dichtere Materien erzeugen, geben helle Flammen. Die Farben der Flammen entstehen, sobald ein in dieselbe mit hinübergehender Körper verbrennliche Materien hergibt, welche glühen und mitbrennen, daher die Flamme öfter trüben oder ihr eine eigenthümliche Farbe geben. Die Weiße der Flamme ist um so größer, je mehr Theile in ihr weißglühen, ohne Beimischung anderer nicht glühender Theile. Daher sind die Flammen verbrennender Metalle meistens dunkel und nähern sich in ihren oberen Theilen dem Rauche, weil sich die dicht vereinten glühenden Theilchen schnell abkühlen. Das Verbrennen mit Flamme geschieht bei Brenn- und Erleuchtungsmaterialien, indem bei hinreichender Hitze sich die brennbaren Stoffe in elastischer Form entbinden und in Gluth gesetzt die Flamme darbieten, wobei sie selbst zersetzt werden, indem das Wasserstoffgas mit dem Sauerstoffe verbunden Wasserdampf, der Kohlenstoff mit dem Sauerstoffe verbunden Kohlensäure gibt.

Die Erscheinung, daß durch Compression der Gase nicht blos Wärme, sondern sogar Hitze bis zum Erglühen erzeugt werde, ist von Dalton näher untersucht. Auf sie gründet sich die Erfindung des pneumatischen Feuerzeugs oder Tachopyrion, welche Gay-Lussac einführte. Das Licht in demselben ist entweder ein eigentlicher Funken, welcher im Momente des Erglühens des Schwammes entsteht, oder es ist ein bloßer Lichtschein, welcher aus einem schwachen Glühen des gebildeten Dampfes zu erklären ist. Die von Döbereiner zuerst bemerkte Einwirkung des gehörig präparirten Platinschwammes auf das Wasserstoffgas, wodurch unter Zutritt des Sauerstoffgases jener glühend wird, ist dadurch zu erklären, daß eine mit großer Gewalt vorgehende chemische Verbindung diese Feuererscheinung zu bewirken pflegt, und daß diese große Gewalt von der Stelle abhängt, welche die in Verbindung tretenden Körper in der elektrischen Reihenfolge einnehmen.

Ueber Glühen und Verbrennen der Gase sind von Davy Versuche mit Platindraht und den Flammen verschiedener Gasarten angestellt. Aus diesen Versuchen geht hervor, daß die Ausdehnung durch Hitze die Verbrennlichkeit der Gasarten nicht nur nicht vermindert, sondern daß sie vielmehr die Gasarten in niedrigeren Temperaturen zu explodiren fähig macht. Davy folgert hieraus, daß das langsame Vereinigen ohne Entflammen, welches zwischen Wasserstoff und Chlorine, und zwischen Sauerstoff und den Metallen beobachtet ist, in gewissen Temperaturen fast zwischen allen Körpern stattfindet, welche sich durch Einwirken der Hitze mit einander verbinden. Die Versuche mit Kohle zeigen, daß sie sich in einer Temperatur, welche wenig höher als der Siedepunkt des Quecksilbers liegt, schnell in Kohlensäure verwandelt, ohne daß dabei Licht erscheint, und daß in der dunkeln Rothglühhitze die Bestandtheile des ölbildenden Gases sich mit Sauerstoff auf ähnliche Weise, langsam und ohne Explosion verbindet. Das leichte Kohlenwasserstoffgas oder das brennbare Gas der Steinkohlengruben erfordert eine sehr große Hitze, um sich zu entzünden. Ueberhaupt aber bedürfen Gase zum Glühen einer viel höheren Temperatur, als Körper in anderen Aggregatzuständen, welche, wie schon oben angeführt, bei 538° C. glühend werden. So können jene bei einer Art von langsamem Verbrennen so viel Wärme entwickeln, daß ein darin gehaltener starrer Körper glühend wird, ohne daß sie sich selbst entzünden oder leuchtend werden. Taucht man in ein Gemenge von Sauerstoffgas mit Wasserstoffgas, mit Aether- oder mit Alkoholdampf einen Platindraht, der eben aufgehört hat zu glühen, so fängt er darin nach kurzer Zeit wieder zu leuchten an und glüht so lange, bis das Sauerstoffgas durch seine langsame, stille, lichtlose Verbindung mit den brennbaren Gasarten und Dämpfen verbraucht ist. Die Einrichtung des Glühlämpchens (s. d. Art.) beruht auf dieser Erscheinung. (Vergl. Gilbert's Annalen der Physik 56. S. 150 ꝛc.)

Da das Glühen eines Körpers einen hohen Grad von Wärme, also Hitze bezeichnet, so gehören hierher auch die Wirkungen der Elektricität, sofern dieselbe Wärme erzeugt und so weit das Glühendmachen und Schmelzen von Metalldrähten, womit das Entzünden verbrennlicher Körper zusammenhängt, in Betracht kommt. Die Messung der Elektricität findet hierbei meistens durch die Länge und Dicke der glühend gemachten oder geschmolzenen Stahldrähte statt. Am auffallendsten sind die Phänomene, welche aus den Versuchen über die Wärmeerregung und die Lichterscheinungen durch den elektrischen Strom der Volta'schen Säule oder galvanischen Batterie zum Vorschein kommen und welche sind die Funken und das Erglühen und Schmelzen von Metallen und einigen anderen Körpern. Werden die entgegengesetzten Extreme einer kräftigen Volta'schen Säule durch einen Draht verbunden, so zeigt sich im Augenblicke der Berührung ein deutlicher Funken, welcher jedesmal eintritt, sowie die Berührung abwechselnd aufgehoben und wieder erneuert wird. Diese Funken unterscheiden sich von den gewöhnlichen elektrischen Funken, je nach der Verschiedenheit der in Anwendung gebrachten Apparate und der Form und Beschaffenheit der Metalle u. s. w. dadurch, daß sie, kreisförmig umhersprühend, bei größter Intensität einer leuchtenden Sonne gleichen, was namentlich bei feinen Stahldrähten vorkommt. Werden zur Schließung der Kette Streifen von gut ausgebrannter Kohle verwendet, so tritt die Lichterscheinung im höchsten Grade hervor, und das Erglühen derselben dauert bei kräftigen Batterien, während die Kohlenspitzen von beiden Polen aus mit einander in Berührung sind, eine geraume Zeit. Bei einem Versuche Davy's unter Wasser zeigten sich die Spitzen der Kohle noch eine Zeit lang nach der Schließung der Kette rothglühend (Gilbert's Ann. 12. S. 355). Ueber das Wesen des elektrischen Funkens läßt sich bis jetzt nur annehmen, daß das Leuchten desselben die Folge eines Erglühens materieller Theile ist, und dasselbe hat einige Analogie mit dem durch die elektrische Ladung bewirkten Erglühen von Kohlenspitzen und dünnen Metalldrähten, deren Masse bei guter Leitungsfähigkeit zu gering ist, um große Elektricitätsmengen ohne Aufenthalt durchlassen zu können. Aus diesen Funken kommen die Metalldrähte in einer mehr oder weniger ausgedehnten Strecke zum Glühen und selbst zum Schmelzen. Die Stärke des Glühens richtet sich nach der Größe, aber nicht nach der Anzahl der in Anwendung gekommenen Metallplatten. Um Metalldrähte glühend zu machen, sind Apparate von Davy (Elements of chemical Philos. 156. Gilb. Ann. 44. S. 229) und Bunsen (Gilb. Ann. 25. S. 249) vorzüglich geeignet. Je größer die wirkende Oberfläche des galvanischen Apparates ist, desto dickere Drähte kann man damit glühend machen und schmelzen. Eisen- und Stahldraht wird weißglühend, schmilzt und verbrennt unter lebhaftem Funkensprühen. Platindraht wird lebhaft glühend und schmilzt ab, wenn er kurz und dünn genug ist. Nach den Versuchen von De la Rive über die Wärmeerregung durch den elektrischen Strom einer Volta'schen Säule hat sich herausgestellt, daß gleiche elektrische Ströme in gleich dicken und gleich langen Drähten um so mehr Wärme erregen, je besser diese leiten. So glüht z. B. in einem aus Stücken von Silber und Platin zusammengesetzten Drahte blos das Platin und nicht das Silber. Man hat versucht, über die magnetoelektrischen, thermoelektrischen und hydroelektrischen Ströme nach ihrer Intensität Gesetze aufzustellen, namentlich gibt Peltier an, daß die Länge des erglühenden oder erhitzten Drahtes im hydroelektrischen Strome mit seiner magnetischen Kraft und also mit der Intensität der fortgeleiteten Elektricität im genauesten Zusammenhange stehe und eine ihrer Intensität proportionale Wärme errege. Allein nur in Beziehung auf den Strom aus einer leydener oder Verstärkungsflasche ist es durch viele Versuche gelungen, ein Gesetz zu ermitteln und dieses auf die andern Ströme anzuwenden. Ohm fand zuerst (Kastner's Archiv 16. S. 1. Fechner's Repert. 1, 466), daß die Menge bewegter Elektricität bei unveränderlichem Leitungswiderstande im geraden Verhältnisse zur elektrisch erregenden Ursache, der sogenannten elektromotorischen Kraft steht. Bezeichnet man ganz allgemein die Menge des bewegten Fluidums, d. h. die Stromstärke mit Q, die gesammte Triebkraft einer Kette mit K, den Widerstand im ganzen Umfange derselben, ausgedrückt als Drahtlänge mit R, so stellt Ohm hiernach die Beziehung der drei Größen zu einander durch folgenden einfachen Ausdruck dar: $Q = \frac{K}{R}$, wobei diejenige Stromstärke, welche der Kraft Eins und der Drahtlänge Eins entspricht, ebenfalls als Einheit genommen wird. Dieses Gesetz wird nach seinem Entdecker das Ohm'sche Gesetz genannt. Hieraus leitete Ohm einen allgemeinen Ausdruck für das Gesetz des Erglühens der Rheophore ab. Unter der Annahme, daß die Intensität des Erglühens eines in der elektrischen Kette befindlichen Leiters der Intensität des ihn durchlaufenden Stromes direct proportional ist, außerdem aber durch die Natur dieses Leiters bedingt wird, erhält man $G = \frac{I}{s}$, worin G die Stärke des Erglühens, I die Intensität des elektrischen Stromes und x den Glühungscoefficienten bezeichnet, welcher dem Leitungsvermögen, und sofern dieses das Erglühen hindert, der Glühkraft umgekehrt proportional ist (vergl. Maßbestimmungen über die galvanische Kette von Fechner).

Das Leuchten in einer niedrigeren als der eigentlichen Glühtemperatur hat man der Analogie nach Phosphorescenz genannt. Es unterscheidet sich vom Glühen durch ein viel geringeres Licht, welches ohne sehr große Erwärmung entsteht und dem Phosphor eigen ist. Nicht hierher gehören aber die künstlichen Phosphore oder Leuchtsteine, unter denen der bologneser Leuchtstein, ein bereits seit 1630 zum Leuchtstein präparirter Schwerspath, der bekannteste ist. Sie leuchten, wie viele Edelsteine, bei gewöhnlicher Temperatur nach vorangegangener Bestrahlung durch Sonnenlicht (s. Heinrich, Die Phosphorescenz der Körper, Nürnberg 1811—1820). Als eine von selbst entstehende Phosphorescenz der Körper des Thier- und Pflanzenreichs sind hier, und zwar zunächst aus der Thierwelt die Johanniswürmchen, gemeinhin auch Glühwürmchen genannt, als eine bekannte Erscheinung zu erwähnen. Sie leuchten vorzüglich an den letzten Ringen des Unterleibes. Die leuchtende Materie besteht, im Wasser zertheilt, aus weichen, halbdurchsichtigen Körpern, welche aber vereinzelt an Licht abnehmen. Das Leuchten des Meeres in den wärmeren Klimaten, welches oft glühend erscheint, entsteht von leuchtenden Thierchen, und es ist am glänzendsten im bewegten Wasser und vorzüglich hinter dem Schiffe. Eine große, dem Glühen nahekommende Stärke des Leuchtens tritt vorzugsweise bei einer stillen, warmen, gewitterhaften Luft ein, und man ist daher geneigt, bei diesem Phänomen die Elektricität in Veranlassung zu ziehen. Allein das stärkere Leuchten ist nur eine Folge von der Einwirkung günstigerer Umstände auf die Lebensthätigkeit dieser Thierchen, zu welchen eine gewisse Art Medusen gehören. Aus dem Pflanzenreiche ist besonders das Holz der Erle und Weide, der Tanne und Föhre als leuchtend hervorzuheben. Sehr häufig zeigen die Wurzeln derselben einige Zeit nach dem Abhauen oder im feuchten Raume aufbewahrt ein Leuchten, welches der Phosphorescenz angehört. Ist das Holz schon sehr in Fäulniß übergegangen, so leuchtet es am schönsten; aber diese Periode ist schnell vorübergehend, und es findet stets ein gewisser Grad von Feuchtigkeit als eine zum Leuchten nothwendige Bedingung statt.

Es wird erlaubt sein, hier noch jenes außerordentliche und prachtvolle Phänomen der schweizer Alpenkette beim Sonnenuntergange, jene Flammenröthe, jenes Purpurglühen, das Glühen der Alpen zu erwähnen. Die Alpenspitzen erscheinen nämlich kurze Zeit nach dem Untergange der Sonne geröthet, diese Röthung wird dunkler, bis sie plötzlich verschwindet, wenn die Höhen in den Erdschatten treten. Die Gletscher zeigen sich dann mit einer blau-grauen Farbe. Oefters kommt es vor, daß nach einiger Zeit sich eine zweite Röthung zeigt, die aber nicht so intensiv ist und nicht so lange dauert als die erste. Nach den Beobachtungen von Kämtz (Meteorologie, und Vorlesungen über diese) zeigt sich dieses Phänomen besonders dann sehr schön, wenn am westlichen Horizonte lockere Cumuli und Cirrocumuli stehen, dann haben die nackten Felsen ganz das Ansehen rothglühender Eisenmassen. Auch hier kommen von dem reflectirten Lichte vorzugsweise nur die rothen Strahlen ins Auge, das zweite Roth entsteht wol daher, daß die von der Atmosphäre reflectirten rothen Strahlen die Bergspitzen noch zum zweiten Male erleuchten. Viele und sehr schöne Beobachtungen über das Alpenglühen sind von Wolf zu Bern in den Jahren 1850 und 1851 mit Angaben der Declination der Sonne, und der Zenithdistanzen derselben während der Beobachtungszeit angestellt, diese aber nach dem Wortlaute des Beobachtungs-Journals in den Mittheilungen der naturforschenden Gesellschaft zu Bern aus dem Jahre 1852, Nr. 224—264. S. 49—56 abgedruckt. Wolf gibt hierbei folgende Unterscheidungsmomente an: 1) Wenn die Zenithdistanz der Sonne etwa 85° geworden ist, so ist der Weg der Sonnenstrahlen durch die Luft hinlänglich angewachsen, um dem freien Auge den Ueberschuß des durchgelassenen rothen Lichtes wahrnehmbar zu machen, — die Berge beginnen sich leicht zu röthen. 2) Ist die Zenithdistanz etwa 88° geworden, so werden die tiefen Gründe blauviolet, während die Alpen zu glühen beginnen, und dieses Glühen nimmt zu, bis die Zenithdistanz etwa 91° geworden ist, also bis nach dem scheinbaren (durch die Refraction verspäteten) Untergange am freien Horizont. 3) Nun zieht sich das Glühen rasch auf die höchsten Spitzen der Alpen zurück, und wenn die Zenithdistanz etwa 92° geworden ist, so sind auch diese erloschen, während sich die Gegendämmerung bereits von den niedrigern Alpen abgelöst hat. 4) Wie sich die Gegendämmerung auch von den Hochalpen abgelöst hat, etwa bei 93½° Zenithdistanz der Sonne, ist das anfängliche Grauweiß der Schneefelder und Gletscher wieder in ein reines Weiß übergegangen. 5) Noch etwas später, etwa bei 94° Zenithdistanz, röthen sich jedesmal die Alpen wieder ganz leicht, — manchmal jedoch auch, wenn der Abendhimmel gehörig nachhilft, noch recht kräftig, sodaß man gewissermaßen ein Nachglühen sehe, welches, wie schon Kämtz beobachtete, durch von der Atmosphäre reflectirte rothe Strahlen zu erklären ist. 6) Gleichzeitig wie die Färbung des Abendhimmels intensiver wird, nimmt diese zweite Färbung der Alpen wieder ab, und wenn die erstere etwa bei 95° Zenithdistanz ihr Maximum erreicht hat, sind die Alpen schon nahe in der eigentlichen Dämmerung verschwunden.

Aus diesen Beobachtungen läßt sich wol abnehmen, daß nicht nur der Zustand der Atmosphäre am westlichen Horizonte, sondern auch namentlich die Gestaltung des den Horizont begrenzenden Terrains von großem Einflusse auf diese Phänomene sind. *(C. Reinwarth.)*

Glühende Kugeln, s. Geschoss.

GLÜHHITZE (Chir.). Neben dem Glüheisen, welches durch den hohen Hitzegrad wirkt, hat die Chirurgie in neuerer Zeit noch eine aus anderer Quelle entstehende

Glühhitze in Anwendung gezogen, nämlich den elektrothermischen Effect des galvanischen Stromes.

Der galvanische Strom erhitzt die seinem Durchgange Widerstand entgegensetzenden Leiter, und dadurch ist man im Stande, in Metallen Temperaturgrade hervorzurufen von der niedrigsten kaum merklichen Erwärmung bis zur intensivsten uns bekannten Hitze. Nachdem nun schon Heider in Wien, Crusell in Petersburg, Sédillot in Strasburg die elektrische Glühhitze gelegentlich angewendet hatten, wurde dieselbe von John Marshall (Med. chir. Trans. XXXIV) bestimmter und in ausgedehnterem Maße zu chirurgischen Zwecken empfohlen, nachdem derselbe bei einer penetrirenden Backenfistel den durch eine galvanische Batterie glühend gemachten Platindraht mit Erfolg statt des Glüheisens zum Cauterisiren angewandt hatte. Bei schon vorher angestellten Versuchen an Thieren hatte sich Marshall aber davon überzeugt, daß eine ziemlich dicke Muskelpartie in wenigen Secunden durch den glühend gemachten Platindraht getrennt werden kann und daß auch Venen von kleinerem Caliber und kleinen Arterien bei Thieren ohne Blutung damit sich durchschneiden lassen. Er erachtete daher die Glühhitze ebenso wol in jenen Fällen anwendbar, wo das Brennen auf gewöhnliche Weise nicht zweckdienlich oder schwierig ist, z. B. bei Fisteln, bei tief eindringenden vergifteten Wunden, als auch zum Ersatze des Messers, der Scheere und der Ligatur bei Hämorrhoidalknoten, bei Gebärmutterpolypen, bei erectilen Geschwülsten, bei Excisionen an der Zunge, an der Gebärmutter u. s. w. Es sind dann auch weiterhin in England (Thomas Harding, Georges Waite, Hilton) und ebenso in Frankreich (Nélaton, Leroy d'Etiolles, Alphonse Amussat) Operationen mittels den galvanischen Glühhitze ausgeführt worden; allein erst Professor Middeldorpf in Breslau hat die Benutzung dieses Agens im ausgedehntesten Maßstabe geübt, und unter dem gutgewählten Namen Galvanokaustik wissenschaftlich begründet; s. Die Galvanokaustik, ein Beitrag zur operativen Medicin, von Dr. Albrecht Theodor Middeldorpf. (Breslau 1854.)

Als Wärmequelle empfiehlt Middeldorpf am meisten die Grove'sche Kette (Platin und Zink in Salpeter- und Schwefelsäure). Die weißglühend gemachten Drähte werden theils zu gleichem Zwecke benutzt, wie das Glüheisen, zum Ausbrennen, zum Zerstören, zum Erregen von Entzündung, zur Blutstillung, theils kommen sie in Fällen zur Anwendung, wo man sonst zu schneidenden oder spaltenden Instrumenten greift. Die Drähte und Apparate können immer mit Sicherheit vorher angelegt werden, ehe man sie operativ wirken läßt; die Wirkung ist rasch und energisch; die Schmerzhaftigkeit ist in manchen Fällen schon während des Operationsactes unbedeutend, nach der Operation aber ist sie im Allgemeinen auffallend gering, was von der scharf begrenzten, augenblicklich tödtenden Wirkung herzurühren scheint; endlich hat die Galvanokaustik auch noch darin vor dem Messer einen Vorzug, daß die nachfolgenden Granulationen selbst bei den torpidesten Subjecten lebhaft sind und somit die Vernarbung rasch zu Stande kommt.

Die Krankheitsformen, in denen die auf solche Weise erzielte Glühhitze mit mehr oder weniger Erfolg angewendet wurde, sind aber:

1) Hämorrhagien in engen Höhlen, wohin das sonst gebräuchliche Glüheisen nur schwierig gelangt, desgleichen Hämorrhagien nach Messeroperationen.

2) Neuralgien, um die Nerven zu tödten.

3) Paralysen.

4) Brand, namentlich Noma und Hospitalbrand, weil es möglich ist, das Krankhafte genau zu umfassen.

5) Geschwüre, z. B. am Gebärmutterhalse.

6) Telangiektasien.

7) Carcinome.

8) Fisteln, theils zum Ausbrennen, theils zum Durchschneiden. Auch zur Obliteration des Thränenschlauchs ist die Galvanokaustik benutzt worden.

9) Polypen.

10) Amputationen der Mandeln, des Zäpfchens, des Zahnfleisches, des Penis, der Clitoris, des Hoden. Aber auch selbst ein überzähliger Daumen wurde damit amputirt.

11) Bei Gelenkleiden, um damit statt des Glüheisens Brandstreifen zu bilden. (*Fr. Wilh. Theile.*)

GLÜHLAMPE, GLÜHLÄMPCHEN (aphlogistic lamp, lampe sans flamme), besteht aus einem spiralförmig gewundenen, etwa nur 1/100 Zoll dicken Platindrahte, dessen 12—20 Windungen von etwa 1/8 Zoll im Durchmesser sich so nahe liegen, als es ohne Berührung möglich ist. Dieser Platindraht ist ganz locker um den dünnen Docht einer gewöhnlichen Spirituslampe gelegt, sodaß die Hälfte der Windungen über den Docht hervorragt. Man brennt nun den Alkohol an, löscht aber die Flamme, sobald der hervorragende Platindraht roth glüht, aus; dieser Draht glüht dann unausgesetzt so lange fort, als die Verdunstung des Alkohols dauert und der Docht ganz trocken ist. Er leuchtet bei Nacht ziemlich stark, und man kann auch brennliche Körper, wie Feuerschwamm, daran anzünden. Ein Lämpchen von zwölf Windungen um einen gewöhnlichen baumwollenen Docht bedarf, um acht Stunden zu brennen, 1/2 Unze Alkohol, welcher vollständig verzehrt wird.

Der Erfinder dieser Lampe ist Humphry Davy, daher sie auch den Namen: das Davy'sche Glühlämpchen führt. Davy wurde bei den Versuchen über das Verbrennen von Gasarten und Dämpfen, und über die Möglichkeit, die dabei sich entwickelnde Hitze in einem Platindrahte bis zum Weißglühen desselben anzuhäufen, um für Steinkohlenbergwerke eine zuverlässige, den Bergmann in schlagenden Wettern vor Explosion schützende Sicherungslampe aufzufinden, durch Zufall auf dieses Glühlämpchen geführt. Er sah nämlich in einem künstlichen Gasgemenge aus atmosphärischer Luft und so vielem Kohlenwasserstoffgas, daß weder Oel noch Gas darin brannten, ein Stückchen Platindraht, welches die erlöschende Oelflamme im Sicherungslämpchen glühend gemacht hatte, geraume Zeit fortglühen. Denselben Erfolg erhielt er unter mehren Abänderungen mit ölbildendem

Gas, gasförmigen Kohlenstoffoxyd, Blaustoffgas und Wasserstoffgas, bei letztern unter schneller Wasserbildung. Nun versuchte Davy, ob nicht auch ein langsames Fortbrennen ohne Flamme in Aether- und in Alkoholdämpfen, unter Zutritt etwas atmosphärischer Luft, stattfinde, welches Wärme genug frei mache, um dünnen Platindraht fortdauernd im Glühen zu erhalten. Die glücklichen Erfolge dieser Versuche haben dieses sogenannte Glühlämpchen hervorgerufen. Davy selbst brachte die ersten derselben in seiner Sicherungslampe mit seinem Drahtgewebe für den Bergmann in den Steinkohlengruben an. Statt Alkohol wendet man auch Aether an, dessen schnellere Verdampfung ein noch lebhafteres Glühen hervorbringt. Alle die mannichfaltigen Formen dieser seit ihrer Entstehung dargestellten Lampen kommen im Wesentlichen sämmtlich darin überein, daß man einem Löckchen von feinem, schraubenförmig gewundenen Platindrahte bei vorhandenem mäßigen Luftzuge ununterbrochen den Dampf von Alkohol oder Aether zuführt. Auf eine einfache Weise läßt sich dieses ausführen, wenn man den feinen Platindraht um eine 1,5 Linie starke Glasröhre schraubenförmig und mit dichten Lagen über einander bis zur Höhe von 0,3—0,5 Zoll wickelt, das Gewinde herabzieht und auf den eben geschnittenen Docht einer gewöhnlichen Alkohollampe stellt. Wird diese angezündet, aber nach der Erhitzung des Löckchens durch die Flamme wieder ausgeblasen, so zeigt sich letzteres bald nachher rothglühend, fast bis zum Weißglühen. Auch der Docht kann entbehrt und statt der Lampe kann jedes beliebige Gläschen angewendet werden. Statt des Dochtes dient hierbei eine bloße Glasröhre, an welcher das Löckchen befestigt wird. Die ersten Versuche über das fortdauernde Glühen des feinen Platins in den Dämpfen von Alkohol oder Aether ließen schon Davy eine hierdurch erzeugte flüchtige, saure und übelriechende Substanz wahrnehmen, welche Faraday und Daniell einer genaueren Untersuchung unterwarfen, und von Letzterem Lampensäure genannt wurde. Es ist eine farblose, klare, sauer schmeckende Flüssigkeit; ihre Dämpfe sind stechend, fallen beim Einathmen beschwerlich und reizen die Augen. Beim Verbrennen des Aethers wird eine größere Menge dieser Säure erzeugt, als beim Alkohol. Man nennt dieselbe Aldehydsäure und hat ihre Zusammensetzung aus 4 At. Kohlenstoff, 8 At. Wasserstoff und 3 At. Sauerstoff gefunden. Daniell gibt die Zusammensetzung an zu 40,7 Kohlenstoff, 7,7 Wasserstoff und 51,6 Sauerstoff und Wasserstoff in dem Verhältnisse, worin sie mit einander Wasser bilden. John Dalton gibt in seinen Versuchen über die eigenthümliche Art des Verbrennens, welches in der Glühlampe unsichtbar vor sich geht, an, daß die Producte des Verbrennens von Alkohol ohne Flamme, bis das Glühen des Drahtes nach 40 Minuten erlosch, 8 Proc. Sauerstoffgas und 8 Proc. kohlensaures Gas gewesen wären. Da die Menge der durch diesen Verbrennungsproceß gebildeten Säure mehr als hinreichend ist, um bei längerer Dauer eine schädliche Wirkung für die Respirationsorgane zu bewirken, so haben Sömmering und Chladni in sofern eine Verbesserung des Glühlämpchens eingeführt, als sie über dem glühenden Dochte eine Art von Helm, wie bei anderen Destillirapparaten, anbrachten, in welchem die saure Flüssigkeit niedergeschlagen wird.

Verschiedene von Juch und später von Karmarsch angestellte Versuche mit Gold-, Silber-, Messing-, Eisen- und Kupferdraht haben zu dem Resultate geführt, daß außer Platin kein anderes Metall eine beliebig lange Zeit ohne fernere Erhitzung im Glühen erhalten werden kann. Der Grund hiervon liegt darin, daß die Metalloxyde weit schlechtere Wärmeleiter sind, daher auch die Wärme länger an sich halten als regulinische Metalle. Ehe daher ein oxydirter Draht so viel Wärme an die ihn umhüllenden Dämpfe abgibt, als nothwendig ist, das Verbrennen des letzteren zu unterhalten, sind dieselben schon so sehr abgekühlt, daß die Erneuerung ihres Verbrennens und also auch das davon abhängige Fortglühen des Drahtes unmöglich wird.

Für das gemeine Leben hat man diese Vorrichtung des Glühlämpchens als Nachtlampen und Räucherlampen zuweilen benutzt; allein man ist von solchem Gebrauche bald abgekommen, weil die Bildung von Aldehyd u. s. w. in geschlossenen Räumen dem Organismus lästig wird. Die am zweckmäßigsten construirte Glühlampe ist übrigens die von Merryweather, welcher Döbereiner's Platinschwamm dazu benutzt hat.

Es verdient hier noch erwähnt zu werden, daß Döbereiner versucht hat, eine natürliche Glühlampe darzustellen. Er ließ nämlich eine Spirituslampe so lange fortbrennen, bis aller Spiritus verzehrt ist. Der Docht wird hierdurch zuletzt verkohlt, und es geschieht dann nicht selten, daß beim Verlöschen der Flamme der verkohlte Theil des Dochtes glühend wird und bei ruhiger Luft so lange fortglüht, als noch Alkohol vorhanden ist. Wird bei dieser Erscheinung die Lampe mit aller Vorsicht, ohne das Fortglühen des Dochtes zu stören, wieder mit absolutem Alkohol gefüllt, so glüht der Docht 24 Stunden lang fort. Der hierbei sich bildende Dampf ist ebenso unangenehm und sauer, als der beim glühenden Verbrennen des Alkohols ein Platindraht erzeugte.

(*C. Reinwarth.*)

GLÜHOFEN. Bei dem Hüttenwesen bezeichnet man unter Glühofen alle solche Oefen, in welchen gewisse Substanzen, in Gefäßen eingeschlossen, einer Glühhitze ausgesetzt ohne geschmolzen zu werden. Sie kommen bei der Cementation des Eisens vorzüglich in Anwendung, daher sie auch Cementiröfen, Cementstahlöfen genannt werden. In ihnen wird der Cementstahl, Brennstahl, durch Glühen des Stabeisens zwischen kohligen Substanzen gebildet.

Jene Glühöfen, in welchen die zu verschiedenen Zwecken nöthigen Gefäße ausgeglüht werden, nennt man Temperöfen, Temperiröfen. Sie sind sehr auf Blaufarbenwerken und Zinkhütten zum Ausglühen der Glashäfen, Muffeln, Tiegel und Röhren gebräuchlich. Die auf den Zinkhütten gebräuchlichen Muffelglühöfen dienen zum Abwärmen und Glühen der Muffeln.

Bei der Weißblechfabrication wendet man eine Art Flammenofen von eigenthümlicher Construction als Glühofen in sofern an, als der Feuerungsraum und der Glühraum durch eine hohe Feuerbrücke ganz von einander getrennt sind. (*C. Reinwarth.*)

GLÜHSPAN, Eisenhammerschlag, Eisensinter, Schmiedesinter, battitures de fer. Wird Stabeisen beim Ausrecken zu Stäben oder beim Ausschmieden zu Blechen weißglühend gemacht, so bedeckt es sich mit einer Rinde von Oxyd, welche in schuppiger Gestalt abfällt, sobald das Eisen den Schlag des Hammers oder den Druck des Walzwerks erhält. Diese so abfallenden Schuppen nennt man Glühspan. Er hat eine eisenschwarze Farbe, halbmetallischen Glanz, eine krystallinische Structur. Er hat ein specif. Gewicht von 3,5—5,48, je nachdem er Blasenräume besitzt. Der Glühspan ist ferner sehr magnetisch, denn zerkleinert man ihn bis zur Größe eines Stecknadelknopfes, so hängt er ebenso fest am Magnet als das metallische Eisen. Nach den Untersuchungen von Berthier (Ann. de chimie et Phys. T. 27. p. 19—28) entsteht das Oxyd, welches den Glühspan bildet, jedesmal, wenn sich das Eisen in der Weißglühhitze mit einem auf einer höheren Oxydationsstufe befindlichen Eisenoxyd in Berührung befindet, oder wenn Eisen unter Zutritt von Luft so oxydirt wird, daß es sich nicht gänzlich oxydiren kann, mithin stellt der Glühspan eine neue Oxydationsstufe dar und muß in Rücksicht seines Sauerstoffgehaltes zwischen das Eisenoxydul und das natürliche magnetische Eisenoxyd gestellt werden. Die Zusammensetzung dieses Oxydes ist: $Fe^{\prime}Fe$. Die Glühspanrinde ist auf größeren und stärkeren Stücken Eisen, welche eine längere Zeit zur Erhitzung erfordern, ungleich dicker, als auf dünnen Stäben oder Blechen, welche schneller in Glühhitze kommen. Daher schreitet die Oxydation des erhitzten Eisens stufenweise fort. Die Entstehung dieses Glühspans bewirkt Verlust (Abbrand), kann auch unter Umständen die eisernen Gegenstände unansehnlich und unbrauchbar machen. Beim Aushämmern wird derselbe vollständig entfernt. Man benutzt ihn als gahrendes Mittel beim Frischen des Eisens; gepulvert wird er zum Putzen des Eisens, zum Adouciren von Roheisen verwendet.

Beim Hammergahrmachen des Kupfers resultirt ein Glühspan (Kupferasche), welcher entweder wieder zur Kupferschmelzarbeit verwendet oder zur Darstellung von Vitriolen verbraucht wird. (*C. Reinwarth.*)

GLÜHWACHS (Cire à dorer, Gilders-wax) ist wesentlich ein Gemenge von Wachs und Grünspan, welches auf vergoldete bronzene Gegenstände aufgetragen und sodann abgebrannt wird, um denselben eine lebhafte röthliche Farbe zu ertheilen. Die Zusammensetzung dieser Masse ist bei verschiedenen Fabrikanten verschieden. Einiges ist ein Gemenge von gelbem Wachs, Grünspan, rothem Bolus und Alaun, anderes besteht aus 6 Th. Wachs, zu welchem, nachdem es geschmolzen ist, nach und nach ein fein gepulvertes und gesiebtes Gemenge von 3 Th. Grünspan, 3 Th. Zinkvitriol, 1½ Th. Kupferoxyd, 1½ Th. Borax, 3 Th. Eisenoxyd, 1 Th. Eisenvitriol so lange zugesetzt und gut vermengt wird, als es die erstarrende Masse gestattet; darauf wird sie mit nassen Händen geknetet und in kleine Stangen geformt. — Soll ein Stück vergoldete Bronze mit Glühwachs behandelt werden, so taucht man entweder den erwärmten Gegenstand in das vorher erwärmte Gemenge ein, oder man trägt das letztere möglichst gleichmäßig mit einem Pinsel auf das Arbeitsstück auf, und raucht das Wachs über einem Kohlenbecken ab, wobei man durch fortwährendes Drehen des Arbeitsstückes zu verhüten sucht, daß ein Theil desselben von der Mischung entblößt werde. Ist das Wachs vollständig abgebrannt, so taucht man den Gegenstand noch heiß in Wasser und bürstet es mit Essig ab. Ist die Farbe des Goldes nicht roth genug oder ungleichmäßig, was namentlich bei stark vergoldeten Gegenständen häufig der Fall ist, so hat man die Operation nochmals zu wiederholen; bei schwach vergoldeten Gegenständen ist hingegen stets zu befürchten, daß durch eine öftere Wiederholung des Verfahrens die Vergoldung fleckenweise vernichtet wird. (*J. Loth.*)

GLÜHWEIN heißt ein angenehmes heißes Getränk, welches dadurch bereitet wird, daß man Zimmet und Gewürznelken (zuweilen auch Ingwer und Kardamomen) mit siedendem Weine auszieht und durch Zucker versüßt. Durch Zusatz von Eigelb erhält man Eierglühwein. (*Fr. Wilh. Theile.*)

Gluma, s. Glumaceen.

GLUMACEEN. Mit diesem Namen wird im Pflanzenreiche eine Classe bezeichnet, welche die Gräser und Halbgräser (Gramineen und Cyperaceen) umfaßt und die ihren Namen davon führt, daß bei diesen Gewächsen statt der mehren Blüthenhüllen Deckblätter und Deckblättchen vorhanden sind, welche sowol die einzelnen Blüthchen, als auch die Aehrchen stützen und umfassen. Diese Deckblätter und Deckblättchen wurden früher allgemein, wiewol sehr unpassend, gluma (Balg) und glumella (Bälglein) genannt, von welcher Bezeichnung sich auch der Name Balgblüthen für Grasblüthen herschreibt. Außer diesem charakteristischen Merkmale besitzen die Glumaceen noch folgende gemeinschaftliche Eigenschaften: Die Halme dieser einjährigen, ausdauernden oder selten halbstrauchigen Pflanzen sind einfach oder ästig, ihre Blätter wechselständig, ganzrandig, am Grunde scheidenförmig. Der Fruchtknoten ist frei, einfächerig, eineiig, das Eichen ist aufrecht. Die Frucht ist als Kornfrucht (Karyopse) bekannt. Der Samenkeim liegt am Grunde des Samens dem mehligen Eiweiße an. (*Garcke.*)

GLUMMERT (Johann Daniel), geboren in Danzig am 10. April 1734, verdankte seine Elementarbildung dem akademischen Gymnasium seiner Vaterstadt. Eine günstige Gelegenheit, seine Kenntnisse in den alten und neuen Sprachen, besonders in der polnischen und französischen, zu erweitern und zugleich sein früh erwachtes musikalisches Talent auszubilden, zeigte sich ihm 1756. Um diese Zeit, in seinem 22. Jahre, verschaffte ihm die Empfehlung einflußreicher Gönner zu Wolczyn eine Stelle in der Kanzlei des polnischen Fürsten Czartorisky, Großkanzlers von Lithauen. Im J. 1758 ward er Secretair des Grafen Stanislaus Poniatowsky, nachherigen Königs von Polen. Der Graf ernannte ihn zugleich zu seinem Vorleser und Aufseher über seine Bibliothek, späterhin auch zu seinem Schatzmeister. Im J. 1762 erhielt er in ehrenvollen Ausdrücken die von ihm erbetene Dienstentlassung. Bei seiner Rückkehr nach Danzig ward er 1764 königl. polnischer Notar, bald darauf Kanzlist und 1776 zugleich Registrator und Amtsschreiber bei dem Wallgebäude. Er starb in Danzig am 8. Oct. 1788. In Mußestunden hatte er sich viel mit den schönen Wissenschaften beschäftigt, und war dadurch zu mehrfachen poetischen Versuchen angeregt worden, die er zum Theil anonym bekannt machte. Bei dem Tode der Fürstin Czartoriska, der Mutter des letzten Königs von Polen, ließ er zu Warschau 1759 eine von ihm gedichtete Ode drucken; in einer zweiten feierte er den Geburtstag des Königs von Polen. (Warschau 1766. 4.) Nicht ohne Beifall ward sein Lustspiel: „Das bestimmte Paar" (Danzig 1766. 8.) auf der dortigen Bühne aufgeführt. Er schrieb auch einige Singspiele und Idyllen: „Elmire und Graß" (Danzig 1763. 4.); „Erlas oder der erhörte Schäfer" (Ebendas. 1766. 4.); „Das Fest der Treue und Zärtlichkeit" (Ebendas. 1767. 4.) u. a. m. Gedichte und Aufsätze von Glummert befinden sich in den „Beiträgen zum Nutzen und Vergnügen für beiderlei Geschlecht" (Danzig 1779. 8.) und in andern Journalen *).

(*Heinrich Döring.*)

GLURNS, Städtchen von 900 Einwohnern im Kreise Oberinnthal in der österreichischen Grafschaft Tyrol, mit hohen Mauern und Thürmen und einer alten Kirche.

(*H. E. Hössler.*)

GLUTA ist der Name einer von Linné aufgestellten Pflanzengattung, welche De Candolle als fraglich zu den Büttneriaceen, Endlicher mit größerem Rechte zu den Anacardiaceen rechnete. Sie hat einen röhrenförmigen, zerschlitzten, abfälligen Kelch, fünf, seltener 4 oder 6 lanzettliche, abstehende, den Kelch übertragende, dem langen, stielartigen Blüthenboden anhängende Blumenkronblätter, 4—6 gleichlange, dem Blüthenboden über der Mitte eingefügte Staubgefäße, fast rundliche, biegsame Staubbeutel, einen gestielten, oberwärts etwas zusammengedrückten, eineiigen Fruchtknoten, einen einfachen, seitenständigen Griffel, eine stumpfe Narbe, eine gestielte, rundzelige, einsamige Steinbeere und einen eiweißlosen, aufrechten Samenkeim.

Die zu dieser Gattung gehörigen beiden Arten haben wechselständige, einfache, nach der Spitze der Aeste zu gehäufte, längliche, stumpfe, lederartige, ganzrandige, kahle Blätter und in Rispen stehende Blüthen.

Linné kannte hiervon nur eine auf Java einheimische Art, welche er Gluta Benghas nannte; ihre Aeste und Knospen sind weichhaarig, ihre Blätter stumpf, ganzrandig und beiderseits glatt.

In neuester Zeit hat Blume eine zweite, aus Borneo stammende Art dieser Gattung beschrieben und sie Gluta velutina genannt. Sie hat abstehende Rispenäste und seidenhaarige Kelche.

(*Garcke.*)

GLUTAEUS, eine von ὁ γλουτός oder τὰ γλουτά (Gesäß, Hinterbacken) abgeleitete Adjectivform, wird zur Bezeichnung folgender am Gesäße vorkommenden Theile verwendet:

1) *Glutaei musculi*, Gesäßmuskeln, gibt es drei, die einander decken, und entsprechend ihrem Größenverhältnisse als maximus, medius und minimus unterschieden werden.

a) *Glutaeus maximus*, der voluminöseste Muskel des menschlichen Körpers und aus ganz groben Muskelbündeln zusammengesetzt, entspringt hinten und oben von einer kleinen Strecke der Außenfläche des Darmbeines, von der sehnigen Ausbreitung auf der hintern Fläche des Kreuzbeines, sowie von den Rändern der Steißbeine. Alle Fasern desselben verlaufen ziemlich parallel nach Außen und etwas nach Unten, in einer Linie endigend, die von der Spitze des großen Rollhügels bis fast zur Mitte des Oberschenkels herabreicht, indem die obere Partie des Muskels sich mit der Fascia lata vereinigt, die größere untere Partie aber unmittelbar an die ganze Breite der Linea aspera tritt, mit Ausnahme einiger der untersten Fascikel, die ebenfalls wieder an die Fascia lata treten. An der Basis des Trochanter major liegt ein großer Schleimbeutel unter dem Muskel. — Er dreht den vom Boden erhobenen Schenkel innerhalb der Pfanne um seine Axe, als Auswärtsroller des Oberschenkels, und er nähert zugleich den Oberschenkel der Medianebene. Ist der Oberschenkel festgestellt, dann kann der Muskel den Rumpf auf dem Schenkelkopfe etwas nach der andern Seite drehen. Beim Stehen auf beiden Beinen mit übergeneigtem Rumpfe helfen die Muskeln beider Seiten gemeinschaftlich den Rumpf wieder aufrichten.

b) *Glutaeus medius*, ein vierseitig gestalteter Muskel, entspringt auf der Außenfläche des Darmbeines von dem Raume zwischen beiden halbcirkelförmigen Linien bis zur äußern Lippe des Darmbeinkammes hinauf und zum guten Theil auch von der hier befindlichen Portion der Fascia lata. Seine Fasern laufen insgesammt convergirend zum großen Rollhügel und heften sich in einer gebogenen Linie an, die von dessen Spitze vorn bis zur Basis herabsteigt. Am Rollhügel liegt ein Schleimbeutel unter dem Muskel. — Er wirkt als Abzieher des Schenkels, oder als Schenkelspreizer, namentlich durch seine mittlere Portion. Beim Stehen auf Einem Beine neigt er den Rumpf nach der betreffenden Seite herüber.

c) *Glutaeus minimus*, ein dreiseitiger Muskel, entspringt vom ganzen vordern und untern Theile der Darmbeinfläche bis zur vordern halbcirkelförmigen Linie. Alle Fasern verlaufen convergirend gegen die vordere Fläche des Rollhügels, wo sie sich in absteigender Linie bis zur Basis hin anheften. — Er wirkt mit dem medius als Abzieher des Schenkels und als Neiger des Rumpfes.

2) *Glutaea vasa*, Gesäßgefäße.

a) *Arteria glutaea*, meistens der stärkste Ast der Hypogastrica, tritt oberhalb des Musc. pyriformis durch den Sitzbeinausschnitt aus der Beckenhöhle heraus,

*) Vergl. Goldbeck's Literar. Nachrichten von Preußen. 2. Th. S. 18 fg., Meusel's Lexikon der vom Jahre 1750—1800 verstorbenen deutschen Schriftsteller. 4. Bd. S. 229 fg.

gibt unbeständige Aeste an die Muskeln im Becken, eine beständige Art. nutritia zum untern Umfange des Darmbeines, und verbreitet sich dann dergestalt in den drei Gesäßmuskeln, daß man wesentlich einen Ramus superficialis für den Glutaeus maximus und einen Ramus profundus für Glutaeus medius und minimus unterscheiden kann. Uebrigens wird der eben beschriebene Gefäßstamm auch wol als *Glutaea superior* bezeichnet, und die tiefer abgehende Ischiadica als *Glutaea inferior*.

b) *Vena glutaea* begleitet die gleichnamige Arterie.

3) *Glutaei nervi*, Gesäßnerven, ein oberer und ein unterer, kommen vom Ischiadicus innerhalb der Beckenhöhle, oder auch bereits vom Plexus ischiadicus.

a) *Glutaeus superior* tritt mit den Vasa glutaea oberhalb des Musc. pyriformis durch den Sitzbeinausschnitt aus der Beckenhöhle. Er gibt dem Pyriformis einen Zweig und vertheilt sich dann an Glutaeus medius und minimus, sowie an den Tensor fasciae latae.

b) *Glutaeus inferior* tritt mit den Vasa ischiadica unterhalb des Pyriformis aus der Beckenhöhle heraus und verbreitet sich im Glutaeus maximus.

(*Fr. Wilh. Theile.*)

GLUTAGO, ein von Commerson handschriftlich hinterlassener Name für eine mit Loranthus identische Pflanzengattung. (*Garcke.*)

GLUTEN, ist eine zuerst von Beccaria als eigenthümlicher Bestandtheil des Pflanzenreichs aufgestellte Materie, welche sich von den übrigen allgemein verbreiteten Hauptbestandtheilen der Pflanzen namentlich durch ihren Stickstoffgehalt auszeichnet. Der Begriff dieses Wortes ist in sofern nicht festgestellt, als man theils im Allgemeinen die stickstoffhaltigen Substanzen des Pflanzenreichs, theils im Besonderen die stickstoffhaltigen Bestandtheile der Getreidesamen, namentlich des Weizens, darunter versteht. Zum Gegenstande specieller Untersuchungen ist diese Substanz gemacht namentlich von: Einhof (Gehler's J. V, 131 und VI, 62. 115. 180. 542), Taddei (J. de Pharm. 1819. V, 565), Saussure (Schw. J. LXIX, 181), Berzelius (Poggend. Ann. X, 247 und dessen Lehrbuch VI, 180), Dumas und Cahours (Ann. de Ch. et de Ph. 3e Sér. p. 390; J. f. pr. Ch. XXVIII, 427), Marcet (Ann. de Ch. et de Ph. XXXVI, 27; Trommsd. N. J. XVI, 2, 225), Scherer (Ann. d. Ch. u. Ph. XL, 1), Jones (ebendas. XL, 65), Liebig (ebendas. XXXIX, 129), Mulder (J. f. pr. Ch. XXXII, 176), Heldt (Ann. d. Pharm. XLV, 198). Das Resultat der Untersuchungen ist, daß das Gluten, welches auch wegen seiner kleberigen Beschaffenheit „Kleber," oder „rohes Pflanzenfibrin," oder „roher Pflanzenleim" genannt wird, ein Gemenge mehrer stickstoffhaltiger Substanzen ist, nämlich von Glutin, welches die kleberige Beschaffenheit bedingt, Mucin und Pflanzenalbumin (Berzelius); letzteres wird hingegen von Liebig als Pflanzenfibrin bezeichnet.

Um das Gluten darzustellen, bildet man aus Weizenmehl einen Teig und setzt diesen der Wirkung eines dünnen Wasserstrahles aus, wobei man ihn beständig mit den Händen durchknetet; hierdurch wird das Stärkemehl ausgewaschen, und es bleibt das Gluten als eine graue, sehr elastische Substanz von einem eigenthümlichen faden Geruche zurück. Statt dessen kann man das mit Wasser zu einem Teige angeknetete Weizenmehl in ein Tuch binden und unter Wasser mit den Händen kneten, wobei die Stärke durch das Wasser aus dem Teige herausgespült, durch das Tuch geführt wird und mit dem Wasser eine milchige Flüssigkeit bildet. Letzteres wird von Zeit zu Zeit ausgegossen und durch neues Wasser ersetzt. Wenn das Tuch etwas locker gewebt ist, so gelingt es, auf diese Art alle Stärke auszuwaschen und bloßes Gluten in dem Tuche zurückzubehalten, ist das Tuch dagegen von dichterer Beschaffenheit, so verstopft es sich allmälig durch das Gluten, und das Auswaschen der Stärke geht dann sehr langsam von statten. Man muß dann den Teig aus dem Tuche herausnehmen und blos mit den Händen kneten; dabei darf man ihn im Anfange nicht unter dem Wasser kneten, sondern ihn nur von Zeit zu Zeit eintauchen, weil er sonst zu leicht mit dem Wasser zu einem dünnen Brei zerfließt; je mehr hingegen Stärkemehl ausgeschieden ist, desto consistenter wird der Teig, und desto mehr kann man ihn ohne Gefahr des Zerschlemmens unter Wasser kneten. Wird das Wasser nicht mehr trübe, so ist das Gluten soweit von Stärke befreit, als es auf diesem Wege möglich ist. — Reiner erhält man das Gluten als Nebenproduct bei der Bereitung der Weizenstärke aus den aufgequellenen ganzen Weizenkörnern, nachdem sie durch Kneten unter Wasser in Säcken von allem Stärkemehle befreit sind. Vertheilt man nun die rückständigen Hülsen in nicht allzu viel Wasser und peitscht sie mit einem Besen, so hängt sich an diesen das Gluten in Gestalt von langen, durchscheinenden, zähen, elastischen Fäden von grauer Farbe. Im frischen Zustande ist das Gluten schmutzig-weiß, kleberig, geschmacklos und von fadem Geruche; getrocknet erscheint es graugelb, hornartig, spröde, erweicht in kaltem Wasser und löst sich auch etwas darin, die Lösung gerinnt aber bei 62°; durch Kochen mit Wasser wird es hart und unlöslich. In der Hitze bläht es sich auf und verbrennt unter Horngeruch. Aetzende Alkalien lösen es auf.

Durch Behandlung mit kochendem Weingeiste kann man dieses Gluten in zwei verschiedene Substanzen trennen, von welchen die in heißem Weingeiste lösliche von Taddei Gliadin (von γλία, Leim), der unlösliche Rückstand aber wegen der Eigenschaft, Traubenzucker in geistige Gährung zu versetzen, Zymom (ζύμωμα, Gährungsstoff) genannt wurde. Letztern Stoff, welcher jedenfalls auch zerrissenes Zellgewebe und öfters auch wol Stärke beigemengt enthält, hielt Berzelius für Pflanzenalbumin; Liebig zeigte aber, daß er als eine besondere, vom Albumin verschiedene Materie angesehen werden müßte, und nannte dieselbe Pflanzenfibrin. Aus diesem Grunde bezeichnet man das Gluten auch häufig mit dem Namen „rohes Pflanzenalbumin" nach Berzelius, oder „rohes Pflanzenfibrin" nach Liebig. — Taddei's Gliadin, oder

der in kochendem Weingeiste lösliche Theil des Glutens, ergab sich nach Berzelius und Saussure als ein Gemenge von Glutin, Mucin und einer kleinen Quantität Gummi. Der Gehalt an Glutin, welcher die kleberige Eigenschaft des Glutens bedingt und auch Pflanzenleim genannt wird, ist die Veranlassung, daß das Gluten von einigen Chemikern auch mit dem Namen „unreiner Pflanzenleim" bezeichnet wird. Ueber die Scheidung dieser drei Stoffe von einander s. den folgenden Artikel Glutin.

Hiernach ist das rohe Gluten oder der Kleber wesentlich ein Gemenge von Pflanzenfibrin, Glutin und Mucin, mit geringen Mengen von Gummi, Stärkemehl, Zellgewebe und etwas Fett.

Jones hat das Gluten der Elementaranalyse unterworfen:

Kohlenstoff	55,22
Wasserstoff	7,42
Schwefel und Sauerstoff	21,38
Stickstoff	15,98
	100,00

Aus den Untersuchungen von Tessier weiß man, daß das Verhältniß des Klebers bei einem und demselben Weizen nach der Beschaffenheit und der Menge des in den Boden gebrachten Düngers zwischen 12 und 36 Proc. wechseln kann. Die durchschnittliche Quantität der stickstoffhaltigen Verbindungen in den verschiedenen Getreidearten scheint etwa folgende zu sein:

	Amylum	Proteinverbindungen.
Sommerweizen	70	24
Winterweizen	77	19
Gerste	79	6
Roggen	61	5
Hafer	59	6
Reis	85	3,6

Vauquelin hat den Gehalt an Gluten, welchen er durch Auswaschen des zu einem steifen Teige angemachten Mehles darstellte, für mehre Weizensorten bestimmt und folgendes Resultat erhalten (J. de Pharm. VIII. 1. Sér. p. 353):

Weizenarten.	Gluten.	Amylum.	Trockene Substanz.	Gummi.	Wasser.	Kleie.
Mehl aus französischem Weizen	11,0	71,5	4,7	3,3	10,0	—
Mehl aus hartem Odessaweizen	14,6	56,5	8,5	4,9	12,0	2,3
Mehl aus leichtem Odessaweizen	12,0	62,0	7,6	5,8	10,0	1,2
Mehl der pariser Bäcker	10,2	72,8	4,2	2,8	10,0	—

Da die Methode der Auswaschung des Glutens durchaus nicht zu genauen Resultaten führt, in sofern dabei nicht verhindert werden kann, daß ein Theil desselben mit dem Stärkemehle fortgeht, so hat Boussingault, dem es darauf ankam, den Gehalt der verschiedenen Getreidearten an sämmtlichen stickstoffhaltigen Substanzen zu erfahren, die Bestimmung derselben in der Weise durchgeführt, daß er direct die Menge des in den Getreidearten enthaltenen Stickstoffs ermittelte und daraus die Quantität der stickstoffhaltigen Substanzen berechnete. Hierbei ist jedoch zu bemerken, daß die so erzielten Resultate auch das in den Samen enthaltene Eiweiß, welches wegen seiner Auflöslichkeit in Wasser bei der Auswaschungsmethode verloren geht, in sich einschließen, und daß daher die folgenden Zahlen für den Gehalt an Gluten etwas zu groß sind. Die Methode Boussingault's hat vornehmlich dann einen bedeutenden Vorzug vor allen andern Methoden, wenn es sich, wie das gewöhnlich der Fall ist, darum handelt, festzustellen, welchen Werth die verschiedenen Getreidearten als Nahrungsmittel haben.

Da die stickstoffhaltigen Substanzen, welche im Weizenmehle enthalten sind, ziemlich genau dieselbe Zusammensetzung haben, und da sie, nachdem sie bei 140° getrocknet sind, im Durchschnitte 16 Proc. Stickstoff enthalten, so ist es klar, daß, wenn z. B. ein Mehl 4 Proc. Stickstoff enthält, man daraus schließen muß, daß dieser Stickstoff (nach der Proportion 16 : 100 = 4 : 25) 25 Proc. bei 140° getrocknetem Gluten und Eiweiß entspricht.

Nach dieser Methode hat Boussingault (Ann. de Ch. et de Ph. LXV, 301; J. f. pr. Ch. XIV, 88) den Gehalt an stickstoffhaltigen Substanzen in dem Mehle von 24 Weizenarten zu bestimmen gesucht. Die sämmtlichen Weizenarten waren in demselben Jahre im Jardin des plantes gesäet und daher in gleich gut gedüngtem Boden und unter völlig gleichen meteorologischen Verhältnissen angebaut. Außer den stickstoffhaltigen Körpern suchte er auch die gegenseitigen Verhältnisse von Kleie und Mehl so genau als möglich festzustellen. Die größte Menge von stickstoffhaltigen Körpern in 100 Th. Weizen war 26,5, die kleinste Menge 18,2. Die Menge der Kleie wechselte zwischen 38,5 (Winterweizen) und 13,2 Proc. (Bartweizen mit violetter Hülle), und diesen Mengen entsprechend der Mehlgehalt zwischen 86,8 und 61,5 Proc. Das arithmetische Mittel für die 24 untersuchten Weizenarten ist:

1) in 100 Theilen Weizenkörnern waren 21,3 Th. Kleie auf 78,7 Mehl, und

2) in 100 Theilen Weizenmehl waren 21,8 Th. Gluten und Eiweiß auf 78,2 Th. Stärke, Zucker, Gummi und Wasser enthalten; die Quantität der stickstoffhaltigen Substanzen ergab sich aus dem Resultate der Analyse, daß in 100 Th. Weizenmehl im Durchschnitte 3,48 Th. Stickstoff enthalten sind.

Der Reichthum an stickstoffhaltigen Substanzen in sämmtlichen 24 Weizenarten rührt von der Fruchtbarkeit des Bodens her. In dieser Beziehung hat Hermbstädt zuerst vergleichende Beobachtungen über die Wirkungen der Excremente verschiedener Thiere bei dem Anbaue der

Getreidearten gemacht. Die zu diesen Versuchen angewandten Excremente wurden immer bei 12,5° an der Luft getrocknet. Man düngte gleiche Oberflächen desselben mit Winterweizen bestellten Feldes mit gleichem Gewichte Dünger. Nach der Ernte ergab sich, daß 100 Th. Mehl enthielten:

	Gluten.	Stärkemehl.	Feuchtigkeit.
Gedüngter Boden durch Menschenharn	35,1	39,3	25,6
Gedüngter Boden durch Ochsenblut	34,2	41,3	25,5
Gedüngter Boden durch Excremente von Menschen	33,1	41,4	25,5
Gedüngter Boden durch Excremente von Schafen	22,9	42,8	34,3
Gedüngter Boden durch Excremente von Ziegen	32,9	42,4	24,7
Gedüngter Boden durch Excremente von Pferden	13,7	61,6	24,7
Gedüngter Boden durch Taubenmist	12,2	63,2	24,6
Gedüngter Boden durch Kuhmist	12,0	62,3	25,7
Nicht gedüngter Boden	9,2	66,7	24,1

Aus diesen Resultaten ergibt sich im Allgemeinen, daß die Menge des Glutens von der Menge des im Dünger enthaltenen Stickstoffes abhängig ist. Diese Beobachtungen werden durch Boussingault's Untersuchungen (Ann. de Ch. et de Ph. T. L p. 225. 3e Série), welcher gleichzeitig im J. 1836 dieselbe Weizenart auf freiem Felde und in stark gedüngtem Gartenlande anbaute, bestätigt. Die geernteten Körner wurden bei 110° getrocknet und analysirt; das Resultat der Analyse war:

	Freies Feld	Gartenland.
Kohlenstoff	46,10	45,51
Wasserstoff	5,80	5,67
Sauerstoff	43,40	43,00
Stickstoff	2,29	3,51
Asche	2,41	2,31
	100,00	100,00

Der genannte Stickstoffgehalt weist darauf hin, daß der im freien Felde geerntete Weizen 14,31 Proc., der im starkgedüngten Gartenlande geerntete hingegen 21,94 Proc. Gluten und Eiweiß enthielt.

Die Annahme Davy's, daß der Weizen, welcher in warmen Ländern gebaut wird, reicher an stickstoffhaltigen Körpern sei, als der der gemäßigten Klimate, wird von Boussingault bestritten, welcher bewies, daß in Europa geernteter Weizen oft ebenso stickstoffreich ist, als der afrikanische und amerikanische, und daß die Menge des Stickstoffs bedeutend durch die Feuchtigkeit des Bodens bedingt wird.

Der Roggen verliert durch eine Austrocknung bei 120° 17 Proc. Wasser. Er besteht nach Boussingault aus:

Gluten und Eiweiß	10,5
Stärke	64,0
Fett	3,5
Zucker, Traubenzucker	3,0
Gummi	11,0
Holzfaser mit Salzen (phosphorsauren)	6,0
Verlust	2,0
	100,0

Getrocknete Gerste enthält 2,14 Stickstoff, welcher nach der Annahme, daß 100 Theile der stickstoffhaltigen Substanzen, welche sich in den Getreidearten finden, 16 Th. Stickstoff enthalten, auf 13,4 Proc. Gluten und andere stickstoffhaltige Substanzen hinweist.

100 Th. Hafer verloren durch Trocknen bei 120° 20,8 Th. Wasser; so getrocknet ergab die Analyse:

Gluten, Eiweiß u. s. f.	13,7
Stärke	46,1
Fett	6,7
Zucker (Traubenzucker?)	6,0
Gummi	3,8
Holzfaser, Asche und Verlust	21,7
	100,0

Nach Payen enthält der Mais:

Gluten, Eiweiß u. s. f.	12,3
Stärke	71,2
Fettes Oel	9,0
Dextrin und Traubenzucker	0,4
Holzfaser	5,9
Salze	1,2
	100,0

Im trockenen Mais fand Boussingault (Ann. de Ch. et de Ph. T. LXIII. p. 230. 2e Série) 2 Proc. Stickstoff, wornach ziemlich genau mit Payen's Resultat übereinstimmend, der Gehalt an Gluten und Eiweiß 12,5 Proc. betragen würde.

Der Reis wurde von Braconnot und Payen analysirt. Folgendes ist seine Zusammensetzung im trockenen Zustande, wobei Nr. 1 Carolinareis, Nr. 2 Piemonteisreis nach Braconnot (Ann. de Ch. et de Ph. T. IV. p. 383. 2e Série) und Nr. 3 Handelsreis nach Payen (*Thénard*, Traité de Ch. T. V. p. 58) darstellt:

	1	2	3
Gluten, Eiweiß u. s. f.	3,8	3,9	7,5
Stärke	89,5	90,1	86,9
Fett	0,2	0,3	0,8
Zucker (Traubenzucker?)	0,3	0,1	0,5 (Zucker und Gummi)
Gummi	0,7	0,1	
Holzfaser	5,1	5,1	3,4
Phosphorsaure Kalkerde	0,4	0,4	0,9 (Phosphorsaure Kalkerde, Chlorkalium u. s. f.)
Chlorkalium, phosphorsaures Kali u. s. f.	Spuren	Spuren	
	100,0	100,0	100,0

Hiernach enthält nach Payen der Reis doppelt soviel stickstoffhaltige Substanzen, als nach Braconnot's Analyse.

Boussingault (Ann. de Ch. et de Ph. T. LXVII. p. 414. 2e Série) bestätigt das von Payen gefundene Resultat, indem er 1,2 Proc. Stickstoff fand. Diese Angabe entspricht, nach der Proportion 16 : 100 = 1,2 : x, einem Gehalte von 7,5 Proc. Gluten und andern stickstoffhaltigen Stoffen. *(J. Loth.)*

GLUTIN (von glus, gluten, γλοιός, Leim) ist eine in dem rohen Gluten (Kleber der Getreidearten) enthaltene stickstoffhaltige Substanz, die namentlich von Berzelius (Poggend. Ann. X, 247); Dumas und Cahours (Ann. de Ch. et de Ph. 3e Sér. p. 390; J. f. pr. Ch. XXVIII, 427); Marcet (Ann. de Ch. et de Ph. XXXVI, 27; Trommsd. N. J. XVI, 2. 225); Scherer (Ann. d. Ch. u. Pharm. XL, 1); Jones (ebendas. XL, 65); Liebig (ebendas. XXXIX, 129); Mulder (J. f. pr. Ch. XXXII, 176); Saussure (Schweigg. J. XLIX, 187) näher untersucht ist. Dieser Stoff ist synonym mit reinem Pflanzenleim, vorausgesetzt, daß derselbe von dem beigemengten Mucin gereinigt ist. Zur Darstellung des Glutins bedient man sich des Glutens oder des rohen Klebers, der stickstoffhaltigen Substanz der Getreidearten, namentlich des Weizens (s. Gluten). Zu diesem Zwecke wird Weizenmehl zu einem Teige angemacht, und dieser in einem leinenen Tuche so lange unter Wasser geknetet, als letzteres noch Stärkemehl aufnimmt. Die im Tuche zurückbleibende graue, elastische Masse (Beccaria's Gluten) wird so lange mit kochendem Weingeiste behandelt, als sich nach dem Erkalten aus der weingeistigen Lösung noch Flocken ausscheiden. Die durch den Weingeist ausgezogenen Bestandtheile des Glutens sind das von Taddei sogenannte Gliadin (s. d. Art.), während der in Weingeist unlösliche Bestandtheil von Berzelius als Pflanzenalbumin, von Liebig aber als Pflanzenfibrin bezeichnet wird. Das Gliadin besteht aber nach genaueren Untersuchungen aus einem Gemenge von Glutin, Mucin und Gummi. Durch Zusatz von Wasser zu der weingeistigen Lösung wird das meiste Glutin und Mucin, von denen das erstere vollständig in Wasser unlöslich und das letztere sehr schwierig löslich ist, ausgeschieden; ein Theil aber wird durch Gummi im Wasser aufgelöst erhalten. Aus dieser letzteren Lösung fällt man das Gummi durch Alkohol, in welchem es unlöslich ist, dampft die übrige Lösung ein, und erhält so, indem der Alkohol abdestillirt, den zweiten Theil von Glutin und Mucin. Beide letztere Stoffe zusammen führen den Namen Pflanzenleim. Derselbe wird, um ihn vollständig zu reinigen, abermals in kochendem Weingeiste gelöst; die beim Erkalten ausgeschiedenen Flocken werden sodann mit Aether einige Male ausgezogen und dann getrocknet. Behandelt man nun diesen Pflanzenleim mit kaltem Alkohol, so bildet das Glutin mit demselben eine milchige Flüssigkeit, während das Mucin als eine schleimige Masse ungelöst zurückbleibt. Die Trennung dieser beiden Stoffe kann man auch nach Berzelius (Lehrbuch VI, 454) in der Weise ausführen, daß man den mucinhaltigen Pflanzenleim mit Essigsäure übergießt und nach vollständiger Aufquellung mit kaltem Weingeiste vermischt, welcher das essigsaure Glutin löst, während das Mucin ungelöst zurückbleibt. Aus der Lösung des essigsauren Glutins kann man durch kohlensaures Ammoniak das Glutin fällen.

Das Glutin ist im frischen, feuchten Zustande ein blaßgelber, zäher, mehr oder weniger kleberiger, geschmackloser Körper, von schwachem, aber eigenthümlichem Geruche; er ist die Ursache, daß Mehl, mit kaltem Wasser angerührt, einen Teig bildet; im trockenen Zustande bildet er eine durchscheinende, gelbliche, hornartige und zerreibliche Masse. In Wasser ist das Glutin unlöslich, quillt aber darin auf; ebenso unlöslich ist er in Aether; hingegen wird er von heißem Alkohol gelöst; in kaltem Alkohol und Essigsäure ist er nur schwierig löslich.

Nach Mulder ist das Glutin in folgender Weise zusammengesetzt:

Kohlenstoff	54,93	54,75
Wasserstoff	7,11	6,99
Sauerstoff	21,68	21,93
Stickstoff	15,71	15,71
Schwefel	0,57	0,62
	100,00	100,00

Hiernach ist die Formel für das Glutin: 10 (N, C, H,, O,,) + 2S oder es ist eine Verbindung von 10 Aeq. Proteïn mit 2 Aeq. Schwefel, und enthält hiernach 1 Aeq. Schwefel mehr als das Caseïn.

Das Glutin ist im feuchten Zustande nicht lange beständig, sondern geht leicht in Fäulniß über, unter Bildung von essigsaurem Ammoniak, Wasserstoffgas, Kohlensäure und etwas Schwefelwasserstoff. Nach Saussure entwickeln 100 Gran frisches Glutin in fünf Wochen 2897 C. C. Gas, welches aus ¼ Wasserstoff und ¾ Kohlensäure besteht. In einer gewissen Periode der Zersetzung wird der Geruch nach Käse deutlich beobachtet; der Pflanzenleim nimmt eine dunkle Farbe an und löst sich zuletzt beinahe ganz in Wasser. Die wässerige Lösung reagirt sauer und gibt mit Chlor, unorganischen Säuren, Sublimat und Gerbstoff Niederschläge. — Bei der trockenen Destillation gibt das Glutin die gewöhnlichen Producte der stickstoffhaltigen Körper. Salpetersäure zersetzt dasselbe, wie das Proteïn, unter Bildung von Xanthoproteïnsäure, Kleesäure, Ammoniak und Stickstoff.

Wird das Glutin mit einer verdünnten unorganischen Säure übergossen, so verbindet es sich damit, ohne sich jedoch in der sauren Flüssigkeit zu lösen. Wird aber die überschüssige Säure vollständig entfernt, so erfolgt die Lösung wie beim Proteïn. Das schwefelsaure Glutin ist in reinem Wasser schwierig löslich, leicht löslich hingegen ist das salpetersaure und das salzsaure Glutin. Phosphorsäure wirkt nicht mehr auflösend, als die übrigen Mineralsäuren. Wird das Glutin mit Essigsäure übergossen, so quillt er auf, verliert seine gelbe Farbe, und es entsteht eine halbflüssige Masse, welche sich in reinem Wasser löst. Wird diese Lösung des Glutins verdunstet, so bleibt ein farbloser, durchsichtiger Firniß zurück; wird die Essigsäure der Lösung genau mit Ammoniak gesättigt, so wird der Pflanzenleim gefällt. Schwefelsäure, Salpetersäure und Salzsäure bewirken in der essigsauren Lösung Niederschläge.

Verdünnte reine Kalilösung löst das Glutin unter Bildung einer schleimigen Masse auf, dabei verliert das Kali, wenn es vollständig mit Glutin gesättigt ist, seine alkalische Reaction. Wird zu einer ammoniakalischen Lösung des Glutins tropfenweise Essigsäure gesetzt, so entsteht ein dickes weißes Coagulum, ähnlich gekochtem Käse oder geronnenem Eiweiß. Dieses Coagulum enthält nach Liebig Ammoniak, welches ihm durch Kochen mit verdünnter Essigsäure entzogen werden kann; dasselbe entweicht auch beim Auswaschen mit Wasser und Trocknen an der Luft.

Mit den Erden und schweren Metalloxyden gibt das Glutin unlösliche Verbindungen, welche durch Fällen der Erd- und Metallsalze durch Glutinkali erhalten werden können. Ebenso gibt Quecksilbersublimat mit Glutin einen Niederschlag; daher dient das Glutin oder auch der Kleber als Gegenmittel bei Sublimatvergiftungen. Die essigsaure Lösung desselben gibt weder mit Bleizuckerlösung, noch mit Bleiessig einen Niederschlag.

Heldt (Ann. d. Pharm. XLV, 198) behandelte Roggenmehl mit kochendem Weingeiste, verdunstete den Extract und reinigte ihn durch Behandlung mit Aether von Fett und durch Auswaschen mit Wasser von Zucker. Diese Substanz stimmt in Bezug auf ihre Löslichkeit in Wasser und Alkohol vollständig mit dem aus Weizenkleber erhaltenen Glutin überein. Die so erhaltene noch feuchte Substanz läßt sich zwischen den Fingern kneten, nach dem Trocknen wird sie dunkelbraun, hornartig, glänzend im Bruche und schwierig pulverisirbar. In kaltem Wasser ist sie unlöslich, kochendes löst eine kleine Menge davon auf. In kochendem Weingeiste ist sie leicht löslich; Wasser schlägt sie wieder nieder. Salpetersäure oxydirt diese Verbindung unter Entwickelung von Stickoxydgas; es bildet sich eine fette, gelbe Flüssigkeit, welche ganz den Geruch von geschmolzener Butter hat und durch einen Ueberschuß von Kali eine dunkelrothbraune Farbe annimmt. Bei weniger Kali wird ein gelatinöser, brauner Körper gefällt, der eine seifenartige Verbindung zu sein scheint. Concentrirte Salpetersäure löst diese Verbindung mit purpurrother Farbe auf. Die Flüssigkeit wird beim Erkalten undurchsichtig und dunkelroth. — Die Verbindung röthet schwach Lakmus und löst sich in einem Ueberschusse von reinem Kali oder Ammoniak auf. Die weingeistige Lösung gibt mit Bleizucker und Sublimat weiße Niederschläge. — Heldt fand die Verbindung zusammengesetzt aus:

Stickstoff	15,83	15,83
Kohlenstoff	56,88	56,15
Wasserstoff	7,87	8,06
Schwefel und Sauerstoff	19,02	19,96

Hiernach stimmt die Zusammensetzung dieses Stoffes ziemlich mit der für das Glutin des Weizens gefundenen Formel überein. *(J. Loth.)*

GLUTINANTIA s. **Agglutinantia** nannten die alten Wundärzte jene pharmaceutischen Mittel, die sie bei einfachen Wunden in Anwendung zogen, um deren Ränder zu vereinigen und sie per primam intentionem zu heilen. Die hierher gehörigen Mittel waren Mucilaginosa und Gummosa. Jetzt benutzt man zu diesem Zwecke, und ohne Zweifel mit mehr Erfolg, die Heft- und Klebepflaster oder die trockene Naht. *(Fr. Wilh. Theile.)*

Glutinaria, s. Glandularia.

GLUTINUNTERSCHWEFELSÄURE hat ihren Namen nicht daher, daß sie eine Verbindung von dem im Gluten (Kleber) enthaltenen Glutin ist, sondern Berzelius hat sie so genannt, weil sie und ihre Salze eine ähnliche kleberige Beschaffenheit haben, wie das Glutin. Die Glutinunterschwefelsäure oder Sulphoglutinschwefelsäure entsteht nach Berzelius (Poggend. Ann. XLIV, [illegible]) durch Einwirkung von wasserfreier Schwefelsäure auf Naphtalin. Läßt man wasserfreie Schwefelsäure so auf gepulvertes Naphtalin ($C_{20}H_{8}$, im Steinkohlentheer enthalten) einwirken, daß das letztere sogleich im Ueberschusse mit der Säure in Berührung kommt, so entsteht eine rothe Masse, welche nach einiger Zeit dunkelbraun wird. Die Einwirkung der wasserfreien Säure ist mit bedeutender Wärmeentwickelung verbunden, welche bis zur Entzündung gehen kann. Werden die erhaltenen Mischungen mit Wasser verdünnt, so scheidet sich Naphtalin, Sulphonaphtalin und Sulphonaphtalid aus und in der gelben Auflösung befindet sich unveränderte Schwefelsäure, Sulphonaphtalinschwefelsäure, Glutinunterschwefelsäure und außerdem eine andere eigenthümliche Säure, ein Harz und ein Farbstoff. Wird die saure Lösung mit kohlensaurem Baryt gesättigt, so fällt ein rother Niederschlag von schwefelsaurem Baryt und glutinunterschwefelsaurem Baryt nebst Harz und Farbstoff nieder. Dieser Niederschlag wird nun so lange mit Natron gekocht, bis er seine rothe Farbe verloren hat. Es scheidet sich eine braune, zähe, kleberige Masse ab, welche sich in Wasser wieder löst. Diese Lösung wird nun vom Baryt abfiltrirt und abgedampft. Bei einer gewissen Concentration scheidet sich wieder die kleberige Masse ab, welche glutinunterschwefelsaures Natron ist; später krystallisirt schwefelsaures Natron. Das glutinunterschwefelsaure Natron wird nun, um die Glutinunterschwefelsäure abzuscheiden, in der geringsten Menge Wasser aufgelöst und die Lösung mit einem großen Ueberschusse von Salzsäure vermischt; der weiße Niederschlag, welcher entsteht, vereinigt sich nach einiger Zeit zu einer pechähnlichen Masse, welche mit Salzsäure gewaschen und getrocknet wird. Sie wird sodann in Ammoniak gelöst und die Lösung so lange verdunstet, bis der Ueberschuß von Ammoniak verschwunden ist, dann filtrirt und mit Bleizuckerlösung gefällt, wobei ein braungelber Niederschlag entsteht. Dieser Niederschlag wird so lange mit Wasser ausgekocht, bis dasselbe sich beim Erkalten nicht mehr trübt. Durch diese Behandlung mit kochendem Wasser ist das glutinunterschwefelsaure Bleioxyd aufgelöst und schlägt sich beim Erkalten wieder nieder; das Salz wird nun nochmals durch Erhitzen des Wassers aufgelöst, dann zu einem geringeren Volumen eingedampft und hierauf mit basisch essigsaurem Bleioxyd gefällt; der dadurch erhaltene Niederschlag wird ausgewaschen und durch Schwefelwasserstoff zersetzt. Da die abgeschiedene Glutinunterschwefelsäure einen Theil Schwefelblei zurückhält, so muß man die ganze Masse 24—48 Stunden lang in einer wohl verkorkten Flasche auf 60—80° erwärmen, wornach sich das Schwefelblei vollständig abscheidet. Die dadurch erhaltene klare Lösung der Glutinunterschwefelsäure wird hierauf im luftleeren Raume neben Schwefelsäure verdunstet.

Die Glutinunterschwefelsäure krystallisirt nicht, sondern trocknet zu einer durchsichtigen, harten, farblosen oder schwach gelblich gefärbten Masse ein, welche, vollkommen von Wasser befreit, sich mit Sprüngen vom Glase ablöst. Sie hat keinen Geruch, schmeckt bitter, scharf sauer, löst sich leicht in Wasser und Weingeist, aber nur wenig in Aether. Ihre wässerige Lösung wird durch Salzsäure und Schwefelsäure gefällt, und der Niederschlag sammelt sich zu einer zusammenhängenden kleberigen Masse. Dieser letztern Eigenschaft verdankt sie ihren Namen. — Salpetersäure löst die Säure auf und zersetzt sie beim Kochen; aus dieser Lösung fällt Wasser einen blaßgelben, unlöslichen Körper.

Die glutinunterschwefelsauren Salze lösen sich größtentheils in Wasser auf. Wird eines derselben mit seiner gesättigten wässerigen Lösung zugleich erhitzt, so schmilzt der ungelöste Theil und wird undurchsichtig. Das Kali-, Natron- und Ammoniaksalz haben das Ansehen und die kleberige Beschaffenheit der freien Säure. Löst man in der wässerigen Lösung dieser Salze Kalihydrat oder kohlensaures Kali, so fällt der größte Theil des aufgelösten Salzes in weißen Schuppen nieder, welche sich bald zu einer kleberigen Masse vereinigen.

Die Zusammensetzung der Glutinunterschwefelsäure und ihrer Salze ist noch nicht bekannt. (*J. Loth.*)

GLUTZ-BLOZHEIM (Robert), bekannt als Fortsetzer von Johannes von Müller's Geschichten schweizerischer Eidgenossenschaft. Er wurde geboren zu Solothurn 1786 und studirte, nachdem er die Schulen seiner Vaterstadt besucht hatte, zu Landshut, und nach einem Aufenthalte zu Leipzig auf der Universität Würzburg die Rechtswissenschaft. Im Herbste 1806 kam er nach Solothurn zurück. Er gehörte einer patrizischen Familie an, in welcher Hingebung an Frankreich erblich war. Einer seiner Vorfahren hatte 1681 die Herrschaft Blozheim im Elsaß angekauft und war mit allen seinen Nachkommen in den französischen Adelsstand erhoben worden. Von dieser Besitzung behielt dieser Zweig der Geschlechter den Namen Blozheim bei. Dem Wunsche der Seinigen, daß er seine Studien zu Paris vollenden möchte, widersetzte sich der schon früh sehr selbständige Jüngling beharrlich. Der teutschen Bildung gab er weit den Vorzug und war überhaupt dem französischen Wesen abhold. Er blieb zu Solothurn, äußerst thätig für Pflanzung wissenschaftlichen Sinnes. Im J. 1807 gründete er eine literarische Gesellschaft und ordnete und öffnete dann die Bibliothek der Stadt. Von Jugend an hatten ihn Geschichtsstudien besonders angezogen. Er beschäftigte sich nun mit dem Plane, die Lebensbeschreibungen berühmter Schweizer zu bearbeiten; als aber Johannes von Müller 1809 starb, entschloß er sich, dessen Schweizergeschichte fortzusetzen. Im J. 1814 wurde er nach dem Umsturze der Napoleonischen Mediationsacte zum Mitgliede des großen Rathes zu Solothurn gewählt. Allein da ihm bald eine Menge von Geschäften aufgebürdet wurde, die ihn an seinen historischen Studien hinderten, so verließ er Solothurn und begab sich nach Zürich, wo sich ihm auch reichlichere literarische Hilfsmittel darboten. Seinem Vater zu Liebe behielt er indessen die Stelle im großen Rathe zu Solothurn bis nach dessen Tode (1816) bei. Er blieb zu Zürich bis gegen Ende Januars 1818 und begab sich dann nach München zu seinem Freunde, dem Hofrathe Breyer, in der Hoffnung, daß ihm sein 1816 erschienenes Werk und fortgesetzte literarische Thätigkeit einen Ruf an eine gelehrte Anstalt in Teutschland verschaffen werde. Allein schon den 14. April 1818 raffte ein Schlagfluß den vielversprechenden jungen Mann weg. Das Werk, das seinen Namen dauernd erhalten wird, erschien unter dem Titel: Geschichte der Eidgenossen vom Tode des Bürgermeisters Waldmann bis zum ewigen Frieden mit Frankreich von Robert Glutz-Blozheim. (Zürich 1816. 8.) 551 S. (Auch unter dem Titel: Johann von Müller's Geschichten Schweizerischer Eidgenossenschaft. Fünften Theils zweite Abtheilung von Rob. Glutz Blozheim). In würdiger Sprache wird diese Zeit hohen Waffenruhmes, aber auch schrecklichen innern Verderbnisses mit großer Freimüthigkeit aus den officiellen Quellen dargestellt. Aber während Johann von Müller in den spätern Abschnitten seines Werkes mit Vorliebe das Schöne hervorhebt und weniger Löbliches hier und dort mehr in den Schatten stellt, tritt bei Glutz, dessen tugendhafter, aber von Natur etwas herber Sinn durch so viel Schändlichkeiten aufs Tiefste verletzt war, das entgegengesetzte Streben nicht selten hervor und der Unwille macht ihn zuweilen ungerecht. Ohne Zweifel hätte Glutz bei längerem Leben und ruhigerer Prüfung diese Flecken in einer zweiten Ausgabe beseitigt und neben den Tagsatzungsabschieden u. s. w. auch noch manche andere Quellen benutzt, deren Kenntniß zu Beurtheilung und Erläuterung des Zusammenhanges der Ereignisse unerläßlich ist; denn er scheint besonders in den spätern Abschnitten zu sehr mit der Bekanntmachung geeilt zu haben. — Im Helvetischen Almanach für 1813 findet sich von Glutz eine topographisch-statistische Beschreibung des Cantons Solothurn. (*Escher.*)

GLYCAS, I. mit seinem vollen Namen Michael Glycas (Μιχαὴλ Γλυκᾶς), ein byzantinischer Schriftsteller, dessen Lebensverhältnisse ebenso wenig näher bekannt sind, als selbst seine Lebenszeit sich mit völliger Sicherheit feststellen läßt, indem kein anderer, es sei gleichzeitig oder später lebender Schriftsteller seiner gedenkt, und aus den Schriften, die seinen Namen tragen, sich ebenso wenig nähere Angaben über seine Persönlichkeit entnehmen lassen.

Während der Name Glycas auf ein byzantinisches Geschlecht, das der Glyceten, hinweist und dafür auch zwei in mehren Handschriften seiner Chronik vorkommende Verse[1]) sprechen dürften, mithin dieser Name keineswegs, wie J. A. Fabricius[2]) glaubte, als ein erst später, bei dem Eintritte in das Mönchsthum, angenommener erscheint, so hat man, weil nach Labbe's Versicherung[3]) in einigen Handschriften seinem Namen der Zusatz Σικελιώτης sich beigefügt finden soll, daraus eine sicilische Abkunft annehmen zu können geglaubt[4]), so unwahrscheinlich dies auch sonst erscheinen mag, und dazu den Umstand hervorgehoben, daß noch lange Zeit in Calabrien, und überhaupt in den südlichen Theilen des Königreichs Neapel, wie in Sicilien, Griechen, Byzantiner seßhaft gewesen, die der griechischen Sprache sich bedient und selbst im Cultus angewendet. Immerhin aber, auch wenn wir nicht mit Boivin Σικιδίτης für Σικελιώτης lesen wollten, bleibt die ganze Annahme sehr unsicher und ist durch keine sonstige Spur irgendwie unterstützt, sodaß wir, auch nach der ganzen Tendenz und dem Inhalte der seinen Namen tragenden Schriften in ihm lieber irgend einen byzantinischen Gelehrten zu erkennen haben: wofür auch der Umstand sprechen mag, daß er in der Aufschrift eines der ihm beigelegten Briefe als γραμματικός bezeichnet wird, aber auch als ὁ σοφώτατος καὶ λογιώτατος κῦρις, welche letztere Bezeichnung ihn als einen Mönch darstellen würde, da mit dem Ausdrucke κῦρις (für κύριος, wie Domnus für Dominus) in diesen Zeiten späterer Gräcität die Mönche beehrt zu werden pflegten[5]). Jedenfalls muß Glycas gelehrte, theologische Studien gemacht haben; dies zeigt der Inhalt seiner Schriften, die uns übrigens in ihm auch einen in der Geschichte, wie in der alten Philosophie bewanderten Mann darstellen, dessen Schreibweise zugleich mehrfach an die Muster der älteren, besseren Zeit, die er studirt haben mag, erinnert.

Wenn hiernach die Lebensverhältnisse des Michael Glycas ziemlich unbekannt und in Dunkel gehüllt erscheinen, so kann fast ein Gleiches auch von der Zeit gelten, in welcher derselbe gelebt und geschrieben[6]). Da das von ihm hinterlassene geschichtliche Werk mit dem im J. 1118 erfolgten Tode des Kaisers Alexius Comnenus schließt, und unter den in diesem Werke angeführten Schriftstellern Zonaras[7]), der in dasselbe Jahrhundert fällt, dessen hinterlassene Geschichte auch mit demselben Jahre schließt, der jüngste ist, so glaubte man hiernach mit einigem Grunde den Glycas in das 12. Jahrh. verlegen zu können, wiewol aus den angeführten Gründen immerhin nur so viel sich erweist, daß er nicht vor das Jahr 1118 verlegt werden kann, im Uebrigen auch es glaublich und selbst annehmbar erscheint, daß Glycas um diese Zeit des 12. Jahrh. gelebt, indem es sich sonst nicht absehen läßt, warum er sein Geschichtswerk nicht weiter — bis ins 15. Jahrh., in welches die entgegengesetzte Meinung ihn verlegt, fortgesetzt habe. Dieser Ansicht, welche den Glycas gegen die Mitte des 12. Jahrh., um 1120[8]) oder 1150 post Chr. ansetzt, folgten die meisten älteren Schriftsteller, wie Labbé (in der Vorrede seiner Ausgabe), J. A. Fabricius[9]), Dupin und Andere[10]), bis die Entdeckung einiger Briefe dieses Schriftstellers eine entgegengesetzte Ansicht hervorrief, die zuerst durch Leo Allatius[11]) geltend gemacht ward, welcher die Lebenszeit des Michael Glycas um fast drei Jahrhunderte später, um das Jahr 1430 post Chr. verlegt und ihn zu einem Zeitgenossen des Macarius, Metropoliten von Ancyra, des Nicolaus von Selengia und des Jesaias, eines cypriotischen Mönches macht, welche in diese Zeit fallen, wobei sich Leo Allatius insbesondere auf (handschriftlich vorhandene) Briefe des Michael Glycas an diesen Mönch Jesaias und an den in gleiche Zeit fallenden Maximus Sermuiotas stützt. Nach Leo Allatius war es insbesondere Oudinus[12]), welcher diese Ansicht weiter zu begründen suchte; unter Berufung auf die aus wiener Handschriften durch Lambecius[13]) gemachten Mittheilungen von Briefen des Glycas und Zonaras, war er ebenso sehr bemüht, die Ansicht von Du Cange (in der Vorrede seiner zu Paris 1686 erschienenen Ausgabe des Zonaras), welche diese Briefe, zum Theil wenigstens, dem Zonaras zuzuweisen suchte, zu widerlegen[14]), als andererseits aus diesen Briefen selbst die Behauptung zu erhärten, daß Michael Glycas, als Verfasser dieser Briefe, in die von Leo Allatius angegebene Zeit falle, indem unter diesen Briefen drei (nr. 35. 36. 41) vorkommen, die an den letzten der byzantinischen Kaiser, den unglücklichen Constantinus Palaeologus (gest. 1453) gerichtet sind. In demselben Sinne werden auch zwei andere an Johann Dukas

1) Sie lauten:

ὡς ἐν γένους λέγοις Γλυκᾶν λόγος
ὁ συγγραφεὺς Μιχαὴλ τὸ βιβλίον.

2) Der sich übrigens dabei auf Joh. Boivin beruft: s. Bibliothec. Graec. Vol. X. p. 229 der ältern Ausg. 3) In der Vorrede seiner Ausgabe der Chronik des Glycas. 4) So namentlich Mongitore, Bibl. Sicul. T. II. p. 75, vergl. mit Lami in der Diss. de Michaele Glyca in den Delic. Eruditt. P. I. p. 2 und P. II. p. XII. 5) Siehe das Nähere bei Lami a. a. O. P. I. p. 3 seq. und p. 34. 6) Hierher gehört, außer den weiter anzuführenden Untersuchungen von Oudinus, Lami u. A., insbesondere die Abhandlung von C. W. Fr. Walch: De Michaelis Glycae aetate in den Commentatt. societatis regiae scientt. Gottingensis Vol. V. (Goetting. 1783.) p. 16 seq. Ein kurzer Auszug daraus in den Götting. Gel. Anzeigen. 1782. St. 104. (S. 833 fg.) 7) Er wird angeführt P. II. p. 140 der pariser Ausgabe IV. p. 233. 234.

8) Siehe Hist. rei lit. T. I. p. 651. II. p. 383 (I. p. 456. II. p. 225 nach der genfer Ausgabe). Ebenso G. F. Voss. De historicis Graecis. Lib. II. cap. 27. p. 341. ed. Westermann. 9) Bibl. Gr. VI. p. 156. X. p. 228 der alt. Ausg. 10) Auch Saxe, Onomastic. II. p. 241. 11) In der Schrift: De perpetuo consensu Ecclesiae Occidentalis et Orientalis. Lib. II. cap. 18. §. 17. fol. 870, auch mitgetheilt von Oudinus, Commentt. de scriptt. eccless. T. III. p. 2522 seq. in seiner Dissertatio de aetate et scriptis Michaelis Glycae. 12) In der vorher angeführten Dissertatio. An Oudinus schließt sich insbesondere Lami an (a. a. O. S. 6), jedoch ohne neue oder überhaupt andere Beweise vorzubringen. Ebenso folgt Hamberger, Zuverläss. Nachrichten. 4. Bd. S. 730 und J. Ch. Amaduzzi in der Praefat. zu Demetrii Cydonii opera (Rom. 1781.) p. XXV seq. 13) Siehe Commentt. de biblioth. Caesar. Lib. IV. P. II. p. 383. 14) Siehe in der angeführten Dissertatio insbesondere cap. II. p. 2527 seq. Ihm stimmt Lami bei a. a. O. S. 7 fg. 10 fg.

[illegible]schriebene Briefe nicht auf den berühmten Staatsmann gleiches Namens, der unter den Comnenen, Manuel und [illegible], zu Constantinopel, im 12. Jahrh. lebte (was weit natürlicher und nach dem Inhalte selbst richtiger erschienen), bezogen, sondern auf den gegen Ende des 15. Jahrh. fallenden Geschichtschreiber Johann Dukas [15]); und in dieselbe Periode des 15. Jahrh. wird dann auch der Mönch Jesaias aus Cypern verlegt, an welchen eine Reihe dieser Briefe (nr. 4—9 incl. 22. 46. 50) gerichtet ist, obwol über die Lebenszeit dieses angeblichen Mönches durchaus kein bestimmtes und verlässiges Zeugniß vorliegt. Überdies Jesaias wol kaum in seiner den Lateinern geneigten Anschauungsweise ein Freund des Michael Glycas sein konnte, der in seinen Briefen, soweit wir sie kennen, wie in seiner Geschichte sich nicht als einen Freund, sondern vielmehr als Gegner der Lateiner zu erkennen gibt. Dazu kommt weiter der Umstand, daß wir in diesen Briefen auch ein Schreiben (nr. 39) an den in das 12. Jahrh. fallenden Kaiser Manuel Comnenus finden, welches als Antwort auf das vorhergehende Schreiben (nr. 38) erscheint, sodaß beide Briefe wol mit Sicherheit dem 12. Jahrh. zufallen dürften, was ebenso auch dann der Fall sein wird, wenn wir diese Briefe auf den Grund einer Aufschrift in einer pariser Handschrift und vielleicht auch einer andern zu Clermont (s. unten) für ein Werk des Zonaras ansehen, wie Du Cange geltend machen wollte, wiewol ohne sichere und überzeugende Gründe [16]), und im Widerspruche mit den übrigen, namentlich wiener Handschriften, welche dieselben Briefe dem Michael Glycas beilegen. Bei der Ungewißheit aber, in der wir uns über die ganze Anlage dieser Briefsammlung befinden, in welcher mit den Briefen des Michael Glycas auch andere Briefe anderer Gelehrten später vereinigt worden zu sein scheinen, wird in keinem Falle die Annahme, welche alle diese Briefe mit ihrem Verfasser in das 15. Jahrh. verlegen will, daraus einen Beweis entnehmen können. Und noch weniger wird ein solcher Beweis aus dem Inhalte der Briefe geführt werden können, welche Nichts enthalten, was nicht ebenso gut von einem im 12. Jahrh. lebenden und schreibenden Verfasser hätte gesagt werden können [17]), oder was mit dem Inhalte der Chronik in einem offenen Widerspruche stände, wol aber über einzelne, in der Chronik kürzer berührte Gegenstände, welche biblische, theologische Lehren berühren, sich, wie es in der Natur dieser Erörterungen liegt, mit mehr Ausführlichkeit verbreiten. Sonach ermangelt es durchaus an einem bestimmten Beweise für die Abfassung dieser Briefe im 15. Jahrh. und damit auch für die Verlegung der Lebenszeit des Glycas in dieses Jahrhundert. Wir stehen daher auch nicht an, wenn wir uns entscheiden sollen, lieber der ältern Meinung beizupflichten [18]), welche den Michael Glycas, den Verfasser des noch vorhandenen Geschichtswerkes, in das 12. Jahrh. verlegt, und glauben in der Fassung dieses Werkes, wie in dem Abschlusse desselben einen ebenso natürlichen Grund für diese Ansicht gefunden zu haben, als weder die Sprache des Werkes, noch der Charakter desselben, der uns auf eine jedenfalls frühere Zeit hinweist, dagegen einen Widerspruch einlegt, und auf der andern Seite die vorgebrachten Beweise nicht genügen können, um diesen byzantinischen Geschichtschreiber, der mit dem Jahre 1118 sein Werk abschließt und keinen einzigen später lebenden Schriftsteller — bei seiner sonst hervortretenden Kenntniß der alten classischen, wie der späteren kirchlichen Literatur — kennt, um drei Jahrhunderte später zu verlegen.

Das uns hinterlassene Geschichtswerk führt die Aufschrift: Τοῦ κυροῦ Μιχαὴλ Γλυκᾶ βίβλος χρονική [19]), und ist an seinen theuern Sohn — τέκνον μου φίλτατον — gerichtet, worunter wir wol keinen leiblichen, sondern, nach der Ausdrucksweise jener Zeit, einen geistigen Sohn, einen Schüler oder Freund, zu verstehen haben, der uns übrigens im Verlaufe des Werkes nicht näher kenntlich wird; es ist diese Widmung begleitet mit einigen Eingangsworten, welche die Versicherung enthalten, wie es das Bestreben des Verfassers gewesen, das von Andern vor ihm ausführlich Berichtete in eine kurze, die Leser durch allzu große Ausführlichkeit nicht belästigende Darstellung zusammenzufassen, worauf er sogleich mit der Erzählung von der Schöpfung der Welt sein Werk beginnt, das in seinem ersten Theile blos mit diesem Gegenstande sich beschäftigt und eine auf die biblische Ueberlieferung gestützte, mit naturhistorischen und noch mehr mit theologischen Ausführungen verbundene Erörterung der ganzen Schöpfungsgeschichte in einer Ausführlichkeit enthält (nach dem bonner Abdrucke über 200 Octavseiten), welche den Verfasser selbst am Schlusse zu einer Art von Entschuldigung veranlaßt, die er an den lieben Sohn richtet, dessen großen Eifer und Lernbegier er durch diese mit großer Mühe und Fleiß zusammengestellte Erörterung entsprechen zu müssen geglaubt habe. Der zweite Theil enthält die Geschichte von Erschaffung der Welt bis zur Geburt Christi, wobei aber fast ausschließlich die biblische alttestamentliche Geschichte und was damit zusammenhängt, berücksichtigt und mit einzelnen weitern Ausführungen im Sinne und Geiste byzantinischer Theologie verbunden ist, während die Geschichte der übrigen Völker der Erde nur kurz, nach Weise der Chronographen angegeben wird. Nach diesem, ebenfalls in ziemlicher Breite

15) Wie irrthümlich dies sei, hat Walch gezeigt, am oben angeführten Orte S. 34 fg. 16) Siehe das Nähere bei Walch a. a. O. S. 40. 17) Siehe ebendaselbst S. 30 fg. 37. 18) Zu diesem Resultate gelangte auch Walch in der angeführten Abhandlung am Schlusse S. 43 und 44.

19) In dem Codex Vaticanus (zu Rom) findet sich die, von einer andern Hand jedenfalls beigefügte, Aufschrift des Werkes: Τοῦ λογιωτάτου καὶ φιλοσοφωτάτου κυροῦ Μιχαὴλ τοῦ Γλυκᾶ γραμματικὸν [illegible], [illegible] καὶ ἱστορίαν περί τε τοῦ οὐρανοῦ καὶ τῆς γῆς, περί τε τοῦ [illegible] ἐν ἡμέραις ς', περί τε τῆς πλάσεως τοῦ Ἀδὰμ καὶ τῶν λοιπῶν [illegible]. Eine ähnliche Aufschrift findet sich auch in der Handschrift von Fontainebleau (Codex Fontisbellaquensis), wo Glycas ebenfalls die Prädicate σοφώτατος und φιλοσοφώτατος erhält, dann folgen noch einige Verse, von denen wir die beiden auf die Abkunft des Verfassers bezüglichen oben mitgetheilt haben. Vergl. auch Bernd a. a. O. S. 11.

und Ausführlichkeit, namentlich was die theologischen Erörterungen betrifft, gehaltenen zweiten Theile wird in dem dritten die Geschichte von der Geburt Christi an bis auf Constantin den Großen behandelt und hier mit der äußern Geschichte die kirchliche in einer Weise verbunden, die auch hier wieder der letztern, mit den daran geknüpften theologischen Ausführungen, bei weitem den größern Raum zuweist, eine Bevorzugung, die eben aus dem theologischen Charakter des ganzen Werkes sich erklärt. Der vierte Theil setzt dann die Geschichte fort bis zu dem oben bemerkten Zeitpunkte, dem Tode des Alexius Comnenus, im J. 1118, und zwar mit besonderer Rücksicht auf das östliche Römerreich, und es läßt sich nicht leugnen, daß für die Geschichte, namentlich des byzantinischen Reichs, dieser Theil des Werkes der wichtigste und bedeutendste ist, eben weil hier der Verfasser eine ihm näher liegende Zeit schildert, sich theologischen und andern Ausführungen weniger hingibt, sondern sich mehr an das rein Geschichtliche, an die Erzählung der Thatsachen hält. Uebrigens finden sich in diesem Werke, zumal in den erstern Theilen manche naturhistorische Erörterungen und Betrachtungen, die auf ein besonderes Studium dieser Wissenschaften, im Sinne und Geiste jener Zeit, und in Verbindung mit der die Behandlung dieser Wissenschaften bestimmenden, an die Bibel sich streng anschließenden Theologie, schließen lassen; auch die Ansichten der alten Philosophen, z. B. der Ionier über derartige Gegenstände (wie z. B. über die Gestirne)[20]) sind ihm bekannt; die Ansicht des Heraclitus[21]) von der Seele, welche, je lockerer sie sei, um so weiser, ist ihm gleichfalls bekannt, ebenso wie die Platonische Lehre[22]) von der Trichotomie der Seele. Daß Glycas mit den Schriften der Kirchenväter, wie Origenes, Cyrillus und Anderer eine genaue Bekanntschaft zeigt, kann bei seiner übrigen Bildung nicht befremden, und erstreckt sich diese Kenntniß auch auf die sonst den Griechen weniger bekannten Lehrer der lateinischen Kirche, wie z. B. Ambrosius, neben welchem auch noch manche andere kirchliche Schriftsteller vorkommen, wie die Zusammenstellung zeigen kann, welche Lami[23]) von den in den Schriften des Glycas vorkommenden Schriftstellern, heidnischen und altclassischen, wie christlichen und kirchlichen, gegeben hat. Vorherrschend ist immerhin der theologische Charakter und die theologische Bildung; und wenn wir, was das Geschichtliche betrifft, zunächst von dem in dem letzten Theile des Werkes Behandelten absehen, welches allen Anspruch auf Werth und Beachtung hat, so finden wir in dem, was die Geschichte der älteren Zeit betrifft, allerdings hier und dort manches Auffallende. So wird unter Andern erzählt[24]), wie Sardanapalus, der Herrscher Assyriens, durch seine Verweichlichung und seinen Luxus den Haß Aller gegen sich erregt, und wie er in Folge dessen von einem seiner Unterthanen ermordet worden; nach ihm habe Perseus, der Sohn des Picus oder auch des Zeus die Herrschaft gewonnen und die Assyrier nach sich Perser genannt, die übrigens auch Babylonier genannt worden; die Verehrung des Feuers soll dieser Perseus in Folge eines vom Himmel gefallenen Feuers veranlaßt haben. Bald nachher wird von Cyrus erzählt, wie er Anfangs vor Crösus, als dieser den Halys überschritten, geflohen, dann aber, auf den Rath seines Weibes, nachdem er den Daniel aus seinen Banden entlassen und über Alles befragt, sich wieder umgewendet und den Crösus besiegt und gefangen genommen habe. Auf den Cyrus läßt dann Glycas den Darius als Sohn nachfolgen, auf Darius den Artaxerxes, während an einer andern Seite[25]) Cambyses als Nachfolger des Cyrus bezeichnet, dem Cambyses aber auch der Beiname Nabuchodonosor gegeben wird; nach diesem Cambyses, heißt es dann weiter, bemächtigte sich der Magier Smerdis des Reiches, das dann wieder dem Darius, dem Sohne des Hystaspes zufiel, unter welchem Zorobabel und Jesus den Tempel, der 40 Jahre vernachlässigt war, in seinem Wiederaufbaue vollendet; nach Darius regierte Artabanes, dem Artaxerxes mit der langen Hand folgte.

Wir haben dies nur als eine Probe angeführt, nach welcher der Werth der Mittheilungen des Glycas, soweit sie in das Gebiet der alten Geschichte einschlagen und von der biblischen Theologie sich entfernen, bemessen werden mag; im Uebrigen ist die Darstellung, abgesehen von der Breite und Weitschweifigkeit der theologischen Erörterungen, im Ganzen befriedigend und in einer den bessern Mustern der ältern Zeit nachgebildeten Sprache durchweg gehalten.

Das Werk des Glycas ward zuerst in einer lateinischen Uebersetzung bekannt, welche Johannes Leunclavius[26]) nach einer ihm von Johann Sambucus zugesendeten Handschrift veranstaltete und zu Basel 1572. 8. im Drucke erscheinen ließ, nebst einer von ihm hinzugefügten Fortsetzung, welche die weitere Geschichte des byzantinischen Reichs, da wo Glycas endet (1118), bis zu dem Untergange desselben mit der Eroberung von Constantinopel (1453) enthält. Den griechischen Text, aber nur der dritten Abtheilung des Werkes, gab nach einer Handschrift des Andreas Schottus zuerst J. Meursius mit einer lateinischen Uebersetzung und Anmerkungen zu Leyden 1618. 4. heraus, aber unter dem falschen Namen des Theodorus Malochita; ein Wiederabdruck erschien in dem siebenten Bande der Opera J. Meursii (Florent. 1746.) p. 787 seq. Das Ganze dieser Chronik erschien zuerst vollständig in der von Phil. Labbé zu Paris 1660. Fol. veranstalteten Ausgabe, welche den griechischen Text mit der lateinischen (Leunclavius'schen, aber hier und dort verbesserten) Uebersetzung und Anmerkungen enthält, überdies auch die erwähnte Fortsetzung des Leunclavius, ferner die Einleitung und die Noten des Meursius, sowie zwei von Jac. Pontanus ins Lateinische übersetzte Abhandlungen oder Briefe des Glycas; für die

20) Siehe Theil I. S. 89 der bonner Ausgabe. 21) Ebendaselbst S. 141. 219. 22) Ebendaselbst S. 183. 211. 23) a. a. O. S. 28 fg. 24) Pars II. p. 264 der bonner Ausgabe.

25) Pars II. p. 375 seq. der bonner Ausgabe. 26) Siehe dessen Prooemium in der genannten Ausgabe, auch abgedruckt in der pariser und bonner Ausgabe.

Gestaltung des Textes standen dem gelehrten Herausgeber zunächst zwei Handschriften aus Clermont zu Gebote, deren Lücken und Fehler er durch die schon erwähnte Handschrift von Fontevraud, sowie eine römische (Cod. Vallicellanus) und münchener auszufüllen wie zu berichtigen bemüht war, wobei es nur zu bedauern ist, daß die Lesarten dieser letzteren Handschriften ihm erst später zukamen, als ein Theil des Werkes bereits dem Drucke übergeben war. Ein Abdruck dieser Ausgabe erschien zu Venedig 1729. Fol. in dem Corpus scriptorum Byzantinorum; ein hier und dort berichtigter und verbesserter Abdruck des griechischen Textes und der lateinischen Uebersetzung erschien in dem bonner Corpus scriptorum Byzantinorum, besorgt von Im. Bekker, 1836; die Noten des früheren Herausgebers, sowie alles Andere, was dessen Ausgabe, wie wir eben bemerkt haben, enthält, sind in dieser Ausgabe weggefallen; von dem in Labbe's Ausgabe aus den genannten Handschriften verzeichneten kritischen Apparate, der dort für die Gestaltung und Verbesserung des Textes selbst nicht mehr benutzt werden konnte, weil er zu spät kam, ist hier allerdings ein Gebrauch gemacht worden; andere Handschriften sind nicht zu Rathe gezogen worden, namentlich auch nicht die drei zu Wien befindlichen[27]), von welchen namentlich die erste ihrer Güte und Vollständigkeit wegen hervorgehoben wird, während die dritte, diejenige, nach welcher Leunclavius seine lateinische Uebersetzung gemacht hatte, ebenfalls eine erneuerte Einsicht und Vergleichung wünschen läßt; ebenso wenig ist von andern, zu Venedig in der Marcusbibliothek, zu Paris, zu Leyden und sonst befindlichen Handschriften ein Gebrauch gemacht worden, wie es doch bei einem solchen Schriftsteller, der nicht so oft herausgegeben werden kann, immerhin erwünscht und selbst nothwendig gewesen wäre, um die Kritik hier zu einem gewissen festen Abschlusse zu bringen, was bei der erneuerten Ausgabe des Glycas nicht der Fall ist, eben weil sie, zu unserem Bedauern, von allen den übrigen vorhandenen kritischen Hilfsmitteln keinen Gebrauch gemacht und selbst die immerhin nothwendige Revision derjenigen Handschriften, nach welchen der erste Herausgeber, Labbe, den griechischen Text gegeben hat, unterlassen hat. Eine neue kritische Bearbeitung der Chronik des Glycas ist daher Nichts weniger als überflüssig zu nennen, wenn anders der Text seiner ursprünglichen Fassung nahe gebracht werden soll; die vorhin genannten, an verschiedenen Orten befindlichen, bis jetzt unverglichenen Handschriften, schon von Fabricius und Harles (Bibliothec. Graec. VII. p. 469) verzeichnet, werden dazu ein schätzbares Material liefern, das ebenso wenig unbenutzt gelassen werden sollte, als die zu Boston in den Händen Pickering's befindliche Handschrift, welche der neueste Herausgeber (Praefat. p. VI) anführt, mit dem Bemerken, von der ihm angebotenen Benutzung dieser Handschrift keinen Gebrauch gemacht zu haben.

Außer dieser Chronik sind aber auch noch in nicht wenigen Handschriften Briefe des Glycas vorhanden, und zwar in verschiedener Zahl und in verschiedenartigen Sammlungen, die zum Theil noch ihre nähere Untersuchung und Sichtung erwarten, indem nur ein verhältnißmäßig kleiner Theil dieser Briefe bis jetzt eine Veröffentlichung durch den Druck gefunden hat. Jac. Pontanus war der erste, welcher den ersten und zweiten dieser Briefe, den letzten aber nicht vollständig, nach einer ihm von Andreas Schottus zugekommenen Handschrift ins Lateinische übersetzte und diese Uebersetzung der zu Ingolstadt 1604. 4. von ihm herausgegebenen Dioptra Philippi solitarii beifügte, woraus sie dann in die Bibliotheca Patrum maxima (Lugdunensis 1677.) T. XXII. p. 618 seq., sowie in Labbe's Ausgabe der Chronik (wie schon oben bemerkt ward) und daraus in die venetianer Ausgabe der Chronik übergegangen ist. Aus einer durch Georg Dousa von Constantinopel mitgebrachten und dem Bonaventura Vulcanius überlassenen Handschrift, die aber ziemlich neuern Ursprungs zu sein scheint, hatte dieser in den Noten zu der Ausgabe von Cyrill's Schrift gegen die Anthropomorphiten (Leyden 1605; daraus nur in der Ausgabe der Opera Cyrilli von Jo. Aubert im letzten Bande) drei Briefe (nr. 10, 13 und 32) in dem griechischen Texte und mit einer lateinischen Uebersetzung herausgegeben, aber unter dem Namen des Zonaras, den diese Briefe in der Handschrift, welche 32 Briefe in Allem enthalten soll, tragen; unter demselben Zonaras Namen finden wir auch einen Theil des 30. Briefes von Du Cange in seiner Ausgabe des Zonaras (zunächst der Vorrede), den er als Verfasser dieser Briefe geltend zu machen suchte, veröffentlicht, während Leo Allatius, der in römischen Handschriften diese Briefe gefunden hatte, Anfangs, wie es scheint, zweifelhaft, ob er sie für Werke des Zonaras oder des Michael Glycas halten sollte[28]), nachher sich für die letztere Ansicht aussprach, aber diesen Glycas dann in das 15. Jahrh. unter die Griechen, welche den Beschlüssen des Conciliums zu Florenz entgegentraten, mithin als Gegner der lateinischen Kirche sich erwiesen, zu bringen suchte, zu diesem Zwecke auch einzelne Stücke dieser Briefe in seinen Schriften veröffentlichte, so Theile des 8., 10. und 11.[29]) Briefes, den ganzen 17. und 49. Brief[30]), ebenso Stücke des 21., 26., 28., 41., 44. und 53. Briefes[31]). Wir haben oben gesehen, wie seine Ansicht über die Abfassungszeit dieser Briefe und die Lebenszeit des Verfassers von Oudinus und später von Lami aufgenommen ward; der Letztere gab auch aus einer florentiner Handschrift (Codex Riccardianus) die zehn ersten Briefe (darunter auch die zwei durch die lateinische Uebersetzung des Pontanus schon früher bekannten) in ihrem

27) Siehe Kollar, der zu Lambecius Comment. p. 657 seq. Cod. CXI. p. 665. Cod. CXII und p. 667. Cod. CXIII diese Handschriften genau beschrieben hat.

28) Vergl. das Nähere bei Walch (Commentatt. societ. litt. Gotting. T. V) p. 24 und 26. not. h. 29) In den Werken: De purgatorio (Rom. 1655.) p. 789; De libris Graecor. ecclesiast. p. 824 und De perpetuo consensu orient. et occident. ecclesiae Lib. III, 18. p. 1339. 30) Siehe in De perpet. consensu etc. III, 16. p. 1190 und p. 1194—1197. 31) De libr. eccl. p. 118. 127. De consens. etc. p. 42. 1137. 1179.

griechischen Texte, sowie mit einer lateinischen Uebersetzung, nebst einer dem siebenten Briefe beigefügten ausführlichen Abhandlung über die Wiederauferstehung heraus in der Sammlung: Deliciae Eruditorum seu veterum *Ἀνεκδότων* opusculorum Collectanea, und zwar die fünf ersten Briefe in P. I. der zu Florenz 1736, die fünf letzteren in P. II., der ebendaselbst 1739 erschien; dazu kommen noch die aus einer moskauer Handschrift von Chr. Fr. Matthäi[32]) herausgegebenen drei Briefe, der 54. und 55. (in der moskauer Handschrift, die eine Sammlung von 90 Briefen verschiedener Verfasser enthält, der 71. und 72.), sowie ein in den bisher bekannt gewordenen Handschriften der Briefe des Glycas nicht vorfindlicher, nr. 39 in der Sammlung der moskauer Handschrift. An die Veröffentlichung Lami's reiht sich die Bekanntmachung der noch übrigen vier Briefe des Glycas in der oben bemerkten florentiner Handschrift, welche noch nicht durch den Druck bekannt geworden waren, in: Novae Eruditorum deliciae, seu veterum *Ἀνεκδότων* opusculorum Collectanea. *Franciscus Fontani*, Bibl. Riccard. praefectus collegit, illustravit, edidit. (Florent. 1785.) Tom. I.[33]).

Außer diesen, durch den Druck bekannt gewordenen Briefen befinden sich aber noch manche andere in den Handschriften[34]), die ihrer Bekanntmachung entgegensehen; insbesondere sind hier die zu Wien befindlichen Handschriften zu nennen, von welchen wir durch Lambecius[35]) nähere Nachricht erhalten haben; die eine derselben enthält eine Sammlung von funfzig Briefen, deren Aufschriften und Anfänge auch Lambecius mitgetheilt hat; dieselbe Sammlung in derselben Ordnung findet sich auch in einer andern Handschrift, jedoch mit Zugabe von sechs weiteren Briefen, die auch in einer dritten Handschrift den funfzig andern zugesellt erscheinen, ebenfalls in derselben Ordnung[36]), während eine vierte Handschrift die Sammlung dieser Briefe bis zu der Zahl von vierundsechzig erhöhte, außerdem auch in einer der die Chronik des Glycas enthaltenden Handschriften die 19 ersten Briefe beigefügt sind. Die pariser Handschrift enthält fünfundvierzig Briefe, aber unter des Zonaras Namen; vielleicht sind es dieselben, welche in der Zahl von sechsundvierzig Labbé in der Handschrift der Chronik des Glycas von Clermont, unter des Zonaras Namen, vorfand. Von dem Inhalte der übrigen Handschriften wissen wir nichts Näheres; der Inhalt der florentiner Handschrift ist durch Lami und Fontani veröffentlicht worden; den Gesammtinhalt der moskauer Handschrift haben wir ebenfalls angegeben; in einer pariser Handschrift[37]) sollen sich sogar zweiundneunzig Briefe des Glycas befinden; daß übrigens das Ganze dieser Sammlungen noch einer nähern Sichtung bedarf, um das, was wirklich dem Glycas zugehört, von anderen ähnlichen Briefen anderer Verfasser zu unterscheiden, welche den Briefen des Glycas, eben um der Aehnlichkeit und Verwandtschaft des Inhalts wegen beigefügt wurden, bedarf nach dem schon oben, bei der Erörterung über das Zeitalter des Glycas Bemerkten, kaum noch einer näheren Erinnerung; es wird sich dann auch insbesondere herausstellen, was von den in dieser Sammlung enthaltenen, an den Constantinus Paläologus gerichteten Briefen zu halten ist, die wir nur nach der Aufschrift, nicht aber nach ihrem Inhalte kennen, wahrscheinlich aber, wenn anders die Aufschrift an diesen Kaiser eine richtige und nicht erst später hinzugefügte ist, einem andern Verfasser beizulegen sind, als diesem Michael Glycas, zumal die moskauer Handschrift den sichern Beweis liefern kann, wie der ursprünglichen Sammlung von Briefen dieses Glycas auch andere Briefe anderer Verfasser beigefügt, oder vielmehr die letztern mit denen des Glycas zu einer Sammlung vereinigt worden sind, die daher auch in verschiedenem Umfange, bald mehr, bald weniger Briefe enthaltend, in den Handschriften sich fortgepflanzt hat.

Fragen wir nun aber nach dem Inhalte und Charakter dieser Briefe, soweit sie uns, zunächst durch die Veröffentlichungen von Lami und Fontani näher bekannt geworden sind, so sind dies kaum Briefe in dem gewöhnlichen Sinne des Wortes zu nennen, obwol sie an bestimmte Personen, meist Mönche oder Geistliche, gerichtet sind[38]), sondern es sind vielmehr theologische Erörterungen, und zwar von bedeutendem Umfange, und, obwol in die Form von Schreiben eingekleidet, doch auch in der Aufschrift als λόγος bezeichnet. So behandelt z. B. das erste dieser Schreiben die Frage, ob man den rückfälligen Sündern Nachsicht schenken oder sie bestrafen solle, das zweite verbreitet sich über die Behauptung, ob der Mensch vom Anfange an einen hinfälligen, den Leidenschaften unterworfenen Körper gehabt u. s. w., das dritte über das, was der Mensch durch den Sündenfall verloren, das vierte über die Frage, warum der Teufel durch die Schlange und nicht durch ein anderes Thier den Adam versucht habe; die weiter folgenden behandeln die Lehre von der Wiederauferstehung und andere Gegenstände der Art im Sinne und Geiste der byzantinischen Theologie; in den von Fontani herausgegebenen Briefen wird, im ersten, die Frage behandelt, ob der Himmel rund und unbeweglich sei; der zweite bezieht sich auf die Erschaffung der Welt; der dritte bespricht die Frage, warum, wenn des Menschen Geist nach Gottes Ebenbild erschaffen sei, der eine Mensch verständig, der andere unverständig sei; der vierte Brief ist gegen die Juden gerichtet. Wir haben also hier eine Reihe von theologischen Abhandlun-

32) Siehe die Schrift: Lectionis, Demetrii Cydon. et Michaelis Glycae aliquot Epistolae. (Mosquae 1776. 8.) p. 47 seq. 53 seq. 33) Eine kurze Anzeige dieses seltenern Buches geben die Göttinger Gelehrt. Anzeigen. Jahrg. 1786 2. Bd. S. 1409 fg. 34) Die genaueste Zusammenstellung dieser Handschriften gibt Walch a. a. O. S. 23 fg.; s. auch *Fabricius*, Bibl. Graec. VII. p. 469. ed. *Harl.* 35) In den Comment. bibl. Caes. Lib. IV. Cod. CLIX seq. p. 162 seq. Lib. V. Cod. CCXXXII seq. p. 64 seq. 36) Daher wir auch in unsern Anführungen dieser Briefe der Ordnung, in welcher die wiener Handschriften dieselben geben, gefolgt sind.

37) Nach einer Angabe bei *Fabricius*, Biblioth. Graec. X. p. 728 der ält. Ausgabe. 38) Eine Zusammenstellung der Personen, an welche diese Briefe im Einzelnen gerichtet sind, gibt Fabricius a. a. O.

gen vor uns im Sinne und Geiste der späteren byzantinischen Theologie geschrieben, die freilich für unsere Zeit nicht mehr den Werth und die Bedeutung ansprechen können, den sie in jenen früheren Zeiten annahmen, wo die Behandlung solcher dogmatischen Fragen oder controversen Punkte der Moral ein Lieblingsthema der byzantinischen Theologen und Kirchenlehrer geworden war; daß aber Michael Glycas diesen beizuzählen ist, machen diese Briefe unzweifelhaft, auch wenn nicht schon der Charakter der Chronik, wie wir ihn oben dargelegt haben, dies darthun könnte. Daß aber unter diesen byzantinischen Theologen des 12. Jahrh. Michael Glycas eine namhafte Stelle einnimmt, scheint uns ebenso sehr aus seinen Schriften, der Chronik sowol, wie den Briefen, zur Genüge hervorzugehen; freilich werden wir die theologische Bildung des Glycas nicht sowol nach dem Maßstabe unserer Zeit bemessen dürfen, als vielmehr nach den ähnlichen Leistungen byzantinischer Theologie des 12. Jahrh.

II. *Glycas* oder vielmehr *Glycys*, mit dem Vornamen Johannes, *Ἰωάννης ὁ Γλυκάς* s. *ὁ Γλυκύς*, was auf dasselbe hinausläuft [39]), ebenfalls ein byzantinischer Schriftsteller, dessen Vaterland sich jedoch nicht näher, aus Mangel an allen weiteren Nachrichten bestimmen läßt, gelangte früh schon als ganz junger Mann, wie aus seiner eigenen Angabe in dem hinterlassenen Testamente hervorgeht, zu der Würde eines λογοθέτης τοῦ δρόμου [40]); eine sorgfältige Bildung, die ihn den Studien der ältern classischen Literatur und Sprache zuführte, muß er in seiner Jugend genossen haben, worauf er sich der Theologie zuwendete, da er nach dem Sturze des Patriarchen Niphon in dessen Stelle zu Constantinopel im J. 1316 eintrat, während seine Frau in ein Kloster ging. Aber schon wenige Jahre nachher verließ er, um 1320, von Krankheit gebrochen, diese hohe Stellung und begab sich in das Kloster, zu dessen Besten er sein geringes Vermögen hingab, da er die hohe Stelle, die er bekleidet, nicht dazu benutzt hatte, um sich Schätze zu sammeln; hier auch schrieb er sein Testament nieder [41]) in der Erwartung eines baldigen Todes. Wann dieser eingetreten, wissen wir nicht.

Von Schriften desselben wird von Nicephorus Gregoras, der sich rühmt, sein Schüler gewesen zu sein, mit vielem Lobe angeführt eine Erzählung seiner Sendung nach Cypern und Armenien, die jedoch untergegangen zu sein scheint, ferner ein ebenfalls nicht weiter bekanntes Synodicon, ne recipiatur ad judicium excommunicatus; aus einer Schrift über die Eitelkeit und Nichtigkeit dieses Lebens, die noch handschriftlich vorhanden sein muß, führt Du Cange einige Verse an; ebenso scheinen auch Briefe und Homilien noch handschriftlich vorhanden zu sein [42]).

Außer diesen Schriften, die nur aus Anführungen noch bekannt sind, liegt in Handschriften Mehreres die Grammatik betreffendes vor [43]), insbesondere eine Schrift: *Περὶ ὀρθότητος συντάξεως*, aus welcher Imm. Bekker nach einer vaticanischen Handschrift Einiges veröffentlichte in den Anecdd. Graec. T. III. p. 1077 seq.; das Ganze ward später nach drei münchener Handschriften veröffentlicht von Albert Jahn: *Joannis Glycae*, Patriarchae Constant. opus de vera syntaxeos ratione, supplementum Walziani corporis rhetorum Graecorum tribus e codd. Monacenss. edidit atque recensuit etc. *Albertus Jahnius*. (Bernae 1839. 8.) (Auch als fasciculus primus einer nicht weiter fortgesetzten Sammlung unter dem Titel: Anecdota Graeca e codd. manuscriptis etc.) Hier erscheint der Text in einem correcten Abdrucke mit den nöthigen Einleitungen, wie mit erklärenden Anmerkungen zum richtigern Verständnisse des Einzelnen, begleitet. Man würde sich jedoch irren, wenn man glauben würde, ein vollständiges Lehrgebäude der griechischen Grammatik in dieser auch in ihrem äußern Umfange nicht sehr bedeutenden Schrift zu finden; es werden darin vielmehr nur einzelne Hauptlehren derselben, wie z. B. die Lehre von den Casus, ihrer Verbindung mit Verbis, über den Solöcismus, über den Gebrauch der Participien u. s. w. behandelt, aber in einem gewissen philosophischen Geiste, der an die Art und Weise erinnert, in welcher früher schon von den stoischen Philosophen diese in das Gebiet der Sprachforschung einschlägigen Gegenstände behandelt wurden. So verdient diese Schrift, welche an einen Sohn, zu dessen Belehrung und Unterricht, gerichtet erscheint, allerdings eine gewisse Beachtung, zumal da der Verfasser, der selbst auf Erhaltung der Reinheit der griechischen Sprache möglichst bedacht war, selbst in einer gebildeten und feinen Sprache sich bewegt, die uns nur hier und da an das Zeitalter erinnert, in welchem der Verfasser lebte und schrieb, immerhin aber von manchen Neuerungen der gleichzeitigen Schriftsteller sich frei gehalten hat. (*Bähr.*)

GLYCERA, Glykera, eine der berühmten Hetairen Athens. — Das Leben einer einzelnen athenischen Hetaire zu beschreiben, ist, wie jetzt die Sachen liegen, ein bedenkliches Unternehmen: denn es ist das Urtheil über das Wesen, die Stellung der Hetairen im attischen Alterthume im und zum Leben noch nicht [1]) zu einem festen und sichern bei uns geworden; ferner sind, geht man ins Einzelne, der Quellen für uns gar wenige, und diese wenigen noch obendrein trübe und verworren, indem man schon früh gemeint hat, ein Recht zu haben, das Leben der Hetairen als verworfener Geschöpfe mit

39) Siehe Jahn in seiner Ausgabe p. IX. not. 1. 40) Siehe *Nicephor.* Gregor. VIII, 2. Vgl. Weiteres s. bei Jahn a. a. O. not. 3. 41) Siehe bei *Nicephor.* Gregor. VIII, 2. 42) Siehe das Nähere über diese Schriften in *Fabricii* Bibl. Graec. X. p. 472 der ältern Ausgabe (XI. p. 520. ed. *Harles.*) und insbesondere bei Jahn a. a. O. p. II. X.

43) Siehe *Fabricius*, Bibl. Graec. VI. p. 344. ed. *Harl.* und Jahn a. a. O. p. XI seq.

1) Es hat zuerst kritisch diesen Stoff Fr. Jacobs, Vermischte Schriften 4. Bd. S. 309 fg. behandelt, aber doch unwillkürlich das Schlechte beseitigend und das eher zu Entschuldigende und Gute hervorhebend, ein nicht ganz treues, sondern verschönertes Bild gegeben; unvollständig ist *Becker*, Charikl. I. p. 109 seq.; im Allgemeinen vergl. Griech. Alterth. von K. Fr. Hermann. 3. Bd. S. 29.

Leichtfertigkeit behandeln und sich bei seiner Darstellung der mühsamen Erforschung der Wahrheit überheben zu dürfen. Da aber diese Quellen noch nicht genauer geforscht ist, mögen sie hier, weil ihre Kenntniß für die richtige Würdigung der folgenden Darstellung von Wichtigkeit, so kurz als möglich betrachtet werden. Das Leben der einzelnen, namentlich für die attische Literatur wichtigen athenischen, d. h. der entweder in Athen gebornen oder daselbst vorzugsweise ihr Wesen treibenden, Freudenmädchen hat man verhältnißmäßig früh begonnen gelehrt zu behandeln, indem schon alte Alexandriner über sie geschrieben haben; den Anstoß hat, wie es scheint, dazu Machon gegeben, ein älterer Zeitgenosse [2]) und einer der Lehrer — ein Wort, mit dem man es nicht zu streng nehmen darf — des berühmten Grammatikers Aristophanes von Byzanz: man darf, da er [3]) auch Zeitgenosse des Komikers Apollodoros aus Karystos genannt wird, seine Blüthezeit [4]) zwischen Ol. 120—130 = 300—257 a. Chr. setzen. Er soll nun als Komiker bedeutend [5]) gewesen sein, und daß er für diesen Zweig der Poesie besondere Studien gemacht, dürfte sein von Athenaios mehrfach benutztes Werk χρεῖαι verrathen, d. h. Erzählung witziger oder sonst aus einem Grunde merkwürdiger oder auch nur interessanter [6]) Antworten nicht ganz unbekannter Persönlichkeiten aus seiner Zeit oder der ihm nahen Vergangenheit. Denn die Personen, von denen er handelt, sind, wie es scheint, vornehmlich den niedern Schichten der Gesellschaft entnommen gewesen, Parasiten, Kitharspieler, vor allen die Hetairen; die Auswahl scheint nach der Literatur gemacht: also nur solche hat er verzeichnet, deren Kenntniß man zum Verständniß gewisser Gattungen der Poesie, z. B. der Komödie nöthig hatte. Es zeigt das einerseits den Komiker: das Leben dieser Classe von Menschen mußte dieser kennen; es zeigt aber andererseits auch den Grammatiker; für beide Seiten ist auch die Form des Werkes nicht außer Acht zu lassen; es war nämlich in jambischen Trimetern geschrieben und somit wol eins der ältern Beispiele von jener in der alexandrinischen und spätern Zeit immer beliebten Art von prosaischer Poesie für gewisse Stoffe. Ein Theil dieser χρεῖαι war, wie gesagt, den athenischen Hetairen gewidmet und dadurch ist nach einer ausdrücklichen Andeutung [7]) des Athenaios der Schüler des Machon, der schon genannte Aristophanes von Byzanz auf den Gedanken gekommen, ein prosaisches [8]) Werk des Titels: Περὶ τῶν Ἀθήνησιν ἑταιρίδων — Ueber die Freudenmädchen zu Athen — als einen von den vielen Beweisen seiner stupenden Gelehrsamkeit zu verfassen. Natürlich wird die Auswahl der Mädchen durch die Literatur bedingt gewesen sein; trotzdem hatte der Verfasser ihrer 135 [9]) verzeichnet; ihre Lebensumstände waren angegeben, Stellen aus der mittlern wie neuern Komödie mit Bezug auf sie erklärt, die Spitznamen, welche sie [10]) geführt, verzeichnet und erklärt u. s. w. Da er aber den Gegenstand nicht erschöpft hatte, ist er von seinen Schülern und von spätern Grammatikern wieder aufgenommen; so schon von Kallistratos, dem [11]) unmittelbaren Schüler des Aristophanes; dann von Schülern des Aristarch, nämlich von Apollodoros aus [12]) Athen und von [13]) Ammonios, von denen namentlich der erstere von Aristophanes nicht berücksichtigte Hetairen nachgetragen hat, worin ihm dann noch ein [14]) Gorgias gefolgt ist und ein Grammatiker [15]) Antiphanes; man sieht, wie in der Zeit vor August dies Thema beliebt gewesen. Darauf weist auch das, daß in auf die Komödie bezüglichen Schriften von Grammatikern das Leben dieser Dirnen berücksichtigt worden; so in den κωμῳδούμενα des [16]) Herodikos, in dem Werke des Antiochos von [17]) Alexandria: Περὶ τῶν ἐν τῇ μέσῃ κωμῳδίᾳ κωμῳδουμένων ποιητῶν, endlich in den Commentaren zu Stücken der mittlern und neuen Komödie; denn schon

---

2) Athen. VI, 241 F: Μάχων ὁ κωμῳδιοποιὸς ὁ Κορίνθιος μὲν ἢ Σικυώνιος γενόμενος, ἐν Ἀλεξανδρείᾳ δὲ τῇ ἐμῇ κατεγήρασε καὶ διδάσκαλος γενόμενος τῶν κατὰ κωμῳδίαν μερῶν Ἀριστοφάνους τοῦ γραμματικοῦ; vergl. Jacobs, Vermischte Schriften IV. S. 540. II. S. 168. Nauck. ad Aristoph. Byz. Reli. p. 8. 3) Athen. XIV. p. 664 A: Μάχων δ' ὁ Σικυώνιος τῶν μὲν κατὰ Ἀπολλόδωρον τὸν Καρύστιον κωμῳδιοποιῶν εἷς ἐστι καὶ αὐτός, οὐκ ἐδίδαξε δ' Ἀθήνησι τὰς κωμῳδίας τὰς ἑαυτοῦ, ἀλλ' ἐν Ἀλεξανδρείᾳ. ἦν δ' ἀγαθὸς ποιητὴς εἴ τις ἄλλος τῶν μετὰ τοὺς ἑπτά, διόπερ ὁ γραμματικὸς Ἀριστοφάνης ἐσπούδασε συσχολάσαι αὐτῷ νέος ὤν: cf. Schweighaeuser. Animadv. ad Athen. T. IX. p. 141; add. Fabric. Bibl. Gr. T. II. p. 452. Harl. 4) Meinek. Com. Gr. Fragm. I. p. 462. 5) Dioscor. in Anth. Palat. VII, 708; v. Fr. Jacobs. Animadv. ad Anthol. I, 2. p. 400. 6) Es wird χρεῖαι wie ἀπομνημονεύματα gebraucht, und wendet letzteres Wort Athen. VIII. p. 348 E gerade bei Machon's Werk an; add. Diog. Laert. II, 140. Für die Form dieses Werkes des Machon ist auch zu beachten, daß Athenaios öfter sagt: Μάχων ἀναγράφει; es hatte also die Form eines Katalogs, also eine [illegible]: Leutsch, Theses sorag. nr. XII. Auch die Sprache des Machon war nicht ohne Gelehrsamkeit: Bergk, Comm. de reli. Comoed. att. ant. p. 194.

7) Vergl. in N. 2 die gesperrt gedruckten Worte, welche Schweigh. ad Athen. l. c. richtiger faßt als Fr. A. Wolf. Prolegg. ad Hom. p. CCXX. 8) Athen. XIII. p. 567 A: .. καὶ περιφέρετε ἀεὶ τουτὶ βιβλίον Ἀριστοφάνους καὶ Ἀπολλοδώρου καὶ Ἀμμωνίου καὶ Ἀντιφάνους, ἔτι δὲ Γοργίου τοῦ Ἀθηναίου, πάντων τούτων συγγεγραφότων περὶ τῶν Ἀθήνησιν ἑταιρίδων; vergl. ibid. p. 583 D — s. unten Note 14 — Nauck. Aristoph. Byzant. Frr. p. 277. 9) Athen. XIII. p. 583 D; s. unten Note 14. 10) Sie spielen überhaupt bei den ältern Alexandrinern — ebenso aber auch in dem Leben der alten Hellenen — eine große Rolle: vergl. meine Bemerkungen in Philol. Supplem. 1. Bd. S. 108 sq. 11) Athen. XIII. p. 591 D; cf. Rud. Schmidt, De Callistr. Arist. in Nauck. Arist. Byzant. Frr. p. 325. 12) Athen. XIII. p. 567 A; s. Note 8; Heyn. ad Apollod. T. I. p. 385. 451. C. Mueller, Histor. Vett. Fragm. I. p. XXXVIII. 467. 13) Athen. XIII. p. 567 A: s. Note 8; vergl. Fabric. Bibl. Gr. T. V. p. 713. Harl., der zu viel schreibt; vergl. Beccard, De Scholl. in Hom. Venet. p. 70. 14) Athen. XIII, 583 D: αἱ γὰρ καλαὶ ἡμῶν Ἀθῆναι τοσοῦτον πλῆθος ἤνεγκαν ἑταιρῶν, περὶ ὧν ἐπεξελεύσομαι ὅσον γε δύναμαι, ὅσων ἄλλη εὐανδροῦσα πόλις οὐ λέγω. ἀνέγραψαν γοῦν (also nur die aus Athen) Ἀριστοφάνης μὲν ὁ Βυζάντιος ἑκατὸν καὶ τριάκοντα πέντε, Ἀπολλόδωρος δὲ τούτων πλείους, ὁ Γοργίας δὲ πλείονας, παραλειφθείσας φάσκοντες ὑπὸ τοῦ Ἀριστοφάνους μετὰ ἑταιρῶν πλειόνων καὶ τάσδε κ. τ. λ.; über Gorgias s. C. Mueller, Corp. Histor. Grr. T. IV. p. 410. 15) Athen. XIII, 567 A. 586 B; Voss. De hist. Gr. p. 392. West.; Meineck. Com. Gr. Frr. I. p. 540. 16) Athen. XIII. p. 586 A; vergl. Jacobs, Verm. Schriften IV. S. 394. Meineck. l. c. p. 13. 17) Athen. XI. p. 482 C. Meineck. l. c. p. 296. coll. p. 14.

[illegible] der ersteren [18]) spielen Hetairen eine große Rolle. Da[illegible] also die Grammatiker hier eifrig geforscht, und [illegible] der Art der Arbeiten derselben im Allgemeinen [illegible], ohne Zweifel mit Gewissenhaftigkeit und [illegible] die Wahrheit zu finden. Aber haben sie die [illegible] gefunden? Es ist das zu bezweifeln, wegen der [illegible] Beschaffenheit der Quellen. Denn diese [illegible] in erster Reihe die Komödien; diese haben aber [illegible] der Hetairen, nahmen sie auf wirklich lebende [illegible], nie der Wahrheit gemäß beschrieben, sondern [illegible] über selbiges den Zauber der Poesie und den [illegible] Reiz des Lasters auszubreiten gesucht, es [illegible] einem idealisirten Lichte erscheinen lassen; da war [illegible] gewiß sehr schwer und überhaupt nur bei fest und [illegible] durchgeführter Exegese möglich, den eigentlich [illegible] Kern herauszufinden. Eine zweite, ebenso [illegible] der Vermischung des Factischen und Erdachten [illegible] bedenkliche Quelle bildeten die Rhetoren, welche Lob[illegible] auf einzelne [19]) Hetairen, ebenso auch erotische [20]) Briefe, in denen diese Märchen vorkamen, zum Zeugnisse [illegible] gewandten Feder schrieben. An diese schließt sich als dritte Classe die Broschürenliteratur an: in politischen Flugschriften besprach man, verlangte es der Zweck und die Stellung des Verfassers, auf das Bitterste ihr Leben und glaubte gerecht und tugendhaft zu sein, wenn man, wie Theopomp [21]), über die, welche dem Zeitgeiste sich entgegenzusetzen durch ihre ganze Lage unvermögend waren und ihm nothwendig unterliegen mußten, ein rigoroses Urtheil fällte. Und die Geschichtschreibung selbst, welche, da bei dem immer mehr hereinbrechenden Verfalle der Sitten die Hetairen an Wichtigkeit begreiflicher Weise nur gewannen und auch an den Höfen der Fürsten eine bedeutende Rolle zu spielen begannen, sie nicht mit Stillschweigen übergehen [22]) konnte, hatte nicht mehr die Kraft, historisch treu zu schildern, sondern sie liebte das Anekdotenartige, urtheilte und schrieb nach Parteiansichten und war schwach daher in historischer Kritik, sodaß also durch sie ein Gegengewicht gegen jene Entstellungen der Poesie, der Rhetorik, der Parteiungen unmöglich entstehen konnte. Nimmt man nun noch hinzu, wie die Hetairen in den Streit der [23]) Philosophen gezogen wurden und endlich auch Stoff für das mehr und mehr [24]) hervortretende Epigramm abgeben mußten, so sieht man, wie schwer die Aufgabe war, welche der auf diesem Felde gewissenhafte Forscher zu lösen hatte. Haben daher die Grammatiker hier auch nicht völlig aufgeräumt, eine treffliche Grundlage haben sie jedenfalls geschaffen; allein ihre Resultate scheinen die Folgenden, vielleicht abgeschreckt durch die Trockenheit der gelehrten Darlegung, nicht benutzt, sondern sich an die mehr gäng und gäbe seienden Historiker gehalten zu haben, wie denn Diodor bei der Geschichte der Glykera sich lediglich an [25]) Theopomp hält, während doch über sie Specielleres ohne Zweifel in den oben genannten Schriften und namentlich in den Werken über Menander leicht sich hätte finden lassen; jedoch solche Quellen aufzusuchen und zu durchforschen, war Leuten wie Diodor schon eine zu große Mühe. Und ebenso behandeln die in der Zeit nach August Schreibenden den Gegenstand sehr oberflächlich, wie ich am Schlusse dieses Artikels im Gegensatze zu den Neuern am Alkiphron genauer nachgewiesen habe. War nun aus jenen ältern und besten Quellen, hatte man sie auch alle und vollständig vor sich, schon schwer die Wahrheit zu finden, wie viel schwerer ist sie für uns zu erreichen, die wir nur einzelne Excerpte von zum Theil sehr wenig zuverlässiger Hand aus dieser so umfangreichen Literatur haben, die ferner von dem Wenigen, was sie auf den ersten Blick zu haben glauben, bei näherer und kritischer Beleuchtung noch gar Manches als unzuverlässig bei Seite werfen müssen! Dazu kommt, daß, wie schon bemerkt, die Neuern noch wenig diesen Stoff behandelt haben und daß endlich dieser Stoff wirklich ein solcher ist, bei dem man sich oft näher einzugehen scheut, indem man auf Unsauberes und Unsittliches stößt, gegen dessen genaue Darlegung, auch ohne zipp zu sein, die Feder sich sträubt. Wo es aber der Wahrheit wegen nothwendig ist, werde ich geradezu das Gemeine darlegen; auf die Zartheit in Fr. Jacobs' Schilderungen werde ich dann freilich verzichten müssen. Und nun zur Sache.

Der Standpunkt, von dem aus der Grieche die Hetaire betrachtete, war ein von dem unsern sehr verschiedener, denn der unsere ist mit einem Worte zu bestimmen: die Hetaire ist eine Hure. Die Griechen dagegen sind sehr früh dazu gekommen, nachsichtig die Ausschweifungen des Geschlechtstriebes zu beurtheilen und hängt das von der Culturstufe überhaupt ab, auf der sie sich befanden. Geleitet durch den Kult, z. B. der Aphrodite zu Korinth, haben sie schon zur Zeit der Blüthe der attischen Literatur geglaubt, auch durch Liederlichkeit die Gottheit ehren zu dürfen; geleitet von einer gar irdischen Auffassung des Staats und der Pflichten gegen

18) *Meineck.* l. c. p. 276. 19) Alkidamas, Schüler des Gorgias, schrieb ἐγκώμιον Ναΐδος τῆς ἑταίρας: *Athen.* XIII. p. 592 C, wo noch andere genannt sind, wozu cf. *Boeckher*, De Vit. et scr. *Lysiae* comm. p. 23. 20) Wie die des Lysias: *Hoelscher* l. c. p. 212 seqq.; diese werden dann auch später immer noch geschrieben: Alkiphron, Aristaenetos u. s. w. 21) Von Theopomp gehören die Chiischen Briefe hierher, in denen ausführlich über Pythionike und Glykera gesprochen war: sie sind als Brochüren zu betrachten; *C. Mueller*, Hist. Gr. fragg. I. p. LXXIII, 327. *Westermann*, [illegible] Gr. [illegible] VIII. p. 8. Schäfer, Demosth. 3. Bd. S. 328, vergl. unten Note 46. 22) So hat, um mit einem Zeitgenossen der Glykera zu beginnen, Lynkeus von Samos in seinen ἀπομνημονεύματα vielfach auf Hetairen Rücksicht genommen: *Athen.* XIII, 583 F, über ihn s. *Hullemann*, Duris Sam. Frr. p. 5 seq. *C. Mueller*, Fragm. Hist. Gr. T. II. p. 466. Dann die Schriftsteller Alexander des Großen, wie Kleitarchos: *Athen.* XIII. p. 586 D; *Geier*, Script. Alex. M. p. 165. fr. 21. Von spätern Poseidonios: *Athen.* XIII, 594 D; v. *C. Mueller*. Hist. Gr. Frr. III. p. 258. Auch Periegeten, wie Dikaiarchos: *Fuhr.* ad Dicaearch. Mess. frr. p. 185; *Lozar.* Lect. Attic. II. p. 183.

23) *Athen.* XIII. p. 611 B; Jacobs, Verm. Schriften IV. S. 355. 24) *Athen.* XIII. p. 589 B; recht fruchtbar ist dies freilich erst in der Alexandrinischen Zeit selbst geworden. — Unsere hierher gehörige Literatur siehe unter Gnathäna, im Anfange. 25) *Diod.* XVII, 108, vergl. unten Note 46. [illegible] Droysen, Hellenism. I. S. 669 fg.

ihn, haben sie — zum Theil — geglaubt, auch für diesen aus der Zulassung von Bordellen wie der auf ihre eigne Hand ihre Reize feilbietenden Dirnen Nutzen ziehen zu dürfen, und so ist es zu einer mehr als nachsichtigen Praxis in diesem Punkte allmälig gekommen, indem selbst die Ehe dem Manne den Umgang mit Hetairen nicht verbot. Zur Ehre der Griechen darf man aber diesem Factischen gegenüber nicht verhehlen, daß, wie die Literatur zeigt, es an Männern nicht gefehlt hat, welche auf das Verderbliche, Unsittliche dieses Treibens, und zwar selbst während der Zeit seiner rechten Blüthe, aufmerksam und nachdrücklich aufmerksam gemacht haben. Aber der Verfall der Nation war zu stark; solche Mahnungen verhallten ohne irgend einen Erfolg, und zwar tragen davon nicht die Hetairen die Schuld, sondern lediglich die Männer. Denn die Hetairen, in der Regel von geringem Stande und als Blumenmädchen, Flötenbläserinnen, Tänzerinnen von früher Kindheit an der Gewinnsucht schlechter Aeltern, Verwandten, Erzieher oder der gewiegten Verführungskunst junger wie alter Wüstlinge ohne irgend einen innern oder äußern Halt und Schutz preisgegeben, lernten früh von den Reizen ihres Körpers, von der Emancipirung von aller Sitte Vortheil ziehen und den ärgsten Egoismus als ihre Philosophie erkennen; war eine eines etwas höhern Schwunges fähig, so lernte sie an Aspasia, später an Thais, Myrine, Aristonike und Andern, daß ihre Lebensweise der Erreichung des höchsten Ansehens nicht entgegenstehe, im Gegentheil, sie war ein sicherer Weg dazu.

Diese Bemerkungen finden ihre Bestätigung in dem Leben der Glykera. Was die Quellen anlangt, so hat[26]) Machon ihrer gedacht, wahrscheinlich auch Aristophanes von Byzanz von ihr gehandelt, da sie nicht unter den von diesem[27]) ausgelassenen erwähnt wird; dann haben wegen ihres Verhältnisses zu Harpalos Theopompos und andere Historiker[28]) von ihr gesprochen, auch der Dichter[29]) des Agen, die Redner; mehr aber noch[30]) Menander, der lange mit ihr lebte und Spätere, welche[31]) diese Verhältnisse berücksichtigten; man sieht also, im Alterthume ist sie eine viel besprochene Person gewesen und zwar in Schriften, die viel gelesen wurden; wir haben nur dürftige Nachrichten. — Was zuerst ihren Namen anlangt, so schreiben ihn die Neuen als Paroxytonon, *Γλυκέρα*; aber es wird von alten[32]) Grammatikern ganz bestimmt angegeben, daß er als Oxytonon zu schreiben sei und fehlt es dazu nicht[33]) an Analogien: man sollte also den Alten folgen. Gehen wir nach dieser rein philologischen Bemerkung zur Frage nach der Vaterstadt der Glykera über, so ist diese nicht bestimmt überliefert: so auch bei anderen Hetairen; man hielt nicht für nöthig[34]), darnach zu forschen. Doch ist wahrscheinlich, daß sie in Athen geboren war, denn sie hat daselbst mit geringer Unterbrechung stets gelebt; dann hat sie in der Zeit ihrer Verbindung mit Harpalos die Gelegenheit, Athenerin möglich[35]) zu werden, nicht unbenutzt vorübergehen lassen; endlich hält sie, was freilich so gar viel nicht sagen will, Alkiphron entschieden[36]) für eine Athenerin. Es scheint dies für unsere Ansicht zu genügen, ist gleich bekannt, wie in Athen Hetairen aus aller Herren Länder sich aufhielten[36a]). Die Aeltern wie überhaupt die Lage, in welcher sie geboren, kennen wir nicht: möglich, daß ihre Mutter Thalassis geheißen, da eine Hetaire Glykera, Tochter einer Thalassis in einer Rede des Hypereides vorkam[36b]): Athenaios aber, dem[37]) wir diese Notiz verdanken, sagt selbst, es sei ungewiß, ob das die berühmte gewesen, die also, von der hier gehandelt wird. Alkiphron hat den Namen der Aeltern nicht gekannt: er erwähnt nur die Mutter, ohne ihren Namen anzugeben; er nennt auch zwei Schwestern; sie können jedoch seine Erfindung sein. Dies ihre Familie. Glykera hat früh das Gewerbe einer Hetaire ergriffen und sich bald einen Namen gemacht: vielleicht gehört in diese ihre erste Periode eine Erzählung[38]) des Machon. Glykerion, so nennt sie

26) Siehe unten Note 38. 27) *Athen.* XIII, 583 E. 28) Siehe unten Note 46; es gehören dahin auch meist die Note 29 genannten. 29) Siehe unten Note 49. 50. 30) Siehe unten S. 357 fg. 31) Die Commentatoren Menander's — v. *Meinek.* *Menand.* et Philem. fr. p. XXXIII —, die Literarhistoriker, dann Alkiphron u. s. w. 32) *Arcad.* De accent. p. 101: τὸ δὲ *Γλυκέρα* ὀξύνεται· [illegible] 33) Göttling, Griech. Accent. S. 141, vergl. *Lobeck* Pathol. Serm. Gr. Prolegg. p. 260.

34) Vergl. die Bemerkung bei *Pausan.* I, 37, 4. 35) Siehe unten Note 60. 36) Es folgt das aus *Alciph.* II, 1, 14, wo Glykera an Menander schreibt: *καὶ* [illegible] *αὐτρεας* [illegible]; Attika ist aber den Athenern *πάτριος* [illegible], vergl. Seiler zu dieser Stelle. 36 a) Es wird übrigens von *Strab.* IX, 2, 25. p. 410 *Cas.* gesagt, daß Glykera aus Thespiä stamme und daselbst die berühmte, von Praxiteles gefertigte Statue des Eros geweiht habe. Aber schon Reinesius hat bemerkt, daß Strabon hier die Glykera mit der Phryne verwechselt habe: vergl. *Bernhardy* ad *Suid.* s. *Φρύνη*· [illegible] dies hat Jacobs (Verm. Schriften IV. S. 461) mit Recht angenommen, O. Müller dagegen (Handb. d. Arch. d. K. §. 127, 3) bezweifelt, ohne jedoch einen Grund anzuführen; add. *Sillig.* Catal. Artif. p. 386. 36 b) *Θάλασσα* kommt als Name von Hetairen vor: *Athen.* XIII. p. 567 C; v. *Meineke*, Com. Gr. Frr. I. p. 251. 37) *Athen.* XIII, 586 B: ὁ δ' αὐτὸς Ὑπερίδης ἐν τῷ κατὰ *Μαντιθέου αἰκίας περὶ Γλυκέρας λέγων φησί*· „*ἄγων Γλυκέραν τὴν Θαλασσίδος, ζεῦγος ἔχων.*" *ἄδηλον δ' εἰ αὕτη ἐστὶν ἡ Ἁρπάλῳ συνοῦσα.* Da man nicht weiß, gegen welchen Mantitheos die Rede gerichtet war, läßt sich aus dieser Stelle für Glykera Nichts entnehmen: vergl. Schäfer, Demosthen. III, B. S. 228. 38) Die Erzählung aus Machon lautet bei *Athen.* XIII. p. 582 D. vs. 10 wie folgt:

ἡ Γλυκέριον λαβοῦσα παρ' ἐραστοῦ τινος
Κορίνθιον [illegible] *καινὸν λῄδιον,*
ἔδωκεν εἰς γναφεῖον· εἶτ' ἐπεὶ [illegible]
[illegible] *τὴν θεραπαινίδα*
τὸ μισθάριον ἔχουσαν [illegible]
θοἰμάτιον. ὁ γναφεὺς δ' εἶπεν, Ἄν γ' ἔλαιον
[illegible] *μοι, φησί,* [illegible] *τρία*
[illegible]*. τὸ κωλῦον γάρ ἐστι τοῦτό μοι.*
ἡ δ' ὡς ἀπήγγειλεν, Τάλαιν', εἶπεν, [illegible]*,*
ἡ Γλυκέριον· μέλλει γὰρ [illegible]
[illegible] *φησί μου τὸ λῄδιον;*

wo auch vs. 13 zu beachten für unsere Zeitbestimmung; sie scheint nur eine Sklavin damals gehabt zu haben. Sonst ist diese Stelle auch deshalb noch interessant, daß man aus ihr sieht, wie zur Ausbesserung wollener Kleidungsstücke Oel gebraucht wurde; vergl. meine Bemerkungen im Philol. XV. p. 379.

Machon, hatte von einem Liebhaber ein kostbares wollenes Gewand zum Geschenk erhalten: als durch Gebrauch desselben nöthig geworden, daß der Walker es wäsche und neu aufarbeite, schickte sie es zu einem. Als sie nach einiger Zeit durch ihre Sklavin — Sklavinnen trifft man bei den Hetairen immer — es abholen lassen wollte, ließ ihr der Walker sagen, er habe das Kleid, da ihm das nöthige Oel nicht von ihr geschickt worden, noch nicht fertig machen können: sowie er es erhalten, solle es fertig gemacht werden. Als dies nun der Glykera gemeldet ward, rief sie aus: „O weh, er will mir das Kleid wie Heringe braten!" Ich meine, es klingt das etwas kindisch und daher erwähne ich es hier; zugleich kann man hieraus erkennen, wie leicht es diesen Mädchen geworden, in den Ruf witzig zu sein zu gelangen. Aber sollte die Erzählung auch nicht in diese Zeit gehören und durch sie der frühe Ruhm der Glykera nicht zu beweisen sein, so erkennen wir diesen doch aus einem Umstande, dessen ersten Entstehen wir freilich auch nicht zu verfolgen vermögen, nämlich dem, daß Harpalos, der Sohn des Machatas, Alexander des Großen Statthalter und Freund, die Pythionike, eine berühmte Hetaire aus [39]) Athen, welche er sich hatte kommen lassen, durch unsere Glykera ersetzte, als erstere nach Geburt einer Tochter verstorben. Hier bei Harpalos begann nun für Glykera eine nie gehoffte Herrlichkeit sich zu entfalten. Es war dieser Sohn des Machatas ein Jugendfreund Alexander des Großen; bei einem der öfteren Conflicte Philipp des Dritten mit seinem Sohne von ersterem [40]) verbannt, hat ihm dies wie den Andern von gleichem Loose betroffenen Alexander nie vergessen und daher ihn nicht allein gleich beim Regierungsantritte zurückgerufen, sondern ist auch darauf bedacht gewesen, dem Freunde, dem seines gebrechlichen Körpers wegen Kriegsdienst versagt war und somit eine hervorragende Stellung unerreichbar schien, eine solche zu verschaffen. Er machte ihn daher zu seinem Schatzmeister, wahrscheinlich nicht ahnend, daß Harpalos dies Amt sehr gut zu seinem eignen Nutzen zu gebrauchen verstehen werde. Daher mochte es ihn sehr überraschen, als Harpalos kurz vor der Schlacht bei Issos Ol. 111, 4 — 333 a. Chr. mit einem Theile des ihm anvertrauten [41]) Schatzes entfloh; er verzweifelte nämlich an dem fernern Glücke seines königlichen Freundes und hielt es für gerathen, vor dem Falle desselben seine eignen Schätze, die freilich wol schwer von denen des Königs zu trennen waren, in Sicherheit zu bringen. Als Alexander gesiegt, verzieh er dem Schurken, der immerhin brauchbar sein mochte und rief ihn zu sich: und nicht nur das, er machte ihn sogar von Neuem zum Schatzmeister und gab ihm [42]) als Satrapie Babylon, ohne Zweifel in der Ueberzeugung, daß dieser Edelmuth auch bei Harpalos Früchte tragen werde; wie fest diese Ueberzeugung in Alexander wurzelte und wie er die Verworfenheit seines Dieners nicht erkannte, zeigt, daß er bei der Anzeige des letzten gleich zu besprechenden Betrugs des Mannes zuerst die Angeber [43]) festnehmen ließ. Im Anfange nun scheint seines neuen Amtes Harpalos gehörig gewartet zu haben: so nahm er sich der königlichen [44]) Gärten in Babylon sehr an, ließ Pflanzen und Bäume aus Griechenland und andern Gegenden kommen, um sie hier zu acclimatisiren und im Orient zu verbreiten; allein als Alexander nach Indien zog, kam er wieder zu der Ansicht, der König werde bei dieser so gefahrvollen Expedition untergehen und also nicht zurückkehren; auf diesen Glauben hin überließ er sich den größten Ausschweifungen und der unsinnigsten Verschwendung. Nicht zufrieden, der schönen Töchter Asiens zur Befriedigung seiner Lüste sich bedienen zu können, ließ er zuerst, wie bereits erwähnt, die Pythionike zu sich kommen, 327 a. Chr., nach ihrem doch nicht vor 326 a. Chr. — Ol. 113, 3 erfolgten Tode erwarb er sich die Glykera; Schwelgen und Befriedigung des Geschlechtstriebes waren Hauptseiten bei ihm, weshalb denn auch im [45]) Satyrdrama Agen, wovon gleich Näheres, er Φαλλίδης — Schwanzessohn — genannt war. Hier also beginnt die zweite und zwar die Glanzperiode im Leben der Glykera; sie hatte mehr als irgend eine ihrer Genossinnen erlangt: denn aller Luxus, den das Sittenverderben der Asiaten erdacht hatte, ward zur Verschönerung ihres Lebens aufgeboten; ja noch [46]) mehr: nicht nur verschaffte die Macht

39) Jacobs, Vermischte Schriften. 4. Th. S. 469 fg. hat ihr einen besondern Abschnitt gewidmet. 40) Plutarch. Alex. 10. Arrian. Exped. Alex. III, 6, 8 seq., da in dieser Encyklopädie der Artikel Harpalus — 2. Sect. 2 Th. S. 338 — so kurz ausgefallen, habe ich hier ein wenig genauer ihn behandelt. 41) Arrian. Exped. Alex. III, 6, 10. 42) Diod. XVII, 108. Plutarch. Alex. 35. Demosth. 25. Arrian. Exped. Alex. III, 6, 11. 19, 2.

43) Plutarch. Alex. 41; Droysen, Leben Alexand. S. 494. 44) Plutarch. Alex. 35. 45) Athen. XIII, 596 F; die codd. haben Παλλίδης, was ich im Texte geschrieben, ist Emendation Meineke's; cf. Mein. Exercitt. philol. in Athen. Delpa. Spec. I. p. 42; es ist also ähnlich Arist. Ran. 22: Διόνυσος, υἱὸς Σταμνίου; Andere geben Lobeck. ad Soph. Aiac. 880. Meinek. Com. Gr. II, 1. p. 22; vergl. meine Bemerkungen in Philol. Suppl. Bd. I. S. 110. 46) Athen. XIII, 586 C: περὶ δὲ — Glykera des Harpalos — φησι Θεόπομπος (fr. 277. 278. Wich., fr. 277 seq. Muell.) ἐν τοῖς περὶ τῆς Χίας ἐπιστολῆς (s. oben Note 21) ὅτι μετὰ τὸν τῆς Πυθιονίκης θάνατον ὁ Ἅρπαλος μετεπέμψατο τὴν Γλυκέραν Ἀθήνηθεν. ἣν καὶ ἐλθοῦσαν οἰκεῖν ἐν τοῖς βασιλείοις τοῖς ἐν Ταρσῷ καὶ προσκυνεῖσθαι — interpr. ad Arist. Ran. 771. Krueger, Philol. Histor. Stud. II. p. 18 — ὑπὸ τοῦ πλήθους, βασίλισσαν προσαγορευομένην· ἀπειρῆσθαί τε πᾶσι μὴ στεφανοῦν Ἅρπαλον, ἐὰν μὴ καὶ Γλυκέραν στεφανῶσιν. ἐν Ῥωσσῷ (es ist der Name hier wie auch oben Textes nicht ganz sicher) δὲ καὶ εἰκόνα χαλκῆν αὐτῆς ἱστάναι τολμῆσαι παρὰ τὴν ἑαυτοῦ. τὰ ὅμοια δὲ εἴρηκε καὶ Κλείταρχος (s. oben Note 22) ἐν ταῖς περὶ Ἀλέξανδρον ἱστορίαις. id. ibid. p. 595 D: μετὰ δὲ τὴν Πυθιονίκης τελευτὴν ὁ Ἅρπαλος Γλυκέραν μετεπέμψατο, καὶ ταύτης ἐκείνην, ὡς ὁ Θεόπομπος ἱστορεῖ, φάσκων ἀπαγορεῦσαι τὸν Ἅρπαλον μὴ στεφανοῦν ἑαυτόν, εἰ μή τις στεφανώσειε καὶ τὴν πόρνην. „Ἵστησί τε εἰκόνα χαλκῆν τῆς Γλυκέρας ἐν Ῥωσσῷ τῆς Συρίας, οὗπερ καὶ σὲ καὶ αὐτὸν ἀνατιθέναι μέλλει. παρέδωκέ τε αὐτῇ κατοικεῖν ἐν τοῖς βασιλείοις τοῖς ἐν Ταρσῷ, καὶ ὁρᾷ ὑπὸ τοῦ λαοῦ προσκυνουμένην καὶ βασίλισσαν προσαγορευομένην καὶ ταῖς ἄλλαις δωρεαῖς τιμωμένην, ἃς πρέπον ἦν τὴν σὴν μητέρα καὶ τὴν σοὶ συνοικοῦσαν." συμμαρτυρεῖ δὲ τούτοις καὶ ὁ τὸν Ἀγῆνα τὸ σατυρικὸν δραμάτιον γεγραφὼς κ. τ. λ.; s. unten Note 50, darnach dann Diod. XVII, 108: μετὰ δὲ ταῦτα

des Harpalos ihr Geschenke, wie sie nur Königinnen gegeben zu werden pflegen, sondern auf ihres Verehrers Befehl ward sie Königin genannt und dadurch auch als solche geehrt, sodaß die Bewohner von Babylon, von Tarsos und anderer Orte, an denen sie mit ihrem Liebhaber[47]) weilte, vor ihr die Erde küssend niederfielen; und damit ja Alles recht bekannt werde, wohnte sie in den königlichen Palästen, z. B. in Tarsos, natürlich da nur dann, wenn Harpalos irgend durch sein Amt veranlaßt war, dahin sich zu begeben; ja in Rhossos ließ er ihr gar eine Bildsäule errichten, freilich eine Ehre, die damals schon gar viel von ihrem Werthe verloren hatte. Darnach läßt sich denken, wie Harpalos es auch an Gelagen und Festen in orientalischem Style nicht wird haben fehlen lassen: er führte ein Leben, als sei er sicher, von aller Rechenschaft frei zu sein. Allein das schien doch nur so: ab und an beschlich ihn doch eine Ahnung, daß Alexander zurückkehren könne und Freunde ihm, dem Harpalos, dann nöthig sein dürften. Er suchte sich also deren zu verschaffen; so, als die große Theuerung über Hellas kam und Athen vor Allem unter ihr litt, sandte er große Geschenke an Getraide, weshalb ihm die Athener als[48]) Wohlthäter ihres Staats das Ehrenbürgerrecht schenkten; grade hierbei aber scheint Glykera auch die Hand im Spiele gehabt zu haben, immer ein gutes Zeichen für ihren Charakter; war Athen ihre Vaterstadt, so lag die Aufmerksamkeit für selbiges zwar nahe; war es die Stätte, wo sie ihre Talente zu benutzen gelernt hatte, so sah sie es also als die Grundlage ihres Glücks an und suchte sich dankbar zu beweisen; es kann freilich auch die Eitelkeit, in Athen genannt, gefeiert zu werden, Antheil an dieser Handlung haben. Es ergibt sich dies Alles aus Versen, welche Athenaios aus dem kleinen schon erwähnten Satyrdrama Ἀγήν erhalten hat; der Name des Titels ist dunkel, zweifelhaft auch sein[49]) Verfasser, für den Einige Python von Katana, Andere den König Alexander selbst hielten. Wie die uns dem Prologe des Stückes erhaltenen Verse zeigen, spielte das Stück in Babylon, und hatte die Schilderung der Lebensweise des Harpalos sich zur Aufgabe gestellt; also seine Liederlichkeit — Πυθιονίκης —, seine Verschwendung, dann seine Flucht: denn als nun doch Alexander aus Indien wider Erwarten zurückkehrte, und sowie er in sein Reich kam, strenge Rechenschaft von seinen Statthaltern zu fordern anfing, begriff Harpalos, daß seines Bleibens nicht mehr sei; er packte zusammen, was sich in der Eile zusammenpacken ließ und floh nach Griechenland, wo er zunächst in Athen um Schutz nachsuchte; grade in diese Zeit fällt der Agen und da spricht nun in Bezug auf Glykera der[50]) Dichter Folgendes:

> zu hören wünschte ich von dir,
> da ich von dort fern wohne, welches Schicksal waltet jetzt
> im Lande Attika und wie man lebet dort.
> B. Es gab 'ne Zeit, da hieß es dort, wie 'n Sklave lebe
> man; da grad' aß man gut; jetzt würzen sie Chedrops
> und Marathos dazu; vom Weizen merkt man Nichts.
> A. Doch hört' ich, daß ja Harpalos dahin geschickt
> Zehntausend Scheffel Korns, nicht weniger als selbst
> Agen vermocht; zum Bürger sei er drob gewählt.
> B. Der Lohn der Glykera war das Korn; es wird ja wol
> Athen zum Tod ein Pfand und nicht für's Huren sein.

Man sieht hieraus, wie die Angaben des Theopomp und der andern Historiker über das Leben des Harpalos und der Glykera nicht übertrieben sind, da dieses selbst in dieser so viel Außerordentliches bringenden Zeit Aufsehen machte. Von Glykera selbst aber ist in Hinsicht auf ihr Benehmen während ihres Aufenthalts bei Harpalos uns nichts Näheres überliefert; da sie jedoch im Agen nur nebenbei erwähnt zu sein scheint, so wird sie in das Leben des Harpalos selbst wol eben nicht thätig eingegriffen, sich innerhalb der einem Frauenzimmer gesteckten Grenzen gehalten haben; von politischer Wichtigkeit ist sie also nicht gewesen.

Als Harpalos von Babylon floh, ging Glykera mit ihm und kam mit ihm dann auch nach Athen. Welche Bewegung hier in Athen Harpalos damals hervorgebracht, wie sich die Redner und namentlich Demosthenes

---

ἄλλην ἑταίραν Ἀττικὴν ὄνομα Γλυκέραν μεταπεμψάμενος ἐν ὑπερβαλλούσῃ τρυφῇ καὶ πολυδαπάνῳ διαγωγῇ διεξῆγεν· εἰς δὲ τὰ παράλογα τῆς τύχης καταφυγὰς παρασκευάζων, εὐεργέτει τὸν τῶν Ἀθηναίων δῆμον. τοῦ δ' Ἀλεξάνδρου μετὰ τὴν ἐξ Ἰνδῶν ἐπάνοδον πολλοὺς τῶν σατραπῶν κατηγορηθέντας (s. Droysen, Gesch. Alexand. S. 490) ἀνελόντος, φοβηθεὶς τὴν τιμωρίαν καὶ συσκευασάμενος ἀργυρίου μὲν τάλαντα πεντακισχίλια, μισθοφόρους δ' ἀθροίσας ἑξακισχιλίους, ἀπῆρεν ἐκ τῆς Ἀσίας καὶ κατέπλευσεν εἰς τὴν Ἀττικήν.

47) In Babylon war doch, wie das Drama Agen zeigt, der Hauptaufenthalt des Harpalos, in Tarsos war er nur zeitweilig; anders *Wichers* ad *Theop. Frr.* p. 265. 48) Als εὐεργέτης, daher εὐεργέτει bei *Diod.* l. c.; sonst vergl. Schäfer, Demosthen. 3. Bd. S. 268. coll. S. 279. 49) *Athen.* XIII. p. 586 D: ὁ δὲ γράψας τὸν Ἀγῆνα τὸ σατυρικὸν δραμάτιον, εἴτε Πύθων ἐστὶν ὁ Καταναῖος ἢ αὐτὸς ὁ βασιλεὺς Ἀλέξανδρος φησί· Καὶ μὴν κ. τ. λ., s. unten Note 50; sonst s. *Friebel*, Satyr. dram. frr. p. 113 seq.; *Meinek.* Exerc. philoll. in Athen. Spec. I. p. 42. Spec. II. p. 44; Droysen, Geschichte Alexand. des Großen S. 498 fg.

50) *Athen.* XIII, 595 E: συνεπιμαρτυρεῖ δὲ τούτοις καὶ ὁ τὸν Ἀγῆνα τὸ σατυρικὸν δραμάτιον γεγραφώς, ὅπερ ἐδίδαξε Διονυσίων ὄντων ἐπὶ τοῦ Ὑδάσπου τοῦ ποταμοῦ, εἴτε Πύθων ἦν ὁ Καταναῖος (s. Note 49) ἢ ὁ Βυζάντιος, ἢ καὶ αὐτὸς ὁ βασιλεύς. ἐδιδάχθη δὲ τὸ δρᾶμα ἤδη φυγόντος τοῦ Ἁρπάλου ἐπὶ θάλατταν καὶ ἀποστάντος. καὶ τῆς μὲν Πυθιονίκης (s. oben Note 39) ὡς τεθνηκυίας μέμνηται, τῆς δὲ Γλυκέρας ὡς οὔσης παρ' αὐτῷ καὶ τοῖς Ἀθηναίοις αἰτίας γενομένης τοῦ δωρεὰς λαμβάνειν παρὰ Ἁρπάλου λέγων τάδε ... ἐν δὲ τοῖς ἑξῆς τῷ κυρίῳ καλέσας αὐτὴν φησίν·

> ἐκμαθεῖν δέ σου θέλω,
> μακρὰν ἀπῳκισμένος, τὴν Ἀτθίδα χθόνα
> τίνας τύχας καλοῦσιν ἢ πράττουσί τι.
> B. ὅτε μὲν ἔφασκον δοῦλον ἐκτῆσθαι βίον,
> ἱκανὸν ἐδείπνουν· νῦν δὲ τὸν χέδροπα μόνον
> καὶ τὸν μάραθον ἔσθουσι, πυροὺς δ' οὐ μάλα.
> A. καὶ μὴν ἀκούω μυριάδας τὸν Ἅρπαλον
> αὐτοῖσι τῶν Ἀγῆνος οὐκ ἐλάσσονας
> σίτου διαπέμψαι καὶ πολίτην γεγονέναι.
> B. Γλυκέρας ὁ σῖτος οὗτος ἦν· ἔσται δ' ἴσως
> αὐτοῖσιν ὀλέθρου κοὐχ ἑταίρας ἀῤῥαβών.

vergl. Jacobs, Verm. Schriften IV. S. 375. Droysen, Alex. d. Große S. 499; auch *Schweighaeuser* ad *Athen.* l. c. entwickelt den Sinn gut.

gegen ihn benommen, ist jetzt genau[51]) erörtert und bekannt: es war dort seines Bleibens nicht und er verließ daher die Stadt, um nach Kreta zu gehen, wo er dann bald von einem seiner Vertrauten, dem[52]) Thimbron, ermordet ward. In diesen Wirren tritt Glykera uns nirgends entgegen und es liegt nahe, warum Harpalos jetzt für sie weder Zeit noch Geld hatte: Jacobs sagt[53]) freilich, sie sei grade in Athen für ihren Geliebten, namentlich bei den an die Redner, welche für Harpalos wirken sollten, zu vertheilenden Geschenken thätig gewesen; aber das beruht ohne Zweifel auf irriger Auffassung einer Stelle[54]) des Athenaios. Daher ist anzunehmen, daß Glykera, als sie sah, die Rolle ihres Verehrers sei ausgespielt, sich von ihm in richtigem Hetaireninstincte getrennt habe. Schätze scheint sie bei ihm nicht gesammelt zu haben; wenigstens läßt ihr nachheriges Leben nicht darauf schließen. Man könnte dies benutzen, um ihren Charakter in ein gutes Licht zu stellen; aber nicht mit historischer Sicherheit: sie kann ja gar sorglos und leichtsinnig gelebt haben.

Diese Katastrophe des Harpalos fällt Ol. 113, 4 = 324 a. Chr.: daher hat also Glykera das Leben einer Königin nicht lange geführt, nicht viel länger als ein Jahr, wenn[55]) so lange. Sie ist nach ihr in Athen geblieben, dem frühern Schauplatze ihrer Thätigkeit, und hat sich von Neuem nach passlichen Liebhabern umgesehen. Und sie hat deren gefunden, da sie doch noch in voller Blüthe stand; denn da man doch wol annehmen darf, daß Harpalos eine junge und noch nicht verbrauchte Person sich wird haben kommen lassen, so war sie wol jetzt, beim Beginne dieses neuen Stadiums ihres Lebens, im 17., 18. Jahre, also jedenfalls eine reizende Erscheinung. Aus dieser Zeit mag nun die Begegnung mit Leontion sein, einer ebenfalls berühmten Hetaire, deren Lebensumstände aber noch nicht gehörig erörtert sind. Als also einstens Glykera bei einem[56]) Gastmahle erschienen, vernachlässigte sofort der Liebhaber der Leontion diese und schloß sich auffallend an Glykera an: was denn jener zu einer doppelsinnigen Antwort die Veranlassung bot. Welche Hetaire Namens Leontion hier aber zu verstehen sei, das läßt sich nicht mit Sicherheit ausmachen; möglich wäre, daß es die Geliebte des Elegikers Hermesianax gewesen, welche meines[57]) Erachtens von der gleichnamigen Geliebten des Epikur zu unterscheiden ist. Darnach lebte also, wie es scheint, Glykera in gebildeteren Kreisen; wie sie denn auch mit Philosophen in Verkehr gewesen. Denn sie traf ebenfalls bei einem Gastmahle mit Stilpon von Megara[58]) zusammen, einem Philosophen von strenger[59]) Richtung, der ihr den Vorwurf machte, die Jünglinge zu verführen: aber immer schlagfertig, antwortete sie sofort, daß sie dann mit ihm in gleicher Verdammniß sei: „denn von dir sagt man, daß du deinen Schülern unnütze und eristische, von mir, daß ich ihnen erotische Sophismen beibringe. So ist es denn für den, der doch einmal verdorben wird, gleichgültig, ob er mit einem Philosophen oder mit einer Hetaire lebt;" bei welcher Antwort das Pikante für den Griechen auch noch darin bestand, daß in ihr vermuthlich auf eine Sentenz des Agathon angespielt war, woraus dann folgt, daß Glykera in der Literatur ihres Volkes nicht unbewandert war, Etwas, was man wol bei den meisten etwas hervortretenden Mädchen dieser Art annehmen darf: Lais war im Euripides zu Hause, Nikarete hatte den Unterricht des Stilpon genossen, Leontion trieb epikureische Philosophie; auch half ihnen das Theater, das sie gewiß regelmäßig besuchten, zu einer Art Bildung. So war also Glykera wol bald nachdem sie Harpalos verlassen in dem athenischen Treiben wieder drin: denn daß wir ihre Begegnung mit Stilpon bald nach ihrer Ankunft in Athen setzen, hat theils im Leben des Philosophen, theils darin seinen Grund, daß ein Paar Jahre nach ihrer Zurückkunft aus Asien Glykera in ein Verhältniß zu dem Dichter Menander trat, welches in ihrer Lebensweise doch wol eine Aenderung hervorgebracht hat; denn waren gleich, ward eine Hetaire von Einem unterhalten, Verhältnisse mit Andern nicht gradezu ausgeschlossen, so wurden sie doch, zahlte der Liebhaber gut und nahm er das Mädchen in sein Haus — Alles dies war bei Menander der Fall — wol nur mit Heimlichkeit getrieben. Es ist aber nicht bestimmt überliefert, daß die Glykera des Harpalos eine und dieselbe mit der des Menander gewesen; allein für ihre Identität spricht, daß beide in dieselbe Zeit fallen müßten und daß in dieser von einer zweiten berühmten nirgends die Rede ist; daß endlich Athenaios, wäre die Menander's von der des Harpalos zu trennen, dies gewiß gesagt, also irgendwo eine Bemerkung über[60]) sie, wie bei der in Hypereides' Rede erwähnten, gemacht

51) H. Sauppe im Philol. 3. Bd. S. 649 fg.; Schäfer, Demosthen. 3. Bd. S. 279 fg. 52) *Diod.* XVII, 108. *Curt.* Alex. X, 7, 2 seq. *Phot.* Bibl. p. 494. *Bekk.*; vergl. Meineke im Philol. XV. p. 140. 53) Verm. Schriften IV. S. 484. 54) Wahrscheinlich *Athen.* XIII. p. 595 E. F: τῆς δὲ Γλυκέρας ἐς Ἀθήνας παρ' αὐτοῦ καὶ τοὺς Ἀθηναίους πλείους γενομένης τοῦ δωρεὰς λαβόντων παρὰ Ἁρπάλου; aber das bezieht sich nach dem Zusammenhange auf die oben S. 356 erwähnten Spenden während der Theuerung. 55) Vergl. Schäfer, Demosth. 3. Bd. S. 339. 56) *Athen.* XIII. p. 585 D: Λεόντιον κατακειμένην μετ' ἐραστοῦ, ἐπεισελθούσης εἰς τὸ συμπόσιον Γλυκέρας καὶ τοῦ ἐραστοῦ αὐτῆς ταύτῃ μᾶλλον προσέχοντος, κατάστυγνος ἦν. ὡς δ' ἐπιστρέψας ὁ γνώριμος αὐτὴν ἠρώτα τί λυπεῖται, "Ἡ ὑστέρα με λυπεῖ" ἔφη. 57) Bach ad Philet. Hermes. Phanocl. frr. p. 93 seq.

58) *Athen.* XIII, 584 A: καταγορεύοντος γάρ ποτε Στίλπωνος Γλυκέρας παρὰ πότον ὡς διαφθειρούσης τοὺς νέους, ὥς φησι Σάτυρος (cf. *Vam.* Hist. Gr. p. 426. West.) ἐν τοῖς βίοις, ὑπολαβοῦσα ἡ Γλυκέρα, „τὴν αὐτήν, ἔφη, ἔχομεν αἰτίαν, ὦ Στίλπων. σέ τε γὰρ λέγουσι διαφθείρειν τοὺς ἐντυγχάνοντάς σοι, ἀνωφελῆ καὶ ἐριστικὰ (ἐρωτικὰ emendirt Jacobs, Verm. Schriften IV. S. 493. 518) σοφίσματα διδάσκοντα, ἐμέ τε ὡσαύτως. μηδὲν οὖν διαφέρειν ἐπιτριβομένοις καὶ κακῶς πάσχουσιν ἢ μετὰ φιλοσόφου ζῆν ἢ ἑταίρας." κατὰ γὰρ τὸν Ἀγάθωνα (fr. 14. *Nauck.*):

*Γνώμῃ τὸ σῶμα *** δι' ἀργίαν*
ψυχῆς φρόνημα ἐντὸς σὺν ἀργῷ φορεῖ,

dessen ersten Vers Meineke (Exerc. Philol. in *Athen.* Deipn. Spec. I. p. 41) ausfüllt durch Einfügung von ἀνειμένη. 59) H. Ritter in Ried. und Brandis, Rhein. Mus. II. S. 322. 60) Siehe oben Note 37.

haben würde; Athenaeos also, muß man sagen, hält die des Menander mit der des Harpalos für identisch. Man könnte freilich gegen diese Auffassung Alkiphron geltend machen, der in seinen unter den Namen des Menander und der Glykera geschriebenen Briefen von dem Verhältnisse zu Harpalos auch nicht die leiseste Andeutung laut werden läßt; allein er ist ein zu unbedeutender Zeuge: daher müssen wir, wenn gleich Meineke anderer [61]) Ansicht zu sein scheint, dabei verharren, daß Menander's Glykera die des Harpalos ist. Grade diesem Verhältnisse zu dem Komiker hat es das Mädchen zu danken, daß sein Name für die Nachwelt noch ein Interesse hat; versuchen wir also dies Verhältniß etwas genauer als bisher geschehen zu bestimmen, und fragen wir zunächst, in welcher Zeit dasselbe begonnen habe. Menander ist sichern Zeugnissen [62]) zufolge Ol. 109, 3 — 341/40 geboren, war also bei Glykera's Rückkehr aus Babylon im 17. Jahre, also in einem Alter, wo die athenischen Jünglinge in der Regel von dem Leben der großen Welt noch wenig oder gar nicht berührt [63]) wurden; Menander jedoch scheint eine Ausnahme gemacht zu haben, da er bald nach diesem Jahre Komödien scheint begonnen zu haben aufzuführen: er erhielt dann Ol. 114, 3 — 322/21 zum ersten Male einen [64]) Preis. Das Stück, was ihm diese Auszeichnung verschafft hat, geben unsere Quellen genauer nicht an; allein es scheint die Thaïs gewesen, wie sich sowol aus [65]) Martial und Andern, als auch aus dem großen Ruhme des [66]) Stückes ergeben dürfte; es war das Stück, in welchem zuerst klar und bestimmt unter dem allgemeinen Beifalle der Zuschauer die Kunst und der Charakter der neuen Komödie hervorgetreten war. Denn der Sinn von den so verschieden [67]) gedeuteten Worten des Martial:

Μενάνδρου Θαΐς.

Hac primum juvenum lascivos lusit amores;
[illegible] Glycera pueri, Thais amica fuit:

Nach ihr schrieb er zuerst die üppige Liebe der Jugend;
Und nicht liebte der Knab' Glykera, sondern Thaïs;

kann nur der sein, daß wegen der Komödie Thaïs die Hetaire Thaïs eigentlich als die erste Liebe Menander's betrachtet werden müsse, da dies Stück nämlich mit solch ungemeiner Sorgfalt und Liebe behandelt sei, dagegen nicht Glykera, wie man gewöhnlich thue — und wie es also der Wirklichkeit nach war. Demnach ist Glykera das erste Verhältniß der Art gewesen, was Menander gehabt, und bestand es ferner auch schon vor Aufführung der Thaïs: es muß also Ol. 114, 3 spätestens begonnen haben, sodaß zwischen seinem Anfange und der Rückkehr der Glykera vielleicht nur zwei Jahre liegen. Es war aber in diesem Bunde Glykera die Erfahrenere; war sie auch wol nicht viel älter als der Dichter oder mit ihm in gleichen Jahren, sie hatte doch schon Erfahrungen und ist daher Menander's Lehrerin in der Liebe geworden. Dabei hat sie wol schwerlich eine wahre Liebe zu dem schönen [68]) Jünglinge gehabt; als sie ihn sich fing, war nur Erwerb ihr Motiv. Denn Menander stammte von vornehmen und wohlhabenden Aeltern — sein Vater Diopeithes war Strateg Athens und Führer einer Colonie gewesen — und konnte ihre Gunstbezeigungen reichlich lohnen; er selbst, der vornehmes Leben [69]) und äußern Luxus liebte, mochte stolz darauf sein, daß die das vornehme Leben kennende, ausgezeichnete Hetaire, welche auch seine Poesien richtig — wenigstens seiner Meinung nach — zu würdigen verstand, in seinem [70]) Hause zu halten, was er um so eher ohne allen Anstoß konnte, als er unverheirathet war. So haben sich denn hier zwei Wesen von in mancher Beziehung sehr ähnlichen Bestrebungen zusammen gefunden und es mag allmälig eine Art Liebe zwischen ihnen entstanden sein, da das Verhältniß längere Zeit hindurch bestanden. Denn ohne dies wäre es wol schwerlich so berühmt und allgemein bekannt [71]) geworden; ferner sind uns aus ihm mehre Specialitäten überliefert, die zu dem Schlusse auf die längere Dauer berechtigen. Zunächst nämlich fällt in die jüngere Zeit dieser Liebe, wenn man diesen Ausdruck gebrauchen darf, ein Stück, in welchem Menander die schönen Seiten seiner [72]) Geliebten recht hatte hervortreten lassen; es war also in ihm eine Hetaire aufgetreten, welche sowol den Namen Glykera führte als auch durch ihren Charakter an diese erinnerte. Dies Stück hieß nun nicht Glykera; ein Stück dieses Namens hat überhaupt Menander nicht [73]) geschrieben; wahrscheinlich war es der *Μισογύνης*, eine der [74]) berühmtesten Komödien Menander's; in diesem trat [75]) eine Hetaire Glykera auf; da diesen Namen Menander doch wol nur einmal angewandt haben wird und zwar eben da, wo er wollte, daß man an seine Glykera denken sollte, so ist der Misogynes das Stück, welches wir suchen. Ihm ist nun auch ein [76]) Fragment, in dem der Name Glykera vorkommt, von dem aber nicht angegeben wird, welchem

61) Nämlich *Meinek.* ad Philem. et Menand. Frr. p. 39 spricht so von Menander's Glykera, daß er des Harpalos gar nicht Erwähnung thut. 62) *Meinek.* ad Menand. et Philem. Frr. p. XXV. 63) Schaefer, Demosth. Bd. III. B. S. 36. 64) *Meinek.* ad Menand. et Philem. Frr. p. XXX. 65) *Martial.* Epigr. XIV, 187. 66) *Meinek.* Com. Graec. Fr. T. IV. p. 130. 67) Am nächsten dem Wahren ist *Grauer.* Observ. in script. [illegible] cap. 2. p. 29, mitgetheilt auch bei *Meinek.* ad Menand. et Philem. Frr. p. 668, gekommen: eine genaue Erklärung ist erst nach Schneidewin's Textesherstellung möglich, dessen Verbesserungen *Meinek.* ad Com. Gr. Frr. T. IV. p. 181 nicht hätte übergehen sollen.

68) *Meinek.* ad Menand. et Philem. Frr. p. XXVII. 69) *Phaedr.* Fabb. V, 1, 11. *Alciph.* Ep. II, 3, 4 sqq. *Seiler* p. 284. 70) Daß sie in dem wohnte, zeigt die Erzählung unter Note 84. 71) *Athen.* XIII. p. 594 D: *ὅτι δὲ καὶ Μένανδρος* ὁ ποιητὴς ἤρα *Γλυκέρας* [illegible]; *Mart.* Ep. XIV, 187. *Philostr.* Epist. 68. *Alciph.* Ep. I, 29. II, 3. 4. *Lucian.* Rhet. praec. §. 12. 72) *Alciphr.* Epist. II, 4, 20: [illegible] τὸ δρᾶμα, ἐν ᾧ με γέγραφας. 73) *Meinek.* ad Menand. et Philem. Frr. p. 35. Comic. Gr. Frr. T. IV. p. 248; *Hertz* ad *Priscian.* XVII, 247. p. 529. Auch Philemon hat seine *Γλυκέρα* geschrieben: *Meinek.* ad Menand. et Philem. Frr. p. 430. 74) *Phrynich.* Eclog. p. 417. *Lob.*; man sieht dasselbe auch daraus, daß Atilius es ins Lateinische übersetzt hat: *Ribbeck.* Com. Latin. Frr. p. 27. 75) *Men.* Misog. fr. 12. *Mein.* 76) *Men.* fr. fabb. incert. XLVI in *Meinek.* Com. Gr. Fr. IV. p. 348.

Stücke es entnommen, zuzuweisen, wodurch die Bestimmung des Inhalts des Misogyn etwas sicherer wird. Es war nämlich in ihm ein Ehemann, wahrscheinlich[77]) Demylos benamset, beschrieben, der eine vornehme, an allen Luxus und Aberglauben gewöhnte Athenienserin zur Frau genommen, die ihm nicht allein viel kostete, sondern ihn auch wegen ihrer vielen Opfer ungemein in Anspruch nahm, sodaß er fast ganz seiner Freiheit, an die er durch sein Leben vor der Verheirathung gewöhnt war, verlustig ging. Diese seine Noth klagte Demylos Freunden; aber statt bei ihnen guten Rath und Mittel zur Abhilfe seines Leids zu finden, setzten ihm diese gar die Vortheile und Schönheiten des ehelichen Lebens aus einander; doch waren diese Vortheile wie mir deucht solche, daß sie den sehr bestimmten Klagen des Demylos gegenüber als sehr geringe und problematische erschienen und das Beschwerliche, Lästige der Ehe also grade durch diese Verhandlungen recht hervorgehoben ward. Dieses Misbehagen führte denn endlich dahin, daß der Mann seine Frau schlug und anderweitig so injuriirte, daß sie vor Gericht klagbar ward. Wohin diese Klage nun geführt, wissen wir nicht; aber dieser Alles verwirrenden Ehefrau gegenüber war Glykera als sanftes, nachgebendes Wesen, das vor der Ehe des Demylos in dessen Hause gelebt hatte, nun aber entfernt und verlassen von ihm war, geschildert; mit ihr trifft er, vielleicht grade als die Frau ihm den Kopf recht warm gemacht hatte, zufällig irgendwo zusammen, und obgleich beide im Anfange etwas fremd und verlegen sich[78]) benehmen:

D. Grüß Gott, lieb Glykera. Gl. Schönen Dank. D. Nach langer Zeit
seh ich Dich wieder —,

behauptet bald die alte Neigung ihr Recht und als das Mädchen nun gar zu weinen anfängt, schwört er ihr, wie er sie noch immer[79]) liebe:

Glykera, was weinst Du? Sieh, ich schwöre Dir beim Zeus
dem Olympischen und bei der Athene, Theuerste,
so wie ich Dir auch schon vordem zum öftern schwur —,

worauf dann weiter die Sittsamkeit der Glykera sich ergab, da sie jetzt noch kein Verhältniß eingegangen und nur den einen liebt, ferner, wahrscheinlich veranlaßt durch den Proceß mit der Ehefrau, ihre Uneigennützigkeit, Genügsamkeit, Aufopferungsfähigkeit, kurzum sie erscheint als eine wahre Freundin und somit als das Ideal einer[80]) Hetaire. So war also Glykera hier verherrlicht, zugleich die eigentliche Lebensansicht Menander's als die wahre begründet und nachgewiesen, nämlich das Leben mit einer Hetaire. Man sieht, wie es gekommen, daß auch die Glykera dieses Stücks berühmt geworden; es war, ganz abgesehen von den Anspielungen auf Menander's Verhältnisse, eine treffliche[81]) Leistung. Das also eine Frucht von dem einigen Leben des Dichters mit seiner Erwählten; aber der Himmel umwölkte sich auch und Menander zürnte auf sie. Was die Veranlassung dazu gegeben, wissen wir nicht: möglich, daß sie auch Andern bei Gelegenheit sich nach Art anderer[82]) Hetairen nicht allzu spröde erwies; genug, Menander fühlte sich verstimmt und machte seinem Aerger in einer[83]) Komödie Luft: mit Bezug auf Philemon, der in einem Stücke einer geliebten Hetaire Namens Χρηστή großes Lob gespendet, behauptete Menander, keine Hetaire sei brav, χρηστή, was dann das Publicum sofort auf des Dichters eigene Verhältnisse bezog; dabei beachte man, wie beiläufig hier bemerkt werden mag, daß auch diese Erzählung lehrt, wie diese Dichter nach Art der alten Komödie sich auf ihre Komödien in dieser gegenseitig bezogen, woraus dann wieder eine genaue Bekanntschaft des Publicums mit diesen Komödien sich ergibt; die Liebe der Athener zur Poesie war also noch ebenso groß wie früher, auch ein Moment, um zu zeigen, daß man keinen Grund habe, die Athener dieser Zeit als so ganz aus der Art geschlagen anzusehen. Dies also sind Erzählungen, die meines Erachtens eine längere Dauer des Verhältnisses zwischen Menander und Glykera annehmen lassen; dazu kommt als bedeutendes Moment noch ein Witzwort der Letzteren. Als nämlich Menander einstmals[84]) wegen irgend einer Unannehmlichkeit in schlechter Stimmung nach Hause kam, reichte sie ihm Milch, die, mit einer Haut überzogen, runzelig aussah, zum Trinken; als er sie damit abwies, sagte sie: „Blas doch die Runzeln weg und gebrauche, was darunter ist." Schon Dalechamp hat das Zweideutige hierin erkannt: quasi diceret, ne specta faciem; reliquo corpore utere; es folgt aber zugleich daraus, daß Glykera damals selbst nicht mehr jung war und daß sie anfing Runzeln zu bekommen. Daß sie aber auch älter mit Menander ihren Umgang fortsetzte, ist ganz in der Weise dieser Hetairen, welche auch im Alter die Liebhaber nicht abwiesen, wenn sie kamen: Nilo[85]),

77) *Meineck.* ad Menand. et Philem. Frr. p. 123. 78) Misog. fr. IX. *Mein.*:

Δ. χαῖρ' ὦ Γλυκέριον. *Γλ.* καὶ σύ. *Δ.* πολλοστῷ χρόνῳ
ὁρῶ σε.

79) *Men.* fabb. incert. fr. XLVI. *Mein.*; vergl. Fr. Jacobs, Verm. Schriften IV. S. 517:

Γλυκέρα τί κλάεις; ὀμνύω σοι τὸν Δία
τὸν Ὀλύμπιον καὶ τὴν Ἀθηνᾶν, φιλτάτη,
ὀμωμοκὼς καὶ πρότερον ἤδη πολλάκις.

80) Man kann an Silenium in *Plaut.* Cistell., an Antiphila in *Terent.* Heautont. hier denken; vergl. *Antiph.* ap. *Athen.* XIII. 572 A; *Meineck.* Com. Gr. Frr. T. III. p. 123.

81) *Lucian.* Rhet. praec. §. 12. *Philostr.* Epist. 38. 82) So verstehen [illegible] und Andere; *Athen.* XIII. p. 584 D. 83) *Athen.* XIII. p. 594 D: ἦν δὲ καὶ . . (s. oben Not. 71) . . [illegible]. Φιλήμονος γὰρ ἑταίρας ἐρασθέντος καὶ Χρηστὴν ταύτην ὀνομάσαντος διὰ τοῦ δράματος, ἀντέγραψε Μένανδρος ὡς οὐδεμιᾶς οὔσης χρηστῆς; vielleicht hieß die Geliebte des Philemon [illegible]; *Meineck.* ad Com. Gr. Frr. T. IV. p. 394, s. unten Note 102. 84) *Athen.* XIII. p. 585 C: *Μενάνδρῳ τῷ ποιητῇ [illegible] καὶ εἰσιόντι εἰς τὴν οἰκίαν Γλυκέρα προσενέγκασα γάλα [illegible]* ὁ δὲ „Οὐ θέλω" εἶπεν. ἦν γὰρ [illegible] ἡ δὲ „Ἀποφύσα καὶ τῷ κάτω χρῶ." So deuten [illegible] und Andere bei [illegible] an das Durchseihen einer Brühe; allein dann wäre wol ein Zusatz gemacht, wie bei [illegible] bei *Suid.* s. [illegible]; auch war Menander an Durchseihen gewöhnt, s. unten Note 100; daher muß man das Wort ganz allgemein nehmen. 85) *Athen.* XIII. p. 585 E. F.

Sinope 86), Phryne 87) und Andere liefern dafür die Beweise. Sonach hat aber Menander fast ausschließlich mit dieser einen Hetaire gelebt und dadurch bei den Alten das Lob eines 88) ernsten, strengen Lebens, einer vita severa, sich erworben; denn wer in der damaligen Zeit mit dem Umgange eines und desselben Mädchens es bewenden ließ, fiel schon wegen seiner Mäßigung auf. Es wird nämlich nur noch Bakchis als eine, mit der Menander umgegangen, genannt; allein da sich das nur auf 89) Alkiphron stützt, Bakchis auch viel älter 90) als Menander gewesen sein muß, so ist auch das wol nur eine Erfindung jenes Schönschreibers. Aber wie erklärt sich dies so lange fortgesetzte Leben? Man sollte meinen, ein so feiner, gebildeter Mann wie Menander hätte einer doch mehr oder weniger gemeinen Person bald überdrüssig werden müssen. Das Räthsel löst sich, sowie man bedenkt, daß Menander Freund und Anhänger des Epikur gewesen, dessen Philosophie er also nicht allein in seinen Dichtungen stets empfohlen und dadurch zu ihrer Popularität beigetragen, sondern auch im Leben befolgt hat. Nach dieser Philosophie war das Leben mit einer oder mehren Hetairen dem ehelichen bei Weitem vorzuziehen, wie dies denn z. B. auch Menander's Misogynes lehrte, der also auch von diesem Standpunkte aus zeigt, wie er Menander's eigene Zustände enthielt. Nach Epikur 91) sind Kinder eine Last, die Liebe selbst eine solche, da sie mit Gemüthsbewegungen verbunden: dies Alles wird beim Leben mit Hetairen vermieden; in ihm hat man das Angenehme der Ehe und der Geschlechtstrieb wird auch befriedigt, aber das Verhältniß ist leicht lösbar; sowie dem einen Theile es lästig wird, löst er es auf; doch wird das nicht immer nöthig, indem aus ihm sich eine schöne Freundschaft entwickeln kann, auf welche Epikur bekanntlich ein großes Gewicht legte. Daß diese Erklärung richtig, zeigt unter Anderem der Umstand, daß auch das sonstige Leben des 92) Menander den Grundsätzen der genannten Schule angemessen war; denn er hat sich, wie Epikur, an den Staatsgeschäften nie betheiligt, da das nur zu Berührungen mit dem großen Haufen führt und ein zurückgezogenes Leben, in welchem allein hier auf der Erde die wahre Glückseligkeit gefunden werden kann, unmöglich macht; daher verstand Menander auch nicht, bei einer gegen ihn erhobenen Klage sich selbst 93) zu vertheidigen; er hat ferner Freude am Wohlleben gehabt, da nach Epikur der Bauch im Leben eine Hauptsache ist; Alles dies Dinge, die sich mit der Liebenswürdigkeit des Dichters im Umgange vollkommen vereinigen lassen.

Wie lange aber das Verhältniß zwischen Menander und Glykera gedauert habe, ob sie ferner vor ihm oder er vor ihr gestorben sei, darüber sind wir von den Alten nicht unterrichtet; so viel jedoch ist klar, daß Glykera in dem Leben des Dichters eine bedeutende Rolle gespielt, daß sie aber auch ferner in ihrem Leben, wie wir Menschen zu sagen pflegen, sehr viel Glück gehabt hat; erst ist Harpalos, dann Menander bemüht gewesen, das Leben ihr angenehm zu machen, sodaß sie von dem 94) wilden Treiben der ausgelassenen athenienischen Jugend, dem manche Hetaire als Opfer gefallen, verhältnißmäßig wenig erfahren hat. Ihr Leben habe ich hier aber, und zwar namentlich ihre Zeit mit Menander, zu ermitteln gesucht, ohne dabei auf die Briefe der Glykera und Menander's bei 95) Alkiphron besondere Rücksicht zu nehmen, während Fr. Jacobs sie 96), als der Gewohnheit der Sophisten gemäß auf historische Umstände gegründet, als solche ansieht, welche den Mangel sonstiger Nachrichten uns ersetzen könnten, worin sich ihm Fr. Passow angeschlossen hat, der in dieser 97) Encyklopädie geradezu sagt: „die beiden zwischen ihnen" — Menander und Glykera — „gewechselten Briefe, die Krone der ganzen Sammlung, geben uns das treueste Bild von Menander's zarter Ueppigkeit und dem süßen Reize seiner Poesie. Hier ist Alles geschichtlich;" womit denn in einem eigenen Widerspruche steht, was er ebendaselbst ausspricht: „daß die reizende Schilderung von Glykera's treuer Liebe aus dem Drama entlehnt ist, das der Dichter zur Verherrlichung seiner Geliebten schrieb, deutet Alkiphron selbst an;" allein meines Erachtens ist meist grade das Gegentheil das Wahre. Zuerst wären nämlich die Quellen des Alkiphron für die in Rede stehenden Briefe festzustellen; grade bei dieser Frage stellt sich die Dürftigkeit oder richtiger der fast gänzliche Mangel an eigentlich historischen Angaben über die beiden sich schreibenden Personen heraus, sodaß historische Werke der Historiker oder der Grammatiker wie die oben angeführten vom Verfasser entschieden nicht benutzt sind; da dagegen aber viel Gefühle in den Briefen sich finden, ferner feine und auch Menandreische Wendungen, so stellt sich, wie Passow richtig angibt, Menander's Poesie als 98) Hauptquelle heraus, wahrscheinlich der Misogynes, dann vielleicht vorzugsweise die in dem Briefe der Glykera angeführten Komödien: nach Art und Weise der in Menander's Komödien vorkommenden Personen sind also Menander und Glykera bei Alkiphron geschildert und kann somit, trotzdem daß der Misogynes sich auf Menander's Verhältnisse bezog, von einem eigentlich historischen Inhalte der Briefe keine Rede sein. Und dies beweist noch bestimmter genaue Betrachtung der Charakterschilderung selbst; da ist zuerst das

86) *Amphis ap. Athen.* XIII. p. 567 A. coll. *Meineck.* Com. Gr. Frr. III. p. 14. 847; vergl. Fr. Jacobs, Verm. Schriften IV. S. 367. 87) Fr. Jacobs a. a. O. S. 445. 88) *Anon. Praef. vitae nuptial.*; vergl. *Meineck.* Men. et Philem. Frr. p. XXVIII. 89) *Alciph.* Epist. I, 29: der Brief ist am Ende dieses Artikels in einer Uebersetzung mitgetheilt. 90) *Meineck.* Exerc. Philol. in *Athen.* Deipnos. I. p. 41. 91) *Preller* im Philol. XIV. p. 69 seq. p. 79. 92) Anthol. Palat. VII, 72; *Meineck.* Men. et Philem. Frr. p. XXV. 93) *Meineck.* l. c. p. XXVII.

94) Ps. Demosth. c. Neaer. §. 18 seq. 95) *Alciphr.* Epist. I, 29. II, 3. 4, f. oben Note 72. 96) Jacobs, Vermischte Schriften IV. S. 484. 97) Encyklop. 3. Bd. S. 146. 98) Mehre Stücke werden II, 4, 19 genannt; Nachahmung des Dichters hat schon *Meineck.* ad *Alciphr.* Ep. II, 3, 1 bemerkt; die Stelle II, 3, 4: [illegible] u. s. w. hat mit Misog. fr. 1, 9 Aehnlichkeit; [illegible] II, 3, 9 ist Menandreisch. Menand. fr. p. 85 ed. maj. u. s. w.

Verhältniß zwischen Menander und Philemon falsch aufgefaßt: beide waren Rivalen und standen auf keinem gewissern und freundschaftlichen Fuße, sodaß ein Mittheilen von Briefen, wie es von Seiten Philemon's [99]) bei Alkiphron angenommen wird, eine ungeschickte Fiction ist. Ebenso ist unvorsichtig von den Siegen Menander's gesprochen: dieser Dichter hat wenig gesiegt, also viel Misgunst erfahren, diese aber ruhig und im Bewußtsein seines Werthes fast heiter [100]) ertragen. Verkehrt geradezu ist, wenn Menander als arm [101]) erscheint, da er doch wohlhabend war, noch verkehrter, daß er schreibt, wenn Glykera ihm länger zürne, so weine er; wie, wenn Glykera ihm einmal arg mitspielte, er verfuhr, zeigt, daß er sie in solchen Fällen in einem dazu passlichen Stücke mitnahm und sie dem Gelächter und Spotte des Publicums preisgab, etwas, was sie in der That gefürchtet [102]) zu haben scheint. Noch deutlicher aber womöglich zeigt die historische Unkunde des Briefschreibers, daß er, obgleich er den Epikur als Freund [103]) des Menander nennt, letztern nicht im Geringsten als Anhänger der Epikuräischen Philosophie erscheinen läßt, ja grade in dieser Hinsicht arge Verstöße sich zu Schulden kommen läßt, sodaß er selbst ein ganz falsches Bild von Menander sich gemacht haben muß. So ist die Stärke der Liebe zur Glykera, die Leidenschaft zu ihr geradezu unmöglich, da einer solchen der Epikuräer sich nicht hingab und lediglich um ihr zu entgehen, lebte Menander mit einer Hetäre, sodaß die $\alpha\dot{\epsilon}\rho\iota o\iota$ $\ddot{\epsilon}\rho\omega\tau\epsilon\varsigma$, von denen einmal [104]) die Rede, ganz unverständig erwähnt sind; dasselbe gilt, wenn der Dichter schreibt, ginge er nach Aegypten, so würde er die Volksversammlung mit ihren Abstimmungen und das ganze ihm so theure demokratische Wesen schmerzlich vermissen, während wir annehmen müssen, daß er daraus sich weniger als Nichts gemacht hat. Endlich ist ohne Weiteres tactlos, ja lächerlich, wenn Menander [105]) von einer ἱερὰ [illegible] schreibt, während sie ihm wenigstens gleichgültig war. Nimmt man zu diesem Allem noch hinzu, daß sich nirgends eigentlich eine athenische Denkweise verräth, so mein' ich, muß zugegeben werden, daß zur Erkenntniß von Menander's Wesen diese Briefe so gut wie gar nicht zu gebrauchen sind. Dasselbe aber zeigt sich, gehen wir zu Glykera's Briefen über. Daß auch von ihren Lebensumständen Alkiphron genaue Nachrichten hätte haben können, läßt sich selbst aus unsern so dürftigen Nachrichten schließen und beweist außerdem die oben skizzirte Literatur, welche zu seiner Zeit jedenfalls noch existirte. Aber er hat sie nicht benutzt, indem er ja auch von diesem Mädchen nichts Specielles vorzubringen weiß, war gleichwol in den Briefen Gelegenheit dazu genug vorhanden. So wird ausführlich darüber verhandelt, daß Ptolemaios den Menander an seinen Hof [106]) nach Alexandria zu ziehen suche, ein Factum, gegen dessen Wahrheit sich gegründete Zweifel erheben lassen; abgesehen davon, hätte Glykera da von ihren Erfahrungen bei Harpalos Gebrauch machen können und müssen: allein sie thut, als wäre sie [107]) nie zu Schiffe gewesen. Es könnte nun freilich Alkiphron angenommen haben, obgleich dafür im Alterthume Nichts spricht, daß die Glykera Menander's von der des Harpalos zu scheiden sei; allein auch dies würde unser Urtheil nicht ändern, da sich nachweisen läßt, daß bei Glykera der Charakter der Hetairen ganz falsch aufgefaßt ist und eine genaue Kenntniß des Lebens der Hetairen in ihrer Zeit dem Briefsteller ganz abgeht; es sind also auch hier vorzugsweise die Schilderungen der Hetairen in Menander's Stücken die Grundlage, in deren jene in einem verschönerten Wesen sich zeigten. Um dem Leser sogleich die Mittel an die Hand zu geben, das Gesagte zu prüfen, mag hier zum Schlusse eine Uebersetzung des kürzeren der hier besprochenen Briefe folgen, den auch [108]) Jacobs übersetzt hat:

Liebe Bakchis.

Unser Menander hat zur Feier der Isthmien nach Korinth zu gehen sich entschlossen; es ist zwar nicht recht nach meinem Sinne: Du weißt ja, was es heißt, von einem solchen Liebhaber auch nur kurze Zeit getrennt zu sein; abzumahnen aber war unmöglich den nicht eben oft auswärts zu reisen Gewohnten. Auch weiß ich nicht wie ich ihn Dir, der im Begriff ist, sich auf den Weg zu machen, empfehlen soll, oder wie nicht, da er selbst mit Wohlwollen von Dir aufgenommen zu werden wünscht, zumal wenn ich erwäge, daß auch mir dies einige Ehre bringt; ich kenne ja die unter uns bestehende gegenseitige Freundschaft. Doch fürchte ich, meine Beste, nicht Dich sowol, — Dein Charakter ist besser als Deine Lebensweise — als vielmehr jenen selbst. Denn er ist merkwürdig verliebter Natur; und einer Bakchis vermöchte sich auch nicht einmal einer der ernstesten Männer zu

99) *Alciphr.* Ep. II, 3, 5; vergl. *Gell.* N. Att. XVII, 4. *Meineke*, ad Men. et Philem. Frr. p. XXXI. 100) *Alciphr.* l. c. 16; vergl. *Gell.* l. c., s. oben Note 84. 101) *Alciphr.* l. c. 4, 17, s. oben Note 68. 69. 102) *Alciphr.* Ep. I, 29 [illegible] [illegible] vergl. *Seiler* ad h. l.; *Meineke* ad Men. et Philem. Frr. p. 342; Fr. Jacobs, Verm. Schriften IV. S. 502, s. oben Note 83. 103) *Alciphr.* Ep. II, 4, 14, s. oben Note 91. 104) *Alciphr.* Ep. II, 3, 15. 105) *Alciphr.* l. c. 10.

106) *Plin.* N. Hist. VII, 30: magnum et Menandro in comico socco testimonium regum Aegypti et Macedoniae contigit, classe et per legatos petito; majus ex ipso regiae fortunae praelata literarum conscientia; es ist doch kaum glaublich, daß an Menander eine Flotte abgeschickt sei: ebenso, daß ein König von Macedonien ihn zu gewinnen gesucht: welcher denn? Dazu ist zu beachten, daß Plinius von Philemon gar Nichts sagt. Nimmt man dies mit der Stelle zusammen bei *Suid.* s. *Μένανδρος*: … [illegible] —, so wird sehr wahrscheinlich, daß diese ganze Angabe von Ptolemaios auf diesen von einem Spätern geschriebenen Briefen beruhe, sowie eine Erfindung sei. Damit gewinnt man dann zugleich eine passende Quelle für Alkiphron: in den Epistolographen wird er sich doch wol umgesehen haben. 107) Um die Abgeschmacktheit dieser Briefe auch von einer andern Seite zu kennzeichnen: lächerlich ist, wenn Menander klagt, ginge er nach Aegypten, müsse er sich von Glykera trennen. Er konnte sie ja mitnehmen. 108) *Alciphr.* Ep. I, 29; Fr. Jacobs, Verm. Schriften IV. S. 485 fg.

entfalten. Denn von dem Glauben, daß er weniger um mit Dir zusammenzutreffen als um der Isthmien willen die Reise unternommen, davon überzeuge ich mich nicht völlig. Vielleicht beschuldigst Du mich des Mistrauens. Aber verzeihe, meine Beste, die Eifersucht der Liebenden. Ich kann es nicht für ein Kleines erachten, des Menander verlustig zu gehen als Liebhabers; außerdem aber muß ich, wenn irgend eine Neckerei mit ihm mir werden oder ein Zwist entstehen sollte, mir gefallen lassen, auf der Bühne von einem beliebigen Chremes oder Pheidylos bitter geschmäht zu werden. Wenn er aber mir zurückkehrt als welcher er gegangen, werde ich vielen Dank Dir wissen. Lebe wohl. (*Ernst v. Leutsch.*)

GLYCERIA ist der Name für eine von Robert Brown aufgestellte Gattung der Gräser mit folgendem Charakter:

Der Kelch ist zweiklappig, zwei- bis vielblüthig, kürzer als die Blüthchen. Von den häutigen oder papierartigen, converen Klappen ist die untere kürzer. Die Blume ist zweispelzig, die untere Spelze länglich, stumpf oder abgestutzt, über dem Rücken stielrund, grannenlos, die obere Spelze ist oft etwas sichelförmig, daher das Blüthchen nach Innen öfters etwas bauchig erscheint, zweikielig und auf den Kielen zart gewimpert. Die Deckspelzen sind kurz, meist abgestutzt, zuweilen zusammengewachsen. Der Fruchtknoten ist kahl, der Griffel kurz, selten mäßig lang. Die Narben sind ästig-federig und treten zur Seite des Blüthchens hervor. Der Same ist frei. Die schmalen länglichen Aehrchen stehen in Rispen.

Die zu dieser Gattung gehörigen Arten finden sich meist in Europa und zugleich in Asien und Neu-Holland, nur eine kommt ausschließlich in Nordamerika vor und zwei wenig bekannte wachsen ausschließlich in Asien.

Folgende Arten sind aus dieser Gattung beschrieben:

1) Glyceria altissima *Garcke* mit gleicher weitschweifiger sehr ästiger Rispe, linealischen 5—9blüthigen Aehrchen, stumpfen, 7nervigen Blüthchen, hervorstehenden Nerven derselben und kriechender Wurzel. Hierher gehört Poa aquatica *Linné;* der von Linné gegebene Speciesname kann jedoch nicht beibehalten werden, da eine andere Pflanze dieser Gattung, Aira aquatica *Linné* (Catabrosa aquatica *Palisot de Beauvois*), schon früher von Presl zu Glyceria unter dem Namen Gl. aquatica gebraucht wurde. Mertens und Koch nannten die Pflanze mit Unrecht Glyceria spectabilis, da Mönch schon früher die Bezeichnung Poa altissima vorgeschlagen hatte.

Dies ist die größte aller Arten dieser Gattung. Aus der kriechenden Wurzel erhebt sich der unten fingerdicke, 4—8 Fuß hohe, aufrechte, kahle, gestreifte Halm. Die Blätter sind linealisch, aber 4—6 Linien breit, kurz zugespitzt, flach, kahl, am Rande und auf dem kielig-hervortretenden Mittelnerven nach Oben rauh. Die Blattscheiden sind etwas zusammengedrückt, am Grunde der Blattfläche zu beiden Seiten mit einem dreieckigen braunen Flecken versehen. Das Blatthäutchen ist kurz. Die Rispe ist sehr reichblüthig, groß, 1—1½ Fuß lang, aufrecht, zur Blüthezeit ausgebreitet. Von den rauhen, wellenförmig-gebogenen Aesten sind die längeren sehr ästig. Die linealischen, 4—10blüthigen Aehrchen sind 4—6 Zoll lang, vor dem Aufblühen rundlich, später aber zusammengedrückt. Die Klappen sind convex, oval, stumpf, weißlich-häutig, einnervig. Die Nerven stehen stark hervor, die untere Spelze ist convex, länglich, stumpf, grünlich oder braunröthlich und gelb gescheckt, mit schmalweißlicher Spitze, die sieben Nerven treten stark hervor, der Rücken dieser Spelze ist fast gerade, die Ränder sind dagegen in einem sanften Bogen nach Außen geneigt, daher die Blüthchen, von der Seite betrachtet, nach Innen gewölbt erscheinen; die obere Spelze hat mit der unteren gleiche Länge oder ist etwas länger, an der Spitze kurz zweizähnig und bogenförmig gekrümmt. Die Deckspelzen sind kurz, viereckig und abgestutzt. Die Are ist kahl.

Diese Art findet sich sowol in stehendem Wasser als auch am Ufer der Flüsse und Bäche in ganz Europa, am Kaukasus, in Sibirien, Nordamerika und vielleicht durch Samen verschleppt auch in Neu-Holland.

2) Gl. fluitans *Robert Brown* mit einseitswendiger, ausgebreiteter Rispe, linealischen, angedrückten, 7—11blüthigen Aehrchen, stumpfen, 7nervigen Blüthchen, hervorstehenden Nerven derselben und mit kriechender Wurzel. Hierher gehört Festuca fluitans *Linné*, Devauxia fluitans *Palisot de Beauvois*, Poa fluitans *Scopoli* und Hydrochloa fluitans *Hartman*.

Die ganze Pflanze ist kahl. Aus der weit umherkriechenden Wurzel steigen 1½—2 Fuß hohe, am Grunde öfters ästige und wurzelnde, rundliche, stark gestreifte Halme empor. Die Blätter sind linealisch, spitz, 3 Linien breit, am Rande und auf dem stark vorstehenden Kiele rauh, die unteren, sobald sie sich im Wasser befinden, sehr lang und fluthend. Die Blattscheiden sind zuweilen etwas rauh; das Blatthäutchen ist länglich. Die Rispe ist 1 Fuß und darüber lang, aufrecht, einseitswendig. Die Aeste stehen in entfernten Halbquirlen, sind Anfangs an die Spindel angedrückt, stehen aber zur Blüthezeit wieder wagerecht ab, unten zu dreien, von denen der eine kurz, 1—2blüthig, der zweite länger, einfach, der dritte sehr lang, etwas ästig und oben, sowie die Blüthenstielchen etwas rauh ist. Die den Aesten angedrückten, nur während des Verblühens abstehenden Aehrchen sind 6—9 Linien lang, linealisch, rundlich und 7—12blüthig. Die Klappen sind convex, oval, stumpf, dünn, häutig, weißlich, an der Spitze öfters unregelmäßig gekerbt, die untere ist um die Hälfte kürzer; die convexe, stumpfe, fast abgestutzte, etwas rauhe, grün oder violet angelaufene untere Spelze ist von sieben stark hervortretenden Nerven durchzogen, die obere Spelze ist kurz zweizähnig. Die Deckspelzen sind kurz, viereckig, zusammengewachsen. Die Are ist kahl.

Diese Art kommt in Gräben und Bächen in ganz Europa, im Kaukasus, in Nordamerika, Chili und Neu-Holland vor und liefert die Schwaden oder Mannagrütze.

In neuerer Zeit hat Fries hiervon als besondere Art Glyceria plicata unterschieden, welche sich durch eine quirlige, fast gleiche Rispe mit meist zu fünf stehenden unteren Aesten, durch oval-längliche Blüthen und mehrfach-gefaltete junge Blätter ausgezeichnet. Es wird jedoch noch bestritten, ob diese Pflanze wirklich als eigene Art oder nur als Varietät der vorigen anzusehen sei.

3) Gl. distans *Wahlenberg* mit gleicher ausgebreiteter Rispe, deren Aeste bei der Fruchtreife herabgebogen sind, linealischen, 4—6blüthigen Aehrchen, mit stumpfen, schwach-fünfnervigen Blüthchen und faseriger Wurzel. Hierher gehört Poa distans *Linné*, Poa salina *Pollich*, Poa retroflexa *Curtis*, Poa arenaria *Retzius*, Festuca distans *Kunth* und Hydrochloa distans *Hartman*.

Die faserige Wurzel treibt einen ausgebreiteten lockeren Rasen von Halmen und Blätterbüscheln. Der 1—1½ Fuß hohe, in einigen Knoten bogenförmig aufsteigende, unten zuweilen ästige und wurzelnde, gestreifte Halm ist wie die ganze Pflanze kahl. Die Blätter sind linealisch, kurz zugespitzt, oben und am Rande rauh, die grundständigen schmäler, länger und zusammengefaltet. Die Blattscheiden sind kahl, das Blatthäutchen kurz. Die Rispe ist 3—6 Zoll lang, anfänglich zusammengezogen, dann ausgebreitet. Die Aeste sind rauh, meist schlängelig-gebogen, fast bis zur Hälfte nackt, dann ästig, vielblüthig, in Halbquirlen unten zu fünf, nach dem Verblühen herabgebogen. Die Anfangs rundlichen, später zusammengedrückten, 4—6blüthigen Aehrchen sind nur 2—3 Linien lang. Von den convexen, ovalen, stumpfen, dünnhäutigen, weißlichen Klappen ist die obere dreinervig, die untere einnervig und um die Hälfte kleiner. Die untere Spelze ist eiförmig-länglich, stumpf oder abgestutzt, mit schwach angedeuteten Nerven, an der Spitze öfters unregelmäßig gekerbt, am Grunde schwach weichhaarig, violet, die obere Spelze ist kurz-zweizähnig. Die Art ist kahl.

Diese Art findet sich auf feuchten Triften, an Gräben, an Rinnsteinen, besonders häufig aber in der Nähe von Salzquellen, salzigen Seen und dem Meere.

Zwei andere Arten, von denen die eine am adriatischen Meere, die andere an der Nord- und Ostsee vorkommt, sind der eben beschriebenen sehr ähnlich und oft mit ihr verwechselt worden; dies sind

4) Gl. festucaeformis *Heynhold*. Die Wurzel ist faserig und nichtblühende, ausläuferartige, niederliegende Halme fehlen; die Rispe ist gleich, abstehend, die unteren Aeste sind meist zu fünf vorhanden, die fruchttragenden Aeste aufrecht-abstehend; die Aehrchen sind 5—9blüthig; die Blüthen linealisch-länglich, stumpf oder schwach-dreikerbig, undeutlich fünfnervig. Hierher gehört Poa festucaeformis *Host*, Festuca Hostii *Kunth* und Festuca palustris *Seenus*.

Sie wächst am adriatischen Meere und unterscheidet sich von der vorhergehenden namentlich durch die ährenförmig-zusammengezogenen oder aufrecht-abstehenden, niemals herabgebogenen Fruchtäste und durch die längeren Blüthen; von der folgenden durch den Mangel der ausläuferartigen, niederliegenden, nichtblühenden Halme und das Fehlen der Wurzelausläufer.

5) Gl. maritima *Mertens* und *Koch*. Die Wurzel ist kriechend; die nichtblühenden Stengel sind ausläuferartig und niederliegend; die Rispe ist gleich, abstehend; die unteren Aeste stehen meist zu zwei, die fruchttragenden sind zusammengezogen; die Aehrchen sind 4—6blüthig; die Blüthen sind linealisch-länglich, stumpf oder schwach-dreikerbig, undeutlich fünfnervig. Hierzu gehören als Synonyme Poa maritima *Hudson*, Hydrochloa maritima und Molinia maritima *Hartman* und Festuca thalassica *Kunth*.

Diese Art findet sich an der Nord- und Ostsee und an den dem Meere zunächst gelegenen Flußufern von Ostfriesland bis Mecklenburg.

6) Gl. Michauxii *Kunth*. Die Wurzel ist ein wenig kriechend; der Halm ist aufrecht, einfach, schwach kantig, undeutlich gestreift, kahl, 2½ Fuß hoch, an den Knoten bartlos. Die Blätter sind linealisch, spitz, flach oder zusammengefaltet, zu beiden Seiten etwas rauh, 5—9 Zoll lang und 2 Linien breit. Die Blattscheiden sind rundlich, furchig-gestreift, etwas rauh, gar nicht oder nur an der Spitze ein wenig gespalten, 2—3 Zoll lang und länger als die Internodien. Das Blatthäutchen ist häutig, durchscheinend, kahl, geschlitzt. Die ästige Rispe ist 6 Zoll lang; die gepaarten Aeste stehen ab, sind an der Spitze geschlängelt und nebst der Spindel gefurcht-kantig und rauh. Die Aehrchen sind gestielt, sechsblüthig und mit dem Rudimente eines stielartigen siebenten Blüthchens, eiförmig, schwach zusammengedrückt, etwa 1½ Linie lang, grün. Die Blüthen stehen zwar ein wenig entfernt, decken sich aber zweizeilig-dachziegelig; die Spindel ist kahl, gegliedert. Die Klappen sind häutig, concav, eiförmig, spitz, einnervig, kahl, oberwärts zu beiden Seiten mit einem stumpfen Zahne versehen, ungleich, grün-purpurroth; die untere ist um das Doppelte kürzer als die obere und um das Dreifache kürzer als die ganze Blüthe. Die untere Spelze ist eiförmig-elliptisch, stumpf, siebennervig, grün, oberwärts purpurroth, haut-häutig, an der Spitze durchscheinend, concav, die am Grunde hervortretenden, etwas rauhen Nerven verschwinden an der Spitze; die obere ist kaum kürzer, fast elliptisch, zweikielig, auf dem Rücken ziemlich flach, an den Rändern einwärts gebogen, stumpf, an der Spitze ausgerandet. Hierzu gehört Poa striata *Michaux*, Poa nervata *Willdenow*, Poa lineata *Persoon* und Glyceria nervata *Trinius*.

Diese Art kommt in Pennsylvanien und Virginien vor.

Als besondere Abtheilung, sogar als besondere Gattung hat man die folgende Art betrachtet, welche aber wegen der, obgleich sehr selten vorkommenden, Abart mit 3—5blüthigen Aehrchen von Glyceria nicht getrennt werden kann.

7) Gl. aquatica *Presl* mit gleicher weitschweifiger Rispe, linealischen, meist zweiblüthigen Aehrchen, stumpfen, von drei hervorstehenden Nerven durchzogenen Blüthchen und kriechender Wurzel. Hierzu gehört Aira aquatica *Linné*, Poa airoides *Köler*, Catabrosa aquatica *Palisot de Beauvois*, Molinia aquatica *Wibel*, Hydrochloa airoides *Hartman* und Colpodium aquaticum *Trinius*.

Die ganze Pflanze ist kahl. Aus der kriechenden Wurzel steigt der 1—1½ Fuß hohe, im Wasser aufsteigerade, an den unteren Gelenken oft ästige und wurzelnde, auf feuchten Sandplätzen sehr ästige und kriechende, gestreifte Halm empor. Die Blätter sind linealisch, 3—6 Linien breit, stumpf oder kurz gespitzt, flach, kahl, am Rande etwas rauh, meergrün. Die Blattscheiden sind etwas zusammengedrückt, das Blatthäutchen ist kurz. Die Rispe ist länglich-pyramidenförmig, bis zu ½ Zoll lang, weitschweifig; die Spindel ist besonders unten dick; die Aeste sind dünn fadenförmig und stehen unten in Halbquirlen zu 5—10 und sind gerade oder wellenförmig-gebogen. Die Aestchen und Blüthenstielchen stehen ab, sind glatt und kaum rauh. Die Aehrchen sind in der Regel nur 2 Linien lang, zweiblüthig, seltener 3—5blüthig, länglich und vor dem Ausblühen rundlich. Die Klappen sind convex, stumpf, stumpf, oft unregelmäßig gekerbt, häutig, die obere ist drei-, die untere einnervig. Die untere Spelze ist länglich, kahl, an der Spitze abgestutzt und gekerbt, von drei erhabenen Nerven durchzogen, bräunlichgrün, nach Oben violet mit breiter weißer Spitze und grünen Nerven. Die Deckspelzen sind kurz, viereckig, abgestutzt; die Axe ist kahl.

Diese Art findet sich in Gräben, langsam fließenden Bächen, auf feuchten Sandplätzen und auf Flossholz in ganz Europa, im Kaukasus, Sibirien und in Nordamerika.

Außer diesen gehören noch zwei nur ungenau bekannte Arten zu dieser Gattung, nämlich:

8) Gl. pauciflora *Presl* mit kriechender Wurzel, aufrechter, zusammengesetzter, weit abstehender Rispe, vierblüthigen, abstehenden Aehrchen, abgerundeten, einnervigen Klappen und fünfnervigen unterer Spelze.

Diese Art ist in Asien einheimisch.

9) ? Gl. arundinacea *Kunth* mit ausgebreiteter Rispe, sehr langen Aesten, glatter Spindel und linealischen, meist fünfblüthigen Aehrchen. Hierzu gehört Poa arundinacea *Marschall-Bieberstein*.

Sie wächst im Kaukasus. (*Garcke.*)

GLYCERIN (chemisch, von γλυκερος, γλυκύς, süß, wegen des süßen Geschmacks), synonym mit Glyceryloxydhydrat, Glycyloxydhydrat, Lipyloxyd in Verbindung mit Wasser, Scheele'sches Süß, Oelsüß, Oelzucker, Principe deux des huiles, Glycérine ist ein Zersetzungsproduct der Fette, und wurde 1779 von Scheele bei der Bereitung des Bleipflasters entdeckt. Chevreul (Recherches sur les Corps gras d'origine animale. Paris 1823.) zeigte zuerst, daß bei der Seifenbildung sich die Fette nicht als solche mit den Alkalien vereinigen, sondern daß sie sich hierbei, wie dies schon früher durch die Versuche von Scheele (Opuscula 1, 125; 2, 175) und Fremy (Ann. de Chim. 63, 28) wahrscheinlich gemacht war, in zwei Producte zersetzen, nämlich einerseits in eine fettähnliche Säure, welche in Verbindung mit dem Alkali die Seife bildet und je nach der Natur des Fettes eine verschiedene ist, und andererseits meistens in das schon von Scheele dargestellte Glycerin; ferner wies er nach, daß die beiden Zersetzungsproducte zusammen genommen mehr wiegen als das angewandte Fett, und daß diese Gewichtszunahme durch das Hinzutreten von Wasserstoff und Sauerstoff in dem Verhältnisse, in welchem sie Wasser bilden, bedingt werde. Chevreul stellte daher die Ansicht auf, die verseifbaren Fette seien keine einfachen Verbindungen, sondern analog den Aetheroxydverbindungen zusammengesetzt, nämlich als Verbindungen der Fettsäuren mit Glycerin weniger einer gewissen Menge Wassers, wie die Aetheroxydverbindungen durch Vereinigung von Sauerstoffsäuren mit Weingeist unter Ausscheidung von Wasser entstanden seien. Aus den analytischen Untersuchungen von Pelouze (Ann. de chim. et de phys. 63, 19; J. f. pr. Chem. 36, 257), übereinstimmend mit den Resultaten Chevreul's, ergab sich, daß das vollständig entwässerte Glycerin aus $C_6H_8O_6$ zusammengesetzt ist; aus der Verbindung, welche dieser Körper mit Schwefelsäure zu bilden vermag, geht hingegen hervor, daß dasselbe 1 Aeq. chemisch gebundenes Wasser enthält, und daß es also als $C_6H_7O_5$ + HO aufzufassen ist. Liebig u. A. nehmen daher ein organisches Radical C_6H_7 = Glyceryl oder Glycyl an, welches mit 5 Aeq. Sauerstoff das Glyceryloxyd = $C_6H_7O_5$ bilde; dieses Glyceryloxyd sei in den Fetten mit den entsprechenden Fettsäuren verbunden, und verbinde sich im Entstehungsmomente, sobald es durch stärkere Basen ausgeschieden worden, mit Wasser, sodaß das vollständig entwässerte Glycerin = Glyceryloxydhydrat = $C_6H_7O_5$ + HO sei. Stenhouse (Ann. d. Pharm. 36, 25) glaubte nach seiner Untersuchung über die Zusammensetzung des Palmöles annehmen zu können, daß die Fettsäuren in den Fetten nicht mit $C_6H_7O_5$, sondern mit C_3H_2O verbunden seien, und daß bei der Ausscheidung dieses Stoffes durch eine stärkere Basis 2 Aeq. desselben sich mit 3 Aeq. Wasser verbinden. Diese Ansicht wurde auch von Playfair durch die Untersuchung des Myristins unterstützt; ebenso spricht auch die Thatsache dafür, daß die meisten organischen Oxyde, welche sich wie Basen verhalten, 1 Atom Sauerstoff enthalten, und daß daher eine Verbindung erster Ordnung, welche 5 Atome Sauerstoff enthält, wahrscheinlich saure Eigenschaften haben muß. Hiernach betrachtet Berzelius die Fette als Haloide (von ἅλς, Salz, und εἶδος, Form), d. h. als solche organische Verbindungen, die sich als neutral darstellen, und als Verbindungen von Säuren mit Oxyden erscheinen, von der Beschaffenheit, da sie sich, wie die zusammengesetzten Aetherarten, auf dem gewöhnlichen Wege nicht in ihre nächsten Bestandtheile zerlegen lassen. Er geht daher (Jahresber. 23, 403) von einem Radical Lipyl = C_3H_2 aus, welches mit 1 O das hypothetische Lipyloxyd = C_3H_2O bildet; indem nun zu 2 Aeq. Lipyloxyd 3 Aeq. Wasser treten ($2C_3H_2O + 3HO$), entstehe das hypothetisch trockene Glycerin oder das Glyceryloxydhydrat, und wenn letzteres noch ein Aequivalent Wasser aufnehme, so bilde sich das wirkliche Glycerin oder das Glyceryloxydhydrat, sodaß $2C_3H_2O + 4HO$ = $C_6H_7O_5$ + HO ist. Hiernach sind die Fette also nicht Verbindungen von Glycerin, sondern von Lipyloxyd mit den entsprechenden Säuren. — Laurent (Revue scient. 14, 341) nimmt einen Stammkern Glycène = C_6H_{10} an, leitet hiervon den Sauerstoffkern Glycose

— C H O ab und betrachtet das Glycerin als den Alkohol desselben = C H O, 2HO.

Darstellung. Man erhält das Glycerin bei der Verseifung der Fette, indem die in denselben enthaltenen Säuren sich mit den einwirkenden starken Basen verbinden, während das Lipyloxyd ausgeschieden wird und sich im Ausscheidungsmomente sogleich mit Wasser zu Glycerin verbindet. Am besten gelingt nach Scheele, Fremy und Chevreul die Darstellung, wenn man gegen 5 Theile feingeriebene Bleiglätte mit 9 Theilen Fett, am besten Olivenöl unter Zusatz von etwas Wasser erhitzt und das verdampfende Wasser stets wieder ersetzt. Dabei hat man sich zu hüten, daß die Hitze nicht höher als gegen 180° steigt; es ist daher zweckmäßig entweder fortwährend Wasser zutropfen zu lassen, oder das Bleioxyd, mit Wasser zu einem steifen Brei angerührt, allmälig zuzusetzen; oder man erhitzt das Oel in einem zinnernen oder verzinnten Kessel, welcher von Dampf umgeben ist, setzt das mit seinem halben Gewichte Wasser gemengte Bleioxyd sogleich vollständig hinzu und rührt in den ersten 5—6 Stunden häufig um, damit sich das Bleioxyd nicht fest setzt. Nach dieser Zeit fängt die Masse an, wegen der eintretenden Pflasterbildung zähe zu werden, und nach 2—3 Tagen ist bei Anwendung von feingeriebener, nicht allzu kohlensäurehaltiger Bleiglätte die Operation beendet. Hierauf gießt man etwas Wasser nach, rührt damit die Masse tüchtig durch und läßt sie hierauf einige Zeit in der Wärme ruhig stehen, damit sich das Wasser, in welchem sich das Glycerin gelöst befindet, möglichst vollständig abscheide. Durch diese wässerige Glycerinlösung leitet man alsdann so lange Schwefelwasserstoff, bis alles Blei ausgeschieden ist, filtrirt und verdunstet die Lösung im Wasserbade. Anstatt durch Schwefelwasserstoff kann man das Bleioxyd auch durch eine kleine Quantität Schwefelsäure abscheiden.

Anstatt ein Fett mit Bleioxyd zu zersetzen, kann man auch durch Natronhydrat die Verseifung bewirken; durch Zusatz von Kochsalz scheidet man die Seife von der wässerigen Flüssigkeit ab, neutralisirt hierauf genau mit Schwefelsäure oder Salzsäure, verdunstet im Wasserbade bis zur Trockne und zieht den Rückstand durch Alkohol von 0,833 spec. Gewicht aus; nach der Verdunstung des Alkohols im Wasserbade erhält man das Glycerin als gelben Syrup.

Oder man verseift ein Fett mit wässerigem Kali, übersättigt das Ganze mit Weinsäure und dampft die von den Fettsäuren getrennte Flüssigkeit zur Trockne ab, zieht hierauf den Rückstand mit Weingeist von 0,8 spec. Gewicht aus, filtrirt vom weinsauren Kali ab, dampft wiederum bis zur Trockne ab, zieht den Rückstand mit absolutem Weingeiste aus und dampft nochmals ab. Sollte noch freie Weinsäure vorhanden sein, so ist dieses durch einen angemessenen Zusatz von Kali in Weingeist unlöslich zu machen. Jedoch ist es nach Chevreul schwer, das Glycerin auf diese Art frei von weinsaurem Kali zu erhalten.

In den Stearinsäurefabriken kann man das Glycerin leicht als Nebenproduct erhalten. Da man in denselben das Fett mit Kalkmilch verseift, so bleibt das Glycerin in dem Wasser gelöst. Man verdunstet die Flüssigkeit zur Syrupsconsistenz, erhitzt in einer offenen Schale bis 120 oder 125° C. und löst den Rückstand in seinem vierfachen Gewichte von absolutem Alkohol; hierauf läßt man die Lösung sich in offenen Gefäßen klären, destillirt den Alkohol von der klar abgegossenen Flüssigkeit ab, löst den Rückstand in Wasser und digerirt mit feingeriebenem Bleioxyde, wodurch sich das basische Salz einer Säure, die sich durch Einwirkung der Luft auf Glycerin gebildet hat, abscheidet; hierauf filtrirt man und leitet durch die Flüssigkeit so lange Schwefelwasserstoff, bis sämmtliches Blei ausgeschieden ist, und behandelt die noch schwach gelblich gefärbte Flüssigkeit mit Thierkohle. Da sich das Glycerin beim Abdampfen an der Luft wiederum etwas gelblich färbt, so muß das Verdampfen im luftleeren Raume über Schwefelsäure stattfinden.

Eigenschaften. Das reine Glycerin bildet einen farblosen, geruchlosen, nicht krystallisirbaren, sehr süßen Syrup, welcher Lackmus nicht röthet. Das spec. Gewicht des möglichst entwässerten Glycerins ist nach Chevreul bei 10° 1,27, bei 15° nach Pelouze 1,28. Es kann bis 150° erwärmt werden, ohne sich zu zersetzen oder ohne sein Hydratwasser zu verlieren; dabei entwickelt sich ein nach Leim riechender Dampf, der sich als reines Glycerin an darüber gehaltenen kalten Körpern verdichtet. Bei noch höherer Temperatur destillirt ein großer Theil Glycerin über, während ein anderer Theil sich zersetzt. In verschlossenen Gefäßen erhält sich das reine Glycerin sowol im möglichst entwässerten Zustande, als auch in seiner wässerigen Lösung Jahre lang, ohne eine wesentliche Veränderung zu erleiden; nur färbt es sich, sowie auch beim Abdampfen an der Luft, braun, wobei sich eine höchst geringe Menge einer Säure bildet, welche durch Bleioxyd abgeschieden werden kann, sodaß das Glycerin wiederum vollkommen farblos wird. In Wasser und Alkohol ist das Glycerin in allen Verhältnissen löslich, unlöslich hingegen in Aether.

Zersetzungen. 1) Nahe bei der Glühhitze destillirt ein Theil Glycerin unverändert über, während sich der geringere Theil in ein brennbares Gas, Kohlensäure, Acrol, brenzliches Oel, Essigsäure und eine aufgeblähte Kohle zersetzt. 2) Im offenen Feuer verbrennt es, gleich einem Oele, mit heller Flamme. 3) Wird nach Döbereiner (J. f. pr. Ch. 28, 499; 29, 451) mit der achtfachen Menge von Platinmohr gemengt, so absorbirt es an der Luft viel Sauerstoffgas, haucht dabei einen schwach säuerlich riechenden, Lackmus röthenden Dampf aus und verwandelt sich in eine syrupartige, herbsauerschmeckende, weder flüchtige noch krystallisirbare Säure, welche beim Erwärmen salpetersaures Quecksilberoxydul und salpetersaures Silberoxyd reducirt. Stellt man den Versuch in Sauerstoffgas über Quecksilber an, so ist die von Wärmeentwickelung begleitete reichliche Absorption von Sauerstoff in wenigen Stunden beendigt, und das Glycerin ist unter etwas Kohlensäurebildung in die obige Säure verwandelt, welche bei mehrtägigem Verweilen des Gemenges im Sauerstoffgase völlig in Kohlensäure und

Wasser zerfällt, wobei auf 1 Aeq. Glycerin 13 Aeq. Sauerstoff verbraucht werden. Redtenbacher hält die von Döbereiner angegebene Säure für ein Gemenge von Glycerin mit Acrolsäure, Ameisensäure und Essigsäure. 4) Redtenbacher hat nachgewiesen, daß eine wässerige Lösung von Glycerin, wenn sie, mit Hefe versetzt, mehre Monate lang einer Temperatur von 30—40° ausgesetzt ist, nach einiger Zeit sauer reagirt und eine schwache Gasentwickelung zeigt, wobei die Hefe allmälig oben auf kommt und schimmelt. Sättigt man von Zeit zu Zeit die freie Säure mit kohlensaurem Natron und ersetzt das verdampfte Wasser, filtrirt hierauf die Flüssigkeit und dampft ab, so erhält man eine gelbe Salzmasse von sauerkrautähnlichem Geruche; zerlegt man das Salz durch verdünnte Schwefelsäure und erhitzt in einer Retorte, so geht ein milchiges Destillat über, auf welchem einige Oeltropfen schwimmen. Auf Zusatz von etwas Wasser wird es vollkommen klar und zeigt denselben Geruch wie das Salz, nur etwas stärker. Wird die Flüssigkeit mit Ammoniak gesättigt und mit salpetersaurem Silberoxyd versetzt, so entsteht ein weißer Niederschlag, wobei zugleich etwas Silberoxyd durch eine kleine Menge von Ameisensäure reducirt wird; erhitzt man nun und filtrirt kochend, so scheidet sich metacetonsaures Silberoxyd in kleinen, weißen, harten, körnigen Krystallen ab. 5) Wie schon oben erwähnt, bildet sich beim jedesmaligen Abdampfen der Glycerinlösung an der Luft eine gefärbte Materie, welche durch Bleioxyd oder basisch essigsaures Bleioxyd gefällt werden kann. Wird der Bleiniederschlag gewaschen und durch Schwefelwasserstoff zersetzt, so entsteht nach De Jongh (Berz. Jahresber. 23, 405) ein farbloses Filtrat, welches beim Abdampfen gelb und dann braun wird, und einen braunen, durchsichtigen Rückstand läßt, der sich unter Trübung in Wasser, hingegen vollständig in Kalilauge mit brauner Farbe auflöst. Beim Abdampfen des wässerigen Glycerins im Vacuum entsteht eine das Glycerin gelb färbende Materie, die nicht durch Bleiessig gefällt wird. 6) Wird Glycerin mit Kalihydrat gemengt und gelinde erhitzt, so entsteht nach Redtenbacher Anfangs acrylsaures Kali und wenig Acrol, in sofern das Glycerin durch Abtreten von 4 Aeq. Wasser an das Kali, welches dadurch dünnflüssiger wird, in Acrol übergeht; bei weiterem Erhitzen wird die Masse unter reichlicher Entwickelung von Wasserstoffgas weiß und ist nun in acrylsaures Kali verwandelt, welches bei weiterem Einwirken von Kalihydrat größtentheils in essigsaures und ameisensaures Kali zerfällt. Die auf einander folgenden Zersetzungsprocesse sind also: $C_6H_8O_6 - 4HO = C_6H_4O_2$; $C_6H_4O_2 + KOHO = C_6H_3O_3,KO + 2H$; $C_6H_3O_3,KO + 3HO = C_4H_3O_3,KO + C_2HO_3,KO + 2H$. 7) Chlorgas wirkt auf Glycerin sehr langsam ein; wird aber eine geringe Menge davon in einer mit Chlorgas gefüllten Flasche Monate lang stehen gelassen, so nimmt es Chlor auf und Salzsäure bildet sich. Setzt man nachher zu dem Syrup ein wenig Wasser, so scheiden sich weiße Flocken von ätherartigem, unangenehmem Geruche ab, die Anfangs sauer, dann bitter und widrig zusammenziehend schmecken und von Alkohol leicht gelöst werden. Nach Pelouze sollen sie die Zusammensetzung $C_{12}H_{11}Cl_5O_{10}$ haben. — Brom verbindet sich mit dem Glycerin unter Wärmeentwickelung. Setzt man so viel Brom hinzu, als sich lösen kann, und dann etwas Wasser, so scheidet sich ein ölartiger Körper ab, der angenehm ätherartig riecht, indem das darüberstehende Wasser viel Bromwasserstoffsäure enthält. Der ätherartige Körper hat nach Pelouze die Zusammensetzung $C_{12}H_{11}Br_5O_{10}$. Wird derselbe mit Alkali behandelt, so entsteht eine Verbindung des Metalls mit Brom und ein nicht näher untersuchtes Salz. — Jod löst sich in Glycerin in beträchtlicher Menge, scheint es aber nicht zu zersetzen. Rauchende Salzsäure wirkt nicht zersetzend ein. 8) Beim Einwirken eines Gemisches von Schwefelsäure mit Braunstein oder mit doppelt chromsaurem Kali bildet sich neben Kohlensäure eine große Menge Ameisensäure. 9) Beim Erhitzen mit Salpetersäure wird das Glycerin in Oxalsäure, Kohlensäure, Wasser und salpetrige Säure zersetzt. 10) Läßt man, nach Sobrero (Compt. rend. 24, 247), ein Gemisch von 2 Maß Vitriolöl und 1 Maß starker Salpetersäure bei mittlerer Temperatur auf syrupförmiges Glycerin wirken, so entstehen unter heftiger Gasentwickelung blos Oxydationsproducte; tröpfelt man aber das Glycerin unter Umrühren in das durch eine Frostmischung erkältete Gemisch, so löst es sich ruhig auf, und beim Einschütten dieser Lösung in Wasser setzt sich ein Oel nieder; wird dieses mit Wasser gewaschen, dann in Weingeist gelöst und daraus durch Wasser gefällt, oder in Aether gelöst und daraus durch Verdampfen des Aethers wieder erhalten, hierauf im Vacuum über Vitriolöl getrocknet, so erscheint es blaßgelb, geruchlos, zeigt einen süßen stechenden und gewürzhaften Geschmack und veranlaßt, wenn es auch nur in sehr kleinen Mengen auf die Zunge gebracht wird, mehrstündiges Kopfweh. 11) Bei der trockenen Destillation des Glycerins mit doppelt schwefelsaurem Kali erhält man schweflige Säure, Acrol, Acrylsäure, secundaire Zersetzungsproducte und einen zähen, kohligen Rückstand; ähnlich verhält es sich mit Vitriolöl, nur daß hier kein Acrol erhalten wird. — Beim Vermischen mit wasserfreier Phosphorsäure entwickelt das Glycerin Geruch nach Acrol, indem es sich dabei erhitzt, und gibt dann bei der Destillation unter Aufblähen und Verkohlung des Rückstandes Acrol und andere Producte. 12) Mit essigsaurem oder schwefelsaurem Kupferoxyd gekocht, schlägt das Glycerin nach Vogel (Schw. J. 13, 167—174) ein wenig Kupferoxydul nieder; aus wässerigem Dreifach-Chlorgolde wird durch Glycerin ein dunkelpurpurrothes Pulver gefällt.

Verbindungen. Das Glycerin gibt mit Kali eine in Weingeist lösliche Verbindung und mischt sich daher ohne Fällung mit weingeistigem Kali. Es liefert mit Baryt, Strontian oder Kalk Verbindungen, welche sich in Weingeist schwierig lösen und durch Kohlensäure nicht fällbar sind; auch das völlig entwässerte Glycerin löst nach Pelouze Kali und Natron reichlich, und Baryt und Strontian weniger reichlich. Das wasserfreie Glycerin löst ferner alle zerfließlichen Salze und viele andere, wie schwefelsaures Kali, schwefelsaures Natron, schwefelsaures

Kupferoxyd, salpetersaures Natron, salpetersaures Silberoxyd, Chlorkalium, Chlornatrium. Ebenso löst es Bleioxyd und fällt daher nicht den Bleiessig; andere in Wasser unlösliche Körper werden hingegen nicht gelöst. — Wird Anderthalbchloreisen mit Glycerin versetzt, so wird es nach H. Rose nicht mehr durch Alkalien oder Schwefelalkalien gefällt. Eine wässerige, mit überschüssigem Kali versetzte Lösung von schwefelsaurem oder essigsaurem Kupferoxyd bildet nach Vogel mit Glycerin ein klares lasurblaues Gemisch. Das mit Glycerin versetzte schwefelsaure Kupferoxyd gibt mit wenig Kali einen Niederschlag, der sich in mehr Kali löst, aber noch unter 100° setzt diese blaue Lösung nach Lassaigne (J. de Chim. méd. 18, 417) bläuliche Flocken ab. — Das Glycerin löst ferner mehre Pflanzensäuren.

Mit concentrirter Schwefelsäure, verglaster Phosphorsäure, völlig trockener Weinsäure und calcinirter Traubensäure verbindet sich das Glycerin zu gepaarten Säuren, und diese mit Sauerstoffbasen zu Salzen, in welchen das Glycerin als $C_6H_7O_5$, also in wasserfreiem Zustande, enthalten ist.

Die Glycerinschwefelsäure oder Glyceryloxydschwefelsäure, oder saures schwefelsaures Glycerin, = $C_6H_7O_5$, $2SO_3$ oder $C_6H_7O_5SO_3$, $HOSO_3$, wird dargestellt durch Vermischen von 1 Theil bei 130° getrocknetem Glycerin mit 2 Th. concentrirter Schwefelsäure, wobei sich die Masse stark erhitzt. Nach dem Erkalten verdünnt man mit Wasser und sättigt mit gepulvertem kohlensauren Kalke. Die glycerinschwefelsaure Kalkerde bleibt hierbei gelöst, während der meiste Gyps sich abscheidet. Nachdem man den Gyps abfiltrirt hat, verdunstet man im Wasserbade, wobei sich noch etwas Gyps absetzt, und bringt die klare Lösung zur Syrupsconsistenz; in der Kälte bilden sich allmälig Krystalle der glycerinschwefelsauren Kalkerde; diese werden in Wasser gelöst; durch Zusatz von Oxalsäure wird hierauf der Kalk genau gefällt; die in der Lösung gebliebene Glycerinschwefelsäure wird hierauf unter der Luftpumpe bis zu einem gewissen Grade concentrirt; wird dieser Grad der Concentration überschritten, so zerfällt sie sogar mehre Grade unter 0 in Schwefelsäure und Glycerin.

Diese wässerige Glycerinschwefelsäure ist eine farblose, sehr sauer schmeckende, die Barytsalze nicht fällende Flüssigkeit; aus den kohlensauren Salzen treibt sie die Kohlensäure mit Leichtigkeit aus.

Die glycerinschwefelsauren Salze haben die Zusammensetzung $C_6H_7O_5SO_3 + MOSO_3$; sie sind meist im Wasser sehr leicht löslich, besitzen einen bittern Geschmack und zerfallen, wenn ihre Lösungen mit freien basischen Hydraten oder einigen kohlensauren Salzen gekocht werden, in freies Glycerin und gewöhnliches schwefelsaures Salz. Dampft man dann im Wasserbade ab, so kann man das Glycerin aus dem Rückstande durch Alkohol ausziehen. Das Kali- und das Kalksalz können im trockenen Zustande bis 140° erhitzt werden, ohne sich zu zerlegen; bei höherer Temperatur liefern sie aber unter beträchtlichem Schäumen Acrolein, schwefelige Säure, und es bleibt ein kohlenhaltiger Rückstand. (Redtenbacher, Ann. der Pharm. 47, 118.)

Die wässerige Lösung des glycerinschwefelsauren Baryts zerfällt beim Erwärmen mit Baryt schon unter 100° in schwefelsauren Baryt und wässeriges Glycerin.

Glycerinschwefelsaure Kalkerde wird erhalten, wenn man die wässerige Säure bei Mittelwärme mit Kalkmilch neutralisirt, filtrirt und zur Syrupsconsistenz abdampft; in der Kälte scheiden sich sodann farblose, bitter schmeckende Nadeln aus, welche sich bei 140—150° zersetzen, wobei sie Geruch nach destillirtem Talg (nach Redtenbacher von Acrol) verbreiten und zuerst einen kohligen Rückstand, später bei weiterem Erhitzen und Luftzutritt weißen schwefelsauren Kalk hinterlassen. Die wässerige Lösung des Salzes wird bei mittlerer Temperatur durch Kalkwasser nicht zersetzt und trübt daher Chlorbaryum nicht; kocht man die Lösung aber kurze Zeit mit Kalkhydrat, so bildet sich schwefelsaure Kalkerde, welche dann auf Chlorbaryum einwirkt. Das krystallisirte Salz löst sich in weniger als 1 Th. Wasser, nicht in Weingeist und Aether. Es besteht aus $C_6H_7O_5CaO$, $2SO^3$, wenn es bei 110° getrocknet ist.

Das glycerinschwefelsaure Bleioxyd hat dieselbe Zusammensetzung als das Kalksalz und ist, ebenso wie das Silbersalz, in Wasser löslich.

Die Glycerinschwefelsäure und ihre Verbindungen wurden von Pelouze entdeckt; jedoch erwähnt schon Duff (Berz. Jahrb. 1821, 166) eine schwefelölige Säure, welche möglicherweise Glycerinschwefelsäure war, und die er erhielt, als er Olivenöl mit Vitriolöl behandelte; sie lieferte mit Baryt ein lösliches, krystallisirbares, bitteres, sich im Feuer unter Ausblähung und schwacher Entflammung verkohlendes Salz, worin aber die Gegenwart von Schwefel nicht nachgewiesen wurde. — Mit noch größerer Wahrscheinlichkeit läßt sich annehmen, daß die von Chevreul (Recherches sur les corps gras 457) 1823 beschriebene Fettschwefelsäure oder Acide sulfo-adipique mit der Glycerinschwefelsäure von Pelouze identisch ist. Chevreul erhitzte ein Gemenge von gleich viel Schweineschmalz und Vitriolöl einige Minuten auf 100°, versetzte mit Wasser, übersättigte das Filtrat schwach mit Barytwasser, dampfte es ab, wusch den Rückstand mit Weingeist, löste ihn in Wasser und erhielt durch Abdampfen des Filtrats ein nicht krystallisirendes Barytsalz von stechendem, dann süßlichem Geschmacke, welches beim Erhitzen neben Schwefel, schwefeliger Säure und Schwefelwasserstoff einen sauer, brenzlich und sehr scharf riechenden Rauch entwickelte und Schwefelbaryum mit Kohle zurückließ. Durch Zersetzung des in Wasser gelösten Barytsalzes mit Schwefelsäure und Filtriren erhielt er die wässerige Säure, welche beim Abdampfen einen sehr sauren Syrup gab, der in der Hitze ähnliche Producte wie das Barytsalz lieferte und dabei einen noch schärferen Geruch entwickelte.

Die Glycerinphosphorsäure (Glyceryloxydphosphorsäure, Acide phosphoglycérique) findet sich in einer eigenthümlichen Verbindung mit Oelsäure und Margarinsäure im Eigelb und im Gehirn, und ist nach der

Formel $C_6H_7O_5$, $2HO\,PO_5$ zusammengesetzt. Sie wurde 1845 von Pelouze entdeckt. Pelouze (Compt. rend. 21, 718; auch J. f. pr. Ch. 36, 257) stellte sie dar, indem er Glycerin, welches bei 100° getrocknet war, mit feinem Pulver von verglaster Phosphorsäure mengte; dabei erzeugte sich, wenn diese Verbindung in größerer Menge, z. B. 1 Unze, dargestellt wurde, eine Wärme von 100°. Nach einiger Zeit verdünnt man die Lösung mit Wasser, setzt kohlensauren Baryt hinzu, so lange als noch ein Aufbrausen erfolgt, und neutralisirt vollständig durch Eintröpfeln von Barytlösung. Dabei entsteht ein Niederschlag von phosphorsaurem Baryt, während der größte Theil der Phosphorsäure sich mit Glycerin, und die gebildete Glycerinphosphorsäure sich mit Baryterde zu einem löslichen Salze verbunden hat. Die abfiltrirte Flüssigkeit wird sodann zur schwachen Syrupsconsistenz abgedampft und das Salz durch Zusatz von Alkohol ausgefällt, welcher das etwa noch im freien Zustande befindliche Glycerin löst. Das mit Alkohol ausgewaschene Salz wird hierauf in Wasser gelöst und der Baryt genau durch verdünnte Schwefelsäure gefällt. Die in der Lösung zurückbleibende Glycerinphosphorsäure läßt sich bei gelinder Wärme und zuletzt bei gewöhnlicher Temperatur im luftleeren Raume bis zur Syrupsconsistenz concentriren, aber nicht krystallisirt erhalten, bei weiterem Verdampfen, selbst in gelinder Wärme, zersetzt sie sich in Glycerin und Phosphorsäure.

Versetzt man die concentrirte Lösung des Barytsalzes mit einer concentrirten Lösung von essigsaurem Bleioxyd, so erhält man einen sehr schwer löslichen Niederschlag von glycerinphosphorsaurem Bleioxyd, den man nach dem Auswaschen in Wasser vertheilt, mit Schwefelwasserstoff zerlegt und daraus durch Abdampfen die reine Säure darstellt.

Um die Glycerinphosphorsäure aus dem Eigelb zu erhalten, befreit man dieses, nach Gobley (N. J. d. Pharm. 9, 161; 11, 409; 12, 5), durch Erwärmen von dem meisten Wasser, erschöpft es durch kochenden Weingeist oder Aether, dampft das Filtrat ab, bringt den aus Eieröl und einer zähen Materie bestehenden Rückstand auf ein Filter und hierauf fortwährend so lange zwischen erneuertes Papier, als noch Oel aufgenommen wird, erwärmt dann die pomeranzengelbe, durchscheinende, nach Eigelb riechende Masse mit verdünntem Kali 24 Stunden lang im Wasserbade, übersättigt schwach mit Essigsäure, filtrirt von der Oelsäure, Margarinsäure u. s. w. ab und fällt hierauf die Flüssigkeit durch Bleizucker; der wesentlich aus glycerinphosphorsaurem Bleioxyd bestehende Niederschlag wird hierauf mit Wasser gewaschen, sodann in Wasser fein vertheilt und durch Schwefelwasserstoff zersetzt; die abfiltrirte Flüssigkeit wird darauf durch Abdampfen concentrirt, durch Schütteln mit ein wenig Silberoxyd von einer geringen Menge Salzsäure befreit, filtrirt und das überschüssige Silberoxyd durch Schwefelwasserstoff niedergeschlagen; hierauf wird nochmals filtrirt, und zur Entfernung einer kleinen Menge von saurem phosphorsaurem Kalke mit Kalkwasser neutralisirt, wodurch neutraler phosphorsaurer Kalk gefällt wird, während der glycerinphosphorsaure Kalk gelöst bleibt. Beim Abdampfen der Lösung scheidet sich der glycerinphosphorsaure Kalk in Krystallen ab; durch wiederholtes Auflösen in Wasser, Filtriren, Abdampfen und Krystallisiren wird das Salz gereinigt; endlich wird der Kalk durch eine angemessene Menge von Oxalsäure ausgefällt, und die wässerige Lösung der Glycerinphosphorsäure im Vacuum verdunstet.

Die Glycerinphosphorsäure ist eine zähe Masse von sehr saurem Geschmacke, welcher sich leicht in Wasser löst.

Die meisten glycerinphosphorsauren Salze sind in Wasser leicht löslich, lösen sich aber gar nicht oder nur schwierig in Alkohol, sodaß sie durch letztern aus ihren wässerigen Lösungen gefällt werden können. Man stellt sie dar durch Sättigen der Säure mit den basischen Oxyden, oder durch Fällung des Barytsalzes durch schwefelsaure Salze. Ihre Zusammensetzung wird, so weit dieselben bekannt sind, durch die allgemeine Formel $2MO$, $C_6H_7O_5$, PO_5 ausgedrückt.

Glycerinphosphorsaure Baryterde, $2BaO$, $C_6H_7O_5$, PO_5, kann leicht dargestellt werden durch Neutralisation des rohen Gemisches von wasserfreier Phosphorsäure und Glycerin mit kohlensaurem Baryt und Fällung der filtrirten und concentrirten Lösung durch Alkohol. Nach dem Glühen und Befeuchten mit Salpetersäure und wiederholtem Glühen hinterläßt es 73 Proc. phosphorsauren Baryt ($2BaO$, PO_5).

Glycerinphosphorsaure Kalkerde, $2CaO$, $C_6H_7O_5$, PO_5, kann ebenfalls durch Neutralisation der Säure erhalten werden. Verdampft man die Lösung an der Luft, so entsteht ein amorphes Salz; verdampft man sie aber unter fortwährendem Sieden, so erhält man es in schneeweißen, perlglänzenden Krystallschuppen, welche keinen Geruch, und etwas scharfen Geschmack zeigen. Es rührt dies daher, daß das Salz weit schwieriger in heißem als in kaltem Wasser löslich ist, sodaß es sich aus der kalten Lösung beim Kochen fast vollständig ausscheidet. Aus der wässerigen Lösung wird es durch Alkohol gefällt. Das Salz hält eine Hitze von 170° ohne Zersetzung aus, bei stärkerer Hitze schwärzt es sich. Durch Einkochen mit Kali und Wasser wird es in phosphorsauren Kalk und Glycerin zersetzt, welches letztere durch Alkohol ausgezogen werden kann. Wird die Lösung des Salzes mit Kalihydrat versetzt und erhitzt, so bildet sich eine Verbindung von phosphorsaurem Kalke und phosphorsaurem Kali ($3CaO$, PO_5 + $2KO$, PO_5), und freies Glycerin kann durch Alkohol aus dem Salze ausgezogen werden.

Das glycerinphosphorsaure Bleioxyd, $2PbO$, $C_6H_7O_5$, PO_5, kann man durch Fällung der concentrirten Lösungen des Baryt- oder Kalksalzes mit essigsaurem Bleioxyd darstellen. Es ist in Wasser nur wenig löslich und enthält jedenfalls etwas Wasser, welches auch bei 120° noch nicht vollständig fortgeht; daher erhielt Pelouze durch die Analyse nur 77,5 Proc. halbphosphorsaures Bleioxyd ($2PbO$, PO_5), während 80 Proc. hätten gefunden werden müssen.

Die Glycerintraubensäure, $C_6H_7O_5$, $C_4H_2O_5$ + HO, $C_4H_2O_5$, wurde von Berzelius entdeckt. Man erhält diese Säure, wenn man Glycerin, welches bei 130° getrocknet ist, mit völlig fatiscirter Traubensäure mengt und das Gemenge bis zu 150° erwärmt. Hierbei löst sich die Säure unter Entwickelung von Wasserdampf zu einer braungelben zähen Flüssigkeit, die nach dem Erkalten durchsichtig und so weich bleibt, daß sie von dem Nagel Eindrücke annimmt, sich in erwärmtem Zustande in lange Fäden ziehen läßt, schwach sauer schmeckt, an der Luft feucht wird und zu einem dicken Syrup zerfließt; sie ist in Wasser und Alkohol leicht löslich, in Aether hingegen unlöslich. Wird die Säure mit viel Wasser übergossen und damit erwärmt, so zersetzt sie sich theilweise in Glycerin und freie Traubensäure; verdunstet man aber das Wasser wieder und erhitzt bis 150°, so stellt sich die Verbindung wieder her. Sie treibt die Kohlensäure aus den kohlensauren Alkalien leicht aus.

Die glycerintraubensauren Alkalien sind gummiartige, in Wasser leicht, in Alkohol gar nicht lösliche, geschmacklose Salze. Die wässerigen Lösungen der Salze zersetzen sich in viel Wasser, vornehmlich beim Abdampfen, ähnlich wie die freie Säure.

Das Kalksalz kann dargestellt werden, wenn man die freie Säure mit kohlensaurem Kalke sättigt und hierauf Alkohol zusetzt; hierdurch wird es als eine käsige Masse gefällt, welche nach der Formel CaO, $C_4H_2O_5$ + $C_6H_7O_5$, $C_4H_2O_5$, + $3HO$ zusammengesetzt ist; neben diesem glycerintraubensauren Kalke krystallisirt auch stets etwas traubensaurer Kalk heraus. Wird das Salz erhitzt, so geht das Wasser erst dann fort, wenn das Salz sich zu zersetzen anfängt. Kalkhydrat zerlegt in der Wärme oder bei längerem Stehen die Lösung des glycerintraubensauren Kalkes vollständig in freies Glycerin und traubensauren Kalk.

Die Glycerinweinsäure wurde ebenfalls von Berzelius entdeckt. Sie ist nach der Formel $C_6H_7O_5$, $C_4H_2O_5$ + $HOC_4H_2O_5$ zusammengesetzt. Sie wird ganz auf dieselbe Weise erhalten als die Glycerintraubensäure und ist dieser auch in jeder Beziehung höchst ähnlich, sodaß Alles, was bei der vorhergehenden gesagt ist, auch für diese gilt. Das Kalksalz wird durch Alkohol aus der wässerigen Lösung oft als durchsichtige käsige Masse gefällt. (*J. Loth.*)

GLYCERIN (Mat. med.). Das Glycerin hat bisher als äußeres Mittel mehrfache Anwendung gefunden. So wurde es zuerst von England aus bei Schwerhörigen zum Einbringen in den Gehörgang empfohlen, und wegen seiner hygroskopischen Eigenschaften eignet es sich ganz gut bei alten Leuten mit trockenem Gehörgange und beständiger Abschülferung desselben. Man träufelt es hier ein, oder applicirt es mittels eines Kameelhaarpinsels oder eines Baumwollenkügelchens. Da es ferner die Haut erweicht und geschmeidig macht, so hat man es bei trockener, rissiger, abschülfernder Haut, bei Kahlköpfigkeit mit großer Trockenheit der Kopfhaut, bei Prurigo, bei Excoriationen, bei Verbrennungen angewendet, je nach den Umständen für sich oder in wässeriger oder alkalischer Solution, bei Verbrennungen aber als Mucilago mit Traganthschleim und Kalkwasser. Bei Kehlkopfleiden hat man es, gleich Höllenstein, mittels eines Schwämmchens örtlich applicirt.

Man hat ferner das Glycerin als Lösungsmittel für Chinin, Morphium, Strychnin, Veratrin, Atropin und deren Salze benutzt, und derartige Lösungen der Alkaloide sind in der französischen Pharmazie als Glycerolés bezeichnet worden. Ebenso hat man auch Jod, Jodkali, Jodschwefel, Quecksilberchlorid, Tannin u. dergl. zum äußern Gebrauche in Glycerin gelöst. (*Fr. Wilh. Theile.*)

GLYCERIUS (Flavius), einer der letzten römischen Schattenkaiser, von dessen früheren Lebensverhältnissen man Nichts weiter weiß, als daß er Befehlshaber der Haustruppen (comes domesticorum) und ein rechtlicher angesehener Mann war[1]). Unzeitiger Ehrgeiz scheint ihn verleitet zu haben, dem Rathe und den Versprechungen Gundibald's, eines burgundischen Fürsten und Neffen Ricimer's, welchen der Kaiser Olybrius während seiner kurzen Regierung zum Patrizier ernannt hatte, nachzugeben und sich, nachdem das bereits nur auf Italien, Dalmatien und einen kleinen Theil Galliens beschränkte römische Reich nach dem Tode des Olybrius (23. Oct. 472)[2]) einige Monate herrenlos gewesen war, am 5. März 473 von dem Heere und ohne die Erlaubniß Leo's, des Beherrschers des Ostens, zum Kaiser ausrufen zu lassen. Kurz nach seinem Regierungsantritte fiel ein Theil der in Pannonien wohnenden Ostgothen, geführt von ihrem Könige Widemir, in Italien ein und setzten den Kaiser, welcher nur über geringe Streitkräfte zu verfügen hatte, in große Verlegenheit, aus der ihn jedoch der unerwartete Tod Widemir's zog, indem der Sohn dieses Königs, welcher denselben Namen trug, sich durch reiche Geschenke bewegen ließ, Italien zu verlassen und mit seinem Heere nach Gallien zu ziehen, wo er sich mit den Westgothen vereinigte und bei der Eroberung Spaniens mitwirkte[3]). Glycerius scheint sich durch die Abwendung dieser Gefahr bei seinen Unterthanen, welche längst allen kriegerischen Sinn verloren hatten, sehr beliebt gemacht und überhaupt durch seinen ebenso milden als rechtlichen Charakter die allgemeine Achtung erworben zu haben. Mit der Geistlichkeit stand er ebenfalls in gutem Einvernehmen, insbesondere war er aber mit Epiphanius, dem berühmten und unter die Heiligen aufgenommenen Bischofe von Pavia, befreundet und dieser benutzte vielfach seinen Einfluß auf den Kaiser, um bei

1) Ἀνὴρ οὐκ ἄδοξος, sagt Theophanes Chronograph. p. 101. ed. Par. (Tom. I. p. 184. ed. Bonn.) 2) *Marcellini* Chronic. ad ann. 473. *Cassiodori* Chron. p. 51. 3) Widemir Italiae terras intravit et extremum fati munus reddens, excessit rebus humanis, successorem relinquens regni Widemirem filium suum. Quem Glycerius imperator muneribus datis de Italia ad Gallias transtulit ... adserens vicinos sibi Vesegothas eorum parentes regnare ... Widemir acceptis muneribus simulque mandatis a Glycerio imperatore, Gallias tendit, seseque cum parentibus jungens Vesegothis unum corpus efficitur, ut dudum fuerat, et sic Gallias Hispaniasque tenentes suo jure defendunt, ut nullus sibi alius praevaleret. *Jornandes*, De rebus Geticis c. 56.

ihm Gnade für Andere zu erlangen, ja es gelang ihm sogar, einigen Leuten seiner Diöcese, welche durch irgend eine nicht näher bezeichnete Handlung des Kaisers Mutter beleidigt hatten, Verzeihung zu erwirken [4]. Trotz aller dieser Vorzüge konnte sich Glycerius, welchem es nicht nur an Geld und Leuten, sondern auch an Muth gefehlt zu haben scheint, nicht auf dem Throne erhalten, sondern wurde von Julius Nepos, welchen Leo zum Kaiser des weströmischen Reiches ernannt hatte, zu Porto an der Mündung der Tiber überrascht und ohne große Gegenwehr gefangen genommen. Dieser ließ ihm das Haupt scheeren und zum Bischofe von Salona in Dalmatien weihen, sich selbst aber im Juni 474 zu Rom als rechtmäßigen Kaiser ausrufen [5], sah sich jedoch schon im August 475 genöthigt, selbst die Flucht zu ergreifen und sich nach Salona zu retten, wo er durch die Nachstellungen des Glycerius umgekommen sein soll, was jedoch bei dem sanften Charakter dieses Mannes sehr unwahrscheinlich ist; man könnte eher vermuthen, daß Nepos den Glycerius auf hinterlistige Weise aus dem Wege räumte [6]; gewiß scheint indessen, daß beide ihre Entthronung nicht lange überlebten; denn die Annahme, daß Glycerius zur Belohnung des an Nepos verübten Mordes auf den erzbischöflichen Sitz von Mailand erhoben worden sei [7], ist eine ebenso müßige als ungerechte Vermuthung [8]. Glycerius ließ während seiner kurzen Regierung [9] auch Münzen schlagen, welche sehr selten sind und von welchen nur die goldenen echt zu sein scheinen [10].
(*Ph. H. Külb.*)

GLYCEROXYD, synonym mit Metaceton.
(*J. Loth.*)

GLYCERSÄURE, synonym mit Metacetonsäure.
(*J. Loth.*)

GLYCERYL, das hypothetische Radical zu Glycerin, s. d. Art.
(*J. Loth.*)

GLYCERYLOXYDHYDRAT, synonym mit Glycerin, s. d. Art.
(*J. Loth.*)

GLYCINE, ein von Linné zur Bezeichnung einer Papilionaceengattung eingeführter Name. Linné faßte diese Gattung Anfangs in einem etwas weiteren Sinne, zog dazu 14 Arten, nämlich Glycine subterranea, monoica, triloba, javanica, comosa, tomentosa, bituminosa, nummularia, Apios, frutescens, monophylla, bracteata, Abrus und Galactia, später brachte er die zuletzt erwähnte Art zur Gattung Clitoria, erhob die vorletzte zu einer eigenen Gattung als Abrus und vereinigte Glycine bracteata mit Gl. monoica. In späterer Zeit wurden die meisten, wenn nicht alle der hier erwähnten Linné'schen Arten zu anderen Gattungen gezogen und es blieb bei der Gattung Glycine nur die von Linné's Sohn beschriebene Glycine labialis. Obgleich nun De Candolle in seinem Prodromus syst. natur. regni vegetabilis die von Linné zu Glycine gestellten Arten in den Gattungen Rhynchosia, Kennedya, Apios, Voandzeia, Rothia, Amphicarpa, Wisteria und Chaetocalix untergebracht hat, so scheint doch seine Begrenzung der Gattung Glycine gleichfalls nicht naturgemäß zu sein, wie er übrigens selbst schon vermuthete, weshalb Wight und Arnott und nach diesen Endlicher dieselbe in folgender Weise auffaßten:

Der fast zweilippige Kelch ist am Grunde von zwei Deckblättern begleitet, die Oberlippe desselben ist zweitheilig, die Unterlippe dreitheilig und hat lanzettliche, spitze Zipfel. Die verkehrt-eiförmige, ausgerandete Fahne der schmetterlingsartigen Blumenkrone umfaßt mit ihren Rändern die Flügel; diese, mit der Fahne von fast gleicher Länge, hängen an dem kürzeren, aufrechten Kiele. Die zehn Staubgefäße sind in ein Bündel verwachsen und tragen abwechselnd gar keine oder doch nur verkümmerte Staubbeutel, die Staubfadenröhre ist bisweilen gespalten. Der Fruchtknoten ist sitzend, länglich, stumpf, vieleiig. Der Griffel ist kurz, etwas einwärtsgekrümmt, kahl, die Narbe fast kopfförmig. Die Hülse ist linealisch, zusammengedrückt-cylindrisch, ziemlich aufrecht, vom bleibenden Griffelgrunde gekrönt, vielsamig, mit zelligen Ausfüllungen zwischen den Samen. Diese sind fast eiförmig und haben keine Nabelwarze.

Es gehören zu dieser Gattung windende, mehr oder weniger behaarte, krautige und halbstrauchige Arten im tropischen Asien und Amerika, sowie am Cap der guten Hoffnung mit aus drei fiederig gestellten Blättchen bestehenden Blättern, mit kleinen lanzettlichen Nebenblättern, achselständigen, unterbrochenen Blüthentrauben und fast büschelförmigen Blüthenstielchen.

Es mögen nun hier die nach Linné aus dieser Gattung beschriebenen Arten Platz finden, ohne damit behaupten zu wollen, daß sie sämmtlich mit Recht hierher gestellt sind.

1) Glycine labialis *Linné* (der Sohn). Der Stengel ist windend, fadenförmig, rückwärts weichhaarig; die Blättchen sind eiförmig, unterseits weichhaarig, die Blüthen achselständig, gehäuft; die seidenhaarigen Kelche sind etwas kürzer als die Blumenkrone; die kahlen Hülsen sind an der Spitze in Folge des stehenbleibenden Griffels hakenförmig. Hierher gehören nach Wight und Arnott als Synonyme Glycine pentandra *Roxburgh*, Gl. debilis *Aiton*, Gl. parviflora *Lamarck*, Gl. bli-

4) Post hunc (Olybrium) Glycerius ad regnum adscitus est, apud quem, quanta pro salute multorum gesserit (Epiphanius), studio brevitatis lacido. Nam supplicante sancto viro illatam matri a ditionis suae hominibus contumeliam [illegible] injuriam. *Ennodii* Vit. S. Epiphanii c. 7. § 28 (Act. SS. Januarii. Tom. II. p. 369). 5) Excerpta ex chron. Anonymi post *Ammian. Marcellin.* c. 7. *Jornandes*, De regnor. success. (bei *Muratori*, Script. Ital. I, 1, 239). *Photius*, Biblioth. cod. 78. *Evagrius*, Hist. eccles. II, 16. 6) Photius sagt (l. c.) nach dem Historiker Malchus sehr zweideutig: *ἐφ' ὃν καὶ ἐπιβουλευθεὶς ἀναιρεῖται*, scheint aber doch den Nepos als Thäter bezeichnen zu wollen. 7) Gibbon, welcher (History of the roman empire ch. 36) diese Vermuthung aufstellt, setzt auch zugleich hinzu, der Kaiser Glycerius und der mailändische Erzbischof Glycerius könnten zwei verschiedene Personen gewesen sein. 8) Vergl. die Zusammenstellung der noch vorhandenen Notizen über Glycerius bei *Tillemont*, Histoire des Empereurs. Tom. VI. p. 422 seq. 9) Glycerius regierte etwa 14 Monate; die Angaben, daß er fünf Jahre (*Evagrius* l. c.) oder nur fünf Monate (*Theophanes* l. c.) regiert habe, sind falsch. 10) Vergl. *J. Eckhel*, Doctr. num. vet. Tom. VIII. p. 198. *J. Chr. Rasche*, Lexicon rei numar. Tom. II. P. I. p. 1492.

formis *Wallich*, Gl. pallens *Graham*, Teramnus labialis *Sprengel* und Teramnus parviflorus *Sprengel*.

Diese Art ist in Ostindien einheimisch.

2) Gl. mollis *Wight* und *Arnott*. Die Stengel sind lang behaart; die Blättchen sind breit eiförmig oder elliptisch, dünn, oberseits mit langen, unterseits mit kurzen, angedrückten Haaren besetzt; der stark behaarte Kelch hat mit der Blumenkrone fast gleiche Länge; die Haare der Röhre stehen ab, die der Zipfel aufrecht; die kurz- und angedrückt-weichhaarigen Hülsen sind lang bespitzt. Hierher gehört Glycine parviflora var. mollis *Graham*.

Diese Art wächst gleichfalls in Ostindien.

3) Gl. dolichoides *Desvaux*. Der Stengel ist sehr ästig und rauhhaarig, die Aeste sind schwach kantig, fadenförmig; die eiförmig-länglichen, spitzen, beiderseits angedrückt-striegelhaarigen, fiedernervigen Blättchen sind von Nebenblättchen begleitet; die Nebenblätter sind lanzettlich-pfriemlich; die Blüthentrauben haben mit den Blättern fast gleiche Länge; die kleinen Kelche sind fünfspaltig, weichhaarig; die Hülsen sind linealisch, fast sichelförmig, angedrückt striegelhaarig, zehnsamig; die Samen sind zusammengedrückt, schwarz, rhomboidal.

Diese Art findet sich auf der Insel Timor.

4) Gl. moringaeflora *Délile*. Die Blüthentrauben sind schlank, rispig, 6—8 Zoll lang, fast seidig-weichhaarig; die zahlreichen Blüthen sind mäßig groß; der fast seidenhaarige Kelch ist mit zwei Deckblättchen gestützt; die Fahne ist zurückgebogen, der lineallische Fruchtknoten ist seidenhaarig; die Narbe ist ziemlich dick und kahl.

Diese Art wächst in Aegypten.

5) Gl. rufa *Schumacher* und *Thonning*. Der Stengel ist aufrecht; die Blätter sind dreizählig, die Blättchen lanzettlich, rothgenervt; die Hülsen sind kopfförmig, zweisamig.

Die Heimath dieser Art ist Guinea.

6) Gl. biflora *Schumacher* und *Thonning*. Die Blätter sind dreizählig, die Blättchen eiförmig-länglich, beiderseits stumpf, etwas stachelspitzig, behaart; die Blüthen stehen in den Blattwinkeln zu zweien; die linealischen kahlen Hülsen enthalten ungefähr fünf Samen.

Sie wächst in Guinea.

7) Gl. rhombea *Schumacher* und *Thonning*. Die Blätter sind dreizählig, die Blättchen fast rundlich-rhombisch, ausgerandet, kahl; die Blüthentrauben sind länger als das Blatt, die Hülsen nadelförmig, zweisamig. Hierher gehört Gl. rhombifolia *Willdenow*.

Das Vaterland dieser Art ist gleichfalls Guinea.

8) Gl. subloba *Schumacher* und *Thonning*. Die Blätter sind dreizählig, die Blättchen rhombisch, fast gelappt, unterseits weichhaarig; die Blüthentrauben sind länger als das Blatt; die Hülsen sind länglich, zugespitzt, zweisamig, etwas wollig.

Auch diese Art wächst in Guinea, wie die beiden folgenden.

9) Gl. macrophylla *Schumacher* und *Thonning*. Die Blättchen sind zugespitzt, weichhaarig, die seitlichen breit-eiförmig, das endständige breit rundlich.

10) Gl. dentata *Vahl*. Der stark-rauhhaarige Stengel windet; die Blättchen sind schwach gelappt, gezähnt, unterseits seidenhaarig; die Blüthenstiele sind achselständig, vielblüthig, kürzer als der Blattstiel; die Hülsen sind rauhhaarig. Hierher gehört Dolichos argenteus *Willdenow*.

11) Gl. anonychia *Walpers*. Die Blättchen sind breit eiförmig, zugespitzt; die Staubfadenröhre ist nach Vorn geschlossen; die Hülsen sind etwas runzelig, stumpf, fünfsamig. Hierher gehört Bujacia anonychia *E. Meyer*.

Diese Art wächst am Cap der guten Hoffnung.

12) Gl. gampsonychia *Walpers*. Die Blättchen sind elliptisch-eiförmig oder länglich, stumpf; die Staubfadenröhre ist oberwärts gespalten; die Hülsen sind flach, nach Vorn bespitzt, 10—12samig. Hierher gehört Bujacia gampsonychia *E. Meyer*.

Das Vaterland dieser Art ist das Cap der guten Hoffnung.

13) Gl. stricta *Hooker*. Der Stengel ist aufrecht, schlank, rundlich und nebst den Blättern kahl, die länglichen, ganz stumpfen, unterseits meergrünen Blättchen haben mit dem Blattstiele gleiche Länge; die sitzenden, achselständigen Dolden sind sehr kurz; die Kelche und Blüthenstielchen sind rauhhaarig.

Diese Art wächst in Nordamerika.

14) Gl. biloba *Lindley*. Der windende Stengel ist behaart; die Blättchen sind eiförmig, stachelspitzig, weichhaarig; die achselständigen, vielblüthigen, aufrechten Blüthentrauben sind kürzer als die Blätter; die Fahne ist zweilappig.

Diese Art wächst in Mexico.

15) Gl. Botrydium *Walpers*. Der windende, kantige Stengel ist rückwärts rauhhaarig; die Blätter sind dreizählig, die Blättchen länglich, elliptisch, beiderseits seidenhaarig; die Blüthentrauben sind kurz, wenigblüthig und nebst den Kelchen seidenhaarig; die Blüthen sind rosenroth, zuletzt weiß. Hierher gehört Teramnus Botrydium *Schott*.

Diese Art findet sich in Mexico.

16) Gl. emarginata *Desvaux*. Der Stengel ist holzig; die Blätter sind dreizählig, die Blättchen elliptisch-länglich, ausgerandet, ganz kahl und netzaderig; die Blüthen stehen in Aehren; die Kelchzipfel sind pfriemlich, lang.

Die Heimath dieser Art ist gleichfalls Mexico.

17) Gl. ranunculus *Desvaux*. Der Stengel ist strauchartig, fast gabelspaltig, etwas windend; die Zweige sind ziemlich kahl; die Blättchen sind eiförmig, undeutlich stachelspitzig, stumpflich und schwach gewimpert; die Nebenblätter sind eiförmig, stumpf; von den Kelchzähnen ist einer länger als die übrigen; die Hülsen sind flach, berandet, kahl, linealisch, lang zugespitzt, 10—15samig.

Sie wächst im wärmern Amerika.

18) Gl. filiformis *Desvaux*. Der Stengel ist rundlich, windend, halbstrauchig, fadenförmig, rückwärts weichhaarig; die Blättchen sind eiförmig, länglich, stachelspitzig, unterseits bleich und weichhaarig; die Nebenblättchen sind kurz, haarförmig; die gestielten, sechsblüthigen

Trauben sind länger als das Blatt; die Blüthen stehen entfernt; der Kelch und der gemeinschaftliche Blüthenstiel ist weichhaarig, die Kelchzipfel sind lang zugespitzt; die Hülsen sind weichhaarig, etwas grau, achtsamig.

Das Vaterland dieser Art ist unbekannt.

19) Gl. oblonga *Bentham*. Die kantigen Aestchen sind rückwärts rostfarbig-wollig; die Blättchen sind länglich oder lanzettlich, seltener eiförmig-lanzettlich, stumpf, stachelspitzig, oberseits kahl oder sparsam behaart, unterseits angedrückt-behaart; die Blüthentrauben sind länger als das Blatt, entfernt vielblüthig oder die unteren kurz und wenigblüthig; die Oberlippe des braunwolligen Kelchs ist zweizähnig; die Fahne ist länger als die Hälfte des Kelchs; die Hülse ist angedrückt-behaart. Hierher gehört Teramnus volubilis *Swartz*.

Das Vaterland dieser Art ist Guayaquil. Von der sehr ähnlichen Glycine mollis *Wight* und *Arnott* ist sie durch schmälere Blätter, durch die weniger tief eingeschnittene Kelchoberlippe und durch die größere Blumenkrone verschieden. Die Blätter sind sehr veränderlich, bald kaum einen Zoll lang und nur mit wenigen Haaren bestreut, bald 2 Zoll lang und namentlich auf der Unterseite mit zahlreichen, rostfarbigen Haaren bedeckt; ebenso sind die Blüthentrauben bald kaum einen halben Zoll lang und kürzer als der gemeinschaftliche Blattstiel, bald einen halben Fuß lang. Die Blüthen stehen einzeln, zu zweien oder fast büschelig.

20) Gl. discolor *Martens* und *Galeotti*. Der windende Stengel ist nebst den Blattstielen mit rückwärts stehenden braunen Wollhaaren besetzt; die Blätter sind dreizählig, die Blättchen eiförmig-länglich, stumpf, oberseits angedrückt wollig, unterseits seidenhaarig-glänzend; die achselständigen, lockeren Blüthentrauben sind länger als das Blatt; die Zipfel des seidenhaarig-wolligen Kelchs sind pfriemlich und kaum kürzer als die kleine Blumenkrone; die linealischen, langen Hülsen sind von rostfarbigen Haaren dicht bedeckt.

Die Heimath dieser Art ist Mexico.

21) Gl. cajanoides *Walpers*. Der Stengel ist aufrecht, strauchig, ästig, kahl; die Blätter sind dreizählig, die Blättchen lanzettlich, zugespitzt, stumpf, fiedernervig, fast lederartig, oberseits kahl, unterseits meergrün und mit hervortretenden Nerven; die achselständigen Blüthentrauben sind weit kürzer als das Blatt; von den Zipfeln des silberweiß-seidenhaarigen, glockenförmigen, viertheiligen Kelchs ist der oberste zugespitzt und etwas breiter als die übrigen; die rostfarbige, kahle Blumenkrone ist größer als der Kelch.

Diese Art wächst auf Manila.

Außer diesen hat Thunberg einige Arten dieser Gattung vom Cap der guten Hoffnung und eine aus Japan beschrieben, welche einer wiederholten, genauen Untersuchung bedürfen. Dies sind:

22) Gl. erecta *Thunberg* mit aufrechtem, rauhhaarigem Stengel, länglichen, wolligen, am Rande etwas umgerollten Blättchen und meist zu vier in Dolden stehenden Blüthen.

Das Vaterland dieser und der drei folgenden ist das Cap der guten Hoffnung.

23) Gl. heterophylla *Thunberg* mit niederliegendem, schwach windendem, kahlem Stengel, länglichen und linealischen, kahlen, am Rande etwas umgerollten Blättchen und in Dolden stehenden Blüthen.

24) Gl. argentea *Thunberg* mit windendem, seidenhaarig-filzigem Stengel, eiförmigen, etwas stachelspitzigen, unterseits schneeweiß-filzigen Blättchen, achselständigen, 4—5blüthigen Blüthenstielen und in Dolden stehenden Blüthen. Hierher gehört vielleicht Gnomia argentea *Linné* (der Sohn).

25) Gl. secunda *Thunberg* mit niederliegendem, fadenförmigem, kantigem, weichhaarigem Stengel, rundlichen, oberseits kahlen Blättchen, gestielten, achselständigen, vielblüthigen Trauben, überhangenden Blüthen und rauhhaarigen Hülsen.

26) Gl. villosa *Thunberg* mit windendem, filzigem Stengel, dreilappigen, spitzen, filzigen Blättchen, gestielten, achselständigen, 2—5blüthigen Trauben und filzigen Hülsen.

Diese Art kommt in Japan vor. (*Garcke.*)

GLYCINEEN. Mit diesem Namen belegt Bentham eine Abtheilung der Papilionaceen, welche sich durch einen vieleiigen Fruchtknoten, durch die meist mit zwei Anhängseln versehene Fahne, durch das am Grunde verwachsene oder ganz freie fahnenständige Staubgefäß, durch den sich nicht verhärtenden Griffel und durch die nabelwarzenlosen Samen auszeichnet. Der Blüthenstand ist bei den betreffenden Arten sehr oft knotig-traubig, die Blüthen sind oft sehr klein, die Deckblättchen sind klein, selten gestreift.

Zu dieser Abtheilung gehören außer der Hauptgattung Glycine, welche besonders betrachtet werden muß, folgende Gattungen.

1) Johnia *Wight* und *Arnott*. Die Zipfel des tief fünftheiligen Kelchs sind schmal, pfriemlich, die beiden obersten sind bis zur Mitte unter einander verwachsen, der unterste ist etwas länger als die übrigen. Die Blumenblätter der schmetterlingsartigen Blumenkrone sind kürzer als der Kelch, die länglich-verkehrt-eiförmige Fahne überragt die freien Flügel und den stumpfen Kiel um das Doppelte. Die zehn Staubgefäße sind sämmtlich mit Staubbeuteln versehen, das der Fahne zugewandte ist frei. Der Fruchtknoten ist mehreiig. Der Griffel ist schwertförmig, kahl, nach Oben verschmälert, die Narbe ist kopfförmig. Die Hülse ist linealisch, durch den stehenbleibenden Griffelgrund bespitzt, behaart, 4—5samig, durch zellige Ausfüllungen zwischen den Samen quer-mehrfächerig. Die Samen sind zusammengedrückt.

Die zu dieser Gattung gehörigen Arten sind windende, mit rückwärts stehenden, braunen, steifen Haaren besetzte Halbsträucher im tropischen Asien mit mehr oder weniger behaarten Blattstielen, aus drei Blättchen bestehenden Blättern, lanzettlichen, trockenhäutigen, gestreiften Nebenblättern, achselständigen, zuerst dichtblüthigen, kurzen, von langen, behaarten Deckblättern bekleideten, später verlängerten, entfernblüthigen Trauben und zurückgekrümmten Hülsen.

2) Cyamopsis *De Candolle*. Von den lanzettlich-pfriemlichen, spitzen Zipfeln des kreiselförmig-röhrigen, tief fünftheiligen Kelchs stehen die beiden obersten ein wenig ab. Die fast gleichgroßen Kronblätter der schmetterlingsartigen Blumenkrone springen zuletzt elastisch von einander, ihre Fahne ist fast kreisrund, ihre Flügel sind länglich, ihr Kiel ist zweiblätterig, aufrecht, spitz. Die zehn Staubgefäße sind in ein Bündel verwachsen und sämmtlich mit Staubbeuteln versehen. Der Fruchtknoten ist linealisch, vieleiig. Der Griffel ist dick, aufsteigend, die Narbe kopfförmig. Die nadelförmige Hülse ist der Länge nach gekielt und gestreift, an der der Fahne zugewandten Naht zweinervig, durch den bleibenden Griffel geschnäbelt, mehrsamig, durch zellige Ausfüllungen zwischen den Samen mehrfächerig. Die Samen sind länglich-cylindrisch, zu beiden Seiten abgestutzt, warzig.

Die Arten dieser Gattung kommen im tropischen Asien und Afrika vor; sie sind krautartig und mit im Mittelpunkte angehefteten Haaren besetzt; ihre Blätter sind aus drei oder fünf fiederig-vereinigten Blättchen zusammengesetzt, ihre stehenbleibenden Nebenblätter sind sehr klein, die Blüthentrauben achselständig, kürzer als das Blatt, die Blüthen klein.

3) Stenolobium *Bentham*. Die Oberlippe des kurz-zweilippigen, glockenförmigen Kelchs ist zweizähnig, die Unterlippe dreispaltig. Die verkehrt-eiförmige, aufrechte, am häutigen, eingebogenen Grunde zu beiden Seiten mit einem Anhängsel versehene Fahne der schmetterlingsartigen Blumenkrone überragt die länglichen, mit dem Kiele zusammenhängenden, am Grunde pfriemlich-ohrförmigen Flügel; der Kiel ist länglich, aufrecht, so lang als die Flügel, seine auf dem Rücken verwachsenen Blättchen haben mit den Flügeln gleiche Gestalt. Die zehn Staubgefäße stehen in zwei Bündeln, indem der der Fahne zugewandte Staubfaden vom Grunde an frei ist, sie tragen sämmtlich Staubbeutel. Der sitzende Fruchtknoten ist vieleiig. Der kahle fadenförmige Griffel verhärtet nicht; die endständige Narbe ist klein. Die sitzende Hülse ist linealisch, lang, flach-zusammengedrückt, an beiden Nähten verdickt, vielsamig, durch zellige Ausfüllungen zwischen den Samen quer-vielfächerig. Die nierenförmigen, zusammengedrückten Samen haben keine Nabelwarze.

Windende, im tropischen Amerika einheimische Halbsträucher gehören als Arten zu dieser Gattung; ihre Blätter bestehen aus drei fiederig gestellten, eiförmig-rhombischen, gegenüberstehenden, von starren, gewimperten Nebenblättchen begleiteten Blättchen, die Nebenblätter fallen ab, die achselständigen Blüthenstiele sind lang und steif, die fast sitzenden Blüthen stehen in mehren, oft vielblüthigen Büscheln, die Spindel dieser Büschel bleibt stehen und ist knotenförmig, die Deckblätter fallen ab, die Blumenkronen sind himmelblau, die Hülsen sind angedrückt-weichhaarig oder fast kahl.

4) Soya *Mönch*. Der fünfspaltige Kelch ist am Grunde mit zwei Deckblättchen besetzt, seine drei unteren Zipfel sind aufrecht, spitz, seine beiden oberen bis über die Mitte verwachsen. Die eiförmige, kurzgestielte Fahne der schmetterlingsartigen Blumenkrone schließt die Flügel ein, der Kiel ist länglich, aufrecht. Die zehn Staubgefäße stehen in zwei Bündeln, indem der der Fahne zugewandte Staubfaden frei und ungegliedert ist, sie tragen sämmtlich Staubbeutel. Der sitzende Fruchtknoten ist mehreiig. Der Griffel ist kurz, die Narbe fast kopfförmig. Die Hülse ist länglich, fast sichelförmig, häutig, zwei- bis fünfsamig, durch zellige Ausfüllungen zwischen den Samen quer-mehrfächerig. Die Samen sind eiförmig, zusammengedrückt.

Aus dieser Gattung ist nur eine im tropischen Asien einheimische, aufrechte, steifhaarige Art mit aus drei Blättchen bestehenden, von Nebenblättchen begleiteten Blättern und achselständigen, bald gehäuften und kurz gestielten, bald in Trauben stehenden und länger gestielten Blüthen bekannt.

5) Betencourtia *St. Hilaire*. Der glockenförmige, bis über die Mitte fünfspaltige Kelch ist unterhalb des Grundes mit zwei Deckblättchen besetzt, seine Zipfel sind einander ungleich. Die Flügel und der Kiel der schmetterlingsartigen Blumenkrone sind stumpf und gleichfalls ungleich. Die zehn Staubgefäße sind einbrüderig, ihre Röhre ist bisweilen gespalten. Die kegelförmige, gerippte Scheibe umgibt den Grund des sitzenden, linealischen, vieleiigen Fruchtknotens. Der Griffel ist gekrümmt, kahl, die Narbe ist endständig, klein. Die sitzende Hülse ist vielsamig. Die Samen sind noch unbekannt.

Zu dieser Gattung gehört nur eine Art, ein in Brasilien einheimischer, niederliegender Halbstrauch mit langgestielten, aus drei Blättchen zusammengesetzten Blättern und an der Spitze des Blüthenstiels in Dolden stehenden Blüthen.

6) Strateria *Wight* und *Arnott*. Von den zugespitzten Zipfeln des vierspaltigen, am Grunde mit zwei Deckblättern besetzten Kelchs ist der untere und der obere länger als die übrigen. Die Kronblätter der schmetterlingsartigen Blumenkrone haben einen langen Nagel, die verkehrt-eiförmige, anhängsellose Fahne liegt mit ihren Rändern auf, die Flügel sind frei, der Kiel ist verwachsenblätterig, etwas einwärtsgekrümmt und kürzer als die Flügel. Von den zehn, in zwei Bündel verwachsenen Staubgefäßen ist das der Fahne zugewandte frei und am Grunde nicht gegliedert. Der sitzende Fruchtknoten ist mehreiig. Der Griffel ist zusammengedrückt, kahl, lang, zuletzt gebogen, die Narbe ist kopfförmig. Die Hülse ist linealisch, zusammengedrückt, behaart, 5—6samig, durch zellige Ausfüllungen zwischen den Samen quer-mehrfächerig. Die eiförmigen, zusammengedrückten Samen haben keine Nabelwarze.

Die Arten dieser Gattung sind krautig, windend und abstehend behaart und wachsen im tropischen Asien; ihre Blätter bestehen aus drei Blättchen, von denen die seitlichen eiförmig sind, das endständige aber rhombisch ist; die Nebenblätter und Deckblätter sind lanzettlich, trockenhäutig, gestreift, die achselständigen, vielblüthigen Blüthentrauben sind kürzer als das Blatt, die Blüthen sind gestielt, die trockenhäutigen, pfriemlichen Deckblättchen haben mit dem Kelche fast gleiche Länge.

7) Galactia *P. Browne.* Der glockenförmige, vierspaltige Kelch ist am Grunde mit zwei Deckblättchen besetzt, von seinen dachziegelig sich deckenden, zugespitzten Zipfeln ist der obere breiter, der unterste länger als die seitlichen. Die Fahne der schmetterlingsartigen Blumenkrone ist eiförmig oder fast kreisrund, an der Spitze abstehend oder zurückgebogen, am Grunde an jeder Seite mit einer einwärtsgebogenen, bisweilen sehr kleinen Haut versehen, die Flügel sind länglich, der Kiel ist länglicheiförmig, etwas einwärtsgebogen, länger als die Flügel, seine Blättchen sind auf dem Rücken verwachsen. Die zehn sämmtlich staubbeuteltragenden Staubgefäße stehen in zwei Bündeln, da der der Fahne zugewandte Staubbeutel frei, einwärtsgekrümmt, am Grunde weder verdickt, noch gegliedert ist. Der sitzende Fruchtknoten ist mehreiig. Der Griffel ist fadenförmig, einwärtsgekrümmt, kahl, nicht verdickt, die Narbe ist klein. Die Hülse ist linealisch, zusammengedrückt, fast aufrecht, lederartig, vielsamig, durch zellige Hervorragungen zwischen den Samen quer-mehrfächerig. Die Samen sind kreisrund oder fast nierenförmig und haben keine Nabelwarze.

Die zu dieser Gattung gehörigen Arten wachsen in den tropischen oder subtropischen Ländern der ganzen Erde; es sind windende oder niedergestreckte Kräuter oder Halbsträucher mit aus drei oder selten durch Fehlschlagen aus einem einzigen Blättchen bestehenden Blättern, achselständigen, oft wenigblüthigen Trauben, mit in Büscheln stehenden Blüthen, mit stehenbleibender, fast knotenförmiger Spindel, abfälligen Deckblättern und purpurrothen, himmelblauen oder weißen, oft zugleich mit den Staubgefäßen fehlschlagenden Blüthen.

8) Kiesera *Reinwardt.* Von den ungleichen Zähnen des glockenförmigen, am Grunde höckerigen, fünfzähnigen Kelchs ist der unterste länger als die übrigen. Die Fahne der Blumenkrone ist kreisrund. Die Staubgefäße stehen in zwei Bündeln. Der Griffel ist nach Oben ziemlich flach, nach Innen wollig. Die Hülse ist linealisch, zusammengedrückt, vielsamig, an der Spitze hakenförmig. Die Samen sind kreisrund, zusammengedrückt.

Zu dieser Gattung gehört nur eine auf Java einheimische Art, ein seidenhaarig-filziger Halbstrauch mit gefiederten Blättern, endständigen Blüthentrauben, großen, weißen Blüthen und verschiedenfarbiger Fahne.

9) Vilmorinia *De Candolle.* Der Kelch ist deckblattlos, cylindrisch, stumpf-vierzähnig, fast zweilippig. Die Fahne der schmetterlingsartigen Blumenkrone ist länglich, die Flügel sind kürzer als der Kiel. Die zehn Staubgefäße stehen in zwei Bündeln. Der Griffel ist pfriemlich, kahl, die Narbe spitz. Die Hülse ist gestielt, lanzettlich, am Grunde verschmälert, zusammengedrückt, an der Spitze fadenförmig. An Samen sind 12—16 vorhanden.

Aus dieser Gattung ist nur eine Art bekannt, ein auf den caraibischen Inseln einheimischer Strauch mit unpaarig gefiederten, 5—6 paarigen Blättern, aus breitem Grunde lang-pfriemlichen, zurückgekrümmten Nebenblättern, achselständigen Blüthentrauben, welche kürzer als das Blatt sind und purpurrothen Blüthen.

10) Barbieria *De Candolle.* Der lang-röhrenförmige Kelch ist am Grunde mit zwei Deckblättchen besetzt, die Zipfel seines fünfspaltigen Saumes sind zugespitzt und gleichlang. Die Kronblätter der schmetterlingsartigen Blumenkrone sind länglich und sehr lang benagelt, die Fahne liegt auf, die Flügel sind kürzer als der mit der Fahne gleichlange Kiel. Der Fruchtknoten ist sitzend, linealisch, wollig, vieleiig. Der fadenförmige Griffel ist auf der hinteren Seite der Länge nach bärtig, die Narbe ist stumpf. Die Hülse ist noch unbekannt.

Die zu dieser Gattung gehörige Art, ein Strauch, kommt im tropischen Amerika vor, sie hat unpaarig gefiederte Blätter mit vielpaarigen Blättchen, achselständige, wenigblüthige Blüthentrauben, welche kürzer als das Blatt sind, scharlach-purpurrothe Blüthen und zugespitzte Neben- und Deckblätter. (*Garcke.*)

GLYCOCOLL (von γλυκύς, süß und κόλλα, Leim) ist ein Zersetzungsproduct des Leims und findet sich als Paarling in der Hippursäure und in der Cholsäure; wegen des ihm eigenthümlichen süßen Geschmacks führt dieser Stoff auch den Namen Leimzucker, Leimsüß, Sucre de Gélatine.

Das Glycocoll wurde 1820 von Braconnot entdeckt (Ann. de Ch. et Ph. 13, 114; Schweigg. 29, 344 und Gilb. 70, 390), welcher folgende Darstellung angibt:

Man läßt ein Gemenge von 1 Th. gepulvertem Tischlerleim mit 2 Th. concentrirter Schwefelsäure, 24 Stunden sich selbst überlassen, auf einander einwirken, verdünnt es sodann mit 8 Th. Wasser und kocht die Mischung hierauf 5 Stunden lang unter fortwährender Ersetzung des verdampfenden Wassers; hierauf verdünnt man die Flüssigkeit noch mehr und neutralisirt die Schwefelsäure durch Kreide; der gebildete Gyps wird sodann durch Filtriren abgeschieden und die Flüssigkeit zur Syrupsconsistenz abgedampft. Bei längerem Stehen bilden sich hieraus Krystalle, welche man mit schwachem Weingeiste wäscht, zwischen Leinwand auspreßt, und, um sie weiter zu reinigen, in Wasser löst und daraus krystallisiren läßt. — Diese Krystalle enthalten noch lösliche Salze beigemengt und liefern 2—11 Proc. Asche. Um diese zu entfernen, kocht man sie, nach Boussingault, welcher diese Verbindung näher untersucht hat (Compt. rend. 7, 493; auch J. f. pr. Ch. 15, 453; Ann. d. Pharm. 28, 80; N. Ann. d. Ch. u. Phys. 1, 257; Ann. d. Pharm. 39, 304; J. f. pr. Chem. 24, 173), einige Zeit mit Barytmilch, wobei sich kein Ammoniak entwickelt, fällt hierauf aus dem Filtrat durch behutsamen Zusatz von Schwefelsäure den Baryt, filtrirt und dampft endlich zur Krystallisation ab, welche sehr schnell eintritt. — Statt dessen kann man auch die durch Kreide neutralisirte und filtrirte Flüssigkeit bis zur Trockene abdampfen und den Rückstand mit Weingeist erschöpfen; dabei bleiden Gyps und Ammoniaksalze, sowie organische Verunreinigungen ungelöst, während die Lösung beim Verdampfen des Alkohols zuerst Krystalle von Glycocoll und sodann von Leucin gibt. Durch wiederholte Krystallisation wird das Glycocoll gereinigt und endlich durch etwas gereinigte Thierkohle völlig entfärbt. Nach Mulder gibt dies Braconnot'sche Verfahren sehr wenig Glycocoll, dagegen viel Leucin.

Mulder (J. f. pr. Chem. 16, 290; Ann. d. Chem. u. Ph. 20, 73; J. f. pr. Chem. 38, 294) kocht zur Darstellung des Glycocolls Tischlerleim mit einer Lösung von Aetzkali so lange, als sich noch Ammoniak entwickelt; hierauf neutralisirt er die Flüssigkeit durch Schwefelsäure, dampft ab, trennt die Flüssigkeit vom angeschossenen schwefelsauren Kali, dampft hierauf weiter ab und zieht den Rückstand durch Weingeist aus, welcher das Glycocoll und eine sehr geringe Menge Leucin, die sich dadurch bildet, auflöst. Da das Leucin viel leichter in Alkohol löslich ist, als das Glycocoll, so läßt sich ersteres leicht entfernen. Auch das so erhaltene Glycocoll läßt meistens etwas Asche. Nach Boussingault läßt sich anstatt der Kalilauge auch Kalkmilch anwenden.

Am leichtesten erhält man jedoch das Glycocoll im völlig reinen Zustande durch Zerlegung der Hippursäure vermittels starker Säuren. Dessaignes (Compt. rend. 21, 1224; N. Ann. d. Chem. u. Phys. 17, 50; J. f. pr. Ch. 37, 244; Ann. d. Pharm. 58, 322), welcher das merkwürdige Zerfallen der Hippursäure in Benzoësäure und Glycocoll unter Aufnahme der Elemente des Wassers entdeckte, klärte dadurch die Constitution dieser Säuren wesentlich auf. Horsford (Ann. d. Pharm. 60, 1) gibt als zweckmäßigstes Verfahren, um nach dieser Methode das Glycocoll darzustellen, Folgendes an: Man erwärme in einem Kolben, der 1 Litre faßt, 3—4 Unzen (nach Bensch dargestellte) Hippursäure mit 16 Unzen concentrirter Salzsäure bis zur völligen Lösung; nachdem man hierauf ½ Stunde die Erwärmung langsam fortgesetzt hat, verdünnt man die Lösung mit Wasser, wobei sich schwere Oeltropfen von geschmolzener Benzoesäure niedersenken, welche krystallinisch erstarren; nach hinreichendem Erkalten filtrirt man die angeschossene Benzoësäure ab, wäscht diese mit Wasser, so lange das Ablaufende noch sauer schmeckt, und dampft das Filtrat, welches salzsaures Glycocoll nebst freier Salzsäure und Benzoësäure enthält, um die freien Säuren zu verjagen, in einer offenen Schale auf dem Wasserbade fast bis zur Trockene ab und wiederholt dies einige Male, bis reines salzsaures Glycocoll zurückbleibt. Die Flüssigkeit wird nun mit Ammoniak etwas übersättigt, sodann mit Weingeist vermischt und einige Zeit hingestellt, worauf sich fast alles Glycocoll als weißer Niederschlag, welcher aus sehr kleinen Krystallblättchen gebildet ist, absetzt, während die Flüssigkeit Salmiak und eine geringe Menge Benzoesäure gelöst hält. Sobald sich nach längerer Zeit keine Krystallblättchen mehr absetzen, bringt man den Niederschlag auf ein Filter und wäscht ihn so lange mit absolutem Alkohol aus, als salpetersaures Silberoxyd noch die Gegenwart von Chlor anzeigt.

Später fand Strecker (Ann. d. Chem. u. Pharm. 67, 16), daß sich das Glycocoll bei der Zerlegung der Cholsäure durch Alkalien, unter Eintreten der Elemente von 2 Aeq. Wasser, neben der Cholansäure bilde. Ebenso erzeugt sich durch Einwirkung von Säuren auf Cholsäure Glycocoll neben Choloidinsäure, wobei nur 2 Aeq. Wasser aufgenommen werden.

Eigenschaften: Die Zusammensetzung des Glycocolls ist von Boussingault, Dessaignes, Gerhardt (N. J. d. Pharm. 11, 164), Laurent (Compt. rend. 22, 789), Horsford und Mulder untersucht. Mulder fand früher die Formel: $C_8N_2H_8O_7$, und Boussingault $C_{16}N_4H_{18}O_{14}$; aus späteren Untersuchungen ergab es sich aber, daß diesen Analysen ein durch Leucin verunreinigtes Glycocoll zu Grunde lag. Gerhardt schlug zuerst die Formel: $C_4NH_5O_4$ vor, welche bald darauf durch die Untersuchungen von Dessaignes über die Hippursäure, und hierauf durch die Analysen von Laurent, Mulder und Horsford bestätigt wurde. Mulder verdoppelt jedoch die Formel zu $C_8N_2H_{10}O_8$, und Horsford unterscheidet von dem krystallisirten Glycocoll ein hypothetisch trockenes, welches nach ihm die Zusammensetzung $C_4NH_4O_3$ hat und mit 1 Aeq. Wasser verbunden das krystallisirte gibt. Diese Auffassung erscheint nach der Radicaltheorie in soweit begründet, als 1 Aeq. Wasserstoff im Glycocoll durch 1 Aeq. Metall vertretbar ist. — Gmelin faßt das Glycocoll als eine Verbindung des Amidkerns C_4AdH_3 = C_4NH_5 mit 4 Aeq. Sauerstoff auf. Gegen diese Annahme spricht der Umstand, daß das Glycocoll nur dann Ammoniak entwickelt, wenn es mit sehr concentrirten Alkalien gekocht wird, und daß es, obgleich es 4 Aeq. Sauerstoff außerhalb des Kerns enthält, nicht als Säure auftritt. Jedoch spricht für den Charakter einer Säure und für die Auffassung der Verbindung als Amidkern der Umstand, daß es sich mit trockenen Metalloxyden unter Bildung von 1 Aeq. Wasser vereinigen kann, und daß es in Verbindung mit 1 Aeq. einer anderen Säure eine gepaarte Säure bildet, welche 1 Aeq. Basis sättigt. Das Glycocoll wäre hiernach Essigsäure $= C_4H_4O_4$, worin 1 Aeq. Wasserstoff durch 1 Aeq. Amid vertreten ist. Demgemäß betrachtet Gerhardt das Glycocoll als das Amid einer zweibasischen Säure von der Zusammensetzung $C_4H_4O_6$, in der Weise, daß $C_4H_4O_6 + NH_3 = C_4NH_5O_4 + 2HO$ ist, ebenso wie Oxaminsäure aus Oxalsäure entsteht: $C_4H_2O_8 + NH_3 = C_4NH_3O_6 + 2HO$.

Das Glycocoll hat einen süßen Geschmack, ungefähr wie Krümelzucker, welche Eigenschaft ihm früher den unpassenden Namen Leimzucker verschaffte; mit den eigentlichen Zuckerarten hat es weder in Hinsicht seiner Zusammensetzung einige Aehnlichkeit, noch ist es gährungsfähig, und endlich besitzt es nach Pencke (J. f. pr. Chem. 25, 83) keine Einwirkung auf den polarisirten Lichtstrahl. Die Lösung des Glycocolls ist ohne Einwirkung auf Reagenzpapiere; es löst sich in 4,24 — 4,25 Th. kaltem Wasser, leichter in heißem als in kaltem Weingeiste, und ist fast unlöslich in absolutem Alkohol und Aether. Beim freiwilligen Verdunsten einer concentrirten Lösung in Wasser oder schwachem Weingeiste erhält man Krystalle des zwei- und eingliederigen Systems von der Combination $\infty P . 0P + P . \infty P \infty$. Die spitzen Winkel ∞P, durch welche die Orthodiagonale geht, betragen 60¼°. — Beim Erhitzen mit concentrirtem Kali nimmt das Glycocoll unter Entwickelung von Ammoniak eine prachtvolle feuerrothe Farbe an, welche bei fortgesetztem Erhitzen verschwindet. Auch Barythydrat und Bleioxyd bringen dieselbe Reaction hervor. Es verhindert, wie eine große Menge anderer organischer Verbindungen, die Fällung des wässerigen Kupfervitriols durch Kali, indem ein blaues Gemisch entsteht; auch löst kochendes wässeriges Glycocoll das Kupferoxyd mit derselben blauen Farbe, und gibt beim Erkalten Nadeln (Horsford). Salpetersaures Quecksilberoxydul wird durch Glycocoll zu metallischem Quecksilber reducirt.

Verbindungen. Das Glycocoll verbindet sich, ähnlich wie der Harnstoff, mit Säuren, Basen und Salzen, sodaß man es nicht streng als organische Basis betrachten kann. — Die Verbindungen mit den Säuren kann man erhalten durch directes Zusammenbringen der beiden Stoffe, oder durch Behandlung der Hippursäure mit stärkeren Säuren. In dem letzteren Falle nimmt 1 Aeq. krystallisirte Hippursäure die Elemente von 2 Aeq. Wasser auf und zerlegt sich damit in 1 Aeq. krystallisirte Benzoësäure und 1 Aeq. krystallisirtes Glycocoll, welches letztere sich mit der zugefügten Säure verbindet. Die hierher gehörige Zersetzungsformel ist danach:

1 Aeq. Hippursäure + 2 Aeq. Wasser = 1 Aeq. Benzoësäure + 1 Aeq. Glycocoll.
$C_{18}H_9NO_6 + 2HO = C_{14}H_6O_4 + C_4H_5NO_4$.

Die Versuche, umgekehrt durch Vereinigung von Glycocoll mit Benzoësäure die Hippursäure zu erzeugen, sind bis jetzt ohne Erfolg geblieben; möglicher Weise liegt der Grund dieses Mislingens darin, daß beide Verbindungen in dem krystallisirten Zustande, in welchem sie angewandt werden müssen, 2 Aeq. Wasser mehr enthalten, als die Hippursäure.

Mit der Schwefelsäure geht das Glycocoll mehre Verbindungen ein. Nach Dessaignes krystallisirt eine Lösung von 75 Th. (1 Aeq.) Glycocoll in 49 Th. (1 Aeq.) Vitriol bis auf den letzten Tropfen in stark glänzenden dicken Prismen, woraus sich das Glycocoll durch Zusatz von kohlensaurem Kalke oder kohlensaurem Bleioxyd unverändert wieder abscheiden läßt. — Horsford löste Glycocoll in warmem Weingeiste, tröpfelte nach dem Erkalten Schwefelsäure hinzu und stellte das Gemisch einige Tage hin; dadurch erhielt er bald lange dünne Säulen mit gerader Endfläche, bald stark glänzende Tafeln, welche einen sauren Geschmack zeigten, luftbeständig waren und auch bei 100° sich noch nicht zersetzten; sie lösten sich im Wasser und warmem wässerigem Weingeiste, nicht aber in absolutem Alkohol und Aether; sie ergaben sich durch die Analyse als eine Verbindung von wasserfreiem Glycocoll und wasserfreier Schwefelsäure = $C_4NH_4O_3, SO_3$; hingegen bleibt diese Zusammensetzung immerhin zweifelhaft, da die Analyse 1,8 Proc. Wasserstoff mehr ergab, als nach der Berechnung gefunden werden konnte. Verfährt man auf dieselbe Weise, erhitzt aber die Lösung nach dem Zusatze der Schwefelsäure bis zum Kochen, so erhält man bisweilen Krystalle von der Gestalt des Kupfervitriols, welche die Zusammensetzung $C_4NH_4O_3, SO_3$ zeigen. Außerdem unterscheidet Horsford noch folgende basische Verbindungen des Glycocolls mit Schwefelsäure: 1) halbschwefelsaures Glycocoll = $2C_4NH_4O_3, SO_3$; 2) zweidrittelschwefelsaures Glycocoll: a) $3C_4NH_4O_3, 2SO_3, 2HO$ wird erhalten, wenn man eine mit Wasser verdünnte alkoholische Lösung des Glycocolls mit Schwefelsäure im Ueberschusse versetzt; aus dieser Mischung krystallisiren nach 24 Stunden rechtwinkelige Prismen, deren Form selbst durch einen sehr großen Ueberschuß von Schwefelsäure nicht geändert wird; sie schmecken und reagiren sauer und verändern sich nicht an der Luft. Durch Verschiedenheit der Concentration oder der Temperatur entstehen außer diesen Salzen noch b) $3C_4NH_4O_3, 2SO_3, HO$, und c) $3C_4NH_4O_3, 2SO_3, HO$.

Mit der Chlorwasserstoffsäure vereinigt sich das Glycocoll bei der Zerlegung der Hippursäure zu $C_4NH_4O_3, HCl$. Nach Dessaignes kocht man die Hippursäure eine halbe Stunde lang mit Salzsäure, läßt die Flüssigkeit erkalten, wobei sich Benzoësäure abscheidet, und dampft die von der Benzoësäure abfiltrirte Flüssigkeit bis zur Syrupsdicke ab, beim Erkalten scheiden sich lange Säulen aus, welche, nachdem sie mit Weingeist gewaschen sind, durchsichtig und glänzend sind, sauer und schwach zusammenziehend schmecken, über Vitriolöl beständig sind, aber an der Luft langsam zerfließen; in Wasser und wässerigem Weingeiste sind sie löslich, in absolutem Alkohol hingegen fast unlöslich. — Auch die Chlorwasserstoffsäure bildet wie die Schwefelsäure einige basische Verbindungen: a) Fügt man zu einer wässerigen, kalten, concentrirten Glycocolllösung Chlorwasserstoffsäure und dann so viel Alkohol hinzu, bis sich die Flüssigkeit schwach trübt, so setzen sich bald Krystalle ab, die bei öfterem Zutröpfeln von Weingeist an Größe zunehmen und sich durch langsames Verdunsten über Vitriolöl noch vergrößern. Sie bilden rhombische Prismen mit Winkeln von 93 und 87°, sind durchsichtig, luftbeständig, von angenehm sauer-süßem Geschmacke und röthen Lackmus. Ihre Zusammensetzung ist $2C_4NH_4O_3, HO, HCl$. b) Stellt man die Lösung von Glycocoll in wässeriger Salzsäure zum Krystallisiren hin, so bilden sich Krystalle von der Zusammensetzung $2C_4NH_4O_3, 2HO, HCl$. c) Versetzt man wässeriges Glycocoll mit überschüssiger Salzsäure und stellt es zum Krystallisiren hin, oder leitet man salzsaures Gas über erhitztes Glycocoll bis zur Sättigung, wobei es zwischen 150 und 170° schmilzt, Wasser entwickelt und sich dabei grünlich färbt, so erhält man die Verbindung $3C_4NH_4O_3, HO, HCl$. d) In andern Fällen bei denselben Operationen, die sich wahrscheinlich durch die Temperatur unterscheiden, erhält man die Verbindung $3C_4NH_4O_3, 2HO, HCl$.

Nach Mulder absorbirt Glycocoll, welches bei 100° getrocknet ist, kein salzsaures Gas.

Die Verbindung des Glycocolls mit Salpetersäure (Acide nitrosaccharique) bildet sich sowol beim directen Zusammenbringen von Glycocoll mit Salpetersäure, als auch, nach Dessaignes, durch Einwirkung der Salpetersäure auf Hippursäure. Nach Braconnot löst sich das Glycocoll in kalter oder warmer verdünnter Salpetersäure ohne Aufbrausen und ohne alle Zersetzung auf, und beim behutsamen Abdampfen und Erkalten erhält man eine Krystallmasse, welche weit mehr Raum einnimmt, als das angewandte Glycocoll. Bisweilen erkaltet die Flüssigkeit in der Ruhe, ohne zu krystallisiren, und verwandelt sich dann beim Schütteln augenblicklich in eine aus Nadeln bestehende Krystallmasse. Verdunstet man die Flüssigkeit über Vitriolöl, so erhält man wasserhelle, plattgedrückte, schwachgestreifte Säulen des zwei- und eingliederigen Systems, von saurem, schwachsüßlichem Geschmacke, welche an der Luft nicht feucht werden. Diese Krystalle haben die Zusammensetzung $C_4NH_4O_3$, HO, $HONO_5$. Im trockenen Luftstrome oder im luftleeren Raume lange Zeit bei 110° erhitzt, verlieren sie unter schwacher Bräunung 4⅕ Proc. Wasser; 6,7 Proc. würde erst 1 Aeq. betragen. Die Krystalle lösen sich in Wasser, aber nicht in Weingeist, selbst nicht in sehr verdünntem, bei Einwirkung der Siedehitze. Beim Erhitzen schwellen sie stark auf und verpuffen schwach mit stechendem Dampfe. Beim Erhitzen mit einer überschüssigen fixen Basis bis 120° verlieren sie 3,64 Proc., bis 150° 3,03 Proc. mehr und bei 170° noch 6,36 Proc. Wasser, also im Ganzen 13,03 Proc. = 2 Aeq. Wasser. — Man hat die Verbindung des Glycocolls mit Salpetersäure, ehe man die Verbindung desselben mit andern Säuren kannte, für eine gepaarte Säure angesehen, und sie daher mit dem Namen Leimzuckersalpetersäure belegt; da hingegen Boussingault fand, daß man dieselben Verbindungen, welche man durch Sättigen dieser Leimzuckersalpetersäure mit Basen erhält, auch durch Behandlung der Verbindungen des Glycocolls und dieser Basen mit freier Salpetersäure, und ebenso durch Vermischen von Glycocoll mit den entsprechenden salpetersauren Salzen erhalten kann, so ergibt sich daraus, daß man die genannten Salze nur ansehen kann als Verbindungen des Glycocolls mit salpetersauren Salzen, und nicht als Verbindungen einer Leimzuckersalpetersäure mit Basen.

Die Verbindung des Glycocolls mit Essigsäure = $C_4NH_4O_3$, $HO\bar{A}$, HO erhält man durch Auflösung von Glycocoll in Essigsäure und tropfenweises Zusetzen von Alkohol, bis die Lösung sich trübt; durch weitern Zusatz von Alkohol wird dabei die Krystallisation fortgesetzt. Ebenso erhält man durch Behandlung des Glycocolls mit Weinsäure oder Palmitinsäure unmittelbar die entsprechenden Salze.

Nach Dessaignes erhält man eine Verbindung des Glycocolls mit Oxalsäure, wie man Hippursäure mit concentrirter Oxalsäure kocht und die Flüssigkeit hierauf abkühlt, dabei scheiden sich Krystalle von Benzoësäure und schöne Säulen der Glycocolloxalsäure. Beim Abdampfen der Lösung von Glycocoll mit wässeriger Oxalsäure erhält man eine strahlig-krystallisirte, dem Wawellit ähnliche Masse, bei allmäligem Zusatze von Weingeist zu der Lösung scheiden sich hingegen schöne luftbeständige Krystalle aus, welche nach Horsford = $2C_4NH_4O_3$, C_2O_3 sind.

Die Verbindungen des Glycocolls mit Basen sind weniger charakteristisch als die Verbindungen mit Säuren.

Das trockene Glycocoll absorbirt nach Mulder kein Ammoniakgas, löst sich aber leicht in wässerigem Ammoniak.

Die Lösung des Glycocolls in verdünntem Kali gibt beim Abdampfen im Wasserbade lange, feine Nadeln, welche leicht an der Luft zerfließen und stark sauer reagiren.

Eine Verbindung von Glycocoll mit Baryterde entsteht nach Horsford, wenn man Baryterdehydrat mit Glycocoll zusammenreibt; sie bildet eine halbflüssige Masse, welche, wenn sie mit Wasser versetzt und ruhig hingestellt wird, nach einiger Zeit krystallisirt.

Wenn man Glycocoll mit überschüssigem Bleioxyde erhitzt, so verliert es 12,5 Proc. (12 Proc. sind = 1 Aeq.) Wasser. Kocht man Bleioxyd mit einer wässerigen Lösung von Glycocoll, filtrirt hierauf und dampft die Flüssigkeit bei abgehaltener Luft ab, so erhält man nach Boussingault farblose Nadeln, welche, nachdem sie bei 120° getrocknet sind, bei 150° kein Wasser mehr abgeben und durch Kohlensäure zersetzbar sind und im Vacuum verwittern; ihre Lösung reagirt alkalisch. Mischt man die Lösung mit Alkohol bis zur anfangenden Trübung, so entstehen nach Horsford allmälig Säulen, welche dem Cyanquecksilber sehr ähnlich sind und welche bei fortgesetztem Zusatze von Alkohol an Größe zunehmen. Die lufttrockenen Krystalle sind nach der Formel: $C_4NH_4O_3$, PbO zusammengesetzt; nach dem Trocknen bei 120° nach der Formel: $C_4NH_3O_2$, PbO.

Kocht man Kupferoxyd anhaltend oder Kupferoxydhydrat kürzere Zeit in einer wässerigen Lösung von Glycocoll, so entsteht eine grünblaue Flüssigkeit, aus welcher sich, wenn sie gehörig concentrirt ist, beim Erkalten feine, prächtig blaue Nadeln von Kupferoxydglycocoll ausscheiden; eine vollständige Ausscheidung der Krystalle kann auch durch Zusatz von Weingeist erzielt werden. Dieselbe Verbindung erzeugt sich auch durch Vermischen der wässerigen Lösungen von Glycocoll und schwefelsaurem Kupferoxyd und Zusatz von Weingeist. Diese Verbindung ist sehr leicht löslich in Wasser, hingegen unlöslich in Alkohol; sie besteht aus $C_4NH_4O_3$, CuO. Zwischen 100—120° verliert sie unter grüner und violetter Färbung 1 Aeq. Wasser.

Mit dem Silberoxyde verbindet sich das Glycocoll sehr leicht, jedoch ist es schwierig, die Verbindung von constanter Zusammensetzung zu erhalten. Um eine gesättigte Verbindung zu erzeugen, muß man nach Boussingault eine wässerige Lösung von Glycocoll mehre Stunden zwischen 80 und 100° mit Silberoxyd digeriren, einige Augenblicke kochen und heiß filtriren. Die erhaltenen durchsichtigen, körnigen Krystalle, bei 110° getrocknet, haben die Zusammensetzung: $C_4NH_4O_3$, AgO. Setzt man zu der Lösung des Silberoxyds in Glycocoll Weingeist, so erhält man warzige Krystalle, die sich am Lichte schwärzen. Ist die wässerige Lösung von Glycocoll nicht völlig mit Silberoxyd gesättigt, und läßt man, nachdem man die beim Erkalten ausgeschiedenen Krystalle entfernt hat, die zurückbleibende Mutterlauge im luftleeren Raume verdunsten, so erhält man eine körnige Masse, die weit löslicher ist, als die normale Verbindung, und auf 3 Aeq. Silberoxyd 4 Aeq. Glycocoll enthält.

Von den Verbindungen des Glycocolls mit Chlormetallen sind bis jetzt dargestellt worden: Glycocollchlorkalium wird erhalten durch Vermischen der wässerigen Lösungen von Glycocoll mit Chlorkalium; wird die Mischung über Vitriolöl bis zur starken Concentration verdunstet, so entstehen sehr feine Nadeln, welche an der Luft schnell feucht werden und aus $C_4NH_5O_4$, KCl bestehen.

Glycocollchlornatrium krystallisirt nach längerer Zeit aus der concentrirten mit Weingeist versetzten wässerigen Lösung von Glycocoll mit Chlornatrium.

Durch Auflösen von 1 Aeq. Chlorbarium und 1 Aeq. Glycocoll in heißem Wasser und Abkühlen erhält man schöne Säulen des rhombischen Systems, beim Fällen durch Weingeist hingegen platte Nadeln von der Zusammensetzung: BaCl, $C_4NH_4O_3$, HO. Sie sind neutral, bitter, luftbeständig.

Glycocolleinfachchlorzinn krystallisirt aus einem der gesättigten wässerigen Lösungen beider Bestandtheile.

Fügt man zu wässerigem Leimsüß die concentrirte Lösung von Zweifachchlorplatin in überschüssiger Salzsäure und tröpfelt entweder absoluten Weingeist hinzu, so trübt sich das Gemisch und setzt Krystalle ab; dieselben Krystalle kann man auch erhalten, wenn man das Gemisch ohne Zusatz von Weingeist im luftleeren Raume über Vitriolöl verdunstet. Die Krystalle sind von kirschrother Farbe, welche durch Wasserverlust allmälig an der Oberfläche heller wird. Nach Horsford sind sie nach der Formel: $PtCl_2$, $C_4NH_4O_3$, HO, nach Gmelin nach der Formel: $PtCl_2$, $C_4NH_4O_3$, 6HO zusammengesetzt.

Mit chlorwasserstoffsaurem Berberin bildet das Glycocoll schön orange gefärbte, feine nadelförmige Krystalle von der Zusammensetzung: $C_4NH_4O_3$, $C_{42}H_{18}NO_9$, HCl.

Glycocollschwefelsaures Kali wird erhalten, wenn man ein Gemisch von Glycocoll und doppeltschwefelsaurem Kali mit Weingeist versetzt; die Verbindung fällt in durchscheinenden Säulen nieder, welche nach dem Trocknen über Schwefelsäure die Zusammensetzung KO, $2C_4NH_4O_3$, $2SO_3$, zeigen.

Die wässerige Lösung von Glycocoll mit zweifachchromsaurem Kali giebt nach dem Mischen mit absolutem Weingeiste bald Krystalle, welche sich, nach Horsford, selbst unter der Flüssigkeit in einigen Tagen unter Ausscheidung von Kohle zersetzen.

Eine Verbindung mit harnsaurem Ammoniak ist nach der Formel: $C_4NH_4O_3$, $C_5HN_2O_3$ + NH_4O, $C_5HN_2O_3$ zusammengesetzt.

Die bis jetzt untersuchten Verbindungen des Glycocolls mit salpetersauren Salzen, welche einige Chemiker als Verbindungen der Metalloxyde mit einer gepaarten Säure, der Leimzuckersalpetersäure, ansehen, sind folgende:

Glycocollsalpetersaures Kali wird erhalten, wenn man das salpetersaure Glycocoll (Leimzuckersalpetersäure) mit Kali neutralisirt, oder die wässerigen Lösungen von Glycocoll und Salpeter vermischt und Weingeist zufügt. Es bildet Nadeln von salpeterartigem, dann schwach süßem Geschmacke, von der Zusammensetzung $C_4NH_4O_3$,KO,NO_5. Auf glühenden Kohlen verpufft es wie Salpeter. Braconnot unterscheidet noch ein saures, ebenfalls in Nadeln krystallisirendes Salz.

Glycocollsalpetersaures Baryt entsteht nach Mulder, wenn man Glycocollsalpetersäure mit Barytwasser übersättigt und den überschüssigen Baryt durch Kohlensäure und Kochen entfernt.

Glycocollsalpetersaurer Kalk entsteht nach Braconnot, wenn man wässerige Glycocollsalpetersäure mit kohlensaurem Kalke sättigt und die Flüssigkeit abdampft. Die Verbindung bildet luftbeständige, in Weingeist schwierig lösliche Nadeln, die auf glühenden Kohlen im Krystallwasser schmelzen und dann wie Salpeter verpuffen.

Die glycocollsalpetersaure Bittererde ist nach Braconnot unkrystallisirbar, zerfließlich, schäumt auf glühenden Kohlen stark auf und läßt unter Verpuffen einen braunen, baumförmig aufgeblähten Rückstand.

Glycocollsalpetersaures Zinkoxyd bildet sich, wenn man Zink in Glycocollsalpetersäure auflöst; die Flüssigkeit entwickelt dabei Wasserstoff und bildet ein krystallisirbares Salz.

Das Eisen verhält sich gegen Glycocollsalpetersäure wie das Zink. Wässeriges Anderthalbchloreisen wird durch Glycocoll rothbraun gefärbt.

Glycocollsalpetersaures Bleioxyd entsteht sowol durch Auflösen von Bleioxyd in Glycocollsalpetersäure, als auch durch Auflösen von Glycocollbleioxyd in Salpetersäure. Es bildet eine unkrystallinische, gummiähnliche, luftbeständige Masse, welche im Feuer verpufft. Nach dem Trocknen bei 130° hat es die Zusammensetzung: $C_4NH_4O_3$,NO_5, PbO.

Das glycocollsalpetersaure Kupferoxyd bildet sich ebenso wol durch Auflösen von Kupferoxyd in Glycocollsalpetersäure, wie durch Auflösen von Glycocollkupferoxyd in Salpetersäure. Es bildet lasurblaue Nadeln von der Zusammensetzung $C_4NH_4O_3$, 2CuO, NO_5, 2HO. Bei 150° färben sich die Krystalle unter schwachem Wasserverluste grün und verpuffen bei 180—182°.

Das glycocollsalpetersaure Silberoxyd, $C_4NH_4O_3$, AgONO_5, bildet sich durch Auflösen von Silberoxyd in Glycocollsalpetersäure, oder durch Auflösen von Glycocollsilberoxyd in Salpetersäure, oder durch Auflösen von Glycocoll in salpetersaurem Silberoxyd. Es bildet schöne Nadeln, die sich am Lichte schnell schwärzen und aus der Luft Feuchtigkeit anziehen.

Zersetzungen des Glycocolls. 1) Die im luftleeren Raume bei mittlerer Temperatur getrockneten Krystalle verlieren bei 130° und 150° noch Nichts an Gewicht, bei 178° aber fängt ein Theil an zu schmelzen, während sich der übrige Theil bräunt und bei erhöhter Temperatur unter Entwickelung von brenzlich riechenden Producten eine aufgeblähte Kohle hinterläßt.

2) Durch den galvanischen Strom wird es in ein saures und in ein basisches Product zersetzt; was diese Producte sind, ist noch nicht bestimmt.

3) Werden Krystalle von Glycocoll einem Strome von Chlorgas ausgesetzt, so werden sie, nach Mulder, sogleich unter Entwickelung von Wasser und Salzsäure in einen braunen harten Körper verwandelt, welcher sich theilweise in Wasser löst. Die braune, sehr saure Lösung setzt beim Filtriren in wenig Flüssigkeit große Krystalle ab, die nicht genauer untersucht sind. Dieselbe Zersetzung bewirken Brom und Jod. — Nach Horsford absorbirt eine gesättigte wässerige Lösung von Glycocoll rasch das Chlorgas unter Entwickelung von Kohlensäure und verwandelt sich bei dreitägigem Durchleiten in einen Syrup, der eine eigenthümliche Säure enthält; doch bleibt stets, selbst nach achttägigem Durchleiten von Chlorgas, immer noch etwas Glycocoll unzersetzt. Um das Barytsalz dieser eigenthümlichen Säure zu erhalten, verdünnt man den Syrup mit wenig Wasser, neutralisirt durch Ammoniak, fällt durch Chlorbaryum, wäscht den Niederschlag ein wenig und trocknet ihn, wodurch er viel von seiner Löslichkeit in Wasser verliert. Das so erhaltene Salz ist frei von Stickstoff und ist nach Horsford von der Zusammensetzung: $BaO, C_2H_2O_4$. Dieselbe Säure bildet sich auch nach Horsford beim längeren Kochen von Glycocoll mit Salpetersäure, oder mit Salzsäure, welcher man etwas chlorsaures Kali zufügt, oder mit wässerigem übermangansaurem Kali.

4) Beim Erhitzen mit concentrirter Schwefelsäure schwärzt sich das Glycocoll. Dampft man hingegen die Lösung des Leimsüßes in verdünnter Schwefelsäure zum Syrup ab, löst in Wasser, dampft wieder ab und fährt einige Male so fort, so erstarrt am Ende die abgedampfte Masse zu luftbeständigen sauer schmeckenden rhombischen Säulen, welche nach dem Waschen mit Weingeist und Pulvern mit Kali Ammoniak entwickeln, und deren Lösung sowol das Chlorbaryum als auch das zweifach Chlorplatin fällt. Diese Krystalle sind nach der Formel: $C_4NH_5O_4$, $2SO_3$, oder $NH_4O, SO_3, HO + C_4NH_3O_3, SO_3$ zusammengesetzt, sodaß sie also eine Verbindung von schwefelsaurem Ammoniumoxyd mit schwefelsaurem Glycocoll darstellen. Hieraus geht hervor, daß sich 1 Aeq. Glycocoll in 1 Aeq. Ammoniumoxyd und 1 Aeq. Fumarsäure zersetzt haben mag, da $C_4NH_5O_4 = C_4HO_3 + NH_4O$ ist. — Erhitzt man Glycocoll mit verdünnter Schwefelsäure mehre Stunden lang gelinde unter Ersetzung des verdampfenden Wassers, fällt hierauf die meiste Schwefelsäure durch Bleioxyd und den Rest durch Barytwasser, filtrirt und concentrirt hierauf das Filtrat zuerst durch Erhitzen und später über Vitriolöl, so liefert dasselbe schöne rhombische Säulen, welche sich schwierig in kaltem Wasser, und gar nicht in Aether und Weingeist lösen; mit Kali entwickeln sie Ammoniak und geben in concentrirter Lösung mit salpetersaurem Silberoxyd einen in Salpetersäure nicht löslichen Niederschlag; mit Chlorcalcium entsteht erst bei Zusatz von Ammoniak ein krystallinischer und mit Chlorbaryum ein in Salzsäure löslicher Niederschlag. Wird die Verbindung mit Kalihydrat geschmolzen und mit Salzsäure übersättigt, so fällt sie aus Chlorbaryum schwefelsauren Baryt. Die Krystalle dieses Salzes, welches jedenfalls eine gepaarte Schwefelsäure enthält, faßt Horsford als $NH_4O, C_4H_2O_3, SO_3$ auf; da Horsford hingegen nur den procentischen Gehalt an Kohlenstoff, Stickstoff und Wasserstoff ermittelt hat, so erscheint diese Formel immerhin sehr zweifelhaft.

5) Aus salpetersaurem Quecksilberoxydul fällt Glycocoll metallisches Quecksilber.

6) Eine sehr concentrirte wässerige Lösung von Kali entwickelt aus Glycocoll beim Erhitzen unter prächtiger feuerrother Färbung Ammoniakgas. Aus der festgewordenen Masse wird durch Behandlung mit Salzsäure Blausäure entwickelt und in der Flüssigkeit zeigt sich Oxalsäure. Verdünntes Kali und Barytwasser entwickeln beim Erhitzen mit Glycocoll kein Ammoniak; beim Erhitzen von Glycocoll mit Barythydrat oder Bleioxyd entsteht hingegen dieselbe feuerrothe Färbung. — Die Glycocolllösung läßt sich durch Hefe nicht in Gährung versetzen.

Ueber die wirkliche Constitution des Glycocolls lassen sich nur Vermuthungen aufstellen. Am wahrscheinlichsten ist, daß es eine Verbindung von Ammoniak mit Fumarsäure oder einer anderen analog zusammengesetzten Säure ist, indem die Formel des Glycocolls, wie schon oben angeführt wurde, auf eine solche Zusammensetzung hinweist und auch wirklich Ammoniak aus dem Glycocoll entwickelt werden kann; da es aber bis jetzt noch nicht gelungen ist, die Fumarsäure auszuscheiden, so bleibt diese Annahme immer noch zweifelhaft. Ebenso läßt sich das Glycocoll nach der Formel als eine Verbindung von Harnstoff mit Traubenzucker, oder als Verbindung von Rohrzucker mit kohlensaurem Ammoniak auffassen, indem:

1 Aeq. Harnstoff + ½ Aeq. Traubenzucker = 2 Aeq. Glycocoll
$C_2N_2H_4O_2 + C_6H_6O_6 = 2(C_4NH_5O_4)$ oder

1 Aeq. Rohrzucker + 4 Aeq. kohlensaures Ammoniak = 4 Aeq. Glycocoll + 2 Aeq. Wasser
$C_{12}H_{11}O_{11} + 4(NH_4, CO_3) = 4(C_4NH_5O_4) + 2HO$.

Hingegen spricht gegen diese Annahme der Umstand, daß sich die Gegenwart des Zuckers nicht durch die Polarisation des Lichts nachweisen läßt, wie dies doch bei dem Amygdalin, Salicin und Phloridzin der Fall ist. — Laurent (J. f. pr. Ch. 45, 170) sieht das Glycocoll als eine Amidsäure an, der die Säure $C_4H_4O_6$ zu Grunde liegt. Diese Säure nennt er Glycolsäure, wornach dann das Glycocoll Glycolamsäure sein würde.

Ebenso zweifelhaft ist das Verhältniß des Glycocolls zu der Hippursäure und der Cholsäure, aus denen es sich nach dem Obigen darstellen läßt. Diese beiden Säuren werden mit den zusammengesetzten Aetherarten zu vergleichen sein, in denen der Aether durch wasserfreies Glycocoll vertreten wird; da die Hippursäure und die Cholsäure selbst noch als Säuren auftreten, so würden sie in sofern von den meisten Aetherverbindungen abweichen und nur mit dem salicylsauren Methyloxyd (Gaultherinöl) und dem leranorsauren Aethyloxyd Aehnlichkeit besitzen. Aber sie unterscheiden sich wesentlich dadurch, daß sowol wasserfreie Benzoësäure ($C_{14}H_5O_3$), als auch wasserfreie Cholalsäure ($C_{48}H_{38}O_9$) mit wasserfreiem Glycocoll ($C_4NH_3O_3$) die Hippursäure und Cholsäure bilden, welche bei der Verbindung mit Basen 1 Aeq. Wasser abgeben — ein Verhalten, welches bei den Verbindungen der neutralen Aethyloxydsalze nicht wol denkbar ist und beim Gaultherinöl wirklich nicht stattfindet. (*J. Loth.*)

GLYCO. 1) Glykon ist der Name des Künstlers, welcher die unter dem Namen des Farnesischen Herakles bekannte Kolossalstatue gefertigt hat nach dem Zeugnisse der auf dem Felsblocke unterhalb der Keule angebrachten Inschrift:

ΓΛΥΚΩΝ
ΑΘΗΝΑΙΟΣ
ΕΠΟΙΕΙ

Die Statue wurde in Rom in den Ruinen der Thermen des Caracalla gefunden, und zwar zunächst ohne Beine und Kopf. Um diesem Mangel abzuhelfen, setzte man ihr Anfangs einen in Trastevere gefundenen Herakleskopf auf und fügte ein Paar bei Fratocchie gefundene Beine an den Torso, die aber so wenig dazu gepaßt zu haben scheinen, daß sie bald durch ein Paar neue, von dem berühmten Bildhauer Guilielmo della Porta gearbeitete ersetzt wurden. Bei weiteren Nachgrabungen an dem Orte der Auffindung entdeckte man auch den unzweifelhaft zu der Statue gehörigen Kopf und die echten Beine; der Kopf wurde an die Stelle des ungehörigen gesetzt, aber die modernen Beine, die sogar die Bewunderung des Michael Angelo erregten, ließ man der Statue bis zum Jahre 1787, wo sie von ihrem bisherigen Standorte, dem Hofe des Palazzo Farnese in Rom, nach Neapel in das Museo Borbonico gebracht wurde [1]). Die Statue zeigt den Herakles stehend in übermenschlicher Größe und von massenhaft-gewaltigen Körperformen, ganz nackt, mit der linken Achsel auf die mit dem andern Ende auf einem Felsblocke, über den die Löwenhaut geworfen ist, stehende Keule gestützt, die rechte Hand, welche drei Aepfel hält, auf den Rücken gelegt, den Kopf etwas nach Vorn gebeugt, das linke Bein etwas vorgesetzt; nur ein Stückchen der Nase, die linke, ruhig herabhängende Hand und die Zehen beider Füße sind restaurirt, alle übrigen Theile, wenn auch angesetzt, doch antik und ursprünglich zur Statue gehörig. Unter den Abbildungen ist die beste die im Museo Borbonico III. tv. 23 u. 24. Aufgefaßt ist der Heros in dem Momente, wo er nach Vollendung sämmtlicher ihm auferlegter Arbeiten von den Mühseligkeiten derselben ausruht, wie dies die Haltung des ganzen Körpers sowol wie der einzelnen Glieder aufs Deutlichste zeigt; vergl. die eingehenden Erörterungen bei Stephani, Der ausruhende Herakles S. 158 fg. Was nun die Verdienste des Künstlers unserer Statue betrifft, so ist zunächst das Motiv, das seiner Darstellung zu Grunde liegt, die ganze Auffassungsweise des Heros, die uns in seinem Werke entgegentritt, gewiß nicht sein Eigenthum, da sie sich in vielfachen, zum Theil sicherlich weit älteren Wiederholungen vorfindet; sie gehört vielmehr offenbar einem Künstler aus den besten Zeiten der griechischen Kunst — vielleicht, wie Stephani (a. a. O. S. 193 fg.) vermuthet, dem Myron oder auch, wie man früher annahm, dem Lysippos [2]) — dessen Werk unser Glykon sich zum Vorbilde genommen hat; abgewichen ist er aber von demselben in der Bildung der Körperformen, welche nicht, wie an den Werken der classischen Kunst, in maßvoller Schönheit, sondern in virtuosenhafter, manierirter Ueberladung ausgeführt sind, eine Ueberladung, die besonders in der Bildung der Fleischmassen und der Muskeln an Brust und Armen hervortritt. Die Entstehung des Werkes kann schon nach den Buchstabenformen der Inschrift nicht früher als in die römische Kaiserzeit gesetzt werden; die Einzelheiten der Ausführung, besonders die Bildung des Haares und der Augen, machen es wahrscheinlich, daß sie erst nach der Zeit des Kaisers Hadrian gefertigt ist (s. Stephani a. a. O. S. 186 fg.), vielleicht eben im Auftrage des Caracalla, in dessen Thermen sie gefunden worden ist.

Eine antike, aber schlechte Wiederholung der Statue, die ebenfalls in Rom gefunden ist, befindet sich im Museum zu Volterra mit der Inschrift:

ΓΛΥΚΩΝ
ΑΘΗΝΑΙΟΣ

Obwol Gerhard (Neapels antike Bildwerke S. 31) diese Inschrift für unverdächtig erklärt hat, dürfte doch nach den Bemerkungen von Stephani (zu Köhler's Gesammelten Schriften. 3. Th. S. 219) die Echtheit derselben sehr zweifelhaft sein; jedenfalls ist die Statue, zu der sie gehört, nicht ein Werk des Glykon, sondern nur eine spätere Copie der Farnesischen. — Ueber einige andere Inschriften mit dem Namen des Glykon vergl. Brunn, Gesch. d. griech. Künstler. 1. Th. S. 549. (Dr. *C. Bursian.*)

1) Siehe L. Stephani, Der ausruhende Herakles S. 162 fg.

2) Die Hauptstütze dieser Ansicht bildet eine in der Vigna Roncani in Rom am Palatin gefundene, jetzt im Palazzo Pitti in Florenz aufgestellte kolossale Marmorstatue des ruhenden Herakles, die der Farnesischen genau entspricht, aber die Inschrift: *ΛΥΣΙΠΠΟΥ ΕΡΓΟΝ* zeigt. Allein diese Stütze ist gänzlich beseitigt worden durch die Bemerkungen von Stephani (zu Köhler's Gesammelten Schriften. 3. Th. S. 219 und im Ausruhenden Herakles S. 164), nach welchen kein Zweifel mehr darum sein kann, daß diese Inschrift eine erst nach dem Jahre 1682 gemachte moderne Fälschung ist.

2) Glykon, der Steinschneider. Der Name dieses in seiner Art ausgezeichneten Künstlers aus unbekannter Zeit und von unbekannter Heimath findet sich in griechischen Charakteren (ΓΛΥΚΩΝ) auf einem der schönsten Kameen im Steincabinete der pariser Bibliothek[1]). Es ist ein Sardonyx, der die Aphrodite auf einem Seestiere sitzend, von Liebesgöttern in gefälliger Weise umflattert und umschwommen darstellt. K. O. Müller, der die Gemme in seine „Denkmäler der alten Kunst" aufgenommen, hält sie für das Werk eines spätern Künstlers aus der Zeit der Nachahmung[2]); doch kann die Arbeit sich, was die Anmuth der Erfindung und die Eleganz der Technik betrifft, den vorzüglichsten Antiken dieser Gattung an die Seite stellen. Köhler's Ausspruch, daß der Name unecht sei und die Arbeit von einem Steinschneider des 16. oder 17. Jahrh. herrühre[3]), scheint eine ziemlich willkürliche Behauptung des berühmten, doch auch als Hyperkritiker hinlänglich bekannten Archäologen, sowie denn überhaupt dahin gestellt bleiben muß, wie schwer sein geringschätziges Urtheil über diesen Stein gegen das uneingeschränkte Lob desselben bei Millin und Raoul-Rochette[4]) ins Gewicht fällt. Radirte Copien des Kamees findet man bei Millin und Müller und einen Abdruck in der Cades'schen Sammlung, die noch der Publication harrt[5]).

Glykon ist der Name zweier griechischer Dichter, von welchen jedoch alle unsere Kunde fast lediglich auf den Namen sich beschränkt.

3) Einen Lyriker Glykon nennt der alexandrinische Grammatiker Hephästion in seinem Handbuche der Metrik als den Erfinder des nach ihm benannten Glykoneischen Versmaßes[6]). Doch ist es zweifelhaft, ob auch nur die daselbst beispielsweise angeführten drei Verse, die Hephästion ihm beizulegen scheint, wirklich von ihm herrühren. Nach Bergk's Ansicht wenigstens mangelt ihnen zu sehr das Gepräge des höhern Alterthums, als daß man sie einem Zeitgenossen der Sappho und des Alkäos, was jener Glykon mindestens gewesen, zuschreiben dürfte[7]). — Der zur äolisch-logaödischen Gattung gehörende Glykoneische Vers, welchen Hephästion als δίμετρον ἀκατάληκτον ἀντισπαστικόν bezeichnet, und der sonst auch unter dem Namen des Anakreontischen vorkommt, geht in seiner ursprünglichen einfachsten Form nach dem nur im ersten Fuße wandelbaren Schema:

⏑ —
⏓ ⏓ — ⏑ | ⏑ — ⏑ —
— ⏑

und wird von den lateinischen Metrikern bald den choriambischen, bald den daktylischen Versarten beigezählt. Wir begegnen ihm häufig bei Anakreon und in den lyrischen Partien sämmtlicher Dramatiker, die ihn in mannichfachen strophischen Combinationen und mit zum Theil dadurch bedingten Wandelungen (woher er auch vorzugsweise πολυσχημάτιστος heißt) gebrauchten; nicht minder bei den Römern, wo er u. A. in 28 Oden des Horaz (z. B. C. I. od. 3, 6 u. 14) in dreifach verschiedener strophischer Verbindung mit dem Asclepiadeus minor (resp. auch mit dem Pherecrateus, der nur um die letzte Sylbe kürzer als er selbst) die drei gemischten Asklepiadeischen Metra (das zweite, dritte und vierte) bildet. Mit Vorliebe bedient sich seiner auch der Verfasser der vermeintlich Seneca'schen Tragödien, wo er in einförmig stichischer Continuität lange Chorgesänge und Reden hält (z. B. Thyest. vs. 336—403; Hercul. Oet. 1031—1130 etc.), sowie insbesondere noch Terentianus Maurus, der sein aus allen möglichen Versarten buntscheckig zusammengesetztes Gedicht über die Horazischen Metra mit einer Praefatio in 84 monostichischen Glykoneen eröffnet und später in dem nämlichen Metrum u. A. (vs. 2506—2549) den in Rede stehenden, von ihm als choriambisch bezeichneten Vers selbst abhandelt. Sehr ins Einzelne gehende Erörterungen über den Glykoneischen Vers, der gleich so manchen Partien der alten Metrik auch den Gegenstand ebenso eifriger als minutiöser Controversen abgab, findet man in den betreffenden Abschnitten der metrischen Lehr- und Handbücher, vor allen von G. Hermann, sodann bei Apel (§. 755—766), Munk, Freese, v. Leutsch (§. 126—129), Roßbach und Westphal (bes. Th. 3. S. 502 fg.), und in den Monographien von Geppert, Seidmann und Weißenborn[8]).

4) Von dem ohne Zweifel weit älteren Lyriker ist der Epigrammendichter Glykon zu unterscheiden, unter dessen Namen der palatinische Codex der kephaläischen Anthologie (p. 506) ein um den Gemeinplatz der Mischung des Guten und Bösen im menschlichen Leben sich drehendes elegisches Hexastichon enthält, das seit Brunck und Jacobs in allen Ausgaben der Anthologie unter der Ueberschrift des Dichters zu finden ist[9]), wogegen es in den Sammlungen von Maximus Planudes und Johannes Stobäus als anonym und überdies in zwei Epigramme von je zwei und vier Versen zerlegt, aufgeführt war[10]).

5) In einem andern Epigramme der Anthologie von Apollinarius von Laodicea wird auf burlesk beißende Weise ein sonst unbekannter Grammatiker Glykon verspottet[11]), der, wie dieser Apollinarius selbst, ein Zeit-

1) Clarac, Description des antiquités du Musée royal p. 420; vergl. dessen Manuel de l'histoire de l'art III. p. 120 et 275. 2) Müller, Denkmäler der alten Kunst, ed. Wieseler. 1854. 1. Bd. S. 30. 3) Köhler, Abhandlung über die geschnittenen Steine mit den Namen der Künstler, im 3. Bande seiner „Gesammelten Schriften," ed. Stephani. 1851. S. 175. 4) Millin, Galérie mythologique I. pl. XLII. n. 177; explication p. 41; Raoul-Rochette, Lettre à M. Schorn. 1832. p. 43. 5) Millin l. l.; Müller a. a. O. Taf. XL. n. 175; Cades XI, 806. 6) Hephaest. Enchiridion I, X, 4 (ed. Turneb. p. 33) ed. Gaisford. Oxon. I. p. 62, et Annot. T. II. p. 132 seq. 7) Th. Bergk, Poet. lyr. Gr. ed. 2. p. 1067. fr. 78. a.

8) Behufs speciellerer sachlicher und namentlich auch literarischer Belehrung sei insbesondere auf G. Freese's „Griechisch-Römische Metrik" (Dresden und Leipzig 1842.) S. 261 fg. hingewiesen. 9) Vergl. Brunck. Anal. Gr. T. II. p. 278, Annot. III. p. 195; Jacobs, Anthol. T. II. p. 254; IX, 309; XIII, 898. — Der jetzt angenommenen Ordnung nach ist Glykon's Epigramm das 124. des 10. Buches oder der sogenannten ἀποφθεγματικά. 10) Planud. ed. Steph. p. 18; Stob. Floril. ed. H. Grot. p. 413 et 831. 11) Anthol. l. XI. ep. 399. (Bei Brunck. T. II. p. 288.)

genosse des Libanius und des Kaisers Julian gewesen sein wird.

6) Eines Rhetors Glykon, mit dem Beinamen Spiridion (wovon die auch vorkommenden Formen Scoridion und Scorion wol als incorrecte Lesarten anzusehen), gedenkt sein römischer Fachgenosse, der ältere Seneca, häufig in seinen Suasorien und Controversen, wo auch gelegentlich verschiedene Aussprüche von ihm in griechischer Sprache, freilich nicht allzu leserlicher Schrift, angeführt werden [12]). Von eben diesem Glykon Spiridion erzählt Quintilian als Warnungsexempel eine Anekdote, wie ihm in einer Rede vor Gericht ein beabsichtigter Rührungseffect durch eine Naivetät seines Klienten, eines nicht gehörig instruirten Knaben, in das Gegentheil umgeschlagen [13]). Sonst fehlt uns auch über diesen Rhetor jede weitere Kunde.

7) Von einem griechischen Arzte Glykon lesen wir im Sueton, daß man ihn nach der Schlacht bei Mutina beschuldigt habe, auf Anstiften Octavian's dem verwundeten Consul Vibius Pansa mittels des ihm angelegten Verbandes vergiftet zu haben, und daß er deshalb auf Verfügung des Quästors Torquatus verhaftet worden [14]). Doch scheint es ihm gelungen zu sein, sich von diesem Verdachte genügend zu reinigen, wie denn auch Decius Brutus, der sich für ihn als einen Schwager seines Günstlings Achilleus näher interessirte, ihm in einem Briefe an Cicero das beste Zeugniß gibt und mit warmem Eifer des letztern Vermittelung für seine Freilassung in Anspruch nimmt [15]).

8) Mit einem Glykon, dessen unbesiegten Arm Horaz beiläufig verewigt [16]), kann nur ein seiner Zeit berühmter Athlet oder Gladiator gemeint sein, und zwar liegt es sehr nahe, dabei an einen gewissen Glykon von Pergamus zu denken, welcher in einem ihm gewidmeten und meistens dem Antipater von Thessalonike, Horazens Zeitgenossen (sonst auch einem gleichzeitigen Philipp ebendaher), zugeschriebenen Epitymbion der Anthologie in sechs iambischen Trimetern als der Ruhm Asiens, als ein neuer Atlas, unbesiegten Arms, der weder in Italien, noch in Griechenland oder Asien je seines Gleichen gefunden, mit pomphaften Worten gefeiert wird [17]). Für diese von Wieland (zu Horaz a. a. O.) übersehene, doch früher bereits von Reiske [18]) angenommene Identität erklärte sich auch Lessing in seinen „Zerstreuten Anmerkungen über das Epigramm" Cap. V. §. 9. Er nimmt hier zugleich die Gelegenheit wahr, zwei übersinnreiche Hypothesen von Heinsius und von Spence lächerlich zu machen, von welchen nämlich der erstere den Glykon des Horaz von dem Philosophen Lykon von Troas, dem dritten Haupte der peripatetischen Schule nach Aristoteles, verstanden wissen will, weil nach Diogenes Laertius derselbe ein sehr guter Ringer gewesen und nebenbei wegen seiner süßen Beredsamkeit auch wol Glykon genannt worden [19]), wogegen Spence den Horazischen Athleten nicht besser als auf die Farnesische Herkulesstatue beziehen zu können glaubt, die dem Dichter als Prototyp riesiger Körperkraft vorgeschwebt und die damals unter dem Namen des durch die Inschrift bezeichneten Bildhauers am bekanntesten gewesen sein möge [20]).

9) Einen neunten Glykon erwähnt Persius als elenden tragischen Schauspieler zur Zeit Nero's, und dem alten Scholiasten des Satyrikers verdanken wir die Notiz, daß er trotz seiner ausführlich beschriebenen Häßlichkeit ein entschiedener Liebling des Publicums war, und daß der Kaiser seine Freilassung verfügte, wofür er aber seinem Herrn, einem gewissen, gleichfalls als tragoedus qualificirten Virgilius, 300,000 Sesterzien, als die Hälfte seines seitherigen Erwerbes, zahlen mußte [21]).

10) Endlich begegnen wir noch im 5. Jahrh. zur Zeit des oströmischen Kaisers Marcian einem zehnten Glykon als Erzbischof von Cäsarea in Palästina. Doch kennen wir seinen Namen allein aus den Acten des Conciliums zu Chalcedon (451), die ein anderer Bischof Zosimus [22]) für ihn unterzeichnete. (*Dr. Ellissen.*)

GLYCOSMA bezeichnet eine Gattung der Umbelliferen, welche von Nuttall in Torrey und Gray's Flora of North America aufgestellt wurde und sich durch folgende Merkmale auszeichnet: Der Kelchsaum ist undeutlich, die verkehrt-eiförmigen, ausgerandeten Kronblätter haben eine ganz kurze, einwärtsgebogene Spitze. Die linealisch-längliche, von der Seite schwach zusammengedrückte, feste, kahle Frucht ist von dem kurzen Griffelfuße und den noch kürzeren Griffeln gekrönt, die Halbfrüchtchen sind fünfrippig, die Rippen sind spitz gekielt, die Thälchen striemenlos. Der Fruchtträger ist zweispaltig.

Zu dieser Gattung gehört nur eine, in Nordamerika einheimische, ausdauernde, 2—3 Fuß hohe, nach Anis riechende Art mit doppelt-dreischnittigen Blättern, eingeschnitten-gesägten Zipfeln, blattgegenständigen und endständigen Dolden, fehlenden Hüllen und Hüllchen und weißen Blüthen. (*Garcke.*)

12) Vergl. *Sen. Suasor.* I, 11, wo Glykon zuerst als eine „berühmte" Autorität angeführt wird, und 16; und in Betreff der zahlreichen Citate in den Controversien Westermann's Gesch. der griechischen Beredsamkeit §. 86, Anm. 26. 13) Siehe Quintil. Instit. orat. VI, 1, 41; ed. *Spalding.* Vol. II. p. 473 seq. und ebenda Nic. Faber's nicht überflüssigen Erklärungsversuch der von Quintilian anscheinend als bekannt vorausgesetzten und deshalb nur andeutungsweise erzählten Anekdote. 14) *Sueton.* in v. Augusti, XI. 15) *Cic.* Epp. ad Brut. 6 (ed. Bip. IX. p. 289). Der fragliche Arzt heißt hier Glycon. 16) *Hor.* Epp. I, 1, 30 (invicti membra Glyconis). 17) Anthol. l. VII. ep. 692. Bei Brunck (T. II. p. 126) ist es das 58. von Antipater's von Thessalonike Epigrammen. Vergl. *Jacobs* T. VIII. p. 840. 18) Siehe *Comm. Cephal.* Anthol. Gr. (e. *J. J. Reiske*). Lips. 1754. p. 168 und not. p. 268.

19) *Diog. Laert.* V, 65. Lykon kommt unter dem Namen Glykon auch einmal bei Plutarch vor, περὶ ὀργῆς, opp. ed. *Xyland.* II. p. 605. 20) *Spence*, Polymetis, dial. IX. n. 10. p. m. 115. Vergl. Lessing a. a. O., Werke, ed. Lachmann. B. 8. S. 526 fg. 21) Schol. in Pers. sat. V, 9. 22) So muß wol der Name lauten, wiewol bei Labbéus (Concil. gener. T. IV.) das eine Mal (p. 85) zu lesen ist: „per Zocimum, episcopum Minidensem," und an einer andern Stelle (p. 786): „per Sosimum, episcopum Ediscnensem." — *Conf. Le Quien*, Or. christ. III. p. 567.

GLYCOSMIS ist der Name einer von Correa aufgestellten Pflanzengattung der Aurantiaceen mit folgenden Unterscheidungsmerkmalen: Der Kelch ist vier- bis fünfspaltig. Die vier oder fünf Blumenkronblätter sind unterständig, die 8—10 Staubgefäße frei, die Staubfäden sind abwechselnd kürzer, aus breiter flacher Basis allmälig verschmälert; die herzförmig-länglichen zweifächerigen Staubbeutel springen der Länge nach auf. Der eiförmige, 4—5fächerige Fruchtknoten sitzt dem scheibenförmigen, kurzgestielten Blüthenboden auf. Die gegenläufigen Eichen hängen aus der Spitze des Centralwinkels in jedem Fache einzeln herab. Der Griffel ist kegelförmig, kurz, dick, die Narbe stumpf-zweilappig. Die kugelförmige Beere ist durch Fehlschlagen ein- oder zweifächerig. In jedem Fache befindet sich ein einziger, umgewandter Samen, der von einer häutigen oder seltener schleimigen Schale umgeben ist. Die Keimblätter sind am Grunde klein-geöhrelt; das Würzelchen ist sehr kurz, oberständig; das Eiweiß fehlt.

Zu dieser Gattung gehören dornenlose, im tropischen Asien und auf der Insel St. Thomas in der Biafra-Bai einheimische Bäume und Sträucher mit unpaarig-gefiederten Blättern, wechselständigen, ganzrandigen oder feingesägten Blättchen und in Trauben oder Rispen stehenden Blüthen.

Folgende Arten sind aus dieser Gattung bekannt geworden:

1) **Glycosmis arborea** *De Candolle* mit 5—7 länglich-linealischen, wechselständigen, gezähnelten Blättchen. Hierher gehört **Limonia arborea** *Roxburgh*.

Diese Art kommt in den Wäldern von Coromandel und auf der Insel Mauritius vor.

2) **Gl. pentaphylla** *De Candolle* mit fünf eiförmigen, ganzrandigen Blättchen. Hierher gehört **Limonia pentaphylla** *Retzius*.

Sie kommt gleichfalls auf Coromandel vor.

3) **Gl. nitida** *Wight* und *Arnott*. Diese Art ist strauchig; die Blätter sind gefiedert, die 3—6 Blättchen sind wechselständig oder fast gegenständig, länglich oder länglich-lanzettlich, ganzrandig, lederartig, oberseits glänzend; die kurzen Blüthentrauben sind einfach oder zusammengesetzt; die kahlen Kronblätter stehen häufig zu vier; die Staubfäden sind linealisch, nach der Spitze zu verschmälert; der Fruchtknoten und die Früchte sind kahl.

Diese Art wächst in Ostindien.

4) **Gl. triphylla** *Wight*. Die Pflanze ist strauchig; die Blätter sind fiederspaltig, die 2—3, seltener 4 Blättchen sind elliptisch, meist zu beiden Seiten stumpf-zugespitzt, ganzrandig; die Blüthentrauben sind meist zusammengesetzt und fast kopfförmig; die Kronblätter sind länglich-lanzettlich, kahl; die Staubfäden sind am Grunde pfriemlich; der langgestielte Fruchtknoten ist nebst den Früchten kahl.

Die Heimath dieser Art ist Ostindien.

5) **Gl. angustifolia** *Lindley*. Die Pflanze ist strauchig; die Blätter sind gefiedert, die 2—5 wechselständigen oder gegenüberstehenden Blättchen sind schmal lanzettlich, stumpf-zugespitzt, oberseits glänzend, ganzrandig; die kurzen Blüthentrauben sind zusammengesetzt; die Kronblätter sind eiförmig, kahl; die Staubfäden sind am Grunde pfriemlich; der Fruchtknoten und die Früchte sind kahl.

Das Vaterland dieser Art ist Ostindien.

6) **Gl. macrocarpa** *Wight*. Die Pflanze ist strauchig; die Blätter sind gefiedert, die 3—5 Blättchen sind länglich, lanzettlich, ganzrandig, am Grunde verschmälert, an der Spitze zugespitzt; die kurzen, endständigen Rispen sind ebensträußig; die Früchte sind am Grunde in einen kurzen Stiel zusammengezogen.

Die Heimath dieser Art ist Ostindien.

7) **Gl. chylocarpa** *Wight* und *Arnott*. Die Pflanze ist strauchig; die Blätter sind gefiedert, die Blättchen sind wechselständig, länglich, zu beiden Enden kurz zugespitzt, oberseits glänzend, ganzrandig; die Blüthentrauben sind zusammengesetzt; der Fruchtknoten ist deutlich-gestielt und nebst den Früchten kahl; die Beere ist einfächerig, einsamig, die Samenschale häutig, drüsig.

Diese Art wächst in Ostindien.

8) **Gl. africana** *Hooker*. Die Blättchen sind länglich-elliptisch, kurz zugespitzt, am Rande zurückgekrümmt, lederartig; die Steinbeeren sind verkehrt-eiförmig-länglich, durch Fehlschlagen einsamig; die Blattstiele sind rundlich, 3—4 Linien lang, an der Spitze gegliedert.

Diese Art findet sich auf der Insel St. Thomas in der Biafra-Bai an der westafrikanischen Küste. (*Garcke.*)

Glycoaurie, s. **Diabetes**.

GLYCYCARPUS, eine von Dalzell in neuerer Zeit gegründete Gattung der Anacardiaceen mit folgenden Merkmalen: Die Blüthen sind vielehig-zweihäusig. Der stehenbleibende, viertheilige Kelch hat eiförmige, stumpfe Zipfel. Die vier unter dem unterständigen vierkerbigen Scheibe eingefügten Kronblätter sind länglich-linealisch, in der Knospenlage dachziegelig. Die vier, unter dem Rande der Scheibe eingefügten Staubgefäße wechseln mit den Kronblättern ab und sind kürzer als diese. Die Staubfäden sind frei, die nach Innen gekehrten, zweifächerigen Staubbeutel springen der Länge nach auf. In den männlichen Blüthen findet sich kein Rudiment des Fruchtknotens. In der fruchtbaren Blüthe ist ein freier, sitzender, einfächeriger, ein einziges hängendes Eichen enthaltender Fruchtknoten, ein sehr kurzer Griffel und eine kopfig-scheibenförmige Narbe. Die Steinbeere ist oberständig, quer länglich, herabgedrückt, besitzt ein beerartiges, süßes, eßbares Fleisch und hat einen krustigen, einsamigen Kern. Die Keimblätter sind dick und flach-gewölbt. Das Eiweiß fehlt.

Zu dieser Gattung gehört nur eine in Ostindien einheimische, von Dalzell Glycycarpus racemosa benannte Art, ein kleiner Baum mit wechselständigen, gestielten, einfachen, länglichen, federnervigen, ganzrandigen Blättern, nacktem Stiele und kleinen, in Trauben stehenden Blüthen. (*Garcke.*)

GLYCYL, synonym mit Glyceryl, s. Glycerin. (*J. Loth.*)

GLYCYPHYLLA, ein von Rafinesque vorgeschlagener Name für eine zu den Ericaceen gehörige Gattung, welche aber mit Gautiera von Halm zusammenfällt und daher nicht angenommen werden konnte.

(*Garcke.*)

GLYCYRRHIZA. Mit diesem Namen bezeichnete schon Tournefort eine Pflanzengattung der Papilionaceen, welche sich durch folgende Merkmale auszeichnet: Der Kelch ist deckblattlos, röhrig, am Grunde höckerig, fünfspaltig und wegen der höher hinauf verwachsenen beiden oberen Zipfel fast zweilippig. Die Fahne der schmetterlingsartigen Blumenkrone ist eiförmig-lanzettlich, aufrecht, der Kiel ist gleichfalls aufrecht. Die zehn Staubgefäße stehen in zwei Bündeln, da das der Fahne zugewandte Staubgefäß frei ist. Der sitzende Fruchtknoten ist 2—4fächerig. Der Griffel ist fadenförmig, die Narbe einfach. Die eiförmige oder längliche, zusammengedrückte, oft weichstachelige Hülse enthält 2—4 nierenförmige, zusammengedrückte Samen.

Die zu dieser Gattung gehörigen Arten wachsen in der gemäßigten Zone der nördlichen Halbkugel und haben einen süßen Wurzelstock, unpaarig-gefiederte, vielpaarige Blätter, achselständige, ährige, vielblüthige Blüthentrauben und weiße, violette oder himmelblaue Blüthen.

Folgende Arten gehören zu dieser Gattung:

1) Gl. glabra *Linné.* Die Blättchen sind eiförmig, schwach ausgerandet, unterseits etwas klebrig; die Nebenblätter fehlen; die Aehren sind gestielt, aber kürzer als das Blatt; die Blüthen stehen entfernt von einander; die kahlen Hülsen sind 3—4samig. Hierher gehört Glycyrrhiza laevis *Pallas* und Liquiritia officinalis *Mönch.*

Diese Art wächst im südlichen Europa und in Kleinasien von Spanien bis Taurien.

2) Gl. glandulifera *Waldstein* und *Kitaibel.* Die Blättchen sind länglich-lanzettlich, unterseits klebrig-weichhaarig, spitz oder ausgerandet; die Nebenblätter bleiben im trockenen Zustande noch stehen; die Aehren sind gestielt, aber kürzer als das Blatt; die Blüthen stehen ziemlich entfernt von einander; die 3—4samigen Hülsen sind öfters drüsig-weichstachelig. Hierher gehört Glycyrrhiza hirsuta *Pallas.*

Diese Art findet sich in Ungarn, am Kaukasus und am Don und ändert mit ziemlich kahlen Hülsen ab, welche Form Pallas Glycyrrhiza glabra nannte.

3) Gl. lepidota *Nuttall.* Die Blättchen sind länglich-lanzettlich, spitz, striegelhaarig, die Nebenblätter linealisch-pfriemlich; die Aehren sind gestielt, aber kürzer als das Blatt; die länglichen, 4—6samigen Hülsen sind von hakenförmigen Borsten weichstachelig; die Blüthen sind weißlich. Als Synonym gehört hierher Liquiritia lepidota *Nuttall.*

Diese Art ist in Nordamerika einheimisch.

4) Gl. foetida *Desfontaines.* Die Blättchen sind länglich, stachelspitzig, etwas schuppig, das unpaarige ist kurz gestielt; die Nebenblätter sind pfriemlich; die gestielten Aehren haben mit den Blättern fast gleiche Länge; die zweisamigen Hülsen sind eiförmig, stachelspitzig und mit weichstacheligen Borsten besetzt.

Diese Art kommt in Nordafrika auf dem Atlas vor.

5) Gl. echinata *Linné.* Die Blättchen sind eiförmig-lanzettlich, stachelspitzig, kahl, das unpaarige ist sitzend; die Nebenblätter sind länglich-lanzettlich, die Aehren sind kopfförmig und sehr kurz gestielt; die zweisamigen Hülsen sind eiförmig, stachelspitzig und mit weichstacheligen Borsten besetzt.

Diese Art wächst in Apulien und in der Tatarei.

6) Gl. asperrima *Linné* (Sohn). Die Stengel sind ausgebreitet; die Blättchen sind verkehrt-eiförmig, mehr oder weniger ausgerandet, oft stachelspitzig, unterseits nebst den Blattstielen und dem Stengel etwas rauh; die Nebenblätter sind lanzettlich; die Hülsen sind stielrund, holperig, 3—8samig, kahl; die Blüthen sind blaß-violett.

Diese Art findet sich auf Sandplätzen und Hügeln in der Nähe der Wolga.

7) Gl. uralensis *Fischer.* Der Stengel ist aufrecht und weichhaarig; die Blättchen sind verkehrt-eiförmig, stumpf, ziemlich kahl; die Nebenblätter sind lanzettlich, die Kelche wollig.

Das Vaterland dieser Art ist der Ural.

8) Gl. hirsuta *Linné.* Die Blättchen sind länglich-lanzettlich, die Hülsen rauhhaarig.

Diese wenig bekannte Art kommt in Kleinasien vor.

9) Gl. triphylla *Fischer* und *Meyer.* Die ganze Pflanze ist schülferig-drüsig; die Stengel sind ästig, am Grunde strauchig; die lanzettlichen Nebenblätter fallen ab; die Blätter sind aus drei Blättchen zusammengesetzt, die Blättchen sind verkehrt-eiförmig, schwach-ausgerandet; die achselständigen, langen Aehren sind lang gestielt; die Hülsen sind aufgeblasen, länglich-elliptisch, weichstachelig.

Diese Art wächst am kaspischen Meere.

10) Gl. glutinosa *Nuttall.* Die Blätter sind unpaarig-gefiedert, die Blättchen sind länglich oder länglich-lanzettlich, drüsig; die Stengel und Kelche sind mit weichen Drüsenhaaren besetzt; die Aehren sind gestielt, aber viel kürzer als die Blätter; die Deckblätter sind lang zugespitzt; die Kelchzipfel sind fast gleichlang.

Die Heimath dieser Art ist Nordamerika.

11) Gl. astragalina *Gillies.* Die Pflanze ist kahl; die Blätter sind ungefähr sechspaarig-gefiedert, die Blättchen sind linealisch-länglich, schwach ausgerandet, stachelspitzig und fein drüsig; die lockeren, achselständigen, gestielten Aehren sind länger als die Blätter.

Diese Art wächst in Chili.

12) Gl. grandiflora *Tausch.* Die Blättchen sind eiförmig, etwas spitz, wellenförmig, unterseits schwach drüsig; die Nebenblätter sind pfriemlich; die eiförmigen, gestielten Aehren sind um das Doppelte kürzer als die Blätter; die Hülsen sind bogenförmig, knotig und weichhaarig.

Das Vaterland dieser Art ist unbekannt.

13) Gl. foetidissima *Tausch.* Die Blättchen sind eiförmig, beiderseits spitz; die Nebenblätter sind pfriemlich; die Aehren sind eiförmig, dicht, gestielt, aber viel kürzer als das Blatt; die Stengel, Blätter, Kelche und

die zweisamigen rauhhaarigen Hülsen sind schülferig-schuppig.

Die Heimath dieser Art ist nicht bekannt.

14) Gl. brachycarpa *Boissier.* Die Stengel sind mit zerstreuten Weichstacheln besetzt; die Blättchen sind länglich, stumpf, stachelspitzig, unterseits drüsig-weichhaarig; die Nebenblätter fehlen; die Aehren sind leder, gestielt, aber etwas kürzer als das Blatt; die beiden oberen Kelchzähne sind dreimal kürzer als die Röhre, die unteren so lang als die halbe Röhre; die Hülsen sind eiförmig-länglich, stachelspitzig, 2—3samig, weichstachelig.

Diese Art wächst in Syrien bei Damaskus.

15) Gl. flavescens *Boissier.* Der Stengel ist niedrig, kantig, röthlich, weichhaarig, am Grunde nackt, von den eiförmigen, großen Nebenblättern der fehlgeschlagenen Blätter schuppig, weiter oben beblättert und wenig ästig; die Blätter sind 4—6paarig, die Blättchen sind kurz gestielt, schwärzlich-grün, eiförmig, stumpf, unterseits an den Nerven und am Rande weichhaarig; die oberen Nebenblätter sind lang, breit linealisch, spitz; die Blüthen stehen in dichten, verlängerten, kurzgestielten, achselständigen, die Blätter überragenden Aehren; die Blüthenstielchen sind sehr kurz; die Oberlippe des etwas rauhhaarigen Kelchs ist sehr kurz-zweizähnig, die Zähne der dreizähnigen Unterlippe sind lanzettlich und dreimal kürzer als die Kelchröhre; die gelbliche Blumenkrone hat eine faltig-zusammengedrückte, etwas spitze, die linealisch-sichelförmigen, vorn etwas breiteren und abgerundeten Flügel kaum überragende Fahne; der zweiblätterige, verkehrt-eiförmig-spatelige, ganz stumpfe Kiel hat mit den Flügeln fast gleiche Länge.

Die Heimath dieser Art ist Cilicien. (*Garcke.*)

GLYCYRRHIZAE s. *Liquiritiae* radix, Süßholzwurzel. Die officinelle Wurzel (eigentlich der unterirdische Stamm der Pflanze) wird von Glycyrrhiza echinata und von Glycyrrhiza glabra gesammelt. Die erstere wächst in Südeuropa und in Rußland; die letztere wächst ebenfalls in Südeuropa, wird aber auch mehrfach in Deutschland cultivirt, z. B. in Mähren, bei Bamberg u. s. w. In Griechenland wird nach Landerer Glycyrrhiza glandulifera benutzt.

Im Handel unterscheidet man die geschälte Süßholzwurzel (Glycyrrhiza mundata), die aus dem südlichen Rußland, von Glycyrrhiza echinata, kommt, und die ungeschälte (Glycyrrhiza non mundata). Beide Sorten unterscheidet man auch wol als russisches und spanisches Süßholz.

Die faserig-zähe, leichte und poröse, im Innern gelbe und auf dem Querschnitte strahlige Wurzel hat einen süßen, hintennach bitterlich-kratzenden Geschmack. Außer verschiedenen Salzen enthält sie Stärkemehl, Eiweiß, ein Weichharz, welches den scharfen Nachgeschmack verursacht, endlich einen eigenthümlichen zuckerartigen Stoff, das Glycium oder Glycyrrhizin.

Die Süßholzwurzel, die schon im Alterthume bei den griechischen Ärzten im allgemeinen Gebrauche war, wirkt wie andere zuckerhaltige Mittel die Schleimabsonderung befördernd, namentlich in den Respirationsorganen, also lösend und expectorirend; deshalb wird sie besonders bei Husten, Heiserkeit, Bronchialkatarrh gebraucht, desgleichen als einhüllendes Mittel bei Reizungen der Harnwege. Ueberhaupt wird sie, zumal in Frankreich, gern zur Bereitung eines milden Getränks bei acuten und chronischen Krankheiten verwendet. Sodann dient das Süßholz häufig dazu, den Geschmack widerlicher Arzneien zu verbessern, wie Salmiak, Nitrum, Kampfer, Guajak u. s. w. Ferner benutzt man das Süßholz als sogenanntes Constituens von Pulvermassen statt Zuckers, als Zusatz zu Pillenmassen, sowie zum Bestreuen von Pillen.

Man benutzt das Süßholz zu ½—1 Drachme auf 1 Unze Wasser unter Thee, namentlich unter Brustthee (Species pectorales). Die Abkochung vermeidet man, weil dadurch der kratzende Geschmack stärker entwickelt wird. Die pulverisirte Wurzel (zu 10—30 Gran pro dosi) kommt nicht leicht zur Anwendung, weil man sie im Allgemeinen lieber durch eins der verschiedenen Präparate ersetzt.

1) *Succus Glycyrrhizae* s. Liquiritiae, Lakrizensaft, wird in den südlichern Ländern in den Lakrizensiedereien (Arbitrii) bereitet. Man kocht die zerquetschten Wurzeln fünf Stunden lang in kupfernen Kesseln, preßt den Rückstand aus und dampft das Ausgezogene unter Umrühren ein. Den eingedickten erkalteten Saft formt man in 6—8 Zoll lange Cylinder, die man, um das Zusammenkleben zu verhindern, in Lorbeerblätter einwickelt. Die Süßholzstangen kommen mit einem Stempel versehen in den Handel. Man unterscheidet mehre Sorten Lakrizensaft nach der Abstammung: den spanischen, den bayonner (kleinere Stangen), den calabrischen oder den von Abruzzo (mit dem Stempel Ducca di Corigliano, gewöhnlich ohne Lorbeerblätter), den sicilischen (ganz in Lorbeerblätter gewickelt). Guter Lakrizensaft ist schwarz, trocken, brüchig, auf dem Bruche glänzend; er löst sich leicht im Munde mit einem angenehmen reinen Süßholzgeschmacke. Der käufliche Süßholzsaft ist mit Blättern, mit Stroh und Sand verunreinigt, und nach Trommsdorff, Graßmann ist ihm immer Amylum oder Erbsenmehl beigemischt, nicht sowol in betrügerischer Absicht, als um ihn vor dem Zerfließen zu schützen. Ferner enthält der Lakrizensaft immer etwas aus dem Kessel losgerissenes Kupfer, auch Messing. Im Durchschnitte kann man daher auf 1 Pfund Lakrizensaft wol gegen 4 Loth Unreinigkeiten rechnen. Zu ärztlichen Verordnungen wird deshalb immer *Succus Glycyrrhizae depuratus* verwendet. Der käufliche Saft wird nämlich mit Wasser ausgezogen, dieser Auszug wird abgedampft und der Rückstand von der Abdampfung wird pulverisirt. Der Süßholzsaft wird sehr häufig als Corrigens saporis benutzt; man löst z. B. gleiche Gewichtsmengen Salmiak und Succ. Liquir. in einer Flüssigkeit.

Der Succus Liquiritiae kann auch durch ein Extractum Glycyrrhizae vertreten werden, das der Apotheker selbst aus der getrockneten Wurzel bereitet. Man erhält mehr als ein Drittel ihres Gewichts an Extract. Im Dispensatorium Lipp. war dieses selbst bereitete Extract officinell. — Die Pharm. Wirt. läßt aus dem gewöhnlichen Süßholzsafte ein *Extractum Glycyrrhizae* bereiten, indem der erhaltene wässerige Auszug nicht bis zur Trockenheit, sondern nur bis zur Extractdicke abgedampft wird. Ein solches Extract eignet sich besonders als Constituens von Pillenmassen.

Succus Liquiritiae tabulatus s. Bacilli Liquiritiae Ph. Wirt. bestehen aus Süßholzsaft, arabischem Gummi und Zucker; *Bacilli Liquiritiae crocati* Cod. Hamb. enthalten außer Succ. Liquiritiae, Rad. Iridis, Gummi Tragacanthae, Amylum, Zucker, auch noch etwas Safran. Außerdem gibt es noch mehrfache Vorschriften zu *Trochisci bechici* (Hustenkügelchen, Brustkügelchen) und die Ph. Suec. und Norv. haben auch *Trochisci Glycyrrhizae thebaici s. opiati*, die mit etwas Opium und Tolutinctur versetzt sind.

2) *Elixir e succo Liquiritiae* Ph. Boruss. besteht aus Fenchelwasser, Lakrizensaft und Liq. Ammonii anisatus und wird zu ½ bis ganzen Theelöffel voll genommen. Es vertritt die Stelle des alten Elixir pectorale regis Daniae und des Elixir pectorale Wedelii.

3) *Pasta Glycyrrhizae* (Süßholzpaste, brauner Lederzucker), die besonders bei Husten und Heiserkeit Anwendung findet, ist nach der Ph. Bor. ein Infusum rad. Glycyrrhizae mit Gummi und Zucker versetzt. Andere Vorschriften nehmen den gelösten Lakrizensaft und lassen noch Eiweiß zusetzen oder einen angenehmen Ölzucker, die Ph. Austr. z. B. Elaeosaccharum Vanillae. Hierher gehört auch die *Gelatina Liquiritiae pellucida* Cod. Hamb., wo der ursprünglichen Solution Orangeblüthwasser beigemischt wird.

Die jetzt vielbenutzte Pâte pectorale de Gorgé ist wesentlich nichts Anderes als eine Süßholzpaste.

4) *Syrupus Glycyrrhizae.* Der wässerige Auszug der Wurzel wird nach der Ph. Bor. in einem bestimmten Verhältnisse mit Zucker und mit Honig versetzt. Man benutzt ihn zu Linctus, zu Latwergen und unter Mixturen. 1 Drachme auf 1 Unze Vehikel.

5) *Pulvis Glycyrrhizae compositus* Ph. Bor. (Pulvis pectoralis *Kurellae*) besteht aus Süßholz, Fenchel, Senna, Schwefel und Zucker und wird als Expectorans theelöffelweise genommen. (*Fr. Wilh. Theile.*)

GLYCYRRHIZIN (von Glycyrrhiza, und dieses von γλυκύς, süß, und ῥίζα, Wurzel), synonym mit Glycion, Glycium, Süßholzzucker, findet sich namentlich in dem Safte der Wurzeln des Süßholzes, Glycyrrhiza glabra und Gl. echinata, sowie in dem daraus bereiteten Extracte, dem Lakrizen, welche daraus ihren eigenthümlich süßen, hintennach kratzend bittern Geschmack erhalten; außerdem ist es auch in den Blättern von Abrus precatorius (Papilionaceae), in der Engelsüßwurzel, der Carlofolle, und nach Derosne, Henry und Payen auch in der Monesia enthalten. Es wurde 1810 von Robiquet (Ann. de Chim. 72, 143; Trommsd. Journ. 19, 1, 276) entdeckt. Mit der Untersuchung dieses Stoffes haben sich namentlich Berzelius (Poggend. Ann. 10, 243), Derosne, Henry und Payen (Journ. de Pharm. 1841; 27, 20; Repert. f. d. Pharm. 76, 77), Vogel (Journ. f. pr. Chem. 28, 1), Lade (Ann. der Chem. u. Pharm. 59, 224) und Buchner (Repert. f. d. Pharm. 84, 169) beschäftigt. Nach Vogel hat es die Zusammensetzung: C[illegible] H[illegible] O[illegible], nach Lade C[illegible] H[illegible] O[illegible].

Darstellung: 1) Nach Berzelius wird der heiß bereitete Auszug aus der Süßholzwurzel durch Eindampfen bei gelinder Wärme concentrirt, und dann so lange mit Schwefelsäure versetzt, als ein weißer Niederschlag gebildet wird. Dieser Niederschlag ist eine Verbindung von Glycyrrhizin mit Schwefelsäure und Eiweiß. Der Niederschlag wird zuerst mit schwefelsäurehaltigem, hierauf mit reinem Wasser ausgewaschen und dann mit Weingeist gekocht, welcher das schwefelsaure Glycyrrhizin auflöst, das Eiweiß aber ungelöst läßt. Die weingeistige Lösung wird hierauf so lange vorsichtig mit kohlensaurem Kali versetzt, bis sie neutral geworden ist. Die vom schwefelsauren Kali getrennte weingeistige Lösung des Glycyrrhizin wird hierauf auf dem Wasserbade verdunstet. Das nach dieser Methode dargestellte Glycyrrhizin enthält hingegen noch Kali. 2) Vogel extrahirt die gestoßenen Süßholzwurzeln mit kochendem Wasser und vermischt den erhaltenen Auszug tropfenweise mit basisch-essigsaurem Bleioxyd mit der Vorsicht, daß das Salz nicht neutral wird. Der erhaltene gelblichweiße, voluminöse Niederschlag wird hierauf mit destillirtem Wasser ausgewaschen, dann in Wasser vertheilt und durch Schwefelwasserstoff zersetzt. Das Schwefelblei bleibt zuerst in der Flüssigkeit aufgeschwemmt; durch mehrmaliges Kochen gelingt es hingegen, sie filtrirbar zu machen, sodaß das Schwefelblei vollständig auf dem Filtrum zurückbleibt. Nach dem Filtriren wird die Flüssigkeit vorsichtig bis zur Trockene verdunstet. Der Rückstand wird wiederholt in absolutem Alkohol aufgelöst, nach dessen Verdunsten das Glycyrrhizin vollständig rein in gelben Stücken zurückbleibt. 3) Lade stellt das Glycyrrhizin dadurch dar, daß er den mit kaltem Wasser bereiteten Auszug der Süßholzwurzeln concentrirt, durch Filtriren einen sich dabei abscheidenden gründlichen, stickstoffhaltigen Körper entfernt, und die Flüssigkeit so lange mit einer verdünnten Säure, gewöhnlich Schwefelsäure, versetzt, als noch ein Niederschlag erfolgt. Dieser klebt alsdann bald zu einer braunen pechartigen Masse zusammen, die sich durch öfteres Kneten mit säurehaltigem, dann mit kaltem reinem Wasser von der Säure und anderen anorganischen Bestandtheilen so weit befreien läßt, daß beim Verbrennen auf Platinblech höchstens eine Spur von Asche zurückbleibt. Die im Wasserbade getrocknete, spröde Masse wird nun zerrieben, in absolutem Alkohol aufgelöst, die Auflösung alsdann bei ganz gelinder Wärme abgedampft, und dies einige Male wiederholt. Hat man Schwefelsäure zur Fällung angewendet, so muß äußerst sorgfältig ausgewaschen werden, weil sich bei Anwesenheit von Schwefelsäure das Glycyrrhizin sogar in der Wärme des Wasserbades zersetzt. Lade's Beweis, daß das nach dieser Methode gewonnene Glycyrrhizin frei von Schwefelsäure ist, indem er dasselbe mit kohlensaurem Kalke glühte, den Rückstand mit Wasser auslaugte und den Auszug durch

Chlorbaryum prüfte, ist unzureichend, da sich möglicher Weise hierbei Schwefelcalcium bilden kann.

Das Glycyrrhizin ist nach dem Abdampfen der alkoholischen Lösung eine gelbliche, glänzende, durchscheinende, unkrystallinische Masse von süßem, hintennach kratzend bitterem Geschmacke. Es löst sich in warmem Wasser leichter als in kaltem; die heiße Auflösung gesteht beim Erkalten gallertartig; auch in Weingeist, besonders in absolutem, ist es sehr leicht löslich, unlöslich aber in Aether. Es schmilzt bei 200° zu einer dunkelbraunen durchsichtigen Masse und ist nicht flüchtig. Die Lösungen in Wasser und Alkohol reagiren nach Lade sauer. Durch Thierkohle läßt es sich nicht entfärben; eine Kohle, welche noch unorganische Bestandtheile hat, schlägt das Glycyrrhizin nieder. Zusatz von Alkalien färbt die Auflösungen tief gelbbraun und befördert die Auflöslichkeit in kaltem Wasser.

Verbindungen. Das Glycyrrhizin scheint in der Wurzel und in dem wässerigen Auszuge an Basen gebunden zu sein, namentlich an Ammoniak, welches sich beim Zusatze von Kali reichlich entwickelt. Durch Säuren wird es davon abgeschieden und bei vermehrtem Zusatze derselben vollständig niedergeschlagen. Vogel hält die so entstandenen Niederschläge für bestimmte Verbindungen mit den zugesetzten Säuren, während sie nach Lade keine constante Zusammensetzung haben, indem sich die Säuren durch längeres Waschen vollständig entfernen lassen. Im Allgemeinen sind die Verbindungen des Glycyrrhizins mit den Säuren schwer löslich; enthält das Wasser freie Säuren, so sind sie in demselben unlöslich. — Schwefelsaures Glycyrrhizin erhält man, wenn eine wässerige Lösung von Glycyrrhizin so lange mit Schwefelsäure vermischt wird, bis kein Niederschlag mehr entsteht. Derselbe wird so lange mit Wasser geknetet, bis dasselbe nicht mehr sauer reagirt; hierauf wird er getrocknet und in kochendem wasserfreiem Weingeiste gelöst. Nach dem Verdampfen des Weingeistes bleibt die Verbindung als ein dunkelbrauner durchsichtiger Körper zurück. Nach langem Behandeln mit kochendem Wasser löst sich das schwefelsaure Glycyrrhizin auf und gibt nach Vogel eine vollkommen neutrale Lösung. Es klebt an der Zunge, schmeckt süß, löst sich langsam im Speichel, schmilzt mit kochendem Wasser übergossen wie ein Harz und löst sich nach und nach auf. Die Lösung gesteht nach dem Erkalten zu einer Gallerte. Diese Verbindung besteht nach Vogel aus 92,66 Glycyrrhizin und 7,34 Schwefelsäure. Das essigsaure Glycyrrhizin stimmt in seinem Verhalten mit dem schwefelsauren überein, löst sich aber in größerer Menge in Wasser und gibt nach dem Erkalten eine steife Gallerte.

Das Glycyrrhizin verbindet sich leicht mit Basen, namentlich mit den Alkalien; es läßt sich daher von einem etwaigen Säuregehalte durch Behandlung mit Alkalien nicht befreien, weil es sich mit dem im Ueberschusse zugesetzten Alkali verbindet. Aus kohlensaurem Kalk, kohlensaurem Baryt und kohlensaurem Kali treibt es in der Hitze die Kohlensäure langsam aus und gibt mit den Basen Verbindungen, welche sich leicht in Wasser, schwierig hingegen in Alkohol lösen, und wenn sie die Basis nicht im Ueberschusse erhalten, nur süß schmecken und durch Säuren keine Kohlensäure entwickeln. Durch Kohlensäure werden diese Verbindungen nicht zersetzt. Wird zu einer Auflösung von Glycyrrhizin vorsichtig basisch-essigsaures Bleioxyd zugefügt, so hat der bei 100° getrocknete gelbe pulverförmige Niederschlag, wenn er mit Weingeist ausgewaschen war, die Zusammensetzung: 2PbO, C[illegible] H[illegible] O[illegible], war er hingegen mit Wasser ausgewaschen, so hat er die Zusammensetzung PbO, HO, C[illegible] H[illegible] O[illegible]. — Die meisten Metallsalze werden durch Glycyrrhizin gefällt, und diese Niederschläge sind nach Berzelius wirkliche Verbindungen der Salze mit Glycyrrhizin. Werden diese Verbindungen durch Schwefelwasserstoff zersetzt, so bilden sich Schwefelmetalle und Verbindungen der Säure mit dem Glycyrrhizin. Mit salpetersaurem Silber- und Kupferoxyd und mit Zinnchlorür gibt das Glycyrrhizin Niederschläge, welche durch Schwefelwasserstoff zersetzt, an kaltes Wasser nur wenig Auflösliches geben. Quecksilberchlorid erzeugt keinen Niederschlag.

Zersetzungen. Das Glycyrrhizin ist nicht gährungsfähig. Bei starkem Erhitzen bläht es sich auf, wie Borax; beim Zutritte von Luft entzündet es sich und verbrennt mit heller Flamme wie Lycopodium. — Mit Salpetersäure gibt das Glycyrrhizin keine Pikrinsalpetersäure. Kocht man einen wässerigen Auszug der Süßholzwurzel bis zum Aufhören des Schäumens mit Salpetersäure, so erhält man durch Zusatz von Wasser einen gelben Niederschlag, der gehörig gewaschen in Alkohol und Aether leicht löslich, in Wasser hingegen schwer löslich ist und demselben einen sehr bitteren Geschmack und saure Reaction ertheilt. In Alkalien ist der Niederschlag leicht löslich und Säuren scheiden ihn aus der Auflösung unverändert ab. Mit den meisten Metallsalzen gibt die alkalische Lösung Niederschläge, die aber wegen ihrer Löslichkeit in der Auswaschflüssigkeit keine constante Zusammensetzung. Er besitzt die Zusammensetzung C[illegible] H[illegible] O[illegible]. Seine Bildung aus dem Glycyrrhizin = C[illegible] H[illegible] O[illegible] läßt sich durch Substitution von 1 Aeq. H durch 1 Aeq. O und Hinzutreten von 2 O erklären. Ein Stickstoffgehalt von 0,1—0,6 Proc. wird von Lade für unwesentlich gehalten.

Aus dem Lakritzen kann man das Glycyrrhizin nach den angeführten Methoden ebenfalls darstellen; dieses weicht hingegen durch seinen brenzlichen Geschmack und in seinen übrigen Eigenschaften von dem aus der Wurzel bereiteten etwas ab. Das Glycyrrhizin ist der wirksame Bestandtheil des Süßholzes und des Lakritzens, welche demselben ihre Anwendung als Brustmittel verdanken.

Der aus Polypodium gewonnene süße Stoff weicht in sofern von dem gewöhnlichen Glycyrrhizin ab, als er mit Säuren nicht sogleich, sondern erst nach einigen Stunden einen Niederschlag gibt. Wird der erhaltene weiße Niederschlag mit Kali und Weingeist behandelt, so bleibt im Weingeiste ein rother Stoff gelöst, welcher keinen süßen Geschmack zeigt. (*J. Loch.*)

GLYCYS (Γλυκὺς λιμήν), ein Hafen in Epirus am Vorgebirge Cheimerion, an der Mündung des Acheron, welcher nach Aufnahme mehrer Flüsse das Wasser des Hafens süß machte (ὥστε γλυκαίνειν τὸν κόλπον). *Strab.* VII, 7, 5. p. 324. ed. *Casaub.* Ob der Hafen zugleich eine Stadt desselben Namens gehabt habe, wie Sickler (II. S. 201. 2. Aufl.) angenommen, wird von Strabon nicht bemerkt. Vielmehr setzt er über dieselbe Meeresbucht die Stadt Kichyros, welche früher Ephyra geheißen habe (ὑπέρκειται δὲ τούτου μὲν τοῦ κόλπου Κίχυρος, ἡ πρότερον Ἐφύρα, πόλις Θεσπρωτῶν). Denselben Hafen, ohne den Namen Glykys zu nennen, das Vorgebirge Cheimerion, und die Stadt Ephyra erwähnt auch Thukydides I. c. 30. 46. Den Acheron läßt er in die Ἀχερουσία λίμνη strömen und diese dann sich ins Meer des genannten Busens ergießen. (*Krause.*)

Glycys (Johannes), s. Glycas.

GLYCYS. Glykys ist der Name einer angesehenen Buchdruckerfamilie aus Joannina in Epirus, deren rege patriotische Betriebsamkeit mehre Generationen hindurch auf die Weckung und Förderung der neugriechischen Literatur und damit auf die geistige Entwickelung und Hebung der Nation überhaupt einen sehr wesentlichen und wohlthätigen Einfluß übte. Nach dem Berichte Papadopulos Bretos', bei dem man unseres Wissens nach die ausführlichste, wiewol auch Nichts weniger als befriedigende Auskunft über die Geschichte der Γλυκεῖς und über ihre Wirksamkeit findet [1]), scheint es in der zweiten Hälfte, näher gesagt, im 7. oder 8. Jahrzehend des 17. Jahrh. gewesen zu sein, daß Nikolaos Glykys sich von Joannina nach Venedig begab und dort seine Druckerei gründete. Er war ein Bruder des Oberintendanten (λογοθέτης) der Metropole von Joannina, Leon Glykys, dessen weit verbreiteten Ruf als eines gelehrten und glaubenseifrigen Klerikers, sowie das Ansehen seiner Familie, ein von Bretos mitgetheiltes, vom Jahre 1679 datirendes Zueignungsschreiben in altgriechischer Sprache beurkundet, mittels dessen der gelehrte korphiotische Arzt und Staatsinquisitor Nikolaos Bulgaris, einer der namhaftesten griechischen Schriftsteller jener Zeit, ihm seine Κατήχησις ἱερά [2]) dedicirte. Indem Nikolaos Glykys seine Werkstatt in Venedig aufschlug, wählte er unstreitig für die Absicht, seinem Volke in der angedeuteten Weise zu nützen, den am günstigsten gelegenen Ort. Als die noch immer mächtige und hochangesehene, dabei vergleichungsweise milde und deshalb in Griechenland nicht unpopulaire Oberherrin verschiedener dem Glaubensfeinde noch nicht unterworfener griechischer Städte und Inseln, und als der Hauptstapelplatz des levantischen Handels im Occidente, zudem selbst, wie das benachbarte Padua, ein Sitz regen wissenschaftlichen Lebens, war Venedig mehr als irgend eine andere Stadt geeignet, den vornehmsten Berührungs- und Vermittelungspunkt zwischen dem bildungsbedürftigen und darnach verlangenden christlich-griechischen Orient und der Civilisation des Abendlandes abzugeben, wofür es auch in der That seit dem Falle des griechischen Reiches in aller Maße gelten konnte. Die bei solchen Verhältnissen sich darbietende Gelegenheit zur Sammlung und Verarbeitung mannichfachen geistigen Materials für den ihm vorschwebenden Zweck wurde von Nikolaos Glykys wohl erkannt und unter Mitwirkung der tüchtigsten und strebsamsten Köpfe unter seinen Landsleuten, welchen er in liberaler Weise entgegenkam, mit Thätigkeit und Umsicht und daher auch mit entsprechendem Erfolge benutzt. Daß sein Bestreben von Anfang an auf eine möglichst allseitige intellectuelle Hebung seines unglücklichen Volkes gerichtet war, ergibt sich aus der Mannichfaltigkeit der aus der Glyky'schen Officin hervorgegangenen Publicationen. Freilich nimmt darunter, besonders im 17. und noch in der ersten Hälfte des 18. Jahrh. die theologische, namentlich die asketische Literatur einen weit überwiegenden Platz ein, was jedoch weder befremden, noch bei unbefangener Berücksichtigung der damaligen Umstände, was man sonst immerhin von dem absoluten Werthe oder Unwerthe einer solchen Literatur halten möge, den Glyky's zum Vorwurfe gemacht werden kann. Wo die Nationalität eines Volkes, wie bei den Griechen unter der Gewaltherrschaft des Islam, in der Religion, zumal auch in Hinblick auf ihre Wechselbeziehung zur Sprache, ihren wesentlichsten, ja geraume Zeit hindurch fast ausschließlichen Halt- und Stützpunkt findet, liegt das entschiedene Vorherrschen des entsprechenden Elements in der Literatur nicht nur in der Natur der Sache, sondern es ist auch die dadurch erstrebte Stärkung des religiösen Bewußtseins als die vor der Hand wirksamste Kräftigung des Nationalgefühls und damit der von andersgläubigen Zwingherren geknechteten Nation selbst anzuerkennen, bis diese bei fortschreitender Entwickelung überhaupt einen freiern und hellern Standpunkt gewonnen hat und über das Bedürfniß geistiger Nahrung anderer und mannichfacherer Art sich klar geworden ist. — Das erste, nach Bretos' Katalog (Μέρ. α΄ p. 34) von Nikolaos Glykys in Venedig gedruckte Buch, eine versificirte Geschichte der Susanna in vulgärgriechischer Sprache von Markos Depharánas, erschien im J. 1671, das zweite (Μέρ. α΄ p. 35), ein Erbauungsbuch zur Vorbereitung für die Beichte von dem Mönche Nikephoros Paschalis, im J. 1673. Unter den hiernächst vorkommenden heben wir ein Sammelwerk gleichfalls überwiegend theologischen Inhalts unter dem Titel Μέλισσα, vom Jahre 1680, hervor, weil der Drucker und Herausgeber es mit einer Art von Prospectus begleitete, worin er, seinen Landsleuten gegenüber, sich über seine patriotischen Tendenzen näher ausspricht und worin auch die gute Absicht alle Anerkennung verdient, wiewol nicht zu leugnen, daß dabei einige Ruhmredigkeit mit unterläuft und daß insbesondere die selbstgefällige Spielerei mit seinem Namen, sowie mit seinem durch denselben veranlaßten typographischen Monogramme, der Biene, und dem gleichfalls damit zusammenhängenden Titel der zunächst in Rede stehenden literarischen Compi-

1) Νεοελληνικὴ φιλολογία ἤτοι κατάλογος τῶν ἀπὸ 1453 μέχρι 1832 τυπωθέντων βιβλίων παρ' Ἑλλήνων κ. τ. λ. ὑπὸ Α. Παπαδοπούλου Βρετοῦ. Μέρ. Α΄. (Ἐν Ἀθήναις 1854.); im dem literarisch-biographischen Anhange p. 188 seq. 2) Gedruckt bei Nik. Glykys in Venedig 1681. Vergl. Βρ. l. l. p. 33, und in Bezug auf Nik. Bulgaris' Leben und übrige Schriften p. 152.

lation, sich etwas breiter macht, als dem geläuterten Geschmacke zusagen kann. Von den bei Vretos angeführten nicht theologischen Büchern aus der Glyky'schen Druckerei, unter welchen der Zahl nach die auf griechische Philologie, Rhetorik und dergl. bezüglichen Werke obenan stehen, ist eins der ältesten die Tragödie Erophila von dem kretischen Dichter Georg Chortatzis, gedruckt 1676, die Glykys wieder mit einem lobpreisenden Vorworte begleitete, die aber im westlichen Europa unseres Wissens nur durch ein Paar unbedeutende, zuerst von Leake mitgetheilte Proben daraus [3]) bekannt wurde. Auch von Vincenz Kornaros' berühmtem Rittergedichte 'Ερωτόκριτος, wovon der bei Vretos (Νφ. β' p. 47) erwähnte Druck vom Jahre 1737 bei weitem nicht der älteste ist, sind mehre Ausgaben bei Glykys erschienen. Erwähnenswerth unter den von ihm gedruckten griechischen Originalwerken sind noch wiederholte Auflagen der universalhistorischen Synopsis des Metropoliten Dorotheos von Monemvasia [4]) und die erste der großen, für die genauere topographische Kenntniß Griechenlands und der europäischen Türkei überhaupt ihrer Zeit nicht unwichtigen Geographie des Metropoliten Meletios von Athen (vom Jahre 1728, vergl. Νφ. β' p. 46), der sich auch als Verfasser einer umfangreichen, ursprünglich altgriechisch geschriebenen, später aber auch in der neugriechischen Uebersetzung des Zantioten Georg Vendotis bei Baumeister in Wien gedruckten Kirchengeschichte (Νφ. α' p. 109 seq.) einen Namen machte. Der Druck der letztgenannten Glyky'schen Verlagswerke, namentlich auch der Geographie des Meletios, die der Verleger Nikolaos Glykys seinem Schwiegervater, dem joanniotischen Archonten Panagiotis Saraphis, dedicirte, fällt ohne Zweifel schon in die Zeit des gleichnamigen Sohnes oder Enkels des Gründers der Firma in Venedig, über deren Succession Vretos' Bericht jede nähere Zeitbestimmung vermissen läßt. Wir finden statt dessen nur die vage Angabe, daß von den drei griechischen Druckereien in Venedig die des Nikolaos Glykys die blühendste gewesen, sowie nach ihm die seines Sohnes Michael und demnächst noch bis zu Ende des 18. Jahrh. seines Enkels Nikolaos. Aber auch die hierin bestimmt angedeutete Folge von nur drei Generationen scheint kaum ausreichend für einen Zeitraum von etwa 130 Jahren und erregt in Ermangelung aller speciellern Data den Verdacht der Ungenauigkeit. Die beiden nach der obigen Andeutung mit den Glyky's rivalisirenden griechischen Druckereien waren, wie wir bei Vretos (Νφ. β' p. 333 und α' p. 107 seq.) gelegentlich erfahren, die des Joanioten Nikolaos Saros, etwa von 1717—1778, und Demetr. Theodosios (eigentlich Theodosiu), der sich um 1762 in Venedig niederließ und dessen Sohn Panos sein Geschäft bis um die Zeit des griechischen Befreiungskrieges fortsetzte [5]). Von den Glyky's selbst wird (a. a. O. p. 189 seq.) weiter gemeldet, daß gegen das Ende des 18. Jahrh. besonders durch die damals in Bukarest, Jassy und Wien gegründeten und ihnen in philologischen und überhaupt wissenschaftlichen Artikeln starke Concurrenz machenden griechischen Buchdruckereien ihr ausgedehntes Geschäft sehr beeinträchtigt worden und sie sich deshalb seitdem meistens wieder auf den Druck von Religionsbüchern beschränkt hätten. Doch finden wir in Vretos' Katalog der nicht theologischen Bücher (Νφ. β') allein aus den Jahren 1788—1821 (p. 83—217. nr. 202—714) noch 65 neue Glyky'sche Verlagsartikel aller Art aufgezählt, wobei die vielen in diese Zeit fallenden neuen Auflagen früher erschienener Bücher nicht mitgerechnet sind. Aus dem Jahre 1821 datirt ein anscheinend vollständiger Verlagskatalog der Glyky's, der auch eben nicht auf Abnahme des Geschäftes schließen läßt, indem in der Vorrede „Michael Glykys der Typograph" [6]), der sich hier als einen Mitkämpfer für die geistige Wiedergeburt seines Volkes ankündigt, seinen Landsleuten in allen Theilen Griechenlands für die ihm bewiesene große Gewogenheit dankt und dieselbe durch noch schönere Ausstattung der Bücher an Druck, Papier und Einband vergelten zu wollen erklärt. Der Katalog enthält auf 34 Octavseiten, leider durchweg ohne Angabe der Jahreszahl, die Titel von etwa 200 Schriften aus allen Fächern (der Mehrzahl nach aber, wie gesagt, theologischen Inhalts) in griechischer und von 17 in türkischer Sprache, die letztern sämmtlich Religions- und Erbauungsbücher für türkisch redende Christen, deren es bekanntlich in Kleinasien nicht wenige gibt. Glykys erinnert in dieser Vorrede zugleich an einen früher von ihm ausgegebenen Katalog von gleicher Stärke über eine beträchtliche Zahl in seinem Buchladen befindlicher antiquarischer, zum Theil sehr rarer Werke in alt- und neugriechischer und in lateinischer Sprache [7]). — Nachdem seit der Befreiung Griechenlands auch in diesem Lande selbst zahlreiche Druckereien ins Leben getreten und in Folge davon auch eben keine Religionsbücher aus

3) Researches in Greece. 1814. p. 117 seq. 4) Νφ. β' p. 48. Von diesem Werke besitzt die göttinger Bibliothek zwei weit ältere, sonst nirgends von uns angeführt gefundene venetianische Ausgaben von 1631 und 1637 mit der Drucker-Firma: Παρ' Ἰακώβῳ Ἀντωνίῳ Ἰουλιανῷ. 5) Statt des ersteren könnten möglicher Weise auch die Juliano's (Andreas und Jo. Anton., denn beide Namen kommen zu verschiedenen Zeiten vor), gleichfalls aus Joannina, gemeint sein (vergl. Νφ. β' p. 168), deren Firma in Venedig etwa 100 Jahre, vom Anfange des 17. bis zu dem des 18. Jahrh., bestanden zu haben scheint. Zwei andere Buchdrucker in Venedig, Anton Bota (auch Vjota, Botta &c.) und Anton Bortoli, aus deren, besonders des letztern, Officinen eine Menge griechischer Bücher hervorgingen, waren vermuthlich Italiener, da sie sonst Vretos wol nicht minder, als die vier genannten Joanniotischen Firmen, in seinem oft citirten biographischen Verzeichnisse um die Literatur verdienter Griechen mit aufgeführt hätte.

6) Auf dem Titel des Katalogs und dann wieder über dem Bücherverzeichnisse selbst steht dagegen nur der Name Nikolaos Glykys. Iken, der im 2. Bande seiner „Leukothea" (Leipzig 1825.) S. 157—167 eine Uebersetzung dieses Katalogs mit Anmerkungen lieferte, sucht jene Eigenthümlichkeit (S. 160) durch die freilich nicht sehr befriedigende Conjectur zu erklären, daß Michael vielleicht blos der Druckerei, Nikolaos aber dem Buchhandel vorgestanden habe. 7) Auszüge aus diesem antiquarischen Kataloge findet man von Euthymios Kassis im 'Ἑρμῆς ὁ λόγιος von 1817. Maiheft p. 205 seq. und bei Iken a. a. O. S. 163—165.

Venedig mehr bezogen wurden, soll nach Bretos (p. 190) im J. 1831 die Glykin'sche Druckerei, wie schon einige Jahre früher die des Theodosiu, ihre Thätigkeit — fast zwei Jahrhunderte nach ihrer Gründung, wie es heißt, woran indessen doch noch etwa 40 Jahre fehlen möchten — vollends eingestellt haben. Bretos schließt die Notiz über sie mit der Bemerkung, daß (der ältere) Nikolaos Glykys sich nicht blos unter den Buchdruckern des 17. Jahrh., sondern auch unter den Herausgebern nützlicher kirchlicher Werke einen Namen gemacht habe, wobei also wol an eine nicht allein buchhändlerische, sondern auch wissenschaftliche Mitwirkung bei der Herausgabe der letztern zu denken ist. (*Dr. Ellissen.*)

GLYMPES (Γλυμπεῖς), ein kleiner fester Platz an der Grenze des Gebietes der Lakedämonier und Argeier, welchen, einst von Argeiern besetzt, der König der Spartiaten, Lykurgos, nicht wegzunehmen vermochte. *Polybios* IV, 36, 5. Hier brachte derselbe Lykurgos den Messeniern, welche von Tegea aus mit zu geringer Macht hierher gelangt waren, um sich mit dem makedonischen Könige Philippos zu vereinigen, eine Schlappe bei, jedoch ohne Niederlage, sofern sie sich mit geringem Verluste durch schnelle Flucht retteten. *Polybios* V, 20, 4; s. Glyppia. (*Krause.*)

GLYPHAEA. Mit diesem Namen belegte der jüngere Hooker eine zu den Tiliaceen gehörige Pflanzengattung mit folgenden Unterscheidungsmerkmalen:

Der bis zum Grunde fünftheilige Kelch hat längliche, in der Knospenlage klappige Zipfel, welche später abfallen. Die sitzenden, schmal linealischen Kronblätter haben am Grunde keine Schuppe. Die zahlreichen Staubgefäße sind unterständig, die Träger sind schlank, nicht verbreitert, die Staubbeutel sind am Grunde angeheftet unbeweglich, aufrecht, linealisch, durch das schmale, vorgezogene Mittelband kurz bespitzt; die beiden seitlich-einwärts gerichteten Fächer springen an der Spitze mit einer kleinen, lochförmigen Ritze auf. Der fast sitzende Fruchtknoten ist an der Spitze in den Griffel verschmälert, durch Fehlschlagen dreifächerig, die Fächer enthalten nur wenige Eichen und da sie zwischen diesen zusammengezogen sind, so erscheinen sie als über einander stehende, eineiige Fächerchen. Die beinahe kapselige Frucht ist spindelförmig-länglich und mehrrippig, die Mittelfrucht ist dick und lederig, die Fächerchen sind einsamig, die Innenfrucht ist knorpelig und kaum aufspringend, das Säulchen ist an der unregelmäßig aufgerissenen Frucht in Fäden zertheilt. Die gegenläufigen Samen sind quer breit-länglich. Der Samenkeim ist in der Axe des Eiweißes aufrecht, die dünnen Keimblätter haben mit dem Samen gleiche Gestalt, das linealisch-längliche Würzelchen ist dem Nabel zugewandt.

Zu dieser Gattung gehört nur eine Art mit ruthenförmigen Aesten, wechselständigen, zweizeiligen, gestielten, lanzettlichen, zugespitzten, entfernt- und ungleich-ausgeschweift-gesägten oder gezähnelten, starr-häutigen und ziemlich kahlen Blättern. Die Nebenblätter fallen sehr bald ab. Die gelben Blüthen stehen in 3—4blüthigen, gestielten, öfters blattgegenständigen, bisweilen achselständigen, am Grunde deckblattlosen Dolden.

Die Gattung ist von Grewia durch den Mangel der Drüsen an den Kronblättern und durch den ungestielten Fruchtknoten verschieden.

Hooker nannte diese Art Glyphaea grewioides; da aber nach ihm Grewia lateriflora *G. Don* dazu gehört, so hätte dieser Speciesname verworfen werden dürfen, die Pflanze mußte vielmehr Glyphaea lateriflora benannt werden. (*Garcke.*)

GLYPHIA, ein von Cassini eingeführter Name für eine zu den Compositen gehörige Gattung, welche jetzt aber ganz unbekannt ist und mit der Glyciderus, eine gleichfalls von Cassini aufgestellte Gattung, identisch sein soll. Sie wird in folgender Weise diagnosirt:

Das vielblüthige Köpfchen hat einreihige, zungenförmige, weibliche Randblüthen und röhrige, zweigeschlechtliche Scheibenblüthen. Die Schuppen des Hauptkelchs stehen in zwei Reihen, decken sich dachziegelig und sind fast häutig. Der flache Blüthenboden ist mit kurzen, unter einander verwachsenen, pfriemlichen, fast häutigen Spreuborsten besetzt. Die länglichen, fast cylindrischen, gestreiften, schwach-steifhaarigen Achänen haben am Grunde eine knorpelige Schwiele. Die Schüppchen des langen Federkelchs sind ungleich, fadenförmig, bärtig.

Zu dieser Gattung gehört eine ganz kahle, auf Madagascar einheimische Art mit holzigem, gebogenem, vielleicht auch windendem Stengel, abwechselnden, fast sitzenden, eiförmig-zugespitzten, ganzrandigen, häutigen, durchscheinend-drüsigen Blättern und mit an den endständigen Zweigen in Rispen stehenden Blüthenköpfen. (*Garcke.*)

GLYPHIS ist der Name einer von Acharius aufgestellten Flechtengattung, deren Mitglieder an Rinden tropischer Bäume vorkommen. (*Garcke.*)

GLYPHOCARPUS, eine von Robert Brown aufgestellte Moosgattung mit mützenförmiger Haube, endständigem, kugeligem, am Grunde gleichem Sporangium, kegelförmigem Deckel und mit zahnlosem, aber mit einer lockeren Haut und zuletzt mit 16 Fäden besetzten Munde versehen.

Zu dieser Gattung, welche Karl Müller in seiner Monographie der Moose nicht angenommen, sondern mit Bartramia vereinigt hat, gehören nach Robert Brown aufrechte, ästige, rasenförmige, an Felsen und an Bäumen am Cap der guten Hoffnung vorkommende Moose. (*Garcke.*)

GLYPHOMITRIUM, ein aus den Wörtern γλύφω und μίτριον gebildeter, von Bridel für eine Moosgattung angewandter Name. Diese Gattung zeichnet sich durch die glockenförmige, gefurchte, große, die Büchse ganz einschließende, tief geschlitzte Haube aus. Das Peristom besteht aus 10 kurzen lanzettlichen, ganzrandigen, in einer Mittellinie tief gefurchten, paarweise genäherten, einwärts gekrümmten, unterhalb des Mundsaumes entspringenden, goldgelben, glatten Zähnen. Der Blüthenstand ist einhäusig.

Zu dieser Gattung gehört nur eine Art, nämlich

Gl. Daviesii *Bridel.* Dies Moos ist dicht polsterförmig, niedrig, kraus, gabelspaltig, dunkelgrün, nach Unten rostfarbig; die Blätter sind im feuchten Zustande aufrecht-abstehend, linealisch-lanzettlich, gekrümmt und haben einen flachen oder kaum umgerollten Rand und große, dick-quadratische, am Grunde lockere Zellen; die auf einem sehr kurzen steifen Stiele stehende Büchse ist sehr klein, fast kugelig, glatt; das Deckelchen ist kegelförmig, spitz, aufrecht; der Ring fehlt; die Haube ist glatt, blaß. Hierzu gehört Encalypta Daviesii *Smith*, Grimmia Daviesii *Turner*, Gristbbia Daviesii *R. Brown* und Bryum Daviesii *Dickson.*

Dieses Moos wurde von Davies im cambrischen Berglande auf Wales entdeckt, später auch auf Anglesea und in Irland gefunden. (*Garcke.*)

GLYPPIA (*Γλυππία*), ein Flecken (*κώμη*) im lakonischen Gebiete, in der Nähe der kleinen Stadt Marios und einer anderen *κώμη*, Selinus genannt. Die diesen Oertern zunächst liegende größere Stadt war Geronthrae, von Selinus nur 20 Stadien entfernt. *Pausanias* III, 22, 6. Daß der feste Platz (*χωρίον* genannt), welchen Polybios (IV. c. 36. §. 5 und IV, 20, 4) *Γλυμπεῖς* nennt, mit Glyppia identisch sei, wie Hoffmann (Griechenland I, 1071) angenommen, hat wenig Wahrscheinlichkeit. Polybios setzt Glympeis an die Grenze des argivischen und des lakonischen Gebietes, und aus seiner Beschreibung geht hervor, daß dieser Ort stark befestigt war. Pausanias würde dies wol nicht ganz übergangen haben, auch wenn der Ort zu seiner Zeit zu einem einfachen *κώμη* herabgekommen wäre. Das bezeichnete Gebiet gehörte zu dem der Eleutherlakonen. *Pausan.* III, 21, 6. (*Krause.*)

Glyptik, s. Gemmae.

GLYZONIUS (Emanuel, von Chios), war der Verfasser eines Handbuches der praktischen Arithmetik, nebst verschiedenen Belehrungen in Betreff des Kalenders, in altgriechischer Sprache (*Βιβλίον πρόχειρον τοῖς πᾶσι, περιέχον τήν τε πρακτικὴν Ἀριθμητικὴν κτλ.*), welches 1596 bei P. Christophoru Zanetios in Venedig erschien und darnach mehrmals, u. a. noch 1765 von N. Glykys daselbst und 1783 von Demetr. Theodosiu neu herausgegeben wurde [1]). Alexander Helladios von Larissa gedenkt dieser Arithmetik als eines beachtenswerthen Speciminens neugriechischer Erudition und Sagacität, indem er ihr nachrühmt, sie sei „tam sagaci ingenio concinnata, ut omnes quaestiones, quas alias mathematici methodo algebraica resolvere solent, simplici quadam arte absque ulla difficultate resolvat" [2]). Ueber die Lebensumstände des Verfassers fehlt es gänzlich an Nachrichten. (Dr. *Ellisen.*)

1) *Ἀ. Παπαδοπούλου Βρετοῦ νεοελληνικὴ φιλολογία κ. τ. λ. μέρ. Β'* (*ἐν Ἀθήν.* 1857.) p. 31 u. 291 seq. 2) *Al. Hellad.* Status praesens ecclesiae Graecae; s. l. (Altorf. Norimb.) 1714. p. 7. Der Name Glyzonius ist hier, vermuthlich nur durch einen der zahllosen Druckfehler, wovon das Buch wimmelt, in Blesonius verwandelt. (Ueber Helladius vergl. Jacobs in dem betr. Artikel dieser Encyklopädie. 2. Sect. 5. Bd. S. 155.)

GMELIN (Christian von), ordentlicher Professor der Rechte an der Universität zu Tübingen, daselbst geboren den 23. Jan. 1750, gestorben den 6. Juni 1823. Er war der älteste Sohn des Professors der Botanik und Chemie Joh. Georg Gmelin zu Tübingen, der besonders durch die im Auftrage der russischen Regierung in den Jahren 1733—1743 unternommene Reise durch Sibirien und Kamtschatka seinen Namen verewigt hat; seine Mutter war Maria Barbara geborne Gromann. Seine Schulbildung erhielt er in der sogenannten anatolischen Schule zu Tübingen, die sich damals unter Rector Heselin des besten Rufes erfreute; bereits seit 1818 ist diese Schule zu dem Range eines Lyceums erhoben worden. Der junge Gmelin zeigte bald eine auffallende Ueberlegenheit über seine Mitschüler; glückliche Fassungskraft im Vereine mit seltener Wißbegierde und angestrengtem Fleiße führte ihn überraschend schnell vorwärts; mit gründlicher Kenntniß der alten Sprachen, namentlich der lateinischen, war er bereits in den Jahren ausgerüstet, in welchen die Meisten für den Geist derselben erst empfänglich werden, sodaß er nach kaum zurückgelegtem 14. Jahre, für akademisches Studium reif, im J. 1764 in die Zahl der Studirenden eintreten konnte und durfte. Neben ergänzendem Privatunterrichte bei einem der ausgezeichnetsten Alumnen des theologischen Seminars, dem nachmaligen, als Gelehrten und Staatsmann berühmten Hofrathe Schwab, waren in den ersten Jahren die Professoren Kies, Ploucquet, Bock, Uhland, Baur und Scholl seine Lehrer in Mathematik, Philosophie, Geschichte und Naturrecht; in dem Fachstudium der Jurisprudenz hörte er bei Harpprecht, Hofmann, Tafinger, Kapf und Canz und ward bald so heimisch in ihm, daß er in den letzten Jahren seines akademischen Lebens privatim Repetitoria über einzelne Zweige der Jurisprudenz hielt, wodurch er sich für seine spätere akademische Laufbahn erfolgreichst vorbildete. Als im J. 1767 Herzog Karl von Würtemberg die Universität Tübingen besuchte, erwählte der akademische Senat den jungen Gmelin, um vor dem Landesfürsten einen öffentlichen Vortrag [1]) zu halten. Im J. 1769 erwarb sich Gmelin durch Vertheidigung seiner Dissertation: De scamnis eorumque diversitate in comitiis et judiciis imperii (Tub. 1769. 4.) die Erlaubniß zur Ausübung der juridischen Praxis, trat in die Zahl der Advocaten bei dem herzoglichen Hofgerichte ein und erhielt zugleich die Erlaubniß zu akademischen Vorlesungen. Auf längere Zeit ging er alsdann als Hofmeister der Söhne des Herrn von Mochen, der in Ravensburg privatisirte und späterhin auf seinem Rittergute Leutkirch wohnte, dahin, wo ihm seine Stellung die schönste Muße zur weiteren Vorbereitung auf eine akademische Laufbahn gewährte. Nach Tübingen 1773 zurückgekehrt, ward er noch in diesem Jahre als Professor an die Universität Erlangen berufen, erhielt zugleich Sitz und Stimme im akademischen Senate und den Charakter als Hofrath. Er trat sein Amt durch das

1) Er erschien als: „Rede von den Kreistagen und dem Unterschiede der Kreise im Reiche" (Tüb. 1767. 4.) im Drucke.

Programm: De remedio legis ultimae C. de edicto D. Adriani tollendo (Erl. 1773. 4.) an, habilitirte sich später durch seine Dissertation: De concursu creditorum materiali ejusque a formali differentiis potioribus (Ibid. 1775. 4.) und hielt hauptsächlich über Pandekten, Institutionen und Rechtsgeschichte Vorlesungen, und obschon er anfänglich theils als Ausländer, theils seiner Jugend wegen mit vielen Schwierigkeiten zu kämpfen hatte, so wußte er doch auch den Beifall, welchen er bei seinen Zuhörern fand, in jeder Art zu rechtfertigen. Im J. 1780 ward Gmelin von dem Herzoge Karl von Würtemberg als Professor nach Tübingen berufen und trat sein neues Amt mit der Antrittsrede: De lege Valentiniani senioris, scholae olim Romanae praescripta, an. Hier begann denn die rühmlichste Periode seines Lebens. Auch neben seinem Collegen Hofacker, einem Koryphäen der Rechtsgelahrtheit, wußte er sich dauernden Beifall zu sichern und stand mit ihm ununterbrochen in freundschaftlichstem Vernehmen. Seine Verdienste wurden von König Friedrich von Würtemberg im J. 1807 durch Verleihung des Ritterkreuzes des Civilverdienstordens anerkannt. Außer seiner Fachwissenschaft war es besonders das Studium der Philosophie, die ihn theilnehmend beschäftigte. Seine Vorlesungen zeugten von seiner umfassenden geistigen Ausbildung, die auch die schönen Wissenschaften und die Kunst in ihren Bereich gezogen hatte, namentlich die Musik. Sein Umgang war belehrend und unterhaltend und ward eifrig gesucht, sein Charakter theilnehmend und offen und Biederkeit und Rechtlichkeit kettete seine Freunde unauflöslich an ihn und erweiterte ihre Kreise. Durch väterliches Wohlwollen gegen alle Studirende, welche mit ihm in Berührung kamen, erhielt er sich ihre Liebe. Er nahm keinen unmittelbaren Antheil an dem Gange der politischen Angelegenheiten seines Vaterlandes, wenn er auch vielleicht von Außen her Beruf dazu gehabt hätte; sein Patriotismus beschränkte sich auf strenge Pflichterfüllung in dem ihm angewiesenen Kreise. Seine sonst kräftige Gesundheit erhielt im J. 1804 durch einen Nervenschlag einen heftigen Stoß und wirkte nachtheilig auf seine Geistesthätigkeit ein. Zwar wurde er wieder in dem Grade hergestellt, daß er zu seinen Berufsarbeiten zurückkehren konnte und noch 18 Jahre fuhr er in der Gewohnheit des Wirkens fort. Aber mit dem zunehmenden Alter nahm die geistige Kraft zugleich mit der körperlichen so ab, daß er im J. 1822 um Versetzung in den Ruhestand einkam. Mehre Jahre zuvor war ihm das Glück zu Theil geworden, seine vier Söhne in ehrenvollen Ämtern und glücklichen Verhältnissen im Vaterlande angestellt zu sehen. Nur noch im Kreise der Seinigen fand er sein Glück und auf der Reise zu seinem jüngsten Sohne, dem Regierungsassessor zu Ludwigsburg, erkrankte er im Sommer 1823 und entschlummerte in dessen Hause an dem oben schon bemerkten Tage [2]).

Außer den schon angeführten kleineren akademischen Gelegenheitsschriften [3]) hat die erweiterte Bearbeitung seiner erlanger Inauguraldissertation in der Schrift: Die Lehre vom materiellen Concurs der Gläubiger, in ihrem Zusammenhange aus den echten Grundsätzen vorgetragen (Erlangen 1775. 8.) in der juristischen Welt noch jetzt classische Geltung. Außer mehren kleinen akademischen und durch Zeitverhältnisse veranlaßten Schriften besorgte er auch die achte Ausgabe von *Heineccii* Elementa juris cambialis (Norimb. 1779. 8.) und beendigte nach Hofacker's Tode dessen unvollendet gelassene: Principia juris civilis Romano-Germanici. Später besorgte er die zweite Ausgabe dieses Werkes (Tub. Cotta 1794—1798.), an dessen 2. und 3. Theile sich auch Bolley und Jahn betheiligten. In Verbindung mit Elsäßer gab er die: „Neueste juristische Litteratur" (Erlangen 1776—1780. jedes Jahr in 2 Bdn.) und: „Gemeinnützige juristische Beobachtungen und Rechtsfälle" (Nürnberg 1777—1782.) heraus; mit Danz und Tafinger vereinigte er sich zur Herausgabe des: „Kritisches Archiv der neuesten juridischen Litteratur und Rechtspflege" (Tüb. 1801—1804.) (*J. E. Volbeding.*)

GMELIN (Christian Gottlieb von), ordentlicher Professor der Rechte an der Universität zu Tübingen, geboren daselbst am 3. Nov. 1749, gestorben 1818. Er hatte seine Schul- und Universitätsstudien in seiner Vaterstadt gemacht. Durch die Dissertation: De condictione facti indebite praestiti (Tub. 1769. 4.) erwirkte er sich seine Stellung als Advocat am Hofgerichte in Tübingen, hielt neben seinen praktischen Arbeiten Vorlesungen an der Universität über verschiedene Theile der Rechtswissenschaft, hielt sich auch, zur Erweiterung seiner Kenntnisse, längere Zeit in Göttingen und Strasburg auf. Im J. 1778 ward er von dem akademischen Senate zum Professor in Tübingen erwählt. Er war ein fleißiger Schriftsteller, der sich ungetheilte Achtung erwarb. Seine „Ordnung der Gläubiger," deren Brauchbarkeit sich schon durch wiederholte Auflagen bewährte, empfiehlt sich durch Genauigkeit, Reichhaltigkeit und eine gründliche Benutzung aller vorhandenen Quellen dem praktischen Juristen als ein unentbehrliches Handbuch, und seine „Grundsätze der Gesetzgebung über Verbrechen und Strafen" zeigen einen denkenden Kopf und kenntnißvollen Gelehrten, der, gleich weit entfernt von eigensinnigem Anhängen an das Alte und blindem Nachbeten empfindelnder Modephilosophie mit echt philosophischem Geiste und tiefer Kenntniß der bestehenden Gesetzgebungen, mit Ruhe, die sich überhaupt in seinem ganzen Wesen ausdrückte, mit Unbefangenheit, Würde und Bescheidenheit seine durch eigenes Nachdenken und Erfahrung bewährten Grundsätze darlegt, in denen sich zugleich ein warmes Gefühl für die Menschheit ausspricht [1]).

2) Noch ausführlicher in F. A. Schmidt, Neuer Nekrolog der Deutschen. 1. Jahrgang (1823). 2. Heft. (Ilmenau 1824.) S. 514—528.

3) Ausführlich findet man sie zu gegenseitiger Vervollständigung verzeichnet in: Schmidt, Nekrolog u. a. a. O. S. 527 fg.; J. J. Gradmann's Gelehrtes Schwaben (Ravensb. 1802.) S. 174 fg. und H. F. Eisenbach's Beschreibung und Geschichte der Stadt und Universität Tübingen (Tüb. 1822.) S. 368—370.

1) Siehe H. F. Eisenbach, Geschichte der Stadt und Universität Tübingen (Tüb. 1822.) S. 286—287.

Unter seinen Schriften stehen die eben erwähnten oben an, deren vollständige Titel sind: Die Ordnung der Gläubiger bei dem über ihres Schuldners Vermögen entstandenen Gantprocesse, nach den gemeinen und wirtembergischen Rechten. (Ulm 1774. 8.; vierte verb. Aufl. 1793.) Grundsätze der Gesetzgebung über Verbrechen und Strafen. Eine der ökonomischen Gesellschaft in Bern zugeschickte und des Druckes würdig erkannte Abhandlung. Tüb. 1785. 8. (nachgedruckt in Linz bei Edler von Trattner 1786.) — Auch seine: „Beantwortung der Frage: welches sind die besten ausführbaren Mittel wider den Kindermord" (Ulm 1782.) und seine: „Abhandlung von den besonderen Rechten der Juden in peinlichen Sachen" (Tüb. 1785.) zählen in der betr. Literatur noch immer mit fort. — Seine Schrift: „Von Aufsätzen über Verträge überhaupt, von Schuld- und Pfandverschreibungen und andern damit verwandten Aufsätzen insbesondere. Nebst Formularien" (Tüb. 1790.) ist noch immer im Gebrauche und die Formularien sind auch besonders abgedruckt zu haben. — Außerdem gab er mehre akademische Gelegenheitsschriften heraus, sowie auch dergleichen Streitschriften unter seinem Vorsitze vertheidigt wurden [9]). Außer an anderen Zeitschriften war er auch Mitarbeiter an dieser Encyklopädie vom 5. Bande an. Sein Bildniß steht vor dem 85. Bande der allgemeinen deutschen Bibliothek. (*J. E. Volbeding.*)

GMELIN (Eberhard), geboren zu Tübingen am 1. Mai 1751, wurde Arzt und Physikus zu Heilbronn, wo er im J. 1809 starb. Er war einer der ersten Anhänger des thierischen Magnetismus in Deutschland, für den er sich auch literarisch betheiligte in folgenden Schriften: Ueber thierischen Magnetismus. (Tübingen 1787. 8.) Neue Untersuchungen über den thierischen Magnetismus. (Stuttgart 1789. 8.) Materialien für die Anthropologie. 2 Stücke. (Stuttgart 1793.) (*Fr. Wilh. Theile.*)

GMELIN (Ferdinand Gottlob von), Professor der Naturgeschichte und Medicin in Tübingen, war daselbst am 10. März 1782 geboren. Er studirte und promovirte in Tübingen (Diss. de electricitate et galvanismo. 1802.), wurde daselbst Anfangs 1805 außerordentlicher und 1810 ordentlicher Professor. Er starb den 21. Dec. 1848. Gmelin hat an manchen werthvollen tübinger Dissertationen (W. F. Bärens, G. A. Georgi, J. Schnell, C. G. Gmelin, Scherrer, H. Stockmayer) wesentlichen Antheil, und ist der Verfasser folgender Schriften: Allgemeine Pathologie des menschlichen Körpers. (Stuttgart 1813. 2. Aufl. 1821.) Allgemeine Therapie der Krankheiten des Menschen. (Tübingen 1830.) Die Behandlung der ostindischen Cholera nach ihren verschiedenen Graden, Formen und Stadien. (Tüb. 1832.) Kritik der Principien der Homöopathie. (Tüb. 1835.) Auch hat Gmelin übersetzt: John Mason Good, Die ostindische Cholera (Tüb. 1831. 2. Aufl. 1832.), sowie: John Baron, Bericht der für die Untersuchung des gegenwärtigen Zustandes der Vaccination bestimmten Section u.s.w. (Stuttg. und Tüb. 1840.) (*Fr. Wilh. Theile.*)

GMELIN (Johann Friedrich), ein Sohn des tübinger Professors Philipp Friedrich Gmelin, war am 8. Aug. 1748 geboren. Er studirte Medicin und besonders Naturwissenschaften, promovirte 1769 und besuchte dann noch Holland und England, desgleichen auch Wien. Von 1771 an hielt er in Tübingen Vorlesungen über Naturgeschichte und Botanik. Er wurde 1775 als außerordentlicher Professor nach Göttingen berufen und 1780 zum ordentlichen Professor in der medicinischen Facultät ernannt, welche Stelle er bis zu seinem am 1. Nov. 1804 erfolgenden Tode bekleidete. Lang ist die Liste der von ihm verfaßten Schriften, besonders über Gegenstände der Naturgeschichte, der Chemie und Physik, der Technologie. Warum schöpft der Mensch Athem? (Tübingen 1767. 4.) Irritabilitas vegetabilium in singulis plantarum partibus explorata, ulterioribus experimentis confirmata. (Tub. 1768. 4.) Onomatologia botanica completa, oder: Vollständiges botanisches Wörterbuch, nach der Lehrart des Ritters von Linné abgefaßt. 1771—1779. 8. Neun Bände. Enumeratio stirpium agro Tubingensi indigenarum. (Tub. 1773. 8.) Dissertatio: An adstringentia et roborantia stricte sic dicta ferreo principio suam debeant efficaciam? (Tub. 1773. 4.) Abhandlung von den giftigen Pflanzen, so in Deutschland wild wachsen. (Ulm 1775. 8. Göttingen 1804. 8.) Progr. de alcalibus et praecipitationibus chemicis ope eorum factis. (Gotting. 1775. 4.) Allgemeine Geschichte der Gifte. 3 Theile. 1776. Allgemeine Geschichte der Thier- und Mineralgifte. Mit Vorrede von Blumenbach. 2. Aufl. (Erfurt 1811.) Abhandlung von den Arten des Unkrauts und von dessen Benutzung, nebst einer Zugabe von dessen Ausrottung. (Lübeck 1779.) Einleitung in die Chemie. (Nürnb. 1780.) Einleitung in die Mineralogie. (Nürnb. 1780.) Einleitung in die Pharmazie. (Nürnb. 1780.) Beiträge zur Gesch. des deutschen Bergbaues, vornehmlich aus den mittlern und spätern Jahrhunderten unserer Zeitrechnung. (Halle 1783.) Ueber die neuern Entdeckungen in der Lehre von der Luft und deren Anwendung auf die Arzneikunst. (Berlin 1784.) Diss. de tingendo per nitri acidum etc. (Erford. 1785.) Grundsätze der technischen Chemie. (Halle 1786. 8. Göttingen 1795.) Chemische Grundsätze der Probir- und Schmelzkunst. (Halle 1786.) Abhandlung über die Wurmtrockniß. (Leipzig 1787.) Grundriß der allgemeinen Chemie. (Göttingen 1789. Ebend. 1804.) Grundriß der Mineralogie. (Göttingen 1790.) Grundriß der Pharmazie. (Göttingen 1792.) Progr. de aeris vitiosi exploratione. (Gott. 1794.) Chemische Grundsätze der Gewerbkunde. (Hanover 1795. 4.) Apparatus medicaminum tam simplicium quam compositorum in praxeos adjumentum consideratus. Pars II. Regnum minerale complectens. (Gott. 1795.) 2 Voll. (Ergänzung des Apparatus medicaminum von Murray.) Göttingisches Journal der Naturwissenschaften. (Gött. 1797.) 4 Hefte. Geschichte der Chemie

9) Sie sind bei J. J. Gradmann „Gelehrtes Schwaben" (Ravensb. 1802.) S. 175—177 speciell verzeichnet.

3 Bände. (Gött. 1797—1799.) Beitrag zu den Nachrichten vom ersten Ursprunge der pneumatischen Chemie. (Gött. 1798.)

Außer mehrfachen Abhandlungen in Crell's Annalen und in andern Journalen und mehren Uebersetzungen (z. B. Russel's Naturgeschichte von Aleppo, Senebier's Kunst zu beobachten) besorgte Gmelin die dritte und vierte Auflage von Erxleben's Anfangsgründen der Naturgeschichte, die fünfte, sechste und siebente Auflage von Lösecke's Materia medica, endlich die 13. und letzte Ausgabe von Linné's Systema naturae. Diese letzte Arbeit, welche von 1788 bis 1793 erschien, ist zwar nach Cuvier's Urtheil eine kritiklose Compilation, zusammengetragen mit oberflächlichen Kenntnissen und ohne das Buch der Natur aufzuschlagen. Indessen gibt sie doch eine, wenngleich unvollständige, Uebersicht über dasjenige, was bis zum Jahre 1790 geschehen ist.

(*Fr. Wilh. Theile.*)

GMELIN (Johann Georg), bekannt als Botaniker und als Reisender, wurde am 12. Aug. 1709 in Tübingen geboren. Er war der Sohn eines Apothekers, studirte Medicin und promovirte bereits 1727. (Examen acidularum Deinacensium atque spiritus vitrioli volatilis ejusdemque phlegmatis per reagentia. Tub. 1727. 4.) Um sein Glück zu machen, reiste er nach Rußland. In Petersburg wurde ihm durch Begünstigung des Präsidenten der Akademie Lorenz Blumentrost eine kleine Besoldung zu Theil, und 1730 erhielt er auf drei Jahre eine Anstellung für Chemie und Naturgeschichte. Weiterhin verschaffte er sich die Erlaubniß, an einer wissenschaftlichen Reise nach Sibirien und Kamtschatka Theil zu nehmen, für welche Gerhard Friedrich Müller als Historiker, Louis Delisle de la Croyère als Astronom bestimmt war. Die Karawane verließ Petersburg am 19. Aug. 1733. Gmelin kam bis an die Grenzen von China, und erst im Februar 1743, nach einer Abwesenheit von 9½ Jahren, kehrte er nach Petersburg zurück. Er war nun damit beschäftigt, die gesammelten Materialien zu ordnen, erhielt aber doch 1747 einen einjährigen Urlaub, um sein Vaterland zu besuchen. Während er in Tübingen verweilte, wurde ihm 1749 die erledigte Professur der Botanik und Chemie angeboten, die er auch übernahm; allein schon am 20. Mai 1755 ereilte ihn der Tod. Ihm zu Ehren hat Linné eine Pflanzengattung Gmelina aufgestellt.

Außer mehren Dissertationen und mehrfachen Abhandlungen, namentlich in den Commentarien der petersburger Akademie, hat Gmelin folgende Schriften verfaßt: Flora Sibirica, sive historia plantarum Sibiriae. (Petrop. 1747—1770.) 4 Voll. (Die beiden letzten Bände, welche 1769 und 1770 erschienen, sind übrigens von Samuel Gottlieb Gmelin herausgegeben worden.) Leben Herrn Georg Wilhelm Steller's, gewesenen Adjuncti der Kaiserlichen Akademie zu St. Petersburg u. s. w. (Frankfurt 1748.) Sermo academicus de novorum vegetabilium post creationem divinam exortu. Tubing. 1750. 8. (Von Keralio ins Französische übersetzt.) Reisen durch Sibirien vom Jahre 1733 bis 1743. (Göttingen 1751 u. 1752.) 4 Bände. (Holländisch von Elverfelt. 1752—1757. Französisch von Keralio. Paris 1767.)

(*Fr. Wilh. Theile.*)

GMELIN (Karl Christian), zu Badenweiler im Großherzogthume Baden geboren, promovirte 1784 als Doctor der Medicin (Consideratio generalis filicum. Erlang. 63 pp.). Er lebte in Karlsruhe als Aufseher der botanischen Gärten und des Naturaliencabinets, Mitglied der Sanitätscommission seit 1803, Mitglied der Bergwerkscommission seit 1814 und zuletzt unter dem Titel eines geheimen Hofraths. Dort starb er im Jahre 1837. Seine Schriften sind: Gemeinnützige systematische Naturgeschichte für gebildete Leser, nach dem Linné'schen Natursysteme. (Mannheim und Leipzig 1808 — 1818.) 4 Theile. Flora Badensis et confinium regionum, plantas a lacu Bodanico usque ad Confluentem Mosellae et Rheni sponte nascentes exhibens, secundum systema sexuale. 1807. 8. 2 Voll. Einfluß der Naturwissenschaft auf das gesammte Staatswohl, vorzüglich auf Land und Zeit angewendet, nebst Vorschlägen zur Anpflanzung entsprechender Surrogate für die kostbaren Colonialwaaren und einigen Notizen über die botanischen Gärten in Karlsruhe. 1809. 8. Nothhilfe gegen Mangel aus Miswachs, oder Beschreibung wildwachsender Pflanzen, welche bei Mangel der angebauten als ergiebige und gesunde Nahrung für Menschen und Thiere gebraucht werden können. 1817. 8. Beschreibung der Milchbildnerschwämme. 1826. 8. (*Fr. Wilh. Theile.*)

GMELIN (Leopold), Geheimer Hofrath und Professor der Chemie in Heidelberg, Sohn des göttinger Professors Johann Friedrich Gmelin und Enkel des tübinger Professors Philipp Friedrich Gmelin, war am 2. Aug. 1788 zu Göttingen geboren. Er besuchte das Lyceum in Göttingen und nach seines Vaters Tode kam er im Herbste 1804 in die Apotheke des nahe verwandten Christian Gmelin in Tübingen, wo er sich mit Chemie beschäftigte und Kielmeyer's Vorlesungen besuchte. Von 1805—1809 studirte er Medicin in Göttingen, verweilte dann wieder in Tübingen von 1809—1811, besuchte hierauf Wien, wo er in Jacquin's Laboratorium die Materialien zu seiner Doctordissertation (Indagatio chemica pigmenti nigri oculorum etc. Gotting. 1811. 71 p. Ed. nova. Heidelb. 1814.) sammelte, begab sich 1812 nach Italien, wo er namentlich in Rom und in Neapel verweilte und kehrte 1813 nach Teutschland zurück. Er kam nach Heidelberg, wo grade der Lehrstuhl der Chemie erledigt worden war; mehrseitigen Aufmunterungen nachgebend, habilitirte er sich daselbst im Sommer 1813 und verfaßte eine Habilitationsschrift, worin er „Untersuchungen über den Hauyn und verwandte Mineralien, sowie geognostische Bemerkungen über die Berge des alten Latiums" mittheilte. Bereits im J. 1814 wurde er zum außerordentlichen Professor ernannt, und er schloß sich aufs Engste an Heidelberg an, sodaß er 1817 einen Ruf nach Berlin an Klaproth's Stelle ablehnte und ebenso 1835 einen Ruf nach Göttingen an Stromeyer's Stelle. Ein Schlaganfall im J. 1848 lähmte seine Kräfte zwar nur vorübergehend, allein nach einem erneuerten Schlaganfolle im J. 1850 mußte er von der akademischen Thätigkeit zurücktreten und starb am 13. April 1853.

Den großen Verdiensten um die Chemie als selbständiger Forscher fügte Gmelin das nicht geringer zu achtende Verdienst hinzu, daß er alles in der Chemie Erforschte auf geordnete Weise in Vollständigkeit und Treue, ohne alle subjective Beimischung, darzulegen verstand. Er that dies in seinem „Handbuche der theoretischen Chemie.“ 3 Bände 1817 – 1819. (Zweite Auflage 1821 – 1826. Dritte Aufl. 1827—1829. Vierte Aufl. in 5 Bänden [ohne Vollendung der organischen Chemie] 1843—1852.) Der die organische Chemie behandelnde Theil wurde 1823 ins Französische übersetzt: Chimie organique, appliquée à la physiologie et à la médecine, trad. par *J. Meiken*. (Paris 1823.) 500 pp. Die Cavendish Society aber, welche ausgezeichnete chemische Werke des Auslandes in England einheimisch macht, veranstaltete das Erscheinen einer englischen Uebersetzung des gesammten Handbuches. Gmelin's Biograph (Buchner's N. Repertor. 2. Bd. S. 277—285) spricht sein Urtheil über dieses Werk also aus: Eine seltene Stärke des Gedächtnisses, ein klares Anschauungs- und Vorstellungsvermögen gestatteten ihm, viel Material in Gedanken zu übersehen und nach großen Zügen einzutheilen; eine minutiöse Sorgfalt im Arbeiten vertheilte dann gleichmäßig in alle Unterabtheilungen jegliches ihm vorliegende Bruchstück des Materials. Gelegentlich mitgetheilte und längst wieder übersehene Beobachtungen Anderer erhielten oft erst durch Gmelin für die Wissenschaft Werth, indem er auf sie durch Aufstellung am rechten Orte aufmerksam machte, indem er sie mit andern Beobachtungen combinirte. Gmelin schlug den Weg ein, rein objectiv alles in der Chemie überhaupt Beobachtete auf die Autorität der einzelnen Chemiker hin wohlgeordnet zusammenzustellen, und seine eigenen Ansichten neben dem durch Andere Behaupteten zu geben. So ist jede Auflage von Gmelin's Werke ein Monument, welches, unabhängig von der subjectiven Ansicht des Verfassers, den Zustand der Chemie zu einer bestimmten Zeit vollständig und gleichmäßig deutlich erkennen läßt. Sein Werk war es, was die Chemie in Teutschland im Allgemeinen gründlicher bekannt werden ließ als irgendwo anders, sodaß in Teutschland nicht so häufig als anderwärts bereits beobachtete Thatsachen noch einmal als neu entdeckte hingestellt werden.

In der organischen Chemie glänzt Gmelin's Name durch zwei gemeinschaftlich mit Tiedemann ausgeführte Arbeiten: Tiedemann und Gmelin, Versuche über die Wege, auf welchen Substanzen aus dem Magen und Darmkanale ins Blut gelangen, über die Verrichtung der Milz und die geheimen Harnwege. (Heidelb. 1820.) — Tiedemann und Gmelin, Die Verdauung nach Versuchen, physiologisch und chemisch bearbeitet. 2 Bde. (Heidelb. 1826 – 1827. (Ins Französische übersetzt von Jourdan. Par. 1826—1827.)

In seinem „Versuche eines neuen chemischen Mineralsystems“ vom Jahre 1825 suchte Gmelin zwischen den beiden in der mineralogischen Systematik einander entgegenstehenden Ansichten, der rein chemischen und der rein morphologischen, eine Ausgleichung anzubahnen, indem er zeigte, daß sich zwischen der chemischen Zusammensetzung und den äußern Eigenschaften vielfache Beziehungen nachweisen lassen.

Schweigger's Journal, die Zeitschrift für Physiologie von Tiedemann und Treviranus, Gilbert's Annalen und Poggendorff's Annalen enthalten mehrfache Abhandlungen von Leop. Gmelin. (*Fr. Wilh. Theile.*)

GMELIN (Philipp Friedrich), Bruder des berühmten Reisenden Gmelin, wurde am 19. Aug. 1721 in Tübingen geboren. Seit 1738 studirte er daselbst Medicin, und nach Vollendung seiner Studien besuchte er Holland, England und Norddeutschland. Nachdem er 1744 nach Tübingen zurückgekehrt war, hielt er als Privatdocent Vorlesungen. Im J. 1750 wurde er außerordentlicher Professor der Medicin, und 1755 folgte er seinem Bruder in der Professur der Botanik und Chemie. Er starb am 9. Mai 1768.

Außer mehren Dissertationen schrieb er Otia botanica in usum praelectionum etc. (Tubing. 1760.) Er lieferte den Text zu Knorr's Thesaurus rei herbariae hortensisque universalis und war Mitarbeiter an der Onomatologia medica completa.

(*Fr. Wilh. Theile.*)

GMELIN (Samuel Gotlieb), geb. zu Tübingen am 23. Juni 1743, studirte in seiner Vaterstadt Medicin und Naturwissenschaften, und nach seiner Promotion (Diss. de analepticis quibusdam nobilioribus e cinnamomo, aniso stellato et asa foetida. Tub. 1763. 4.) besuchte er Holland, wo er Pallas kennen lernte, sowie Paris. Nach kurzem Aufenthalte in Tübingen ging er 1766 als Botaniker nach Petersburg. Sodann bereiste er im kaiserlichen Auftrage von 1768—1773 das Gebiet des Don, der Wolga, des kaspischen Meeres und Persien. Auf der Rückkehr nach Petersburg begriffen, wurde er aber von einem tartarischen Khan festgehalten, der 30,000 Rubel Lösegeld verlangte, und er erlag in der Gefangenschaft am 27. Juli 1774 im Kaukasus und wurde in der Nähe von Kislar begraben.

Außer einer Historia fucorum. (Petrop. 1768.) und mehren Abhandlungen in den Commentarii Acad. Petropol. gab er die beiden letzten Bände der Flora Sibirica seines Onkels Johann Georg Gmelin heraus. Sein bedeutendstes Werk aber ist: Reisen durch Rußland zur Untersuchung der drei Naturreiche. 4 Bde. (Petersburg 1771—1784.) (Der letzte Band wurde durch Pallas besorgt.) (*Fr. Wilh. Theile.*)

GMELIN (Wilhelm Friedrich), geb. 1745 zu Badenweiler im Breisgau, zeigte früh Talent zur bildenden Kunst. Lebhaft beschäftigte ihn die Idee, ein Kupferstecher zu werden. Seine Aeltern schickten ihn nach Basel, wo Christian v. Mechel eine sogenannte Künstlerschule errichtet hatte. Gering waren jedoch die Fortschritte, die er unter der Leitung dieses Mannes machte, der, selbst ein mittelmäßiger Zeichner und Kupferstecher, seinen Schülern keinen gründlichen Unterricht ertheilen konnte und überhaupt die Kunst fabrikmäßig als Erwerbsquelle betrieb. Doch hatte er in seinem Atelier mehre treffliche Gemälde und Kupferstiche, die er feil bot. Dem mit äußerster Strenge von ihm untersagten Studium dieser Kunstschätze widmete sich nun Gmelin heimlich. Er folgte hierin dem Beispiele seiner Mitschüler Haldenwang, Dunker u. A., die sich dadurch aus den Schranken eines unfreien Handwerks in das freie Gebiet der Kunst retteten. Daß Gmelin während seiner Lehrjahre bald Portraits, bald Landschaften, bald architektonische Gegenstände stechen mußte, war seiner Bildung zum Künstler im Allgemeinen nicht förderlich. Doch war schon in einigen Blättern aus jener Periode, besonders in den Ansichten von Rheingegenden nach Schalch und Comte der reine und feste Styl seines Grabstichels unverkennbar, der seine späteren Werke auszeichnete.

Im J. 1788 begab sich Gmelin nach Rom. Von Philipp Hackert, für den er einige Blätter gestochen hatte, ward er nach Neapel gerufen. In Rom, wohin er zu Ende des Jahres 1790 zurückgekehrt war, zeichnete er fleißig nach der Natur, meistens in Sepia. Das Bedeutsamste und Eigenthümlichste jeder Ansicht wußte er scharf aufzufassen und hervorzuheben, ohne sich in ein kleinliches Detail zu verlieren. Daß er für schöne Formen ungleich mehr Sinn besaß als für Farben, das bewiesen seine in späteren Lebensjahren gemachten Versuche im Coloriren. Vorzüglich bemerkbar war dies in seinen nach Claude Lorrain entworfenen Landschaften. Als Künstler war er ungemein fleißig. Außer seinen schönen Sepiazeichnungen lieferte er noch eine große Zahl von trefflichen Kupferstichen. Sie gehörten, nach dem Urtheile von Kunstkennern, zu seinen gediegensten Arbeiten. In einigen seiner spätern Werke glaubte man eine harte und zu starke Betonung einzelner Stellen zu bemerken. Um mehr Abdrücke zu gewinnen, schnitt Gmelin seine Platten ziemlich tief. Auch legte er zu wenig Werth auf den malerischen Reiz der Nadel. Dessenungeachtet wurden alle seine Arbeiten, seine Zeichnungen wie seine Kupferstiche von Künstlern und Kunstfreunden gesucht und fanden reichlichen Absatz. Gmelin gelangte dadurch zu dem Besitze eines nicht unbeträchtlichen Vermögens. Unter den von Gmelin erfundenen Maschinen machte eine für Kupferstecher seiner Combinationsgabe ganz besonders Ehre. Auch als Drechsler zeigte er eine ungemeine Fertigkeit. Als Künstler und in gleicher Weise durch seinen redlichen Charakter als Mensch geschätzt, starb Gmelin 1821 im 76. Lebensjahre*). (*Heinrich Döring.*)

GMELINA ist der Name einer zu Ehren der Botaniker Johann Georg und Philipp Friedrich Gmelin benannten Pflanzengattung der Verbenaceen. Linné, der Gründer dieser Gattung, kannte nur eine Art aus derselben, nämlich Gmelina asiatica, wie auch Willdenow im dritten Bande seiner Species plantarum vom Jahre 1800 nur diese eine Art aufführt. Sprengel erwähnt in dem 1825 erschienenen zweiten Bande seines Systema vegetabilium drei Arten derselben, indem er außer der Linné'schen die beiden von Roxburgh zuerst beschriebenen Arten, Gm. arborea und parvifolia nennt. In der neuesten monographischen Bearbeitung dieser Familie von Schauer werden sieben Arten dieser Gattung namhaft gemacht.

Der Gattungscharakter ist in folgender Weise zu fassen:

Der stehenbleibende Kelch ist becherförmig, 4—5zähnig, unter der Frucht ein wenig vergrößert und trägt am vorderen Theile oft einige sitzende warzenförmige Drüsen. Die Blumenkrone ist am Grunde röhrenförmig, in Folge des sehr erweiterten Schlundes bauchig-glockenförmig und schief, der abstehende Saum ist zweilippig-viertheilig, seine drei oberen Lappen sind fast gleich groß und flach, der oberste ist indessen gewölbt, der vierte unterste ist am größten und bisweilen zweilappig. Die vier zweimächtigen aufsteigenden Staubgefäße ragen kaum aus der Blumenkrone hervor. Die Staubbeutel sind zweifächerig, die Fächer sind linealisch, an der Spitze dem Mittelbande eingefügt, nach Hinten getrennt und springen in einer Längsritze auf. Der Fruchtknoten ist 2—4fächerig, die Fächer sind eineiig. Der Griffel ist fadenförmig, die Narbe ungleich zweispaltig. Die Steinbeere ist einsteinig, 2—4fächerig, ihre Schale ist knochenhart, am Grunde durchbohrt, glatt. Der Samen ist aufrecht.

Die zu dieser Gattung gehörigen, in Ostindien und auf den benachbarten Inseln einheimischen Arten bestehen aus zum Theil großen Sträuchern und Bäumen mit nicht selten dornigen Ästen, einfachen, gegenständigen, ganzrandigen oder gelappten Blättern, trugdoldig-rispigem Blüthenstande, ansehnlichen Blumenkronen und großen, länglichen Steinbeeren. Die Rispe ist traubenförmig und entweder aus kurzen, kreuzständigen, wenigblüthigen Trugdöldchen zusammengesetzt oder aus zu einer einzigen auf einem kurzen, von zwei Deckblättchen begleiteten Blüthenstielchen stehenden Blüthe reducirten Trugdöldchen gebildet.

Folgende Arten gehören hierher:

1) Gm. parvifolia *Roxburgh*. Diese Art ist mit Dornen besetzt; die Blätter sind gestielt, fast rhombisch-verkehrt-eiförmig, stumpf oder ausgerandet, keilförmig-verschmälert ganzrandig oder 3—5lappig, die Lappen sind dreikantig etwas stumpf, kahl, oberseits glänzend, unterseits meergrün; die Rispen sind traubenförmig, endständig, mehlartig-filzig und wenigblüthig; die Deckblätter sind hinfällig; der Kelch ist kurz gestielt, vierzähnig, nach Vorn mehrdrüsig.

Diese Art wächst in Ostindien und ist auf der ganzen Küste Coromandel gemein. Hierher gehört Gmelina coromandeliana *Burmann*, Gm. lobata *Gärtner* und Premna parvifolia *Roth*. Es ist ein buschiger, fast aufrechter, 5—10 Fuß hoher Strauch mit steifen Ästen, von denen die jüngeren Anfangs flockig-filzig sind, aber bald kahl werden und mit pfriemlichen, fast zolllangen, oft beblätterten Dornen. Die Blätter sind 4—12 Linien lang, gelappt und haben Ähnlichkeit mit denen vom Epheu (Hedera Helix). Die Trugdöldchen der Rispe sind nur selten dreiblüthig, meist einblüthig, sodaß der Blüthenstand einer echten Traube ähnlich erscheint. Der becherförmig-glockige Kelch ist 2½ Linien lang. Die gelbe Blumenkrone ist ziemlich groß, 1½ Zoll lang, außenseits

*) Vergl. Nagler's Künstlerlexikon

weichhaarig, aus dem schmalen Grunde der Röhre in den breiten Schlund bauchartig-erweitert, die Lappen des Saumes sind groß, abstehend, eiförmig-rundlich, der unterste derselben ist am größten. Die Steinbeere hat die Größe einer Haselnuß. — Diese Art ist mit der folgenden verwandt, aber durch die Gestalt der Blätter, durch den Filz der Rispe und durch die Blumenkrone verschieden.

2) Gm. asiatica *Linné*. Diese Art ist dornig oder wehrlos; die Blätter sind gestielt, eiförmig oder fast rhombisch-eiförmig, dreikantig, spitz, uneingeschnitten oder zu beiden Seiten mit einem Lappen versehen, die jüngeren sind auf der Unterseite fein filzig, im Alter jedoch kahl, oberseits glänzend, unterseits meergrün; die Blüthentrauben sind end- und achselständig, von angedrückter Behaarung filzig, die Deckblätter sind blattartig zugespitzt, doppelt oder drei mal länger als der gestielte, sehr kurz-vierzähnige, nach Born mit mehren Drüsen besetzte Kelch.

Diese Art findet sich im größten Theile von Ostindien. Zu ihr gehören als Synonyme Gmelina inermis *Blanco* und Michelia spinosa *Ammann*. Die steifen Aestchen sind in der ersten Jugend etwas wollig, die Dornen achselständig, kurz, oft beblättert. Die Blätter sind 1—1½ Zoll lang, der Blattstiel ist ½ Zoll lang, der Kelch etwa 1½ Linie lang. Die Blumenkrone ist ansehnlich groß, gelb, außerhalb von rothen Haaren weichhaarig, innen kahl, 1½ Zoll lang, ihre schmale gekrümmte Röhre ist in den bauchartigen Schlund erweitert; die Unterlippe ist sehr groß.

3) Gm. villosa *Roxburgh*. Diese Art ist dornig; die Aestchen sind wollig, die Blätter gestielt, fast rhombisch-eiförmig, ziemlich spitz, ganzrandig, oberseits kahl, schwach glänzend, unterseits grau-filzig; die Rispen sind endständig, traubenartig, wenigblüthig, filzig, die Deckblätter blattartig, zugespitzt; der Kelch ist gestielt, undeutlich vierzähnig, nach Born mehrdrüsig.

Diese Art kommt in Ostindien, auf der Insel Pulo-Pinang und auf Java vor und zu ihr gehört Gmelina elliptica *Smith* als Synonym. Es ist nach Roxburgh ein Bäumchen von der Größe eines Menschen mit zahlreichen herabhängenden Aesten. Die Blätter sind 1—4 Zoll lang und 1½ Zoll breit, bisweilen fast gelappt, der Blattstiel hat eine Länge von ½—1 Zoll. Die nickenden Blüthen sind denen von Gmelina asiatica sehr ähnlich, nur etwas kleiner, dunkelgelb, rostfarbig weichhaarig. Die fleischige Steinbeere ist gelb. Von Gmelina asiatica ist sie namentlich durch die auf der Unterseite filzigen Blätter und die hängenden Zweige verschieden.

4) Gm. oblongifolia *Roxburgh*. Diese Art ist baumartig; die Blätter sind länglich oder eiförmig, ganzrandig, etwas runzelig und ziemlich stumpf, auf beiden Seiten am Grunde der Nerven drüsig-eingedrückt; die Rispen sind endständig, einzeln und kreuzständig, die Deckblätter klein und abfällig; der Kelch ist becherförmig, ganzrandig.

Diese Art findet sich im östlichen Bengalen. Ihre Rinde ist grau und runzelig. Die Aestchen sind fast vierkantig. Die rinnenförmigen Blattstiele sind 2 Zoll lang. Die Blätter sind 6—12 Zoll lang und 3—8 Zoll breit. Die Verzweigungen der großen Rispen sind rostfarbig-bestreut. Die zahlreichen, duftenden, großen Blüthen haben eine rosenrothe Farbe. Der Kelch ist außenseits gleichsam mit einem feinen Mehle überstreut und zerstreut drüsig. Die Steinbeere ist länglich, stumpf, fast vierkantig und kahl; der Steinkern ist vierkantig, keulenförmig, vierfächerig.

5) Gm. arborea *Roxburgh*. Diese Art ist, wie schon der Name andeutet, baumartig und dornenlos; die Aestchen und die jungen Blätter sind von einem mehlartigen Filze grau; die Blätter sind lang gestielt, herzförmig, am Grunde ein wenig vorgezogen und spitz, am oberen Ende zugespitzt, ganzrandig, im Alter oberseits kahl, unterseits von einem dicht anliegenden Filze grau, am Grunde 2—4drüsig; die Rispen sind filzig, end- und achselständig, traubenförmig; die kleinen gabelspaltigen wenigblüthigen Trugdolden stehen kreuzständig; die Deckblätter sind lanzettlich, abfällig; der Kelch ist spitz-fünfzähnig, drüsenlos. Zu ihr gehört als Synonym Premna arborea *Roth*.

Diese Art wächst auf Bergen in Ostindien. Die Blätter sind 4—10 Zoll lang und 2—7 Zoll breit; der Blattstiel ist 2—3 Zoll lang. Die Rispen sind ½ Fuß lang oder auch kürzer, die Trugdöldchen sind kurz gestielt, wenigblüthig, bisweilen sogar auf eine einzige Blüthe beschränkt. Die ziemlich großen Blüthen nicken. Der glockenförmige Kelch ist 2 Linien lang. Die gelbe, 1—2 Zoll lange Blumenkrone ist außenseits filzig, ihre Röhre ist ein wenig länger als der Kelch, in den Schlund breit-trichterförmig erweitert; die drei oberen Saumlappen der Blumenkrone sind eiförmig-rundlich, der untere ist größer und zweispaltig. Die zwei längeren, einwärts gekrümmten Staubfäden haben mit der Oberlippe gleiche Länge; die Staubbeutel sind zweitheilig. Die Steinbeere ist saftig, eiförmig, im reifen Zustande gelb.

6) Gm. macrophylla *Wallich*. Die großen Blätter sind lederartig, gestielt, elliptisch- oder verkehrt-eiförmig-rundlich, sehr kurz zugespitzt oder stumpf, ganzrandig, im Alter oberseits mit Ausnahme der filzigen Nerven kahl und glänzend, unterseits auf dem Adernetze wollig-weichhaarig.

Das Vaterland dieser Art ist Amboina. Die größten Blätter sind 1 Fuß lang und 9 Zoll breit, unterseits treten die Nerven hervor und die Adern sind netzförmig verbunden und mit rostfarbigen weichen Haaren besetzt; der Blattstiel ist 3 Zoll lang. Die zolllange, fünfspaltige Blumenkrone ist auf der Außenseite von einer angedrückten Behaarung dicht rostfarbig, ihre drei oberen Zipfel sind fast gleich und länglich, der unterste ist am größten, zweitheilig und hat aus einander tretende Zipfel.

7) Gm. speciosissima *D. Don*. Diese Art ist baumartig, dornenlos; die Blätter sind elliptisch, spitz, unterseits filzig; die Rispe ist endständig und sehr groß; die Kelche sind vierlappig, stumpf.

Die Heimath dieser Art ist Nepal. Der Stamm hat die Stärke eines menschlichen Körpers. Die Blätter sind herablang; die von den Blättern oft entfernten Rispen haben eine Länge von 2—3 Fuß. (*Gercke.*)

GMELINIT, in Blasenräumen von Mandelsteinen bei Vicenza und zu Glenarm in Irland gefunden, gehört nach den Untersuchungen Connel's und Rammelsberg's zur Familie der Zeolithe, und ist ein Chabasit, dessen Zusammensetzung sich durch großen Natrongehalt auszeichnet, sodaß man den Gmelinit ein Natron-Chabasit nennen kann. Das specif. Gewicht ist 2,0 bis 2,1. Farbe: gelblich- und röthlichweiß bis fleischroth; glasglänzend. (*G. Reinwarth.*)

GMÜND, am Lieserflusse im villacher Kreise in Kärnthen, mit 4000 Einwohnern, einem dem Grafen Lodron gehörigen Bergschlosse, einer katholischen und einer Lutherischen Kirche, einem Sauerbrunnen und vielen Eisenhütten in der Umgebung. (*H. E. Hößler.*)

GMÜND oder Schwäbisch-Gmünd, in älterer Zeit Kaisersreuth, eine ehemals freie Reichsstadt, im Jartkreise des Königreichs Würtemberg, Oberamts Gmünd, unter 27° 28' östl. L. von F., 48° 47' 55" nördl. Br., 1000 Fuß über dem Meeresspiegel, an der Rems. Die Stadt ist mit Mauern und Thürmen umgeben, hat 6000 (sonst 18,000) Einwohner, ein schönes Rathhaus, viele Kirchen und aufgehobene Klöster, zwei Hospitäler, ein Taubstummen- und Blindeninstitut, ein katholisches Schullehrerseminarium, eine Zeichnenschule. Das ehemalige Dominikanernonnenkloster Gotteszell vor der Stadt ist jetzt Zuchthaus. Die Wallfahrtskirche St. Salvator auf einem benachbarten Hügel ist in Felsen gehauen. Der gegen früher gesunkene Gewerbfleiß liefert noch immer viel Gold- und Silberarbeiten, Messingwaaren, baumwollenes Garn, Strümpfe, Handschuhe und Mützen. (*H. E. Hößler.*)

GMUNDEN, ein sehr betriebsames Städtchen im Traunkreise, Land ob der Ens, an dem Ausflusse der Traun aus dem schönen Traunsee, 1290 Fuß über dem Meeresspiegel, mit schöner Umgebung, einer Kaltwasserheilanstalt und Soolbadanstalt. Gmunden ist Sitz des Salzoberamtes, hat große Salzmagazine und eine Fabrik thönerner Rosenkränze. In der Stadtkirche befindet sich ein gut geschnitzter Holzaltar von Schwanthaler. Der eine Viertelstunde hinter der Stadt sich erhebende Calvarienberg bietet schöne Aussicht. Durch Eisenbahn steht Gmunden mit Linz, durch Dampfschifffahrt mit Ebensee in Verbindung. (*H. E. Hößler.*)

GNÁ, eine nordische Göttin[1]), die „Hochragende," wie das von ihrem Namen abgeleitete altnordische Verbum gnaefa bezeugt[2]). Sie ist eine Botin der Frigg[3]), die sie nach verschiedenen Gegenden aussendet, und hat ein Pferd: Hófhvarfnir (Hufwerfer), gezeugt von Hamskerpir (mit hartem Rücken) und Garðrofa (die Bodenreißerin), auf dem sie durch Luft und Wasser reitet. Sie selber berichtet darüber in dem Fragmente eines alten Gedichtes den damit unbekannten Vanen, zu denen sie sonach nicht gehört[4]). Grimm[5]) vermuthet in ihr die Fama mit ihrem geflügelten Rosse, Petersen[6]) des starken Sturmes Kind, den sanften Lufthauch, den Frigg entsendet, die Witterung zu mildern. (*Dr. Möbius.*)

1) Sn. E. I, 556, 2. 2) Vid. Egilss. Lex. poet. p. 256 a. 3) Sn. Ed. I, 116. 4) Ebendas. 118. 5) Mythol. S. 849. 6) Nord. Mythol. S. 190.

GNADAU, Dorf im preußischen Regierungsbezirke Magdeburg, Kreis Calbe, nahe bei Barby, an der magdeburg-leipziger Eisenbahn, eine im Januar 1767 angelegte Herrnhutercolonie, in Form eines Vierecks und mit Bäumen umpflanzt. Die Bewohner beschäftigen sich mit Woll-, Seifen-, Licht-, Strumpf-, Lack- und Lederfabrication. (*H. E. Hößler.*)

GNADE. Gottes Gnade. Gnadenrecht. Von Gottes Gnaden. Gnadenwahl. Gnadenwirkung. Gnadenmittel. Gnadenstand. Gnadenreich. Gnadengabe und andere Composita.

I. Etymologie. Etymologische Bedeutung. Synonymen.

Nach F. L. K. Weigand[1]) lautet das Wort althochdeutsch diu ginâda oder kinâda und ist eigentlich so viel wie Niederbewegung (Neigung) und Ruhe. Es hat zur Wurzel nâ, woraus nahe, althochdeutsch nâhi[2]), und so bezeichnet kinâda die Niederbeugung, wie im Lateinischen nach J. Voß clementia von clinare, κλίνειν oder propitius (gnädig) von prope herkommt. Die Bedeutung des Sichniederbewegens ist z. B. in folgendem Satze bei Kaysersberg ausgedrückt: „Diu sunne (Sonne) gêt ze gnâden," oder: „Der Engel kam zu Maria, da die Sonn jetzt zu naden was gegangen." Bei Iwein (3546 und 7770 fg.) sind gnâde und ruowe (Ruhe) neben einander gestellt, vergl. auch Frisch I, 357. So hat man auch im Altnordischen neben nâd (Gnade) nâdir (Ruhe) und mittelniederländisch ghenade in der Bedeutung von Ruhe, z. B. „Dit námt, ende lêst mit ghenaden" bei Reinaert 3465. Daher findet sich weiter mittelhochdeutsch genâde in dem Sinne von Neigung oder Belieben, z. B. „gnâde haben zuo"[3]). Auch ist genâde = Dank, indem man sich dabei niederbeugt, z. B. in den Nibelungen 1983 fg.: „Genâde einer dienste, die er mir erboten hât." — Als deutsche Synonymen stellt Weigand Geneigtheit, Wohlgeneigtheit, Gewogenheit, Gunst und Huld auf; man kann aber diesen, die ja auch nur im Allgemeinen genommen sind, noch hinzufügen: Güte, Gütigkeit, Barmherzigkeit, Wohlwollen, Liebe, Freundlichkeit u. a. Der entsprechendste Ausdruck im Hebräischen ist חֵן, im Griechischen χάρις, im Lateinischen gratia — und etymologisch clementia — im Französischen grâce, im Englischen grace, im Italienischen grazia, und diese Ausdrücke sind es auch, welche dem deutschen Gnade namentlich in den terminis technicis auf dem theologischen Gebiete entsprechen.

II. Der Begriff im Allgemeinen.

1) In der Regel bestimmt man den Begriff der Gnade als das unverdiente Wohlwollen eines Höheren

1) Wörterbuch der deutschen Synonymen. 1. Bd. 1843, S. 548. 2) Vergl. Grimm, Deutsche Grammatik II, 53, 258. 3) Schmeller, Bayerisches Wörterbuch II, 678.

gegen einen Niederern, welches, wie man oft noch hinzufügt, der letztere durch kein Aequivalent vergelten kann, und man wird, abgesehen davon, daß sich der Ausdruck „Wohlwollen“ auch durch ein Synonymum ersetzen läßt, diese Definition durchaus als die richtige anerkennen müssen. Schon die Etymologie, wornach Gnade Niederneigung bezeichnet, führt hierauf. Man kann hiernach ein Dreifaches, eine dreifache Seite in der Gnade unterscheiden, nämlich 1) den Act des Sichniederneigens, 2) die Gesinnung, aus welcher dasselbe hervorgeht, und 3) das dadurch bewirkte Gegebene (die Gnadengabe im allgemeinen, nicht im speciellen theologischen Sinne). Der Wurzel- oder Stammbegriff ist die gnädige Gesinnung. Als Subjecte der Gnade treten nur selbstbewußte Persönlichkeiten auf, mit Einschluß von personificirten Wesen; doch ist es höchst selten, daß z. B. von der Gnade dieser letztern geredet wird, etwa von der Gnade der Sonne, und solcher Wesen, deren Personification eine sehr gewöhnliche und leicht bewirkte ist. Auch ist es ein sehr seltener Fall, daß man von der Gnade in einer Weise spricht, welche von dem Geber abstrahirt und nur auf den reflectirt, welchem sie beigelegt wird, z. B. wenn man von dem Zustande eines Kranken, während dessen Schmerzen nachgelassen haben, sagt: er hat Gnade, wodurch wir an die oben angeführte etymologische Bedeutung von Ruhe erinnert werden. Indessen hat man hierdurch ursprünglich wol den Geber (Gott) der Gnade im Sinne gehabt.

2) Als Subjecte der Gnade haben wir hauptsächlich zwei Classen von Persönlichkeiten zu verzeichnen: 1) Götter, 2) Menschen. Seit den ältesten Zeiten und bei den verschiedensten Völkern schreibt man Menschen Gnade gegen Menschen — nie gegen Thiere und leblose Thiere, außer im übertragenen Sinne — zu. So ist die Redeweise des alten Testamentes bekannt: Gnade vor Jemandes Augen, vor Jemand finden, und zwar suchen sonst gleichgestellte Menschen, z. B. Jacob vor seinem Bruder Esau, Gnade vor einander. Namentlich kennt das alte Testament die Gnade der Könige gegen ihre Unterthanen, und im spätern abendländischen Römerreiche redete man Kaiser z. B. mit der Phrase an: Clementia Tua oder Clementia Vestra, sodaß also hier anstatt der Person eine Eigenschaft derselben genannt ist. Wir haben demnach schon hier das spätere teutsche „Ew. Gnaden,“ welches in den ersten Jahrhunderten, wo es üblich wurde, einen teutschen Curialstil zu schreiben oder zu reden, vorzugsweise den Kurfürsten beigelegt ward, während dem Kaiser die „Majestät“ anhaftete. Später nannte man auch Personen, welche im Range unter den Kurfürsten standen, Euer Gnaden, z. B. Erzbischöfe, Bischöfe, Aebte, Fürsten, und jetzt bestehen bestimmte kirchliche Verordnungen über die Würdenträger, z. B. die gefürsteten Aebte, welche mit diesem Titel zu honoriren sind. Als Anrede an weltliche Personen ist Ew. Gnaden in Teutschland wenig mehr üblich, desto mehr aber z. B. in Italien, wo das Publicum damit ebenso freigebig ist wie z. B. in Oesterreich mit dem Titel „gnädige Frau“ für solche, die höher stehen als der Anredende, oder denen man schmeicheln will. In Teutschland ist es etwa seit dem 18. Jahrh. Sprachgebrauch, daß adeligen Personen zwar nicht das Prädicat Ew. Gnaden, aber die Anrede „gnädig“ gewährt wird, während „gnädigst“ höher gestellten, auch fürstlichen Personen zukommt und „allergnädigst“ vorzugsweise den Majestäten competirt. Besondere, den regierenden Personen (selbst innerhalb einer mediatisirten Herrschaft, und auch Rittergutsbesitzern) zustehende Rechte führen den Namen der Gnadenrechte, im Wesentlichen diejenigen, wodurch entweder die Wirkungen von Strafurtheilen der ordentlichen Gerichte aufgehoben (Begnadigungen in der eigentlichen und am meisten üblichen Bedeutung) oder Wohlthaten über die strengen Gesetzesrechte hinaus erwiesen werden. Sie sind ein Theil der Hoheits- oder der persönlichen Herrscherrechte, welche sich schon längst als einen Theil der Staatsregierung ausgebildet haben. Im absoluten Staate kann der Herrscher alle Gesetze suspendiren, und sofern er dadurch Einem oder Mehren ein mehr oder weniger unverdientes Wohlwollen erweist, ist diese Suspension ein Gnadenrecht. Dieses letztere ist aber auch positiv und erweist sich z. B. in der Ertheilung von Adelsbriefen. Im absolutistischen Staate ist eigentlich Alles eine Gnade des Herrschers, was dieser thut, resp. will, muß als Gnade betrachtet werden; allein hier hebt sich der Begriff der Gnade als einer speciellen Eigenschaft dadurch wieder auf, daß sie mit der absoluten Machtvollkommenheit zusammenfällt. Der Begriff des Gnadenrechts als eines speciellen hat daher eigentlich nur in einem verfassungsmäßigen oder constitutionellen Staate Raum und Sinn, indem ihm hier gewisse Grenzen gesetzt sind. Freilich werden oft auch solche Gewährungen, welche zwar bei ihrer ersten Entstehung noch von dem freien Willen des Regenten abhingen, später aber zur gesetzlichen Regel wurden, mit dem Namen von Gnadenspende bezeichnet, z. B. die Emolumente einer Beamtenwitwe für eine bestimmte Zeit nach ihres Mannes Tode (Gnadenjahr u. s. w.). Andere hierher gehörige Bezeichnungen, z. B. Gnadenholz, siehe unter diesen Artikeln. Wir erinnern schließlich noch daran, daß es in Spanien ein Ministerium, resp. einen Minister der „Justiz und der Gnaden“ gibt.

3) Die höchste Persönlichkeit, welcher die Eigenschaft der Gnade beigelegt wird, ist Gott, die Gottheit. Wir können hier nicht von der religiösen Gnadenlehre der Griechen, Hindu, Muhammedaner u. s. w. handeln, sondern haben es vorzugsweise nur noch mit der christlichen zu thun; indessen darf doch im Allgemeinen noch gefragt werden nach dem Zusammenhange dieser Eigenschaft mit dem Begriffe der Gottheit überhaupt. Es fragt sich, ob es im Wesen jeder Vorstellung von einem Gotte liege, daß die Menschen ihm Gnade zuschreiben. Die der Gottheit zugeschriebene Haupteigenschaft ist unzweifelhaft die der Macht, resp. der Allmacht, resp. einer die menschliche übersteigende, höheren Gewalt. Sofern diese göttliche Macht oder Causalität von dem Menschen als eine wohlthätige und zugleich unverdiente, auch als eine solche, durch welche eine ihn hemmende Schranke, ein göttliches

Strafgesetz suspendirt ist, empfunden wird, sieht er darin eine Gnade Gottes oder der Götter, und selbst in solchen Religionen, wo wie in der jüdischen die absolute, erhabene, furchtbare Gewalt Gottes so scharf betont ist, findet sich um so mehr Raum für die Gnade Gottes. Je mehr der Mensch sich als einen solchen fühlt und glaubt, welcher dem strengen, allgewaltigen, an kein anderes Gesetz als an seine Willkür, seinen absoluten Willen gebundenen Gott nicht genug thun könne, und daher viel sündige, resp. der Verdammniß, der Strafe, dem Tode anheim gefallen sei, desto mehr wächst auch die Vorstellung, daß dieser Gott gnädig sei, wenn er nicht sofort mit Krankheit, Vernichtung u. s. w. straft, und daß es Mittel gebe, ihn gnädig zu stimmen. Aber jede Idee von göttlicher Gnade hat ihre nothwendige Bedingung in der anthropomorphistischen, resp. anthropopathischen Vorstellung von Gott. Je mehr in die Naivität dieses Gottesglaubens die Vorstellungen von der Unveränderlichkeit, absoluten Gerechtigkeit u. s. w. eindringen, je mehr diese Anforderungen an den Begriff der Gottheit sich geltend machen, desto mehr kommt die Gnadenlehre in Bedrängniß, und die christliche Lehre von der Gnade Gottes zeigt z. B. bei dem locus de praedestinatione, de libero arbitrio u. s. w. die Spuren dieses Kampfes, oder vielmehr die widerstreitenden Lehrmeinungen hierin sind Abschattungen von dem großen Principienkampfe zwischen den anthropomorphistischen oder anthropopathischen und — soll ich sagen — naturalistischen oder fatalistischen oder pantheistischen Vorstellungen von Gott. Eine pantheistische oder naturalistische Gotteslehre, falls sie consequent durchgeführt wird, hat es mit diesen Conflicten nicht zu thun; sie hat aber auch überhaupt den alten locus de gratia divina nicht mehr; ihr Gott ist die nach ewigen, unveränderlichen Gesetzen, nicht durch unterbrechende Wunderwirkungen oder wechselnde Gemüthsaffectionen wirkende Macht und Einheit des Alls. Will eine solche Theologie von göttlicher Gnade reden, so kann sie darunter nur die von dem Menschen subjectiv als Lust empfundenen Ereignisse verstehen, wobei der punktuell und doch auch nicht ganz punktuell verschwindende Mensch absolut abhängig von der Macht Gottes ist, und in sofern seine ganze Existenz als dessen Gnade empfindet. Das Christenthum hat von Anfang an ganz entschieden solche pantheistische Nothwendigkeitsmomente in seiner Gotteslehre, und erst Schleiermacher hat eine vorwiegend auf sie basirte Theologie ausgearbeitet. Bei fast allen früheren theologischen Dogmatikern alterniren, meist ohne daß sie sich klar bewußt sind des ungeheuren Unterschiedes und des vernichtenden principiellen Kampfes zwischen ihnen, die beiden Arten der Vorstellungen von Gott. Dagegen treten Philosophen, wie Spinoza, schon vorher mit klarem Bewußtsein des Unterschiedes auf. Indessen können wir hier nicht weiter auf diese philosophischen Principien eingehen, da wir keine Gotteslehre zu schreiben haben, und dürfen auch nicht weiter bei der für die mannichfachen wissenschaftlichen Halbheiten der christlichen Dogmatik unserer Tage so wichtigen Frage verweilen, ob etwa die eine Seite oder Anschauung die prädestinirte oder providentielle Bestimmung habe, in die andere aufgehoben zu werden, vielleicht ohne Beeinträchtigung ihres moralischen Einflusses auf das Gemüth und mit dem guten Rechte, als poetische und keineswegs heuchlerische Farbe (Personification) fortzuexistiren.

4) Wir haben hier noch den Begriff der Obrigkeit „von Gottes Gnaden" kurz zu erörtern. Von Gottes Gnade zu sein haben Kaiser, Könige, Herzöge, Grafen, Päpste, Bischöfe, Aebte u. s. w. behauptet. Wird die Idee in diese bestimmten Worte gefaßt: „von Gottes Gnaden," „dei gratia," „divina favente clementia" u. s. f., so ist sie hauptsächlich eine christliche; aber ihr Wesen ist älter als das Christenthum. Wenn chinesische Kaiser sich Söhne des Himmels nennen, wenn indische Fürsten sich göttliche Abstammung beilegen, wenn griechische Könige Götter zu ihren Vorfahren machen, wenn Alexander von Macedonien sich als einen Gott verehren läßt, wenn römische Kaiser denselben Anspruch machen, so beanspruchen sie kraft göttlichen Rechtes, im Unterschiede von dem menschlichen, zu regieren, obgleich sie dieses Recht in anderer Weise als die christlichen Regenten von Gottes Gnaden begründen, indem sie meist kraft physischer Genealogie oder Adoption göttlich zu sein behaupten. Aber der allgemeine Gegensatz, das menschliche, untergeordnete Recht, ist derselbe.

Auch das alte Testament hat die Vorstellungen, daß die Könige durch Gott eingesetzt werden und so von Gottes Gnaden sind, z. B. Dan. 2, 21: „Er (Gott) setzet Könige ab und setzet Könige ein." David wird, weil durch Samuel gesalbt, als durch Gott erwählt angesehen. Aber von Gottes Gnade sind doch eigentlich nur die Regenten, welche Gott treu sind, d. h. der Hierarchie oder priesterlichen Theokratie nicht widerstreben. Das alte Testament lehrt, daß ein frommer Israelit Gott mehr als dem Könige zu gehorchen habe, falls dieser den Geboten Gottes, d. h. den theokratischen Gesetzen, widerstrebe, und es hat mancher Aufruhr gegen einen König im guten Glauben an das höhere göttliche Gesetz, im Glauben an den rechtmäßigen, durch Gott legalisirten Widerstand stattgefunden. Als die Juden gleich den heidnischen Völkern einen König begehrten, erklärte Samuel, der Repräsentant der alten theokratischen, d. h. göttlichen Ordnung, dieses Begehren für unstatthaft, für unberechtigt, und als er nachgeben mußte, hatte das neue Königthum natürlich nicht die Bedeutung als ein erbliches ein göttliches zu sein. Auch in der Folge wurde die Erblichkeit nicht als eine göttliche, heilige Institution angesehen, da sie ja oft durchbrochen ward und die Priester an ihr als solcher kein Interesse haben konnten. Noch weniger fand dies in Bezug auf die Erblichkeit in der Erstgeburt statt. Wir haben im alten Testamente keine dynastische Geschichtsschreibung, um zu wissen, ob sich jüdische Könige als im speciellen und den Ansprüchen der Priestergewalt entgegengesetzten Sinne für göttliche Beamtete erklärt haben; die alttestamentliche Geschichtsschreibung ist wesentlich hierarchisch, und wo das Königthum im Interesse der Theokratie handelte, da konnte diese Nichts dawider haben, wenn es sich gleich ihr für eine göttliche Ordnung im Gegensatze gegen menschliche hielt. Aber auf jeden Fall konnte wegen ihres Alters und ihrer ununterbrochenen Tradition die Hierarchie (oder der Hohepriester) sich mit weit mehr Fug als eine solche Institution betrachten und vom Volke betrachtet werden.

Das neue Testament erklärt Röm. 13, 1 fg. „jede" Obrigkeit für „Gottes Ordnung," „von Gott eingesetzt" und „Gottes Dienerin," und wer der Obrigkeit widerstrebe, der widerstrebe Gottes Ordnung; allein Apostelgesch. 5, 29 erklärt Petrus der jüdischen Obrigkeit: man müsse Gott mehr als den Menschen gehorchen, und die Apostel sind in gewissen Stücken thatsächlich ungehorsam gegen ihre rechtmäßige Obrigkeit gewesen. Es bleibt nichts Anderes übrig als zu gestehen, daß hier ein Widerspruch vorliegt; und wenn auf der einen Seite der Unterschied zwischen Göttlichem, worin Könige Nichts zu befehlen hätten, und Menschlichem wollte geltend gemacht werden, so würden ihrerseits die Könige diesen Unterschied anders bestimmen. Dazu kommt, daß 1 Petr. 2, 13 das Königthum mit seinen Beamteten und somit die weltliche Obrigkeit für eine „menschliche Ordnung" erklärt, womit also entschieden gesagt ist, daß sie keine göttliche sei, sondern sich von dieser (als der höheren) unterscheide. Die Apostel haben sicherlich das römische Kaiserthum ihrer Zeit nicht für eine bleibende göttliche Institution, höchstens für einen vorübergehenden Nothstand gehalten, wenn sie anders an den Sieg ihres Glaubens über die ganze Erde glaubten. Indessen wird man es für eine Ansicht Christi und der Apostel halten müssen, daß überhaupt eine Obrigkeit für ein Land in Gottes Willen liege, nur daß sie natürlich in diesem Sinne sowol einer republikanischen als auch einer monarchischen Obrigkeit die Dignität einer göttlichen Ordnung zugestanden; denn die Verfassung des jüdischen Staates unter den Richtern war eine republikanische. Uebrigens galt den Aposteln noch manches Andere als ein Ausfluß der göttlichen Gnade, die sie, wenn es eben auf den Ursprung an sich ankommt, nicht peinlich von der göttlichen Allmacht unterschieden. Vor allen Dingen nehmen sie selbst eine göttliche Gnadenberufung und ein göttliches Amt, welches ihnen sicherlich mehr als das heidnische Kaiserthum galt, in Anspruch. So sagt Paulus 1 Kor. 3, 10 nach der Lutherischen Uebersetzung: „Ich, von Gottes Gnade, die mir gegeben ist, habe den Grund (zu der korinthischen Gemeinde) gelegt als ein weiser Baumeister; ein Anderer bauet darauf." Diese Stelle (κατὰ τὴν χάριν τοῦ θεοῦ) hat in ihrer wörtlichen Fassung ohne Zweifel den Ansprüchen der christlichen Herrscher, eine göttliche Institution zu sein, die Formel geliehen. Christus und ein neutestamentlicher Schriftsteller würden wol schwerlich sagen: der heidnische römische Kaiser sei von Gottes Gnade, sofern sie unter dem Ausflusse der göttlichen Gnade vorzugsweise ein χάρισμα verstehen.

Dagegen beanspruchten die christlichen Kaiser in Constantinopel ausdrücklich die Anerkennung, daß ihre Würde eine speciell göttliche, von Gottes Gnade sei, und diejenige christliche Partei, welche es mit ihnen hielt, concedirte ihnen willig dieses Recht, welches aber die nichtkaiserliche Partei sicherlich nicht anerkannte, sofern sie nicht zwischen weltlichen und kirchlichen Anordnungen unterschied. Die Päpste von Rom machten seit Gregor I. entschieden ihre Würde als eine göttliche geltend, und zwar sowol in dem Sinne, daß dieselbe eine übertragene göttliche Macht, als auch in der Bedeutung, daß dieselbe eine Begnadigung, eine Gabe an unwürdige Menschen sein sollte. Denn Gregor nennt sich nicht blos einen Träger des göttlich eingesetzten Apostelamts, sondern auch einen servus servorum Dei. Die späteren Päpste gingen zu der ausdrücklichen Erklärung und Lehre fort, daß sie Stellvertreter Christi und Statthalter Gottes auf Erden seien; sie legten sich das Recht bei, die Könige ein- und abzusetzen. Diesem päpstlichen Rechte gegenüber konnte der gleichzeitige Anspruch weltlicher Herrscher, von Gottes Gnade zu sein, im Auge der Päpste nur den Sinn haben, daß sie es mittelbar durch die Päpste, nicht unmittelbar wären. Indessen machten die Päpste den Königen doch auch die Concession, daß sie das Schwert, welches kein kirchliches Instrument sei, von Gott unmittelbar empfangen hätten. Im Grunde freilich konnte die Consequenz der päpstlichen Ansprüche den Königen nicht einräumen, daß ihr Schwert eine der Tiara absolut ebenbürtige Gewalt wäre; das Schwert sollte der Tiara gehorchen. Die Könige freilich wollten nicht zugeben, daß sie von Papstes Gnaden wären, sondern hielten und erklärten sich bald ebenso gut für von Gottes Gnaden, obgleich z. B. die fränkischen Könige, denen in der Person Karl's des Großen im J. 800 der Papst die Krone der Welt aufgesetzt hatte, hierunter noch nicht die erbliche Monarchie, sondern eben nur das, was sie waren, verstehen konnten. Ludwig der Fromme nannte sich „König von Gottes Gnaden mit Zustimmung des Volks." Das Königthum war damals noch ein Wahlkönigthum. Kaiser Friedrich II. negirte auf das Bestimmteste, daß er mittelbar durch den Papst Herr von Gottes Gnaden sei; er wollte unmittelbar von Gottes Gnade sein, und Philipp IV. von Frankreich wies ebenso entschieden die Ansprüche des römischen Bischofs ab. Es kann nicht mehr mit voller Sicherheit nachgewiesen werden, welcher abendländische christliche Herrscher sich des fraglichen Titels zuerst bedient habe. Die „Historie von Erfurt" von Falckenstein bringt zwar ein Document, worin der Frankenkönig Dagobert im J. 623 sich Eingangs „Dagobertus divina favente clementia Francorum rex" nennt; allein wir bezweifeln dessen Echtheit. Karl der Große bediente sich dieser Formel öfter, und bei den Ottonen tritt sie fast überall in den kaiserlichen Erlassen auf. Bald darauf bedienen sich ihrer z. B. selbst die Aebte der allerunbedeutendsten Klöster, die doch der Wahl durch den Convent ihre Würde verdanken, und im 13., wol schon im 12. Jahrh., legen sich kleine weltliche Herren, wie die Grafen von Gleichen, diese Würde bei. Ihre Bezeichnung hatte den Zweck, eine solche Würde als eine unmittelbare hinzustellen, obgleich sie oft genug durch Kauf, Usurpation u. s. w. vermittelt war, dem höchsten Wesen dafür in Demuth zu danken und sie gegen anderweitige Ansprüche sicher zu stellen.

Hatte vorher die Gottesgnadenmacht der weltlichen Könige ein Gegengewicht an der Gottesgnadenmacht der Päpste gehabt, so fielen in Teutschland seit der Reformation beide Vollmachten in den Fürsten zusammen, sofern diese zugleich Summi episcopi wurden. Die teutsche Theologie, welche in dieser Weise das Fürstenrecht für ein unmittelbar von Gott und nur durch dessen Gnade empfangenes erklärte, hat durch dieses religiös-politische, theokratische Dogma nicht wenig dazu beigetragen, den Absolutismus der Fürsten zu fördern, zumal der ehemaligen Reichsfürsten, welche von jetzt ab sich mehr und mehr von der kaiserlichen Gewalt emancipirten, sowie sie der päpstlichen nicht mehr unterworfen waren. Noch mehr erfüllte sich jene Formel mit realer Macht, als im 17. Jahrh. auch die Macht der Stände, welche ebenfalls von Gottes Gnade zu sein behaupteten, gebrochen ward, mehr und mehr der sehr menschliche Ursprung mancher Dynastie vergessen wurde und die Erblichkeit zur fast ausschließlichen Regel, wenn auch z. B. nicht bei den geistlichen Kurfürsten, geworden war. Puffendorf, Thomasius und andere Rechtslehrer freilich negirten das Königthum als eine göttliche Institution sehr entschieden, und Friedrich der Große, dessen religiöse Stimmung und Anschauung freilich nicht die des orthodoxen Glaubens war, stimmte ihnen theoretisch bei, obgleich er factisch als unumschränkter Herr und nicht im mindesten als König von Volkes Gnaden regierte. — In England hatte das Königthum von Gottes Gnaden während eines langen Zeitraumes Nichts weniger als die Bedeutung der regelmäßigen erblichen Legitimität und der Plenipotenz; wer eben König war und wie er's auch geworden und was er daran hatte, betrachtete dies als Ausfluß der Gnade Gottes. Auch hier trat mit der Reformation, mit der Losreißung vom Papste unter Heinrich VIII., eine wesentliche Aenderung ein. Was der König rede, das sei, als rede es Gott, behauptete Heinrich VIII. von sich, und seine Hoftheologen suchten dies aus der Bibel und dem christlichen Glauben zu erweisen. Noch strenger hielt auf das Gottesgnadenthum Jacob I., dessen Wahlspruch war: a Deo rex, a rege lex, und der in einer Rede vor dem Parlament und sonst lehrte: Könige seien gleich Gott Richter über alle Unterthanen und Niemandem als Gott Rechenschaft von ihren Handlungen schuldig. Er, wie Karl I., welcher sich dadurch auf das Schaffot brachte, setzten diese Doctrin der Macht des Volkes, resp. des Parlamentes entgegen, und Filmer brachte sie in ein ausgearbeitetes System, dem besonders die dortigen reformirten Theologen beistimmten, während Locke und Andere es bestritten, indem sie lehrten, daß auch das Volk seine göttlichen, unveräußerlichen Rechte habe. Ihre Lehre herrscht theoretisch und factisch noch gegenwärtig in England.

In Frankreich, wo der factische Absolutismus des Königthums unter Ludwig XIV. den höchsten Gipfelpunkt erreicht hatte, sodaß der Ausdruck „von Gottes Gnaden" kaum noch als Protest gegen widerstrebende Doctrinen, geschweige denn gegen widerstrebende Gewalten nöthig schien, und nur eben der religiös-staatliche Ausdruck der Omnipotenz war, schaffte die Revolution von 1789 nicht blos diesen Titel, sondern auch bald nachher das Königthum selbst ab, und setzte an die Stelle der königlichen Auctorität mit Bewußtsein die Volkssouverainetät, welche sich wol bisher noch bei keinem Volke, etwa mit Ausnahme des nordamerikanischen seit der Losreißung von England, in so bestimmtem Gegensatze zu dem Gottesgnadenthume befunden hatte. Man leugnete nicht blos das königliche Gottesgnadenthum, sondern das Gottesgnadenthum überhaupt. Aber bald darauf stellte Napoleon nicht blos die Kirche wieder her, sondern ließ sich auch, um seiner Machtfülle auch dieses Requisit hinzuzufügen, vom Papste krönen, und verschmähete selbst nicht, ein Kaiser von Gottes Gnaden zu heißen, sofern diese Benennung ihn in den Augen des Volkes zu erhöhen geeignet war, sowie er ja die moderne Fortsetzung des fränkisch-germanisch-römischen Kaiserthums sein wollte. Sein Neffe ließ sich 1848 zum Präsidenten der französischen Republik durch den Willen der von ihm öffentlich anerkannten Nationalsouverainetät wählen; allein sobald als er 1852 den Titel eines erblichen Kaisers angenommen hatte, bediente er sich in seinen Erlassen des Einganges: „Durch die Gnade Gottes und den Willen der Nation verordne ich Kaiser der Franzosen." Es kam ihm darauf an, einestheils den übrigen, legitimen Fürsten Europa's gegenüber, anderntheils vor seinem eigenen Volke, namentlich demjenigen Theile desselben, in dessen Auge dieser Titel einen wirklichen Werth hat. Allein dieses Gottesgnadenthum sollte wol sicherlich zugleich das Volksgnadenthum wieder neutralisiren und in den Schatten stellen, um so mehr, da seine Erben die Krone keinem erneuten Wahlacte des Volkes verdanken sollten.

In Teutschland hatte bis 1848 fast kein Mensch an diesem unschuldigen, den Fürsten lieb gewordenen Titel Anstoß und Aergerniß genommen, als sich in dem genannten Jahre ein derartiger theoretischer Fanatismus gegen denselben wandte, daß z. B. die preußische Nationalversammlung am 11. Oct. mit 217 gegen 134 Stimmen denselben abzuschaffen beschloß. Aber so leichten Kaufs ließ sich Friedrich Wilhelm bei seiner religiösen Stimmung und politischen Ansicht von der Krone, die er von Gott zur Lehen trage, denselben nicht nehmen; und wenn auch viele Fürsten sich desselben eine Zeit lang entäußerten oder vielmehr ihn nicht brauchten, so ist er doch gegenwärtig schon längst wieder in seine vollen alten Rechte getreten. Man hat gesagt, daß sich ein Fürst „von Gottes Gnaden," falls mit diesem Anspruche Ernst gemacht werde, mit der Volkssouverainetät in ihrer consequenten Durchführung nicht vertrage, mindestens ein erblicher Fürst; denn dem souverainen Volke könnte es ja immerhin gefallen, einen König zu wählen, der seine Wahl der dadurch wirksamen Gnade Gottes verdankt. Freilich das „Von Gottes Gnaden" hat im Sinne der Fürsten, die es sich beilegen, eine andere Bedeutung, wenn auch je nach den verschiedenen Zeiten eine verschiedene Beziehung. Hatten diese Worte ursprünglich, resp. bei ihrer anfänglichen Anwendung auf die königliche (und kirchliche) Gewalt den Zweck, den demüthigen Dank für ein unverdientes Geschenk auszudrücken, so ist diese Bedeutung gegenwärtig in den meisten Fällen eine nebensächliche; sie sollen andeuten und in ihrer feierlichen Stellung am Anfange der Gesetze oder Verordnungen im Allgemeinen erklären, daß die fürstliche Gewalt von Gott stamme; die nähere Bedeutung ergibt sich aus den Gegensätzen, in welche sie sich stellen. Diese Gegensätze sind je nach Sachlage und Gelegenheit: 1) Die illegitime Monarchie oder die Wahlmonarchie. Wir haben aber gesehen, daß auch gewählte Kaiser und Aebte sich dieses Titels bedienen, wodurch sie so viel als möglich den alten legitimen Monarchen sich ebenbürtig stellen wollen. Freilich auch die französischen Legitimisten (seit 1830) haben erklärt, daß auf den Ausdruck Nichts ankomme, vielleicht um die Nation zu ihrer Wiederaufnahme geneigter zu machen. 2) Die Republik. Doch werden gegenwärtig wenig Fürsten der Meinung sein wollen, daß sie durch das „Von Gottes Gnaden“ andeuten, eine Republik sei eigentlich kein Ausfluß aus Gott oder gar ein Widerstreben gegen die Ordnung und den Willen Gottes, der eigentlich nur die (erbliche) Monarchie wolle, sowie wol auch der Protest gegen die nichterbliche und Wahlmonarchie nur als sehr bedingt angenommen werden muß. 3) Die Volkssouverainetät. Dies ist die wesentliche theoretische und praktische Bedeutung. Die Fürsten „von Gottes Gnaden“ wollen sagen, daß sie ihre Gewalt, ihr Amt, ihre Krone nicht dem Volkswillen, auch nicht dem stillschweigenden oder duldenden Volkswillen verdanken. Hierin liegt das Hauptgewicht dieser Worte. Die fanatischen Vertheidiger des Königthums von Gottes Gnaden haben z. B. in der teutschen Reactionsliteratur seit 1848 zugegeben, daß ein König als Mensch sehr schlecht sein und regieren könne, daß man aber hiervon sein göttliches Amt unterscheiden müsse; auch haben sie nicht undeutlich zu verstehen gegeben, daß der alte Adel, resp. die alten Stände ebenso sehr von Gottes Gnaden seien[1]. Soll der Titel die Bedeutung haben, in constitutionellen Ländern einen Damm gegen die königsmörderischen Einflüsse zu bilden, so hat er dieselbe auch, falls eben im Volke ein religiöser Glaube daran vorhanden ist.

III. Die christliche Lehre von der göttlichen Gnade.

1) In dieser Lehre, deren Geschichte wir kurz zu geben haben, treten folgende Hauptmomente hervor. a) Das Subject der Gnade. Neben der Gnade Gottes erscheint vielfach die Gnade Christi, besonders bei Paulus, Augustin, Luther, den Pietisten u. s. w.; sie ist nicht identisch mit der Gnade Gottes, da sie das besondere Wohlwollen und die besonderen Heilserweisungen Christi bezeichnet. Für den Gedanken, daß die geistigen Wohlthaten des Erlösungswerkes Christi von Gott kommen, hat man den Ausdruck: „die Gnade Gottes in Christo,“ wodurch mithin auf eine höchst charakteristische und geeignete Weise das ganze christliche Erlösungswerk bezeichnet wird. Auch wird dem heiligen Geiste Gnade zugeschrieben, und wenn die Eigenschaften des heiligen Geistes von denen Gottes und Christi, also in der ausgebildeten Trinitätslehre, wo man die drei Personen, nach Möglichkeit aus einander hält, getrennt werden sollen, so ist die Gnade des heiligen Geistes vorzugsweise dessen heiligende Wirksamkeit, obgleich das Heiligen auch Gott zugeschrieben wird, z. B. Joh. 17, 17. Wo in der christlichen Lehre im Allgemeinen von der Gnade (und ihren Compositis) die Rede ist, wird sie auf Gott als ihr Subject bezogen. b) Der Gegensatz von Sünde und Gnade oder von der Sünde des Menschen und der Gnade Gottes gegen ihn. Die christliche Lehre bezieht zwar die Gnade Gottes im Allgemeinen auf alle durch Gott den Menschen erwiesenen Wohlthaten, auf alle Güter, welche der Mensch hat, aber im besonderen, specifischen Sinne versteht sie darunter dasjenige Wohlwollen, welches dem Menschen die Sündenstrafe erläßt und ihn trotz der Sünde durch Christus selig macht. Die Ertheilung von Leben, Gesundheit, Brod u. s. w. an den Menschen wird mehr seiner Liebe, Güte u. s. w., die Ertheilung des Sündenerlasses und der Seligkeit im speciellen Sinne seiner Gnade zugeschrieben. Man redet in diesem Sinne von Gnadenmitteln, Gnadenwirkungen u. s. f., aber nicht von Liebesmitteln, Güteswirkungen u. s. f. c) Die Definition der göttlichen Gnade in ihrem Verhältnisse zu anderen Eigenschaften Gottes, namentlich zur Allmacht und Gerechtigkeit. Die Gnade ist, wovon unter b die Rede war, nicht blos von ihren Synonymen zu unterscheiden, sondern auch in das richtige Verhältniß zu denjenigen Eigenschaften Gottes zu stellen, welche in ihren Consequenzen die Gnade auszuschließen scheinen, wie die sich gleich bleibende Gerechtigkeit, oder sie zu absorbiren scheinen, wie die Allmacht. Wird Gott, wie durch die rücksichtslosen Anhänger der absoluten Gnadenwahl, wesentlich als eine Persönlichkeit von absoluter Machtwillkür und der Mensch als ein Subject von absolutem Mangel jedes begründeten Anspruchs betrachtet, so ist von einer Gerechtigkeit Gottes gegen den Menschen eigentlich gar keine Rede. Die christliche Theologie hat erst wenige Versuche aufzuweisen, diese Verhältnisse gründlich durchzuarbeiten und ein Facit daraus zu ziehen. d) Die Eintheilung der göttlichen Gnade, ihre verschiedenen Eigenschaften, resp. Beziehungen. Hierher gehört z. B. die Widerstehlichkeit oder Unwiderstehlichkeit, die Verlierbarkeit oder Unverlierbarkeit, die Absolutheit oder Relativität, die Universalität oder die Particularität. Die Einen behaupten, die Gnade Gottes sei resistibilis, Andere, sie sei irresistibilis, die Einen, sie sei verlierbar, die Anderen, sie sei unverlierbar, die Einen, sie sei absolut, die Anderen, sie sei bedingt oder relativ, z. B.

1) Vergl. namentlich H. F. W. Hinrichs, Die Könige. Entwickelungsgeschichte des Königthums. (Leipzig 1852.) S. 429—460. (Der König von Gottes Gnaden.)

durch Gottes Vorherwissen oder des Menschen Thun, die Einen, sie sei universell, die Anderen, sie sei blos particular u. s. w. Dieser Streit ist im Grunde die Folge der entgegengesetzten Vorstellungen über das Grundwesen, die Eigenschaften Gottes, und vermag seine Lösung nur in der Durchführung eines auf einer consequenten Idee beruhenden Gottesbegriffs zu finden, statt dessen meist nur alternirende Verstandesreflexionen mit einander kämpfen. e) *Die Gnadenwahl.* Man streitet, ob sie unbedingt oder bedingt sei, einerseits durch Momente (z. B. das Vorherwissen) in Gott, andererseits durch Momente in dem Menschen. Der Streit läuft hauptsächlich darauf hinaus, ob Gott vermöge seiner Gnade von Ewigkeit her einen Theil der Menschen zur Seligkeit und einen Theil zur Verdammniß bestimmt oder prädestinirt habe, daher die Gnadenwahl mit der Prädestination zusammenfällt, obgleich in diesem Begriffe an sich der Begriff der Gnade nicht liegt. Vorab muß hier gesagt werden, daß eine Vorherbestimmung zur Verdammniß in keiner Weise ein Ausfluß der göttlichen Gnade, sondern des göttlichen Zornes oder der göttlichen Gerechtigkeit sei, sofern angenommen wird, daß der Mensch wegen seiner Sünde eben nichts Anderes verdient habe, sodaß also nur die Vorherbestimmung des Menschen zur Seligkeit eine Gnadenerweisung Gottes wäre. Aber da diese doppelte Prädestination grade von Solchen gelehrt wird, welche das gleichmäßige Sündenverderben und die gleiche Unverdienstlichkeit aller Menschen vor Gott betonen, indem hier auf ein plus oder minus in der Tugend des Menschen Nichts ankommen könne, so fragt sich, warum denn Gott eine solche Auswahl überhaupt mache, wodurch sie motivirt sei. Es bleibt als Motiv, wenn der Grund nicht im Menschen liegt, nichts Anderes als die absolute Willkür Gottes übrig. Zwar ist nun weiter die Vorherbestimmung zur Seligkeit an sich ein Gnadenact, aber da er die andere Seite, die Vorherbestimmung Anderer zur Verdammniß, als nothwendiges Correlat an sich hat, so wird er dadurch zum Gegentheil eines Gnadenactes, zu einem Zornacte Gottes, auch wenn er auf seiner Gerechtigkeit basirt. Die ganze Lehre, welche vielleicht nie aufgestellt worden wäre, wenn sie nicht an einigen neutestamentlichen Stellen ihren Anhalt fände, obgleich dieselbe Quelle von dem Willen Gottes redet, alle Menschen zu beseligen, ist die haarscharfe Ausprägung der absoluten göttlichen Machtvollkommenheit, mit der Tendenz, den Menschen in seiner tiefsten Sündhaftigkeit Gott gegenüber hinzustellen, oder vielmehr sie ist ein Versuch, die göttliche Causalität auch auf das Böse, die Sünde auszudehnen, obgleich die Theologie in demselben Athem behauptet, daß Gott nicht die Ursache der Sünde sei. An ihr kommt recht eclatant zur Erscheinung der gewaltige Kampf der disparaten — und zuweilen desperaten — Vorstellungen von dem Wesen Gottes und dem Wesen des Menschen, sowie von dem Verhältnisse beider zu einander. Ist Gott die Person der absoluten Machtwillkür, die was sie thut recht thut, so ist der Mensch ihr gegenüber mit seinen Reflexionen über die Modalitäten einer solchen Gnadenwahl am Ende, und er hat eben gar nicht weiter darüber zu reflectiren. Wird dagegen dem Menschen der geringste Antheil an den Bedingungen für seine Zukunft zugestanden, so hat die absolute Gnadenwahl keinen Raum mehr. Wird Gott als die absolute Weltcausalität gefaßt, welche den Menschen als Moment in sich hat (Pantheismus), so ist der zukünftige Zustand des Menschen ein nothwendiges Product aller auf ihn wirkenden Momente, und hierbei kann von einer freien Gnadenwahl Gottes im kirchlichen Sinne nicht mehr die Rede sein; er hört hier auf, der menschlichen gegenüber eine besondere, überhaupt eine Persönlichkeit zu sein, welche mit der menschlichen irgend eine Analogie hat. Und dennoch finden sich in der christlichen Theologie Elemente, welche lehren, daß, was Gott thue, er mit Nothwendigkeit thue, wobei die Gnadenwahl nicht bestehen kann. Aber es überwiegen in der Dogmengeschichte die Vorstellungen, daß Gott eine — der menschlichen analoge — Persönlichkeit sei. Die Vorstellungen von der ewigen Seligkeit und der ewigen Verdammniß der Menschen, resp. von der absoluten Scheidung beider Zustände, zwischen welche indessen die Härte mildernde Zwischenzustände eingeschoben worden sind, gehören in ein anderes Capitel; aber es muß hier daran erinnert werden, da den Anhängern der absoluten Gnadenwahl selbst vor dem Gedanken dieses ungeheuren Hiatus graut, falls Gott damit Ernst machen sollte, sodaß sie, die ihre Lehre meist nur als theoretische Consequenzen von gewissen Grundvorstellungen oder als Inhalt gewisser Bibelworte hinstellen, in dem Gefühle, daß ein solcher Gott eigentlich kein gnädiger, sondern ein furchtbar harter Gott sei, in vielfacher Weise dieselbe modificiren, d. h. aufheben. — Uebrigens haben die Streitigkeiten über die absolute und bedingte Gnade, zum Theil auch über den Universalismus oder Particularismus, sowie diejenigen der Supralapsarier (Gott habe auch den Fall der Menschen vorher bestimmt) und der Infralapsarier ihr eigentliches Kampffeld in dem locus der Gnadenwahl. f) *Freiheit und Gnade. Synergismus.* Man hat gefragt, ob die menschliche Freiheit neben der Wirksamkeit der göttlichen Gnade etwas zur Erlösung und Seligkeit beitrage oder nicht, und die Frage theils bejaht, theils verneint; aber man hat oft unterlassen, die Vorfrage dazu gehörig zu erörtern, ob dem Menschen überhaupt Freiheit zukomme oder nicht, im Besonderen Gott gegenüber. Ist Gott die absolute Causalität, neben welcher keine andere Selbstbestimmung existirt, so hat auch der Mensch keine Freiheit, keine Selbstbestimmung; er ist der absolut Ohnmächtige. Kommt dagegen dem Menschen ein gewisser Grad der freien Selbstbestimmung zu, so ist Gott nicht mehr die absolute Causalität, nicht mehr die absolute Allmacht, sofern nämlich diese beiden Persönlichkeiten neben einander, wenn auch Gott als die höchste Potenz der menschlichen, existiren und die menschliche nicht ein Moment an der göttlichen ist. So wäre also der eigentliche Grundgegensatz der zwischen göttlicher Macht und menschlicher Macht. Allein in der christlichen Dogmatik stellt man unter dem locus von „Freiheit und Gnade“ in der Regel die specielle Frage, ob der Mensch neben der sündenvergebenden und beseligenden göttlichen Gnade etwas zu demselben Zwecke vermöge, resp. hierzu sich auch selbst mitbestimmen könne oder nicht. Die Anhänger der strengen Paulinischen Lehre, sofern dieselbe den Menschen nur zu einem Gefäße des göttlichen Willens macht, leugnen diese Mitwirkung (Synergismus), oder lassen sie höchstens im Fortgange, nicht im Anfange der Heilsordnung eintreten, während Andere in der Ueberzeugung, daß der Mensch ohne liberum arbitrium gar keine moralische Verantwortlichkeit mehr habe, folglich gar kein moralisches, unter den Maßstab der Strafe, der Gnade u. s. w. fallendes Wesen sei, diese Mitwirkung statuiren, eine Mitwirkung, welche übrigens auch die in thesi schroffsten Leugner in praxi zulassen oder vielmehr überall voraussetzen. Andere haben die contradictio in adjecto aufgestellt, der Mensch habe nach dem Falle zwar zum Bösen, aber nicht mehr zum Guten einen freien Willen, als ob der Mensch noch frei wäre, wenn er nicht mehr zwischen zwei Dingen wählen kann, ein Beweis, wie blind die Theologie dem Menschen zu Gunsten Gottes in das Gesicht geschlagen hat. Aber auch so noch haben wir eigentlich nicht einen Gegensatz zwischen Freiheit (des Menschen) und Gnade (Gottes), sondern zwischen Freiheit und Allmacht; denn Wahlfreiheit und Gnade können mit einander gar nicht in Collision kommen. Indessen man hat unter jener Entgegensetzung auch im speciellsten Sinne die Frage verstanden, ob der Mensch der Gnade Gottes widerstehen könne, ob die gratia dei resistibilis sei oder nicht. Freilich auch so ist es doch immer nur ein Gegensatz zwischen der Macht auf der menschlichen und der Macht auf der göttlichen Seite. Wenn die Gnade Gottes unwiderstehlich wirkt, wie die Einen annehmen, und der Mensch durch sie ergriffen werden muß, so ist sie nicht mehr Gnade, sondern Macht, resp. sie kommt dann als Macht oder Gewalt in Frage. Daß solche Gegensätze entstehen konnten, rührt daher, weil man Gott und Mensch äußerlich neben einander stellte, diesen als seiner Natur nach (post lapsum) Gott widerstrebend, jenen als von Außen auf diesen menschlich einwirkend. Es ist der mit Jacob ringende Mann. g) Gnadenwirkungen. Dieser Begriff tritt schon bei der Definition der Gnade Gottes und der Erörterung ihrer Causalität, sowie später unter dem locus von Freiheit und Gnade auf, sofern z. B. gefragt wird, ob sie resistibiliter oder irresistibiliter wirke; indessen hat er auch sein specielles Gebiet, indem meist nur gewisse Wirkungen, und zwar vorzugsweise solche, welche als vom heiligen Geiste ausgehend gedacht werden (operationes Spiritus Sancti), unter diesem Capitel rubricirt werden. Außerdem knüpft sich hieran die besondere Frage, ob die Gnadenwirkungen natürliche oder übernatürliche seien, was bejaht und verneint worden ist, eine Frage, welche mit der allgemeineren, ob es göttliche Wunder (im absoluten Sinne) gebe oder nicht, zusammenfällt. h) Gnadenmittel (media, instrumenta, adminicula salutis). Im weitesten Sinne kann Alles und Jedes, wodurch die Gnade Gottes, besonders in Christo, dem Menschen vermittelt oder angeeignet wird, darunter verstanden werden, also z. B. der Glaube, das Gebet, die Buße u. s. w.; allein man redet in der Regel von ihnen nur im engeren Sinne, und versteht darunter hauptsächlich das Wort (Gottes) und die Sacramente, wobei Wort und Sacrament, den Dogmatikern oft unbewußt, darum streiten, welcher besondere Antheil einem jeden von beiden zukomme. i) Heilsordnung. Die verschiedenen, entweder nur in theoretisch-begrifflicher oder auch in zeitlicher Aufeinanderfolge oder auch oft in einem trüben Gemische aus beiden gedachten Stufen, auf welchen der Mensch zu der vollständigen Aneignung der sündenvergebenden und seligmachenden Gnade Gottes in Christo fortschreitet, bilden zusammen die Heilsordnung (ordo salutis), und als dieses Ganze, aber auch in ihren einzelnen Stufen, gehört sie in die Lehre von der Gnade Gottes. k) Gnadenstand (status gratiae). Reich der Gnade (regnum gratiae). Der Zustand dessen, der in der Heilsordnung im Allgemeinen und in deren Vollendung im Besonderen steht, heißt der Gnadenstand, wobei jedoch von den Einen behauptet wird, der Mensch habe keine absolute Gewißheit, ob er darin stehe, während Andere dies bejahen. Nicht dasselbe ist das Reich der Gnade, welches im Wesentlichen mit dem Reiche Gottes (auch schon auf Erden) zusammenfällt. Sein Gegensatz ist das Reich der Natur oder des natürlichen, nicht im Heilsprocesse, resp. nicht im Erlösungsstande befindlichen Menschen. l) Gnadengabe (χάρισμα). Hierunter versteht die Dogmatik nicht jede Gabe, welche dem Menschen durch Gott zu Theil wird, wie etwa die Gesundheit, der Verstand u. s. w., sondern nur gewisse besondere und eigenthümliche, wunderbare Wirkungen der Gnade Gottes in ihm, nämlich was im neuen Testamente ausdrücklich durch χάρισμα bezeichnet wird, z. B. das γλώσσαις λαλεῖν, die προφητεία u. s. f.

2) Wenn wir jetzt zu einer kurzen Darlegung der Bibellehre von der Gnade Gottes (oder Christi oder des heiligen Geistes) fortgehen, so werden wir, wie auch in den folgenden Abschnitten, die so eben erörterte Kategorientafel zu Grunde legen, wobei jedoch sofort gesagt werden muß, daß obige Ausdrücke oder Zusammensetzungen mit dem Worte Gnade fast durchgehend keine biblischen, sondern solche sind, welche erst später durch die Dogmatiker geformt worden sind, obgleich die Elemente dazu und die Synonymen vollständig in der Bibel vorliegen. Fürs Zweite hat eine christliche Dogmatik vorzugsweise oder streng genommen allein aus dem neuen Testamente zu schöpfen. Nun ist zwar die Gotteslehre des alten Testamentes unzweifelhaft wesentlich die des neuen Testamentes, namentlich was die Eigenschaften Gottes betrifft; aber theils wird im neuen Testamente die väterliche Liebe Gottes mehr in den Vordergrund und der Mensch mehr in das Sohnesverhältniß zu Gott gestellt, theils kommt ja im neuen Testamente die Erlösung durch Christus als ein ganz neues Element hinzu, sodaß besonders hierdurch das Verhältniß des Menschen zu Gott unter eine ganz andere Vermittelung fällt. Auch sind die Zweifel, ob wir in dem leidenden Knechte Jehova's bei Jesaias wirklich den antecipirten Messias haben

nicht so ohne Weiteres von der Hand zu weisen. Die Gnade Gottes in Christo (z. B. 2 Timoth. 1, 9) ist durchaus keine alttestamentliche, sondern eine neutestamentliche Position.

a) Das alte Testament hat entschieden einen gnädigen Gott, auch noch da, wo er sich den Menschen nicht mehr in persönlicher Erscheinung offenbart, und besonders sind es die Psalmen, in welchen außerordentlich oft von seiner Gnade (Barmherzigkeit, Güte u. s. w.) neben seiner Allmacht die Rede ist; er mag thun, was er will, Sünde heimsuchen oder vergeben, es ist recht, er hat Gerechtigkeit, und diese ist für die Menschen Gnade. Der Gegensatz von Sünde und Gnade tritt dem Juden scharf ins Bewußtsein, aber eine ausgebildete Doctrin über die verschiedenen Verhältnisse der göttlichen Gnade zum Menschen resp. Sünder hat das alte Testament noch nicht. Wollte man fragen, ob die Universalität oder die Particularität, die Unwiderstehlichkeit oder die Widerstehlichkeit vorwiegend im Geiste der alttestamentlichen Auctoren liege, so wird man, abgesehen von der Vorstellung, daß Jehova nur der Juden Gott sei, entschieden die erstere Alternative als vorhanden ansehen müssen, obgleich das alte Testament die Mitwirkung der menschlichen Freiheit und Kraft zur Seligkeit nicht ausschließt. Von der Erwählung Einzelner, z. B. des Volkes Israel aus allen Völkern, oder einzelner Stämme aus demselben, auch einzelner Individuen, ist öfter die Rede (z. B. Ps. 106, 43), allein diese Auserwählung wird nicht ausdrücklich eine Gnadenwahl genannt, obwol sie der Gnade zugeschrieben werden muß. Indessen leuchtet aus dem jüdischen Priestergeiste nicht selten auch die Verdienstlichkeit der frommen Gesinnung und der gottgefälligen Werke unverkennbar hervor, sodaß der Synergismus unzweifelhaft im Sinne des alten Testaments liegt, obgleich ihn die hyperbolischen Prädicate Gottes auszuschließen scheinen. Dies schließt nicht aus, daß einzelne Juden Momente hatten, wo sie Alles von Gottes Gnade erwarteten, ein Alterniren in der Präponderanz des Göttlichen und des Menschlichen, welches von keiner Religion, wenn auch durch theoretisches Wollen, ausgeschlossen ist. Das alte Testament statuirt ferner ganz entschieden besondere, übernatürliche Gnadenerweisungen Gottes, z. B. die Berufung des Moses, eine Vorstellung, welche überhaupt mit dem Glauben an die Wunder Gottes zusammenfällt. Auch ergibt sich aus dem Ceremonialgesetze, welches dem Juden als eine nothwendige und „ewige" Weise des Gottesdienstes vorgeschrieben ist, daß im alten Testamente besondere Gnadenmittel, wie Beschneidung und Opfer, zur Geltung kommen, und es ist ein Widerspruch gegen die strenge Gesetzlichkeit, wenn Propheten und Psalmisten sagen, daß Opfer Gott nicht gefallen. Während der Begriff des Gnadenstandes und des Gnadenreiches überwiegend eine christliche Idee ist, obgleich man alttestamentliche Analogien auffinden könnte, fallen die Gnadengaben für das alte Testament wesentlich mit den Wundergaben zusammen, welche allerdings wie von Gottes Allmacht, so von Gottes Gnade abgeleitet werden. Als prophetische Hinweisung auf die zukünftige Gnade Gottes hat besonders Zach. 12, 10 zu gelten: Ich will ausgießen den Geist der Gnaden.

b) Das neue Testament betont die Gnade Gottes nicht ohne bewußten starken Gegensatz gegen die alttestamentliche Verdienstlichkeit und die pharisäische Werkheiligkeit, und während in Beziehung hierauf die Reden Christi namentlich die reine, fromme, liebesthätige Gesinnung fordern, schließt Paulus diese zwar als Bedingung eines Gott wohlgefälligen Lebens nicht aus, geht aber an mehren Stellen bis zu der Behauptung fort, daß Alles auf die Gnade Gottes ankomme, z. B. Eph. 2, 5: *χάριτί ἐστε σεσωσμένοι.* Im neuen Testamente treten besonders die drei Eigenschaften Gottes: die Allmacht, die Gnade und die (Straf-) Gerechtigkeit in den Vordergrund. Sofern die Gnade Gottes dem Menschen überhaupt (positive und negative) Wohlthaten erweist, fällt sie mit der allgemeinen Eigenschaft der Liebe und Güte Gottes zusammen. Allein sie hat hier namentlich auch die specielle Bedeutung einer Eigenschaft, welche dem Menschen ohne sein Verdienst, ohne Unterschied und Ansehen der Person wohlthut, z. B. Matth. 5, 45 (Gott läßt die Sonne aufgehen über Böse und Gute). Der speciellste und charakteristische Begriff der Gnade im neuen Testamente ist der, daß Gott durch Christus dem Sünder ohne dessen Verdienst die Strafe erläßt und die Seligkeit ertheilt, und der bedeutungsvollste locus classicus hierüber findet sich nicht in den Reden Christi, sondern bei Paulus, Röm. 3, 24: „*δικαιούμενοι δωρεάν, τῇ αὐτοῦ χάριτι, διὰ τῆς ἀπολυτρώσεως τῆς ἐν Χριστῷ Ἰησοῦ.*" Paulus schließt hier und an andern Stellen besonders die Verdienstlichkeit der jüdischen Gesetzeswerke aus, fordert aber als Bedingung auf Seiten des Menschen den Glauben. Als Subject dieser Gnade ist im Allgemeinen Gott hingestellt; allein es ist auch von der Gnade Christi wiederholt die Rede, z. B. 2 Kor. 8, 9, welche hier näher dahin bestimmt wird: „*γινώσκετε γὰρ τὴν χάριν τοῦ κυρίου ἡμῶν Ἰησοῦ Χριστοῦ, ὅτι δι' ὑμᾶς ἐπτώχευσε* (sich erniedrigte) *πλούσιος ὤν, ἵνα ὑμεῖς τῇ ἐκείνου πτωχείᾳ πλουτήσητε;*" vergl. 2 Kor. 13, 13; Röm. 5, 15; 2 Petr. 3, 18 u. a. St. Es ist dies, wenn diese Gnadenlehre in die prägnanteste Form zusammengefaßt wird, „die Gnade Gottes in Christo," wobei durchaus kein Widerspruch zwischen Gottes und Christi Gnade und keine Grenzbeeinträchtigung der einen durch die andere vorliegt. Der *λόγος τῆς χάριτος* Apostelgesch. 14, 3; 20, 32 ist die christliche Gnaden- oder Heilslehre. Der Ausdruck „die Gnade des heiligen Geistes" oder „die Gnade des Geistes" findet sich im neuen Testamente zwar nirgends; allein wenn, was noch streitig ist, der heilige Geist im neuen Testamente auch als Person auftritt, so hindert Nichts, ihm Gnade als Eigenschaft zuzuschreiben, wenngleich dieses Prädicat formell nicht vorhanden ist. Indessen wird ja eben die Ertheilung des heiligen Geistes an die Gläubigen im neuen Testamente als eine besondere, ausgezeichnete Gnadengabe Gottes hingestellt, z. B. Apostelgesch. 2, 38. Eine doctrinaire Definition der göttlichen Gnaden oder deren logische Eintheilungen gibt das neue Testament nicht, sowie es sich auch nicht die formelle Frage nach dem Verhältnisse der göttlichen Gnade zur göttlichen Gerechtigkeit und zur menschlichen Freiheit stellt. Nach einigen neutestamentlichen Aussprüchen wirkt die göttliche Gnade zur Erlösung ausschließlich auf den Menschen als auf ein passives Subject, nach anderen wird jedoch z. B. der Glaube als Bedingung auf Seiten des Menschen vorausgesetzt oder gefordert, z. B. in den Schlußworten der Paulinischen Briefe; und Jacobus fordert in Uebereinstimmung mit den Worten und dem Geiste der Reden Christi auch Werke. Das neue Testament lehrt entschieden oder wenigstens überwiegend den Synergismus, sowie daß der Mensch der Gnade Gottes widerstehen könne, z. B. Apostelgesch. 7, 51, wo zwar von dem „immer" fortgesetzten Widerstande gegen den heiligen Geist die Rede, aber unter dem heiligen Geiste vorzugsweise die Gnadeneinwirkung Gottes zu denken ist. Analog damit lehrt Gal. 5, 4, daß ein Christ aus der empfangenen Gnade wieder herausfallen könne (Verlierbarkeit der Gnade), und Hebr. 6, 4—6 würde nicht von der Unmöglichkeit reden, den aus der Gnade einmal Herausgefallenen wieder zu ihr zurückzuführen, wenn nur eine unmögliche Möglichkeit vorausgesetzt, oder wenn der Nebengedanke wäre: es könne Niemand aus der Gnade des heiligen Geistes herausfallen.

Die Gnadenwahl, welche sich in ihrer wörtlichen Fassung besonders auf Röm. 11, 5 (ἐκλογὴ χάριτος, Luther: Wahl der Gnaden) stützt, ist an mehren neutestamentlichen Stellen ganz entschieden gelehrt, so namentlich in den Reden Christi Matth. 20, 1—16 (vergl. die Parallelen): „Viele sind berufen, aber wenige sind auserwählet," sowie Christus auch deutlich ausspricht, daß es neben der ewigen Seligkeit eine ewige Verdammniß gebe. Paulus behauptet die Gnadenwahl, z. B. Eph. 1, 4—12, wo er es auch ausspricht, daß die Auswahl schon vor der Erschaffung der Welt geschehen sei; ferner 2 Timoth. 1, 9, ferner Röm. 8, 28—30 und 11, 1—11. Man hat z. B. aus Röm. 8, 28 geschlossen, daß der Synergismus nur zum Guten und nur bei den Erwählten — die freilich hier mit den Berufenen identisch sind — zulässig sei. Aber Paulus nimmt, namentlich Röm. 11, die starre Consequenz wieder zurück, indem er zugibt, daß endlich auch die vorläufig verworfenen Juden wieder zu Gnaden angenommen werden. Außerdem setzt er als Bedingung der Auswahl das Vorherwissen Gottes (Röm. 8, 29), und macht sie abhängig von dem Glauben, resp. dem Unglauben (Röm. 11, 20), sowie er ausdrücklich durch seine Gnadenwahl hauptsächlich den Gegensatz zur eingebildeten Verdienstlichkeit der jüdischen Gesetzeswerke aussprechen will. Zudem finden sich bei ihm andere Aussprüche, wonach die Universalität der Gnade Gottes feststeht, z. B. 1 Tim. 2, 4: „ὃς (Θεὸς) πάντας ἀνθρώπους θέλει σωθῆναι καὶ εἰς ἐπίγνωσιν ἀληθείας ἐλθεῖν." Die bedenklichste Behauptung des Paulus, welche hiermit in Verbindung steht, ist die, daß Gott den Pharao verstockt habe, sodaß also selbst die Freiheit zur Sünde, nebst der Verantwortlichkeit und Strafbarkeit nicht mehr vorhanden wäre. Es sind viele neutestamentliche Stellen, wie Joh. 15, 16; 1 Petr. 1, 1 u. a., als Beweise für die absolute Gnadenwahl herangezogen worden; allein diese reden entweder nur von der Auswahl zum Apostelamte oder zu anderen speciellen Missionen. Daß der Geist des neuen Testaments die Freiheit des Menschen in der Mitwirkung zur Erlösung nicht leugnet, indem er den Glauben fordert, die moralische Zurechnungsfähigkeit voraussetzt, die Widerstehbarkeit der Gnade lehrt u. s. w., ist schon gezeigt worden. Dagegen behauptet resp. setzt das neue Testament ganz entschieden übernatürliche oder wunderbare Gnadenwirkungen voraus, z. B. Apostelgesch. 2, wo man doch sicherlich nicht im Ernste durch natürliche Erklärungen das Wunder wird hinweginterpretiren wollen. Eine ausgeprägte Lehre von den Gnadenmitteln, selbst dieses Wort, findet sich im neuen Testamente an keiner Stelle; diese Urkunde kennt nur Bedingungen zur Erlösung, auf Seiten Gottes seine besondere Gnade, z. B. Joh. 6, 44, auf Seiten des Menschen z. B. den Glauben an die Predigt u. s. w.; aber daß die Gnade Gottes an specielle Vermittelungen gebunden sei, davon sagt sie Nichts; ihr ist Christus der „einige Mittler." Namentlich haben die Sacramente, deren Name sich übrigens hier gar nicht findet, im neuen Testamente nicht die Bedeutung der Gnadenmittel im späteren dogmatischen Sinne; der Geist des neuen Testaments schließt den, welcher etwa wegen eines äußeren Hindernisses der Taufe und des heiligen Abendmahles nicht theilhaft geworden ist, von der Gnade Gottes nicht aus; er macht zur Hauptbedingung den Glauben an das Wort von der Heilsbotschaft, nicht gewisse Ceremonien. Aber er kennt einen Wachsthum in der Gnade Christi (resp. Gottes und des heiligen Geistes), also eine Heilsordnung, obgleich deren Stufen in ihrer logischen oder auch zeitlichen Folge nicht doctrinell festgestellt sind. So ist der „Gnadenstand" zwar nicht ῥητῶς, aber κατὰ διάνοιαν sicherlich eine neutestamentliche Idee, theils als angefangene, theils als vollendete Begnadigung, namentlich im 8. Capitel des Briefes an die Römer, wo die Gegenwart des heiligen Geistes im Menschen als Zeugniß dafür gesetzt ist, und χαρίσματα, wenn auch durch Luther meist als „(geistliche) Gaben" nicht als „Gnadengaben" übersetzt, werden als wunderbare und übernatürliche Gnadenwirkungen Gottes durch den heiligen Geist ausdrücklich im Briefe des Apostels Paulus an die Römer, im ersten Briefe an die Korinther und a. a. O. als factisch vorhanden erwähnt. Der spätere Ausdruck „Gnadenstand" (status gratiae, status sub gratia, status libertatis) gründet sich besonders auf Röm. 6, 14. 15; vergl. Joh. 8, 32.

3) Die nachapostolische Zeit bis auf Augustin blieb im Wesentlichen bei den neben einander gestellten biblischen Elementen der Lehre von der Gnade stehen und hob namentlich nicht einseitig die Gnadenwahltheorie des Paulus zu Ungunsten der göttlichen Gerechtigkeit und der menschlichen Freiheit hervor, obgleich die Sachlage im neuen Testamente mannichfache Veranlassung bot, eine consequente Richtung einzuschlagen,

auch wenn dadurch das eine gegensätzliche Moment, statt vermittelt zu werden, beseitigt oder mit Gewalt unterdrückt würde. Die damaligen Kirchenväter dachten und lehrten überwiegend synergistisch, und fixirten die Gnade Gottes, auf deren Definitionen und Eintheilungen sie nicht weiter eingingen, nicht in besonderen magischen Handlungen, obgleich sie vollständig an übernatürliche Gnadenwirkungen glaubten und das Abendmahl anfing, speciell die *συνέργεια* zu heißen. So sagt z. B. Tertullian [5]): „Quaedam sunt divinae libertatis, quaedam nostrae operationis. Quae a Domino indulgentur, sua gratia gubernantur; quae ab homine captantur, studio perpetrantur," womit mehre andere Stellen bei ihm übereinstimmen. Clemens Romanus (und mit ihm in ähnlicher Weise z. B. Justinus) lehrt z. B. [6]): „*Θεὸς τὴν ἀΐδιον σωτηρίαν τοῖς συνεργοῦσι πρὸς γνῶσίν τε καὶ εὐπραγίαν παρέχεται.*" Aehnlich Cyprian [7]): „Ceterum situ innocentiae, si justitiae viam teneas, si illapsa firmitate vestigii tui incedas, si in Deum viribus totis ac toto corde suspensus hoc sis tantum, quod esse coepisti, tantum tibi ad licentiam datur, quantum gratia spiritalis augetur. Non enim qui beneficiorum terrestrium mos est, in capessendo munere coelesti mensura ulla vel modus est: profluens largiter spiritus nullis finibus premitur, nec coercendis claustris intra certa metarum spatia frenatur, manat jugiter, exuberat affluenter. Nostrum tantum sitiat pectus et pateat; quantum illuc fidei capacis afferimus, tantum gratiae inundantis haurimus." Cyprian kennt keine unwiderstehliche Gnade, sowie sicherlich auch kein ausschließliches Gebundensein der Gnade an das Wort (in einer bestimmten Weise) und an die Sacramente. Origenes hält ebenso entschieden den Synergismus fest, wie er diejenigen für heterodox erklärt, welche das *αὐτεξούσιον* (liberum arbitrium) des Menschen verwerfen. Er sagt z. B. [8]): „*Τὸ τοῦ λογικοῦ ἀγαθὸν μικτόν ἐστιν ἔκ τε τῆς προαιρέσεως αὐτοῦ (θεοῦ) καὶ τῆς συμπνεούσης θείας δυνάμεως τῷ τὰ κάλλιστα προελομένῳ.*" Er lehrt zwar eine Prädestination und ist hierin schriftmäßig, aber keine zum Bösen oder zur Verdammniß, und nimmt wie Schleiermacher die reprobatio nur als einen längeren Aufschub der Gnade Gottes [9]). Den Unterschied zwischen der universellen Gnade Gottes, welche sich auf alle Menschen erstrecken will und soll, und dem dieser Allgemeinheit nicht entsprechenden Erfolge, weil Einige widerstreben und so den Willen Gottes modificiren, drückte schon Chrysostomus als voluntas Dei prima und secunda aus. Weitere hierher gehörige patristische Aussprüche der ersten vier Jahrhunderte vergl. z. B. bei Münscher, Dogmengesch. II, 287 fg.

4) Mit Augustin begann der Kampf gegen den Pelagianismus, welcher bisher in der Kirche geherrscht hatte, und bald folgte der Semipelagianismus. Der geistreiche, aber einseitige Bischof von Hippo erhob sich namentlich gegen die Ansichten des Pelagius, dessen Lehre uns freilich in authentischen Quellen nicht mehr zugänglich ist, sodaß wir aus den Berichten seines Gegners schöpfen müssen. Es geht daraus hervor, daß er die Gnade Gottes nicht leugnete, aber die Freiheit und Mitwirkung des Menschen (Synergismus) zu seiner Seligkeit zur Hauptsache (?) machte und die Gnade mehr als etwas äußerlich zu ihr Hinzukommendes betrachtete, wobei er sie jedoch nur als innerhalb des Christenthums wirkend ansah. Sagt man: er habe gelehrt, daß die vermittels der Freiheit geübte Tugend etwas Verdienstliches vor Gott sei, so klingt dies stark unchristlich und unevangelisch; sagt man aber: er habe gelehrt, der Christ müsse sich durch seinen freien, guten Willen die Gnade Gottes verdienen, resp. sich deren würdig machen, so dürfte dies nicht unevangelisch sein; vielleicht, daß er — wie auch Hagenbach sagt — das Verdienst des Menschen, aber wol nicht als ein opus operatum, zur Erwerbung der göttlichen Gnade etwas zu stark geltend machte. Ohne Sophistik und Einseitigkeit das Verhältniß angesehen, stand Pelagius auf dem sehr natürlichen Durchschnittsbewußtsein der weitaus ungeheuren Mehrzahl der schlichten Christen aller Zeiten, wornach Gott ungerecht wäre, wollte er nicht denen, welche am meisten durch freien, guten Willen und tugendhaftes Leben sie verdienen, die meiste Seligkeit aus Gnaden zuwenden (worin freilich ein Widerspruch liegt). Eine Hauptstelle aus den Lehrsätzen des Pelagius [10]) lautet: „Ergo in voluntate et opere laus hominis est, immo et hominis et Dei, qui ipsius voluntatis et operis possibilitatem dedit, quique ipsam possibilitatem gratiae suae semper adjuvat auxilio."

Augustin leugnete entschieden, daß der sündige Mensch vermöge der Freiheit etwas zu seiner Erlösung und Beseligung beitragen könne; der unwiedergeborene Mensch habe nur eine Freiheit zum Bösen (was ein entschiedener, durch geistreiche Wendungen plausibel gemachter nonsens ist); Freiheit sei Freisein von der Sünde, welche der Wahl zwischen dem Guten und Bösen nicht mehr bedürfe (ein quid pro quo, da es sich ja um die Wahlfreiheit, auch während des Heilsprocesses, handelt); diese Freiheit werde erst aus der göttlichen Gnade in dem Wiedergeborenen erzeugt. Dagegen verstand er unter der Gnade, der Niemand widerstehen könne, etwas auf den Menschen von Gott Uebergehendes, die inspiratio dilectionis, wogegen er über die Art, wie die Gnade anzueignen sei, über die Gnadenmittel keine näheren Bestimmungen gab, nur daß er selbstverständlich in der absoluten Gnade etwas Uebernatürliches, eine operatio Spiritus Sancti sah. Er nahm mehr als zwei Sacramente an, ohne ihre Zahl zu bestimmen, hob jedoch besonders die Taufe und das Abendmahl, aber nicht in dem gewöhnlichen Sinne der „Gnadenmittel" hervor.

5) Ad uxor. I, 8. 6) Stromm. VII. p. 860. 7) De gratia Dei ad Donatum p. 3. 4. 8) Homil. in Psalm. Opp. ed. *Redep.* T. II. p. 571, nach Hagenbach, Dogmengeschichte. 9) Vergl. auch De princpp. III, 1. Opp. I. p. 30.

10) Bei *Augustin*, De gratia. Vergl. auch die bekannte Schrift von Wiggers.

Epist. 98, 2 spricht er von der „aqua exhibens forinsecus sacramentum gratiae" und dem „spiritus operans intrinsecus beneficium gratiae." Aus der Absolutheit oder Unwiderstehlichkeit der Gnade folgt die absolute Gnadenwahl nicht; aber Augustin, ein Mann [illegible] Vordersätze und energischer Consequenzen, lehrte sie als Ergebniß neutestamentlicher Aussprüche; sie entsprang seiner [illegible] Geistesrichtung, seiner Vorstellung von der absoluten Allmacht Gottes und der absoluten Nichtigkeit und Sündhaftigkeit des Menschen; er konnte die Selbständigkeit des Menschen mit derjenigen Gottes nicht vereinigen (eine halbe Vermittelung wollte er nicht) und so verwarf er sie. Gott hat also — freilich nicht vermöge seiner Gnade, denn diese müßte allumfassend sein, auch nicht vermöge seines Vorherwissens über das Thun des Menschen, denn auf dessen Verdienst soll es ja gar nicht ankommen — Einige zur Seligkeit, Andere zur ewigen Verdammniß vorherbestimmt — electio et reprobatio, wobei freilich wiederum diese letztere, welche von der electio nicht getrennt werden darf, durchaus kein Gnadenact, sondern nur ein Zornesact sein kann. Die Folgerung würde sein, daß Gott (welcher nach Paulus Pharao's Herz verstockte) diese Unglücklichen zu Sündern gemacht, resp. zum Bösen vorher bestimmt habe; aber Augustin wagte denn doch diese Consequenzen nicht direct auszusprechen. Die allein richtige Consequenz aus gewissen Vordersätzen, namentlich aus dem Dogma und dem Factum, daß alle Menschen vor Gott Sünder sind, wäre gewesen: „Fiat justitia, et pereat mundus; aber weil ich die Menschen lieb habe, so will ich sie (d. i. alle) begnadigen." Die reprobatio hat man auch die „Zornwahl" genannt. Man vergleiche unter den Schriften des Augustin z. B. und hauptsächlich: De gratia Christi I, 10 seq.; De peccatorum meritis et remissione II, 4 seq.; Epist. 217; Lib. de dono perseverantiae. In der Schrift: Contra duas epistolas Pelagii III, 8 sagt er unter Anderem: „Sine gratia nisi ad peccandum valet liberum arbitrium, ad justitiam non nisi divinitus liberatum adjutumque non valet." Augustin hat der Christenheit eine kräftige Warnung vor der Werkheiligkeit und Selbstgerechtigkeit zugerufen, aber er ist weiter gegangen, er hat eine Macht todtschlagen wollen, die sich nicht todtschlagen läßt, das liberum arbitrium; er hat das neue Testament und die Kirchenväter der ersten vier Jahrhunderte unter Anklage gestellt; seine Geistesüberlegenheit hat in weiten Kreisen die (theoretische, aber nicht factische) Verurtheilung des Pelagius bewirkt, und ist später oft wieder von den Todten auferstanden, um zu zeigen, wie widerspruchsvoll der Mensch sei, der jede Tugend, jeden freien Willen als nichtig vor Gott verwirft, und in demselben Odem die Tugend fordert und eine sittliche Verantwortlichkeit voraussetzt, welche ohne freien Willen nicht gedacht werden kann. Die römisch-katholische Kirche hat aus guten Gründen den Uebertreibungen Augustin's und des Augustinismus nicht gehuldigt.

Nach Augustin's Tode herrschte sehr bald auch da, wohin der persönliche Einfluß seines mächtigen Geistes gereicht hatte, der Semipelagianismus, welcher zwischen Freiheit und Gnade so vermittelte, daß jener nicht zu viel eingeräumt und dieser nicht zu viel abgebrochen wurde, aber doch mehr zu Pelagius als zu Augustinus neigte. Wenigstens war und wurde die kirchliche Praxis, welche um so mehr ein steigendes Gewicht auf das Ceremoniel legte, als es anfing an großen Geistern zu mangeln, immer mehr Pelagianisch, obgleich man in der Lehre mehr Augustinisch-Paulinisch sein wollte. Man behauptet, der Semipelagianismus lehre eine gratia Dei praeveniens, cooperans, fulciens, consummans u. s. w.; Andere bestimmen ihn hierin anders, indem sie z. B. sagen, er leite den Anfang der Bekehrung aus den Kräften der menschlichen Natur, den Fortgang aber aus den göttlichen Gnadenmitteln — oder umgekehrt — her; man kann nur so viel sagen, daß er den Synergismus als sein Panier aufstellte; denn ein consequentes, einheitliches Lehrsystem hat er, der keine geschlossene Persönlichkeit, wie etwa Pelagius oder Augustinus, sondern ein Collectivum vieler, in manchen Stücken sehr disparater Theologen, Schulen, Kirchen u. s. w. ist, nicht aufstellen gekonnt. Einer der ersten, welcher gegen die absolute Gnadenwahl Augustin's noch im 5. Jahrh. auftrat, war Faustus, und ihm stimmte im Wesentlichen die von jetzt ab immer mächtiger werdende römische Kirche bei. Papst Gregor I. (gest. 604) sprach sich zwar vielfach im Sinne Augustin's aus, aber unter wesentlichen Modificationen, wie dies z. B. seine Schrift „Moralia" beweist, und beförderte den Heiligencultus und Anderes, was in der katholischen Kirche später als verdienstlich galt und mit den opera operata nahe verwandt war. Er unterscheidet eine gratia praeveniens und subsequens; die erstere sei operans, aber zugleich auch cooperans; vergl. Morall. XXII. c. 9: „Sancti viri sciunt, post primi parentis lapsum de corruptibili stirpe se editos, et non virtute propria, sed praeveniente gratia superna ad meliora se vota et opera commutatos; et quidquid sibi mali inesse conspiciunt, de mortali propagine sentiunt meritum, quidquid vero in se boni inspiciunt, immortalis gratiae cognoscunt donum." Einestheils bejaht (Mor. XXV, 8), anderntheils leugnet er (ibid. IX, 9) die Verlierbarkeit der göttlichen Gnade. Als der im J. 868 verstorbene Mönch Gottschalk die absolute Gnadenwahl oder Prädestination Augustin's wieder geltend machen wollte, wurde er von der (katholischen) Kirche des Abendlandes verdammt. — Die griechische Kirche vermied nach wie vor die Härten der Prädestinationslehre. — Uebrigens steht, was ein Zeitalter über die Gnade Gottes gedacht, nicht blos in den Schriften und Doctrinen der Theologen, sondern auch — und oft viel sicherer — in der kirchlichen Praxis und in dem sittlichen Leben der Menschen geschrieben.

b) In der Periode der Scholastiker, wo überhaupt die christliche Lehre durch Definitionen weiter ausgebildet wurde, erhielt auch das Dogma von der Gnade eine nähere Formulirung. Der Hauptangelpunkt in diesem Stadium ist, wie fast in allen Stadien der christlichen Lehrentwickelung, das Verhältniß zwischen der göttlichen und menschlichen Seite, zwischen der Freiheit und der Gnade, und hauptsächlich von diesem Mittelpunkte aus wurden die Begriffe der Kategorien bestimmt. In der allgemeinen Definition der Gnade konnten auch die Scholastiker der Vorzeit nichts wesentlich Neues hinzufügen; aber schon auf dem Gebiete der Eintheilung der Gnade kam es zu Formeln, welche vorher nicht so bestimmt und allgemein ins Bewußtsein getreten waren, Unterscheidungen, welche nicht sowol auf die scholastische Lehre vom Synergismus einwirkten, als vielmehr erst durch diese bestimmt wurden. So unterscheiden z. B. Petrus Lombardus und Thomas Aquinas eine gratis Dei gratis dans (Gnädigung in Gott), eine gratia gratis data und eine gratia gratum faciens, welche letztere wieder in operans und cooperans zerfällt wurde. Darin waren alle Scholastiker einig, daß die Erlösung von der Gnade Gottes (nicht vom Menschen) ihren Ausgang nehme, aber in Bezug auf die Gnadenwahl traten viele Differenzen hervor. Anselm, der Lombarde, Thomas von Aquinum und wol alle Scholastiker sehen in der Gnade Gottes, wie es nicht anders sein kann, den Grund aller Erlösung und Seligkeit; aber sie lehren die Augustin'sche Gnadenwahl nur unter Modificationen; namentlich leugnet Anselm den Unterschied zwischen Gottes Prädestination und Präscienz, und Petrus Lombardus sagt [11]): „Praedestinatio est gratiae praeparatio, quae sine praescientia esse non potest:“ Gottes Vorherbestimmung zur Verdammniß sei nur sein Vorherwissen. Was das Verhältniß des liberum arbitrium hominis zur gratia Dei betrifft, so haben zwar die Scholastiker in der Theorie eine Neigung, dem Augustin gegen den Pelagianismus und Semipelagianismus Recht zu geben; allein sie lehren nur einen abgeschwächten Augustinismus, und man wird hierbei die allgemeine Tendenz der Scholastik, die vorhandene kirchliche Praxis, welche damals zum großen Theil die Verdienstlichkeit der guten (kirchlichen) Werke zur Voraussetzung hatte, zu rechtfertigen, nicht vergessen dürfen. So verwirft Anselm den Satz Augustin's, daß der freie Wille nur ad mala frei oder vorhanden sei, und beruft sich auf die Schrift, welche neben der Gnade Gottes das liberum arbitrium lehre. Bezeichnend ist folgender Ausspruch von ihm: „Quoniam ergo in sacra Scriptura quaedam invenimus, quae soli gratiae favere videntur et quaedam, quae solum liberum arbitrium statuere sine gratia putantur: fuerunt quidam superbi, qui totam virtutem et efficaciam in sola libertate arbitrii consistere sunt arbitrati, et sunt nostro tempore multi, qui liberum arbitrium esse aliquid penitus desperant“ [13]). Er führt dann fort: „Nemo servat rectitudinem ([illegible]) acceptam nisi volendo, velle autem illam aliquis nequit nisi habendo. Habere vero illam nullatenus valet nisi per gratiam. Sicut ergo illam nullus accipit nisi gratia praeveniente, ita nullus eam servat nisi eadem gratia subsequente“ [13]).

Thomas Aquinas neigt zwar mehrfach zu Augustin und will dessen Lehre nach Möglichkeit rechtfertigen; allein er ist wesentlich Semipelagianer, wie dies z. B. aus dem Satze, resp. aus der Distinction — und die Scholastiker halten sich bekanntlich gern durch allerhand, oft spitzfindige Distinctionen — hervorgeht: „Acquisita (justitia) quidem causatur ex operibus, sed infusa causatur ab ipso Deo per ejus gratiam.“ [14] Auch ist es besonders Thomas, welcher in der Tendenz, beides, Gnade und Freiheit, resp. menschliches Verdienst, zu rechtfertigen, den Unterschied des meritum de congruo und des meritum de condigno ausbildete [14]). Ein Verdienst de congruo habe der Mensch, wenn er durch seinen freien Willen solche Handlungen verrichte, wodurch Gott billiger Weise zum Wohlthun bewogen werde, ein Verdienst de condigno, wenn er durch die prima gratia Dei unterstützt, durch gute Werke Gottes Wohlthat verdiene; der Mensch könne zwar nicht zum Anfange der Bekehrung, aber zu ihrem Fortgange mitwirken. Noch weiter von Augustin entfernte sich Duns Scotus, und es wurde zwischen seinen und den Anhängern des Thomas, also zwischen den Franziskanern und Dominikanern, ein langer, heftiger, unfruchtbarer Streit über die Gnade geführt, während die kirchliche Praxis immer mehr in das opus operatum gerieth.

Kann man nicht sagen, daß die Scholastik für die oben berührten Dogmen wesentlich neue, fruchtbare und schöpferische Gesichtspunkte aufgestellt habe, so hat sie die Lehre von den Gnadenmitteln dadurch in festere Kategorien gebracht, daß durch sie namentlich der Begriff der Sacramente näher bestimmt wurde. Eine feste Lehre von den Sacramenten gab es vorher nicht; die Scholastiker knüpften die Gnadenwirkungen enger an die Sacramente, und zwar im Interesse der kirchlich-hierarchischen Praxis. Die von dem Lombarden aufgestellte Definition des Sacramentes [15]): „Sacramentum enim proprie dicitur id, quod ita signum est gratiae Dei et invisibilis gratiae forma, ut ipsius imaginem gerat et causa existat,“ ist im Wesentlichen die noch jetzt bei den christlichen Hauptconfessionen gültige. Aehnlich lehrte Thomas von Aquinum; aber Duns Scotus leugnete, daß im Sacramente selbst als solchem die wirkende Gnade sei. Hierbei ist nicht zu vergessen, daß die meisten Scholastiker behaupteten: die Sacramente wirken nicht nur ex opere operantis, sondern auch ex opere operato, weshalb es nicht auf den Glauben, die Würdigkeit u. s. w. des Verwaltenden, sondern auf dessen Intention ankomme, das Sacrament zu verwalten. Ueber die Art der Gnadenertheilung im Sacrament spricht sich einer der letzten Scholastiker, Gabriel Biel, dahin aus [16]): „Sacramentum dicitur conferre gratiam ex opere operato, ita quod ex eo ipso, quod opus illud, puta sacramentum, exhibetur, nisi impediat obex peccati mor-

11) Sent. lib. I. dist. 40. A. 12) Man kann mit Recht fragen, wer diese Pelagianer damals gewesen seien. 13) De concordia praescientiae etc. II, 10 und III, 11. Vergl. auch seine Schrift: De libero arbitrio.

14) Sent. I, 2. 3. art. 8. 15) Sentent. Lib. IV. dist. 13. 16) Sentent. Lib. IV. dist. 1. quaest. 3.

tulis, gratia confertur utentibus, sic quod praeter exhibitionem signi foris exhibiti non requiritur bonus motus seu devotio interior in suscipiente. Ex opere operante vero dicuntur sacramenta conferre gratiam per modum meriti, quod scilicet sacramentum foris exhibitum non sufficit ad gratiae collationem, sed ultra hoc requiritur bonus motus seu devotio interior in suscipiente, secundum cujus intentionem confertur gratia, tamquam meriti condigni vel congrui, praecise, et non major propter exhibitionem sacramenti." Auf welche Weise wirkt nun das Sacrament die Gnade Gottes? Im Sinne Biel's — und der damaligen Kirche — sicherlich auch ohne Glauben. Man wollte die Nothwendigkeit des Ceremoniels festhalten und machte es zum magischen Zauber; dem Menschen muß durch dasselbe Gottes Gnade zu Theil werden, sofern keine — ungesühnte — Todsünde vorliegt. Die früheren Scholastiker waren noch der Ansicht, daß man nicht sicher wisse, ob man im Gnadenstande sei.

Wenn wir bei den mit der Scholastik mehrfach verwandten Mystikern des Mittelalters ein reiches Material über die Gnade finden, so wird es nicht so wie bei den Scholastikern in lehrhafter, logischer Form geboten. Die Mystiker weichen von den scholastischen Lehrbestimmungen meist nicht ab, erweitern sie aber und erweichen sie durch die Pectoraltheologie des Ausdruckes für die überschwenglichen Gefühle. Sie beschäftigen sich besonders mit der Heilsordnung und namentlich mit den Gnadenständen, die sie nicht sowol logisch definiren, als vielmehr nur beschreiben. Nach Bonaventura verzweigt sich die (wirkende) Gnade 1) als habitus virtutum, 2) als habitus donorum und 3) als habitus beatitudinum 17). Ruysbroek 18) spricht von vier aus dem ewigen Lichte im Menschen geborenen Lichtern, wovon das vierte das Licht der Gnade Gottes ist. Johann Tauler läßt — was Luther an ihm tadelt — die subjective Gewißheit des Christen, ob er im Gnadenstande sei, dahin gestellt sein: „Es ist kein Mensch auf dem Erdreich so gut noch so selig noch so wohl gelehrt nach der heiligen Lehre, der wissen möge, ob er in Gottes Gnade sei oder nicht, es wäre ihm denn sonderlich von Gott geoffenbaret" 19). Er gehört also zu denen, welche die Gnade Gottes im Sacramente wenigstens nicht ex opere operato wirken lassen. Hugo von St. Victor, welcher mit Richard, Walter u. A. zu den wissenschaftlichen Mystikern zählt, definirt das Sacrament als Gnadenmittel 20): „Sacramentum est corporale vel materiale elementum foris sensibiliter propositum, ex similitudine repraesentans, ex institutione significans et ex sanctificatione continens aliquam (also wol nicht die ganze, ausschließliche) invisibilem et spiritalem gratiam." Kürzer: „Sacramentum est visibilis forma invisibilis gratiae in eo collatae" 21).

6) Die teutsche — wie die schweizerische Reformation ging hauptsächlich aus dem frechen Misbrauche hervor, welcher mit den kirchlichen Institutionen, namentlich mit deren Gnadenmitteln, getrieben wurde. Die Kirche war in das opus operatum versunken, Haupt und Glieder lebten vielfach in frechen Sünden und handhabten das bequeme Mittel des Ablasses u. s. f., um sich die Gnade Gottes zu erkaufen; das Christenthum oder vielmehr die Kirche hatte wenig moralischen Einfluß auf die Erschütterung, Besserung und Heiligung der Gemüther. Daher begann Luther mit der Arbeit, dem Volke den Ernst der Sünde wieder zum Bewußtsein zu bringen und die Nothwendigkeit der wahrhaften, innerlichen Buße hervorzuheben, wobei er mehrfach den Comparativ, die Relativität der Sünde zum Superlativ machte. Ein um so größeres Gewicht mußte er daher auf die göttliche Gnade in Christo legen. Obgleich er nun den Glauben, diese nothwendige Bedingung der Erlösung und Vermittlung zwischen Sünde und Gnade, ebenfalls von der Einwirkung der Gnade Gottes resp. des heiligen Geistes ableitete, so legte er doch auf ihn, als auf eine Activität des Menschen — da er eine bloße Passivität nicht sein kann — für den Fortgang des Heilswerkes ein starkes Gewicht, und wenn er z. B. in seiner gegen Erasmus, den wissenschaftlichen Repräsentanten des damaligen Katholicismus, gerichteten Schrift: De servo arbitrio (1525) dem Menschen den freien Willen der göttlichen Allmacht und Gnade gegenüber abspricht, beiläufig gesagt, nicht überall mit glücklich gewählten Argumenten, so ist dies einer von den vielen theoretischen Widersprüchen, welche man dem großen Manne zu gut halten muß. Drang er doch andererseits auf werkthätigen Glauben und anerkannte er doch die sittliche Verantwortlichkeit des Menschen, welche ohne Freiheit nicht denkbar ist. Wenn er mit Augustin den Unterschied geltend macht, daß der Unwiedergeborene nur zur Sünde, der Wiedergeborene nur zum Guten Freiheit habe, so ist ihm die Instanz entgegenzuhalten, daß der factische Zustand eines Christen stets der zwischen der vollkommenen Wiedergeburt und ihrem Gegentheile liegt. Doch wie dem auch sei, und wie auch immer die Stellen der heiligen Schrift, worin z. B. gesagt wird, daß Gott das Wollen und das Vollbringen im Menschen wirke, zu interpretiren resp. auf welche von den beiden Causalitäten Gottes, die Allmacht oder die Gnade, zu beziehen seien: Luther leitete alle dem Menschen resp. Christen zu Theil werdenden Wohlthaten von der Gnade her; denn es kam ihm vor Allem darauf an, demselben die Verdienstlichkeit zu nehmen, an deren Bäume so schlechte sittliche und andere Früchte gewachsen waren. Im echtlutherischen Geiste gibt es eigentlich nur zwei Gnadenmittel: das Wort (objectiv) und den Glauben (subjectiv); denn er betont, wie wir z. B. aus seinen Katechismen wissen, an den beiden Sacramenten vorwiegend das Wort und den Glauben; auch sagt er: „Ob du gleich nicht zum Sacramente gehest, kannst du dennoch durchs Wort und Glauben selig werden." Die Augustinisch-Calvinische Gnadenwahl war ihm zu hart; er lehrte eine bedingte Gnadenwahl, den Universalismus

17) Dessen Breviloq. V, 4 seq. 18) Bei Engelhardt, Richard v. St. Victor und Joh. Ruysbroek. (Erl. 1838.) 19) Predigten I, 67. 20) De sacr. libr. I. P. IX. c. 2. 21) In der Summa tr. IV. c. 1.

und die Widerstehbarkeit der göttlichen Gnade. Die letztere setzt einen freien Willen im Unwiedergeborenen voraus.

Die Bekenntnißschriften der Lutherischen Kirche halten die Allgemeinheit, Widerstehbarkeit, Verlierbarkeit der Gnade Gottes fest, wie sie überhaupt, mit Ausnahme der Concordienformel in einem Punkte, im Geiste des neuen Testaments geschrieben sind. Sie gehen, wiederum mit Ausnahme der Concordienformel, nicht auf die Genauigkeit und Schärfe von Schulterminologie in abgrenzenden Distinctionen, erschöpfenden Definitionen u. s. w. aus. Daher findet sich z. B. eine logisch-systematische Eintheilung der Gnade nur in der Formula Concordiae [23]), wo unterschieden werden: 1) die gratia praeveniens (alias: praecurrens, praeparans, incipiens, pulsans, trahens), welche den homo convertendus zum Ziele hat, die Hindernisse der Bekehrung beseitigt, die ersten Heilsempfindungen weckt; 2) die gratia operans, welche den homo, qui convertitur, zum Ziele hat, die Bekehrung selbst bewirkt und vollendet; 3) die gratia cooperans, welche den homo conversus zum Ziele hat, ihn in Verbindung mit dessen Willen und Streben in der Wiedergeburt erhält, und ihn heiligt. Eintheilungen und Bestimmungen, welche auf der Ansicht der Concordienformel von der Art der Gnadenwirkungen und dem Synergismus beruhen. Kein Lutherisches Symbol vertheidigt Augustin's oder Calvin's decretum absolutum der Gnadenwahl; auch die Formula Concordiae hat nur die Electio, nicht die Reprobatio ab aeterno, aber jene ist ihr die Universalität der Gnade in Verbindung mit dem Widerstande, den die Sünde leistet. Die Prädestination ist ihr Gottes ewiger, aus bloßer Gnade, um des Verdienstes Christi willen gefaßter Rathschluß, allen Menschen die Seligkeit in Christo zu gewähren; nur wer dieser Gnade widersteht, wird verdammt. Spätere Dogmatiker bezeichnen die unbedingte Universalität mit der voluntas Dei prima, die durch das Widerstreben des Menschen bedingte mit der voluntas Dei secunda. Es ist besonders Art. 11 [25]), wo dieses Symbol die Allmacht der göttlichen Gnade festzuhalten sucht, ohne in die Augustinisch-Calvinischen Consequenzen fallen zu wollen.

Ueber die Art der Wirkungen der Gnade Gottes und (oder) des heiligen Geistes bei der Bekehrung und Wiedergeburt des Menschen erklären sich die augsburgische Confession, deren Apologie, die Lutherischen Katechismen und die schmalkaldischen Artikel nicht mit formeller Bestimmtheit. Sie brauchen z. B. den allgemeinen Ausdruck „Gaben des heiligen Geistes" (Katechismus, Art. 3), durch welche „corda renovantur et induunt novos affectus" (augsb. Conf. Art. 20 de bonis opp. p. 18), oder „interiores motus," „motus spirituales," nämlich „notitia, timor, dilectio Dei, odium concupiscentiae" (augsb. Conf. Art. 18; Apol. Art. 3. S. 83. 85. 134). Die Form. Conc. bezeichnet die Art der Wirksamkeit nach Joh. 6, 44 mit den Worten „tractus, agitatio" (de lib. arb. aber. expos. p. 673. 680), und versteht darunter diejenige Einwirkung des heiligen Geistes auf den Verstand und Willen des Menschen, durch welche er geschickt gemacht werde, die in Christo dargebotene Gnade anzunehmen und sich zu bessern. Es heißt hier p. 675: „In vera conversione immutationem, renovationem et motum fieri oportet in hominis intellectu, voluntate et corde, ut nimirum hominis mens peccata agnoscat, iram Dei metuat, a peccato sese avertat, promissionem gratiae in Christo agnoscat et apprehendat," und de lib. arbitrio p. 676: „Conversio hominis talis est immutatio per operationem Spiritus Sancti in hominis intellectu, voluntate et corde, qua homo (operatione videlicet Spiritus Sancti) potest oblatam gratiam apprehendere." Es ist kein Zweifel, daß die Concordienformel, wie die anderen Bekenntnißschriften, unter der Gnadenwirkung eine unmittelbare und übernatürliche versteht, besonders da behauptet wird, daß der Mensch dieselbe nicht immer von seinen natürlichen Gefühlen unterscheiden könne; zuweilen aber sei der Christ dieser Wirkung sich sicher bewußt [24]).

Um aber den Fanatikern und Enthusiasten, wie man damals die spiritualistischen Freigeister nannte, welche auf Ceremonien wenig oder keinen Werth legten, entgegenzutreten und den Werth kirchlicher Institutionen, sowie der Bibel zu schützen, lehren nun die symbolischen Bücher mit geringer oder größerer Bestimmtheit und Ausführlichkeit, daß die Gnade Gottes zur Erlösung und Beseligung nicht blos im Allgemeinen an die Kirche, was sich wol von selbst verstand, sondern auch im Besonderen an das Wort und die Sacramente gebunden sei. Sie brauchen aber den Ausdruck „Wort Gottes" nicht im Sinne der ganzen Bibel, sondern so, daß er nur das Evangelium resp. das in der Bibel bedeutet, was sich auf die Erlösung bezieht. Die Formula Concordiae unterscheidet ausdrücklich Gesetz und Evangelium, wovon nur letzteres mit der speciellen Gnade Gottes zu thun habe, und kennt noch keine übernatürliche oder magische Gnadenwirkung des Wortes Gottes an sich, sondern nur des Wortes, sofern es ein Organ des heiligen Geistes sei. Von den Gnadenmitteln sagt die Confess. Aug. art. V, 11: „Per verbum et sacramenta tamquam per instrumenta donatur Spiritus Sanctus, qui fidem efficit, ubi et quando est visum Deo, in iis, qui audiunt evangelium, scilicet quod Deus non propter nostra merita, sed propter Christum justificet nos, qui credunt, se propter Christum in gratiam recipi." Die Apologie sagt IV, 153: „Constat, quod traditiones humanae .... non sint instrumenta, per quae Deus movet corda ad credendum, sicut verbum et sacramentum divinitus tradita." In den Artic. Schmalk. P. III. Art. III, 331 heißt es: „Constanter tenendum est, Deum nemini Spiritum vel gratiam suam largiri, nisi per verbum et cum verbo

23) Epit. II, 588 seq. Declar. II, 665. 673 seq. 25) Vergl. p. 618—631. 797 seq. der edit. Rechenb.

24) Vergl. z. B. Form. Conc. de lib. arb. solid. decl. p. 673.

aeterno et praecedente," aber in den Sacramenten ist ja nach Luther das Wort (die verheißene Gnade) die Hauptsache, und an anderen Stellen setzen die schmalkaldischen Artikel die Sacramente, deren sie drei haben: Taufe, Abendmahl und Schlüsselgewalt (Beichte), als Gnadenmittel. Die Formula Concord. lehrt p. 670: „Visum est Deo, per hoc medium, et non alio modo, nimirum per sanctum verbum suum, quum id vel praedicari auditur vel legitur, et per sacramentorum legitimum usum homines ad aeternam salutem vocare, ad se trahere, convertere, regenerare et sanctificare." Im Uebrigen halten die lutherischen Bekenntnisse wesentlich die aus der römischen Kirche überlieferte Definition des Sacraments als sichtbaren Zeichens und Unterpfandes der göttlichen Gnade fest. So hat z. B. die Apologie für sie die Bezeichnung „signa gratiae promissionis"[25]).

Hatte die unveränderte Confessio Augustana von 1530 den Synergismus nicht entschieden verworfen, war ihm Melanchthon in der Variata und in der Apologia günstig gestimmt und hatte ihm Concessionen gemacht, so wies ihn die Formula Concordiae in der Ueberreibung des Lutherischen Geistes entschieden und wiederholt zurück. Diese Zurückweisung hat jedoch weniger den Zweck, das liberum arbitrium und die cooperatio virium humanarum für den ganzen Heilsproceß zu leugnen, als vielmehr, diese für den Beginn desselben in Abrede zu stellen und so den nicht vom Evangelium ergriffenen Menschen als der Sünde und der geistigen Ohnmacht in spiritualibus absolut verfallen zu erklären, um die göttliche Gnade um so heller leuchten zu lassen. So lehrt sie z. B. Epit. de lib. arb. p. 580: „verbo adest praecone Spiritus Sanctus et corda hominum aperit, ut sicut Lydia (Act. 16, 14) diligenter attendant, et ita convertantur sola gratia et virtute Sp. Sancti;" ferner p. 666: „Quamvis renati etiam in hac vita eo usque progrediantur, ut bonum velint, ..., tamen hoc ipsum non a nostra voluntate aut a viribus nostris proficiscitur, sed Spiritus Sanctus operatur in nobis illud velle et perficere." Ist diesen Wollen des Guten bei den Wiedergeborenen (absolut und vollkommen wiedergeboren ist Niemand in diesem Leben) im strengen Sinne nur das Wirken des heiligen Geistes, so wäre somit auch dem Wiedergeborenen der freie Wille zum Guten neben dem Vollbringen desselben abgesprochen. In der Solida declar. II. p. 672. 673 heißt es: „Verum est, quod homo, etiam ante conversionem, sit creatura rationalis, quae intellectum et voluntatem habeat: (intellectum autem non in rebus divinis et voluntatem, non ut bonum et salutare aliquid velit,) sed tamen ad conversionem suam (ut saepe jam est dictum) prorsus nihil conferre potest." Somit hätte also der Mensch vor seiner Bekehrung höchstens die Freiheit, den Willen und die Kraft, zwischen verschiedenen Sünden, nicht zwischen dem Guten und Bösen zu wählen, ein dieser Schatten, welcher die göttliche Gnade um so heller hervortreten lassen soll. Es mögen noch zwei Stellen hier Platz finden. Sol. declar. II. p. 656: „Credimus ....., quod homo ad bonum prorsus corruptus et mortuus sit, ita ut in hominis natura, post lapsum, ante regenerationem, ne scintillula quidem spiritualium virium reliqua manserit aut restet, quibus ille ex se ad gratiam Dei praeparare se, aut oblatam gratiam apprehendere, aut ejus gratiae (ex sese et per se) capax esse possit, aut se ad gratiam applicare aut accommodare.... possit," und ebenda p. 662: „Homo ..... ex sese et propriis naturalibus suis viribus in rebus spiritualibus et ad conversionem aut regenerationem suam nihil inchoare, operari aut cooperari (auch im Verlaufe des Heilswerkes?) potest; nec plus quam lapis, truncus aut limus." Und doch soll der Mensch der Gnade widerstehen können! Wenn der Mensch aus freiem Willen und eignen Kräften überhaupt absolut Nichts beitragen kann, wenn die Gnade oder der heilige Geist ihn nur als todtes Material verarbeitet, so hat er auch keine moralische Verantwortlichkeit und somit keine Sünde. Bei dem so gefaßten Verhältnisse und Gegensatze zwischen Sünde und Gnade wird jene durch diese aufgehoben, d. h. als nicht vorhanden vorausgesetzt, was aber grade der Zweck nicht ist.

7) Die schweizerische Reformation, welche noch stärker als die Lutherische in Opposition gegen das Ceremoniel der katholischen Kirche trat und noch entschiedener sich ausschließlich auf die heilige Schrift stellte, hatte in ihrem ersten Urheber Zwingli einen Mann, der zwar, weil er sich durch Aussprüche der Bibel dazu gezwungen glaubte, nahezu der Augustinischen Gnadenwahl huldigte[26]), aber die Wirksamkeit der Gnade nicht an die kirchlichen Sacramente, auch nicht an die beiden von ihm als solche statuirten, gebunden wissen wollte. So sagt er in der Confess. ad Carol. Imperat.[27]): „Credo, imo scio, omnia sacramenta tam abesse, ut gratiam conferant, ut ne afferant quidem et dispensent. Nam gratia ut a Spiritu divino datur, ita donum istud ad illum solum pervenit. Dux autem vel vehiculum Spiritui non est necessarium (der Wind wehet, wo er will) ...... Hoc libens admitto sacramenta dari in testimonium publicum ejus gratiae, quae cuique privato prius adest." Das ist allerdings sehr spiritualistisch gedacht, allein es harmonirt mit der Absolutheit der göttlichen Gnade in der Prädestination. Calvin und die kirchliche Lehrfestsetzung gab den Sacramenten etwas mehr Bedeutung zurück, obgleich sie z. B. im Heidelberger Katechismus nur als Zeichen und Wahrzeichen (signa confirmantia, aber nicht eigentlich exhibentia) auftreten, wogegen dieses Lehrbuch mehr als ein Lutherisches Symbol das Verhältniß des Wortes zum Sacramente, resp. den Antheil, der einem jeden als Gnadenmittel zukomme, schriftmäßig festzustellen sucht. Auch die Confessio Helvetica (II, 1)

---

25) V. p. 167. XII. p. 267

26) Z. B. in seiner Schrift: De vera et falsa religione, art. de Deo et homine. 27) Opp. II, 541.

läßt die Gnade nicht ausschließlich an Wort und Sacrament gebunden sein. Dagegen verwarfen die Reformirten, mit Ausnahme einiger Parteien, wie der Socinianer, den freien Willen des Menschen, und lehrten so im Sinne der Concordienformel, wenn auch mit Abweichungen im Einzelnen. Dagegen behaupteten sie, am Entschiedensten Calvin und später die dortrechter Synode von 1618 und 1619, die Unwiderstehbarkeit und Unverlierbarkeit der Gnade, d. i. eigentlich die Allmacht des Willens Gottes. Bekannt ist namentlich, wie streng Calvin das decretum Dei absolutum zur electio und zur reprobatio geltend machte, wenigstens in thesi; denn in praxi, z. B. durch die rigorose Sittenstrenge, welche ja keinen Zweck haben kann, wenn die Beseligung und die Verdammung ganz allein von Gottes Willkür und in keiner Weise von dem Verhalten des Menschen abhangen soll, milderte oder modificirte er dieses Dogma, an welches er sich durch einige Bibelsprüche und die Verwechselung der Freiheit mit der Willkür gebunden glaubte.

Unter allen mit der Gnade in Verbindung stehenden Dogmen ist es überhaupt die Gnadenwahl, welche nach der Reformation, am meisten bei den Reformirten, zum Theil auch bei den Lutheranern, ein Gegenstand des Streites wurde. Hatte z. B. schon Castellio das von Calvin und Beza in seiner Härte hingestellte decretum Dei absolutum heftig bekämpft, so tauchten später, nicht als eine kirchlich abgesonderte, sondern nur als eine dogmatische Partei, die sogenannten Universalisten auf, welche die Universalität der göttlichen Gnade vertheidigten. Sie trennten sich in absolute Universalisten, welche die Allgemeinheit der Gnade an keine Bedingung banden, und in hypothetische Universalisten (eigentlich Anhänger des hypothetischen Universalismus), welche behaupteten, die Gnade Gottes sei zwar in ihrer prima oder ursprünglichen intentio absolut universell, aber nur unter Bedingungen wirksam, d. h. nicht bei denen, welche sie zurückwiesen. Den Universalisten gegenüber standen die Particularisten, d. i. die strengen Calvinisten, welche nur eine gratia particularis Dei lehrten, d. h. eine Gnade, die ursprünglich nur für einen Theil der Menschen bestimmt sei. Unter ihnen unterschied man wieder die Supralapsarier und die Infralapsarier, je nachdem gelehrt wurde, daß Gott selbst den Sündenfall vorherbestimmt habe, oder daß sein Rathschluß sich nur auf die Gefallenen beziehe und unter ihnen eine Auswahl treffe. Die dortrechter Synode von 1618 und 1619 verwarf die Lehre der Supralapsarier und erklärte sich für die Ansicht der Infralapsarier. Die Formula Consensus art. 4 lehrt: „Deus ante jacta mundi fundamenta in Christo fecit propositum seculorum (Eph. 3, 11), in quo ex mero voluntatis suae beneplacito sine ulla meriti, operum vel fidei praevisione ad laudem gloriosae gratiae suae elegit certum ac definitum in eadem corruptionis massa et communi sanguine jacentium adeoque peccato corruptorum numerum, in tempore, per Christum sponsorem et mediatorem unicum ad salutem perducendum.“ Härter kann die Gnadenwillkür nebst ihrer Motivirung nicht ausgesprochen werden. — Einen Universalismus hypotheticus, d. h. eine Vermittlung zwischen dem Universalismus und dem Particularismus der Gnade, lehrte der Reformirte Moses Amyraldus (gest. 1664) z. B. in seinem Traité de la prédestination (Saumur 1634), aus welchem folgende Stelle (p. 69) hier Platz finden mag: „Si vous considerés le soin que Dieu a eu de procurer le salut au genre humain par l'envoy de son fils au monde, et les choses qu'il y a faites et soufferties à cette fin, la grace est universelle et présentée à tous les hommes. Mais si vous regardés à la condition, qu'il y a nécessairement apposée, de croire en son fils, vous trouverés qu'encore que ce soin de donner aux hommes un Rédempteur procède d'une merveilleuse charité envers le genre humain, néantmoins cette charité ne passe pas cette mesure, de donner le salut aux hommes, pourveu qu'ils ne le refusent pas: s'ils le refusent, il leur en oste l'espérance et eux par leur incrédulité aggravent leur condamnation.“ Gegen ihn traten z. B. Molinäus (in Sedan) und besonders Friedr. Spanhemius auf. — Die Arminianer, welche in vielen Stücken dem eigensinnigen theoretischen Rigorismus der reformirten Orthodoxie entgegentraten, ließen die göttliche Gnade und die menschliche Freiheit zur Salus hominum cooperiren; doch sei der auf dieselbe gerichtete Wille des Menschen erst durch die göttliche Gnade geweckt. So sagt z. B. Limborch [28]: „Concludimus itaque, quod gratia divina, per evangelium nobis revelata, sit principium, progressus et complementum omnis salutaris boni, sine cujus cooperatione nullum salutare bonum ne cogitare quidem, multo minus perficere possimus:“ ferner cap. 14. §. 21: „Gratia Dei primaria est fidei causa, sine qua non posset homo recte libero arbitrio uti.“ — Die Socinianer behaupteten entschieden den freien Willen, auch beim Anfange der Bekehrung, und nahmen eine durch denselben oder das Verhalten der Menschen bedingte Gnadenwahl, d. h. also eigentlich keine an.

8) Die römisch-katholische Kirche erklärte sich auf dem tridentiner Concil, nachdem die Anfangs, besonders durch das Gewicht Augustin's geförderte, sehr starke Hinneigung vieler Prälaten zu reformatorischen Grundsätzen, namentlich in Beziehung auf Glaube, Rechtfertigung, Gnade und Verdienstlichkeit der kirchlichen Werke, zum großen Theil durch äußere Autoritätsmittel besiegt worden war, gegen die absolute Prädestination, für eine durchgreifende Cooperation der Freiheit mit der Gnade (oder fast noch mehr: der Gnade mit der Freiheit und den opera), und nahm die Verdienstlichkeit der guten Werke in Schutz; und so sprach sie das Durchschnittsbewußtsein der christlichen Volksmassen, welches von jeher den doctrinairen Härten abhold gewesen ist und immer sein wird, weit adäquater aus als die meisten reformatorischen Symbole. In Bezug auf die Gnadenwahl heißt

28) Theol. christ. lib. IV. cap. 12. sect. § 16.

es [79]): „Si quis justificationis gratiam nonnisi praedestinatis ad vitam contingere dixerit, reliquos vero omnes, qui vocantur, vocari quidem, sed gratiam non accipere, utpote divina potestate praedestinatos ad malum: anathema sit," in Bezug auf den freien Willen und den Synergismus [80]): „Si quis dixerit, liberum arbitrium a Deo motum et excitatum nihil cooperari assentiendo Deo excitanti atque vocanti, quo ad obtinendam justificationis gratiam se disponat ac praeparet, neque posse dissentire, si velit, sed velut inanime quoddam nihil omnino agere, mereque passive se habere, anathema sit." So wirkt also nach der katholischen Lehre der freie Wille des Menschen gleich bei dem Anfange der Bekehrung mit, nur daß in dem punctum initii die gratia als praeveniens der ursprüngliche Anstoß ist und sein muß. Diesseits dieses Punktes tritt nun aber eine Verdienstlichkeit ein, welche zum Mindesten den Schein hat, als nöthige sie Gott zur Ertheilung der Sündenvergebung u. s. w., während die evangelische Kirche höchstens so viel zuläßt, daß der Mensch sich durch Buße, Glaube, Glaubenswerke (nicht opera operata) der Ertheilung der göttlichen Gnadengaben würdig machen müsse. Indessen kann hier nicht auf die Nothwendigkeit der guten Werke weiter eingegangen werden, da diese mehr in den Artikel über den Glauben resp. die Rechtfertigung aus dem Glauben gehört. Das Tridentinum bindet die Gnade streng an die kirchlichen opera der Sacramente, und lehrt [81]): „Si quis dixerit, per ipsa novae legis sacramenta ex opere operato non conferri gratiam, sed solam fidem divinae promissionis ad gratiam consequendam sufficere, anathema sit." — Bellarmin bestimmt in seiner Schrift: De gratia et libero arbitrio das Verhältniß der Freiheit oder des Willens und der Gnade resp. den Synergismus für den Anfang des Heilswerkes (diesen schwierigsten Punkt, dieses punctum saliens, diesen theologischen status nascens) dahin: „Auxilium gratiae Dei non ita offertur omnibus hominibus, ut Deus expectet homines, qui illud desiderent vel postulent, sed praevenit omnia desideria et omnem invocationem." Als Ludwig Molina (gest. 1600) den Versuch machte, in einer andern Weise als das Concil von Trident Freiheit und Gnade zu vermitteln, indem er namentlich zwischen praescientia et praedestinatio unterschied, aber mehrfach zu Augustin sich hinneigte, ordnete der Papst 1597 die sogenannten Congregationes de auxiliis gratiae an, welche indessen 1607 ohne definitive Entscheidung sich wieder auflösten, sodaß es bei den tridentiner Bestimmungen sein Bewenden hatte; und als der katholische Bischof Jansenius (gest. 1638), in dem erst nach seinem Tode erschienenen Buche Augustinus, wie Hase sagt, den äußerlichen Sichabfinden der herrschenden Jesuitenmoral die Innerlichkeit eines von Gott gewirkten Geistes, der durch die Gnade aus den Fesseln der Begierde erlöst ist und in der Kindschaft Gottes die wahre Freiheit findet, entgegensetzte, wurde diese Lehre, welche namentlich in den Cisterciensenklöstern von Portroyal warme Anhänglichkeit fand, durch die katholische Kirche verworfen, sodaß die Jansenisten aus der päpstlichen Kirche scheiden mußten. Nicht besser erging es Quesnell mit seiner Lehre von der absoluten Gnade Gottes und deren Souverainetät über Kirche, Papst, kirchliche Werke u. s. w.; die Bulle Unigenitus (1713) verdammte seine Hauptsätze und sanctionirte von Neuem den Pelagianismus.

9) Die Lutherischen Dogmatiker des 16. und 17. Jahrhunderts setzten gegen die mildern Lehren Melanchthon's, namentlich über den Synergismus (Flacius, Strigel), die Geltung der Concordienformel durch; aber man brachte es von nun an fast nur noch zu scholastischen Definitionen und Distinctionen in der Lehre von der Gnade, wobei das mystische Moment, welches hauptsächlich in Luther's Sinne gelegen hatte, dessen Herz auf Seiten Melanchthon's gegen die absolute Gnadenwahl stand, mehr und mehr in den Hintergrund gestellt wurde. Zwar die allgemeinen Definitionen der Gnade konnten kaum anders als übereinstimmend lauten, aber in ihren Eintheilungen und Subdivisionen zeigt sich so recht das Unerquickliche einer Theologie, welche Mücken seigt. Es begann die Scholastik der protestantischen Orthodoxie, welche sich besonders mit der Heilsordnung abmühte. Melanchthon definirt [82]): „Gratia est remissio peccatorum seu misericordia propter Christum promissa seu acceptatio gratuita, quam necessario comitatur donatio Spiritus Sancti." In der Folgezeit wurde es üblich, die gratia Dei als die causa efficiens justificationis hinzustellen, während das Werk Christi als causa meritoria und der Glaube des Menschen als causa instrumentalis gilt — Formeln, die übrigens schon der Scholastik bekannt sind. Zu der causa instrumentalis kann man auch das Wort und die Sacramente rechnen, sofern sie als media gratiae gefaßt werden. Eine gewöhnliche Eintheilung der göttlichen Gnade bei den altprotestantischen Dogmatikern ist: 1) gratia Dei forensis, d. i. die Vergebung der Sünden in der Rechtfertigung, und 2) die gratia Dei medicinalis sive applicatrix, d. h. die Wirksamkeit des heiligen Geistes bei der Bekehrung, welche die operationes Spiritus Sancti umfaßt. In Rücksicht auf die Zeitfolge wurde eingetheilt: 1) gratia praeveniens, 2) gr. concomitans, 3) gr. subsequens u. s. w., in Bezug auf den Erfolg oder den Umfang ihrer Wirksamkeit: 1) gratia universalis, d. i. die bei der Berufung zur Bekehrung für alle Sünder bestimmte Gnade, und 2) gr. particularis, sofern bei dem Widerstreben der Einen die Gnade nur einen Theil der Menschen erlöst; daher sei jene absoluta (unbedingt), diese conditionata. Parallel hiermit geht eine etwas modificirte Eintheilung: 1) gratia Dei in universum (auch universalis) und 2) gr. salutaris, sofern sie sich als heilwirkend thatsächlich (durch Christus) erweist. Die gratia salutaris wurde, sofern sie sich na-

79) Concil. Trid. sess. VI. can. 17.
80) Ibid. can. 4.
81) Sess. VII. can. 8.
82) Loci communes.

türlicher Mittel bediene, auch gr. naturalis genannt; da aber der Mensch auf natürlichem Wege nicht erlöst werden könne, so sei die gratia salutaris eigentlich nur als supranaturalis wirksam. Eine sehr gewöhnliche Eintheilung, sofern hauptsächlich auf die Heilsordnung reflectirt wird, ist die bei Carpov (T. II. p. 1165 seqq.) und Quenstedt (Tom. III. p. 194 seqq.): 1) Gratia praeveniens sive praecurrens, wiefern sie die Hindernisse der Bekehrung hinwegräumt und den Menschen geneigt macht; 2) gratia operans, wiefern sie die Besserung selbst bewirkt; 3) gratia cooperans, wiefern sie den Menschen unter dessen Mitwirkung in der Besserung erhält. Eine andere Eintheilung ist: I. Gr. acquirens, welche zerfällt in die a) gr. miserans, b) gr. Christum in carnem mittens, c) gr. opus satisfactionis perficiens; II. gr. applicans sive applicatrix, welche zerfällt in a) gr. praeveniens, b) gr. convertens, c) gr. inhabitans, d) gr. conservans, e) gr. obsignans u. s. w. Es ist dies im Grunde nichts Anderes als die ganze göttliche Causalität bei der Erlösung in ihren verschiedenen Aeußerungen. Bei Hollaz sind die verschiedenen Gnadenäußerungen geradezu durch die Grade der Heilsordnung bezeichnet: Gratia vocans, gr. illuminans, gr. convertens u. s. w. An einem andern Orte [33]) bei diesem Dogmatiker, welcher sich am ausführlichsten mit der Eintheilung beschäftigt, wird die Gratia applicatrix zerlegt in die activa, medicinalis, gratuita, ordinaria et mediata, universalis, sufficiens et efficax, sed resistibilis, oder vielmehr es werden in dieser Weise die Eigenschaften der Gnade Gottes in ihren verschiedenen Beziehungen aus einander gelegt. — Zur gratia praeveniens oder vocans im Allgemeinen würde man auch die Gnadenwahl gehören, in Bezug auf deren Bestimmung die älteren Dogmatiker, wie Gerhardt, Calov, Hutter, sich wesentlich an die Concordienformel anschließen, indem sie zwar eine durch den Glauben bedingte Auswahl zur Seligkeit vermittels der gratia resistibilis, aber keine reprobatio oder Vorherbestimmung zur Verdammniß, am wenigsten zum Bösen, oder gar zur Sünde, wollen gelten lassen. Schon der erbitterte Gegensatz zu den Calvinisten im Punkte der Abendmahlslehre ließ in der Lutherischen Kirche keine Neigung zum decretum Dei absolutum aufkommen. Man hob daher, um die Art der Wirksamkeit der göttlichen Gnade zu bestimmen, besonders hervor, daß die Gnade resistibilis sei, also nicht mit physischer Nothwendigkeit und ohne Bewußtsein des Menschen auf diesen umändernd einwirke; der heilige Geist leide, daß der Mensch ihm Widerstand leiste. In dieser Richtung schreibt z. B. J. Gerhard [34]): „Absit, ut dicamus, Spiritus Sancti gratiam in conversione physica quadam actione determinare voluntatem .... (hac enim ratione converterentur omnes immutabili necessitate, quos Sp. S. converti vult), siquidem patitur Spiritus Sanctus sibi resisti, permittit opus suum impediri .... Ut voluntas velit bonum spirituale, id non habet ex suis viribus, sed Spiritus S. donat ei vires novas, ... interim ex adhaerente naturae pravitate potest homo nolle bonum et opus Spiritus Sancti impedire." Wollte man aus der Behauptung, daß der heilige Geist den Widerstand dulde, die Folgerung ziehen, daß denn Gott ja keinen allmächtigen Willen habe, zumal es sich hier nicht darum handle, daß seine Allmacht sich auf das Vollbringen von etwas Bösem oder logisch Unmöglichem beziehe, so würden diese Dogmatiker mit der Instanz, daß doch dem Menschen die Freiheit, weil die moralische Verantwortlichkeit und Zurechnungsfähigkeit bleiben müsse, nicht so ganz genommen werden dürfe, antworten dürfen. Denn hier, in dem Verhältnisse des freien menschlichen Willens zur absoluten Gnade Gottes, welche doch so weit reichen muß, als seine Allmacht reicht, liegt für die altlutherischen Dogmatiker die härteste, auch von den neulutherischen nicht gelöste, wenn auch geschickter verdeckte, Antinomie. Seit J. S. Baumgarten wurde es in der teutschen Theologie üblich, die operationes gratiae immediatae s. internae, nämlich die in späteren Jahrhunderten nicht mehr vorkommenden miracula gratiae spiritualia (z. B. die Inspiration der Propheten, die Bekehrung des Paulus) von den operationes gratiae mediatae s. externae, d. i. den gewöhnlichen an die Gnadenmittel gebundenen, aber nicht minder übernatürlichen Wirkungen zu unterscheiden. Zwar einen schwachen Synergismus hatte Melanchthon vertheidigt (und ihm wenigstens Luther nicht überall entschieden widersprochen), z. B. in der zweiten Ausgabe der Loci communes (als Loci theologici) vom Jahre 1535, wo er neben dem Worte und dem heiligen Geiste auch dem menschlichen Willen eine Mitwirkung zur Erlösung zuschrieb, ebenso in der Confess. Aug. var. art. XX: „Efficitur spiritualis justitia in nobis, quum verbo Dei assentimur;" aber als gegen ihn und Strigel der eifernde Flacius unter Anderem mit der Behauptung: „converti hominem pure passive sive converti tamquam truncum repugnantem (passiver und bewußter Widerstand?) et hostiliter Deo convertenti adversantem" aufgetreten war, und die Concordienformel dieses abstracte dogmatische Rechnenexempel sanctionirt hatte, wurde die Vertheidigung des Synergismus auf eine lange Zeit in der Lutherischen Kirche theoretisch in den Bann gethan, während man factisch recht viel Bedingungen zur Seligkeit auf Seiten des Menschen aufstellte. — Als specielle Gnadenmittel galten den altlutherischen Dogmatikern in Uebereinstimmung mit der Concordienformel das Wort Gottes und die Sacramente; aber während die symbolischen Bücher noch das Wort Gottes in der heiligen Schrift unterschieden, machten Calov, Hutter, König, Baier, Quenstedt, Hollaz und Andere die ganze heilige Schrift zum Worte Gottes, wogegen Baumgarten, Mosheim, Buddeus u. A. wieder auf jene Unterscheidung zurückkamen, welche durch die neueste Orthodoxie wiederum geleugnet wird. Doch unterscheiden die altlutherischen Dogmatiker in der heiligen Schrift Gesetz und Evangelium, von welchen nur das letztere mit der Gnade zu thun habe; gleichzeitig

33) Exam. theol. p. 783. 34) T. II. p. 217 seq.

wurde die Verehrung des Wortes Gottes auch in seiner äußeren Erscheinung so weit getrieben, daß man ihm in dieser Weise wunderbare Gnadenwirkungen zuschrieb. Als Requisite des Sacraments betrachtete man in der Regel drei Dinge: 1) das mandatum Dei, 2) das elementum externum oder die materia terrestris und 3) die promissio gratiae evangelicae. Die materia coelestis wurde auch eingetheilt in a) das Blut und den Leib Christi und in b) die gratia divina.

Die sogenannten Pietisten aus der Spener'schen Schule, welche der altlutherischen Orthodoxie gegenüber ein lebendigeres Christenthum weckten, richteten ihre Angriffe eben deshalb nicht vorzugsweise auf die Reform logischer und transcendentaler Dogmen, und ließen im Ganzen die überlieferte Gnadenlehre als gültig stehen, nur daß sie dieselbe mit Gemüth und praktischer Frömmigkeit zu erfüllen suchten. Die Gnade Gottes gilt ihnen sehr viel und hoch, und ist ihr drittes Wort; sie suchten vor Allem den Sünder aus dem status naturae in den status gratiae zu erheben, aber sie wollten denselben nicht durch äußere Mittel fest machen, um den Menschen durch die Sorge um sein Seelenheil immer wieder aufwecken und auf den vielleicht schon überschrittenen terminus peremptorius gratiae hinweisen zu können (Methodismus). Sie lehrten daher zwar nicht die ewige doppelte Gnadenwahl, da diese in ihrer Consequenz dem Menschen Nichts zu thun übrig läßt, aber die Verlierbarkeit, wenn auch intendirte Allgemeinheit der Gnade. Namentlich war es Joach. Lange, welcher 1732 den Streit über die Allgemeinheit der Gnade zu Gunsten derselben wieder aufrührte; ihm antwortete im Calvinischen Sinne unter Anderen J. J. Waltschmidt (1733).

10) Die sogenannte Aufklärung seit dem 18. Jahrh. mit ihren Zweigen, als dem Rationalismus, der Philosophie, dem Humanismus u. s. w., ließ zwar, so weit sie noch eine Persönlichkeit in Gott annahm, dessen Gnade im Allgemeinen als eine herkömmliche Kategorie stehen: allein sie sprach wenig oder auch nur mit Widerwillen von ihr. Es trat für die Gnadenlehre keine Weiterbildung, vielmehr eine Rückbildung in der Bedeutung einer Abschwächung des specifisch dogmatischen Inhaltes ein. Sofern man sich unter den Gnadenwirkungen Gottes besondere wunderbare oder übernatürliche Vorgänge denken sollte, wurde sie sammt den Wundern verneint. Michaelis (Dogm. S. 180 fg.), Döderlein (Instit. II. p. 698) u. A. ließen die Gnadenwirkungen noch in sofern als übernatürliche gelten, als die Gnadenmittel, namentlich die Offenbarung, diesen Charakter trügen und den Menschen weiter brächten als seine natürliche Kraft; allein dies hieß im Grunde die wunderbaren Gnadenwirkungen leugnen, und Andere, wie Eberhard, Eckermann, Henke, Jerusalem, Spalding, Wegscheider, gingen offen mit der Sprache heraus. Es war besonders Spalding, welcher offen behauptete, daß man die übernatürlichen Wirkungen Gottes in dem Menschen von den natürlichen Gefühlen nicht unterscheiden könne und so jene leugnete. Obgleich z. B. Wegscheider in den Sacramenten nicht blos signa significantia, sondern exhibentia sieht (ähnlich D. Schulz), so will er doch der Gnade Gottes, die ihm natürlich keine übernatürliche ist, als einen besondern locus dogmaticus nicht gelten lassen: „Omnis igitur de gratia divina disputatio ad doctrinam de providentia Dei rectius referatur“[35]). Eine Wirkung dieser Ansichten ist es z. B., daß die alten Unterscheidungen und Distinctionen immer mehr als unnützer Ballast betrachtet wurden. So sagt z. B. Ammon[36]): „Dissimulari nequit, discrimen quod inter externam et internam, mediatam ac immediatam Sp. Sancti operationem ponunt, magis ad ingenium humanum (subjectiv) quam ad rem ipsam pertinere.“ Die Gnade Gottes war der großen rationalistischen Schule im Allgemeinen die Güte Gottes resp. dessen moralische Anstalt zur Besserung und Beseligung der Menschen. Wo die Sünde nicht mehr so tief gefaßt wurde, da konnte auch die Gnade nicht so hoch stehen. Das liberum arbitrium wurde besonders durch Kant mit kräftigen Gründen vertheidigt, während man die Frage nach der Gnadenwahl meist als eine antiquirte resp. als eine blos dogmen-historische behandelte. Schleiermacher konnte trotz seiner pantheistisch gearteten Gottesidee, wonach Gottes Eigenschaften die subjectiven Reflexe seiner Causalität im Menschen sind, von Gottes Gnade mit Recht in sofern reden, als der Sünder empfindet und weiß, daß er an der Sendung Christi u. s. f. kein Verdienst hat. Seine Vorstellung von der absoluten Causalität Gottes ließ ihn eine modificirte Prädestination lehren, worüber er namentlich mit Bretschneider (1819) in Streit gerieth. — Die wiedererweckte protestantische Orthodoxie ging seit 1817 mit vielen mildernden Modificationen, seit 1840 ohne Rückhalt auf die Bestimmungen der lutherischen Symbole zurück, und da wir in diesen Epigonen nur eine Restauration älterer, wenn auch mit mehr Geschmack und harmonistischer Gewandtheit vorgetragenen Ansichten vor uns haben, so sind wir eines näheren Eingehens darauf überhoben.

IV. Literatur.

1) Hierher gehören die Bekenntnißschriften, die dogmatischen und dogmengeschichtlichen Werke, die Schriften über Gott, dessen Eigenschaften, Vorsehung u. s. w., über das Heil in Christo, den heiligen Geist; ferner die Abhandlungen über die Heilsordnung, die Sacramente, die Prädestination, die Sünde, das liberum arbitrium, den Synergismus und andere dogmatische Objecte, deren Verwandtschaft mit dem locus de gratia aus dem vorstehenden Artikel sich ergeben hat. Man findet ein sehr gutes Material in manchem Buche, dessen Ueberschrift Nichts von „Gnade“ enthält, was sich bei den Werken von Jansen, Wiggers u. A. über Augustin und bei anderen ähnlichen Biographien von selbst versteht.

2) Wenn wir daher unter Ausschluß der überwiegend asketischen Schriften eine Zusammenstellung speciellerer Werke über die Gnade (in theologischem Sinne) ver-

35) Instit. theoll. christ. dogm. ed. VIII. 1844. p. 568.
36) Summa p. 242.

suchen, so ist ausschließlich — oder doch überwiegend — auf solche Schriften Rücksicht genommen, welche in ihrem Titel ausdrücklich die Ankündigung enthalten, daß sie von der Gnade handeln.

Cyprian: De gratia Dei ad Donatum. Augustinus: De gratia. De gratia Christi. De correptione et gratia. Anselmus: De concordia praescientiae et praedestinationis nec non gratiae Dei cum libero arbitrio. Nic. Hemming: Tractatus de gratia universali. (Frankf. 1533, dann wieder Kopenhagen 1591 und Gießen 1616.) H. Bullinger: De gratia Dei, justificante nos propter Christum per solam fidem absque operibus. (Zürich 1554.) Ludw. Molina (Jesuit, gest. 1600): Liberi arbitrii cum gratiae donis, divina praescientia, providentia, praedestinatione et reprobatione concordia. J. Piscator: Tractatus de gratia Dei. (Herborn 1614.) Bellarmin (Katholik, gest. 1621): De gratia et libero arbitrio. Jac. Trigland: De trina Dei gratia, electionis, sanctificationis et conservationis. (Amsterdam 1636.) Cor. Jansen: Augustinus sive doctrina Augustini. (Löwen 1640. Paris 1641.) Der 3. Band enthält: „Genuina sententia profundi doctoris de auxilio gratiae medicinalis Christi salvatoris." Friedr. Spanheimius: Exercitationes de gratia universali. (Leyden 1646.) M. Amyraldus: Exercitatio de gratia universali. (Salmur [Saumur] 1647.) Vergl. Specimen animadversionum in exercitationes de gratia universali. (Ebenda 1644.) Js. Habert: Theologiae graecorum patrum vindicatae circa universam materiam gratiae .... libri tres. (Paris 1646.) Joh. Schmidt: De tractu patris ad filium salutari. (Straßburg 1652, dann wieder 1677 und 1685) (handelt von den übernatürlichen Gnadenwirkungen). H. Hammond: Discourse of gods grace and decrets. (London 1660.) J. Musäus: Epicrisis ad quaestiones de gratia et redemptione universali. (Gröningen 1661.) Germain: Tradition de l'église romaine sur la prédestination des saints et sur la grace efficace. (Cöln 1687.) J. G. Böse: Terminus peremptorius salutis humanae, d. i. die von Gott in seinem geheimen Rathe gesetzte Gnadenzeit. (Frankfurt 1698 und dann wieder 1701.) Ad. Rechenberg: Diss. de gratiae revocatricis termino. (Leipzig 1700.) Derselbe: Deutlicher Vortrag der Lehre von dem Termin der von Gott bestimmten Gnadenzeit. (Leipzig 1700.) Sam. Schelguig: Diss. hist. theol. Novatianismum tam veterem quam recentem cum modesta discussione problematis theol. de termino peremtorio gratiae revocantis. (Gedan 1701.) Joh. Gr. Neumann: Diss. de tempore gratiae divinae nonnisi cum morte hominis elabente. (Wittenberg 1701.) (gegen J. G. Böse's Terminus). J. de Launay: Véritable tradition de l'église sur la prédestination et la grace. (Liège 1702.) Joh. Hülsemann: Disput. de auxiliis gratiae, quae vocant, contra Pontificios, Calvinistas et cum primis Arminianos, denuo editae. (Frankfurt 1705.) Thom. Ittig: Exercit. theol. de reservato Dei circa terminum gratiae, 1700 (führt viele von uns nicht genannte, in dieser damals lebhaft discutirten Frage erschienene Schriften an). Joh. C. Ernesti: De gratia Spiritus S. docente. (Wittenberg 1710.) Joh. Fecht: Tractatus de ordine modoque gratiae divinae in conversione hominis occupatae. (Wittenberg 1710.) G. Fr. Schröder: De gratia Dei universali contra Reformatos. Derselbe: De gratia Dei universali contra Fanaticos. (Wittenberg 1713.) Joh. G. Abich: Diss. de patre trahente ad Christum ad Joh. 6, 44 seq. (Gedan 1720.) J. v. d. Honert: Dissertationes de gratia Dei non universali, sed particulari etc. (Leyden 1725.) Joh. Gr. Pritius: De pelagianismo orthodoxae ecclesiae a Reformatis inique imputato. 4. Aufl. (Jena 1725.) Joh. Fr. Buddeus: Comment. hist. theol. de pelagianismo in ecclesia romana per bullam Anti-Quesnellianam die 8. Sept. 1713 a Clemente XI. P. R. promulgatam triumphante, neue Auflage Jena 1727. (Gibt viele Schriften an, welche damals über diesen Gegenstand erschienen waren.) J. Jac. Hottinger: Fata doctrinae de praedestinatione et gratia Dei salutari secunda et adversa, inde a b. apostolorum excessu ad haec usque tempora in annales digesta. (Zürich 1727.) Joh. Gitleb. Hillinger: Gradus gratiae, Proceß der Gnade, wie dieselbe vor, in und nach der Bekehrung an den Seelen arbeitet. (Jena 1727.) Joh. Joach. Lange: Die evangelische Lehre von der allgemeinen Gnade Gottes. (Halle 1732.) C. M. Pfaff: Specimen historiae dogmatis de gratia et praedestinatione. (Tübingen 1741.) Derselbe: Diss. de eo, quod genuinum, erroneum et superfluum est in variis gratiae divisionibus. (Tübingen 1744.) Fr. di Maffei (Italiener): Istoria teolog. delle dottrine e delle opinioni corse ne' cinque primi secoli della chiesa in proposito della divina grazia, del libero arbitrio e della predestinazione (Trident 1742.), lateinisch von F. Reiffenberg: Cujus propria dissertatio de divina gratia atque auctoritate et opuscula omnia apolog. contra historiae hujus impugnatores huic editioni accedunt. (Frankfurt 1756.) J. Drieberg: De praedestinatione et gratia. (Amsterdam 1745.) Sal. Deyling: Divinae praedestinationis et gratiae cum Dei et natura et verbo harmonia. (Leipzig 1740.) J. Andr. Butstett: Abhandlung von der Gnadenwahl. (Jena 1754.) J. J. Spalding: Gedanken über den Werth der Gefühle in dem Christenthume. (Leipzig 1761, 2. Aufl. 1764, 5. Aufl. 1784.) Wollersdorf: Freundschaftliche Unterredungen über die Wirkungen der Gnade. 3 Theile. (Grätz und Halle 1767 bis 1769. 2. Aufl. Halle 1774, gegen Spalding.) J. M. Kern: Doctrina symbolica eccles. christ. evang. de operationibus gratiae ordinariis. (Göttingen.) J. F. Reuß: Diss. qua systema doctrinae Reformatae de praedestinatione et gratia ad liberale et ingenuum examen revocatur. (Tübingen 1771.) Derselbe: Diss. de gratia Spiritus S. applicatrice, in seinen Opusc. fasc. 2. p. 9 seq. Joh. Schleef: Gedanken über den Werth der Gefühle im

Christenthume. (Bützow 1770.) Derselbe: Beurtheilung der Gedanken (Spalding's) über den Werth der Gefühle im Christenthume. (Ebenda 1771.) Derselbe: Fernere Beurtheilung u. s. w. (Ebenda 1772, gegen Spalding). (Anonym) Gespräche über den Werth der Gefühle im Christenthume. (Bützow 1772, gegen Spalding.) Ge. Fr. Seiler: Quatenus boni motus Spiritus S. in hominum animis excitati a bonis naturae motibus discerni possint. (Erlangen 1773.) (J. L. F. Junckheim:) Von dem Uebernatürlichen in den Gnadenwirkungen. (Erlangen 1775, 2. Aufl. 1800, gegen die Existenz übernatürlicher Gnadenwirkungen.) (Anonym) Beitrag zu den freundschaftlichen Unterredungen über die Wirkungen der Gnade. (Schwerin 1776, ein gegen Spalding gerichteter Versuch, die Nothwendigkeit resp. Wirklichkeit der Gnadenwirkungen philosophisch zu deduciren.) (Anonym) Wider den Fanatismus. 1. Stück 1777, 2. Stück 1778. Leipzig und Frankfurt (bestreitet die Wirklichkeit übernatürlicher Gnadenwirkungen und bezeichnet deren Annahme als Fanatismus). Eusebius (pseudonym): Briefe über die Wirkungen der Gnade, als eine Fortsetzung der freundschaftlichen Unterredungen, diesen Gegenstand betreffend. (Halle 1777, gegen Spalding.) G. C. Storr: Comment. theol. de Spiritus S. in mentibus nostris efficientia. (Tübingen 1777, 2. Aufl. 1788, für die Existenz übernatürlicher Gnadenwirkungen.) Franz Alb. Schlosstein: De voce χάρις in N. T. saepe occurrente commentatio. (Altorf 1782.) Joh. Jac. Griesbach: Progr. de Spiritu Dei, quo absoluti, sanctificati et justificati dicuntur Corinthii, 1. Cor. VI, 11. (Jena 1784.) Jac. Bauer: Comment. theol., qua asseritur operationes Dei in animis hominum gratiosa esse miracula. (Göttingen 1784, gegen Spalding.) Gl. Wernsdorf (drei Dissertationen): De gratia Spiritus Sancti docente, in seinen Disputt. acadd. Vol. I. p. 64—145 (18. Jahrh.). Fr. Volkm. Reinhard: Reformationspredigt über die freie Gnade Gottes in Christo, 1800 gehalten. (Machte viel Sensation und rief eine Menge von Predigten und Schriften pro und contra hervor, weshalb sie hier genannt ist.) K. L. Nitzsch: Progr. de gratiae Dei justificantis necessitate morali. (Wittenberg 1802.) Christ. Karl Tittmann: Diss. de opere Spiritus S. salutari und Diss. de inhabitatione Spiritus S., in seinen Opusc. theoll. (Leipzig 1803.) Jac. Just. Scholten: Specimen hermeneuticum de diversis significationibus vocis χάρις in N. T. (Utrecht 1805.) J. Schulthess: Evangelische Lehre von der freien Gnadenwahl. (Zürich 1813.) L. Williams: Essay on the equity of divine government and the sovereignty of divine grace. (London 1813.) W. Fr. Rink: Beitrag zur Prüfung des lutherischen und reformirten Lehrbegriffs von dem heiligen Abendmahl und der Gnadenwahl, mit Vorrede von Daub (Heidelberg 1818.) J. Ch. L. Krafft: De servo et libero arbitrio in doctrina christiana de gratia et operationibus gratiae accuratius definiendo. (Nürnberg 1818.) Ph. Marheinecke: Ditmar, Gespräche über Augustin's Lehre von der Freiheit des Willens und der göttlichen Gnade. (Berlin 1821.) J. G. Voigt: De doctrina Augustini, Pelagian., Semipelag. et synergistica in doctrina de peccato originis, gratia et libero arbitrio. (Göttingen 1829.) Abr. Booth: The reign of Grace (London 1818.), durch Krummacher teutsch: Der Thron der Gnade. (Elberfeld 1831, im strengeren Sinne.) J. P. Lange: Lehre der heiligen Schrift von der freien und allgemeinen Gnade Gottes. (Elberfeld 1831, gegen Booth und Krummacher.) A. Ch. Eberlin: De gratia divina liberum arbitrium efficiente. (Heidelberg 1833.) A. Hahn: Zwingli's Lehre von der Vorsehung, von dem Wesen und der Bestimmung des Menschen, sowie von der Gnadenwahl, Studd. u. Kritt. 1837. 4. Heft. W. Vatke: Die menschliche Freiheit in ihrem Verhältniß zur Sünde und zur göttlichen Gnade wissenschaftlich dargestellt. (Berlin 1841.) *(J. Hasemann.)*

GNADENFELD, im Kreise Kosel des preußischen Regierungsbezirks Oppeln, Herrnhutercolonie mit einer Erziehungsanstalt. Die Handwerker sind Uhr- und Knopfmacher, Tischler, Seifensieder, Sattler, Leinweber, Schlosser. *(H. E. Hößler.)*

GNADENFREI, herrnhuter Etablissement im Kreise Reichenbach in preußisch Schlesien, mitten im Dorfe Peilau im J. 1740 angelegt, mit etwa 1500 Einwohnern, welche sich mit der Verfertigung von Leinwand, Kattun, Manchester, Plüsch, Feibel und Baumwollenwaaren, namentlich aber von hänfenen Feuerspritzschläuchen und Eimern, die sich durch Dauerhaftigkeit auszeichnen. Die Colonie hat ein Brüderhaus, ein Schwesternhaus, Witwer- und Witwenhaus und eine Pensionsanstalt für kleine Mädchen. *(H. E. Hößler.)*

GNADENHOLZ ist gleichbedeutend mit Freiholz, und wird das Holzrecht, welches freiwillig von einem Waldbesitzer einem Fremden eingeräumt worden ist, so genannt. *(Pfeil.)*

GNADENJAGD. Zu der Zeit, wo die Jagd noch in den meisten Ländern ein Regale war, wurde einzelnen Personen von dem Landesherrn das Recht eingeräumt, in einem bestimmten Districte jagen zu können. Mönche und Bauern waren jedoch von dieser Begünstigung ausdrücklich ausgeschlossen, da erstern nur das Recht zu fischen eingeräumt werden konnte. Das eingeräumte Jagdrecht, was mit dem Ausdrucke Gnadenjagd bezeichnet wurde, war in der Regel nur ein persönliches und erlosch mit dem Tode desjenigen, welchem es verliehen war, doch wurde es auch wol den Besitzern von Gütern ein für alle Mal eingeräumt, war aber stets widerruflich. Die Art, wie die Jagd ausgeübt werden konnte, war stets genau in der darüber ausgestellten Urkunde bestimmt, und vielfach waren dem, der mit der Gnadenjagd beliehen wurde, auch gewisse Verpflichtungen auferlegt.

Die ältern Forstschriftsteller, wie Ahasv. Fritsch (in De Venat. precar. etc.), Moe Neurer (Vom Jagd- und Forstrecht), Harprecht (Dissert. de Venat. precar.), behandeln die Gnadenjagd sehr umständlich. *(Pfeil.)*

Gnadenjahr, s. Gnadenzeit.

Gnadenkraut, s. Gratiola.

GNADENORDEN, oder mit seinem vollen Namen: „der Orden Unserer Lieben Frauen von der Gnade (de la merry, de mercede) zur Auslösung der Gefangenen" entstand aus der Vereinigung einer Anzahl gleichgesinnter spanischer Ritter um das Jahr 1218. Eine Congregation catalonischer Edelleute, die ähnliche Zwecke verfolgte, existirte bereits seit 1192 unter dem Patronate des Königs Alphons V. Sein Stifter war Peter von Nolasque, zu Le Mas des saintes Puelles, einem Flecken bei Castelnaudary in Languedoc, 1189 geboren, verlor im 15. Jahre seinen Vater, wuchs aber unter mütterlicher Erziehung zu einem tapfern Ritter heran, dem der Graf von Montfort nach seinem Siege bei Muret 1213 über die Albigenser und König Peter II. von Aragonien, dessen hinterlassenen Sohn Jacob zur Bevormundung überließ und ihn 1215 mit demselben nach Barcellona sendete. Hier siegte sein Hang zur Askese und aus ihm ging der Gedanke und Plan zur Stiftung eines Ordens hervor, dessen Zweck die Befreiung von Christensklaven aus der maurischen Gefangenschaft sein sollte. Am Laurentiustage des genannten Jahres geschah die Weihe in der Domkirche zu Barcellona und Nolasque wurde Großkomthur. Die Ritter verpflichteten sich außer zu den drei gewöhnlichen Gelübden: der Armuth, der Keuschheit und des Gehorsams noch zu einem vierten: der persönlichen Verpfändung, d. h. daß sie Alles zur Befreiung gefangener Christen aus den Fesseln der Ungläubigen daran setzen und nöthigenfalls sogar mit ihrer eigenen Person einstehen wollten, wenn damit ein Christ befreit werden könnte. Sie erhielten die Kapelle der heiligen Eulalia zur Kirche und dabei ihre Klosterwohnung. Die Ordenstracht der Priester war ein weißer Leibrock mit Scapulier und Kappe, auf der Brust ein Wappenschild mit drei goldenen Pfählen im rothen Felde, und darüber im Haupte des Schildes ein silbernes Kreuz im rothen Felde. Die Ritter trugen weltliche Kleidung und darüber ein kleines weißes Scapulier mit demselben Wappen. Das Wappen des Ordens enthielt dieselben Embleme mit der Umschrift: redemtionem misit Dominus populo suo. Raymund von Pennafort, damals noch regulirter Chorherr, gab ihnen die ersten Satzungen. Im J. 1230 vom Papste Gregor IX. bestätigt, erhielten sie erst 1235 die Regel des heiligen Augustin. Nach dem ersten Kreuzzuge, den Nolasque in die Königreiche Valencia und Granada unternahm, wobei über 400 Christen frei gekauft wurden, erhielt der Orden großen Zuwachs selbst aus fernen Ländern, in die der Ruf von seinem Zwecke, seinen Thaten und seinen Sitten gedrungen war. Aus Frankreich, Teutschland, England, Ungarn kamen in Spanien eine Menge Ritter und Religiosen herbei. In Folge dessen wurde 1232 das Kloster zur heiligen Eulalia in Barcellona gebaut, 1237 das Kloster zu Unserer Lieben Frauen in Uneza beigefügt und das Andreaskloster in dem eroberten Valencia erworben. Nach einem verunglückten afrikanischen Kreuzzuge legte Nolasque seine Würde nieder und wurde von der Theilnahme am Zuge Ludwig des Heiligen nur durch eine Krankheit abgehalten, die ihn am Weihnachtsabende 1256 wegraffte. Papst Urban VIII. kanonisirte ihn im J. 1628. Nach einer beinahe hundertjährigen Blüthe erhielt der Orden 1311 das erste Mal einen Priester zum General an Pater Raymund Albert, der von dem Papste Johann XXII. ernannt wurde, der zugleich den Rittern das Gelübde ewigen Schweigens auferlegte. Nach Abgang der meisten weltlichen Glieder wurde es ein förmlicher Mönchsorden, der sich um so mehr nach andern Seiten ausbreitete, in Frankreich eine Provinz, in Spanien drei, aber acht in Amerika hatte. Durch das Ende der maurischen Herrschaft in Spanien trat Erschlaffung und Zuchtlosigkeit ein, die bei einzelnen Eiferern den Gedanken einer Regeneration anregten.

Die beiden ersten Klöster stricter Observanz für Barfüßer unserer lieben Frau der Gnade oder von der Recollection errichtete im J. 1604 Pater Johann Baptista vom heiligen Sacramente, der aus dem altadeligen Stamme der Gonzalez entsprossen, 1553 zu Huesca geboren und zum Priester geweiht worden war, zu Viso bei Sevilla und zu Almorayna bei Gibraltar, mit Unterstützung der Gräfin Beatrix Ramirez von Castellan-Mendoza. Die endliche Sanction erhielt die Neuerung erst vom Papste Clemens VIII. Diese Reform umfaßte bald neue Klöster zu Madrid, Salamanca, Alcala de Henarez, Sevilla, Rota, Ribas und sogar in Sicilien, die drei Provinzen bildeten. Unter vielen Männern von Bedeutung, die aus dem Orden hervorgingen, sind als Schriftsteller zu nennen: Alfonso Remon, Franz Salazar, Salmeron, Graverius und Bernhard von Vargas. — Daneben gab es übrigens schon seit 1265 gestiftet durch einige fromme Frauen aus Barcellona, an deren Spitze Isabella Berti stand, einen Orden zu Unserer Lieben Frauen der Gnade, während erst durch Anton Velasco 1568 der Orden mit eigentlichen Klosterfrauen vermehrt wurde. Auch sie nahmen zum großen Theil die strengere Regel an und es bildeten sich Klöster von Barfüßerinnen oder Recollecten zu Archos, Epicha, Fuentes, Lora, Marchena, Sanjago, Sevilla u. s. w. *).

(Dr. *F. L. Bönigk*.)

GNADENSTUHL übersetzt Luther nach dem Vorgange der LXX (ἱλαστήριον und zweimal ἱλαστήριον ἐπίθεμα), der Vulg. (propitiatorium) und der syrischen Uebersetzung ([illegible] — propitiatorium) den hebräischen Ausdruck כַּפֹּרֶת (Kapporeth), womit der Deckel der in dem Allerheiligsten der Stiftshütte aufgestellten Bundeslade bezeichnet wird, während die alte arabische Uebersetzung des Saadia, Josephus (ἐπίθεμα), die Rabbinen und die meisten Neuern mit Ausschluß der symbolischen Erklärer und Ewald's, der eine ganz eigene Ansicht hat, bei der Grundbedeutung Deckel stehen bleiben. Es wird nämlich 2 Mos. 25, 10 fg. dem Mose Folgendes befohlen: „Und machet eine Lade von Acazien-

*) Die vollständige Geschichte nebst sechs Abbildungen der Ordenstracht, sowie die gesammte Quellenliteratur bei *Helyot*, Histoire des ordres monastiques religieux et militaires etc. (Paris 1721 4.) Tom. III. p. 266 — 296. Deutsche Uebersetzung. (Leipzig 1754. 4.) 3. Bd. S. 317 — 352.

holz, zwei Ellen und eine halbe ihre Länge und eine Elle und eine halbe ihre Breite und eine Elle und eine halbe ihre Höhe. Und überziehe sie mit reinem Golde, inwendig und auswendig sollst du sie überziehen und mache daran einen Rand von Gold ringsum. Und gieße dazu vier Rinken von Gold und thue sie an ihre vier Ecken, zwei Rinken an ihrer einen Seite und zwei Rinken an ihrer anderen Seite. Und mache Stangen von Acazienholz und überziehe sie mit Gold. Und stecke die Stangen in die Rinken an den Seiten der Lade, um die Lade mit ihnen zu tragen. In den Rinken der Lade sollen die Stangen sein; sie sollen nicht wegkommen aus ihnen. Und lege in die Lade das Gesetz, welches ich dir geben werde. Und mache einen Deckel (Kapporeth ohne Artikel) von reinem Golde, zwei Ellen und eine halbe seine Länge und eine Elle und eine halbe seine Breite. Und mache zwei Cherubs von Gold, von abgerundeter Arbeit sollst du sie machen an den beiden Enden des Deckels. Und mache einen Cherub an diesem Ende und einen Cherub an dem anderen Ende; an dem Deckel sollst du die Cherubs machen an seinen beiden Enden...... Und thue den Deckel auf die Lade oben auf und in die Lade sollst du das Gesetz legen, welches ich dir geben werde. Und ich will mit dir zusammenkommen daselbst und will mit dir reden vom Deckel herab zwischen den beiden Cherubs hervor, die auf der Lade des Gesetzes sind, Alles, was ich dir gebieten werde an die Söhne Israels." — Daß das wirklich geschehen sei, wird 4 Mos. 7, 89 erzählt. Der Zusammenhang dieser Stelle zeigt ganz deutlich, daß Kapporeth zunächst Nichts weiter heißen kann als Deckel. Der aus der Wortform hergenommene Einwand, daß das Derivatum Kapporeth mit verdoppeltem, zweitem Radical nothwendig von der Bedeutung des Piel von כפר = vergeben, sühnen, versöhnen — herzuleiten sei, ist bereits in *Gesenii* Thes. p. 708 widerlegt; denn einmal geht doch die Bedeutung vergeben erst aus der verstärkten Bedeutung des Kal — sehr bedecken — hervor und zweitens halten oft Derivata, die nach Art der abgeleiteten Conjugationen gebildet sind, die Grundbedeutung des Stammes fest, sowie umgekehrt. Ganz abweichend erklärt Ewald (Gesch. Isr. 2. S. 128) כפרת durch „Fußschemel," der wahrscheinlich mit Füßen versehen über dem eigentlichen Deckel, welchen die Lade schon von selbst hatte, stand. Abgesehen davon, daß die Grundbedeutung „abreiben, abkratzen (auslöschen, vergeben)" für כפר gegen das arabische كفر — bedecken noch erst zu erweisen bleibt (die Analogie scamnum, scabellum von scabere beweist für das Semitische Nichts) geben die einfachen Worte sicherlich keine Handhabe für diese künstliche Auffassung. Nur so viel geht schon aus dieser ersten Erwähnung der Kapporeth hervor, daß es nicht blos ein Deckel sein sollte, um die Lade zuzudecken, sondern zugleich ein selbstständiges Glied in der Reihe der Geräthe ausmachen sollte. Das beweist der Umstand, daß es aus reinem Golde gemacht werden und die Cherubs daran befestigt werden sollten. Die Bestimmung dieses Geräthes aber gibt der Text selbst an. Es sollte den Thron Gottes darstellen, wo derselbe in dem Symbole der Wolke gegenwärtig sein und von wo herab er mit Mose sprechen wollte. Ein Sühnmittel, Sühngeräthe oder eine Sühnstätte zu sein, dazu war die Kapporeth nicht bestimmt. Diese Auffassung ist erst aus einem falschen Verständnisse der Stelle 3 Mos. 16, 14 fg. hervorgegangen, welches sich vielleicht schon in dem ungefähr mit der griechischen Uebersetzung der LXX des Pentateuch gleich alten 1 Chron. 28, 11 findet, wenn nicht das בית הכפרת mehr „Haus des Gottesthrones" heißen soll. Dort heißt es unter den Anordnungen für den großen Versöhnungstag V. 14: „Und er (Aaron) nehme vom Blute des Stiers und sprütze mit seinem Finger gegen den Deckel vorn hin; gegen den Deckel soll er sprengen sieben Mal von dem Blute mit seinem Finger. Und er schlachte den Bock des Sündopfers für das Volk und bringe sein Blut hinein hinter den Vorhang und thue mit dem Blute, sowie er mit dem Blute des Stiers gethan und sprütze es auf den Deckel und vor den Deckel, und versöhne so das Heiligthum wegen der Unreinigkeiten der Söhne Israels und wegen ihrer Uebertretungen, all ihrer Sünden; und also soll er thun dem Versammlungszelte, das unter ihnen ist, unter ihren Unreinigkeiten. Und kein Mensch soll in dem Versammlungszelte sein, wenn er hineingehet, das Heiligthum zu versöhnen, bis er herausgehet; und er versöhne sich und sein Haus und die ganze Gemeinde der Söhne Israels. Und er gehe heraus zum Altar, der vor Jehova stehet und versöhne ihn und nehme vom Blute des Stiers und vom Blute des Bockes und streiche es auf die Hörner des Altars ringsum. Und er sprütze darauf vom Blute mit seinem Finger sieben Mal und reinige ihn und heilige ihn von den Unreinigkeiten der Söhne Israels. Und wenn er die Versöhnung des Heiligthums und des Versammlungszeltes und des Altars geendigt, so bringe er den lebendigen Bock dar." Der Sinn dieser Worte ist klar und verständlich genug. Der Deckel der Bundeslade, zugleich Sitz der über ihm thronenden Gottheit, sollte, sowie die übrigen Cultusgeräthe von der denselben mit anklebenden Unreinigkeit der Unreinigkeiten Israels befreit, d. h. gesühnt werden; aber nicht der, daß Israel durch das Besprengen des Deckels gesühnt werden sollte. Wenn diese Auffassung durch den Namen כפרת bedingt wäre, warum heißt nur das eine Geräth so? Daß dem nicht so sei, daß vielmehr die Versöhnung durch das gesprengte Blut geschah, sagt geradezu 3 Mos. 17, 11: denn die Seele des Fleisches ist im Blute, und ich habe es euch auf dem Altar gegeben, eure Seelen zu versöhnen, denn das Blut versöhnet das Leben.

(*Saarbrücker.*)

GNADENWAPPEN, im engern Sinne: Wappen, welche als Gnadenbezeigung vom Fürsten ertheilt wurden, und sich meist auf eine bestimmte Begebenheit beziehen, welcher eben der damit Beliehene seine Nobilitirung verdankt. Gewöhnlich werden Theile aus dem Wappen des Verleihenden dazu genommen, und sowol als Schildstücke wie als Helmzierden angebracht. Fast in sämmtlichen russischen Wappen kommt der Doppeladler vor, bald mit dem St. Georgsschilde, bald mit dem strahlenumkränzten Namenszuge des Zaren belegt. Graf Paskiewitsch-Eriwansky hat einen Tscherkessen zum Schildhalter. Im weitern Sinne ist jedes verliehene Wappen nach dem Ausdrucke des Adelsbriefs als ein Gnadenwappen zu betrachten. Wenn diese fast ausschließlich das Gepräge heraldischer Laune und Willkür tragen, so gehören jene nicht grade immer in das Gebiet der Geschichte, aber liegen doch auf dem Felde der Sage ihren Grenzen mehr oder weniger nahe. Vielleicht am berühmtesten von Allen ist der Rautenkranz im sächsischen Wappen durch die Tradition geworden, die sich an seine Verleihung knüpft, und dessen Auslegung trotz aller Bemühungen noch immer nicht unbezweifelt feststeht. Auf den Besitz eines Wappens, dessen Gebrauch nach dem ersten Kreuzzuge aufkam, wurde eine Auszeichnung gelegt, weil sich selbst im 13. Jahrh. noch viele Vornehme fanden, die kein eigenes Siegel hatten und es von Andern entlehnten, wie sie in den Unterschriften gestehen mußten; s. *Wuerdtwein*, Nov. subsid. diplomat. Tom. XII. p. 172 in einer Urkunde vom Jahre 1250. „Nos tres vero, Waltherus, Witego et H. milites, quia propria sigilla non habemus, sigillo Spirensis Electi usi sumus.“ Ludwig von Hohenberg heißt einfach miles, seine beiden Brüder armigeri, und Andere nennen sich knechte von dem wapene; s. *Wuerdtwein* l. c. Tom. V. p. 68 u. p. 143. Auch in zwei andern Urkunden nennen sich drei Knechte zur Auszeichnung armigeri, und dann knapen van wapene; s. Scheidt, Von dem hohen und niedern Adel S. 552: „Nos Otto, Werner et Otto armigeri,“ in der teutschen Urkunde aber: „We Otto, Werner und Otto Knapen van Wapene.“ An dem Umstande, daß ein Ritter kein Wappen besaß, konnte Verschiedenes die Schuld tragen, seine eigene Nachlässigkeit oder die ausschließliche Führung des Familiensiegels in der Hand des Vaters, sowie des ältesten Bruders, oder Streit über das Eigenthumsrecht mit andern Familien. J. M. Ginzinger von Ginzing erzählt in der baierischen Adelshistorie: „Ulrich der Waldauer zu Waldthurn und Friedrich der Waldthurner stritten mit einander des wapen halber. Es wurde aber durch den Pfalzgraven Johannsen vermittels eines spruches vertragen, daß der Waldauer sein altes wapen, nemlich zwei schwarze büffelshörner auf dem helme, in deren öffnungen eine silberne kugel oder schneeballen überall steckt: der Waldthurner hingegen anstatt der schneeballen zweene rothe äpfel im schwarzen bugen führen soll; also daß im übrigen beyderseits schild und helm gleich und unverändert bleibt.“ In allen solchen Fällen konnte der Landes- und Lehensherr mit seiner Abhülfe einschreiten, indem er nicht den Adel erneuerte, oder gar erst verlieh, sondern dem Ritter ein Gnadenwappen gab. Daß auch Städte dergleichen theilhaftig werden konnten, dafür könnten eine Menge Beispiele angeführt werden. Recht auffallend, wenn auch nur als Curiosität ist Folgendes: Das Wappen der Stadt Schwandorf an der Naab in Baiern hat im obern schwarzen Felde eines horizontal getheilten Schildes einen halben, goldenen, gekrönten Löwen; im untern Felde sind die baierischen Rauten, deren Mitte ein schwarzer Umschlagstiefel einnimmt. Dieser soll zum Andenken in das Wappen gekommen sein, weil dem Pfalzgrafen Friedrich von Neuburg, als er einst allzu lüstern badenden Mädchen nachging, ein Stiefel im Moraste stecken blieb, und er aus der beschämenden Lage, in der ihn Bürger von Schwandorf betrafen, sich mit Humor dadurch zu befreien suchte, daß er der Stadt das corpus delicti zum Andenken in ihr Wappen verlieh; s. A. Schöppner, Sagenbuch der Bairischen Lande. (München [bei Rieger] 1852. 8.) 2. Bd. S. 138. Nr. 588 u. 589. (Dr. *F. L. Bönigk*.)

GNADENZEIT (auch nach der verschiedenen Dauer der Zeit Gnadenjahr, Gnadenhalbjahr, Gnadenquartal) heißt der Genuß der Einkünfte einer Kirchenpfründe, welcher nach dem Tode des Inhabers einer solchen entweder den Erben desselben überhaupt oder gewissen Erben auf eine gewisse Zeit aus Gnaden überlassen wird [1]). Die Einkünfte einer kirchlichen Pfründe werden wegen der von dem Inhaber derselben zu leistenden kirchlichen Functionen bezogen. Mit der Beendigung des geistlichen Amtes hört auch der Genuß dieser Einkünfte auf, und die Erben des Pfründners haben auf letztere keinen Anspruch [2]). Ausnahmsweise kommen gewiße Einkünfte den Erben zu, entweder, weil sie verdient sind (deserviti), oder weil sie ihnen aus besonderer Begünstigung (ex gratia) zugewiesen sind. Das kanonische Recht enthält Nichts darüber; die Statuten der Capitel, die Landeskirchenordnungen und das Herkommen sind die Quellen, auf welchen diese Ausnahme beruht. Da regelmäßig der gedachte Genuß der Einkünfte einer Kirchenpfründe, mag er auf dem einen oder dem anderen Grunde beruhen, die Dauer eines Jahres umfaßt, so heißt der auf dem ersten Grunde beruhende Genuß annus deservitus, der auf den zweiten sich stützende annus gratiae. Der Genuß der ersteren Art ist ein rechtlicher, auf welchen die Erben des Pfründners deshalb Anspruch haben, weil die Einkünfte durch die geistliche Dienstleistung bereits verdient sind; auf ihn haben alle Erben des Pfründners ohne Unterschied ein vollkommenes Recht, sowie auch dessen Gläubiger. Die Gnadenzeit (annus gratiae) wird dagegen aus bloßer Gnade entweder allen Erben oder wenigstens der Witwe und den Kindern des Pfründners zugestanden. Zuerst ist diese Begünstigung in den Capiteln entstanden und hauptsächlich zum Zweck der Befriedigung der Gläubiger verstorbener Kanoniker eingeführt. Beispiele davon finden sich schon im 11. Jahrh. Das hauptsächlichste Beispiel der Gnadenzeit ist diejenige, welche der Witwe und den Kindern verstorbener protestantischer Geistlicher zusteht, wovon später noch besonders die Rede sein wird. Der Ausdruck annus gratiae ist indessen nicht immer consequent in dem bisher angegebenen Sinne gebraucht worden, sondern auch in einer Bedeutung, worin er sich dem annus deservitus nähert, und nicht

1) Ueber die ganze Lehre vergleiche besonders *Boehmer*, Jus eccl. Prot. Lib. III. Tit. 5. § 211 seq. 288 seq. 2) Cap. 1, 5. X. III, 5.

als ein auf bloßer Gnade und Begünstigung beruhender, sondern als ein rechtlich zustehender Genuß erscheint. In einigen Capiteln nämlich, sowie auf den Universitäten ist es herkömmlich, daß die Inhaber einer Pfründe oder Stelle ein, zwei oder auch drei Jahre die Einkünfte derselben entbehren müssen, obgleich sie unterdessen dieselben Dienstfunctionen verrichten, wie diejenigen, welche die Einkünfte bereits beziehen. Diese Zeit, während welcher sie die Einkünfte entbehren, wird mit dem Ausdrucke Carenzjahre oder Nachjahre bezeichnet. Zur Ausgleichung für die während der Carenzzeit entbehrten Einkünfte kommen den Erben des Pfründners oder Inhabers der Stelle die Einkünfte nach dessen Tode auf so lange zu, als die Carenzzeit des Erblassers gedauert hat. Alle Erben ohne Unterschied haben ein Recht darauf, welche die Erbschaft angetreten haben. Hier interessirt die Gnadenzeit im engeren und eigentlichen Sinne, welche in der protestantischen Kirche der Witwe und den Kindern verstorbener Geistlichen zusteht. Sie ist eine auf die Landeskirchenordnungen oder auf Herkommen sich gründende Begünstigung, welche die Stelle einer Pension vertreten soll. Vermöge dieses ihres Zweckes steht die Gnadenzeit außer der Witwe nur den Kindern des verstorbenen Geistlichen zu, welche bis zu dessen Tode noch in dessen Hause und Gewalt sich befanden, nicht den verheiratheten oder einen selbständigen Haushalt führenden Kindern. Doch ist dies bestritten. Ausgeschlossen sind adoptirte und uneheliche Kinder. Rücksichtlich der ehelichen Kinder macht es keinen Unterschied, ob sie aus der ersten, zweiten oder noch weiteren Ehe herrühren. Die Gnadenzeit haben Witwen und Kinder gemeinschaftlich. Bestritten ist es, zu welchen Antheilen im Falle des Daseins mehrer Kinder die Witwe und Kinder concurriren. Die Frage ist hauptsächlich die, ob die Theilung in gleichen Theilen stattfinde, dergestalt, daß jedes der Kinder gleichen Antheil erhält, wie die Witwe, oder ob nach der statutarischen Erbfolge getheilt werde, sodaß die Witwe den Antheil erhält, welcher ihr hiernach zukommt, oder ob die Witwe die eine Hälfte, die andere Hälfte die Kinder erhalten. Abgesehen von landesgesetzlichen Vorschriften kann nur die Theilung zu gleichen Theilen für richtig gehalten werden, da darauf, ob die Witwe und Kinder den Verstorbenen beerbt haben, rücksichtlich der Gnadenzeit Nichts ankommt. Die Landesgesetze haben sich bald für die eine, bald für die andere Art der Theilung entschieden [8]. Stirbt die Witwe oder eins der Kinder nach dem Anfalle der Gnadenzeit, so wächst der erledigte Antheil den übrigen zur Gnadenzeit Berechtigten zu, weil der Anspruch darauf ein höchstpersönliches Recht ist, welches nicht auf die Erben übergeht. Der Genuß der Gnadenzeit ist unabhängig davon, ob Witwe und Kinder den Verstorbenen beerbt haben oder nicht, weil die Gnadenzeit nicht jure hereditario, sondern jure singulari zusteht. Es haben daher auch enterbte Kinder, sowie diejenigen, welche der väterlichen Erbschaft entsagt haben, ein Recht auf die Gnadenzeit. Die Gläubiger des Verstorbenen können die Einkünfte der Gnadenzeit nicht zur Erbschaftsmasse ziehen, auch dieselben nicht mit Arrest belegen. Der Verstorbene kann diese Einkünfte der Witwe und den Kindern weder entziehen noch beschränken, noch auf irgend eine andere Weise zu ihrem Nachtheil darüber verfügen, wovon indessen eine Ausnahme dann behauptet wird, wenn sie Erben desselben geworden sind. Die Dauer der Gnadenzeit ist nach den verschiedenen Kirchenordnungen und nach dem Herkommen verschieden. In manchen Ländern dauert sie nur ein halbes Jahr, in anderen ein ganzes Jahr. Die Gnadenzeit umfaßt übrigens sämmtliche während derselben mit der Stelle verbundene Einkünfte, nicht blos die feste Besoldung einschließlich der Einkünfte der Pfarrgüter und der Leistungen an Naturalien und Gelde, welche dem Pfarrer als solchem gebühren, sondern auch die Accidenzien. Den zum wirklichen Genusse der Einkünfte nöthigen Aufwand müssen Witwe und Kinder tragen. Es besteht an den meisten Orten die Einrichtung, daß während der Gnadenzeit die erledigte Stelle nicht besetzt wird und die während derselben vorkommenden Amtsverrichtungen von den benachbarten Geistlichen, oder wenn an der Kirche mehre Geistliche angestellt sind, von den übrigen dabei angestellten besorgt werden, wofür dieselben jedoch keine Gebühren erhalten, indem diese zu den Einkünften gehören, welche in der Gnadenzeit mitbegriffen sind. Mit Beendigung der Gnadenzeit macht sich regelmäßig eine Auseinandersetzung der zum Genusse der Gnadenzeit Berechtigten mit dem neuen Inhaber der erledigt gewesenen Stelle nöthig. Darüber, was von den Einkünften der Gnadenzeit und von welcher Zeit an dieselben den Berechtigten zukommen, und welche Verpflichtungen diese dagegen, z. B. rücksichtlich der Bestellung der Pfarrgrundstücke u. s. w. zu erfüllen haben, entscheiden rechtliche Grundsätze, welche gewöhnlich in den einzelnen Kirchenordnungen enthalten, aber nicht immer gleichförmig sind. Doch steht es in dem Willen der Betheiligten, d. h. der Berechtigten und des neuen Stelleinhabers, durch Vereinigung etwas Anderes festzusetzen, als sich nach rechtlichen Grundsätzen ergeben würde. Die Auseinandersetzung zwischen den beiderseits Betheiligten bildet den Gegenstand der sogenannten Pfarrvergleiche.

(*C. W. E. Heimbach.*)

GNAL oder GNAL-DON, ein östlicher Fluß, Nebenfluß des Kisil-don (Goldfluß), entspringt am Fuße des hohen Schneeberges Mqinwari*) nicht weit über Schaniba und hat nordnordwestlichen Lauf. Seinen Namen hat er von dem Dorfe Gnal, welches auf einem

8) Die königl. sächs. Dec. 68 von 1661 erklärt sich für Theilung nach Köpfen, die Weimar. Kirchenordnung S. 2. Cap. 19. n. 13 für die Theilung nach der statutarischen Erbfolge; die Magdeburger Kirchenordnung Cap. 20. §. 20 spricht der Witwe die eine Hälfte, die andere Hälfte den Kindern zu.

*) Mqinwari ist der georgische Name für den Berg Kasbek oder Kasberg im Kaukasus, dessen Höhe, nach Meyer, 14,730 Fuß beträgt. Sein eigentlicher Name ist Tschewali-Sup (d. i. christlicher Berg oder christliche Höhe) oder Urs-Chooch (d. i. weißer Berg, wie Mont-blanc), bei Reinegg fälschlich Schneeberg, östlich Chooch. Seine Schneelinie beginnt mit 10,011 Fuß, die Eismassen ziehen sich aber bis 7991 Fuß herab.

hohen Berge liegt und von freien ossetischen Christen aus der Familie Zomaria bewohnt wird, die aber vom Christenthume wenig wissen. Von dem Dorfe Gnal ab bis zu seiner Vereinigung mit dem Kisil-don (Goldfluß) werden, auf einer Strecke von zwölf Wersten, die Ufer des Gnal-don so steil und waldig, daß Niemand da wohnen kann. *(H. E. Hösler.)*

GNANDSTEIN, ein an der alten Straße, die von Dresden nach Leipzig führt, gelegenes Bergschloß, in der Nähe von Altenburg, mit seinen noch fest auf dem Felsen ruhenden Pfeilern fast gänzlich von der Verwitterung verschont. Graf Wiprecht von Groitzsch soll diese romantisch gelegene Burg, an deren Fuße die Wiera durch Baumgruppen und Wiesen dahinströmt, erbaut und in der Nähe ein Benedictinerkloster mit sechs Mönchen gestiftet haben, das mit der Hauptabtei in Pegau in Verbindung stand. Mit lebenslänglicher Haft büßte in dieser Abtei der auf seinen Reichthum stolze Graf den Uebermuth, sich mit gewaffneter Hand in den Besitz der Markgrafschaft Meißen zu setzen [1]). Seine Burgen wurden großentheils geschleift, darunter auch Gnandstein. Wieder aufgebaut ward diese Burg durch die Herren von Einsiedel, die damit belehnt worden waren und sich seitdem Herren von Gnandstein nannten. In einer Urkunde vom Jahre 1265 erscheint zuerst ein Heinrich Camerarius von Gnandstein (Einsiedel), der auch in spätern Urkunden aus der Zeit Heinrich's des Erlauchten, Markgrafen zu Meißen, erwähnt wird [2]). Ein Günther von Gnandstein oder Gnanstein zeichnete sich 1290 durch seine Tapferkeit aus in dem Kriege zwischen Albrecht dem Entarteten und Friedrich mit der gebissenen Wange. Beide waren Herren von Einsiedel, obgleich sie sich, der Sitte der damaligen Zeit gemäß, nur nach ihrer Burg schrieben und nannten. Der Stammvater aller noch blühenden Linien der Familie Einsiedel in Sachsen, die 1714 in den Freiherrnstand erhoben ward, und 1747 zum Theil die Grafenwürde erlangte, war Conrad, der sich mit Anna von Hallbach vermählte. Auch nach Böhmen breiteten sich die Herren von Einsiedel aus. Der König von Böhmen, Georg Podiebrad, schickte 1461 den Ritter Jobst von Einsiedel als Gesandten an den Kaiser Friedrich III., um seinen Zwist mit dem Erzherzoge Albrecht zu beseitigen. Noch jetzt gehört zu den Gütern der Familie Einsiedel die Stammburg Gnandstein.

Hinauf zu der Veste führt ein breiter Fahrweg. Durch ein mit Eisen beschlagenes Thor gelangt man in den Vorhof und von da in den noch ziemlich gut erhaltenen Burghof. Nur die Thurmzinne ist etwas verwittert und die Schanzmauern sind zum Theil verfallen. In der Höhe des Thurms befindet sich ein Gemach, das ehemals dem Burgwart zur Wohnung gedient zu haben scheint. Links am Eingange in den Burghof erblickt man einen großen, in den Felsen eingehauenen Pferdestall und die Pforten zu einer großen Anzahl von Kellern. In der Nähe befindet sich ein tiefer Brunnen, der wahrscheinlich mit der an dem Fuße des Felsens dahinströmenden Wiera in Verbindung steht. Eine hohe Wendeltreppe führt in die Gemächer der Burg. Noch zeigt man in der Burg: Capelle des Glöckchens, welches, einer alten Stiftung zufolge, bei der Trauung aller Ritter von Gnandstein geläutet werden mußte. Die Vergoldung der Altarbilder scheint von hohem Werthe. In den gemalten Fensterscheiben erblickt man das Wappen der Burgherren. Merkwürdig ist noch das Archiv, der Rittersaal und besonders das sogenannte Kaiserzimmer, wo Karl V. wenige Tage nach der verhängnißvollen Schlacht bei Mühlberg (1547) übernachtete und zum Andenken seinen Namen in eine Fensterscheibe eingrub. Auch der Kurfürst Friedrich der Sanftmüthige zog, von seinem Bruder, dem Prinzen Sigismund begleitet, von Altenburg mit einem glänzenden Gefolge nach der Burg Gnandstein, um dort die Hochzeit seines Hofmarschalls Curt von Einsiedel zu feiern, der späterhin der Schwiegervater des Kunz von Kauffungen ward. Sein Sohn Heinrich Hildebrand, mit dem Schlosse und der Stadt Kohren belehnt, wählte sich nach seines Vaters Tode die Burg Gnandstein zum Wohnsitze. Im J. 1638 ward sie von den schwedischen Truppen in Brand gesteckt, ohne jedoch gänzlich eingeäschert zu werden. Vier Jahre später zerstörte ein Blitzstrahl den linken Flügel der Burg. Manches Merkwürdige enthält die früher erwähnte, durch Wiprecht von Groitzsch erbaute Klosterkirche. Luther's Bildniß und die Jahrzahl 1518 ziert die noch gut erhaltene steinerne Kanzel, auf der er gepredigt. In dieser Kirche befindet sich die Erb- und Familiengruft der Herren von Gnandstein, und an der linken Seite des Altars sieht man ihre Bildnisse von 1461 an, in einer ziemlich langen Reihe. Ueber den Bildnissen der Burgherren befinden sich die Inschriften und Wappen ihrer Frauen, die auch in den Fenstern der Kirche gemalt sind. Links vom Altare hängt ein großes Gemälde, oben das jüngste Gericht und in der Mitte die Auferstehung Christi darstellend. Unter diesem Gemälde kniet ein Ritter mit seinen sieben Söhnen und sieben Töchtern.

Unter den vielen Abbildungen der Burg Gnandstein zeichnet sich ein großes Blatt von C. A. Richter in Dresden vortheilhaft aus. Es ist 1825 gefertigt worden. Kleinere colorirte Bilder findet man in dem dritten Hefte der Burgen Sachsens von Oldendorp (1812) und in dem 36. Stück der Jugendzeitung vom Jahre 1814 [3]). *(Heinrich Döring.)*

1) Siehe Schöttgen's Historie des Grafen Wiprecht von Groitzsch S. 90. Heinrich's Handbuch der sächsischen Geschichte. 1. Th. S. 88 fg. 2) Siehe Märcker, Das Burggrafthum Meißen (Leipzig 1842.) S. 263. 415. 416. 417. 420 fg.

3) Vergl. Bechstein in der Saxon. illustr. Schenk's Sächsische Adelshistorie, herausgegeben von König (1727). F. Gottschalck, Die Ritterburgen Deutschlands. 3. Bd. S. 271 fg.

GLEICHUNG*).

GLEICHUNG ist die Aussage oder der Ausspruch, daß zwei verschiedene Verbindungen von Größen oder Größenformen einerlei Werth oder Bedeutung haben. Z. B.

$$Ax^2 + Bx = C;$$
$$3x^2 + 5xy + 2y^2 - 8x + 9y - 10 = 0;$$
$$(a+b)^2 = a^2 + 2ab + b^2;$$
$$\sin 2\alpha = 2 \sin\alpha \cos\alpha;$$
$$f(x) f(y) = f(x + y).$$

Jede der beiden gleichwerthigen Größenverbindungen nennt man eine Seite der Gleichung und unterscheidet häufig die vom Gleichheitszeichen rechts und links stehenden Ausdrücke oder Verbindungen als die rechte und linke Seite der Gleichung. Die einzelnen Größen und Größenverbindungen, welche in den Ausdrücken durch Additions- oder Subtractionszeichen mit einander verbunden sind, heißen Glieder der Gleichung; so sind in der ersten der obigen Gleichungen Ax^2, Bx, C die Glieder derselben.

2) Je nachdem der rechts oder links stehende Ausdruck der Gleichung sich aus dem auf der andern Seite befindlichen nach den gewöhnlichen Regeln der (niedern) Buchstabenrechnung und Analysis her- und ableiten läßt, oder nicht, nennt man die Gleichung in der Regel eine analytische oder algebraische. So sind die zwei ersten der eben aufgeführten Beispiele algebraische, die beiden folgenden analytische Gleichungen. Der Gegensatz der durch beide Benennungen bezeichneten Arten von Gleichungen ist indessen wenigstens durch den einen Zusatz „algebraisch" nicht eben scharf angegeben. Vielmehr werden diejenigen Gleichungen, welche, im Gegensatze zu den analytischen, als algebraische bezeichnet werden, passender mit dem Namen der Bestimmungsgleichungen belegt, in sofern durch jede derselben eine Größe (oder auch eine Größenform) bestimmt oder als von andern Größen abhängig dargestellt wird.

In diesem Artikel soll nur von den Bestimmungsgleichungen die Rede sein. Die analytischen Gleichungen sind in der Regel nichts Anderes als die arithmetischen Ausdrücke von Lehrsätzen der allgemeinen Größenlehre und sind somit der Gegenstand der verschiedenen Abschnitte der gewöhnlichen Buchstabenrechnung und Analysis.

3) Die Größe (oder die Größenform s. u. 7), welche durch die aufgestellte Bestimmungsgleichung mittelbar gegeben ist, heißt die Hauptgröße oder die gesuchte Größe, wird auch — obwol nicht ganz passend — die unbekannte Größe oder schlechthin die Unbekannte genannt. Die übrigen Größen, welche direct gegeben oder als gegeben zu betrachten sind, heißen die Nebengrößen oder gegebenen Größen, auch die Constanten der Gleichung. Man bezeichnet die Hauptgrößen gewöhnlich mit den letzten, die Nebengrößen mit den ersteren Buchstaben des kleinen Alphabets.

Als Hauptaufgabe und Zweck der Lehre von den Gleichungen ist hervorzuheben einmal die Umformung einer gegebenen Gleichung dergestalt, daß die in derselben befindliche Hauptgröße auf einer Seite der Gleichung ganz allein steht — d. h. ohne Verbindung mit irgend einer andern Zahl und ohne in der andern Seite der Gleichung vorzukommen — und sodann die Erforschung der allgemeinen Eigenschaften der Gleichungen überhaupt. Die zu dem angegebenen Zwecke vorgenommene Umformung der Gleichung und Aussonderung ihrer Hauptgröße auf nur eine Seite derselben begreift man unter der Auflösung der Gleichung. Die vorgelegte Gleichung heißt auch die Grundgleichung, die in der Auflösung zuletzt gefundene, wobei die Hauptgröße auf nur einer Seite steht, die Endgleichung.

4) Die Bestimmungsgleichungen können nur eine oder auch mehre Hauptgrößen enthalten. In letzterem Falle müssen, wenn jede Hauptgröße durch eine Endgleichung bestimmt werden soll, ebenso viel von einander unabhängige Bestimmungsgleichungen vorliegen, als überhaupt Hauptgrößen zu bestimmen sind. Unabhängig sind aber diese Gleichungen von einander, wenn keine derselben durch irgend welche Umformungen mit irgend einer andern der gegebenen zur völligen Uebereinstimmung gebracht werden kann. So sind die beiden Gleichungen mit den Hauptgrößen x und y

$$3x - 5y = 21$$
$$15y = 9x - 63$$

*) Diesen Artikel, den wir unsern Lesern im vorigen Bande (Bd. [illegible], S. [illegible]) an dieser Stelle zu liefern versprachen, konnte von dem geehrten Verfasser, der die Ausarbeitung übernommen hatte, Hrn. Dr. O. Witzschel, leider nicht vollständig geliefert werden: ein frühzeitiger Tod, er starb den 11. Jan. 1860 in Dresden, entriß ihn der Wissenschaft. Hr. Dr. Witzschel hat nur den I. und II. Abschnitt dieses Artikels vollendet; Hr. Prof. Schlömilch hat die Güte gehabt, die Arbeit seines verstorbenen Freundes zu revidiren und zu Ende zu führen.

Die Redaction.

zwei von einander nicht unabhängige Gleichungen; denn dividirt man letztere auf beiden Seiten durch 3, so erhält man

$$5y = 3x - 21,$$

und subtrahirt man beiderseits $5y$, addirt hierauf beiderseits 21, so ergibt sich schliesslich

$$3x - 5y = 21$$

genau die erstere der gegebenen Bedingungsgleichungen. Man erkennt somit, dass diese beiden nicht mehr als eine einzige von ihnen aussagen, oder dass man zur Bestimmung der beiden gesuchten Grössen x und y nicht zwei, sondern nur eine Bedingungsgleichung vor sich hat.

Kommen in einer oder mehren zusammengehörigen Gleichungen die Hauptgrössen in völlig ebenmässiger Verbindung d. h. so vor, dass, wenn man eine Hauptgrösse durchgängig mit einer der andern vorkommenden Hauptgrössen vertauscht, die Form der Gleichungen sich in keiner Weise verändert, so heissen die Gleichungen symmetrisch in Bezug auf diese Hauptgrössen. Z. B.

$$x^2 + y^2 = a^2;$$
$$x + y = b;$$

oder

$$x^2 + y^2 + z^2 = a,$$
$$xy + yz + xz = b,$$
$$xyz = c.$$

In diesen Gleichungen kann man x mit y, und y mit x oder x mit y, y mit z etc. vertauschen, ohne die Gleichungen zu verändern.

Der Auflösung von Gleichungen mit mehren gesuchten Grössen geht ein Verfahren voraus, nach welchem man die Anzahl der Gleichungen, sowie der Hauptgrössen immer mehr verringert, bis man auf eine einzige Bedingungsgleichung mit einer oder mehren Hauptgrössen gekommen ist und diese nach den weiter unten angegebenen Regeln auflöst. Die Wegschaffung aller Hauptgrössen bis auf eine einzige heisst Elimination (man s. Abschnitt XI).

Enthalten die Bedingungsgleichungen mehr Hauptgrössen als ihre Anzahl beträgt, so lassen sich dieselben nicht vollständig aus den Nebengrössen bestimmen und man erhält einen Werth für irgend eine Hauptgrösse nur dann, wenn man für die in der Endgleichung noch vorkommenden Hauptgrössen bestimmte Werthe einsetzt. Auf diese Weise ergeben sich je nach der beliebigen Wahl der letztgenannten Werthe unzählige Werthe für die in der Endgleichung allein stehende Hauptgrösse. Solche Gleichungen nennt man unbestimmte, auch Diophantische Gleichungen, genannt nach dem Namen des griechischen Mathematikers Diophantus oder Diophantes, welcher diese Art von Gleichungen einer eingehenden Betrachtung unterworfen hat und dessen Werk darüber grösstentheils uns erhalten worden ist. Die Lehre von den unbestimmten Gleichungen heisst auch unbestimmte Analytik (man s. diesen Artikel).

In den angewandten mathematischen Wissenschaften, namentlich in der Physik, Astronomie und höhern Geodäsie kommen sehr häufig auch Systeme von Gleichungen vor, deren Anzahl grösser ist, als die Zahl der darin vorkommenden Hauptgrössen. Solche Gleichungen nennt man überbestimmte Gleichungen; ihre Behandlung zur Ermittelung und Berichtigung gewisser darin vorkommender Nebengrössen und Constanten wird durch ein besonderes Verfahren vermittelt, welches unter dem Namen der Methode der kleinsten Quadrate begriffen wird. (Man s. diesen Artikel oder auch „Ausgleichungsrechnung.")

5) Je nachdem die Hauptgrösse in der Gleichung mit den Nebengrössen durch die Elementaroperationen der Buchstabenrechnung verbunden, oder in einer transcendenten Function enthalten vorkommt, heisst die Gleichung eine algebraische oder eine transcendente. So sind

$$ax^2 + bx + c = 0;$$
$$y \log a + y^2 + b = 0$$

algebraische Gleichungen bezüglich der Hauptgrössen x und y, wenn auch in der zweiten ein Logarithmus, also eine transcendente Grösse enthalten ist, indem die Hauptgrösse nicht in der transcendenten Form, sondern nur mit derselben als mit einer Nebengrösse algebraisch (durch Multiplication) verbunden vorkommt. Dagegen sind

$$a^x + bx + c = 0,$$
$$\sin x - x = a,$$
$$e^x + \log y = m$$

transcendente Gleichungen, weil in denselben die Hauptgrösse x oder y nur oder zum Theil in transcendente Functionen[1]) eingewickelt mit den übrigen Grössen verbunden ist.

6) Die Nebengrössen können in den Gleichungen entweder als allgemeine Zahlgrössen (in Buchstaben) oder in bestimmten Zahlen ausgedrückt sein. Im ersteren Falle heissen die Gleichungen allgemeine (literale), im andern Falle numerische (Zahlen-) Gleichungen. Allgemeine Gleichungen sind z. B.

$$ax + b = 0, \quad ax^3 - 3abx - c = 0$$

numerische dagegen:

$$3x^2 + 5x = 8, \quad \sin x - x = 100.$$

7) Eine eigenthümliche Art von Gleichungen bilden die sogenannten Functionalgleichungen, z. B.

$$f(x)\, f(y) = f(x + y),$$

durch welche nicht, wie bei den übrigen, ein gewisser Grössenwerth, sondern eine Grössenform, oder die Art und Weise, wie gewisse Grössen mit einander verbunden zu denken sind, d. h. eine Function mittelbar bestimmt ist. Man kann auch sagen, dass durch eine Functionalgleichung eine analytische Gleichung von bestimmter Form angezeigt ist; so bei dem angezogenen Beispiele die analytische Gleichung

$$a^x a^y = a^{x+y},$$

worin a jede beliebige reelle oder imaginäre constante Zahl bedeuten kann. In dieser Hinsicht können die

---

1) Diese transcendenten Functionen können exponentiale, logarithmische, goniometrische und cyklometrische Functionen sein, indem die höheren Transcendenten, wie elliptische, Euler'sche etc., von der Hand wenigstens, noch ausgeschlossen bleiben dürften.

Functionalgleichungen bald zu den Bestimmungsgleichungen — in sofern die Form der Function zu bestimmen ist — bald zu den analytischen Gleichungen gerechnet werden.

8) Man theilt die algebraischen Gleichungen mit einer Hauptgröße nach dem Grade der Potenzen ein, auf welche die Hauptgröße steigt. Eine Gleichung vom ersten Grade, auch eine lineare genannt, ist eine solche, in welcher die Hauptgröße nur in der ersten Potenz vorkommt, z. B.

$$ax + b = c - dx;\quad 5x + 7 = 18 - 3x.$$

Gleichungen des zweiten Grades oder quadratische sind solche, welche die Hauptgröße bis in der zweiten Potenz enthalten, z. B.

$$ax^2 = b;\quad ax^2 + bx + c = 0.$$

Gleichungen vom dritten Grade, oder cubische, vom vierten Grade oder biquadratische, vom fünften &c. überhaupt vom mten Grade sind solche, in denen die Hauptgröße resp. bis zur dritten, vierten, fünften u. s. w. allgemein bis zur mten Potenz aufsteigt, z. B.

$x^3 + ax^2 + bx + c = 0$ vom dritten Grade,

$3x^5 - 4x^3 + 5x^2 - 6 = 0$ vom fünften „

$ax^m + bx^{m-1} + \ldots fx^{m-k} + \ldots + l = 0$ vom mten Grade.

Gleichungen vom vierten Grade an aufwärts pflegt man auch allgemein höhere Gleichungen zu nennen.

Kommt die Hauptgröße nur in der höchsten, den Grad der Gleichung bestimmenden Potenz vor, so heißt die Gleichung eine reine (quadratische, höhere) Gleichung; so ist z. B.

$ax^2 = b$ eine reine quadratische Gleichung,

$ax^3 + \beta = 0$ eine reine cubische Gleichung,

$Ax^m + B = 0$ eine reine (höhere) Gleichung vom Grade m.

Die Gleichungen, deren Hauptgröße außer in der höchsten den Grade der Gleichung bestimmenden Potenz noch in niedrigeren Potenzen vorkommt, heißen bisweilen unreine, gewöhnlicher gemischte Gleichungen. Am häufigsten fehlt aber ein diese Art bezeichnender Zusatz, indem man immer unter Gleichung schlechthin eine solche unreine versteht und von denselben die reinen Gleichungen durch die bemerkte Bezeichnung unterscheidet. — Wie leicht einzusehen, können Gleichungen des ersten Grades nur reine Gleichungen sein. Der betreffende Unterschied ist also nur auf Gleichungen von dem zweiten Grade an aufwärts bedeutsam und anwendbar.

Kommen in einer Gleichung von irgend welchem Grade alle Potenzen der Hauptgröße von der höchsten an bis zur nullten Potenz vor, so heißt die Gleichung eine vollständige; im entgegengesetzten Falle, wenn außer in der höchsten Potenz die Hauptgröße noch in einer oder einigen der niedern Potenzen mit enthalten ist, heißt die Gleichung eine unvollständige. Vollständige Gleichungen sind also stets gemischt (umgekehrt gilt dies nur von quadratischen Gleichungen); reine Gleichungen sind stets unvollständig (gilt umgekehrt ebenfalls nur von quadratischen Gleichungen). Eine vollständige Gleichung des vierten Grades ist z. B.

$$ax^4 + bx^3 + cx^2 + dx + e = 0,$$

eine unvollständige desselben Grades

$$mx^4 + nx^2 + p = 0, \text{ oder } \alpha x^4 + \beta x + \gamma = 0.$$

9) Der oder diejenigen Werthe, welche statt der Hauptgröße eingesetzt, der Gleichung Genüge thun, d. h. die eine Seite der Gleichung der andern als wirklich gleich stellen, heißen die Wurzeln der Gleichung. So sind 2 und 5 die Wurzeln der quadratischen Gleichung $x^2 - 7x + 10 = 0$; denn setzt man darin 2 für x, so gibt dies $2^2 - 7 \cdot 2 + 10$, was in der That $= 0$ ist; dasselbe erhält man auch, wenn man 5 für x einsetzt: $5^2 - 7 \cdot 5 + 10$ ist auch $= 0$. In gleicher Weise sind 2, 3, — 4 die Wurzeln der cubischen Gleichung $x^3 - x^2 - 14x + 24 = 0$. In der Bestimmung der Wurzeln einer Gleichung begreift man deren Auflösung, vergl. 3).

10) Die Umformungen einer Gleichung, welche zur Auflösung derselben führen sollen, müssen nach 3) die Trennung der Hauptgröße von allen mit derselben verbundenen Nebengrößen bewirken. Dies geschieht zunächst und im Allgemeinen durch Anwendung der entgegengesetzten Rechnungsoperationen, nach welchen die Hauptgröße mit den übrigen verbunden ist. Dieses Verfahren besteht im Grunde nur in der wiederholten Anwendung des Grundsatzes: Gleiches mit Gleichem auf gleiche Weise verbunden gibt wieder Gleiches und begreift in sich folgende Operationen:

a) Ein Glied einer Gleichung aus einer Seite derselben auf die andere Seite zu versetzen — transponiren —. Man führt dieses aus, indem man dem versetzten Gliede auf der andern Seite das entgegengesetzte Vorzeichen gibt, als es vorher gehabt hat. Z. B. aus

$ax - b = cx + d$ folgt durch Versetzung von cx und b,

$ax - cx = d + b.$

Die Zulässigkeit und Richtigkeit dieses Verfahrens ergibt sich nach dem Grundsatze: Gleiches zu Gleichem addirt oder von demselben subtrahirt gibt wieder Gleiches. Addirt man nämlich zur gegebenen Gleichung die identische $b = b$ und subtrahirt dann $cx = cx$, so erhält man das angegebene Resultat:

$$\begin{array}{rcl} ax - b &=& cx + d \\ +\,b &=& +\,b \\ \hline ax &=& cx + d + b \\ -\,cx &=& -\,cx \\ \hline ax - cx &=& d + b. \end{array}$$

b) Einen Factor oder Divisor eines Gliedes wegzubringen; geschieht, indem man die ganze Gleichung resp. durch den wegzuschaffenden Factor dividirt oder mit dem wegzuschaffenden Divisor multiplicirt, gleichfalls nach dem Grundsatze: Gleiches durch Gleiches multiplicirt oder dividirt gibt wieder Gleiches. Z. B.

$$ax - b = c,\quad ax = b + c,$$
$$x = \frac{b+c}{a};$$

oder $\frac{m}{x} + n = p,$
$$m + nx = px,$$
$$m = px - nx.$$

Sind mehre Divisoren in der Gleichung vorhanden, so multiplicirt man die ganze Gleichung mit dem aus diesen Divisoren gebildeten kleinsten Dividuus (Generalnenner); z. B.

$$\frac{x^2}{3a} - \frac{b^2}{6a^2c} = \frac{c^2}{15ab^2}$$

gibt, wenn man mit dem kleinsten Dividuus aus $3a$, $6a^2c$, $15ab^2$ nämlich $30a^2b^2c$ multiplicirt:

$$10ab^2cx^2 - 5b^4 = 2ac^3.$$

c) Einen Potenz- oder Wurzelexponenten aus einem Gliede wegzuschaffen. Zu dem Ende radicire oder potenzire man beide Seiten der Gleichung durch den wegzuschaffenden Exponenten, nachdem man die mit dem Exponenten behaftete Größe a) und b) auf eine Seite der Gleichung allein gestellt hat; z. B.

$$ax^3 + b = c,\quad ax^3 = c - b,$$
$$x^3 = \frac{c-b}{a},$$
$$x = \sqrt[3]{\frac{c-b}{a}},$$

oder: $m + \sqrt[3]{nx} = p,$
$$\sqrt[3]{nx} = p - m,$$
$$nx = (p - m)^3,$$
$$x = \frac{(p - m)^3}{n}.$$

Mit Anwendung der Lehre von Potenzen mit gebrochenen Exponenten kann man die Regel auch so ausdrücken: Jeder Potenzexponent des (erforderlichen Falls nach Anwendung der unter a) und b) bemerkten Transformationen) allein stehenden Gliedes wird mit seinem umgekehrten Werthe auf die andere Seite der Gleichung geschafft; z. B.

$$ax^{2/3} + b = c,\quad x^{2/3} = \frac{c-b}{a},$$
$$x = \left(\frac{c-b}{a}\right)^{3/2} = \sqrt{\left(\frac{c-b}{a}\right)^3}.$$

Aus Vorstehendem geht noch hervor, daß gleiche Glieder, welche auf beiden Seiten der Gleichung mit gleichen Vorzeichen stehen, ohne Weiteres gestrichen werden können; daß ebenso Factoren oder Divisoren, welche beiden Seiten oder allen Gliedern der Gleichung gleichmäßig zukommen, weggelassen werden können, ingleichen auch Potenz- und Wurzelexponenten, welche beiden Seiten der Gleichung gemeinschaftlich sind. Nicht aber dürfen solche Exponenten weggelassen werden, mit denen alle Glieder der Gleichung behaftet sind.

11) Durch die in vorhergehender Nummer bemerkten Umformungen kann man es dahin bringen, daß die Hauptgröße weder in einer Klammer, noch in einem Divisor, noch unter einem Wurzelzeichen, noch auf beiden Seiten der Gleichung zugleich vorkommt. Hat man dann diejenigen Glieder, in welchen die Hauptgröße zu einerlei Potenz erhoben vorkommt, zu einem einzigen dadurch vereinigt, daß man die gleich hohe Potenz der Hauptgröße als gemeinschaftlichen Factor aushebt und die Coefficienten derselben mit den zugehörigen Vorzeichen in einer Klammer vereinigt, oder wenn möglich nach den Regeln der Addition und Subtraction noch weiter zusammenzieht, und hat man endlich alle Glieder auf eine Seite der Gleichung gebracht, so muß jede Gleichung die Form

$$Ax + B = 0,\quad \text{oder}$$
$$Ax^2 + Bx + C = 0,\quad \text{oder}$$
$$\vdots$$
$$Ax^n + Bx^{n-1} + Cx^{n-2} + \ldots\ldots + Px + Q = 0$$

haben, je nachdem die Hauptgröße in der ersten Potenz vorkommt, oder bis in die zweite u. s. w. nte Potenz hinaufsteigt. Die Größen A, B, C . . . P, Q oder Coefficienten der Gleichung bezeichnen dabei Ausdrücke, welche die Hauptgröße nicht enthalten und durch die eben bemerkte Vereinigung von Gliedern, die mit einerlei Potenz der Hauptgröße behaftet waren, entstanden sind. Der letzte Coefficient, welcher von der Hauptgröße frei ist, und dem man dieselbe auch unter der Form x^0 beigeben kann, wird das bekannte — nach einer andern Beziehung auch das constante — Glied genannt. Bei der auf eine der obigen Formen zurückgeführten Gleichung sagt man, daß sie auf die gehörige Form gebracht worden ist. Ueber die zweckmäßigste Aufeinanderfolge der hierzu erforderlichen, in (10) bemerkten Operationen lassen sich keine bestimmten Regeln geben. Dieselbe wird durch die besondere Beschaffenheit der Gleichung und die Verbindung ihrer Glieder und Größen bedingt. Wir setzen in dem Folgenden, wo es sich um Auflösung einer Gleichung handelt, immer die gehörige Form derselben voraus, und wollen hier nur einige wenige Beispiele hinzufügen, welche das bezüglich der Zurückführung auf diese Form Gesagte erläutern mögen.

1) $3x = \frac{6x^2 - 3ax + b^2}{2x} - a + 2b,$
$$6x^2 = 6x^2 - 3ax + b^2 - 2ax + 4bx,\quad \text{(nach 10, b)}$$
$$0 = -5ax + 4bx + b^2,\quad \text{(10, c Zusatz)}$$
$$0 = -(5a - 4b)x + b^2.$$

Eine Gleichung des ersten Grades, welche mit der obigen allgemeinen Form übereinstimmt, wenn
$$A = -(5a - 4b)\ \text{und}\ B = b^2$$
gesetzt wird.

2) $\frac{y - 3c}{2y + 5c} - \frac{6y + c}{3y - 4c} = -\frac{7}{20}$,

$$20(y - 3c)(3y - 4c) - 20(6y + c)(2y + 5c) + 7(2y + 5c)(3y - 4c) = 0,$$

oder wenn die angedeuteten Operationen ausgeführt und die gleiche Potenzen der Hauptgröße y enthaltenden Glieder zusammengezogen werden:

$$\left.\begin{array}{r|r|r|}
60\,y^2 & -80 \;cy & +240\,c^2 \\
-240 & -180 & -100 \\
+42 & -600 & -140 \\
 & -40 & \\
 & +105 & \\
 & -56 &
\end{array}\right\} = 0.$$

d. i. $-138\,y^2 - 851\,cy = 0$,

oder wenn man die Gleichung durch $-23y$ dividirt:

$$6y + 37c = 0.$$

Die Vergleichung mit der obigen allgemeinen Form der Gleichung ersten Grades zeigt, daß hier $A = 6$ und $B = 37c$ ist.

3) $y\sqrt{\frac{9y + 3b}{y - 2b}} - 5b = 3y$,

$$y\sqrt{\frac{9y + 3b}{y - 2b}} = 3y + 5b,$$

$$y^2 \cdot \frac{9y + 3b}{y - 2b} = (3y + 5b)^2, \quad (10, c)$$

$$9y^3 + 3by^2 = (9y^2 + 30by + 25b^2)(y - 2b),$$

$$9y^3 + 3by^2 = \left\{\begin{array}{l} 9y^3 + 30by^2 + 25b^2y \\ \quad - 18by^2 - 60b^2y - 50b^3 \end{array}\right\},$$

$$-9by^2 + 35b^2y + 50b^3 = 0, \quad (10, c \text{ Zus.})$$

$$9y^2 - 35by - 50b^2 = 0, \quad (10, b).$$

Eine quadratische Gleichung in gehöriger Form, deren Coefficienten $A = 9$, $B = -35b$, $C = -50b^2$ sind.

1. Gleichungen ersten Grades.

12) Zur Auflösung der Gleichung ersten Grades

$$Ax + B = 0$$

hat man einfach nach 10, a und b

$$x + \frac{B}{A} = 0 \text{ und } x = -\frac{B}{A},$$

$$\text{oder } Ax = -B \text{ und ebenso } x = -\frac{B}{A},$$

je nachdem man die in 10, a und b bemerkten Operationen in der einen oder andern Reihenfolge vornimmt.

So haben die in voriger Nummer unter 1) und 2) beispielsweise aufgestellten Gleichungen, nachdem sie auf die gehörige Form gebracht worden sind, nachstehende Auflösungen:

1) $-(5a - 4b)x + b^2 = 0$,

$$x - \frac{b^2}{5a - 4b} = 0,$$

$$\text{oder } -(5a - 4b)x = -b^2,$$

$$x = \frac{b^2}{5a - 4b}.$$

2) $6y + 37c = 0$

$$y + \frac{37}{6}c = 0, \text{ oder } 6y = -37c,$$

$$y = -\frac{37}{6}c.$$

13) Die Angabe und Entwickelung des Verfahrens, gegebene Fragen mit Hilfe der Gleichungen zu beantworten, gehört streng genommen, nicht in die Lehre von den Gleichungen, sondern in die Algebra, das Wort im weitern Sinne genommen. Obwol wir hier auf den betreffenden Artikel, sowie auf die bessern Lehrbücher der Buchstabenrechnung und Algebra und auf dazu gehörige Beispielsammlungen (Lehrbuch der allgemeinen Arithmetik von J. H. T. Müller, Director der Realschule zu Wiesbaden, 2. Aufl., Halle, Buchhandlung des Waisenhauses; System der Arithmetik und Analysis von Prof. Bretschneider, Jena, Verl. v. Fr. Mauke; ferner die bekannten Beispielsammlungen von Meier Hirsch, Verl. v. Duncker und Humblot in Berlin; Eduard Heis, Verl. v. Du-Mont-Schauberg in Cöln; Friedrich Hoffmann, Grau'sche Buchhandlung in Baireuth u. a. m.) verweisen müssen: so mögen doch in Betreff dessen, insbesondere auch bezüglich der Deutung der erhaltenen Auflösung einer Aufgabe mit Berücksichtigung auch negativer Werthe sowol gegebener wie gefundener Größen, noch nachstehende allgemeine Bemerkungen Platz finden.

14) Die Aufgabe der Algebra, in der vorhin erweiterten Bedeutung genommen, zerfällt in folgende drei besondere Aufgaben: 1) Darstellung der Bedingungen der Aufgabe in die Sprache der Algebra, d. h. in einer oder mehren zusammengehörigen Gleichungen; 2) Auflösung dieser Gleichungen in Beziehung auf die eine oder mehre der gesuchten Größen; 3) Uebersetzung des erhaltenen Resultates aus der Sprache der Algebra in die gewöhnliche, oder aus der Zeichen- in die Wortsprache. (Nur die zweite dieser Specialaufgaben ist eigentlich Gegenstand der Lehre von den Gleichungen.)

Durch die erste der drei genannten Operationen werden die in der Aufgabe vorkommenden Größen, gegebene sowol wie gesuchte, durch entsprechende Zahlzeichen (Ziffern oder Buchstaben) ausgedrückt und dabei die gleichartigen Größen auf einerlei Größeneinheit gebracht oder bezogen. Diese Beziehung ist, wenn auch für den Gang der folgenden Rechnung ohne Einfluß, doch scharf festzuhalten, wenn man bei der dritten Operation nicht Gefahr laufen will, irrthümliche Deutungen des Resultates zu geben. Hierauf hat man aus den Bedingungen der Aufgabe ebenso viele von einander unabhängige Gleichungen aufzustellen, als für wie viele unbekannte Größen man Zeichen gewählt hat. Besondere Regeln lassen sich hierzu nicht aufstellen und eine allgemeine Regel, wie etwa die folgende, führt in sofern nicht weiter zum Ziele, als die Anwendung derselben durch keine näheren Bestimmungen sich lehren läßt. Die gedachte allgemeine Regel kann man etwa so ausdrücken: Mit Hilfe der arithmetischen Operationszeichen (+ für Addition, — für Subtraction rc.) bilde man sowol in Betreff der gegebenen Größen, mögen sie in Zahlen oder Buchstaben ausgedrückt sein, als auch in Betreff der gesuchten Größen, gleichsam als wären sie gegeben, alle in der Aufgabe enthaltenen Beziehungen und Operationen an und suche für eine und dieselbe Größe (welche nicht nothwendig eine gesuchte zu sein braucht) zwei arithmetische Ausdrücke, die nach dem Grundsatze, „jede Größe ist sich selber gleich," die beiden Seiten der aufzustellenden Gleichung bilden. Durch die mannichfaltigsten Beispiele kann zwar das Gesagte etwas erläutert werden, doch darf es, wie bemerkt, durchaus nicht als eine bestimmte Vorschrift zur Aufstellung einer Bedingungsgleichung angesehen werden. Nur klare Analyse passender Beispiele, wiederholte Uebung und glückliche Combinationsgabe verschaffen einige Gewandtheit in dieser wie in den beiden andern algebraischen Operationen.

Hat man nun die Aufgabe in die Form einer oder mehrer algebraischer Gleichungen eingekleidet, so ist die zweite Operation, d. h. die Auflösung der Gleichung oder des Gleichungssystemes vorzunehmen, wofür die betreffenden Regeln theils in dem Vorhergehenden gegeben (12) resp. angedeutet (4) worden sind, theils für quadratische und höhere Gleichungen im Folgenden noch aufgestellt werden sollen.

Bei der dritten Operation hat man es mit der Uebertragung des gefundenen Resultates aus der Zeichensprache in die gewöhnliche Wortsprache, wie die Aufgabe ursprünglich gestellt war, zu thun. Daran knüpft sich insbesondere bei allgemeiner gestellten Aufgaben und wenn die gegebenen Größen alle oder zum Theil durch Buchstaben ausgedrückt sind, die Untersuchung, innerhalb welcher Grenzen das gefundene Resultat als mit den Bedingungen der Aufgabe zulässig betrachtet werden kann; eine Untersuchung, die man als Determination der Aufgabe zu bezeichnen pflegt.

15) Von ganz besonderer Wichtigkeit ist dabei die Betrachtung und Deutung der negativen Werthe sowol gegebener wie gesuchter Größen und die Erörterung der Bedingungen, unter welchen ein negativer Werth der gesuchten Größe, von gewissen Werthen der gegebenen abhängig, eintritt und einer zulässigen Deutung noch fähig ist. Diese Determination ist dann immer vorzunehmen und führt zu besonders lehrreichen Ergebnissen bezüglich des Zusammenhanges verwandter Aufgaben, wenn die Qualität der betreffenden Größen in zweierlei und contrair entgegengesetztem Sinne aufgefaßt werden kann, wie z. B. zwei Wege von gleicher Länge, aber entgegengesetzter Richtung, zwei gleiche Zeiten, die eine von einem gewissen Zeitpunkte an in der Vergangenheit, die andere in der Zukunft liegend (Jahre vor und nach Christi Geburt), Einnahme- und Ausgabebeträge, Geschäftsgewinn und Verlust, nördliche und südliche Breitengrade, östliche und westliche Längengrade rc. Es kann dann häufig aus der Grundgleichung der einen Aufgabe die einer andern dadurch hervorgebracht werden, daß man die Größen gedachter Art, welche eben in entgegengesetzten Qualitäten in beiden Aufgaben vorkommen und deren Unterschied bedingen, negativ nimmt. Weil aber die Endgleichung aus der Grundgleichung durch ganz allgemein gültige Transformationen hervorgeht, so wird auch die Endgleichung der einen Aufgabe zugleich diejenigen der andern darstellen, nachdem man dieselben Größen wie in der Grundgleichung der andern Aufgabe negativ genommen hat. Vergleicht man dann das damit erhaltene Resultat mit dem Wortlaute der Aufgabe, so wird man in den meisten Fällen ohne Schwierigkeit finden, daß die Grund- und Endgleichung zu einer allgemeiner gehaltenen Aufgabe gehören, welcher die betrachteten beiden Fälle, in denen gewisse Größen entgegengesetzte Zeichen haben, als besondere Aufgaben subordinirt sind. Passende Beispiele hierzu bieten die sogenannten Bewegungsaufgaben.

II. Gleichungen zweiten Grades.

16) Eine Gleichung des zweiten Grades auf die gehörige Form gebracht, hat nach 11 die Form

$$ax^2 + bx + c = 0,$$

wobei die Coefficienten a, b, c jeden positiven oder negativen Werth, die Null nicht ausgeschlossen, haben können.

Der Specialfall $a = 0$ bedarf keiner Erörterung, weil dann die Gleichung nicht mehr dem zweiten, sondern dem ersten Grade angehören würde.

Wenn $b = 0$ ist, stellt die Gleichung $ax^2 + c = 0$ eine reine quadratische dar. Um sie aufzulösen, dividirt man beiderseits durch a, transponirt das bekannte Glied auf die andere Seite und zieht beiderseits die Quadratwurzel aus, wobei man vor die Wurzel auf der einen Seite das Doppelzeichen (±) zu setzen hat, da jede Quadratwurzel aus irgend einer Zahl sowol positiv wie negativ sein kann. Man erhält somit nach einander

$$x^2 + \frac{c}{a} = 0,$$

$$x^2 = -\frac{c}{a},$$

$$x = \pm\sqrt{-\frac{c}{a}},$$

oder wenn man die beiden Werthe von x mit x′ und x″ bezeichnet

$$x' = +\sqrt{-\frac{c}{a}}, \quad x'' = -\sqrt{-\frac{c}{a}}.$$

Haben hierbei a und c ungleiche Vorzeichen, so erhält der Radicand $-\frac{c}{a}$ der auf der rechten Seite stehenden Wurzel einen positiven Werth und die beiden Wurzeln der Gleichung stellen irgend eine gewöhnliche rationale oder irrationale, positive oder negative Zahl vor. Jede solche Zahl heißt auch kurz und im Gegensatze zu den für den folgenden Fall bemerkten Zahlgrößen eine reelle Zahl.

Sind dagegen a und c entweder beide positiv oder beide negativ, so bleibt der Radicand $-\frac{c}{a}$ negativ und die Quadratwurzel davon läßt sich nicht in gewöhnlichen reellen Zahlen angeben, weil keine der letzteren, weder eine positive noch eine negative, eine negative Quadratzahl geben kann. Der Forderung, welche allgemein durch die Form $\sqrt{-\alpha}$ (α irgend eine positive Zahl) ausgedrückt wird, kann somit nur durch eine neue Art von Zahlen Genüge geleistet werden, welche imaginäre, neuerdings besser laterale Zahlen genannt werden. Da $\sqrt{-\alpha} = \sqrt{\alpha.(-1)} = \sqrt{\alpha}\sqrt{-1}$ ist, wobei $\sqrt{\alpha}$ eine reelle Zahl ist, pflegt man die lateralen Zahlen häufig als ein Product einer reellen Zahl in den Factor $\sqrt{-1}$ darzustellen, und nennt diesen Factor den imaginären Factor, bezeichnet ihn auch häufig mit i. Mit Rücksicht hierauf kann man die Wurzeln der Gleichung $ax^2 + c = 0$, wenn a und c gleiche Vorzeichen haben, ausdrücken durch

$$x = \pm\sqrt{\frac{c}{a}}.\sqrt{-1} \text{ oder } x = \pm i\sqrt{\frac{c}{a}}.$$

Wenn in der allgemeinen quadratischen Gleichung $ax^2 + bx + c = 0$ das constante Glied c den Werth 0 hat, dieselbe sich also auf

$$ax^2 + bx = 0$$

reducirt, so ergeben sich die Wurzeln sehr einfach, nachdem man der Gleichung die Form eines Products

$$(ax + b)x = 0$$

gegeben hat; da jeder Factor dieses Products gleich Null gesetzt der Gleichung Genüge leistet, so sind die beiden Werthe von x oder die Wurzeln

$$x' = 0, \quad x'' = -\frac{b}{a}.$$

17. Da man bezüglich der Vorzeichen der einzelnen Glieder der Gleichung immer voraussetzen darf, daß a positiv ist, weil entgegengesetzten Falls die Gleichung Glied für Glied mit (— 1) multiplicirt werden kann, so sind, wenn man a, b, c als absolute Werthe auffaßt, eigentlich folgende vier Fälle bei einer quadratischen Gleichung zu betrachten:

$$ax^2 + bx + c = 0$$
$$ax^2 - bx + c = 0$$
$$ax^2 + bx - c = 0$$
$$ax^2 - bx - c = 0$$

Jede der drei letzten dieser Gleichungen geht aber aus der ersten hervor, wenn man entweder b, oder c oder beide Coefficienten zugleich als negativ annimmt und es wird, wie schon in 15) bemerkt worden ist, die Auflösung der betreffenden Gleichung in den drei letzten Fällen aus der Lösung der ersten Gleichung (des Normalfalls) hervorgehen, wenn man darin denselben oder dieselben Coefficienten negativ nimmt, welche in der Grundgleichung, gegen den Normalfall betrachtet, als negativ erschienen sind. Es bleibt somit nur die Lösung des Normalfalls

$$ax^2 + bx + c = 0$$

aufzustellen übrig. Zu dem Ende bringe man erst das constante Glied c mit entgegengesetztem Zeichen auf die andere Seite und multiplicire die ganze Gleichung mit a, um das erste Glied links zu einem reinen Quadrate zu machen. Dies gibt

$$a^2x^2 + abx = -ac.$$

Vergleicht man den linken Theil der Gleichung mit der Entwickelung des Quadrats eines Binoms, wie $\alpha^2 + 2\alpha\beta + \beta^2 = (\alpha + \beta)^2$ Glied für Glied, so würde a^2x^2 dem α^2, abx oder $2.ax.\frac{b}{2}$ dem $2\alpha\beta$ entsprechen, dem dritten Gliede β^2 könnte aber keines der Gleichung an die Seite gestellt werden. Um jedoch den linken Theil der Gleichung mit dieser Entwickelung des Binoms ganz conform zu machen, kann man den Factor $\frac{b}{2}$ zum Quadrat erhoben auf beiden Seiten der Gleichung hinzufügen, dies gibt

$$a^2x^2 + 2ax.\frac{b}{2} + \left(\frac{b}{2}\right)^2 = \left(\frac{b}{2}\right)^2 - ac,$$

und nun stellt der linke Theil der Gleichung das vollständige Quadrat des Binoms $ax + \frac{b}{2}$ vor. Richtet man den rechten Theil der Gleichung noch gehörig ein, so erhält man

$$\left(ax + \frac{b}{2}\right)^2 = \frac{b^2 - 4ac}{4},$$

und durch beiderseitige Ausziehung der Quadratwurzel

$$ax + \frac{b}{2} = \pm\sqrt{\frac{b^2 - 4ac}{4}} = \frac{\pm\sqrt{b^2 - 4ac}}{2},$$

endlich nach Transposition von $\frac{b}{2}$ und Division der Gleichung durch a

$$x = \frac{-b \pm \sqrt{b^2 - 4ac}}{2a}.$$

Bezeichnen also x' und x'' die beiden Wurzeln der Gleichung, so ist

$$x' = \frac{-b + \sqrt{b^2 - 4ac}}{2a},$$
$$x'' = \frac{-b - \sqrt{b^2 - 4ac}}{2a}.$$

Die gegebene Lösung läßt sich in gewissen Fällen mit Vortheil in sofern etwas abändern, als man die Grundgleichung durch a dividirt, statt sie mit a zu multipliciren. Die Rechnung gestaltet sich dann folgendermaßen

$$ax^2 + bx + c = 0,$$
$$x^2 + \frac{b}{a}x = -\frac{c}{a},$$
$$\text{oder } x^2 + 2\frac{b}{2a}x = -\frac{c}{a},$$
$$x^2 + \frac{b}{a}x + \left(\frac{b}{2a}\right)^2 = \left(\frac{b}{2a}\right)^2 - \frac{c}{a},$$

$$\left(x + \frac{b}{2a}\right)^2 = \frac{b^2 - 4ac}{4a^2},$$

$$x + \frac{b}{2a} = \frac{\pm\sqrt{b^2 - 4ac}}{2a},$$

$$x = \frac{-b \pm \sqrt{b^2 - 4ac}}{2a}$$

wie oben. Diese Auflösung wird gewöhnlich in folgender Weise als Regel zusammengefaßt: Man befreit das Quadrat der gesuchten Größe (ax^2) durch Division von seinem Coefficienten (a), transponirt das constante Glied $\left(\frac{c}{a}\right)$ auf die andre Seite und betrachtet die beiden mit der gesuchten Größe behafteten Glieder $\left(x^2 + \frac{b}{a}x\right)$ als die anfängliche Entwickelung der zweiten Potenz eines Binoms, dessen erstes Glied die gesuchte Größe (x) und dessen zweites der halbe Coefficient $\left(\frac{b}{2a}\right)$ von der gesuchten Größe (x) in der ersten Potenz ist; das Quadrat dieses zweiten Gliedes fügt man beiden Seiten der Gleichung hinzu und zieht die drei Glieder der linken Seite auf die Form eines Quadrats von einem Binom $\left(x + \frac{b}{2a}\right)^2$ zusammen; endlich zieht man die Quadratwurzel aus beiden Seiten der Gleichung und transponirt das bekannte Glied des Binoms noch auf die rechte Seite.

18) Die bisherigen Formen für die Wurzeln einer quadratischen Gleichung sind wenig geeignet für eine fortlaufende Rechnung mit Logarithmen, deren Gebrauch wünschenswerth ist, wenn die Coefficienten der Gleichung größere Zahlen oder zusammengesetzte Zahlenausdrücke sind. Mit Zuhilfenahme goniometrischer Functionen läßt sich indessen den Wurzeln eine Form geben, welche eine ununterbrochene logarithmische Rechnung gestattet. Es sind hierbei zunächst die beiden Fälle zu unterscheiden, ob das constante Glied der geordneten Gleichung positiv oder negativ ist.

A. Sei die vorgelegte Gleichung

$$ax^2 + bx - c = 0,$$

deren Wurzeln

$$x = \frac{-b \pm \sqrt{b^2 + 4ac}}{2a}$$

stets reell sein müssen. Man gebe dem Radicand $b^2 + 4ac$ zuerst die Form $b^2\left(1 + \frac{4ac}{b^2}\right)$, so erhalten die Wurzeln die Form

$$x = \frac{b}{2a}\left(-1 \pm \sqrt{1 + \frac{4ac}{b^2}}\right).$$

Je nach dem Werthe von a, b, c kann nun der Bruch $\frac{4ac}{b^2}$ jede ganze oder gebrochene Zahl größer oder kleiner als Eins vorstellen, und nach den Lehren der Goniometrie durch die Tangente eines gewissen Winkels φ (des sogenannten Hilfswinkels) oder durch eine Function derselben wiedergegeben werden. Man kann daher, wie auch die Werthe von a, b, c beschaffen sein mögen, immer setzen

$$\frac{4ac}{b^2} = \operatorname{tg}^2\varphi, \text{ also (absolut) } \operatorname{tg}\varphi = \frac{2\sqrt{ac}}{b},$$

und somit den Hilfswinkel φ aus a, b, c bestimmen. Ferner ist:

$$b = \frac{2\sqrt{ac}}{\operatorname{tg}\varphi} \text{ und } \frac{b}{2a} = \sqrt{\frac{c}{a}} \cdot \frac{1}{\operatorname{tg}\varphi},$$

und die Wurzeln der Gleichung bekommen damit folgende Ausdrücke:

$$x = \sqrt{\frac{c}{a}} \cdot \frac{-1 \pm \sqrt{1 + \operatorname{tg}^2\varphi}}{\operatorname{tg}\varphi}.$$

Nach bekannten Transformationsformeln der Goniometrie ist weiter

$$1 + \operatorname{tg}^2\varphi = \frac{1}{\cos^2\varphi} \qquad 1 + \cos\varphi = 2\cos^2\frac{\varphi}{2}$$

$$\cos\varphi \operatorname{tg}\varphi = \sin\varphi \qquad 1 - \cos\varphi = 2\sin^2\frac{\varphi}{2}$$

$$= 2\sin\frac{\varphi}{2}\cos\frac{\varphi}{2}.$$

Mit Hilfe dieser Formeln nehmen die Ausdrücke für die Wurzeln, welche wir jetzt einzeln mit x' und x'' bezeichnen wollen, nachstehende Gestalt an:

$$x' = \sqrt{\frac{c}{a}} \cdot \frac{1 - \cos\varphi}{\sin\varphi}, \quad x'' = -\sqrt{\frac{c}{a}} \cdot \frac{1 + \cos\varphi}{\sin\varphi},$$

$$x' = \sqrt{\frac{c}{a}} \cdot \operatorname{tg}\frac{\varphi}{2}, \qquad x'' = -\sqrt{\frac{c}{a}} \cdot \cot\frac{\varphi}{2}.$$

Diese Formen für die Wurzeln, sowie die Bestimmungsgleichung $\operatorname{tg}\varphi = \frac{2\sqrt{ac}}{b}$ für den Hilfswinkel φ lassen eine ununterbrochene logarithmische Rechnung zu, wobei indessen der Hilfswinkel φ möglichst scharf zu bestimmen ist.

Da nach 17) die Wurzeln der Gleichung $ax^2 - bx - c = 0$ dieselben nur entgegengesetzten Werthe wie von $ax^2 + bx - c = 0$ haben, so sind mit Vorstehendem in gleicher Weise auch die Wurzeln von

$$ax^2 - bx - c = 0,$$

nämlich

$$x' = -\sqrt{\frac{c}{a}} \cdot \operatorname{tg}\frac{\varphi}{2},$$

$$x'' = +\sqrt{\frac{c}{a}} \cdot \cot\frac{\varphi}{2}, \left[\operatorname{tg}\varphi = \frac{2\sqrt{ac}}{b}\right]$$

bestimmt.

Beispiel. Sei gegeben die Gleichung

$$0{,}92915026\, x^{2/4} - 0{,}00027084974\, x^{1/4} - 0{,}000011169215 = 0,$$

von deren Wurzeln wenigstens zwei sich bestimmen lassen. Man setze $x^3 = y$, also $x = y^{1/3}$, und bezeichne der Kürze halber die drei Zahlencoefficienten der vorgelegten Gleichung resp. mit a, b, c, so gibt die Rechnung

$$\begin{aligned}
\log a &= 0{,}9680859 - 1 \\
\log c &= 0{,}0476337 - 5 \\
\hline
\log (ac) &= 1{,}0157196 - 6 \\
\log \sqrt{ac} &= 0{,}5078598 - 3 \\
+ \log 2 &= 0{,}3010300 \\
- \log b &= 0{,}4327284 - 4
\end{aligned}$$

$$\operatorname{tg}\varphi = \frac{2\sqrt{ac}}{b}$$

$$y' = -\sqrt{\frac{c}{a}} \cdot \operatorname{tg}\frac{\varphi}{2}$$

$$y'' = +\sqrt{\frac{c}{a}} \cdot \cot\frac{\varphi}{2} = +\sqrt{\frac{c}{a}} \cdot \frac{1}{\operatorname{tg}\frac{\varphi}{2}}$$

$$\log \frac{2\sqrt{ac}}{b} = \log \operatorname{tg}\varphi = 1{,}3761614 = \log \operatorname{tg} 87^\circ\, 35'\, 30''$$

$$\log \sqrt{\frac{c}{a}} = \log \frac{\sqrt{ac}}{a} = 0{,}5307739 - 3, \quad \frac{\varphi}{2} = 43^\circ\, 47'\, 45''$$

$$\pm \log \operatorname{tg}\frac{\varphi}{2} = 0{,}9817398 - 1$$

$$\begin{aligned}
\log y' &= 2{,}5215137 - 5 \\
\log y'' &= 2{,}5580341 - 5
\end{aligned}$$

$$\log x' = \tfrac{1}{3} \log y' = 0{,}5129082 - 2, \quad x' = -0{,}0325768$$

$$\log x'' = \tfrac{1}{3} \log y'' = 0{,}5346205 - 2, \quad x'' = +0{,}0342626.$$

B. Ist jedoch das bekannte Glied der geordneten quadratischen Gleichung positiv, oder die vorgelegte Gleichung

$$ax^2 + bx + c = 0,$$

so sind deren Wurzeln

$$x = \frac{-b \pm \sqrt{b^2 - 4ac}}{2a}$$

nur dann reell, wenn

$$b^2 > 4ac \quad \text{oder} \quad 1 > \frac{4ac}{b^2},$$

d. h. wenn $\frac{4ac}{b^2}$ ein echter Bruch ist.

Unter der Voraussetzung nun, daß

a) dieser Bedingung die Coefficienten a, b, c genügen, kann man den echten Bruch $\frac{4ac}{b^2}$ dem sinus- oder cosinus-Quadrat eines bestimmten Hilfswinkels φ gleich setzen. Gibt man also den Wurzeln die Form

$$x = \frac{b}{2a}\left(-1 \pm \sqrt{1 - \frac{4ac}{b^2}}\right),$$

substituirt $\sin\varphi^2$ für $\frac{4ac}{b^2}$, woraus $b = \frac{2\sqrt{ac}}{\sin\varphi}$ und $\frac{b}{2a} = \sqrt{\frac{c}{a}} \cdot \frac{1}{\sin\varphi}$ folgt, so erhält man zunächst

$$x = \sqrt{\frac{c}{a}} \cdot \frac{-1 \pm \cos\varphi}{\sin\varphi},$$

oder, wenn man die Doppelformel für beide Wurzeln trennt und dieselben mit x' und x'' bezeichnet,

$$x' = -\sqrt{\frac{c}{a}} \cdot \frac{1 - \cos\varphi}{\sin\varphi},$$

$$x'' = -\sqrt{\frac{c}{a}} \cdot \frac{1 + \cos\varphi}{\sin\varphi}.$$

Geht man dann mit Hülfe derselben Transformationsformeln wie in A zu Functionen des halben Winkels φ über, so ergibt sich gleichfalls

$$x' = -\sqrt{\frac{c}{a}} \cdot \operatorname{tg}\frac{\varphi}{2}, \quad x'' = -\sqrt{\frac{c}{a}} \cdot \cot\frac{\varphi}{2}$$

Die Wurzeln der Gleichung

$$ax^2 - bx + c = 0$$

sind denen der vorstehenden gleich, aber entgegengesetzt, und somit hat man für diese unter denselben Bedingungen bezüglich der numerischen Werthe von a, b, c die Auflösung

$$x' = +\sqrt{\frac{c}{a}}\, \operatorname{tg}\frac{\varphi}{2}, \quad x'' = +\sqrt{\frac{c}{a}}\, \cot\frac{\varphi}{2},$$

$$\left[\sin\varphi = \frac{2\sqrt{ac}}{b}\right].$$

Z. B. Sei vorgelegt die Gleichung

$$0{,}3817464\, x^4 - 9{,}54366\, x^2 + 54{,}97148 = 0.$$

Man setze $x^2 = y$, oder $x = \pm\sqrt{y}$ und bezeichne wieder die drei Zahlencoefficienten der Reihe nach mit a, b, c, so gibt die Rechnung

$$\begin{array}{ll} \log a & = 0{,}6817749 - 1 \\ \log c & = 1{,}7401374 \\ \hline \log (ac) & = 1{,}3219123 \\ \log \sqrt{ac} & = 0{,}6609562 \\ +\log 2 & = 0{,}3010300 \\ -\log b & = 0{,}9707150 \\ \hline \log \sin \varphi & = 9{,}9822712; \end{array} \qquad \begin{array}{l} \sin\varphi = \frac{2\sqrt{ac}}{b}, \\ y' = +\sqrt{\frac{c}{a}}\,\mathrm{tg}\,\frac{\varphi}{2}, \\ y'' = +\sqrt{\frac{c}{a}}\cot\frac{\varphi}{2}, \\ \quad = +\sqrt{\frac{c}{a}}\cdot\frac{1}{\mathrm{tg}\,\frac{\varphi}{2}}, \\ \varphi = 73^\circ\ 44'\ 23'' \\ \frac{\varphi}{2} = 36^\circ\ 52'\ 11'',5 \end{array}$$

$$\begin{array}{ll} \log\sqrt{\frac{c}{a}} & = 1{,}0791813 \\ \pm\log \mathrm{tg}\,\frac{\varphi}{2} & = 9{,}8750607 \\ \hline \log y' & = 0{,}9542420 \\ \log y'' & = 1{,}2041206; \\ \log x' & = 0{,}4771210 = \log 3 \\ \log x'' & = 0{,}6020600 = \log 4 \end{array}$$

$$x' = \pm 3, \quad x'' = \pm 4.$$

b) Sind aber die numerischen Werthe von a, b, c der Gleichung $ax^2 + bx + c = 0$ von der Art, daß

$$b^2 < 4ac$$

ist, die Wurzeln also die complexe Form $\alpha + \beta\sqrt{-1}$ erhalten, indem

$$x = \frac{-b \pm \sqrt{b^2 - 4ac}}{2a} = \frac{-b \pm \sqrt{4ac - b^2}\cdot\sqrt{-1}}{2a}$$

ist, so kann man

$$\sqrt{4ac - b^2} = 2\sqrt{ac}\sqrt{1 - \frac{b^2}{4ac}}$$

und $\frac{b^2}{4ac} = \cos^2\varphi$, also $2\sqrt{ac} = \frac{b}{\cos\varphi}$

setzen. Die Wurzeln bekommen dann folgenden Ausdruck

$$x = -\frac{b}{2a}\left(1 \pm \frac{\sin\varphi}{\cos\varphi}\sqrt{-1}\right),$$

oder, wegen $\frac{b}{2a} = \frac{b}{2\sqrt{ac}}\sqrt{\frac{c}{a}} = \sqrt{\frac{c}{a}}\cdot\cos\varphi$,

$$x = -\sqrt{\frac{c}{a}}(\cos\varphi \pm \sqrt{-1}\cdot\sin\varphi).$$

Endlich findet man als Wurzeln der Gleichung

$$ax^2 - bx + c = 0, \qquad b^2 < 4ac,$$

$$x = +\sqrt{\frac{c}{a}}(\cos\varphi \pm \sqrt{-1}\sin\varphi),$$

wo φ denselben Winkel wie vorhin bedeutet.

19) Unter der Voraussetzung, daß a nicht $= 0$ ist, kann man die allgemeine quadratische Gleichung

$$ax^2 + bx + c = 0$$

mit a dividiren und zur Abkürzung $\frac{b}{a} = \alpha$, $\frac{c}{a} = \beta$ setzen; es ist dann

$$x^2 + \alpha x + \beta = 0$$

$$x = -\frac{\alpha}{2} + \sqrt{\left(\frac{\alpha}{2}\right)^2 - \beta},$$

$$x_1 = -\frac{\alpha}{2} - \sqrt{\left(\frac{\alpha}{2}\right)^2 - \beta}.$$

Hieraus ergibt sich

$$(x - x_1)(x - x_2)$$
$$= \left[x + \frac{\alpha}{2} - \sqrt{\left(\frac{\alpha}{2}\right)^2 - \beta}\right]\left[x + \frac{\alpha}{2} + \sqrt{\left(\frac{\alpha}{2}\right)^2 - \beta}\right]$$
$$= \left(x + \frac{\alpha}{2}\right)^2 - \left[\left(\frac{\alpha}{2}\right)^2 - \beta\right] = x^2 + \alpha x + \beta;$$

der Ausdruck $x^2 + \alpha x + \beta$ kann daher als Product der beiden Factoren $x - x_1$ und $x - x_2$ angesehen werden.

Andererseits ist

$$(x - x_1)(x - x_2) = x^2 - (x_1 + x_2)x + x_1 x_2,$$

und durch Vergleichung mit dem Vorigen

$$-(x_1 + x_2) = \alpha, \qquad x_1 x_2 = \beta;$$

demnach ist α die negative Summe, β das Product der Wurzeln. Man kann diesen Satz auch so aussprechen: wenn von zwei Zahlen x_1 und x_2 die Summe s und das Product p gegeben sind, so lassen sich x_1 und x_2 als die Wurzeln der quadratischen Gleichung

$$x^2 - sx + p = 0$$

ansehen. Von diesem Satze werden wir in Nr. 22 Gebrauch machen.

III. Gleichungen dritten Grades.

20) Die allgemeine Form cubischer Gleichungen ist

$$Ax^3 + Bx^2 + Cx + D = 0;$$

da hier A nicht $= 0$ sein kann, weil sonst die Gleichung zu einer quadratischen herabsinken würde, so darf überall mit A dividirt werden, wodurch die einfachere Form

$$x^3 + B'x^2 + C'x + D' = 0$$

zum Vorschein kommt. Diese ist noch einer weiteren Reduction fähig, indem man

$$x = y + \rho$$

setzt, wo y die neue Unbekannte und ρ eine vorläufig nicht näher bestimmte Größe bezeichnet. Man erhält nämlich

$$x^3 + B'x^2 + C'x + D'$$
$$= y^3 + (3\rho + B')y^2 + (3\rho^2 + 2B'\rho + C')y + (\rho^3 + B'\rho^2 + C'\rho + D')$$
$$= 0,$$

und hier kann man ρ so wählen, daß der Coefficient von y^2 verschwindet, indem man

$$\rho = -\frac{B'}{3} = -\frac{B}{3A}$$

setzt. Die Gleichung erhält nun die Form

$$y^3 + ay + b = 0,$$

und wenn man hieraus y bestimmen kann, so ist auch x gefunden, und zwar

$$x = y - \frac{B}{3A}.$$

21) Bevor wir uns mit der allgemeinen Auflösung der Gleichung $y^3 + ay + b = 0$ beschäftigen, wollen wir erst die speciellen Fälle untersuchen, wo eine der Größen a und b den Werth Null hat.

Ist erstens $b = 0$, so wird einfacher

$$1) \qquad y\,(y^2 + a) = 0$$

und diese Gleichung läßt sich auf doppelte Weise erfüllen, entweder durch $y = 0$ oder durch $y^2 + a = 0$. Demnach hat y die folgenden drei Werthe:

$$2) \quad y_1 = 0, \quad y_2 = +\sqrt{-a}, \quad y_3 = -\sqrt{-a}.$$

Im zweiten Falle $a = 0$ wird die Gleichung zu der rein cubischen

$$3) \qquad y^3 + b = 0,$$

woraus

$$y = \sqrt[3]{-b}$$

folgt. Dieses ist aber nicht die einzige Auflösung. Bezeichnen wir nämlich für den Augenblick $\sqrt[3]{-b}$ mit β, so ist $b = -\beta^3$, und statt Nr. 3 kommt

$$y^3 - \beta^3 = 0$$

oder auch damit identisch

$$(y - \beta)(y^2 + \beta y + \beta^2) = 0.$$

Man genügt dieser Gleichung sowol durch $y = \beta$ wie vorhin, als auch durch diejenigen y, für welche

$$y^2 + \beta y + \beta^2 = 0$$

wird; aus der letzteren Bedingung folgt

$$y = -\frac{1}{2}\beta \pm \sqrt{\left(\frac{1}{2}\beta\right)^2 - \beta^2}$$

$$= \frac{-1 \pm \sqrt{-3}}{2}\,\beta,$$

und daher sind die drei Wurzeln der Gleichung 3)

$$4) \quad y_1 = \sqrt[3]{-b}, \quad y_2 = \frac{-1 + \sqrt{-3}}{2}\sqrt[3]{-b},$$

$$y_3 = \frac{-1 - \sqrt{-3}}{2}\sqrt[3]{-b}.$$

22) In dem allgemeinen Falle, wo weder a noch b der Null gleich kommt, läßt sich die Gleichung

$$5) \qquad y^3 + ay + b = 0$$

auf folgende Weise behandeln. Man setze

$$6) \qquad y = u + v,$$

wo u und v zwei neue Unbekannte sind; dann ist

$$y^3 = u^3 + v^3 + 3uv\,(u + v)$$

oder wenn man statt $u + v$ wieder y schreibt

$$y^3 - 3uvy - (u^3 + v^3) = 0.$$

Diese Gleichung wird identisch mit Nr. 5, wenn u und v so bestimmt werden, daß

$$3uv = -a, \quad u^3 + v^3 = -b;$$

setzen wir

$$7) \qquad u^3 = z_1, \quad v^3 = z_2,$$

so werden die vorigen beiden Bedingungsgleichungen

$$z_1 + z_2 = -b, \quad z_1 z_2 = -\frac{1}{27}a^3,$$

und nach Nr. 10 folgt nun, daß z_1 und z_2 die Wurzeln der quadratischen Gleichung

$$z^2 + bz - \frac{1}{27}a^3 = 0$$

sein müssen, daß mithin ihre Werthe sind

$$z_1 = -\frac{1}{2}b + \sqrt{\frac{1}{4}b^2 + \frac{1}{27}a^3},$$

$$z_2 = -\frac{1}{2}b - \sqrt{\frac{1}{4}b^2 + \frac{1}{27}a^3}.$$

In den Gleichungen 7) sind jetzt die rechten Seiten bekannt und es handelt sich nur noch um die Bestimmung von u und v. Setzen wir abkürzend

$$8) \quad \alpha = \sqrt[3]{-\frac{1}{2}b + \sqrt{\frac{1}{4}b^2 + \frac{1}{27}a^3}},$$

$$9) \quad \beta = \sqrt[3]{-\frac{1}{2}b - \sqrt{\frac{1}{4}b^2 + \frac{1}{27}a^3}},$$

so lauten die Gleichungen 7)

$$u^3 - \alpha^3 = 0, \quad v^3 - \beta^3 = 0,$$

und lassen sich als rein cubische Gleichungen nach Nr. 21 behandeln; die Werthe von u und v sind

$$u_1 = \alpha, \qquad v_1 = \beta,$$

$$u_2 = \frac{-1 + \sqrt{-3}}{2}\,\alpha, \qquad v_2 = \frac{-1 + \sqrt{-3}}{2}\,\beta,$$

$$u_3 = \frac{-1 - \sqrt{-3}}{2}\,\alpha, \qquad v_3 = \frac{-1 - \sqrt{-3}}{2}\,\beta,$$

und nach Formel 6)

$$y = u + v.$$

Da jeder Werth von u mit jedem Werthe von v combinirt werden darf, so scheint y neun verschiedene Werthe zu haben; beobachtet man aber, daß immer $3uv = -a$ sein muß, so kommt man auf folgende drei Combinationen zurück:

$$y_1 = u_1 + v_1, \quad y_2 = u_2 + v_3, \quad y_3 = u_3 + v_2.$$

Die cubische Gleichung

$$y^3 + ay + b = 0$$

besitzt demnach folgende drei Wurzeln:

$$10) \quad \begin{cases} y_1 = \alpha + \beta, \\ y_2 = -\dfrac{\alpha + \beta}{2} + \dfrac{\alpha - \beta}{2}\sqrt{-3}, \\ y_3 = -\dfrac{\alpha + \beta}{2} - \dfrac{\alpha - \beta}{2}\sqrt{-3}. \end{cases}$$

Die erste dieser Formeln wird gewöhnlich nach Cardanus (Geronimo Cardano) benannt, der sie in seiner Ars magna (1545) zuerst veröffentlichte, obschon sie ihm von dem Erfinder Nicolo Tartalea nur gegen das Versprechen der Geheimhaltung mitgetheilt worden war.

23) Wenn der Ausdruck $\frac{1}{4}b^2 + \frac{1}{27}a^3$ positiv ist, so sind α und β reell, mithin besitzt die cubische Gleichung in diesem Falle eine reelle und zwei imaginäre Wurzeln; bei negativem $\frac{1}{4}b^2 + \frac{1}{27}a^3$ erscheinen dagegen alle drei Wurzeln unter imaginärer Form. Daß aber grade im letzteren Falle sämmtliche Wurzeln reell sein können, ersieht man leicht aus Beispielen; so gibt z. B. die Gleichung

$$y^3 - 39y + 70 = 0$$

die Werthe

$$\alpha = \sqrt[3]{-35+\sqrt{-972}}, \quad \beta = \sqrt[3]{-35-\sqrt{-972}},$$

obschon die reellen Wurzeln 2, 5 und —7 vorhanden sind. Hieraus muß man schließen, daß unter diesen Umständen die Wurzeln nicht in Form von Radicalen dargestellt werden können, und man wird dies um so weniger befremdlich finden, als schon bei den quadratischen Gleichungen eine andere, und zwar die goniometrische Form der Wurzeln gute Dienste leistete *). Wir geben daher noch die sogenannte trigonometrische Auflösung der cubischen Gleichungen.

Da α und β nur dann imaginär werden können, wenn a negativ und, dem absoluten Werthe nach, $a^3 > \frac{27}{4}b^2$ ist, so haben wir nur Gleichungen von den Formen

$$y^3 - ay \pm b = 0$$

zu betrachten, worin a und b an und für sich im absoluten Sinne genommen werden und

$$a^3 > \frac{27}{4}b^2 \quad \text{oder} \quad 4a^3 > 27b^2$$

ist. Setzen wir

1) $$y = r \sin\varphi,$$

wo r und φ einstweilen unbekannt sind, so geht die Gleichung

2) $$y^3 - ay + b = 0$$

in die folgende über

$$\sin^3\varphi - \frac{a}{r^2}\sin\varphi + \frac{b}{r^3} = 0.$$

Andererseits kennt man die goniometrische Formel

$$\sin^3\varphi - \frac{3}{4}\sin\varphi + \frac{1}{4}\sin 3\varphi = 0,$$

und es wird diese Gleichung mit der vorigen identisch, wenn man r und φ so wählt, daß

$$\frac{a}{r^2} = \frac{3}{4}, \quad \frac{b}{r^3} = \frac{1}{4}\sin 3\varphi$$

ist. Aus der ersten Gleichung folgt

3) $$r = 2\sqrt{\frac{a}{3}},$$

wobei wir das Wurzelzeichen im absoluten Sinne nehmen; die zweite Bedingung gibt

4) $$\sin 3\varphi = \frac{4b}{r^3} = \sqrt{\frac{27b^2}{4a^3}},$$

und da, zufolge der Voraussetzung $4a^3 > 27b^2$, die rechte Seite ein echter Bruch ist, so existirt auch immer ein Winkel 3φ, dessen Sinus den verlangten Werth besitzt. Die Gleichung 3) bestimmt r, die Formel 4) liefert den Winkel 3φ, mithin auch φ, und nun ist nach Nr. 1) auch y bekannt. Hierbei findet aber eine Mehrdeutigkeit statt. Wenn nämlich von einem Winkel $\Theta = 3\varphi$ nur der Sinus gegeben ist, so gibt es erstens einen spitzen Winkel ϑ, der jenen Sinus besitzt, außerdem haben aber auch die Winkel $2.90° - \vartheta$, $4.90° + \vartheta$, $6.90° - \vartheta$ u. s. w. denselben Sinus, und daher sind folgende Werthe von $\varphi = \frac{1}{3}\Theta$ möglich:

$$\frac{1}{3}\vartheta, \quad 2.30° - \frac{1}{3}\vartheta, \quad 4.30° + \frac{1}{3}\vartheta,$$
$$6.30° - \frac{1}{3}\vartheta, \ldots.$$

Hiernach scheint es, als habe y die unendlich vielen Werthe

$$r\sin\frac{1}{3}\vartheta, \quad r\sin\left(60° - \frac{1}{3}\vartheta\right), \quad r\sin\left(120° + \frac{1}{3}\vartheta\right),$$
$$r\sin\left(180° - \frac{1}{3}\vartheta\right), \quad r\sin\left(240° + \frac{1}{3}\vartheta\right) \text{ etc.},$$

doch findet man mit Hilfe der Formeln

$$\sin(180° - \omega) = \sin\omega, \quad \sin(180° + \omega) = -\sin\omega$$

sehr leicht, daß sich jene Werthe nur auf drei wirklich verschiedene reduciren, nämlich

$$r\sin\frac{1}{3}\vartheta, \quad r\sin\left(60° - \frac{1}{3}\vartheta\right),$$
$$r\sin\left(240° + \frac{1}{3}\vartheta\right) = -r\sin\left(60° + \frac{1}{3}\vartheta\right).$$

Die Auflösung der Gleichung 2) geschieht daher durch die Formeln

5) $$r = 2\sqrt{\frac{a}{3}}, \quad \sin\vartheta = \frac{4b}{r^3},$$

6) $$y_1 = r\sin\frac{1}{3}\vartheta, \quad y_2 = r\sin\left(60° - \frac{1}{3}\vartheta\right),$$
$$y_3 = -r\sin\left(60° + \frac{1}{3}\vartheta\right),$$

worin ϑ ein spitzer Winkel ist.

*) Schafft man die Radicale durch Reihenentwickelungen nach dem binomischen Satze weg, so heben sich in der That die imaginären Größen, und die Wurzeln erscheinen in reeller Form. Eine andere Auflösung dieses sogenannten casus irreducibilis hat Clausen mit Hilfe der Kettenbrüche gegeben (Astronomische Nachrichten Nr. 446 oder Grunert's Archiv der Mathematik. 2. Bd. S. 446).

Eine ganz ähnliche Behandlung gestattet die Gleichung

7) $$y^3 - ay - b = 0,$$

nur wird in diesem Falle

$$\sin 3\varphi = -\frac{4b}{r^3} \quad \text{oder} \quad \sin\vartheta = -\frac{4b}{r^3},$$

also ϑ negativ und ebenso $\frac{1}{3}\vartheta$ negativ; die Wurzeln haben dann dieselben absoluten Werthe, aber die entgegengesetzten Zeichen wie vorhin.

Als Beispiel diene die schon erwähnte Gleichung

$$y^3 - 39y + 70 = 0.$$

Hier ist $a = 39$, $b = 70$, mithin

$$r = 2\sqrt{13}, \qquad \log r = 0{,}8580017 - 1,$$

$$\sin\vartheta = \frac{35}{\sqrt{13^3}}, \quad \log\sin\vartheta = 0{,}8731529 - 1,$$

$$\vartheta = 48^\circ\ 18'\ 22''\ 77,$$

$$\frac{1}{3}\vartheta = 16^\circ\ 6'\ 7''\ 59,$$

$$60^\circ - \frac{1}{3}\vartheta = 43^\circ\ 53'\ 52''\ 41,$$

$$60^\circ + \frac{1}{3}\vartheta = 76^\circ\ 6'\ 7''\ 59,$$

$$\log\sin\frac{1}{3}\vartheta = 0{,}4430282 - 1,$$

$$\log\sin\left(60^\circ - \frac{1}{3}\vartheta\right) = 0{,}8409683 - 1,$$

$$\log\sin\left(60^\circ + \frac{1}{3}\vartheta\right) = 0{,}9870963 - 1,$$

$$\log y_1 = 0{,}3010299, \qquad y_1 = +2,$$

$$\log y_2 = 0{,}6989700, \qquad y_2 = +5,$$

$$\log(-y_3) = 0{,}8450980, \qquad y_3 = -7.$$

24) Aus dem Bisherigen geht hervor, daß die cubische Gleichung

$$y^3 + ay + b = 0$$

jederzeit drei Wurzeln besitzt, die sämmtlich reell sind, wenn $\frac{1}{27}a^3 + \frac{1}{4}b^2$ negativ ist, unter denen sich aber nur eine reelle befindet, wenn $\frac{1}{27}a^3 + \frac{1}{4}b^2$ positiv ist. Hiernach ist leicht zu entscheiden, unter welchen Umständen die allgemeine cubische Gleichung

1) $$x^3 + Ax^2 + Bx + C = 0$$

drei reelle Wurzeln besitzt oder nicht. Für

$$x = y - \frac{1}{3}A$$

geht nämlich die Gleichung über in

$$y^3 + ay + b = 0,$$

und zwar ist

$$a = B - \frac{1}{3}A^2, \quad b = C - \frac{1}{3}AB + \frac{2}{27}A^3;$$

zufolge dieser Werthe findet man

$$4a^3 + 27b^2$$
$$= 3(AB - 3C)^2 + 4A^2(AC - B^2) + 4B^3;$$

je nachdem dieser Ausdruck negativ oder positiv ist, besitzt die Gleichung 1) drei reelle Wurzeln oder nicht.

Der Satz, daß jede cubische Gleichung mindestens eine reelle Wurzel hat, läßt sich übrigens unabhängig von dem Vorigen auf folgende Weise ableiten. Denkt man sich in dem Ausdrucke

$$x^3 + Ax^2 + Bx + C = x^3\left(1 + \frac{A}{x} + \frac{B}{x^2} + \frac{C}{x^3}\right)$$

x als beliebige veränderliche Größe, so kann man ihm stets einen so großen Werth ertheilen, daß der absolute Betrag von $\frac{A}{x} + \frac{B}{x^2} + \frac{C}{x^3}$ beliebig klein, also jedenfalls kleiner als die Einheit wird; dann ist $1 + \frac{A}{x} + \frac{B}{x^2} + \frac{C}{x^3}$ positiv und das Vorzeichen des genannten Ausdrucks hängt nur noch von dem Vorzeichen des x ab. Gibt man daher dem x das eine Mal einen hinreichend großen positiven, das andere Mal einen hinreichend großen negativen Werth, so wird $x^3 + Ax^2 + Bx + C$ erst positiv und nachher negativ, und wenn x stetig von dem einen zum anderen Werthe übergeht, so ändert sich, wie leicht zu sehen ist, der obige Ausdruck gleichfalls stetig und geht aus dem Positiven ins Negative über. Dies ist aber nur möglich, wenn $x^3 + Ax^2 + Bx + C$ den zwischenliegenden Werth Null wenigstens einmal durchlaufen hat, d. h. es gibt mindestens einen reellen Werth von x, für welchen

$$x^3 + Ax^2 + Bx + C = 0$$

wird. Bezeichnen wir diese reelle Wurzel der vorstehenden Gleichung mit x_1, so ist

$$x_1^3 + Ax_1^2 + Bx_1 + C = 0$$

mithin identisch

$$x^3 + Ax^2 + Bx + C$$
$$= x^3 - x_1^3 + A(x^2 - x_1^2) + B(x - x_1)$$
$$= (x - x_1)[x^2 + xx_1 + x_1^2 + A(x + x_1) + B]$$
$$= (x - x_1)[x^2 + (A + x_1)x + (B + Ax_1 + x_1^2)],$$

oder mit leicht verständlicher Abkürzung

$$x^3 + Ax^2 + Bx + C$$
$$= (x - x_1)(x^2 + A_1x + B_1).$$

Dieser Ausdruck kann auf doppelte Weise zu Null werden, entweder für $x = x_1$ wie vorhin oder durch diejenigen x, welche

$$x^2 + A_1x + B_1 = 0$$

machen. Nennen wir x_2 und x_3 die Wurzeln dieser quadratischen Gleichung, so ist

$$x^2 + A_1x + B_1 = (x - x_2)(x - x_3)$$

mithin

$$x^3 + Ax^2 + Bx + C$$
$$= (x - x_1)(x - x_2)(x - x_3),$$

und es sind nun $x = x_1$, $x = x_2$, $x = x_3$ die Wurzeln der besprochenen cubischen Gleichung.

Die Ausführung der angedeuteten Multiplication gibt

$$x^3 + Ax^2 + Bx + C$$
$$= x^3 - (x_1 + x_2 + x_3)x^2 + (x_1x_2 + x_2x_3 + x_3x_1)x - x_1x_2x_3,$$

mithin ist durch Vergleichung

$$A = -(x_1 + x_2 + x_3)$$
$$B = +(x_1x_2 + x_2x_3 + x_3x_1)$$
$$C = -x_1x_2x_3.$$

Man kann diesen Satz auch so aussprechen: wenn von drei Zahlen x_1, x_2, x_3 die Summe:

$$x_1 + x_2 + x_3 = s,$$

die Summe ihrer Combinationen zu je zweien:

$$x_1x_2 + x_2x_3 + x_3x_1 = q,$$

und das Product

$$x_1x_2x_3 = p$$

gegeben sind, so lassen sich x_1, x_2, x_3 als die Wurzeln der cubischen Gleichung

$$x^3 - sx^2 + qx - p = 0$$

betrachten. — Uebrigens ist dieser Satz nur ein specieller Fall eines allgemeineren Theoremes, welches später vorkommen wird.

IV. Gleichungen vierten Grades.

25) Wie leicht zu sehen ist, kann die allgemeine Gleichung vierten Grades auf folgende Form gebracht werden:

1) $$x^4 + Ax^3 + Bx^2 + Cx + D = 0;$$

diese gestattet eine ähnliche Vereinfachung, wie sie bei den cubischen Gleichungen gezeigt wurde. Setzt man nämlich

$$x = y + \varrho,$$

so erhält man zunächst

$$x^4 + Ax^3 + Bx^2 + Cx + D$$
$$= y^4 + (4\varrho + A)y^3 + (6\varrho^2 + 3A\varrho + B)y^2$$
$$+ (4\varrho^3 + 3A\varrho^2 + 2B\varrho + C)y$$
$$+ (\varrho^4 + A\varrho^3 + B\varrho^2 + C\varrho + D)$$
$$= 0,$$

und wenn hier

$$\varrho = -\frac{1}{4}A$$

gesetzt wird, so verschwindet der Coefficient von y^3, und die Gleichung erhält die einfachere Form

2) $$y^4 + ay^2 + by + c = 0.$$

In zwei speciellen Fällen bietet die Auflösung derselben keine Schwierigkeit, wie wir zunächst zeigen wollen.

Ist nämlich $c = 0$, so wird

3) $$y(y^3 + ay + b) = 0,$$

und hieraus folgt, daß y entweder $= 0$ sein, oder solche Werthe haben muß, für welche $y^3 + ay + b = 0$ wird. Nennen wir y_1, y_2, y_3 die Wurzeln dieser cubischen Gleichung, so sind

$$y = 0, \quad y = y_1, \quad y = y_2, \quad y = y_3$$

die Wurzeln der Gleichung 3). Letztere besitzt daher entweder vier reelle, oder zwei reelle und zwei imaginäre Wurzeln.

Ist zweitens $b = 0$, so kann man in der Gleichung

$$(y^2)^2 + a(y^2) + c = 0$$

y^2 als nächste Unbekannte ansehen; in Beziehung auf diese ist die Gleichung quadratisch und gibt

$$y^2 = -\frac{a}{2} \pm \sqrt{\left(\frac{a}{2}\right)^2 - c},$$

mithin

$$y = \pm\sqrt{-\frac{a}{2} \pm \sqrt{\left(\frac{a}{2}\right)^2 - c}}.$$

Die vier möglichen Combinationen der Zeichen + und — liefern vier Werthe von y; diese können entweder sämmtlich reell sein, oder es können zwei derselben reell und die übrigen zwei imaginär, oder es können sämmtliche Wurzeln imaginär sein.

26) Wenn keiner der vorigen speciellen Fälle stattfindet, so läßt sich ein Verfahren anwenden, welches vollkommen ähnlich der im Abschnitte 21 benutzten Methode ist. Setzt man nämlich

1) $$y = u + v + w,$$

so hat man

$$y^2 = u^2 + v^2 + w^2 + 2(uv + uw + vw),$$
$$[y^2 - (u^2 + v^2 + w^2)]^2 = 4(u^2v^2 + u^2w^2 + v^2w^2)$$
$$+ 8uvw(u + v + w)$$
$$= 4(u^2v^2 + u^2w^2 + v^2w^2)$$
$$+ 8uvwy,$$

oder nach gehöriger Anordnung

$$y^4 - 2(u^2 + v^2 + w^2)y^2 - 8uvwy$$
$$+ [(u^2 + v^2 + w^2)^2 - 4(u^2v^2 + u^2w^2 + v^2w^2)] = 0.$$

Diese Gleichung wird identisch mit

2) $$y^4 + ay^2 + by + c = 0,$$

wenn u, v, w den Bedingungen

$$4(u^2 + v^2 + w^2) = -2a$$
$$8uvw = -b,$$
$$16(u^2v^2 + v^2w^2 + w^2u^2) = a^2 - 4c$$

genügen. Setzt man zur Vereinfachung

3) $$4u^2 = z_1, \quad 4v^2 = z_2, \quad 4w^2 = z_3,$$

so werden die obigen Bedingungen zu den folgenden

$$z_1 + z_2 + z_3 = -2a,$$
$$z_1z_2 + z_2z_3 + z_3z_1 = a^2 - 4c, \quad z_1z_2z_3 = b^2,$$

und hieraus geht augenblicklich hervor, daß z_1, z_2, z_3 die Wurzeln der cubischen Gleichung

4) $$z^3 + 2az^2 + (a^2 - 4c)z - b^2 = 0$$

sind. Da $z_1z_2z_3 = b^2$ ist, so muß eine dieser Wurzeln positiv sein, die beiden übrigen sind entweder gleichzeitig positiv, oder negativ, oder imaginär. Nachdem man z_1, z_2, z_3 durch Auflösung der Gleichung 4) bestimmt hat, ergeben sich nach Nr. 3) die Werthe

$$u = \frac{\pm\sqrt{z_1}}{2}, \quad v = \frac{\pm\sqrt{z_2}}{2}, \quad w = \frac{\pm\sqrt{z_3}}{2},$$

und daraus y nach Nr. 1). Hierbei darf man nicht übersehen, daß jeder Werth von u mit jedem Werthe von v und w combinirt werden darf, was im Ganzen acht verschiedene Werthe von y geben würde. Diese Anzahl reducirt sich aber zufolge der Bedingung $8uvw = -b$, und wenn man auf die Unterscheidung positiver und negativer b eingeht, so bleiben immer nur vier Werthe zulässig, nämlich bei positiven b:

$$
5)\quad \begin{cases}
y_1 = \frac{1}{2}(-\sqrt{z_1} + \sqrt{z_2} + \sqrt{z_3}),\\
y_2 = \frac{1}{2}(+\sqrt{z_1} - \sqrt{z_2} + \sqrt{z_3}),\\
y_3 = \frac{1}{2}(+\sqrt{z_1} + \sqrt{z_2} - \sqrt{z_3}),\\
y_4 = \frac{1}{2}(-\sqrt{z_1} - \sqrt{z_2} - \sqrt{z_3}),
\end{cases}
$$

dagegen sind bei negativen b die Wurzeln:

$$
6)\quad \begin{cases}
y_1 = \frac{1}{2}(+\sqrt{z_1} - \sqrt{z_2} - \sqrt{z_3}),\\
y_2 = \frac{1}{2}(-\sqrt{z_1} + \sqrt{z_2} - \sqrt{z_3}),\\
y_3 = \frac{1}{2}(-\sqrt{z_1} - \sqrt{z_2} + \sqrt{z_3}),\\
y_4 = \frac{1}{2}(+\sqrt{z_1} + \sqrt{z_2} + \sqrt{z_3}).
\end{cases}
$$

27) Hinsichtlich der Realität der gefundenen vier Wurzeln ist Folgendes zu bemerken. Wenn alle Wurzeln der cubischen Hülfsgleichung (4) positiv sind, so werden sämmtliche Wurzeln der biquadratischen Gleichung reell; dieses ist aber nicht mehr der Fall, wenn außer einer positiven Wurzel z_1 zwei negative oder zwei imaginäre Wurzeln z_2 und z_3 vorkommen. Bei negativen z_2 und z_3 müssen wieder die Unterfälle gleicher und ungleicher z_2 und z_3 getrennt werden; im ersten Falle sind zwei der Wurzeln y_1, y_2, y_3, y_4 reell und gleich, während die beiden andern imaginär sind; bei ungleichen negativen z_2 und z_3 sind alle y imaginär. Wenn endlich z_2 und z_3 imaginär ausfallen, etwa

$$z_2 = \alpha + \beta\sqrt{-1}, \quad z_3 = \alpha - \beta\sqrt{-1},$$

so kommen in den Gleichungen 5) und 6) Ausdrücke von den Formen $\sqrt{\alpha \pm \beta\sqrt{-1}}$ vor, die sich mit Hülfe der bekannten identischen Gleichung

$$\sqrt{\alpha \pm \beta\sqrt{-1}} = \sqrt{\frac{\sqrt{\alpha^2+\beta^2}+\alpha}{2}} \pm \sqrt{\frac{\sqrt{\alpha^2+\beta^2}-\alpha}{2}}\cdot\sqrt{-1}$$

auf die Form $\gamma \pm \delta\sqrt{-1}$ bringen lassen; dann werden zwei Wurzeln y reell und zwei imaginär.

Als Beispiel diene die Gleichung

$$x^4 - 8x^3 + 10x^2 + 64x - 195 = 0.$$

Für $x = y + 2$ wird dieselbe

$$y^4 - 14y^2 + 40y - 75 = 0;$$

die cubische Hülfsgleichung ist für $a = -14$; $b = +40$, $c = -75$,

$$z^3 - 28z^2 + 496z - 1600 = 0,$$

und hat die Wurzeln

$$z_1 = 4,\ z_2 = 12 + 16\sqrt{-1};\ z_3 = 12 - 16\sqrt{-1}.$$

Da hier b positiv ist, so müssen die Formeln 5) genommen werden, wodurch man erhält

$$
\begin{aligned}
y_1 &= -1 + \sqrt{3+4\sqrt{-1}} + \sqrt{3-4\sqrt{-1}},\\
y_2 &= +1 - \sqrt{3+4\sqrt{-1}} + \sqrt{3-4\sqrt{-1}},\\
y_3 &= +1 + \sqrt{3+4\sqrt{-1}} - \sqrt{3-4\sqrt{-1}},\\
y_4 &= -1 - \sqrt{3-4\sqrt{-1}} - \sqrt{3-4\sqrt{-1}};
\end{aligned}
$$

nun ist aber

$$\sqrt{3 \pm 4\sqrt{-1}} = 2 \pm \sqrt{-1},$$

und nach Substitution hiervon ergeben sich die Werthe

$$
\begin{aligned}
&y_1 = +3,\ y_2 = 1 - 2\sqrt{-1},\ y_3 = 1 + 2\sqrt{-1},\ y_4 = -5,\\
&x_1 = +5,\ x_2 = 3 - 2\sqrt{-1},\ x_3 = 3 + 2\sqrt{-1},\ x_4 = -3.
\end{aligned}
$$

28) Es liegt sehr nahe, das Verfahren, welches zur Auflösung der Gleichungen dritten und vierten Grades benutzt wurde, auch auf Gleichungen höherer Grade anzuwenden; man gelangt aber dabei zu Gleichungen, die schwerer als die ursprüngliche Gleichung aufzulösen sind. In der That haben Abel (Crelle's Journal 1. Bd.), Ruffini (Memorie di matematica e di fisica della società italiana delle scienze. P. I. 1803) und neuerdings Wantzel (*Serret*, Cours d'algèbre supérieure p. 305 — 309) bewiesen, daß es unmöglich ist, Gleichungen von höherem als viertem Grade durch Radicale aufzulösen. Andererseits sind die Gleichungen fünften Grades mit Hülfe elliptischer Functionen auflösbar, wie zuerst Hermite (Théorie des équations modulaires, et la résolution de l'équation du cinquième degré, Paris 1859) nachgewiesen hat; doch können wir auf diese Untersuchung nicht näher eingehen, da sie zu tief in die Theorie der elliptischen Functionen eingreift. Für die Algebra im eigentlichen Sinne des Worts entspringt hieraus das Problem, die Kennzeichen anzugeben, wodurch sich die algebraisch lösbaren Gleichungen von anderen unterscheiden. Scharfsinnige Betrachtungen nach dieser Richtung sind früher von Abel und Galois, neuerdings besonders von Kronecker (Bericht der Berliner Akademie vom 20. Juni 1853; *Serret*, Cours d'algèbre supérieure Note XIII. p. 560) angestellt worden, auf die wir hier gleichfalls nur verweisen können.

V. Die binomischen Gleichungen.

29) Aus dem Bisherigen geht hervor, daß die imaginären Wurzeln algebraischer Gleichungen zweiten, dritten

und vierten Grades von der Form $\alpha \pm \beta\sqrt{-1}$, d. h. sogenannte complexe Zahlen sind. Diese besitzen mehre Eigenschaften, welche später von Wichtigkeit sind, und deren Entwickelung deshalb eingeschaltet werden möge. Dabei soll $\sqrt{-1}$ immer kurz mit i bezeichnet werden, sodaß die Gleichungen

$$i^2 = -1,\quad i^4 = +1,\quad i^6 = -1, \ldots$$
$$i^3 = -i,\quad i^5 = +i,\quad i^7 = -i, \ldots$$

stattfinden.

Ist r eine absolute Zahl, φ ein noch unbestimmter Winkel, so kann man der Gleichung

$$\alpha + i\beta = r(\cos\varphi + i\sin\varphi) = r\cos\varphi + ir\sin\varphi$$

genügen, wenn man r und φ so wählt, daß gleichzeitig

$$r\cos\varphi = \alpha,\qquad r\sin\varphi = \beta$$

wird. Es folgt hieraus

$$r = \sqrt{\alpha^2 + \beta^2},\qquad \tan\varphi = \frac{\beta}{\alpha},$$

mithin sind r und φ immer reell; jede complexe Zahl läßt sich daher auf die sogenannte Normalform $r(\cos\varphi + i\sin\varphi)$ bringen, und es wird daher künftig immer nur von complexen Zahlen dieser Form die Rede sein. Dabei pflegt man r den Modulus, $r^2 = \alpha^2 + \beta^2$ die Norm, φ das Argument der complexen Zahl $\alpha + i\beta$ zu nennen.

Multiplicirt man auf gewöhnliche Weise $r(\cos\varphi + i\sin\varphi)$ mit $r'(\cos\varphi' + i\sin\varphi')$, so findet man

$$r(\cos\varphi + i\sin\varphi)\,.\,r'(\cos\varphi' + i\sin\varphi')$$
$$= rr'[\cos\varphi\cos\varphi' - \sin\varphi\sin\varphi' + i(\cos\varphi\sin\varphi' + \sin\varphi\cos\varphi')]$$
$$= rr'[\cos(\varphi + \varphi') + i\sin(\varphi + \varphi')];$$

der Modulus des Products ist also das Product der früheren Moduli, und das Argument des Productes die Summe der früheren Argumente.

Durch mehrmalige Anwendung dieser Regel gelangt man leicht zu der allgemeinen Formel:

$$r_1(\cos\varphi_1 + i\sin\varphi_1)\,.\,r_2(\cos\varphi_2 + i\sin\varphi_2)\ldots r_m(\cos\varphi_m + i\sin\varphi_m)$$
$$= r_1 r_2 \ldots r_m\,[\cos(\varphi_1 + \varphi_2 + \ldots + \varphi_m)$$
$$+ i\sin(\varphi_1 + \varphi_2 + \cdots + \varphi_m)].$$

Für $r_1 = r_2 \ldots = r_m = r$ und $\varphi_1 = \varphi_2 \ldots = \varphi_m = \varphi$ wird hieraus die Gleichung

$$[r(\cos\varphi + i\sin\varphi)]^m = r^m(\cos m\varphi + i\sin m\varphi),$$

welche unter dem Namen des Moivre'schen Satzes bekannt ist.

Um die analoge Formel zur Radicirung einer complexen Zahl zu erhalten, setzen wir

$$[r(\cos\varphi + i\sin\varphi)]^{\frac{m}{n}} = \varrho(\cos\psi + i\sin\psi),$$

wo ϱ und ψ einstweilen unbekannt sind. Durch beiderseitige Erhebung auf die nte Potenz folgt dann

$$[r(\cos\varphi + i\sin\varphi)]^m = [\varrho(\cos\psi + i\sin\psi)]^n,$$

d. i.

$$r^m(\cos m\varphi + i\sin m\varphi) = \varrho^n(\cos n\psi + i\sin n\psi),$$

und durch Vergleichung der reellen, sowie der imaginären Theile

$$\varrho^n\cos n\psi = r^m\cos m\varphi,\qquad \varrho^n\sin n\psi = r^m\sin m\varphi.$$

Hieraus folgt zunächst, indem man quadrirt, addirt und die 2nte Wurzel zieht,

$$\varrho = r^{\frac{m}{n}},$$

wobei ϱ und r im absoluten Sinne zu nehmen sind. Durch Substitution dieses Werthes gehen die vorigen Gleichungen in die folgenden über:

$$\cos n\psi = \cos m\varphi,\qquad \sin n\psi = \sin m\varphi,$$

welche nur dann bestehen können, wenn die Differenz zwischen $n\psi$ und $m\varphi$ ein gerades Vielfaches von π beträgt. Wir haben daher, wenn k eine beliebige ganze positive oder negative Zahl bezeichnet,

$$n\psi = m\varphi + 2k\pi \quad\text{oder}\quad \psi = \frac{m\varphi + 2k\pi}{n},$$

und nach Substitution der Werthe von ϱ und ψ

$$[r(\cos\varphi + i\sin\varphi)]^{\frac{m}{n}} =$$
$$r^{\frac{m}{n}}\left[\cos\frac{m\varphi + 2k\pi}{n} + i\sin\frac{m\varphi + 2k\pi}{n}\right].$$

Da k das Gebiet der ganzen Zahlen von $-\infty$ bis $+\infty$ durchlaufen kann, so scheint die rechte Seite der vorstehenden Gleichung unendlich viel verschiedene Werthe zu haben; die folgenden Bemerkungen werden aber zeigen, daß die Anzahl der wirklich verschiedenen Werthe viel geringer ist. Gibt man nämlich dem k das eine Mal den individuellen Werth h, das andere Mal den Werth $n + h$, so ändert sich der Bogen $\frac{m\varphi + 2k\pi}{n}$ um 2π und hat dann wieder denselben Sinus und Cosinus wie vorher; man braucht daher k nur $= 0, 1, 2, 3, \ldots n - 1$ zu nehmen. Ferner bleibt die rechte Seite der obigen Gleichung dieselbe für $k = -h$ und für $k = n - h$; die negativen k liefern daher keine neuen Werthe. Demnach hat der Ausdruck

$$[r(\cos\varphi + i\sin\varphi)]^{\frac{m}{n}}$$

nur n von einander verschiedene Werthe, welche man dadurch erhält, daß man in der complexen Form

$$r^{\frac{m}{n}}\left[\cos\frac{m\varphi + 2k\pi}{n} + i\sin\frac{m\varphi + 2k\pi}{n}\right]$$

der Reihe nach $k = 0, 1, 2, \ldots (n - 1)$ setzt.

30) Die Auflösung der sogenannten binomischen Gleichung

$$x^n = +1$$

ist nach dem Vorigen sehr leicht; es folgt nämlich

$$x = (+1)^{\frac{1}{n}} = (\cos 0 + i\sin 0)^{\frac{1}{n}}$$
$$= \cos\frac{2k\pi}{n} + i\sin\frac{2k\pi}{n},$$

worin $k = 0, 1, 2, \ldots (n - 1)$ zu setzen ist. Man kann hierbei gerade und ungerade n unterscheiden; im ersten Falle lassen sich die Werthe von k folgendermaßen gruppiren:

$$k = 0,\quad 1\ ,\quad 2\ ,\ \ldots\ \frac{n}{2} - 1,$$

$$\frac{n}{2},\ n-1,\ n-2,\ \ldots\ \frac{n}{2} + 1,$$

im zweiten Falle dagegen

$$k = 0,\quad 1\ ,\quad 2\ ,\ \ldots\ \frac{n-1}{2},$$

$$n-1,\ n-2,\ \ldots\ \frac{n+1}{2}.$$

Für ein gerades n sind demnach die Werthe von x

$$+1, \qquad\qquad -1,$$

$$\cos\frac{2\pi}{n} + i\sin\frac{2\pi}{n}, \qquad \cos\frac{2\pi}{n} - i\sin\frac{2\pi}{n},$$

$$\cos\frac{4\pi}{n} + i\sin\frac{4\pi}{n}, \qquad \cos\frac{4\pi}{n} - i\sin\frac{4\pi}{n},$$

$$\cos\frac{6\pi}{n} + i\sin\frac{6\pi}{n}, \qquad \cos\frac{6\pi}{n} - i\sin\frac{6\pi}{n},$$

. . . .

$$\cos\frac{(n-2)\pi}{n} + i\sin\frac{(n-2)\pi}{n}, \quad \cos\frac{(n-2)\pi}{n} - i\sin\frac{(n-2)\pi}{n};$$

dagegen für ein ungerades n:

$$+1$$

$$\cos\frac{2\pi}{n} + i\sin\frac{2\pi}{n}, \qquad \cos\frac{2\pi}{n} - i\sin\frac{2\pi}{n},$$

$$\cos\frac{4\pi}{n} + i\sin\frac{4\pi}{n}, \qquad \cos\frac{4\pi}{n} - i\sin\frac{4\pi}{n},$$

$$\cos\frac{6\pi}{n} + i\sin\frac{6\pi}{n}, \qquad \cos\frac{6\pi}{n} - i\sin\frac{6\pi}{n},$$

. . . .

$$\cos\frac{(n-1)\pi}{n} + i\sin\frac{(n-1)\pi}{n}, \quad \cos\frac{(n-1)\pi}{n} - i\sin\frac{(n-1)\pi}{n}.$$

Auf ganz gleiche Weise kann man die etwas allgemeinere Gleichung

$$y^n = +c = (+1)\,c$$

auflösen, wo c im absoluten Sinne zu nehmen ist; es folgt nämlich

$$y = (+1)^{\frac{1}{n}}\sqrt[n]{c}.$$

Hier nimmt man $\sqrt[n]{c}$ im absoluten Sinne und setzt für $(+1)^{\frac{1}{n}}$ die vorher angegebenen n Werthe.

31) Die Auflösung der Gleichung

$$x^n = -1$$

geschieht nach einem ganz analogen Verfahren; es ist nämlich

$$x = (-1)^{\frac{1}{n}} = (\cos\pi + i\sin\pi)^{\frac{1}{n}}$$

$$= \cos\frac{(2k+1)\pi}{n} + i\sin\frac{(2k+1)\pi}{n}$$

und $k = 0, 1, 2, 3, \ldots (n-1)$. Indem man wieder gerade und ungerade n unterscheidet, findet man leicht bei geraden n folgende Werthe von x:

$$\cos\frac{\pi}{n} + i\sin\frac{\pi}{n}, \qquad \cos\frac{\pi}{n} - i\sin\frac{\pi}{n},$$

$$\cos\frac{3\pi}{n} + i\sin\frac{3\pi}{n}, \qquad \cos\frac{3\pi}{n} - i\sin\frac{3\pi}{n},$$

$$\cos\frac{5\pi}{n} + i\sin\frac{5\pi}{n}, \qquad \cos\frac{5\pi}{n} - i\sin\frac{5\pi}{n},$$

. . . .

$$\cos\frac{(n-1)\pi}{n} + i\sin\frac{(n-1)\pi}{n}, \quad \cos\frac{(n-1)\pi}{n} - i\sin\frac{(n-1)\pi}{n};$$

dagegen bei ungeraden n:

$$-1,$$

$$\cos\frac{\pi}{n} + i\sin\frac{\pi}{n}, \qquad \cos\frac{\pi}{n} - i\sin\frac{\pi}{n},$$

$$\cos\frac{3\pi}{n} + i\sin\frac{3\pi}{n}, \qquad \cos\frac{3\pi}{n} - i\sin\frac{3\pi}{n},$$

$$\cos\frac{5\pi}{n} + i\sin\frac{5\pi}{n}, \qquad \cos\frac{5\pi}{n} - i\sin\frac{5\pi}{n},$$

. . . .

$$\cos\frac{(n-2)\pi}{n} + i\sin\frac{(n-2)\pi}{n}, \quad \cos\frac{(n-2)\pi}{n} - i\sin\frac{(n-2)\pi}{n}.$$

Die etwas allgemeinere Gleichung

$$y^n = -c = (-1)\,c$$

gestattet eine ähnliche Auflösung; man erhält nämlich

$$y = (-1)^{\frac{1}{n}}\sqrt[n]{c},$$

wobei $\sqrt[n]{c}$ im absoluten Sinne zu nehmen ist und für $(-1)^{\frac{1}{n}}$ die vorhin genannten Werthe substituirt werden müssen.

32) Auch die Gleichung

$$x^{2n} + ax^n + b = 0$$

läßt sich auf die vorigen Gleichungen zurückführen. Man erhält nämlich, wenn zunächst x^n als Unbekannte angesehen wird,

$$x^n = -\frac{1}{2}a \pm \sqrt{\frac{1}{4}a^2 - b},$$

mithin

$$x = \left(-\frac{1}{2}a \pm \sqrt{\frac{1}{4}a^2 - b}\right)^{\frac{1}{n}},$$

und hier sind folgende Fälle zu unterscheiden.

Wenn die beiden Ausdrücke

$$A = -\frac{1}{2}a + \sqrt{\frac{1}{4}a^2 - b}$$

und

$$B = -\frac{1}{2}a - \sqrt{\frac{1}{4}a^2 - b}$$

gleichzeitig das positive Zeichen besitzen, so nenne man γ_1 den größeren, γ_2 den kleineren; es ist dann

$$z = (+1)^{\frac{1}{n}} \sqrt[n]{\gamma_1}, \qquad z = (+1)^{\frac{1}{n}} \sqrt[n]{\gamma_2}.$$

Jeder dieser Ausdrücke hat n verschiedene Werthe, mithin sind $2n$ Werthe für z vorhanden.

Ist A positiv, B negativ, so kann man $A = +\gamma_1$, $B = -\gamma_2$ setzen und hat

$$z = (+1)^{\frac{1}{n}} \sqrt[n]{\gamma_1}, \qquad z = (-1)^{\frac{1}{n}} \sqrt[n]{\gamma_2}.$$

Bei gleichzeitig negativen A und B sei $A = -\gamma_1$, $B = -\gamma_2$, dann wird

$$z = (-1)^{\frac{1}{n}} \sqrt[n]{\gamma_1}, \qquad z = (-1)^{\frac{1}{n}} \sqrt[n]{\gamma_2}.$$

Sind endlich A und B gleichzeitig complex, nämlich

$$A = -\frac{1}{2}a + i\sqrt{b - \frac{1}{4}a^2},$$

$$B = -\frac{1}{2}a - i\sqrt{b - \frac{1}{4}a^2},$$

so bringe man die complexen Zahlen auf die Normalform

$$-\frac{1}{2}a \pm i\sqrt{b - \frac{1}{4}a^2} = r(\cos\varphi \pm i\sin\varphi);$$

man erhält

$$r = \sqrt{b}, \qquad \tan\varphi = \frac{\sqrt{4b - a^2}}{a},$$

und

$$z = [r(\cos\varphi + i\sin\varphi)]^{\frac{1}{n}}, \quad z = [r(\cos\varphi - i\sin\varphi)]^{\frac{1}{n}},$$

welche Ausdrücke nach Abschnitt 29 entwickelt werden können.

Ein ganz ähnliches Verfahren dient zur Auflösung der Gleichungen

$$z^{3n} + az^{2n} + bz^{n} + c = 0,$$
$$z^{4n} + az^{3n} + bz^{2n} + cz^{n} + d = 0.$$

Man sieht zunächst z^n als Unbekannte an, und nachdem man deren Werth, von denen $\pm\gamma$ einer sein möge, gefunden hat, bestimmt man z selber durch Auflösung der binomischen Gleichung $z^n = \pm\gamma$.

VI. Allgemeine Eigenschaften der ganzen rationalen algebraischen Functionen.

33) Unter einer ganzen rationalen und algebraischen Function der Variabeln x versteht man bekanntlich einen Ausdruck von der Form

$$Ax^n + Bx^{n-1} + Cx^{n-2} + \ldots + Mx + N,$$

der in übersichtlicher Weise

$$c_0 + c_1 x + c_2 x^2 + c_3 x^3 + \ldots + c_n x^n$$

geschrieben und mit $f(x)$ bezeichnet werden möge. Für $x = 0$ erhält $f(x)$ den Specialwerth $f(0) = c_0$; für sehr kleine x kann daher der Werth von $f(x)$ beliebig nahe an c_0 gebracht werden, und es hat dann $f(x)$ dasselbe Vorzeichen wie c_0. Diese Bemerkung läßt sich noch verallgemeinern. Die absoluten Werthe der Quotienten

$$\frac{c_{k+1}}{c_k}, \quad \frac{c_{k+2}}{c_{k+1}}, \quad \frac{c_{k+3}}{c_{k+2}}, \ldots$$

sind endliche Größen und daher kann man immer eine Zahl q angeben, deren absoluter Werth mehr als der absolute Werth jedes solchen Quotienten beträgt; man hat dann folgende Ungleichungen:

$$c_{k+1} < c_k q$$
$$c_{k+2} < c_{k+1} q < c_k q^2$$
$$c_{k+3} < c_{k+2} q < c_k q^3$$
u. s. w.

Nennen wir ferner ξ den absoluten Werth von x, so ist jetzt

$$c_k \xi^k + c_{k+1} \xi^{k+1} + c_{k+2} \xi^{k+2} + c_{k+3} \xi^{k+3} + \ldots$$
$$< c_k \xi^k + c_k q \xi^{k+1} + c_k q^2 \xi^{k+2} + c_k q^3 \xi^{k+3} + \ldots$$
$$< c_k \xi^k (1 + q\xi + q^2\xi^2 + q^3\xi^3 + \ldots);$$

wir können hier $\xi < \frac{1}{2q}$ wählen, es wird dann $q\xi < \frac{1}{2}$, und die Summe der eingeklammerten Reihe $= 2$, mithin

$$c_k \xi^k + c_{k+1} \xi^{k+1} + c_{k+2} \xi^{k+2} + \ldots < 2 c_k \xi^k$$

oder

$$c_k \xi^k > c_{k+1} \xi^{k+1} + c_{k+2} \xi^{k+2} + c_{k+3} \xi^{k+3} + \ldots$$

Mit anderen Worten, es läßt sich x immer so klein nehmen, daß der absolute Werth irgend eines Gliedes $c_k x^k$ mehr beträgt als die Summe der absoluten Werthe aller folgenden Glieder.

34) Bezeichnet h irgend einen speciellen Werth von x, so hat man gleichzeitig

$$f(x) = c_0 + c_1 x + c_2 x^2 + c_3 x^3 + \ldots + c_n x^n,$$
$$f(h) = c_0 + c_1 h + c_2 h^2 + c_3 h^3 + \ldots + c_n h^n,$$

mithin auch

$$\frac{f(x) - f(h)}{x - h} = c_1 + c_2 \frac{x^2 - h^2}{x - h} + c_3 \frac{x^3 - h^3}{x - h} + \ldots + c_n \frac{x^n - h^n}{x - h}.$$

Die einzelnen Divisionen rechter Hand sind bekanntlich ausführbar, daher ist

$$\frac{f(x) - f(h)}{x - h} = c_1 + c_2(x + h)$$
$$+ c_3(x^2 + xh + h^2)$$
$$+ c_4(x^3 + x^2 h + x h^2 + h^3)$$
$$\ldots\ldots\ldots\ldots$$
$$+ c_n(x^{n-1} + x^{n-2} h + \ldots + x h^{n-2} + h^{n-1});$$

durch Vereinigung aller gleichartigen Größen erhält man ein Resultat von der Form

$$\frac{f(x)-f(h)}{x-h} = \gamma_0 + \gamma_1 x + \gamma_2 x^2 + \dots + \gamma_{n-1} x^{n-1}.$$

Die Differenz der Functionen kann also durch die Differenz der Variabeln ausdividirt werden, und der Quotient bildet eine ganze Function des nächst niedrigeren Grades.

35) Läßt man an die Stelle von x eine complexe Variabele $u + iv$ treten, so wird

$$f(u+iv) = c_0 + c_1 u + c_2(u^2 - v^2) + \dots$$
$$+ i[c_1 v + 2c_2 uv + c_3(3u^2 v - v^3) + \dots]$$

oder kurz

$$f(u+iv) = U + iV,$$

wo U und V reelle Functionen von u und v bedeuten. Die Norm dieses complexen Ausdrucks ist $U^2 + V^2$ und immer positiv. Nimmt man u oder v oder beide hinreichend groß, so kann man auch $U^2 + V^2$ beliebig groß machen, dagegen läßt sich $U^2 + V^2$ nicht auf Null herabbringen und ebenso wenig negativ machen; es muß folglich einen kleinsten Werth von $U^2 + V^2$ geben, welchen wir mit $A^2 + B^2$ bezeichnen wollen und der für $u = \alpha$, $v = \beta$ eintreten möge, sodaß

$$f(\alpha + i\beta) = A + iB$$

ist. Es fragt sich nun, wie groß A und B sein werden. Jeden von α und β verschiedenen complexen Werth des x kann man unter der Form

$$x = \alpha + i\beta + \varepsilon(\cos\vartheta + i\sin\vartheta)$$

darstellen, wobei zur Abkürzung $\cos\vartheta + i\sin\vartheta$ mit η bezeichnet werden möge; nun ist

$$f(\alpha + i\beta + \varepsilon\eta) = c_0 + c_1[(\alpha + i\beta) + \varepsilon\eta]$$
$$+ c_2[(\alpha + i\beta)^2 + 2(\alpha + i\beta)\varepsilon\eta + \varepsilon^2\eta^2]$$
$$+ \dots\dots\dots$$

und bei Anordnung nach Potenzen von $\varepsilon\eta$

$$f(\alpha + i\beta + \varepsilon\eta) = f(\alpha + i\beta) + (M_1 + iN_1)\varepsilon\eta$$
$$+ (M_2 + iN_2)\varepsilon^2\eta^2 + \dots,$$

wo M_1, N_1, M_2, N_2 u. s. w. leicht verständliche Abkürzungen bedeuten. Uebrigens können mehre der Ausdrücke M_1, N_1, M_2 u. s. w. verschwinden und wir wollen daher voraussetzen, daß $\varepsilon^k\eta^k$ die erste von denjenigen Potenzen sei, deren Coefficient nicht verschwindet. Bezeichnen wir ferner $f(\alpha + i\beta + \varepsilon\eta)$ zur Abkürzung mit $P + iQ$, so haben wir statt der vorigen Gleichung die folgende:

$$P + iQ = A + iB + (M_k + iN_k)\eta^k\varepsilon^k + \dots$$

Setzt man für η eine Wurzel der Gleichung $\eta^k = +1$, oder eine Wurzel der Gleichung $\eta^k = -1$, so wird $\eta^k = \pm 1$, was wir kurz durch ι bezeichnen wollen; auch lassen sich Werthe von η angeben, für welche $\eta^k = \pm\sqrt{-1} = \iota i$ wird; denn hierzu gehört nur, daß man für η eine Wurzel der Gleichung $\eta^{2k} = -1$ nimmt. Es gibt also einerseits Werthe von η, für welche

$$P + iQ = A + \iota M_k\varepsilon^k + \dots + i(B + \iota N_k\varepsilon^k + \dots)$$

wird, andererseits auch Werthe von η, bei denen

$$P + iQ = A - \iota N_k\varepsilon^k + \dots + i(B + \iota M_k\varepsilon^k + \dots)$$

wird. Bildet man in jedem Falle die Norm des vorhandenen complexen Ausdrucks, so ist unter der ersten Voraussetzung

$$P^2 + Q^2 - (A^2 + B^2) = 2\iota(AM_k + BN_k)\varepsilon^k + \dots$$

und bei der zweiten

$$P^2 + Q^2 - (A^2 + B^2) = 2\iota(BM_k - AN_k)\varepsilon^k + \dots$$

Das Vorzeichen der rechten Seiten hängt nun, wenn ε hinreichend klein genommen wird, nur von dem Vorzeichen des ersten Gliedes ab (s. Abschn. 33), und dieses kann, wofern $AM_k + BN_k$ und $BM_k - AN_k$ nicht gleichzeitig verschwinden, negativ gemacht werden, indem man dem ι jedesmal das entgegengesetzte Vorzeichen des nachfolgenden Parenthesenninhalts verschafft. Dieses Resultat widerspricht aber der Voraussetzung, daß $A^2 + B^2$ der Minimalwerth der Norm, mithin $< P^2 + Q^2$ sei, und der Widerspruch besteht so lange, als $AM_k + BN_k$ und $BM_k - AN_k$ nicht gleichzeitig verschwinden. Es ist daher

$$AM_k + BN_k = 0, \quad BM_k - AN_k = 0,$$

mithin auch

$$(AM_k + BN_k)^2 + (BM_k - AN_k)^2 = 0,$$

d. i.

$$(M_k^2 + N_k^2)(A^2 + B^2) = 0.$$

Da nun M_k und N_k nicht gleichzeitig Null, A und B aber reelle Größen sind, so folgt aus dieser Gleichung

$$A = 0 \text{ und } B = 0$$

oder, zufolge der Bedeutung von A und B,

$$f(\alpha + i\beta) = 0.$$

Es gibt also immer wenigstens einen complexen Werth $x = \alpha + i\beta$, für welchen $f(x) = 0$ wird, d. h. jede algebraische Gleichung irgend welchen Grades hat mindestens eine complexe Wurzel.

Diesen Fundamentalsatz der Theorie der algebraischen Functionen haben zuerst d'Alembert, Euler und Lagrange zu beweisen versucht (Mém. de l'académie de Berlin; 1746. p. 182; 1749. p. 221; 1772. p. 222); den ersten strengen Beweis und zugleich eine Kritik der früheren Beweise verdankt man Gauß (Demonstratio nova theorematis, omnem functionem ... resolvi posse; Helmstädt 1799). Später hat Gauß noch zwei neue Beweise gegeben (Göttinger Commentarien 1814 und 1815.) und schließlich eine neue Bearbeitung des ersten Beweises mitgetheilt (Göttinger Abhandl. 4. Bd. 1849). Der hier vorgetragene Beweis rührt ursprünglich von Legendre her (Théorie des nombres §. 119), wurde dann von Cauchy (Cours d'Analyse algébrique X.) und zuletzt von Sturm modificirt (*Choquet* et *Mayer*, Algèbre §. 378). Derselbe kann noch etwas elementarer gefaßt werden, insofern es nicht nothwendig ist, die allgemeine Auflösung der Gleichung $\eta^k = \pm 1$ für jedes k, sondern nur für solche k vorauszusetzen, die eine Potenz der 2 ausmachen, in welchem Falle z algebraisch darstellbar ist. (Balzer, Elemente der Mathematik. 1. Bd. S. 264.)

36) Bezeichnen wir den reellen oder complexen Werth von x, für welchen $f(x)$ verschwindet, mit x_1, so ist identisch

$$f(x) = f(x) - f(x_1) = (x - x_1)\,\frac{f(x) - f(x_1)}{x - x_1}.$$

Nach Abschn. 34 geht die angedeutete Division auf und gibt als Quotienten eine algebraische ganze Function vom $(n-1)$ten Grade, die wir mit $f_1(x)$ bezeichnen wollen; es ist daher

$$f(x) = (x - x_1)\, f_1(x).$$

Hier wiederholt sich dieselbe Schlussweise; es existirt nämlich jedenfalls ein Specialwerth x_2 von x, für welchen $f_1(x)$ verschwindet, folglich ist $f_1(x) = (x - x_2)\, f_2(x)$ oder

$$f(x) = (x - x_1)(x - x_2)\, f_2(x),$$

wo $f_2(x)$ eine Function des $(n-2)$ten Grades bedeutet. Durch Fortsetzung dieser Schlüsse gelangt man am Ende zu $f_{n-2}(x) = (x - x_{n-1})\, f_{n-1}(x)$ und hier ist $f_{n-1}(x)$ vom ersten Grade etwa $= (x - x_n)\,C$. Man hat daher die identische Gleichung

$$f(x) = c_0 + c_1 x + c_2 x^2 + \dots + c_n x^n$$
$$= C\,(x - x_1)(x - x_2)(x - x_3)\dots(x - x_n);$$

bei wirklicher Ausführung der angedeuteten Multiplication ergibt sich C als Coefficient von x^n, mithin $C = c_n$ und

$$c_0 + c_1 x + c_2 x^2 + \dots + c_n x^n$$
$$= c_n (x - x_1)(x - x_2)(x - x_3)\dots(x - x_n).$$

Jede ganze Function kann demnach in lineare Factoren zerlegt werden, die ebenso wol reell als von complexer Form sein können.

Wenn $f(x)$ für $x = \alpha + i\beta$ zu Null wird, so verschwindet $f(x)$ auch für den conjugirten complexen Werth $x = \alpha - i\beta$, wie aus Abschn. 35 leicht zu ersehen ist. Zwei conjugirte lineare Factoren sind demnach

$$x - \alpha - i\beta \text{ und } x - \alpha + i\beta;$$

diese geben das reelle Product

$$(x - \alpha)^2 + \beta^2 = x^2 - 2\alpha x + (\alpha^2 + \beta^2)$$

d. h. jede ganze Function kann immer in reelle Factoren zerlegt werden, die höchstens vom zweiten Grade sind.

Auf die Function $f(x) = x^n - 1$ angewendet, führen diese Bemerkungen zu folgenden Gleichungen. Bei geraden n:

$$x^n - 1$$
$$= (x^2 - 1)\left(x^2 - 2x\cos\frac{2\pi}{n} + 1\right)\left(x^2 - 2x\cos\frac{4\pi}{n} + 1\right)\dots$$
$$\dots\dots\left(x^2 - 2x\cos\frac{(n-2)\pi}{n} + 1\right);$$

bei ungeraden n:

$$x^n - 1$$
$$= (x - 1)\left(x^2 - 2x\cos\frac{2\pi}{n} + 1\right)\left(x^2 - 2x\cos\frac{4\pi}{n} + 1\right)\dots$$
$$\dots\dots\left(x^2 - 2x\cos\frac{(n-1)\pi}{n} + 1\right).$$

Für die Function $f(x) = x^n + 1$ erhält man ähnlich bei geraden n:

$$x^n + 1$$
$$= \left(x^2 - 2x\cos\frac{\pi}{n} + 1\right)\left(x^2 - 2x\cos\frac{3\pi}{n} + 1\right)\dots$$
$$\dots\dots\left(x^2 - 2x\cos\frac{(n-1)\pi}{n} + 1\right),$$

bei ungeraden n:

$$x^n + 1$$
$$= (x + 1)\left(x^2 - 2x\cos\frac{\pi}{n} + 1\right)\left(x^2 - 2x\cos\frac{3\pi}{n} + 1\right)\dots$$
$$\dots\dots\left(x^2 - 2x\cos\frac{(n-2)\pi}{n} + 1\right).$$

Diese Theoreme sind von Cotes (Harmonia mensurarum p. 114. op. posth. 1722) gefunden worden; bald nachher gab Moivre (Miscell. anal. p. 22) die Zerlegung von

$$x^{2n} - 2x^n \cos\vartheta + 1,$$

welche nach Abschn. 32 keine Schwierigkeiten darbietet.

37) Dividirt man die vorhin erhaltene Gleichung

$$c_0 + c_1 x + c_2 x^2 + c_3 x^3 + \dots + c_n x^n$$
$$= c_n (x - x_1)(x - x_2)(x - x_3)\dots(x - x_n)$$

durch c_n und setzt

$$\frac{c_0}{c_n} = a_n,\quad \frac{c_1}{c_n} = a_{n-1},\quad \frac{c_2}{c_n} = a_{n-2},\ \dots$$

so ist auch

1) $$x^n + a_1 x^{n-1} + a_2 x^{n-2} + \dots + a_{n-1} x + a_n$$
$$= (x - x_1)(x - x_2)(x - x_3)\dots(x - x_n);$$

aus dieser Gleichung folgen mehre Beziehungen zwischen den Coefficienten $a_1, a_2, \dots a_n$ einerseits und den Wurzeln $x_1, x_2, \dots x_n$ andererseits.

Durch Ausführung der angedeuteten Multiplication und Vergleichung der Coefficienten von x^{n-1}, x^{n-2}, u. s. w. erhält man

$$a_1 = -(x_1 + x_2 + x_3 + \dots + x_n)$$
$$a_2 = +(x_1 x_2 + x_1 x_3 + \dots + x_1 x_n$$
$$+ x_2 x_3 + \dots + x_2 x_n$$
$$\dots\dots$$
$$+ x_{n-1} x_n)$$
$$a_3 = -(x_1 x_2 x_3 + x_1 x_2 x_4 + \dots + x_1 x_2 x_n$$
$$+ \dots\dots$$
$$+ x_{n-2} x_{n-1} x_n)$$
$$\dots\dots$$
$$a_n = (-1)^n x_1 x_2 x_3 \dots x_n.$$

Bezeichnet überhaupt $\overset{n}{C}_k$ die Summe, welche entsteht, wenn n Elemente ohne Wiederholung zu Gruppen von je k Elementen combinirt, diese Combinationen als Producte betrachtet und addirt werden, so ist für die Elemente $x_1, x_2, \dots x_n$,

$$a_k = (-1)^k \overset{n}{C}_k,$$

mithin a_1 die negative Summe der Wurzeln, a_2 die positive Summe ihrer Amben, a_3 die negative Summe ihrer Ternen u. s. w.

Eine zweite Anwendung der Gleichungen 1) ist folgende. Man nehme beiderseits die Logarithmen und von diesen die Differentialquotienten in Beziehung auf x 8); es ist dann

$$\frac{nx^{n-1} + (n-1)a_1x^{n-2} + (n-2)a_2x^{n-3} + \dots + 1a_{n-1}}{x^n + a_1x^{n-1} + a_2x^{n-2} + \dots + a_{n-1}x + a_n}$$
$$= \frac{1}{x-x_1} + \frac{1}{x-x_2} + \frac{1}{x-x_3} + \dots + \frac{1}{x-x_n},$$

oder auch, wenn man $x = \frac{1}{\xi}$ setzt,

$$\frac{n + (n-1)a_1\xi + (n-2)a_2\xi^2 + \dots + 1a_{n-1}\xi^{n-1}}{1 + a_1\xi + a_2\xi^2 + \dots + a_{n-1}\xi^{n-1} + a_n\xi^n}$$
$$= \frac{1}{1-x_1\xi} + \frac{1}{1-x_2\xi} + \frac{1}{1-x_3\xi} + \dots + \frac{1}{1-x_n\xi}.$$

Die willkürliche Größe ξ läßt sich so klein wählen, daß der Modulus von jeder der Größen $x_1\xi, x_2\xi, \dots x_n\xi$ weniger als die Einheit beträgt, und dann ist auf jeden rechter Hand stehenden Bruch die Formel

$$\frac{1}{1-z} = 1 + z + z^2 + z^3 + \dots \text{ in inf.}$$

anwendbar, welche auch für complexe z gilt, deren Modulus weniger als die Einheit ausmacht. Die rechte Seite der obigen Gleichung erhält jetzt die Form

$$\begin{aligned} n &+ (x_1 + x_2 + x_3 + \dots + x_n)\xi \\ &+ (x_1^2 + x_2^2 + \dots\dots + x_n^2)\xi^2 \\ &+ (x_1^3 + x_2^3 + \dots\dots + x_n^3)\xi^3 \\ &+ \dots\dots\dots\dots \end{aligned}$$

wobei zur Abkürzung

$$x_1^k + x_2^k + x_3^k + \dots + x_n^k = S_k$$

sein möge. Nach Wegschaffung des Bruchs ist weiter

$$\begin{aligned} n + (n-1)a_1\xi + (n-2)a_2\xi^2 + \dots + 1a_{n-1}\xi^{n-1} \\ = (n + S_1\xi + S_2\xi^2 + S_3\xi^3 + \dots + S_m\xi^m + \dots) \\ \times (1 + a_1\xi + a_2\xi^2 + \dots + a_n\xi^n), \end{aligned}$$

und wenn man die Multiplication ausführt, so gibt die Vergleichung der Coefficienten von $\xi, \xi^2, \dots \xi^n$ folgende Relationen:

$$\begin{aligned} 0 &= 1a_1 + S_1, \\ 0 &= 2a_2 + a_1S_1 + S_2, \\ 0 &= 3a_3 + a_2S_1 + a_1S_2 + S_3, \\ &\dots\dots\dots\dots \\ 0 &= na_n + a_{n-1}S_1 + a_{n-2}S_2 + \dots + a_1S_{n-1} + S_n; \end{aligned}$$

durch Vergleichung der Coefficienten von ξ^{n+1}, ξ^{n+2} u. s. w. erhält man noch

$$\begin{aligned} 0 &= a_nS_1 + a_{n-1}S_2 + \dots + a_1S_n + S_{n+1}, \\ 0 &= a_nS_2 + a_{n-1}S_3 + \dots + a_1S_{n+1} + S_{n+2}, \\ &\text{u. s. w.} \end{aligned}$$

Diese Relationen sind von Newton (Arithmetica universalis p. 192. edit. s'Graves.) gefunden und nachher auf verschiedene Art bewiesen worden. Mittels derselben ist es möglich, wenn die Gleichung

$$x^n + a_1x^{n-1} + a_2x^{n-2} + \dots + a_{n-1}x + a_n = 0$$

gegeben ist, die Summen der Potenzen ihrer Wurzeln aus den Coefficienten zu berechnen, ohne die Gleichung selbst aufzulösen; man hat nämlich der Reihe nach

$$\begin{aligned} S_1 &= -a_1, \\ S_2 &= +a_1^2 - 2a_2, \\ S_3 &= -a_1^3 + 3a_1a_2 - 3a_3, \\ S_4 &= +a_1^4 - 4a_1^2a_2 + 2a_2^2 + 4a_1a_3 - 4a_4, \\ S_5 &= -a_1^5 + 5a_1^3a_2 - 5a_1a_2^2 - 5a_1^2a_3 + 5a_2a_3 \\ &\quad + 5a_1a_4 - 5a_5 \\ &\text{u. s. w.} \end{aligned}$$

38) Die vorige Bemerkung läßt sich noch bedeutend erweitern und man gelangt dann zu dem weit allgemeineren Satze, daß überhaupt jede symmetrische Function der Wurzeln einer Gleichung unmittelbar durch die Coefficienten der letzteren ausgedrückt werden kann.

Eine Function mehrer Variabeln u, v, w u. s. w. heißt symmetrisch, wenn sie ungeändert bleibt, sobald die Variabeln beliebig gegen einander vertauscht werden. So sind z. B.

$$2(u + v + w) + 3uvw,$$
$$uv^2 + u^2v + vw^2 + v^2w + wu^2 + w^2u$$

ganze und rationale symmetrische Functionen von u, v, w; eine gebrochene derartige Function ist

$$\frac{uvw}{uv + vw + wu};$$

zu den irrationalen symmetrischen Functionen gehört z. B. die Fläche eines aus den drei Seiten u, v, w beschriebenen Dreiecks, nämlich

$$\frac{1}{4}\sqrt{2(u^2v^2 + v^2w^2 + w^2u^2) - (u^4 + v^4 + w^4)}.$$

---

8) Wenn nöthig, läßt sich diese Operation auch in ein elementares Gewand kleiden; man braucht nur die Definition vorauszuschicken: ist

$$f(x) = c_0 + c_1x + c_2x^2 + c_3x^3 + \dots + c_nx^n,$$

so versteht man unter der derivirten Function $f'(x)$ den Ausdruck

$$f'(x) = 1c_1 + 2c_2x + 3c_3x^2 + \dots + nc_nx^{n-1}.$$

In dem vorliegenden Artikel aber, der keine pädagogischen Zwecke verfolgt, würde die Vermeidung der Differentialrechnung zu unnöthigen Weitläufigkeiten geführt haben.

Man sieht leicht ein, daß eine irrationale Function nur dann symmetrisch sein kann, wenn die unter dem Wurzelzeichen stehenden einzelnen Functionen selbst symmetrisch sind, ebenso müssen bei einer gebrochenen symmetrischen Function Zähler und Nenner symmetrisch sein; man hat es daher nur mit den ganzen symmetrischen Functionen zu thun, die selbst wieder in symmetrische Functionen von verschiedenen Dimensionen zerfallen können, wie das erste Beispiel zeigt.

Die einfachste symmetrische Function der Variabeln $x_1, x_2, \dots x_n$ ist deren Summe; die nächste allgemeinere würde sein

$$x_1^\alpha + x_2^\alpha + x_3^\alpha + \dots + x_n^\alpha,$$

wir bezeichnen hier dieselbe mit Σx^α und haben dann

$$\Sigma x^\alpha = S_\alpha.$$

Eine sogenannte zweiförmige symmetrische Function von $x_1, x_2, \dots x_n$ ist eine solche, die Producte der Form $x^\alpha y^\beta$ enthält, nämlich

$$\begin{aligned} x_1^\alpha x_2^\beta + x_1^\beta x_2^\alpha + x_1^\alpha x_3^\beta + x_1^\beta x_3^\alpha + \dots\dots \\ \dots + x_1^\alpha x_n^\beta + x_1^\beta x_n^\alpha \\ + x_2^\alpha x_3^\beta + x_2^\beta x_3^\alpha + \dots \\ \dots + x_2^\alpha x_n^\beta + x_2^\beta x_n^\alpha \\ \dots\dots\dots\dots \\ + x_{n-1}^\alpha x_n^\beta + x_{n-1}^\beta x_n^\alpha, \end{aligned}$$

oder kurz $\Sigma(x^\alpha y^\beta)$; man bemerkt leicht, daß dieselbe einerlei ist mit

$$\begin{aligned} (x_1^\alpha + x_2^\alpha + \dots + x_n^\alpha)(x_1^\beta + x_2^\beta + \dots + x_n^\beta) \\ - (x_1^{\alpha+\beta} + x_2^{\alpha+\beta} + \dots + x_n^{\alpha+\beta}), \end{aligned}$$

und es gilt daher die Gleichung

$$\begin{aligned} \Sigma(x^\alpha y^\beta) &= (\Sigma x^\alpha) . (\Sigma x^\beta) - \Sigma x^{\alpha+\beta} \\ &= S_\alpha . S_\beta - S_{\alpha+\beta}. \end{aligned}$$

Für den Fall $\beta = \alpha$ gilt diese Formel nicht mehr, vielmehr wird dann

$$\begin{aligned} \Sigma(x^\alpha y^\alpha) &= \frac{1}{2}\left[(\Sigma x^\alpha)^2 - \Sigma x^{2\alpha}\right] \\ &= \frac{1}{2}\left[(S_\alpha)^2 - S_{2\alpha}\right]. \end{aligned}$$

Um die dreiförmige Function

$$\Sigma(x^\alpha y^\beta z^\gamma) = x_1^\alpha x_2^\beta x_3^\gamma + \dots + x_{n-2}^\alpha x_{n-1}^\beta x_n^\gamma$$

auszudrücken, multipliciren wir zunächst Σx^α, Σx^β, Σx^γ mit einander und erhalten

$$\begin{aligned} (\Sigma x^\alpha) . (\Sigma x^\beta) . (\Sigma x^\gamma) = \Sigma x^{\alpha+\beta+\gamma} + \Sigma(x^{\alpha+\beta} y^\gamma) \\ + \Sigma(x^{\alpha+\gamma} y^\beta) + \Sigma(x^{\beta+\gamma} y^\alpha) \\ + \Sigma(x^\alpha y^\beta z^\gamma); \end{aligned}$$

substituirt man für die drei auf der rechten Seite vorkommenden zweiförmigen Functionen ihre Werthe, so gelangt man zu folgender Formel:

$$\begin{aligned} \Sigma(x^\alpha y^\beta z^\gamma) = S_\alpha S_\beta S_\gamma - S_{\alpha+\beta} S_\gamma - S_{\alpha+\gamma} S_\beta - S_{\beta+\gamma} S_\alpha \\ + 2S_{\alpha+\beta+\gamma}. \end{aligned}$$

Dieselbe gilt nicht mehr, wenn zwei der Exponenten α, β, γ, oder alle drei einander gleich werden; man erhält im ersten Falle

$$\Sigma(x^\alpha y^\alpha z^\gamma) = \frac{1}{2}\left(S_\alpha^2 S_\gamma - S_{2\alpha} S_\gamma - S_{\alpha+\gamma} S_\alpha + 2S_{2\alpha+\gamma}\right)$$

und im zweiten Falle

$$\Sigma(x^\alpha y^\alpha z^\alpha) = \frac{1}{6}\left(S_\alpha^3 - 3S_{2\alpha} S_\alpha + 2S_{3\alpha}\right).$$

Wie sich dieses Verfahren fortsetzen läßt, ist leicht zu übersehen; so würde man, um eine Formel für $\Sigma(x^\alpha y^\beta z^\gamma u^\delta)$ zu erhalten, erst Σx^α, Σx^β, Σx^γ, Σx^δ mit einander multipliciren und alle dreiförmigen Functionen nach der vorigen Formel ausdrücken u. s. w.

Da nun die einfachsten symmetrischen Functionen, aus denen jede zusammengesetzte Function besteht, durch S_α, S_β, S_γ u. s. w. dargestellt und die Werthe dieser Summen aus den Coefficienten $a_1, a_2, \dots a_n$ hergeleitet werden können, so **läßt sich überhaupt jede symmetrische Function der Wurzeln $x_1, x_2, \dots x_n$ durch die Coefficienten der Gleichung ausdrücken.**

Als Beispiel diene die Aufgabe: wenn die drei Wurzeln der cubischen Gleichung

$$x^3 + a_1 x^2 + a_2 x + a_3 = 0$$

als Seiten eines Dreiecks betrachtet werden (die Möglichkeit des letztern vorausgesetzt), die Fläche des Dreiecks zu finden. Nach unserer Bezeichnung ist

$$\Delta = \frac{1}{4}\sqrt{2\Sigma(x^2y^2) - \Sigma x^4}.$$

$$2\Sigma(x^2y^2) = (S_2)^2 - S_4, \quad \Sigma x^4 = S_4,$$

mithin

$$\Delta = \frac{1}{4}\sqrt{(S_2)^2 - 2S_4}$$

oder nach Substitution der Werthe von S_2 und S_4, wobei $a_1 = 0$ zu nehmen ist,

$$\Delta = \frac{1}{4}\sqrt{-a_1^4 + 4a_1^2 a_2 - 8a_1 a_3}.$$

Ein zweites Beispiel, welches für die Theorie der Gleichungen selbst wieder von Werth ist, sei die Berechnung des Productes

$$\Pi = (x_1 - x_2)^2 (x_2 - x_3)^2 (x_3 - x_1)^2,$$

worin x_1, x_2, x_3 die Wurzeln der obigen cubischen Gleichung bedeuten. Durch Ausführung der angedeuteten Multiplication erhält man

$$\begin{aligned} \Pi = \Sigma(x^4y^2) - 2\Sigma(x^3y^3) \\ + x_1x_2x_3\Sigma(xy^2) - 6(x_1x_2x_3)^2 - 2x_1x_2x_3\Sigma x^3 \end{aligned}$$

mithin nach den vorigen Formeln und mit Rücksicht auf die Gleichung $x_1x_2x_3 = -a_3$,

$$\Pi = S_2 S_4 - (S_3)^2 - a_3(2S_1S_2 - 4S_3) - 6a_3^2;$$

die Substitution der Werthe von S_1, S_2, S_3 und S_4 gibt

$$\Pi = a_1^2a_2^2 - 4a_1^3a_3 + 18a_1a_2a_3 - 4a_2^3 - 27a_3^2.$$

Für die cubische Gleichung

$$ax^3 + 3bx^2 + 3cx + d = 0$$

erhält man

$$\frac{a^2\Pi}{27} = 3b^2c^2 - 4b^3d + 6bcd - 4ac^3 - a^2d^2.$$

Wenn die zu bildende Function von x_1, x_2, x_3 u. s. w. etwas complicirt ist, so kann die vorige Methode zu sehr weitläufigen Rechnungen nöthigen; man hat sich daher schon frühzeitig nach Abkürzungen umgesehen, deren Auseinandersetzung hier zu weit führen würde. Vgl. *Waring*, Meditationes algebraicae, Edit. tertia p. 13. und *Cauchy*, Exercices de Mathématiques, 4e année p. 103.

39) Eine allgemeinere Anwendung des im vorigen Abschnitte gezeigten Verfahrens ist folgende. Aus den Wurzeln $x_1, x_2, x_3, \ldots x_n$ der Gleichung

1) $x^n + a_1x^{n-1} + a_2x^{n-2} + \ldots + a_{n-1}x + a_n = 0$

bilden wir die Quadrate aller ihrer Differenzen, nämlich die Größen

$$\begin{array}{r} (x_1 - x_2)^2, (x_1 - x_3)^2, (x_1 - x_4)^2, \ldots. (x_1 - x_n)^2, \\ (x_2 - x_3)^2, (x_2 - x_4)^2, \ldots. (x_2 - x_n)^2, \\ (x_3 - x_4)^2, \ldots. (x_3 - x_n)^2, \\ \ldots\ldots\ldots\ldots \\ (x_{n-1} - x_n)^2, \end{array}$$

deren Anzahl $q = \frac{1}{2}n(n-1)$ ist, und bezeichnen sie mit $y_1, y_2, \ldots y_q$; diese denken wir uns als die Wurzeln einer Gleichung von der Form

2) $y^q + b_1y^{q-1} + b_2y^{q-2} + \ldots + b_{q-1}y + b_q = 0$

und suchen deren Coefficienten unmittelbar durch die Coefficienten der gegebenen Gleichung auszudrücken.

Setzen wir zur Abkürzung

$$y_1^h + y_2^h + y_3^h + \ldots + y_q^h = T_h,$$

so können wir die Newton'schen Relationen

$$\begin{aligned} 0 &= 1b_1 + T_1, \\ 0 &= 2b_2 + b_1T_1 + T_2, \\ 0 &= 3b_3 + b_2T_1 + b_1T_2 + T_3 \\ &\text{u. s. f.} \end{aligned}$$

benutzen, um b_1, b_2, b_3 u. s. w. durch T_1, T_2, T_3 u. s. w. auszudrücken, nämlich

$$3)\ \left\{\begin{aligned} b_1 &= -T_1 \\ b_2 &= -\frac{1}{2}\left(b_1T_1 + T_2\right) \\ b_3 &= -\frac{1}{3}\left(b_2T_1 + b_1T_2 + T_3\right) \\ &\text{u. s. w.} \end{aligned}\right.$$

es kommt daher nur noch darauf an, T_1, T_2, T_3 u. s. w. aus a_1, a_2, a_3 u. s. w. oder aus S_1, S_2, S_3 u. s. w. herzuleiten. Setzt man

$$\varphi(x) = (x - x_1)^{2h} + (x - x_2)^{2h} + \ldots + (x - x_n)^{2h},$$

so wird

$$\begin{aligned} &\varphi(x_1) + \varphi(x_2) + \varphi(x_3) + \ldots + \varphi(x_n) \\ &= (x_1 - x_2)^{2h} + (x_1 - x_3)^{2h} + \ldots + (x_1 - x_n)^{2h} \\ &+ (x_2 - x_1)^{2h} + (x_2 - x_3)^{2h} + \ldots + (x_2 - x_n)^{2h} \\ &+ \ldots\ldots\ldots\ldots \\ &+ (x_n - x_1)^{2h} + (x_n - x_2)^{2h} + \ldots + (x_n - x_{n-1})^{2h} \\ &= 2(y_1^h + y_2^h + y_3^h + \ldots + y_q^h) \end{aligned}$$

oder kürzer bei umgekehrter Anordnung

$$2T_h = \varphi(x_1) + \varphi(x_2) + \ldots + \varphi(x_n).$$

Entwickelt man andererseits die verschiedenen Potenzen, aus denen $\varphi(x)$ besteht, mittelst des binomischen Satzes, und vereinigt die gleichartigen Glieder, so findet man sehr leicht

$$\varphi(x) = nx^{2h} - (2h)_1S_1x^{2h-1} + (2h)_2S_2x^{2h-2} - \ldots.$$

Für $x = x_1, x_2, \ldots x_n$ und durch Addition aller entstehenden Gleichungen wird hieraus

$$\begin{aligned} &\varphi(x_1) + \varphi(x_2) + \ldots. + \varphi(x_n) \\ &= nS_{2h} - (2h)_1S_1S_{2h-1} + (2h)_2S_2S_{2h-2} - \ldots + nS_{2h}. \end{aligned}$$

Nach dem Vorhergehenden ist die linke Seite $= 2T_h$; rechter Hand sind die vom Anfange und Ende der Reihe gleichweit abstehenden Glieder gleich, während das mittelste Glied $(2h)_hS_hS_h$ nur einmal vorkommt; setzt man endlich noch S_0 statt n, so hat man folgende Formel:

$$4)\ T_h = S_0S_{2h} - (2h)_1S_1S_{2h-1} + (2h)_2S_2S_{2h-2} - \ldots \ldots. + (-1)^h\frac{1}{2}(2h)_hS_hS_h,$$

mithin für $h = 1, 2, 3$ u. s. w.

$$5)\ \left\{\begin{aligned} T_1 &= S_0S_2 - S_1^2, \\ T_2 &= S_0S_4 - 4S_1S_3 + 3S_2^2, \\ T_3 &= S_0S_6 - 6S_1S_5 + 15S_2S_4 - 10S_3^2, \\ &\text{u. s. w.} \end{aligned}\right.$$

Die Werthe von S_1, S_2, S_3 u. s. w. kennt man nach den Newton'schen Relationen (am Ende von Abschn. 37); die vorigen Formeln geben dann T_1, T_2, T_3 u. s. w., und die Formeln 3) liefern b_1, b_2, b_3 u. s. w.

Für die cubische Gleichung

$$x^3 + a_1x^2 + a_2x + a_3 = 0$$

hat man z. B.

$$\begin{aligned} S_1 &= -a_1, \\ S_2 &= +a_1^2 - 2a_2, \\ S_3 &= -a_1^3 + 3a_1a_2 - 3a_3, \\ S_4 &= +a_1^4 - 4a_1^2a_2 + 4a_1a_3 + 2a_2^2, \\ S_5 &= -a_1^5 + 5a_1^3a_2 - 5a_1^2a_3 - 5a_1a_2^2 + 5a_2a_3, \\ S_6 &= +a_1^6 - 6a_1^4a_2 + 6a_1^3a_3 + 9a_1^2a_2^2 \\ &\quad - 12a_1a_2a_3 - 2a_2^3 + 3a_3^2; \end{aligned}$$

daraus folgen die Werthe

$$T_1 = 3S_2 - S_1^2 = 2a_1^2 - 6a_2,$$

$$T_2 = 3S_4 - 4S_1S_3 + 3S_2^2$$
$$= 2a_1^4 - 12a_1^2a_2 + 18a_2^2,$$
$$T_3 = 3S_6 - 6S_1S_5 + 15S_2S_4 - 10S_3^2$$
$$= 2a_1^6 - 18a_1^4a_2 - 12a_1^3a_3 + 57a_1^2a_2^2 + 54a_1a_2a_3 - 66a_2^3 - 81a_3^2,$$

und nach Nr. 3)

$$b_1 = 2a_1^2 + 6a_2,$$
$$b_2 = a_1^4 - 6a_1^2a_2 + 9a_2^2,$$
$$b_3 = 4a_1^3a_3 - a_1^2a_2^2 - 18a_1a_2a_3 + 4a_2^3 + 27a_3^2;$$

die Substitution dieser Werthe liefert die gesuchte Gleichung

$$y^3 + b_1y^2 + b_2y + b_3 = 0.$$

Die Gleichung 2) nennt man die Gleichung der quadrirten Wurzeldifferenzen; sie spielt eine Rolle bei der Frage, ob die Gleichung 1) imaginäre Wurzeln besitzt oder nicht. Der letzte Coefficient b_q ist

$$= (-1)^q y_1 y_2 \dots y_q$$

oder

$$b_q = (-1)^{\frac{1}{2}n(n-1)} (x_1 - x_2)^2 (x_1 - x_3)^2 \dots (x_1 - x_n)^2$$
$$(x_2 - x_3)^2 \dots (x_2 - x_n)^2$$
$$\dots\dots\dots$$
$$(x_{n-1} - x_n)^2$$

und heißt die Determinante der ursprünglichen Gleichung 1). Für die quadratische Gleichung

$$ax^2 + 2bx + c = 0$$

ist die Determinante:

$$\Delta_2 = \frac{1}{a^2}(b^2 - ac);$$

für die cubische Gleichung

$$ax^3 + 3bx^2 + 3cx + d = 0$$

erhalten wir aus dem vorigen Abschnitte:

$$\Delta_3 = \frac{27}{a^4}(4ac^3 + a^2d^2 - 3b^2c^2 + 4b^3d - 6bcd).$$

Die Determinante der biquadratischen Gleichung

$$ax^4 + 4bx^3 + 6cx^2 + 4dx + e = 0$$

ist ein ziemlich zusammengesetzter Ausdruck, der sich aber mit Hilfe der Abkürzungen

$$A = ae - 4bd + 3c^2,$$
$$B = ace + 2bcd - ad^2 - b^2e - c^3$$

einfacher darstellen läßt, nämlich

$$\Delta_4 = \frac{16}{a^6}(A^3 - 27B^2).$$

VII. Die Discussion der höheren Gleichungen.

40) Der Auflösung einer numerischen Gleichung geht immer die Entscheidung der Frage voraus, wie viel reelle oder imaginäre Wurzeln die Gleichung besitzt, ob darunter gleiche Wurzeln vorkommen oder nicht, und wie viele der etwa vorhandenen reellen Wurzeln positiv und wie viele negativ sind. Für diese Voruntersuchung, welche man die Discussion einer gegebenen Gleichung nennen kann, ist eine Menge von Sätzen aufgestellt worden, deren jeder ein mehr oder weniger sicheres Kennzeichen für die Existenz von positiven oder negativen, reellen oder complexen Wurzeln ꝛc. darbietet; wir werden uns aber auf zwei Theoreme der Art beschränken, von denen das erste sich durch seine bequeme Anwendbarkeit, das zweite dagegen durch die Allgemeinheit und Sicherheit empfiehlt, womit es die aufgestellten Fragen so vollständig erledigt, daß alle früheren ähnlichen Sätze von Newton, Budan, Fourier ꝛc. überflüssig geworden sind und nur noch ein historisches Interesse beanspruchen können.

Die gegebene Gleichung sei

$$f(x) = x^n + Ax^{n-1} + Bx^{n-2} + \dots + Mx + N = 0$$

und habe die positiven Wurzeln $\alpha, \beta, \gamma, \dots$; dann läßt sich $f(x)$ in folgende Form bringen

$$f(x) = \varphi(x)(x - \alpha)(x - \beta)(x - \gamma) \dots,$$

und zwar ist hier $\varphi(x)$ eine ganze Function von niedrigerem Grade etwa

$$\varphi(x) = x^k + ax^{k-1} + bx^{k-2} + \dots.$$

Da a, b ꝛc. theils positiv, theils negativ sein können, so werden die Vorzeichen irgendwie auf einander folgen, etwa beispielsweise

$$+ \; + \; - \; + \; - \; - \; - \; + \; -,$$

und es kommen darin ebenso wol Zeichenfolgen (wie $+\,+$ oder $-\,-$) als Zeichenwechsel (wie $+\,-$ oder $-\,+$) vor, in dem genannten Beispiele 3 Folgen und 5 Wechsel. Multiplicirt man nun mit $x - \alpha$, so sind die Zeichenwechsel der Partialproducte

$$+ \; + \; - \; + \; - \; - \; - \; + \; -$$
$$- \; - \; + \; - \; + \; + \; + \; - \; +,$$

mithin hat das Product $\varphi(x)(x - \alpha)$ folgende Zeichen:

$$+ \; \pm \; - \; + \; - \; \pm \; \pm \; + \; - \; +,$$

wobei die Zeichen $\pm$ im Allgemeinen unentschieden bleiben und sich erst dann bestimmen, wenn die Zahlenwerthe von a, b, c ꝛc. bekannt sind. Wie man sieht, enthält das Product ebenso viel unentschiedene Zeichen als $\varphi(x)$ Zeichenfolgen hatte; wären nun alle unentschiedenen Zeichen positiv, so würde $\varphi(x)(x - \alpha)$ doch noch einen Zeichenwechsel mehr haben wie $\varphi(x)$, weil das letzte Zeichen des Productes immer das entgegengesetzte vom letzten Zeichen in $\varphi(x)$ ist; dasselbe gilt auch in dem Falle, wo alle unentschiedenen Zeichen negativ sind. Wenn sie dagegen theils positiv, theils negativ sind, so wächst die Anzahl der Zeichenwechsel um mehr als eine Einheit. Demnach hat $\varphi(x)(x - \alpha)$ wenigstens einen Zeichenwechsel mehr als $\varphi(x)$. Daraus folgt, daß $\varphi(x)(x - \alpha)(x - \beta)$ mindestens einen Zeichenwechsel mehr als $\varphi(x)(x - \alpha)$, mithin wenigstens zwei Zeichenwechsel mehr als $\varphi(x)$ besitzt. Der weitere Fortgang dieser Schlüsse ist unmittelbar einleuchtend und führt zu dem Satze, daß selbst in dem Falle, wo $\varphi(x)$ gar keinen Zeichenwechsel enthält, doch das Product $f(x) = \varphi(x)(x - \alpha)(x - \beta) \dots$ mindestens ebenso viel Zeichenwechsel haben muß, als positive Wurzeln α, β, γ vorhanden sind. Die Gleichung $f(x) = 0$ kann daher höchstens ebenso viel positive Wurzeln als Zeichenwechsel besitzen.

Nimmt man x negativ, betrachtet also die Gleichung

$$f(-x) = x^n - Ax^{n-1} + Bx^{n-2} - \ldots = 0,$$

so sind die Wurzeln derselben gleich und entgegengesetzt den Wurzeln der Gleichung $f(x) = 0$; die Gleichung $f(-x) = 0$ hat also ebenso viel positive Wurzeln als jene negative. Jeder Zeichenfolge in $f(x)$ entspricht aber ein Zeichenwechsel in $f(-x) = 0$ und umgekehrt; die Gleichung $f(x) = 0$ hat daher so viel negative Wurzeln als $f(-x)$ positive, d. h. höchstens so viele als $f(-x)$ Zeichenwechsel oder $f(x)$ Zeichenfolgen. Alles zusammen gibt folgenden von Descartes herrührenden und unrichtiger Weise dem Harriot zugeschriebenen Satz: Eine Gleichung besitzt höchstens so viel positive Wurzeln als Zeichenwechsel und höchstens so viel negative als Zeichenfolgen.

Im Vorigen wurde stillschweigend vorausgesetzt, daß keiner der Coefficienten A, B, C u. s. w. den Werth Null habe, d. h. die Gleichung vollständig sei; man kann sich aber, indem man den fehlenden Gliedern den Coefficienten ± 0 gibt, leicht überzeugen, daß der Satz auch für unvollständige Gleichungen richtig bleibt.

Das Theorem von Descartes entscheidet nicht, ob reelle oder imaginäre Wurzeln vorhanden sind, und daher beschränkt sich sein Gebrauch meistens auf den allerdings häufigen Fall, wo man weiß, daß reelle Wurzeln existiren. Ist man im Voraus der Realität aller Wurzeln sicher, so läßt sich auch angeben, wie viel positive und wie viel negative darunter vorkommen. Bezeichnet nämlich n den Grad der Gleichung, f die Anzahl der Zeichenfolgen und w die Anzahl der Zeichenwechsel, so ist einerseits $n = f + w$; andererseits hat man, wenn p positive und q negative Wurzeln vorhanden sind, $n = p + q$, mithin

$$f + w = p + q.$$

Nach der obigen Zeichenregel ist

$$p \leqq w, \qquad q \leqq f,$$

und diese Beziehungen können mit der vorigen Gleichung nur dann zusammenbestehen, wenn

$$p = w, \qquad q = f.$$

Sind daher alle Wurzeln einer Gleichung reell, so kommen darunter ebenso viel positive vor, als die Gleichung Zeichenwechsel, und ebenso viel negative, als die Gleichung Zeichenfolgen enthält.

In der Gleichung $x^3 - 39x + 70 = 0$ oder $x^3 \pm 0 . x^2 - 39x + 70 = 0$ sind z. B. auf jeden Fall zwei Wechsel und eine Folge vorhanden; dieselbe muß also, wenn alle Wurzeln reell sind, zwei positive Wurzeln und eine negative besitzen.

41) Bei Gleichungen, in denen Glieder fehlen, kann der Satz von Descartes auch zur Bestimmung der Minimalzahl imaginärer Wurzeln dienen, wie Du Gua gezeigt hat.

a) Wir wollen zuerst annehmen, daß zwischen zwei Gliedern einer Gleichung $n$ten Grades eine gerade Anzahl ($2k$) von Gliedern fehle, und wir unterscheiden dabei die Fälle, ob die Glieder, zwischen denen die fehlenden Glieder liegen, gleiche oder entgegengesetzte Vorzeichen besitzen.

Gibt man im ersten Falle den $2k$ fehlenden Gliedern dasselbe Vorzeichen wie den begrenzenden Gliedern, so sind in den betrachteten $2k + 2$ Gliedern zusammen $2k + 1$ Zeichenfolgen, und wenn die übrigen Glieder noch f Zeichenfolgen haben, so ist die Anzahl der positiven Wurzeln höchstens $= n - (f + 2k + 1)$. Man ändere nun die Vorzeichen des ersten, dritten, fünften u. s. w. der fehlenden Glieder in das entgegengesetzte um; das erste und letzte der fehlenden Glieder erhalten dann entgegengesetzte Zeichen (weil eine gerade Anzahl von Gliedern fehlt), und jedenfalls gibt das letzte verschwindende Glied mit dem darauf folgenden zusammen eine Zeichenfolge, und es ist diese die einzige, welche in den betrachteten $2k + 2$ Gliedern vorkommt. Daher ist die Anzahl der negativen Wurzeln höchstens $= f + 1$, und die Anzahl der positiven und negativen, d. h. der reellen Wurzeln zusammen höchstens $= n - (f + 2k + 1) + (f + 1) = n - 2k$; es müssen also wenigstens $2k$ complexe Wurzeln vorhanden sein.

Im zweiten Falle, wo die begrenzenden Glieder entgegengesetzte Zeichen besitzen, kann man den fehlenden Gliedern zunächst das positive Zeichen geben; dann entstehen in den betrachteten $2k + 2$ Gliedern $2k$ Zeichenfolgen, mithin ist die Anzahl der positiven Wurzeln höchstens $= n - (f + 2k)$, wo f die vorige Bedeutung hat. Nimmt man dagegen die fehlenden Glieder mit abwechselnden Zeichen, so entsteht in den fehlenden Gliedern keine Folge und die Gleichung kann höchstens f negative Wurzeln haben. Die Anzahl der reellen Wurzeln übersteigt daher keinenfalls $n - (f + 2k) + f = n - 2k$, folglich müssen wenigstens $2k$ imaginäre Wurzeln existiren. Alles zusammen gibt den Satz: Wenn zwischen zwei Gliedern einer Gleichung $n$ten Grades $2k$ Glieder fehlen, so besitzt die Gleichung wenigstens $2k$ complexe Wurzeln.

b) Es sei nun die Anzahl der fehlenden Glieder ungerade $= 2k + 1$; dann ist wie vorhin zu unterscheiden, ob die Grenzglieder gleiche oder entgegengesetzte Vorzeichen haben.

Gibt man im ersten Falle den fehlenden Gliedern dasselbe Zeichen wie den begrenzenden, so sind in den $2k + 3$ Gliedern zusammen $2k + 2$ Folgen; mithin beträgt die Anzahl der positiven Glieder höchstens $n - (f + 2k + 2)$. Bei wechselnden Vorzeichen in den fehlenden Gliedern entsteht innerhalb der fehlenden Glieder keine Folge, daher können nicht mehr als f negative Wurzeln vorhanden sein. Die Anzahl der reellen Wurzeln ist demnach höchstens $= n - (f + 2k + 2) + f = n - (2k + 2)$ und die der imaginären wenigstens $= 2k + 2$.

Wenn zweitens die Grenzglieder entgegengesetzte Vorzeichen haben und den fehlenden Gliedern dasselbe Vorzeichen gegeben wird, so bilden sich in den $2k + 3$ Gliedern $2k + 1$ Folgen, und daher ist die Anzahl der positiven Wurzeln höchstens $= n - (l + 2k + 1)$. Bei wechselnden Zeichen der fehlenden Glieder entsteht jedenfalls eine Folge, mithin kann die Anzahl der negativen Wurzeln $l + 1$ nicht übersteigen. Dies gibt zusammen höchstens $n - (l + 2k + 1) + (l + 1) = n - 2k$ reelle, also wenigstens $2k$ complexe Wurzeln. D. h. Wenn zwischen zwei Gliedern einer Gleichung nten Grades $2k + 1$ Glieder fehlen, so besitzt dieselbe wenigstens $2k + 2$ oder $2k$ complexe Wurzeln, je nachdem die einschließenden Glieder mit gleichen oder mit entgegengesetzten Zeichen versehen sind.

Diese Betrachtungen können leicht auf den Fall ausgedehnt werden, wo die Gleichung mehr als eine Lücke besitzt, doch brauchen wir dieses um so weniger zu erörtern, als alle diese Sätze nur specielle Fälle eines weit allgemeineren Theoremes sind, womit wir uns im Folgenden beschäftigen.

42) Wenn in der gebrochenen Function $\frac{\varphi(x)}{\psi(x)}$ der Nenner durch Null hindurchgehend sein Vorzeichen wechselt, so ändert sich im Allgemeinen der Quotient sprungweise und geht von $+\infty$ nach $-\infty$ oder von $-\infty$ nach $+\infty$ über. Dieser Fall tritt nun ein, sobald für x eine Wurzel der Gleichung $\psi(x) = 0$ gesetzt wird, und es ist daher einleuchtend, daß die Betrachtung solcher discontinuirlicher Quotienten nicht ohne Nutzen für die Theorie der algebraischen Gleichungen sein wird.

Wir setzen im Folgenden voraus, daß $\varphi(x)$ und $\psi(x)$ ganze rationale algebraische Functionen von x sind, und lassen x das Intervall $x = a$ bis $x = b$ stetig durchlaufen; dabei kann es geschehen, daß die gebrochene Function m — mal von $-\infty$ nach $+\infty$ und n — mal von $+\infty$ nach $-\infty$ überspringt; die Differenz $m - n$ nennen wir dann den Exceß von $\frac{\varphi(x)}{\psi(x)}$ für das Intervall $x = a$ bis $x = b$ und bezeichnen denselben mit

$$\overset{b}{\underset{a}{E}} \frac{\varphi(x)}{\psi(x)}.$$

Geht die Function zwischen $x = a$ und $x = b$ immer nur vom Negativen zum Positiven über, so ist $n = 0$ und $E = m$; wenn dagegen nur Uebergänge vom Positiven zum Negativen stattfinden, so ist $m = 0$ und $E = -n$.

Für die Function $-\frac{\varphi(x)}{\psi(x)}$, welche der vorigen gleich und entgegengesetzt ist, wird der Exceß $= n - m$, daher hat man bei jedem Intervalle

$$E\left(-\frac{\varphi(x)}{\psi(x)}\right) + E\frac{\varphi(x)}{\psi(x)} = 0.$$

Wir betrachten ferner die Excesse E und E' der beiden Functionen $\frac{\varphi(x)}{\psi(x)}$ und $\frac{\psi(x)}{\varphi(x)}$, von denen die eine das Reciproke der anderen ist. Bezeichnen m' und n' für die zweite Function dasselbe wie m und n für die erste, so gelten einerseits die Gleichungen

$$E = m - n, \quad E' = m' - n'.$$

Die zweite Function gehe zwischen den gegebenen Grenzen μ — mal vom Negativen zum Positiven über, gleichgültig, ob durch Null oder durch Unendlich hindurch; es besteht dann μ aus m und m', weil beide Functionen immer gleiche Vorzeichen haben und dieses jedesmal wechseln, sobald $\varphi(x)$ oder $\psi(x)$ das entgegengesetzte Vorzeichen annimmt. Wenn ferner die zweite Function ν — mal vom Positiven zum Negativen übergeht, so ist aus denselben Gründen $\nu = n + n'$, mithin

$$\mu - \nu = (m + m') - (n + n') = (m - n) + (m' - n')$$

d. i. bei umgekehrter Schreibweise

$$E + E' = \mu - \nu.$$

An den Grenzen des Intervalles $x = a$ bis $x = b$ erhält die zweite Function die Werthe $\frac{\psi(a)}{\varphi(a)}$ und $\frac{\psi(b)}{\varphi(b)}$; diese können positiv oder negativ sein, und hiernach bestimmt sich der Werth von $\mu - \nu$. Haben $\frac{\psi(a)}{\varphi(a)}$ und $\frac{\psi(b)}{\varphi(b)}$ gleiche Vorzeichen, so ist die Aufeinanderfolge der Vorzeichen, welche $\frac{\psi(x)}{\varphi(x)}$ innerhalb des genannten Intervalls hat, entweder

$$\begin{matrix} x = a, & \ldots & \ldots & \ldots & \ldots & \ldots & x = b. \\ + & - & + & - & + & - & + \end{matrix}$$

oder

$$\begin{matrix} x = a, & & & & & & x = b. \\ - & + & - & + & - & + & - \end{matrix}$$

und dann geht $\frac{\psi(x)}{\varphi(x)}$ ebenso oft vom Negativen zum Positiven als vom Positiven zum Negativen; mithin ist $\mu = \nu$ und

$$E + E' = 0.$$

Hat der betrachtete Bruch für $x = a$ das negative, für $x = b$ das positive Zeichen, so ist die Reihe der Vorzeichen von folgender Form:

$$\begin{matrix} x = a & \ldots & \ldots & \ldots & \ldots & x = b. \\ - & + & - & + & - & + \end{matrix}$$

mithin $\mu = \nu + 1$ und

$$E + E' = + 1.$$

Wenn endlich $\frac{\psi(a)}{\varphi(a)}$ positiv, $\frac{\psi(b)}{\varphi(b)}$ negativ ist, so gestalten sich die Reihe der Vorzeichen wie folgt

$$\begin{matrix} x = a, & \ldots & \ldots & \ldots & \ldots & x = b. \\ + & - & + & - & + & - \end{matrix}$$

und man hat dann $\mu = \nu - 1$ oder

$$E + E' = - 1.$$

Dieses gibt die folgende, leicht in Worte zu fassende Formel:

$$\overset{b}{\underset{a}{E}} \frac{\psi(x)}{\varphi(x)} + \overset{b}{\underset{a}{E}} \frac{\varphi(x)}{\psi(x)} = 0, \ + 1, \ - 1,$$

wobei rechter Hand der erste, zweite oder dritte Werth genommen werden muß, je nachdem die Vorzeichen von $\frac{\psi(a)}{\varphi(a)}$ und $\frac{\psi(b)}{\varphi(b)}$ eine Folge, oder einen Wechsel von Minus nach Plus, oder einen Wechsel von Plus nach Minus bilden. Mit Rücksicht auf die Vorzeichen der Zähler und Nenner kann man hiernach folgendes Theorem aufstellen: Die Excesse der reciproken Functionen $\frac{\psi(x)}{\varphi(x)}$ und $\frac{\varphi(x)}{\psi(x)}$, bezogen auf das Intervall $x = a$ bis $x = b$, betragen zusammengenommen Null, wenn $\varphi(a)$ und $\psi(a)$, sowie $\varphi(b)$ und $\psi(b)$ zugleich eine Vorzeichenfolge oder gleichzeitig einen Vorzeichenwechsel darbieten; dagegen ist jene Excesssumme $= + 1$, wenn $\varphi(a)$ und $\psi(a)$ einen Wechsel, $\varphi(b)$ und $\psi(b)$ eine Folge zeigen; sie ist endlich $= - 1$, wenn $\varphi(a)$ und $\psi(a)$ eine Folge, $\varphi(b)$ und $\psi(b)$ einen Wechsel geben.

Aus der vorigen Gleichung folgt

$$E\frac{\psi(x)}{\varphi(x)} = -E\frac{\varphi(x)}{\psi(x)} + \varepsilon,$$

wo ε einen der Werthe $0, + 1, - 1$ bedeuten mag. Ist nun $\frac{\psi(x)}{\varphi(x)}$ eine echt gebrochene Function, so wird $\frac{\varphi(x)}{\psi(x)}$ unecht gebrochen und kann daher durch Division in eine ganze Function Q und in einen echt gebrochenen Rest $\frac{\chi(x)}{\psi(x)}$ zerlegt werden, nämlich

$$\frac{\varphi(x)}{\psi(x)} = Q + \frac{\chi(x)}{\psi(x)};$$

hier geht Q niemals durch das Unendliche hindurch, daher ist der Exceß von $\frac{\varphi(x)}{\psi(x)}$ einerlei mit dem Excesse von $\frac{\chi(x)}{\psi(x)}$, d. h.

$$E\frac{\psi(x)}{\varphi(x)} = -E\frac{\chi(x)}{\psi(x)} + \varepsilon = E\left(-\frac{\chi(x)}{\psi(x)}\right) + \varepsilon.$$

Diese Gleichung enthält den sehr wichtigen Satz, daß der Exceß der echt gebrochenen Function $\frac{\psi(x)}{\varphi(x)}$ auf den Exceß der gleichfalls echt gebrochenen Function $\frac{\chi(x)}{\psi(x)}$, deren Nenner von niedrigerem Grade ist, zurückgeführt werden kann. Man übersieht augenblicklich die Möglichkeit, durch mehrmalige Anwendung dieses Theoremes zu einer allgemeinen Formel für den Exceß einer beliebigen echt gebrochenen Function zu gelangen.

43) Handelt es sich nämlich um den Exceß der echt gebrochenen Function $\frac{f_1(x)}{f(x)}$, so dividire man den Nenner durch den Zähler, bezeichne den ganzen Quotienten mit Q und nenne $f_2(x)$ den mit entgegengesetztem Vorzeichen genommenen Rest also:

$$\frac{f(x)}{f_1(x)} = Q - \frac{f_2(x)}{f_1(x)};$$

man wiederhole rechter Hand dieses Verfahren und bilde die Gleichungen:

$$\frac{f_1(x)}{f_2(x)} = Q_1 - \frac{f_3(x)}{f_2(x)},$$
$$\frac{f_2(x)}{f_3(x)} = Q_2 - \frac{f_4(x)}{f_3(x)},$$
$$\cdots\cdots\cdots$$
$$\frac{f_{n-2}(x)}{f_{n-1}(x)} = Q_{n-2} - \frac{f_n(x)}{f_{n-1}(x)},$$
$$\frac{f_{n-1}(x)}{f_n(x)} = Q_{n-1},$$

wo der letzte Quotient entweder eine bloße Constante oder eine ganze Function von x ist; es gelten dann folgende Gleichungen:

$$E\frac{f_1(x)}{f(x)} = E\frac{f_2(x)}{f_1(x)} + \varepsilon_0,$$
$$E\frac{f_2(x)}{f_1(x)} = E\frac{f_3(x)}{f_2(x)} + \varepsilon_1,$$
$$E\frac{f_3(x)}{f_2(x)} = E\frac{f_4(x)}{f_3(x)} + \varepsilon_2,$$
$$\cdots\cdots\cdots$$
$$E\frac{f_{n-1}(x)}{f_{n-2}(x)} = E\frac{f_n(x)}{f_{n-1}(x)} + \varepsilon_{n-2},$$
$$E\frac{f_n(x)}{f_{n-1}(x)} = E\left(-\frac{f_{n-1}(x)}{f_n(x)}\right) + \varepsilon_{n-1},$$

deren Addition sofort zu folgender Formel führt:

$$E\frac{f_1(x)}{f(x)} = \varepsilon + \varepsilon_1 + \varepsilon_2 + \ldots + \varepsilon_{n-1}$$

wenn man gleichzeitig berücksichtigt, daß

$$E\left(-\frac{f_{n-1}(x)}{f_n(x)}\right) = E(-Q_{n-1}) = 0$$

ist. Wie man sieht, kommt es nur darauf an, die Summe der Größen $\varepsilon_0, \varepsilon_1, \varepsilon_2, \ldots \varepsilon_{n-1}$ zu bestimmen, von denen irgend eine ε_m in der Gleichung

$$E\frac{f_{m+1}(x)}{f_m(x)} = E\frac{f_{m+2}(x)}{f_{m+1}(x)} + \varepsilon_m$$

vorkommt und den Werth 0 hat, wenn $f_m(a)$, $f_{m+1}(a)$ gleichzeitig mit $f_m(b)$, $f_{m+1}(b)$ eine Folge oder einen Wechsel bilden, dagegen den Werth $+ 1$ oder $- 1$ erhält, je nachdem das erste Paar einen Wechsel und das zweite eine Folge, oder das erste Paar eine Folge und das zweite einen Wechsel zeigt. Wir bilden nun die beiden Reihen

A) $f(a)$, $f_1(a)$, $f_2(a)$, ... $f_n(a)$
B) $f(b)$, $f_1(b)$, $f_2(b)$, ... $f_n(b)$

und nennen w_a die Anzahl der Wechsel in A, w_b die Anzahl der Wechsel in B, ebenso v_a die Anzahl der Folgen in A, und v_b die Anzahl der Folgen in B. Ferner treffe es sich p — mal, daß einem Wechsel in A eine Folge in B entspricht, und q — mal, daß einer Folge in A ein Wechsel in B entspricht; die Anzahl der Fälle, wo ein Wechsel in A über einem Wechsel in B steht, sei r, und die Anzahl der Fälle, wo eine Folge in A mit einer Folge in B zusammentrifft, sei s, so haben p der Größen ε den Werth + 1, q derselben den Werth — 1 und r + s derselben verschwinden. Daher ist

$$\varepsilon_0 + \varepsilon_1 + \varepsilon_2 + \ldots + \varepsilon_{n-1} = p - q$$

oder

$$E\frac{f_1(x)}{f(x)} = p - q.$$

Andererseits ist aber auch, weil in der ersten Reihe p Wechsel (über Folgen) und zugleich r Wechsel (über Wechseln), im Uebrigen aber keine Wechsel vorhanden sind,

$$w_a = p + r,$$

und aus gleichen Gründen

$$v_a = q + s;$$

ferner in der unteren Reihe

$$w_b = q + r, \quad v_b = r + s,$$

mithin

$$w_a - w_b = v_a - v_b = p - q,$$

und durch Vergleichung mit dem Vorigen

$$\overset{b}{\underset{a}{E}}\frac{f_1(x)}{f(x)} = v_a - v_b = w_a - w_b.$$

Die Aufsuchung des Excesses einer echt gebrochenen Function läßt sich hiernach auf folgende einfache Regel bringen: **Man leite aus $f(x)$ und $f_1(x)$ die Functionen $f_2(x)$, $f_3(x)$, ... $f_n(x)$ nach dem angegebenen Verfahren der successiven Divisionen ab, bilde die beiden Reihen**

$$f(a), \quad f_1(a), \quad f_2(a), \ldots f_n(a),$$
$$f(b), \quad f_1(b), \quad f_2(b), \ldots f_n(b),$$

und zähle die in jeder vorkommenden Zeichenfolgen v_a und v_b oder die Zeichenwechsel w_a und w_b; zwischen den Grenzen x = a und x = b ist dann der Exceß von $\frac{f_1(x)}{f(x)}$ einerlei mit der Differenz $v_a - v_b = w_a - w_b$.

Bei Anwendung dieses Verfahrens vermeidet man gebrochene Coefficienten dadurch, daß man $f(x)$, $f_1(x)$, $f_2(x)$ u. s. w. mit passenden Zahlen multiplicirt, wodurch keiner der Excesse eine Aenderung erleidet. Für die Function

$$\frac{5x^4 - 30x^2 + 6}{x^5 - 10x^3 + 6x + 1}$$

hat man z. B.

$$f(x) = x^5 - 10x^3 + 6x + 1,$$
$$f_1(x) = 5x^4 - 30x^2 + 6,$$
$$f_2(x) = 20x^3 - 24x - 5,$$
$$f_3(x) = 96x^2 - 5x - 24,$$
$$f_4(x) = 43651x + 10920,$$
$$f_5(x) = + \text{Const.}$$

für x = — 1 erhalten diese Functionen die Werthe:

$$+ 4, \; - 19, \; - 1, \; + 77, \; - 32731, \; + \text{Const.},$$

worin 4 Zeichenwechsel vorkommen; für x = + 2 sind die Werthe der obigen Functionen:

$$- 35, \; - 34, \; + 107, \; + 350, \; + 76382, \; + \text{Const.},$$

und sie enthalten einen Zeichenwechsel; zwischen den Grenzen x = — 1 und x = + 2 ist daher der Exceß unserer Functionen gleich 4 — 1 = 3.

44) Wir haben nun noch den speciellen Fall zu erörtern, wo ein oder mehr Glieder der Reihen A und B verschwinden; da a und b willkürlich sind, so wollen wir uns dieselben so gewählt denken, daß weder $f(a)$ noch $f(b)$ der Null gleichkommt.

Wenn zwei benachbarte Glieder $f_m(x)$ und $f_{m+1}(x)$ für irgend einen Specialwerth ξ von x verschwinden, so zeigen die Relationen

$$f(\xi) = Q f_1(\xi) - f_2(\xi),$$
$$f_1(\xi) = Q_1 f_2(\xi) - f_3(\xi),$$
$$\ldots\ldots\ldots\ldots$$
$$f_{m-1}(\xi) = Q_{m-1} f_m(\xi) - f_{m+1}(\xi),$$
$$f_m(\xi) = Q_m f_{m+1}(\xi) - f_{m+2}(\xi),$$
$$\ldots\ldots\ldots\ldots$$
$$f_{n-2}(\xi) = Q_{n-2} f_{n-1}(\xi) - f_n(\xi),$$

daß dann auch $f(\xi)$, $f_1(\xi)$, $f_2(\xi)$, ... $f_n(\xi)$ verschwinden müßten. Dieses ist aber nicht möglich, sobald a und b auf die vorhin angegebene Weise gewählt sind; es können daher zwei Nachbarglieder der Reihen A und B nie gleichzeitig verschwinden.

Aus $f_m(\xi) = 0$ folgt $f_{m-1}(\xi) = - f_{m+1}(\xi)$; die beiden Glieder, zwischen denen ein Glied ausfällt, haben demnach **entgegengesetzte** Vorzeichen.

Es mag nun der Fall betrachtet werden, wo in A das eine Glied $f_m(a)$, dagegen in B kein Glied verschwindet. Die drei Glieder $f_{m-1}(a)$, $f_m(a)$, $f_{m+1}(a)$ geben dann entweder die Zeichenaufeinanderfolge +, 0, —, oder die umgekehrte —, 0, +, und wenn man der Null das eine Mal das positive, das andere Mal das negative Zeichen gibt, so entstehen folgende vier Combinationen:

$$+,\; +,\; - \qquad -,\; +,\; +,$$
$$+,\; -,\; - \qquad -,\; -,\; +.$$

Jede derselben enthält einen einzigen Zeichenwechsel; es würde aber auch ein und nur ein Wechsel entstanden sein, wenn man das verschwindende Glied übersprungen hätte; für die Anzahl der Wechsel (nicht aber der Folgen) gilt es demnach gleich, ob man dem fehlenden Gliede irgend ein Vorzeichen ertheilt, oder ob man es einfach unberücksichtigt läßt. Man übersieht gleichzeitig, daß die Sache sich ebenso verhält, wenn mehre Glieder der Reihen A und B ausfallen. Die im vorigen Abschnitte gegebene

Regel zur Aufsuchung des Excesses gebrochener Functionen bleibt demnach ungestört, wenn auch mehre Glieder der Reihen A und B verschwinden, vorausgesetzt nur, daß die Anfangsglieder $f(a)$ und $f(b)$ von Null verschieden sind.

45) Sind $a_1, a_2, a_3, \ldots a_n$ die n Wurzeln einer Gleichung nten Grades und sämmtlich von einander verschieden, so verschwindet der Ausdruck

$$f(x) = (x - a_1)(x - a_2)(x - a_3) \ldots (x - a_n)$$

jedesmal, wenn x einen der angegebenen Werthe erreicht; ferner hat man für den Differentialquotienten $\frac{d f(x)}{dx}$, den wir kurz mit $f_1(x)$ bezeichnen, die Formel

$$\frac{f_1(x)}{f(x)} = \frac{d\,l f(x)}{dx},$$

d. i.

$$\frac{f_1(x)}{f(x)} = \frac{1}{x - a_1} + \frac{1}{x - a_2} + \ldots + \frac{1}{x - a_k} + \ldots$$
$$\ldots + \frac{1}{x - a_n}.$$

Läßt man nun x von $x = a_k - \delta$ bis $x = a_k + \delta$ sich stetig ändern, wo δ eine unendlich kleine Größe bezeichnet, so geht der Bruch $\frac{1}{x - a_k}$ aus dem Negativen durch Unendlich hindurch ins Positive über, während alle übrigen Brüche endliche Größen bleiben, mithin findet in $\frac{f_1(x)}{f(x)}$ gleichfalls für $x = a_k$ ein Uebergang von $-\infty$ nach $+\infty$ statt. Auch ist umgekehrt klar, daß ein solcher Uebergang nur dann eintreten kann, wenn x einen der Werthe $a_1, a_2, \ldots a_n$ erhält. Aendert sich nun x continuirlich von $x = a$ bis $x = b$ und geht dabei $\frac{f_1(x)}{f(x)}$ mehrmals etwa m — mal von $-\infty$ nach $+\infty$ über, so müssen m der Größen $a_1, a_2, \ldots a_n$ zwischen $x = a$ und $x = b$ enthalten sein, d. h. in dem Intervalle von $x = a$ bis $x = b$ liegen nothwendig ebenso viel reelle und verschiedene Wurzeln der Gleichung $f(x) = 0$, als der Exceß von $\frac{f_1(x)}{f(x)}$ beträgt.

Hiernach ist z. B. die gesammte Anzahl der positiven Wurzeln

$$p = \overset{\infty}{\underset{0}{E}} \frac{f_1(x)}{f(x)},$$

ferner die Anzahl der negativen Wurzeln

$$q = \overset{-\infty}{\underset{0}{E}} \frac{f_1(x)}{f(x)},$$

mithin die Anzahl der reellen Wurzeln $= p + q$, und die Anzahl der imaginären Wurzeln $= n - (p + q)$.

Als Beispiel diene die Gleichung

$$x^5 - 10x^3 + 6x + 1 = 0;$$

hier ist

$$f(x) = x^5 - 10x^3 + 6x + 1,$$
$$f_1(x) = 5x^4 - 30x^2 + 6,$$
$$f_2(x) = 20x^3 - 24x - 5,$$
$$f_3(x) = 96x^2 - 5x - 24,$$
$$f_4(x) = 43651x + 10920,$$
$$f_5(x) = + \text{Const.}$$

und es sind die Vorzeichen von

$$f(x),\ f_1(x),\ f_2(x),\ f_3(x),\ f_4(x),\ f_5(x),$$

für $x = -\infty$, —, +, —, +, —, +, (5 Wechsel)
„ $x = 0$, +, +, —, —, +, +, (2 „)
„ $x = +\infty$, +, +, +, +, +, +, (0 „)

mithin besitzt die Gleichung $5 - 2 = 3$ negative und $2 - 0 = 2$ positive Wurzeln. Ferner geben dieselben Functionen folgende Zeichenreihen:

für $x = -4$, —, +, —, +, —, +, (5 Wechsel)
„ $x = -3$, +, +, —, +, —, +, (4 „)
„ $x = -2$, +, —, —, +, —, +, (4 „)
„ $x = -1$, +, —, —, +, —, +, (4 „)
„ $x = 0$, +, +, —, —, +, +, (2 „)
„ $x = +1$, —, —, —, +, +, +, (1 „)
„ $x = +2$, —, —, +, +, +, +, (1 „)
„ $x = +3$, —, +, +, +, +, +, (1 „)
„ $x = +4$, +, +, +, +, +, +, (0 „)

Demnach liegt eine Wurzel zwischen -4 und -3, zwei zwischen -1 und 0, eine zwischen 0 und $+1$, eine zwischen $+3$ und $+4$.

46) Das Verfahren, mittels dessen $f_1(x)$, $f_2(x)$ u. s. w. bestimmt werden, ist in der Hauptsache dasselbe, welches man zur Aufsuchung des größten gemeinschaftlichen Theilers zweier Polynome $f(x)$ und $f_1(x)$ anwendet, und es unterscheidet sich nur dadurch von dem letzteren, daß die jedesmaligen Reste mit entgegengesetzten Zeichen genommen werden. Diese Bemerkung dient gleichzeitig, um den Fall zu erledigen, wo mehre der Wurzeln gleich sind.

Wenn nämlich bei der Bestimmung des größten gemeinschaftlichen Theilers von $f(x)$ und $f_1(x)$ der letzte Rest eine von Null verschiedene Constante darstellt, so haben bekanntlich $f(x)$ und $f_1(x)$ keinen variabeln gemeinschaftlichen Theiler; dann müssen aber alle Wurzeln der Gleichung $f(x) = 0$ von einander verschieden sein. Denn käme z. B. die Wurzel $x = a$ mehr als einmal, etwa p — mal vor, so hätte $f(x)$ die Form

$$f(x) = (x - a)^p \varphi(x)$$

mithin wäre

$$f_1(x) = (x - a)^p \varphi_1(x) + p(x - a)^{p-1} \varphi(x)$$

und hier würde $(x - a)^{p-1}$ gemeinschaftlicher Theiler von $f(x)$ und $f_1(x)$ sein, was dem Vorigen widerspricht.

Wenn dagegen eine der Restfunctionen, etwa $f_{m+1}(x)$, verschwindet, so ist die vorhergehende, $f_m(x)$, der größte gemeinschaftliche Theiler von $f(x)$ und $f_1(x)$. Dieser kann aber auch direct bestimmt werden. Aus

$$f(x) = (x - a_1)^p (x - a_2)^q \ldots$$

folgt nämlich durch Differentiation

$$f_1(x) = (x-a_1)^p(x-a_2)^q \ldots \left\{\frac{p}{x-a_1} + \frac{q}{x-a_2} + \ldots\right\},$$

d. i. wenn man mit $(x-a_1)(x-a_2)$ u. s. w. in die Parenthese multiplicirt,

$$f_1(x) = (x-a_1)^{p-1}(x-a_2)^{q-1} \ldots \psi(x),$$

wo $\psi(x)$ eine ganze Function von x bedeutet. Der größte gemeinschaftliche Theiler von $f(x)$ und $f_1(x)$ ist daher

$$(x-a_1)^{p-1}(x-a_2)^{q-1} \ldots;$$

mithin

$$f_m(x) = (x-a_1)^{p-1}(x-a_2)^{q-1} \ldots .$$

Die Gleichung $f_m(x) = 0$ enthält daher jede der gleichen Wurzeln von $f(x) = 0$ einmal weniger als diese Gleichung, woraus sogleich folgt, daß die Gleichung

$$\frac{f(x)}{f_m(x)} = (x-a_1)(x-a_2) \ldots = 0$$

alle verschiedenen Wurzeln und zwar jede einmal enthält. Indem man nun

$$\frac{f(x)}{f_m(x)} = F(x)$$

setzt und hieraus wie früher $F_1(x)$, $F_2(x)$ u. s. w. ableitet, erhält man Aufschluß über die Anzahl und Lage der von einander verschiedenen Wurzeln der Gleichung $f(x) = 0$, und die Gleichung $f_m(x) = 0$ lehrt dann die übrigen Wurzeln kennen.

Aus der Gleichung

$$x^4 - 3x^3 - 3x^2 + 11x - 6 = 0$$

findet man z. B. mit Weglassung constanter Factoren

$$f(x) = x^4 - 3x^3 - 3x^2 + 11x - 6,$$
$$f_1(x) = 4x^3 - 9x^2 - 6x + 11,$$
$$f_2(x) = 51x^2 - 114x + 63,$$
$$f_3(x) = x - 1,$$
$$f_4(x) = 0.$$

Daher haben $f(x)$ und $f_1(x)$ den größten gemeinschaftlichen Theiler $f_3(x) = x - 1$, und es ist

$$F(x) = \frac{f(x)}{f_3(x)} = x^3 - 2x^2 - 5x + 0$$

oder

$$f(x) = (x-1)(x^3 - 2x^2 - 5x + 6).$$

Als Wurzeln der Gleichung $F(x) = 0$ findet man $x = 1$, $x = -2$, $x = 3$, mithin besitzt $f(x) = 0$ die Wurzeln $x = 1$, $x = -1$, $x = -2$, $x = 3$.

Wie man sieht, führt die Methode der Aufsuchung des größten gemeinschaftlichen Theilers von $f(x)$ und $f_1(x)$ immer zur vollständigen Discussion einer Gleichung; diese sehr wichtige Bemerkung, die hauptsächlich auf den Abschn. 45 ausgesprochenen Satz und auf die Ermittelung des Excesses von $\frac{f_1(x)}{f(x)}$ zurückkommt, ist zuerst von K. Sturm gemacht und am 29. Mai 1829 in der pariser Akademie vorgetragen worden (s. auch Bulletin des sciences math. etc. publié par *Ferussac*. Tom. XI. p. 419). Beweise dafür gaben v. Ettingshausen (Zeitschr. f. Mathem. u. Phys. 7. Bd. S. 444), Crelle in seinem Journal (13. Bd. S. 119) und Cauchy (s. d. Abhandlung von Moigno in Liouville's Journal de mathématiques, Febr. 1840. p. 75); dem letzteren sind wir hauptsächlich gefolgt. Durch Erweiterung des Sturm'schen Satzes ist es Cauchy (a. a. O.) gelungen, die Anzahl der compleren Wurzeln $x = \alpha + i\beta$ zu bestimmen, welche zwischen den Grenzen $a_0 < \alpha < a_1$ und $b_0 < \beta < b_1$ liegen; hinsichtlich dieser Untersuchungen verweisen wir auf die genannte Quelle.

VIII. Die numerische Auflösung der höheren Gleichungen.

47) Bevor man zur numerischen Berechnung der Wurzeln einer höhern Gleichung schreitet, deren Coefficienten gegebene Zahlwerthe haben, unterzieht man die Gleichung erst einer genauen Discussion mit Hilfe des Sturm'schen Satzes; hierbei werden die gleichen Wurzeln ausgeschieden und zugleich kann man die Grenzen, zwischen denen die verschiedenen reellen Wurzeln liegen, einander beliebig nahe bringen. Sollten die Coefficienten der Gleichung rationale Brüche sein, so bringt man dieselben auf gemeinschaftliche Nenner etwa

$$a_1 = \frac{A_1}{N},\quad a_2 = \frac{A_2}{N},\quad a_3 = \frac{A_3}{N}, \ldots$$

und setzt in der nunmehrigen Gleichung

$$x^n + \frac{A_1}{N}x^{n-1} + \frac{A_2}{N}x^{n-2} + \ldots + \frac{A_{n-1}}{N}x + \frac{A_n}{N} = 0$$

$$x = \frac{x'}{N};$$

nach Multiplication mit N^n ergibt sich dann die Gleichung

$$\left.\begin{array}{l} x'^n + A_1 x'^{n-1} + A_2 N x'^{n-2} + A_3 N^2 x'^{n-3} + \ldots \\ \quad \ldots + A_{n-1} N^{n-2} x' + A_n N^{n-1} \end{array}\right\} = 0,$$

deren Wurzeln N-fache von den Wurzeln der vorigen Gleichung sind. Man kann daher immer annehmen, daß die aufzulösende Gleichung keine gleichen Wurzeln und ganzzahlige Coefficienten besitzt, wofern die ursprünglichen Coefficienten nicht irrationale Zahlen waren.

Sind nun die Coefficienten der Gleichung

$$x^n + a_1 x^{n-1} + a_2 x^{n-2} + \ldots + a_{n-1}x + a_n = 0$$

ganze Zahlen, so ist leicht zu sehen, daß ihr keine gebrochene Wurzel $x = \frac{p}{q}$ zukommen kann, worin p und q relative Primzahlen bedeuten. Die Substitution des angegebenen Werthes führt nämlich zu folgender Gleichung:

$$a_1 p^{n-1} + a_2 p^{n-2} q + a_3 p^{n-3} q^2 + \ldots$$
$$\ldots + a_{n-1} p q^{n-2} + a_n q^{n-1} = -\frac{p^n}{q},$$

und diese ist aus dem einfachen Grunde unmöglich, weil eine Summe von lauter ganzen Zahlen niemals einem irreductibeln Bruche gleich sein kann. — Die Wurzeln der betrachteten Gleichung sind daher entweder ganze oder irrationale Zahlen.

Die ganzen Wurzeln lassen sich, wenn deren überhaupt existiren, leicht mittels der Bemerkung finden, daß der letzte Coefficient das Product aller Wurzeln ist; sie müssen also unter den Theilern des Coefficienten a_n vorkommen. Man versucht daher, ob die Theiler von a_n der Gleichung genügen; ist dies mit dem einen oder anderen der Fall, so erniedrigt man den Grad der Gleichung durch Division mit der Differenz zwischen x und der gefundenen Wurzel; genügt keiner der Theiler, so hat die Gleichung nur irrationale oder imaginäre Wurzeln.

Als Beispiel diene die Gleichung

$$x^7 + 5x^6 + 6x^5 - 6x^4 - 15x^3 - 3x^2 + 8x + 4 = 0.$$

Hier sind die Theiler von 4, also ± 1, ± 2, ± 4, zu versuchen; man findet, daß $x = +1$, $x = -1$ und $x = -2$ der Gleichung genügen, daß mithin die linke Seite durch

$$(x - 1)(x + 1)(x + 2) = x^3 + 2x^2 - x - 2$$

ohne Rest theilbar ist. Indem man den Quotienten gleich Null setzt, hat man die niedrigere Gleichung:

$$x^4 + 3x^3 + x^2 - 3x - 2 = 0.$$

Dieser genügen wieder $x = +1$, $x = -1$, $x = -2$, woraus bei neuer Division folgt

$$x + 1 = 0 \text{ oder } x = -1;$$

die Wurzeln der obigen Gleichung sind daher

$$+1,\ +1,\ -1,\ -1,\ -1,\ -2,\ -2.$$

48) Die älteste Methode zur Aufsuchung der reellen irrationalen Wurzeln einer Gleichung rührt von Newton her; sie setzt voraus, daß man die Grenzen, innerhalb deren die Wurzeln liegen, schon ziemlich eng zusammengezogen habe, also wenigstens die Anfangsziffer der zu berechnenden Wurzel kenne, was sich entweder durch vorgängige Versuche oder mit Hilfe des Sturm'schen Satzes immer erreichen läßt.

Es sei nun x_1 der erste Näherungswerth der gesuchten Wurzel, δ die Correction, deren er bedarf, um zu dem genauen Werthe x zu werden, so ist $x = x_1 + \delta$, mithin, wenn $f(x) = 0$ die gegebene Gleichung darstellt,

$$f(x_1 + \delta) = 0.$$

Durch Entwickelung nach Potenzen von δ erhält man statt dieser Gleichung

$$f(x_1) + \frac{f'(x_1)}{1}\delta + \frac{f''(x_1)}{1.2}\delta^2 + \dots = 0,$$

worin f', f'' u. s. w. die successiven Differentialquotienten von f bedeuten. Ist nun $\delta < \frac{1}{10}$, mithin $\delta^2 < \frac{1}{100}$, $\delta^3 < \frac{1}{1000}$ u. s. w., so haben die mit δ^2, δ^3, u. s. w. multiplicirten Glieder im Allgemeinen keinen Einfluß auf die zweite Decimale und können folglich weggelassen werden, wenn man nicht den genauen Werth von δ, sondern nur einen Näherungswerth, etwa δ_1, berechnen will. Man hat für diesen

$$\delta_1 = -\frac{f(x_1)}{f'(x_1)},$$

und nun ist

$$x_2 = x_1 + \delta_1$$

ein zweiter, auf 2 Decimalen richtiger Näherungswerth von x. Durch Wiederholung desselben Verfahrens, d. h. indem man jetzt x_2 als den Näherungswerth ansieht, von welchem man ausgeht, ergibt sich

$$\delta_2 = -\frac{f(x_2)}{f'(x_2)}$$

und

$$x_3 = x_2 + \delta_2$$

als ein dritter, auf 4 Decimalen genauer Werth. Bei der nächsten Anwendung derselben Methode würde man der Reihe nach, 8, 16, 32 .... richtige Decimalen erhalten.

Es ist übrigens der Sicherheit wegen erforderlich, jeden gefundenen Näherungswerth einer Controle zu unterwerfen; diese wird auf folgende Weise ausgeführt. Die gesuchte Wurzel x bestehe aus der ganzen Zahl y und den unendlich vielen Decimalstellen z_1, z_2, z_3, ... d. h.

$$x = y + \frac{z_1}{10} + \frac{z_2}{100} + \frac{z_3}{1000} + \dots,$$

und es bestehe ein gefundener Näherungswerth aus y und den k Decimalstellen z_1, z_2, ... z_k; der wahre Werth von x liegt dann zwischen

$$y + \frac{z_1}{10} + \frac{z_2}{10^2} + \dots + \frac{z_k}{10^k}$$

und

$$y + \frac{z_1}{10} + \frac{z_2}{10^2} + \dots + \frac{z_k + 1}{10^k},$$

folglich muß $f(x)$ zwei Werthe von entgegengesetzten Vorzeichen erhalten, wenn man statt x das eine Mal den ersten und das andere Mal den zweiten Näherungswerth setzt, dessen letzte Decimalstelle eine Einheit mehr beträgt als die letzte Decimale von jenem.

Als Beispiel diene die cubische Gleichung

$$f(x) = x^3 - 7x + 7 = 0,\quad f'(x) = 3x^2 - 7;$$

durch Versuche findet man leicht, daß eine ihrer Wurzeln zwischen 1, 3 und 1, 4 liegt und zwar dem letzten Werthe näher als dem ersten. Man setzt daher

$$x = 1,4 + \delta,$$

und erhält

$$\delta_1 = -\frac{f(1,4)}{f'(1,4)} = -\frac{0,056}{1,12} = -0,05,$$

mithin als zweiten Näherungswerth

$$x = 1,4 - 0,05 = 1,35.$$

Die Controle gibt

$$f(1,35) = +0,010375,$$
$$f(1,36) = -0,004544,$$

und da diese Substitutionsresultate entgegengesetzte Zeichen haben, so ist der zweite Näherungswerth auf 2 Decimalen genau. Weiter hat man

$$\delta_1 = -\frac{f(1,35)}{f'(1,35)} = \frac{0,010375}{1,5325} = 0,0068,$$

$$x_2 = x_1 + \delta_1 = 1,3568,$$

und behufs der Controle

$$f(1,3568) = +\ 0,000141580,$$
$$f(1,3569) = -\ 0,000006101,$$

mithin ist der Werth 1,3568 auf vier Stellen richtig.

Den unbequemsten Theil dieser Rechnungsoperationen bilden die Controlen, die aber grade dann ganz unerläßlich sind, wenn zwei Wurzeln der Gleichung einander sehr nahe liegen, also in mehren Decimalstellen mit einander übereinstimmen. Wir wollen daher eine Abkürzung dieses Verfahrens zeigen.

49) Dividirt man eine Function

1) $f(x) = a_0 x^n + a_1 x^{n-1} + a_2 x^{n-2} + \ldots + a_{n-1} x + a_n$

durch $x - r$, so besteht das Resultat aus einer ganzen Function $\varphi(x)$, die vom $(n-1)$ten Grade ist, und aus einem Reste $\frac{R}{x-r}$, dessen Zähler nur eine constante Zahl sein kann; man hat daher auch

2) $$f(x) = (x - r)\,\varphi(x) + R.$$

Für $x = r$ wird diese Gleichung zu

3) $$f(r) = R,$$

und daraus erhellt, daß der Rest nichts Anderes als der Specialwerth ist, den $f(x)$ für $x = r$ annimmt. Man würde daher $f(r)$ finden können, wenn man jene Division auf irgend eine einfache Weise auszuführen wüßte.

Nach dem Obigen steht $\varphi(x)$ unter der Form

4) $\varphi(x) = b_0 x^{n-1} + b_1 x^{n-2} + \ldots + b_{n-2} x + b_{n-1};$

substituirt man dieses nebst dem in Nr. 1) verzeichneten Ausdrucke in Nr. 2), so erhält man

$$\begin{aligned} a_0 x^n + a_1 x^{n-1} + a_2 x^{n-2} + \ldots + a_{n-1} x + a_n \\ = b_0 x^n + b_1 x^{n-1} + b_2 x^{n-2} + \ldots + b_{n-1} x \\ - b_0 r x^{n-1} - b_1 r x^{n-2} \ldots - b_{n-2} r x \\ - b_{n-1} r + R, \end{aligned}$$

und durch Vergleichung der Coefficienten gleichnamiger Potenzen

$$b_0 = a_0,\quad b_1 = a_1 + b_0 r,\quad b_2 = a_2 + b_1 r, \ldots$$
$$\ldots b_{n-1} = a_{n-1} + b_{n-2} r,\quad R = a_n + b_{n-1} r.$$

Diese Gleichungen führen zu folgender Rechnungsregel: Man schreibe die Coefficienten $a_0, a_1, a_2, \ldots$ mit ihren Vorzeichen in eine Horizontalreihe, multiplicire den ersten Coefficienten mit r, schreibe das Product unter den nächsten Coefficienten a_1 und addire beides; die Summe multiplicire man wieder mit r, schreibe das Product unter a_2 und addire u. s. w.; die sich ergebenden Summen sind die Coefficienten b, und die letzte Summe ist der Rest oder der Werth von $f(r)$.

Soll z. B. die Function

$$f(x) = x^5 - x^4 - 7x^3 - 2x^2 + 22x - 29$$

durch $x - 3$ dividirt werden, so ist die Rechnung:

+ 1,	− 1,	− 7,	− 2,	+ 22,	− 29,
	+ 3,	+ 6,	− 3,	− 15,	+ 21,
+ 1,	+ 2,	− 1,	− 5,	+ 7,	− 8,

mithin

$$\frac{f(x)}{x-3} = x^4 + 2x^3 - x^2 - 5x + 7 - \frac{8}{x-3}$$

und gleichzeitig

$$f(3) = -\ 8.$$

Auch bei gebrochenen $a_0, a_1, \ldots$ und r wird dieses Verfahren noch nicht weitläufig, wie man an dem folgenden, mit vollständigen Partialproducten angegebenen Beispiele sehen kann. Es sei

$$f(x) = 52x^3 - 3,25x^2 + 47x - 73,084$$

durch $x - 15,231$ zu dividiren und sowol der Quotient als $f(15,231)$ auf drei Decimalen zu berechnen. Man hat in diesem Falle

52,	− 3,250,	+ 47,	− 73,084
	761,55	7887,62	120606,34
	30,462	3943,810	60303,170
	792,012	157,752	2412,127
		23,063	361,819
		0,789	12,061
		12013,634	183695,517
52,	+ 788,762,	+ 12060,634,	+ 183622,433,

$$\frac{52x^3 - 3,25x^2 + 47x - 73,084}{x - 15,231}$$
$$= 52x^2 + 788,762x + 12060,634 + \frac{183622,433}{x - 15,231},$$
$$f(15,231) = +\ 183622,433.$$

Es bedarf wol kaum der Bemerkung, daß die Coefficienten fehlender Glieder als Nullen in Rechnung zu bringen sind und daß auch auf das Vorzeichen von r zu achten ist.

50) Die so eben auseinandergesetzte Methode kann noch zu einem anderen Zwecke dienen, nämlich zur Lösung der oft vorkommenden Aufgabe, diejenige Gleichung

$$\alpha_0 \xi^n + \alpha_1 \xi^{n-1} + \alpha_2 \xi^{n-2} + \ldots + \alpha_{n-1} \xi + \alpha_n = 0$$

aufzustellen, deren Wurzeln um eine gegebene Größe r kleiner sind als die Wurzeln der Gleichung

$$a_0 x^n + a_1 x^{n-1} + a_2 x^{n-2} + \ldots + a_{n-1} x + a_n = 0.$$

Da hiernach $\xi = x - r$ sein soll, so hat man zur Bestimmung der Unbekannten $\alpha_0, \alpha_1, \alpha_2, \ldots \alpha_n$ folgende Gleichung:

$$\alpha_0 (x-r)^n + \alpha_1 (x-r)^{n-1} + \alpha_2 (x-r)^{n-2} + \ldots$$
$$\ldots + \alpha_{n-1}(x-r) + \alpha_n = a_0 x^n + a_1 x^{n-1} + a_2 x^{n-2} + \ldots$$
$$\ldots + a_{n-1} x + a_n;$$

indem man die linke Seite nach Potenzen von x ordnet und nachher die Coefficienten von x^n, x^{n-1} u. s. w. vergleicht, erhält man folgende Gleichungen:

$$\alpha_0 = a_0, \qquad \alpha_1 - n\alpha_0 r = a_1,$$

$$\alpha_2 - (n-1)\alpha_1 r + \frac{1}{2}n(n-1)\alpha_0 r^2 = a_2$$

u. s. w.,

welche der Reihe nach α_0, α_1, α_2 u. s. w. kennen lehren, nämlich

$$\alpha_0 = a_0, \qquad \alpha_1 = a_1 + n a_0 r,$$

$$\alpha_2 = a_2 + (n-1)a_1 r + \frac{1}{2}n(n-1)a_0 r^2$$

u. s. w.

Für die numerische Berechnung würde dieses Verfahren nicht sehr bequem sein, dagegen ist folgende Bemerkung von wesentlichem Nutzen. Wenn beide Seiten der Gleichung

$$\alpha_0(x-r)^n + \alpha_1(x-r)^{n-1} + \alpha_2(x-r)^{n-2} + \ldots$$
$$\ldots + \alpha_{n-1}(x-r) + \alpha_n = a_0 x^n + a_1 x^{n-1} + a_2 x^{n-2} + \ldots$$
$$\ldots + a_{n-1}x + a_n$$

durch $x - r$ dividirt werden, so erhält man linker Hand

$$\alpha_0(x-r)^{n-1} + \alpha_1(x-r)^{n-2} + \ldots + \alpha_{n-1} + \frac{\alpha_n}{x-r}$$

und rechter Hand einen ganzen Quotienten Q nebst einem Reste R, also einen Ausdruck von der Form

$$Q + \frac{R}{x-r};$$

identische Gleichungen müssen aber bei der Division durch eine und dieselbe Größe identische Quotienten und identische Reste liefern, daher

$$\alpha_n = R,$$

$$\alpha_0(x-r)^{n-1} + \alpha_1(x-r)^{n-2} + \ldots + \alpha_{n-2}(x-r)$$
$$+ \alpha_{n-1} = Q.$$

Die letzte Gleichung dividiren wir wieder mit $x - r$, wobei wir rechter Hand

$$\frac{Q}{x-r} = Q_1 + \frac{R_1}{x-r}$$

setzen; es ergibt sich dann nach derselben Schlußweise

$$\alpha_{n-1} = R_1,$$

$$\alpha_0(x-r)^{n-2} + \alpha_1(x-r)^{n-3} + \ldots + \alpha_{n-3}(x-r)$$
$$+ \alpha_{n-2} = Q_1.$$

Man übersieht gleich den Fortgang dieses Verfahrens; die Coefficienten α_n, α_{n-1}, α_{n-2} u. s. w. sind nämlich identisch mit den Resten, welche entstehen, wenn man $f(x)$ durch $x - r$, den ganzen Quotienten wieder mit $x - r$ u. s. f. dividirt. Jede dieser Divisionen kann nach der Regel des vorigen Abschnittes bewerkstelligt werden, wodurch das Verfahren auf einen einfachen Mechanismus zurückkommt.

Soll z. B. aus der Gleichung

$$x^4 - 17x^3 + 103x^2 - 265x + 239 = 0$$

eine neue Gleichung

$$\xi^4 + \alpha_1\xi^3 + \alpha_2\xi^2 + \alpha_3\xi + \alpha_4 = 0$$

hergeleitet werden, worin ξ um 3 kleiner als x ist, so hat man folgende Rechnung:

$$\begin{array}{rrrrrl}
+1, & -17, & +103, & -265, & +239; & r = 3 \\
 & +3, & -42, & +183, & -240 & \\ \hline
+1, & -14, & +61, & -82, & -7 & = \alpha_4 \\
 & +3, & -33, & +84, & & \\ \hline
+1, & -11, & +28, & +2 & = \alpha_3 & \\
 & +3, & -24 & & & \\ \hline
+1, & -8, & +4 & = \alpha_2 & & \\
 & +3, & & & & \\ \hline
+1, & -5 & = \alpha_1 & & &
\end{array}$$

mithin ist die gesuchte Gleichung

$$\xi^4 - 5\xi^3 + 4\xi^2 + 2\xi - 7 = 0.$$

Mit Hilfe dieses Verfahrens kann man auch die abgeleitete Gleichung so einrichten, daß ξ^{n-1} nicht vorkommt, d. h. $\alpha_1 = 0$ wird; nach den eingangs erwähnten Formeln gehört hierzu

$$0 = a_1 + n a_0 r \quad \text{oder} \quad r = -\frac{a_1}{n a_0},$$

mithin sind in diesem Falle successive Divisionen mit $x + \frac{a_1}{n a_0}$ vorzunehmen. Für die Gleichung z. B.

$$x^4 - 12x^3 + 17x^2 - 9x + 7 = 0$$

gestaltet sich die Rechnung folgendermaßen:

$$\begin{array}{rrrrrl}
1, & -12, & +17, & -9, & +7; & r = 3 \\
 & +3, & -27, & -30, & -117, & \\ \hline
1, & -9, & -10, & -39, & -110 & = \alpha_4 \\
 & +3, & -18, & -84, & & \\ \hline
1, & -6, & -28, & -123 & = \alpha_3 & \\
 & +3, & -9, & & & \\ \hline
1, & -3, & -37 & = \alpha_2 & & \\
 & +3, & & & & \\ \hline
1, & 0 & = \alpha_1 & & &
\end{array}$$

mithin ist die neue Gleichung

$$\xi^4 - 37\xi^2 - 123\xi - 110 = 0.$$

Im Falle r aus mehren Ziffern besteht, kann man, um immer nur einzifferige Factoren zu haben, die Verminderung oder Vermehrung mit einer Ziffer nach der andern ausführen. So würde man bei $r = 75{,}84$ erst um die ganzen Zahlen 70 und 5, nachher um die Brüche 0,8 und 0,04 vermindern.

51) Die in den beiden vorigen Abschnitten gemachten Bemerkungen führen zu einer wesentlichen Modification der Newton'schen Berechnungsweise der Wurzeln. Die gegebene Gleichung sei

1) $x^n + a_1 x^{n-1} + a_2 x^{n-2} + \ldots + a_{n-1}x + a_n = 0$

und

$$x = \zeta_0 + \frac{\zeta_1}{10} + \frac{\zeta_2}{10^2} + \frac{\zeta_3}{10^3} + \dots$$

der decadisch dargestellte Werth einer ihrer Wurzeln, auch sei die erste Decimale bekannt, also

$$x_1 = \zeta_0 + \frac{\zeta_1}{10}$$

der erste Näherungswerth der fraglichen Wurzel; bildet man jetzt eine neue Gleichung

2) $y^n + b_1 y^{n-1} + b_2 y^{n-2} + \dots + b_{n-1} y + b_n = 0$,

deren Wurzeln um x_1 kleiner als die Wurzeln der ursprünglichen Gleichung sind, so hat man

$$y = x - x_1 = \frac{\zeta_2}{10^2} + \frac{\zeta_3}{10^3} + \frac{\zeta_4}{10^4} + \dots$$

d. h. die Gleichung 2) besitzt eine Wurzel, die weniger als $\frac{1}{10}$ beträgt. Ein Näherungswerth für dieselbe ergibt sich dadurch, daß man die Gleichung 2) auf ihre beiden letzten Glieder reducirt, nämlich

3) $b_{n-1} y + b_n = 0$ oder $y = -\frac{b_n}{b_{n-1}}$,

weil $y^2, y^3, \dots y^n$ sehr kleine Brüche sind. Es ist daher zu erwarten, daß $-\frac{b_n}{b_{n-1}}$ mit $\frac{\zeta_2}{10^2}$ übereinstimmen wird, d. h. man hat jetzt die folgende Decimale von x und als zweiten Näherungswerth

$$x_2 = \zeta_0 + \frac{\zeta_1}{10} + \frac{\zeta_2}{10^2}, \quad \frac{\zeta_2}{100} = -\frac{b_n}{b_{n-1}}.$$

Wie bei der Newton'schen Methode überzeugt man sich von der Richtigkeit der gefundenen Ziffer, indem man einmal den vorstehenden Werth, das andere Mal

$$x'_2 = \zeta_0 + \frac{\zeta_1}{10} + \frac{\zeta_2 + 1}{10^2}$$

in die Gleichung 1) substituirt und nachsieht, ob $f(x_2)$ und $f(x'_2)$ entgegengesetzte Vorzeichen haben. Diese Controlerechnung, die nach Nr. 49) ausgeführt wird, ist zugleich der Anfang zur Bestimmung der nächsten Decimale ζ_3. Man bildet nämlich aus der Gleichung 1) eine neue Gleichung

$$z^n + c_1 z^{n-1} + c_2 z^{n-2} + \dots + c_{n-1} z + c_n = 0,$$

deren Wurzeln

$$z = x - x_2 = \frac{\zeta_3}{10^3} + \frac{\zeta_4}{10^4} + \dots$$

sind, oder, was auf dasselbe hinauskommt, man vermindert die Wurzeln von Nr. 2) um $\frac{\zeta_2}{100}$ und berechnet daraus einen Näherungswerth von z nach der Formel

$$z = -\frac{c_n}{c_{n-1}};$$

dieser muß mit $\frac{\zeta_3}{10^3}$ nahe übereinstimmen, und es ist daher der dritte Näherungswerth von x

$$x_3 = \zeta_0 + \frac{\zeta_1}{10} + \frac{\zeta_2}{10^2} + \frac{\zeta_3}{10^3}, \quad \frac{\zeta_3}{1000} = -\frac{c_n}{c_{n-1}}.$$

Nachdem man auch diesen controlirt hat, geht man auf demselben Wege weiter und bestimmt der Reihe nach die folgenden Decimalen ζ_4, ζ_5 u. s. w.

Auf die Gleichung

$$x^3 + 8x^2 + 6x - 75,9 = 0$$

angewendet, gestaltet sich die angedeutete Rechnung folgendermaßen. Als Näherungswerth der zwischen $x = 2$ und $x = 3$ liegenden Wurzel der Gleichung findet man leicht

$$x_1 = 2,4;$$

durch Verminderung der Wurzel um 2,4 erhält man die neue Gleichung

$$y^3 + 15,2y^2 + 61,68y - 1,596 = 0,$$

und darin ist

$$-\frac{b_3}{b_2} = 0,02 \dots$$

mithin hat man als nächsten Näherungswerth

$$x_2 = 2,42,$$

der sich durch Controle als richtig ausweist. Vermindert man y um 0,02, so entsteht die neue Gleichung

$$z^3 + 15,26z^2 + 62,2892z - 0,356312 = 0,$$

woraus

$$-\frac{c_3}{c_2} = 0,005 \dots, \quad x_3 = 2,425.$$

Durch Verminderung von z um 0,005 ergibt sich weiter

$$u^3 + 15,275u^2 + 62,441875u - 0,044484375 = 0,$$

und hier ist

$$-\frac{d_3}{d_2} = 0,0007 \dots, \quad x_4 = 2,4257 \text{ u. s. w.}$$

Die einzelnen Schritte der Rechnung ersieht man aus folgender Zusammenstellung, bei der x erst um 2 und nachher um 0,4 vermindert worden ist.

1 ;	8 ;	5	; − 75,9	
	2	20	52	
1 ;	10 ;	26	; − 23,9 *	
	2	24	22,304	
1 ;	12 ;	50*	; − 1,596	$= b_3$
	2	5,76	1,239688	
1 ;	14* ;	55,76	; − 0,356312	$= c_3$
	0,4	5,92	0,311827625	
1* ;	14,4 ;	61,68 $= b_2$	; − 0,044484375	$= d_3$
	0,4	0,3044		
1 ;	14,8 ;	61,9844		
	0,4	0,3048		

1; 15,2 = b_2; 62,2892 = c_2
   0,02   0,076325

1; 15,22 ; 62,365525
   0,02   0,076350

1; 15,24 ; 62,441875 = d_2
   0,02

1; 15,26 = c_3
   0,005

1; 16,265
   0,005

1; 16,270
   0,005

1; 16,275 = d_3.

Die mit Asterisken bezeichneten Zahlen sind hier die Coefficienten derjenigen Gleichung, von welcher die Wurzeln 2 weniger betragen als die Wurzeln der gegebenen Gleichung.

Bei der praktischen Ausführung der angedeuteten Rechnungen sind noch manche Abkürzungen anwendbar, die wir hier nicht auseinandersetzen können; mit diesen ist die vorige Methode die kürzeste und sicherste zur numerischen Berechnung der verschiedenen reellen Wurzeln.

Kommen negative Wurzeln vor, so verwandelt man dieselben in positive, was einfach dadurch geschieht, daß man den Coefficienten a_1, a_3, a_5 u. s. w. das entgegengesetzte Vorzeichen gibt. Man hat es dann immer nur mit der Berechnung positiver Wurzeln zu thun.

Wenn zwei Wurzeln einander sehr nahe liegen, mithin mehre der Ziffern ζ_1, ζ_2, ζ_3 u. s. w. gemein haben, so trennt man dieselben entweder vorher mittels des Sturm'schen Satzes, oder man bestimmt sie durch die ohnehin vorzunehmenden Controlen. Es bestehe z. B. die eine Wurzel aus den Ziffern $\zeta_1, \zeta_2, \zeta_3, \ldots$, die andere aus den Ziffern $\zeta_1, \eta_2, \eta_3, \ldots$, so muß die Gleichung 2) sowol durch

$$y = \frac{\zeta_2}{10} + \frac{\zeta_3}{10^2} + \frac{\zeta_4}{10^3} + \ldots$$

als durch

$$y = \frac{\eta_2}{10} + \frac{\eta_3}{10^2} + \frac{\eta_4}{10^3} + \ldots$$

erfüllt werden und folglich ihre linke Seite sowol für

$$y = \frac{\zeta_2}{10} \text{ und } y = \frac{\zeta_2 + 1}{10},$$

als auch für

$$y = \frac{\eta_2}{10} \text{ und } y = \frac{\eta_2 + 1}{10}$$

einen Zeichenwechsel darbieten. Das Resultat jeder solchen Substitution hat man in dem letzten Gliede c_n der nächsten transformirten Gleichung; man erkennt also die Stelle, wo sich die nahe gleichen Wurzeln trennen daran, daß einerseits der Gleichung 3) zwei Zahlen η_2, ζ_2 genügen und daß andererseits das letzte Glied c_n der nächsten transformirten Gleichung sein Zeichen wechselt, sobald η_2 für ζ_2 gesetzt wird.

Dieses in jeder Beziehung ausgezeichnete Verfahren zur numerischen Berechnung der Wurzeln algebraischer Gleichungen wurde zuerst von Horner in den Philosophical transactions vom Jahre 1819 mitgetheilt; später hat man es auch auf die Berechnung der imaginären Wurzeln ausgedehnt (vergl. S. Spitzer, Allgemeine Auflösung der Zahlengleichungen. Wien 1851. H. Scheffler, Die Auflösung der algebraischen und transcendenten Gleichungen. Braunschweig 1859.), was wir hier nicht auseinandersetzen können.

62) Eine dritte Methode zur numerischen Berechnung der Wurzeln liefert die sogenannte regula falsi. Obschon dieselbe im Principe mit dem Newton'schen Verfahren fast zusammenfällt und der Horner'schen Methode nachsteht, wollen wir sie doch mit wenig Worten berühren, weil sie später bei den transcendenten Gleichungen wieder zur Sprache kommen wird.

Wenn $f(x)$ eine ganz beliebige Function von x, und δ eine sehr kleine Aenderung dieser Variabeln bezeichnet, so ist bekanntlich näherungsweise

$$f(x + \delta) - f(x) = f'(x)\,\delta,$$

d. h. die Aenderung der Function ist nahezu proportional der Aenderung der Variabeln. Geometrisch heißt dies, innerhalb einer geringen Ausdehnung (von x bis $x + \delta$) kann man den Bogen einer Curve nahezu als geradlinig ansehen, wie auch die Anschauung unmittelbar lehrt, wenn man sich x als Abscisse und $y = f(x)$ als Ordinate eines Curvenpunktes vorstellt. Eine Gleichung $f(x) = 0$ auflösen, ist nun nichts Anderes, als die Abscissen der Punkte suchen, in denen die Curve die x — Axe schneidet oder berührt; verbindet man diese Auffassung mit der vorigen Bemerkung, so ergeben sich folgende Schlüsse. Es seien in einer Figur, die man sich leicht entwerfen wird,

$$OM_1 = x_1 \text{ und } M_1P_1 = y_1 = f(x_1)$$

die Coordinaten eines Curvenpunktes P_1, ferner

$$OM_2 = x_2 \text{ und } M_2P_2 = y_2 = f(x_2)$$

die Coordinaten eines zweiten Curvenpunktes P_2, und es werde endlich noch vorausgesetzt, daß y_1 und y_2 entgegengesetzte Zeichen besitzen, so muß die Curve, wofern sie überhaupt continuirlich von P_1 bis P_2 verläuft, zwischen beiden Punkten die x — Axe wenigstens einmal schneiden. Dasselbe gilt von der Sehne P_1P_2; diese kreuzt die Abscissenaxe in einem Punkte, dessen Abscisse

$$OM_3 = x_3 = x_1 - \frac{x_2 - x_1}{y_2 - y_1}\, y_1$$

ist. Jedenfalls liegt nun M_3 dem wahren Durchschnitte des Bogens P_1P_2 mit der Abscissenaxe näher als M_1 und M_2, d. h. wenn x_1 und x_2 irgend ein Paar, wenn auch noch so rohe Näherungswerthe von demjenigen x sind, welches der Gleichung $f(x) = 0$ genügt, und wenn y_1 und y_2 entgegengesetzte Zeichen haben, so ist x_3 ein besserer Näherungswerth. Diese Schlußweise läßt sich augenblicklich wiederholen. Berechnet man nämlich $y_3 = f(x_3)$, so wird diese Ordinate nicht Null sein und mit einer der früheren Ordinaten einen Zeichenwechsel bilden; es sei dies z. B. y_2, so kann man sich die Sehne P_3P_2 gezogen und ihren Durchschnitt M_4 mit der x — Axe aufgesucht denken, und dann ist die Abscisse von M_4, nämlich

$$x_3 = x_2 - \frac{x_2 - x_1}{y_2 - y_1}\, y_2$$

ein neuer, wiederum besserer Näherungswerth des x u. s. w.

Als Beispiel diene die Berechnung der zwischen 0 und 1 liegenden Wurzel der Gleichung

$$y = x^3 + 7x - 3 = 0.$$

Versucht man zuerst die Werthe $x = \frac{1}{10}, \frac{2}{10}$ u. s. w., so findet man

$$\text{für } x = 0{,}4 \quad , \quad y = -\,0{,}19,$$
$$\text{„} \quad x = 0{,}5 \quad , \quad y = +\,0{,}53;$$

ein besserer Näherungswerth ist daher

$$x = 0{,}4 - \frac{0{,}5 - 0{,}4}{0{,}53 - (-0{,}19)}(-0{,}19) = 0{,}426.$$

Als zugehöriger Werth von y ergibt sich $-\,0{,}004$, mithin combinirt man

$$x = 0{,}426 \quad , \quad y = -\,0{,}004$$
$$x = 0{,}5 \quad , \quad y = +\,0{,}53$$

und erhält

$$x = 0{,}426 + \frac{0{,}074}{0{,}534} \cdot 0{,}004 = 0{,}42655;$$

diesem x entspricht $y = -\,0{,}00003$, woraus erhellt, daß der letzte Näherungswerth schon einen nicht unbedeutenden Grad von Genauigkeit besitzt. Will man noch einen Schritt weiter gehen, so kann man den vorliegenden Werth von x mit dem Werthe 0,42656 combiniren; es ist dann

$$\text{für } x = 0{,}42655 \quad , \quad y = -\,0{,}00002952,$$
$$\text{„} \quad x = 0{,}42656 \quad , \quad y = +\,0{,}00004214,$$

und der neue Näherungswerth

$$x = 0{,}42655 + \frac{0{,}00001}{0{,}00007166} \cdot 0{,}00002952$$
$$= 0{,}4265541,$$

welcher auf 7 Decimalen genau $y = 0$ gibt.

Einige schätzenswerthe Bemerkungen über diese Methode findet man in der vorhin genannten Schrift von H. Scheffler. Speciell für die sogenannten trinomischen Gleichungen

$$x^n + ax^m + b = 0$$

hat Gauß das nämliche Verfahren mit einigen Modificationen benutzt. (Beiträge zur Theorie der algebraischen Gleichungen. 1849. Abhandl. d. Göttinger Ges. d. W. IV.)

53) Von den bisherigen Auflösungsmethoden unterscheidet sich im Principe wesentlich das von Graeffe angegebene Verfahren, welches auf folgendem Grundgedanken beruht.

Sind $-\alpha$, $-\beta$, $-\gamma$ u. s. w. die n Wurzeln der Gleichung

$$x^n + A_1 x^{n-1} + A_2 x^{n-2} + \ldots + A_{n-1} x + A_n = 0,$$

so hat man

$$(x + \alpha)(x + \beta)(x + \gamma) \ldots\ldots$$
$$= x^n + A_1 x^{n-1} + A_2 x^{n-2} + \ldots + A_{n-1} x + A_n,$$

und gleichzeitig, wenn man x negativ nimmt,

$$(x - \alpha)(x - \beta)(x - \gamma) \ldots\ldots$$
$$= x^n - A_1 x^{n-1} + A_2 x^{n-2} - \ldots \pm A_{n-1} x \mp A_n;$$

durch Multiplication beider Gleichungen erhält man die neue Gleichung

$$(x^2 - \alpha^2)(x^2 - \beta^2)(x^2 - \gamma^2) \ldots\ldots$$
$$= x^{2n} - (A_1^2 - 2A_2)x^{2n-2} + (A_2^2 - 2A_1A_3 + 2A_4)x^{2n-4}$$
$$-(A_3^2 - 2A_2A_4 + 2A_1A_5 - 2A_6)x^{2n-6} + \ldots,$$

oder kürzer

$$(y - \alpha^2)(y - \beta^2)(y - \gamma^2) \ldots\ldots$$
$$= y^n - B_1 y^{n-1} + B_2 y^{n-2} - B_3 y^{n-3} + \ldots\ldots,$$

worin $y = x^2$ und

$$2)\quad \begin{cases} B_1 = A_1^2 - 2A_2, \\ B_2 = A_2^2 - 2A_1A_3 + 2A_4, \\ B_3 = A_3^2 - 2A_2A_4 + 2A_1A_5 - 2A_6, \\ \ldots\ldots\ldots\ldots\ldots\ldots \end{cases}$$

gesetzt wurde. Die linke Seite der vorigen Gleichung verschwindet für $y = \alpha^2$, $y = \beta^2$ u. s. w., mithin sind die Wurzeln der Gleichung

$$3)\quad y^n - B_1 y^{n-1} + B_2 y^{n-2} - B_3 y^{n-3} + \ldots = 0$$

die Quadrate von den Wurzeln der ursprünglichen Gleichung 1). Wiederholt man diese Transformation, indem man $z = y^2$,

$$C_1 = B_1^2 - 2B_2,$$
$$C_2 = B_2^2 - 2B_1B_3 + 2B_4,$$
$$\text{u. s. w.}$$

setzt, so gelangt man zu der neuen Gleichung

$$z^n - C_1 z^{n-1} + C_2 z^{n-2} - C_3 z^{n-3} + \ldots\ldots = 0,$$

deren Wurzeln die Quadrate von y mithin die Biquadrate von den Wurzeln der Gleichung 1) sind. Bei p-maliger Anwendung kann man eine Gleichung

$$4)\quad u^n - P_1 u^{n-1} + P_2 u^{n-2} - P_3 u^{n-3} + \ldots = 0$$

aufstellen, deren Wurzeln die (2^p)ten Potenzen der Wurzeln von 1) ausmachen, d. i. wenn zur 2^p kurz mit q bezeichnet wird,

$$u = \alpha^q,\ \beta^q,\ \gamma^q, \ldots$$

Gleichzeitig hat man die bekannten Relationen

$$P_1 = \alpha^q + \beta^q + \gamma^q + \ldots\ldots,$$
$$P_2 = \alpha^q\beta^q + \alpha^q\gamma^q + \alpha^q\delta^q + \ldots\ldots$$
$$+ \beta^q\gamma^q + \beta^q\delta^q + \ldots\ldots$$
$$+ \gamma^q\delta^q + \ldots\ldots$$
$$+ \ldots\ldots,$$
$$P_3 = \alpha^q\beta^q\gamma^q + \alpha^q\beta^q\delta^q + \ldots\ldots$$
$$+ \alpha^q\gamma^q\delta^q + \ldots\ldots$$
$$+ \ldots\ldots,$$
$$\text{u. s. w.}$$

Denken wir uns α, β, γ, ... als reell und von einander verschieden, so können wir sie nach ihrer absoluten Größe ordnen, etwa

$$\alpha > \beta > \gamma > \delta > \ldots,$$

und dann ist um so mehr

$$\alpha^q > \beta^q > \gamma^q > \delta^q > \ldots;$$

man läßt sich aber q immer so groß wählen, daß α^q die übrigen Potenzen β^q, γ^q u. s. w. bedeutend überwiegt und dann ist nahezu $\alpha^q + \beta^q + \gamma^q + \ldots$ einerlei mit α^q, also

$$P_1 = \alpha^q,$$

und ebenso

$$P_2 = \alpha^q\beta^q, \quad P_3 = \alpha^q\beta^q\gamma^q, \quad \text{u. s. w.}$$

Hieraus findet man augenblicklich eine Wurzel nach der andern, nämlich

$$\alpha = \sqrt[q]{P_1}, \quad \beta = \frac{\sqrt[q]{P_2}}{\alpha}, \quad \gamma = \frac{\sqrt[q]{P_3}}{\alpha\beta}, \ldots$$

oder logarithmisch

$$6) \quad \begin{cases} \log\alpha = \dfrac{\log P_1}{q}, \\ \log\beta = \dfrac{\log P_2}{q} - \dfrac{\log P_1}{q}, \\ \log\gamma = \dfrac{\log P_3}{q} - \dfrac{\log P_2}{q}, \\ \quad \text{u. s. w.} \end{cases}$$

Um bei diesem sinnreichen Verfahren sehr große Zahlen zu vermeiden, berechnet man in den transformirten Gleichungen nur die Logarithmen der Coefficienten

$$B_1, \; B_2, \; B_3, \; B_4, \; \ldots$$
$$C_1, \; C_2, \; C_3, \; C_4, \; \ldots$$
$$\ldots\ldots\ldots\ldots\ldots$$

und bedient sich hierzu der Gauß'schen Tafel der Additions- und Subtractionslogarithmen.

Als Beispiel diene die Gleichung

$$x^4 - 15x^2 + 20x - 2 = 0.$$

Hier ist die erste transformirte Gleichung

$$y^4 - 30y^3 + 221y^2 - 340y + 4 = 0,$$

die zweite

$$z^4 - 458z^3 + 22449z^2 - 113832z + 16 = 0.$$

Da von hier ab die Coefficienten rasch steigen, benutzen wir die Logarithmen und schreiben statt num log $\overline{k}$ kurz $\overline{k}$; die dritte, vierte und fünfte der transformirten Gleichungen lauten dann

$$s^4 - \overline{5,1843065}\,s^3 + \overline{8,8482340}\,s^2 - \overline{10,1124984}\,s + \overline{2,4062400} = 0,$$

$$t^4 - \overline{10,3415830}\,t^3 + \overline{17,6029930}\,t^2 - \overline{20,2249968}\,t + \overline{4,8164800} = 0,$$

$$u^4 - \overline{20,6822760}\,u^3 + \overline{35,3859760}\,u^2 - \overline{40,4499936}\,u + \overline{9,6329600} = 0,$$

und die Wurzeln der letzten sind die 32ten Potenzen von den Wurzeln α, β, γ, δ. Man hat nun näherungsweise

$$\log\alpha = \frac{20,6822760}{32} = 0,6463211,$$

$$\log\beta = \frac{35,3859760}{32} - 0,6463211 = 0,4594910,$$

$$\log\gamma = \frac{40,4499936}{32} - 1,1058121 = 0,1582502,$$

$$\log\delta = \frac{9,6329600}{32} - 1,2640623 = 0,0369677 - 1,$$

mithin sind die Wurzeln

$$\alpha = \pm\, 4,429157,$$
$$\beta = \pm\, 2,880653,$$
$$\gamma = \pm\, 1,439628,$$
$$\delta = \pm\, 0,106885.$$

Die Vorzeichen müssen nachträglich bestimmt werden, was entweder durch directe Substitution oder auf anderem Wege geschehen kann. In dem berechneten Beispiele weiß man zufolge der Cartesianischen Zeichenregel, daß drei positive Wurzeln vorhanden sind; andererseits muß die Summe der Wurzeln $= A_1 = 0$ sein; beiden Bedingungen zusammen genügt nur die Annahme eines negativen α und positiver β, γ, δ.

Eine besondere Untersuchung ist bei dieser Methode nöthig, um den erlangten Genauigkeitsgrad zu bestimmen und angeben zu können, wie viel mal die Quadrirung der Wurzeln vorgenommen werden muß. Man übersieht auf der Stelle, daß die Methode vortheilhaft ist, wenn die größte Wurzel die andern sehr überwiegt, daß sie dagegen äußerst weitläufig wird, sobald die nächst kleinere Wurzel nur wenig von jener differirt. Hinsichtlich dieser Details verweisen wir auf die Quelle (Graeffe, Die Auflösung der höheren numerischen Gleichungen. Zürich 1837.); ebenso wenig können wir hier zeigen, wie das Graeffe'sche Verfahren auch zur Berechnung der imaginären Wurzeln dienen kann. (Vergl. Encke, Die allgemeine Auflösung der numerischen Gleichungen. Berliner astronomisches Jahrbuch für 1841 oder Crelle's Journal 22. Bd. S. 193.)

54) Die letzte Methode, die wir noch mittheilen wollen, beruht auf der Bemerkung, daß die ganze Zahl, aus welcher eine irrationale Wurzel besteht, leicht durch Versuche gefunden werden kann, und daß irrationale Brüche nicht nur durch Decimalbrüche, sondern auch durch Kettenbrüche mit beliebiger Genauigkeit darstellbar sind. Ist nun

$$x^n + A_1x^{n-1} + A_2x^{n-2} + \ldots + A_{n-1}x + A_n = 0$$

die gegebene Gleichung und a die ganze Zahl, aus welcher eine der Wurzeln besteht, so setze man

$$x = a + \frac{1}{y}$$

in die obige Gleichung ein; dieselbe erhält dann die Form

$$y^n + B_1y^{n-1} + B_2y^{n-2} + \ldots + B_{n-1}y + B_n = 0.$$

Hier ist $y > 1$, und folglich besteht y aus einer leicht

zu ermittelnden ganzen Zahl β und aus einem Bruche, welcher mit $\frac{1}{z}$ bezeichnet werden möge. Nach Substitution von

$$y = \beta + \frac{1}{z}$$

nimmt die vorige Gleichung die Form an:

$$z^n + C_1 z^{n-1} + C_2 z^{n-2} + \ldots + C_{n-1} z + C_n = 0.$$

Wiederum ist hier $z > 1$, mithin fängt z mit einer ganzen Zahl γ an, die aufgesucht werden muß, und es kann

$$z = \gamma + \frac{1}{u}$$

gesetzt werden, wo u mehr als die Einheit beträgt. Wie sich dieses Verfahren weiter fortsetzen läßt, erhellt unmittelbar, und schließlich ist

$$x = \alpha + \cfrac{1}{\beta + \cfrac{1}{\gamma + \cfrac{1}{\delta + \ldots}}}$$

Die Näherungsbrüche dieses Kettenbruches sind abwechselnd kleiner und größer als dessen Gesammtwerth x und liefern daher Grenzen, die beliebig eng zusammengezogen werden können.

Als Beispiel diene die Gleichung

$$x^3 - 2x - 5 = 0.$$

Eine ihrer Wurzeln liegt zwischen 2 und 3, mithin vermindert man x erst um 2 nach dem in Nr. 50 angegebenen Verfahren

$$\begin{array}{rrrrl}
+1, & 0, & -2, & -5, & |2 \\
 & +2, & +4, & +4, & \\ \hline
+1, & +2, & +2, & -1, & \\
+1, & +2, & +8, & & \\ \hline
+1, & +4, & +10, & & \\
+1, & +2, & & & \\ \hline
+1, & +6, & & &
\end{array}$$

und hat

$$\xi^3 + 6\xi^2 + 10\xi - 1 = 0,$$

worin $\xi = x - 2$ oder $x = 2 + \xi$ ist; darauf setzt man $\xi = \frac{1}{y}$ und hat die erste transformirte Gleichung

$$y^3 - 10y^2 - 6y - 1 = 0.$$

Ein Paar Versuche zeigen, daß y zwischen 10 und 11 liegt; man substituirt daher $y = 10 + \frac{1}{z}$ und erhält

$$61z^3 - 94z^2 - 20z - 1 = 0.$$

Die erste Ziffer von z ist 1, mithin $z = 1 + \frac{1}{u}$, woraus folgt

$$54u^3 + 25u^2 - 89u - 61 = 0.$$

Durch Fortsetzung dieses Verfahrens ergeben sich für α, β, γ u. s. w. die Zahlen

2, 10, 1, 1, u. s. w.

und daher ist

$$x = 2 + \cfrac{1}{10 + \cfrac{1}{1 + \cfrac{1}{1 + \ldots}}}$$

Die Näherungswerthe dieses Kettenbruches sind der Reihe nach

$$2,\ \frac{21}{10},\ \frac{23}{11},\ \frac{44}{21},\ \frac{111}{53},\ \frac{155}{74},\ \frac{576}{275},\ \frac{731}{349},\ \ldots$$

und in Decimalbrüche verwandelt sind die beiden letzten Näherungsbrüche

$$\frac{576}{275} = 2{,}094545,\quad \frac{731}{349} = 2{,}094556,$$

und daher hat man auf vier Decimalstellen genau

$$x = 2{,}0945.$$

Diese von Lagrange (Sur la résolution des équations numériques) gegebene Methode ist in theoretischer Beziehung tadellos, für die Praxis aber sehr weitläufig. Wo es auf wirkliche Ausrechnung ankommt, verdient das Horner'sche Verfahren den Vorzug vor jedem anderen.

IX. Die irrationalen Gleichungen.

55) Enthält eine Gleichung außer den ganzen Potenzen der Unbekannten auch gebrochene Potenzen (Wurzeln) derselben, so kann man diese durch Potenzirungen wegschaffen und damit die Gleichung auf die rationale Form

$$x^n + a_1 x^{n-1} + a_2 x^{n-2} + \ldots + a_{n-1} x + a_n = 0$$

zurückführen. So wird man z. B. die Gleichung

$$x + \sqrt{x} = 6$$

erst in

$$x - 6 = -\sqrt{x}$$

umsetzen, dann quadriren und die nunmehrige rationale Gleichung

$$(x - 6)^2 = x \text{ oder } x^2 - 13x + 36 = 0$$

auflösen, wodurch man die Werthe $x = 4$ und $x = 9$ erhält. Von diesen genügt der erste in der That der aufgestellten Gleichung; der zweite dagegen gibt nicht die Lösung von $x + \sqrt{x} = 6$, sondern von $x - \sqrt{x} = 6$. Daß hier eine fremde Wurzel eingeführt wird, hat seinen einfachen Grund in der Operation des Quadrirens; bei dieser geht nämlich das Vorzeichen der Wurzel verloren, insofern die Quadrate der beiden verschiedenen Gleichungen

$$x - 6 = -\sqrt{x} \quad \text{und} \quad x - 6 = +\sqrt{x}$$

eine und dieselbe Gleichung zweiten Grades geben. Diese Bemerkung führt zu einer kleinen Modification der Behandlungsweise. Man kann nämlich sagen, so lange über das Wurzelzeichen nicht disponirt ist, liegen in der

Aufgabe $x + \sqrt{x} = 6$ oder $x - 6 + \sqrt{x} = 0$ zu machen, zwei verschiedene Aufgaben, nämlich

$$x - 6 + \sqrt{x} = 0 \quad \text{und} \quad x - 6 - \sqrt{x} = 0,$$

und diese sind gleichzeitig lösbar, wenn man das Product

$$(x - 6 + \sqrt{x})(x - 6 - \sqrt{x})$$

zum Verschwinden bringt; damit gelangt man zu derselben quadratischen Gleichung wie vorhin. Die eben erwähnte Modification ist besonders da von Vortheil, wo mehre Wurzeln vorkommen. In der Gleichung

$$\sqrt{a + \alpha x} + \sqrt{b + \beta x} + \sqrt{c + \gamma x} = 0$$

z. B. liegen vier verschiedene Aufgaben, welche sichtbar werden, wenn man die Wurzeln in absolutem Sinne nimmt und ihnen alle möglichen verschiedenen Vorzeichen gibt, d. i.

$$+\sqrt{a + \alpha x} + \sqrt{b + \beta x} + \sqrt{c + \gamma x} = 0,$$
$$-\sqrt{a + \alpha x} + \sqrt{b + \beta x} + \sqrt{c + \gamma x} = 0,$$
$$+\sqrt{a + \alpha x} - \sqrt{b + \beta x} + \sqrt{c + \gamma x} = 0,$$
$$+\sqrt{a + \alpha x} + \sqrt{b + \beta x} - \sqrt{c + \gamma x} = 0.$$

Das Product dieser Gleichungen ist

$$\begin{aligned} &-(a + \alpha x)^2 - (b + \beta x)^2 - (c + \gamma x)^2 \\ &+ 2(a + \alpha x)(b + \beta x) + 2(b + \beta x)(c + \gamma x) \\ &+ 2(c + \gamma x)(a + \alpha x) \\ &= 0, \end{aligned}$$

oder bei gehöriger Anordnung

$$\begin{aligned} &(\alpha^2 + \beta^2 + \gamma^2 - 2\alpha\beta - 2\beta\gamma - 2\gamma\alpha)x^2 \\ &+ 2(a\alpha + b\beta + c\gamma - a\beta - b\alpha - b\gamma - c\beta - c\alpha - a\gamma)x \\ &+ a^2 + b^2 + c^2 - 2ab - 2bc - 2ca \\ &= 0. \end{aligned}$$

Für die irrationale Gleichung

$$\pm\sqrt{7 + 2x} \pm \sqrt{19 + 6x} \pm \sqrt{41 + 23x} = 0$$

ist demnach die entsprechende quadratische Gleichung

$$177x^2 + 130x - 307 = 0,$$

mithin

$$x = +1 \quad \text{oder} \quad x = -\frac{307}{177};$$

die beiden existirenden Auflösungen sind daher

$$+3 + 5 - 8 = 0,$$
$$+\frac{25}{\sqrt{177}} - \frac{39}{\sqrt{177}} + \frac{14}{\sqrt{177}} = 0.$$

Dasselbe Verfahren bleibt anwendbar, wenn Wurzeln höherer Grade vorkommen. Handelt es sich z. B. um die Wegschaffung der Radicale aus der Gleichung

$$a + \sqrt{b + \beta x} + \sqrt[3]{c + \gamma x} = 0,$$

so bezeichne man für den Augenblick den absoluten Werth von $\sqrt{b + \beta x}$ mit u, den absoluten Werth von $\sqrt[3]{c + \gamma x}$ mit v und bemerke, daß $\sqrt{b + \beta x}$ die zwei Werthe $+u$ und $-u$, dagegen $\sqrt[3]{c + \gamma x}$ die drei Werthe $\rho_1 v$, $\rho_2 v$, $\rho_3 v$, hat, wo ρ_1, ρ_2, ρ_3 die drei Wurzeln der Gleichung $\rho^3 = 1$ bedeuten; die obige Gleichung enthält daher die 6 folgenden Gleichungen in sich:

$$\begin{aligned} a + u + \rho_1 v &= 0, \\ a + u + \rho_2 v &= 0, \\ a + u + \rho_3 v &= 0, \\ a - u + \rho_1 v &= 0, \\ a - u + \rho_2 v &= 0, \\ a - u + \rho_3 v &= 0. \end{aligned}$$

Das Product der drei ersten Gleichungen ist

$$\begin{aligned} (a + u)^3 &+ (a + u)^2(\rho_1 + \rho_2 + \rho_3)v \\ &+ (a + u)(\rho_1\rho_2 + \rho_2\rho_3 + \rho_3\rho_1)v^2 \\ &+ \rho_1\rho_2\rho_3 v^3 = 0, \end{aligned}$$

oder weil $\rho_1 + \rho_2 + \rho_3 = 0$, $\rho_1\rho_2 + \rho_2\rho_3 + \rho_3\rho_1 = 0$ und $\rho_1\rho_2\rho_3 = 1$ ist,

$$(a + u)^3 + v^3 = 0,$$

wofür geschrieben werden kann

$$(a^3 + 3au^2 + v^3) + u(3a^2 + u^2) = 0.$$

Das Product der drei letzten Gleichungen ist

$$(a^3 + 3au^2 + v^3) - u(3a^2 + u^2) = 0,$$

mithin das Product aller sechs Gleichungen

$$(a^3 + 3au^2 + v^3)^2 - u^2(3a^2 + u^2)^2 = 0.$$

Dieses enthält nur $u^2 = b + \beta x$ und $v^3 = c + \gamma x$, folglich keine Radicale; aus der irrationalen Gleichung

$$a + \sqrt{b + \beta x} + \sqrt[3]{c + \gamma x} = 0$$

entspringt demnach die rationale Gleichung

$$\begin{aligned} &[a^3 + 3ab + c + (3a\beta + \gamma)x]^2 \\ &\qquad - (b + \beta x)(3a^2 + b + \beta x)^2 = 0. \end{aligned}$$

So erhält man z. B. aus

$$1 + \sqrt{4 + x} + \sqrt[3]{3 + x} = 0$$

die Gleichung

$$(16 + 4x)^2 - (4 + x)(7 + x)^2 = 0$$

oder

$$x^3 + 2x^2 - 23x - 60 = 0,$$

deren Wurzeln $x = +5$, $x = -3$ und $x = -4$ sind; die drei möglichen Auflösungen sind daher

$$1 - \sqrt{9} + \sqrt[3]{8} = 0, \quad 1 - \sqrt{1} + \sqrt[3]{0} = 0,$$
$$1 + \sqrt{0} + \sqrt[3]{-1} = 0.$$

Man wird aus diesen Beispielen hinreichend ersehen, wie irrationale Gleichungen zu behandeln sind. Ein anderes Verfahren, welches die Kenntniß der Wurzeln von $\rho^n = 1$ nicht voraussetzt, werden wir bei der Lehre von den Gleichungen mit mehren Unbekannten erörtern.

X. Die transcendenten Gleichungen.

56) Im Allgemeinen nennt man Gleichungen transcendent, sobald sie weder rational, noch irrational alge-

braisch sind; da man aber in vielen Fällen durch passende Substitutionen derartige Gleichungen auf algebraische Gleichungen zurückführen kann, so müssen entweder reductibele und irreductibele transcendente Gleichungen unterschieden werden, oder man darf nur die irreductibelen Gleichungen als transcendent im engeren Sinne des Wortes ansehen.

Zu den einfachsten reductibelen Gleichungen gehören die Exponentialgleichungen, wenn sie von der Form

$$A^u B^v C^w \ldots\ldots = 1$$

oder

$$u \log A + v \log B + w \log C + \ldots = 0,$$

und darin A, B, C, ... bekannt, u, v, w, ... algebraische Functionen von x sind. Aus der zweiten Form der Gleichung ersieht man nämlich sofort, daß die Gleichung im Grunde nur eine algebraische ist.

Eine zweite reducibele Exponentialgleichung ist

$$a + b\omega^{\beta x} + c\omega^{\gamma x} + \ldots\ldots = 0;$$

durch Substitution von $\omega^x = y$ wird nämlich daraus die algebraische Gleichung

$$a + by^\beta + cy^\gamma + \ldots\ldots = 0,$$

welche y und nachher $x = {}^\omega\log y$ liefert.

Kommen in einer Gleichung goniometrische Functionen eines unbekannten Winkels vor, sonst aber weder der Winkel selber noch andere Functionen, so ist die Gleichung immer dadurch auf eine algebraische zurückführbar, daß man alle trigonometrischen Functionen auf eine von ihnen reducirt und diese als Unbekannte ansieht. Die Gleichung

$$a\cos\omega + b\sin\omega = c$$

gibt z. B., wenn man $\cos\omega = x$ setzt,

$$ax + b\sqrt{1 - x^2} = c;$$

setzt man dagegen $\tan\omega = z$, so erhält man

$$a + bz = c\sqrt{1 + z^2}.$$

Die reductibelen Gleichungen bieten hiernach keine Besonderheiten dar, und wir wenden uns deshalb sogleich zur Auflösung der irreductibelen Gleichungen.

57) Wie man leicht bemerken wird, sind die Erörterungen des §. 52 ohne Weiteres auf jede transcendente Gleichung

$$y = f(x) = 0$$

anwendbar, sobald die für zwei Werthe x_1 und x_2 entstehenden Functionswerthe

$$y_1 = f(x_1) \text{ und } y_2 = f(x_2)$$

entgegengesetzte Vorzeichen besitzen und die Function f(x) von $x = x_1$ bis $x = x_2$ continuirlich verläuft. Der Ausdruck

$$x_3 = x_1 - \frac{x_2 - x_1}{y_2 - y_1}\, y_1$$

gibt dann einen neuen bessern Näherungswerth für x, und man wird dann $y_3 = f(x_3)$ mit y_1 oder mit y_2 combiniren, je nachdem es mit y_1 oder mit y_2 einen Zeichenwechsel bildet u. s. w.

Als Beispiel diene die Aufgabe

$$\log x = \frac{x}{10} \quad \text{oder} \quad y = \log x - \frac{x}{10} = 0.$$

Man erhält zunächst

$$\text{für } x = 1, \quad y = -0{,}1$$
$$\text{„ } x = 2, \quad y = +0{,}1$$

mithin als neuen Näherungswerth

$$x = 1 + \frac{1}{0{,}2} \cdot 0{,}1 = 1{,}5, \quad y = 0{,}026;$$

mit dem ersten Werthe combinirt gibt dies

$$x = 1 + \frac{0{,}5}{0{,}126} \cdot 0{,}1 = 1{,}39.$$

Versucht man die Werthe $x = 1{,}3$ und $x = 1{,}4$, so wird

$$\text{für } x = 1{,}3, \quad y = -0{,}016$$
$$\text{„ } x = 1{,}4, \quad y = +0{,}006$$

mithin genauer

$$x = 1{,}3 + \frac{0{,}1}{0{,}022} \cdot 0{,}016 = 1{,}37;$$

ferner ist

$$\text{für } x = 1{,}37, \quad y = -0{,}00028$$
$$\text{„ } x = 1{,}38, \quad y = +0{,}00188$$

mithin genauer

$$x = 1{,}37 + \frac{0{,}01 \cdot 0{,}00028}{0{,}00216} = 1{,}3713.$$

Die mehrmalige Anwendung dieses Verfahrens (regula falsi) gibt

$$x = 1{,}3712884.$$

58) Zu einer rascheren Annäherung gelangt man auf folgendem Wege. Man verschaffe sich wie vorhin die beiden Näherungswerthe x_1 und x_2, zwischen denen das gesuchte x liegt, und deren zugehörige Functionswerthe

$$y_1 = f(x_1) \text{ und } y_2 = f(x_2)$$

entgegengesetzte Vorzeichen besitzen, und man wähle gleichzeitig x_1 und x_2 so klein, daß nicht nur f(x), sondern auch f'(x) und f''(x) stetig und endlich bleiben von $x = x_1$ bis $x = x_2$. Denkt man sich wieder x_1, y_1 und x_2, y_2 als Coordinaten zweier auf entgegengesetzten Seiten der Abscissenaxe liegenden Curvenpunkte P_1 und P_2, so kann die Curve von P_1 bis P_2 entweder mit convexer Krümmung steigen oder mit concaver Krümmung fallen, oder convex fallen oder concav steigen. Im ersten und zweiten Falle haben f'(x) und f''(x) gleiche Vorzeichen; wir legen dann durch P_1 die Tangente P_1T_1, ziehen hierzu parallel P_2S_2 und haben, wenn M den Durchschnitt der Curve mit der x-Axe bezeichnet,

$$OS_1 < OM < OT_2,$$

d. h.

A) $$x_1 - \frac{f(x_1)}{f'(x_1)} < x < x_2 - \frac{f(x_2)}{f'(x_2)}.$$

Im dritten und vierten Falle sind $f'(x)$ und $f''(x)$ von entgegengesetzten Zeichen; wir legen dann durch P_1 die Tangente P_1T_1 hierzu parallel P_2S_2 und erhalten

$$OT_1 < OM < OS_2,$$

d. h.

B) $$x_1 - \frac{f(x_1)}{f'(x_1)} < x < x_2 - \frac{f(x_2)}{f'(x_1)}.$$

Wenn demnach die ursprünglichen Näherungswerthe den ausgesprochenen Bedingungen genügen, so liefern, je nachdem $f'(x)$ und $f''(x)$ gleiche oder entgegengesetzte Zeichen haben, die Formeln A oder B neue und zwar genauere Näherungswerthe.

Durch mehrmalige Anwendung dieses Satzes kann man die Grenzen, zwischen denen x liegt, beliebig nahe an einander bringen. Auch läßt sich der erreichte Genauigkeitsgrad beurtheilen, wenn man von dem Satze

$$f(x + h) = f(x) + hf'(x) + \frac{1}{2} h^2 f''(x + \vartheta h),$$

$$0 < \vartheta < 1$$

Gebrauch macht und voraussetzt, daß $f''(x)$ innerhalb der Grenzen $x = x_1$ und $x = x_2$ sein Vorzeichen nicht ändert, also $f''(x)$ entweder nur wächst oder nur abnimmt. Auf diese Details können wir hier nicht eingehen.

Diese Methode wurde von Fourier ursprünglich für die algebraischen Gleichungen erfunden (Analyse des équations déterminées. Paris 1831.), ihr Gebrauch für transcendente Gleichungen aber nur angedeutet. Die von Fourier gelassene Lücke hat Stern ausgefüllt und an zahlreichen numerischen Beispielen das Verfahren gezeigt. (Crelle's Journal. 22. Bd. S. 1.)

XI. Gleichungen mit mehren Unbekannten.

59) Wenn in einer Gleichung zwei Unbekannte x und y vorkommen, was durch

1) $$F(x, y) = 0$$

bezeichnet werden mag, so kann man eine derselben, etwa y, willkürlich wählen und nachher die andere (x) daraus ableiten; es gibt dann unzählig viele Paare zusammengehöriger Werthe von x und y, d. h. die Aufgabe, x und y zu finden, ist unbestimmt. Sie wird dagegen bestimmt, wenn noch eine zweite Gleichung

2) $$f(x, y) = 0$$

gegeben ist, vorausgesetzt, daß die letztere nicht eine reine, für alle x und y gültige Identität [wie z. B. $(x + y)(x - y) - x^2 + y^2 = 0$] oder eine bloße Folgerung von Nr. 1) darstellt. Die Gleichung 1) würde nämlich, nach y aufgelöst, ein Resultat von der Form

3) $$y = \varphi(x)$$

geben, und ebenso würde man aus Nr. 2) ein ähnliches Resultat

4) $$y = \psi(x)$$

erhalten; die Gleichungen 3) und 4) zusammen liefern

$$\varphi(x) = \psi(x),$$

d. h. eine Gleichung mit einer Unbekannten x, und wenn man hieraus irgend einen Werth von x bestimmt hat, so geben nachher die Gleichungen 3) und 4) den zugehörigen Werth von y. Im Allgemeinen sind also zwei Gleichungen zwischen zwei Unbekannten erforderlich und hinreichend, um die Werthe der Unbekannten zu bestimmen.

Bei drei Gleichungen zwischen drei Unbekannten gelten ähnliche Schlüsse. Aus drei Gleichungen von den Formen

5) $\mathfrak{F}(x, y, z) = 0,\ F(x, y, z) = 0,\ f(x, y, z) = 0$

folgen nämlich drei andere

6) $z = \varphi(x, y),\quad z = \psi(x, y),\quad z = \chi(x, y);$

bildet man aus den letzteren die zwei Gleichungen

$$\varphi(x, y) = \psi(x, y),\quad \psi(x, y) = \chi(x, y),$$

so hat man zwischen den beiden Unbekannten x und y zwei Gleichungen, welche x und y bestimmen; nachher liefern die Gleichungen 6) das zugehörige z. — Die leicht zu übersehende Fortsetzung dieser Schlüsse führt zu dem Satze, daß im Allgemeinen n Gleichungen zwischen n Unbekannten erforderlich und hinreichend sind, um jene n Unbekannten zu bestimmen.

In den obigen Erörterungen liegt gleichzeitig ein Verfahren angedeutet, dessen man sich zur wirklichen Auflösung mehrer Gleichungen mit ebenso viel Unbekannten bedienen kann (die sogenannte Gleichsetzungsmethode). Aus den beiden Gleichungen

$$x - y = a,\quad x^2 + y^2 = b$$

erhält man z. B.

$$y = x - a,\qquad y = \pm\sqrt{b^2 - x^2}$$

mithin, wenn man beide für y gefundene Ausdrücke gleichsetzt,

$$x - a = \pm\sqrt{b^2 - x^2},\qquad (x - a)^2 = b^2 - x^2,$$

die Auflösung dieser quadratischen Gleichung gibt

$$x = \frac{1}{2}(a \pm \sqrt{2b^2 - a^2}),$$

mithin

$$y = x - a = \frac{1}{2}(-a \pm \sqrt{2b^2 - a^2}).$$

Die zusammengehörigen Werthe sind demnach

$$x = \frac{1}{2}(\sqrt{2b^2 - a^2} + a), \quad y = \frac{1}{2}(\sqrt{2b^2 - a^2} - a)$$

oder

$$x = \frac{1}{2}(-\sqrt{2b^2 - a^2} + a), \quad y = \frac{1}{2}(-\sqrt{2b^2 - a^2} - a).$$

60) Eine Modification dieser Methode ist das sogenannte Substitutionsverfahren. Bei diesem sucht man nur aus einer Gleichung den Werth einer Unbekannten (y) ausgedrückt durch die andere (x) und setzt den gefundenen Ausdruck in die zweite Gleichung ein. Verlangt man z. B. zwei Zahlen, deren Summe, Product und Differenz der Quadrate gleich sind, so hat man die beiden Gleichungen

$$x + y = xy, \quad x + y = x^2 - y^2,$$

deren letzte einfacher

$$1 = x - y$$

geschrieben werden kann. Entnimmt man dieser

$$y = x - 1$$

und substituirt dies in die erste Gleichung, so wird diese

$$x + (x - 1) = x(x - 1)$$

oder

$$0 = x^2 - 3x + 1,$$

mithin

$$x = \frac{3 \pm \sqrt{5}}{2},$$

und nachher

$$y = \frac{1 \pm \sqrt{5}}{2}.$$

Sollen die Zahlen positiv sein, so wird das negative Zeichen unzulässig und

$$x = \frac{3 + \sqrt{5}}{2} = 2{,}618034 \ldots,$$

$$y = \frac{1 + \sqrt{5}}{2} = 1{,}618034 \ldots$$

Eine ähnliche Aufgabe ist, zwei Zahlen zu finden, deren Differenz, Quotient und Summe der Quadrate gleich ist. Man hat dann

$$y - x = \frac{x}{y}, \quad y - x = x^2 + y^2;$$

Die erste Gleichung ist linear in Beziehung auf x, man sucht daher aus ihr

$$x = \frac{y^2}{y + 1}$$

und substituirt dies in die zweite, wodurch sich ergibt

$$y(1 - 2y^2 - 2y^3) = 0.$$

Da y nicht Null sein kann, so hat man die cubische Gleichung

$$1 - 2y^2 - 2y^3 = 0,$$

welche für $y = \frac{1}{z}$ übergeht in

$$z^3 - 2z - 2 = 0.$$

Die Cardan'sche Formel gibt die einzige reelle Wurzel dieser Gleichung, nämlich

$$z = \sqrt[3]{1 + \frac{\sqrt{57}}{9}} + \sqrt[3]{1 - \frac{\sqrt{57}}{9}} = 1{,}769294 \ldots,$$

und hieraus folgt

$$y = \frac{1}{z} = 0{,}565197 \ldots.$$

$$x = \frac{y^2}{y + 1} = 0{,}204094 \ldots.$$

Die Substitutionsmethode bietet den Vortheil, daß sie mit einer gewissen mechanischen Bequemlichkeit und Gleichförmigkeit bei beliebig vielen Gleichungen anwendbar bleibt, namentlich, wenn alle oder wenigstens die meisten Gleichungen vom ersten Grade sind. Entnimmt man z. B. z der ersten Gleichung von folgenden drei Gleichungen

$$x + y + z = a,$$
$$\alpha x + \beta y + \gamma z = b,$$
$$x^2 + y^2 - z^2 = c,$$

und substituirt dies in die übrigen, so hat man

$$z = a - (x + y),$$
$$(\alpha - \gamma)x + (\beta - \gamma)y = b - a\gamma,$$
$$ax + ay - xy = \frac{1}{2}(a^2 + c);$$

aus der zweiten Gleichung ergibt sich

$$y = \frac{(b - a\gamma) - (\alpha - \gamma)x}{\beta - \gamma}$$

und nach Substitution dieses Ausdrucks wird die dritte Gleichung

$$(\alpha - \gamma)x^2 + [a(\beta + \gamma - \alpha) - b]x = \frac{(a^2 + c)\beta + (a^2 - c)\gamma - 2ab}{2};$$

hieraus findet man x und, rückwärts gehend, y und z.

61) Eine dritte Methode (die sogenannte Subtractionsmethode) besteht darin, jede der gegebenen Gleichungen mit einem gewissen Factor zu multipliciren, die Gleichungen zu addiren oder zu subtrahiren und die Factoren so zu wählen, daß der Coefficient der einen oder anderen Unbekannten zu Null wird. Dieses Verfahren ist namentlich bei zwei linearen Gleichungen mit zwei Unbekannten sehr bequem. Multiplicirt man nämlich die erste der Gleichungen

$$ax + by = c,$$
$$\alpha x + \beta y = \gamma,$$

mit β, die zweite mit b und zieht das zweite Product vom ersten ab, so fällt y weg und es wird

$$x = \frac{c\beta - b\gamma}{a\beta - b\alpha};$$

multiplicirt man dagegen die erste Gleichung mit α, die zweite mit a und zieht jene von dieser ab, so gelangt man zu

$$y = \frac{a\gamma - c\alpha}{a\beta - b\alpha}.$$

Auch wenn die Gleichungen nicht sämmtlich linear sind, leistet diese Methode gute Dienste und kann zur Vermeidung von Endgleichungen hoher Grade benutzt werden. Als Beispiel diene die Auflösung der drei Gleichungen

$$x + y + z = a,$$
$$x^2 + y^2 + z^2 = b,$$
$$x^3 + y^3 + z^3 = c.$$

Wollte man hier z aus der ersten Gleichung in die beiden übrigen und nachher y aus der zweiten in die dritte substituiren, so würde man in eine sehr weitläufige Rechnung gerathen; kürzer dagegen ist folgender Weg. Man quadrirt die erste Gleichung und zieht die zweite davon ab; dies gibt nach Division mit 2

$$xy + yz + zx = \frac{a^2 - b}{2}.$$

Ferner ist die dritte Potenz der ersten Gleichung

$$x^3 + y^3 + z^3 + 6xyz$$
$$+ 3[x^2(y + z) + y^2(z + x) + z^2(x + y)] = a^3;$$

setzt man hier $y + z = a - x$, $z + x = a - y$, $x + y = a - z$, so geht die Gleichung in die folgende über

$$6xyz + 3a(x^2 + y^2 + z^2) - 2(x^3 + y^3 + z^3) = a^3,$$

oder kürzer

$$6xyz + 3ab - 2c = a^3,$$
$$xyz = \frac{a^3 - 3ab + 2c}{6}.$$

Von den drei Zahlen x, y, z kennt man jetzt die Summe, die Summe ihrer Producte zu zweien und ihr Product. Daher sind x, y, z die drei Wurzeln der cubischen Gleichung

$$u^3 - au^2 + \frac{a^2 - b}{2}u - \frac{a^3 - 3ab + 2c}{6} = 0.$$

Mit einigen Modificationen kann dieses Verfahren zur Auflösung beliebig vieler Gleichungen mit beliebig vielen Unbekannten dienen, wie wir in den nächsten Abschnitten zeigen wollen.

62) Bildet man aus den Größen a, b, c, ... g, h die Differenzen zwischen jeder Größe und allen vorhergehenden, nämlich

$$b - a,$$
$$c - a,\; c - b,$$
$$d - a,\; d - b,\; d - c,$$
$$\dots\dots\dots\dots$$
$$h - a,\; h - b,\; h - c, \dots\dots h - g,$$

so besitzt das Product derselben

$$P = (b-a).(c-a)(c-b)\dots(h-a)(h-b)\dots(h-g)$$

offenbar die Eigenschaft, in Null überzugehen, sobald man für eine der Größen eine der übrigen setzt, also z. B. statt a überall b, oder statt c überall g schreibt. Dieses Verschwinden von P geschieht in der unentwickelten Form dadurch, daß das Product den Factor Null erhält, in der entwickelten Form auf die Weise, daß sich zu jedem Gliede ein anderes findet, welches ihm gleich und entgegengesetzt ist. So hat man z. B. bei drei Größen

$$P = (b - a).(c - a)(c - b)$$
$$= bc^2 - b^2c + ca^2 - c^2a + ab^2 - a^2b$$

und kann die vorige Bemerkung leicht prüfen, indem man z. B. b für a schreibt. Wir wollen nun Q dasjenige nennen, was aus dem vollständig entwickelten Producte P wird, wenn man jeden Exponenten in einen gleichgroßen Index verwandelt, wodurch z. B. $a b^2 c^3$ in $a_1 b_2 c_3$, oder $b^2 c^3 = a^0 b^2 c^3$ in $a_0 b_2 c_3$ übergeht; bei drei Größen ist hiernach

$$Q = a_0 b_1 c_2 - a_0 b_2 c_1 + b_0 c_1 a_2 - b_0 c_2 a_1$$
$$+ c_0 a_1 b_2 - c_0 a_2 b_1.$$

Der somit aus den n Größen a, b, c, ... h gebildete Ausdruck Q heißt die **Determinante** der n^2 Größen

$$\begin{matrix} a_0, & b_0, & c_0, & \dots & g_0, & h_0, \\ a_1, & b_1, & c_1, & \dots & g_1, & h_1, \\ a_2, & b_2, & c_2, & \dots & g_2, & h_2, \\ \dots & \dots & \dots & \dots & \dots & \dots \\ a_{n-1}, & b_{n-1}, & c_{n-1}, & \dots & g_{n-1}, & h_{n-1}, \end{matrix}$$

und wird entweder mit

$$\Sigma(\pm\, a_0 b_1 c_2 \dots h_{n-1}),$$

oder übersichtlicher mit

$$\begin{vmatrix} a_0, & b_0, & \dots & h_0, \\ a_1, & b_1, & \dots & h_1, \\ \dots & \dots & \dots & \dots \\ a_{n-1}, & b_{n-1}, & \dots & h_{n-1} \end{vmatrix}$$

bezeichnet. Die Determinante bildet ein Aggregat von n(n − 1) Gliedern, deren jedes von der Form $a_p b_q c_r \dots h_s$ ist; die Indices p, q, r, ... s entstehen durch alle möglichen Vertauschungen der Indices 0, 1, 2, ... (n − 1), und dabei erhält das betreffende Glied das positive oder negative Vorzeichen, je nachdem die Anzahl der vorgenommenen Vertauschungen gerade oder ungerade ist. Hiernach kann man eine Determinante auch direct entwickeln, z. B.

$$\Sigma(\pm\, a_0 b_1 c_2 d_3) = \begin{vmatrix} a_0, & b_0, & c_0, & d_0 \\ a_1, & b_1, & c_1, & d_1 \\ a_2, & b_2, & c_2, & d_2 \\ a_3, & b_3, & c_3, & d_3 \end{vmatrix}$$

$$= a_0 b_1 c_2 d_3 - a_0 b_1 c_3 d_2 + a_0 b_2 c_3 d_1 - a_0 b_2 c_1 d_3$$
$$+ a_0 b_3 c_1 d_2 - a_0 b_3 c_2 d_1$$
$$- a_1 b_0 c_2 d_3 + a_1 b_0 c_3 d_2 - a_1 b_2 c_3 d_0 + a_1 b_2 c_0 d_3$$
$$- a_1 b_3 c_0 d_2 + a_1 b_3 c_2 d_0$$
$$+ a_2 b_0 c_1 d_3 - a_2 b_0 c_3 d_1 + a_2 b_1 c_3 d_0 - a_2 b_1 c_0 d_3$$
$$+ a_2 b_3 c_0 d_1 - a_2 b_3 c_1 d_0$$
$$- a_3 b_0 c_1 d_2 + a_3 b_0 c_2 d_1 - a_3 b_1 c_2 d_0 + a_3 b_1 c_0 d_2$$
$$- a_3 b_2 c_0 d_1 + a_3 b_2 c_1 d_0.$$

Die Haupteigenschaft der Determinante besteht nun darin, daß sie jedesmal verschwindet, wenn statt eines der Buchstaben a, b, c, … h einer der übrigen gesetzt wird. Bei dem entwickelten Producte fand diese Eigenschaft statt, weil in diesem Falle jedem Gliede ein gleiches und entgegengesetztes correspondirte; durch die Verwandlung der Exponenten in Indices wird weder an der Gleichheit, noch am Vorzeichen etwas geändert, und daher muß jene Eigenschaft auch für die Determinante gelten.

Denkt man sich die n^1 Glieder der Determinante nach $a_0, a_1, a_2, \ldots a_{n-1}$ geordnet und bezeichnet mit $A_0 a_0$ die Summe aller Glieder, welche den gemeinschaftlichen Factor a_0 besitzen, mit $A_1 a_1$ die Summe aller den Factor a_1 enthaltenden Glieder u. s. w., so läßt sich Q unter folgender Form darstellen:

$$Q = A_0 a_0 + A_1 a_1 + A_2 a_2 + \ldots + A_{n-1} a_{n-1},$$

und gleichzeitig ist nach der vorigen Bemerkung, wenn man a successive durch b, c, … h ersetzt,

$$0 = A_0 b_0 + A_1 b_1 + A_2 b_2 + \ldots + A_{n-1} b_{n-1},$$
$$0 = A_0 c_0 + A_1 c_1 + A_2 c_2 + \ldots + A_{n-1} c_{n-1},$$
$$\ldots\ldots\ldots\ldots\ldots\ldots$$
$$0 = A_0 h_0 + A_1 h_1 + A_2 h_2 + \ldots + A_{n-1} h_{n-1}.$$

Diese Relationen führen zu einer directen Auflösung des folgenden Systems von n linearen Gleichungen zwischen den n Unbekannten x, y, z, … w:

$$a_0 x + b_0 y + c_0 z + \ldots + h_0 w = k_0,$$
$$a_1 x + b_1 y + c_1 z + \ldots + h_1 w = k_1,$$
$$a_2 x + b_2 y + c_2 z + \ldots + h_2 w = k_2,$$
$$\ldots\ldots\ldots\ldots\ldots\ldots$$
$$a_{n-1} x + b_{n-1} y + c_{n-1} z + \ldots + h_{n-1} w = k_{n-1}.$$

Man multiplicire nämlich die erste Gleichung mit A_0, die zweite mit A_1, die dritte mit A_2 u. s. w. und addire Alles; es ergibt sich

$$\begin{aligned} &(A_0 a_0 + A_1 a_1 + A_2 a_2 + \ldots + A_{n-1} a_{n-1})x \\ +\ &(A_0 b_0 + A_1 b_1 + A_2 b_2 + \ldots + A_{n-1} b_{n-1})y \\ +\ &(A_0 c_0 + A_1 c_1 + A_2 c_2 + \ldots + A_{n-1} c_{n-1})z \\ +\ &\ldots\ldots\ldots\ldots\ldots\ldots \\ +\ &(A_0 h_0 + A_1 h_1 + A_2 h_2 + \ldots + A_{n-1} h_{n-1})w \\ =\ &A_0 k_0 + A_1 k_1 + A_2 k_2 + \ldots + A_{n-1} k_{n-1}. \end{aligned}$$

Dem Obigen zufolge ist der Coefficient von x einerlei mit Q, dagegen sind die Coefficienten der übrigen Unbekannten gleich Null, mithin wird

$$x = \frac{A_0 k_0 + A_1 k_1 + A_2 k_2 + \ldots + A_{n-1} k_{n-1}}{A_0 a_0 + A_1 a_1 + A_2 a_2 + \ldots + A_{n-1} a_{n-1}},$$

d. i.

$$x = \frac{\Sigma(\pm k_0 b_1 c_2 \ldots h_{n-1})}{\Sigma(\pm a_0 b_1 c_2 \ldots h_{n-1})}.$$

Auf gleiche Weise kann man y, z, … finden, indem man die Determinante sich nach b_0, b_1 u. s. w. oder nach c_0, c_1 u. s. w. angeordnet denkt; man findet

$$y = \frac{\Sigma(\pm a_0 k_1 c_2 \ldots h_{n-1})}{\Sigma(\pm a_0 b_1 c_2 \ldots h_{n-1})},$$

$$z = \frac{\Sigma(\pm a_0 b_1 k_2 \ldots h_{n-1})}{\Sigma(\pm a_0 b_1 c_2 \ldots h_{n-1})},$$

$$\ldots\ldots\ldots\ldots\ldots\ldots$$

$$w = \frac{\Sigma(\pm a_0 b_1 c_2 \ldots g_{n-2} k_{n-1})}{\Sigma(\pm a_0 b_1 c_2 \ldots g_{n-2} h_{n-1})}.$$

Diese äußerst elegante Auflösung des gestellten Problemes rührt ursprünglich von Leibniz her (s. dessen Mathem. Schriften, herausgegeben von Gerhardt, II. S. 239) und wurde später von Cramer neu erfunden (Analyse des lignes courbes 1750. Appendix p. 658); sie zeigt, daß alle Unbekannten Brüche sind, welche die Determinante aus den Coefficienten zum gemeinschaftlichen Nenner haben; die Zähler sind gleichfalls Determinanten und entstehen dadurch, daß man der Reihe nach a, b, c, … h durch k ersetzt.

63) Wir betrachten noch den speciellen Fall, wo alle k der Null gleich sind. Man hat dann bei demselben Verfahren wie vorhin

$$(A_0 a_0 + A_1 a_1 + A_2 a_2 + \ldots + A_{n-1} a_{n-1})x = 0$$

oder kurz

$$Qx = 0,$$

und ebenso auch

$$Qy = 0, \quad Qz = 0, \ldots\ldots Qw = 0.$$

Diese Gleichungen sind auf zweierlei Weise erfüllbar, entweder durch

$$x = 0, \quad y = 0, \quad z = 0, \ldots w = 0$$

oder durch

$$Q = 0.$$

Man hat daher folgenden Satz: **wenn die n linearen Gleichungen**

$$a_0 x + b_0 y + c_0 z + \ldots + h_0 w = 0,$$
$$a_1 x + b_1 y + c_1 z + \ldots + h_1 w = 0,$$
$$a_2 x + b_2 y + c_2 z + \ldots + h_2 w = 0,$$
$$a_{n-1} x + b_{n-1} y + c_{n-1} z + \ldots + h_{n-1} w = 0$$

durch andere Werthe als $x = y = z = \ldots = w = 0$ erfüllt werden sollen, so muß die Determinante

$$Q = \begin{vmatrix} a_0, & b_0, & \ldots & h_0 \\ a_1, & b_1, & \ldots & h_1 \\ \ldots & \ldots & \ldots & \ldots \\ a_{n-1}, & b_{n-1}, & \ldots & h_{n-1} \end{vmatrix}$$

von selber verschwinden.

So sind z. B. die Gleichungen

$$ax + by + cz = 0,$$
$$a_1 x + b_1 y + c_1 z = 0,$$
$$a_2 x + b_2 y + c_2 z = 0,$$

den Fall $x = y = z = 0$ ausgenommen, nur dann mit einander verträglich, wenn

$$a(b_1c_2 - b_2c_1) + b(c_1a_2 - c_2a_1) + c(a_1b_2 - a_2b_1) = 0.$$

Dasselbe erhält man auch auf dem gewöhnlichen Wege, indem man $\frac{x}{z} = \xi$, $\frac{y}{z} = \eta$ setzt, von den surnmehrigen Gleichungen

$$\begin{aligned} a\xi + b\eta + c &= 0, \\ a_1\xi + b_1\eta + c_1 &= 0, \\ a_2\xi + b_2\eta + c_2 &= 0 \end{aligned}$$

die ersten zwei auflöst und die für ξ und η gefundenen Werthe in die letzte substituirt.

Das oben entwickelte Theorem kann noch etwas anders ausgesprochen werden. Setzt man nämlich für den Fall, daß $x, y, z, \ldots w$ nicht Null sind,

$$\frac{x}{w} = \xi, \quad \frac{y}{w} = \eta, \quad \frac{z}{w} = \zeta, \quad \ldots \quad \frac{v}{w} = \varphi,$$

und betrachtet $\xi, \eta, \zeta, \ldots \varphi$ als $n - 1$ neue Unbekannte, so hat man den Satz: Die $n - 1$ Unbekannten $\xi, \eta, \zeta, \ldots \varphi$ können den n linearen Gleichungen

$$\begin{aligned} a_0\xi + b_0\eta + \ldots + g_0\varphi + h_0 &= 0, \\ a_1\xi + b_1\eta + \ldots + g_1\varphi + h_1 &= 0, \\ \cdots\cdots\cdots\cdots\cdots\cdots\cdots \\ a_{n-1}\xi + b_{n-1}\eta + \ldots + g_{n-1}\varphi + h_{n-1} &= 0 \end{aligned}$$

nur dann genügen, wenn die Determinante dieses Gleichungssystems von selber verschwindet.

64) Die Auflösung eines Systems nicht linearer Gleichungen mit mehrern Unbekannten kommt im Wesentlichen auf das Problem zurück, aus den gegebenen Gleichungen eine neue Gleichung zu bilden, welche nur eine der Unbekannten enthält, oder kurz, alle Unbekannten bis auf eine zu eliminiren; um dieses Problem allgemein lösen zu können, betrachten wir erst einen einfachen Fall.

Wenn zwei Gleichungen von der Form

$$\begin{aligned} \alpha_0 + \alpha_1 u + \alpha_2 u^2 + \ldots + \alpha_m u^m &= 0, \\ \beta_0 + \beta_1 u + \beta_2 u^2 + \ldots + \beta_n u^n &= 0 \end{aligned}$$

gegeben sind, so kann man nach der neuen Gleichung fragen, welche dadurch entstehen müßte, daß man den Werth von u aus der einen Gleichung bestimmte und in die andere substituirte; mit anderen Worten, man kann die Aufstellung derjenigen Gleichung verlangen, welche nach Elimination von u übrig bleibt. Diese Endgleichung enthält zugleich die Bedingung, unter welcher beide Gleichungen zusammenbestehen, d. h. mindestens eine gemeinschaftliche Wurzel besitzen. Da man u nicht kennt, so sind die sämmtlichen Potenzen

$$u^1, u^2, u^3, \ldots u^{m+n}$$

gleichfalls unbekannt, und mögen daher mit

$$u_1, u_2, u_3, \ldots u_{m+n}$$

bezeichnet werden. Wir multipliciren nun die erste Gleichung der Reihe nach mit $u, u^2, u^3, \ldots u^n$, die zweite mit $u, u^2, u^3, \ldots u^m$, und stellen alle erhaltenen Gleichungen unter einander, indem wir von der eben eingeführten Abkürzung Gebrauch machen; hierdurch entstehen die folgenden $m + n$ Gleichungen:

$$\begin{aligned} \alpha_0u_1 + \alpha_1u_2 + \alpha_2u_3 + \ldots + \alpha_m u_{m+1} &= 0, \\ \alpha_0u_2 + \alpha_1u_3 + \ldots\ldots + \alpha_m u_{m+2} &= 0, \\ \alpha_0u_3 + \ldots\ldots + \alpha_m u_{m+3} &= 0, \\ \cdots\cdots\cdots\cdots\cdots\cdots\cdots \\ \alpha_0u_n + \ldots\ldots + \alpha_m u_{m+n} &= 0, \\ \beta_0u_1 + \beta_1u_2 + \beta_2u_3 + \ldots + \beta_n u_{n+1} &= 0, \\ \beta_0u_2 + \beta_1u_3 + \ldots\ldots + \beta_n u_{n+2} &= 0, \\ \beta_0u_3 + \ldots\ldots + \beta_n u_{n+3} &= 0, \\ \cdots\cdots\cdots\cdots\cdots\cdots\cdots \\ \beta_0u_m + \ldots\ldots + \beta_n u_{n+m} &= 0. \end{aligned}$$

Diese Gleichungen enthalten die $m + n$ Unbekannten $u_1, u_2, \ldots u_{m+n}$ und sind in Beziehung auf diese linear; die rechten Seiten sind lauter Nullen, dann können aber die obigen Gleichungen (nach Satz 1 in Absch. 63) nur dann zusammenbestehen, wenn ihre Determinante verschwindet, d. h. wenn

$$\begin{vmatrix} \alpha_0, & \alpha_1, & \alpha_2, & \ldots & \alpha_m, & 0, & 0, & \ldots \\ 0, & \alpha_0, & \alpha_1, & \ldots\ldots & & \alpha_m, & 0, & \ldots \\ 0, & 0, & \alpha_0, & \ldots\ldots\ldots & & & \alpha_m, & \ldots \\ \cdot & \cdot & \cdot & \cdot & \cdot & \cdot & \cdot & \cdot \\ \beta_0, & \beta_1, & \beta_2, & \ldots & \beta_n, & 0, & 0, & \ldots \\ 0, & \beta_0, & \beta_1, & \ldots\ldots & & \beta_n, & 0, & \ldots \\ 0, & 0, & \beta_0, & \ldots\ldots\ldots & & & \beta_n, & \ldots \\ \cdot & \cdot & \cdot & \cdot & \cdot & \cdot & \cdot & \cdot \end{vmatrix} = 0.$$

Diese Gleichung enthält kein u und ist folglich das gesuchte Resultat der Elimination.

Um hiernach u aus den beiden Gleichungen

$$\begin{aligned} a + bu + cu^2 &= 0, \\ A + Bu + Cu^2 + Du^3 &= 0 \end{aligned}$$

zu eliminiren, hat man die folgenden fünf Gleichungen zu bilden:

$$\begin{aligned} au_1 + bu_2 + cu_3 &= 0, \\ au_2 + bu_3 + cu_4 &= 0, \\ au_3 + bu_4 + cu_5 &= 0, \\ Au_1 + Bu_2 + Cu_3 + Du_4 &= 0, \\ Au_2 + Bu_3 + Cu_4 + Du_5 &= 0, \end{aligned}$$

und es ist dann die gesuchte Endgleichung

$$\begin{vmatrix} a, & b, & c, & 0, & 0 \\ 0, & a, & b, & c, & 0 \\ 0, & 0, & a, & b, & c \\ A, & B, & C, & D, & 0 \\ 0, & A, & B, & C, & D \end{vmatrix} = 0.$$

Da viele Glieder der Determinante wegfallen, so erscheint

letztere nicht in der kürzesten Form; man thut daher besser, die obigen 5 Gleichungen erst möglichst zu reduciren. Durch Wegschaffung von u_1 und u_3 gelangt man zu folgenden drei Gleichungen:

$$a u_1 + b u_2 + c u_3 = 0,$$
$$A c u_1 + (Bc - Da) u_2 + (Cc - Db) u_3 = 0,$$
$$(Ac^2 - Cac + Dab) u_2 + (Bc^2 - Cbc - Dac + Db^2) u_3 = 0,$$

und hat nur noch von diesen die Determinante zu bilden. Setzt man zur Abkürzung

$$A' = Ac, \quad B' = Bc - Da, \quad C' = Cc - Db,$$
$$B'' = Ac^2 - Cac + Dab,$$
$$C'' = Bc^2 - Cbc - Dac + Db^2,$$

so ist das Resultat

$$\begin{vmatrix} a, & b, & c \\ A', & B', & C' \\ 0, & B'', & C'' \end{vmatrix} = 0$$

oder ausgerechnet

$$a(B'C'' - B''C') - A'(bC'' - cB'') = 0.$$

Dieses elegante Verfahren zur Bestimmung der sogenannten Resultante zweier Gleichungen findet man zuerst bei Euler (Histoire de l'Académie de Berlin. 1764. p. 96) und bei Bézout (Hist. de l'Acad. de Paris. 1764. p. 289); es wurde später von Hesse (Crelle's Journal 27. Bd. S. 1) und von Sylvester unter dem Namen der dialytischen Methode (Philos. Mag. 1840. no. 101) reproducirt.

65) Handelt es sich um die Elimination von y aus zwei rationalen algebraischen Gleichungen

$$\varphi(x, y) = 0, \qquad \psi(x, y) = 0,$$

so ordnet man beide Gleichungen nach Potenzen von y etwa

$$P_0 + P_1 y + P_2 y^2 + \ldots + P_m y^m = 0,$$
$$Q_0 + Q_1 y + Q_2 y^2 + \ldots + Q_n y^n = 0,$$

wo alle P und Q Functionen von x sind, und wendet dann die vorige Methode an; die Resultante der Gleichungen enthält kein y, also nur noch die eine Unbekannte x.

Beispielsweise mag y aus den beiden Gleichungen

$$ax + by + c = 0$$
$$Ax^2 + By^2 + Cxy + D = 0$$

eliminirt werden. Die geordneten Gleichungen sind hier

$$(c + ax) + by = 0,$$
$$(D + Ax^2) + Cxy + By^2 = 0,$$

mithin ist das Resultat der Elimination

$$\begin{vmatrix} ax + c, & b, & 0 \\ 0, & ax + c, & b \\ Ax^2 + D, & Cx, & B \end{vmatrix} = 0$$

oder

$$(Ab^2 + Ba^2 - Cab)x^2 + (2Ba - Cb)cx + Bc^2 + Db^2 = 0.$$

Sind mehre Gleichungen mit mehren Unbekannten gegeben, so eliminirt man mittels desselben Verfahrens eine Unbekannte nach der anderen, wie das folgende Beispiel zeigt.

Wenn die Zahlen x und y durch die Gleichungen

$$x^2 + 2y^2 = 43, \qquad x^2 - xy = 10$$

bestimmt sind, den Ausdruck $2y - x$ zu berechnen. Man setzt hier

$$2y - x = z$$

und hat jetzt drei Gleichungen mit drei Unbekannten x, y, z, deren zwei erste zu eliminiren sind. Durch Wegschaffung von x ergeben sich die beiden folgenden Gleichungen:

$$(z^2 - 43) - 4zy + 6y^2 = 0,$$
$$(z^2 - 10) - 3zy + 2y^2 = 0,$$

und daher würde die Determinante des Gleichungensystems

$$(z^2 - 43)y_1 - 4zy_2 + 6y_3 = 0,$$
$$(z^2 - 43)y_2 - 4zy_3 + 6y_4 = 0,$$
$$(z^2 - 10)y_1 - 3zy_2 + 2y_3 = 0,$$
$$(z^2 - 10)y_2 - 3zy_3 + 2y_4 = 0$$

zu bilden sein. Um dasselbe zu vereinfachen, subtrahiren wir erst die zweite Gleichung vom Dreifachen der letzten und haben dann nur noch die Determinante von

$$(z^2 - 43)y_1 - 4zy_2 + 6y_3 = 0,$$
$$(z^2 - 10)y_1 - 3zy_2 + 2y_3 = 0,$$
$$(2z^2 + 13)y_2 - 5zy_3 = 0$$

gleich Null zu setzen; dies giebt

$$(z^2 - 43)(11z^2 - 26) - 20z^2(z^2 - 10) + 6(z^2 - 10)(2z^2 + 13) = 0,$$

oder ausgerechnet

$$3z^4 - 341z^2 + 338 = 0.$$

Eine Auflösung hiervon ist $z = 1$, welchem Werthe $y = 3$ und $x = 5$ entsprechen.

Man kann sich dieses Verfahren auch zum Rationalmachen irrationaler Gleichungen bedienen, wie wir an der in Nr. 56 erwähnten Gleichung

$$a + \sqrt{b + \beta x} + \sqrt[3]{c + \gamma x} = 0$$

zeigen wollen. Setzt man nämlich

$$\sqrt{b + \beta x} = y, \quad \sqrt[3]{c + \gamma x} = z,$$

so kann man der obigen irrationalen Gleichung die folgenden drei rationalen Gleichungen substituiren

$$a + y + z = 0,$$
$$b + \beta x - y^2 = 0, \qquad c + \gamma x - z^3 = 0,$$

und hieraus sind y und z zu eliminiren. Durch Wegschaffung von z erhält man

$$(b + \beta x) - y^2 = 0,$$
$$(a^3 + c + \gamma x) + 3a^2 y + 3ay^2 + y^3 = 0;$$

und nun ist noch die Determinante von folgenden fünf Gleichungen zu bilden:

$$(b+\beta x)y_1 \qquad - y_2 \qquad = 0,$$
$$(b+\beta x)y_2 \qquad - y_3 \qquad = 0,$$
$$(b+\beta x)y_3 \qquad - y_4 = 0,$$
$$(a^3+c+\gamma x)y_1 + 3a^2y_2 + 3ay_3 + y_4 \qquad = 0,$$
$$(a^3+c+\gamma x)y_2 + 3a^2y_3 + 3ay_4 + y_5 = 0.$$

Eliminirt man erst y_4 und y_5, so hat man die drei Gleichungen

$$(b+\beta x)y_1 \qquad - y_2 = 0,$$
$$(a^3+c+\gamma x)y_1 + (3a^2+b+\beta x)y_2 + 3ay_3 = 0,$$
$$[a^3+3ab+c+(3a\beta+\gamma)x]y_1 + (3a^2+b+\beta x)y_3 = 0;$$

die Bedingung, daß die Determinante derselben verschwindet, führt hier zur Gleichung

$$(b+\beta x)\{(3a^2+b+\beta x)^2 - 3a[a^3+3ab+c+(3a\beta+\gamma)x]\}$$
$$-(a^3+c+\gamma x)[a^3+3ab+c+(3a\beta+\gamma)x] = 0,$$

welche bei einiger Zusammenziehung mit dem in Nr. 56 erhaltenen Resultate identisch wird.

Für die Elimination aus transscendenten Gleichungen existiren keine allgemeinen Vorschriften, und man muß sich daher in jedem gegebenen Falle nach der besondern Natur der Gleichungen richten. Hinsichtlich der numerischen Auflösung simultaner höherer algebraischer oder transscendenter Gleichungen verweisen wir auf die (in Abschn. 51) schon genannten Schriften von S. Spitzer und H. Scheffler, in denen gezeigt ist, wie sich die Horner'sche Methode auch in den schwierigeren Fällen anwenden läßt.

Die Behandlung unbestimmter Gleichungen wurde in vorliegendem Artikel nicht beabsichtigt; man findet sie in den Artikeln: Unbestimmte Analytik und Zahlentheorie. (*Witzschel* und *Schlömilch*.)

Ende des siebzigsten Theiles der ersten Section.

www.ingramcontent.com/pod-product-compliance
Lightning Source LLC
Chambersburg PA
CBHW031817270326
41932CB00008B/452

* 9 7 8 3 7 4 1 1 4 9 6 7 2 *